Hermann Brockhaus

Allgemeine Encyklopädie

Erste Sektion: A - G

Hermann Brockhaus

Allgemeine Encyklopädie
Erste Sektion: A - G

ISBN/EAN: 9783741130724

Manufactured in Europe, USA, Canada, Australia, Japa

Cover: Foto ©Andreas Hilbeck / pixelio.de

Manufactured and distributed by brebook publishing software
(www.brebook.com)

Hermann Brockhaus

Allgemeine Encyklopädie

Allgemeine

Encyklopädie der Wissenschaften und Künste.

Allgemeine

Encyklopädie

der

Wissenschaften und Künste

in alphabetischer Folge

von genannten Schriftstellern bearbeitet

und herausgegeben von

J. S. Ersch und J. G. Gruber.

Mit Kupfern und Charten.

Erste Section.

A — G.

Herausgegeben von

Hermann Brockhaus.

Achtundachtzigster Theil.

GRANT — GREDING.

Leipzig:

F. A. Brockhaus.

1868.

Allgemeine
Encyklopädie der Wissenschaften und Künste
Erste Section.
A — G.

Achtundachtzigster Theil.

GRANT — GREDING.

GRANT.

GRANT (Anne), englische Schriftstellerin, am 21. Februar 1755 zu Glasgow geboren, war die Tochter Duncan Mac Vicar's, eines Offiziers der britischen Armee, welcher im J. 1757 nach Amerika beordert wurde, wohin ihm Weib und Kind im nächsten Jahre folgten. Er lag längere Zeit in Garnison in einem Fort, welches im Lande der Mohawks erbaut worden war, um diesen wilden Volksstamm in Zucht zu halten. Anne, ein munteres und talentvolles, aber etwas wild aufgewachsenes Kind, hatte im Alter von etwa acht Jahren das Glück mit Madame Schuyler aus Albany, der Witwe des Obersten Philip Schuyler und Muhme des berühmten Generals gleichen Namens, bekannt zu werden und verlebte, so lange sie noch in Amerika zurückblieb, in der Gesellschaft dieser ihr wohlwollenden Frau eine sehr angenehme Zeit, welche sie in ihren „Denkwürdigkeiten einer amerikanischen Lady" mit sehr anziehenden Farben und mit den innigsten Gefühlen der Dankbarkeit geschildert hat. Mac-Vicar verlor während des Befreiungskrieges der englischen Colonien das ansehnliche Besitzthum, welches er sich in Amerika erworben hatte, und es war ihm nicht möglich, es wieder zu erlangen oder irgend eine Entschädigung dafür zu erhalten; er kehrte daher nach seinem Vaterlande zurück, wo die Regierung, um seine Existenz zu sichern, ihn im J. 1772 zum Commandanten des Forts Augustus in Invernesshire ernannte. Hier lernte seine Tochter Grant, den Pfarrer des nahe liegenden Dorfes Laggan, kennen und ward im J. 1779 dessen Gemahlin. Sie lebte hier in sehr bescheidenen Verhältnissen, aber glücklich, und suchte sich an ihrem einsamen Wohnorte durch die Beschäftigung mit den neuesten Erscheinungen der englischen Literatur zu unterhalten, wodurch sie in den Stand gesetzt wurde, in der bald herannahenden Zeit der Noth selbst als Schriftstellerin ihr Glück zu versuchen. Ihr Gemahl starb im J. 1801 und hinterließ ihr eine zahlreiche Familie, aber kein Vermögen; sie griff nun, um die Mittel zur Ernährung ihrer acht Kinder zu erlangen, zu der Feder. Der erste Versuch, welchen sie wagte, war eine Sammlung von Gedichten, die sie unter dem Titel: The Highlanders and other Poems (Edinb. 1803. 8.) herausgab. Er brachte ihr nicht nur, da sie 3000 Subscribenten gesammelt hatte, einen ansehnlichen Gewinn, sondern fand auch einen so großen Beifall, daß schnell eine zweite Auflage (Edinb. 1804. 8.) folgen konnte, obgleich nur einige kleinere Gedichte vorzüglich zu nennen sind, und von der poetischen Anlage der Verfasserin zeugen, während man an den meisten eine bestimmte Haltung und die letzte Feile vermißt; besonders ist das größte derselben, „die Hochländer," schwerfällig und langweilig; dagegen muß man im Allgemeinen die seltene Herrschaft der Dichterin über die Sprache und ihre Gewandtheit in der Versification anerkennen, auch offenbart sich schon vollständig die Richtung, welche Mistreß Grant unwandelbar festhielt und welcher sie ihren Ruhm verdankt, nämlich die Verherrlichung Schottlands und der Schotten. Diese Richtung entfaltet sich in ihrem ganzen Umfange und in ihrer ganzen Kraft in den „Briefen von den Bergen" (Letters from the Mountains; being the real Correspondence of a Lady between the years 1773 and 1803. Lond. 1806. 12. 3 Voll.), welche noch während des Lebens der Verfasserin fünf Auflagen erlebten und nach ihrem Tode in der von ihrem Sohne J. P. Grant besorgten verbesserten Ausgabe wiederholt (Lond. 1845. 8. 2 Voll. oder 24. 2 Voll. Ibid. 1853. 8. 3 Voll.) gedruckt wurden. Auch gehören sie wirklich zu den gediegensten Erscheinungen dieser Art in der neuesten Zeit, nicht sowol wegen der Wichtigkeit des Stoffes und der darin auftretenden Personen, sondern wegen der Einfachheit und Natürlichkeit, wegen der Unabhängigkeit von allen künstlichen Hilfsmitteln und zugleich wegen der Originalität, womit bekannte Gegenstände behandelt sind. Sie entsprechen genau den Verhältnissen der Schreiberin und zeigen uns nach und nach die Gesinnungen und Ansichten eines schwärmerischen Mädchens, einer liebevollen Gattin und Mutter und einer ihren Kindern sich opfernden Witwe. Dabei schildert sie das Leben und die Sitten der schottischen Bergbewohner mit sehr lebhaften, manchmal sogar mit zu glänzenden Farben und trotz manchen Fehlern und Ungenauigkeiten in den geschichtlichen Angaben im Allgemeinen sehr wahr und genau. Mit Recht tadelt sie die Engländer, daß sie die Bewohner Otaheitis und Ceylons besser kennen, als die Leute von Lochaber und Badenoch, übrigens trifft dieser Vorwurf andere Völker nicht weniger als die Engländer. Mistreß Grant, welche über den Erfolg ihrer „Briefe" mehr erstaunt war, als die ganze übrige Welt, ließ alsbald ihre

„Denkwürdigkeiten einer amerikanischen Lady" (Memoirs of an American Lady; with Sketches of Manners and Scenery in America, as they existed previous to the Revolution. Lond. 1808. 12. 2 Voll. New York 1809. 8. 2 Voll.) folgen, worin ihre Jugenderinnerungen während ihres Aufenthaltes in dem Hause der Madame Schuyler, welche unter der amerikanischen Lady zu verstehen ist, zu Grunde liegen, aber mit den Vorurtheilen und Ansichten eines späteren Alters bearbeitet sind. Sie bieten indessen eine lebendige und getreue Schilderung der Sitten und Gebräuche, welche unter den englischen Bewohnern der nordamerikanischen Colonien im vorigen Jahrhundert allgemein waren und durch die nach und nach aufgenommenen Gewohnheiten der teutschen Ansiedler einen eigenthümlichen Anstrich gewonnen hatten. Der Verlauf eines solchen nüchternen und regelmäßigen, aber gediegenen und zufriedenen Familienlebens, von welchem jetzt in der ganzen Welt keine Spur mehr zu finden ist, berührt um so angenehmer, da es gegen die Wildheit einer Ansiedelung in der Einöde grell absticht. Frau Grant fand sich durch den Ertrag ihrer schriftstellerischen Versuche bewogen, zur besseren Erziehung ihrer Kinder von ihrem einsamen Wohnsitze bei Laggan in die Nähe von Stirling und im J. 1810 nach Edinburgh überzusiedeln, wo sich allmälig ein Kreis berühmter Schriftsteller und anderer angesehener Männer um sie bildete, unter welchen besonders der Bischof Beilby Porteus, Sir Walter Farquhar, Sir William Grant und Sir Walter Scott zu nennen sind. Sie ließ in dieser Zeit ihre zur Ergänzung der „Briefe von den Bergen" dienenden „Versuche über die abergläubischen Gebräuche der Hochländer in Schottland" (Essays on the Superstitions of the Highlanders of Scotland. To which are added Translations from the Gaelic, and Letters connected with those formerly published. Lond. 1811. 12. 2 Voll. Ibid. 1814. 12. 2 Voll.) und ihr Gedicht „Achtzehnhundert und dreizehn" (Eighteen Hundred and Thirteen. Lond. 1814. 4.) erscheinen. Das letztere ist wohlgemeint, aber ohne poetischen Werth, ihre Versuche über den Aberglauben der Schottländer zeichnen sich im Allgemeinen durch anziehende Darstellung, kräftigen Ausdruck, Scharfsinn und Phantasie aus, wenn sie auch manchmal in ihrer Begeisterung für ihre Landsleute dem ruhigen Denker zu weit zu gehen scheint. Leugnen kann man indessen nicht, daß ihre sämmtlichen Schriften einen sehr wohlthätigen und nachhaltigen Einfluß auf die Bewohner Schottlands übten, indem sie dieselben nicht nur auf die Vortrefflichkeit und Schönheit ihres Landes und auf die hohe Bedeutung ihrer Geschichte aufmerksam machten, sondern auch durch die Entwickelung einer gesunden Moral zur Bildung derselben beitrugen. Dieser letzte Punkt wird auch besonders in der von W. Scott verfaßten Bittschrift an Georg IV., welche Mistreß Grant eine jährliche Pension von 100 Pfund bewirkte, hervorgehoben ¹). Abgesehen von diesem Verdienste verdient diese Schriftstellerin auch in der Literatur Beachtung wegen der Schönheit und Reinheit ihrer Schreibart und ihrer Gabe, die verschiedenartigsten Gegenstände richtig und naturgetreu darzustellen; überdies sind alle ihre Werke reich an anziehenden Anekdoten und Mittheilungen über berühmte und bekannte Personen und es ist auffallend, daß keines derselben von der großen Schar teutscher Uebersetzer zur Zeit, als man die Romane Scott's mit Heißhunger verschlang und für Schottland schwärmte, auf teutschen Boden verpflanzt wurde. Leugnen läßt sich übrigens nicht, daß die Schriften der Mistreß Grant jetzt wieder beinahe vergessen sind, was wol nicht der Fall gewesen wäre, wenn sie weniger eilig gearbeitet und ihren Leistungen durch eine sorgfältigere Feile größere Vollkommenheit gegeben hätte, woran sie durch die Nothwendigkeit des Gelderwerbs gehindert wurde. Sie starb am 7. Nov. 1838 zu Edinburgh ²).

Mit ihr in keiner Weise verwandt ist eine Madame Grant, welche zur Zeit des Kaisers Napoleon I. häufig Gelegenheit zur Unterhaltung gab. Sie war in Ostindien geboren und die Frau eines englischen Officiers und kam, nachdem sie einige Zeit in den eleganten Kreisen zu Calcutta und London geglänzt hatte, durch einen nicht bekannten Zufall nach Hamburg, wo sie, da ihre Schönheit noch in voller Blüthe stand, unter den dort wohnenden Emigranten des französischen Adels viele Eroberungen machte und auch Charles Maurice Talleyrand de Perigord, den später so berühmt gewordenen Diplomaten, welcher sich damals in Hamburg aufhielt, mit ihren Netzen umstrickte. Dieser nahm sie, als ihm die Rückkehr nach Frankreich gestattet war, im J. 1796 mit sich nach Paris, hatte aber hier alsbald nach seiner Ankunft den Verdruß, seine Reisegefährtin wegen des Verdachtes staatsgefährlicher Beziehungen zu den emigrirten Mitgliedern des Hauses Orleans von der Polizei ihm entrissen und in Gewahrsam gebracht zu sehen. Die Anschuldigung scheint jedoch unbegründet gewesen zu sein, wie aus einem merkwürdigen Briefe, welchen Talleyrand an Barras, Mitglied des Directoriums, richtete ³) und worin er um die Freilassung

1) Her writings, deservedly popular in her own country, derive their charm from the happy manner in which, addressing themselves to the national pride of the Scottish people, they breathe a spirit at once of patriotism and of that candour which renders patriotism unselfish and liberal. We have no hesitation in asserting our belief that Mrs. Grant's writings have produced a strong and salutary effect upon her countrymen, who not only found recorded in them much of national history and antiquities which would otherwise have been forgotten, but found them combined with the soundest and the best lessons of virtue and morality.

2) Vergl. A. Allibone, Critical Dictionary of English Literature, Tom. I. p. 718 seq. Biographie universelle. Tom. LXVI. p. 22. (N. ed. Tom. XVII. p. 356.) Biographie générale. Tom. XXI. p. 590. 3) Der Brief lautet wörtlich: On vient d'arrêter madame Grand comme conspiratrice. C'est la personne d'Europe la plus éloignée et la plus incapable de se mêler d'aucune affaire. C'est une Indienne bien belle, bien paresseuse, la plus désoccupée de toutes les femmes que j'aie jamais rencontrées. Je vous demande intérêt pour elle; je suis sûr qu'on ne lui trouvera pas l'ombre de prétexte pour ne pas

der Dame bei, welche auch aus Rücksicht für den bei der Revolution thätigen frühern Prälaten sogleich erfolgte. Diese Sache muß übrigens sehr still betrieben und gänzlich unbekannt geblieben sein, da man in den ultrarevolutionnairen Journalen, welche nicht leicht eine Gelegenheit versäumten, den frühern Bischof von Autun anzugreifen, keine Erwähnung derselben findet. Wie sehr übrigens die schöne Frau Talleyrand beherrschte, zeigt sich wieder klar in den hauptsächlich von ihm geleiteten Unterhandlungen über das Concordat zwischen Frankreich und dem römischen Stuhl (15. Juli 1801), denn er dachte bei diesem großen Acte der Versöhnung gewiß am meisten an das Verhältniß mit ihr, welches zu der Zeit, als Napoleon den frühern Glanz des französischen Thrones wieder herzustellen suchte und von den seinem Systeme huldigenden Staatsmännern eine wenigstens äußerlich regelmäßige Aufführung verlangte, ein so großes Aergerniß erregte, daß Madame Grant nicht am Hofe empfangen wurde. Nur eine päpstliche Entscheidung konnte dieser höchst unangenehmen Ausschließung ein Ende machen und man begreift leicht den Eifer, womit Talleyrand die Gelegenheit des Concordats benutzte, um sich mit der Kirche auszusöhnen. Er bat daher den Papst um Aufhebung der gegen ihn im J. 1790 ausgesprochenen Excommunication und um die Erlaubniß, in das weltliche Leben zurückkehren zu dürfen. Die Gewährung dieser beiden Punkte, so wichtig sie waren, fand keine Schwierigkeit, Talleyrand schloß aber aus den Worten des päpstlichen Schreibens, obgleich diese sich nicht leicht dahin deuten lassen [4]), daß ihm auch gestattet sei, sich zu verheirathen. Er ließ sich also, da der erste Consul ihn fortwährend drängte, dem Aergernisse ein Ende zu machen, von dem Pfarrer des Dorfes Epinay trauen. Am folgenden Tage erschien die Gemahlin des jetzt zum Minister emporgestiegenen Talleyrand am Hofe zum ersten und auch zum letzten Mal, [illegible] Papst erklärte, als er Nachricht von dieser Ehe [illegible]lich, daß er die Verheirathung nicht er[illegible] nie erlauben werde. Als er später ein[illegible] Paris zu kommen und den Kaiser zu [illegible], [illegible] die erste seiner Bedingungen, daß man ihm „diese Dame“ nicht vorstelle. Diese konnte um so leichter zugestanden werden, da Madame de Talleyrand sogleich nach der mißbilligenden Aeußerung des Papstes über ihre Ehe den Befehl erhalten hatte, nicht mehr am Hofe zu erscheinen. Die beiden Eheleute befanden sich dadurch in einer sehr peinlichen Lage, denn der Papst war ihnen nicht hold, weil sie sich verheirathet hatten, und der erste Consul hielt sie fern von sich, obschon dies nur auf seinen Befehl geschehen war. Man weiß übrigens, daß Bonaparte beide wenig achtete und sich des abtrünnigen Bischofs nur bediente, weil er ihn für brauchbar hielt. „Der Triumph Talleyrand's,“ sagte er auf St. Helena, „ist der Triumph der Immoralität; er ist ein Priester, welcher sich mit der Frau eines Andern, der sie ihm für eine Summe Geldes abtrat, verheirathete, ein Mann, welcher die ganze Welt und alle Parteien verkauft und verrathen hat. Ich habe diesem Weibe den Zutritt zu meinem Hofe untersagt, weil sie nicht in gutem Rufe stand und weil ich entdeckte, daß einige Handelsleute in Genua ihr 400,000 Francs ausgezahlt hatten, um durch ihre Vermittelung Vergünstigungen in ihrem Geschäfte zu erlangen. Sie war eine schöne Frau aus Ostindien, aber dumm und gänzlich unwissend.“ Talleyrand fühlte sich durch die Weigerung des Kaisers, sich seine Gemahlin vorstellen zu lassen, um so mehr beleidigt, da ihn dieser durch seinen Befehl zur Heirath gedrängt und ihm einen so argen Streich gespielt hatte, aber er schwieg und verstellte sich nach seiner Gewohnheit, um eine günstige Zeit für seine Rache abzuwarten; auch der Papst mußte diese bald fühlen. Der pariser Gesellschaft gab indessen dieses Verhältniß vielfachen Stoff zur Belustigung und zum Spott, welcher insbesondere die Gemahlin des Ministers traf; Talleyrand selbst wußte, nachdem die Illusionen des Liebhabers verschwunden waren, eine gütliche Scheidung zu bewirken; Madame Grant starb aber erst im J. 1835 nur kurze Zeit vor ihrem berühmten Gemahle, welcher ihr eine hinreichende Rente ausgesetzt hatte und seinen Aerger geschickt zu verbergen wußte. Sie wohnte in einem Hotel des Faubourgs St. Germain, während er in seinem Hotel in der Straße St. Florentin blieb, in welchem er den Kaiser Alexander in den Jahren 1814 und 1815 als Gast aufgenommen und bewirthet hatte. Die Gerüchte, welche über die ungewöhnliche Dummheit seiner Gemahlin umliefen, scheinen indessen übertrieben zu sein und beruhen wol auf einer Verwechselung von Unwissenheit und Mangel an Erziehung mit Dummheit, denn ausgezeichnete Staatsmänner, welche Gelegenheit hatten, im J. 1814 mit ihr in Berührung zu kommen, fanden die allgemein verbreitete Meinung keineswegs bestätigt; wie denn auch wirklich die ihr aufgebürdete Verwechselung des berühmten Reisenden Alex. von Humboldt mit Robinson Crusoe wol Unwissenheit, aber keineswegs Dummheit und gänzlichen Mangel an Geist beweist, da einer Eingeborenen Ostindiens sowol Robinson als auch Humboldt gänzlich unbekannt sein können, ohne daß man daraus auf Geistesbeschränktheit schließen darf [5]).

(*Ph. H. Külb.*)

GRANT (Bernhard), ein angesehener Mathematiker des vorigen Jahrhunderts, um das Jahr 1725 in

[illegible] cette petite affaire, à laquelle je serais bien fâché qu'on mît de l'éclat. Je l'aime; et je vous atteste à vous, d'homme à homme, que de sa vie elle ne s'est mêlée et n'est en état de se mêler d'aucune affaire. C'est une véritable Indienne, et vous savez à quel degré cette espèce de femmes est loin de toute intrigue.

4) Die betreffenden Worte lauten: Nous vous accordons le pouvoir de porter l'habit séculier et de gérer toutes les affaires civiles, soit qu'il vous plaise de demeurer dans la charge que vous exercez maintenant, soit que vous passiez à d'autres auxquels votre gouvernement pourrait vous appeler.

5) Biographie universelle. Tom. LXXXIII. p. 188. 212. 229. Dictionnaire de la conversation et de la lecture. Tom. LXII. p. 234.

Schottland geboren, trat in den Benedictinerorden und siedelte nach Teutschland über, wo er zuerst in mehren Klöstern seines Ordens Unterricht in der Mathematik ertheilte, dann zum Prior des Schottenklosters zu Erfurt und zum Professor der Philosophie an der Universität dieser Stadt ernannt wurde. Später kam er als Prior des Schottenklosters nach Regensburg, wo er um das Jahr 1785 starb. Seine Lehrbücher („Mathematische Lehrstunden aus der Arithmetik, Geometrie und Trigonometrie." Erfurt 1750. 8. Frankf. 1765. 8. Erfurt 1774. 8. Elementa philosophiae. Erfurt. 1762. 8. Praelectiones encyclopaedicae in physicam experimentalem et historiam naturalem. Erfurt. 1770. 8. „Encyklopädische Lehrstunden über die Naturlehre und Naturgeschichte." Göttingen 1779. 8.) waren sehr kurz und klar gefaßt und deshalb in den Schulen fast aller geistlichen Staaten eingeführt, haben aber später neueren und zum Theil auch besseren Handbüchern weichen müssen *). *(Ph. H. Külb.)*

GRANT (Johann von), preußischer General, um das Jahr 1700 in Schottland geboren, kam in seiner Jugend nach Teutschland und trat zuerst in das österreichische Heer, in welchem er als Adjutant des Generals Lascy diente. Im J. 1747 ging er in preußische Dienste über und machte sich bei Friedrich dem Großen sehr beliebt. Von diesem wurde er auch als Eilbote mit der Nachricht von dem Siege bei Leuthen (5. Dec. 1757) nach England geschickt, wo er um Mitternacht in London ankam. Sobald man seine Ankunft dem Könige meldete, befahl er ihn sogleich vorzulassen und empfing ihn mit den Worten: „eine Nachricht, die ich von meinem Bruder Friedrich zu erhalten habe, verdient jedenfalls immer, daß ich meinen Schlaf breche." Er entließ ihn mit einem reichen Geschenke und Friedrich machte ihn nach der Rückkehr zum Commandanten der Festung Neisse, welche er tapfer gegen den Feind vertheidigte und wo er im J. 1764 starb †). *(Ph. H. Külb.)*

GRANT (Robert E.), Arzt und Zoolog, in Schottland geboren und 1814 in Edinburgh zum Doctor medicinae promovirt, wurde Professor der Zoologie und vergleichenden Anatomie an der University of London. Außer mehrfachen Journalartikeln über zoologische Gegenstände, und außer den Lectures on comparative anatomy and animal physiology, welche in The Lancet (1833 und 1834) abgedruckt sind, kennt man von Grant: An essay on the study of the animal kingdom. 2 Ed. 1820. Outlines of comparative anatomy. Lond. 1835—42. (Umrisse der vergleichenden Anatomie, übersetzt von Karl Christian Schmidt. Leipzig 1842.) On the principles of classification, as applied to the primary divisions of the animal kingdom. Lond. 1838. General view of the distribution of extinct animals. Lond. 1839. The present state of the medical profession in England. Lond. 1841. *(Fr. Wilh. Theile.)*

GRANT (William), ein londoner Arzt, der sich in der Fieberlehre einen großen Namen erworben hat. Eine während einer langen Reihe von Jahren ununterbrochen fortgesetzte genaue Beobachtung der Krankheitsconstitution und der herrschenden Krankheiten in London diente den verschiedenen Werken, welche Grant über die Fieberlehre veröffentlicht hat, als Grundlage. Er starb am 30. Nov. 1786. Seine Schriften sind: An inquiry into the nature, rise and progress of the fevers most common in London, as they have succeeded each other in the different seasons for the last twenty years; with the best method of treating them. Lond. 1771. Die zweite Auflage führte den Titel: Observations on the nature and cure of fevers. 2 Voll. Lond. 1773. 8. (Recherches sur les fièvres, selon qu'elles dépendent des variations des saisons etc., traduit par *Lefèvre de Villebrune*. 3 Voll. Paris 1773—1776. — Beobachtungen über die Natur und Heilung der Fieber; aus dem Engl. von C. E. Kapp. 2 Theile. Leipzig 1775.) Essay on the pestilential fever of Sydenham commonly called the gaol-hospital-ship- and campfever. Lond. 1775. 8. Short account of the present epidemic cough and fever. Lond. 1776. 8. A short account of the fever and sore throat which began to appear in and about London in Sept. 1776. Lond. 1777. 8. (Neue Beobachtungen über die ansteckenden Faulfieber und die epidemischen Katarrhalfieber und Halsentzündungen; übersetzt von C. E. Kapp. Leipzig 1778.) Some Observations on the origin, progress and method of treating the atrabilious temperament and Gout. Lond. 1780. 81. (Beobachtungen über die chronischen Krankheiten und sonderlich diejenigen, die zu London gewöhnlich sind. 1. Von der Gicht und dem Podagra. Aus dem Engl. von C. E. Kapp. Leipzig 1784.) Observations on the late Influenza, fibris catarrhalis epidemica of Hippocrates, as it appeared in 1775 and 1782. Lond. 1782. *(Fr. Wilh. Theile.)*

Grant's Land in Australien, s. Victoria.

GRANTZ (Tobias), teutscher Rechtsgelehrter, welcher zu Anfang des vorigen Jahrhunderts thätig war, von dessen Lebensverhältnissen man aber Nichts weiter weiß, als daß er nach Beendigung seiner Studien sich zu Görlitz als Advocat niederließ und später Schöppe bei der Verwaltung dieser Stadt wurde, wo er um das Jahr 1710 starb. Er versuchte sich auch als Schriftsteller und seine Abhandlungen sowol über Jurisprudenz überhaupt (Disputatio de natura et constitutione juris. Jenae 1684. 4.) worin mehre Behauptungen des bekannten Juristen Struve erörtert und beleuchtet werden, und Diss. de principiis juris personarum. Jenae 1684. 4.), als auch über einzelne Materien der Jurisprudenz (Defensio inquisitorum ex genuinis Jurisprudentiae principiis necnon Jurisconsultorum et Practicorum commentationibus et decisionibus.

*) Vergl. J. C. Poggendorff, Biographisch-literarisches Handwörterbuch zur Geschichte der exacten Wissenschaften (Leipzig 1863. 8) S. 941.

†) Fr. C. Gottl. Hirsching, Historisch-literarisches Handbuch berühmter Personen des 18. Jahrhunderts. Bd. II. Abth. 2. S. 142.

Francof. et Lipsiae 1702. fol. ibid. 1718. fol. Defensio reorum. Lipsiae 1702. 4. Ed. II. aucta. Francof. et Lips. 1718. fol. De electione. Jenae 1682. 4. und De excusatione absentiae. Jenae 1684. 8.) wurden von seinen gleichzeitigen Fachgenossen sehr gerühmt und geachtet *). (*Ph. H. Külb.*)

GRANUA, ein Nebenfluß des Danubius im Lande der Quaden, gegenwärtig Gran genannt. *Marcus Antonin. εἰς ἑαυτόν* I, 17. An den Ufern dieses Flusses schrieb Marcus Aurel. Antoninus das erste Buch seiner Selbstbetrachtungen. Vergl. *Ed. Böcking*, Annot. ad Notitiam Dignit. p. 690. (*Krause.*)

GRANUCCI (Nicolo), italienischer Novellendichter des 16. Jahrh., von dessen Lebensverhältnissen man aber Nichts weiter weiß, als daß er um das Jahr 1530 zu Lucca geboren wurde und um das Jahr 1580 starb. Seine ersten Versuche, welche er als „Tugendspiegel" (Specchio di virtù, nel quale brevemente si descrive la buona amicitia, la grandezza e principio del matrimonio, e di quanta eccellenza sia nelle femmine la castità. Lucca 1566. 8.) bezeichnete, wurden, obschon seine Zeitgenossen von Novellen fast übersättigt waren, doch mit Beifall aufgenommen; eine zweite Sammlung, welche unter dem Titel: „der Einsiedler, das Gefängniß und der Zeitvertreib" (L'Eremita, la carcere e il Diporto; opera nella quale si contengono novelle ed altre cose morali. Lucca 1569. 8.) erschien, enthält außer 14 Novellen eine kurze Darstellung der merkwürdigsten Kriegsthaten der Türken während des Jahres 1566, die Biographien Tamerlan's und Scanderbeg's, die Geschichte der Entstehung des Ordens der Johanniter und eine Beschreibung der Insel Malta und ist sehr selten geworden. In einer dritten Sammlung [1]), genannt „die angenehme Nacht und der fröhliche Tag" (La piacevol notte et lieto giorno, opera morale. Venezia 1574. 8.) befinden sich eilf Novellen. Alle diese Novellen sind sehr unterhaltend und in einem zierlichen und anziehenden Style geschrieben, und verrathen sogar, wie P. L. Ginguené [2]) urtheilt, eine moralische Tendenz, dagegen glaubt Fr. Bouterwek [3]), dieser Novellist habe ebenso wenig, wie die andern Novellisten des 16. Jahrh., „mit methodischem Ernste die moralische Belehrung seiner Zeitgenossen oder wol gar der Nachwelt, zur Absicht gehabt" [4]). Granucci scheint sich auch gern mit der italienischen Literatur und insbesondere mit den Schriften Boccaccio's beschäftigt zu haben, denn er besorgte eine Ausgabe des erst zu seiner Zeit wieder aufgefundenen, aber freilich von den meisten Kritikern als unecht betrachteten „Urbano" dieses Schriftstellers (Urbano; opera jocundissima novamente retrovata del facundissimo ed elegantissimo poeta messer G. Boccaccio. Lucca 1562. 8.) und löste dessen „Theseide," ein der alten Fabelwelt entlehntes, aber im romantischen Geiste durchgeführtes episches Gedicht, in Prosa auf, um es dem italienischen Geschmacke genießbar zu machen, denn das Epos hatte, wie er in der dialogisirten Einleitung zu seiner Umarbeitung (La Teseide di Giov. Boccaccio ridotta in Prosa. Lucca 1579. 8.) sagt, kaum das Tageslicht erblickt, als es, gleich einer Mißgeburt, augenblicklich wieder aus dem Leben verschwand [5]). Die Umarbeitung ist jetzt ebenso unbekannt, wie die Originaldichtung [6]). (*Ph. H. Külb.*)

GRANUCOMETAE ist bei Plinius (H. N. V, 19) der Name zweier Tetrarchien, welche von ihm in seiner flüchtigen Charakteristik im Innern Syriens zwischen dem Gebiete von Cyrrhestike und dem von Emesa aufgeführt werden und demnach zum Bereiche von Cölesyrien gehört haben mögen. Weder Strabon noch Ptolemäos haben dieses Namens erwähnt. Zu Strabon's Zeit mochten dieselben noch nicht bestehen und zur Zeit des Ptolemäos keine Bedeutung haben oder einen anderen Namen führen. Mannert (Th. VI. Abth. 1. S. 421) geht flüchtig über diese Bezeichnung hinweg. Seitdem die Römer über Syrien herrschten, war die Tetrarchie in diesen Regionen, wie auch in Palästina, ein beliebtes Schema, einen größeren Staat in kleinere Abtheilungen zu zersplittern, welche unter die Söhne eines Dynasten vertheilt wurden. (*Krause.*)

GRANULATIO. An der Oberfläche getrennter Körpertheile, wo der Heilungstrieb sich geltend macht, findet man eine mehr oder weniger sammtartig überkleidende weiche Schicht, worin sich einzelne rundlich oder körnerartig überragende Partien unterscheiden lassen. Es dient diese Schicht zur Ausfüllung des klaffenden Raumes und zur Annäherung und allmäligen Verwachsung der Wundränder; sie ist gleichsam das ansetzende Fleisch. Man hat deshalb die einzelnen Körnchen als Fleischwärzchen (Granula, Granulationes) bezeichnet, und den ganzen Proceß nennt man wol die Fleischbildung oder Fleischwärzchenbildung (Granulatio). Die Granulationen sind das Erzeugniß der ausgeschwitzten gerinnbaren Lymphe. Nach Billroth (Untersuchungen über die Entwickelung der Blutgefäße. Berlin 1856.) können die einzelnen Capillargefäßgruppen, aus denen das Exsudat kommt, nur einen bestimmten District mit Exsudat versorgen, und da die Gefäßvertheilung in den verschiedenen Geweben nicht der Art ist, daß durch ihr Exsudat eine gleichmäßige Oberfläche entstehen müßte, so häuft sich um jedes einzelne Capillargefäßchen das

*) Jo. Chr. Adelung, Fortsetzung und Ergänzungen zu Chr. G. Jöcher's Gelehrten-Lexikon. Bd. 2. S. 1581.

1) Vielleicht einer zweiten vermehrten Ausgabe der ersten Sammlung. 2) Er sagt in seiner Histoire littéraire d'Italie. (Paris 1824. 8.) Tom. VIII. p. 448 von den Novellen der zweiten und dritten Sammlung: Dans les unes et les autres on trouve de l'intérêt, de l'élégance, et plus encore, de la moralité. 3) Gesch. der schönen Wissenschaften. Bd. II. S. 266. 4) Eine Auswahl der Novellen Granucci's findet man auch in dem Novelliero Italiano. Venezia 1754. 8. 4 Voll.

5) A pena si lasciò vedere in publico, che, quasi aborto, in uno instante uscì da vita. 6) J. Chr. Adelung, Fortsetzung und Ergänzungen zu Chr. Gottl. Jöcher's Gelehrten-Lexikon. Bd. II. S. 1581. Biographie universelle. Tom. XVIII. p. 314. Biographie générale. Tom. XXI. p. 685.

GRANVILLE (AUGUSTUS BOZZI)

Ersatz an und bildet hier ein Knötchen, wodurch eine unebene warzige Oberfläche, die granulirende Fläche, entsteht. In die gerinnbare Lymphe wachsen die getrennten und retrahirten Gefäße hinein. Aus dieser Entstehungsweise der Granulationen erklärt es sich, daß dieselben Anfangs ganz weich sind und daß sie sehr leicht bluten. Gesunde Granulationen zeichnen sich aber durch hellrothe Färbung aus. An hängenden Theilen, wie z. B. in Fußgeschwüren, deren Träger stehen oder herumgehen, bekommen die Granulationen in Folge der venösen Stauung ein livides Aussehen, und sie befinden sich dann nicht mehr in einem zur befördernden Heilung geeigneten Zustande. Aber auch in den blassen, d. h. blutarmen Granulationen, schreitet der Heilungsproceß nicht in wünschbarer Weise fort. Die gesunden Granulationsflächen besitzen eine etwas erhöhte Temperatur. Die Granulationsschicht theilt mit den normalen Körpertheilen die Eigenschaft, daß sie Substanzen, welche damit in Berührung kommen, aufsaugt. Es besitzen ferner die Granulationen, von welchem Theile sie auch hervorgeschossen sein mögen, einen gewissen Grad von Empfindlichkeit. — Nach Güterbock's Untersuchungen sind die Granulationen um so größer, je bedeutender der Substanzverlust ist, und um so kleiner, je näher der Oberfläche des Körpers sie vorkommen. Sie sind nach ihm von verschiedener Farbe und von ganz unregelmäßiger und ungleicher Form. Der oberflächlichere Theil der Granulationen ist röther, also reicher an Blutgefäßen.

Granulationen oder Granularbildungen heißen aber auch in der anatomischen Terminologie überhaupt Bildungen, die sich als ein Aggregat von rundlichen oder körnigen Theilen charakterisiren, mögen es nun normale constituirende Bildungen sein, oder mögen sie, wie es meistens der Fall ist, zu den pathologischen Producten zählen. Solche pathologische Granulationen können an den verschiedensten Körper- und Organtheilen vorkommen. In diesem Sinne spricht man von Granulationen der Hirnhäute, namentlich den sogenannten Pacchioni'schen Granulationen, von Granulationen der Bindehaut oder von Granularentartung der Conjunctiva, von Granulationen der Lungen und der Gebärmutter, von Granularentartung der Nieren, von Granularentartung der Leber oder Lebercirrhose. (*Fr. Wilh. Theile.*)

Granvella, s. Perrenot (3. Sect. Bd. 17. S. 229 fg.).

GRANVILLE (Augustus Bozzi), berühmter englischer Arzt und Naturforscher, im J. 1783 zu Mailand geboren, stammte aus einer englischen Familie und diente, nachdem er seine medicinischen Studien beendigt hatte (1807), längere Zeit als Wundarzt auf der britischen Flotte. Später ließ er sich, um sich der Civilpraxis zuzuwenden, zu London nieder und wurde im J. 1819 Wundarzt und Geburtshelfer am Westminster Dispensary und im J. 1824 Arzt am Metropolitanhospital für kranke Kinder (Metropolitan Infirmary for sick children) und am Wohlthätigkeitsinstitut für Wöchnerinnen (Benevolent Lying-in Institut). Er versuchte sich zugleich mit Erfolg als Schriftsteller und machte es sich zur besonderen Aufgabe, durch physikalische und chemische Forschungen die Arzneimittellehre zu fördern, wie seine Bemerkungen über die Eigenschaften der Rinde der granadischen Gewürzwaare (An account of the physical and chemical properties of the Malambo-bark. London 1816. 8.); über merkwürdige mit dem Mutterkorne gemachte Versuche (An account of some experiments on the Ergot of Rye. Lond. 1817. 8.); über ein neu zusammengesetztes Gas, welches sich aus einer in dem lebenden Körper stattfindenden animalischen Zersetzung ergibt (On a new compound gas, resulting from animal decomposition taken place in the living body (Lond. 1818. 8. Deutsch mitgetheilt in dem Neuen Journal der Pharmacie von J. B. Trommsdorff. Bd. 7 und in dem Journal für Chemie und Physik. Bd. 35); über den innern Gebrauch der Blausäure (Historical and practical Treatise on the Internal use of Prussic Acid. 2 ed. Lond. 1820. 12. Deutsch unter dem Titel „Beobachtungen über den innern Gebrauch der Blausäure in der Lungenschwindsucht, chron. Katarrh u. s. w. aus dem Englischen übersetzt von D. L. Cerutti. Leipzig 1819. 8.) und über die chemische Zusammensetzung eines als sehr kräftig gepriesenen Mittels zur Entfernung des Ansteckungsstoffes (On the chemical composition of two liquids, lately proposed as desinfectans of great power. Lond. 1827. 8.). Außerdem fallen in diese Zeit sein Versuch über die ägyptischen Mumien (An essay on Egyptians Mummies in den Philosophical transactions 1825, p. 269 seq.; auch besonders gedruckt. Lond. 1825. 4.); seine Anleitung zur Erhaltung der Gesundheit (Deutsch unter dem Titel: „Gesundheits-Katechismus oder einfache Regeln zur Erhaltung der Gesundheit und Erreichung eines hohen Alters." Nach dem Englischen. Stuttgart 1834. 8.) und seine Geschichte der Leistungen der königlichen Gesellschaft der Wissenschaften im 19. Jahrh., welche er aber erst nach der Heimkehr von seiner zweiten Reise unter dem Titel: The Royal Society in the 19th Century, being an statistical summary of its labours during the last thirty-five years (Lond. 1836. 8.) herausgab. Im J. 1836 besuchte er nämlich die meisten Länder des europäischen Continents, um die verschiedenen Gesetzgebungen über die Gesundheitspolizei zu studiren und sein vortrefflicher Bericht über diesen wichtigen Gegenstand wurde auf Befehl und Kosten der Regierung veröffentlicht. Schon früher hatte er Frankreich, Deutschland und Rußland bereist und seine Beobachtungen in einem sehr anziehenden Tagebuche (St. Petersburg: a Journal of travels to and from that capital through Flanders, the Rhenish Provinces, Russia, Poland, Silesia, Saxony, the federated states of Germany and France. Lond. 1828. 2 Voll. 2d. Ed. Ibid. 1829. 8. 2 Voll., nachgedruckt Paris 1837. 12. 2 Voll.) herausgegeben, welches besonders eine gelungene Schilderung der merkwürdigen Stadt Petersburg enthält. Auf der zweiten Reise machte er hauptsächlich die Heilbäder Deutschlands zum Gegenstande seiner Forschungen und theilte dieselben in einem mit großem Beifall aufgenommenen Werke (Spas of Germany. Lond. 1837. 8. 2 Voll. Ibid. 1843. 8.) mit; ein in Teutschland veranstalteter Auszug (The principal spas of Germany. Extract of his larger works; with notes and corrections. Frankf. 1838. 12.) gibt indessen manche Erläuterungen und Berichtigungen, welche auch in den teutschen Uebersetzungen einzelner Theile dieses Werkes („Die Heilbäder in Kissingen; ihr Gebrauch und ihre Wirksamkeit; aus dem Englischen mit Anmerkungen von Cramer." Leipzig 1850. 8. „Baden-Baden." Karlsruhe 1838. 16.) nicht fehlen. Die günstige Aufnahme, welche diese Beschreibung der Heilbäder Teutschlands in England fand, bewog den Verfasser, auch ein solches über die Heilbäder seines Vaterlandes (The spas of England. Lond. 1838. 8. 3 Voll.) zu schreiben, welches ebenfalls eifrig gelesen wurde, wie die zweite Ausgabe desselben (Lond. 1841. 8. 3 Voll.) beweist. Granville's Verdienste fanden allseitige Anerkennung; auch war er Mitglied des königlichen Collegiums der Aerzte zu London *). (*Ph. H. Külb.*)

GRANVILLE [1]) (George, Lord Lansdowne), englischer Staatsmann und Dichter, um das Jahr 1667 zu Biddeford in Devonshire geboren, war der Sohn Bernard Granville's, welcher bei der Restauration der Stuarts mit George Monk sehr thätig war und bei Karl II. in großer Gunst stand, und der Enkel Sir Bevil Granville's, welcher bei Vertheidigung der königlichen Sache in der Schlacht von Lansdowne umkam. George Granville wurde unter der Aufsicht des Sir William Ellis, eines durch Gelehrsamkeit und vortrefflichen Charakter ausgezeichneten Mannes, erzogen und machte durch sein ungewöhnliches Talent und seinen Fleiß so schnelle Fortschritte, daß er schon in seinem 10. Jahre in das Trinity-College zu Cambridge gebracht werden konnte. Hier überreichte er der Herzogin von York, Maria Beatrice von Este, als sie im J. 1679 die Universität besuchte, ein Gedicht, für welches dem jugendlichen Dichter große Lobsprüche gespendet wurden, da es dem damaligen Geschmacke an gereimten und ungereimten Lobhudeleien entsprach. Er verließ schon in seinem 13. Jahre mit dem Grade eines Magisters die Universität und bemühte sich, von dem ihm gewordenen Beifall aufgemuntert, auf dem Felde der Poesie Lorbeeren zu erringen. Die Thronbesteigung Jacob's II. (1684) bot eine günstige Gelegenheit und der König ward mit drei verschiedenen Gedichten begrüßt, von denen besonders das eine bewundert wurde, in welchem er Jacob mit den heidnischen Göttern vergleicht und mit dem Ergebnisse schließt, daß der britische Monarch alle Vorzüge derselben in sich vereinige. Selbst Edmund Waller, der berühmte Dichter, dessen „Art und Weise," wie ein gleichzeitiger Kunstrichter sagt, „sich mehr für Leute vom Stande und für solche, die am Hofe leben, schickt," nannte den jungen Dichter eine frühzeitige, blüthenreiche Pflanze und ein seinen Jahren vorauseilendes Genie, von welchem noch Großes zu erwarten sei. Es läßt sich leicht denken, daß Granville, welcher schon durch seine Erziehung die Ansichten und Gesinnungen der Aristokratie in sich aufgenommen hatte, die hohe Achtung, in welcher er durch seine panegyrischen Verse am Hofe stand, und durch die zahlreichen Gunstbezeugungen, welche er von dem Könige erfuhr, zu würdigen wußte und in einem Alter, wo man sich noch nicht zu verstellen weiß, dem Hause der Stuarts mit aufrichtiger Liebe ergeben war. Schon bei dem Aufruhr des Herzogs James von Monmouth konnte er kaum abgehalten werden, die Waffen zu ergreifen; als aber die Landung des Prinzen Wilhelm von Oranien bevorstand, richtete er ein dringendes Schreiben an seinen Vater, um von diesem die Erlaubniß zur Theilnahme an dem Kampfe zur Vertheidigung des Königs zu erlangen. Er schilderte darin seinen Schmerz über sein unthätiges Leben in einem Augenblicke, wo jeder, der noch eine Spur von Ehrgefühl habe, sich beeilen müsse, ins Feld zu ziehen. Die Ausrede, daß er noch nicht das zum Kriegsdienste erforderliche Alter habe, will er nicht gelten lassen, da es jedem Alter Ruhm bringe, für das Vaterland zu sterben und da, je früher dies geschehe, um so rühmlicher das Opfer sei. Der König, meint er ferner, sei irre geleitet worden, man solle deshalb die Rathgeber zur Rechenschaft ziehen, er selbst aber müsse für seine Person heilig sein und es sei die Pflicht eines jeden rechtschaffenen Mannes, zu seinem Schutze herbeizueilen **). Ob auch jetzt die Familie Granville's, welche eine sehr klare Anschauung von den obwaltenden politischen Verhältnissen gehabt zu haben scheint, nicht seiner Ansicht war und der Ausführung seines Vorhabens unüberwindliche Hindernisse entgegensetzte, oder ob er die erwünschte Erlaubniß erhielt, zur Armee zu gehen, wird nirgends gesagt, gewiß ist, daß keine Gefahr für ihn zu befürchten war, da die Revolution ohne Blut vollbracht wurde. Granville war der jüngere Sohn eines jüngeren Bruders, eine Bezeichnung, welche in England gleichbedeutend ist mit ärmlichen und gedrückten Verhältnissen; er besaß jedoch die Klugheit und Geschicklichkeit, diese Lage durch Sparsamkeit der Außenwelt zu verbergen und den Mangel an Vermögen durch die hohe Achtung, die er sich zu gewinnen suchte, zu ersetzen. Als er später über ein reichliches Einkommen zu verfügen hatte, hielt er die frühere Einschränkung für überflüssig und bewies, daß gezwungene Sparsamkeit nicht immer, wie man behauptet, im Alter bei bessern

---

*) Vergl. *An. Allibone*, Dictionary of english literature. Vol. I. p. 721. Biographie générale. Tom. XXI. p. 636.

1) Der Name wird zuweilen auch Greenville oder Grenville geschrieben.

**) I cannot bear living under the reproach of lying obscure and idle in a country-retirement, when every man, who has the least sense of honour, should be preparing for the field..... I was too young to be hazarded; but, give me leave to say, it is glorious at any age to die for one's country, and the sooner the nobler the sacrifice..... The King has been misled; let those who have misled him be answerable for it. Nobody can deny but he is sacred in his own person, and it is every honest man's duty to defend it.

Glück zum Griffe wird. Da er also das Feld der Ehre, auf welchem viele seiner Vorfahren Lorbeeren geerntet hatten, nicht betreten konnte, das schnelle Gelingen der Revolution und der Sturz der Stuarts ihm jede Aussicht auf eine einträgliche Stelle abschnitten und der Mangel an den nöthigen Mitteln ihm nicht erlaubte, sich nach der Sitte der damaligen Aristokratie dem Taumel der Vergnügungen hinzugeben, so blieb ihm kein anderer Weg zur Erlangung des ersehnten Ruhmes übrig, als die Poesie, durch deren Pflege er sich bereits mit Erfolg in die höhere Gesellschaft eingeführt hatte. Er hielt sich deshalb unter der Regierung Wilhelm's III. von dem Treiben des öffentlichen Lebens gänzlich fern, gelangte aber auf dem von ihm gewählten Wege weit früher zu dem Tempel des Ruhmes, als die meisten seiner Zeitgenossen. Er machte sich durch seine Gelegenheitsgedichte und kleineren Poesien hauptsächlich bei der fein gebildeten Aristokratie beliebt, besonders aber erwarben ihm seine Liebeslieder, in welchen er die Gräfin von Newbourgh, welche er wirklich, ohne Gegenliebe zu finden, geliebt haben soll, unter dem Namen Mira feierte, großen Beifall bei seinen Zeitgenossen; eine spätere ruhige Kritik spendet ihnen jedoch nur wenig Lob und will an ihnen weder Natur noch Kunst, weder die Gefühle eines Liebhabers noch die Sprache eines Dichters finden; sie nehmen zuweilen einen glücklichen Anlauf, sind aber im Allgemeinen matt und kalt oder gezwungen und überspannt. Die übrigen kleinern Gedichte zeichnen sich weder durch Munterkeit oder Zierlichkeit, noch durch Kraft oder Schärfe aus; manche erscheinen so unbedeutend und kindisch, daß man sich ihre Veröffentlichung nur durch die Eitelkeit des Dichters erklären kann [3]), dagegen haben die Prologe und Epiloge zu seinen dramatischen Versuchen gerechten Anspruch auf lobende Anerkennung. Die „Erfolge der Schönheit" (Progress of Beauty) muß als eines der am fleißigsten ausgearbeiteten Gedichte gelten; es fehlt ihm nicht an Pracht und Heiterkeit, man vermißt aber das Verdienst der Originalität. Das höchste Lob, welches man dem Dichter spenden kann, ist seine geistreiche Weise, die Gemahlin des Königs Jacob zu feiern, nachdem sie aufgehört hatte, Königin zu sein. Unangenehm fällt bei ihm die Gewohnheit auf, alle seine Gedichte mit mythologischen Kindereien zu verzieren. Sein König ist Jupiter, welcher, weil die Königin nicht mit Kindern gesegnet ist, eine unfruchtbare Juno besitzt; die Königin wird übrigens nicht nur mit Juno, sondern auch mit Venus und Minerva verglichen. Sein Gedicht auf die berüchtigte Herzogin in Grafton's scandalösem Processe schließt, nachdem es eine Zeit lang mit Juno und Pallas, Mars und Alcides, Callirhoe und Niobe, Herkules, Minos und Rhadamanthus um sich geworfen hat, diesen Unsinn mit Gottlosigkeit [4]). Noch weniger leistete Granville in dem Fache der dramatischen Poesie, worin er sich ebenfalls in der Zeit seiner unfreiwilligen Ruhe versuchte. Er begann mit dem Lustspiele „Die galanten Frauenzimmer," welches er um das Jahr 1685 schrieb, und ließ diesem nach längerem Zwischenraume ein anderes Lustspiel: „Der Jude von Venedig" (1698), die Tragödie: „Die heldenmüthige Liebe" (1696) und die opernartigen Dramen: „Peleus und Thetis" (1698) und „Die britischen Zauberer" (1706) folgen. „Die galanten Frauenzimmer" (The She-Gallants) [5]), eine schwache Jugendarbeit, welche der Verfasser selbst das Kind eines Kindes nennt, wurde trotzdem bei der ersten Aufführung auf dem königlichen Theater in Little-Lincolns-in-Fields (1696) mit Beifall aufgenommen und öfter wiederholt, bis es einer dem Dichter feindlichen Partei gelang, mehre Stellen in dem Lustspiele als Satyre auf angesehene Personen zu deuten, obschon dieses keineswegs der Fall war und auch von Granville mit schlagenden Gründen in Abrede gestellt wurde. Er arbeitete das Stück, welches indessen dieser Angriffe wegen von der Bühne verschwinden mußte, nach vielen Jahren unter dem Titel: „Alte Liebe rostet nicht" (Once a Lover and always a Lover) [6]) um und gab sich große Mühe, daraus ein nach den damaligen Begriffen correctes Lustspiel zu machen oder mit andern Worten, er sorgte, daß die Scene sich stets an einem Orte befand, daß die Zeit nicht die vorgeschriebenen Grenzen überschritt und die Handlung einfach war. Die Zeitgenossen gaben zwar zu, daß sich in diesem Lustspiele mehr Witz finde, als man gewöhnlich auf der Bühne höre, daß der Dialog sehr fließend und ansprechend sei und daß die satyrischen Züge, an welchen es keinen Mangel habe, das Ziel genau treffen, tadeln aber, daß kaum eine einzelne Scene vorkomme, worin man nicht auf Ausdrücke stoße, die des Dichters und der britischen Bühne unwürdig seien und die weder durch den Witz noch durch die Laune, womit sie untermischt sind, entschuldigt werden können. Spätere Kritiker nennen das Stück in hohem Grade unanständig und grob und Johnson sagt geradezu, Granville sei nur ein sklavischer Nachahmer des Guten wie des Schlechten seiner Vorbilder und man müsse voraussetzen, daß er von Wicherley die Unflätherei gelernt habe, wie ihm Waller in der Mythologie Muster gewesen sei [7]). Sein anderes Lustspiel: „Der Jude von Venedig" (The Jew of Venice) [8]), eine Umgestaltung des „Kaufmanns von Venedig" von Shakespeare, gefiel ebenfalls bei der Auf-

3) „His verses to Mira," sagt Sam. Johnson in der Biographie Granville's, „have little in them of either art or nature, of the sentiments of a lover or the language of a poet; there may be found now and then a happier effort, but they are commonly feeble and unaffecting, or forced and extravagant. His little pieces are seldom either sprightly or elegant, either keen or weighty. They are trifles written by idleness and published by vanity."

4) Eine gute Ausgabe der kleineren Gedichte erschien unter dem Titel: Poems on Several Occasions. London 1712. 8. Ibid. 1716. 12. 5) The She-Gallants, a Comedy. London 1696. 4. 6) Once a Lover and always a Lover, a Comedy. London 1736. 12. 7) Granville could not admire without bigotry; he copied the wrong as well as the right from his masters, and may be supposed to have learned obscenity from Wicherley, as he learned mythology from Waller. 8) The Jew of Venice, a Comedy. London 1701. 4.

führung und man rühmte die vorgenommenen Abänderungen, besonders die Abkürzungen der Scenen und die größere Wahrscheinlichkeit in der Handlung, man hob ferner hervor, daß die Sitten der Italiener von der ernsten und lächerlichen Seite fein geschildert, die Empfindungen edel und kräftig ausgedrückt und die Charaktere ebenso stark als natürlich gezeichnet seien. Trotz allen diesen Vorzügen ist indessen die matte Nachahmung in keiner Weise mit dem Originale zu vergleichen und wie wenig Granville den Geist Shakespeare's zu begreifen vermochte, beweist schon sein Misgriff, daß er den Charakter Shylock's komisch hielt und dadurch Lachen statt Abscheu erregt. Das Trauerspiel: „Heldenmüthige Liebe" (Heroic Love) [9]) folgt streng den Aristotelischen Regeln; die Handlung ist einfach, die Scene wird nie verändert und die Zeit stimmt mit der Vorstellung überein; alle Abschweifungen, alle unnöthigen Zwischenfälle sind vermieden und Nichts ist mehr vom Bombast entfernt als die Sprache in diesem Stücke; auch erntete es die Lobsprüche der mitlebenden Kritiker in reicher Fülle und der berühmte Dryden erklärt sich sogar bereit, dem Verfasser seine Lorbeeren abzutreten [10]); jetzt läßt uns aber diese Tragödie, welche ihren Stoff aus der Ilias schöpft und die Liebe Agamemnon's zur Chryseis behandelt, völlig kalt, da ihr die poetische Begeisterung fehlt und sie sich zu deutlich als künstliches Machwerk darstellt; auch verschwand sie bald von der Bühne und ist jetzt gänzlich vergessen. Die Oper „Peleus und Thetis," welche Granville eine Maske nennt und welche als Begleiterin des Lustspiels „Der Jude von Venedig" erschien, enthält manche schöne und liebliche Stelle, ist aber nicht gleichmäßig angenehm durchgeführt und der Schluß armselig. Peleus, welcher in die Thetis verliebt ist, erlangt durch den Beistand des Proteus ihre Gunst, Jupiter aber, welcher ebenfalls die schöne Göttin liebt, entreißt ihm dieselbe und verurtheilt ihn zu ewigen Qualen auf dem Caucasus [11]). Hier findet dieser Gelegenheit, den in der Sternkunst erfahrenen Prometheus um Rath zu fragen, welcher prophezeit, daß der von der Thetis geborene Sohn größer werden würde, als sein Vater, worauf Jupiter von seinen Ansprüchen absteht und Peleus mit seiner Bewilligung die Thetis heirathet. Noch früher scheint die Oper: „Die britischen Zauberer oder keine Zauberei gleicht der Liebe" (The british enchanters: or, no magic like love) [12]) entstanden und überhaupt einer seiner ersten Jugendversuche zu sein. „Dieses dramatische Wagniß," sagt er selbst in der später dazu geschriebenen und seine Ansichten über die Oper überhaupt entwickelnden Vorrede, „war die erste Anstrengung einer wirklich kindlichen Muse, eher eine Arbeit freier durch keine andere Pflicht in Anspruch genommener Stunden, als eine solche, die zur Unterhaltung des Publicums bestimmt sein sollte, aber der bekannte Schauspieler Bettington, welchem sie viele Jahre nachher in die Hände fiel, verlangte sie für die Bühne und das Stück fand so großen Beifall, daß es wenigstens vierzig Mal nach einander aufgeführt werden mußte und nur die Trennung der bedeutendsten Schauspieler, welche alsbald stattfand, und die Einführung der italienischen Oper die ferneren Vorstellungen verhinderten. Wäre es in reiferen Jahren gedichtet worden, so würden viele Fehler vermieden worden sein. „Granville," bemerkt Johnson, „hat in seinen „britischen Zauberern" aller Chronologie Trotz geboten, indem er die widersprechenden Sitten verschiedener Zeiten mit einander vermengt, aber der Dialog erinnert öfter an Dryden's gereimte Dramen und die Lieder sind gefällig, wenn auch nicht ganz correct. Sie sind nach meiner Ansicht das bei weitem beste seiner Werke und es finden sich trotz manchen Fehlern Stellen, welche wenigstens sehr ansprechen, wenn sie sich auch nicht zu einem hohen Grade von Vollkommenheit erheben" [13]). Der Dichter spricht auch in der bereits erwähnten Vorrede seine Ansicht über die Oper überhaupt und insbesondere über die englische aus. „Unter allen öffentlichen Schauspielen," bemerkt er, „muß die sogenannte Oper ihrer Natur nach das höchste Vergnügen verursachen. Fast alle Künste werden in Anspruch genommen, zu dieser Belustigung etwas beizutragen und man findet immer in einem solchen Bühnenstücke etwas, was auf das Gefühl der Zuschauer wirkt oder ihrem Geschmack entspricht... Die französische Oper ist in den Ausschmückungen, in den Tänzen und in der Pracht vollkommen und die italienische in der Musik und in den Stimmen vorzüglich, beide sind aber, was das Drama selbst betrifft, höchst mangelhaft; der englische Magen verlangt Kräftigeres und Nahrhafteres und wird durch Süßigkeiten allein nicht befriedigt. Wir haben zwar von unsern besten Meistern verschiedene dramatische Gedichte, welche den Namen Opern führen, der Stoff ist aber nicht gut gewählt und selbst Addison's „Rosamunde" und Congreve's „Semele" sind mehr Masken als Opern." Wenn nicht diese Bemerkungen verriethen, daß sich Granville auch mit der Theorie der Dichtkunst befaßte, so würde sein „Versuch über den unnatürlichen Schwung in der Poesie" (Essay upon unnatural flights in poetry) dies zur Genüge beweisen. Er zeigt in diesem zwar nicht sehr umfangreichen, aber inhaltschweren und von belehrenden Anweisungen begleiteten didactischen Gedichte, daß ungeachtet aller Begriffe von poetischer Frei-

---

9) Heroic Love, a tragedy. London 1698. 4.

10) Auspicious poet, wert thou not my friend,
How could I envy what I must commend!
But since 'tis Nature's law in love and wit,
That youth should reign, and withering age submit,
With less regret those laurels I resign,
Which, dying on my brows, revive on thine.

11) Peleus and Thetis, a mask. London 1701. 4. 12) The British Enchanters, a dramatic poem. London 1706. 4.

13) In his „British Enchanters" he has bidden defiance to all chronology, by confounding the inconsistent manners of different ages; but the dialogue has often the air of Dryden's rhyming plays; and his songs are lively, though not very correct. This is, I think, far the best of his works; for, if it has many faults, it has likewise passages which are at least pretty, though they do not rise to any high degree of excellence.

heit Nichts erhaben oder reizend sein könne, was entweder abgeschmackt oder übertrieben und unnatürlich ist. Die Ausführung ist zierlich und geistreich und zeigt zuweilen eine in seinen übrigen Arbeiten seltene Kraft, die Vorschriften sind richtig und die Warnungen treffend. Man findet in dem Versuche freilich nichts Neues, aber man sucht dieses in einem Lehrgedichte auch nur in den Verzierungen und Erläuterungen [14]). Granville, welcher bis jetzt in möglichst großer Abgeschlossenheit und nur der Literatur gelebt hatte, sah sich auf einmal und unerwartet in den Stand gesetzt, aus seiner Abgeschlossenheit hervorzutreten. Sein Vater, welcher um das Jahr 1692 starb, hinterließ ihm einiges Vermögen und sein Oheim, der Graf von Bath, welcher jenen nicht lange überlebte, ein kleines jährliches Einkommen; er versuchte nun, die politische Laufbahn zu betreten und da er bei der Thronbesteigung der Königin Anna (1702) durch einen Epilog der „britischen Zauberer," in welchem er durch eine der Personen des Stückes (die Fee Urganda) das Glück und die Größe Englands unter der neuen Regierung prophezeien ließ, sich die Gunst des Hofes erworben hatte, so fanden seine Bemühungen bei der herrschenden Partei kein Hinderniß, besonders da er das Bestreben derselben, den Haß des englischen Volkes gegen Frankreich zu schüren, durch Theilnahme an einer Uebertragung mehrer Reden des Demosthenes gegen den König Philipp von Macedonien [15]), den man deutlich genug als Vorbild des ehrgeizigen und hochmüthigen Ludwig XIV. bezeichnete, zu fördern sich bemühte. Granville übersetzte die zweite olynthische Rede [16]) nicht ungeschickt, erwarb sich dadurch großen Beifall und wurde von dem Flecken Fowey in Cornwall als Deputirter des Unterhauses für das erste Parlament der Königin Anna gewählt. Um diese Zeit (15. Sept. 1706) starb sein älterer Bruder Sir Bevil Granville auf der Ueberfahrt von der Insel Barbados, wo er seit dem Jahre 1703 Gouverneur gewesen war, nach England, wodurch ihm nicht nur eine nicht unbedeutende Erbschaft zufiel, sondern er auch das Haupt seiner Familie wurde, welche durch die Anhänglichkeit Sir Bevil's an die Sache der Revolution und Wilhelm III. bereits wieder anfing, ihr gesunkenes Ansehen herzustellen. George Granville wirkte im Parlament, wie es scheint, zur Zufriedenheit seiner Wähler, welche ihr Mandat auch für die folgende Sitzung erneuerten; im neunten Regierungsjahre der Königin Anna erwählte ihn der Flecken Helston in Cornwall zu seinem Vertreter und er wurde zum Ritter dieser Grafschaft ernannt; da er aber sowol aus Grundsatz als aus Neigung der Partei der Torys anhing, so mußte er, als es der Whigpartei im J. 1708 gelang, das Ministerium Harley zu stürzen, in die Dunkelheit des Privatlebens zurücktreten. Während dieser Zeit suchte er seine Unterhaltung in dem Umgange mit einer auserlesenen Gesellschaft gebildeter und gelehrter Männer und erwarb sich ein bedeutendes Verdienst um die Literatur durch die Gefälligkeit, die Dichter Pope und Wicherley bei Lord Bolingbroke einzuführen. Als nach kurzer Zeit das Whigministerium den Anstrengungen der Torys abermals unterlag, wurde er von seinen Freunden wieder zu den Geschäften gezogen und am 6. Oct. als Staatssecretair im Departement des Krieges an die Stelle des verstorbenen Robert Walpole ernannt. Als im folgenden Jahre die Parteileidenschaft an einem Tage (11. Febr.) auf einmal zwölf Peers machte, wurde auch Granville Lord Lansdowne, Baron von Bideford, in Devonshire. Seine Erhebung erregte weniger Verdruß und Neid, als die der übrigen, denn außer den von seinen Vorfahren und ihm selbst dem Staate geleisteten Diensten war er der Erbe einer Familie, in welcher zwei Pairschaften (die des Grafen von Bath und die des Lord Granville von Potheridge) unlängst erloschen waren. Ebenso wenig hatten die verschiedenen Parteien, welche ohne Unterschied ihn wegen der unerschütterlichen Festigkeit in seinen politischen Ansichten, seiner Biederkeit und seiner Freimüthigkeit achteten, dagegen einzuwenden, als die Königin Anna, bei welcher er in besonderer Gunst stand, ihn zum Mitgliede ihres geheimen Rathes und zum Schatzmeister ihres Hauses wählte. Zu allen diesen Ehrenstellen kam noch die zu jener Zeit sehr hoch angeschlagene Auszeichnung, daß der berühmte Dichter Pope ihm seinen „Windsorforst" widmete und seine glänzenden Eigenschaften als Mensch, Staatsmann und Schriftsteller erhob [17]). Granville sollte indessen bald wieder die Unbeständigkeit des Glückes erfahren, denn er verlor nach dem Regierungsantritte Georg's I. alle seine Stellen und sah sich veranlaßt, von Neuem zu den Beschäftigungen seiner Jugend zurückzukehren, ohne jedoch seine Wirksamkeit im Parlament gänzlich aufzugeben, da seine enge Verbindung mit den Toryministern und seine unerschütterliche politische Ueberzeugung ihm nicht erlaubte, seine Freunde in den ihnen ungünstigen Verhältnissen zu verlassen. So finden wir ihn unter den Lords, welche gegen die Partei, die Lord Bolingbroke und den Herzog von Ormond aus dem Lande verweisen wollten, und gegen die betreffende Bill entschieden auftraten (1715), wodurch er sich, sowie durch andere vielleicht unkluge Aeußerungen und Schritte in mancherlei Widerwärtigkeiten verwickelte. Sein Benehmen brachte ihm

14) Granville's Gedicht würde wahrscheinlich eine weit größere Berühmtheit erlangt haben, wenn nicht Pope's Essay of criticism alle übrigen Versuche dieser Art übertroffen und in Vergessenheit gebracht hätte. 15) Several Orations to encourage the Athenians to oppose the exorbitant power of Philip of Macedon, englished by several hands (Earl of Peterborough, Lord Lansdowne, Earl Stanhope). London 1702. 16) Er hat sie auch in die von ihm besorgte Ausgabe seiner Werke (Genuine Works, in verse and prose. London 1732. 4. 2 Voll.) aufgenommen.

17) In der Dedication dieses beschreibenden Gedichts sagt Pope mit freilich übertriebener Höflichkeit:

'Tis yours, my Lord, to bless our soft retreats,
And call the Muses to their ancient seats;
To paint anew the flow'ry sylvan scenes,
To crown the forests with immortal greens;
Make Windsor's hills in lofty numbers rise,
And lift her turrets nearer to the skies;
To sing those honours you deserve to wear,
And add new lustre to her silver star.

auch, obschon er die Ernennungsacte Georg's I. unterzeichnet hatte, in den Verdacht der Theilnahme einer Verschwörung, welche den Zweck hatte, einen Aufstand in Schottland zu erregen und dadurch die Landung des Prätendenten zu begünstigen; er wurde deshalb als eine gefährliche Person am 26. Sept. 1715 festgenommen und in den Tower zu London gebracht, aus welchem er erst nach einer über Jahresfrist dauernden Gefangenschaft (am 8. Febr. 1717) und ohne Proceß entlassen wurde. Bei seiner Gefangennehmung sollen auch durch den gutgemeinten Eifer seines Dieners ein noch nicht zur öffentlichen Kenntniß gelangter Theil seiner Gedichte dem Feuer übergeben und zu Grunde gegangen sein. Nachdem er auch seinen Sitz im Parlament wieder erhalten hatte, sprach er zwar im J. 1719 mit großer Energie gegen die Aufhebung der den Dissenters so unangenehmen Uniformitätsacte [18]), vermied aber sonst sorgfältig jeden Conflict mit der Regierung und beobachtete in seiner Handlungsweise die umsichtigste Mäßigung. Um das Jahr 1722 fand Granville für gut sowol aus Gesundheitsrücksichten, als auch zur Besserung seines durch mancherlei Umstände zerrütteten Vermögens eine Reise nach dem Festlande zu machen. Von hier aus richtete er ein Schreiben an seine Freunde (A Letter from a nobleman abroad to his friends in England), worin er seine Ansichten über die Lage seines Vaterlandes klar und offen entwickelt und sein Benehmen rechtfertigt [19]). Während seines Aufenthaltes las er den ersten Band der von Gilb. Burnet hinterlassenen „Geschichte seiner Zeit" (History of his Own Times), welcher im J. 1724 von dessen Sohne herausgegeben worden war und fand darin Manches ungenau und parteiisch dargestellt, besonders fiel ihm auf, daß die Charaktere des Generals Monk und Richard Granville's, seines Vorfahren, auf eine Art geschildert waren, wie sie es nach seiner Ansicht keineswegs verdienten. Da er den Entschluß gefaßt hatte, eine Widerlegung zu schreiben, so nahm er auch andere Werke der gleichzeitigen Historiker, namentlich des Grafen Clarendon „Geschichte der Rebellion" und des Erzdiakons Echard „Geschichte von England" durch und überzeugte sich bald, daß an diesen noch gröbere Irrthümer zu tadeln waren. Da er im Besitze wichtiger Familienpapiere war, welche zuverlässige Nachrichten über das Benehmen der falsch beurtheilten und scharf getadelten Männer enthielten, so machte er nach seiner Zurückkunft nach England im J. 1732 dieselben gleichzeitig mit der Ausgabe seiner übrigen Werke bekannt und veranlaßte dadurch einen Sturm von Entgegnungen, welche größtentheils in einem höflichen Style, wie Granville's Berichtigungen, zum Theil aber auch in einem sehr gereizten Tone geschrieben sind. Granville antwortete noch einmal in einem Briefe [20]), die verschiedenen Ansichten waren jedoch, wie es sich nach der Parteistellung der Gegner von selbst versteht, nicht zu vereinigen, der Leser neigt sich übrigens mehr auf die Seite Granville's, da seine Bemerkungen klar und musterhaft geschrieben sind und absichtlich die Wahrheit nicht verletzen, dabei aber wichtige Mittheilungen über einzelne Punkte der merkwürdigen Revolution von 1688 bringen. Auch geht daraus hervor, daß Granville auf der Seite der ehrenhaften Aristokratie stand, welche verschmähte, um den Beifall des Pöbels zu betteln, sondern stets nur den wahren Vortheil des Vaterlands im Auge hat und Fürst und Volk durch das Band der Achtung und Liebe zu vereinigen sucht. Wie er über die Haltung eines Mannes von Stande dachte, zeigt am besten ein Schreiben, welches er im J. 1710 an seinen Vetter, den jungen Grafen von Bath, welcher als Befehlshaber einer Truppenabtheilung in Flandern stand, richtete: „Jedes lebende Geschöpf," sagt er darin, „hat ein Recht auf die Pflichten der Menschlichkeit; selbst das Unglück eines Feindes muß uns wieder mit ihm aussöhnen; dürstet er, so tränket ihn, hungert er, so speiset ihn; überwindet das Böse mit Gutem. Mein innigster Wunsch ist, daß Sie mit diesen Gesinnungen die Gewalt, womit Sie der König vor allen ihren Landsleuten bekleidet hat, zu gebrauchen anfangen möchten. Dulden Sie nicht, daß irgend Jemand Sie mit parteiischem Vorurtheile oder Widerwillen erfülle; machen Sie es sich zum Geschäfte, Zwistigkeiten beizulegen und, wo es nur immer möglich ist, Eintracht und nachbarliches Verständniß wieder herzustellen. Sollte sich trotzdem doch noch Jemand finden, der Ihnen nicht wohl wolle, so beschämen und verwirren Sie ihn durch Güte und Mäßigung. Damit will ich Ihnen aber keineswegs rathen, nur ein Haar eines alten Freundes Ihres Hauses aufzuopfern, um funfzig neue zu gewinnen ... Menschlichkeit und Großmuth sind die besten Stützen, worauf man sein Ansehen gründen kann. Es kann Jemand von hoher Abkunft sein, er kann Reichthum, Macht, Witz, Gelehrsamkeit und Tapferkeit besitzen, aber ohne Großmuth ist es unmöglich, ein großer Mann zu werden. Was auch der Reiche und Mächtige von sich denken, welchen Werth er auch seinem Ueberflusse und seinem Ansehen beilegen mag, er wird dennoch um so viel mehr gehaßt werden, je mehr er einen schlechten Gebrauch von seiner Größe macht.... Bei der Vertheilung der Wohlthaten gibt es jedoch auch gewisse Vorschriften und Vorsichtsmaßregeln, die man beobachten muß, denn man findet Leute, welche sowol Macht, als auch Neigung zur Uebung dieser Tugend besitzen, die aber aus Mangel an Ueberlegung, die Wohlthaten richtig anzuwenden, eher für gutmüthige Thoren, als für wahre Wohlthäter gehalten werden. Dieser reiche Lord wird einem ehrlichen Edelmanne, welcher Mangel leidet, nach vieler Ueberwindung eine Guinee reichen, aber keinen Augenblick zögern, einer gemeinen Buhlerin deren zwanzig zu

18) Die von ihm gehaltene Rede, welche die Zeitgenossen als ein Meisterstück betrachteten, wurde zwar alsbald gedruckt, findet sich aber nicht in Granville's Werken. 19) Abgedruckt in Sommer's Collection of scarce and valuable tracts on the most interesting subjects. London 1748 fg. 4. 20) Letter to the author of Reflexions Historical and Political, occasioned by a Treatise, in vindication of General Monk and Sir Richard Greenville. London 1732. 4.

geben, jener wird sich weigern, seinem besten Freunde fünfzig Pfund ohne hinreichende Sicherheit zu leihen, aber einen Augenblick später sein ganzes Glück auf ein Kartenblatt oder einen Würfel setzen ... Großmuth besteht nicht in der Verachtung des Geldes, die so weit geht, daß man es ohne Ueberlegung und ohne Unterschied hinwegwirft, obgleich dieser Leichtsinn noch besser ist, als es einzuschließen, weil der große Haufen doch einigen Nutzen daraus zieht. Die wahre Großmuth besteht vielmehr in der richtigen Anwendung des Reichthums zu guten Zwecken nach Verhältniß der Verdienste, Umstände, Würde und Beschaffenheit der Personen, die unserer Dienstleistungen bedürfen. Fürsten sind mehr, als jeder Andere, der Gefahr ausgesetzt, ihre Wohlthaten übel anzulegen, denn das Verdienst ist stets bescheiden und tritt zurück, während die Kecken und Zudringlichen sich ihnen so nahe als möglich ins Gesicht stellen und sich durch Nichts aus der Fassung bringen oder aus dem Wege drängen lassen ... Könnten die Fürsten mit eigenen Augen sehen und mit eigenen Ohren hören, in welchem glücklichen Zustande würden sie sich selbst und ihre Unterthanen befinden? ... Wie glücklich sind Sie, daß Sie mit so großmüthigen Neigungen, mit dem Verstande, sie zu leiten, und mit den Mitteln, sie zu befriedigen, geboren sind, denn unter allen Menschen ist der ohne Zweifel der unglücklichste, der diese Neigungen fühlt, ohne die Mittel zu ihrer Befriedigung zu besitzen." — Wie Granville über den geistlichen Stand dachte, beweist ein Brief an seinen Neffen, welcher sich diesem Berufe widmen wollte. „Ich billige," sagt er in demselben, „sehr gern Ihren Entschluß, sich ganz dem Dienste Gottes zu weihen; Sie können sich keinen besseren Herrn wählen, vorausgesetzt, daß Sie vorher Ihr Herz sorgfältig geprüft haben, um versichert zu sein, daß Sie ihm würdig dienen können .... Sie sollen nunmehr die Wahrheit erforschen; ich werde es deshalb ferner weit lieber sehen, wenn Sie mich freundlich tadeln, als wenn Sie mir, wie bisher, in Ihren Briefen, unverdienter Weise schmeicheln. Sie dürfen deshalb ja nicht glauben, daß ich Ihnen einen finstern presbyterianischen Ernst anempfehlen will; diesen muß man noch weit mehr vermeiden. Warnungen müssen, wie Arzeneien, so zubereitet werden, daß sie dem Geschmacke angenehm sind, sonst wird sich die Natur dagegen empören. Seien Sie stets aufrichtig, aber zugleich immer höflich; seien Sie demüthig, ohne Ihrer Würde etwas zu vergeben; tadeln und bessern Sie, ohne die guten Sitten zu beleidigen, denn es ist ebenso schlimm, ein Cyniker als ein Schmeichler zu sein. Sie dürfen mit dem Degen nicht auch die Sitten des Edelmannes ablegen und nicht Ihr Amtskleid anlegen, um Ihre Abkunft und gute Erziehung zu verbergen, sondern um ihm Ehre zu machen. Die Bosheit der Welt ist von jeher so groß gewesen, daß man zu allen Zeiten, in allen Ländern und in allen Religionen der Geistlichkeit den Vorwurf des Stolzes, des Geizes und der Ehrsucht gemacht hat, ja man beschuldigt sie, daß sie gerade das, was sie auf der Kanzel bestreiten, durch ihr Leben empfehlenswerth erscheinen lassen; es ist daher Ihre Pflicht, in diesem Stande mehr, als in irgend einem andern, auf Ihrer Hut zu sein; Ihr Beispiel muß Ihre Lehren bestätigen und Niemand darf Ihnen den Vorwurf machen können, daß Sie anders leben, als Sie predigen." Bei solchen Gesinnungen konnte es nicht fehlen, daß der Lord sich der allgemeinen Achtung erfreute, wenn man auch nicht immer und überall mit seinen politischen Ansichten übereinstimmen konnte. Als Granville nach England zurückkam, fand er, daß seine Gedichte in sehr fehlerhaften Abdrücken verbreitet waren, er beeilte sich daher, eine genaue Ausgabe derselben, woran er schon während seines Aufenthaltes in Frankreich fleißig gearbeitet hatte, zu besorgen; sie führt den Titel: Genuine Works in verse and prose. London 1732. 4. 2 Voll. und ist prachtvoll ausgestattet; ein geringerer Abdruck wurde nach seinem Tode (London 1736. 12. 3 Voll.) veranstaltet. Diese Ausgabe enthält auch seine prosaischen Versuche, welche von manchen Kritikern seinen poetischen vorgezogen werden, weil er einen besseren Styl schrieb, als die meisten seiner Zeitgenossen; indessen gingen nur seine Poesien in die bekannten Sammlungen englischer Dichter von Johnson, Anderson, Bell, Cooke und Andern über und werden immer noch von seinen Landsleuten, welche ihre einmal berühmten Schriftsteller stets zu achten gewohnt sind, gelesen, wenn auch die spätere Kritik in dem Urtheile über ihre Leistungen übereinstimmt. „Schriftsteller," sagt der streng richtende Johnson [21]), „leiten ihren Ruhm gewöhnlich von ihren Werken her, es gibt aber auch Werke, welche ihren Ruhm dem Charakter des Schriftstellers verdanken. Das Publicum hat seine Lieblinge, welche es für irgend einen Vorzug mit Ehrenbezeugungen belohnt, die einem andern gebühren. Einem solchen Liebling, den wir seiner Wohlthätigkeit wegen verehren, verweigern wir nicht gern den Preis des Genies; ein Mann von hervorragenden Verdiensten wird auf einmal ein ausgezeichneter Schriftsteller, ebenso wie eine Schönheit keine großen Schwierigkeiten findet, für geistreich zu gelten. Granville war ein angesehener Mann von Geburt und zog deshalb die Aufmerksamkeit auf sich. Nachdem er von Pope „der Feine" (the polite) genannt worden war [22]), mußte er als vollendeter

21) Writers commonly derive their reputation from their works; but there are works which owe their reputation to the character of the writer .... Granville was a man illustrious by his birth, and therefore attracted notice; since he is by Pope styled „the polite," he must be supposed elegant in his manners, and generally loved; he was in times of contest and turbulence steady to his party, and obtained that esteem which is always conferred upon firmness and consistency. With those advantages, having learned the art of versifying, he declared himself a poet; and his claim to the laurel was allowed. But by a critic of a later generation, who takes up his book without any favourable prejudices, the praise already received will be thought sufficient; for his works do not shew him to have had much comprehension from nature or illumination from learning. He seems to have had no ambition above the imitation of Waller, of whom he has copied the faults, and very little more. 22) In der als Einleitung zu seinen Satiren dienenden Epistel an Arbuthnot (v. 135):

Edelmann in seinem Benehmen und als allgemein beliebt betrachtet werden, und da er in der Zeit der politischen Wirren unwandelbar zu seiner Partei hielt, so erwarb er auch die Achtung, welche stets der Festigkeit und Beständigkeit gezollt wird. Auf diese Vortheile gestützt, erklärte er, da er die Kunst, Verse zu machen, gelernt hatte, sich selbst als Dichter und sein Anspruch auf den Lorbeer wurde bereitwillig anerkannt. Aber bei dem Urtheile einer spätern Generation, welche ohne irgend ein günstiges Vorurtheil nach seinen Schriften greift, will das ihnen bereits gespendete Lob vorsichtig geprüft sein, denn aus seinen Leistungen geht weder hervor, daß er von Natur große Anlagen, noch daß er durch Forschung sich hinlängliches Wissen erworben habe; er besaß, wie es scheint, keinen andern Ehrgeiz, als Waller nachzuahmen, und hat doch fast nur dessen Fehler copirt." — „Der Hauptcharakter seiner Dichtungen," bemerkt der milder urtheilende Anderson [25]), „ist Zierlichkeit, Heiterkeit und Würde; er ist selten zärtlich und noch seltener erhaben, er bemüht sich übrigens, in seinen kleinern Versuchen munter, und in den umfangreicheren groß zu sein. Die Hauptquelle seiner flüchtigen und leichten Poesien ist die Galanterie, der Hauptfehler eine Ueberfülle von mythologischen Redensarten und Bildern, selten schöpft er seine Gedanken aus der Tiefe des Wissens und diese erheben sich nicht über die Ergebnisse einer freien Unterhaltung und über eine genaue Bekanntschaft mit dem Leben. Seine Diction ist keusch und zierlich und seine Versification, die er von Waller geborgt hat, mehr glatt als kräftig." Obschon Granville bei seiner Heimkehr mit großer Zuvorkommenheit und Achtung am Hofe aufgenommen wurde, so zog er sich doch gänzlich von den öffentlichen Geschäften zurück. Er starb am 30. Jan. 1735 auf seinem Landhause bei Hanoversquare, wo er die letzten Jahre seines Lebens zugebracht hatte. Er hinterließ mehrere Töchter, aber keinen Sohn und Erben seiner Titel [26]). (*Ph. H. Külb.*)

GRANVILLE SHARP, einer der eifrigsten Philanthropen der neuern Zeit, am 10. Nov. 1735 zu Bradford-Dale in Yorkshire geboren, stammte aus einer altadeligen, durch rühmliche Thaten bekannten Familie, in welcher hohe Geistesgaben, praktische Tüchtigkeit und eine unbegrenzte Menschenliebe erblich zu sein scheinen [1]). Er war der dritte Sohn [2]) des Erzdechants von Northumberland, Thomas Granville, eines ebenso gelehrten als wohlthätigen Mannes, welcher, obgleich mit einer zahlreichen Familie gesegnet, und bei einem nicht sehr glänzenden Einkommen es doch durch weise Sparsamkeit dahin brachte, daß er den ganzen Ertrag einer seiner geistlichen Pfründen zu Werken der christlichen Liebe verwenden konnte. Zu diesen gehört vor allen die Errichtung einer Schule für arme Kinder sämmtlicher christlichen Confessionen, in welcher, um einen zahlreichen Besuch zu erwirken, beim Unterricht alle streitigen Religionssätze vermieden werden mußten. In diesen duldsamen Grundsätzen vortrefflich erzogen, obgleich, da er zum Kaufmannsstande bestimmt war, ohne gründlichere wissenschaftliche Ausbildung, kam Granville, um das Geschäft zu erlernen, in seinem 15. Jahre nach London zu einem Leinwandhändler, dem Quäker Halsey, nach dessen Tode zu einem andern Lehrherrn, welcher sich zu den Presbyterianern oder Independenten hielt, dann zu einem Irländer, welcher sich zu der katholischen Religion bekannte und zuletzt zu einem Manne, welcher sich um kein Religionssystem bekümmerte und dem es gleichgültig war, ob man ihn einen Deisten oder Atheisten nennen wollte. Da der junge Granville alle diese Principale als biedere Männer kennen und achten lernte, so faßte bei ihm auch die Ueberzeugung Wurzel, daß man bei jeder Confession das Herz auf dem rechten Flecke haben könne, dabei tauchte aber bei seinem angeborenen Triebe, bei allen Dingen den Grund zu erforschen, die Lust auf, einen Standpunkt zu erringen, von welchem aus er die täglich sich wiederholenden Streitigkeiten über Religionssachen richtig zu beurtheilen vermöge. Die nächste Veranlassung gab ein Wortwechsel mit einem Socinianer und um dessen für seine Ansichten beigebrachten Gründe zu würdigen, erlernte er die griechische Sprache, weil er nur auf diese Weise den wahren Sinn des neuen Testaments erfassen zu können glaubte. Aus demselben Grunde verlegte er sich nach einem Zwiegespräch mit einem Juden auf das Hebräische, während er zugleich neben seinen Berufsarbeiten das Studium der Theologie so eifrig betrieb und so bedeutende Fortschritte darin machte, daß er es mit einem Candidaten dieser Wissenschaft aufnehmen konnte. Sein geistlicher Oheim, Granville Wheler, erbot sich deshalb, ihm eine seiner Pfrün-

---

But why then publish? Granville the polite,
And knowing Walsh, would tell me I could write

25) The general character of his poetry is elegance, sprightliness and dignity. He is seldom tender, and very rarely sublime. In his smaller pieces he endeavours to be gay; in the larger to be great. Of his airy and light productions the chief source is gallantry, and the chief defect a superabundance of sentiments and illustrations from mythology. He seldom fetches an amorous sentiment from the depth of science. His thoughts are such as a liberal conversation and large acquaintance with life would easily supply. His diction is chaste and elegant, and his versification, which he borrowed from Waller, is rather smooth than strong. 26) Vergl. Granville's Biographie vor seinen Gedichten in den Sammlungen der englischen Dichter von Johnson (Vol. XXV; auch in den besonders gedruckten Lives of the english poets) und von Anderson (Vol. VII), in dem Brittischen Plutarch (von Th. Mortimer u. A., deutsch von H. G. v. Teubern und P. G. Linbury) Bd. V. S. 68 fg. Biographie universelle. Tom. XVIII. p. 320. (N. Ed. Tom. XVII. p. 363.) Biographie générale. Tom. XXI. p. 694.

1) Zu ihr gehörte der Admiral Richard Granville, mit dem bekannten Raleigh, welcher unter der Regierung der Königin Elisabeth einen großen Theil der Küste Virginiens entdeckte und sich mit der Ansiedelung derselben eifrig beschäftigte; ferner Thomas Granville, Erzbischof von York. 2) Sein älterer Bruder, John Sharp, erbaute an der Küste von Northumberlandshire das Felsenschloß Bamborough-Castle, welches zugleich als Leuchtthurm dient und eine vortreffliche Anstalt zur Rettung verunglückter Seeleute, ihrer Verpflegung und ihrem ferneren Fortkommen in sich schließt; ein anderer Bruder, William Sharp, war ein berühmter Wundarzt.

den, welche 2000 Thaler abwarf, zu überlassen. Er lehnte aber diesen großmüthigen Freundschaftsdienst ab, da er durch eine einträgliche Anstellung bei dem Kriegsvorrathswesen seit dem Jahre 1758 in eine sorgenfreie Lage versetzt war und er sich bereits eine höhere Aufgabe, als das Predigtamt, zum Hauptzweck seines Lebens gestellt hatte. Diese Aufgabe war der Kampf gegen den Sklavenhandel und die Milderung des schrecklichen Looses der armen Schwarzen. Es fehlte nicht an Gelegenheit zur Ausführung seines Vorhabens und er begann sogleich bei dem ersten vorkommenden Falle muthig den Kampf. Eines Tages fand er auf der Straße einen armen Neger (Jonathan Strong), welcher von seinem grausamen Herrn, dem von der Insel Barbados nach London herübergekommenen Advocaten David Lisle, mishandelt und in einem erbärmlichen Zustande und halbtodt vor die Thür geworfen worden war; Granville nahm sich des Unglücklichen an, brachte ihn zu seinem Bruder William, dem Wundarzte, und verschaffte ihm, nachdem er geheilt war, ein gutes Unterkommen. Kaum hatte Lisle den Aufenthaltsort des Sklaven erfahren, als er diesen gleich einem abhanden gekommenen Thiere aufgreifen und fortschleppen ließ; Granville säumte jedoch nicht, den Advocaten vor Gericht zu ziehen, und erkämpfte nach einem obgleich langwierigen, aber mit Energie geführten Processe im J. 1765 seinem Schützlinge die Freiheit. Dieser Proceß erregte nicht geringes Aufsehen und Granville wurde durch den Erfolg mit neuem Muthe beseelt, obschon er sich über die verschiedenen Eindrücke, welche seine Verfahrungsweise hervorbrachte, nicht täuschen konnte. Die Rechtsgelehrten, welche sich streng an die gesetzlichen Bestimmungen hielten, sahen in der Befreiung eines Sklaven nur einen Angriff auf das Eigenthum, die übrigen Stände konnten ihr Erstaunen über ein so neues Wagniß nicht bergen oder nahmen mindestens wenig Antheil daran, kannten auch wol zu wenig das schreckliche Loos der Sklaven oder glaubten, die Schilderung dieses Looses sei übertrieben. Später kamen auch noch die Gelehrten und suchten zu beweisen, daß die schwarze Menschenrace mit einem viel zu schwachen Verstande versehen sei, um die Freiheit genießen zu können, und daß sie sich glücklich fühle, von den Europäern Nahrung und Peitschenhiebe zu empfangen, oder behaupteten wenigstens, der Anbau des Bodens in den Aequinoctialgegenden sei ohne afrikanische Sklaven unmöglich. Granville verzweifelte jedoch so vielen und mächtigen Hindernissen gegenüber keineswegs, sondern unternahm es keck, die Gleichgültigkeit durch Schilderung einzelner ergreifender Thatsachen zu besiegen, den Eigennutz zu bekämpfen und die philosophischen Spitzfindigkeiten zu widerlegen, zu welchen Zwecken er einer von ihm verfaßten Flugschrift „Ueber die Ungerechtigkeit, Sklaverei in England zu dulden“ (On the injustice to suffer slavery in England) die möglichst größte Verbreitung zu geben suchte. Er war überzeugt, daß er, so gering auch die Anfänge sein mochten, doch am Ende zum Ziele gelangen würde, wenn er verschiedene Mittel anwende, wenn er sich zu gleicher Zeit an die Gerechtigkeit, an das allgemeine Mitleid, an die Vernunft und an die Mode wende und wenn er sich Mithelfer und Gönner verschaffe. Vorerst begnügte er sich immer noch mit der Ausspähung und Rettung einzelner Opfer der Unmenschlichkeit der Europäer, um die Aufmerksamkeit seiner Landsleute fortwährend auf diesen Gegenstand hinzulenken. Im J. 1768 rettete er die Negerin Hylas, welche auf Barbados ihrem Gatten entführt und nach England gebracht worden war, aus den Händen der Sklavenhändler, indem er diese vor das Gericht zog und ein verdammendes Urtheil gegen sie erwirkte; auf dieselbe Weise befreite er, von anderen gleichgesinnten Männern und Frauen unterstützt, noch mehre Neger und brachte es endlich in einem ähnlichen Processe zu Gunsten des Negersklaven James Somerset mit dem Beistande des gelehrten Sachwalters Hargrave so weit, die eigentliche Rechtsfrage, über welche unter den Richtern noch immer verschiedene Meinungen herrschten, durch den einsichtsvollen Lord-Oberrichter Mansfield (am 7. Febr. 1772) dahin entscheiden zu lassen, daß jeder Sklave, sobald er den Boden Großbritanniens betrete, frei sei. Diese Entscheidung, durch welche ein bedeutender Schritt vorwärts gethan war, verdankte Granville wenigstens zum Theil den unermüdlichen Bemühungen des Herzogs von Portland, welchem er ein Jahr vorher durch seine genaue Kenntniß der englischen Gesetze einen sehr wichtigen Dienst geleistet hatte. Die Krone wollte nämlich einige der nördlichen Besitzungen des Herzogs an sich ziehen, indem sie das Recht der Verjährung gegen ihn geltend machte, Granville aber führte in einer sehr gelehrten Abhandlung den Beweis, daß der Krone niemals eine Verjährung gegen Privatpersonen zu statten kommen könne und siegte über die Kronanwälte. Er hatte in dieser Sache einen schweren Stand der Regierung gegenüber, da er durch seine Anstellung von derselben abhängig und durchaus nicht in der Lage war, aus eigenen Mitteln seine Lebensbedürfnisse zu bestreiten. Eine solche, bei den meisten Menschen maßgebende Rücksicht konnte ihn aber nicht bestimmen, die Verletzung der Rechte eines Schwächeren stillschweigend zu dulden. „Obgleich ich,“ schreibt er an einen Freund, „ein Beamter bin, so betrachte ich mich doch als einen völlig unabhängigen Mann. Ich habe mich nie gefürchtet und werde mich nie fürchten, zu thun und zu bekennen, was ich für gut und recht halte. Um die weiteren Folgen, welche ein solches Thun oder Bekennen möglicherweise für mich haben könnte, kümmere ich mich nicht im geringsten, denn ich bin der Meinung, daß es eines Mannes unwürdig ist, sich vor der Welt zu fürchten, und wenn Wahrscheinlichkeit vorhanden ist, einen guten Zweck zu erreichen, so verhehle ich meine Ansicht selbst vor meinen Obern nicht.“ Diese Entschlossenheit zur Vertheidigung jeder guten Sache brachte Granville alsbald zu großem Ansehen und erwarb ihm die Achtung und Freundschaft aller redlich denkenden Männer. Der berühmte Arzt Fothergill und der Nordamerikaner Benezet waren die ersten Gleichgesinnten, welche an der Förderung seiner Pläne eifrig Theil nahmen, auch fand er eine ausgiebige Unterstützung an den Quäkern, da diese jetzt allmälig ihre Sklaven freiließen und sie nur als Diener gegen Bezahlung bei sich behielten. Granville war nun in seinen Bestrebungen bereits so weit gediehen, daß er seine Hülfleistungen auch auf die kupferfarbene Menschenrace ausdehnen konnte. Da man nämlich im J. 1772 die Caraiben auf St. Vincent unter allerlei nichtigen Vorwänden ihres Grundeigenthums berauben wollte, so nahm er sich sogleich ihrer an und führte ihre Sache. Zu gleicher Zeit fesselte der Zwist zwischen den nordamerikanischen Pflanzern und dem britischen Parlament, welcher immer heftiger geworden war, seine Aufmerksamkeit in hohem Grade; er glaubte sich auf die Seite der Amerikaner stellen zu müssen und erklärte in einem Schreiben an den berühmten Franklin offen, daß nach seiner Ueberzeugung dem britischen Parlament allein nicht das Recht zustehe, Gesetze für die Colonien zu machen, sondern nur dem Könige als Oberhaupt der Colonien in Verbindung mit einem Parlament dieser Colonien. Da jedoch durch diese und ähnliche Vorstellungen das Ministerium nicht zur Nachgiebigkeit zu bewegen war und die Entscheidung durch Waffengewalt vorzog, so konnte Granville, welcher dieses Vorgehen als eine gräuliche Ungerechtigkeit betrachtete, nicht länger als Beamter des Kriegsvorrathswesens im Dienste des Staates behalten werden. Man gestattete ihm zwar eine Bedenkzeit, er legte aber, da er nicht im entferntesten gesonnen war, gegen seine Ueberzeugung zu handeln, sogleich (1776) sein kurz zuvor durch eine Zulage verbessertes Amt nieder. Der Bedrängniß, in welche er durch den Verlust seines Gehaltes gerathen mußte, wurde freilich durch seine beiden Brüder James und William, die seine Ansicht theilten, abgeholfen, indem ihm diese freudig die Mittel zu seiner Existenz darboten. Er verfolgte nun um so eifriger sein Ziel und beschäftigte sich in seinen Mußestunden mit der Musik, die er als gründlicher Kenner betrieb, und mit literarischen Arbeiten. Er schrieb seine Erklärung des natürlichen Rechtes des Volks an der Gesetzgebung Theil zu nehmen (Declaration of the People's Natural Right to a share in the Legislature. London 1774. 8.) und eine Mahnung an seine Landsleute, nicht durch Theilnahme an dem Sklavenhandel den Zorn des Himmels auf sich herabzuziehen (The Law of Retribution, or a Serious warning to Great Britain and her Colonies, founded on God's temporal vengeance against Tyrants, Slaveholders etc. London 1776. 8.). In dieselbe Zeit fallen auch seine „Einleitung in die Vocalmusik" und seine „Abhandlung gegen den Zweikampf." Er spielte nicht nur meisterhaft mehre Instrumente (Flöte, Clarinette und Hautbois), sondern erfand auch eine Harfe mit zwei Reihen Saiten, die er Querharfe (traverse harpe) nannte und mit welcher er seine frommen Gesänge zu begleiten pflegte. Ueberhaupt durfte in den von ihm veranstalteten Sonnabendsconcerten, in denen er gewöhnlich die Pauken schlug und woran die vorzüglichsten Tonkünstler Londons Theil nahmen, nur geistliche Musik ausgeführt werden. Während des Krieges mit Amerika erregte auch das Pressen der Matrosen zum Dienste auf der Flotte seinen Unwillen und obgleich diese Gewaltthätigkeit durch das Gesetz erlaubt war, so bemühte er sich doch in einzelnen Fällen, wo ein Vater, Gatte oder Sohn den Seinigen schonungslos entrissen wurde, Hilfe zu schaffen. Er stieß indessen in dieser den Staat so nahe berührenden Angelegenheit auf unerwartet große Hindernisse, indem man das Verfahren desselben auf mancherlei Weise zu rechtfertigen suchte. Manche (wie Dr. Johnson) behaupteten keck, dergleichen Drangsale seien eine nothwendige Folge des Seemannslebens und wer dasselbe wähle, müsse sich alle demselben anklebende Leiden und Unbequemlichkeiten geduldig gefallen lassen; Andere (wie Foster, Lord Chatham und Junius) gaben zwar zu, daß dieses Pressen Verletzung eines der Hauptgesellschaftsrechte, der persönlichen Sicherheit, sei, betrachteten es aber als eine Nothsache in gegebenen Verhältnissen. Außerdem, meinten sie, sei es ja das allgemeine Loos der armen und arbeitenden Menschenclasse, Ungemach zu ertragen, es könne deshalb auch nicht als Ungerechtigkeit betrachtet werden, sie zu einem harten Dienste zu zwingen; vielmehr begingen die überspannten sogenannten Menschenfreunde dadurch ein großes Unrecht, daß sie durch ihren Lärm die armen Leute erst recht auf ihre Lage aufmerksam und unglücklich machten. „Alles dieses," klagt Granville, „hat man mir mit so täuschender Spitzfindigkeit und hoher Selbstgefälligkeit entgegengeschleudert, als ob schon der bloße Klang der Worte im Stande sei, das Wesen der Dinge umzuwandeln und als ob kein Unterschied obwalte zwischen gut und böse und als ob man nur, je nachdem Personen oder Gelegenheiten es verlangen, das eine oder das andere gleichgiltig oder nach Belieben wählen könne. Damit stände das Dogma von der Nothwendigkeit, der Lieblingssatz aller Tyrannen, fest und wären somit alle durch Moral, Gesetz und Recht gebotene Verbindlichkeiten über Bord geworfen. Aber wehe denen, die Böses gut und Gutes böse heißen .... Zur Verhütung solcher Gewaltthätigkeiten und Unbilden und zur Abmahnung von denselben, nicht aber zur Schärfung des Schmerzes über dieselben dient es, wenn man solche Dinge zur Sprache bringt; es ist sogar Liebesdienst gegen die Unterdrücker, wenn man sie ihres Irrthums überführt. Ja, bei Gott, es ist ein Verbrechen, bei solchen Gelegenheiten zu schweigen, denn die Schrift befiehlt: Oeffne deinen Mund, richte recht, führe die Sache der Armen und Nothleidenden, und der Herr spricht ferner: Wer dem Geringen Gewalt thut, der lästert desselben Schöpfer, aber wer sich des Armen erbarmt, der ehret Gott." Der fromme Granville stützt sich, wie man sieht, gern auf die heilige Schrift, man kann sich deshalb die Freude vorstellen, mit welcher er an der Gründung der ersten Bibelgesellschaft im J. 1780 Theil nahm, da der ausdrücklich ausgesprochene Zweck dieser Verbindung war, dem reißenden Verfalle der Religion und der Frömmigkeit entgegenzuarbeiten. Er wurde einer der thätigsten Vorsteher dieses Vereins und wirkte nicht minder eifrig als Mitglied der um dieselbe Zeit zu Stande gekommenen

Gesellschaft zur Ausbreitung des Christenthums unter den Juden. Drei Jahre später führte eines jener gräulichen Ereignisse, welche von Zeit zu Zeit die mit dem Sklavenhandel verbundenen Abscheulichkeiten an das Tageslicht bringen, den unerbittlichen Gegner dieses schändlichen Geschäfts auf den von ihm schon wiederholt siegreich betretenen Kampfplatz. Der Schiffscapitain Luke Collingwood hatte 132 Neger auf der Ueberfahrt lebendig ins Meer werfen lassen aus Furcht, daß das Trinkwasser nicht für die Mannschaft und sie ausreiche und als nach seiner Heimkehr die Eigenthümer des Schiffes Schadenersatz von der Assecuranz für die in den über Bord geworfenen Sklaven bestehende Fracht verlangten, entstand ein Proceß, an welchem sich auch Granville betheiligte, indem er den Capitain als Mörder anklagte. Das Gericht entschied jedoch nur über die Frage, wer den Verlust zu tragen habe, die grausame Ertränkung der Sklaven aber wurde zu den Seeunfällen gerechnet und der Kläger abgewiesen. Die Absicht desselben, die gräuliche Thatsache allgemein bekannt und das Geschäft des Sklavenhandels immer mehr verhaßt zu machen, war indessen erreicht, und es traten mit jedem Tage immer mehr ausgezeichnete Männer auf, die sein Bestreben anerkannten und unterstützten. Unter diesen sind hauptsächlich zu nennen in Amerika der General Oglethorpe, der Gründer des Staates Georgien und der Deputirte Franklin und zu diesen gesellte sich in England alsbald Clarkson, Wilberforce und Andere. Eine nicht zu beschreibende Freude verursachte Granville die Anerkennung der Unabhängigkeit der nordamerikanischen Colonien durch den Frieden zu Versailles (1783), welche jedoch durch einen nicht vorhergesehenen Umstand getrübt wurde. Die anglikanische Kirche in Amerika hatte nämlich keinen Bischof und konnte nach ihrem Glaubensbekenntnisse, daß die Weihe ihrer Bischöfe durch bischöfliches Handauflegen von Bischof zu Bischof in aufsteigender Linie bis zum heil. Petrus stattgefunden habe, keinen anderen, als einen auf solche Weise geweihten anerkennen. Diese Weihe war demnach nur durch einen englischen Bischof möglich, und es mußte bei dieser Handlung auch der zu Weihende dem Könige von Großbritannien, als dem höchsten geistlichen Oberhaupte, den Huldigungseid geleistet werden. Da dieser Eid dem Monarchen eines Landes, von welchem man sich erst durch einen Krieg losgesagt hatte, unmöglich geleistet werden konnte, so wurde auch von diesem den Landesbischöfen nicht erlaubt, die amerikanischen Geistlichen zu weihen. Granville, der Sachwalter aller Bedrängten, nahm sich auch der ängstlichen Frommen in Amerika an, zeigte ihnen in einer gut ausgearbeiteten Flugschrift, daß in der ursprünglichen Kirche, deren wahre Gestalt herzustellen doch die Reformation beabsichtigte, die Bischöfe von dem Volke gewählt wurden und ermahnte sie, ein Gleiches zu thun. Franklin gab diesem vernünftigen Rathe seinen Beifall, konnte aber seinem Freunde nicht beistimmen, welcher mit einem auf solche Weise gewählten Bischofe keineswegs zufrieden war, sondern die Auflegung der Hände durch einen anglikanischen Bischof als eine sehr wesentliche Ceremonie betrachtete. Von diesem Gesichtspunkte ausgehend bemühte sich Granville im Parlament ein Gesetz zu erwirken, wodurch die englischen Bischöfe ermächtigt würden, auch Geistliche, welche nicht Unterthanen des Königs von Großbritannien seien, ohne Huldigungseid zu weihen. Er konnte aber Nichts weiter erlangen, als eine Vollmacht für den Bischof von London oder für einen Stellvertreter desselben, fremde Dechanten oder Pfarrer zu weihen. Granville war damit durchaus nicht zufrieden und widerlegte Lord Thurlow, seinen Hauptgegner, welcher das Gesetz, wodurch die englischen Bischöfe gehindert wurden, ihre Gerichtsbarkeit über die englischen Besitzungen hinaus auszudehnen, ein sehr weises nannte, so geschickt, daß die Geistlichkeit sich fast einmüthig auf seine Seite stellte und endlich, nachdem der Erzbischof von Canterbury den Muth gefaßt hatte, zwei amerikanische Bisthumscandidaten zu weihen, der Sieg auf seiner Seite blieb. Seine Bemühungen wurden von den Amerikanern nach Gebühr anerkannt und die Wittwe des Generals Oglethorpe war darüber so sehr erfreut, daß sie ihm ein ihr zugehöriges Gut in Essex schenkte, welches er auch dankbar annahm, um den Ertrag desselben zu wohlthätigen Zwecken zu verwenden. Auch an das großartigste und schönste Streben knüpfen sich unangenehme Nebendinge und so kam es, daß infolge des durch Granville's Bemühungen erwirkten Gesetzes, nach welchem jeder Sklave mit dem ersten Tritt auf den englischen Boden frei wurde, eine Menge solcher geschäftslosen Leute als Landstreicher und Bettler die Straßen Londons füllten und zum Theil Nichts sehnlicher wünschten, als in ihr Vaterland zurückkehren zu können. Dieser Wunsch brachte Granville auf den Gedanken, die Gründung einer Colonie freier Neger zu versuchen; er begeisterte mehre gleichgesinnte Männer für diesen Plan, die muthigen Neger wurden im J. 1787 nach der Sierra-Leone-Küste gebracht und Granville übernahm selbst die Direction der Gesellschaft, welche für das Wohl der Ansiedlung zu sorgen hatte; als jedoch allmälig die mit der Erhaltung der Colonie verbundenen Schwierigkeiten zu groß und die Verluste durch feindliche Verheerungen und durch Seuchen zu bedeutend wurden, so überließ er im J. 1791 das Ganze der Sierra-Leone-Compagnie, wodurch freilich die Pflanzer das unter seiner Direction ihnen zugestandene freie Eigenthumsrecht auf ihre Ländereien, ihre freie Gemeindeverfassung und den freien Handel verloren. Solche Ideen standen wol mit seinen Ideen von Freiheit und Recht im Widerspruche, aber es blieb hier keine andere Wahl, denn die Niederlassung mußte entweder wieder zur Einöde werden, oder man mußte sich den nöthigen Abänderungen fügen. Die Colonie der Ansiedler unterwarf sich zwar nur ungern der Compagnie, welche von jetzt an unter Oberaufsicht der Krone Grundbesitzer und Regent war, aber sie gedieh dennoch in so erfreulicher Weise, daß sie im J. 1820 schon eine große Strecke urbaren Landes, eine Kirche und mehre Schulen besaß und man sie mit Recht als den Centralpunkt betrachten durfte, von welchem sich die Civilisation über einen großen Theil des westlichen Afrika verbreitet wird. Waren Granville's Erwartungen von der Ansiedlung in Sierra-Leone auch nur zur Hälfte verwirklicht und erfüllte ihn die abhängige Lage derselben mit tiefem Schmerze, so fand er jetzt einen süßen Trost und eine hinreichende Entschädigung für alle seine Bemühungen in der hauptsächlich von ihm veranlaßten Stiftung des Vereins zur Abschaffung des Sklavenhandels, welche im J. 1787 ihre Wirksamkeit begann und ihn zum Präsidenten wählte. Die Mitglieder waren zum größten Theil angesehene und einflußreiche Männer, deren ernstlichem Willen nach und nach alle Hindernisse weichen mußten. Der Minister Pitt war zwar, obschon er dem Vereine seinen Beistand versprochen hatte, zu keinem entscheidenden Schritte zu bewegen und zögerte, als es galt, die Axt an die Wurzel des Uebels zu legen, aber Fox erklärte sich, sobald er ins Ministerium getreten war, im J. 1807 so laut und energisch für Granville's Ansichten, daß beide Häuser des Parlaments die Abschaffung des Sklavenhandels beschlossen und diesen durch ein Gesetz untersagten. Granville fiel bei dieser Nachricht auf die Knie nieder und sein Dankgebet erhob sich unter Freudenthränen zum Himmel. Einen Monat später entstand schon das afrikanische Institut (African Institution), welches den Zweck hatte, über den Ackerbau, die Industrie, den Handel, die Sitten und den politischen und socialen Zustand der verschiedenen Völkerstämme Afrika's Belehrung zu erlangen, um im Stande zu sein, auf dieselben durch Mittheilung der fördernden Verbesserungen und zugleich durch die Ausbreitung des Christenthums einzuwirken. Auch diese Gesellschaft wählte Granville zum Director; als solcher entwickelte er, trotz seines hohen Alters, eine unermüdliche Thätigkeit; er fehlte nie bei einer Sitzung und versäumte nur eine einzige, nämlich die, welche an dem Tage vor seinem Tode abgehalten wurde. Er starb im Juni 1813 und die afrikanische Gesellschaft errichtete ihm in der Westminsterabtei ein wohlverdientes Denkmal. Bei seiner vielfachen und anhaltenden Beschäftigung mit den wichtigen Fragen des Tages fand er doch noch Muße, wissenschaftlichen Studien obzuliegen und das Ergebniß derselben in sorgfältig ge[illegible] Schriften und Abhandlungen niederzulegen. Hierher gehören seine Arbeiten über die frühere Eintheilung des englischen Volks in Hunderte und Zehne (Account of the ancient division of the English Nation into Hundreds and Tithings, and View of Frankpledge. London 1784. 8. Revised, with a Memoir of the Author by J. J. Burn. Lond. 1841. 12); über den Gebrauch des bestimmten Artikels in dem griechischen Texte des neuen Testaments (Remarks of the Uses of the definitive Article in the Greek Text of the New Testament. To which is added an argument for the Divinity of Christ by the editor. Durham 1798. 8. Lond. 1802. 12. Ibid. 18[illegible]. 12.); über die Syntax und die Aussprache des Hebräischen (Three Tracts on the Syntax and Pronunciation of the Hebrew Tongue, with an Appendix, addressed to the Hebrew Nation. London 1804. 8.) und über die Geschichte Saul's (Case of Saul, shewing that his disorder was a real Spiritual Possession, with a short Tract of the Influence of Demons. London 1808. 8.); auch schrieb er viele zur richtigen Würdigung seiner Handlungen dienende Bemerkungen während der wichtigsten Perioden seines Lebens nieder; sie wurden nach seinem Tode herausgegeben unter dem Titel: Memoirs of Granville Sharp, Esq. composed from his own Manuscripts and other authentic Documents in the possession of his family and the African Institution; by Prince Hoare; with observations on Mr. Sharp's Biblical Criticisms, by the Rev. R. the Lord Bishop of St. David's (London 1820. 4.). „Betrachten wir," sagt ein ungenannter Biograph, „Granville's Charakter genauer, so finden wir, daß dieser Mann bei allen Gelegenheiten, wo das Herz ein sicherer Führer ist und wo gesundes Urtheil und feurige Einbildungskraft zur Befestigung und Erleuchtung allgemein gültiger Grundsätze und Eindrücke der menschlichen Natur ausreichen, unbeschränkter Bewunderung würdig ist; er war thätig und geduldig und vermochte seine ganze Aufmerksamkeit auf einen Punkt zu heften und zusammenzuhalten; er war mit der Kraft eines Helden und mit dem unbeugsamen Eifer eines Märtyrers begabt; wo aber Erfahrung und Erwägung vorherrschen müssen, wo die Aufmerksamkeit auf den gerade obwaltenden Zustand der Gesellschaft und die wandelbaren menschlichen Verhältnisse gerichtet werden muß, wo Charaktere und Leidenschaften studirt sein wollen, wo die ganze Masse menschlicher Unvollkommenheit berücksichtigt werden soll, wie dies bei allen auf Politik und Lebensklugheit sich beziehenden Fragen der Fall ist, da zeigt er mehr guten Willen als richtiges Urtheil. Wenn auch seine Schlüsse richtig waren, so kann man doch ein Gleiches nicht von seinen Gründen rühmen. Selten versuchte er eine Frage nach ihren verschiedenen Seiten, sondern gewöhnlich faßte er nur einen Punkt auf und hielt an diesem mit Hartnäckigkeit fest. So widersetzte er sich den Bestrebungen der Katholiken, von der Beschränkung ihrer bürgerlichen Rechte frei zu werden, nur deshalb, weil sie durch Anhänglichkeit an den vom wahren Glauben abtrünnigen Papst antichristliche Grundsätze angenommen hätten und dabei verharrten. In allen religiösen Dingen neigte er sich stark zur Mystik und wegen Aehnlichkeit mancher Umstände seiner Zeit mit den Weissagungen der Schrift hoffte er in Augenblicken hoher Begeisterung fest, daß das verkündete messianische Reich des Lichtes und der Gerechtigkeit nächstens beginnen und die Welt umwandeln werde. Bei diesen von seiner Erziehung herrührenden Schwächen war Granville ein durchaus redlicher, streng gewissenhafter, uneigennütziger und so wohlthätiger Mann, daß seine Güte nicht selten von schlauen Betrügern misbraucht wurde. Sein Herz glühte von den schönsten Gefühlen, deren die menschliche Natur fähig ist. Mit einem Worte der Zerbrecher der Sklavenketten, wie man Granville zu nennen pflegte, stellt uns das schönste Muster einer durch die Grundsätze des Christenthums geleiteten und gekräftigten Menschenliebe und einer dem Borne der Wahrheit entquollenen Rechtschaffenheit dar" [5]). (*Ph. H. Külb.*)

GRANVILLE (Thomas Leweson Gower, Graf), einer der geachtetsten Staatsmänner Großbritanniens in der neueren Zeit, am 12. Oct. 1773 geboren, war der dritte und jüngste Sohn des Lord Granville, Marquis von Stafford, welcher einer der ältesten Adelsfamilien Englands angehörte. Er zeigte schon früh ein ungewöhnliches Talent und trat nach kaum erreichter Großjährigkeit ins öffentliche Leben, indem er im J. 1793 von der Stadt Lichfield in das Unterhaus gewählt wurde. Im folgenden Jahre legte er dieses Mandat nieder, um es mit dem der Grafschaft Stafford zu vertauschen, welche er auch bis zum Jahre 1815 vertrat. Der Staatsminister William Pitt, welcher mit seinem Vater in sehr freundlichen Verhältnissen stand, erkannte alsbald die in dem jungen Manne keimenden Fähigkeiten und nahm ihn in seinen besondern Schutz. Er übertrug ihm sogar im J. 1797 ein wichtiges Geschäft mit der französischen Republik, hielt ihn aber, da er ihn ungern scheiden sah, noch einige Tage über den zur Abreise festgesetzten Termin zurück und diesem Umstande verdankte Granville sein Leben, denn die Diana, auf welcher er sich einschiffen wollte, litt vor Calais Schiffbruch, wobei sämmtliche Passagiere umkamen. Im J. 1800 von dem Minister zum Lord der Schatzkammer ernannt, legte er, als dieser sich am 14. März 1801 zurückzog, auch seine Stelle nieder, nahm aber schon im folgenden Jahre unter Addington als Kanzler der Schatzkammer an der Staatsverwaltung wieder Theil. Als nach dem Sturze des Cabinets Addington Pitt wieder an das Ruder kam, schickte er Granville, nachdem er ihn zum Mitgliede des geheimen Rathes gemacht hatte, im J. 1804 als Gesandten an den russischen Hof und vertraute ihm somit einen der damals wichtigsten Posten an, da die britische Diplomatie die Aufgabe hatte, die von Napoleon beabsichtigte engere Verbindung mit Rußland zu hintertreiben. Nach seiner Heimkehr (1805) mit dem nach dem Wunsche der Regierung abgeschlossenen Vertrage nahm er längere Zeit keinen Antheil an den verschiedenen Ministerien, welche rasch einander folgten, da sie seinen politischen Ansichten nicht entsprachen; auch mag ihm ein unangenehmes Ereigniß das öffentliche Leben verleidet haben. Bellingham, ein in Rußland ansässiger Handelsmann, war mit Granville, während dieser sich in Petersburg aufhielt, in unangenehme Berührung gekommen und glaubte von ihm schwer an der Ehre gekränkt zu sein; er schwor ihm deshalb Rache, welche er auch, nachdem er wieder nach London übergesiedelt war, an ihm zu üben beschloß. Er lauerte ihm eines Tages (11. Mai 1812) am Eingange des Unterhauses auf, um ihn zu ermorden, erschoß aber aus Versehen oder im Irrwahn den Premierminister Perceval, welchen Unfall sich der zum Verderben eines Andern Verirrte sehr zu Herzen nahm. Granville oder vielmehr Lord Gower, wie er bis jetzt geheißen hatte, wurde im J. 1813 zum Viscount Granville und zum Peer von England erhoben und hielt sich, obschon er von Pitt ins Staatsleben eingeführt worden war, zu den Whigs. Im J. 1824 ging er als bevollmächtigter Minister nach dem Haag und noch in demselben Jahre nach dem Tode Ludwig's XVIII. als Gesandter nach Frankreich, wo er sich so sehr das Vertrauen seines Cabinets erwarb, daß ihm im J. 1824 das Großkreuz des Bathordens überschickt wurde, womit ihn Louis Philippe selbst in den Tuilerien feierlich schmückte. Lord Wellington ersetzte ihn im J. 1828 durch Lord Stuart von Rothsay, das Ministerium Grey schickte ihn aber im J. 1831 von Neuem nach Paris, wo er durch seine besonnene Freimüthigkeit und durch die seltene Anmuth seines Benehmens nicht wenig zur Erhaltung der freundlichen Beziehungen zwischen den beiden Nachbarstaaten beitrug und zur Belohnung seiner Verdienste am 2. Mai 1833 zum Baron Leweson und zum Grafen Granville gemacht wurde. Als im November 1834 die Tories auf kurze Zeit zur Herrschaft gelangten, theilte er das Schicksal seiner politischen Freunde, blieb aber in Paris, wo er, als die Leitung der Staatsgeschäfte an Melbourne überging, im Mai 1835 seinen früheren Posten wieder einnahm und bis zum Rücktritt dieses whiggistischen Ministeriums im J. 1841 bekleidete. Er zog sich nun gänzlich von den Geschäften zurück und starb am 7. Jan. 1846 in London. Er hatte von seiner Gemahlin Lady Harriet Elisabeth Cavendish, einer Tochter William's des fünften Herzogs von Devonshire, fünf Kinder [1]). Sein ältester Sohn, George Leweson Gower, Graf Granville, am 11. Mai 1815 geboren, verlebte seine Jugend in der Hauptstadt Frankreichs, erhielt dann seine Ausbildung in den Collegien von Eton und Christ-Church zu Oxford und ging nach der Beendigung seiner Studien als Gesandtschaftsattaché unter seinem Vater nach Paris. In den Jahren 1836 und 1837 durch den Einfluß des mit ihm verwandten Lord Carlisle für den Flecken Morpeth in Northumberland in das Unterhaus gewählt, nahm er, da ihm dieser Wirkungskreis nicht behagt zu haben scheint, fast gar keinen Antheil an den Verhandlungen und legte im J. 1840 sogar sein Mandat nieder, um die Stelle eines Unterstaatssecretairs im Amte der auswärtigen Angelegenheiten anzunehmen und als Gesandtschaftsattaché nach Petersburg zu gehen. Als er im J. 1841 durch den Rücktritt der Whigs diesen Posten verlor und für Lichfield wieder in das Parlament kam, sprach er zwar einige Male bei den Debatten über zeitgemäße Verbesserungen und besonders über den Freihandel, erntete aber keinen großen Beifall. Durch den Tod seines Vaters (1846) wurde er in das Oberhaus

---

5) Vergl. The annual Biography and Obituary, for the Year 1821. Vol. V. p. 371 seq. Zeitgenossen. Neue Reihe. Bd. III. S. 105 fg. Biographie universelle. Tom LXVI. p. 23 seq. (N. Ed. Tom. XVII. p. 305 seq.) *Will. Th. Lowndes*, Bibliographer's Manual. Part. VIII. p. 2367.

1) Biographie générale. Tom. XXI. p. 685. Biographie universelle. Tom. XVII. p. 365.

versetzt und zugleich, da in diesem Jahre sich wieder ein Whigministerium bildete, bei der Vertheilung der Hofämter berücksichtigt, indem man ihn zum Oberjägermeister (master of the buckhounds), welche Stelle wol seinem Range, keineswegs aber seinen Talenten angemessen war und deshalb ein ungünstiges Vorurtheil gegen ihn erregte. Man machte sich deshalb lustig, als er nach dem Austritt Milner Gibson's aus dem Ministerium im Mai 1848 von Lord John Russel zum Vicepräsidenten des Handelsamtes, zu welcher Stelle eine genaue Kenntniß der commerciellen Verhältnisse Englands erfordert wird, ernannt wurde; er rechtfertigte aber vollkommen das von der Regierung in ihn gesetzte Vertrauen durch den unermüdlichen Fleiß und Eifer, womit er sein Amt versah und übertraf sowol durch den Umfang und die Gründlichkeit seiner Fachkenntnisse, als auch durch sein wohlwollendes Benehmen gegen die mit ihm in Berührung kommenden Geschäftsleute so sehr alle Erwartungen, daß seine Wahl zum Präsidenten der Commission, welcher die Leitung der im J. 1851 stattfindenden Weltindustrieausstellung übergeben wurde, allgemein befriedigte und man hat in der That seinen rastlosen Bemühungen die lange in Zweifel gestellte Ausführung des Unternehmens zu verdanken. Er machte sich bei dieser Gelegenheit durch die kluge Behandlung der Aussteller und durch die Berücksichtigung ihrer verschiedenen Interessen auch im Auslande bekannt und beliebt. Als sich Lord Palmerston, der Minister der auswärtigen Angelegenheiten, durch die eigenmächtige Anerkennung des Staatsstreiches Napoleon's im December 1851 unbeliebt machte, ernannte ihn am [illegible] December die Königin zum Nachfolger desselben. [illegible] diesem wichtigen Posten zeigte er sich, obschon er [illegible] ihm noch wenig bekannte Laufbahn betrat, gewachsen, [illegible] er die Politik seines großen Vorgängers richtig [illegible] und verfolgte. Großen Ruhm erwarb er sich während seiner kurzen Amtsführung durch die Festigkeit, mit der er das Asylrecht der politischen Flüchtlinge in England vertheidigte, und durch die glückliche, haupt[illegible] seinem offenen Entgegenkommen zuzuschreibende [illegible] der mit den Vereinigten Staaten entstandenen [illegible]. Als mit Lord Derby's Ministerium (im Februar [illegible]) die Tories an das Ruder kamen, trat er mit [illegible]collegen zurück; da aber schon vor Ende des Jahres Derby weichen mußte, so übernahm er in dem neuen Coalitionscabinet die Präsidentschaft des geheimen Rathes und blieb, nachdem er sie (1854) an Lord Russel hatte abgeben müssen, als Kanzler des Herzogthums Lancaster im Ministerium, bis er sie im J. 1855 von Neuem erhielt und zum Ritter des Hosenbandordens ernannt wurde. Im J. 1856 ging er als außerordentlicher Gesandter der Königin nach Petersburg, um Alexander II. zur Besteigung des russischen Thrones Glück zu wünschen; bei der Bildung des Cabinets Palmerston-Russel (1859) übertrug man ihm zum dritten Mal die Präsidentschaft des geheimen Rathes, und obgleich von dieser Zeit an Lord Russel der Hauptvertreter des Cabinets von der Peerskammer wurde, so behielt doch Granville durch seine persönliche Beliebtheit bei allen Parteien und durch seine Gewandtheit fortwährend einen bedeutenden Einfluß [2]). (*Ph. H. Külb.*)

GRAPALDI (Francesco Mario), italienischer Dichter und Alterthumsforscher, im October 1465 zu Parma geboren, stammte aus einer von Brescia nach Parma ausgewanderten Familie und wurde, da seine Aeltern früh an der Pest starben, in dem Hause seines Oheims erzogen, wo er seinen ersten Unterricht in den alten Sprachen, in der Beredsamkeit und in der Geschichte von dem bekannten Philologen Filippo Beroaldo erhielt. Nach dem Tode seines Oheims zwang ihn der Mangel an hinreichendem Vermögen sich einer ihn nährenden Beschäftigung und zwar, wie es scheint, dem Bauwesen zuzuwenden, bis eine Heirath mit einer reichen Erbin aus dem Geschlechte der Garimberti ihn in den Stand setzte, sich in den Mußestunden wieder mehr seinen früheren Lieblingsstudien zuzuwenden. Er hatte unterdessen eine Stelle bei der Verwaltung seiner Vaterstadt erhalten und wurde seiner Rednergabe und seines angenehmen Aeußern wegen zum Secretair der Gesandtschaft gewählt, welche seine Mitbürger nach Rom schickten, um dem Papste Julius II. zu den Vortheilen, welche er im J. 1512 über die Franzosen errungen hatte, Glück zu wünschen. Grapaldi, welcher sich bedeutende Kenntnisse in der Literatur und Kunst der Alten erworben hatte, glaubte diese günstige Gelegenheit nicht vorübergehen lassen zu dürfen, ohne sich um die Dichterkrone zu bewerben. Er sprach deshalb nicht nur die an den Papst zu richtende Beglückwünschungsrede, sondern richtete auch an denselben ein panegyrisches Sonett in der Landessprache, welches zwar sehr gefiel, worin aber unglücklicherweise den heidnischen Gottheiten so viel Weihrauch gestreut wurde, daß der päpstliche Ceremonienmeister Paris de Grassis, welcher dieser Nachahmung der alten Dichter und des Heidenthums nicht hold war, durch Hindeutung auf die Schicklichkeit den Papst abhielt, diesem Werke den erstrebten Preis zuzuerkennen. Als jedoch einige Tage später bei einem Festmahle, welches Julius II. den Gesandten im Vatican gab, Grapaldi die Befreiung Italiens in einer Rede und in einem Gedichte feierte, wurde ihm von dem Papste und dem kaiserlichen Gesandten die Dichterkrone aufgesetzt und er zugleich in den Ritterstand erhoben. Durch diesen Erfolg aufgemuntert, machte er fortan häufiger Gebrauch von seinen poetischen Anlagen und erwarb sich durch seine Gelegenheitsgedichte großen Beifall; er ahmte auch die sieben Bußpsalmen David's in gereimten Versen sehr zierlich nach. Diese Versuche wurden veröffentlicht, aber wahrscheinlich nur in Zeitschriften oder Sammelwerken, denn eine besondere Ausgabe ist nicht bekannt [1]). Daß er sich nicht ohne Erfolg

2) Biographie générale. Tom. XXI. p. 696. Männer der Zeit. (Leipzig 1862. 4.) Serie I. S. 649.

1) „Eutadc," sagt Siculo, „tanto honore alacer, Musas tanquam non obscure propitias vehementius lacessivit, ut ex publicatis poematibus ostenditur," und eine von Tiraboschi mitgetheilte Stelle aus einer handschriftlichen Chronik der Stadt Parma bemerkt über Grapaldi's Schriften: „certi eruditi sopra le commedie di Plauto, e sette salmi ai Penitenza ad imitazione di

mit dem Studium der römischen Dichter beschäftigte, beweisen seine Bemerkungen zu den Lustspielen des Plautus [2]); die Arbeit aber, durch welche er das meiste Aufsehen erregte und seinen Ruhm begründete, ist sein Werk über die Errichtung und Eintheilung der Gebäude (De partibus aedium) in zwei Büchern. Die erste Ausgabe (Parmae c. 1494. 4.) ist sehr selten, die folgenden Ausgaben (Parmae 1501. 4. Ibid. 1508. 4. Romae 1505. 4. Argentorati 1508. 4. Parisiis 1511. 4.) enthalten aber manche Verbesserungen. Der Verfasser suchte später seinem Lehrbuche durch eine Erklärung der darin vorkommenden Kunstwörter (de verborum explicatione, quae in libro de partibus aedium continentur) noch größeren Werth zu geben, welches der ersten nach seinem Tode gedruckten Ausgabe desselben (Parmae 1506. 4.) beigefügt wurde, aber sich nur sehr schwer benutzen läßt, da die alphabetische Reihefolge der erklärten Wörter höchst unvollkommen ist [3]). Dieses Wörterbuch befindet sich auch, obschon manche Literarhistoriker das Gegentheil behaupten, in den späteren Ausgaben [4]) des Werkes, welches nicht nur über die verschiedenen Theile eines Hauses, sondern auch über vielerlei Gegenstände, welche in denselben aufbewahrt werden können (sogar über vierfüßige Thiere, Vögel und Fische) Auskunft gibt, aber jetzt völlig veraltet und unbrauchbar ist und nur noch von den Bücherliebhabern gesucht wird. Grapaldi starb im J. 1515 am Blasensteine [5]). (*Ph. H. Külb.*)

GRAPE oder **GRAPIUS** (Zacharias), teutscher Theolog und Philolog, am 6. Oct. 1671 zu Rostock geboren, verlor schon als achtjähriger Knabe seinen Vater [1]), erhielt aber unter der Leitung seiner Mutter, einer sehr gebildeten und klugen Frau, welche für ihn die besten Lehrer zu wählen wußte, eine sorgfältige Erziehung und einen gründlichen Unterricht. Er begann seine philosophischen und theologischen Studien im J. 1689 an der Universität seiner Vaterstadt, bezog aber, da ihm ein Stipendium von Lübeck aus zu Theil wurde, im folgenden Jahre die Universität Greifswalde, besuchte daselbst zwei Jahre hindurch mit musterhaftem Fleiße die Vorlesungen in den von ihm gewählten Fächern und kehrte dann nach Rostock zurück, wo er mit unermüdlichem Eifer an seiner weiteren wissenschaftlichen Ausbildung arbeitete und sich, um das Maß seiner Fortschritte zu beobachten, jede Woche einer Prüfung unterwarf. Nachdem er unter J. Fecht's Präsidium eine Abhandlung (Generatio Messiae aeterna. Rostochii 1692. N. ed. 1717. 4.) vertheidigt und zu Greifswalde die Magisterwürde erlangt hatte, machte er, um die durch ihre Leistungen in den philosophischen und theologischen Wissenschaften ausgezeichnetsten Gelehrten kennen zu lernen, eine Reise durch das nördliche Teutschland und besuchte auf derselben Lübeck, Berlin, Wittenberg, Jena und Leipzig. An der Universität der letzteren Stadt erwarb er sich durch eine Disputation (De Talmude Hierosolymitano. Lipsiae 1695. 4.) das Recht, Vorlesungen zu halten, und begann auch dieselben, kehrte aber, da der Beifall nicht seinen Erwartungen entsprochen zu haben scheint, im J. 1696 nach der Heimath zurück, um sich daselbst dem Unterrichte der Jugend in den öffentlichen Schulen zu widmen, zugleich verschaffte er sich durch die Vertheidigung mehrerer Thesen (Theses philosophiae miscellaneae. Rostochii 1696. 4.) unter dem Vorsitze Joh. Gottl. Müller's die Berechtigung zu philosophischen Vorlesungen und im folgenden Jahre durch eine wieder unter Fecht's Leitung gehaltene Disputation über Luther's teutsche Uebersetzung der Bibel (Recentiores de versione Lutheri germanica controversiae. Rostochii 1697. 4.), in welcher er einen erstaunlichen Schatz von Kenntnissen entwickelte, die Erlaubniß, theologische Collegien zu lesen. Im J. 1699 erhielt er die Professur der Physik und Metaphysik und im J. 1704 wurde er, nachdem er durch eine weitere Disputation unter Fecht's Vorsitze (Disputatio, libellum recentissimum sub rubrica: das ewige Evangelium der allgemeinen Wiederbringung der Kreaturen [2]), examinante. Rostochii 1699. 4.) Licentiat geworden war, zum ordentlichen Professor der Theologie ernannt. Er entsprach nicht nur den Pflichten beider Lehrämter mit unermüdlichem Eifer und seltenem Erfolge, sondern versah zugleich noch die Seelsorge an der St. Jacobikirche und entwickelte überdies eine fast unbegreifliche schriftstellerische Thätigkeit. Ein frühzeitiger Tod entriß ihn aber schon am 11. Febr. 1713 der Wissenschaft und seinen Freunden, deren er sich sehr viele in ganz Teutschland erworben hatte. Seine zahlreichen größeren und kleineren Schriften

---

Davide, e scrisse in versi alcune opere della dedizione della patria a G. Chiaro, et un libro di rime diverse volgari molto eleganti."

2) Zuerst abgedruckt in der von Lucas Olchinensis besorgten Ausgabe der Comödien des Plautus Venetiis 1518. fol. 3) Es gibt auch eine französische Uebersetzung dieses erklärenden Wörterbuchs unter dem Titel: Joannis Mauri Constantiani traductio vocabulorum de partibus aedium in linguam gallicam et maconicam ex Francisco Mario Grapaldo. Mons Albani, s. a. (c. 1517.) 16. 4) Taurini 1516. 4. Ibid. 1517. 4. Parisiis 1517. 4. Venetiis 1517. 4. Basileae 1533. 4. Ibid. 1541. 4. Lugduni 1535. 8. Dordrechti 1618. 8. 5) Vergl. die sehr dürftigen Biographien Grapaldi's von Alessandro Ritio (in den späteren Ausgaben des Buches von den Theilen der Gebäude) und von Paolo Giovio (in den Elogia virorum literis illustrium c. 69). *P. Bayle*, Dictionnaire historique et critique, s. v. Grapaldus. Biographie universelle. Tom. XVIII. p. 322. Biographie générale. Tom. XXI. p. 697. *Gir. Tiraboschi*, Storia della letteratura italiana. (*Roma* 1784. 8.) Tom. VII. P. 2. p. 232. *D. Clement*, Bibliothèque curieuse historique et critique. Tom. IX. p. 265 seq.

1) Zacharias Grapius, im J. 1636 zu Tetrow in Mecklenburg-Schwerin geboren, machte seine Studien zu Gustrow, Rostock, Leipzig und Wittenberg, wurde nach Beendigung derselben Professor der Philosophie und Theologie zu Rostock und Pfarrer an der Katharinenkirche, später aber Pfarrer an der Petrikirche und Superintendent. Er starb am 12. Aug. 1679. Er versuchte sich auch als Schriftsteller, seine Predigten und Gelegenheitsschriften fanden aber keinen bleibenden Beifall und sind längst vergessen. Vergl. Etwas von gelehrten Rostockischen Sachen. Jahrg. 1738. S. 519.

2) Das Büchlein erschien ohne Angabe des Verfassers und des Druckorts 1698. 8. Der Verfasser ist der bekannte lutherische Theolog J. W. Petersen.

erstrecken sich fast über alle Fächer der Theologie und eine übersichtliche Zusammenstellung nach dem Inhalte derselben wird den besten Begriff von seinen Kenntnissen und seinem Fleiße geben. Obschon er sich nicht selbst an der theologischen Polemik der am meisten hervortretenden Richtung der ersten Hälfte des 18. Jahrhunderts durch thätiges Eingreifen betheiligte, so bemühte er sich doch, seinen Zeitgenossen eine gründliche Uebersicht der Streitigkeiten zu geben und sie auf einen Standpunkt zu stellen, von welchem eine richtige Beurtheilung derselben möglich war. Diese Uebersicht, jedenfalls sein bedeutendstes Werk, welches zuerst in einzelnen Abtheilungen (Fasciculus controversiarum theologicarum et quidem exoticarum, quae recentioribus his temporibus fuerunt motae. Rostoch. 1706. 4. Theologia recens controversa. Ibid. 1706. 4. zweite verbesserte und durch viele Zusätze bereicherte Ausgabe, Ibid. 1710. 4. Theologia recens controversa continuata. Rostoch. 1711. 4. Theologia recens controversa absoluta. Ibid. 1712. 4. und Christologia recens controversa. Ibid. 1718. 4.) erschien und später unter dem Titel: Systema novissimarum controversiarum, seu theologia recens controversa (Rostoch. 1718—1719. 4. 4 Voll. Jenae 1719. 4. 4 Voll. Rostoch. 1722. 4. 4 Voll. Ibid. 1739. 4. 4 Voll.) zusammengedruckt wurde, ist, obgleich es nicht alle Streitigkeiten vollständig enthält und in manchen ungenau berichtet, immer noch, was den historischen Theil betrifft, von den protestantischen Theologen geschätzt. Außerdem behandelte Grape viele streitige Punkte der älteren und neueren Theologie in einzelnen kleineren Schriften über den Atheismus und die Atheisten (An atheismus necessario ducat ad corruptionem morum. Rostoch. 1717. 4. Dissertatio examinans Cartesianam methodum convincendi atheos. Ibid. 1700. 4. und An Aristoteles fuerit atheus. Ibid. 1703. 4.), über das Judenthum und die jüdischen Gebräuche (De Talmude cremando. Lipsiae 1696. 4. Historia Talmudis Babylonici et Hierosolymitani. Rostoch. 1696. 4. An circumcisio ab Aegyptiis ad Abrahamum fuerit derivata. Ibid. 1697. 4.), über die Religionslehre der Muhammedaner (Historia litteraria Alcorani. Rostoch. 1701. 4. Animadversiones in Ahmet ben Abdalla, legati ad Belgas Maroccani, Epistolam, scriptam 1612 ad Mauritium, principem Nassovium, de articulis quibusdam fidei. Ibid. 1706. 4. Notae ad Abdellae Epistolam de libero arbitrio. Ibid. 1706. 4. und über Streitigkeiten der christlichen Confessionen und zwar der Lutheraner unter sich („Einfältiger und denen heutigen Neulingen entgegengesetzter Unterricht von der versäumten Gnade Gottes." Rostock 1700. 4. De donis administrantibus et sanctificantibus. Ibid. 1710. 4.), der Reformirten unter sich (De tentatione Evae et Christi a diabolo facta in assumpto facta. Rostoch. 1715. 4. Controversia recentior theologica pajonismi in Gallia et Belgio hactenusque agitata de verbi divini influxu in conversionem. Ibid. 1698. 4.) und endlich der Katholiken unter sich (De theologia Sinensium ejusque reformatione a Jesuitis tentata. Ibid. 1718. 4.). Nach Grape's Beiträge zur Kirchengeschichte und christlichen Archäologie (De neoprophetis commentiis Angliam et Scotiam hodie turbantibus. Rostoch. 1711. 4. „Evangelisches Rostock." Rostock 1707. 12. De calumnia ono- et chorolatriae judaeis et christianis olim adspersa. Lips. 1696. 4. De menaeis et menologiis Graecorum. Rostoch. 1700. 4.), zur Exegese (Pentadecas loquutionum suspectarum et calvinismum redolentium in Leighii critica sacra. Rostoch. 1703. 4. Sam. Bohlii analysis et exegesis prophetae Zachariae a Z. Grapio continuata atque ad finem perducta. Ibid. 1712. 8. Specimen metaphysices biblicae. Ibid. 1702. 8.), zur Methodik des theologischen Studiums (De theologia per ignem. Rostoch. 1711. 4), zur dogmatischen Theologie (Compendium theologiae positivae universae. Rostoch. 1706. 8. Vratislav. 1737. 8. im Auszuge, Francof. 1737. 8.) und zur Homiletik (Orator ecclesiasticus, quinque imperativis Lipsiensibus instructus. Rostoch. 1709. 8. worin er die Regeln zur Abfassung einer guten Predigt angibt, und De concionibus artificiosis et alamodicis. Rost. 1704. 4., worin er gegen die zu seiner Zeit übliche schwülstige und alberne Art und Weise zu predigen, eifert) verdienen Beachtung; viele andere kleine Schriften, Abhandlungen und Reden [3] sind jetzt ohne Bedeutung. Grape war zweimal verheirathet und hinterließ von beiden Frauen Kinder. Er hatte das von ihm heiß ersehnte Ziel, sich in der Wissenschaft Ruhm zu erwerben, glücklich erreicht und auch hohe Würden waren ihm zu Theil geworden, denn kurz vor seinem Tode war die Ernennung zum Superintendenten erfolgt [4].

(*Ph. H. Külb.*)

GRAPENGIESSER (C. Joh. Christ.), teutscher Arzt, im Jahre 1773 zu Parchim in Mecklenburg-Schwerin geboren, widmete sich der Arzneikunde und machte, nachdem er seine Studien auf den Universitäten zu Berlin und zu Göttingen vollendet und nach der hergebrachten Sitte durch die Vertheidigung einer Abhandlung (Dissertatio inauguralis de hydrope plethorico. Gotting. 1795. 8.) die medicinische Doctorwürde erlangt

---

3) Abr. Gottl. Jöcher (Gelehrten-Lexikon. Bd. II. S. 1131) führt noch folgende an: Controversiae selectiores ex theologia naturali de Deo ejusque attributis; Beantwortung gegen die theologische Facultät zu Gießen, Beantwortung zweier Problematum (in den Unschuldigen Nachrichten, 1726); De rosa aurea a Papa quotannis consecrata, controversiae selectiores de mysterio SS. Trinitatis; An pietas vel amor sit fundamentum fidei; De victore ab Edom ad Es. 63, 1—6; De verbo abbreviato; De decursibus exercitualis ex utero aurorae Messiae ad Ps. 110, 3; De christologia Iesajana revelata; De Judaeorum et Muhammedanorum Chibboth Hakkeber seu percussione sepulchrali; De divinae gratiae augmento, termino peremptorio opposita. 4) Vergl. M. Stein, Programma in Z. Grapii funere, in quo plenior vitae ejus narratio exhibetur. Rostoch. 1713. 4. Act. Erudit. Lips. Ann. 1718. p. 383 seq. Gelehrte Fama. Thl. XXV. S. 15. Andenken an die Rostockschen Gelehrten aus den drei letzten Jahrhunderten von J. B. Krey. (Rostock 1814. 8.) Stück IV. S. 10 fg. Biographie universelle. Tom. XVIII. p. 323. (N. éd. Tom. XVII. p. 368.) Biographie générale. Tom. XXI. p. 700.

hatte, zu seiner weitern Ausbildung eine Reise durch Deutschland, die Schweiz, Frankreich und Italien. Er verweilte am längsten in Wien und Paris und erwarb sich in den Hospitälern, welche er fleißig besuchte, ausgezeichnete Kenntnisse, besonders in der Chirurgie. Nach der Heimkehr ließ er sich in seiner Vaterstadt als praktischer Arzt nieder und machte durch sein neues Verfahren, vermittels des Galvanismus mehrere gefährliche Uebel zu heilen, welches er auch durch eine Schrift („Versuch, den Galvanismus zur Heilung einiger Krankheiten anzuwenden." Berlin 1801. 8. N. Ausg. Ebend. 1803. 8.) zu empfehlen sich bemühte, großes Aufsehen. Im J. 1803 zum Professor ernannt, wurde er bald darauf Leibarzt des Prinzen Heinrich und später zweiter königlicher Hofarzt; großes Lob verdient aber seine Uneigennützigkeit, mit der er den Armen der Stadt Berlin fortwährend die eifrigste Hilfe gewährte. Er starb am 13. Oct. 1813 zu Berlin. Von seinen Augencuren erzählt man sich merkwürdige Beispiele; seine Versuche, seine Kunst auch auf die Heilung der Augenkrankheiten der Thiere auszudehnen, hatten nicht den gehofften Erfolg. So operirte er im J. 1811 ein Pferd wegen grauen Staars; die Operation gerieth auch in Hinsicht des Manuellen, das Pferd sah aber mit dem operirten Auge Nichts. Die Pupille hatte sich ganz zusammengezogen, die Iris lag platt auf und der Bulbus war verkleinert. Auch der berühmte englische Oculist Taylor, der in Deutschland zur Ausübung seiner Kunst umherreiste, versuchte schon früher (im J. 1768) dieselbe Operation in Münster, wo er zwei Pferden den Staar stach, welche aber beide blind blieben *). (*Ph. H. Külb.*)

GRAPHAEUS oder SCRIBONIUS (Cornelius), mit seinem eigentlichen Namen in seiner Muttersprache Cornelis Schrijver, ein geschätzter Historiker, Grammatiker und Dichter des 16. Jahrhunderts, im J. 1482 zu Aalst in Ostflandern geboren, scheint sich längere Zeit mit dem Unterrichte in verschiedenen Städten Belgiens und besonders zu Antwerpen beschäftigt zu haben; gewiß ist, daß er in der letztern Stadt in großem Ansehen stand, da die Behörde derselben ihm das Bürgerrecht ertheilte und ihn zum Stadtschreiber ernannte. Als solcher nahm er lebhaften Antheil an den wichtigen Ereignissen der Zeit und besonders an den Fortschritten der Reformation, an welcher er sogar so großen Geschmack fand, daß der Magistrat, welcher dieser Richtung nicht hold war und die Schriften Luther's öffentlich verbrennen ließ, sein Benehmen misbilligte, worauf er am 6. Mai 1522 die neue Lehre nicht nur feierlich abschwor, sondern sogar in einem Gedichte (Monstrum anabaptisticum, rei christianae pernicies; carmen heroicum. Antverp. 1535. 12.) als verderbliche Ketzerei angriff. Er starb am 19. Dec. 1558 zu Antwerpen. Seine grammatischen Schriften (Conjugandi et declinandi regulae. Antverp. 1529. 12. Terentianae phraseos flosculi. Antverp. 1530. 8. Argentorati 1530. 8. und Latinissimae colloquiorum formulae ex Terentii comoediis selectae ac in germanicam linguam versae. August. Vindel. 1532. 4. Antverp. 1535. 16.) sind jetzt überflüssig geworden und längst der Vergessenheit anheimgefallen; auch sein Enchiridion Principis ac Magistratus christiani (Coloniae 1541. 4.), ein wohlgemeinter Rath, wird Niemandem mehr dienen können. Werth haben jedoch immer noch für den Historiker seine gutgeschriebenen Gedichte auf merkwürdige Ereignisse seiner Zeit, besonders die Schilderung der Feierlichkeiten beim Einzuge des Königs Philipp II. von Spanien in Antwerpen (Spectaculorum in susceptione Philippi, Hispaniorum principis, Caroli V. Imp. filii, anno MDXLIV Antverpiae editorum mirificus apparatus. Antverp. 1550. fol. c. figg.), welche viele statistische Bemerkungen enthält und auch in flämischer und französischer Sprache [1]) erschien; der Glückwunsch auf den Frieden zwischen dem deutschen Kaiser und dem Könige von Frankreich (Paris inter Carolum V., Imp. Caes. A. et Franciscum I. regem christianiss. ad Aquas Mortuas descriptio per Corn. Scribonium Graphaeum; ejusdem ob Caesareum ex Hispaniis iter per medias Gallias in patriam ac praecipue in suae Maj. urbem Antverpiam Gratulatio. His accessere alia carmina non injucunda. Antv. 1540. 4.); die Züchtigungen Martin's van Rossem, welcher sich im Einverständnisse mit dem Herzoge von Geldern und dem mit den Türken verbündeten König Franz I. sich der Stadt Antwerpen zu bemächtigen versuchte (Querela proditi Christi per novos hujus temporis Ischariotas Turco-Christianos. Antverp. 1543. 4. Paraphrasis Psalmi CXXIII in turpissimum sceleati cujusdam praedonis Martini de Rosheim Gelro-Galli latrocinium. Antverp. 1543. 12.) und das Gedicht auf den Brand der Marienkirche in Antwerpen (Conflagratio templi D. Mariae Antverpiensis. Antverp. 1534. 4., auch in J. N. Paquot's Mémoires pour servir à l'histoire littéraire des Pays-bas. Tom. VI. p. 189 seq.). Seine übrigen poetischen Werke (Sacrorum bucolicorum eclogae tres. Antverp. 1536. 12., mit Erläuterungen von Joh. Servilius. Anthropotheogonia id est hominis Dei nativitas. Lovanii 1514. 8. [2]) Descriptio Senatus Antverpiae a Carolo V. instituti. Antverp. 1541. 4.

*) J. G. Meusel, Gelehrtes Teutschland. Bd. 11. S. 299. Bd. 18. S. 435. Bd. 17. S. 767. Morgenblatt. 1813. Nr. 258. G. W. Schrader und Ed. Hering, Biographisch-literarisches Lexikon der Thierärzte aller Zeiten und Länder. Stuttg. 1863. 8. S. 167.

1) De seer wonderlijke schoone, triumphelycke Incompst van den hooghmogenden Prince Philips, Prince van Spaignen in de stadt van Antwerpen. Antwerp. 1550. fol. — La tres-admirable, tres-magnifique et triumphante entrée du prince Philippe d'Espaignee; ensemble la vraye description des spectacles, theatres, arcs triomphaux faicts et bastis a sa tres-desirée reception en la ville d'Anvers anno 1549, premièrement composée en langue latine par Corn. Graphaeus. Anvers 1550. fol. Beide Uebersetzungen mit den Holzschnitten des Originals. 2) Die Ausgabe: Carmen pastorale, in quo Jesu Christi pastoris Opt. Max. describitur nativitas. Exprobatio in Diocletianum Caesarem pro divo Pancratio. Lovanii 1516. 4. (auch unter dem Titel „Theander" in den Sacrorum bucolicorum eclogae) enthält einige Verbesserungen.

und Carmina in Damianum Goem. Norimb. 1559. 12.) sind von geringerer Bedeutung und nicht mehr gesucht, und seine Abkürzung der Geschichte der nordischen Völker von Olaus Magnus (Historia de gentibus septentrionalibus ... in epitomen redacta. Antverp. 1558 und 1562. 8. Lugd. Bat. 1645. 12. Amst. 1669. 12.) ist eine mißlungene Arbeit. — Sein Sohn Alexander Grapheus, welcher ihm in seinem Stadtschreiberamte folgte, erwarb sich ebenfalls durch lateinische Gelegenheitsgedichte Beifall. Sie sind aber nicht besonders gedruckt, sondern in vielerlei Werken zerstreut. Das bedeutendste derselben, welches über 600 Verse zählt, ist in G. Braun's und Fr. Hogenberg's Städteatlas (Civitates orbis terrarum. Coloniae 1572. fol. 3 Voll. und öfter) abgedruckt und enthält außer der Anpreisung des Werkes eine kurze Beschreibung der darin abgebildeten bedeutendsten Städte [8]). *(Ph. H. Külb.)*

GRAPHAEUS (Hieronymus), auch Formschneider genannt, ein der Musik kundiger Schriftgießer und Drucker des 16. Jahrhunderts, welcher sich diesen Namen von seinem Geschäfte beilegte, aber eigentlich Andrä oder Andreä, nach Andern Resch geheißen haben soll. Er übernahm im J. 1533 die Druckerei des Johann Ott und druckte vorzugsweise musikalische Werke. Hauptsächlich schätzt man aber unter seinen Leistungen eine Sammlung von Messen (Missae tredecim quatuor vocum a praestantissimis artificibus compositae. Norimberg. 1539. 4.), welche jetzt äußerst selten geworden ist und zwei Messen von Obrecht, zwei von Isaac, fünf von Josquin Deprès, drei von Pierre de la Rue und eine von Brumel enthält [*]). *(Ph. H. Külb.)*

GRAPHEPHORUM. Mit diesem Namen bezeichnete Desvaux eine Grasgattung, deren Charakteristik jedoch erst später von Palisot de Beauvois veröffentlicht wurde. Die Aehrchen sind 2—7blüthig, die Blüthen stehen zweizeilig und sind von einander ein wenig entfernt, zweigeschlechtig, die oberste ist taub. Von den beiden gekielten, spitzen Klappen ist die obere größer. Die beiden Spelzen sind von den Büschelhaaren der Spindel eingehüllt, die untere ist concav, spitz, die obere kürzere hat zwei gewimperte Kiele. Die beiden Schüppchen sind ungleich zweilappig. An Staubgefäßen sind 3 vorhanden. Der Fruchtknoten ist stiellos. Die beiden endständigen Griffel sind sehr kurz, die Narben federig; die Caryopse ist frei.

Fast ein Jahrhundert verging, ehe die einzige Art, auf welche Desvaux die Gattung gründete, die Aira melicoides *Michaux* in Amerika wiedergefunden und wieder erkannt wurde. Erst in neuerer Zeit hatte Asa Gray Gelegenheit, diese Pflanze zu untersuchen, bei welcher Veranlassung er zu der Ueberzeugung gelangte, daß verschiedene andere später aufgestellte Gattungen mit der älteren Desvaux'schen Gattung Graphephorum zu vereinigen seien. Dies gilt von Dupontia *R. Br.*, Scolochloa *Link*, Dupontia und Arctophila (unter Poa) von *Ruprecht*, Fluminia *Fries* und Scolochloa, Dupontia und Colpodium §. Arctophila *Griesbach*.

Asa Gray bringt die bisher bekannten Arten dieser Gattung in folgende vier Abtheilungen.

Erste Abtheilung. Die Spelzen sind fester, die untere ist von 5 oder 7 vorspringenden Nerven durchzogen; die Klappen haben mit den 3—5 Blüthen gleiche Länge.

1) Gr. festucaceum *Asa Gray*. Rispe ausgebreitet, an der Spitze überhangend, sehr ästig; Aeste rauh, meist zu 5; Aehrchen 4—6blüthig; Achse ein wenig rauh; untere Spelze 5—7nervig, feinpunktirtrauh, an der Spitze stumpf, mit 3 stachelspitzigen Zähnchen, am Grunde von einem Haarbüschel umgeben; Fruchtknoten an der Spitze behaart; Blätter lanzettlich-linealisch, am Rande rauh; Blatthäutchen länglich, abgeschnitten, zerrissen; Wurzelstock kriechend. Hierher gehören als Synonyme: Festuca arundinacea *Liljeblad*, Festuca donacina *Wahlenberg*, F. borealis *Mertens* und *Koch*, Donax borealis *Trinius*, D. festucaceus *Palisot de Beauvois*, Arundo festucacea *Willdenow*, Fluminia arundinacea und Glyceria arundinacea *Fries* und Scolochloa festucacea *Link*.

Diese Art kommt im mittleren und nördlichen Europa, nördlichen Asien und nördlichen Amerika vor.

Zweite Abtheilung. Die Spindel des Aehrchens ist bärtig; die Klappen sind rauh, ungleich, fast so lang als die 3 bis 4 Blüthen.

2) Gr. melicoides *Palisot de Beauvois*. Der Halm ist aufrecht; die Blätter sind flach und kahl; die kleine Rispe ist fast traubig-gedrängt; die Klappen sind linealisch-lanzettlich, stumpf; die Blüthen sind am Grunde wollig; ein Rudiment eines dritten Blüthchens ist vorhanden. Hierher gehören Aira melicoides *Michaux* und Triodia melicoides *Sprengel*.

In Nordamerika einheimisch. Eine größere Varietät nannte Asa Gray Dupontia Cooleyi.

Dritte Abtheilung. Die Spelzen sind dünner, trockenhäutig; der Balg umfaßt 2—3 fast gleich große Blumen.

3) Gr. Fischeri *Asa Gray*. Die Pflanze ist kahl, aufrecht; der Wurzelstock kriecht; die Blätter sind linealisch und flach; die Rispe ist einfach, gedrängt, braun- oder purpurroth; die untere Spelze ist unten auf dem Rücken seidig-behaart, stumpf.

Hierher gehören Dupontia Fischeri *R. Brown* und Poa (Dupontia) pelligera *Ruprecht*.

Eine Abart hiervon ist Poa (Dupontia) psilosantha *Ruprecht* mit auf dem Rücken ganz kahler, spitzer und bisweilen borstiger unterer Spelze.

---

8) Vergl. *Val. Andreae Desselii* Bibliotheca belgica (Lovanii 1643. 4.) p. 41 et 150. *J. P. Niceron*, Mémoires pour servir à l'histoire des hommes illustres dans la république des lettres. Vol. XL. p. 260. *J. N. Paquot*, Mémoires pour servir à l'histoire littéraire des Pays-bas. Vol. VI. p. 180 seq. Biographie universelle. Tom. XVIII. p. 329. Biographie générale. Tom. XXI. p. 597.

*) *F. J. Fétis*, Biographie universelle des Musiciens. (Paris 1862. 8.) Tom. IV. p. 84.

Diese Art findet sich nebst der Varietät im arktischen Rußland und arktischen Amerika.

Vierte Abtheilung. Die Klappen sind kürzer als das 2—7blüthige Aehrchen; die Blüthen sind klein.

4) Gr. fulvum *Asa Gray*. Der Wurzelstock ist kriechend, der Halm dick, steif, beblättert; die Blattscheiden sind meist unter der Mitte gespalten, die Blätter sind flach, breit-lineallisch, nach der Spitze zu verschmälert, die oberen länger; die Blatthäutchen sind lang; die Aeste der ausgebreiteten Rispe stehen halbquirlig und nicken an der Spitze; die untere Spelze ist elliptisch, an der Spitze stumpf. Hierher gehören als Synonyme: Poa fulva *Trinius*, Poa (Arctophila) fulva, sclerroclada, latifolia und poecilantha *Ruprecht*, Glyceria fulva *Fries* und Colpodium (Arctophila) fulvum *Griesebach*.

Diese Art ist gleichfalls im arktischen Rußland und arktischen Amerika einheimisch.

5) Gr. pendulinum *Asa Gray*. Der Wurzelstock kriecht; der Halm ist steif, beblättert, schlank; die Blattscheiden sind meist unter der Mitte gespalten; die Blätter sind steif, flach und am Grunde zusammengerollt, schmal linealisch, nach der dünneren Spitze allmälig verschmälert, das oberste ist sehr klein; das Blatthäutchen ist ziemlich lang; die dünnen, nickenden Aeste der ausgebreiteten Rispe stehen in Halbquirlen oder zu zweien; die Aehrchen sind 3—7blüthig, die Blüthen stehen etwas entfernt von einander; die untere Spelze ist länglich-lanzettlich, stumpflich. Hierher gehören Poa pendulina der lappländischen Flora, Poa deflexa, trichoclada und ramosiflora *Ruprecht*, Glyceria pendulina *Laestadius* und Colpodium pendulinum *Griesebach*.

Diese Art wächst in Lappland und in dem arktischen Rußland. (*Garcke.*)

GRAPHEUS oder **GRASSUS**, italienischer Arzt des Mittelalters, welcher gewöhnlich in das 12. Jahrhundert gesetzt wird, von welchem sich aber mit Bestimmtheit Nichts weiter sagen läßt, als daß er der salernitanischen Schule angehört und sich vorzugsweise mit der Augenheilkunde befaßte. Sein Name wird meist durch den Zusatz „von Jerusalem" näher bezeichnet und man darf vielleicht daraus schließen, daß er einen der Kreuzfahrerheere auf seiner Expedition nach dem heiligen Lande begleitete und sich einige Zeit zu Jerusalem aufhielt. Seine Schrift über Augenkrankheiten und deren Behandlung (Tractatus de Oculis eorumque aegritudinibus et curis. Ferrariae, c. 1474. 4. Tarvisii 1492. 4.), welche auch unter dem Titel: Ars probata de oculorum affectibus (Venetiis 1497. fol.) gedruckt ist, wird zuweilen unrichtig als eine doppelte und verschiedene angeführt. Sie stand noch bis in das 16. Jahrhundert bei den Augenärzten in großem Ansehen, scheint aber jetzt gänzlich vergessen zu sein*). (*Ph. H. Külb.*)

GRAPHEUS (Joh. Bapt.), italienischer Theolog des 17. Jahrhunderts, im J. 1658 geboren, widmete sich nach der Beendigung seiner Studien dem Unterrichtsfache und lehrte längere Zeit in dem Seminar zu Messina die schöne Literatur. Er starb daselbst im J. 1698. Sein Lehrbuch der Humanitätswissenschaften (Humanitatis cursus) ist nach der alten Klostermanier eingerichtet, war aber der Fassungsgabe der studirenden Jugend angemessen und sehr beliebt; auch seine ascetischen Schriften (Il necessario esercitio de' Giovani und I trionfi della S. Fede) sind auf die gebildete Jugend berechnet und schön geschrieben*). (*Ph. H. Külb.*)

GRAPHIA AUREAE URBIS ROMAE ist der Titel einer erst in neuester Zeit bekannt gewordenen merkwürdigen Schrift über die Topographie der Stadt Rom und die kaiserliche Hofhaltung daselbst in der Zeit Otto's III. Der Herausgeber derselben, A. F. Ozanam, Professor an der Universität zu Paris, setzt ihre Entstehung zwischen das 8. und 10. Jahrhundert, rückt sie aber wol in ein zu hohes Alterthum hinauf, für welches sich kein sicherer Anhaltspunkt bietet; im Gegentheil dürfte sie dem Inhalte nach nicht vor der Zeit der Ottonen entstanden sein und der zweite Theil, welcher den kaiserlichen Hofstaat, wenn auch nicht, wie W. Giesebrecht anzunehmen geneigt ist, mit Berücksichtigung der bekannten Schrift des Kaisers Constantinus Porphyrogenitus über das Ceremoniel des Hofes zu Constantinopel, schildert, kann nur auf die Zeit Otto's III. hinweisen, denn dieser Kaiser war der einzige unter den teutschen Herrschern, welcher in Rom einen dauernden Hofhalt gründete und ihn nach vorliegenden zuverlässigen Nachrichten mit dem steifen Ceremoniel umgab, wie die Graphia es wiedergibt. Außer den allgemeinen Beziehungen finden sich auch noch mehrere Einzelheiten, so die darin vorkommenden Formeln bei der Ernennung eines Patricius, Judex und römischen Bürgers, welche nach der jetzt allgemeinen Annahme der Zeit Otto's III. angehören, die Beschreibung der wunderlichen Tracht des Kaisers, welche in andern Nachrichten über Otto III., auf dessen Krönungsmantel ja die sämmtlichen Gestalten der Apokalypse eingewirkt waren, ebenfalls erwähnt wird, die Nennung von Monumenten, welche auf die Zeit vor dem großen Brande während der Einnahme Roms durch Robert Guiscard hinführt und endlich der Titel der Schrift selbst, welcher der Umschrift Aurea Roma auf kaiserlichen Siegeln schon in Otto's III. Zeit entspricht. Daß übrigens die Graphia auch später noch Zusätze erhielt, liegt in der Natur solcher Schriften, denn wollte man die darin enthaltene jüngste Zeitangabe, die Erwähnung des Grabmals des Papstes Anastasius IV., welcher im J. 1154 starb, als ursprünglich annehmen, so müßten als die beiden äußersten Zeitgrenzen ihrer Abfassung die Epoche der Ottonen und die Mitte des 12. Jahrhunderts angenommen werden. Gewiß ist, daß die Graphia im 13. Jahrhundert als ein berühmtes und zuverlässiges Buch galt[1]), später aber allmälig

*) C. G. Kestner, Medicinisches Gelehrtenlexikon S. 345.

*) Chr. Gottl. Jöcher's Gelehrten-Lexikon. Bd 2. S. 1130.

1) So sagt der um 1297 verstorbene Historiker Galvaneus Flamma in seiner Chronik von Mailand (Manipulus Florum c. 4 in Muratori's Script. Ital. Tom. XI p. 541), welcher im

weniger beachtet wurde und gänzlich verscholl, bis Professor Ozanam, welcher das Mittelalter zum Gegenstand seiner Forschungen gemacht hat, sie aus einer dem 13. oder 14. Jahrhundert angehörenden Handschrift der Laurentianischen Bibliothek zu Florenz hervorzog und bekannt machte²). Sie beginnt mit der Sage, daß Noah nicht weit von Rom eine Stadt seines Namens gründete und dessen Söhne noch andere Städte rundum bauten, bis endlich Romulus nach Troja's Fall kam, sie alle ummauerte und das Ganze Rom nannte, worauf dann nicht nur alle Italier, sondern fast alle Edelleute aus der ganzen Welt mit Weib und Kind sie zu bewohnen kamen. Eben so sonderbar ist die Vermengung geschichtlicher Ereignisse und die Verwirrung der Chronologie in der Erzählung von der Erbauung des Pantheons, von der Bestattung des Julius Cäsar in dem goldenen Apfel auf der Spitze des vaticanischen Obelisken und in andern Sagen. Noch auffallender ist der Mangel an allen bestimmten christlichen Anschauungen und man darf wol den Verfasser für einen römischen Grammatiker halten, welcher absichtlich die Beschreibung der heiligen Orte Andern überläßt und sich nur mit den heidnischen Monumenten befaßt, an deren Beschreibung er die volksthümlichen Sagen knüpft. Uebrigens scheint er nicht Alles nach der Wahrheit, sondern nach seinen Phantasien angesehen zu haben, denn man kann sich nur schwer überreden, daß die scenischen Aufführungen, von denen er spricht, damals in Rom wirklich stattgefunden haben und noch weniger kann man dem Glauben schenken, was er von den Proconsuln und Dictatoren erzählt, die ihre Aemter nur auf eine bestimmte Reihe von Jahren erhielten. Die ganze Schrift wird überhaupt nur mit Vorsicht zu benutzen sein, obschon sich nicht bezweifeln läßt, daß der Verfasser auch gute und zuverlässige Quellen vor sich hatte. Als die letzten Abschnitte der Graphia, weil die Kaiser des Abendlandes ihren Sitz nicht mehr zu Rom nahmen, ihr unmittelbares Interesse verloren, ließ man sie hinweg und schrieb nur noch den ersten Theil des Buches ab, der wegen seines über merkwürdige Oertlichkeiten Belehrung darbietenden Inhaltes immer noch gern gelesen wurde, und so entstand das bekannte Buch über die Merkwürdigkeiten Roms (Liber de Mirabilibus Romae), denn eine aufmerksame Vergleichung läßt kaum einen Zweifel aufkommen, daß die Graphia nicht aus dem Buche über die Merkwürdigkeiten Roms, sondern dieses aus der Graphia entstanden sei³).

(*Ph. H. Külb.*)

GRAPHIDEEN, eine Abtheilung der Flechten, charakterisirt durch dünnkrustige, fleckenartige Ueberzüge, welche sich von der Rinde oder dem Steine, worauf sie sitzen, nicht trennen lassen. Die Apothecien brechen aus der Rindenschicht des Thallus hervor, sind sehr verschiedengestaltig, meist länglich gestreckt, rinnenförmig.

Hierher gehören folgende Gattungen:

I. Graphis *Acharius*. Der Thallus dünnkrustig, unter der Rindenoberhaut weißlich durchscheinend, später mehr oder weniger nackt. Apothecien in die Kruste versenkt, hervortretend, schmal-linealisch, meist verbogen, bisweilen etwas ästig, mit eigenem unvollständigem Gehäuse und undeutlichem Laubrande umgeben, in der Jugend immer bereift.

Die Arten dieser Gattung wachsen nur an Baumrinden und sind sehr vielgestaltig, was namentlich von der verbreitetsten, der Gr. scripta, gilt.

1) Gr. scripta *Acharius*. Die Kruste ist später nackt, dünn-schorfartig, weißlich oder grau; Apothecien eingesenkt oder hervorragend, linienförmig-gestreckt, mit häutig-dünnen Rändern und ritzenförmiger, Anfangs bläulich-bereifter Scheibe. Hierher gehören Lichen scriptus *Linné* und Opegrapha scripta *Acharius*.

Folgende Varietäten werden von dieser Art angegeben.

a) limitata *Rabenhorst* mit dünner, weißgrauer Kruste und hervorragenden, verschiedengestaltigen Apothecien. Hierher gehört Opegrapha limitata *Persoon*.

b) recta *Rabenhorst* mit dünner, ausgebreiteter, weißlicher Kruste, hervorragenden geraden, parallelen Apothecien und etwas mehr erweiterter, rinnenförmiger Scheibe. Hierzu gehört Opegrapha recta *Humboldt*.

An Schlehen, Birken, Kirsch- und Pflaumenbäumen.

c) pulverulenta *Schaerer* mit dünner, grauweißer Kruste, hervorragenden, hin und her gebogenen Apothecien, rinnenförmiger oder flacher, bereifter Scheibe und einem zuletzt verschwindenden Laubrande.

Hierzu Opegrapha pulverulenta *Persoon*.

Besonders an Buchen und Ahorn.

d) abietina *Schaerer* mit ziemlich dicker, weißstaubiger Kruste, hervorragenden, verborgenen Apothecien, rinnenförmiger, endlich flacher und bereifter Scheibe und fast verschwindendem Laubrande.

An Tannen und Laubbäumen.

e) serpentina *Acharius* mit ziemlich dicker, knorpelig-häutiger, runzeliger, etwas staubiger, grauer oder weißer Kruste; eingesenkten, gedehnten, verbogenen Apothecien, rinnenförmiger oder flacher, bereifter Scheibe, dickem, endlich verschwindendem Laubrande.

An verschiedenen Laubbäumen, besonders an Buchen, Kastanien, Linden und Pappeln.

f) tenerrima *Acharius* mit dünner, verbreiteter, häutig-zusammenhängender, weißgrauer Kruste und eingesenkten, sehr schmalen, ziemlich geraden, parallel- und gedrängtstehenden, zartrandigen Apothecien.

An glatter Rinde der Prunus-Arten.

g) sulcata *Rabenhorst* mit hervorragenden schmalen, paarweise verwachsenen und dadurch gefurchten Apothecien. Hierher gehört Opegrapha sulcata *Persoon*.

An Baumrinden besonders von Eschen und Ilex.

Graphia als Quelle anführt: „Chronica, quae dicitur Graphia aureae urbis Romae, quae est liber valde authenticus, continens historias Romanorum antiquas."

2) In seinen Documents inédits pour servir à l'histoire littéraire de l'Italie depuis le VIII° siècle jusqu'au XIII° (Paris 1850. 8.) p. 150—183. 3) Vergl. Wilh. Giesebrecht, Geschichte der deutschen Kaiserzeit. (Braunschweig 1855. 8.) Bd. I. S. 814 fg. (2. Aufl. Ebend. 1860. 8. Bd. I. S. 866 fg.) Ferd. Gregorovius, Geschichte der Stadt Rom im Mittelalter. Bd. III. (Stuttgart 1860. 8.) S. 553 fg.

b) arthonioides *Flotow* mit unförmlichen, verfließenden Apothecien. Bildet an Buchen und anderen Bäumen verbreitete, ungerandete Flecke.

2) Gr. dendritica *Acharius*. Kruste später nackt, etwas staubig, weißlich oder weiß; Apothecien sternförmig oder ästig gehäuft, mit flacher, schwachbereifter, oder nackter Scheibe, einem sehr zarten und einem dünnen accessorischen Laubrande.

An Tannen und Laubbäumen.

Aendert ab:

b) Medusula mit regelmäßig strahlig-ästigen Apothecien auf der in kleinen rundlichen Polstern hervorbrechenden Kruste. Hierher gehört Opegrapha Medusula *Persoon*.

Ihr Vorkommen stimmt mit der der Hauptart überein.

II. Lecanactis *Eschweiler*. Kruste einförmig, dünn, angewachsen; Apothecien eingesenkt, verschiedengestaltig-länglich, schwarz, offen; Gehäuse eigenthümlich, kohlig, napfförmig, mit der Kruste verwachsen; Fruchtscheibe hornartig, ziemlich flach, gerandet und enthält spindelwalzenförmige Sporenschläuche.

III. Opegrapha *Persoon*. Thallus sehr dünn, anfänglich bei den auf Rinden lebenden unter der Rinden-Oberhaut, häutig, schorfartig, gleichförmig; Apothecien auf der Oberfläche, verschiedengestaltig, mehr oder weniger gestreckt, länglich, furchenähnlich, gerandet, aber ohne Laubrand, Anfangs durch die wulstig erhabenen und zusammengeneigten Ränder geschlossen, später durch Zurückbeugen derselben geöffnet. Die Scheibe schwillt später öfters so an, daß die Ränder davon bedeckt werden.

In der neuesten monographischen Bearbeitung der Flechten von Dr. Körber sind die Graphideen in vier Unterfamilien getheilt, deren eine weit größere Anzahl von Gattungen beigezählt werden. Sie mögen hier dem Namen nach angeführt werden.

Erste Unterfamilie. Opegrapheen *Körber*.

1) Lecanactis *Eschweiler*. 2) Encephalographa *Massalongo*. 3) Placographa *Th. Fries*. 4) Opegrapha (*Humboldt*) *Persoon*. 5) Zwackhia *Körber*. 6) Graphis *Linné*. 7) Hazslinszkya *Körber*. 8) Enterographa *Fée*.

Zweite Unterfamilie. Arthonieen *Körber*.

9) Arthothelium *Massalongo*. 10) Arthonia *Acharius*. 11) Coniangium *Fries*. 12) Pachnolepis *Massalongo*. 13) Trachylia *Fries*.

Dritte Unterfamilie. Xylographeen *Körber*.

14) Xylographa *Fries*.

Vierte Unterfamilie. Bactrosporeen *Körber*.

15) Bactrospora *Massalongo*. 16) Pragmopora *Massalongo*. (*Garcke*.)

GRAPHIOLA, eine von Poiteau aufgestellte Gattung der Pyrenomyceten, einer Abtheilung der Pilze. Sie ist charakterisirt durch eine eiförmige, doppelte Peridie, eine krustige, an der Spitze in Schlitze aufspringende äußere und eine häutige, geschlitzt-vielspaltige innere. Der Kern ist fast bröcklig, zuletzt pulverig, mit Paraphysen.

Hierher gehört ein zierlicher, auf den Blättern von Phoenix dactylifera, auch in den Gewächshäusern nicht selten vorkommender kleiner Pilz. (*Garcke*.)

GRAPHIPTERUS (Entomologie) heißt eine von Latreille (Histoire nat. des Insectes VIII, 230) auf einige Arten der Fabricius'schen Gattung Anthia begründete Laufkäfergattung, welche mit Brullé's Gattung Piezia eine Afrika eigenthümliche Gruppe Graphipterini in der Familie der Dryptiden unter den eigentlichen Carabicinen bildet. Die besonderen Charaktere dieser kleinen Gruppe faßt Schaum (Naturgeschichte der Insekten Deutschlands I, 244) am schärfsten in folgender Weise zusammen: die Seiten der Mittelbrust bestehen nur aus einem Stück, die gegen die Spitze nicht verdickten Schienen sind am Ende mit einem Kranze langer Dornen besetzt, die Hinterhüften von ungewöhnlicher Länge und durch einen Fortsatz des Metasterniums von einander getrennt, die Flügeldecken stets abgekürzt, die Nebenzungen mit der Zunge verwachsen und das dritte Fühlerglied comprimirt. Von Graphipterus sind an 40 Arten bekannt meist durch Haarflecken scheckig oder gestreift, alle sehr behend und bei Verfolgung sich schnell in den Sand eingrabend. Die innere Kante des umgeschlagenen Randes ihrer Flügeldecken ist sehr scharf und fein feilenartig gezähnelt und gegen diese Feile reibt eine Leiste an der Innenfläche der Hinterschenkel. Dadurch bringen sie einen lauten zirpenden Ton hervor. Die Gattung Piezia unterscheidet sich durch längere Flügeldecken und stark zusammengedrückte, gegen das Ende allmälig breiter werdende Fühler und führt zur Gattung Anthia über. Von ihr beschrieben Boheman, Perroud und Brullé acht südafrikanische Arten, während Graphipterus über ganz Afrika verbreitet ist und mit Chaudoir's Gr. Goryi auch noch in Arabien vertreten ist. Die meisten Graphipterus führt Dejean auf, andere haben Boheman, Klug, Chevrolat, Chaudoir, Gory, Castelnau und Breme beschrieben. (*Giebel*.)

Graphis, s. Graphideen.

GRAPHIT — (Reißblei, Wasserblei, plombagine, mine de plomb, black lead) — von γράφειν, schreiben; ein metallglänzendes, undurchsichtiges, stahlgraues bis eisenschwarzes, an den Fingern bleigrau abfärbendes Mineral, das eine vielseitige Anwendung findet und in seiner größten Reinheit ein so vortrefflicher Leiter des galvanischen Stromes ist, daß es vielen der besseren metallischen Leiter hierin nicht nachsteht und deshalb als ein wichtiges Moment der Galvanoplastik anzusehen ist. Sein wesentlicher Bestandtheil ist Kohlenstoff, der aber niemals darin ganz rein vertreten, sondern stets mehr oder weniger durch fremde Substanzen, welche beim Verbrennen als Asche zurückbleiben, verunreinigt ist. Das specif. Gewicht des Graphit variirt zwischen 1,8 bis 2,4, worin sich die Ungleichheit seiner Zusammensetzung ausspricht. Einen sehr reinen Graphit von Wunsiedel analysirt J. N. Fuchs in München, der nur 0,33

Proc. Asche gab, die höchst locker war, eine isabellgelbe Farbe hatte und alkalisch reagirte. Meistens hinterläßt der Graphit beim Verbrennen einen weit beträchtlicheren Rückstand bis zu 40 und mehr Procent, in welchem man Kieselerde, Thonerde, Eisenoxyd, Kalkerde, Magnesia, bisweilen auch Titanoxyd und Chromoxyd findet. Von diesen Bestandtheilen finden sich in der Asche eines und desselben Graphit oft nur wenige beisammen, so z. B. enthalten manche Graphite nur Kieselerde, andere nur Eisenoxyd, noch andere Thonerde und Kalkerde. Da die Asche sehr häufig eisenhaltig gefunden wurde, war man lange der Ansicht, daß das Eisen ein wesentlicher Bestandtheil des Graphit sei und seine Abweichung vom Diamant, mit welchem er bei der Verbrennung das nämliche Product (Kohlensäure) liefert, verursache. Allein das Eisen ist dem Graphit nur beigemengt, und Sefström, namentlich aber Karsten (Abhandl. d. Akad. der Wiss. z. Berlin. Physik. Classe 1822—1823. S. 67), haben gezeigt, daß der Graphit keine wesentliche Veränderung erleidet, wenn ihm das Eisen durch Salzsäure entzogen wird, daß es darin nicht metallisch, sondern in oxydirtem Zustande enthalten, und schon deshalb nicht als ein Bestandtheil desselben zu betrachten ist.

Die Härte des Graphit ist = 1 bis 2, im reinsten Zustande kaum härter als Talk. In diesem Zustande ist er auf frischem Bruche matt (erdig) und rein schwarz, bekommt aber sogleich vollkommenen Metallglanz und dunkelstahlgraue Farbe, wenn man mit den Fingern über die Bruchfläche fährt. Im stärksten Feuer erleidet er, wenn er in Kohlenpulver eingehüllt ist, nicht die mindeste Veränderung. Seinem Wesen nach ist ein solcher Graphit nichts Anderes, als ein reines Kohlenmetall, reiner Kohlenstoff, gleichwie der Diamant, welcher auch nichts Anderes als Kohlenstoff ist, obgleich letzterer in physikalischer Beziehung wesentlich vom Graphit verschieden ist. Ziemlich rein und dicht kommt der Graphit auch zu Borrowdale vor. Sein specif. Gewicht fand Karsten = 2,247; beim Verbrennen unter der Muffel hinterließ er 13,3 Proc. Asche.

Der Graphit kommt in der Natur meist in dichten, schuppenartigen oder blätterigen Massen, angeblich auch in hexagonalen Tafeln, die parallel der Basis leicht spaltbar sind, krystallisirt vor. Er findet sich, bald als accessorischer Gemengtheil, bald in größeren Partien angehäuft, im Granit, Diorit, Gneiß, Glimmerschiefer, Thonschiefer und Porphyr verschiedener Gegenden. Sein Vorkommen in den krystallinischen Gesteinen hat viel Räthselhaftes. Er kommt im Granit, also neben Glimmer, im Diorit, also neben Hornblende, ferner auf Magneteisen-Lagerstätten im Gneiße vor, ohne daß diese Gesteine kohlenstoff-haltige Ueberreste zerstörter vegetabilischer Substanzen enthalten. Im Gneiße bei Passau erscheint der Graphit als Gemengtheil, indem er die Stelle des Glimmers vertritt. Ein häufiges Vorkommen ist im körnigen Kalke. Zu Borrowdale in Cumberland tritt er in Begleitung mit Fossilien, wie z. B. mit Braunspath und Quarz als mächtiger Graphitgang im Feldsteinporphyr auf. Selbst in Meteormassen ist Graphit aufgefunden.

Ein interessantes Vorkommen des Graphit findet sich in dem Granulitgebirge bei Prachatitz in Böhmen, wo ebenso regelmäßig wie der krystallinische Kalk der Graphit dem Gneiß eingelagert ist. Die Lager sind oft plötzlich zusammengedrückt oder verschwinden ganz und werden bald darauf wieder schnell sehr mächtig. So variirt auf einem und demselben Lagerzuge bei Schwarzbach die Mächtigkeit von wenigen Fußen bis zu 7 Klaftern. Die mittlere Mächtigkeit beträgt 2 Klaftern. Die Reinheit des Graphit ist hier sehr verschieden; die reinste, glänzend schwarze, fetteste Sorte von großblätterigem Gefüge ergab 12,5 Proc. Asche, und diese bestehend aus 5,1 Kieselerde, 1,2 Eisenoxyd, 6,1 Thonerde, 0,1 Kalk, mit Spuren von Magnesia. Die anderen durch Quarz, zu Kaolin verwitterten Feldspath und besonders durch Eisenkies verunreinigte Sorten, die ein matteres körnigeres Ansehen haben, sich weniger fett anfühlen, werden durch Schlämmen künstlich zu besseren Sorten veredelt. Der schwarzbacher Graphit übertrifft viele andere Graphite an Reinheit. Häufig begleiten ihn Schwefelkiese, durch deren Zersetzung die zu Tage gehenden Theile der Graphitlager viel reiner und geschmeidiger, fetter werden, während der Graphit gegen die Tiefe immer spröder wird.

Besonders zu erwähnen ist hier das Vorkommen im passauer District, aus dessen Graphitablagerungen die sogenannten Graphittiegel, die sonst auch den Namen ypser oder passauer Tiegel führen, fabricirt werden. Die Graphit-Hauptablagerung befindet sich hier in der Richtung von Leizersberg über Pfaffenreut mit dem Stapelplatze Oberzell, und kommen hier im Gneiße und Granite die bekannten Graphit- und Kaolinlager vor, welche wegen ihrer technischen Verwendbarkeit schon seit Jahrhunderten von höchstem Interesse sind. Das Vorkommen des Graphit fußt im Gneiß, dessen Auftreten ein Bild der äußersten Unregelmäßigkeit und Verwerfung gibt. Der Graphit liegt 48 bis 130 Fuß tief unter der Oberfläche des Bodens. Er bildet kein ununterbrochenes Lager, sondern abwechselnde öfters sich ausbreitende oder plötzlich abbrechende Lager von verschiedener Mächtigkeit, von einigen Zollen bis zu mehreren Fußen, oft auch Nester, Butzen oder Nieren. Nach Hinwegräumung des Gebirgsschuttes kommt man auf mehr oder weniger aufgelöste Feldspathtrümmer; gegen die Tiefe zu wechseln mit diesen bröckliche, oft von Eisenocker gefärbte Gesteine, dann erscheint der Graphit, innen von einer Rinde eines dichten, festen, gleichsam zusammengepreßten Graphits umgeben. Der in diesem Lager vorkommende Graphit ist durchaus der schuppige, zur Fabrication von Schmelztiegeln anwendbare, stahlgrau, häufig mit Eisenoxyd gemengt. Er enthält häufig einige 60 Proc. Asche, bestehend aus 28 Kieselerde, 6 Eisenoxyd, 25 Thonerde. Es bestehen alle Abstufungen von dem Vorkommen, wo der Graphit gegen die übrigen Gemengtheile des Gesteins nur spärlich eingesprengt erscheint, bis zu einem so entschiedenen Vorwiegen, daß das Gestein von einem blätterigschuppigen Graphit nicht zu unterscheiden ist. Diese graphitführenden Gneißschichten sind ganzartig von einer mäßigen Mächtigkeit. Die bauwürdigen graphitführenden

Gneißschichten sind vorzugsweise die saiger aufgerichteten Schichten. Die Masse dieser letzteren, von den Tagewassern durch und durch aufgelockert und erweicht, sodaß sie wie Erde ausgegraben werden können, ist die Handelswaare und das eigentliche Object der bergmännischen Gewinnung. Was man im passauer Districte unter Graphit versteht, ist lediglich ein verwitterter an Graphit in der Regel sehr reicher, zuweilen aber auch dürftiger Gneiß. In dem Districte Griesbach begegnet der Graphit der Porzellanerde, die beide zuweilen an einem und demselben Orte (Dicadorf) in unmittelbarer Nähe gegraben werden.

Behufs der *Fabrication zu Schmelztiegeln, Graphittiegeln*, auch zu *Schwarzgeschirren*, wird der Graphit getrocknet, gepocht, fein gesiebt, und dann in die Werkstätte gebracht. Um ihn formen zu können, ist die Beimengung eines feinen Thones als Bindemittel erforderlich. Die Bearbeitung geschieht auf der Drehscheibe. Sind die Geschirre so viel ausgetrocknet, daß sie umgehoben werden können, so werden sie innen und außen geglättet, hierauf zum zweiten Mal auf die Drehscheibe gesetzt, die scharfen Kanten mit einer eisernen Klinge abgerundet und das Fabrikzeichen aufgedrückt. Sodann werden die Geschirre vollends ausgetrocknet, gebrannt, mit einem durch Wasser verdünnten Graphit übertüncht, und mit der flachen Hand so lange abgerieben, bis die Uebertünchung eingetrocknet ist und der durch das Brennen matt gewordene Glanz wieder erscheint. Das Trocknen geschieht während der guten Jahreszeit an der Luft und Sonne, im Winter in besonderen Trockenkammern. Das Brennen geschieht in Oefen, aus einem Gewölbe von 9 Fuß Länge, 6 Fuß Breite und 5 Fuß Höhe inneren Raums bestehend; das Hitzen durch ein hellflammendes Feuer mit gut ausgetrocknetem, kleingespaltenem Fichten- oder Tannenholze. Die Schmelztiegelfabrication wird sehr schwunghaft betrieben, und eignen sich die Tiegel wegen ihrer glatten Oberfläche hauptsächlich gut zum Schmelzen von Metallen, Gold, Silber, Messing u. s. w. Sie werden in alle Weltgegenden versendet.

Man benutzt den Graphit ferner zur *Verfertigung der Bleistifte*, wobei auch der Name *Reißblei* kommt. Man verwendet hierzu den reinsten Graphit, wie solchen lange die berühmten Graphitlagerstätten in Cumberland, die jetzt aber ihrer Erschöpfung entgegengehen, geliefert haben, ein solcher jetzt von der Insel Ceylon und sibirischen Gruben eingeführt wird. Zu diesem Behufe wird das rohe Graphitpulver in einem eisernen Gefäße mit dem zweifachen Gewichte käuflicher Schwefelsäure und 7 Proc. chlorsauren Kali gemischt und in einem Wasserbade so lange erhitzt, bis keine chlorige Säure mehr entweicht. Durch diese Behandlung werden Eisen, Kalk und Thonerde zum größten Theil gelöst und durch späteres Hinzufügen von etwas Fluornatrium wird auch die vorhandene Kieselerde als Fluorsilicium entfernt. Diese Masse wird dann sorgfältig ausgewaschen, getrocknet und bis zur Rothgluth erhitzt. Die letzte Operation bewirkt, daß die Graphitkörner aufblättern. Die Masse schwillt in Folge davon auffallend auf und bleibt so in einem höchst feinvertheilten Zustande zurück. Sie wird dann geschlämmt und ist in dieser Form so rein, daß sie zum Pressen in Bleistifte geeignet ist. Zur Erzeugung feinerer Bleistiftsorten ist nur ein von Eisen und anderen fremdartigen Substanzen möglichst freier Graphit tauglich. Den wiener und englischen Sorten gibt man gern den Vorzug.

Eine noch andere *Verwendung* des *Graphit* ist die sowol trockene als in einer Vermischung mit Fett als *Maschinenschmiere, Frictionsschmiere*. Mit Oel vermischt dient er zum Anstrich auf Eisen, und ein aus Talg und Graphit zusammengesetzter Ueberzug verhindert in Dampfkesseln das feste Ansetzen des Kesselsteins. Als Cementpulver dient der Graphit zum Einpacken der Gußeisenstücke, welche adoucirt werden sollen. Seine Unveränderlichkeit in hoher Temperatur bei den hier stattfindenden Umständen und die größere Sicherheit, mit welcher die Luft von dem auszuglühenden Stücke durch das umgebende Graphitpulver abgehalten wird, geben ihm zu diesem Gebrauche vor anderem Material den Vorzug. Der Graphit findet überhaupt eine sehr ausgebreitete Anwendung. Fein gerieben dient er, zumal die minderen Sorten und Abfälle, zum Putzen und Poliren von Kupfergeschirren und anderen Metallen; als eine dauerhafte Anstreichefarbe mit Oel, auf Holz, Stein, mit Wasser auf Thonwaaren, zumal Oefen aus gebranntem Thon, wodurch diese oft das Ansehen von Gußeisen erhalten und wobei der aufgetrocknete Graphit mit einem wollenen Lappen eingerieben und geglänzt wird. Er dient ferner zum Bronziren von Gipswaaren durch Einreiben des feinen Graphitpulvers; zum Ueberstreichen von Gußwaaren, besonders der gußeisernen Oefen, um sie vor dem Roste zu schützen und ihnen eine glänzende Oberfläche zu geben. Zu diesem Behufe wird der gepulverte Graphit mit Bier oder Essig angemacht, auf das Metall aufgetragen, und nach dem Trocknen mit steifen Bürsten eingerieben. Das bekannte *Graphitpapier* ist ein solches Papier, dessen Masse mit feingepulvertem Graphit vor dem Schöpfen vermengt wurde, und dient als ein Packpapier zum Einschlagen von Stahlwaaren.

Es gibt auch *künstlichen Graphit*, der im Allgemeinen übereinstimmend mit dem natürlichen ist; bei jenem fand indessen Regnault die specif. Wärme 0,19702, bei diesem 0,20187. Sie haben die Art des Glanzes und das Abfärben nur zum Theil mit einander gemein, weichen aber in der Härte und in den feineren Nüancirungen des Glanzes und der Farbe von einander ab, sodaß der Graphit aus den Eisenhohenöfen sich bildende künstliche dem Anthracit in der Art des Glanzes, der Härte und der Schwerverbrennlichkeit ungleich näher steht, als dem natürlichen Graphit. Dieser, durch Schmelzung der Eisenerze in den Hohenöfen künstlich dargestellte Graphit macht durch seinen Glanz und durch seine Schwerzerstörbarkeit fast den Uebergang aus dem Anthracit und aus dem Graphit in den Diamant. Die Eigenschaft des Abfärbens hat häufig die erste Veranlassung gegeben, ihn mit dem natürlichen Graphit für einen und denselben Körper zu halten, obgleich er sich in seinem Verhalten mehr dem Anthracit als dem Graphit nähert. Die Ausscheidung des Graphit aus dem Roheisen ist aber eine Wirkung, wie sie bei chemischen Processen, wenn gemengte flüssige Massen erstarren, häufig vorkommt. Sie erfolgt aus einem mit Kohle stark übersättigten Roheisen nach dem Erkalten und Erstarren; denn beträgt der Kohlenstoff mehr, als das Roheisen nach seinem Festwerden zurückhalten kann, so muß sich der Ueberschuß ausscheiden. Aus Eisenschlacken muß er sich um so mehr ausscheiden, da er mit Oxyden, woraus jene bestehen, nicht chemisch verbunden sein kann. Die Umstände, unter denen die Bildung des künstlichen Graphit, der bei einer Behandlung mit Salzsäure und Königswasser, Form, Glanz und alle Eigenschaften, die ihm vor der Behandlung mit Säuren zukommen, nach der Operation unverändert beibehält, sind also von der Art, daß sich eine gleichzeitige Bildung von metallischem Eisen nicht verhindern läßt, während der natürliche Graphit eine mit zufällig beigemengten eisenhaltigen Gebirgsarten verunreinigte Kohle, und kein Karburet des Eisens ist.

Die Bildung des Graphit bei dem Eisenreductionsprocesse, oder auch bei Bereitung des Leuchtgases, wenn Tropfen von brenzlichem, dickem Oele zurück in das glühende Destillationsgefäß stets auf dieselbe Stelle fallen und zu grauen, metallisch glänzenden Stalactiten werden, hat zur Ansicht seines feuerflüssigen Ursprungs geführt, und um so mehr, als er auf nassem Wege noch nicht dargestellt worden. Der dimorphe Kohlenstoff stellt sich uns daher im Graphit in seiner hexagonalen Form dar, während er als Diamant in tesseraler Form auftritt, und wir sehen, wie zwei durch ihre physikalischen Eigenschaften von einander ganz verschiedene Körper, wie der Graphit und der Diamant, in chemischer Hinsicht vollkommen gleich sein können. Beide liefern bei der Verbrennung das nämliche Product, die Kohlensäure, und nur der Unterschied findet statt, daß der Diamant ohne allen Rückstand verbrennt, der Graphit hingegen stets mehr oder weniger Asche hinterläßt. Abgesehen von der Härte und dem specif. Gewicht, worin beide Körper sehr verschieden sind, bestehen beide Körper aus nichts Anderem, als reinem Kohlenstoff, und doch weichen beide auffallend darin von einander ab, daß der Graphit alle Eigenschaften besitzt, welche den Metallen zukommen, der Diamant hingegen Nichts davon wahrnehmen läßt, vielmehr als ein vollkommener nicht metallischer Körper erscheint. Im unkrystallinischem Zustande ist der Kohlenstoff allgemein bekannt. Im Koaks, Kien- und Lampenruße, in der Holzkohle ist er entweder mit beim Verbrennen als Asche zurückbleibenden feuerfesten Substanzen, oder mit theerigen Körpern vermengt. Am leichtesten rein von Beimischungen erhält man ihn aus dem Lampenruße durch Ausglühen desselben in verschlossenen Gefäßen. Er bildet so entweder außerordentlich lockere, poröse, oder compacte, schwarze, etwas metallglänzende Massen. Beide sind ganz undurchsichtig und zeigen keine Spur von Krystallisation. Mit geschmolzenen Metallen, namentlich Eisen, zusammengebracht, geht er zum Theil mit diesen chemische Verbindungen ein, zum Theil aber löst er sich darin nur auf und scheidet sich beim Erkalten der Masse in vielen kleineren und größeren Krystallen, je nachdem die Abkühlung schneller oder langsamer vor sich gegangen, ab. Wie oben schon angedeutet, können diese Kohlenstoffkrystalle vom Eisen leicht dadurch getrennt werden, daß man das Metall in Salzsäure auflöst, welche keinen Einfluß auf den Kohlenstoff hat. Er bleibt unverändert in der einmal angenommenen Form zurück und kann durch Auswaschen mit Wasser rein erhalten werden. Diese Kohlenstoffkrystalle weichen aber in jedem Betracht von denen des Diamanten ab. Ihre Gestalt ist eine ganz andere, sie sind undurchsichtig, schwarz, metallisch glänzend, viel leichter und endlich — außerordentlich weich. Sie sind Nichts weiter als Graphit. Holz kann bekanntlich auf trockenem, wie auf nassem Wege verkohlt werden. Auf jenem geht die Verkohlung sehr schnell, auf diesem äußerst langsam von statten, wie letzteres die unter Wasser stehenden Pfähle zeigen. Im Wesentlichen ist aber das auf beiden Wegen erhaltene Product dasselbe; nur daß auf langsamem Wege eine sehr cohärente, auf trockenem eine sehr lockere Kohle erhalten wird. In beiden Fällen ist die Verkohlung vollendet, wenn die flüchtigen Bestandtheile der organischen Substanzen, Wasserstoff, Sauerstoff und Stickstoff, fortgeführt sind. Der Graphit ist aber nichts Anderes, als eine von diesen flüchtigen Bestandtheilen befreite Kohle. Obgleich in allen mineralogischen Werken die Rede von Krystallen des Graphit ist, Mohs ihm sogar in seinem Systeme einen Platz beim Glimmer anweist und ihn rhomboedrischen Graphitglimmer nennt, wird doch auch vielfach die Krystallisation in Zweifel gezogen. J. N. Fuchs in München stellt als wahrscheinlich hin, daß unzerstörte Glimmer- oder Talkkrystalle von Graphit gefärbt vorkommen, und so, als chemisch nicht untersucht, um so leichter für wirkliche Krystalle von Graphit gehalten werden, als sie die Weichheit desselben besitzen. Fuchs führt zur Unterstützung seiner Behauptung ferner an, daß, wenn der Graphit ein krystallinischer Körper wäre, auch die vegetabilische Kohle ein solcher sein müßte, was aber gewiß nicht der Fall ist. Der Graphit und die Kohle sind dem zufolge dem Wesen nach höchst wahrscheinlich Eins, beide sind amorpher Kohlenstoff; und hierin liegt der Grund der physikalischen Verschiedenheit derselben vom Diamant, welcher krystallisirter Kohlenstoff ist. Wenn wir daher reinen Graphit oder eine andere reine Kohle zum Krystallisiren bringen könnten, so würden wir Diamant machen können. Jacquelin, noch später Despretz haben hierüber ausführliche Versuche gemacht, und alle späteren Arbeiten haben bestätigt, daß der Diamant, ebenso wie gewöhnliche Kohle im luftleeren Raume zum Schmelzen kam und sich endlich verflüchtigte, daß an den kalten Wandungen des Glasapparates sich sodann schwarzer Kohlenstoff in Gestalt von Graphit absetzt, daß alle nicht graphitartige Kohle sich in gehöriger Hitze zunächst in Koaks verwandelt, bei noch höheren Wärmegraden schmilzt oder sogar flüchtig wird und nun stets die Eigenschaft des Graphit annimmt.

Der Graphit ist noch weit schwieriger verbrennbar

als der ihm elementarähnliche Diamant, und seine Theilchen entziehen sich der Einwirkung des freien Sauerstoffgases um so leichter, je beträchtlicher die Anwesenheit der mit ihm gemengten mineralischen Bestandtheile ist, welche in höherer Temperatur zusammensintern und ihn umhüllen. Die Oxydation dieses Kohlenstoffs mittels freien Sauerstoffgases und die Werthbestimmung seiner Proben auf diesem Wege aus der gefundenen Gewichtsmenge Kohlensäure nach Art der Elementaranalyse ist bei sorgfältiger Ausführung daher eine ebenso mühsame, zeitraubende als kostspielige Arbeit, zu welcher namentlich bei technischen Berufsgeschäften nicht immer die gehörige Uebung und Geschicklichkeit zu erwarten ist. J. Löwe gibt daher in neuerer Zeit eine Methode der Oxydation des Graphits mittels zweifachchromsauren Kali an, wodurch die Ausführung einer Werthbestimmung des Graphits an Schnelligkeit und Leichtigkeit gewinnt. Er bedient sich dabei des Ganges der Analyse der durch Säuren nicht zersetzbaren Silicate. Zu diesem Zwecke wird eine schwach geglühte und abgewogene Probe der sehr fein gepulverten Graphiterde aufs Innigste in einem glatten Achatmörser mit dem 3—4fachen Gewichte jenes Gemisches von gleichen Theilen reinem entwässerten kohlens. Natron und Kali gemengt, das Ganze in einen geräumigen Platintiegel gebracht. Mit aufgelegtem, gut schließendem Deckel wird der Tiegel längere Zeit den Flammen der Lampe mit doppeltem Luftzuge ausgesetzt und erhitzt; hierauf läßt man die Masse erkalten, laugt sie mit heißem Wasser aus, sodaß der unlösliche Rückstand sich absetzt. Die darüberstehende meist klare Flüssigkeit wird auf ein bei 100° C. getrocknetes und darauf gewogenes Filter abgegossen. Das auf dem Filter Erhaltene spritzt man in die Schale zurück und versetzt es bis zur schwachsauern Reaction mit reiner Salzsäure, neutralisirt solche aber kurze Zeit darauf mit reiner Soda so lange, als dadurch noch Aufbrausen erfolgt. Der Rückstand wird mehrmals zur Entfernung der Kieselsäure und der Thonerde mit Kali- oder Natronlauge ausgekocht. Den auf dem Filtrum von Kieselsäure und Thonerde befreiten Rückstand übergießt man zur Entfernung des Kalkes, des Eisenoxydes und der Magnesia mit starker Salzsäure und wäscht ihn lange mit heißem Wasser aus. Nach dieser Methode wird der Kohlenstoff als solcher und nicht wie bei den übrigen Analysen in der Form von Kohlensäure, aus welcher man den Kohlenstoff zurückberechnet, gewogen.

Ueber Graphitbildung durch Zersetzung von Cyanverbindungen hat in neuester Zeit R. Pauli bei den Sodafabriken, welche die Mutterlaugen auf Aetznatron verarbeiten, insofern die Abscheidung von Graphit beobachtet, als diese Laugen zur Oxydation der Schwefel- und Cyanverbindungen mit Natronsalpeter versetzt und in gußeisernen Pfannen eingedampft werden. Ist die ganze Alkalimasse zur Rothgluth gekommen, so bedeckt sich die ganze Oberfläche der Flüssigkeit mit einer glänzenden Lage von Graphit, der leicht abgezogen werden kann, und nach dem Waschen mit Wasser und Salzsäure ein zartes glänzendes Pulver bildet. Der Kohlenstoff im Cyan dürfte hier in der Graphitmodification in ähnlicher Weise vorhanden sein, als z. B. die Bildung des Stahls, d. h. eines Graphiteisens, nur bei Gegenwart gasförmiger Cyanverbindungen vor sich geht.

(*C. Reinwarth.*)

GRAPHITES (Mat. med.). Der natürliche Graphit besteht vorzugsweise aus Kohlenstoff, und wird deshalb auch als *Carbo mineralis* bezeichnet. Dem Englischen, welcher zu Borrowdale in Cumberland gewonnen wird, sind nur noch 4—8 Proc. Eisen beigemengt, und dieser kann ohne Weiteres medicinische Verwendung finden. Das Mineral aus anderen Fundorten dagegen enthält noch Alaun, Kieselerde, Mangan in verschiedenen Verhältnissen beigemengt, und muß durch vorgängige Reinigung (mit Salpetersäure und Salzsäure) in *Graphites depuratus* (*Graphites elutriatus* Ph. Austr.) umgewandelt werden.

Der Graphit wurde von Weinhold gegen Flechten, namentlich gegen inveterirte Formen derselben empfohlen. Er benutzte ihn hauptsächlich in Salbenform (2 Theile auf 8 Theile Fett) in Verbindung mit Bädern, gab ihn aber auch wol innerlich zu 20 bis 30 Gran täglich in Pillen, in Bissen- oder Latwergenform. Heim, Horn, Bernstein haben später die Wirksamkeit des Mittels bei äußerlicher Anwendung bestätigt, und wenn die Kranken auch nur eine Zeit lang von ihrem lästigen Uebel befreit wurden, so zeigte sich das Mittel doch bei Rückfällen von Neuem wirksam. Im Allgemeinen wird aber der Graphit, zumal innerlich, jetzt sehr wenig benutzt. Indessen ist in neuerer Zeit Schömon (Arzneimittellehre. 3. Aufl. S. 330) als neuer Lobredner dieses obsoleten Mittels aufgetreten, indem er sagt: „Ich kann auf den Grund zahlreicher Beobachtungen versichern, daß der Graphit gegen Flechten wirksamer, als irgend ein anderes Mittel ist und daß ich denselben mit entschiedenem Nutzen da häufig gegeben habe, wo andere heroische innere und äußere Heilmethoden ganz vergebens Jahre lang gebraucht wurden. Er ist unleugbar gegen Flechten ein wirksames Mittel und mit Unrecht in Miscredit gekommen. Ich gebe ihn einfach mit Zucker abgerieben und mit einem den Geschmack verbessernden Zusatze von Zimmet zu 5 bis 10 Gran pro dosi täglich dreimal. Größere Gaben sind nutzlos. Auffallende Wirkungen auf die Secretionen, auf die Nerven oder aufs Blut habe ich allerdings nicht bei dem Gebrauche des Graphits wahrgenommen, die Flechtenausschläge verminderten sich aber jedesmal nach der Anwendung des Graphits, in den meisten Fällen heilten dieselben vollkommen ab." (*Fr. Wilh. Theile.*)

GRAPHIUM, eine von Corda aufgestellte Gattung der Schimmelpilze mit folgenden Merkmalen: Die Stiele sind aufrecht, faserig, oben kopfförmig, pinselförmigfiedrig. Die Flocken ohne Querränder, in einfache, homogene, Anfangs schleimige, später staubig-trockene Sporen sich auflösend.

Hierher gehören folgende Arten:

1) Gr. penicillioides *Corda.* Rasen verbreitert, schwarz; Stiele oben schwarz, undurchsichtig, in der Mitte braun, an der Spitze blaß, weißlich und pinsel-

förmig getheilt; Flecken gerade, weiß, mit walzenförmigen, wasserhellen Sporen.

An Pappelholz.

2) Gr. tenuissimum *Corda*. Rasen verbreitert, sehr zart, bräunlich; Stiele einfach, gerade, fadenförmig, am Grunde erweitert, halbdurchsichtig, braun, mit fast kugeligen, gelben Köpfen, gleichfarbigen, steifen Flecken und länglichen, weißen Sporen.

An Buchenholz.

3) Gr. stilboideum *Corda*. Heerdenweise beisammen, schmarotzend; Stiele einfach, aufrecht, pfriemlich, bis 1 Linie hoch, schwarz und undurchsichtig; Sporenköpfe klebrig, weiß, später schmuziggelb; Sporenflecken einfach, weiß; Sporen länglich-eiförmig, durchsichtig.

Auf Torula herbarum schmarotzend.

4) Gr. subinconspicuum *Corda*. Heerdenweise, gesondert oder fast bündelweise gruppirt, klein, keulenförmig, reinweiß, mit fast gerandetem Kopf; Sporen länglich, von einfachen Flecken getragen, mit gekrümmtem Kern.

Auf modernden Laubholzsplittern.

5) Gr. macrocarpum *Corda*. Rasen sehr dünn und zart, graubläulich; Stiele etwas entfernt von einander, steif aufrecht, fast pfriemlich, glänzendbraun, oberhalb faserig-ästig, einen großen silberweißen Kopf bildend; Sporen zahlreich, länglich, am Grunde verdünnt-spitz, weiß, mit unregelmäßig getheiltem Kern.

Auf alten, faulenden Schindeln und Holzspänen.

(*Garcke.*)

GRAPIGLIA (Girolamo und Giovanni), zwei berühmte Baumeister und Bildhauer, welche am Ende des 16. und Anfange des 17. Jahrhunderts zu Venedig arbeiteten. Girolamo, der ältere von beiden, entwarf um das J. 1572 die Zeichnungen zu dem Grabdenkmal des Dogen Leonardo Loredano in der Kirche St. Giovanni und Paolo und erbaute in derselben Kirche das zu Ehren der Dogen Alvise Mocenigo und Giovanni Bembo errichtete prachtvolle Mausoleum. Giovanni, vielleicht ein Sohn Girolamo's, fertigte die Modelle, nach welchen um das J. 1621 fast die ganze Patriarchalkirche S. Pietro di Castello wieder neu aufgebaut wurde. Girolamo's Arbeiten sollen an Scamozzi erinnern *).

(*Ph. H. Külb.*)

GRAPP, ein geschickter teutscher Orgelbauer, von dessen Lebensverhältnissen und Wirken aber Nichts weiter bekannt ist, als daß er hauptsächlich gegen das Ende des 17. Jahrhunderts thätig war und gemeinschaftlich mit Prediger die berühmte Orgel in der Kirche zu Ansbach, welche aus 26 Registern und aus zwei Claviaturen und zwei Pedalen besteht, verfertigte und daß dieses Instrument im J. 1694 fertig wurde †). (*Ph. H. Külb.*)

GRAPPE (Pierre Joseph), französischer Rechtsgelehrter, im J. 1755 zu Trevief im Departement des Jura geboren, widmete sich auf der Universität zu Besançon der Jurisprudenz und wagte schon in seinem 21. Jahre, nachdem er kaum 18 Monate das von ihm gewählte Fach studirt hatte, bei der Concurrenz um eine Professur als Bewerber zu erscheinen und es gelang ihm wirklich unter die drei Candidaten zu gelangen, von welchen der König einen zu wählen hatte. Die Wahl traf diesmal freilich einen der anderen Candidaten, bei einer der spätern Concurrenzen (1780) aber wurde er zum Professor ernannt und zum Nachfolger des berühmten Juristen Seguin auf dem Lehrstuhle des römischen Rechtes zu Besançon bestimmt. Im J. 1792 hielt er beim Beginn des Lehrcursus eine Rede über die Strafgesetze, worin er hauptsächlich zu beweisen suchte, daß die Milderung derselben nur einen wohlthätigen Einfluß auf die Sitten haben könne. Als er bei der Unterdrückung der Universitäten durch die Revolution seine Stelle verlor, ergriff er das Geschäft eines Anwalts und erfüllte die Obliegenheiten desselben mit ebenso viel Geschick als Muth. Er vertheidigte in der gefährlichsten Zeit Dietrich, den unglücklichen Maire von Straßburg, welcher reactionairer Bestrebungen wegen vor das Criminalgericht zu Besançon gestellt wurde, und bewirkte dessen Freisprechung. Freilich mußte, da die Revolution ihre Opfer nicht losließ, der Freigesprochene auf dem Blutgerüste sterben und der Vertheidiger, um den grimmigen Verfolgungen der Schreckensmänner, welche ihn auf die Liste der Verdächtigen gesetzt hatten, zu entgehen, in das Juragebirge flüchten, wo man ihn jedoch ergriff und in den Kerker warf, aus welchem er nur durch den Sturz Robespierre's befreit wurde. Er kehrte hierauf zu seiner früheren Beschäftigung zurück und half an der Redaction des Journals Le 9 thermidor. Er nahm bald darauf auch Antheil an der Departementalverwaltung, ward Präsident des Bezirks von Besançon und wurde im Mai 1797 von dem Departement des Doubs in den Rath der 500 gewählt. Aussichten auf eine glänzende Zukunft waren ihm dadurch eröffnet; da er sich aber zu der Reactionspartei hielt und sogar für den von der Polizei verfolgten General Pichegru, welcher im Einverständnisse mit den Bourbons den Sturz der republikanischen Partei zu versuchen im Begriff stand, einen Fluchtplan ausgearbeitet hatte, so verdarb er es mit den einflußreichsten Männern des Tages und besonders mit Bonaparte, dessen unversöhnlichen Haß er bis zur Restauration fühlen mußte. Er entging zwar glücklich den Proscriptionen des 18 Fructidor und trat am 18 Brumaire (1799) in den gesetzgebenden Körper über, welcher ihn zu einem seiner Secretaire wählte. Er erschien nur selten auf der Rednerbühne, arbeitete aber fleißig in den Commissionen, wo seine ausgezeichneten Kenntnisse in der Jurisprudenz von großem Nutzen waren. Als er im J. 1804 aus dem gesetzgebenden Körper schied, ließ er sich in die Liste der Advocaten an dem Gerichtshofe von Paris einschreiben und war bald einer der zu Consultationen gesuchtesten Rechtsgelehrten. Bei der Wiederherstellung der juristischen Facultäten setzte ihn Fontanes, damals Großmeister der Universität, auf die Liste der zu ernennenden Professoren,

*) Biographie générale. Tom. XXI. p. 696. G. K. Nagler, Künstler-Lexikon. Bd. V. S. 336.

†) *F. J. Fétis*, Biographie universelle des Musiciens. (Paris 1862. 8.) Tom. IV. p. 84.

Napoleon aber, welcher die Verbindung des Empfohlenen mit Pichegru nicht vergessen hatte, strich seinen Namen mit eigener Hand. Grappe blieb Anwalt und Mitredacteur des im J. 1803 gegründeten Journal des audiences und erst nach der Rückkehr der Bourbons wurde er im J. 1819 auf den Vorschlag Royer-Collard's zum Professor des Code civil bei der Rechtsfacultät zu Paris ernannt. Bald darauf erhielt er auch das Kreuz der Ehrenlegion. Er starb am 13. Juni 1825 und hinterließ den Ruhm eines biedern, uneigennützigen Mannes und eines der gelehrtesten Juristen; seine Schüler, welche ihn wie einen Vater verehrten, trugen ihn zu Grabe und errichteten ihm auf ihre Kosten ein Denkmal. Seine zahlreichen Consultationen gelten als ebenso viele den betreffenden Gegenstand erschöpfende Abhandlungen; eine derselben, welche Merlin in seine Questions de droit unter dem Worte Subrogation aufgenommen hat, wird als die beste Arbeit über diese schwierige Frage betrachtet. Grappe arbeitete auch an einem Cours complet de code civil und hatte schon einen großen Theil des Stoffes gesammelt, er konnte aber zum Bedauern der Kundigen nicht die Zeit zur Vollendung desselben gewinnen *). (*Ph. H. Külb.*)

GRAPPIN (Pierre Philippe), französischer Benedictinermönch und Schriftsteller, im Februar 1738 zu Ainvelle-lès-Conflans bei Vesoul im Departement der obern Saone geboren, stammte aus einer sehr angesehenen bürgerlichen Familie und wählte aus Neigung den geistlichen Stand. Er trat in seinem 18. Jahre in den Benedictinerorden und verlebte in der Abtei zu Luxeuil die Zeit seines Noviziats. Nach Beendigung desselben begann er unter der Leitung Anselm Berthod's, des gelehrten Priors der Abtei, das Studium der Geschichte und Diplomatik und machte so schnelle Fortschritte, daß er schon nach einigen Jahren von seinen Obern nach Faverney entsendet werden konnte, um die Archive dieser Abtei zu ordnen. Als zu derselben Zeit die neuerrichtete Akademie zu Besançon sich mit der Zusammenbringung des Materials zu einer Geschichte der Provinz beschäftigte und für die Specialgeschichte einer Stadt oder einer Abtei der Grafschaft Burgund auf das Jahr 1770 einen Preis aussetzte, lieferte der junge Mönch zwei auf die unter seinen Händen befindlichen Urkunden gestützte Denkschriften über die Abteien Luxeuil und Faverney. Die erste gewann den Preis, wurde aber nicht gedruckt; die zweite, welche das Accessit erhielt, erschien unter dem Titel: „Mémoire sur la ville et abbaye de Favorney" (Besançon 1771. 8.), und verbreitete den literarischen Ruf des Verfassers, welcher sich schon einige Jahre vorher durch eine Streitschrift gegen seinen unbescheidenen und unruhigen Ordensgenossen Dom Jean Joseph Cajot (Lettre à l'auteur de „l'Examen philosophique de la règle de Saint-Benoît [Avignon 1768. 8.], ou Examen religieux de l'Examen philosophique. La France [Besançon] 1768. 8.) als Schriftsteller versucht hatte, aber wegen der Unhöflichkeiten und Persönlichkeiten, die er sich in jugendlichem Uebermuth gegen den freilich ebenfalls rücksichtslosen Gegner erlaubte, um so heftiger getadelt worden war, da er trotz seiner Derbheit doch die Behauptungen Cajot's nicht gänzlich zu entkräften vermochte. Dieser üble Eindruck wurde übrigens wieder durch die trefflichen Mémoires historiques sur les guerres du XVIe siècle dans le comté de Bourgogne (Besançon 1768. 8.) verwischt. Sowol die bis jetzt erwähnten Abhandlungen, als auch die Histoire abrégée du comté de Bourgogne (Avignon [Vesoul] 1773. 12. Seconde édit. considér. augm. Besançon 1780. 12.) und alle folgenden Schriften gab Grappin ohne Nennung seines Namens heraus, doch kannte man in den betheiligten Kreisen den Verfasser recht gut, da er zu dieser Zeit einer der fleißigsten Mitarbeiter des damals vielgelesenen Journal ecclésiastique war. Er lieferte im J. 1775 für dasselbe: Réponse à l'auteur de „l'Histoire des variations de la confession," Quand et pourquoi s'est introduit l'usage de faire gras le jour de Noël, arrive-t-il un vendredi ou un samedi? und Lettre contre l'usage des pensions annuelles des religieux (der Artikel ist zwar Dinouart unterzeichnet, ist jedoch von Grappin), und im J. 1770: Relation de ce qui s'est passé à la fête des moeurs établie à Saint-Farjeux le 25 août 1770 und Lettre touchant les dots ou pensions des novices. Auch lieferte er zugleich Beiträge für die Annales de la Religion, für die France catholique, für die Affiches de Franche-Comté und für die Chronique religieuse, in welcher besonders das Mémoire sur les Sorciers d'Arras et de Franche-Comté zu erwähnen ist. Diese literarische Rührigkeit lenkte die Aufmerksamkeit der Obern des Ordens auf den jungen Mönch und seine Ernennung zum Professor am Collegium der Benedictinerabtei bei Besançon war eine wohlverdiente Belohnung seiner Verdienste. Die Pflichten dieses Amtes, welche er gewissenhaft erfüllte, hielten ihn nicht ab, in den Mußestunden seine historischen Forschungen fortzusetzen und zwar mit dem besten Erfolg, wie die des Preises gewürdigte Lösung der von der Akademie zu Besançon in den Jahren 1774 und 1778 vorgelegten Fragen über die Rechte der todten Hand in den Provinzen des früheren Königreichs Burgund (Quelle est l'origine des droits de main-morte dans les provinces qui ont composé le premier royaume de Bourgogne. Besançon et Paris 1779. 8.) und über das Münzwesen der Grafschaft Burgund (Recherches sur les anciennes monnaies, poids et mesures du comté de Bourgogne. Besançon et Paris 1782. 8.) hinlänglich beweist. Neben diesen Leistungen war er schon mehrere Jahre mit seinem Lehrer und Freunde Berthod beschäftigt, ein Inventar über alle öffentlichen und Privatarchive der Provinz anzufertigen und von den wichtigsten Urkunden Abschriften zu nehmen, um sie an das allgemeine Urkundendepot, wozu der Minister Bertin die Anregung gegeben und den Plan entworfen hatte, einzusenden. Als Berthod im J. 1784 nach Brüssel

*) Biographie universelle. Tom. LXVI. p. 26. (N. Éd. Tom. XVII. p. 568.) Biographie générale. Tom. XXI. p. 608.

abging, wohin er berufen worden war, um an der Fortsetzung der durch die Aufhebung des Jesuitenordens unterbrochenen Acta Sanctorum Theil zu nehmen, setzte Grappin allein die Aufnahme und Ausbeutung der Archive mit solchem Eifer fort, daß er von dem Minister wiederholt Belobungsschreiben erhielt. Da durch Berthod's Entfernung nach dem Auslande eine Stelle in der Akademie von Besançon frei wurde, so übertrug man dieselbe mit vollem Rechte dem gelehrten Grappin, welcher auch alsbald seine Wahl durch mehrere gediegene Vorträge rechtfertigte, unter welchen hauptsächlich eine auch besonders gedruckte Abhandlung über den Cardinal Granvelle und dessen Theilnahme an den Unruhen in den Niederlanden (Mémoire historique, où l'on essaie de prouver que le cardinal de Granvelle n'eut point de part aux troubles des Pays-Bas dans le XVIe siècle. Besançon 1788. 8.) zu erwähnen ist. Er hatte die hohe Wichtigkeit der erst in diesem Jahrhundert herausgegebenen Memoiren und Staatsschriften des Cardinals für die gleichzeitige Geschichte erkannt [1]) und dem Minister Bertin die Veröffentlichung derselben anempfohlen; da man aber schon zu dieser Zeit nicht mehr wußte, wie man das Deficit des Staates decken solle, so war es Bertin, so sehr ihm die Nützlichkeit des Unternehmens einleuchtete, nicht möglich, das nöthige Geld aufzubringen. In diese Zeit fallen auch die beiden Jahrgänge seines historischen Taschenbuchs von Besançon (Almanach historique de Besançon et de la Franche-Comté, pour les années 1785 et 1786. Besançon. 8.), welche eine sehr genaue Beschreibung der Städte, Flecken und Dörfer der Provinz enthalten und von Freunden der Specialgeschichte gesucht werden, aber bereits selten geworden sind, und die Lobrede auf den Cardinal Jouffroy (Éloge historique de Jean Jouffroy, cardinal d'Alby, lu à l'académie des sciences de Besançon le 23 Avril 1785. Besançon 1785. 12.) und den berühmten Geschichtsforscher Ph. Andr. Grandidier (Éloge historique de M. l'abbé Grandidier. Strasbourg 1788. 12). Als bei der schlimmen Finanzlage Frankreichs die Rede davon war, die Reichsstände zu versammeln, so verlangte der Minister, welcher noch über die Zweckmäßigkeit dieses wichtigen Schrittes zweifelhaft war, von Grappin eine Denkschrift über die alten Stände der Provinz Franche-Comté. Mit dieser ersten Arbeit zufrieden, ertheilte ihm der Siegelbewahrer den Auftrag zur Abfassung von Verbreitung mehrerer populairen Schriften, wodurch die öffentliche Meinung auf die Veränderungen vorbereitet werden sollte, welche bei der Besteuerung nothwendig vorgenommen werden mußten und gegen welche die privilegirten Stände mit bedauerlicher Blindheit ankämpften. Grappin, dadurch veranlaßt, sich mit ihm bis jetzt fremd gebliebenen politischen Fragen zu beschäftigen, wurde allmälig in den Strudel der Revolution gezogen, in welcher er Anfangs nur einen energischen Schritt gegen die Misbräuche sah, erkannte aber bald den Abgrund, nach welchem das Uebermaß führte, und schied mit tiefem Schmerze von dem ruhigen Aufenthalte, wo er bis jetzt zufrieden unter seinen Büchern und Urkunden gelebt hatte. Er leistete übrigens den von Priestern verlangten Bürgereid und wurde zum Metropolitanvicar zu Besançon ernannt, nahm aber keinerlei Antheil an der Verwaltung der Diöcese, sondern zog sich, von dem Gange der Ereignisse erschreckt, in den Schooß seiner am Fuße der Vogesen wohnenden Familie zurück, nachdem er vorher noch in einer Flugschrift (Les Prêtres) aus allen Kräften gegen die albernen Vorwürfe, welche der Geistlichkeit von ihren Gegnern gemacht wurden, Einrede gethan hatte. Nach der Schreckensherrschaft wurde er im J. 1797 von den constitutionellen Priestern des Departements der obern Saône auf die Versammlung geschickt, welche den Namen Nationalconcil annahm; die Versammlung wählte ihn zu einem ihrer Secretaire und dieses Amt versah er noch auf dem Concil des Jahres 1801, auf welchem er den Abbé Grégoire und die andern Häupter der constitutionellen Kirche Frankreichs näher kennen lernte und mit denen er von dieser Zeit an einen lebhaften Briefwechsel unterhielt. Als der constitutionelle Bischof Cl. Lecoz in Folge des im J. 1802 abgeschlossenen Concordats Erzbischof von Besançon wurde, beeilte er sich, Dom Grappin zu einem seiner Generalvicare zu ernennen, und befolgte bei der neuen Einrichtung der Diöcese in vielen Dingen dessen Rath. Obschon ihm diese mühsame und nicht selten sehr verdrießliche Beschäftigung einen guten Theil seiner Zeit raubte, so nahm er doch mit großem Eifer seine Studien wieder auf und benutzte seinen Einfluß, um die alte Akademie zu Besançon wieder herzustellen, welche ihn zu ihrem beständigen Secretair ernannte. Er versah trotz seines hohen Alters dieses Ehrenamt mit unermüdlichem Fleiße und lieferte nach altem Gebrauche die Lobreden der verstorbenen Mitglieder Lecoz, Moïse, Grandidier, Simon, de Troyes, de Toulongeon, Demeunier, Laire, Berthod, Bergier, Talbert, Rose und der beiden de Marnesia; außerdem theilte er historische Notizen mit über Trouillet, David de St. George, d'Ussel, den Pater Chrysologue, de Grandfontaine, Requet, Monotte, Palliot, Charles und Dom Cornei; alle die Lobreden und Notizen findet man in den Denkschriften der Akademie. Nach dem Tode seines Gönners Lecoz (1815) verließ er, da seine Stellung unangenehm wurde, das Erzbisthum, um sich fortan nur noch mit gelehrten Studien zu beschäftigen. Während seines Generalvicariats hatte er eine französische Uebersetzung der Schrift Ant. Pereira's über die Macht der Bischöfe (Abrégé du „Traité du pouvoir des évêques." Paris 1803. 8.) herausgegeben; nach dem Tode des Erzbischofs Lecoz veröffentlichte er dessen Bemerkungen über Latour d'Auvergne (Quelques détails sur Latour d'Auvergne, Corret, premier grenadier de France. Besançon 1815. 8.). Bald darauf litt er durch einen unglücklichen Fall so argen Schaden, daß er nur noch selten das Zimmer verlassen konnte. Da ihm die Einsamkeit nie lange Weile verursacht hatte, so unterhielt er sich fortan mit seinen Büchern, mit wiß-

1) Vergl. den Artikel Perrenot de Granvelle in der Encyklopädie Sect. III. Bd. 17. S. 225 fg.

begierigen jungen Leuten, welche er zu den historischen Studien anfeuerte und durch heilsame Rathschläge unterstützte, und mit der Ausarbeitung mannichfaltiger Artikel für gelehrte Zeitschriften. Er starb am 20. Nov. 1833 in dem hohen Alter von 96 Jahren. Unter seinem Nachlasse fand man noch manche völlig ausgearbeitete historische Versuche aus allen Perioden seines Lebens; insbesondere sind zu nennen: die von der Akademie zu Besançon gekrönte Preisschrift Histoire de la ville et de l'abbaye de Luxeuil; Histoire de l'abbaye de Saint-Paul de Besançon; Recherches sur les anciens états-généraux de France; Histoire des états provinciaux de Franche-Comté, tenus en 1788; Dissertation sur la taille des anciens Bourguignons; Vie de M. Lecox, archevêque de Besançon; Notices historiques sur MM. de Courbouzon, de Clévans et le prieur D'Audeux; Journal du siège de Besançon par les Autrichiens immédiatement avant l'heureux retour des Bourbons; Chronologie des Landgraves d'Alsace und Chronologie historique des comtes de Ferrette. Grappin versuchte sich auch als Dichter, wie seine während der Revolutionszeit auf einzelnen fliegenden Blättern herausgegebenen Oden (Ode à la religion; Ode aux états généraux; Ode contre le duel; Ode sur la question), seine handschriftlich vorhandenen Loisirs du chevalier de *** und seine ebenfalls nicht gedruckten kleinen Bühnenstücke (Le nouveau bourgeois gentilhomme; Le Serment civique und Le Retour à la Raison), welche er im J. 1790 verfaßte, bezeugen. Er war Mitglied vieler Akademien und literarischen Gesellschaften, auch zählte er manchen ausgezeichneten Gelehrten unter seine Freunde *). (*Ph. H. Külb.*)

GRAPSUS (Zoologie). Lamarck trennte zuerst in seinem System der wirbellosen Thiere von der alten Gattung Cancer, unter welcher Linné, Fabricius und Herbst alle kurzschwänzigen Krebse, Crustacea decapoda brachyura, vereinigten, eine eigene Krabbengattung Grapsus ab, die von Latreille, Desmarest, Leach und andern Carcinologen angenommen wurde und erst von Milne Edwards in seiner Histoire naturelle des Crustacés (Paris 1857.) II, 83 enger umgrenzt worden ist. Derselbe begreift unter Grapsus nur die sehr flach gedrückten Arten mit viereckigem Cephalothorax, dessen Vorderrand gewöhnlich nicht die ganze Breite einnimmt, der Hinterrand wenig oder gar nicht verkürzt ist. Die sehr breite Magengegend und die weit ausgedehnte Kiemengegend pflegen deutlich umgrenzt zu sein. Die Stirn ist sehr breit und geneigt oder vollständig nach Unten gerichtet, oben allermeist tief vierlappig getheilt. An den tiefen Augenhöhlen tritt der scharfe obere Rand mehr hervor als der untere und nach Außen ein sehr starker Zahn. Die Fühler zeichnen sich nicht besonders von denen der nächst verwandten Gattungen aus. Die äußern oder letzten Kieferfüße haben einen tief ausgebuchteten Innenrand und ein trapezoidales drittes Glied, das nur wenig kürzer als das zweite ist und das folgende Glied gewöhnlich an der Außenecke trägt. Doch verkürzt sich bei einigen Arten das dritte Glied erheblich. Die kurzen starken Scheerenfüße besitzen ihren kantigen Arm, die andern vier Fußpaare sind platt gedrückt und am Tarsus mit Dornen besetzt. Der männliche Hinterleib ist schlank, dreiseitig, der weibliche nimmt die ganze Breite der Unterseite ein.

In dieser Umgrenzung bildet nun Grapsus den Typus einer besonderen Gruppe von Gattungen, zu welchen Milne Edwards Sesarma, Cyclograpsus, Pseudograpsus, Nautilograpsus, Plagusia und Varuna rechnet. Die letzte Gattung unterscheidet sich von allen übrigen durch das völlig blattförmige letzte Fußglied, also durch Schwimmfüße, und Plagusia durch die Stirnrinnen für die innern Fühler. Pseudograpsus ist kenntlich an den geraden, sich berührenden Innenwänden des letzten Kieferfußpaares; Cyclograpsus hat einen breiten gewölbten Panzer und unbewehrte Füße, Sesarma ein das zweite an Länge übertreffendes drittes Glied der äußern Kieferfüße, Nautilograpsus endlich als nächster Verwandter von Grapsus unterscheidet sich durch seinen längern Panzer und die blos geneigte Stirn.

Die gegenwärtig bekannten Grapsusarten bewohnen die warmen Meere beider Erdhälften, zahlreicher jedoch an den amerikanischen Küsten als in der alten Welt. Ihre Lieblingsplätze sind steinige und felsige Ufer, wo sie mit ungemeiner Schnelligkeit seitwärts laufen und bei der geringsten Gefahr in Ritzen und Löchern sich verbergen. In den antillischen Gewässern leben Gr. cruentatus *Latr.*, Gr. lividus *M. Edw.*, Gr. pictus *Latr.*, an den Küsten Chili's und Neuhollands Gr. variegatus *Latr.*, an den Sandwichsinseln Gr. rudis *M. Edw.* und Gr. plicatus *M. Edw.*, im ostindischen und rothen Meere Gr. messor *Forsk.* und Gr. strigosus *Hbst.*, im Mittelmeere und an der atlantischen Küste überall sehr gemein Gr. varius *Latr.* — Für die Arten, welche außerhalb des Wassers leben, wie Gr. lividus, Gr. crinipes, Gr. rubidus, hat Stimpson (Proceed. acad. nat. sc. Philadelphia 1858. p. 93) den Gattungsnamen Geograpsus vorgeschlagen. — Auch Fossilreste von Grapsusarten, und zwar aus tertiären Gebilden, sind bekannt. (*Giebel.*)

GRAPTA, eine orientalische Prinzessin, welche in Jerusalem einen Palast besaß, der in dem jüdischen Bürgerkriege und in dem Kampfe des Johannes und des Simon um die Herrschaft in der Hauptstadt erwähnt wird. Grapta war die Nichte des Izates, des Königs der Adiabener; sie hatte sich zur jüdischen Religion bekehrt und, da sie sehr fromm war, sich in Jerusalem einen Palast in der Nähe des Tempels erbaut. Johannes nahm aber denselben in Besitz, um darin seine Wohnung aufzuschlagen und seine Schätze und Vorräthe aufzubewahren. Auch war hier die Rüstkammer seiner Partei, der Zeloten; als aber im Heere des Johannes eine von Simon angestiftete Empörung entstand, indem sämmtliche Idumäer in demselben sich von den übrigen trennten,

*) Biographie universelle. Tom. LXVI p. 26 seq. (N. Éd. Tom. XVII. p. 359 seq.) *J. M. Quérard*, La France littéraire. Tom. III. p. 451 seq. Biographie générale. Tom. XXI. p. 690.

um gegen Johannes, auf dessen Uebermacht sie eifersüchtig waren und dessen Grausamkeit sie haßten, einen Schlag zu versuchen, so kam es zum Handgemenge, worin sie viele Zeloten tödteten und die übrigen in den Palast der Grapte zurücktrieben. Die Idumäer, die mit den Zeloten eingedrungen waren, trieben sie von da weiter in den Tempel und machten sich dann an die Plünderung der Schätze des Johannes. Während dessen strömte die in der Stadt zerstreute Menge der Zeloten zu den in den Tempel Geflohenen, und schon traf Johannes Anstalten, sie gegen das Volk und die Idumäer zum Kampfe zu führen; diese aber, um sich zu retten und Johannes zu stürzen, riefen Simon, der mit seinen Banden in der Umgegend von Jerusalem lag, in die Stadt, und bürdeten sich auf diese Weise nicht nur einen noch ärgeren Tyrannen auf, sondern beschleunigten auch den Untergang des jüdischen Staates, der nun eine Beute der Römer wurde *). (*Ph. H. Külb.*)

GRAPTOLEPIS (Paläontologie) nennt Agassiz in seinen Recherches sur les Poissons fossiles II, 103 eine im Kohlengebirge von Glasgow vorkommende Gattung fossiler Fische aus der Familie der Sauroiden oder besser der heterocerken Monopterygier. Eine Charakteristik derselben ist noch nicht bekannt geworden.

(*Giebel.*)

GRAPTOLITHEN (Paläontologie). In den ältesten Schieferschichten kommen sehr häufig eigenthümliche organische Gestalten vor, welche ebensowol durch ihre Häufigkeit in stets denselben Schichtensystem wie nicht minder durch ihre Structur und Form von jeher die Aufmerksamkeit der Geologen und Paläontologen fesselten. Linné führte sie bereits in der ersten Auflage seines Natursystems unter dem Namen Graptolithus (von γράφειν schreiben und λίθος Stein wegen der Aehnlichkeit mit gewissen Schriftzeichen) auf. Ueber ihre räthselhafte Natur sprach sich Wahlenberg 1825 dahin aus, daß sie Orthoceratiten, also Cephalopoden, seien, deren Kammern längs eines Markkanales statt des Sipho angeordnet seien. Schlotheim und Andere nahmen diese Deutung auf, während Brongniart eine Art aus Canada als Fucoiden beschrieb. Bald darauf aber versetzte sie Nilsson unter Aenderung des Namens in Priodon zu den Korallen, und zwar zu den Hornkorallen. Die Anzahl ihrer Arten war inzwischen schon vermehrt worden, und Murchison konnte in seinem classischen Werke über das Silursystem (Silurian System. London 1830.) ihre geognostische Verbreitung scharf begrenzen. In eben diesem Werke deutete sie der dänische Naturforscher Beck auf Pennatuliden, und zwar der lebenden Gattung Virgularia zunächst verwandt. Während Quenstedt 1840 und Geinitz 1842 nochmals die Cephalopodennatur zu vertheidigen suchten, nahmen fast alle andern Paläontologen die am sichersten begründete Deutung von Beck auf. Mit ihrer Mannichfaltigkeit, Verbreitung und Structur beschäftigten sich sehr eingehend seitdem J. Hall in seinem ersten Bande seiner Palaeontology of New York, Barrande in einer besondern kleinen Schrift: Graptolithes de Bohême (Prag 1850.), W. Scharenberg: Ueber Graptolithen mit besonderer Berücksichtigung der bei Christiania vorkommenden Arten (Breslau 1851.) und H. B. Geinitz im ersten Hefte seiner Versteinerungen der Grauwackenformation in Sachsen (Leipzig 1852.), das ganz den Graptolithen gewidmet ist. Die verdienstlichste unter diesen Arbeiten ist die von Barrande, die wir daher unserer Charakteristik zu Grunde legen.

Die Graptolithen sind langgestreckte, lineare oder schmal bandförmige Körper, meist gerade oder etwas gekrümmt, selten in ebener oder in konischer Spirale aufgerollt. An einer oder an beiden Seiten dieses linienhaften Körpers steht je eine Reihe Zellen, schief gegen die Axe desselben gerichtet, dicht gedrängt oder von einander gerückt, von wechselnder Form und gewöhnlich zahnartig vorspringend. Das äußere Ende der Zellen hat eine offene Mündung, ihr Inneres mündet in einen gemeinschaftlichen Längskanal des Körpers. Dieser läuft an einer feinen soliden Längsaxe hin, und zwar bei den Arten mit einfacher Zellenreihe an der dem zellentragenden Rande entgegengesetzten Seite, während bei den zweizeiligen Arten eine Längsscheidewand die Höhle des Kanales theilt.

Die in Thonschiefern vorkommenden Graptolithen, und sie sind gerade die häufigsten, lassen weder die Zellenmündung, noch den Kanal und die Axe des Körpers erkennen, sondern bestehen nur in einem schwarzen glänzenden Häutchen, das mehr oder minder scharf auf der dunkeln Schieferfläche hervortritt. Bisweilen ist dasselbe in Schwefelkies verwandelt. So lange nur diese Vorkommnisse bekannt waren, blieb die Vergleichung mit lebenden Formen erfolglos. In kalkigen Gesteinen dagegen haben sie sich besser erhalten, ihr Körper ist stielrund oder oval, auch die Zellen in natürlicher Form vorhanden. Solche Exemplare lassen die solide Axe oft recht deutlich erkennen, obwol dieselbe nie über ¼ Millimeter Dicke hat. Häufig deutliche Längsstreifen machen eine faserige Structur derselben wahrscheinlich. Ja es finden sich Exemplare, bei welchen die Axe noch eine Strecke allein über den zellentragenden Körpertheil fortsetzt und bei zweizeiligen Formen dann bisweilen in zwei Bänder aus einander gelegt ist. Der sie begleitende Kanal ist stets mit Gesteinsmasse erfüllt und wird daher nur auf dem Querbruche sicher erkannt. Er scheint im Leben des Thieres nicht hohl gewesen zu sein, sondern enthielt ohne Zweifel den weichen Körper, aus welchem die Zellen knospenartig hervorsproßten. Die Zellen stehen schief gegen die Axe, nur ausnahmsweise unter rechtem Winkel, berühren sich in ihrer ganzen Länge, oder nur in ihrem untern Theile, oder aber sind völlig von einander getrennt. Ihre Form ist je nach den Arten eine sehr verschiedene. Die innere in den Kanal führende Mündung ist rundlich vierseitig oder völlig rund, die äußere Mündung dagegen ändert in Lage und Form mehrfach ab und gewährt dadurch sichere specifische Unterschiede. Die Substanz der besterhaltenen Graptolithen ist hornig und höchstens $^{1}/_{10}$ Millimeter dick, auf der Oberfläche fein

*) *Josephus*, De bello judaico l. IV. c. 9. §. 11.

gestreift oder rauh. Hinsichtlich der Körperlänge übertreffen die einzelligen die zweizelligen Arten bedeutend, denn erstere erreichen bis 20 Centimeter Länge bei höchstens 4 Millimeter Dicke, letztere nur bis 40 Millimeter Länge bei derselben Dicke resp. Breite. Viele Graptolithen verdünnen sich nach dem einen Ende hin allmälig, ihre Zellen werden langsam kleiner und sind zuletzt nur noch kleine Knospenhöcker, daher die Annahme nicht gewagt, daß diese Thiercolonien an der Spitze der Axe weiter wuchsen. An den zahlreichen Exemplaren, welche Barrande in Böhmen untersuchte, konnte derselbe niemals Spuren einer Anheftung des Körpers an fremde Gegenstände auffinden, dagegen bildet Hall einige amerikanische ab, welche am andern Ende einen wurzelähnlichen Ausläufer haben, der wol nur zum Anheften gedient haben kann. Die Mehrzahl der Graptolithen mag daher frei im Meere oder nur in sandigem und schlammigem Grunde locker eingefügt gelebt haben, ganz wie unsere Virgularien, welche in der Anordnung ihrer Zellen die nächste Aehnlichkeit mit den Graptolithen zeigen.

Die Graptolithen finden sich überall auf der Erde, wo die ältern Glieder des Uebergangsgebirges, die sogenannten silurischen Schichten, auftreten, sind daher in Europa, wie in Nord- und Südamerika gemeine Versteinerungen, aus andern Welttheilen sind die gleichalterigen Schichten noch nicht auf ihre Petrefacten untersucht worden. Ihre verticale Verbreitung dagegen ist eine sehr beschränkte. Sie bieten nämlich ihre größte Mannichfaltigkeit auf der Grenze zwischen dem untern und obern silurischen System; nur vereinzelte Arten gehen unter die Mitte des untern Siluriums hinab oder über die Mitte des obern Siluriums hinauf, nur eine einzige Art kommt noch im Wenlockschiefer Englands vor. Sie sind daher bei der Häufigkeit ihres Vorkommens und der höchst eigenthümlichen Körperform sehr sichere und charakteristische Versteinerungen zur Erkennung der mittlern silurischen Uebergangsschichten. Ihr Auftreten in Böhmen hat Barrande sehr sorgfältig verfolgt; es kommen dort 5 Arten in der jüngsten Etage des Untersiluriums und einschließlich dieser 20 Arten in der untersten Etage des Obersiluriums vor. In Sachsen sind die Graptolithen führenden Schichten die ältesten des Uebergangsgebirges, die tiefern Silurschichten fehlen hier; in Nordamerika lagern sie hauptsächlich in den Hudsonriverschichten und gehen nicht über die Clintonschichten hinauf. Ueberhaupt beträgt die Anzahl der untersilurischen Arten 45, die der obersilurischen 34.

Die große Mannichfaltigkeit der Arten übersichtlich zu gruppiren oder naturgemäß einzutheilen, ist von den neuern Monographen Barrande am besten gelungen. Derselbe scheidet die frühere Gattung Graptolithus in drei neue gleichartige Gattungen. Von diesen charakterisirt sich Rastrites durch eine fadendünne Axe mit völlig getrennten Zellen und Gladiolites begreift zweireihige Formen mit fein netzförmiger Oberfläche und ohne mittle Axe. Graptolithus im engern Sinne umfaßt die Arten mit solider Axe und sich berührenden Zellen und zerfällt in zwei Untergattungen, nämlich in Monoprion, wohin die Arten mit nur einer Zellenreihe, und Diprion für die Arten mit zwei Zellenreihen.

Geinitz verweist die Gattung Rastrites wieder zu Monoprion, indessen ist doch das Verhältniß ihrer Zellen zur Axe und die Stellung der Zellen selbst ein so auffällig verschiedenes, daß die Barrande'sche Gattung als hinlänglich begründet aufrecht zu erhalten ist. Weiter führt Geinitz zwei neue Gattungen ein, nämlich Cladograpsus und Nereograpsus. Letztere begreift jene räthselhaften untersilurischen Wurmgestalten, welche Murchison unter den Namen Nereites, Myrianites und Nemertites zuerst beschrieben hat. Denselben fehlen jedoch alle wesentlichen Charaktere der Graptolithen, die solide Axe mit dem Längskanale und der Nachweis der Zellennatur ihrer seitlichen Vorsprünge. Zwar sollen an diesen Zellenöffnungen beobachtet sein, doch überzeugen die Darstellungen derselben nicht von wirklichen Zellenmündungen. Es ist viel wahrscheinlicher, daß diese Körper nur Fährten von Ringelwürmern sind, wie man solche zur Ebbezeit auf dem trocken gelegten Meeresgrunde beobachten kann. Cladograpsus umfaßt die Arten mit getheiltem gabelförmigem Körper, daraus aber die Bedeutung dieser Vereinigung zweier Graptolithenkörper oder die Spaltung eines nicht weiter erörtert wird, so können wir der Gattung keine Berechtigung einräumen. Uebrigens ändert Geinitz den Barrande'schen Namen Monoprion gegen die berechtigten Gesetze der Nomenclatur in Monograpsus um.

Die Arten sind in den oben erwähnten monographischen Arbeiten im Einzelnen beschrieben worden, und genügt es hier nur, wenige der gemeinsten oder auffälligsten namhaft zu machen.

Graptolithus: 1) Monoprion priodon *Bronn* überall verbreitet, in der Barrande'schen Etage E, im Alaunschiefer Sachsens, von den untern Ludlowgesteinen bis zu den Wenlockschiefern in England. 2) M. colonus *Barr.* in demselben Niveau in Böhmen. 3) M. spiralis *Gein.* in Böhmen und Sachsen. 4) Diprion palmeus *Barr.* in Sachsen, Thüringen und Böhmen. 5) D. folium *His.* in Schweden und England. 6) D. foliaceus *Murch.* bei Saalfeld und im Norden Europa's.

Rastrites: 1) R. Linnaei *Barr.* 2) R. fugax *Barr.* 3) R. peregrinus *Barr.* Alle drei Arten in der Etage E Böhmens.

Gladiolites: Gl. Geinitzanus *Barr.*, einzige Art in Böhmen, Sachsen, Thüringen. (*Giebel.*)

GRAPTOPHYLLUM, eine von Nees von Esenbeck aufgestellte Gattung der Acanthaceen mit folgenden Merkmalen: Der Kelch ist fünftheilig, gleich. Die Blumenkrone rachenförmig mit gerader, gewölbter, am Rande umgerollter Oberlippe und dreispaltiger Unterlippe. An Staubgefäßen sind zwei vorhanden. Die Staubbeutel sind zweifächerig, einwärtsgekrümmt, pfeilförmig, stumpf, die Fächer parallel und gleich. Die Kapsel ist geschnäbelt, am Grunde zweifächerig, viersamig. Die Blüthentraube ist endständig. Die Deckblätter und Deckblättchen am Grunde der Blüthenstielchen sind klein.

Zu dieser Gattung gehört nur die eine Art:

Gr. hortense *Nees von Esenbeck*. Die Pflanze ist strauchartig, die endständige Blüthentraube ist kurz-eiförmig; die Blätter sind länglich oder eiförmig, zugespitzt, kahl, bunt; die Röhre der Blumenkrone ist oberwärts erweitert und zusammengedrückt, die Zipfel derselben sind am Rande umgerollt, innen drüsig. Hierher gehören Justicia picta *Linné*, J. nitida *Nees von Esenbeck* und J. Klotzschiana *Hoffmannsegg*.

Diese Art wächst in Ostindien, auf den Sunda-Inseln und den Philippinen. (*Garcke*.)

GRAPTOS (Theodoros und Theophanes), zwei Brüder und griechische Mönche, welche durch die Mishandlungen, welche sie unter der Regierung der bilderstürmenden Kaiser erleiden mußten, bekannt sind. Sie waren im Lande der Moabiter geboren, erhielten aber zu Jerusalem, wohin ihre, wie es scheint, mit Glücksgütern gesegneten Aeltern zu diesem Zwecke übergesiedelt waren, eine ihrem Stande angemessene Bildung, besonders aber eine streng christliche Erziehung. Nach Beendigung seiner Studien trat Theodoros in das Kloster des heil. Sabas, wohin ihm alsbald sein jüngerer Bruder Theophanes folgte. Beide wetteiferten mit einander in der Frömmigkeit und in der Erwerbung theologischer Kenntnisse, weshalb sie in kurzer Zeit durch ihre Tugenden und ihre Gelehrsamkeit zu großem Ansehen gelangten. Der Patriarch von Jerusalem, Thomas, sendete deshalb Theodoros, nachdem er ihm die Priesterweihe ertheilt hatte, nach Constantinopel, um dem Kaiser Leo V., genannt der Armenier, welcher in dem berüchtigten Streite über die Bilderverehrung auf der Seite der Gegner derselben stand, Vorstellungen zu machen und von seiner Ansicht abzubringen. Der ohnehin schon durch den ärgerlichen und verderblichen Zwist gereizte Kaiser ließ aber den bei Anfangs milder Behandlung stets zudringlicher werdenden Mönch nebst seinem Bruder Theophanes, der mit ihm gekommen war, mit Ruthen streichen und beide auf eine Insel am Eingange des Pontos (schwarzen Meeres) bringen, mit dem Befehle, ihnen weder Kleidung noch Nahrung zukommen zu lassen. Ihrer Nothdurft wurde indessen von ihrer Partei heimlich abgeholfen. Michael II., der Stammler, welcher nach Leo den Thron bestieg (821), versuchte unparteiisch zu bleiben und die Parteien zu versöhnen, was ihm aber bei dem auf beiden Seiten herrschenden Fanatismus nicht gelang. Auch Theodoros und Theophanes, welche ungehindert nach der Hauptstadt zurückgekommen waren, entsprachen der friedlichen Absicht des Kaisers nicht und predigten, obschon sie sich sonst durch Heiligkeit des Wandels auszeichneten, heftig für die Bilder, weshalb der Kaiser sie nach vergeblicher Warnung auf Antrag des Patriarchen Joannes VII. einkerkern und dann aus der Stadt jagen ließ. Sie blieben jedoch zu Sosthenium, einem nicht weit von Constantinopel entfernten Orte, um bessere Zeiten, die ihnen nicht fern schienen, abzuwarten und die nöthige Verbindung mit ihren Freunden zu unterhalten. Nach Michael's Tode (829) fanden sie sich wieder in der Hauptstadt ein und gewannen durch Wort und Schrift viele angesehene Leute für ihre Partei. Theophilos, Michael's Nachfolger, suchte die beiden Mönche durch Güte und Versprechungen von ihrer eifrigen Vertheidigung des Bilderdienstes, welchem er keineswegs hold war, abzubringen; als aber dadurch ihre Hartnäckigkeit noch zunahm, so wollte er sie durch Schläge zur Aenderung ihrer Ueberzeugung zwingen, und als er natürlich durch dieses rohe Verfahren noch weniger seinen Zweck erreichte, befahl er, sie in ein Gefängniß auf der Insel Aphusia [1]) zu werfen, worin sie zwei Jahre schmachteten. Nach Verlauf dieser Zeit ließ der Kaiser nach der bekannten Gewohnheit despotischer Menschen, welche gerade da, wo sie den heftigsten Widerstand finden, ihren Willen durchzusetzen suchen, die Mönche in der Hoffnung, daß das Leiden im Kerker ihren Sinn gebeugt habe, unvermuthet und in großer Eile durch einen kaiserlichen Beamten von der erwähnten Insel, welche zum Verwahrungsorte der Staatsgefangenen bestimmt gewesen zu sein scheint, nach der Hauptstadt holen, wo sie am 8. Juli 835 eintrafen und einstweilen in das Präfecturgefängniß gebracht wurden. Am 14. Juli führte man sie in den Palast, und obschon man ihnen auf dem Wege rieth, nachzugeben, wenn sie nicht einer grausamen Behandlung gewärtig sein wollten, so traten sie doch muthig in den goldenen Saal, wo der Kaiser sie zwar nicht gnädig empfing, aber sich doch vorerst darauf beschränkte, sich mit ihnen in einen gelehrten Streit über den Bilderdienst einzulassen. Da der Kaiser bemerkte, daß eine Stelle der heil. Schrift, worauf sich Theodoros berief, nicht an dem bezeichneten Orte zu finden sei, behauptete dieser geradezu, daß alle in des Kaisers und seiner Freunde Händen befindliche Exemplare der heil. Schrift von den Bilderfeinden verfälscht seien, und ließ aus der Bibliothek des Patriarchats eine Handschrift mit der echten Lesart bringen, wodurch er aber keineswegs den Kaiser überzeugte, sondern zu so argem Zorne reizte, daß er ihm und seinem Bruder ins Gesicht schlagen ließ [2]). „Wir erhielten," erzählt Theodoros selbst [3]), „von den dazu bestellten Leuten so viele und heftige Schläge, daß uns endlich schwindelte und wir zur Erde fielen, und hätte ich nicht das Gewand eines der Schergen an dem Brusttheile ergriffen, so wäre ich auf den Schemel vor dem Sessel des Kaisers hingestürzt, ich hielt mich aber fest und ertrug unbeweglich die Hiebe, bis der Kaiser damit einzuhalten befahl und wiederholt fragte, warum wir in sein Gebiet zu kommen gewagt hätten, wenn wir nicht seines Glaubens sein wollten? Da wir schwiegen und die Augen auf den Boden hefteten, schalt er uns mit grimmigem Gesichte und in schimpflichen Ausdrücken, und sprach barsch zu dem anwesenden Präfecten: Nimm sie, schreibe und steche ihnen diese Jamben ins Gesicht und übergib sie zwei Sarazenen, um sie in ihre Heimath

1) *Ἀφουσία.* νῆσός τις, ἐν ᾗ ὑπερόριοι ἐγένοντο ὁ κύριος Θεοφάνης ὁ ποιητὴς καὶ ἀδελφὸς αὐτοῦ Θεόδωρος ὁ *Γραπτοί* ἀμφότεροι ὁμολογηταί. *Suidas* v. Ἀφουσία. 2) Theophan. continuat. l. III., de Theophilo c. 14. *Cedreni* Histor. Compend. ed. Paris. p. 521. ed. Bonn. T. II. p. 115. 3) In einem weiter unten näher zu bezeichnenden Schreiben an den Bischof von Kyzikos.

zurückzubringen. Christodulos [4]), der Verfasser der Jamben, welcher ebenfalls dabei stand, mußte diese nun vorlesen; sie lauteten, wie folgt:

Als Alle sich bemühten, nach der Stadt zu geh'n,
Worin in seiner vollen Reinheit Gottes Wort
Zum Heil der Menschheit festen Fuß gefaßt,
So wagten an dem hehren Ort auch diese sich,
Abscheuliche Gefäße gottvergessnen Wahns!
Doch wurden sie, als allen wahren Glaubens baar
Sie Schändliches verübten ohne Gottesfurcht,
Von dort als arge Ketzer schimpflich weggejagt.
Sie nahmen ihre Zuflucht zu dem Herrschersitz,
Doch ließen sie auch hier von ihrer Thorheit nicht,
Weshalb man sie als Uebelthäter im Gesicht
Bezeichnet und so kläglich wieder fortgeschafft [5]).

Sind auch die Verse, fügte der Kaiser, zu Christodulos gewendet, nicht schön, so laß dich dies nicht kümmern. Sie werden hinreichen, erwiderte dieser, sie dem Spotte preis zu geben, wozu ein dabei stehender Schmeichler bemerkte, daß solche Leute bessere Verse gar nicht werth seien. Nachdem man uns die Jamben vorgelesen, wurden wir nach dem Gefängnisse zurückgeführt, aber auf dem Wege von einem Boten eingeholt, der uns in den Palast zurückzubringen befahl. Sobald uns der Kaiser sah, rief er uns entgegen: Wenn ihr in eure Heimath kommt, so werdet ihr sagen, wir haben dem Kaiser lustig mitgespielt, ich will deshalb doch erst euch mitspielen und euch dann entlassen. Er ließ uns nun ausziehen und geißeln, wobei er den Schergen stets zurief: Könnt ihr nicht besser schlagen? So recht, drauf! .... Erst am Abend wurden wir ins Gefängniß zurückgeführt. Nach vier Tagen mußten wir, als der Präfect zu Gericht saß, wieder vor diesem erscheinen, und er glaubte uns dadurch schrecken zu können, daß er uns drohte, die von dem Kaiser ausgesprochene Strafe an uns vollziehen zu lassen. Christodulos und sein Vater, welche ebenfalls gegenwärtig waren, redeten uns zu, nachzugeben; da wir aber ablehnend antworteten, so nahm der Präfect zuletzt seine Zuflucht zur List und sprach mit sanfterer Stimme: communicirt nur einmal mit den Gegnern, mehr verlangen wir nicht; ich verfüge mich mit euch in die Kirche und nach dem Gottesdienste könnt ihr gehen, wohin ihr wollt. Ihr verlangt da, antwortete ich lächelnd, gerade so etwas von mir, als wenn Jemand sagte: schneide dir nur einmal den Kopf ab und dann gehe, wohin du willst. Jetzt befahl der Präfect zornglühend, daß man uns die Verse ins Gesicht schreibe, und obgleich unsere durch die Geißelhiebe verursachten Wunden heftig geschworen waren und unerträgliche Schmerzen verursachten, so streckten uns doch die Diener auf Bänken aus und stachen uns die Buchstaben ins Gesicht. Sie beschäftigten sich mit dem Einstechen bis zum Abend, und waren noch nicht fertig, als die Sonne unterging. Sie mußten aufhören, weil es zu finster wurde, was ihnen jedoch nicht lieb war." So weit Theodoros. Die Jamben waren also nicht vollständig eingestochen; auch kann man nicht begreifen, wie diese auf dem Gesichte hätten Raum finden sollen, wenn auch die Operation, welche wahrscheinlich dem Tättowiren der Wilden entsprach, noch so geschickt vollbracht wurde. Die Mönche, welche wegen derselben den Namen Gezeichnete (γραπτοί) erhielten, wurden nach dieser barbarischen Behandlung blutriefend in den Kerker geworfen und, noch ehe sie geheilt waren, nach Apamea in Bithynien verbannt, wo Theodoros bald darauf (am 28. Dec.) an den Folgen seiner Wunden starb. Theophanes aber setzte seine Bemühungen fort und wurde, als nach dem Tode des Theophilos (842) Theodora, dessen Witwe, den Bilderdienst wieder herstellte, von dem Patriarchen Methodios zum Erzbischof von Nicäa ernannt, um desto besser für seine Ansicht wirken zu können. Theophanes, welcher die Leiche seines Bruders bis jetzt in einem Kasten bei sich aufbewahrt hatte, ließ sie, als die Verfolgungen aufhörten, zu Chalkedon beisetzen. Die griechische Kirche verehrt die beiden Brüder als Bekenner, Theophanes am 11. Oct. und Theodoros am 27. Dec.; beide sind auch als Schriftsteller bekannt, und besonders war Theophanes als Hymnendichter berühmt. Bis jetzt sind aber nur zwei derselben bekannt geworden, nämlich ein Lobgesang (κανών) zum Andenken an seinen Bruder Theodoros [6]) und eine Jubelhymne auf die Wiederherstellung des Bilderdienstes [7]). Mehrere liegen noch in Handschriften verborgen, unter denen sich besonders eine Hymne auf die Mutter des Herrn [8]) auszeichnen soll; den jetzigen Begriffen von Poesie entsprechen sie freilich nicht. Theodoros befaßte sich mehr mit der theologischen Gelehrsamkeit, und man nennt ihn als Verfasser mehrerer dogmatischen, historischen und ascetischen Schriften. Seine Biographie des Patriarchen Nikephoros (*Βίος Νικηφόρου τοῦ ἁγιωτάτου Πατριάρχου Κωνσταντινουπόλεως*), welche noch nicht gedruckt ist, aber sich handschriftlich in der kaiserlichen Bibliothek zu Paris befindet, darf nicht mit dem von den Bollandisten herausgegebenen Leben

4) Er war Secretair des Kaisers.

5) *Πάντων ποθούντων προστρέχειν πρὸς τὴν πόλιν*
ὅπου πάναγνος τοῦ Θεοῦ λόγου πόδες
ἔστησαν εἰς σύστημα τῆς οἰκουμένης,
ὤφθησαν οὗτοι τῷ σεβασμίῳ τόπῳ
σκεύη πονηρὰ δεισιδαίμονος πλάνης
ἐκεῖσε πολλὰ δεινὰ ἐξ ἀπιστίας
πράξαντες αἰσχρὰ δεινὰ δυσσεβόφρονος,
ἐκεῖθεν ἠλάθησαν ὡς ἀποστάται
πρὸς τὴν πόλιν δὲ τοῦ κράτους προσφυγόντες
οὐκ ἐξαφῆκαν τὰς ἀθέσμους μωρίας.
ὅθεν γραφέντες ὡς κακοῦργοι τὴν θέαν
κατακρίνονται καὶ διώκονται πάλιν.

Außer dem erwähnten Schreiben führen auch der Fortsetzer des Theophanes (l. III. c. 14), Georg der Mönch (c. 21), Georg Kedrenos (Hist. p. 521. ed. Venet. Tom. II. p. 116), Zonaras (Annal. l. XV. c. 27) und andere byzantinische Historiker diese Jamben an.

6) Herausgegeben von Fr. Combefis in Originum rerumque Constantinopolitanarum ex variis auctoribus manipulus (Parisiis 1664. 4.) p. 224—230, aus den Menäen der Griechen zum 27. Dec. 7) Bekannt gemacht von Cäs. Baronius in den Annal. eccles. ann. 842. §. 27. 8) Sie soll ebenfalls im 16. Jahrhundert einzeln (s. l. et a.) gedruckt sein, wie Joh. Alb. Fabricius (Bibl. gr. Tom. XI. p. 547. ed. Harl. p. 719) bemerkt; die Angabe ist jedoch sehr unbestimmt.

des Nikephoros von dem Diakon Ignatios verwechselt werden. Die ihm von den frühern Literarhistorikern zugetheilte Schrift über den Glauben gegen die Bilderstürmer (ὑπὲρ τῆς ἀμωμήτου τῶν χριστιανῶν πίστεως) ist, wie der gelehrte Benedictiner Pitra [9]) nachgewiesen hat, eine Arbeit des Patriarchen Nikephoros und dürfte vielleicht in einer von Pitra zu erwartenden Gesammtausgabe der Werke des Nikephoros veröffentlicht werden. Eine Schrift des Theodoros gegen die Juden in sieben Büchern befindet sich in der kaiserlichen Bibliothek zu Paris. Eine Stelle aus einer Rede desselben über die sieben Schläfer hat Leo Allacci [10]) bekannt gemacht. Sehr anziehend und vollständig ist der an Johannes, Bischof von Kyzikos, gerichtete Brief über seine und seines Bruders Mishandlung durch den Kaiser Theophilos. Er befand sich auch in dem gewöhnlich dem Simeon Metaphrastes zugeschriebenen Leben der Brüder Theodoros und Theophanes, welches schon längst in die Legendensammlungen von Al. Lippomani und Laur. Surius (unter dem 26. Dec.) in lateinischer Uebersetzung, aber erst von Fr. Combefis im griechischen Original [11]) herausgegeben wurde. Man fühlt jetzt so geringes Verlangen nach den theologischen Schriften der byzantinischen Literatur, daß man wol auf die Herausgabe der vollständigen Werke des Theodoros verzichten muß [12]). *(Ph. H. Külb.)*

GRARD oder **GUERARD**, französischer Theolog, im J. 1606 zu Arras geboren, trat nach der Beendigung seiner Schulstudien in seiner Vaterstadt in den Dominikanerorden und begab sich später auf die Universität zu Paris, wo er sich gründliche Kenntnisse in allen Zweigen seines Faches und die theologische Doctorwürde erwarb. Die Berühmtheit, welche er allmälig bei seinen Zeitgenossen erlangte, verdankt er jedoch seinem ungewöhnlichen Predigertalent, welches er an vielen Orten bewährte. Er hinterließ auch eine aus zwölf Quartbänden bestehende Sammlung seiner Predigten, welche jedoch ungedruckt geblieben zu sein scheinen, obschon sie einen nicht unwichtigen Beitrag zur Geschichte der geistlichen Beredsamkeit liefern würden. Er versuchte sich übrigens als Schriftsteller im ascetischen Fache, und zwar nicht ohne Glück, wie die wiederholten Auflagen seiner in dieses Fach gehörenden Werke beweisen. Als solche sind anzuführen sein geistliches Leitseil (La guide spirituelle pour conduire les ames à une bonne confession. Tournay 1639. 12. Douay 1640. 12. Arras 1653. 12. Ibid. 1663. 12.) und seine Uebersicht der Regeln und Vorrechte der Erzbruderschaft zum heil. Rosenkranz (Abrégé des indulgences, privilèges et règles de l'archiconfrairie du S. Rosaire. Tournay 1639. 8. Douay 1640. 12. Quintin 1654. 8. Valenciennes 1661. 8. Arras 1663. 12.). Grard war zuletzt Prior in dem Kloster seines Ordens zu Arras, wo er auch am 7. März 1671 starb *). *(Ph. H. Külb.)*

Gras, Gräser, s. Gramineen.

GRAS (Caspar), teutscher Bildhauer, im J. 1560 zu Mergentheim in Würtemberg, der ehemaligen Residenz der Teutschmeister, geboren, über dessen Jugend und Ausbildungszeit aber alle Nachrichten fehlen, wurde, als er wahrscheinlich schon bedeutende Fortschritte in der Kunst gemacht hatte, dem Erzherzoge Maximilian, damaligem Teutschmeister, bekannt und von demselben nach Innsbruck, wo sich der erzherzogliche Hof befand, gezogen, um zur Ausschmückung dieser Stadt beizutragen. Er erhielt den Titel eines Hofbossirers und Gießers und verfertigte mit einem nicht näher bekannten Künstler Heinrich Renhard oder Reinhard die meisterhaften Bildhauerarbeiten im innsbrucker Hofgarten; sein berühmtestes Werk ist aber unstreitig die eherne Statue des Erzherzogs Leopold zu Pferde am Rennplatze zwischen der Hofburg und dem Theater, wovon besonders das Pferd im Sprunge, welches mit bewunderungswürdigem Gleichgewichte nur auf den beiden Hinterfüßen dasteht, bewundert wird. Ihm stehen jedoch die acht Statuen, welche mythologische Figuren darstellen und sich theils am Rennplatze, theils im Hofgarten befinden, an Kunstwerth nicht weit nach. Das von ihm verfertigte eherne Denkmal des Teutschmeisters Maximilian, seines Gönners, ebenfalls ein Meisterwerk, hat dadurch sehr gelitten und an Kunstwerth verloren, daß es nicht, wie ursprünglich bestimmt war, in der Mitte des Platzes vor dem Hochaltare, sondern, weil es die Aussicht desselben hinderte, in zwei Hälften getheilt und auf den beiden Seiten des Einganges aufgestellt wurde. In der ambraser Sammlung bewahrt man ebenfalls zwei vortreffliche Werke dieses Meisters, ein Brustbild des Erzherzogs Ferdinand Karl und einen Herkules als Besieger des Antäus, woran hauptsächlich die anatomisch richtige Musculatur auffällt. Kleinere werthvolle Arbeiten dieses viel zu wenig gekannten Mannes trifft man noch bei mehreren alten Familien in Innsbruck an. Im J. 1609 verheirathete sich der angesehene Künstler mit Elisabeth Moser; eine aus dieser Ehe entsprossene Tochter, Maria Gras, bekam im November 1645 den Hofmaler Michael Waldmann zum Gemahl, und man hat sie also als Stammmutter der in der Kunstgeschichte bekannten tyroler Familie Waldmann zu betrachten. Gras starb im J. 1674 zu Schwaz im unterinnthaler Kreise; seine Nachkommen wurden unter dem Namen Gras von Grasegg geadelt und wohnen noch in dem erwähnten Kreise; ob zu ihnen der Gießer Johann, Edler von Grás, gehört, welcher um das Jahr 1660 zu Brixlegg im Unterinnkreise arbeitete, läßt sich nicht ermitteln. Abraham Gras, ein anderer Bildhauer zu Nürnberg, welcher sich

9) In dem Spicilegium Solesmense (Parisiis 1852. 4.) Tom. I. p. 67—69. 10) De purgatorio (Romae 1655. 8.) p. 211. 11) Originum rerumque Constantinopolitanarum manipul. p. 191 seqq. 12) Vergl. außer der eben erwähnten Biographie *Remi Ceillier*, Histoire des auteurs sacrés. Tom. XVIII. p. 700 seqq. *A. Sevestre*, Dictionnaire de Patrologie. Tom. IV. p. 1626. *J. Alb. Fabricius*, Bibliotheca graeca. Vol. XI. p. 672 (*Harles*, Vol. VIII. p. 84). Vol. IX. p. 196 (*Harl.* Vol. X. p. 396). Vol. X. p. 240 (*Harl.* Vol. XI. p. 240). Biographie universelle. Tom. XLV. p. 294. Biographie générale p. 701. Fr. Chr. Schlosser, Geschichte der bilderstürmenden Kaiser S. 523 fg.

*) Vergl. *J. Echard et J. Quétif*, Scriptores ordinis Praedicatorum. (Paris. 1719. fol.) Vol. II. p. 631.

durch seine Ornamente Ansehen verschaffte [1]) und im J. 1630 starb, wird manchmal in der Kunstgeschichte mit Caspar Gras verwechselt [2]). (*Ph. H. Külb.*)

GRAS (Claude Lupicin), französischer Chirurg, im J. 1738 zu Moyrans in der Provinz Franche-Comté (jetzigem Departement des Jura) geboren, widmete sich, nachdem er in der Schule zu Dole die nöthigen Vorkenntnisse erlangt hatte, zu Paris der Heilkunde und genoß mehrere Jahre hindurch den Unterricht der ausgezeichnetsten Männer seines Faches. Nach der Beendigung seiner Studien kehrte er in die Heimath zurück, wo er sich in das chirurgische Colleg zu Besançon aufnehmen ließ und seine Kunst mit Erfolg auszuüben begann. Zum Oberchirurgen an dem Findelhause ernannt, führte er in der Behandlung der Kinder heilsame Veränderungen ein und bemühte sich besonders die Krankheiten, womit diese unschuldigen Opfer der Ausschweifung gewöhnlich behaftet sind, zu bekämpfen und zu beseitigen. Seine Verdienste fanden allgemeine Anerkennung und bewirkten alsbald seine Beförderung zur Professur am königlichen Collegium der Chirurgie, in welcher Stellung er nicht nur eifrig bemüht war, durch seine Vorträge brauchbare Schüler zu bilden, sondern auch, obschon er selbst nicht über Reichthümer zu verfügen hatte, talentvolle Jünglinge, welchen die zu ihrer weitern Ausbildung nöthigen Geldmittel fehlten, nach Kräften unterstützte. Nachdem er im J. 1776 zum Licentiaten der Arzneiwissenschaft aufgenommen worden war, wobei ihm seine ihn hochachtenden Collegen die üblichen Förmlichkeiten größtentheils erließen, erhielt er bald darauf die Ernennung zum Gefängnißarzt. Er entsprach den Pflichten dieses unangenehmen und mühsamen Amtes mit der ängstlichsten Gewissenhaftigkeit, und sein unablässiges Bestreben ging dahin, das Loos der Gefangenen zu verbessern; er verschaffte ihnen gesündere Nahrungsmittel und die Erlaubniß, sich täglich mehrere Stunden in der freien Luft zu bewegen. Die Revolution beraubte diesen verdienstvollen, aber bescheidenen Mann seiner Stelle zum großen Nachtheil seiner Mitbürger. Er zog sich auf ein kleines Landgut, welches er in der Nähe der Stadt erworben hatte, zurück, fuhr aber fort, den Armen, welche seine Hilfe verlangten, unentgeltlich zu dienen. Er starb am 17. März 1805 zu Besançon und hinterließ außer einem vollständig ausgearbeiteten Handbuche der Chirurgie eine Sammlung merkwürdiger Beobachtungen aus seiner Praxis. Die Absicht seines Sohnes, diese herauszugeben, kam leider nicht zur Ausführung; auch eine ins Einzelne gehende Schilderung des Lebens und Wirkens dieses trefflichen Chirurgen von Droz, Secretair der Akademie zu Besançon, blieb ungedruckt. Eine Lobrede auf ihn von Bouchey findet man in den Denkschriften der Ackerbaugesellschaft des Departements des Doubs, deren Mitglied er war [*]). (*Ph. H. Külb.*)

GRAS (Cornelius), Hagiograph, um das Jahr 1570 zu Antwerpen geboren, widmete sich der Theologie und trat im J. 1592 zu Cöln in den Orden der Karthäuser. Sein Ordensgenosse und Landsmann Zach. Lippeloo hatte mit großer Mühe die in früheren Werken gedruckten Heiligenlegenden in kürzerer und gleichmäßiger Fassung zusammengestellt und hinterließ diese mühsame Arbeit handschriftlich in der Karthause zu Cöln, wo er im J. 1599 starb. Gras unterwarf sie einer nochmaligen Durchsicht, vermehrte und verbesserte sie und gab sie unter dem Titel: Vitae Sanctorum ex selectissimis et probatissimis orthodoxis patribus, primum quidem per Zachariam Lippeloo fideli compendio conscriptae, nunc vero recens recensitae, exactissime recognitae ac tam ex Petro Ribadeneira, quam aliunde desideratis locupletatae (Coloniae 1616. 8. 4 Voll.) heraus; sie scheint aber, da in kurzer Frist mehrere bedeutende Sammlungen gleichen Inhalts einander gefolgt waren, keine große Verbreitung gefunden zu haben. Gras schrieb auch in plattdeutscher Sprache eine Abhandlung über das Meßopfer („Cort Tractaet van de H. Misse." Cöln 1603. 12.) und starb um das Jahr 1650 zu Cöln [**]). (*Ph. H. Külb.*)

GRAS (Henri), französischer Arzt, gegen das Ende des 16. Jahrh. zu Lausanne in der Schweiz, wohin sein Vater während den Religionskriegen von Lyon geflohen war, geboren, erhielt eine vorzügliche Erziehung und widmete sich auf der Universität zu Montpellier der Arzneikunde, welche er aber später zu Lyon, wo er in die medicinische Facultät aufgenommen worden war, wenig oder nicht mit besonderem Erfolg ausgeübt zu haben scheint, da er sich mehr mit der medicinischen Litteratur befaßte und den verborgenen Schätzen derselben nachspürte. Er fand ein besonderes Vergnügen daran, noch nicht veröffentlichte Schriften anderer Aerzte herauszugeben. Er besorgte eine Ausgabe der Werke seines Lehrers Jean Varanda (Opera omnia theorica et practica. Genevae 1620. 8.; wiederholt Lugduni 1658. fol.), welche er Pierre de Marbal von Lye, Mitglied des großen Raths zu Paris, widmete, machte die lange vermißte Monographie Ant. Saporta's, des berühmten Professors und Kanzlers zu Montpellier, aus den Papieren François Ranchin's, eines Collegen desselben, über die unnatürlichen Geschwülste (De tumoribus praeter naturam. Lugduni 1624. 12.) bekannt und sammelte die kleineren zerstreuten Abhandlungen des eben genannten Ranchin (Opuscula medica utili jucundaque rerum varietate referta. Lugduni 1627. 4.). Er starb am 22. Mai 1665 und hinterließ eine aus ungefähr 4000 Bänden bestehende Bibliothek, welche sich durch eine überlegte und geschmackvolle Auswahl der in sie aufgenommenen Werke auszeichnete. Seine Zeitgenossen schildern ihn als einen sehr gelehrten Mann,

1) Die Verzierungen an den Kaminen in den Vorzimmern des Rathhauses zu Nürnberg sind von seiner Hand. 2) G. K. Nagler, Künstler-Lexikon. Bd. V. S. 338 fg.

*) Mémoires de la Société d'agriculture du département du Doubs. Vol. VI. Vergl. Biographie nouvelle des Contemporains par Arnault, Jay, Jouy et Norvins. Tom. VIII. p. 288. Biographie universelle. Tom. XVIII. p. 324. (N. Éd. Tom. XVII. p. 371.) Biographie générale. Tom. XXI. p. 702.

**) *Valer. Andreae Desselii* Bibliotheca Belgica (Lovanii 1643. 4.) p. 161.

oder auch als einen sehr mürrischen Sonderling, mit dem nur sehr schwer zu verkehren war *). (*Ph. H. Külb.*)

GRAS (Joseph), französischer Rechtsgelehrter, im J. 1752 zu Lyon geboren, widmete sich, nachdem er sich die nöthigen Vorkenntnisse erworben hatte, auf der Universität zu Paris der Jurisprudenz und ließ sich nach der Beendigung seiner Studien in seiner Vaterstadt als Anwalt nieder. Während der Revolution erhielt er (im Mai 1797) durch den Einfluß, welchen die Royalisten allmälig erlangt hatten, ein untergeordnetes Richteramt, welches er aber schon in demselben Jahre durch den Staatsstreich am 18 Fructidor wieder verlor. Er ergriff nun sein Geschäft als Anwalt von Neuem und erwarb sich durch die Führung vieler und bedeutender Processe großes Ansehen; auch soll die Sammlung von Denkschriften, welche er zur Erläuterung der wichtigsten von ihm besorgten Rechtshändel verfaßte, ein sehr werthvolles juristisches Material enthalten. Nach der neuen Organisation der Gerichte im J. 1804 trat er in den Rath für Disciplinarsachen, worin er sich durch seine schlagende und glänzende Beredsamkeit bemerklich machte, und im J. 1816 wurde er von dem Wahlkollegium des Bezirks von Lyon zum Repräsentanten gewählt und zum Mitglied des Ausschusses bestimmt, welcher beauftragt war, über die Abreise Napoleon's, um sich an den Ort seiner Bestimmung zu begeben, zu berichten; der Einzug der Verbündeten in Paris verhinderte aber den gesetzgebenden Körper, sich zur Anhörung des Berichtes zu versammeln. Im J. 1818 endete Gras seine Laufbahn als Anwalt und trat mit dem Titel eines Rathes an dem königlichen Gerichtshofe zu Lyon in die höhere Magistratur. Im J. 1822 nahm ihn die königliche Ackerbaugesellschaft, da er sich fortwährend mit der Landwirthschaft befaßt und viel zur Hebung derselben in dem von ihm bewohnten Bezirke beigetragen hatte, als Mitglied auf. Er rechtfertigte diese Auszeichnung durch Einsendung mehrerer werthvoller Abhandlungen, insbesondere über die Baumschule des Departements der Rhone (Sur la pépinière departementale du Rhône), über die Bewässerungsarten (Sur les irrigations) und über die Nachtheile der bei der Bewirthschaftung der Wälder obwaltenden Gewohnheitsrechte (Sur les inconvenients des droits d'usage dans les forêts). Joseph Gras starb am 20. Juli 1837 zu Lyon †). (*Ph. H. Külb.*)

GRAS oder DE GRAS (Joseph), französischer Soldat, welcher sich vom Gemeinen bis zum Major und zum Officier der Ehrenlegion emporschwang, am 29. Dec. 1755 zu Aubesagnes (im Departement der obern Alpen) geboren, trat im J. 1776 als Kanonier in das dritte Artillerieregiment zu Fuß und verbrachte seine ersten Dienstjahre an der Küste der Bretagne, bis er im October 1780 mit der von dem Marquis de Bussy befehligten Expedition nach Ostindien ging, wo er im J. 1782 zum Sergeant vorrückte und sich in dem Gefechte von Goudelour, in welchem er verwundet wurde, auszeichnete. Nach der Zurückkunft nach Europa nahm er in den Jahren 1792—1796 Theil an den Operationen der Nordarmee und wurde zur Belohnung seiner in der Schlacht bei Jemappes und bei der Einnahme von Namur am 1. Dec. 1792 zum Premierlieutenant befördert. Im J. 1793 zu der Rheinarmee versetzt, diente er in derselben mit Auszeichnung und bewies besonders bei dem Rheinübergange am 1 Floreal des fünften Jahres der Republik, bei der Einnahme von Kehl und in anderen diesen folgenden Gefechten so große Umsicht und so auffallende Unerschrockenheit, daß er auf dem Schlachtfelde zum Escadronchef ernannt wurde. In den beiden folgenden Jahren stand er bei der helvetischen Armee und kehrte dann wieder zu der Rheinarmee zurück. Nach der Schlacht bei Hohenlinden (am 19 Brumaire des Jahres X), in welcher er einen bewunderungswürdigen Muth zeigte, erhielt er einen Ehrensäbel und avancirte im folgenden Jahre zum Major im sechsten reitenden Artillerieregimente, wobei er zugleich in die achte Cohorte der Ehrenlegion eintrat, zu deren Officier er schon im folgenden Jahre vorrückte. Als er am 1. März 1811 seines Alters und seiner durch Mühseligkeiten geschwächten Gesundheit wegen in Ruhestand versetzt wurde, zog er sich nach Metz zurück und wurde von den Bewohnern dieser Stadt zum Befehlshaber der ersten Cohorte der Nationalgarde gewählt, welche unter seiner Führung den Angriffen der Verbündeten bei ihrem Einmarsche in Frankreich in den Jahren 1814 und 1815 tapfern Widerstand leistete. Gras starb bald darauf zu Metz *). (*Ph. H. Külb.*)

GRAS (Pierre), französischer Jesuit des 17. Jahrh., von dessen Lebensverhältnissen aber nichts Näheres bekannt ist, als daß er als Lehrer der griechischen Sprache viele Jahre in dem Collegium der Jesuiten zu Avignon mit Erfolg wirkte. Seine griechische Grammatik (Institutiones grammaticae graecae. Avenione 1664—1665. 12. 6 Partt.), welche in den ersten drei Theilen die Regeln über die Declinationen und Conjugationen, im vierten die Lehre von den Accenten, im fünften die Syntax und im sechsten die Prosodie enthält, ist sehr klar und faßlich geschrieben und war in vielen Lehranstalten sehr beliebt, wie sie denn auch in einer in zwei Auflagen vorhandenen französischen Uebersetzung (Méthode aisée pour apprendre la langue grecque, composée autrefois par le Père Gras, Jésuite. Traduite nouvellement du latin en françois. Lyon 1699. 8. Édit. augmentée. Ibid. 1718. 8.) vielfach verbreitet war. Den jetzigen Bedürfnissen des Sprachunterrichts kann sie freilich in keiner Weise mehr entsprechen †). (*Ph. H. Külb.*)

GRAS (Antoine le), französischer Humanist, um das Jahr 1680 zu Paris geboren, über dessen Lebens-

---

*) Chr. Gottl. Jöcher, Gelehrten-Lexikon. Bd. II. S. 1139. Biographie universelle. Nouv. Éd. Tom. XVII. p. 370. Biographie générale. Tom. XXI. p. 702.

†) Biographie universelle. Nouv. Éd. Tom. XVII. p. 370.

*) Fastes de la Legion-d'Honneur. (Paris 1842. 8.) Tom. II. p. 23.

†) *Aug.* et *Al. de Backer*, Bibliothèque des écrivains de la Compagnie de Jésus. Vol. IV. p. 233.

verhältnisse wir keine andern Nachrichten besitzen, als daß er sich der Theologie widmete und nach der Beendigung seiner Studien in die Congregation der Väter vom Oratorium trat, welche sich, ohne ein Klostergelübde abzulegen, hauptsächlich mit dem höhern Unterrichte in Schulen und Seminarien beschäftigten. Er verließ aber später diese Gesellschaft wieder, um sich als Weltpriester ausschließlich mit gelehrten Forschungen zu beschäftigen. Er lenkte seine Aufmerksamkeit vorzugsweise auf die echten und als untergeschoben betrachteten ältesten Schriften aus den ersten Jahrhunderten des Christenthums und machte die Ergebnisse seiner Arbeiten meist ohne Nennung seines Namens bekannt. Zuerst trat er mit einer französischen Uebersetzung der Kirchenväter des apostolischen Zeitalters (Ouvrages des Saints Pères, qui ont vécu du temps des Apôtres, contenant la lettre de S. Barnabé, le Pasteur de S. Hermas, les lettres de S. Clement, de S. Ignace et de S. Polycarpe, avec des notes. Paris 1717. 12.) hervor, welche besonders der Einleitung und der Anmerkungen wegen geschätzt wird. Diesem mit Beifall aufgenommenen Versuche folgte eine Bearbeitung der apokryphischen Schriften des alten und neuen Testaments für die bekannte von Le Maistre de Sacy herausgegebene Bibel (Paris 1717. fol. 4 Voll.), von welcher sie den vierten Band bilden. Sie erschien auch besonders als Fortsetzung der Octavausgabe dieser Bibel unter dem Titel: Livres apocryphes de l'ancien et du nouveau Testament, en latin et en français, avec des notes, pour servir de suite à la Bible de M. de Sacy, en 21 Voll. (Paris 1742. 12. 2 Voll.) und enthält das dritte und vierte Buch Esras, das dritte und vierte Buch der Maccabäer, den Brief des heil. Paulus an die Laodicäer, den katholischen Brief des heil. Barnabas, den Pastor des Hermas, die Briefe des heil. Clemens, des heil. Ignatius und des heil. Polycarpus und den Brief an Diognetus, von welchen Briefen sich schon die meisten in seiner bereits erwähnten Uebersetzung der Werke der Kirchenväter aus der Zeit der Apostel befanden. Den wichtigen Brief an Diognetus machte Ant. le Gras noch zum Gegenstande eines besondern Buches (Épître a Diognète, dans laquelle l'auteur sur les ruines de l'idolâtrie et du judaisme établit les plus solides fondements de la religion chrétienne, ouvrage du premier siècle, traduit de l'original grec. Paris 1725. 12.), worin er zu beweisen sucht, daß dieser apologetische Brief, welcher eine bewunderungswürdige Schilderung des Lebens der ersten Christen enthält und den man gewöhnlich dem heil. Justinus zuschreibt, unter dessen Werken man ihn auch findet, dem Jahre 70 der christlichen Zeitrechnung angehört. Diese, sowie alle übrigen Uebersetzungen, welche le Gras mühsam arbeitete, sind übrigens ungenau, und viele Stellen beweisen, daß ihm eine gründliche Kenntniß der Originalsprache fehlte. Ebenso wenig kann seine Uebersetzung des Cornelius Nepos (Les vies des grands capitaines grecs et romains de Cornelius Nepos avec les portraits des grands hommes et des caractères des siècles dans lesquels ils ont vécu, tirés de Velleius Paterculus. Paris 1729. 12.) Anspruch auf Genauigkeit machen, und ist so hölzern, daß sie den Leser kalt läßt und langweilt; die Anmerkungen enthalten jedoch manches Brauchbare. In den ersten Arbeiten des jedenfalls seines Fleißes wegen lobenswerthen le Gras gehört die von ihm veranstaltete Veröffentlichung der Denkschrift Nicole's, seines frühern Mitbruders in der Congregation des Oratoriums, zur Abwehr der Angriffe Arnauld's (Apologie de M. Nicole, écrite par lui-même sur le refus qu'il fit en 1679 de s'unir avec M. Arnauld. Amsterd. [Paris] 1734. 12.). Aus der Einleitung geht hervor, daß Ant. le Gras um diese Zeit schon aus der Congregation ausgetreten war. Er starb am 11. März 1751 zu Paris *). *(Ph. H. Külb.)*

GRAS (Louise le), geborene de Marillac, Mitstifterin des Ordens der barmherzigen Schwestern, am 12. Aug. 1591 zu Paris geboren, war die Tochter des angesehenen Edelmannes Louis de Marillac, eines Bruders des berühmten Siegelbewahrers und Marschalls Michel de Marillac und erhielt, da sie schon in der frühsten Jugend ihre Mutter verlor, durch die Sorgfalt ihres Vaters eine standesgemäße Erziehung. Ihre Kinderjahre verbrachte sie bei den Klosterfrauen von Poissy, wo der Grund zu ihrer Tugend und Frömmigkeit gelegt wurde, und später erhielt sie eine gute Lehrmeisterin, welche sie in allen weiblichen Arbeiten gründlich unterrichtete, und vorzügliche Lehrer, von denen ihr die nöthigen Kenntnisse in den Wissenschaften und sogar in der Philosophie mitgetheilt wurden, sodaß sie, was ihre Bildung betraf, über den meisten Genossinnen ihres Alters stand. Aber gerade ihre tieferen Kenntnisse, welche sie durch fortwährendes Studiren und Lesen zu erweitern suchte, riefen in ihr einen so entschiedenen Abscheu vor den Eitelkeiten der Welt und eine solche Neigung zu dem Klosterleben hervor, daß sie in den Orden der Capucinerinnen zu treten gedachte, von welchem Entschlusse sie jedoch Honoré de Champigny, ein durch seine Frömmigkeit bekannter Capuciner, zurückzubringen versuchte, indem er ihr vorstellte, daß sie nach ihrer bisherigen Gewohnheit, in Bequemlichkeit und im Ueberflusse ihre Tage zuzubringen, und bei ihrer zarten Leibesbeschaffenheit ein so hartes und bußfertiges Leben nicht zu ertragen vermöge. Sie war jedoch keineswegs gesonnen, ihr Vorhaben aufzugeben, als der Tod ihres Vaters sie nöthigte, mancherlei Rücksichten Rechnung zu tragen und sie bewog, sich im J. 1613 mit Antoine le Gras, Secretair bei dem Geschäftsbureau der Königin Maria von Medicis, zu verheirathen. Schon während ihrer glücklichen, mit einem Sohne, dem spätern Münzrathe le Gras, gesegneten Ehe und entsprechend der wohlthätigen Richtung der Familie ihres Mannes, welche sich durch kräftige Unterstützung der Armen und durch die Stiftung eines Hospitals in der Stadt Puy hervorthat, bemühte sie sich, durch Werke der christlichen

*) *L. M. Chaudon et A. Landine*, Dictionnaire historique. Tom. V. p. 645. Biographie universelle. Tom. LXXI. p. [illegible] Biographie générale. Tom. XXX. p. 441.

Liebe gottgefällig zu sein. Sie besuchte fleißig die Kranken des Sprengels, worin sie wohnte, reichte ihnen Suppe und Arznei, machte ihre Betten, belehrte, tröstete und vermahnte sie und bereitete sie zum Tode vor. Im J. 1625 verlor sie ihren Gemahl durch den Tod und da sie schon bei einer gefährlichen Krankheit desselben im J. 1623 das Gelübde gethan hatte, nicht mehr zu heirathen, so verdoppelte sie ihr Bestreben, durch den ihr gebliebenen Reichthum ihre dürftigen Mitmenschen zu unterstützen und ihn hauptsächlich zur Pflege der Kranken zu verwenden. Ihr Beichtvater Jean Pierre Camus, Bischof von Belley, von dem Eifer der jungen Witwe gerührt, glaubte sie Vincenz von Paul, dem bekannten Menschenfreunde, welcher zu dieser Zeit unablässig mit Stiftungen zum Heil der Unglücklichen und Nothleidenden beschäftigt war, empfehlen zu müssen. Außer andern Wohlthätigkeitsanstalten hatte Vincenz von Paul auch einen Frauenverein, Schwesterschaft der Liebe (confrérie de la charité) genannt, zur Unterstützung der armen Kranken ins Leben gerufen und dieser hatte sich bereits über viele Dörfer und kleine Städte, die noch nicht, wie jetzt, mit Aerzten versehen waren, verbreitet. Die Witwe le Gras bot ebenfalls dem Stifter ihre Dienste und ihr Vermögen an, dieser zögerte aber, um die Festigkeit ihres Entschlusses zu prüfen, mit der Annahme ihres Anerbietens bis zum J. 1629. In diesem Jahre nämlich fand Vincenz es für nöthig, die zahlreichen Mitglieder der an vielen Orten gestifteten Schwesterschaften durch den Besuch von ihm beauftragter Sendboten zu ermuthigen, ihren frommen Eifer, der allmälig zu erkalten anfing, wieder zu beleben, und auch den Genossinnen, besonders auf dem Lande, die nöthige Unterweisung in dem Krankendienste zu ertheilen. Er ersah auch die Witwe le Gras zu diesem Zwecke und machte sie mit seinem Vorhaben bekannt. Sie nahm seinen Antrag wie einen Befehl an und leistete ihm so vollkommenen Gehorsam, daß sie fortan Nichts ohne seinen Willen unternahm. Da ihre erste Reise, welche sie, mit der nöthigen Anweisung versehen, nach Montmirail in der Diöcese Soissons unternahm, den gewünschten Erfolg hatte, so setzte sie ihre Besuche bei den verschiedenen Schwesterschaften fort und zeigte ihnen durch ihr eigenes Beispiel und die Behandlungsweise, welche sie den Kranken überall angedeihen ließ, wie das Werk der Barmherzigkeit am segensreichsten geübt werden könne. Auf diesen Reisen, auf welchen sie gewöhnlich von einigen gleichgesinnten Frauen begleitet wurde, entsagte man jeder Bequemlichkeit, wählte die schlechtesten Fuhrwerke, lebte dürftig, und schlief auf einem elenden Lager, um sich an die Lebensweise der Armen zu gewöhnen und diese zugleich zur Ertragung ihres Schicksals aufzumuntern. Da indessen vorauszusehen war, daß der Eifer dieser Frauen, welche sich freiwillig der Pflege der Kranken widmeten, allmälig erkalten würde, weil sie verheirathet und deshalb in die Sorgen dieses Lebens verstrickt waren, weil ferner die Pflicht ihnen gebot, bei schweren und ansteckenden Krankheiten vorsichtig zu sein und sich fern zu halten, um nicht ihren eigenen Familien Schaden zu bringen, weil sie demnach in vielen Fällen sich gewöhnlicher nicht in ihrem Sinne wirkender Mägde und Tagelöhnerinnen bedienen mußten, so machte Vincenz den Versuch, eine Gesellschaft von Dienerinnen unter der Aufsicht und Leitung der Frauenvereine zu gründen. Zu jener Zeit waren die Mädchen nicht selten, die keine Lust fühlten zu heirathen, sondern Verlangen trugen, sich Gott zu widmen, aber zu arm waren, um die Aufnahme in ein Kloster zu erwirken, auf diese richtete Vincenz hauptsächlich sein Augenmerk und schon bei der ersten Aufforderung fanden sich viele Mädchen, welche sich erboten, ihr Leben der Krankenpflege zu widmen; diese leisteten an verschiedenen Orten gute Dienste. Da aber die meisten derselben bei dem besten Willen nicht die nöthigen Kenntnisse von der geistlichen und leiblichen Krankenpflege besaßen, außerdem auch bei den vielen Gefahren und Versuchungen zum Falle Charakterstärke und strenge Sittlichkeit nöthig waren, so beschloß Vincenz allmälig eine Genossenschaft solcher Krankenpflegerinnen zu bilden, in welcher sie den nöthigen Unterricht erhielten. Er übergab deshalb drei solcher Mädchen Frau le Gras, welche sich zu diesem Versuche erboten hatte, und diese nahm sie am 21. Nov. 1633 in ihr in der Pfarrei von St. Nicolas du Chardonnet zu Paris gelegenes Haus, um sich mit ihrer Ausbildung zu befassen. Da ihre Bemühungen den erfreulichsten Fortgang hatten, so verpflichtete sie sich für ihr ganzes Leben durch ein Gelübde zur Führung dieses Geschäfts. Die ersten ihrer Zöglinge gab sie zur Pflege der Kranken im Hotel-Dieu ab und da die Leistungen derselben alle Erwartungen übertrafen, so verlangte man auch in andern Hospitälern nach solchen Wärterinnen. Ihre Genossenschaft nahm deshalb schnell zu und erfreute sich nicht nur eines großen Beifalls, sondern auch kräftiger Unterstützung; es meldeten sich nicht nur arme Landmädchen, sondern auch Jungfrauen aus den ersten Ständen und Frau le Gras kaufte, um eine größere Anzahl aufnehmen zu können, im Mai 1636 ein bequemes Haus in dem Flecken Chapelle nahe bei Paris, wobei sie zugleich den Zweck und den Vortheil hatte, ihre Schülerinnen an ein armes, demüthiges, einfältiges und arbeitsames Landleben zu gewöhnen und ihre Kleidung und Nahrung nach dieser Lebensweise einzurichten; sie begann hier zugleich eine Schule für arme Kinder, welche sie fast allein besorgte. Auf den Rath ihres Führers Vincenz von Paul und anderer einsichtsvoller Männer verließ sie jedoch das Dorf la Chapelle wieder und zog im J. 1641 mit ihren Schülerinnen nach Paris in die Vorstadt St. Denis, wo sie ein geräumiges Haus kaufte und ihrer Anstalt eine weit größere Ausdehnung gab, indem sie ihren Beistand nach und nach nicht nur armen Kranken, sondern auch den Findelkindern, den Irren, den Galeerensträflingen und den Pestkranken angedeihen ließ. Sie war überall, wo es nöthig schien, selbst zugegen, suchte in den Kranken das religiöse Gefühl wieder zu wecken, ermahnte die Sterbenden und spendete ihnen Trost bis zu ihrem Ende; ihre Zöglinge eiferten ihr nach und viele derselben fielen als Opfer ihres heroischen Liebesdienstes. Die Achtung, welche sich diese zu erwerben wußten, war bald allgemein und ihr Lob ging von Mund zu Mund.

Nachdem das zu Paris von Vincenz von Paul neugegründete Hospital der Findlinge Frau le Gras und ihren Töchtern übergeben worden war, rief sie auch Königin Anna von Oesterreich in das Hospital, welches sie zu Fontainebleau für kranke und verwundete Soldaten eingerichtet hatte. Im J. 1643 übernahm Frau le Gras die Regierung und die Haushaltung des in Paris für Arme gestifteten Jesushospitals und im J. 1645 ließ sie sich durch die Bitten der Verwaltung der Armenkasse bewegen, auch den unglücklichen Bewohnern des Tollhauses ihren Eifer zu widmen. Der Ruf ihrer Leistungen war aber schon weit über die Umgebung von Paris gedrungen; die Stadt Angers erbat sich bereits 1639 von ihr unterrichtete Wärterinnen für ihr Hospital und die Königin von Polen, Luisa Maria von Gonzaga, ließ deren sogar im J. 1652 nach Warschau kommen, wo eine ansteckende Seuche wüthete. Frau le Gras genügte es aber nicht, einer bereits weit verbreiteten Genossenschaft den Ursprung gegeben zu haben, sie gedachte auch ihr Werk auf immer zu befestigen und sicher zu stellen. Sie theilte im J. 1651 ihren Entschluß Vincenz von Paul mit; dieser billigte ihn und ließ ihr eine von ihm verfaßte Schrift zukommen, um sie dem Erzbischofe von Paris, Jean François von Gondy, zu überreichen; er hatte darin die Aufgabe und die Leistungen der Genossenschaft geschildert und zugleich die Regeln und Satzungen beigefügt, deren Beobachtung er wünschte. Gondy stellte diese Schrift dem Cardinal von Retz zu, welcher sie gutthieß, im J. 1655 die Genossenschaft zu einer Congregation erhob und ihr den Namen Congregation der Dienerinnen der Armen (Servantes des pauvres) oder die Töchter der Liebe (Filles de la charité) beilegte. Vincenz von Paul versammelte nun am 8. Aug. desselben Jahres alle Schwestern in der Anstalt der Stifterin in der Vorstadt Saint-Denis, welche also als Mutterhaus zu betrachten ist, las ihnen die für sie bestimmte Regel vor und ernannte Frau le Gras trotz ihrer Weigerung zur ersten Generaloberin. Der Papst Clemens IX. billigte im J. 1668 die Regel und auch Ludwig XIV. bestätigte die Stiftung. Dies ist der Ursprung der bereits fast über die ganze Welt ausgedehnten Congregation der Dienerinnen der Armen, welche man jetzt gewöhnlich barmherzige Schwestern vom heil. Vincenz von Paul oder von ihrer einfachen grauen Kleidung graue Schwestern (soeurs grises) nennt. Sie legen kein bindendes Gelübde für immer ab, sondern erneuern es nur von Zeit zu Zeit, doch kommt es fast nie vor, daß eine Schwester von der Freiheit, ihrem Berufe zu entsagen, Gebrauch macht. Nach dem Inbegriff der von Vincenz von Paul gegebenen Regel, welche nie gedruckt wurde und mehr den Geist als die Form im Auge behält, haben die Schwestern kein streng klösterliches Leben zu führen, auch keine ungewöhnlichen Abtödtungen vorzunehmen; sie sollen jedoch im Winter wie im Sommer um vier Uhr aufstehen, zweimal des Tages dem innerlichen Gebete obliegen, sehr einfach leben, auch, wenn sie nicht krank sind, nur Wasser trinken, bei den ekelhaftesten Krankheiten getreulich ihren Dienst verrichten, ohne Rücksicht auf das Ansteckende des Uebels und die Schauer des Todes. Ihnen soll stets der Gedanke vorschweben, daß sie Dienerinnen Christi sind und ihn selbst in der Person des Kranken pflegen. Ferner sind sie ihrer Oberin zum unbedingten Gehorsam verpflichtet; eine gleichförmige Kleidung und gegenseitiges Vertrauen und Verträglichkeit gebietet ihnen ebenfalls die Regel. Stets aber sollen sie dabei, unbekümmert um Lob oder Tadel der Menschen, nach eigener sittlicher Vollendung streben. Daß die Beobachtung einer solchen Regel eine der schwersten Aufgaben ist, wird nicht leicht Jemand leugnen und deshalb hat auch das Institut der barmherzigen Schwestern eine so freudige und allgemeine Anerkennung gefunden, wie fast kein anderes; die rücksichtslosesten Spötter über alles Ordenswesen haben den barmherzigen Schwestern ihre Achtung nicht versagen können [1]). Die Stifterin der Congregation stand derselben noch fünf Jahre lang mit dem größten Eifer vor und die Trauer war allgemein, als sie am 15. März 1660 verschied. Obgleich sie auf einem allgemeinen Friedhofe begraben zu werden wünschte, so bestattete man sie doch in einer Kapelle der Laurentiuskirche, wo sie gewöhnlich ihre Andacht zu verrichten pflegte. Nach ihrem letzten Willen hing man bei ihrem Grabe ein Kreuz auf mit der Inschrift: Spes mea. „Ich empfehle," schrieb Vincenz von Paul an einen seiner Freunde, „die Seele dieser Frau Ihrem Gebete, obwol sie vielleicht dieser Hilfe nicht bedarf, denn wir haben allen Grund zu glauben, daß sie nun die Herrlichkeit Gottes genieße, die jenen versprochen ist, welche Gott und den Armen dienen, wie sie es gethan hat." Der Mann Gottes konnte in seiner Anschauungsweise und in seiner Sprache die Verdienste der Frau le Gras um die Pflege der Kranken nicht besser würdigen. Wir besitzen eine von Gobillon, dem Pfarrer von St. Laurentius, verfaßte und von Collet verbesserte Biographie dieser Stifterin unter dem Titel: Vie et Pensées de Mme Legras (Paris 1769. 12.), welche jedoch Vieles zu wünschen übrig läßt und das Streben der Frau le Gras zu einseitig betrachtet [2]). (*Ph. H. Külb.*)

GRAS (Philippe le), französischer Jurist, im J. 1752 zu Dijon geboren, widmete sich der Rechtsgelehrsamkeit und war beim Beginn der die Revolution herbeiführenden Bewegung Sachwalter am Parlament seiner Vaterstadt. Anfangs der verlangten Neugestaltung der politischen Verhältnisse abhold, wie seine das bestehende System in Schutz nehmende Schrift: Le citoyen français ou Mémoires historiques, politiques, physiques etc. (Londres 1785. 8.) beweist, hatte er beim Ausbruch der Revolution mancherlei Verfolgungen zu er-

---

1) Voltaire sagt: „Peut-être n'est-il rien de plus grand sur la terre, que le sacrifice que fait un sexe délicat de la beauté et de la jeunesse, souvent de la haute naissance, pour soulager dans les hôpitaux ce ramas de toutes les misères humaines, dont la vue est si humiliante pour notre orgueil et si révoltante pour notre délicatesse." 2) Vergl. *H. Helyot*, Histoire des ordres. Paris 1721. 4. Tom. VIII (deutsch Leipzig 1756. 4. Bd. VIII. S. 118 fg.). Biographie universelle, Tom. XXIII. p. 584. Kirchen-Lexikon, herausgegeben von J. Aschbach, Bd. I. S. 462 fg. Kirchen-Lexikon, herausgegeben von H. J. Wetzer und B. Welte, Bd. IX. S. 872.

tragen, deren Gefahr er jedoch durch seine Klugheit stets zu entschlüpfen wußte. Nach dem Sturze Robespierre's ging er nach Paris, wo er eine Schrift zum Vortheil der Aeltern der Emigranten (Puissante reclamation pour les pères et mères des émigrés. Paris 1795. 8.) bekannt machte und dadurch in der Hauptstadt, dem Sitze der Regierung, sein Glück zu machen und seine Beförderung zu einer besseren Stellung zu erwirken suchte. Er schloß sich hier an seinen Landsmann J. B. Maret an, welcher bereits als einer der Redacteure des Moniteur ein einflußreicher Mann geworden war und durch seine Bekanntschaft mit Bonaparte später von Stufe zu Stufe bis zum Staatsminister und Herzoge (von Bassano) emporstieg. Durch Maret's Vermittelung ward le Gras im J. 1803 zum Mitglied der Commission ernannt, welche den Entwurf zu dem später eingeführten Handelsgesetzbuch zu prüfen hatte. Er nahm bedeutenden Antheil an der definitiven Redaction des Gesetzbuches und soll dabei besonders die Vortheile des Fiscus im Auge behalten haben. Er ward zur Belohnung seiner Bemühungen im J. 1806 zum Anwalt beim Staatsrathe und zum Mitglied der Ehrenlegion ernannt. Nach dem Sturze Napoleon's und seines Gönners, des Herzogs von Bassano, verlor er auch sein Amt und da keine Hoffnung auf Wiederanstellung im Staatsdienste vorhanden war, so zog er sich nach Dijon zurück, wo er am 14. April 1824 starb. Bei der Einführung des Code de Commerce schrieb er eine kurze Anleitung, wie man vor den Handelsgerichten zu verfahren habe (Note sur la formule de procéder devant les tribunaux de commerce. Paris 1812. 8.) und eine Denkschrift über das Falliment (Sur les Faillites), welche sehr gute Erörterungen enthält, aber gleich den Gesetzen dieser Zeit an dem Fehler leidet, daß der Vortheil des Einzelnen stets dem Nutzen des Fiscus geopfert wird [1]). Dieser le Gras ist nicht zu verwechseln mit Legras de Bercagny, welcher von Napoleon während der 100 Tage zum Präfecten des Departements Cote d'or ernannt wurde. Er bekleidete sein Amt mit großem Eifer und richtete an das Freiwilligenbataillon seines Departements, als es zur Armee abmarschirte, eine pathetische Rede, welche wol, wenn das Glück Napoleon hold gewesen wäre, nicht unbelohnt geblieben sein würde; bei der Rückkehr des Königs aber mußte er sein Amt niederlegen [2]). (*Ph. H. Külb.*)

GRAS (Richard le), französischer Arzt, im J. 1526 zu Rouen geboren, übte nach der Beendigung seiner medicinischen Studien in seiner Vaterstadt seine Kunst mit vielem Erfolg und erwarb sich sowol durch seine Kenntnisse, als durch seine Biederkeit ein so großes Ansehen, daß die Poeten seiner Zeit sich beeilten, bei seinem Tode sein Lob in griechischen, lateinischen und französischen Versen zu preisen. Alle diese Gelegenheitsgedichte wurden nach seinem Tode von seinem Sohne in einer Sammlung unter dem Titel: Le Tombeau du feu noble homme maître Richard Legras. Paris 1586. 12. herausgegeben. Er starb am 12. Nov. 1584. Sein Sohn Jacques le Gras, um das Jahr 1550 zu Rouen geboren, widmete sich der Jurisprudenz und wurde Advocat an dem Parlament seiner Vaterstadt. Er widmete seine Muße der Poesie und lieferte außer mancherlei Gelegenheitsgedichten eine Uebersetzung der Werke und Tage des Hesiodus unter dem Titel: Les Besongnes et les Jours mis en français (Paris 1586. 12.), welche die früheren Uebersetzungen dieses Gedichts von Rich. le Blanc, Lamb. Daneau und An. Baif weit übertreffen soll; auch führte er den Entwurf seines Freundes La Croix du Maine zu einer Bibliothek der französischen Literatur (Bibliothèque française) durch zwei Sonette, welche am Ende der Vorrede abgedruckt sind, ein, wogegen dieser nicht unerkenntlich war und Le Gras als einen sehr gelehrten Sprachforscher und als einen vortrefflichen französischen Dichter pries [*]). (*Ph. H. Külb.*)

GRAS DE PREVILLE, Marquis, französischer Schiffscapitain und Deputirter, im J. 1750 geboren, trat sehr früh in die Kriegsmarine und hatte es im J. 1789 zum Schiffsfähnrich gebracht. Da ihm die Revolution sehr mißfiel, so wanderte er aus; als aber die hohen Damen des Directoriums ihre Hotels wieder eröffneten und den Marquis vermißten, so bewirkten sie, daß er von der Liste der Emigranten gestrichen wurde, und der schöne und galante Officier bildete wieder eine der ersten Zierden der Salons in der Hauptstadt und in der Provinz. Bis zum Jahre 1814 lebte Gras de Preville, welcher sich im Besitze eines bedeutenden Vermögens befand, nur dem Vergnügen und weder er selbst, noch sonst Jemand dachte im entferntesten daran, daß er je irgend einen Antheil an der Politik nehmen würde. Nach der Restauration trat er wieder mit seinem früheren Range in die Marine ein und wurde zum Schiffscapitain befördert, aber auch zugleich in den Ruhestand versetzt. Nun wählten ihn die Royalisten des Departements der Rhonemündungen zu ihrem Candidaten bei den Wahlen, aber 15 Jahre lang ohne Erfolg und der gute Mann erhielt, obgleich er nicht conservativer gesinnt sein konnte und obgleich er es an kostbaren Mahlzeiten und anderen Lockmitteln nicht fehlen ließ, kein Mandat; nach der Julirevolution aber wurde er sogleich mit großer Stimmenmehrheit zum Deputirten von Tarascon gewählt. In demselben Jahre beglückte ihn auch die Herzogin von Berri mit einem Besuche und nahm ein Frühstück bei ihm an, welches Ereigniß er als die schönste Erinnerung seines Lebens zu bezeichnen pflegt. Nach der Erhebung des älteren Duchâtel in den Pairsstand wurde Gras de Preville vermöge seines Alters von 82 Jahren provisorischer Präsident der Wahlkammer. In den Jahren 1833 und 1834 ließ er sich, als er den Präsidentenstuhl verließ, mit Reden vernehmen, welche im Centrum kein besonderes Vergnügen zu erregen schienen. In der ersten brandmarkte er die Verletzung der Gesetze von Seiten der Regierung

1) Biographie universelle. Tom. LXXI. p. 207. Biographie générale. Tom. XXX. p. 442. 2) Biographie des hommes vivants. Tom. IV. p. 177.

*) Biographie universelle. Tom. XXIII. p. 582. Biographie générale. Tom. XXX. p. 440.

bei Gelegenheit der willkürlichen Verhaftung der Herzogin von Berri. In seiner zweiten Rede erregte er die Heiterkeit der Kammer, indem er der Unparteilichkeit des Mitglieds des Ministerconseils Dupin großes Lob spendete und boshaft die Erfüllung der Versprechungen der Charte ankündigte. „Die Versicherungen," schloß er seine Rede, „welche die Regierung über die Anordnungen aller europäischen Mächte empfangen hat, lassen keinen Zweifel über die Erhaltung des allgemeinen Friedens. Die wichtigen Ereignisse auf der pyrenäischen Halbinsel, die Zersplitterung, welche Spanien bedroht, die Bildung eines Heeres zum Schutze unserer südlichen Grenzen, die Schwierigkeiten, welche dem Abschlusse eines Vertrags zwischen den Königen von Holland und Belgien entgegenstreben, die Zwistigkeiten in der Schweiz und die großen Gefahren des türkischen Reiches haben es den Ministern nicht nur für räthlich, sondern auch als ihre Pflicht erscheinen lassen, die Armee auf dem Fuße zu erhalten, welchen die Sicherheit des Staates erheischt." Diese geistreiche Mystification erregte die unverkennbarsten Zeichen der Ungeduld in den Centren und setzten die Lachmuskeln der äußersten Rechten und Linken in Bewegung. Bei der Eröffnung der Session im J. 1835 benutzte das Justemilieu, welches ohne Zweifel die Wirkung einer wiederholten Ironie auf eine durchaus neue Kammer fürchtete, die Abwesenheit des Altersprädsidenten Gras de Preville, welcher durch Unwohlsein verhindert war, und überließ dem nächstbejahrten Bedoch den Präsidentenstuhl. Als daher bei der wirklichen ersten Sitzung Gras erschien, um seinen Ehrenplatz wieder einzunehmen, entstand zu allgemeiner Erheiterung ein hartnäckiger Kampf zwischen den beiden Alten, dem fadendünnen Gras und dem ungewöhnlich beleibten Bedoch, bis die Kammer sich nach einer stürmischen Erörterung zu Gunsten Bedoch's entschied. Gras de Preville starb bald darauf. Als Deputirter saß er auf der äußersten Rechten und ergriff nur zweimal, in den Jahren 1832 und 1833, das Wort, um die Abschaffung des Gesetzes über den 21. Jan. (die Todesfeier Ludwig's XVI. am 21. Jan. betreffend) zu bekämpfen, stimmte aber stets und unter allen Umständen mit den Legitimisten *).

(*Ph. H. Külb.*)

GRAS DU VILLARD (Pierre le), französischer Theolog und Schriftsteller, um das Jahr 1700 geboren, widmete sich dem Studium der Theologie und ward später Pfründner des Kapitels von Saint-André zu Grenoble und Superior des Schwesternhauses von Parmenie. Seine Arbeiten, welche die Verhältnisse von Grenoble betreffen (Sanctoral, ou légendes des saints du diocèse de Grénoble. Grénoble 1730. 8. Ibid. 1740. 12. Éloges de quinze illustres Chanoines de Saint-André de Grénoble. (Ibid 1733. 8.). Discours sur la vie et la mort de M. le Cardinal Lecamus, évêque et prince de Grénoble. (Lausanne [Grénoble] 1748. 12.) und seine Schriften über die Schwestern von Parmenie (Abrégé historique de la Maison de Parménie. Grénoble 1759. 12. Le Voyage spirituel des Soeurs de Parmenie. Ibid. 1760. 12. Vie de la soeur Louise. Ibid. 1752. 12.) liefern manche brauchbare Beiträge zur Kirchengeschichte der Diöcese von Grenoble. Beachtenswerth sind ferner sein Sendschreiben über die Narrenprocessionen und ähnliche Possen in verschiedenen Kirchen (Lettre sur la procession des Fous et autres extravagances en diverses églises. Grénoble 1757. 8.), seine Abhandlung über den Ursprung der Familiennamen (Dissertation sur l'origine des noms de famille. Ibid. 1758. 12.) und sein Sendschreiben über einen Kometen (Lettre d'un chanoine de Grénoble à un de ses amis sur la comète. Grénoble s. a. 8). Unbedeutend erscheinen dagegen seine moralisch-philosophischen und seine ascetischen Versuche (Les Agrements de la solitude. Grénoble 1758. 12. und Cantiques spirituels. Ibid. 1759. 12.) und seine lateinischen Inschriften im Lapidarstyle (Inscriptions latines en style lapidaire, avec des notes curieuses et intéressantes. Ibid. s. a. 4.) können nur als gelehrte Spielerei betrachtet werden. Von seinen kleineren vermischten Schriften, welche er unter dem Titel: Grassiana ou Oeuvres mêlées (Grénoble, s. a. 4.) herauszugeben anfing, erschien nur das erste Heft, welches die Beschreibung einiger Alterthümer von Saint-André enthält. Le Gras starb im J. 1785 zu Grenoble *). (*Ph. H. Külb.*)

GRASDALE (Richard), englischer Theolog aus der ersten Hälfte des 15. Jahrhunderts, machte seine Studien auf der Universität zu Oxford und befaßte sich zuerst eifrig mit der Aristotelischen Philosophie, widmete sich alsdann aber ganz der scholastischen Theologie und erlangte den Ruhm eines der gelehrtesten und frömmsten Theologen seiner Zeit. Nachdem er den Grad eines Magisters der Theologie erlangt hatte, fing er selbst an, dieses Fach zu Oxford zu lehren und hielt sich zur streng orthodoxen Partei, weshalb er von Thom. Arundel, dem Erzbischof von Canterbury, zu dem berühmten Ausschuß von zwölf Doctoren gewählt wurde, welche die Aufgabe hatten, die der katholischen Kirche widerstrebenden Lehren Wiclef's und seiner Anhänger mit den Waffen der Wissenschaft zu bekämpfen. Er wird daher von den nicht zur katholischen Kirche gehörenden englischen Literarhistorikern mehrfach getadelt, obwol sie ihm das Lob eines gründlich gelehrten Mannes nicht absprechen können. Seine religiöse Ueberzeugung und die Widerlegung der Anhänger der Wiclef'schen Lehre legte er in der theologischen Schrift De dilatione fidei nieder; seine schriftstellerische Thätigkeit umfaßte aber auch das historische Fach und seine allgemeine Geschichte (De aetatibus mundi) reicht bis zum Jahre 1380; als Ergänzung derselben können seine übrigen historisch-geographischen Werke (De regnis et civitatibus und De proeliis famosis) betrachtet werden. Auch in der lateinischen Poesie soll er sich nicht ohne Glück versucht haben. Ob aber diese Schriften gedruckt

*) Germ. Sarrut et B. Saint-Edme, Biographie des hommes du jour. Tom. I. p. 276 seq.

*) Biographie universelle. Tom. LXXI. p. 217. J. M. Quérard, La France littéraire. Tom. V. p. 130.

sind oder als Manuscripte noch in den Bibliotheken begraben liegen, wird nirgends gesagt *). (*Ph. H. Külb.*)

GRASECK [1]) (Paul), deutscher Rechtsgelehrter, am 21. Jan. 1562 zu Strasburg, wo sein Vater Mitglied des Senates war, geboren, erhielt eine sehr sorgfältige Erziehung und besuchte, nachdem er in den Unterrichtsanstalten seiner Vaterstadt die nöthige Vorbildung erhalten hatte, mehrere Universitäten Frankreichs und Italiens, um Jurisprudenz zu studiren, besonders aber erwarb er sich eine gründliche Kenntniß seines Faches auf der Rechtsschule zu Bourges, wo er vier Jahre lang (1583—1587) die Vorlesungen des berühmten Juristen J. Cujas hörte. Nachdem er seine gelehrten Studien beendigt und im J. 1588 auf der Universität zu Basel die juristische Doctorwürde erlangt hatte, wurde er an der Akademie zu Strasburg als Professor der Institutionen und bald darauf seiner ausgezeichneten, von den Studirenden mit ungewöhnlichem Beifall aufgenommenen Vorträge wegen als Professor der Pandekten angestellt. In die erste Zeit seiner akademischen Wirksamkeit fallen die ihrer Gründlichkeit und klaren Darstellung wegen von den Fachmännern sehr geschätzten Abhandlungen und Schriften: De excusationibus tutorum et curatorum (Argent. 1589. 4.); De cautione et satisdatione tutorum et curatorum (Ibid. 1589. 4.); De dominio ejusque modis adquirendi naturalibus (Ibid. 1590. 4.) und De Haereditatibus, quae ab intestato deferuntur (Ibid. 1590. 4.). Im J. 1590 wurde Graseck zum Visitator der Collegien und nach der Verwaltung dieses Amtes, welches jedesmal auf drei Jahre übertragen wurde, zum Visitator und Syndicus der Akademie bestimmt, welche Stelle er im J. 1602 zum zweiten Mal bekleidete und beide Male zur allgemeinen Zufriedenheit. Obschon diese Ehrenämter einen guten Theil seiner Zeit in Anspruch nahmen, so las er doch stets seine Collegien mit gleichem Eifer und gleicher Gründlichkeit und legte die Ergebnisse seiner Forschungen in zahlreichen literarischen Arbeiten bei allen durch akademische Handlungen herbeigeführten Gelegenheiten nieder. Von denselben mögen hier genannt werden: Disputatio de mutuo (Argent. 1591. 4.); Disp. de obligationibus in genere earumque speciebus, natura et causis (Ibid. 1591. 4.); Conclusiones de consuetudinis natura, causis, effectis etc. (Ibid. 1591. 4.); Theses de pignoribus (Ibid. 1591. 4.); Theses de commodato (Ibid. 1591. 4.); Theses de verborum obligatione sive de stipulatione in genere et de fidejussoria stipulatione in specie (Ibid. 1591. 4.); Dissertatio de codicillis (Ibid. 1592. 4.); Enunciationes de criminibus extraordinariis (Ibid. 1592. 4.); Theses de donationibus (Ibid. 1592. 4.); Dissertatio de rapina (Ibid. 1592. 4.); Theses de servitutibus realibus tam rusticorum, tam urbanorum praediorum (Ibid. 1592. 4.); Theses de usucapionibus (Ibid. 1592. 4.) und Diss. de furtis (Ibid. 1592. 4.). Im J. 1598 wurde Graseck zum Rector der Universität ernannt, welches Amt er mit der nöthigen Strenge, aber auch mit ebenso großer Gerechtigkeit und Unparteilichkeit bekleidete. Die mit dieser Stellung verbundenen Geschäfte, sowie seine geschwächte Gesundheit ließen einige Ruhe in seinen Forschungen eintreten, doch gab er in dieser Zeit die schon längst vorbereiteten größeren Schriften: Analytica tractatio titulorum in Pandectis, Codice et Institutionibus (Argent. 1603. 4.); Analysis IV Libr. Institut. in propositiones aliquot (Ibid. 1598. 4.) und Quaestiones successionum feudalium (Ibid. 1598. 4.) heraus; auch sind von kleinern Abhandlungen noch zu erwähnen Disputatio de successione ab intestato (Argent. 1600. 4.); Disp. de jure sistendi seu de arresto (Ibid. 1600. 4.) und De emptionis et venditionis etymologia (Ibid. 1600. 4.). In den letzten Jahren, in welchen man ihm auch als Anerkennung seiner Verdienste eine Pfründe bei dem Kapitel der Thomaskirche übertragen hatte, hatte er in Folge seiner sitzenden Lebensweise öfter mit Unwohlsein zu kämpfen, bis ein hitziges Fieber ihn am 12. März 1604 hinraffte und ihn der Wissenschaft viel zu früh entriß; die Universität verlor durch seinen Tod einen ihrer vorzüglichsten Lehrer. Er hinterließ drei Söhne und zwei Töchter. Von den ersten widmete sich einer der Jurisprudenz und wirkte ebenfalls als Lehrer in diesem Fache an der Universität zu Strasburg [2]). (*Ph. H. Külb.*)

GRASECK oder GRASSECK, ein berühmter Arzt in der ersten Hälfte des 17. Jahrhunderts. Er ließ sich nach der Beendigung seiner Studien in seiner Vaterstadt Strasburg nieder, wo er sich einer sehr glänzenden Praxis erfreute. Seine anatomischen und nosologischen Werke (*Μικροκοσμικὸν θέατρον*, in quo fabrica corporis humani affabre demonstratur. Argentorat. 1606. 8. und Autographica vitae humanae delineatio iatrica, cum ejusdem praecipuorum morborum genealogia. Spirae 1615. 4.) sind jetzt vergessen. Geschichtlich merkwürdig ist aber noch seine zu ihrer Zeit vielgelesene Beschreibung des griesbacher Sauerbrunnens in Baden im Renchthale (Fons salutis salubris Petrinus, das ist, Gründliche Beschreibung der weitberühmten Brunnquellen deß Heils deß genandten Sant Petersthals und Griesbachers Saurwassers, als in welcher gehandelt wird von dessen ursprünglichen Quellen, mineralischen Geistern, deren Kräften, unterscheid, Applicationen, auff jedweder Leibs Constitution und deren Krankheiten, sowohl eusserlichen als innerlichen, wie nicht weniger, welchen solch Wasser zuwider (Straßburg 1606. 8. Ebend. 1607. 8. Stuttg. 1608. 8. Straßburg 1625. 8.). Bekanntlich hat die griesbacher Heilquelle auch jetzt noch nicht ganz ihr Ansehen verloren, im 17. Jahrhundert war sie über die Grenzen Deutschlands berühmt und

*) *J. Bale*, De scriptoribus Britanniae. Centur. VII. c. 71. *J. A. Fabricii* Bibliotheca med. aetatis, ed. *J. D. Mansi*. Tom. VI. p. 60.

1) Gewöhnlich in seinen lateinischen Schriften Graseccius geschrieben.

2) Vergl. *P. Freher*, Theatrum virorum eruditione clarorum (Norimberg. 1688. fol.) p. 96.

wurde von allen Seiten und aus weiter Ferne besucht *). (*Ph. H. Külb.*)

GRASELLUS oder DE GRASELLIS (Antonius), ein italienischer Theolog aus der zweiten Hälfte des 15. Jahrhunderts, von dessen Lebensverhältnissen man aber nichts Näheres weiß, als daß er im J. 1448 Priester an der Kirche des heil. Apollinaris zu Venedig war. Er beschäftigte sich hauptsächlich mit der Ascese und suchte dieselbe durch zwei Werke: De gratia recuperanda ad instantiam Angelae sororis suae in statu virgineo constitutae (Venetiis 1487. fol.) und Tractatus de sacramento Eucharistiae ad quosdam juvenes sacerdotes ejus spirituales filios (Venetiis 1487. fol.), von denen er das erste im J. 1448 verfaßte, zu fördern. Beide Werke waren bei den Zeitgenossen, besonders bei seinen Landsleuten, sehr beliebt und sollen, obgleich die Titel überall lateinisch angegeben werden, in italienischer Sprache geschrieben sein, verdienen aber jetzt nur noch als Curiositäten Erwähnung †). (*Ph. H. Külb.*)

GRASER (Conrad), teutscher Theolog und Schulmann, am 6. Mai 1567 zu Königsberg in Franken (in dem jetzigen Herzogthum Sachsen-Hildburghausen), von armen, aber zu den Nachkommen des berühmten königsberger Astronomen und Mathematikers Joh. Müller gehörenden Aeltern geboren, bezog, nachdem er in der Schule seiner Vaterstadt kaum die nöthigen Vorkenntnisse erlangt hatte, in seinem 15. Jahre (1582) die Universität Leipzig, um sich der Jurisprudenz zu widmen. Da ihm von Hause nicht die zum Lebensunterhalte nöthigen Mittel zu Gebote standen, so mußte er sich dieselben als Schreiber bei einem Advocaten verdienen; das allmälige Bekanntwerden mit dem Geschäftsbetriebe der praktischen Juristen und dem Bestreben derselben, die Clienten möglichst zu ihrem Vortheil auszubeuten, erregte in ihm einen solchen Widerwillen gegen das von ihm gewählte Fach, daß er es gänzlich aufgab und mit der Theologie vertauschte. Alsbald zur Einsicht gelangt, daß er in dieser Wissenschaft ohne die Kenntniß der alten Sprachen keine erklecklichen Fortschritte machen könne, erlernte er mit unermüdlichem Fleiße die hebräische und die griechische Sprache und begab sich zu diesem Zwecke auf die Universität zu Frankfurt an der Oder, wo er die Vorlesungen des damals berühmten Orientalisten Mathias Helzius besuchte und bald als einer der vorzüglichsten Theologen galt. Nach der Beendigung seiner Studien und nach Erfüllung der verschiedenen Förmlichkeiten wurde er als Pastor nach Thorn berufen und erwarb sich hier bald die Achtung und Liebe Aller in hohem Grade, besonders durch sein Benehmen bei der Verrichtung der Seelsorge, indem er in seinen Predigten sorgfältig die Berührung aller gelehrten Streitigkeiten vermied und sich nur an das hielt, was zur Frömmigkeit und zum Seelenheile führt [1]). Dabei vernachlässigte er keineswegs die Wissenschaft und war nicht nur eifrig bemüht, sich selbst mit den Fortschritten derselben bekannt zu machen, sondern übernahm auch auf Verlangen des Rathes in dem neuerrichteten Gymnasium zu Thorn den Unterricht im Hebräischen und in der Geschichte. Leider vergönnten ihm seine fortwährenden Leiden an der Gicht nicht, seine Pflichten nach Wunsch zu erfüllen und fesselten ihn zuletzt gänzlich an das Zimmer, da seine Füße ihm den Dienst versagten. Er starb am 30. Dec. 1613 und wurde nach seinem letzten Willen weder mit Pomp noch in der Kirche, sondern still auf dem allgemeinen Friedhofe begraben. Er war seiner Gemeinde ein guter Hirt, aber ein eifriger Gegner und Bekämpfer der Feinde des Evangeliums, zu denen er auch seine Standesgenossen zählte, welche ihr Amt benutzten, um sich zu bereichern. Unter seinen Schriften nehmen diejenigen, welche sich mit der heil. Schrift und mit der Erklärung derselben nach dem Urtexte beschäftigen, den ersten Rang ein; dahin gehören sein Commentar über die Apokalypse und seine Erläuterungen mehrerer Stellen des Propheten Daniel. Da sein Unwohlsein ihn hinderte, den Commentar über die Apokalypse selbst zum Druck zu besorgen, so übertrug er die Herausgabe seinem gelehrten Freunde Caspar Waser, Professor der hebräischen Sprache in Zürich, und bat ihn, denselben dem König Jacob von England zu widmen. Das Buch erschien unter dem Titel: Plaga regia: hoc est Commentarius brevis et perspicuus in Apocalypsin S. Joannis, quatenus haec reconditissima prophetia hucusque per decurrentia ecclesiae catholicae fata et hodie potissimum impletur (Tiguri 1610. 4.) und ist sehr selten geworden, enthielt aber neben manchem Guten auch viel Unhaltbares und kann dem Geiste unserer Zeit nicht mehr behagen; ebenso wenig ist dies der Fall mit der Erklärung einer Vision Daniel's oder der Geschichte des Antichrist (Historia Antichristi illius magni, explicata decem exercitationibus in alteram partem Cap. XI prophetiae Danielis. Lugd. Batav. 1605. 8.), welche noch nach seinem Tode durch eine nachgelassene Abhandlung (Tractatus de visione Danielis c. 9. Thorunii 1614. 4.) ergänzt wurde. Beachtenswerth ist indessen jetzt noch seine in einer Rede ausgesprochene Ansicht über die Nothwendigkeit der Kenntniß der hebräischen Sprache (Oratio de lingua sancta addiscenda. Thorunii 1587. 4.); für den Schulunterricht berechnet war sein jetzt unbrauchbares Handbuch der Geschichte (Isagoge historica. Thorunii 1590. 8. N. E. Ibid. 1623. 8.) Seine sogenannten letzten Worte (Ultima verba), welche er an die Vorstände mehrerer Städte richtete, waren wohl gemeint und galten dem Religionsfrieden, wurden

*) Vergl. *N. F. J. Eloy*, Dictionnaire historique de la Médecine ancienne et moderne, Art. Grasseck.

†) *J. A. Fabricii* Bibliotheca latina mediae aetatis, ed. *Mansi*. Tom. I. p. 125.

1) „Cum deprehendisset, controversias illas theologicas, quae scientiam quidem inflatam pariunt, conscientias vero fornacibus suis ardent, quasque hodie magna animorum contentione agitantur et magnos tumultus in rebus publicis excitant, nullum prorsus usum habere, quin imo conscientias simpliciorum intricare, coepit ab eis toto animo abhorrere," sagt sein Biograph Adami.

aber wenig beachtet. Mehrere von ihm in der Handschrift ausgearbeitete Werke (Liber generationis Edom, hebr. et lat. Principia caecitatis Judaicae, Refutatio J. Uberi Jesuitae und eine lateinische Uebersetzung des Buches der Grundlehren des Judenthums von Rabbi Jos. Albo) kamen mit seinem übrigen Nachlasse in den Besitz seines Sohnes Conrad Graser, welcher ebenfalls Lehrer und zuletzt Rector an der Lehranstalt zu Thorn war, aber sich nicht mit den orientalischen Sprachen befaßte und am 29. Aug. 1630 in seiner Vaterstadt starb. Einige von ihm gehaltene Schulreden sind unbedeutend [2]).

(*Ph. H. Külb.*)

GRASER oder **GRASERI** (Giambattista), italienischer Geistlicher und Schriftsteller, am 2. April 1718 zu Roveredo (Roveredo) an der Etsch in Tyrol in Dürftigkeit geboren, besuchte, von wohlthätigen Bürgern unterstützt, das Gymnasium seiner Vaterstadt, wo er es in der Mathematik durch eigenen Fleiß so weit brachte, daß er die Elemente des Euklides verstehen konnte, wählte dann den geistlichen Stand und widmete sich nach der Beendigung seiner theologischen Studien dem Unterrichtsfache. Er wurde auch nach seinem Wunsche im J. 1748 als Lehrer der Beredsamkeit und Dichtkunst an dem Gymnasium zu Roveredo gewählt und bekleidete diese Stelle vier Jahre, während welcher Zeit viele bedeutende Männer aus dieser Anstalt hervorgingen, von denen hier nur der berühmte Mathematiker und Naturforscher Felice Fontana, welcher fortwährend die größte Hochachtung und Zuneigung für seinen Lehrer behielt, genannt werden soll. Graser fing zu dieser Zeit auch an sich als Schriftsteller zu versuchen, wie eine polemische Brochure über eine kirchliche Angelegenheit (Risposta alla scrittura dei così detti contratalli del santissimo della città di Roveredo circa lo stare in presbiterio, o sia Difesa d'una Scrittura del ven. clero contra i medesimi. Mantova 1752. 4.) und eine Lobrede auf die Mutter des Herrn (Orazione panegirica di Maria Virgine addolorata. Roveredo 1753. 8.), worin er sich als guter Redner zeigte, beweisen. Er stellte sich schon beim Beginn seiner Laufbahn auf die Seite der dem vernünftigen Fortschritt huldigenden Geistlichen und diese Richtung offenbarte er auch ohne Rückhalt in dem Streite gegen den Jesuiten G. Gaar zu Würzburg, welcher im J. 1749 die Verbrennung einer Hexe hatte betreiben helfen und eine (wahrscheinlich von Graser's Freunde, dem gelehrten Tartarotti) gegen ihn gerichtete Kritik [1]) als ketzerisch zu verdächtigen suchte. Graser's in dieser Angelegenheit veröffentlichte und den Verdächtigten vertheidigende Schriftchen (Propugnatio adnotationum criticarum in sermonem de Maria Renata saga, adversus Responsa G. Gaar. Venetiis 1752. 4. Deutsch unter dem Titel: „Vertheidigung der über des P. G. Gaar Rede von der Hexe Maria Renata gemachten kritischen Anmerkungen." Baireuth und Hof 1752. 8. Frankf. 1754. 8. Epistola ad ill. virum Car. Ant. de Buffa de versione germanica suae propugnationis adnotationum criticarum adversus responsa P. Georg. Gaar. Venet. 1756. 4.) erregten zwar im Lager der Mönche Aufsehen und Lärm, da sie gegen hergebrachte Gewohnheiten und alte Lehrsätze anstießen, erwarben ihm aber bei dem vorurtheilsfreien Theile der Geistlichkeit Beifall und Achtung. Mit gleicher Unerschrockenheit entwickelte er einen anderen kirchenrechtlichen Fall in der Abhandlung: Della Vocazione e Professione religiosa d'un figliulo unico di genitori poveri, questione canonica, trattata in tre lettere. (Lucca [Roveredo] 1760. 4.), in welcher er sich eines armen blinden Vaters annahm, dessen einzigen Sohn man zu einem Gelübde verleitet hatte. Als (im Jahre 1762) die Kirche zu Roveredo, wo man seinem Freunde Tartarotti, dessen freie Grundsätze den Vertheidigern des Aberglaubens verhaßt sein mußten, ein marmornes Denkmal errichtet hatte, auf Befehl des Bischofs von Trient und seines geistlichen Gerichtshofes unter dem Vorwande der Entheiligung des Gotteshauses gesperrt wurde, richtete er eine Beschwerdeschrift geradezu an die Kaiserin Maria Theresia, welche zwar nicht gedruckt, aber in zahlreichen Abschriften verbreitet wurde. Dieses energische Vorgehen scheint ihm jedoch manche Unannehmlichkeiten bereitet zu haben und in diesen ist wol auch die hauptsächlichste Ursache zu suchen, warum er die nachgelassenen Schriften Tartarotti's, die ihm dieser nebst einer Summe Geldes zur letzten Durchsicht, Vollendung und Bekanntmachung in seinem letzten Willen anvertraut hatte, herauszugeben zögerte, worüber die italienischen Gelehrten sehr ungehalten waren, da sich unter diesen werthvollen Arbeiten dieses seiner Zeit vorauseilenden Forschers die Materialien zu dem wichtigen Werke über das Beurtheilungsvermögen befanden. Auch die von ihm aus zuverlässigen Nachrichten und aus einem vielseitigen und inhaltsreichen Briefwechsel zusammengetragene weitläufige Biographie Tartarotti's wollte er nicht veröffentlichen; er glaubte vielmehr sich mit einem Lobgedichte auf denselben (Orazione funebre poetica in morte di Gir. Tartarotti. Roveredo 1761. fol.) begnügen zu müssen. Schon beim Beginn dieser Streitigkeiten entschloß sich Graser auf die Vorstellungen einflußreicher Freunde nach Deutschland überzusiedeln, wo er durch die Empfehlung des ihm gewogenen Staatsrathes von Sperges im J. 1761 als Professor an der Universität zu Innsbruck und zugleich als Präfect der von der Kaiserin Maria Theresia im J. 1745 dieser Universität geschenkten ambrasischen Bibliothek angestellt wurde. Er lehrte zuerst die philosophische Moral, dann seit dem Jahre 1775 die allgemeine Weltgeschichte und zuletzt (seit dem Jahre 1777, in welchem er auch die theologische Doctorwürde erlangte) die Patristik und die

2) Vergl. *Melch. Adami* Vitae Eruditorum (Francof. 1706. fol.) p. 400 seq. *S. Freher*, Theatrum virorum erud. clarorum (Norimb. 1688. fol.) p. 874. *Dav. Clement*, Bibliothèque curieuse. Tom. IX. p. 270 seq. Oratio in obitum Conr. Graseri. Thoruni 1630. 4.

1) Ragionamento del P. Giorgio della Compagnia di Gesù, fatto avanti al rogo di Maria Renata strega, abbruciata in Erbipoli 21 Giugno 1749, tradotto dal Tedesco nell' Italiano dal Dottor F. A. T. con alcune Annotazioni critiche. Verona (1751.) 4.

theologische Literatur. Bei dem Wechsel der Lehrgegenstände bewährte er nach Vorschrift seine Kenntnisse in dem betreffenden Fache und man verdankt der Beobachtung dieser akademischen Sitte drei kleine Abhandlungen: De eo, quod dicitur: ubi desinit Ethicus, ibi incipit Jureconsultus, sive de philosophiae moralis ad jurisprudentiam necessitate (Vindobonae 1767. 4.); Dissertatio de historici studii amoenitate atque utilitate deque historicorum delectu (Oeniponti 1775. 4.) und De presbyterio et in eo sedendi jure dissertatio (Tridenti 1779. 4.). Die ambrasische Bibliothek, in deren Verwaltung er Roschmann's Nachfolger war, brachte er in Ordnung und erleichterte ihre Benutzung durch gute Cataloge. Während seiner Amtsthätigkeit zu Innsbruck erwarb er sich auch hinlängliche Fertigkeit in der teutschen Sprache, doch mehr beim geselligen Mahle und unter Freunden beim Glase Wein, als durch mühsames Studium; daß diese ihm indessen schon beim Antritt seiner Professur nicht fremd war, beweist die teutsche Uebersetzung einer botanischen Schrift des Naturforschers Joh. Bapt. Bohadsch („Vom Gebrauche des Mayenbaumes," 2te Aufl. Prag 1761. 4.). Ueberhaupt hatte er das Leben und Wirken in der teutschen Stadt so lieb gewonnen, daß er die ihm von dem kaiserlichen bevollmächtigten Minister in der Lombardei, Karl Joseph Grafen von Firmian, angebotene Professur des kanonischen Rechts an der Universität Pavia ablehnte. Er bekleidete auch das Rectorat und würde noch zu höheren akademischen Würden befördert worden sein; da aber seine Gesundheit durch allzu große Anstrengung untergraben war, so zog er sich im J. 1779 auf den Rath seiner Aerzte mit einem jährlichen Gehalte nach Roveredo zurück, wo er am 16. Juni 1786 starb. Die Kaiserin Maria Theresia und der Papst Pius VI. bewiesen ihm bei mehreren Gelegenheiten ihr Wohlwollen. Graser besaß einen hellen Geist, einen treffenden, schneidenden Witz und eine rücksichtslose Freimüthigkeit und Wahrheitsliebe, aber eine schlechte Gestalt, weshalb man ihn auch nicht selten mit Aesop verglich. „Seine Gelehrsamkeit," sagt sein Biograph, der um die Gelehrtengeschichte Italiens verdiente Clem. Vannetti [2]), „war ungewöhnlich groß und sein gewandtes Genie wußte mit ihr Alles zu machen; er disputirte mit gleicher Fertigkeit und mit gleichem Erfolg über einen schwierigen Satz aus dem kanonischen Rechte, wie er ein witziges Epigramm, eine fließende Elegie und ein scherzhaftes makaronisches Gedicht für seine Freunde hinwarf; auch in der Beredsamkeit war er ausgezeichnet und seine Predigten fanden den ungetheilten Beifall des Volkes." In der Poesie war sein Liebling Horaz, dessen männlichen, lehrenden Spott er in einigen Sermonen glücklich nachahmte. In einem Lehrgedichte über die Vortrefflichkeit der Vernunftlehre, welches er der Kaiserin Maria Theresia zueignete, dessen Abdruck aber in Wien verhindert wurde, hatte er nicht weniger glücklich Lucrez nachgeahmt. Die vorzüglichsten dieser lateinischen Gedichte hat Vannetti als Anhang zu seiner Biographie mitgetheilt, eine Auswahl der lateinischen Correspondenz Graser's mit teutschen Gelehrten, welche nicht nur philosophische Fragen behandelt, sondern auch ausführliche Erläuterungen über schwere Stellen des Plautus und Terentius enthält, wäre ersprießlicher gewesen [3]).

(*Ph. H. Külb.*)

GRASER (Johann Baptist), teutscher Pädagog, am 11. Juli 1766 zu Eltmann, einem Dorfe bei Würzburg, geboren, war der Sohn eines unbemittelten Landwirths, erhielt aber bei einer angesehenen Verwandtin zu Bamberg eine gute Erziehung und die nöthigen Mittel zum Besuche des Gymnasiums dieser Stadt, wo er sich in allen Fächern, besonders aber in der Mathematik und Philosophie, tüchtige Kenntnisse erwarb und bei den öffentlichen Prüfungen so sehr auszeichnete, daß ihm eine Freistelle im Priesterseminar in Würzburg zu Theil ward. Hier widmete er sich mit großem Eifer den theologischen Wissenschaften, betrieb aber mit besonderer Vorliebe das Studium der orientalischen Sprachen. Nachdem er im J. 1790 durch öffentliche Disputation und eine Abhandlung (Observationes in nonnullos quatuor priorum capitum epistolae ad Romanos locos. Herbipoli 1791. 8.) die theologische Licentiatenwürde erlangt hatte, bekleidete er die Stelle eines Präfecten des dortigen adeligen Seminars, bis er sich nach kurzer Zeit auf die Einladung des Grafen von Colloredo, des letzten Erzbischofs von Salzburg, nach dieser Diöcese begab, wo er zuerst als Lehrer und bald darauf als zweiter Director der erzbischöflichen Pagerie und des Virgilianischen Collegiums angestellt, aber noch vor der Säcularisation des Erzbisthums dieses Amtes wieder entbunden wurde, weil wahrscheinlich sein erstes ohne Nennung seines Namens erschienenes pädagogisches Werk: „Prüfung der Unterrichtsmethode der katholisch-praktischen Religion von dem Standpunkte der Zweckmäßigkeit" (Landshut 1800. 8. 2. Ausg. unter dem Namen des Verfassers. Ebend. 1806. 8. N. Titelausg. Ebend. 1831. 8.), welches eine längere Polemik [1]) hervorrief, Misfallen verursachte. Er nahm nun in den Jahren 1801 und 1802 seinen Aufenthalt zu Bamberg und Würzburg, wo er seine das Verfahren gegen den Erzbischof misbilligende Flugschrift („Ueber die Säcularisation." Würzburg 1801. 8.), sein „Moralisches Handbuch für Studirende zum Gebrauche für Stunden der Andacht" (Salzburg 1801. 8. 2 Thle. N. Aufl. unter dem Titel: „Stunden der Andacht für Studirende, zur Uebung des wahren Sinnes für Religion

2) Clementini Vannetti Commentariolum de Joanne Baptista Grasserio. Accedunt nonnulla hujus carmina. Mutinae 179[illegible]. gr. 8. (Vergl. Allgem. Literatur-Zeitung, 1791. Bd. I. S. 359.)

3) J. G. Meusel, Lexikon der von 1750—1800 verstorbenen teutschen Schriftsteller. Bd. IV. S. 346. Biographie universelle. Tom. LXVI. p. 29. (N. Éd. Tom. XVII. p. 371.) Biographie générale. Tom. XXI. p. 702. Const. v. Wurzbach, Biographisches Lexikon des Kaiserthums Oesterreich. Bd. V. S. 309.

1) Vergl. Kurze Darstellung der „Prüfung des katholisch-praktischen Religionsunterrichts." (Leipzig 1800. 8.) J. C. Ludw. Villaum, Ueber den Werth des Religionsunterrichts nach der Graserischen Methode. (Nürnberg 1800. 8.) Entwurf einer Widerlegung über die „Prüfung des katholisch-praktischen Religionsunterrichts." (Salzburg 1805. 8.)

und Kirchenthum." Bamberg 1833. 8. 2 Thle. Ebend. 1837. 2 Thle. 8) und seine „Andachtsübungen für gebildete Jünglinge und Mädchen" (Salzburg 1801. 8.) ausarbeitete. Da er seiner Person wegen wieder gegen Ende des Jahres 1802 nach Salzburg zurückkehren mußte, so benutzte er diesen über ein Jahr dauernden Aufenthalt zur näheren Begründung seiner Unterrichtsmethode („Ausführliche Beleuchtung der Ideen und Grundsätze der Prüfung der Religionsmethode." Salzburg 1803. 8.). Im Frühling 1804 wurde er als Professor der Theologie an die Universität Landshut und im Herbste desselben Jahres als Schul- und Studienrath nach Franken berufen, wo er theils zu Bamberg, theils zu Würzburg seinen Amtssitz hatte und trotz mannichfaltigen Hemmungen durch unkundige oder bösartige Gegner das in tiefen Verfall gerathene Schulwesen nach Nothdurft organisirte und mit dem Beistande der Landesdirection, welche seinen Vorschlägen zu zeitgemäßen Veränderungen meist beistimmte, manche Verbesserungen, besonders in dem Elementarunterrichte, einführte. In diese Zeit fällt auch die erste Anlage der vorzüglichsten seiner pädagogischen Schriften, der „Elementarschule," woran er bis zu seinem Lebensende arbeitete. Es zerfällt in drei Abtheilungen: „Die Elementarschule fürs Leben in der Grundlage" (2. Aufl. Baireuth 1819. 8. 3. Aufl. Hof 1821. 8. 2 Abtheilungen. 4. Aufl. Ebend. 1839. 8. 2 Abtheilungen), „Die Elementarschule fürs Leben in der Steigerung" (3. Aufl. Baireuth 1827. 8. N. Aufl. Ebend. 1843. 8.) und „Die Elementarschule in der Vollendung, nach dem Tode des Verfassers herausgegeben von dem Lehrer Ludwig in Bindlach." 2 Abtheilungen. Hof 1841. 8.) und beweist die unermüdliche Sorgfalt, womit Graser stets diesem wichtigen Gegenstande folgte. Auch schrieb er in dieser Periode bei vielfachen Amtsgeschäften die „Beobachtungen und Vorschläge über Erziehung und Schulen" (Salzburg 1804. 8. Landshut 1804—1805. 8. 2 Bde. N. Ausg. unter dem Titel: „Die literärische Erziehung, auf das Princip der sich selbst entwickelnden Natur gegründet. Beobachtungen und Vorschläge." Landshut 1831. 8.) und begann die Herausgabe des „Archivs für Volks-Erziehung durch Kirche und Staat" (Salzburg 1804. 8. 6 Hefte), welches aber nicht den erwünschten Fortgang hatte. Als die königliche Regierung zu Bamberg (im J. 1810) aufgelöst wurde, ging er in derselben Eigenschaft an die Regierung des Obermainkreises zu Baireuth über, wo er sich mit der Tochter des Appellationsrathes Küster, mit welcher er zu Bamberg ein Verhältniß angeknüpft hatte, von dem Kaplan eines Dorfpfarrers trauen ließ. Obschon er schon früher von dem bischöflichen Ordinariat zu Bamberg die Dispens von allen geistlichen Dienstleistungen erhalten hatte, so erregte dieser Schritt doch nicht nur großes Aufsehen bei dem Klerus, sondern brachte ihm auch mancherlei Nachtheil. Er kümmerte sich indessen wenig um das Gerede der großen Menge und erfüllte fortwährend die Obliegenheiten seines Amtes mit musterhafter Gewissenhaftigkeit bis zum Jahre 1825, in welchem er nach Aufhebung der Schulrathsstellen bei den Regierungsbehörden in den Ruhestand versetzt wurde. Als Schulrath zu Baireuth hatte er auch seine literarische Thätigkeit emsig fortgesetzt, wie seine diesem Zeitraume angehörenden Schriften: „Divinität, oder das Princip der wahren Menschenerziehung mit besonderer Anwendung auf eine neue Elementar-Unterrichts-Methode" (Hof 1810. 8. Neue umgearbeitete Auflage, Ebend. 1813. 8. 3. Aufl. Baireuth 1830. 8. 2 Theile); „Der erste Kindesunterricht in der Religion, die erste Kindesqual, eine Kritik der bisher üblichen Leselehrmethode" (Baireuth 1819. 8. 3. Aufl. Hof 1828. 8.); „Das Schulmeisterthum mit der Elementarschule fürs Leben im Kampfe" (Ebend. 1820. 8.); „Die Hauptgesichtspunkte bei der Verbesserung des Volksschulwesens" (Baireuth 1822. 8. N. Aufl. Ebend. 1823. 8.) und „Ueber die vorgebliche Ausartung der Studirenden in unserer Zeit. Betrachtungen und Vorschläge, veranlaßt durch die neuesten Nachrichten über Studentenvereine" (Hof. 1824. 8.) zur Genüge beweisen. Seiner Amtsthätigkeit hat Oberfranken außer anderen Schöpfungen das bamberger Schullehrerseminar und die lateinischen Schulen zu Forchheim, Kronach und Hof und überhaupt eine bessere Einrichtung der Schulanstalten zu verdanken, obschon sein Bestreben vielfach angefeindet und verkannt wurde. Auch nach seiner zu frühen Versetzung in den Ruhestand blieb er für das liebgewonnene Fach thätig und diente gern den oft seine reichen Erfahrungen in Anspruch nehmenden Behörden mit seinem Rathe. Er starb am 28. Febr. 1841 zu Baireuth. Der Muße während der Jahre seines Ruhestandes verdankt die Wissenschaft noch mancherlei Beiträge zum theologischen und pädagogischen Fache, die bedeutendsten derselben sind: „Das Judenthum und seine Reform, als Vorbedingung der vollständigen Aufnahme dieser Nation in den Staaten-Verband" (Baireuth 1828. 8.); „Die Erhebung des geistlichen Standes zur Würde und Wirksamkeit, als Hauptbedingung zur Ruhe und Sitte in den Völkern" (Nürnberg 1831. 8.), eine sehr anziehende Abhandlung, in welcher der Verfasser nicht durch das Mittel einer blos streng kirchlich restaurirenden Hierarchie, sondern durch die sociallistische Wiedergeburt des Klerus jedes Landes seinen Zweck erreicht wissen will; „Das Verhältniß meiner Unterrichtsmethode zum positiven Religionsunterrichte, als Anhang zur Divinität" (Baireuth 1831. 8.); „Der durch Gesicht und Tonsprache der Menschheit wiedergegebene Taubstumme" (Baireuth 1829. 8. 2. vermehrte Aufl. Ebend. 1834. 8.), und „Das Verhältniß des Elementarunterrichts zur Politik der Zeit. Eine Kritik des bisherigen Unterrichts und Darstellung der einzig heilsamen Unterrichtsmethode." (Baireuth 1833. 8. 2. Aufl. Ebend. 1837. 8.) Nach seinem Tode erschien noch: „Die Erziehung der Taubstummen in der Kindheit. Nach dem Tode des Verfassers mit Schluß und kurzer Biographie desselben versehen von Ludwig." (Nürnberg 1843. 8.) „Es ist," sagt ein katholischer Schriftsteller, „in der That eine sehr angenehme Erscheinung, daß doch hie und da Einer sich von dem Gedränge der Masse losreißt, welche sich auf der Heerstraße gleich einem Strome fortwälzt, und zu

einer Anhöhe emporarbeitet, auf welcher er mit scharfem Blicke das wahre Ziel seines Ganges fixirt, aber auch in der Weite, in welche er es gesteckt sieht, die kürzesten und sichersten Wege nur sucht, welche dahin führen" *).
(*Ph. H. Külb.*)

GRASER (Johann Nepomuk), mit dem Klosternamen Rudolf, ausgezeichneter Homilet des vorigen Jahrhunderts, am 4. Juli 1728 zu Linz in Oberösterreich geboren, widmete sich der Theologie in dem Collegè der Benedictiner zu Kremsmünster und legte daselbst am 13. Nov. 1745 das Ordensgelübde ab. Er zeigte ein ungewöhnliches Talent zum Predigtamt und wurde deshalb zur weiteren Ausbildung sowol in diesem Fache als auch in fremden Sprachen von seinen Obern nach Paris geschickt, wo er ein Jahr zubrachte und fleißig die Vorträge der berühmtesten Kanzelredner besuchte. Nach seiner Heimkehr versah er das Pfarramt zu Wildshut und später kam er als Pfarrvicar nach Ried im Innkreise, wo er am 20. Jan. 1787 starb. Seine Bemühungen im Gebiete der geistlichen Beredsamkeit, welche sich besonders in Oesterreich in einem betrübten Zustande befand, fanden allgemeine Anerkennung und er rechtfertigte vollkommen seine Ernennung zum ordentlichen Mitgliede der kurfürstlich-baierischen Gesellschaft zur Hebung der Kanzelberedsamkeit (ad excolendam eloquentiam sacram). Seine „Vollständige Lehrart zu predigen oder wahre Beredsamkeit der christlichen Kanzel nach den Vorschriften der berühmtesten Redner Frankreichs und Teutschlands in gründlichen Regeln verfaßt" (Augsburg 1768. 4.), welche auch in kurzer Fassung („Lehrart zu predigen." Augsburg 1770. 4. 2. Aufl. Ebend. 1774. 4.) erschien, sowie seine „Praktische Beredsamkeit der christlichen Kanzel" (Augsburg 1769. 4. 2. Aufl. mit einer Vorrede von seinem Ordensbruder Maur. Lindemayr. Ebend. 1774. 4.) übertreffen weit alle ähnlichen Versuche der katholischen Glaubensgenossen seiner Zeit und zeichnen sich durch Ordnung, Gründlichkeit und Vollständigkeit aus, besonders rühmlich ist aber der überall hervortretende Eifer, womit er gegen den unnatürlichen, witzig sein sollenden und oft in das Possierliche fallenden Vortrag der damaligen katholischen Kanzelredner ankämpft. In seinen „Predigten auf alle Sonn- und Festtage des Jahres" (Augsburg 1772—1776. 4. 3 Bde.) suchte er seine Vorschriften praktisch darzuthun, was ihm auch in der Hauptsache leidlich gelang. Im dritten Bande dieser Predigten findet man einen wohlgemeinten Vorschlag, das Predigtamt zu erleichtern und eine ihrem Zwecke entsprechende vollständige Christenlehre für das Landvolk. Manche beherzigungswerthe homiletische Winke enthält auch die Vorrede zu seiner Uebersetzung der Predigten J. Laselves („Sämmtliche Predigten auf alle Sonn- und Festtage, aus dem Lateinischen." Augsburg 1778. 8. 2 Bde. 2. Ausg. Ebend. 1783. 8. 2 Bde.). Seine „Poetische Bittschrift an Ihro Majestät die Kaiserin Königin" (Augsburg 1769. 4.) ist ein unbedeutendes Gelegenheitsgedicht. Ein bei weitem noch nicht genug gewürdigtes Verdienst erwarb sich Graser aber um die Pflege der teutschen Sprache und er stand sogar, um sich guten Rath zu holen, einige Zeit mit Gottsched in brieflichem Verkehr. Daß diese Anstrengungen nicht vergeblich waren, beweist die reine und richtige Sprache, durch welche seine Schriften und besonders seine Predigten sich auszeichnen. Der Vortrag in den letzteren ist einfach und ohne Wortgepränge, aber doch eindringlich, der Styl mehr didaktisch, als oratorisch und der Inhalt beschränkt sich auf wichtige und ernste Gegenstände und schließt alle läppischen Histörchen und Possen, obschon sie zu seiner Zeit sehr beliebt waren, sorgfältig aus *).
(*Ph. H. Külb.*)

GRASHOFF (Karl Friedrich August), teutscher Schulmann, am 24. Aug. 1770 zu Groß-Germersleben im Herzogthume Magdeburg, wo sein Vater Justizamtmann war, geboren, bezog im J. 1789, nachdem er auf den Schulen zu Halle und Magdeburg die nöthigen Vorkenntnisse erlangt hatte, die Universität Halle, um sich der Theologie zu widmen, nahm aber nach Beendigung seiner Studien im J. 1793 eine Lehrerstelle an der Realschule zu Berlin an, welche er jedoch im J. 1797 mit der Stelle eines Conrectors an dem Lyceum zu Prenzlau vertauschte. Nachdem er im J. 1806 von der philosophischen Facultät zu Frankfurt a. d. O. die philosophische Doctorwürde erhalten hatte, übernahm er im J. 1810 das Directorium des Lyceums, bis er im J. 1813 nebst dem größten Theile seiner Schüler an dem Befreiungskampfe Theil nahm. Nach der Herstellung des Friedens erhielt er im J. 1814 bei dem Generalgouvernement in Aachen eine Anstellung als provisorischer Director des öffentlichen Unterrichts am Niederrhein, in welcher Eigenschaft er mehrere Departements bereisen mußte, um in ihnen das höhere und niedere Schulwesen zu organisiren. Nach der Auflösung des Generalgouvernements wurde er im April 1816 beim Consistorium und Schulcollegium zu Cöln angestellt und erhielt im Herbst desselben Jahres die Leitung des Karmelitercollegiums, welches Anfangs als höhere Stadtschule eingerichtet war, später aber (1825) zum evangelischen Gymnasium erhoben wurde und seit dem Jahre 1830 als Friedrich-Wilhelms-Gymnasium blüht. In dieser amtlichen Stellung erwarb sich Grashoff große Verdienste um das Schulwesen, welche von dem Könige durch die Ertheilung mehrerer Orden anerkannt wurden. Seine Schulprogramme („Erziehung und zwar Erziehung des Menschen, der erste und höchste Zweck aller Schulen." Prenzlau 1811. 8. „Ueber den Zweck und die Einrichtung der öffentlichen Schulprüfungen," Cöln 1823. 8., und seine Jahresberichte über den Zustand des Karmelitercollegiums, 1820—1825), sowie seine übrigen auf

*) Vergl. Neuer Nekrolog der Deutschen. 1841. Thl I. S. 260. Handbuch der gesammten Literatur des Katholicismus S. 325. Biographie générale. Tom. XXI. p. 703.

*) (De Luca) Das gelehrte Oesterreich. Bd. I. St. 1. S. 167. Joh. G. Meusel, Lexikon der vom Jahre 1750—1800 verstorbenen teutschen Schriftsteller. Bd. 4. S. 326. Const. v. Wurzbach, Biographisches Lexikon des Kaiserthums Oesterreich. Bd. 5. S. 310.

Pädagogik bezüglichen Schriften („Wie läßt sich die Bildung einer Nation am leichtesten und sichersten auf eine andere übertragen." Berlin 1796. 8. „Schulzwang und Schulgeld." Cöln 1834. 8.) enthalten manche beherzigungswerthe Winke; seine Unterrichtsbücher aber („Ueber die ersten Begriffe der Geometrie, zunächst mit Bezug auf Paralleltheorien." Cöln 1826. 8. „Leitfaden für den Unterricht in der Geschichte." Ebend. 1831. 8. und „Neue Vorlegeblätter zum Griechisch-Schreiben." Crefeld 1833. 8.) erheben sich nicht über das Gewöhnliche. Seine Bemühungen fanden auch nicht immer Anklang, wie aus seinem Werke: „Aus meinem Leben und Wirken, zugleich als Beitrag zur Geschichte der Rheinprovinz unter preußischer Landeshoheit in Hinsicht auf Kirche und Schule" (Bd. I. Essen 1839. 8.) hervorgeht. Er starb als Director des Gymnasiums zu Cöln am 4. März 1841 und sein Tod ward allgemein betrauert [1]). Ob mit ihm der Maler Otto Grashoff von Cöln verwandt ist, wird nirgends gesagt. Dieser hielt sich gewöhnlich in Düsseldorf auf und malte Historien und Genrestücke, welche Beifall fanden. Als seine vorzüglichsten Werke, welche sich auch auf der berliner Kunstausstellung befanden, werden betrachtet: Cid, eine Romanze, und die Uebergabe des Schwertes nach dem bekannten Gedichte Stolberg's [2]). (*Ph. H. Külb.*)

Grashüpfer, s. Locusta.

GRASHUYS (Johann), Arzt, der zu Leyden promovirte (De phlebotomia. 1720.) und in Amsterdam prakticirte, hat sich in seinen Schriften als sehr guter Beobachter documentirt. Außer einigen Journalartikeln haben wir von ihm: Exercitatio medico-chirurgica de scirrho et carcinomate, in qua etiam fungi et sarcomata pertractantur. Amstel. 1741. 8. (Ins Holländische übersetzt. Amsterd. 1744.) Dissertatio de generatione puris, praemio ab academia regia chirurgica Parisiensi anno 1746 proposito condecorata. Amstel. 1747. 8. Editio nova auctior. 1764. 8. Ins Englische übersetzt. Lond. 1748. Van de Operatien der Heelkonde. Amsterd. 1748. 8. De colica pictorum tentamen, accedit de natura, sedo et origine hydatidum disquisitio. Amstel. 1752. Appendix, decadem Observationum sistens. Ib. 1755. (Die Schriften von Grashuys, von Tronchin und von Strack sind zusammengefaßt in: Auserlesene vollständige Abhandlungen von der Kolik von Poitou. Aus dem Lat. von C. Fr. Schröder. Kopenhagen 1781.) (*Fr. Wilh. Theile.*)

Graskäfer, s. Melyris.

Graslilie, s. Anthericum.

GRASLIN (Jean Joseph Louis), ein wenig gekannter, aber sehr verdienstvoller französischer Schriftsteller im Fache der Nationalökonomie, im J. 1727 zu Tours geboren, widmete sich, nachdem er in dem College zu Paris seine gelehrte Vorbildung erhalten hatte, der Jurisprudenz und wurde nach Beendigung seiner Studien unter die Advocaten am Parlament zu Paris aufgenommen. Da ihm aber diese Laufbahn nicht behagte, so bemühte er sich, anderwärts anständig unterzukommen, und hatte das Glück, noch vor seinem 30. Jahre die bedeutende und sehr einträgliche Stelle eines Generaleinnehmers der königlichen Pächte zu Nantes zu erhalten. Die unmittelbaren Erfahrungen in dieser zu seinem Amtssitze bestimmten Stadt, einem der wichtigsten Mittelpunkte des See- und Colonialhandels Frankreichs vor und nach der Revolution, ließen ihn klare Anschauungen über die bisher in der Nationalökonomie aufgestellten Principien gewinnen und an der Richtigkeit der Theorie Fr. Quesnay's und seiner Schüler, der sogenannten Oekonomisten, zweifeln. Diese Schule sieht bekanntlich die einzige Quelle des Reichthums in dem Reinertrage des Bodens. Dieser scheinbar auf philosophische Grundsätze gestützte Irrthum hatte um so mehr und um so schneller um sich gegriffen, da seit der mit so vielen Verlusten und Nachtheilen verbundenen Niederlage des Law'schen Systems eine entschiedene Abneigung gegen die industriellen und financiellen Speculationen sich immer mehr geltend machte. Graslin, welcher täglich Zeuge des Wetteifers der Industrie und des Handels in dem Geschäfte der Production sein mußte, war weit entfernt, diesem hartnäckigen Vorurtheile zu huldigen, sondern eifrig bemüht, die sich auf die Erfahrung stützende Methode seines Landsmannes und Lehrers Descartes nach den von diesem Philosophen aufgestellten Principien auf das Studium der ökonomischen Fragen anzuwenden, unterwarf er das Wesen des Reichthums einer sorgfältigen und klaren Entwickelung. Es bot sich alsbald eine Gelegenheit, seine Ideen zu veröffentlichen, da die königliche Ackerbaugesellschaft zu Limoges als Gegenstand ihrer Preisfrage aufgegeben hatte: „den Einfluß der indirecten Steuer auf das Einkommen der Besitzer liegender Güter zu zeigen und zu würdigen." Da man unter indirecter Steuer diejenige zu verstehen hat, welche nicht den Producenten, sondern den Consumenten trifft, so müßte, da der Boden nach der Lehre der Oekonomisten als das einzige producirende Element betrachtet wird, die Besteuerung zuletzt nothwendig auf den Ackerbau fallen, also die Abgaben allein auf die liegenden Güter vertheilt und der Handel ohne alle Rücksicht auf die als nicht productiv erklärten Vortheile der Industrie und der Schifffahrt gänzlich freigegeben werden. Graslin, welchem diese Folgerungen gefährlich schienen, zögerte nicht, als Mitbewerber um den Preis aufzutreten, obschon der Wortlaut des Programms geradezu das Princip aussprach, welches er bekämpfen wollte. Er erhielt auch, wie zu erwarten war, den Preis nicht, aber sein ohne Nennung seines Namens gedruckter Versuch über den Reichthum und die Besteuerung (Essay analytique sur la richesse et sur l'impôt, où l'on réfute la nouvelle doctrine économique qui a fourni à la Société royale d'Agriculture de Limoges les principes d'un programme qu'elle a publié sur l'effet des impôts indirects. Londres 1767. 8.) verdient in der Geschichte der National-

1) Vergl. Neuer Nekrolog der Deutschen. Jahrg. 1841. Th. I. S. 272 fg. Intelligenzblatt der Hall. Literaturzeitung. 1841. Mai.
2) G. K. Nagler, Künstler-Lexikon. Bd. V. S. 327.

ökonomie eine ganz besondere Beachtung, da es wahrscheinlich die erste Schrift in diesem Fache ist, welche die Theorie des Nationalreichthums auf die Arbeit gründet, die sich an den Ackerbau, die Industrie und den Handel knüpft. Graslin findet das Princip der Nationalökonomie in der Bestrebung des Menschen zu den Dingen und in der Beziehung der Dinge zu einander selbst. Indem er nun durch die weitere Entwickelung diese Beziehung verfolgt, bestimmt er den Begriff des Reichthums und gibt sich Rechenschaft von seiner Entfaltung durch die allseitige Anwendung der Arbeit; der Reichthum besteht demnach in allen zu den Bedürfnissen gehörenden Gegenständen, welche unter sich relativen Werth haben, je nach dem Grade des Bedürfnisses und dem Grade der Seltenheit; ferner untersucht der Verfasser allmälig fortschreitend die Thätigkeit des Ackerbaues, der Industrie, des Handels und der Künste bei der Bildung des Reichthums und handelt dann im zweiten Theile seines Werkes von der Besteuerung nicht nur nach ihrer Beschaffenheit und ihrer verschiedenen Anwendung, sondern auch nach ihren Wirkungen auf den Staat. Man hat Graslin die Erfindung der Theorie, welche den Nationalreichthum auf die Arbeit gründet, streitig machen wollen, indem man voraussetzte, er habe in den Jahren 1751 bis 1754 die Vorlesungen Adam Smith's zu Edinburgh gehört, und seine Anwesenheit in England aus dem Titel seines Essay gefolgert, weil dieser den Druckort London darbietet. Da übrigens jeder in der Literatur nicht Unbewanderte weiß, daß London häufig aus mancherlei Buchhändlerrücksichten als Druckort auf französischen Büchern angegeben ist, welche ohne Zweifel in Frankreich erschienen sind, und von einer Reise des Verfassers nach England nirgends die Rede ist, so zerfällt die Graslin's Ruhm schmälernde Vermuthung in Nichts. Hätte aber auch dieser wirklich vor der Veröffentlichung des unsterblichen Werkes Smith's (1776) in einer Vorlesung desselben diese Idee aufgefaßt und einen Theil des neuen staatsökonomischen Systems zur allgemeinen Kenntniß gebracht, so müßte man doch in diesem Schüler einen jener geistreichen Männer von durchdringendem Verstande erkennen, welche eine Wahrheit, deren kostbaren Keim sie in sich aufgefaßt haben, sich aneignen und befruchten. Da Graslin bei der Behandlung der Frage gezwungen war, auf die Ausdrücke und Voraussetzungen des erwähnten Preisprogramms näher einzugehen, so mußte er nothwendig mit der Schule der Oekonomisten anbinden und er machte sogleich einen kühnen Angriff auf den Marquis von Mirabeau und Mercier de la Rivière, die beiden entschiedensten und gefährlichsten Vorfechter derselben. Später gerieth er auch in einen heftigen Streit mit dem Abbé Nic. Baudeau, dem Herausgeber der Ephémérides du citoyen und es gelang ihm in seiner Correspondance contradictoire avec l'abbé Baudeau sur un des principes fondamentaux de la doctrine des économistes (Londres 1779. 8.) bei den unparteiischen Fachleuten den Sieg über seinen Gegner davonzutragen; einen nachhaltigen Eindruck machte besonders sein dritter und letzter Brief an den gelehrten Abt, worin er seine Ansicht über das Zusammenwirken der Industrie und des Handels bei der Bildung des Nationalreichthums ebenso klar als nachdrücklich entwickelt und zuletzt die Wichtigkeit der damals kaum angeregten Frage über den Einfluß des Maschinenwesens für die Zukunft darlegt. Er erklärt sich gegen die allzu schnelle Einführung und zu häufige Anwendung dieser helfenden Kraft, weil sie viele Hände beschäftigungslos mache, erklärt sich aber für die Nothwendigkeit, sie allmälig herbeizuziehen, weil sonst der Wetteifer anderer Völker den Sieg davon tragen und die einheimischen Arbeiter der Armuth anheim fallen müßten. Während Graslin sich auf diese Weise theoretisch mit der Frage des Nationalreichthums beschäftigte, unterließ er es nicht, auch durch die That zur Entfaltung desselben beizutragen, indem er Wälder lichten und Sümpfe austrocknen ließ, um den Boden urbar zu machen. Auch faßte er den Plan, Nantes, eine früher durch ihre engen Straßen und schlecht gebauten Häuser auffallende und ungesunde Stadt zu vergrößern und zu verschönern, und zwar durch die Benutzung einer ihm angehörenden großen Bodenstrecke zur Anlegung eines neuen Stadtviertels, welches jetzt das schönste und volkreichste ist. Daß er dafür bei seinen Zeitgenossen nicht den verdienten Dank erntete, sondern sich fortwährend gegen die Angriffe und Verleumdungen Misgünstiger vertheidigen mußte, beweist eine nicht geringe Anzahl kleiner Schriften [1]), durch welche er die Nützlichkeit seines Unternehmens darthun und die falschen Darstellungen seiner Gegner entkräften mußte. Die jetzige Generation ist freilich von der Wohlthätigkeit und den Vortheilen seines Unternehmens überzeugt und hat zur Verewigung seines Namens denselben dem Platze, worauf sich das von ihm erbaute Schauspielhaus erhebt, beigelegt. Er starb im J. 1790 zu Nantes und liefert ein schlagendes Beispiel, welches Glück Reichthum in den Händen eines biedern und seine Mitmenschen liebenden Mannes bringen kann [2]). (*Ph. H. Külb.*)

GRASMAIR [1]) (Johann Georg Daniel), teutscher

---

1) Obschon diese nur Nantes betreffen, so enthalten sie doch so viele für ähnliche Stadterweiterungen brauchbare Winke, daß sie namhaft gemacht zu werden verdienen. Sie führen folgende Titel: Observations sur les additions très-importantes à faire au quartier neuf de Nantes; Reflexions sur la construction d'une salle de spectacle à Nantes; Réponse aux remarques sur la nécessité de construire une salle de spectacle à Nantes; A MM. les officiers municipaux de la ville de Nantes; Observation sur un mémoire concernant le Café de la comédie; Observations au sujet de trois libelles, qui ont été publiés successivement contre lui; Mémoire pour [illegible] J. J. L. Graslin, servant de réponse à un libelle anonyme; Mémoire au sujet de sa possession sur la place Saint-Nicolas; Réflexions indispensables sur une brochure qui a pour titre: „Réponse au mém. que M. Graslin a adressé aux officiers municipaux;“ Mémoire sur la suspension des travaux de la salle de spectacle; Subscription pour le soutien et l'entretien d'un spectacle dans cette ville; Dern. requête à MM. les officiers municip. au sujet des embellissements du quartier neuf. Alle diese Flugschriften sind ohne Angabe des Jahres und Druckorts zu Nantes in 4. erschienen. 2) Vergl. Biographie universelle. Tom. LXVI. p. 29 seq. (N. Éd. Tom. XVII. p. 372 seq.) Biographie générale. Tom. XXI. p. 704.

1) Diese Schreibart, welche auf dem Denkmale des Meisters in

Maler, im J. 1690 zu Brixen in Tyrol geboren, war der Sohn eines weithin berühmten Glockengießers, widmete sich aber, da er an dem Geschäfte seines Vaters kein Gefallen fand, der Malerei. Er erlernte die Anfänge der Kunst bei seinem Landsmanne Joseph Alberti in Cavalese und ging dann nach Venedig, wo er bei Karl Loth, und später nach Rom, wo er bei Francesco Trevisani seine Studien fortsetzte. Nach einem siebenjährigen Aufenthalte in Italien besuchte er verschiedene Gegenden Teutschlands und einige angrenzende Provinzen Frankreichs. In Strasburg, wo er sich längere Zeit aufhielt, bot man ihm das Bürgerrecht an, welches er aber ausschlug, zu Manheim, wo er einige Zeit im Dienste des Kurfürsten Karl Philipp von der Pfalz stand, gefiel es ihm auch nicht und ebenso wenig zu Donaueschingen, wo er mehrere Decken im Schlosse des Fürstenberg malte. Er kehrte in seine Heimath zurück und ließ sich bleibend zu Wilten in der Nähe von Innsbruck nieder, wo er auch am 27. Oct. 1751 starb. Der Aerger, daß nicht ihm, sondern Michael Unterberger, ebenfalls einem Schüler Alberti's, die Ausführung des Hochaltarblattes in der Domkirche zu Brixen übertragen wurde, nach Andern der Verdruß über eine unglückliche Ehe soll seinen Tod verursacht haben. Er starb im J. 1751 zu Wilten. Grasmair war ein sehr fleißiger und fruchtbarer Arbeiter und in Tyrol befinden sich wenigstens funfzig von ihm gemalte Altarblätter. Die vorzüglichsten derselben sind zu Innsbruck „Der heil. Sebastian," „Mariä Himmelfahrt" und „Der heil. Johann von Nepomuk" in der Pfarrkirche, „Die sieben Väter" und „Der heil. Pellegrin" in der Servitenkirche und „Der heil. Georg" in der Kapelle des Landschaftpalastes, in der Pfarrkirche zu Wilten „Der heil. Andreas" und „Die heil. Katharina" und in dem Kirchlein zu Stufels bei Brixen „Der heil. Schutzengel." Außerdem fertigte er noch viele Staffeleigemälde, besonders Landschaften, von denen sich noch mehrere zu Innsbruck im Privatbesitze erhalten haben. In derselben Stadt sind von ihm auch das Deckengemälde in Oel im großen Bibliotheksaale, die Himmelfahrt der heil. Jungfrau darstellend, und die Wandgemälde in den Speisezimmern der Serviten; zu erwähnen sind ferner noch die meisterhaften Bildnisse seiner Aeltern im väterlichen Hause zu Brixen. „Grasmair's Arbeiten," sagt ein Kenner derselben, „welche sich durch richtige Zeichnung und treffliche Composition auszeichnen und nur im Colorit das Brandige in der Carnation aufweisen, ein Uebel, das er sich von seinem ersten Meister Alberti angeeignet hatte, werden noch heutzutage in Tyrol geschätzt. In seinen Landschaften ist die Perspective immer vortrefflich und nur die Farbe läßt Manches zu wünschen übrig." Freih. Jos. von Spergs, Präsident der Kunstakademie zu Wien, ließ Grasmair, dessen Zögling er war, ein von dem berühmten Bildhauer Fr. Zauner ausgeführtes Denkmal von Stein in der Kirche zu Wilten setzen. Alle diesem Maler angehörende Werke werden von einigen Kunsthistorikern einem Matthias Grasmair zugeschrieben, welcher den größten Theil seines Lebens zu Innsbruck in Dunkelheit zugebracht haben soll; die Nachricht beruht aber sicher auf einem Irrthume, denn es läßt sich doch nicht wol annehmen, daß ein Maler gleichen Namens bei solchen Leistungen ungekannt verkümmerte. Jos. G. Dan. Grasmair hatte zwei Brüder, Joseph Lukas und Johann Sebastian, und eine Schwester, welche sich ebenfalls in der Malerei versuchten, aber ohne erwähnenswerthen Erfolg. — Ein guter Maler und Kupferstecher war dagegen sein Bruder Anton Grasmair, um 1695 zu Brixen geboren, welcher den ersten Unterricht in der Kunst von Barthol. Fink zu Clausen (im Etschkreise) erhielt und sich dann in Francesco Trevisani's Schule zu Rom weiter ausbildete. Nach einem längeren Aufenthalte in Italien, wo er viele Historienbilder malte, kehrte er nach seiner Vaterstadt zurück, blieb aber nur wenige Jahre daselbst und begab sich nach Augsburg, wo er sich häuslich niederließ und im J. 1750 starb. Eines seiner Oelgemälde, „Die schmerzhafte Mutter Gottes mit dem Erlöser im Schooße," welches sich im innsbrucker Museum befindet, ist ganz in der Manier seines Bruders gehalten. Unter seinen Kupferstichen, welche von den Kunstkennern geschätzt und gesucht werden, zeichnen sich besonders „Das Pfingstfest" und „Der heil. Antonius von Padua" aus, welche in der Bibliothek zu Innsbruck aufbewahrt werden; der zweite, ein radirtes Blatt, welches einen verständigen, aber in der Führung der Nadel noch nicht sehr geübten Künstler verrathen soll, wird von Andern einem nicht näher bekannten A. Grasmair zugeschrieben [2]). (*Ph. H. Külb.*)

GRASMEYER (Paul Friedrich Hermann), Arzt, geboren zu Hamburg, studirte in Göttingen und promovirte daselbst im J. 1789, worauf er sich in seiner Vaterstadt als Arzt niederließ. Grasmeyer hatte sich schon in seiner Inauguralabhandlung (De conceptione et foecundatione humana. Gott. 1789. et Supplementa quaedam ad diss. de conceptione. Ib. 1789.) als trefflicher Forscher bewährt; seine Schrift aber: „Abhandlung vom Eiter und den Mitteln, ihn von allen ihm ähnlichen Feuchtigkeiten zu unterscheiden" (Göttingen 1700) stand lange Zeit im höchsten Ansehen, bis durch neue und verbesserte Methoden auch die Untersuchung des Eiters weiter gefördert wurde. Später hat sich Grasmeyer nur noch einmal literarisch vernehmen lassen: „Etwas über Krankenhäuser im Allgemeinen, und einige Bemerkungen über das neu zu erbauende Krankenhaus in St. Georg" (Hamburg 1818). (*Fr. Wilh. Theile.*)

Grasmücke, s. Sylvia.

Grasnelke, s. Armeria.

GRASOLARIUS (Jacob), ein italienischer Philolog des 16. Jahrhunderts, von dessen Lebensverhältnissen aber nichts Näheres bekannt ist. Er scheint zu Venedig gewirkt zu haben, wo er auch die erste Ausgabe

---

der Kirche zu Wilten sehe, scheint die richtige zu sein; man schreibt den Namen auch Grasmayr und Grasmayer.

2) Vergl. G. K. Nagler's Künstler-Lexikon. Bd. V. S. 339. Desselben Monogrammisten. Bd. I. S. 809. Const. v. Wurzbach, Biographisches Lexikon des Kaiserthums Oesterreich. Bd. V. S. 311.

von 19 Declamationen des Rhetors Marcus Fabianus Quintilianus (Declamationes exactissime recognitae. Venet. 1581. fol.) besorgte. Diese sehr geschmackvolle, mit prächtiger römischer Schrift gedruckte Ausgabe, welche schon im folgenden Jahre (Venet. 1582. fol.) wiederholt werden mußte, ist jetzt noch sehr geschätzt und gesucht, da auch die Recension des Grasolarius guten Handschriften folgt und mit verständiger Kritik durchgeführt ist *).
(*Ph. H. Külb.*)

GRASÖL, ostindisches; ein ätherisches, gelbes, angenehm scharf schmeckendes, dem Rosenöl ähnlich riechendes, neutrales Oel. (*C. Reinwarth.*)

GRASS (Franz Xaver), teutscher Mönch und Bibliograph, am 14. Juni 1758 zu Hall im Innthale geboren, widmete sich dem geistlichen Stande und trat als regulirter Chorherr des heil. Augustinus in das Kloster dieses Ordens zu Neustift, wo er im J. 1781 die Priesterweihe erhielt. Da er sich durch unermüdlichen Fleiß bedeutende Kenntnisse erworben hatte, so wählten ihn seine Obern, um in dem Stifte die Theologie zu lehren. Er wurde zugleich zum Bibliothekar des Stiftes ernannt und seine erste Sorge war, die ihm anvertrauten Schätze aus dem Staube, worin sie lange vergraben lagen, hervorzuziehen und zu ordnen. Diesem Bestreben verdankte die Bibliographie mehrere mit großer Genauigkeit gearbeitete Werke („Verzeichniß typographischer Denkmäler aus dem 15. Jahrhundert, welche sich in der Bibliothek des regulirten Chorherrenstiftes des heil. Augustin zu Neustift in Tyrol befinden." Brixen 1789. 4. „Verzeichniß einiger Büchermerkwürdigkeiten aus dem 16. und 17. Jahrhundert, welche sich in der Bibliothek des regulirten Chorherrenstifts des heil. Augustin zu Neustift in Tyrol befinden." Brixen 1790. 4. „Nachtrag zu den typographischen Denkmälern und Büchermerkwürdigkeiten." Brixen 1791. 4.), welche zu einer Zeit, wo man in diesem Fache in Teutschland noch sehr arm an Hilfsmitteln zur Kenntniß der alten Drucke aus dem ersten Jahrhundert nach der Erfindung der Buchdruckerkunst war, besonders der Facsimiles wegen großen Beifall fanden und vielfach benutzt wurden, jetzt aber durch weit bessere Werke ersetzt sind. Im J. 1800 ward Graß Pfarrer zu Statz und später Dechant des Stiftes Neustift, wo er um das Jahr 1825 starb †). (*Ph. H. Külb.*)

GRASS (Karl Gotthard), teutscher Maler und Dichter, am 8. Oct. 1768 zu Serben, einem Kirchspiele des wendener Kreises in Liefland geboren, zeigte schon früh große Neigung zu den zeichnenden Künsten und zur Poesie und machte nach Beendigung seiner Schulstudien und nachdem er von einem tüchtigen teutschen Maler Unterricht in der Malerei erhalten hatte, zu seiner weiteren Ausbildung eine Reise durch einen großen Theil Teutschlands, durch die Schweiz, durch Frankreich und durch Italien. Des letzteren schönste Gegenden durchwanderte er nach allen Richtungen hin, da er sich vorzugsweise der Landschaftsmalerei zu widmen gedachte und besuchte auch Sicilien. Darauf nahm er seinen Aufenthalt zu Rom, wo er als Schriftsteller und Maler thätig war. Hier kam er mit den meisten Künstlern und Kunstfreunden, welche in den beiden ersten Decennien unseres Jahrhunderts diese Stadt besuchten, in Berührung und liebte mit ihnen seine Ansichten über Kunst auszutauschen. Zugleich versuchte er sich als Schriftsteller im Fache der Kunst und der Naturschilderung und trat zuerst mit seinen „Fragmenten und Wanderungen in der Schweiz" (Zürich 1797. 8. m. KK.) hervor, welche mit Beifall aufgenommen wurden. Ein Ausflug, welchen er im J. 1807 aus Gefälligkeit für einen Künstler unternahm, um am Lago di Nemi in der schlechtesten Zeit der dortigen bösen Luft etwas zu zeichnen, brachte ihm das Fieber, welches ihn lange peinigte und nur schwer wieder verließ; die Begeisterung für die Kunst konnte aber bei ihm durch keinerlei Leiden geschwächt werden und in ihr suchte er Trost bei allem Ungemach. „Sei der Natur getreu," schreibt er aus Rom an seinen Lehrer und Freund, „so bleibt sie bis zur letzten Stunde deine Mutter. Es muß dem Menschen wohl sein können bis zum letzten Lebenshauch. Das glaub' ich, nur muß er das Feuer der Liebe zum Leben, zur Freude, zum Guten nicht ausgehen lassen.... Ich finde, daß in den heutigen Menschen nichts Tiefes gefunden wird, flach drückt sich Alles ihnen ab und hat darum keine Spur.... Immer aber heiße es uns: Erst die Natur, dann der Mensch und dann die Kunst. Ich breche von Neuem in den Ausruf aus: ja die Natur ist das Heiligthum des Menschen, und wohl uns, wenn wir gewürdigt waren, sie mit reinem Auge zu sehen und sie zu entdecken, wo sie immer wunderbar und doch einfach hinwirkt." Das gewöhnliche, nur auf Bekanntschaft mit Hohen und Reichen gerichtete Streben der meisten Künstler in Rom, das Haschen nach leerem Vergnügen in vornehmen Cirkeln konnte ihn deshalb nicht fesseln und es wurde ihm Bedürfniß, sich durch Ausflüge nach Neapel, Pästum, Salerno und nach dem Vesuv oder durch einen längeren oder kürzeren Landaufenthalt zu Ariccio oder Albano von der Langeweile, welche ihm die Gesellschaft zu Rom verursachte, zu erholen und sich zu neuen Kunstschöpfungen zu befähigen. „Dann und wann," äußert er sich in einem Briefe nach der Heimath, „stößt man auf ein Goldkorn, aber man suche es nur nicht in der vornehmen Welt. O wie sehnt sich, wenn ich etwas der gesellschaftlichen Comödie zugesehen habe, meine Seele nach Stille und Ruhe, nach einem treuen, herzlichen Wort, nach einem Ausdruck von Wahrheit, Natur, nach etwas Lebendigem, Liebenden, Heiligen.... Es ist doch wahr," bemerkte er weiter in einer Herzensergießung an seinen Lehrmeister, „was da war in wahrer Herzensmeinung, das ist immer noch da und wär' es nur in wohlthuendem Nachklange; was aber nur mit dem Schein von etwas Wahrem und Natürlichem übertüncht einhertrat, das sieht hinterdrein aus, wie eine besudelte Mauer. Unter diesem löblichen Bilde erscheint mir alle Schöngeisterei,

*) Joh. Chr. Adelung, Fortsetzung und Ergänzungen zu Chr. G. Jöcher's Gelehrtenlexikon. Bd. II. S. 1562.

†) Vergl. Fr. Jos. Waizenegger, Gelehrten- und Schriftsteller-Lexikon. Bd. III. (Landshut 1822. 8.) S. 181.

Empfindelei, Naturkennerei und Nachäfferei der ad unguem usque Gebildeten. Dieses Geschmeißes habe ich so satt bekommen, daß ich mich wie ein Dieb durch die Menschenwelt stehle, um ja keinem dieser Herren und keiner dieser Damen zu begegnen. Ich lebe bei Arbeit in geweihter Stille der Natur und den Freunden; Gott und die Musen im Herzen, ein Leben, das ich nicht besser wünsche. Meine Gesundheit ist vortrefflich und der Geist Gottes ist wieder eingekehrt bei dem Gotthard. Das erfreue den Meister." In den Jahren 1807 bis 1812 scheint Graß in Rom als Maler und Schriftsteller sehr thätig gewesen zu sein, denn er vollendete mehrere seiner besten Landschaftsgemälde und lieferte viele Aufsätze und Gedichte in die um jene Zeit gelesensten Zeitschriften und Taschenbücher. Mehrere seiner Gemälde schickte er nach der Heimath, um sie ausstellen zu lassen und zu verwerthen, aber die Zeitverhältnisse waren schlecht und die Kauflust fehlte. „In meiner Heimath," schreibt er im J. 1812 an seinen früheren Meister, „sind meine vier sicilianischen Landschaften aufgestellt und haben mir Ehre gemacht, aber zugleich meldet man mir, daß nicht daran zu denken sei, daß von dort aus, wo man nur dem Handel und dem sinnlichen Genuß lebt, ein Heller bestimmt werden würde, um seinem Landsmanne aus seinen Mitteln eine Aufmunterung zu geben. Desto besser! so gehöre ich der Welt an und habe keine Verbindlichkeit. Schwarzes Brod ist wohlfeil und Freiheit dazu ist frisches Schmalz von den Bergen auf ein von Mutter gebackenes Semmelbrod. O es ist um den Geist Gottes eine große Sache. Ich weiß es, daß ich nicht umkommen werde. Meine Kraft ist gering, aber ich kenne sie, und wer Willen hat, versetzt Berge." Da größere Malereien fast keinen Gewinn brachten, so fertigte Graß kleinere Skizzen von italienischen Landschaften, für welche sich eher Liebhaber fanden, und lieferte fleißig Kunstberichte, Schilderungen, Erzählungen und Gedichte für das Morgenblatt, für Zschokke's Erheiterungen und Miscellen und andere damals beliebte Blätter, besonders fand ein größeres Gedicht „Agnes," welches das Klosterleben von einer geistreichen Seite auffaßte, Beifall und bewog ihn, an eine Sammlung seiner poetischen Versuche zu denken, welche aber nicht zu Stande kam, da er stets wieder von anderen zu seinem Unterhalte nöthigen Arbeiten abgezogen wurde. Weniger entsprachen seinen Wünschen die jetzt öfter bei ihm bestellten Landschaften. „Mit meinem Malen," sagt er selbst in einem zu dieser Zeit geschriebenen Briefe, „bin ich immer noch nicht zufrieden, obgleich es besser geht. Es kommt immer zu viel Farbe zusammen, besonders in den Bäumen und vielmal verliert sich, was schon besser da war." Wohl fühlte er, daß seine Beschäftigung zu sehr getheilt war, um in irgend einem Fache Ausgezeichnetes zu leisten. „Mein Dichten und Trachten," schreibt er seinem Meister und Freunde, „geht dahin, so viel Freiheit zu gewinnen, daß ich ein Jahr lang blos malen könnte. Das Schreiben ist mir beinahe verleidet. Man hat keine Freude dabei und im Ganzen geringen Gewinn, wiewol er in diesen Zeiten immer noch sicherer ist, als der des Malens." Neben der Ausübung seiner Kunst beschäftigte sich indessen Graß auch fortwährend fleißig mit der Theorie und besonders mit dem technischen Theile derselben und stellte umfassende Forschungen über das von den älteren und hauptsächlich von den niederländischen Meistern beobachtete Verfahren in Oel zu malen an. Unstreitig ging der rührige Künstler einer besseren Zeit und einer erfreulichen Anerkennung entgegen, als ein unerwarteter Schlag des Schicksals seinen Geist zu umdüstern anfing und seinen Muth brach. Noch am 1. April 1811 schreibt er aus Rom: „Ich habe von allen Seiten schlimme Nachrichten, besonders aus meiner Heimath, wo der Handel und Auflagen den Ruin der besten Häuser nach sich ziehen. Glücklicher Weise afficirt mich das Geld wenig; habe ich nicht viel, so weiß ich auch mit Wenigem zu leben, aber es lebt sich gegenwärtig in Rom theuer und das Elend ist groß und allgemein." Im August desselben Jahres wußte er schon mit Bestimmtheit, daß ein Schweizerhaus, wo er „sein in früheren Jahren Erworbenes" stehen hatte, fallirt habe, und da ihm die Zinsen wegfielen, und da durch die Zeitumstände auch anderes Einkommen, das ihm bisher gewiß war, aufhörte, so wurde ihm „in ökonomischer Hinsicht die Art an die Kehle gelegt." „Ich bin," meldete er später seinem Freunde, „zurückgekehrt tiefer in mich und habe den alten Geistesflügel hervorgeholt, sodaß ich lebe, wie ein glücklicher Knabe, fern von den Menschen, zufrieden mit Wenigem, Herr meiner Zeit und immer thätig." Trotz diesem festen Willen wurde ihm diese unangenehme Lage doch immer lästiger; er fing an zu kränkeln und starb am 3. Aug. 1814. Kurz nach seinem Tode erschien seine „Sicilische Reise oder Auszüge aus dem Tagebuche eines Landschaftmalers" (Stuttg. u. Tübing. 1815. 8. 2 Thle.) mit vortrefflichen, auf Kosten der Cotta'schen Verlagshandlung hergestellten Zeichnungen sicilianischer Landschaften. Diese schriftstellerische und künstlerische Arbeit, welcher er viel Zeit und Mühe opferte, ist unstreitig die bedeutendste seiner Leistungen. Die Anspruchlosigkeit und Wahrheit, womit er meist aus dem Gesichtspunkte des Landschaftmalers das Gesehene schilderte, machen dieses Buch allen lieb, welche mit jenem Lande bekannt sind oder bekannt zu werden wünschen. Vielleicht konnte Niemand so anziehend für den Maler und zugleich so lebendig für das allgemeine Interesse schreiben, als wer, wie Graß, den Sinn für bildende Kunst mit poetischem Talente verband. Wie ernst er es mit der Kunst meinte, beweisen die Briefe, welche er an seine Freunde in der Heimath schrieb und welche zum Theil nach seinem Tode in G. Tielemann's „Livonia's Blumenkranz" (Riga und Dorpat 1817. 8.) Bd. 1. und im „Kunstblatte" (1826. Nr. 30 — 47) bekannt gemacht worden. Dennoch ist er dem teutschen Publicum wenig als Künstler bekannt, denn obgleich seine Landschaftsgemälde durch schöne Auffassung und mannichfaltige Vorzüge der Ausführung von bedeutendem Werthe sind, zeigen sie doch nicht die ganze Ausbildung, deren sein Künstlertalent fähig gewesen wäre, wenn er seine ganze Zeit auf die Malerei hätte verwenden können *).

(*Ph. H. Külb.*)

GRASS (Michael), teutscher Jurist des 16. Jahrhunderts, gewöhnlich, um ihn von dem folgenden zu unterscheiden, der ältere genannt, von dessen Lebensverhältnissen aber Nichts weiter bekannt ist, als daß er nach Beendigung seiner Studien sich zu Rostock niederließ und daselbst Professor der Rechtswissenschaft wurde. Als juristischer Schriftsteller war er zu seiner Zeit sehr bekannt und als die vorzüglichsten seiner Werke gelten: Receptarum sententiarum libri II (Rostochii 1582. fol. Francof. 1590. fol.), welche auch unter dem Titel Disputationes (Francof. 1616. fol. Genev. 1636. fol.) erschienen; Repetitiones, quarum una in Auth. C., altera in Auth. Causa C. de liber. praet. (Francof. 1576. 8.) und De jure substitutorum et successionum cum tract. de falcidia trebellianica etc. (Francof. 1581. fol.), werden aber jetzt wenig mehr beachtet, da dieselben Fragen später noch öfter und besser erörtert wurden †).

(*Ph. H. Külb.*)

GRASS (Michael), teutscher Jurist, gewöhnlich der jüngere genannt, um ihn von dem vorhergehenden zu unterscheiden, am 5. Febr. 1657 zu Wolgast in Vorpommern geboren, widmete sich auf den Universitäten zu Greifswalde und Tübingen dem Studium der Rechtswissenschaft und ward auf der zuletzt genannten Universität im J. 1687 außerordentlicher und im J. 1692 ordentlicher Professor in seinem Fache. Später ernannte ihn die Regierung zum Hofgerichtsassessor und zum Verwalter der Stipendien. Er war ein unermüdlich fleißiger, aber wenig ehrgeiziger Gelehrter, denn als der Kaiser Karl VI., welchem er sein Werk: Collationes juris civilis romani cum recessibus Imperii et Ordinatione criminali Caroli V. (Tubingae 1723. 4.) gewidmet hatte, ihm die Stelle eines Reichshofraths mit Erhebung in den Adelstand anbot, lehnte er diese Gnade bescheiden ab, da er in seiner Stellung als Lehrer der Rechte und als Schriftsteller in seinem Fache größeren Nutzen stiften zu können glaubte. Die Zahl seiner größeren und kleineren Schriften ist sehr bedeutend; unter den ersten sind besonders zu nennen: Positiones controversae ex variis principiis jurisprudentiae tam universalis quam particularis (Tubingae 1691. 4.); Consilia Tubingensia (Tubing. Francof. et Giessae 1733. fol.); Theses juridicae ex variis jurium materiis depromptae (Tubing. 1701. 4.); Praxis actionum ex aequitate descendentium (Ibid. 1723. 4.) und Themata miscellanea historico-juridica ex jure civili, canonico, publico, ecclesiastico-feudali (Ibid. 1728. 4.). Von den kleineren Abhandlungen sollen hier nur namhaft gemacht werden: Dissert. sistens praxim antiquo-modernam actionum forensium in specie civilium et praetorianarum (Tubing. 1721. 4.); Diss. de recuperatione bellica (Ibid. 1689. 4.); De dominii reditu legali, vulgo Rückfallsrecht eigenthümlicher Güter (Ibid. 1724. 4.); De pabulatoribus militum excursionibus, vulgo Fouragiren (Ibid. 1698. 4.); De literis status, vulgo Staatsbriefen (Ibid. 1714. 4.); De amicitia et reverentia in effectibus suis juridicis considerata (Ibid. 1716. 4.); Annotationes et animadversiones in ordinationes censorias Esslingenses, vulgo die Zuchtordnungen, in specie, qua delicta carnis (Ibid. 1716. 4.); De jure exequendi in Imperio, in specie de executione ab uno der Kreisausschreibenden Fürsten altero impedito vel nolente suscepta (Ibid. 1720. 4.); De tutela materna Nobilium Imperii immediatorum (Ibid. 1701. 4.); De propolio juste prohibito (Ibid. 1702. 4.); De reservatis Imperatoris (Ibid. 1702. 4.); De negotiatione Clericorum prohibita (Ibid. 1705. 4.); De praescriptione superioritatis territorialis acquisitiva (Ibid. 1727. 4.); Delibata ex materia juris protutelorum (Ibid. 1713. 4.); De exceptione nobilitatis utriusque tam generis quam scientiarum et virtutum (Ibid. 1717. 4.); De impensis in rem alienam factis (Ibid. 1716. 4.); De jure condominii territorialis extra tempus administrationis per alternas vices, quae condominis competit constituti (Ibid. 1717. 4.) und De officio Senatoris circa votum (Ibid. 1721. 4.) Unstreitig hatten diese Abhandlungen bei dem gleichzeitigen Zustande und den damaligen Einrichtungen des teutschen Reiches eine praktische Bedeutung, jetzt können sie nur als Beiträge zur Geschichte des teutschen Rechtes dienen. Graß starb am 25. Juli 1731 zu Tübingen *).

(*Ph. H. Külb.*)

GRASS (Samuel), teutscher Arzt, im J. 1653 zu Breslau geboren, erhielt seinen ersten Unterricht in der Schule seiner Vaterstadt und bezog, nachdem er sich tüchtige Vorkenntnisse erworben hatte, die Universität zu Jena, um sich der Heilkunde zu widmen. Er besuchte mit unermüdlichem Eifer nicht nur die Collegien, welche über sein Fach gelesen wurden, sondern auch solche, welche ihm die nöthige Einsicht in die wichtigsten Theile der Naturwissenschaft verschaffen konnten. Nachdem er seine Studien beendigt und die medicinische Doctorwürde erlangt hatte, machte er zu seiner weiteren Ausbildung eine Reise nach Italien und ließ sich nach seiner Zurückkunft als ausübender Arzt in seiner Vaterstadt nieder. Seine Berufsgeschäfte nahmen bei einer ausgedehnten Praxis den größten Theil seiner Zeit in Anspruch, sein gewohnter Fleiß ließ jedoch auch die wenigen Mußestunden nicht unbenutzt, wie seine Abhandlungen in den Denkschriften der kaiserlichen naturforschenden Gesellschaft, deren Mitglied er war, beweisen. Besonderen Werth

---

*) Vergl. die biographische Skizze in [illegible] [illegible]. Bd. I. J. G. Meusel, Das gelehrte Teutschland Bd. XVII. S. 765 Bd. XXII. 2. 436 [illegible] 1823, [illegible] Biographie universelle. Tom. LXVI. p. 32. [illegible] Tom. XVII p. 373.)

†) Vergl. Etwas von gelehrten Rostockschen Sachen. Jahrg. 1737. S. 45.

*) Chr. Gottl. Jöcher, Gelehrtenlexikon. Bd. 2 S. 1133. Die Schriften der beiden Graß sind unter den betreffenden Stellen in *M. Lipenii* Bibliotheca realis juridica (Lipsiae 1757. fol.) verzeichnet.

beschäftigte immer noch seine gründlichen Mittheilungen über allgemeine und specielle Therapie und die nähere Bezeichnung derselben mag nicht überflüssig erscheinen; als solche dürfen hier zu nennen sein: De clysterum usu in hydrope egregio (Miscell. Acad. Natur. Curios. 1696. p. 300); De pathologia inversa (Ibid. 1697—1698. p. 421); De abscessu muco-carnoso-botryoide sinistri labii vulvae feliciter exciso (Ibid. 1699—1700. p. 148); De inaudita mortis causa; venae cavae dilaceratio a binis sinistri hypochondrii ictibus (Ibid. 1694. p. 86); Historia compendiosa pestis in confiniis Silesiae grassantis anno 1708 (Ephemer. Acad. Natur. Curios. Cent. 1 et 2. Append. 107); De mictu cruento ab haemorrhoidibus vesicae (Acta Acad. Nat. Curios. Vol. II. p. 157); De perforato ventriculo hydropis ascitis causa (Miscell. Acad. Nat. Cur. 1685—1686. p. 44); Anatome pueri rachitide defuncti (Ephem. Acad. Nat. Cur. Cent. 1 et 2. p. 385); De scirrho intestinorum (Act. Acad. Nat. Curios. Vol. 2. p. 164); De urinae rubore ex esu fungorum capreolinorum (Miscell. Acad. Natur. Curios. 1678—1679. p. 106); De urina et sero sanguinis nigro (Ibid. p. 105) und Vomitus cum diarrhoea potu aquae frigidae curatus (Ibid. 1673—1674. p. 95). Dabei sind sogleich zu erwähnen die chirurgischen Abhandlungen De erysipelate raro, fonticuli nataralis additamento (Ibid. 1678—1679. p. 199.) und De cucurbitularum scarificatarum efficacia et usu (Ibid. 1678—1679. p. 201) und die physiologische Erörterung: Scaturiginem menstruum fluxus praebet modo uteri cavitas, modo vagina (Ephem. Acad. Natur. Cur. Cent. 5 et 6. p. 36); daß er auch fleißig naturhistorische Forschungen anstellte und ungewöhnliche Erscheinungen einer besonderen Beobachtung würdigte, zeigt seine zoologische Abhandlung De abscessu plumoso ex anseris mactati abdomine protracto (Misc. Acad. Nat. Curios. 1697—1698. p. 494). Ferner muß er noch als ebenso fleißiger als tüchtiger Mitarbeiter an der nicht nur ein locales, sondern ein allgemeines Interesse darbietenden Geschichte der am Ende des 17. und am Anfange des 18. Jahrhunderts zu Breslau herrschenden Krankheiten (Morborum, qui annis 1699, 1700, 1701 et 1702 Wratislaviae grassati sunt. Wratislav. 1706. 4. 3 Voll.) betrachtet werden. Er wirkte übrigens ebenso thätig als praktischer Arzt, wie als wissenschaftlicher Rathgeber bei diesen Epidemien zum Wohle seiner Mitbürger und seine Ernennung zum ersten Stadtphysicus hatte er vielfach verdient. Er starb im J. 1730 zu Breslau, wo seine stets bereite Hilfe bei Krankheitsfällen von allen Classen der Bevölkerung lange sehr vermißt wurde *). (*Ph. H. Külb.*)

GRASSA (Γράσσα), zur Zeit des Prokopios ein großer, anmuthiger Park (Παράδεισος) mit einem Lustschlosse, nordwestlich von Adrametum, 350 Stadien = 10 geogr. Meilen von Karthago entfernt, welcher Ort noch gegenwärtig unter dem Namen Paradiso existirt. Prokopios versichert, daß dieser παράδεισος der schönste gewesen sei, welchen er in seinem Leben gesehen habe. Anmuthige Haine und herrliche Quellen waren hier zu finden, und der fruchttragenden Bäume gab es eine solche Menge, daß das Heer des Belisarius sich mit Obst erquicken konnte, ohne daß man den Verlust der Früchte an den Bäumen wahrzunehmen vermochte. *Procopius*, De bello Vandalico I, 17. Vergl. Mannert Th. X. Abth. 2. S. 262. (*Krause.*)

GRASSALEONI (Girolamo), Maler der ferraresischen Schule, von dessen Lebensverhältnissen keine weitere Nachricht vorhanden ist, als daß er als Decorations- und Architekturmaler berühmt und gesucht war und zur Schule Girolamo's de' Carpi gehörte. Er malte mit Bartolommeo Faccini, mit dessen Bruder Girolamo und Ippolito Casoli und half die erstenser Fürsten [illegible] Palaste zu Ferrara, welche Bart. Faccini entworfen und begonnen hatte, nachdem dieser vom Gerüste gefallen und gestorben war, vollenden. Er starb im J. 1627 zu Ferrara *). (*Ph. H. Külb.*)

GRASSALIO oder GRASSAILLE (Charles de), gelehrter, französischer Jurist, im J. 1495 zu Carcassonne geboren, stammte aus einer angesehenen Familie und verrieth schon in seiner frühen Jugend ungewöhnliche Geistesanlagen, weshalb sein Vater, ein angesehener und wissenschaftlich gebildeter Rechtsanwalt, selbst seine Erziehung übernahm und dieselbe mit der zärtlichsten Sorgfalt und mit so gutem Erfolg leitete, daß der Jüngling schon in seinem funfzehnten Jahre sich nach der damals berühmten Universität zu Toulouse begeben konnte, um sich der Rechtswissenschaft zu widmen. Er entfaltete einen unermüdlichen Fleiß und übertraf bald an Gelehrsamkeit seine Studiengenossen so weit, daß diese nicht nur bei mehreren Gelegenheiten seine Ueberlegenheit anerkannten, sondern auch ihre Ueberzeugung dadurch aussprachen, daß sie ihn als den ersten unter sich ehrten. Als häusliche Angelegenheiten ihn zwangen, die Universität zu verlassen und nach Carcassonne zurückzukehren, begann er hier sein berühmtes Werk über die Vorrechte der Könige von Frankreich und der Ruf seiner Gelehrsamkeit verbreitete sich durch seine praktischen Leistungen so schnell, daß von Toulouse aus die Bitte an ihn gerichtet wurde, dahin zurückzukehren, welcher er auch Folge leistete. Im J. 1551 erhielt er die Stelle des ersten Rathes am Landgerichte zu Carcassonne, wo er im J. 1582 starb. Das Werk über die Vorrechte der Könige von Frankreich (Regalium Franciae libri duo, jura omnia et dignitates Christianissimi Galliae Regis continentes. Lugduni 1538. 8.) wurde von den Sachkundigen mit großem Beifall aufgenommen und zweimal wieder aufgelegt, zum ersten Mal mit Jean Ferrault's Schrift gleichen Inhalts (Tractatus jura seu privilegia aliqua Regni Franciae continens. Parisiis

*) J. E. Kestner, Medicinisches Gelehrtenlexicon (Jena 1740. 4). Art. Grass. Chr. G. Jöcher, Gelehrtenlexikon. Bd. II. S. 1134.

*) L. Lanzi, Geschichte der Malerei in Italien, deutsch von J. G. von Quandt. Th. III. S. 214.

1545. 8.) und dann besonders (Parisiis 1549. 8.). Das dem Kanzler Hoyel gewidmete und in kurzer Fassung den Gegenstand erschöpfende Werk wird jetzt noch von den französischen Rechtsgelehrten, welche sich mit den früheren Zuständen ihres Landes befassen, geschätzt; es zerfällt in zwei Abtheilungen; die erste enthält zwanzig „Droits" überschriebene Capitel, denen ebenso viele Sprüche aus der heil. Schrift vorausgehen, welche dem Leser einen Begriff von dem zu verhandelnden Stoffe geben sollen; auf dieselbe Weise wird auch der zweite Theil behandelt, welcher eine gleiche Anzahl Capitel enthält. Eine andere ihm angehörige Arbeit über die Landrechte (De summis gallicarum consuetudinum regulis), welches sich bei der Ausgabe der Municipalgesetze von Anjou (Leges Andium municipales. Parisiis 1581. fol.) befindet, scheint weniger bekannt zu sein. Grassalis verband mit den Talenten eines Juristen die Tugenden eines religiösen Mannes und die angenehmen Eigenschaften eines gewandten Gesellschafters. Alle seine Mitbürger waren ihm herzlich zugethan und aus allen Theilen Europa's liefen fortwährend Anfragen über schwierige Rechtsfragen an ihn ein, welche er stets scharfsinnig und klar beantwortete. Seine Familie war lange im Besitz einer Sammlung der an ihn gerichteten Briefe und der von ihm darauf entworfenen Antworten, welche aber nicht mehr vorhanden zu sein scheint*).
(*Ph. H. Külb.*)

GRASSAU (Heinrich), angesehener Kaufmann und Abgeordneter, um das Jahr 1800 geboren, widmete sich dem Handelsstande, nahm aber verschiedenen Antheil an der politischen Bewegung der Zeit und betheiligte sich eifrig an dem öffentlichen Leben. Im J. 1836 wählte man ihn zu Braunschweig zum ersten Mal als Abgeordneten zum Landtage und seitdem wurde sein Mandat bei jeder Wahl erneuert. Auf dem außerordentlichen Landtage im J. 1848 bestimmte ihn die Ständeversammlung zum Präsidenten. Bis zu diesem Jahre hatte er zur liberalen Opposition gehört, später schloß er sich der constitutionellen Partei an. In allen diesen Verhältnissen wirkte er mit Hingebung, Klarheit des Geistes und entschiedener Charakterfestigkeit; im Privatleben hatte er sich als tadelloser Biedermann die allgemeine Achtung erworben. Am 3. März 1850 begab er sich, ohne das geringste Unwohlsein zu fühlen, zu einem dem Oberbürgermeister gegebenen Gastmahle; auch brachte er noch als Vorsteher der Stadtverordneten die Gesundheit desselben aus, als ihn einige Augenblicke darauf ein Schlagfluß traf. Er wurde von der bestürzten Gesellschaft nach Hause gebracht, wo er noch an demselben Tage starb, ohne das Bewußtsein wieder erlangt zu haben †). (*Ph. H. Külb.*)

GRASSBACH (Valentin), teutscher Componist des 17. Jahrhunderts, welcher jedoch die Musik nur seines Vergnügens wegen getrieben zu haben scheint, was schon daraus hervorgeht, daß er als Student der Theologie auf der Universität zu Jena den fünften Vers des 62. Capitels des Propheten Jesaias fünfstimmig in Musik setzte und ebendaselbst herausgab (Jenae 1622. 4.). Spätere Leistungen sind von ihm ebenso wenig bekannt als seine sonstigen Lebensverhältnisse*). (*Ph. H. Külb.*)

GRASSE (Balthasar), teutscher Orgelbauer, von dessen Lebensverhältnissen aber Nichts weiter bekannt ist, als daß er in der ersten Hälfte des 17. Jahrhunderts arbeitete und im J. 1612 in der Kirche zu Habelschwerd im preußischen Regierungsbezirke Reichenbach an der Mündung der Weistritz in die Neiße die Orgel verfertigte, ein vortreffliches Instrument mit 24 Registern, zwei Claviaturen und einem Pedal †). (*Ph. H. Külb.*)

GRASSEL (Jacob), aus Osnabrück in Westfalen gebürtig, verdankte der Schule seiner Vaterstadt seine Elementarbildung. Im Erlernen der alten Sprachen machte er rasche Fortschritte. 1637 erhielt er die Stelle eines Conrectors in Minden. Bis 1671 war er Schul-College in Flensburg. Dies Amt vernachlässigte er jedoch durch seine ungeregelte Lebensweise und besonders durch seine Neigung zum Trunk so gänzlich, daß er in dem vorhin erwähnten Jahre (1671) abgesetzt ward. Von seinen ferneren Lebensumständen und der Zeit seines Todes ist Nichts bekannt geworden. Eine unwiderstehliche Neigung führte ihn 1672 zu poetischen Versuchen, über welche jedoch die Kritik kein sonderlich günstiges Urtheil aussprach. Er schrieb ein Epos natalitium in nativitatem Christi; ein Spicilegium passionale anagrammaticum; eine Descriptio elegiaca vitae Christi; einen Lobgesang auf die Geburt des Heilands u. a. m. Einen trüben Blick auf die Zeitverhältnisse warf er in seiner Abhandlung: De tristissimo hujus seculi statu. Trotz seiner Vernachlässigung des Unterrichts der Jugend erwarb er sich doch um dieselbe das Verdienst, daß er sie vor dem Besuch der Jesuitenschulen in einer besonderen Schrift warnte ††). (*Heinrich Döring.*)

GRASSER (Johann Jacob), teutscher Theolog und Historiker, am 21. Febr. 1579 zu Basel, wo sein Vater, Lucas Grasser, Prediger war, geboren, erhielt eine sehr sorgfältige häusliche Erziehung und widmete sich, nachdem er sich die nöthigen Vorkenntnisse erworben hatte, den theologischen und philologischen Wissenschaften. Nach der Beendigung seiner Studien und nach Erlangung der Magisterwürde in seiner Vaterstadt begab er sich zu seiner weiteren Ausbildung nach Frankreich und besuchte außer mehreren anderen Städten auch Nimes, wo er längere Zeit blieb und zum Professor ernannt wurde. Er benutzte die Muße, welche ihm seine Berufsgeschäfte ließen, zur Untersuchung und Beschreibung der merkwürdigen Alterthümer dieser Stadt aus der römi-

*) Biographie universelle. Tom. LXVI. p. 32. (Nouv. éd. Tom. XVII. p. 673.)

†) Neuer Nekrolog der Deutschen. Jahrgang 1850. Bd. 1. S. 141.

*) *F. J. Fétis*, Biographie universelle des Musiciens. (Paris 1862. 8.) Tom. IV. p. 85.

†) *F. J. Fétis*, Biographie universelle des Musiciens. (Paris 1862. 8.) Tom. IV. p. 85.

††) Siehe *Molleri* Cimbria literata; Jöcher's Allgemeines Gelehrten-Lexikon. Th. 2. S. 1134.

schen Zeit. Die Abhandlung, welche er über dieselbe veröffentlichte (De antiquitatibus Nemausensibus dissertatio, qua praeter populi romani magnificentiam varii ritus explicantur. Coloniae 1672. 12.), wurde mit großem Beifall aufgenommen, wie die wiederholten Nachdrücke (Parisiis 1607. 8. Basileae 1614. 12. Lugduni 1618. 12. Auch als Anhang zu des Verfassers weiter unten zu nennenden lateinischen Gedichten und in Alb. Heinr. de Sallengre's Novus Thesaurus antiquitatum romanarum. Hag. Com. 1716. fol. Tom. I. p. 1069 seq.) beweisen, und hat jetzt noch der darin mitgetheilten Inschriften wegen ihren Werth nicht verloren. Nach einem dreijährigen Wirken in Nimes verließ er diese Stadt und seine Stellung, um auch in anderen Ländern Europa's seine Kenntnisse zu erweitern, und begab sich, nachdem er sich noch einige Zeit in Montpellier und Marseille, um die Geschichte und Alterthümer dieser Städte zu erforschen, aufgehalten hatte, nach Italien, wo er allen durch wissenschaftliche Anstalten berühmten Orten seine Aufmerksamkeit schenkte und zuletzt seinen Sitz zu Padua aufschlug. Er wurde hier mit Ehrenbezeugungen überhäuft und von dem kaiserlichen Geschäftsträger Ferrando Amati, vermöge eines dessen Familie vom Kaiser Karl IV. übertragenen Vorrechts, im J. 1607 zum Reichshofgrafen, Constantinsritter und römischen Bürger ernannt. Von Padua aus machte er eine zweite Reise durch Frankreich und einen Ausflug nach England und kehrte von hier im J. 1610 in sein Vaterland zurück, wo er als Prediger in Bernwyl, einem Dorfe des baseler Gebietes, angestellt wurde. Er fing nun an die auf seinen Wanderungen gesammelten Materialien zu bearbeiten und trat alsbald mit der eigentlichen Beschreibung seiner Reise (Itinerarium historico-politicum per celebres Helvetiae et regni Arelatensis urbes in universam Italiam. Basileae 1614. 8. Ibid. 1624. 8.) hervor, nachdem er schon zuvor seine auf die vaterländischen Leser berechnete „Newe und vollkommene Italiänische, Frantzösische und Englische Schatzkammer, oder Beschreibung aller Stätten in Italia, Sicilia, Sardinia, Corsica, Frankreich, Engelland, wie auch der denkwürdigsten Sachen, so sich daselbsten jemals zugetragen" (Basel 1609. 8. Ebend. 1610. 8.) bekannt gemacht hatte. Zur Ergänzung dieser größtentheils auf eigene Ansicht und Forschung gegründeten historischen Mittheilungen besorgte er eine Ausgabe der Encyklopädie (Officina vel potius naturae historia seu theatrum historico-politicum) des französischen Humanisten Jean Tixier de Ravisi (Johannes Ravisius Textor) mit Zusätzen (Basileae 1612. 8. Ibid. 1663. 8.) einen Abdruck der Abhandlungen Michael's [illegible] Lithauers und Joh. Lasicki's über nordöstliche Volks[illegible] (De moribus Tartarorum, Lithuanorum et [illegible]ovitorum fragmenta X, et Jo. Lasicii de diis [illegible]gitarum, necnon de religione Armeniorum commentarii. Basileae 1615. 4.) und eine lateinische Bearbeitung des von dem Pastor Chr. Solinus in niedersächsischer Sprache geschriebenen Zeitbuchs vom Anfange der Welt bis zum Jahre 1614 (Thesaurus rerum in toto orbe memorabilium emendatum et historiis illustratum. Basileae 1616. 8.). An diese Versuche Graßer's über allgemeine Geschichte und über die Geschichte des Auslandes schließen sich seine historischen Arbeiten über die Zustände und die Verhältnisse der Schweiz an; hierher gehören das Horologium Helveticum, das „Schweitzerisch Heldenbuch" (Basel 1625. 4. mit schönen Kupfern von J. H. Glaser), das selten gewordene *Eidyllion* Helvetiae laudem complectens in sacris palladiis Johanni Swartzenbachio Luderecitensi T. dictum (Basileae 1598. 4.) und die Biographie des baseler Theologen Joh. Brandmüller (Vita Joh. Brandmulleri, theol. doct. ac past. Basil. 1590. 8.). Alle diese historischen Schriften sind, obgleich manchen Sagen zu viel Glauben geschenkt wird, für den Forscher nicht ohne Werth, da darin manche Mittheilungen über einzelne Ereignisse niedergelegt sind; so findet man in der „Schatzkammer" eine ausführliche Beschreibung der Schlacht von Nyon (Neuß) im J. 1535 und mehrerer Turniere, und in dem „Schweitzerischen Heldenbuche" zuverlässige Nachrichten über den burgundischen Krieg und die Ursachen desselben. Wie vielseitig Graßer's Studien waren, beweisen seine Bemerkungen über den Kometen des Jahres 1618 (Tractat vom Cometen, so Anno 1618 gesehen worden. Basel 1618. 4. Zürich 1664. 4. und Bedenken über den jetzt sichtbaren Cometen. Ebend. 1618. 4.) und ein verbesserter und vermehrter Abdruck der von P. G. Chabot besorgten Ausgabe der Werke des Horatius (Opera omnia a Pet. Gualth. Chabotio triplici artificio, dialectico, grammatico et rhetorico, explicata, nunc a J. J. Grassero ex ipsis Chabotii lucubratt. manuscriptis aucta, emendata et illustrata. Basiliae 1615. fol. 3 Voll.), welcher aber weder schön, noch gesucht ist, da die von Graßer Anderen entlehnten Anmerkungen und Zusätze mit denen Chabot's ohne Unterscheidung vermengt sind. Nachdem Graßer die Pfarrei in Bernwyl drei Jahre versehen hatte, wurde er im J. 1613 als Pastor nach Basel an die Theodorkirche versetzt, um ihm eine seinem sich immer mehr verbreitenden Ruhme, welchen er durch seine vielseitige Gelehrsamkeit erlangt hatte, entsprechende Stellung zu verschaffen, denn es kam nicht leicht ein angesehener Fremder nach Basel-Landschaft, der nicht Graßer zu sehen wünschte. Der Schwedenkönig Gustav Adolf hatte eine so hohe Achtung vor seinem Wissen, daß er ihm durch seinen Gesandten das Anerbieten machte, seine Geschichte zu schreiben, und sich bereit erklärte, ihm die dazu nöthigen Actenstücke zur Verfügung zu stellen, Graßer aber mußte, da er durch fortwährendes Unwohlsein und besonders durch das Podagra an jeder anstrengenden größeren Arbeit gehindert wurde, den ehrenvollen Antrag ablehnen. Er starb am 21. März 1627. Graßer ließ bei seinen historischen Arbeiten das theologische Feld nicht unangebaut und wandte seinen Fleiß hauptsächlich der Bearbeitung der Kirchengeschichte zu. Seine in dieses Fach einschlagenden Schriften (Ecclesia orientalis et meridionalis. Argentorati 1613. 8. „Waldenser Chronik, von den Verfolgungen, so die Waldenser, Albigenser, Picarden und Hussiten, fünfthalbhundert

Jahr lang durch Europa über dem H. Evangelio ausgestanden, ins teutsch gebracht durch J. J. Graßer." Basel 1628. 8. und „Heydnisch Bapstbaumb, das ist, gründlicher Bericht aller Bäpstlichen Kirchen-Gepränge. Aus dem Französischen Fr. Croij verteutscht und verbessert durch J. J. Graßer." Basel 1613. 8.) sind jedoch nicht von großem Belang und werden jetzt ebenso wenig beachtet, als seine dogmatischen und ascetischen Versuche (Speculum theologiae mysticae. Argentorati 1618. 8. „Himmlischer Ecclesiastich oder Communionbüchlein." Basel 1620. 12. „Geistliche Sturm- und Betglocke in 27 Predigten." Basel 1615. 8. „Kinder-Spiegel, das ist, Geistlicher Abriß, was massen junge Kinder schwere Krankheiten und unversehen Absterben soll betrachtet werden." Basel 1618. 8. und „Geistlich Zeughauß voller Wehr und Waffen wider allerhand Anfechtung im Glauben und Leben." Basel 1622. 12.). Der gelehrte Mann versuchte sich auch in der Poesie, seine lateinischen Gedichte (Poëmata; accessit de antiquitatibus Nemausensibus dissertatio; G. Weirach Siles. collegit et quaedam de suo addidit. Basil. 1614. 8.) sind aber nur unbedeutende Gelegenheitsarbeiten, auf die er selbst so wenig Werth legte, daß er die Herausgabe derselben einem Andern überließ. Sein Sohn, Joh. Jac. Graßer, am 20. Dec. 1610 zu Bernwyl geboren, widmete sich ebenfalls der Theologie und versuchte sein Glück im Auslande, aber ohne erklecklichen Erfolg, denn es ist von seinen Lebensschicksalen Nichts weiter bekannt, als daß er zuerst Pastor zu Dietz in der Wetterau war und später in derselben Eigenschaft nach Bielstein in Westfalen versetzt wurde, wo er wahrscheinlich starb. Er ließ auch einige unbedeutende Predigten und Leichenreden in lateinischer Sprache drucken *).

(*Ph. H. Külb.*)

GRASSET (Jean Jacques), französischer Componist, um das Jahr 1709 zu Paris geboren, erhielt seinen ersten Unterricht auf der Violine von Berthaume und erlangte unter der Leitung dieses berühmten Meisters in seinem Vortrage einen reinen und zarten, wenn auch nicht umfangreichen Ausdruck und Richtigkeit und Gewandtheit im Spiele. Der rasche Fortgang der französischen Revolution unterbrach aber seine Studien und er mußte sich nach dem Gesetze des allgemeinen Aufgebots zur Armee begeben, bei welcher er die Feldzüge in Teutschland und Italien mitmachte; er benutzte aber auch klug seinen Aufenthalt in dem letzteren Lande, um durch Anhörung und Studium der berühmtesten Werke der italienischen Tonkünstler seinen Geschmack weiter auszubilden. Nachdem er in seine Heimath zurückgekehrt war, schritt er auf der früher betretenen Laufbahn emsig weiter und ließ sich in den Concerten hören, wo seine Leistungen mit Beifall aufgenommen wurden. Da im J. 1800 durch den Tod des berühmten Violinisten Gaviniés eine Violinprofessur am Conservatorium frei wurde, so bewarb sich Grasset darum und trug bei einer öffentlichen Probe, welche sowol die Kunstrichter als auch das Publicum befriedigte, über seine Mitbewerber den Sieg davon. Als einige Jahre später Bruni die Direction der im Winter 1801 zu Paris wiederhergestellten italienischen Oper niederlegte, übertrug man Grasset diese Stelle, welcher sich auch des in ihn gesetzten Vertrauens durchaus würdig zeigte und den Ruf eines vortrefflichen Musikdirectors zu bewahren wußte. Alle auf einander folgenden Administrationen der italienischen Oper suchten ihn in ihrem wohlverstandenen Vortheile wieder für die Direction des Orchesters zu gewinnen, welche er 25 Jahre hindurch ununterbrochen führte, während welches Zeitraums er immer die Violinsolos mit großem Erfolg spielte. Mit seiner Gesundheit nahm aber allmälig sein Eifer ab und im J. 1829 zog er sich in den Ruhestand zurück. Als Componist für sein Instrument zeichnet er sich durch Anmuth und Geschmack aus. Er schrieb mehrere Concertos für die Violine, welche er zu Paris herausgab, und eine Sonate für Pianoforte und Violine, welche in Offenbach erschien. Grasset starb am 5. Aug. 1839 zu Paris *).

(*Ph. H. Külb.*)

GRASSE-TILLY (François Joseph Paul), Graf von Grasse, Marquis von, französischer Admiral, im J. 1723 zu Valette in Provence (jetzigem Departement des Var) geboren, war von seiner Familie zum Maltheserritter bestimmt und kam im Juli 1734 als Cadet auf die Galeeren der Religion, wie man die Kriegsschiffe des Maltheserordens zu nennen pflegte. Er machte trotz seiner Jugend mehrere Expeditionen gegen die Türken und gegen die afrikanischen Raubstaaten mit, trat aber im J. 1749 in französische Dienste und begann seine Laufbahn in denselben an Bord einer Fregatte eines unter den Befehlen des Admirals Clement Marquis La Jonquière stehenden Geschwaders, welches eine Kauffahrteiflotte der indischen Compagnie nach Pondichery begleiten sollte, aber durch den bekannten Admiral Anson genommen wurde, wodurch Grasse in englische Gefangenschaft gerieth, worin er ungefähr zwei Jahre blieb. Im Mai 1754 wurde er zum Schiffslieutenant ernannt und im Januar 1762 zum Capitain befördert. In dieser Eigenschaft nahm er Theil an der Seeschlacht von Ouessant bei den sorlingischen Inseln, wo sich die französische Flotte unter dem Grafen d'Orvilliers und die englische unter dem bekannten Admiral Keppel am 27. Juli 1778 mit einander maßen, aber, da die Streitkräfte gleich waren, ohne anderes Ergebniß, als daß beide stark beschädigt in die Häfen zurückkehrten, ohne jedoch ein Schiff verloren zu haben. Im folgenden Jahre verließ Grasse, welcher indessen zum Geschwaderführer vorgerückt war, mit vier Linienschiffen und mehreren Fregatten Brest, um zu der von dem Admiral d'Estaing befehligten Flotte in den westindischen Gewässern zu stoßen, nahm

---

*) Vergl. *G. Müller*, Oratio funebris de vita et obitu J. J. Grasseri. Basil. 1627. 4. *P. Freheri* Theatrum virorum eruditione clarorum p. 432. Biographie universelle. Tom. LXVI. p. 83. (Nouv. éd. Tom. XVII. p. 375.) Biographie générale. Tom. XXI. p. 709.

*) *F. J. Fétis*, Dictionnaire universelle des Musiciens; nouv. éd. Tom. IV. p. 85 seq. Universallexikon der Tonkunst von Jul. Schladebach und Ed. Bernsdorf Bd. II. S. 293 fg.

aber in der Schlacht bei Grenada, welche d'Estaing gegen den englischen Admiral Byron am 6. Juli gewann, erst gegen das Ende derselben Theil. Man schrieb diese Zögerung de Grasse's, wodurch Byron einer gänzlichen Niederlage entging, seiner Eifersucht gegen d'Estaing zu, während er selbst den Mangel an Wind als Ursache angab; erfahrene Seeleute wollten in seinem Verfahren nur Mangel an Ueberlegung und Einsicht erkennen. Als d'Estaing nach dem Beispiele des Admirals Byron seine Flotte in drei Divisionen theilte, erhielt Grasse den Oberbefehl über eine derselben, mit welcher er in einem Hafen von St. Domingo überwinterte. Im Frühjahre 1780 stieß er mit seinem Geschwader zu der Flotte des Admirals Luc Urbain, Grafen von Guichen, welche sich mit der von dem Admiral Solano geführten stark bemannten spanischen vereinigen und mit derselben Jamaica und Florida angreifen sollte. Der englische Admiral Rodney, dessen Streitkräfte den französischen ungefähr gleich waren, suchte diese Vereinigung zu verhindern, während Guichen sich alle Mühe gab, vor derselben jedem Zusammenstoße mit Rodney auszuweichen, wodurch eine Art Wettstreit entstand, welcher in der Geschichte des Seewesens merkwürdig ist. Rodney wurde von den Kundigen gepriesen, weil er die Franzosen noch vor ihrer Vereinigung mit den Spaniern am 17. April zu einem Gefechte zu zwingen wußte, Guichen aber erwarb sich großen Ruhm, weil er das Treffen annahm, ohne durch den berühmten Admiral eine Niederlage zu erleiden. Auch in den Gefechten am 15. und 19. Mai hielten sich die Franzosen tapfer und es gelang ihnen, ihren Gegnern bedeutenden Schaden zuzufügen und sich mit den Spaniern zu vereinigen. Guichen segelte, nachdem er seinen Zweck erreicht und die spanische Flotte nach St. Domingo geführt hatte, im Juli nach Europa zurück. De Grasse, welcher sich während dieses Feldzuges vielfach ausgezeichnet hatte, rückte zum Admiral vor und ging am 24. März 1781 mit einer Flotte von 21 Linienschiffen, zehn Fregatten und vier Corvetten, welche 143 mit Mannschaft und Geld für die Amerikaner beladene Transportschiffe geleitete, von Brest aus in See. Er bekam, vom Winde begünstigt, schon am 30. Tage die Rhede vom Fort Royal auf Martinique zu Gesicht, wo ihn ein englisches Geschwader von 17 Schiffen unter dem Viceadmiral Hood keck erwartete und ihm wenigstens einen Theil der Transportschiffe hinwegzunehmen gedachte, wenn es ihm auch nicht gelingen sollte, andere Vortheile davonzutragen. De Grasse war jedoch klug genug, vor Allem für das sichere Einlaufen der von ihm geleiteten Fahrzeuge in den Hafen Sorge zu tragen, und ließ sich erst, als er sie außer Gefahr sah, mit dem Feinde ein; Hood wich endlich, auf seinem geschickten Rückzuge erspähte er aber den ihm günstigen Augenblick, wo die französische Linie in Unordnung gerieth und die Vorhut sich zu weit vom [illegible] entfernte, und griff, obschon viele seiner Schiffe sehr beschädigt waren, von Neuem an, wodurch de Grasse, welcher seinen Hauptzweck erlangt hatte, sich veranlaßt sah, in den Hafen von Martinique einzulaufen, ohne den Kampf anzunehmen. Man hat sein Verfahren heftig getadelt, da er durch einige Verstärkungen, die in den westindischen Gewässern zu ihm gestoßen, der englischen Flotte weit überlegen war und sie hätte vernichten sollen. Bald darauf ging er wieder unter Segel und unterstützte am 2. Juli den Marquis de Bouillé bei der Eroberung der Insel Tabago durch die Zurücktreibung eines englischen Geschwaders, welches den Belagerten Hilfe bringen wollte. Da übrigens der langwierige Befreiungskrieg keineswegs durch die Gefechte bei und auf den Antillen sein Ende finden konnte, sondern durch einen entscheidenden Schlag an der nordamerikanischen Küste, wo er begonnen hatte, ausgekämpft werden mußte, so segelte de Grasse, von der Lage der Dinge durch die Fregatte Concordia, welche ihm Depeschen von den auf Rhode-Island festsitzenden Franzosen und amerikanischen Lootsen brachte, unterrichtet, zur Unterstützung der Operationen der Generäle Washington, Rochambeau und La Fayette gegen den englischen General Cornwallis, welcher sich zu Yorktown verschanzt hatte, nach der Chesapeakbai, wo er am 30. Aug. ungehindert vor Anker ging, da die englische Flotte seine Ankunft nicht so früh erwartete. De Grasse schiffte sogleich 3000 Mann Hilfstruppen unter dem Marquis von Saint-Simon aus, um sie zu Washington stoßen zu lassen, und blokirte die Flüsse York und James, um Cornwallis den Rückzug aus Carolina abzuschneiden. Alsbald erschien aber die englische Flotte unter dem Oberbefehle des Admirals Graves, um Cornwallis zu befreien und ihm Unterstützung zuzuführen. In dem unentschiedenen Treffen, welches am 5. Sept. statt fand, wurden die beiden Flotten so bedeutend beschädigt, daß sie sich noch fünf Tage einander gegenüber lagen, ohne daß eine von beiden den Angriff hervorrufen und das Treffen erneuern wollte. De Grasse hatte übrigens keinen Grund, die Engländer zum Kampfe zu zwingen, denn diese mußten sich ohnehin, um ihre Schiffe auszubessern, entfernen, wodurch er Meister der Chesapeakbai blieb. Nach dem Abzuge der feindlichen Flotte trafen auch Transportschiffe mit schwerem Belagerungsgeschütze ein und Cornwallis sah sich genöthigt, am 19. Oct. die Waffen zu strecken, durch welches Ereigniß die Unabhängigkeit der Vereinigten Staaten entschieden wurde. Nach dem Falle von Yorktown eilte de Grasse sogleich nach Martinique, um seine Schiffe auszubessern, und segelte dann, nachdem er einen Angriff auf die Insel Barbados ohne Erfolg versucht hatte, mit 32 Linienschiffen, worauf sich 8000 Mann Landungstruppen unter dem Befehle des Marquis Bouillé nebst einer furchtbaren Artillerie befanden, im Januar 1782 nach St. Christoph, um diese Insel zu erobern. Er lag bereits im Hafen der Insel und hatte die Truppen ausgeschifft, als der Admiral Hood mit 22 Fahrzeugen erschien und den ehrgeizigen französischen Admiral so lange reizte, bis es ihm gelang, denselben aus dem sicheren Hafen heraus und auf die Höhe zu locken, worauf er sich mit großer Geschicklichkeit zwischen den feindlichen Schiffen und der Insel durchschob und selbst in den Hafen einlief. De Grasse, welcher den begangenen Fehler zu spät einsah, machte nun große Anstrengungen, seine vorige Stelle wieder einzunehmen und die Engländer wieder zu vertrieben, sein Angriff ward aber dreimal zurückgeschlagen. Zum Glück hatte unterdessen Bouillé die Festung Brimstonehill genommen und da somit die Insel erobert war, so fing er an, die englische Flotte zu beschießen, diese aber wußte ebenso geschickt aus dem Hafen auszulaufen und nicht nur an der französischen ungefährdet vorüberzukommen, sondern ihr auch nicht unbedeutenden Schaden zuzufügen. Auch in diesem Falle zeigten die Engländer, wie überall, wo es auf Geschicklichkeit, Gewandtheit und Erfahrung zur See ankam, ihre Ueberlegenheit so augenscheinlich, daß selbst die französischen Officiere ihre schon längst schwankende gute Meinung von den Fähigkeiten und Kenntnissen des Admirals de Grasse verloren und sein bisheriges Glück nur der Ueberlegenheit an Streitkraft und dem Zufalle zuschrieben, eine Ansicht, die nicht ohne die schlimmsten Folgen bleiben konnte. Die Eroberung von St. Christoph hatte übrigens auch die der Inseln Nevis und Montserrat zur Folge und die Franzosen schienen die Oberhand in Westindien zu gewinnen, die Lage der Dinge änderte sich aber gänzlich durch Rodney's Rückkehr aus England im Februar 1782. Frankreich und Spanien waren übereingekommen, Jamaica zu erobern und die französische Flotte sollte sich mit der spanischen vereinigen, um eine Landung auf der erwähnten Insel zu unterstützen. Die sehr stark bemannte aus 33 Linienschiffen bestehende französische Flotte, welche überdies noch [illegible] Mann Landtruppen an Bord hatte und unter de Grasse's Oberbefehl drei Geschwader unter ihm, Vaudreuil und Bougainville bildete, verließ am 8. April Port-Royal auf Martinique, um sich mit dem spanischen Geschwader zu St. Domingo zu vereinigen, wodurch die Zahl der Schiffe auf 110 Kriegsfahrzeuge angewachsen und die Flotte zu einer furchtbaren Ueberlegenheit gelangt wäre. Rodney suchte deshalb diese Vereinigung um jeden Preis zu verhindern und verfolgte die französische Flotte, welche sich zwischen den Inseln durchzuschleichen und in den Engpässen und an den Küsten derselben zu verbergen gedachte; er erreichte sie aber in der Nähe der Insel Dominica, als sie sich gerade entwickelt hatte, um die zahlreichen von ihr geleiteten Transportfahrzeuge zu decken, und zwang sie, von einem frischen Winde begünstigt, zum Kampfe. Die ersten Schiffe, welche von dem Formidable, dem englischen Admiralschiffe, und zwei andern großen Linienschiffen angegriffen wurden, wehrten sich so tapfer und hielten den Feind so kräftig zurück, daß die Flotte mit den Transportfahrzeugen ihren Weg fortsetzen konnte. Zwei ihrer besten Schiffe waren indessen so stark beschädigt, daß man sie zurückschicken mußte, um sie ausbessern zu lassen; auch die übrigen hatten sehr gelitten, sich aber rühmlich aus dem Treffen gezogen und setzten ihren Weg fort. Rodney, dessen Vorhut ebenfalls arg beschädigt worden war, hatte sich schon entschlossen, die Verfolgung der feindlichen Flotte, die ihm bereits aus dem Gesichte gekommen war, aufzugeben, als ein unerwarteter Zufall ihm Gelegenheit bot, einen entscheidenden Schlag auszuführen. Am Abende des 11. April hatten nämlich zwei der größten Schiffe der französischen Flotte durch das Zusammenstoßen mit andern ihre Masten verloren und so gefährliche Beschädigungen erlitten, daß sie den übrigen nicht folgen konnten; de Grasse, welcher sie nicht in die Hände des Feindes wollte fallen lassen, wendete, um sie zu unterstützen, kam aber dadurch den Engländern so nahe, daß er am 12. April einem zweiten Treffen nicht ausweichen konnte. Beide Flotten bildeten ihre Schlachtordnung in dem freien Meeresraume zwischen Dominica und Maria Galante und der hier gelieferte Kampf ist in der Geschichte der Taktik des Seekrieges besonders durch ein glücklich ausgeführtes und später öfter versuchtes Manöver Rodney's merkwürdig geworden. Man nennt dieses Manöver das Durchschneiden der feindlichen Linie und Rodney schnitt zum Erstaunen der Franzosen ihre Linie dadurch in zwei Theile, daß er am dritten oder vierten Schiffe von der Mitte gerechnet mit seinen Schiffen glücklich durchfuhr. Das Treffen begann des Morgens um neun Uhr damit, daß die Vorhut der Engländer unter Drake dicht an der Seeseite der Franzosen hinaufging und ihr mörderisches Feuer stets auf das Deck der feindlichen Schiffe richtete. Die Franzosen, welche durch ihre Schüsse fast nur das Takelwerk der feindlichen Fahrzeuge beschädigten, fochten trotz dem furchtbaren Blutbade am Bord ihrer überfüllten Schiffe mit unerschütterlicher Standhaftigkeit. Die Anstrengungen Rodney's, seinen Plan auszuführen, blieben lange erfolglos, denn der Sceptre und der Glorieux hielten muthig den Anprall eines großen Theils der englischen Vorhut aus, bis der Wind umsprang und Rodney günstig ward, welcher nun das Centrum der Franzosen, welches sehr gelitten hatte, mit dem Formidable unter vollen Segeln durchbrach; die übrigen Schiffe folgten ihm auf das gegebene Signal; Drake aber, welcher die Vorhut befehligte, wandte sogleich durch den Wind und beide Divisionen hatten jetzt die Luv gewonnen. Dieses kecke Manöver und die gleichzeitige Ankunft der Nachhut unter Hood entschieden den Sieg, endeten aber noch nicht den Kampf, denn die französischen Schiffe leisteten einzeln oder in kleinen Abtheilungen noch den heftigsten Widerstand. Dem Canada, von Cornwallis geführt, gelang es zuerst, sich des Hector zu bemächtigen, auch der Cesare und der Glorieux mußten sich ergeben, nachdem sie in Wracke verwandelt waren; der Diademe sank, von Kugeln durchlöchert. Cornwallis, welcher den Sieg begonnen hatte, kam gegen die Ville de Paris, das von de Grasse selbst befehligte Admiralschiff von 110 Kanonen, heran, legte sich vor die Gallion desselben und bestrich zwei Stunden hindurch die ganze Länge ihrer Decke; der Languedoc, die Couronne, der Pluton und der Triumphant suchten ihr Hilfe zu leisten, wurden aber zurückgeschlagen. Die Sonne nahte bereits dem Untergange und nur die Nacht konnte das Admiralschiff, das prächtigste Fahrzeug, welches damals auf dem Ocean schwamm, retten, aber jetzt nahte Sir Samuel Hood auf dem Barfleur und richtete auf dasselbe ein so furchtbares Feuer, daß de Grasse nach verzweifelter Gegenwehr endlich gezwungen war, sich zu ergeben. In diesem Augenblick waren außer ihm nur noch zwei Mann lebend und unverletzt auf dem obern Deck. In dieser mörderischen

Schlacht, welche für längere Zeit die Uebermacht der britischen Marine zur Folge hatte, verloren die Franzosen 8000 Mann an Todten und Verwundeten und acht Linienschiffe, von denen sechs den Siegern in die Hände fielen, eines versank und eines in die Luft flog; Bougainville, welcher später großen Ruhm als Seefahrer erlangte, und der Graf de Vaudreuil retteten den Rest der Flotte, welche von Rodney zwar nicht verfolgt wurde, aber an eine Eroberung Jamaica's nicht mehr denken konnte. Die Engländer hatten nur 1050 Mann verloren, aber ihre Schiffe waren ebenfalls arg zugerichtet. De Grasse wurde nach London gebracht, wo die prächtige Ville de Paris, auf welcher er die Ueberfahrt gemacht hatte, versank. „Während man," sagt der bekannte Geschichtschreiber Lacretelle [1]), „den Namen des Admirals dem Hohne Preis gab und unflätige Spottlieder seine Niederlage brandmarkten, war er zu London der Gegenstand übertriebener Schmeichelei. Er wurde dem Könige vorgestellt, und man hatte die Artigkeit, ihm Feste zu veranstalten; überall nannte man ihn den tapfern Franzosen und jeder wollte sein Portrait haben. Diese dem Muthe eines unglücklichen Feindes gezollten Achtungsbezeugungen dienten den Engländern nur als Mittel, die Freude über einen Triumph, worauf sie stolz waren, zu verlängern. Das französische Volk begriff dies ganz wohl und war um so mehr ergrimmt gegen den Admiral, der die Engländer nicht zu zwingen verstand, die tiefe Trauer, in welche er versenkt sein mußte, zu achten." Man versichert sogar, daß de Grasse mit thörichter Selbstgefälligkeit zu erzählen pflegte, der König von England habe ihm bei dem glänzenden Empfange gesagt: „Ich würde sie mit großem Vergnügen an der Spitze der französischen Heere sehen." Die Frauen in Paris hatten seither als Schmuck Jeannettenkreuze, Kreuze, worauf sich ein Herz befand, getragen, sie verwandelten sie in Grassekreuze, indem sie das Herz hinwegnahmen. Der Admiral leistete indessen während seiner Gefangenschaft einen nicht unwichtigen Dienst, indem er durch seine Vermittelung zur Vorbereitung des am 3. Sept. 1783 abgeschlossenen Friedens beitrug. Nach seiner Zurückkunft veröffentlichte er eine Rechtfertigungsschrift (Mémoire sur le combat naval du 12 Avril 1782 avec les plans des positions respectives. S. l. e. a. 4), worin er über die Capitaine, welche unter seinen Befehlen standen, bittere Klagen führt, diese scheinen jedoch unbegründet gewesen zu sein, denn die Regierung ließ sie gänzlich unbeachtet; ein zu Lorient im März 1784 versammeltes Kriegsgericht sprach übrigens den Admiral von aller Schuld frei und rechtfertigte sein Verfahren, verwendete ihn jedoch nicht mehr im Dienste. Er starb am 11. Jan. 1788 zu Paris als Commandeur des Ordens vom heil. Ludwig, als Ritter des Cincinnatusordens und als Generallieutenant der französischen Seemacht. De Grasse-Tilly war ein Mann von großem persönlichem Muthe und ein trefflicher Schiffscapitain, zum Befehlshaber einer Flotte fehlten ihm aber die nöthigen Fähigkeiten und Kenntnisse. Er galt überdies als äußerst stolz, bewies sich aber in vielen Fällen doch auch als edelmüthig und freigebig, wie er denn auf St. Domingo sein Privatvermögen angriff, um den Seeleuten, welchen der Sold ausblieb, die nöthigen Mittel zu ihrem Unterhalte darzubieten [2]). (*Ph. H. Külb.*)

GRASSETTI (Giacomo), italienischer Jesuit, im J. 1570 zu Modena geboren, trat in seinem 18. Jahre in die Gesellschaft Jesu und lehrte, nachdem er seine Studien beendigt und seine Gelübde abgelegt hatte, ungefähr zehn Jahre lang in dem Collegium seines Ordens zu Modena die Rhetorik und die schönen Wissenschaften und dann während eines Zeitraumes von 20 Jahren die Moraltheologie in den Collegien zu Parma und Rimini, bis er zum Rector des Collegiums zu Mirandola ernannt ward. Zuletzt war er Rector des Collegiums zu Rimini, wo er am 2. Dec. 1656 starb. Er war wegen seiner Frömmigkeit und wegen des unbedingten Gehorsams, den er noch im Greisenalter bei jeder Gelegenheit seinen Obern leistete, das Muster eines Jesuiten. Seine Biographie der seligen Katharina von Bologna (Vita della Beata Caterina di Bologna. Bologna 1610. 4.), welche in vielen Auflagen (Bologna 1620. 4. Ibid. 1639. 4. Ibid. 1652. 4. Roma 1712. 4. Ibid. 1715. 4. Bologna 1724. 4.) und auch in einer lateinischen Bearbeitung (in den Act. SS. Antverp. Martii. Tom. II. p. 44 seq.) erschien, war zu ihrer Zeit ein sehr beliebtes Buch, welchem seine Biographie des seligen Luigi Gonzaga (Vita del B. Luigi Gonzaga. Mantova 1618. 8. Ibid. 1619. 8. Modena 1638. 8.), welche ebenfalls ins Lateinische übersetzt wurde (Monachii 1630. 8.), bei weitem nicht gleich kommt. Die letztere wird übrigens auch von Andern seinem Ordensgenossen Giovanni Bertolotti zugeschrieben. Seine Uebersetzung der geistlichen Uebungen aus dem Spanischen des Jesuiten Tomas de Villacastin (Manuale d'Essercitii spirituali per fare l'Oratione mentale. Modena 1636. 12. Roma 1657. 12.) gibt den Sinn

1) Tandis que, dans sa patrie, on dévouait son nom à l'outrage, et que des chansons d'une infame et odieuse gaieté insultaient à sa défaite, il était à Londres l'objet d'une admiration et d'un enthousiasme excessifs. Il fut présenté au roi; on eût l'humanité de lui donner des fêtes. Partout il était salué du surnom de l'intrépide Français. Chacun voulait avoir son portrait. Ces témoignages rendus à la valeur d'un ennemi malheureux n'étaient, de la part des Anglais, qu'un moyen de prolonger la joie du triomphe dont ils s'enorgueillissaient. La nation française le comprit ainsi, et n'en fut que plus irritée contre l'amiral qui n'avait pas su faire respecter aux Anglais le deuil profond, dans lequel il devait être plongé.

2) Vergl. die von seinem Sohne verfaßte Notice biographique sur l'amiral comte F. J. P. de Grasse. Paris 1840. 8. *Ch. Lacretelle*, Histoire de France pendant le dix-huitième siècle. Paris 1844. 8. Tom. V. p. 233 seq. 241 seq. 245 seq. 267 seq. F. C. Schlosser, Geschichte des 18. Jahrh. 2. Ausg. Bd. III. Abth. 1. S. 569 fg. Abth. 2. S. 230 fg. 258 fg. Ludw. Anfahl, Geschichte der Vereinigten Staaten von Nordamerika. Bd. II. S. 385 fg. 405 fg. Biographie universelle. Tom. XVIII. p. 325 seq. (Nouv. éd. Tom. XVII. p. 374 seq.) Biographie générale. Tom. XXI. p. 706 seq.

des Originals sehr treu und in sehr schöner Sprache wieder *). (*Ph. H. Külb.*)

GRASSETTI (Giovanni Battista), italienischer Jesuit, im J. 1609 zu Matelica im Kirchenstaate geboren, trat in seinem 25. Jahre in den Jesuitenorden und lehrte, nachdem er seine Studien beendigt, die Priesterweihe erhalten und seine Gelübde abgelegt hatte, einige Zeit die schönen Wissenschaften und die Rhetorik und später die Philosophie in verschiedenen Collegien seines Ordens. Darauf wurde er Rector des Collegiums zu Borgo Sepolcro in Toscana und wirkte zuletzt als apostolischer Arbeiter in dem Profeßhause zu Rom, wo er um das Jahr 1680 starb. Er war auch als Prediger berühmt und seine bekannt gewordenen Predigten über die letzten sieben Worte des Erlösers am Kreuze (Il maestro divino sù la cattedra della croce, cioè Sermoni sopra le sette parole di Cristo in Croce. Roma 1674. 4.) lassen bedauern, daß seine vollständig ausgearbeiteten Kanzelreden über die Eucharistie und auf die Sonntage und Festtage des ganzen Jahres nicht ebenfalls gedruckt wurden †). (*Ph. H. Külb.*)

GRASSETTI (Ippolito), italienischer Jesuit, im J. 1603 zu Modena geboren, trat im J. 1619 in die Gesellschaft Jesu und widmete sich nach der Ablegung seiner Gelübde dem Unterrichtsfache. Er lehrte zuerst einige Zeit die Rhetorik, dann aber sechs Jahre hindurch die Moraltheologie mit ungewöhnlich großem Beifall. Zuletzt war er Rector des Collegiums zu Piacenza und ein von hochstehenden Personen gesuchter Beichtvater, der die Gabe, einen Sterbenden zu einem sanften Tode vorzubereiten, in einem seltenen Grade besaß. Er starb am 12. Jan. 1663 zu Piacenza. Sein Werk über den verrätherischen Todtschlag (Anatome necis proditoriae continens accuratam inspectionem eorum omnium, quae ad Homicidii Proditorii fabricam spectant. Opus novum atque omnibus in utroque foro Judicibus necessarium. Lugduni 1650. fol.) fand nicht nur bei den Kanonisten, sondern auch bei den Criminalisten Beifall. Er hinterließ auch eine Sammlung von Entscheidungen kirchenrechtlicher Fälle und fertige Abhandlungen über die Wunder, über die menschlichen Handlungen, über Glaube, Liebe und Hoffnung und über die Verträge, welche aber ungedruckt blieben. Er versuchte sich ferner als Dichter und besonders gelang ihm das Epigramm, wie die von ihm herausgegebenen Versuche in dieser Gattung der Poesie (Epigrammatum Liber primus. Placentiae 1660. 8.) beweisen ††). (*Ph. H. Külb.*)

GRASSHOF (Johann), auch Grasshäus und Chortalasseus genannt, ein teutscher Jurist aus dem Ende des 16. und Anfange des 17. Jahrhunderts, welcher aus Pommern stammte, über dessen Lebensverhältnisse aber nichts Näheres bekannt ist; er ward nach Beendigung seiner Studien und nachdem er die juristische Doctorwürde erlangt hatte, zuerst Syndicus zu Stralsund, nahm aber, da ihm der Aufenthalt in dieser Stadt nicht behagt zu haben scheint, die ihm angebotene Stelle eines Rathes bei dem Erzbischofe Ernst von Cöln an. Sein unruhiger Geist trieb ihn aber bald wieder von hier fort; auch gefiel am kurfürstlichen Hofe sein abenteuerliches, geheimnißvolles Wesen nicht. Er begab sich nun nach Liefland, wo er sich in mehreren Städten als Privatgelehrter umhertrieb und im J. 1623 wahrscheinlich zu Riga starb. Unter seinen Zeitgenossen war vielfach die Meinung verbreitet, er habe den Stein der Weisen gefunden und sei wirklich im Besitze desselben. Er suchte diesen Glauben auch durch eine unverständliche Darlegung seiner Erfindung (Arca aperta Arcani artificiosissimi de summis naturae mysteriis, vulgo der große und kleine Bauer) zu erhalten und Joh. Walch von Schorndorf schrieb sogar einen teutschen Commentar (Straßburg 1658. 8.) über dieses jetzt selten gewordene Buch, welches zu Nichts weniger als zur Auffindung des Steines der Weisen führt [1]). — Ueber ein Jahrhundert später lebte Benjamin Christoph v. Grasshof, ebenfalls ein teutscher Rechtsgelehrter, am 5. Febr. 1702 in der ehemaligen freien Reichsstadt Mühlhausen geboren. Nach der Beendigung seiner juristischen Studien auf der Universität zu Leipzig wurde er Syndicus in seiner Vaterstadt, deren Geschichte und Rechtsverhältnisse er genau kennen zu lernen sich bemühte. Daß dieses Streben mit Erfolg gekrönt wurde, beweist seine für die Zeitgenossen wichtige, jetzt aber bedeutungslose Abhandlung über den Ursprung und die Alterthümer der Stadt Mühlhausen (Commentatio de originibus atque antiquitatibus S. R. J. Liberae Civitatis Mulhusae Thuringorum, monumentis adhuc ineditis illustrata. Lipsiae et Goerlicii 1749. 4.). Der Fürst von Schwarzburg-Sondershausen ertheilte ihm den Charakter eines geheimen Rathes, im J. 1770 aber kam er als anhalt-bernburgischer wirklicher geheimer Rath nach Ballenstädt, wo er zum kaiserlichen Pfalzgrafen ernannt wurde und am 31. Juli 1778 starb. Er hatte auch großen Antheil an der von dem Reichshofrathe, Freih. von Senckenberg, veranstalteten Ausgabe des Corpus juris germanici medii aevi und soll überdies der Verfasser verschiedener Schriften sein, die theils besonders ohne seinen Namen herauskamen, theils in anderen Sammelwerken enthalten sind. Er hinterließ den Ruf eines gründlichen Rechtsgelehrten und eines in seinem Geschäftskreise rastlos thätigen Mannes [2]). (*Ph. H. Külb.*)

GRASSI (Alfio), italienischer Officier und Schriftsteller, im J. 1771 zu Aci-Reale in Sicilien geboren, widmete sich dem Kriegsdienste und war im J. 1800

*) *Petr. Ribadeneira*, Bibliotheca Scriptorum Societatis Jesu, ed. *Nathan. Sotwell.* (Romae 1676. fol.) p. 368. *Aug. et Al. de Backer*, Bibliothèque des écrivains de la Compagnie de Jésus. Vol. II. (Liège 1854. 8.) p. 263.

†) *Petr. Ribadeneira* l. c. p. 412. *Aug. et Al. de Backer* l. c. Tom. V. p. 254.

††) *Petr. Ribadeneira* l. c. p. 349. *Aug. et Al. de Backer* l. c. Tom. II. p. 263.

1) *De Witte*, Diarium biographicum (Gedani 1688. 4.) ad ann. 1623. Universal-Lexikon aller Wissenschaften und Künste. Bd. XI. S. 611. Chr. Gottl. Jöcher, Gelehrten-Lexikon. Bd. II. S. 1134. 2) Joh. G. Meusel, Lexikon der vom Jahre 1750—1800 verstorbenen teutschen Schriftsteller. Bd. IV. S. 337.

bereits zum Obersten vorgerückt. Während des Krieges mit den Franzosen war er Commandant von Syracus und bewies in dieser Stellung große Ruhe und ein leidenschaftloses Benehmen. Als nämlich ein französisches Schiff durch einen heftigen Sturm gezwungen war, auf der Rhede von Syracus vor Anker zu gehen und das erbitterte Volk über die Mannschaft herfallen wollte, eilte Grassi mit einer Schwadron herbei und verhinderte jede Gewaltthätigkeit. Diese menschenfreundliche That brachte ihn in den Verdacht eines Einverständnisses mit den Franzosen und veranlaßte seine Gefangennehmung. Er wurde nach Palermo gebracht und vor Gericht gestellt und obgleich dieses in zwei Instanzen sein Benehmen als nicht strafbar erklärte und ihn in Freiheit setzte, so zog er doch, da die königliche Bestätigung des Urtheils noch fehlte und er den Einfluß der Parteileidenschaft zu fürchten hatte, weislich vor, die Flucht zu ergreifen und sich nach Frankreich zu begeben. Er nahm daselbst sogleich Kriegsdienste und zeichnete sich bei mehreren Gelegenheiten durch seine Tapferkeit so sehr aus, daß er das Kreuz der Ehrenlegion erhielt und zum Escadronchef ernannt wurde. Nach der Restauration mußte er natürlich den activen Dienst aufgeben und sich zur Verfügung stellen lassen. Er benutzte nun seine Muße zu historischen und politischen Studien und seine Versuche in diesen Fächern (Extrait historique sur la Milice romaine et sur la phalange grecque et macédonienne avec une Table d'application qui démontre que nous devons aux Romains et aux Grecs ce qu'il y a de plus important et de plus essentiel dans notre milice; suivi d'une courte Notice sur l'invention de la poudre à canon. Paris 1815. 8. Charte turque, ou Organisation religieuse, civile et militaire de l'Empire ottoman; suivie de quelques Réflexions sur la guerre des Grecs contre les Turcs. Paris 1825. 8. 2 Voll. (N. Titel 1826) und La Sainte-Alliance, les Anglais et les Jésuites, leur système politique à l'égard de la Grèce, des gouvernements constitutionels et des événements actuels. Paris 1826. 8.) sind zwar keine Meisterstücke, wurden aber zur Zeit, als die darin behandelten Fragen an der Tagesordnung waren, gern gelesen. Eine politische Geschichte Portugals, an welcher er arbeitete, blieb unvollendet, da der Tod ihn im Mai 1827 überraschte. Sein Vaterland sah er nicht wieder*). (*Ph. H. Külb.*)

GRASSI [1]) (Anton), teutscher Bildhauer, im J. 1755 zu Wien geboren, war der Sohn eines geschickten Galanteriearbeiters und wurde schon in seinem Knabenalter als Zeichnenschüler auf die k. k. Akademie der bildenden Künste geschickt, wo Professor Franz Xaver Messerschmidt, damals Lehrer der Bildhauerei an dieser Anstalt, so großes Gefallen an dem talentvollen Jungen fand, daß er ihm besondere Aufmerksamkeit angedeihen ließ und ihn, als er kaum 13 Jahre alt war, in sein Haus nahm, um ihn in seinem Fache auszubilden. Grassi machte so schnelle Fortschritte, daß er zur Vollendung der Statuen, welche den Hofpark zu Schönbrunn zu schmücken bestimmt waren, auserlesen wurde, zu welchem Zwecke er mit dem Bildhauer Fr. Wilh. Beyer eine Reise nach den Steinbrüchen unternahm und die Modelle verfertigte, welche später zu Wien ausgeführt wurden. Schon um diese Zeit hegte er seinen sehnlichsten Wunsch, als nach Italien gehen und sich in seiner Kunst ausbilden zu können. Ein lefer von der Fürstin von Dietrichstein unterstützter Plan, den Kaiser Joseph II. während eines Besuches desselben in dem Hause der Fürstin in Wachs zu bossiren, erregte zwar die Aufmerksamkeit des Kaisers, welcher sich entschloß, dem jungen Manne einige Stunden zu sitzen, auch erfreute sich das wohlgetroffene Bildniß so sehr des Beifalls der kaiserlichen Mutter Maria Theresia, daß sie den Künstler aufforderte, sich eine Gnade auszubitten; als aber dieser hocherfreut den Wunsch äußerte, mit den Zöglingen der Akademie nach Rom geschickt zu werden, fand es sich leider, daß die bestimmte Zahl derselben schon voll war und er mußte mit der Vertröstung auf eine spätere Gelegenheit zufrieden sein. Er war übrigens durch seine gelungene Arbeit mehreren einflußreichen Männern bekannt und besonders dem Fürsten Dietrichstein-Proskau lieb geworden und wurde auf die Empfehlung des letzteren bei der kaiserl. Porzellanfabrik als Modellirer und nach einer rastlosen, der Anstalt zum großen Vortheil gereichenden sechsjährigen Thätigkeit als Modellmeister angestellt. Die Akademie der bildenden Künste ernannte ihn im J. 1790 zum Mitglied und auch der Lieblingswunsch seines Lebens ging jetzt, obgleich auf andere Weise, in Erfüllung, denn die Porzellan-Manufactur schickte ihn im J. 179[illegible] auf ihre Kosten nach Rom. Er traf freilich zu einer schlimmen Zeit dort ein, in welcher revolutionaire Excesse einen ruhigen Kunstgenuß kaum erlaubten. Er benutzte jedoch seinen abzukürzen, nur neun Monate dauernden Aufenthalt mit gewissenhaftem Fleiße, wie eine Copie der berühmten Gruppe der Niobe und eine große Anzahl von Reliefs, Büsten, Antiken, Statuen und Zeichnungen, welche er allmälig in dieser Frist nach Wien schickte, genugsam beweisen. Noch in demselben Jahre wurde er nach seiner Heimkehr Director der höheren Kunstschulen, in welcher Stellung er, da er durch körperliche Leiden selbst zu arbeiten verhindert wurde, seine ganze Sorgfalt auf die Ausbildung talentvoller Zöglinge richtete. Seine vorzüglichsten Leistungen fallen in die unmittelbar nach seiner Rückkehr aus Italien fallende Zeit und unter diesen sind besonders zu erwähnen die von ihm gemachten Büsten des Kaisers Franz I., des Erzherzogs Karl, des Bildhauers Canova und des Compositeurs Haydn, seines vertrauten Freundes, da er selbst leidenschaftlich die Musik liebte und Meister auf der Violine war. Er starb zu früh für die Kunst am 31 Dec. 1807 zu Wien[2]). (*Ph. H. Külb.*)

*) Biographie universelle. Tom. LXVI. p. 26. (Nouv. éd. Tom. XVII. p. 378.) Biographie générale. Tom. XXI. p. 712.

1) Der Name dieses Künstlers wird zuweilen auch Grassy geschrieben.

2) G. K. Nagler, Künstlerlexikon. Bd. V. S. 340. Const. v. Wurzbach, Biographisches Lexikon des Kaiserthums Oesterreich. Bd. V. S. 312 fg.

GRASSI (Francesco), italienischer Tonkünstler am Ende des 17. Jahrh. und Kapellmeister zu Rom, wo er das von dem Abbé Giacomo Buonaccorsi verfertigte Oratorium: „Der Triumph der Gerechten" (Il Trionfo de' Giusti) in Musik setzte und in der Kirche der florentinischen Erzbruderschaft (Archiconfraternità della Pietà) im J. 1701 am letzten Sonntage der Fastenzeit aufführen ließ. Er war auch Kapellmeister an der Kirche des heiligen Kindes Jesu und an der den Spaniern gehörenden Jacobskirche (S. Giacomo degli Spagnuoli). Er componirte ein achtstimmiges Miserere, zwei achtstimmige Dixit, einige vierstimmige Messen, ein achtstimmiges Confiteor und mehrere andere Stücke, welche aber alle nur noch handschriftlich existiren und nie im Drucke erschienen. — Luigi Grassi, ein berühmter italienischer Tenorist, um 1740 zu Rom geboren, kam im J. 1760 nach Teutschland, wo er im J. 1768 bei der königl. Oper in Berlin angestellt, aber im J. 1788 seiner geschwächten Gesundheit wegen mit einer jährlichen Pension entlassen wurde. Er wählte seinen Wohnsitz zu Pisa, wo er sich mit der Composition kleiner Clavierstücke (meist Variationen über beliebte Opernthemas) beschäftigte und in den ersten Jahren des jetzigen Jahrhunderts starb. — Maddalena Grassi, italienische Sängerin, um das Jahr 1780 zu Parma geboren, erhielt Unterricht in der Kunst von Toscani und machte ungewöhnliche Fortschritte. Obschon sie nicht die Absicht hatte, öffentlich aufzutreten, so zwangen sie doch später Verhältnisse dazu, auf der Bühne zu erscheinen. Sie debütirte im J. 1808 auf dem Theater ihrer Vaterstadt mit großem Beifall, welchen sie auch auf mehreren anderen italienischen Bühnen erntete. Sie starb gegen die Mitte dieses Jahrhunderts. — Von Carlo Grassi, einem neueren italienischen Componisten, ist nur bekannt, daß er im J. 1843 zu Barcelona die von ihm componirte Oper: Il Proscritto d'Altenbourg mit Erfolg aufführen ließ [*]). (Ph. H. Külb.)

GRASSI (Girolamo), gewöhnlich Girolamo da Carpi [1]) oder Girolimino genannt, italienischer Maler und Baumeister, im J. 1501 zu Ferrara geboren, erhielt den ersten Unterricht bei seinem Vater Tommaso Grassi, einem Decorationsmaler, und kam dann als Geselle und Schüler zu seinem Landsmann Benvenuto Garofalo, welcher um diese Zeit von Rom nach seiner Vaterstadt Ferrara zurückgekehrt war und sich daselbst niedergelassen hatte. Nach Beendigung seiner Lehrzeit begab er sich in seinem 20. Jahre nach Bologna, um sich durch das Studium der dort befindlichen Werke berühmter Meister weiter auszubilden. Er arbeitete hier zuerst hauptsächlich nach Rafael Sanzio und Francesco Mazzoli, genannt Parmegiano, und malte, da seine Art und Weise gefiel und ihm von allen Seiten Aufträge zukamen, viele Bildnisse, bis ihm bei dem Doctor Grianzoni und bei dem Senator Ercolani einige Bildchen Antonio Allegri's von Correggio unter die Augen kamen und er sich sogleich in dessen Styl so sehr verliebte, daß er nicht nur diese, sondern auch alle übrigen Werke dieses Meisters, welche sich in Modena und Parma, in welchen Städten er sich zu diesem Zweck längere Zeit aufhielt, entdecken ließen, fleißig copirte. Der erfahrene Kunstkenner J. D. Fiorillo glaubt daher, daß von den vielen angeblichen Wiederholungen der Bilder Correggio's, welche von diesem selbst herrühren sollen, zum großen Theil nichts Anderes sind, als von Grassi verfertigte Copien. Grassi soll Sanzio, Mazzoli und Allegri nie persönlich gekannt haben, nachgeahmt hat er sie indessen alle, von Mazzoli besonders hat er die herrlich aufgegürteten und verbrämten Gewänder und die Kopfstellungen, die jedoch gründlicher, als lieblich scheinen, sodaß man sagen kann, in allen seinen Werken zeige sich die Manier Allegri's mit einer Beimischung der Weise Mazzoli's. Grassi besuchte auch Rom und soll hier bei dem Anblicke so vieler herrlichen Werke bereut haben, daß er sich so lange in Ferrara, Bologna, Modena und Parma aufgehalten habe. Von Rom ging er wieder nach Bologna, wo ihm die Ausführung mehrerer bedeutenden Gemälde übertragen wurde; denn außer dem, was er mit dem Bologneser Biagio Pupini zusammen malte, arbeitete er hier allein in S. Salvatore eine von dem heil. Rochus und mehreren anderen Heiligen umgebene Madonna mit dem Jesuskinde und in S. Martino die Anbetung der drei Könige in kleinen Figuren von einem Liebreize, der mit dem Vorzüglichsten, was Rom und die Lombardei hierin besitzen, verglichen werden kann. Nachdem er nach einer Abwesenheit von neun Jahren in seine Vaterstadt zurückgekehrt war, malte er mit seinem Meister Garofalo mehrere Wandbilder, besonders in der Palazzina des Herzogs und im Kloster der Olivetaner; sein Antheil unterscheidet sich indessen deutlich von dem Garofalo's durch auffallenden Schatten, womit er überladen ist. Seine Arbeiten fanden jedoch den Beifall der Kenner und selbst Titian empfahl ihn bei einem spätern Aufenthalte zu Ferrara dem Herzoge Ercole II., welcher die Bildnisse seiner Vorfahren und sein eigenes zusammen nebst den Hauptzügen aus ihrem Leben in einem bedeckten Gange wollte malen lassen, zur Ausführung dieses Planes. Der junge Künstler, welchem auf eine solche Empfehlung die Arbeit übertragen wurde, stellte allein in einem einzigen Jahre (1534) in einem Säulengange des herzoglichen Palastes die 10 estensischen Fürsten dar, von welchen zwölf mit dem Marchesentitel, die übrigen als Herzoge Ferrara beherrscht hatten. Die großartige Malerei gelang meisterhaft und fand nicht nur durch die wohlgetroffenen und lebhaften Bildnisse, sondern auch durch die Einfassungen, Landschaften und Fernen, welche als Verzierung dienten, so allgemeinen Beifall, daß aus allen Theilen Italiens Bestellungen an Grassi gelangten,

---

*) F. J. Fétis, Biographie universelle des Musiciens. (Nouv. ed. Paris 1862. 8.) Tom. IV. p. 86. Universal-Lexikon der Tonkunst von Jul. Schladebach und E. Bernsdorf. Bd. II. S. 223.

1) Oder de' Carpi, wie Andere schreiben; Grassi war aber keineswegs von Carpi, denn mehrere seiner Zeitgenossen (wie der Maler und Kunstkenner Giorgio Vasari und der Dichter G. B. Giraldi, zu dessen Tragödie Orbecche er die Decorationen malte) nennen ihn ausdrücklich einen Ferraresen.

die er aber fast alle zurückweisen mußte, da seine Zeit schon fast vollständig durch die Ausführung mehrerer ihm übertragenen größeren und kleineren Oelbilder in Anspruch genommen war. Hier sind vor allen zwei Altarblätter, das Pfingstfest in S. Francesco zu Rovigo und der heil. Antonius in S. Maria in Vado zu Ferrara, als die reichsten und berühmtesten zu nennen. Auch im Dome zu Ferrara befindet sich von ihm ein vorzügliches Gemälde, welches den heil. Antonius darstellt, wie er einen Säugling sprechen läßt und dadurch einen Eifersüchtigen überzeugt, daß er der Vater des Kindes ist. Girolamo vollendete in dieser behaglichsten Periode seines Lebens auch mehrere Staffeleigemälde, welchen von den Zeitgenossen großes Lob gespendet wird. So malte er für Franz I., König von Frankreich, eine nackte Venus, welche Vasari, ehe sie an den Besteller abgeschickt wurde, zu Ferrara sah, über deren Aufbewahrungsort, wenn sie überhaupt noch vorhanden ist, sich aber keine Nachricht findet; ein Gemälde, darstellend Venus und Amor auf einer von zwei Schwänen gezogenen Muschelschale, wird in der königlichen Galerie zu Dresden gezeigt. Seine kleineren Gemälde, meist zarte und feine Aufgaben, sind äußerst selten, da sein kurzes Leben und seine architektonischen Arbeiten ihm nicht erlaubten, viele Cabinetsstücke zu hinterlassen. Sein Styl in Figuren, deren anatomische Richtigkeit die Bewunderung der Sachkenner erregten, erbte sich nicht fort; in der Kunst, mit blinden Basreliefs, Säulengängen, Karniesen, Verkröpfungen und ähnlichen baukünstlerischen Werken zu verzieren, eiferte ihm Bartolommeo Facini nach, welcher ebenfalls die estensischen Fürsten malte und in Folge eines Falles vom Gerüste im J. 1577 starb. Grassi scheint nicht viele Schüler gezogen zu haben, bekannt ist nur Ippolito Costa von Mantua, welcher um die Mitte des 16. Jahrhunderts blühte und in seiner Vaterstadt Verschiedenes nach den Cartons seines Meisters ausführte. Die Architektur hatte Grassi unter Galasso von Ferrara studirt und zwar mit solchem Erfolg, daß er als einer der ausgezeichnetsten Baumeister seiner Zeit galt. Der Papst Julius III. suchte ihn während eines späteren Aufenthaltes in Rom für die Arbeiten am Belvedere in seine Dienste zu locken, indem er ihm eine schöne Wohnung und einen ansehnlichen Gehalt versprach, Girolamo fürchtete aber den Aerger, welchen ihm der Neid der übrigen sehr eifersüchtigen Architekten zu verursachen drohte, und blieb bei seinem Gönner, dem auf Monte Cavallo wohnenden Cardinal Ippolito von Este, indem er, wie er sich ausdrückte, Ruhe bei Brod und Wasser allen Ehrenbezeugungen und Reichthümern vorzog. In Ferrara baute er einen der Pavillons des Palastes des Herzogs Ercole II., welcher durch eine Feuersbrunst zerstört worden war, wieder auf und wurde für die gelungene Ausführung glänzend belohnt. Er starb bald darauf im J. 1556, oder nach anderen Angaben im J. 1569 zu Ferrara [2]). — Die Kunstgeschichte nennt noch mehrere Maler, welche den Namen Grassi führen. Vor allem ist zu erwähnen Giovanni Battista Grassi, Architekt und Maler aus der venetianischen Schule, um die Mitte des 16. Jahrhunderts zu Udine in Friaul geboren, wird von den meisten Kunsthistorikern (Orlandi u. a.) als ein Schüler Giov. Ant. Licinio's von Pordenone betrachtet; L. Lanzi glaubt aber, daß er einen anderen Lehrmeister gehabt habe, weil seine wenigen gut erhaltenen und der Aufmalung entgangenen Werke viel Titianisches verrathen. Dahin gehören die Darstellung der Geschichten des Curtius und des Cato im Saale des Schlosses zu Udine und die Verkündigung, die Entführung des Elias in den Himmel und das Gesicht Ezechiel's an den Läden der Orgel des Doms zu Gemona in Friaul. Auch dieser Grassi erwarb sich zugleich als Baumeister Ruhm und seine architektonischen Leistungen sollen sogar seine Malereien übertroffen haben. Er beschäftigte sich zugleich auch mit der Geschichte der Kunst und der Kunsthistoriker. Vasari verdankt ihm seine Nachrichten über die Maler in Friaul [3]). — Nicolo Grassi, ebenfalls ein Maler aus der venetianischen Schule, arbeitete um die Mitte des 18. Jahrhunderts zu Venedig. Er war ein Schüler des Genuesers Nicolo Cassana und malte in Oel und Pastell Historien und gute Bildnisse; am eifrigsten wetteiferte mit ihm der Venetianer Rosalba Carriera, über welchen er aber fast immer den Sieg davontrug. Auch in Erfindungen ist er nicht zu verachten und die größte darunter dürfte sich wol in S. Valentino, einer Kirche zu Udine, befinden, wo er an der Decke die Himmelfahrt, am Hochaltar das Altarblatt und in andern Bildern mehrere Heilige aus dem Servitenorden malte. Für die Kirche des heil. Apollinaris zu Venedig verfertigte er vier Tafeln, welche Scenen aus der Geschichte dieses Heiligen darstellen und an den hauptsächlichsten Festen ausgesetzt wurden. P. A. Kilian hat nach ihm für seine Bibel den Heiland bei Simon und das Abendmahl und J. Wagner die Berufung des heil. Petrus zum Apostelamt gestochen [4]). — In der Familie Nicolo's gehört vielleicht auch Tarquinio Grassi, welcher am Anfange des 18. Jahrhunderts zu Florenz lebte und für Kirchen und Paläste arbeitete. Er war in Turin sehr bekannt und scheint nach Carlo Cignani und andern Bolognesern jener Zeit gebildet zu sein. Auch sein Sohn, Giovanni Battista, war ein Maler, aber, wie es scheint, nicht von großer Bedeutung [5]). — Gregorio Grassi oder de Grasso, von dessen Lebensverhältnissen Nichts weiter bekannt ist, als daß er zu Rom lebte und fleißig malte. Seine Arbeiten sind durch gute Kupferstiche sehr verbreitet. Matham stach nach ihm Alexander, wie er den gordischen Knoten zerhaut, M. Natalis den Triumph eines Kaisers

2) Vergl. J. D. Fiorillo, Geschichte der zeichnenden Künste. Bd. II. S. 227 fg. L. Lanzi, Geschichte der Malerei in Italien, übersetzt von J. G. v. Quandt. Bd. III. S. 213 fg. G. K. Nagler, Künstler-Lexikon. Bd. II. S. 377. Biographie universelle. Tom. VII. p. 184. Biographie générale. Tom. VIII. p. [illegible].

3) Lanzi, Geschichte der Malerei in Italien. Bd. II. S. 62. Biographie générale. Tom. XXI. p. 712. 4) Lanzi a. a. O. Bd. II. S. 326. Nagler, Künstler-Lexikon. Bd. V. S. [illegible]. Biographie générale. Tom. XXI. p. 712. 5) Lanzi a. a. O. Bd. III. S. 327.

oder Allegorie auf Karl Ferdinand von Oesterreich. Ueber den Maler Paolo Grassi, welcher zu Venedig arbeitete, findet sich ebenfalls keine nähere Nachricht, als daß er für die S. Katharinakirche bei den Augustinerinnen daselbst einen Engel, welcher dieser Heiligen den Martertod ankündigt, malte. — Den Namen Grassi führen auch mehrere Kupferstecher. Giovanni Grassi, Zeichner und Kupferstecher gegen das Ende des 18. Jahrhunderts, fertigte in Punktirmanier die Ovalen L'oiseau et la cage und Le cerf-volant. Nach seiner Zeichnung stach G. Stubbs La justification de Chloë. In die erste Hälfte des 19. Jahrhunderts fällt der Kupferstecher Ranieri Grassi, welcher zu Pisa lebte und sich durch das schöne Werk über Pisa (Le fabbriche principali di Pisa e vedute della stessa città. Pisa 1830. fol.) Ruhm erworben hat [6]). (*Ph. H. Külb.*)

GRASSI (Giuseppe), italienischer Gelehrter, am 30. Nov. 1779 zu Turin geboren, empfing, da seine Aeltern über keine Glücksgüter zu gebieten hatten, in der Freischule seinen ersten Unterricht und besuchte dann die Collegien über Logik und Physik. Als die Universität in Folge der kriegerischen Ereignisse und des Einmarsches der Franzosen im J. 1792 geschlossen werden mußte, erhielt Grassi eine Freistelle in dem Seminar seiner Vaterstadt, wo er sich, nach der Vollendung seines philosophischen Cursus, der Theologie widmete, ohne jedoch besondere Neigung zu diesem Fache zu verspüren. Da er im J. 1798 an den Festlichkeiten bei der Pflanzung des Freiheitsbaumes durch den General Grouchy Theil nahm, so mußte er das Seminar verlassen und sah sich genöthigt, andere Existenzmittel aufzusuchen. Durch einflußreiche Gönner, die er sich durch seine politischen Ansichten und diesen entsprechende Gelegenheitsgedichte erwarb, unterstützt und empfohlen, erlangte er bei der Organisation der Präfecturen eine gute Stelle bei der Präfectur des Departements des Eridano (Po) und wußte sich die Liebe und Achtung der auf einander folgenden Präfecten Delaville, Vincent und Lameth zu erwerben. Um diese Zeit verfaßte er auch eine Lobschrift auf den Grafen Saluzzo, General der Artillerie und Vicepräsidenten der Akademie der Wissenschaften zu Turin, welche zwar erst viel später und nach dem Tode des Verfassers unter dem Titel: Elogio storico del conte Giuseppe Angelo Saluzzo di Menusiglio (Torino 1831. 8.) gedruckt wurde, aber sogleich handschriftlich sehr verbreitet war und ihm nicht nur den Beifall der Gelehrten, sondern auch die Achtung hochstehender Landsleute gewann, welche ihm ihren Schutz angedeihen ließen, als den Beamten, welche sich unter der französischen Herrschaft eifrig gezeigt hatten, die Verbannung drohte. Grassi, welcher nicht nur zu denselben gehörte, sondern sogar eine Statistik Piemonts in französischer Sprache (Aperçu statistique de l'ancien Piémont. Turin 1813. 8.) geschrieben hatte, würde unstreitig ein hartes Loos getroffen haben, wenn nicht mächtiger Einfluß dasselbe von ihm abgewendet hätte. Er verlor zwar bei der Restauration im Mai 1814 seine Stelle als Beamter, erhielt aber mit seinem Collegen, dem Advocaten Rabbi, die Redaction der piemontesischen Staatszeitung (Gazetta Piemontese), eine sehr einträgliche Beschäftigung. Ein ebenso lohnendes Unternehmen war sein italienisches militairisches Lexikon (Dizionario militare italiano. Torino 1817. 8. 2 Voll.), wodurch er die Aufmerksamkeit des Königs Victor Emanuel erregte, welcher damals damit umging, in dem Commando und in den Exercitübungen seiner Armee durchgreifende Veränderungen einzuführen. Das Werk wurde von der Regierung bei dem Heere eingeführt und fand einen sehr starken Absatz. Außer dem Geldgewinn verschaffte es Grassi die Aufnahme in die Akademie der Wissenschaften. Bei der Rückkehr der Königin Maria Theresia und ihrer drei Töchter aus Sardinien, wo sie lange Zeit in Sicherheit gelebt hatten, nach Piemont, veröffentlichte er eine Beschreibung der Festlichkeiten, die bei dieser Gelegenheit stattfanden (Storia dell'ingresso di Maria-Teresa di Sardegna in Torino. Torino 1816. 8.), welche von dem Hofe gut aufgenommen wurde. Das militairische Wörterbuch hatte ihn mit dem Dichter Vincenzo Monti und dessen Schwiegersohne, dem Grafen Perticari, in Verbindung gebracht und diese drei Sprachforscher vereinigten sich zur Herausgabe der bekannten Sammlung von Ergänzungen und Verbesserungen des Wörterbuchs der Crusca (Proposta di alcune correzioni ed aggiunte al vocabulario della Crusca. Milano 1817. 8. 6 Voll.), welche jetzt noch in wichtigen sprachlichen Fragen als maßgebend betrachtet wird. Der dritte Band, welcher eine vergleichende Zusammenstellung der italienischen, englischen und spanischen Sprache (Parallelo dei tre Vocabularj italiano, inglese e spagnuolo) enthält, gehört Grassi an, welcher aber nicht genannt sein wollte, und ist für Jeden, welcher sich mit der Entstehung dieser drei Sprachen aus der Verderbniß der lateinischen im 13. Jahrhundert beschäftigt, sehr belehrend. Grassi scheint sich in seinen späteren Jahren mit besonderer Vorliebe grammatischen Forschungen hingegeben zu haben, wie sein geschätzter und in mehreren Auflagen wiederholter Versuch über die Synonymen der italienischen Sprache (Saggio intorno ai sinonimi della lingua italiana. Torino 1821. 8. Milano 1821. 12. Ibid. 1824. 12.) beweist. In der neuesten Ausgabe der Synonymen (Torino 1827. 8.) fügt er seine schon erwähnte Vergleichung des italienischen, englischen und spanischen Wörtervorraths hinzu und bekannte sich hier zum ersten Mal als Verfasser derselben. Die Beschäftigung mit der Literatur und Terminologie der Kriegswissenschaften führte ihn auch zur näheren Untersuchung der hinterlassenen Schriften des berühmten Feldherrn Montecuculi. Der bekannte Dichter Ugone Foscolo hatte sie zwar schon (1807) im italienischen Original bekannt gemacht. Grassi besorgte aber eine schönere und genauere Ausgabe dieser für die Kriegsgeschichte des 17. Jahrhunderts wichtigen Denkschriften (Aforismi militari dell' Montecuccoli, ossia memorie intorno all'arte della guerra. Torino 1821. 8. 2 Voll.). Montecuculi hinterließ auch eine merkwürdige, noch un-

6) Nagler a. a. O. Bd. V. S. 340.

gedruckte politische Schrift über die Verhältnisse Ungarns zu seiner Zeit (La Ungheria l'anno MDCLXXVII), über welche Grassi in einer Sitzung der Akademie einen genauen Bericht (Notizia intorno ad un operetta inedita del principe Raimondo Montecuccoli ed argomento dell'antichità di essa letta nell' adunanza, 19. Dec. 1819.) erstattete. In dieser Handschrift erörtert der Feldherr die Mittel, wie man Ungarn Ruhe und Glück unter der kaiserlichen Regierung verschaffen könne. Zu diesen Mitteln gehören nach seiner Ansicht die Beschränkung der Vorrechte des Landtags, die Niederhaltung des Stolzes der Magnaten, die Erbauung von Festungen und die Verbesserung der Landesgesetze. Montecuculi hatte die mannichfaltigen Arten von Unterdrückung, worunter das ungarische Volk seufzte, beobachtet und wohl bemerkt, daß die Ungarn eher den Türken die Hand zu reichen bereit waren, als sich länger durch die Aristokratie als Sklaven behandeln zu lassen. Man sieht daraus, daß die Klagen der Ungarn weit zurückreichen und wie man sie ebenso wenig hören wollte, wie später; man begreift aber auch, wie die Nichtbeachtung derselben stets die nämlichen Unruhen und erbitterten Kämpfe zur Folge haben mußten. Mit Schrecken bemerkte übrigens Grassi bei seinen ununterbrochenen Arbeiten eine allmälige Abnahme seines Augenlichts, welcher auch wirklich trotz der Anwendung aller Mittel vollständige Erblindung folgte. Er trug dieses harte Schicksal mit Ergebung und um so ruhiger, da treue Freunde es ihm erleichterten. Diese wirkten auch dahin, daß er nicht nur seine Stelle als beständiger Secretair der Akademie behielt, sondern sogar noch den Titel eines Oberinspectors mit einer Pension bekam, welche ihn in den Stand setzte, einen Schreiber zu bezahlen, mit dessen Hilfe er noch manche Arbeiten beendigen und eine neue Ausgabe des militairischen Wörterbuchs vorbereiten konnte; am 12. Jan. 1831 ergriff ihn unvermuthet ein heftiger Nervenkrampf, woran er alsbald starb. Es blieb ihm indessen noch Zeit genug, das beinahe fertige Manuscript einer seiner Collegen in der Akademie zu übergeben, welche die neue Ausgabe (Torino 1834. 8. 6 Voll.) auf Kosten der typographischen Gesellschaft besorgten. Diese Ausgabe hat manche Vorzüge vor der früheren, indem auch der französische Sprachschatz für dieses Fach hinzugefügt ist und schwierige Gegenstände durch Anmerkungen erläutert sind. Grassi hinterließ auch eine ungedruckt gebliebene Uebersetzung der Satyren des Persius mit einem kritischen und archäologischen Commentar. Dagegen erschien sein Briefwechsel mit Ugone Foscolo (Torino 1840. 12.). Grassi war auch Mitglied der Akademie der Arcadier zu Rom unter dem Namen Archidamo Telliboleo *). (*Ph. H. Külb.*)

GRASSI (Joseph), berühmter Portraitmaler, im J. 1756 zu Udine in Friaul [1]) geboren, machte seine ersten Kunststudien an der Akademie der bildenden Künste zu Wien und wetteiferte nach Beendigung derselben in seinen Arbeiten mit Fr. Heinr. Füger und Joh. Bapt. Lampi, welchem er auch an Ansehen in der Künstlerwelt nicht nachstand. Als ihm daher bei der Verleihung eines mit einem Reisestipendium nach Italien verbundenen Preises (im J. 1774) Füger, der spätere Director der Akademie, wie er meinte ohne genügenden Grund, nach dem Urtheile der Sachkundigen aber, weil es seiner Production an tieferem Studium fehlte, und auch weil er noch zu jung war, vorgezogen wurde, so kehrte er Wien den Rücken und ließ sich, auf den Rath eines befreundeten Polen, zu Warschau nieder, wo er sich bald als Portraitmaler eine ausgebreitete Kundschaft bei dem hohen Adel erwarb und große Summen verdiente, die er aber später (1798) bei dem Bankrott des Bankierhauses Tepper, dem er sein Geld anvertraut hatte, wieder verlor. Während der polnischen Revolution mußte er sich als Corporal in die Bürgergarde einreihen lassen und kam eines Tages in große Lebensgefahr, indem er bei der Besorgung eines Auftrages vor der Stadt sammt der von ihm geführten Mannschaft mitten in das Schlachtgewühl gerieth und, da er verwundet wurde, wahrscheinlich in die Gefangenschaft der Belagerer gefallen wäre, wenn ihn nicht Kosciusko, dem er bekannt war, in Schutz genommen und in Sicherheit gebracht hätte; in der Stadt selbst mußte er befürchten, auf der Straße von dem wüthenden Pöbel zerrissen zu werden, da dieser in Erfahrung gebracht, daß er die Portraits mehrerer russischen Generale gemalt habe; da man aber auch ein Bildniß Kosciusko's von seiner Hand in seinem Atelier vorfand, so rettete ihn dieses vor weiteren Gefahren. Er kam kurz darauf mit einem von dem Oberfeldherrn ausgestellten Passe glücklich nach Wien, büßte aber bei der eiligen Abreise seine ganze Baarschaft ein, welche 6000 Dukaten betragen haben soll und nicht wieder erlangt werden konnte. Während seines Aufenthaltes in Polen von dem Adel und den hochstehenden Personen gesucht und mit Aufträgen überhäuft, malte er nicht nur in Warschau, sondern auch in Kiew viele Portraits, welche jetzt noch als Meisterwerke von den Sammlern gesucht und zu hohen Preisen erworben werden. Unter diesen Bildnissen sollen vorzüglichen Kunstwerth haben: der Feldherr Kosciusko, die Fürsten Joseph Poniatowski, Czartoryski, Oginski, die Fürstinnen Thekla Jablonowska, Sophie Czartoryski, Helene und Christine Radziwil, die Gräfinnen Manuzzi und Josepha Mostowska, der Marschall Fr. J. Graf von Mosonski, die Generale Stanislas Kostka Potocki, Tafuda und Mich. Wielhorski, der Präsident des Obertribunals der Republik Joh. Nep. Małachowski, der Landtagsmarschall Stanislas Malachowski und der Finanzminister Thaddäus Mostowski. Zu Wien, wo er die Prinzen de Ligne malte, wurde er von einer schweren Krankheit befallen, welche ihm längere Zeit jede Arbeit unmöglich machte. Nach seiner Genesung folgte er einer

---

*) Vergl. Manno, Della vita e delle opere di Gius. Grassi in den Denkschriften der Accad. di Torino, Ser. II. Tom. I. (1840.) p. 1 seq. Biographie universelle. Tom. LXVI. p. 87. (Nouv. éd. Tom. XVII. p. 879.) Biographie générale. p. 713.

1) Nach einer andern von ihm selbst herrührenden, aber unrichtigen Bestimmung zu Wien um das Jahr 1768. Füßli scheint diese Angabe veranlaßt zu haben.

Einladung der herzogl. kurländischen Familie, deren Bekanntschaft er in Warschau gemacht hatte, nach Sagan und dann nach Löbichau und Dresden, wo er besonders durch die Empfehlung der Herzogin Dorothea hinreichende und reichlich lohnende Beschäftigung fand. Die Frische und Zartheit des Colorits, welches er mit Meisterschaft behandelte, und die ungemeine Grazie, welche er besonders den Frauenbildnissen zu verleihen wußte, verschaffte ihm die Gunst des schönen Geschlechts in so hohem Grade, daß er den Aufträgen kaum genügen konnte. Im J. 1799 wurde er zum ordentlichen Professor an der dresdener Kunstakademie ernannt und in dieser Stellung erreichte er den Gipfelpunkt seines Ruhmes, da kein Portraitmaler außer dem berühmten Künstler Anton Graff mit ihm zu wetteifern wagte. In jeder der rasch einander folgenden Kunstausstellungen erregte irgend ein Werk von ihm die Aufmerksamkeit der Beschauer, vor allen aber wurden seine Portraits, unter welchen das Bildniß des Prinzen Louis Ferdinand von Preußen eine besondere Erwähnung verdient, gerühmt; weniger zog eine allegorische Darstellung an, welche er für die Armenhauskirche zu Altenburg malte. Um diese Zeit kam er auch mit dem geistreichen Herzoge Emil August von Sachsen-Gotha in nähere Verbindung, welcher in dem Talente des Künstlers eine entsprechende Hilfe zur bildlichen Ergänzung seiner phantastischen Schöpfungen fand. So führte Grassi während eines längeren, sehr angenehmen Aufenthaltes in Gotha sieben große Bilder aus des Herzogs Roman „Panedone" aus[2]). Sie sind jetzt unverständlich, da der Roman nicht vollendet wurde; der Maler wurde aber durch den Titel eines geheimen Legationsrathes und durch einen reichlichen Jahresgehalt unter dem Namen Wartegeld belohnt. Ueberhaupt wurde ihm in dieser glänzendsten Periode seines Lebens manche Auszeichnung zu Theil, und mehrere Akademien, darunter auch die Akademie von St. Luca zu Rom, nahmen ihn als Mitglied auf. Mehrere seiner Bilder wurden durch Professor M. Steinla in Kupfer gestochen und diese Kupferstiche waren damals ebenso beliebt und gesucht, wie seine früheren Zeichnungen für die von Schrämbl veranstalteten prachtvollen Nachdrücke der teutschen Classiker und Taschenbücher, welche ebenfalls größtentheils in die Zeit seines Aufenthaltes in Wien fallen und denen man nur im Komischen die Zeichnungen Chodowiecki's vorzog. Im J. 1816 wurde Grassi, nachdem er als Anerkennung seiner Leistungen den Civilverdienstorden erhalten hatte, seines Amtes bei der dresdener Akademie enthoben und mit seinem bisherigen Gehalte als Studiendirector für die in Italien auf Kosten der Regierung sich ausbildenden sächsischen Maler geschickt; dieser Stelle war er jedoch in keiner Weise gewachsen, da sich dort durch den Einfluß Carsten's, der Brüder Schlegel und Anderer bereits eine gediegenere Kunstansicht geltend gemacht hatte, welche sich insbesondere gerade dem Treiben, welches nur im Gefallenden und in der sogenannten Grazie seine höchste Aufgabe fand, entschieden entgegenstellte. Als überdies ein von ihm im Auftrage des Herzogs von Gotha als Geschenk für den Papst gefertigtes Oelgemälde, darstellend, wie der Apostel Petrus Pius VII. bei dessen Rückkehr nach Rom die Schlüssel zurückgibt, auf den Klerus, welcher in dieser Auffassung einen Widerspruch mit den kirchlichen Dogmen zu erblicken glaubte, einen übeln Eindruck machte und unbeachtet auf die Seite geschoben wurde, ward es ihm in Rom unbehaglich und sogar unheimlich, und er verließ diese Stadt, gegen welche er fortan eine nicht zu unterdrückende Abneigung gehegt haben soll, um sich nach Dresden zurückzuziehen, wo er, von Hypochondrie geplagt, ein so einsames und freudloses Leben führte, daß sein Name, als er am 7. Jan. 1838 in hohem Alter starb, fast verschollen war. Er war nie verheirathet und hinterließ ein nicht unbedeutendes Vermögen. Die von ihm erbaute, reizend gelegene Villa im plauenschen Grunde bei Dresden, welche er schon bei seiner Abreise nach Rom verkauft hatte, wurde später in einen öffentlichen Belustigungsort umgewandelt. Seine Schüler, unter denen Heinr. Näke und Mor. Retzsch die bedeutendsten sein dürften, schlossen sich während ihres Aufenthaltes in Rom mehr den teutschen Künstlern an, welche in Cornelius, Overbeck und Schadow ihre Vormänner fanden. „Jedenfalls," sagt ein ruhig und unparteilisch urtheilender Kunstrichter[3]), „dürfte Grassi's Name in der Kunstgeschichte nicht zu übergehen sein. Eine Zeit lang mag man allerdings das Verdienst seiner Arbeiten überschätzt haben, dafür ist solches aber auch später gewiß, mit noch größerem Unrecht, von Vielen beinahe gänzlich verkannt worden. Obschon die strenge Kritik manche gegründete Ausstellung an seinen meisten Werken zu machen hat und namentlich ihre Rüge des Mangels an Ernst und Gründlichkeit in seinen Erzeugnissen wohlverdient sein mag, so läßt sich doch seinen Gemälden eine seltene Eleganz und Grazie, ein höchst einnehmender Farbenzauber nicht absprechen, und nur wenige Meister dürften ihn darin übertroffen haben. Unter Andern besaß er einen eigenthümlichen Takt für das durch ihn gewöhnlich den Formen des Ideals angenäherte Portrait diejenige Richtung und Position aufzufinden, in der die darzustellende Person dem Auge des Beschauers am annehmlichsten erschien. Zu diesem Zwecke stand ihm auch eine besondere Geschicklichkeit in Benutzung von Licht und Schatten bei. Freilich verstieß er nicht selten, ohne es zu wollen, gegen die Correctheit der Zeichnung, zuweilen geschah es jedoch absichtlich, um eine gefälligere Stellung oder eine vollere Wirkung hervorzubringen. Bei der strengen Kunstkritik kann ihm dies natürlich nicht zur Entschuldigung gereichen, eine desto freundlichere Aufnahme fand dagegen ein solches Verfahren bei den hierin nicht von festen Grundsätzen ausgehenden Kunstliebhabern. Aehnliche Vorwürfe machten auch die Kenner seiner Darstellung des Fleisches, während Liebhaber diese als das wahrhafteste, köstlichste Fleisch erklärten; gewiß ist, daß das Blendende seines

2) Vergl. Fr. Chr. Wilh. Jacobs, Vermischte Schriften. (Gotha 1823 fg.) Bd. VI. S. 466.

3) Im Morgenblatte. 1838. Bd. I. S. 236 fg.

gemalten Fleisches und der frische Farbenschmuck seiner Gewänder auf den Ausstellungen einen überraschenden Effect hervorbrachten und manches durch Gehalt weit überwiegendes Bild verdunkelten" [4]). (*Ph. H. Külb.*)

GRASSI (Isidor), ein italienischer Augustinermönch aus der ersten Hälfte des 18. Jahrh., über dessen Lebensverhältnisse aber nichts Näheres bekannt ist, als daß er zu Parma lebte und sich mit wissenschaftlichen Forschungen und insbesondere mit der Geschichte seines Ordens und der berühmten Männer desselben beschäftigte, wie seine Biographie des bekannten Mathematikers und Historikers Bernardino Baldi von Urbino, Abtes von Guastalla, beweist. Einen Auszug aus dieser Biographie (Baldus redivivus sive Bernardini Baldi vita cum recensione operum auctoris et virorum illustrium judiciis, elogiis et testimoniis. Parmae 1717. 8.) findet man in J. P. Niceron's Mémoires pour servir à l'histoire des hommes illustres dans la république des lettres. Paris 1729 seq. 12. (Vol. 38. p. 356 seq.)

Ein anderer Augustinermönch desselben Namens, Pietro Maria Grassi, lebte um dieselbe Zeit in dem Kloster seines Ordens zu Vicenza und befaßte sich vorzugsweise mit der Kirchengeschichte der neueren Zeit. Auf die Anregung des Cardinals Noris, dessen Aufmerksamkeit er auf sich gezogen und dessen Achtung er erworben hatte, schrieb er eine Geschichte der Entstehung und Ausbreitung der Lehre Joh. Wiclef's (De ortu et progressu Haeresium Joannis Wicleff in Anglia Presbyteri narratio historica. Vicentiae 1707. 4.), welche bei seinen Glaubensgenossen entschiedenen Beifall fand und auch den Gegnern, was den historischen Theil betrifft, als Leitfaden dienen kann; dagegen ist die Darstellung der Ansichten Wiclef's zu einseitig und parteilisch und auch weniger fleißig gearbeitet als die übrigen Abschnitte des jetzt wenig mehr beachteten Werkes [5]).

(*Ph. H. Külb.*)

GRASSI (Orazio), italienischer Theolog und Astronom, im J. 1582 zu Savona im jetzigen Herzogthume Cremona geboren, trat in seinem 16. Jahre in die Gesellschaft Jesu und widmete sich, nachdem er seine Studien beendigt und seine Gelübde abgelegt hatte, dem Unterrichtsfache. Er lehrte 20 Jahre hindurch in den Collegien zu Genua und zu Rom die mathematischen Wissenschaften, hatte aber das Unglück, sich durch seinen Streit mit dem berühmten Galileo Galilei heftige Feindschaft zuzuziehen, wodurch seine Wirksamkeit vielfach in den Schatten gestellt und selbst der Verdacht, zu der päpstlichen Verdammung der Lehre des großen Astronomen beigetragen zu haben, erregt wurde. Er hatte sich bereits als Schriftsteller im Fache der Physik durch seine unter einem angenommenen Namen herausgegebene Abhandlung über den Regenbogen (Disputatio optica de Iride proposita in collegio romano a Galeatio Mariscotto anno MDCXVIII. Romae 1618. 4.) versucht, als die drei im J. 1618 sichtbaren Kometen, welche er genau zu beobachten sich bemühte, ihm Gelegenheit gaben, seine Ansichten über die Kometen überhaupt, ohne jedoch seinen Namen zu nennen, in einer Gelegenheitsschrift (Disputatio astronomica de tribus cometis anni 1618 habita in collegio romano ab uno ex Patribus ejusdem Societatis. Romae 1619. 4.; später wieder gedruckt Bononiae 1655. 4.) bekannt zu machen. Er vertheidigte darin die schon von Ticho Brahe aufgestellte Behauptung, daß die Kometen wirkliche Planeten und die Bahnen derselben, welche man übrigens genau berechnen könne, so elliptisch seien, daß sie nach einem Umlaufe von vielen Jahren sich nur wenige Monate oder auch nur wenige Tage an der Sonne vorüber bewegen und von dieser ihr Licht empfangen. Diese Ansicht, welche der jetzt fast allgemein angenommenen Meinung so ziemlich nahe kommt, entsprach nicht der Theorie Galilei's; da dieser berühmte Astronom damals krank darnieder lag und sich nicht durch eigene Beobachtung der drei Kometen von der Richtigkeit der von Grassi mitgetheilten Bemerkungen überzeugen konnte, so theilte er seine Gedanken seinem Freunde und Schüler Mario Guiducci mit, welcher sie in der Akademie zu Florenz, deren Präsident er damals war, vortrug. In dieser auch durch den Druck verbreiteten Rede (Discorso delle comete e sopra quello del 1618 di Mario Guiducci, fatto da lui nell' Academia Fiorentina. Firenze 1619. 4.; wiederholt Bologna 1655. 4.) bemühte er sich darzuthun, daß die Kometen Anhäufungen von Ausdünstungen der Erde und der übrigen Planeten seien, wobei er Grassi's Abhandlung sehr scharf beurtheilte und besonders hervorhob, daß dieser Jesuit die neuesten Entdeckungen Galilei's gar nicht beachtet habe. Grassi, welcher sogleich den wahren Urheber dieses Angriffs errieth, antwortete ihm unter angenommenem Namen geradezu durch die Gegenschrift: Libra astronomica ac philosophica qua Galilaeo Galilaei opiniones de Cometis a Mario Guiduccio in Florentina Academia expositae atque in lucem nuper editae examinantur; authore Lothario Sarsio Sigensano (Perusiae 1619. 4.); Galilei fand zwar zwei eifrige Vertheidiger an Guiducci (Lettera al molto R. P. Tarquinio Galuzzi della Comp. di Giesù, di Mario Guiducci, nella quale si giustifica dell' imputazioni dategli da Lotario Sarsi Singensano nella Libra astronomica e filosofica. Firenze 1620. 4.; wiederholt Bologna 1655. 4.) und an Giambatista Stelluti, seinem Collegen in der römischen Akademie der Lincei (Scandaglio sopra la Libra astronomica e filosofica di Lotario Sarsi, nella controversia delle comete, e particolarmente delle tre ultimamente vedute l'anno 1618. Terni 1622. 4.), beschloß jedoch, selbst in die Schranken zu treten, konnte aber erst, durch Krankheit verhindert, sein Vorhaben nach einiger Zeit in seiner „Goldwage" (Il

4) Vergl. Neuer Nekrolog der Deutschen. Jahrg. 1838. Bd. I. S. 70 fg. G. K. Nagler, Künstler-Lexikon. Bd. V. S. 379. Const. v. Wurzbach, Biographisches Lexikon des Kaiserthums Oesterreich. Bd. V. S. 314 fg.

5) Sigm. Jac. Baumgarten, Nachrichten von einer hallischen Bibliothek. Bd. V. S. 271. Journal des Savans. 1709. [illegible] Aout. J. Chr. Adelung, Fortsetzung und Ergänzungen zu Jöcher's Gelehrten-Lexikon. Bd. II. S. 1583.

maggiatore, nel quale si ponderano le cose contenute nella Libra astronomica e filosofica di Lotario Sarsi, scritta in forma di lettera dal Signor Galileo Galilei. Roma 1623. 4.) ausführte. Dieses sehr geistreiche und in einem angenehmen Style geschriebene Buch enthält zwar viele vortreffliche Gedanken über Naturforschung überhaupt, aber auch vieles Irrthümliche, und Galilei hatte keineswegs in diesem Streite über die Kometen das Richtige getroffen [1]), weshalb Grassi nicht säumte, unter seinem angenommenen Namen Sarsi eine zweite Entgegnung (Ratio ponderum Librae et Symbellae, in qua quid e Lotharii libra, quidque Galilaei Symbellatore contra Libram edito, de Cometis statuendum sit, collatis utriusque rationum momentis proponitur. Parisiis 1626. 4. Neapoli 1627. 4. Ibid. 1629. 4.) herauszugeben, welche über den Gegenstand des Streites gediegene Bemerkungen enthält und deshalb auch großen Beifall erntete. Guiducci setzte zwar noch den Streit fort, Galilei nahm aber keinen Theil daran, und soll sogar eine Aussöhnung mit seinem Gegner gesucht haben, Grassi verzieh jedoch, wie man erzählt, Galilei nie, daß er ihn lächerlich zu machen gesucht hatte, und man glaubt sogar, daß er nicht wenig dazu beigetragen habe, die Inquisitoren gegen den neuerungssüchtigen Astronomen aufzuhetzen. Bis jetzt hat man aber keinen Anhaltepunkt gefunden, worauf dieser Verdacht gegründet werden könnte; im Gegentheil ist bekannt genug, daß hauptsächlich die Dominicaner in ihren Predigten gegen Galilei thätig waren und ihn dem großen Haufen gegenüber als Ketzer zu verdächtigen suchten und wissenschaftliche Männer des Jesuitenordens, wie der gelehrte Clavius, zu seinen Gunsten an den päpstlichen Stuhl berichteten. Man suchte übrigens nicht nur Grassi's Charakter zu verdächtigen, sondern auch seine Kenntnisse herabzusetzen; da er nämlich nicht nur Mathematiker und Astronom, sondern auch ein geschickter Architekt war und die Pläne zu der berühmten Ignatiuskirche zu Rom entwarf und ausführte, so erdachte man die Fabel, er habe den Plan Dominico Zampieri (Domenichino) entwendet und dann den berühmten Künstler aus Rom zu entfernen gewußt, um gegen die Ansprüche, welche dieser erheben könne, gesichert zu sein. Das Mährchen ist indessen so albern, daß es kaum berichtigt zu werden verdient; denn wer verhinderte Domenichino, selbst wenn er deshalb Rom zu verlassen gezwungen worden wäre, seine Ansprüche überall und besonders in der Künstlerwelt geltend zu machen, was er jedoch nie that. Man findet Grassi's Plan zu der Ignatiuskirche, zu deren Façade Algardi die Zeichnung entwarf, von Alessandro Specchi und C. Glasbach gestochen in Bonanni's architektonischem Kupferwerke. Die Leistungen Grassi's in der theologischen Literatur sind unbedeutend und beschränken sich auf eine Predigt, welche er am Charfreitage in der Kapelle des Vaticans hielt (Divini Templi excidio Oratio habita in Vaticano sacello ad S. D. N. Urbanum VIII. ipso Parasceves die ab Horatio Grassio Savonensi e Societate Jesu. Romae 1631. 4.; auch abgedruckt in den Quinquaginta de Christi Domini morte habitae in die Sanctae Parasceves a Patribus Societatis Jesu in Pontificio Sacello. Romae 1641. 12. Neoburgi 1724. 8.). Grassi leitete kurz vor seinem Tode noch einige Jahre das Collegium seines Ordens zu Savona und ging dann nach Rom, wo er am 23. Juli 1654 starb [2]). (*Ph. H. Külb.*)

GRASSI (Serafino), italienischer Dichter und Historiker, im J. 1769 zu Asti im Fürstenthume Piemont von armen Ältern geboren und auch, was seine körperliche Beschaffenheit betraf, keineswegs vom Glück begünstigt, konnte nur mit Mühe und gegen Entbehrungen sich in den Schulen seiner Vaterstadt die nöthigen Vorkenntnisse zur Betreibung eines gelehrten Faches erwerben, erhielt aber bei der Schlußprüfung im J. 1787 als Anerkennung seines Fleißes ein Staatsstipendium, mit dessen Hülfe er in dem königlichen Collegium auf der Universität zu Turin sich fünf Jahre der Jurisprudenz widmete. Obschon ihn die Werke der römischen und italienischen Dichter mehr anzogen als die Lehrbücher der Rechtswissenschaft und ihm das Gelingen eines Liedes oder eines Sonetts größeres Vergnügen verursachte, als die Lösung einer juristischen Spitzfindigkeit, so versäumte er jedoch keineswegs, seinem Fache die zu einer Anstellung in demselben nöthige Aufmerksamkeit zuzuwenden. Nachdem er im J. 1792 sein Examen glänzend bestanden und die Doctorwürde erlangt hatte, war er im Begriff, mit schwerem Herzen die ihm vorgeschriebene Laufbahn zu betreten, als ein reicher Oheim unvermuthet auftauchte und ihm die nöthigen Mittel bot, seiner Neigung zur schönen Literatur zu folgen. Im J. 1794 erlangte er von dem Censor durch Ueberraschung oder durch dessen Unwissenheit und Nachlässigkeit die Erlaubniß, ein Bändchen seiner Gedichte drucken zu lassen. Er gab diese unter dem Titel „Die Küsse" (Li Baci. Torino 1794. 8.) heraus und erntete damit reichen und verdienten Beifall, da sie sich durch Anmuth und Leichtigkeit auszeichneten und überhaupt ein entschiedenes Gefühl für das Schöne verriethen, welches man bei einem so mißgestalteten Körper kaum vermuthen konnte. Da übrigens die Gedichte zu üppig und frei waren, so durften sie nicht mehr gedruckt werden, weshalb die einzige Auflage nicht häufig vorkommt und von den Freunden

---

1) Auch Girolamo Tiraboschi sagt in seiner Geschichte der italienischen Literatur: „Non egualmente felice fu il Galileo nell' esaminar le Comete ... Era allora infermo, e non potendo per se stesso osservar le Comete, gli convenne fidarsi all' altrui relazioni, il che forse se non avesse egli fatto, avrebbe anche in ciò aumentata la gloria del suo nome."

2) *Petr. Ribadeneira*, Bibliotheca Scriptorum Societatis Jesu, ed. *Nath. Sotwell* (Rom. 1676. fol.) p. 351. *Girol. Tiraboschi*, Storia della Letteratura italiana. (Roma 1785. 4.) Tom. VIII. p. 164. Biographie universelle. Tom. XVIII. p. [illegible]. (Nouv. éd. Tom. XVII. p. 577.) G. K. Nagler, Künstler-Lexikon. Bd. V. S. 359. Eine Biographie Grassi's von Monsignore in Grillo's Elogi di Liguri illustr. Tom. II. (1846.) p. 179. Biographie générale. Tom. XXI. p. 711. Bibliothèque des écrivains de la Compagnie de Jésus par *Aug.* et *Al. de Backer*. (Liège 1858. 8.) Tom. IV. p. [illegible] seq.

der italienischen Poesie emsig gesucht wird. Da Grassi um diese Zeit durch den Tod seines Oheims ein bedeutendes Vermögen ererbte, so entsagte er gänzlich der Jurisprudenz und lebte unabhängig nur dem Studium der schönen Wissenschaften und Künste. Auf einer Reise nach dem südlichen Italien sammelte er viele Gemälde und andere Kunstgegenstände, aus welchen die Anfänge einer Sammlung entstanden, die er in seiner Vaterstadt, worin er seinen bleibenden Wohnsitz zu nehmen gedachte, anzulegen beabsichtigte. Als der Sieg der Franzosen bei Marengo die Occupation Piemonts und die Eintheilung des Landes in Departements zur Folge hatte und Asti im J. 1806 zum Hauptort des Departements des Tanaro bestimmt wurde, ernannte die Regierung Grassi zum Präfecturrath, wodurch sich ihm eine unerwartete Gelegenheit darbot, die lange verschlossenen Archive zu durchforschen und sich mit der Geschichte seiner Vaterstadt zu beschäftigen. Nach der Vereinigung des genuesischen Gebietes mit Frankreich, wodurch das Departement des Tanaro und der Präfecturrath aufhörte, nahm er, des fortwährenden Wechsels müde, keine weitere Staatsanstellung an und arbeitete fleißig an der Geschichte von Asti; diese war bereits vollständig ausgearbeitet, als die Restauration und die Zurückkehr des Königs Victor Emanuel störend auf die Veröffentlichung derselben einwirkte. Durch unablässige Bemühung und durch List wußte er endlich die Bedenklichkeiten der wieder in Thätigkeit gesetzten Censur zu besiegen, und seine Geschichte von Asti (Storia d'Asti. Torino 1817. 4. 2 Voll.) konnte erscheinen. Sie erregte nicht nur die Aufmerksamkeit der Geschichtsforscher wegen der vielen wichtigen Urkunden, sondern fand auch lobende Anerkennung von Seiten der Geschichtsfreunde, da sie sehr anziehend und zierlich geschrieben ist und besonders über die Bürgerkriege des 16. Jahrh. merkwürdige Aufschlüsse gibt; sie ist aber, da nur eine kleine Anzahl von Exemplaren gedruckt wurde, sehr selten. Als von dem Marquis Crodoro Gattinara de Brème zu Turin ein Preis für die beste Arbeit über den Dichter Vittorio Alfieri ausgeschrieben wurde, versäumte Grassi nicht, seinen Landsmann zu verherrlichen, erhielt aber nicht den Preis. Obschon seine später veröffentlichte Lobrede (Dissertazione in lode di Vitt. Alfieri. Milano 1819. 8.) wirklich kein Meisterstück ist, so war er dennoch über diese Zurücksetzung sehr ärgerlich und dachte fortan nur an die Vermehrung seiner Sammlung. Den Winter brachte er gewöhnlich zur Herstellung seiner sehr geschwächten Gesundheit zu Pisa oder Nizza zu. Im Frühjahre 1835 überfiel ihn auf der Heimreise eine heftige Krankheit, an welcher er im Mai 1835 starb *). (*Ph. H. Külb.*)

GRASSI (Achille de'), gelehrter italienischer Prälat, im J. 1463 zu Bologna geboren, war der Sohn Baltassare's de Grassi, eines angesehenen Edelmannes dieser Stadt, und wurde zum geistlichen Stande bestimmt. Er widmete sich mit ungewöhnlichem Fleiße der Theologie und erwarb sich besonders in dem kanonischen Rechte so bedeutende Kenntnisse, daß er nach der Beendigung seiner Studien im Kirchendienste schnell von Stufe zu Stufe stieg und nach Ablauf weniger Jahre zum Mitglied des höchsten päpstlichen Gerichtshofes (auditor rotae romanae) und zum Berichterstatter (referendarius) ernannt wurde [1]). Der Papst Julius II. benutzte den nicht nur gelehrten, sondern auch verschmitzten Mann vielfach zur Förderung seiner politischen Pläne und hatte alle Ursache, mit seinem Geschäftsträger zufrieden zu sein. Zuerst entsendete er ihn zu dem Könige von Frankreich, Ludwig XII., welcher die Bentivoglio, bekanntlich die Todfeinde des Papstes Julius, unterstützte, um ihn von dem im J. 1507 eingeleiteten Processe gegen diese, welche des Versuches, den Papst und seinen Neffen, den Cardinal von St. Peter in Vincolis, zu vergiften, angeklagt waren, zu unterrichten und ihn auf seine Seite zu ziehen. Er kam mit einer günstigen Antwort zurück; daß die französische Politik es später aber doch nicht für rathsam hielt, die Bentivoglio fallen zu lassen, ist bekannt genug. Grassi's Sendung nach Polen, um den König Sigismund zu bewegen, in Verbindung mit Ladislaus, dem Könige von Ungarn, einen Feldzug gegen die Türken zu unternehmen, konnte der zerrütteten Verhältnisse wegen, worin sich diese Länder befanden, nicht den erwarteten Erfolg haben, und der päpstliche Legat verließ mit dem ausweichenden Versprechen, daß ein polnischer Gesandter mit der definitiven Antwort nach Rom kommen werde, aber reichlich beschenkt, Krakau. Bessern Erfolg hatten dagegen seine Bemühungen in der Schweiz zur Anwerbung von Hilfstruppen für den Papst und bei dem teutschen Kaiser Maximilian I. zur Abschließung eines Schutz- und Trutzbündnisses. Grassi wurde nach seiner Heimkehr zur Belohnung seiner Verdienste um den päpstlichen Stuhl am 10. Nov. 1511 zum Cardinal von St. Sixtus und später von Santa Maria jenseits der Tiber, im Juni 1511 aber zum Bischof von Bologna ernannt. Obschon um diese Zeit sich Bologna in dem Besitz der Bentivoglio befand und die Partei derselben ihren Anhänger Antonio Galeazzo zum Oberhirten zu machen gedachte, so ließ doch Achille durch seinen Bruder Agamemnone im Juli den bischöflichen Stuhl in seinem Namen in Besitz nehmen, was man auch ohne Widerstand geschehen ließ. Als die Stadt im folgenden Jahre wieder unter die Botmäßigkeit des Papstes kam, hielt Achille seinen feierlichen Einzug und stellte den Theil des bischöflichen Palastes, welchen die von den Bentivoglio herbeigerufenen Franzosen in Brand gesteckt hatten, sogleich wieder her. Die Einwohner genossen nun nach langwährenden kriegerischen Unruhen wieder einige Behaglichkeit und zeigten sich deshalb mit ihrem Bischof zufrieden, welcher sich im J. 1513 nach Rom begab, um nach dem Tode des Papstes Julius II. an der Wahl

*) Biographie universelle. Tom. LXVI. p. 35. (Nouv. éd. Tom. XVII. p. 378.) Biographie générale. Tom. XXI. p. 712.

1) Er soll auch bald darauf zum Bischof von Città di Castello ernannt worden sein; diese Angabe mehrerer Biographen scheint aber auf einem Irrthume zu beruhen, denn Ferd. Ughelli führt ihn in dem Verzeichnisse der Bischöfe dieser Stadt (Italia sacra. Tom. II. p. 609) nicht an.

des Nachfolgers desselben Theil zu nehmen. Leo X. blieb ihm ebenso gewogen, wie sein Vorgänger, und ernannte seinen Bruder Paride de Grassi, Ceremonienmeister der päpstlichen Kapelle, zum Bischof von Pesaro, welchem Achille am 8. Mai 1515 die Weihe ertheilte. In demselben Jahre sah der Bischof den König von Frankreich, Franz I., und den Papst Leo in den Mauern Bologna's und bereitete ihnen große Festlichkeiten. Leo ernannte ihn zum Schatzmeister des Conclaves, in welchem er noch zweimal saß, um bei den Wahlen der Päpste Hadrian VI. (1522) und Clemens VII. (1523) mitzuwirken. Er starb kurz nach der Wahl des letztern am 22. Nov. 1523 zu Rom und wurde in Santa Maria jenseits der Tiber begraben. Die ihm gewidmete Grabschrift [2]) nennt ihn einen streng sittlichen, gerechten, bescheidenen Mann; seine Zeitgenossen sprechen aber offen von seinem unsittlichen Lebenswandel und rühmen ihm nur nach, daß er diesen Fehler klug zu verheimlichen verstand [3]). Seine Gelehrsamkeit fand überall die verdiente Anerkennung; er hinterließ auch eine Sammlung von Entscheidungen des höchsten päpstlichen Gerichtshofes, welche von seinem Neffen und dem Sohne seines Neffen, Achille und Cesare de' Grassi, vermehrt und von dem letztern herausgegeben wurde. Er veranlaßte auch Leo X., eine jährliche Todtenfeier für die verstorbenen Cardinäle zu stiften, welche jetzt noch stattfindet [4]).

(*Ph. H. Külb.*)

GRASSI (Achille de'), italienischer Prälat, ein Neffe des Bischofs Achille de' Grassi von Bologna und des Bischofs Paride de' Grassi von Pesaro, gegen das Ende des 15. Jahrh. zu Bologna geboren, widmete sich der Theologie und Jurisprudenz und kam bald, nachdem er seine Studien beendigt und die juristische Doctorwürde erlangt hatte, als Auditor an den höchsten päpstlichen Gerichtshof. Am 21. Aug. 1551 wurde er zum Bischof von Monte-Fiascone gewählt. Als solcher ging er im J. 1553 im Auftrage des römischen Stuhles nach Neapel, um mit dem Vicekönige zu berathen, wie der Friede in Italien herzustellen sei; auch nahm er an den Verhandlungen des Conciliums von Trient Theil und starb am 18. Aug. 1558. Er setzte die Sammlung von Entscheidungen des päpstlichen Gerichtshofes (Decisiones Rotae Romanae), welche sein Oheim begonnen und ihm überlassen hatte, in der Handschrift fort [5]).

(*Ph. H. Külb.*)

GRASSI (Annibale de'), italienischer Prälat, um das Jahr 1525 zu Bologna geboren, widmete sich der Jurisprudenz und trat nach der Beendigung seiner Studien in den geistlichen Stand, in welchem er gleich vielen andern Angehörigen seiner Familie schnell von Stufe zu Stufe emporstieg. Zuerst war er Erzpriester und Probst an der Kathedrale seiner Vaterstadt, dann Geschäftsträger des Cardinals Sforza und später Referendar an der päpstlichen Kanzlei, wo er durch seine juristischen Kenntnisse bedeutende Dienste leistete. Zur Belohnung derselben erhob ihn der Papst Gregorius XIII. am 9. Dec. 1575 zum Bischof von Faenza und bald darauf ernannte er ihn zum Censor von ganz Italien und zum Vicelegaten in den Provinzen Campanien und Romagna. Im J. 1585 legte Annibale seine bischöfliche Würde nieder, um ungestörter sich dem ihm übertragenen Amte als Geheimschreiber und Rath an der päpstlichen Kammer widmen zu können. Sixtus V. schickte ihn in wichtigen Geschäften an den spanischen Hof zu Madrid, wo er am 24. Juni 1590 starb. Seine juristischen Schriften: De jurisdictione ecclesiastica episcoporum et ordinariorum (Bononiae 1575. fol.) und De temporali Pontificum potestate (Ibid. 1570. fol.), verrathen eine genaue Kenntniß des Kirchenrechtes und ungewöhnlichen Scharfsinn. Sein Nachfolger im Bisthum von Faenza war sein Neffe Giovanni Antonio de' Grassi, welcher, ehe er im J. 1585 den bischöflichen Stuhl bestieg, Pfründner an der St. Peterskirche zu Rom war. Er hielt in seiner Diöcese mehrere Synoden und starb am 30. Juni 1602 zu Faenza, nachdem er für seine Kirche viel Gutes gewirkt hatte [6]). (*Ph. H. Külb.*)

GRASSI (Candide Frédéric Antoine de), französischer Arzt, im J. 1753 zu Dresden geboren, war der Sohn eines aus Italien stammenden Edelmannes, welcher sich der Arzneikunde gewidmet und sein Vaterland verlassen hatte, um in die Dienste des Königs von Polen zu treten, aber bei dem Bombardement Dresdens durch die Preußen durch den Verlust seiner Habe gezwungen worden war, eine Zufluchtsstätte in Frankreich zu suchen, wohin er der Prinzessin von Sachsen folgte, welcher die Mutter seiner Frau als Hofdame diente. Nach dem Tode der Prinzessin, welche ihm längere Zeit Schutz und Unterstützung gewährt hatte, ließ er sich zu Bordeaux nieder, um daselbst als praktischer Arzt sein Glück zu versuchen. Hier ließ sich auch sein Sohn Candide Frédéric, welcher das Fach seines Vaters gewählt und bereits seine Studien beendigt hatte, in das Collegium der Aerzte aufnehmen; er erwarb sich bald, besonders unter den höheren Ständen, durch seine Geschicklichkeit und durch sein gefälliges Benehmen eine ausgebreitete Kundschaft und widmete die Muße, welche ihm seine zahlreichen Berufsarbeiten ließen, der Naturwissenschaft und vorzüglich der Botanik, indem er ausländische Bäume und Pflanzen pflegte und zu acclimatisiren suchte. Der Ausbruch der französischen Revolution störte seine glückliche Ruhe und übertriebene Furcht, die nähere Bekanntschaft seiner Angehörigen mit der königlichen Familie möge ihm Verfolgungen zuziehen, bewog ihn, nach

---

2) Achilli de Grassis, Episcopo Bononiensi, hujus Basilicae Cardinali, morum gravitate et legum peritia secundo: in quo nullum justitiae, modestiae ac liberalitatis genus unquam desideratum est. Vixit annos LX, Clementi VII. et universae Curiae maximo de se desiderio relicto. 3) Er pflegte im Scherz zu sagen: Si non caste, saltem caute. 4) Vergl. *Car. Sigonii* De episcopis Bononiensibus l. V. (Opp. Tom. III. p. 535.) *Ferd. Ughelli*, Italia sacra. Tom. II. p. 87. *G. J. ab Eggs*, Purpura docta. Supplem. p. 264. Biographie générale. Tom. XXI. p. 718.

5) *Ferd. Ughelli*, Italia sacra. Tom. I. p. 988. Biographie générale. Tom. XXI. p. 715.

6) *Ferd. Ughelli*, Italia sacra. Tom. II. p. 508.

Amerika auszuwandern. Auch zu Philadelphia, wo er seinen Wohnsitz nahm, ward ihm bald die allgemeine Achtung, und einige glückliche Curen, welche er hier vollbrachte, verschafften ihm eine behagliche Stellung und ein beträchtliches Einkommen; er konnte sich jedoch an die amerikanische Anschauungsweise nicht gewöhnen und kehrte, sobald die Bewegung in Frankreich ihm nicht mehr gefährlich schien, nach Bordeaux zurück, wo er von vielen früheren Freunden und Kunden freundlich begrüßt wurde. Man beeilte sich, ihm mancherlei Ehrenstellen zu übertragen, und er rechtfertigte dieses Vertrauen durch das Bestreben, seinen Mitbürgern möglichst nützlich zu werden. So wurde er allmälig zum Verwalter der Taubstummenanstalt und der bürgerlichen Hospitäler, zum Stadtarzt für Seuchen, zum Mitglied des Generalraths des Departements, zum Vorsitzenden der Impfungscommission und zum Präsidenten der Akademie der Wissenschaften und der Akademie der Arzneikunde ernannt. Sobald die Impfung in Frankreich durch die Regierung eingeführt und befohlen war, zeigte Grassi eine unermüdliche Thätigkeit, um dieser Methode zur Verhütung eines gefährlichen Übels Eingang zu verschaffen, und es gelang ihm vielfach durch das Ansehen, welches er bei der Bevölkerung genoß, alte Vorurtheile zu beseitigen. Er veröffentlichte zu diesem Zwecke eine verständliche und genaue Anweisung nicht nur für die mit der Impfung beauftragten Ärzte und Chirurgen, sondern vorzugsweise für die Familienväter und Seelsorger unter dem Titel: Manuel des vaccinateurs, ou Notice sur la vaccine: ouvrage dans lequel les principes de la vaccine sont mis à la portée des pères de famille, des pasteurs et des gens du monde (S. l. 1804. 8.), welche allgemeinen Beifall fand und von welcher bald nach dem Tode des Verfassers eine von dem Arzte J. B. de Caincrie besorgte zweite Auflage (Sec. édit., précédée d'une Notice biographique sur l'auteur. Bordeaux 1817. 8.) erschien. Nicht weniger wichtig und ersprießlich waren seine amtlichen Berichte über die Gesundheitspolizei in seiner nächsten Umgebung, über die wirksamsten Mittel, den Seuchen vorzubeugen, über die Versorgung der Stadt Bordeaux mit gutem Trinkwasser und über die Erbauung eines neuen allgemeinen Krankenhauses. Er fühlte sich bereits längere Zeit unwohl, als die Anwesenheit der Herzogin von Angoulême zu Bordeaux im März 1815 ihn veranlaßte, sie bei ihrem Besuche in der Taubstummenanstalt zu empfangen; diese Anstrengung und vielleicht auch der heftige Eindruck, welchen die politischen Veränderungen auf ihn gemacht hatten, verschlimmerten sein Uebel, an welchem er am 20. April 1815 starb. Sein College Caincrie sprach in einer öffentlichen Sitzung der medicinischen Schule zu Bordeaux nach hergebrachter Sitte die Lobrede auf ihn, welche auch der schon erwähnten zweiten Auflage seiner Anweisung zum Impfen beigefügt ist *). (*Ph. H. Külb.*)

GRASSI (Carlo de'), italienischer Prälat, um das Jahr 1500 zu Bologna geboren, war während der Regierung des Papstes Julius III. Hofkaplan und Erzpriester zu Bologna und wurde am 16. Dec. 1555 zum Bischof von Montefiascone ernannt. Darauf versah er die Stelle eines Geheimschreibers bei der apostolischen Kammer und wirkte dann als Gouverneur von Perugia und Rom (1569). Schon vorher war er bei dem Abschlusse des Conciliums von Trient (1563) sehr thätig, weshalb ihn Pius V. zur Belohnung seiner Verdienste zum Cardinal unter dem Titel der heil. Euphemia (1570) erhob. Er befand sich auch bei den Cardinälen, welche den König Philipp II. von Spanien und die Republik zum Beitritt zu dem Bündnisse gegen die Türken bewegten, wodurch sich der Sieg auf die Seite der Christen neigte, er erlebte aber nicht mehr die frohe Nachricht von demselben, denn er starb am 25. März 1571 zu Rom [1]).

Ein anderer Carlo de' Grassi, ein berühmter Rechtsgelehrter und Anwalt, welcher in der zweiten Hälfte des 16. Jahrh. zu Palermo in Sicilien sich eines großen Beifalls erfreute und im J. 1617 starb, scheint nicht zu der berühmten Familie de' Grassi zu Bologna zu gehören. Seine juristischen Werke: Liber de exceptionibus ad materiam statuti excludentis omnes exceptiones (Venetiis 1600. 4. Marburgi 1602. 8.) und De effectibus clericatus cum tractatu de amicitia (Panormi 1617. fol. Ibid. 1630. fol.; der Tractatus de effectibus clericatus auch einzeln Venetiis 1654. fol.) standen bei seinen Zeitgenossen in verdientem Ansehen, sind aber jetzt vergessen [2]). (*Ph. H. Külb.*)

GRASSI (Cesare de'), italienischer Kanonist, gegen das Ende des 15. Jahrh. geboren, stammte aus derselben Familie, aus welcher mehrere ausgezeichnete Prälaten (wie die Bischöfe Achille und Paride de' Grassi) hervorgingen, und widmete sich ebenfalls der Theologie und der Jurisprudenz. Nach der Beendigung seiner Studien erhielt er durch den Einfluß seiner hochstehenden Verwandten zuerst eine reiche Pfründe zu Bologna, dann aber wurde er zum apostolischen Protonotar und später zum Auditor am obersten römischen Gerichtshofe ernannt. Er starb am 14. April 1580 zu Rom. Er beendigte die von den beiden Achille de' Grassi's angefangene und fortgesetzte Sammlung der Entscheidungen des höchsten päpstlichen Gerichtshofes und gab sie unter dem Titel: Ach. et Caes. de Grassis Decisiones S. Rotae Romanae (Romae 1590. fol. Marburgi 1601. fol.) heraus *). (*Ph. H. Külb.*)

GRASSI [1]) (Damiano de'), italienischer Theolog, um die Mitte des 15. Jahrh. zu Ripoli bei Florenz geboren, begab sich, nachdem er die nöthigen Vorkenntnisse erlangt hatte, auf die Universität zu Paris, um sich der Theologie zu widmen. Nach der Beendigung seiner Studien und nachdem er die theologische Doctorwürde erlangt hatte, kehrte er in seine Heimath zurück und trat

*) Biographie universelle. Tom. LXVI. p. 84.

1) *Ferd. Ughelli*, Italia sacra. Tom. I. p. 998. 2) Chr. Gottl. Jöcher, Gelehrten-Lexikon. Bd. II. S. 1135.

*) Biographie générale. Tom. XXI. p. 716.

1) Oder Grasso, Grassus und Grasseur, von französischen Schriftstellern auch *Le Gras* genannt.

in den Predigerorden, welchem er als Lehrer der Theologie in mehreren Klöstern und auf einigen Universitäten, besonders aber auf der zu Pavia, wichtige Dienste leistete. Im J. 1507 wurde er Rector des Thomascollegiums zu Pavia und später Provinzial seines Ordens in der Lombardei. Im seinem Alter kehrte er in das Kloster seines Ordens zu Pavia zurück, um sich nur mit der Ausübung seiner geistlichen Pflichten und mit frommen Betrachtungen zu beschäftigen, bis ihn im J. 1515 der Tod ereilte. Er versuchte sich auch als Schriftsteller und erntete als Rector des Thomascollegiums besonders wegen seiner durch gründliche Gelehrsamkeit ausgezeichneten Streitschrift über die Verwandtschaft des heil. Johannes mit Christus (De S. Joannis affinitate et consanguinitate cum Christo Domino. Patav. 1521. 4.) großen Beifall; seine Erklärung des Buches Hiob (Commentaria in Librum Job) und mehrere andere Schriften theologischen Inhalts sind noch ungedruckt[9]). (*Ph. H. Külb.*)

GRASSI (Paride de'), italienischer Prälat und Schriftsteller, ein Bruder des Cardinals und Bischofs Achille de' Grassi, um das Jahr 1470 zu Bologna geboren, widmete sich dem geistlichen Stande und legte sich mit großem Fleiße auf die theologische Wissenschaft, insbesondere aber auf das Kirchenrecht. Nachdem er seine Studien beendigt und die juristische Doctorwürde erlangt hatte, wurde er alsbald zum Statthalter von Orvieto ernannt und wußte sich durch seine wohlwollende Amtsführung die Zuneigung der Bewohner dieser Stadt in so hohem Grade zu erwerben, daß sie, um ihre Erkenntlichkeit zu offenbaren, auf ihre Kosten auf dem Platze vor dem Regierungsgebäude sein Wappenschild aufrichten ließen. Auch bei dem päpstlichen Stuhle stand er in großem Ansehen, wie denn Julius II. ihn während seiner kurzen Regierung nach Rom berief und ihm die Stelle eines zweiten Ceremonienmeisters am päpstlichen Hofe übertrug. In dieser Eigenschaft befand er sich bei dem Conclave, in welchem die Wahl des Papstes Julius III. erfolgte. Er rückte zwar unter der Regierung desselben an die Stelle des verstorbenen ersten Ceremonienmeisters Burcard vor, vermochte aber nicht, sich die Gunst dieses Papstes zu erwerben, so sehr er sich auch darum bemühte. Dagegen fand er unter dessen Nachfolger Leo X. Berücksichtigung und erhielt am 14. April 1513 das Bisthum Pesaro und die Abtei St. Croce, wie ihm früher von dem heiligen Collegium versprochen worden war, und in welche Würde ihn sein Bruder Achille, Bischof von Bologna, am 18. Mai 1516 einführte. Paride de' Grassi benutzte als Bischof seine Muße zu wissenschaftlichen Arbeiten und vollendete vor Allem sein Tagebuch, zu welchem er während seines Aufenthaltes am päpstlichen Hofe den Stoff gesammelt hatte, und welches vom Jahre 1504 bis zum Jahre 1521 reicht. Dieses Tagebuch (Diarium Curiae Romanae) ist, obschon es als eine der zuverlässigsten Quellen über die Regierungszeit des Papstes Julius II. betrachtet werden muß, bis jetzt nicht vollständig gedruckt. Einen dürftigen Auszug (Excerpta ex Paridis de Grassis Diario Curiae Romanae) lieferte zuerst Chr. Gottfr. Hoffmann in seiner neuen Sammlung seltener und ungedruckter Schriften (Nova scriptorum ac monumentorum partim rarissimorum, partim ineditorum collectio. Lipsiae 1731. 4. Tom. I. p. 394—500); weit wichtigere Mittheilungen bieten Oder. Raynaldi in seinen Annalen der Kirchengeschichte bei den betreffenden Jahren (Annales ecclesiastici ad ann. 1504 seq.) und Louis George Bréquigny in den bekannten Auszügen aus den Handschriften der französischen Staatsbibliothek (Notices et extraits des manuscrits de la bibliothèque du roi. Paris 1787. 4. Vol. II.). Vollständige Handschriften finden sich in der eben erwähnten Bibliothek, sowie auch in der vaticanischen, und eine gute Ausgabe des Tagebuches wäre sehr zu wünschen, da es, obgleich es in Beziehung auf den Styl nicht als Muster gelten kann, neben vielem gewöhnlichem und langweiligem Gerede sehr anziehende Bemerkungen über bekannte Zeitgenossen und die Erzählung mancher einzelnen Thatsachen enthält, welche man anderwärts vergebens sucht. Hoffmann glaubt aber irrig, es sei ein und dasselbe Werk mit einem demselben Verfasser zugeschriebenen Buche über die von dem Papste und den Cardinälen bei Festlichkeiten zu beobachtenden Ceremonien (Caeremoniale Romanum), welches sich ebenfalls handschriftlich in der Staatsbibliothek zu Paris befinden soll, dessen Echtheit jedoch bezweifelt wird. Gedruckt sind aber ähnliche Werke Grassi's, nämlich eins über die von den Cardinälen und Bischöfen in ihren Diöcesen zu beobachtenden Ceremonien (De Caeremoniis Cardinalium et Episcoporum in eorum dioecesibus. Romae 1564. fol.), welches er für den Cardinal Giovanni Stefano Ferreri, Administrator der Kirche von Bologna, ausarbeitete, und eine Zusammenstellung der alten römischen Kirchengebräuche (Ordo Romanus) für Guidemo, Cardinal und Bischof von Albano (abgedruckt in Edm. Martene's bekanntem Sammelwerke: De antiquis monachorum ritibus. Lugduni 1690. 4. Tom. II. p. 595). Daß Paride de' Grassi, welcher sich nach seinem eigenen Geständniß von Jugend auf mit dem Studium der Kirchengebräuche befaßte, sich die Prüfung und Erläuterung derselben angelegen sein ließ, läßt sich leicht vermuthen; unbegreiflich erscheint aber sein Ingrimm über die Veröffentlichung eines römischen Ceremonials durch einen Andern. Christoph Marcellus, Erzbischof von Korfu, hatte nämlich die Abschrift eines solchen Werkes unter dem Titel: Rituum ecclesiasticorum sive sacrarum ceremoniarum S. S. Romanae Ecclesiae libri tres non ante impressi (Venetiis 1516. fol.) herausgegeben, ohne den Verfasser, Agostino Patrizi, Ceremonienmeister am päpstlichen Hofe unter Pius II. und Innocenz VIII., zu nennen. Paride de' Grassi, welcher dieselbe Würde bekleidete, erhob, sobald ihm das Buch zu Gesicht kam, bei Leo X. heftige Klage, aber keineswegs, wie man gewöhnlich glaubt, weil Marcellus ein Plagiat an Patrizi durch die Verschweigung des

9) Vergl. *J. Echard* et *J. Quetif*, Scriptores Ordinis Praedicatorum. (Paris 1719. fol.) Tom. II. p. 375. *Giul. Negri*, Istoria degli Scrittori Fiorentini (Ferrara 1722. fol.) p. 160.

Namens desselben begangen, sondern weil er durch die Veröffentlichung der oft misverstandenen Ceremonien die Achtung vor denselben und dem Papste verringert habe. Er verlangte entschieden, daß nicht nur das Buch, sondern auch der Herausgeber verbrannt, oder der letztere wenigstens nach Gebühr gezüchtigt werde [1]). Er führt in seiner Klagschrift an, daß selbst bei den alten Heiden untersagt gewesen sei, die Mysterien der Götter bekannt zu machen. Der Papst legte die Beschwerde dem Consistorium vor, man kennt jedoch die Entscheidung desselben nicht; gewiß ist aber, daß weder das Buch, welches sich noch mehrerer Ausgaben erfreute, noch der Erzbischof Marcellus verbrannt wurde. Wahrscheinlich gelang es, den Ankläger zu besänftigen. Der gelehrte Benedictiner Joh. Mabillon, welcher die Geschichte dieses Streites mittheilt [2]), kann kaum seinen Ernst bei der Erzählung behaupten, und meint, das Ansehen des Papstes beruhe auf seiner Stellung als Oberhaupt der Kirche, und die Achtung, welche vernünftige Katholiken demselben zollen, hänge keineswegs von geheimen Ceremonien ab. Der aufgebrachte Ceremonienmeister mag jedoch, wenn man die Sache genau betrachtet, nicht völlig Unrecht gehabt haben, denn zu jener Zeit regte sich schon der Widerwille gegen die hergebrachten abergläubischen Förmlichkeiten, und er fürchtete, daß die nähere Bekanntschaft mit denselben den Spöttern Stoff zu Bemerkungen darbieten würde; denn er selbst pflegte über die schwachen Seiten anderer Stände zu spotten, wie seine Verhöhnung der zu seiner Zeit überhand nehmenden Alterthümelei beweist. Er ließ nämlich auf ein Marmorstück die angeblich von einem gewissen Publius Crassus für seinen Esel verfertigte Grabschrift (welche mit den Worten: DIS PEDIBVS SAXVM etc. begann) einmeißeln und in seinem Weingarten vergraben. Hier wurde sie, als er bald darauf an derselben Stelle Bäume zu setzen befahl, gefunden und lange für echt gehalten, bis man zufällig den Betrug entdeckte, welchen man dem Bischof sehr übel deutete, obschon sich auch Andere ähnlichen Scherz erlaubten, ohne deshalb, wie er, Betrüger gescholten zu werden [3]), um so mehr, da noch zu bezweifeln, ob die Erzählung überhaupt wahr ist. In der Achtung Leo's scheint ihm keinesfalls dadurch irgend ein Schaden erwachsen zu sein, denn dieser Papst ernannte ihn zum Prälaten des Palastes mit Beibehaltung seiner Stelle als erster Ceremonienmeister und mit der Erlaubniß, dieselbe durch einen seiner Neffen versehen lassen zu dürfen. Grassi starb am 10. Juni 1528 zu Rom [4]). (*Ph. H. Külb.*)

GRASSIN (Pierre Charles Nicole, Vicomte de), französischer Staatsmann, im März 1781 geboren, stammte aus einer angesehenen Familie in Bourbonnais und trat, da er in der militairischen Laufbahn sein Glück versuchen wollte, sehr früh in das Heer. Er leistete seinen ersten Dienst in dem Cavallerieregiment Royal-Guienne, in welchem sein Vater eine Officierstelle bekleidete, konnte aber, obschon aufrichtig der Sache des Königs ergeben, doch im J. 1792 unüberwindlicher Hindernisse wegen diesem Regiment nicht folgen, welches fast ganz zu den Truppen der Emigranten stieß. Er hielt sich während der Revolution und der Kaiserzeit sehr ruhig und verborgen, da er verschmähte, einer nach seiner Ansicht unrechtmäßigen Herrschaft zu dienen. Nach der Restauration wurde er zum Mitglied einer Deputation von Bourbonnais gewählt, der ersten des ganzen Reiches, welche dem Grafen von Artois vorgestellt wurde; auch trat er jetzt wieder in Dienst bei der neugebildeten Leibgarde, gab aber bald diesen ihm zu unthätigen Dienst auf, um die Stelle des Unterpräfecten zu Dinan im Departement Côtes-du-Nord zu übernehmen. Bei dem Wiedererscheinen Napoleon's gab er unzweifelhafte Beweise seiner Festigkeit und seiner Anhänglichkeit an das Haus der Bourbonen, und mußte seine Rettung in der Flucht suchen. Nach den hundert Tagen trat er im Juni wieder in seine Unterpräfectur ein, vertauschte aber dieselbe bald mit der von Mayenne, wo er sich durch eine sehr umsichtige Verwaltung bemerklich machte und die Deckung der auf dem Departement lastenden Kosten für das aus 40,000 Mann Preußen bestehende Occupationscorps möglichst erleichtern half. Er opferte zu diesem Zwecke sogar einige Zeit hindurch seinen Gehalt, es gelang ihm aber trotzdem nicht, sich beliebt zu machen, weshalb er wenig Kummer empfand, als er im Anfange des Jahres 1817 seine Stelle verlor. Er zog sich indessen nun gänzlich von dem öffentlichen Leben zurück und verbrachte den Rest seiner Tage ruhig und bescheiden auf einem entlegenen Landgute. Der Graf von Grassin, welcher als der Schöpfer der leichten Truppen in Frankreich betrachtet wird, gehört derselben Familie an, und Pierre-Charles-Nicole war ein Neffe desselben [*]). (*Ph. H. Külb.*)

GRASSINEAU (Jacques), englischer Schriftsteller über Musik, um das Jahr 1715 zu London von französischen Aeltern geboren, erhielt eine sorgfältige Erziehung und erwarb sich sogar einige Kenntnisse in der Musik. Da ihm übrigens seine Verhältnisse nicht erlaubten, sich für ein bestimmtes Fach auf irgend einer Universität oder in einer gelehrten Schule auszubilden, so trat er bei Godfrey, einem Apotheker in der Southamptonstraße, als Schreiber in Dienste. Da ihm aber dieses Geschäft nicht lange behagte, so ließ er sich von einem Arzte, welcher Pepusch hieß, anwerben, welcher die an ihm wahrgenommenen Kenntnisse ausbeutete und ihn benutzte, die alten griechischen Autoren über Musik nach der bekannten latei-

1) Librum ceremoniarum nuper impressum omnino comburi simul cum falso autore, aut saltem ipsum autorem corrigi et castigari omnino debere. 2) In dem Museum italicum. (Parisiis 1724. 4.) Tom. II. p. V seq. et p. 587 seq. Mabillon ruft an dem Schlusse seiner Erzählung aus: Tantaene animis coelestibus irae? 3) Vergl. *Mabillon* l. c. Tom. I. p. 174. 4) Vergl. *Ferd. Ughelli*, Italia sacra. Tom. II. p. 863. Chr. Gottfr. Hoffmann's Dissertatio praeliminaris zu den Auszügen aus dem Diarium in der erwähnten Collectio Scriptorum. Tom. I. p. 381 seq. *P. Bayle*, Dictionnaire historique et critique, Art. Paris de Grassis. Biographie universelle. Tom. XVIII. p. 328 seq. (Nouv. éd. Tom. XVII. p. 376.) Biographie générale. Tom. XXI. p. 714.

*) Biographie des hommes vivants. Tom. III. p. 303.

nischen Uebertragung Meibom's ins Englische zu übersehen. Nach dieser Arbeit bewog er ihn, Brossard's französisches musikalisches Lexikon für England zu bearbeiten, wobei er ihn mit Zusätzen und neuen Artikeln unterstützte. Das Lexikon erschien unter dem Titel: A musical Dictionary, being a collation of terms and characters as well ancient as modern; including the historical, theorical and practical parts of Music (London 1740. 8.), und ist als die erste englische Arbeit dieser Art nicht geradezu schlecht zu nennen; doch haben sich natürlich sehr viele Fehler eingeschlichen, da Grassineau nicht Geschicklichkeit genug besaß, für die französischen Kunstausdrücke die entsprechenden englischen zu wählen. Eine neue Ausgabe des Lexikons mit einem Supplement aus J. J. Rousseau Dictionnaire de musique von Robson ist ebenfalls aus derselben Ursache nicht besser. Grassineau starb um das Jahr 1760, ohne aus seinem Unternehmen erklecklichen Vortheil gezogen zu haben *). (*Ph. H. Külb.*)

GRASSINI (Francesco Maria), italienischer Componist des 17. Jahrh., von welchem aber keine weitern Nachrichten zu ermitteln sind, als daß er zwei-, drei-, vier- und fünfstimmige Motetten (Motetti concertati) mit und ohne Begleitung der Violine und Litaneien auf die heil. Jungfrau (Letanie della Beata Vergine), welche bei seinen Zeitgenossen großen Beifall fanden, ohne Angabe des Ortes und des Jahres veröffentlichte †). (*Ph. H. Külb.*)

GRASSINI (Giuseppina), berühmte italienische Sängerin, im J. 1773 zu Varese, einem Marktflecken im Mailändischen geboren, war die Tochter eines armen Bauers, aber von überraschender Schönheit und von Natur bei entschiedener musikalischer Anlage mit einer so klangreichen Stimme begabt, daß der General Belgiojoso, welcher auf sie aufmerksam gemacht wurde, ihre Ausbildung übernahm und sie nach Mailand brachte, wo er sie von den besten Meistern in der Musik und im Gesang unterrichten ließ. Ihre Fortschritte in der guten und ausgiebigen Manier der alten Schule waren ungewöhnlich schnell. Ihrer reinen und gleichmäßigen Stimme, einem kräftigen, dabei aber sonoren und biegsamen Contraalt, mangelte es nicht an Umfang bis zu den höchsten Tönen, ihre Vocalisation war dabei leicht und ihre Auffassung von der höchsten Würde und der ergreifendsten Wirkung. Der Vortheil, sogleich bei ihren ersten Versuchen mit den berühmtesten Künstlern ihrer Zeit, mit einem Marchesi und einem Crescentini, singen zu können, gab ihrem Talente einen Charakter von bisher unbekannter Größe und Vollkommenheit. Die Bühne betrat sie zum ersten Mal in dem Theater der Scala zu Mailand bei dem Carneval im J. 1794. Sie sang daselbst mit Marchesi und dem Tenoristen Lazzarini in Zingarelli's „Artaserse" und in Portogallo's „Demofoonte" mit so glänzendem Erfolg, daß die sämmtlichen Theater Italiens sich um die junge Virtuosin stritten. Sie galt nun als eine der berühmtesten Sängerinnen und bald als die erste Sängerin ihrer Zeit. Nachdem sie zwei Jahre hindurch auf den bedeutendsten Bühnen der Halbinsel Lorbeeren geerntet hatte, wurde sie im J. 1796 nach Mailand zurückgerufen, um während des Carnevals in Tarchi's „Apelle e Campaspe" und in Zingarelli's „Giulietta e Romeo" mit Crescentini und dem Tenoristen Adamo Bianchi zu singen. Zingarelli hatte die letztere Oper eigens für Crescentini und sie geschrieben und wie jede Sängerin gewöhnlich eine Rolle hat, in welcher sie ihre ganze Kunst entfaltet und die sie als die vorzüglichste ihrer Leistungen betrachtet, so war die Giulietta die Lieblingsrolle der Grassini. Im folgenden Jahre (1797) erregte sie zu Venedig während des Carnevals auf dem Fenicetheater in Cimarosa's Horatiern in der Titelrolle die lebhafteste Begeisterung. Im Sommer desselben Jahres wurde sie von dem Theater San Carlo in Neapel in Sold genommen, um zur Erhöhung der Feierlichkeiten bei der Hochzeit des Kronprinzen beizutragen. Sie sollte in einer für sie von Piccini componirten Cantate bei Hofe singen; da aber eine Composition Anfossi's, eines Schülers Piccini's, vorgezogen wurde, so ließ Prinz August von England, später Herzog von Sussex, um Piccini zu entschädigen, dessen Cantate in seinem eigenen Hotel vortragen und wurde bei dieser Gelegenheit von den Reizen der Sängerin so sehr gefesselt, daß er sie in seiner Nähe behielt und sich längere Zeit als einen der aufmerksamsten und freigebigsten Liebhaber bewies; da er aber bald Ursache hatte, an ihrer Treue zu zweifeln, so schwor er ihr Rache und ließ sie bei einer nächtlichen Vergnügungsfahrt ins Meer werfen. „Aber," erzählte der Herzog 30 Jahre später, „dieser Dämon von einem Weibe konnte schwimmen! Sie rettete sich, näherte sich mir wieder am nächsten Tage verführerischer als je und ich mußte die Lection in der Schwimmkunst, die ich ihr gegeben hatte, theuer bezahlen." Im J. 1800 kehrte sie nach Mailand zurück, ohne jedoch auf der Bühne zu erscheinen, sie ließ sich aber nach der Schlacht von Marengo in einem Concerte vor dem ersten Consul hören, welcher, von ihr entzückt, sie nach Paris beschied, wo sie am 25. Juli desselben Jahres bei dem großen Nationalfeste auf dem Marsfelde zur Erinnerung an die Einnahme der Bastille, bei welchem 800 Musiker mitwirkten, sang. Sie gab zu dieser Zeit auch zwei Concerte in der Opera, wo sie die volle Pracht ihrer Stimme entfaltete und die Zuhörer zu einer solchen Begeisterung hinriß, daß ihre Nebenbuhlerin Bandi, eine der berühmtesten Sängerinnen des vorigen Jahrhunderts, ihr den Vorrang einräumen mußte; da jedoch damals Paris noch keine ernsthafte Oper besaß, bei welcher die Grassini hätte engagirt werden können, so verließ sie, nachdem sie von Napoleon für ihre Leistungen glänzend belohnt worden war, Frankreich und versuchte ihr Glück in Teutschland. Ihre Ansprüche fanden aber daselbst nicht die erwartete Befriedigung und die Concerte, welche sie

---

*) *F. J. Fétis*, Biographie universelle des Musiciens. Nouv. éd. Tom. IV. p. 86. Universal-Lexikon der Tonkunst von J. Schladebach und Ed. Bernsdorf. Bd. II. S. 223.

†) *F. J. Fétis*, Biographie universelle des Musiciens. Nouv. éd. (Paris 1862. 8.) Tom. IV. p. 86.

während ihres Aufenthaltes in Berlin im November 1801 ankündigte, scheinen gar nicht zu Stande gekommen zu sein. Sie eilte daher nach London, wohin sie auf fünf Monate (März bis Juli 1802) als Nachfolgerin der berühmten Sängerin Banti am Theater von Haymarket für 3000 Pfund Sterling berufen worden war. Bei ihrem ersten Auftreten ward ihr nicht der gewohnte glänzende Beifall; sie veranlaßte deshalb, um diesen im Sturme zu erringen, Mistreß Billington, damals die berühmteste Sängerin Englands, mit ihr gemeinschaftlich in Winter's „Raub der Proserpina," welche Oper für ihr Benefiz componirt war, aufzutreten. Der hartnäckige Kampf zwischen den beiden Sängerinnen, welcher den Zuhörern einen überaus seltenen Genuß verschaffte, entschied sich endlich zu Gunsten der Italienerin, welche von nun an die Heldin des Tages wurde. Damen vom höchsten Range behandelten sie mit der größten Auszeichnung und um sie drängten sich die vornehmsten Herren als Verehrer, unter welchen sich auch ihr alter Freund, der Herzog von Sussex, wieder einstellte. Während ihres Aufenthaltes in London malte Reynolds sie als heil. Cäcilia mit zum Himmel gerichteten Augen einem Engelchore lauschend; als sie Haydn um sein Urtheil fragte, lobte dieser die Aehnlichkeit, tadelte aber den großen Fehler, daß sie von dem Künstler als den Engeln zuhörend aufgefaßt sei, während die Engel als entzückt ihrer Stimme lauschend hätten dargestellt sein müssen. Entzückt über diese feine Schmeichelei fiel sie dem alten Haydn um den Hals und küßte ihn. Als bei dem Beginn des Kaiserreichs die seit dem Jahre 1792 geschlossene Oper wieder eingerichtet wurde, erhielt Signora Grassini einen Ruf nach Paris, um sowol auf der Bühne als auch in den Concerten am Hofe zu singen. Sie wirkte hier eine Reihe von Jahren mit Crescentini, Brizzi, [illegible], Tachinardi und Madame Paër und trat in verschiedenen Rollen auf den Bühnen der Tuilerien und [illegible] Saint-Cloud stets unter rauschendem Beifall auf. [illegible] meisten gefiel sie aber in der Rolle der Didone, welche [illegible] für sie geschrieben hatte und welche sie mit seltener [illegible]igkeit und mit einem nicht zu beschreibenden [illegible]chen Ausdruck sang. Den Kaiser hatte sie so für sich eingenommen, daß sie allen ihren Launen nachgeben durfte, ohne seinen Unmuth zu erregen und selbst der Kapellmeister Paër mußte sich ihren Einfällen fügen. Eines Abends entzückte sie als Giulietta Napoleon in solchem Grade, daß er ihr einen Papierstreifen überschickte, worauf von seiner eigenen Hand geschrieben stand: „Gut für 20,000 Francs. Napoleon." Ihr Gehalt betrug 30,000 Francs, ihre Gratificationen beliefen sich auf 15,000 Francs und ihre Pension war auf 15,000 Francs festgesetzt. Als sie im J. 1807 in der Gunst des Kaisers zu fallen schien, legte sie drei von Blangini componirte Verse [1]) in die Rolle der Kleopatra ein, worin sie, ihre Blicke fest auf die kaiserliche Loge gerichtet, ihren Kummer kund gab. Dieselben Verse soll sie später nicht ohne Erfolg nach der Loge des Herzogs von Wellington gerichtet haben. Trotzdem konnte sie nach der Restauration, da ihre Stimme an Frische und Umfang sehr abgenommen hatte, den frühern Beifall nicht mehr erringen und als sie im J. 1815 von der Bühne abtrat, wurde ihr sogar die festgesetzte Pension verweigert. Sie konnte diese Beleidigung nie vergessen und als im J. 1838 in einem Salon Jemand eine Begegnung Napoleon's und Ludwig's XVIII. im Elysium vorstellte, rief Signora Grassini: „Das erste Wort, welches der Kaiser dem Könige gesagt haben wird, kann nur die Frage gewesen sein: warum hast du die Pension unterdrückt, welche ich meiner lieben Grassini gegeben habe?" Die Sängerin kehrte, da man auf ihre Beschwerden nicht achtete, nach Italien zurück und sang im April 1817 noch in zwei Concerten zu Mailand. Später ließ sie sich nicht mehr öffentlich hören, denn die Nachricht, daß sie im J. 1823 noch einmal in dem Theater zu Florenz aufgetreten sei, beruht offenbar auf einem Irrthume. Sie starb im Januar 1850 zu Mailand in ihrem 77. Jahre. Obschon Nichts weniger als sparsam, war ihr doch von ihrer äußerst glänzenden Bezahlung und den ihr zugeflossenen kostbaren Geschenken so viel geblieben, daß sie bis zu ihrem Ende ein behagliches Leben führen konnte [2]). (*Ph. H. Külb.*)

GRASSIS (Dominicus de), italienischer Mönch aus dem Dominikanerorden in den letzten Decennien des 16. Jahrh. zu Neapel geboren, zeichnete sich nicht nur in den Collegien seines Ordens als Lehrer der Theologie aus, sondern war auch als ein sehr vorzüglicher Redner berühmt. Unter seinen Leichenreden wird besonders die auf Thomas von Avalos, Patriarchen von Antiochien (Neapoli 1622. 4.), gepriesen, welche nicht nur ein Meisterstück der geistlichen Beredsamkeit sein soll, sondern noch einige nicht anderwärts zu findende Beiträge zur Kirchengeschichte liefert. Ueber die Lebensverhältnisse dieses Mönches, sowie über seine sonstigen literarischen Leistungen ist nichts Weiteres bekannt [3]). (*Ph. H. Külb.*)

GRASSIS (Paduanus de), italienischer Theolog des 16. Jahrh., um das Jahr 1530 zu Barletta im Königreiche Neapel geboren, widmete sich dem geistlichen Stande und trat nach der Beendigung seiner Studien in den Orden der Minoriten. Er wurde von seinen Zeitgenossen als ausgezeichneter Kanzelredner hochgeschätzt, erwarb sich aber auch als Schriftsteller nicht geringen Beifall. Seine theologischen Schriften (De republica ecclesiastica, Enchiridium scholasticum contradictionum Doctoris Scoti und Concilium Pauli) ragen, was die Darstellung betrifft, weit über ähnliche Werke

1) Adora i cenni tuoi, questo mio cor fedele,
Sposa sarò se vuoi, non dubitar di me;
Ma, un sguardo sereno ti chiedo d'amor!

2) Universal-Lexikon der Tonkunst von Jul. Schladebach und Ed. Bernsdorf. Bd. II. S. 273 fg. Const. v. Wurzbach, Biographisches Lexikon des Kaiserthums Oesterreich. Bd. V. S. 317 fg. *F. J. Fétis*, Biographie universelle des Musiciens. Nouv. éd. Tom. IV. p. 87.

3) *J. Echard* et *J. Quetif*, Scriptores ordinis Praedicatorum. Tom. I. p. 696.

seiner Zeit hervor und dieses Verdienst wurde auch von den gleichzeitigen Gelehrten nach Gebühr gewürdigt, jetzt dürften sie aber, da ihr Inhalt nicht mehr zu den Fragen der neueren Zeit gehört, selten einen Leser finden. Das Enchiridion ecclesiasticum (Venetiis 1583. 4.) ist indessen für die Statistik der katholischen Kirche im 16. Jahrh. nicht ohne Werth und wird auch von den Bibliomanen seiner Seltenheit wegen gesucht*). (*Ph. H. Külb.*)

GRASSMANN (Gottfried Ludolf), teutscher Theolog und Schriftsteller im Fache der Landwirthschaft, um die Mitte des vorigen Jahrhunderts zu Stargard in der preußischen Provinz Pommern geboren, widmete sich der Theologie und erhielt nach der Beendigung seiner Studien die Stelle eines Predigers zu Wittmannsdorf bei Luckau. Später ward er Pastor zu Sinslow und Kortenhagen im Amte Kolbatz in Hinterpommern und fühlte später keine Lust, diesen Wirkungskreis zu verlassen, da er Land und Leute liebgewonnen und sich in die Verhältnisse hineingelebt hatte. In den Mußestunden, die ihm seine Berufsgeschäfte reichlich gewährten, befaßte er sich mit der Viehzucht, dem Feldbau und anderen landwirthschaftlichen Arbeiten und betrieb dieselben sowol praktisch als auch theoretisch mit solcher Umsicht, daß er bald als einer der geachtetsten Landwirthe und ökonomischen Schriftsteller galt. Von seinen Lebensverhältnissen, die auch sehr schlicht gewesen sein und nichts Außergewöhnliches geboten haben mögen, weiß man nur, daß die preußische Regierung ihn zur Belohnung seiner Verdienste zum Commissar in landwirthschaftlichen Angelegenheiten ernannte und daß er durch seine amtlichen Berichte sehr viel Ersprießliches in dieser Beziehung für die Provinz Pommern wirkte. Seine meisten Schriften betreffen den Ackerbau und als das Allgemeinere berührende sind zu nennen: „Bestimmung des Landes zum reichlichen Unterhalt einer Bauernfamilie" (Berlin 1776. 8.), „Abhandlung über das Nutzbare und Schädliche bei der Eintheilung des unter dem Pfluge stehenden Ackers in drei Felder, verglichen mit der in den neueren Zeiten an jene Stelle eingeführten Koppelwirthschaft" (Berlin 1790. 8. 2. Aufl. Ebend. 1804. 8. Auch in dem achten Bande der Berliner Beiträge zur Landwirthschaft. Berl. 1790. 8.), „Untersuchung, ob die Koppelwirthschaft in den preußischen Staaten anwendbar sei oder nicht?" (Berlin 1793. 8.), „Plan zur Auseinandersetzung ganzer Gemeinden mit ihren Ländereien in Gegenden, wo das Erdreich von verschiedener Güte und Beschaffenheit ist." (im Stralsundischen Magazin. Bd. 2. 1774. St. 3 u. 4) und „Ueber Meliorationen in der Landwirthschaft und Meliorations-Pächter, welche letztere durch solche Pachtungen, als bürgerliche Personen, zu dem eigenthümlichen Besitze sowol landesherrlicher, als auch adeliger Landgüter gelangen könnten, ohne daß hierdurch einem Landesgesetze, in welchem Staate es auch sei, entgegen gehandelt würde" (Warschau 1798. 8.). Auf besondere Gegenstände des Feldbaues beziehen sich die Schriften: „Abhandlung, ein Land in Ermangelung des Düngers fruchtbar zu erhalten" (Berlin 1773. 8.), womit er seine literarische Laufbahn begann, „Anweisung, wie man guten und reifen Kleesamen auf eine leichte Art und in zureichender Menge gewinnen könne, ohne daß derselbe durch zu starkes Trocknen in den Oefen, oder durch andere gewaltsame Mittel im Keimen und Aufgehen hätte Schaden nehmen können" (Berlin 1790. 8.) und „Abhandlung von dem Anbau und der Benutzung des Saflors" (Berlin 1792. 8. Zuerst in dem ersten Bande der Neuen Berliner Beiträge zur Landwirthschaftswissenschaft. Berlin 1791. 8.). Wichtig für den Betrieb der Landwirthschaft in Pommern sind auch die Abhandlungen „Ueber die Anlegung der Hecken und lebendigen Zäune" (Berlin 1794. 8.) und „Ueber die Nutzbarkeit des Torfs in der Feuerung" (Ebend. 1792. 8.). Ganz besondere Aufmerksamkeit erregte zur Zeit ihres Erscheinens die Schrift über die Stallfütterung, der die königliche Akademie zu Berlin den Preis zuerkannte und welche in den von derselben herausgegebenen „Abhandlungen über die allgemeine Stallfütterung des Viehes und die Abschaffung oder Beibehaltung der Brache" (Berlin 1788. 8.) abgedruckt ist. Graßmann dehnte sogar seine Forschungen über die Forstwissenschaft aus, wie seine Abhandlungen „Ueber die Aufgabe, durch welche gute und nicht theure Mittel das Schiffbauholz dauerhafter gemacht werden könne" (Petersb. u. Leipz. 1784. 4.) und „Ueber die längere Dauer und den Widerstand des Schiffbauholzes gegen die an den Schiffen nagenden Seewürmer" (Stettin 1790. 8.) beweisen. Alle diese Vorschläge hatten für seine Zeit einen nicht unbedeutenden Werth, der sich aber jetzt durch die Fortschritte der Chemie und deren Anwendung auf die Oekonomie sehr verringert hat. Graßmann setzte auch den von M. C. v. Schütz begonnenen Auszug aus der ökonomisch-technologischen Encyklopädie von J. G. Krünitz vom 14. bis zum 20. Theile (Berlin 1790—1800. 8.) fort, welche Fortsetzung dem 64. bis 81. Bande des größeren Werkes entspricht. Graßmann war unermüdlich thätig bis an seinen Tod, welcher ihn in den ersten Jahren des gegenwärtigen Jahrhunderts seiner ihn hochachtenden Gemeinde und der Wissenschaft entriß*). (*Ph. H. Külb.*)

GRASSMANN (Justus Günther), teutscher Schulmann, am 19. Juni 1779 zu Sinzlow bei Stettin, wo sein Vater, ein geachteter Schriftsteller im Fache der Landwirthschaft, Prediger war, geboren, erhielt seine erste wissenschaftliche Bildung von seinem Vater und von einem Hauslehrer, welcher jedoch keine großen Hoffnungen auf die Fähigkeiten seines Schülers zu setzen schien, die sich indessen auch nicht leicht bei der angewendeten Lehrmethode entwickeln konnten. Da der Knabe indessen, nachdem er sich die nöthigen Vorkenntnisse ver-

*) Nouveau dictionnaire historique par *L. M. Chaudon* et *F. A. Delandine*. Tom. V. p. 542. Joh. G. Jöcher, Gelehrtenlexikon. Bd. II. S. 1126.

*) Vergl. J. G. Meusel, Das gelehrte Teutschland. Bd. II. S. 639 fg. Bd. IX. S. 452. Man findet Graßmann's Bildniß vor dem 8. Bande der Berliner Beiträge zur Landwirthschaft und vor dem 75. Bande der Krünitz'schen Encyklopädie.

schafft hatte, Lust zum Lehrfache zeigte, so ließ ihn der Vater im J. 1798 die Universität beziehen, um sich der Philologie zu widmen. Nach der Beendigung seiner Studien suchte er sich als Hauslehrer praktisch in seinem Fache auszubilden und nahm im J. 1802 die Stelle eines Conrectors zu Pyritz an. Bald darauf (1806) folgte er einem Rufe als Subrector an dem Gymnasium zu Stettin, wo er mit großem Eifer die Pflichten seines Berufes erfüllte, bis ihn die Befreiung des Vaterlands im J. 1813 in das Feld rief. Er befand sich unter den ersten, welche dem Aufrufe ihres Königs folgten und zog, obgleich er bereits Vater von vier Kindern war, bereitwillig ins Feld. Nach der glücklichen Heimkehr trat er wieder in seine frühere Stelle am Gymnasium zu Stettin und ward in dem Jahre 1817 zum Professor an demselben ernannt. Schon früher hatte er sich mit Glück als Schriftsteller versucht und seine „Raumlehre für die unteren Gymnasialclassen" (Berlin 1811. 8. Ebend. 1817. u. Ebend. 1824. 8. 2 Bde) muß als ein in der Pädagogik Epoche machendes Werk betrachtet werden, welches einen eigenen Unterrichtszweig in die Schule und eine reiche Literatur auf diesem Felde, wozu auch sein „Schulbuch der Raumlehre" (Berlin 1826. 8. Dritte Auflage. Ebend. 1843. 8.) gehört, ins Leben rief. Solche tiefe Studien auf dem Gebiete des Elementarunterrichtes konnten unmöglich ohne wohlthätigen Einfluß auf seine eigene Lehrmethode bleiben. Da er überhaupt alle durch fleißige Studien gewonnenen Kenntnisse mit seiner ganzen Denkweise verarbeitete, so wurde das Erlernte in ihm wieder Original und daher war auch seine Lehrmethode durchaus originell. Von der systematischen Pädagogik und den schriftstellerischen Erzeugnissen in diesem Fache versprach er sich wenig Nutzen, denn er ging von dem Grundsatze aus, der Erzieher müsse sich durch die Individualität des Zöglings bestimmen lassen und nicht dürfe der Zögling durch die Individualität des Lehrers bestimmt werden; da aber jeder Zögling neu sei, so könne es keine allgemeine Pädagogik in dem engeren Sinne des Wortes geben. Sein ganzes Unterrichten und Erziehen und die Früchte des Wissens hatten für ihn nur dann Werth, wenn sie bei der sittlichen Würdigung seiner Schüler mit in die Wagschale gelegt werden konnten. Die reine Lehrschule mit ihrer Intelligenz war ihm ein Gräuel, die ehrtreibende Zucht erfüllte ihn mit Schmerz, die Vergötterung des classischen Alterthums hielt er für eine beklagenswerthe geistige Verirrung und die Entkirchlichung der Schulen beseufzte er oft. Er ging darin offenbar zu weit und die von seinen Ansichten getragenen Prophezeiungen über die Früchte einer solchen Unterrichtsmethode werden wol nicht sobald noch in Erfüllung gehen, obschon er meinte, sie seien bereits allenthalben sichtbar, und oft als Mitglied der Schuldeputation der Stadt Stettin darauf hindeutete. Auf die philologische Ausbildung der Schüler des Gymnasiums hatten übrigens diese Ansichten durchaus keinen Einfluß, da die ihm zugetheilten Lehrgegenstände, Physik und Mathematik, sich mit denselben vertrugen. Seine Leistungen in diesen Fächern ließen auch Nichts zu wünschen übrig. Ein schönes Zeugniß seines methodischen Talents gibt seine in einem Programm des Gymnasiums mitgetheilte Abhandlung „Ueber den Begriff und Umfang der reinen Zahlenlehre," welche nicht nur die wahrhaft bildende Seite der reinen Arithmetik für den Unterricht, sondern auch die wissenschaftliche Construction derselben begründet. An diese Arbeit reiht sich das „Lehrbuch der ebenen und sphärischen Trigonometrie" (Berlin 1825. 8.), worin das Streben nach Vereinfachung und Durchsichtigkeit hervortritt. Ebenso wußte er jeder Entdeckung auf dem Gebiete der Naturwissenschaften das pädagogisch Fördernde abzugewinnen, wovon die vielen Verbesserungen an den physikalischen Instrumenten, die er beim Unterricht gebrauchte, ein redendes Zeugniß ablegen. Aber nicht allein auf den Schulgebrauch beschränkte sich seine Thätigkeit in diesem Fache, sondern sie dehnte sich auch auf weitere Kreise und zum allgemeinen Nutzen aus. Seine Schrift „Zur physischen Krystallonomie und geometrischen Combinationslehre" (Stettin 1829. 8.), welche durch und durch Original ist, gab von seiner tiefen Naturanschauung Kunde und bewirkte seine Aufnahme in viele naturhistorische Gesellschaften. Die darin niedergelegte Lehre von der Construction der Krystallgestalten fand durch den Engländer Miller, Professor an der Universität zu Cambridge, eine näher eingehende Verarbeitung und bot der dürren Stereometrie, wie sie in den Schulen gelehrt wird, einen unerschöpflichen Stoff zu einer fruchtbaren Erweiterung, wozu er auch durch die „Combinatorische Entwickelung der Krystallgestalten" (in Poggendorff's Annalen der Physik. Bd. XXX, 1833.) das Seinige beitrug. Die Physik bereicherte Graßmann ferner durch eine vortreffliche, in dem Programm des Gymnasiums vom Jahre 1837 niedergelegte Abhandlung „Zur Akustik" und durch einen Aufsatz über die „Verbesserung der zweistiefligen Hahn-Luftpumpe" (in Gilbert's Annalen der Physik. Bd. LXV, 1820.), die Astronomie durch eine von ihm construirte astronomische Uhr, und die Meteorologie durch ein Instrument zur Bestimmung der mittleren Lufttemperatur (in Poggendorff's Annalen der Physik. Bd. IV, 1825). Graßmann stiftete auch zu Stettin eine physikalische Gesellschaft, welche sich eines guten Fortgangs erfreute und nahm überhaupt gern Antheil an allen Bestrebungen, welche die Unterstützung oder die Ausbildung seiner Mitbürger bezweckten; durch seine Bemühungen um die Verbesserung des Schulwesens wurde das in der Pestalozzi'schen Unterrichtsmethode wahrhaft Ersprießliche in die ihm überwiesenen Armenschulen eingeführt und fand auch bald allgemeinen Eingang in den übrigen Schulen. Es gelang so durch seine Bemühung bei den städtischen Behörden, die Schulen auf eine bewunderte Höhe zu erheben, die Bürger zu bedeutenden Geldbewilligungen zu bewegen und auf diese Weise die heutige Blüthe des Schulwesens in der Stadt Stettin zu veranlassen. Ferner rief er als Logenmeister für Stettin ein Etablissement hervor, wofür ihm alle Gebildeten der Stadt noch lange danken werden. Hier wirkte er anregend durch seine Vorträge und er sprach ebenso tief und innig über das Gebiet der Kunst, wie er in das Reich der Natur schaute. Leider sind seine „Vorlesungen über die Rafael'schen Stanzen und Madonnen" nur für Freunde gedruckt worden. Sie verdienten wohl ein Bekanntwerden in weiteren Kreisen, um an einem solchen Beispiele zu sehen, wie fruchtbar und ergreifend auch ein Unterricht über die Producte der Kunst gemacht werden kann. Ueberhaupt entlockte das Meisteramt in der Loge, welches er über 20 Jahre versah, dem Schatze seines Gemüthslebens viele schöne Geistesgaben und verflocht ihn in manchen persönlichen Verkehr und in manche gesellige Verbindungen, und es läßt sich deshalb leicht begreifen, daß die Trauer bei seinem Tode, welcher am 9. März 1852 erfolgte, eine allgemeine war, obschon er ein hohes Alter erreicht hatte und seine Kraft in der letzten Zeit gebrochen war. Er hinterließ zwölf Kinder, deren Erziehung er die größte Sorgfalt widmete und von denen sechs Söhne studirten. Einer derselben, Hermann Günther Graßmann, geboren zu Stettin am 15. April 1809, folgte ihm im J. 1852 als erster Lehrer der Mathematik am Gymnasium zu Stettin nach, nachdem er vorher als Lehrer an der Ottoschule und an der Friedrich-Wilhelmsschule daselbst gewirkt hatte. Er hat sich auch bereits als Schriftsteller im Fache der Mathematik und der Naturwissenschaften bekannt gemacht und es braucht nur auf seine Leistungen, von welchen besonders hervorzuheben sind: „Die Wissenschaft der extensiven Größe oder die Ausdehnungslehre" (Leipzig 1844. 8.), „Geometrische Analyse, geknüpft an die von Leibnitz erfundene geometrische Charakteristik," von der Jablonowsky'schen Gesellschaft gekrönte und herausgegebene Preisschrift (Leipzig 1847. 8.), „Neue Theorie der Elektrodynamik" (in Poggendorff's Annalen der Physik. Bd. LXIV, 1845) und „Theorie der Farbenmischung" (Ebend. Bd. LXXXIX, 1853), hingewiesen zu werden*). (*Ph. H. Külb.*)

GRASSMÜLLER (Heinrich), deutscher lutherischer Prediger, im J. 1632 zu Hamburg geboren, widmete sich mit besonderer Vorliebe der Theologie und bekleidete nach der Beendigung seiner Studien nach und nach mehrere Stellen, in welchen er sich stets durch unermüdlichen Eifer, sein nicht unbedeutendes Predigertalent wuchern zu lassen, und durch die strengste Gewissenhaftigkeit in der Seelsorge auszeichnete. Er rückte allmälig zu besseren Aemtern vor und war zuletzt Erzdiakon an der Michaeliskirche in seiner Vaterstadt, wo er am 12. Jan. 1683 starb. Als Schriftsteller machte er sich bekannt durch sein „Krankenbuch" (Hamburg 1681. 8. 3 Thle.), welches als eines der besseren Werke in diesem Zweige der Seelsorge betrachtet werden muß und noch im 17. Jahrhundert lange ein beliebtes Handbuch der protestantischen Geistlichkeit und ein gesuchtes Trostmittel der gläubigen Protestanten auf dem Krankenbette war†). (*Ph. H. Külb.*)

*) Vergl. Neuer Nekrolog der Deutschen. Jahrg. 1852. Bd. I. S. 160 fg. J. C. Poggendorff, Biographisch-literarisches Handwörterbuch zur Geschichte der exacten Wissenschaften (Leipzig 1863. 8.) S. 942.

†) Chr. G. Jöcher's Gelehrten-Lexikon. Bd. II. S. 1132.

GRASSOLDT (Bernhard), österreichischer Jesuit, im J. 1695 zu Eger in Böhmen geboren, trat im J. 1712 in die Gesellschaft Jesu und widmete sich, nachdem er seine Studien beendigt und seine Gelübde abgelegt hatte, dem Unterrichtsfache. Er lehrte in verschiedenen Collegien seines Ordens zuerst die alten Sprachen und die Rhetorik und darauf die Philosophie und die Theologie. Später war er Studienpräfect und Kanzler der Universität Olmütz. In seinem Alter zog er sich in das Profeßhaus zu Brünn zurück, wo er am 22. März 1754 starb. Seine dem kanonischen Rechte und der Casuistik angehörenden Schriften (Candidatus Sacramenti Poenitentiae administrandi summaria et expedita notitia pro hoc munere congrue obeundo instructus. Olomucii 1741. 8. Expedita de impedimentis matrimonii notitia per planas quaesitorum et casuum illa concernentium resolutiones facilitata. Olomucii 1743. 8. und Tractatus de contractibus ad Justitiae bilancem applicatus per attemperatas quaesitorum et casuum illas concernentium resolutiones combinatus. Olomucii 1744. 8.) waren zu ihrer Zeit beliebte und von den jungen Priestern fleißig benutzte Handbücher. Seine ascetische Schrift über die Glorie der Mutter des Herrn (Maria in coelos assumpta corona 12 stellarum incincta, totidem quaestionibus theologico-scripturisticis concelebrata. Olomucii 1747. 8.) ist im Geschmacke seines Ordens gearbeitet*). (*Ph. H. Külb.*)

GRASSUS oder GRASSO (auch Crassus) (Jacobus), ein Mönch aus dem Orden des heil. Dominicus, zu Palermo geboren, lebte und wirkte in der Mitte des 15. Jahrhunderts auf Sicilien und scheint sich auch mit Forschungen über die Geschichte seines Vaterlandes beschäftigt zu haben, wenigstens verräth seine darauf bezügliche Schrift (Collectanea de laudibus Panormi) ein ernsteres Studium. Sie ist freilich noch nicht gedruckt, aber Francesco Baronio war es vergönnt, sie in seinem Werke über Palermo (De Majestate Panormitana. Panormi 1630. fol.) zu benutzen und man darf voraussetzen, daß das Hauptsächliche des Inhaltes in dasselbe übergegangen ist†). (*Ph. H. Külb.*)

GRASWINCKEL (Dirk Janszoon), holländischer Rechtsgelehrter und Schriftsteller im Fache der Staatswissenschaft, im J. 1600 zu Delft geboren, stammte aus einem angesehenen Patriziergeschlechte und widmete sich, nachdem er in seiner Vaterstadt die nöthige Vorbildung erhalten hatte, auf der Universität Leyden der Jurisprudenz. Nach der Beendigung seiner Studien wirkte er einige Zeit als Anwalt und machte dann eine Reise nach Frankreich, um sich im Fache der Staats-

*) Vergl. Fr. Mar. Pelzel, Böhmische, Mährische und Schlesische Gelehrte und Schriftsteller aus dem Orden der Jesuiten (Prag 1786. 8.) S. 191. *Aug. et Al. de Backer*, Bibliothèque des écrivains de la Compagnie de Jésus. Vol. VI. (Liège 1861. 8.) p. 190.

†) *J. Echard et J. Quetif*, Scriptores ordinis Praedicatorum. Tom. I. p. 801.

wissenschaft weiter auszubilden. Im J. 1624 befand er sich zu Paris, wo er bei Hugo Grotius, seinem gelehrten Landsmanne und Verwandten, arbeitete und dessen berühmtes Werk De jure belli et pacis zum Abdruck ins Reine schrieb. Nach der Zurückkunft in sein Vaterland wurde er zuerst zum Fiscalanwalt der Staaten von Holland und dann von Seiten der Generalstaaten zum Greffier und Secretair der getheilten Kammer, welche die zwischen den spanischen Niederlanden und den Generalstaaten schwebenden Streitigkeiten zu erledigen hatte, ernannt. Die Stelle eines Secretairs der Deputation der Generalstaaten zum Abschlusse des Friedens zu Münster nahm er zwar nicht an, machte sich aber trotzdem bei den schwierigen Verhandlungen sehr nützlich. In dem Streite zwischen der Republik Venedig und dem Herzog von Savoyen über das Recht des Vorrangs erklärte er sich in der von ihm verfaßten betreffenden Abhandlung (Dissertatio de jure praecedentiae inter rempublicam Venetam et ducem Sabaudiae. Lugduni B. 1644. 8.) zu Gunsten der Republik und widerlegte eine für den Herzog von Savoyen sprechende Schrift; schon früher hatte er die Aufmerksamkeit der Republik erregt, indem er in einer ausführlichen Darstellung (Libertas veneta, sive Venetorum in se ac suos imperandi jus assertum. Lugduni B. 1634. 4.) die Staatsgewalt gegen das allgemeine Stimmrecht (Squittino) vertheidigte, und es erfolgte jetzt zur Belohnung seiner Dienstleistungen die Ernennung zum Ritter des heil. Marcus. Er galt überhaupt als einer der eifrigsten Vertheidiger der unumschränkten Herrschaft und seine Abhandlung über das Majestätsrecht (De jure majestatis. Hag. Com. 1642. 4.), welche auch in holländischer Uebersetzung (Naspöringe van het Recht de opperste Macht. Rotterd. 1667. 4.) erschien, ist wol, wie sich Aug. Ludw. v. Schlözer [1]) ausdrückt, die lächerlichste und scheußlichste Vertheidigung des übertriebensten monarchischen Despotismus, welche bis jetzt versucht wurde. Aehnlichen Grundsätzen folgte er auch in seinem Werke über die Souverainität der Staaten von Holland (Recht van de opperste Macht de Heeren Staaten van Holland. Amsteld. 1667—74. 4. 2 Bde.), welches erst nach seinem Tode erschien und auch ins Lateinische übersetzt wurde. Mit dem größten Eifer trat er für die Lehre seines Landsmannes Grotius in die Schranken und versuchte Joh. v. Felden, Professor zu Helmstädt, welcher das Werk seines Gönners über das Recht des Krieges und Friedens angegriffen hatte, in einer freilich nicht sehr gründlichen Abhandlung (Stricturae ad censuram Johannis a Felden in libros Grotii de jure belli et pacis. Amsteld. 1654. 12.), welche in mehreren Auflagen (Lugd. Batav. 1654. 4. Jenae 1675. 12. Lugd. Batav. 1678. 12.) wiederholt werden mußte, zurückzuweisen. Durch diesen Streit wurde auch sein Friedensfürst (Princeps pacis. Hag. Com. 1655. 4.) veranlaßt. Auch die von Hugo Grotius aufgestellten Grundsätze über die Freiheit des Meeres vertheidigte er gegen die Theorie des Genuesers P. B. Burgus, welcher die Oberherrschaft der Genueser über das ihre Küste bespülende Meer behauptete, und den englischen Rechtsgelehrten Will. Welwood, welcher dasselbe Recht seinen Landsleuten über den ihre Insel umgebenden Theil des Oceans vindicirte, in zwei Streitschriften (Vindiciae maris liberi adversus Guil. Welwodum, Britannici dominii assertorem. Hag. Com. 1635. 4. und Vindiciae maris liberi adversus P. B. Burgum, Reipublicae Genuensis in Mare Ligusticum dominii assertorem. Hag. Com. 1652. 4.) mit allen aufzubringenden Gründen. Eine Zusammenstellung seiner juristischen Ansichten findet man in seiner Einleitung zur Rechtsgelehrsamkeit (De praeludiis justitiae et juris. Dordraci. 1660. 12. Amsteld. 1660. 12.), welchem auch seine gegen den portugiesischen Jesuiten Ferd. Rebello gerichtete Abhandlung De fide haereticis et rebellibus servanda beigefügt ist. Zu seinen staatswissenschaftlichen Arbeiten gehören auch noch seine Abhandlung über das Wechslergeschäft (De trapezitis), welche der Schrift Marc. Zuerius Boxhorn's über denselben Gegenstand (Dissertatio de trapezitis, vulgo Longobardis. Lugd. Bat. 1637. 4.) angehängt ist, und die von einem Commentar begleitete Sammlung der holländischen Verordnungen über den Verbrauch der Lebensmittel und die auf ihnen lastenden Zölle und Abgaben (Commentarien over de placcaten op het stuck van lyftoght, als coren, graenen etc. Leyden 1651. 4.). Graswinckel wird von seinen Landsleuten auch als Philolog hochgeschätzt, diese Achtung gründet sich jedoch nur auf seinen historisch-politisch-moralischen und mit zahlreichen Parallelstellen anderer Autoren ausgestatteten Commentar zu Sallust's Catilina (C. Crispi Sallustii Catilina. Theod. J. F. Graswinckelius commentario illustravit. Lugd. Batav. 1642. 12.) und die politischen Erläuterungen zu Plutarch's Cassius und Brutus (Excursus politici in Plutarchi Cassium et Brutum. Lugd. Bat. 1660. 4.), welche übrigens Nichts weiter als eine mit Zusätzen versehene Bearbeitung eines in spanischer Sprache geschriebenen Werkes Fr. Quevedo's ist. Wie vielseitig das Talent dieses Gelehrten war, beweisen auch seine Versuche in der Poesie, unter welchen sein Lobgedicht auf Andries Canter, einen durch seine Gelehrsamkeit ausgezeichneten, aber früh verstorbenen Knaben von Gröningen in lateinischen Hexametern das vorzüglichste sein dürfte; ebenfalls in lateinische Verse übersetzte er die Psalmen David's (Psalmorum Davidis paraphrasis, heroicum carmen. Hag. Com. 1643. 4.) und die drei ersten Bücher des bekannten Werkes von der Nachfolge Christi (Thomae a Kempis de imitatione Christi, latino carmine expressa. Rotterodami. 1641. 8.); das vierte Buch ließ er aus nahe liegenden confessionellen Gründen unübersetzt. Zum Fache der schönen Literatur gehört auch seine „Kunst, wohl zu leben" in holländischer Prosa (Wellevens-Kunst). Er starb am 12. Oct. 1666 zu Mecheln, wo ihn ein Schlag traf, an Entkräftung. Eine ihm zu Ehren geschlagene Denkmünze zeigt auf der einen Seite sein Bildniß, auf der andern sein Wappen nebst seinem

1) Staatsgelehrsamkeit. (Göttingen 1793. 8.) Th. I. S. 80.

Wahlspruche [2]): Nemo ignavia factus immortalis. Graswinckel besaß eine umfassende Gelehrsamkeit, die er sich, unterstützt von einem wunderbaren Gedächtnisse, hauptsächlich durch unermüdliche Lectüre erworben hatte. Seine die Staatswissenschaft betreffenden Schriften sind nach dem Geschmacke seiner Zeit mit gut gewählten Stellen aus den alten Classikern ausgeschmückt und sprechen den Leser an, aber allen fehlt es an Tiefe, da dem Verfasser der zur Behandlung philosophischer Fragen nöthige Scharfsinn abging, weshalb auch seine Vertheidigung der Ansichten seines Freundes Hugo Grotius gewöhnlich sehr mangelhaft und schwach ist. Sein Charakter als Mensch verdient das größte Lob; er war verträglich, gefällig und gastfreundlich, religiös ohne Frömmelei und Unduldsamkeit und in hohem Grade wohlthätig, ohne damit zu prunken. Ein von Rumbold Verhulst gearbeitetes Denkmal ziert sein Grab in der Hauptkirche im Haag [3]). (*Ph. H. Külb.*)

GRASWIRTHSCHAFT, 1) ein Wirthschaftssystem, welches meist nur in höhern Gebirgsgegenden, wo Marktfrüchte nicht mehr gedeihen, vorkommt. Dieses System ist sehr einfach; es besteht darin, daß sämmtliches Land abwechselnd zu Wiese und Weide benutzt wird. 2) Diejenige neuere Bewirthschaftungsmethode des Ackerlandes, wo ein größerer oder geringerer Theil desselben mit verschiedenartigen Gräsern und Kräutern theils als Mähe-, theils als Weidefutter angesäet und entweder mehrere Jahre, oder auch nur kurze Zeit als Mähe- und Weidegrasland benutzt wird. Auf letztere Art wird der Grasbau in der Art betrieben, daß unter alle Halmfrüchte Gräser gesäet werden, um nach Aberntung des Getreides und bis zum Stürzen der Stoppeln eine ergiebige und gute Weide zu haben.

Man rühmt von dem Feldgrasbau, daß durch ihn hinreichendes Futter erzeugt werde, daß die Felder nicht entkräftet würden, daß man viel an Zugkraft erspare, da die mit Gräsern angesäeten Felder 2—3 Jahre zur Weide liegen bleiben, daß durch den dichten Stand der edlen Gräser die Aecker vor Verunkrautung geschützt würden, und daß der Grasbau weit billiger sei als der Anbau des Ackerlandes mit andern Futterpflanzen. Diese Vorzüge vereinigt der Feldgrasbau allerdings in sich, doch hängt die Räthlichkeit und Nützlichkeit eines ausgedehnten Feldgrasbaues theils von der Localität, theils von den Wirthschaftsverhältnissen ab. In diesen Beziehungen wird der Feldgrasbau besonders an der Stelle sein in feuchten, den Graswuchs vorzugsweise befördernden Gebirgsgegenden, ferner in solchen Gegenden, wo der Transport des Getreides bis zur Verkaufsstelle weit und deshalb kostspielig, oder wo Mangel an Absatz für das Getreide ist, oder wo die Landgüter einen sehr großen Umfang haben, der bei Mangel an Arbeitskräften den Getreidebau beschränkt und es nothwendig macht, größere Strecken zur Weide niederzulegen, oder wo bedeutende Wiesenflächen vorhanden sind, die bei dem schwerfälligen und deshalb nicht wohl ausführbaren Transport des Rauhfutters den Preis desselben an Ort und Stelle herabdrücken und deshalb die Haltung großer Schafheerden bedingen, die das Futter im Stalle am besten verwerthen, aber auch für ihre Ernährung im Sommer große Weideflächen fordern; ferner wo ausgebreitete und verwahrloste oder entfernte und zur Düngung unbequeme oder gar nicht zugängliche oder auch kraftlose Sandfelder vorkommen, die durch geringe Production von Stroh wenig Düngestoff gewähren und durch Niederlegung zu mehrjähriger Weide eine Kräftigung erlangen, oder wo man es überhaupt mit Boden zu thun hat, der gar keinen natürlichen Graswuchs erzeugt. In allen diesen Fällen ist der Grasbau sehr vortheilhaft und angelegentlich zu empfehlen, indem durch ihn, andern Culturen gegenüber, die Rente des Ackerlandes bedeutend erhöht wird. Wo dagegen die angeführten Verhältnisse nicht stattfinden, da wäre es jedenfalls ein Misgriff, dem Feldgrasbau eine große Ausdehnung zu geben. Hier genügt bei einem verhältnißmäßig betriebenen Hackfruchtbau ein Anbau von Mähefutter- und Weidepflanzen bis zu $\frac{1}{6}$ des Areals vollkommen. Man hat allerdings Ursache, überall auf Kräftigung des Ackerlandes, auf vermehrten Viehstand und vermehrte Düngererzeugung Rücksicht zu nehmen, dies darf aber nur nicht auf Kosten des einträglichen Getreide-, Hackfrucht- und Handelsgewächsbaues geschehen. Namentlich in stark bevölkerten Gegenden, wo die oben angeführten Local- und Wirthschaftsverhältnisse nicht vorhanden sind, ist ein möglichst starker Anbau von Getreide, Hülsenfrüchten, Hackfrüchten und Handelsgewächsen eine Hauptsache, theils der Ernährung der Bevölkerung, theils der Arbeitsbeschäftigung wegen. Der großartige Betrieb technischer Gewerbe mag als Ausnahme gelten, wiewol auch hier eine außergewöhnliche starke Viehhaltung erst Folge der nicht anders zu verwerthenden Rückstände ist. Wo ferner die Schafzucht einen solchen Standpunkt einnimmt, daß dieselbe nur sehr spärlich rentirt, wo nur wenig natürliche, einer andern Benutzung fähige Weideflächen vorkommen, da ist jedenfalls die Schafzucht mit großem Vortheil bis auf den Stand zu reduciren, wo man sie auf den ohne Benachtheiligung des Getreidebaues ihr einzuräumenden Weideflächen ohne Aufwendung der werthvollen Körnerfütterung auch im Winter erhalten kann. Dehnt man den Futterbau nicht über Gebühr aus, sucht man die Wirthschaften auf andere nicht umstürzende Weise zu verbessern, und richtet man die Viehhaltung namentlich mehr nach dem Strohertrage, dessen Vermehrung durch einen ausgedehnten Feldgrasbau nicht in glänzender Aussicht steht, ein, so hat man, und namentlich bei kleewüchsigem Boden, Dünger genug, um die Aecker nicht nur in ihrer stroh- und kleewüchsigen Kraft zu erhalten, sondern auch fortwährend zu vermehren. Dazu kommt ferner, daß der Betrieb technischer Gewerbe, die sich mit einer Graswirthschaft schwerlich vereinigen

2) *Ger. van Loon*, Beschryving der Nederlandsche Historipenningen. Deel II. p. 234 3) Vergl. *P. Bayle*, Dictionnaire historique et critique, art. Graswinckel. *J. F. Foppens*, Bibliotheca Belgica. Tom. II. p. 1183. *Th. Crenii* Animadversionum philologicarum. Tom. III. p. 19. Biographie universelle. Tom. XVIII. p. 380. (Nouv. éd. Tom. XVII. p. 380.) Biographie générale. Tom. XXI. p. 715.

lassen, auf großen Gütern im Flachlande ein mächtiger Mehrer des Viehstandes und daher des Düngers ist, und daß, wenn man eine noch größere Vermehrung des Düngers beabsichtigt, diese hier unzweifelhaft vortheilhafter durch eine weitere Ausdehnung des Hackfruchtbaues erzielt wird. Endlich ist es auch eine der höheren Verpflichtungen der Landwirthe, dem armen Theile der ländlichen Bevölkerung Arbeit zu gewähren; das Umsichgreifen der Armuth bringt dem Landwirthe wieder die hohe Aufgabe der Arbeitsvermehrung durch bessere und mehr Arbeitskräfte erfordernde Cultur des Bodens. Eine Lösung dieser Aufgabe kann aber da nicht stattfinden, wo man den Feldgrasbau zu ausgedehnt betreibt, wo man fast die Hälfte des ganzen Ackerlandes zu der Bearbeitung nicht fähigen Weide liegen läßt. Aus dem Angeführten ergibt sich zur Genüge, wo der Feldgrasbau mit Nutzen ausgedehnt betrieben werden kann, und wo derselbe in großer Ausdehnung nicht an seiner Stelle ist.

Von einem andern Standpunkte aus ist diejenige Art des Feldgrasbaues zu beurtheilen, wo alle Aecker, welche Halmfrüchte tragen, mit Grassamen besäet werden, um von der Aberntung der Halmfrüchte bis zum Stürzen der Stoppeln eine ergiebige und qualitativ gute Weide zu haben. Sollen aber diese Grassaaten den möglich größten Nutzen gewähren, so muß das Stürzen der Stoppeln weit hinausgeschoben werden. Bei einer solchen künstlichen Weide ist jedoch zu berücksichtigen, daß nach der Ernte der Halmfrüchte auch die nicht besonders angesäeten Stoppeln auf Bodenarten, die zum Graswuchs geneigt sind, eine gute Weide geben; daß in trockenen und heißen Sommern, wo der natürliche Graswuchs nur spärlich ist, auch die eingesäeten Gräser nicht gut gedeihen, und daß nach richtigen Grundsätzen die Stoppeln kurz nach der Ernte umgebrochen werden sollen. Das Einsäen von Grassamen unter die Halmfrüchte behufs Erzielung einer guten Stoppelweide kann daher, bei der nur kurzen Benutzung dieser Weide, blos dann Vortheil bringen, wenn entweder die Grassamen sehr billig zu kaufen sind, oder wenn man sich dieselben sehr billig selbst erziehen kann.

Eine dritte Form des Feldgrasbaues ist endlich die, wo mit dem rothen und weißen Klee vermischt verschiedene Grasarten ausgesäet werden. Man nennt diesen Anbau gewöhnlich Kleegrasbau. Diese Art des Feldgrasbaues kann als ein besonders großer Fortschritt im rationellen Betriebe der Landwirthschaft mit Recht betrachtet werden, und deshalb hat er auch bald eine ziemlich weite Verbreitung gefunden. Durch diesen Grasbau werden theils die Futterernten mehr gesichert, theils der Mähefutter- und Weideertrag erhöht, theils das Futter durch Mannichfaltigkeit verbessert und den im Stalle und auf der Weide ernährten Thieren gedeihlicher gemacht, theils der Boden rein, locker und kräftig erhalten. Dieses Lob muß übrigens auch der ersten Art des Grasbaues gezollt werden. Die Gräser nähren, ohne zu überfüttern, blähen und erhitzen nicht wie die Kleearten und sind leicht verdaulich. Zum künstlichen Anbau auf dem Ackerlande sind sie vorzugsweise geeignet, da man sie als ein-, zwei- und mehrjährige Grasgemenge wählen und benutzen kann. Ein Hauptvorzug der Gräser vor den Kleearten besteht auch noch darin, daß man sie auf jedem Boden anbauen kann, wenn man die richtige Wahl zu treffen versteht, während die Kleearten hinsichtlich der Ackerkrume und des Untergrundes weit wählerischer sind. Die Gräser sind ferner weit weniger Unglücksfällen unterworfen als die Kleearten, ihr Wachsthum bei mehrjähriger Dauer geht nicht so stark zurück wie das der Kleearten, sie leiden nicht durch Frost und gedeihen bei gutem Anbau und sorgfältiger Pflege fast immer. Auch lassen sich die Gräser weit leichter trocknen als der Klee. Es ist deshalb praktisch wirthschaftlicher, den Klee nicht allein, sondern mit Gräsern vermischt anzubauen.

Der Grasbau setzt zunächst keimfähige und wohlfeile Samen voraus. Am besten erzielt man sich den nothwendigen Bedarf an Grassamen selbst in einer besondern Grassamenschule. Bei der Drillsaat braucht man auf den magdeb. Morgen 5—6, bei der breitwürfigen Saat 8—10 Pfund Samen. Auf jeden Zoll Boden sollen zwei keimfähige Samen zu liegen kommen. Da die feinen Grassamen keine starke Erdbedeckung vertragen, so dürfen sie blos obenaufgesäet und eingewalzt werden. Das Drillen verdient übrigens den Vorzug vor der breitwürfigen Saat, weil die Drillsaat weit schönere Körner liefert und von längerem Bestande ist als die breitwürfige Saat. Man säet auf das gut gedüngte, wohl bestellte, klar abgeeggte Land mit der Drillmaschine in 15 Zoll von einander entfernten Reihen auf den □Fuß 36 keimfähige Körner von kleinen, 18 Körner von großen Samen und walzt dieselben ein. Im Spätherbst werden die Reihen mit der Pferdehacke durchfahren, und im Frühjahr wird die Samenplantage in die Quere klar geeggt. Weil aber das Drillen der Grassamen schwierig ist, so wird oft die breitwürfige Saat angewendet. Bei derselben säet man 72—100 Körner von den kleinen, 58—60 Körner von den großen Samen auf den □Fuß, durchpflügt im Spätherbst die ganze Plantage wie eine gedrillte Saat und eggt sie im Frühjahre. Sehr zu empfehlen ist eine leichte Ueberdüngung der Samenschule im ersten Winter; nur darf der Dünger nicht in Stallmist bestehen, um das Eindringen von Unkrautsamen durch den Mist in die Samenschule zu verhüten. Breitwürfige Saaten verquecken leicht, geben wenig und schlechten Samen und dauern höchstens zwei Jahre aus, während die Reihensaat bis vier Jahre reichlich Samen trägt. Wenn im Sommer die obern Spitzen oder Rispen der Samenstengel anfangen den Samen beim Anfassen mit der Hand fallen zu lassen, so muß ohne Verzug, am besten früh, wenn der Thau noch an den Halmen hängt, zum Schneiden mit der Sichel geschritten werden. Die Stengel werden jedoch nur so tief abgeschnitten, daß hohe Stoppeln bleiben; die Stengel werden sanft auf die Stoppeln gelegt, sofort schichtweise auf einem mit Tüchern ausgelegten Wagen gepackt und auf der Scheunentenne gut auseinandergebreitet auf Hürden gelegt. Bei geöffneten Thoren reift so der grüne Same noch nach. Ist das Stroh, welches man in den ersten Tagen öfter um-

werden muß, trocken, so wird es gedroschen, in kleine Bunde gebunden und zur Fütterung aufbewahrt, die abgedroschenen Samen aber werden wie die Kleesamen gereinigt. Läßt sich nicht aller Same mit einem Male rein ausdreschen, so findet ein Nachdreschen im Winter bei strengem Frost statt. Die hohen Stoppeln der abgeernteten Grassamenplantage werden mit der Sense niedrig abgemäht und wie Heu behandelt. Die gedroschenen und gereinigten Grassamen werden auf luftigen Böden ganz dünn in Rinnen aufgeschüttet und täglich mit dem Rechen so lange gewendet, bis sie ganz trocken sind. Das Verhältniß der Größe einer Grassamenschule zu dem alljährlich zu besäenden Areal läßt sich leicht ermitteln, wenn man zur Mischsaat mit Klee 12 Pfund Klee und 12 Pfund Grassamen auf den sächs. Acker rechnet und von einem Acker wohlbestellter Grassamenschule 9 Zentner Samenertrag annimmt.

Des eigenthümlichen rasenartigen Baues wegen, der eine beständige Reproduction leicht gestattet, sind die Gräser im Allgemeinen bessere Weide- als Mähepflanzen. Als Weidepflanzen vegetiren sie von der ersten Frühjahrswärme an bis spät in den Herbst, während welcher Zeit sie eine große Futtermenge liefern, die der besten Kleewiese Nichts nachgibt. Diese bedeutende Futtermenge wird erzeugt, wenn der Boden nur einige natürliche Feuchtigkeit und Kraft hat. Leicht ist es, sich von dem Ertrag solcher Weiden zu überzeugen, wenn man ihn mit dem Heuquantum vergleicht, welches zur Hervorbringung des Effects den Weidethieren gereicht werden müßte, und zwar auf so lange, als der Weidegang dauert. Die tägliche Bewegung und üble Witterungseinflüsse sind dabei nicht ganz außer Acht zu lassen. Ist der Boden geringer und für Gräser nicht ganz geeignet, so werden diese als Weidepflanzen wenigstens andern Pflanzen immer noch nicht nachstehen. Gut ist es indessen stets, und im letztern Falle besonders, ihnen auch Blattgewächse beizugesellen, z. B. Trifolium fragiferum, Trif. repens, Medicago lupulina, Plantago lanceolata u. s. w.

Als künstliche Mähepflanzen stehen die Gräser, für sich allein angebaut, im Allgemeinen den Kleearten nach. Besonders auf hochliegenden, trockenen, kalkigen Bodenarten sind die Kleearten entschieden besser. Ohne die gehörige Feuchtigkeit und Bodenkraft ist der künstliche Grasbau zu Mähefutter stets mißlich oder setzt wenigstens viel Kunst voraus, die man indessen vortheilhafter auf die Kleefelder verwenden würde. Auf einem Ackerboden aber, der bei mehr als gewöhnlicher Feuchtigkeit den Körnerertrag unsicher macht, dabei auch die nöthige Kraft besitzt, wird man mit Vortheil Gräser künstlich anbauen können, die dann in zwei Schnitten ebenso viel Futter zu geben im Stande sind, als die Kleearten, welche hier den geeigneten Platz ohnehin nicht finden würden. Hat ein solcher Boden eine ebene, gegen die umliegenden Grundstücke etwas tiefere, also geschützte Lage, und ist dabei die Luft mehr feucht als trocken, so ist dies um so besser. Der Norden Teutschlands, wo Tausende von Morgen zu den schönsten künstlichen Wiesen niedergelegt sind, beweist solches hinreichend. Daraus folgt aber auch, daß in hoch gelegenen, trockenen, den austrocknenden Winden ausgesetzten Gegenden der künstliche Grasbau zu Mähefutter den tiefer wurzelnden Blattgewächsen stets untergeordnet sein wird.

Bei der Auswahl der Gräser für den Anbau auf dem Felde sind im Allgemeinen die Arten mit faseriger Wurzel die besten, weil die übrigen den Boden meist queckenartig durchziehen und bei ihrer Hinwegschaffung mancherlei Schwierigkeiten veranlassen würden. In solchen künstlichen Anlagen aber, welche lange als solche bestehen sollen, ist die Wahl der Gräser schon freier. Stets aber müssen solche neben dünnen Halmen auch viel Wurzelblätter treiben, die einen dichten Rasen und somit auch ein gutes Weidefutter geben. Je mehr ein Grashalm Knoten und folglich auch Blätter hat, je dünner und zarter er ist, desto besser ist er und desto mehr eignet er sich zum Abmähen und Trocknen. In den meisten Fällen ist es gerathen und auf trockenem Boden selbst nothwendig, Blattgewächse und, wenn der Boden kalkhaltig ist, schmetterlingsblüthige mit auszusäen, weil diese tiefer wurzeln. Wenn das Mitansäen von Blattpflanzen schon bei den Weidepflanzen sehr vortheilhaft ist, so ist es bei den Mähepflanzen nothwendig, weil dann der Ertrag bei ungünstiger Witterung mehr gesichert ist. Was die Zahl der künstlich anzubauenden Grasarten anlangt, so ist es der Einfachheit halber besser, ihrer nicht zu viele zum Anbau herbeizuziehen.

Was das Anbauverfahren der Gräser betrifft, so ist dasselbe ebenso wenig umständlich als das der Kleearten. Bei der Dreifelderwirthschaft, wo man gern solche Grasarten wählt, deren Same bei schon einiger Größe leicht aufgeht, richtet sich die Aussaat ganz nach den Kleearten. In der Futterschlägewirthschaft, und so auch, wenn immerdauernde naturähnliche Anlagen hergestellt werden sollen, ist das Verfahren ziemlich dasselbe, nur mit dem Unterschiede, daß, weil hier manche Species mit vorkommen, deren Same feiner und deshalb die junge Saat im Anfange gewöhnlich zärtlicher ist, der Boden kräftiger, reiner und feiner gepulvert sein muß. Im Allgemeinen lassen sich über den Anbau der Grasarten folgende Regeln aufstellen: 1) Der Boden muß tief gelockert, von Wurzelunkräutern und Steinen frei und kräftig sein. Je mehr der Boden diesen Anforderungen entspricht, desto ertragreicher fällt die Ernte aus. Der beste Standort für die Gräser wird deshalb nach gedüngten Hackfrüchten oder nach gedüngter Winterung sein, wozu dem Acker eine tiefe Bestellung gegeben wurde. Der Grasbau unter Wintergetreide hat insofern Vorzüge vor dem Grasbau unter Sommergetreide, als der Same weniger der Gefahr des Abspringens unterworfen ist. Gräser in abgetragenes, ausgesaugtes Land zu säen, ist stets ein großer Fehler. 2) Die Gräser dürfen nie die Stelle der gewöhnlichen Futtergewächse einnehmen; sie haben vielmehr nur neben ihnen alle die Räume auszufüllen, die jenen auf irgend eine Weise nicht zusagen, sei es nun, daß der Boden solches nicht zuläßt, oder des nöthigen Wechsels halber. Bei der Dreifelderwirthschaft sind es jene Flächen, die man für reine Brache bestimmt hatte, die also zum Klee oder zu irgend einer andern Frucht nicht mehr gelangten, ihrer Lage und Bodenbeschaffenheit nach aber im Stande sind, einen Schnitt irgend eines früh wachsenden Grases erzeugen zu können. Ist der Boden dazu noch zu arm, so bleibt immer noch eine einträgliche, gesunde Weide übrig, die, nicht zu spät gestürzt, der nachfolgenden Winterfrucht auf keinerlei Weise schadet. Ist der Ertrag in manchen Fällen auch nicht sehr groß, so ist dagegen auch die Aussaat, die man ganz einfach unter Sommergetreide macht, so gering, daß sie fast gar nicht in Betracht kommt. In der Futterschlägewirthschaft dienen die Gräser trefflich zu den länger dauernden künstlichen Weiden und Mähewiesen. 3) Am besten verschafft man sich guten Samen durch eigene Anzucht. Beim Ankauf desselben ist man leicht Betrügereien der Samenhändler ausgesetzt. Wenn nun auch die Samengewinnung nicht schwierig ist, so kann es doch Fälle geben, wo man zum Ankauf von Samen genöthigt ist. In diesem Falle muß man den Samen vor der Aussaat auf seine Keimfähigkeit probiren. 4) Der Grassame wird in die Winterung im Herbst, der Kleesame im Mai, der Grassame in die Sommerung gleich nach deren Aussaat gesäet. Nur auf sehr bindendem Boden ist die Aussaat des Grassamens in die Winterung im Frühjahr besser. 5) Es gehört ein geübter Säemann dazu, um die feinen Grassamen gleichmäßig auf dem Acker zu vertheilen. Mit Säemaschinen ist die Saat am vollkommensten zu verrichten. Zur Saat mit der Hand muß windstilles Wetter abgewartet werden. Der Samenbedarf ist mindestens 40 Pfund (Gras- und Kleesamen) auf 180 □Ruthen; denn durch starke Aussaat wird die so wünschenswerthe dichte Besetzung um so besser erzielt. 6) Ein Hauptaugenmerk ist auf das zweckmäßige Unterbringen des Samens zu richten. Geschieht die Aussaat unter Sommergetreide, so wird der Grassame mit Unterbringung des Samengetreides mit der Egge untergebracht und dann die Walze noch angewendet; geschieht aber die Aussaat unter Wintergetreide, so ist kein Eineggen des Grassamens nothwendig. Ein dichtes Kleegrasgemenge muß auf jeden □Fuß tausend Pflanzen zählen. 7) Sehr wichtig sind die Arten der Gräser, die Auswahl derselben für die verschiedenen Bodenarten und die Samenmischungen. Den meisten Werth haben: die Schwingelsorten, namentlich Festuca pratensis, loliacea, arundinacea, ovina, duriuscula; die Hafersorten, namentlich Avena elatior, flavescens, pratensis, pubescens; das Knaulgras Dactylis glomerata; die Lolchsorten, namentlich Lolium perenne und italicum; die Trespesorten, als Bromus pratensis und mollis; das Honiggras Holcus lanatus; die Straußgrassorten, besonders Agrostis alba, hispida, capillaris, rubra, stolonifera, vulgaris; die Schmielensorten Aira; das Perlgras Melica; das Zittergras Briza; das Glanzgras Phalaris; das Kammgras Cynosurus; die Rispengräser Poa pratensis, trivialis, fertilis; das Ruchgras Anthoxanthum; das Lieschgras Phleum; der Fuchsschwanz Alopecurus pratensis und nigricans; die Gerste Hordeum. Was die Auswahl der Gräser bei den verschiedenen Bodenarten anlangt, so eignen sich von den mähbaren Gräsern besonders für Weizenboden Hochschwingel und Wiesenfuchsschwanz; für Gerstboden Timotheegras, Knaulgras, Wiesenschwingel, Hartschwingel, Lolchschwingel, sprossendes Rispengras, glattes und rauhes Wiesenrispengras, Wiesenhafer, Schafschwingel und rother Schwingel; für Haferboden gemeines Raigras, Hafergras, Timotheegras, Kammgras, Rasenschmiele, Hundsweizen, Goldhafer, Wiesenhafer. Weidegräser für leichten Boden sind große Trespe, steife Trespe, Honiggras, Rothschwingel, Schafschwingel, Windhalm, Hirsegras, auch Wiesenfuchsschwanz, Knaulgras, italienisches Raigras, Wiesenrispengras, Wiesenhafer; für nicht bindenden Boden Wiesenfuchsschwanz, Knaulgras, harter Schwingel, Wiesenschwingel, Timotheegras, gemeines Rispengras; für Sumpfboden Wasserrispengras, Glanzgras, Fioringras, Mannaschwingel, Wasserschmiele. Zweckmäßige Samenmischungen sind zu Grün- und Heufutter für Rindvieh auf Thonboden: Knaulgras, Timotheegras, Wiesenschwingel, Hafergras, Fuchsschwanz, Hoch- und Hartschwingel, Rispengräser; zu Grün- und Heufutter für Schafe auf lehmigem Sandboden: Hafergras, Timotheegras, Knaulgras, Wiesenhafer, Goldhafer, große Trespe, steife Trespe, Hundsweizen, Honiggras, Schwingelarten, Rispengräser; zu Grün- und Heufutter für Schafe und Rindvieh auf Gerstboden: Hochschwingel, Fuchsschwanz, Hafergras, Wiesenschwingel, Timotheegras, Knaulgras, Hartschwingel, Rispengräser. Boden und Lage bestimmen, welche Kleearten man den Mähegräsern beizumengen hat, und ob man der Zahl nach diese oder jene vorherrschen läßt. Noch wichtiger als die Mähegemenge sind die Weidegemenge. Bei der Auswahl der Weidegräser ist ganz besonders Rücksicht auf die Beschaffenheit des Bodens und auf die für die Weide bestimmte Viehgattung zu nehmen. Bei kurzer Dauer der Weidenutzung und bei trockenem Klima und Boden läßt man mehr die Kleearten, bei längerer Benutzung und bei feuchtem Klima und Boden mehr die Gräser vorherrschen. Die Weidepflanzen dürfen nicht spärlich und nicht obenhin den Boden bedecken, müssen vielmehr dicht geschlossen stehen; denn ein dichter Stand erhält und befördert die Cultur des Bodens, gewährt den Thieren reiche Nahrung und gestattet eine anderweite gewinnreiche Benutzung des Grundstücks. Auf einen □Zoll können 6 Pflanzen, Gräser und Kräuter, im Gemenge sehr bequem stehen und wachsen, denn Schafweiden dürfen nur 2—3 Zoll, Kuhweiden nur 4 Zoll hoch werden, weil sonst die Pflanzen zu alt und den Thieren zu hart werden, auch in Samen schießen würden. Man soll deshalb lieber zu dick als zu dünn säen, denn der Boden muß durchaus dicht geschlossen sein. Im Gedränge und Gewimmel wachsen auch auf minder kräftigem Boden die Futterpflanzen und treiben besser, als wenn sie dünn stehen, und dann reichen für 1 Kuh oder für 10 Schafe an Weidefläche vollkommen aus $3^{1}/_{2}$ magdeb. Morgen geringeren Bodens, oder $2^{1}/_{2}$ Morgen Mittelbodens, oder $1^{1}/_{2}$ Morgen guten Bodens. Bei der Dichtigkeit, in welcher die künstlichen Kleegrasweiden bestanden sein müssen, theils damit sie niedrig bleiben, theils damit sie einen reichern Ertrag geben, nimmt man folgende Abstufungen der Gemenge an: Auf reichem Boden 4½ Pfund Kräuter und 22 Pfund Gräser; auf Mittelboden 5½ Pfund Kräuter und 20 Pfund Gräser; auf geringerem Boden 7½ Pfund Kräuter und 13 Pfund Gräser pr. Morgen. Aus je mehrerlei Arten von Kräutern und Gräsern die Weide besteht, desto ertragreicher ist sie, desto besser ernährt sie die Thiere. Man darf nur solche Pflanzen im Gemenge aussäen, die mit einander verträglich sind. Die Arten sind so auszuwählen, daß sie sich früh und spät entwickeln, indem dann die Wiese stets reiche Nahrung bietet. Von großer Wichtigkeit ist es aber auch, daß man das richtige Mengenverhältniß der mit einander auszusäenden Pflanzen trifft; denn säet man kräftig oder buschig wachsende Pflanzen in großer Menge mit nur schwach wachsenden aus, so ist es nicht selten der Fall, daß erstere die letztern ganz unterdrücken. Man muß stets solche Pflanzen mit einander aussäen, die sich gegenseitig im Futterwerth verbessern, schädliche Eigenschaften beseitigen. Kümmel z. B. verbessert den rothen Klee und dieser den Kümmel; Petersilie und Kümmel, zu 1/10 unter den Weidepflanzen, verhüten das Aufblähen der Wiederkäuer; Pimpinelle unter dem jungen Klee den Durchfall der Weidethiere. Bittere und aromatische Pflanzen tragen zur bessern Verdauung bei; ja selbst die sauren Pflanzen dürfen in dieser Hinsicht wohlthätig wirken. Wächst z. B. viel giftiger Hahnenfuß auf der Weide, so schadet derselbe weniger, wenn zugleich Sauerampfer vorhanden ist. Die Gemengesaaten zur Weide müssen so ausgewählt werden, daß sie nicht nur dem Boden angemessen, sondern auch nicht zu kostspielig sind. Kunstweiden, auf denen man Thiere fett machen will, soll man mit einem Mengedünger überfahren, welcher reich an Gyps, Knochenmehl, Kochsalz, Holzasche, Kalk, Mergel, Moder und Mist ist. Zu künstlichen Weiden für das Rindvieh eignet sich vorzugsweise ein trockener und dürftiger Boden, der nicht mit Sicherheit einen lohnenden Schnitt der angesäeten Pflanzen hoffen läßt. Hauptsache ist es aber, nur dann Gräser und Kräuter zum Abweiden anzusäen, wenn das Feld noch genug Kraft von der letzten Düngung hat, indem in diesem Falle ein gutes Wachsthum der angesäeten Pflanzen zu hoffen ist. Ist der Boden sehr dürftig, so müssen mehrere Pflanzen ganz ausgeschlossen bleiben. Der rothe Klee ist dann entweder ganz wegzulassen, oder man säet nur ganz wenig mit ein. Dagegen säet man mehr weißen Klee, Schafgarbe und solche Gräser, die noch am besten auf trockenem, dürftigem Boden gedeihen, z. B. die Schwingelarten, Trespe, Timotheegras, Hafergras, englisches Raigras. Ist dagegen der Boden gut und will man die Gemengesaaten im ersten Jahre abmähen und in den folgenden Jahren abweiden, so läßt man die Mierarten vorherrschen, säet dann aber, weil der rothe Klee und Hopfenklee bald ausgehen, auch solche Gräser mit an, welche sich in der Folge mehr ausbreiten oder bestanden, namentlich englisches Raigras, Knaulgras, Kammgras, Rispengräser; aber auch Kräuter, als Pimpinelle, Wegebreit, Schafgarbe ec. dürfen nicht fehlen, weil sie die Weide verbessern. Das Rindvieh liebt aber die aromatischen Kräuter weniger als die Schafe und läßt sie leicht stehen. Folgende Gemenge sind für Rindvieh besonders zu empfehlen: Für Bruch- oder Moorboden: Weißer Klee, rother Klee, Kümmel, Pimpinelle, Rispengräser, Knaulgras, Fuchsschwanz, Wiesenschwingel, Kammgras, englisches Raigras, wolliges Honiggras, Timotheegras, Fioringras; oder gelber Steinklee, französisches Raigras, Wiesenschwingel, Wiesentrespe, Rohrstraußgras, Schafgarbe, Schafschwingel, Becherblume, Kümmel, Pimpinelle, Zittergras, Wiesenrispengras, gemeines Rispengras, Kammgras, Timotheegras, Wegebreit, Knaulgras, Wiesenfuchsschwanz. Für Mittelboden: Esparsette, rother Klee, weißer Klee, gelber Steinklee, Becherblume, Schafgarbe, Kümmel, italienisches Raigras, Timotheegras, Knaulgras, Kammgras, Ruchgras, Schafschwingel, Zittergras, Wegebreit, Pimpinelle, gemeines Rispengras, Wiesenrispengras, Rohrstraußgras, Riesenstraußgras, gemeines Straußgras. Für leichtern Boden: Rother Klee, weißer Klee, kleiner Hopfenklee, Wegebreit, Schafgarbe, Pimpinelle, Kümmel, weiche Trespe, Wiesenschwingel, Hafergras, englisches oder italienisches Raigras, Timotheegras, Kammgras, Zittergras. Zu Gemengesaaten für Schafweide eignen sich folgende Gräser und Kräuter: Zu einjähriger Schafweide für jeden Boden: Spergel, Buchweizen, Trespe, Spinat, Senf, Gänsedistel, Kreuzkraut. Für Lehm- und Thonboden: Rother Klee, kleiner gelber Hopfenklee, Kümmel, Schafgarbe, Wegebreit, Pimpinelle, englisches Raigras, kriechendes Rispengras, härtlicher Schwingel, Zittergras, Kammgras, Hundsweizengras, Timotheegras. Für lehmigen Sandboden: Rother Klee, weißer Klee, kleiner Hopfenklee, Kümmel, Schafgarbe, Pimpinelle, Wegebreit, härtlicher Schwingel, englisches Raigras, kriechendes Rispengras, Timotheegras, Hundsweizengras. Ausdauernde Schafweide auf Mittelboden: Zuckenscholle, ausdauernde Lupine, Esparsette, weißer Klee, wilder Buchweizen, Luzerne, Bergklee, gelber Steinklee, Todtenkopf, Wiesentrespe, italienisches Raigras, Fioringras, Hochschwingel, sprossendes Rispengras, Schafgarbe, Hasenpappel, Cichorie, Becherblume, Pimpinelle, Wiesenspinat, Wollgras, Ruchgras, Bogenschmiele, graue Schmiele, Schafschwingel, harter Schwingel. Für trockenen magern Sandboden: Weißer Klee, härtlicher Schwingel, rother Schwingel, Schafgarbe, weiches Honiggras. Für trockenen Höheboden: Weißer Klee, Becherblume, gelber Steinklee, Schafschwingel, Timotheegras, Zittergras, Pimpinelle, Schafgarbe, Wegebreit, englisches Raigras, Goldhafer, Wiesenhafer, zusammengedrücktes Rispengras, graue Schmiele, gemeines Straußgras. Sollte der Boden für weißen Klee zu schlecht sein, so säet man statt dessen Vogelklaue. Man läßt solchen Boden 4—5 Jahre zur Weide liegen. Für guten Mittelboden: Weißer Klee, rother Klee, Kümmel, gelber Steinklee, Luzerne, Esparsette, Schafschwingel, Wegebreit, Pimpinelle, Becherblume, Timotheegras, Zittergras, Wiesenrispengras, gemeines Rispengras, graue Schmiele, Kammgras, Knaulgras, Ruchgras, Straußgras. Sehr frühe Schafweide auf gutem Mittelboden: Lupine, verschiedene Wickenarten, Buchweizen, Bastardklee, Bergklee, langköpfiger Klee, weißer Klee, Winterspinat, Todtenkopf, Schafschwingel, Kammgras, französisches Raigras, Wiesenfuchsschwanz, Timotheegras, Straußgras, Luzerne, Wegetritt, Ruchgras, Zittergras, Knaulgras, Wiesenrispengras, gemeines Rispengras, sprossendes Rispengras, schmalblüthiges Rispengras. Diese Vorschriften sind nur ungefähre Anhaltepunkte; je nach Umständen muß man manche Pflanze ganz weglassen und dafür eine andere bessere Pflanze dem Gemenge zusetzen. Immer soll man aber die Gemengesaaten so einrichten, daß sich auch Pflanzen darunter befinden, die mit ihren Wurzeln tief in den Boden dringen. 8) Man darf, wie schon erwähnt, den Grasbau auf dem Ackerlande nicht zu weit ausdehnen, weil die Gräser zu nahe mit den Cerealien verwandt sind und deshalb weniger Wechsel in den allgemeinen Pflanzenbau bringen würden als die Kleearten, was den Körnerbau beeinträchtigen dürfte. 9) Was die Pflege der Kleegrassaaten anlangt, so dürfen dieselben im Ansaatjahre nicht mit Schafen beweidet werden. Nöthigenfalls darf man bei trockenem Wetter mit Rindvieh auftreiben oder man kann sie bei üppigem Graswuchs mähen. Im zweiten Jahre überdüngt man sie mit Gyps, im dritten Jahre mit Mengedünger, Asche oder Jauche. Alle Steine müssen sorgfältig abgelesen, die Getreidestoppeln abgeharkt und für Ableitung alles Grundwassers gesorgt werden. Die Nutzung des Graslandes geschieht im ersten Jahre am besten durch Mähen und Trocknen des ersten Wuchses. Wurde der erste Wuchs gemäht, dann ist es rathsam, das Grasland abweiden zu lassen, da der Zahn und der Fuß der Schafe die Grasnarbe dichter macht und den Boden befestigt. Auch in den folgenden Jahren wird nur einmal gemäht und dann geweidet. Ebenso wohlthätig wie der Fuß des Schafes wirkt die Walze auf die Grassaaten. Auf einem dichtbestandenen Morgen Landes ernähren sich durchschnittlich 12—16 Stück Schafvieh oder 1—1¼ Stück ausgewachsenes Rindvieh. Das Vieh wird auf die Weideschläge getrieben, sobald im Frühjahr der Boden zur Genüge abgetrocknet ist, und im Herbst so lange darauf gelassen, als es die Witterung gestattet. Die Weide muß immer ganz kahl abgefressen werden und keine Pflanze darf aufschießen oder gar in Blüthe treten. 10) Nach 3—4 Jahren wird das Grasland gegen Johannis 3 Zoll tief umgepflügt, bei Trockenheit gleich tüchtig gewalzt und mit Wintergetreide besäet. Auch Kartoffeln kann man in dem Graslande bauen; dann muß aber das Land noch vor September 8—9 Zoll tief umgepflügt werden. (Dr. *William Löbe.*)

GRASWURZEL, QUECKENWURZEL (Radix graminis). Unter diesem Namen ist seit alten Zeiten die kriechende Wurzel des als Unkraut auf Äckern und an Wegen wuchernden Triticum repens gebräuchlich. Häufig wird schon die frische Wurzel unter Kräutersäfte genommen. Sie hat einen schleimig-süßlichen Geschmack, der sich durchs Trocknen verändert, und sie enthält außer Gummi, Stärkemehl, Eiweiß, Kleber auch Zucker oder Zersetzungsproducte desselben, nämlich Mannit und Kleesäure. Die getrocknete Wurzel bildet weißliche oder strohgelbe, runde, 1—2 Linien dicke, knotige und an den Knoten mit Würzelchen besetzte Stengel.

Die Graswurzel ist ein ganz schwaches Mittel und wird meistens nur in Verbindung mit ähnlich wirkenden Mitteln in therapeutische Anwendung gezogen, als Emolliens bei katarrhalischen Zuständen, zur Förderung der Gallenabsonderung und der Darmfunction, sowie als harntreibendes Mittel. In allen diesen Fällen benutzt man sie meistens als Thee, noch besser aber in Abkochung, und zwar zu einigen Unzen des Tags, falls sie allein gegeben würde.

Als Präparate der Graswurzel benutzt man ein *Extractum graminis*, von zäher Extractconsistenz und rothbraun, welches als Resolvens zu 2—3 Drachmen pro die gegeben und als Constituens in Pillenmassen benutzt wird, sowie ein *Extractum graminis liquidum* s. *Mellago graminis* (3 Theile Extract auf 1 Theil destillirtes Wasser) von Syrups- oder Honigconsistenz, welches unter Linctus und Latwergen kommt.

Neben und statt der hierländischen Graswurzel wird auch in Südeuropa die Radix graminis italici s. Radix Dactylonis von Cynodon Dactylon benutzt.

(*Fr. Wilh. Theile.*)

GRATA, eine Heilige, welche, wie die Legende erzählt, im dritten Jahrhundert zur Zeit, als der Kaiser Maximian regierte, zu Bergamo geboren wurde und die Tochter des Herzogs Lupus und seiner Gemahlin Adleyda war. Als sie heranwuchs, zog ihre Schönheit von allen Seiten Freier herbei, ein mächtiger deutscher König, dessen Name aber nicht genannt wird, trug jedoch den Sieg davon und führte Grata heim. Die junge Königin wußte die Unbändigkeit ihres Gemahles und seiner Gefährten durch ihre Frömmigkeit und Sanftmuth zu zähmen und würde ihren Gemahl zur Annahme der christlichen Religion gebracht haben, wenn er ihr nicht durch einen frühzeitigen Tod entrissen worden wäre. Tief betrübt über seinen Verlust kehrte sie in das väterliche Haus zu Bergamo zurück, um sich fortan nur den Uebungen der Frömmigkeit zu widmen. Sie lebte deshalb mit Hesteria, einer frommen Matrone, zusammen zurückgezogen und arm und verschmähte alle Zeichen ihrer früheren Pracht. Um diese Zeit flüchtete sich Alexander, der Fahnenträger der christlichen thebanischen Legion, nach Bergamo, die ihn verfolgenden Häscher Maximian's erreichten ihn aber hier und schlugen ihm das Haupt ab. Grata und Hesteria begruben den Leichnam und erbauten an der Stelle der Hinrichtung, wo ein Götzentempel stand, später eine Kirche. Durch die Wunder, welche am Grabe Alexander's (an der Stelle der jetzigen Kathedrale) geschahen, bekehrten sich viele Bewohner von Bergamo zum christlichen Glauben. Auch der Herzog Lupus und seine Gemahlin Adleyda erbauten mehrere Kirchen und unterstützten ihre Tochter in den Werken der Frömmigkeit, da diese auch ein großes Hospital gründete und selbst in diesem die Kranken pflegte. Grata erbaute noch lange ihre Mitbürger durch ihre Tugenden und starb im J. 306. Sie wurde später den Heiligen beigezählt und die Kirche von Bergamo feiert ihr Andenken am 4. Sept. Die Legende, welche in ihrer jetzigen Gestalt dem 13. Jahrh. angehört und einen Predigermönch (Pinamons Peregrinus de Brembate) zum Verfasser hat, verwechselt offenbar zwei Heilige desselben Namens, eine Grata, welche im zweiten Jahrhundert während der Christenverfolgung, und eine Herzogstochter Grata, welche im achten Jahrhundert lebte, denn ein longobardischer Herzog Lupus wurde von Karl dem Großen besiegt und für den christlichen Glauben gewonnen. Von diesem ist sogar noch eine Münze bekannt, welche auf der einen Seite eine Stadt, auf der andern ein Brustbild mit der Umschrift: Lupus Dux Pergami zeigt *).

(*Ph. H. Külb.*)

GRATAMA (Seerp), niederländischer Rechtsgelehrter, am 27. Oct. 1757 zu Harlingen in Friesland geboren, widmete sich der Jurisprudenz und ließ sich nach der Beendigung seiner Studien (1783) als Advocat in seiner Vaterstadt nieder, wo er später der Zeitverhältnisse wegen für einige Jahre zum Handelsstande überging. Alsbald ergriff er aber zu Harderwijk, wohin er übersiedelte, sein früheres Fach wieder und wurde im J. 1801 als Professor des Naturrechts und Völkerrechts nach Gröningen berufen, wo er mit vielem Beifall lehrte und um das Jahr 1822 starb. Als Schriftsteller erwarb er sich einen weit verbreiteten Ruf, da seine vielfachen Leistungen fast ohne Ausnahme sich durch Richtigkeit der Grundsätze und des Urtheils, sowie durch einen schönen und kräftigen Styl auszeichnen. Schon seine „Betrachtungen über den glücklichen Zustand Frieslands und über die allgemeine Glückseligkeit" und seine Antrittsrede zu Harderwijk „Ueber die späte und wenig fortgeschrittene Bildung der Römer, wie aus ihren Gesetzen zu ersehen," erregten Aufsehen und seine Denkschrift über den Aberglauben (1796) trug bei einer Preisbewerbung den Sieg davon; nicht weniger gehaltreich sind seine „Betrachtungen über die Haussklaverei bei den Römern und ihren Einfluß auf den Staat." Als eine der besten Zeitschriften im Fache der Rechtsgelehrsamkeit gilt sein Juristisches Magazin (Regtsgeleerd Magazin. Groning. 1810. 8. 3 Voll.), welches aber leider keinen Anklang fand und zum großen Verdruß Sachverständiger bald wieder aufhören mußte, denn man findet darin eine gründliche Gelehrsamkeit und eine überlegte und geistreiche Beurtheilung vieler vor dem Jahre 1809 erschienenen juristischen Werke. Gratama war auch der lateinischen Sprache vollständig mächtig, wie schon seine Gelegenheitsreden, welche er als Professor zu Gröningen hielt, genügend beweisen. Besonders sind hier hervorzuheben die treffliche Rede, welche er beim Antritt der Professur des Naturrechts zu Gröningen hielt und in welcher er zu zeigen sucht, daß sowol die Menschen als auch die Völker die Gesetze der Gerechtigkeit nothwendig zu beobachten haben (Cum homines, tum etiam populos ad justitiam esse natos), die Ansprache an die Curatoren der Universität über die Misachtung des Naturrechts und der Lehrer desselben (Oratio, qua in causas inquiritur malorum, quae jurisprudentia naturalis ejusque doctores fuerunt perpessi) und die Rede über die Vortheile des rechten Ehrgeizes (De honesta aemulatione inter homines, doctos imprimis et doctorum hominum corpora excitanda ad commune humanitatis civitatisque bonum). Diese Reden und die übrigen kleinen Schriften Gratama's wurden in einer Sammlung unter dem Titel: Opuscula academica (Groning. 1821. 8.) vereinigt. Seine Vorlesungen über das römische Recht (Praelectiones ad prolegomena et partem primam institutionum Justinianearum commodo discipulorum suorum. Groning. 1820. 8.) waren zwar nur zum Gebrauch seiner Schüler bestimmt, werden aber auch im Allgemeinen als eine der besten Anleitungen zum Studium der Institutionen betrachtet *).

(*Ph. H. Külb.*)

GRATAROLI (Bongiani), italienischer Dichter, wahrscheinlich ein Verwandter des Arztes und Naturforschers Guilelmo Grataroli, mit welchem er zu derselben Zeit lebte, war zu Salo in der Lombardei um das Jahr 1520 geboren und starb in dem letzten Viertel des 16. Jahrh. Ueber seine Lebensverhältnisse ist übrigens Nichts weiter bekannt, als daß er von seinen Zeitgenossen als dramatischer Dichter geschätzt wurde. Als seine beste Tragödie wurde Astianax (Astianatte. Venez. 1589. 8.) betrachtet und dieser Meinung stimmt auch Scipione Maffei bei, welcher sie in seine Sammlung vorzüglicher italienischer Dramen (Teatro italiano osia scelta di tragedie per uso della scena. Verona 1723. 8. 3 Voll. Venezia 1746. 8. 3 Voll.) aufnahm. Weniger Beifall, als der Astianax, fanden seine beiden andern Tragödien Polyxena (Polissena. Venezia 1589. 8. Brescia 1723. 8.) und Althäa (Altea. Venezia 1556. 8.). Die letztere ist in sogenannten Versi sruccioli geschrieben und alle schöpfen nach dem Geschmacke der damaligen Zeit ihren Stoff aus der alten Mythologie. Außer diesen Tragödien schrieb Grataroli auch eine Topographie des Bezirkes seines Geburtsortes, der Riviera di Salo, in italienischer Sprache, welche aber jetzt ihre Bedeutung verloren hat und seinen Namen ohne seine poetischen Leistungen nicht auf die Nachwelt würde gebracht haben †).

(*Ph. H. Külb.*)

GRATAROLI ‡) (Guilelmo), einer der berühmtesten italienischen Aerzte und Gelehrten des 16. Jahrh., im J. 1516 zu Bergamo geboren, bezog, nachdem er in den Schulen seiner Vaterstadt die nothwendigen Vorkenntnisse erlangt hatte, im J. 1531 die Universität zu Padua und widmete sich der Arzneiwissenschaft mit so unermüdlichem Eifer und mit solchem Erfolg, daß ihm die Universität schon im J. 1537 einen Lehrstuhl in

---

*) Acta SS. Boll. Septembris. Tom. II. p. 231 seq.

*) Vergl. Biographie nouvelle des Contemporains. Tom. VIII. p. 291. Galerie historique des Contemporains. Tom. V. p. 194.

†) Girol. Tiraboschi, Storia della Letteratura Italiana (Roma 1785. 4.) Tom. VII. P. 3. p. 145. Biographie universelle. Tom. XVIII. p. 333. (Nouv. éd. Tom. XVII. p. 287.)

‡) In ältern deutschen literarischen Werken findet man gewöhnlich die unrichtige Schreibart Gratarolus.

diesem Fache anvertrauen und die Erklärung des dritten Buches Avicenna's übertragen konnte. Um dieselbe Zeit lehrte zu Padua auch der Philosoph Pietro Pomponazzi, welcher sich viel mit der Lehre Luther's beschäftigte, welche bereits mit den teutschen Söldnern nach Italien gedrungen war und besonders bei den jüngern Gelehrten Anklang fand; auch Grataroli theilte die Ansichten des der Reformation holden Pomponazzi und scheint mit seiner Ueberzeugung nicht zurückhaltend gewesen zu sein, wodurch er sich so vielen Verdruß bereitete, daß er sich veranlaßt sah, sein Lehramt aufzugeben und sich als praktischer Arzt in seiner Vaterstadt niederzulassen, wo er sich bald einer bedeutenden Kundschaft erfreute, aber ebenfalls nicht fortwährend zu bleiben für gut fand. Er machte mehrere und lange dauernde Reisen durch fast ganz Italien, durch die Schweiz, durch Savoyen und durch Burgund und führte, wie er selbst in seiner Schrift über das von den Reisenden zu beobachtende Verfahren [2]) bemerkt, bis zu seinem 45. Jahre ein unstetes Leben. Die Behauptung, daß er der Reformation beigetreten sei und die protestantische Religion wirklich bekannt habe, läßt sich zwar nicht durch irgend eine bestimmte Angabe in seinen Schriften oder durch irgend ein bestimmtes Zeugniß seiner Zeitgenossen behaupten, ist jedoch nicht unwahrscheinlich, da er sein Vaterland später verließ und in der Schweiz und in Teutschland Anstellungen annahm. Keineswegs scheint jedoch diese Glaubensänderung vor dem Jahre 1555, in welchem er nach der Schweiz übersiedelte, offen stattgefunden zu haben, da die Inquisition ihn in Bergamo nicht würde geduldet haben. Sobald sein Entschluß bekannt wurde, begannen ohne Zweifel die Verfolgungen, denn er verlor, als er auswanderte, nicht nur sein eigenes Vermögen, sondern auch die Mitgabe seiner Frau. Er ließ jedoch sein ganzes Besitzthum schwinden, um seiner Ueberzeugung zu folgen und kam arm nach Basel [3]), wo er seit dem Jahre 1555 die Arzneiwissenschaft lehrte. Doch scheint er schon einige Jahre früher nach der Schweiz gezogen zu sein, denn es erschienen daselbst schon vor dem Jahre 1555 mehrere seiner Werke. Hierher gehören seine Vorzeichen und Andeutungen über die Veränderung der natürlichen und politischen Ereignisse (De temporum omnimoda mutatione perpetua et certissima signa et prognostica; item undecim signa motus terrae. Basil. 1552. 8. Ibid. 1554. 8. Auch in seinem Werke De vini natura. Argentorat. 1565. 8.), welche beweisen, daß er sich auch mit der Voraussagekunst aus der natürlichen Beschaffenheit der Dinge befaßte, die ähnliche Schrift über die Erkennung des Charakters aus den Gesichtszügen und aus den Linien der Hand (De praedictione morum naturarumque hominum facili ex inspectione partium corporis. Basil. 1554. 8. Lugd. 1555. 12.; auch in dem erwähnten Werke De vini natura. Argentorat. 1565. 8.; französisch unter dem Titel: Oeuvre singulier, qui demontre à faire facilement juger des moeurs et nature des hommes selon la considération des parties du corps bei Coppé's Uebersetzung der Memoire Grataroli's: Deux livres de preceptes et de moyens de recouvrer, augmenter et contregarder la mémoire. Lyon 1560. 12. Ibid. 1586. 12., unter dem Titel: Discours notables pour conserver et augmenter la mémoire, avec la physionomie faite latine par G. Gratarol et par E. Coppé, translaté en français; auch Paris 1577. 12; ferner die Memoire (De memoria reparanda, augenda servandaque liber unus, de locali vel artificiosa memoria liber alter. Turici 1553. 8. Basil. 1554. 8. Romae 1555. 8. Francof. 1604. 8.; auch in dem Werke De vini natura. Argent. 1565. 8. und bei H. Ranzow's Buch De conservanda valetudine. Francof. 1591. 12. Ibid. 1596. 12. Ibid. 1603. 8., und in der schon angeführten französischen Uebersetzung von E. Coppé, italienisch: Dialogo nel quale si ragiona del modo di accrescere e conservare la memoria. Venez. 1562. 8.; englisch: The castel of memorie, englished by Will. Fulwood. Lond. 1562. 16. Ibid. 1573. 12.); seine Abhandlung über die Pest (Pestis descriptio, causae, signa omnigena et certa praeservatio. Basil. 1554. 8.; auch bei dem Werke De vini natura. Argent. 1565. 8.) und sein früher sehr berühmtes und vielgelesenes Buch über die Erhaltung der Gesundheit der Gelehrten und Beamten (De literatorum et eorum, qui magistratibus funguntur conservanda praeservandaque valetudine, illorum praecipue qui in aetate consistentiae vel non longe ab ea absunt (Basileae 1555. 8. Ibid. 1591. 12.; auch bei dem Werke De vini natura. Argent. 1565. 8. und in H. Ranzow's schon angeführtem Buche: De conservanda valetudine; englisch von Thom. Newton unter dem Titel: A Direction for the Health of Magistrates and Studentes, englished by T. N. Lond. 1574. 16.). Das Bestreben Grataroli's, die Gelehrten und überhaupt alle durch ihren Dienst an das Zimmer gefesselte Beamten auf die Erhaltung ihrer Gesundheit aufmerksam zu machen und sie über die zu diesem Zwecke dienenden Mittel zu belehren, verdient die größte Anerkennung, seine Regeln sind jedoch in den meisten Fällen nur auf Aberglauben beruhende Rathschläge und können jetzt nur Lachen erregen. Alle vier bereits genannten Abhandlungen fanden bei den Zeitgenossen Beifall, wodurch der Verfasser veranlaßt wurde, sie zusammen in einer neuen verbesserten Auflage unter dem Titel: Opuscula, ab ipso auctore denuo correcta (Lugduni 1555. 12. Ibid. 1558. 12.) herauszugeben. Eine frühere und vielleicht eine seiner ersten Schriften, seine Abhandlung über die rhätischen Heilbäder (De thermis Rhaeticis et vallis Trascharii agri Bergomatis) nahm er in diese Sammlung nicht auf, sie befindet sich aber in einem größern Sammelwerke über die Heilbäder (De balneis omnia quae extant. Venet. 1553. fol.). In Basel entwickelte Grataroli fortwährend große

2) De regimine iter agentium. Basileae 1561. 8. 3) Sein Landsmann Hieron. Zanchi schreibt über Grataroli an Jos. Baleriner: „In patria mea et satis honoratus erat et dives; sed pietas illum redegit ad paupertatem, ita ut etiam postremo dos suae Conjugis ei fuerit erepta, tantum quod virum virtutis et religionem sequutus." Hier. Zanchii Epist. l. 2. p. 312.

Thätigkeit neben seinem Lehramte und bei einer ausgebreiteten Praxis beschäftigte er sich fleißig mit der Schriftstellerei. So veröffentlichte er eine Schrift seines Lehrers und Freundes Pietro Pomponazzi, welche in die in Italien gedruckte Ausgabe der gesammelten Werke desselben (Venetiis 1525. fol.) nicht aufgenommen werden durfte, in der Schweiz unter dem Titel: Petr. Pomponatii de naturalium effectuum causis seu de incantationibus opus; adjectis brevibus scholiis (Basil. [illegible]. 8.) und fügte in einer zweiten Auflage (Basil. 1567. 8.) noch dessen ebenfalls mißliebige Schrift: De fato, libero arbitrio, praedestinatione et providentia libri V hinzu. In die Zeit seines Wirkens zu Basel fallen auch seine Schriften: Mundi constitutionum et tempestatum praelectiones (Basil. 1558. 8.) und sein auf Erfahrung gestütztes Werk über das von den Reisenden zur Erhaltung ihrer Gesundheit zu beobachtende Verfahren (De regimine iter agentium, vel equitum, vel peditum, vel navi vel curru seu rheda, viatoribus et peregrinatoribus quibusque utilissimi libri duo. Basil. 1561. 8. Argentorati 1563. 8. Colon. 1571. 8.); leider finden wir ihn aber auch schon in unfruchtbare Forschungen über Alchemie und geheimnißvolle Heilkunde verstrickt, wie seine Abhandlung über die Bereitung einer Quintessenz (Modus faciendi quintam essentiam simplicem et de viribus et usu aquae ardentis. Basil. 1561. 8.) und seine Sammlung verschiedener beliebter Schriften über Alchemie (Alchemiae, quam vocant, artisque metallicae doctrina certusque modus, scriptis tam novis tam veteribus, nunc primum et fideliter majori ex parte editis comprehensus; ex edit. et cum praefat. Guil. Grataroli. Basil. 1561. fol. Ibid. 1572. 8. 2 Voll. Basil. 1572—1610. 8. 3 Voll.) zur Genüge beurkunden. In dieser Sammlung befinden sich auch Grataroli's beide schon erwähnten Schriften über die Quintessenz und über die Wirkung des heißen Wassers, sowie eine Abhandlung über den Stein der Weisen (Lapidis philosophici nomenclaturae); andere Abhandlungen sind von ihm aus der Originalsprache in die lateinische übersetzt. Im J. 1562 ließ sich Grataroli, der als Gelehrter und Anhänger der Reformation auch in Deutschland bekannt geworden war, durch seine Freunde verleiten, einem Rufe als Professor der Arzneiwissenschaft an der Universität zu Marburg zu folgen, vermochte aber an diesem Orte des rauhen Klima's und anderer Unbequemlichkeiten wegen nicht länger als ein Jahr zu bleiben. Er hielt daselbst übrigens Vorlesungen und leitete dieselben durch kleine Schriften (praefationes) und Reden (orationes) ein. Diese Gelegenheitsschriften, reich an Bemerkungen über das Studium der Medicin überhaupt, über Botanik, über Dioscorides und Theophrastus, über Landwirthschaft, Philosophie und Physik, wurden später zusammen (Argentorati 1563. 8.) gedruckt. Zu den vorzüglichsten und merkwürdigsten dieser kleinen Abhandlungen gehört unstreitig die Rede über den Ursprung, den Fortgang und den Nutzen der Medicin und Botanik (De medicinae et rei herbariae origine, progressu et utilitate), welche manche sehr treffende Bemerkungen enthält, die mit seinen sonstigen verkehrten und abergläubischen Ansichten nicht übereinstimmen. Von Marburg kehrte Grataroli im J. 1563 nach Basel zurück und nahm seine frühere Stellung wieder ein. Außer seinen Theses (Basil. 1565. 8.), welche zur Ankündigung seiner Vorlesungen dienten, gab er sein bekanntes naturhistorisches und diätetisches Werk über den Wein und andere Getränke (De vini natura, artificio et usu, deque re omni potabili, opus nunc primum in lucem editum. Huic addita quaedam opuscula ejusdem autoris. Argent. 1565. 8.) heraus und besorgte eine Sammlung guter Schriften über Vergiftung, über das Schweißfieber oder den englischen Schweiß und die englische Pest (Petri de Abano de venenis eorumque remediis, item consilium de praeservatione a venenis Guil. Grataroli, item Herm. a Nuenare Comitis περὶ τοῦ ἱδρωπυρετοῦ, i. e. sudatoria febri; item curatio sudoris anglici in Germania experta; item Joach. Schilleri de peste Britannica commentariolus aureus. Omnia opera Guil. Grataroli ex manuscriptis exemplaribus collata, aucta atque illustrata. S. l. et a. Argent. 1566. 8.) zum Druck. Ferner gab er eine lateinische Uebersetzung der in italienischer Sprache geschriebenen Werke des Grafen Bernardo Trevisano über Chemie (Bernh. Com. Trevisani de Chimia libr. IV. Argent. 1567. 8.), eine Sammlung kleiner seltener physikalischer Schriften (Anonymi Dialogus de substantiis physicis. Incerti autoris libri tres de calore vitali, de mari et aquis, de fluminum origine.. ab interitu vindicati. Argent. 1567. 8.), des Thaddäus von Florenz medicinische Rathschläge (Consilia) und eine Uebersicht des Galenischen Systems von Mundella (Aloys. Mundellae Theatrum Galeni, h. e. universae medicinae a Galeno diffuse sparsimque traditae promptuarium. Basil. 1568. 8.) heraus. Mehrere andere Werke, welche ihm zugeschrieben werden (Praxis medica, de notis Antichristi etc.) sind sehr ungenau angeführt und zweifelhaft oder beruhen auf einer Verwechselung mit andern seiner schon genannten Schriften. In den letzten Jahren seines Lebens scheint Grataroli von seinen vielfachen Mühseligkeiten und Plagen, die ihm theils das Schicksal bereitete und die er sich theils selbst durch seinen allen Neuerungen holden Sinn zuzog, ausgeruht zu haben. Er starb zu Basel am 16. April 1568, wie aus seiner im Münster zu Basel befindlichen Grabschrift hervorgeht; alle übrigen Angaben, unter denen manche bis zum 6. Mai 1578 hinaufreichen, sind unrichtig. Grataroli wird von seinen Zeitgenossen als ein Mann von ernstem Charakter, großer sittlicher Strenge, unbestechlicher Rechtlichkeit und unermüdlichem Fleiße geschildert. Als gelehrter Arzt und Naturforscher vermochte er sich nicht über den Standpunkt, welchen diese Wissenschaften zu seiner Zeit einnahmen, zu erheben. „Grataroli," sagt Eloy[4]), „ein gründlicher Kenner der Literatur dieser Fächer, ist Verfasser mehrerer Werke, von denen einige

---

4) In dem Dictionnaire historique de la Médecine. Mons. 1778. 4., art. Grataroli.

seinem Wissen große Ehre machen, andere es aber durch seine Hinneigung zur Alchimie, zum Aberglauben und zu verschiedenen Quacksalbereien, welche der verständige Gelehrte entschieden verwirft, wieder in Frage stellen." Die gleichzeitigen Nachrichten über sein Leben und sein Wirken hat Giovanni Battista Gallipoli in seiner Biographie (Della vita, degli studj e degli scritti di Guigl. Grataroli. Bergamo 1788. 8.) sorgfältig, aber ohne Kritik zusammengestellt [6]). (*Ph. H. Külb.*)

GRATE (Abraham), Mendel Grate's ([illegible]) Sohn, ein jüdischer Gelehrter aus dem Anfange des 18. Jahrhunderts, von dessen Lebensverhältnissen aber nichts Näheres bekannt ist, als daß er in Prag geboren wurde und daselbst lebte. Er schrieb einen Commentar über die Pesach-Haggada unter dem Titel „Bronnen Abraham's" (vgl. Gen. XXI, 30). Die einzige Ausgabe dieses Bronnens Abraham's (באר אברהם Sulzbach 468 [1708]. 4.) enthält zugleich den Text der Pesach-Haggada und wird von den Kennern der jüdischen Literatur sehr geschätzt [7]). (*Ph. H. Külb.*)

GRATELLA oder BASTIANINO heißt in der Kunstgeschichte gewöhnlich der berühmte italienische Maler Sebastiano Filippi, welcher zu den besten Meistern der ferrarischen Schule gehört. Im J. 1540 (nach Andern im J. 1532) [1]) zu Ferrara geboren, erlernte er bei seinem Vater Camillo Filippi, von welchem einige sehr gute Bilder [2]), an denen man Nachahmungen Michel Angelo Buonarotti's bemerkt, bekannt sind. Da Bastianino stets von Buonarotti und von den Arbeiten, welche dieser zu Rom ausführte, sprechen hörte, verließ der noch nicht funfzehnjährige Knabe heimlich das väterliche Haus und begab sich nach Rom, wo er den berühmten Meister bat, ihn zu unterrichten. Buonarotti entsprach diesem Wunsche und hatte Ursache, alsbald in dem jungen Filippi einen seiner vorzüglichsten Schüler zu lieben und zu achten. Nach der Zurückkunft nach Ferrara arbeitete dieser in der Art und Weise seines Lehrers und sein Ansehen wuchs so schnell, daß er nach dem Tode des Hofmalers Dosso Dossi, seines ausgezeichneten Landsmannes, welchem er auch die Deckengemälde des Rathsaales im herzoglichen Palaste ausführen half, für würdig gehalten wurde, diesem in seiner Stelle nachzufolgen. Er starb im J. 1602. Den Namen Gratella (Gitter) erhielt er, weil er große Gemälde zu übergittern pflegte, um von ihnen genaue Copien in kleinerem Maßstabe zu verfertigen, ein Verfahren, welches er von Michel Angelo lernte und zuerst nach Ferrara brachte. Er copirte übrigens Michel Angelo nicht, sondern arbeitete wie ein tüchtiger Schüler in dessen Geist und Sinne. Sein Colorit hat große Aehnlichkeit mit dem seines Meisters, wie man es auf seinen unverdorbenen, nicht aufgemalten Arbeiten zu sehen bekommt. „Nur das Rothbraun," bemerkt Lanzi, „liebte er im Fleische sehr und um die Farben zu verschmelzen, verdunkelte er seine Bilder in einem ganz besondern Geschmacke. Wo er Nackte darstellte, wie im großen heil. Christoph in der Karthause zu Ferrara, hielt er sich an Michel Angelo, bei bekleideten Figuren folgte er andern Mustern, wie man an einem die Beschneidung vorstellenden Altarbilde im Dome derselben Stadt sehen kann, welche man deshalb eher für eine Arbeit seines Vaters als für die seinige halten möchte. Da er nicht Geduld genug hatte zu erfinden, so wiederholte er oft denselben Gegenstand, wie er denn seine Verkündigung wenigstens sieben Mal fast immer nach derselben Weise auffaßte und darstellte; das Schlimmste ist übrigens, daß er, seine vorzüglichsten Werke abgerechnet, nicht leicht ein Gemälde fertigte, ohne hier und da zu pfuschen, zufrieden, in jedem irgend einen Meisterzug zu hinterlassen, als hätte er der Nachwelt zeigen wollen, daß er ein guter, wenn auch unfleißiger Maler sei." Trotz diesem nicht ungegründeten Tadel des großen Kenners Lanzi gibt es aber wenige Meister, welche ihm an Richtigkeit und Schärfe der Zeichnung, an Großartigkeit der Auffassung und an Kraft der Composition gleichkommen. Sein vorzüglichstes Werk ist unstreitig das Weltgericht, welches er in drei Jahren (um 1575—1577) auf dem Chore der Kathedrale zu Ferrara malte, eine den Arbeiten Buonarotti's so nahe kommende Leistung, daß die ganze florentinische Schule ihr keine andere gegenüber zu stellen vermag, und es ist kaum zu begreifen, wie Filippi in einem schon von Buonarotti meisterhaft behandelten Gegenstande so neu und großartig erscheinen konnte; ja manche ältere Kunstkenner zogen sogar das Werk Filippi's dem Michel Angelo's in der Sixtina in Schicklichkeit und Colorit vor. Die Richtigkeit oder Parteilichkeit dieses Urtheils läßt sich jetzt nicht mehr nachweisen, da das Urbild von ungeschickter Hand aufgemalt ist und die Figuren, welche vorher lebendiges Fleisch waren, jetzt wie Holz aussehen. Der Maler benutzte übrigens, wie Dante und Michel Angelo, den von ihm gewählten Stoff, um den ihm Wohlwollenden etwas Angenehmes zu erweisen, indem er sie unter die Auserwählten stellte, und sich an denen, die ihn beleidigt hatten, zu rächen, indem er sie unter den Verdammten abbildete. So malte er unter die unglückliche Schar der letzteren auch ein Mädchen, welches ihm die Treue gebrochen und die Verbindung mit ihm aufgegeben, in die Höhe aber unter die Seligen ein anderes, welches er zur Gemahlin genommen hatte und zwar in der Geberde des Hinblicks nach der Nebenbuhlerin und des Hohnes. Nach dem Weltgerichte sind noch zu nennen zu Ferrara die Fresken in zwei Gewölbebogen in der Kapelle zu S. Paolo, die Madonna über dem Eingange der Kirche de la Consolazione ebenfalls Fresko, ferner in der Kathedrale die heil. Katharina und die

6) Vgl. *J. P. Niceron*, Mémoires pour servir à l'histoire des hommes illustres dans la république des lettres. Tom. XXXI. p. 384. *P. Bayle*, Dictionnaire historique et critique, art. Grataroli. Fr. W. Strieder, Hessische Gelehrten- und Schriftsteller-Geschichte. Bd. V. S. 60 fg. Biographie universelle. Tom. XVIII. p. 331. (Nouv. éd. Tom. XVII. p. 381.) Biographie générale. Tom. XXI. p. 716.

7) *J. Chr. Wolfii* Bibliotheca hebraica. Vol. III. p. 25. *J. Fürst*, Bibliotheca judaica. Th. 1. S. 342.

1) Was jedoch unwahrscheinlich ist, da sein Vater in diesem Jahre erst 23 Jahre zählte. 2) Die vorzüglichsten derselben sollen die Verkündigung Mariä und der heil. Paulus in Halbfigur in der Kirche S. Maria in Vado zu Ferrara sein.

heil. Barbara zu den Füßen der heil. Jungfrau und eine Beschneidung, welche aber ganz dunkel geworden ist, zu S. Paolo Mariä Reinigung, die Auferstehung und die Verkündigung, in der Kirche des Friedhofes (della Morte) Kreuzerhöhung und S. Christoph in Oel gemalt, mehrere Sibyllen und Propheten mit Wasserfarben, in Santa Maria in Vado die Taufe des Heilandes, in La Madonnina den heil. Hieronymus, in der Jesuskirche eine Kreuzigung, in S. Mauretto eine Madonna, in dem Palaste des Gonfaloniere eine Himmelfahrt und in dem Museum die heil. Jungfrau mit der heil. Lucia und dem heil. Matthäus, die heil. Cäcilia, eine Madonna, die Geburt der heil. Jungfrau, die Himmelfahrt und die Anbetung der Hirten. Ueberhaupt befinden sich seine meisten Werke in Ferrara und die am besten ausgeführten in den Gemäldesammlungen dieser Stadt. Außerhalb derselben wird noch eine Taufe Christi im Hause Acqua zu Osimo genannt und eines seiner vorzüglicheren Gemälde soll sich in der Kirche zu Finale, einer kleinen Stadt des Herzogthums Modena, befinden. Zu Rom sieht man von ihm verfertigte Copien mehrerer Werke Michel Angelo's. In der ersten Zeit malte er auch Grotesken, nachher brauchte er aber zu dergleichen Arbeiten seinen jüngeren Bruder Cesare. Er starb im J. 1602 zu Ferrara. Sein Vater Camillo Filippi, nach Einigen ein Schüler des berühmten Dosso Dossi, nach Anderen eines unbekannten Meisters, soll, wie schon oben erwähnt wurde, Michel Angelo nachgeahmt haben. Seine Bilder sind zart in den Umrissen, aber im Colorit weniger gefällig als die seines Sohnes, von besonderer Anmuth aber die Köpfe seiner Engel. Er blühte schon um die Mitte des 16. Jahrh., starb aber erst im J. 1574. Sebastianino's jüngerer Bruder Cesare war ein vortrefflicher Verzierungsmaler, aber in großen Figuren und Geschichten schwach; doch werden seine Köpfe sehr gerühmt. In der Kirche della Morte zu Ferrara malte er eine Kreuzigung, welche jedoch Manche seinem berühmten Bruder zuschreiben, und in der S. Sylvesterkirche ahmte er das Weltgericht seines Bruders geschickt nach. Er soll um das Jahr 1602 gestorben sein [3]. (*Ph. H. Külb.*)

GRATELLE (Gavarni), ein französischer Liederdichter (Chansonnier) des 13. Jahrh., dessen Lebensverhältnisse aber gänzlich unbekannt sind. Man findet in Handschriften unter seinem Namen einen Schäfergesang (Pastourelle), welcher von dem Dichtertalente des Verfassers zeugt und dessen erste Strophe der Sprache wegen hier stehen mag; sie lautet:

L'autrier, los premier jor de mai,
Jouer m'alais dehors Paris,
Consil qui est en grant esmai
D'une amour à j'ai mon cuer mis.
S'oï chantair à haulte vois
Dame amourouse, ce m'est vis:
Mes peres ne fu pas cortois
Quant vilain me donnait mari.

Die folgenden Strophen ergehen sich aber in solchen üppigen und unanständigen Einzelnheiten, daß man nicht für gut hielt, sie zur öffentlichen Kenntniß zu bringen *). (*Ph. H. Külb.*)

GRATELOUP (Jean Baptiste), französischer Kupferstecher, im J. 1735 zu Dax in Gascogne (im jetzigen Departement des Landes) geboren, zeigte schon in seiner Jugend große Vorliebe für die Kunst und einen feinen Geschmack; da er aber für den Handel bestimmt war, so konnte er sich nur in seinen freien Stunden mit dem Studium der physikalischen Wissenschaften, wozu er eine entschiedene Neigung hatte, und mit der Kupferstechkunst beschäftigen. Später gab er indessen den Handel auf und wurde zum Conservator des Mineraliencabinets seiner Vaterstadt ernannt. Sein Bestreben ging fortwährend dahin, für die Ausübung der Künste nützliche Erfindungen zu machen, was ihm auch vielfach gelang; vorzüglich aber erdachte er eine ansprechende Art und Weise, in Kupfer zu stechen, welche indessen bis jetzt keine Nachahmung gefunden hat. Zartheit, Anmuth und Reinheit der Zeichnung, verbunden mit dem aus einer verständigen Anordnung des Lichtes und der Schatten entspringenden Reize und einer ans Unbegreifliche grenzenden Feinheit in der Ausführung kennzeichnen sein Verfahren, welches man eine Art Tuschmanier, aber mit kräftigeren Zügen nennen könnte. Seine Arbeiten beschränken sich auf kleine Portraits und das erste, welches er im J. 1771 in dieser Manier stach, war das Bildniß Jean Bapt. Bossuet's in ganzer Figur und als Büste nach Rigaud; diesem folgten die Bildnisse Fenelon's nach Vivien, J. B. Rousseau's nach Aved, J. Dryden's nach Kneller, des Cardinals von Polignac nach Rigaud, der Schauspielerin Lecouvreur in der Rolle der Cornelia nach Drevet, des Philosophen Descartes nach Hals und Montesquieu's nach Dassier. Alle diese Portraits gelten als Meisterstücke und der Conservator der Kupferstiche in der kaiserlichen Bibliothek zu Paris schrieb dem Künstler, als dieser ihm im J. 1809 das Bildniß des Cardinals von Polignac als Geschenk überreichte: „Sie sind immer einzig in Ihrer Manier geblieben und Niemand hat gewagt, Sie nachzuahmen, woran man nach meiner Meinung auch wohl gethan hat. Die Sammlung Ihrer schönen Arbeiten nimmt eine ausgezeichnete Stelle unter den Meisterwerken ein, welche die Zierde des Cabinets, welches mir anvertraut ist, ausmachen." Grateloup war auch ein ausgezeichneter Emailmaler, seine Arbeiten dieser Art sind aber äußerst selten geworden, da er als Dilettant nur sehr Weniges fertigte und gewöhnlich nur, um seine Entdeckungen in der Technik zu erproben. Eine andere außer dem Bereiche der Kupferstechkunst und der Malerei liegende Entdeckung, welche ihm ebenfalls zu großer Ehre gereicht, ist die Vervollkommnung der achromatischen Objectivgläser, deren Erfindung dem berühmten englischen Optiker John Dollond gebührt. Die Abhandlung, in welcher er seine Entdeckung entwickelte und

3) L. Lanzi, Geschichte der Malerei in Italien, übersetzt von J. G. v. Quandt. Bd. III. S. 214 fg. G. K. Nagler, Künstler-Lexikon. Bd. IV. S. 326 fg. Biographie universelle. Tom. LVII. p. 285. Biographie générale. Tom. XXI. p. 718.

*) Vergl. Histoire littéraire de la France. Tom. XXIII. p. 577.

welche er am 6. Dec. 1787 in der Akademie der Wissenschaften zu Paris las, wurde von dieser beifällig beurtheilt und in die Sammlung ihrer Denkschriften (Mémoires présentés à l'académie par divers savans) aufgenommen. Dieselbe Akademie sprach sich im J. 1793 auf den Bericht der zu diesem Zwecke ernannten Ausschußmitglieder dahin aus, daß in Erwägung der Vortheile, welche für die Optik aus dem Tränken der Objectivgläser mit Mastixsaft entsprängen, sowol um die Mängel der Oberflächen zu verbessern, als auch um die Arbeit an den achromatischen Objectivgläsern auf die an den beiden äußeren Oberflächen zu beschränken, Grateloup nach dem Gesetze vom 12. Sept. 1791 das Maximum der Nationalbelohnungen und die ehrenvolle Erwähnung verdiene, welche Ansicht auch einstimmig angenommen wurde. Grateloup starb am 18. Febr. 1817 zu Dax. Mehrere gelehrte und artistische Gesellschaften hatten ihn zu ihrem Mitgliede ernannt*). (*Ph. H. Külb.*)

Grateloupella, s. Polysiphonia.

GRATELOUPIA, eine von Agardh aufgestellte Algengattung mit folgenden Merkmalen: Algenkörper platt gedrückt, derb, knorpelig, Structur parenchymatisch, fast dreischichtig. Vierlingsfrüchte einzeln, zerstreut und länglich. Kapselfrüchte eingesenkt, warzenförmig, mit einer Oeffnung, ohne besondere innere Hülle. Samen kugelig, zusammengehäuft, an einem netzförmigen, faserigen Samenträger.

Aus dieser Gattung sind folgende Arten bekannt:

1) G. filicina *Agardh*. Der Algenkörper ist bandförmig, gefiedert, überall linienförmig, die Fiedern sind verlängert, nach beiden Enden zu verdünnt und gegenüberstehend. — Der Algenkörper ist 2—6 Zoll lang, das Bindestück ist ½—¾ Linien breit. Die Farbe ist purpurroth, im trockenen Zustande oft grün. Hierher gehören als Synonyme Fucus filicinus *Wulfen*, Phoracis filicina *Rafinesque* und Delesseria filicina *Lamouroux*.

Diese Art kommt im atlantischen Ocean, im mittelländischen und adriatischen Meere und am Cap der guten Hoffnung vor und ändert ab:

β) ramentacea *Montagne*. Das Hauptbindestück und die Fiedern sind mit dornentragenden Fortsätzen dicht besetzt. Diese Form findet sich an der Küste Frankreichs.

γ) elongata *Kützing*. Sehr schmal mit langen linealisch-fadenförmigen oberen Aesten und zahlreichen, borstenförmigen, schlaffen Fiedern. So an der Küste von Java.

δ) conferta *Kützing*. Niedrig, rasenartig, starrer, mit kürzeren, starren, sehr schmal lanzettlichen Fiedern. Gleichfalls an der Küste von Java.

2) G. prolongata *Liebmann*. Das Bindestück ist lang, schmal linealisch, bisweilen wellenförmig-kraus, einfach oder getheilt, die wenigen Aestchen sind entweder klein und wimperartig oder größer, einseitig und einwärts gekrümmt. Die Pflanze ist eine Spanne lang, die Breite des Bindestücks beträgt ½—1½ Linien.

Diese Art wächst an Felsen des Meeres bei Guatulco in Mexico.

3) G. porracea *Kützing*. Der Algenkörper ist unregelmäßig und locker gefiedert, sehr schmal linealisch, fast fadenförmig, die Fiedern sind nur wenig verdickt und sehr spitz. Hierher gehört Fucus porraceus *Mertens*.

Die Heimath dieser Art ist Westindien.

4) G. filiformis *Kützing*. Der Algenkörper ist fadenförmig, am Grunde fast stielrund, weiter oben schwach zusammengedrückt, unten locker ästig, oberwärts sehr ästig und fast gabelspaltig, die gedrängt stehenden, abstehenden Aeste sind meist gekrümmt und sämmtlich an der Spitze pfriemlich-dornig und tragen bisweilen an einer Seite kleinere Aestchen. Die Pflanze hat die Dicke einer Sperlingsfeder, die Aestchen sind fast borstenförmig; die Höhe beträgt 3—4 Zoll.

Diese Art kommt an der Küste von Peru vor.

5) G. concatenata *Kützing*. Allseitswandig gefiedert; die Fiedern sind fast wiederum gefiedert, die Fiederchen sind beinahe gabelspaltig, eingeschnürt-kettenartig, an der Spitze oft gefurcht, zungenförmig. Die Höhe beträgt 3 Zoll, die Breite des Bindestücks ⅓—⅔ Linien.

Sie kommt an den Küsten der Antillen vor.

6) G. horrida *Kützing*. Der Algenkörper ist ästig, oberwärts gefiedert; die Fiedern sind zahlreich, dicht, gegenüberstehend oder einseitswandig, lang, lanzettlich-linealisch, zungenförmig, bisweilen mit zahlreichen fiederartigen Aestchen dicht bekleidet.

Diese Art findet sich im Mittelmeere.

7) G. Pennatula *Kützing*. Der Algenkörper ist schmal linealisch ästig, die Aeste sind lang, gefiedert, die abstehenden Fiedern sind am Grunde verschmälert, meist gegenüberstehend, am Rande mit kleinen, zuletzt fruchttragenden Wimpern besetzt. Die Höhe der Pflanze beträgt 5—6 Zoll und darüber, die Breite des Bindestückes ⅓ Linie. Die Farbe dieser Art ist im trockenen Zustande purpurroth, die der Fiedern grünlich. Hierher gehört Sporochnus Pennatula *Poeppig*.

Im Meere an Felsen der Insel Cuba.

8) G. neglecta *Kützing*. Der Algenkörper ist sehr ästig, die Aeste sind linealisch getheilt oder gefiedert, die Fiedern sind einander genähert, die Aestchen sind dicht gedrängt, bandförmig-lanzettlich. Die Farbe ist purpurbraun. Die Größe beträgt 1½—2 Zoll. Hierher gehört Gelidium neglectum *Bory*.

An Inseln im Peloponnesus.

9) G. verruculosa *Greville*. Der Algenkörper ist blattartig, linienartig-keilförmig, einfach oder getheilt, etwas kraus, am Rande kornig gezähnelt, die Zähne sind 2—3 zackig. Die Pflanze ist 2—3 Linien lang, ¼—1 Zoll breit; Farbe purpurbraun. Hierher gehören als Synonyme Fucus verruculosus *Bertoloni*, Fucus Hissomans *Turner*, Sphaerococcus verruculosus *Agardh*, Erinacea verruculosa *Lamouroux* und Halymenia verruculosa *Duby*.

*) Biographie universelle. Tom. LXVI. p. 39 seq. (Suppl. Tom. XVII. p. 39.) G. K. Nagler, Künstler-Lexikon. Bd. V. S. 340. Biographie générale. Tom. XXI. p. 719.

Diese Art wächst im mittelländischen und adriatischen Meere.

10) G. Proteus *Kützing*. Der Algenkörper ist gallertartig-knorpelig, oberwärts stark verdickt, unregelmäßig ästig oder getheilt, die Aeste sind 2—3 gabelig, die Aestchen zahlreich, randständig, lanzettlich.

Im mittelländischen Meere einheimisch.

11) G. Cosentinii *Kützing*. Der Algenkörper ist gabelspaltig, flach, getheilt, am Grunde keilförmig, die Abschnitte sind nach der Spitze zu breiter, die obersten sind schmal, wiederholt-gabelspaltig. Die Farbe ist purpurbraun. Die Länge beträgt 3—4 Zoll, die Breite der mittleren Theile 3—6 Linien, die der Spitze nur eine Linie. Aendert ab:

β) marginifera *Kützing*. Die äußersten Abschnitte sind sehr verlängert, am Rande mit langen bandförmigen, lanzettlich-linealischen, wimperartigen Aestchen versehen. Hierher gehört Halymenia marginifera *Hering*.

Sowol die Hauptart als die Varietät kommen an den Küsten Siciliens vor.

12) G. cuneifolia *J. Agardh*. Der Stiel ist zusammengedrückt-keilförmig; der Algenkörper bandförmig-geschlitzt, die Zipfel sind lang, am Grunde oft eingeschnürt, im Alter am Rande wimpertragend, breiter, an der Spitze gelappt. Die Länge beträgt 3—5 Zoll, die Breite 1—2 Zoll.

Vaterland ist La Guayra.

13) G. denticulata *Montagne*. Der Algenkörper ist gallertartig-knorpelig, flach, bald vom Grunde gabelspaltig-bandförmig, beiderseits von kleinen, fast in Reihen stehenden Stacheln rauh, die Zipfel sind lanzettlich, am Rande gezähnelt.

Im stillen Ocean an der peruanischen Küste.

14) G. dichotoma *J. Agardh*. Der Algenkörper ist cylindrisch-zusammengedrückt, gabelspaltig, die linealischen Zipfel stehen ab, die letzten sind meist lang-schwertförmig; die Kapselfrüchte stehen an der Spitze der Zipfel. Die Länge beträgt 1—3 Zoll, die Breite der Zipfel bis eine Linie.

Im mittelländischen Meere.

15) G. fimbriata *Montagne*. Rasenartig; der Algenkörper ist gallertartig-knorpelig, flach, breit-keilförmig, an der Spitze unregelmäßig vielspaltig, die Zipfel sind meist spitz. Die Höhe beträgt 1½—2 Zoll. Die Farbe ist intensiv purpurroth oder violett.

An der Küste bei Algier.

16) ?G. aucklandica *Montagne*. Der Algenkörper ist knorpelig, fadenförmig, stielrund, allseitswendig ästig, die Aeste und Aestchen sind gedrängt und gebüschelt, etwas zusammengedrückt, am Grunde verschmälert und entspringen einzeln oder zu mehreren öfters aus einem großen Höcker des Algenkörpers. Die Länge beträgt 4—5 Zoll, die Dicke gleicht einer Sperlingsfeder.

An Felsen der Aucklandsinseln.

Folgende Arten sind aus dieser Gattung auszuschließen:

Gr. Cutleriae *Kützing* — Iridaea Cutleriae *Montagne*.

Gr. Hystrix *Agardh* — Chaetangium Hystrix *Kützing*.

Gr. ornata *Agardh* — Chaetangium ornatum *Kützing*.

Gr. Zeyheri *Hering* — Chaetangium Zeyheri *Kützing*. (*Garcke*.)

GRATELOUPIA (Paläontologie) nannte Desmoulins (Bulletin de la Société Linnéenne de Bordeaux 1828. II, 41) zu Ehren des Paläontologen Grateloup eine Conchyliengattung, deren einzige in der Tertiärformation von Bordeaux aufgefundene Art Basterot in seiner Monographie über die tertiären Conchylien von Bordeaux 84. Taf. 4. Fig. 19 als Donax irregularis beschrieben hatte. Die Gattung ist Donax zunächst verwandt, ist gleichschalig, dreieckig eiförmig mit ziemlich hervorstehenden Wirbeln. Ihr Schloß aber besteht aus einem beinahe quer gestellten kräftigen Zahne vor den Wirbeln und 4—5 schrägen allmälig kleiner werdenden Zähnchen hinter denselben. Das Band ist äußerlich und ziemlich lang, der Rand innen ungekerbt und der Mantel hat eine schmale tiefe Bucht. Den Basterot'schen Artnamen hat Desmoulins in Gr. donaciformis umgewandelt. Später hat Deshayes in seinem Traité élementaire de Conchyliologie 18.. I, 676 noch eine zweite Basterot'sche Art als Gr. difficilis und eine neue tertiäre Gr. cuneata, sowie Lea eine amerikanische Gr. Moulinsi, Conrad in den Proceed. acad. nat. sc. Philadelphia 1855. VII, 257 eine alttertiäre Gr. Hydei in Amerika und Blake in Silliman, Americ. journ. of sc. 1856. XXI, 268 eine tertiäre californische Gr. mactropsis hinzugefügt, sodaß die Gattung gegenwärtig sechs Arten zählt, die jedoch einer kritischen Revision bedürfen. (*Giebel*.)

GRATH. Von den Graveurn wird der von den Grabstichelschnitten entstehende scharfe Rand, oder die rauhe Kante, welche der Grabstichel zu beiden Seiten eines gestochenen Striches auswirft, der Grath oder Bart, barbe, bavure, genannt. Auch bei Schneidewaaren, z. B. Messerklingen, wird, sobald sich beim Härten und Schleifen die Schneide umlegt, gesagt, die Schneide ist mit einem Grath, morfil, versehen, der durch Abziehen weggeschafft wird.

Bei Holzarbeiten, wo namentlich dem Schwinden und Werfen des Holzes abgeholfen werden soll, werden häufig auf der hinteren Fläche der Bretertafel Leisten mittels eines sogenannten Grathes befestigt, welche eingeschobene Leisten oder Grathleisten genannt werden. Eine solche Verbindung auf den Grath unterscheidet sich von der gewöhnlichen Schwalbenschwanzverbindung nur durch die bedeutendere Länge. Zur Ausarbeitung des Grathes dienen die Grathsäge und der Grathhobel. (*C. Karmarsch*.)

GRATI (Giovanni Batista), Maler der bologneser Schule, im J. 1681 zu Bologna geboren, war nacheinander Schüler der bekannten Meister Luigi Mattioli, Lorenzo Pasinelli und Giovanni Gioseffo dal Sole, welchem letzteren er am meisten folgte. Er verrieth nach dem Urtheile seiner Zeitgenossen ein nicht unbedeutendes Talent und war ein sehr guter und sorgfältiger Zeichner, versäumte aber, seine Fähigkeiten nach Gebühr auszubilden, um den übrigen Forderungen der Kunst zu genügen. Als Mitglied der Clementinischen Akademie wird er auch von den Kunsthistorikern erwähnt; sie loben seine Genauigkeit, bedauern aber sein Talent. Er malte eine große Menge Altartafeln und Cabinetsstücke für verschiedene Städte des Großherzogthums Florenz und der Republik Lucca und starb im J. 1758. Seine berühmtesten Arbeiten zu Bologna sind: die heil. Anna, wie sie die heil. Jungfrau unterrichtet in San Giacomo Maggiore, die Madonna mit dem heil. Joseph, der heil. Franciscus, der heil. Cajetan und eine Engelglorie in Santa Maria Incoronata *). (*Ph. H. Külb.*)

GRATIA, ein italienischer Jurist und Lehrer des römischen Rechtes zu Bologna, über dessen Lebensverhältnisse man nicht völlig ins Klare zu kommen vermag. Ein Gratia erscheint schon in der erwähnten Stadt im J. 1206 als Rechtslehrer (magister) und im J. 1213 als Lehrer des Kirchenrechtes (magister decretalium) und an ihn sind viele Decretale der Päpste Innocenz III. und Honorius III. gerichtet. Dieser Gratia wird im J. 1218 als Kapellan am päpstlichen Hofe genannt, scheint aber alsbald wieder nach Bologna zurückgekehrt zu sein, wo er im J. 1224 als Erzdiakon erwähnt wird, wobei man als besonders merkwürdig hervorhebt, daß während seiner Verwaltung dem Erzdiakon das wichtige Recht verliehen wurde, daß alle Promotionen nur mit seiner Genehmigung ertheilt werden sollten. Da im J. 1224 ein Gratia zum Bischof von Parma gewählt wurde, so liegt die Annahme, daß dieser Bischof, obgleich er ein Florentiner genannt wird, kein anderer gewesen sei, als der eben genannte Jurist, ziemlich nahe, obgleich es nirgends ausdrücklich gesagt wird. Man glaubt ferner, daß er eine und dieselbe Person sei mit einem Juristen Gratia aus Arezzo, welcher auch als Schriftsteller in seinem Fache erwähnt wird. Den Widerspruch in Beziehung auf das Vaterland (Arezzo und Florenz) sucht man dadurch zu beseitigen, daß man annimmt, daß die Benennung Florentiner eine allgemeinere und gleichbedeutend sei mit Toscaner, auch wol ein Irrthum in den verschiedenen Angaben obwalten könne. Die Behauptung, daß zwei verschiedene Juristen den Namen Gratia führten und der eine zu Arezzo, der andere aber zu Bologna gelebt habe, hat weit größere Wahrscheinlichkeit für sich. Ob aber Gratia von Arezzo die Professur des kanonischen Rechtes bekleidet habe, und nicht Gratia zu Bologna, dürfte sich nicht leicht ermitteln lassen. Gewiß ist, daß Gratia von Arezzo ein Buch über den Proceß schrieb, welches lange unbekannt war und erst in neuerer Zeit von F. Bergmann aus einer bamberger Handschrift mit ähnlichen Abhandlungen unter dem Titel: Pillii, Tancredi, Gratiae libri de judiciorum ordine (Gottingae 1842. 4.) herausgegeben wurde. Die Behauptung, daß dieser Gratia (welcher zuweilen fälschlich Gratianus genannt wird) auch Commentare zu den Decretalen geschrieben habe, ist völlig unbegründet, denn Niemand hat dieselben bis jetzt gesehen und die angeblich aus ihnen entlehnten Bemerkungen, welche Gegenstände des Processes betreffen, beziehen sich unzweifelhaft auf das Buch des Gratia über den Proceß *). (*Ph. H. Külb.*)

GRATIA DEI wurde ehedem ein Pflaster genannt, welches aus Grünspan, Terpentin, Mastix, Olibanum, Wachs und noch einigen andern Bestandtheilen zusammengesetzt war. (*Fr. Wilh. Theile.*)

GRATIA DEI (Conradus), italienischer Mönch und Historiker, gegen das Ende des 10. Jahrh. wahrscheinlich in Sicilien geboren, widmete sich dem geistlichen Stande und trat in den Orden des heil. Dominicus. Er scheint sich jedoch nicht nur mit theologischen Studien, sondern auch mit historischen Forschungen beschäftigt und bei seinen Ordensgenossen in großem, seinen Verdiensten entsprechendem Ansehen gestanden zu haben, denn er wurde von ihnen zum Prior des Katharinenklosters zu Palermo gewählt; sein Name wäre indessen längst vergessen, wenn er denselben nicht durch eine kleine Schrift über sein Vaterland verewigt hätte. Er richtete nämlich an Angelo Boccamazza, Bischof von Catanea, den er seinen Wohlthäter nennt, eine Zuschrift, worin er eine kurze Uebersicht der Geschichte von Sicilien vom Jahre 1027 bis zum Jahre 1283 mittheilt, welche manches Bemerkenswerthe enthält. Diese um das Jahr 1306 verfaßte Zuschrift (Epistola Fratris Conradi ad Episcopum Cathaniensem sive brevis chronica ab anno 1027 ad annum 1283) wurde zuerst im 16. Jahrh. von J. B. de Grossis (in der Cathania sacra p. 143) und von Matth. Selvagius in seinem Buche: De tribus Peregrinis (Venetiis 1542. 8.) herausgegeben und dann von J. B. Caruso (in der Bibliotheca hist. regni Siciliae. Tom. I.) und L. Muratori (in den Script. rer. Ital. Tom. I. P. 2. p. 277—279) wieder abgedruckt. Eine neue Ausgabe nach guten Handschriften verglichen mit den andern gleichzeitigen Quellen wäre indessen keineswegs überflüssig, da die historische Kritik der früheren Herausgeber keine sehr strenge ist †). (*Ph. H. Külb.*)

GRATIA DEI (Johann Baptist), italienischer Theolog, gegen das Ende des 13. Jahrh. zu Ascoli in der Mark Ancona geboren, trat nach der Beendigung seiner Studien in den Dominikanerorden und zeichnete sich unter seinen Ordensgenossen durch Gelehrsamkeit und insbesondere durch seine philosophischen Kenntnisse aus. Er machte hauptsächlich die Aristotelische Philosophie zum Gegenstande seines Studiums und bemühte sich, die Schriften dieses Philosophen zu erläutern. Besonders geschätzt wurden seine Erläuterungen über die Logik und die Physik des Aristoteles, welche nicht nur, während des

*) G. K. Nagler, Künstler-Lexikon. Bd. V. S. 341. Biographie générale. Tom. XXI. p. 719.

*) M. Sarti, De claris Archigymnasii Bononiensis Professoribus. (Bononiae 1769. fol.) P. II. p. 22. Fr. C. v. Savigny, Geschichte des Römischen Rechts im Mittelalter, 2. Ausg. Bd. V. S. 156 fg.

†) Vergl. J. Echard et J. Quetif, Scriptores ord. Praedicat. Tom. I. p. 486.

Mittelalters vielfach abgeschrieben und in den Collegien benutzt wurden, sondern auch nach der Erfindung der Buchdruckerkunst Verbreitung fanden. Die Commentaria in totam artem veterem Aristotelis erlebten noch mehrere Auflagen (Venetiis 1491. fol. Ibid. 1493. fol. Ibid. 1490. fol.), haben aber jetzt ihre wissenschaftliche Geltung verloren; auch von den Quaestiones in libros Physicorum Aristotelis ist eine Ausgabe (Venetiis 1494. fol.) bekannt. Seine übrigen von den Literarhistorikern angeführten Commentare über Aristotelische Schriften (Quaestiones in tres libros de anima, commentaria in parva naturalia, Supplementum commentariorum S. Thomae in librum secundum peri herminias) scheinen nicht gedruckt zu sein; auch von seinen Quaestiones theologicae et metaphysicae ist keine Ausgabe bekannt; dagegen werden zwei Ausgaben seiner Schrift gegen die Juden (De confutatione hebraicae sectae. Romae 1500. 4. Argentorati 1500. 4.) erwähnt. Gratia Dei, zuweilen auch Gratia Deus genannt, starb im J. 1341 in dem Dominikanerkloster seiner Vaterstadt *). (*Ph. H. Külb.*)

GRATIADEI (Mariano), gewöhnlich Mariano da Pescia genannt, italienischer Maler der florentinischen Schule aus der ersten Hälfte des 16. Jahrh., um das Jahr 1520 zu Pescia in Toscana geboren, erlernte seine Kunst bei Ridolfo del Ghirlandajo, einem der besten Meister der genannten Malerschule, und galt als der Lieblingsschüler desselben. Dieser bewies sein großes Vertrauen zu ihm auch dadurch, daß er ihm auftrug, in der von ihm mit Fresken ausgeschmückten Kapelle der Signoria im Palazzo vecchio zu Florenz das Altarbild zu malen. Mariano unterzog sich der ehrenvollen Aufgabe mit großem Eifer und malte eine heilige Familie in gründlichem und doch lieblichem Geschmacke. Kaum hatte er aber dieses Werk, das einzige, welches man jetzt noch von ihm kennt, vollendet, als der Tod ihn in seinem 30. Jahre (um 1550) der Kunst entriß. Er hatte auch eine vortreffliche Manier, grau in grau zu malen, welche er wol noch zu größerer Vollkommenheit gebracht hätte, wenn er nicht zu früh gestorben wäre; an ihm verlor die florentinische Schule überhaupt einen vielversprechenden Meister †). (*Ph. H. Külb.*)

GRATIANA, eine spätere Stadt (wahrscheinlich von Cäsar Gratianus gegründet oder nach ihm benannt), wird in der Tabula Peutingeriana und von Hierokles p. 657 als in der Illyris Barbara oder in Illyrici finibus erwähnt, und zwar westlich von Tiberiopolis auf der Straße nach Sirmium. Vergl. *Procopius* II, 19, 3. Böcking zur Notitia Dignitatum et Administrationum p. 485 hat über die Lage dieser Stadt ausführlicher gehandelt und dieselbe in die Nähe der heutigen Stadt Alexinacz oder Aleriatze gesetzt. In der Notitia werden Auxilium Gratianense und Milites primi Gratianenses erwähnt (p. 99. 105). Auch wird p. 450 eines skythischen Castells dieses Namens gedacht. (*Krause.*)

GRATIANI oder GRAZIANI (Bonifazio), italienischer Componist, im J. 1600 zu Marino in der Nähe von Rom geboren, verrieth schon früh ein entschiedenes Talent für Musik, welches er sorgfältig auszubilden suchte. Seine Leistungen fanden überall großen Beifall und verschafften ihm die Stelle als Kapellmeister an der Jesuitenkirche zu Rom, welche er viele Jahre bekleidete. Seine Compositionen zur Aufführung in der Kirche sind sehr zahlreich und standen bei seinen Zeitgenossen in hohem Ansehen, wurden aber großentheils erst nach seinem Tode durch die Sorgfalt seines Bruders gedruckt. Die bedeutendsten sind: Motetti, libri cinque (Roma 1676. 4.), in welchem Werke man auch vor dem fünften Buche ein Verzeichniß seiner sämmtlichen Compositionen (Opere ecclesiastiche) findet, sie zerfallen nach der Anzahl der Stimmen in mehrere Abtheilungen, ferner Salmi a cinque concertati, libri sei; Li responsorii della Settimana Santa, libri cinque; Letanie della madonna, libri cinque; Salve et altre Antifone della Madonna, che si cantano dopo il divin' officio; Antifone per diverse festività dell'anno; Sacri concerti, libri cinque; Salmi vespertini concertati a due chori; La prima muta delle messe, libri sei; Inni vespertini 40 per tutte le principale festività dell'anno; La seconda muta delle messe, libri sei und Musiche sacre et morali a 1, 2, 3 e 4 voci co'l basso per l'organo (Roma 1678. 4.). Außerdem findet man in Italien noch viele ungedruckte Compositionen Gratiani's. Er starb im J. 1672 zu Rom *). (*Ph. H. Külb.*)

GRATIANI (Caspar), ein Abenteurer des 17. Jahrh. und Woywode der Moldau, um das Jahr 1580 zu Gradisca (nicht zu Graz) geboren, stand einige Zeit im Dienste des Erzherzogs Ferdinand von Graz und ging dann, um sein Glück zu versuchen, nach Constantinopel, wo sich sein Bruder bereits niedergelassen hatte und einen einträglichen Handel mit Edelsteinen trieb. Er nahm Theil an dem Geschäfte und kam auf seinen Reisen auch nach Florenz, wo er dem Großherzoge Edelsteine verhandelte. Auf der Rückreise kaufte er zu Livorno und Neapel viele türkische Sklaven, um sie nach ihrer Heimath zurückzubringen und von ihren Anverwandten den Loskaufspreis mit erklecklichem Gewinn wieder einzuziehen. Unter diesen losgekauften Sklaven befand sich zufällig auch der Vetter eines sehr angesehenen Pascha, durch dessen Vermittelung er nach der Heimkehr mit einflußreichen Staatsmännern des türkischen Reiches bekannt wurde. Er wußte sogar die Gnade des Großsultans zu gewinnen und sich allmälig so beliebt zu machen, daß er zum Begleiter des Gesandten Ahmed Kiaja, welcher zur Vermittelung des Friedens mit dem teutschen Kaiser

*) *J. Echard* et *J. Quetif*, Scriptores ord. Praedicat. T. I. p. 557. Chr. G. Jöcher, Gelehrten-Lexikon. Bd. II. S. 1138.

†) L. Lanzi, Geschichte der Malerei in Italien, teutsch von J. G. v. Quandt. Bd. 1. S. 149. G. K. Nagler, Künstler-Lexikon. Bd. XI. S. 146. Biographie générale. Tom. XXI. p. 720.

*) *F. J. Fétis*, Biographie universelle des Musiciens, nouv. éd. Tom. IV. p. 87 seq. Universal-Lexikon der Tonkunst von Jul. Schladebach und Ed. Bernsdorf. Bd. II. S. 279.

Matthias nach Wien geben mußte, bestimmt wurde. Er war überhaupt der erste Christ, welchem die Pforte mit einer diplomatischen Mission betraute. Da aber die Stipulationen des am 14. Juli 1615 abgeschlossenen Friedens alsbald wieder umgangen wurden, so mußte sich schon im folgenden Jahre Hermann von Czernin, der Stadthauptmann von Prag, als kaiserlicher Botschafter nach Constantinopel begeben, fand aber in Folge seines unklugen Benehmens bei seinem Einzuge wenig Gehör. Sein Empfang war zwar, als er am 4. Sept. 1616 zur Audienz bei dem Großherrn zugelassen wurde, feierlich und glänzend, aber kalt und unfreundlich. Nur der am Hofe beliebte Gratiani, welcher in Begleitung des Gesandten mit nach Constantinopel zurückgekehrt war, durfte dabei das Wort führen. Dieser gelangte durch die Geschicklichkeit, womit er die Verhandlungen nach dem Willen des Großsultans und zum Vortheil der Pforte zu lenken wußte, zu solchem Ansehen, daß er, obgleich er sich noch zum christlichen Glauben bekannte, gegen den Willen und zu nicht geringem Aerger der rechtgläubigen Türken zum Herzog von Naros und Paros ernannt und noch einmal zur Erwiderung der Gesandtschaft Czernin's als Großbotschafter nach Wien geschickt wurde. Nach seiner Zurückkunft nach Constantinopel brachte er, nachdem er lange Zeit vergebens um die Hand der Tochter des ersten venetianischen Dolmetschers Borisi geworben hatte, diese Heirath durch die Verwendung des englischen Botschafters zu Stande; doch mag zur Verwirklichung dieses Wunsches seine Ernennung zum Fürsten der Moldau, wofür sich auch der kaiserliche Gesandte bemühte, beigetragen haben. Das seltsame Glück hatte Gratiani übermüthig gemacht und sein Streben ging nach nichts Geringerem, als sich zum erblichen Beherrscher der Moldau zu machen. Da indessen dieser Plan nicht durch die Türken zu verwirklichen war, so sann er auf andere zur Erreichung seines Zweckes dienende Verbindungen und seine Blicke wandten sich vorzugsweise nach Polen. Er trug zwar im J. 1619 noch viel dazu bei, die zwischen Polen und der Türkei entstandenen Mißhelligkeiten auszugleichen und den Frieden herzustellen, wurde aber selbst im folgenden Jahre (1620) die nächste Veranlassung zum Wiederausbruch des Krieges. Er glaubte sich mit Polen dadurch auf guten Fuß setzen zu können, daß er die Depeschen, welche Bethlen Gabor, der Fürst von Siebenbürgen, wiederholt nach Constantinopel abgehen ließ und worin dieser über fortwährende Uebergriffe der mit den Kosaken verbundenen polnischen Freibeuter bittere Klage führte, unterwegs auffangen ließ und dem Könige von Polen zuschickte. Die Sache wurde jedoch bald entdeckt und Bethlen schwur Gratiani Rache und Tod. Dieser brachte es auch durch seine Freunde bei der Pforte ohne große Mühe dahin, daß Gratiani ohne Weiteres abgesetzt und an seiner Stelle Alexander, der Woywode der Walachei, auch zum Woywoden der Moldau ernannt wurde. Gratiani dachte aber nicht daran, seine Herrschaft so schnell aufzugeben, sondern griff zu den Waffen und rief die Polen zu Hilfe. Diese waren auch zu dieser schnell bereit und schickten ein Hilfscorps von mehr als 60,000 Mann, welches in der Nähe von Jassy Lager schlug. Gegen sie wurde sofort ein türkisches Heer aufgeboten, welches durch Tatarenstämme verstärkt, mehr als 100,000 Streiter gezählt haben soll, und unter dem Oberbefehle Iskenderpascha's, Statthalters von Oczakow, des ehemaligen Gönners Gratiani's, über den Pruth geschickt, um die Polen aus der Moldau hinauszuwerfen. Nach mehreren Plänkeleien kam es am 20. Sept. 1620 bei Jassy zu einer Hauptschlacht, in welcher von beiden Seiten mit Erbitterung gefochten wurde und besonders durch die wüthenden Angriffe der Tartaren über 10,000 Polen auf dem Kampfplatze blieben. Die Gefangenen wurden schonungslos vor dem Zelte des türkischen Befehlshabers aufgeknüpft. Gratiani hatte die Flucht ergriffen; Botschuk, sein Minister, war in die Hände des Feindes gefallen. Der polnische Heerführer, welcher mit dem Reste seines Heeres sich in sein Lager zurückgezogen hatte, suchte Unterhandlungen mit Iskenderpascha anzuknüpfen, diese scheiterten aber an dem hartnäckigen Widerstande der Tartarenführer, welche auf die Vernichtung des Feindes drangen, für welchen es kein anderes Wort gebe, als die Schneide des Säbels. Die polnischen Unterhändler wurden also, nachdem man vor ihren Augen Botschuk gespießt hatte, in Fesseln geschlagen und der Kampf begann von Neuem. Die Tartaren brachen in das Lager der Polen ein, welche nun den Rückzug antraten, aber auf demselben beständig von der türkischen Reiterei verfolgt und angegriffen wurden. Viele von ihnen geriethen in Gefangenschaft und in die Sklaverei und als sie endlich nach fortwährenden Gefechten, welche 17 Tage dauerten, den Dniester erreichten, entstand bei dem Uebergange, welchen die Reiterei zuerst antreten wollte, Streit zwischen dieser und dem Fußvolke und eine große Verwirrung. Die Tartaren machten, diese benutzend, noch einmal einen wüthenden Angriff, durch welchen die Niederlage der Polen allgemein wurde, sodaß nur wenige durch die Flucht dem Verderben entgehen konnten und eine unermeßliche Beute den Siegern in die Hände fiel. Stanislaus, der Feldherr der Polen, kam in diesem Gefechte um und die Köpfe mehrerer polnischen Heerführer wurden zugleich mit einer Anzahl Gefangener edler Herkunft als Trophäen dieses Feldzuges nach Constantinopel geschickt. Gratiani wurde auf der Flucht in einer Bauernschenke, wo er sich verbergen wollte, von dem Wirthe oder nach anderer Erzählung von seinem Kammerdiener, der nach den mitgeschleppten Kostbarkeiten lüstern war, getödtet und sein Kopf seinem Nachfolger Alexander überbracht. Gratiani war ein Wende oder Kroate und unterschrieb sich auf Actenstücken mit türkischen Buchstaben Horvath, was ebenso wol Chirvat (Kroate) gelesen werden kann. Sein Siegel zeigte fünf Thürme mit den Buchstaben C. G. D. G. Er wird von Zeitgenossen, welche ihn näher kannten, und besonders von venetianischen Staatsmännern, welche mit ihm in Constantinopel in nähere Berührung kamen, als ein ebenso geiziger als liederlicher Mensch geschildert und Niemand betrübte sich über das Schicksal, das ihn so unerwartet und so schnell ereilte*). (*Ph. H. Külb.*)

*) Vergl. J. v. Hammer, Geschichte des Osmanischen Reiches.

GRATIANO (Giulio Cornelio), italienischer Dichter und Maler, in der ersten Hälfte des 16. Jahrh. zu Trevigi im Venetianischen geboren, von dessen Lebensverhältnissen man aber nichts Näheres weiß, da er weder in der Poesie noch in der Kunst durch ungewöhnliche Leistungen hervorragte. Das Andenken an ihn hat sich nur durch sein zu dem Sagenkreise Karl's des Großen gehörendes Gedicht „Orlando" in acht Büchern oder Gesängen und in Ottave Rime erhalten. Obschon es wenige Spuren von wirklicher Poesie zeigt und uns jetzt unerträglich langweilig erscheint, so muß es doch bei den Zeitgenossen des Dichters Beifall gefunden haben, da der ersten, jetzt seltenen Ausgabe (Di Orlando santo vita et morte con venti mila cristiani uccisi in Roncisvalle, cavata dal Catalogo de'santi libri VIII. Trevigi 1597. 12.) noch zwei andere Ausgaben (Venezia 1609. 12. Ibid. 1639. 12.) folgten. Alle erschienen erst nach dem Tode Gratiano's, welcher im J. 1594 starb *). (*Ph. H. Külb.*)

GRATIANOPOLIS, eine vom Kaiser Gratianus gegründete Stadt in Gallien, welche entweder zum Gebiete der Allobroger oder zu dem der Trikastiner oder dem der Vocontiner gehört hat. Dieselbe soll die heutige Stadt Grenoble sein. Auch hat man angenommen, daß der frühere Name des Ortes Cularo oder Calarona gewesen sei. Da dieser Name jedoch noch in der Tabula Peutingeriana und in der Notitia dignitatum imperii vorkommt, als Gratianopolis längst existirte, so sind wol beide von einander zu unterscheiden. Wäre Gratianopolis nur eine neue Colonie des alten Cularo gewesen, so lag dieselbe am Flusse Isara, gegenwärtig Isère (*Cicero* ad fam. X, 21) und gehörte zum Gebiet der Allobroger. Augustinus (De civitate dei XXI, 7) hat eine Quelle bei Gratianopolis erwähnt, welche die Fähigkeit gehabt habe, brennende Fackeln auszulöschen und nicht brennende anzuzünden. Der Name Gratianopolis kommt zuerst 381 n. Chr. in den Unterschriften des Concils von Aquileja vor. Vergl. auch Inscr. Gruteri 107, 2. *Orelli*, Inscr. Lat. sel. N. 1062. Vergl. *Böcking*, Annotationes ad Notitiam dignitatum in partibus Occident. p. 1016. 1018. 1020. (*Krause.*)

GRATIANUS (Römer), der ältere, war ein pannonischer Römer, der der Ahnherr mehrerer namhaften Imperatoren des 4. Jahrh. n. Chr. werden sollte. Gratianus lebte zuerst (anscheinend gegen Ende des 3. Jahrh. n. Chr.) in höchst untergeordneten Verhältnissen zu Cibalis (in dem Uferlande der Save und untern Drau, nur wenige Stunden von der Donau entfernt) im südöstlichen Pannonien. Als junger Mensch berühmt durch seine ganz außerordentliche Körperstärke, versuchte er dann sein Glück als Soldat und erreichte, Dank seiner Kraft, seiner Tapferkeit und Gewandtheit, auf diesem Wege sehr bedeutende Erfolge. Er schwang sich allmälig bis zum Range eines Obersten, dann bis zu der wichtigen Stellung eines comes (Militairgouverneur) der Provinz Afrika empor. In dieser Zeit seines Lebens aber zog er sich den Verdacht zu, schwere Unterschleife verübt zu haben, und wurde deshalb seines Amtes entsetzt. Erst nach längerer Zeit kam er wieder zu öffentlicher Thätigkeit, und zwar stand er dann, abermals als comes, in Britannien, wo er auch seine militairische Laufbahn beschloß. Nach ehrenvoller Entlassung aus dem Kriegsdienste zog er sich nach seiner Heimath zurück; seine letzten Jahre blieben aber nicht ungetrübt. Denn im J. 351 n. Chr. wurde bekanntlich der große Thronkrieg zwischen dem Kaiser Constantius und dem Usurpator Magnentius in dem südlichen Pannonien ausgefochten. Nach des Magnentius' Niederlage bei Mursa confiscirte Constantius einen Theil der Güter des alten Gratianus, weil der letztere angeblich den besiegten Usurpator begünstigt hatte (*Ammian. Marcellin.* XXX, 7, 2 seqq. Vergl. *Le Beau*, Histoire du Bas-Empire, ed. I. Tom. IV. p. 8 seq. Gibbon, Geschichte des Verfalles und Unterganges des römischen Weltreiches; teutsche Uebersetzung von J. Sporschil. S. 764. v. Wietersheim, Geschichte der Völkerwanderung. Bd. III. S. 391). Das Geschick war aber dem Hause dieses alten Heerführers nur eben vorübergehend feindlich; denn schon im J. 364 n. Chr. bestiegen Gratian's Söhne Fl. Valentinianus I. und Valens den römischen Kaiserthron; es ist dann Valentinian's ältester Sohn, wie der Großvater Gratianus genannt, mit dem wir uns nun ausführlicher zu beschäftigen haben.

Gratianus, der jüngere (römischer Kaiser). Dieser Gratianus war, wie eben bemerkt wurde, der älteste Sohn des Kaisers Valentinianus I. (364—375 n. Chr.), den dem letzteren seine erste Gemahlin, die Severa, am 18. April (nach Idatius) oder am 23. Mai (nach dem Chronicon Paschale) des Jahres 359 n. Chr. zu Sirmium (bei dem jetzigen Mitrowitz) in Pannonien geboren hatte. (Vergl. *Le Beau* l. l. Tom. IV. p. 364 u. 362. Wietersheim a. a. O. Bd. IV. S. 114.) Gratianus war nur erst wenig über acht Jahre alt, als ihn sein Vater Valentinian, dem eine heftige Erkrankung an die Nothwendigkeit gemahnt hatte, bei Zeiten für das Interesse seiner Dynastie zu sorgen, am 24. Aug. des J. 367 n. Chr. in der Landschaft der Ambiani (bei dem jetzigen Amiens) zu seinem „Mitregenten" erhob, ihn mit dem Titel „Augustus," mit dem Diadem und den übrigen Attributen der kaiserlichen Würde schmückte und in feierlicher Versammlung den jubelnd zustimmenden Truppen vorstellte. Seitdem wurde der Name des Gratianus dem Namen seines Vaters und seines Oheims, der Kaiser des Westens und des Ostens, bei allen gesetzlichen Kundmachungen des Reiches hinzugefügt. (*Ammian.* XXVII, 6. Vergl. *Le Beau* p. 117 seq. Gibbon S. 833. Wietersheim a. a. O. Bd. III. S. 397.) Valentinian wünschte aber seinen Sohn noch anders zu ehren; und so verlobte er ihn denn (Gratian stand in seinem 16. Lebensjahre) im J. 374 mit einem

---

Bd. IV. (Gotha 1829. 8.) S. 467 fg. Joh. Wilh. Zinkeisen, Geschichte des Osmanischen Reiches in Europa. Bd. III. (Gotha 1855. 8.) S. 704 fg.

*) *Quadrio*, Storia e ragione d'ogni Poesia. Tom. IV. p. 174. *P. L. Ginguené*, Histoire littéraire d'Italie. (Paris 1824. 8.) T. IV. p. 581.

jungen Mädchen vom höchsten Range, nämlich mit der Prinzessin Constantia, einer nachgelassenen (und nach des Vaters Tode geborenen) Tochter des Kaisers Constantius, mit deren Mutter Faustina sich dieser Kaiser in dritter Ehe im J. 361 vermählt hatte. Constantia war im J. 374 erst zwölf Jahre alt; sie entging in diesem Jahre in Pannonien, auf der Reise nach Gallien zu ihrem Verlobten, nur mit Mühe der Gefahr, in die Gefangenschaft der Quaden zu fallen, die sich damals gegen die Römer erhoben hatten. (*Ammian.* XXIX, 6, 7. Vergl. *Le Beau* p. 342. 365. Gibbon S. 830 fg. Wietersheim Bd. III. S. 410 fg.)

Bekanntlich starb Kaiser Valentinian während des Feldzugs, den er gegen die Quaden unternahm, am 17. Nov. 375 zu Bregetio (in der Nähe des jetzigen Komorn) in Pannonien. Und damit beginnt nun die Regierung seines Sohnes Gratianus. Freilich machte der junge Prinz gleich zu Anfang eine bittere Erfahrung. Er war nämlich damals in Trier zurückgeblieben; und so fanden einige intriguante Männer bei der in Pannonien beschäftigten Armee bequeme Gelegenheit, die Neubesetzung des Thrones im abendländischen Römerreiche etwas anders zu ordnen, als es im Willen des Valentinian gelegen hatte. Es gab nämlich außer Gratian noch andere Kinder des Valentinian; der verstorbene Imperator hatte seine erste Gemahlin, die Kaiserin Severa, im J. 368 verstoßen und bald nachher die schöne Italienerin Justina geheirathet, die ihm dann einen Sohn und drei Töchter gebar. Justina's Sohn, Valentinian genannt, war bei des Kaisers Tode nur erst vier Jahre alt; es lag damit für die ehrgeizigen Höflinge die Versuchung nahe, im Interesse ihrer persönlichen Macht ein unmündiges Kind auf den Thron zu erheben. Und wirklich brachten es der Oberstallmeister Cerealis, Justina's Bruder, und der Heermeister Merobaudes (*Zosim.* IV, 17) dahin, daß der junge Sohn der Justina als Valentinian II. neben seinem ältern Stiefbruder zum Augustus des Abendlandes erhoben wurde. Es war dieses offenbar ein Eingriff in Gratian's Rechte; und wäre Gratian ein Mann von überwiegend herrschsüchtigen oder gewaltsamen Neigungen gewesen, so standen dem Reiche schwere Unruhen, vielleicht gar, wie man schon so oft es erlebt, ein neuer Bürgerkrieg bevor. Glücklicherweise aber war der damals 16½jährige Gratian zu milde oder zu klug, um sich auf solches Beginnen einzulassen. Er erklärte sich sofort bereit, in brüderlicher Liebe die Erhebung seines kleinen Stiefbruders anzuerkennen, und hat auch, so lange er lebte, seinem Bruder andauernd seine Liebe und treue Pflege gewidmet. Thatsächlich überwog denn doch Gratian's Einfluß im ganzen Westreiche; (nominell sollte aber nach einigen Angaben [vergl. *Zosim.* IV, 19] Valentinian II. über das südliche Italien, über Illyrien und Africa gebieten) und mit seiner Mutter Justina zu Mailand residiren, während Gratian sich die unmittelbare Verwaltung der gallischen Präfectur mit ihren schwierigen und von den Germanen so viel gefährdeteren Grenzprovinzen vorbehielt und regelmäßig in Gallien verweilte. (*Ammian.* XXX, 10. Vergl. *Le Beau* p. 168 seq. 362—365. *Tillemont,* Hist. des Empereurs. Tom. V. p. 707—709. Gibbon S. 833 fg. Wietersheim Bd. III. S. 412 fg. IV. S. 93.)

Der jugendliche Kaiser Gratianus wurde bei seinem Regierungsantritt von dem Volke wie von den Truppen mit sehr günstigen Erwartungen begrüßt. Der junge Fürst war eine durchaus liebenswürdige Persönlichkeit; sein ganzes Wesen war anmuthig, sein Auftreten bescheiden und leutselig, seine Sitten mäßig, ernst und streng, seine Natur — anders als man es bei seinem tüchtigen, aber entsetzlich strengen und leidenschaftlichen Vater gewohnt gewesen — zur Milde gewandt. Damit verband Gratianus eine nicht geringe geistige Begabung. Die dem Römer, namentlich den Menschen aus dem kernhaften Stamme der pannonischen Provinzial-Römer, angeborene militairische Anlage hatte er unter Leitung seines kriegerischen Vaters schon in früher Jugend schulen und ausbilden können, dem er unter Anderem schon im J. 368 in den Krieg gegen die Alamannen, zu der Siegesschlacht von Solicinium (dem jetzigen Sulz bei Rotweil) am Neckar folgte. Daneben aber hatte Kaiser Valentinian I., der für seine eigene Person stets ein rauhes Kriegerleben geführt hatte, mit dem höchsten Eifer dafür gesorgt, die reichen Talente seines Sohnes tüchtig ausbilden zu lassen. Namentlich der berühmte Rhetor Decimus Magnus Ausonius aus Burdigala, jetzt Bordeaux (309 — 392 n. Chr.), der Sohn von Valentinian's Leibarzt Julius Ausonius, der namhafteste Dichter jener Zeit, hatte Gratian's Erziehung geleitet. Gratian war denn auch im Besitz schöner wissenschaftlicher Kenntnisse und verstand es recht wohl, in gutgesetzter Rede zu sprechen; auch rhetorischen und poetischen Unterhaltungen war er nicht fremd geblieben, — Dinge, die allerdings bald hinter seiner Liebhaberei für die Jagd und ähnliche Vergnügungen zurücktreten sollten. (*Ammian.* XXXI, 10, 18. cf. *Vict.* Epit. c. 46. 47. *Ambros.* in Orat. de obitu Valentin. sub fin. Vergl. *Le Beau* p. 365 seq. Gibbon S. 887. Wietersheim Bd. III. S. 398. 400. IV. S. 92 fg. 127 fg. Bernhardy, Röm. Literat. S. 574 fg.)

Die guten Erwartungen, die man von dem jungen Fürsten hegte, gingen auch wirklich mehrfach in Erfüllung. Jener Charakter barbarischer Härte, der die Regierung des sonst vielfach verdienten Valentinian I. bezeichnet hatte, begann zu schwinden; der mildere Sohn bemühte sich, da, wo sein Vorgänger schroff und hart gewesen war, mäßiger aufzutreten; manche Verbannte erhielten die Erlaubniß zur Rückkehr, namentlich auch wurde die Mutter des Kaisers, Severa, an den Hof zurückberufen; ungerecht Angeklagte erhielten die Freiheit, ungerecht Verurtheilte ihre Güter zurück (vergl. *Le Beau* p. 367 seq.). Es wurde mit allgemeiner Zustimmung aufgenommen, daß der junge Kaiser den verruchten Maximin, einen Mann carpischer Abkunft aus Sopianä in der pannonischen Provinz Valeria (wo Kaiser Diocletian einst eine Schar besiegter Carpen angesiedelt hatte), der unter Valentinian I. in Rom zuerst praefectus annonae, nachher praefectus urbi (bez. Vicarius) und endlich prätorianischer Präfect der Präfectur Gallien gewesen war und wahrhaft schauderhaft gewüthet hatte, und der nun auch dem jungen Kaiser durch Anmaßung zu imponiren suchte, bald nach seinem Regierungsantritt (im J. 376) seines Amtes entsetzt; auf die Anklage des römischen Senats wurde Maximin dann noch zum Tode verurtheilt und hingerichtet, ein Schicksal, das auch zwei seiner Beamten, die in seinem Dienst schwer compromittirten Simplicius und Doryphorianus, traf. (*Ammian.* XXVIII. c. 1 und XXIX. c. 2, 22 seq. *Symmach.* Orat. X. or. 2, und orat. inedit. durch Angel. Mai. Mailand 1815. Orat. pro patre p. 44 u. 45. Vergl. *Le Beau* p. 371 seq. Wietersheim Bd. III. S. 419 fg. Bd. IV. S. 93.) Noch aber war Gratianus zu jung, um überall selbständig und überall mit wahrer Einsicht aufzutreten; so konnte es geschehen, daß unter Zustimmung dieses wohlmeinenden Fürsten gleich bei dem Beginn seiner Regierung einer der besten und verdientesten Männer des Reiches, der ältere Theodosius — jener ausgezeichnete spanische Heermeister, der zuletzt noch (373—375 n. Chr.) in Afrika die gefährliche Empörung des mauritanischen Fürsten Firmus niedergeworfen hatte —, von seinen Neidern bei dem jungen Kaiser schändlich verleumdet, wegen fälschlich ihm zugeschriebener hochverrätherischer Absichten zu Karthago (im J. 376) enthauptet wurde. (*Ammian.* XXIX, 4 seq. *Orosius* VII. c. 33. p. 551. 552. *Hieronym.* Chron. p. 187. Vergl. Gibbon S. 820. *Le Beau* p. 368 seq. Wietersheim Bd. IV. S. 93.)

Zum Glück für das Reich wiederholten sich so schauderhafte Scenen denn doch nicht. Und abgesehen von seiner mehrfach verdienstlichen legislativen Thätigkeit (vergl. *Le Beau* IV. p. 43 und 373 seq. V. p. 91 seq.) — seine kirchliche Stellung besprechen wir unten —, sollte er wenige Jahre nach Antritt seiner Regierung Gelegenheit finden zu beweisen, daß die kriegerische Tüchtigkeit seines Vaters sich auf ihn vererbt hatte. Bekanntlich war das östliche Reich unter Gratian's Oheim Valens, waren namentlich die Landschaften zwischen der untern Donau, dem schwarzen Meere und dem ägäischen Meere seit dem J. 376 n. Chr. durch die Westgothen sehr schwer bedrängt; schon im J. 377 hatte sich Gratian genöthigt gesehen, unter den Generalen Richomer und Frigerid Hülfstruppen nach den oströmischen Donauprovinzen abzuschicken. (*Ammian.* XXXI, 7, 3 seq. und 8, 2; 9, 1 seq.; vergl. R. Pallmann, Gesch. der Völkerwanderung S. 125—129. Wietersheim Bd. IV. S. 81—84. 100.) Nun sollte im J. 378 der Hauptschlag gegen die Gothen geführt werden, zu dem sich Gratian selbst an der Spitze eines bedeutenden Heeres mit Kaiser Valens in Thrakien zu vereinigen gedachte. Ehe er aber die Grenze seines Reiches überschreiten konnte, sah er sich an seiner eigenen Rheinlinie unerwartet in einen ungemein blutigen Krieg verwickelt. Mit Recht hat v. Wietersheim, der in seiner „Geschichte der Völkerwanderung" über das Wesen und die Natur der germanischen Kriege gegen das alternde Römerreich so seine Beobachtungen anstellt, Bd. IV. S. 94 bemerkt, daß seit den Tagen des Alexander Severus jeder Sturm im Osten sehr bald seinen Rückschlag im Westen fand; noch mehr, auch bei dieser Gelegenheit zeigte es sich wieder, wie gefährlich den Römern die nun schon seit vielen Jahrzehnten immer allgemeiner angenommene Praxis, ihre Heere mit germanischen Kriegern zu füllen, werden konnte. Unter den „Scutariern" der kaiserlichen Palastgarde Gratian's nämlich diente damals ein teutscher Soldat, der zu dem Stamme der sogenannten Lentienses, d. i. der linzgauer Alamannen, gehörte. Dieser Soldat hatte jetzt Urlaub genommen und in der Heimath seinen Landsleuten erzählt, in welche Noth das thrakische Land durch die Gothen versetzt sei, wie auch, daß Gratian demnächst die Masse seiner Truppen nach Thrakien führen werde. Bei solchen Nachrichten erwachte sofort die alamannische Raub- und Kriegslust. Zwar hatten die Alamannen noch im J. 374 mit Valentinian I. Frieden und Freundschaft geschlossen; trotzdem brachen nun im Februar 378 räuberische Schwärme aus dem Linzgau (nördlich und westlich von dem jetzigen Bodensee) aus, überschritten (nach Wietersheim's Annahme „wahrscheinlich unterhalb Schaffhausen") den zugefrorenen Rhein, wurden aber hier von den römischen Grenztruppen, Celten und sogenannten „Petulanten," mit Energie zurückgeworfen. Dadurch aber wurde der Muth der Alamannen nicht gebrochen. Als sie, tiefer im Frühling des Jahres 378, erfahren, daß ein sehr bedeutender Theil der in Gallien stehenden Truppen nach den illyrischen Provinzen abmarschirt war, da sammelte sich der ganze Heerbann des Linzgau, 40,000 Mann, überschritt unter dem Herzoge Priarius den Rhein und brach (wahrscheinlich) in den jetzigen Thurgau ein, um sich verheerend rheinabwärts auszubreiten. Auf diese böse Kunde gebot Gratianus, der sich allem Anschein nach bei den nach der untern Donau marschirenden Truppen befand, den letztern Halt, führte sie dann in Eilmärschen nach der Schweiz zurück. Gleichzeitig erhielten Mellobaudes, ein fränkischer Fürst und römischer General, und der comes Nannienus den Befehl, die in Gallien zurückgelassenen Truppen schnell zusammenzuziehen und nach dem Oberrhein aufzubrechen. Diese Maßregel hatte vollständigen Erfolg. Die Alamannen waren auf dem linken Rheinufer allmälig bis nach Argentaria (im jetzigen südlichen Elsaß, in der Gegend des jetzigen Colmar oder Neu-Breisach) vorgegangen; jetzt wälzten sich ihnen die Heere der Römer entgegen. Zuerst (im Mai des Jahres 378) griffen die Truppen der Generale Nannienus und Mellobaudes die Alamannen an; die große Schlacht wurde mit einem Schützengefecht eröffnet, bald aber wichen die Römer, denen die Zahl der Gegner zu groß wurde, aus der Ebene etwas zurück und nahmen in den waldbedeckten Vorhöhen der Vogesen eine gedecktere Stellung, wo sie den Kampf mit Energie, aber vertheidigungsweise, fortsetzten. Endlich aber erschien zu guter Stunde Gratian selbst mit seinem Heere im Rücken der Alamannen; das entschied die Schlacht zur völligen Niederlage der letztern. Bald mußte Herzog Priarius, der

Flucht ergreifen; energisch verfolgt, wurden die Alamannen in einer Reihe von Rückzugsgefechten dermaßen zusammengehauen, daß nur 5000 Mann dem Verderben entrannen; Priarius selbst war gefallen. Gratian drängte den abziehenden Alamannen aber noch weiter nach. Er hatte sie bis zur Grenze ihres Gebietes rheinaufwärts verfolgt; zur Vollendung seines Sieges setzte er endlich über den Rhein, drang in die Gebirge des Linzgaues ein, folgte den Alamannen, die sich mit Weib und Kind und ihrer ganzen Habe auf schwer zugängliche Gebirgshöhen des Schwarzwaldes (nach Wietersheim im jetzigen Fürstenbergischen) zurückgezogen hatten. Gratian sonderte aus jeder seiner Legionen je 500 Mann der tapfersten Krieger aus und stürmte mit ihnen von Mittag bis zum Abend gegen die von den Deutschen besetzten Höhen. Die Gunst der Oertlichkeit unterstützte aber diesmal die mit verzweifelter Tapferkeit kämpfenden Alamannen, die gewaltige Steinmassen gegen die Römer schleuderten, so entschieden, daß Gratian an diesem Tage keine Erfolge erreichte. Bereits neigte sich der römische Kriegsrath zu der Meinung, die Alamannen lieber zu blokiren und auszuhungern; da bemerkte man, daß letztere ihre Stellung verließen und noch höhere Punkte in der Nähe besetzten. Und nun eilte Gratian in seinem frischen Kriegsmuthe, ihnen dahin nachzudrängen und die Bahnen zu dieser neuen Stellung sich zu brechen. Diese Energie trieb die Alamannen zur Ergebung; sie unterwarfen sich dem Kaiser und erhielten freien Abzug unter der Bedingung, daß ihre kriegstüchtige junge Mannschaft im römischen Heere Kriegsdienst nehmen sollte. (*Ammian.* XXXI, 10, 1—17. *Hieronym.* Chron. ann. 378. *Vict.* Epit. c. 47. *Orosius* VII. c. 33. p. 552. Vergl. Gibbon S. 866. *Le Beau* p. 425 seq. Wietersheim Bd. IV. S. 94—97. 510 fg.)

Nunmehr zog Gratian, nach Hinrichtung jenes verrätherischen Scutariers, ohne Aufenthalt über Arbor felix (jetzt Arbon im Thurgau) wieder ostwärts, passirte Lauriacum (jetzt Lorch bei Enns) in Noricum und wandte sich, einige Zeit lang mit Benutzung der römischen Donauflottille, südostwärts nach der Gegend von Sirmium, um seinem Oheim zu Hilfe zu ziehen, dem er schon vorher den trefflichen General Sebastianus überlassen hatte; die Verbindung zwischen den pannonischen Ländern und dem thrakischen Kriegsschauplatze hatte inzwischen der tüchtige Frigerid (damals durch den General Maurus ersetzt) durch starke Besetzung und Befestigung der höchst wichtigen Pässe von Succi (zwischen dem jetzigen Sofia und Philippopel) offen erhalten. (*Ammian.* XXXI, 10, 20 seq.; 11, 6. Wietersheim IV. S. 97. 83. 84 fg. Pallmann S. 120 fg. 132.) Gratian rechnete auf einen glänzenden Sieg über die Gothen; dies aber war ihm nicht beschieden, — nicht durch seine Schuld. Valens hatte bald genug die Nachrichten von seines Neffen großem Alamannensiege erhalten; und als er dann, zu Anfang August des Jahres 378, schon bei Adrianopel stand, kam bei ihm Gratian's General Richomer an mit der Botschaft, Gratian, der bereits Martis castra (im jetzigen Bulgarien) erreicht hatte, sei nur noch etwa 50 Meilen entfernt; er bat dringend, die Vereinigung mit den abendländischen Truppen abzuwarten. Da war es denn der unglückliche Rath des verwegenen Sebastian und die Eifersucht des Valens auf seinen Neffen, was den Kaiser des Ostens bestimmte, vor Gratian's Ankunft loszuschlagen; und so wurde denn am 9. Aug. die große Schlacht bei Adrianopel geschlagen, in welcher die östlichen Römer gänzlich geschlagen wurden und Valens selbst seinen Tod fand! Dem Kaiser Gratian, der zur Zeit dieser Schlacht wahrscheinlich schon bei Sardica (jetzt Sofia) stand, blieb zunächst Nichts übrig, als die Reste des bei Adrianopel geschlagenen Heeres an sich zu ziehen; mit seinen eigenen Truppen aber allein den Kampf mit den Gothen aufzunehmen, war offenbar unthunlich; so zog sich Gratianus vorläufig nach Sirmium zurück, wo er sich noch zu Anfang des Jahres 379 n. Chr. aufhielt. (*Ammian.* XXXI, 12, 1—7. *Zosim.* IV, 24. Wietersheim S. 84—92. 113 fg. Pallmann S. 133—139. Gibbon S. 868 fg. *Le Beau* p. 430—464.) Der Tod des Valens machte den Gratian nun auch zum Kaiser des Ostens; Gratian aber, damals nur erst 19½ Jahre alt, war viel zu verständig, um daran zu denken, diese furchtbare Erbschaft anzutreten und auch nur den Versuch zu wagen, neben der Regierung des ohnehin schon Jahr für Jahr mühsam zu vertheidigenden Westens auch noch den Schutz des schwer bedrängten Ostens als Alleinherrscher in seine Hand zu nehmen. Und so entschloß er sich denn zu dem schweren Schritte, sich vor einem Manne zu demüthigen, den er selbst vor wenigen Jahren blutig verletzt hatte. Es war dieses der Spanier Theodosius der jüngere, dessen Vater (s. oben) im J. 376 in Karthago den Henkertod gefunden hatte. Theodosius, schon damals ein berühmter Feldherr, hatte seit dem Tode seines Vaters als Privatmann auf seinen spanischen Gütern gelebt; der tüchtigste Mann in dem ganzen Reiche, wurde er im 33. Lebensjahre jetzt auf den Thron berufen und am 19. Jan. 379 zu Sirmium von Gratian mit dem Purpur bekleidet und zum Augustus und Mitkaiser erhoben; der Orient, Thrakien und die ganze östliche Präfectur Illyricum mit den Diöcesen Dacien und Makedonien wurden ihm überwiesen. (*Vict.* Epit. 47, 3. *Idat.* Chron. *Marcell.* Chron. *Zosim.* IV, 24. Vergl. *Le Beau* III. p. 464—474. *Tillemont*, Hist. des Emp. V. p. 716 seq. Gibbon S. 876 fg. Wietersheim Bd. IV. S. 114. Pallmann S. 139 fg.)

Seit dieser Zeit ist Gratian's Geschichte nicht mehr reich an namhaften Ereignissen. Er ist im J. 379 (vergl. *Tillemont* V, 1. art. 11) im Sommer über Aquileja nach Gallien zurückgekehrt, hat aber dann noch immer, sowol durch seine Generale, wie anscheinend auch persönlich, den Kaiser Theodosius in dem Kampfe gegen die Gothen ernsthaft unterstützt, sodaß endlich im J. 380 mit diesem Volke Frieden geschlossen werden konnte; in dieser Zeit wurden übrigens unter Anderem durch Gratian ostgothische Scharen dadurch zum Frieden bestimmt, daß er ihnen einen Strich in dem südlichen Pannonien und dem anschließenden Mösien, als Föderatland überwies. (*Jornand.* c. 27. 28. *Zosim.* IV, 34. *Marcellin.* Com. 427. *Ronc.* II, 282. Vergl. Pallmann S. 130—144. Köpke, Die Anfänge des Königthumes bei den Gothen S. 116. Wietersheim S. 124 fg. 118—121. 521 fg.)

Die wichtigsten Dinge, die von der nur noch kurzen Regierung Gratian's bekannt sind, betreffen seine kirchliche Stellung. Gratian war ein durchaus frommer, rechtgläubiger Katholik und mit seinem berühmten Zeitgenossen, dem gewaltigen Bischof Ambrosius von Mailand, den er sogar zur Abfassung der Schriften de fide und de sancto spiritu veranlaßte (Bernhardy, Röm. Lit. S. 797), nahe befreundet; leider aber folgte der junge Fürst nicht den toleranten Grundsätzen seines Vaters, sondern ließ eine starke Neigung, wenn auch nicht zu harter Verfolgung andersgläubiger christlicher Religionsgenossenschaften, so doch zu einer gewissen Unduldsamkeit vorwalten, — eine Haltung, die leider bei der Strömung seines Jahrhunderts nur allzu erklärlich ist und mit der Gratianus unter den spätern Kaisern Roms keineswegs allein steht. Neben der vielfach verdienstlichen Gesetzgebung Gratian's gehen eben eine ganze Menge von Gesetzen hin, die in höchst schroffer Weise die Religionsübung verschiedener christlichen Secten, wie die Donatisten und Priscillianer, beschränken und hart beeinträchtigen; gegen die Arianer trat Gratianus erst nach dem Tode seines Oheims Valens, des fanatischen Arianers, auf; in dieser Beziehung bemühte er sich (zur Zeit vor des Theodosius Berufung) hauptsächlich, die durch die Arianer unter Valens verdrängten Katholiken zu rehabilitiren; und nachher rangen seine Stiefmutter, die arianische Justina, und Bischof Ambrosius beständig mit einander, um den jungen Kaiser für ihre verschiedenen Glaubensgenossen zu stimmen. (Vergl. *Le Beau* IV. p. 368. 373 seq. 405 seq. V. p. 164. 15 seq. 35 seq. *Tillemont* V. p. 158 seq.)

Viel bedeutsamer tritt indessen, nachmals höchst lebhaft durch Theodosius I. unterstützt, die Parteinahme des Kaisers gegen die Reste des antiken Heidenthums hervor, wo Ambrosius' Einfluß ganz besonders bemerkbar wird. In dem westlichen Reiche war Rom noch immer eine Hauptburg des Heidenthums; und gerade in den höchsten Schichten der Gesellschaft hatten sich noch manche Bräuche erhalten, die mit uralten Formen der römischen Politik und Religion eng verbunden waren. Gegen diese Formen führte Gratianus mehrere vernichtende Schläge. Er zuerst war es, der im J. 382 es ablehnte, mit seiner kaiserlichen Würde auch die Würde eines römischen Pontifex Maximus weiter zu führen, wie seit Jahrhunderten hergebracht war; (schärfer ausgedrückt, so verschmähte er die Zeichen dieser Würde; den Titel gab er noch nicht auf, oder die Heiden bezeichneten ihn doch noch fortwährend so, s. die Inschriften bei *Orelli* Vol. I. p. 245. *Auson.* Grat. act. pro consulat.); er gab damit also in strenger Consequenz zu verstehen, daß die höchste Staatsgewalt jetzt ihre uralte Verbindung mit der alten Volksreligion für immer aufgegeben habe. (*Zosim.* IV, 36. Vergl. Gibbon S. 650. *Le Beau* V. p. 86 seq. Gregorovius, Gesch. der Stadt Rom im Mittelalter. Bd. I. S. 68. O. Gerhard, Der Streit um den Altar der Victoria S. 6 fg. *Eckhel*, Doctrin. num. vet. VIII. p. 380 seq. E. v. Lasaulx, Der Untergang des Hellenismus S. 68. Wietersheim S. 125.) Durch diese Haltung gab Gratian deutlich zu verstehen, daß er sich als christlicher Fürst „von jeder innern Verpflichtung gegen den alten Cultus nun auch formell losgesagt hatte;" und bald folgten weitere Schritte in dieser Richtung, die der Kaiser unter dem Einflusse des Ambrosius mit fester Entschlossenheit verfolgte. Noch immer stand in der römischen Curie der Altar der Victoria, der „custos imperii virgo." Diese Victoria war die eherne Statue einer geflügelten Jungfrau, die, einen Lorbeerkranz in der Hand, auf der Weltkugel stand. Dies tarentinische Kunstwerk hatte einst Cäsar in seiner Curie über dem Altar aufgestellt, Augustus hatte denselben mit den Spolien Aegyptens geschmückt, und seit jener Zeit wurde keine Senatssitzung ohne Opfer vor diesem Heiligthum eröffnet. Nun war schon längst neben der Menge vornehmer Senatoren, die noch mit Zähigkeit an dem alten Glauben hingen, eine bedeutende Zahl dieser hohen römischen Würdenträger zum Christenthum übergetreten; und deren Gefühle und Gewissen wurden andauernd durch die heidnischen Opfer bei ihren Senatsversammlungen verletzt. So hatte denn schon Kaiser Constantius im J. 357 den Altar der Victoria aus dem Senatshause entfernen lassen; Julian hatte ihn wieder restaurirt, Valentinian I. die Sache ruhig hingehen lassen. Jetzt (382 n. Chr.) ließ Gratianus, um den Senat von allen heidnisch-sacralen Beziehungen zu befreien, den Victoria-Altar aus der Curie wieder entfernen. Damals wurden dann auch alle directen Unterstützungen, die der heidnische Cultus etwa noch aus Staatsmitteln gehabt hatte, eingestellt, endlich auch die Grundstücke eingezogen, aus deren Ertrag der Unterhalt der Priester, namentlich der Vestalinnen, bestritten wurde. Auch wurden die sogenannten hostiae consultatoriae, d. i. die zum Zwecke der Eingeweideschau (besonders zur Erforschung des Namens künftiger Kaiser) dargebrachten Thieropfer, streng verboten. — Diese Verordnungen erregten in Rom tiefen Schmerz; die heidnische Partei war namentlich über den durch Beseitigung des Altars der Victoria gegen die uralten Traditionen und das uralte religiös-politische Ansehen des Senats geführten Schlag schwer betroffen. Sie versuchte daher, geführt von dem berühmten Pontifex Q. Aurelius Symmachus, einem der besten Redner und ausgezeichnetsten Römer jener Zeit, die Rücknahme dieses Beschlusses zu erreichen. Ihre Anstrengungen, die weit über Gratian's Tod hinaus fortgesetzt wurden, sind aber ohne Erfolg geblieben; die Ruinen des antiken Lebens, Glaubens und Denkens sanken eben dahin vor dem siegreich überall vordringenden Christenthume. Die senatorische Deputation unter Symmachus, die im J. 382 nach Mailand, wo Gratian sich damals aufhielt, abging, um die Herstellung des Altars und Opferdienstes der Victoria und die Zurückgabe der den Priestern entzogenen Rechte und

Einkünfte zu erbitten, hatte keinen Erfolg. Denn die christlichen Senatoren hatten durch Bischof Damasus von Rom einen sehr entschiedenen Protest gegen die Schritte ihrer heidnischen Collegen an Ambrosius gelangen lassen; sie verwahrten sich ausdrücklich dagegen, daß jene Gesandtschaft im Namen des ganzen Senates das Wort ergreife, und fügten die Erklärung hinzu, sie würden nicht ferner an den Senatssitzungen theilnehmen, falls der Kaiser, ohne Rücksicht auf das Gewissen der christlichen Senatoren, die Bitte ihrer Gegner erfüllen sollte! Bei diesem Stande der Parteien blieben die Anstrengungen des Symmachus ohne jedes Ergebniß; namentlich durch Ambrosius bestimmt, ließ Gratian jene Deputation gar nicht zur Audienz vor. (Cod. Theodos. XVI. t. 10, 7 de paganis l. 20, 31. *Ambros.* De obitu Valentin. p. 6; cf. *Gothofredi* Paratitlon. ad h. t. p. 266 infra. *Prudent.* adv. Symmach. I. v. 545. *Symmach.* Epist. X, 61 und *Ambros.* Epist. 17, 5; 18, 13. 16. Vergl. Gibbon S. 933 fg. *Le Beau* V. p. 84—87. Lasaulx a. a. O. S. 88 fg. Gregorovius S. 68 fg. Gerhard S. 7 fg. 18 fg. Wietersheim S. 125.)

Die Erbitterung der heidnischen Partei war groß; so groß, daß sie in ihrem Zorne den jähen Tod durch schändlichen Verrath, der den jungen Kaiser im nächsten Jahre ereilte, der Rache der beleidigten Götter zuschrieb (*Ambrosius*, Ep. 18. u. And.). Es waren aber andere Verhältnisse, die dem Gratian den Untergang bereiteten. Gratian war, so tüchtig er sich wiederholt als Regent und Heerführer bewährt hatte, zu jung auf den Thron gekommen. Es ist wahr, dieser wohlmeinende Jüngling hatte viele der trefflichen Eigenschaften, die ihn bei seiner Thronbesteigung zierten, dauernd bewahrt und weiter entwickelt. Von der rohen Habgier so vieler römischer Imperatoren war bei ihm keine Spur zu bemerken; der junge Mann hatte keusch und züchtig gelebt, nie hatte er die Ehre der Mädchen und Frauen seines Reiches gekränkt, er lebte in guter Ehe mit seiner ersten Gemahlin Constantia (s. oben), und nach deren Tode (sie starb zu Ende des Jahres 382 oder zu Anfang des Jahres 383, und ihre Leiche wurde zu Constantinopel beigesetzt) mit einer zweiten Gemahlin Namens Läta, Tochter der Pissamena (vergl. *Le Beau* V. p. 101). Seine Sinnesweise war milde geblieben; und wenn er, wie wir sahen, in kirchlichen Dingen von Härten leider nicht frei blieb, so vermied er doch — abgesehen davon, daß es überwiegend nicht im Sinne dieser Zeit lag, nach allen Seiten hin tolerant aufzutreten — brutale Verfolgungen und rohe Grausamkeit. Sein mildes Wesen aber und seine geringe Leidenschaftlichkeit scheint doch zu einer gewissen Schlaffheit geneigt zu haben, die ihm verderblich werden sollte. Die Sache ist diese: Gratian, nicht unähnlich seinem Oheim Valens, der allerdings tief unter ihm steht, war, wie wir sahen, in entscheidenden Momenten zu heroischen Anstrengungen, namentlich im Kriege, sehr wohl fähig, — und seine Einsicht wie seine Fähigkeit, sich selbst zu bezwingen, wenn es sich um das Wohl des Reiches handelte, wird durch die Erhebung des jüngern Theodosius klar ins Licht gestellt. Dagegen fehlten dem jungen Manne, der nicht durch die Schule der Noth gehärtet, der nicht durch einen treuen Freund oder Minister unterstützt wurde, in gewöhnlichen Zeiten noch das Interesse für den gewöhnlichen Gang der Geschäfte. Und wenn ihm auch die Sorge um das materielle Wohl seiner Unterthanen niemals ganz abhanden kam, so ließ er es doch in den letzten Jahren seines Lebens andauernd an den nöthigen Rücksichten der Klugheit und Vorsicht fehlen, die ihm die Achtung seines Volkes und namentlich die Anhänglichkeit der Armee hätten sichern müssen. Hier wirkte vor Allem das unbesonnene Ausbeuten seiner Stellung im Sinne gewisser Privatliebhabereien höchst ungünstig. Gratian ist, wie gesagt, niemals in unwürdige Ausschweifungen verfallen; auch war die Zeit nicht mehr dazu angethan, um sich jenem „Allmachtsschwindel" des Commodus und ähnlicher Männer hinzugeben. Aber dieser Gratianus, der so edel wissenschaftlich erzogen war, der noch für das Jahr 379 seinen Lehrer Ausonius zum Consulat befördert hatte (vergl. *Auson.* Panegyr. [XII.] s. gratiarum actio pro consulatu ad Gratian. August.; s. Bernhardy, Röm. Lit. S. 576), war, ein Mann von gewaltigem Körperbau und rüstiger Kraft, allen Leibesübungen und namentlich der Jagd mit wahrer Leidenschaft ergeben. Und namentlich in den letzten Jahren seiner Regierung hat er sich diesen Dingen in einer Weise hingegeben, die ihm endlich unmittelbar gefährlich werden mußte; wenn er in Trier oder in Paris residirte, brachte er viele Tage auf der Jagd, in seinen Parks und Thiergärten zu; sein Sinn war immer mehr darauf gerichtet, im Reiten, im Schleudern von Wurfspießen, im Pfeilschießen, in der sichern Erlegung wilder Thiere die höchste Meisterschaft zu erlangen. Darüber begann denn die Verwaltung zu leiden; das Volk aber und die Soldaten fingen an, den sonst so tüchtigen Mann zu verachten, den man selbst mit einem Commodus zu vergleichen sich nicht scheute. Vollends unpopulair aber wurde Gratian bei der Armee, bei den römischen wie bei den germanischen Soldaten, als er eine theuer bezahlte Schar von Alanen (die er wahrscheinlich, vergl. Pallmann S. 137, bei seinem Aufenthalte an der mösischen Donau in seinen Dienst gezogen hatte) zu seiner Leibwache erwählte, mit diesen wilden Menschen, die ihm als ganz vorzügliche Reiter und Schützen imponirten, beständig verkehrte, und sich selbst in deren Tracht öffentlich zeigte. (*Ammian.* XXXI, 10, 18 seq. *Vict.* Epit. 47. *Zosim.* IV, 35. Vergl. Gibbon S. 687 fg. *Le Beau* V. p. 91—93. Wietersheim S. 126. 127 fg.)

Die hieraus entspringende Mißstimmung gab im J. 383 n. Chr. einem Officier auf der Insel Britannien, deren Legionen (*Zosim.* IV, 35) bei ihrer von dem Sitze der Regierung entfernten Stellung stets zu Meuterei besonders geneigt waren — dem kühnen und energischen Spanier Magnus Clemens Maximus, den Muth und den Halt zu einer Empörung. Mit allen ihm zu Gebote stehenden Truppen und mit zahlreichen Freiwilligen schiffte sich Maximus dann ein und landete glücklich im Rheindelta in Gallien, wo sofort ein namhafter Theil der kaiserlichen Truppen zu ihm überging. Mit dem Reste seiner Armee suchte sich Gratian bei Paris zu halten; nach fünftägigen Gefechten fielen auch seine letzten Krieger fast sämmtlich zu dem Usurpator ab. Mit nur 300 Reitern musste endlich Gratian die Flucht ergreifen; überall auf seinem Wege abgewiesen, suchte er über Lyon nach Italien zu entkommen. Es würde ihm dies nach einigen Angaben auch gelungen sein, hätte nicht der verrätherische Statthalter von Lugdunum (Lyon) ihn mit List aufgehalten und zuletzt bei einem Bankett ermorden lassen. Nach andern Angaben wurde der unglückliche Kaiser von Maximus' nachdrängendem Heermeister der Reiterei, Andragathes, in oder bei Lyon eingeholt, in seine Hände gelockt und ohne Erbarmen ums Leben gebracht (25. Aug. 383 n. Chr.). Mehrere von Gratian's Begleitern, Merobaudes, der Consul d. J., und der General Vallio, wurden bald nach ihm ebenfalls getödtet, dem jungen Kaiser Valentinian II. die Auslieferung der Leiche seines Bruders Anfangs verweigert. (*Zosim.* IV, 35. 37. *Sulpic. Sever.* in vit. St. Martin. c. 23. *Orosius* VII, 34. 35. *Pacat.* Panegyr. XIII, 28. 31. *Ambros.* in Psalm. 61. de obitu Valentin. 28. epist. 24. 27. *Augustin.* De civit. dei V, 25. *Hieronym.* ep. 3. *Philostorg.* X, 5. *Sozomen.* VII, 13. *Socrat.* V, 11. Vergl. *Le Beau* V. p. 93—101. 112 seq. *Tillemont.* l. l. Gratian. art. 18. 19. Gibbon S. 890 fg. Wietersheim IV. S. 125 fg. 128 fg. 523 fg.) Nachher kam es zwischen Valentinian II. und Kaiser Theodosius auf der einen, Maximus auf der andern Seite zu einem Vertrage, durch den Maximus im Besitz der gallischen Präfectur belassen wurde. Erst als Maximus im J. 387 erobernd sich auf Italien warf, ergriff Theodosius gegen ihn die Waffen und schlug ihn (388) bei dem pannonischen Siscia (jetzt Sissek), dann bei Pettau vollständig, nahm ihn zu Aquileja gefangen und liess ihn tödten. (Nachzutragen ist, dass neuerdings, nach Vollendung dieses Artikels, im J. 1865 (Berlin) ein vortreffliches Werk über die Zeit Gratian's erschienen ist: „H. Richter, Das weströmische Reich, besonders unter den Kaisern Gratian ff. 375—388.") (*G. F. Hertzberg.*)

GRATIANUS, der Vater der römischen Kaiser Valentinianus I. und Valens, ein Mann von niedrigem Stande, aber von ungewöhnlicher Leibesstärke, welchem Vorzuge er sein und seiner Söhne Glück verdankte. Er war zu Cibalä, einer bedeutenden Stadt in Pannonien [1]), geboren, und zog schon als Knabe als Händler in den Lagern der Legionen umher. Schon von den frühesten Jahren führte er den Namen des Seilers (funarius), weil er die Seile oder Stricke, die er zum Verkauf anbot, niemals, wenn auch fünf Soldaten sie ihm zu entwinden suchten, fahren liess und so ein Seitenstück zu Milon von Croton darstellte, dem keine Gewalt auf Erden einen Apfel, den er fest in seiner rechten oder linken Hand hielt, herauszureissen vermochte. Diese Kraft, verbunden mit einer ungewöhnlichen sie unterstützenden Gewandtheit und mit einer grossen Geschicklichkeit in Allem, was zu den Ringübungen der Soldaten gehörte, machte ihn bald in weiteren Kreisen bekannt und veranlasste seine Aufnahme in die Leibwache, in welcher er Gelegenheit fand, bald zu höheren Stellen vorzurücken. Er stieg zum Tribun und dann allmälig zum General (Comes) beim Heere in Afrika empor. Er nahm aber oder erhielt, nachdem er sich den Verdacht einer Veruntreuung zugezogen hatte, seine Entlassung; später durfte er jedoch, da er als ein tapferer Soldat nicht gern entbehrt wurde, in derselben Eigenschaft bei dem Heere in Britannien wieder eintreten, von wo er mit einem ehrenvollen Abschiede in seine Heimath zurückkehrte, wo er für das erworbene Geld sich den Besitz nicht unbedeutender Güter verschaffte und sich in geräuschloser Stille mit der Bewirthschaftung derselben beschäftigte. Später wurde er jedoch von dem Verluste seiner Güter betroffen, welche der Kaiser Constantius einziehen liess, weil Gratianus dessen Gegner Magnentius, als derselbe während seines Strebens nach dem Purpur und in Verfolgung seiner Pläne durch diese Gegend kam, gastlich aufgenommen haben sollte. Gratianus schien sich die Zuneigung der Soldaten in hohem Grade gewonnen zu haben, was schon daraus hervorgeht, dass sie später (im J. 364) seinen Sohn Valentinian zum Kaiser erhoben [2]). Dieser sowol als sein jüngerer Sohn Valens, welcher später ebenfalls mit dem Purpur bekleidet wurde, waren zu Cibalä geboren. Gratianus widmete der militairischen Ausbildung seiner Söhne grosse Sorgfalt, scheint aber auf den Unterricht in den Wissenschaften wenig Werth gelegt zu haben, denn sie verstanden nicht einmal die griechische Sprache [3]). Die Bemerkung, dass sie nicht ohne Gelehrsamkeit gewesen seien, ist deshalb sehr verdächtig und scheint nur Schmeichelei zu sein [4]). Der Senat von Constantinopel liess im J. 364 dem Vater der beiden Kaiser eine Bildsäule errichten [5]) und man darf wol annehmen, dass Gratianus um diese Zeit starb [6]). (*Ph. H. Külb.*)

GRATIANUS, römischer Nebenkaiser am Anfange des 5. Jahrh., von dem man aber wenig mehr weiss, als dass er vorher Bürger einer britischen Municipalstadt war, als Soldat bei dem römischen Heere diente und als Kaiser etwa vier Monate regierte. Die römischen Legionen in Britannien befanden sich in einer sehr schlimmen Lage, da sie auf der einen Seite von Gallien, dessen sich barbarische Völker bemächtigt hatten, abgeschnitten und von dem Mutterlande und dem Kaiser Honorius verlassen und auf der andern Seite von den kriegerischen Bewohnern Schottlands und Irlands bedroht waren. Da sie also eines Oberhauptes bedurften, so griffen sie zu dem freilich nicht ausreichenden, sondern die Verwirrung noch vermehrenden Mittel, sich selbst einen

1) In der Nähe des heutigen Fleckens [illegible] am [illegible] oder bei [illegible] an der nördlichen Biegung dieses Flusses; die Lage ist noch nicht sicher bestimmt; vergl. K. Mannert, Geographie der Griechen und Römer. Bd. III. S. [illegible].

2) *Ammianus Marcellinus*, Hist. rom. l. XXX. c. 7. *Aurelius Victor.* Epitom. c. 45. *Pauli Diaconi* Hist. misc. l. XII c. 1. Die dürftigen Nachrichten scheinen alle aus derselben Quelle zu fliessen. 3) *Themistii* Orat. 6. 4) *Ausonii* Idyl. 28. 5) *Themist.* l. c. 6) *L. de Tillemont*, Histoire des Empereurs durant les six premiers siècles de l'Église. Tom. V. p. 1 seq.

Kaiser zu wählen. Ihre Wahl fiel zuerst auf einen gewissen Marcus, den sie aber, weil er sich ihrem Willen nicht fügen und sich nicht nach ihren Sitten bequemen wollte, nach wenigen Tagen erschlugen. Sie gaben ihm nun im J. 407 Gratianus, einen Soldaten aus ihrer Mitte, zum Nachfolger, dem sie aber schon nach vier Monaten dasselbe Schicksal bereiteten. Irgend eine merkwürdige That hat seine Regierungszeit nicht aufzuweisen, auch ist sie, so viel man bis jetzt weiß, durch keine numismatische Erinnerung verewigt. Nach Gratianus wählten die Legionen Constantinus, einen gemeinen Soldaten einer Legion, dessen Name sie mit günstiger Vorbedeutung soll gereizt und an den großen Kaiser, der auch zuerst in Britannien zum Augustus ausgerufen, zur Herrschaft der römischen Welt gelangt war, erinnert haben *). (*Ph. H. Külb.*)

GRATIANUS (Legende). Die Kirchengeschichte nennt mehrere Heilige dieses Namens, von welchen der älteste dem 3. Jahrh. angehört. Als nämlich der Kaiser Decius während der kurzen Zeit seiner Regierung (249—251), unterstützt von dem Stadtpräfecten, dem spätern Kaiser Valerianus, die Christen zu verfolgen anfing und ein Gesetz bekannt machte, nach welchem alle Anhänger der neuen Lehre, welche man bei der Befolgung derselben ertappen würde, entweder ihren Glauben abschwören und den Götzen opfern oder streng bestraft werden sollten, gehörten auch Gratianus (auch zuweilen Gratinianus genannt) und Felinus, zwei durch ihre Geburt und durch ihre Bildung ausgezeichnete Hofbeamte, zu den eifrigsten Dienern des Kaisers bei der Ausspürung der Christen und standen deshalb in großer Gnade. Gratianus, von der ruhigen Standhaftigkeit der Verfolgten überrascht, fühlte zuerst Bedenken über die Richtigkeit der heidnischen Götterverehrung und theilte die ihm aufsteigenden Zweifel seinem Freunde Felinus mit und da dieser sich alsbald zu derselben Ansicht bekannte, so faßten beide den Vorsatz, den christlichen Glauben anzunehmen. Sie begaben sich deshalb zu Florentius, dem Bischofe von Perugia, der ihnen den nöthigen Unterricht ertheilte und ihnen die Taufe zu spenden versprach. Da aber zu derselben Zeit auch Florentius, welcher sich längere Zeit der Verfolgung entzogen hatte, auf Befehl des Präfecten Valerianus in den Kerker geworfen wurde, so ließen sich Gratianus und Felinus von dem Priester Timotheus zu Perugia taufen. Valerianus, über ihre lange Abwesenheit erstaunt, vielleicht auch durch Verräther von ihrem Schritte unterrichtet, ließ ihnen die schriftliche Mahnung zukommen, ungesäumt am dem kaiserlichen Hoflager zu erscheinen. Gratianus und Felinus, obgleich sie wohl wußten, was ihnen bevorstand, leisteten sogleich dem Befehle Folge und stellten sich dem Präfecten als Christen vor. Da dieser weder durch Bitten noch durch Drohungen ihren Sinn zu ändern vermochte, so ließ er sie in das Gefängniß bringen und theilte dem Kaiser das Geschehene mit; da dieser Zweifel an der Wahrheit der Aussage hegte, so gab er sogleich den Auftrag, ihm sogleich die Beschuldigten vorzuführen; er überzeugte sich aber alsbald von dem wirklichen Uebertritt der beiden früher so eifrigen Verehrer der heidnischen Götter zum Christenthum und versuchte, sie wieder zur Abschwörung desselben zu bewegen. Als jedoch alle Vorstellungen nicht nur vergeblich waren, sondern auch verächtliche Aeußerungen über den Götzendienst und die Anhänger desselben zur Folge hatten, so gerieth Decius in einen so unbändigen Zorn, daß er beide lebendig zu schinden, die abgezogene Haut zu verbrennen und die Geschundenen selbst auf glühende Kohlen und glimmende Asche zu legen befahl [1]). Als Valerianus am anderen Tage zwei Soldaten, Superantius und Cyriacus, in das Gefängniß schickte, um die Leichname der beiden Christen, deren Tod er sicher voraussetzte, fortzubringen und außerhalb der Stadt zu begraben, fanden diese die Geschundenen völlig unversehrt und geriethen über diese wunderbare Erscheinung in solches Erstaunen, daß sie sich zum Christenthum bekehrten. Dasselbe thaten auch die Weiber des Gratianus und Felinus und viele andere Männer und Frauen, welche Zeugen des Vorfalles wurden. Um weiteren Bekehrungen vorzubeugen, wurden endlich Gratianus und Felinus an eine abgelegene Stelle geführt und enthauptet. Diese und andere wunderbare Dinge erzählt die Legende, deren Echtheit aber mit Recht sehr bezweifelt und auch mit Aenderung der Namen von anderen Märtyrern erzählt wird. Die Reliquien der beiden Heiligen wurden im J. 979 vom Grafen Amizo, welcher als Führer des kaiserlichen Heeres unter Otto I. die Kirche des Apostels Paulus zu Rom hatte in Brand stecken lassen, zur Sühnung dieser That und zur Heilung eines über ihn zur Strafe verhängten körperlichen Leidens nach Arona am Lago maggiore gebracht und in einem zu ihrer Verherrlichung erbauten Kloster beigesetzt, wo ihr Andenken am 1. Juni gefeiert wird [2]). — Ein anderer Märtyrer Gratianus wird in der Diöcese Amiens verehrt, wo er an der Stelle des jetzigen Dorfes St. Gratien zwischen den Jahren 285 und 287 enthauptet worden sein soll. Eine besondere Legende von ihm hat sich aber bis jetzt nicht gefunden [3]). (*Ph. H. Külb.*)

GRATIANUS [1]), erster Bischof von Tours, einer der sieben Priester, welche von dem Papste Fabianus unter der Regierung des Kaisers Philippus um das Jahr 245 zur Ausbreitung des Christenthums nach Gallien geschickt wurden und welche sieben Kirchen stifteten, denen sie nachher vorstanden. Gratianus gründete die Kirche von Tours im ersten Regierungsjahre des Kaisers Decius (250) und schlug daselbst auch seinen bischöflichen Sitz auf; er hatte aber, da die Bewohner dieser Gegend noch hartnäckig dem Götzendienste ergeben waren, mit vielen und großen Widerwärtigkeiten zu kämpfen, setzte indessen

*) *Zosimus* l. VI. c. 3. *Orosius* l. VII. c. 40. *Beda*, Hist. gent. Angl. l. I. c. 11.

1) „Jubemus," sagte er, „vivos excoriari et eorum coria igne comburi, ipsos autem super prunas et cineres in carcere projici." Acta §. 12. 2) Act. SS. Bolland. Junii. Tom. I. p. 23 seq. 3) Das Wenige, was man über ihn weiß, ist in den Act. SS. Boll. Octobris. Tom. X. p. 18 seq. zusammengestellt.

1) Man findet den Namen auch Gatianus und Catianus geschrieben.

mit unverdrossenem Eifer und mit unerschütterlicher Ausdauer sein Predigtamt fort und hatte die Genugthuung, mehrere Ungläubige zu bekehren. Doch mußte er meist in der Verborgenheit leben, um den Verfolgungen und Anfechtungen der Mächtigen in der Stadt zu entgehen, denn sie beschimpften und schmähten ihn, wo sie ihn fanden. Er feierte deshalb auch im Geheimen in Grüften und in Verstecken den Gottesdienst am Tage des Herrn mit den wenigen Christen, welche ihm ihre Bekehrung verdankten. „Er war," sagt Gregorius von Tours, einer seiner Nachfolger im Amte, „ein sehr frommer und gottesfürchtiger Mann, denn wäre er das nicht gewesen, würde er gewiß nicht Haus, Eltern und Heimath aus Liebe zum Herrn verlassen haben. Er lebte in dieser oft sehr peinlichen Lage in der Stadt Tours, wie man sagt, 50 Jahre und starb (im J. 300) in Frieden. Er wurde auf dem Kirchhofe des Ortes selbst, der den Christen gehörte, begraben. Nach seinem Tode blieb das Bisthum 37 Jahre unbesetzt wegen des Trotzes der Heiden, welche die Christen, wo sie dieselben entdeckten, geißelten und enthaupteten." Im ersten Regierungsjahre des Kaisers Constans (337) wurde endlich Litorius, ein Bürger von Tours, zum Nachfolger des Gratianus gewählt. Dem Litorius folgte der heil. Martinus, welcher häufig an dem Grabe Gratian's zu beten pflegte. Gratianus wurde später den Heiligen beigezählt und seine Reliquien wurden mehrmals von einer Stelle an die andere versetzt, bis die Hugenotten sie im J. 1562 mit den Gebeinen anderer Heiligen verbrannten. Die Kirche feiert das Fest des heil. Gratianus, an dessen Grabe auch mehrere Wunder geschehen sein sollen, noch jetzt jedes Jahr am 18. Dec. [*]). (*Ph. H. Külb.*)

GRATIANUS (oder Gracianus), Bischof von Callium (jetzt Cagli im Herzogthume Urbino) (im 4. Jahrh.), machte sich besonders durch den Eifer bekannt, womit er auf dem Concilium zu Rimini (im J. 359) die Irrlehre der Arianer zu beseitigen suchte. Die Arianischen Bischöfe nämlich, welche sich ebenfalls daselbst eingefunden hatten, besonders Ursacius, Valens, Germinius, Auxentius, Epictet und Cajus, versuchten ein Glaubensbekenntniß, welches von ihrer Partei auf der dritten Synode von Sirmium (im J. 358) aufgestellt worden war, als Richtschnur des Glaubens der Kirche zur Grundlage der Verhandlungen zu machen. Da diese Formel in sehr unklaren und verworrenen Redewendungen und Worten, wodurch man den Gegenstand des Streites zu verdecken und der Aufmerksamkeit zu entziehen beabsichtigte, abgefaßt war, so hoffte man die Bischöfe des Abendlandes, welche von den Orientalen jener Zeit, weil sie in täuschenden Ränken des Schulgezänkes weniger geübt waren, für gute, einfältige Leute gehalten wurden, durch Ausdrücke zu täuschen, welche allerdings rechtgläubig scheinen konnten, denen aber die Arianer, wie sich schon oft bei genauerer Erörterung gezeigt hatte, einen sehr unkatholischen Sinn unterlegten. Die katholischen Bischöfe standen jedoch, als dieses künstlich ausgearbeitete Glaubensbekenntniß vorgelesen war und ihnen sehr mißfiel, von ihren Sitzen auf und erklärten sich laut dagegen, indem sie betheuerten, daß sie keines neuen Glaubensbekenntnisses bedürften und sich auch keineswegs zu diesem Zwecke versammelt hätten. Die Versammlung ließ nun die klarsprechende Lehre der Arianer vorlesen, verdammte sie und verlangte, daß von allen Anwesenden das Glaubensbekenntniß der allgemeinen Kirchenversammlung zu Nicäa, welches man ebenfalls vorlesen ließ, angenommen und bekräftigt werde. Als die Arianischen Bischöfe sich weder zum nicänischen Glauben bekennen, noch die Irrlehre des Arius verdammen wollten, so trat Gratianus auf und sprach: „So lange es möglich war, haben das katholische Concilium und die heilige Kirche mit der ihr eigenthümlichen Geduld und Langmuth es schonend ertragen, daß Ursacius und seine Gefährten, bald so bald anders meinend, alle Kirchen verwirrt haben; sie, die auch jetzt sich erkühnen, die irrlehrige Meinung dem echten Glauben anzuknüpfen, die nicänische Kirchenversammlung, welche die Arianische Irrlehre bekämpft, zu vereiteln und von Außen her einen der heiligen Kirche fremden zusammengeschriebenen Glauben vorzutragen, welchen anzunehmen wir für frevelhaft halten würden. Vorlängst irrgläubig, haben sie auch jetzt sich so erwiesen. Wir schließen sie daher von unserer Gemeinschaft aus, sprechen ihnen in ihrer Gegenwart das Urtheil und entsetzen sie des Amtes. Gebt nun eure Stimmen nach eurer Einsicht, damit das Urtheil jedes Einzelnen durch die Unterschrift Gültigkeit erhalte. Wir Bischöfe sagen alle einmüthig, daß die genannten Widersacher müssen entsetzt werden, damit der katholische Glaube in Frieden bleibe." Auf diesen Antrag des Bischofs Gratianus unterschrieben alle katholischen Bischöfe und sprachen den Arianern das Urtheil; die Spaltung der Kirche war aber dadurch noch keineswegs gehoben, sondern die Parteien standen nur jetzt weit schroffer einander gegenüber [*]). (*Ph. H. Külb.*)

GRATIANUS, berühmter Kirchenrechtslehrer des 12. Jahrh. und Sammler der früheren kirchenrechtlichen Bestimmungen, dessen Lebensverhältnisse aber sehr wenig bekannt oder in Fabeln eingehüllt sind. Nach der gewöhnlichen und von den meisten und zuverlässigsten Literarhistorikern angenommenen Ansicht [1]) ist er zu Chiusi in Toscana geboren; eine andere, angeblich auf eine handschriftliche Angabe sich stützende Behauptung, daß sein Geburtsort in der kleinen Stadt Carate bei Orvieto zu suchen sei, fand, obgleich der Rechtsgelehrte Giusto Fontanini [2]) sie verbürgen will, wenig Anklang und vermochte die gewöhnliche Ansicht nicht zu verdrängen. Die Sage, daß er ein uneheliches Kind und ein Bruder der von derselben Mutter ebenfalls in unrechtmäßigem Umgange erzeugten berühmten Männer Pietro Lombardo

*) *Gregor. Turon. Hist. Francor.* l. I. c. 29. et l. X. c. 31.

*) Vergl. *Athanasius*, De Synodis c. 1 et 7. *F. Ughelli*, Italia sacra. Tom. II. p. 811. C. J. Hefele, Conciliengeschichte. Bd. I. S. 674 fg.

1) Diese stützt sich auf Dom. Bandini, einen ältern Biographen, welchem Tommaso Diplovatazio, W. Panciroli, Mauro Sarti u. A. folgen, obgleich sie sich auf keine zuverlässige Urkunde gründet.

2) In praef. ad Decret. Gratiani Turrecremaiano §. 4.

und Pietro Mangiatore (Comestor) gewesen sei, ist längst als albern erkannt und auf die frühere Sucht, mit hervorragenden Geistern immer etwas Wunderbares zu verbinden, zurückgeführt worden. Keinem Zweifel scheint es zu unterliegen, daß Gratianus dem Mönchsstande und zwar dem Orden der Benedictiner oder Cistercienser angehörte und in dem Kloster S. Felice zu Bologna lebte, wahrscheinlich trat er aber nicht sogleich nach der Beendigung seiner Studien in dasselbe, vielmehr befand er sich früher in dem Kloster zu Classe bei Ravenna [3]), wo er vermuthlich sein Gelübde ablegte; daß er daselbst aber schon seine kirchenrechtlichen Studien begonnen und einen Theil seiner Sammlung angelegt habe, wie Manche behaupten, dürfte nicht leicht zu beweisen sein; fern liegt aber nicht die auch schon von seinem Biographen Sarti geäußerte Vermuthung, daß die unverbürgte Nachricht von seinem Geburtsorte Chiusi (Clusium) auf einer Verwechselung des Namens dieser Stadt mit dem Namen seines Klosters (Monasterium Classense) beruhen könne. Ob damals das Kloster zu Classe und das Kloster S. Felice dem Camaldulenserorden angehörten und das letztere später die Regel des heil. Benedictus annahm, wie Sarti behauptet, mögen die Historiker beider Orden, von denen jeder den berühmten Kanonisten als einen der Seinigen betrachten will, näher erörtern, fest steht, daß Gratianus von seinen Obern die Erlaubniß erhielt, nach dem Kloster S. Felice in Bologna überzusiedeln, wo ihm mehr Gelegenheit geboten war, seine juristischen Studien zu betreiben. Wichtiger indessen, als alle diese Untersuchungen, ist die Beantwortung der Frage, zu welcher Zeit Gratianus seine Sammlung veranstaltete oder zur öffentlichen Kenntniß brachte. Da diese Frage urkundlich gar nicht entschieden werden kann, so hat man alle möglichen Anhaltspunkte benutzt, um wenigstens eine der Wahrheit möglichst nahe kommende Zeitbestimmung zu gewinnen, und zu diesem Zwecke die von Gratianus selbst mitgetheilte Appellationsformel, worin bekannte Namen und die Bezeichnung eines bestimmten Jahres vorkommen [4]), zur Hilfe genommen. In dieser Formel appellirt nämlich Adelinus, Bischof von Reggio, gegen Walther, Erzbischof von Ravenna; da nun beide Prälaten gleichzeitig (von 1129—1139 oder 1140) lebten, so hat man daraus den Schluß gezogen, daß Gratianus selbst durch die Mittheilung dieser Formel verrathe, daß er seine Sammlung zur Zeit dieser Bischöfe veranstaltet habe. So annehmbar dieser Beweis erscheint, so zerfällt er doch wieder in Nichts, wenn man ihn näher erörtert. Vor Allem entspricht die der Formel beigefügte Jahreszahl 1105 nicht der Lebenszeit der erwähnten Bischöfe, weshalb schon Huguccio, der älteste Glossator des Decrets, sagt, die Jahreszahl 1105 sei falsch, denn das Decret sei später verfaßt und zwar zur Zeit, als Jacob von Ravenna und der spätere Papst Alexander III. Lehrer des Rechts zu Bologna waren [5]). Die spätere Glosse setzte diese Zeit auf das Jahr 1150 fest [6]), obschon die ältesten Handschriften, welche man bis jetzt kennt, in dem Jahre 1105 übereinstimmen. Da Alexander III. im J. 1159 den päpstlichen Stuhl bestieg und Jacob von Ravenna im J. 1178 starb, so wäre also, wenn Huguccio's Bemerkung richtig ist, die Abfassung oder Veröffentlichung des Decrets etwa in die Mitte des 12. Jahrh. zu setzen, der angeführten Formel aber und der ihr beigefügten Jahreszahl durchaus kein Werth beizulegen, um die Entstehung des Decrets zehn Jahre weiter hinaufzurücken. Auch kann der Inhalt der Formel selbst nicht als chronologischer Beweis gelten, denn Gratianus wollte nur ein Formular mittheilen, was er wahrscheinlich schon in älteren Sammlungen vorfand. Dieses Formular brauchte nun gar nicht so eingerichtet zu werden, daß die Jahreszahl mit der Abfassung des Decrets zusammentraf; selbst wenn er historische Namen aus seiner Zeit hineinsetzte, so brauchten diese gar nicht jetzt, zur Zeit, wo er schrieb, lebende Personen zu sein und ebenso wenig war es nöthig, die Jahreszahl mit diesen Namen übereinstimmend zu machen, da das Ganze ja nur eine Fiction war [7]). In der Annahme, daß das Decret um die Mitte des 12. Jahrh. entstanden sei, stimmen jetzt die meisten Rechtsgelehrten überein; sie verzichten auf eine genauere Bestimmung des Jahres, welches sich auch ohne die Auffindung zuverlässiger Urkunden nicht wird ermitteln lassen, denn die bestimmte Angabe einer Chronik [8]), daß das Decret im J. 1151 entstanden sei, kann nicht als Beweis in Betracht gezogen werden. Was nun die Hilfsmittel betrifft, welche Gratianus benutzte, so waren diese keineswegs die ursprünglichen Quellen, sondern andere ältere Sammlungen ähnlicher Art. Als solche erscheinen die Compilationen Burchard's, Bischofs von Worms, (1012—1023), des Bischofs Anselm von Lucca († 1086), des Ivo von Chartres (um das Jahr 1090) und mehrerer Ungenannten, welche im Mittelalter im Gebrauche waren und theils gedruckt sind, theils noch in Handschriften vergraben liegen [9]). Gratianus' Arbeit will jedoch nicht

---

3) *Guil. Pastrengo*, De origin. rerum p. 85. *Trithemius*, De script. eccles. c. 373. 4) „Ego Adelinus, sanctae Rheginae ecclesiae minister licet indignus, contra contentionem domini Gualteri, S. Rav. ecclesiae archiepiscopi, impetum in me facientem pridie Kal. Maji anno incarnationis Dominicae MCV feria IV Romanam sedem appello et apostolos peto.“ Decr. II. caus. 2. q. 6. c. 31. Später las man MCLXI und seit den römischen Correctoren MCXLI.

5) Huguccio in Decr. Gratiani C. 2. q. 6. c. 31 in verb. anno incarnationis MCV: „Credo hic esse falsam literam, sive credo, quod tantum temporis effluxerit, ex quo liber iste compositus est, cum fuerit compositus domino Jacobo Bononiensi jam docente in scientia legali et Alexandro tertio Bononiae residente in cathedra magistrali in divina pagina ante episcopatum ejus.“ 6) Dicit Hug., quod hic est falsa litera, quia non sunt tot anni quod liber iste compositus fuit. Fuit enim editus docente Jacobo Bononiensi in legibus et [illegible] in theologia, qui fuit postea papa Alexander III. Et [illegible] domini MCL, ut ex chronicis patet. 7) Vergl. [illegible] über die Feststellung der Zeit der Abfassung des Decrets [illegible] *Sarti*, De archigymnasii Bononiensis professoribus. P. [illegible] seq. und Fr. C. v. Savigny, Geschichte des Römischen Rechts im Mittelalter. Bd. IV. S. 165 fg. 8) Bei Warnkönig, Flandrische Rechtsgeschichte. Bd. I. S. 40. 9) Vergl. Ferd. Walter, Lehrb. des Kirchenrechts (1854) S. 196. In der neueren Zeit wurden emsige Forschungen, besonders von Aug. Theiner, über

als bloße Sammlung gelten, sondern als eine wissenschaftliche und praktische Abhandlung über das ganze Kirchenrecht, in welche die Gesetze als Beweisstellen wörtlich eingeflochten, der Sinn derselben untersucht und scheinbare Widersprüche ausgeglichen werden. Sie setzt die Dogmatik der Kirche voraus und stützt sich vielfach auf die Aeußerungen der Kirchenväter, berücksichtigt alle wichtigen Concilien, ohne darauf zu achten, ob es allgemeine sind oder ob sie nur einzelne Länder oder Provinzen betreffen, sucht die älteste Tradition in den Vorschriften der Apostel und den Erlassen der Päpste, verbindet das weltliche und geistliche Recht im Systeme der Einheit, schöpft sowol aus dem weltlich-römischen, als auch aus dem germanischen Rechte und gibt so einen vollkommenen Codex des Kirchenthums. Daß man dabei auf den Geist der Zeit Rücksicht zu nehmen habe und keine historische Kritik, wie man sie jetzt verlangt, voraussetzen dürfe, braucht wol kaum bemerkt zu werden, und wir haben, wenn nur nicht absichtlich Unechtes und Erlogenes aufgenommen wurde, was durchaus nicht der Fall ist, den Fleiß und den Zweck des Sammlers anzuerkennen, welcher bemüht war, eine möglichst genaue Uebersicht des Stoffes zu geben, auf welchem die Geschichte des Kirchenrechts aufgerichtet werden konnte. Besonders wichtig aber ist die Form des Decrets, denn nur ihr gebührt das Verdienst, daß diese Sammlung alle übrigen verdrängte und die herrschende wurde. Die Anordnung entspricht nämlich dem dreifachen Gesichtspunkte, unter welchem damals die Kenntniß des kanonischen Rechts wichtig war, dem kirchlich-administrativen, judicialen und liturgischen. Die Sammlung zerfällt daher in drei Haupttheile. Der erste Theil, welcher in Distinctionen abgetheilt ist, handelt außer der Einleitung von den kirchlichen Rechtsquellen, nämlich den Briefen der Päpste bis auf Innocenz II., den Concilien und den Aeußerungen der Kirchenväter und sodann von den Vollstreckern der Kirchengesetze, das heißt, von den kirchlichen Personen und Aemtern. Man könnte auch sagen, die Lehre Gratian's umfasse im ersten Theile die Hierarchie der Kirche und das ganze Werk sei die Praxis oder kirchliche Moral über das Dogma. Der zweite Theil handelt von dem äußeren Leben oder der Verwaltung der Kirche, wobei der Sammler aber kein bestimmtes System befolgt, sondern den Gegenstand in 36 Rechtsfällen in der Art erörtert, daß er zuerst den Fall kurz erzählt, dann die dadurch angeregten Rechtsfragen anführt und zu deren Beantwortung die betreffenden Stellen beibringt. Die äußere Gerichtsbarkeit geht zuerst gegen die Simonie, das heißt, wenn die geistlichen Würden durch weltliche Interessen geordnet werden, sodann wird der Gerichtsstand bezeichnet und dasjenige aufgestellt, was sich auf den Accusationsproceß bezieht, wobei Gratian mit vollem Rechte auf die ältesten Bestimmungen der Päpste zurückgeht, hierauf folgen die einzelnen Pflichten, Rechte und Verbrechen. Bei dem 33. Rechtsfalle führt fast zufällig und ganz unvermuthet die dritte Frage (quaestio) zu einer umfangreichen Abhandlung über die Buße (de poenitentia), welche eine kleine Schrift für sich bildet. Vielleicht hatte Gratian diesen Abschnitt schon früher zum Gebrauch in den Collegien ausgearbeitet und ihn später der Sammlung über das ganze Kirchenrecht einverleibt; doch kann er auch nur das Beispiel seiner Vorgänger nachgeahmt haben, welche ebenfalls das Bußwesen weitläufig in einem eigenen Abschnitte zu behandeln pflegten. Der dritte Theil des Decrets handelt von gottesdienstlichen und liturgischen Einrichtungen, von der Consecration der Kirchen, dem Meßopfer, den Festtagen, der Taufe und der Spendung anderer Sacramente. In früherer Zeit wurden die drei Theile durch die Ueberschriften: De Ministeriis, De Negotiis und De Sacramentis unterschieden, später kamen die Bezeichnungen Distinctiones, Causae und De Consecratione in Gebrauch, welche jetzt noch üblich sind. Ob Gratian seiner Sammlung einen bestimmten Titel gab, läßt sich nicht mit Gewißheit ermitteln; Sarti behauptet, daß dies erst später von den Erklärern geschehen sei; eine Stelle in einer in der ersten Zeit nach Gratian geschriebenen ungedruckten Summa [10]) scheint jedoch darzuthun, daß das Werk Anfangs die Ueberschrift Discordantium Canonum Concordia geführt habe, wofür schon die Wahl eines ähnlichen Titels (Concordia Canonum) für frühere Sammlungen spricht. Später wird es von den Rechtslehrern gewöhnlich mit: in decretis citirt. Gratian's Werk unterscheidet sich zwar in Manchem vortheilhaft von den ähnlichen Arbeiten seiner Vorgänger, man kann jedoch keinenfalls diesen nicht sehr bedeutenden Vorzügen die allgemeine Anerkennung und die schnelle Verbreitung desselben zuschreiben, sondern hat sie vielmehr in den Zeitverhältnissen zu suchen. Das kanonische Recht war von jeher und stets als Zweig der Theologie betrachtet worden und es gab dafür zahlreiche Sammlungen lange vor der Wiederherstellung des römischen Rechts. Als aber dieses gegen die Mitte des 12. Jahrh. wieder neues Leben erhalten hatte, faßte Gratian den Entschluß, auch eine neue Sammlung der Quellen des kanonischen Rechts anzulegen. Die Wichtigkeit des Gegenstandes war von Allen anerkannt und so kam es dann nach der Veröffentlichung der neuen Sammlung Gratian's bald dahin, daß sie durch die Nachahmung der blühenden Legistenschule zum Gegenstand eines mündlichen Vortrags durch den Sammler selbst und durch seine Schüler gemacht wurde. Der päpstliche Stuhl trug zwar ausdrücklich Nichts zur Verbreitung dieser Sammlung bei, auch erkannte er sie nie als vollgültiges Gesetzbuch an, im Gegentheil wiesen manche Kirchenlehrer die Falschheit oder Oberflächlichkeit der von Gratian aufgestellten Ansichten nach, aber die Schule von Bologna,

die einzelnen Kanonensammlungen und deren Benutzung zum Decret angestellt, aber ein sicheres Resultat ist bis jetzt nicht erreicht worden.

10) Sie befindet sich auf der Mainzer Stadtbibliothek und die betreffende Stelle lautet: „[illegible] operi titulum praescribit Discordantium Canonum Concordiam." Vergl. Fr. C. v. Savigny, Geschichte des Römischen Rechts im Mittelalter. Bd. III. S. 515.

orum, Flos Decretorum, Cas
Decreti, Apparatus super [illegible]
und eine Fortsetzung des [illegible]
mit des Huguccio von Pisa
[illegible] Teutonicus (angebl[illegible]
[illegible] das Jahr 1212 die [illegible]
[illegible] Apparatus, welcher [illegible]
[illegible] von Brescia [illegible]
[illegible] wurde und
[illegible] Decrets beigefügt gewöhnl[illegible]
[illegible] In dem Decrete
[illegible] welche [illegible]
[illegible] und [illegible] nicht
Sie sind nach dem fast gleich[illegible]

tian's spätere Lebensverhältnisse sind keine zuverlässigen Nachrichten auf die Nachwelt gelangt und die über ihn verbreiteten Fabeln sind kaum der Erwähnung werth. So erzählt Robert, Abt von St. Michael, sein Zeitgenosse, daß Gratian seine fertige Sammlung dem Papste durch einen Prälaten habe überreichen lassen, dieser sei aber unehrlich genug gewesen, die Arbeit für seine eigene auszugeben und Lob und Lohn dafür in Empfang zu nehmen. Als jedoch bald der Betrug entdeckt worden, habe der Papst den verdienstvollen Sammler des Decrets zum Bischof von Chiusi ernannt. Da aber in dem Verzeichnisse der Bischöfe dieser Stadt Gratian gar nicht erwähnt wird, so kann diese Mittheilung nur als eine Sage betrachtet werden. Weit wahrscheinlicher ist die Annahme, daß Gratian noch einige Zeit selbst das Kirchenrecht nach der Anleitung seines Decrets zu Bologna lehrte, wo er um das Jahr 1170 starb. Manche setzen sein Todesjahr erst an den Anfang des 13. Jahrh.; da aber die Anfertigung des Decrets einen gewissen Mann voraussetzt und diese in der Mitte des 12. Jahrh., wie gezeigt wurde, stattfand, so kann Gratian nicht wohl das folgende erreicht haben [14]. (*Ph. H. Külb.*)

GRATIANUS und GRATIANI DECRETUM. I. Sammlungen des kanonischen Rechts vor Gratian [1]). Die ältesten Grundlagen des kirchlichen Rechts im Orient sind nach der urchristlichen Zeit die Beschlüsse der Kirchenversammlungen, unter denen bis zu Ende des 6. Jahrh. nach Christus die von Nicäa (325), Constantinopel I. (381), Ephesus (431) und Chalcedon (451) das Ansehen allgemeiner Synoden erlangten. Aber auch die Schlüsse particulairer Concilien erlangten dadurch auch außerhalb des Kreises ihrer Entstehung Ansehen und Geltung, daß man sie zu kirchlichen Rechtssammlungen vereinigte und in dieser Gestalt verbreitete [2]). Insbesondere gehören hierher die Synoden von Ancyra (314), Neocäsarea (314), Antiochia (341), Sardica (347), Gangra (nach 365) und Laodicea (zwischen 347 und 381). Für die älteste Zeit gibt es von jenen Rechtssammlungen nur sehr unsichere Nachrichten; doch darf man aus gewissen Anführungen [3]) der Acten des Concils zu Chalcedon v. 451 im Zusammenhalt mit dem Material und der Form der gleich nachher zu erwähnenden ältesten abendländischen Sammlungen schließen, erstlich, daß den Stamm der griechischen Sammlungen die Synoden von Nicäa, Ancyra, Neocäsarea und Gangra bildeten, zur Zeit des Concils von Chalcedon die antiochenischen Schlüsse beigefügt waren, endlich später die Sammlungen, obwol in den verschiedenen Handschriften verschieden, die Synoden von Laodicea, Constantinopel und Chalcedon in sich aufgenommen haben, und zweitens, daß die Eine Gattung der Handschriften die canones in fortlaufenden Zahlen enthalten haben müsse. Ein sogenannter Codex canonum ecclesiae universae, welcher im 17. Jahrh. gedruckt wurde, ist nur ein mißglückter Versuch einer Nachbildung der griechischen Sammlung in ihrer vermeintlichen ältesten Gestaltung [4]). Nach einer alten Sage sollen jedoch zwei Rechtssammlungen, die constitutiones apostolicae und die canones apostolici [5]), bis in den Anfang der christlichen Kirche hinaufreichen. So entschieden dies verneint werden muß, so ist dagegen die Behauptung, daß auch der Inhalt zunächst den Constitutionen der Apostel völlig erdichtet sei, nicht zu [illegible], sondern es muß zugegeben werden, daß [illegible] Traditionen zur Grundlage hat, welche in den vorhandenen griechischen, syrischen und anderen [illegible] Recensionen eine verschiedene locale Ausprägung gefunden haben. In den griechischen Handschriften bestehen die

14) Vergl. *J. R. Böhmer*, De varia Decreti Gratiani fortuna (vor seiner Ausgabe des Corpus juris canonici. Halae 1747. 4.). *Maur. Sarti*, De claris Archigymnasii Bononiensis Professoribus (Bononiae 1769. fol.) Tom. I. P. I. p. 259 seq. (zusammen das Beste, was über Gratian geschrieben ist). *P. J. de Riegger*, De Gratiano auctore Decreti (in seinen Opusc. Friburg. 1773. 8.). *Girol. Tiraboschi*, Storia della Letteratura Italiana (Roma 1783. 4.) Tom. III. p. 392 seq. Biographie universelle. Tom. XVIII. p. 334 seq. Ferd. Walter, Lehrbuch des Kirchenrechts (11. Aufl. Bonn 1854. 8.) S. 194 fg. J. G. Kräfft, Lehrbuch der Kirchengeschichte. Bd. II. Abth. 3. S. 626 fg. Biographie générale. Tom. XXXI. p. 724 seq.

1) Literatur. Von Quellensammlungen ist anzuführen: *Voelli et Justelli*, Bibl. jur. canon. vet. Paris. 1661. fol. II Tom. *Beveregii* Συνοδικὸν sive Pandectae canonum SS. Apostolorum et conciliorum ab ecclesia Graeca receptorum. Oxon. 1672. fol. II Tom. *Assemani* Bibl. juris orientalis canonici et civilis. Rom. 1762 seq. 4. V Tom. *Rhalli et Potli* Collectio canonum ecclesiae Graecae. VI Tomi. Athen. 1852—1859. Ueber letztere Sammlung mit ursprünglich griechischem Titel ist ausführlich in dem Artikel Griechisch-römisches Recht berichtet. Eine Sammlung der wichtigsten Abhandlungen über die älteren Quellen des Kirchenrechts von Quesnel, de Marca, Constant, Berardi, den Brüdern Ballerini u. s. w. ist: De vetustis canonum collectionibus Sylloge, collegit Andr. Gallandius. Venet. 1778. fol. Mogunt. 1790. 4. 2 Vol. Unter denselben sind ausgezeichnet: *Constant*, De antiquis canonum collectionibus, aus dessen Ausgabe der Epistolae Romanorum Pontificum (Tom. I. Paris. 1721.) abgedruckt. *Petr. et Hieron. Ballerinii* Tract. de antiquis tum editis tum ineditis collectionibus canonum, ad Gratianum usque, in deren Ausgabe der Opp. Leonis M. T. III. p. I—CCCXX. *Biener*, De collectionibus ecclesiae Graecae. Berol. 1827. Richter, Beiträge zur Kenntniß der Quellen des kanonischen Rechts. Leipzig 1834. *Aug. Theiner*, Disquisitiones criticae in praecipuas canonum et decretalium collectiones, seu Syllogae Gallandianae dissertationum de vetustis canonum collectionibus continuatio. Rom. 1836. Wasserschleben, Beiträge zur Geschichte der vorgratianischen Rechtsquellen. Leipzig 1839.

2) Siehe über diese Verhältnisse [illegible] *Ballerini* l. c. und *Mailand*: T. I. p. 248 seq. *Biener*, [illegible] collect. canon. eccles. Graecae p. 9 seq. 3) Die Acta Conc. Chalced. führen die antiochenischen Schlüsse bei S. 16. 17 [illegible] einer kirchlichen Rechtssammlung an. *Ballerini* l. l. p. 242. 4) Codex canonum ecclesiae universae, edid. *Chr. Justellus*, Paris. 1610 und in der Bibl. jur. canon. vet. Tom. I. p. 29 seq. Vergl. die *Ballerini* l. l. p. 244 seq. 5) Vergl. besonders *Regenbrecht*, De canonibus Apostolorum et Codice Hispano. Vratislav. 1828. Krabbe, Ueber den Ursprung und den Inhalt der apostolischen Constitutionen. Hamburg 1829. v. Drey, Neue Untersuchungen über die Constitutionen und Canones der Apostel. Tübingen 1832. Rothe, Die Anfänge der christlichen Kirche S. 541. Baur, Ueber den Ursprung des Episkopats S. 231. Hefele, Geschichte des Kirchenrechts S. 52 fg. 144 fg. Bunsen, Hippolytus and his age. Lond. 1852. T. II. p. 290 seq. Vol. III. p. 145 seq. S. 319 fg. des I. Bandes der deutschen Uebersetzung (Leipzig 1852).

Constitutionen aus acht Büchern, in welchen drei ursprünglich gesonderte Werke vereinigt sind. Das erste (Buch 1—6) findet sich in den morgenländischen Handschriften als abgeschlossenes Ganze, und ist wahrscheinlich in Kleinasien kurz vor dem Ende des 3. Jahrh. im Wesentlichen so überarbeitet und vermehrt worden, wie es jetzt in griechischer Sprache vorliegt. Wegen seiner Form wird dieser Theil als Didascalia der Apostel bezeichnet. Das zweite Werk (Buch 7) ist nur griechisch vorhanden. Das dritte (Buch 8), welches den Namen des Hippolytus trägt, findet sich in orientalischen und verschiedenen griechischen Texten. Beide sind ebenfalls vor dem Concil zu Nicäa entstanden, alle drei erscheinen aber seit dem Ende des 4. Jahrh. vereinigt als Διαταγαὶ τῶν Ἀποστόλων [6]. Mit ihnen sind dann im 6. Jahrh. als letztes Capitel des 8. Buches die sogenannten canones apostolorum in Verbindung getreten. Dies ist eine Sammlung kirchlicher Satzungen, welche in ihrer jüngsten Gestalt 85, in der ursprünglichen aber nur 50 Nummern zählt, und in den letzteren ihren Inhalt besonders aus den apostolischen Constitutionen und aus dem Concil von Antiochien (341) entlehnt [7]. Ihre Heimath darf man in Syrien suchen. Die orientalische Kirche behandelt sie als echt [8], nicht aber die occidentalische, in welcher sie schon durch ein Decret des Bischofs Gelasius von Rom auf einer Synode um das Jahr 496 als apokryph verworfen worden sind [9]. Durch die Aufnahme in die gleich nachher zu erwähnende Sammlung des Dionysius sind jedoch die ersten 50 canones, weil sie mit der abendländischen Tradition übereinstimmten, wirklich ein Theil des kanonischen Rechts geworden [10]. Was die abendländischen Rechtssammlungen betrifft, so sind zunächst die Gestaltungen bis zu Ende des 5. Jahrh. in das Auge zu fassen [11]. Unter den verschiedenen im Orient gehaltenen Kirchenversammlungen hatte schon früh die zu Nicäa v. 325 auch im Occident unbestrittenes Ansehen, und es gab deshalb von deren Schlüssen verschiedene Uebersetzungen. Außerdem waren die Schlüsse der Synode von Sardica in einem lateinischen Original vorhanden. Allmälig traten aber auch die Schlüsse der Synoden von Ancyra (314), Neocäsarea (314) und Gangra (um das Jahr [illegible]) in den Kreis des abendländischen Rechts, zusammen in einer in Italien entstandenen Uebersetzung, welche den Stamm der sogenannten spanischen oder Isidorischen bildet [12]. Neben ihr gab es eine zweite, wahrscheinlich auch in Italien entstandene. Diese enthält als Sammlung in ihrer weitesten Ausdehnung die Synoden von Ancyra, Neocäsarea, Nicäa, Antiochien (341), Gangra, Constantinopel (381) und Chalcedon (451) und heißt jetzt gewöhnlich prisca translatio [13]. Ihren Namen hat sie, weil man auf sie eine Aeußerung des Dionysius in der Vorrede zu seiner gleich nachher zu erwähnenden Canonensammlung bezog [14]. Eine Zeit lang dienten sie jener anderen Uebersetzung in den Sammlungen zur Ergänzung, bis auch diese sowohl das Concil zu Nicäa, als die Synoden von Antiochien, Laodicea (zwischen 347 u. 382), Constantinopel und zuletzt die Schlüsse der Synode von Chalcedon in sich aufnahm [15]. Erst seit ihrer Einverleibung in die später zu erwähnende, dem heiligen Isidor zugeschriebene Sammlung erscheint sie unter dem Namen der spanischen oder Isidorischen als ein Ganzes. Benutzt ist sie bereits, und zwar vor ihrer Vollendung durch das Concil von Chalcedon, öfter, namentlich in einer wahrscheinlich in Gallien am Ende des 5. Jahrh. verfaßten Sammlung von canones, päpstlichen Decreten und kaiserlichen Rescripten, welchen ihr erster Herausgeber Pasquier Quesnel ohne Grund den Namen Codex canonum ecclesiae Romanae beigelegt hat [16], und in der in [illegible] Nummern abgetheilten

6) Epiphanius († 403) führt [illegible] LXX. § 10. [illegible] aus der Didascalia der Apostel an. Der [illegible] der canones apostolorum enthält ein unzweifelhaftes Citat. Abgedruckt sind die Constitutionen der Apostel im 1. Bande von SS. Patrum, qui temporibus Apostolorum floruerunt ..... opera vera et supposititia, ed. Cotelerius. Paris. 1672. ed. nov. Amst. 1724 fol. II Tom. 7) Eine Uebersicht gibt Bickell a. a. O. S. 230 fg. Die canones apostolorum selbst sind gedruckt bei Cotelerius l. l. Bruns, Canones apostolorum. T. I. p. 1 seq. und in Vergleichung des griechischen und lateinischen Textes bei [illegible] l. l. Bd. 3. 8) Concil. Trull. (692) c. 2, c. 4. Dist. XVI. 9) Concil. Rom. sub Gelasio c. 3. D. XV. 10) Vergl. c. 1. D. XX (Leo IV, 850). 11) Ballerini l. l. P. II. c. 2 bei Galland. T. I. p. 383 seq. Bickell, Ueber die Echtheit des laodicenischen Bibelcanons, in den Studien und Kritiken 1830. S. 591.

12) Ballerini l. l. p. 337, Bickell a. a. O. S. 602. 13) Ballerini l. l. p. 530 seq. Zuerst ist sie herausgegeben in Voelli et Justelli Bibl. jur. canon. vet. T. I. p. 275 seq., dann verbessert von den Ballerini (Opp. Leonis M. T. III. p. 473). 14) „Quamvis [illegible] Laurentius assiduo et familiari cohortatione parvitatem nostram regulas ecclesiasticas de graeco transferre compulerit, confusione, credo, priscae translationis offensus: nihilominus tamen ingentem laborem [illegible] cohortationis suscepi.“ Die Schwierigkeit liegt hier zunächst nicht darin, daß Dionysius die nach dem Concil von Chalcedon, also nur erst 50 Jahre vor ihm entstandene Uebersetzung eine prisca translatio nennt, da hier im Allgemeinen die bisher übliche Uebersetzung gemeint sein kann; die Hauptfrage bleibt aber die, ob die Uebersetzungen der verschiedenen griechischen Synoden schon damals in Eine Sammlung vereinigt gewesen seien, wie sich solche in der unvollständigen Handschrift des Justellus, bisher der einzigen, vorgefunden hat. Wirklich scheint auch die von den Ballerini bezeugte Thatsache, daß dieselben Sammlungen der ältesten Zeit sowohl aus der jetzt sogenannten Prisca, als aus der sogenannten Hispana schöpfen, für die entgegengesetzte Ansicht zu sprechen, und die angeführte Stelle des Dionysius kann um so weniger einen Beweis liefern, als die Worte „priscae translationis confusio“ nicht nothwendig von der Unverständlichkeit einer bestimmten, zu einer Sammlung gestalteten Uebersetzung gedeutet werden müssen, sondern ebenso gut die Beziehung auf den [illegible] Mangel an Einheit in den Uebersetzungen überhaupt zulassen. Richter, Lehrbuch des kathol. und evangel. Kirchenrechts, 4. Aufl. § 66. Note 2. 15) Nach den Ballerini: Bickell a. a. O. S. 601. 16) Abgedruckt in: Opera Leonis M. ed. Quesnellus (Paris. 1675. Ed. nov. Venet. 1748. fol. II Tom.) T. II. und verbessert in der Ballerini Ausgabe der Opera Leonis M. T. III. Für die Entstehung in Gallien sind die Ballerini in den Observ. zu Quesnels Diss. I. De codice canonum ecclesiae Romanae bei Galland. l. l. p. 726 seq. und De coll. can. P. II. c. 8; ibid. p. 400, und nach ihnen Walter, Kirchenrecht S. 174. Richter, Kirchenrecht § 66. Dagegen erklärt sich Eichhorn, Kirchenrecht. Bd. 1. S. 113 für Italien als das Vaterland, weil diese Sammlung Nichts von spanischen oder gallischen Synoden enthalte, welche in den spanischen und gallicanischen Sammlungen nie fehlten.

Breviatio canonum des karthagischen Diakonen Fulgentius Ferrandus (um 547)[17]. Bei diesem findet sich auch die erste Spur einer umfassenden Benutzung des fremden Rechtes in der afrikanischen Kirche[18], wo bis dahin außer den Schlüssen des Concils zu Nicäa nur die einheimischen canones die Grundlage des Rechtslebens gebildet hatten. Diese erhielten gewöhnlich wieder Bestätigung auf späteren Synoden, wodurch sie, wie namentlich die auch in die abendländischen Sammlungen übergegangenen Acten der Synode zu Carthago von 419, den Charakter geschlossener Sammlungen annahmen[19]. Daneben gab es aber auch chronologische Sammlungen der afrikanischen Concilien, welche man in den späteren abendländischen Sammlungen benutzt hat. Das Bedürfniß einer geordneten Sammlung wurde zu Ende des 5. Jahrh. durch Dionysius Exiguus befriedigt[20]. Dieser unternahm für den Bischof Stephanus von Salona eine Uebersetzung und Zusammenstellung der Synodalschlüsse, deren zweite Recension[21] folgende Bestandtheile enthält: 1) 50 apostolische canones; 2) die Schlüsse von Nicäa (325), Ancyra (314), Neocäsarea (314), Gangra (um 365), Antiochia (341), Laodicea (zwischen 347 und 381) und Constantinopel (381) in 165 Nummern, übersetzt aus einer geschlossenen griechischen Sammlung; 3) die Schlüsse des Concils zu Chalcedon (451); 4) 21 canones von Sardica (347) aus dem lateinischen Original; 5) die Acten der Synode zu Carthago von 419 in 138 Nummern. Später veranstaltete er eine andere Sammlung, welche die Decretalen der Päpste Siricius (385—398), Innocenz I. (402—417), Zosimus (417—418), Bonifacius (418—422), Cölestinus (418—432), Leo I. (440—461), Gelasius (492—496), Anastasius II. (496—498), und zwar so zusammengestellt, daß die Briefe jedes einzelnen Papstes besondere Nummernreihen bilden. Ueber die Zeit der Entstehung beider Sammlungen ist Folgendes zu bemerken. In der Vorrede der zweiten Sammlung berichtet Dionysius, daß er nur „praeteritorum sedis apostolicae praesulum constituta" gesammelt habe. Der letzte Brief gehört dem Papste Anastasius II.; die Zeit der Entstehung der Sammlung fällt also nach dem Todesjahre des letzteren (498) unter das Pontificat des Symmachus, welcher 514 starb, und von welchem keine Decretalen in der Sammlung stehen[22]. Beide Werke, zu Einer großen Sammlung vereinigt, fanden bald in das Rechtsleben Eingang, erhielten aber eben deshalb Vermehrung theils mit älteren, theils, um auf der Höhe der Zeit erhalten zu werden, mit neueren Stücken[23]. In diesem erweiterten Umfange und mit einer unbedeutenden Aenderung in Bezug auf die innere Anordnung erscheinen sie in einer vom Papst Hadrian im J. 774 Karl dem Großen geschenkten Handschrift[24] (sogenannte Dionysisch-Hadrianische Sammlung). Dies veranlaßte ihre Verbreitung im fränkischen Reiche, wo sie im Anfange des 9. Jahrh. sogar förmlich als Codex canonum der Kirche recipirt worden zu sein scheinen[25]. Eine systematische Verarbeitung der Dionysischen Sammlung in 300 Titeln hat sich von einem afrikanischen Bischof Cresconius erhalten[26]. — Während die Sammlung des Dionysius mehr den Charakter eines Codex der allgemein angenommenen Rechtsbestimmungen hat, ist eine andere, in Spanien entstandene, die spanische oder sogenannte Isidorische Sammlung[27], entgegengesetzt als Trägerin des besonderen Rechts der spanischen Kirche zu betrachten. Ihre

17) *Ballerini* l. l. p. IV. c. 1 bei *Galland.* p. 571. Ausgaben sind von Petr. Pithöus, Paris 1588. 1609, von Christ. Justellus, Paris 1628, von Chifflet, Divion. 1649, und in der Bibl. jur. canon. vet. T. I. p. 448; auch in *Meerman*, Thesaur. jur. T. I. 18) Ueber die sehr verworrenen Verhältnisse der afrikanischen Synoden vergl. die *Ballerini* l. l. P. II. c. 3 bei *Galland.* p. 534 seq. 19) Zuerst in 138 Nummern abgetheilt in die gleich nachher zu erwähnende Sammlung des Dionysius, obschon nicht ganz in der ursprünglichen Gestalt. Seit Justellus führen sie den Titel: Codex canonum ecclesiae Africanae (Paris. 1614); so z. B. in der Bibl. jur. canon. vet. T. I. p. 305 seq. Der neueste Abdruck ist bei Bruns a. a. O. T. I. p. 155, welcher zugleich die Entstehung der einzelnen Kanones nachgewiesen hat (p. 398 seq.). 20) *Cassiodor*, De instit. divin. lit. c. 23. 21) Ueber die erste Recension vergl. die *Ballerini* l. l. p. 481.

22) Von einer weitern, auf Befehl des Papstes Hormisdas (514—523) unternommenen, verloren gegangenen Sammlung, welche die von der ganzen Kirche anerkannten Schlüsse (also weder die canones apostolorum, noch das Concil von Sardica, noch die afrikanischen Kanones), und zwar griechisch und lateinisch enthalten sollte, hat sich die Vorrede erhalten, mitgetheilt in *Biener*, De collect. canon. eccl. Graecae p. 11 aus *Giov. Andrea*, Lettera al Sig. Abbate Morelli sopra alcuni codici delle biblioteche capitolari di Novara e di Vercelli. Parm. 1819. 23) Die *Ballerini* l. l. p. 485 seq. Die erste, schon mit einigen späteren Zusätzen vermehrte Ausgabe ist: Canones Apostolorum, veterum conciliorum constitutiones, decreta Pontificum antiquiora etc. ed. *Wendelstinus*, Mogunt. 1525. fol. Auf dieser ruht die Ausgabe von Franz Pithou (Pithoeus) unter dem Titel: Codex canonum vetus eccl. Rom. Paris. 1609, aus dessen Nachlaß die Sammlung zum zweiten Mal 1687. fol. herausgegeben worden ist. Wie sie [illegible], nach Hadrianischen Handschriften, enthalten die Abdrücke in Conc. Germ. ed. *Hartzheim*. T. I. p. 131—235 und bei *Amort*, Elementa jur. canon. (August. Vind. 1757. 4. 2 T.) T. II. p. 75 seq. Auch die Ausgabe in der Bibl. jur. canon. vet. T. I. p. 101 beruht nicht auf reinen Dionysischen Handschriften. Die Decretalen ohne spätere Zusätze sind enthalten im Codex canon. eccl. Dionysii Exigui ... e vet. exempl. Mss. edd. Christ. Justell. Paris. 1628. 1643. 8. 24) *Rudolph*, Nova comm. de codice canonum, quem Hadrianus I. Carolo M. dono dedit. Erlang. 1777. 25) Siehe Annal. Laurish. und Moissiac. bei *Pertz*, Monum. T. I. p. 38. 306 und Wasserschleben, Beiträge zur Geschichte der falschen Decretalen S. 10. 26) Abgedruckt in der Bibl. jur. canon. vet. T. I. „Das sogenannte Breviarium oder Breviatio, welches man oft für ein [illegible] hält, ist unter anderem herausgegeben von Chifflet, Divion. 1649. 4. und in *Meerman*, Thes. jur. T. I. Eine eigene Abhandlung darüber ist: *Henke*, De Cresconii concordia canonum, in Opusc. acad. (Lips. 1803) p. 165. 27) *Ballerini*, De antiqu. can. coll. P. III. c. 2 bei *Galland.* p. 500, vergl. mit S. Isidori Hisp. Opera omnia rec. *Arevalus*. T. II. (Rom. 1798.) c. 91. *De la Serna Santander*, Praef. hist. crit. in veram et genuinam collectionem veterum canonum eccl. Hisp. Bruxell. A. VIII. *Regenbrecht*, De can. Apostol. et cod. Hisp. Vratislav. 1827. Eichhorn, Die spanische Sammlung der Quellen des Kirchenrechts, in den Abhandl. der Akademie der Wissenschaften, Berlin 1834. S. 89 fg. und mit einigen Zusätzen in der Zeitschr. f. gesch. Rechtswissensch. Bd. XI. S. 119 fg.

Geschichte ist in tiefes Dunkel gehüllt; doch war vermuthlich ihr Grund zur Zeit des ersten Concils zu Braga (562) schon gelegt [28]; ebenso ist zu vermuthen, daß sie sich nach der auf dem dritten Concil von Toledo (589) erfolgten Conversion der Westgothen, wahrscheinlich im Anfange des 7. Jahrh. consolidirte [29], namentlich auch eine Vorrede empfing [30], daß sie später die zweite Synode von Sevilla (619) und das große vierte Concil von Toledo (633) in sich aufnahm, und daß ihr endlich später theils einige ältere Stücke, namentlich sechs frühere Synoden der verwandten gallischen Kirche, theils, als der officiellen Sammlung des nationalen Rechts, die später gehaltenen Reichssynoden und je nach den örtlichen Bedürfnissen auch einzelne Provinzialsynoden eingefügt wurden [31], bis allmälig die unter dem König Witiza eingetretenen Verhältnisse und der Einbruch der Mauren die weitere Entwickelung hinderten [32]. In gleicher Weise scheint der zweite, die päpstlichen Decrete enthaltende Theil zu Anfang des 7. Jahrh. seinen, später nur wenig erweiterten, Umfang erhalten zu haben [33]. Die Sammlung, wie sie jetzt gedruckt vorliegt [34], enthält im ersten Theile in der oben erwähnten, in Italien entstandenen Uebersetzung 1) die Schlüsse von Nicäa (325), Ancyra (314), Neocäsarea (314) und Gangra (um 365), dann aus dem lateinischen Original die Schlüsse von Sardica (341), ferner, nach der bezeichneten Uebersetzung die Concilien von Antiochia (341), Laodicea (zwischen 347 und 381), Constantinopel (381) und Chalcedon (451), vor dem letzteren die dritte Synode von Constantinopel (von 681) [35], und unter dem Namen des Concils von Ephesus zwei aus ihr auch in den Hadrianischen Codex übergegangene Briefe des Cyrillus [36]; 2) sieben carthagische Synoden, und zwar, unter ihnen als angebliches viertes Concil von Carthago (v. 398) eine wahrscheinlich erst in der zweiten Hälfte des 5. Jahrh. in Gallien entstandene Sammlung von Disciplinarverordnungen [37] (sogenannte Statuta ecclesiae antiquae der Handschriften), ferner 27 angeblich der Synode von Milevi (402) angehörige Schlüsse [38] und ein Concilium Telepiense (418); 3) 10 gallische Synoden, abschließend mit dem Concil von Auvergne (v. 546); 4) 36 spanische

28) Conc. Brac. I.: „Relecti ex codice coram concilio tam generalium synodorum canones quam localium.“ Eichhorn benutzt diese Worte, seiner Ansicht von der Entstehung der spanischen Sammlung zwischen den Jahren 633—636 zu Liebe, als pseudoisidorische Interpolation. 29) Gründe für diese Vermuthung sind: erstens die Thatsache, daß der gegen die arianischen Gothen gerichtete can. 10. conc. Araus. I. in der Hispana fehlt (s. Phillips, Kirchenrecht. Bd. 4. S. 68. Richter, Kirchenrecht. §. 68. Note 3); zweitens der unabweisbare Zusammenhang zwischen ihr und dem von den *Ballerini* l. l. p. 587 beschriebenen [illegible] Breviarium. Dieses läßt sich, wie Richter a. a. O. bemerkt, rücksichtlich der griechischen, sowie der acht in den ältesten [illegible] Handschriften zusammenstehenden gallischen, endlich der spanischen Synoden bis zur dritten von Toledo schon dadurch nachweisen, daß dieselben auch in dem Breviar besondere Gruppen bilden, während die folgenden, spanische, afrikanische und gallische, durchaus ohne Ordnung neben einander stehen, also offenbar spätere Nachträge bilden. Das letzte Stück ist nach den Anführungen der Ballerini eine Synode von Huesca (598), welche aber in einer von Richter benutzten Handschrift der Cassianibibliothek zu Merseburg (Nr. 104) fehlt. Der gedachte can. 10. conc. Araus. I. kommt auch in diesem Breviar nicht vor. 30) Diese Vorrede ist schon in die Sammlung des heil. Isidor, und zwar mit den auf die Kanonensammlung hinweisenden Worten: „quorum gesta in hoc corpore condita continentur“ übergegangen. Die gewöhnliche Annahme, daß dieses ganze Kapitel eine von Braulio ausgegangene Interpolation ist, hat Arevalo T. I. c. 61. n. 12. T. II. c. 91. n. 16. widerlegt, nach dessen Vermuthung Isidor jene Vorrede, und zwar mit den so eben angegebenen Worten seinem Werke einverleibt, der Abschreiber aber die Marginalbemerkung auf die Quelle weggelassen hat. Zugleich weist er nach, daß schon um das Jahr 630 Isidor, als Erzbischof [illegible] Braulio geschrieben haben müsse. Nach einer anderen Erwähnung soll die Sammlung nach 633 entstanden sein, weil das jetzt von Gonzalez (bei *Cenni*, T. I. p. 159), dann von den *Ballerini* l. l. mitgetheilte Inhaltsverzeichniß, ferner die Indiculus in dem von Koch beschriebenen Codex des Bischofs Rachio von Straßburg (Notices et extraits des manuscrits [illegible] VI. p. 232) als letztes Concil erschließe. Dieser letztere [illegible] ist jedoch nicht entscheidend. Das große vierte Concil von Toledo bildet einen Bruchabschnitt in der Entwickelung des spanischen Kirchenrechts, woraus sich seine sofortige Aufnahme in alle Handschriften der spanischen Sammlung erklärt, sobald es entsprechend auch in dieser einen Abschnitt und Ruhepunkt bildete. 31) Ueber diese Erweiterungen, welche wahrscheinlich mit der Bestimmung des conc. Tol. IX (c. „Decrevimus, ut capitula, quae in priscis canonibus minime habebantur inserta, pari promulgarentur sententia et antiquis jungerentur regulis“) in Verbindung zu bringen sind, siehe Eichhorn a. a. O. Ein systematisch geordnetes Breviarium (herausgegeben von Aguirre in der Coll. conc. Hisp. Tom. III., dann bei *Cenni*, Codex vet. can. eccl. Hisp. Rom. 1739. 4.; *Mansi*, Coll. conc. T. VIII. col. 1179 seq.) enthält diese älteren Synoden noch nicht, wohl aber die toletanischen Concilien bis zum 16. (693). Ueber dieses Breviar in der gedruckten spanischen Sammlung siehe *Regenbrecht* l. l. p. 94, nach welcher das conc. Tol. XII das neueste Stück ist, während jene älteren auch hier fehlen.

32) Gieseler, Kirchengeschichte. Bd. 1. S. 746 fg. Aschbach, Geschichte der Westgothen S. 303. 33) Das in Note 31 gedachte Breviar endigt mit Vigilius, welcher 555 starb. In dem angeführten Inhaltsverzeichnisse der Sammlung ist das letzte Stück ein Brief Gregor's des Großen vom Jahre 599, während die von de la Serna Santander beschriebenen Handschriften noch das der Romanis, hier dem Hormisdas, welcher 523 starb, zugeschriebene Decret de libris recipiendis (c. 3. Dist. XV) enthalten. 34) Collectio canonum ecclesiae Hispanae ex probatissimis et pervetustis codicibus nunc primum in lucem edita a publica Matrit. Bibl. Matrit. 1808. fol. — Epistolae decretales ac rescripta Romanorum Pontificum. Matrit. 1821. fol. 35) Vergl. conc. Tol. XIV. (684) c. 6. Eichhorn a. a. O. S. 106. 117. Mit der von dem gedachten Concil auf Antrag des Papstes Leo II., welcher 683 starb, beschlossenen Annahme des dritten Concils zu Constantinopel und dessen Einrückung in den Codex selbst steht auch die Eigenthümlichkeit einiger darauf bezüglichen Documente von Leo II. und Benedict II. in Verbindung. 36) Siehe *Ballerini* l. l. p. 601; P. IV. c. 10. p. 549. 37) Ueber diese bei *Bruns* l. l. T. I. p. 140 abgedruckte Sammlung siehe Lebeuf in der Histoire de l'académie royale des inscriptions. Tom. XVIII. (Paris 1753. 4.) p. 361 seq. *Ballerini* l. l. p. 453. Richter, Beiträge zur Kenntniß der Quellen des kanonischen Rechts S. 88 fg. Richter hatte hier und in den beiden ersten Auflagen seines Lehrbuches des Kirchenrechts den Statuta ecclesiae antiquae gallischen Ursprung beigelegt, in der 3. Auflage des Lehrbuchs dagegen hat er eine Vermuthung von Wasserschleben a. a. O. S. 9 aufgenommen, welche auf der Benennung: „Conc. apud Valentiae“ beruht, unter welcher diese sogenannte 4. karthagische Synode oft vorkommt. Valentia gehörte zur prov. Carthagin.; Wiltsch, Geogr. Bd. 1 S. 90. 38) *Ballerini* l. l. p. 361.

Synoden bis zu der 17. von Toledo (694), unter dieser noch der zweiten Synode von Braga eine kleine von dem Bischof Martin von Braga († um 580) herrührende Sammlung in 84 Capiteln, Auszüge aus den übersetzten griechischen und einigen spanischen Synoden (sogenannte Capitula Martini) enthaltend [39]. Der zweite Theil enthält unter 103 Nummern die Decretalen der Dionysischen Sammlung, und außer ihnen noch eine große Zahl anderer Decretalen theils derselben, theils der späteren Päpste bis zu Gregor dem Großen († 604). Es wird behauptet, daß der heilige Isidor von Sevilla († 636) der Verfasser sei. Diese Behauptung beruht zunächst nur auf der Thatsache, daß die Vorrede der Sammlung in dessen Etymologien eingerückt ist. — Nun kommt die Rede auf Pseudoisidor [40]. Im 9. Jahrh. erscheint die spanische Sammlung im Frankenreiche in einer sehr eigenthümlichen Gestaltung. Schon aus der griechischen Kirche waren in das Abendland manche unechte Documente übergegangen, und auch im Abendlande selbst war bis zum Ende des 8. Jahrh. eine Anzahl falscher Urkunden in Umlauf gesetzt worden. Manche von diesen [41], aber auch über 90 andere, sind in die spanische Sammlung eingeschoben, an der Spitze den Namen des heiligen Isidorus mit dem noch immer unerklärten Beinamen „Mercator" [42]. Die Anordnung und die Bestandtheile der Sammlung, welche jetzt allgemein den Namen der pseudoisidorischen führt, sind nach einer berühmten Handschrift [43] folgende. Nach einigen einleitenden, nicht wesentlich der Sammlung angehörenden Stücken eröffnet das Ganze die Vorrede [44], welche zwei unechte Briefe von Aurelius an Damasus und von diesem an jenen, den aus dem vierten Concil von Toledo entlehnten ordo de celebrando concilio, und ein Stück aus der Vorrede der echten spanischen Sammlung enthält. Einem Verzeichnisse der Concilien und zwei angeblich zwischen Hieronymus und Damasus gewechselten Briefen folgen dann im ersten Theile die 50 apostolischen canones aus Dionysius, welcher sich in chronologischer Ordnung 59 unechte Decretalen der römischen Bischöfe von Clemens († 101) bis Melchiades († 314), ein Tractat mit der Ueberschrift „De primitiva ecclesia et synodo Nicaena," und die unechte Schen-

---

39) Siehe die Ballerini l. c. p. 574 seq. und den Abdruck bei Bruns l. l. T. II. p. 43. 40) Literatur: Die Magdeburger Centuriatoren (Ecclesiastica historia, integram ecclesiae ideam, quantum ad locum, propagationem ... ritus, ... secundum singulas centurias complectens ... congesta per aliquot studiosos et pios viros in urbe Magdeburg. Basil. 1559—1574. fol. 13 Tom.) T. II. c. 7. T. III. c. 7. Franc. Turrianus, Adversus Magdeburgenses centuriatores pro canonibus Apostolorum et epistolis decretalibus Pontificum Apostolicorum Libri V. Florent. 1572. Col. 1573. 4. Blondellus, Pseudo-Isidorus et Turrianus vapulantes. Genev. 1628. 1635. 4. [illegible], De collectione Isidori vulgo Mercatoris, in Comm. de canones et decreta juris veteris ac novi. Ballerini, De antiqu. coll. can. P. III. c. 6 bei Galland. p. 528 seq. und nach ihnen Spittler, Gesch. des canon. Rechts S. 216 fg. Blascus, De collectione canonum Isidori Mercatoris. Neap. 1760. 4. und bei Galland. T. II. p. 1 seq. Aug. Theiner, De Pseudoisidoriana canonum collectione. Vratislav. 1827 vergl. mit der Recension von Biener in der Krit. Zeitschrift für Rechtswissenschaft. Bd. III. H. 1. Knust, De fontibus et consilio Pseudoisidorianae collectionis. Gott. 1832. 4. Eichhorn, Die spanische Sammlung der Quellen des Kirchenrechts (s. Note 27). Wasserschleben, Beiträge zur Geschichte der falschen Decretalen. Breslau 1844. Hefele, Ueber den gegenwärtigen Stand der pseudoisidorischen Frage (Theol. Quartalschr. 1847. S. 583 fg.). Gfrörer, Untersuchungen über Alter, Ursprung, Zweck der Decretalen des falschen Isidorus. Freib. 1848. Roßhirt, Zu den kirchenrechtlichen Quellen des ersten Jahrtausends und zu den pseudoisidorischen Decretalen. Heidelberg 1849. 41) Die in den pseudoisidorischen Handschriften vorhandenen und erweislich früher schon verbreiteten unechten Stücke sind: 1) der erste schon von Rufinus übersetzte Brief des Clemens an den Jacobus, sowie der zweite Brief desselben an denselben, beide aber bei Pseudoisidor mit eigenthümlichen neuen Zusätzen; 2) die canones Apostolorum; 3) die wahrscheinlich in Deutschland entstandene, im 14. Jahrh. von den Anhängern Ludwig's des Baiern, z. B. Leopold von Bebenburg, schon für unecht gehaltene Constantinische Schenkungsurkunde (Laur. Valla, De jurisdictione imperiali. Basil. p. 728. Münch, Ueber die Schenkung Constantin's, in den Vermischten historischen Schriften. Ludwigsburg 1828. Bd. 2. Biener, De collect. can. eccl. Graec. p. 72. — Vergl. c. 3. Dist. XCVI.); das Constitutum Silvestri, welches schon früher in den Rechtssammlungen, z. B. auch in der aus gallischen Quellen geschöpften Sammlung eines Dießenschen Codex bei Amort, Elem. jur. canon. T. II. [illegible]; bei Pseudoisidor im Anhange; 5) zwei zwischen Hieronymus und Damasus gewechselte Briefe; 6) das sechste (nicht das echte sechste) Capitel in dem Briefe des Vigilius an den Profuturus; 7) ein Zusatz zu Gregorius ad Secundinum. Vielleicht gehört hieher (Richter, Kirchenrecht. §. 64. Note 1) auch der Brief des Stephanus und der afrikanischen Bischöfe an Damasus mit dem Antwortschreiben, und die Decretale desselben Damasus an die mauritanischen Bischöfe, welche die Ballerini l. l. p. 61[illegible] schon in eine ältere Handschrift der Hispana eingeschoben gefunden haben. Die von Roßhirt in der angeführten Abhandlung ausgesprochene Ansicht, daß der Verfasser der Sammlung noch viel mehr falsche Briefe vor sich gehabt habe, als man bis jetzt zugestehe, bedarf noch des Beweises.

42) Man hat vermuthet, daß das Original „Peccator" gelesen habe. Dies wird aber durch die bis jetzt bekannten ältesten Handschriften nicht unterstützt, obwohl der Demuthsausdruck „Peccator" öfter vorkommt (Phillips, Kirchenrecht. Bd. 4. S. [illegible]). Arevalo (Isid. opp. T. II. p. 317) hat in einer Handschrift (Cod. Vatic. 629) „mercator" gefunden. 43) Eine durch vielfache spätere Veränderungen verunstaltete Ausgabe ist die von Merlini Coll. concil. Paris. 1523. Col. 1530. fol. 2 T. Paris. 1535. 8. 2 T. Die Handschrift, woraus diese Ausgabe gemacht ist, ist eine vaticanische Nr. 630, beschrieben bei Aguirre, Praef. ad Conc. Hisp. n. 2. Montfaucon Bibl. bibliothecar. T. 1. p. 123. Ballerini l. l. p. 562 seq. Sie ist nur eine, frühestens dem 11. Jahrhundert angehörende, Abschrift einer älteren Handschrift, für deren Alter der Umstand spricht, daß das [illegible] Verzeichniß der Päpste mit Nicolaus I. schließt. Eine Vergleichung dieser Handschrift mit einer anderen ist geliefert von Coustant, Notices et extraits des manuscrits. Vol. VI. p. 265 seq. [illegible] Kirchenrecht. Bd. 4. [illegible] aus dem 9. Jahrh. [illegible], daß sich daraus ergibt, daß nach einer unter dem Briefe des [illegible], mit welchem sie endigt, befindlichen Bemerkung von anderer Hand im J. 881 der Grundstein zu einer Kapelle bei Modena gelegt worden ist. 44) Die von Arevalo l. l. p. 607 aus einer vaticanischen Handschrift herausgegebene Vorrede ist viel kürzer, weshalb er die sonst in allen Handschriften befindliche für eine Ueberarbeitung hält; eine Vermuthung, welche Richter, Kirchenrecht. §. 65. Note 4 für sehr gewagt hält. Nur in dieser Handschrift findet sich auch die Inscription mit folgenden Lesarten: „Isidorus (vulg. add. Mercator) servus Christi lectori (vulg. lectori) conservo etc."

Schenkungsurkunde Constantin's enthalten. Der zweite Theil enthält, eingeleitet durch zwei aus der echten Hispana und aus der von Quesnel unter dem Namen Codex canonum ecclesiae Romanae herausgegebenen gallischen Sammlung (s. vorher) entlehnten Stücke, die griechischen, afrikanischen, gallischen und spanischen Concilien bis zum 13. Concil von Toledo, sämmtlich aus der Hispana, obwol nicht ohne eigenthümliche, wahrscheinlich schon frühern Handschriften angehörige Aenderungen. Der dritte Theil umfaßt, nach einer kurzen, ebenfalls der Hispana entlehnten Vorrede, die Decretalen der Päpste von Sylvester († 335) bis Gregor II. († 731), darunter 35 unechte. Den Schluß macht ein Anhang, welcher wieder eine Anzahl Kanones aus der Hispana und der Sammlung des Quesnel, einige unechte Stücke, und insbesondere noch die sogenannten Capitula Angilramni enthält, eine Sammlung von 80 Sentenzen, welche von der Anklage und dem Verfahren gegen Bischöfe handeln [45]). Die einzelnen Decretalen sind durchaus von Einer Hand gearbeitet. Ihr Stoff ist entlehnt [46]) aus der Tripartita des Cassiodorus, der Kirchengeschichte des Rufinus, dem römischen Pontificalbuche, d. i. einer alten Sammlung der über die einzelnen Päpste umgehenden Traditionen [47]), aus echten Decretalen und Conciliarschlüssen, aus den Quellen des römischen Rechts, namentlich dem westgothischen Breviarium, aus den erwähnten Angilramnischen Capiteln, aus der Vulgata und den Werken der Kirchenväter und kirchlicher Schriftsteller bis zum 8. Jahrh. Es sind nun die Resultate der Kritik über diese Sammlung mitzutheilen. Seit dem 10. Jahrh. war nicht mehr bestritten, daß die falschen Decretalen den echten Ausdruck des apostolischen Bewußtseins enthielten. Im 15. Jahrh. ahnte man jedoch den Betrug [48]); 100 Jahre später wurde er durch die protestantische Wissenschaft zur vollen Gewißheit erhoben [49]), und seit dieser Zeit, nachdem zuletzt ein Versuch zur Rettung [50]) durch Blondel in seiner Nichtigkeit dargestellt worden war, haben ihn auch die der römischen Kirche angehörigen Schriftsteller zugestanden. Desto weniger Uebereinstimmung besteht über das Vaterland, die Quellen und die Zeit des Verfassers, und es sind deshalb die verschiedensten Vermuthungen aufgestellt worden. Nach einer Ansicht ist Rom das Vaterland; die Anhaltspunkte dafür suchen die älteren Schriftsteller in den römischen Tendenzen, während neuere Anhänger dieser Meinung sich bemüht haben, auch positive Beweise dafür beizubringen. Eine zweite, seit Blondel und den Ballerini von vielen Schriftstellern angenommene Vermuthung ist für Entstehung der falschen Decretalen auf fränkischem Boden. Eine dritte Ansicht vereinigt die erste und zweite, indem sie annimmt, daß der Betrug im 8. Jahrh. in Rom begonnen und im 9. Jahrh. im fränkischen Reiche vollendet worden sei. Für die Entstehung im fränkischen Reiche sprechen sowol die Beschaffenheit der Handschriften und die Sprachweise, als die Thatsache, daß mehrere im Frankenreiche fließende Quellen, namentlich das westgothische Breviarium, die Quesnel'sche Sammlung, die Briefe des heiligen Bonifacius u. s. w., benutzt sind, und daß die Sammlung zuerst im fränkischen Reiche zu Tage tritt. In Bezug auf den Verfasser aber finden sich zwei Spuren. Die eine davon führt hin auf den mainzischen Diakon Benedict, den Verfasser einer mit dem Pseudoisidor verwandten [51]) Capitulariensammlung, die andere auf den Erzbischof Rieulf von Mainz († 814). Von Rieulf versichert

---

45) Bisher sah man diese Capitula Angilramni allgemein als echten Anhang aus den falschen Decretalen an, welche Schriftsteller [illegible] bald für echt, bald für unecht erklärt hat. Jetzt hat Wasserschleben (De patr. decr. Pseudoisid. und Beiträge S. 11 fg.) erwiesen, daß die Mehrzahl der Capitel aus älteren, echten Quellen herrühre, während andere freilich nur Auszüge sind (Rettberg, Kirchengeschichte Deutschlands S. 648 fg.). Entschieden sind sie vom Verfasser der falschen Decretalen vielfach benutzt worden [illegible] eigentlich den Grundriß der letzteren. Dagegen hält Richter, Kirchenrecht §. 62, Note 6 [illegible] die vorkommenden Inscriptionen, wegen [illegible], daß der Papst Hadrian dem angeklagten Bischof Angilram von Metz eine Reihe [illegible] die Angilramischen Capitel ergeben habe, für [illegible] Rettberg a. a. O. S. 60[illegible] für [illegible] Boden [illegible] („Ex graecis et latinis canonibus et synodis Romanis atque decretis praesulum ac princip. Rom. haec capitula [illegible] collecta et Angilramno Mediomatricae urbis ep. Romae a beato papa Adriano tradita sub die XIII. Cal. Oct. ind. IX. quando pro sui negotii causa agebatur." [illegible] Ballerini, bei Galland. T. I. p. 534 [illegible] Dagegen haben andere Handschriften: „Incipiunt capitula collecta ex diversis conciliis atque decretis Rom. Pontif. ab Angilramno episcopo et Adriano papa edita." Ballerini ibid. p. [illegible]. Wahrscheinlich [illegible] der Verfasser der falschen Decretalen. 46) [illegible] in der Note 40 angeführten Streitschrift hat [illegible]; seine Angaben sind indessen mit Vorsicht zu prüfen. 47) Ausgaben sind: Anastasius, De vitis Rom. Pontif. ed. Busaeus. Mogunt. 1602. 4., ed. Fabrotus Paris. 1649. fol.; Liber pontificalis s. de vitis Romanorum pontificum, cur. Jo. Vignolio. Rom. 1724. 4.; cur. Frid. et Jos. Bianchinis. Ibid. 1718–1735. fol. 4 Vol.; auch bei Muratori, Rer. Ital. script. T. III. P. I. p. 1 seq. Die erste Grundlage waren die widersprechenden Sagen über die ältesten römischen Bischöfe, im Sinne der Grundsätze erfunden, welche diese über die Erweiterung ihrer Gewalt im 4. Jahrhundert aufstellten und im 6. Jahrhundert in die Form von Lebensbeschreibungen jener Päpste eingekleidet. Diese Sammlung wurde später, nicht immer aus besseren Quellen, in dieser Form fortgesetzt, und seit dem Ende des 9. Jahrhunderts von dem römischen Abte Anastasius (Anastasius bibliothecarius) benannt, welcher das Leben einiger Päpste des 9. Jahrhunderts hinzugefügt hatte. Jo. Ciampini, Examen libri Pontificalis. Rom. 1688. 4. Ueber die Lebensbeschreibungen der alten Päpste vergl. die Untersuchungen von Rößell im ersten Bande der Beschreibung der Stadt Rom von Platner, Bunsen, Gerhard und Rößell; ferner Bähr, Gesch. der röm. Lit. im Karol. Zeitalter. Karlsruhe 1840. S. 266.

48) Siehe Blondelli in der in Note 40 angeführten Schrift, Proleg. p. 110 seq., und aus diesen Theiner in der ebd. citirten Schrift p. 10 seq., insbesondere Nic. de Cusa, De concord. cathol. Lib. III. c. 2 (bei Schardius, De jurisdict. imp. p. 611). 49) Centuriat. Magdeburg. l. l. (siehe Note 40). Ueber andere (katholische) Schriftsteller s. Theiner l. l. p. 11 seq.; insbesondere über Dumoulin und Le Conte, die Herausgeber des Corp. jur.: Richter, Diss. de emendatoribus Gratiani (Lips. 1835) p. 25 seq. 50) Turrianus, Pro canonibus Apost. (siehe Note 40). 51) Knust, De Benedicti Levitae collectione capitularium, bei Pertz, Monum. T. IV. p. 19 seq. App.

Benedict[52]), daß er die von ihm [illegible] der Ausarbeitung der gedachten Sammlung benutzten Materialien in dem mainzischen Archiv niedergelegt habe, und nach einem anderen Zeugnisse hat Riculf [illegible] aus Spanien herübergekommenen „liber collectarum epistolarum ab Isidoro" besessen[53]). Neuerdings ist man jedoch davon, daß Riculf der Urheber des Betrugs sei, zurückgekommen[54]), weil die falschen Decretalen in Spanien entschieden nicht verbreitet gewesen sind[55]), und weil sich auch ihre Existenz [illegible] Zeit Riculf's nicht behaupten läßt[56]). Dagegen [illegible] Benedict zu der Fälschung allerdings in näherer Beziehung, da seine [illegible] den Jahren 840 und 847 verfaßte Capitulariensammlung

---

52) Benedict. in praef. bei Pertz. l. c. T. IV. p. 39. [illegible] 53) Hincmar. de presb. crim. in Opp. ed. Sirmond. T. II. p. 793. Idem contra Hincm. Laudun. c. 24. [illegible] 54) Richter, Kirchenrecht §. 70. 55) Dartigue de S. Sarna Santander in der in Note 40 angeführten Abhandlung. 56) Hier ist noch der Ansichten Eichhorn's und verwandter Schriftsteller, namentlich Theiner's, im Zusammenhange zu gedenken. Nach Eichhorn in der in der Note 40 angeführten Abh. S. 142 sind die erdichteten Decretalen zwar im fränkischen Reiche mit der spanischen Sammlung in Verbindung gesetzt worden, ihr [illegible] Ursprung aber gehört in das 8. Jahrhundert und, nach Rom; im fränkischen Reiche sind um die Mitte des 9. Jahrhunderts neue Verfälschungen, bei welchen die älteren schon vorhandenen zum Muster dienten, vorgenommen worden; und durch diese entstand die pseudoisidorische Sammlung, für deren Urheber und für den Verfasser der neu hinzugekommenen Verfälschungen ein fränkischer Geistlicher zu halten ist. I. Zum Beweise der Entstehung im 8. Jahrhundert beruft man sich 1) auf die sogenannten Capitula Angilramni (siehe Note 45); 2) auf einen Brief Hadrian's I. an Karl den Großen, in welchem auf die falsche Constantinische Schenkungsurkunde Bezug genommen wird. Gegen dieses Argument entscheidet, daß jene Urkunde älter ist als die Decretalen (Hirner, [illegible] coll. can. eccl. Graec. p. 72). Ferner bezieht man sich 3) auf die zuerst von Goldast in den Scriptor. rer. Alam. publicirte: „Alamannicae ecclesiae veteris canones ex Pontif. Romanorum epistolis excerpti a Remedio Curiensi episcopo jussu Caroli M. regis Franc. et Alam." Goldast hat aber, wie jetzt erwiesen ist, diese Ueberschrift in gewohnter Weise selbst gemacht, s. Knust in den Studien und Kritiken. 1836. S. 167. Kunstmann, Die Kanonensammlung des Remedius von Chur. Tübingen 1836. Richter, Recension des letzteren Werkes in den Krit. Jahrb. f. deutsche RW. 1837. S. 852 fg. Wasserschleben ebd. 1838. S. 485 fg. — 4) Auf das angeblich aus Pseudoisidor entlehnte Fragment in einem Capit. vom Jahre 806 (Pertz, Monum. T. III. p. 148) und in Capit. Reg. Franc. I. 123. Dasselbe gehört aber nicht den Decretalen, sondern den älteren Silvestrinischen Gesten an. Hiernächst wird 5) behauptet, daß die Synode von Aachen vom Jahre 836 in den Worten: „Statutum est, ut vel semel in anno ...., [illegible] olei, in quo salvatio infirmorum creditur ...., ab episcopis non negligatur ...., sed omni devotione secundum traditionem apostolicam ac statuta decretalium, in quo de ejusdem re praecipitur, peragatur" auf den zweiten Brief des Fabian Bezug nehme. Es kann jedoch mit Richter, Kirchenrecht §. 70. Note 9 eben sowol an die Silvestrinischen Gesten gedacht werden. A. M. ist Wasserschleben a. a. O. S. 60. Daß vielmehr der Verfälscher umgekehrt das Concil von Aachen benutzt habe, zeigt die Art und Weise, in welcher er in der zweiten falschen Synode des Symmachus einen Kanon der echten vierten Synode desselben Papstes („Iniquum" etc. bei Hard. T. II. p. 987) vorträgt. Dieser hat bei ihm schon gewisse signifcante Aenderungen, ganz so, wie im Concil von Aachen (Lib. III. c. 26), aber außerdem noch eigenthümliche Zusätze. Hiermit fällt 6) die Behauptung weg, daß das conc. Paris. vom Jahre 829 einen, in einer seiner Capitelrubriken befindlichen Grundsatz aus Pseudoisidor entlehnt habe. Weiter führt man an, 7) daß Agobard von Lyon (825), De dispens. rei eccl. c. 20, schon den pseudoisidorischen Grundsatz widerlege, daß die Schlüsse der Concilien ohne Mitwirkung päpstlicher Legaten nicht gültig seien. Agobard sagt aber: „canones .... [illegible] quod legati Romani seu imperatoris non interfuerunt," was er in den falschen Decreten gewiß nicht gefunden hat. Außerdem ist auch jener Grundsatz viel älter als Pseudoisidor. Die Stellen, in welchen die Concilien von der Erlaubniß oder doch von der Bestätigung des päpstlichen Stuhles abhängig gemacht werden, z. B. c. 2. Dist. XVII (Julius ep. II.), c. [illegible] C. III. qu. 6 (Idem ep. I.), beruhen auf einer Stelle des Papstes Julius an die [illegible] („[illegible]"), bei Sozomenus, Epist. Roman. Pontif. p. 367), welche von Socrates L. II. c. 17 und Sozomenus L. III. c. 10 schon ausdrücklich genannt, in der Hist. tripart. mit „non debere absque sententia Rom. Pont. concilia celebrari" citirt ist. 8) Nach einer bei Paschasius Radbert. Vita Walae (Acta SS. O. S. Bened. S. IV. P. I. p. 483) mitgetheilten Nachricht haben Wala und Radbert dem Papste Gregor IV. „nonnulla SS. Patrum auctoritate firmata praedecessorumque suorum conscripta" übergeben, in welchen insonderheit auch der pseudoisidorische Grundsatz ausgesprochen ist, daß der Papst Alle richte, aber von Niemand gerichtet werde. Dieser Satz ist jedoch nicht erst eine Erfindung der falschen Decretalen, sondern er findet sich schon früher bei Gelasius (c. 16. C. IX. qu. 3), bei Ennodius pro Symmacho (ibid. c. 14), in den Silvestrinischen Gesten (ibid. c. 13) und öfters. Deshalb ist auch 9) die Vermuthung von Theiner a. a. O. S. 46 und Ferdinand in den Bonner Jahrb. 1838. S. 957, daß Gregor IV. in seinem Briefe: „coepiscopis per Galliam, Germaniam, Europam et per universas provincias constitutis" (c. 2. C. VI. qu. 3) auf die ausnahmsweise [illegible] Decretalen Bezug nehme, unbegründet, wenn man auch davon absehen wollte, daß dieser Brief nach der uns von Mabillon in den Analecten erhaltenen Subscription (Dat. VIII. Id. Jul. Ind. IX.) älter sein würde, als der ganze von Radbert erzählte Vorgang. Jener Brief ist aber mit Richter, Kirchenrecht. §. 70. Note 9 entschieden für unecht zu erklären, weil er von der Verfolgung welche er betrifft, in den Gesta Aldrici episc. Cenomanensis bei Baluz. Miscell. T. III. ganz mit Stillschweigen übergangen wird. Dieser ließe sich, die Echtheit vorausgesetzt, gar nicht erklären, weil der ganze Brief [illegible] auf eine gegen den Aldricus angestellte Verfolgung Bezug hat. II. Für den römischen Ursprung wird noch [illegible] als [illegible] Argument geltend gemacht, welches von der Gewißheit der Dürre [illegible] ist, denn ein [illegible] von den Capitula Angilramni [illegible]. [illegible] bei Eichhorn, Kirchenrecht S. 158 noch dafür angeführt, daß der Liber pontificalis erster Zeiten im 9. Jahrhundert [illegible] gewesen sei. Dieses hat schon durch Knust a. a. O. S. 8 Widerlegung gefunden. Hinkmar benutzt in der Schrift Adv. Hincm. Laudun. c. 20 (T. II. p. 451. ed. Sirmond.) ausführlich [illegible] die Beratung der im Liber pontificalis über episcopalis enthaltenen Nachrichten. Freilich hat der gleiche Zweifelung der [illegible] Bemerkungen Knust gegen Gfrörer's bei Muratori, Script. rerum Ital. T. III. p. 16–19 [illegible]. Siehe Richter a. a. O. III. Die Vermuthung von Eichhorn, daß erst um die Mitte des 9. Jahrhunderts der Begriff der pseudoisidorischen Sammlung durch Einfügung der Decretalen in die spanische Sammlung zur Existenz komme, findet ihre Widerlegung durch die Bemerkung, daß schon Benedict auch die spanischen Concilien benutzt hat, wie Knust bewiesen hat. Allerdings spricht Hincmar von einem Liber collectarum epistolarum ab Isidoro, was auf die Concilien nicht zu passen scheint. Er führt aber auch ausdrücklich eine Stelle der Synode an, welche wesentlich auf die Concilien Bezug hat. Endlich ist auch das Dasein der Handschriften, welche blos die Decretalen enthalten, kein Beweis, da sich von diesen viel leichter der spätere Ursprung annehmen läßt. Richter a. a. O.

Material enthält, welches entschieden mit dem pseudoisidorischen übereinstimmt. Deswegen ist man aber noch nicht berechtigt, ihn für den Verfasser zu halten; vielmehr beweist jene Uebereinstimmung nur eine Gemeinschaft der Gesinnung und der Quellen. Andere halten den Erzbischof Otgar für den Verfasser [57]). Neuerdings sucht man in dem westfränkischen Reiche das Vaterland und in dem Bischof Rothad von Soissons den Verfasser [58]). Gewiß ist, daß die Verbreitung des Ganzen nicht in der ersten Hälfte des 9. Jahrh. erfolgt sein kann. Denn noch Rabanus von Mainz führt die falschen Decretalen weder in seinem Pönitentiale (841—842) [59]), noch in seiner Schrift über die Chorbischöfe [60]) an, und noch im J. 850 bezeichnet Leo IV. den Bischöfen der Bretagne nur das echte Material des Hadrianischen Codex als Quelle des Rechts [61]). Zum ersten Mal werden die Decretalen im J. 857 auf dem Reichstage von Chiersy mit Angabe der Quelle erwähnt [62]). Bald nachher bittet eine Synode von Sens bei Nicolaus I. um vollständige Mittheilung eines zu ihnen gehörenden Briefes des Melchiades [63]), und seit 850 werden die Decretalen von Hincmar von Rheims schon angeführt [64]). Endlich behauptet Nicolaus I. in dem Streite des letzteren und des Rothad von Soissons ihre Gültigkeit ausdrücklich den französischen Bischöfen gegenüber [65]), welche sich vergeblich gegen ihre praktische Anwendbarkeit auf die fardiensischen Schlüsse und das spätere Recht berriefen [66]). — Knüpfen wir hieran folgende Uebersicht über den kirchenrechtlichen Stoff im 9. Jahrh. Die Dionysisch-Hadrianische Sammlung bildete die allgemeine Grundlage des kirchlichen Rechts, und später kam auch die Hispana in ihrer pseudoisidorischen Gestaltung in Gebrauch, erlangte aber, was die falschen Decretalen betrifft, nicht sogleich unbestrittenes Ansehen. Die individuellen kirchlichen Verhältnisse wurden durch die Provinzialconcilien und die Decretalen der neueren Päpste, sowie durch die Capitularien normirt, und in noch engerem Kreise bildeten die sogenannten Capitula episcoporum, d. i. die bischöflichen Synodalstatuten, eine Rechtsquelle [67]). Das Bußwesen ordneten die Libri poenitentiales [68]), welche die allgemeinen Grundsätze über die Disciplin aufstellten und für die einzelnen Sünden das Maaß der Pönitenz bestimmten. Die meiste Ausbildung hat diese Seite des kirchlichen Lebens besonders in der angelsächsischen Kirche durch den Erzbischof Theodor von Canterbury erhalten, dessen Aussprüche man sammelte und unter der Collectivbezeichnung Poenitentiale Theodori verbreitete [69]). Ebenfalls der angelsächsischen Kirche gehören die Beichtbücher des Beda († 735) und Egbert von York [70]) († 767) an, welche sich an Theodorus anschlossen, und in ihrer zuerst wahrscheinlich nur zufälligen Vereinigung als Liber de remediis peccatorum [71]) bezeichnet worden sind. Die fränkische Kirche empfing die Beichtdisciplin zunächst durch irische Sendboten, namentlich Columbanus († 615) [72]), von welchem noch ein Beichtbuch vorhanden ist. Die Grundlage der späteren Bußordnungen hat Theodorus gebildet [73]), nicht blos der fränkischen, sondern derjenigen, welche in der römisch-abendländischen Kirche im Gebrauche waren, überhaupt. Diese allgemeine Anerkennung hat den letztern wahrscheinlich im Gegensatze zu den nationalen Rechtsbüchern den Namen Poenitentiale Romanum [74]) verschafft, welchen man oft auf ein eigenes römisches Pönitential bezogen hat. Mit der solchergestalt entstandenen Mannichfaltigkeit der Quellen wurde nun auch der Bearbeitung derselben ein neuer Weg gewiesen; die einfache chronologische Zusammenstellung war fernerhin nicht mehr möglich, und systematische Sammlungen wurden zu einem dringenden Bedürfnisse. Solcher gibt es sehr viele, aber nur folgende Rechtssammlungen von Pseudoisidor bis in das 12. Jahrh. müssen wegen ihres unmittelbaren Zusammenhanges mit dem Corpus juris canonici hier genannt werden: 1) die zwischen 840 und 847 entstandene Rechtssammlung des mainzischen Diakonen Benedict in 3 Büchern, welche nur äußerlich später mit den 4 Büchern der

57) Blasco in der in der Note 40 angef. Abhandlung bei Galland. T. II. p. 125 und Wasserschleben in den Beiträgen. Die weitere von letzterem entwickelte Ansicht, daß zwischen den falschen Decretalen und den Streitigkeiten im Reiche eine directe Beziehung stattfinde, speciell: daß die ersteren im Interesse der Bischöfe von Lothar's Partei als Waffe gegen den Kaiser und die Synoden verfaßt seien, hält Richter, Kirchenrecht. §. 70. Note 10 mit dem vielgestaltigen ethischen, liturgischen, dogmatischen und rechtlichen Inhalte der Decretalen nicht wohl für vereinbar. Die Ansicht von Gfrörer a. a. O. beruht auf einer künstlichen Construction der Geschichte. 58) Phillips, Kirchenrecht. Bd. 4. S. 69. 59) Hrabani Opera, ed. Colvenerius. (Colon. 1627.) T. VI. 60) Mansi, Coll. concil. T. XVI. 61) c. 1. Dist. XX. 62) Capitula, quae Karolus fecit apud Carisiacum, bei Pertz, Monum. T. III. p. 452. Siehe überhaupt Wasserschleben a. a. O. S. 70 fg. 63) Schreiben des Wenilo von Sens an Nicolaus I. bei Mansi l. l. col. 597. 64) De praedest. T. I. p. 151. ed. Sirmond., de divort. Loth. p. 621 seq. ibid. und öfters. 65) Ad ep. Gall. (863) c. 1. Dist. XIX. Mansi, Coll. conc. T. XV. col. 693. 66) Die Gründe, welche die französischen Bischöfe gegen die Anwendbarkeit der pseudoisidorischen Grundsätze geltend machten, entwickelt Hincmar von Rheims in der Schrift: Adv. Hincm. Laudun. c. 20. p. 451 seq. c. 25. p. 481 seq.

67) Hierher gehören die Capitel des Bonifaz von Mainz (745), Mansi, Coll. conc. T. XII. col. 383; Theodulph von Orleans (um 797), ebd. T. XIII. col. 993; Hatto von Basel (um 822), ebd. T. XIV. col. 393; Herard von Tours (858), Capit. reg. Franc. ed. Baluz. T. I. col. 1283; Hincmar von Rheims, Mansi T. XV. col. 475, Opp. Hincm. ed. Sirmond. T. I. p. 709; Walter von Orleans (871), Mansi ib. col. 505. 68) Vergl. darüber Wasserschleben, Beiträge S. 78 fg. Kunstmann, Die lateinischen Pönitentialbücher der Angelsachsen. Mainz 1844. Hildebrand, Untersuchungen über die germanischen Pönitentialbücher. Würzburg 1851. Wasserschleben, Die Bußordnungen der abendländischen Kirche. Halle 1851. 69) Hildebrand a. a. O. S. 45 fg. Wasserschleben, Bußordnungen S. 13 fg. 145 fg. 70) Wasserschleben a. a. O. S. 37 fg. 220 fg. 71) Wasserschleben a. a. O. S. 45 fg. 247 fg. 72) Wasserschleben a. a. O. S. 52 fg. 73) Wasserschleben a. a. O. S. 61 fg. 74) Wasserschleben das. S. 72, auf welchen Schriftsteller rücksichtlich des Details zu verweisen ist. Durch seine Arbeit ist dieser Theil der Geschichte des kanonischen Rechts anerkennend gefördert und zugleich für die Geschichte des religiösen und sittlichen Lebens ein sehr schätzbares Material zugänglich gemacht worden. Auch die Forschungen von Hildebrand verdienen Anerkennung.

Capitularien des Ansegisus als 5 – 7. Buch verbunden worden ist. An sich ist sie eine aus allen damals gangbaren Rechtsquellen, den Capitularien und den teutschen Rechtsbüchern, dem westgothischen Breviarium und Julian, der Hadrianischen Sammlung, aus Schriften der Kirchenväter und Beichtbüchern und aus pseudoisidorischem Material planlos zusammengestellte Kanonensammlung [75]). Die spätern Handschriften und die frühern Ausgaben enthalten 4 Anhänge, von denen wahrscheinlich der erste dem Ganzen ursprünglich angehört, die drei andern aus denselben Quellen geschöpften und in der ganzen Haltung durchaus ähnlichen, gewiß sehr bald nach Benedict hinzugefügt worden sind [76]). 2) Eine große noch nicht gedruckte Rechtssammlung in 12 Büchern, einem Archipraesul *Anselmus*, wahrscheinlich von Mailand, gewidmet (daher Collectio Anselmo dedicata), und zwischen 883 und 897 in Italien entstanden [77]). Die angegebene Zeit der Entstehung beruht auf folgenden Erwägungen. Es gab 3 Erzbischöfe von Mailand, welche den Namen Anselm führten; der erste lebte im Anfange des 9. Jahrh., der zweite gegen Ende desselben, der dritte in der Mitte des 11. Jahrh., der letzte ist zu neu, da sogar mehrere Handschriften dieser Sammlung schon im 9. und 10. Jahrh. geschrieben sind; ebenso ist auch der erste zu alt, indem die Sammlung theils mehrere Stücke aus Pseudoisidor, theils zwei Capitularien Kaiser Lothar's enthält. Es bleibt also nur der zweite Anselm übrig, welchem allein dieses Werk zugeeignet sein kann, dessen Abfassung dadurch zwischen den Jahren 883 und 897 anzunehmen ist. In dieser Sammlung muß eine der Handschriften benutzt sein, welche den Hadrianischen Codex und die Concilien der echten Hispana verbinden. Außerdem bietet sie reichen Stoff aus den falschen Decretalen, dem Registrum Gregor's des Großen, den Justinianeischen Rechtsbüchern, von welchen namentlich Stellen aus den Institutionen, dem Codex, aus Julian's Novellenauszug und dem vollständigen Novellentexte angeführt werden, nicht aber aus den Pandekten [78]). 3) Die Libri duo de synodalibus causis et disciplinis ecclesiasticis des Regino, gewesenen Abtes von Prüm († 915), eine um das Jahr 906 entstandene Anweisung zur Visitation einer Diöcese, welche ein sehr anschauliches Bild des germanischen Volkslebens bietet [79]). Sie enthält gallische und spanische, afrikanische und griechische Kanonen nach dem Hadrianisch-Dionysischen Codex und der Hispana, Stellen aus Kirchenvätern, neuere teutsche und französische Concilienschlüsse, Capitularien, Fragmente aus dem westgothischen Breviarium, aus Julian's Novellenauszug und aus der Lex Burgundionum et Ripuariorum, Auszüge aus den Capiteln des Hincmar, nur wenige Stücke aus den unechten Decretalen, aber reiches Material aus den vorhandenen Beichtbüchern, das meiste nicht aus den Originalen, sondern aus einzelnen ältern Sammlungen [80]). Zu verschiedenen Zeiten hat das Ganze 3 Anhänge, aber auch im Innern manche Veränderungen erhalten [81]). 4) Die Rechtssammlung des Bischofs Burchard von Worms [82]), welche nach dem Jahre 1012, aber vor dem Jahre 1023 abgefaßt [83]) und in 20 Bücher getheilt ist. Sie schöpft vorzugsweise aus Regino und der Collectio Anselmo dedicata [84]), woraus sich zugleich ihr Material ergibt. Merkwürdig in ihr ist eine Verfälschung in den Inscriptionen der Stellen aus neueren Concilien, Capitularien, dem Breviarium und Julian, welche gewöhnlich einem der älteren Päpste beigelegt werden. 5) Auf Burchard ruht besonders eine noch ungedruckte Rechtssammlung in 12 Büchern, welche aber auch vieles Eigenthümliche aus teutschen Kirchenversammlungen und aus Beichtbüchern enthält [85]). Ebenfalls auf Burchard beruht 6) die nur handschriftlich vorhandene Rechtssammlung des Bischofs Anselm [86]) von Lucca († 1086) in 13 Büchern. Sie hat außerdem noch aus der Collectio Anselmo dedicata und aus den römischen Rechtsbüchern geschöpft, indem

75) Ueber Benedict und die Quellen seines Werkes überhaupt vergl. *Knust*, De Benedicti Levitae collectione capitularium bei *Pertz*. Monum. T. IV. p. 19. App. 76) Die beste Ausgabe ist bei *Pertz*, l. l. p. 39. 77) Vergl. über diese Sammlung *Lebeuf* in Hist. de l'académie royale des inscr. Vol. XVIII. (Paris 1753. 4.) p. 346. *Ballerini* l. l. p. 625. v. Savigny, Geschichte des röm. Rechts im Mittelalter. Bd. 2. S. 289 – 293. 2. Ausg. Theiner, Ueber Ivo's vermeintliches Decret (Mainz 1832.) S. 10. Richter, Beiträge S. 36. 78) Vergl. Savigny a. a. O. S. 291 – 293. Ueber andere unbedeutendere Theile des Inhalts der Sammlung s. Richter, Beiträge S. 49. 79) *Ballerini* l. l. p. 361 und besonders Wasserschleben, Beiträge S. 1 fg. und in der Vorrede seiner Ausgabe (Reginonis libri II. de synodalibus causis et disciplinis ecclesiasticis. Lips. 1840.). Diese Ausgabe ist die beste. Frühere Ausgaben sind von Hildebrand (Helmstädt 1659), Baluze (Paris 1671) und nach dieser wörtlich Wien 1765. 4. und in *Hartzheim*, Coll. conc. Germ. T. II.

80) Diese sind besonders: eine von D'Achery Spicil. ed. II. Paris. 1723. fol. T. I. p. 510 seq. herausgegebene Sammlung in 3 Büchern, welche blos aus dem Hadrianischen Codex und den Concilien der Hispana schöpft; eine vaticanische Sammlung in 331 Capiteln, welche außer diesem Material auch die ältern Bußbücher benutzt (unter dem Titel: „Antiqua canonum collectio, qua in libris de synodalibus causis compilandis usus est Regino Prumiensis," abgedruckt in *Richter*, Progr. Ineditorum hist. eccl. et jus can. illustrantium par. Marb. 1844.); die Sammlung des Halitgar von Cambray in 5 Büchern (in *Canisii* Lect. ant. ed. *Basnage*. Antw. 1725. fol. T. II. P. 2. p. 88 seq.) und das Schreiben des Rabanus an Heribald von Auxerre bei *Hartzheim*, Conc. Germ. T. II. p. 190. Siehe Wasserschleben in den angezogenen Beiträgen. 81) Vergl. über beide Wasserschleben, Beiträge S. 17 fg. und die Vorrede zu Regino p. XIII seq. 82) *Ballerini* l. l. p. 633 seq. 83) Das erste Jahr hat die *Formata* in lib. II. c. 227, welche auch in das Corp. jur. canon. (c. 1. Dist. LXXIII) übergegangen ist; das zweite folgt aus der Thatsache, daß die Synod. Seligenstad. vom Jahre 1023 in allen Handschriften angehängt ist. Ausgaben sind: Cöln 1548. Fol. Paris 1549. 8. Cöln 1560. Fol. 84) Richter, Beiträge S. 55 fg. 85) Dagegen behauptet *Theiner*, Disquis. crit. p. 321 seq., diese Sammlung sei nicht Auszug, sondern Quelle des Burchardischen Werkes. Diese Behauptung hat Wasserschleben, Beiträge S. 34 fg. mit triftigen Gründen widerlegt. Letzteren pflichtet auch bei Richter, Kirchenrecht § 72. 86) *Ballerini* l. l. p. 640 seq. v. Savigny a. a. O. S. 296 – 298. *Theiner* l. l. p. 353. — S. Anselmi .... epistola .... nunc primum vulgata, acc. in decretum Ms. S. Anselmi .... animadversiones Mich. Aug. Mansi. Luc. 1811. 8.

Stellen der Institutionen, des Codex, Julian's und des vollständigen Novellenauszuges, auch des echten Theodosischen Codex angeführt werden, die Pandekten und das Breviarium aber nicht benutzt sind. Daneben bietet sie noch manches Andere, was wol aus den römischen Archiven unmittelbar entlehnt ist. 7) Eine aus Burchard, aber auch aus anderen unbekannten Quellen gezogene große Rechtssammlung in 17 Büchern 87), welche unter dem Namen des Decretum 88) nicht mit Gewißheit dem Bischof Ivo von Chartres (Ivo Carnotensis † 1125) zugeschrieben wird. Bestimmt ist aber von diesem letzteren 8) die sogenannte Pannormia in 8 Büchern 89), welche aus dem Decret, aber auch aus der Collectio Anselmo dedicata und aus der Sammlung des Anselm von Lucca geflossen ist. 9) Eine in eigenthümlicher Weise nach den Quellen geordnete Rechtssammlung (vergl. Note 87), welche in ihrem ersten Buche Decretalen der Päpste bis zu Urban II. (gest. 1099) in chronologischer Reihenfolge, im zweiten die Kanonen der Concilien nach der pseudoisidorischen Sammlung, sammt den Schlüssen der Synoden von Konstantinopel von 692 und 869 und von Nicäa II, 787, und zwei aus den Schriften der Kirchenväter entlehnte Anhänge, im dritten endlich Auszüge aus Kirchenvätern und den Sammlungen des römischen und fränkischen Rechts enthält. Sie ist in ihren beiden ersten Theilen aus einer noch unentdeckten Quelle, im dritten wahrscheinlich aus dem unter 7 erwähnten Decret geschöpft. Auf diesem und Anselm beruht auch hauptsächlich 10) eine ebenfalls noch ungedruckte Sammlung in 15 Büchern 90), welche den Namen Collectio Caesaraugustana führt, weil sie von Ant. Augustinus 91) zuerst in einer Handschrift von Saragossa gefunden worden ist. 11) Der sogenannte Polycarpus 92) des Gregorius 93) in 8 Büchern, welcher nach dem Jahre 1124 verfaßt ist 94) und die Collectio Anselmo dedicata und die Sammlung des Anselm von Lucca zur Grundlage hat. Endlich gehört noch hierher 12) die Schrift des Algerus von Lüttich (gest. vor 1128) de misericordia et justitia 95), eine freie systematische Bearbeitung der Lehre von der Disciplin, welche auch Stellen aus den Kirchenvätern und echten und unechten Decretalen, sowie einzelne Conciliensschlüsse enthält. II. Das *Decretum Gratiani* 96). Die bisher beschriebenen Sammlungen entlehnten ihren Stoff aus vielen Jahrhunderten. In diesen waren in den Vorstellungen von der Verfassung der Kirche die vollendeten Gegensätze zur Herrschaft gelangt, und die einzelnen kirchlichen Einrichtungen hatten die Phasen ihrer Entwickelung durchlaufen. Unter diesen Verhältnissen konnten jene Sammlungen, da sie altes und neues, allgemeines und nationales Recht lediglich neben einander stellten, um so weniger sich behaupten, je dringender vorerst das Bedürfniß der Ausgleichung und Versöhnung war. Diesem Zwecke zu genügen, verfaßte Gratian, ein Camaldulensermönch im Kloster des heil. Felix zu Bologna, ein um das Jahr 1150 97) vollendetes großes Werk über das Kirchenrecht, welches die verschiedenartigsten, in den bisherigen Rechtssammlungen enthaltenen Bestimmungen zusammen zu fassen, ihren Zusammenhang und ihre Einheit durch eigene scholastische Deductionen zu vermitteln bestimmt ist. Genauer kann der Zweck Gratian's dahin bezeichnet werden, daß sein Werk das geltende Kirchenrecht in einer für Lehrer und Lernende bequemeren Form, als die bisherigen Sammlungen darboten, darstellen sollte. Nicht unwahrscheinlich ist, daß er auf diesen Plan durch das in Bologna schon blühende Studium des römischen Rechts und die Einrichtung der Justinianeischen Rechtsbücher gebracht wurde. Nach diesem Zwecke wählte er nicht blos die Stellen der einzelnen Rechtsquellen älterer und neuerer Zeit aus den bisherigen Sammlungen aus, sondern brachte sie zugleich in eine systematische Anordnung und durch eigene Zusätze in eine freilich sehr unvollkommene wissenschaftliche Verbindung. Bei jedem Abschnitte stellt er entweder einen Rechtssatz

87) Ueber diese und die beiden folgenden Sammlungen vergl. *Ballerini* l. l. p. 661 seq. v. Savigny a. a. O. S. 303 fg. 311 fg. Theiner, Ueber Ivo's vermeintliches Decret. Mainz 1832 und in den Disqu. crit. p. 141. Wasserschleben, Beiträge S. 47 fg. Hier ist die Ansicht des letzteren angenommen, welche auch Richter, Kirchenrecht. §. 72. Note 14 für viel wahrscheinlicher hält, als die durchaus abweichende Theiner's, nach welcher die Sammlung unter 9. die Quelle der Pannormia ist, das Decret aber von einem späteren Verfasser aus beiden und aus Burchard compilirt sein soll. 88) Ausgaben sind von Molinäus, Paris 1561, und von Fronto in Opera Ivonis. Ibid. 1647. fol. 2 T. 89) Herausgegeben von Seb. Brant, Basil. 1499. 4., und *Melchior a Vosmediano*. Lovan. 1557. 8. 90) *Ballerini* l. l. p. 673. v. Savigny a. a. O. S. 299 fg. *Theiner*, Disqu. crit. p. 344 seq. 91) Derselbe hat sie benutzt in der Schrift: De emendat. Grat. Lib. I. dial. 5 (bei *Galland.* T. II. p. 254). 92) *Ballerini* l. l. p. 666 seq. *Theiner* l. l. p. 341 seq. 93) Nach dem von Arevalo in Opp. Isid. Rom. 1797. T. II. p. 327 seq. beschriebenen Codex war dieser Gregorius Cardinal. 94) Weil in der von Arevalo beschriebenen Handschrift das Verzeichniß der Päpste mit Honorius II. (1124—1130) endigt. 95) Abgedruckt in *Martene*, Thes. anecdot. T. V. p. 1020. Nach Richter, Beiträge S. 7 fg. ist Burchard, vielleicht auch Anselm benutzt.

96) *J. H. Boehmer*, De varia decreti Gratiani fortuna. Hal. 1747 (vor dem ersten Bande seiner Ausgabe des Corpus juris canonici). *Berardus* in der Einleitung zu Gratiani canones genuini ab apocryphis discreti. Venet. 1783. Obs. VI—XII. *J. A. de Riegger*, De Gratiano auctore Decreti, in *Ejusd.* Opusc. Frib. 1773. p. 279 und De Gratiani collectione canonum illiusque methodo et moralis, in *Ejusd.* Observat. hist. et jur. eccl. Ulm. 1776. p. 1 seq. (Umarbeitung der von demselben Verfasser erschienenen, unter P. J. Riegger's Namen veröffentlichten Diss. de decreto Gratiani. Vindob. 1760 und in *Schmidt*, Thes. jur. eccl. T. I.). *Sarti*, De claris archigymnasii Bononiensis professoribus. (Bonon. 1769. 1772.) T. I. P. I. p. 260 seq. 97) v. Savigny, Geschichte des röm. Rechts im Mittelalter. Bd. 4. S. 120. 130 fg. — Das Chronicon S. Baronis des Johann von Thielrode nennt das Jahr 1151 (Warnkönig, Flandr. Rechtsgesch. Bd. 1. S. 49); auch sonst findet sich, wie *Riegger*, De Gratiano bemerkt hat, diese Zeitbestimmung öfters. Eine Notiz in der ungedruckten Summa des Hugutio deutet auf die Zeit, in welcher Rolandus Bandinellus, welcher um das Jahr 1150 Cardinal und 1159 unter dem Namen Alexander III. Papst wurde, in Bologna noch die Theologie lehrte. v. Savigny a. a. O. S. 125 (wo die fragliche Stelle abgedruckt ist) 130 fg. In Bezug auf den Ordensstand Gratian's ist anderer Meinung *Sarti*, Annali Bolognesi. Bass. 1784. 4. p. 261.

auf, welcher durch die darauf folgenden Excerpte aus den Quellen bewiesen, erläutert und näher bestimmt wird; oder er wirft eine Frage auf, welche er durch seine Excerpte beantwortet. Einzelne Lehren erläutert er selbst durch hinzugefügte Bemerkungen; wo die herausgehobenen Stellen im Widerspruch unter einander zu stehen scheinen, versucht er deren Vereinigung, oder gibt Gründe an, weshalb eine der anderen vorzuziehen sei. Hiervon ist der Titel seines Werkes Concordia (oder Concordantia) discordantium canonum hergenommen [98]). Der älteste Name des Werkes scheint „Decreta" zu sein, unter welchem Titel es schon in einer Decretale Papsts Alexander III. vom Jahre 1160 citirt wird [99]), und es ist daraus der spätere Ausdruck Decretum, statt Liber decretorum, entstanden, was später der allgemein gebräuchliche Name des Werkes geworden ist. So viel wir jetzt wissen, hat er sich nirgends an die Urquellen gewendet, sondern sein ganzes Material haben ihm frühere Sammlungen [100]) geliefert, insbesondere Burchard (siehe vorher Nr. 4) und vielleicht auch die Sammlung in 12 Theilen (Nr. 5), Anselm (Nr. 6), Ivo (Nr. 7. 8.), die Sammlung in 3 Theilen (Nr. 9), die Caesaraugustana (Nr. 10) und der Polycarp (Nr. 11), sowie Algerus (Nr. 12): nur die neuesten Stücke aus der Zeit des Papstes Innocenz II. entlehnt er aus den Originalen. Das römische Recht nimmt Gratian aus den Justinianeischen Sammlungen, außer wo er aus seinen Vorgängern andere Quellen excerpirt. Für Definitionen, Worterklärungen, Lehrmeinungen benutzt er die Kirchenväter und andere kirchliche Schriftsteller. Von der neueren päpstlichen Synodalgesetzgebung hat er schon die Schlüsse des ersten und zweiten lateranensischen Conciliums in den Jahren 1123 und 1139. Die Fehler seiner Vorgänger verbessert er selten [101]); daher sind nicht nur die unechten Quellen in seine Sammlung übergegangen, sondern auch der Inhalt der echten Quellen wird meistens mit den Irrthümern der Vorgänger wiedergegeben, wodurch besonders viele Stellen falschen Verfassern zugeschrieben werden. Er selbst entstellt zugleich den Inhalt der Quellen häufig durch das Trennen desselben aus dem Zusammenhange, oder durch die Verbindung, in welche er die Stellen bringt. Seine Beweisstellen, woher sie auch entlehnt sein mögen, werden unter dem gemeinschaftlichen Namen canones begriffen; was von ihm selbst herrührt, führt schon bei den ersten Glossatoren die Benennung dicta Gratiani, wurde aber ungeachtet des Ansehens, zu welchem seine Sammlung gelangte, niemals höher gehalten, als jede andere Glosse [102]). Den großen Erfolg seines Werkes, welches wenige Jahrzehnte nach seinem Erscheinen von den Päpsten selbst als eine Sammlung, welche den Inbegriff des geltenden gemeinen Kirchenrechts enthalte, gebraucht wurde [103]), haben neuere Schriftsteller [104]) aus einer Bestätigung hergeleitet, welche es durch Papst Eugen III. erhalten habe [105]), bis die Unechtheit der Quelle, auf welche diese Annahme gestützt war, nämlich des von Alex. Machiavelli († 1766) erdichteten Calendarium archigymnasii Bononiensis, dargethan wurde [106]). Der Erfolg beruhte vielmehr auf der Bedeutung, welche die Sammlung als Lehrbuch erhielt, indem sich mit und seit Gratian eine Schule der Decretisten (vergl. den Artikel Glossae zum Corpus juris canonici) in Bologna nach dem Muster der schon blühenden Schule der Legisten bildete, deren Doctoren, da sie ihre Thätigkeit als Lehrer und Schriftsteller ausschließend an Gratian's Sammlung anknüpften, alle älteren Sammlungen bald in Vergessenheit brachten. Auch der Gebrauch, welchen die Päpste von dem Decret machten, ist hieraus zu erklären. Die Ordnung der Materien, welche Gratian wählte, ist ihm eigenthümlich. Das ganze Werk zerfällt in drei Theile [107]). In dem ersten Theile sind die Beweisstellen unter hundert und einen Abschnitt eingereiht, jedem derselben ist ein Rechtssatz, oder eine kurze Einleitung zu dem Inhalte der Beweisstellen vorgesetzt. Durch Paucapalea, den ersten Glossator Gratian's, erhielten jene Abschnitte die Benennung Distinctiones [108]). Die Ordnung der Materien ist folgende: 1) Von den Gesetzen überhaupt, dem natürlichen und positiven, göttlichen und menschlichen Rechte, dem römischen Rechte, der Gewohn-

98) Gewiß ist, daß man die Bezeichnung desselben mit diesem Titel Gratian selbst zugeschrieben hat. Eine Summa zum Decret aus dem 13. Jahrhundert (v. Savigny, Gesch. des röm. Rechts. Bd. 3. §. 190. Note a. S. 516) bemerkt in der Vorrede: „Universo operi titulum praescribit discordantium canonum concordiam; eo quod intendit ostendere, vel enucleare, vel manifestare." Auch Innocenz III. spielt im cap. 20. X. 1, 6 auf diesen Titel an: „quidam ... ad concordiam discordantium revocantes, repugnantiam canonum praedictorum expire ... videbantur." Nach der Ansicht von Sarti a. a. O. S. 271. 275 hat Gratian dem Werke keinen Titel gegeben, weil sehr alte Handschriften ihn nicht haben und Hugucio in seiner Summa zum Decret ihn nicht berührt. Die Frage, ob Gratian selbst oder die ältesten Glossatoren ihn beigefügt haben, ist allerdings müßig. 99) Cap. 6. X. IV, 2. 100) Vergl. den Index bei Theiner, Disqu. crit. p. 41 des Anh. und, was Algerus betrifft, Richter, Beiträge S. 7 fg. Daß Gratian auch die Breviatio des Ferrandus benutzt habe, beweist sein Dictum zu c. 34. Dist. LXIII. 101) Doch hat Sarti a. a. O. S. 263 fg. einzelne Beispiele gesammelt.

102) Jo. Andreae († 1348) ad cap. 2. X. de rescriptis I, 3. „Non obstat, si dicis, Librum Decretorum fuisse per Papam approbatum, quia nec hoc constat. Et dato, quod constaret; approbatio fuit quoad compilationem, non quoad dicta Gratiani, quae quotidie reprobamus." 103) Siehe cap. 20. X. I, 6. cap. 6. X. IV, 2. cap. 5. 6. X. IV, 7. Vergl. Bockmer, De varia decreti Gratiani fortuna S. 18. Note c und d. 104) Nicht aber die Schriftsteller des Mittelalters. Siehe Note 102. 105) Boehmer l. l. p. 12 seq. 106) Vergl. v. Savigny a. a. O. Bd. 3. S. 11—15. 107) Vergl. über die Eintheilung des Werkes und deren muthmaßlich späteren Ursprung Phillips, Kirchenrecht. Bd. 4. S. 155. 108) Nur von der Benennung und Zählung können die nachstehenden Zeugnisse verstanden werden, da die Abschreiber selbst schon durch dicta Gratiani bezeichnet sind. Sicardi Episc. Crem. Summa decretor., von Sarti S. 281 angeführt: „Distinguitur liber iste in tres partes. Prima est usque ad primam causam. Secunda usque ad consecrationem. Tertia usque ad finem. Primam divisit, ut quidam ajunt, Paucapalea in C et I distinctiones: secundam Gratianus in XXXVI causas. — Tertiam quoque, ut ajunt, Paucapalea." Damit stimmt die von Savigny a. a. O. Bd. 3. S. 515. Note a angeführte Leipziger Handschrift einer Summa des Decrets, aus welcher die betreffende Stelle bei Savigny abgedruckt ist, überein.

teilen und dem Kirchenrechte und deren Collision (Dist. 1—14). 2) Von den Quellen des kanonischen Rechts, Conciliensschlüssen, Decretalen, Kirchenvätern und deren Ansehen (Dist. 15—20). 3) Von den kirchlichen Personen, ihren Eigenschaften, Rechten, Pflichten und ihrer Weihe (Dist. 21—79). 4) Vom Antheil der verschiedenen kirchlichen Personen am Kirchenregiment, und dem Verhältnisse zwischen Kirche und Staat (Dist. 80—101). Die Lehre von der Gesetzgebung kommt bei dieser Gelegenheit vor. Weil der erste Theil die Lehre von den kirchlichen Personen und Aemtern enthält, so heißt er Tractatus ordinandorum. Im zweiten Theile folgt die Lehre von der Ausübung anderer Theile der Kirchengewalt, besonders von der geistlichen Gerichtsbarkeit, den kirchlichen Verbrechen und dem gerichtlichen Verfahren. Auch die Lehre von der Ehe ist hier eingeschoben (C. 27—36). Die Form der Darstellung ist hier von der im ersten Theile verschieden. 36 fingirte Rechtsfälle, von welchen die Abschnitte, welche dadurch gebildet werden, causae heißen, geben Veranlassung zur Aufwerfung von Rechtsfragen (Quaestiones), welche durch die einzelnen canones aufgelöst werden. In die Causa 33, Qu. 3 ist jedoch eine Abhandlung de poenitentia, von der Buße, eingerückt, und die einzelnen canones, aus denen sie besteht, unter 7 Distinctionen eingereiht. Der dritte Theil enthält die Lehre von den Religionshandlungen und deren Liturgie, insbesondere von den Sacramenten, in 5 Distinctionen, nach Paucapalea's Zählung, welche aber blos durch Ueberschriften gesondert sind. Die canones sind in allen 3 Theilen in den Handschriften so wenig als in den Ausgaben des Decrets vor dem 16. Jahrh. gezählt. Schon in Gratian's Darstellungsart zeigt sich der Einfluß der Glossatoren des römischen Rechts; die causae des zweiten Theils sind das, was jene casus nannten. Ganz nach der Methode der Legisten wurden ferner die Glossen, Apparatus und Summen zum Decret eingerichtet, welche aus der Schule der Kanonisten hervorgingen. Glossen waren ihrer ersten Bestimmung nach wahrscheinlich auch die neuen Beweisstellen, welche die ältesten Glossatoren aus denselben Quellen beifügten, aus welchen Gratian selbst geschöpft hatte, obwol man sie heutzutage zu dem recipirten Texte des Decrets rechnet. Man findet sie in den Handschriften und in allen Ausgaben durch die Ueberschrift Palea von dem ursprünglichen Text Gratian's unterschieden. Sie sind, je älter die Handschriften sind, desto weniger zahlreich; in die römische Ausgabe sind deren 85 aufgenommen und daher seitdem in allen neuern Abdrücken beibehalten. Gewiß ist, daß Paucapalea, der älteste Glossator Gratian's, solche Zusätze beigefügt hat [109]). Wenn derselbe solche als eine Art von Glossen, indem sie, wie solche, zur weiteren Bestätigung und Erklärung der von Gratian beigebrachten Stellen dienen sollten, mit seiner Sigle bezeichnete, so könnte diese, als man sie später (denn in den ältesten Handschriften stehen sie, wie Glossen, am Rande) in den Text aufnahm, die Veranlassung gegeben haben, daß man alle solche Zusätze mit der Ueberschrift Palea bezeichnete, obwol sie von verschiedenen Verfassern herrührten [110]). Ueber die Glossen zum Decret handelt ein anderer Artikel [111]). — Was die Art, das Decret zu citiren, betrifft, so werden in älteren Schriften die einzelnen canones des Decrets mit den Anfangsworten, unter Beifügung der Zahl der Distinction bei dem ersten und dritten Theile, der Zahl der Causa und Quaestio bei dem zweiten Theile, citirt. Den ersten und dritten Theil unterscheiden schon die ältesten Glossatoren durch Beifügung der Worte: de consecratione, wenn der dritte Theil gemeint ist, dessen erste Distinction von der Consecration der Kirche (und dem Meßopfer) handelt (vergl. Note 108). Seitdem die canones gezählt werden, ist es gebräuchlich, nur die Zahl anzugeben [112]). — Das Decret bildet den ersten Theil des Corpus juris canonici. Von seiner Revision und heutigen Anwendbarkeit wird erst bei dem Artikel Gregor IX. und dessen Decretalensammlung zu handeln sein, da erst nach Darstellung dieser und der anderen Decretalensammlungen, welche den zweiten Theil des Corpus juris canonici bilden, von dem kanonischen Rechtsbuche im Ganzen die Rede sein kann. (*C. W. E. Heimbach.*)

GRATIANUS, ein italienischer Diakon, welcher bei der versuchten Schlichtung des Streites zwischen Heinrich II., König von England, und Thomas Becket, Erzbischof von Canterbury, thätig war. Er wird als ein Neffe des Papstes Eugen III. und als ein im kanonischen Recht sehr bewanderter, dabei als ein uneigennütziger und jedem Versuche der Bestechung unzugänglicher Mann von festem Charakter bezeichnet [1]). Nachdem schon drei Gesandtschaften vergeblich die Herstellung des Friedens versucht hatten, verstand sich der

109) Die in der vorigen Note erwähnte mainzer Handschrift bemerkt von Paucapalea: „Nihilominus et quaedam decreta adposuit, quae, licet non sint minoris auctoritatis, quam alia hic posita, tamen, quia a principali auctore hujus libri non sunt, non leguntur." v. Savigny a. a. O. S. 515.

110) Ueber die Paleae überhaupt s. *Diomedes Brava* (Sante Grande), Disquisitio critica de interpolationibus Gratiani. Bonon. 1694 (gedruckt hinter *Boehmer*, Diss. de varia decreti Gratiani fortuna im 1. Bande seiner Ausgabe des Corpus juris canonici); ferner die ebendaselbst abgedruckte Admonitio correctorum Romanorum aus der römischen Ausgabe des Corpus juris canonici. *J. A. Riegger*, De paleis decreto Gratiani insertis in dessen Opusc. Frib. 1773. *Bickell*, Progr. De Paleis. Marb. 1827. 4. 111) Siehe den Artikel Glossae zum Corpus juris canonici. 112) Also: 1) Stellen aus der Pars I. mit der Zahl des Kanon und der Distinction, z. B. c. (i. e. canon) 1. Dist. oder D. XXIII; 2) aus der Pars II. mit der Zahl des Kanon, der Causa und der Quaestio, z. B. c. 3. C. XII. qu. 1. Stellen aus der Abhandlung von der Buße (de poenitentia) führt man an mit der Zahl des Kanon und der Distinction und dem Beisatze „de poenitentia," z. B. c. 1. Dist. VI. de poen. 3) Ebenso werden Kanones der Pars III. angeführt mit dem Beisatze: „de consecratione," z. B. c. 1. Dist. V. de cons.

1) „Cujus (Gratiani) eo amplior vera est gloria, quod quum Romanus esset, post aurum non abiit," sagt Herbert, der Biograph des Erzbischofs Thomas, setzt jedoch zugleich seufzend hinzu: „Utinam quotquot apostolicae sedis legati hujus similes, qui libere arguendo, increpando et coercendo, sed nullius potestatem se refugerent, nihil quaererent, nihil acciperent, oblata etiam respuerent."

Papst zu einer vierten, wozu er aber nicht, wie bei den früheren, hohe Prälaten, sondern zwei gelehrte und einfache Geistliche, Gratianus, Subdiakon zu Rom, und Vivianus, Archidiakon von Civita vecchia, bestimmte. Diese unterschieden sich auch dadurch von ihren Vorgängern, daß sie sich ohne allen Prunk auf die Reise begaben und dieselbe in sehr kurzer Zeit zurücklegten. Sie trafen im J. 1169 Heinrich II. zu Domfront in der Normandie und hielten mit ihm, nachdem sie ihre Beglaubigungsschreiben überreicht hatten, in Gegenwart mehrerer Prälaten eine Besprechung. Der König bemühte sich wenig, in seinen an die Legaten gerichteten Worten seinen Zorn zu unterdrücken, weshalb auch besonders Gratianus für gut hielt, eine entschlossene Sprache zu führen und sogleich auf die drohenden Aeußerungen des Königs stolz entgegnete: „Herr, drohet nicht, denn wir fürchten keine Drohungen, da wir jener Curie angehören, welche über Kaiser und Könige zu herrschen gewohnt ist." Bei den einige Tage später zu Bayeux in Gegenwart der normannischen und anderer Bischöfe stattfindenden Verhandlungen verlangte der König vor Allem von den Legaten, mit denen er sich allein beriets, sie sollten seine Kleriker von dem Banne, der auf ihnen laste, ohne alle Bedingung freisprechen; als aber eine abschlägige Antwort erfolgte, rief er: „Bei den Augen Gottes, ich werde nie mehr in meinem Leben weder den Papst noch sonst Jemand über die Wiederherstellung des Friedens hören," und eilte seinem Pferde zu. Als jedoch die Unterredung mit Mühe wieder angeknüpft war, gab er den Gesandten hinsichtlich der Zurückberufung des in der Verbannung lebenden Erzbischofs günstige Zusicherungen, knüpfte aber sogleich wieder die Bedingung daran, daß der Bann der ihm anhängenden Geistlichkeit sogleich gelöst würde. Als die Legaten auch jetzt noch auf ihrer Weigerung beharrten, wandte er ihnen abermals im heftigsten Zorne den Rücken mit den Worten: „Thut, was ihr wollt, ich bekümmere mich um euch und um euere Excommunicationen Nichts und achte sie kein Ei werth." Darauf bestieg er sein Pferd und war im Begriff, sich zu entfernen, die anwesenden Hofleute eilten ihm jedoch nach und machten ihm begreiflich, daß er auf diese Weise und durch solche Reden einen Vergleich unmöglich mache. Der König stieg wieder ab und die Verhandlungen begannen von Neuem. Der Vorschlag der Prälaten ging jetzt dahin, sie wollten insgesammt dem Papste schreiben, der König habe dem Erzbischofe von Canterbury Frieden angeboten und sei bereit, die Befehle des Papstes zu vollziehen. Während nun das Schreiben abgefaßt wurde und Heinrich, welchem die Arbeit zu lange währte, im heftigsten Zorne auf und ab ging, bemerkten ihm die Prälaten, daß die Legaten ihnen ein päpstliches Mandat vorgezeigt hätten, nach welchem sie insgesammt Alles zu vollziehen hätten, was dieselben ihnen immerhin auftragen würden, worauf der König entgegnete: „Ich weiß, ich weiß, sie werden mein Land mit dem Interdicte belegen, werde ich aber, ich, der in einem Tage die stärkste Burg zu nehmen im Stande ist, nicht einen Kleriker, der das päpstliche Urtheil zur Vollstreckung bringen will, aufgreifen lassen können?" Als jedoch die Legaten sich jetzt in einigen Punkten nachgiebiger zeigten, legte sich auch die Aufregung des Königs und als er ihnen nochmals barsch zugerufen hatte: „Wenn ihr nicht in dieser Nacht noch Frieden macht, werdet ihr nicht mehr hierher kommen," sagte er, nachdem die Verhandlungen noch einige Zeit fortgedauert hatten, ruhiger hinzu: „Ich muß auf Bitten des Papstes, der mein Herr und Vater ist, Vieles thun und deshalb will ich Jenem sein Erzbisthum und ihm sowol als allen seinen Mitverbannten meinen Frieden wieder geben." Am folgenden Tage waren bereits beide Theile in sämmtlichen Punkten übereingekommen, als aber zuletzt der König unerwartet das Verlangen stellte, in den Friedensvertrag müsse die Clausel, „unbeschadet der Würde seines Reiches" aufgenommen werden, weigerte sich Gratian, diesen Zusatz zu gestatten, weil der König auch früher die bei der Unterredung zu Montmirail von dem Erzbischofe in dem proponirten Vertrage gebrauchte Formel „unbeschadet der Würde der Kirche" mit erbitterter Entschiedenheit zurückgewiesen hatte. Da auf diese Weise auch jetzt wieder keine Uebereinkunft möglich war, so kehrte Gratianus nach Ablauf der vom Papste angesetzten Frist (das Fest des heil. Michael) in Begleitung des Erzbischofs von Sens, der ebenfalls zur Vermittelung des Friedens herbeigezogen worden war, nach Italien zurück. Vivianus blieb aber auf Verlangen Heinrich's, welcher die Verhandlungen nicht ganz abbrechen und die bevorstehende Verhängung des Interdicts von seinem Reiche abwenden wollte, noch einige Zeit am englischen Hofe. Später kam auch wirklich ein Vertrag zu Stande und der Erzbischof durfte nach Canterbury zurückkehren; da aber der Aussöhnung auf beiden Seiten die Aufrichtigkeit fehlte, so endete der Streit mit der verhängnißvollen Ermordung des Erzbischofs [2]). (*Ph. H. Külb.*)

GRATIANUS (Antonius), italienischer Prälat und Gelehrter des 17. Jahrh., um das Jahr 1610 zu Arcangelo in der zum Königreich Neapel gehörenden Provinz Basilicata geboren, widmete sich dem geistlichen Stande, erlangte, nachdem er nicht nur in der Theologie, sondern auch in der Jurisprudenz gründliche Studien gemacht hatte, die juristische Doctorwürde und wurde, nachdem er mehrere andere Stellen bekleidet hatte, apostolischer Protonotar. Er versah dieses wichtige Amt mit ebenso großem Eifer, als ängstlicher Gewissenhaftigkeit und der Papst ernannte ihn im J. 1660 zur Belohnung seiner geleisteten Dienste zum Bischof von Bojano, wo er ebenso emsig die Vortheile seiner Diöcese wahrte und für das Wohl seiner Untergebenen sorgte. Er starb im Mai 1684. Neben seinen Amtsarbeiten befaßte er sich stets in seinen Mußestunden mit wissenschaftlichen Forschungen, von seinen Schriften hat aber nur ein encyklopädisches Werk über Literatur, das Viridarium bo-

2) Vergl. *Herberti de Boseham*, Vita S. Thomae in den Werken des Thomas von Canterbury (Oxonii 1845. 8.) Tom. VIII. p. 290 seq. *C. Baronii* Annal. eccles. ad ann. 1169. §. 8 seq. *D. Hume*, History of England (Lond. 1786. 8.) Tom. I. p. 410. J. Lingard, Geschichte von England, teutsch von C. A. v. Salis, Bd. II. S. 290 fg.

manarum literarum (Neapoli 1658. 4.), welches zur Kenntniß und zur Beurtheilung des wissenschaftlichen Geistes seines Jahrhunderts nicht unwichtige Beiträge liefert, einigen Werth behalten. Da es indessen selten geworden ist, so wurde es bis jetzt nur wenig benutzt und für die Geschichte der Literatur ausgebeutet *).
(*Ph. H. Külb.*)

GRATIANUS (Philipp Christoph), teutscher Theolog, am 7. Juli 1742 zu Oberroth in der ehemaligen Grafschaft Limburg geboren, erhielt seine erste wissenschaftliche Bildung in den Schulen der Klöster Blaubeuren und Bebenhausen (1757—1761) und machte, da er sich dem geistlichen Stande widmete, seine Fachstudien in dem theologischen Stifte zu Tübingen. Nach der Beendigung derselben erwarb er sich durch die Vertheidigung einer Abhandlung (Dissertatio de harmonia repraesentationum Dei realium. Tubing. 1763. 4.) die philosophische Magisterwürde und befaßte sich alsdann mehrere Jahre hindurch mit dem Privatunterrichte. Zugleich machte er umfassende Forschungen in den Quellen der Geschichte des Christenthums und brachte die Ergebnisse derselben in einer Abhandlung über Justinus den Märtyrer (Dissertatio de memorabilibus Justini Martyris historicis atque dogmaticis. Tubing. 1766. 4.) und in dem nur seinen Namen andeutenden ersten Bande seines „Versuches einer Geschichte über den Ursprung und die Fortpflanzung des Christenthums in Europa, herausgegeben von M. P. C. Gr." (Tübingen 1760. 8.) zur allgemeinen Kenntniß. Sein Streben fand Anerkennung und im J. 1767 erfolgte seine Anstellung als Senioratsvicar zu Heilbronn, in welchem Amte er bis zum Jahre 1773 blieb und sich mehr der praktischen Ausübung der Theologie zuwenden mußte. In diese Zeit fallen seine meisten philosophisch-religiösen ascetischen und moralischen Schriften, von welchen mehrere gedruckt wurden („Aussichten in die selige Ewigkeit, oder theologische Schilderung vom ewigen Leben." Heilbronn 1771. 8. „Vom Umgang in der seligen Ewigkeit." Ebend. 1771. 8. „Von der Auferstehung der Todten." Ebend. 1772. 8. und „Grundlehren der Religion in Gedächtnißreimen; zum Gebrauch junger Leute, welche zum Tische des Herrn vorbereitet werden." Ebend. 1770. 8.), andere (wie eine Sammlung von Reden, theils dogmatischen, theils moralischen Inhaltes, sechs Bücher von den Empfindungen) ungedruckt blieben, das „Lehrgedicht von der Hinfälligkeit des Menschen und der Hoffnung eines Christen in der Ewigkeit" (Tübingen 1769. 8.), ein anderes ebenfalls nicht veröffentlichtes philosophisch-theologisches Lehrgedicht und viele kleinere Gedichte. Erst als er im J. 1773 zum Diakonus zu Neuenstadt an der Linde ernannt wurde, setzte er seine früheren historischen Arbeiten fort und trat mit dem zweiten Bande seines „Versuches einer Geschichte über den Ursprung und die Fortpflanzung des Christenthums in Europa" (Tübingen 1773. 8.) hervor, auf dessen Titel er seinen Namen nannte. Das Werk erschien ihm jetzt aber lückenhaft und ungenügend und er beschloß, es gänzlich umzuarbeiten und zu erweitern. Diese Umarbeitung, welche den Titel führt: „Geschichte von der Pflanzung des Christenthums in den aus den Trümmern des Römischen Kaiserthums entstandenen Staaten Europens, das ist, in den heutigen Teutschen, in den Niederlanden und in der Schweiz, wie auch in Frankreich, Spanien und Portugal, in Italien und Großbritannien, Ungarn, wie auch in den an der Donau gelegenen Staaten des Türkischen Kaiserthums" (Stuttgart 1778 und 1779. 8. 2 Bde.), verräth zwar ein gründliches Studium, große Einsicht und eine rühmliche Unparteilichkeit, die Darstellung entsprach aber den Forderungen der Zeit und des Geschmacks nicht mehr, weshalb der dritte und der vierte Theil als Manuscript in dem Pulte des Verfassers blieben. Im J. 1782 wurde er Pfarrer zu Ofterdingen und im J. 1795 Specialsuperintendent und Stadtpfarrer zu Weinsberg, wo er am 7. Jan. 1799 starb. Seine letzte literarische Arbeit: „Grundlehren der Religion für Jedermann" (Lemgo 1797. 8. 2 Bde.) kann als eine seiner vorzüglichsten Leistungen betrachtet werden *).
(*Ph. H. Külb.*)

GRATIANUS (Stephanus), ein italienischer Jurist, von dessen Lebensverhältnissen man aber nichts Näheres weiß, als daß er in der ersten Hälfte des 17. Jahrh. als angesehener Advocat eine hervorragende Stellung zu Rom einnahm und auch außerhalb des Kirchenstaates durch seinen Rath und durch seine Gutachten, welche sehr häufig verlangt wurden, großen Einfluß übte. Seine Gutachten sind unter dem Titel: Disceptationes forenses (Genevae 1625. fol. Venetiis 1649. fol.) und mit des Cardinals de Luca Bemerkungen (Genevae 1703. fol.) gesammelt und von Joh. Andr. Codäus durch ein Inhaltsverzeichniß (Clavis seu repertorium in Gratiani Disceptationes forenses. Venet. 1651. fol.) für den praktischen Juristen brauchbar gemacht. Die durch seine Erörterungen veranlaßten Entscheidungen findet man in den Decisiones rotae Provinciae Marchiae (Francof. 1608. fol. Venetiis 1621. fol.). Beide Werke sind auch zusammen gedruckt (Disceptationes forenses et Decisiones Rotae Marchiae. Francof. 1606. fol. Genevae 1645. fol. Venetiis 1649. fol. Genevae 1664. fol.) und wurden vielfach benutzt, wie die Ausgaben mit den Anmerkungen der bekannten Juristen Nic. Vincent. Croppa (Neapol. 1670. fol.) und Joh. Bapt. de Luca (Genevae 1703. fol.) beweisen, scheinen jedoch jetzt fast gänzlich vergessen und wol auch nicht mehr benutzbar zu sein †). (*Ph. H. Külb.*)

GRATIANUS TATIUS (nach anderer Vermuthung Talius oder Tarius), einer der vielen Opfer der Grausamkeit des Kaisers Tiberius, welcher durch Zeit, Bitten und Ersättigung, was andere Menschen zu be-

*) Vergl. *Nic. Toppi*, Biblioteca Napoletana (Napol. 1678. fol.) p. 327.

*) Vergl. Schwäbisches Magazin, 1777. S. 598 fg. J. G. Meusel, Lexikon der vom Jahre 1750—1800 verstorbenen teutschen Schriftsteller. Bd. IV. S. 327 fg. Sam. Baur, Historisch-biographisch-literarisches Handwörterbuch. Bd. II. S. 503.

†) Universal-Lexikon aller Wissenschaften und Künste. Bd. XI. S. 625.

sänftigen pflegt, so wenig erweicht wurde, daß er Unerwiesenes und Verschollenes wie das Schwerste und Neueste bestrafte. Gratianus Tatius war früher Prätor und Tiberius glaubte von ihm durch eine wirkliche oder eingebildete Beleidigung gekränkt worden zu sein. Er wurde deshalb des Verbrechens der beleidigten Majestät angeklagt, nach dem Gesetze zum Tode verurtheilt und hingerichtet *). *(Ph. H. Külb.)*

GRATIDIANUS (M. Marius), römischer Redner und Volksmann, in dem 1. Jahrh. vor Chr., war ein Sohn des Marcus Gratidius und ein Adoptivsohn eines Bruders des berühmten Marius. Er war ein sehr volksthümlicher Redner und besaß die seltene Gabe, in den bewegtesten und lärmendsten Volksversammlungen die nöthige Kaltblütigkeit zu bewahren; die große Gunst, worin er bei dem Volke stand, verdankte er übrigens einer nicht rechtlichen Handlung während seiner Prätur. Der Mangel an Silber und die dadurch entstandene Schwierigkeit des Geldverkehrs hatten das immer gefährliche Auskunftsmittel veranlaßt, die Silbermünzen durch Beimischung eines anderen Metalles zu vermehren und den Werth derselben zu ändern. Die fortwährenden Verminderungen und Vermehrungen des Werthes waren allmälig so oft vorgekommen, daß Niemand genau wissen konnte, welches Vermögen er besaß. Die Volkstribunen traten deshalb um das Jahr 60 vor Chr. mit dem Collegium der Prätoren zusammen, um einen gemeinschaftlichen Beschluß wegen des Münzwesens zu fassen. Sie entwarfen also ein Edict über den Gehalt und Werth der Münzen mit Bestimmung der Strafe und der gerichtlichen Belangung und verabredeten, daß sie dasselbe alle zusammen auf den Nachmittag von der Rednerbühne bekannt machen wollten. Sofort gingen die übrigen aus einander, Gratidianus aber begab sich geradezu aus der Versammlung auf die Rednerbühne und machte allein bekannt, was nach der Verabredung gemeinschaftlich hätte geschehen sollen. Das Gesetz war dem Volke so angenehm und fand solchen Beifall, daß man dem Gratidianus, welchen man als den alleinigen Urheber desselben betrachtete, in allen Straßen Standbilder in Lebensgröße widmete, Kerzen vor denselben brannte und Weihrauch und Wein opferte. Auch schien es nicht zweifelhaft, daß man ihm im folgenden Jahre das Consulat übertragen würde. Cicero, ein Verwandter des Gratidianus durch seine Großmutter, welche eine Schwester des Redners Marcus Gratidius war, mißbilligt im höchsten Grade die Handlungsweise des Prätors als unehrlich und spricht sich darüber unverhohlen aus. „Solche Fälle," sagt der Redner, „sind es, durch welche zuweilen das Nachdenken der Menschen irre wird. Das Unrecht der Handlung, welche sie begehen, scheint ihnen nicht so bedeutend und der Vortheil, welcher daraus hervorgeht, um so viel bedeutender, wie hier bei Marius Gratidianus. Er dachte, seinen Collegen und den Tribunen die Gunst des Volkes, die sie von jenem Beschlusse zu erwarten hatten, für sich vorwegzunehmen, sei kein so großes Unrecht, hingegen Consul dadurch zu werden, um was es ihm gerade zu thun war, sei ein sehr großer Vortheil. Allein es gibt nur eine Regel für alle Fälle, und präge dir diese tief ins Gedächtniß: entweder darf das, was man für nützlich hält, nicht unsittlich sein, oder man darf es, wenn es unsittlich ist, nicht für nützlich halten [1])." — Marius Gratidianus verfiel später als bei dem Volke beliebter Genosse der Marianischen Partei der Proscriptionen Sulla's und ward verurtheilt, auf dem Grabe des Q. Catulus, welcher von Marius proscribirt worden war und sich selbst getödtet hatte, geopfert zu werden. Dieser Catulus, ein bekannter Redner, war zwar ein sehr sanftmüthiger Mann gewesen, welchem am wenigsten nach seinem Tode Rache nöthig war. Man übte aber diese Rache als Vergeltung für den Tod L. Cäsar's, welcher einige Jahre vorher von Anhängern der Marianischen Partei auf dem Grabe des Q. Varius erwürgt worden war. Der später so berüchtigte Catilina wurde zum Vollstrecker des Urtheils bestimmt. Der unglückliche, früher von dem Volke fast angebetete Gratidianus wurde durch die Straßen geschleift bis über die Tiber und auf dem Wege von den Henkern mit Ruthen gestrichen. Am Orte der Hinrichtung ließ ihm Catilina die Augen ausreißen, die Beine brechen, die Hände abhauen und ihm erst, nachdem er nach und nach und Glied für Glied zerfleischt war, den Kopf vom Rumpfe trennen. Ein Senator, welcher als Zuschauer bei dieser schrecklichen Marter ohnmächtig hinfiel, wurde sogleich umgebracht. Catilina nahm das bluttriefende Haupt des Gratidianus und legte es auf dem öffentlichen Platze dem Sulla zu Füßen; darauf begab er sich wie zum Hohn in den Tempel des Apollo und wusch seine Hände in dem Becken des Reinigungswassers. „So verströmte," sagt der Philosoph Seneca [2]), „tropfenweise sein Blut der Mann, der ein schlechtes Muster war, doch volksthümlich gesinnt, und nicht sowol unverdienter Weise als mit Uebertreibung geliebt. Marius verdiente Solches zu leiden, Sulla solchen Befehl zu geben, Catilina ihn zu vollstrecken." *(Ph. H. Külb.)*

GRATIDIUS (Marcus), ein römischer Redner aus der letzten Hälfte des 2. Jahrh. vor Chr. aus der Municipalstadt Arpinum, der Bruder der Großmutter des M. Tullius Cicero, nach dessen Versicherung er zum Redner geschaffen, in griechischer Gelehrsamkeit gebildet und insbesondere ein guter Ankläger war. Er beantragte im J. 639 der St. (115 vor Chr.) ein Gesetz, daß man sich beim Stimmen statt des lebendigen Wortes eines Täfelchens bedienen solle (lex tabellaria), welches aber von M. Tullius Cicero, dem Großvater des berühmten Redners, trotz der Verwandtschaft mit dem Antragsteller, heftig bekämpft und von den Consuln, denen die Entscheidung zukam, verworfen wurde. Gratidius war auch ein vertrauter Freund des Redners Marcus Antonius, welchen er als Präfect nach Cilicien begleitete, wo er im Kriege gegen die Seeräuber (102 vor Chr.)

*) *Taciti* Annal. l. VI. c. 38.

1) *Cicero*, Offic. l. III. c. 20. *Plinii* Hist. nat. l. XXXIII. c. 46. 2) De ira l. III. c. 18.

umkam. Kurz vor seinem Abgange von Rom (664 der St.) hatte er noch den C. Flavius Fimbria wegen Erpressungen während seiner Verwaltung einer Provinz angeklagt. Ein jüngerer Marcus Gratidius, wahrscheinlich ein Enkel des vorhergehenden, war Legat des Q. Cicero in der Provinz Asien (61—59 vor Chr.). Der ältere Gratidius ist auch der Vater des von Catilina ermordeten M. Marius Gratidianus *). (*Ph. H. Külb.*)

GRATIEN (Jean Baptiste Guillaume), französischer Theolog und constitutioneller Bischof, im J. 1747 zu Nizza (nach Andern zu Crescentino) in Piemont geboren, widmete sich der Theologie und trat nach der Beendigung seiner Studien in die Congregation der Lazaristen. Er wirkte lange als Professor der Theologie an dem großen Seminarium dieses Ordens zu Beaul bei Chartres und war der Obere desselben, als es im J. 1790 in Folge der Revolution geschlossen werden mußte. Er stand bei der Geistlichkeit seiner Gelehrsamkeit wegen in großem Ansehen und viele Priester, welche unter seiner Leitung studirt hatten, waren gewohnt, ihn in ihrer späteren Stellung bei schwierigen Fällen um Rath zu fragen, obgleich streng orthodoxe Theologen sich des Verdachtes nicht erwehren konnten, daß er jansenistischen Ansichten huldige. Gratien, welchem die von der Revolution in den Vordergrund gestellten Grundsätze von Freiheit und Gleichheit richtig und untadelhaft schienen, schloß sich denselben immer mehr an und als er den Bischof von Chartres, Joseph de Lubersac, seinen unmittelbaren Vorgesetzten, welcher Mitglied der constituirenden Versammlung war, am Ende des Jahres 1790 besuchte, versprach er zwar demselben noch, ihm treu zu bleiben und den orthodoxen Glauben nicht zu verlassen, erklärte sich aber, als er kaum nach Chartres zurückgekehrt war, für die Civilconstitution der Geistlichkeit, welche er als das beste und einzige Mittel betrachtete, ihr den Charakter einer besonderen Corporation im Staate, eine Stellung, welche mit den Principien der republikanischen Freiheit und Gleichheit unverträglich sei, abzustreifen. Er verband sich mit Nicolas Bonnet, Pfarrer von Saint-Michel, einem 80jährigen Greise, welcher denselben Grundsätzen huldigte. Dieser wurde am 10. Febr. 1791 von den Wählern des Departements Eure und Loire zum Bischof ernannt und von Gobel, dem Metropolitanbischofe von Paris, geweiht, Gratien aber erhielt die Functionen eines Vicars der Kathedrale von Chartres, welche er bis zu Ende des Mais in demselben Jahre versah. Sein Beispiel bewog mehrere Priester, denselben Weg einzuschlagen, unter andern Laurent Rebul, welcher bischöflicher Vicar wurde, Chauveau, Forestier, Gougis, Huet, Petion und Tabourier, welche alle mit dem constitutionellen Bischofe Bonnet in Verbindung traten, während der rechtmäßige Bischof Jos. de Lubersac mit dem größten Theile seines Domcapitels und vielen Priestern nach England auswanderte. Gratien, welchem jetzt, da seine Ansichten mit denen der Gewalthaber übereinstimmten, der Weg zu den höchsten kirchlichen Würden gebahnt war, wurde zu Anfang des Jahres 1792 zum Bischof des Departements der untern Seine mit dem Sitze zu Rouen gewählt und am 12. März desselben Jahres geweiht. Er begann nun sogleich im Einverständniß mit der constitutionellen Geistlichkeit eifrig die Organisation seiner Diöcese, nachdem er schon früher seine bisherigen Schritte in einer Darlegung seiner Grundsätze (Exposition de mes sentiments sur les vérités auxquelles on prétend que la constitution civile du clergé donne atteinte, et Recueil d'autorités et de reflexions qui la favorisent. S. l. 1791. 8.) zu rechtfertigen und einige scharfe Entgegnungen Ungenannter (Remarques. Chartres 1791. 8. Première lettre à M. Gratien sur son apologie du serment civique par un curé [le curé de S.-A. D. F.] du diocèse de Chartres. S. l. 1791. 8.) in einer Schutzschrift (Défense de l'Exposition de mes sentiments, ou réponse à M. le curé de F. datée de Chartres le 31 Mai 1791. Chartres 1791. 8.) zu widerlegen versucht hatte. Er behauptet darin, daß es der Nationalversammlung, worin alle Parteien der gallicanischen Kirche vertreten seien, zustehe, nicht nur das Concordat zu vernichten, sondern auch eine der ursprünglichen christlichen Lehre entsprechende Einrichtung an dessen Stelle zu setzen. Sein Gegner blieb ihm die Antwort nicht schuldig und dessen Entwickelung der orthodoxen Lehre (Observations sur les écrits des nouveaux docteurs et en particulier sur deux ouvrages de M. Gratien. Paris 1791. 8.) fand bei dem größten Theile der französischen Geistlichkeit entschiedenen Anklang. Gratien bemühte sich, in noch einigen andern Flugschriften (Contraste de la réformation anglicane par Henri VIII. et de la réformation gallicane par l'Assemblée constituante. Chartres 1791. 8. Lettre théologique sur l'approbation et la juridiction des confesseurs. Chartres et Paris 1791. 8. und Lettre pastorale. Rouen 1792. 8.) der neuen Ordnung der Dinge das Wort zu reden, seine Beweisführung widerstrebte aber so sehr dem Gewissen des conservativen Klerus, daß sie bei demselben nirgends Eingang fand. Da er nun aber von den Beschlüssen der constituirenden Versammlung abweichend eine Pastoralinstruction (Instruction pastorale sur la continence des ministres de la religion. S. l. 1792. 8.) bekannt machte, worin er die Pflicht der Geistlichkeit, das Cölibat zu beobachten, als eine nicht zu umgehende und unverletzbare verkündigte, brachte er die constitutionelle Geistlichkeit, welche zum Theil nicht nur den Bürgereid geleistet, sondern sich auch verheirathet hatte, so sehr gegen sich auf, daß seine Instruction der gesetzgebenden Versammlung als eine kirchliche Schmähschrift, welche dadurch, daß sie den Klerus zu dem Cölibat verpflichte, die Gesetze verletze und das Volk aufzureizen suche, denuncirte, worauf der Deputirte Lejosne den Antrag stellte, der Justizminister solle die Gerichte anweisen, sowol den Verfasser der Pastoralinstruction, als auch alle übrigen Diener der Kirche, welche den

---

*) Vergl. *Cicero*, Brut. 45. De legg. II, 16. *Valer. Max.* VIII, 5, 2. Realencyklopädie der classischen Alterthumswissenschaft. Bd. 3. S. 962.

Menschenrechten und den Gesetzen widersprechende Schriften veröffentlichen würden, zu verfolgen und denselben ihre Besoldung zu entziehen. Gratien wurde festgenommen und wäre schwerlich dem Blutgerüste entgangen, wenn nicht der Sturz Robespierre's (1794) einen Umschwung der öffentlichen Meinung bewirkt und auch dem eingekerkerten Bischof die Freiheit wiedergegeben hätte, worauf man die Anklage auf sich beruhen ließ, bis sie vergessen wurde. Am 19. Juli 1797 führte Moulis, einer der Generalvicare Gratien's, den Vorsitz bei einer in der Kirche von Evreux versammelten Synode constitutioneller und verheiratheter Priester, welche 16 Großvicare zur Verwaltung der Diöcese von Evreux ernannte, aber mehrere Priester, unter welchen sich auch Fresnay und de Narbonne befanden, erhoben in einem Circular vom 25. desselben Monats Einsprache gegen ihre Ernennung und erklärten darin den Geistlichen und den Gläubigen der Diöcese, daß sie nicht als Vicare des Bischofs Gratien betrachtet sein wollten. Auf derselben Synode wurde Gratien auch zum Deputirten für die im Monat August zu Paris abzuhaltende Kirchenversammlung gewählt, welche sich mit der Ernennung constitutioneller Bischöfe befassen sollte. Er erfüllte auch sein Mandat, die neue Organisation der gallicanischen Kirche wollte aber nicht gelingen und Gratien starb zu seinem Glück noch vor der Wiederherstellung der alten Ordnung der kirchlichen Dinge am 4. Juni 1799 zu Rouen. Außer den schon erwähnten literarischen Arbeiten lieferte Gratien noch eine Abhandlung über Geldgeschäfte (Tractatus ecclesiasticus de contractibus usurariis. Chartres 1790. 8.), worin er das Darleihen gegen Zinsen vertheidigt, und eine aus den durch Christus gewirkten Wundern geschöpfte Beweisführung für die Wahrheit der christlichen Religion (La Vérité de la Religion chrétienne démontrée par les miracles de Jésus-Christ); auch wollte er in einer besonderen ausführlichen Schrift die Rechtmäßigkeit der constitutionellen Prälaten darthun, dieser Vorsatz kam aber, wie es scheint, nicht zur Ausführung*).

(*Ph. H. Külb.*)

GRATIEN (Pierre Guillaume, Baron), französischer Divisionsgeneral, am 1. Jan. 1764 zu Paris geboren, diente zuerst in dem Regiment der Dauphin-dragoner (1787—1789) und nahm dann seinen Abschied. Als aber das Vaterland in Gefahr war und einen Aufruf an seine Vertheidiger erließ, trat er wieder unter die Waffen, wurde am 12. Juli 1791 zum Hauptmann des zweiten Bataillons von Paris ernannt und rückte am 6. Jan. 1792 zum Oberstlieutenant vor, in welcher Eigenschaft er bei der Nordarmee die Feldzüge von 1792 und 1793 mitmachte. Bei dem Abfalle des Generals Dumouriez ließ er sein Bataillon aus dem Lager zu Maulde ausrücken und führte es durch den Wald nach Hergnies-au-Pont, wo er es von dem Vorgefallenen in Kenntniß setzte und mit ihm noch an demselben Tage nach Douay marschirte. In dem Kampfe um Lincelles (16. Aug. 1793) sammelte er, als die ganze Division von diesem Dorfe zurückgeworfen war, das von ihm commandirte halbe Bataillon und erstürmte trotz eines heftigen Kartätschenfeuers die Schanzen vor Lincelles wieder. Darauf drang er in das Dorf und hinderte die englisch-holländische Armee, das sich zurückziehende französische Armeecorps zu verfolgen, indem er allein die Angriffe desselben bis zum Anbruch der Nacht aushielt. Auf den Bericht hin, welchen man über diese tapfere That an die Regierung abstattete, ernannte diese ihn am 3. Sept. zum Brigadegeneral, um ihn wieder bei der Nordarmee zu verwenden. In der Schlacht von Wattignies (25 Vendemiaire des Jahres II) sah er sich gezwungen, sein Bataillon, welches von den feindlichen Batterien in der Flanke gefaßt wurde, eine rückgängige Bewegung machen zu lassen und zwar in demselben Augenblicke, als ihm der Befehl zum Vorrücken zukam. Die Volksrepräsentanten Carnot und Duquesnoi suspendirten ihn nicht nur auf dem Schlachtfelde von seinen Verrichtungen, sondern stellten ihn sogar vor das Revolutionstribunal des Departements Pas-de-Calais und zwar unter der Beschuldigung, daß er sich geweigert, gegen die Despotenknechte vorzurücken, und dadurch den glücklichen Ausgang der Schlacht verzögert und dem Feinde den Rückzug erleichtert habe. Durch ein Urtheil dieses Tribunals von dieser Anklage freigesprochen, kehrte der General sogleich in das Hauptquartier der Armee zurück; da aber der Suspensionsbefehl noch nicht widerrufen war, so blieb er bis zum 25 Prairial ohne Verwendung. An diesem Tage nahm er wieder seine frühere Stelle ein, mußte aber zur Westarmee übergehen. Am 7 Brumaire des Jahres IV wurde er von Neuem wegen eines angeblichen Dienstfehlers suspendirt, aber schon am 11 Nivose wieder in Thätigkeit gesetzt; um in der Armee der Küsten des Oceans zu dienen, erhielt er am Ende dieses Jahres eine Rüstung aus den Manufacturen von Versailles zur Belohnung der Dienste, welche er während des Krieges in der Vendée geleistet hatte. Nach der Auflösung der Vendéearmee trat er in die Militairdivisionen des Westens und schiffte sich mit dem commandirenden General Hoche auf dem Schiffe Le Tourville zur Expedition nach Irland ein. Am 7 Germinal des Jahres V wurde er zur Sambre-und-Maasarmee versetzt und diente in derselben bis zum Jahre VII, um welche Zeit er zu der nach England bestimmten Armee beordert wurde. Am 9 Frimaire des Jahres VIII kam er zu der Westarmee zurück; er stand bei den Truppen, welche um diese Zeit auf der Flotte des Contreadmirals Ganteaume eingeschifft wurden, und diente während der Jahre IX und X in der Westarmee. Im J. X war er schon bezeichnet, die Expedition nach Louisiana mitzumachen. Dieser Befehl wurde aber zurückgenommen und ein anderer Befehl versetzte ihn in demselben Jahre zur batavischen Armee. Im J. XII zum Mitglied der Ehrenlegion ernannt wurde er zugleich in Disponibilität versetzt, bald aber trat er wieder in Activität und wurde, nachdem er das Commandeurkreuz erhalten hatte, bei

*) Biographie nouvelle des Contemporains, par A. V. Arnault, A. Jay, E. Jouy et J. Norvins. Tom. VIII. p. 292. Biographie universelle. Tom. XVIII. p. 336 (Nouv. éd. Tom. XVII. p. 384). Biographie générale. Tom. XXI. p. 728 seq.

der Nordarmee verwendet. Im J. XIV zur 12. Militairdivision geschickt, ging er in Folge einer Autorisation des Kaisers in die Dienste des Königs von Holland über, welcher ihn im J. 1807 zum Generallieutenant ernannte und ihm das Kreuz des holländischen Verdienstordens verlieh. Im Juni 1809 erhielt Gratien den Befehl, mit einer holländischen Division nach Stralsund zu marschiren, wo sich der bekannte teutsche Parteigänger Schill, welcher auf seinen Streifzügen den Franzosen großen Schaden zufügte, verschanzt hatte. Die schwachen Befestigungen wurden mit Sturm genommen und der tapfere Schill, bis zum letzten Augenblick tapfer kämpfend, fiel bekanntlich in den Straßen der Stadt in dem Augenblicke, als er durch eine Nebengasse zu entkommen suchte; auch die meisten seiner Leute wurden nach verzweifelter Gegenwehr niedergehauen. Gratien wurde für diese That von dem Könige von Holland durch das Commandeurkreuz des Unionsordens in Diamanten belohnt und der König von Dänemark übersendete ihm bald darauf das Großkreuz des Danebrogordens. Nachdem er wieder im J. 1809 als Brigadegeneral in französische Dienste zurückgetreten war und das Commando einer Infanteriebrigade der ersten Division der Reserve bei der spanischen Armee erhalten hatte, diente er in den Jahren 1810 und 1811 unter dem Oberbefehle des Herzogs von Abrantes. Als am 11. Oct. 1810 am Tage nach der Schlacht von Sobral, in welcher die Engländer geschlagen worden waren, der Feind bemerkte, daß der linke Flügel des Herzogs von Abrantes von jeder Unterstützung entblößt war, griff er ihn an, um ihn zu werfen. Der General Solignac hielt den ersten Stoß fest aus, war aber im Begriff von der Uebermacht erdrückt zu werden und zu unterliegen, als der General sich mit einem Infanterieregiment keck auf die feindlichen Schaaren stürzte und die Schlacht zum Vortheil der Franzosen wiederherstellte. Die Engländer, mit dem Bayonnet angegriffen, zogen sich in Unordnung zurück und ließen ihre Verwundeten und viele Gefangene auf dem Schlachtfelde. Gratien wurde bald darauf zum Reichsbaron erhoben und im J. 1811 zur Armee in Teutschland abberufen. Er zog nachher im J. 1812 mit der großen Armee nach Rußland und die Dienste, welche er auf diesem unglücklichen Feldzuge leistete, bewogen den Kaiser, ihm am 23. Sept. 1812 den Rang eines Divisionsgenerals zu verleihen. Als solcher zur Armee in Italien versetzt, wurde er in dem Kampfe vor Bassano und bei der Einnahme dieser Stadt am 31. Oct. 1813 von einer Kugel getroffen und trug eine gefährliche Wunde davon. Er erhielt deshalb das Commando der dritten Division der italienischen Reservearmee und er war eben im Begriff, sein Corps nach der Heimath zurückzuführen, als er am 24. April 1814 zu Piacenza starb. Sein Name steht auf der nördlichen Seite des Triumphbogens de l'Etoile *). (*Ph. H. Külb.*)

GRATILIANUS, ein christlicher Märtyrer, welcher während der Regierung des Kaisers Galerius Maximianus (305—311) den Tod litt. „Zur Zeit," erzählt die Legende, „als dieser Kaiser durch ein Edict befahl, den Christen nachzuspüren und sie ungehört zu bestrafen, lebte in der jetzt zerstörten Stadt Falaris (Falare) bei Viterbo Gratilianus (oder Gratilianus), der Sohn angesehener Aeltern, welcher sich den Wissenschaften widmete und durch ein Evangelienbuch, welches ihm in die Hände kam, von der Wahrheit und Schönheit der christlichen Religion so unwiderstehlich hingezogen wurde, daß er sich von dem Priester Eutychius in derselben unterrichten und ohne Wissen und gegen den Willen seiner Aeltern taufen ließ. Als Thrason, der Comes von Falaris, dies erfuhr, lud er Gratilianus vor sich und ermahnte ihn, seinen Aeltern eine solche Schmach nicht zu bereiten, seinen Schritt zu bereuen und dem Apollo zu opfern. Als der Jüngling sich entschieden weigerte, meldete Thrason das Geschehene dem Kaiser, welcher mit aller Strenge zu verfahren befahl, wenn Gratilianus sich nicht eines Bessern besinne und die Ehrenstellen, welche er ihm verspreche, annehme. Da alle Vorstellungen vergeblich waren, so bestrafte der Comes den Jüngling wegen seiner Schmähungen gegen die Götter mit Ohrfeigen und ließ ihn in den Kerker werfen. Als dieser während seiner Gefangenschaft Blinde sehend machte, Fallsüchtige heilte und andere Wunder verrichtete, führte Fortunata, eine Heidin, ihre blinde Tochter Felicissima zu ihm, welche auch durch sein Gebet ihr Gesicht wieder erhielt und sich sogleich zum Christenthum bekehrte. Der Kerkermeister hinterbrachte dies dem Comes, welcher Gratilianus und Felicissima sich vorführen ließ und den Jüngling mit Schimpfreden überhäufte, Felicissima aber, welche die Vertheidigung ihres Bekehrers übernahm, den Mund mit einem Steine zerschlagen, alsdann beide vor die Stadt führen und enthaupten ließ. Bald darauf wurde Thrason wegen Unterschleif und Bedrückung der Unterthanen angeklagt und starb eines elenden Todes, indem der Kaiser ihn durch Pferde in Stücke zu zerreißen befahl." So erzählt die Legende, welche freilich sehr zweifelhaften Alters und Ursprungs ist. Die Ueberreste der beiden Heiligen wurden nach der Zerstörung der Stadt Falaris nach Viterbo gebracht, wo man ihr Andenken am 12. Aug. feiert. In den Acten ließ man auch einen Brief an den Comes, sowie die Antwort des Kaisers, welche beweisen, daß der Verfasser der Legende in der Alterthumswissenschaft nicht sehr bewandert war *). (*Ph. H. Külb.*)

GRATINUS (oder Cratinus), einer der Rechtsgelehrten, dessen Mitwirkung bei der Compilation der Rechtsquellen, welche der Kaiser Justinian unter der Leitung des berühmten Juristen Tribonianus veranstalten ließ, erwähnt wird. Er war Aufseher der Finanzen (comes sacrarum largitionum) und Professor (antecessor) an der Rechtsschule zu Constantinopel [1]). Der

*) Biographie nouvelle des Contemporains, par Arnault, Jay, Jouy et Norvins. Tom. VIII. p. 292. Fastes de la Légion-d'honneur. Tom. III. p. 252.

*) Vergl. Act. SS. Bolland. August. Tom. II. p. 725 seqq., wo auch die Legende aus mehreren Handschriften mitgetheilt ist.

1) Constit. de confirmatione Digestorum §. 9, wo Gratinus ἀγαθὸς ἡγήτωρ ἐπὶ τῆς βασιλίδος ταύτης πόλεως (optimus antecessor hujus almae urbis) genannt wird.

Antheil, welchen er an dieser, wie es scheint, ganz von dem Willen und der Angabe des Tribonianus abhängigern Arbeit nahm, läßt sich nicht näher bestimmen, wir wissen nur, daß er sich sowol bei dem Ausschusse befand, welcher in einem Zeitraume von 14 Monaten die kaiserlichen Constitutionen dem Bedürfnisse der Zeit entsprechend nach Materien ordnete und in eine aus zwölf Büchern bestehende Sammlung (Codex) brachte (im J. 528), als auch Mitglied der Commission von 16 Juristen war, welche die Aufgabe hatten, aus den in Masse vorhandenen Schriften der angesehenen Rechtslehrer der ältern Zeit das zum Gebrauch Dienende auszuwählen und mit dieser aus 50 Büchern bestehenden Auswahl (Pandekten) im J. 533 nach einem Zeitraume von drei Jahren zu Stande kam. Die erste Sammlung (gewöhnlich Codex vetus genannt), bei welcher Gratinus half, ist bekanntlich nicht mehr vorhanden, weil sie noch Justinian selbst später durch eine neue Revision ersetzen ließ. Gratinus scheint übrigens, obgleich er von Justinian als Lehrer gerühmt wird, als gelehrter Jurist keine hervorragende Rolle gespielt zu haben, denn er wird als solcher nirgends genannt[3]). *(Ph. H. Külb.)*

GRATIOLA, eine von Linné aufgestellte Gattung der natürlichen Familie der Scrophularineen mit folgenden Merkmalen: Die schmalen Zipfel des fünftheiligen Kelchs sind ungleich lang. Die Oberlippe der Blumenkrone ist ungetheilt oder kurz-zweitheilig, die Unterlippe dreitheilig; der Gaumen tritt nicht hervor. Die beiden eingeschlossenen hintern Staubgefäße haben Staubbeutel mit gesonderten, parallelen Fächern, die beiden vordern sind ohne Staubbeutel, fadenförmig oder fehlen ganz. Der Griffel ist an der Spitze herabgebogen, breit oder mit zwei Plättchen versehen. Die Kapsel ist vierklappig, die Ränder der Klappen sind einwärtsgebogen. Die zahlreichen Samen sind klein.

Die zu dieser Gattung gehörigen Arten wachsen meist außerhalb der Tropen beider Hemisphären und haben gegenüberstehende, ganzrandige oder gezähnte Blätter und achselständige, einblüthige, im Kelche sehr oft von zwei Deckblättern begleitete Blüthenstiele. Nach Bentham zerfallen sie in zwei Abtheilungen, deren zweite dieser Autor früher als eigene Gattung, Sophronanthe genannt, ansah.

Erste Abtheilung. Gratiolaria.

Das Mittelband der Staubbeutel ist häutig-verbreitert, die Fächer der Staubbeutel stehen quer.

A. Diandrae. Die Rudimente der staubbeutellosen Staubgefäße fehlen entweder ganz oder sind nur ganz klein, fast punktförmig.

1) G. pusilla *Torrey*. Niedrig, aufrecht, ästig, schwach-klebrig-weichhaarig oder kahl; die Blätter sind länglich-linealisch, stumpf, fast ganzrandig; die Blüthenstiele sind weit länger als das Blatt; die Deckblättchen und die linealischen, stumpfen Kelchzipfel haben fast gleiche Länge; die eiförmige Kapsel ist fast um die Hälfte länger als der Kelch. — Die ganze Pflanze ist nur 2—4 Zoll hoch, die Blätter sind klein, die Blumenkrone ist 4 Linien lang, die Kapsel spitz und im Verhältniß zur Pflanze ziemlich groß.

Die Pflanze wächst auf feuchten Feldern in Texas und Arkansas.

2) G. gracilis *Bentham*. Die Pflanze ist aufrecht, schlank und kahl, ihre Blätter sind länglich oder fast lanzettlich, ganzrandig oder wenig gezähnt; die Blüthenstiele sind viel länger als das Blatt; die Deckblättchen haben mit den lanzettlichen, stumpfen Kelchzipfeln fast gleiche Länge; die eiförmig-kugelige Kapsel ist so lang als der Kelch. — Diese Art ist der vorigen ähnlich, aber 6—9 Zoll hoch und hat breitere Blätter, kleinere Blumenkronen und die Kapsel ist im Vergleich zum Kelch kleiner und kaum spitz.

Die Heimath dieser Art ist Texas.

3) G. floridana *Nuttall*. Diese Art ist kahl, aufrecht und etwas ästig, ihre Blätter sind lanzettlich oder die untersten verkehrt-eiförmig-länglich, wenig gesägt, am Grunde verschmälert; die Blüthenstiele sind meist länger als das Blatt; die Oberlippe der Blumenkrone ist ausgerandet, ihre Röhre ist dreimal länger als der Kelch. — Den folgenden ähnlich zeichnet sie sich durch größere Höhe und Kahlheit aus. Die Blumenkrone hat die Größe von jener der G. officinalis, ihre dünne Röhre ist 5—6 Linien lang, ihre Zipfel sind sämmtlich ausgerandet.

Sie wächst in Florida und Alabama.

4) G. virginiana *Linné*. Der Stengel ist schwach-klebrig-weichhaarig, seltener kahl, aufsteigend, ästig; die Blätter sind kahl, lanzettlich, wenig gesägt, am Grunde mehr oder weniger verschmälert; die Blüthenstiele sind bisweilen länger als das Blatt; die Oberlippe der Blumenkrone ist ausgerandet, ihre Röhre ist doppelt länger als der Kelch; die Kapsel ist eiförmig-kugelig, etwas spitz oder kaum stumpf. — Die Pflanze ist einen halben Fuß hoch oder höher; die untern Blätter sind kurz gestielt, die obersten kaum stengelumfassend; die Deckblättchen haben mit dem Kelche gleiche Länge; die Blumenkrone ist weiß, innen gelb, behaart, 5—6 Linien lang, ihre Röhre ist 3—4 Linien lang. Als Synonyme gehören hierher: G. aurea *Pursh*, G. officinalis *Michaux*, G. carolinensis *Persoon*, G. neglecta *Torrey*, G. missouriana *Beck*, G. acuminata *Franck* und Conobea borealis *Sprengel*.

Diese Art wächst in Nordamerika von Canada bis Louisiana häufig und westlich bis zum Fluß Oregon.

5) G. pedunculata *R. Brown*. Die Pflanze ist kahl oder sehr schwach-klebrig-weichhaarig; der Stengel liegt nieder; die Blätter sind lanzettlich, wenig gesägt, am Grunde ein wenig verschmälert, halbstengelumfassend; die Blüthenstiele sind in der Regel kürzer als das Blatt; die Oberlippe der Blumenkrone ist kurz-zweispaltig, ihre Röhre ist kaum doppelt länger als der Kelch, die Kapsel ist eiförmig-kugelig, stumpf. — Der vorigen sehr ähnlich, aber in der Tracht schlanker, die Blätter sind am Grunde

---

3) Vergl. *J. P. de Ludewig*, Vita Justiniani et Triboniani (Halae 1731. 4.) p. 192. 294.

weniger verschmälert, die Blumenkrone ist etwas kleiner, ihre Oberlippe deutlich zweilappig.

Die Heimath dieser Art ist Neu-Holland.

6) G. sphaerocarpa *Elliott*. Die ganze Pflanze ist kahl, der ästige Stengel liegt nieder oder steigt auf; die Blätter sind lanzettlich-eiförmig, wenig gezähnt, am Grunde mehr oder weniger verschmälert; die Blüthenstiele sind kürzer oder doch kaum länger als der Kelch; die kugelige, sehr stumpfe Kapsel hat mit dem Kelche gleiche Länge. — In der Tracht und den Blüthen stimmt diese Art mit G. virginiana überein, ihre Blätter sind aber breiter, die Blüthenstiele weit kürzer und die Kapseln viel breiter und fast ausgerandet. Hierher gehören G. acuminata *Vahl* und G. caroliniensis *Le Conte*.

In Nordamerika von Carolina und Florida bis Louisiana und Ohio und in Mexico einheimisch.

B. Subdidynamae. Die staubbeutellosen Staubgefäße sind fadenförmig, an der Spitze kopfförmig.

a) Blüthen sitzend.

7) G. peruviana *Linné*. Die Pflanze ist ästig, niederliegend, kahl oder klebrig-weichhaarig; die Blätter sind länglich oder lanzettlich, gezähnt oder fast ganzrandig 3—5nervig, halbstengelumfassend; die Oberlippe der Blumenkrone kurz-zweispaltig, die staubbeutellosen Staubfäden sind kurz. — Die Blätter gleichen denen von G. aurea, sind aber meist größer und breiter; die Deckblätter haben mit dem Kelche gleiche Länge. Die Blumenkrone ist 3—5 Linien lang, die Kapsel spitz. Die Pflanze ändert übrigens mit stumpfen und spitzen, breiten oder schmalen Blättern und größeren oder kleineren Blüthen ab. Hierher gehört Stemodia glabra *Sprengel*.

Diese Art wächst im außertropischen Theile Südamerika's, nämlich im südlichen Brasilien, in Buenos Ayres, Patagonien, Peru und Chili.

8) G. latifolia *R. Brown*. Die ganze Pflanze ist kahl, niederliegend; die Blätter sind eiförmig oder länglich, stumpf, undeutlich-gekerbt oder ganzrandig, 3—5nervig, halbstengelumfassend; die Oberlippe der Blumenkrone ist kurz-zweispaltig; die staubbeutellosen Staubfäden sind kurz. — Den kahlern Formen von G. peruviana sehr ähnlich und fast nur durch die Blätter unterschieden. Hierher gehört G. glabra *Walpers*.

Die Heimath dieser Art ist Australien und Tasmannien.

9) G. pubescens *R. Brown*. Niederliegend, klebrig-weichhaarig; die Blätter sind länglich-lanzettlich, ziemlich spitz, gezähnt, dreinervig, halbstengelumfassend; die staubbeutellosen Staubfäden sind lang. — Von den sehr ähnlichen Formen der G. peruviana durch die langen sterilen Staubfäden verschieden.

In Australien, Tasmannien und Neu-Seeland einheimisch.

10) G. sexdentata *Cunningham*. Niederliegend, kahl; die Blätter sind länglich oder fast lanzettlich-eiförmig, sitzend, wenig gezähnt, undeutlich-dreinervig; die staubbeutellosen Staubfäden sind lang. — Der vorigen ähnlich, aber kahl und die Blätter meist am Grunde schmal.

In Neu-Seeland einheimisch.

11) G. nana *Bentham*. Niederliegend, kahl; die Blätter sind keilförmig-länglich, undeutlich-gezähnt, am Grunde verschmälert; die staubbeutellosen Staubfäden sind lang. — Die Stengel sind 1—2 Zoll lang, die Blätter ziemlich dick, 2—3 Linien lang, die Blumenkronen sind 5—6 Linien lang.

Die Heimath dieser Art ist Tasmannien.

b) Blüthen gestielt.

12) G. officinalis *Linné*. Die ganze Pflanze ist kahl, der Stengel aufrecht, oberwärts vierkantig; die Blätter sind lanzettlich, ganzrandig oder gesägt halbstengelumfassend, undeutlich-3nervig; die Blüthenstiele sind kürzer als das Blatt; die Oberlippe der Blumenkrone ist mehr oder weniger ausgerandet; die sterilen Staubgefäße sind lang. — Die Wurzel kriecht; die Stengel sind 1—2 Fuß hoch, einfach oder wenig ästig; die Deckblättchen sind meist länger als die Kelche; die Blumenkrone ist 8—10 Linien lang, blaßgelb oder fast weiß, roth gestreift, innen gelblich-behaart; die spitze Kapsel hat mit dem Kelche fast gleiche Länge.

Diese Art wächst in Sümpfen im mittleren und südlichen Europa, im mittleren Asien bis zur Songarei und in den südlicheren Staaten Nordamerika's.

13) G. crassifolia *Lagasca*. Die Blätter sind ganzrandig, dick, die Blüthenstiele einblüthig.

Diese wenig bekannte von G. officinalis wahrscheinlich nicht specifisch verschiedene Art wächst in Spanien in der Nähe von Salamanca.

14) G. linifolia *Vahl*. Die ganze Pflanze ist kahl, der Stengel aufsteigend, vierkantig; die Blätter sind ungestielt, linealisch, ganzrandig, nervenlos; die Blüthenstiele haben mit dem Blatte fast gleiche Länge; die Oberlippe der Blumenkrone ist zweispaltig. Die Blumenkrone ist blaßpurpurroth, fast dreimal kleiner als an G. officinalis. Hierher gehört G. officinalis *Brotero* (nicht *Linné*).

Die Heimath dieser Art ist Portugal.

15) G. aurea *Mühlenberg*. Die ganze Pflanze ist kahl, der Stengel niederliegend, die Blüthenäste sind aufsteigend, vierkantig; die länglich-lanzettlichen, fast ganzrandigen, 1—3nervigen Blätter sitzen; die Blüthenstiele sind so lang als das Blatt oder die oberen auch länger; die Oberlippe der Blumenkrone ist ausgerandet oder sehr kurz zweispaltig; die staubbeutellosen Staubfäden sind sehr kurz. — Die Stengel sind lang, ästig, die Deckblättchen haben mit dem Kelche gleiche Länge; die Blumenkrone ist goldgelb, selten weiß, weit kleiner als an G. officinalis.

Diese Art wächst in Tannenwäldern der östlichen Staaten Nordamerika's von Boston bis Florida.

16) G. viscosa *Schweinitz*. Niederliegend oder aufsteigend, klebrig-weichhaarig; die Blätter sind eiförmig-lanzettlich, spitz, gezähnt, dreinervig, stengelumfassend;

die Kelchzipfel sind lanzettlich, ziemlich breit, die Deckblättchen etwas kürzer, aber breiter als erstere; die staubbeutellosen Staubfäden sind kurz, die Kapsel ist viel kürzer als der Kelch. — Die Blätter sind 6—9 Linien lang, am Grunde rundlich-stengelumfassend, die Blüthen gleichen an Größe denen der G. virginiana; die Blumenkrone ist weiß, ihre Röhre innen gelb. Hierher gehört G. Anagallis *Beyrich*.

Das Vaterland dieser Art ist Carolina, Georgien und Kentucky.

17) G. Drummondi *Bentham*. Die ganze Pflanze ist klebrig-weichhaarig; der Stengel ist aus niederliegendem Grunde aufsteigend; die Blätter sind lanzettlich, spitz, wenig gesägt, dreinervig, stengelumfassend; die Deckblättchen sind ein wenig kürzer als der Kelch; die Kelchzipfel sind pfriemlich, die staubbeutellosen Staubfäden sehr kurz; die Kapsel ist mehrmals kürzer als der Kelch. — Diese Art steht in der Mitte zwischen G. viscosa und G. quadridentata und unterscheidet sich von dieser durch die längeren Deckblättchen, von jener durch die schmalen Blätter und Kelchzipfel.

Sie ist in Georgien, Louisiana, Kentucky und Texas einheimisch.

18) G. quadridentata *Michaux*. Die ganze Pflanze ist kahl oder klebrig-weichhaarig; der Stengel niederliegend oder aufsteigend; die Blätter sind linealisch oder lanzettlich, wenig gesägt; die Deckblättchen sind sehr klein, die Kelchzipfel linealisch, die staubbeutellosen Staubfäden fadenförmig. — Die Stengel sind stielrund; die Blätter sind 6—9 Linien lang, 1—2 Linien breit; die Blumenkrone gleicht der der G. viscosa. Hierher gehören G. virginiana *Lamarck* und G. ramosa *Walter*.

Die Heimath dieser Art ist Carolina, Georgien und Florida.

Zweite Abtheilung. Sophronanthe.

Das Mittelband der Staubbeutel ist nicht verbreitert, die Staubbeutelfächer stehen scheitelrecht. — Zu dieser Abtheilung gehören starre steifhaarige Pflanzen Nordamerika's mit fast sitzenden Blüthen und kurzen, fadenförmigen, an der Spitze kopfförmigen sterilen Staubfäden.

19) G. pilosa *Michaux*. Die Pflanze ist aufrecht, steifhaarig; die Blätter sind eiförmig, wenig gezähnt, die oberen lanzettlich; die Blumenkronröhre ist kaum länger als der Kelch. — Die Pflanze ist etwa fußhoch; die Blätter sitzen oder sind halbstengelumfassend, rauh, einen halben Zoll lang; die Kelchzipfel sind ungleich. Die Blumenkrone ist weiß, etwa 4 Linien lang; die Kapsel ist länglich, zugespitzt, fast so lang als der Kelch.

Diese Art ist in Carolina, Georgien, Florida und Louisiana einheimisch.

20) G. subulata *Baldwin*. Die Pflanze ist aufrecht, steifhaarig; die Blätter sind linealisch-lanzettlich, am Rande umgerollt, ganzrandig; die pfriemliche Blumenkronröhre ist fast dreimal länger als der Kelch. — Die Stengel sind einen halben Fuß hoch, steif; die Blätter sind 3—8 Linien lang, starr; die Kelche und Kapseln stimmen mit denen von G. pilosa überein, sind aber kleiner. Die Blumenkronröhre ist vier Linien lang, sehr dünn, nach der Blüthezeit zurückgekrümmt. Hierher gehört Sophronanthe hispida *Bentham*.

Das Vaterland dieser Art ist Florida.

Zweifelhafte Arten.

21) G. Chamaedrys *Roth*. Der Stengel ist gabelspaltig, schwach behaart; die Blätter sind eiförmig, stumpf, in den Blattstiel ein wenig verschmälert, dreinervig, grob- und stumpf-gesägt, gewimpert; die Blüthenstiele sind länger als das Blatt; die Kelche sind undeutlich fünfkantig und fünfspaltig.

Die Heimath dieser Art ist Ostindien.

22) G. strigosa *Roth*. Der Stengel ist gabelspaltig nebst den abstehenden, wechselständigen Ästen striegelhaarig; die Blätter stehen einander gegenüber und sind eiförmig, ziemlich spitz, in den Blattstiel verschmälert, fein gesägt, kahl; die endständige Blüthentraube ist locker; die Staubgefäße sind didynamisch; die Kapsel ist eiförmig-zugespitzt, wenig größer als der Kelch. — Diese Art gehört wahrscheinlich einer anderen Gattung an.

Sie wächst in Ostindien.

Folgende Arten sind aus dieser Gattung auszuschließen:

G. acuminata *Walter* = Herpestis nigrescens.
G. alata *Roxburgh* = Torenia alata.
G. amara *Roxburgh* = Curanga amara.
G. anagallidea *Michaux* = Ilysanthes gratioloides.
G. aphylla *Roth* = Dopatrium nudicaule.
G. aromatica *Persoon* = Limnophila punctata.
G. aspera *Roth* = Vandellia crustacea.
G. attenuata *Sprengel* = Ilysanthes gratioloides.
G. chamaedrifolia *Lamarck* = Limnophila punctata.
G. ciliata *Colsm.* = Bonnaya reptans vel verbenaefolia.
G. cordifolia *Koenig* = Vandellia pedunculata.
G. cuneifolia *Roxburgh* = Dopatrium nudicaule.
G. dilatata *Mühlenberg* = Ilysanthes gratioloides.
G. domingensis *Gärtner fil.* = Ilysanthes gratioloides?
G. goodeniaefolia *Hornemann* = Mazus rugosus.
G. grandiflora *Retzius* = Bonnaya veronicaefolia.
G. grandiflora *Roxburgh* = Bonnaya grandiflora.
G. hispidula *Commerson* = Vandelliae species?
G. Hookeri *Walpers* = Stemodia lobelioides.
G. hyssopioides *Linné* = Ilysanthes hyssopioides.
G. inaequalis *Walter* = Ilysanthes gratioloides.
G. integrifolia *Roxburgh* = Ilysanthes rotundifolia.
G. inundata *Kitaibel* = Lindernia pyxidaria.
G. involucrata *Roxburgh* = Epithema Roxburghii.
G. juncea *Roxburgh* = Dopatrium junceum.
G. lobelioides *Retzius* = Dopatrium lobelioides.
G. lucida *Vahl* = Vandellia crustacea.
G. marginata *Colsm.* = Bonnaya veronicaefolia.

G. minima *Roth* = Bonnaya oppositifolia.
G. Monieria *Linné* = Herpestis Monieria.
G. montana *Rottler* = Didymocarpus Rottleriana.
G. nudicaulis *Willdenow* = Dopatrium nudicaule.
G. ocymifolia *Vahl* = Vandellia erecta vel multiflora.
G. oppositifolia *Retzius* = Bonnaya oppositifolia.
G. origanifolia *Vahl* = Vandellia diffusa.
G. parviflora *Roxburgh* = Ilysanthes parviflora.
G. portulacacea *Weinmann* = Herpestis Monieria.
G. pulegifolia *Vahl* = Bonnaya grandiflora.
G. punctata *Colem.* = Limnophila serrata?
G. pusilla *Willdenow* = Vandellia scabra.
G. racemosa *Roth* = Bonnaya veronicaefolia.
G. racemosa *Roxburgh* = Bonnaya verbenaefolia.
G. repens *Swartz* = Herpestis micrantha.
G. reptans *Roxburgh* = Bonnaya reptans.
G. rotundifolia *Linné* = Dysanthes rotundifolia.
G. Roxburghiana *Roemer* et *Schultes* = Bonnaya verbenaefolia.
G. ruellioides *Colem.* = Bonnaya reptans.
G. rugosa *Loureiro* = Acanthacea?
G. serrata *Roxburgh* = Bonnaya brachiata.
G. stricta *Loureiro* = Planta ignota.
G. tenuifolia *Colem.* = Bonnaya tenuifolia.
G. tetragona *Elliott* = Ilysanthes gratioloides?
G. tetragona *Hooker* = Stemodia lobelioides.
G. trifida *Willdenow* = Limnophila gratioloides.
G. verbenaefolia *Colem.* = Bonnaya verbenaefolia.
G. veronicaefolia *Retzius* = Bonnaya veronicaefolia.
G. virginiana *Linné* e Malabaria = Limnophila gratioloides.
G. viscosa *Hornemann* = Vandellia hirsuta.

(*Garcke.*)

GRATIOLA (Mat. med.). Ein althergebrachtes Arzneimittel ist die zu den Scrophulariaceen gehörige Gratiola officinalis. Die Pflanze hat keinen Geruch, aber einen ekelhaft bittern und scharfen Geschmack. Sie verliert durchs Trocknen an Wirksamkeit, und bei langem Aufbewahren büßt sie wesentlich an ihren medicinischen Kräften ein. Nach den neuern Untersuchungen von Walz enthält die Pflanze neben Gummi, Eiweiß, fettem Öle als wesentliche Bestandtheile Gratiolin (aus dem Decocte in atlasglänzenden Nadeln krystallisirend), Gratiosolin (ein in Wasser und Alkohol löslicher, widerlich schmeckender Bitterstoff) und Gratiolacrin (ein rothbraunes kratzendes Harz).

Man benutzt die vor dem Blühen gesammelte ganze Pflanze, aber auch die im Juni und Juli blühende Pflanze als *Herba Gratiolae* (Gottesgnadenkraut, Purgirkraut, Wildaurin). Auch die *Radix Gratiolae* s. *Radix gratia Dei* wurde früher für sich benutzt, oder sie wird jetzt noch zugleich mit der ganzen Pflanze gesammelt.

Die Gratiola wirkt als Drasticum acre. Zu 10—20 Gran genommen befördert sie unter Kolikschmerzen den Stuhl und die Harnabsonderung; bei Verabreichung größerer Gaben können schon bestimmter gastroenteritische Erscheinungen auftreten. Sie wird deshalb als kräftiges Reizmittel bei Torpor und Atonie der Unterleibsorgane angewendet, also namentlich bei Hypochondrie, Melancholie, Hämorrhoidalzuständen, Gelbsucht, Wassersucht, sowie bei manchen dyskrasischen Zuständen. Braucht man die Pulverform, so gibt man 2—4 Gran pro dosi, wenn die reizende Wirkung erzielt wird, 10—20 Gran, wenn Purgiren eintreten soll. Für die flüssige Form eignet sich das Decoct weit besser, als das Infusum, weil vom letztern die wirksamen Bestandtheile nicht gleich gut ausgezogen werden. Bei hartnäckigen Verstopfungen, bei Geisteskrankheiten hat man die Gratiola auch zu 1—2 Drachmen unter Klystiere genommen.

Das *Extractum Gratiolae*, aus dem frischen Kraute bereitet, wurde zu 2—6 Gran pro dosi in Pillenform und Auflösung gegeben. Bei großer Reizlosigkeit in Geisteskrankheiten ist man aber auch bis zu 10, 20, 30 Gran gestiegen. Früher war hin und wieder noch eine *Tinctura Gratiolae* gebräuchlich.

Im Ganzen wird die Gratiola jetzt nur noch selten in ärztlichen Gebrauch gezogen. (*Fr. Wilh. Theile.*)

GRATIOLEEN, eine Abtheilung der natürlichen Familie der Scrophularineen mit folgenden Merkmalen: Der Kelch ist fünfzähnig, fünftheilig oder fünfspaltig, sehr selten (nur bei Curanga, Micranthemum und Hemianthus) viertheilig oder vierzähnig, seine Zipfel decken sich in der Knospenlage mehr oder weniger dachziegelig. Die Blumenkronröhre ist cylindrisch oder glockenförmig, weder grubig, noch gespornt, sehr selten (bei Sphenandra) fast fehlend, die fünf Saumzipfel sind flach, abstehend, fast gleich groß oder auf verschiedene Weise in zwei Lippen verwachsen oder einander genähert, die Oberlippe ist selten concav, in der Knospenlage immer auswärts liegend. An Staubgefäßen sind entweder vier zweimächtige oder nur zwei vorhanden, die mehr oder weniger aufsteigen oder seltener entfernt stehen und nicht herabneigen; das Rudiment des fünften fehlt in der Regel ganz, bisweilen ist jedoch ein kurzes staubbeutelloses Staubgefäß vorhanden und sehr selten (in Bacopa und bisweilen in Stemodia suffruticosa) ist dieses fünfte Staubgefäß vollständig und den übrigen ähnlich. Die Staubbeutel sind in der Regel zweifächerig mit gesonderten Fächern, nur bei den Aptosimeen und Manuleen und einigen wenigen andern sind sie mehr oder weniger zusammenfließend-einfächerig. Der Griffel ist verschiedengestaltet, an der Spitze oft in zwei Plättchen getheilt. Die Kapsel ist trocken, häutig oder selten lederartig, zweiklappig oder durch Theilung der Klappen fast vierklappig, sehr selten (bei Peplidium) fast nicht aufspringend; die Placenten sind in Folge des Abspringens des Säulchens oder wegen der freien centralen Scheidewand angewachsen, selten zuletzt frei, sehr selten hängen sie an den in der Mitte die Scheidewände tragenden Klappen. Die Samen sind mit sehr geringer Ausnahme zahlreich vorhanden, klein, eiförmig oder länglich, die Samenschale ist netzförmig oder grubig-runzelig. Der Samenkeim ist gerade, so groß als der halbe Samen oder etwas größer; das Würzelchen ist dem Nabel zugewandt oder steht ein wenig von ihm ab.

Zu dieser Abtheilung gehören krautartige, selten halbstrauchige, oft in Sümpfen wachsende Pflanzen. Der Blüthenstand ist mit Ausnahme von Manulea centripetal. Die Blüthenstiele sind einblüthig, achselständig oder traubig, deckblattlos oder mit 1—2 Deckblättchen versehen. Diese große Abtheilung, welche in vier Unterabtheilungen zerfällt, ist von den Chelonieen hauptsächlich durch den Blüthenstand verschieden.

Erste Unterabtheilung. **Aptosimeen.**

Die Blätter sind sämmtlich wechselständig. Der Kelch ist tief-fünftheilig oder fünfspaltig. Die Röhre der Blumenkrone ist weit oder der Schlund verlängert und weit, der Saum fünftheilig, abstehend, mit etwas ungleichen, abgerundeten, flachen Zipfeln. Die Staubfäden sind eingeschlossen, zu 2 oder 4 vorhanden. Die Staubbeutelfächer fließen zusammen. Der Griffel ist an der Spitze verdickt, ungetheilt oder sehr kurz ausgerandet-zweilappig.

1) Leucophyllum *Humboldt* und *Bonpland*. Der Kelch ist tief-fünfspaltig. Die Röhre der Blumenkrone ist weit, ihr Saum fünfspaltig, abstehend, mit abgerundeten, flachen, etwas ungleichen Zipfeln. Von den vier Staubgefäßen sind zwei größer als die beiden andern, eingeschlossen; die Staubbeutel sind kahl, ihre Fächer fließen zusammen. Der Griffel ist an der Spitze narbenartig-verdickt, sehr schwach ausgerandet-zweilappig. Die Kapsel ist eiförmig, spitz und springt fach- und scheidewandspaltend auf, ihre harten Klappen hängen ganz am Grunde mit dem Placenten tragenden Säulchen zusammen. Die Samen sind schwach netzaderig, der Samenkeim ist gerade oder schwach gekrümmt.

Die zu dieser Gattung gehörigen strauchartigen Pflanzen wachsen in Mexico und sind ausgebreitet-ästig und überall von einem dichten wolligen grauen oder weißlichen Filze bedeckt, welcher sich zuletzt von den Zweigen abwischen läßt. Die Blätter stehen abwechselnd und sind kurz gestielt, eiförmig oder verkehrt-eiförmig, stumpf, ganzrandig, etwas dick. Die Blüthenstiele sind blattwinkelständig, sehr kurz, einblüthig und haben keine Deckblättchen; die Kelche sind von einem dichten Filze überzogen.

2) Aptosimum *Burchell*. Der Kelch ist fünfspaltig. Der Schlund der röhrenförmigen Blumenkrone ist lang und erweitert, der Saum abstehend, fünfspaltig und hat abgerundete, flache, gleiche Zipfel. Von den vier eingeschlossenen Staubgefäßen sind zwei größer als die übrigen. Die Staubbeutel sind außen wimperig-behaart, ihre Fächer fließen zusammen und springen in einer einzigen Querritze auf, die der kleineren Staubgefäße sind kleiner und oft leer. Der Griffel ist an der Spitze sehr kurz ausgerandet-zweilappig, innerhalb der Ausrandung mit Narben versehen. Die Kapsel ist kurz, an der Spitze zusammengedrückt, verkehrt-herzförmig, die Klappen springen an der Spitze ein wenig fach- und scheidewandspaltig auf und hängen am Grunde dem Placenten tragenden Säulchen an. Die Samen sind netzig-runzelig. Der Samenkeim ist gerade oder nur wenig gekrümmt.

Die hierher gehörigen Arten sind sämmtlich in Afrika einheimisch und haben einen krautigen oder öfters holzigen, niedrigen, niederliegenden oder dicht-rasenförmigen, starren Stengel, gehäufte, ganzrandige, einnervige Blätter, sitzende, achselständige, von zwei Deckblättern gestützte Blüthen und aderige, meist bläuliche Blumenkronen.

3) Peliostomum *E. Meyer*. Der Kelch ist fünftheilig. Die röhrenförmige Blumenkrone hat einen langen und weiten Schlund und einen abstehenden fünfspaltigen Saum mit abgerundeten, flachen, gleichen Zipfeln. Von den vier eingeschlossenen Staubgefäßen sind zwei länger als die beiden andern. Die Staubbeutel sind außen wimperig-behaart, selten kahl; ihre Fächer fließen zusammen und springen in einer einzigen Querritze auf; sie sind sämmtlich einander gleich. Der Griffel ist an der Spitze sehr schwach ausgerandet-zweilappig und in der Ausrandung mit Narben versehen. Die Kapsel ist eiförmig-länglich, spitz, an der Spitze ein wenig zusammengedrückt, zweifurchig, die zweitheiligen Klappen springen bis zum Grunde fachspaltig auf und sind mit dem ungetheilten Säulchen nicht verbunden. Die zahlreichen Samen sind klein, gestreift-runzelig. Der Samenkeim ist gerade oder schwach gekrümmt. Hierher gehören südafrikanische krautartige oder halbstrauchige, starre, oft klebrige Gewächse mit wechselständigen, ganzrandigen Blättern und sitzenden oder kurz gestielten achselständigen oder an der Spitze der Äste kurz traubigen Blüthen.

4) Anticharis *Endlicher*. Der Kelch ist fünfspaltig. Die röhrenförmige Blumenkrone hat einen langen, weiten Schlund und einen abstehenden, fünfspaltigen Saum mit abgerundeten, flachen, fast gleich langen Zipfeln. Die beiden Staubgefäße stehen nach vorn und sind eingeschlossen. Die großen Staubbeutel haben auseinandertretende, etwas spitze, an der Spitze selbst zusammenfließende Fächer. Spuren von unfruchtbaren Staubgefäßen sind nicht vorhanden. Der Griffel ist an der Spitze sehr kurz ausgerandet-zweilappig und in der Ausrandung mit Narben versehen. Die Kapsel ist eiförmig, zugespitzt-schnabelförmig, zweifurchig, fachspaltig-zweiklappig, die Klappen sind zuletzt gespalten und mit dem ungetheilten Säulchen nicht verwachsen. Die zahlreichen Samen sind netzig-runzelig. Der Samenkeim ist gerade.

5) Doratanthera *Bentham*. Der Kelch ist fünftheilig. Die röhrenförmige Blumenkrone hat einen langen Schlund und einen fünftheiligen, abstehenden Saum mit abgerundeten, fast gleichen, flachen Zipfeln. Die beiden eingeschlossenen Staubgefäße stehen nach vorn. Die zusammenfließend-einfächerigen großen Staubbeutel haben eine dreieckig-halbpfeilförmige Gestalt. Von unfruchtbaren Staubgefäßen findet sich keine Spur. Der Griffel ist an der Spitze ausgerandet, in der Ausrandung narbig. Die Kapsel ist eiförmig, zugespitzt-geschnäbelt, zweifurchig, fachspaltig-zweiklappig, die Klappen sind zuletzt gespalten und hängen mit dem ungetheilten Säulchen nicht zusammen. Die zahlreichen Samen sind

nezig-runzelig. Der Samenkeim ist gerade oder schwach gekrümmt.

Zweite Unterabtheilung. Manuleaeen *Bentham.*

Die stengelständigen Blätter, wenigstens die untern, stehen einander gegenüber. Der Kelch ist zweilippig oder fünftheilig. Die Röhre der Blumenkrone ist meist dünn, seltener fehlt sie fast ganz, der Schlund ist breit oder zusammengezogen, der abstehende, fast gleich-fünftheilige Saum hat flache, bisweilen ausgerandet-zweispaltige Zipfel. Es sind entweder vier Staubgefäße, von denen zwei größer sind oder seltener nur zwei vorhanden. Die Staubbeutel sind zusammenfließend-einfächerig. Der Griffel ist keulenförmig, ungetheilt, an der stumpfen Spitze narbig, selten sehr kurz zweispaltig.

Die hierher gehörigen Arten wachsen mit einer einzigen Ausnahme sämmtlich in Süd-Afrika.

6) Nycterinia *Don.* Der Kelch ist eiförmig-röhrig, kurz-fünfspaltig, zweilippig oder zweispaltig. Die im trockenen Zustande stehenbleibende Blumenkrone hat eine lange, am Grunde zuletzt gespaltene Röhre, einen gleichen Schlund und zweispaltige oder ganzrandige Saumzipfel. Die hintern Staubgefäße sind in der Kronröhre eingeschlossen und haben längliche, aufrechte Beutel, die vordern sind am Schlunde eingefügt und haben kleinere, querstehende, oft leere Beutel, bisweilen fehlen diese vordern Staubgefäße ganz. Die Kapsel ist lederartig oder häutig, fachspaltig-zweiklappig, länglich, die Klappen sind an der Spitze zweispaltig. Die Samenschale ist locker.

Kraut- und strauchartige, im südlichen Afrika einheimische, mehr oder weniger klebrige, im trockenen Zustande oft schwärzliche Gewächse mit gegenständigen unteren, wechselständigen oberen, meist weniggezähnten Blättern, von denen die blüthenständigen öfters kleiner, ganzrandig und dem Kelche angedrückt oder angewachsen sind und mit sitzenden, in Aehren stehenden Blüthen machen die Arten dieser Gattung aus.

7) Polycarena *Bentham.* Der Kelch ist häutig, zweilippig, zur Fruchtzeit zweispaltig. Die Blumenkrone bleibt im verwelkten Zustande stehen, ihre Röhre ist zuletzt gespalten, ihr Schlund breiter, ihre Saumzipfel sind ganzrandig. Die Staubgefäße sind zweimächtig, die Staubbeutel aller ziemlich gleich und ragen aus der Blumenkrone hervor. Die Kapsel ist häutig, eiförmig.

Hierher gehören einjährige, niedrige, meist sehr ästige, klebrige, im trockenen Zustande kaum schwärzlich werdende Gewächse des südlichen Afrika mit gegenüberstehenden unteren und abwechselnden oberen Blättern, von denen die blüthenständigen an dem sehr kleinen Blüthenstielchen stehen, und mit kleinen, fast sitzenden Blüthen, welche sich in endständigen, während der Blüthe fast kopfförmigen, später verlängerten Aehren befinden.

8) Phyllopodium *Bentham.* Der Kelch ist am Grunde häutig, fast gleichmäßig fünfspaltig. Die trichterförmige Blumenkrone bleibt im verwelkten Zustande einige Zeit stehen und hat eine kurze Röhre und ungetheilte Saumzipfel. Die Staubgefäße ragen sämmtlich aus der Blumenkrone hervor und sind zweimächtig, die Staubbeutel sind einander ähnlich. Die Kapsel ist häutig, eiförmig oder länglich.

Zu dieser Gattung zählen einjährige, am Grunde meist niederliegende, selten aufrechte, im trockenen Zustande oft schwärzliche krautartige Gewächse des südlichen Afrika mit dem Kelche oder dem sehr kurzen Blüthenstielchen angewachsenen blüthenständigen Blättern, fast sitzenden, goldgelben oder öfter bläulichen und purpurrothen kleinen Blüthen und endständigen, während der Blüthe oft kopfförmigen, zur Fruchtzeit mehr oder weniger verlängerten Aehren.

9) Sphenandra *Bentham.* Der Kelch ist fünftheilig. Die abfallende Blumenkrone hat eine sehr kurze Röhre, einen radförmigen Saum und ungetheilte Zipfel. Die vier Staubgefäße ragen aus der Blumenkrone hervor, die Staubbeutel aller Staubgefäße sind nierenförmig und einander ähnlich. Die Kapsel ist eiförmig oder länglich. Die blüthenständigen Blätter sind mit dem Kelche nicht verwachsen.

Diese Gattung wurde früher wegen der Aehnlichkeit der Blumenkrone und der Staubbeutel mit einigen Arten von Celsia den Verbasceen zugerechnet, allein wegen der aufsteigenden, nicht abwärtsgeneigten Staubgefäße und der großen Verwandtschaft mit Chaenostoma, von der sie sich nur durch die Form der Blumenkrone unterscheidet, findet sie hier ihre naturgemäße Stellung.

10) Chaenostoma *Bentham.* Der Kelch ist fünftheilig. Die Blumenkrone fällt bald ab, sie ist trichter- oder fast präsentirtellerförmig, ihr Schlund ist mehr oder weniger erweitert, seltener mit sehr kurzer, fast glockenförmiger Röhre versehen, die Saumzipfel sind ungetheilt. An Staubgefäßen sind vier vorhanden, die Staubbeutel sind einander ähnlich entweder nur so lang als der Schlund oder länger als die Blumenkrone.

Kraut- oder halbstrauchartige Gewächse des südlichen Afrika mit meist gegenüberstehenden, gezähnten oder seltener ganzrandigen Blättern, von denen die blüthenständigen nicht verschieden sind und mit achselständigen oder traubigen, gestielten, im trockenen Zustande nicht schwärzlich werdenden Blüthen und kahlen, scheidewandspaltig-zweiklappigen Kapseln machen die Arten dieser Gattung aus.

11) Lyperia *Bentham.* Der Kelch hat fünf lineälische, nicht häutige Zipfel. Die Röhre der bald abfallenden Blumenkrone ist lang, außen klebrig, an der Spitze nach hinten zu höckerig oder einwärtsgekrümmt, der Schlund ist nicht erweitert, die Saumzipfel der Blumenkrone sind ungetheilt oder ausgerandet-zweispaltig und fast zweilippig. Die vier eingeschlossenen Staubgefäße haben sämmtlich ausgebildete Staubbeutel. Der Griffel ist an der Spitze ungetheilt, keulenförmig, kopfförmig-narbig.

Kraut-, halbstrauch- oder strauchartige Gewächse Afrika's bilden die Arten dieser Gattung. Sie haben gegenüberstehende untere und abwechselnde obere, gezähnte, eingeschnittene, an den Achseln oft büschelig-stehende Blätter, achselständige, traubige oder ährenförmige Blüthen, schwärzlich werdende Blumenkronen und eiförmige oder längliche, klebrige, scheidewandspaltig-zweiklappige, den Kelch oft überragende Kapseln und sehr runzelige Samen.

12) Sutera *Roth*. Der Kelch hat fünf linealische, nicht häutige Zipfel. Die Röhre der bald abfallenden Blumenkrone ist fast gleich, der kleine, kaum abstehende Saum derselben hat ungetheilte Zipfel, von denen die beiden obern etwas kleiner sind. Die vier in der Röhre eingeschlossenen Staubgefäße haben sämmtlich ausgebildete Beutel. Der Griffel ist an der Spitze kurz-zweilappig. Die Kapsel springt scheidewandspaltig-zweiklappig auf, die Klappen sind kurz-zweispaltig.

In der Tracht und der Form der Staubbeutel stimmt diese Gattung genau mit der vorigen überein, unterscheidet sich aber durch die Gestalt der kleinen Blumenkrone und namentlich durch den Griffel.

13) Manulea *Linné*. Der fünftheilige oder tief-fünfspaltige Kelch hat linealische oder pfriemliche Zipfel. Die Röhre der bald abfallenden Blumenkrone ist lang, außen kahl oder filzig, an der Spitze fast gerade, am Schlunde nicht erweitert, der Saum derselben ist fünftheilig, gleich oder seine oberen Zipfel sind einander mehr genähert oder tiefer verwachsen. Die in der Blumenkrone eingeschlossenen Staubgefäße sind zweimächtig. Der Griffel ist an der Spitze ein wenig keulenförmig und ungetheilt.

Die zu dieser Gattung gehörigen krautartigen, sehr selten halbstrauchartigen Gewächse sind im südlichen Afrika einheimisch und haben am Grunde des Stengels öfters genäherte untere und kleine, deckblattartige blüthenständige Blätter. Ihre Blüthen stehen in einfachen oder öfters büschelförmig-zusammengesetzten, straußartigen, nackten oder von kleinen Deckblättern begleiteten Trauben. Die orangefarbigen Blumenkronen werden im trockenen Zustande nicht schwärzlich. Die Kapseln sind kahl.

Dritte Unterabtheilung. Eigentliche Gratioleen.

Die Blätter, wenigstens die unteren, stehen einander gegenüber. Der Kelch ist fünfzähnig, fünfspaltig oder fünftheilig, gleich oder ungleich, indem der hintere Saumzipfel am größten, die vordern mäßig groß, die seitlichen sehr klein sind. Die zwei oder vier zweimächtigen, äußerst selten fünf Staubgefäße sind sämmtlich in der Röhre der Blumenkrone eingefügt und meist eingeschlossen, ihre Fäden sind ungezähnt. Die Staubbeutel sind zweifächerig. Der Griffel ist verschiedengestaltet, an der Spitze oft kurz zweispaltig.

14) Diplacus *Nuttall*. Der Kelch ist röhrig, fünfkantig und fünfzähnig. Die Oberlippe der Blumenkrone ist zweilappig, die Unterlippe dreilappig, innen am Schlunde öfters zweihöckerig, die Lappen sind sämmtlich abstehend, fast gleich, meist ausgerandet. Vier mit Beuteln versehene Staubgefäße sind vorhanden. Der Griffel ist an der Spitze in zwei kleine Platten getheilt, seine Zipfel sind eiförmig, fast gleich. Die Kapsel ist kaum gefurcht, fachspaltig-aufspringend, die ungetheilten Klappen tragen in der Mitte die Scheidewände.

Hieher gehören ästige in Californien und Mexico einheimische Sträucher mit gegenüberstehenden, am Grunde verschmälerten, federnervigen Blättern, gestielten, in den Achseln einzeln oder traubig-büscheligen Blüthen und rothen, orangefarbigen oder gelben Blumenkronen. Theils mit Leucocarpus, theils mit Mimulus eng verwandt, ist sie von jenem hauptsächlich durch den Blüthenstand, von diesem durch die Kapsel verschieden.

15) Mimulus *Linné*. Der Kelch ist röhrig, fünfkantig, fünfzähnig. Die Oberlippe der Blumenkrone ist aufrecht oder umgerollt-abstehend, zweilappig, die Unterlippe abstehend, dreilappig, innen am Schlunde öfters zweihöckerig, ihre Zipfel sind sämmtlich abgerundet, flach. Die vier Staubgefäße sind vollständig ausgebildet. Die Staubbeutelfächer fließen zuletzt zusammen. Der Griffel ist an der Spitze mit zwei kleinen Platten versehen, seine Zipfel sind eiförmig, fast gleich. Die Kapsel ist kaum gefurcht, zweiklappig, fachspaltig-aufspringend, die ungetheilten, selten zweispaltigen Klappen tragen in ihrer Mitte die Scheidewände und sind mit dem ungetheilten oder zweispaltigen Säulchen nicht verwachsen.

Die hieher gehörigen krautartigen, niederliegenden oder aufrechten Gewächse sind mit Ausnahme von Europa in allen Welttheilen einheimisch und haben gegenüberstehende Blätter und achselständige, einzelne, einblüthige Blüthenstiele, von denen die obern bisweilen an der Spitze der Äste gegenüberstehend-traubig sind.

16) Eunanus *Bentham*. Der Kelch ist röhrenförmig, fünfkantig und fünfzähnig. Die Blumenkrone hat eine lange, trichterförmige Röhre, ihr Saum eine große, aufrechte, breit-zweispaltige Oberlippe und eine fast gleich große oder kürzere, abstehende, dreispaltige Unterlippe und einen nackten Schlund. Die vier Staubgefäße haben sämmtlich ausgebildete Beutel mit getrennten, nicht zusammenfließenden Fächern. Der Griffel ist an der Spitze breiter und von verschiedener Gestalt. Die längliche Kapsel springt fachspaltig auf, die ungetheilten Klappen tragen in der Mitte die Scheidewände. Die Samen sind klein, eiförmig-zusammengedrückt.

Kleine, einjährige, in Californien einheimische krautartige Gewächse mit gegenüberstehenden, schwachgezähnten Blättern, achselständigen, einzelnen, fast sitzenden Blüthen und purpurrothen, im Verhältniß zur kleinen Pflanze ziemlich große Blumenkronen bilden die Arten dieser Gattung.

17) Melosperma *Bentham*. Der Kelch ist glockenförmig, halbfünfspaltig und hat ungleiche Zipfel. Die Oberlippe der Blumenkrone ist zweilappig, die Unterlippe dreilappig, ihre Zipfel sind sämmtlich fast gleich und abstehend, der Schlund ist nicht gefaltet. Die vier Staubgefäße sind entweder sämmtlich fertil oder die unteren mit leeren Beuteln versehen; das Mittelband der Beutel ist dick, die Fächer sind gesondert und stehen ab. Der Griffel ist an der Spitze ein wenig verdickt, kopfig-narbig. Die Kapsel ist fast kugelig, lederartig, zweifurchig und springt fachspaltig auf, die Klappen sind zweispaltig, die Scheidewand ist zuletzt frei, überall dick mit Placenten besetzt, an der Spitze kurz zweispaltig. Die wenigen Samen

sind groß, verkehrt-eiförmig, zusammengedrückt, die Samenschale ist schwarz, ziemlich glatt, das Eiweiß ist dünn. Der Samenkeim ist groß, gerade.

Eine sehr ausgezeichnete, theils mit Dodartia und Mazus, theils mit Ildefonsia verwandte Gattung mit nur einer in Chili einheimischen Art.

18) Mazus *Loureiro*. Der Kelch ist weit-glockenförmig, fünfspaltig. Die Oberlippe der Blumenkrone ist aufrecht, eiförmig, kurz zweispaltig, die Unterlippe weit größer, abstehend, dreitheilig, am Schlunde zweihöckerig. Die vier Staubgefäße haben sämmtlich ausgebildete Beutel, deren Fächer auseinandertreten. Der Griffel hat an der Spitze zwei kleine Platten, seine Zipfel sind eiförmig, gleich. Die Kapsel ist kugelig oder zusammengedrückt, stumpf, fachspaltig-zweiklappig, die Klappen sind ungetheilt. Die Placenten sind dick, fast fleischig.

Die Gattung umfaßt krautartige, in Indien und Australien einheimische, oft mit Stockprossen versehene Gewächse mit gegenüberstehenden unteren und meist abwechselnden ast- und blüthenständigen Blättern, endständigen, blattlosen, fast einseitswendigen Blüthentrauben und wechselständigen, einblüthigen, bisweilen von Deckblättern begleiteten Blüthenstielen.

Mit Dodartia nahe verwandt unterscheidet sie sich nur durch den Habitus, den Kelch und die deutlicher zweiklappige Narbe.

19) Dodartia *Linné*. Der Kelch ist glockenförmig, fünfzähnig. Die Oberlippe der Blumenkrone ist eiförmig, fast flach, ein wenig ausgerandet, die Unterlippe weit größer, verkehrt-eiförmig, dreispaltig mit gewölbtem Gaumen. Die vier Staubgefäße haben sämmtlich ausgebildete Beutel, deren Fächer sich berühren oder etwas abstehen. Der Griffel ist an der Spitze in zwei kleine Platten getheilt, seine Zipfel sind eiförmig, einander gleich. Die Kapsel ist fast kugelig, ausgerandet, an der Spitze kurz zweiklappig, die Klappen sind ungetheilt. Die Placenten sind dick, fast fleischig, die Samen klein, verkehrt-eiförmig.

Diese Gattung nähert sich in der Tracht und der Blumenkrone den Antirrhineen, in der Form der Kapsel den Gratioleen.

20) Lindenbergia *Lehmann*. Der Kelch ist glockenförmig, halb-fünfspaltig. Die Oberlippe der Blumenkrone ist aufrecht, ausgerandet, die Unterlippe größer, dreilappig, der zweifaltige Gaumen ragt etwas hervor. Die vier Staubgefäße haben sämmtlich ausgebildete Beutel, deren Fächer getrennt sind. Der Griffel ist an der Spitze ein wenig keulenförmig, kopfförmig-narbig. Die Kapsel ist länglich oder eiförmig, zweifurchig, fachspaltig-zweiklappig, die ungetheilten Klappen tragen in der Mitte die Scheidewände und sind mit dem viertheiligen Säulchen nicht verbunden.

Hierher gehören asiatische und afrikanische, niederliegende oder gewundene und ein wenig rankende, krautartige, selten strauchartige Gewächse mit fast sitzenden, achselständigen oder in Aehren oder endständigen Trauben stehenden und von blattartigen Deckblättern begleiteten Blüthen.

21) Beyrichia *Chamisso* und *Schlechtendal*. Der fünftheilige Kelch hat einen eiförmigen hinteren und vier schmälere untere Zipfel. Die Lippen der Blumenkrone sind einander fast gleich groß, die Oberlippe ist ausgerandet und kurz-zweispaltig, die Unterlippe kurz-dreilappig, der Gaumen springt ein wenig hervor. Die beiden vorderen Staubgefäße sind der Kronröhre eingefügt, ihre Beutel sind verwachsen und einfächerig und haben ein gestieltes Fach, die beiden hinteren sind bald steril und klein, bald fertil und haben gleichfalls verwachsene Beutel mit gestielten, getrennten Fächern, von denen das eine kleiner ist. Der Griffel ist an der Spitze herabgebogen, breit, concav, ungetheilt, flügellos. Die Kapsel ist entweder scheidewandspaltig-zweiklappig mit ungetheilten oder zweitheiligen Klappen oder fachspaltig-zweiklappig mit zweitheiligen Klappen, deren Ränder einwärts gekrümmt sind und mit dem ungetheilten Säulchen nicht zusammenhängen. Die zahlreichen Samen sind klein.

Hierher gehören krautige, behaarte oder wollige Gewächse des tropischen Amerika mit eiförmigen, gegenüberstehenden Blättern, achselständigen, entfernten oder in beblätterten Aehren gedrängten oder dachziegelig sich deckenden, sehr kurz gestielten Blüthen, mit zwei gegenüberstehenden, eiförmigen, blattartigen Deckblättchen unter dem Kelche und bläulichen Blumenkronen. Die wenigen Arten dieser Gattung stimmen in der Tracht, der Form der Blumenkrone und des Kelchs mit einander überein, sind aber in Bezug auf die Staubgefäße und die Kapsel verschieden, daher sind sie einerseits mit Lindenbergia, andererseits mit Tetraulacium verwandt. In der allgemeinen Tracht nähern sie sich einigen Acanthaceen.

22) Tetraulacium *Turczaninow*. Der fünftheilige Kelch hat lanzettliche Zipfel, deren hinterer größer und am Grunde schwach-herzförmig ist. Die Oberlippe der Blumenkrone ist ausgerandet, die Unterlippe dreilappig, der Schlund ist nicht gefaltet. Die vier Staubgefäße tragen sämmtlich Beutel, welche halbfächig sind und ein gestieltes Fach haben. Der Griffel ist an der Spitze ungetheilt, stumpf, auf dem Scheitel narbig, unter der Narbe der Länge nach vierflügelig. Die Kapsel ist fast kugelig, zweifurchig, vierklappig, die Scheidewand ist zuletzt frei, mit Placenten versehen. Die wenigen, aber großen, schwarzen, fast vierkantigen, gestreiften, höckerig-runzeligen Samen sind der Placente fast eingefügt.

Diese in Brasilien einheimische mit Pterostigma nahe verwandte Gattung unterscheidet sich von letzterer hauptsächlich durch den Griffel, die Placenten und die Samen.

23) Pterostigma *Bentham*. Der fünftheilige Kelch hat einen großen hinteren Zipfel. Die Oberlippe der Blumenkrone ist ausgerandet, die Unterlippe dreilappig, der Schlund ist nicht gefaltet. Die vier Staubgefäße tragen sämmtlich Beutel mit getrennten und gestielten Fächern, von denen das eine oder auch beide der unteren Staubgefäße und bisweilen auch eines der oberen sehr klein und leer ist. Der Griffel ist an der Spitze breiter, ungetheilt oder kurz-zweispaltig, auf der breiten äußeren Seite narbig und unter der Narbe mehr oder weniger

zweiflügelig. Die Kapsel ist eiförmig, ein wenig geschnäbelt, zweifurchig, fachspaltig-aufspringend, die Klappen sind zweispaltig, die Scheidewände sind in Folge der einwärtsgebogenen Ränder der Karpelle doppelt und mit dem Placenten tragenden, ein wenig verdickten Säulchen zuletzt nicht verbunden. Die Samen sind klein, gestreift.

Hierher gehören asiatische und australische, wollige, im trockenen Zustande oft schwärzlich werdende, meist aromatisch duftende krautartige Gewächse mit gegenüberstehenden, runzeligen, fein gekerbten Blättern, achselständigen oder in beblätterten endständigen Aehren stehenden Blüthen und kurzen, einzelnen, am Grunde oft mit Deckblättchen versehenen Blüthenstielchen. In mancher Hinsicht mit Stemodia übereinstimmend, unterscheidet sie sich namentlich durch die halbirten Staubbeutel von ihr.

24) **Stemodia** *Linné.* Der fünftheilige Kelch hat schmale, fast gleiche Abschnitte oder einen etwas größeren hinteren Zipfel. Die Oberlippe der Blumenkrone ist ausgerandet oder selten zweispaltig, die Unterlippe dreispaltig, der Schlund ist nicht gefaltet. Die vier Staubgefäße sind in der Blumenkrone eingeschlossen; die Beutel haben getrennte, gestielte, sämmtlich mit Pollen versehene Fächer. Der Griffel ist an der Spitze breiter, oft zweilappig, zuletzt ein wenig herabgebogen, ungeflügelt. Die Kapsel ist kugelig, eiförmig oder länglich, scheidewandspaltig aufspringend oder getheilt, die Klappen sind zuletzt zweispaltig, die Ränder der Karpelle einwärtsgebogen. Die zahlreichen Samen sind klein.

Krautartige, selten am Grunde strauchige, sehr häufig klebrig-weichhaarige Pflanzen mit gegenüberstehenden oder zu 3—4 quirlförmig stehenden Blättern, einzelnen, achselständigen oder in beblätterter Aehre geordneten, häufig von zwei Deckblättchen begleiteten Blüthen machen die Arten dieser Gattung aus.

25) **Morgania** *R. Brown.* Der Kelch ist fünftheilig, fast gleich. Die Oberlippe der Blumenkrone ist zweilappig, die Unterlippe dreilappig, mit breiten Zipfeln, der Schlund ist nicht gefaltet. Die vier Staubgefäße sind eingeschlossen, die Fächer der Beutel sind getrennt, gestielt, eiförmig. Der Griffel ist an der Spitze herabgebogen, spatelförmig-verdickt, mit zwei kleinen Blättchen versehen, unterhalb der Biegung kaum und sehr schmal geflügelt. Die Kapsel ist fachspaltig-zweiklappig, die Klappen sind getheilt, die einwärtsgebogenen Ränder der Karpelle hängen mit dem Placenten tragenden, schmalen Säulchen nicht zusammen.

Krautartige, aufrechte Gewächse des tropischen Australiens, welche in der Tracht den **Limnophilen** mit ungetheilten Blättern sehr ähnlich sind.

26) **Limnophila** *R. Brown.* Der tief-fünfspaltige Kelch hat gleiche oder einen größeren hinteren Zipfel. Die Oberlippe der Blumenkrone ist ausgerandet oder zweilappig, die Unterlippe dreilappig, der Schlund ist nicht gefaltet. Die vier Staubgefäße sind in der Kronröhre eingeschlossen, die Fächer der Beutel sind getrennt, länglich und sehr häufig gestielt. Der Griffel ist an der Spitze herabgebogen, spatelförmig-verdickt, ungetheilt oder sehr kurz zweilappig, an der Biegung oft ohrförmig-zweiflügelig. Die Kapsel ist eiförmig, kugelig oder zusammengedrückt, fachspaltig-zweiklappig, die Klappen sind zuletzt getheilt. Die Ränder der Karpelle sind ein wenig einwärtsgebogen und mit der breiten, Placenten tragenden Scheidewand nicht verbunden.

Die hierher gehörigen Arten wachsen in Sümpfen und Gewässern der Tropenländer und haben gegenüberstehende oder zu 3—4 quirlförmig gestellte, drüsig-punktirte Blätter, von denen die untersten der in Wasser vorkommenden Arten oft haarförmig-vieltheilig sind und einzelne, achselständige oder in einer beblätterten Traube stehende Blüthen.

27) **Conobea** *Aublet.* Der Kelch ist fünftheilig und hat gleiche Saumzipfel. Die Oberlippe der Blumenkrone ist zweilappig, die Unterlippe dreitheilig. Die vier Staubgefäße haben sämmtlich ausgebildete Beutel, welche paarweise einander genähert sind und gesonderte, parallele Fächer haben. Der Griffel ist an der Spitze einwärtsgekrümmt oder herabgebogen, zweilappig, die Lappen sind keilförmig-verdickt, an der Spitze narbig. Die Kapsel ist kugel- oder eiförmig, die Klappen sind ungetheilt oder zweispaltig und hängen mit der Scheidewand nicht zusammen. Die zahlreichen Samen sind eiförmig, gestreift.

Hierher gehören krautartige, ästige, in Amerika einheimische Pflanzen mit gegenüberstehenden Blättern, achselständigen, einzeln oder zu zweien stehenden, fadenförmigen, an der Spitze mit zwei Deckblättchen versehenen, einblüthigen Blüthenstielen. Von **Limnophila** durch die Staubbeutel, von **Herpestis** durch die Kelche verschieden.

28) **Lafuentea** *Lagasca.* Der fünftheilige Kelch hat gleiche Saumzipfel. Die Oberlippe der Blumenkrone ist zweilappig, die Unterlippe dreitheilig. Die vier Staubgefäße sind frei, die Staubbeutel paarweise genähert, ihre Fächer sind parallel, gesondert, aber berühren sich. Der Griffel ist dünn, an der Spitze keulenförmig, kopfförmig-narbig, ungetheilt. Die Kapsel ist länglich, scheidewandspaltig-aufspringend, die Klappen sind zweitheilig, mit einwärtsgebogenen Rändern und mit dem zweitheiligen Mittelsäulchen nicht verbunden. Die zahlreichen Samen sind klein, eiförmig-länglich, körnig-runzelig, schwarz.

29) **Schistophragma** *Bentham.* Der fünftheilige Kelch hat gleiche Saumzipfel. Die Oberlippe der Blumenkrone ist ausgerandet, die Unterlippe dreitheilig. Die vier Staubgefäße haben sämmtlich ausgebildete Beutel, welche paarweise einander genähert sind und parallele, gesonderte Fächer haben. Der Griffel ist an der Spitze breit, ungetheilt. Die Kapsel ist linealisch, etwas zusammengedrückt und von zwei Furchen durchzogen, die Klappen sind ungetheilt, kahnförmig, an den Rändern kaum einwärtsgebogen und mit der an der Spitze zweitheiligen Scheidewand nicht zusammenhängend. Die zahlreichen Samen sind länglich, die angedrückte Samenschale ist schief gestreift. Von **Conobea** ist diese Gattung hauptsächlich durch die Gestalt der Kapsel verschieden.

30) Herpestis *Gärtner*. Der fünftheilige Kelch hat einen breiteren, oft sehr großen hinteren Zipfel und schmälere, oft sehr schmale Seitenzipfel. Die Oberlippe der Blumenkrone ist ausgerandet oder zweilappig, die Unterlippe dreilappig, die Lappen sind entweder zweilappig oder sämmtlich fast gleich. Die vier Staubgefäße sind zweimächtig und parallel aufsteigend oder ein wenig auseinanderstehend; die Beutel haben gesonderte, parallele oder auseinandertretende Fächer. Der Griffel ist an der Spitze concav, verdickt oder kurz zweilappig. Die Kapsel ist zweiklappig, die Klappen sind zweitheilig oder fast ungetheilt, die Ränder der Karpelle einwärtsgebogen und mit dem ungetheilten Säulchen nicht zusammenhängend. Die zahlreichen Samen sind klein.

Hierher gehören krautartige, oft in Sümpfen vorkommende Gewächse der wärmeren Gegenden beider Halbkugeln mit gegenüberstehenden, ganzrandigen oder gezähnten oder haarfein-vieltheiligen Blättern und achselständigen oder an der Spitze der Aeste fast traubig stehenden, einblüthigen, deckblattlosen oder mit zwei kleinen Deckblättchen versehenen Blüthenstielen.

31) Bacopa *Aublet*. Von Herpestis nur durch die fünf, fertilen, fast gleichen Staubgefäße verschieden. Die beiden hierher gehörigen Arten wachsen im tropischen Amerika.

32) Geochorda *Chamisso* und *Schlechtendal*. Der Kelch ist fünftheilig. Die Blumenkrone hat eine kurze Röhre, einen weiten glockenförmigen Saum, eine kurz-zweitheilige Oberlippe und eine dreitheilige Unterlippe. Die vier Staubgefäße sind fertil und zweimächtig. Die auseinanderstehenden Beutel haben parallele, gesonderte Fächer. Der Griffel ist an der Spitze in zwei kleine Platten getheilt, die Zipfel sind eiförmig. Die vom Kelche eingeschlossene Kapsel ist fachspaltig aufspringend, die Klappen sind ungetheilt, die Placenten gestielt. Die Samen sind sehr klein.

33) Ildefonsia *Gardner*. Der fünftheilige Kelch hat fast gleiche, blattartige Zipfel. Die Blumenkrone hat eine einwärtsgekrümmte Röhre, eine zweilappige Oberlippe und eine dreilappige Unterlippe. Die vier Staubgefäße sind fruchtbar und in der Röhre eingeschlossen. Die Staubbeutel haben zwei getrennte, auseinandertretende Fächer. Das Rudiment des fünften Staubfadens ist kurz pfriemlich. Der Griffel hat an der Spitze zwei linealische Zipfel. Die Kapsel ist fast kugelig, spitz, fachspaltig-zweiklappig, die Klappen sind lederartig, zuletzt zweispaltig. Das Mittelsäulchen ist dick, zweitheilig. Die zahlreichen, verkehrt-eiförmig-kantigen Samen sind von einer schwarzen, etwas runzeligen Schale umgeben.

Eine sehr ausgezeichnete Gattung, deren einzige bisher bekannte Art in Brasilien einheimisch ist.

34) Gratiola, s. diesen Namen.

35) Dopatrium *Hamilton*. Der Kelch ist tief-fünfspaltig. Der Schlund der Blumenkrone ist verbreitert, die Oberlippe kurz, zweispaltig, die Unterlippe groß, breit dreilappig. Die beiden hintern Staubgefäße sind fertil und in der Röhre eingeschlossen, ihre Beutel haben parallele, getrennte, gleiche Fächer und ein kleines Mittelband, die beiden vordern Staubgefäße sind sehr klein und steril. Der Griffel ist kurz, an der Spitze in zwei Blättchen getheilt. Die Kapsel ist kaum gefurcht, vierklappig, die Ränder der Karpelle sind einwärtsgekrümmt, die Scheidewand ist flach, zweispaltig und trägt die Placenten. Die Samen sind höckerig.

Hierher gehören zarte, kahle, in Sümpfen wachsende, in Ostindien einheimische krautartige Pflanzen mit gegenständigen, am Grunde des Stengels genäherten, verkehrt-eiförmigen oder länglichen, ganzrandigen Blättern und fadenförmigen gegenüberstehenden oder durch Fehlschlagen wechselständigen, einblüthigen, deckblattlosen Blüthenstielen.

Vierte Unterabtheilung. Lindernieen.

Die Stengelblätter stehen einander gegenüber. Der Stengel ist fünf- selten viertheilig oder zähnig. Die beiden hinteren Staubgefäße sind der Kronröhre eingefügt, öfters eingeschlossen und fertil, die Staubbeutelfächer berühren sich oder sind getrennt oder fließen zusammen, sehr selten fehlen sie ganz, die vorderen sind am Schlunde eingefügt, ragen aus der Röhre hervor und sind bald steril und keulenförmig oder zweispaltig, indem der eine Lappen keulenförmig oder drüsig, der andere borstenförmig oder gezähnt ist, bald gekrümmt, am Grunde mit einem Zahne oder starren, keulenförmigen oder borstigen, selten undeutlichen Zipfel versehen. Die Klappen der Kapsel sind häutig, ungetheilt und mit der breiten, aber dünnen Scheidewand parallel. Die zahlreichen Samen sind grubig-runzelig. Die Oberlippe ist aufrecht und meist viel kleiner als die Unterlippe.

36) Artanema *Don*. Der fünfspaltige Kelch hat fast blattartige, beinahe gleiche und stark dachziegelig sich deckende Zipfel. Die Oberlippe der trichterförmigen Blumenkrone ist breit und ausgerandet, die Unterlippe ist kaum länger und dreispaltig. Die vier Staubgefäße haben sämmtlich ausgebildete Beutel. Die Staubgefäße laufen in der Röhre herab und haben am Grunde ein Schüppchen, die vordern sind mit einem kurzen, stumpfen Anhängsel versehen. Die Kapsel ist groß und fast kugelig.

Die hierher gehörigen aufrechten und verhältnißmäßig hohen krautartigen Gewächse sind im tropischen Asien und Australien einheimisch und haben gegenüberstehende, nur auf der Unterseite etwas rauhe, sonst kahle stengelständige und deckblattartige blüthenständige Blätter, endständige Blüthentrauben und gegenüberstehende, ziemlich große, bläuliche oder violette Blüthen.

37) Curanga *Jussieu*. Der flache, vierspaltige Kelch hat einen ungetheilten hinteren und einen sehr großen ungetheilten oder zweispaltigen vorderen Zipfel und sehr schmale Seitenzipfel. Die rachenförmige Blumenkrone hat eine gewölbte, ausgerandete Oberlippe und eine abstehende, dreilappige Unterlippe. Die hintern Staubgefäße sind fertil und haben zusammenhängende Beutel mit getrennten, abstehenden Fächern, die vordern sind steril, keulenförmig. Der Griffel ist an der Spitze in zwei Blättchen getheilt. Die eiförmige Kapsel ist vom Kelche eingeschlossen.

38) Torenia *Linné*. Der Kelch ist röhrenförmig, gefaltet oder geflügelt, an der Spitze schief-fünfzähnig oder zweilippig. Die rachenförmige Blumenkrone hat eine ausgerandete oder zweispaltige Oberlippe und eine dreispaltige, größere Unterlippe. Die hintern Staubgefäße sind fertil, die vordern gekrümmt, mit Beutel versehen und am Grunde mit einem zahn- oder fadenförmigen Anhängsel. Die Staubbeutel sind paarweise genähert oder hängen zusammen. Der Griffel ist an der Spitze in zwei kleine Blättchen getheilt. Die längliche Kapsel überragt den Kelch nicht.

Hierher gehören krautartige, in den Tropenländern der alten Welt einheimische Gewächse mit gegenüberstehenden Blättern und kurzen, wenigblüthigen, büschelförmigen oder seltener verlängerten, meist endständigen Blüthentrauben.

39) Vandellia *Linné*. Die Kelchzipfel sind fast gleich, in der Knospenlage kaum dachziegelig, fast am Grunde frei oder in einen fünfzähnigen, nicht gefalteten Kelch mehr oder weniger verwachsen. Die Oberlippe der Blumenkrone ist aufrecht, kurz zweispaltig, die Unterlippe größer, abstehend, dreitheilig. Die vier Staubgefäße sind sämmtlich mit Beuteln versehen, die Träger der vordern sind gekrümmt, am Grunde mit einem zahn- oder fadenförmigen Anhängsel versehen, die Beutel unter der Oberlippe hängen unter einander zusammen. Der Griffel ist an der Spitze breiter, oft in zwei Blättchen getheilt. Die Kapsel ist kugelig, länglich oder linealisch.

Die hierher gehörigen krautigen Arten wachsen größtentheils in den Tropenländern der alten Welt und haben gegenüberstehende gezähnte Blätter und gegenüberstehende oder durch Fehlschlagen einzelnstehende, achselständige oder an der Spitze der Aeste traubig stehende Blüthen.

40) Lindernia *Allioni*. Der fünftheilige Kelch hat in der Knospenlage kaum dachziegelig sich deckende Zipfel. Die Oberlippe ist kurz, aufrecht, zweispaltig, die Unterlippe größer, abstehend, dreispaltig. Die vier Staubgefäße sind fertil, die gekrümmten Fäden der vordern haben am Grunde einen kurzen drüsigen Anhängsel. Die Beutel sind sämmtlich zweifächerig, paarweise einander genähert und hängen nicht zusammen. Der Griffel ist an der Spitze breiter, concav. Die eiförmige Kapsel ist so lang oder wenig länger als der Kelch.

Diese in Europa einheimische Gattung unterscheidet sich von der nahe verwandten Vandellia nur durch die freien Staubbeutel.

41) Ilysanthes *Rafinesque*. Der fünftheilige Kelch hat in der Knospenlage kaum dachziegelig sich deckende Zipfel. Die Oberlippe der Blumenkrone ist kurz, aufrecht, zweispaltig, die Unterlippe größer, abstehend, dreispaltig. Die beiden hintern Staubgefäße sind fertil, die Rudimente der vordern zweilappig, indem der eine Lappen drüsig und stumpf, der andere kahl, dünn, spitz und bald sehr kurz und zahnförmig, bald lang ist und äußerst selten einen leeren einfächerigen Beutel trägt. Die eiförmige oder längliche Kapsel ist so lang oder ein wenig länger als der Kelch.

Hierher gehören einjährige, kahle, in Sümpfen wachsende, in Amerika, Ostindien und am Cap der guten Hoffnung vorkommende Pflanzen, welche mit Lindernia große Aehnlichkeit haben und nach ihren Merkmalen mit Bonnaya nahe verwandt sind, von jener aber durch die vorderen sterilen Staubfäden, von dieser durch den kahlen, bisweilen sehr kleinen Fortsatz der vordern Staubfäden und die kurzen Kapseln sich unterscheiden. Die Blüthen sind achselständig oder die oberen seltener fast traubig. Die Fruchtstiele sind oft zurückgebogen.

42) Bonnaya *Link* und *Otto*. Der fünftheilige Kelch hat fast gleiche, in der Knospenlage kaum sich dachziegelig deckende Zipfel. Die Oberlippe der Blumenkrone ist kurz, aufrecht, zweispaltig, die Unterlippe größer, abstehend, dreispaltig. Die beiden hintern Staubgefäße sind fertil, die Rudimente der vordern drüsig, linealisch, stumpf oder keulenförmig, ungetheilt. Der Griffel ist an der Spitze öfter in zwei kleine Platten getheilt. Die linealische Kapsel ist länger als der Kelch.

Hierher gehören kahle oder seltener schwach behaarte, kriechende oder fast aufrechte, in Asien und Australien einheimische krautartige Gewächse mit gegenüberstehenden, ganzrandigen oder öfters gezähnten Blättern, gegenüberstehenden oder durch Fehlschlagen wechselständigen, achselständigen oder in endständigen Trauben stehenden Blüthen und freien Beuteln. Von Vandellia durch die Staubgefäße, von Ilysanthes durch die lange Kapsel und die sterilen, von keinem Anhängsel begleiteten Fäden unterschieden.

43) Peplidium *Delile*. Der Kelch ist röhrig, fünfkantig, sehr kurz fünfzähnig. Der Saum der Blumenkrone ist fünfspaltig, der untere Zipfel ein wenig größer. Die hintern Staubgefäße fehlen, die Träger der vordern sind am Grunde breiter und mit einem kleinen Anhängsel versehen. Die Staubbeutel sind klein, zweifächerig, die Fächer gehen mit einander parallel. Der Griffel ist an der Spitze spatelförmig-verbreitert. Die Kapsel ist kugelförmig, dünn häutig, leicht zerbrechlich.

Aus dieser Gattung ist nur eine in Aegypten und Ostindien einheimische Art bekannt, eine kleine, kriechende, sehr ästige und ganz kahle Pflanze mit gegenüberstehenden, spateligen oder verkehrt-eiförmigen, dicken, fleischigen, ganzrandigen, nervenlosen, am Grunde in den Blattstiel verschmälerten, 3—6 Linien langen Blättern, achselständigen, sitzenden oder kurz gestielten einzelnen, gegenüberstehenden Blüthen und einem Anfangs kleinen, zur Fruchtzeit etwas vergrößerten Kelche.

44) Micranthemum *Richard*. Der Kelch ist viertheilig. Der Saum der Blumenkrone ist fast zweilappig, die Oberlippe kürzer und ungetheilt, die Unterlippe länger, dreitheilig. Die hintern Staubgefäße fehlen, die fertilen vordern haben am Grunde einen stumpfen, drüsigen Fortsatz und zweifächerige Beutel. Der kurze Griffel ist an der Spitze einwärtsgekrümmt, fast keulenförmig, kopfig-narbig. Die Kapsel ist zweiklappig, die dünne Scheidewand reicht kaum bis zur Spitze der Kapsel.

Aus dieser Gattung sind nur zwei in Amerika einheimische Arten bekannt, kleine, zarte, kahle, kriechende

-krautige Gewächse mit gegenüberstehenden, eiförmig-rundlichen Blättern und sehr kleinen, achselständigen, einzeln stehenden, fast ungestielten Blüthen.

45) Hemianthus *Nuttall.* Der Kelch ist vierzähnig. Die Oberlippe der Blumenkrone ist sehr kurz, die Mittellappen der Unterlippe lang und abstehend. Die Staubbeutelfächer stehen auseinander. Die übrigen Merkmale stimmen mit denen von Micranthemum überein.

Aus dieser Gattung ist nur eine in Nordamerika einheimische Art bekannt. *(Garcke.)*

GRATIOLIN, ein von Marchand (Berzelius, Jahresbericht. 26. Jahrg. S. 725) in der Gratiola officinalis aufgefundener, dem Digitalin verwandter Bitterstoff, der im Wasser wenig löslich ist. Durch Zusatz von Alkohol wird die Auflöslichkeit des Gratiolin erleichtert. *(C. Reinwarth.)*

GRATISCARA, eine Stadt oder ein Ort in der Moesia superior, nur von Procopius erwähnt. Vergl. Sickler Th. I. S. 474. *(Krause.)*

GRATIUS, ein römischer Dichter, nach der gewöhnlichen Ansicht von Falerii in Etrurien und deshalb Gratius der Falerier (Gratius Faliscus) genannt, obschon über seinen Geburtsort ebenso wenig etwas Gewisses feststeht, als über seine sonstigen Lebensverhältnisse und hätte nicht Ovidius ihn und sein noch vorhandenes Gedicht erwähnt, so würde man kaum die Zeit, in welcher er blühte, errathen können. Dieser bezeichnet ihn nämlich in einem seiner pontischen Briefe [1]) als einen ihm gleichzeitigen Dichter und stellt ihn Virgilius an die Seite; auch spielt er in der nämlichen Stelle so deutlich auf das Gedicht des Gratius und einen Vers desselben [2]) an, daß man nicht zweifeln kann, daß das ihm vorliegende und das uns erhaltene eines und dasselbe ist. Auf Gratius soll auch Manilius, ein anderer ebenfalls nicht näher bekannter didaktischer Dichter, welcher freilich von Manchen bis in die Zeiten des Theodosius zurückgeschoben wurde, aber nach der jetzt allgemein angenommenen Meinung dem Augusteischen Zeitalter angehört, anspielen, indem er in seinem Gedichte über die Astronomie sagt, ein anderer Dichter schreibe über den Vogelfang und die Jagd und wieder ein anderer über Anderes [3]). Jos. Scaliger [4]), Thomas Bartholinus [5]), Peter Burmann [6]) und Joh. Chr. Wernsdorf [7]) sind dieser Ansicht, weil kein anderer Dichter unter Augustus die Jagd poetisch beschrieben habe, bedenken aber nicht, daß Manilius wol gar nicht von römischen, sondern von griechischen Dichtern spricht, wie schon Casp. Barth [8]) richtig bemerkt, obgleich die neueste, weiter unten zu berührende Behauptung, daß Gratius auch über den Vogelfang schrieb, der alten Ansicht wieder als Stützpunkt dienen könnte und zwar deshalb, weil Manilius von einem Dichter, welcher über die Jagd und über den Vogelfang zugleich schrieb, zu sprechen scheint. Auf den Geburtsort des Gratius hat man aus einer Stelle seines Gedichtes [9]) schließen zu können geglaubt, in welcher er sagt, daß der im Gebiete der Falerier wachsende Lein zu Jagdnetzen nicht tauge, und die Falerier durch den Beisatz „unsere" als seine Landsleute verführen wolle. Der Beweis kann aber schon deshalb nicht als vollgültig angenommen werden, da der Dichter durch seinen Ausdruck die Falerier als Bürger des römischen Staates bezeichnen kann [10]). Noch gewagter ist die Annahme, daß Gratius, weil Ovidius ihn nur mit diesem einfachen Namen nenne und kein römisches Geschlecht dieses Namens vorkomme, ein Sklave oder ein Freigelassener gewesen sei, welcher die Jagdangelegenheiten seines Gebieters besorgt und in diesen Dingen sich gründliche Kenntnisse gesammelt und poetisch verwerthet habe [11]). Geht man von dieser Voraussetzung aus, so kann man auch zu der Vermuthung gelangen, daß Tib. Claudius Gratius, ein Freigelassener des Augustus, welcher in einer Steinschrift [12]) erwähnt wird, kein anderer sei, als der Dichter Gratius, diese schwebt aber ebenso in der Luft, wie die Annahme, daß ein gewisser Gratius, welcher bei Cicero [13]) als der Ankläger des Dichters Archias erscheint, eine und dieselbe Person mit dem von Ovidius gerühmten Gratius sein dürfte, denn der Dichter Gratius kann, wenn er zur Zeit des Augustus lebte, nicht wohl Ankläger des Archias gewesen sein. Ueberhaupt widerstreben der Annahme, daß er ein Sklave oder Freigelassener gewesen sei, mancherlei patriotische Aeußerungen in seinem Gedichte [14]), welche sich wol nur ein von Geburt Freier erlaubt. Auf andere Hypothesen über die Person des Gratius, wozu auch die von F. Jacob [15]) aufgestellte Behauptung, daß er nicht Gratius, sondern Gratianus geheißen habe, gehört, einzugehen, wäre überflüssig, da sie sich auf keinen annehmbaren Beweis stützen können. Fest steht indessen nach dem Urtheile der zuverlässigsten Kenner der römischen

1) Ex Ponto IV, 16, 33:

Tityrus antiquas et erat qui pasceret herbas,
Aptaque venanti Gratius arma daret.

2) *Gratii* Cyneget. 23:

Carmine et arma dabo venanti et persequar artem
Armorum ...

3) *Manilii* Astronom. II, 43:

Ecce alius pictas volucres et bella ferarum,
Ille venenatos angues, hic nata per herbas
Fata refert.

4) Comment. ad Manil. ed. Arg. 1655. 4. p. 104. 5) De Medicis poetis. Hafniae 1669. 8. p. 104. 6) Poet. lat. min. Tom. I. praef. 7) Poet. lat. min. Tom. I. p. 34.

8) Advers. l. LVII. c. 17. Vergl. Reinh. Stern in der Einleitung zu seiner weiter unten anzuführenden Ausgabe. 9) Cynegel. 40:

At contra nostris imbellia lina Faliscis.

Daß Barth dem Dichter den Beinamen *Faliscus* nach einer Handschrift beigelegt habe, läßt sich nicht wohl glauben, da Niemand eine solche gesehen hat. 10) Vergl. *Stern*, Prolegg. p. XV. 11) Wernsdorf in den Prolegg. zu seiner Ausgabe p. 4 seq. 12) *Gruteri* Corp. Inscriptt. p. 582, 2 p. 652, 8. 13) Pro Archia poeta c. 4, wenn überhaupt der Name als richtig angenommen wird, denn manche Handschriften haben Gracchus und gratis. 14) V. 320 fg. Vergl. *Stern*, Prolegg. p. XIX. 15) Variarum lectionum specimen I. (in Propertium et Gratium Faliscum) Posen 1827. 4.

Sprache und Literatur, daß das unter dem Namen des Gratius vorhandene Gedicht über die Jagd sowol der Anlage als der Ausführung nach den bessern Erzeugnissen des Augusteischen Zeitalters angehört und einen Dichter beurkundet, der einen an und für sich der Poesie wenig günstigen Stoff so geschickt zu behandeln wußte, daß er sich sogar Virgilius an die Seite stellen läßt. Die Sprache trägt den Charakter der Blüthezeit der römischen Poesie unter Augustus an sich; sie ist durchaus rein und würdig gehalten und von allem rhetorischen Schmucke fern; der Ausdruck ist kräftig und körnig, zeigt aber doch bisweilen einige Härte und wird dadurch schwierig, was jedoch auch zum Theil an der Neuheit des früher nicht behandelten Gegenstandes liegt. Man muß überhaupt mit dem Dichter sehr vertraut sein, wenn man ihn richtig verstehen und erklären will, und an vielen Stellen läßt er sich nur aus sich selbst erklären. Zu seinen Eigenthümlichkeiten gehören die Verwechselungen der Zeiten, besonders der Gebrauch der vergangenen Zeit statt der gegenwärtigen, die Vertauschung und Verwirrung der Constructionen, eine oft an Unverständlichkeit grenzende Kürze des Ausdrucks und die Anwendung der Wörter in einer sonst gar nicht oder selten vorkommenden Bedeutung. Manches Dunkle mag auch in der Verdorbenheit des Textes liegen, welcher sich aus Mangel an alten Handschriften nicht in seiner ursprünglichen Reinheit herstellen läßt und den Herausgebern und Erklärern viele Mühe verursacht hat, ohne daß dadurch alle Zweifel gehoben sind. Trotz diesen angeführten Mängeln ist aber Gratius ein vortrefflicher und zu empfehlender Dichter, welcher Jeden immer mehr anzieht, je länger er sich mit ihm beschäftigt [16]). Unter den römischen Schriftstellern hatte er wol kein Vorbild, welchem er folgen konnte, unter den griechischen benutzte er hauptsächlich Xenophon, wie aus dessen Werke gleichen Inhalts klar hervorgeht, doch hat er auch Manches, was man bei Xenophon nicht findet und auch anderwärts vergebens sucht, weil die Werke, denen er es entnahm, nicht mehr vorhanden sind. Gratius beginnt sein Gedicht, in welchem er hauptsächlich die dem Jäger nöthigen Waffen und Werkzeuge beschreiben will, nach gewohnter Weise mit der Anrufung und dem Lobe der Diana und der übrigen die Jagd beschützenden Götter (1—24), geht dann zu den Netzen, zu deren Verfertigung und vorzüglich dazu tauglichen Stoffen über und zeigt den Nachtheil, welcher den Jägern aus dem Mangel derselben erwuchs (25—74). Nachdem er darauf von den Federlappen (Scheuchen), den Fallstricken und den Schlingen, als deren Erfinder er den Arkadier Dercylus preist (75—108) gesprochen und die verschiedenen Geschosse und Jagdspieße beschrieben hat (109—150), kommt er zu den Hunden, bei welchen er, da sie dem Menschen die hauptsächlichste Hülfe bei der Jagd bieten, länger verweilt. Er schildert die Arten, die Gewohnheiten, die Vorzüge und die Fehler derselben (151—262), die Pflege und Abrichtung ihrer Jungen (263—343) und ihre Krankheiten und deren Heilung (344—430). Den Schluß bilden Bemerkungen über die bei der Jagd brauchbaren Pferde. Die wirkliche Benennung des Gedichtes läßt sich nicht mit Zuverlässigkeit ermitteln, denn die jetzige Aufschrift Cynegeticon ist ebenso willkürlich, als die von den ersten Herausgebern angenommene: De venatione seu *Κυνηγετικῶν* liber. Stern schlägt in seiner Ausgabe den Titel Carmen Venaticum vor. Von den Schriftstellern der spätern römischen Zeit und des Mittelalters wird weder Gratius genannt, noch sein Gedicht angeführt, und zwei Dichter, welche denselben Gegenstand in Versen behandeln, der Grieche Oppianus, welcher 200 Jahre nach Gratius lebte, und der Römer Nemesianus aus dem 3. Jahrh., versichern sogar, die Jagd zuerst als Stoff ihrer Dichtungen gewählt zu haben [17]). Ihr Zeugniß ist indessen keineswegs unverdächtig, da beide die Arbeit gekannt und sogar benutzt zu haben scheinen [18]). Später findet sich keine Spur mehr, daß Gratius irgend einem Gelehrten auch nur dem Namen nach bekannt geworden sei und die einzige jetzt noch übrige, in der kaiserlichen Bibliothek zu Paris aufbewahrte, sehr alte Handschrift (Codex Thuanus), in welcher sich Gratius, Nemesianus und des Ovidius Halieuticon vereinigt befanden, das Gedicht des Gratius aber, noch 540 Verse, am Ende mangelhaft, besaß am Anfange des 16. Jahrh. der italienische Dichter Giacomo Sannazaro, welcher sie um das Jahr 1503 mit sich aus Frankreich nach Neapel gebracht hatte, wo Pietro Summonti [19]) und Lil. Greg. Giraldi [20]) sie sahen. Hier machte Jo. Lucret. Aeflander eine Abschrift, nach welcher Georg von Logan das Gedicht mit dem ähnlichen

16) Schon Casp. Barth sagt (Adversar. l. LVII. c. 17): „Gratium non humilis sub Augusto famae fuisse docent versus Ovidii, accensentis eum ipsis primoribus. Luculentus vero vates est, quicunque fuerit, ut alter Censor Julius Scaliger non immerito felicitatem in eo optimi saeculi agnoverit. Genus loquendi vel pure Latinum est, vel parce et sobrie Graecitatis fontes redolens: nulla vel in verbis translationibus ineptis et tumidis, vel in verborum peregrinis acumine aut sonitu apud eum affectatio. Quae partis legitimae naturalisque eloquentiae paullo post Augustese aevi florem, immo etiam ex parte eo ipso, flores et ingenium nobilitatis Latinae corrupit. Nullae in eo ostentationes, sed et ingeniosa omnia et elaborata; solida scilicet et nitentia. Nullae adulterationes sententiarum et perennitatem eloquii vel suspendentes vel inhibentes conclusiones ambitiosarum clausularum. Quae imitatio vitiosae dictionis conceptae in Scholis declamatorum corrupit omnem Romanam eloquentiam." Vergl. *Wernsdorf*, Proleg. p. 6 seq. und *Ernesti*, De poet. Lat. luxurie in den Act. sem. reg. Lips. II. p. 45.

17) *Oppian*. Cyneg.t. I, 20:

... τρηχεῖαν ἀπειρεσίην τ' ἀταρπόν,
Τὴν μερόπων οὔπω τις ἑῇς ἐπάτησεν ἀοιδαῖς.

Nemesian. Cyneget. v. 5—11:

Castaliusque mihi nova pocula fontis alumno
Ingerit .....
... ducitque per avia qua sola nunquam
Trita rotis .....
... intacto premimus vestigia musco.

18) *Wernsdorf*, Proleg. p. 8 seq. 19) Praef. ad Jov. Pontani Dialog., qui Actius inscribitur (*Pontani* Opp. Basileae 1556. 8. Tom. II. p. 187). 20) De poet. historia, Dialog. IV.

Gedichten des Nemesianus, Calpurnius und Anderer herausgab [21]). Von dieser ersten Ausgabe (Poetae tres egregii nunc primum in lucem editi. Gratij q Augusto Principe floruit, de venatione Lib. I. P. Ouidij Nasonis Halieuticon liber acephalus. M. Aurelij Olympij Nemesiani Cynegeticon Lib. I. Ejusdem carmen bucolicum. T. Calphurnij Siculi Bucolica. Adriani Cardinalis uenatio. Venetiis 1534. 8.) gibt es mehrere Exemplare auf Pergament und ihr folgten sogleich zwei Nachdrücke, von denen der eine (Aug. Vindel. 1534. 8.) sehr fehlerhaft und der andere (Lugduni 1537. 8.) ziemlich sauber ist und aus welchem der Text in die Sammlung bucolischer Dichter (Bucolicorum autores. Basileae 1546. 8.) überging. Derselbe blieb auch ohne wesentliche Aenderungen oder Verbesserungen in den Sammlungen kleinerer Gedichte alter Autoren von Pierre Pithou (Epigrammata et poemata vetera. Paris 1590. 12.), von Casp. Barth (Venatici et bucolici poetae latini. Hannov. 1613. 8.) und Jan van Vliet (Venatio novo-antiqua. Lugd. Bat. 1645. 12. Neue Ausgabe unter dem Titel: Autores rei venaticae. Ibid. 1653. 12.), obschon dem letzteren eine Handschrift zu Gebote stand, welche einen Theil des Cynegeticon des Gratius (die ersten 159 Verse) enthielt [22]). Dagegen leisteten die erwähnten Herausgeber manches Brauchbare für die Erklärung, van Vliet besonders unterwarf die Arbeiten seiner Vorgänger einer strengen Kritik und verfuhr gegen Casp. Barth so unbarmherzig, daß Math. Lagus dessen Vertheidigung in einer besondern Schrift (Vindiciae nominis Barthiani et poetarum venaticorum Gratii et Nemesiani adversus Janum Vlitium. Lips. 1659. 4.) übernehmen zu müssen glaubte. Das gesammte vorhandene Material stellte Thom. Johnson in seiner Ausgabe des Gratius (Gratii Falisci cynegeticon cum poematio cognomine M. A. Olympii Nemesiani notis perpetuis variisque lectionibus adornavit Th. Johnson. Lond. 1699. 8.) sehr fleißig zusammen, welches jedoch Rob. Bruce und Sigeb. Havercamp in ihrer Sammlung (Poetae latini rei venaticae scriptores et bucolici antiqui. Lugd. 1728. 4.) zuerst zu sichten anfingen. Ihre Anmerkungen nahm Pet. Burmann in seine Ausgabe der kleineren römischen Dichter (Poetae latini minores. Leidae 1731. 4. 2 Voll.) auf, in welcher (Tom. I. p. 1 seq.) man die erste kritische Ausgabe des Gratius findet, von welcher J. P. Schmid einen besonderen Abdruck (Gratii Falisci et Nemesiani Cynegeticon cum notis selectis Barthii, J. Vlitii, Th. Johnsonii et P. Burmanni integris. Mitaviae 1775. 8.) veranstaltete. Noch besser erläuterte J. Chr. Wernsdorf diesen Dichter in seiner Sammlung, welche unter demselben Titel erschien, wie die Burmann'sche (Poetae latini minores. Altenb. 1780 seq. 8. 10 Voll. Tom. I. p. 1 seq.) [23]). Nach ihm wird Gratius vernachlässigt, bis in der neueren Zeit Fr. Jacob (Variarum lectionum Specimen I. Posen. 1827. 4.), Reinh. Stern (Conjectaneorum in Gratii carmen venaticum particula. Heiligenstad. 1830. 4. und Conjectaneorum in poetas latinos minores P. I. Muhlhusae 1830. 4.), L. Troß (Observationes in Gratium. Hamm. 1828. 4. und Observationum criticarum libellus. Hamm. 1828. 4.) und R. Unger (Electa critica. Friedland. 1842. 8.) ihm ihre Aufmerksamkeit zuwendeten. Stern besorgte auch eine neue Ausgabe (Gratii Falisci et Olymp. Nemesiani carmina venatica cum duobus fragmentis de aucupio; cum scripturae varietate et aliorum suisque commentariis. Hal. Sax. 1832. 8.), welche jetzt als die beste gilt und deren Text von W. E. Weber (in dem Corpus poetarum latinorum. Francof. 1833. 8.) und Mor. Haupt (Ovidii Halieutica, Gratii et Nemesiani Cynegetica. Lips. 1838. 8.) wiederholt wurde. Nach Rob. Stern's nicht unwahrscheinlicher Vermuthung [24]) schrieb Gratius auch ein Gedicht über den Vogelfang (de aucupio), welches aber verloren gegangen ist. Eine englische Uebersetzung mit einem vortrefflichen Commentar lieferte Christoph Wase (The poem of hunting written by Gratius Faliscus transl. into engl. verse with notes. Lond. 1654. 12.), eine schlechte französische prosaische Uebersetzung findet man in der von Panckoucke herausgegebenen Bibliothèque latine française (Paris 1826 seq. 8.) und eine nicht viel bessere von Jacquot in der von D. Nisard besorgten Bibliothèque latine avec la traduction française (Paris 1838 seq. 8.); auch die erste deutsche metrische Uebersetzung von S. C. G. Perlet (Gratius' Cynegetikon oder Jagdgesang, lat. u. deutsch Leipzig 1820. 4.) ist mislungen und unverständlich [25]). (*Ph. H. Külb.*)

GRATIUS [1]) (Ortwin), ein durch den von einer Partei seiner Zeitgenossen gegen ihn losgelassenen Spott berühmt oder vielmehr berüchtigt gewordener Lehrer auf der Universität zu Cöln, gegen das Ende des 15. Jahrh. zu Holtwick bei Coesfeld in der Diöcese Münster in Westfalen geboren, stammte aus einer alten und berühmten Familie dieses Landes, erhielt seine gelehrte Bildung in der Schule der Brüder des gemeinschaftlichen Lebens zu Deventer unter der Leitung des bekannten Schulmannes

21) Eine ältere Ausgabe S. l. et a. (Lipsiae) M. Lotter. 4., welche sich nach C. Barth in der Bibliothek eines Klosters des Schwarzwaldes befunden haben soll, beruht auf einem Irrthume. 22) Sie soll zu der Bibliothek de Thou's gehört haben, in welche auch die früher von Sannazaro besessene gekommen war, und wurde wahrscheinlich, wie diese, mit der erwähnten Büchersammlung der königlichen Bibliothek zu Paris einverleibt.

23) Wernsdorf's Ausgabe der kleineren römischen Dichter wurde in N. E. Lemaire's Bibliotheca classica latina unter dem beibehaltenen Titel: Poetae latini minores. Parisiis 1824 seq. 8. 8 Voll. wiederholt. 24) Prolegg. p. XX seq. 25) Vergl. außer den Einleitungen der verschiedenen Herausgeber *Joh. Nic. Funccii* De virili aetate latinae linguae tractatus (Marburg. 1727. 4.) p. 279 seq. *Jo. Alb. Fabricii* Bibliotheca latina, accur. *J. A. Ernesti* (Lips. 1773. 8.) Tom. I. p. 471 seq. J. G. Müller, Einleitung zur Kenntniß der lateinischen Schriftsteller. (Dresden 1747 fg. 8.) Bd. IV. S. 210 fg. Joh. Chr. Fel. Bähr, Geschichte der röm. Literatur. 3. Ausg. Bd. I. S. 335 fg. Real-Encyklopädie der classischen Alterthumswissenschaft. Bd. III. S. 969.

1) Den Familiennamen von Graes, welchen aber der gelehrte Mann in Gratius latinisirte.

Alexander Hegius und ward nach der Beendigung seiner Studien selbst Lehrer an der fünften Classe dieser Anstalt, weshalb er auch in mehreren seiner Schriften seinem Namen die Bezeichnung von Deventer (Daventriensis oder Daventrenus) beifügte. Später siedelte er nach Cöln über, wo er an der Universität als Lehrer der Logik und der alten Sprachen angestellt wurde und zugleich das Geschäft eines Correctors in der berühmten Druckerei P. Quentel's versah, in welcher er auch eine von ihm verbesserte Ausgabe des Catilina Salust's besorgte. Er rückte später zu höhern Stellen und zum Professor der Philosophie vor und scheint in den geistlichen Stand getreten zu sein. Sein Wirken fiel in die Zeit des erbitterten Streites der Humanisten, welche größtentheils als Laien nur schwer zu einträglichen Aemtern gelangen konnten, und den fast ausschließend dem geistlichen Stande angehörenden Professoren, welche auf den Universitäten vorzüglich die Lehrstühle der Theologie, des Kirchenrechts und der Philosophie einnahmen und die neuerungsüchtigen Anhänger der weltlichen humanistischen Richtung fern zu halten suchten. Gratius huldigte der hergebrachten Lehrweise und lieferte sogar während des ärgerlichen Streites zwischen dem Inquisitor Hoogstrat und dem Humanisten Reuchlin ein Epigramm gegen den letzteren, wodurch er sich, da man ihn auch mit Unrecht für den Verfasser einer von Hoogstrat herausgegebenen Schrift (Apologia adversus J. Reuchlinum) hielt, den Haß der ganzen Partei zuzog. Besonders heftig trat Hermann Buschius, sein Landsmann und Mitschüler zu Deventer und später sein College in Cöln gegen ihn auf und war auch wol die Veranlassung, daß die vielbesprochenen, von den Zeitgenossen mit großem Beifall begrüßten Briefe der Dunkelmänner (Epistolae obscurorum virorum) an ihn gerichtet wurden, wodurch sein Name vorzugsweise dem Hohne anheimfiel, obgleich gerade Gratius weit geringeren Antheil an dem Streite mit Reuchlin genommen hatte als andere seiner Collegen zu Cöln. Die Mehrzahl der Briefe, welche eine ironische Vertheidigung der Misbräuche der römischen Kirche enthalten, ist aber an Gratius gerichtet und stellen ihn also vor den Augen der Leser als den Beschützer aller dieser Misbräuche und nebenbei als einen Schriftsteller ohne Talent und Geist und als einen der ersten Grundregeln der lateinischen Sprache unkundigen Pedanten dar. Buschius, einer der Verfasser der Briefe der Dunkelmänner, scheint zugleich diese Gelegenheit benutzt zu haben, seinem Hasse gegen ihn Ausdruck zu geben, denn er wirft ihm uneheliche Geburt, Uebertretung des Cölibats und ähnliche Dinge vor; und diesen Haß rief, wie man sagt, nur beleidigter Ehrgeiz hervor, denn beide lasen über den Donatus, Gratius soll aber mit seinen Vorlesungen größeren Beifall geerntet und sich höhnische Bemerkungen über seinen Collegen erlaubt haben; gewiß ist, daß sich in allen von Gratius herausgegebenen Schriften keine Spur von dem Style findet, welcher in den Briefen der Dunkelmänner so herzliches Lachen erregt. Es kam ja auch nur darauf an, die Zunft, welche an alten Vorurtheilen und Gewohnheiten hing, lächerlich zu machen und Gratius mußte sich mit vielen andern Gelehrten trösten, welche, wie man jetzt mit Bestimmtheit weiß, ebenso ehrenwerthe und redliche, als in ihrem Fache ausgezeichnete Männer waren und doch in den Briefen der Dunkelmänner als Zielscheibe eines scharfen Witzes dienen mußten, aber jetzt schon bei unparteiischen Forschern zum großen Theil von der Schmach befreit sind, welche ihnen von einigen ihrer Zeitgenossen angethan worden ist. Daß die Briefe der Dunkelmänner aber, obgleich sie Manchen beleidigen mochten, eine sehr heilsame Wirkung hatten und der sie begleitende Hohn größeren Nutzen hatte, als der gewaltsamste Ernst, wird wol nicht leicht Jemand in Abrede stellen wollen. Es darf auch angenommen werden, daß Gratius dem gegen ihn selbst und seine Kenntnisse gerichteten Spotte Schweigen entgegensetzte, denn die fast allgemein angenommene Meinung, daß er durch die ebenfalls auf Erregung der Lachlust berechneten Lamentationes obscurorum virorum non prohibitae per sedem apostolicam (Coloniae 1518. 4. und öfter) eine Antwort versucht haben soll, ist schwer zu glauben, im Gegentheil dürften diese Wehklagen als ein zweiter, gegen Gratius geführter Hieb zu betrachten sein, welcher aber weniger Anklang fand, als der erste. Gewiß sahen Gratius und seine Leidensgefährten ein, daß sie ihren Gegnern auf dem von diesen gewählten Felde nicht gewachsen waren. Sie riefen daher lieber gegen persönliche Beleidigungen die Hilfe ihrer Behörden an und scheinen auch bei denselben die gebührende Unterstützung gefunden zu haben; so war Buschius, dessen Lebenswandel auch sehr anstößig gewesen sein soll, zweimal gezwungen, Cöln zu verlassen, wozu die Beleidigungen gegen seinen Collegen Gratius und die Beschwerden desselben zum Theil wenigstens beigetragen haben mögen. Was insbesondere die Angriffe der Briefe auf den Klerus betrifft, so wurden sie von dem Papste sehr übel vermerkt, wie das Verdammungsbreve vom 15. Mai 1517 beweist, welches allen Christgläubigen beiderlei Geschlechts unter Androhung des Bannes die Lectüre der Satyre verbot. Daß dieses Verbot wieder in einer Fortsetzung der Briefe auf dieselbe Weise und nicht ohne Erfolg bekämpft wurde, ließ sich leicht erwarten. Gratius scheint sich über den weitern Streit nicht sehr zu Herzen genommen, sondern unbekümmert um die fortdauernden Angriffe seinen Berufspflichten gelebt und seine literarischen Arbeiten fortgesetzt zu haben, was er um so ruhiger thun konnte, da selbst tüchtige Männer der Gegenpartei seine Kenntnisse achteten, wenn sie auch sich mit seinen dem neuerwachten Geiste widerstrebenden Ansichten nicht einverstanden erklären konnten. So sagt Erasmus von Rotterdam, Gratius würde zu den besten und gelehrtesten Humanisten seiner Zeit gezählt werden müssen, wenn es ihm nicht an Ausbildung seines Genies gefehlt hätte. Daß er ein nicht zu verachtender Gegner war, beweist schon das Bestreben, ihn als in manchen Dingen mit den Ansichten der Fortschrittsmänner jener Zeit einverstanden bei seiner Partei zu verdächtigen, wie man wol aus dem Misbrauch seines Namens bei der Ausgabe des bekannten Fasciculus rerum expetendarum et fugiendarum (Coloniae 1535. fol. Londini 1690. fol. 2 Voll.) schließen darf, denn diese sind eine Sammlung von Actenstücken über das Concil zu Basel, welche darthun sollen, daß ein Concil über dem Papste stehen müsse und daß ein solches das einzige Mittel zur Ausgleichung der Religionsstreitigkeiten sei. Man hielt lange Gratius für den wirklichen Herausgeber, weil dieser sich unter dem Namen des andersdenkenden Mannes, welcher dadurch verdächtigt werden sollte, verbarg. Auch dieses Buch wurde von dem päpstlichen Stuhle in das Verzeichniß der verbotenen Bücher gesetzt und zwar in die Abtheilung der Bücher, welche von unbekannten Verfassern herrühren, was man gewiß nicht gethan haben würde, wenn man die Stelle der Vorrede, worin Gratius in seinem Namen spricht [2]), als echt zu betrachten Veranlassung gehabt hätte. Eine nähere Untersuchung über das Wirken und die Schriften dieses viel verdächtigten Mannes wäre sehr zu wünschen und würde manchen lohnenden Aufschluß über das Treiben der Parteien jener Zeit geben. Als echte Schriften des Gratius nennt man gewöhnlich noch: Orationes quodlibeticae perjucundae (Coloniae 1508. 8.), eine Sammlung von zehn Reden über die verschiedenen Zweige des menschlichen Wissens, Criticomastix peregrinationis Petri Ravennati, J. U. Coloniae Doctoris, bei dem Alphabetum Juris utriusque des Pietro de Ravenna (Lugduni 1511. 8. Ibid. 1517. 4.), Triumphus B. Job, prophetae, drei Bücher Elegien, bei J. Fabri Episc. Vienn. Sermones (Coloniae 1537. fol.), Gemmae praenosticationum (Coloniae 1577. 4.), eine Ausgabe der Schrift Wern. Rolewink De situ Westphaliae und eine Vorrede zu Victor's von Carben Büchlein gegen die Juden. Ortwin Gratius starb am 22. Mai 1541 zu Cöln [3]). — In der Literaturgeschichte wird noch ein Wilhelm Gratius (oder Gracl) genannt, welcher am 1. Febr. 1583 geboren wurde und im J. 1602 in den Orden der Jesuiten trat. Von ihm ist jedoch Nichts weiter bekannt, als daß er eine Biographie des heil. Simeon, welche dessen Schüler Antonius zum Verfasser hat, ins Lateinische übersetzte.

2) Absichtlich scheint daher die genaue Bezeichnung des Gratius zu sein, welche der wahre Herausgeber gibt und welche Gratius selbst schwerlich gegeben hätte. Sie lautet (fol. 243): „In primis igitur, ut nihil te lateat, lector amice, ego Ortvinus a Graes, ex antiqua Graciorum familia Dioecesis Monasteriensis (id quod propter obscuros nebulones et fucatas eorum epistolas a sede apostolica jampridem condemnatas non sine causa dixerim) in Holtwick prope Coesfeldiam patre novalari Friderico a Graes progenitus et Daventriae in dioecesi Trajectensi sub ferula Alexandri Hegii, viri [illegible] fidei in utraque lingua et doctissimi et optimi, illic tum Gymnasiarchae, bonis a puero literis altus et probe eruditus et ob id ipsum Daventriensis cognominatus, ingenue ac libere fateor, omnium praefatiuncularum seu paraenesium quae hoc libro lectori benevolo dedicata continentur (sive hae duae literae O. G. praejectae illis sint, sive non) me authorem esse." Vergl. Dav. Clement, Bibliothèque curieuse et critique. Tom. VIII. p. 240 seq. 3) Vergl. Val. Andreas, Bibliotheca Belgica p. 708. Biographie universelle. Tom. XVIII. p. 337 (Nouv. éd. Tom. XVII. p. 335). Allgemeines Kirchen-Lexikon, herausgegeben von J. Aschbach. Bd. III S. 98. Biographie générale. Tom. XXI. p. 731.

Man findet diese Uebersetzung in den Act. SS. Antverp. Januarii Tom. I. p. 261 seq. abgedruckt [4]).

(*Ph. H. Külb.*)

GRATTAN (Henry), berühmter irischer Staatsmann, im J. 1750 zu Dublin geboren, war der Sohn eines fleißigen und gewandten Sachwalters und Repräsentanten dieser Stadt in dem irischen Hause der Gemeinen und bewies schon in der Schule ungewöhnliche Geistesgaben und einen unermüdlichen Fleiß. In dem Trinitycollege zu Dublin, in welches er als 15jähriger Jüngling im J. 1765 kam, erregte er bald durch seine Kenntnisse und seinen Scharfsinn die Bewunderung und Achtung seiner Lehrer und Mitschüler und trug bei jedem öffentlichen Wettkampfe, wozu gewöhnlich schwierige Aufgaben sowol aus der Politik und Staatsverwaltung, als auch aus dem Gebiete der Wissenschaften und Künste gewählt wurden, fast immer die ersten Preise davon. Diese Erfolge erweckten in ihm den Wunsch, sich dem akademischen Lehrfache zu widmen; da aber die mit dieser Laufbahn nothwendig verbundenen außerordentlichen Anstrengungen mit seiner schwächlichen Körperbeschaffenheit unverträglich schienen, so widmete er sich auf die Vorstellungen seiner besorgten Aeltern und den Rath seiner Freunde der Rechtswissenschaft. Er begab sich deshalb nach London und ließ sich, nachdem er seine Fachstudien im Middle-Temple beendigt hatte, im J. 1772 als Sachwalter in seiner Vaterstadt nieder, ohne selbst die bedeutende Rolle zu ahnen, welche er bald in den Angelegenheiten Irlands spielen sollte und zu welcher ihn, obschon ihm das Wohl seines Vaterlandes sehr am Herzen lag und obschon er zur Erlösung desselben nach Möglichkeit beizutragen trachtete, eigentlich nur ein günstiger Zufall führte. Es bestand um diese Zeit zu Dublin eine Gesellschaft ausgezeichneter Männer, welche sich einmal in jeder Woche versammelten, um Redeübungen über wichtige Gegenstände der Politik zu halten, wozu die immer schlimmer werdende Lage Irlands und der auf diesem Theile Großbritanniens immer schwerer lastende Druck noch besondere Veranlassung gaben. Zu den ausgezeichnetsten Mitgliedern dieser Gesellschaft gehörten Lord Charlemont und dessen Bruder, der Oberst Caulfield, welcher den Flecken Charlemont im Parlament vertrat. Als nun der letztere bei einer Ueberfahrt ertrank, bewirkte der Lord, welcher in dieser Angelegenheit eine entscheidende Stimme hatte, daß Grattan, ein damals noch gänzlich unbekannter Mann, von dessen Fähigkeiten er aber sich zu überzeugen Gelegenheit gehabt hatte, an die Stelle seines Bruders gewählt wurde. Die Opposition des Parlaments der Colonie (wie man gewöhnlich die Gesammtheit der nach Irland übergesiedelten Engländer zu nennen pflegt) hatte bereits begonnen, denn der alle Fesseln lösende Geist des Jahrhunderts war endlich auch in dieses Institut, welches als der Vertreter eines entarteten Adels, einer geldsüchtigen Geistlichkeit, einer Colonie ohne volksthümlicher Grundlage nicht wenig zur

4) *Aug. et Al. de Backer*, Bibliothèque des écrivains de la Compagnie de Jésus. Vol. V. p. 250.

Knechtung der katholischen Irländer beigetragen hatte, gedrungen und fing an, da die Zeit, in welcher das Mutterland in einen gefährlichen Kampf mit den nordamerikanischen Colonien und den mächtigsten Staaten Europa's verwickelt war, günstig erscheinen mußte, sich immer kräftiger zu entfalten, da er überdies an den zahlreichen Regimentern der Freiwilligen, welche sich allmälig in Irland gebildet hatten, eine bedeutende Stütze fand. Grattan nahm sogleich nach seinem Eintritt in das Parlament den lebhaftesten Theil an den Reformbestrebungen und ward bald der beredteste, muthigste und aufrichtigste Vorkämpfer der Opposition, der Leiter des Parlaments, der Freiwilligen des irischen Volkes, insoweit dasselbe überhaupt jetzt schon an dieser Bewegung Theil nahm. Er war es, welcher zuerst den Muth hatte, eine Adresse an den König vorzuschlagen. Darin heißt es nach einigen Versicherungen der Treue und Ergebenheit der Parlamentsmitglieder unter Anderem: „Wir bitten um die Erlaubniß, mit aller Pflicht und Unterthänigkeit Ihrer Majestät die Ursache unserer Unzufriedenheit vorzulegen, Ihre Majestät zu versichern, daß Ihre Unterthanen in Irland ein freies Volk sind, daß die Krone von Irland untrennbar verbunden bleibt mit der Krone Großbritanniens, auf welcher Verbindung die Interessen und das Glück beider Nationen wesentlich beruhen, aber daß das Königreich Irland ein besonderes Königreich, mit einem Parlament seiner eigenen Gesetzgebung für sich ist, daß keine Corporation die Befugniß hat, Gesetze zu machen und die Nation zu binden, mit Ausnahme des Königs und der Lords und Gemeinen von Irland und daß wir demuthsvoll einsehen, wie in diesem Rechte das Wesen unserer Freiheit besteht, ein Recht, das wir im Namen des ganzen irischen Volkes als dessen ursprüngliches Recht in Anspruch nehmen und das wir nicht eher aufgeben werden als mit unserem Leben." Diese Adresse wurde fast einstimmig angenommen und nicht nur war die Antwort des Lordlieutenants auf diese unbedingte Unabhängigkeitsforderung sehr gnädig, sondern die Gewährung erfolgte auch bald darauf (1782) durch die Aufhebung des Declarationsactes Georg's I., wodurch im J. 1720 der Selbständigkeit der englischen Colonie ein Ende gemacht worden war. Der Sieg schien ein vollständiger und Grattan verkündete ihn im Parlament mit den inhaltsschweren Worten: „Irlands Söhne sind nun keine rechtlose Junkerschaft, keine ruinirte Gemeinde mehr; keine Protestanten mehr, Katholiken unterdrückend, keine Katholiken mehr, unter dem Drucke keuchend, Irland ist nun ein vereintes Land. Wir sind nicht mit England vereinigt durch Eroberung, sondern durch Vertrag; Irland hat britische Rechte und ist durch diese mit England verbunden, beide Länder sind vereint in Freiheit. Wendet den Blick auf Europa und ihr werdet den alten Geist überall verschwunden sehen; die meisten Völker neigen sich dem Untergange zu oder stützen sich nur noch auf ihren gewaltigen Namen, ihr aber seid das einzige Volk, das seine Constitution wieder erlangt hat, das sie wieder erlangt hat durch seine Kerntugenden." Die Kämpfer, welchen der Sieg gelungen war, stimmten Jubellieder an und eine Art Rausch ergriff das ganze officielle Irland; von allen Seiten regneten auf Grattan, den Befreier, die dankenden und ermunternden Adressen der Grafschaften und Wahlorte, Corporationen und Freiwilligenregimenter; selbst die Eingeborenen betrachteten die Aufhebung des Declarationsactes, auf welchem allein die Herrschaft Englands über Irland zu beruhen schien, als eine Revolution. Es war sogar die Rede davon, Grattan eine Statue zu errichten, der bescheidene Mann lehnte jedoch entschieden diese voreilige Ehrenbezeugung ab und war mit der ihm gewordenen allgemeinen Anerkennung seiner Bemühungen zufrieden, das Parlament glaubte indessen diese nicht unbelohnt lassen zu dürfen und brachte in kurzer Frist eine bedeutende Summe zusammen, um Haus und Ländereien zu kaufen, welche von Grattan und seinen Nachkommen für ewig besessen werden sollten. Grattan nahm das Geschenk an, welches ihn den feindlichen oder freundlichen Notabilitäten, mit welchen er zu verkehren hatte, gleich stellte, und er hatte es als der Vertreter der Engländer in Irland verdient, die Colonie war emancipirt, aber Irland selbst im irischen Parlament rechtlos und unvertreten. Für die Irländer selbst gab es keinen Vertrag; sie waren keine Bürger, sie konnten keine Gemeindemitglieder sein, sie konnten nicht wählen und nicht gewählt werden, sie waren vor wie nach Eroberte. Daß sich deshalb der Jubel nur auf einen kleinen Theil der Eingeborenen erstreckte, kann man leicht vermuthen, auffallender mag es aber erscheinen, daß selbst im Parlament allmälig tadelnde Stimmen laut wurden, obgleich auch Neid und Ehrgeiz mit ins Spiel kamen. Als der eifrigste Gegner des Befreiers zeigte sich Henry Flood [1]), welcher, nachdem Grattan durch die Unabhängigkeit Irlands von England zufrieden gestellt schien, die Leitung der freisinnigen Opposition aufnahm. Müde, fortwährend den Erretter und Befreier auf alle mögliche Weise preisen zu hören, vielleicht auch aus Aerger über die erkleckliche Geldbelohnung Grattan's, erlaubte er sich die Frage, wovon dieser eigentlich Irland befreit habe. „Etwa von dem Ministerium?" sagte er, „keineswegs; oder von der englischen Gewaltherrschaft? noch viel weniger. Aber wovon denn? nur von dem Statut (der Declarationsacte). Nun, was liegt denn an dem Statut? Es hat die seit langer Zeit von England verübten und von Irland geduldeten Anmaßungen nicht begründet, sondern nur formulirt. Die Aufhebung der Formel bringt aber die Unterlassung der Anmaßungen selbst keineswegs mit sich. Das britische Ministerium wird wol die Durchführung seiner Aufgabe in Irland nach der Aufhebung des

1) Henry Flood, im J. 1713 zu Dublin geboren, war der Sohn eines reichen Justizbeamten an der königlichen Bank in Irland, widmete sich der Jurisprudenz und verband mit gründlichen Kenntnissen ein nicht unbedeutendes Rednertalent. Im J. 1759 in das irische Parlament gewählt, hielt er sich zur Opposition, insofern diese seinen Ansichten und Wünschen entsprach, wodurch er sich ebenso, wie durch abwechselnde Annahme und Ablehnung von Staatsämtern den Verdacht der Zweideutigkeit zuzog; auch der Streit mit Grattan trug viel zur Abnahme seines Ansehens bei. Er starb am 2. Dec. 1791.

Statuts weniger bequem finden, wer wird aber dadurch leiden müssen? Nur Irland. Das Statut ist brutal, aber offen; jetzt werden die Vicekönige genöthigt sein, ihre Zuflucht zur List zu nehmen; an die Stelle der Unterdrückungen, welche man mit einer gewissen Regelmäßigkeit und ohne Hehl verübte, werden die Launen und die Willkürlichkeiten einer nicht weniger niederdrückenden Regierung folgen." Es lag wol einige Uebertreibung in diesen Bemerkungen, im Allgemeinen waren sie jedoch richtig. Grattan hatte die Emancipation Irlands nur begonnen und es blieben noch viele und mächtige Hindernisse zu überwinden; er erkannte bei seinem ersten Auftreten die angeregte ungeheure sociale Frage nicht in ihrem ganzen Umfange und in ihrer ganzen Schwierigkeit, glaubte aber, daß man vorerst mit der Aufhebung des Statuts zufrieden sein müsse, ohne die englische Regierung durch voreilige Schritte zur ausdrücklichen Erklärung der Unabhängigkeit Irlands zu drängen. Von dieser nach seiner Ueberzeugung richtigen Ansicht ausgehend, ließ er sich zu unerquicklichen Zänkereien mit seinem durchaus nicht unerfahrenen und zu verachtenden Gegner, dem ebenfalls die Gabe der Rede nicht fehlte, verleiten und die große Frage der Befreiung Irlands verdunstete in einem Eitelkeitskampfe. Das britische Ministerium sah mit Vergnügen, wie sich die beiden Kämpfer wechselsweise durch bittern Hohn und durch Vorwürfe zerfleischten; es gewann Zeit, ermannte sich wieder und sah ruhig zu, wie die Begeisterung für den Befreier sich allmälig abkühlte, bis sie in Gleichgültigkeit und zuletzt in Bedenklichkeit und Verdacht überging. Flood und seine Anhänger durften sogar, ohne einen Sturm des Unwillens zu erregen, die offenbare Lüge im Parlament wagen, der Vertreter von Charlemont habe sich für baares Geld dem Ministerium verkauft und verrathe das Volk. Grattan antwortete auf gleiche Weise und sprach, indem er seine Rede scheinbar an einen abwesenden Collegen richtete, die Augen unbeweglich auf Flood gerichtet: „Sie verrathen große Geistesgaben, aber Sie führen ein schändliches Leben; viele Jahre hindurch haben Sie ein tiefes Schweigen beobachtet und sich dasselbe bezahlen lassen; ich behaupte hier im Angesichte Ihres ganzen Landes, vor der ganzen Welt und vor Ihren eigenen Augen, daß Sie kein ehrlicher Mann sind." Diese persönlichen Angriffe führten endlich zu einem Zweikampf, der aber ohne gefährliche Folgen blieb, einen desto gefährlicheren Eindruck machten sie aber auf die nur nach dem Scheine urtheilende Menge und man kann nicht leugnen, daß die Gunst, welche Grattan in einem so beispiellosen Grade und in so übermäßiger Fülle genossen hatte, eine Unterbrechung litt, was indessen in der Geschichte der Volksführer nicht selten geschieht. „Weil er sich weigerte," sagt Lord Brougham *), freilich von seinem englischen Standpunkte aus, „auf höchst verdächtige Pläne von Männern einzugehen, die in jeder Beziehung unter ihm standen und deren Ehrlichkeit mehr als zweifelhaft war, die Jeden, welcher noch eine Mäßigung anerkannte, der Volksgunst für unwürdig erklärten, mußte er es erleben, daß er von Aufwieglern angeklagt, von Nichtswürdigen verleumdet und von denen, welche sie betrogen hatten, von der Masse derselben Nation, deren Abgott er soeben noch gewesen war, verlassen wurde." Grattan, obschon überzeugt, nur das Beste seiner Mitbürger gewollt zu haben, scheute keine Anstrengung, seine Verdächtiger Lügen zu strafen und bald fand er eine Gelegenheit, sich glänzend zu rechtfertigen. Ein gewisser Ord stellte bei einer Verhandlung im Parlament (1785) über die mercantilen Verhältnisse des Landes den Antrag, die irische Gesetzgebung solle alle den Handel betreffende Verordnungen des britischen Parlaments ohne weitere Untersuchung anerkennen und in ihre Bücher eintragen; Grattan, welcher sogleich einsah, daß die Annahme dieses Antrags mit der Vernichtung des irischen Handels gleichbedeutend sei, da der englische Kaufmannsgeist über die Mittel, die Concurrenz des Nachbarlandes zu erdrücken, nicht verlegen sein konnte, und daß dieser Uebergriff die von ihm erfochtene Unabhängigkeit wieder in Frage stelle, erhob sich mit aller Kraft seiner Beredsamkeit gegen diese hinterlistige Motion und bekämpfte sie mit so triftigen Gründen, daß sie durchfiel. Grattan erlangte durch diesen hartnäckigen Kampf, welcher hinlänglich bewies, daß er nicht im Solde der Regierung stand, und den glänzenden Erfolg seine vollständige Popularität wieder. Er galt von nun an als einer der ersten Häupter der Nationalpartei, als der einflußreichste Sprecher der Opposition in der Kammer der Gemeinen und als Führer der irischen Whigs. Auf seine Anregung verpflichteten sich alle Mitglieder des Whigclubs, kein Amt in der Verwaltung anzunehmen, wenn die Regierung nicht die an sie gestellten Forderungen bewillige; diese lauteten: Die großen Kronbeamten sollen für ihre Handlungen verantwortlich sein, besoldete Beamte dürfen bei den Wahlen nicht mitstimmen und bei der Vertheilung von Stellen und Pensionen muß eine nothwendige Beschränkung stattfinden. Im J. 1785 kam endlich durch die Bemühungen der Oppositionspartei im Parlament der Colonie ein Project zu einer Art Handelsvertrag zwischen Irland und England zu Stande und wurde von der Regierung gebilligt, aber von Pitt mit so vielen Abänderungen und Zusätzen zu Gunsten Englands zurückgeschickt, daß Grattan es entschieden bekämpfen zu müssen glaubte. Das Parlament nahm es denn auch bei der ersten Lesung nur mit einer einzigen Stimme Mehrheit an, wodurch die englische Regierung sich veranlaßt sah, es fallen zu lassen. Große Freude erregten im Volke zwei Gesetzvorschläge, welche Grattan ins Parlament brachte, die zwar vollständig den Wünschen und den Bedürfnissen der Zeit entsprachen,

*) For refusing to join in the designs, of a more than doubtful origin, of men inferior in reputation of every kind, and of more than doubtful honesty-men who proscribed as unworthy of the people's esteem all that acknowledged any restraints of moderation, — he lived to see himself denounced by the factious, reviled by the unprincipled, and abandoned by their dupes, the bulk of the very nation whose idol he had so lately been. Historical sketches of Statesmen (Ed. Paris 1839. 8.), p. 146.

aber die hohen Würdenträger der anglicanischen Kirche, welche sie betrafen, so empfindlich berührten, daß man jetzt noch kaum ihre Annahme hoffen durfte, obschon der Geist des philosophischen Jahrhunderts auch in Irland und selbst im Parlament der Colonie Anhänger genug hatte; diese zeigten sich überhaupt dem Klerus nicht sehr günstig und dachten in allem Ernste daran, ihre Renten, Zehnten und Abgaben ein wenig zu ordnen. Auf diesen Beistand vertrauend brachte Grattan im J. 1788 die beiden Anträge ins Parlament, daß man die Versorgung der Geistlichkeit auf andere Weise, als durch den Zehnten, erwirken und daß man, um den Anbau wüstliegender Ländereien zu befördern, denselben eine siebenjährige Freiheit von den Abgaben an die Kirche gestatten solle. In der von ihm auch gedruckt verbreiteten merkwürdigen Rede über diesen Gegenstand (Speech on Tithe. 1788. 8.) entwickelte er die Entstehung und die frühere Bedeutung des Zehnten, welcher nur, als die Kirche noch arm an Gütern da stand, zur Unterstützung der Wittwen, Waisen und Armen bestimmt war und damals von den Geistlichen ausschließend und gewissenhaft zu diesen Zwecken verwendet wurde. „Mit der Zeit," fährt er fort, „griffen die mächtiger gewordenen Würdenträger, die nun an den Höfen der Fürsten glänzten und sich in Staatssachen mischten, die geschäftigen Hohenpriester, die kriechischen geistlichen Politiker und besonders die Aebte, die mit in den Krieg ziehen mußten und dies zum Vorwande ihrer Erpressungen misbrauchten, um sich, bemächtigten sich der Grundstücke und überließen das Geschäft des Betens den niederen Geistlichen, welche sie auf den Zehnten und das Volk anwiesen... Seht den Pfarrgehülfen! Um sechs Uhr des Morgens erhebt er sich von seinem Lager, um die Morgengebete zu verrichten; um sechs Uhr des Abends verläßt er die Gesellschaft, um die Abendgebete zu halten. Er tauft, er trauet, er begleitet seinen Mitchristen mit frommen Diensten von der Wiege bis zum Grabe und für welch' ein unermeßliches Einkommen! Welche Reichthümer werden aufgewendet, ihn für die unschätzbaren Güter, welche er darreicht, zu belohnen! Funfzig Pfund jährlich, funfzig Pfund für Beten, Trauen, Taufen, Kirchehalten, Begraben und mit christlichen Diensten seinem Nebenmenschen folgen von der Wiege bis zum Grabe! Eine so genügsame Sache ist die Andacht, so wohlfeil ist die Religion, da so geringes Einkommen ist nach dem Urtheil unserer hohen Geistlichkeit hinreichend für die Dienste eines Pfarrers. Ich meine aber, der Pfarrer habe viel zu wenig und die Kirche, angeschwollen vom vollen Zehnten, habe darin schon weit zu viel..... Hätten die Apostel im jüdischen Volke Zehntansprüche auf die Erzeugnisse Judäa's erhoben, so würden sie selbst ein viel weniger verkehrtes Geschlecht nicht haben belehren können; aber es waren demüthige, vom heiligen Geiste erleuchtete und erwärmte Männer; sie gingen in äußerer Niedrigkeit einher und brachten zu Jedermanns Thür und in Jedermanns eigener Sprache den beseligenden Glauben; ihre Worte überwanden die Großmächtigen der Welt; sie stellten auf die Trümmer des barbarischen Stolzes und des Hohenpriesterthums die nackte Majestät der christlichen Religion. Doch dieses Licht wurde bald niedergedämmt durch die eigenen Diener desselben; bei seinem Erlöschen erhob sich dann eine auf die gemeinste Weise prunkende Priesterschaft, politische Machthaber, nicht christliche Hirten, voll falschen Eifers, voll weltlichen Stolzes, voll Schlemmerei, bettelarm an wahrer Religion, Unterdrücker ihrer Heerde, brutal gegen den niedern Klerus, niederträchtig vor Königen, schamlos und keck vor Gott. Am Altare stehen sie, wie auf einem Tritte zum Throne, raunen den Fürsten Schmeicheleien in die Ohren, vergiften sie mit verkehrten Grundsätzen und verhaßten Rathschlägen und würden als Rebellen gegen die Machthaber auftreten, wenn sie nicht die Sklaven derselben wären. Aber mit ihrer Macht ist's aus; sie werden in eigener Vollblütigkeit vergehen, sobald ein armer Reformator mit dem Evangelium in der Hand, in der Begeisterung der Armuth die christliche Religion wieder herstellt." .... „Ihr sagt," bemerkte Grattan auf mehrere Entgegnungen, „das Gesetz kann hier helfen, ja, wendet euch an die kirchlichen Gerichtshöfe; der Richter ist ein Geistlicher oder von einem Geistlichen eingesetzt und somit Richter in seiner eigenen Sache." Diese und ähnliche Vorwürfe schleuderte Grattan gegen die Vertheidiger des Zehnten; ein Theil des Parlaments stimmte ihm bei, aber wie sehr auch die beiden Anträge der Gerechtigkeit entsprachen und wie bescheiden auch insbesondere der zweite war, so konnte doch der Antragsteller, obgleich er alle Kraft seiner Beredsamkeit aufbot, nicht mit ihnen durchdringen; die hohen Würdenträger der anglicanischen Kirche sahen in ihnen nur ungesetzliche und gefährliche Neuerungen und sie wurden mit einer nicht unbedeutenden Stimmenmehrheit verworfen. Dieser Despotismus einer Majorität, deren größerer Theil als Richter in eigener Sache entschied, veranlaßte Grattan, welcher bis jetzt eigentlich nur als Vorkämpfer der englischen Colonie gelten konnte, einen andern Weg einzuschlagen und sich, obgleich er selbst der protestantischen Confession angehörte, auf die katholische Bevölkerung Irlands zu stützen und für dieselbe den Mitgenuß der politischen Rechte und Theil an der Verwaltung zu verlangen. Er stellte also die mit der Emancipation der Katholiken gleichbedeutende Frage, ob das officielle Irland eine protestantische Colonie oder eine Nation sein solle, in den Vordergrund und berührte sie, zum Deputirten von Dublin gewählt, zum ersten Mal leise in seiner Rede über die Adresse an den König bei der Eröffnung des irischen Parlaments im J. 1791 (Speech on the Address to his Majesty at the opening of the Irish Parliament, containing the Puplic Papers and Resolutions of the United Irish. 1792. 8.), ohne bei seinen Collegen Anklang zu finden; er mahnte sie vergebens zur Nachgiebigkeit und stellte ihnen die gefährlichen Folgen vor Augen, welche der um diese Zeit gestiftete Bund „der vereinten Irländer" haben könne, welcher unter dem Vorwande, eine Reform herbeizuführen, Irlands Unabhängigkeit und die Stiftung eines eigenen Freistaates bezweckte. Entschieden trat er im J. 1793 als Fürsprecher seiner katholischen Landsleute auf und trug in einer meisterhaften Rede (Speech on the Bill for the Emancipation of the Roman Catholics of Ireland, presented at the House of Commons. 1797. 8.) auf Erweiterung ihrer Rechte an. Es war ihm aber nicht möglich, etwas auszurichten, da er keine Unterstützung im Parlament fand und auch den König gegen sich hatte, welcher durch den die anglicanische Kirche bevorzugenden Huldigungseid gebunden war. Vor Allem that eine vorwiegende katholische Repräsentation noth, weil der Katholicismus die Religion der Mehrzahl der Irländer ist; wie konnte man aber katholische Deputirte ohne gerechte und den Bedürfnissen des Landes entsprechende Gesetze bekommen? Die Bemühungen Grattan's, beinahe vier Millionen seiner Mitbürger aus ihrem politischen Nichts hervorzuziehen, scheiterten an der Hartnäckigkeit und den Ränken der Zehntenvertheidiger. Der Antrag wurde mit mitleidigem Lächeln und mit jener stolzen Verachtung, die man der Unbesonnenheit eines Thoren entgegenzusetzen pflegt, abgewiesen und die rechtlosen Katholiken blieben nach wie vor die Parias der anglicanischen Sekte. Es zeigte sich aber alsbald eine verdächtige Bewegung von einem Ende der Insel bis zum andern und die englische Regierung, welche dem Sturme nicht offen entgegen zu treten wagte, nahm ihre Zuflucht zur List und schickte als Statthalter Lord Fitzwilliam, einen sehr freisinnigen, über die Forderungen der Unzufriedenen in Irland höchst günstig denkenden Mann. Seine Ernennung wurde überall mit Jubel aufgenommen. Die Katholiken reichten ihm eine Adresse ein, in der sie ihr unbeschränktes Vertrauen und ihre weitreichenden Wünsche aussprachen und der Statthalter antwortete ihnen in einer Weise, welche ihren Hoffnungen Nahrung gab. Eine Emancipationsbill wurde ins Parlament gebracht und durchlief zwei Stufen ohne Anstoß; die Erwartungen Irlands schienen in Erfüllung zu gehen und das unglückliche Volk glaubte endlich den ersehnten sicheren Hafen erreicht zu haben. Die Nachgiebigkeit der englischen Regierung war aber nur Heuchelei, sie hatte Fitzwilliam, dessen Gesinnungen ihr wohl bekannt waren, absichtlich zum Statthalter gewählt, um die Hoffnungen Irlands auf das Höchste zu steigern, sie dann aber mit einem Schlage zu vernichten und so die Geduld des Volkes zum Bruche zu bringen. Mag nun diese Vermuthung richtig oder Fitzwilliam, wie Andere behaupten, zu nachgiebig gewesen sein, er wurde schon nach einigen Monaten zurückgerufen und Lord Camden, sein Nachfolger, suchte das alte System mit noch größerer Rücksichtslosigkeit durchzuführen. Die Beamten, welche von Fitzwilliam entfernt worden waren, erhielten ihre Stellen wieder und die Sinecuren für wohlgesinnte Schmeichler wurden vermehrt. Die Erbitterung durch diese schändliche Täuschung wuchs mit einer kaum glaublichen Schnelligkeit und reifte alsbald, wie man erwartet hatte, zur That. Der Bund der vereinigten Irländer schaffte Waffen an, musterte und übte das Landvolk und die Häuptlinge knüpften sogar verrätherische Unterhandlungen mit Frankreich an, welches kräftigen Beistand versprach. Grattan, welcher sich aufrichtig an Fitzwilliam angeschlossen und ihn mit seinem ganzen Einflusse zum Wohl des Landes unterstützt hatte, sah sich jetzt auf eine so unglaublich treulose Weise enttäuscht und erkannte mit Schrecken die nahe Gefahr, welche die so mühsam errungenen Vortheile wieder gänzlich zu vernichten drohte, denn er war fest überzeugt, daß der absichtlich heraufbeschworene Bürgerkrieg mit der völligen Unterjochung Irlands enden müsse. Er rieth deshalb nochmals zu aussöhnenden Maßregeln und stellte vor, daß sich bei Befolgung derselben gewiß jeder redliche Irländer auf die Seite des Thrones stellen würde; das Ministerium beachtete aber seine Vorstellungen nicht, sondern griff sogleich zu strengen Zwangsmitteln und ließ das Militairgesetz in Wirksamkeit treten. Grattan fühlte sich ebenso wenig, wie die übrigen Führer der gesetzlichen Opposition, berufen, sich an die Spitze des Aufstandes zu stellen, legte sein Mandat nieder und entwickelte seine Gründe in einer Adresse an seine Wähler (Address to his Constituents the Citizens of Dublin on his determination to retire from the Parliament of Ireland 1797. 8.). Er lebte, so lange der Kampf dauerte und kaum zu schildernde Verfolgungen den Sieg der Engländer bezeichneten, von aller Politik fern, auf seinem Landsitze, übte die Tugenden eines rechtschaffenen Hausvaters in dem Kreise seiner zahlreichen Familie und fand in dieser traurigen Zeit nur Trost in der Achtung der Redlichen und im Umgange mit guten Nachbarn. Er verließ diese Einsamkeit aber, als nach der Unterdrückung des Aufstandes das Wort von Neuem die Stelle des Schwertes einnehmen mußte und als der Staatsminister William Pitt, den errungenen Sieg benutzend und um einer wiederkehrenden ähnlichen Gefahr vorzubeugen, mit dem Vorschlage hervortrat, Großbritannien und Irland durch eine innige Verbindung (Union) und durch ein einziges Parlament zu einem Reiche zu vereinigen. Englische Staatsmänner betrachteten von ihrem Standpunkte aus diesen Vorschlag als eine von echter Weisheit entworfene Maßregel und hielten sie, obgleich dabei die Anwendung schlechter und verschlechternder Mittel nicht zu vermeiden war, für die Wohlfahrt Irlands ebenso nothwendig, als für die Sicherheit des ganzen Reiches [8]; eigentlich war aber die Union die Auflösung, die Rechtsvernichtung der englischen Colonie in Irland, sie war die Zerstörung des einzigen Bandes, durch welches Irland mit England organisch zusammenhing. Auch Grattan war dieser Ueberzeugung und ihm gleich den übrigen Männern seiner Partei und überhaupt den meisten Irländern der Gedanke, Irland nicht mehr als ein eigenes Königreich mit eigener Constitution und eigenem Parlament dastehen zu sehen, so unerträglich, daß er sich augenblicklich wieder um eine Stelle im Parlament bewarb, um den Unionsvorschlag zu bekämpfen. Er

8) „A measure planned in true wisdom, though executed by most corrupt and corrupting means, a measure as necessary for the well-being of Ireland as for the security of the empire at large." Brougham, Statesmen p. 164.

wurde von der Grafschaft Wicklow im J. 1800 insbesondere zu diesem Zwecke gewählt und that sein Möglichstes, um den Wünschen seiner Auftraggeber zu entsprechen, wie seine Rede im irländischen Hause der Gemeinen gegen die Union (Speech in the Irish House of Commons against the Union with Great Britain. 1800. 8.) und seine Antwort auf ein gegen ihn gerichtetes Pamphlet über diesen Gegenstand (Answer to a Pamphlet entitled „The Speech of the Earl of Clare," on the Subject of a Legislative Union between Great Britain and Ireland. 1800. 8.) hinlänglich beweisen. „Die irländischen Repräsentanten im künftigen Reichsparlament," sagt er in seiner Rede, „werden in ihrer neuen Lage eine Art von Reichsmännern in weiter Bedeutung sein, welche das eine Land nicht für die Seinigen erkennt, das andere nicht erwählt hat, sodaß sie in der Mitte zwischen beiden schweben und keinem von beiden zugehören. Der scharfsinnige englische Staatssecretair hat das vorhergesagt, indem er spricht: Welch ein Vortheil wird für Irlands Talente die ihnen in Großbritannien eröffnete so günstige Gelegenheit sein! — Das ist's eben, was ich fürchte. Der Markt von St. Stephan (das Parlamentshaus) öffnet sich dem Einzelnen und die Talente des Landes, gleich einer Waare aus Irland nach England hinübergeschafft, sollen in London verkauft werden. Es werden zwar diese Männer unter diesen Umständen (und Menschen sind Kinder der Umstände) kraft ihrer angeborenen Ehre sich sträuben, aber doch werden sie Abenteurer sein und zwar von sehr kostbarer Art, Abenteurer in Anmaßungen, gekleidet in die Leichenhemden und Grabtücher des irländischen Parlaments und um Lohn ihre Karten auf dessen Grabe spielend, dem einzigen Aufbewahrungsorte, welchen der englische Minister noch einer irländischen Constitution zugestehen wird; Symbole der Herabsetzung Irlands werden sie sein und die Repräsentanten von Nichts." — „Menschenwerk," sagt er an einer andern Stelle warnend, „wird nur langsam aufgebaut, aber kleine Minister, ein kleinlicher Gesetzgeber oder ein verschwenderischer Regierungsstümper mögen rasch ein Gebäude zu Grunde richten. Rührt nicht an euer Parlament, theuer war sein Erwerb und schwer würde seine Wiedererlangung sein. Es ist der Tempel unserer Freiheit und unserer Gesetze." Dies war die Leichenrede des irländisch-englischen Parlaments und der Redner war derselbe, der ihm einst seine Selbständigkeit errang. Seine warnende Stimme fand keinen Eingang; das Ministerium hatte die Mittel erkannt, die am besten für die Söhne der englischen Colonie in Irland paßten, und so führte es sie zum unbedingten Selbstmord der englischen Colonie in Irland. Grattan hatte bis zum letzten Augenblick gegen die Auflösung des irländischen Parlaments gekämpft; als sie aber dennoch erfolgt war, glaubte er nicht sich kleinmüthig zurückziehen zu müssen, sondern hielt es für die heiligste Bürgerpflicht, jetzt an dem einzigen Orte, wo es fortan geschehen konnte, im neuen Reichsparlament für das gemeinsame Wohl der vereinigten Königreiche und insbesondere für die Befreiung der katholischen Irländer von dem auf ihnen lastenden Joche seine Kräfte wirken zu lassen. Im J. 1805 wählte ihn der Burgflecken Malton und im folgenden Jahre die Hauptstadt Irlands zum Deputirten. Aber welcher Unterschied für den Volksvertreter zwischen London und Dublin! Zu Dublin hatte ihn eine große Schaar patriotischer Männer umgeben, welche seine Gesinnungen theilten und sich durch seine Stimme angefeuert fühlten, zu Dublin hatte er die Fahne an der Spitze seiner Partei hoch gehalten und einem elektrischen Funken geglichen, welcher im Stande war, Alles in Brand zu stecken, in London war er nur ein Redner mehr. Dagegen konnte sein Wort, wenn es auch weniger gefährlich war, wirksamer werden; erschallte es weniger weit, so erschallte es desto stärker. Viele Anhänger der anglicanischen Kirche fühlten, als sie den schauderhaften Druck der Katholiken durch die Führer ihrer Partei vernahmen, Scham und Mitleid; viele dem Ministerium nahe stehende Männer begriffen, daß eine stufenweise und kluge Verminderung der schreienden Ungerechtigkeiten der an der Spitze der Regierung stehenden Machthaber unmöglich für den Augenblick Gefahr bringen könne, sondern im Gegentheil die Gefahren der Zukunft im Keime ersticken müsse. Grattan benutzte diese günstige Stimmung und entwickelte in mehreren meisterhaften Reden (Speeches on the Catholic Petition in the House of Commons. 1810. 8. Speech on his own Motion respecting the Petition of the Catholics of Ireland. 1812. 8.) die politischen Gründe, welche für die Gleichstellung der Katholiken mit den übrigen Staatsbürgern sprachen. Wenn auch seine Bemühungen vorerst keine große Erfolge zu haben schienen, so bereiteten sie doch diejenigen vor, welche sich später vor unseren Augen verwirklichten. Ohne seine Beharrlichkeit und ohne die nachdrücklichen Forderungen, welche er bei keiner Gelegenheit mit aller Kraft seiner Beredsamkeit zu stellen versäumte, wären die Anhänger der anglicanischen Kirche nicht Schritt vor Schritt vor den Katholiken Irlands zurückgewichen. Die Zeitverhältnisse waren den letzteren freilich auch ungewöhnlich günstig. Die Zustände Europa's forderten gebieterisch, sie zu schonen und die englischen Staatsmänner fingen nothgedrungen an, sich immer mehr zu einer versöhnenden Politik gegen Irland hinzuneigen. Der neuausgebrochene Krieg schien England keine Wahl zu lassen zwischen der Gefahr einer Landung von Seiten Frankreichs oder der Emancipation der Katholiken, und wirklich stimmten, als Napoleon gegen Rußland zog, Whigs und Tories mit einer Mehrzahl von weit über 100 Stimmen im Unterhause und mit der Minderzahl von einer Stimme im Oberhause für sie. Diese einzige Stimme entschied das Geschick Irlands. Die Besiegung Napoleon's und die Wiederkehr desselben von Elba drängte die wichtige Frage auf kurze Zeit in den Hintergrund. Bei den Verhandlungen über die Wiederaufnahme des Krieges gegen Frankreich stimmte Grattan, welcher bis jetzt stets mit den Whigs gestimmt hatte, mit den Tories für denselben und vertheidigte seine von den Parteigenossen mit Mißfallen aufgenommene Abstimmung mit nicht verwerflichen Gründen, indem er vor Allem auf den

Eigennutz und die Treulosigkeit Napoleon's hinwies. „Man hat behauptet," rief er, „dieser Mann sei stets der Vorkämpfer der Freiheit gewesen, aber er hat sie überall, wohin er seine Schritte lenkte, nur für sich behalten; er hat Italien in Besitz genommen, aber den Italienern keineswegs die Freiheit gegeben; er hat sich Spaniens durch die schändlichsten Mittel bemächtigt, aber den Spaniern die Freiheit nicht gewährt; er hat Holland sich unterthänig gemacht, aber die Holländer haben, während sie von ihm abhängig waren, nie etwas von Freiheit gewußt; er hat den Thron Frankreichs zum zweiten Mal bestiegen, aber er scheint durchaus nicht geneigt, für die Freiheit der Franzosen andere Zugeständnisse zu machen, als solche, wozu ihn die Verhältnisse zwingen. Die Freiheit, auf welche er den größten Werth legt, ist diejenige, sich mit einer Classe von Menschen verbinden zu können, welche nach seiner Meinung am geeignetsten sind, seine selbstsüchtigen und willkürlichen Pläne zu verwirklichen. Er lebt eben im vollkommenen Einverständnisse mit den Jacobinern und bietet der Welt den sonderbaren Widerspruch eines Mannes dar, welcher nicht im Stande ist, die Freiheit zu ertragen, und sich mit einer Partei einläßt, welche keine Regierung ertragen kann." Daß Grattan nicht als Abtrünniger, sondern aus voller Ueberzeugung gesprochen hatte, bewies die Folge, denn er blieb auch später ein standhafter Verbündeter der Whigpartei. Als diese nach Pitt's Tode ans Ruder kam, übernahm er keine Stelle, lieh ihr aber bei allen bedeutenden Fragen der englischen und irischen Politik kräftigen Beistand und zeigte sich weit über die niedrige und engherzige Ansicht erhaben, welche die Bemühungen eines Staatsmannes blos auf solche Gegenstände beschränken möchte, die nur einen Theil des Reiches betreffen. Vor Allem aber suchte er das Uebergewicht seiner Partei zur Durchführung der Aufgabe seines Lebens zu benutzen, obschon er hier für diese weniger Anklang fand, als er gehofft hatte. Nach der Besiegung und Beseitigung Napoleon's traten zwar wieder die innern Angelegenheiten in den Vordergrund und man mußte die immer lauter werdenden Klagen Irlands ununterbrochen hören; Canning sprach zwar, nachdem er Minister geworden war, oft von Emancipation der Katholiken, aber handelte stets als der ergebene Diener eines stupid-verstockten Feindes aller Duldsamkeit und Gerechtigkeit. Die Agitation begann also von Neuem und mit verstärkter Kraft. Als endlich eine Riesenpetition zu Stande gekommen war, wurde der mit der Sachlage am besten vertraute Grattan gewählt, um sie dem Unterhause vorzulegen und warm zu empfehlen. Der 70jährige Greis, obschon von Krankheit niedergebeugt, zögerte keinen Augenblick, dem ehrenvollen Rufe seiner Landsleute zu entsprechen. Als seine Angehörigen und Freunde ihm vorstellten, daß diese Anstrengungen mit der Beschaffenheit seiner Gesundheit unverträglich seien, erwiderte er: „Ich werde mich sehr glücklich schätzen, wenn ich bei treuer Pflichterfüllung für mein Vaterland sterbe." Dieser Wunsch ward ihm gewährt, denn bald nach seiner Ankunft in London schied er am 14. Mai 1820 mitten in seiner ruhmvollen Thätigkeit hin, ohne das Ziel seiner Anstrengungen erreicht zu haben; er starb, wie sich einer seiner Biographen treffend ausdrückt, auf der Bresche als Märtyrer seines Patriotismus und wurde auf den Antrag seiner Freunde und Verehrer, nach Einholung der Erlaubniß seiner Familie in der Westminsterabtei begraben. Die ausgezeichnetsten Mitglieder beider Parlamentshäuser befanden sich bei seinem Leichenbegängnisse. „Grattan," sagt James Mackintosh in der sehr ruhig gehaltenen und durchaus nicht mit Schmeicheleien verbrämten Lobrede 4) auf ihn, „war unter den neueren Rednern der einzige, von welchem man behaupten kann, daß er in den beiden durch Geschmack, Gewohnheiten und Vorurtheile so sehr verschiedenen Parlamenten, als wären es die Versammlungen zwei sich fremder Völker, den ersten Rang einnahm. Die Reinheit seines Lebens trug viel zu dem Glanze seines Ruhms bei, denn er gehört zu der kleinen Zahl jener Männer, deren Privatlingewohnheiten allen, welche ihnen in ihrer politischen Laufbahn folgen wollen, als Beispiel aufgestellt werden können. Er war ebenso gewissenhaft in der Beobachtung seiner Privatobliegenheiten, als heldenmäthig in der Erfüllung seiner öffentlichen Pflichten. Unter allen geistreichen Männern, welche ich je kennen lernte, habe ich nie einen gesehen, welcher so glücklich die sanftesten Eigenschaften des Herzens mit den mächtigsten Gaben des Verstandes verband. Wenn ich seinen Charakter in wenig Worten zu schildern hätte, so würde ich mit einem alten Geschichtschreiber 5) sagen: er war ein Mann von unsträflichem Lebenswandel, mit den herrlichsten Eigenschaften des Geistes ausgerüstet, von den reinsten Absichten beseelt und mit allen Tugenden geschmückt, deren die durch Anlage und sorgfältige Pflege veredelte menschliche Natur fähig ist." Auch andere Zeitgenossen schildern ihn in gleicher Weise und rühmen besonders seine Liebenswürdigkeit im gesellschaftlichen Umgange; er glänzte hier zwar nicht durch Witz, da sein Geist einen zu erhabenen Schwung genommen hatte, um zu Scherzen gestimmt zu sein, aber er besaß das Talent, eine gewählte Gesellschaft durch die tiefe Weisheit seiner scharfsinnigen Bemerkungen, die stets glückliche Wahl seiner Worte, die beständige Mannichfaltigkeit und Schönheit seiner Erörterungen zu fesseln und zugleich angenehm zu unterhalten. Auf Behauptungen pflegte er zwar nicht gern einzugehen, aber wenn einmal ein Satz zur Sprache gekommen war, so führte er seine Sache mit großer Kraft, doch zugleich sehr bescheiden, und räumte, sobald er gesiegt hatte, dem Ueberwundenen freundlich das Feld. In seinen jüngeren Jahren war er ein warmer Freund oder ein bitterer Feind; das vorgerückte Alter dämpfte

4) Die betreffende Stelle lautet: „Mr. Grattan was the sole person in modern oratory of whom it could be said that he had attained the first class of eloquence in two parliaments, differing from each other in their tastes, habits and prejudices as much probably, as any two assemblies of different nations. The purity of his life was the brightness of his glory.... If I were to describe his character briefly, I should say, with the ancient historian, that he was: Vir innocentissimus, ingenio florentissimus, proposito sanctissimus." 5) *Vellejus Paterculus*, Hist. rom. L. II. c. 2.

zwar das edle Feuer in ihm nicht, milderte aber die scharfe Heftigkeit, sodaß nun an die Stelle des Hasses das Wohlwollen einzog. In seinem Aeußern verrieth Grattan Nichts weniger als den gewaltigen und einflußreichen Vorkämpfer des irischen Volkes; er war klein und schwerfällig von Person und hatte, gleich dem ersten Redner des Alterthums, durch mühsame Kunst manches Gebrechen der Natur zu überwinden. Selbst sein Alter machte er vergessen, wenn er zu sprechen anfing, und es herrschte stets eine stille Aufmerksamkeit und Spannung, wenn sich der kleine und unscheinbare Greis erhob. Er begann gewöhnlich im Conversationstone, sowie er aber allmälig zu den tiefsten politischen Betrachtungen überging, verbreitete sich über seine Rede der Schmuck der Literatur und der Gelehrsamkeit in der reichsten Fülle. Als Redner hat ihn wol Niemand besser gewürdigt als Lord Brougham. Dieser selbst als Redner und Schriftsteller berühmte Staatsmann sagt von ihm in der kurzen Schilderung seiner politischen Thätigkeit: „Unter den Rednern, wie unter den Staatsmännern seiner Zeit nimmt Grattan einen Platz in der vordersten Reihe ein, und es war dies die Zeit der Pitt, der Fox und der Sheridan. Seine Beredsamkeit hatte, wenn nicht die höchste, doch eine sehr hohe Stufe von Vollkommenheit erreicht und war äußerst originell. Der ununterbrochene Strom der Rede voll kerniger und treffender Ausdrücke," auf welchem natürlich und daher zierlich Blumen von allen Farben hintrieben, brachte das strengste Raisonnement, die lichtvollsten Angaben und die anziehendste Entwickelung all der Motive, welche auf seine Zuhörer Eindruck machten, und all der Einzelheiten, welche dieselben erleuchten konnten, zum Vorschein. Oft wurde ein verschiedener Ton angeschlagen und die Rede konnte declamatorisch und heftig sein. Sollte das Mitleid angeregt werden, so war sein Pathos ebenso rührend als einfach, sollte ein in Gemeinheit versunkener oder mit Verbrechen bedeckter Gegner bestraft oder vernichtet werden, so wüthete ein Sturm der schrecklichsten Invective mit all ihrem verwundenden Sarkasmus und niederschmetternden Tadel. Der Kritiker, für den Augenblick mit fortgezogen und unfähig, etwas Anderes zu thun, als zu fühlen mit dem Auditorium, konnte in diesen Fällen oft Nichts zu tadeln finden, selbst nicht, wenn er erkaltete und urtheilte. Selten war überhaupt mehr auszusetzen, als daß der zu häufige Gebrauch des Epigrammatischen, das aber dem Redner so natürlich war, daß sein Raisonnement und seine Erzählung, ja sogar die scharfsinnige Entwickelung seiner Principien, sich von selbst in die treffendste und abgerundetste Form und in die passendsten und glücklichsten Antithesen zu kleiden schien. Von den Fehlern der irländischen Beredsamkeit war er im Allgemeinen frei. Hier und da konnte man eine zu große Liebe zu starken Ausdrücken, eine zu hohe Steigerung der Leidenschaft oder eine anstößige Berufung auf das Schicksal wahrnehmen, sehr selten aber eine Ueberladung mit Figuren und noch viel weniger mit gebrochenen oder gemischten Figuren. Aber von der beständigen Sucht nach weit hergeholten zierlichen Ausdrücken, von der Abneigung, irgend etwas auf eine leichte und natürliche Weise zu sagen, von der Verachtung der Regel, welche in der Rhetorik ebenso wahr ist, als im Leben, gewöhnliche Dinge auf gewöhnliche Weise zu thun, von der Affectation, bei allen Gegenständen gesteigerte Gefühle zu zeigen, ohne Rücksicht auf ihre beziehungsweise Wichtigkeit, von dem Bestreben, jede Gelegenheit, wäre sie auch noch so geschickt, wahre und natürliche Gefühle zu erregen, als eine Veranlassung zu theatralischer Darstellung zu benutzen, von allen diesen Mängeln, welche so manchen rednerischen Ruhm unter einem wegen seines fast allgemeinen Rednertalentes berühmten Volke verdunkelt haben, war Nichts zu sehen, wenn sich Grattan entweder in dem Senate seines Vaterlandes oder in dem, wohin er durch die Union versetzt wurde, erhob. Auch hatte er einen sehr hohen Vorzug, worin er alle modernen Redner hinter sich gelassen hat, nämlich die strenge Enthaltsamkeit, welche sich damit begnügt, den entscheidenden Schlag in einem oder zwei Worten zu thun, ohne seine Wirkung durch Wiederholung und Ausdehnung zu schwächen. Einen weitern noch höheren Vorzug hatte er, worin kein Redner von irgend einem Zeitalter ihm gleich kommt, daß er nämlich die tiefsten, scharfsinnigsten und originellsten Principien in geglätteter und eindringlicher, aber angemessener Sprache und in leichtem und vollem Flusse der Rede vortrug. In dieser Beziehung darf man wol sagen, daß selbst Dante nie ein schlagenderes, erhabeneres und passenderes Bild mit weniger Worten heraufbeschwor, als Grattan, wenn dieser in Bezug auf sein Verhältniß zur irländischen Unabhängigkeit und auf ihre Gründung im J. 1782, wie auf ihren Fall 20 Jahre später, sagte: Ich saß bei ihrer Wiege und folgte ihrem Sarge."

Grattan's Sohn, Henry Grattan, hat aus den hinterlassenen Papieren seines Vaters eine sehr anziehende und lehrreiche Schilderung des Lebens und Wirkens desselben (Memoirs of the life and times of the Right Honour. Henry Grattan. London 1839—1846. 8. 5 Voll.) und vorher schon eine Sammlung seiner Reden (Speeches in the Irish and in the Imperial Parliaments. Lond. 1822. 8. 4 Voll.) herausgegeben. Seine Wirksamkeit im irischen Parlament insbesondere legen die Miscellaneous Works, chiefly on Irish Politics (Lond. 1822. 8.) dar. Eine gute Auswahl seiner Reden nebst einer Einleitung über sein Leben und seinen Charakter (Select Speeches, to which is added his Letter on the Union, with a Commentary on his career and character. Lond. 1847. 8.) besorgte Dr. D. Madden 6). Der eben erwähnte Sohn, Henry Grattan,

---

6) Vergl. *Thomas Davis*, Life of the Right Honour. John Philpot Curran, and a memoir of the life of the Right Honour. Henry Grattan, publ. par *D. O. Madden*. (Dublin 1846. 8.) Zeitgenossen. Biographien und Charakteristiken. Neue Reihe. Bd. III. (Leipzig 1828. 8.), Heft 9. S. 185 f. *Henry Brougham*, Historical sketches. Lond. 1839. 8. Tom. I. p. 335 seq. Paris 1839. 8. p. 145 seq. (deutsche Uebersetzung. Pforzheim 1838. 8. Bd. I. S. 248 f.) J. Venedey, Irland. (Leipzig 1844. 8.) Bd. I. S. 216 f. Biographie universelle. Tom. LXVI. p. 29 seq. (Nouv. éd. Tom. XVII. p. 385). Biographie des hommes vivans,

um das Jahr 1790 geboren, wurde im J. 1826 ebenfalls für Dublin ins Parlament gewählt, unterlag aber bei der Wahl 1830 dem Torycandidaten Frederick Shaw. Seit dem Jahre 1832 zum Vertreter der Grafschaft Meath gewählt, erregte er in der Session von 1851 durch seinen heftigen Widerstand gegen die Ecclesiastical Tithes-Bill großes Aufsehen. Auch sein Bruder James Grattan war eine Reihe von Jahren hindurch Mitglied des Parlaments für Wicklow. — Zu derselben Familie gehört Thomas Colley Grattan, der Verfasser auch in Teutschland viel gelesener Reiseskizzen und Erzählungen. Er ist um das Jahr 1790 zu Dublin geboren, diente, nachdem er seine Schulstudien beendigt hatte, mit seinem Bruder in dem englischen Heere in Spanien und verheirathete sich nach der Wiederherstellung des europäischen Friedens im J. 1817 mit Eliza O'Donnel, einer sehr reichen und einer der ältesten Familien Irlands angehörenden Erbin. Da seine Vermögensverhältnisse ihm erlaubten, unabhängig und ohne Amt zu leben, so wohnte er fast immer auf dem Continent, bald in Frankreich, bald in Teutschland und bald in den Niederlanden. Hinreichende Muße und das Bestreben, die Eindrücke, welche die Reisen und der Aufenthalt bei verschiedenen Völkern auf ihn gemacht hatten, festzuhalten und mitzutheilen, bewogen ihn, als Schriftsteller aufzutreten. Sein erster Versuch, ein Roman in poetischer Fassung (Philibert, a Poetical Romance in six cantos. Bordeaux 1819. 8. Lond. 1820. 8.), dessen Stoff eine Criminalgeschichte bildet, machte kein besonderes Glück, dagegen fanden die ersten Reisebilder, womit er den seinem Genie entsprechenden Weg betrat, einen ungeheuren Beifall. Die High-Ways and By-Ways; or, Tales of the Road-Side, picked up in the French Provinces, by a Walking Gentleman (Lond. 1823. 8. 2 Voll. 2d series. Ibid. 1824. 8. 3 Voll. 3d series. Ibid. 1827. 8. 3 Voll. und öfter) wurden fast mit eben solcher Begierde verschlungen, wie W. Scott's Romane, und zwar nicht nur im Original, sondern auch in französischen und teutschen Uebersetzungen und Nachbildungen sowol des Ganzen, als auch der einzelnen für sich abgeschlossene Erzählungen bildenden Theile; aber nur die teutsche Uebersetzung von Willibald Alexis („Heer- und Querstraßen, oder Erzählungen, gesammelt auf einer Wanderung durch Frankreich von einem fußreisenden Gentleman. Aus dem Englischen." Berlin 1824—1828. 12. 6 Bde.) gibt einen richtigen Begriff von dem Original. Die französischen Uebertragungen von A. J. B. Defauconpret, dem bekannten Uebersetzer der Werke W. Scott's (Contes sur les grandes et petites routes, par un voyageur à pied; trad. de l'angl. Paris 1825. 12. 3 Voll.) und von Louis Bellet (Grandes routes et chemins de traverses, ou contes recueillis dans les provinces françaises par un Irlandais voyageant à pied; trad. de l'angl. Paris 1825. 12. 3 Voll.) lassen, obgleich der Inhalt französisches Leben und französische Sitten betrifft, viel zu wünschen übrig. Unter diesen mit echtem Humor gewürzten Genre- und Reisebildern sind ganz besonders zu erwähnen die mit den glühenden Farben der Revolution aufgetragenen Erzählungen The fathercurse („Vaterfluch. Eine Erzählung aus dem Engl." Hildburgh. 1827. 8.) und The priest and the guard du corps (Teutsch unter dem Titel: „Alles für seine Königin, oder der Priester und der Garde du Corps;" aus dem Engl. von Th. Heß. Berlin 1827. 12.) und die durch den Reichthum ihrer malerischen Situationen anziehende Erzählung The bear-hunter („Gaubert der Bärenjäger," übersetzt von Willibald Alexis. Berlin 1825. 12.). Nicht nur die Heer- und Querstraßen, sondern auch alle übrigen Romane und Erzählungen Grattan's zeichnen sich durch seine Beobachtungsgabe, durch kräftige Darstellung, lebendige Schilderung und Naturfrische und Wärme der Sprache aus; die Charakterschilderungen treten gleich lebenden Personen kräftig und wahr hervor, treue Sittengemälde verrathen den scharfen Blick des Beobachters und die Darstellung der Leidenschaft zeigt den Kenner des menschlichen Herzens. Im Allgemeinen spricht auch die irländische nachlässige und geschwätzige Art und Weise an, doch geht sie manchmal etwas zu weit, und die Nachahmung der damals beliebten Manier Walter Scott's, vielleicht jedoch auch und wenigstens zum Theil die vertraute Bekanntschaft mit den geschilderten Gegenständen führt nicht selten zu sehr ins Einzelne und zur kleinlichen Ausmalung, doch sind die Farben immer wahr, sollte auch ihre Mischung nicht selten auf den Effect berechnet sein. Grattan lebte, nachdem er Frankreich verlassen hatte, mehrere Jahre an den Ufern des Rheins und da er sich den Stoff zu seinen Arbeiten gewöhnlich durch die Länder, wo er sich gerade aufhielt, bieten ließ, so schrieb er hier seine Rheinsagen, welche aber erst später unter dem Titel: Legends of the Rhine and of the Low countries. London 1832. 8. 3 Voll. Francfort a. M. 1836. 16. Lond. 1840. 8. 3 Voll.) erschienen und, wie es scheint, weniger Anklang fanden. Von Heidelberg, wo er zuletzt wohnte, siedelte er nach Brüssel über, um daselbst einen längeren Aufenthalt zu nehmen und die für romantische Darstellungen äußerst ergiebige Geschichte des Landes auszubeuten. Die ersten Ergebnisse seiner Studien waren die historischen Romane The Heiress of Bruges, a Tale of the year Sixteen Hundred. Lond. 1828. 8. 3 Voll. Ibid. 1830. 8. 4 Voll. Ibid. 1834. 8. 3 Voll. Ibid. 1848. 8. 3 Voll., auch ins Teutsche übersetzt unter dem Titel: „Die Erbin von Brügge," von K. L. Meth. Müller (Berlin 1831. 12. 4 Bde.) und ins Französische von Delepierre (L'Héritière de Bruges. Histoire de l'année seize cent. Paris 1831. 12. 6 Voll.), und Jacqueline of Holland, a historical romance. Lond. 1842. 12. Ibid. 1849. 12. (ins Teutsche übersetzt von K. L. Meth. Müller. Berlin 1832. 12.) Beide Romane bieten einen Einblick in die Natur der Niederlande und den Charakter der Bewohner, deren Geschichte Grattan auch wissenschaftlich in seiner History of the Netherlands to the Belgian Revolution in 1830 (Lond. 1830. 12.) behandelt, welche den zehnten Band

Tom. III. p. 309 seq. Biographie générale, Tom. XXI. p. 738 seq.

von Lardner's Encyklopädie bildet und auch in Deutschland durch G. Friedenberg's Uebersetzung („Geschichte der Niederlande." Berlin 1831. 8.) bekannt geworden ist. Inzwischen hatte er auch wieder eine Reihe kleinerer Skizzen, die Traits of Travel, or tales of men and cities (Lond. 1826. 8. 3 Voll. Ibid. 1829. 8. 3 Voll.) herausgegeben, welche Theod. Hell durch eine gute Uebersetzung unter dem Titel: „Reisebilder, oder Züge von Menschen und Städten" (Berlin 1830. 12. 2 Bde.) den teutschen Lesern alsbald zugänglich machte. Grattan versuchte sich um diese Zeit auch im dramatischen Fache und seine Tragödie Ben Nazir, the Saracen (Lond. 1826. 8.) wurde auf dem Druryלanetheater (1826) mit Beifall aufgeführt, verschwand aber doch bald wieder von der Bühne. Außerdem schrieb er von seinen verschiedenen Aufenthaltsorten auf dem Continente aus für die Reviews und andere Zeitschriften gründliche und gern gelesene Aufsätze über politische Zustände und die neuesten Erscheinungen der französischen und teutschen Literatur, worin er sich umfassende Kenntnisse erworben hatte. Im J. 1831 erhielt er vom König Wilhelm IV. das Ehrenamt eines Kammerherrn (Gentleman of the Privy chamber) und im J. 1839 erfolgte seine Ernennung zum britischen Consul in Boston für den Staat Massachusetts in Nordamerika durch das Ministerium der Whigpartei, zu deren politischen Ansichten er sich bekannte und welche auf diese Weise seinen ausgezeichneten Talenten eine Anerkennung zollen wollte. Er besorgte die ihm obliegenden Geschäfte mit großer Gewissenhaftigkeit und vertrat die Interessen seines Vaterlandes auch durch seinen Einfluß als Schriftsteller, denn aus seiner Feder soll auch im J. 1842 das vielbesprochene Pamphlet über die nordöstliche Grenzfrage (Northeastern Boundary Question), welche einen Gegenstand des Streites zwischen Großbritannien und den Vereinigten Staaten bildete, geflossen sein. Dabei gab er jedoch seine seitherige schriftstellerische Thätigkeit im Fache der Unterhaltungsliteratur nicht auf und er schrieb hier einige seiner besten Erzählungen. Unter denselben sind noch zu erwähnen: Agnes de Mansfeld (Lond. 1836. 8. 3 Voll. Ibid. 1849. 12. 3 Voll.; ins Teutsche übersetzt, Berlin 1836. 12. 3 Bde.), The master Passion and other Tales (Lond. 1845. 8. 3 Voll. Paris 1845. 8.) und Chance Medley of Light Matter (Lond. 1845. 12.). Grattan's älterer Bruder, oder nach Andern dessen Vetter, William Grattan, welcher mit demselben in der britischen Armee in Spanien als Lieutenant bei einem Jägerregiment diente und fast alle Schlachten und Scharmützel mitmachte, soll der Verfasser der in militairischen Kreisen sehr berühmten und vielgelesenen Geschichte dieses Jägerregiments (Adventures of the Connaught Rangers. Lond. 1847. 8. 2 Voll. 2d. series. Ibid. 1852. 8. 2 Voll.) sein [7]. (*Ph. H. Külb.*)

GRATTENAUER (Carl Wilhelm Friedrich), teutscher Jurist und fruchtbarer Schriftsteller, am 30. März 1773 zu Stargard in Pommern geboren, widmete sich, nachdem er die nothwendigen Vorkenntnisse nur oberflächlich erlangt hatte, der Rechtswissenschaft und trat nach Beendigung seiner Studien in den preußischen Staatsdienst, in welchem er zuerst die Stelle eines Oberlandesgerichtsrathes zu Insterburg im lithauischen Kreise in Ostpreußen bekleidete und allmälig bis zur Stelle eines Justizcommissars bei dem königlichen Kammergerichte und zum öffentlichen Notar zu Berlin vorrückte. Er war ein sehr brauchbarer und fleißiger Beamter, konnte sich aber mit seinen Collegen nicht vertragen, welche er bei jeder Gelegenheit durch bittere oder höhnende Bemerkungen arg beleidigte, weshalb zuletzt sich jeder weigerte, gemeinschaftlich mit ihm zu dienen, sodaß er im J. 1804 entlassen werden mußte. Er übernahm nun die Redaction des schlesischen Intelligenzblattes zu Breslau, machte sich aber auch hier fast Alle, die mit ihm in Berührung kamen, zu Feinden. Als Schriftsteller war Grattenauer theils aus Neigung, theils durch seine Verhältnisse gezwungen, sich rührig zu zeigen, besonders aber suchte er mit Vorliebe die Fragen über das Wechselrecht [1]) und über die Wechselverhältnisse zu erörtern. Als seine hierher gehörenden Schriften, welche von den Fachmännern mit Nutzen zu Rathe gezogen werden können, sind zu erwähnen: „Ueber die Wechselprocesse" (Berlin 1800. 8.), „Beiträge zur Erläuterung des Wechselrechts" (Ebend. 1803. 8. 2 Bde.) [2]), „Ueber Generalindult und Specialmoratorien, besonders in den preußischen Staaten; eine theoretisch-praktische Erläuterung der in das Schuld-Executions-Verfahren, die Indulte und Moratorien betreffenden römischen, französischen und preußischen Gesetze" (Ebend. 1807. 8. 2. Aufl. Ebend. 1809. 8. 2 Bde.), „Nothwendiger Anhang zu der Schrift: Ueber Generalindult und Specialmoratorien, besonders in den preußischen Staaten, nebst dem allgemeinen preußischen Moratorienedicte, d. d. Memel den 24. Nov. 1807 und einem Entwurfe zu einer Moratorienverordnung mit besonderer Rücksicht auf die Provinz Schlesien" (Ebend. 1808. 8.), „Revisionsdeduction in Rechtssachen derjenigen süd- und westpreußischen Edelleute, welche von dem Handelshause Salomon Moses Levy's Witwe und Erben in Berlin auf den Grund zweier dem ehemaligen Banquier J. v. Klug in Posen ausgestellten Reverse in Anspruch genommen worden sind" (Glogau 1804. 8.), „Ueber die älteren und neueren Wechselgesetze der Stadt Breslau" (Breslau 1806. 8.), „Frankreichs neue Wechselordnung. Nach dem beigedruckten Grundtexte der officiellen Ausgabe übersetzt; mit einer Einleitung, mit erläuternden Anmerkungen und Beilagen herausgegeben" (Berlin 1808. 8.) und „Die Wechselstempelgesetze in den preußischen Staaten, für Banquiers, Kaufleute und Geschäftsmänner" (Breslau

---

7) *Aust. Allibone*, Critical Dictionary of English Literature. (Lond. 1859. gr. 8.) Vol. 1. p. 723.

1) Er hielt auch zu Berlin Vorträge über das Wechselrecht, wie die „Anzeige seiner Vorlesungen über das Wechselrecht" (Berlin 1800. 8.) beweist. 2) Der erste Band auch unter dem Titel: „Actenstücke in der Wechsel-Proceß-Sache des Borß'schen Generalpächters wider den Freiherrn v. Eckardstein. Ueber die Gültigkeit der trockenen Wechsel mit Bezug auf die Bremische Wechselordnung.

1818. 8.) Zu Grattenauer's Schriften über das Wechselwesen kann auch gezählt werden das „Publicandum des ständischen freiwilligen Vereins und der Breslau-Briegischen Fürstenthumslandschaft, betreffend die gegen deponirte Pfandbriefe ausgegebene und in Curs gesetzte Pfandbriefsantheile d. d. Breslau den 30. Juni 1807." (Breslau 1807. 8.) Außer den Erörterungen über das Wechselrecht machten die Darlegungen Grattenauer's über Kriegslasten, Kriegsentschädigungen und Brandversicherung zu ihrer Zeit Aufsehen und unter ihnen verdienen genannt zu werden: „Vorläufig litterarisch-kritische Notiz von den neuesten und brauchbarsten Schriften über Kriegslasten, Kriegesschäden und Kriegeseinquartierungen, ingleichen auch über Indulte und Moratorien" (in der allgemeinen juristischen Monatsschrift von Mathes. Bd. IV. Heft 6. 1807), „Ueber Vergütung der Kriegsschäden der Brandversicherungsgesellschaft" (Breslau 1809. 8.), „Für die Brandbeschädigten in Johannisberg. Vorgelesen in dem zu deren Unterstützung veranstalteten Konzert" (Ebend. 1826. 8.), „Repertorium aller Kriegeslasten, Kriegsschäden und Kriegeseinquartirungen betreffenden neueren Gesetze und Verordnungen, nebst vollständiger Literatur. Ein Handbuch für Juristen, Kameralisten, Einquartirungs-, Municipal-, Servis- und Polizeibeamte" (Ebend. 1810. 8. 2 Bde.) und „Ueber Neutralität, Erhaltung und Sicherheit der Bäder und Heilquellen in Kriegszeiten, mit besonderer Beziehung auf Schlesien." (Ebend. 1807. 8.) Auch über andere Zweige der Jurisprudenz suchte Grattenauer das Publicum aufzuklären, wie seine „Abhandlungen und Aufsätze über verschiedene Gegenstände der Rechtswissenschaft, die für gebildete Leser aus allen Ständen interessant sind" (Glogau 1804. 8. Bd. I.), welche aber leider nicht fortgesetzt wurden, beweisen. Mehr für Fachmänner gearbeitet sind seine Beiträge zum Criminalrecht: „Ueber den Begriff der Suggestivfragen" (Berlin 1803. 8.) und „Ueber die Nothwehr; ein Beitrag zur wissenschaftlichen Behandlung des Criminalrechts [3])." (Breslau 1806. 8.) Eine unüberwindliche Abneigung hatte Grattenauer gegen die Juden und gab dieser in einer Reihe von Schriften unverhohlen Ausdruck. Hierher sind zu rechnen: „Wider die Juden; ein Wort der Warnung an alle unsere christlichen Mitbürger" (Berlin 1803. 8.), eine Schrift, welche in zwei Jahren sechs Auflagen erlebte und wozu noch seine „Erklärung an das Publicum über meine Schrift: Wider die Juden" (Ebend. 1803. 8.) und sein „Nachtrag zu dieser Erklärung" (Ebend. 1804. 8.) gehören, und „Vom Namen Aaron und dessen angeblichen Vorrechten. Ein Beitrag zum Judenwesen". Jerusalem (Leipzig 1817. 8.) Nicht allein auf die Jurisprudenz beschränkte sich dieser fruchtbare Schriftsteller, sondern er griff auch in andere Fächer und behandelte manche Fragen, welche gerade an der Tagesordnung waren, wie über die Kochspielkunst („Ueber die Sagacität, als herrschendes Princip der Zeit; eine Vorlesung." Glogau 1808. 8.), über die Stellung der Frauen („Für die Frauen, eine Sylvesterabendrede." Berlin 1811. 4.), über Thierquälerei („Aphorismen über Thierquälerei." Breslau 1828. 8.), über das Theater („Ueber die Pflicht der Regierung in Rücksicht auf Schauspiele." Berlin 1800. 8. und „Wöchentliche Theaternachrichten oder Breslauer Miscellen." Breslau 1810. 8. 2 Bde.) und über den „Definitivfriedenstractat zwischen dem Kaiser von Oesterreich und dem Kaiser der Franzosen am 20. Oct. 1809. Mit einer vorläufigen Uebersicht des Länderverlustes Oestreichs." (Breslau 1809. 8.) Schließlich sind noch einige Schriften, welche insbesondere Preußen betreffen („Ordnung der Edikte der preußischen Monarchie." Berlin 1809. 8. „Ueber die preußischen Realmünzen." Ebend. 1810. 8. und „Reductionstabellen der preußischen Münzen." Ebend. 1810. fol.), welche aber nur von sehr geringer Bedeutung sind, zu erwähnen. Grattenauer starb am 23. Mai 1838 zu Breslau. Ueber seinen Charakter und sein schriftstellerisches Wirken sagt ein strenger, aber, wie es scheint, der Wahrheit getreuer Beurtheiler [4]): „Als Schriftsteller war er ungemein regsam, lebendig, als Kritiker feurig, enthusiastisch, excentrisch, als Mensch originell, doch sehr schroff und absprechend. Sein schriftstellerisches Wirken war ein reiches, mannichfaltiges, aber sehr oberflächliches, zersplittertes; Gründlichkeit und Tiefe wohnte ihm niemals bei. Was er geleistet, theils im juridischen, theils im kritischen, theils im belletristischen Fache, besteht einzig aus Flugschriften, Broschüren und Zeitungsartikeln, die trotz vieler geistreicher Gedanken sich doch nie über die Sphäre des Ephemeren heraufschwingen, nie bleibenden Werth erlangen konnten. Grattenauer war der Mann des Augenblicks und den Augenblick wußte Niemand besser zu erfassen als er; seine hitzige Schrift gegen die Juden, auch nur aus einer Anregung des Moments entstanden, fand ungewöhnlichen Beifall. Als Kritiker gehörte Grattenauer zu den Negativen, an und für sich war ihm Nichts anerkennungswerth, es kam ihm blos darauf an, welches der beiden Extreme er zur Verblüffung der Menge als Basis seiner Kunststücke zu benutzen hatte. Wehe dem übrigens, der ihm gegenüber eine eigene Meinung aufzustellen wagte; er mußte das Härteste über sich ergehen lassen, er mußte ganze Hagelwürfe classischer Sentenzen und buntscheckiger Citate aushalten, auch bittere Sarcasmen und Stachelreden mußte er empfinden, und wenn der Gegner durchaus keine Blöße gab, so wurde er bei seinen körperlichen Gebrechen gepackt und auf eine Weise behandelt, die freilich keine edle Entgegnung zuließ. Als Mensch war er dienstwillig, begeistert für alles Neue, Eclatante, voller Vorurtheile; Freunde hatte er sich wenige erworben, Feinde in zahlloser Menge" [5]). (*Ph. H. Külb.*)

---

3) Auch unter dem Titel: „Greve's Tod, ein merkwürdiger Criminalfall rechtmäßiger Nothwehr. Erkenntniß des Criminalsenats der Ober-Amts-Regierung in Glogau wider den Hammersdorfer Müller, Johann Gottlieb Reschler; mit einem Vorwort und einigen Anmerkungen herausgegeben."

4) Lud. Tarnowski in der Abendzeitung, 1838. Nr. 166.

5) J. G. Meusel, Das gelehrte Teutschland. Bd. XIII. S. 494. Bd. XVII. S. 769. Neuer Nekrolog der Deutschen, Jahrg. 1838. Bd. II. S. 1051 fg.

GRATULF, französischer Architekt des 11. Jahrh., von dessen Lebensverhältnissen man nichts Näheres weiß, als daß er sich zu Bourges aufhielt und daselbst die Kirche zum heil. Ursin baute. Da sich aus dieser Zeit fast gar keine Kirchen erhalten haben, so ist der Baustyl, wodurch sie sich von den späteren sehr häufigen unterscheidet, nicht mehr genau zu bestimmen, doch läßt sich an der Bauart der erwähnten Kirche erkennen, daß zu seinen Eigenthümlichkeiten völlig runde Bogen, flache niedrige Gewölbe und Zierrathen an den Knäufen und Pilastern gehören, welche entweder ganze Geschichten oder doch wenigstens einzelne Figuren, freilich immer sehr roh und ungeschickt, darstellen. Auch nur die Namen sehr weniger Baumeister sind uns aus dieser Periode bekannt und Gratulf wäre ebenfalls vergessen, wenn er nicht seinen Namen auf dem Portale der Kirche zum heil. Ursin durch die Inschrift: Gratulfus fecit, verewigt hätte *).
(*Ph. H. Külb.*)

GRATUS (Julius), Lagerpräfect im Heere des Vitellius, wurde in dem Kriege zwischen diesem und Otho verhaftet, weil die Vitellianer eine Niederlage, die sie erlitten, seinem Verhalten zuschrieben, indem die Cohorten nicht mit einander, sondern vereinzelt ausrückten und dadurch von dem Feinde nach und nach überwältigt und in die Flucht geschlagen wurden. Im Lager erhob sich ein Aufstand über diese schlechte Kriegführung und man fesselte Julius Gratus, weil man ihn eines verrätherischen Einverständnisses mit seinem bei Otho als Tribun dienenden Bruder Julius Fronto beschuldigte. Merkwürdig ist, daß die Othonianer ihren Tribun Julius Fronto aus derselben Ursache in Banden legten, ein Beweis, daß auf beiden Seiten Verdacht und Verwirrung herrschten [1]). Ein Julius Gratus kommt auch in der Inschrift einer kleinen Bronzeurne vor, welche diese als Aschenbehälter und Grabdenkmal bezeichnet, das Fulvia ihrem geliebten Bruder Julius Gratus, dessen Bildniß einen Jüngling in der Blüthe des Lebens vorstellt, bereiten ließ. Man betrachtet diese Urne als einen der werthvollsten Reste des Alterthums [2]). (*Ph. H. Külb.*)

GRATUS (Valerius), vierter Landpfleger (Procurator) von Judäa, wurde nach dem Tode des dritten Landpflegers Annius Rufus von dem Kaiser Tiberius Nero in derselben Eigenschaft nach Judäa geschickt und bekleidete dieses bei den damaligen Verhältnissen des jüdischen Volkes sehr unangenehme und unruhige Amt eilf Jahre lang (15—26 n. Chr.). Besonders mußte er bei der Einsetzung und Absetzung der Hohenpriester seinen Einfluß geltend machen, da sich in Jerusalem mehrere Parteien befanden, welche bei der Ertheilung dieser Würde verschiedene Familien begünstigten und wahrscheinlich wechselsweise den Landpfleger bestachen. Zuerst setzte Gratus den Hohenpriester Annas, den Sohn des Seth, welcher zwölf Jahre auf dem Stuhle Aaron's gesessen hatte, ab (im J. 23) und gab ihm Ismael, den Sohn des Phabus, zum Nachfolger, bald darauf nahm er Ismael diese Würde wieder und verlieh sie Eleazar, einem Sohne des früheren Hohenpriesters Annas, welcher sie aber nach einem Jahre Simon, dem Sohne des Kamith, überlassen mußte, dem unter Jahresfrist (im J. 27) Joseph folgte, der auch Kajaphas heißt und von den Evangelisten immer so genannt wird. Er war der Eidam des Hohenpriesters Annas. In demselben Jahre erhielt Gratus den vielgenannten Pontius Pilatus zum Nachfolger [1]). — Von diesem Valerius Gratus verschieden, aber oft mit ihm verwechselt, ist Gratus, ein Befehlshaber des jüdischen Heeres unter Herodes und Archelaus, dem Nachfolger desselben. Er schlug sich bei dem Aufruhr, welcher während der Reise des Archelaus nach Rom durch die Gewaltthätigkeit und Raubsucht des römischen Präfecten Sabinus zu Jerusalem entstand, mit dem ebenfalls erfahrenen Befehlshaber Rufus mit 3000 streitbaren Männern in Samaria auf die Seite der Römer, wodurch die Aufrührer entmuthigt wurden und sich nach mancherlei Unthaten wieder verliefen. Gratus war ebenso thätig bei der Unterdrückung anderer Unruhen. Simon, ein früherer Knecht des Königs Herodes, ein Mann von ausnehmend schönem Wuchse und riesenhafter Körperkraft, setzte sich bei dem Streite um den Thron selbst die Krone aufs Haupt und ließ sich von seinen Anhängern als König begrüßen. Er zog mit einem stets wachsenden Haufen roher und schlechtgeordneter, aber kecker Leute umher und plünderte und verbrannte die königliche Burg zu Jericho. Er würde noch weit größeres Unheil verübt haben, wäre nicht Gratus, der Anführer des königlichen Fußvolks, mit den Bogenschützen aus Trachonitis und dem Kern der Reiterei, den sogenannten Sebastenern, ihm entgegengerückt. In dem Treffen, welches er dem Prätendenten lieferte, fiel zwar eine bedeutende Anzahl des Fußvolks, doch wurde Simon selbst in einer engen Schlucht, durch welche er zu entkommen suchte, von Gratus abgeschnitten und auf der Flucht durch einen Seitenhieb ins Genick getödtet, worauf sich die entmuthigten Horden zerstreuten. Auch Athronges, ein gewöhnlicher Hirt, strebte nach der Krone und durchstreifte plündernd das Land, auf welchen Zügen er die Anhänger des Archelaus und die Römer schonungslos behandelte. Bei Emmaus wagte er sogar eine ganze Cohorte, welche der Legion Lebensmittel und Waffen zuführte, zu umzingeln. Der Centurio und viele seiner tapfersten Leute waren bereits durch die Pfeile der Aufrührer gefallen und auch die übrigen wären diesem Schicksale nicht entgangen, wenn nicht Gratus sie mit den Sebastenern gerettet hätte. Athronges behauptete die angenommene Königswürde bis zur Rückkehr des Archelaus, in dessen Hände er fiel; seine Anhänger wurden von Gratus verfolgt und gefangen oder zerstreut [2]). —

*) Vergl. *Le Beuf*, Etat des sciences en France p. 127. J. D. Fiorillo, Geschichte der zeichnenden Künste. Bd. 3. S. 81 fg.

1) *Taciti* Hist. II, 26. 2) Vergl. *A. C. Ph. de Caylus*, Recueil d'antiquités égyptiennes, étrusques, grecques et romaines. Tom. I. p. 186.

1) *Josephi* Antiquit. Jud. l. XVIII. c. 2. §. 2. 2) *Josephi* Bell. Jud. l. II. c. 4. §. 2. 3.

Gratus hieß auch der Soldat von der Leibwache, welcher Claudius zuerst als Kaiser begrüßte [3]. Als nämlich Claudius, der Sohn des Nero Drusus, bei der Nachricht von der Ermordung des Cajus Caligula sich aus Furcht hinter den Thürvorhängen eines Erkers verbarg, wurde er von dem vorübergehenden Gratus, einem gemeinen Soldaten, der seine Füße bemerkte, entdeckt. Da dieser gern wissen wollte, wer er wäre, so zog er ihn hervor und begrüßte den Zitternden, der ihm vor Angst zu den Kniee fiel, als Kaiser. Von da führte er ihn zu den andern Soldaten, welche ihn wirklich zum Kaiser ausriefen, worauf auch der Senat ihn als solchen anerkannte. — Ein Severianus Gratus bekleidete mit Claudius Gelearius im J. 221 nach Christus das Consulat [4]).

(*Ph. H. Külb.*)

GRATUS (Legende). Der älteste Heilige dieses Namens, welcher uns begegnet, ist der Diakon Gratus, welcher mit dem Subdiakon Marcellus in der Diöcese des heil. Mercurialis, Bischofs von Forli (Forum Livii), lebte und nebst seinem Amtsbruder dem Oberhirten an Frömmigkeit nacheiferte. Zu dieser Zeit hauste an der flaminischen Straße bei der Brücke über den Ronco, wo jetzt das gleichnamige Dorf nicht weit von Forli liegt, ein ungeheurer, sehr gefährlicher Drache, welcher die Gegend unsicher machte und viele der Vorübergehenden durch seinen giftigen Anhauch tödtete. Der Bischof faßte endlich, durch die immer zunehmenden Klagen bewegt, den Entschluß, mit seinem Klerus und mit dem Volke auf einem Bittgange gegen das Ungethüm auszuziehen und es gelang wirklich durch vereinigtes Gebet einen schnellen Tod des Drachen zu bewirken, worauf Gratus diesen an seine Stola band, um ihn in einen Brunnen an der Straße zu werfen, das Gift des Drachens wirkte indessen noch so heftig auf den frommen Mann, daß er sogleich erblindete. Der Subdiakon Marcellus eilte jedoch herbei und verschaffte ihm durch die Berührung mit seinem Speichel und durch sein Gebet das Augenlicht wieder. Später versuchte auch Gratus seine Heilkraft und machte einen blinden Heiden sehend, welcher sich darauf taufen ließ. Die beiden Diakone wurden noch von dem Bischof Mercurialis, welcher im J. 404 gestorben sein soll, begraben. Ihr Andenken wird von der Kirche am 20. März gefeiert [5]). — Von einem zweiten Gratus oder Gradus, Bischof von Aosta (Augusta Praetoria) in Piemont, erzählt eine fabelhafte Legende, welche nicht älter als das 14. oder 15. Jahrh. zu sein scheint, daß er in Griechenland und zwar in Lakedämon geboren, zu Athen in den Wissenschaften unterrichtet und dann Mönch zu Ephesus geworden. Er nahm als solcher Theil an der Kirchenversammlung zu Ephesus, wo er sich durch seine Gelehrsamkeit auszeichnete, weshalb man ihn mit den Beschlüssen dieser Synode zu dem Papste schickte, welcher so großes Gefallen an dem würdigen Manne fand, daß er ihn zu dem Bischof von Aosta schickte und zum Nachfolger desselben bestimmte. Die Legende läßt ihn freilich in ihrer chronologischen Gleichgültigkeit auch zu Karl dem Großen gehen, weshalb man Gratus gewöhnlich als einen Zeitgenossen desselben betrachtet hat. Obschon außer diesem offenbaren Irrthume auch die Legende die Nachricht von der Herkunft des Gratus, dessen Name eher auf einen italienischen Geburtsort deutet, und sein Studium zu Athen, wo damals keine Unterrichtsanstalten blühten, schwerlich verantworten kann, so steht doch fest, daß auf der Provinzialsynode von Mailand (451) für den wahrscheinlich kranken oder altersschwachen Bischof Eustasius ein Priester Gratus unterschrieb, welcher wol auch der Nachfolger desselben wurde und in welchem der heil. Gratus ohne Zweifel zu erkennen ist. Er stand der Kirche von Aosta bis gegen das Ende des 5. Jahrh. vor und erwarb sich den Ruf großer Heiligkeit. Er ist in der Kathedrale zu Aosta, welche man ihm auch später geweiht hat, beigesetzt und sein Fest wird daselbst jährlich am 7. Sept. mit großer Feierlichkeit begangen. Seine Hilfe wird gegen Feuersbrünste und gegen die den Feldfrüchten schädlichen Insekten, insbesondere aber gegen Gewitterwolken und Hagel angerufen, weshalb man auch bei seinem Bilde eine mit Teufeln geschwängerte Wolke sieht. Als man um die Mitte des 5. Jahrh. in einem Brunnen bei Sebaste in Samaritanien das Haupt Johannes des Täufers entdeckte, aber dasselbe nicht herauszuziehen vermochte, ließ sich eine unsichtbare Stimme vernehmen, daß nur Gratus diese Kraft besitze; der Bischof von Jerusalem meldete diese Sache dem Papste, welcher nicht säumte, Gratus nach Sebaste zu schicken, dem auch sogleich bei seiner Ankunft das Haupt des Johannes entgegensprang. Gratus brachte das kostbare Kleinod nach Rom und erhielt zur Belohnung seiner Mühe das Kinn, welches er in der Kirche zu Aosta niederlegte. Auch der Körper des Gratus ließ sich nach dem Tode nicht gern in seiner Ruhe stören, denn als die Gräfin Bona von Savoyen (wahrscheinlich die Gemahlin Amadeo's VI.) im 15. Jahrh. sich einen Zahn des Heiligen erbat, floß, als sie denselben ausziehen ließ, nicht nur frisches Blut aus der Wunde, sondern es entstand auch ein so entsetzliches Hagelwetter, daß die Bürger von Aosta die Gräfin zwangen, auf den Zahn zu verzichten [6]). — Auch Gratus, der erste bekannte Bischof von Oleron an dem Gave im Departement der Niederpyrenäen, wird den Heiligen beigezählt; man weiß von ihm aber nichts Näheres, als daß er der Synode von Agde (506) beiwohnte. Er wird als Patron von Oleron betrachtet, wo seine während der Calvinistischen Wirren nach Jacca in Aragonien geflüchteten Reliquien sich seit dem Jahre 1710 wieder in der Kathedrale befinden und wo man das Fest seines Andenkens am 19. Oct. begeht [7]). — Zwei Jahrhunderte später lebte Gratus, Bischof von Chalons an der Saone. Sein keineswegs gleichzeitiger, auch nicht unbedingt Glauben verdienender

3) Suetonii Claud. c. 10. 4) Vergl. Sabbathier, Dictionnaire pour l'intelligence des auteurs classiques. Tom. XIX. p. 510 seq.

5) Acta SS. Boll. Martii Tom. III. p. 85.

6) Ibid. Septembris Tom. III. p. 72 seq. 7) Ibid. Octobris Tom. VIII. p. 440 seq.

Biograph schweigt über seine früheren Lebensverhältnisse und bemerkt nur, daß er aus einem der edelsten Häuser des Königreichs Burgund stammte. Nach dem Tode des Bischofs Gebderninus wurde Gratus vom Klerus und Volk einstimmig zu dessen Nachfolger gewählt und er rechtfertigte diese Wahl durch seine musterhafte Frömmigkeit und durch den unermüdlichen Eifer für das Wohl seiner Diöcese. Auf seine Veranlassung wurde auch im J. 650 eine Synode zu Chalons abgehalten, auf welcher besonders die Kirchenzucht Gegenstand der Verhandlungen war. Auffallend ist die Bemerkung des Biographen, daß Gratus gewöhnlich nicht in Chalons, sondern auf der durch die Saone gebildeten Insel Martermalbon wohnte, weil die Macht der in der Stadt befindlichen gottlosen Heiden noch zu groß und ihm hinderlich war [4]). Er baute deshalb auch auf der Insel das Kloster des heil. Laurentius, von welchem die Vorstadt ihren jetzigen Namen Saint Laurent erhielt. Als er einst nun von der durch eine Brücke mit der Stadt verbundenen Insel herüberging, um Gottesdienst in der Kathedrale zu halten, vernahm er eine von oben kommende Stimme, welche ihn mahnte, daß er die rechte Zeit versäumt habe und die Messe bereits von einem Andern gelesen sei, wodurch er so empfindlich berührt wurde, daß er im Kummer über seine Pflichtvergessenheit seinen bischöflichen Ring in die Saone warf und seiner Würde zu entsagen beschloß. Er begab sich daher im J. 645 in das von ihm gegründete Kloster des heil. Laurentius und lebte darin in der strengsten Abgeschlossenheit; als aber nach sieben Jahren ein Einwohner von Chalons seinen Ring in dem Magen eines Fisches wiederfand und seinen Fund bekannt machte, holte das Volk Gratus aus dem Kloster und zwang ihn, sein Amt von Neuem anzutreten. Er bekleidete es aber nur noch sehr kurze Zeit, denn er starb schon 20 Tage nach diesem Ereignisse um das Jahr 650. Sein Nachfolger wurde Desideratus, welchen die Geschichte als einen gottlosen Menschen schildert. Der Leichnam des Bischofs Gratus, welchen die Kirche seiner Demuth und Frömmigkeit wegen später heilig sprach, wurde in der Kirche des Klosters zum heil. Laurentius beigesetzt und sein Andenken wird zu Chalons am 8. Oct. gefeiert [5]). — Sehr unbestimmt und zweifelhaft sind die Nachrichten über einen heil. Gratus, welcher um das 12. Jahrh. aus seiner Geburtsstadt Rom, wo er eine angesehene Stellung und große Reichthümer verließ, nach Frankreich wanderte und mit dem heil. Ansutus in einer Einöde der Landschaft Rouergue (des jetzigen Departements Aveiron) lebte, wo beide sich durch wunderbare Heilung der zu ihnen strömenden Kranken berühmt machten, bis sie auf Anstiften des Teufels durch böse Leute umgebracht wurden. Ihr Andenken wird jetzt in dem ganzen Departement am 16. Oct. gefeiert und das Dorf Saint-Grat soll dem einen dieser Heiligen seinen Namen verdanken [6]). (*Ph. H. Külb.*)

GRATUS, Bischof von Karthago im 4. Jahrh. und einer der eifrigsten Gegner der Sekte der Donatisten, folgte wenige Jahre vor der Synode von Sardica dem Bischofe Cäcilian, um dessen Willen sich die Donatisten von der Kirche getrennt hatten, und wurde das Haupt der Orthodoxen. Er wohnte der Synode von Sardica bei und spielte schon auf derselben eine nicht unbedeutende Rolle; insbesondere führte er Klage darüber, daß die afrikanischen Bischöfe gegen seinen heilsamen Rath beständig zum kaiserlichen Hoflager gehen und dort sehr viele und verschiedene und für die Kirche ganz unnütze Bitten vorbringen, nicht um für die Armen und Witwen zu sorgen, wie es sein sollte, sondern um Freunden und Angehörigen weltliche Würden zu verschaffen, wodurch den Bischöfen überhaupt nicht nur Aergerniß und böse Nachrede, sondern auch durch Verminderung ihres Einflusses Schaden geschehe. Auf die Vorstellung des Gratus und anderer Bischöfe schickte auch der Kaiser zwei hohe Beamte, Paulus und Macarius, mit reichen Geldspenden nach Afrika, um im Namen des Kaisers an alle Armen, die Donatisten nicht ausgenommen, Unterstützung auszutheilen und alle zum Frieden und zur Eintracht zu ermahnen. Es sollten wol die verarmten Afrikaner überhaupt unterstützt werden, die Absicht, auf diese Weise die Donatisten wieder für die Kirche zu gewinnen, war jedoch dabei nicht zu verkennen. Die Häupter derselben warnten deshalb ihre Anhänger vor diesen Wohlthaten und ihr Bischof zu Bagai, welcher gleich dem Stifter der Sekte, den Namen Donatus führte, erregte einen förmlichen Aufstand, in welchem besonders durch die fanatischen Circumcellionen, Leute aus der Hefe des Volkes, welche sich die Ermordung ihrer Gegner als Verdienst anrechneten, viel Blut vergossen wurde. Die Anfangs siegreichen Rebellen wurden jedoch geschlagen und Macarius insbesondere griff nun zu solcher schonungslosen Strenge und Gewalt, daß die Donatisten noch lange mit Verwünschungen von den Macarischen Zeiten sprachen. Donatus, Bischof von Bagai, wurde in einen Brunnen geworfen, ein anderer donatistischer Bischof von einem Felsen gestürzt, viele angesehene Anhänger wurden verbannt und andere ergriffen freiwillig die Flucht; manche schlossen sich äußerlich wieder an die Kirche an, der donatistische Gottesdienst wurde verboten und das Schisma schien völlig vernichtet, aber das mit Gewalt unterdrückte Feuer glomm unter der Asche, um später wieder desto heftiger aufzulodern. Gratus schien dies zu ahnen und berief zur Verhütung späterer Versuche der gefährlichen Sekte zu ihrer Wiederbelebung die Bischöfe der ihm untergeordneten Kirchen in der Provinz Afrika, Numidien und beiden Mauretanien zu einer Synode nach Karthago (im J. 348). Bei Eröffnung derselben pries Gratus zuerst die Gnade Gottes, der die getrennten Glieder der Kirche wieder vereinigt hatte; dann trug er auf Feststellung einer Kirchenzucht an, in welcher ernster Eifer weislich ver-

4) „Nondum enim tunc temporis praedecessores illius in urbe manente locum primum gentilitatis habuerant; sed interposito Arari amne in ripa Sequanorum quoddam municipium graeco vocabulo Martyrmethon vocatum reparaverant, in quo post labores et aerumnas ab impia gente sibi saepius illatas requiescere consueverant." Vita S. Grati §. 1.

5) Ibid. Octobris Tom. IV. p. 281 sqq.

6) Ibid. Octobris Tom. VIII. p. 180 sqq.

bunden mit sanfter Milde die Ordnung aufrecht erhalten möchte, ohne die Liebe zu verletzen. Seiner Aufforderung entsprechend faßten die Bischöfe die ihnen ersprießlich scheinenden Beschlüsse. Einige betrafen die Donatisten, indem sie die Wiedertaufe untersagten und diejenigen als Märtyrer zu verehren verboten, welche sich selbst, wie es bei manchen Fanatikern dieser Sekte der Fall war, den Tod gegeben hatten. Die übrigen Verordnungen betrafen mehr die allgemeine Kirchenzucht und sind in dieser Beziehung für die Culturgeschichte jener Zeit merkwürdig. So wurde verordnet, daß die Geistlichen und Nonnen und ebenso wenig die Witwer und Witwen mit fremden Frauen und Männern zusammen leben, daß die Kleriker sich weltlicher Geschäfte enthalten und insbesondere sich nicht als Verwalter und Rechnungsführer anstellen lassen, daß sie die unter einander abgeschlossenen Verträge gewissenhaft halten und endlich keine Zinsen nehmen und keinen Wucher treiben sollten. Ueber die weitere Thätigkeit des Bischofs weiß die Kirchengeschichte Nichts zu berichten, sie meldet nur noch, daß er im J. 359 starb *). (*Ph. H. Külb.*)

GRATUS, ein Theolog des 5. Jahrh., welcher sich als Diakon wahrscheinlich in der Nähe des berühmten Klosters Lerins in der Provence aufhielt und seine Zeit zwischen Uebungen der strengsten Frömmigkeit und tiefsinnigen Forschungen über die schwierigsten Dogmen der christlichen Religion theilte. Durch dieses die körperlichen Kräfte zerstörende Leben mußte auch sein Geist leiden; er bekam Visionen und gerieth dadurch um so leichter auf Abwege und zu Ansichten, welche von der gewöhnlichen Lehre der Kirche abwichen und als Ketzerei betrachtet werden mußten. Er legte die Ergebnisse seiner Forschungen und seiner Phantasien in einer Abhandlung nieder und behauptete darin keck, daß man nach reiflicher Ueberlegung in Jesus Christus nicht zugleich eine wahre göttliche und eine wahre menschliche Natur, sondern nur eine einzige, die göttliche, anerkennen dürfe und daß man folglich weder sagen könne, daß Gott der Vater eines Menschen, noch daß ein Weib die Mutter Gottes sei. Obgleich er recht wohl wußte, daß Augustinus bereits diese von Eutyches weiter ausgebildete Lehre der Monophysiten verworfen hatte, so vertraute er doch mehr seiner eigenen Einsicht und überschickte Faustus, dem durch seine gründliche Gelehrsamkeit berühmten Abte von Lerins, später Bischofe von Riez, seine Schrift, um die Meinung desselben vor der Bekanntmachung seiner Behauptungen zu hören und sich, wie er voraussetzte, auf die Beistimmung desselben stützen zu können. Faustus zögerte mit der Antwort, sowol weil er nicht für gut fand, einen so schwierigen Stoff einer nähern Erörterung zu unterziehen, als auch, weil er an der Arbeit des Gratus zugleich den Mangel aller tieferen theologischen Bildung erkannte. Später entschloß er sich jedoch, um einen Geistlichen, der ihn um Rath gefragt hatte, nicht ohne Antwort zu lassen, zur Widerlegung der von Gratus aufgestellten Behauptungen. Er tadelt vor Allem in seiner Erwiderung, daß Gratus so entschieden gegen Augustinus, einen der berühmtesten und gründlichsten Kirchenlehrer, aufzutreten wage, widerlegt dann in einem ruhigen und verständigen Tone die Irrthümer des Diakons und gibt ihm am Schlusse den guten Rath, die Einsamkeit zu verlassen und fortan keinen unnützen Grübeleien nachzuhängen, auch einer zu weit gehenden ascetischen Lebensweise, welche die Phantasie aufrege und den Geist des Hochmuthes und des Widerspruches nähre, zu entsagen und sich in einem Kloster der Leitung eines vernünftigen und erfahrenen Abtes hinzugeben. Da keine weitere Rede bei den gleichzeitigen Kirchenhistorikern von der Irrlehre des Gratus ist, so scheint dieser dem guten Rathe des Faustus Folge geleistet und seine Schrift gar nicht zur öffentlichen Kenntniß gebracht zu haben. Wenigstens wird diese nirgends erwähnt und der Inhalt derselben läßt sich nur aus der noch vorhandenen Widerlegung des Faustus erkennen *). (*Ph. H. Külb.*)

GRATZ nennt das gemeine Volk und in neuester Zeit auch die Regierung die Hauptstadt des Kronlandes und des österreichischen Herzogthums Steiermark im Gegensatze zur Schriftsprache und zur Wissenschaft, die sie noch immer, wie von alten Zeiten her, als Grätz, lateinisch Graecium, kennt [1]). Unter den vielen Orten, welche in Oesterreich und außerhalb des Kaiserstaates den Namen Grätz führen, ist diese Stadt seiner Größe und politischen Bedeutung wegen der wichtigste.

Grätz liegt unter dem 31° 17′ 36″ östl. Länge von Ferro und dem 47° 71′ 20″ nördl. Breite, 1047 wiener Fuß über dem Spiegel des adriatischen Meeres, in einer der anmuthigsten und malerischsten Gegenden des Landes; an der wien-triester Eisenbahn, von der sich hier die westwärts zu reichen Braunkohlenlagern führende grätz-köflacher Bahn abzweigt; zu beiden Seiten der Mur, über die in ihr zwei Ketten- und ebenso viele Jochbrücken führen; sie schlingt sich um den Fuß des nahe dem linken Flußufer vereinzelt sich erhebenden, einst befestigten, jetzt aber in die anmuthigsten Spaziergänge verwandelten sogenannten Schloßberges, von denen man nach allen Richtungen hin eine herrliche Rundschau hat, ist aber bis auf einige Gassen ganz eben. Die Stadt ist von ausgedehnten Vorstädten, deren Landhäuser, Gärten und zerstreut liegenden Gebäude über die nächsten Berge hinaufreichen, umgeben. Grätz zählt 3304 meist zwei oder

---

*) Vergl. Harduin's Collectio Conciliorum Tom. I. p. 683. Mansi's Collectio Conciliorum Tom. III. p. 143. S. Athanasii Apol. 2. *Baronii* Annal. eccles. ad ann. 347 et 348. Fuchs, Bibliothek der Kirchenversammlungen. Bd. III. S. 80. Fr. L. v. Stolberg, Geschichte der Religion Jesu Christi. Bd. XI. S. 11 fg. J. Hefele, Conciliengeschichte. Bd. I. S. 663. 609 fg.

*) Vergl. *Gennadius*, De viris illustribus c. 86. Bibliotheca maxima Patrum Paris. Tom. III. p. 609. Lugdun. Tom. VIII. p. 565. *R. Ceillier*, Histoire générale des auteurs ecclésiastiques. Tom. XV. p. 161. *A. Sevestre*, Dictionnaire de Patrologie. Tom. II. p. 1147.

1) Ueber den Namen der Stadt siehe meinen Aufsatz: „Ueber die heutzutage einzig richtige Schreibweise des Namens der Stadt Grätz," in der Steiermärkischen Zeitschrift. Redigirt von Dr. G. F. Schreiner und Dr. Albert von Muchar. Neue Folge, VII. Jahrgang, II. Heft. Grätz 1844. S. 123—272.

drei Stockwerke hohe Häuser, die durchaus mit Ziegeln gedeckt sind und ohne Militair und Fremde 68,670 meist deutsche Einwohner ²). In den letzten Jahren haben sich auch sehr viele Juden, von denen sich vor dem Octoberpatente und der Februarverfassung keiner in Grätz bleibend aufhalten durfte, allhier angesiedelt, und zwar in solcher Menge, daß ihnen nicht nur die Abhaltung ihres Gottesdienstes, sondern auch die Anlegung eines eigenen Friedhofes gestattet wurde; sie treiben auch hier wie anderwärts nur Hausirhandel, Geld-, Wechsel- und Lieferungsgeschäfte. Grätz wird in die innere Stadt und in die Vorstädte, und beide wieder in 15 Viertel abgetheilt, von denen 3 auf die erstere und 12 auf die letzteren kommen. Jedes Viertel hat seinen eigenen Viertelsmeister in der Person eines angesehenen Bürgers und einen Viertelswächter, denen bestimmte städtische Geschäfte zugewiesen sind. Der einst befestigte, nun wieder in seinem ganzen Umfange dem Publicum geöffnete Schloßberg und die ausgedehnten, die innere Stadt von dem am linken Murufer liegenden Theile der Vorstädte trennenden schattigen Alleen und Anlagen gewähren anmuthige Spaziergänge mit den reizendsten Ausblicken in die malerischen Umgebungen der Stadt, die sich eben dadurch vor den meisten Städten Oesterreichs auszeichnet. Da alle Spaziergänge, auch diejenigen des Schloßberges, im Winter sorgfältig vom Schnee gereinigt werden, so kann man dieses Vergnügen das ganze Jahr hindurch genießen. Grätz ist der Sitz der Statthalterei (der politischen Landesbehörde) des Herzogthums Steiermark, des Oberlandesgerichtes für Steiermark, Kärnthen, Krain und das österreichische Küstenland, des Gefällenobergerichtes und der Finanzlandesdirection für dieselben, der Postdirection für Steiermark und Kärnthen, einer eigenen Polizeidirection, einer Landeshaupt- und Kriegskasse, eines Landesgerichtes, eines Lottoamtes und vieler anderen Mittel- und Unterbehörden des Civil- und Militairdienstes, eines Landesmilitaircommando's, des Fürstbischofs von Seckau, seines aus sieben Domherren bestehenden Domcapitels, Consistoriums und Priesterseminars oder Alumnats der seckauer bischöflichen Diöcese, welches dermalen über 100 Candidaten des Priesterstandes umfaßt. Diese Stadt ist überreich an dem Gottesdienste geweihten Gebäuden und Klöstern; sie enthält, außer der evangelischen, 10 katholische Pfarreien, mit Einschluß der evangelischen 23 Kirchen, darunter 11 Pfarr- und 7 Klosterkirchen und 24 sogenannte Hauskapellen, in deren mehreren regelmäßig, entweder täglich oder wenigstens an Sonn- und Feiertagen, Messe gelesen wird; 6 Mönchs- und 7 Frauenklöster ³). Besondere Auszeichnung verdienen: der von Kaiser Friedrich III. im gothischen Style erbaute Dom, mit mehreren Altarblättern der Maler Petrus de Pomis, Fiuter und Tunner, zwei höchst merkwürdigen Reliquienschreinen und einem großen Marmorreichthume an den vielen Altären im Innern und alten sehenswerthen Fresken an der Außenwand; die neben dem Dome stehende Katharinenkirche mit dem Mausoleum und der Grabstätte Kaiser Ferdinand's II., seiner Gemahlin und einigen anderen Gliedern seiner Familie, in dem auch im J. 1805 die Gräfin von Artois (Gemahlin Karl's X. von Frankreich) beigesetzt wurde; die Stadtpfarrkirche mit einem Altarblatte von Tintoretto; die ihrer Bauart wegen sehenswerthe Franziskanerkirche; die kaiserliche Burg wegen mehrerer in die Mauern eingefügten römischen Denksteine; das Landhaus mit einem merkwürdigen ehernen Brunnen im Hofe und einem sehenswerthen Zeughause und dem Landtagssaale; das von Joh. Mayer 1742 ganz mit Frescogemälden geschmückte sogenannte „gemalte Haus;" das Palais des Erzherzogs Johann; zwei Theater; die ehernen Statuen Kaisers Franz II. und des F.-Z.-M. Baron Welden auf dem Schloßberge. Auch befinden sich hier ein adeliges Damenstift, eine deutsche Ordenscommende am Leech mit einer interessanten alten Kirche, der ältesten von Grätz, ein landschaftliches allgemeines und ein städtisches Krankenhaus, ein Militairspital, ein Findel-, Gebär-, Irren- und Siechenhaus, ein Diöcesanpriesterspital, ein Zucht- und ein Zwangsarbeitshaus, eine Escompte- und Leihanstalt der privilegirten österreichischen Nationalbank, die im J. 1864 gegründete steiermärkische Escomptebank, die Spitäler der Elisabethinerinnen und der barmherzigen Brüder, ein Pensionsinstitut für herrschaftliche Oberbeamte, eine Sparkasse und Hypothekenanstalt, mehrere Kinderbewahranstalten, ein Kinderspital, ein reiches Armeninstitut und mehreres Andere der Art. Der Gewerbs- und Handelsbetrieb der Stadt ist nicht bedeutend, selbst der Verkehr auf den zwei Hauptjahrmärkten nicht von Belang. Von Fabriken sind nur eine Uhr-, mehrere Lederfabriken, eine Zuckerraffinerie und eine Eisengießerei, endlich eine große Maschinenfabrik außer mehreren bedeutenden Bierbrauereien bemerkenswerth. Grätz ist reich an wissenschaftlichen, Kunst- und Unterrichtsanstalten; unter diesen sind besonders her-

2) Unter den Einheimischen bekannten sich nach der letzten Volkszählung des Jahres 1857: 57,095 zur katholischen, 266 zur evangelischen Kirche augsburgischer Confession und 98 zur evangelischen Kirche helvetischer Confession; 7 waren nichtunirte Griechen, ein Anhänger der griechisch-katholischen Kirche, endlich zwei, die zu keiner von diesen Kirchen sich bekannten. Im J. 1850 wies die Volkszählung: 57,190 Einheimische und 19,231 Fremde, und im J. 1853: 57,444 Einheimische (d. h. nach Grätz zuständige) und 25,732 Fremde nach; demnach belief sich der Zuwachs in sieben Jahren im Ganzen auf 7765 Seelen, sodaß im Durchschnitt jährlich ein Zuwachs von 1109 Seelen sich herausstellte. Nimmt man an, daß dieser Zuwachs, wie er sich in den genannten sieben Jahren gezeigt, auch seither derselbe geblieben sei, so kann für das Jahr 1865 die Volkszahl von Grätz (ohne Militair und Fremde, d. h. solche, die sich nur vorübergehend als Reisende oder in Geschäften hier aufhalten) auf 77,840 Einheimische und Fremde berechnet werden. Unter den Fremden im Sinne der Conscriptions-Tabellen sind die hierher nicht zuständigen, in den Gemeindeverband noch nicht gehörigen Steiermärker anderer Orte, die Angehörigen anderer Kronländer und Ausländer beiderlei Geschlechtes begriffen. — Die Zahl der Häuser war nach der Volkszählung des Jahres 1850: 3178, nach der vom Jahre 1857: 3304; für das Jahr 1865 kann sie gewiß auf wenigstens 3332 angenommen werden.

3) Siehe darüber den „Geistlichen Personalstand des Bisthums Seckau in Steiermark im J. 1864. Abgeschlossen mit Ende November 1863." Grätz 1863. S. 62 fg. 231 fg.

vorzuheben: die im J. 1585 vom Erzherzoge Karl II., Herzoge von Oesterreich, gestiftete und 1827 restaurirte, endlich im J. 1863 ganz vervollständigte k. k. Karl-Franzens-Universität von vier Facultäten [4]), die landschaftliche technische Lehranstalt am Joanneum [5]), ein k. k. Gymnasium [6]), eine landschaftliche Unter- und Oberrealschule [7]), eine landschaftliche Hufbeschlags-Lehranstalt (Veterinärschule), eine k. k. Muster-, Haupt- und Unterrealschule von vier Classen, das fürstbischöfliche Diöcesan-Knabenseminar (Carolinum-Augustinëum), in welchem im J. 1864 159 Zöglinge waren, das landschaftliche Taubstummeninstitut, die landschaftliche Zeichnungsakademie und Bildergalerie, drei öffentliche Bibliotheken (der Universität von nahezu 60,000 Bänden, des Joanneums und des steiermärkischen Industrie- und Gewerbevereins), die im J. 1863 vom Handelsstande auf Subscription ins Leben gerufene Akademie für Handel und Industrie, die Schule der evangelischen Gemeinde, die Pfarrschulen und mehrere Privat-Lehrinstitute. Auch für Mädchenschulen, Pensionate und Erziehungsanstalten ist dermalen schon mehr gesorgt als noch vor mehreren Jahren, und zwar durch die Pfarrschulen, die Schule der evangelischen Gemeinde, die k. k. Normalschule, dann die zwei Mädchen-Hauptschulen der Ursulinerinnen und des Filialinstituts der Schulschwestern vom dritten Orden des heil. Franciscus, des Ordenshauses der Frauen vom heiligsten Herzen Jesu und durch mehrere Privat-Mädchenschulen, Pensionate und Erziehungsanstalten. Grätz zeichnet sich namentlich auch dadurch aus, daß das Vereinswesen in ihr in einem höheren Grade als in vielen anderen Städten der Monarchie von gleicher Volkszahl entwickelt ist. Von den zahlreichen Vereinen sind besonders hervorzuheben: die k. k. Landwirthschaftsgesellschaft mit einem Musterhofe, einem eigenen Weingarten und interessanten Sammlungen, die auch zu Vorträgen für Winzer, Gärtner und landwirthschaftliche Hilfsarbeiter benutzt werden; der historische Verein und der steiermärkische Industrie- und Gewerbeverein, deren jeder ein eigenes Blatt herausgibt; der geographisch-montanistische, der Musik-, der Leseverein am Joanneum, der Juristen- und der Verein der Aerzte und viele andere gemeinnützige und literarische Vereine. Ueberhaupt ist in Grätz eine für eine Provinzialstadt sehr rege literarische Thätigkeit wahrzunehmen. Auch für geselliges Vergnügen ist reichlich gesorgt durch zwei Theater, ein adeliges Casino, eine Ressource mit Lesecabinet, Kaffeehaus, musikalischen und theatralischen Vorstellungen, Bällen, Declamationen und Concerten, zahlreiche öffentliche Belustigungsorte, die Productionen der Musik- und zweier Gesangvereine und dergl. mehr; endlich tragen zur Erhöhung des geselligen Vergnügens auch noch die herrlichen Umgebungen nicht wenig bei, worüber das Nähere zu finden ist in G. F. Schreiner's Historisch-statistisch-topographischem Gemälde der Stadt Grätz und ihrer Umgebung (Grätz 1843).
(*Dr. G. F. Schreiner.*)

GRATZ (Jacob), deutscher Jesuit, am 29. April 1629 zu Neiße in Schlesien geboren, trat in seinem 17. Jahre (22. Sept. 1646) in die Gesellschaft Jesu und widmete sich nach der Beendigung seiner Studien und nach der Ablegung seiner Gelübde dem Unterrichtsfache. Er lehrte mehrere Jahre in verschiedenen Collegien seines Ordens die alten Sprachen und insbesondere die hebräische, übte aber dabei sein geistliches Amt mit großem Eifer, und hatte die Genugthuung, mehrere Abtrünnige zu dem katholischen Glauben zu bekehren. Zuletzt war er Gewissensrath in dem Profeßhause zu Prag, wo er am 20. Nov. 1700 starb. Die von ihm verfaßten Schriften ascetischen Inhalts (**Anatomia cordis seraphici seu Panegyris de S. Theresia dicta festa die S. Theresiae in templo PP. Carmelitarum Micro-Pragae. Pragae** 1668. 4. und „Leben des ehrwürdigen Paters Bernardi Colnagi." Prag 1676. 8.) entsprechen völlig der streng frommen Richtung seines Geistes [*]).
(*Ph. H. Külb.*)

---

4) Dieselbe zählte im Studienjahre 1863/64 einschließlich der Chirurgen und Pharmaceuten 538 Studierende; am Schlusse des Studienjahres 1864 hatte sie 454 definitiv eingeschriebene Hörer und zwar: 104 Theologen, 232 Juristen, 60 Mediciner und 59 Angehörige der philosophischen Facultät; hierunter waren 444 Katholiken, 6 Griechen, 3 Evangelische und 1 Israelit; nach der Muttersprache befanden sich darunter 266 Deutsche, 122 Slawen (und zwar 76 Slowenen, 21 Czecho-Slawen, 14 Serben und Kroaten, 7 Polen und 2 Ruthenen), 10 Magyaren, 50 Italiener, 1 Rumäne, 1 Franzose und 1 Engländer). Der Lehrkörper bestand aus 32 ordentlichen und 8 außerordentlichen Professoren, einem Supplenten, 7 Assistenten, 8 Docenten und 4 Lehrern im engeren Sinne (Sprachmeistern); im Wintersemester des Studienjahres 1864/65 zählte die Hochschule 563 Studierende, nämlich 125 Theologen, 286 Juristen, 108 Mediciner und 43 Studierende der philosophischen Facultät, und darunter 13 Pharmaceuten. Das theologische Studium ist zugleich bischöfliche Hauslehranstalt der Seckauer Diöcese. 5) Diese Lehranstalt zählte im Wintersemester des Studienjahres 1864/65: 8 Professoren, 1 Supplenten und 2 Assistenten. Die Vorlesungen wurden von 191 Individuen besucht, nämlich von 183 ordentlichen, 8 außerordentlichen immatriculirten Hörern und 6 Gästen. In Folge eines vom steiermärkischen Landtage des Jahres 1864 Sr. Majestät dem Kaiser vorgelegten und auch höhern Orts genehmigten Reorganisationsplanes wird diese Lehranstalt im Herbst des Jahres 1865 ihre Thätigkeit als eine in Fachschulen gegliederte technische Hochschule mit 15 Professoren, 4 honorirten Docenten, 7 Assistenten, 1 Lehrer, 1 Werkmeister und 2 Modelleuren beginnen. — Das Joanneum, auf Anregung des Erzherzogs Johann im J. 1810 von den steiermärkischen Landständen gegründet, war bisher eine stark besuchte technisch-montanistische und landwirthschaftliche Lehranstalt, mit einer der reichhaltigsten Mineraliensammlungen Europa's, einem großen botanischen Garten, einem Archiv, chemischen Laboratorium, Herbarium, zoologischen Cabinet, einer Bibliothek von ungefähr 53,000 Bänden und vielen andern wissenschaftlichen Sammlungen von Alterthümern, Münzen, Waffen, Modellen u. dgl. m. 6) Dasselbe zerfällt in ein Unter- und Obergymnasium von je 4 Classen mit 19 Lehrern und ungefähr 700 Schülern, unter denen sich etwa 5 privat-studirende befanden; der größte Theil der Lehrer wird dem Benedictinerstifte zu Admont entnommen. 7) Die letztere zerfällt in 6 Classen, welche unter einem Director, 13 Lehrern, 3 Supplenten, 2 Assistenten und 4 Lehrern für Turnen, Stenographie, Gesang und Tanz stehen, und im Schuljahre 1865 von 373 Schülern besucht wurde.

*) Fr. Mar. Pelzel, Böhmische, mährische und schlesische Gelehrte und Schriftsteller aus dem Orden der Jesuiten (Prag 1786. 8.) S. 71. Bibliothèque des écrivains de la compagnie de Jésus. Tom. VI. (Liége 1861. 8.) p. 190.

GRATZ (Peter Aloys), teutscher katholischer Theolog, am 17. Aug. 1769 zu Mittelberg bei Reflewang, einem damals zum Bisthum Augsburg gehörenden Marktflecken, geboren, widmete sich, nachdem er sich die nöthigen Schulkenntnisse verschafft hatte, in Augsburg der Theologie, deren Studium er im Seminar zu Dillingen, worin er sich vier Jahre befand, fleißig fortsetzte, bis er im J. 1792 zum Priester geweiht wurde. Er nahm darauf die Stelle eines Hofmeisters in der Familie des Freiherrn v. Raßler zu Weitenburg am Neckar an und erhielt durch deren Vermittelung im J. 1795 eine Pfarrei zu Untertalheim bei Horb in Schwaben, welche er viele Jahre nebst der Stelle eines Schulinspectors, die ihm im J. 1809 übertragen wurde, mit Eifer versah. Er benutzte fortwährend seine wenigen Mußestunden zur Ausarbeitung religiöser Schriften für die Schuljugend und in diese Zeit seiner Wirksamkeit fallen die „Gebete für die Schuljugend, eine Christenlehrscheralung" (Constanz 1799. 8.), die „Sammlung auserlesener Kirchenlieder" (Tübingen 1811. 8. Neue Ausgabe mit Melodien. Ebend. 1813. 8.) und „ABC Büchlein für die erste Abtheilung der ersten Classe in Landschulen." (Tübingen 1812. 8.) Doch beschäftigte er sich zugleich mit tiefer eingehenden theologischen Arbeiten und seine erste fleißige Leistung dieser Art („Neuer Versuch, die Entstehung der drei ersten Evangelien zu erklären." Stuttgart 1812. 8.) verschaffte ihm einen Ruf als Professor der Exegese des neuen Testaments an der theologischen Facultät der neugestifteten katholischen Universität zu Ellwangen, wo er als weitere Ergebnisse seiner Forschungen die „Kritischen Untersuchungen über Justin's apostolische Denkwürdigkeiten" (Stuttgart 1814. 8.), „Ueber die Interpolationen in dem Briefe des Apostels Paulus an die Römer" (Ellwangen 1814. 8.) und besonders die wichtige Schrift „Ueber die Grenzen der Freiheit, die einem Katholiken in der Erklärung der Schrift zustehen" (Ellwangen 1817. 8.) herausgab. Bei der Einverleibung der Facultäten von Ellwangen in die Universität Tübingen im J. 1817 ging er mit an dieselbe über und bewährte sich auch hier durch seine „Kritischen Untersuchungen über Marcion's Evangelium" (Tübingen 1818. 8.) als einen tüchtigen wissenschaftlichen Theologen, welcher die erwiesene Wahrheit der bisherigen irrigen Meinung ohne Scheu entgegensetzte; auch nahm er lebhaften Antheil an der zu Tübingen erscheinenden theologischen Quartalschrift von J. S. Drey, P. A. Gratz, J. G. Herbst, J. B. Hirscher und A. B. Feilmoser. Im J. 1819 folgte er einem ehrenvollen Rufe als Professor der katholischen Theologie und insbesondere der biblischen Exegese an der katholischen Facultät zu Bonn und wurde mit Recht als einer der beliebtesten Lehrer betrachtet, bis durch den bekannten Hermesianischen Zwist Lehrer und Zuhörer sich in zwei schroff gegenüber stehende Lager theilten. Gratz nahm entschieden Partei für Hermes, aber die Unannehmlichkeiten, welche ihm dieser Schritt bereitete, verdarben ihm die Lust am Lehramte und er nahm seine Entlassung. Er wurde hierauf geistlicher Rath und Schulrath zu Trier, suchte aber im J. 1839 um seine Pension an, welche er mit dem rothen Adlerorden dritter Classe erhielt. Er nahm darauf seinen Wohnsitz an verschiedenen Orten der Bergstraße und zuletzt in Darmstadt und beschäftigte sich mit literarischen Arbeiten. Außer seinen bereits angeführten Schriften sind hier noch zu nennen: „Der Apologet des Christenthums, zur Berichtigung mannichfacher Entstellungen des Katholicismus" (Mainz 1820—1824. 8. 9 Hefte), worin die auch besonders gedruckten Briefe über die Wunderheilungen des Fürsten A. v. Hohenlohe großes Aufsehen erregten, die Ausgabe des neuen Testaments mit griechischem Texte und der Vulgata (Novum Testamentum graeco-latinum, vulgata interpretatione latinae editionis Clementis VIII. graeco textui ad editionem Complutensem diligentissime expresso e regione opposita. Tubing. 1821. 8. N. Ed. Moguntiae 1827. 8. 2 Voll.), der kritische Commentar über das Evangelium des Matthäus (Tübingen 1821—1823. 8. 2 Thle.) und die Fortsetzung des bekannten Thesaurus juris ecclesiastici von G. Schmidt (Bambergae 1771 seq. 7 Voll.), von welchem aber nur der erste Band unter dem Titel: Nova collectio dissertationum selectarum in jus ecclesiasticum potissimum Germanicum, quae ab anno 1780 in diversis universitatibus catholicis prodierunt (Moguntiae 1829. 8.) erschien. Gratz starb am 1. Nov. 1849 zu Darmstadt. Er hatte sich durch seine vielseitige literarische Thätigkeit, besonders durch seine kritischen und exegetischen Arbeiten über einzelne Theile des neuen Testaments einen namhaften Ruf als Gelehrter erworben. Als katholischer Geistlicher und Lehrer folgte er einer freisinnigen Richtung und blieb dieser treu, obschon man ihn nicht selten deswegen anfeindete; als Mensch verband er mit praktischem, sehr reichlichem Wohlthun, wodurch auch sein Vermögen immer ein sehr bescheidenes blieb, den liebenswürdigsten geselligen Sinn und wahre Humanität. Als Schulmann wirkte er unter oft schwierigen Verhältnissen stets vermittelnd *). *(Ph. H. Külb.)*

GRAU. Durch eine Mischung des Schwarzen und Weißen entsteht das Grau, und eine graue Fläche steht daher immer zwischen Hell und Dunkel. Bezeichnet man das Schwarze als den Repräsentanten der Finsterniß, das Weiße als Stellvertreter des Lichts, so repräsentirt das Graue den Halbschatten, welcher mehr oder weniger an Licht und Finsterniß Theil nimmt. Graue Bilder erscheinen daher heller auf schwarzem als auf weißem Grunde, und erscheinen in solchen Fällen, als ein Helles auf dem Schwarzen, größer; als ein Dunkles auf dem Weißen, kleiner. Je dunkler das Grau, desto mehr erscheint es als ein schwaches Bild auf Schwarz, als ein starkes Bild auf Weiß, und umgekehrt; daher gibt Dunkelgrau auf Schwarz nur schwache, dasselbe auf

*) Fr. K. Felder, Gelehrten-Lexikon der katholischen Geistlichkeit Deutschlands und der Schweiz. (Landshut 1817 fg. 8.) Bd. I. S. 276. Bd. III. S. 493. J. G. Meusel, Das gelehrte Teutschland. Bd. XVII. S. 770. Bd. XXII. S. [illegible]. Neuer Nekrolog der Deutschen. Jahrg. 1849. Bd. II. S. 868.

Weiß starke, Hellgrau auf Weiß schwache, auf Schwarz starke Nebelbilder.

In der Färberei ist das Grau keine besondere Farbe, sondern nur eine Reihe von lichten Schattirungen derjenigen gemischten Farben, die in ihren tiefen Tönen Schwarz bilden. Es sind das vorzugsweise gärbstoffhaltige Materialien und Eisensalze, aber in verdünnteren Bädern angewendet, welche Grau in allen Schattirungen liefern. Von häufiger Anwendung zu Grau ist das Chromoxyd; es liefert halbe Töne mit einem Stich ins Blaugraue.

(*C. Reinwarth.*)

GRAU IN GRAU nennt man alle einfarbigen Malereien (Monochrome), wo blos Licht und Schatten beobachtet werden, doch Alles mit der Grundfarbe gleich ist, mag diese roth, blau 2c. sein. Gewöhnlich ist sie wirklich grau in grau, weil diese Gattung der Malerei die Basreliefs nachzuahmen beabsichtigt. Die Franzosen nennen grau in grau Grisaille. Sie bezeichnen damit aber nicht alle einfarbige Malerei, sondern blos Gemälde von grauem Ton ohne andere Localfarben, was von den Italienern chiaroscuro genannt wird. Für Gemälde, in denen der Grund gelb, Licht und Schatten aber auch gelb aufgesetzt ist, gebrauchen die Franzosen den Ausdruck Cirage *).

(*Heinrich Döring.*)

GRAU (Anton), ein bairischer Staatsmann und das Muster eines Bureaukraten, am 13. Jan. 1748 zu Bamberg geboren, kam sogleich nach Beendigung seiner Gymnasialstudien in die Schreibstube der Hofkammer und stieg allmälig von Stufe zu Stufe bis zum Director der Finanzkammer mit einer zur damaligen Zeit hohen Besoldung. In dieser Stellung machte er sich nach der Säcularisation des Bisthums bemerkbar und verhaßt, indem er die Pensionen der meisten Staatsdiener, welche der neuen Regierung unbrauchbar oder entbehrlich waren, willkürlich und unbarmherzig schmälerte und dem Hungertode preisgab, während er dem Ministerium seine Dienste hoch anschlug und seinen Gehalt fortwährend steigerte und außerdem sich jedes Jahr bedeutende Gratificationen zu verschaffen suchte. Für den Jammer der armen Beamten hatte er durchaus kein Gefühl, wenn nur die Staatskasse dabei gewann. Daß er deshalb in keiner Weise beliebt war, läßt sich ebenso gut begreifen, als der allgemeine Jubel bei seiner Pensionirung im J. 1817. Er starb am 1. April 1834 und hinterließ ein bedeutendes Vermögen. In Baiern gilt er als abschreckendes Beispiel der Beamtenwillkür †).

(*Ph. H. Külb.*)

GRAU [1] (Christian), deutscher Rechtsgelehrter, um das Jahr 1570 zu Allendorf in Hessen, wo sein Vater Christoph Grau Metropolitan war, geboren, erhielt seine gelehrte Bildung zu Herborn, wo er sich auch im J. 1601 den juristischen Doctortitel erwarb und ward später Bürgermeister zu Allendorf, wo er auch am 6. Aug. 1628 starb. Außer einer dem Landgrafen Wilhelm V. gewidmeten Gelegenheitsschrift (Speculum pii et justi regis juncto gratulatorio, quod Wilhelmo, Hass. L. dixit et cecinit. Cassel. 1627. 4.) und einer juristischen Abhandlung über die Servitute (De servitute personali et reali. Cassel. 1619. 8.) gab er heraus J. Mercier's Commentar über die drei ersten Titel des 20. Buches der Digesten (Joh. Mercerii Lecturae Bituricenses in titulos tres prioris libri vigesimi digestorum 1. de pignoribus et hypothecis; 2. in quibus causis pignus vel hypotheca tacite contrahitur; 3. quae res pignori vel hypothecae datae obligari non possunt; doctissimis disputationibus et solidissimis decisionibus refertae, jam primum ab interitu vindicatae et summariis, numeris marginalibus et indice auctae. Cassel. 1610. 8.) und einige Abhandlungen des bekannten Juristen Joh. Althus (Joh. Althusii Tractatus tres, quorum I. de poenis, II. de rebus fungilibus, III. de jure retentionis; nunc primum in lucem editi et publici juris facti. Cassel. 1611. 4.), sämmtlich aus Handschriften heraus [2].

(*Ph. H. Külb.*)

GRAU (Christian Gottlieb) [1], deutscher Theolog und Philolog, im J. 1656 zu Allendorf in Hessen, wo sein Vater Caspar Heinrich Grau Diakonus war, geboren, wurde, nachdem er sieben Jahre auf sechs deutschen Universitäten zugebracht und seine philosophischen und theologischen Studien beendigt hatte, im J. 1687 Professor der Philosophie an der Schule von Herborn in Nassau und erhielt zugleich die Stelle eines reformirten Predigers daselbst, „weil ihn Gott mit einer wohlberedten Zunge und sonderlichen Gaben zu predigen versehen." Obschon er nun einige Jahre die Predigerstelle „mit nicht geringem Ruhme und großer Erbauung durch seine heilsame Lehre und guten Wandel bekleidet und von seinen Zuhörern sehr geliebet worden," so faßte er doch den Entschluß, das Predigeramt niederzulegen und nur seine Professur zu behalten, nicht nur, weil er eingesehen, „daß beide Bedienung nicht wohl konnten beisammen stehen, sondern die eine der andern verhinderlich gewesen," sondern auch, „um sich mit mehr Freiheit zur Ausübung der hochdeutschen Kunst und Wissenschaften aufzuopfern." Er huldigte der zu seiner Zeit noch sehr sonderbar erscheinenden und von den Gelehrten verächtlich zurückgewiesenen Ansicht, daß die deutsche Muttersprache zu allen Lehrgegenständen ausreiche und suchte seine Behauptung in der Schrift: Demonstratio paradoxa de nostrae linguae vernaculae in docendis discendisque artibus et scientiis possibili usu doctiore et publico (Herbornae 1692. 4.) zu beweisen. Die Schrift ist zwar, da sie zur Ueberzeugung seiner Gegner bestimmt war, in lateinischer Sprache abgefaßt, führt aber doch auch

*) Vergl. Goethe's Farbenlehre (Werke. Stuttgart 1851. Bd. 28. S. 27 fg. 77 fg. 89). Jeitteles in s. Aesthetischen Lexikon. Bd. 1. S. 327.

†) Neuer Nekrolog der Deutschen, 1834. Bd. 1. S. 295.

1) In lateinischen Schriften Gravius.

2) Fr. Wilh. Strieder, Hessische Gelehrten- und Schriftsteller-Geschichte. Bd. V. S. 77. Joh. Christ. Adelung, Fortsetzung und Ergänzungen zu Chr. G. Jöcher's Gelehrten-Lexikon. Bd. II. S. 1584.

1) In lateinischen Schriften schrieb er seinen Namen Christianus Theophilus Gravius.

zugleich den teutschen Titel: „Ein fremder, aber doch auf Vernunft gegründeter Beweis von unser hochdeutschen Landes- und Fürsten-Sprach, ihrer zur Lehr-, Künst- und Wissenschaften möglicher hochgelehrtem und öffentlichem Schulgebrauch." Später gab er sie auch in einer teutschen Bearbeitung („Die unmaßgebliche neu angegebene hochdeutsche Grund- und hohe Landes-Unterrichtung, darinnen nicht allein die allgemein angehende Landesjugend von dem ersten Jahr an bis zu Ausgang des zwölften in allerley vernünftigen Gründen der Künste und Wissenschaften auch wahrer christlicher Furcht Gottes, sondern auch die ferner aufwachsende bis zu Ausgang des zwanzigsten Jahres neben dem Lauf anderer lateinischen Classen und hohen Schulen zu den vier Hauptsprachen und hohen Hauptwissenschaften reicher und genugsamer Erkenntniß in der regierenden Fürstensprache so auszuführen sey, daß dem ganzen Lande ungewöhnlich viele und große Seelen- und Leibes-Nutzen mit wenigen Lern- und Lebenskosten glücklich und gesegnet können zugewendet werden; zu hoher Erwägung und gnädigster Beförderung an das deutsche Licht gelegt." Herborn 1693. 4.) heraus, scheint aber nicht die gebührende Anerkennung seines Vorschlages gefunden zu haben, denn er entsagte im J. 1699 seiner Professur in Herborn, um seine neue Lehrmethode anderwärts zu empfehlen. Er soll sich einige Jahre im Holländischen und Brandenburgischen aufgehalten haben, ohne eine Anstellung zu erhalten. Gewiß ist, daß er in sehr armseligen Umständen nach Bessa in Hessen-Cassel zurückkam, wo er im J. 1704 als Pfarrer angestellt wurde. Seine Mittel waren so unzureichend, daß ihm die Gemeinde einen Priestermantel kaufen mußte. Er führte übrigens trotz seiner Armuth einen exemplarischen Lebenswandel und starb im August 1715 zu Bessa. Grau scheint seiner Ueberzeugung das Glück seines Lebens geopfert zu haben, er trat aber mit seinem Vorschlage fast ein Jahrhundert zu früh auf [2]).

(*Ph. H. Külb.*)

GRAU [1]) (Johann), teutscher Arzt und Naturforscher, um das Jahr 1560 zu Spangenberg in Hessen, wo sein Vater Heinrich Grau Rentmeister war, geboren, widmete sich auf den Universitäten zu Padua und zu Marburg der Arzneiwissenschaft und erwarb sich am letzteren Orte im J. 1591 die medicinische Doctorwürde. Als Landgraf Moritz im J. 1599 das Collegium Mauritianum in Cassel gründete, ward Grau an dasselbe als Professor der Physik berufen. Als aber im J. 1605 wieder eine Aenderung mit dieser Anstalt vorgenommen wurde, nahm er die Stelle eines Stadtphysicus zu Cassel an, welche er bis zu seinem Tode bekleidete. Er starb um das Jahr 1620. Außer seiner Promotionsschrift (Positiones de arthritide. Marp. 1591. 4.), einem philosophischen und einem medicinischen Gelegenheitsprogramme (Themata philosophica. Marp. 1580. 4. Theses pathologicae. Marp. 1588. 4.) schrieb er eine Reihe von Abhandlungen über verschiedene Theile der Physik (Disputationes physicae I—X. Cassel. 1600—1601. 4., Quaestiones physicae de elementis. Cassel. 1605. 4.), welche ihre Entstehung seiner Anstellung an dem Moritzcollegium zu verdanken, aber jetzt ihre Bedeutung verloren haben. Daß ihm auch das theologische Fach nicht fremd war, geht aus der teutschen Uebersetzung des Werkes des rostockschen Professors Luc. Bachmeister über die Sacramente („Die ganze und in Gottes Wort erfindliche Lehre von den heil. Sacramenten alten und neuen Testaments." Cassel 1618. 4.) hervor [3]).

(*Ph. H. Külb.*)

GRAU (Johann David), teutscher Arzt, im J. 1729 zu Wolfstedt bei Rudolstadt im Fürstenthume Schwarzburg geboren, begab sich, nachdem er sich die nöthigen Vorkenntnisse erworben hatte, im J. 1748 auf die Universität zu Jena, um sich der Arzneiwissenschaft zu widmen. Nach der Beendigung seiner Studien und nach einem kurzen Aufenthalte zu Dresden ward er zu Jena Magister der Philosophie und nach der Vertheidigung seiner Dissertation De plethore causis et effectibus (Jenae 1756. 4.) Doctor der Medicin. Er ließ sich zu Jena nieder und hielt Vorlesungen in seinem Fache, in der Hoffnung, bald in die Zahl der Professoren seiner Facultät aufgenommen zu werden, und schrieb noch mehrere Dissertationen (De mutationibus ex aëris calore diverso in corpore humano oriundis. Jenae 1758. 4. De genuina febres continuas curandi ratione in universum. Ibid. 1760. 4. Ἰχνογραφία παθολογίας. Ibid. 1759. 4. De medicamentorum consolidantium agendi modo et usu. Ibid. 1761. 4. De prognosi status morbosi rite formanda. Ibid. 1761. 4. De secretione corporis humani in genere. Ibid. 1762. 4. De pure vero. Ibid. 1762. 4. De medicamentorum suppurantium agendi modo et usu. Ibid. 1763. 4. De vi vitali Specimen I. Ibid. 1763. 4.), die „Heterodoxen Sätze aus der Arzneigelahrtheit." Erstes Stück (Frankf. 1763. 8.), und die „Abhandlung von den Wundmitteln überhaupt" (Lemgo 1763. 8.), um dadurch die Erreichung seines Zweckes zu vermitteln. Da ihm aber nicht gelingen wollte, in Jena einen Lehrstuhl zu erhalten, so zog er im J. 1763 in derselben Absicht nach Göttingen. Obschon er auch hier durch seine Vorlesungen Beifall fand und durch einige Dissertationen (De liquore amnii. Götting. 1764. 4. De hydropis ascitis semiologia. Ibid. 1764. 4. Principia cognitionis humanae. Lemgo 1767. 8.), durch die „Anfangsgründe der Hebammenkunst" (Lemgo 1765. 8.) und eine Schrift „Von den Erweichmitteln" (Ebend. 1766. 8.) die Aufmerksamkeit der Fachgenossen auf sich zog, so ward ihm doch auch hier keine Professur zu Theil, weshalb er im J. 1767 den Entschluß faßte, als praktischer Arzt nach Nordhausen

---

2) Fr. Wilh. Strieder, Hessische Gelehrten- und Schriftsteller-Geschichte. Bd. V. S. 78 fg. Joh. Christ. Adelung, Fortsetzung und Ergänzungen zu Chr. G. Jöcher's Gelehrten-Lexikon. Bd. II. S. 1584.

1) Nach lateinischer Schreibart Gravius.

3) Fr. Wilh. Strieder, Hessische Gelehrten- und Schriftsteller-Geschichte. Bd. V. S. 77.

zu gehen, wo er sich alsbald einer ausgebreiteten Kundschaft erfreute und von dem Markgrafen von Ansbach den Titel eines Rathes erhielt. Obschon die Praxis fast seine ganze Zeit in Anspruch nahm, so fiel es ihm doch sehr schwer, gänzlich der Schriftstellerei zu entsagen; er beendigte deshalb noch den bereits begonnenen ersten Theil seiner „Abhandlung von der lebendigen Kraft des menschlichen Körpers, welcher die Physiologie dieser Lehre enthält" (Lemgo 1768. 8.) und gab Geo. Erh. Hamberger's Semiotische Vorlesungen über Johann Lomme's medicinische Wahrnehmungen (Lemgo 1767—1769. 8. 3 Bde.) heraus. Er erfreute sich übrigens dieser behaglichen Stellung nur kurze Zeit, denn der Tod raffte ihn im J. 1768 in der Blüthe seines Alters hinweg. Er bekämpfte in seinen Schriften (besonders in der Abhandlung De vi vitali und in der Abhandlung von der lebendigen Kraft des menschlichen Körpers) die von Matt. van Geuns gegen R. Whytt aufgestellte Behauptung, daß die Seele keinen unmittelbaren Antheil an den zum Leben gehörigen Bewegungen nehme, und lehrte, daß die Grundkraft des Körpers allgemein und in allen Theilen identisch sei, weil kein Theil sich finde, welcher nicht Zellengewebe einschließe, welchem sogar alle ihre Entstehung verdanken *). (*Ph. H. Külb.*)

GRAU 1) (Johann Justus), teutscher Arzt, am 9. März 1680 zu Spangenberg in Hessen, wo sein Vater Justus Grau Metropolitan war, geboren, erhielt nach dem frühen Tode seines Vaters von seinem Oheime, dem Consistorialrathe J. G. Rausch zu Cassel, eine sorgfältige Erziehung und war anfänglich zum Studium der Theologie bestimmt; da er aber dazu keine Neigung fühlte und die Arzneiwissenschaft vorzog, so widmete er sich derselben auf den Universitäten zu Leipzig, Jena und Halle, wo er sich die Freundschaft des berühmten Lehrers Hofmann erwarb, und erlangte an dem letztern Orte auch im J. 1706 die medicinische Doctorwürde, worauf ihn der Landgraf Karl zum Feldarzt bei den damals in Italien dienenden hessischen Truppen ernannte. Nach der Beendigung des Feldzuges (1712) ließ er sich zu Cassel nieder, wo er im J. 1718 zum Hof- und Provinzialmedicus und zum Stadtphysikus, im J. 1722 zum fürstlichen Leibarzt ernannt wurde, als welcher er auch den Landgrafen Friedrich II. auf mehreren Reisen begleitete. Die während des Feldzuges erduldeten Strapazen und ein schwerer Fall von einem steilen Felsen in der Schweiz hatten ihm mehrere körperliche Uebel zugezogen, welche ihm ein unbequemes Alter, in welchem ihn auch (1745) ein Schlagfluß traf, bereiteten. Er starb am 4. Juni 1752 zu Cassel. Eine neue, vermehrte Ausgabe seiner akademischen Probeschrift: De salubritate Hominis (Halae 1706. 4.), welche mit großem Beifall aufgenommen worden war, wurde durch mancherlei Verhältnisse gehindert, obgleich der Druck bereits begonnen hatte. Auch eine aus seiner Feder erwartete Schrift über die Pocken, deren Beschaffenheit und Ursachen, sowie der besten Art und Weise, sie zu behandeln, wurde nicht zum Druck reif 2). (*Ph. H. Külb.*)

GRAU 1) (Johann Reinhold), teutscher reformirter Theolog, am 21. April 1701 zu Cassel, wo sein Vater Caspar Christian Grau Metropolitan war, geboren, widmete sich, nachdem er auf der Schule seiner Vaterstadt die nöthige Vorbildung erhalten hatte, der Theologie und besuchte deshalb die Universitäten zu Marburg, Heidelberg, Leyden und Utrecht. Er erwarb sich gründliche Kenntnisse in seinem Fache, legte aber der freien Richtung seines Geistes durch die Vorliebe zu der bildlichen (typischen) Theologie, welche zu jener Zeit sich eines großen Beifalls erfreute, freiwillige Fesseln an, welche er während seines ganzen späteren Wirkens nicht mehr abzustreifen vermochte. Nach der Beendigung seiner Studien wurde er im J. 1736 Prediger in Niederzwehorn bei Cassel. Die Muße, welche ihm die Pflichten seines Amtes ließen, benutzte er zu seiner weiteren wissenschaftlichen Ausbildung und zu schriftstellerischen Arbeiten, wobei er jedoch stets der einmal genommenen Richtung folgte und eifrig bemüht war, alttestamentliche Erzählungen mit Begebenheiten des neuen Testaments durch allegorische und nicht selten sehr gezwungene Deutungen in Beziehung zu bringen, denn außer seiner sich nicht in diesem Ideenkreise bewegenden kleinen Schrift über die Metropolitaneinrichtung (Theses historico-theologicae de axiomate metropolitano. Herafeld. 1745. 4.) tritt sein Bestreben in der Abhandlung über die Taufe (Discursus theologicus de baptismo sub certa forma et ex suis causis salvifico, ad 1 Petr. III, 21; accedit significatio de typo Jonae. Herafeld. 1747. 4.), worin er die Geschichte des Jonas bildlich auf seinen Gegenstand bezog, schon entschieden hervor, und ebenso willkürlich deutete er mehrere Prophezeihungen der Psalmen auf die späteren Christenverfolgungen in seinen „Helden-Liedern der Kirche Gottes in denen Nächten der Trübsalen und Gemeinschaft der Leiden mit ihrem Haupte Christo und vornemlich in ihren drey Hauptverfolgungen, wie solche durch den Geist der Weissagung vorgestellt werden in den Psalmen XLII. und XLIII., in 12 Predigten, nebst einer Zugabe über Matth. XX, 1 seq." (Lemgo 1740. 8.) Sein wissenschaftliches Streben fand indessen bei seinen Vorgesetzten Anerkennung und veranlaßte im J. 1747 seine Beförderung zum evangelisch-reformirten Inspector zu S. Goar, in welchem Orte damals Hessen-Cassel das Besatzungsrecht hatte. Als dieses im J. 1754 auch auf die Bergfeste Rheinfels ausgedehnt und die dortige

---

*) Vergl. Pütter's Gelehrtengeschichte von Göttingen. Bd. I. S. 201. Bd. II. S. 66. Joh. Chr. Adelung, Fortsetzung und Ergänzungen zu Chr. G. Jöcher's Gelehrten-Lexiken. Bd. II. S. 1584. Joh. G. Meusel, Lexikon der vom Jahre 1750—1800 verstorbenen teutschen Schriftsteller. Bd. IV. S. 329.

1) Lateinisch Gravius.

2) Fr. With. Strieder, Hessische Gelehrten- und Schriftsteller-Geschichte. Bd. V. S. 83 fg.

1) Lateinisch Gravius. Ueber die vielverzweigte hessische Familie Grau, welche bis zum Jahre 1400 hinaufreicht und dem Staate eine Reihe geistlicher und weltlicher Beamten lieferte, gibt Fr. W. Strieder in seiner Hessischen Gelehrten- und Schriftsteller-Geschichte, Bd. V. S. 67 fg., nähere Auskunft.

Kapelle für den evangelisch-reformirten Gottesdienst eingerichtet wurde, hielt Grau am 25. Dec. die Festpredigt. Ueberhaupt versah er sein Predigtamt mit unermüdlichem Eifer und arbeitete dann seine stets zu diesem Zwecke angelegten Predigten zu größeren Werken über biblische Gegenstände mit typischer Deutung aus. Dazu gehören seine 24 Betrachtungen über die ersten Ereignisse in dem Leben Jesu („Anfang der Geschichte von Jesu Christo nebst dessen Geheimniß." Lemgo 1749—1758. 8. 3 Bde.), worin die Empfängniß des Vorläufers Johannes des Täufers, das Lied Mariä und die Beschneidung Johannes erklärt werden, ferner die Erklärung des 25. Psalms („Die erfreute Seele in dem Bethhause Gottes" Frankfurt a/M. 1756. 8. 2 Thle., wobei sich als Anhang einige gute und zuverlässige Nachrichten über den Prediger Ad. Fabricius zu S. Goar befinden) und die Auslegung des 119. Psalms („Beständige Bewahrung beydes des Wortes als auch des Volkes Gottes und eines jeden wahren Gliedes davon, prophetisch vorgestellt in dem 119. Psalm. Frankf. a/M. 1760. 8.), welche sich aber nur über die acht ersten Verse erstreckt, da der Druck durch den Tod des Verfassers, welcher am 19. April 1760 zu S. Goar erfolgte, unterbrochen wurde. Die vollständige ausgearbeitete Handschrift der Fortsetzung befand sich im Besitze der Erben [2]). *(Ph. H. Külb.)*

GRAU [1]) (Abraham de), ein holländischer Philosoph und Mathematiker, am 14. Aug. 1632 zu Wanswerd in Friesland, wo sein Vater Samuel Grau Prediger war, geboren, widmete sich, nachdem er den ersten Unterricht von seinem Vater erhalten hatte, auf den Universitäten zu Franeker und Gröningen den exacten Wissenschaften und erhielt, nachdem er seine Studien beendigt und die Magisterwürde erlangt hatte, im J. 1669 die Professur der Mathematik zu Franeker. In diese Zeit seiner Wirksamkeit fallen seine mathematischen Handbücher (Beginselen de Rechenkonst l'Algebra), welche lange Zeit in seinem Vaterlande in großem Ansehen standen. Als die mathematischen Wissenschaften nicht mehr dem Geschmacke der Zeit entsprachen und die Schüler derselben auf eine auffallende Weise abzunehmen anfingen, erwirkte sich Grau die Erlaubniß, philosophische Collegien lesen zu dürfen und er fand bei den Zuhörern unerwartet großen Beifall. Er legte die Ergebnisse seiner Forschungen auch in einer Geschichte der Philosophie (Historia philosophica. Franeker. 1674. 4.) nieder, welche von genauer Sachkenntniß und von großem Scharfsinn zeugt, aber leider nur bis zur Zeit des Aristoteles reicht. Sie wird jetzt noch von den Erforschern der ältesten philosophischen Systeme nicht ohne Nutzen zu Rathe gezogen, da sie sich auch durch angenehme und klare Darstellung ausgezeichnet [2]). *(Ph. H. Külb.)*

2) Fr. Wilh. Strieder, Hessische Gelehrten- und Schriftsteller-Geschichte. Bd. V. S. 68. Joh. Chr. Adelung, Fortsetzung und Ergänzungen zu Chr. G. Jöcher's Gelehrten-Lexicon. Bd. II. S. 1586. Joh. G. Meusel, Lexikon der vom Jahre 1750—1800 verstorbenen teutschen Schriftsteller. Bd. IV. S. 330.

1) In lateinischen Schriften schrieb er nach der Sitte seiner Zeit seinen Namen Gravius. 2) Chr. G. Jöcher, Gelehrten-Lexikon. Bd. II. S. 1142. Biographie universelle. Tom. XVIII. p. 339.

GRAUBRAUNSTEINERZ, GRAUMANGANERZ, ein Manganerz von lichtstahlgrauer Farbe, das in der Glasfabrication, in der Emailmalerei und bei verschiedenen chemischen Operationen sehr ausgedehnt benutzt wird. Als Begleiter der Eisenerze hat es vortheilhaften Einfluß auf die Beschaffenheit des daraus erzeugten Eisens. *(C. Reinwarth.)*

GRAUBÜNDTEN, eidgenössischer Canton, welcher das südöstliche Ende der Schweiz bildet.

A. Geographie. Der Canton Graubündten liegt zwischen 46° 13′ 53″ und 47° 4′ 18″ der nördlichen Breite und 26° 19′ 16″ und 28° 4′ 10″ östlicher Länge. Er grenzt nördlich an das österreichische Vorarlberg, das Fürstenthum Lichtenstein und an die Cantone St. Gallen, Uri und Glarus; westlich an die Cantone Uri und Tessin; südlich an die ehemals bündtnerischen, jetzt zum lombardischen Königreich gehörigen Landschaften Chiavenna, Valtellina und Bormio, und östlich an Tyrol. Von Ost nach West ist seine größte Ausdehnung in gerader Linie 10 geographische Meilen, von Süden nach Norden 12 Meilen. Die Angaben über den Flächeninhalt schwanken zwischen 113 und 140 □Meilen, am wahrscheinlichsten ist die Angabe von 121 □Meilen. Demnach macht dieser Canton ungefähr ein Sechstheil der Oberfläche der Schweiz aus, obschon seine Bevölkerung kaum 1/24 der schweizerischen Bevölkerung bildet. Ein scheinbares Chaos von Gebirgen, zum Theil belastet mit gewaltigen Gletschern und weitausgedehnten Schneelagern, durchzieht den ganzen Canton nach allen Richtungen und bildet eine Menge von größeren und kleineren Quer- und Längenthälern von sehr verschiedener Erhebung. Dieses Chaos löst sich aber bei Verfolgung der Höhenzüge und der durch dieselben bedingten Flußgebiete in ein organisch gestaltetes Ganze auf. Den weitaus größten Theil des Landes nimmt das Flußgebiet des Rheins ein. Dasselbe ist ringsum von hohen Gebirgen umgeben und hat nur im Norden des Hauptthales, wo der Rhein das Land verläßt, eine Thalöffnung nach Außen. Die sehr zahlreichen Seitenthäler öffnen sich dagegen alle nur im Innern gegen die Hauptthäler. Von jener Thalöffnung des Rheins an bei der sogenannten Tardis- oder untern Zollbrücke, welche 1650 franz. Fuß über der Meeresfläche liegt, erhebt sich das Thalland im Allgemeinen von Nordost gegen Südwest und Süden. Nur zwei Seitenthäler, das Prätigau im nördlichsten Theile des Landes und das Thal von Davos, machen davon eine Ausnahme. Ersteres steigt gegen Südosten, letzteres gegen Nordosten an. Das Hauptthal des Rheins geht zuerst in südlicher Richtung bis Chur, von da an in südwestlicher bis Reichenau und steigt bis dahin um 300 Fuß an. Neben dem 8—9 Stunden langen Prätigau öffnen sich in dasselbe auf dieser Strecke die Seitenthäler des Schansigg oder Schalfick und von Churwalden aus dem Prätigau fließt die verheerende Landquart, aus Schansigg die Plessur, nachdem sie die Rabius aus Oberwalden aufgenommen hat, dem Rheine zu. Bei Reichenau theilt sich das Thal in zwei Hauptäste, die Thäler des Vorderrheins und des Hinterrheins. Das Thal des Vorderrheins zieht sich in südwestlicher Richtung zum Gotthardsstock in einer Länge von 16 Stunden und steigt bis zum obersten Bergdorfe Chiamút 3420 Fuß an. Es wird gewöhnlich auch das Oberland und der oberste Theil Tavetsch genannt. Auf der Nordseite zieht sich vom Gotthardsstocke aus zwischen diesem Thale und den Cantonen Uri, Glarus und St. Gallen eine hohe, weithin vergletscherte Gebirgskette, in welcher der Tödi sich bis zu 11,144 Fuß erhebt. Sie fällt, wie alle Gebirge auf der Südseite, gegen Graubündten sehr steil ab und enthält keine bewohnten Seitenthäler, sondern nur eine Anzahl von Bergschluchten, durch welche die wilden Bergbäche und Gletscherabflüsse dem Vorderrheine zueilen. Dagegen öffnen sich auf der Südseite des Hauptthales einige fruchtbare, mit Dörfern besetzte Seitenthäler, die sich, in südlicher Richtung ansteigend, in die Centralkette der bündnerischen Alpen hinaufziehen. Diese Kette, die ebenfalls vom Gotthardsstocke beginnt, bildet die Wasserscheide zwischen dem Vorderrheine und den Flußgebieten des Tessins und des Hinterrheins, und scheidet in ihrer östlichen Fortsetzung die Flußgebiete des Rheins und des Inn. Jene Seitenthäler sind in der Folge von Westen nach Osten das Medelserthal, 5—6 Stunden lang; aus den im Hintergrunde desselben liegenden Gletschern entspringt der Medelser- oder Mittelrhein. (Rhyn oder Rhein ist nämlich bei den Bewohnern der bündnerischen Hochthäler, sowol bei den deutsch als bei den romanisch sprechenden, kein wirklicher Eigenname, sondern sie bezeichnen damit in jedem Thale den Hauptstrom, indem dieses Wort ihnen so viel ist als Gebirgsstrom.) Oestlich vom Medelserthale und parallel mit demselben läuft das Sumwixer- oder Tenigerthal gegen dem Hauptthale aus. Es ist hochgelegen, ungefähr 5 Stunden lang und wenig bevölkert. Auf dasselbe folgt das Thal von Lugnetz, welches anfänglich vom Rhein her etwa 3 Stunden weit nur allmälig ansteigt, dann aber beim Dorfe Surcasti sich in zwei steiler ansteigende Thäler spaltet, das eigentliche Lugnetzer- oder Brinthal und das Valserer- oder St. Petersthal. Sie theilen sich nach Oben wieder jedes in zwei kleine Hochthäler. Aus diesen Thälern stürzen der Brinerrhein und der Valserrhein herab, die nach ihrer Vereinigung bei Surrastl der Glenner genannt werden. Das vierte Seitenthal ist Savien, ungefähr 7 Stunden lang. Der Bergstrom wird ebenfalls Rhein genannt. — Das zweite Hauptthal des Rheingebietes ist das des Hinterrheins. Es geht, wie die Seitenthäler des Vorderrheinthales, nach seiner Abtrennung von diesem zuerst in südlicher Richtung ungefähr 7 Stunden fort und biegt dann nach Südwesten um. Es wird durch drei Thäler gebildet, die als Stufen auf einander folgen und in ihrer Thalsohle nur sanft ansteigen, von denen aber das folgende immer um ungefähr 1000 Fuß höher liegt. Die unterste Stufe bildet das etwa 2 Stunden lange, fruchtbare Domleschgerthal, an dessen südlichem Ende die furchtbare Kluft der Via Mala beginnt, durch welche man aufwärts zu der zweiten Stufe, dem Schamserthale, gelangt. Dieses ist ungefähr 2 Stunden lang und seine Thalsohle liegt schon etwas über 3000 Fuß hoch. Hierauf biegt das Thal in der wilden Roffiaschlucht nach Südwesten um, und diese Richtung behält auch die dritte Stufe, der Rheinwald, Val Rhein. Der bewohnte Thalboden dieser Landschaft erstreckt sich bis zum Dorfe Hinterrhein etwa 3 Stunden weit in einer Höhe von 4530—4800 Fuß, geht dann noch 1½—2 Stunden weiter fort und steigt zu den Quellen des Hinterrheins in den Gletschern des Adulagebirges empor, in einer Höhe von 6760 Fuß. In die unterste Stufe des Hinterrheinthales, in das Domleschg, öffnen sich von Osten her durch eine enge Schlucht, der Schyn genannt, die oberhalb derselben zusammentreffenden Seitenthäler von Davos, Oberhalbstein und der Albula. Das Thal von Davos zieht sich ungefähr 4 Stunden weit nordöstlich aufwärts bis 4600 Fuß über Meer (nach Andern bis 4930 Fuß), wo die Wasserscheide zwischen Davos und Prättigau ist. Der Strom des Thales, Landwasser genannt, erhält aus vier in die Gebirgskette, welche Davos vom Engadin scheidet, ansteigenden Hochthälern seine Zuflüsse und fällt bei Filisur, 3173 Fuß über Meer, in die Albula. Dieser Bergstrom entspringt auf dem wilden Albulaberge, 6340 Fuß über Meer, durchströmt das südöstlich laufende Bergthal Bergün und nimmt noch in seinem untern Laufe bei Tiefenkasten, 2612 Fuß über Meer, die vereinigten Gewässer des südlich ansteigenden und in den Alpenpässen des Septimer und Julier auslaufenden Thales von Oberhalbstein den Oberhalbsteinerrhein auf. Die Wassermasse, welche die Albula dem Hinterrhein im Domleschgerthale zuführt, ist daher sehr beträchtlich. Von der Westseite dieses Thales öffnet sich nur bei Thusis eine enge Kluft, aus welcher die verheerende Nolla dem Rheine zuströmt. — Die zweite Stufe des Hinterrheinthales, Schams, hat kein Seitenthal, aber in der Roffla öffnet sich die Kluft, durch welche von Süden her der aus dem Ferrerathale und dessen Fortsetzung, dem hochgelegenen Aversthale, hervortobende Averserrhein oder das Averser-Landwasser dem Rheine zueilt (Avers heißt in der Volkssprache Avnerthal). Das Ferrerathal zieht nämlich in südlicher Richtung 4—5 Stunden aufwärts und nimmt von Südwesten her zwei hochgelegene Seitenthäler auf, welche von der südöstlichen Fortsetzung der Kette des Splügenpasses herabsteigen. Das Hauptthal wendet sich dann östlich und heißt von da an Aversthal; der höchste bewohnte Weiler desselben liegt 6730 Fuß über Meer. Zwei hohe, von derselben Kette herabsteigende Seitenthäler öffnen sich auch in das Aversthal.

Alle diese Haupt- und Nebenthäler gehören zum Flußgebiet des Rheins. Sie werden durch hohe Gebirgsketten oder deren Seitenverzweigungen gebildet. Die Hauptketten umstehen diesen Theil Graubündtens wie eine Mauer, die sich nur im Norden, wo der Rhein das Land verläßt, öffnet, sonst aber überall nur hohe Alpenpässe gestattet. Ins Innere aber gehen überall von denselben Bergketten aus, wodurch die große Menge von Thälern gebildet wird und dieses scheinbare Chaos sich als ein merkwürdig gegliedertes Ganzes darstellt. Die Hauptketten dieses Gebirgssystemes sind: 1) Die Tödikette, die sich durch den Gebirgsstock des Crispalt an die Gotthardsgruppe anlehnt und im Oberalpstock zu 10,200 franz. Fuß über Meer, im Tödi zu 11,110 Fuß erhebt und gewaltige Gletscher und Schneelager trägt. Ihre Richtung ist nordöstlich und sie schließt auf der Nordseite das Längenthal des Vorderrheins gegen Uri, Glarus und St. Gallen ab. 2) Die südwestliche und südliche Gebirgskette, die man als die Centralkette des Landes betrachten kann, geht ebenfalls von der Gotthardsgruppe aus. Sie zieht durch die Kette des Lukmanier, in welche das Medelserthal heraufsteigt, zuerst in nordöstlicher Richtung, wendet sich dann gegen Süden zu der hohen, vergletscherten Adula- oder Vogelsberggruppe, in welcher sich das Rheinwaldhorn (Piz val Rhyn) zu 10,280 Fuß, das Zaporthorn zu 10,220 Fuß und andere Bergspitzen zu Höhen von 9—10,000 Fuß erheben. In dieser Gebirgsgruppe sind die Quellen des Hinterrheins und das Valser- und Hinterrheinthal steigen in dieselbe hinauf. Sie sendet nordöstlich einen Arm aus, der die Nordwestseite des Rheinwalds und des Schamserthales begrenzt. Die Hauptkette läuft auf der Südseite des Rheinwalds in östlicher Richtung fort und öffnet in ihren Einsenkungen die Bergübergänge des Bernardino (6584 Fuß) und des Splügen (6450 Fuß), zwischen denen das Tambohorn liegt (9845 Fuß). Dann biegt die Kette südöstlich ab, wendet aber bald wieder nach Nordosten um. Das Ferrera- und das Averserthal mit ihren Hochthälern steigen hier zu derselben auf. Sie öffnet in ihren Einsenkungen die Bergpässe des Septimer (c. 7000 Fuß) und des Julier (7021 Fuß). Der Septimer, zu welchem sich das Thal von Oberhalbstein emporzieht, bildet einen Gebirgsknoten, wo sich die Wasserscheide Rhein zwischen Inn und der dem Comersee zufließenden Maira befindet. — Vom Septimer an gegen Osten ist das ganze Alpenland vorzüglich gehoben, und es findet sich in der Fortsetzung der Kette keine Einsenkung mehr, welche weniger als 7000 Fuß Höhe hätte. Die Kette behält ihre nordöstliche Richtung und erhebt sich wieder in gewaltigen vergletscherten Felsstöcken, deren Höhenangabe fehlt, von denen aber wenigstens einer sich zu 10,000 Fuß erhebt. Hierauf folgt wieder eine Einsattelung, durch welche der Paß über den Albula in einer Höhe von 7238 Fuß geht, und weiterhin der wilde Scalettapaß (7850 Fuß) und der Flüelapaß (7400 Fuß) aus Davos ins Engadin, worauf die ausgedehnten Eis- und Schneelager des Selvretta zwischen Brättigau und Engadin folgen. Nahe bei dem Selvretta steigt der Piz Linard zu 10,580 Fuß empor. Vom Selvretta gehen nach allen Seiten Fortsetzungen aus, die sich theils ins Innere des Landes, theils nach Tyrol erstrecken, theils das Brättigau vom österreichischen Montafun scheiden. Letztere nordwestlich umbiegende Kette ist unter dem Namen Rhätikon bekannt; in derselben erhebt sich die Scesa plana zu 9207 Fuß; die Fortsetzung des Rhätikon berührt den Rhein da, wo er Graubündten verläßt.

Das zweite Flußgebiet, zu welchem ein Theil Graubündtens gehört, ist das des Inn, also der Donau. Es besteht aus dem in nordöstlicher Richtung laufenden, beinahe 19 Stunden langen und in seiner ganzen Länge vom Inn durchströmten Engadin, in welches sich mehrere Seitenthäler öffnen. Von seiner östlichen Grenze bei Martinsbruck, 3234 F. über Meer, steigt es allmälig ohne Thalstufen, wie sie im Thale des Hinterrheins sich finden, bis zu 5850 F. empor. Auf der Nordseite wird es vom Rheingebiete durch die Centralkette der Graubündtnergebirge geschieden; auf seiner Südseite zieht in nordöstlicher Richtung eine hohe, zum Theil mit gewaltigen Schneelagern und Gletschern bedeckte Gebirgskette, welche das Engadin von den lombardischen Provinzen Veltlin (Valtellina) und Worms (Bormio) und dem Etschthale scheidet. Sie ist die Fortsetzung des Gebirges, welches am obern Theile des Comersees (Mezzarolsee) beginnt, auf der Südseite des Bergell heraufzieht, sich dort schon zu Gipfeln von nahe an 11,000 F. über Meer und vielleicht noch darüber erhebt, dann durch die Wasserscheide der Maloja, am westlichen Ende des Engadins, mit dem Septimer in Verbindung steht und hierauf in der furchtbaren Berninagruppe fortläuft. Diese Gruppe enthält die höchsten Spitzen der Bündtnerberge, namentlich im Hintergrunde des Roseggthales eine Spitze von 12,552 franz. oder 13,600 Schweizerfuß über Meer. Genaue Messungen haben bisher bei den wenigsten dieser Gipfel stattgefunden; auch die Namen sind sehr unbestimmt; daß aber mehrere sich bedeutend über 10,000 F. erheben, ist gewiß. Die Gletschermasse, die in dieser Gebirgsgruppe lagert, ist eine der ausgedehntesten der Schweiz. Die niedrigste Einsattelung dieses Gebirgsstockes sinkt nur auf 7180 F., über welche der Weg in das graubündtnerische Thal Poschiavo führt. In der Fortsetzung der Gebirgskette östlich vom Bernina hören die großen Eislager auf. Nur hier und da sind noch vereinzelte Gletschermassen; doch heben sich noch hohe Spitzen empor, wie der Piz Pisoc zu 10,880 F. über Meer, dem Selvretta auf der Nordseite des Engadins gegenüber. Vom Piz Pisoc an senkt sich die Kette zugleich mit dem sinkenden Thalgrunde bis zu dessen östlicher Grenze gegen Tyrol. Noch vorher, westlich vom Piz Pisoc, läuft von der Hauptkette ein hoher Gebirgskamm in südöstlicher Richtung aus, welcher das graubündtnerische Münsterthal von Bormio scheidet und zu dem hohen Bergpasse des Stilfserjoches (Stelvio) hinzieht. Dieses 4—5 Stunden lange Thal ist vom Engadin durch dessen südliche Hauptkette geschieden, die sich um die westliche und nördliche Seite des Münsterthales herumzieht. Ein Theil derselben, der Buffalora, gestattet in der Höhe von 6780 F. einen Uebergang. Oestlich öffnet sich das Thal gegen Tyrol und seine in dem Rham vereinigten Gewässer fließen der Etsch zu. Das Münsterthal gehört daher zu einem dritten Flußgebiete, demjenigen der Etsch.

Ein viertes Flußgebiet, welches sich in Graubündten erstreckt, ist dasjenige der Adda. Zu demselben gehören die Thäler von Poschiavo und Bergell. Das Thal

Poschiavo (Puschlaf) wird wie das Münsterthal durch die südliche Hauptkette des Engadins von dieser Landschaft getrennt. Es erstreckt sich in südöstlicher Richtung vom Bernina herab 8 Stunden weit; westlich und östlich ist es von hohen Gebirgsstämmen eingeschlossen, die von der Hauptkette auslaufen und auf denen sich einige Gipfel über 10,000 F. erheben. Durch eine enge Schlucht senkt es sich in die Ebene des Veltlins hinab, durch welche der Poschiavino der Adda zuströmt. Das zweite Thal des Flußgebietes der Adda, das Bergell (Bregaglia) senkt sich in südwestlicher Richtung in mehrere Stufen von der Höhe des Engadins (Maloja) steil zwischen der (oben angeführten) am Comersee beginnenden und der zwischen dem Splügen und Septimer streichenden Centralkette ungefähr 6 Stunden weit bis zur Grenze der Grafschaft Chiavenna, in welcher dann das Thal in derselben Richtung bis zum Flecken Chiavenna sich abstuft und sich dann südlich zum Comersee wendet. Das ganze Thal wird von der durch die Zuflüsse der Seitenthäler gebildeten Maira oder Mera durchströmt, die sich in den Comersee ergießt. Es bildet dieses Thal der Maira mit dem Engadin dasselbe Längenthal, das von Südwest nach Nordost sich ungefähr 34 Stunden weit erstreckt, auf beiden Seiten von denselben ununterbrochen fortlaufenden Gebirgsketten begrenzt. Der höchste Punkt ist die Maloja, welche die Wasserscheide zwischen den Gebieten des Inn und der Adda bildet. — Endlich gehört noch ein graubündnerisches Thal zum Flußgebiete des Tessin. Es ist dasselbe das zwischen der Grafschaft Chiavenna und dem schweizerischen Canton Tessin in gerader südlicher Richtung vom Passe des Bernardino herablaufende, fast 10 Stunden lange Misoxerthal (Val Misocco) nebst seinem 6 Stunden langen parallel laufenden Seitenthale Val Calanca. In südwestlicher Umbiegung öffnet sich dann das Misoxerthal gegen die Ebene bei Bellinzona. Gegen Westen wird es durch eine vom Adulagebirge auslaufende Bergkette vom Canton Tessin, gegen Osten durch eine ebenfalls von der Centralkette der Bündneralpen ausgehende Kette von der Grafschaft Chiavenna getrennt. Der obere Theil des Thales fällt äußerst steil ab; auf einer Wegstrecke von 4½ Stunden um 5000 Fuß. Die Gewässer des Thales bilden die Muesa oder Mösa, welche nahe bei Bellinzona in den Tessin fällt. Wird übrigens der Po ins Auge gefaßt, so gehören Poschiavo, Bregaglia und Misocco zu dessen Gebiet, und Bünden theilt sich also in die Flußgebiete des Rhein, des Inn, der Etsch und des Po. Bei diesen Höhen- und Thälerzügen ist dann aber eine merkwürdige Verschiedenheit von dem westlich von der Gotthardsgruppe gelegenen Alpenlande nicht zu übersehen. In letzterem sind die Thäler im Allgemeinen weit tiefer zwischen den Bergen eingeschnitten. In Graubünden findet mehr eine Erhebung der ganzen Erdrinde statt, und die relative Höhe der Bergspitzen gegen die hochgelegenen Thäler ist lange nicht so groß als in den westlichern Alpen, obgleich die absolute Höhe einzelner Gipfel über Meer nicht viel geringer ist und wol an 20 Bergspitzen sich zu 10,000 F. und darüber erheben. Es zeigt sich daher in Graubünden mehr eine Erhebung der ganzen Masse, während in den westlichern Alpen mehr die Neigung zur Gipfelbildung neben Tiefthälern scheint vorgewaltet zu haben. Diese Erscheinung ist am auffallendsten in den westlichen Theilen des Rhein- und Inngebietes, wo der Thalgrund von Tavetsch, des Rheinwalds, Vals, Avers und des ganzen Ober-Engadins eine sehr beträchtliche Höhenlage hat, sodaß, um nur ein Beispiel anzuführen, der Curort St. Moritz am Engadin, der noch 279 F. unter der obersten Höhe des Thales liegt, doch den Rigiculm beinahe um 100 F. und Andermatt im Urserenthale um mehr als 1000 F. in Rücksicht der Höhenlage übertrifft. Wol nicht mit Unrecht hat man in dieser hohen Lage der Thalgründe eine der Ursachen zu finden geglaubt, warum in Graubünden Culturpflanzen und Holzwuchs im Allgemeinen zu größerer Höhe emporsteigen als in andern Theilen der Alpen, indem die auch in diesen hohen Thalgründen durch die Sonnenstrahlen erwärmte Luft ihre belebende Kraft auch noch in solcher Höhe äußert.

Von den angeführten Flüssen Graubündens ist keiner schiffbar; der Hinterrhein wird im Domleschgerthale für Holzflöße benutzt; dasselbe geschieht im Unter-Engadin auf dem Inn.

Die ganze dermalige topographische Beschaffenheit Graubündens bringt es mit sich, daß das Land keine großen Seen enthalten kann. Vermuthungen, daß in vorgeschichtlicher Zeit unter andern das Schamserthal einen See gebildet und dieser durch eine Revolution, welche die Kluft der Via Mala öffnete, abgeflossen sei, gehören nicht hierher. — Hoch in den Gebirgen liegen hier und da kleine Wassersammler, in denen die Abflüsse der Gletscher zusammenströmen; Fische findet man in diesen nicht, dagegen sind eine Anzahl kleiner Seen auf mittlern Höhen meist sehr fischreich; dasselbe gilt von den etwas größern Seen im Ober-Engadin, auf Davos und in Poschiavo. Der größte dieser Seen, der Silsersee bei Sils im Ober-Engadin, ist 1½ Stunde lang und ¾ Stunde breit. Drei kleinere folgen ostwärts ganz nahe auf denselben, alle vom Inn durchströmt. Der See von Poschiavo ist eine Stunde, der größte in der Landschaft Davos nur eine halbe Stunde lang.

Ueber die geognostischen Verhältnisse des Bündnerlandes findet man nähere Angaben im 15. Bande der Gemälde der Schweiz (St. Gallen und Bern 1838). Folgende allgemeine Bemerkung ist denselben enthoben: „Vor Allem ist auffallend, daß Graubünden, zufolge der allgemeinen Scheidungslinie der Kalkgebirge von den krystallinisch-schieferigen und körnigen Gebirgen (dem sogenannten Urgebirge) östlich und westlich von Bünden, innerhalb des Gebietes der Urgebirgsarten liegt, und dennoch größtentheils, namentlich in seinem nördlichen Theile, aus Thonschiefer, grauwackenartigem Sandstein und Kalkstein besteht, welche früher zur Urgebirgsformation gerechnet wurden, jetzt aber zufolge der neuern Untersuchungen zu der jüngsten Flötzbildung gezählt werden müssen. Mehr noch; dieser Thonschiefer und grauwackenartige Sandstein sind nicht scharf abgeschnitten von den krystallinisch-schieferigen und körnigen Felsarten (dem Urgebirge), sondern sie gehen im Gegentheil auf die mannichfachste Weise in die letztern über und bilden, namentlich im Westen in der Gegend des Lukmaniers, mächtige, weit ausgedehnte Zwischenlagen zwischen Gneis und Glimmerschiefer." Versteinerungen sind im Allgemeinen in den graubündtnerischen Gebirgen nicht sehr häufig gefunden worden. Doch findet man hier und da im Thonschiefer Pflanzenabdrücke und Nummuliten; auf der Scesaplana und am Calanda Korallen und zweischalige Muscheln und im Kalkstein am Bernina Pentacriniten. — Metalle finden sich in vielen Gegenden des Gebirges im Allgemeinen mehr als in den meisten andern Gegenden der Schweiz, aber der Bau auf dieselben hat nur selten den Unternehmern Gewinn gebracht, obschon die Volkssage von großen, dabei gewonnenen Schätzen zu erzählen weiß. Auf Gold, Silber, Blei wurde zu verschiedenen Zeiten und an vielen Orten gebaut. Am reichsten sind die Eisenerze, deren Bau zum Theil mit Erfolg betrieben wird. Schwefelkies findet man fast überall; hier und da auch Galmei, Antimonium, Wismuth u. s. w.; ferner schönen Serpentin und verschiedene Marmorarten, sowol weiße als farbige. — Merkwürdig ist die große Menge von Mineralquellen Graubündtens, unter denen aber keine warme und nur eine einzige lauwarme sich findet, während dort an der nördlichen und an der südlichen Grenze des Landes die warmen Quellen von Pfäfers und Bormio hervorbrechen. Besonders zahlreich und zum Theil von vorzüglichem Gehalte sind die Säuerlinge, und zugleich zeigt sich in Graubündten die bekannte Erscheinung, daß Wasser von ganz verschiedenem Gehalte nahe bei einander sich finden, so bei Säuerlingen in derselben Gegend Schwefelquellen. Die berühmtesten Sauerquellen sind St. Moriz im Ober-Engadin, Fideris im Prättigau und St. Bernardino im obersten Dorfe des Misoxerthales. Eine vorzügliche, auswärts zu wenig bekannte Mineralquelle ist diejenige von Tarasp im Unter-Engadin. Die neueste Analyse derselben zeigt auf 1000 Gewichtstheile Wasser: Chlornatrium (Spuren von Jod und Brom) 3,8534; schwefelsaures Natron 2,2633; schwefelsaures Kali 0,3570; kohlensaures Natron 3,7013; kohlensauren Kalk 1,6028; kohlensaure Magnesia 0,0722; kohlensaures Eisenoxydul 0,0278; Kieselerde 0,0256; Thonerde, organ. Mat. Spuren; freie Kohlensäure 3,6427 (diese Bestimmung der Kohlensäure entspricht 1791,7 Kubik-Centimeter Gas auf ein Kilogramm Wasser). Der Natrongehalt übertrifft also denjenigen der berühmtesten Natronwasser von Karlsbad, Eger und Bilin. Indessen entsprechen die Anstalten für die Aufnahme der Curgäste, sowie der Weg nach Tarasp den jetzigen Forderungen so wenig, daß die Reise und der Aufenthalt mit manchen Unbequemlichkeiten verbunden ist. Es sollen jedoch wichtige Verbesserungen bevorstehen. — Neben mehreren andern natronhaltigen Quellen entspringen in der Umgegend von Tarasp noch viele andere, Kohlensäure, Bittersalz und Eisen haltende Quellen und eine stark Schwefelwasserstoff haltige Quelle. Dasselbe ist der Fall auf dem linken Ufer des Inn um den benachbarten Ort Schuols. Man zählt überhaupt zwischen Tarasp und Schuols in einem Umfange von kaum einer □Stunde über 20 verschiedenartige Mineralquellen, welche, sowie eine große Menge von Mineralquellen in andern Gegenden Graubündtens, großentheils unbenutzt wegfließen.

In den graubündtner Gebirgen zieht sich die Linie des ewigen Schnees zwischen 7800 und 8700 F. absoluter Höhe fort (10 Schweizerfuß gleich 3 Meter), je nach der Richtung der Gebirgsabhänge und der Thäler, sowie der Höhe der letztern. Sie ist also bedeutend (7—800 F.) höher als z. B. in dem angrenzenden Glarnerlande, deswegen steigt auch der Pflanzenwuchs höher hinauf als in den westlich vom Gotthard liegenden Alpen, und nirgends sonst in der Alpenkette werden in einer Höhenlage von 5600 F. noch wirkliche Dörfer gefunden, bei denen noch Culturpflanzen fortkommen, wie im Engadin, ja in einem Seitenthale desselben, dem Fettthale, gegen die Berninagruppe ist noch ein Dörfchen, bei welchem Flachs und Gartengewächse in einer Höhe von beinahe 6000 F. gedeihen. Neben dem schon angeführten Emporsteigen der in den hochgelegenen Thalgründen durch die Sonne erwärmten Luftschichten wirkt dazu besonders mit der häufig herrschende Südwind (Föhn), der, ungeachtet des Ueberganges über die hohe Gebirgskette, oft als wahrer Scirocco auftritt. Derselbe ist die Hauptkraft, welche weit mehr als die Sonnenstrahlen die Schneelager zu schnellem Schmelzen bringt und die Zeitigung der Culturpflanzen befördert. Neben dem Föhn ist der Hauptwind des Landes der Nordwind, hier Unterwind genannt. Der Kampf beider verursacht gewaltige Niederschläge der Atmosphäre. Durch die Streichung der Höhenzüge und der Thäler erhalten natürlich diese wie die übrigen Winde verschiedene Richtungen. — Die Flora Graubündtens ist höchst mannichfaltig und enthält wegen der mannichfaltigen Standorte der Pflanzen zwischen den Eisregionen und dem warmen italienischen Klima dieselben Abstufungen, die wir vom hohen Norden bis in Oberitalien finden. In den tiefern Regionen bis auf 4000 F. Höhe zählt Heer (Gemälde der Schweiz. Bd. 15. S. 271) über 1000 phanerogamische Pflanzenarten; zwischen 4000 und 5000 F. über 600; von da bis 7000 F. ungefähr 500; bis 8500 F. beinahe 300 und bis auf 10,000 F. etwas mehr als 100. — Den Hauptbestandtheil der Wälder machen die Nadelhölzer. Dagegen fehlen die Laubhölzer fast überall, oder kommen nur vereinzelt vor. Die Buche findet sich nur im Prättigau in bedeutender Menge. Von den Nadelhölzern steigt die gemeine Kiefer (Föhre, Pinus silvestris) bis auf 5500 F., die Arve (P. cembra) bis auf 7000 F., die Rothtanne oder Fichte bis 6200 F., die Weißtanne bis 6000 F., die Lärche bis 7000 F. Von Gesträuchen sind die Alpenrosen, die Heidelstauden (vaccinium) und mehrere Ericaarten zu bemerken, welche die Abhänge bis zum ewigen Schnee in großer Menge bedecken. Die Alpenrose steigt aber auch tiefer herunter; so findet sich z. B. zu Schuols im Unter-Engadin 3730 F.

über Meer der Abhang auf der rechten Seite des Inn ganz mit Alpenrosen bedeckt, während auf der linken Seite in gleicher Höhe prachtvolle Kornfelder wachsen. — Von Raubthieren leben in den Hochalpen der Bär, in den höhern Waldungen der Luchs, der manchmal auch in den tiefern Thälern gesehen wird; Wölfe sind selten geworden, sowie die Wildkatze und die Fischotter. Dagegen sind Füchse, Dachse, Marder, Iltis und Wiesel häufig. Der Steinbock ist verschwunden; Gemsen sind noch zahlreich, ebenso Murmelthiere, mehrere Arten von Mäusen, Maulwürfe, Hasen u. s. w. Die Arten der einheimischen Vögel sind sehr zahlreich, doch zieht die Mehrzahl im Herbst in wärmere Gegenden; zugleich werden die Alpenübergänge von großen Scharen von Zugvögeln benutzt. An sehr schmackhaften Fischen sind Flüsse, Bäche und einige Seen ziemlich reich; die Zahl der Gattungen ist aber nicht groß. Dagegen zeigt die Insektenwelt große Mannichfaltigkeit.

Die Bevölkerung Graubündtens bietet in den einzelnen Landestheilen eine Mannichfaltigkeit dar, wie man sie kaum anderswo auf so beschränktem Schauplatze findet. Der Verschmelzung der zu verschiedenen Zeiten hier eingewanderten, an Herkunft, Sprache und Sitten höchst verschiedenen Scharen zu Einer Nationalität standen die localen Verhältnisse, wodurch nahe liegende Thäler oft gänzlich von einander getrennt werden, ferner die große Verschiedenheit der klimatischen Einflüsse und endlich die politische Zersplitterung des Landes in eine große Zahl beinahe souverainer Föderativstaaten von jeher entgegen. Es lassen sich daher über die körperlichen Eigenschaften wenig allgemeine Merkmale angeben. Dasselbe gilt in Rücksicht der Sitten und der Lebensart. Die Landessprachen sind das Teutsche, Romanische und Italienische. Das Romanische theilt sich in drei Hauptzweige, von denen zwei vorzugsweise romanisch, der dritte Ladin genannt wird. Alle drei Dialekte sind aber nicht blos Volks-, sondern Schriftsprache. Das Italienische ist auf die drei Thäler Poschiavo, Bregaglia und Misocco beschränkt. Nur am Fuße des Julier und Septimer in der Landschaft Stalla findet sich auch auf der Nordseite des Gebirges italienische Bevölkerung. Teutsche und romanische Bevölkerung sind in manchen Gegenden merkwürdig durch einander gewürfelt, während andere Gegenden ausschließlich von der einen oder andern Bevölkerung besetzt sind, z. B. Prätigau und Davos von der teutschen, das Engadin von der romanischen. Im Ganzen rechnet man, daß von 100 Einwohnern 38 der teutschen, 49 der romanischen und 13 der italienischen Bevölkerung angehören. Die Gesammtsumme der Bevölkerung nach der Zählung von 1850 beträgt 89,840 Seelen. Davon gehören 3228 andern Schweizercantonen, 2133 dem Auslande an. Drei Fünftheile sind reformirt, zwei Fünftheile katholisch. Diese Bevölkerung wohnt in drei kleinen Städten, Chur an der Plessur, Maienfeld nahe an der nördlichen Grenze gegen Vorarlberg und Ilanz im Thal des Vorderrheins; ferner in zwei Flecken, Thusis im Domleschgerthal und Malans südlich von Maienfeld, und in 123 reformirten, 80 katholischen und 8 paritätischen (wo beide Confessionen ihren Gottesdienst haben) Pfarrdörfern, die zum Theil aus mehreren zerstreuten Ortschaften bestehen, sodaß man im Ganzen ungefähr 600 Ortschaften zählt. Klöster finden sich im ganzen Canton noch vier, Benedictiner zu Disentis in Tavetsch, Dominikanerinnen zu Katzis in Domleschg, Benedictinerinnen im Münsterthale und Camaldulenserinnen zu Poschiavo. Bemerkenswerth ist die große Zahl von meistens in Trümmern liegenden Burgen und Wartthürmen, deren Erbauung verschiedenen Zeiten angehört. In dem (oben angeführten) Gemälde der Schweiz (S. 103 fg.) findet man ein Verzeichniß von 160 solchen Burgen, welche großentheils, auch wo sie mitten unter romanischer Bevölkerung liegen, von ihrem Ursprunge an teutsche Namen gehabt haben. Es bestätigt dies die Nachricht, daß sich nach der Unterwerfung Graubündtens durch die Franken, besonders seit dem 7. und 8. Jahrh., teutsche Edelleute in Graubündten ansiedelten, unter deren Herrschaft die alte romanische Bevölkerung kam, indessen die damals, besonders aber zur Zeit der Hohenstaufen, einwandernde teutsche Bevölkerung zum Theil wenigstens in freiern Verhältnissen blieb.

Wir betrachten nun die Hauptthäler nach ihren klimatischen Verhältnissen und den dadurch bedingten Naturproducten mit Angabe der wichtigern Orte. 1) Das Thal des Rheins von der nördlichen Grenze an bis Reichenau, ein offenes, sonniges Gefilde mit Ackerbau, Wiesencultur, Weinbau, zum Theil von vorzüglicher Güte, und mit vortrefflicher Obstcultur. Die niedriger gelegenen Theile am Rhein und an der Landquart leiden jedoch von den Verheerungen dieser Ströme, sowie auch einzelne Gebirgsbäche auf der Ostseite des Thales auch höher gelegenes Land oft mit Geschiebe überführen. Weniger angebaut ist die 2 Stunden lange ebene Strecke von Chur bis Reichenau, weil Weiderechte dort die bessere Benutzung des Bodens unmöglich machen. In diesem Thale liegen die beiden Städte Chur und Maienfeld, der Flecken Malans und die Dörfer Fläsch, Jenins, Igis, Zizers und Trimmis, Untervaz, Haldenstein, Felsberg und Ems. Nur der letzte Ort ist romanisch; die übrigen sind teutsch und deren Einwohner größtentheils reformirt. 2) Das Prättigau, ein sehr fruchtbares, 8—9 Stunden langes Thalland mit Aeckern, Obstbäumen und Wiesen, besonders aber reich an vortrefflichen Alptriften. Die ganze Bevölkerung ist teutsch und reformirt und beschäftigt sich blos mit Viehzucht und Landbau. Die Namen der Dörfer sind jedoch fast alle romanisch. Diese sind: Klosters, Serneus, Konters, Saas, Kübiche, Luzein, St. Antönien, Fideris, Jenatz, Furna, Schiers, Schuders, Grüsch, Fanas, Seewis, Valzeina, neben vielen kleinern zerstreuten Ortschaften. 3) Schanfigg oder Schalfick, ein etwa 8 Stunden langes, von der Plessur durchströmtes Thal, in dessen Seiten die Gebirgswasser furchtbare Schluchten eingerissen haben. Die Plessur wälzt daher gewaltige Geschiebemassen mit sich fort. Die Ortschaften stehen hoch über dem Thalgrunde, umgeben von Wiesen und Kornfeldern. Im Hintergrunde des Thales sind nur noch Alpentriften.

Die Einwohner sind teutsch und reformirt und leben ausschließlich von Viehzucht und Landbau. Dörfer: Prada, Tschiertsch, Malăders, Calfreisen, Castiel, Lüen, St. Peter, Pagig, Molinĕs, Peist, Langwies, Erosa. 4) Churwalden. Dieses ungefähr 3 Stunden lange Thal steigt in gerader südl. Richtung bis 4592 F. über Meer. Die untern Theile sind fruchtbar an Obst und Getreide. Die Einwohner teutsch und größtentheils reformirt. Sie beschäftigen sich mit Landbau und Viehzucht und mit dem Waarentransport nach den Pässen des Julier und des Albula. Dörfer: Malix, Churwalden, Parpàn. 5) Das Thal des Vorderrheins, gewöhnlich mit seinen Seitenthälern das Oberland (sur Selva, d. h. ob dem Walde) genannt, ungefähr 10 Stunden lang, hat noch weit hinauf Obstcultur, Kirschbäume sogar bis 4600 F. über Meer. Gerste und Sommerroggen gedeihen noch 5270 F. über Meer. Die Hauptbeschäftigung ist die Viehzucht; die Ausfuhr von Vieh ist bedeutend. Der größte Theil der Ortschaften ist romanisch. Der untere Theil enthält mehr reformirte Orte. Die übrigen, sowie der ganze höhere Theil, Tavĕtsch, sind katholisch. Dörfer: Chiamùt, Selva, Rŭeras, Sedrùn, Disentis, Sumvix, Truns, Brigels, Waltensburg, Rŭvis, Panix, Obersaxen, Jlanz (Städtchen), Schnaus, Ladir, Schleuis, Ruschein, Sagins, Laax, Valendas, Versam, Castris, Flem, Trins, Flims, Trins, Tamins, Bonaduz, Răzüns. 6) Die Seitenthäler des Vorderrheinthales. a) Das Medelserthal, romanisch und katholisch, hat nur Viehzucht. b) Das Sumvixerthal, auch Tenigerthal (val Tenji), von der Ortschaft Tenji. Ebenfalls nur Viehzucht. c) Das Lugnezerthal hat in seinen untern Theilen guten Obst- und Kornbau; auch noch im Anfange des Valserthales gedeihen Korn, Flachs und Kartoffeln. Höher hinauf ist in diesem und dem Brinthale nur Viehzucht. Das Valserthal hat teutsche Bevölkerung, das übrige Lugnez romanische. Ein einziges Dorf, Duvin, unten im Lugnez ist reformirt. Die größern Ortschaften sind im Brinthal: Brin, Lumbrein, Vigrüs, Jgels; im Valserthal: Valla, Camps, Plaz oder St. Peter; im Lugnez: Villa, Pleif, Neukirch, Surcasti (Oberkastel), Terznaus, Duvin, Camuns. d) Savien, teutsch und reformirt. Die Bevölkerung wohnt auf der Westseite des Thales nach altalamannischer Weise in zerstreuten Weilern, denen drei Pfarrkirchen als Mittelpunkte dienen: Neukirch, Salerna (Zalbug) und Thalkirch; die Ostseite des Thales bildet der steile, oft in senkrechten Felsen bestehende Westabfall des Heinzenberges (s. nachher Domleschg). Im Thale gedeihen Roggen, Flachs, Kartoffeln, höher Gerste. Den Hauptreichthum dieses Thales machen die vorzüglichen Alpentriften aus. — Das Thal des Vorderrheins mit seinen vier Seitenthälern oder das sogenannte Oberland enthält ungefähr den vierten Theil der gesammten Bevölkerung Graubündtens. Ein Dritttheil der Bevölkerung ist reformirt, dagegen ist nur ein weit kleinerer Theil teutsch. 7) Das Thal des Hinterrheins enthält die drei Abstufungen Domleschg, Schams und Rheinwald. a) Domleschg, eines der mildesten Thäler Graubündtens; Maulbeerbäume, Kastanien, der Weinstock, Pfirsich- und Mandelbäume bringen ihre Früchte zur Reife. Obst, Mais, Getreide, Hanf, Buchweizen, Kartoffeln wachsen in Fülle, besonders am Heinzenberge, der sanft ansteigend und mit Dörfern besetzt das Thal westlich begrenzt. Einst war auch der Thalboden eine zusammenhängende fruchtbare Ebene; aber seit der Mitte des 18. Jahrh. hat der Rhein und die bei Thusis in denselben strömende Nolla einen großen Theil dieser Ebene mit unfruchtbarem Geschiebe überführt. Beide Seiten des Thales enthalten mehrere Orte. Auf der rechten Seite des Rheins liegen Sils, Fürstenau, Scharans, Tomils, Rotels, Paspels, Almens, Rothenbrunnen, und höher am Berge Trans, Feldis, Scheid mit Purz. Auf der linken Seite Thusis, Masein und Kazis in der Thalebene; am Heinzenberge Tschappina, Tartar, Urmein, Flerden, Portein, Sarn und Präz. Mit Ausnahme von Thusis, Masein und Tschappina sind alle diese Orte romanisch, aber mehr als drei Viertheile der Bevölkerung sind reformirt. Neben Landbau und Alpenwirthschaft gewährt der Waarenzug nach dem Splügen und Bernardino bedeutenden Erwerb. b) Schamserthal, die zweite Thalstufe, hat noch im Thalboden und auf der Westseite ziemlich viel Gerste; auch gedeihen Roggen, Hanf und Kartoffeln; Obstbäume kommen hingegen nicht mehr gut fort. Die Bevölkerung ist romanisch und reformirt. Landbau und Alpenwirthschaft sind die Hauptbeschäftigung, wozu noch der Durchzug von Waaren und Reisenden kommt. Ortschaften auf der rechten Seite: Zillis, Pigneu, Andeer; auf der linken: Donat, Mathon, Lohn. c) Rheinwald. Auch hier noch in einer Höhe von 4500—4800 F. über Meer gedeihen Hanf, Flachs, Gerste, Kartoffeln. Die Hauptproduction ist aber das Gras. Der Waarentransport gewährt bedeutenden Erwerb. Die Bevölkerung ist teutsch und reformirt. Dörfer: Sufers, Splügen, Medels, Ebi, Nüfenen und Hinterrhein, alle auf der linken Seite des Thales. 8) Die Seitenthäler des Hinterrheinthales. a) Davos, ein sonniges Thal, dessen untere Gegenden Getreide, Kartoffeln u. s. w. erzeugen, aber für Obstbäume schon zu rauh sind. Der obere nordöstliche Theil ist dagegen wahres Alpenland. Die Bevölkerung ist teutsch und reformirt. Die Ortschaften bestehen aus zerstreuten Häusergruppen, welche die Gemeinden Ober- und Unter-Laret, Dörfli, Platz, Frauenkirch, Glaris und Monstein bilden. b) Das Thal der Albula, in welche das Landwasser aus Davos sich ergießt, zerfällt in zwei Theile, wovon der obere die Orte Bergün, Latsch, Stuls, Filisur und Jenisberg begreift. Die Einwohner sind reformirt. Jenisberg ist teutsch, die übrigen romanisch. Um Bergün ist das Klima zwar etwas rauh, doch wird noch Gerste, Roggen, Erbsen, Hanf und Kartoffeln gepflanzt. Bei Filisur gedeiht dagegen schon Obst. Im untern Theile des Thales ist der Feldbau schon bedeutend, doch ist auch hier die Alpenwirthschaft überwiegend. Hier sind die Dörfer Tiefenkasten, Alvaschein und Mons; Obervaz, Stürvis und Mutten; Lenz, Brienz, Surava, Alvenău mit einem stark besuchten Schwefelbade, Schmitten und Wiesen. Mutten und Wiesen sind teutsch und reformirt, die übrigen romanisch und katholisch. c) Oberhalbstein (Sar Saissa, oberhalb des Steines oder der Felsenkluft bei Tiefenkasten). Dieses Thal steigt in mehreren Stufen zu der 5857 F. über Meer liegenden Landschaft Stalla empor. Die unterste Stufe, zu welcher man durch die furchtbare Kluft bei Tiefenkasten emporsteigt, zeigt von Conters bis Tinzen schönen Feld- und Wiesenbau. Auch die zweite Terrasse, zu welcher ebenfalls eine enge Schlucht bis Rofna emporführt, hat noch einiges Ackerland. Dagegen ist auf der dritten Stufe, wo bei Marmels die Landschaft Stalla beginnt, schon völliges Alpenland. Die vierte Stufe ist bei Stalla, wo kein Holz mehr gedeiht. Hier trennen sich die Wege zum Julier und Septimer, daher heißt Stalla auch Bivio. Die Bevölkerung von Oberhalbstein ist romanisch und katholisch, die der Landschaft Stalla italienisch und gemischter Confession. d) Das Ferrera- und das Aversthal. Das Ferrerathal ist anfänglich von der Rofla aus eine lange und äußerst wilde Felsschlucht, die sich dann allmälig in schöne Wiesengründe erweitert, wo zuerst das Dörfchen Außer-Ferrera, dann Canicül oder Inner-Ferrera liegt. Etwas Getreide, Kartoffeln u. s. w. gedeihen noch. Eisenbergwerke wurden seit älteren Zeiten betrieben. Die Bevölkerung ist romanisch und reformirt. — Bei dem Orte Campsütt beginnt das Avers- oder Averserthal, eines der höchsten bewohnten Alpenthäler. Es enthält 16 zerstreute Häusergruppen, deren Mittelpunkt das Pfarrdorf Cresta ist, 6300 F. über Meer. Die höchstgelegene Ortschaft ist Juf oder Joff, 6730 F. über Meer. Einige Gartengewächse, Salat, Erbsen und Rüben, können um Cresta noch gezogen werden; in schönen Sommern gelangen auch Kartoffeln zur Reife. Holzwuchs ist keiner in Avers; etwas Torf findet sich in einigen Wiesen; daneben wird getrockneter Schaf- und Ziegenmist zur Feuerung benutzt und zwei Stunden weit aus Ferrera Holz geholt. Die Alpentriften, die das ganze Thal erfüllen, sind ausgezeichnet. Ueber 2000 Stück Rindvieh weiden im Sommer auf denselben und außerdem gegen 3000 Schafe, die von Hirten aus dem Bergamaskischen hingetrieben werden, welche dafür einen bedeutenden Pachtzins bezahlen. Die ganze Bevölkerung ist reformirt und deutsch, hat aber in der Sprache viel Eigenthümliches. — 9) Das Engadin. Dieses große Längenthal wird durch die natürliche Beschaffenheit selbst in zwei ungleiche Theile, das Ober-Engadin, ungefähr 7 Stunden, und das Unter-Engadin, 11 Stunden lang, getheilt. Das Ober-Engadin ist ein offenes, sonniges, ziemlich breites Thal, dessen niedrigster Theil zu Cinuschel doch noch 4927 F. über Meer liegt. Die Wirkung der Sonnenstrahlen ist aber auch noch in dieser Höhe so kräftig, daß noch bei Campfeer, 5600 F. über Meer, Getreide, und zu Sils, 5630 F. über Meer, Flachs und einige Gartengewächse gepflanzt werden. Zu den hohen Alpenpässen, welche aus dem Ober-Engadin in die niedriger liegenden jenseitigen Thäler führen, ist deswegen auch keine große Höhe mehr zu ersteigen; zu dem Passe über die Maloja nur ungefähr 100 F., zum Bernina 1500—1800 F., zum Julier 2000 F. und zum Albula 1600 F., während von den entgegengesetzten Seiten bis zur Höhe dieser Pässe Tage langes Steigen nothwendig ist; von Chiavenna zur Maloja hat man 4850 F. zu ersteigen, von Tirano im Veltlin zum Bernina 5800 F., von Chur zum Julier 5800 und zum Albula 5400 F. Und in diesem hohen Bergthale, dessen beinahe einzige Production ein vortreffliches Alpengras ist und dessen Einwohner zuweilen im Scherze übertreibend sagen, sie haben neun Monate Winter und drei Monate kalt, liegt eine Reihe von Dörfern, die durch ihre von Stein erbauten Häuser, unter denen manche einen großartigen Styl tragen, ein städtisches Aussehen haben. Allerdings dauert der Winter lange und die Kälte erreicht einen hohen Grad; auch mitten im Sommer ist der Wechsel der Temperatur oft äußerst schnell. Eine zehnjährige Beobachtung zeigte als höchsten Wärmegrad + 20,3, als höchsten Kältegrad — 28,1 R. Die Dörfer des Ober-Engadins sind von Westen nach Osten: Sils, Silvaplana, St. Moritz, Pontresina, Celerina, Samaden, Bevers, Ponte, Camogäsch, Madulein, Zuz, Scanfs, Cinuschel. Die Mehrzahl dieser Dörfer liegt auf der linken oder Sonnenseite des Thales; nur Sils, Pontresina und Camogäsch liegen auf der rechten Seite des Inns, indem dort das Thal sich auch auf der Südseite etwas erweitert. Sowol von der Süd- als von der Nordseite öffnen sich mehrere zum Theil teilsteuerliche Seitenthäler, deren Gewässer meistens Ova (romanisch für Inn) heißen und dem Inn zufließen. — Bei Cinuschel nähern sich die Ausläufer der beiden hohen Gebirgsketten so sehr, daß nur eine enge Schlucht bleibt, durch welche der Inn hinabströmt. Eine Brücke, Pont-aut oder alta (hohe Brücke), über ein von Norden dem Strome zustürzendes Thalgewässer bildet hier die Grenze zwischen Ober- und Unter-Engadin. Letzteres ist durchweg enger, die Gebirge entfernen und nähern sich einander abwechselnd bis zum Ausgange des Thales bei Martinsbruck (Pomartin). Die Abhänge der Berge auf der Südseite des Thales sind größtentheils mit Waldungen bedeckt, aus denen schon seit Jahrhunderten die Salzwerke zu Hall in Tyrol mit Holz versehen werden. Weit fruchtbarer ist die linke Seite des Thales. Auch hier liegen, wie im Ober-Engadin, nur wenige Dörfer auf der rechten Thalseite, wo sich die Berge zurückziehen; diese sind Cernetz und Tarasp nebst einigen zerstreuten Häusern. Auf der linken oder Sonnenseite des Thales liegen Brail, Süs, Lavin, Guarda, Ardez, Fettan, Schuols, Sins, Remüs und Schleins. Die meisten dieser Dörfer liegen auf sonnigen Abhängen hoch über dem Inn, der hier in tief eingeschnittenem Bette fortläuft. Korn, Roggen und Gerste werden in bedeutender Menge gezogen, sodaß auch in andere Thäler Graubündtens davon verfendet wird. Hingegen ist der Graswuchs weniger üppig und leidet oft von der Hitze. Auch ins Unter-Engadin öffnen sich von Süden und Norden her mehrere Seitenthäler. Die ganze Bevölkerung des Ober- und Unter-Engadins spricht romanisch, doch mit verschiedenem Dialekt, der im Unter-Engadin Ladin genannt wird. Mit einziger Ausnahme von Tarasp und des an der östlichen Grenze liegenden und nur gegen Tyrol sich öffnenden Thales Samnaun, wo die Mehrzahl katholisch ist, sind die Engadiner reformirter Confession. Neben den einheimischen Erwerbsquellen, dem Ackerbau und der Viehzucht, wird der Wohlstand des Engadins vorzüglich durch den Erwerb im Auslande begründet. Ein bedeutender Theil der männlichen Bevölkerung wandert nach allen Ländern Europa's und auch über das Meer, und erwirbt durch Fleiß und Sparsamkeit meistens mit Zuckerbäckerei, Kaffeewirthschaften u. s. w. ein mäßiges Vermögen, mit welchem die Mehrzahl wieder in das hohe Alpenland zurückkehrt und das Geschäft im Auslande einem Verwandten oder andern Landsmann überläßt. Häufig bauen sich diese Zurückkehrenden auch neue Häuser und lassen die ältern daneben leer stehen. Auch solche, die sich als Kaufleute im Auslande dauernd niederlassen, bauen oft prachtvolle Häuser in der Heimath, um dort einen Theil des Jahres zuzubringen. Aehnliches findet auch in andern Gegenden Graubündtens statt. So sieht man z. B. auch im Rhamserthale stattliche Häuser, die von den aus der Fremde Zurückgekehrten erbaut sind. — 10) Das Münsterthal, Val Mustair, hat seinen Namen von dem dortigen Nonnenkloster Benedictinerordens. In seinen höhern Theilen gegen das Engadin ist es ganz Alpenland; weiter abwärts tritt Getreidebau ein, der dann in der Thalebene ganz allgemein wird. Von Obstbäumen findet man nur Kirschbäume. Das Thal, in welches einige Hochthäler münden, enthält die Orte Cierf, Fuldera, Valcava, Sta. Maria und Münster. Die Einwohner sind romanisch, ihr Dialekt weicht aber von dem engadiner Ladin ab. Münster ist katholisch, die übrigen Gemeinden reformirt; nur in Sta. Maria ist noch eine katholische Familie. Viele Einwohner gehen ins Ausland und betreiben dieselben Industriezweige wie die Engadiner. — 11) Poschiavo (Puschlaf). Dieses vom Berninapasse in südlicher Richtung anfänglich steil abfallende Thal hat in seinen obern Theilen ausschließlich Alpentriften und Wald; die Lärche wächst noch auf der Höhe von 6927 F. über Meer. Allmälig erscheint Gerste, und um den Hauptort ist die Gegend sehr fruchtbar und trefflich angebaut. Auf der linken Thalseite ist sehr viel Getreidebau; die rechte hat vortrefflichen Wiesenbau. Unterhalb des Sees von Poschiavo, der ungefähr eine Stunde lang ist, wird das Thal enger und heißt von da an Brusaslerthal. Hier wirken schon die wärmeren italienischen Lüfte; Nußbäume und Kastanienbäume erscheinen; die Wiesen werden dreimal gemäht und selbst der Weinstock beginnt. Doch ist ein großer Theil dieses Thales mit Bergtrümmern bedeckt. Das ganze Puschlaf enthält neben mehreren kleinern Ortschaften die Dörfer Cavaglia, Pisciadell, St. Carlo, den Flecken Poschiavo, die Dörfer Prese, Brusio und Campo Cologna. Die Einwohner gehören dem italienischen Volksstamme an; ihr italienischer Dialekt ist aber schwer zu verstehen. Ungefähr zwei Drittheile sind katholisch. Neben der Alpenwirthschaft und dem Landbau gewährt der Waarentransport einigen Erwerb. Von den Reformirten gehen viele, wie die Engadiner, ins Ausland, während den Winter über sich einige hundert Katholiken als Schäfer in Oberitalien aufhalten und im Frühjahre zu Bestellung ihrer Aecker zurückkehren. — 12) Bergell. Dieses Thal erstreckt sich von der Höhe der Maloja in mehreren Terrassen, die durch steile Schluchten getrennt sind, bis zur Grenze von Graubündten, ungefähr sechs Stunden abwärts. Die zwei obern Etagen sind wahres Alpenland. Auf der dritten bei Vico Soprano findet sich schon Roggen, Gerste, Mais, Kartoffeln und Flachs. Dann folgt eine enge Thalschlucht, Porta, beim Dorfe Promontogno, welche im Mittelalter und vielleicht schon in römischer Zeit befestigt war und das Bergell in zwei ihrer natürlichen Beschaffenheit nach verschiedene Theile scheidet. Denn sogleich unter Porta beginnt der Nußbaum und die Kastanie an dem Gehänge der Berge und der Feigenbaum, der Weinstock und edlere Obstarten im Thalboden; schon ehe man die Grenze erreicht, findet man sich von italienischer Vegetation umgeben. Ins Hauptthal öffnen sich mehrere Seitenthäler, aus denen verheerende Bergwässer herabströmen. Dörfer: Casaccia, Vico Soprano, Borgo novo, Stampa, Bondo, welchem die Sonne während dreier Wintermonate verborgen bleibt, Soglio und Castasegna. Die Einwohner gehören zum italienischen Volksstamm, aber sie sind reformirt. In Rücksicht der Neigung zur Auswanderung und der Sehnsucht nach der Heimath gleichen sie ganz dem Engadiner. Neben Landbau und Alpenwirthschaft gewährt der Waarentransport nach dem Italien nicht unbedeutenden Erwerb. — 13) Das Misoxerthal senkt sich wie Bergell von wahrer Alpennatur in völliges italienisches Klima hinab. Wie dort die Schlucht der Porta die Alpennatur, neben welcher nur zuletzt einige Getreidearten erscheinen, von der südlichen Vegetation scheidet, so herrschen bis zum Dorfe Misocco (eigentlich Cremeo; jenes ist der Name der nahen Burg), 2420 F. über Meer, die im Alpenlande gewöhnlichen Feldfrüchte vor; aber gleich unterhalb der Burg Misocco erscheinen Nuß- und Kastanienbäume und prachtvolle Laubholzwälder, Maisfelder und alle Arten von Getreide. Etwas tiefer folgt der Weinstock, dann 1136 F. über Meer der Maulbeerbaum und die Feige. Die Grenze des Thales gegen den Canton Tessin liegt nur noch 830 F. über Meer. Weit wilder und ärmer ist das westlich vom Misoxerthal mit diesem ungefähr 6 Stunden parallel laufende Calancathal, das sich dann in die Ebene des Hauptthales öffnet. Die Einwohner beider Thäler sind Italiener und alle katholisch. Viehzucht, Alpenwirthschaft und Feldbau, im untern Misocco auch Seidenzucht und Weinbau, sind die vorzüglichsten Erwerbsquellen. Viele aus den höhern Gegenden wandern auch ins Ausland. Besonders ist dies der Fall im Calancathale, aus welchem der größere Theil der männlichen Bevölkerung jedes Frühjahr nach Italien zieht und dort sich zu allen Arten von Arbeiten brauchen läßt. Dörfer a) im Misoxerthale: S. Bernardino, Misocco oder Cremeo, Soazza, Cabbiolo, Lostallo, Cama, Leggia, Verdabbio, Grono, Roveredo, St. Vittore; b) im Calancathale: Valbella, Rossa, Augio, S. Domenica, Cauco, Selma, Arvigo, Buseno, Castaneda, S. Maria.

In alle diese Hauptthäler Graubündtens öffnen sich kleinere, theils bewohnte, theils unbewohnte, Seiten- und Nebenthäler, sodaß die Zahl der Thäler in ganz Graubündten über anderthalbhundert steigt. Die hauptsächlichsten Naturproducte sind bei vorstehender Beschreibung der einzelnen Thäler angegeben. Am bedeutendsten ist die Viehzucht. Man berechnet die Zahl des Rindviehes zwischen 80,000 und 90,000 Stück. Kühe und junge Ochsen, welche nach Oberitalien getrieben werden, sind der wichtigste Ausfuhrartikel. Das bündtnerische Hornvieh ist nicht groß, aber wohl gebaut. Von Milchproducten wird bedeutend mehr eingeführt als ausgeführt; ebenso Mastvieh. Die Pferdezucht ist unbedeutend. Wichtiger ist die Schafzucht. Die einheimischen Schafe sind klein und liefern wenig und grobe Wolle, dagegen sehr gutes Fleisch. Eine jedoch unsichere Berechnung gibt dieselben zu 60—70,000 an. Daneben wird jährlich im Oberlande, Rheinwald, Stalla, Avers, Engadin, Misox, Bergell und Puschlaf eine bedeutende Anzahl Alpen von italienischen, meistens Bergamasker-Schafhirten für den Sommer gepachtet, welche dort wirkliche Sennerei treiben und aus der Milch Käse und Zieger bereiten. Die Zahl dieser Schafe hat man früher auf ungefähr 45,000 berechnet; in neuerer Zeit scheinen sie sich etwas vermindert zu haben. Diese Bergamaskerschafe sind größer als die bündtnerischen; das Fleisch ist zähe und unschmackhaft und die Wolle grob. — Bedeutend ist ebenfalls die Zucht der Ziegen; in einigen Gegenden übersteigt ihre Zahl die des Rindviehs. Da dieselben in den Wäldern großen Schaden thun, so haben viele Gemeinden die Zahl, die jede Haushaltung unterhalten darf, beschränkt. Die Felle liefern einen vortheilhaften Ausfuhrartikel. — Schweine werden auf den Alpen und im Thale viele gehalten. — Im Allgemeinen steht aber Graubündten in Rücksicht auf zweckmäßige Behandlung und Benutzung der Viehzucht noch weit hinter manchen andern Alpengegenden zurück. Dasselbe gilt in Rücksicht des Feldbaues. Der Verbesserung desselben stehen neben der Anhänglichkeit des Volkes an das Althergebrachte, wodurch die Trägheit sehr begünstigt wird, besonders die noch fast überall bestehenden Weide- oder Triftrechte entgegen, welche dem Grundbesitzer die freie Verwendung seines Bodens unmöglich machen, und ihn sogar hindern, den Dünger zu beliebiger Zeit auf die Wiesen zu bringen. — Im Allgemeinen reicht die innere Production bei weitem nicht hin, um die Einwohner zu ernähren; Fabrication aber von Ausfuhrartikeln fehlt gänzlich. Neben der Ausfuhr von Rindvieh gewährt auch die Holzausfuhr mehreren Gegenden eine bedeutende Einnahme, befördert aber auch das gefährliche Abholzen der Gebirgsabhänge und als Folge die Belastung der Gewässer mit Geschiebe und die Verheerungen in Thalgründen. Der Waarentransport auf den in neuern Zeiten erbauten trefflichen Straßen, sowie der Durchzug von Reisenden gewähren ebenfalls vielen Gewinn, sowie die oben angeführten Niederlassungen der Engadiner u. s. w. im Auslande.

Verfassung vom Jahre 1820. Der jetzige staatsrechtliche Name „Graubündten" ist an die Stelle des frühern der „Drei Bünde im Hohen Rhätien" getreten. Vorher hieß nur der westliche Theil des Landes Innerer oder Oberer Bund, zum Unterschied von den beiden andern Haupttheilen, dem Gotteshausbunde und dem Zehngerichtenbunde. Graubündten ist ein demokratischer Föderativstaat, der durch eine größere Zahl kleiner, für ihre innern Angelegenheiten ganz unabhängiger, Landestheile, sogenannte Gerichte und Hochgerichte, gebildet wird. Durch Verbindungen derselben entstanden die drei Bünde, welche sich im 15. Jahrh. zu einem Staatenbunde vereinigten. In demselben kommt die Souverainetät den sämmtlichen Gerichten und Hochgerichten zu. Civilgesetze, Bündnisse und andere Staatsverträge müssen ihm zur Abstimmung vorgelegt werden und die absolute Mehrheit ihrer Stimmen entscheidet. Dabei haben die Gemeinden des Obern Bundes 28, die des Gotteshausbundes 24 und die des Zehngerichtenbundes 14 Stimmen abzugeben. Nach demselben Verhältniß werden die Geldleistungen auf jeden der drei Bünde verlegt und wählen die Gemeinden ihre Abgeordneten zum „Großen Rathe," der an die Stelle der frühern Bundestage getreten ist. Er ist in Verwaltungs- und Landespolizei-Angelegenheiten die oberste, dagegen nur berathende Behörde für jene Gegenstände, die den Gemeinden zur Entscheidung müssen vorgelegt werden. Er wählt aus jedem Bunde drei Mitglieder, welche zusammen die „Standescommission" bilden. Dieselbe ist an die Stelle des frühern Congresses getreten und wird bei wichtigen und dringenden Umständen berufen, wenn der Große Rath nicht sogleich kann versammelt werden. Die vollziehende Behörde ist der „Kleine Rath," der aus drei Mitgliedern besteht, dem Landrichter des Obern, dem Präsidenten des Gotteshaus- und dem Bundeslandammann des Zehngerichtenbundes. Diese Titel haben die Häupter der drei Bünde von früher her beibehalten. Sie werden jährlich jeder von seinem Bunde gewählt und halten periodische Zusammenkünfte. Ueber Civilstreitigkeiten, deren Gegenstand nicht unter 1000 Gulden beträgt, urtheilt ein cantonales Appellationsgericht, welches vom Großen Rathe gewählt wird und aus jedem der drei Bünde drei Mitglieder enthält. Bei Staatsverbrechen bildet dasselbe auch das Criminalgericht. Für Beurtheilung von Verbrechen gegen Privatpersonen ist den Hochgerichten die inappellable Criminaljustiz geblieben; doch steht ihnen frei, die Beurtheilung dem Cantonsgericht zu überlassen oder sich mit andern Hochgerichten zu einem gemeinschaftlichen, ebenfalls inappellabeln Criminalgerichte zu vereinigen *).

B. Geschichte. Einleitung. Der jetzige schweizerische Canton Graubündten, der vom Ende des 15. Jahrh. bis zum Jahre 1798 den Namen der „Drei Bünde im

*) Der Canton Graubündten von Röder und Tscharner. Erste Abtheilung (die zweite ist nie erschienen). St. Gallen und Bern 1838. (Dieser Band ist das 15. Heft der „historisch-geographisch-statistischen Gemälde der Schweiz.")

Hohen Rhätien" führte, begriff nur einen Theil der Alpenländer, welche die Römer mit dem Gesammtnamen Rhätien bezeichneten. Neben dem Thale von Urseren und einem großen Theile der Cantone Tessin und St. Gallen, den Gegenden am obern Theile des Comersees und dem Veltlin wurde von den Römern auch das Etschland und ganz Tyrol unter Rhätien begriffen. Erst später erhält der Name beschränktere Bedeutung durch den Zusatz des „Churischen Rhätiens" (Churowalaha, Churwalen, Churwalchen). Dazu gehörte in den frühern Zeiten des Mittelalters Graubündten, Sargans, Gaster, ein Theil des Toggenburgs und das St. gallische Rheinthal nebst Vorarlberg und dem Vinstgau (vallis venusta) um die Quellen der Etsch; für das östliche Rhätien (Tyrol) verlor sich dagegen allmälig dieser Name gänzlich.

Ueber die älteste Bevölkerung dieser Alpenländer in der dunkeln Sagenzeit bestehen abweichende Ansichten. Nach der einen soll der große keltische Volksstamm, zu welchem auch die alten Helvetier gehörten, in unbekannter Zeit in diese Gebirge eingewandert sein. Einzelne Ortsnamen, die mit einiger Wahrscheinlichkeit aus der keltischen Sprache abgeleitet werden, scheinen diese Ansicht zu unterstützen. Zu diesen Urbewohnern sollen durch die Einfälle und Eroberungen der Gallier in den Gegenden zwischen den Apenninen und den Alpen Scharen flüchtiger Etrusker unter einem Anführer Rhätus getrieben worden sein, die dann durch Vermischung mit den Urbewohnern die Nation gebildet haben, welche von jenem mythischen Anführer den Namen der Rhäten erhalten habe (vergl. Koch, Die Alpen-Etrusker. 1853). Dieser Ansicht entgegen steht eine zweite, nach welcher die Urbevölkerung dieser Alpenländer aus einem unbekannten Stamme bestand, dem der Name Rasenen gegeben wird. Dieser Stamm soll allmälig erobernd von den Bergen in die Ebene Italiens herabgestiegen sein. Dort habe sich durch Vermischung mit einwandernden tyrrhenischen Pelasgern die etruskische Nation entwickelt, von welcher dann ein Theil wegen der Einfälle der Gallier in die alte Alpenheimath zurückgewandert sei (vergl. den Artikel Hetrurien in der zweiten Section der Encyklopädie, wo auch die auf die Etrusker bezüglichen Stellen der römischen Schriftsteller angegeben sind). Von einem Zusammenhange nordetruskischer und sogenannter urrhätischer Bevölkerung, die letztere mag nun aus Kelten oder aus den unbekannten Rasenen bestanden haben, zeugen einige etruskische Alterthümer, die in rhätischen Gegenden in der Schweiz gefunden wurden. Inschriften, die bei Gräbern im Canton Tessin und auf Münzen und andern Antiquitäten im graubündnerischen Bezirke Oberhalbstein entdeckt wurden, haben das nordetruskische Alphabet, das zwar in Einigem von dem eigentlichen etruskischen abweicht, aber wie dieses von dem altdorischen abstammt (vergl. „Mommsen, Die nordetruskischen Alphabete," in den Mittheilungen der antiquarischen Gesellschaft in Zürich. Bd. 7. Heft 8). Bemerkenswerth ist auch die Uebereinstimmung mehrerer Ortsnamen in Graubündten mit altitalischen, wie im Engadin Ardez und Lavin mit Ardea und Lavinium, Cernez und Fetan mit den von Plinius erwähnten umbrischen Cerneiani und Vettiones. Nach der Sage, welche die Einwanderung der etruskischen Flüchtlinge festhält, wäre das Domleschgerthal eine der Gegenden gewesen, wo sie sich zuerst niederließen, und der Name Tusis wird mit Tusciana verglichen. Diese und andere Ableitungen der Ortsnamen lassen sich indessen ebenso wenig beweisen als widerlegen. Uebrigens pflanzte sich noch Jahrhunderte lang in manchen graubündnerischen Geschlechtern, selbst unter dem Bauernstande, die Sage von ihrer Abstammung von etruskischem Adel fort; aber ein eitles Bestreben wäre es, die Abstammung von den Eingewanderten und von den Urbewohnern, oder die Orte, wo jene zuerst sich setzten, unterscheiden zu wollen. Nach Livius verwilderten die Etrusker gänzlich in den rauhen Alpengegenden, sodaß sie nichts Anderes als den Klang der Sprache und auch diesen nicht rein bewahrten. Damit stimmen auch die Erzählungen von der fürchterlichen Grausamkeit und den Greueln überein, welche die Alpenbewohner bei ihren öftern Raubzügen in die Länder ihrer Nachbarn sollen begangen haben. Indessen erscheinen die Rhäten nicht als ein verbundenes Volk, sondern es treten die Namen verschiedener Stämme hervor, wie der Lepontier, womit der Name Valle Leventina (Livinerthal) verglichen wird; ferner Anisatier, Rhucantier, Kotuantier, Sarunetem, Vennonen, Breonen, Tauristker u. s. w. Die Verschmelzung der Etrusker, sowie anderer vielleicht aus Italien eingewanderter Scharen mit den Urbewohnern bleibt jedoch völlig dunkel; aber die gesammte Bevölkerung bis zu der östlichen Grenze Tyrols wurde von den Römern unter dem Namen der Rhäten begriffen. Indessen darf man sich ihre Zahl nicht zu groß denken. Unbewohnte Thäler, die jetzt eine bedeutende Bevölkerung enthalten, gab es unstreitig noch lange nicht wenige. So ist z. B. urkundlich gewiß, daß Davos erst nach der Mitte des 13. Jahrh. Bewohner erhielt.

Gegen die Raubzüge dieser Horden wurden, nachdem Rom die Eroberung von Italien vollendet hatte, Kriegszüge durch römische Heere unternommen. Allein einzelne Siege über die eingedrungenen Scharen konnten keinen dauernden Erfolg verschaffen, so lange die Alpenvölker ihre schwer zugänglichen Gebirge behaupteten. Da beschloß endlich Kaiser Augustus im Jahre der Stadt Rom 739 (vor Christus 15), die Alpenvölker der römischen Herrschaft zu unterwerfen, theils um den Einfällen ein Ende zu machen, theils um die von Cäsar begonnene Erweiterung der Nordgrenze des Reiches zu vollenden und dieselbe bis an den ganzen Lauf des Rheins vom Bodensee an und über den nördlichen Abhang dieser Alpenländer vorzurücken. Durchs Tridentinische drang Drusus, der eine von Augustus' Stiefsöhnen, unter harten Kämpfen in Rhätien ein, während dessen älterer Bruder, Tiberius, die den Rhätern befreundeten Vindelicier vom Bodensee her angriff. Unter fürchterlichen Kämpfen, an denen auch die Weiber Theil nahmen, wurden endlich die für ihre Freiheit Alles opfernden Völkerschaften durch die römische Kriegskunst besiegt. Auf diese Freiheitskämpfe wurden die Namen Drusenthal

(Vallis Drusiana, Val Druschauna, d. h. Montafun) und Drusenthor oder die enge Kluft, die aus Prättigau nach Montafun führt, bezogen. Wie tief ins Innere der Gebirge Drusus wirklich eingedrungen sei, ist zwar ungewiß, aber die Folge zeigt, daß durch die blutigen Niederlagen die Unterwerfung der sämmtlichen rhätischen Alpenvölker bewirkt wurde.

Mit dieser Unterjochung beginnt die Geschichte von Rhätien. Aber da unter dem allgemeinen Namen der rhätischen Provinz neben der östlichen Schweiz auch Tyrol und ein Theil von Baiern begriffen ist, so darf, was von den Rhätern erzählt wird, nicht ausschließlich auf das jetzt zur Schweiz gehörige Rhätien bezogen werden. Der römische Statthalter über die große Provinz erhielt seinen Sitz zu Augsburg (Augusta Vindelicorum), anfänglich ein Procurator mit Ritterrang, später, wahrscheinlich seit Marcus Aurelius, ein Legat mit Senatorenrang. Wie für alle wichtigern Provinzen, in denen eine stehende Kriegsmacht unterhalten wurde, wählte der Kaiser selbst den Statthalter, während dem Senat nur die Wahl für Provinzen blieb, in denen keine Kriegsmacht nothwendig war. Unter dem Statthalter von Rhätien stand anfänglich auch das Wallis, welches nachher einen eigenen Procurator erhielt; aber Spuren eines Zusammenhanges zwischen Oberwallis und Graubündten erscheinen auch später noch.

Die Geschichte Graubündtens bis zur völligen Vereinigung mit der schweizerischen Eidgenossenschaft zerfällt in folgende Zeiträume: 1) Die Zeit der römischen und der ostgothischen Herrschaft von 15 vor Chr. bis 536 nach Chr. — 2) Graubündten unter den französischen und den teutschen Königen und Kaisern bis zum Erlöschen des Herzogthums Schwaben 536 bis 1264. — 3) Innere Kämpfe und allmäliges Entstehen der Bündnisse bis zum Bunde zu Vazerol 1264—1471. — 4) Verbindungen mit der schweizerischen Eidgenossenschaft bis auf die Kirchenreformation 1471—1521. — 5) Die Zeit der Reformation und der darauf folgenden Parteikämpfe bis zur endlichen Vereinigung mit der Schweiz im Jahre 1801.

Erster Zeitraum.

Die Zeit der römischen und der ostgothischen Herrschaft von 15 vor Chr. bis 536 nach Chr.

Wie in andern Theilen Rhätiens, so wurden nach der Eroberung Straßen durch Graubündten von den Römern gebahnt. Während von Verona aus durchs Tridentinische eine Hauptstraße nach der neuentstandenen Colonie zu Augsburg führte, erscheint vom Comersee her die Straße durch Bergell und über den Septimerberg durch Oberhalbstein über Tinzen (Tinnetono) und Tiefenkastell (jetzt Tiefenkasten), wo nach der Sage ein römisches Castell angelegt wurde, theils nach Bregenz am Bodensee und von da nach Augsburg, theils längs dem Walenstattersee nach der Zollstätte zu Zürich (Statio quadragesimae Galliarum). Auch die Straße über den Julier soll schon von Drusus angelegt worden sein. Sie führte aus dem Etschlande durch Engadin über den Julier nach Bivio, wo sie sich an die Straße vom Septimer anschloß. Ob der schwierigere Paß über den Splügen damals schon eröffnet worden sei, ist ungewiß; eher könnte man an den Paß durch Misox über den Bernardino oder durchs Blegnothal über den Lukmanier denken. Wenn die bei Gelegenheit des Feldzuges eines römischen Heeres unter Arbetio gegen die alamannischen Lenzer um die Mitte des 4. Jahrh. erwähnten „canninischen Felder" bei Bellinzona zu suchen sind (die indessen von Andern in die Gegend von Chur verlegt werden), so könnte daraus allerdings die Eröffnung des Passes über den Bernardino oder über den Lukmanier schon in römischer Zeit gefolgert werden. An den Gotthardspaß ist dagegen jetzt noch durchaus nicht zu denken.

Zu Behauptung der Herrschaft über Rhätien wurden von den Römern neben den Straßen auch im Innern des Landes befestigte Militairstationen errichtet. In den jetzigen Ortsnamen Terzen, Quarten, Quinten am Walenstattersee, sowie in dem Namen Gaster (castra rhaetica) glaubt man solche Standpunkte zu erkennen. Nach der Sage sollen auch große Schaaren von Rhätiern in andere Gegenden des Reiches und statt derselben römische Ansiedler nach Rhätien versetzt worden sein. Gewisser ist jedoch, daß, wie in andern Provinzen des römischen Reiches, Kriegerschaaren in Rhätien ausgehoben und den Legionen zugetheilt wurden. So findet man rhätische Cohorten in Dacien, Syrien, Aegypten und unter Germanicus in den Kämpfen an der Weser (*Tacit.* Annal. II, 17). Aus Graubündten und den angrenzenden Gegenden müssen besonders die rhätischen Hülfstruppen gewesen sein, welche Cäcina zu dem Kampfe gegen die Helvetier bei Vindonissa (im J. 69 nach Chr.) herbeirief (*Tacit.* Histor. I, 67).

Die Grenze zwischen Rhätien und Helvetien ging damals von dem Orte Pfyn im Thurgau (ad fines) durch Toggenburg über Schännis (das auch später noch als zu Rhätien gehörig bezeichnet wird), dann der westlichen Gebirgskette von Glarus nach zwischen Schwyz und Uri, umfaßte das Urserenthal und Oberwallis wahrscheinlich bis zu dem jetzt ebenfalls Pfyn oder Pfingen genannten Orte in der Gegend von Leuk. Hier wohnten die Viberer, die zu den Lepontiern gezählt wurden. Die wichtigen Veränderungen in der Reichsverwaltung, welche Diocletian und Constantin der Große am Ende des 3. und im Anfange des 4. Jahrh. einführten, und wodurch die Militairgewalt von der Civilverwaltung der Provinzen getrennt wurde, betrafen auch Rhätien. Der Dux Comitis rhaetici sollte die Grenzen vertheidigen. Die große Provinz wurde in zwei abgetheilt, von denen Rhaetia prima das Gebirgsland, Rhaetia secunda dagegen Vindelicien umfaßte. Beide gehörten zu der italienischen Präfectur. Constantin theilte nämlich das ganze Reich in vier Präfecturen, die wieder in Diöcesen und diese in Provinzen zerfielen. Ueber jede Präfectur war ein Praefectus praetorio, jedoch mit blos bürgerlicher Gewalt, gesetzt zu Verwaltung der Polizei, Justiz, des Gewerbewesens und der Erhebung der immer drückender werdenden Steuern. Unter ihm war über jede Diöcese ein Vicarius, unter diesem über jede Provinz ein Rector gesetzt. Zu der italienischen Präfectur gehörten neben Italien und den derselben Diöcese zugetheilten und unter deren Vicarius stehenden beiden Rhätien die obern Donauländer und das westliche Afrika; Helvetien hingegen war der gallischen Präfectur zugetheilt. Ueber die Gemeindeverfassung Rhätiens fehlt übrigens jede Spur aus römischer Zeit, während man von den Städten in Helvetien verschiedene Angaben hat. Die allgemeine Verwaltung dagegen war diejenige anderer Provinzen. Unter derselben wurde die rhätische Bevölkerung allmälig in Sprache und Sitten immer mehr romanisirt. Dazu trugen bei die Kriegsdienste rhätischer Scharen in den römischen Heeren, der Aufenthalt römischer Besatzungen und Beamten, sowie Ansiedelungen von Flüchtlingen wegen der Einfälle germanischer Stämme und wegen der wiederholten Christenverfolgungen. Durch solche Einflüsse entwickelte sich die sogenannte romanische Sprache durch ganz Rhätien. Dieselbe scheidet sich in Graubündten in drei Hauptdialekte. Zwei davon, der eine in Ober-Engadin, der andere auf der Nordseite der Bergkette, haben den allgemeinen Namen Romanisch (Romaunsch), der dritte, das Ladin, ist die Sprache der Unter-Engadiner. Alle drei Dialekte sind aber mit der altitalischen Volkssprache (sermo rusticus, lingua rustica romana) nahe verwandt. Einzelne Ueberbleibsel der altrhätischen, aus keltischen und etruskischen Elementen gemischten Sprache will man darin erkennen, aber besonders die letztern sind schwer auszumitteln, da die Sprache der Etrusker, welcher man großen Einfluß auf die Sprache Rhätiens vor der römischen Zeit zuschreibt, noch zu wenig erforscht ist. Bemerkenswerth ist übrigens, daß beide Idiome des Engadins, vorzüglich das Oberengadinische, auffallende Aehnlichkeiten mit dem Provençalischen der Troubadours darbieten. Der Name Engadin wird gewöhnlich gedeutet En co d'Oen (in capite Oeni, an den Quellen des Inn). Die Einwohner selbst nennen das Thal Engiadina (was ausgesprochen wird Endjadina), und in einer Urkunde König Heinrich's I. vom Jahre 930 heißt es Vallis Eniatina. Dieser Name wird nun mit mehr Wahrscheinlichkeit aus dem Keltischen abgeleitet, wo En Wasser und Iat Gegend, Landschaft bedeutet, sodaß Eniat mit angehängter lateinischer Endung ina die Flußgegend, also das Thal des Inns, der es der Länge nach durchströmt, bedeuten würde. Die romanische Sprache war übrigens über ganz Rhätien verbreitet, verlor aber in den östlichen Theilen der Provinz durch das Eindringen bojarischer und alamannischer Scharen schon früh immer mehr Raum, sodaß in Tyrol das Deutsche die Oberhand gewann. Doch blieben auch dort noch vereinzelte Ueberbleibsel bis auf neuere Zeiten, sodaß noch im J. 1848 über [illegible]000 romanisch sprechende Einwohner in einsamen Thälern gezählt wurden, während jetzt in Südtyrol das Italienische gegen das Deutsche vordringt. Später drang die deutsche Sprache in Graubündten ein, wovon weiter unten die Rede sein wird. Ueberhaupt erhielt sich römische Sprache und Sitte in diesem schwer zugänglichen Gebirgslande am längsten, und noch heutzutage überwiegt die Zahl der romanischen Einwohner in Graubündten diejenige der deutschen.

Die zwei für die spätere Entwickelung Graubündtens wichtigsten Ereignisse in römischer Zeit waren die Entstehung der Stadt Chur und die Pflanzung des Christenthums nebst der Errichtung des Bisthums zu Chur. Nach der Sage standen auf dem Hügel zu Chur, welchen jetzt die Stiftsgebäude zum Theil einnehmen, zwei von den Römern auf diesem militairisch wichtigen Punkte erbaute Castelle, Marsoila und Spinoila. Das letztere ist verschwunden und ein Weinberg bedeckt dessen Stelle. Von Marsoila scheint sich der Thurm erhalten zu haben, an welchen die Wohnung des Bischofs angebaut ist. Um diese Castelle mögen sich, wie anderswo bei römischen Anlagen, Ansiedelungen gebildet haben, welche dann, besonders durch die Entstehung eines Bischofsitzes, Zuwachs erhielten. In Antonin's Itinerarium wird Curia genannt. Dieser Name scheint auf die Errichtung eines römischen Gerichtshofes an diesem Orte hinzuweisen und Chur blieb dann auch unter ostgothischer und fränkischer Herrschaft der Sitz der obersten Beamten. Die ersten Anfänge der Pflanzung christlicher Lehre in Graubündten sind wie in andern Ländern dunkel und in unsichere Legenden gehüllt. Einzelne römische Soldaten oder Flüchtlinge, die vor den Verfolgungen ein Asyl in den Gebirgen suchten, mögen den ersten Samen ausgestreut haben. Er mag um so eher Wurzel gefaßt haben, da merkwürdiger Weise der Cultus der römischen Gottheiten niemals scheint eingedrungen zu sein; denn nirgends sind bisher sichere Spuren dieses Cultus in Graubündten aufgefunden worden. Dagegen hat sich auf der Höhe des Passes über den Julier eine Antiquität erhalten, die nach der wahrscheinlichsten Deutung auf keltischen Opferdienst hinweist. Aus dem Boden erheben sich dort zwei runde, aus rohen Felsstücken zusammengesetzte Säulen von ungefähr 4 Fuß Höhe und etwas stärkerem Umfange. Es scheinen dieselben Altäre gewesen zu sein, welche dem keltischen Gotte Jul gewidmet waren, dem nicht in Tempeln, sondern auf Bergen, besonders zur Zeit der Sonnenwende, Feste mit Opfern gefeiert wurden. Von einer Inschrift, in welcher sogar der Name Julius Cäsar sollte gestanden haben, zeigt sich an diesen Altären nicht die geringste Spur, und diese Fabel entstand aus dem Bestreben, den Namen des Julierberges zu deuten, der weit wahrscheinlicher von dem Juldienste abgeleitet wird. In den von einander getrennten Thälern mag sich derselbe auch nach der Unterwerfung unter Rom erhalten haben, und die christliche Lehre konnte unter einer Bevölkerung, die ihre Gottheit auch nicht in Tempeln einschloß, welche von Menschenhänden gemacht waren, um so eher Empfänglichkeit finden. Als den eigentlichen Apostel Graubündtens nennen die Legenden den heiligen Lucius, der ums Jahr 182 nach Chr. aus Britannien nach Graubündten soll gekommen sein und sich in einer Höhle bei Chur aufgehalten, endlich aber nebst seiner Schwester Emerita von dem römischen Statthalter den Märtyrertod soll erlitten haben. Auch von andern christlichen Missionaren enthalten die Legenden manche unsichere Nachrichten. Wichtiger aber als diese Legenden ist die Entstehung eines Bisthums zu Chur, das in seiner spätern Entwickelung auf die Geschichte Graubündtens entscheidenden Einfluß geübt hat. Der Zeitpunkt seiner Entstehung ist ungewiß. Der erste Bischof, welcher mit Sicherheit erwähnt wird, ist der heilige Asimo. In den Acten einer Provinzialsynode im Mailändischen, welche im J. 452 stattfand, in Folge der vierten ökumenischen Kirchenversammlung zu Chalcedon, wo die Lehren der Eutychianer und der Nestorianer über die Person Christi verdammt wurden, kommt die Stelle vor: „Ego Abundantius, episcopus ecclesiae comensis, in omnia suprascripta pro me ac pro absente sancto fratre meo Asimone, episcopo ecclesiae Curiensis primae Rhaetiae, consensi et subscripsi, anathema dicens his, qui de incarnationis dominicae sacramento impie senserint." Ob dieser Asimo der erste Bischof von Chur gewesen, ist ungewiß. Eher ist anzunehmen, daß die Entstehung dieses Bisthums schon in die Zeit falle, wo Constantin der Große das Christenthum zur Staatsreligion erhoben hatte.

Schon früher, im J. 162, hatten die Einfälle der teutschen Völkerstämme in die Grenzländer des römischen Reiches begonnen, dessen gänzlichen Verfall bei der innern Erschlaffung und Zerrüttung einzelne große Männer, die auf den Kaiserthron gelangten, wol etwas verzögern, aber wegen der Verworfenheit ihrer Nachfolger und der Versunkenheit der altrömischen Bevölkerung nicht mehr abwenden konnten. Die Einzelnheiten dieser Kriege sind nur theilweise bekannt, und in wie weit Graubündten davon betroffen worden, ist nicht möglich auszumitteln, denn der allgemeine Name Rhätien gibt zu vielfachen Vermuthungen über die Schauplätze und die Durchzüge dieser Horden Veranlassung. So ist ungewiß, wo das gewaltige alamannische Heer, das im J. 265 über die Alpen bis an den Fuß der Apenninen und bis Ravenna verwüstend vordrang, Rhätien durchbrochen hat. Wohl besiegte der Kaiser Claudius die Alamannen in einer großen Schlacht am Gardasee im J. 268 und trieb sie über die Alpen zurück; aber nach wenigen Jahren brachen die Teutschen wieder in Italien ein, und obgleich Aurelianus sie siegreich bekämpfte und auch aus Vindelicien vertrieb, so lag doch am Tage, daß die Alpenpässe Rhätiens, welche man als die Schutzwehr von Italien betrachtet hatte, keine Sicherheit mehr gewährten. Deswegen ließ Aurelian um die Stadt Rom selbst neue gewaltige Mauern erbauen, die dann unter seinem Nachfolger vollendet wurden. Die Einfälle der Alamannen und ihre Festsetzung in Helvetien im 5. Jahrh. scheinen sich auch auf die nördlichen Theile des westlichen Rhätiens erstreckt zu haben, und wahrscheinlich seit dieser Zeit wurde nach und nach die rhätische Bevölkerung im Gasterlande, Glarus, Rheinthal, Sargans, Vorarlberg bis gegen Chur hinauf zurückgedrängt und diese Gegenden allmälig ganz überwiegend von Teutschen besetzt, während einzelne Ortsnamen noch als Denkmale früherer romanischer Bevölkerung sich erhalten haben. Weiter in Graubündten scheinen die Alamannen nicht, wenigstens nicht dauernd, eingedrungen zu sein. Die Stadt Chur war noch gegen Ende des 14. Jahrh. größtentheils romanisch. Höchstens im Prättigau mögen sich damals schon neben der romanischen Bevölkerung einzelne Scharen Teutsche festgesetzt haben, Raum war dort wol noch genug für Ansiedelungen.

Als endlich im J. 476 der römische Kaisername im westlichen Theile des Reiches erlosch und Odoaker, der Befehlshaber eines aus Ausländern bestehenden Heeres in römischem Dienste, sich als König von Italien proclamirte, blieb auch Graubündten als immer zu Italien gezählt unter seiner Herrschaft. Er behielt die römischen Einrichtungen und Gesetze bei, und wie Italien, mit Ausnahme des siegreichen Krieges, den er in den letzten Jahren seiner Regierung gegen die in Italien eingedrungenen Rugier führen mußte, so erfreute sich wol auch Graubündten einer 13jährigen Ruhe unter seiner mildern Regierung. Im J. 488 brachen die Ostgothen unter Theoderich aus ihren Sitzen in Oesterreich und Ungarn nach Italien auf. In drei Schlachten besiegt, schloß sich Odoaker in der festen Stadt Ravenna ein, mußte sich aber nach dreijähriger Belagerung im J. 493 ergeben. Rhätien gehörte nun mit ganz Italien zu dem großen ostgothischen Reiche, das sich durch Theoderich's fernere Eroberungen von der untern Donau bis an die Rhone ausdehnte. Auch Theoderich behielt die Einrichtungen und Gesetze bei, wie sie unter den Kaisern sich gebildet hatten. Die Militairgewalt und die Civilverwaltung blieben getrennt. Erstere wurde einem Dux oder Comes übertragen, letztere einem Präses. In einem Schreiben Theoderich's (*Cassiodori* Variarum I, 11) wird der Dux Rhaetiarum, Servatus, erwähnt, und in einem andern (*Cassiod.* Var. VII, 4) wird der Ducatus Rhaetiarum das Bollwerk und das Thor Italiens genannt. Derselbe begriff also ganz Rhätien, nicht blos das churische oder westliche. Dabei wird Servatus ermahnt, besorgt zu sein, daß die Soldaten sich gegen die Provinzialen nicht überheben, sondern gerecht unter ihnen leben, indem das Heer den Römern (den alten Einwohnern) Ruhe verschaffen solle. Ein Präses in Rhätien wird zwar nicht besonders erwähnt; aber da die Einrichtung für alle Provinzen galt, so muß sie auch dort stattgefunden haben. Sie dauerte auch unter der fränkischen Herrschaft fort, indem zu Chur dann ein Präses erscheint. Bekanntlich war Theoderich's Regierung im Ganzen gemäßigt und gerecht, und mit großer Thätigkeit suchte er Gewaltthätigkeiten und Beraubungen zu verhindern.

Während Theoderich's Regierung scheint auch eine nicht unbedeutende Einwanderung von Alamannen in sein Gebiet stattgefunden zu haben, ohne daß die Gegend, in die sie versetzt wurden, sich bestimmen läßt. Der Bischof Ennodius sagt nämlich in seinem an Theoderich gerichteten Panegyricus: „a te Alemanniae generalitas intra Italiae terminos sine detrimento Romanae possessionis inclusa est." Daß ganz Rhätien zu Italien gezählt wurde, ist oben gesagt worden, und die Einwanderung kann daher in rhätische Gegenden geschehen sein. Denn daß wirklich eine Einwanderung stattfand, ergibt sich daraus, daß Ennodius sagt, die Alamannen seien aus ihrem Vaterlande geflohen und eine Grenzwache des Reiches geworden, und sie haben in demselben fruchtbaren Boden gewonnen und sich an Ackerbau gewöhnt. Der Ausdruck Alemanniae generalitas ist übrigens als lobrednerische Uebertreibung zu betrachten. Nach der Besiegung der nördlich vom Neckar wohnenden Alamannen bei Tolbiacum (496) durch den fränkischen König Chlodwig erließ Theodorich an diesen ein Schreiben (*Cassiod. Var.* II, 41), worin er ihn zwar beglückwünscht, zugleich aber von fernern Angriffen gegen die übrigen Alamannen abmahnt. Er braucht dabei von den Alamannen den Ausdruck: qui nostris finibus caelantur, was kaum von den Einwanderern zu verstehen ist, sondern von den Alamannen in Schwaben und Helvetien, die sich wahrscheinlich aus Furcht vor den Franken Theodorich unterwarfen. Damit stimmt auch die Angabe des Geschichtschreibers Agathias überein, Theodorich habe sich die Alamannen unterwürfig gemacht und zu Bezahlung von Tribut genöthigt.

Von Theodorich's Tode an (gest. 526) sank das ostgothische Reich, dessen Stärke nur in der Charakterkraft und der Einsicht des mächtigen Beherrschers bestanden hatte, durch Parteiung und Verweichlichung. Als daher Belisarius, der Feldherr des byzantinischen Kaisers Justinian I., nach der Eroberung des vandalischen Reiches auf der Nordküste von Afrika den Krieg gegen die Ostgothen im J. 535 unternahm, so zeigte sich bald die Schwäche des ostgothischen Reiches. Der König Vitiges ließ sich, um Hilfe zu erhalten, mit den Franken in Unterhandlung ein, und soll ihnen im J. 536 die gothischen Besitzungen in und jenseits der Alpen abgetreten haben. Der Krieg in Italien dauerte zwar unter mancherlei Wechselfällen und wiederholter Theilnahme fränkischer und alamannischer Heere noch bis 555 fort, in welchem Jahre endlich die letzten Reste der Gothen sich unterwerfen mußten und der ostgothische Name nun ganz verschwindet. Italien blieb nun einige Jahre byzantinisch; aber Rhätien war davon getrennt. Theudebert, König von Austrasien, dehnte die fränkische Herrschaft über Rhätien und über diejenigen Alamannen aus, die bisher derselben nicht unterworfen gewesen waren. Wie dies geschah, ist unbekannt. Nach den Ausdrücken, deren sich Agathias bedient, sollte man auf kriegerische Eroberung schließen. Indessen ist auffallend, daß die fränkischen Chronisten eines solchen Krieges nicht gedenken, und es ist eher zu vermuthen, daß die erblichen Stammfürsten der Alamannen, welche erst von den Hausmeyern Pipin und Carlmann unterdrückt wurden, des gothischen Schutzes beraubt, ohne Widerstand sich der Hoheit des fränkischen Königs unterwarfen, die jetzt noch kaum in etwas Anderem bestand, als daß sie seine Leudes ([illegible]) wurden, d. h. sich zur Dienstfolge verpflichteten. Das churische oder westliche Rhätien hingegen erscheint von nun an als wirkliche Provinz des fränkischen Reiches. Schon früher wurde durch das Eindringen alamannischer und bojarischer Schaaren das östliche Rhätien (Tyrol) immer mehr verteutscht, während im westlichen, mit Ausnahme der nördlichern ebenern Gegenden, die wälsche, d. h. romanische, Sprache noch ganz vorherrschend blieb. Dadurch sonderten sich die beiden Theile Rhätiens, die auch durch die Gebirge getrennt sind, um so mehr von einander ab, weil das westliche größtentheils dem Sprengel des Bisthums Chur angehört, welches von nun an die fränkische Provinz Rhätien bildete und von der wälschen Sprache den Namen Churwalchen oder Churwalen (Churowalaha) erhielt. Dieses churische Rhätien begriff damals noch neben Graubündten und Urseren die schon großentheils von Alamannen eingenommenen Gegenden von Sargans, Gaster, Rheinthal, Toggenburg und Appenzell. Ferner das noch romanische Vorarlberg, Montafun und das obere Etschland. Noch im 9. Jahrh. wird das Kloster Pfäfers als in pago Raetiae liegend bezeichnet. Durch die Ereignisse folgender Zeiten wurde dann Rhätien allmälig auf das sogenannte „Hohe Rhätien" (Graubündten) beschränkt.

Zweiter Zeitraum.

Graubündten unter den fränkischen und teutschen Königen und Kaisern bis zum Erlöschen des Herzogthums Schwaben. 536—1264.

Das churische Rhätien ist von jetzt an wirkliche Provinz des merovingischen Reiches und gehört zu Austrasien. Wegen seiner geographischen Isolirung wurde es von den Zerrüttungen im merovingischen Geschlechte weniger berührt als andere Provinzen. Von Italien, das zuerst byzantinisch, dann longobardisch wurde, ist es völlig getrennt. Nur in einzelnen Theilen des südlichen Abhanges der Alpen, besonders im später sogenannten Canton Tessin, drangen die Longobarden bis auf die Höhe des Gotthard in rhätische Gegenden vor; indessen ihre Versuche, auch in Wallis einzudringen, mislangen. Wie unter der ostgothischen Herrschaft, so erscheint nun in Churwalchen wieder ein Präses für die innere Verwaltung. Ein einheimisches Geschlecht, Namens Victor, welches aus dem Domleschgerthale hergeleitet wird, bekleidete diese Würde beinahe 200 Jahre lang gleichsam erblich. Mehrere aus demselben Geschlechte waren zugleich Bischöfe und Präsides (oder Grafen) zu Chur, und diese Vereinigung der kirchlichen und der weltlichen Gewalt in einer Person hat die Erhebung der Bischöfe zu fürstlicher Stellung sehr begünstigt, sowie überhaupt die Bischöfe im fränkischen Reiche neben dem weltlichen schon früh einen einflußreichen geistlichen Adel bildeten. Neben dem Bischofe erhebt sich aber in Graubündten durch Einwanderung fränkischer und alamannischer Leudes des Königs ein zahlreicher weltlicher Adel auf königlichem Gute. Von diesem rühren viele Burgen her mit teutschen Namen, obgleich mitten unter romanischer Bevölkerung angelegt. Ihre Zahl stieg dann später noch besonders unter den hohenstaufischen Kaisern, sodaß man an 160 kleinere und größere Burgen zählt, größtentheils mit deutschen Namen. Die Ansiedelungen neben den Besitzungen einzelner eingeborener Edelleute legten den Grund zu den verschiedenen Feudalherrschaften, die sich in Graubündten bildeten, und aus denen in der Folgezeit die sogenannten Hochgerichte sich entwickelten, wobei jedoch nicht jede einzelne Burg ein besonderes Adelsgeschlecht beherbergte.

Wie diese Ansiedelungen den Anbau des Landes in vielen Thälern beförderten, so geschah dasselbe durch die Entstehung des Klosters Disentis (Desertina) im graubündtnerischen Oberlande. Sigisbert, der mit Columban und Gallus im Anfange des 6. Jahrh. aus Britannien ins fränkische Reich als Verbreiter der christlichen Lehre gekommen war, blieb, als Columban zu den Longobarden wanderte, wo ihm das Kloster Bobbio seinen Ursprung verdankt, in der Gegend, wo jetzt das Kloster Disentis ist, zurück. In der Höhle, in welcher er wohnte, flossen bald nähere und fernere Umwohner zusammen, unter denen er gleich andern Missionaren das Christenthum lehrte und den Anbau des Landes beförderte. Einer seiner Schüler, Placidus, soll durch Vergabung seiner Güter die Entstehung des Klosters veranlaßt haben. Diese Schenkung, noch mehr aber die Freimüthigkeit, mit welcher er nach der Legende dem Präses oder Grafen aus dem Geschlechte Victor seine Sünden vorwarf, soll dessen Haß in solchem Grade erregt haben, daß er ihn tödten ließ. Das Kloster, das dann durch viele Schenkungen sehr bereichert wurde, bildete bald den Mittelpunkt für den obern Theil des Vorderrheinthales und für Urseren. Aus unbekannter Zeit stammt ein Kreuzgang oder Procession, wo die Leute von Urseren, Tawetsch und Disentis mit Kreuz und Fahnen bald zum Hospitium auf dem Gotthard, bald nach Santa Maria auf dem Lukmanier zogen, wo dann auch die Bewohner von Olivone im südlich abfallenden Bleniothale mit ihnen zusammentrafen. Da solche Züge an Wasserscheiden und Flußquellen sich in heidnischer Zeit auch bei andern Völkern finden, so liegt die Vermuthung nahe, daß auch diese Processionen, die sich lange erhielten, ihren Ursprung in einer frühern keltischen Uebung hatten. — Im J. 670 wurde Disentis von einer Avarenhorde, die aus Italien war vertrieben worden, verbrannt. Bei ihrer Annäherung hatte sich der Abt mit den Reliquien der Heiligen und den Schätzen des Klosters, von denen sich bei Mabillon (Annal. Benedict.) ein Verzeichniß findet, nach Zürich geflüchtet, das damals schon durch Handelsverkehr über den Lukmanier mit dem Vorderrheinthale scheint in Berührung gewesen zu sein. Die Avaren wurden dann von den Einwohnern überfallen und vertilgt. Das Kloster wurde bald wieder hergestellt und erhielt dann im 8. Jahrh. einen reichen Zuwachs an Gütern und theils freien, theils hörigen Leuten durch ein im J. 766 von dem Bischof Tello abgefaßtes Testament. Dieser ist der letzte aus dem Hause Victor, welcher erwähnt wird, und er scheint den alten Reichthum desselben im graubündtnerischen Oberlande größtentheils an Disentis übertragen zu haben. Das Testament, über dessen Echtheit oder Unverfälschtheit zwar einige Zweifel walten, das aber jedenfalls sehr alt ist, bleibt merkwürdig als Beweis der Fortschritte, welche der Anbau des Bodens in den Gegenden des Vorderrheins unter der noch ganz romanischen Bevölkerung schon gemacht hatte. Auch Obstbäume und selbst Weinstöcke werden darin erwähnt. Als andere Stiftungen des Geschlechts Victor werden angeführt das Nonnenkloster Kazis bei Tusis und das Kloster des heil. Lucius bei Chur. Dem Bischof Tello wird auch die Gründung der merkwürdigen Domkirche zu Chur, dem heil. Pirminius, einem Missionar, der aus Frankreich soll gekommen sein, die Stiftung des Klosters Pfäfers (im J. 724) zugeschrieben.

Durch die Züge König Pipin's und Karl's des Großen gegen die Longobarden im 8. Jahrh. erhielten die Alpenpässe bedeutende Wichtigkeit. Ob dabei die alte Verkehrsstraße über den Septimer oder Straßen durch die Thäler des Hinter- oder Vorderrheins eingeschlagen wurden, ist ungewiß; doch deuten einige Spuren auf den Lukmanier. Nach der Sage soll Pipin während eines seiner Züge die Erbauung der Burgen Marschlins, nahe am Einflusse der Landquart in den Rhein, und Hohen-Trins, am Eingange ins Vorderrheinthal, veranstaltet haben, als Stützpunkte für die Durchzüge. Karl der Große soll zu Taufers an der Grenze des graubündtnerischen Münsterthales ein Kloster gestiftet haben, aus welchem das Stift Münster (Mustair) entstand. Dem Kloster St. Denys bei Paris bestätigte derselbe im J. 775 seine damaligen und künftigen Besitzungen und deren völlige Immunität in der Lombardei, mit ausdrücklicher Erwähnung des früher auch zum alten Rhätien gehörigen Veltlins. Nach des Bischofs Tello Tode, der am wahrscheinlichsten ins Jahr 784 gesetzt wird, folgte als Bischof Constantius. Durch eine Urkunde desselben Jahres, worin Karl der Große sagt, er habe den Constantius zum Rector Raetiarum gesetzt, nimmt er den Bischof und die Einwohner unter seinen unmittelbaren Schutz, wie dies schon unter seinen Vorfahren stattgefunden habe. Auf der Rückreise von der Krönung zu Rom im J. 801 soll er durch Graubündten gekommen sein und dem Bischofe Güter zu Schlettstadt im Elsaß und den Zoll von Reisenden und Kaufleuten zu Chur geschenkt haben. Der Titel Rector scheint die weltliche Verwaltung zu bezeichnen, die mit der geistlichen durch die Erhebung des Episkopats zur Zeit der Victoren gänzlich war vermischt worden. Obgleich nun Karl der Große dem durch die Geistlichen und die Gemeinde der Freien gewählten Bischofe die weltliche Gewalt ebenfalls übertrug, so war doch diese Verbindung seinem Regierungssysteme, das ein gewisses Gleichgewicht der weltlichen und der geistlichen Großen bezweckte, zu entgegengesetzt, als daß er es in dieser, früher weniger berücksichtigten Provinz hätte fortdauern lassen. Er trennte daher später die gräflichen Rechte von dem Bisthume und es erscheint neben dem Bischofe ein Graf zu Chur, Namens Hunfried, der im J. 807 die Gauversammlung oder das sogenannte Maifeld zu Gericht in Verwaltungssachen abhielt. Der Ort dieser Versammlung wird genannt ad campos, worunter wahrscheinlich die Felder bei Rankweil (Vinomna) zu verstehen sind, nahe bei Feldkirch im Walgau, wo dann durchs ganze Mittelalter ein kaiserliches Landgericht sich erhielt. Die Aufstellung eines eigenen Grafen zu Chur hatte unter den Zerrüttungen, die nach dem Tode Karl's des Großen entstanden, heftige Zerwürfnisse zwischen dem bisher gleichsam allein regierenden Bischofe und dem Grafen zur Folge, und es wiederholte sich hier die Parteiung, welche sich auch in andern Theilen des fränkischen Reiches zwischen weltlichen und geistlichen Großen zeigt. Schreiben des Bischofs Victor II. aus den Jahren 821—824 an Ludwig den Frommen enthalten heftige Klagen über Gewaltthätigkeiten und Beraubungen, welche Roderich, Graf von Chur, gegen das Bisthum begangen habe, und verlangen genaue Untersuchung. Die Ausscheidung bischöflicher und gräflicher Verwaltungszweige gab dazu häufige Veranlassung. Die Untersuchung fand dann statt, und im J. 825 verordnete Ludwig der Fromme, daß die entzogenen Besitzungen und Rechte dem Bischofe sollen zurückgegeben werden. Dasselbe geschah zu Pfäfers, gegen welches Kloster Roderich sich ähnliche Gewaltthätigkeiten erlaubt hatte. Als dann Ludwig der Fromme von seinen Söhnen im J. 833 zum zweiten Mal gefangen genommen und entsetzt worden war, so wurde der Bischof Verendarius von Chur, der dem Kaiser treu blieb, vertrieben und dem Bisthume seine Besitzung zu Schlettstadt im Elsaß und der Zoll zu Chur entzogen. Nach Ludwig's Befreiung und Wiedereinsetzung (834) gelangte auch Verendarius wieder zu seiner Würde, und durch eine Verordnung des Kaisers vom 8. Jan. 836 wurde ihm auch das Geraubte zurückerstattet. Um dieselbe Zeit war auch Adalbert, der Sohn Hunfried's, Graf zu Chur, durch den Grafen Ruadbert, welchen Ludwig der Fromme ernannt hatte, vertrieben worden. Unterstützt von seinem Bruder, Burkard, Markgrafen in Istrien, kehrte Adalbert zurück. In einem Treffen bei Zizers wurde dann Ruadbert geschlagen und verlor auf der Flucht das Leben. Die Gaugrafschaft im churischen Rhätien blieb dann dem Geschlechte Hunfried's.

Im J. 843 wurde nun der Vertrag von Verdun zwischen den drei Brüdern, Lothar I., Ludwig dem Teutschen und Karl dem Kahlen, geschlossen. Durch denselben kam Rhätien zu Ostfranken unter Ludwig dem Teutschen und wurde von da an gänzlich von Italien getrennt. Auch die Metropolitanverhältnisse änderten sich, indem das Bisthum Chur nun vom Erzbisthume Mailand abgetrennt und dem teutschen Erzbisthume Mainz untergeordnet wurde. Dieselbe Veränderung ging in einem Theile des östlichen Rhätiens vor, wo das Bisthum Brixen ebenfalls von Mailand getrennt wurde und zum Erzbisthum Salzburg kam, während Trient unter Mailand blieb. Zu Abtrennung der von dem Grafen Hunfried im Anfange des 9. Jahrh. gestifteten Klosters Schännis und des ganzen Gasterlandes vom churischen Rhätien soll um 880 die Vermählung einer Erbin aus Hunfried's Geschlechte, Hemma, mit einem Vorfahren des nachher von Lenzburg genannten Grafen die Veranlassung gegeben haben.

Während nun neben dem Grafen von Chur der Bischof durch Schenkungen und Gewinnung vieler Schutzhörigen und adeliger Ministerialen immer mächtiger und einflußreicher wurde, erhoben sich auch unter den Karolingern nach der allgemeinen Entwickelung der Zeit mächtige Dynastiengeschlechter, größtentheils fränkischen und alamannischen Ursprungs. Ihre Angehörigen stehen, wie überall in den Feudalherrschaften, in den verschiedenen Verhältnissen der Abstufung vom freien bis hinunter zum leibeigenen Mann, die sich aber weniger in der gesellschaftlichen Stellung als in den größern oder geringern Leistungen an den Herrn kund gibt. Der Bischof und dieser Adel bilden nun in ihrer fortdauernden Erhebung die beiden politischen Gewalten, deren spätere Parteikämpfe die Entstehung eines Freistaates Graubündten vorzüglich veranlaßt haben. In dieser Beziehung ist auch die allmälige Zersplitterung des churrhätischen Gaues von großem Einfluß gewesen. Sie geschah theils durch die Ertheilung der Immunität an die Bischöfe und an Disentis (s. nachher), theils durch die Ablösung mehrerer Centgrafschaften, besonders im nördlichen Theile des Gaues unterhalb der Landquart, auf beiden Seiten des Rheins. Dort erhebt sich ein Geschlecht, aus welchem wahrscheinlich die Grafen von Montfort und von Werdenberg entsprossen sind, und der Walgau, wo Feldkirch liegt, Sax, Sargans, Werdenberg, Rheinthal, überhaupt die Gegenden von der Landquart bis zum Walenstattersee und in die Nähe des Bodensees erscheinen abgelöst vom churrhätischen Gau als besondere Herrschaft dieses Geschlechtes. Diese Zersplitterung des großen Gaues, zu welchem noch im J. 909 Feldkirch und 982 das Kloster Pfäfers gezählt wurden, scheint im 11. Jahrh. seine Vollendung erhalten zu haben, zu welcher Zeit auch der Name eines Grafen in Rhätien verschwindet. Doch erhielt sich die Erinnerung daran in der sogenannten Grafschaft Laax oder Lags, welche das Land oberhalb der Landquart begriff, bis auf die Centralkette der Gebirge, in welcher der Crispalt, Adula, Julier u. s. w. sich erheben. König Rudolf von Habsburg stellte dieselbe her und ertheilte sie seinen Söhnen als Reichslehen. Sie begriff das ganze jetzige Graubündten, mit Ausnahme von Maienfeld, Engadin, Bergell, Poschiavo und Misox.

Im Anfange des 10. Jahrh., wo also diese Zersplitterung noch nicht stattfand, erscheint als Graf von Rhätien Burkard, der auch den Titel Marchio hat und für einen Nachkommen des ersten rhätischen Grafen Hunfried gehalten wurde. Er ist unzweifelhaft der nämliche, welcher während der Bewegungen nach dem Tode Ludwig's des Kindes versuchte, sich zum Herzog in Alamannien zu erheben, im J. 911 aber nebst seinem Bruder Adalbert, Grafen des Thurgaus, erschlagen wurde. Die Parteiung zwischen den weltlichen und geistlichen Großen in Alamannien scheint sein Unglück herbeigeführt zu haben. Allein wenige Jahre nachher wurde Burkard's gleichnamiger Sohn durch die Großen zum Herzog erhoben, nachdem die Kammerboten Erchanger und Berthold von denen der erstere sich auch zum Herzog zu erheben suchte, in dem Kampfe gegen die Partei der Bischöfe, insbesondere gegen den Bischof Salomon von Constanz, ebenfalls ihren Untergang gefunden hatten.

Seitdem sich nun dieser Graf Burkard des churischen Rhätiens zum Herzog emporgeschwungen hatte, gehörte dasselbe zum Herzogthum Alamannien und bildete eine Grafschaft, als deren Besitzer die Herzoge auch aus andern Geschlechtern meistens selbst in den Urkunden genannt werden. Die allgemeinen Ereignisse in Alamannien mußten deswegen auch auf Rhätien zurückwirken. Doch scheinen die Einfälle der Ungarn im 10. Jahrh. kaum die nördlichsten Grenzen Rhätiens berührt zu haben, und es wird nur die Verwüstung des Klosters St. Gallen, das zum Thurgau gehörte, erwähnt. Dagegen litt Rhätien schon vor der Mitte des 10. Jahrh. durch die Verwüstungen der Sarazenen. Ums Jahr 891 landete eine kleine Schar von sarazenischen Seeräubern, die aus Spanien kamen, im Meerbusen von St. Tropez an der Küste der Provence. Sie setzten sich auf einem benachbarten Berge und befestigten denselben. Dieser Mittelpunkt, von welchem aus sie ihre Raubzüge machten, wird Fraxinetum (Garde-fraînet) genannt. Durch nachkommende Scharen aus Spanien verstärkt, dehnten sie ihre Plünderungs- und Verwüstungszüge immer weiter in der Provence, Dauphiné und der Grafschaft Nizza aus. Im J. 906 wird ihr Uebergang über den Montcenis und ihr Eindringen in Piemont gesetzt. Später, doch jedenfalls vor 940, kamen sie über den großen Bernhardsberg nach Wallis, wo sie das Kloster St. Maurice verbrannten und bis an den Genfersee streiften. Sie setzten sich in den Alpenpässen fest, wo sie Reisende, Pilger und Kaufleute überfielen und theils ermordeten, theils gefangen nahmen, um Lösegeld zu erpressen. Wann und auf welchem Wege Scharen dieser Horden nach Graubündten kamen, ist völlig ungewiß. Die Chroniken erwähnen nur ihre Plünderungen und Verwüstungen, ohne Angabe der Zeit oder bestimmter Localitäten. Nur in den St. gallischen Klostergeschichten von Ekkehardus wird erzählt, daß sie bis auf die über St. Gallen sich erhebende Anhöhe Bernegg gekommen und auf eine Procession Geschosse geschleudert haben, in einer der folgenden Nächte aber durch eine Schar Klosterleute unter Anführung des Dekans überfallen und theils erschlagen und gefangen genommen, theils verjagt worden seien, nachdem sie dem Kloster sehr großen Schaden zugefügt hätten. Daß sie in Rhätien nicht durch Unteren und über die Oberalpen ins Thal des Vorderrheins eindrangen, wird dadurch wahrscheinlich, daß keine Plünderung oder auch nur Angriff des auf dieser Straße liegenden Klosters Disentis erwähnt wird. Eher ist zu vermuthen, daß eine Schar durch Hugo von Provence, König von Italien, veranlaßt wurde, sich in die Alpenpässe Graubündtens zu legen und dazu aus Piemont den Weg längs des südlichen Abhanges der Gebirge benutzt habe. Der Markgraf Berengar von Ivrea hatte sich nämlich vor Hugos Nachstellungen zu Herzog Hermann in Alamannien geflüchtet, und suchte, unterstützt von demselben, sich Italiens zu bemächtigen. Hugo soll nun einen Vertrag mit den Sarazenen geschlossen haben, durch welchen sie versprachen, die Rückkehr Berengar's in den Alpenpässen zwischen Alamannien und Italien zu verhindern. Daß es ihm dennoch im J. 945 gelang, über die Alpen zurückzukommen, ist bekannt. Bemerkenswerth ist auch, daß Pontresina in Ober-Engadin, am Fuße des Berninapasses, in alten Urkunden unter dem Namen Ponte Saraceno und Sarasino vorkommt. Wann und wie aber diese Sarazenen wieder aus Graubündten vertrieben wurden, ist ebenso dunkel als das Jahr ihres Einzuges in dem Lande, wo sie jedenfalls große Verwüstungen anrichteten. Daher schenkte Otto I. im J. 940 dem Bischofe Waldo von Chur auf dessen Klagen die beiden zum Königsgute gehörigen Kirchen zu Bludenz im Drusasthale und des heil. Martin's im Schamserthale mit Allem, was zu denselben gehörte. Nach Waldo's Tode solle die Kirche in Schams zum Unterhalt der Nonnen zu Kazis dienen, die zu Bludenz hingegen dem Bisthume verbleiben. Funfzehn Jahre später schenkt derselbe Kaiser dem Nachfolger Waldo's, dem Bischofe Hartbert, seinen Hof zu Zizers. Als Grund für beide Schenkungen werden die Plünderungen der Saracenen in den Urkunden angeführt, und Otto sagt, er habe auf seiner Rückreise aus Italien die Verwüstung der zu der bischöflichen Kirche gehörigen Orte selbst gesehen. Schon vorher, im J. 951, hatte Otto demselben Bischofe Hartbert alle Einkünfte des Fiscus in der ganzen Grafschaft Chur, die einen Cent der Grafschaft Rhätien bildeten, geschenkt und im J. 952 den Zoll von Reisenden und von allem Handelsverkehr in der Stadt Chur bestätigt, und ebenso hatte sein Vater, Heinrich I., im J. 926 Güter zu Almens im Domleschgerthale an Bischof Waldo geschenkt. Im J. 958 schenkte Otto I. dem Bischofe Hartpert die halbe Stadt Chur unter denselben Bestimmungen, wie sie bisher dem Könige gehörte, indem die Leute der ganzen Provinz freie Zinsleute (censuales ac liberi debitores) genannt werden. Ebenso mehrere Kirchen mit ihren Gütern und eigenen Leuten nebst dem Zoll zu Chur und der Münze. Sehr vortheilhaft war dann ein Tausch, welchen derselbe Bischof im J. 960 mit Otto I. traf. Er trat dem Kaiser die Besitzungen des Bisthums zu Kirchheim im Neckargau ab und erhielt dagegen den königlichen Hof zu Chur, bisher dem Grafen Adalbert verliehen. Ferner das vorher zur Grafschaft gehörige Thal Bergell mit Gericht, Bann und dem Zoll von Reisenden; den ganzen Census in dem Amte von Chur, die Kirchen Bonaduz, Rhäzüns, Riein und Pitasch im Obern Bunde und die Fischerei in der Seez und im Walenstattersee. Mit der Schenkung einer Kirche und ihrer Güter war auch der von derselben an den Fiscus schuldige Census verbunden. So kam der größte Theil des königlichen Gutes in einem wegen der Alpenpässe wichtigen Theile von Churrhätien in die Hände Bischof Hartpert's, der bei Otto I. in hohen Gunsten stand und ihn auch auf seinem ersten Zuge nach Italien begleitete. Denn Otto I. benutzte für seine Römerzüge die graubündtnerischen Pässe; seine Anwesenheit zu Chur wird einige Male erwähnt.

Seine Nachfolger Otto II. und III. bewiesen dieselbe Freigebigkeit gegen das Hochstift Chur theils durch neue Schenkungen, theils durch Bestätigung der frühern. Auch jenseits der Alpen erstreckten sich die Schenkungen. Im J. 980 schenkte Otto II. dem Hochstifte den Brückenzoll über die Maira zu Chiavenna. Dann folgt im J. 988 eine Urkunde Otto's III., welche nicht nur alle frühern Schenkungen bestätigt und in Bergell noch besonders die Burg, die Kirche mit dem Zehnten, Gericht, Bann, Zoll und Wälder anführt, sondern dem Hochstifte für alle seine Besitzungen auch die völligste Immunität und Befreiung von jeder herzoglichen oder gräflichen Gewalt ertheilt und Freie sowol als eigene Leute ausschließlich der Gerichtsbarkeit des vom Bischofe zu wählenden Voigtes unterwirft. Im J. 995 bestätigt Otto III. nicht nur die Schenkung des Zolles zu Chiavenna, sondern er dehnt dieselbe auf alle Rechte und Einkünfte in und außer Chiavenna aus, welche früher der Graf Amizo als Beneficium besessen habe. Auch von Kaiser Heinrich II. findet sich ein ähnlicher Bestätigungsbrief vom Jahre 1006, in welchem zwar die Rechte über Bergell, aber nicht diejenigen zu Chiavenna erwähnt werden. Desto auffallender ist eine Urkunde, welche derselbe Kaiser im letzten Jahre seines Lebens (1024) aus unbekannten Gründen ausstellte, und wodurch er alle Leute der Grafschaft Bergell als Freie unter den unmittelbaren Schutz des Reiches nimmt, sodaß sie mit Personen und Sachen einzig dem Könige dienen und Jagd und Wälder ihnen geschenkt sein sollen. Allein diese Reichsunmittelbarkeit des Bergells scheint nie zur Vollziehung gekommen zu sein, und im J. 1036 bestätigte Kaiser Conrad II. dem Hochstifte dessen freien Besitz. Auch die Rechte des Bischofs zu Chiavenna hatte derselbe im J. 1030 bestätigt und im J. 1038 schenkte er den Domherren zu Chur alle Güter in der Grafschaft Chiavenna, welche zwei dortigen Großen, Wilhelm und Roger, wegen nicht näher bezeichneter Verbrechen gerichtlich abgesprochen und dem Kaiser heimgefallen waren. Ebenso schenkte Heinrich III. dem Bischofe im J. 1050 zwei große Forste.

Faßt man nun diese verschiedenen Schenkungen der Kaiser aus dem sächsischen und fränkischen Hause ins Auge, so zeigt sich neben dem in den religiösen Ansichten der Zeit begründeten Glauben, daß man durch solche Schenkungen das eigene und seiner Nächsten Seelenheil befördere, unleugbar die Absicht, die rhätischen Alpenpässe in die Gewalt der Bischöfe von Chur zu bringen, von deren Freundschaft größere Vortheile zu erwarten waren, als von den weltlichen Großen. Daher findet man einige dieser Bischöfe auch als Begleiter der Kaiser bei Römerzügen. Schon von früher her in mercantilischer Beziehung wichtig, hatten diese Pässe seit Otto I. die größte militairische Bedeutung erhalten. Für die Römerzüge wurde zuweilen dieser Weg benutzt, da der Gotthardspaß noch nicht eröffnet war, die alte Straße nach Italien aber durch die westliche Schweiz und über den großen Bernhardsberg zum burgundischen Königreiche gehörte, das erst durch Conrad II. mit Teutschland vereinigt wurde. Besonders zeigt sich jene Absicht in den Schenkungen im Bergell und zu Chiavenna. Auch das Kloster Disentis an der Straße nach dem Lukmanier hatte sich der Freigebigkeit Otto's I. zu erfreuen. Im J. 960 schenkte er demselben die Kirche zu Pfäffikon am Zürichersee mit Allem, was zu derselben gehörte und dem Census von den Leuten an diesem Orte. Ferner in Rhätien einen Hof zu Ems und die freie Wahl des Abtes durch die Mönche. Diese Schenkung wurde dann 976 durch Otto II. und 993 durch Otto III. bestätigt. Allein im J. 1020 schenkte Heinrich II. das Kloster mit allen seinen Besitzungen dem Bischofe von Brixen. Die Schenkung wurde 1040 von Heinrich III. bestätigt, 1048 aber von ebendemselben als ungerecht wieder aufgehoben, dann durch Heinrich IV. und V. neuerdings bestätigt und durch eine Bulle Papst Honorius' II. wieder entkräftet. Es gelang auch dem Kloster seine Unabhängigkeit zu behaupten.

Der Kampf zwischen Kaiser Heinrich IV. und Papst Gregor VII. erregte auch in Graubündten heftige Parteikämpfe und großes Unglück. Bischof Heinrich von Chur war ein eifriger Anhänger des Papstes; aber ein Theil des Adels war für Heinrich. Da drang Herzog Welf von Baiern im J. 1079 durch den Walgau und Luziensteig in Graubündten ein, durchzog das Land bis ins Engadin und zwang durch furchtbare Verwüstungen die Anhänger Heinrich's, unter denen besonders die Söhne des Grafen Otto von Chur genannt werden, sich dem Gegenkönige, Rudolf von Schwaben, zu unterwerfen. Die Rückkehr nach Baiern bewerkstelligte er dem Inn nach durch Engadin. Damals scheint auch die Grafschaft Chur ob der Landquart in der entstandenen Zerrüttung erloschen zu sein. Um dieselbe Zeit findet man das Vinstgau und das Münsterthal vom churischen Rhätien getrennt unter den Grafen, welche nachher von der Burg Tyrol ihren Namen erhielten. Auch über Unter-Engadin, wo indessen der Bischof viele Güter mit der Gerichtsbarkeit über deren Insassen hatte, scheint sich damals schon ihre Grafschaft erstreckt zu haben.

In Graubündten war nun während der Regierungszeit der sächsischen und fränkischen Kaiser der Bischof von Chur durch große Besitzungen, durch die Zahl seiner Dienstmannen und seine bedeutenden Einkünfte der mächtigste Große geworden, neben welchem die Stelle der Grafen immer mehr von ihrer Bedeutung verloren hatte. Ein Verzeichniß seiner Einkünfte beweist zugleich die wichtigen Fortschritte, welche der Anbau des Landes gemacht hatte. Aber neben ihm hatte sich auch der zahlreiche, zum Theil mächtige, Adel erhoben. Derselbe scheint sich in der Regierungszeit der Hohenstaufen durch neue Einwanderungen und Belehnungen noch vermehrt zu haben. Geschlechter, die in Schwaben ihren Sitz hatten, wie die Grafen von Achalm bei Reutlingen, von Gamertingen, von Nellenburg, erscheinen noch im Anfange des 12. Jahrh. als Besitzer von Gütern in Graubündten. Doch verschwinden dieselben dort während desselben Jahrhunderts, indem die Grafen von Nellenburg ihre Besitzungen an das Kloster Allerheiligen zu Schaffhausen, die Grafen von Achalm die ihrigen an das Kloster Zwiejenen vergabten, die Grafen von Gamertingen aber ihre sehr ausgedehnten Besitzungen und Rechte in Ober-Engadin im J. 1139 an das Bisthum Chur verkauften. Dagegen treten neben dem Bischofe und dem Abte von Dissentis in der Hohenstaufischen Zeit als mächtige Dynasten hervor die Herren von Vaz, von Rhäzüns, von Belmont, von Sacco (später von Sax-Misox genannt), von Mätsch (deren Stammhaus im Obern Bund im Hochgericht Grub lag) und von Aspermont (bei Jenins). In dem Theile des alten Rhätiens unter der Landquart erscheinen die Grafen von Werdenberg und von Montfort, zugleich in Graubündten begütert. Zahlreich war neben diesen Dynasten der niedere Adel, zum Theil Ministerialen des Bischofs, deren Zustimmung derselbe einholen mußte für Krieg, Friedensschlüsse oder Veräußerungen des Kirchengutes. In dieser Zeit zählt man, wie oben gesagt wurde, gegen 100 Burgen von Edelleuten in Graubündten. Von manchen hat sich nicht einmal der Name in der Sage erhalten und nur einzelne Trümmer beweisen ihr früheres Dasein. Bei andern, die zum Theil auch in Trümmern liegen, weisen Namen und Bauart auf teutschen Ursprung hin, und nur die wenigsten lassen sich aus altrhätischer Zeit herleiten. Wie überall, so standen die Angehörigen der weltlichen und geistlichen Herren auf verschiedenen Stufen der Hörigkeit. Die Zahl der eigenen Leute (Servi) scheint indessen nicht sehr groß gewesen zu sein; weit zahlreicher waren die sogenannten Colonen und Zinsleute, die unter mancherlei Leistungen an den Grundherrn die Güter, welche sie bebauten, erblich besaßen, und obgleich nicht zu den Vollfreien gehörend, doch gegenüber dem Grundherrn eine rechtliche Stellung hatten. Neben diesen Classen finden wir beinahe überall in Graubündten Freie, die im Besitz ihrer Allode gänzliche Selbständigkeit bewahrt haben. Einzelne mögen aus alter rhätischer Zeit stammen; Einwanderungen haben dann ihre Zahl vermehrt. Schon sehr früh werden die liberi homines in Praegallia (Bergell) erwähnt; später die Freien zu Laz oder ob dem Flimserwald. In die Zeit der Hohenstaufen fällt die Ansiedelung einer freien teutschen Colonie im Rheinwald, welche Kaiser Friedrich I. zugeschrieben wird. Dieses hochgelegene Bergthal führt zu den Pässen über den Splügen und den Bernhardin, welche, sowie derjenige über den Septimer, theils wegen der öftern Römerzüge, theils für den Handel, immer größere Wichtigkeit erhielten. Daher erbaute Bischof Guido von Chur um 1120 ein Hospiz (Xenodochium) auf dem Septimerberge und wies demselben bedeutende Einkünfte an. Andere solche mit großen Freiheiten begabte teutsche Colonien findet man seit der Hohenstaufischen Zeit in Avers, Safien, Obersaxen und Vals. Durch die Gründung dieser Colonien versicherten sich die Hohenstaufen der Pässe Graubündtens. Aus demselben Grunde bewog Friedrich I. den ghibellinisch gesinnten Bischof Egino von Chur, seinen Sohn, den Herzog Friedrich von Schwaben, mit der Kastvogtei des Bisthums erblich zu belehnen, welche Graf Rudolf von Pfullendorf aufgegeben hatte. Dagegen befreite der Kaiser den Bischof auf Lebenszeit von allem Hof- und Reichsdienste und nennt ihn Fürst (princeps). Diese wichtige Kastvogtei blieb dann in den Händen auch der folgenden Kaiser, bis sie Rudolf von Habsburg an Walter von Vaz verpfändete, von dessen Söhnen Bischof Sifried sie 1299 an sich löste.

Neben den ältern Freien erscheint unter dem Namen der Walser nach der Mitte des 13. Jahrh. eine besondere Classe von Freien. Es wird erzählt: Jäger, aus Oberwallis gebürtig, welche Walter von Vaz ausgesandt, seien einst, dem Landwasser folgend (jenem Bergstrome, der sich bei Filisur in die Albula ergießt), weiter als sonst in das Bergland eingedrungen und zu einer anmuthigen Fläche gekommen, in welcher kleine fischreiche Seen lagen. Es war dies das damals noch unbewohnte Thal von Davos, welcher Name im Romanischen eine hintere oder innere Gegend bezeichnen soll. Leicht erhielten sie von dem Herrn die Bewilligung, sich dort anzusiedeln als freie Männer, die unter einem selbstgewählten Ammann oder Richter standen. Nur die höhere Criminalgerichtsbarkeit blieb dem Herrn vorbehalten. Anfänglich sollen zwölf Ansiedler gewesen und das Land in zwölf große Höfe eingetheilt worden sein, die als Erblehen gegen einen mäßigen Zins an Naturalien oder Geld für die ganze Landschaft verliehen wurden. Für den Schutz des Herrn waren sie hinwieder verpflichtet, seinem Aufgebote zu folgen, und ein späterer Lehenbrief von 1289 verordnet, daß, wer dem Aufgebote nicht folgt, das Thal verlassen soll. Zu diesen Ansiedlern kamen bald andere; denn jeder, der sich bei ihnen niederließ, erhielt ebendasselbe „Walserrecht." Auch in Wallis soll sich die Sage von einer Auswanderung von zwölf Jägern erhalten haben. Orts- und Personennamen weisen auch auf den Zusammenhang hin. Allmälig verbreiteten sich freie Walser, welchen Namen auch andere teutsche Einwanderer erhielten, in mehreren hochgelegenen Thälern von Graubündten, Sargans und Vorarlberg. Durch Begünstigung dieser Colonisationen haben die Herren von Vaz den Anbau des Landes und damit auch ihre eigene Macht sehr befördert. Die Sprache Aller, die als Walser bezeichnet werden, ist die teutsche. Bei den Einen läßt sich der Dialekt der Oberwalliser, bei Andern schwäbische Abstammung erkennen. Die Ableitung des Namens von Wallis, woher unstreitig die Ersten kamen, ist wahrscheinlicher als diejenige von Walen, welches Fremde bedeutet und daraus erklärt wird, daß die teutsch sprechenden Walser sich zwischen romanischer Bevölkerung niederließen. Noch im J. 1300 wird die Ansiedelung von zwei Wallisern auf Erblehen zu Silvaplana in Ober-Engadin erwähnt mit denselben Rechten, „welche die aus Wallis in Davos haben." Bekanntlich dauert Walser als Geschlechtsname bei mehreren Familien in Graubündten und in den Cantonen St. Gallen und Appenzell und in Vorarlberg fort. (Vergl. Untersuchungen über die freien Walliser oder Walser von Bergmann. Wien 1844.)

An die bald friedlichen, bald feindlichen Verhältnisse der obengenannten Dynasten zu den Bischöfen von Chur knüpft sich nun die Geschichte des Volkes von Graubündten an. Geographische Verflechtungen und Lehensverhältnisse mußten zu mancherlei Reibungen mit dem fehdelustigen Adel Veranlassung geben. Indessen suchten die Bischöfe im 13. Jahrh. sich durch Erbauung und Kauf von Burgen gegen den Adel zu verstärken. So kaufte Bischof Reinher (1200 — 1209) Steinsberg im Unter-Engadin; Bischof Volkard (1237 — 1251) erbaute die Burgen Guardaval im Ober-Engadin und Friedau bei Zizers; Bischof Heinrich (1251 — 1271) baute Fürstenau im Domleschgerthale und Herrenberg bei Sevelen im Werdenbergischen. Ebenderselbe kaufte Aspermont und Reams in Oberhalbstein. Bischof Konrad (1272 — 1282) baute die Fürstenburg im Etschlande. Neben dem Bisthume besaß die größte Macht der Freiherr von Vaz. Die in verschiedenartigen Verhältnissen zu dem Herrn stehenden Herrschaften dieses Hauses, theils Eigengut, theils Lehen vom Reiche oder vom Bisthume, umfaßt zuletzt fast den ganzen spätern Zehengerichten- und bedeutende Theile des Obern Bundes, überhaupt beinahe den dritten Theil des jetzigen Cantons Graubündten.

So lange nun die Hohenstaufen auch als Herzoge von Schwaben über Graubündten geboten, entstanden keine einheimischen Fehden von Bedeutung. Dagegen gaben Streitigkeiten zwischen dem Bischofe von Chur und der Stadt Como über Besitzungen und Rechte in Bormio und in der Grafschaft Chiavenna während der Jahre 1193—1206 Veranlassung zu Angriffen der zu Como herrschenden guelfischen Partei gegen Bormio. Zwar wurde dann ein Friede geschlossen, aber die guelfische und ghibellinische Parteiung zerrüttete auch diese Grenzländer, und es entstand nachher eine heftige Fehde zwischen Como und dem Bischofe von Chur, an welcher mehrere rhätische Große Theil nahmen. In Chiavenna, Bormio, Puschiavo, Bergell und bis ins Schamserthal wurde geplündert und Soglio im Bergell verbrannt. Im J. 1219 wurde dann auf 25 Jahre Friede zwischen Como und dem Bischofe geschlossen. Bald nachher entstanden Streitigkeiten des Bischofs mit Graf Albrecht von Tyrol über die Burgen Steinsberg im Unter-Engadin und Montani im Vintschgau, die zwar 1228 durch einen für den Bischof günstigen Vergleich beseitigt wurden, in welchem der Graf sein Lehensverhältniß zum Bisthum für verschiedene Besitzungen anerkannte, der aber wegen der verwickelten Verhältnisse in diesen Gegenden spätere Streitigkeiten nicht verhindern konnte, die dann geraume Zeit über ganz Graubündten große Gefahr gebracht haben.

Mit dem Erlöschen des Herzogthums Schwaben, das durch den Tod Friedrich's II. (1250) seine Bedeutung für Graubündten verlor und hierauf durch König Wilhelm von Holland ans Reich gezogen wurde, verlor das Bisthum auch den Schutz gegen die Dynasten Graubündtens, welchen ihm die hohenstaufischen Kaiser gewährt hatten. Diese Großen, von der herzoglichen Hoheit befreit, werden nun unmittelbare Reichsglieder und die allgemeine Zerrüttung während des sogenannten Zwischenreiches tritt auch in Graubündten hervor. Im ganzen Reiche streben die einzelnen Theile nach gänzlicher Selbständigkeit, und die kaiserliche Gewalt scheint ihrem Erlöschen nahe, deswegen überall Gewaltthaten und Fehden.

Dritter Zeitraum.

Innere Kämpfe und allmäliges Entstehen der Bündnisse bis zum Bunde zu Vazerol 1254—1471.

Die Folgen des Erlöschens des Herzogthums Schwaben zeigten sich alsbald auch in Graubündten. Schon im J. 1255 klagt der Bischof von Chur beim päpstlichen Stuhle, daß ihm die Freiherren von Rhäzüns, von Belmont und andere Große mehrere Besitzungen weggenommen und für die Zurückgabe eine Schuldverschreibung für 300 Mark von ihm erpreßt haben. Päpstliche Bevollmächtigte erklärten dann dieselbe für ungültig. Im J. 1266 anvertraut Bischof Heinrich „wegen ihm drohenden Krieges" seine Kerzner und Butterleute (homines de candela et butiarinos, freie Gotteshausleute, die dem Aufgebote bewaffnet folgen und jährlich von ihren Gütern ein halbes Pfund Wachs zu Kerzen und Butter an die Kirche liefern mußten) dem Schutze des Herrn von Frauenberg. Wahrscheinlich waren es auch die heftiger werdenden Parteikämpfe, was die freie teutsche Gemeinde im Rheinwald vermochte, einen mächtigen Schutz zu suchen. Im J. 1277 schloß dieselbe mit Walter IV. von Vaz, der die Grafschaft im Schamserthale besaß, einen Vertrag, durch welchen er sich und seine Erben gegen sie zum Schutze wider jeden Angriff verpflichtete. Die Gemeinde hat die freie Wahl ihres Ammanns (minister), der als Richter über Alles entscheidet, mit Ausnahme von Diebstahl und Todtschlag. Die Verordnungen und Gesetze, welche die Leute unter sich gemacht haben, bleiben in Kraft. Für den Schutz zahlt die Gemeinde dem Herrn jährlich 20 Pfund, die sie, sowie andere Ausgaben für das Thal, unter sich „als Ein Volk" verlegen. Zu Mehrerem sind sie nicht verpflichtet. Ferner ist verabredet, daß sie seinem Aufgebote überall diesseits der Berge folgen, jedoch ganz auf seine Kosten vom Tage des Auszugs an bis zur Heimkunft. Für diesen Vertrag verbürgt sich der Freiherr mit allem seinem Gute.

Auch die fortdauernden Parteikämpfe der italienischen Guelfen und Ghibellinen schädigten den Bischof im Bergell, indem die Bergeller sich 1264 zur Theilnahme an diesen fremden Händeln verleiten ließen. Es entstand daraus eine achtjährige Fehde mit dem Adel von Chiavenna und Plurs, welche auf beiden Seiten große Verheerungen verursachte. Erst im J. 1272 konnte ein Friede vermittelt werden. Am schwierigsten waren immer die Verhältnisse des Bischofs zu dem mächtigen Hause von Vaz, das neben seinen übrigen Besitzungen Vieles als Lehen des Bisthums inne hatte. Mit Walter IV. von Vaz (gest. 1284), dessen Wirken für Cultur des Landes, Sicherung der Straßen gegen Raubritter und Freigebigkeit gegen geistliche Stiftungen gelobt wird, fand zwar ein freundlicheres Verhältniß statt. Allein die Fehde König Rudolf's von Habsburg gegen die Grafen von

Montfort, besonders gegen Wilhelm von Montfort, Abt zu St. Gallen, störte dasselbe. Walter von Vaz und die Grafen von Werdenberg nebst andern rhätischen Edelleuten standen auf Seite des Königs. Ersterem verpfändete König Rudolf die Kastvoigtei über das Bisthum, die nach dem Vertrage mit Kaiser Friedrich I. (s. oben) immer in der Hand des Reichsoberhauptes bleiben sollte. Zu den Gegnern des Königs gehörte neben Abt Wilhelm besonders sein Bruder Bischof Friedrich von Chur. Ein Bündniß, das dieser 1292 mit dem Bischofe von Sitten geschlossen hatte, der sich dem Adel im Wallis gegenüber in ähnlicher Lage befand, scheint keinen Erfolg gehabt zu haben. Nachdem die Fehde mehrere Jahre gedauert hatte, unternahm Bischof Friedrich im Spätjahre 1288 einen verwüstenden Streifzug gegen Feldkirch, wurde aber auf dem Rückwege zwischen Baduz und Balzers vom Grafen von Werdenberg geschlagen und gefangen nach Werdenberg gebracht. Als er nach zwei Jahren sich an zerschnittenen Tüchern von der Burg hinunterzulassen versuchte und die Bänder rissen, fand er durch den Sturz seinen Tod.

Der Untergang Bischofs Friedrich gab für einige Zeit der Habsburgischen Partei in Graubündten um so mehr das Uebergewicht, da sein Nachfolger Berthold aus dem Habsburg ergebenen Geschlechte Werdenberg war. Allein nachdem König Adolf im Kampfe gegen Herzog Albrecht von Oesterreich bei Gellheim (1298) gefallen war und Albrecht die Krone an sich gerissen hatte, so erfolgte bald ein Umschwung in Graubündten. König Albrecht's Bestrebungen, in den obern Landen ein zusammenhängendes Fürstenthum zu begründen, welche den Anstoß zu dem eidgenössischen Bunde gaben, erstreckten sich auch auf Rhätien. Was sein Vater, König Rudolf, begonnen hatte, setzte der Sohn fort. Es ist schon erwähnt worden, daß schon Rudolf die im 11. Jahrh. erloschene Grafschaft Laax, welche das Land ob der Landquart bis auf das Centralgebirge Graubündtens begriff, hergestellt habe. Albrecht belehnte mit derselben und mit der Reichsvoigtei in Urseren seine Söhne. Dadurch sollten die rhätischen Dynasten der seit dem Erlöschen des Herzogthums Schwaben gewonnenen Unabhängigkeit wieder beraubt werden. Zugleich suchte Albrecht seinem Hause den erblichen Besitz der Kastvoigtei über das Bisthum, welche der Bischof im J. 1298 von Donat von Vaz gelöst hatte, sowie über Disentis zu verschaffen. Als daher nach Kaiser Heinrich's VII. Tode (gest. 1313) durch die Doppelwahl Ludwig's des Baiers und Friedrich's von Oesterreich überall Parteiung und Fehden sich erhoben, so trat auch die alte Feindschaft der Häuser Vaz und Montfort wieder hervor. Donat von Vaz war für Ludwig, die Montforts für Oesterreich. Als nun im J. 1321 der Bischof Rudolf von Constanz aus dem Hause Montfort auch die Administration des Bisthums Chur zu erwerben wußte, so brach die Fehde aus. Der Schauplatz der Kämpfe waren die Bergthäler zwischen Davos und Scanfs im Engadin. In letzterer Gegend waren die bischöflichen Truppen versammelt. Das entscheidende Treffen geschah im J. 1323 bei Filisur, wo die Bischöflichen mit großem Verluste an Todten, Gefangenen und solchen, die auf der Flucht auf dem Albula und im wilden Scalettaberge zu Grunde gingen, geschlagen wurden. Auf der Seite von Vaz sollen auch 1500 Mann, die ihm, weil der Kampf gegen die österreichische Partei gerichtet war, aus den drei Waldstätten zuzogen, bei Filisur gekämpft haben. Von Donat von Vaz wird erzählt, er habe die Gefangenen verhungern lassen und die Jammernden verspottet. Manches mag in den ihm zugeschriebenen Greueln übertrieben sein; aber die Rohheit jener Zeit und der Uebermuth des Adels darf nicht vergessen werden. Fürchterlich verwüstete Donat nach dem Siege viele Besitzungen des Bisthums, und dasselbe versank in solche Armuth, daß Kirchenzierden verkauft und viele Güter verpfändet werden mußten.

Der Sieg Donat's von Vaz brach zwar einstweilen das Uebergewicht der österreichischen Partei; aber die Parteiung dauerte fort. Besonders stark war die österreichische Partei unter dem Adel in den Gegenden des jetzigen Obern Bundes. Es entstand dadurch im J. 1333 eine Fehde des Abtes von Disentis, des Grafen Albrecht von Werdenberg und anderer oberländischer Herren gegen Uri, Schwyz und Unterwalden, die sich an Ludwig von Baiern hielten. Die nächste Veranlassung soll gegeben haben, daß der Abt von Disentis seine Gotteshausleute in Urseren zu nöthigen suchte, den Urnern den Gotthardspaß zu sperren. Es wurde zwar 1334 ein Friede geschlossen, aber die Feindschaft dauerte fort, und erst im J. 1339 kam ein gänzlicher Friede zu Stande, nachdem Thüring von Attinghausen, der Bruder des Landammanns in Uri, Abt zu Disentis geworden war. Einige Jahre früher war durch das Aussterben des Mannsstammes von Vaz eine wichtige Veränderung entstanden. Donat von Vaz, dessen Tod entweder 1333 oder 1335 stattfand, hinterließ nur zwei Töchter, welche an die Grafen Friedrich von Toggenburg und Rudolf von Werdenberg-Sargans vermählt waren. Das große Erbe wurde zwischen ihnen getheilt; die Lehen vom Bisthume fielen an dasselbe zurück, wurden dann aber den beiden Erben wieder verliehen. Dafür verzichteten sie auf Alles, was Bischof Johann (1327—1331 oder 1338) an Donat von Vaz verpfändet hatte. Diese Theilung hat auf die nachherige Entstehung der drei Bünde großen Einfluß gehabt und muß deswegen näher angegeben werden. Rudolf von Werdenberg erhielt die Stammherrschaft Obervaz und als bischöfliche Lehen Schams mit Rheinwald, Savien, Ortenstein, überhaupt Alles, was am Vorderrhein und Hinterrhein dem Freiherrn von Vaz gehört hatte. Graf Friedrich von Toggenburg fiel der größte Theil des Zehengerichtenbundes zu, meistens Reichslehen, nebst einigen bischöflichen Lehen. Neben den beiden Grafen von Werdenberg-Sargans und von Toggenburg und den geistlichen Großen, dem Bischofe von Chur und dem Abte von Disentis, waren jetzt die mächtigsten Dynasten die Herren von Belmont im Oberlande; die Freiherren von Sax, Besitzer von Misox; die Grafen von Werdenberg-Heiligenberg, ebenfalls im Oberlande begütert; die Freiherren von Rhäzüns, auch im

Oberlande; die Herren von Aspermont, um 1344 ausgestorben, zu Malans und in einem Theile des Prätigaus. Sehr zahlreich war neben diesen Dynastengeschlechtern und andern freien Edelleuten der Dienstadel (Ministerialen), welcher auf vielen im ganzen Lande zerstreuten Burgen und andern Lehen wohnend den Herren zum Kriegsdienst verpflichtet war.

Die Zersplitterung des Landes in so viele Gebiete, in welchen die einzelnen Theile wieder in mehr oder weniger freien Verhältnissen zu ihrem Herrn standen, die geographischen Verwickelungen der Besitzungen mehrerer Herren, Streitigkeiten über Lehensverhältnisse und über Erbansprüche, wozu noch der fehdelustige Sinn des Adels kam, Alles dies mußte fortwährend Reibungen und Unruhen unterhalten, die wiederholt in Fehden ausbrachen. Auch über harten Druck und Gewaltthätigkeiten mancher Herren weiß die Sage zu berichten. Allein während der Kämpfe der Großen entwickelten sich auch ihre Angehörigen immer mehr in selbständiger Richtung; da sie für ihre Herren die Waffen führten und meistens auch die Verwüstungen allein zu tragen hatten, so stieg ihr Selbstgefühl. Auf die in größerer Abhängigkeit stehenden romanischen Einwohner wirkte das Beispiel der schon von früher her als wirkliche Gemeinden bestehenden teutschen Colonien im Rheinwald, Avers, Davos u. s. w., sowie die Ereignisse in den benachbarten drei Waldstätten. Die vielerlei kleinen Gerichtsherrlichkeiten entwickelten sich unter dem Einflusse des seit der Mitte des 13. Jahrh. im ganzen Reiche wehenden Corporationsgeistes zu wirklichen Gemeinden, die zwar die Rechte ihrer Herren nicht angriffen, sondern sich erst in spätern Zeiten allmälig davon loskauften, aber immer mehr ihre Kraft zum Widerstande gegen größere Lasten und Bedrückungen fühlen lernten. Schon im J. 1323 wird ein Bündniß der Angehörigen der drei Bisthümer Chur, Trient und Brixen erwähnt, sowol der Edlen und Städte, als der Bauern zu Beschirmung ihrer Rechte. Doch ist darüber nichts Näheres bekannt.

In dieser bewegten Zeit erholte sich das Bisthum von seinen frühern Verlusten. Die Käufe der Burgen Ober-Juvalta, Rietberg und Trimmis, zu denen die Gemeinden des Gotteshauses beitrugen, beweisen dies. Indessen schwächten sich mehrere Große durch Fehden, so Graf Rudolf von Werdenberg-Sargans gegen Rhäzüns (1343) und ebenderselbe 1352 durch eine Fehde gegen Belmont. Gleichzeitig suchte Kaiser Karl IV. den Bischof zu verstärken. Durch Urkunden vom Jahre 1349 u. fg., auf welche die Bischöfe in der Folgezeit wiederholt allerlei Ansprüche stützten, bestätigte er ihm das ausschließliche Recht des Geleits und der Zölle zu Chur und im Bergell und schenkte ihm weltliche Gerichtsbarkeit und den Blutbann zu Fürstenau, das Recht über Münze, Maße und Gewichte, die Wildbahn vom Septimer an bis an die Landquart, alle Bergwerke und die Rechte des Reichs an die freien Leute in diesen Theilen des Landes, die Reichsvogtei und das Umgeld (Abgabe von ausgewirtheten Getränken) zu Chur. Im J. 1359 gebot derselbe Kaiser den Reichsstädten, für ihren Waarenverkehr durch das Bisthum Chur nur die Straße und das Geleite des Bisthums zu benutzen. Dadurch wurde Disentis, das ohnedies in gespannten Verhältnissen zum Bischof stand, wegen seiner Straße nach dem Lukmanier nicht wenig benachtheiligt. Wie in neuern Zeiten fand wol immer Eifersucht zwischen den Besitzern der verschiedenen Pässe über das Gebirge statt. Dies mag dazu beigetragen haben, daß der Bischof Konrad von Chur, Graf Hugo von Werdenberg-Heiligenberg und Walter von Vaz durch eine Urkunde vom Jahre 1278 allen, „welche die Straße von Churwalen fahren und sunderlich und ze vorderst denen von Luzern," Geleit und Friede zusichern. Dadurch wird keineswegs bewiesen, daß damals der Handelsweg über den Gotthard noch nicht benutzt wurde, sondern man könnte eher die Absicht vermuthen, Luzern vom Verlassen des alten Handelsweges durch Graubündten abzuhalten.

Weniger glücklich war das Bisthum in seinen italienischen Besitzungen Chiavenna, Bormio und Poschiavo. Der Herr von Mätsch besaß dort verschiedene Vogteien und andere Lehen des Bisthums. Nachdem nun Azzo Visconti seine Herrschaft über Mailand befestigt und 1335 Como gewonnen hatte, bemächtigte er sich des Veltlins, wo der Bischof von Chur ebenfalls Besitzungen hatte. Wahrscheinlich fiel auch Chiavenna damals schon in seine Gewalt. Länger behauptete sich Bormio, dessen ganze Gemeinde noch im J. 1336 durch Ausschüsse als freie Leute der Kirche von Chur dem Bischofe den Lehenseid leistete. Endlich aber fielen auch Bormio und Poschiavo in die Gewalt der Visconti. Wiederholte Versuche der Bischöfe und der Vögte von Mätsch, diese Landschaften Mailand wieder zu entreißen, blieben ohne dauernden Erfolg. Im J. 1404 schenkte dann Mastino Visconti, als er vor seinen Söhnen flüchtend lange beim Bischofe Hartmann von Chur gastfreundlich war unterhalten worden, alle seine Rechte an Poschiavo, Chiavenna, Veltlin und Bormio dem Bisthume. Mailand behauptete sich indessen im Besitze. Im J. 1486 entstand aber ein Krieg des Bisthums gegen den Regenten von Mailand, Lodovico Moro. Bormio und Poschiavo wurden eingenommen, die Mailänder in die Flucht geschlagen und Chiavenna verbrannt. Im Frühjahre 1487 zogen die Graubündtner von Bormio, das sie besetzt gehalten, durch Veltlin hinunter bis Sondrio. Da erkaufte Lodovico den Frieden durch die Abtretung von Poschiavo und eine Summe Geldes. So kam diese Landschaft an Graubündten zurück und blieb von da an ein freies Glied des Bundes, indem die Bewohner sich dann von allen herrschaftlichen Rechten des Bischofs loskauften. Die drei übrigen in der Schenkung des Mastino Visconti begriffenen Landschaften nahmen die Graubündtner erst im J. 1512 ein, als das Herzogthum Mailand von den Eidgenossen erobert wurde, und behaupteten sich dann als Herren derselben.

Gegen das Ende des 14. Jahrh. treten nun die Wirkungen der selbständigen Entwickelung vieler Gegenden hervor in der Entstehung von Bündnissen, die zwar zuerst von den Herren, bald aber in Verbindung derselben mit ihren Angehörigen und endlich ohne Theilnahme der Herren, aber immer mit Vorbehalt ihrer wirklichen Rechte, geschlossen wurden. Denn nicht durch die Bündnisse selbst befreite sich das bündnerische Volk von seinen Unterthanenpflichten gegen seine Herren, sondern durch allmälige Loskäufe der einzelnen Herrschaften. Es ist deswegen die Geschichte Graubündtens ein merkwürdiges Beispiel der gänzlichen Befreiung eines Volkes aus den Fesseln des Feudalwesens, die nicht durch revolutionaire Gewalt erobert, sondern auf rechtlichem Wege gewonnen wurde. Das Erlöschen einzelner Adelsgeschlechter, die Vererbung ihrer Besitzungen an ausländische Herren, die Verarmung anderer durch Fehden und Luxus, sodaß unter andern die Zweige des Werdenbergischen Geschlechtes tief verschuldet waren, endlich auch Furcht vor dem Volke, Alles dies wirkte zu Beförderung der Loskäufe zusammen.

Zum ersten Mal erscheinen die zum Bisthume gehörigen Gemeinden neben dem Bischofe, dem Capitel und den Ministerialen des Gotteshauses als selbständige Corporationen, einige selbst mit eigenen Siegeln, in einem Bündnisse (vom Jahre 1392) des gesammten Gotteshauses mit den österreichischen Vögten an der Etsch (in Tyrol) zu Feldkirch und in Schwaben. Vorher hatten nur neben dem Capitel die Ministerialen über Angelegenheiten und Verträge des Bisthums entschieden. Als im folgenden Jahre der Bischof mit dem Abte von Marienberg in Tyrol ein Bündniß schloß, wurde dasselbe auch von den Angehörigen beschworen. Denn immer mehr machte sich die Ansicht geltend, daß das Volk nicht blos willenlos den Launen der Herren zu gehorchen habe, und darin liegt der Ursprung der rhätischen Bünde. Die erste Grundlage zu Entstehung des Obern Bundes war um 1395 ein Bündniß des Abtes von Disentis und des Freiherrn von Sax zu Misox, welchem nach dem Aussterben der Herren von Belmont im J. 1390 Lugnez und Flanz zugefallen waren. Diesem Bunde trat dann 1396 Graf Johann von Werdenberg-Sargans für seine im Oberlande gelegene Burg Leuenberg und seine Angehörigen ob dem Flimserwald bei, die er nicht schützen konnte, und bald folgte ihm der Freiherr von Rhäzüns. Dieses Bündniß, welches der Obere Bund (Part sura) genannt wurde, verstärkte sich im J. 1400 durch ein ewiges Bündniß mit dem Lande Glarus, in welchem auch die Gemeinde im Rheinwald und neben dem Abte auch die Gemeinde von Disentis mit eigenen Siegeln erscheinen. Bald hernach nöthigte eine langwierige Fehde des Bischofs Hartmann und seines Vetters, des Grafen von Werdenberg-Sargans, gegen die Freiherren von Rhäzüns, welche 1392 begann und erst im J. 1400 beendigt wurde, ihre Angehörigen selbst für ihre Sicherheit zu sorgen. Mit Einwilligung des Bischofs und des Grafen schlossen die Gotteshausleute und die Angehörigen des Grafen, „Edle und Unedle, Freie und Eigne, Semperleut und Hofleut vom Septimer und Julier an bis Malix," im J. 1396 ein Bündniß zum Schutze ihrer Herren sowol als ihrer selbst. Die Rechte der Herren werden sorgfältig vorbehalten, ebenso der Bund mit Oesterreich von 1392, aber auch ein Bündniß des Schamserthales mit Savien und dem Rheinwald. Dieser Bund, der blos von den Angehörigen der beiden Herren zu ihrer eigenen Sicherheit geschlossen wurde, ist die Grundlage des sogenannten Gotteshausbundes. Derselbe hatte sich allmälig um das Hochstift als Mittelpunkt und ursprünglich zum Schutze desselben aus denjenigen Landesgegenden gebildet, welche die wichtigsten Besitzungen und herrschaftlichen Rechte des Bischofs enthielten. Der Bischof, das Capitel und die Gemeinden, letztere unter dem Namen „Gemeines Gotteshaus," werden als drei besondere Theile des ganzen Staatskörpers schon 1402 unterschieden. Dieses Gemeine Gotteshaus erscheint durch Abgeordnete auf Tagen mit dem Bischof und dem Adel, anerkennt den Bischof nur unter Bedingungen und die einzigen siegelfähigen Gemeinden fügen ihre Siegel seinen Verträgen bei. Wann aber der gesammte Gotteshausbund, auch die Theile, welche nicht zu dem Bunde von 1396 gehörten, wie die Stadt Chur, Bergell, Engadin und Poschiavo, sich förmlich zu einem Ganzen verbunden haben, ist nicht urkundlich bekannt. Der Zusammentritt scheint schon vor dem Bunde des Jahres 1396 stattgefunden zu haben, ohne förmlichen Vertrag und durch die Aufgabe, das Bisthum und seine Angehörigen zu beschützen. Daraus erklärt sich auch, daß die Kastvogtei und die Schirmhoheit über das Bisthum dann an die Gemeinden selbst überging, die zu den Käufen der Bischöfe freiwillig Beiträge leisteten und von diesen selbst um Schirm angerufen wurden. Wenn sie auch den Bischof ihren Herrn nannten, so bezog sich dies nur auf die einzelnen Rechte, die er in manchen Gemeinden hatte, nicht auf wirkliche Herrschaft über das Ganze. Vielmehr hatte sich der Gottesbund allmälig zu einer demokratischen Republik entwickelt, in welcher die höchste Gewalt bei den Gemeinden stand, Streitigkeiten des Bischofs mit einer Gemeinde von „Gemeinen Gotteshausleuten" mußten entschieden werden und der Bischof nur Titularfürst geworden war. Dazu hatte auch die frühere kirchliche Verfassung beigetragen, nach welcher der Bischof nicht blos von dem Domcapitel, sondern auch von der Gemeinde gewählt wurde. Uebrigens ermangeln die Angaben über den eigentlichen Zusammentritt des Gotteshausbundes in den Jahren 1400, wo nur von einzelnen Gemeinden die Rede ist, ferner 1419 und 1425 alles urkundlichen Beweises.

Andere, die Entstehung der drei Bünde vorbereitende kleinere Bündnisse zeugen ebenfalls von der fortschreitenden Selbständigkeit der Gemeinden. So sah sich Bischof Hartmann von Chur während einer Fehde mit Oesterreich im J. 1405 genöthigt, mit seinen eigenen Angehörigen in Bergell, Engadin und Münsterthal ein Bündniß zu schließen, und im J. 1407 schlossen die Gotteshausgemeinden in Oberhalbstein, Stalla und Avers ein Bündniß mit der zum Obern Bunde gehörenden Gemeinde im Rheinwald, in welchem keine Einwilligung der Herren erwähnt, vielmehr verordnet wird, daß man denselben keine Hülfe gegen Mitglieder des Bundes leisten solle. Im J. 1428 während einer Fehde des Grafen von Sargans gegen dem Bischof verbündeten sich im Domleschg die Angehörigen des Bischofs, der Freiherren von Rhäzüns und, mit Ausnahme der Angehörigen von Sargans, die übrigen im Thale und am Heinzenberg wohnenden Leute, einander auch gegen ihre Herren beizustehen, wenn dieselben zum Schaden des Thales in dasselbe ziehen wollten. Die zum niedern Adel gehörenden Herren von Ehrenfels, Nieder-Juvalta und Baldenstein mußten versprechen, ihre Burgen dem Bunde offen zu halten. Der Bischof und die Freiherren von Rhäzüns sahen sich sogar genöthigt, diesem Bunde ihre Siegel beizufügen.

In allen diesen Bünden zeigt sich das Bestreben, zwar die wirklichen Rechte von Niemandem zu verletzen, aber auch das Volk gegen die verderblichen Folgen der Streitigkeiten seiner Herren zu schützen und überhaupt einen rechtlichen Zustand zu sichern. Denn die wiederholten Fehden der Bischöfe, der Freiherren von Rhäzüns, der Grafen von Werdenberg und der Vögte von Mätsch, sowie die Gewaltthätigkeiten, womit der Bischof Johann Abundi Naso (1417—1439) die Rechte der Bürger von Chur zu beschränken versuchte, wodurch 1422 ein Aufstand in der Stadt erregt wurde, Alles dies nöthigte die Gemeinden, selbst für ihre Sicherheit zu sorgen. In eben diese Zeit werden die Sagen von rohen, übermüthigen Gewaltthätigkeiten der Burgvögte von Fardün im Schamserthale und von Guardavall im Engadin gesetzt, deren Burgen dann von der aufgebrachten Menge zerstört wurden. Im Obern Bunde erkannten indessen einsichtsvolle, ältere Männer, daß der 1395 nur von den Herren geschlossene Bund die Gemeinden nicht gegen Unterdrückung sichere, und das Bündniß mit dem freien Glarnerlande von 1400 konnte nicht ohne Wirkung bleiben. In einem Walde bei Truns am Vorderrhein beriethen sich diese Männer in nächtlicher Stille. Dann verlangten sie von den Herren die Errichtung eines allgemeinen Bundes, der Alle, welche in ihren Kreisen wohnen, Hohe wie Niedere, zu gegenseitigem Schutze und Sicherung des Rechtes umfaßte. Die Herren, unter denen der Abt von Disentis, Peter von Pontaningen, aus einem einheimischen Geschlechte in Tawätsch, das Begehren unterstützte, erkannten die Nothwendigkeit, sich dem Willen des Volkes zu fügen. Nur Graf Heinrich von Werdenberg-Sargans verweigerte den Beitritt und verwehrte denselben seinen Angehörigen zu Schlauis, Tusis und am Heinzenberg, die deswegen sich erst nachher anschlossen. Dagegen schlossen 1424 den Obern oder Grauen Bund 1) der Abt und die ganze Gemeinde von Disentis, letztere neben dem Abt mit eigenem Siegel; 2) die drei Brüder Freiherren zu Rhäzüns mit den Gemeinden Safien, Tenna und Obersaxen; 3) Graf Hans von Sax von Masox mit den Bürgern von Ilanz und den Gemeinden in der Gruob, Lugnez, Vals, Flims; 4) Graf Hugo von Werdenberg-Heiligenberg mit Trins und Tamins; 5) der Ammann und die Freien ob dem Flimswald; 6) der Ammann und die Gemeinde im Rheinwald; 7) der Ammann und die Gemeinde in Schams. Der auf ewig geschlossene Bund lautet neben den Herren auf Alle, Freie und Eigne, die in ihren Gerichten gesessen sind. Es wird gegenseitige Hülfe, Sicherung der Straßen und freier Verkehr versprochen. Ohne Einwilligung gemeiner Eidgenossen wird Niemand in den Bund aufgenommen. „Wir haben auch geschworen, daß wir einen jetlichen Herrn, geistlich und weltlich, ein jetlich Edelmann und unedel, arm und reich u. s. w. sollen lassen bleiben bei dem Seinen, bei ihren Leuten, Gütern, Gerichten, Diensten, Rechten, Nutzen, Zinsen, Eigenschaften der Ihren und guten Gewohnheiten, dessen sich auch ein jetlicher soll lassen begnügen." Wer an einen Andern Anspruch hat, soll denselben vor dem Gerichte des Angesprochenen suchen. Für Sicherung eines rechtlichen Zustandes werden sorgfältige Bestimmungen getroffen. Entstehende Zwietracht und Feindschaft zwischen den Bundesgliedern soll den Bund nicht zerstören, sondern von einem aus allen Theilen des Bundes gebildeten Gericht durch gütlichen Vergleich oder durch Rechtsspruch beseitigt werden, und die Bundesgenossen sind verpflichtet, dem Rechtsspruche Gehorsam zu verschaffen. Unter einem Ahornbaum zu Truns wurde dieser Bund den 16. März 1424 beschworen, und schon im folgenden Jahre traten die bischöflichen Gemeinden Oberhalbstein, Avers, Stalla, Bergün und Fürstenau mit demselben in Verbindung. Im J. 1440 verbündete sich auch die Stadt Chur und das zum Gottshausbund gehörige Gericht der vier Dörfer auf ewig mit dem Obern Bunde.

Noch waren in den Gegenden des spätern Zehngerichtenbundes keine Bündnisse entstanden, die eine allgemeine Verbindung der zehn (oder eigentlich eilf) Gerichte hätten herbeiführen können. Die meisten dieser Herrschaften besaß Graf Friedrich von Toggenburg. Als er nun mit Oesterreich und mit den diesem Hause ergebenen Freiherren von Rhäzüns und dem Grafen von Werdenberg-Sargans in gefährliche Spannung gerieth, suchte er Schutz für seine rhätischen Angehörigen in einem Bündnisse, welches er im J. 1429 mit Landammann und Gemeinde in Ober-Engadin, ferner mit Konrad Planta von Zernetz und der Gemeinde von Pontalta bis Tasna im Ober-Engadin für seine oberhalb des Walensees gelegenen Lande auf 20 Jahre schloß. Von andern Leuten des Gottshauses Chur war jedem der Beitritt geöffnet. So kamen auch die eilf Gerichte in Verbindung mit einem Theile des Gottshausbundes; allerdings nur durch ein Bündniß ihres Herrn, aber das Beispiel selbst mußte das Streben nach selbständigerer Entwickelung befördern. Als nun mit Graf Friedrich im J. 1436 der Toggenburgische Mannsstamm erlosch, traten die eilf Gerichte (Davos, Kloster, Castels, Schiers und Serwis, Malans und Jenins, Maienfeld, Belfort, Churwalden, Schalfik, Langwies und die Gottshausleute des Domcapitels Chur zu Schiers, die das eilfte Gericht bildeten, bis sie sich später loskauften und an das Gericht Schiers anschlossen, von welcher Zeit an nur von zehn Gerichten die Rede ist) mit Einwilligung der Witwe des Grafen am 8. Juli 1436 in ein ewiges Bündniß zusammen, wodurch der Zehngerichtenbund gebildet wurde. Dasselbe verpflichtet die Theilnehmer, jedem zu seinem Rechte zu verhelfen und ihren Erbherrn, sobald ein solcher bestimmt ist, zu thun, wozu er Recht hat, aber bei dem Bunde zu verbleiben. Ohne Willen der andern Gerichte soll kein Gericht ein ferneres Bündniß schließen, oder es wird für meineidig erklärt und von den übrigen bestraft. Verbot, einander vor fremde Gerichte zu ziehen, und Bestimmungen über Entscheidung rechtlicher Verhältnisse sind in den übrigen Artikeln des Bundesbriefes enthalten.

Noch ehe dieses Bündniß zu Stande kam, hatten acht Gerichte, mit Ausnahme von Davos, Langwies und Mairafeld, ein Bündniß mit der Gesammtheit der churischen Gotteshausleute geschlossen. Sie erneuerten dasselbe später im J. 1450, und nach der Bestimmung des Zehngerichtenbundes von 1436, daß die Minderheit der Mehrheit folgen müsse, waren nun auch jene drei Gerichte zur Theilnahme genöthigt. Höchst merkwürdig ist, daß in diesem Bündnisse schon verordnet wird, daß Streitigkeiten zwischen den beiden Theilen zuerst in Güte vor „Gemeine drei Bünde" gebracht werden sollen, obgleich sich keine Spur eines wirklichen Zusammentrittes aller drei Bünde in dieser Zeit findet. Allein die einzelnen Bünde der Gotteshausgemeinden mit dem Obern und dem Zehngerichtenbunde bildeten das Verbindungsglied, durch welches der allgemeine Staatskörper der drei Bünde im Hohenrhätien entstand.

Indessen drohte der Volksfreiheit noch große Gefahr. Im Schamserthale fand gegen die Hoheit des Grafen von Werdenberg-Sargans, der auch 1424 den Beitritt zum Obern Bunde verweigert hatte, wiederholter Widerstand statt. Klüger hatten die Toggenburgischen Erben, die Grafen von Montfort-Tettnang und der Freiherr von Brandis, ihren Angehörigen im Zehngerichtenbunde verschiedene Rechte bewilligt und sich dadurch ihrer Anhänglichkeit versichert. Als nun nach dem Tode des Grafen Heinrich von Sargans seine beiden Söhne folgten und die Widersetzlichkeit fortdauerte, so übertrugen diese die Verwaltung in Schams dem schon aus den Ereignissen in der schweizerischen Eidgenossenschaft berüchtigten Feinde aller Volksfreiheit, Hans von Rechberg. Durch Uebermuth und harte Bedrückungen erregte dieser heftige Erbitterung, sodaß man im Obern Bunde und in vielen Gotteshausgemeinden seine Entfernung mit Drohungen forderte. Rechberg verband sich jetzt mit mehreren Edelleuten, unter denen auch ein Freiherr von Rhäzüns war. Die Verschwörung wird der schwarze Bund genannt. Auch der Bischof von Constanz, Heinrich von Hewen, Verweser des Bisthums Chur, nahm Theil; er hoffte sich dadurch gegen die unzufriedenen Gotteshausgemeinden zu verstärken. In einer Nacht des Jahres 1451 führte Rechberg eine bewaffnete Schar vom Sarganserlande her durch Domleschg nach Schams. Das ausgestreute Gerücht von einer veranstalteten großen Jagd sollte den Anschlag begünstigen. Allein kaum graute der Morgen, so wurde der Feind entdeckt. Aus dem nahen Savien strömte, durch einen Eilboten gerufen, die Mannschaft herbei, und bald floh Rechberg mit seiner Schar; wer davon durch Rheinwald fliehen wollte, wurde dort erschlagen. In Domleschg, Oberhalbstein, Bergün griff Alles zu den Waffen; selbst ins Engadin und Bergell verbreitete sich der Sturm. Die Werdenbergischen Burgen in Domleschg, Ortenstein, Alt-Sins (oder Paspels) und Neu-Sins (Canova) wurden gebrochen; auch die Burg Heinzenberg mußte sich ergeben. Die Bärenburg in Schams wurde durch Hunger bezwungen und ebenfalls ausgebrannt. Der gefangene Freiherr von Rhäzüns wurde als bundesbrüchig zum Tode verurtheilt, dann aber von den wiederbesänftigten Kriegern begnadigt. Nun schwuren auch die Leute des Grafen im Domleschg zu dem Bunde. Als die Bärenburg genommen war, zogen die Scharen des Obern Bundes und vom Gotteshausbunde die Domleschger, Oberhalbsteiner, Bergeller, Bergüner und Engadiner ins Sarganserland, um die Grafen selbst zu strafen. Nahe bei Sargans aber wurde zu Mels den 6. Oct. 1451 ein Stillstand geschlossen und acht Monate später durch den Spruch eines Schiedsgerichtes der Friede hergestellt. Durch denselben wurden die Grafen von Sargans wieder in ihre Besitzungen und Rechte eingesetzt, doch darf von den zerstörten Burgen einzig Ortenstein hergestellt werden. Domleschg mit denen, die dazu gehören, bleibt auf ewige Zeiten bei dem Bündniß, das sie mit dem Obern Bunde und den Gotteshausgemeinden geschlossen haben. Da die Grafen beim Hofgerichte zu Rotweil eine Achtserklärung gegen den Obern Theil und die Gotteshausleute ausgewirkt haben, so sollen sie für die Aufhebung sorgen. Endlich sollen die Verbündeten die Angehörigen der Grafen zu rechtlicher Entscheidung von Streitigkeiten weisen. Die Abneigung der Angehörigen nebst der Schuldenlast des Werdenberg-Sargansischen Hauses veranlaßte dann den Grafen Georg, seine Rechte in Schams und Obervaz im J. 1456 an das Bisthum und Gemeinde Gotteshaus zu verkaufen. Da die Gemeinden ungefähr die Hälfte des Kaufpreises beitrugen, so wurden sie dann für freie Gotteshausleute erklärt.

Die Theilnahme des Verwesers des Bisthums Chur an dem Anschlage gegen Schams brachte auch die Streitigkeiten desselben mit einem Theile des Domcapitels und den Gotteshausgemeinden zum Ausbruch. Sie verweigerten ihm fernere Anerkennung und besetzten 1452 die bischöflichen Burgen. Gesandte von Zürich und Glarus vermittelten dann; der Verweser mußte weichen und es wurde wieder ein Bischof gewählt.

Seit der Mitte des 15. Jahrh. erscheinen uns in der That die drei Bünde als vereinigter Staatenbund. Es ist schon angeführt worden, daß in dem Bunde der eilf Gerichte mit der Gesammtheit der churischen Gotteshausleute (1450) Streitigkeiten vor „Gemeine drei Bünde" gewiesen werden, und im J. 1460 wird wirklich ein Streit über das abgebrannte Schloß Marschlins Schiedsrichtern aus den drei Bünden übergeben. Dagegen ist es völlig ungewiß, ob schon im 15. Jahrh. ein allgemeiner, articulirter Bundesvertrag geschlossen wurde. Die erste erhaltene Urkunde dieser Art ist vom Jahre 1524. Sie beruft sich zwar darauf, „daß von den Vorfahren ein Bündniß und Verständniß laut Inhalt der alten Bundesbriefe sei geschlossen worden; man habe aber eine Erneuerung der vorhergehenden Verständnisse und Bundes getroffen." Ob aber damit nur die verschiedenen einzelnen Bündnisse und die dadurch herbeigeführte Vereinigung aller drei Bünde gemeint sei, oder ein förmlicher, später verlorner Bundesvertrag, bleibt ungewiß. Unzweifelhaft ist es aber, daß im J. 1471 mehrere geistliche und weltliche Herren, deren Namen aber nicht urkundlich sicher sind, und die Boten der Gemeinden aller drei Bünde sich auf dem Hofe Vazerol im Zehngerichtenbunde versammelten und dort den Bund der drei Bünde beschworen. Daher wird dieses Jahr als die Epoche der wirklichen Verbindung aller drei Bünde angesehen. Da sich aber kein Bundesbrief von diesem Jahre findet, derjenige von 1524 aber als Erneuerung der frühern Verständnisse bezeichnet wird, so gilt dieser als eigentlicher Bundesvertrag und muß deswegen hier nach seinem Hauptinhalte angeführt werden. Der Bund wird geschlossen von Abt Andreas zu Disentis, Hans von Marmels (Erbe der im J. 1459 erloschenen Freiherren zu Rhäzüns) und allen Gemeinden gemeiner drei Bünde diesseits und jenseits der Gebirge. Er verspricht gegenseitige Hülfe auf eigene Kosten, verbietet Krieg anzufangen oder mit den Feinden in Unterhandlung zu treten oder Friede zu schließen ohne Willen der beiden andern Bünde; Streitigkeiten zwischen Gemeinden sollen rechtlich entschieden werden; Streitigkeiten zwischen den drei Bünden werden durch ein Schiedsgericht entschieden, für welches jeder Bund drei oder vier Mitglieder wählt; bei gleich getheilten Stimmen wählen die drei Bünde einen Obmann, wo sie wollen. Bei Streitigkeiten zwischen zwei Bünden setzt ihnen der dritte ein unparteiisches Gericht. Aehnliche Bestimmungen werden getroffen für Entscheidung von Streitigkeiten von Gemeinden oder Privatpersonen mit gemeinen drei Bünden, sowie zwischen Gemeinden verschiedener Bünde, oder wenn zwei Bünde mit dem dritten streitig sind, in welchem Fall letzterer ebenso viele Richter zu wählen hat, als die beiden andern zusammen. Die Tagsatzungen werden viermal abwechselnd zu Ilanz und Chur, das fünfte Mal zu Davos gehalten, und was zwei Bünde beschließen, dem muß auch der dritte gehorchen. Wenn Landkrieg entsteht, so werden auch die geistlichen Güter durch Gemeine drei Bünde mit einer Steuer belegt. Mördern soll keine Zuflucht gestattet werden. Wer gegenwärtig ist, wenn zwei oder mehrere mit einander „stichmäßig" werden (in blutigen Kampf gerathen), soll Friede fordern und darf sich nicht parteien. Jedem Herrn, Gerichte, Stadt und Dorf wird sein Recht vorbehalten. Frühere Bündnisse Gemeiner drei Bünde oder zwischen einzelnen Bünden sind durch diesen Bund gänzlich aufgehoben. Die Urkunde ist besiegelt vom Abte von Disentis, des Hans von Marmels und mit dem Siegel des Obern Bundes, demjenigen der Stadt Chur für den Gotteshausbund und dem Siegel der eilf Gerichte, 23. Sept. 1524. An diesem Bunde nahmen also weder der Bischof und sein Capitel, noch außer Hans von Marmels irgend ein anderer der weltlichen Herren Antheil. Dennoch blieben ihre Rechte gesichert, und sie gingen nur durch allmälige und zum Theil spätere Loskäufe an die Gemeinden selbst über, welche dadurch in den Besitz aller höhern und niedern Gerichtsbarkeit gelangten. Die Art, wie die Bünde entstanden waren, blieb dann für immer die Grundlage der Verfassung. Durch die Verbindung mehrerer, zu demselben Gerichte eines Herrn meistens auch wegen der geographischen Lage zusammengehöriger Gemeinden waren die sogenannten Hochgerichte entstanden. Diese mit mancherlei alten Rechten begabten Corporationen hatten sich allmälig immer selbständiger in demokratischer Richtung entwickelt. Das schon im 13. Jahrh. erwachte Streben der teutschen Städte, Recht und Ordnung durch Bündnisse zu sichern, und dann das Beispiel der schweizerischen Eidgenossen konnte nicht ohne Nachahmung bleiben, und es entstanden die Bündnisse der Gemeinden und Hochgerichte, die sich nach und nach in den größern drei Bünden und diese dann in einem allgemeinen Bunde vereinigten. Aber Verschmelzung in einen einheitlichen Staat konnte nicht stattfinden. Auf den 20 Hochgerichten, von denen die meisten wieder in 2—4 Gerichte (politische Gemeinden) getheilt waren, beruhte fortwährend die Souverainetät. Auch nach erfolgter Verbindung aller drei Bünde blieb jedes Hochgericht ein kleiner Freistaat, der nicht nur für seine innere Verwaltung und sein Gerichtswesen völlige Unabhängigkeit besaß, sondern dem auch Alles, was von den Bundestagen sollte verhandelt werden, vorher zu Ertheilung von Instructionen, an welche die Abgeordneten gebunden waren, mußte vorgelegt werden. Die Bundestage hatten über Krieg und Frieden, auswärtige Angelegenheiten, Bündnisse und allgemeine Landesangelegenheiten zu berathen; aber ihre Beschlüsse mußten wieder den Gemeinden vorgelegt werden, und wuchsen nur an Kraft, wenn die Mehrheit derselben beistimmte.

Vierter Zeitraum.

Verbindungen mit der schweizerischen Eidgenossenschaft bis auf die Kirchenreformation 1471—1521.

Dieser Zeitraum ist für die fernere Entwickelung und Befestigung des Bundes von großer Wichtigkeit, begründet aber zugleich Verhältnisse, welche später, besonders im 17. Jahrh., die Existenz desselben gefährdeten. Schon im J. 1459 war das Geschlecht der Freiherren von Rhäzüns erloschen und von dessen Erben kam diese Herrschaft im J. 1497 an Oesterreich, das sich bis 1818 in deren Besitze behauptete. Im J. 1483 verkaufte der letzte Freiherr von Sax-Masox seine herrschaftlichen Rechte im Obern Bunde an das Bisthum, von welchem sich die Gemeinden 1538 loskauften. Im J. 1581 erlosch auch das Haus der Grafen von Werdenberg-Sargans mit Graf Georg, der seine Besitzungen in Graubünden, mit Ausnahme des Gerichtes Ortenstein, ebenfalls an das Bisthum verkauft hatte. Allein während durch die Loskäufe, die bis ins 18. Jahrh. hinein fortdauerten, immer mehr Gemeinden sich von den gerichtsherrlichen, aus der Feudalherrschaft stammenden Rechten befreiten und zu völliger Unabhängigkeit gelangten, wußte Erzherzog Sigismund von Oesterreich im J. 1477 die Hoheit über acht von den Gerichten des Zehngerichtenbundes, die bei der Toggenburgischen Erbtheilung an verschiedene Besitzer gefallen waren, an sich zu bringen. Doch erst, nachdem er die alten Rechte der Gemeinden und ihre Bündnisse bestätigt und ihnen in seinen Besitzungen gänzliche Zollfreiheit zugesichert hatte, unterwarfen sie sich der gefährlichen Oberherrschaft, die dann endlich in den Jahren 1649 und 1652 gänzlich abgekauft wurde. Sehr gefährlich waren auch die Verhältnisse im untern Engadin, wo der Bischof von Chur sowol als der Erzherzog Sigismund von Oesterreich Besitzungen und Angehörige hatten, die Hohen Gerichte aber dem Erzherzoge zustanden. Verwickelungen und Streitigkeiten waren daher unvermeidlich, zumal da die churischen Gotteshausleute dem Gotteshausbunde angehörten und die österreichischen Herrschaftsleute mit ihnen Bündnisse schlossen und nach ähnlicher Freiheit strebten. Auch die Verpachtung von Zöllen und Nutzungen von Waldungen und dergleichen an tyrolische Edelleute und deren Anmaßung gegen die Gotteshausleute unterhielten die Zwietracht. Im J. 1465 fanden Thätlichkeiten der Engadiner gegen die ihnen verhaßte österreichische Besitzung Tarasp statt. Durch Vermittelung der drei Bünde wurde nun einstweilen der drohende Krieg verhütet, die Ansprüche der Engadiner an Tarasp beseitigt und die Bündnisse der österreichischen Angehörigen mit den Gotteshausleuten aufgehoben. Allein die feindlichen Verhältnisse dauerten fort. Im J. 1476 machte der tyrolische Hauptmann von Schlandersberg einen nächtlichen Einfall in Unter-Engadin und steckte das Dorf Remüs (nach andern Nachrichten nur die benachbarte Burg Tschanüf) in Brand. Durch die schnell sich sammelnden Leute der benachbarten Dörfer wurden aber die Tyroler wieder verjagt. Dieser Einfall erhielt den Spottnamen „Hennenkrieg," weil die Tyroler sollen gedroht haben, es werde auch keine Henne im Engadin verschont werden. Die Streitigkeiten sollten zwar durch Schiedsrichter beseitigt werden; aber Haß und Feindschaft dauerten fort und fanden in dem 1499 ausbrechenden Schwabenkriege der Schweizer und Graubündner gegen König Maximilian und den schwäbischen Bund Anlaß zu neuen, heftigern Ausbrüchen. Bei allen solchen Streithändeln dürfen übrigens die steigenden Anmaßungen und der Uebermuth der Herren und von der andern Seite das die gesetzlichen Schranken nicht selten überschreitende Streben ihrer Angehörigen nach Unabhängigkeit nie vergessen werden. (Ueber den Ursprung des Schwabenkrieges vergl. den Artikel Eidgenossenschaft, schweizerische. Sect. I.)

Entscheidend für die Geschicke Graubündtens wurden nun die Bündnisse, welche bei Annäherung des Schwabenkrieges der Obere Bund im J. 1497 und der Gotteshausbund 1498 mit Zürich, Luzern, Uri, Schwyz, Unterwalden, Zug und Glarus schlossen. Früher schon hatten Bündnisse mit einzelnen eidgenössischen Orten stattgefunden; so des Abtes von Disentis mit Uri, des Obern Bundes mit Glarus, des Bischofs und aller Gotteshausleute diesseits der Berge mit Zürich im J. 1419 für 51 Jahre, nach deren Ablauf es 1470 wieder erneuert wurde. Jetzt aber kam Graubündten mit den Eidgenossen überhaupt in ein ewiges Bündniß. Zwar konnte der Zehengerichtenbund an demselben nicht Theil nehmen, weil acht dieser Gerichte unter österreichischer Hoheit standen. Allein da Erzherzog Sigismund bei deren Erwerbung (1477) das Bündniß mit dem Obern- und dem Gotteshausbunde unbedingt hatte anerkennen müssen, so war der Zehengerichtenbund in der That verpflichtet, den beiden andern in jedem Kriege beizustehen. Indessen gab es dort besonders unter den Beamten auch Anhänger Oesterreichs, und ihr Einfluß bewirkte, daß die acht Gerichte neutral zu bleiben suchten, nachdem schon am 7. Febr. die Luziensteig und das Städtchen Maienfeld von den Oesterreichern waren eingenommen worden, am 9. die Tyroler, während noch unterhandelt wurde, ins Münsterthal eingefallen waren und auch am Rhein bei Azmoos die Thätlichkeiten zwischen den Oesterreichern und den Eidgenossen begonnen hatten. Nachdem dann aber die Eidgenossen bei Triesen gesiegt hatten und die Luziensteig und Maienfeld von den Bündnern bald wieder waren eingenommen worden, so zogen am 16. Febr. Truppen aus den beiden andern Bünden nach Davos und bewirkten, daß diese acht Gerichte nun auch sich anschlossen.

Der Schwabenkrieg, welcher vom Februar bis Ende Juli 1499 dauerte, und in welchem die Eidgenossen die Siege bei Triesen, Hard, im Schwaderloch, bei Frastenz und bei Dornach erfochten, wurde gegen Graubündten größtentheils im Engadin, im Münsterthal und dem angrenzenden Etschlande geführt. Am 25. März machte eine starke österreichische Heeresabtheilung einen Einfall in Unter-Engadin und rückte bis zur Grenze des Ober-Engadins vor. Ueberall wurde geplündert und das Vieh weggetrieben, die Dörfer in Brand gesteckt, und wer sich nicht flüchten konnte, gefangen nach Nauders abgeführt. Sechsunddreißig wurden dann als Geiseln für die auferlegte Brandschatzung nach Meran geführt, die übrigen, nachdem sie Oesterreich hatten Treue schwören müssen, wieder entlassen. Das Gerücht, daß die Bündnertruppen schon im Ober-Engadin angekommen seien, bewirkte dann den Rückzug nach Tyrol. Die Grenzen blieben nun besetzt, aber kleinere Thätlichkeiten fanden besonders im Münsterthale statt. Unterdessen sammelte sich in einem stark befestigten Lager auf beiden Seiten des Ramflusses, der aus dem Münsterthale kommend sich in der Nähe in die Etsch ergießt, ein 8000 oder nach Andern 15,000 Mann starkes österreichisches Heer. Die Verschanzungen erfüllten den ganzen Thalgrund und zogen sich auf beiden Seiten noch an die Berge hinauf. Da von dort aus das Münsterthal und das Engadin beständig bedroht waren, so beschlossen die drei Bünde, diese Stellung anzugreifen. Am 20. Mai kamen sie 5—6000 Mann stark auf der Grenze des Münsterthales an. Eine Abtheilung wurde dann abgeordnet, um in der Nacht des 21. über den äußerst steilen Schlingenberg die Verschanzungen zu umgehen. Die Umgehung gelang zwar, aber diese Bündner hatten dann vier Stunden lang einen blutigen Kampf zu bestehen, weil die größere Abtheilung ihres Heeres, sei es wegen Verrathes ihres Anführers oder aus andern Gründen, mit dem Angriffe auf die Vorderseite der Verschanzung lange zögerte. Als sie dann endlich bei derselben ankamen, verloren sie während des Ueberganges auf das linke Ufer des Ram durch das feindliche Geschütz über 100 Mann. Dennoch gelang es ihr, die Verschanzung am Berge zu umgehen, und es begann ein furchtbares Gemetzel, bis beide bündnerische Abtheilungen sich vereinigten und die Feinde gänzlich in die Flucht geschlagen wurden. Die Brücke über den Ram brach unter der Last der Fliehenden zusammen und viele Feinde fanden dort den Tod. Die Bündner verfolgten die Feinde bis Schluderns. Dieser Ort, das Städtchen Glurns und mehrere Dörfer wurden geplündert und verbrannt. Die Beute an Waffen, Rüstungen und Geschütz, sowie an Habe der Einwohner war äußerst beträchtlich. Die Zahl der Gefallenen auf österreichischer Seite wird auf 4—5000 angegeben, auf Seite der Bündner, ohne die Verwundeten, wol zu niedrig, auf 300. Als die fliehenden Scharen nach Meran kamen, erzwangen sie von den Bürgern die Auslieferung der dort verwahrten Geiseln aus Unter-Engadin und ermordeten dieselben. Dieser Sieg auf der Malserheide am 22. Mai sicherte indessen die Grenze nicht lange. Denn gerade um diese Zeit wurden die Feinde durch starke Zuzüge verstärkt, welche einem Aufgebote, das Maximilian erlassen hatte, folgten. Am 8. Juni drang ein kaiserliches Heer in das bisher vom Kriege verschonte Ober-Engadin ein und wüthete dort mit Feuer und Schwert. Einige Dörfer wurden von den Einwohnern selbst in Brand gesteckt, um dem Feinde die Subsistenzmittel zu rauben. Der Plan soll gewesen sein, gleichzeitig aus dem Engadin über den Albula und den Scalettapaß und von Vorarlberg her durch Prättigau in Bünden einzudringen. Allein bei dem Heere im Engadin löste der gänzliche Mangel an Lebensmitteln alle Disciplin auf, und bald zog es sich durchs Münsterthal wieder nach Tyrol zurück, wo es dann aus einander ging. Unterdessen hatten die Bündner Hilfe von den Eidgenossen begehrt und am 22. Juni kamen 4000 Mann zu Chur an. Die Züricher, Urner und Glarner folgten alsbald den über den Albula vorauseilenden Bündnern, indem sie hofften, die Feinde noch im Engadin oder doch im Vinstgau einzuholen. In der Gegend von Glurns blieben sie stehen, während die Bündner noch etwas weiter durch Etschland verwüstend hinabzogen, dort aber Castellbello vergeblich angriffen. Da sich keine feindlichen Truppen zeigten, traten sie den Rückzug an. Von da an fanden auf der Grenze zwischen Graubündten und Vorarlberg und Etschland nur noch gegenseitige Raubzüge kleinerer Scharen statt, bei denen es vorzüglich auf Wegtreiben von Vieh abgesehen war. Am 22. Sept. 1499 kam endlich der Friede zu Basel zu Stande. In Beziehung auf Graubündten verordnete derselbe: Die sechs Gerichte im Prättigau sollen wieder wie früher Oesterreich huldigen; ebenso die zwei Gerichte, welche den Eid noch nicht geleistet haben; sie behalten aber ihr Bündniß mit den andern Graubündtnern, und es soll ihnen wegen dieses Aufruhrs keine Strafe auferlegt werden. Die Streitigkeiten der Grafschaft Tyrol mit dem Stifte Chur und dem Gotteshausbunde sollen von dem Bischofe von Augsburg definitiv entschieden werden. Für zugefügten Schaden wird kein Ersatz geleistet und alles Eroberte zurückgegeben. So dauerten die verwickelten Verhältnisse des Prättigaus, des Unter-Engadins und des Münsterthales mit Oesterreich unverändert fort.

Der Schwabenkrieg hatte Graubündten in genaue Verbindung mit den Eidgenossen gebracht und die drei Bünde nahmen nun eifrigen Theil an den Zügen derselben in die Lombardei im Anfange des 16. Jahrh. Sie erwarben denselben hohen Waffenruhm wie ihre Verbündeten; aber zugleich drang auch das Verderben der fremden Bestechungen wie in der Eidgenossenschaft in Graubündten ein. Zwar wurde im J. 1500 die Annahme fremder Pensionen und Geschenke bei Lebensstrafe verboten, aber es fehlte an der Vollziehung. Auch hier entwickelten sich allmälig zwei Hauptparteien, eine französische und eine österreichisch-spanische, an deren Spitze die mächtigen und reichen Geschlechter der Frankreich ergebenen Salis und ihrer Gegner, der Planta, standen. Diese Parteiung dauerte dann durch die folgenden Zeiten und bis ans Ende des 18. Jahrh. fort und war, neben den nicht weniger verderblichen Wahlumtrieben und Bestrebungen für Gewinnung der einträglichen Aemter in den Unterthanenländern, eine Hauptquelle der innern Stürme, welche das graubündtnerische Gemeinwesen wiederholt erschütterten. Als nämlich die Eidgenossen im J. 1512 das Herzogthum Mailand eroberten, zog das graubündtnerische Heer nach Chiavenna, Veltlin, Bormio (Worms) und den sogenannten drei Pieven (Sorico, Domaso und Gravedona) und bemächtigte sich dieser Landschaften, auf welche der Gotteshausbund alte, vom Bisthume hergeleitete Ansprüche machte. In dem Vertrage, welchen der von den Eidgenossen als Herzog von Mailand eingesetzte Maximilian Sforza dann schloß, mußte er diese Provinzen an Graubündten abtreten. Allein anstatt dieselben zu Gliedern des Bundes zu erheben, wie es Poschiavo im J. 1486 geglückt war, wurden dieselben als Unterthanen den drei Bünden unterworfen und dasselbe verderbliche Verwaltungssystem eingeführt, das auch in den Eroberungen der Eidgenossen stattfand (s. den Artikel Herrschaften, Gemeine, Sect. II.). Vergeblich erboten sich diese Landschaften, alle zwei Jahre 300,000 Kronen (480,000 Gulden rhein.) an Graubündten zu bezahlen, wenn sie dagegen von allen andern Lasten und Verpflichtungen befreit und die Verwaltung ganz ihren einheimischen Vorstehern überlassen würde. Mit Ausnahme der drei Pieven, welche bald nachher durch den Castellan von Müsso eingenommen wurden, blieben sie bis 1797 Unterthanen der drei Bünde, welche je zu zwei Jahren nach der Reihe der Hochgerichte ihre Beamten zu Ausbeutung der Provinzen abordneten.

An den folgenden Zügen der Eidgenossen in die Lombardei, welche durch die blutigen Schlachten bei Novara (1513) und bei Marignano (1515) entschieden wurden, sowie an dem ewigen Frieden mit Frankreich (1516) und den nachherigen Söldnerzügen während der Kriege

Karl's V. und Franz' I. nahmen die Graubündtner fortwährend Theil. Auch zu dem Heere, mit welchem Franz I. im J. 1525 Pavia belagerte, sandten sie 5—6000 Mann; allein diese wurden noch vor der Niederlage der Franzosen vor Pavia wieder abgerufen. Denn unterdessen bemächtigte sich der Castellan des festen mailändischen Schlosses Müsso (nahe bei Dongo), Jacob von Medici, nicht nur der drei Pieven und der Schlösser und der Stadt Chiavenna, sondern machte dann auch verschiedene Versuche, das Veltlin zu erobern, die indessen abgeschlagen wurden. Diese Angriffe bewirkten die Abberufung der Graubündtner vom französischen Heere. Der Krieg mit diesem Feinde dauerte durchs ganze Jahr 1525 hindurch fort. Nach einer harten Belagerung wurde endlich auch das Schloß zu Chiavenna wieder eingenommen und im J. 1526 dieser erste „Müsserkrieg" durch einen Friedensschluß beendigt, welcher den Graubündtnern den Besitz von Chiavenna und Veltlin bestätigte, aber die drei Pieven, als zu der Burg Müsso gehörig, dem Herzoge von Mailand zueignete.

Fünfter Zeitraum.

Die Zeit der Reformation und der darauf folgenden Parteikämpfe bis zur endlichen Vereinigung mit der Schweiz im J. 1801.

Während dieser Bewegungen hatte die Reformation besonders im Zehngerichtenbunde und zum Theil auch im Gotteshausbunde immer mehr Anhänger gewonnen. Wenn irgendwo, so erforderte in Graubündten der Verfall der Kirche dringend eine Verbesserung, und das Leben der Geistlichen und ihre Erpressungen hatten schon seit längerer Zeit viele Unzufriedenheit erregt. In den romanischen Gegenden konnte selten ein Pfarrer die Sprache seiner Gemeinde. Im J. 1523, noch ehe irgend eine Gemeinde sich förmlich von der römischen Kirche getrennt hatte, wurde nun von einem Bundestage der sogenannte Artikelbrief entworfen, eine Verordnung, welche zwar keinen bestehenden Lehrsatz antastete, aber die Anmaßungen des Klerus und die eingerissenen Misbräuche nachdrücklich beschränkte, mit der Drohung, wenn die Amtleute des Bischofs den Misbräuchen nicht abhülfen, so werde es die Obrigkeit thun. Diese Verordnung wurde 1524 von allen drei Bünden angenommen. Desto heftiger erhoben sich die Gegner gegen die neuen Grundsätze. Auf einem Bundestage des Jahres 1525 führte der Vicar des Bischofs schwere Klagen gegen die sogenannten Irrlehrer und Ketzer, bewirkte aber dadurch nur, daß nach dem Vorschlage der evangelischen Prediger auf den 6. Jan. 1526 ein Religionsgespräch nach Ilanz angeordnet wurde. Obgleich dasselbe durch die Umtriebe der Priester unterbrochen wurde, so beförderte es doch die weitere Verbreitung der Reformation. Noch im nämlichen Jahre beschloß der Bundestag, daß es jedem freistehen solle, welcher Religion er folgen wolle, und jede Schmähung wegen Glaubens wurde streng verboten. Da indessen die Umtriebe des Bischofs Paul Ziegler, der auch mit dem Castellan von Müsso Verbindungen unterhielt und durch heimliche Entfernung von Chur nach seinem Schlosse Fürstenburg im Vinstgau den Verdacht noch verstärkt hatte, beständig fortdauerten, so wurden vom Bundestage neue, weit eingreifendere Artikel erlassen. Unter Anderem wurde das Recht aufgehoben, welches der Bischof in mehreren Gemeinden hatte, deren Vorsteher und Richter zu wählen oder zu bestätigen; die Beamten des Bischofs wurden von den Berathungen der Bundestage ausgeschlossen; zu Bezahlung von Jahrzeiten (Seelmessen) sollen die Erben nicht mehr verpflichtet sein. Ferner wurde die Annahme von Novizen in den Klöstern und das Betteln der Mönche verboten. Für das Rechnungswesen der Klöster wurden Aufseher angestellt und, wo ein Ueberschuß sich finde, solle über denselben von jedem der drei Bünde verfügt werden. Die Gemeinden erhielten das Recht, ihre Pfarrer selbst zu wählen und wieder zu entlassen. Kein Proceß soll an den Bischof oder dessen Hof gezogen und einzig an das nächste Hofgericht darf appellirt werden. Stellen beim Hochstifte dürfen nur mit Landeskindern aus den drei Bünden besetzt werden, bei der Wahl des Bischofs aber muß die Theilnahme des Gotteshausbundes stattfinden. Endlich wird die Bezahlung von Annaten aufgehoben.

Während indessen seit Erklärung der Gewissensfreiheit durch den Bundestag die Reformation immer stärkere Fortschritte machte, wurden durch den entwichenen Bischof und den Castellan von Müsso Pläne zu gewaltsamer Unterdrückung derselben gemacht, an denen auch Marx Sittich, der Besitzer von Hohen-Embs in Vorarlberg, soll Theil gehabt haben. Da der Abt des Klosters St. Lucius zu Chur auch der Theilnahme angeklagt war, so wurde er nach dem Urtheil eines Gerichtes aller drei Bünde 1529 enthauptet. Dieses Ereigniß erregte auch in den katholischen Orten der Eidgenossenschaft heftige Erbitterung, und trug dazu bei, daß die Orte Luzern, Uri, Schwyz, Unterwalden und Zug den Graubündtnern die bundesgemäße Hülfe abschlugen, als der Castellan von Müsso im Frühjahre 1530 seine Angriffe auf das Veltlin erneuerte und Morbegno einnahm. Daß seine Unternehmungen von österreichischer und spanischer Seite begünstigt wurden, war unverkennbar. Durch die Hilfstruppen der übrigen Cantone verstärkt, gelang es dann den Graubündtnern 1531, ihn wieder aus dem Veltlin zu vertreiben und das äußerst feste Schloß Müsso einzuschließen. Dann wurde ein Vertrag mit dem Herzoge Franz Sforza gemacht, welchem der Müsser mehrere Orte am Comersee geraubt hatte, während er noch einige Zeit mit seinen bewaffneten Schiffen den See beherrschte. Nach diesem Vertrage verpflichtete sich der Herzog, den Krieg bis zur Einnahme von Müsso fortzusetzen, das dann zerstört und niemals hergestellt werden solle. Dazu werden ihm von den Eidgenossen und Bündnern 2000 Mann überlassen. Er verzichtet auf alle Ansprüche auf Chiavenna und Veltlin, behält hingegen, was außer den Grenzen dieser Provinzen erobert worden ist. So blieben die drei Pieven beim Herzogthume Mailand. Nachdem die übrigen Eidgenossen und Graubündtner abgezogen waren, wurde der Krieg noch am See und bis Lecco, das sich der Müsser auch zugeeignet hatte, fortgesetzt. Endlich kam im December 1531 ein Friede zu Stande, nach welchem Musso übergeben, der Castellan aber durch den Herzog reichlich entschädigt wurde. Durch die vertragsmäßige Zerstörung des Schlosses wurde endlich Graubündten von dem gefährlichen Nachbar befreit.

Die Beendigung dieses Krieges, sowie desjenigen zwischen den reformirten und katholischen Eidgenossen (1531) und der größtentheils friedliche Fortschritt der Reformation in Graubündten, nachdem durch zwei Bundestage (1544 und 1552) war festgesetzt worden, daß in jeder Gemeinde derjenige Cultus bleiben solle, für welchen sich die Mehrheit erkläre, schienen nun die Ruhe des Landes zu sichern. Aber zwei Uebel zerrütten von jetzt an den Freistaat in seinem Innersten. Das eine war die Erwerbung der Unterthanenländer Chiavenna, Veltlin und Bormio, welche Veranlassung zu den schmählichsten Wahlumtrieben und Bestechungen gab, durch die man die reichliche Beute gewährenden Aemter in diesen Provinzen zu gewinnen suchte. Die andere Quelle der Zerrüttung war die durch fremde Bestechungen beständig unterhaltene Parteiung, welche wiederholt Volksaufstände und die Aufstellung von Strafgerichten durch die siegende Partei verursachte. Die erste große Parteiung begann im Jahre 1541 gegen diejenigen, welchen die Annahme französischer Pensionen vorgeworfen wurde. Die Bewegung ging vom Unter-Engadin aus und bewirkte die Aufstellung eines Strafgerichts, das zugleich auch die Wahlbestechungen bestrafen sollte. Das Bundesgesetz vom Jahre 1500 setzte zwar Todesstrafe auf die Annahme von Pensionen, aber das Strafgericht sprach nur Geldbußen aus und Ausschließung von Aemtern auf fünf Jahre, aber mit dem Zusatze, daß dies der Ehre der Bestraften nicht nachtheilig sein solle. Bald jedoch entstand im Zehengerichtenbunde neue, heftige Bewegung, als im J. 1549 der Bund mit Frankreich erneuert wurde. Der österreichische Vogt zu Castels im Prättigau hetzte die Menge durch das Vorgeben gegen die Häupter auf, daß sie den Inhalt des Bundes den Gemeinden verfälscht berichtet haben. Zahlreiche Scharen Bewaffneter kamen nun nach Davos und erzwangen (1550) von dem versammelten Bundestage die Aufstellung eines neuen Strafgerichts, das dann durch Bußen von 50 bis auf 1000 Gulden die Rachsucht und seine eigene Habgier zu befriedigen suchte. Dieses Verfahren, das meistens schuldlose Männer traf, erregte jedoch allgemeinen Unwillen, und eine Gesandtschaft der Eidgenossen machte so kräftige Vorstellungen, daß im J. 1551 ein unparteiischeres Strafgericht zu Ilanz eingesetzt wurde. Durch dasselbe wurden die Urtheile des erstern aufgehoben und die Rückgabe der erpreßten Gelder durchgesetzt. Zugleich erließ der Bundestag ein Verbot „aller Absonderungen, Praktiken (Wahlumtriebe), Aufruhren und Empörungen," welches aber ebenso fruchtlos blieb, wie das im J. 1500 erlassene Verbot der Pensionen.

Wenige Jahre später brach der Parteikampf wieder mit der größten Heftigkeit aus. Als 1564 der zu Ende gehende Bund mit Frankreich sollte erneuert werden, theilten die Gesandten von Frankreich und Spanien wieder mit vollen Händen Geld aus. Letzterer suchte nicht nur das Bündniß mit Frankreich zu verhindern, sondern das schon früher betriebene Project eines Bündnisses mit Philipp II. als Herzog von Mailand durchzusetzen. Die Zusicherung freier Ausfuhr von Getreide aus dem Mailändischen machte besonders im Ober-Engadin einen günstigen Eindruck. Als aber die französische Partei siegte, so wurde im Engadin durch Aufhetzungen der Anhänger Spaniens in den ersten Monaten von 1565 ein bewaffneter Aufstand gegen diejenigen erregt, welche als Miethlinge Frankreichs bezeichnet waren. Allein dieser Aufstand, an welchem die Mehrheit des Unter-Engadins nur gezwungen Theil nahm, fand diesseits der Berge und im Bergell keine Unterstützung. Dennoch stellten die Engadiner ein Strafgericht auf, das durch aufgelegte Bußen von 10 bis auf 2000 Gulden so viel zusammenbrachte, daß daraus die Kosten des Gerichtes und der zahlreich versammelten Scharen gedeckt werden konnten. Der Volkswitz nannte den Aufstand „Speckkrieg," weil die Menge das für den dortigen langen Winter aufbewahrte Rauchfleisch plünderte. Allein durch ein neues, von allen drei Bünden eingesetztes Strafgericht wurden die Engadiner genöthigt, das Bußengeld größtentheils zurückzugeben. Gleichzeitig erregten eine streitige Bischofswahl und die schamlosen Wahlumtriebe für die Stellen in den Unterthanenlanden heftige Parteiung. Die Größe dieses Uebels bewirkte endlich die Erlassung eines Gesetzes durch einen Bundestag im J. 1570. Dieser sogenannte „Kesselbrief" (von kesseln, d. h. Umtriebe anwenden) verordnete, daß alle Boten auf den Bundestagen schwören sollen, daß sie ohne Bestechung zu ihrer Erwählung gelangt seien; ebenso sollen alle Gemeinden und einzelnen Personen schwören, daß sie keine Geschenke für Aemter, Gesandtschaften oder Urtheile weder geben, noch annehmen wollen. Auf Uebertretungen wurden Strafen an Ehre und Vermögen gesetzt. Allein auch dieses Gesetz blieb unwirksam gegen das schon eingewurzelte Verderben.

Eine fernere Quelle der Zwietracht waren zu derselben Zeit die Bestrebungen des Cardinals Borromäus und der Inquisition zu Mailand, die Reformation in Chiavenna, Veltlin und Bormio gänzlich zu vertilgen. Man fürchtete zu Rom den Einfluß des Beispiels auf die benachbarten italienischen Landschaften. Reformirte, die in Handelsgeschäften über die Grenze kamen, fielen in die Schlingen der Inquisition. Ein reformirter Prediger wurde gewaltsam vom Bündnerboden entführt, nach Rom geliefert und dort 1568 verbrannt. Zu Mello im Veltlin wurde während der Predigt ein Schuß von einem Mönche gegen den Prediger gerichtet, und ein Mann, der diesen warnte, von den Mönchen erdolcht. Die Ungleichheit der Bündner in Rücksicht der Religion, die Parteiung im Lande und die Furcht vor Spanien verhinderte jede entschlossene Maßregel gegen diese Gewaltthätigkeiten, bis ein Eingriff des Papstes in die Rechte der Bündner Reformirte und Katholiken in stärmische Bewegung brachte. Die drei Bünde hatten die Verwaltung der Probstei Teglio im Veltlin einem reformirten Geschlechte Guicciardi anvertraut. Nun verlieh Papst Pius V. im J. 1570 dem Haupte der päpstlichen Partei, Johann von Planta, Herrn zu Rhäzüns, welcher die Probstei für seinen Sohn wünschte, die Vollmacht, alle Pfründen in Veltlin und Chiavenna, die von Untüchtigen (Reformirten) besessen würden, mit Würdigern zu besetzen. Eine erste Bulle hatte diese Vollmacht sogar auf ganz Graubündten ausgedehnt. Als nun der Sohn von Planta die Probstei in Besitz nehmen wollte, kam der Streit vor einen Bundestag, welchem die Bullen mußten ausgeliefert werden. Indessen wurde Planta nur mit einer mäßigen Buße belegt. Darüber entstand wieder Bewegung. Es verbreitete sich das Gerücht, Planta solle vom Statthalter von Mailand Hilfe erhalten, und da zugleich Abschriften der Bulle ausgestreut wurden, so erhob sich ein gewaltiger Sturm, der auch einen Theil der Katholiken ergriff. Die Gemeinden mahnten einander und lagerten sich in großer Zahl bewaffnet um die Stadt Chur (März 1572). Ein neues Strafgericht zu Chur verurtheilte Planta zur Enthauptung, weil er die päpstlichen Bullen verheimlicht und eigenmächtig seinem Sohne die Probstei Teglio übertragen habe. In der That verbot ein Gesetz die Annahme päpstlicher Gnadenbriefe, durch welche irgend ein Vortheil gewonnen würde. Deswegen wurde denn auch Baptista von Salis, der früher als Gesandter zu Mailand gewesen war und durch sein Benehmen Verdacht erregt hatte, um 2000 Kronen gebüßt, weil er, obgleich Reformirter, vom Papste die Ritterwürde mit dem goldenen Sporn angenommen hatte. Einigen andern päpstlichen Rittern und 37 ferner Angeklagten wurden ebenfalls Bußen auferlegt. Als nun die Bewegung sich zu legen schien, schreckte die Nachricht von der Bartholomäusnacht (August 1572) alle Reformirten auf. Dagegen wurde ungeachtet eines strengen Verbotes unter den Katholiken im Obern Bunde eine Fahne für den französischen Hof geworben. Dies und die heftigen Predigten gegen die Bestechlichkeit der Großen erhitzten die Menge immer mehr. Besonders wurde heftig geeifert wegen Verletzungen des Kesselbriefes bei den Wahlen und daß der Bundestag statt der vom Strafgerichte beschlossenen Confiscation des Vermögens des enthaupteten Johann von Planta sich nur mit 6000 Kronen begnügt habe. So erhob sich ein neuer Aufstand. In großer Menge versammelten sich wieder im März 1573 bewaffnete Schaaren bei Chur. Ein neues Strafgericht, das zu Thusis seinen Sitz nahm, verfuhr nun noch weit gewaltthätiger als die frühern gegen Viele, deren Reichthümer den Neid und die Habsucht reizten und der Schwelgerei der 33 Richter und ihrer 400 Mann starken Wache Mittel darboten. Nicht nur Entsetzung von Ämtern, die durch angebliches „Kesseln" gewonnen worden, sondern auch einige Todesurtheile, deren Vollziehung aber unterblieb, wurden ausgesprochen und Verbannungen gegen Flüchtige und eine Menge von Geldbußen verhängt, die bei Einzelnen bis auf 8000 Kronen betrugen. Dieses wüthende Strafgericht endigte im Juni 1573; aber sein Verfahren hatte solchen Unwillen erregt, daß der kurz nachher versammelte Bundestag, bei welchem auch eidgenössische Gesandte erschienen und die Aufstellung eines unparteiischen, nicht von der aufgehetzten Menge beherrschten Gerichtes empfahlen, ein neues Strafgericht zu Chur einsetzte. Dieses hob die Urtheile des Strafgerichtes zu Thusis größtentheils auf und bestrafte einige Mitglieder desselben wegen stattgehabter Unterschleife.

Diese wiederholten Aufstände, bei denen immer das Wohl des Bundes als Vorwand für Parteizwecke und Befriedigung selbstsüchtiger Absichten von den Demagogen benutzt wurde, bewirkten dann im Februar 1574 einen Versuch des Bundestages, dieser Anarchie Schranken zu setzen. Ein Gesetz, das von den Siegeln der drei Bünde „Dreisieglerbrief" genannt wurde, verbot den Gemeinden alle Aufstände und Zusammenrottungen. Wer sich wider die Freiheit des Landes vergehen würde, solle vor das ordentliche Gericht seines Wohnortes gestellt werden. Würde sich dieses saumselig zeigen, so müsse die Sache vor die Behörde dieses Bundes, und wenn auch diese ihre Schuldigkeit nicht vollbringe, vor alle drei Bünde gebracht werden. Allein auch dieses Gesetz blieb ohne Wirkung.

Neben den beständig fortdauernden Uebeln der Wahlumtriebe und der fremden Bestechungen tritt während des letzten Viertheils des 16. Jahrh. in Graubündten wie in andern Ländern die durch die Anstalten des römischen Hofes erregte Gährung und die feindliche Spannung zwischen Katholiken und Reformirten immer stärker hervor. Die Schritte des Cardinals Borromäus, Erzbischofs von Mailand, zu Bekämpfung der Reformation, sowie die Errichtung einer beständigen Nunciatur in der Schweiz und die Umtriebe dieses Agenten Roms unter dem Scheine von Kirchenvisitationen, die er auch in Graubündten vornahm, wirkten hier ebenso verderblich auf das Verhältniß der beiden Religionsparteien zurück, wie zwischen den eidgenössischen Orten. Als von dem Bundestage im J. 1545 auch für die Unterthanenlande völlige Religionsfreiheit erklärt wurde, begannen die Complotte mit Mailand, die später zu der gänzlichen Unterdrückung der Reformation in diesen Landschaften führten.

Während nun durch die schändliche Bestechlichkeit, sowie durch die feindliche Trennung der beiden Religionsparteien der Staat im Innern zerrüttet war, wurden auch die äußern Verhältnisse immer gefährlicher. Spanien und Oesterreich hatten sich seit Kaiser Rudolfs II. Thronbesteigung wieder genähert; aber die unmittelbare Berührung zwischen dem Herzogthume Mailand und Oesterreich unterbrach Graubündten mit Veltlin, an welches die venetianischen Provinzen grenzten. Daher waren von Spanien wiederholte Versuche gemacht worden, ein Bündniß mit Graubündten und dadurch die Oeffnung der Pässe nach Teutschland zu erhalten. Aber immer hatte der Einfluß Frankreichs und das gerechte Mistrauen der Reformirten diese Bestrebungen vereitelt. Im J. 1602 kam nun, ungeachtet heftigen Widerstandes der Anhänger Spaniens, die Erneuerung des Bundes mit Frankreich zu Stande, welches Frankreich den Durchpaß öffnete, während er für Spanien und Oesterreich verschlossen blieb. Auf alle Weise wurden nun die Häupter der französischen Partei verdächtigt. Die Gährung wurde vermehrt durch Klagen über tyrannische Regierung des Landeshauptmanns im Veltlin, Rudolf von Planta, und des Vicars (Vicario, Criminalrichter der Provinz), Albrecht von Salis, über Bestechlichkeit der Beamten überhaupt und über Veruntreuung der Einkünfte aus den Unterthanenländern. Unter dem Vorwande, eine „Landesreform" zu bewerkstelligen, versammelten sich aus allen drei Bünden (5—600) Abgeordnete zu Chur (1. Jan. 1603), welche ein Strafgericht aufstellten zur Bestrafung der Veruntreuungen und Bestechungen während der letzten 30 Jahre. Die Klagen waren nicht unbegründet, aber in solcher Aufregung, welche durch die Anhänger Spaniens und durch das Eifern der Geistlichen fortwährend gesteigert wurde, war ein gerechtes Verfahren nicht möglich. Alle Reichen sollten ihren Reichthum nur durch unerlaubte Mittel gewonnen haben. Vergeblich warnten Gesandte von Zürich, Bern, Basel und Schaffhausen vor den spanischen Umtrieben; das Gericht legte hohe Geldbußen, bis auf 12,000 Gulden, auf. Endlich kam durch Gesandte von Zürich und Glarus ein Vergleich zu Stande (16. April 1603), nach welchem Alle, welche seit 1588 Aemter bekleidet hatten, noch eine bedeutende Summe zusammenlegen mußten, um die großen Kosten zu decken, welche die Versammlung der Ausschüsse und das Strafgericht verursacht hatten. Die Landesreform blieb übrigens Nebensache und beschränkte sich auf einige Bestimmungen über die Wahlen der Beamten, durch welche aber dem eingewurzelten Verderben nicht konnte abgeholfen werden.

Die Bewegung schien sich zu legen, als durch die Bewerbungen Venedigs um ein Bündniß neue Gährung entstand. Nicht nur die spanische Partei mit dem Bischofe von Chur kämpfte dagegen, sondern es erhob sich noch eine andere starke Partei, zu welcher besonders viele reformirte Geistliche gehörten, welche jeden Bund mit Fremden widerriethen. Allein die List und das Geld der Venetianer siegten. Der Bund wurde den 6. Aug. 1603 abgeschlossen. Die zwei Hauptbestimmungen, wonach Graubündten den für Venedig auswärts geworbenen Truppen den Durchpaß und für den Nothfall die Werbung von 6000 Mann im Lande gestattete, mußten Spanien wegen der gespannten Verhältnisse zu der Republik aufs Heftigste erbittern, und von jetzt an mußte jedes auch nur scheinbar gute Verhältniß mit Mailand aufhören. Plötzlich unterbrach der dortige Statthalter, Graf von Fuentes, nach einer Verabredung mit den fünf spanisch gesinnten Orten der Eidgenossenschaft, den Waarenzug zwischen Mailand, Teutschland und Frankreich, der bis dahin vorzüglich durch Graubündten gegangen war, um demselben die Richtung über den Gotthard und Luzern zu geben. Hierauf fing er an, auf einem Hügel in den Sümpfen der Adda an der Grenze des Veltlins eine Festung zu erbauen, welche nachher nach ihm benannt wurde. Bald verbot er auch die Zufuhren von Lebensmitteln und überhaupt jeden Verkehr. Jetzt entstand wieder heftige Bewegung. Schon hatten sich 2000 Mann im Engadin versammelt in der Absicht, den angefangenen Bau zu zerstören; doch konnte das gewagte Unternehmen noch verhindert werden. Gesandte, welche hierauf nach Mailand geschickt wurden, verglichen sich mit Fuentes über einen Vertrag, der ganz nach dessen Forderungen abgefaßt war und sogar den spanischen Truppen den Durchzug durch Veltlin gestattete. Da sie dann die Annahme durch die Gemeinden eifrig betrieben, so mußte der Verdacht von Bestechungen sich allgemein verbreiten. Der französische Gesandte in der Eidgenossenschaft bewirkte dann die Absendung einer Gesandtschaft im Namen der 13 Orte nach Mailand, welche einen Vertrag verabredete, nach welchem die Graubündtner keinen Truppen den Durchzug gestatten sollten, sobald sie durch den Statthalter zu Mailand berichtet würden, daß dieselben gegen Mailand bestimmt seien. Aus bloßer Gnade erlaubt dieser dagegen die jährliche Ausfuhr einer bestimmten Menge von Korn und Wein. Uebrigens soll freier Verkehr stattfinden. Aber der Schleifung des Festungsbaues, welche die Bündner, gestützt auf den Vertrag nach dem Müsserkrieg (1531), sich vorbehalten hatten, geschieht in diesem Vertrage keine Erwähnung. Um die Annahme desselben zu verhindern, eilte der französische Gesandte selbst nach Graubündten. Er und der spanische Gesandte überboten sich mit Geldaustheilungen. Auf einem Bundestage zu Ilanz beschlossen nun die Abgeordneten des Obern und des Zehengerichtenbundes, den Vertrag einstweilen nicht anzunehmen. Dagegen erklärte sich die Mehrheit des Gotteshausbundes zur Annahme, und mehrere an den Pässen liegende Gemeinden, die durch die Unterbrechung des Verkehrs Schaden litten, übergaben sogar dem Statthalter zu Mailand förmliche Urkunden der Annahme. Jetzt forderten die andern zwei Bünde den Gotteshausbund in einem drohenden Schreiben auf, sich gemäß dem Bundesvertrage der drei Bünde der Mehrheit zu unterwerfen. Die Gemeinde Alvenen wurde wegen der Annahme von den Bundesversammlungen durch den Zehengerichtenbund ausgeschlossen, und auch im Obern Bunde wurde Bestrafung einiger Gemeinden angeordnet. Aufforderungen der Tagsatzung (November 1604) an die drei Bünde zur Annahme, wenn die Festung geschleift würde, waren vergeblich, weil man dafür keine Gewißheit erhalten konnte, vielmehr der Bau Tag und Nacht fortgesetzt wurde. Gegen einen Handstreich war die Festung schon gesichert und zu einem Angriffe war weder von Heinrich IV., der noch mit Beendigung des Bürgerkrieges in Frankreich beschäftigt war, noch von Venedig Hilfe zu erhalten. Nur die Unterhaltung der Truppen, welche die Bündner im Januar 1607 ins Veltlin sandten, als eine starke spanische Besatzung von der neuen Festung her diese Landschaft bedrohte, wurde von Frankreich und Venedig übernommen.

Ungeachtet der steigenden Zwietracht hatten bis dahin noch keine Unordnungen stattgefunden, und die Gegner Spaniens behaupteten entschieden das Uebergewicht. Zu ihrer Unterstützung hatte Heinrich IV. einen eigenen, mit Geld wohl versehenen Gesandten, Padavino, nach Graubündten geschickt. Nun aber gaben die Streitigkeiten des Senats von Venedig mit Papst Paulus V. über die Rechte des Staates im Verhältniß zur Kirche der spanischen Partei Gelegenheit zu neuen Aufwiegelungen. Da ein Krieg zu entstehen drohte, an welchem auch die Spanier im Mailändischen gegen die Republik Theil zu nehmen bereit waren, so veranstaltete der Senat eine Werbung von 6000 Mann in Lothringen und verlangte für dieselben die durch den Bund versprochene Durchzugsbewilligung, sowie eine Werbung in Graubündten selbst. Jetzt wurden die abenteuerlichsten Gerüchte über die Gefahren eines Durchzuges der Lothringer, als plünderten und mordeten dieselben überall, wo man sie einlasse, verbreitet. Besonders eifrig waren in Verbreitung dieser Lügen nach dem Befehle des Bischofs die katholischen Priester. Zugleich gab man vor, der Artikel des Bundes mit Venedig, welcher venetianischen Truppen den Durchzug zusicherte, sei bei der Annahme den Gemeinden verschwiegen worden. Durch diese Ausstreuungen und durch die nie verstummenden Klagen wegen Bestechungen wurde im Frühjahre 1607 ein neuer großer Aufstand erregt. Die Scharen trafen sehr zahlreich wieder bei Chur zusammen, in der Absicht, den erwarteten Durchzug mit Gewalt zu verhindern. Von blinder Wuth gegen die angeblichen Verräther getrieben, ahndete die Menge nicht, daß die Urheber des Aufstandes einen völligen Bruch mit Frankreich und Venedig zu bewirken suchten, um endlich den Bund mit Spanien durchzusetzen. Von der Menge wurde wieder ein Strafgericht zu Chur aufgestellt, das ganz von der spanischen Faction beherrscht war und aus 44 Richtern und einer Wache von 384 Mann bestand. Dasselbe erließ am 10. April 1607 einen neuen Artikelbrief, der eine Veränderung der Bünde mit Frankreich und Venedig und ein Verbot des Durchzuges fremder Truppen, sowie die Fortsetzung der im Veltlin zum Schutz gegen die Spanier angefangenen Verschanzungen und der Pensionen für Privatpersonen enthielt. Den Geistlichen sollte die Theilnahme an weltlichen Sachen und an den Abstimmungen der Gemeinden und den für Venedig schon Angeworbenen der Abzug bei Lebensstrafe untersagt sein. Nachdem sich dann das Gericht mit Gewalt der Siegel der drei Bünde bemächtigt hatte, so wurde diese Verordnung, ohne den Gemeinden vorgelegt zu werden, wie die Verfassung gebot, von dieser revolutionairen Versammlung als allgemein verbindlich bekannt gemacht. Während sich dann das Gericht, weil die Frage über den Durchzug durch den Vergleich Venedigs mit dem Papste in den Hintergrund trat, nur mit Verfolgungen gegen die französische Partei beschäftigte, von welcher mehrere der bedeutendsten Häupter aus dem Lande entflohen waren, drangen plötzlich andere Parteiführer mit einer bedeutenden Macht in die Stadt Chur ein und nahmen drei Häupter der spanischen Faction, unter diesen den österreichischen Vogt zu Castels, Namens Beli, gefangen. Da nun aber das Strafgericht, nachdem es eins der geflüchteten Häupter der französischen Partei in Contumaz zum Tode und zum Verluste seines Vermögens, einen andern zu Bezahlung von 20,000 Kronen, andere zu theils noch höhern Bußen verurtheilt hatte, sich weigerte, den Proceß der gefangenen spanischen Anhänger vorzunehmen, so entstand heftiger Unwille gegen dasselbe. Der französische Gesandte reiste im Lande herum und bewirkte durch sein Geld, daß zuerst die Engadiner mit offenen Fahnen nach Chur zogen, deren Mahnungen bald andere folgten. Ihre Drohungen nöthigten die Stadt Chur, die Thore zu öffnen, und das Strafgericht, welches durch Zögern die Anhänger Spaniens zu retten gesucht hatte, wurde gezwungen, ihren Proceß sogleich vorzunehmen. Nachdem dann von Beli und einem zweiten, Hauptmann Baseiga, durch die Folter Geständnisse erpreßt waren wegen spanischer Bestrebungen, Anstiftungen zum Aufruhr u. s. w., und von Beli noch insbesondere wegen eines Versuches, das Bisthum Chur der Schirmvogtei des Gotteshausbundes zu entziehen und unter mailändische Schirmherrschaft zu bringen, so mußten beide zum Tode verurtheilt werden. Ueber die Schuld dieser und anderer Gestraften ein Urtheil zu fällen, hält immer schwer in solchen Zeiten, wo alle gesetzliche Ordnung aufgehört und eine wilde, von schlauen Führern irregeleitete Menge alle Gewalt an sich gerissen hat. Aber leugnen läßt sich nicht, daß viele Häupter beider Parteien durch ihre allgemein bekannte Verkäuflichkeit Neid und Erbitterung erregt und die Anschläge derjenigen, welche Zerrüttung und Anarchie suchten, nicht wenig gefördert haben.

Die französische Partei benutzte nun noch ihren Sieg, um den vom Strafgerichte erlassenen Artikelbrief aufzuheben und einen neuen zu errichten, nach welchem der französische und der venetianische Bund ungeschwächt sollten gehalten werden. Allmälig erhielt aber eine gemäßigtere Stimmung in mehreren Gemeinden die Oberhand. Der Obere Bund und einige Gemeinden des Zehengerichtenbundes riefen ihre Abgeordneten aus dem Strafgerichte zurück. Dennoch suchte dasselbe sich zu behaupten und die Regierung an sich zu reißen. Allein durch den Einfluß der französischen Partei wurde nun zu Ilanz ein neues Strafgericht aufgestellt und das erstere zu Chur war gezwungen, sich aufzulösen. Dieses Strafgericht nahm dann einen rechtlichern Gang. Es hob die Urtheile jenes Gerichtes auf und gab jedem Angeklagten sicheres Geleit zu seiner Vertheidigung. Allein die großen Kosten dieser Unruhen nöthigten auch dieses Gericht, hohe Bußen aufzulegen. Die Richter selbst äußerten, man müsse das Geld nehmen, wo es zu finden sei. Achtundzwanzig Graubündtner und 18 Angehörige aus den Unterthanenlanden wurden unter allerlei Vorwänden theils um Geld, theils an der Ehre gestraft, und einige auch verbannt und neun Gemeinden theils wegen Annahme des Vertrags mit Mailand (vom Jahre 1604), theils wegen des Aufruhrs mit Bußen belegt. Obgleich aber der französische Gesandte noch 30,000 Franken und Venedig 3000 Kronen zulegten, so wurde kaum ein Drittheil der Kosten gedeckt, und viele Gemeinden erlitten durch diese Unruhen große Verluste. — Das Uebergewicht, welches die französische Partei jetzt wiedergewonmen hatte, benutzte nun der Gesandte Heinrich's IV., um sich von den einzelnen Hochgerichten förmliche Urkunden zu verschaffen, daß man dem Könige und Venedig Alles halten werde, was die Bundesbriefe versprechen.

Das Strafgericht zu Ilanz endigte um Weihnacht 1607. Aber noch waren die Klagen gegen den Bischof wegen feindlicher Anschläge, die er durch den Voigt Beli mit dem Grafen von Fuentes angezettelt habe und wegen heimlicher Flucht, nicht erledigt. Da die katholischen Mitglieder des Strafgerichtes und aus Furcht vor Oesterreich diejenigen aus Unter-Engadin sich weigerten, darauf einzugehen, so wurde die Sache an die Gemeinden gebracht. Nach den Beschlüssen derselben wurde wieder ein Strafgericht gebildet und, obgleich Gesandte der sieben katholischen Cantone wiederholt verlangten, daß die Immunität des Bischofs, der nur vom Papste könne gerichtet werden, unverletzt bleibe, so wurde dennoch der Proceß vorgenommen, und der Bischof erkannte dadurch, daß er auf die Klagen antworten ließ, gewissermaßen das Gericht an. Dasselbe fällte dann (August 1608) folgendes Urtheil: der Bischof soll erklären, daß er die drei Bünde für seine rechte weltliche Obrigkeit anerkenne und sich keiner Regierungssachen annehmen wolle; dagegen soll er bei seinen Rechten geschützt werden. Wenn er sich bis Anfang Septembers nicht erklärt, daß er dies annehme, so soll er aus allen drei Bünden verbannt und seiner Würde entsetzt sein. Endlich bezahlt er an Kosten 600 Kronen und ebenso viel als Buße. Allein diesem Urtheile wurde keine Folge gegeben; die zugleich beschlossene Vorlegung vor den Gemeinden wurde verhindert und das zweideutige Verhältniß des Bischofs zu den drei Bünden dauerte fort. Doch wagte derselbe nicht mehr nach Chur zurückzukehren, sondern er hielt sich zu Feldkirch auf, später auf seinem Schlosse Fürstenburg im Vinstgau.

Einige Jahre fand nun kein gewaltthätiger Ausbruch der Parteiung mehr statt; aber allerlei Streitigkeiten zwischen Reformirten und Katholiken, Versuche, dem reformirten Gottesdienste auch im Misoxerthale Freiheit zu verschaffen, die Verbannung der Jesuiten und die Erklärung allgemeiner Gewissensfreiheit, alles dies unterhielt die Gährung und diente auch als Deckmantel für die politischen Umtriebe. Auf beiden Seiten standen fanatische Geistliche, denen solche Umtriebe, wozu die Kanzel benutzt wurde, mehr am Herzen lagen, als die Pflichten ihres Amtes. Im J. 1612 erregte der Streit über die Erneuerung des Bündnisses mit Venedig stärkere Bewegung. Nicht nur die spanische Partei, sondern auch der französische Gesandte arbeitete entgegen, da seit der Ermordung Heinrich's IV. das französische Cabinet unter der Regentin Maria von Medici sich Spanien wieder genähert hatte. Ueberdies war die Mehrheit dem venetianischen Bunde, der die Veranlassung zu den letzten Unruhen gewesen war, immer abgeneigter geworden. Derselbe wurde daher 1613 aufgekündigt, die Werbung abgeschlagen und auch den von Zürich und Bern für Venedig geworbenen Truppen der Durchzug verweigert. Dennoch liefen Viele aus Graubündten nach Bergamo, wo einige Compagnien für die Republik zusammengebracht wurden. Jetzt erschien der spanische Gesandte bei der Eidgenossenschaft, Casati, selbst im Lande und suchte durch lockende Versprechungen, besonders wegen Schleifung der Festung Fuentes, ein Bündniß mit Spanien zu Stande zu bringen. Mit neuer Heftigkeit erhoben sich daher die alten Factionen. Die Pfarrer eiferten gegen den Bund und auch die reformirten Orte der Eidgenossenschaft mahnten davon ab. Nur wenige Gemeinden nahmen die entworfenen Bundesartikel an. Damit verflocht sich die alte Eifersucht der Planta und der Salis und Privatfeindschaft zwischen den Häuptern der beiden Häuser. Herkules von Salis war für Venedig, Rudolf von Planta zu Zernetz schmeichelte sowol Spanien als Frankreich; aber sein großer Reichthum hatte schon lange Neid, sein Uebermuth Unwillen erregt. Indessen gelang es ihm (1617), das untere Engadin, Münsterthal und den größten Theil des Gotteshausbundes gegen die Freunde von Venedig in Bewegung zu bringen. Die Sicherung des Vaterlandes gegen fremden Einfluß gab wieder den Vorwand zu Befriedigung der Herrschsucht und des Parteihasses der Führer. Die aufgestandenen Gemeinden zogen mit offenen Fahnen nach Chur und setzten dort ein Strafgericht ein, welches die Gemeinden und Privaten, welche sich für Venedig erklärt hatten, mit hohen Bußen belegte. Auch gegen den Bischof Johannes Flugi erhob man Anklage, daß er sich seinem Eide zuwider in weltliche Angelegenheiten gemischt habe, worauf er aus dem Lande entfloh. Der französische Gesandte, Gueffier, der bei dieser Bewegung die Hand im Spiele hatte und einen Theil der Kosten soll bezahlt haben, entfernte sich jetzt plötzlich unter dem Vorwande, daß er nach Frankreich berufen sei, worauf das Strafgericht aus einander ging. Unterdessen hatten diejenigen, denen Bußen aufgelegt waren, sich an die Gemeinden des Obern und des Zehengerichtenbundes gewendet, die dann zu Ilanz ein anderes Gericht einsetzten. Dasselbe sprach alle von ersterem Gerichte Verurtheilten frei und legte nur den Hauptleuten, welche gegen das Verbot für Venedig geworben hatten, mäßige Bußen auf. Aber sobald es sich aufgelöst hatte, versammelte sich das erstere Gericht wieder, erklärte die Beschlüsse des letzteren für ungültig und legte denen, welche bei den andern Bünden Hilfe gesucht hatten, schwere Bußen auf. Kurz nachher (Februar 1618) verbot der spanische Statthalter zu Mailand den Waarentransport zwischen dem Mailändischen und Graubündten, in der Erwartung, die an der Handelsstraße liegenden Gemeinden zum Aufruhr zu bringen. Um dieselbe Zeit reiste der Erzherzog Leopold unter falschem Namen durch Engadin nach Italien und hielt zu Zernetz eine Zusammenkunft mit Rudolf Planta, was den Verdacht gegen diesen sehr verstärkte. Als nun im April 1618 die Synode der reformirten Geistlichkeit zu Bergün zusammentrat, so wurden auch die fortwährenden Umtriebe für ein Bündniß mit Spanien zur Sprache gebracht. Mit großer Heftigkeit erhob sich die Mehrheit gegen dasselbe, schloß diejenigen, welche dafür sprachen, von der Synode aus, und erließ an alle reformirten Gemeinden eine Zuschrift, worin zwar von Aufständen abgemahnt, aber die

Bestrafung Aller empfohlen wurde, welche Geld von Fremden erhalten haben, sie mögen zur spanischen oder zur venetianischen Partei gehören. Diese Zuschrift wurde dann in den reformirten Kirchen verlesen. Nun aber hetzten mehrere Pfarrer, die schon gewohnt waren, die Demagogen zu spielen und die von der Partei der Salis gegen die Planta gebraucht wurden, die Menge gegen die Anhänger Spaniens auf. Im Juli 1618 brach der Aufstand im untern Engadin aus. Angeführt von einigen Pfarrern, zogen die bewaffneten Scharen ins obere Engadin und mahnten alle Gemeinden in den drei Bünden zur Vereinigung und Aufstellung eines Strafgerichtes gegen die Schuldigen. Vergeblich suchten die in größter Eile zu Chur versammelten Pfarrer anderer Gemeinden die Führer zu Stillung des Aufstandes zu bewegen. Schon hatten zu viele Gemeinden Theil genommen. Als nun Planta sich weigerte mitzuziehen, wurde sein Haus zu Zernetz ausgeplündert; ihm selbst gelang es, mit den Seinigen auf österreichisches Gebiet zu entfliehen. Durch abgesendete Scharen wurden im Bergell und Veltlin Verhaftungen vorgenommen und die Gefangenen nach Tusis geliefert, wo sich die Haufen lagerten und ein Strafgericht aufstellten. Demselben wurden neun reformirte Pfarrer und einige katholische zugegeben; die letztern aber, meistens spanisch und päpstlich gesinnt, leisteten der Aufforderung nicht Folge. Die Geistlichen sollten zwar an den Urtheilssprüchen nicht Theil nehmen, aber sie leiteten dennoch Alles. Sie setzten die Klagpunkte auf, verhörten die Zeugen und waren bei Fällung der Urtheile gegenwärtig. Unter ihnen waren einige verwegene und übel berüchtigte Menschen, gegen welche die Bessern nicht wagten aufzutreten. Drei derselben zogen sogar mit Bewaffneten im Lande herum und nahmen Verhaftungen vor. Dieses fürchterliche Revolutionsgericht wüthete nun fünf Monate lang nicht nur gegen die wirklichen Anhänger Spaniens, sondern gegen jeden, der vom venetianischen Bunde abgerathen hatte und deswegen zu diesen gezählt wurde. Auch Reichthum war gefährlich und in einzelnen Fällen verrieth sich Privatrache. Geständnisse wurden durch die Folter erzwungen. Der 74 Jahre alte Landammann des Bergells, Baptista von Prevost, wurde enthauptet. Besonders heftige Aufregung verursachte unter den Katholiken im Veltlin der Tod des Erzpriesters von Sondrio, Nicolaus Rusca, der in Folge der Martern im Gefängniß starb, worauf sich das Gerücht verbreitete, er sei, weil man kein Geständniß habe erpressen können, vergiftet worden. Die Brüder Pompejus und Rudolf Planta nebst vielen andern wurden geächtet und auf ihre Köpfe Preise gesetzt. Der Bischof Flugi wurde entsetzt und bei Lebensstrafe aus ganz Graubündten verbannt.

Als sich dann dieses Strafgericht endlich gegen Ende des Jahres 1618 aufgelöst hatte, wurden unter dem Vorwande der Beschützung des katholischen Glaubens die Katholiken des Obern Bundes in Bewegung gebracht (April 1619). Sie lagerten sich eine Stunde von Chur. Gueffler, der jetzt wieder zurückkehrte, bewirkte dann, daß sich mehrere Gemeinden des Gotteshausbundes und auch die Stadt Chur mit ihnen verbanden. Dagegen erhoben sich nun die von dieser Partei bedrohten Anhänger des letzten Strafgerichtes, die Reformirten des Obern Bundes, die Engadiner und Bergeller, und zogen ebenfalls bewaffnet gegen Chur. Ein Versuch des Zehengerichtenbundes, zwischen den Parteien zu vermitteln, mißlang, da die zur Unterstützung versammelten Truppen sich für die spanische Partei gewinnen ließen. Unterdessen wurde die Partei der Engadiner von ihren Gegnern überfallen und mit Verlust einiger Todten und vieler Gefangenen verjagt, worauf die siegende Partei wieder ein Strafgericht zu Chur aufstellte, das den Verbannten sicheres Geleit ertheilte, die Urtheile des Strafgerichtes von Tusis aufhob, dessen Mitglieder und die beigeordneten Pfarrer vergeblich zur Verantwortung zu ziehen suchte und einen der letztern vogelfrei erklärte, aber wegen der großen Kosten auch starke Bußen auflegte. Zwar erhob sich jetzt eine dritte Partei, die sogenannten Neutralen, welche allgemeine Amnestie, Ausschließung der Häupter beider Parteien von allen Aemtern auf 20—30 Jahre und Entfernung aller fremden Gesandten vorschlug. Allein die Leidenschaftlichkeit und die Rachsucht der Parteihäupter und der Irrwahn der bethörten Menge vereitelte Alles, was zu Herstellung der Ordnung und des Friedens dienen konnte. Mit den steigenden äußern Gefahren stieg auch die Wuth der Parteien. Neuerdings griffen die Münsterthaler und die Engadiner zu den Waffen; andere Scharen schlossen sich an; das Strafgericht zu Chur wurde verjagt, der französische Gesandte genöthigt, das Land zu verlassen und zu Davos ein neues Gericht eingesetzt, um die Urtheile der beiden Gerichte von Tusis und von Chur zu prüfen. Auch bei diesem Gerichte, das bis zum Juni 1620 dauerte, übten wieder dieselben Pfarrer großen Einfluß. Die meisten Urtheile des Gerichtes von Tusis wurden bestätigt, die von der zu Chur herrschenden spanischen Partei gefällten hingegen aufgehoben. So warf sich jedesmal die siegende Partei zum Richter der andern auf. Eigenmächtig sandten auch die Führer zwei Pfarrer an den neuen König von Böhmen, den Kurfürsten Friedrich V. von der Pfalz, die von ihm 4000 rhein. Gulden erhielten zu Besetzung des Veltlins. Allein diese dringend nothwendige Maßregel wurde, obgleich die Gefahr dort immer drohender wurde, dennoch unterlassen.

Während dieser Parteikämpfe ließen sich die verbannten Häupter der spanischen Faction in verrätherische Pläne mit Spanien und Oesterreich ein. Der Druck, unter welchem das Veltlin seufzte, der Haß der Einwohner gegen die von ihren Herren begünstigte Reformation und die Erbitterung, welche besonders der Tod des Erzpriesters Rusca erregt hatte, Alles verkündigte einen gefährlichen Ausbruch. Mit spanischem Gelde warben die Rädelsführer umherstreichendes Gesindel und sammelten sich an der Grenze. Der Plan soll gewesen sein, gleichzeitig mit einer Empörung im Veltlin von Tyrol aus ins Münsterthal und Engadin, über Bellenz in Misox und von Vorarlberg her in den Zehengerichtenbund mit bewaffneten Banden einzubringen. Der Beschluß des Strafgerichtes, Truppen ins Veltlin zu schicken, wurde nicht ausgeführt und zu spät die reformirten Eidgenossen zu Hilfe gerufen. Zwar erklärten Zürich und Bern bei einer Zusammenkunft der reformirten Orte (20. Juli 1620), daß sie unverzüglich 3000 Mann nach Graubündten senden würden; Munition und Proviant hatte Zürich schon vorausgeschickt. Aber schon war der Mordanschlag im Veltlin zur Ausführung gekommen. In der Nacht vom 18. Juli führte der Anführer Robustelli seine Mörderbande nach Tirano und besetzte mit einer Abtheilung die Straße nach Poschiavo, damit kein Schlachtopfer entrinnen und kein Hilferuf nach Graubündten gelangen könne. Am 19., einem Sonntage, begann unter dem Geheul der Sturmglocke das Morden zu Tirano, und die katholischen Einwohner vereinigten sich mit den Mördern. Ohne Unterschied des Geschlechts oder Alters wurden die Reformirten in den Häusern und auf den Straßen gemordet. Glücklich, wer durch schnellen Tod martervoller Verstümmelung entging. Nur fünf Reformirten gelang es über die Berge zu entfliehen. Von Tirano eilten die Mörder nach Teglio, wo die Reformirten zum Gottesdienst eben versammelt waren, und nun alle gemordet wurden; 17 Männer nebst Weibern und Kindern, die sich in den Kirchthurm geflüchtet hatten, starben in dessen Flammen. Zu Sondrio schien sich anfänglich die katholische Bevölkerung mit den Reformirten zum Widerstand zu vereinigen; aber während der Nacht gelang es dem Erzpriester Parravicini und einigen andern, auch hier die Bevölkerung zum Morden zu fanatisiren. Ungefähr 140 traf dieses Loos, während 73 bewaffnete Männer glücklich sich durchs Malencothal ins Engadin zurückzogen. Der bündnerische Landvogt zu Sondrio, Andreas Travers, hatte, obgleich Katholik und zur spanischen Partei gehörend, auf die erste Nachricht von dem Aufruhr einen Boten ins Engadin gesandt; allein derselbe wurde nebst mehreren Flüchtlingen auf dem Wege ermordet. Dem Landvogt selbst wurde angekündigt, daß seine Gewalt ein Ende habe; acht Tage später entließ man ihn aus der Gefangenschaft, weil er zur spanischen Partei gehörte; mehrere andere bündnerische Beamte hingegen wurden gemordet. Zu Morbegno hinderten die Katholiken Niemanden an der Flucht, und selbst der reformirte Prediger wurde von Einigen begleitet, bis er in Sicherheit war. Als dann aber Mittwochs eine Rotte der Mörder auch dorthin kam, wurden die Zurückgebliebenen dort und zu Traona und Dubino ebenfalls gemordet. Einer, der sich lange verborgen hatte, wurde fünf Wochen später verbrannt. Auch außer die Grenzen des Veltlins, in das bündnerische Dorf Brusio, führte Robustelli eine Schar, mit der sich auch Katholiken von Brusio verbanden. Zwanzig Häuser der Reformirten wurden verbrannt, die Flüchtenden verfolgt und 27 derselben niedergemacht. — Die Zahl der Schlachtopfer wird im Ganzen auf ungefähr 600 berechnet. Fanatismus und Raubsucht wirkten zusammen zum Verderben dieser Unglücklichen. Selbst Priester zogen an der Spitze der Banden herum, mit eigener Hand mordend. Auch Gräber wurden umgewühlt und die Leichname in die Adda geworfen oder verbrannt. Die Rotten durchstreiften auch das Gebirge und mordeten die Flüchtlinge, andere kamen dort vor Hunger um. — Veltlin und Bormio erklärten sich hierauf für unabhängig und der Anführer der Mörderbanden, Robustelli, trat mit dem Titel eines Generalcapitains als Haupt der Regierung auf. So wurden durch diese neue Bartholomäusnacht Veltlin und Bormio der bündnerischen Oberherrschaft für längere Zeit entrissen und die reformirte Confession dort für immer vertilgt. Die dritte bündnerische Vogtei, Chiavenna, hingegen wurde damals noch gerettet und den Mördern das Eindringen verwehrt.

Mit dem Aufruhr des Veltlins entwickelten sich nun auch die fernern Pläne der Feinde Graubündtens. Um den Paß aus dem Mailändischen ins Tyrol durch Veltlin und Bormio zu benutzen, war auch der Besitz des Münsterthales nothwendig. Schon am 26. Juli drangen die verbannten Brüder Rudolf und Pompejus Planta mit österreichischen Truppen in das Thal ein. Die größtentheils katholischen Einwohner des Dorfes Münster begünstigten den Einfall, und als die reformirten Thalbewohner, verstärkt durch eine Anzahl Engadiner, Widerstand versuchten, wurden sie in die Flucht geschlagen. Das Thal wurde ausgeplündert, mehrere reformirte Dörfer verbrannt und sechs Greise, die nicht entfliehen konnten, gemordet; die übrigen Reformirten zerstreuten sich in Graubündten und in der reformirten Schweiz. Alle im Thale zurückgebliebenen Einwohner mußten Oesterreich huldigen, denn es sollte ganz von Graubündten abgerissen werden. Unterdessen drangen etwa 1400 Mann aus dem Obern und dem Gotteshausbunde von Chiavenna aus ins Veltlin ein und gelangten bis in die Nähe von Morbegno. Eine andere Abtheilung, aus Mannschaft des Zehengerichtenbundes bestehend, zog durch das Malencothal nach Sondrio und besetzte diesen Ort. Allein diese anfänglichen Erfolge wurden nicht rasch genug benutzt, sodaß der Statthalter zu Mailand Zeit gewann, den Veltlinern Hilfe zu senden und die Graubündner sich mit einigem Verluste zurückzogen.

Durch den Veltlinermord war die politische Seite des Parteikampfes einigermaßen in den Hintergrund getreten und derselbe konnte desto leichter als Kampf für den katholischen Glauben dargestellt werden. In diesem Sinne wirkten auf die zahlreichen Katholiken des Obern Bundes mehrere zurückgekommene Verbannte, die benachbarten katholischen Eidgenossen und der Abt von Disentis, welchem auch nicht ohne Wahrscheinlichkeit Mitwissenschaft an dem Mordanschlage gegen die Reformirten des Veltlins Schuld gegeben wird. Dadurch erhielt allmälig die spanische Faction im Obern Bunde das Uebergewicht. Unterdessen führten Zürich und Bern trotz der Abmahnungen der katholischen Orte und des französischen Gesandten ihren frühern Beschluß aus, 3000 Mann den Graubündnern zu Hilfe zu schicken. Vergeblich besetzten die fünf Orte Mellingen, um den Marsch der Berner zu verhindern; diese zogen durch die Grafschaft Baden nach Zürich; und als dann die fünf Orte auch die Gegend zwischen dem Züricher- und Walenstattersee besetzten und den Durchzug verweigerten, so zogen die vereinigten Züricher und Berner durch Toggenburg nach Graubündten. Am 1. Sept. drangen dann diese durch den Zuzug aus dem Gotteshausbunde und dem Zehngerichtenbunde auf 4—6000 Mann verstärkten Truppen ins Wormsergebiet ein und vertrieben die Spanier und Insurgenten aus ihren Verschanzungen. Worms wurde besetzt und durch ein glückliches Gefecht bei Sondalo der Eintritt ins Veltlin gewonnen. Der hierauf unternommene Angriff auf Tirano, wo die Hauptmacht der Spanier und der Insurgenten lag, mislang durch Uebereilung der Bernertruppen, welche das erste Treffen bildeten und statt nach der Abrede die Ankunft der beiden andern Flügel abzuwarten, sich in einen Hinterhalt locken ließen, wo sie bedeutenden Verlust erlitten. Die Ankunft der Züricher und der Graubündtner stellte jedoch das Treffen her. Nach mehrstündigem Kampfe wurden die Feinde aus allen ihren Stellungen vertrieben und bis unter die Mauern von Tirano verfolgt. Aber zu einem Angriffe auf die Stadt mangelten Sturmleitern; überdies waren die Truppen ermüdet und die Munition fing an zu mangeln. Die Führer beschlossen daher den Rückzug nach Bormio.

Das Mislingen dieser Unternehmung erregte viele Misstimmung unter den Truppen. Das Ausreißen begann in solchem Grade, daß zuletzt auch die Züricher, Davoser und die ausgewanderten Münsterthaler nach fruchtlosen Versuchen, die andern zurückzuhalten, Bormio verlassen und sich ins Engadin zurückziehen mußten. Dort blieben die Züricher und Berner einstweilen stehen; die Graubündtner hingegen zerstreuten sich in ihre Heimath. Unterdessen hatten die Häupter der spanischen Partei im Obern Bunde bewirkt, daß in den fünf Orten mit spanischem Gelde 1500 Mann geworben wurden, die am 10. Sept. zu Disentis ankamen und hierauf bis Reichenau vorrückten. Der Terrorismus, welchen die Faction unter ihrem Schutze nun übte, zwang auch die reformirten Gemeinden des Obern Bundes zur Unterwerfung. Um aber ihr Vorrücken in den Gotteshausbund zu verhüten, zogen die Züricher und Berner im October aus dem Engadin nach Maienfeld und besetzten die Gegend zwischen Chur und Luziensteig. So standen wieder eidgenössische Truppen einander feindlich gegenüber, während man sich auf den Tagsatzungen über die zu ergreifenden Maßregeln stritt. Erst im December 1620 vereinigte man sich endlich zu Absendung von Gesandten aus allen 13 Orten. Allein während bei den veranstalteten Unterhandlungen verabredet wurde, daß die Streitigkeiten zwischen den drei Bünden durch Gueffier, der, eingeladen von den Bündtnern, zurückgekehrt war, und durch die eidgenössischen Gesandten sollten entschieden werden, schickten die Machthaber im Obern Bunde Gesandte nach Mailand an den Herzog von Feria. Deswegen verließen die Gesandten der reformirten Orte und zugleich die Bernertruppen Graubündten, und bald folgten ihnen auch die katholischen Gesandten. Die Zürichertruppen blieben hingegen zu Maienfeld und ebenso die Truppen der fünf Orte im Obern Bunde. Am 6. Febr. 1621 schlossen nun jene Gesandten des Obern Bundes zwei Verträge mit dem Herzoge von Feria. Der eine wegen Rückgabe von Veltlin und Bormio enthielt die Bestimmung, daß in mehreren befestigten Orten theils fünf, theils acht Jahre lang spanische Besatzungen bleiben, einzig die katholische Religion geübt werden, die vertriebenen Reformirten, wenn sie ihre Güter nicht verkaufen, sich jährlich nicht länger als vier Monate dort aufhalten und für alles Vorgefallene gänzliche Amnestie stattfinden solle. Der zweite Vertrag war ein immerwährendes Bündniß Spaniens mit dem Obern und denjenigen Gemeinden der beiden andern Bünde, welche diese Bedingungen annehmen würden; denn nur an diese sollten die beiden Provinzen zurückgegeben werden. Durch den Terrorismus, welchen die Truppen der fünf Orte und katholische, von Spanien besoldete Scharen des Obern Bundes übten, wurden auch die dortigen reformirten Gemeinden gezwungen, diese Verträge anzunehmen.

Gegen diese bundeswidrige Annahme einseitiger Verträge erhob sich aber eine neue Partei, welche sich „Gutherzige" nannte und schnell im Gotteshausbunde und im Zehengerichtenbunde starken Zulauf erhielt. Am 30. März schlugen sie die Truppen des Obern Bundes bei Tusis in die Flucht und nun schlossen sich auch die dortigen reformirten Gemeinden an. Um nicht abgeschnitten zu werden, zogen sich die Truppen der fünf Orte von Reichenau nach Ilanz zurück. Da aber immer mehrere Gemeinden nachrückten, so sahen sie sich genöthigt, nach Disentis und über die Oberalpen ins Urserenthal zurückzuweichen. Während dieser Bewegung waren auch die zu Maienfeld stehenden Züricher nach Ems vorgerückt, wie es scheint, um im Nothfall den Bündtnern bei Vertreibung der Truppen aus den fünf Orten beizustehen. Dann kehrten sie nach Maienfeld zurück. Die Gemeinden des Obern Bundes sahen sich nun genöthigt, den Bundesbrief der drei Bünde wieder zu beschwören und damit einseitigen Bündnissen zu entsagen. Als hierauf (April 1621) ungefähr 1000 Spanier, denen der Landvogt zu Bellenz Durchzug erlaubte, ins Misoxerthal einrückten, so wurden sie mit bedeutendem Verluste wieder vertrieben, und da nun auch das Misoxerthal den Bundesbrief wieder beschwören mußte, so schien ganz Graubündten, mit Ausnahme des von den Oesterreichern besetzten Münsterthales, wieder vereinigt. Der spanische Bund war vernichtet und die Anschläge, den Obern Bund als einen neuen Ort der Eidgenossenschaft von den beiden andern abzureißen und diesen Spanien und Oesterreich preiszugeben, schienen vereitelt.

Während dieser Ereignisse schloß der französische Gesandte zu Madrid, Bassompierre, einen Vertrag ab, nach welchem in Chiavenna, Veltlin und Worms die frühern Verhältnisse unverändert sollten hergestellt, gegenseitig die Truppen zurückgezogen, völlige Amnestie erklärt und Alles aufgehoben werden, was seit 1617 in den drei Provinzen zum Nachtheil der katholischen Religion war eingeführt worden. Der König von Frankreich nebst den 13 Orten der Eidgenossenschaft und Wallis sollten versprechen, die Beobachtung zu bewirken. Dieser Vertrag wurde von Graubündten förmlich angenommen und die reformirten Orte erklärten sich bereit zu Uebernahme der geforderten Garantie. Allein die katholischen Orte machten Einwendungen, und es wurden durch den päpstlichen Nuntius und den französischen Gesandten Zusätze zu dem Madridervertrage verabredet, durch welche die Restitution des Veltlins noch bedingt werden sollte, und die für die Reformirten in Graubünden selbst sehr gefährlich waren. Auch den Jesuiten wäre dadurch der Zutritt geöffnet und dem Bischofe von Chur Rechte zugesichert worden, die der politischen und kirchlichen Freiheit Gefahr drohten. Als nun Gueffier die Annahme dieser Bedingungen durchzusetzen suchte, der Bundestag aber auf der Annahme des unveränderten Madridervertrags beharrte, so entstand durch die Verzögerung der Restitution des Veltlins neuerdings heftige Gährung. Der durch ihre Führer aufgewiegelten Menge schien es leicht, sich dieser Landschaften wieder zu bemächtigen. Kaum 6000 Mann stark, ohne Geräthe und schlecht bewaffnet, sammelten sich trotz aller Abmahnungen die zuchtlosen Haufen im Ober-Engadin. Sie drangen zwar bis Bormio vor, das von den Einwohnern verlassen war; aber das Städtchen gerieth durch das Geschütz der dabei errichteten kleinen Festung, wo eine starke spanische Besatzung lag, in Flammen, und nachdem die Bündtner durch einen Ausfall aus der Festung noch einigen Schaden gelitten hatten, so kehrten sie, da es ihnen gänzlich an Lebensmitteln und allem Bedarf zu Belagerung der Festung fehlte, von dem unbesonnenen Feldzuge ins Engadin zurück. Derselbe wurde nun, obgleich nicht gegen Oesterreich unternommen, als Vorwand zu Abbrechung der Unterhandlungen benutzt, welche schon seit einiger Zeit stattfanden, wegen der von Oesterreich angeordneten Verhinderung alles Verkehrs. Unmittelbar nach jenem Zuge reiste der Befehlshaber der österreichischen Truppen im Münsterthale, Baldiron, mit dem Verräther Rudolf Planta nach Mailand, wo dann der Angriff auf Graubünden verabredet wurde. Am 26. Oct. 1621 drang Baldiron mit 8000 Mann unter fürchterlicher Verheerung und Plünderung in Unter-Engadin ein. Ungeachtet ihrer Tapferkeit mußten die Einwohner endlich der Uebermacht erliegen. Der einzige Reichthum des Landes, das Vieh, wurde an mehreren Orten weggetrieben und in Tyrol verkauft. Am folgenden Tage drangen andere österreichische Truppen aus Vorarlberg ins Prättigau gegen Klosters ein, verbrannten 75 zerstreute Gebäude und mordeten sogar Weiber und Kinder. Nach hartem Kampfe wurden sie endlich zurückgetrieben. Zwei Tage nachher rückte der Herzog von Feria mit 7—8000 Mann gegen Kleven an. Die dort stehenden 400 Bündtner mußten endlich der Uebermacht weichen, als ihre Stellung umgangen ward. Viele reformirte Einwohner wurden gemordet und die Häuser geplündert. Dann wurde auch das Bergell ausgeplündert und drei Dörfer dort verbrannt. Bald folgte ein gänzliches Verbot des reformirten Gottesdienstes in dieser Landschaft. Der dreifache Angriff verbreitete großen Schrecken in Graubünden und die Wirkungen der innern Parteiung blieben nicht aus. Der Obere Bund unterhandelte einzeln mit dem Herzoge von Feria. Dasselbe geschah von der Stadt Chur und andern Gemeinden des Gotteshausbundes. Die Ober-Engadiner und Bergeller erhielten von Baldiron nur unter der Bedingung Waffenstillstand, daß sie die Waffen ausliefern, jedem Bündnisse mit den acht Gerichten und Unter-Engadin entsagen und den Oesterreichern Durchpaß gestatten sollten. Um der Verwüstung und dem Morde zu entgehen, unterwarfen sie sich den harten Bedingungen. Die acht Gerichte und Unter-Engadin, die in mehreren Verträgen, unter andern auch in der Erbvereinigung mit Kaiser Maximilian I. (1518), mit ausdrücklicher Anerkennung ihrer Freiheiten und Rechte als zu Graubünden gehörend erscheinen, diese Landschaften sollten jetzt wegen einzelner bestimmter Rechte, die Oesterreich dort besaß, von Graubünden abgerissen werden. Die Einwohner der acht Gerichte mußten sich nun Baldiron unterwerfen und, von österreichischen Truppen umringt, auf den Knien um Gnade bitten, ihre Waffen ausliefern, allen Bündnissen entsagen, die Bundesbriefe mit Frankreich und mit den Eidgenossen übergeben und Oesterreich den Unterthaneneid leisten. Dann wurde auch Maienfeld, wo Oesterreich keinerlei Rechte hatte, und bald nachher die Stadt Chur besetzt. Die zum Gotteshausbunde gehörenden Gemeinden Bergün, Ober-Engadin und Poschiavo mußten versprechen, niemals gegen Oesterreich die Waffen zu führen und ohne dessen Bewilligung keine Bündnisse zu schließen, oder ihre Magistrate einzusetzen oder zu verändern. Im Unter-Engadin und im Prättigau wurden zugleich einzelne Punkte befestigt und die Einwohner dabei zum Frohndienste gezwungen. Auch wurden aus Unter-Engadin und Prättigau alle reformirten Prediger verjagt und Capuciner ins Land berufen.

Der Bund der drei Bünde schien seiner gänzlichen Zerstörung entgegenzugehen. Von den reformirten Orten konnten wegen der Parteiung in der Eidgenossenschaft und wegen des Schreckens, welchen die Unterjochung Böhmens durch Ferdinand II. verbreitet hatte, nur fruchtlose Vermittelungsversuche gewagt werden. Gesandte des Obern und des Gotteshausbundes schlossen zu Mailand ein Bündniß mit Spanien und einen Vertrag über Veltlin und Bormio, nach welchem Graubünden gegen eine jährlich von diesen Landschaften zu bezahlende Summe allen Hoheitsrechten entsagen sollte. Zugleich schlossen dieselben Gesandten mit österreichischen Abgeordneten einen Vertrag, durch welchen der katholischen Kirche wichtige Vorrechte eingeräumt, die Schirmvogtei über das Hochstift Chur vom Gotteshausbunde an Oesterreich übertragen, das Gesetz, nach welchem nur ein geborener Bündtner zum Bischof gewählt werden durfte, aufgehoben und der Obere und der Gotteshausbund nebst der Herrschaft Maienfeld gezwungen wurden, nicht nur den Bündnissen mit den acht Gerichten, dem Unter-Engadin und dem Münsterthale zu entsagen, sondern auch Oesterreich gegen dieselben Hilfe zu leisten, wenn sie sich wieder gegen dessen Herrschaft auflehnen sollten; denn die Vertheidigung ihrer bisher anerkannten Rechte wurde jetzt als wirkliche Empörung dargestellt. Noch wurde in diesem Vertrage festgesetzt, daß zu Chur und Maienfeld einstweilen zwölf Jahre lang österreichische Besatzungen bleiben sollen. So sollte auch zu Ausbreitung der österreichischen Herrschaft über den Gotteshausbund der Grund gelegt werden. Unterdessen waren aber die Prättigauer durch die fortdauernden Mishandlungen und durch die gänzliche Unterdrückung des reformirten Gottesdienstes zur Verzweiflung gebracht worden. Da nur Einzelne Waffen verborgen hielten, so verfertigten sie heimlich in den Wäldern gewaltige Keulen. In der Nacht vom 23. April 1622 wurden die Oesterreicher im Prättigau von ihnen überfallen, mehrere hundert erschlagen, die übrigen theils gefangen genommen, theils verjagt und hierauf die Luziensteig besetzt. Bald erhoben sich auch die andern Gemeinden des Zehengerichtenbundes; zahlreiche Scharen ausgewanderter Bündtner und Freiwilliger aus den Cantonen Zürich und Glarus eilten herbei, und als am 30. April der Freiherr Rudolf von Salis und einige andere angesehene Bündtner von Zürich bei den vor Maienfeld stehenden Scharen anlangten, so kam Plan und Ordnung in die anfänglich ungeregelten Unternehmungen. Oesterreichische Truppen, die von Feldkirch einzudringen suchten, wurden am Fläscherberg mit Verlust von 300 Mann geschlagen. Baldiron, der zu Chur lag, suchte vergeblich seine Verbindungen mit Maienfeld durch mehrere Gefechte herzustellen, und als der Obere Bund ihm Hilfe sandte, brachen seine Gegner die Rheinbrücke bei Reichenau ab und verhinderten dadurch deren Marsch nach Chur. Dagegen erhielt Baldiron einen Zuzug spanischer Truppen von Cleven her, mit denen er Schalfik furchtbar verheerte. Als nun alle Versuche, Maienfeld zu entsetzen, durch die Tapferkeit der Bündtner vereitelt worden und der Zulauf aus Zürich und Glarus, trotz der Wachen, welche die fünf katholischen Orte und der Abt von St. Gallen dagegen aufstellten, sich vermehrte, so übergaben endlich die Oesterreicher (1. Juni) Maienfeld. Die Besatzung erhielt freien Abzug nach Feldkirch gegen das, nachher nicht gehaltene, Versprechen, niemals mehr gegen Graubündten die Waffen zu führen. Alsbald wurde eine Abtheilung des Heeres nach Tiefenkasten gesandt, dessen 700 Mann starke Besatzung aber den Sturm nicht abwartete, sondern unter der Bedingung freien Abzuges nach Cleven den Ort übergab. Jetzt wurde das Heer gegen Chur geführt, wo die Oesterreicher starke Feldbefestigungen angelegt hatten. Der Stadt wurde das Trinkwasser abgeschnitten, und als man beschäftigt war, einen Bach abzuleiten, der die Mühlen der Stadt treibt, half ein Bergsturz, der den Bach von der Stadt absperrte, was als besondere göttliche Fügung den Muth der Truppen sehr erhöhte. In einer Nacht bemächtigten sie sich der Verschanzung auf der Anhöhe über dem bischöflichen Schlosse, von wo ihre Kugeln die Straßen der Stadt bestrichen. Am 17. Juni sah sich Baldiron genöthigt, Chur zu übergeben. Seine Truppen, die noch über 2000 Mann betrugen, erhielten ebenfalls freien Abzug nach Chiavenna.

Sobald Chur befreit war, beschlossen die Anführer die Herstellung des Bundes der drei Bünde. Salis führte das Heer nach Ilanz, Lugnez und Disentis, die allein noch widerstanden, mußten sich unterwerfen. Dann wurde auf einem Bundestage gänzliche Amnestie ohne Ausnahme, Aufhebung aller neuen Verträge mit Oestreich und Spanien und Ausrüstung von 3600 Mann unter Rudolf von Salis beschlossen. Nun wurden die Oesterreicher unter abwechselnden Gefechten ganz aus Unter-Engadin vertrieben. Der Krieg aber dauerte mit gegenseitigen Streifzügen an den Grenzen bis in den September 1622 fort. Geld und Munition wurde fortwährend durch die reformirten Städte der Schweiz zu dem Heere gesandt.

Diese vom Prättigau ausgegangene Erhebung eines für seine Freiheit Alles opfernden Volkes bleibt für immer ein rühmliches Blatt in der Geschichte Graubündtens, ungeachtet des neuen, größern Unglücks, das bald wieder hereinbrach. Während nämlich eidgenössische Gesandte mit Oestreich wegen eines Waffenstillstandes für Graubündten unterhandelten, dessen Anfang aber der Erzherzog Leopold bis zum 4. Sept. verzögerte, wurden die österreichischen Truppen im Vinstgau zusammengezogen und fielen dann unter dem Grafen Alwig von Sulz mit großer Uebermacht in den letzten Tagen des August wieder in Unter-Engadin ein. Die in den dortigen Dörfern zerstreuten Truppen wurden überall zurückgetrieben, und was bei den vorigen Brandzügen noch verschont geblieben war, wurde jetzt ein Raub der Flammen. Am 3. Sept. rückten sie auch in Ober-Engadin vor. Salis sah sich durch die Uebermacht und da seine Truppen auch durch Ausreißen geschwächt waren, zum Rückzug nach Davos und dann ins Prättigau genöthigt. Dort wagte er noch bei Raschnals in der Gemeinde Saas einen entscheidenden Kampf. Schon hatten die Prättigauer einen großen Theil des feindlichen Heeres in die Flucht geschlagen, als es dem Grafen von Sulz gelang, die Schlacht herzustellen und die Prättigauer zu umgehen. Hilfstruppen, die von Chur und aus andern Gemeinden am Tage der Schlacht durch Schalfik herbeieilten, kamen zu spät und mußten sich wieder zurückziehen. Jetzt wurden die Bündtner zum Weichen gebracht. In diesem Augenblicke des untergehenden Vaterlandes wollten 30 Prättigauer die Freiheit nicht überleben. Wie von den alten Rhätiern Horaz sagt: devota morti pectora liberae, so stürzten sie sich in die Feinde und endigten ruhmvoll unter Haufen erschlagener Gegner. Einhundertundachtzig Bündtner lagen todt auf der Wahlstatt. Viele Gefangene wurden noch niedergemacht. Unter grausamen Verheerungen mit Feuer und Schwert rückten die Oesterreicher durch Prättigau herab, während Salis sich mit dem Reste seiner Truppen aus dem Thale an die Rheinbrücke zurückzog, wo sie sich auflösten und größtentheils in die reformirten Orte der Schweiz flohen. Auch Chur und Maienfeld wurden jetzt wieder von den Oesterreichern besetzt.

Ein Vertrag, welchen dann österreichische Abgeordnete in Verbindung mit dem päpstlichen Nuntius Scapinus und dem spanischen Gesandten in der Schweiz, Casati, bei einer Conferenz mit eidgenössischen Gesandten zu Lindau vorschrieben, mußte nun vom Obern und Gotteshausbunde angenommen werden und riß nicht blos neuerdings die acht Gerichte und Unter-Engadin von Graubündten ab, sondern enthielt auch mehrere Bestimmungen, wodurch die Rechte der reformirten Kirche aufs Höchste gefährdet wurden. Der Zustand eines großen Theiles des Landes war in der That beklagenswerth. Die Freiheit war verloren, der evangelische Glaube in großer Gefahr, in einem Theile des Landes ganz unterdrückt und das größte Elend stand bevor. Der Winter rückte heran; zahllose Häuser und Dörfer waren mit allen Vorräthen verbrannt. Das Vieh war geraubt und mit der Kälte kam Hungersnoth und eine furchtbar wüthende Seuche.

Indessen mußten die Fortschritte der spanisch-österreichischen Macht endlich auch den französischen Hof beunruhigen. Im Februar 1623 schlossen Frankreich, Savoyen und Venedig ein Bündniß, um Graubündten wieder in Besitz der verlorenen Landschaften zu setzen. Nun aber gelang es den päpstlichen Agenten unter dem Vorwande einen Krieg zu verhüten, in der That aber um die Vollziehung des Madridervertrags, der den Reformirten Religionsfreiheit in den drei Landschaften gestattete, zu verhindern, von den Königen von Frankreich und Spanien die Einwilligung auszuwirken, daß während der Unterhandlungen über die Restitution alle drei Landschaften vom Papste sollen sequestrirt und mit päpstlichen Truppen besetzt werden. Die Besetzung von Kleven wurde dann vom Nuntius zu einem Versuche benutzt, auch in dem benachbarten Hochgerichte Bergell die reformirte Confession zu unterdrücken, indem alle Kirchen daselbst von Capucinern in Besitz genommen wurden.

Die spanisch-österreichische Herrschaft über Graubündten schien jetzt für dauernd befestigt, als der Cardinal Richelieu im J. 1624 an die Spitze der Verwaltung in Frankreich gelangte. Seine auswärtige Politik, die auf Schwächung des Habsburgischen Hauses gerichtet war, erforderte zunächst, daß das spanisch-österreichische Uebergewicht in Italien und in Graubündten gebrochen, Kleven, Veltlin und Worms, um die unmittelbare Verbindung zwischen Mailand und Tyrol zu verhindern, scheinbar den Graubündtnern zurückgegeben werden, in der That aber in französischer Gewalt bleiben sollten. Im Einverständniß mit Zürich und Bern wurden nun Anstalten zu einem Feldzuge nach Graubündten getroffen. Das Gerücht, daß sich Truppen der teutschen ligistischen Armee der Schweizergrenze nähern, gab den Vorwand zu Werbungen in den Cantonen Zürich und Bern und im Wallis. In der Gegend von Zürich sammelten sich ungefähr 1100 ausgewanderte Graubündtner und an der Solothurnergrenze näherten sich einige französische Truppen. Plötzlich (26. Oct. 1624) brachen die Graubündtner von Zürich auf, gingen bei Nacht über das Gebiet von Schwyz und kamen, nachdem sich zwei Fahnen Glarner mit ihnen vereinigt hatten, am 28. nach Graubündten, wo sie sogleich die Rheinbrücke, die Luziensteig und den Eingang ins Prättigau besetzten. Aus den Städten Chur und Maienfeld waren die österreichischen Besatzungen schon im Frühjahre zurückgezogen worden. Der Vorhut folgte dann das im Namen von Frankreich geworbene, 5—6000 Mann starke Heer. Jetzt beschworen die durch die Oesterreicher abgerissenen Theile, die acht Gerichte, Unter-Engadin und Münsterthal, wieder den Bund der drei Bünde. Den Eingang ins Veltlin über Poschiavo eröffnete sich das Heer durch Eroberung des stark befestigten Engpasses Piata Mala und schloß dann Tirano ein. Durch Abgeordnete erklärte nun Bormio seine Unterwerfung unter die bündtnerische Hoheit. Aber mit den Veltlinern zu Tirano schloß der Anführer des Heeres, Marschall von Coeuvres, einen Vertrag, der dann nachher auch von den übrigen Gemeinden des Veltlins angenommen wurde und die zweideutigen Absichten der französischen Regierung verrieth. Nach demselben sollte sich Veltlin dem Schutze des Königs von Frankreich unterwerfen und jedem seit fünf Jahren mit andern Fürsten geschlossenen Vertrage entsagen. Kein befestigter Ort soll den Bündtnern übergeben und dieselben im obern Theile des Landes nirgends mit Besatzung belegt werden. Die bestehende Regierung, deren Haupt der Mörder Robustelli war, bleibt bis auf weitere Verfügung des Königs und der verbündeten Fürsten. Die Streitigkeiten mit Graubündten sollen beförderlich mit Sicherstellung der Veltliner entschieden werden. Einer Restitution des Veltlins, wie der Vertrag von Madrid forderte, geschieht keine Erwähnung. Nach Abschluß dieses Vertrags wurde Tirano übergeben; und die päpstlichen Truppen sahen sich genöthigt, das Veltlin zu verlassen. Während dann die Hauptarmee, ohne bedeutenden Widerstand zu finden, durch Veltlin hinabzog, wurde eine Abtheilung durch Bergell nach Kleven gesandt, welche sich der Stadt bemächtigte, aber in dem Schlosse hielt sich die spanische Besatzung bis in den März 1625. Unterdessen besetzte der Herzog von Feria das stark befestigte Riva oben am Comersee und die benachbarten Orte mit einer bedeutenden Truppenzahl, und es fanden nun durchs ganze Jahr 1625 und bis zum Monat Mai 1626 in dieser Gegend und auf den benachbarten Bergen wiederholte, aber Nichts entscheidende Gefechte statt. Obgleich aber die Bündtner dabei thätig mitwirkten, so konnten sie doch von Coeuvres erst nach vielfachen Bemühungen nur die Rückgabe von Bormio und Chiavenna erhalten, wo wieder bündtnerische Beamte eingesetzt wurden. Die Restitution des Veltlins wurde hingegen verweigert und der begonnene Bau von zwei Festungen bei Tirano und ganz unten im Lande bei Traona bestätigte den Verdacht, daß die Franzosen sich für immer im Besitze des Veltlins behaupten wollen.

Während nun noch auf den Grenzen von Veltlin und Kleven gekämpft wurde, schloß Richelieu ohne Theilnahme von Venedig, das große Anstrengungen für diesen Krieg gemacht hatte, zu Monzona in Aragonien (5. März 1626) einen Vertrag mit Spanien über die drei Landschaften. Durch denselben wurde der Vertrag von Madrid aufgehoben und die reformirte Confession gänzlich verboten. Die Einwohner erhalten das Recht, alle Beamten frei aus ihrer Mitte oder aus den katholischen Bündtnern zu wählen, und die Bündtner müssen dieselben bestätigen und können an deren Beschlüssen und Urtheilen Nichts verändern. Dafür bezahlen die drei Landschaften jährlich an Graubündten 25,000 Gulden. Endlich sollen diese Herrschaften unverweilt dem Papste wieder übergeben werden und die Bündtner dürfen keine Besatzungen in dieselben legen. Dieser Separatvertrag erregte in Venedig großen Unwillen. Die bündnerischen Gemeinden wagten zwar nicht, denselben förmlich auszuschlagen, aber sie verlangten bedeutende Veränderungen. Unterdessen errichteten sie zu Leitung der Angelegenheiten einen eigenen Staatsrath mit nicht unwichtigen Vollmachten. Während sie indessen vergeblich am französischen Hofe unterhandelten, rückten die päpstlichen Truppen wieder in die drei Herrschaften ein und im Frühjahre 1627 wurden diese durch die Franzosen völlig geräumt. Die Veltliner schlossen sich jetzt wieder mehr an Spanien an und auch in Graubündten hatte die französische Treulosigkeit wieder Annäherung an Oesterreich und Spanien bewirkt, sodaß Gesandte nach Innsbruck geschickt wurden, um wegen Erneuerung der Erbvereinigung zu unterhandeln. Der steigende Einfluß von Spanien konnte aber Frankreich um so weniger gleichgültig sein, da ein neuer Krieg zwischen den beiden Staaten drohte, als nach dem Erlöschen der ältern Linie des herzoglichen Hauses Gonzaga zu Mantua (December 1627) Frankreich für die Ansprüche des Herzogs von Nevers, Spanien für die des Prinzen von Guastalla die Waffen ergriff. Der Krieg begann im März 1629 in Piemont und Montferrat. Nun rückte plötzlich am 27. Mai durch die Luziensteig die Vorhut eines 40,000 Mann starken österreichischen Heeres in Graubündten ein und besetzte alle wichtigen Punkte auf der Straße nach Italien. Unter fürchterlichen Verwüstungen durchzog der größere Theil des Heeres das Land, während die zu Behauptung der Pässe Zurückbleibenden nach Art der im dreißigjährigen Kriege verwilderten Horden durch ihre Räubereien namenloses Elend verbreiteten, das durch Hungersnoth und eine Seuche noch vermehrt wurde. Unterdessen wurde der Krieg in Italien mit wechselndem Erfolg fortgesetzt, bis die Fortschritte Gustav Adolf's in Teutschland den Kaiser nöthigten, seine Streitkräfte gegen diesen Gegner zu sammeln. Im April 1631 wurde zu Chierasco ein Friede geschlossen, durch welchen sich der Kaiser verpflichtete, den Herzog von Nevers mit Mantua zu belehnen, alle von seinen Truppen noch besetzten Orte in Italien und ebenso Graubündten zu räumen. Nach dem Abzuge der kaiserlichen Truppen erschien wieder in Graubündten ein französischer Gesandter, von Landes, und bald folgte ihm der edle, für das Wohl Graubündtens aufrichtig besorgte, aber oft durch die Befehle von Paris gehemmte Herzog von Rohan, der als Reformirter bei der Mehrheit um so willkommener war. Er stellte das entscheidende Uebergewicht Frankreichs wieder her. Neuerdings wurde der allgemeine Bund aller drei Bünde beschworen und auch die acht Gerichte und das untere Engadin nahmen Theil trotz der Abmahnungen österreichischer Beamten. An der Luziensteig und an der Rheinbrücke wurden Verschanzungen errichtet und zur Bewachung 300 Mann in französischem Sold aufgestellt. Zugleich wurde jeder Bund aufgefordert, beständig 1000 Mann bereit zu halten. Aber noch behaupteten sich Cleven, Veltlin und Worms unter der von den Einwohnern aufgestellten Regierung unabhängig von Graubündten und fortwährend zogen dort spanische Truppen nach Teutschland. Rohan wurde durch Befehle seines Hofes von einem Angriffe abgehalten, bis sich Richelieu im J. 1635 entschloß, Spanien förmlich den Krieg zu erklären. Im Elsaß sammelten sich 5—6000 Mann Franzosen, die dann von Rohan durch das Gebiet von Basel, Solothurn, Bern und Zürich und durch Toggenburg nach Graubündten geführt wurden. Voraus hatte er in den letzten Tagen des März den Herrn von Landes mit 2000 Bündnern gesandt, durch welche Cleven, die Festungswerke von Riva und der Eingang ins Veltlin überrascht wurden, während eine andere Abtheilung Worms besetzte. Ganz Veltlin wurde dann ohne Widerstand eingenommen und an allen wichtigen Punkten Befestigungen angelegt. Als im Juni 10,000 Oesterreicher durch das Münsterthal bis Tirano eindrangen, wurden sie mit großem Verluste von Rohan bei Mazzo und Grosio geschlagen und zum Rückzuge nach Tyrol genöthigt. Von Zürich, Bern, Solothurn und aus Wallis kamen 3000 Mann zu seinem Heere, durch welche die Oesterreicher auch aus dem Münsterthale vertrieben wurden. Ihre Niederlage bei Mazzo und Grosio hatte auch den Rückzug der Spanier zur Folge, die gleichzeitig von unten ins Veltlin eingedrungen und über Morbegno hinauf vorgerückt waren. Den Sommer über und bis in den October fanden nun keine bedeutenden Gefechte mehr statt. Rohan stand mit der Hauptmacht bei Tirano und beobachtete die Oesterreicher und die Spanier. In den letzten Tagen des Octobers drangen zwar die Oesterreicher in starker Zahl wieder durch das Münsterthal bis Worms vor, wurden aber im Thale von Fraele von Rohan unter fürchterlichem Gemetzel geschlagen. Dasselbe Schicksal hatten 5000 Spanier, die bis Morbegno vorgerückt waren, aber dort am 10. Nov. von Rohan geschlagen wurden.

Nach der völligen Vertreibung der Oesterreicher und Spanier verlangten die Graubündtner, wieder in die Beherrschung der drei Landschaften eingesetzt zu werden. Ihre Leistungen in dem Kriege, die nach Rohan's eigenen Aeußerungen sehr viel zu seinen Siegen beigetragen hatten, gaben ihnen volles Recht zu dieser Forderung. In einer Zusammenkunft mit bündnerischen Abgeordneten im Januar 1636 wurden daher die Bedingungen der Restitution festgesetzt. Aber da Rohan dabei die von Paris erhaltenen Befehle befolgen mußte, so unterschied sich der Vertrag wenig von demjenigen von Monzona. Besonders wurde die Ausschließung der reformirten Confession als unerläßliche Bedingung gefordert. Dennoch gelang es, die Annahme auf einem Bundestage durchzusetzen. Der Unwille, der darüber in vielen Gemeinden entstand, gab aber der spanischen Faction neue Stärke. Gegen Frankreich entstand der nicht unbegründete Verdacht, daß es sich nicht nur dauernd im Veltlin festzusetzen, sondern auch die militairische Occupation von Graubündten selbst möglichst zu verlängern suchte. Die Befestigung der Schlösser zu Sondrio, Grosio und Kleven und die Erbauung einer kleinen Festung an der Rheinbrücke bei Ragatz verstärkte den Verdacht. Ueberdies wurden die Schweizertruppen bis auf etwa 1000 Mann abgedankt und dagegen mehr Franzosen ins Land gezogen. Die beginnende Misstimmung gegen Frankreich wurde nun von österreichischer und spanischer Seite eifrig genährt und die Erneuerung der Erbvereinigung von 1518 wurde als Vorwand zu näherem Verkehr benutzt. Zu allem diesem kam noch das Ausbleiben des Soldes für die im Dienste Frankreichs stehenden Bündnertruppen. Daher verließ der größte Theil derselben am 1. Oct. 1636 seine Stellungen im untern Engadin, blieb dann im Domleschgerthale stehen und besetzte auch die Stadt Chur. Wenige Tage nachher kam Rohan, von einer Krankheit geschwächt, aus dem Veltlin nach Chur, und obgleich er nun durch eine bedeutende Zahlung den Unwillen der Truppen stillte, so war doch ein völliger Bruch nicht mehr zu verhüten. Eine Standesversammlung zu Ilanz beschloß die Anwerbung von 6 Regimentern, denen die Gemeinden Quartier geben sollten, und schickte Gesandte nach Innsbruck, welche dort am 17. Jan. 1637 mit einem spanischen Gesandten ein auf ewige Zeiten lautendes Bündniß zwischen den drei Bünden und Spanien verabredeten, welches gegenseitig freien Verkehr und Durchpaß für Truppen zusicherte und Spanien Werbung bis auf 6000 Mann und die Abrufung bündnerischer Truppen aus dem Dienste solcher Staaten versprach, welche Spanien bekriegen würden. Zur Vertheidigung der Pässe von Graubündten bezahlt der König den Sold für 3000 Mann oder mehr, wenn es nöthig ist, und wenn Bündten aus andern Gründen angegriffen wird, so sendet er 2000 Musketiere und 200 Pferde oder das Geld dafür, nach der Wahl der Bündner. Außerdem bezahlt der König jedem der drei Bünde eine jährliche Pension von 1000 Kronen zu 2 Gulden und unterhält aus jedem Bunde zwei Studirende zu Mailand oder Pavia. Bündten behält sich zwar den Bund mit Frankreich vor, aber derselbe soll nicht erneuert werden, wenn zur Zeit seines Ablaufens Frankreich und Spanien in Krieg begriffen wären. Ist dies nicht der Fall und der Bund wird erneuert, so soll es mit der ausdrücklichen Erklärung geschehen, daß der Bund ungültig sein solle, wenn zwischen den beiden Kronen Krieg entstehen würde.

So verwickelten die geheimen Leiter dieser Umtriebe ihr Land neuerdings in die Schlingen des spanischen Hofes. Ein geheimer, aus 31 einflußreichen Männern bestehender Bund, dessen Mitglieder sich „Areopagiten" nannten, riß alle Gewalt an sich und erließ im Namen von „Häuptern und Räthen gemeiner drei Bünde" vom Domleschgerthale aus seine Befehle an alle Gemeinden. Als sie indessen Anstalten machten, sich durch plötzlichen Ueberfall der Verschanzungen an der Rheinbrücke zu bemächtigen, eilte Rohan von Chur dorthin und zog 800 Züricher, die an der Luziensteig standen, an sich. Die durch den Bund versammelten Truppen unternahmen nun zwar am 20. März 1637 Feindseligkeiten gegen eine Vorwache der Rheinbrücke; dann aber wurde verabredet, daß dort keine Thätlichkeiten stattfinden sollten. Nun wurden auch die noch an der Luziensteig stehenden Bündner genöthigt, sich an die Truppen des Bundes anzuschließen. Von Feldkirch wurde Munition nach Chur gesandt und Geschütz für die Bündner bereit gehalten. Zwischen Chur und Maienfeld standen jetzt 3000 Graubündtner, für welche Spanien Geld sandte. Dem Engadin, Puschlavo, Bergell und Rheinwald wurde befohlen, die Pässe gegen das Veltlin besetzt zu halten, damit die französischen Truppen nicht von dorther eindringen könnten. So war Rohan vom Veltlin, wo seine Hauptmacht stand, abgeschnitten, während sich die Spanier am Comersee verstärkten und auch österreichische Truppen bereit schienen, einzudringen. Zwar waren mehrere Gemeinden mit der Vertreibung der Franzosen keineswegs einverstanden und die Prättigauer und das Hochgericht der Vier Dörfer boten Rohan wirklich Hilfe an. Allein um nicht einen Bürgerkrieg zu veranlassen, lehnte er das Anerbieten ab. Vielmehr berichtete er die ganze Lage der Dinge nach Paris und erhielt dann Vollmacht, nach eigenem Ermessen Graubündten und dessen Unterthanenländer zu räumen. So kam denn am 26. März 1637 unter Vermittelung von zürcherischen und glarner Gesandten ein Vergleich zu Stande, durch welchen Rohan die Räumung des Landes versprach. Vom 19. April an zogen dann die französischen Truppen, ungefähr 5000 Mann stark, aus Veltlin durch Graubündten nach der Schweiz. Die befestigten Punkte wurden nun von den Bündnern besetzt und am 6. Mai übergab ihnen Rohan auch die Festungswerke an der Rheinbrücke und zog mit den zuletzt noch dort liegenden Zürichern ebenfalls ab.

Durch die Vertreibung der Franzosen war indessen Graubündten noch keineswegs gesichert, und obgleich mehrere befestigte Punkte im Veltlin von den Bündnern besetzt blieben, so mußte doch wegen der Bedingungen der Herstellung ihrer Herrschaft über die Unterthanenländer noch lange mit Spanien unterhandelt werden. Gesandte, welche man deswegen im August 1637 nach Madrid schickte, wurden dort beinahe zwei Jahre zurückgehalten, während in Graubündten die spanische Faction herrschte und in den Unterthanenländern die früher aufgeworfenen Regenten sich noch in ihrer Gewalt behaupteten. Zwar entstand in mehreren Theilen des Landes großer Unwille gegen die herrschende Faction, aber unter dem Drucke dieser eigenmächtigen Demagogen konnte sich nirgends ein Mittelpunkt zum Widerstande bilden, und ob die auf dem Bundestage zusammengebrachten Abstimmungen der Gemeinden der Wahrheit gemäß angezeigt wurden, blieb ununtersucht. Endlich kam denn eine Uebereinkunft mit Spanien zu Stande, nach welcher Kleven, Veltlin und Worms in das Unterthanenverhältniß, wie es bis 1620 bestanden hatte, zurückkehren, aber die Uebung der reformirten Confession gänzlich ausgeschlossen sein sollte. Die vertriebenen Reformirten, welche Güter im Lande besitzen, dürfen jährlich nur während drei Monaten zu Besorgung derselben, reformirte bündnerische

Beamte nur während ihrer Amtsdauer dort wohnen und keinen reformirten Geistlichen bei sich haben. Auch sollen alle frühern Verordnungen, welche die Immunitäten der katholischen Kirche beschränken, aufgehoben werden. Nachdem dann der (oben erwähnte) Bund mit Spanien, der den Namen des „Capitulats" erhielt (abgedruckt in Leu, Helvet. Lexikon. Bd. 13. S. 151), nebst diesem Vergleiche am 3. Sept. 1639 zu Mailand durch eine zahlreiche Gesandtschaft war beschworen worden, mußten sich die drei Provinzen unterwerfen und die bündnerischen Beamten wurden wieder eingesetzt. Gleichzeitig wurde auch mit Oestreich unterhandelt und endlich am 9. Aug. 1641 zu Feldkirch ein Vertrag geschlossen, nach welchem die Erbvereinigung vom Jahre 1518 erneuert, alle seit 1620 geschlossenen Verträge aufgehoben und im untern Engadin und in den acht Gerichten die ehemaligen Verhältnisse hergestellt wurden. Es lagen indessen in den bei diesem Vertrage vorbehaltenen frühern österreichischen Rechten noch Keime zu neuen Streitigkeiten, deren Entfernung aber beiden Theilen wünschenswerth sein mußte. Dies geschah dann 1649 und 1652, als sich die acht Gerichte und Unter-Engadin von diesen österreichischen Rechten freikauften. So wurde die völlige Unabhängigkeit des Zehengerichtenbundes und des untern Engadins gesichert und Oesterreich behielt von dieser Zeit an in Graubündten nur einige unbedeutende Rechte im Münsterthale, von denen sich die Einwohner 1733 loskauften und das Eigenthum der Schlösser Rhäzüns und Tarasp.

Nach mehr als zwanzigjähriger Zerrüttung, der Frucht schamloser Verkäuflichkeit, wilder Zügellosigkeit der Menge und verrätherischer Einverständnisse mit Fremden, gelangte endlich Graubündten wieder zu Ruhe und Friede von Außen. Die Freiheit, wiederholt von gänzlichem Untergange bedroht, war gerettet, die eine Zeit lang durch Oesterreich unterjochten Theile des Landes wieder mit dem allgemeinen Bunde vereinigt und die Unterthanenlande neuerdings gewonnen worden. Ob letzteres nebst dem mit Spanien geschlossenen Capitulat dem Lande zum Vortheil gereichen werde, hing von der Verwaltung ab. Allein bald sah man wieder habgierige bündnerische Regenten mit einheimischen Unterbeamten und Rechtsagenten in der Ausbeutung der Einwohner und in der Erstickung alles Sinnes für Wahrheit und Recht gleichsam wetteifern. Die Ausschließung der Reformirten verursachte zwar in Graubündten vielen Unwillen; aber leugnen läßt sich nicht, daß damit wenigstens ein Grund zu neuem Frevel von Seite des fanatischen Veltlins gehoben wurde.

Die nach allen diesen Wirren folgende Zeit bietet in der Geschichte Graubündtens dem Freunde des Freistaates wenig Erfreuliches. Weitere Entwickelung zu besserer innerer Ordnung, um die zahlreichen kleinen Republiken (Hochgerichte und Gemeinden) durch genauere Verbindung mehr zu einem wirklichen Staate zu gestalten, findet nicht statt; vielmehr äußert sich überall die in der Entstehung dieser Gemeinheiten aus alten Feudalherrschaften begründete und durch die geographische Beschaffenheit des Landes beförderte Neigung zu Vereinzelung. Deswegen findet man fast immer ein Vorherrschen localer Interessen der Gemeinden, oft auch nur einflußreicher Geschlechter oder mächtiger Parteihäupter. Persönliche Vortheile durch Gewinnung einträglicher Stellen und daher Eifersucht der um dieselben kämpfenden Bewerber sind die Hauptquelle unaufhörlicher Reibungen. Eine Beschränkung der oft in Anarchie ausartenden Souverainetät der Gemeinden war unmöglich und ebendeswegen auch die Entstehung einer über die Parteien erhabenen Landesregierung. Wenn daher auch noch etwa von den Bundestagen unter Zustimmung der Gemeinden allgemeine Verordnungen für einzelne Zweige der Landespolizei erlassen wurden, so mangelte immer die Handhabung. Jene Neigung zur Absonderung und Vereinzelung hat überhaupt auch in manchen andern Beziehungen fortwährend einen höchst nachtheiligen Einfluß geübt. So wurden dadurch mehrere Hochgerichte, deren jedes von alten Zeiten her für sich ein Ganzes bildete, bei entstandenen politischen oder kirchlichen Streitigkeiten in zwei unabhängige Hochgerichte getheilt und dadurch die Zahl dieser kleinen Republiken noch vermehrt. In andern Hochgerichten, die sich nicht spalteten, wurden doch Unterabtheilungen eingeführt, an welche man sich bei Besetzung der Aemter halten mußte. Eine sehr schädliche Einrichtung wurde auch dadurch getroffen, daß die öffentlichen Einkünfte von den Zollpachtungen und aus einem Theile der Strafgelder in den Unterthanenländern auf die Gemeinden und von diesen dann auf die einzelnen Mannsstimmen vertheilt wurden. Deswegen konnten aus Mangel an Mitteln auch niemals nützliche Anstalten für das Land errichtet werden. Besonders verderblich war aber der Besitz von Unterthanenlanden. Bis zum Jahre 1603 wurden die Landvoigte derselben von den Bundestagen frei gewählt. Dann aber gaben die bei diesen Wahlen stattfindenden Bestechungen Veranlassung oder Vorwand, die Wahlen auf drei Candidaten zu beschränken, die nach einer Reihenfolge von den einzelnen Gemeinden vorgeschlagen wurden. Dieselbe Einrichtung wurde für die Wahlen der sogenannten Syndicatoren getroffen, d. h. der Abgeordneten, welche die Verwaltung der Beamten beim Ablauf ihrer zweijährigen Amtsdauer zu untersuchen hatten. Dadurch sollte jeder Gemeinde, als einem Theile des Souverains, der Reihe nach ein gewisser Antheil an der Besetzung dieser Aemter verschafft werden. Die Folge war, daß die Bestechungen auch in die Gemeinden verpflanzt und die Aemter sogar öffentlich und um Preise versteigert wurden, welche die gesetzlichen Besoldungen weit überstiegen. Diese Kaufpreise mußten dann die Unterthanen reichlich ersetzen, nicht sowol durch directe Steuern, als vielmehr durch schreiende Misbräuche in der Rechtspflege, durch Bestechungen und ein Uebermaß von Sporteln, und daß unter dem Scheine von Begnadigung begüterte Verbrecher sich selbst von Lebensstrafen durch sogenannte Compositionen loskaufen konnten.

Der immer wieder erneuerte Kampf um die Besetzung dieser Stellen verflocht sich auch meistens mit der Parteiung unter den mächtigeren Geschlechtern des Landes.

An der Spitze der französischen Partei stand, wie oben gesagt wurde, von früher her dasjenige der Salis. Ihre Gegner waren die Planta, die Sprecher, die Tscharner und andere. Nicht blos die politische Trennung zu Gunsten des französischen oder des spanisch-österreichischen Einflusses unterhielt die Spannung zwischen diesen Geschlechtern, sondern auch die Bewerbungen um die Aemter in den Unterthanenländern und um die einträglichen Zollpachtungen, sowie um Officierstellen in den fremden Kriegsdiensten wirkten dazu mit. Das Uebergewicht wechselte von Zeit zu Zeit zwischen den Parteien. Diese Parteiungen wurden denn auch von der römischen Curie benutzt, um die Rechte des Staates über das Bisthum Chur zu untergraben. Die Kastvogtei über dasselbe war seit den Zeiten der Reformation vom Gotteshausbunde immer geübt und das Gesetz beobachtet worden, daß die Bischofswahlen nur unter Theilnahme des Gotteshausbundes stattfinden und nur ein geborener Graubündner gewählt werden dürfe. Allein im J. 1728 wurde durch römische Künste, die von österreichischer Seite unterstützt wurden, ein Ausländer, Benedict von Rost aus Tyrol, auf den bischöflichen Stuhl erhoben. Der Widerstand des Gotteshausbundes war vergeblich, zumal der Obere und der Zehengerichtenbund während der heftigen Verhandlung, die gerade damals über das mailändische Capitulat und über einige politische Vorrechte des Gotteshausbundes (s. unten) stattfand, keinen Beistand zu Behauptung der Rechte des Staates leisteten. Von da an entzogen sich die Bischöfe und das Capitel immer mehr der Hoheit des Staates und legten, um desto unabhängiger zu sein, das Vermögen des Bisthums so viel wie möglich außer Landes an.

Der spanische Erbfolgekrieg regte den Parteigeist im Anfange des 18. Jahrh. besonders heftig auf. Oesterreich forderte freien Durchzug für seine Truppen nach dem Mailändischen, Frankreich dagegen, daß die Pässe seinem Gegner verschlossen würden. Von beiden Seiten wurde Alles in Bewegung gesetzt, um zum Zwecke zu gelangen. Damit verflocht sich noch der nie ruhende Religionshaß, der die Austreibung einzelner, zuwider den frühern Verträgen, noch immer in den Unterthanenlanden wohnender Reformirten forderte. Die Katholiken aller drei Bünde waren daher für Oesterreich, während die Reformirten sich auf französische Seite neigten. Dennoch siegte auf dem Bundestage zu Davos im J. 1700 die Rücksicht auf das wahre Wohl des Landes, und es wurde der Beschluß gefaßt, keiner der beiden Mächte den Durchpaß zu gestatten, sondern mit vereinigten Kräften die Neutralität zu behaupten. Zugleich wurde auf 20 Jahre ein Bündniß mit Venedig geschlossen, das ebenfalls neutral zu bleiben wünschte. Allein trotz dieses Beschlusses dauerten die Umtriebe der österreichischen Partei mit steigender Heftigkeit fort und die Siege der alliirten Armeen gegen die Franzosen beförderten dieselben. So kam es dahin, daß im J. 1707 unter Vermittelung von England und Holland der sogenannte Paßvertrag mit Oesterreich geschlossen wurde, durch welchen die österreichischen Truppen den Durchpaß erhielten. Oesterreich war jetzt durch die Eroberung des Herzogthums Mailand ganz in das frühere Verhältniß Spaniens zu Graubündten und dessen Unterthanenländern getreten. Durch die ältern Verträge war der Herzog von Mailand der Garant der Rechte dieser Unterthanen, sodaß sich Oesterreich von jetzt an in alle Zwistigkeiten derselben mit ihren Herren mischen und auch die kirchlichen Angelegenheiten, wie vorher Spanien, zu Befestigung seines Einflusses gebrauchen konnte. Im J. 1726 wurde dann die Erneuerung des Capitulats mit Mailand vom J. 1639 durchgesetzt, aber dadurch neuerdings der Parteigeist aufgeregt. Zwar gewährte es einige neue Vortheile in Rücksicht der Zölle und der Ausfuhr von Getreide aus dem Mailändischen, aber bei den Unterhandlungen waren noch günstigere Bestimmungen verheißen und dadurch auch ein Theil der Reformirten für die Annahme gewonnen worden. Zugleich aber erregte es großen Unwillen, daß nicht nur das frühere Verbot des Aufenthaltes reformirter Einwohner in den drei Provinzen erneuert, sondern auch die dort noch zurückgebliebenen im J. 1729 mit großer Härte mitten im Winter wirklich vertrieben wurden. Der Beschluß dazu wurde von einem sogenannten Congresse zu Chur gefaßt. (Die Congresse waren die jährlichen Zusammenkünfte der drei Bundeshäupter und dreier Abgeordneter aus jedem Bunde, welche die Abstimmungen sämmtlicher Gemeinden über die Anträge des vorhergehenden Bundestages zu vergleichen und nach denselben die endlichen Beschlüsse zu erlassen hatten. Sie wurden immer zu Chur gehalten unter dem Vorsitze des Bundespräsidenten des Gotteshausbundes.) Als nun der Bundespräsident sich weigerte, diesen Beschluß mit dem Siegel des Gotteshausbundes zu bekräftigen, wodurch er erst Gültigkeit erhalten konnte, und die Anfrage an die Gemeinden verlangte, so besiegelte der Vorsteher des Obern Bundes denselben widerrechtlich, und zugleich wurde das Vorrecht des Gotteshausbundes von den beiden andern Bünden angegriffen, daß Beitage (außerordentliche Bundestage) und Congresse immer zu Chur unter dem Präsidenten des Gotteshausbundes mußten gehalten werden; diese Zusammenkünfte sollten in Zukunft wie die ordentlichen Bundestage abwechselnd in jedem Bunde gehalten werden. Der darüber entstehende Streit wurde bald so heftig, daß im J. 1729 sogar ein Bürgerkrieg und völlige Trennung des Bundes drohte. (Wie denn diese gefährliche Parteiung zu Vernichtung der Rechte des Staates über das Hochstift benutzt wurde, ist oben erwähnt worden.) Endlich gelang es dann zwei Gesandten von Zürich und Bern, eine Uebereinkunft zu Stande zu bringen, durch welche der Gotteshausbund fast alle seine Vorrechte behielt und das Capitulat in Kraft blieb. Aber die Parteikämpfe der vorherrschenden Geschlechter dauerten fort und Unterhandlungen mit Oesterreich über Erneuerung des Capitulats im J. 1763 gaben zu neuer Zerrüttung den Anlaß. Diese Kämpfe, der Religionshaß der Veltliner und die verwerfliche Verwaltung des Unterthanenlandes unterhielten fortwährend bei den dortigen höhern Classen die geheime Begierde nach gänzlicher Lostrennung von Graubündten. Deswegen hatten auch die Vorschläge zu einer durchgreifenden Verbesserung der Rechtspflege, welche das Haupt der französischen Partei, Ulysses von Salis, im J. 1791 machte, keinen Erfolg. Nicht nur in Graubünden, sondern auch in den Unterthanenlanden selbst vereitelten Parteigeist, Selbstsucht und Eigennutz jeden Versuch einer Verbesserung. Die eingeborenen untern Beamten und die zahlreichen Advocaten fanden bei der Verdorbenheit und der Verkäuflichkeit der Rechtspflege ihren Vortheil ebenso sehr als die bündnerischen Vögte selbst. Als dann angeblich von einem der Häupter der unzufriedenen Unterthanen der Vorschlag gemacht wurde, diese Landschaften gegen Bezahlung einer Million Lire für frei zu erklären und als viertes Glied in den Bund aufzunehmen und die Gegner der jetzt vorherrschenden Partei der Salis den Vorschlag unterstützten, so war es in der That nicht blos Selbstsucht und Herrscherdünkel, was jeden Vorschlag dieser Art vereitelte, sondern die Einsicht, welche Gefahren entstehen müßten, wenn zu dem schon durch die immerwährenden Parteiungen zerrütteten Bunde noch dieses fanatische, streit- und rachsüchtige Volk hinzukommen sollte.

So mußten alle Verbesserungsversuche unter dem Hader der Parteien fruchtlos bleiben. Aber die Fortschritte der französischen Revolution und die in der Nationalversammlung ausgesprochenen Grundsätze mußten bald auch auf Graubünden zurückwirken. Schon früh scheinen einzelne Veltliner Annäherung an französische Parteimänner gesucht zu haben. Aber auch die Partei in Graubünden, welche gegen den damals überwiegenden Einfluß der Salis kämpfte, wandte nun ihre Augen dorthin. Das Haupt dieses Geschlechts war damals Karl Ulysses von Salis, ein Mann von gründlicher, wissenschaftlicher Bildung und nicht ohne Verdienste um sein Land. Er war zugleich Geschäftsträger von Frankreich in Graubünden und stand an der Spitze der französischen Partei. Im J. 1790 erließen nun die Führer der Gegenpartei eine Adresse an die französische Nationalversammlung, worin sie seine Entfernung von der Geschäftsträgerstelle empfahlen, sodaß auch in Graubünden Berührungen mit der französischen Nationalpartei begannen, während einige Zweige der Familie Salis sich Oesterreich näherten, als die Revolution in Frankreich siegte. Den Anlaß zum Ausbruch eines neuen heftigen Parteikampfes gab nun 1793 die Verhaftung von zwei französischen, nach Neapel und Constantinopel bestimmten Gesandten, deren Durchreise nach Venedig aber verrathen war. Zu Novale in der Grafschaft Kleven wurden sie dann durch einen österreichischen Polizeibeamten und einige Zollwächter verhaftet und in österreichische Gefangenschaft abgeführt. Diese Verletzung des Bündnerbodens regte das Parteigetriebe aufs Heftigste auf. Laut wurden die Salis von ihren Gegnern der Theilnahme an dem Verrathe angeklagt. Im Frühjahre 1794 kam dann der Kampf zum Ausbruch. Auf Antrieb zweier Gemeinden des Obern Bundes versammelten sich zu Chur Abgeordnete sämmtlicher Hochgerichte, die sich als sogenannte Standesversammlung die Regierung zueigneten. Es wurden Untersuchungen beschlossen wegen Pensionen von Fremden und Bestechungen, sowie über die Verwaltung in den Unterthanenländern und hierauf wieder ein außerordentliches Strafgericht von 90 Mitgliedern aufgestellt. Dieses Gericht belegte dann 62 Angeklagte mit hohen Geldbußen; auch solche, die für unschuldig erklärt wurden, mußten die Proceßkosten bezahlen. Einige Angeklagte wurden auch ihrer Aemter entsetzt oder verbannt und Ulysses von Salis, der sich geflüchtet hatte, für vogelfrei erklärt, wenn er das bündnerische Gebiet wieder betreten würde, und überdies sein Vermögen eingezogen. Aber die verhängten Strafen entzündeten den Parteigeist zu neuer Heftigkeit, wodurch jedes einträchtige Handeln zu Abwendung der jetzt sich erhebenden äußern Gefahr unmöglich wurde.

Diese Gefahr entstand, als der General Bonaparte im Frühjahre 1796 Oberitalien eroberte. Zwar wurde die vom Bundestage erklärte Neutralität durch den französischen Residenten, Comeyras, im Namen des Directoriums anerkannt, aber schon damals handelte Bonaparte in Italien mit freier Willkür, und das Directorium wagte keinen Widerstand gegen seine Anordnungen. Jetzt schien den Führern der nach Trennung strebenden Partei im Veltlin der Augenblick zu Ausführung ihrer Pläne gekommen. Verbindungen mit den revolutionären Clubs zu Mailand beförderten diese Bestrebungen. Im Veltlin bildete sich ein zahlreicher Club, zu dem auch mehrere Priester gehörten. Derselbe beschloß im März 1797, sich an die neuen Beherrscher von Mailand zu wenden, die nach dem Capitulat berechtigt seien, sich in die Angelegenheiten der drei Landschaften zu mischen. Es wurden nun überall Unterschriften für Anrufung einer Einmischung gesammelt und eine nach Mailand gesandte Abordnung fand sehr günstige Aufnahme. Die Friedenspräliminarien zu Leoben zwischen Frankreich und Oesterreich (18. April 1797) verstärkten die Hoffnungen gänzlicher Befreiung. An mehreren Orten brachen Aufstände aus; es wurden Freiheitsbäume aufgerichtet und die bündnerischen Beamten vertrieben. Am 10. Juni beschloß dann der indessen stark angewachsene Club, welcher alle Gewalt an sich riß, die katholische Confession aufrecht zu erhalten, die völlige Unabhängigkeit des Veltlins durchzusetzen und alle Vorschläge zu einem Vergleiche mit Graubünden abzulehnen. Dann wurden unter dem Einflusse dieser Faction, die gegen nicht Zustimmende Gewaltthätigkeiten jeder Art beging, neue Gemeindevorsteher und ein neuer Thalrath gewählt. Am 21. Juni erfolgte dann an Graubünden die förmliche Aufkündigung alles Gehorsams und jeder politischen Verbindung, und bald folgten ähnliche Erklärungen von Kleven und Worms. Nur das zu Kleven gehörende St. Jacobsthal am Splügen, welches auch während der Zerrüttungen des 17. Jahrh. immer treu zu Bünden gehalten hatte, widersetzte sich der Trennung, wurde dann aber später mit Gewalt zur Unterwerfung gebracht. Unterdessen hatte der Bundestag einen Abgeordneten an Bonaparte gesandt, um seinen Schutz für die Rechte Graubündtens anzurufen. Im Hauptquartier zu Montebello traf derselbe mit einer Abordnung der Veltliner zusammen und unter dem Vorwande der Rechte, welche das Capitulat dem Besitzer von Mailand gebe, übernahm Bonaparte im Namen der französischen Republik die Vermittelung, aber mit der Erklärung, daß Gleichheit der Rechte die Grundlage derselben bilden müsse. Allein die Parteiung in Graubündten verhinderte jeden entscheidenden Entschluß. Die sich widersprechenden, zum Theil zweideutigen Abstimmungen der Gemeinden und die Verwerfung der Forderung, daß den zu der Vermittelung abzuordnenden Gesandten gänzliche Vollmacht sollte ertheilt werden, verzögerten die Absendung so, daß darüber der Termin verstrich, welchen Bonaparte für die Ankunft dieser Gesandten in seinem Hauptquartier vorgeschrieben hatte. Jetzt entschied er selbst die Sache ohne fernere Unterhandlung durch eine Proclamation vom 10. Oct. 1797, in welcher er im Namen der französischen Republik erklärte, „daß Veltlin, Kleven und Worms vollkommen berechtigt seien, sich mit der cisalpinischen Republik zu vereinigen." Diese von ihm neu geschaffene Republik war am 29. Juni 1797 proclamirt worden und dem Ausspruche von Bonaparte war noch eine Erklärung der cisalpinischen Regierung beigefügt, wodurch die drei Provinzen förmlich mit Cisalpinien vereinigt wurden. Allein nicht blos die Beherrschung dieser Landschaften und das dortige Staatsgut wurde Graubündten entrissen, sondern auch alles Eigenthum bündnerischer Privatpersonen durch einen förmlichen Beschluß der Gewalthaber im Veltlin den Eigenthümern geraubt. Die schändliche Beraubung wurde durch den General Murat unterstützt und durch die cisalpinische Regierung bestätigt, und auch bei Bonaparte war kein Schutz zu finden. Man brauchte dafür den völlig nichtigen Vorwand von Forderungen, welche die Provinzen an ihre vormaligen Oberherren haben, wofür diese Privatbesitzungen Sicherheit gewähren müssen. Man berechnete damals den Werth derselben zu 8 Millionen mailändischer Liren (6 Millionen Franken). So lange die französische Herrschaft in Italien bestand, waren alle Reclamationen fruchtlos; erst lange nach dem Sturze Napoleon's bewilligte endlich Oesterreich im Jahre 1833 eine dem Verluste jedoch lange nicht gleichkommende Entschädigung als eine Art Gnadengeschenk.

In Graubündten erregte der Verlust der Unterthanenlande neuerdings heftige Bewegung. Was von allen Parteien durch die Verdorbenheit der Verwaltung und durch den Parteikampf, der eine rechtzeitige Besetzung dieser Lande verhindert hatte, war verschuldet worden, davon sollten nun die Mitglieder der letzten Bundesversammlung die Schuld allein tragen. Unter dem der Verfassung fremden Namen eines Landtages strömten wieder Abgeordnete aus allen Gegenden des Landes zusammen, von denen im April 1798 ein neues Strafgericht eingesetzt wurde, das dann wieder hohe Geldbußen, Vermögensconfiscationen und Verbannungen verhängte und die alten Parteiverfolgungen erneuerte.

Während auf solche Weise in Graubündten immer größere Zerrüttung entstand, drohte der Unabhängigkeit steigende Gefahr. Am 5. März 1798 war Bern von den Franzosen eingenommen und hierauf auch die übrige Schweiz unterjocht und zur Unterwerfung unter die von Paris aus dictirte helvetische Einheitsverfassung gezwungen worden. Einen Vorschlag zu Anschließung Graubündtens an die cisalpinische Republik lehnten die vom Landtage wegen Veltlin, Kleven und Worms nach Paris geschickten Deputirten ab; nun aber enthielt die neue helvetische Einheitsverfassung eine Einladung an Graubündten, sich der helvetischen Republik anzuschließen. Der vom Landtage gewählte Ausschuß trug den Gesandten zu Paris auf, auch diesen Vorschlag einstweilen abzulehnen. Aber nun erhob sich wieder unter französischen und österreichischen Einflüssen heftige Parteiung für und wider die Anschließung. Als nun im Juli 1798 der Ausschuß die Vereinigung der Gemeinden vorschlug, so wurde der Antrag von der Mehrheit verworfen, denn die Mishandlung der Schweiz durch die Franzosen verstärkte die Abneigung. Der Ausschuß sah sich daher genöthigt, abzutreten und die verfassungsmäßigen Häupter der drei Bünde traten wieder an die Spitze. Als aber Maienfeld und Malans auf der Vereinigung beharrten, Freiheitsbäume aufrichteten und sich von Graubündten zu trennen und an Helvetien anzuschließen suchten, so wurde der Parteikampf immer wilder. In mehreren Gemeinden wurden die sogenannten Patrioten (Anhänger der Vereinigung) thätlich mishandelt und viele derselben flohen ins benachbarte Sarganserland. Am 12. Sept. versammelte sich dann ein Bundestag zu Ilanz, in welchem die österreichische Faction das entschiedenste Uebergewicht hatte. Derselbe beschloß die Ausrüstung von 6000 Mann und übergab die Regierung einer Standescommission mit beinahe unumschränkter Gewalt, welche einen Kriegsrath aufstellte. Als nun auch Maienfeld und Malans sich rüsteten und auf eine bündnerische Ernstwache Feuer gegeben wurde, so ließ der Kriegsrath beide Gemeinden entwaffnen und Geiseln abführen. Darauf verließ der französische Resident Graubündten. Da sich unterdessen französische Truppen der Grenze genähert hatten, während in dem nahen Ragatz etwa 600 Flüchtlinge versammelt waren, so schloß der Kriegsrath heimlich mit dem in Vorarlberg stehenden General von Auffenberg eine Uebereinkunft wegen Besetzung der bündnerischen Pässe durch österreichische Truppen zu Unterstützung der Landestruppen. Ein falsches Gerücht vom Andringen der Franzosen gab dann den Grund, die Oesterreicher zu rufen, und am 19. Oct. 1798 rückten sie 10 Bataillone stark durch die Luziensteig ins Land ein. Damit war die früher beschlossene Neutralität Graubündtens gebrochen und das Schicksal des Landes mußte durch den bevorstehenden Krieg zwischen Frankreich und Oesterreich entschieden werden.

Der Ausbruch des Krieges erfolgte in den ersten Tagen des Monats März 1799. Während die französische Donauarmee unter Jourdan bei Basel und Kehl über den Rhein ging, griff Massena die auf verschiedenen Punkten zerstreuten Oesterreicher in Graubündten an. Die eine Abtheilung seines Heeres ging bei Trübbach über den Rhein und erstürmte die Luziensteig; die andere drang von Ragatz über Vättis und den Kunkelspaß ein und bemächtigte sich der Brücken bei Reichenau. Durch diese beiden Bewegungen ward der größte Theil des Auffenbergischen Corps bei Chur eingeschlossen. Etwa 5000 Mann mußten sich gefangen geben. Einen dritten gleichzeitigen Angriff vom Urserenthale her über die Oberalpen schlug die Mannschaft aus dem Hochgerichte Disentis anfänglich zurück; allein als endlich eine Colonne der bei Reichenau eingedrungenen Franzosen in ihrem Rücken erschien, sahen sie sich genöthigt, der Uebermacht zu weichen und sich aufzulösen. Ein vierter Angriff wurde mit Erfolg von Lecourbe ausgeführt. Von Bellinzona ging er über den Bernhardin, rückte bis Tusis vor und wandte sich dann nach dem Engadin, aus welchem die Oesterreicher ebenfalls vertrieben wurden. So war die Eroberung Graubündtens in wenigen Tagen vollendet. Anstatt des Kriegsraths setzte Massena eine provisorische Regierung ein, welche nun alsbald mit der helvetischen Regierung einen Vertrag über die Einverleibung Graubündtens abschloß. Das Volk wurde entwaffnet und über 60 Gegner der Vereinigung, meistens Familienväter, verhaftet und als Geiseln nach Frankreich abgeführt. Es gehörte dies zu dem Schreckenssystem, welches damals auch in der helvetischen Republik durchgesetzt wurde.

Unterdessen hatte sich aber das Kriegsglück schon wieder gewendet. Die wiederholten Angriffe von Massena auf die Stellung der Oesterreicher bei Feldkirch wurden abgeschlagen. Jourdan verlor am 25. März die Schlacht bei Stockach gegen den Erzherzog Karl und wurde zum Rückzuge über den Rhein genöthigt. Gleiches Mißgeschick verfolgte die Franzosen in Italien, und die Schweiz war nun von Osten, Norden und Süden den Angriffen der Coalition bloßgestellt.

Am 1. Mai griffen nun die Oesterreicher die Luziensteig, jedoch vergeblich, an; allein am nämlichen Tage brach nach Verabredung ein Aufstand im bündnerischen Oberlande aus. Der Landsturm aus Tawetsch, nur mit Aexten und landwirthschaftlichen Werkzeugen bewaffnet, überfiel eine Compagnie Franzosen und nahm dieselbe gefangen. Dasselbe Schicksal hatte eine zweite Compagnie zu Disentis. Die Gefangenen sollten nach Chur geführt und dort den Oesterreichern, mit denen man zusammenzutreffen glaubte, übergeben werden. Da soll ein Mann, der am 10. Aug. 1792 zu Paris der Ermordung der Schweizergarden entronnen war, durch sein Rachegeschrei bewirkt haben, daß der größte Theil dieser Gefangenen niedergemetzelt wurde. Die wüthenden Schaaren zogen dann durch das Thal des Vorderrheins herab und überall schlossen sich andere Haufen an. Bei Ilanz und Reichenau schlugen sie noch die französischen Truppen und kamen ungefähr 6000 Mann stark auf der Ebene vor Chur an. Am 3. Mai lieferten sie hier den Franzosen ein blutiges Treffen, das vom Morgen bis gegen Abend dauerte und erst zum Nachtheil der Graubündtner endigte, nachdem die Franzosen neue Verstärkungen erhalten hatten. Die Franzosen rückten dann unter fortdauernden Gefechten durch das Thal des Vorderrheins hinauf bis Disentis, wo es wieder zu einem Treffen kam, in welchem die Bündtner zersprengt wurden. Die Abtei und der Flecken Disentis, sowie mehrere umliegende Dörfer wurden von den Franzosen verbrannt und wer sich nicht in das Gebirge flüchten konnte, niedergemacht.

Am 14. Mai drangen nun die Oesterreicher bei der Luziensteig in Graubündten ein. Die Franzosen verloren dort einige tausend Gefangene und sahen sich gezwungen, das ganze Land zu räumen. Als nun die österreichischen Armeen aus Schwaben und Vorarlberg bis Zürich eindrangen, wurde auch für Graubündten eine Interimsregierung aufgestellt, und alsbald folgte die Rache für die Abführung so vieler zum Theil angesehener Männer als Geiseln in französische Gefangenschaft. Mehr als 90 Personen, ebenfalls aus angesehenen Geschlechtern, wurden nun auf dieselbe willkürliche Weise ihrer Heimath entrissen und als angebliche Anhänger der Franzosen nach Innsbruck, dann nach Gratz abgeführt. Erst im December 1800 wurden endlich diese Opfer des gegenseitigen Parteihasses aus Frankreich und Oesterreich entlassen.

Der gänzliche Umschwung des Kriegsglücks durch die Niederlage der Russen bei Zürich (25. Sept. 1799) und der Oesterreicher an der Linth häufte neue Lasten auf das schon erschöpfte Land, als Suwarow nach seinem fürchterlichen Marsche von Altorf über den Kinzigkulm ins Muottathal, dann über den Pragel nach Glarus, endlich über den Segnespaß mit seinem geschwächten Heere ins Thal des Vorderrheins gelangte. Doch richtete er bald seinen Marsch durch Vorarlberg nach Linden. Den Winter durch behaupteten sich die Oesterreicher noch in Graubündten; allein im Frühjahre 1800 begannen die großen Kriegsoperationen, durch welche Bonaparte in Italien, Moreau in Deutschland die österreichische Macht zertrümmerten. Im Juli eroberte dann Lecourbe Vorarlberg und einen großen Theil von Graubündten. Durch den Waffenstillstand, welchen Moreau, zu dessen Heere auch die Divisionen in der Schweiz gehörten, am 15. Juli zu Parsdorf mit dem österreichischen Oberfeldherrn Kray abschloß, behielten die Franzosen die Straße von Chiavenna über den Splügen nach Chur und Vorarlberg nebst den westlichen von dieser Straße liegenden Theilen Graubündtens; das Engadin blieb von den Oesterreichern besetzt, der zwischen diesen Demarcationslinien liegende Theil des Landes sollte neutral bleiben. Die von den Oesterreichern aufgestellte Interimsregierung floh nach Tyrol und die neue von den Franzosen unter dem Namen „Präfecturrath" errichtete hob nun sogleich die alte Verfassung auf und theilte das ganze Land in neun Districte mit den in der helvetischen Republik eingeführten Gerichts- und Verwaltungsbehörden. Als nun aber der Friede zu Luneville (9. Febr. 1801) dem Volke Helvetiens die Freiheit zusicherte, sich eine Verfassung nach eigener Wahl zu geben, so entstanden neue Parteiumtriebe. Sowol für die Wiedereinführung der ehemaligen Verhältnisse, als für die Anschließung an Helvetien oder an das wiederhergestellte Cisalpinien erhoben sich Stimmen. Allein ein Ausspruch des Consuls Bonaparte (24. Juni 1801) entschied für die Vereinigung mit der Schweiz, die dann auch alsbald vollzogen wurde.

Von jetzt an hört Graubünden auf, einen selbständigen Staat zu bilden. Als eidgenössischer Canton theilt das Land die Schicksale der übrigen Schweiz, worüber der Artikel Eidgenossenschaft zu vergleichen ist. Unter der französischen Vormundschaft mußte der Parteihader aufhören und man wagte nicht mehr die anarchischen Ausbrüche der Volksleidenschaften wie in früherer Zeit hervorzurufen. Zwar war der Wohlstand des Landes zerstört, aber der durch alle erduldete Leiden aufgeregte Geist bewirkte doch mehrere Verbesserungen in der Verfassung, im Kirchen- und im höhern Schulwesen. Der Umsturz der von Bonaparte vorgeschriebenen Mediationsverfassung für die Schweiz im J. 1814 erregte zwar auch in Graubünden wieder einige Bewegungen, indem eine, indessen nicht sehr große, Partei Trennung von der Schweiz zu bewirken suchte. Allein die große Mehrheit des Bundestags erklärte sich entschieden dagegen, und es kam endlich 1820 eine Verfassung für den Canton zu Stande, die in ihren Grundlagen mit der frühern, in der Geschichte des Landes selbst begründeten und bis zum Einbruche der Franzosen geltenden übereinstimmt, jedoch einige zweckmäßige Veränderungen enthält (s. diesen Art. Graubündten, Geographie). Seit dem Umsturze der Mediationsverfassung erlosch nun auch die Parteiung zwischen den einflußreichen Geschlechtern immer mehr, zu welcher der Besitz von Unterthanen und die Pensionen der Fremden so vielfache Veranlassung gegeben hatten. Allerdings dauerte auch wie in andern Cantonen der Schweiz Parteiung fort; aber der Streit drehte sich mehr um die Frage, über größere oder geringere Centralisation sowol im Innern des Cantons als in den allgemeinen Bundesverhältnissen der Schweiz. In diesem auf politische Grundsätze sich beziehenden Streite mußte die Opposition der Familien verschwinden und Glieder derselben Familie entgegengesetzten Parteien beitreten, was allerdings auch während der ältern Parteikämpfe zuweilen von Einzelnen geschehen war *). (*Escher.*)

*) Archiv für die Geschichte von Graubünden, von Mohr. 1848—1858, bis jetzt 27 Hefte, von denen die 14 ersten den Codex diplomaticus bis zum Jahre 1360 enthalten, der im 28. Hefte soll fortgesetzt werden. Neben demselben enthält diese Zeitschrift deutsche Bearbeitungen folgender bündtnerischer Chroniken: *Fortunati a Juvalta*, De fatis reipublicae Rhaetorum. *Huldrici Campelli* Historia Rhaetica. *Fortunati Sprecheri* Historia Motuum et bellorum postremis hisce annis in Rhaetia excitatorum. Denkwürdigkeiten des Marschalls Ulysses von Salis. — Neben diesen in obiger Zeitschrift enthaltenen Werken verdienen noch Erwähnung: *Joannis Guleri* et *Huldrici Campelli* Historia Rhaetica libri duo. *Pallas* Rhaetica armata et togata, auctore *Fortunato Sprechero a Bernegg*. Basileae 1617 und 1662, mit dem Titel: Chronicon Rhaeticum. Joh. Ulrich von Salis-Seewis hinterlassene Schriften. Chur 1834; ausgezeichnet durch sorgfältige Kritik. Für die Parteikämpfe des 17. Jahrh. sind auch wichtig: Caroli Paschali legatio Rhaetica (Paris 1620) und Mémoires et lettres de Henri duc de Rohan sur la guerre de la Valteline, par *Zurlauben*. Paris 1758. 8. 3 Tom. Zur Reformationsgeschichte gehören: *Ambrosii Eichhorn*, Episcopatus Curiensis in Rhaetia, S. Typis San-Blasianis 1797 und *Petri de Porta*, Historia reformationis Ecclesiarum Rhaeticarum. 2 Vol. Curiae 1772—1777. 4.

GRAUDENZ, vom preußischen Worte Graudan, d. i. Waldwildniß, polnisch Grudziadz oder Grodeck, Stadt und Festung in der Provinz Preußen, Regierungsbezirk Marienwerder, unter 53° 29' 51" nördl. Breite und 36° 25' 15" östl. Ferro, 4 Meilen von Marienwerder, 7 Meilen von Thorn, 12⅔ Meilen von Danzig. Die Stadt liegt am rechten Ufer der Weichsel, in einer fruchtbaren, meist mit Wald bedeckten Ebene, und hatte ohne Militair 1855: 9278; 1858: 9654; 1861: 10,115; 1864: 10,790 Einwohner, mit Militair 1822: 8379; 1855: 11,136; 1858: 11,493; 1861: 12,784; 1864: 13,274 Einwohner; die Bevölkerung ist demnach stetig gewachsen, im Durchschnitt jährlich um 14 pro Mille. Graudenz ist mit hohen Mauern und mit Gräben umgeben, hat 3 Vorstädte, 1 evangelische und 5 katholische Kirchen, 1 Benedictiner-Nonnenkloster, eine evangelische Superintendentur und 1 katholisches Dekanat, 1 katholisches Schullehrerseminar, 2 höhere Bürgerschulen, 1 Landescorrectionshaus für die Provinz Preußen nebst Erziehungshaus, 1 Militairlazareth und 1 Civilhospital, 1 Landarmenhaus; es ist Sitz des Landrathsamts, des Kreisgerichts und der Kreiskasse für den Kreis Graudenz (welcher 1864 auf 15,81 □Meilen 54,075 Civilbewohner und 2593 Soldaten zählte), der Commandantur, eines Montirungsdepots, eines Untersteueramts, eines Domainenamts, eines Postamts II. Classe, und hat eine Telegraphenstation, aber noch keine directe Eisenbahnverbindung, indem die preußische Ostbahn 1½ Meile westlich vorüberzieht. Die nächste Eisenbahnstation ist Warlubien. Eine Schiffbrücke von 2700 Fuß Länge führt über den Strom, eine Wasserleitung versorgt die Stadt mit Wasser. Die Stadt hat einige Industrie (Tuchweberei, Strumpfwirkerei, Kammgarnspinnerei, Wagen- und Maschinenfabrication); wichtiger ist sie als Mittelpunkt eines fruchtbaren ländlichen Districts durch Vieh- und Productenhandel, Brauerei und Branntweinbrennerei und durch die Schiffahrt auf der Weichsel. In der Umgebung wird viel Tabak erbaut. Eine Bankcommandite erleichtert den geschäftlichen Verkehr. Die Festung liegt ¼ Meile nördlich von der Stadt auf einer über die Weichsel aufragenden isolirten Anhöhe; sie ist eine Feste III. Ranges, besteht aus der Hälfte eines regelmäßigen Achtecks mit Hornwerken, Ravelins und Lünetten und schließt nur bombenfeste Kasematten, Kasernen und andere Militairgebäude wie einen tiefen Brunnen ein. Auch die Weichselinsel Kempe hat 1818 einige Befestigungen erhalten. Die Stadt Graudenz wurde von den alten Preußen als Grenzfestung gegen Polen gegründet und 1066 von König Boleslav II. erfolglos belagert. Später wurde sie Ordensburg, und ein aus dieser Zeit stammender starker Thurm an der Weichsel zeugt noch jetzt von der ehemaligen Bedeutung des Platzes. Zweimal, 1626 und 1656, eroberten die Polen die Stadt. Die neue Festung wurde 1770—1776 von Friedrich II. angelegt und 1807 gegen die Franzosen mit gutem Erfolg vertheidigt. Am 22. Jan. eröffnete der Feind die erste Parallele, am 8. Juli wurde die Belagerung (zuletzt nur noch Blokade) aufgehoben. Der tapfere 73jährige General Courbière leitete mit Umsicht und zäher Energie die Vertheidigung, und als die Franzosen ihm meldeten, der König von Preußen sei nicht mehr in seinem Lande, ja es gebe kein Königreich Preußen mehr, antwortete er: „Nun gut, so bin ich König von Graudenz!" Dem am 23. Juli 1811 gestorbenen braven Manne hat man ein Ehrendenkmal auf dem Glacis errichtet. Eine während jener Belagerung in die Mauer des Commandanturgebäudes über dem Hauptthore festgeschossene Kanonenkugel ist zum Andenken an ihrer Stelle gelassen worden und bildet jetzt das O in der Ueberschrift. — Die Besatzung der Festung im Frieden, zwischen 1800 und 2700 Mann schwankend, besteht aus 2 Bataillonen Infanterie, 1 Abtheilung Fußartillerie, 1 Compagnie Festungsartillerie und den Stämmen von 2 Landwehrbataillonen. (Vergl. L. Lyncker, Karte der Gegend, Blokade und Belagerung der Festung Graudenz, Maßstab 1 : 25,000. Imp.-Fol. Darmstadt.) (*Otto Delitsch.*)

Graue Brüder und Schwestern, s. Mönchs- und Nonnen-Orden.

GRAUEL [1]) (Johann Philipp), teutscher Arzt, am 13. Nov. 1711 zu Strasburg, wo sein Vater ein Handelsgeschäft betrieb, geboren, widmete sich, nachdem er die nöthigen Vorkenntnisse erlangt hatte, auf der Universität seiner Vaterstadt der Theologie, gab aber diese, noch ehe er das Studium derselben beendigt hatte, wieder auf und wandte sich der Arzneiwissenschaft zu. Nachdem er im J. 1738 durch die übliche Vertheidigung einer Abhandlung (Dissertatio de superfoetatione. Argent. 1738. 4.) die medicinische Doctorwürde erlangt hatte, machte er zu seiner weiteren Ausbildung eine Reise durch mehrere Länder Europa's und hielt sich längere Zeit zu Leyden auf. Nach seiner Heimkehr ließ er sich als praktischer Arzt zu Strasburg nieder, nahm aber im J. 1741 eine Professur der Naturwissenschaft an der dortigen Universität an und erwarb sich durch seine Vorlesungen allgemeinen Beifall. Als Schriftsteller versuchte er sich nur durch zwei kleine in das medicinische und naturwissenschaftliche Fach einschlagende Abhandlungen (Diss. de rore miraculoso Gideonis. Arg. 1744. 4. und Diss. de salium effectu frigorifico in liquoribus. Arg. 1748. 4.); dagegen legte er mit großem Fleiße und Geldaufwande eine Mineraliensammlung an, welche sein Sohn unter dem Titel: Museum Graueliarum sive Collectionis regni mineralis, praecipue historiam naturalem illustrantis a J. Ph. Grauel, M. D. et Phys. Professore magna sollertia comparatae, a Filio ejus egregie auctae recensio (Arg. 1772. 8.) beschrieb und für die Wissenschaft ausbeutete. J. Ph. Grauel starb am 29. Nov. 1761 zu Strasburg [2]). — Mit ihm darf ein gleichzeitiger und vielleicht derselben Familie angehörender Arzt, Karl Hermann Grauel, nicht verwechselt werden, über dessen Lebensverhältnisse sich keine weitern Nachrichten finden. Er scheint sich besonders mit der Alchemie beschäftigt zu haben und übersetzte ein in diesen damals mit großem Ernste betriebenen Unsinn einschlagendes bekanntes Werk des italienischen Grafen von der Mark und Tervis ins Teutsche. Da der Titel dieser Uebersetzung, welcher fast einem Inhaltsverzeichnisse gleicht, uns einen Blick in das Wesen der alchemischen Wissenschaft vergönnt und die Erwartungen, die man von ihr hegte, darlegt, so mag er, da das Buch überdies selten ist, zur Erbauung der jetzt nicht sehr zahlreichen Freunde dieser Kunst hier stehen. Er lautet wörtlich: Fontina Bernhardi Revelata, oder: das, den Filiis Artis und dem Publico zum besten getreulich eröffnete königliche Wunder-Baad des Grafen Bernhardi von der Mark und Tervis; worinnen die hellglänzende Sonne ihren Purpur nicht nur ablegen, sondern sich auch nach völliger Absterbung, in einem unsterblichen Phönix und unzerstöhrlichen Salamander wiederum revivisciren und von neuem beleben, in ganz reellen und zuverlässigen Gedanken über die Bereitung des Steins der Weisen veroffenbaret und der kunstbegierigen Welt, ohne alle hieroglyphische, änigmatische oder dunkle und verborgene Redensarten, vor Augen geleget; da dann derselben zugleich gründlich und deutlich gezeiget wird: 1) was die philosophische Materie eigentlich sey? 2) wie solche zu erlangen? 3) worinnen der Philosophen ihr Magnet oder anziehendes Mittel und sogenanntes undeterminirtes Universal-Subjectum, 4) ihr Regulus hermaphroditus, 5) ihre Vermählung Saturni Martis et Veneris, 6) ihr grüner Löw, 7) ihre Sendivische Blume, 8) ihre Columbae Dianae, 9) ihr Aquila und Mercurius duplicatus eigentlich bestehe; auch 10) wie die radicalis solutio Solis et Lunae geschehen, 11) die philosophische Materie in das Ovum physicum eingesetzt, 12) die Tinctura universalis ad corpora humana sowohl, als ad metalla, elaboriret, 13) die Projection damit verrichtet, und 14) in infinitum multipliciret werden soll. Nebst einem Anhange verschiedener philosophischen und cabbalistischen Briefe. Allen Suchenden zum Trost und den Freunden der Alchymie zum guten, herausgegeben von Carl Herm. Grauel, H. F. H. B. L. R. einem eifrigen Verehrer der wahren hermetisch-philosophischen Scienz. Erlangen 1749. 8. Andere von Grauel verfaßte Schriften sind nicht bekannt [3]). (*Ph. H. Külb.*)

GRAUE LEISTCHEN, GRAUE STREIFEN (Fasciolae cinereae, Striae cinereae) nennt man die in der Rautengrube des verlängerten Marks befindlichen, schief von innen nach außen verlaufenden Streifen, welche dadurch zum Vorschein kommen, daß in jene den Boden der vierten Hirnhöhle überkleidende graue Schicht Markstreifen eingelegt sind, die von der Mittellinie aus nach außen zum Hörnerven verlaufen. (*Fr. Wilh. Theile.*)

GRAUE PLATTE (Lamina cinerea) nennt man die an der Gehirnbasis in der Mittellinie vorkommenden dünnen Schichten grauer Substanz, wodurch

1) Öfter auch fälschlich Granel geschrieben. 2) J. Chr. Adelung, Fortsetzung und Ergänzungen zu Chr. Gottl. Jöcher's Gelehrten-Lexikon. Bd. II. S. 1588. J. G. Meusel, Lexikon der vom Jahre 1750—1800 verstorbenen teutschen Schriftsteller. Bd. IV. S. 331.

3) J. G. Meusel a. a. O. S. 332.

die beiden Seitenhälften des großen Gehirns in Verbindung gesetzt werden. Man unterscheidet wol drei hinter einander liegende Abschnitte derselben: a) Vordere graue Platte (Lamina cinerea media anterior), die vor dem Chiasma liegende Partie, welche seitlich in die Substantia perforata anterior s. lateralis sich fortsetzt. b) Hintere graue Platte (Lamina cinerea media posterior) zwischen den beiden Hirnschenkeln, den Tractus optici und Markkügelchen. c) Hinterste graue Platte (Lamina cinerea media postrema), die hinterste zwischen den Hirnschenkeln befindliche graue Schicht von dreiseitiger Gestalt, in der aber zahlreiche Markfasern eingelagert sind. (*Fr. Wilh. Theile.*)

GRAUER [1]) (Albert), ein berühmter deutscher Theolog und einer der eifrigsten Vorkämpfer der Lutherischen Lehre im 17. Jahrh., am 13. April 1575 zu Meßirow bei Perleberg in der Mark Brandenburg, wo sein Vater Prediger war, geboren, begann, nachdem er zu Perleberg und Seehausen seinen ersten Unterricht und zu Rostock, wo er sich bei einem Anverwandten, Nicolaus, dem späteren Professor der Theologie daselbst, aufhielt, seine Gymnasialbildung erhalten hatte, auf der Universität zu Frankfurt an der Oder, wohin er sich im J. 1591 begab, seine theologischen Studien, welche er im J. 1593 zu Jena fortsetzte und im J. 1594 zu Wittenberg beendigte. Auf der zuletzt genannten Universität verschaffte er sich den Grad eines Magisters und fing daselbst im September 1594 an mit großem Beifall Vorlesungen zu halten. Er erwarb sich hier die Achtung und Freundschaft des bekannten Aegidius Hunnius, auf dessen Empfehlung wurde er auch im J. 1595 als Rector des von dem Baron Gregor Horwath zu Szepus gegründeten Gymnasiums angestellt, wo er die Philosophie und Theologie lehrte. In derselben Eigenschaft kam er im J. 1597 nach dem Tode Horwath's an das Gymnasium zu Caschau in Oberungarn und von hier aus besuchte er auch die Synode von Leutschau, auf welcher die Protestanten Ungarns die Concordienformel annahmen. Als die Türken in Ungarn eindrangen und im J. 1599 Erlau eroberten, verließ Grauer den Kriegsschauplatz und begab sich nach Wittenberg, von wo er von den Grafen von Mansfeld zum Rector des Gymnasiums zu Eisleben berufen wurde. Er lehrte hier neun Jahre hindurch Philosophie, Rhetorik und Theologie und begann seine alsbald so einflußreich gewordene Wirksamkeit als Schriftsteller. In die Zeit seines Aufenthaltes zu Eisleben fällt sein mit Eilh. Lubin mit einem Aufwande großer Gelehrsamkeit, aber nicht immer mit der nöthigen Höflichkeit geführter Streit über den Ursprung des Bösen oder der Sünde. Lubin hatte die spitzfindige und nach seiner Ansicht siegreiche Behauptung aufgestellt, das Böse oder die Sünde sei das Nichts und habe seinen Ursprung von Nichts. Grauer bestritt diesen Satz in seinen Quaestiones illustres theologicae (Jenae 1600. 4.) und zeigte, als Lubin entgegnete, in seinem Anti-Lubinus sive elenchus paradoxorum calvinisticorum [illegible]

[1]) Auch Graver und Grawer geschrieben.

Eilh. Lubini de prima causa et natura mali (Magdeb. 1607. 4.) die Nichtigkeit desselben mit so schlagenden Gründen, daß Lubin seine von Grauer als calvinistisch bezeichnete Lehre aufgab. Gleichzeitig trat Grauer gegen die Anhänger und Vertheidiger anderer Calvinistischer Irrthümer auf und diesem Eifer, die Reinheit der Lutherischen Lehre zu vertheidigen, entsprangen die zu ihrer Zeit vielgepriesenen und fleißig gelesenen Streitschriften: „Abfertigung der vermeinten Widerlegung Seb. Lamii, welche er gegen Alb. Graweri kurtze Entdeckung etlicher Calvinischen Irrthumb vom hl. Abendmal ausgesprenget" (Leipzig 1600. 4. Wittenberg 1601. 4.), Harmonia praecipuorum calvinianorum et photinianorum dogmatum. (Jenae 1602. 4. Ibid. 1613. 4. Witteberg. 1616. 4.) Bellum Calvini et Jesu Christi (Magdeburg. 1605. 4.) und Absurda absurdorum absurdissima, calvinistica absurda, hoc est, invicta demonstratio logica et theologica aliquot horrendorum paradoxorum calviniani dogmatis in articulo de persona Christi, coena domini, baptismo et praedestinatione. (Magdeburg. 1606. 4. Jenae 1612. 4. Ibid. 1618. 4.) Im J. 1607 wurde der verdiente und bereits berühmte Mann von den Grafen zu Mansfeld zum Dechant zu Mansfeld und zum Assessor des Consistoriums zu Eisleben ernannt und bezeichnete den Antritt dieser Stelle durch seine Disputationes antijesuiticas (Jenae 1607. 8. Ibid. 1614. 8.), aber nachdem er im J. 1609 die theologische Doctorwürde erlangt und im J. 1611 auf dieser Universität als Lehrer der Theologie Collegien zu lesen angefangen hatte, wurde seine schriftstellerische Thätigkeit eine unermüdliche und den Gegnern gefährliche und in dieser Stellung erwarb er sich den ehrenvollen Beinamen eines Schildes und Schwertes des Lutherthums (clypeus et gladius Lutheranismi), welchen er auch, als er 1616 dem Rufe als Generalsuperintendent nach Weimar folgte, zu bewahren wußte. Von der langen Reihe von Schriften, welche er von jetzt an veröffentlichte, mögen folgende erwähnt werden: Vindicatio incarnationis aeterni filii dei ab impugnationibus recentium photinianorum (Jenae 1612. 4.); Examen praecipuarum sophisticationum, quibus recentiores photiniani argumenta, aeternam Christi deitatem et personalem spiritus sancti subsistentiam, a patre distinctam confirmantia oppugnant (Jenae 1613. 4. Ibid. 1616. 4.); Dissertatio de Deo et ejus attributis Atheismo D. Conr. Vorstii opposita (Jenae 1613. 4.); „Zwo Predigten, wie man zur Sterbenszeit das Ziel des menschlichen Lebens recht betrachten soll" (Jena 1613. 4.); Dissertationes de novo ac horrendo errore circa doctrinam de satisfactione Christi pro peccatis humani generis (Jenae 1613. 4.); „Zwo Predigten von der recht göttlichen Reformation der Kirchen durch D. Lutherum geschehen und zugleich von dem Zustand der christlichen Kirchen vor derselbigen Reformation" (Jena 1614. 4.); Centuria illustrium quaestionum theologicarum, decem disputationibus propositarum (Jenae 1614. 4.); Polemica sacra, calvinianis et photinianis opposita

(Jenae 1616. 4. Ibid. 1650. 4.), worin seine vorzüglichsten frühern Streitschriften, namentlich die Absurda calvinistica, die Harmonia praecipuorum calvinianorum et photinianorum und das Examen praecipuarum sophisticationum gesammelt sind; „Widerlegung der ungegründeten Auflagen, damit das erdichtete berlinische Gespräch (von Gottes Wort und Gott selbst) seine Bekänntniß verdächtig zu machen sich unterstanden" (Jena 1614. 4.); Anti-pareanum propugnaculum, sive solida et invicta defensio argumentorum, quibus calvinistarum metonymia, quam verbis Christi in sacra coena affingunt, funditus destruitur (Jenae 1619. 4.); De unica veritate (Erfurt. 1619. 8. Jenae 1634. 8.) und Expositio plena ac perspicua prophetae Michae inque hac quaestiones inter Lutheranos, Photinianos, Pontificios et Calvinianos controversae. (Jenae 1619. 4. Ibid. 1664. 4.) Die Superintendentenstelle bekleidete er nur ein Jahr; er hatte wol öfter an Unwohlsein zu leiden, aber eine heftige Erkältung zog ihm eine gefährliche Krankheit zu, an welcher er am 30. Nov. 1617 starb. Er war verheirathet, hinterließ aber keine Nachkommenschaft. Man kann ihm keineswegs das Verdienst eines gründlich gelehrten Theologen und eines scharfsinnigen Philosophen absprechen, aber in seinen Streitigkeiten, sie mochten mündlich oder schriftlich geführt werden, war er nicht selten zu leidenschaftlich und besonders eingenommen gegen die Anhänger der Lehre Calvin's. Seine Schriften blieben lange Zeit eine reiche Rüstkammer für weniger gelehrte Theologen aller Confessionen bei ihren Streitigkeiten gegen einander. Nach seinem Tode erschienen noch Grauer's Praelectiones in augustanam confessionem (Vinariae 1626. 8. Jenae 1664. 8. Ibid. 1659. 8. Ibid. 1665. 8.), welche zwar manches Brauchbare enthalten, aber durch vielerlei Zusätze entstellt sein sollen. Seine ersten polemischen Schriften sind unstreitig die gründlichsten und auch am besten ausgearbeitet; die meisten derselben werden sogar jetzt noch von den Theologen, welche sich mit ähnlichen Controversen beschäftigen, nicht ohne Nutzen gelesen, wenn die Leser das Korn von der Spreu zu sondern verstehen [2]).

(*Ph. H. Külb.*)

GRAUER (Hieronymus), geboren am 20. April 1772 zu Jordkirch in dem schleswig-holsteinischen Amte Apenrade, widmete sich dem Studium der Theologie und erhielt nach Beendigung seiner akademischen Studien eine Pfarrstelle zu Kliés in dem vorhin erwähnten Amte. Mit rastloser Thätigkeit widmete er sich seinem geistlichen Beruf und dem Schulunterricht. Er starb am 10. Febr. 1820 im 48. Jahre. Durch Brauchbarkeit für den Schulunterricht empfahl sich ein von ihm verfaßtes Compendium. Es erschien, ins Dänische übersetzt, unter dem Titel: Den kristelige Religions Hovedlaerdommen i bibelske Sprog og Rieme. En Läsebog for Ungdommen paa Landet af *Karl Gottlob Just*. Efter det tydske Original udgivet paa Dansk i en fri Oversättelse. Andet Oplage. Haderslese 1811. Zu Altona erschien 1819 ein Pflichtenbuch für Dienstboten, ins Dänische übersetzt unter dem Titel: Pligtlere for Tjenestijender. Ovensee 1819. Auch die Oekonomie zog er in den Kreis seiner Beschäftigungen. In den schleswig-holsteinischen Provinzialberichten (1813. Heft 3. S. 388 fg.) findet man von ihm den Aufsatz: Ueber den zunehmenden Anbau des Leins und die Verfertigung inländischer Zeuche in der Gegend von Apenrade *).

(*Heinrich Döring.*)

Grauer Staar, s. Staar.

GRAUERT (Wilhelm Heinrich), teutscher Philolog, am 25. März 1804 zu Amsterdam geboren [1]), kam als Kind mit seinen Aeltern nach Teutschland, wohin diese übersiedelten und wo dieselben, nachdem sie in verschiedenen Gegenden sich niederzulassen versucht hatten, endlich im J. 1815 zu Münster ihren dauernden Wohnsitz nahmen. Nachdem der talentvolle Knabe auf dem Gymnasium seine Vorstudien beendigt hatte, bezog er im J. 1821 die Universität zu Bonn und gewann schon im dritten Jahre seines Aufenthaltes durch seine Abhandlung über den Fabeldichter Aesopus (De Aesopo et fabulis Aesopicis dissertatio philologica. Bonnae 1825. 4.) den von der philosophischen Facultät ausgesetzten Preis. In demselben Jahre (1825) erwarb er sich die philosophische Doctorwürde, zu welchem Zwecke er die erwähnte Schrift gänzlich umarbeitete. Die persönliche Beziehung zu dem berühmten Geschichtschreiber und Archäologen Barth. Georg Niebuhr, welcher ihn zum Erzieher seines einzigen Sohnes ausersehen hatte, wirkte sehr vortheilhaft auf seine weitere Ausbildung und hatte einen nachhaltigen Einfluß auf seine wissenschaftliche Richtung, wie in seinen Vorlesungen, welche er zwei Jahre hindurch als Privatdocent an der Universität hielt, bemerklich war. In diese Zeit fallen seine Abhandlung „Ueber das Leben des Thucydides" (im „Rheinischen Museum," herausgegeben von Niebuhr und Brandis, 1828) und die Ausgabe der leptineischen Declamationen des Rhetors Aelius Aristides (Ael. Aristidis Declamationes Leptineae, emendatae atque annotationibus cum suis tum Ang. Maii et Jac. Morellii illustratae edidit G. H. Grauert. Bonnae 1827. 8.), welche sich durch ihre gesunde Kritik den Beifall der Kenner erwarb. Im J. 1827 ging Grauert als außerordentlicher Professor der Alterthumswissenschaft und der Geschichte an der philosophisch-theologischen Facultät nach Münster und wirkte in beiden Fächern als Lehrer und Schriftsteller mit großem Fleiße, wie seine kritische Schulausgabe der Fragmente des Trogus Pompejus (Trogi Pompeii Historiarum Philippicarum prologi in usum scholarum de veteris

2) P. Freheri Theatrum virorum eruditione clarorum (Norimberg. 1688. fol.) p. 891. H. Witteni Memoriae Theologorum p. 849. P. Bayle, Dictionnaire historique et critique, art. Grawerus.

*) Siehe Kordes in s. Lexikon schleswig-holsteinischer Schriftsteller S. 139 fg. Lübker's Lexikon schleswig-holsteinischer Schriftsteller. Abth. 1. S. 195. Meusel, Gel. Teutschland. Bd. 17. S. 770. Bd. 22. Abth. 2. S. 440.

1) Die Angabe, daß er im December 1790 zu Gelinghausen bei Arnsberg in Westfalen geboren sei, scheint auf einem Irrthume zu beruhen.

aevi historia suarum. Monasterii 1827. 8.); seine Uebersicht der alten Geschichtschreiber (De historicis graecis testimonia veterum scriptorum praecipua. Scholar. in us. et collegit et ad verbum descripta edidit. Monasterii 1829. 8.); seine „Historischen und philologischen Analekten" (Erste Sammlung. Münster 1833. 8.) und seine gediegenen Aufsätze: „Ueber die Komödie der Griechen, besonders die mittlere" (im Rheinischen Museum, 1827); „Ueber die Werke des Dichters Aratos" (Ebend. 1827. Bd. I. S. 336 fg.) und „Ueber den Trinummus und andere Komödien des Plautus und Nävius" (in der „Zeitschrift für die Alterthumswissenschaft," 1827) zur Genüge beweisen. Im J. 1835 wurde er zum ordentlichen Professor der Geschichte an der Akademie zu Münster ernannt, wo er durch eine Reihe von 23 Jahren als Lehrer wirkte. Er war nicht nur Director der Prüfungscommission, sondern bekleidete auch während dieser Zeit die höchsten akademischen Würden des Dekanats und Rectorats. Er stiftete und leitete das historische Seminar, gründete den Verein der rheinischen und westfälischen Schulmänner und redigirte das von diesem Vereine herausgegebene „Museum." Grauert wandte sich, durch seine Stellung veranlaßt, allmälig mehr der neuern Geschichte zu und lieferte, nachdem er mit der Schilderung des Charakters des Schwedenkönigs Gustav Adolf in einem Programm (Gustavus Adolphus rex Suecorum comparatus cum Epaminonda Thebano. Monasterii 1834. 4.) begonnen hatte, sein größeres historisches Werk „Christina, Königin von Schweden und ihr Hof" (Bonn 1837—1842. 8. 2 Bde.), welches jedoch nicht bei allen Parteien gleichen Beifall fand. Besser gelangen ihm unstreitig kleinere historische und literarische Abhandlungen, welche er in verschiedenen Zeitschriften mittheilte. Dahin gehören: „Axel Oxenstierna's Verdienste zur Beförderung der Wissenschaften in Schweden" (1838); „Hubert Languet: zur Geschichte der Souverainetät" (im Museum der rheinisch-westfälischen Schulmänner. Bd. 5); „Deutsche Philologen in Holland" (Ebend.); „Ueber die Metrik der römischen Epiker" (als Nachschrift zu Köne's Werk „Ueber die Sprache der römischen Epiker." Münster 1840. 8.); „Ueber den Proceß des Miltiades," „Synchronistische Vergleichung der griechischen und römischen Geschichte" (1844); „Ueber die original-römischen Trauerspiele (Prätexten) des Nävius" (in der von Schneidewin herausgegebenen Zeitschrift „Philologus," 1847. S. 115 fg.); „Ueber die ältere Poesie" und „Ueber den Dienst der Musen bei den Römern" (1848). Im J. 1849 folgte er einem ehrenvollen Rufe an die Hochschule zu Wien als ordentlicher Professor der Geschichte, Mitleiter des philologisch-historischen Seminars und Vorstand der Prüfungscommission. Seine Gesundheit war aber durch allzu angestrengte Thätigkeit bereits untergraben und als die einzige in seiner Stellung an der kaiserlichen Universität vollbrachte Arbeit ist der in der kaiserlichen Akademie der Wissenschaften im J. 1851 gehaltene Vortrag über „die Thronbesteigung des Königs Johann Casimir von Polen und die Wahl seines Nachfolgers; nach einer bisher unbekannten gleichzeitigen Quelle und den Geschichtschreibern jener Zeit" (mitgetheilt in den Sitzungsberichten der historisch-philosophischen Classe. Bd. V. 4. auch besonders abgedruckt. Wien 1851. 8.) zu erwähnen. Im Mai 1851 hatte ihn die kaiserliche Akademie der Wissenschaften als wirkliches Mitglied aufgenommen; es war ihm aber nicht vergönnt, diese durch seine Wirksamkeit zu erfreuen, denn der Tod entriß ihn der Wissenschaft am 10. Jan. 1852 im besten Mannesalter. Außer den erwähnten Arbeiten finden sich noch viele Aufsätze und Recensionen von ihm in verschiedenen philologischen und historischen Zeitschriften, besonders in der Zeitschrift für Alterthumswissenschaft, in der Kritischen Bibliothek von Seebode und in der Zeitschrift für die österreichischen Gymnasien [9]). (*Ph. H. Külb.*)

GRAUE SUBSTANZ (Substantia cinerea) ist der eine Hauptbestandtheil des Centralnervensystems, der am Rückenmarke im Innern, am Gehirne im Allgemeinen an der Oberfläche gelegen ist, während der zweite Hauptbestandtheil, die Marksubstanz, an den genannten beiden Theilen die umgekehrte Lage hat. Außer der Färbung, wovon sie den Namen erhalten hat, charakterisirt sich die graue Substanz dadurch, daß in ihr neben den Nervenröhren die sogenannten Ganglien- oder Hirnzellen eingelagert sind. (*Fr. Wilh. Theile.*)

GRAUGÜLTIGERZ, eine Bezeichnung, welche besonders im sächsischen Erzgebirge von den Bergleuten für ein Erz gebraucht wird, dessen mineralogischer Begriff etwas schwankend ist. Einige verstehen darunter ein antimonhaltiges Fahlerz mit über 14 Proc. Silber- und 81 Proc. Kupfergehalt, andere ein silberarmes arsenikhaltiges Fahlerz mit über 40 Proc. Kupfergehalt, noch andere ein Blei- und Silbersulfurat, das Weißgültigerz genannt wird. (*C. Reinwarth.*)

GRAUMANN (Johann Philipp), geachteter teutscher Finanzbeamter, um das Jahr 1690 zu Braunschweig geboren, widmete sich dem Handel und erwarb sich besonders gründliche Kenntnisse über das Geldwesen, weshalb er allmälig in den Staatsdienst gezogen und zum braunschweig-lüneburgischen Commerziencommissar ernannt wurde. Sein erster schriftstellerischer Versuch: „Ausführliche Geld-Tabellen zum Nutzen der Kaufleute" (Hamburg 1734. 8. 2 Thle.) wurde von den Geschäftsleuten mit großem Beifall aufgenommen und bewährte sich als ein zuverlässiges Hilfsbuch. Graumann hegte aber viel weiter gehende Pläne, welche dahin zielten, dem Münzwesen in Teutschland eine andere Gestalt zu geben, und tiefe Einsicht in die höhere und politische Rechenkunst, verbunden mit einer gründlichen Kenntniß der Geschichte und des Zustandes des Münzwesens bei allen europäischen Völkern befähigten ihn vor allen andern teutschen Finanzmännern zur Ausführung dieses Vorhabens. Bisher hatte man in Teutschland noch dem

---

9) Vergl. Zeitschrift für die österreichischen Gymnasien (Wien 1852). Heft 2. Neuer Nekrolog der Deutschen. Jahrgang 1852. Th. II. S. 833. Const. v. Wurzbach, Biographisches Lexikon des Kaiserthums Oesterreich. Bd. V. S. 319 fg.

leipziger Münzfuße die feine Mark Silber zu 18 Gulden ausgeprägt, Graumann sah aber bald ein, daß Teutschland dabei verlieren müsse, indem das Ausland sich dadurch veranlaßt sehe, das wohlfeile teutsche Silber, das sich in Teutschland gegen Gold wie 15 gegen 1, im Auslande wie 14 gegen 1 verhielt, auszuwechseln. Er schlug also einen Münzfuß vor, nach welchem die cölner Mark feines Silber zu 14 Reichsthalern oder 21 Gulden ausgeprägt werden sollte. Der neue Münzfuß, gewöhnlich der Graumann'sche genannt, wurde zuerst in Braunschweig und dann in Preußen, wohin Graumann im J. 1750 als geheimer Finanz- und Domainenrath und als Generaldirector des Münzwesens berufen worden war, sowie von den meisten Ständen auch anderwärts eingeführt und im J. 1764 mit einigen Modificationen erneuert. Nähere Auskunft über sein System gab er in zwei ohne seinen Namen erschienenen Schriften („Abdruck eines Schreibens, die Teutsche und anderer Völker Münzverfassung, insonderheit die hochfürstl. Braunschweigische Münze betreffend von J. P. G." Berlin 1749. 4. Auch französisch. Ebend. 1752. 8. und „Gründliche Prüfung des Schreibens, die Teutsche und anderer Völker Münzverfassung betreffend." Berlin 1750. 4.), welche bei den Einsichtigen die verdiente Anerkennung fanden. Dabei suchte er fortwährend den Geschäftsmann durch gute, das Rechnungswesen erleichternde Handbücher zu unterstützen. Dahin gehören das „Licht des Kaufmanns, bestehend in Wechsel-Arbitrage-Tabellen, einer ausführlichen Nachricht von den Münzen und Wechsel-Geldern der vornehmsten Handelsstädte von Europa." Berlin 1754. 4. und die „Tabellen zur Ausrechnung des Silbers und Goldes nach dem Gehalte." (Ebend. 1761. 12.) Graumann starb in Berlin im J. 1762. Nach seinem Tode erschienen noch einige seiner werthvollsten Erörterungen über das Finanzwesen unter dem Titel: „Gesammelte Briefe von dem Gelde, von dem Wechsel und dessen Cours, von der Proportion zwischen Gold und Silber, von dem Pari des Geldes und den Münzgesetzen verschiedener Völker, besonders aber von dem Englischen Münzwesen; zum Drucke befördert von J. P. G." (Berlin 1762. 4. 2 Thle), welche ihres wichtigen Inhalts wegen ins Französische übersetzt wurden (Lettre de M. Graumann 1) sur la proportion entre l'or et l'argent, 2) sur les monnoyes de France, traduite de l'Allemand, par J. P. Beyerle. Paris 1788. 8.) und der von dem König ernannten Commission zur Verification der alten Louis als Anhaltspunkt dienen sollten *). — Zu derselben Zeit wird ein katholischer Theolog dieses Namens, Dirk Graumann, genannt, am 14. Jan. 1724 zu Dettelbach geboren. Er gehörte dem Franziskanerorden an und befand sich in dem Kloster seines Ordens zu Bamberg, wo er um das Jahr 1780 starb. Seine theologischen Schriften (Authentia linguae sacrae. Wirceburg. 1765. 4. Corollaria ecclesiastico-juridica, hodierno Germaniae statui accommodata notis et animadversionibus illustrata. Bamberg. 1768. 4.) wurden von seinen Ordensgenossen gepriesen, sind aber jetzt vergessen. (*Ph. H. Külb.*)

GRAUMANN (Peter Benedict Christian), teutscher Arzt, am 23. Nov. 1752 zu Wahren in Mecklenburg-Schwerin, wo sein Vater Prediger war, geboren, genoß den ersten Unterricht von seinem Vater und dem Prediger Schramm in Lübz und bezog, nachdem er die Grundlage seiner gelehrten Bildung auf der Schule zu Güstrow, wo der Conrector Hoffmann und der Professor Fries den ebenso talentvollen als fleißigen Knaben ihrer besonderen Aufmerksamkeit widmeten, erhalten hatte, im J. 1771 die Universität zu Göttingen, um sich der Arzneiwissenschaft zu widmen. Er besuchte hier außer den medicinischen Vorlesungen der bekannten Professoren Richter, Stromeyer, Wrisberg, Murray und Baldinger auch philosophische Collegien und kehrte nach der Beendigung seiner Studien nach seiner Heimath zurück, um sich zu einer längeren Reise zu seiner weiteren Ausbildung vorzubereiten. Er begab sich bald darauf über Berlin, Dresden und Prag nach Wien, wo er sich mehrere Monate ausschließend mit der Praxis in den Krankenhäusern beschäftigte, wobei ihm besonders der Umgang mit den Aerzten Quarin und Collin von sehr großem Nutzen war. Von Wien aus reiste er über Ungarn nach seinem Vaterlande zurück und erwarb sich durch die Vertheidigung einer Promotionsschrift (Dissertatio inauguralis continens observationes physico-medicas et sententias. Bützow. 1775. 4.) die medicinische Doctorwürde, nachdem er vorher schon Magister der Philosophie geworden war. Darauf ließ er sich als praktischer Arzt zu Wahren nieder, wurde aber im J. 1770 als außerordentlicher Professor der Medicin nach Bützow berufen. In diese Zeit seiner Wirksamkeit fallen die naturhistorischen Schriften: „Betrachtungen über die allgemeine Stufenfolge der natürlichen Körper" (Rostock 1777. 4.) und Brevis introductio in historiam naturalem animalium mammalium, in usum auditorum (Rostoch. 1778. 8.) und die „Oeffentliche Rede über die Freude des Landes bei der Geburt des durchlauchtigen Prinzen Friedrich Ludwig von Mecklenburg." (Rostock 1778. 4.) Im J. 1779 siedelte er, da ihm seine Stellung nicht behagte, nach Rostock über, um sich in dieser Stadt als praktischer Arzt niederzulassen und sich zugleich mit der Schriftstellerei in seinem Fache zu beschäftigen. Er widmete besonders dem von ihm in dieser Zeit herausgegebenen „Diätetischen Wochenblatte. Drei Jahrgänge" (Rostock 1781—1783. 8.) große Sorgfalt, und sah zu seiner Befriedigung, daß sein Bestreben die gebührende Anerkennung fand. Großen Nutzen stifteten die ohne seinen Namen erschienenen „Quacksalbereien seiner Mitbürger, zur Warnung und Beherzigung geschrieben von dem Verfasser" (Ebend. 1783. 8. Nr. 1 und 2), eine allgemeine Wichtigkeit hat aber die auf Befehl seines Landesfürsten herausgegebene „Abhandlung über die Franzosen-Krankheit des Rindviehes und der Unschädlichkeit des Fleisches solcher Thiere." (Rostock und Leipzig 1784. 8.) Als er im Jahre

*) J. G. Meusel, Lexikon der vom Jahre 1750—1800 verstorbenen teutschen Schriftsteller. Bd. IV. S. 328. Biographie universelle. Tom. XVIII. p. 330. (Nouv. éd. XVII. p. 388.)

1784 zum ordentlichen Professor der Medicin zu Bützow und zugleich zum Physicus mehrerer Aemter ernannt wurde, lehrte er gern wieder zu dem Lehramte zurück, wozu er stets große Neigung fühlte. Während seiner zweiten Anstellung zu Bützow schrieb er seine Abhandlung über den Nachtheil der innerhalb der Städte befindlichen Friedhöfe (Dissertatio de Libitina in urbibus toleranda. Butzow. 1790. 4.), eine Ansicht, deren Ausführung damals noch mit vielen hinderlichen Vorurtheilen zu kämpfen hatte. Später scheint er seiner schriftstellerischen Wirksamkeit entsagt zu haben, denn es findet sich nur noch eine von ihm ausgearbeitete Krankengeschichte (in Baldinger's Neuem Magazine für Aerzte X, 127 fg.). Als die Universität später verlegt wurde, blieb Graumann zu Bützow, wo er am 6. Oct. 1803 als Hof- und Leibarzt starb *). (*Ph. H. Külb.*)

GRAUMÜLLER (Johann Christian Friedrich), bekannter teutscher Botaniker, zu Draherrig bei Glauchau in der Grafschaft Schönburg (Sachsen), wo sein Vater, früher Feldarzt im siebenjährigen Kriege, sich als Chirurg niedergelassen hatte, geboren, erhielt seinen ersten Unterricht in der Dorfschule, seine Neigung zur Botanik erwachte aber durch die Lieblingsbeschäftigung des Vaters, eines eifrigen Blumenfreundes, und er brachte nach und nach alle schönblühenden Pflanzen der Umgegend in den älterlichen Hausgarten. Dagegen konnte er der Chirurgie, wozu ihn sein überaus strenger Vater mit Gewalt zwingen wollte, so wenig Geschmack abgewinnen, daß er, um dieses Geschäft nicht ergreifen zu müssen, vorzog, heimlich das väterliche Haus zu verlassen und mit Vorwissen seiner Mutter nach Glauchau zu wandern, um hier die alten Sprachen zu erlernen und sich zum Studium eines gelehrten Faches vorzubereiten. Kaum war er durch Vermittelung von Freunden mit seinem Vater wieder ausgesöhnt, und der Erlaubniß desselben, studiren zu dürfen, gewiß, als ihn die Lust anwandelte, in das nach seiner Ansicht mehr Gelegenheit zu einer gründlichen Ausbildung bietende Gymnasium zu Plauen überzugehen, wogegen sein Vater auf den Besuch der Schule zu Zwickau bestand. Da beide fest auf ihrem Willen beharrten, so trat der frühere Zwiespalt wieder ein und der Sohn ging ohne Erlaubniß und ohne Unterstützung des Vaters nach Plauen, wo er sich durch Ertheilen von Unterricht in angesehenen Häusern die zu seinem Unterhalte nöthigen Mittel mühsam verschaffte, aber durch angestrengten Fleiß und musterhafte Aufführung die Achtung seiner Lehrer und aller Leute, die mit ihm in Berührung kamen, erwarb. Als ihn daher im J. 1791 in Folge allzu großer Anstrengung eine Brustkrankheit befiel und die Aerzte den Aufenthalt auf dem Lande für seine Wiederherstellung nöthig erachteten, zeigte sich der Amtmann in Voigtsberg, mit welchem er bekannt geworden war, gern bereit, ihn in sein Haus aufzunehmen. Auf den ihm vorgeschriebenen Spaziergängen im Freien erwachte seine frühere Liebe zur Botanik wieder und er sammelte mit dem größten Eifer Pflanzen. Nach seiner Genesung verschwand jedoch diese Lust wieder und als ihn ein Zufall nach Jena und in einige theologische Vorlesungen führte, beschloß er, Theologie zu studiren und sich noch im Herbste dieses Jahres nach dieser Universität zu begeben. Er ging jedoch zuerst nach Hause, um diesen Entschluß dem zum zweiten Mal versöhnten Vater mitzutheilen. Dieser aber zog Leipzig vor, weil er daselbst auf ein Stipendium rechnen zu können glaubte, der Sohn aber war anderer Ansicht und wandte sich, da er die Unbeugsamkeit des väterlichen Willens kannte, an den regierenden Grafen von Schönburg-Glauchau, welcher seine Studien zu Jena gemacht hatte, um Unterstützung. Diese bestand in Empfehlungsschreiben, womit er im März 1792 nach Jena wanderte und sich eine Stelle im Convictorium und freien Zutritt zu den Vorlesungen verschaffte. Er hörte mit unermüdlichem Eifer theologische und philologische Vorlesungen und hoffte im J. 1796 seine Studien beendigen und sich in der Heimath um eine Predigerstelle bewerben zu können, im letzten Jahre verleidete ihm aber die nähere Bekanntschaft mit einem Universitätsfreunde, welcher die Naturwissenschaft zum Gegenstand seines Studiums gemacht hatte, auf einmal die Theologie und er beschloß dieselbe aufzugeben, um Cameralwissenschaft und Naturkunde, insbesondere aber Botanik, zu studiren. Der Entschluß war leichter gefaßt als ausgeführt, da die Mittel zum weiteren Aufenthalt auf der Universität fehlten; alle Schwierigkeiten verschwanden aber vor dem unbeugsamen Willen Graumüller's, den er von seinem Vater geerbt hatte. Durch die Unterstützung des im Fache der Cameralwissenschaft lehrenden Professors Stumpf, dessen Kinder er unterrichtete, des bekannten Philologen Schütz, welcher zu dieser Zeit die Redaction der jenaer Literaturzeitung führte, und des Professors der Botanik Batsch, welcher ihm freien Zutritt in den botanischen Garten verschaffte und die Benutzung seiner Bibliothek und seiner Sammlung gestattete, gelang es ihm, seinen Plan zu verwirklichen. Die Anstrengung, mit welcher er ihn verfolgte, überstieg jedoch fast seine Kräfte, denn neben seinen Studien zur Erlangung der nöthigen Kenntnisse in seinem Fache, mußte er fortwährend, um seinen Lebensunterhalt zu gewinnen, Unterricht in der hebräischen, griechischen und lateinischen Sprache, in der Geographie und in der Naturwissenschaft ertheilen, Correcturen von Druckbogen besorgen und andere mühsame Arbeiten für die Verleger und die Pflanzenhändler übernehmen. Die häufigen Excursionen, welche das Einsammeln von Pflanzen nöthig machte, erhielten und stärkten aber seine Gesundheit und er konnte sich endlich im J. 1801 die Würde eines Doctors der Philosophie verschaffen. Er hatte um diese Zeit noch nicht im Sinne, Jena zum Orte seiner Wirksamkeit zu wählen, sondern hoffte nach Rußland, wo schon viele teutsche Gelehrte ihr Glück gemacht hatten, gehen zu können, vorher wollte er jedoch durch einige Schriften seinen Namen bekannt

*) J. G. Meusel, Das gelehrte Teutschland. Bd. II. S. 641 der biograph. Darstellung merkwürdiger Menschen der drei letzten Jahrhunderte. (Halle 1803. 8.) Bd. III. S. 492. G. Baur, Handwörterbuch aller merkwürdigen Personen des ersten Jahrzehnts des 19. Jahrh. Bd. I. S. 511.

machen. Er begann seine literarische Laufbahn mit der Bearbeitung der Ergebnisse seiner Excursionen und gab rasch nach einander heraus das „Systematische Verzeichniß wilder Pflanzen, die in der Nähe und umliegenden Gegend von Jena wachsen, nebst Bemerkungen ihres Wohnorts, ihrer Blüthezeit, ihrer Fruchtreife und ihres Nutzens, für angehende Aerzte, Apotheker, Technologen, Oekonomen, Gartenliebhaber u. s. w." (Jena 1803. 8.) und „Charakteristik der um Jena wild wachsenden Pflanzen in tabellarischer Form zum Gebrauche für Excursionen." (Ebend. 1803. 4.) Der Graf Ludwig von Glauchau, welchem er die erste Schrift widmete, ernannte ihn noch in demselben Jahre zum schönburgischen Forstrath und versprach ihm fernere Beförderung; Graumüller lebte den angenehmsten Hoffnungen, als der Krieg des Jahres 1806 diese schnell vereitelte. Nach der Schlacht bei Jena im October verlor er durch die Plünderung den größten Theil seiner Habe, seiner Bibliothek und seiner Sammlungen und da dieser im Augenblick unersetzliche Verlust ihn zwang, seine beabsichtigte Reise nach Rußland aufzugeben, so entschloß er sich im J. 1807 als Privatdocent in den Fächern der Cameralwissenschaft und Naturgeschichte an der Universität zu Jena aufzutreten. Er las nun eine Reihe von Jahren hindurch nach einander über allgemeine Naturgeschichte, Forstnaturgeschichte, zoologische Terminologie, Entomologie, ökonomische Zoologie, Botanik, Geschichte der Pflanzenkunde, Pflanzenphysiologie, Naturgeschichte der Kryptogamen, ökonomische Botanik, Forstbotanik, Naturgeschichte der officinellen Körper aller drei Reiche, Forstwissenschaft, ökonomische Waarenkunde, politische Geographie und andere verwandte Gegenstände, ohne eine Professur und somit eine feste und sorgenfreie Stellung erlangen zu können. Sein hauptsächlichstes Studium war fortwährend die Botanik und in diesem Fache nur trat er als Schriftsteller und zwar mit entschiedenem Erfolg auf. Als seine hierher gehörenden, noch immer werthvollen Leistungen sind zu nennen: „Darstellung einer neuen Methode von natürlichen Pflanzenabdrücken, als Probestück" (Jena 1809. 4.), „Neue Methode von natürlichen Pflanzenabdrücken in- und ausländischer Gewächse, zur Demonstration der botanischen Kunstsprache in Schulen, sowie auch zum Selbstunterricht für Freunde der Pflanzenkunde." Erstes Heft. (Ebend. 1809. 4.), „Tabellarische Uebersicht des alten Linnéischen Pflanzensystems und des verbesserten von Thunberg, sowie auch der natürlichen Systeme von Jussieu und Batsch, für seine Vorlesungen entworfen" (Eisenberg 1811. 4.), „Diagnose der bekanntesten und besonders europäischen Pflanzengattungen nach dem verbesserten Linnéischen Systeme. Zum analytischen Gebrauche für seine Vorlesungen, sowie auch zum Selbststudium. Nebst einer Vorrede von Gruner" (Ebend. 1811. 8.), „Handbuch der pharmaceutisch-medicinischen Botanik zum Selbstunterrichte für angehende Aerzte, Apotheker, Droguisten und Andere" (Ebend. 1813—1820. 8. 5 Bde., nebst Registerband), „Flora pharmaceutica Jenensis, oder Verzeichniß der um Jena wildwachsenden und in Gärten und auf Feldern gezogenen, in ältern und neuern Zeiten gebräuchlichen Arzneipflanzen, nebst Bemerkung ihrer Dauer und Einsammlungszeit, für Aerzte, Apotheker, Droguisten und Arzneipflanzensammler." (Jena 1815. 8.) Nebst einer Vorrede, welche eine Geschichte der Leistung der Universität Jena für das Studium der Botanik enthält und „Flora Jenensis oder Beschreibung der in der Nähe von Jena und einem großen Theile des Großherzogthums Sachsen-Weimar-Eisenach und des Herzogthums Altenburg wildwachsenden Pflanzen nebst genauer Angabe ihrer Wohnorte, Blüthezeit, Fruchtreife, Dauer und ihres mannichfaltigen Nutzens für angehende Aerzte, Veterinairärzte, Pharmaceuten, Droguisten, Forstmänner, Technologen, Oekonomen, Gartenfreunde, Kaufleute, Maler u. s. w." Erster Band. (Eisenberg 1824. 8.) Das Werk wurde nicht beendet, denn der Tod überraschte den Verfasser am 5. Sept. 1825 über der Ausarbeitung des zweiten Bandes, als etwa ein Drittheil desselben zum Druck fertig war *). (*Ph. H. Külb.*)

GRAUMÜLLERA, eine von Reichenbach zu Ehren des ehemaligen Forstraths und Docenten an der Universität Jena Joh. Chr. Fr. Graumüller, Verfassers verschiedener botanischer Schriften, benannte Pflanzengattung, welche mit Amphibolis *Agardh* und Cymodocea *König* höchst wahrscheinlich identisch ist. (*Garcke.*)

GRAUN (Karl Heinrich), berühmter teutscher Componist, im J. 1701 zu Wahrenbrück in Kursachsen (im jetzigen liebenwerdaer Kreise des preußischen Regierungsbezirks Merseburg), wo sein Vater Accise-Einnehmer war, geboren, war der jüngste von drei Brüdern, welche sich alle durch musikalisches Talent auszeichneten und kam zugleich mit seinem ältern Bruder im J. 1713 auf die Kreuzschule in Dresden, welche damals als eine der besten Bildungsanstalten im Fache der Tonkunst galt. Graun zeichnete sich schon als Knabe durch eine herrliche Sopranstimme aus, weshalb er auch bald als Rathsdiscantist in den Chor aufgenommen wurde. Im Gesange erhielt er seinen Unterricht von dem trefflichen Cantor Grundig, in allen übrigen Theilen der Musik aber, besonders auf der Orgel und dem Claviere, von Chr. Pezold, königlichem Organisten und Clavierspieler, und in kurzer Zeit übertraf er alle seine Mitschüler durch seinen bezaubernden Gesang und durch seine Fertigkeit im Clavierspiele. Dabei waren die Cantaten des bei weitem nicht nach Gebühr gewürdigten Componisten Reinhard Keiser, welche auch unter dem Titel: „Die musikalische Landlust" gedruckt sind, die Lieblingsgesänge, aus denen er in seiner Jugend die vorzüglichste Nahrung zog; überhaupt bildete er durch die Werke dieses merkwürdigen Künstlers, welcher die dramatische Musik in Teutschland in Schwung zu bringen suchte, gleichsam den Charakter seiner spätern Compositionen. Graun's Stimme änderte sich beim Eintritt der Mannbarkeit in einen angenehmen, aber schwachen Tenor, der sich erst mit der Zeit zu entwickeln vermochte. Er benutzte deshalb eifrig diesen Zwischenraum zum

*) Vergl. J. G. Meusel, Das gelehrte Teutschland. Bd. XVII. S. 771. Bd. XXII. Abth. 2. S. 460. *Eichstaedt* Annales Academiae Jenensis. Vol. I. p. 78 seq. Neuer Nekrolog der Deutschen. Jahrg. 1825. Bd. II. S. 1182 fg.

Studium der Composition unter der Leitung Johann Christoph Schmidt's, des Kapellmeisters des Königs von Polen, eines sehr unterrichteten Mannes. Ein günstiger Zufall trug überdies nicht wenig zu seiner Ausbildung bei. Der Aufenthalt des Hofes zu Dresden im J. 1719 veranlaßte auch die Aufführung mehrerer Opern Lotti's, worin dessen Frau, Frau Tesi, Margarethe Durastanti, Bernardo Senesino, Matteo Berselli und andere vorzügliche Sänger auftraten. Graun, welcher selbst im Chore mitsang, merkte sich mit Hülfe seines überaus glücklichen Gedächtnisses nicht nur die Melodien dieser Opern, sondern auch die Verzierungen, welche die Sänger hinzufügten, wodurch er als angehender Componist seinen Geist mit guten Ideen bereicherte und seinen Geschmack als Sänger bildete. Schon in Dresden während seines Besuches der Kreuzschule componirte er Motetten für das Chor und, nachdem er dieselbe verlassen hatte, vom Jahre 1719 an für seinen früheren Lehrer Grundig und dessen Nachfolger Theodor Christlieb Reinhold so viele Kirchenstücke, daß sie zusammengenommen wenigstens zwei Kirchenjahrgänge ausmachen; darunter befindet sich auch eine ziemlich lange Ostercantate. Ein merkwürdiges Ereigniß bezeichnete das Ende seines Aufenthaltes in Dresden. Als er einige Tage vor seiner Abreise in dem Pavillon eines großen, einem seiner Freunde gehörenden Gartens arbeitete und plötzlich ein Gewitter losbrach, machte er sich in Eile davon. Kaum hatte er aber den Pavillon verlassen, als der Blitz in denselben schlug und den Tisch, woran er gesessen hatte, nebst der darauf liegenden Partitur zerstörte. Abergläubische erklärten diesen Zufall als eine günstige Vorbedeutung für sein späteres Leben und für seinen Ruhm. Er machte kurz nachher (1723) mit seinen Freunden und Kunstgenossen Pisendel, Quanz und dem Lautenist Weiß eine Reise nach Prag, um einer von Fux componirten neuen Oper (Costanza e Fortezza) beizuwohnen; bald darauf aber wurde er durch die Vermittelung musikliebender und einflußreicher Gönner, des Oberlandbaumeisters Karger, des Superintendenten Löscher, besonders aber des Ceremonienmeisters und Hofpoeten König als Tenorist an Hasse's Stelle an der Oper in Braunschweig berufen und trat beim Beginn des J. 1727 (in der sogenannten Lichtmeßoper) zum ersten Mal in „Heinrich dem Vogler," einem Singstücke des Kapellmeisters Schurmann auf; da ihm aber die Arien der ihm zugetheilten Rolle nicht gefielen, so setzte er sie nach seinem Geschmacke um und seine Arbeit gefiel dem Hofe so gut, daß ihm die Composition der Oper für die künftige Sommermesse übertragen wurde. Diese ganz teutsch geschriebene Oper „Polydor" erntete so allgemeinen Beifall, daß der Herzog den Componisten zum Vicekapellmeister mit Beibehaltung seiner Stelle als Tenorist ernannte. Dem ersten Versuche folgten nun rasch die Opern „Sancio und Sinilde," teutsch, Iphigenia in Aulis, teutsch, „Scipio der Afrikaner," teutsch, „Timareta" (1733), italienisch, und „Pharao," mit italienischen Arien und teutschen Recitativen. Alle diese Opern gefielen und machten den Namen des Componisten in Teutschland bekannt. Auch als Sänger war er keineswegs ohne Verdienst, aber das Talent für die dramatische Action fehlte ihm. Außer den erwähnten Opern componirte er während seines Aufenthaltes in Braunschweig viele Kirchenstücke, teutsche Geburtstagsmusiken, italienische Cantaten, zwei Passionen und die Trauermusik beim Tode des Herzogs August Wilhelm (1731). Auch dessen Nachfolger Ludwig Rudolph und Ferdinand Albert hielten ihn in Ehren, aber während eines Besuches bei letzterem hörte ihn der Kronprinz von Preußen (der nachmalige König Friedrich II.) und erbat sich ihn von dem Herzoge als Sänger bei seiner Kapelle zu Rheinsberg. Graun erfuhr diese glückliche Versetzung zuerst aus dem Munde des Herzogs nebst seiner Entlassung und begab sich im J. 1735 nach Rheinsberg. Hier war sein hauptsächlichstes Geschäft, für die Concerte des Kronprinzen Cantaten zu componiren und sie dann als Sänger auszuführen. Friedrich machte gewöhnlich die Verse zu den Cantaten in französischer Sprache und ließ sie durch den Dichter Bottarelli ins Italienische übersetzen. Graun componirte sie ganz nach seinem Geschmacke und ohne alle Nebenrücksicht und gewann durch deren Vortrag die Liebe seines Fürsten in immer höherem Grade. Die Anzahl dieser Cantaten, welche meist aus zwei Recitativen und Arien bestanden, soll sich auf 50 belaufen und die von ihm zuletzt componirte und auch gedruckt erschienene (Cantata: Bei Labbri etc. a Tenore con 4 stromenti) die vorzüglichste sein. Der Kapellmeister Schulz setzte diese Cantaten im Ausdrucke über alles Andere, was Graun schrieb; auch sang sie der Componist selbst am liebsten und äußerst gemüthvoll und schön. Als Friedrich II. im J. 1740 den Thron bestieg, beauftragte er Graun, die Trauermusik beim Begräbniß Friedrich Wilhelm's nach einem lateinischen Texte zu componiren. Man ließ zur Ausführung Opernsänger aus Dresden kommen und die Partitur wurde auf Kosten des Königs in Kupfer gestochen; sie ist nach dem Urtheile der Kenner eine der besten Arbeiten Graun's. Dieser wurde noch in demselben Jahre von dem Könige nach Italien geschickt, um für eine in Berlin herzustellende italienische Oper gute Sänger und Sängerinnen anzuwerben. Er brachte fast ein ganzes Jahr auf dieser Reise zu und erntete als Componist und Sänger in Venedig, Bologna, Florenz, Rom, Neapel und andern Städten, wo er auftrat, ungewöhnlichen Beifall, selbst Bernacchi, einer der größten Sänger Italiens, spendete ihm das verdiente Lob. Graun wurde, nachdem er sich seines Auftrages zur vollen Zufriedenheit des Königs entledigt hatte, nach seiner Rückkehr nach Berlin zum Kapellmeister mit einem für jene Zeit beträchtlichen Gehalte von 2000 Thalern ernannt und widmete sich nun ganz der von ihm aus den vorzüglichsten Kräften in dieser Kunstsache zusammengesetzten Oper, wobei er von dem Könige, welcher bei aller Vorliebe für die ausländische und insbesondere für die französische Literatur doch nur teutsche Musik hören wollte, auf jede Weise unterstützt wurde. Die Opern, welche Graun als Kapellmeister schrieb, kommen übrigens nicht seinen übrigen Compositionen gleich, da er oft dem Geschmacke der Zeit und des Königs Rechnung tragen mußte. Doch wagte er manchmal dem Könige, wenn dieser mit seiner Meinung durchdringen wollte, zu widersprechen, ohne den ihm sehr gewogenen Fürsten zu beleidigen. Als Friedrich, welcher sich gerade nicht in der besten Laune befand, eines Tages der Probe einer neuen Oper Graun's beigewohnt hatte, ließ er sich die Partitur bringen, strich viele Stellen und befahl die Änderung derselben. Der Kapellmeister bedauerte zwar, daß die Musik seinem Könige nicht gefalle, erklärte aber zugleich, daß er keine Note ändern werde, weil vor der Generalprobe nichts Neues einstudirt werden könne, daß er aber sein wichtigstes Argument sparen wolle, bis der König gnädiger sei. Friedrich wollte es sogleich wissen, weil er nie auf ihn ungnädig sei. „Nun," sprach Graun, indem er seine Partitur in die Hand nahm, „über dieses Stück bin ich König." „Er hat Recht, Graun," erwiderte Friedrich lächelnd, „es bleibt beim Alten." Die Opern, welche Graun in Berlin componirte, sind: „Rodelinda" (1741), „Cleopatra" (1742), „Artaserse" (1743), von Metastasio, „Catone in Utica" (1744), von Metastasio, „Alessandro nelle Indie" (1744), von Metastasio, „Lucio Papirio" (1745), von Apostolo Zeno, „Adriano in Siria" (1745), von Metastasio, „Demofoonte" (1746), von Metastasio, worin die Arien Misero pargoletto die Zuhörer zu Thränen rührte, „Cajo Fabricio" (1747) von Apostolo Zeno, „Galatea" oder „La Feste galante" (1747) aus dem französischen Texte Duché's ins Italienische übersetzt, ein Schäferspiel, wozu er nur die Recitative, die Chöre und ein Duett lieferte, die Sinfonie nebst einigen Arien aber Friedrich II. und die übrigen Quanz und Nichelmann lieferten und in welcher die berühmte Sängerin Astruay zum ersten Mal auftrat, „Cinna" (1748), von Villati, „Europa galante" (1748), aus dem Französischen übersetzt, „Ifigenia in Aulide" (1749), von Racine, aus dem Französischen von Villati, „Angelica e Medoro" (1749), von Villati nach Quinault bearbeitet, „Coriolano" (1750), von Villati, „Medonte" (1750), „Mitridate" (1751), nach Racine, „Armida" (1751), aus dem Französischen Quinault's, „Britannico" (1752), nach Racine, worin das Schlußchor: Vanne Nerone spietato, als ein Meisterstück gilt, „Orfeo" (1752), „Il giudizio di Paride" (1752), von Villati, „Silla" (1753), nach dem französischen Texte Friedrich's II. ins Italienische übersetzt von Tagliazucchi, „Semiramide" (1754), nach Voltaire, „Montezuma" (1755), „Ezio" (1755), von Metastasio, „I Fratelli nemici" (1756), und „Merope" (1756), ohne Dacapos; dazu gehören auch noch zwei Gelegenheitsprologe. Die Partitur der schönsten Musikstücke aus diesen Opern hat Kirnberger unter dem Titel: Duetti, Terzetti, Quintetti, Sestetti ed alcuni Cori (Königsberg. fol. 4 Bde.) herausgegeben; auch erschien eine „Sammlung auserlesener Oden zum Singen beim Clavier." (Berlin 1761. 4.) Graun wandte sich, nachdem er sich lange genug der Opernmusik hingegeben hatte, wieder zur Cantate und zur Kirchenmusik. In dieser Zeit entstanden sein „Te Deum laudamus" mit Chor und Orchester (in Partitur, Leipzig 1757. fol.), die von der Kurfürstin Maria Antonetta gedichtete Cantate „Lavinia e Turno" (Leipzig 1758. 4.) und vor Allem das Oratorium „Der Tod Jesu" nach einem von Ramler gedichteten Texte (Leipzig 1760, in doppelter Auflage), welches als sein Meisterstück betrachtet und noch jetzt öfter aufgeführt und in Berlin und andern preußischen Städten sogar zum stereotypen Charfreitags-Oratorium geworden ist. Die Partitur wurde zum zweiten Mal im J. 1766 und zum dritten Mal im J. 1810 gedruckt; auch lieferten Hiller (1786) und später andere Componisten Clavierauszüge. Graun verwandte auf diese Passionsmusik, welche die ganze Welt entzückte und welche auch seinem sanften Wesen am meisten zusagte, mit aller Liebe den größten Fleiß. Außerdem sind noch von seinen Compositionen zu nennen etwa 50 Cantaten mit Orchester, welche Breitkopf in Leipzig im J. 1761 im Manuscripte besaß, zwei Passionscantaten, ebenfalls im Besitze Breitkopf's und zwar eine derselben mit Begleitung von drei Schnabelflöten, drei Querflöten, drei Hautbois, zwei Violinen, der Orgel und einem vierstimmigen Chore, eine von demselben Kunsthändler erworbene handschriftliche Messe (Missa, Kyrie cum Gloria), vierstimmig mit Begleitung von zwei Violinen, einer Viola, zwei Hörnern, zwei Hautbois und der Orgel, drei handschriftliche Sammlungen von Concertos für die Flöte, mit Begleitung mehrerer anderer Instrumente, componirt für den König von Preußen und zwölf ebenfalls handschriftliche Concertos für das Clavier mit Begleitung von zwei Violinen. Die Partituren der Opern Graun's, sowie auch seine Arbeiten im Fache der Kirchenmusik befinden sich handschriftlich auf der königlichen Bibliothek zu Berlin, wo man auch noch die Originalhandschrift der Oper Artaserse und viele Entwürfe anderer Werke in fünf Bänden sieht. Graun wirkte 24 Jahre ununterbrochen im Dienste Friedrich's II. und starb am 8. Aug. 1759 zu Berlin an einer hitzigen Brustkrankheit zur Betrübniß aller wahren Kenner guter Musik. „Einen solchen Sänger werden wir nie wieder hören," sprach der König bei der Nachricht von seinem Tode. Er hatte sich zweimal vortheilhaft und glücklich verheirathet. Seine Tochter erster Ehe hatte er zu einer tüchtigen Sängerin gebildet, sie wurde aber durch ihre Verheirathung mit dem Commerzienrath Zimmermann zu Torno im Fürstenthum Crossen der Kunst entzogen; seine vier Söhne zweiter Ehe zeigten weder Talent noch Neigung für die Musik. Graun's Compositionsweise fand bei seinen Zeitgenossen entschiedenen Beifall und wenn er auch von dem Componisten Hasse an Genialität übertroffen wurde, so steht ihm dieser doch gewiß an Innigkeit nach. Er war mit allen Regeln der Theorie und des Contrapunktes sehr vertraut, wendete aber von contrapunktischen Künsten nie mehr an, als zur Darstellung seiner sanften, mehr rührenden Gefühle nöthig war. Dagegen opferte er der Melodie nie so viel zum Nachtheil einer gehaltvollen Harmonie auf, als es in der Regel die Italiener zu thun pflegten, wodurch er sich besonders den Beifall der Deutschen erwarb. Man schätzte ihn auch dieser Vorzüge wegen als Muster eines classischen Componisten. Sein harmonischer Satz war überaus rein, richtig und deutlich. Er war immer im rechten Maße vollständig, aber nie der Singstimme lästig. Seine Melodie ist eine der angenehmsten aller Componisten, besonders aber sind seine Adagio's Meisterstücke und entsprechen vollkommen seinem sanften Charakter. Diese Vorzüge müssen auch die neueren Kritiker noch anerkennen, wenn sie auch an seinen Compositionen Originalität und Kraft der Auffassung vermissen; auch finden sie zu viele Vorliebe und Nachahmung der italienischen Meister seiner Zeit. Seine Opern und seine Kirchenmusiken sind freilich jetzt fast gänzlich vergessen, aber seine Cantaten werden immer noch eine wohlthuende Wirkung hervorbringen und insbesondere wird ihm die Cantate „Der Tod Jesu" die Unsterblichkeit sichern, obschon es manchen Kritikern der neueren Zeit scheinen will, daß der Kunstwerth dieses Werkes bei weitem überschätzt werde; sie vermissen hauptsächlich daran Originalität und Kraft. Die Arien darin sind freilich etwas zopfig geworden, aber die Chöre haben eine unbestrittene fromme Würde und die Recitative sind wundervoll declamirt; ist es auch nicht in Allem so genial, wie Händel's Meisterwerke, so ist es dafür desto inniger und keine andere Arbeit dieser Art kann mit ihm verglichen werden, als Haydn's „Schöpfung." Als ein echtvolksthümliches Werk muß es ohne Zweifel betrachtet werden, da ihm ein nachhaltigerer Beifall geblieben ist, als viel größeren Compositionen, und man weiß, daß reiche Kunstkenner sogar Legate hinterließen, um die Aufführung dieses Oratoriums in jedem Jahre für die Zukunft zu sichern. Als Sänger hatte sich Graun sehr beliebt gemacht; seine Stimme war ein nicht sehr starker, aber hoher und angenehmer Tenor; immer zeigte er als Sänger Geschmack und Gefühl und die Zuhörer verstand er zu rühren, wie kein anderer, besonders ausgezeichnet war er in dem Vortrage des Adagio, obwol ihm auch kräftige Partien gelangen und er diese ebenfalls mit Leichtigkeit vortrug [1]). — Graun's beide Brüder bewiesen ebenfalls nicht unbedeutendes musikalisches Talent. Der ältere Bruder, August Friedrich Graun, war Magister und Cantor an dem Dome zu Merseburg, wo er im J. 1771 starb. Ein von ihm componirtes Kyrie und Gloria zu vier Stimmen und Instrumenten besitzt die königliche Bibliothek zu Berlin im Manuscript. — Der zweite Bruder, Johann Gottlieb Graun, um das Jahr 1698 zu Wahrenbrück geboren, erhielt gleichzeitig mit Karl Heinrich auf der Kreuzschule zu Dresden seine erste musikalische Bildung und nahm, nachdem er diese verlassen hatte, Unterricht auf der Violine und in der Composition bei dem ausgezeichneten Violinisten Pisendel, worauf er, da er sich vorzugsweise der Violine zuzuwenden gedachte, zu seiner weiteren Ausbildung nach Italien ging. Zu Padua kam er in Verbindung mit Tartini, dessen Spielart er sich aneignete. Er kehrte jedoch wieder nach Dresden zurück, von wo er im J. 1726 als Musikmeister an den Hof zu Merseburg verschrieben wurde. Hier gab er noch in demselben Jahre sechs Claviertrios heraus, das einzige Werk, welches von ihm gedruckt erschien. Er verließ aber schon im folgenden Jahre (1727) den Hof von Merseburg wieder, um in die Dienste des Fürsten von Waldeck zu treten, aus welchen er aber bald wieder schied, um eine Stelle unter den Musikern an der Kapelle des Kronprinzen von Preußen (des nachmaligen Königs Friedrich des Großen) zu Ruppin anzunehmen, wo er zum Concertmeister ernannt wurde. Er siedelte in dieser Eigenschaft nach Berlin über, wo er sich stets des Beifalls des Königs und aller Kenner erfreute. Er war ein guter Componist und einer der ausgezeichnetsten Violinspieler seiner Zeit; als Orchesterdirector hatte er sich viele Erfahrungen gesammelt und wurde als ein seltener Meister in diesem schwierigen Geschäfte geschätzt. Außer den bereits erwähnten gedruckten Claviertrios componirte er noch viele Violinconcerte, welche große Beliebtheit erlangten und auch seine vorzüglichsten Arbeiten sein sollen; es sind deren über 2 Dutzend bekannt, mehrere Doppelconcerte auch für das Violoncell und die Gamba nicht mitgerechnet. Außerdem kennt man noch viele Sinfonien für das Orchester, verschiedene Messen, ein Salve Regina, viele Quartette, Trios und Solos. Die Manuscripte einiger dieser Musikstücke besaß früher der Kunsthändler Breitkopf. Johann Gottlieb Graun starb am 27. Oct. 1771. Die Handschriften vieler seiner Compositionen werden in der Bibliothek des Joachimsthaler Gymnasiums zu Berlin aufbewahrt [2]). (*Ph. H. Külb.*)

GRAUN (Kaspar Heinrich), teutscher Theolog und Historiker, am 2. Febr. 1659 in dem bei dem sächsischen Städtchen Döbeln an der Mulde liegenden Dorfe Striegnitz, wo sein Vater Prediger war, geboren, bezog, nachdem er sich schon in seinem 18. Jahre die nöthigen Vorkenntnisse erworben hatte, die Universität zu Wittenberg, um sich ebenfalls der Theologie zu widmen. Während seines Aufenthaltes daselbst gewann er immer mehr Geschmack an philosophischen und historischen Studien und entschloß sich zuerst, sein Glück im Lehrfache zu versuchen. Er erwarb sich deshalb im J. 1679 den Grad eines Magisters der Philosophie und begann seine Vorlesungen, aber erst im J. 1684 gelang es ihm, die untergeordnete Stelle eines Adjuncten an der philosophischen Facultät zu erlangen, obschon er keine Mühe scheute, sich in dem von ihm gewählten Fache auch als Schriftsteller einen Namen zu erwerben; seine Versuche in der alten

1) Vergl. K. H. Graun's Biographie in des Kapellmeisters Hiller Lebensbeschreibungen berühmter Musikgelehrten. Bd. I. Nr. 7; eine andere Biographie vor dem zweiten Bande der von Kirnberger herausgegebenen Duetti, Terzetti etc. (auch aufgenommen in Forkel's Musikalische Bibliothek. Bd. 3). F. C. G. Hirsching, Historisch-literarisches Handbuch berühmter und denkwürdiger Personen des 18. Jahrh. Bd. II. Abth. 2. S. 162 fg. *F. J. Fétis*, Biographie universelle des Musiciens. Nouv. éd. (Paris 1862.) Tom. IV. p. 88 suiv. Universal-Lexikon der Tonkunst Bd. II. S. 224 fg. Biographie générale. Tom. XXI. p. 737. Gerber's Lexikon der Tonkünstler. Bd. I. Graun's Portrait ist öfters gestochen, man findet es auch vor den Berliner Litteraturbriefen.

2) Vergl. F. C. G. Hirsching, Historisch-literarisches Handbuch. Bd. II. Abth. 2. S. 145. *F. J. Fétis*, Biographie universelle des Musiciens. Nouv. éd. Tom. IV. p. 80.

Geschichte, von welchen besonders seine Untersuchungen über die Tetrarchen (Dissertatio de Tetrarchis ad Luc. III, 1. Witteb. 1684. 4. auch abgedruckt im Thesaurus theologico-philologicus Novi Testamenti, Amstelod. 1702. fol. Tom. II. p. 310), über den ältern Gamaliel (De Gamaliele cognomine sene. Rostoch. 1684. 4.) und über Agrippina, die Mutter Nero's (Diss. de Agrippina, Neronis matre. Witteberg. 1681. 4.) zu erwähnen sind, fanden Beifall und auch seinen Erörterungen aus der neuern Geschichte (De Conrado Salico, Disquisitiones de causis amissae majestatis odio et contemtu Mariae Stuartae Scotorum olim reginae, Diss. de Carolo, Hispaniorum Principe, Philippi II. filio. Vitebergae 1687. 4.) und seinem werthvollen Beitrage zur Geographie (Daleminciа Slavorum. Witteberg. 1687. 4.), welcher, da er eine genaue Beschreibung eines sehr alten, an die Lausitz grenzenden teutschen Gaues enthält, auch von Chr. Fr. Paullini in seine Schrift De pagis antiquae Germaniae (Francof. 1699. 4.) und von Chr. Gottl. Hoffmann in seine Sammlung der Quellen der Lausitzer Geschichte (Scriptores Rerum Lusaticarum. Lips. 1719. fol. Tom. IV. p. 155 seq.) aufgenommen wurde, fehlte die verdiente Anerkennung nicht; da aber seine Beförderung an der Universität zu Wittenberg in zu weite Ferne gerückt schien, so nahm er, nachdem er sich noch die Würde eines Doctors der Theologie erworben hatte, im J. 1689 die ihm angebotene Stelle eines Hofpredigers bei dem zu Dornburg residirenden Fürsten Johann Ludwig von Anhalt-Zerbst an und bekleidete dieselbe, bis er im J. 1693 zum Superintendenten zu Rochlitz ernannt wurde. Die Liebe zu historischen Studien erwachte hier von Neuem, wie seine Abhandlung über die Geschichte und die Alterthümer der Grafschaft und Stadt Rochlitz (Commentatio de antiquitate oppidi, ditionis et comitatus Rochliciensis. Lipsiae 1718. 4. auch abgedruckt in G. G. Heine's Historischer Beschreibung der Stadt und Grafschaft Rochlitz in Meißen. Leipzig 1719. 4.) zur Genüge beweist. Er fand auch jetzt hinlängliche Muße, um einige schon längst fertige philosophische und theologische Arbeiten (Definitiones, hypotheses et propositiones philosophicae. Lipsiae 1697. 8. Apodixis quaestionum aliquot theologicarum, Definitiones theologiae dogmaticae. Jenae 1700. 8.) herauszugeben; sie sind aber schon längst wieder vergessen, während seine historischen Abhandlungen immer noch Brauchbares bieten. Er war während seines ganzen Lebens unermüdlich thätig, aber die letzten Lebensjahre wurden ihm durch häufige Anfälle von Hypochondrie und Melancholie getrübt und nicht selten befiel ihn in dem Augenblicke, wo er die Kanzel besteigen wollte, plötzlich eine so große Bangigkeit, daß er noch in der Sacristei die Predigt einem seiner Collegen übertragen mußte. Man gab ihm deshalb im J. 1710 einen Substituten; er starb aber noch in demselben Jahre am 19. Mai *). Zwei andere teutsche Theologen desselben Namens, Karl Gottlieb Graun und Wolfgang Heinrich Graun, scheinen sich nicht als Schriftsteller versucht zu haben oder wenigstens nicht als solche bekannt geworden zu sein. (*Ph. H. Külb.*)

*) Vergl. Chr. Gottl. Jöcher, Gelehrten-Lexikon. Bd. II. S. 1149.

GRAUNT oder GRANT (Edward), gelehrter englischer Schulmann des 16. Jahrh., um das Jahr 1550 geboren, erhielt seine gelehrte Vorbildung in der Westminsterschule und wurde, nachdem er seine theologischen und philologischen Studien zu Oxford im College von Christ-Church oder in Broadgates Hall beendigt und im J. 1571 den Grad eines Baccalaureus, sodann im folgenden Jahre den eines Magisters der Künste erlangt hatte, zum Rector der Schule von Westminster ernannt, wo er viele Schüler erzog, welche später eine bedeutende Stellung im Staate und in der Kirche einnahmen. Er war einer der gründlichsten Kenner der griechischen und lateinischen Sprache, besonders aber der ersteren, wie sein Graecae Linguae Spicilegium (Lond. 1575. 4.) beweist. Da aber dieses Werk nur für Gelehrte geschrieben war, so machte sein Conrector William Cambden später einen Auszug unter dem Titel: Institutio graecae grammatices compendiaria, in usum regiae Scholae Westmonasteriensis (Lond. 1597. 8.), welcher in vielfachen Auflagen verbreitet wurde und längere Zeit die beliebteste griechische Grammatik in den gelehrten Unterrichtsanstalten Englands war. Im J. 1577 wurde Graunt an die Stelle des Doctors Thom. Watts zum Präbendar an der Collegiatkirche zu Westminster gewählt und erlangte fast zu derselben Zeit die Würde eines Baccalaureus der Theologie zu Cambridge, im J. 1579 gesellte ihn die Universität von Oxford ihren Lehrern bei, worauf er sich auch den Grad eines Doctors der Theologie erwarb. Er entsagte im Februar 1592 der Stelle als Rector der Westminsterschule, in welcher ihm W. Cambden nachfolgte, und nahm das Amt eines Pfarrers zu Barnet und Rectors zu Toppersfield in Essex an, wo er am 4. April 1601 starb. Er wurde in der Peterskirche zu Westminster begraben. Außer dem erwähnten Werke über die griechische Sprache besorgte er auch eine neue verbesserte Auflage des griechischen Wörterbuchs J. Crispin's (Lexicon graeco-latinum Jo. Crispini, opera et studio E. G. Lond. 1581. fol.) und eine Ausgabe der Briefe und Gedichte des bekannten englischen Philologen Roger Ascham (Epistolae et Poemata Rogerii Aschami, accedit oratio de vita et obitu ejus ac dictionis elegantia; cum exhortatione ad adolescentulos. Lond. 1577. 8.). Graunt besaß selbst eine nicht unbedeutende Anlage zur lateinischen Poesie, wie seine in verschiedenen Werken zerstreuten Versuche beweisen, überhaupt soll er in allen Theilen der schönen Wissenschaften sehr bewandert gewesen sein *).

(*Ph. H. Külb.*)

GRAUNT (John), einer der ältesten englischen Statistiker, am 24. April 1620 geboren, wurde von seinem Vater zum Handelsmann bestimmt und seine

*) *J. G. de Chaufepié*, Nouveau Dictionnaire historique et critique. Tom. II. (Lit. g) p. 78. Biographie universelle. Tom. XVIII. p. 344. Biographie générale. Tom. XXI. p. 788.

Ausbildung beschränkte sich deshalb auf die nöthigsten Kenntnisse im Lesen, Schreiben und Rechnen. Nachdem er die Schule verlassen hatte, eröffnete er sogleich sein Geschäft als Kleinhändler, aber mit solcher Umsicht, Friedlichkeit und Rechtschaffenheit, daß er sich in kurzer Zeit ein so unbeschränktes Vertrauen bei seinen Standesgenossen erwarb, daß sie ihn gewöhnlich bei den Streitigkeiten, welche unter ihnen entstanden, als Schiedsrichter wählten. Durch die Vermittelung seines gelehrten Freundes William Petty wurde er im J. 1660 zum Lehrer der Musik am Greshamcollege zu London ernannt und erhielt allmälig verschiedene Stellen bei der städtischen Verwaltung, bis er zuletzt als Mitglied des Gemeinderathes in einen seinen Bestrebungen entsprechenden Wirkungskreis eintrat. In dieser Stellung sammelte er auch den Stoff zu seinem statistischen Werke, welches seinen Namen verewigte. Dieses Werk, bei welchem ihm Petty Beistand leistete, erschien unter dem Titel: Natürliche und politische Bemerkungen über die Todtenlisten (Natural and Political Observations upon the Bills of Mortality, chiefly with reference to the Government, Religion, Trade, Growth, Air, Diseases etc. of the City of London. Lond. 1661. 4.), und seine Wichtigkeit, welche von allen Seiten erkannt wurde, machte bald noch mehrere Auflagen nöthig, von welchen die sechste (Lond. 1676. 8.) als die vollständigste betrachtet wird. Einen neuen Abdruck besorgte im vorigen Jahrhundert T. Birch. (Lond. 1759. 4.) Graunt gestaltete zuerst die zerstreuten statistischen Bemerkungen aus den Verwaltungsacten zu einer Wissenschaft, indem er die aus ihnen sich zusammenstellenden Ergebnisse verglich und daraus ein für die Staatsverwaltung wichtiges System schuf, auf welches sich sichere Verhaltungsregeln gründen ließen. In Bezug auf die Bevölkerung sind folgende Resultate die wichtigsten: „In England sterben von allen Kindern, welche das Licht der Welt erblicken, drei Theile, ehe sie das fünfte Jahr, von 100 36, ehe sie das sechste Jahr erreicht haben und zwei Drittheile von 9 an hitzigen, und von 230 gehen 70 an chronischen Krankheiten und vier an äußerlichen Uebeln (wie Krebs, Geschwüren u. s. w.) zu Grunde. Von 100 Leuten sterben sieben an Altersschwäche, von 4000 Menschen nicht mehr als einer am Hunger. Gewisse Krankheiten und Zufälle behalten stets eine gleichmäßige Proportion, während andere auffallend ab- und zunehmen. Es ist besser, die Bettler auf Staatskosten zu erhalten, als sie in den Straßen umherlungern zu lassen, es ist sogar vortheilhafter, sie umsonst zu füttern, als sie für ihre Nahrung ohne Unterschied arbeiten zu lassen, denn überträgt man ihnen solche Arbeiten, die schon andere verrichten, so werden diese zu Bettlern. In London wird von 2000 Menschen kaum einer ermordet, während in Paris fast in jeder Nacht ein solches Verbrechen vorfällt, weil in London eine bessere Polizei wacht und ein jeder Bürger dieselbe im Nothfalle bereitwillig und eifrig unterstützt und weil die Engländer einen natürlichen Abscheu vor Blutvergießen haben, wie denn auch fast alle großen Revolutionen ohne unnöthiges Blutvergießen stattgefunden haben. Unter 1600 Menschen ist kaum ein Mondsüchtiger zu finden. Die Zahl der an syphilitischen Krankheiten Sterbenden ist größer, als man weiß, da dies Uebel gewöhnlich unter andern Benennungen verschleiert wird. Die englische Krankheit ist eine neue, sowol der Sache, als dem Namen nach und im Zunehmen begriffen, denn während im J. 1634 nur 14 Menschen daran starben, raffte sie im J. 1660 deren schon 500 hinweg. Auch eine andere Krankheit, gewöhnlich Magenverstopfung genannt, hat sich schnell weiter verbreitet und während sie Anfangs jährlich nur sechs Opfer forderte, fielen ihr im J. 1661 schon deren 300. Dasselbe findet auch bei andern Krankheiten, welche gerade an der Tagesordnung sind, statt. Von 100 Frauen stirbt kaum eine in den Wochen. Im Laufe eines Jahrhunderts herrschte in London viermal große Sterblichkeit, nämlich in den Jahren 1592 und 1593, im J. 1603, im J. 1625 und im J. 1630; die im J. 1603 war die größte und es starben damals 30,561 Menschen, in den Jahren 1603 und 1625 starben etwa fünf Theile der ganzen Bevölkerung und achtmal mehr Menschen, als deren geboren wurden. Die Pest, welche im J. 1603 ausbrach, dauerte acht Jahre und die im J. 1636 ihren Anfang nehmende zwölf Jahre, die des Jahres 1625 aber nur ein Jahr. Die Veränderungen und die Verderbniß der Luft trugen weit mehr zur Verbreitung der Pest bei, als die Dünste und Ausflüsse des menschlichen Körpers; Scharlachfieber, Blattern und andere bösartige Krankheiten gingen der Pest ein, zwei oder drei Jahre voraus; die der Pest förderliche Beschaffenheit der Luft veranlaßte auch viele Frühgeburten; wüthete die Pest noch so arg, so war die Stadt jedesmal zwei Jahre nach dem Aufhören derselben wieder bevölkert. Je mehr Krankheiten in einem Jahre herrschten, desto weniger Kinder wurden geboren, im Allgemeinen ist der Herbst die ungesundeste Jahreszeit. In London kommen auf eilf Geburten zwölf Sterbefälle, auf dem Lande dagegen auf 52 Sterbefälle 63 Geburten. Die Bewohner Londons und der Umgebung bilden etwa den fünften Theil der ganzen Bevölkerung von England und Wales, welche etwa sechs und eine halbe Million beträgt. Die Bevölkerung des Landes verdoppelt sich durch die Fortpflanzung erst im Laufe von 280 Jahren, in London aber in 70 Jahren, weil sehr viele Leute mit großer Familie aus allen Theilen des Landes fortwährend nach der Hauptstadt kommen und sich daselbst ansässig machen. In London kommen auf 14 Kinder männlichen Geschlechts 13 weiblichen Geschlechts, während auf dem Lande auf 15 Knaben 14 Mädchen kommen. Von allen Kranken sind doppelt so viel weiblichen als männlichen Geschlechts, weil die Frauen weit mehr Zufällen unterworfen sind, als die Männer; daraus würde folgen, daß also, wenn die Sterbefälle den Krankheiten entsprächen, weit mehr Frauen, als Männer, sterben. Dies ist jedoch nicht der Fall, weil entweder die Aerzte die Frauenkrankheiten leichter heilen oder weil die Frauen mäßiger leben, als die Männer; weshalb auch mehr Männer sterben, obgleich deren mehr geboren werden. Die Bevölkerung Londons betrug im J. 1661 460,000 Seelen, worunter 81,000 streitbare Männer." London war schon damals nicht mehr so gesund, wie früher, was nach Graunt's Ansicht größtentheils von dem schädlichen Dunste des Steinkohlenfeuers herrührt, da dieses Brennmaterial zur Zeit des Verfassers schon fast allgemein gebraucht wurde. Außer diesen Bemerkungen finden sich in dem Buche noch eine Menge anderer guter Andeutungen, welche man jetzt noch nicht ohne Nutzen lesen wird. Das Werk veranlaßte die Aufnahme des Verfassers in die königliche Gesellschaft der Wissenschaften und zwar auf die Empfehlung des Königs Karl II., welcher ausdrücklich sagte, daß man alle Kaufleute, welche so viel Talent und so große Kenntnisse bewiesen, aufnehmen solle. Nachdem Graunt sein Geschäft aufgegeben hatte, wurde er im J. 1666 zu einem der Commissäre zur Versorgung Londons mit Wasser ernannt, aber erst einen Monat nach dem großen Brande von London, weshalb die später verbreitete Verleumdung, daß er aus Haß gegen die anglikanische Kirche bei der Feuersbrunst die das Wasser nach der Stadt führenden Röhren geschlossen und die weitere Verbreitung derselben veranlaßt habe, völlig aus der Luft gegriffen ist und dem Unwillen der anglikanischen Secte gegen Graunt zugeschrieben werden muß, weil dieser, ein geborener Puritaner, zuerst zu den Calvinisten und zuletzt zu der katholischen Confession überging. Der Bischof Gilb. Burnet sucht zwar in seinen Denkwürdigkeiten die Anklage aufrecht zu erhalten, William Maitland hat sie aber in seiner Geschichte von London gründlich widerlegt. Graunt schrieb außer den statistischen Beobachtungen, von welchen auch eine teutsche Uebersetzung erschien (Leipzig 1702. 4.), auch eine Abhandlung über das Zollwesen (Observations on the advance of Excise) und ein Buch über die Religion; beide Werke blieben aber ungedruckt. Er starb am 18. April 1674 zu London und ward in der Kirche des heil. Dunstan begraben. Seiner Leiche folgten die angesehensten Männer der gelehrten Welt und des Handelstandes, da er seines biederen und versöhnlichen Charakters wegen allgemein beliebt war*). (*Ph. H. Külb.*)

GRAUPEN sind enthülstes, auch wol in einige Stücke zerrissenes Getreide, vornehmlich Gerste, Dinkel und Weizen. Sie werden auf besonderen Graupenmühlen zubereitet und erhalten eine möglichst runde Gestalt. Durch besondere Siebe werden die Graupen in verschiedene gröbere oder feinere Sorten gesondert. Die feinsten heißen Perlgraupen. Der sogenannte Graupensprung oder der Abfall von dem Abrunden der Graupen wird ebenfalls sortirt. Zu Graupen muß das beste und schönste Getreide, der sogenannte Vorsprung, genommen werden; das Getreide darf nicht ausgewachsen sein, weil es sich sonst auf dem Mühlsteine platt drücken würde. Graupen von Wintergerste sind übrigens besser als Graupen von Sommergerste, Graupen von Weizen besser als Graupen von Gerste. Die Graupen dürfen keine kleinen Körner bei sich haben, nicht mit viel Mehl oder Mehlstaub vermischt sein, weil sie sonst zu alt sind, müssen vielmehr weiß aussehen, nicht viel Schale haben und dürfen gar nicht riechen. Man bewahrt sie am besten in Kisten oder Tonnen auf, die rein und nicht dumpfig sein dürfen. Um sie vor Würmern zu sichern, muß man sie von Zeit zu Zeit durchsieben. (*Dr. William Löbe.*)

GRAUPEN, GRAUPENERZ, werden die bei der Aufbereitung und Zugutemachung der Erze abgesonderten kleinen Erzbrocken genannt. Da sie bei dem Proceß des Siebsetzens, einer Absonderung des tauben Gesteins, des minder reichhaltigen und für die nasse Aufbereitung geeigneten und des reichen Erzes in dem Haufwerke erhalten werden, so heißen sie auch Setzgraupen, d. h. Kornerze. (*C. Reinwarth.*)

GRAUPNER (Christoph), teutscher Kapellmeister und Componist, im J. 1683 oder 1684 zu Kirchberg in Sachsen geboren, erhielt in der Schule seiner Vaterstadt und bei Küster, dem geschickten Organisten der dortigen Kirche, den ersten Unterricht in der Musik, im Singen und Clavierspielen. Als Küster nach Reichenbach versetzt wurde, folgte ihm Graupner und besuchte daselbst zwei Jahre die Schule, um sich unter den Augen seines Lehrers weiter auszubilden, sodann begab er sich auf die Thomasschule zu Leipzig, wo er neben seiner wissenschaftlichen Ausbildung auch seine musikalische eifrig betrieb; besonders wetteiferte er mit seinem Mitschüler Heinichen unter der Leitung des Cantors Schelle und des Nachfolgers derselben, des gewandten Tonkünstlers Kuhnau, immer größere Fertigkeit im Clavierspielen zu erlangen; bei dem letzteren erlernte er auch die Composition, und machte sich durch das fleißige Notenabschreiben für diesen mit den besten Erzeugnissen der Opern- und Kirchenmusik bekannt. Im J. 1704 fing er auch an auf der Universität Jurisprudenz zu studiren, sah sich aber zwei Jahre später, als die Schweden in das sächsische Land einfielen, genöthigt, Leipzig zu verlassen. Er nahm seinen Weg nach Hamburg, wo er mit einer Baarschaft von zwei Thalern ankam; sein fertiges und geschmackvolles Clavierspiel und seine Gewandtheit im Partiturschreiben verschafften ihm jedoch bald die zum Unterhalt nöthigen Mittel und großen Beifall, sowie die Anstellung als Cembalisten im Orchester der Oper statt des nach Lübeck berufenen geschickten Musikers Joh. Christ. Schieferdecker. Er sah sich jetzt unerwartet in eine behagliche und seinen Talenten entsprechende Lage versetzt, denn ihm ward hier die Freundschaft des Operndirectors Reinhard Kaiser, eines berühmten Componisten. Durch dessen Beispiel angeregt und von ihm in seinen Versuchen gefördert componirte er für die Oper zu Hamburg in dem Style desselben die Opern „Dido" (Hamburg 1707), „Hercules und Theseus" (Ebend. 1708), „Antiochus und Stratonice" (Ebend. 1708), „Bellerophon" (Ebend. 1708) und „Simson" (Ebend. 1709), welche mit großem Beifall aufgenommen wurden. Unvorsichtige Liebeshändel verleideten ihm jedoch den Aufenthalt in Hamburg und er nahm das Anerbieten des Landgrafen von Hessen-Darm-

*) *J. G. de Chaufepié*, Nouveau Dictionnaire historique et critique. Tom. II. L. G. p. 74. Biographie universelle. Tom. XVIII. p. 340. Biographie générale. Tom. XXI. p. 739.

stadt, welcher sich damals auf kurze Zeit in Hamburg aufhielt, als Vicekapellmeister zur Unterstützung des altersschwachen Kapellmeisters Wolfg. Karl Briegel nach Darmstadt zu kommen, mit der größten Bereitwilligkeit an. Er traf daselbst zu Anfang des Jahres 1710 ein und ward noch in demselben Jahre nach Briegel's Tode dessen Nachfolger. Er arbeitete nun Nichts mehr für die Oper, sondern componirte außer einigen kleinen Kirchensachen, welche durch besondere festliche Gelegenheiten hervorgerufen wurden, nur noch fürs Clavier. Bekannt sind aus der Zeit seines Aufenthaltes zu Darmstadt acht Clavierstücke (Darmstadt 1718), zwölf monatliche Lieferungen von Clavierübungen hauptsächlich für Anfänger, bestehend in Präludien, Allemanden, Sarabanden, Couranten, Menuetten, Giguen u. dergl. (Darmstadt 1722), eine Reihe von acht Clavierstücken, bestehend in Allemanden, Couranten, Sarabanden, Giguen, Arien und Gavotten, dem Prinzen Ernst Ludwig von Darmstadt gewidmet; erste Abtheilung (Darmstadt 1726) und ein Clavierconcert, „Die vier Jahreszeiten," in vier Theilen (Darmstadt 1733). Im J. 1723 hatte er einen Ruf nach Leipzig als Cantor an der Thomasschule erhalten, aber nicht angenommen. Er starb zu Darmstadt am 10. Mai 1760. Er gehört unstreitig zu den gefälligsten und beliebtesten Claviercomponisten des 18. Jahrh. Die eigenhändigen Partituren dieses Künstlers zu den Opern „Dido" und „Antiochus und Stratonice," sowie zu seinen Cantaten für die Kirche befinden sich in der königlichen Bibliothek zu Berlin *). *(Ph. H. Külb.)*

GRAUSAM, DIE GRAUSAMKEIT. Die Wurzel beider Wörter ist grauen, sich grauen, Verba, welche, wie in ihrer althochdeutschen, so noch in ihrer neuhochdeutschen Form „von Furchtsein ergriffen werden," bedeuten, wie die Definition bei Weigand †) in Uebereinstimmung mit den Erklärungen anderer Synonymiker lautet. Wenn sonach die Bedeutung mit derjenigen von schaudern, sich schaudern nahezu übereinkommt, so ist dabei nicht blos an einen inneren psychologischen Vorgang, an einen heftigen, schmerzlichen, zum Sich-Abwenden führenden Eindruck, sondern auch und zwar zuerst an einen Eindruck zu denken, welcher, theils durch das Auge, theils durch das Ohr (man kann vielleicht auch sagen, durch den Geruchsinn) vermittelt, sich körperlich fühlbar macht, indem er schnell und sehr merklich durch deren Nerven über die Oberfläche des Körpers hinläuft, aber auch eo ipso das innere Nervensystem erzittern macht und so zu einem schmerzlichen psychologischen Acte wird. Wenn nun ursprünglich der außer dem Menschen liegende Quell des Grauens etwas ist, was man sieht, hört, überhaupt sinnlich wahrnimmt, so kann er auch in einer Vorstellung liegen, welche mit körperhafter oder leibhafter Gewalt auftritt, mit anderen Worten überhaupt, in dem Gedanken, wodurch etwas, was nicht immer körperhaft ist, vergegenwärtigt wird. Auf der einen Seite wird Leonore bei Bürger gefragt: „Graut Liebchen auch vor Todten?" Auf der anderen Seite kann es aber Einem (Einen) auch vor der Mittheilung einer Todesnachricht an einen Andern grauen; er fürchtet sich vor diesem Gedanken, er möchte sich von ihm abwenden und wendet sich auch von ihm ab, ehe er ihn ausführt. Althochdeutsch lautet grauen kruen oder grûen, mittelhochdeutsch grûwen, und hat hier ebenfalls die Bedeutung von Furchtsein ergriffen resp. heftig erschüttert werden, z. B. im Glossar. Hraban. 960 a, Reinhart Fuchs 81. Dieselbe Bedeutung hat dann auch das Verbum grausen, z. B. mich graust's, sowie das davon abgeleitete gruseln (etwas grauen), ferner das Substantivum der Graus, das Grausen, sowie das Adjectivum grausig.

Wenn grausig das ist, was Grauen erregt, so hat diesen Sinn auch das Adjectivum grausam, im jüngeren Althochdeutsch grousam. So wird es z. B. von Luther gebraucht, 2 Mos. 9, 24: Hagel und Feuer fuhren „grausam" unter einander. In der neuhochdeutschen Literatursprache hat das Adjectivum diese Bedeutung abgegeben, während sie sich bis jetzt in der Vulgairsprache, besonders des gemeinen Mannes, zu häufiger Anwendung erhalten hat. In diesem Sprachgebrauche nennt man aber nicht blos z. B. einen heftigen Donnerschlag, sondern z. B. auch eine Menge „grausam." „Es waren grausam viel Menschen da," ist eine sehr geläufige Redeweise, ohne daß der Redende damit sagen will, sie habe ihm Grauen eingeflößt; im Gegentheil, er hat sich über sie gefreut und von ihr angezogen gefühlt; er will damit überhaupt nur den starken, überwältigenden Eindruck bezeichnen. Ja man hört nicht selten sagen, dieses und jenes sei „grausam schön" gewesen.

Die jetzige Schriftsprache braucht das Adjectivum grausam nur in moralischer Bedeutung, und zwar von demjenigen, welcher hartherzig oder gefühllos Anderen große andauernde körperliche oder auch moralische Schmerzen zufügt. In demselben Sinne redet sie von einer grausamen That, einer grausamen Handlung u. s. f. Grausam blos durch hartherzig oder gefühllos definiren, wenn auch die Hartherzigkeit oder die Gefühllosigkeit mit in einer höheren Potenz gefaßt wird, reicht nicht hin; der Hartherzige oder Gefühllose ist zwar für den großen Schmerz Anderer wenig oder gar nicht empfänglich, aber er muß deshalb nicht als Einer gedacht werden, der große Schmerzen macht. Der Grausame thut, was Grauen macht; er thut es dadurch, daß er Anderen große anhaltende Schmerzen oder Qualen macht, welche in körperlichen Wunden und dergleichen oder in moralischen Uebeln, z. B. dem überlangen Hinhalten mit der Erfüllung eines Versprechens, bestehen können; er fügt Schmerz und Qual zu um des Schmerzes und der Qual willen; der Betroffene soll viel resp. lange leiden, um eine Rache zu befriedigen. Man hat selbst denjenigen als grausam zu bezeichnen, welcher mit dem

---

*) Vergl. Universal-Lexikon der Tonkunst von Jul. Schladebach und Ed. Bernsdorf. Bd. II. S. 227. *F. J. Fétis*, Biographie universelle des Musiciens. (Nouv. éd. Paris 1862.) Tom. IV. p. 51.

†) F. L. K. Weigand, Wörterbuch der deutschen Synonymen. Mainz 1843. 3. Bd. Nr. 1613.

zugefügten Schmerze einen höheren resp. einen anderen Zweck als die Existenz des Schmerzes selbst verbindet, z. B. die Einschüchterung des Betroffenen für andere Fälle, die Abschreckung Dritter. Die höchste Stufe der Grausamkeit ist das Schmerz-Machen um des Schmerzes willen, welches sich bis zur teuflischen Lust an langen fürchterlichen Qualen steigern kann, und zwar bei dem vollen Bewußtsein des Grausamen darüber, daß der Betroffene die höchsten Schmerzen empfindet.

Man kann daher wenigstens in diesem menschlichen oder vielmehr unmenschlichen Sinne von Thieren kaum sagen, daß sie grausam seien, da ihnen das Bewußtsein, die Vorstellung von der Qual, fehlt. Es wird zwar z. B. sehr oft der Tiger, namentlich im Gegensatze zum „großmüthigen" Löwen grausam genannt; aber sicherlich hat er keine irgendwie mit moralischer Schuld verbundene Vorstellung von dem Grade des Schmerzes, welchen er zufügt, noch weniger die Intention des Willens, Qualen von möglichst langer Dauer und hohem Grade zu veranlassen, und zwar um des Schmerzes willen und um sich an ihnen zu weiden. Wir haben es hier vielmehr mit der wilden Zerstörungskraft zu thun, welche nicht blos den Zweck der Nahrung, sondern auch den Zweck verfolgt, alles wirklich oder vermeintlich Widrige, Feindliche, Entgegentretende, Angreifende niederzuwerfen und kampfunfähig zu machen.

Die moralische Sphäre des Begriffes beschränkt sich also, abgesehen von Halbgöttern, Dämonen und anderen Gebilden der menschlichen Phantasie, auf das Geschlecht der Menschen. Hier erscheint die Grausamkeit in bemerkenswerthen Unterschieden, hier hat sie ihre retrograde Geschichte sowol innerhalb der Lebenszeit des einzelnen Menschen, als auch innerhalb des Lebens der Völker und der Totalität derselben. Man spricht es oft aus, daß vorzugsweise die Kinder grausam wären, wenigstens grausamer als die Erwachsenen, und beruft sich dafür auf die Erscheinung, daß sie oft damit beschäftigt sind, Fliegen die Flügel, Käfern die Beine, Vögeln die Federn einzeln und langsam unter dem Zucken der armen Thiere auszuraufen und sie dann noch lebend von sich zu thun, ohne sie zu tödten. Nun verursacht zwar diese Manipulation objectiv genommen den Thieren große Qual; allein man wird nicht sagen dürfen, daß Kinder die bewußte Absicht haben, Schmerzen zu machen, daß der Schmerz der Zweck sei und daß sie so ein Wohlgefallen an diesem haben. Soll von einem Wohlgefallen die Rede sein, so ist es die Lust an den Bewegungen der Thiere. Es ist die Art des Kindes, was ihm in die Hände kommt, zu zerlegen und so zu zerstören, nicht um zu zerstören, zu vernichten, Schaden zu machen, sondern weil es sehen will, was daraus wird, was dahinter und darinnen steckt, oder überhaupt, weil es thätig sein will. Es verfolgt keinen Zweck, der höher als die Mittel läge; es weiß beide noch nicht in das richtige Verhältniß zu setzen, und zudem kann man ihm nur ein sehr schwaches, zweifelhaftes Bewußtsein von dem Schmerze beilegen, welchen es verursacht; dieses Bewußtsein reift erst mit den Jahren heran, und je älter der Mensch wird, desto weniger ist er grausam, einestheils weil er dann aus vieler Ueberlegung und Erfahrung weiß, was Schmerz ist, anderntheils weil er gegen Schmerzen empfindlicher geworden ist.

Die Geschichte der Grausamkeit bei dem einzelnen Menschen wiederholt sich innerhalb der einzelnen Völker und innerhalb des Fortschreitens von dem roheren zu dem gebildeteren Volke, wobei wir die wachsende Bildung speciell als die steigende Erkenntniß höherer Zwecke, die immer mehr realisirte einheitliche Verbindung derselben und die immer zweckmäßigere Wahl der dazu dienenden Mittel auffassen. Wilde, rohe Nationen sind grausam in dem Sinne, daß der eine Mensch dem andern, besonders wenn er einem fremden, feindlichen Stamme angehört, große und lange Qualen, meist körperliche, zufügt, um das jus talionis, um Rache zu üben, wobei auch die Einschüchterung zuweilen als Absicht hineinspielen kann. Das sind objectiv grausame Acte, und man kann ohne Weiteres auch sagen, daß solche Barbaren Schmerzen machen um der Schmerzen willen, ja daß sie an ihnen ihr Wohlgefallen, ihre Lust finden, indessen doch nach der Richtung hin, daß sie eine Freude an dem Gelingen der Strafe oder Rache haben. Sie kennen die Qualen; sie wissen dieselben zu würdigen; sie vermögen sich vorzustellen, was sie selber leiden müßten, wenn sie davon betroffen würden; allein man darf, um nicht mit gleichem Maßstabe das rohe wie das gesittete Volk zu messen, nicht außer Acht lassen, daß der rohe Mensch, wenn er in den Händen seiner Feinde ist, gegen Qualen sich weit unempfindlicher zeigt als der gebildete, was offenbar in seinen stärkeren und besonders für diesen Fall, vielleicht durch einen eigenthümlichen psychologischen Act abgestumpfteren Nerven liegt. Der Gebildete hat empfindlichere Nerven, ist gegen den Schmerz weichlicher als der Rohe; er weiß sich mehr als dieser in die Lage des Gequälten zu versetzen und empfindet daher dessen Schmerz in verstärkterem Grade mit; er regulirt sein Leben mehr nach dem obersten Grundsatze der praktischen Moral: „Was du nicht willst, daß man dir thu, das füg auch keinem Andern zu;" er weiß, daß, was er Andern thut, sich eventuell selbst thut, indem er ihnen das Recht dazu gibt; er kennt, wenigstens nach längerer geschichtlicher Erfahrung, welche er auch anderwärts als in seinen Kreisen sammelt, das Verhältniß zwischen dem Zweck und dem Mittel; der Schmerz dient ihm nur in dem Grade zum Mittel, als derselbe einen höheren Zweck, nicht bloßes subjectives Belieben fördert.

Daher ist namentlich die Strafgesetzgebung im Laufe der Zeit milder geworden, soweit sie in körperlichen Schmerzen besteht. Dem Triebe des natürlichen Menschen ist es eigen, eine Uebertretung des väterlichen, des Stammes-, des Volkswillens mit dem Inhalte der Uebertretung selbst zu strafen und zwar Körperverletzungen, und Tödtungen ebenfalls durch Körperverletzung und Tödtung, wobei z. B. der Unterschied zwischen einem Todtschlage in Zorn und Streit und einem intendirten Vatermorde sich von selbst geltend mache, und wie noch jetzt die Kinder und rohen Individuen der christlichen Culturvölker gegen jedes ihnen angethane Leid, auch wenn es z. B. nur Worte sind, mit körperlicher Züchtigung als dem einfachsten und kürzesten Ausdrucke der Wiedervergeltung vorgehen, dabei aber, wenn das Strafmittel einmal im Gange ist, dasselbe auch ohne Gegenwehr immer weiter ausdehnen, weil während dessen der Zorn bis zu einem gewissen Grade noch wächst, so sind auch die diesem Geiste entsprechenden Strafdrohungen meist hart, d. i. grausam, indem sie die Absicht haben, einen intensiv und der Zeit nach großen körperlichen Schmerz zu verursachen. Der nächste Zweck dabei ist die Erfüllung des jus talionis, womit sich in zweiter Linie der Zweck der Abschreckung entweder derselben oder anderer Individuen verbindet, was im Grunde mit dem Zwecke der Besserung identisch ist. Diese letztere Absicht ist bei der Criminaljustiz um so mehr als maßgebend in den Vordergrund getreten, als sie ein reales Gut enthält, während die Sühne (Rache, Vergeltung), obgleich aus seiner Strafrechtspflege fortzuschaffen, nur einer theoretischen, wenn auch sehr natürlichen Forderung Genüge thut, indem sie den empfangenen Schlag womöglich stärker zurückgibt. Man hat sich aber überzeugen müssen, daß grausame Strafen einestheils nicht bessern, anderntheils verhärten und, wenn öffentlich, zu einem demoralisirenden Schauspiel werden, sodaß man, abgesehen von der wachsenden Schwierigkeit, die Executoren solcher Prozeduren zu finden, die körperlichen Strafen weniger schmerzhaft oder qualvoll gemacht und die Leiden bei der Hinrichtung verkürzt hat. Ein Beispiel ist die hochnothpeinliche Halsgerichtsordnung Karl's V., welche besonders im 18. Jahrh. schnell und bedeutend gemildert ward, sodaß z. B. an das lebendig von unten an Gerädertwerden, das lebendig von oben an Gerädertwerden und dann eine noch mildere, beziehungsweise den Tod schneller, im Moment herbeiführende Praxis trat, z. B. die französische Guillotine, bis zu deren Zeit indessen noch das Lebendigverbranntwerden von Hexen dauerte. Gegenwärtig existirt in der Gesetzgebung keines einzigen christlichen Landes eine Hinrichtungsweise, welche den Zweck hätte, dem Hingerichteten als Strafe leibliche Qualen zuzufügen, und selbst bei mäßiger Prügelstrafe schreit Europa laut auf. Es ist nun zwar sicherlich ein Fortschritt von der Barbarei zur Humanität, wenn an die Stelle qualvoller Körperstrafen, welche das nicht erreichen lassen, was sie erreichen sollten, andere getreten sind, welche dem Zwecke besser entsprechen; allein wenn auch sentimentale Schwäche zu weit gegangen ist, wenn sie jede körperliche Züchtigung, welche Schmerz macht, verworfen hat, was sich z. B. wenigstens gegenwärtig in Elementarschulen nicht durchführen läßt, will man das beste Mittel zum Zweck, so kann man doch nicht behaupten, daß die fortschreitende Cultur durch die Beschränkung des leiblichen Schmerzes auf ein Minimum überhaupt jeden Schmerz abrogirt hätte. Denn die an die Stelle gesetzten Freiheits-, Ehren- und Geldstrafen sind mutatis mutandis ebenso schmerzhaft, nur daß man es hier mit moralischen Schmerzen zu thun hat. So ist die Einzelhaft manchem Verbrecher qualvoller erschienen als die baldige Todesstrafe, und, wenn möglich, würde er diese jener vorgezogen haben. Die neueste Strafgesetzgebung will also Schmerzen, für große Verbrechen große Schmerzen machen, freilich nicht aus Freude und Lust an ihnen, sondern weil sie als Mittel dienen sollen, und wenn wir z. B. den Körperschmerzen der Halsgerichtsordnung, wie wir doch kaum anders können, dieselbe Zwecktendenz beilegen, so wird, wenn sie grausam genannt werden soll, z. B. auch die Einzelhaft diesem Prädicat kaum entgehen können.

Wenn die Nervenconstitution durch die Cultur bedingt ist (man muß auch den umgekehrten Causalnexus zugeben), welche den Menschen unzweifelhaft mehr verweichlicht als die Barbarei, d. h. ihn für den Schmerz empfänglicher macht und diesen als größer empfinden läßt, so harmonirt hiermit die Beobachtung, daß vorzugsweise Wollüstlinge geneigt sind, Acte der leiblichen und moralischen Grausamkeit zu verüben. Einerseits sind ihre Nerven, beziehungsweise Gefühle nach vielen Seiten hin abgestumpft, sodaß sie nicht die normale Empfindung von dem Maße fremder Qualen haben; andererseits suchen sie, was nur die Kehrseite davon ist, eine Stimulation, deren Befriedigung sich mit dem Hasse vergesellschaftet, von dem sie wissen, daß sie ihm bei Anderen unterliegen, und daher die Schmerzen der Gestraften erhöht, sodaß hier der Schmerz um des Schmerzes willen, nämlich zur Befriedigung des Strafenden, vorhanden ist, und man in diesem Falle von einer Grausamkeit im wahren Sinne des Wortes reden darf. Solche typische Gestalten aus der Geschichte sind z. B. Herodes, Nero und andere römische Herrscher. Man kann dieser Gattung auch das römische Volk aus derjenigen Zeit zurechnen, wo es die Theater füllte, um die blutenden Gladiatoren und die armen Verurtheilten zu sehen, welche sich bei dem Kampfe mit wilden Thieren zu seinen Füßen in ihren Qualen wälzten.

Dagegen wird man das Wohlgefallen der Spanier und anderer, ihnen verwandter Völker an den Thiergefechten und den dabei oft in Scene gesetzten gräßlichen Verwundungen nicht von solchen Nerven ableiten dürfen, welche etwa durch Wollust und andere ähnliche Einflüsse abgestumpft der Stimulation bedürftig wären; man wird vielmehr sagen müssen, daß es ein Correlat der niedrigen geistig-moralischen Bildung sei, welche nicht weiß, was sie thut, obgleich diese Völker hierdurch in flagrantester Weise gegen den Kern des in ihrer Religion enthaltenen Verbotes sündigen: „Du sollst nicht tödten.“ Wenn der Spanier, dieser orthodoxeste Katholik auf der Erde, auf die Grausamkeit der Boxerei bei den Engländern, diesen orthodoxesten Protestanten auf der Erde, verweist, so hat er Recht; wenn er behauptet, daß die Lust an den Stiergefechten nicht den Schmerzen bei der Verwundung, sondern dem Schauspiele der Bewegung, der Gewandtheit, des Muthes u. s. w. gelte, so ist ihm einzuwenden, daß die Acte der Grausamkeit damit nothwendig verbunden sind; wenn er die Qualen der getroffenen Menschen und Thiere abkürzt, so mildert er die Bestialität des grausamen Spieles, und diese Milderung ist ihm von dem Conto der großen Schuld als das Guthaben einer kleinen Entschuldigung abzuschreiben. (*J. Hasemann.*)

GRAUSO [1]), einer der bedeutendsten und einflußreichsten Großen des longobardischen Reiches, gegen das Ende des 7. Jahrh., war Bürger zu Brescia, lebte aber am königlichen Hofe zu Pavia und ließ sich nebst seinem Bruder Aldo zur Theilnahme an einer Verschwörung, welche Alachis, Herzog von Trient und Brescia, gegen den König Cunibert (um das Jahr 690) anstiftete und in welche, wie es scheint, viele Longobarden verwickelt waren, verleiten. Alachis bemächtigte sich, von Grauso und Aldo unterstützt, während einer kurzen Abwesenheit Cunibert's von Pavia des Palastes und der Stadt und nahm den königlichen Titel an. Cunibert flüchtete sich auf diese Nachricht auf eine befestigte Insel im Lago di Como, wo er sich zu halten und seine Anhänger zu sammeln suchte. Alachis machte sich durch sein unkluges und unfläthiges Benehmen auch bald bei den Unterthanen und besonders bei der Geistlichkeit, gegen welche er bei jeder Gelegenheit unverhohlen seine Abneigung zeigte, verhaßt und brachte sogar seine Mitverschworenen Grauso und dessen Bruder durch die unkluge Aeußerung, daß er sie alsbald wegzuschaffen gedenke, so sehr gegen sich auf, daß sie dem undankbaren Thronräuber zuvorzukommen beschlossen. Sie beredeten diesen daher, seiner Neigung zur Jagd in einem großen Walde bei Fiume nachzuhängen, indem sie versprachen, nicht nur während seiner Abwesenheit die Stadt zu bewachen, sondern ihm auch den Kopf Cunibert's zu bringen. Kaum hatte er aber die Stadt verlassen, als Grauso und Aldo sich verkleidet zu Cunibert begaben, ihn um Verzeihung baten und, nachdem er ihnen diese gewährt hatte, ihm die Thore der Hauptstadt zu öffnen versprachen. Als Cunibert zur festgesetzten Zeit erschien, empfing ihn die Bevölkerung bereitwillig und er nahm unter allgemeinem Jubel wieder von dem Throne Besitz; Grauso und Aldo aber ließen dem unbekümmert jagenden Alachis melden, daß sie Wort gehalten und nicht nur den Kopf Cunibert's, sondern dessen ganzen Körper nach dem Palast gebracht hätten, wo er sich jetzt unversehrt befinde. Alachis gerieth über die List, durch welche man ihn gestürzt hatte, in nicht geringe Wuth und ging nach Piacenza und nach dem östlichen Theile des Reiches, wo er ein bedeutendes Heer zusammenbrachte. Es kam zu einer blutigen Schlacht, in welcher lange ohne Entscheidung gekämpft wurde, bis Alachis mit Wunden bedeckt fiel und seine Anhänger die Flucht ergriffen. Als Cunibert sich wieder fest auf dem Throne sah, sann er darüber nach, auf welche Weise er Grauso und Aldo, welchen er nicht traute und deren Macht und Einfluß er fürchtete, aus dem Wege räumen könne. Als diese aber seine Absicht erfuhren, suchten sie Schutz an einem heiligen Orte; der König, darüber erschrocken, ließ ihnen Gnade zusichern, beschied sie zu sich und behandelte sie fortan als die treuesten Unterthanen seines Reiches [2]). (*Ph. H. Külb.*)

GRAUSPIESSGLANZERZ, Antimonglanz, Schwefelantimon, Antimonsulfurat, von der Zusammensetzung 73 Proc. Antimon und 27 Proc. Schwefel. Die Krystallform ist ein Rhombenoktaeder; die Krystalle sind meist spießig oder nadelförmig ausgebildet. Die Masse ist dunkelgrau, metallglänzend, von strahligem Gefüge und 4,0 bis 4,66 spec. Gewicht. Das Antimonsulfurat ist sehr spröde und gibt beim Zerreiben ein röthlich schwarzes Pulver. Das auf nassem Wege dargestellte Präparat, unter dem Namen Kermes, rothes Schwefelantimon, Karthäuser Pulver bekannt, stellt ein braunrothes Pulver dar, das ohne Geruch und Geschmack ist. Durch Zusammenschmelzen von einem Theil kohlensauren Natron und 3 Theilen Antimonsulfurat erhält man die Spießglanzleber, Hepar antimonii. Das Antimonsulfid oder der Goldschwefel (Stibium sulfuratum aurantiacum) ist gewöhnlich in den Mutterlaugen enthalten, aus welchen das Antimonsulfurat ausgeschieden ist. (*C. Reinwarth.*)

GRAUTOFF (Ferdinand Heinrich), teutscher Schulmann und Geschichtsforscher, am 27. Mai 1789 zu Kirchwärder, einem Dorfe in dem zum gemeinschaftlichen Gebiet der Städte Hamburg und Lübeck gehörenden Vierlande, wo damals sein Vater Prediger war, geboren, wurde Anfangs zum Handel bestimmt und besuchte deshalb ein zu diesem Stande vorbereitendes Privatinstitut. Seine unverkennbare Neigung zum Studiren und ein dieser Neigung entsprechendes Talent bewogen jedoch den aufmerksamen Vater, welcher unterdessen Prediger an der St. Katharinen-Hauptkirche zu Hamburg geworden war, den unermüdlich fleißigen Knaben dem Johanneum in dieser Stadt zu übergeben, wo er so schnelle und bedeutende Fortschritte, besonders in der Mathematik machte, daß seine Aeltern, obschon ihnen die Sorge für 13 Kinder oblag, sich zu dem Opfer entschlossen, ihn auf eine Universität gehen zu lassen und seinem Wunsche, sich zum Staatsdienste die nöthige Berechtigung zu verschaffen, nach Möglichkeit zu willfahren. Er bezog im J. 1808 die Universität Leipzig und hörte philologische, philosophische und theologische Collegien. Nach der Beendigung seiner Studien wurde er als Hilfslehrer an der Bürgerschule zu Leipzig angestellt, an welcher er seine Befähigung zum pädagogischen Fache vielfach bewährte. Da er zugleich die Erlaubniß erhielt zu predigen, so versuchte er sein Glück auf der Kanzel und erntete ungetheilten Beifall. Sein Rednertalent, dessen er sich jetzt erst bewußt wurde, bewog ihn, sich dem akademischen Lehrfache zu widmen und sich um eine Professur zu bemühen, die Verhältnisse schienen auch seinen Entschluß zu begünstigen, indem ihm die Leitung eines jungen Grafen von Solms, welcher in Leipzig den Studien obliegen sollte, anvertraut wurde; er kam jedoch aus mancherlei Gründen von diesem Vorhaben zurück und ging nach einem kurzen Aufenthalte in Hamburg nach Lübeck, wo er sich unter die Candidaten des Predigeramtes einreihen ließ. Er hoffte nämlich die

1) Nach anderer Lesart Gauso oder Guso. 2) *Paul. Diacon.* De Gestis Longobardorum l. V. c. 38 seq.; l. VI. c. 6. *L. A. Muratori*, Annali d'Italia. (Roma 1752. 8.) Tom. IV. P. I. p. [illegible] seq.

früher von seinem Vater bekleidete Pfarrstelle zu Kirchwerder, welche gerade damals erledigt war, zu erlangen; da ihm aber diese Hoffnung, wol zu seinem Glück, fehlschlug, so suchte er an dem lübecker Gymnasium unterzukommen, was ihm auch noch in demselben Jahre seiner gründlichen Kenntniß des Hebräischen, seiner Gewandtheit im pädagogischen Fache und seines Predigertalentes wegen gelang. Seine Leistungen fanden die gebührende Anerkennung und schon im Frühling 1810 erhielt er die Stelle des ordentlichen dritten Lehrers an dieser Anstalt und die damit verbundene Aufsicht über die Stadtbibliothek. Von der Zeit der Uebernahme seines Lehramtes bis zu seinem letzten Lebensjahre wirkte er nun unverdrossen zum Wohl und zur Hebung des Gymnasiums; er lehrte Geographie, Statistik, Rhetorik und Mathematik in der ersten und das Griechische und Lateinische in der zweiten und dritten Classe. Die Gründlichkeit und Gediegenheit seiner Vorträge, in denen er das Nützliche mit dem Angenehmen auf eine seltene Art zu verbinden, seine Zuhörer zu beleben und ihre Aufmerksamkeit zu schärfen verstand, erwarben ihm in hohem Grade Achtung und Liebe und erhielten ihm dieselbe ungeschwächt. Dabei war er ein angenehmer und heiterer Gesellschafter und wurde in den meisten Familien gern gesehen, obschon er mit dem Leben und Treiben der Bürgerschaft von Lübeck im Allgemeinen nicht sehr zufrieden war und als entschiedener Freund des Rechts und der Ordnung das Mangelhafte und Verkehrte, hauptsächlich in den sittlichen Verhältnissen, offen tadelte und nicht selten mit beißendem Witze geißelte. Obschon seine zahlreichen und ermüdenden Amtsgeschäfte ihm wenig Zeit zu wissenschaftlichen Forschungen, die außerhalb dem Bereiche der Schule lagen, und zu literarischen Arbeiten ließen, so setzte er doch seine schon früh begonnenen Studien über die Geschichte seines Vaterlandes fort. Besonders zog ihn das Mittelalter und die Zeit des hanseatischen Bundes, dessen Hauptstadt Lübeck war, an, weshalb er auch fleißig das darauf bezügliche Münzwesen zum Gegenstande seiner Aufmerksamkeit machte. Er hatte ferner die Absicht, Becker's Geschichte der Stadt Lübeck in einer erneuten und würdigeren Gestalt erscheinen zu lassen und sie fortzusetzen und gewiß hätte er, wenn ihm ein längeres Leben vergönnt gewesen wäre, diesen Plan ausgeführt. Als Vorarbeiten dieses Unternehmens darf man die Herausgabe der von Dr. Brehmer aufgefundenen wichtigen „Chronik des Franziskaner Lesemeisters Detmar nach der Urschrift und mit Ergänzungen aus andern Chroniken" (Hamburg 1829—1830. 8. 2 Bde.) und die „Abhandlung über den Zustand der öffentlichen Unterrichtsanstalten in Lübeck vor der Reformation" (Lübeck 1830. 8.) betrachten. Auch hängt mit diesen Studien der Antheil, welchen er am „Archive für ältere deutsche Geschichte (Bd. 3)" nahm und für welches er die Abhandlung über die teutsche Originalausgabe des Chronici Slavici und das Verzeichniß der auf der Stadtbibliothek in Lübeck befindlichen geschichtlichen Handschriften lieferte, eng zusammen. Daß er seine frühere Wirksamkeit im theologischen Fache nicht vergaß, beweisen seine Darstellung der „Reformation der christlichen Kirche durch Dr. M. Luther. Ein Büchlein für das Volk und die Schulen" (Lübeck 1817. 8. 4. Ausg. Ebend. 1818. 8.) und sein „Lesebuch der christlichen Religion," welches trefflich auf Herz und Geist der Confirmanden wirkt. Großes Verdienst um den Unterricht erwarb er sich auch durch die neue Bearbeitung der geographischen und statistischen Tabellen für Bürgerschulen von Fr. Herrmann, seinem Vorgänger im Amte (Lübeck 1825. 4. 3. Ausg. Ebend. 1832. 4.), welche nützliche Arbeit er so zeitgemäß verbesserte, daß sie fast als eine ganz neue erscheint. Noch weit mehr würde Grautoff für die Wissenschaft geleistet haben, wäre ihm eine ungeschwächte Gesundheit beschieden gewesen; er litt aber schon in seiner Jugend an Brustschwäche und dieses Uebel nahm mit den Jahren immer mehr zu, obschon er ängstlich durch Vorsicht und Mäßigung gegen dieses an seinem Innern nagende Uebel kämpfte. Eine Reise nach London, durch welche er sich zu erholen glaubte, verschlimmerte noch seinen Zustand, sodaß er um Ostern des Jahres 1831 sich einen halbjährigen Urlaub erbitten mußte, um frei von allen Amtsgeschäften auf dem Lande zu leben und seine Gesundheit herzustellen; alle Bemühungen waren jedoch vergebens und er erlag am 14. Juli 1832 seinem Uebel zum großen Nachtheil der vaterländischen Geschichtsforschung und des Gymnasiums zu Lübeck, welches in ihm einen seiner vorzüglichsten Lehrer schmerzlich vermißte. Mehrere seiner geschichtlichen Arbeiten wurden nach seinem Tode von seinen Freunden J. Cossel, Heller und E. Deecke unter dem Titel: „Historische Schriften" (Lübeck 1836. 8. 3 Bde.) aus seinem Nachlasse herausgegeben. Biographische Mittheilungen über ihn von Heller befinden sich vor dem ersten Bande*). (*Ph. H. Külb.*)

GRAUW (Heinrich), holländischer Historienmaler, um das Jahr 1627 in Hoorn geboren, erlernte die Malerei unter Anleitung seiner Landsleute Peter de Grebber von Haarlem und Jacob van Kampen. Er arbeitete in der Werkstätte des letzteren acht Jahre und half unter der Leitung desselben auf Befehl des Prinzen Moritz von Nassau die vier Zwickelgemälde an dem Gewölbe in dem Lustschlosse t'Huys im Bosch in der Umgegend vom Haag ausführen. Im J. 1648 machte er, erst 17 Jahre alt, aber mit guten Vorkenntnissen versehen, eine Reise nach Italien und begab sich, nachdem er einige Zeit zu Livorno verweilt hatte, nach Rom, wo er drei Jahre blieb. Er benutzte diese Zeit gewissenhaft, um die Antike und die Werke großer Meister zu studiren; er erregte hier auch durch sein Talent die Aufmerksamkeit Poussin's und erwarb sich allmälig dessen Freundschaft. Dieser gab ihm das Zeugniß, daß er noch keinen andern holländischen Maler gesehen habe, welchem Copien großer italienischer Meister so gut gelängen, wie Grauw. Bei seiner Rückkehr in das Vaterland fand Grauw dieses in Krieg verwickelt und da er ein friedfertiger, stiller und

*) Neuer Nekrolog der Deutschen 1834. Bd. II. S. 548 fg. Biographie universelle. Tom. LXVI. p. 48 seq. (Nouv. éd. Tom. XVII. p. 389.)

in seinen Arbeiten eifriger und nur diesen lebender Künstler war, so suchte er fortwährend dem Geräusche der Waffen zu entgehen und verließ Amsterdam, Utrecht und Hoorn, wo er abwechselnd sich anzusiedeln gesucht hatte. Zuletzt ließ er sich zu Alkmaar nieder, wo er im J. 1681 starb. Da er sehr sorgfältig in der Ausführung seiner Arbeiten war, sind seine Gemälde nicht sehr häufig und werden emsig gesucht. In allen gewahrt man ein Studium nach guten Meistern; seine Compositionen sind großartig und edel, die Darstellung des Nackten verräth Geschmack und in der Gewandung zeigt er eine besondere Fertigkeit. Seine Zeichnungen in schwarzer Kreide, besonders die Serien: Die Erziehung des Bacchus und der Triumph des Julius Cäsar, erregen noch fortwährend die Bewunderung der Künstler *). (*Ph. H. Külb.*)

GRAUWACKE (Traumate — Graywacke); Grauwackenschiefer (Schiste traumatique, Grauwacke slate); Grauwackenkalkstein, Uebergangskalkstein (Calcaire de transition, Calcaire intermédiaire, Transition limestone, Grauwacke Limestone). Die Grauwacke ist eine Gebirgsart, welche oft mit krystallinisch körniger Zusammensetzung, in der Regel aber als ein mechanisches Gemenge sich zeigt, bei welchem rundliche oder eckige Körnchen und Körner meistentheils von Quarz, seltener von Kieselschiefer und anderen festen Thonschieferarten, bisweilen auch, jedoch sparsam, kleine Feldspaththeilchen von einer quarzigen, thonigquarzigen oder thonigen Bindemasse umhüllt werden. Unter Grauwackengruppe, Grauwackenformation versteht der Geognost eine Gruppe von Gebirgsarten zwischen der Kohlenformation und dem Urgebirge, welche aus weit verbreiteten Massen sandsteinartiger Gesteine und Thonschiefer mit Lagern von Kalkstein verbunden ist, die sich oft sehr weit zusammenhängend erstrecken, und welche früher von Werner unter dem Namen der Uebergangsformation zusammengefaßt sind. Die eigentliche Grauwacke macht nur ein Glied dieser Formation aus. Der Name Grauwacke rührt her von grauen, oft scheinbar gleichartigen, manchen Wacken ähnlichen Varietäten, und wurde zuerst von harzer Bergleuten so benannt.

Die Grauwacke ist ein eigentlicher Thonschiefer mit einem bedeutenden Ueberschusse von Quarz, der in Form von körnigen Massen darin abgelagert ist, sodaß fast gar kein Bindemittel bemerkbar wird. Besteht das letztere ebenfalls aus Quarz, und von gleicher Färbung wie die eingeschlossenen Körner, so gestaltet sich eine gleichartige grob-, klein- oder feinkörnige, oft krystallinisch erscheinende oder auch dichte Quarzmasse, ein Quarzgestein, welches häufig als Grauwackenquarz (Quarzit) oder quarzige Grauwacke bezeichnet wird. Die Quarzkörner haben in diesen, sowie auch in den anderen Grauwackengesteinen in der Regel eine weiße, lichtgelbliche oder lichtgraue, seltener eine röthliche oder dunkelgraue Farbe. Zwischen den Quarzkörnern finden sich, selten in größerer Anzahl, meist nur einzeln zerstreut, schwarze und dunkler gefärbte Stücke von Kieselschiefer und andere Schieferarten, und als Seltenheit in grobkörnigen Varietäten Granitstückchen. Die kieselige Beimischung gibt der Grauwacke eine eigenthümliche Rauhigkeit und Festigkeit; auch ihre Härte ist so bedeutend, daß sie meist am Stahle Funken gibt. Der Feldspath zeigt sich meistentheils blos als kleine weiße Pünktchen und Theilchen zwischen den Quarzkörnern eingestreut, von mattem erdigem Aussehen. Diese kleinen weißen Feldspathkrystalle bilden auch häufig einen accessorischen Gemengtheil des Thonschiefers, welcher in sehr verschiedenen Varietäten vorkommt.

Gewöhnlich ist die quarzige Bindemasse der Grauwacken lichtweiß, gelblich röthlich, seltener dunkel. Bei mehr thoniger Beschaffenheit ist sie graulich weiß, graulich blau, bräunlich gelb, bräunlich grün, braun, dunkelroth, schwarzgrün, grau und schwarzbraun. Nach ihrer Beschaffenheit und Färbung und nach der Farbe, Beschaffenheit, Größe und Häufigkeit der eingeschlossenen Mineral- und Gesteinskörner ist die Beschaffenheit, Farbe und Festigkeit, sowie auch die Structur des Gesteins sehr verschieden.

Wie schon erwähnt, entstehen bei quarziger oder quarzig thoniger Beschaffenheit und sparsam vorhandener Bindemasse die Grauwackenquarze oder quarzigen Grauwacken, Gesteine, meistentheils von großer Festigkeit. Bei mehr thoniger Beschaffenheit und vorwaltender Bindemasse erhält die Grauwacke mehr oder weniger das Ansehen von Sandsteinen, Grauwackensandstein, sandsteinartige Grauwacke, und bei größerem Vorwalten von Glimmer eine schieferige Structur, schieferige Grauwacke, oder sie gestaltet sich zu einem wirklichen Schiefer, dem Grauwackenschiefer. Nach dem größeren oder geringeren Antheile von Quarz in der Bindemasse und in den Körnern ist auch die Festigkeit dieser Gesteine sehr verschieden, und, mit Ausnahme mancher Arten von Grauwackenschiefer, in der Regel groß. Ebenso verschieden ist auch die Farbe der Grauwackengesteine, mit Ausnahme des Schiefers; theils einfarbig, theils bunt, gesprenkelt, gestreift, gefleckt, gebändert und dergl. Die sandsteinartigen Grauwacken, besonders aber die quarzigen, sind häufig mit Quarzadern und Quarzschnürchen durchzogen. Die ersteren enthalten partien- und nesterweise Eisenkies, Eisenglanz, Roth- und Brauneisenstein. Oftmals sind die Kluftflächen mit diesen Mineralien und auch mit Talk überzogen, bei den Quarzen aber häufig mit ganz kleinen Quarzkrystallchen überfäet. Die Grauwackengesteine haben bei dieser verschiedenartigen Beschaffenheit bald den Habitus der krystallinisch körnigen Gesteine, bald aber erscheinen sie als wirkliche Sandsteine. Die dunklen, schwarzgrünen und auch manche lichtgraugrüne sind den feinkörnigen oder dichten Grünsteinen sehr ähnlich, und unterscheiden sich von ihnen durch größere Festigkeit, durch die eingestreuten Glimmerblättchen, durch die parallelen, wenn auch oft undeutlichen Farbenstreifen, durch den Mangel einer wirklich krystallinischen Structur, welche bei den

*) Descamps, La Vie des peintres hollandais. Tom. II. p. 145. J. D. Fiorillo, Geschichte der zeichnenden Künste in Deutschland und den Niederlanden. Bd. III. S. 179. G. K. Nagler, Allgemeines Künstler-Lexikon. Bd. V. S. 341.

Grünsteinen deutlicher ist, durch den Mangel an Kalkspathschnürchen und durch das Nichtbrausen mit Säuren.

Die *schieferige Grauwacke* hat eine ähnliche Zusammensetzung, wie die körnige Grauwacke, ist jedoch feinkörniger und reicher an Glimmerschuppen, erscheint dickschieferig und spaltet in scheibenförmige Bruchstücke. Bei den vorwaltenden thonig-glimmerigen Bestandtheilen ist sie sehr deutlich geschichtet, hat eine mehr erdige oder mehr schuppige Structur, und gestaltet sich als *Grauwackenschiefer*. Diesem sind aschgraue und andere graue Farben bis schwärzlich grau eigen, doch ist er auch grünlich, roth und röthlich braun gefärbt. Bald wechseln diese Farben mit einander, oder sie durchziehen einander partien- oder streifenweise. Der Grauwackenschiefer unterscheidet sich von dem nahe verwandten Thonschiefer, in welchem zuweilen Uebergänge vorkommen, durch gröberes Korn, mehr dickschieferiges Gefüge und deutlicheres Hervortreten seiner Gemengtheile, insbesondere durch die häufigen Glimmerschüppchen an den Hauptbruchflächen, während die Thonschiefer sich durch große Feinheit und Homogenität ihrer Masse auszeichnen, und aus den feinsten Schlichen der zerstörten älteren Gesteine gebildet worden sein müssen. Der Grauwackenschiefer ist oft mit wulstigen, schwieligen, striemigen oder wellenfurchigen Schichtungsflächen versehen, erinnert überhaupt in seinem Habitus mehr oder weniger an schlammartige Sedimente. Von anderen Mineralien enthält er, wiewol seltener, Kies, Braun- und Rotheisenstein.

Die *Conglomerate der Grauwacke* bestehen aus Geschieben von Quarz, Kieselschiefer, von Granit, Feldsteinporphyr, Gneiß, Thonschiefer, welche Geschiebe entweder von einer grob- oder kleinkörnigen oder auch schieferigen quarzigen oder thonig quarzigen Grauwacken- oder Grauwackenschiefermasse umhüllt werden. Die Geschiebe haben die Größe einer Wallnuß bis zu der eines Kopfes. Manche dieser Bruchstücke, zumal die des Kieselschiefers, zeigen keine Abrundung, sondern sind eckig und scharfkantig und sind über mehrere Kubikfuß groß. Namentlich ist der *Kieselschiefer* in den Uebergangsformationen zu Hause; er geht einerseits in kieseligen Thonschiefer und Hornfels, andererseits in Quarzit über, und würde sich in manchen seinen Varietäten sehr passend als Hornsteinschiefer bezeichnen lassen. Merkwürdig ist seine Association mit Alaunschiefer und schwarzem Thonschiefer, und mit Grünsteinen, indem er sehr gewöhnlich in der unmittelbaren Nähe dieser Gesteine vorkommt. Organische Ueberreste sind im Allgemeinen sehr seltene Erscheinungen in den Kieselschiefern; nur die schwarzen, kohligen Varietäten machen eine Ausnahme, indem sie bisweilen reich an Graptolithen sind, welche in ihnen gewöhnlich weiß und oft so dünn wie ein Hauch erscheinen.

Der *Grauwackenkalk oder Uebergangskalk* besteht aus einer feinkörnigen oder auch dichten Kalkmasse und ist größtentheils von grauer, bläulich-, rauch- und schwarzgrauer Farbe, seltener gelblich- und röthlichbraun, braun, roth, weiß, schwarz, theils einfarbig, theils bunt und verschiedenartig gezeichnet, gefleckt, gestreift und dergl. Er enthält häufig *Eisenkies*, ist oft von Kalkspathadern durchzogen, umschließt bisweilen Hornsteinnieren, und besitzt in seinen dunkeln Arten einen ansehnlichen Thongehalt. Viele dieser Kalksteine sind sehr bituminös und von kohliger Beschaffenheit, was sich theils durch die vorherrschend dunkelgrünen bis schwarzen Farben, theils durch den Geruch beim Anschlagen, theils auch durch Ausscheidung von Asphalt zu erkennen gibt. Ihr häufiger Gehalt an Eisenkies läßt sie auch wol *Eisenkalkstein* nennen, und die innigen Beziehungen zwischen diesen Kalksteinen und Eisenstein erregen ein um so lebhafteres Interesse, als sie darthun, welche verschiedenartige Umwandlungen und Zersetzungen in den Schichten des Grauwackengebirges vor sich gegangen sind, daß Umwandlungen des Uebergangskalksteins in Eisenstein stattgefunden haben. Bisweilen ist der Kalkstein breccienartig, in welcher Ausbildung er meist aus eckigen Kalksteinbruchstücken besteht, die von einer gleich oder anders gefärbten Kalksteinmasse umhüllt sind. Nur selten gesellen sich hierzu Bruchstücke von anderen Gesteinen. An manchen Orten wird der Kalkstein dolomitisch, mit dichter oder kleinzelliger Structur. Uebrigens sind gerade die Uebergangskalksteine nicht selten im Contacte mit Granit, Syenit und dergl. eruptiven Gesteinen zu weißem, krystallinischem *Marmor* umgewandelt worden, welche Umwandlung sich bisweilen auf große Entfernungen von der Contactfläche verfolgen läßt. Aber außerdem sind es besonders diese Kalksteine, welche die meisten als *Marmor* beliebten Gesteine liefern, indem theils die buntfarbigen Schieferkalksteine, theils andere, mit bunter Farbenzeichnung versehene, oder von vielen Kalkspathadern durchflochtene, oder sonst ausgezeichnete Varietäten zu architektonischen Ornamenten und anderen Kunstwerken verwendet werden.

Der Uebergangskalk ist wie die Grauwackengesteine ausgezeichnet geschichtet, in dünnen, schmalen, bisweilen aber in mehrere Fuß mächtige Schichten, mit gerader Richtung im Streichen und Fallen, häufig aber auch mannichfach gebogen, gekrümmt, gewunden und in einander verschlungen; öfters zeigt er aber auch eine sehr undeutliche, weil übermäßige Schichtung; ja, bisweilen steht er in bedeutenden Felswänden als massiges, völlig ungeschichtetes und nur regellos zerklüftetes Gestein an. Die größeren Stöcke und Lager, sowie die ausgedehnteren Ablagerungen nehmen natürlich an allen Undulationen und Dislocationen des Schichtenbaues Theil, wie solche gerade die Uebergangsformationen besonders häufig und auffallend betroffen haben. Bei einigermaßen steiler Stellung ragen die Stöcke, Lager und Zonen oft in Kuppen und Felsenkämmen über ihre Umgebungen auf. In den Thälern veranlassen sie Thalengen und felsige Vorsprünge, wie denn auch innerhalb der größeren Kalkstein-Ablagerungen die Berg- und Thalbildung sehr schroffe und auffallende Formen zu zeigen pflegt. An einigen Orten enthält er auch *Höhlen*, so die *Biels-* und *Baumannshöhle* bei Rübeland im Harze. An Versteinerungen ist er lagenweise sehr reich.

Ein vorzügliches Glied der Grauwackengebilde ist

ferner der Thonschiefer (Uebergangs- oder Grauwackenthonschiefer). Er hat mit dem Urthonschiefer (Phyllit), der ein inniges, fast gleichartiges Gemenge von Feldspath, Quarz und Glimmer, oder auch von Glimmer, Chlorit und Quarz, oft auch von Feldspath, Quarz und Hornblende ist, eine große Aehnlichkeit. Der Thonschiefer der Grauwacke unterscheidet sich nur dadurch, daß sich weniger eine krystallinische Zusammensetzung, als vielmehr ein mechanisches Gemenge aus thonigen, quarzigen, seltener aus feldspathigen Theilen erkennen läßt, und daß er auch nicht das seidenglänzende Ansehen, wie jener besitzt, sondern mehr mattglänzend auf den Bruchflächen erscheint. Oft kann er nur durch seine Lagerung oder durch seine Zugehörigkeit zu fossilhaltigen Schichtensystemen unterschieden werden. Seine Farbe ist gewöhnlich schmuziggrau, graulich- oder bläulichschwarz, schwärzlichbraun. Grüne, licht-bräunliche, gelbliche, röthliche Färbungen sind selten. Der Grauwackenthonschiefer ist meist einfarbig, und nur selten hat er gefleckte, gestreifte oder gewölkte Farbenzeichnungen. Die Spaltungsflächen sind matt oder nur schimmernd. Häufig ist die Spaltbarkeit eine zweifache, vermöge welcher das Gestein sich in rhombische Prismen, Stängel oder Griffel zerschlagen läßt. Zufälligen Beimengungen von anderen Mineralien begegnet man selten. Die gewöhnlichste ist Eisenkies, bisweilen auch Chiastolith (Chiastolithschiefer) und Kohle. Eisenkies kommt bisweilen so reichlich vor, daß die betreffenden Schiefer als Eisensteine zu benutzen sind. Als größere zufällige Bestandtheile sind rundliche Concretionen, Nieren und Schwielen von Kalkstein, Wülste und Knollen von Grauwacke, Trümmer, Brocken und Nester von Quarz, rothem Jaspis, Kieselschiefer, Brauneisenstein und dergl. Die kleinen Kalksteinconcretionen geben ihm bei eintretender Verwitterung bisweilen ein variolithisches Ansehen. Mitunter enthält er so viel kohlige Theile beigemengt, daß er sich zu einem Graphitschiefer gestaltet. Je nach dem Vorwalten des einen oder des anderen seiner Bestandtheile und dem größeren Gehalte an Kohle und Eisenoxyd besitzt er auch eine größere oder geringere Härte und Festigkeit.

Die meisten Dachschiefer gehören den Thonschiefern der Grauwackengebilde an. Sie sind sämmtlich solche Varietäten von Thonschiefer, welche vermöge ihrer sehr vollkommenen und ebenflächigen Spaltbarkeit, ihrer Homogeneität, ihrer angemessenen Härte und Festigkeit, sowie vermöge ihrer Dauerhaftigkeit vorzüglich geeignet sind, als Deckmaterial für Dächer benutzt zu werden. Diese Dachschiefer bilden innerhalb der übrigen Schiefer besondere Züge oder Zonen, welche sich mehr oder weniger weit verfolgen lassen, und zuweilen mehrfach wiederholen. Bisweilen gehen auch andere Schieferzonen in Dachschiefer über. Die dunkelbläulichschwarzen Varietäten lassen sich zugleich als Tafelschiefer zu Schreibtafeln gebrauchen. Griffelschiefer nennt man diejenigen Varietäten, welche mit ausgezeichneter griffelförmiger Absonderung die gehörige Feinheit, und den erforderlichen Grad der Festigkeit und Härte verbinden, um zu Schieferstiften verarbeitet zu werden. Dagegen sind Zeichnenschiefer sehr weiche und feinerdige, kohlenreiche Varietäten von dickschieferiger Absonderung, welche in vierkantige Stifte geschnitten, als sogenannte schwarze Kreide benutzt werden. Die ochergelben Flecken, womit die Dachschiefer auf den Dächern sich häufig überziehen, rühren von Eisenoxydul-Silicaten her, wobei das Eisen zu Eisenoxydhydrat wird. Besonders gute Dachschiefer sind am Harze bei Goslar, Lauterthal und Blankenburg; im Nassauischen bei Rüdesheim, Caub und Wissenbach; am Thüringerwalde bei Lehesten, Gräfenthal und Sonneberg. Der Thonschiefer im Wehbachthale, auf der Straße von Düren nach Montjoie, im Thale der Ruhr westlich von Driedorn, gehört dem Grauwackengebilde an und zeichnet sich durch große Reinheit und Festigkeit und die Gewinnung von Dachschiefer aus. In demselben Thonschiefer kommen dünne Lagen von 1 Linie bis zu 1½ Zoll Mächtigkeit vor, die genau parallel der Schichtung liegen und den Wetzschiefer liefern. Die Eigenschaft der Schieferung zeigt sich hier vorzugsweise und am ausgezeichnetsten bei den reinen Thonschiefern, jedoch auch bei den mit Quarz verunreinigten und bei den aus einem Gemenge von fast gleichen Theilen Quarz und Thon bestehenden Grauwackenschiefern. Der Thonschiefer, der namentlich bei Chateau-Salm, bei Ottrez und Vihain und bei Petit-Sart im Thale des Glainbachs vorkommt, zeichnet sich dadurch aus, daß in ihm überall Wetzschiefer vorkommt, der in keinem der übrigen Thonschiefer des rheinischen und belgischen Grauwackengebirges getroffen wird. Die Tafelschieferbrüche am Thüringerwalde bei Lehesten, Probstzella und Gräfenthal haben eine große Berühmtheit; die dortigen Griffelschiefer werden nur in der Gegend von Sonneberg und Steinach gewonnen. Sie bilden Schichten, welche sich vom übrigen Thonschiefer scharf absondern, und bei ihrer sehr steilen Lage fast wie Gänge ausnehmen. Die griffelförmige Absonderung setzt gänzlich oder beinahe rechtwinkelig durch diese Schichten hindurch, ohne die sie einschließenden Schichten zu betreffen. Die Schieferungsflächen in dem Schiefer dieser Gebilde fallen überhaupt häufig nicht mit den Schichten zusammen, sondern durchschneiden dieselben unter einem schiefen und auch wol rechten Winkel. Allein in der Regel läuft die Schieferung parallel mit der Schichtung, und nur manche festere Arten sind nach verschiedenen parallelen Richtungen sehr stark zerklüftet.

Der Grauwacken-Thonschiefer ist oft so eisenhaltig, daß die Masse in den Klüften bei längerer Berührung mit der Atmosphäre roth gefärbt wird, und zuweilen dient das rothe in ganzen Stücken ausgeschiedene Eisenoxyd als Ausfüllungsmaterial, namentlich von Calamiten. Auch Kohle, gewöhnlich von anthracitartiger Beschaffenheit, findet sich in einzelnen Massen vor und vermittelt bei den schwarz gefärbten, kugeligen Massen oft den Uebergang in schwarzen oder Grauwacke-Kohlenschiefer, dessen innere nur sehr wenig dicke Schichten, namentlich an den an der Oberfläche gelegenen Massen, sich leicht absondern lassen, aus einem gleichförmigen Gewicht von Kohlenstoff, Quarz und Thon bestehen und fast immer der Glimmerblättchen entbehren. Häuft sich der Kohlenstoffgehalt in diesen graulichschwarzen und bläulichschwarzen Massen noch mehr an, so entstehen jene ganz schwarzen und sehr kohligen, bisweilen auch bituminösen Schiefer, welche man deshalb, weil sie oft reich an eingesprengtem Eisenkies sind, und bei der Verwitterung Eisenvitriol und Alaun liefern, Alaunschiefer genannt hat. Unter den accessorischen Bestandmassen sind besonders Knollen von Eisenkies, sowie kleine Nieren von Anthraconit und Stinksteine zu erwähnen, und die gemeinen Alaunschiefer sind mitunter so kohlig und bituminös, daß sie bis zu einem gewissen Grade brennbar werden. Der Alaunschiefer ist bisweilen kalkhaltig, und findet sich im Gebiete der älteren Formationen theils in selbständigen Ablagerungen, theils als ein Begleiter der schwarzen Kieselschiefer und der dichten Kalksteine. Manche Alaunschiefer sind reich an organischen Ueberresten.

Verschiedene Analysen von Alaunschiefern gibt G. Bischof in dem Lehrbuche der chem. Geologie II, 1657, und knüpft daran die Bemerkung, daß, wenn in einem Schiefer hinreichende Quantitäten von organischen Substanzen vorhanden sind und es nicht an schwefelsauren Salzen fehlt, die ganze Menge des Eisenoxyds in Eisenkies umgewandelt werden kann. Wird dann dieser durch durchgehende Gewässer oxydirt: so wird das Eisenoxyd in löslicher Verbindung fortgeführt und Thone, welche ganz oder fast eisenfrei sind, bleiben zurück. Nach einer Analyse des Alaunschiefers von der Insel Bornholm zeigt Forchhammer (Berzelius, Jahresber. XXV, 404), daß sich dieser Alaunschiefer aus Tangarten auf dem Meeresgrunde gebildet habe, und daß seine Bildung noch fortdauern könne. Bei der Fäulniß der Tangarten wird aus ihren schwefelsauren Salzen Eisenkies gebildet, die Ueberreste mengen sich mit Thon und geben so Alaunschiefer. Aber auch die schwebenden Theile der Flüsse können, wenn sie reich an organischen Ueberresten sind, und wenn diese die schwefelsauren Salze des Meerwassers zersetzen, das Material zur Bildung von Alaunschiefer liefern.

Unter den angeführten Gebirgsmassen und Gliedern der Grauwackenformation spielen also der Thonschiefer, die Grauwacke und der Grauwackenschiefer in der Zusammensetzung des ganzen Gebildes die Hauptrolle. Der Kalk gelangt zwar in manchen Gegenden als Lager und Lagerstöcke zu einer ansehnlichen Verbreitung und Ausdehnung, spielt jedoch im Allgemeinen gegenüber den benannten Gebirgsmassen eine geringere Rolle. Dasselbe Verhalten lassen auch die Conglomerate beobachten. Zu den untergeordneten Gliedern der Grauwackenformation gehören Diorit, Grünstein, Grünsteinmandelstein und verschiedenartige mit denselben verbundene Breccien, welche theils in Gestalt von Lagern, nicht selten in Verbindung mit Eisenerzen, in gleichförmiger Lagerung getroffen werden. Ebenso gehören Feldsteine, Feldsteinporphyre und Hornsteine in Gestalt von Lagern zu den untergeordneten Gliedern.

Im J. 1800 bezeichnete und charakterisirte Mohs (in v. Moll's Ephemeriden III, 55) die körnige oder gemeine Grauwacke als einen vollkommenen Sandstein: „Runde und eckige Körner, sämmtlich mehr oder weniger abgeführte Geschiebe und keineswegs als ursprünglich anzusehen, sind durch eine erdige Masse verbunden; die Körner bestehen aus Quarz, aus Kieselschiefer und selbst aus einem älteren Thonschiefer von meist graulich schwarzer Farbe; das Bindemittel ist eine Thonschiefermasse, welche mehr oder weniger von einer Quarzauflösung durchdrungen gewesen sein mag; die Größe der Körner von kaum sichtbarer bis zur Nuß-Größe; häufig sind kleine gelbliche und silberweiße Glimmerblättchen; die gemeine Grauwacke ist von ungemeiner Festigkeit und sehr schwer zersprengbar; charakteristisch für sie sind unbestimmt eckige Bruchstücke, ohne die mindeste Anlage von schieferiger Textur u. s. w." Einige Jahre später sprach sich Heim über die Grauwacke des Thüringerwaldes fast übereinstimmend mit dieser Beschreibung aus: „Die Grauwacke ist, wie der Granit, ein gemengtes, ein aus verschiedenartigen Körnern zusammengesetztes Gestein; die Körner sind meist grau und schwarz, doch gibt es auch weiße, rothe, gelbliche und grünliche; der Masse nach pflegen aber die grauen und schwarzen Körner vorzuwalten; sie bilden oft neun Zehntheile des Ganzen, und bestehen aus Thon- und Kieselschiefer; die übrigen Körner sind besonders Quarz, welcher weiß, oder bläulich, und Feldspath, welcher gelblich oder röthlich zu sein pflegt. Glimmerblättchen sind in der körnigen Grauwacke selten, die Quarzkörner sind meist rund, die anderen Körner gewöhnlich eckig. Im Ganzen ist die Grauwacke vom Thüringer Walde kleinkörnig und mittelkörnig, die grobkörnigen Varietäten finden sich strich- und partienweise in den übrigen, andere Varietäten gehen durch fortwährende Verfeinerung in das Dichte über."

Mohs wendete sich später der Ansicht zu, daß die Grauwacke ein chemisches und krystallinisches Gebilde sei, und C. F. Naumann deutet in seinem Lehrbuche der Geognosie (Leipzig 1862) II, 286 speciell an, daß die Beschreibung von Mohs und Heim vereinigt in der That eine sehr richtige Vorstellung von der körnigen Grauwacke abgebe. Das Grauwackengebirge der älteren Geognosten, namentlich der des vorigen Jahrhunderts, erhielt sich lange in seiner ganzen Unbestimmtheit, und erst in neuerer Zeit ist dasselbe als Uebergangsgebirge, namentlich nach dem Vorkommen thierischer Petrefacten, in mehrere Abtheilungen gebracht worden. In Bezug auf die geognostische Stellung der Hauptglieder der Formation bilden der Thonschiefer, die Grauwacke und der Grauwackenschiefer theils mächtige, bisweilen über einander sich wiederholende oder abwechselnde Schichtenzonen, theils minder mächtige Lagen, die mit einander im beständigen Wechsel stehen. In einigen Gegenden walten die Schiefer vor, in anderen wieder die Grauwacken, bisweilen ist auch das eine oder das andere Glied sehr zurückgedrängt. In den meisten Gegenden findet man den Thonschiefer in den untersten Lagen entweder als mächtige Zonen oder von geringerer Mächtigkeit abgelagert, und im Anschlusse und in gleichförmiger Lagerung mit den krystallinischen Schiefern.

Auf den Thonschiefer folgt die Grauwacke, zunächst gewöhnlich Conglomeratbänke, dann die grob-, klein-, feinkörnigen und schieferigen Arten und die Grauwackenschiefer, welche alle mit einander abwechseln. Auf diese Grauwackenzone folgen entweder Zonen abermals von Thonschiefer oder von Grauwackenschiefer, oder es wechseln die Glieder fort, bis mehr in den höheren Lagen erst die Kalksteine auftreten, welche entweder mit mergelartigen Schiefern oder mit Grauwackenschiefer abwechseln, oder blos als einzelne zerstreute linsen- oder stockförmige Massen eingelagert sind, und selten bedeutende Strecken ausdauern. Ueber diesen Kalksteinen findet man häufig abermals Gebirgsmassen von Grauwacken und Schiefergesteinen abgelagert, worauf dann abermals Kalksteine im Wechsel mit Mergel- oder Schiefergesteinen entwickelt sind, welche als die obersten Glieder des Grauwackengebildes betrachtet werden können.

Fast überall erscheinen im Gebiete des Grauwackengebildes krystallinische Gebirgsmassen, die während der Ablagerung oder in verschiedenen Perioden nach derselben die Schichten durchbrachen und einen großen Einfluß auf die gegenwärtige Beschaffenheit ausübten. Schon oben sind die Grünsteine und die verschiedenen Conglomerate erwähnt. So gehören ferner gewisse Porphyre in sofern dem Grauwackengebirge an, als sie sich lagerartig in Grauwacke und Thonschiefer eingeschoben haben. Aber die meisten Porphyre fallen in das Gebiet der Steinkohlenformation, wo sie die Rolle der Grünsteine aufnehmen. Wichtiger ist das Auftreten des Granits. Der Granit des Brockens und der Roßtrappe am Harze hat z. B. bei seinem Hervortreten den umgebenden Grauwackenschiefer in Hornfels umgewandelt, er dringt mit Adern und Aesten am Rehberger Graben, auf der Südseite des Brockens in die Schichten der Grauwacke ein, überlagert dieselbe am Ziegenrücken und umschließt Bruchstücke von Hornfels und petrefactenführenden Kalkstein. Die Granitmasse verzweigt und verästelt sich hier mannichfach hoch in den Felsen hinauf, zuletzt in ein feines Geäder auslaufend, in welchem Granitblättchen kaum mehr noch die Stärke des feinsten Papierstreifens besitzen. So sind ferner Uebergänge der Grauwackengesteine durch Glimmerschiefer und Gneiß im Granit bei Brod und Wesel in Böhmen. Vulkanische Gesteine, besonders Basalte, Trappen und Laven erscheinen in den Grauwackengebilden nicht selten. So erhebt sich die 2340 par. Fuß über der Meeresfläche gelegene Hohe Acht, der höchste Basaltkegel in der Eifel, 220 Fuß über das dortige Grauwackengebirge. Nicht sehr weit von demselben, bei Kaltenborn, erhebt sich die Grauwacke von allen Seiten ziemlich gleichmäßig und flach ansteigend zu einer hohen Kuppe, auf deren höchstem Punkte sich ein ungefähr 100 Fuß hoher Basaltkegel, der Kaltenborner Kopf, befindet. Der 1526 Fuß über dem Meere liegende Mosenberg mit seinen vier Kratern, der ausgezeichnetste unter den erloschenen Vulkanen der Eifel, erhebt sich 250—300 Fuß über das Grauwackenplateau. Der 1270 Fuß hohe Falkenberg, bei Bertrich, liegt über der Grauwacke 82 Fuß. In den Schlacken aller dieser Vulkane findet man nur Grauwacken- und Thonschieferbrocken eingeknetet, oft von ziegelrother Farbe, gebrannt, an den Rändern blasig und ganz in die umgebende Schlacke übergehend. Sehr reich an Einschlüssen von Bruchstücken des durchbrochenen Gebirges sind die Schlacken und Laven des Bonn ganz nahen Roderbergs. Grauwacken- und Thonschieferbröckchen finden sich in ausgeworfenen Schlacken, die auf den Kraterrändern in großer Menge zerstreut liegen, und in anstehender Lava. Bei Woodfordgreen in Gloucestershire kann man zwei Massen von Mandelstein-Trapp zwischen Schichten von Uebergangskalk und rothem Sandstein auf einer Strecke von ungefähr einer Stunde verfolgen. Viele der in den letzten Jahrzehnten über das Grauwackengebirge der verschiedensten Gegenden bekannt gewordenen Untersuchungen geben Zeugniß von den großen Hebungen und Senkungen, Verdrückungen und Verschiebungen, von der Zerstörung und Umwandlung der Grauwackenschichten und Gesteine seit ihrer Entstehung bis auf die Gegenwart. Verfolgt man diese verschiedenen Gebirgsmassen nach ihrer Gesteinsbeschaffenheit und ihren eingeschlossenen Versteinerungen mit Rücksicht auf ihre Lage, so findet man in den unteren Lagen im Allgemeinen eine größere Festigkeit der Grauwackengesteine, als in den oberen. Man begegnet in den ersteren fast durchaus quarzreichen und grobkörnigen Grauwacken und Quarzen von bedeutender Festigkeit. In den oberen Ablagerungen sind die Quarze seltener; in der Bindemasse waltet statt des quarzigen Kieselerdigen der thonige Bestandtheil mehr vor, die Grauwacken erhalten immer mehr den sandsteinartigen Charakter, die Schiefer ähneln mehr dem Schieferthone und sämmtliche Gesteine sind von geringerer Festigkeit. Die Thonschiefer sind in den mittleren schon nicht mehr zu finden.

Ist die petrographische Verschiedenheit der Grauwackengruppe schon sehr mannichfaltig, so tritt eine sehr bedeutende Verschiedenheit in den oberen und unteren Lagen hervor durch ihre organischen Ueberreste. Die untersten Thonschiefer- und Grauwackenlagen sind in der Regel gänzlich leer an Versteinerungen. Diese zeigen sich nach einem Wechsel von Schiefer- und Grauwackenzonen erst in den Gesteinen höher gelegener Zonen, und namentlich in Schiefern und Grauwacke spielen Trilobiten und Polypen eine äußerst wichtige Rolle, da sie in einer so großen Anzahl von Gattungen erscheinen, daß hauptsächlich die Trilobiten-Fauna eine große Mannichfaltigkeit erreichte. Den Trilobiten schließen sich einige Ostracoden an, und höchst charakteristisch sind die Graptolithen. Die Foraminiferen haben erst in neuerer Zeit durch Ehrenberg eine große Bedeutung erlangt. Außerdem kommen Krinoiden, Brachiopoden, Conchiferen, Gasteropoden, Cephalopoden, Crustaceen und Anneliden vor. An Pflanzenresten ist die unterste Zone arm, und die gefunden worden, sind meist nur Fucoiden, also submarine Pflanzen; von Landpflanzen sind nur wenige Species aufgefunden. Vorzüglich reich an Versteinerungen werden erst die darauf gelagerten Kalksteine, und namentlich ist auch hier das

Thierreich viel reicher vertreten als das Pflanzenreich. Oft ist die umhüllende Kalksteinmasse fast ganz verdrängt und Versteinerung an Versteinerung. Was die Thierschöpfung betrifft, so sehen wir hier unter den Versteinerungen die Hauptkreise des Thierreichs vertreten. Die Strahlthiere sind in zwei Classen, den Polypen und Stachelhäutern, letztere aber nur in ihren niedrigsten Ordnungen, den Seelilien und Seesternen, repräsentirt. Die übrigen Classen enthalten nur gallertartige Thiere, welche noch keiner Erhaltung fähig waren. Als eine besondere Auszeichnung ist schließlich das Vorkommen von Fischen zu erwähnen, welche ihre Ueberreste, und somit die ersten Spuren von Wirbelthieren hinterlassen haben. Zähne, Schuppen, Flossenstacheln, Kiefer und sonstige Reliquien mehrerer Species von Onchus, von Plectrodus sind an der oberen Grenze dieser Gebilde gefunden worden. Die verschiedenen Territorien bieten hierin mannichfaltige Verhältnisse, und namentlich sind in England und Böhmen hierüber wichtige Aufschlüsse erlangt worden. Von Seepflanzen zeigen sich nur Tangen und Schwämme, und fast niemals finden sie sich in der dichten, in Bänken geschichteten Grauwacke, sondern nur in den obersten thonreichen, gewöhnlich die Grenze zwischen den Bänken bildenden Schichten, die sich leicht spalten lassen; meist in gestreckter Lage, insbesondere die zarteren Reste, jedoch immer nur sparsam. Ueberall zeigt sich nur ein Anfang und eine merkwürdige Armuth im Verhältniß zu der jetzigen Schöpfung. Kein einziger Landorganismus, weder Thiere noch Pflanzen, ist mit Sicherheit nachgewiesen; die ganze Schöpfung lebte einzig in der See, und alle bis jetzt aufgefundenen Species einer längst untergegangenen und ausgestorbenen Thierwelt zeigen ganz entschieden den Typus von marinen Organismen.

Die über diese Kalksteine und Schiefer in einigen Gegenden abgelagerten Grauwacken und Kalksteinmassen führen jedoch ganz andere Versteinerungen; entweder ganz neue Geschlechter oder ganz neue unten nicht vorkommende Arten. Zwar zeigt sich auch hier noch eine auffallende Armuth an Pflanzenresten, doch werden schon ziemlich viele Landpflanzen, wenn auch in unvollkommenen Resten nachgewiesen, und die Flora läßt schon eine gewisse Aehnlichkeit mit jener der Steinkohlenformation erkennen. Wenn jene schwarzen kugeligen, in der Grauwacke oft vorkommenden Absonderungen sich verflachen und der plattgedrückten Form nähern, entsteht häufig eine große Aehnlichkeit derselben mit nußähnlichen Früchten, die jedoch bei gänzlichem Mangel jeder anderen Organisation nur in die Kategorien jener Absonderungen zu bringen sind. Im Allgemeinen ist die Flora auch dieser Gebilde immer eine sehr arme, nur die Farne sind vorwaltend, und sie allein können als Uebergangsflora angesehen werden. Das Thierreich ist dagegen viel reicher und vollständiger vertreten, als in den unteren Gliedern der Formation. Entweder ganz neue Geschlechter oder ganz neue unten nicht vorkommende Arten bringen eine auffallende Verschiedenheit in den Formen hervor, und selbst ein wesentlicher Unterschied in dem Charakter der Gesteine macht sich geltend. In der Classe der Polypen ist zunächst der gänzliche Mangel an Graptolithen bemerkbar. Die eigentlichen Korallen aber erscheinen in gewissen Schichten mit zahlreichen Formen. Unter den Seelilien erlangen eine besondere Wichtigkeit die schönen, großarmigen Krinoiden. Unter den Brachiopoden walten Spiriferen vor, und die Gattungen Productus und Terebratula beginnen. Die Cephalopoden erscheinen in mehreren Gattungen, und aus der Classe der Crustaceen sind es die Trilobiten, welche einen großen Werth für die Diagnose der Formation erlangen, obgleich sie schon im Abnehmen begriffen sind. Außer ihnen finden sich noch Repräsentanten der Schaalenkrebse (Ostracoda), kleinen, fast mikroskopischen Krebschen, die größtentheils das süße Wasser bewohnen. Von den Wirbelthieren war früher nur eine sehr geringe Anzahl von Ueberresten einiger Knorpelfische gefunden worden, während die obersten Abtheilungen der Formation eine große Entwickelung eigenthümlicher Fischfamilien auszeichnet, welche größtentheils den Abtheilungen der Placoiden und Ganoiden angehören, und mitunter in ganz seltsamen Formen auftreten. Unter diesen Fischen tritt besonders die Unterordnung der Panzerganoiden auf, deren wesentliche Charaktere darin bestehen, daß die Haut mit großen Knochenplatten bedäfelt ist. Das Skelett aller Fische, die zu dieser Unterordnung gehören, ist knorpelig und besteht aus einer ungetheilten Wirbelsaite, auf welcher härtere Wirbelbogen aufsitzen. Auch die Schädelkapsel ist stets hornig und das Maul gewöhnlich auf der unteren Seite des Kopfes angebracht. Ein lebender Repräsentant dieser Unterordnung ist der Stör. Der einzige, unzweifelhafte Ueberrest eines Amphibium oder Reptiles ist das Skelett eines Batrachiers, Telerpeton elginense, welches sich bei Elgin in Schottland in dem alten rothen Sandsteine, der indessen in neuerer Zeit von den Grauwacken abgesondert worden oder wol auch als das obere Glied der Grauwackengruppe betrachtet wird, gefunden hat. Die Structur der Wirbel, der Rippen, des Beckens, welche man an dem Skelette gefunden hat, weist auf ein salamanderähnliches Thier hin, welches einige Charaktere besaß, die es den Eidechsen näher brachten. Durch diese Mischung von Amphibien- und Reptilien-Charakteren nähert sich das fossile Thier den Labyrinthodonten. Die meisten Thiergattungen, deren Ueberreste in den Schichten der unteren Grauwackenformation niedergelegt sind, treten auch in der oberen auf, doch sind die Species meist ganz verschieden, daher durch sie beide Formationen scharf getrennt werden. Und wie gegen das Ende der unteren Gruppe die ersten Fische, so scheinen gegen das Ende der oberen die ersten Reptilien erschaffen worden zu sein. Von Vögeln und Säugethieren hat sich bis jetzt in den Gebilden der Grauwacke noch keine Spur gefunden. Die organische Welt des Grauwackengebirges stellt hiermit den Anfang des organischen Lebens überhaupt dar, allein diese erste Pflanzen- und Thierwelt entfernt sich in ihrer Organisation, in ihren Gruppen, Familien, Gattungen und Arten am weitesten von der, welche heute Land, Wasser und Luft belebt. Sie ist in ihrer Gesammterscheinung wie in ihren einzelnen Gestalten fremdartiger und eigenthümlicher als irgend eine Schöpfung der nachfolgenden Epochen. Ihre Ueberreste, die ältesten von allen, waren natürlich den vielfachsten äußeren Einflüssen, welche auf die Grauwackengesteine einwirkten, gleichfalls ausgesetzt, und daher finden wir sie häufiger zerstört, undeutlicher, unvollkommener in ihrer Erhaltung als in den meisten anderen Formationen. Doch sind heutzutage nicht blos die allgemeinen Umrisse der ältesten organischen Schöpfung, sondern auch die größte Mehrzahl der einzelnen Gestalten ist uns in ihrer Organisation klar. Durch den Scharfsinn der Paläontologen und den Fleiß der Geognosten ist es gelungen, die Gesammtzahl der bis jetzt bekannten Pflanzen- und Thierspecies der Grauwackenperiode an 3000 abzuschätzen, wovon auf die Pflanzen kaum 100 kommen. (Vergl. C. Giebel, Fauna der Vorwelt. Leipzig 1847. 1848. 1853 und 1856; Quenstedt, Handbuch der Petrefactenkunde, Tübingen 1852; *Göppert*, Nova Acta Acad. Leop. Nr. 27. 1860; *Bronn*, Lethaea geognost. 3. Aufl.; Naumann, Lehrbuch der Geognosie 1862. II, 306—400; Geinitz, Die Verst. der Grauwackenformation in Sachsen 1. u. II. Heft. Richter in der Zeitschr. d. deutsch. geol. Ges. I—VI.) Die Differenzen in den Gattungen und Arten aus den entlegensten Gebieten erscheinen hierbei von keiner erheblichen Bedeutung; der Totaleindruck der Grauwacken-Flora und Fauna war überall derselbe; die wichtigsten und am meisten charakteristischen Gestalten begegnen uns überall, wenn gleich schon in diesen früheren Schöpfungsperioden jedes Gebiet seine eigenthümlichen Arten und auch Gattungen für die Grauwackenperiode die Wirksamkeit der Gesetze der geographischen Verbreitung außer Zweifel setzt.

Die auffallende Verschiedenheit in den Fossilien der unteren und oberen Grauwackengesteine, der schon oben angegebene Unterschied in dem Charakter dieser Gesteine selbst haben Veranlassung gegeben, eine Abtheilung des Uebergangs- oder Grauwackengebildes vorzunehmen. In einigen Gegenden geht der alte rothe Sandstein (Old red) in Grauwacke über, und so ist er von den älteren Geognosten als die oberste Abtheilung der Grauwackengruppe betrachtet worden. Allein wo die Grauwackenschichten gehoben und aufgerichtet sind, und ein rother Sandstein oder ein Conglomerat dieselben abweichend bedeckt und von dem Kohlenkalksteine seinerseits gleichförmig überlagert wird, muß der Old red von den Grauwacken, jener Reihe der ersten sedimentairen Bildungen, abgesondert werden. Burat bemerkt in seinem Traité de Géogn. II, 219: die Grauwacke sei gewissermaßen als das charakteristische Gestein der Uebergangsformation (Grauwacke, Grauwackenschiefer, Thonschiefer, Alaunschiefer) zu betrachten, wenn sie auch gerade nicht überall das vorherrschende Gestein derselben bilde. Murchison rechnet in seinem Werke „The Silurian system" den Namen Grauwacke unter die unmeaning names, und Hitchcock will den Namen Grauwacke nicht nur als eine Quelle von much perplexity in geology, sondern auch wegen seiner cacophony aus der Wissenschaft getilgt wissen. Allein schon De la Beche sprach sich zu Gunsten der einstweiligen Beibehaltung des Wortes Grauwacke aus, und C. F. Naumann bemerkt sehr richtig in seinem Lehrbuche der Geognosie I, 663, daß der an und für sich verwerfliche Name Grauwacke nun einmal aus der Sprache des harzer Bergmanns in die Wissenschaft übergegangen sei, zur Bezeichnung dieser eigenthümlichen psammitischen Gesteine der ältesten Sedimentformationen gebraucht werde, weshalb er denn nicht nur eine petrographische, sondern auch eine historische Bedeutung habe, und deshalb, bis man sich über eine andere Benennung verriaigt hat, wol beibehalten werden müsse. Man behielt daher das Wort Grauwacke zur Bezeichnung einer eigenthümlichen Gesteinsart bei, negirte aber mit demselben Worte die Bezeichnung einer bestimmten Formation. Zunächst war es R. J. Murchison's Verdienst, zuerst die natürliche Reihenfolge der einzelnen Schichtreihen des Grauwackengebirges erkannt zu haben. Sein zuerst 1839 unter dem Titel The Silurian system erschienenes classisches Werk lenkte sofort die Thätigkeit der Geologen in allen Ländern in die neue Bahn. Murchison selbst durchwanderte Europa nach allen Richtungen und veröffentlichte die Resultate dieser Arbeiten im J. 1854 unter dem Titel: Siluria, die deutschen Geologen und Geognosten hatten bisher das ganze Schichtensystem unter der Benennung Grauwackengebirge begriffen, andere bedienten sich des Namens Uebergangsgebirge, der aber in seiner früheren und eigentlichen Bedeutung einen Theil der Urschiefer-Region in sich schließt. Beide Benennungen sind seit Murchison's Arbeiten, denen sehr bald die von Verneuil, Hall, Barrande u. A. folgten, mehr und mehr verdrängt. Er sowol als sein Mitarbeiter Sedgwick gliederten Anfangs das englische Grauwackengebirge in drei Schichtensysteme: Das cambrische, silurische und devonische. Die Schichten des untersten, des cambrischen Systems (nach den Cambrian mountains bezeichnet) lagen nach Murchison unmittelbar auf den ungeschichteten Felsarten, stellten somit die erste Kruste dar, welche unser Erdkörper durch Sedimentgesteine erhielt. Die Schichten bestehen meist aus Thonschiefern von verschiedener Consistenz und Farbe, aus schieferiger Grauwacke, die meist sehr feinkörnig ist und oft in mehrfachen Reihen mit den Thonschiefern abwechselt. Die Selbstständigkeit der cambrischen Formation war bis auf die neueste Zeit vielfach in Zweifel gezogen, bis selbst Murchison in der neuesten Auflage der Siluria (1859) die Wirklichkeit derselben nicht mehr bestreitet. Sie wurde von den meisten Geologen nicht als besonderes System nachgewiesen, sondern mit den darauf folgenden silurischen Schichten vereinigt. Nur Sedgwick hat dasselbe beibehalten, da es in den Grafschaften Cumberland und Westmoreland und Wales, in der Bretagne, in den Pyrenäen als getrennt nachgewiesen ist. Die Abtheilungen in den cambrischen Schichten unterscheiden sich nach ihm vorzüglich durch mineralogische Charaktere von einander, und so weist Sedgwick in Wales namentlich Snowdonfelsen und Balakalk als älteste Sedimentgebilde, als Schichten der cambrischen Gesteine nach. Wegen der großen Beschränkung dieser Formation, welche nur die ältesten, größtentheils versteinerungsleeren Schiefer in sich begreift, welche nur in ihren jüngsten Schichten wenige und undeutbare organische Reste enthält, hat man solche vielfach aufgegeben, und selbst Murchison nahm sehr bald diese jüngsten Schichten in sein silurisches System auf und verwies die älteren Schichten in die Urschieferformation. Wir haben daher gegenwärtig nur

1) die silurische Formation, oder die ältere Uebergangsformation, die untere Grauwacke; und
2) die devonische Formation oder die neuere Uebergangsformation, die jüngere Grauwacke.

Der Name silurisch wurde für die untere Grauwacke deshalb von Murchison gewählt, weil in der Gegend ihres Vorkommens in England einstens ein tapferer Volksstamm, die Silurier, hausten; der Name devonisch aber deshalb, weil die obere Grauwacke in der Grafschaft Devonshire am meisten verbreitet ist. Dieses letztere Gebilde war früher allgemein als alter rother Sandstein bekannt, zum Unterschied vom Rothentodtliegenden. Für die Trennung der silurischen Formation von der devonischen als Uebergangsformation spricht die bisweilen vorkommende abweichende Lagerung und das Fehlen einer Formation auf großen Gebirgen des andern, und im Allgemeinen läßt sich sowol die silurische als die devonische Formation, wie wir die Glieder oder Etagen des Grauwackengebirges nunmehr nennen müssen, in je eine untere und eine obere Abtheilung zergliedern. Wichtige Leitmuscheln allein dienen zur Erkenntniß dieser Schichtenreihen, die in allen ihren übrigen Verhältnissen auffallende locale Eigenthümlichkeiten besitzen. Wir betrachten daher zunächst:

I. Die silurische Formation.

Die Schichten, welche dieselbe zusammensetzen, sind von Murchison zuerst in England unterschieden und dort ihren hauptsächlichsten Charakteren nach, wie solche namentlich in Südwales und in den beiden östlich angrenzenden Grafschaften, Shropshire und Herefordshire, angetroffen werden, festgestellt. Später wurden auch die Verhältnisse in Nordwales aufgeklärt, und die silurische Formation wurde in zwei Gruppen, welche sich an die krystallinischen Kerne der Westküste dieses Landes anlehnen, abgetheilt. Die untersten Schichten werden hauptsächlich bei Barmouth und Harlech von Sandsteinen gebildet, welche in Grauwacke übergehen und in denen man bis jetzt noch keine Fossile gefunden hat. Auf diesen Sandsteinen liegen schwarze Schiefer, Dachschiefer, Kieselconglomerate, welche Ueberreste von Lingula enthalten sollen und in denen man auch einige Trilobiten entdeckt hat. Zahlreiche Durchbrüche von Trapp und Porphyren haben diese Schiefer, welche mit dem Namen Snowdonschiefer (von Snowdon, dem höchsten Gipfel Englands) bezeichnet werden, vielfach durch einander geworfen und verändert. Sie erreichen eine Mächtigkeit von etwa 3000 Fuß und entsprechen durch die Trilobitengattungen Olenus und Paradoxides den untersten silurischen Gesteinen von Böhmen.

Auf diese Schiefer folgen Schichten eines unreinen Kalkes von geringer Mächtigkeit, welche mit dem Namen des Balakalkes (von Bala in Nordwales) bezeichnet sind und mit welchen quarzige Grauwackenschiefer, Sandschiefer und Schieferthone wechsellagern, auch ihre obere Abtheilung bilden. Nach Oben gehen diese Gesteine allmälig in Thonschiefer über und in feinkörnige schieferige Grauwacken, dunkle, plattenförmige Sandsteine, die zuweilen mit unreinen Kalksteinschichten wechseln und die man unter dem Namen Llandelloschiefer (nach der Stadt Llandeilo in Carmarthenshire) unterschieden hat. Graptolithen, sowie Ogygia Buchi und Echinosphaerites balticus bestimmen besonders die Lagerung dieser Schichten, deren Mächtigkeit 3000 Fuß beträgt.

Auf diesen liegen die Caradoc-Gesteine, eine Sandsteinbildung, deren Gesteine oft eine große Aehnlichkeit mit denen des old red oder auch mit dem Rothliegenden Deutschlands zeigen. Dünne, thonige Kalksteine und Mergelschichten wechseln zuweilen mit diesen Sandsteinen ab. Die Caradoc-Gesteine sind ursprünglich in Shropshire, später auch in Nordwales nachgewiesen, und haben ihren Namen deshalb erhalten, weil sie in Shropshire, wo sie an 2500 Fuß mächtig sind, eine an der Grünsteinkette des Caradoc angelehnte Bergreihe bildet.

Die beiden Gruppen von Llandeilo und Caradoc entsprechen durch ihre Trilobiten der oberen Etage der untersilurischen Formation in Böhmen und schließen dieses System für England ab.

Die obere silurische Formation wird in England durch zwei Hauptgruppen vertreten, von welchen die untere mehr kalkig, die obere mehr thonig und sandig ist. Die unteren Schichten sind von Murchison als Wenlock-Schichten bezeichnet, und zerfallen in Wenlock-Schiefer und Wenlock-Kalkstein (von einem Bergkamm in Shropshire, Wenlock-edge, so genannt). Der Wenlock-Schiefer ist das mächtigste und aushaltendste Glied der ganzen Gruppe; meist ein grauer, bisweilen auch schwarzer Schiefer, welchem nach Unten Kalksteinnieren (der Woolhope-Kalkstein) eingelagert ist. Die Fossilien sind meist kleine Brachiopoden. Der Wenlock-Kalkstein besteht nach Oben und Unten aus Kalksteinnieren, welche im Schiefer liegen; in der Mitte aber wird die Hauptmasse des Lagers von mächtigen Schichten eines hellgrünen, dichten bis feinkörnigen, zum Theil thonigen Kalksteins gebildet, welcher oft eine Menge größerer und kleinerer Kalkconcretionen (Ballstones genannt) einschließt. Diese Concretionen erreichen über 80 Fuß im Durchmesser. Die Wenlock-Gesteine bieten die mannichfaltigsten Uebergänge von fast reinen Thonschiefern zu Kalkschichten dar, indem diese Anfangs nur zerstreuten Kalkconcretionen allmälig so überhand nehmen, daß sie allein die Schichten ausmachen und die Thonschiefer ganz verschwinden. Dieser Kalkstein ist gewöhnlich bläulich, ragt östlich von Wenlock-edge in den malerischen Felsen am Dudley-Castle, wo er sehr ausgebaut wird, auf und ist bei Coalbrook-Dale sehr reich an Versteinerungen.

Die obersten Lagen der silurischen Formation endlich werden von den sogenannten Ludlow-Felsen (bei Ludlow-Castle und in den Bergen des Thales von Wigmore) gebildet, deren untere Schichten aus festen Thonschiefern, die nur wenig Sand und wenig Kalk enthalten, bestehen, und in allen möglichen Nüancen von Grau und Schwarz spielen und als Platten benutzt werden. Auf diesen liegen glimmerhaltige, graue Sandsteine, die bald sehr thonig, bald kalkig werden, und in deren Mitte man namentlich eine nur wenige Zoll dicke Schicht unterscheidet, die fast nur aus einem Conglomerat von Fischresten zu bestehen scheint. Zwischen diesen beiden befindet sich eine Schichtenfolge fester thonigen Kalke, dunkel bläulichgrau bis fast indigoblau, unrein, jedoch zu hydraulischem Cäment sehr brauchbar. Sie sind an 50 Fuß mächtig und am schönsten bei Aymestry, weshalb sie Murchison Aymestrykalk nennt, und die einigermaßen krystallinisch aussehen trotz ihrer thonigen Beschaffenheit. Es kommen Brachiopoden, viele Korallen, Conchylien und Trilobiten in diesem Kalkstein vor.

In Cornwall an der Südküste sind silurische Schichten nachgewiesen, und in Westmoreland und Cumberland, sowie in den angrenzenden Theilen von Lancashire und Yorkshire, ist die silurische Formation in ganz außerordentlicher Mächtigkeit ausgebildet, erscheint aber in ihren tieferen Schichten stark metamorphosirt.

In Südschottland besteht die Gebirgskette der South-Highlands aus Grauwacke und Thonschiefer mit untergeordneten Porphyren und Grünsteingängen, welche Gesteine einen Raum von fast 180 geogr. Quadratmeilen bedecken, und durch die neueren Forschungen von Nicol, Murchison, Sedgwick und Harkneß größtentheils als silurische Bildungen erkannt worden sind. (Specielle Angaben hierüber s. Murchison's Siluria, 2. ed. p. 167—175 und Naumann's Lehrbuch der Geognosie II, 343—345.)

In Irland ist die Existenz der silurischen Formation zuerst von Portlock bei Pomeroy in Tyrone, später durch Griffith, M'Coy, Oldham und Jukes auch in anderen Theilen des Landes, als im Connemara-Districte in Galway, nachgewiesen worden. Hauptsächlich Grauwacken sind hier vorwiegend.

Was die Mächtigkeit der Silurformation auf den britischen Inseln anlangt, so wird solche in Südschottland nicht weniger als 50,000 Fuß betragen; in England und Wales läßt sich die Untersilurformation allein auf 18,000 Fuß, die Obersilurformation auf 5—6000 Fuß veranschlagen, während die mittlere Gruppe (von Murchison als Llandovery-Gruppen bezeichnet und zu den Caradoc-Gesteinen der Untersilurformation gehörend) stellenweise bis zu 2 und 3000 Fuß anschwillt, sodaß die fossilführenden Schichten allein eine Totalmächtigkeit von 26—27,000 Fuß erlangen. Die Fauna ist bis jetzt in den untersten Etagen der englischen Silurformation durch 175 Species, in der darauf folgenden durch 560, in der obersten aber durch 500 Species ermittelt worden. Wir schließen hier an:

Die silurische Formation in Böhmen und anderen Gegenden Deutschlands.

Im Innern von Böhmen ist die silurische Bildung in einer Ausdehnung von mehr als 20 Meilen Länge und über 9 Meilen Breite verbreitet. Die unteren Thonschiefer- und Grauwackenlagen werden von Granit oder krystallinischen Schiefern begrenzt und unter einem steilen Winkel überlagert. Oft ist die Schichtenstellung, insbesondere bei den Kalksteinen verschiedenartig gekrümmt und verschlungen, wie z. B. die Moldauufer in der Nähe von Prag. Es zeigen sich stellenweise eine gleichförmige Lagerung und Uebergänge des Thonschiefers durch Glimmerschiefer, Gneiß und Granulit in dem Granit (bei Mokel und Binowitz, in der Umgegend von Rozmital), dann eine Wechsellagerung von Thonschiefer- und Granitlagen (bei Eule). Dagegen enthält bei Brod, Haje, Drazow, Přibram der Granit unmittelbar an der Grenze Grauwackenschieferstücke eingeschlossen, und ist fest mit dem Grauwackegestein verwachsen. Thonschiefer und Grauwacken ziehen sich in mit einander abwechselnden mächtigen Zonen ziemlich parallel mit dem aufgelagerten Granit nach Nordost. An einigen Orten steht der Schiefer mit Feldsteinporphyren in Verbindung, so bei Mnischek, Niman, Tereschau u. a. Diese unteren Zonen führen keine Versteinerungen. Auf denselben sind gleichfalls parallele Zonen von Grauwackenschiefer und Grauwackenquarzen und hierauf abermals Schiefer und dann Kalksteine abgelagert, welche sämmtliche Gebilde, zumal die Kalksteine, schon Versteinerungen in außerordentlicher Menge einschließen. Das ganze Grauwackengebilde im Innern von Böhmen erscheint in einer muldenförmigen Lagerung und bildet ein weites Becken, welches etwa in der Richtung von Nordost nach Südwest orientirt ist und eine gezogene Ellipse mit unregelmäßigen Rändern darstellt, deren große Axe von Mies aus durch Pilsen, Beraun und Prag geht. Seine Structur und das Verhältniß seiner Fossilien sind besonders durch Joachim Barrande in seinem „Système silurien du centre de la Bohême" genauer dargestellt worden, und seinen erfolgreichen Forschungen in jenen ältesten Fossilien führenden Gebirgsschichten ist es gelungen, die alte „Grauwacke" in die auf einander folgenden Schichtensysteme auch in Böhmen zu scheiden, welches eines der interessantesten Beispiele der silurischen Formation gibt, und bei seinem außerordentlichen Reichthum an organischen Ueberresten im Vergleich zu anderen Gegenden Deutschlands die Ausbildungsweise der silurischen Ablagerungen am bedeutendsten nachweist.

Wie schon angedeutet hat das silurische Becken Böhmens die Form einer Ellipse, und längs des ganzen südlichen und westlichen, sowie zum Theil längs des nördlichen Randes sieht man, daß die Schichten des Beckens auf Granit und Gneiß auflagern und theilweise von Steinkohlen und im nordwestlichen Theile von der Kreideformation bedeckt sind. Die Schichten fallen vom

Rande des Beckens gegen das Innere desselben ein, und rücken, je höheren Etagen sie angehören, entsprechend gegen das Innere des Beckens, in ihrer äußeren Begrenzung immer die Form der Mulde beibehaltend, sodaß die zusammengehörigen Schichtencomplere gleichsam in einander eingeschriebene Ellipsen bilden. Ueberall im Umkreise der Mulde schießen daher die untersilurischen Schichten nach der Mitte hin ein, während die obersilurischen Gebilde die Ausfüllung machen.

Die untersilurische Abtheilung besteht aus vier verschiedenen Etagen. Die unterste Etage enthält jene krystallinischen und halbkrystallinischen Schiefer, welche keine Versteinerungen einschließen. Die nächstfolgende Etage besteht aus halbkrystallinischen, thonigen Schiefern, körnigen Grauwacken und Conglomeraten, in denen bis jetzt ebenfalls noch keine Versteinerungen gefunden wurden. Von diesen Gebilden haben die Schiefer die größte Verbreitung, besonders in der westlichen Hälfte des Beckens, und in ihnen liegen die wichtigen Bergwerksdistricte von Přibram und Mies. Die dritte Etage wird aus Conglomeraten, Kieselschiefern und jenen thonigen Schiefern zusammengesetzt, welche die ersten Versteinerungen führen, weshalb ihre allerdings spärliche Fauna von Barrande als faune primordiale aufgeführt wird. Sie ist nur in zwei schmale Streifen bei Ginetz und Skrey vertreten, und in dem Thale der Litawa und in dem von Welka gut aufgeschlossen.

Die dunklen, graugrünen, fast dichten Schiefer enthalten eine ganz eigenthümliche, aus vielen Trilobiten zusammengesetzte Fauna, welche den Gattungen Battus, Paradoxites, Olenus, Conocephalus, Ellipsocephalus und Sao angehören. Außerdem sind einige Cystideen und ein Armfüßler, Orthis Romingeri, darin gefunden. Der Ansicht Barrande's zufolge existirt diese älteste Schöpfung nur noch in Skandinavien und in England, im Sandstein von Barmouth und in den Hügeln von Malvern in Cornwallis. Ueber diesen Schiefern befindet sich zunächst Aphanitschiefer, das oberste Glied dieser dritten Etage wird aber aus körniger Grauwacke, die von zahlreichen Porphyren unterbrochen wird, gebildet. Diese dritte Etage kann in sofern als der Anfang der Silurformation bezeichnet werden, als sie die ersten Spuren des organischen Lebens aufzuweisen hat. Ihr lagern nach Unten Quarzit, nach Oben vorwaltend Schiefer als vierte Etage auf. Die Schiefer haben ein thoniges Ansehen, sind matt-glänzend und sehr dünnblätterig, entweder von grauer oder gelber, selten rother Farbe, auch kommen schwarz gefärbte vor, die sich dann durch Beimengung weißer Glimmerblättchen auszeichnen. Die Quarzite dieser Etage bilden nicht selten bedeutende Felskuppen, sind dicht, feinkörnig und haben nicht selten Schieferlagen eingeschlossen (am Ratschberg und auf der Gilina). Am Ratschberg enthalten diese Schiefer Lager von Brauneisenstein, sowie überhaupt diese Etage zahlreiche Eisensteine (Rotheisenstein, Brauneisenstein und Magneteisenstein) einschließt und somit von hoher Wichtigkeit für die Eisenindustrie ist. Die vierte Etage lagert auf der dritten, wo die letztere aber fehlt, auf der zweiten. Wie schon bezeichnet, treten in der dritten Etage Porphyre sehr zahlreich auf und bilden ein wesentliches Glied derselben. Zwischen den schon erwähnten Aphaniten dieser Etage und den Gebilden der vierten Etage befinden sich Porphyre, die mit einem körnigen Grauwackengestein in inniger Verbindung, jedoch weniger häufig sind. Die Quarzite dieser Etage, sowie die glimmerreichen Schiefer derselben enthalten die meisten und wichtigsten Fossilien. Im Allgemeinen sind die Trilobiten vorwaltend und in 60 Species, unter denen die Gattung Ogygia die größte und häufigste Art, vorhanden; Orthoceren, als die einzigen Cephalopoden, sind nur in sparsamen Resten angedeutet; die Pteropoden werden durch *Conularia* und Theca (oder Pugiunculus), die Heteropoden durch einige Species von Bellerophon, die Gasteropoden durch *Pleurotomaria* und *Holopea* vertreten. Von Brachiopoden erscheinen mehrere Species von Orthis in allen Abtheilungen, sowie *Orbicula*, *Lingula*, Spirifer, *Leptaena* und *Terebratula* in den glimmerreichen Schiefern. In denselben Schiefern bilden Cystideen ganze Schichten von 3—6 Fuß Stärke, dagegen sind Krinoiden und Asterien äußerst selten, desgleichen Polypen, von denen *Calamopora fibrosa*, *C. Gottlandica* und Graptolithen in den genannten Schiefern und Sphäroiden (aus einem kieselreichen, stellenweise thonigen Gestein bestehend) vorkommen. Mit Ausnahme der Trilobiten und Cystideen ist die übrige Fauna nur sehr sparsam vertreten. Durch die vorhandene, aber die ganze vierte Etage als das Aequivalent der englischen Llandeilo- und Caradoc-Gruppe, überhaupt also als das Aequivalent der Untersilurformation Englands charakterisirt. Von Pflanzen finden sich Fucoiden in allen Höhen dieser Etage, jedoch undeutlich.

Die obersilurische Abtheilung hat in Böhmen nur eine weit geringere räumliche Ausdehnung in der Mitte des Beckens und zeigt eine deutliche muldenförmige Anordnung in ihrer Lagerung. Sie zeichnet sich von der untersilurischen Abtheilung hauptsächlich durch die große Entwickelung von Kalk, der in den untersilurischen Schichten fast gänzlich fehlt, mit sehr wenig Schiefer aus, und ist von diesen Schichten in auffallender Weise durch Massen von Grünstein getrennt, welche in schwarze thonige Schiefer eingedrungen sind, die als charakteristische Versteinerungen eine Menge von Graptolithen zeigen, und außerdem Knollen von Kalk enthalten. Auf dieser Mulde von Grünstein ruhen nun drei verschiedene Schichtengruppen von Kalk, und ganz zuoberst wieder eine Lage von Schiefern, die alle eine ganz abweichende Fauna (faune troisième) enthalten. J. Barrande unterscheidet auch bei dieser Obersilurformation vier Etagen, welche jedoch durch concordante Lagerung und durch Uebergänge mit einander verbunden sind. Die erste, untere Kalkstein-Etage hat ihre untere Grenze durch die obersten Quarzite der vierten Etage der Untersilurformation und ihren Anfang überall durch Grünstein und graptolithenführenden Schiefer bezeichnet. In diesem schwarzen Schiefer treten Kalksteinsphäroide lagenweise auf, werden allmälig zahlreicher und bilden endlich, während der Schiefer zurücktritt, steile Schichten. Die Fauna dieser Etage ist die reichste an Geschlechtern und Arten. Die Trilobiten treten in 76 Species auf; von Cephalopoden sind 350 Species aus 8 Geschlechtern gefunden; die Orthoceren und Cyrtoceren erfüllen ganze Bänke, während die übrigen seltener vorkommen. Die Gasteropoden zeigen mindestens 160 Species, ebenso die Conchiferen. Die früher kaum angedeuteten Brachiopoden zeigen über 60 Species, gewinnen aber erst in der folgenden Etage eine größere Entwickelung. Von Korallen kennt man bereits an 30 Species, darunter 20 von Graptolithen (die wichtigsten Fossilien führt C. F. Naumann in seiner Geognosie II, 351 fg. speciell auf, und wird hierauf hingewiesen). Die zweite, oder mittlere Kalkstein-Etage ist ohne scharfe Grenze der vorigen angelagert (z. B. am Moldau-Ufer bei Prag). Dieser Kalkstein ist meist hellfarbig, oft weiß, bisweilen kommen bunte Varietäten vor. Die Fauna offenbart, wenn gleich immer noch 74 Species von Trilobiten nachgewiesen werden, eine allgemeine Verminderung der organischen Welt. Die dritte oder obere Kalkstein-Etage entwickelt sich allmälig aus der zweiten, aber ihre Schichten sind mächtiger, und meist aus nuß- bis kopfgroßen, durch Thon verbundenen Partien zusammengesetzt. Der Kalkstein ist oft von Kalkspathadern durchzogen, Thonschieferlagen trennen die Kalksteinschichten, werden nach Oben immer häufiger und mächtiger, während die Kalksteinschichten immer sparsamer und schwächer werden, bis endlich nur Thonschiefer mit Kalkstein-Nieren auftritt. Die Fauna dieser Etage ist noch ärmer, als die vorige; die Trilobiten fallen auf 40 Species herab, die übrigen sind nur dürftig repräsentirt. Die letzte, vierte Etage ist ein weicher, leicht zerwitternder Schiefer, meist grau und schmutzig gelb, bisweilen grünlich oder fast schwarz, mächtig geschichtet und mit unreinen Quarziten abwechselnd. Er ist zuweilen über 300 Fuß mächtig. Bei Hostin enthält er sehr dünne Lagen Steinkohle in Begleitung von Fucoiden. Die Fauna ist außerordentlich arm.

Eine höchst merkwürdige Erscheinung zeigt sich in der Silurformation Böhmens darin, daß an einigen Stellen nördlich und südlich von Prag (*Barrande*, Syst. Sil. I, 72) in die Schichten der untersilurischen Formation und mit ihnen ganz in gleichförmiger Lagerung Graptolithenschiefer eingeschlossen sind, die eine Menge von Versteinerungen enthalten, welche den oberen silurischen Schichten angehören. Am Hohlwege Bruska, innerhalb der Mauern Prags und im Gebiete der untersilurischen Schiefer, wurde eine linsenförmig dem Schiefer eingelagerte, in den übrigen Etagen unbekannte Gesteinsmasse nicht allein mit Trilobiten, sondern auch mit Brachiopoden in nicht unbedeutender Anzahl gefunden. Spiringerina reticularis ist häufig da; unter den anderen Formen ist keine auffallender, als zwei große Schalen des Spirifer togatus, einer so ganz und gar obersilurischen Form, die sich sonderbar neben den beiden untersilurischen Trilobiten ausnimmt. Auch noch andere Thierclassen sind durch obersilurische Arten vertreten, und es scheinen also hier Colonien existirt zu haben, wo von einer anderen Gegend her eine obersilurische Bevölkerung eingewandert ist, die mitten zwischen untersilurischen Thieren zu gleicher Zeit an beschränktem Orte lebte und erst später nach Beendigung der untersilurischen Periode im Centrum der Mulde wieder auftauchte. Durch den Nachweis, daß man es an der Bruska sicher mit einer ursprünglichen Einlagerung, einer Colonie, und nicht mit einer Schichtenstörung zu thun habe, ist die Paläontologie in den letzten Jahren mit einer der merkwürdigsten Entdeckungen bereichert worden.

Die primordiale Fauna ist in den untersten Etagen der Silurformation Böhmens durch 40 Species bekannt geworden; die zweite Fauna weist bereits 200, die dritte silurische Fauna aber an 2000 Species nach, und die verschiedenen Arten von Trilobiten, Gasteropoden und Acephalen sind so deutlich charakterisirt, daß deren gleichzeitiges Vorkommen in Böhmen, Frankreich und Portugal in paläontologischer Hinsicht das wichtigste Verbindungsglied zwischen der mittelböhmischen Fauna und den gleichzeitigen auswärtigen Faunen darstellt. Diese Thatsache unterstützt die Vermuthung: daß die zweite Fauna von Südwesten her in das mittelböhmische Becken eingedrungen sei, wenn nicht etwa Böhmen selbst einer der Entwickelungs-Mittelpunkte dieser während der silurischen Periode so weit verbreiteten Fauna gewesen ist.

Im übrigen Teutschland kennt man in der Umgegend des Erzgebirges, am Thüringerwalde, am Harze, in Oberschlesien und in den salzburger Alpen einzelne Stellen silurischer Gesteine, welche seltener aus Kalk, meist aus Kieselschiefern und Alaunschiefern bestehen, und gewöhnlich Graptolithen enthalten. In Sachsen sind diese silurischen Gesteine durch Geinitz (Die Versteinerungen der Grauwackenform. Heft I u. II) nachgewiesen. Für den südöstlichen Theil des Thüringerwaldes weist Richter die grüne und graue Grauwacke der silurischen, die rothe Grauwacke dagegen der devonischen Formation zu. In Schlesien haben Oswald bei Sadewitz, Ober- und Neuschmollen, Krug v. Nidda, Beyrich und Scharenberg bei Silberberg durch das Vorkommen von Graptolithen die silurischen Bildungen bezeichnet. Auch ein bedeutender Theil des Harzes bei Ilsenburg, Lauterthal und Harzgerode gehört der Obersilurformation an, wie A. Römer und C. Giebel ermittelt haben. In den salzburger Alpen kommen in der Nähe von Werfen schwarze, graphitreiche, dem Eisenspathe eingeschaltete Thonschiefer vor, welche von v. Hauer als silurisch bezeichnet werden. Derselbe hält es für wahrscheinlich, daß auch die übrigen, am Nordabhange der Central-Alpen, von Neunkirchen bis gegen Hall in Tyrol fortziehenden Eisenspathstöcke in silurischen Grauwackenschiefer liegen. Auch im westlichen Theile von Siebenbürgen in dem Bihárer Gebirge stehen die silurischen Gebilde mit den krystallinischen Schiefern in Verbindung; ferner bei Herrengrund, wo der Kupferbergbau betrieben wird, und in anderen Gegenden Ungarns. Die Grauwackenbildungen auf beiden Ufern des Rheins im Norden von Mainz, wo sie die Grundlage der verschiedenen Höhenzüge des Hundsrücks, der Ardennen, des

Taunus und des Westerwaldes, wo namentlich die Grauwacken der Eifel die größte Erstreckung in Deutschland bilden, sind von Sedgwick, Murchison, d'Archiac, Verneuil vergleichungsweise mit den englischen untersucht worden. Ferner hat Dumont in seinem Mémoire sur la constitution géologique de la province de Liège das Grauwackengebirge in Belgien und der Rheinprovinz in eine große Anzahl verschiedener Schichtensysteme eingetheilt. Endlich haben H. v. Dechen und C. F. Römer in verschiedenen Schriften die Gliederungen des rheinischen Grauwackengebirges ausgeführt. Allein erst den ferneren Entscheidungen würde noch vorbehalten bleiben, welcher Theil der silurischen Formation angehört. So werden namentlich die Gebilde der Eifel als untere Schichten der devonischen Formation angesehen, oder auch zu den obersten Schichten der silurischen Formation gerechnet. Das rheinische Uebergangsgebirge hat im Westerwalde und im Siebengebirge mannichfaltige Wiederholungen von sandigen Schiefern, eigentlichen Thon- und Dachschiefern, Grauwacken mit Quarziten und chloritischen Schiefern, die vorzüglich an dem Taunus sehr ausgebildet und von vielfältigen Quarzgängen durchsetzt sind. Durch die seltsamsten Biegungen und Verwerfungen sind dieselben ihrer Lage nach schwer zu entziffern, da ihnen fast alle Versteinerungen abgehen und die mineralogischen Charaktere durch die mannichfaltigsten Durchbrüche vulkanischer und plutonischer Gesteine dem häufigsten Wechsel unterliegen. An verschiedenen Stellen, wie in der Eifel, in Nassau bilden diese Schiefer, welche wol der silurischen Formation beigezählt werden könnten, Mulden von bald größerem, bald minderem Umfange, in welchen dann die devonischen Gesteine abgelagert sind. Die Schiefergebirge der Ardennen bedecken das ganze Land zwischen Luxemburg und Lüttich; mächtige, schieferige Massen, die an vielen Stellen als Dachschiefer und Wetzschiefer ausgebeutet werden, und welche d'Halloy in ihrer Gesammtheit als Dachschiefergebilde (Terrain ardoisier) bezeichnet. Die höhern Stufen dieser Gebilde bestehen hauptsächlich aus Quarziten und Grauwacken, die tiefern dagegen aus minder festen Thonschiefern, welche zuweilen Eisenkiese und Eisennieren enthalten. Die Grauwacke, welche gewöhnlich auf den Quarziten ruht, oft Anthracit und Eindrücke von Pflanzenresten enthält, rechnet man häufig der devonischen Formation zu, die Quarzite dagegen der silurischen. Wären diese Stufen in England entwickelt, würde man sie wol als eine Abtheilung ansehen, die auf den Ludlow-Gesteinen aufliegt. In neuerer Zeit ist ein großer Theil des rheinischen Uebergangsgebirges als der devonischen Formation angehörig fixirt worden, weshalb bei der folgenden Darstellung derselben hierauf als eine Vereinigung der silurischen Formation in ihren oberen Abtheilungen mit der devonischen zurückgegangen werden wird.

Die Silurformation in Rußland, Schweden und Norwegen.

Die silurischen Gebilde erscheinen im Norden von Europa hauptsächlich als Grundlage eines großen weiten Beckens entwickelt, welches einerseits auf den Graniten von Finland, Norwegen und Schweden, andererseits auf dem krystallinischen Centralkerne des Uralgebirges aufliegt. Das ganze europäische Rußland stellt somit eine äußerst flache, aus silurischen Schichten gebildete Schale vor, deren innerer Raum durch die nachfolgenden Ablagerungen ausgefüllt ist und an deren Rändern nur die silurischen Schichten hervortreten. In neuerer Zeit haben namentlich die Beobachtungen der Herren Kjerulf in Norwegen, Graf Keyserling und F. Schmidt in Rußland viel dazu beigetragen, die silurischen versteinerungsführenden Gesteine näher kennen zu lernen. Ein zäher blauer Thon und Schieferthon, loser Sand und Sandsteine, bituminöse Schiefer und hellfarbige thonige Kalksteine constituiren hauptsächlich bei St. Petersburg die untersilurische Formation, deren Gestein hier eher an Kreide und Tertiärbildungen als an die älteste Sedimentformation erinnert. In dem Sandsteine sind eine Menge angehäufter Ueberreste von Obolus Apollinis (Unguliten), in dem Schiefer, wenn auch sparsam, Graptolithen gefunden. Die Kalksteine, Pleta genannt, enthalten zahlreiche organische Ueberreste und entsprechen durch dieselben dem Trentonkalke Nordamerika's. Ueber die Ausbildung der Formation in Ehstland und Livland als Unter-, Mittel- und Obersilurformation mit den einzelnen Gruppen und thierischen Ueberresten, welche als Analogon der Llandovery-, Wenlock- und Ludlow-Gruppe Englands entsprechen, hat F. Schmidt (Untersuchungen über die silurische Formation von Ehstland, Nord-Livland und Oesel, Dorpat 1858) eine ausführliche Darstellung gegeben. Im östlichen Rußland, am Ural, erscheint die Silurformation längs dessen westlichem Abfalle als eine fast ununterbrochene Zone von silurischen Gesteinen, deren Schichten steil aufgerichtet und dislocirt sind und, nach Murchison und Verneuil, häufig zu Chloritschiefer, Glimmerschiefer, Quarzit u. s. w. umgewandelt worden sein sollen. Die organischen Ueberreste der noch unveränderten Schichten sind meist obersilurische. Die Inseln Oesel und Gotland sind ganz von der silurischen Formation gebildet und stellen auf Oesel das beste Beispiel dieser Formation in Skandinavien dar. Die untersten Schichten bestehen aus dunkelgrauen Schiefern mit Kalksteinknollen, die allmälig in den Wenlock-Kalkstein Englands übergehen, über welchem dann grüne Schiefer, darauf Korallenkalke und endlich Schiefersandsteine folgen, die am südlichen Gestade von devonischen Korallenkalken überdeckt sind. Eine große Anzahl von Versteinerungen, hauptsächlich Korallen, sind in den Kalken enthalten. Die in Ost- und West-Gotland vorkommenden Alaunschiefer enthalten Trilobiten, die Thonschiefer Graptolithen und andere organische Ueberreste, und sind durch dieselben als Glieder der Untersilurformation charakterisirt. Die zuunterst auftretenden Sandsteine enthalten außer undeutlichen Fucoiden keine Fossilien. In Norwegen gehören die Territorien von Christiania und vom Miösensee der Silurformation an. Schwarze Thonschiefer mit Graptolithen und Alaunschiefer bilden die unterste Abtheilung; ihr folgen mächtige Ablagerungen von grauen kalkigen Thonschiefern mit untergeordneten Lagen oder Nieren Kalkstein bedeckt, über welchen eine Etage von Sandstein mit kalkigem Bindemittel (Kalksandstein) folgt. Die Kalkthonschiefer enthalten Graptolithen, Krinoiden, Brachiopoden u. a. Fossilien; in dem Kalksandsteine aber kommen besonders Polypen und Brachiopoden vor. Die nächste Gruppe wird durch graue oder grünliche Thonschiefer constituirt. Die Obersilurformation besteht zunächst aus Korallen- und Krinoideenkalkstein, ausgezeichnet durch zahlreiche, in Kalkspath verwandelte Krinoiden, sowie durch viele Korallen; die Trilobiten fehlen. Weiter nach Oben folgen graue oder grünliche, dünnschieferige und kalkige Thonschiefer (Graptolithenschiefer), und zuoberst graue und bläuliche Kalksteine (Oberer-Malmökalkstein) mit Brachiopoden und vielen Korallen. Die Silurformation ist hier so vollständig entwickelt, daß die meisten in England nachgewiesenen Abtheilungen ihre Aequivalente finden. (Vgl. die Arbeiten Kjerulf's: Das Christiania-Silurbecken, Christiania 1855, und: Ueber die Geologie des südlichen Norwegens, Christiania 1857; auch *Murchison*, Siluria, 2. ed. 1859 und Naumann's Lehrbuch der Geognosie II, 364 fg.)

In Frankreich ist die silurische Formation namentlich in der Bretagne entwickelt, wo sie unmittelbar auf dunkelgrünen seidenglänzenden Schiefern, welche von unregelmäßigen Adern eines milchweißen Quarzes durchzogen werden (von Elie de Beaumont das cambrische System benannt), aufliegt und von welchem es sich durch eine abweichende Lagerung unterscheidet. Es besteht zuunterst aus Conglomerat von Quarzkieseln, die durch einen röthlichen Thonmörtel zusammengehalten werden. Zuweilen finden sich darin seltene Fragmente von Thonschiefer und Grauwacke. Dann folgen dünne Schichten von grünlichem, kieselhaltigem Sandsteine, darüber liegen nicht sehr dicke Schichten eines compacten, hellgrauen Kalksteins, den man als Marmor ausbeutet und der keine Fossilien enthält. Auf diesem Marmor liegen feste quarzige Sandsteine, die eine große Menge von Petrefacten enthalten und im Lande als die rothen Sandsteine von May bekannt sind. Die obersten Schichten endlich werden von den meist schwarzen, bituminösen Kalksteinen von Figuerolles gebildet, die oft mit schwarzen Thonschiefern alterniren und ebenfalls eine Menge Fossilien enthalten. An einigen Stellen sind diese Schiefer sehr mächtig entwickelt, sodaß sie die Sandsteine und Kalke ganz verdrängen und in großer Mächtigkeit als schöner Dachschiefer ausgebeutet werden. In anderen Fällen enthalten diese Dachschiefer, die namentlich bei Angers sehr bekannt sind, so bedeutende Zusätze von Glimmer, daß sie allmälig in Grauwacke übergehen. Die Schichten der silurischen Formation in der Bretagne sind meist weit härter und fester, als diejenigen von England, wo sie oft ganz thonig und weich werden. Aus der Vergleichung der Petrefacten und der mineralogischen Charaktere scheint hervorzugehen, daß die unteren Schichten den Caradoc-Gesteinen, die Kalksteine von Figuerolles den Dudleykalken der Wenlock-Schichten, diese selbst den Dachschiefern von Angers entsprechen. Die Llandeilo-Schichten und die Ludlowfelsen fehlen in der Bretagne.

In den Pyrenäen ist die silurische Formation ebenfalls entwickelt, aber durch die mannichfaltigsten Veränderungen, die sie erlitten, ziemlich unkenntlich. Sie besteht besonders aus Thonschiefern, Quarzschiefern, Grauwacke und Kalken, die oft in Marmor und Dolomit verwandelt sind.

Die Silurformation in Nordamerika.

Eine außerordentlich vollständige Entwickelung der Silurformation in allen Abtheilungen und in stetiger Ausdehnung gibt Nordamerika, und nirgends sind die ältesten Denkmäler der Geschichte unserer Erde, in sofern diese auf ihre frühesten Bewohner sich bezieht, in ihrer Vollkommenheit besser kennen zu lernen, als hier. In keinem anderen Lande sind diese alten Schichten nach einem größeren Maßstabe entwickelt, oder reichlicher mit Versteinerungen versehen. Die Aufeinanderfolge ihrer Ablagerungen ist allenthalben klar und unzweifelhaft. Sie bieten in ihrer Ausdehnung vom Hudson-Flusse bis zum Niagara einige schöne Beispiele dar, wie gewisse Schichtenreihen, nachdem sie Hunderte von Meilen sich erstrecken, allmälig verschwinden, während andere nur sich in die Reihe hineinschieben. Die Aehnlichkeit gewisser silurischer Gebirgsarten an den Ufern des Hudson-Flusses mit den bituminösen Schiefern der wahren Kohlenformation verursachte hauptsächlich den Irrthum, welcher zu den bergmännischen Versuchen im Staate New-York die Veranlassung gab. Es wurden die südwärts von Albany nach Normanskill Creek jene schwarzen Schiefer gefunden, welche Graptolithen, Trilobiten und andere Fossilien der unteren silurischen Formation enthalten. Diese fossilen Ueberreste wurden von Einzelnen für Andeutung auf Kohle gehalten, besonders da wirklich einzelne kleine Partikel von Anthracit in diesen Schichten vorkommen. Allein es ergab sich hinreichend, daß auf dem ganzen Wege und bei allen Versuchen die ganze geognostische Gruppenfolge von den untersten silurischen Schichten an bis hinauf zur Kohle von Pennsylvanien beobachtet und angetroffen wurde. Die große nordamerikanische Silurbildung wurde am genauesten im Staate New-York und in Canada erforscht, und nirgends dürfte sie vollständiger vorliegen, als gerade in New-York, wo ihre Ausbildungsweise als die typische gelten kann, wo überall der Unterschied der unteren und oberen Silurformation Geltung erhält. James Hall hob schon im J. 1847 hervor, daß in New-York mit dem Schlusse der Untersilurformation ein sehr bestimmter und wichtiger Abschnitt in der Entwickelung der silurischen Fauna bemerklich sei. Die große Zahl der Crustaceen aus der ausgestorbenen Familie Trilobites sind nirgends reicher vertreten, als in den silurischen Gebilden der Vereinigten Staaten, und die Brachiopoden documentiren auch hier die älteste der bekannten versteinerungsführenden Perioden, während die Kohlenperiode das der Farren und die oolithische das der Reptilien war. Die Untersuchungen von Murchison und de Verneuil haben als

Resultat ergeben, daß die fossilen Muscheln, Korallen und Trilobiten der silurischen Formation von Skandinavien und Rußland in hohem Grade denjenigen der britischen Inseln gleichen. Allein ein großer Theil der Species aus diesem Norden ist doch verschieden von denen Nordamerika's, und die Abweichungen von einem gemeinschaftlichen Typus ist bei den Versteinerungen der untern silurischen Gebilde Britanniens und Rußlands weit auffallender als bei denen der obern Abtheilung. Bei Vergleichung derselben Versteinerungen des nördlichen Europa's mit denjenigen Amerika's fand de Verneuil eine weit größere Verschiedenheit, obgleich die Repräsentanten der Gattungsformen bei den organischen Resten sowol der obern als der untern silurischen Gebilde meistens deutlich und befriedigend war.

Die Silurformation erstreckt sich in Nordamerika über einen Raum von 430 geogr. Meilen Länge und 320 Meilen Breite. Die untere zeichnet sich aus durch ihren Reichthum an Bleiglanz, die obere durch den an Kochsalz. Längs seiner nördlichen Grenze lehnt sich dieses große silurische Territorium an die primitiven Gesteine der Laurentinischen Kette, welchen es in discordanter Lagerung aufliegt. An der Nordküste des Huronsees und zu beiden Seiten des Superiorsees erscheint unter den tiefsten silurischen Schichten, in discordanter Lagerung gegen sie selbst wie gegen die noch tieferen primitiven Schichten, ein gegen 10,000 Fuß mächtiges Schichtensystem, welches als das Analogon der cambrischen Formation erkannt worden ist. Dasselbe besteht besonders aus Quarzit und Quarzconglomerat, aus Grünsteinschiefern und eigenthümlichen Conglomeraten mit Grünstein-Cäment und Geröllen von Syenit und Granit. Ueber diesen ältern Bildungen folgt nun die eigentliche Silurformation in der vollständigsten Entwickelung. Zwischen der Appalachischen Gebirgskette, von Alabama bis nach Unter-Canada einerseits, und der Laurentinischen Kette, von Unter-Canada über den Superiorsee und Winnipegsee andererseits, endlich von da bis hinab nach Arkansas breiten sich die silurischen Schichten fast ununterbrochen aus, obgleich sie im Innern dieses ungeheuren Verbreitungsgebietes über sehr große Flächen von der devonischen und carbonischen Formation bedeckt werden. Man kennt sie aber auch vom Winnipegsee aus im hohen Norden bis an die Mündung des Mackenzie-Flusses, an der Wellington-Straße, in der Prinzregent-Einfahrt, auf der Melville-Insel, und ebenso im Süden in den westlichen Gegenden von Texas.

Die Basis der Formation wird von einem harten feinkörnigen, sehr vielen Quarz enthaltenden Sandstein gebildet, der an einzelnen Stellen fast in reinen Quarzit übergeht und den man Potsdam-Sandstein genannt hat. Er enthält undeutliche Pflanzenspuren und Lingula prima. Ihm folgt ein dunkler, unreiner, dolomitischer Kalkstein (calciferous sandrock), der deutlich geschichtet ist, viel Thon, Kiesel und eine Menge Quarzdrusen enthält, Kalksandstein genannt wird, und Reste von Algen und Tangen und einige Schnecken aus der Gattung Maclurea enthält. Diesem folgt ein anderer Kalkstein (die Kalke von Chazy, Birdseye und Blackriver genannt), aus reinen blauen oder grauen Kalken bestehend, welche eine große Anzahl von Meerespflanzen enthalten und zugleich die ersten Ueberreste von Trilobiten und Brachiopoden enthalten. Auch die Bauchfüßler sind reichlich vertreten. Diesen Kalksteinen ist die an Versteinerungen reichste Schicht der untersilurischen Formation aufgelagert. Ein schwarzer, dolomitischer, meist bituminöser Kalk, welcher nach Oben zu schieferig und thonig wird, eine Mächtigkeit von 300—400 Fuß erreicht und mit dem Namen des Trentonkalkes bezeichnet wird. Meerespflanzen, Korallen, Krinoiden, Armfüßler, Muscheln, Schnecken, Kopffüßler und Krebse kommen in diesem Kalke in reichlichster Menge und vielfachen Arten vor, und stellen so eine Meeresschöpfung dar, welche Repräsentanten fast aller wirbellosen Thiere, allein kein einziges Wirbelthier enthält. Bereits an 200 Species sind bekannt geworden, und fast 60 Species sind als identisch mit solchen erkannt worden, die auch in der Silurformation Europa's vorkommen. Nach Oben geht der Trentonkalk, der überall ziemlich dünn geschichtet ist, allmälig in einen bituminösen schwarzen Schiefer über, der reich an Graptolithen ist, aber auch Brachiopoden und andere Fossilien, wenn auch in minderer Zahl, enthält und Uticaschiefer genannt wird. Er bildet stets ein constantes Glied zwischen dem Trentonkalke und der nächstfolgenden Hudsonriver-Gruppe. Die letztere bildet das letzte Glied der untersilurischen Formation, ist in New-York 500—800 Fuß mächtig und besteht aus hellgrünen, feinkörnigen Schiefern, thonigen, grauen oder dunkelbraunen Kieselsandsteinen, welche der rheinischen Grauwacke ähnlich sind, mit untergeordneten Lagern eines dolomitischen Kalksteines, der stets nur locale Ausbreitung hat. Die unteren Schichten, die Schiefer und Sandsteine, sind sehr arm an organischen Resten und enthalten, wie die Uticaschiefer, fast nur Graptolithen, von denen 10 Species nachgewiesen sind. Die Kalksteine sind dagegen sehr reich an Versteinerungen; sie haben bereits 103 Species erkennen lassen, von denen 38 Species auch in Europa bekannt sind.

Die obersilurische Formation beginnt mit einer Gruppe von Sandsteinen und Conglomeraten, die eine veränderliche Mächtigkeit haben, durch das Auftreten neuer Fossilien, durch die Häufigkeit der Fucoiden und durch einige andere paläontologische Eigenthümlichkeiten charakterisirt ist, zu denen auch das erste und reichliche Erscheinen von glatten Pentamerus-Arten gerechnet wird. Nach localen Umständen hat man hier das Quarzconglomerat (*Oneida-Conglomerat*) und den sogenannten grauen Sandstein unterschieden. Auf diesen beiden Schichtengruppen liegen rothe, bunte oder auch graue Sandsteine von mehr oder minderem Thongehalt, die bald in förmliche Thone, bald in Quarzite übergehen. Diese Sandsteine sind mit dem Namen des Medina-Sandsteines belegt worden; Wellenspuren, welche darauf hindeuten, daß die Schichten am Ufer des Meeres abgelagert wurden. Diese Sandsteinbildung ist gewöhnlich fossilfrei; stellenweise jedoch und in gewissen Schichten finden sich Fossilien, unter welchen vorzüglich und oft in großer Menge Fucoid. Harlania Hallii *Göpp.* vorkommt. Eine Menge von Salzquellen entspringt in diesem Medinasandsteine.

Die hierauf folgende Clintongruppe hat eine sehr wechselnde petrographische Beschaffenheit, besteht bald aus rothen Sandsteinen, bald aus schieferigen Thonen, meist von grüner Farbe, mit eingelagertem Kalk und oolithischen Eisenerzen. Die Clintongruppe enthält die ersten versteinerungsreichen Schichten der obersilurischen Formation. Sie ist reich an Fucoiden, und namentlich durch Armfüßler und Trilobiten charakterisirt, welche von denen der Untersilurformation gänzlich abweichen. So ist der Pentamerus oblongus in großer Menge vorhanden, der in England für untersilurisch gehalten wird, indessen in Europa gewöhnlich an der Scheidelinie zwischen den ober- und untersilurischen Gesteinen vorkommt. Von den hier gefundenen Fossilien überhaupt sind über 130 Species bekannt.

Die auf der Clintongruppe aufgelagerte Niagaragruppe beginnt mit dunkelfarbigen Schiefern oder Schieferthonen, welche höher aufwärts in dunkelbläulichgrauen Kalkstein oder schwarzen Kalkstein übergehen. Letztere enthalten zuweilen etwas Kiesel- und Bittererde, an einigen Orten Drusen von Gyps, Kalkspath, Braunspath, Cölestin, Fluorit, Zinkblende und Pyrit, und gehen an ihrer Basis allmälig in thonige Schiefer, die sogenannten Niagaraschiefer, über, welche leicht verwittern und von dem Gewässer zerstört werden. Dieser Kalk bildet eine der großen, constanten Gruppen der nordamerikanischen Silurformation und läßt sich von New-York aus einerseits weit nach Canada, andererseits nach Ohio, Indiana, Illinois, Wisconsin und Iowa verfolgen. Er nimmt an Mächtigkeit nach dem Westen hin stets zu, wird aber gegen Osten allmälig durch Sandsteine ersetzt und ist deshalb mit dem Namen des Niagarakalkes belegt worden, weil seine eigenthümliche Beschaffenheit die Ursache jener Fälle enthält. Die harten compacten Kalksteine bilden nämlich eine Terrasse, deren aus Thonschiefer bestehende Sohle beständig von dem Wasser abgespült wird, sodaß dann die unterhöhlten Schichten zusammenbrechen und steile Abstürze bilden. Der Niagarakalkstein und Schiefer entsprechen ihren Versteinerungen nach dem Wenlock- oder Dudleykalksteine von England. Fossilien sind sehr zahlreich und bereits in 180 Species nachgewiesen. Besonders entwickelt sind die Korallen und Krinoiden, deren Ueberreste bisweilen ganze Schichten bilden; ferner Cystideen, Brachiopoden und Trilobiten; minder häufig erscheinen Conchiferen und Gastropoden.

Auf dem Niagarakalke liegt eine merkwürdige Bildung von rothem und grünem Thonschiefer, Mergel und schieferigem Kalkstein, mit Adern und Lagern von Gyps und productiven Salzquellen, welche in New-York in der Nähe der Niagaragegend und in der Herrschaft von Onondago, wo sie sehr entwickelt ist, eine Mächtigkeit von 1000 Fuß erreicht und die man die Onondagogruppe oder auch Onondagosalzgruppe genannt hat.

Sie ist eine Gruppe von nur theilweiser Verbreitung in der obersilurischen Abtheilung, aber wegen ihrer großen Menge von Salzquellen von bedeutender ökonomischer Wichtigkeit. Organische Ueberreste fehlen fast gänzlich.

Dieser Ablagerung folgt ein Horizont von Kalken, die man in mehrere untergeordnete Gruppen getheilt hat. Die untersten Schichten bildet ein bläulicher, thoniger, dünnschichtiger Kalkstein, welcher als hydraulischer Kalk bezeichnet worden und Tentaculiten, Cytherinen u. a. Fossilien enthält. Ihm folgen dickschichtige Kalksteine, die als charakteristisches Fossil den Pentamerus galeatus in großer Menge enthalten. Man unterscheidet sie als unteren Pentamerenkalk, welcher durch eine Ablagerung von Thon und thonigem Kalkstein (Delthyrisschiefer genannt) mit vielen Species von Capulus u. a. Organismen von einem dichten Kalkstein (oberen Pentamerenkalk), welcher abermals Pentamerus und andere Fossilien enthält und die oberste Auflagerung, die Grenze der obersilurischen Formation bildet, getrennt ist. Diese Grenze zeigt sich hauptsächlich in Ohio, Indiana und Illinois, ist am besten bei Schoharrie und in den Helderbergen, sowie an den Ufern des Huronen- und Michigansees entwickelt, und namentlich durch das Ueberwiegen mächtiger dolomitischer Kalkgruppen, sowie durch die vielen Salzquellen ausgezeichnet.

II. Die devonische Formation.

In ihren petrographischen und geotektonischen Verhältnissen besitzen die silurische und devonische Formation gewöhnlich eine große allgemeine Aehnlichkeit; ihre Unterscheidung tritt hauptsächlich durch ihre bathrologische Stellung und ihre organischen Ueberreste hervor. In beiden Formationen bilden Grauwacken, Grauwackenschiefer, Thonschiefer und Schieferthone, Sandsteine, Quarzite, Kalksteine und Mergel die marinen Absätze in den verschiedenen mechanischen Sedimenten, welche durch organische Thätigkeit bewirkt sind; allein hauptsächlich ihre paläontologischen Merkmale und ihre Lagerung gründeten eine Sonderung. Die alte Grauwacke und ihr ähnliche Gesteine spielen somit noch in der devonischen Formation als ihr eigenthümliche Gesteinsarten eine wichtige Rolle, wenngleich sie in verschiedenen Formationen auftreten und ihre relative Lagerung in verschiedenen Gegenden das Lagerungsverhältniß bedingt. Wie bei der Silurformation, so wurden auch bei Aufstellung der devonischen Formation die Verhältnisse in England als Normen angenommen, und Alles, was jemals über das Uebergangsgebirge gesagt und geschrieben worden war, erforderte durch Murchison's schon mehrfach besprochenes Werk eine bedeutende Veränderung und Revision.

Die älteren Sedimentgesteine wurden in England bis zum Jahre 1839 in der Weise gruppirt, daß man auf das Uebergangsgebirge die Steinkohlenformation folgen ließ, als deren unterstes Glied der sogenannte *old red sandstone*, eine vom Rothliegenden Deutschlands wesentlich verschiedene Sandsteinbildung, betrachtet wurde. Murchison änderte diese Classification wesentlich dahin ab, daß er den old red sandstone als eine selbständige Bildung, als ein für sich bestehendes Gebilde in der Reihe der paläozoischen Gruppe um so mehr aufführte, weil die specifische Verschiedenheit der meisten Fossilien desselben, unter welchen besonders die Fische eine wichtige Rolle spielen, sowol von denen der silurischen Formation, als von denen des Kohlenkalksteins wesentlich hervortritt. Murchison betrachtete daher den old red sandstone als eine selbständige Formation zwischen der silurischen Formation und der Steinkohlenformation. Nun erscheint in Wales und in den angrenzenden Grafschaften Englands die silurische Formation als eine mächtige Conglomerat- und Sandsteinbildung; in Devonshire dagegen sind Grauwacken, Grauwackenschiefer und Thonschiefer die vorherrschenden Gesteine. In Wales finden sich schon im old red sandstone unregelmäßige Lager von sandigem und mergeligem Kalkstein und Kalkconcretionen, Ueberreste von fossilen Fischen enthaltend. Die Mächtigkeit der ganzen Formation steigt bis auf 8000 Fuß. Das Schiefergebirge von Devonshire, dann aber auch das angrenzende von Cornwall wurde so als eine äquivalente oder gleichzeitige Bildung des old red sandstone erkannt. De la Beche hatte schon 1839 in seiner Beschreibung von Cornwall und Devonshire den größten Theil des dasigen Schiefergebirges als Grauwackenformation aufgestellt, während er einen anderen Theil der Steinkohlenformation zuwies. Noch früher, im J. 1837, hatte aber Lonsdale, gestützt auf eine genaue Prüfung der Versteinerungen aus den Kalksteinlagern von Süd-Devonshire, die Folgerung gezogen, daß das dasige Schiefergebirge mit dem old red sandstone Nord-Englands zu parallelisiren sei. Diese Folgerungen wurden nun durch die Untersuchungen von Murchison und Sedgwick bestätigt und noch für das ganze Schiefer- und Grauwackengebirge von Nord-Devonshire und Cornwall geltend gemacht, während die Schichten von Mittel-Devonshire auch von diesen Geologen der Steinkohlenformation zugewiesen wurden. Der Name old red sandstone konnte nun nicht mehr passend für eine Formation erscheinen, welche zwar in Schottland und Herefordshire vorwaltend als Sandstein, in Devonshire und Cornwall dagegen vorwaltend als Schiefer und Grauwacke ausgebildet ist. Murchison und Sedgwick schlugen daher für sie den Namen devonisches System vor. Kaum waren auf dem Continente diese sehr wichtigen Resultate bekannt geworden, so gelangte man (Naumann, Geogn. II, 806) zu der Ueberzeugung, daß auch ein großer Theil des dortigen Grauwacken- und Schiefergebirges, sowol nach seiner Lagerung als nach seinen Versteinerungen, der devonischen Formation zugerechnet werden müsse. Gegenwärtig unterliegt es gar keinem Zweifel mehr, daß das belgische, rheinpreußische und westfälische, das harzer, nassauer, oberfränkische, thüringische und sächsische Grauwackengebirge größtentheils zur devonischen Formation gehören. Murchison, Verneuil und Keyserling erkannten sie in Rußland über einen Raum von mehr als 7000 geographischen Meilen; in Transkaukasien, wie am Altai, in Nord- wie in Südamerika, in Afrika, wie in Australien, überall ist es an dem sicheren Leitfaden der organischen Ueberreste gelungen, die devonische Formation aufzufinden.

Im Allgemeinen ist die fossile Flora der devonischen Formation immer noch sehr arm, ja bei weitem die ärmere. Das Vorkommen der Pflanzen findet sich fast niemals in der dichten, in Bänken geschichteten Grauwacke, sondern in den thonreichen, gewöhnlich die Grenze zwischen den Bänken bildenden Schichten, die sich leicht spalten lassen. Fucoiden sind nur in einer geringen Anzahl von Species bekannt, doch sind auch schon ziemlich viele Landpflanzen, namentlich in der obern Abtheilung der Formation, nachgewiesen worden, deren Flora manche Aehnlichkeit mit jener der Steinkohlenformation erkennen läßt. Vorzugsweise hat Göppert das Verdienst, über 60 Arten fossile Pflanzen aus der devonischen Grauwacke nachzuweisen und solche als eine eigene Flora, Uebergangsflora, erscheinen zu lassen. Namentlich sind die Farne vorwaltend und besonders die beiden Gattungen Sphenopteris und Cyclopteris auffallend stark vertreten. Ferner erscheinen mehrere Formen aus der Familie der Equisetaceen und Calamiten, Asterophylliten, Stigmarien, Sigillarien und Lycopodineen, sodaß die devonische Grauwacke nicht mehr als pflanzenleere, sondern höchstens als eine mit undeutlichen Pflanzenresten versehene Formation aufgeführt werden kann. Auch sind den Forschungen von R. Richter und Unger verschiedene ganz neue Landpflanzen zu verdanken, welche sie in der devonischen Grauwacke bei Saalfeld in Thüringen aufgefunden und in dem Werke: Beitrag zur Paläontologie des thüringer Waldes. Wien 1856, beschrieben haben.

Die meisten Thiergattungen der devonischen Formation treten auch schon in den Schichten der Silurformation auf, allein die Species sind doch größtentheils ganz verschieden, und gerade durch sie werden beide Formationen scharf getrennt. Zunächst ist von Amorphozoën oder Thierschwämmen nur sehr wenig bekannt geworden; doch bildet die Gattung Stromatopora besonders in den Kalken der Eifel, in England, Rußland und Nordamerika oft bis kopfgroße kugelige Massen. Unter den Polypen, die in den Kalken der Eifel bedeutende Riffe bilden, ist zunächst der gänzliche Mangel an Graptolithen bemerkbar. Von den eigentlichen Korallen erscheinen in zahlreichen Formen aus den Abtheilungen der Zoantharia rugosa und tabulata, der Z. tubulosa und perforata. Die der silurischen Formation ganz eigene Gattung Halysites fehlt in der devonischen Formation. Unter den Echinodermen erlangen eine besondere Wichtigkeit die großarmigen Krinoiden (Seelilien), und unter ihnen zeichnet sich besonders die Gattung Cupressocrinus aus. Auch Pentremiten und die ihnen nahe stehenden Aplocrinen kommen nur in der devonischen Formation vor. Von den Brachiopoden (Armfüßlern) gehören besonders die Gattungen Calceola, Uncites, Stringocephalus, Anoplotheca und Megauteris hierher. Das Vorwalten der Spiriferen und das Zurücktreten der Orthiden ist in sofern charakteristisch, als in der silurischen Formation das entgegengesetzte Verhältniß obwaltet; auch scheinen die Gattungen

Productus und Terebratula erst in der devonischen Formation zu beginnen. Von Conchiferen (Blattkiemern) kommen die Gattungen Pterinea und Avicula, nächst diesen Cardiola, Cardium, Nucula, Grammysia, Lucina und Arca vor, und namentlich liefert Megalodon cucullatus eine ausgezeichnete Leitmuschel. Die Gastropoden werden besonders durch die Gattungen Pleurotomaria, Loxonema, Murchisonia, Turbo, Capulus, Scoliostoma u. a. vertreten; Murchisonia bilineata, Macrochilus arculatum und Pleurotomaria crenatostriata sind Leitmuscheln der devonischen Formation. Auch das Geschlecht Bellerophon hat mehrere Species aufzuweisen. Von den Cephalopoden sind die Gattungen Orthoceras, Cyrtoceras und Gyroceras vorwaltend, und Bactrites ist eine besondere devonische Gattung. Von den Pteropoden sind Theca und Coleoprion ausschließlich devonisch. Unter den Crustaceen sind wieder die Trilobiten sehr wichtig und besonders die Familie der Odontopleuriden. Einen besonderen Typus derselben Familie stellt die Gattung Brontes dar. Die Trilobitenfauna war während der devonischen Periode schon im Abnehmen begriffen, wie sie denn auch in der nächstfolgenden carbonischen Periode ganz zum Erlöschen kommt. Von Anneliden sind die Gattungen Spirorbis und Serpula devonisch. Von den Wirbelthieren finden sich in einigen Territorien der Formation, besonders in England, Schottland und Rußland, zahlreiche Ueberreste von Fischen, welche den Abtheilungen der Placoiden und Ganoiden angehören, von denen an 120 Species aus etwa 50 verschiedenen Gattungen bekannt sind, von welchen Holoptychius, Ctenacanthus, Ptychacanthus, Pteraspis, Cephalaspis, Pterichthys, Coccosteus und Asterolepis die wichtigsten sind. — Die vielen Species der in großer Verbreitung in der devonischen Formation vorkommenden Petrefacten, von denen einige mehr, andere weniger als Leitfossilien zu betrachten sind, hat F. Römer in der Leth. 3. Aufl., genau dargestellt, auf welches Werk Bd. I. S. 55 fg. daher hier verwiesen wird. Auch hat F. Naumann in s. Lehrb. der Geogn. Bd. II. S. 327 fg. die wichtigsten devonischen Species, wie solche zunächst in Deutschland, Belgien, Nord-Frankreich und Süd-England vorkommen und welche eine größere Verbreitung haben, aufgeführt.

Wir schließen hieran eine kurze Uebersicht von der Folge und Eigenthümlichkeit der devonischen Formation in einzelnen Territorien.

In England bildet die devonische Formation eine weite Zone mächtiger Conglomerate und sandiger Gesteine, welche im Umkreise des Kohlenbeckens von Wales, namentlich nach Norden hin, sich ausbildet, und welche wegen ihrer vorwaltend rothen Färbung mitten in den gewöhnlich grauen und braunen Schichten nicht allein sehr schwer vom old red sandstone der englischen Geognosten zu unterscheiden ist, sondern auch lange mit diesem Namen von den jüngeren rothen Sandsteinbildungen unterschieden wurde. Im nördlichen Devonshire sind jedoch gräuliche Grauwacken, die mit grünen Schiefern abwechseln, Thon- und Kieselschiefer, Kalkschiefer, welche viele Korallen enthalten, und braune glimmerreiche Grauwacken die vorwaltenden Gesteine, und letztere begründen eine große Aehnlichkeit mit denen auf dem Continente bekannten Vorkommnissen der devonischen Formation.

In Wales und den östlich angrenzenden Grafschaften liegt der old red sandstone auf den obern Bildungen der Silurformation. Zuunterst besteht er in seiner Hauptmasse aus rothen und grünen, oft bunt gefleckten Schieferletten oder sogenannten Mergeln. Sie wechseln mit rothen und braunen, meist harten und sehr steinförmigen Sandsteinen (*tile-stone*, Ziegelstein, genannt) und enthalten außerdem unregelmäßige Lager oder Nieren eines unreinen Kalksteines, der *corn-stone*, Kornstein, genannt wird, in welchem kleine körnige Concretionen in großer Menge sich befinden, die wie Getreidekörner aussehen und dem Gesteine seinen Namen geben. Ueberreste von fossilen Fischen sind stellenweise häufig in dieser Schicht zu finden. Höher aufwärts sind mächtige Quarzconglomerate und Sandsteine gelagert; letztere erscheinen oft ganz wie Grauwacke, und die tiefsten Schichten enthalten zuweilen Pflanzenreste. Die Ablagerung ist sehr mächtig, hat eine große Armuth an organischen Ueberresten, und nur in den feineren Sandsteinen sind einige Fischreste entdeckt. Die Mächtigkeit der ganzen Formation im Südwesten von England schätzt Murchison zwischen 7000—1000 Fuß.

In Schottland liegen auf dem Granit mächtige Ablagerungen von Conglomerat und Sandstein, welche der Bildung des old red angehören. Darauf folgen ein kalkig-bituminöser Schiefer mit zahlreichen Ueberresten von Fischen und Pflanzenabdrücken, Sandsteine mit Schieferletten und Mergeln und in der obersten Gruppe Lager eines fossilfreien, aber hornsteinhaltigen Kalksteins. Murchison unterscheidet, unter Berücksichtigung der organischen Ueberreste im old red Nordschottlands drei Hauptglieder: 1) Unterer Sandstein (Lower old-red), beginnend mit Conglomeraten, welche aus Geröllen der unterliegenden krystallinischen Gesteine bestehen, mit Zwischenlagern von dunkelrothem Schieferletten versehen. Nach Oben gehen diese Conglomerate in rothe Sandsteine über; sie enthalten keine organischen Ueberreste. 2) Bituminöse Schiefer (Caithness Flags), reich an Fischresten, welche den Gattungen Osteolepis, Dipterus, Diplopterus, Cheiracanthus und Coccopeus angehören. Auch Pflanzenreste, Coniferen und Lycopodiaceen kommen vor. Die Structur der Schiefer nähert sich sehr der Grauwacke, und sehr viele von ihnen werden in Platten gewonnen. 3) Oberer Sandstein (Upper old-red), welcher sich aus den vorigen Schiefern entwickelt, gelbliche, auch röthliche Farbe hat und viele Pflanzenreste, namentlich Stammtheile und Aeste, auch mächtige Lager fossiler Fische enthält. Diese dreigliederige Eintheilung des old red macht Murchison für Schottland, England und Irland geltend und bezeichnet sie als unteren, mittleren und oberen old red.

Im nördlichen Devonshire haben Murchison und

Sedgwick in den devonischen Gesteinen fünf Schichtengruppen unterschieden, die von Nord nach Süd auf einander auflagern. Unmittelbar auf den silurischen Gesteinen liegt die Lintongruppe: harte, grünliche Grauwacken, die mit grünen Schiefern abwechseln und meist nur Steinkerne enthalten, worunter Chonetes sarcinulata, Fenestella antiqua, Spirifer aperturatus. Auf diesen Grauwacken liegen rothe, stark eisenhaltige Conglomerate und Sandsteine, welche sich dem old red sandstone sehr ähnlich erweisen und die *Castle-rock*-Gruppe bilden. Sie enthält keine Fossilien, einige Schichten sind jedoch so stark mit Eisenoxyd imprägnirt, daß das Gestein als Eisenerz gefördert wird. Die nächstfolgende Gruppe, die Gruppe von Ilfracombe, enthält Thon- und Kieselschiefer, die mit kalkigen Schiefern und Kalksteinen wechseln. Von Fossilien kommen besonders Korallen, auch einige Brachiopoden vor, unter denen Stringocephalus Burtini, also dem Stringocephalenkalke der Rheinlande entsprechend. Als vierte Gruppe folgen hierauf grüne, weiße Schiefer mit Quarzgestern, Sandsteine und rothe Schiefer, die endlich in braune, glimmerreiche Grauwacken übergehen, welche die oberste oder Gruppe von Pilton und Barnstaple bilden. Diese letzte Gruppe ist am reichsten an Fossilien, besonders von Krinoiden.

Im südlichen Devonshire unterschieden Murchison und Sedgwick vier Gruppen, von denen die unterste die den Granit von Dartmoor umgebenden und metamorphosirten Schiefer enthält. Die ihr aufliegende folgende Gruppe besteht aus schieferigen, oft kalkigen Gesteinen und untergeordneten Kalksteinlagern. Alle diese Kalksteine von Süd-Devonshire sind bald dicht und schieferig, bald vollkommen krystallinisch, meist sehr reich an Korallen. Es folgen hierauf mächtige Ablagerungen von rothen und bunten Sandsteinen, und endlich zuoberst weiche, glänzende Schiefer, mit quarzigen Schichten wechselnd, in denen organische Ueberreste nicht gefunden sind.

In der Bretagne besteht die devonische Formation zuunterst aus Quarz, Glimmerschiefer und Thonschiefer. Hierauf folgen Sandsteine, auf welchen unreine Kalksteine, Grauwacken und Thonschiefer aufliegen. In letzteren finden sich bedeutende Lager von Anthraciten, welche ausgebeutet werden und meist unmittelbar unter einem eigenthümlichen Gesteine, von den Arbeitern „*pierre carrée*“ genannt, liegen. Die Kohlenlager bieten in ihren häufigen Abwechselungen mit Thonschiefern und Grauwacke manches Eigenthümliche dar. Die Kalke von Gahard und die ihnen entsprechenden Schiefer in der Nähe von Brest sind durch ihre Fossilien als unzweifelhaft der devonischen Formation angehörig erkannt worden.

In Rheinpreußen und Westfalen besteht das größtentheils der devonischen Formation angehörige Uebergangsgebirge aus einer älteren Abtheilung, fast überall aus Grauwackenschiefer, Sandstein und Thonschiefer bestehend, und aus einer jüngeren, Kalksteine, Mergel und Dolomit enthaltenden Abtheilung, worauf wieder schieferige, kieselige und kalkige Gesteine folgen. (Vergl. F. Römer, Das Rheinische Uebergangsgebirge, 1844. Baur im Archiv für Min. u. XX. S. 351. v. Dechen in den Verhandl. des naturhist. Vereins der Rheinlande und Westphalens VII. S. 190 fg.) Ueber dem Kalksteine folgt gewöhnlich noch eine dritte Abtheilung, aus schieferigen, kieseligen und kalkigen Gesteinen bestehend, welche sich nach Oben unmittelbar der Steinkohlenformation anschließt. Sowie in England, macht sich daher auch in den Rheinlanden und Westfalen eine dreigliederige Eintheilung der devonischen Formation geltend, und dieselbe Eintheilung entspricht auch den Verhältnissen in Belgien, in Nassau und am Harze. Die untere Abtheilung, die rheinische Grauwacke, hat den Grauwackenschiefer als das herrschende Gestein; ihm folgen feinkörnige Sandsteine und Thonschiefer. Quarzit und Dachschiefer sind untergeordnete Gesteine und Kalkstein findet sich nur selten in schmalen Schichten. Die Grauwacken sind meist von brauner oder gelblicher Farbe, enthalten häufig Glimmer, Feldspath, Quarz und scheinen aus der Zertrümmerung älterer krystallinischer Feldspathgesteine hervorgegangen zu sein. Vielfache Ergänzungen, als Spatheisen, Zinkblende, Bleiglanz und Silber, Braunspath u. s. w., finden sich darin. Die Fossilien erscheinen fast immer nur als Kerne und Abdrücke, haben ihre Kalkschalen verloren, sind sparsam vorhanden und nur auf einzelne Schichten beschränkt. Am meisten zeichnen sich darin verschiedene Gattungen von Spiriferen aus (Spirifer macropterus, micropterus, cultrijugatus), weshalb denn auch die ganze Gruppe den Namen des Spiriferensandsteines erhalten hat. Ausgezeichnete Petrefacten dieser untersten Schicht sind außerdem das Pleurodictyon problematicum und die Calceola sandalina, welche sich in den reinen Kalkschichten von Gerolstein in der Eifel wiederfinden. Als obere Lage des Spiriferensandsteines stellen sich dunkelgraue oder schwarze Thonschiefer oder Dachschiefer dar, in denen sich häufig Orthoceratiten und Goniatiten finden. Namentlich im Herzogthume Nassau finden sich von diesem Spiriferensandsteine viele Fundorte.

Die mittlere Abtheilung besteht aus dem Kalkstein, welcher in der Eifel der Grauwacke muldenförmig eingelagert oder aufgelagert ist und Mergel und Dolomit enthält, und dem großen rheinisch-westfälischen Kalksteinzug. Tritt man nämlich in das rheinische Gebirge über, so findet man linkerseits in der Eifel, rechterseits namentlich in dem Lahnthale und in der Umgegend des Westerwaldes, sowie an den Ufern der Lenne, bei Paffrath und Bensberg in der Nähe von Cöln mehrere kleinere Ablagerungen, welche alle mehr oder minder die Muldenform zeigen und aus den verschiedenen Schichten der devonischen Formation zusammengesetzt sind. Alle diese Kalksteinmulden der Eifel bestehen aus Kalkstein, Mergel und Dolomit. Der Dolomit ist krystallinisch-körnig und bildet überall die oberste und innerste Ablagerung einer jeden Mulde. Nach Unten findet ein durch Wechsellagerung vermittelter Uebergang aus der oberen Etage der Grauwacke in den Kalkstein statt, indem rothgefärbte Kalksteinschichten mit Schichten eines feinkörnigen röthlichen Sandsteins abwechseln, welchem öfters Lager von Rotheisenerzen untergeordnet sind. Die Schichten sind reich an Spiringerina prisca, Orthisina umbraculum und dicken Stielgliedern eines Krinoiden. Der höherliegende Kalkstein besteht größtentheils aus Korallen.

Bei Aachen, Burtscheid, Hahn, Bicht und anderen Orten ist der devonische Kalkstein der Grauwacke eingelagert, besteht wesentlich aus denselben Korallen, als der Kalkstein der Eifel, wird von Schiefern und anderen Gesteinen bedeckt, über welchen dann die Gesteine der Kohlenformation folgen.

Der große rheinisch-westfälische Kalksteinzug erstreckt sich von Düsseldorf über Elberfeld und Barmen, theilt sich dort in zwei Arme, welche sich bei Hagen wieder vereinigen, geht dann über Limburg, Iserlohn und Sundwig, wendet sich bei Balve nach Süden, nimmt aber bei Neuenrade wieder eine östliche Richtung an und endigt bei Allendorf. Das Gestein ist ein bläulichgrauer, krystallinischer Kalkstein, oft mit thonigen Beimengungen. Versteinerungen fehlen nirgends und sind meist in großer Menge vorhanden. Bei Brilon treten sehr quarzige Rotheisensteine auf, welche stellenweise in eisenhaltigen Kalkstein übergehen und fast überall Petrefacten enthalten.

Die obere Abtheilung enthält in Westfalen und bei Aachen Thonschiefer, Kieselschiefer, Alaunschiefer, plattenförmige Kalksteine, mergelige Schieferthone und Sandsteine, welche dem Kalksteine aufliegen. Ihr gehört jener Schiefer bei Weilburg an, welcher gelbbraun, leicht blätternd und vielen Glimmer enthaltend, den Namen Cypridinenschiefer erhalten hat, da er fast weiter keine Versteinerungen als Cypridina serrato-striata enthält. Als Repräsentanten dieser Abtheilung erscheinen weiterhin bei Rüdesheim, Brilon, Dillenburg u. s. w. eigenthümliche rothe Kalke und Schiefer, welche eine große Anzahl von Goniatiten und Clymenien enthalten und einen ausgezeichneten Horizont an vielen Orten darbieten. Man hat dieselben auch mit dem Namen des Goniatitenkalkes bezeichnet.

Die höher aufwärts folgenden Schichten, welche in Westfalen meist aus Kieselschiefer, schwarzem Thonschiefer, plattenförmigem Kalkstein und Sandstein bestehen, die namentlich bei Herborn hervortreten und außer einigen Pflanzen, welche der Kohlenperiode angehören, hauptsächlich nur eine einzige Muschel enthalten, die Posidonomya Becheri, weshalb man auch diese Schiefer Posidonomyenschiefer genannt hat, sind durch ihre Fossilien schon als die ersten Glieder der Steinkohlenformation bezeichnet und zum Theil als das Aequivalent des Kohlenkalksteins zu betrachten. v. Dechen gibt folgende Uebersicht der devonischen Formation Westfalens:

1) Untere Abtheilung (Spiriferensandstein, untere Grauwacke, Coblenzschichten). Sie besteht wesentlich aus Grauwacke, Grauwackenschiefer und Thonschiefer, welcher letzterer öfter als Dachschiefer ausgebildet ist.

2) Mittlere Abtheilung: a) Lennegruppe (Lenneschiefer), besteht wesentlich aus Thonschiefer, feinkörnigen Sandsteinen und Grauwacken. b) Elberfelder Kalkstein (Stringocephalenkalk). Identisch mit dem eifeler Kalkstein erscheint er gleich diesem oft wie ein Korallenriff. Er beherbergt viele Höhlen und Erzlagerstätten.

3) Obere Abtheilung: a) Flinzschiefer, grauer und schwarzer Thonschiefer, bald in Mergelschiefer, bald in Dachschiefer übergehend, mit dunkelgrauen Kalksteinlagen wechselnd, welche in der Gegend von Nuttlar „Flinz" genannt werden. b) Kramenzel. Diese Etage besteht nach Unten aus feinkörnigem, grauem, glimmerhaltigem, oft wulstigem Sandstein (Ponsandstein), nicht selten mit undeutlichen Pflanzenabdrücken. Nach Oben erscheint der sogenannte Nierenkalkstein, d. i. ein Schiefer mit Knoten, Wülsten und Nieren von Kalkstein, welcher oft in Schieferkalkstein, Flaserkalkstein übergeht. (Vergl. v. Dechen's Mittheilungen in den Verhandl. des naturhist. Vereins der Rheinlande VII, 186 und XI, 126. Auch F. Naumann, Lehrbuch der Geogn. II, 382 fg.)

Die devonischen Gebilde sind noch an vielen Orten nachgewiesen. Sie sind in mehreren Ländern Oesterreichs verbreitet, so in Oesterreich, Steiermark, Ungarn, Salzburg, Kärnthen. In Böhmen sind devonische Gesteine nicht bekannt geworden, dagegen sind die Grauwacken im nordwestlichen Mähren in neuerer Zeit durch die Arbeiten von O. v. Hingenau als der devonischen Formation angehörend nachgewiesen. Für das Herzogthum Nassau finden viele Analogien mit den benachbarten Vorkommnissen in den Rheinlanden und in Westfalen statt, wie die Gebrüder Sandberger (in: Uebersicht der geol. Verhältnisse des Herzogthums Nassau, und: Die Versteinerungen des rheinischen Schichtensystems in Nassau, 1850—1856) und Koch (in den Jahrb. des Vereins für Naturkunde im Herzogthume Nassau, 1858) ermittelt haben.

Die Gebiete der Grauwacke des Harzes sind ebenfalls größtentheils devonisch, wenn auch ein Theil desselben für silurisch erkannt worden ist. Auch hier lassen sich viele Uebereinstimmungen mit den rheinischen Bildungen nachweisen, wie aus den Untersuchungen von F. Sandberger und A. Römer hervorgeht. Selbst Vernuil erkannte die Kalksteine von Iberg, Grund und Rübeland für devonisch. Am Fichtelgebirge in Oberfranken und der angrenzende Theil des thüringer Waldes, die reußischen Fürstenthümer und das sächsische Voigtland sind ebenfalls Gegenden, in welchen die devonischen Gesteine, wie aus den wichtigen Arbeiten von Richter, Geinitz und Credner hervorgeht, eine große Verbreitung gewinnen, und namentlich die Clymenien- und Goniatitenkalksteine eine wichtige Rolle spielen.

Die devonische Formation in Belgien ist nur die westliche Fortsetzung des rheinischen Schiefergebirges, zeigt eine große Uebereinstimmung mit der in der Rheinprovinz und in Westfalen und in dem ganzen Gebirgszuge, welcher von Belgien einerseits bis zum Hundsrück und dem Taunus andererseits sich hinzieht, sind durch die Biegungen der Schichten eine Menge von Bassen hergestellt, in welche devonische Schichten abgelagert sind. Der Nordabhang der Ardennen ist in gleicher Weise von einer Decke von Schichten gebildet, welche dem devonischen Systeme angehören und die die wichtige Kohlenformation von Lüttich einschließen. Die untersten Lager dieser Schichten bestehen aus Thonschiefer, Grauwackenschiefer, Sandstein und Conglomerat, in welchen Gesteinen nur selten organische Ueberreste vorkommen. Diese Abtheilung entspricht denen zunächst unter dem eifeler Kalksteine liegenden Schichten. Darüber liegen feinkörnige, schwärzlich-graue Kalksteine, auch Dolomit, welcher in dem mittleren Niveau der Ablagerung ziemlich ausgedehnte Massen bildet. Von den Fossilien walten namentlich Korallen vor, welche ganz denjenigen des eifeler Kalkes entsprechen und deren spathiges Gefüge und helle, weiße, rothe und grüne Farbe dem Gesteine ein marmorartiges Ansehen verleiht. Man kennt diese Gruppe auch unter dem Namen des Marmors von Givet. Die oberste Schicht wird von den grauen, grünen oder braunen, leicht verwitternden Thonschiefern von Famenne und den Sandsteinen von Condros gebildet, auf welchen der Kohlenkalkstein unmittelbar aufliegt. Die Schiefer enthalten Kalksteinnieren und unregelmäßige Lager unreinen Kalkes, zuweilen mit oolithischen Eisenerzen, und diese Lagen von Nierenkalkstein bilden einen constanten Horizont. Auch hier finden sich Anthracitlager in den oberen Schichten, weshalb Dumont (Mém. sur les terrains ardennais et rhénans de l'Ardenne, du Rhin, du Brabant et du Condros, 1848) diese ganze Reihe nebst dem Kohlenkalke und den darunter liegenden Schiefern unter dem Namen „anthracitisches Terrain" (terrain antracifère) begriffen hat. In der zweiten Auflage der Siluria gibt Murchison folgende Uebersicht der belgischen Devonformation. 1) Untere Abtheilung: Quarzconglomerate mit undeutlichen Steinkernen von Rhynchonella und Orthis; sie werden von Schiefern und Sandsteinen bedeckt, welche ganz erfüllt sind von Fossilien des Spiriferensandsteins. 2) Mittlere Abtheilung: Kalksteine, welche von quarzigen und schieferigen Gesteinen getragen werden. Der Kalkstein hat die Fossilien des eifeler Kalkes. Dann folgt eine Schicht mit Calceola sandalina und anderen Fossilien. Endlich Kalkstein mit Stringocephalus Burtini u. a. 3) Obere Abtheilung: Zuunterst kalkige Schiefer mit Kalksteinnieren, darin Clymenien und Goniatiten, zu welchen sich noch andere Fossilien gesellen. Nach Oben grüne und braune Schiefer, mit untergeordneten kalkigen und dolomitischen Schichten. Sie enthalten Spiriferen und schließen die devonische Formation Belgiens.

In der nördlichen devonischen Zone Rußlands folgen auf die silurischen Schichten sogleich Kalksteine und Mergel mit Petrefacten und in den oberen Etagen wechseln sie mit Thonen und Sandsteinen. Die Steinkohlenformation bedeckt regelmäßig die devonischen Schichten. Sie bilden zunächst den Untergrund von Kurland und Livland und zeichnen sich im Allgemeinen durch ihre rothe Farbe, die sie auch der darüber liegenden Dammerde mittheilen, von den silurischen und Kohlengruppen aus. Von Livland aus läßt sich die devonische Formation in nordöstlicher Richtung durch die Gouvernements Pskow, Petersburg und Olonez bis nach Archangel, in ostsüdöstlicher Richtung durch die Gouvernements Witebsk, Smolensk, Kaluga und Tula bis nach Woronesch verfolgen, und tritt über einen Flächenraum von c. 7000 geogr. □Meilen zu Tage aus. Die Basis der Formation wird gewöhnlich von roth und grün gefärbten Mergeln gebildet, die zuweilen plattenförmige kieselige Gebilde enthalten und nach Oben allmälig in rothe und grüne plattenförmige, sandige Kalksteine übergehen, die letztere Kalkconcretionen enthalten. In dem mittleren Theile der Formation werden diese Kalksteine immer mächtiger und zuweilen ganz dunkelroth und hart, an anderen Stellen werden sie allmälig dolomitisch, gelb oder grau, bald dicht, bald mehr oder minder knollig, sodaß sie oft in ihrem mineralogischen Verhalten außerordentlich dem Zechsteine und der Rauhwacke ähnlich werden. In Kurland und Livland u. s. w., wo Kalksteine und Sandsteine zusammen vorkommen, finden sich in den ersteren die Mollusken, in den letzteren die Fische. In Olonez und Archangel zeigen sich da, wo die Formation nur aus Sandsteinen besteht, nur Fischreste; in Orel und Woronesch endlich, wo der Kalkstein sehr vorherrscht, kommen viele Mollusken und nur selten Ueberreste von Fischresten vor. Murchison, Verneuil und Keyserling haben in dem Werke The Geology of Russia die devonische Formation Rußlands in die nördliche und die centrale devonische Zone unterschieden, deren wesentliche Charaktere F. Naumann l. c. II, 304 aufgenommen und die wichtigsten Petrefacten verzeichnet hat.

In Nordamerika ist namentlich im Staate New-York die devonische Formation sehr reich entwickelt, nimmt dort einen großen Raum ein, folgt in vollkommen übereinstimmender Lagerung auf die silurische Formation, zieht sich nach Westen bis an die Ufer des Mississippi, wo sie unter der Steinkohlenformation verschwindet. Sie beginnt nach Verneuil (Bull. de la soc. géol. 2. sér. T. IV. p. 657) mit quarzigen Sandsteinen, die häufig in Grauwacke übergehen und der älteren Grauwacke am Rhein auch dadurch täuschend ähnlich werden, daß die vielen Fossilien, welche sie enthalten, stets nur in Form von Steinkernen und Abdrücken, unter denen besonders Brachiopoden, zumal aber Spiriferen, darunter spirifer macropterus, vorhanden, die Schalen selbst aber verschwunden sind. Dieser Sandstein wird Oriskanysandstein genannt. Ihm folgen zwei eigenthümliche Sandstein- oder vielmehr Grauwackengruppen, welche eine nur geringe Mächtigkeit haben und sich durch ihre braune Farbe und ihr feines Korn, sowie ihr kalkiges Bindemittel auszeichnen. Durch die Tagewasser wird der Kalk meistens ausgewaschen, wodurch dann diese Grauwacke äußerst porös wird. Das unterste dieser Sandsteinlager ist durch hahnenschwanzähnliche Abdrücke ausgezeichnet, welche man für Fucoiden hält (Fucoides cauda galli), weshalb die amerikanischen Geologen dem ganzen Lager den seltsamen Namen Hahnenschwanzsandstein gegeben haben. Die oberen Schichten werden nach dem

Orte ihres hauptsächlichsten Vorkommens Schoharriesandstein genannt; dieser ist deshalb interessant, weil er außer Korallen, Orthoceren, Cyrtoceras u. s. w. auch organische Ueberreste aus dem Geschlechte Asterolepis umschließt. Mit ihm endigt die untere Devonformation. Die mittlere beginnt mit einem an Hornsteinnieren reichen Kalkstein (Corniferous limestone), der weder Krinoiden, noch Korallen, dagegen viele andere Ueberreste von Trilobiten, Kopffüßlern und Muscheln enthält und der Onondagokalk genannt wird. Ihm aufgelagert ist ein schwarzer, sehr bituminöser Schiefer mit einzelnen Schichten und Concretionen von Kalkstein, in welchem letzteren die ersten Producten und Goniatiten auftreten. Einige kalkige Schichten sind ganz davon erfüllt. Dieser Schiefer (Marcellusschiefer genannt) schließt sich an die zuletzt fast 1000 Fuß mächtigen Hamiltonschiefer an: olivengrüne, zuweilen in förmlichen Sandstein übergehende Schiefer, die reich an Conchiferen und Brachiopoden sind, während die Trilobiten und Goniatiten gänzlich zurücksinken. Eine Kalksteinschicht von höchstens 15 Fuß Mächtigkeit, der sogenannte Tullykalk, würde vielleicht über diesen Schiefern wenig unterschieden worden sein, wenn er nicht durch seine große Beständigkeit einen leicht erkenntlichen Horizont bildete und außerdem noch vielfach ausgebeutet würde. Er trennt die Hamiltonschiefer von den folgenden schwarzen Schiefern von Genessee, die im Ganzen arm an organischen Ueberresten sind. Die obere Devonformation besteht nach Unten aus einer bis 1000 Fuß mächtigen Sandsteinzone, welche man die Portagegruppe genannt hat, welche bei den Wasserfällen von Le Roy und den oberen Fällen des Genesseeflusses bei Portage am schönsten entwickelt ist und aus sehr feinkörnigem Sandsteine wechselnd mit stark glimmerhaltigen Schieferthonen besteht. Sie führt nur wenige Fossilien, Fucoiden und Goniatiten. Diese Sandsteine gehen nach Oben, in der Nähe von New-York, allmälig in die an 1500 Fuß mächtige Chemunggruppe über, die aus Grauwacke, thonigem Sandstein, schieferigen Thonen von dunkelrother oder blauer Farbe gebildet wird, in welchen die Fossilien ihre Schalen verloren und nur den Eindruck zurückgelassen haben. Es sind meist Conchiferen und Brachiopoden, auch Fucoiden, während Korallen fehlen. Als oberste Schicht der devonischen Formation zeigen sich endlich mächtige dunkelrothe, feinkörnige, viel Glimmer enthaltende Sandsteine, die dem eigentlichen alten rothen Sandsteine von Schottland vollkommen ähnlich sehen und die sogenannten Catskillberge im Staate New-York bilden, welche sich an der Grenze von Pennsylvanien hinziehen. Sie enthalten Ueberreste von Fischen, auch Landpflanzen und selbst schmale Kohlenflötze. Das Vorwalten von Conglomeraten und Schiefern im östlichen Theile desselben berechtigt zu der Vermuthung, daß im Osten ein Continent existirte, durch dessen Flüsse das Material dieser Gesteine herbeigeführt wurde. Auch bezeugen die Fucoiden und die Wellenfurchen der Sandsteine die Nähe der Küste. Diese Wellenfurchen, welche sich in allen Etagen der genannten Gesteine vorfinden, deuten aber auf ein seichtes Meer, dessen Grund wahrscheinlich in einer säcularen Senkung begriffen war, während die Schichten der silurischen und devonischen Formation auf ihm abgesetzt wurden. Weiter nach Westen hin lagert auf den obersten Schichten der devonischen Formation, auf jenen dunkelrothen und feinkörnigen Sandsteinen, die Steinkohlenformation, welche im Staate New-York gänzlich fehlt. Die Schieferthone sind die unmittelbaren Begleiter der Steinkohlenflötze und die Hauptniederlagen der schönsten Pflanzenreste und des thonigen Sphärosiderit. Nicht selten enthalten sie auch die Ueberreste von Meeresüberresten und Muschelabdrücken. Thonschiefer und Alaunschiefer, letztere mit Kalksteinnieren, kommen in den unteren Etagen mancher Bassins vor. Brandschiefer, reich an Fischen, Koprolithen und Pflanzenresten, gehören vorzüglich den obersten Etagen der Formation an. Der Kohlensandstein, ein mächtiges und manchmal außerordentlich verbreitetes Gebilde, ist die Hauptniederlage der thierischen Ueberreste. Seine Schichten liegen oft ohne fremdartige Zwischenlagen vielfältig über einander, während sie in anderen Fällen durch Schieferthon- oder Kieselschiefer- oder auch durch Sandsteinschichten von einander abgesondert sind. Der Kohlenkalkstein ist in mehreren Staaten Nordamerika's auf einer Fläche von Tausenden von □Meilen als eines der untersten Glieder der Steinkohlenformation bekannt.

Die vorstehenden detaillirten Aufführungen über das Uebergangs- oder Grauwackengebirge der verschiedensten Territorien machen gleichzeitig mit zahlreichen Erscheinungen bekannt, welche Zeugniß ablegen von den gewaltigen Hebungen und Senkungen, Verdrückungen und Verschiebungen, von der Zerstörung und Umwandlung der Grauwackenschichten und Gesteine seit ihrer Entstehung bis auf die Gegenwart. Lange Perioden waren hierzu nöthig, und es ist unzweifelhaft, daß zu allen diesen Bildungen die Gesteine der Continente und der Inseln das Material im Meere geliefert haben und noch liefern. Große Massen von Gesteinen mußten mechanisch und chemisch zersetzt worden sein, damit dem Meere durch die Gewässer so viel zugeführt werden konnte, als zur Bildung der mächtigen Lager erforderlich war. Die ältesten Sedimentformationen, die Gebilde der Grauwacke, die unteren und die oberen, die silurische und die devonische Formation, bieten gleichzeitig in den organischen Resten, welche sie einschließen, ein Gemisch von Bildungen, die auf der Stufenleiter der sich allmälig vervollkommnenden Entwickelung einen sehr verschiedenen Platz einnehmen. Von Pflanzen enthalten sie freilich nur einigen Seetang, Lykopodiaceen, die vielleicht baumartig waren, Equisetaceen und tropische Farn, aber von den thierischen Organismen finden wir sonderbar zusammen Crustaceen, Brachiopoden, die zierlichen Sphäroniten, welche den Krinoiden nahe stehen, Orthoceratiten aus den Cephalopoden, Steinkorallen und mit diesen niedern Organismen schon Fische von wunderbarer Gestalt in oberen silurischen und devonischen Schichten. Das relative Alter aller dieser Organismen, durch die Auflagerung der Gebirgsschichten bestimmt, hat zu wichtigen

Resultaten über die Verhältnisse geführt, welche zwischen den untergegangenen und noch lebenden Geschlechtern und Arten, wenn auch letztere in sehr geringer Zahl, erkannt werden. Alte und neue Beobachtungen erweisen, daß die Floren und Faunen um so verschiedener von den jetzigen Gestalten der Pflanzen und Thiere sind, als die Sedimentformationen zu den unteren, silurischen, d. h. älteren, gehören. In den späteren Gebilden hat diese Wechselerscheinung des organischen Lebens in den verschiedenen Gruppen der Tertiärformation nicht nur einen großen Zuwachs der numerischen Verhältnisse, sondern auch eine beträchtliche Masse genau untersuchter Gesteinsschichten erhalten. Wie schon erwähnt, zeigen sich in den Grauwackengebilden der Silurformation nur selten Fische, die ältesten aller Wirbelthiere; dagegen erscheinen von den wirbellosen Thieren in den ältesten Formationen Steinkorallen und Serpuliten, mit sehr ausgebildeten Cephalopoden und Crustaceen gleichzeitig, also die verschiedensten Ordnungen ausgesondert, während in vielen einzelnen Gruppen derselben Ordnung sehr bestimmte Gesetze entdeckt werden. Muschelversteinerungen derselben Art, Goniatiten, Trilobiten und Nummuliten bilden ganze Berge. Wo verschiedene Geschlechter gemengt sind, ist nicht blos oft eine bestimmte Reihefolge der Organismen nach Verhältniß der Auflagerung der Formationen erkannt worden; man hat auch in den untergeordneten Schichten derselben Formation die Association gewisser Geschlechter und Arten beobachtet. Und so zeigen die anorganischen Grauwackengebilde in den thierischen Resten, welche in ihnen begraben liegen, den Anfang des organischen Lebens. Die Silurschichten zeigen, wie oben schon vielfach bemerkt worden, für die Vegetationsepochen nur zellige Landpflanzen des Meeres. Erst in den devonischen Schichten hat man von Gefäßpflanzen einige kryptogamische Formen (Calamiten und Lycopodiaceen) beobachtet, und Nichts scheint zu beweisen, daß das vegetabilische Leben früher als das animalische auf der alten Erde erwacht, daß dieses durch jenes bedingt sei.

Eine besondere Wichtigkeit hat das Grauwackengestein durch seinen Reichthum an Erzen, welche in ihm unter den mannichfaltigsten Verhältnissen, theils als wirkliche Erzlager, meistentheils aber in mehr oder weniger zusammenhängenden oder vereinzelten Nestern, Nieren, Klüften und Gangtrümmern vorkommen. Es birgt ergiebige Eisenerzlagerstätten mit Rotheisenstein, Magneteisenstein, Spatheisenstein, Brauneisenstein, Eisenkiesen &c. Die untersten silurischen Schichten werden häufig von Gängen und Gangstöcken von dioritischen Gesteinen und Grünstein durchzogen, welche oft die Begleiter vieler und reicher Blei- und Silbererzgänge abgeben. Viele Gänge, welche namentlich in Devonshire den Thonschiefer durchsetzen, führen Zinnstein mit Arsenikkies, Schwefelkies, Kupferkies und viele andere Kupfererze. Auch Zinkblende und Galmei kommen lagenartig zwischen Grauwacke vor, und in Grauwacke und Thonschiefer setzen die berühmten Gänge in Zacatecas mit gediegenem Silber, gediegenem Gold auf, sowie in der Grauwacke von Zalatna in Ungarn auf Quarzgängen Gold mit Blende, Bleiglanz und Kupferkies vorkommen. In Thonschiefer und Grauwacke treten die ersten, ältesten Ablagerungen brennlicher Substanzen, wenn auch nicht in bauwürdigen Flötzen, im Anthracit auf. Zahlreiche Mineralquellen, welche ein mehrfaches Interesse gewähren, entspringen aus den Grauwacken, und selbst mächtige Salzquellen treten aus ihnen hervor.

Die Verwendbarkeit der das Grauwackengebirge zusammensetzenden Gesteine in technischer Beziehung ist ebenfalls sehr mannichfaltig. Sie werden überall durch Sprengarbeiten gewonnen. Die festeren Thon- und Kieselschiefer geben schöne Platten, die feineren dünnschieferigen und schwarzen Thonschiefer liefern ein gesuchtes Material zur Dachdeckung, die noch feineren und weichen dienen bald als Wetz- und Schreib-, bald als Griffel und Zeichnenschiefer. Die Quarzite der Grauwacke liefern ein vortreffliches Baumaterial und einige Grauwacken werden zu einem dauerhaften, festen Straßenpflaster verarbeitet. Die Kalke der Grauwacke dienen zu Steinmetzarbeiten und werden häufig als Marmor zu Werken der schönen Baukunst verwendet. Das Vielartige der Farbenabänderungen, die Reinheit, Dichte und Politur, deren der Grauwackenkalk fähig ist, eignen ihn besonders zu Säulen, Gesimsen, Tischplatten. Vorzüglich geschätzt sind dunkelbraune, fast schwarze Nüancen, deren Färbung von bituminösen Beimischungen herrührt, und ein ganz eigenthümliches Ansehen erlangt rother Marmor, wenn er von häufigen weißen Kalkspathadern durchzogen ist. So geben auch einige Kalksteinlager der Grauwacke einen sehr geschätzten guten hydraulischen Mörtel. (*C. Reinwarth.*)

GRAVANDER (Lorenz Friedrich), schwedischer Arzt und Dichter, am 3. Febr. 1778 zu Lund bei Nora in der Provinz Oerebro geboren, widmete sich nach einer vorzüglichen Schulbildung der Arzneiwissenschaft auf der Universität zu Upsala und wurde nach der Beendigung seiner Studien und nachdem er die medicinische Doctorwürde erlangt hatte, im J. 1800 in dem Bezirke von Falun in Nordschweden als Arzt angestellt. Da die Regierung sich zu derselben Zeit eifrig bemühte, die Kuhpockenimpfung im ganzen Reiche einzuführen, so fand sie an Gravander einen der thätigsten Unterstützer ihres Planes und es sollen von ihm selbst oder unter seiner Leitung bis zum Jahre 1810 an 6000 Kinder geimpft worden sein. Dabei suchte er durch mehrere faßlich geschriebene Handbücher und Abhandlungen, besonders durch seine gelungene Darstellung der Vortheile der Kuhpockenimpfung (Underrättelser rörande Fördelar of Ympning med Skyddskoppor. Falun 1804. 8.) und durch sein Formular von Journalen zur Kuhpockenimpfung (Formulär till Vaccinationens Journale. Falun 1805. 8.) das neue Verfahren zu empfehlen und zu rechtfertigen. Eine nicht geringere Aufmerksamkeit widmete er der Aufsuchung der wirksamsten Mittel zur Verhinderung des Umsichgreifens ansteckender Krankheiten und die Mittheilung seiner Forschungen und Erfahrungen in seinem Schutzbuche gegen Seuchen (Förvaringsmedlen emot heisiga smittsama Sjukdommar.

Falun 1807. 8. 2. ed. Ibid. 1809. 8.) wurde mit allgemeinem Beifall aufgenommen. Die Regierung belohnte seinen Eifer durch die Ueberreichung einer Verdienstmedaille und durch ein Geschenk von 600 Thalern. Bald darauf nahm der Ausbruch einer ansteckenden Krankheit in seinem Districte wieder seine ganze Aufmerksamkeit und Sorgfalt in Anspruch, er fiel aber als Opfer seiner allzu großen Anstrengung, diesem Uebel entgegenzutreten, denn er ward selbst von demselben ergriffen und starb am 7. März 1815. Gravander versuchte sich auch vielfach als Dichter, seine Leistungen aber erheben sich, obschon seine Landsleute ihnen reichliches Lob spendeten, nicht über das Mittelmäßige. Seine „Vier Weltalter," seine „Apotheose des Julius Cäsar" und seine „Glückseligkeit des Landlebens," Nachbildungen römischer Dichter, und seine Originalpoesien: „Herkules und Fortuna" und „Die Quelle der Weisheit" wurden von der schwedischen Akademie der Wissenschaften des Preises gewürdigt. Seine sämmtlichen Gedichte, welche zuerst in den Schriften der schwedischen Akademie erschienen, wurden in einer Sammlung unter dem Titel: Skaldestyken (Falun 1831. 8.) vereinigt *). (*Ph. H. Külb.*)

GRAVATIVUS DOLOR ist die medicinische Bezeichnung für einen Schmerz, welcher von einer durch Schwere belästigenden Masse ausgeht, z. B. von überfüllten und hypertrophischen Eingeweiden, oder von pathologischen Geschwülsten im Unterleibe. (*Fr. Wilh. Theile.*)

GRAVE oder **DE GRAAF**, kleine, aber starke und berühmte Festung am linken Ufer der Maas in der niederländischen Provinz Nordbrabant, 1859 mit 2975, 1864 mit 2912 Einwohnern, hat eine römisch-katholische Kirche (St. Elisabeth) mit dem Grabe des Herzogs Arnold von Geldern, ein Cantonalgericht, Rathhaus, ein Krankenhaus, eine Kaserne, eine lateinische Schule; Pulvermagazin und Pulverlaboratorium, Baumwollen-, Leder- und Hutfabrication, Brennerei und Brauerei. Auf dem rechten Maasufer in der Provinz Geldern liegt das zu Grave gehörige Fort Coehoorn mit einer Schanze und einer bombenfesten Bastion für 1200 Mann. 8 Meilen unter Venlo gelegen, bildet es mit dieser Festung und mit Mastricht die Vertheidigungslinie Hollands gegen die Rheinlande und deckt den Uebergang über die Maas auf der Straße von Herzogenbusch nach Nimwegen. Im Anfange der niederländischen Revolution nahm Alba die Stadt, der Prinz von Oranien nahm sie 1568 wieder, aber bald fiel sie abermals in die Hände der Spanier. Die Bürger vertrieben 1577 die spanische Besatzung, mußten sich aber 1586 dem Prinzen von Parma ergeben. Endlich eroberte Moritz von Oranien 1602 die Festung wieder, die nun im Besitze der Holländer blieb. In den Kriegen Ludwig's XIV. kam Grave im Juli 1672 nach mehrmonatlicher Belagerung auf 2 Jahre in die Hände der Franzosen und konnte erst 1674 nach langer Belagerung (vom 24. Juli bis 26. Oct., die erst durch de Souches, dann durch den Prinzen von Oranien geleitet wurde) von den Brandenburgern und Niederländern wiedereingenommen werden. Zum letzten Mal wurde es im französischen Revolutionskriege (Ende 1794) von Pichegru erobert. (*Otto Delitsch.*)

GRAVE (Gerhard), teutscher Theolog, im J. 1598 zu Osnabrück geboren, widmete sich, nachdem er in der Schule seiner Vaterstadt die nöthige Vorbereitung erhalten und besonders in den alten Sprachen gründliche Kenntnisse erlangt hatte, der Theologie und besuchte, um sich in seinem Fache allseitig auszubilden, von seinem 20. Jahre an die Universitäten zu Rostock, Straßburg und Jena, auf welchen er sich schon durch öffentliche Disputationen (zu Straßburg im J. 1620 über Luther's Katechismus und im J. 1622 über den Calvinismus) auszeichnete. Nachdem er seine Studien beendigt und sich im J. 1624 durch die Vertheidigung einer Abhandlung über den durch die Ketzer herbeigeführten Verfall der Rechtschaffenheit (Munimentum Sionis continens omnes justificationis causas, ex aureo textu Rom. III, 24—29 deductum. Jen. 1624. 4.) die Magisterwürde zu Jena verschafft hatte, blieb er noch einige Jahre an dieser Universität, da er im Sinne hatte, als Lehrer an derselben aufzutreten, weshalb er auch noch die erst später gedruckte scharfsinnige Erklärung einer Davidischen Weissagung (Explicatio vaticinii psalmi LXVIII, 18. 19 de gloriosa Messiae [illegible] in coelos adscensione. Hamburg. 1630. 8.) vorbereitete. Da er aber allmälig die Lust zu dieser Laufbahn, auf welcher er nur sehr langsam vorrücken konnte, verlor, so kehrte er im J. 1627 nach seiner Vaterstadt zurück und wurde noch in demselben Jahre von dem Erzbischofe Johann Friedrich von Bremen und dem Collegium der Domherren zum Pastor an der Kathedralkirche und Lector der Theologie zu Hamburg berufen und durch Martin Willich, den Senior des Ministeriums, in diese Stelle eingeführt. Bald darauf erfolgte auch seine Ernennung zum Domvicar und im J. 1647 zum Assessor des königlich schwedischen Consistoriums zu Stade. Obschon die Obliegenheiten seines Amtes ihn sehr in Anspruch nahmen, so fand er doch noch Zeit, sich mit wissenschaftlichen Erörterungen zu beschäftigen, denn in diese Zeit seiner Wirksamkeit fallen die Theologia methodica (Hamb. 1638. 4.), die Disputatio de poenitentia (Ibid. 1638. 4.), die Disputationes II. de dicto Joh. I, 14 (Ibid. 1638—1639. 4.), die Tabulae apocalypticae (Lugd. Bat. 1647. fol.), die Pentas quaestionum theologico-historicarum antipapisticarum (Hamb. 1643. 8.), von welcher er auch eine teutsche Uebersetzung unter dem Titel: „Erörterung von fünf wider das Papstthum angestellten Fragen, in welcher die fürnehmsten Gründe päpstlicher Lehre umgestoßen und widerlegt werden" (Hamburg 1652. 12. Ebend. 1675. 12.) veranstaltete, und die „Kurze und gründliche Auslegung des hohen und göttlichen Buches der Offenbarung St. Joannis" (Hamburg 1657. 4.). Im J. 1657 erhielt er durch Einreichung einer Abhandlung über die siebenzig Jahreswochen Daniel's (Oratio de mysterio LXX hebdomadum Danieli Prophetae per Gabrielem Archangelum revelato. Jenae 1658. fol.) von der theologischen Facultät zu Jena

*) Biographie universelle. Tom. XVIII. p. 341. Biographie générale. Tom. XXI. p. 740.

die Doctorwürde. Er scheint sich überhaupt und vorzugsweise mit den prophetischen Büchern des alten Testaments beschäftigt zu haben, denn er hinterließ auch einen nicht vollendeten Commentar in lateinischer Sprache über den Propheten Daniel. Er starb am 9. März 1675 zu Hamburg. Die Zeitgenossen rühmen seinen biedern Charakter und seine Gewissenhaftigkeit während seiner nahe an funfzig Jahre dauernden Amtsverwaltung. — Ein Gerhard Grave, vielleicht ein Verwandter des obigen, war um die Mitte des 17. Jahrh. Pastor an der Marienkirche zu Osnabrück und bewies sich als einen über die Vorurtheile seiner Zeit erhabenen Mann, denn er eiferte bei jeder Gelegenheit gegen den Unfug der Hexenprocesse und theilte seine Ueberzeugung auch in einem Buche „Von der Wasserprobe oder dem sogenannten Hexenbade" (Osnabrück 1640. 8.) mit, indem er die Unvernunft dieses Verfahrens zeigte und nachwies, daß 80 Personen zu seiner Zeit als Hexen unschuldig hingerichtet worden. Der Syndicus von Osnabrück ließ deshalb die Marienkirche schließen und suspendirte den Pastor als Ketzer. Der schwedische Commandant der Stadt nahm sich jedoch des freisinnigen und rechtlichen Geistlichen an, setzte ihn wieder in sein Amt ein und ließ den Syndicus ins Gefängniß stecken, worin er nach zwölfjähriger Haft starb *). (*Ph. H. Külb.*)

GRAVE (Hendrik), niederländischer Theolog in der zweiten Hälfte des 16. Jahrh., im J. 1546 zu Löwen geboren, war der Sohn eines angesehenen Buchdruckers und war selbst in der Kunst seines Vaters, welche er einige Zeit übte, nicht unerfahren. Später entschloß er sich jedoch, sich dem gelehrten Fache und dem geistlichen Stande zu widmen und erwarb sich nicht nur in der Theologie, sondern auch in der Mathematik gründliche Kenntnisse. Nach der Beendigung seiner Studien ward er an der Universität seiner Vaterstadt als Professor der Theologie angestellt und erwarb sich durch seine Vorlesungen und durch die Leistungen seiner zahlreichen Schüler ein großes Ansehen. Sein Ruf verbreitete sich bis nach Italien und der Hauptstadt der christlichen Welt, sodaß der Papst Sixtus V. ihn auf die Empfehlung gelehrter Männer nach Rom beschied, um die von ihm beabsichtigte Ausgabe der Vulgata und der Werke mehrerer Kirchenväter zu besorgen und den Druck als Sachkundiger zu überwachen. Zugleich übertrug er ihm die Aufsicht über die vaticanische Bibliothek und die päpstliche Druckerei. Bei Grave's Ankunft in Rom war nicht nur Sixtus, sondern auch sein Nachfolger Urban VII. bereits todt, aber Gregor XIV., welcher nach diesem den päpstlichen Stuhl bestieg, nahm den gelehrten Fremdling an seinem Hofe mit großen Ehrenbezeugungen auf und auch die Cardinäle Caraffa, Borromeo, Colonna und Baronius behandelten ihn mit Auszeichnung, besonders zog ihn der letztere in seine Umgebung und zählte ihn bald unter seine liebsten Freunde. Grave fühlte sich indessen zu Rom unbehaglich, da er das südlichere Klima nicht vertragen konnte; er fing auch alsbald an zu kränkeln und starb schon im sechsten Monat nach seiner Ankunft am 11. April 1591. Baronius setzte seinem Freunde eine seine Verdienste anerkennende Grabschrift und richtete ein den schweren Verlust bedauerndes Schreiben an die theologische Facultät zu Löwen. Grave versuchte sich auch als Schriftsteller und hätte als solcher gewiß bei längerem Leben der Wissenschaft Ehre gebracht. Die Anmerkungen in dem siebenten Bande der Plantinischen Ausgabe der Werke des heil. Augustinus (Antverp. 1577. fol.), welche die Schriften dieses Kirchenvaters gegen die Ketzer enthält, sind aus Grave's Feder. Grave beschäftigte sich besonders mit diesem Theile der theologischen Literatur und hatte schon die Ausarbeitung eines Werkes über die Geschichte der donatistischen Irrlehre (Commentarii Rerum Donatisticarum) begonnen, als seine Reise nach Rom die Fortsetzung unterbrach. Ein Theil der Handschrift dieses Werkes befindet sich auf der öffentlichen Bibliothek zu Löwen, wo man auch noch das Manuscript einer von ihm im J. 1581 gehaltenen Predigt (über Lucas XVII, 10) aufbewahrt *). (*Ph. H. Külb.*)

GRAVE (Johann), deutscher Rechtsgelehrter, um das J. 1610 zu Hamburg geboren, widmete sich, nachdem er in den Schulen seiner Vaterstadt eine gründliche Vorbildung erhalten hatte, der Jurisprudenz und folgte, nachdem er auf mehreren Universitäten seine Studien beendigt hatte, einem Rufe als Professor des bürgerlichen und kanonischen Rechtes an der Universität zu Tübingen, wo er mit unermüdlichem Eifer seinem Berufe lebte und durch seinen gründlichen Vortrag eine große Menge von Schülern herbeizog, die auch stets ihrem Lehrer mit Liebe und Achtung ergeben blieben. Die spärliche Muße, welche ihm die Vorbereitungen zu seinen Vorlesungen ließen, benutzte er zu Ausarbeitungen einzelner juristischen Fragen und bei jeder festlichen Gelegenheit brachte er gewöhnlich eine solche Erörterung zum Vorschein. In die erste Zeit seiner Wirksamkeit fallen die Abhandlungen: Dissertatio ad tit. C. de jurejurando propter calumniam dando, ad praxin hodiernam accommodata (Tubing. 1654. 4.); Diss. de restitutione in integrum (Ibid. 1661. 4.); Diss. de judice (Ibid. 1662. 4. Nov. ed. Ibid. 1720. 4.); Disp. de officio judicis nobili (Ibid. 1662. 4. Nov. ed. Ibid. 1742. 4.); Facies Juris publici Hungariae (Ibid. 1664. 4. Nov. ed. suis et aliorum observationibus locupletata a J. Jony. Jenae 1718. 4. Ibid. 1755. 4.); Diss. de actionibus petitoriis, possessoriis, mixtis et judicialibus (Ibid. 1768. 4.) und Diss. de conditionibus (Ibid. 1664. 4.). Im J. 1669 wurde er von den schwäbischen Kreisständen zum Assessor des Reichskammergerichts zu Speier ernannt, der Herzog

*) Chr. Gottl. Jöcher, Gelehrten-Lexikon. Bd. II. S. 1163. J. O. Thieß, Versuch einer Gelehrten-Geschichte von Hamburg. (Hamburg 1783. 8.) Bd. I. S. 249. J. Chr. Adelung, Fortsetzung und Ergänzungen zu Chr. Gottl. Jöcher's Gelehrten-Lexikon. Bd. II. S. 1586.

*) *P. Freheri* Theatrum virorum eruditione clarorum p. 304. *Ant. Teissier*, Eloges des hommes savans. Tom. II. p. 168. *L. M. Chaudon* et *F. A. Delandine*, Dictionnaire historique. Tom. V. p. 564.

von Wurtemberg, der seine Entfernung als einen großen Nachtheil für die Universität betrachtete, bewog ihn in seinem Amte zu bleiben und die auf ihn gefallene Wahl abzulehnen. Grave setzte nun mit erneutem Muthe seine Thätigkeit fort und sein Landesherr verlieh ihm den Titel eines würtembergischen Rathes. Von seinem fortdauernden Fleiße zeugen die Abhandlungen: Diss. de salvo conductu judiciali, vom sichern Geleit zu und von Rechten (Tubing. 1672. 4.); Disp. de possessorio summariissimo (Ibid. 1672. 4.); Disp. de investitura feudali (Ibid. 1674. 4.); Sylloge assertionum ex jure civili, canonico, feudali, publico (Ibid. 1675. 4.); Diss. de felonia (Ibid. 1676. 4.); Positiones de reconventione (Ibid. 1676. 4.); Spicilegium ex VII Pandectarum partibus congestum (Ibid. 1677. 4.); Flores decerpti ex L Pandectarum libris (Ibid. 1678. 4.); Diss. de jure sequestri (Ibid. 1677. 4.); Diss. de missione in possessionem, ex primo et secundo decreto (Ibid. 1679. 4.); Disp. de commisso emphyteuseos (Ibid. 1683. 4.); Disp. ad titulum D. de receptatoribus (Ibid. 1683. 4.); Diss. de indole remedii possessorii (Ibid. 1684. 4.); Disp. de judicio syndicatus (Ibid. 1685. 4.) und Disp. de judicio diffamatorio (Ibid. 1686. 4.). Grave starb nach einem harmlosen, nur seinem Amte gewidmeten Leben als Senior der juristischen Facultät zu Tübingen im J. 1689. Sein Sohn Johann Grave widmete sich ebenfalls der Jurisprudenz und dem Lehramte an der Universität zu Tübingen. Von ihm sind die Abhandlungen: Diss. de eo, quod justum est circa nivem (Tubing. 1693. 4.) und Discursus de crimine falsi (Ibid. 1744. 4.) bekannt*). (*Ph. H. Külb.*)

GRAVE (Karl Ludwig), teutscher protestantischer Theolog, am 2. Juli 1784 zu Riga geboren, stammte aus einem angesehenen Patriciergeschlechte dieser Stadt. Er erhielt eine dem Stande seiner Aeltern entsprechende sorgfältige Erziehung und widmete sich, nachdem er in der alten Domschule seiner Vaterstadt die nöthigen Vorkenntnisse erlangt hatte, zuerst (1803—1806) auf der neuerrichteten Universität zu Dorpat und dann (1806—1808) auf der Universität zu Göttingen der Theologie. Nachdem er seine Studien beendigt und die philosophische Doctorwürde erlangt hatte, kehrte er in seine Heimath zurück und wurde Adjunct seines Schwagers, des Generalsuperintendenten Sonntag, welcher ihm im J. 1811 das Oberpastorat in der Kirche zu St. Jacob völlig abtrat. Im J. 1817 wurde er zugleich Oberlehrer an dem Gymnasium zu Riga und versah in den Jahren 1828 und 1829 stellvertretend die Functionen eines riga'schen Schuldirectors, worauf er das Amt eines Censors übernehmen mußte, wodurch seine eigene schriftstellerische Thätigkeit, wozu ihm auch seine sonstigen Amtsgeschäfte nur wenig Zeit ließen, gehemmt wurde. Während er als Pastor an der St. Jacobskirche wirkte, hatte er die ihm vergönnte Muße benutzt, um sein Scherflein zur Förderung der Literatur beizutragen. Zuerst erschienen durch seine Bemühungen „G. L. Collin's Gedichte, nach dessen Tode herausgegeben" (Riga 1814. 8.); sodann besorgte er das „Magazin für protestantische Prediger, vorzüglich im russischen Reiche" (Ebend. 1816—1818. 8. 3 Bde.), und als Lehrer am Gymnasium suchte er durch sein Taschenbuch „Charitas" (Ebend. 1820. 12.) einen Vereinigungspunkt für aufstrebende Talente und eine Niederlage für die geistigen Erzeugnisse derselben zu gründen, was ihm jedoch nicht gelang. Im J. 1835 trat er als geistlicher Assessor in das livländische Provinzialconsistorium; bei der riga'schen Bibelgesellschaft verwaltete er von ihrer Stiftung im J. 1813 bis zu ihrer Schließung im J. 1826 und dann bei der Section der evangelischen Bibelgesellschaft seit dem J. 1831 das Secretariat. Auch bei dem im J. 1817 gestifteten Frauenverein war er Secretair. Im J. 1812 wurde er in die Untersuchungscommission für die Vorstädter gewählt und vom J. 1816 bis zum J. 1832 war er thätiges Mitglied der Direction der 1. Hilfsbank, später Mitglied der livländischen Cholera-, Witwen- und Waisencommission. Schon im J. 1819 war ihm der St. Wladimirorden zu Theil geworden, im J. 1832 erhielt er den Titel und Rang eines Consistorialrathes und im J. 1838 den Stanislausorden. Auch war er Mitglied mehrerer gelehrter Gesellschaften und die Gesellschaft für Geschichte und Alterthumskunde der Ostseeprovinzen erwählte ihn zu ihrem Präsidenten. Er starb am 3. Jan. 1840. An seiner Todesfeier nahmen alle Behörden und die Mehrzahl der Bevölkerung Theil. Während seines ganzen Lebens war er bemüht, eine unwandelbare Treue in der Erfüllung seiner Pflichten zu beweisen, wodurch er seinem Namen die allgemeinste Achtung und Anerkennung erworben und seinem Geschäftsleben das Gepräge der Musterhaftigkeit und Würde gegeben hatte*). (*Ph. H. Külb.*)

GRAVE (Ludwig), teutscher Professor der Medicin, im J. 1547 zu Heidelberg geboren, war der Sohn eines praktischen Arztes in dieser Stadt und mütterlicher Seits mit Melanchthon verwandt. Er widmete sich, nachdem er die nöthigen Schulkenntnisse erlangt hatte, auf der Universität seines Geburtsortes der Arzneiwissenschaft, welche er auch nach Beendigung seiner Studien und nachdem er im J. 1571 die medicinische Doctorwürde erlangt und durch die vorgeschriebene Abhandlung die sonstigen Vorbedingungen erfüllt hatte, zu lehren beschloß. Er entsagte deshalb gänzlich der ärztlichen Praxis und begann seine Vorlesungen, welche sich eines solchen Beifalls erfreuten, daß er schon im J. 1573 in die Zahl der ordentlichen Professoren und Senatoren der Universität aufgenommen wurde. Seinen Verdiensten fehlte auch die Anerkennung nicht und Friedrich IV., Kurfürst von der Pfalz, ernannte ihn zu seinem Leibarzte. Seine allzu

*) Vergl. Chr. Gottl. Jöcher's Gelehrten-Lexicon. Bd. II. S. 1145.

*) Vergl. den Nekrolog in der Allgemeinen Kirchenzeitung 1841. Nr. 42 (daraus abgedruckt in dem Neuen Nekrolog der Deutschen. Jahrg. 1840. Bd. I. S. 64) und den Nekrolog von Napiersky in den Mittheilungen der Gesellschaft für Geschichte und Alterthumskunde der russischen Ostseeprovinzen. Bd. II. (1842) S. 177.

große Anstrengung im Lehramte untergrub jedoch bald seine Gesundheit, sodaß er bei mehr vorgerücktem Alter fast jedes Jahr gezwungen wurde, diese durch den Gebrauch verschiedener Heilbäder auf kurze Zeit wieder herzustellen. Im Herbste 1616 befiel ihn jedoch eine ernstliche Krankheit, an welcher er am 28. Dec. desselben Jahres starb. Er wurde mit großer Feierlichkeit in der Peterskirche bestattet und hinterließ keine Nachkommen. Als Schriftsteller machte sich Grave ebenfalls rühmlich bekannt, doch widmete er dieser Seite seiner Thätigkeit nicht allzu viele Zeit, da er die für seine Vorträge nöthigen Arbeiten, welchen er mit der ängstlichsten Gewissenhaftigkeit oblag, dadurch zu beeinträchtigen fürchtete. Außer einigen kleineren Abhandlungen (Theses de peste, in quibus pestiferae luis natura, praeservatio et curatio methodice exponuntur, Epistolae de camphorae qualitatibus, Epistola de acidulis Schwalbacensibus), welche manche gute Bemerkung enthalten, ist besonders seine teutsche Schrift über die Pest („Bericht, wie man sich in Sterbensläufften zur Präservation und Curation der Pestilenz-Krankheit habe zu verhalten." Leipzig 1607. 4.) zu erwähnen, welche in der ersten Hälfte des 17. Jahrh. bei den Aerzten in großem Ansehen stand, da Grave ungewöhnlich gründliche und umfassende Studien über diesen Gegenstand gemacht zu haben scheint *). (*Ph. H. Külb.*)

GRAVE (Marcus), geboren zu Itzehoe am 20. Juni 1778, widmete sich dem Studium der Jurisprudenz. Dem Criminalrecht gewann er während seiner akademischen Studien ein besonderes Interesse ab. Mehrere Jahre versah er die Functionen eines Untergerichtsadvocaten und Justitiarius auf dem adeligen Gute Jersbeck. Aus diesen Verhältnissen schied er im J. 1820. Er ward um diese Zeit Bürgermeister in Segeberg. Nur kurze Zeit bekleidete er jedoch das ihm übertragene Amt. Er starb bereits am 20. Juni 1820 im 42. Lebensjahre. Er war ein vielseitig gebildeter Mann, der auch außer seinem Berufsfache, der Jurisprudenz, in anderen wissenschaftlichen Zweigen gründliche Kenntnisse besaß. Zu schriftstellerischen Arbeiten von größerem Umfange war ihm wenige Muße gegönnt. Beachtung verdienen einige von ihm in den schleswig-holsteinischen Provinzialberichten mitgetheilte Abhandlungen: Ueber einen Hexenproceß im J. 1687 (a. a. O. 1817. Heft 2. S. 174 fg.). Ein merkwürdiger Criminalgerichtsfall (a. a. O. 1818. Heft 5. S. 510 fg.). Ein Criminalrechtsfall auf dem Gute Bürau aus dem Anfange des 18. Jahrh. (a. a. O. 1820. Heft 2. S. 140 fg.) u. a. m. †). (*Heinrich Döring.*)

GRAVE oder **GRAVIUS** (Wolfgang), teutscher Jurist, am 7. Aug. 1560 zu Saarbrücken, einer damals zum Gebiete der Grafen von Nassau-Saarbrücken gehörenden, jetzt preußischen Stadt, geboren, besorgte, nachdem er zu Marburg, Strasburg und Heidelberg seine philosophischen und juristischen Studien beendigt hatte, im Auftrage seines Vaters, welcher als geheimer Rath im Dienste der Grafen von Nassau-Saarbrücken stand, mehrere Geschäfte in verschiedenen Gegenden Teutschlands und machte dann zu seiner weiteren Ausbildung eine Reise nach Frankreich. Nach seiner Zurückkunft im J. 1584 erwarb er sich zu Heidelberg die juristische Doctorwürde und war dann an dem kaiserlichen Reichskammergericht zu Speier thätig, bis er im J. 1589 als Staatsanwalt nach der freien Reichsstadt Nördlingen, wo schon sein Großvater Mitglied des Rathes gewesen war, berufen wurde. Er erwarb sich in dieser Stellung durch seine Kenntnisse, seinen Fleiß und seine Rechtlichkeit großes Ansehen und wurde allgemein bedauert und vermißt, als ein früher Tod am 27. Sept. 1608 ihn seinem Wirkungskreise entriß *). (*Ph. H. Külb.*)

GRAVE (Vicomte de), französischer Dichter des 18. Jahrh., von dessen Lebensverhältnissen man nichts Näheres weiß, als daß sein Geburtsort Narbonne war und daß er als Hauptmann in dem Regiment Cambis diente. Er schrieb zwei Tragödien, Varro und Phädime, wovon die erste (Varron, tragédie en cinq actes et en vers. Paris 1752. 12.) im J. 1751 über die Bühne ging, aber keinen großen Beifall erntete, die andere (Phaedime, tragédie en cinq actes) kam gar nicht zur Aufführung. Beide wurden nebst einigen kleinen Gedichten (Poësies fugitives) unter dem Titel: Oeuvres. Londres (Paris) 1772. 12. zusammengedruckt †). (*Ph. H. Külb.*)

GRAVE (Charles Joseph de), belgischer Staatsmann und Gelehrter, um die Mitte des 18. Jahrh. zu Ursel in Frankreich geboren, begab sich, nachdem er in seiner Vaterstadt die nöthigen Schulkenntnisse erlangt hatte, auf die Universität Löwen, wo er neben der Jurisprudenz, seinem eigentlichen Fache, auch Philosophie, Alterthumskunde und insbesondere die neueren Sprachen des Nordens betrieb. Nach der Beendigung seiner Studien ließ er sich zu Gent nieder, wo er sich bald als Rechtsgelehrter so großen Ruf erwarb, daß man ihn, obgleich er noch sehr jung war, zum Mitglied des Rathes von Flandern vorschlug. Er suchte aus Bescheidenheit diese Stelle unter dem Vorwande des nicht gehörigen Alters abzulehnen; da sie aber von der freien Wahl abhing und sein Name auf allen Wahllisten an der Spitze stand, so mußte er dem ehrenvollen Vertrauen Rechnung tragen und die einstimmige Wahl annehmen. Sein Benehmen in dieser Stellung trug noch zur Steigerung der guten Meinung, die man von ihm gefaßt hatte, wesentlich bei und veranlaßte, nachdem Belgien mit Frankreich vereinigt worden war, seine Ernennung durch das Departement der Schelde zum Mitglied des Rathes der

---

*) Vergl. *Melch. Adami* Vitae Germanorum Medicorum (Francof. 1706. fol.) p. 193. *P. Freheri* Theatrum virorum eruditione clarorum (Norimb. 1688. fol.) p. 1334.

†) S. die erwähnten Provinzialberichte 1820. Heft 5. S. 551. 563 fg. Lübker's und Schröder's Lexikon der Schleswig-Holstein-Lauenburgischen und Eutinischen Schriftsteller. Abth. 1. S. 196.

*) *P. Freheri* Theatrum virorum eruditione clarorum (Noremb. 1688. fol.) p. [illegible].

†) Biographie générale. Tom. XXI. p. 741.

Alten. Er übte keinen besonderen Einfluß in dieser Versammlung und beschränkte sich auf die gewöhnliche Theilnahme an den Verhandlungen, und doch wäre er beinahe in die Proscription des 18. Fructidor des fünften Jahres der Republik (4. Sept. 1797) verwickelt worden. Er zog sich deshalb von dem stürmischen Schauplatze der Politik, auf welchen er nur durch die Pflicht geworfen war, den er aber keinesfalls aus Neigung gewählt hatte, und auf dem er weder das Geschick noch die Lust, eine Rolle zu spielen, in sich fühlte, zurück und gab sich ganz der Pflege der Wissenschaften hin, welche er stets geliebt hatte. Da er schon längst eingehende Forschungen über die älteste in Mythen gehüllte Geschichte gemacht hatte, so nahm er sie während eines Aufenthaltes zu Paris wieder auf und benutzte die zahlreichen und reichen Bibliotheken der Hauptstadt, um sein großes Werk über diese der Phantasie unbeschränkten Spielraum bietende mythologische Zeit weiter und zu Ende zu führen. Bereits hatte der Druck dieser langjährigen Arbeit begonnen, als der Tod den Verfasser unvermuthet am 11. Thermidor des dreizehnten Jahres der Republik (30. Juli 1805) hinwegraffte. Sein Freund G. B. Lingard, welcher das Werk in Beziehung auf den Styl durchgesehen hatte, ließ den Druck desselben beenden und führte es mit einer Vorrede und einer kurzen Biographie Grave's in die gelehrte Welt ein; ob er ihm aber selbst oder der Verfasser den langen Titel [1]), welchen es trägt, gab, wird nicht gesagt. Grave sucht übrigens darin zu beweisen: daß die elysäischen Felder und die Hölle der Alten nur die Bezeichnung sind für eine alte Republik von frommen und gerechten Menschen, welche die nördliche Grenze Galliens und hauptsächlich die Inseln des Niederrheins einnahm, daß diese Hölle der erste heilige Ort zur Einweihung in die Mysterien und Ulysses der erste Eingeweihte war, daß Circe als das Sinnbild der elysäischen Kirche zu gelten habe, daß das elysäische Reich als die Wiege der Künste, der Wissenschaften und der Mythologie betrachtet werden müsse, daß die Elysäer, welche sonst auch Atlanter, Hiperboräer und Cimmerier heißen, die alten Völker, darunter sogar auch die Aegypter und die Griechen, civilisirt haben, daß die Götter der Fabel Nichts weiter seien als Sinnbilder der socialen Einrichtungen der Elysäer, daß das Himmelsgewölbe der Inhalt dieser Einrichtungen und der Philosophie der atlantischen Gesetzgeber und das Sternbild des Adlers das Sinnbild der Gründer der gallischen Nation sei; daß die Dichter Homer und Hesiod aus Belgien stammen u. s. w. Diese Hypothese, welche übrigens abenteuerlich genug ist und eine blinde Vorliebe Grave's für sein Geburtsland verräth, ist nicht ohne Geschick und Gelehrsamkeit durchgeführt und wenigstens ebenso viel werth, als manche andere über die älteste Geschichte, hat aber doch wenige Anhänger gefunden. Bemerkenswerth ist, daß der englische Gelehrte Edward Davies, Pastor zu Olveston, in seinen celtischen Forschungen (Celtic researches. Lond. 1804. 4.) ähnliche Vermuthungen über elysäische Felder, über die Cimmerier, über Orpheus u. s. w. ausspricht [2]). (*Ph. H. Külb.*)

GRAVE (Josua de), holländischer Zeichner und Landschaftsmaler des 17. Jahrh., war, wie man glaubt, Capitain im Dienste seines Vaterlandes und lebte zu Nymwegen. Manche halten ihn für einen Bruder des Landschaftsmalers Timotheus de Graaf, obwol dieser seinen Namen anders schrieb; da übrigens Timotheus im vorigen Jahrhundert arbeitete, so könnte Josua, wie auch Andere annehmen, nur dessen Sohn gewesen sein. Seine Zeichnungen sind durch seine Umrisse mit der Feder gefertigt und dann ausgetuscht oder colorirt. Sie stellen gewöhnlich Landschaften mit Fontainen und Statuen, Dörfer, Festungen, Lager u. s. w. vor und werden von Sammlern gesucht. Diese Blätter tragen meist die Jahrzahlen 1674 —1692 und das Monogramm J. D. G. Grave's Malereien, besonders seine sogenannten arkadischen Landschaften, sind von lebhafter Farbe. — Um ein ganzes Jahrhundert jünger ist Jan Evert Grave, ebenfalls ein holländischer Zeichner und Kupferstecher, geboren im J. 1759 zu Amsterdam. Er erhielt seinen Unterricht im Zeichnen von dem berühmten Landschaftsmaler J. Cats und erlernte die Kupferstecherkunst bei Jan Punt. Er lieferte hauptsächlich malerische Ansichten der Umgegend von Haarlem in größerem und kleinerem Maßstabe, welche von seinen Landsleuten der geistreichen Auffassung und der fleißigen Ausführung wegen sehr geschätzt und gesucht werden. Der Künstler starb im J. 1805 zu Amsterdam, wo er auch als Mensch und Bürger in hoher Achtung stand. — Zu Anfang dieses Jahrhunderts arbeitete François de Grave von Gent als Edelsteinschneider zu Brüssel mit großem Geschick. Ein von ihm in feinen Stein gegrabener Apollokopf erhielt auf der Ausstellung im J. 1819 den Preis. Auch andere seiner Arbeiten werden sehr gepriesen und von den Besitzern in Ehren gehalten [3]). (*Ph. H. Külb.*)

GRAVE (Pierre Marie, Marquis de), französischer General, Staatsmann und Schriftsteller, am 27.

1) Da dieser übrigens den Inhalt des Werkes angibt und zugleich zur Kritik desselben dient, so mag er trotz seiner Weitläufigkeit hier stehen. Er lautet: République des Champs-Élysées, ou Monde ancien, ouvrage dans lequel on démontre principalement, que les Champs-Élysées et l'enfer des anciens sont le nom d'une ancienne république d'hommes justes et religieux, située à l'extrémité septentrionale de la Gaule et surtout dans les îles du Bas-Rhin; que cet enfer a été le premier sanctuaire de l'initiation aux mystères et qu'Ulysse y a été initié; que la déesse Circé est l'emblème de l'église élyséenne; que l'Élysée est le berceau des arts, des sciences et de la mythologie; que les Élyséens, nommés aussi sous d'autres rapports Atlantes, Hyperboréens, Cimmériens etc. ont civilisé les anciens peuples, y compris les Égyptiens et les Grecs; que les dieux de la fable ne sont que les emblèmes des institutions sociales de l'Élysée, que la voûte céleste est le tableau de ces institutions et de la philosophie des législateurs atlantes; que l'aigle céleste est l'emblème des fondateurs de la nation gauloise, que les poëtes Homère et Hésiode sont originaires de la Belgique etc. (Gand. 1806. 8. 3 Voll.)

2) Biographie nouvelle des Contemporains par Arnault, Jay, Jouy et Norvins. Tom. VIII. p. 295. Biographie universelle. Tom. XVIII. p. 341.

3) G. K. Nagler, Künstler-Lexikon. Bd. V. S. 341 fg. Monogrammisten. Bd. III. S. 888.

Sept. 1755 geboren, stammte aus einem dem alten Adel angehörenden Geschlechte Languedocs und trat sehr jung in die königliche Leibwache der Musquetiere, wurde aber später Adjutant des Herzogs und Generals de Crillon-Mahon und befand sich in dieser Eigenschaft bei der Belagerung von Gibraltar im J. 1781. Nach der Aufhebung derselben wurde er zum zweiten Obersten im Regiment Auxerrois, bald darauf aber zum commandirenden Obersten im Regiment Chartres und zum ersten Stallmeister des ältern Sohnes des Herzogs von Orleans, des Herzogs von Chartres, ernannt. Die Beziehungen mit der Familie Orleans trugen gewiß nicht wenig zur Richtung bei, die er beim Ausbruch der Revolution nahm, und bewogen ihn zur Anerkennung der Grundsätze der revolutionairen Partei. Im J. 1792 erhielt er den Rang eines Feldmarschalls und übernahm nach Narbonne's Abgang das Kriegsministerium. Seine Ernennung wurde mit Beifall aufgenommen, denn sein Benehmen und seine Aeußerungen, sowie sein Eintritt in die Volksvereine in den Städten, wo sein Regiment lag, ließen ihn bei der Partei der Jacobiner als einen eifrigen Anhänger und Vertheidiger der Constitution erscheinen, während er bei den Aristokraten als ein eingefleischter Jacobiner galt. Er war aber in der Wirklichkeit weder das eine noch das andere, sondern einer jener damals in Frankreich sehr häufigen guten Leute, welche für die neuen Systeme eingenommen, alle, ohne an die Folgen zu denken, eine kleine Revolution herbeiwünschten, um das System, wofür sie schwärmten, zur Geltung kommen zu sehen. Keinem Zweifel unterliegt es übrigens, daß er, wie auch seine Gesinnungen wirklich beschaffen sein mochten, während seines Ministeriums dem Könige die unzweideutigsten Beweise von Treue und Anhänglichkeit gab. Die Führung der Geschäfte entsprach übrigens keineswegs den Wünschen der Volkspartei und Dumouriez beschuldigte ihn, daß er an den Unfällen, welche die französische Armee in Flandern erlitten habe, schuld sei, worauf Grave am 8. Mai seine Entlassung einreichte. Als Cambon am 27. Aug. es dahin brachte, daß der verabschiedete Minister durch einen Beschluß in Anklagezustand versetzt wurde, flüchtete er nach England und lebte während seines Exils meist in der Nähe von Kensington, wo er Trost und Unterhaltung in literarischen Beschäftigungen suchte. Nach seiner Zurückkunft in sein Vaterland (im J. 1800) lebte er fern von allen Geschäften und ohne sich um die Politik zu kümmern zu Montpellier. Bald aber ward ihm die unthätige Ruhe unerträglich und er entschloß sich, wieder in das Heer zu treten. Man entsprach gern seinem Wunsche und ließ ihm seinen Rang als General; der Kaiser Napoleon übertrug ihm sogar im J. 1809 das Commando auf der Insel Oleron. Nach der ersten Restauration gelangte er bei der Familie Orleans zu seiner frühern Gunst und Ludwig XVIII. verlieh ihm den Rang eines Generallieutenants. Am 7. Aug. 1816 erhielt er einen Sitz in der Pairskammer, in welcher er gewöhnlich mit der freisinnigen Minorität stimmte; auch wurde er Ehrenritter der Herzogin von Orleans. Nach dem Tode seines ältern Bruders hatte er den Marquistitel angenommen und im J. 1819 die Tochter des Grafen Daru geheirathet. Er starb am 16. Jan. 1823 zu Paris und der Graf von Segur hielt eine Lobrede auf ihn in der Pairskammer. In seinen frühern Jahren war er sehr unerfahren in den Geschäften und sehr schüchtern, dabei stets von Unwohlsein heimgesucht; man kann sich also leicht erklären, daß er als Minister in einer so bewegten Zeit seinem Amte nicht gewachsen war und den Erwartungen, die man von ihm hegte, nicht entsprach. Von kleiner Gestalt und von Natur sanft, zeigte er doch zur unrechten Zeit einen verletzenden Stolz, der von anerzogenen Vorurtheilen herrührte, die er mit seinen später angenommenen Gesinnungen nicht in Einklang zu bringen wußte. In seiner Jugend hatte er sich gern mit der Poesie beschäftigt und seine Novelle La folie de saint Joseph (abgedruckt in den Folies sentimentales ou l'égarement de l'esprit par le coeur. Paris 1787. 12. 2 Voll.) war mit nicht geringem Beifall aufgenommen worden. Der ihm ebenfalls zugeschriebene Essay sur l'art de lire (Twickenham 1812. 10.) kann nur seinen Ursprung der Langeweile in England zu verdanken haben *). (*Ph. H. Külb.*)

GRAVE (Hendrik van), niederländischer Theolog, geboren zu Anfang des 16. Jahrh. zu Grave an der Maas, woher er den Namen Grave (oder Gravius) führt, obschon er auch häufig Bermolanus genannt wird, trat sehr jung in den Dominikanerorden und widmete sich mit seltenem Eifer wissenschaftlichen Studien, besonders erwarb er sich eine gründliche Kenntniß der hebräischen, griechischen und lateinischen Sprache, um bei seinen theologischen Forschungen auf die Quellen zurückgehen zu können. Er erlangte bald durch seine Gelehrsamkeit einen großen Ruf, welchem er auch seine Ernennung zum Professor der Theologie zu Nymwegen verdankte. Später ward er Unterprior in dem Dominikanerkloster dieser Stadt, wo er am 22. Oct. 1552 starb. Er hatte die Werke der Kirchenväter hauptsächlich zum Gegenstand seiner Bemühungen gemacht und die von ihm bekannt gewordenen Leistungen in diesem Fache der Theologie haben jetzt ihren Werth noch nicht verloren. Seine Ausgabe der Schriften Cyprian's, worin er seine Anmerkungen mit denen des Erasmus von Rotterdam vereinigt hat (Coloniae 1544. fol.), ist freilich dadurch überflüssig geworden, daß diese in die öfter gedruckte Recension dieses Kirchenvaters von Jac. Pamelius und in die spätern Ausgaben übergegangen sind. Seine Ausgabe der lateinischen Uebersetzung der Werke des Joannes von Damascus (Coloniae 1546. fol.) enthält mehrere vorher noch nicht gedruckte Abhandlungen dieses Kirchenvaters und mehrere andere sind nach Handschriften verbessert. Mit derselben Sorgfalt hatte er die Ausgaben der Werke anderer Kirchenschriftsteller vorbereitet, sein früher Tod hinderte ihn aber an der Vollendung derselben. Die schon begonnene Aus-

*) Biographie des hommes vivants. Tom. III. p. 311. Biographie universelle. Tom. LXVI. p. 40. (Nouv. éd. Tom. XVII. p. 391.) Biographie générale. Vol. XXI. p. 741.

gabe der Werke des Bischofs Paulinus von Nola wurde von seinem Freunde P. J. Antonianus (Coloniae 1560. 8.) beendigt; derselbe veröffentlichte auch die erste Decade seiner Verbesserungen und Anmerkungen zu den Briefen des heil. Hieronymus (Scholiorum et annotationum in Hieronymi Epistolas Decas prima. Antverp. 1568. 8.), welchen später Andr. Schott die übrigen hinzufügte (Parisiis 1609. fol. Coloniae 1618. fol.). Seine Anmerkungen zu den Werken des heil. Ambrosius befinden sich bei der Ausgabe derselben von J. Coster (Basil. 1555. fol. 3 Voll.). Heinrich von Grave hatte sich auch viel mit einer Recension der Schriften der Kirchenväter Clemens, Didymus und Eucherius beschäftigt und Andr. Schott hegte im J. 1607 Hoffnung, diese Arbeit wieder aufzufinden, seine Nachforschungen blieben aber ohne Erfolg. Ebenso unterblieb eine von ihm beabsichtigte revidirte Ausgabe des neuen Testaments; das Exemplar einer andern Ausgabe mit Grave's Randbemerkungen sah noch Nic. Jeger, ein gelehrter Minorit des 16. Jahrh. *).

(*Ph. H. Külb.*)

GRAVELINE (Marquis de), französischer Kriegsmann, um das Jahr 1600 in Guienne geboren, ein jüngerer nicht erbfähiger Sprosse des in dieser Provinz begüterten Hauses La Roque Budos, widmete sich in früher Jugend dem Kriegsdienste und brachte es bald bis zum Range eines Obersten der Reiterei. Später befehligte er ein Infanterieregiment und wurde im J. 1642 von Ludwig XIII. bei der von Frankreich zuerst heimlich und dann offen unterstützten portugiesischen Revolution, wodurch der Herzog von Braganza als Johann IV. auf den Thron gelangte, nach Portugal geschickt, um demselben im Kampfe gegen Spanien Beistand zu leisten. Er entledigte sich dieses Auftrags mit solcher Umsicht, daß er zur Belohnung seiner Verdienste mit dem Marquistitel beschenkt wurde. Später kämpfte er unter den Hülfstruppen, welche Frankreich den aufständischen Cataloniern in dem Kriege gegen Spanien schickte, und war überhaupt eines der thätigsten Werkzeuge, deren sich Ludwig's XIII. und Ludwig's XIV. Minister zur Schwächung und Demüthigung dieses Landes bedienten. Besonders wird auch seine Tapferkeit, die er unter der Anführung des Prinzen von Condé in der blutigen und siegreichen Schlacht von Lens bei Bethune (1648) bewies, von den französischen Schriftstellern gerühmt. Nach den Wirren des 30jährigen Krieges scheint er sich in die Ruhe zurückgezogen zu haben, wenigstens wird seiner nicht mehr ausdrücklich erwähnt und man findet nur noch bemerkt, daß er im J. 1685 in hohem Alter starb. (*Ph. H. Külb.*)

GRAVELINES, teutsch Gravelingen, d. h. Grafengraben, vlämisch Gravellinghe, Stadt im Kaiserthume Frankreich, Departement des Nordens, liegt in der Mitte zwischen Dünkirchen und Calais unweit der Nordsee an der schiffbaren Aa, in der tiefer als das Meeresniveau sich ausbreitenden, durch Dünen geschützten, von Kanälen durchschnittenen Ebene Wateringen. Die Stadt, welche 1821 2781, 1851 5400, 1861 6493 Einwohner zählte, ist zugleich Festung ersten Ranges, von Sümpfen und Morasten trefflich gedeckt, mit 6 Bastionen; sie hat große Kasernen und Magazine, eine Börse, Salzraffinerien, Ziegel- und Leinwandfabriken, Dampfschneide- und Dampfmehlmühlen, Schiffswerfte. Aus dem kleinen, nur zur Fluthzeit zugänglichen Hafen laufen alljährlich zahlreiche Schiffe auf den Härings-, Makrelen- und Stockfischfang aus, in 5 Etablissements werden die Fische eingesalzen. Der Handel ist namentlich nach England und Schweden gerichtet; ausgeführt werden die Producte der Umgegend: Eier, Butter, Käse rc., eingeführt Salz, Nordholz, leere Fässer, Holzstäbe, Baumaterial. — Gravelines wurde 1160 von Theoderich von Flandern angelegt und ist wiederholt Schauplatz kriegerischer Ereignisse gewesen. 1383 erstürmte ein englisches Kreuzheer unter dem Bischof von Norwich die Stadt und verübte die ärgsten Greuel, eroberte dann auch Dünkirchen, Cassel und alles Land bis Sluys; nachdem aber die Engländer, von den Franzosen gedrängt, den Rückzug antraten und die gewonnenen Städte räumten, wurden letztere von den nachdringenden Franzosen geplündert und verbrannt. Dies Geschick hatte auch Gravelines. Bald erstand aber die Stadt wieder aus ihren Trümmern. Sie ging, wie die ganze Grafschaft Flandern, 1385 an das Herzogthum Burgund über und theilte dessen Schicksale. — Besonders merkwürdig ist die Schlacht von 1558 im Kriege des französischen Königs Heinrich II. gegen Philipp II. von Spanien und den Niederlanden. Am 22. Juni d. J. hatte der Herzog von Guise Thionville zur Capitulation gebracht, am 3. Juli Arlon genommen, gleichzeitig war Paul de Termes in Flandern eingefallen. Guise wollte diesen letztern unterstützen, aber theils Meutereien unter seinen meist teutschen Truppen, theils der Herzog von Savoyen, der sich mit spanischen Truppen in Maubeuge festgesetzt hatte, hielten ihn 17 Tage an der luxemburgischen Grenze auf, und diese Verzögerung brachte der nördlichen französischen Armee den Untergang. Paul de Termes war Ende Juni mit 10,000 — 12,000 Mann, halb Teutschen, halb Gascognern, von Calais nach Westflandern vorgerückt, hatte am 6. Juli Dünkirchen erstürmt, sodann Bergues, Saint Winox und Nieuwport genommen; um sich den Truppen gefällig zu erweisen, erlaubte er ihnen die Plünderung des reichen Landes. Die Bewohner flüchteten sich zu Egmont, der rasch mit 12,000 Mann Fußvolkes und 3000 Reitern heranrückte und, von rachedürstenden Bauern geführt, bis Gravelines in den Rücken der französischen Armee vordrang, ehe diese seiner gewahr wurde. Nun begann de Termes den Rückzug, bei welchem er auf Benutzung des seichten Seestrandes zur Ebbezeit rechnen mußte. Am 13. Juli hatte er die Aa und den „neuen Graben" passirt, als er im Centrum und auf dem linken Flügel von der Reiterei des Grafen Egmont angegriffen wurde. Die Gascogner fochten tapfer; weniger entschlossen die Teutschen — da kam eine unerwartete Entscheidung von der See her. Zehn englische Schiffe

*) Vergl. *Val. Andr. Desselii* Bibliotheca Belgica (Lovanii 1643. 4.) p. 364. *J. Echard et J. Quetif*, Scriptores ordinis Praedicatorum. Tom. II. p. 142 seq. Biographie universelle. Tom. LXVI. p. 44.

hatten das Schlachtgetöse vernommen, waren herbeigeeilt und beschossen den rechten Flügel und das Centrum der Franzosen. Die schon bedrängte Armee löste sich in wilde Flucht auf, sämmtliche Führer: de Termes, Villebon, Annebault, Senarpont, der Graf von Chaulnes, Morvilliers, wurden gefangen. Die Mehrzahl der Fliehenden fiel den erzürnten Bauern in die Hände und wurde ohne Unterschied getödtet. Die Franzosen erholten sich nach dieser Niederlage nicht wieder, und es kam bald zu Friedensunterhandlungen, welche am 2. April 1559 mit dem Frieden von Chateau-Cambresis endigten. (*Sismondi de Sismondi*, Histoire des Français. T. XVIII. Ernst Alexander Schmidt, Geschichte von Frankreich, T. II.) Auch das 17. Jahrh. brachte der Stadt viel Kriegslärm. Die Franzosen eroberten Gravelingen im J. 1644 unter Führung des Herzogs Gaston von Orleans; Vauban befestigte die Stadt, welche indessen 1652 durch Erzherzog Leopold wieder genommen wurde. Aber die Franzosen ruhten nicht. Am 23. März 1657 schloß Ludwig XIV. einen Tractat mit Cromwell gegen König Karl II. von Spanien, um gemeinsam Gravelingen, Mardick und Dünkirchen anzugreifen, das erstere sollte dann den Franzosen bleiben, die beiden andern sollte England behalten. Nur die Verbindung mit England und die Langsamkeit der von Don Juan d'Austria befehligten Spanier ermöglichten den kühnen Angriff Türenne's auf Dünkirchen; denn auf dem kahlen Dünensande, wohin der Weg auf überflutheten Dämmen durch die in einen See verwandelte Niederung führte, zwischen jenem überschwemmten Binnenlande und dem Meere, hätte die französische Armee, ohne Verproviantirung durch die englische Flotte, umkommen müssen. Am 4. Juni eröffnete Türenne die Laufgräben gegen die Festung, am 14. Juni schlug er das vereinigte feindliche, aus Spaniern, französischen Emigranten, Irländern, Niederländern bestehende, von Condé geführte Heer; am 25. Juni ergab sich Dünkirchen, dessen Commandant, der Marquis von Leyden, zwei Tage vorher gefallen war. Erst am 27. Juli, nachdem die Operationen durch eine Krankheit des bei der Armee befindlichen Königs aufgehalten worden waren, begann die Belagerung von Gravelingen, welche den Franzosen 8—900 Mann und viele tapfere Officiere kostete. Die Festung ergab sich am 28. Aug. an den Marschall le Ferté; Türenne legte eine Besatzung in dieselbe und drang weiter in Flandern vor. Im pyrenäischen Frieden (7. Nov. 1659) wurde Gravelingen förmlich von Spanien an Frankreich abgetreten und es hat diesem Staate bis jetzt unbestritten angehört. — Bemerkenswerth ist noch, daß Gravelingen der äußerste westliche Grenzpunkt germanischer Sprachgebiete auf dem europäischen Festlande ist: bis hierher reicht das Gebiet der vlämischen Mundart.

(*Otto Delitsch.*)

GRAVELLE (François, Sieur de Fourneaux), französischer Rechtsgelehrter, um die Mitte des 16. Jahrh. geboren, ließ sich nach der Beendigung seiner Studien als Anwalt zu Lyon nieder, wurde aber durch den Einfluß des Staatsrathes Philippe de Mornay, eines der eifrigsten Führer der reformirten Partei, später Advocat am Parlament zu Paris. Er gehörte ebenfalls der reformirten Confession an und mischte sich sogar in theologische Streitigkeiten, indem er die heil. Schrift als einzige Glaubensregel aufstellte und auf dieser Grundlage fußend eine Vereinigung der Katholiken und Protestanten versuchte. Seine Bemühungen blieben aber ebenso ohne Erfolg, wie die Bemühungen anderer Gelehrten, welche ein gleiches Ziel verfolgten. Auch seine politischen Grundsätze scheinen keinen großen Anklang gefunden zu haben, denn seine Politiques royales (Lyon 1596. 12.), worin er gegen Machiavelli's Lehre auftrat, geriethen schnell in Vergessenheit und machten ihn ebenso wenig zu einem berühmten Schriftsteller, als sein Abregé de Philosophie (Paris 1601. 12.). Er starb in den ersten Jahren des 17. Jahrh. zu Paris *).

(*Ph. H. Külb.*)

GRAVELLE (Michel Philippe Levesque de), französischer Kupferstecher in der ersten Hälfte des 18. Jahrh. Er trieb diese Kunst nur aus Vergnügen; sein eigentliches Fach war die Jurisprudenz und er bekleidete die Stelle eines Parlamentsrathes zu Paris. Er ist wol nicht verschieden von dem Parlamentsrathe Louis Gravelle, wie bei andern Kunsthistorikern ebenfalls ein Kupferstecher heißt, welchem sie sieben kleine Blätter mit mythologischen Darstellungen und ein Opfer des Priapus zuschreiben. Diese Kupferstiche gehören wahrscheinlich zu dem von Mich. Phil. v. Gravelle herausgegebenen archäologischen Werke, welches unter dem Titel: Recueil des pierres gravées antiques (Paris 1732—1737. 4. 2 Partt.) bekannt ist. Die Zeichnungen in dieser gesuchten Sammlung von 200 Blättern mit geschnittenen Steinen in gedehnten Umrissen müssen leicht und geistreich genannt werden, aber sie sind ebenso flüchtig und ungewiß und geben keine wahre und richtige Idee der Originale †).

(*Ph. H. Külb.*)

GRAVELOT (Hubert François Bourguignon, d'Anville genannt), vorzüglicher französischer Kupferstecher und Zeichner, ein Bruder des bekannten Geographen d'Anville, am 26. März 1699 zu Paris geboren, erhielt durch die Sorgfalt seines Vaters, eines wohlhabenden Handelsmannes, eine sehr umsichtige Erziehung, fand aber wenig Geschmack an den Wissenschaften, da seine Neigung ihn mehr zu den Künsten hinzog und besonders seine Geschicklichkeit im Zeichnen auch nicht Gewöhnliches in dieser Richtung erwarten ließ. Um diese Anlagen zweckmäßig zu entwickeln, beschloß sein Vater, ihn nach Italien zu schicken, um durch eigene Anschauung die Meisterwerke der Kunst kennen zu lernen, und es gelang seinen Bemühungen, ihm eine Stelle in dem Gefolge des Herzogs von La Feuillade, welcher zum Gesandten bei dem römischen Stuhle bestimmt war, zu verschaffen. Da aber die Gesandtschaft durch unvorhergesehene Umstände nicht zur Ausführung kam, so kehrte der junge Künstler, welcher schon bis nach Lyon vorausgegangen war, nach Paris zurück und führte hier

*) Joh. Chr. Adelung, Fortsetzung und Ergänzungen zu Jöcher's Gelehrten-Lexikon. Bd. II. S. 1666.

†) G. K. Nagler, Künstler-Lexikon. Bd. V. S. 342.

eine Zeit lang ein träges, ausschweifendes Leben. Sein Vater glaubte ihn am besten von dem Abgrunde retten zu können, wenn er ihn zum Seehandel bestimmte, und schickte ihn mit La Rochelard, welcher zum Generalgouverneur von S. Domingo ernannt worden war, nach dieser Insel, um sein Glück zu machen. Die ziemlich bedeutende Summe von 14,000 Livres, welche man ihm zur Gründung eines Geschäftes nachgeschickt hatte, wurde aber von den Wogen verschlungen und dieser Verlust hatte einen so nachtheiligen Einfluß auf die Gesundheit des unglücklichen Anfängers, daß ihn eine schwere Krankheit befiel, die ihn dem Tode nahe brachte, von welchem ihn nur seine Jugend und seine kräftige Natur retteten. Nach seiner Genesung und nach seiner Zurückkunft in die Heimath wandte er sich jetzt, obschon er bereits das 30. Jahr erreicht hatte, seiner früheren Lieblingsbeschäftigung mit großem Eifer wieder zu und übte sich unter Restout's Leitung und von dem Rathe Boucher's unterstützt im Zeichnen und Malen; da er aber in der Malerei keine erklecklichen Fortschritte wahrnahm, so legte er sich ausschließend auf das Zeichnen und die Kupferstechkunst. Paris war jedoch damals mit geschickten Künstlern in diesen Fächern überfüllt und er zog deshalb vor, nach England zu gehen, wo kein so großer Ueberfluß an Künstlern war und wo er 13 Jahre blieb, da die Aufnahme, die ihm dort ward, Nichts zu wünschen übrig ließ. Seine Zeichnungen von Modellen geschmackvoller Ornamente für Bijouterie- und Goldschmiedearbeiten erwarben ihm in London allgemeinen Beifall und eine lohnende Kundschaft; indessen vernachlässigte er die übrigen Fächer der Zeichenkunst nicht, und er verstand auch Figuren zu zeichnen; er brachte es sogar unter den englischen Künstlern dahin, daß sie unter sich eine Akademie gründeten, worin man sich hauptsächlich mit der Darstellung des menschlichen Körpers beschäftigte. Er ließ zu diesem Zwecke bewegliche Gliedermänner zum Gebrauche der Maler und Zeichner verfertigen, schrieb eine Abhandlung über die Perspective und bemühte sich auf jede Weise, die Kunst zu fördern. Er lieferte auch um diese Zeit einige Kupfer zu einer in London besorgten Ausgabe der dramatischen Werke Shakespeare's, welche deshalb jetzt noch von den Kunstfreunden gesucht wird. Als im J. 1745 der Krieg zwischen Frankreich und England ausbrach, begab er sich über Holland, wo er die bedeutendsten Städte besuchte, nach seinem Vaterlande zurück, wo er sich in Paris niederließ und eine Zeichenschule gründete. Autoren und Buchhändler beeilten sich, seine Talente zur Verschönerung ihrer Werke in Anspruch zu nehmen und die von ihm illustrirten Ausgaben sind immer noch geschätzt. Dahin gehören die von Pankoucke besorgten Werke Voltaire's und die Tragödien Racine's von Luneau de Boisjermain; ebenso lieferte er die Kupfer zu den Luxusausgaben von Corneille's dramatischen Werken, von Marmontel's Contes moraux, Boccaccio's Decameron, Ariosto's Orlando furioso, zu Conti's Secchia rapita und dessen Jerusalem. Ferner stach er eine Reihenfolge von 40 kleinen allegorischen Figuren zu den Nummern der Lotterie der Militairschule; bei derselben befinden sich ebenso viele von ihm gedichtete Madrigale, von denen manche sehr glücklich und geistreich ausgefallen sind. Er ist auch der Verfertiger des Textes und der Bilder des von Lattré herausgegebenen Almanach iconologique ou des arts (Paris 1764—1773. 24.), welcher nach Gravelot's Tode von C. N. Cochin fortgesetzt wurde (Paris 1774—1780. 24. 7 Voll.) und später unter dem Titel: Iconologie par figures, ou Traité complet des allégories, emblêmes etc., orné de 208 planches et accompagné d'un texte explicatif par Chr. El. Gaucher (Paris 1796. 8. 4 Voll.) eine neue Auflage erlebte. In allen Zeichnungen Gravelot's, deren Anzahl nicht unbeträchtlich ist, offenbaren sich Fruchtbarkeit des Geistes und genaue Durchführung des Gegenstandes nach allen Theilen; auch zeigt er in der Regel Geschmack, doch darf man bei der Beurtheilung nicht vergessen, daß der Geschmack seiner Zeit nicht gerade der reinste war. Seine Compositionen sind, obgleich sie ein wenig kalt lassen, edel; die Anlagen sind reich und zeigen eine Großartigkeit, welche Vergnügen erweckt, weil er vollkommen die Perspective verstand und die Architektur studirt hatte; die Costüme, sowie die natürliche Beschaffenheit der Pflanzen und die Gestalt der Gegenstände der Industrie sind genau, denn er war in allen diesen Dingen sehr unterrichtet, weshalb ihm auch Voltaire und andere Schriftsteller bei der Illustration ihrer Werke die Wahl der Gegenstände gänzlich überließen. Gravelot war in seiner Jugend sehr ausschweifend, lebte aber in späteren Jahren äußerst eingezogen, und seine einzige Erholung von den Berufsarbeiten war die Lectüre, seine Lieblingsbeschäftigung. Von seiner Hand rühren auch die Cartouche zu den meisten Landkarten seines Bruders her; sie sind stets dem Klima und den Erzeugnissen der Gegenden, welche sie darstellen, angemessen und geschmackvoll. Als eine Eigenthümlichkeit dieses Künstlers muß noch erwähnt werden, daß ihm Druckfehler unerträglich waren und daß er dieselben in allen Büchern, die er las, sorgfältig verbesserte; so soll er in der im Auslande gedruckten ersten Ausgabe von Raynal's Werk über den Handel nach den beiden Indien über 3000 Fehler corrigirt haben. Er starb am 20. April 1773 zu Paris. Er war zwar zweimal verheirathet, scheint aber keine Nachkommenschaft hinterlassen zu haben. Seine Zeichnungen wurden von den besten Künstlern seiner Zeit in Kupfer gestochen *). (*Ph. H. Külb.*)

GRAVENBERG (Wirnt [1]) von), Verfasser eines mittelhochdeutschen Gedichts: „Wigalois oder der Ritter

---

*) Dictionnaire historique par *L. M. Chaudon* et *F. A. Delandine*. Tom. V. p. 551. Biographie universelle. Tom. XVIII. p. 342. (Nouv. éd. Tom. XVII. p. 381.) G. K. Nagler, Künstler-Lexikon. Bd. V. S. 342. Biographie générale. Tom. XXI. p. 742.

1) Dieser Taufname kommt nicht oft vor. Schmeller in seinem Altbayerischen Wörterbuche (Bd. 4. S. 157) glaubt, daß er von wisant, wisent (Auerochse) herrühre, indem Namen von edlern Thieren häufig zu Eigennamen von Personen gewählt worden wären und der Wisant weiland in Teutschland ein Hauptgegenstand der Jagd gewesen sein mochte. Der Name wird mitunter auch Wirin oder Wiren geschrieben. Die letztere Schreibart ist

mit dem Rade" [2]), einer der geistreichsten Nachahmer Hartmann's von der Aue, der zuerst mit Glück die Artussage durch seine geistreiche Bearbeitung altfranzösischer Gedichte in Deutschland einführte [3]). Gravenberg's Leben fällt in die Zeit des 13. Jahrh. Er war von Geburt ein Franke. Seine Stammburg erhob sich über dem Städtchen Gräfenberg [4]). Von seinen Lebensumständen haben sich, wie bei den meisten Dichtern des Mittelalters, nur dürftige Nachrichten erhalten. In seiner Jugend lebte er, wahrscheinlich als Edelknabe, an dem Hofe Berthold's IV., Herzogs von Meran, bei dessen Tode (1204) er, nach seiner eigenen Angabe [5]), gegenwärtig war [6]). Er schildert den Schmerz der edlen Töchter des Hauses, die er mit Recht „als Frauen wohlgethan, geboren von der höchsten Art" bezeichnet [7]). In gleicher Eigenschaft, als Edelknabe, scheint Gravenberg auch bei dem Herzoge Heinrich von Meran geblieben zu sein, der 1228 zu Greifen am Chiemsee starb, nachdem er kurze Zeit vorher der Hochzeit Herzog Otto's II. von Baiern beigewohnt hatte [8]). Daß Gravenberg in dem vorhin genannten Jahre (1228) einen Kreuzzug mitgemacht habe [9]), erfahren wir aus dem vorhin erwähnten Gedichte Konrad's von Würzburg: Der werlde lon (Der Welt Lohn). Sein Name kommt noch vor in einer Urkunde vom Jahre 1217, wo er als Zeuge neben Herrn Otto von Trepach erwähnt wird. Wo und wann er gestorben, ist unbekannt. Ein hohes Alter scheint er nicht erreicht zu haben; denn Rudolf von Ems, Dienstmann zu Montfort, erwähnt ihn in seiner 1240 geschriebenen Weltchronik als einen bereits Gestorbenen.

Etwa sechs Jahre nach dem Iwein Hartmann's von der Aue und bald nach dem Erscheinen der ersten fünf Bücher von Wolfram von Eschenbach's Parcival scheint der Wigalois gedichtet worden zu sein. Wie die eben erwähnten Gedichte gehört auch dies zu dem bretonischen Fabelkreise vom König Artus und seiner Tafelrunde. Die Zeitbestimmung (1208—1210) ergibt sich aus dem Umstande, daß die Dichtung sich als erste Arbeit eines noch jungen Mannes ankündigt. In der bereits erwähnten poetischen Erzählung Konrad's von Würzburg (Der werlde lon) wird Gravenberg als ein angesehener, feingebildeter, wohlhabender Ritter geschildert. Aber die Welt mit ihren eitlen Freuden bot ihm keinen Genuß. Sie erschien ihm, nach seinen eigenen Worten, als „ein von vorn betrachtet wunderschönes, verlockendes Weib, von hinten aber bedeckt mit Nattern, Aussatz und ekelm Gewürm." Diese trübe Lebensansicht mochte ihn wol bewogen haben, das Kreuz zu nehmen, um seiner Seele das ewige Heil zu verschaffen.

Aus den vielen reflectirenden Stellen seines Gedichts ergibt sich Gravenberg's liebenswürdiger Charakter und seine edle Gesinnung. Ungemein anziehend ist die Schilderung, welche Konrad von Würzburg in seinem Gedichte: „Der Welt Lohn" von dem Dichter entwirft. Konrad war Gravenberg's Landsmann, wol noch zu dessen Lebzeiten geboren, mochte in seiner Jugend wol den Ruhm des Mannes haben verkündigen hören, dessen Andenken gewiß noch lange in seiner Heimath fortlebte. Auf Treue und Wahrheit darf Konrad's Schilderung schon deshalb Anspruch machen, weil sie genau mit dem Bilde übereinstimmt, das uns in dem Wigalois selbst entgegentritt [10]). In seiner Schilderung, die einen ungemein wichtigen Beitrag zu Gravenberg's Charakteristik liefert, sagt Konrad von ihm:

Sein Leben war so vollbracht,
Daß sein gute Rede ward gebracht
In allen deutschen Landen.
Er hatte sich vor Schanden
All' seine Zeit bewahrt.
Bieder war er, und gut von Art,
Schön und jeder Tugend voll,
Womit vor der Welt sich soll
Ein Mann erjagen höchste Preise.
Das konnte der Ritter in aller Weise
Klüglich wohl erfahren.
Man sah ihn stets nach Gewinst trachten,
Und ausgewählte Kleider tragen,
Birschen, beizen und jagen
Konnt' er, und trieb das viel.
Schachzabel und Saitenspiel
Das machte ihm kurz Weile;
Ja, wär' er über tausend Meilen
Gesagt von einer Ritterschaft,
Er wäre mit frischer Kraft
Und gutem Willen hingeritten,
Und hätte freudig da gestritten
Um Lob und edler Minne Sold.
Er war den Frauen also hold,
Daß er in seinen Jahren
Solchen, die wohlgezogen waren,
Mit dauernder Treue froh
Stets gedient also,
Daß alle wohlgethanen
Frau'n von Herzen ihn minnten,
Und rühmten ihn mit höchstem Preise [11]).

---

vielleicht die richtigere. In einer poetischen Erzählung Konrad's von Würzburg: Der werlde lon (Der Welt Lohn) heißt es:

Von Gravenberc her Wirnt
Brachte von ir wol zwirn (zweimal).

Siehe Docen in den Miscellaneen zur Geschichte der deutschen Literatur. Bd. 1. S. 69. Grathe in den Deutschen Gedichten des Mittelalters. Bd. 1. S. 530 fg. 2) So genannt, weil er ein Rad in seinem Wappen führte. 3) Siehe über ihn Gervinus in s. Geschichte der deutschen Nationalliteratur. Bd. 1. S. 501 fg. u. a. O. Grathe a. a. O. Bd. 1. S. 363 fg. 4) Jetzt eine Poststation auf dem Wege von Nürnberg nach Baireuth. 5) Siehe Wigalois V. 8065. 6) Siehe den Wigalois, herausgegeben von Franz Pfeiffer (Leipzig 1847) S. 208. Z. 38 fg. 7) Die eine der fürstlichen Töchter war die Königin von Ungarn, Mutter der heiligen Elisabeth; die zweite König Philipp August's von Frankreich vielgeliebte Gemahlin Agnes; die dritte Herzogin Hedwig die Heilige von Breslau, und die vierte Aebtissin von Kitzingen. 8) Ettmüller's Handbuch der deutschen Literaturgeschichte S. 208. 9) Siehe Docen im Museum für altdeutsche Literatur und Kunst, herausgegeben von v. d. Hagen und Büsching. Bd. I. Heft 1. S. 165.

10) Vergl. Fr. Pfeiffer in der Vorrede zu s. Ausgabe des Wigalois S. XIV. 11) Die vorhin erwähnte auffallende Sinnesänderung des lebensfrohen, rüstigen Mannes läßt sich nicht erklären. Vielleicht war es Verstimmung des Gemüths, oder manche Verlockungen zur Sinnlichkeit, die mit seinem moralischen Rigorismus nicht übereinstimmten, was ihn bewog, der Weltlust gänzlich zu entsagen und sich durch seine Theilnahme an einem Kreuzzuge sein Seelenheil zu sichern.

Wie uns die Bücher bewîsen,
Und ich von ihm geschrieben fand,
Von der Ritter genannt
Herr Wirnt von Grafenberg.

Daß sein poetisches Talent war durch Lectüre geweckt worden, unterliegt kaum einem Zweifel. Die Dichtungen seines berühmten Zeitgenossen Hartmann's von der Aue begeisterten ihn. Lobend gedenkt er auch Wolfram's von Eschenbach. Nicht glaublich ist jedoch, daß er Gottfried's von Straßburg Tristan gelesen habe, ein Gedicht, das gleichzeitig mit dem Wigalois entstand. Von Hartmann von der Aue ist ihm der „Erec" [12]) und der „Iwein" [13]) bekannt, zwei Gedichte, die er beide im Wigalois erwähnt. Von Wolfram von Eschenbach scheint er blos die fünf ersten Bücher des Parcival [14]) gekannt zu haben, die gerade erschienen, als er ungefähr die Hälfte des Wigalois vollendet hatte. Daraus ergibt sich, daß, wie bereits früher erwähnt worden, die Entstehung seines Gedichtes in die Jahre 1208—1210 fällt. Daß der Wigalois sein erstes Werk war, sagt der Dichter selbst [15]). Daraus folgt aber nicht, daß er das Werk in seiner Jugend gedichtet habe. Weder der darin herrschende Lebensernst, noch die gereifte Erfahrung und Menschenkenntniß, noch das verständige, besonnene Urtheil scheint mit dieser weit verbreiteten Meinung zu harmoniren. Mit dem, was man heutzutage unter Jugend versteht, bilden diese Eigenschaften den auffallendsten Contrast.

So trefflich auch Gravenberg's Gedicht im Einzelnen ist, vermißt man doch, wie in den Erstlingsarbeiten selbst von reichbegabten Dichtern, im Wigalois den Grad von Reife, den ein Kunstwerk verlangt. Was selbst bei großem Talent nur durch fortgesetzte Uebung überwunden werden kann, ein störendes Mißverhältniß zwischen Stoff und Behandlung, das richtige Ebenmaß in dem Entwurfe und der Entwickelung des Stoffes und seiner Uebereinstimmung mit der Idee des Ganzen zeigt sich auch in Gravenberg's Dichtung. Eine sehr richtige Bemerkung macht hier Pfeiffer [16]). „Wie ganz anders," sagt er, „würde der ganze Eindruck des Gedichtes sein, wenn die vielen hier und da eingestreuten, an und für sich vortrefflichen Gedanken und Sentenzen ein nothwendiger Bestandtheil der Erzählung, eine naturgemäße Folge der Situation bildeten, während sie damit nur in losem Zusammenhange stehen und die Erzählung manchmal selbst zur Unzeit unterbrechen. Freilich hätte dann die Fabel fast eine andere sein müssen, um Gravenberg's Neigung zu mehr didactischer Behandlung einen freiern Spielraum zu gewähren." Nach den vielen moralischen Reflexionen scheint es beinahe, Gravenberg habe statt eines epischen Gedichtes ein didactisches schreiben wollen.

Ein bedeutender Nachtheil in Bezug auf die gleichförmige Behandlung seines Stoffes entstand für Gravenberg daraus, daß er, statt eine geschriebene Quelle zu benutzen, sich mit mündlicher Ueberlieferung begnügte, mit der Erzählung eines Knappen. Am Schluß des Wigalois sagt er darüber:

Der Erzählung End' ist dies,
Wie mich's ein Knappe wissen ließ,
Der mir's nachzudichten gannte.
Von keinem als aus seinem Munde
Vernahm ich den Bericht.
Deshalb erfuhr ich Manches nicht,
Was hie und da sich noch begeben.

Obgleich sich Gravenberg über die Unzuverlässigkeit seiner Quelle beklagt, scheint er ihr doch, in sofern sie Thatsachen betraf, treu geblieben zu sein. Dies läßt sich kaum bezweifeln. Mit dem Geiste und der Denkweise seines Zeitalters stimmte jedoch die einseitige Benutzung einer mündlichen Erzählung so wenig überein, daß man ihn sogar des Leichtsinns beschuldigte. Aber gerade aus diesem Abweichen von der üblichen Gewohnheit scheint hervorzugehen, wie lebhaft der Dichter seiner geistigen Kraft und seines poetischen Talents sich bewußt war. Da wir übrigens nicht erfahren, auf welche Weise der Knappe zu dem Besitz der „Aventiure" gelangt war, so bleibt freilich der Phantasie der freieste Spielraum zu allerlei Vermuthungen gelassen.

Man hat unter andern gemeint, die nächste Quelle des Wigalois sei das Lied eines französischen Troubadours gewesen. Dieser Umstand muß jedoch unerörtert bleiben, so lange wir auf die Fragen über die Heimath, sowie über die Form und die Sprache, in welcher Gravenberg's Gewährsmann die Sage hatte vortragen hören, keine sichere Auskunft zu geben vermögen [17]). Ein englisches Gedicht, das den Titel: Ly beaus disconnus (Der schöne Unbekannte) führt, weil er auf des Königs Artus Frage nach seinem Vater diesen nicht nennen konnte, beruft sich auf eine französische Erzählung (frensch tale). Der Held jenes Gedichtes [18]) wird Geynlein genannt, was mit Wigalois, d. i. Guido Galois, synonym zu sein scheint [19]). Aber dies Gedicht ist von keinem hohen Alter und weicht so wesentlich ab von Gravenberg's Dichtung, daß man wol denen beistimmen muß, die eine auch nur mittelbare Verwandtschaft beider Gedichte geradezu in Abrede stellen. Frankreich, durch dessen Vermittelung fast alle Artussagen nach Deutschland gekommen, hatte allerdings die größern Ansprüche darauf, auch diese uns zugeführt zu haben. Von einem altfranzösischen Gedichte gleichen Inhalts mit dem Wigalois hat sich jedoch bisher keine Spur gezeigt.

Nur aus der weit verbreiteten mittelalterlichen Erzählung vom Ritter mit dem Rade, die ein Zweig des

12) Herausgegeben von M. Haupt. Leipzig 1839. 13) Herausgegeben von K. Lachmann. Berlin 1827. 2. Aufl. Ebendas. 1843. Wörterbuch zum Iwein von G. F. Benecke. Göttingen 1833. 14) Siehe dies Gedicht in Müller's Sammlung altdeutscher Gedichte (Berlin 1784) und in der von K. Lachmann besorgten Ausgabe von Wolfram's von Eschenbach Werken.

15) Der dies hat gedichtet,
Und wohl in Reime gerichtet,
Denn dies ist sein erstes Werk,
Er heißt Wirnt von Gravenberg.

16) In der Vorrede zu seiner Ausgabe des Wigalois S. XV.

17) Vergl. Pfeiffer a. a. O. S. XXIII. 18) Man findet es gedruckt in Ritson's Metrical Romances. Vol. II. p. 1—90. 19) Siehe Vilmar's Handbuch der deutschen Literaturgeschichte S. 209.

mächtigen Stammes ist, den die Artussage in England, Frankreich und Teutschland getrieben, läßt sich, obgleich genaue Nachweisungen fehlen, einigermaßen der Umstand erklären, daß in Gravenberg's Gedicht unter den Rittern der Tafelrunde auch ein teutscher Held, der Graf Hoyer von Mansfeld, genannt wird [20]). Der Graf, Kaiser Heinrich's V. Oberfeldherr, war 1115 von der Hand des jungen Grafen Wipprecht von Groitsch in der Schlacht am Welfesholze gefallen, die er gegen die empörten sächsischen Fürsten lieferte. Zwei Jahre vorher hatte Graf Hoyer die Sachsen bei Warnstedt geschlagen und den Vater Wipprecht's gefangen genommen. Dafür war er vom Kaiser mit dem Herzogthume Sachsen belehnt worden. Weil er aber fürchtete, diese Hoffnung durch eine Aussöhnung scheitern zu sehen, brach er die schon angeknüpften Unterhandlungen ab und begann eigenmächtig die Schlacht, in der er den Tod fand. Auf dem Schlachtfelde (zwischen Hoststedt und Wiederstedt, in der Gegend von Eisleben) errichteten die Sachsen eine Kapelle und stellten in derselben die Bildsäule eines mit Schild, Keule und Helm bewaffneten Mannes auf, welchen die Bauern den heiligen Thyodul nannten. Ihn, den Grafen, hatten die Verbündeten mehr gefürchtet als das ganze Heer des Kaisers. Sein Andenken lebte noch lange im Gedächtniß des Volkes, mit Sagen und Wundern ausgeschmückt. Man erzählte von ihm, seine Mutter sei vor seiner Geburt gestorben, und er habe ohne fremde Hilfe sich ihrem Schooße entwunden [21]). Daher sei sein Spruch gewesen:

Ich, Graf Hoyer, ungeboren,
Hab noch keine Schlacht verloren [22]).

Im Wigalois wird sein Ruhm von Gravenberg in den Versen verkündet:

Der Graf war stolz und reich.
An Tapferkeit ihm gleich
War Keiner in der ganzen Schar.
Es hatte durch ihn, das ist wahr,
Mancher sein Leben schon verloren.
Zu Mansfeld war er geboren,
Der Graf Hoyer genannt.
Durch Tapferkeit in fremdes Land
War er gefahren weit und viel:
Ritterschaft war all' sein Ziel.
Wie ich euch nun melden will,
Hatt' er Ehren im Sangenspiel
Erworben mit seiner Hand.
In Hispanien war er wohl bekannt,
Obgleich in Sachsen geboren.
Er hielt daheim verloren
Jeden kampflosen Tag,
Weil mit Muße Keiner mag
Hohen Ruhm erwerben.

Gravenberg's Interesse für die Sage vom Ritter mit dem Rade, in welche der Dichter den Grafen Hoyer verflochten hatte, muß groß gewesen sein, weil er sich mit einer Art von Fortsetzung seines Gedichts beschäftigte. Am Schlusse des Wigalois berichtete er, daß er eine noch viel wunderbarere „Aventiure" kennen gelernt habe, worin die Abenteuer von Wigalois' Sohne Lifort Gavanides (nach seinem Großvater Gavan so genannt) erzählt würden. Zu der Bearbeitung jener Sage, meint der Dichter, gehöre aber ein geschickter Mann, der „wilde Worte und fremde Namen zähmen könnte." Er sei bereit, einem solchen den zu nennen, der das Buch besitze, und der ihm gern gestatten werde, es aus dem Französischen ins Teutsche umzudichten. Er selbst fühle sich nicht kräftig genug, Sprache und Stoff zu bewältigen. Dennoch würde er es wagen, wenn man ihn dazu aufmunterte, und wenn sein erstes Werk „den Beifall der Weisen" zu erringen im Stande wäre. Zur Erläuterung mögen des Dichters eigene Worte hier folgen. Ich gestehe, sagt er:

Daß eine solche Mähre
Zu wilde für mich wär',
Zu verworren und schwer,
Zu wundersam zu dichten,
Als daß ich die Geschichten
In Reime könnte stellen.
Viel Dunkel muß erhellen,
Wer sie gehörig dichten will.
Die Mähr ist tiefer Weisheit Ziel. —
Der Lasie Sohn ward genannt
(Sein Nam' ist weit bekannt)
Lifort Gavanides.
Ritters That und Mannheit (deß
Gibt sie Kunde) strahlte nimmer
Der Welt in hellerm Schimmer.
Er konnte mit großer Kraft den Speer
Hurtig nach des Wunsches Begehr
Im Kampf der Schlachtreihe brechen;
Durch harte Schilde stechen. —
Den Sieg erkämpft' er in harten Streite,
Wunden schlug er weite rc.

Nicht blos aus den vorhin erwähnten Gründen scheint die Ausführung seiner poetischen Idee unterblieben zu sein. Es fehlte ihm nicht an Muth, sich, wenn auch nicht an diese, so doch irgend eine neue Arbeit zu wagen, und er überließ sich der Hoffnung, daß sie ihm gelingen werde. Wechselnde Stimmung scheint ihn indessen wie-

20) Die Entstehung der Sage von dem Ritter mit dem Rade reicht ins hohe Alterthum zurück, wenn anders die Angaben richtig sind, die dem Engländer Gildas (um 860) die Abfassung mehrerer Schriften beilegen. Unter diesen Schriften (De rege Arthuro et de sepulchro ejus incognito; De milite Leonis, de Percevallo et Lancelato u. a.) s. *Balei* Catal. script. illustr. M. Britanniae. Cent. II. Cap. 21. Unter diesen Schriften befindet sich auch eine: De milite quadrigae, unter welchem nach Docen's Vermuthung der Ritter mit dem Rade zu verstehen ist. 21) Auch Shakespeare erwähnt, daß der Held eines seiner Trauerspiele, Macduff, vor der Zeit aus seiner Mutter Leib geschnitten worden, und er daher in seinem Kampfe unterliegen werde. Macbeth spricht zu seinem Gegner, dem jungen Siward:

Ward'st du vom Weib geboren?
Der Schwerter lach' ich, spotte der Gefahr,
Die mir ein Mann droht, den ein Weib gebar.

Siehe Shakespeare's Werke, übersetzt von A. W. Schlegel und ergänzt von L. Tieck. Th. 9. S. 346. 22) Noch zu Anfang des 18. Jahrh. war unweit des Schlachtfeldes der Stein zu sehen, in welchen der Graf vor der Schlacht, aus welcher er nicht wieder zurückkehrte, mit den Worten hineingegriffen: „So wahr ich in diesen Stein wie in einen Wachsteig greife, so wahr will ich diese Schlacht gewinnen." Siehe des Grafen W. v. Baudissin Anmerkungen zu seiner Uebersetzung des Wigalois (Gwi von Waleis) S. 531 fg. Vergl. Heinrich Döring's Thüringerchronik S. 182 fg. A. Hobohm in dem von Fr. v. Sydow herausgegebenen Werke: Thüringen und der Harz. Bd. 6. S. 111.

der muthlos gemacht zu haben und ein fester Entschluß in ihm durch die Betrachtung unterdrückt worden zu sein, daß der Welt Freude und Ehre keinen Bestand habe, und das Jagen nach irdischem Ruhm eitel und trügerisch sei. Am Schlusse des Wigalois sagt der Dichter:

Fänd' ich Hörer mit reinem Muth,
Möcht' ich die Mähre schmücken,
Sie zerlegen in Stücken
Und versuchen, sie frisch zu leimen
In ganzen neuen Reimen.
Doch wähn' ich, das geschieht wol nimmer,
Denn finster wird die Welt und schlimmer.
Weh', daß ihr alle Freude schwindet!
Von Gelarm und von Gewalt entzündet
Ist selbst der Ritter höchster Orden.
Ich bin wol inne worden,
Daß der Welt Ehre hinkt,
Und ihre Freude sinkt.
Das zeigt der Menschen Bosheit,
Habsucht, Geiz und Neid;
O weh! das ist mein bitteres Leid.

Durch die Gemüthsstimmung, die sich in diesen Versen ausspricht, unterscheidet sich Gravenberg wesentlich von einem der berühmtesten Dichter seiner Zeit, Hartmann von der Aue. Ihm fehlte der harmlose Frohsinn dieses Dichters, der keine Klage und keine finstern Grillen kannte. Mit der didaktischen Richtung seines Geistes, die ihn im Wigalois die monotone Erzählung durch oft wiederkehrende moralische Betrachtungen und Gefühle unterbrechen ließ, trat bei Gravenberg zugleich der Mismuth über die Gegenwart ein und der sehnende Rückblick auf die alte Zeit. Nicht blos in den vorhin erwähnten Versen, auch an andern Stellen seines Gedichts klagt er, „daß das höchste Leben der Erde, das Ritterthum, in Räuberei ausgeartet sei, daß der einfache alte Minnedienst verschwunden, daß die Beständigkeit zum Spott geworden, die Gottesliebe aufgegeben, die Gewalt gekrönt und statt der Redlichkeit die Habsucht eingerissen sei." In wenigen Gedichten des Mittelalters ist die Moral des Ritterthums so erkennbar, wie im Wigalois, unter andern in den guten Lehren, die Gawein seinem Sohne gibt. Dabei hält er sich aber völlig frei von dem mystериösen Zuge nach einem heiligen Leben, wie derselbe in Wolfram von Eschenbach's Percival hervortritt, und ebenso von der Weichheit in Gottfried's von Strasburg Tristan. Zu bedauern ist nur, daß diese milde und zugleich kräftige Sinnesart im Wigalois so sehr außerhalb der Erzählung sich kund gibt und die epische Tendenz von der didaktischen Kunst so ganz geschieden bleibt. Immer läßt er es sich angelegen sein, seine Menschenkenntniß, seine Sagen- und Dichterkunde in moralischen Principien anzubringen, wenn er sich auch schüchtern nur an die Guten wendet, und es aufgibt, die Bösen zu belehren. Wo aber aus eigener Lebenserfahrung die Sätze aus seiner Feder fließen, ist die Darstellung frisch und der Ausdruck bezeichnend. Eine klare und aufrichtige Seele blickt überall hervor, und ein heller erleuchteter Kopf, was beides ihn ungemein liebenswürdig macht.

Nicht in dem Maße, wie er es wol verdiente, ist Gravenberg's poetisches Talent anerkannt worden. Geschadet hat es ihm, daß man ihn einen bloßen Nachahmer Hartmann's von der Aue, oder, wie sich ein geistreicher Schriftsteller ausdrückt, den „treuesten Widerschein" genannt hat. Das wäre ebenso richtig, als wenn man das mittelhochdeutsche Gedicht Gudrun [23]) die Nebensonne der Nibelungen nennen wollte. Daß Hartmann's Iwein dem Dichter in seinem Wigalois zum Vorbilde gedient hat, unterliegt keinem Zweifel. Gewagt aber scheint in jedem Falle die Behauptung: wer den Iwein gelesen, dem müsse der Wigalois als eine in Ton und Sprache fast ängstlich treue Copie vorkommen. Dafür sprächen nicht nur einzelne Zeilen, sondern häufig ganz ähnliche Situationen, in gleicher Art aufgefaßt und ausgeführt. Von einer Copie im eigentlichsten Sinne dieses Worts zeigt sich in dem Wigalois kaum eine Spur. Die wenigen Verse, aus dem Iwein, dem Percival u. a. Dichtungen entnommen, dürften bei einem Gedichte von etwa 12,000 Zeilen wol kaum in Anschlag zu bringen sein. Was Gravenberg als rechtmäßiges Geisteseigenthum auszeichnet, dürfte wol an poetischem Werth sich mit dem messen können, was er scheinbar entlehnt hatte. Auch sind dies nicht die Stellen, durch die der Wigalois sich ausgezeichnet [24]). Fast noch größere Verdienste als Hartmann von der Aue erwarb er sich durch die in seinem Gedichte enthaltene Sammlung schätzbarer Notizen über die Trachten, Sitten und Gebräuche seiner Zeit. Aber dies Gedicht hat auch sonst noch viele Vorzüge. Auf eine wahrhaft anmuthige Weise ist von Gravenberg die ganze höchst mannichfaltige Geschichte, worin sich ritterliche Treue und Edelmuth, zarte Frauenliebe und Frauentreue herrlich abspiegeln, behandelt und ausgeführt worden [25]). Zarter als hier ist kaum in einem andern Gedichte des 13. Jahrh., in dem „Winsbeke und der Winsbekin" [26]), die Verehrung des schönen Geschlechts aufgefaßt, wo es heißt: „sie sind der Welt Zierde und Würde, die Gott mit seiner Gnade, als er sich dort Engel erschuf, uns hier zu Engeln gab, an denen alle unsere Seligkeit liegt, mit der Krone geschmückt, in die viel edle Steine und Tugenden gesenkt sind, deren Liebe unsere Herzen heilt und heiligt und reinigt, vor der unser Gram und Kummer wie Thau vergeht."

Ein bereits erwähnter Zug, durch den sich Gravenberg von seinem Vorbilde Hartmann von der Aue unterscheidet, muß hier in Beziehung auf den Inhalt seiner Dichtung nochmals hervorgehoben werden. Es ist die Manier, seine Erzählung mit steten Bemerkungen zu begleiten, wie sie ihm eben seine Sagen- und Dichter-

23) Herausgegeben von F. H. v. d. Hagen in den Deutschen Gedichten des Mittelalters. Bd. 1, von K. Ziemann (Quedlinburg 1835), von L. Ettmüller (Zürich 1841), von Müllenhoff (Kiel 1845) und von A. J. Vollmer (Leipzig 1845) als fünfter Band der Dichtungen des deutschen Mittelalters. Uebersetzungen erschienen von San Marte (A. Schulz), Berlin 1839, und von A. Keller, Stuttgart 1840. 24) Vergl. Pfeiffer in dem Vorworte zu seiner Ausgabe des Wigalois S. XVI. 25) Vergl. Kunisch in s. Handbuche der deutschen Literatur. Th. 3. S. 119. 26) Herausgegeben von Benecke in s. Beiträgen zur altdeutschen Literatur S. 459 fg., von v. d. Hagen in den Minnesingern. Th. 1. S. 364 fg. und von Moriz Haupt. Leipzig 1844.

kenntniß eingegeben haben möchte. So enthält gleich die Einleitung des Gedichts eine Variation von dem Thema sämmtlicher Einleitungen in die Gedichte dieser Gattung, aber zugleich mit vielfachen Beziehungen auf ihn selbst. Wie seine Vorgänger wendet sich Gravenberg zu dem Guten und Reinen und weg von dem Falschen. Sogleich aber geht er über auf seine Fähigkeiten und Bestrebungen. Es fehle ihm am Sinne; mit nicht großem Erfolge habe er früh nach der Gunst und dem Beifall der Weisen gestrebt; sein großes Unheil und seine geringen Geistesgaben hätten das gemacht. Dankend müsse man sein gutes Streben anerkennen; der Gedanke habe ihn gelockt, daß mancher Reiche seinen Schatz verschließe, und daß, wenn er, der Arme, etwas Gutes leiste, man es darum um so mehr anerkennen werde. Was frommt, sagt er:

> Dem reichen geiz'gen Mann,
> Der alle Welt sein Gut mißgönnt,
> Ob er tausend Mark
> Unter Schlössern und Riegeln barg
> Tief in Truhen verschlossen?
> Wer mag des Geldes genießen,
> Will er's nicht mittheilen und geben?
> Der Lockung folgt' ich eben,
> Wie ich, lässig und gemach,
> Mein Versäumniß übersah,
> Und ward zur That und Arbeit schwach.

Sein Geld will er nicht „vor die Schweine werfen;" er spricht zu denen, die gute Rede lieben; die ziehen daraus Gewinn für ihr geistiges Heil. Zu den Bösen will er nicht reden, die wol die Ohren her-, aber die Herzen wegwenden. Lieber will er seine Rede in den Wald schreien und sich am Echo ergötzen. Die einzige Aufgabe eines Kunstwerkes bestehe darin, den Guten gute Lehren zu geben und den Trauernden süße Linderung zu schaffen. Treffend bemerkt hierüber ein neuerer Kritiker [27]): „So hätten die Griechen den Zweck ihrer Poesien nicht eingeschränkt, sondern ihn auch auf die Besserung der Schlimmen ausgedehnt, wie ihn Aristophanes dem Aeschylos in den Mund legt, der die Poeten als Lehrer der Erwachsenen betrachtet, die sie strafen und ermahnen und auf Besserung der Menschen ausgehen läßt, und jede gute und weise Einrichtung und jede edle und schöne Tugend von ihnen und ihren Liedern herleitet. Man sieht," fügt jener Kritiker hinzu, „es ist das duldende weibliche Princip in dieser Poesie, was hier im Moralischen an jeder kräftigen Wirkung verzweifelt, und geradezu die Dichtung nur für eine trauernde, versenkte, sinnige, anschauliche Stimmung vorzüglich berechnet nimmt."

Um Gravenberg's Gedicht dem wesentlichen Inhalte nach kennen zu lernen, wird ein gedrängter Auszug hinreichen. Die Erzählung beginnt mit dem Erscheinen eines unbekannten Abenteurers an König Artus' Hofe [28]). Von dem Fremden wird der Königin ein wundervoller Gürtel zum Geschenk angeboten. Da sie ihn nicht annehmen will, besteht der Fremde auf Kampf. Die Ritter des Königs Artus nehmen die Aufforderung an, werden aber einer nach dem andern besiegt, zuletzt auch Gawein, ein stattlicher Ritter und Schwestersohn des Königs. Der Unbekannte führt den gefangenen Gawein von dannen in ein fremdes Land, wo er ihn gastfrei aufnimmt und ihn zuletzt mit seiner eigenen Nichte Florie vermählt. Nach einem halbjährigen Aufenthalte daselbst wird indessen Gawein von einer unwiderstehlichen Sehnsucht nach des Königs Artus Hofe ergriffen. Er nimmt Abschied von seiner Gemahlin und verspricht, bald wiederzukehren. Glücklich erreicht er wieder den Hof des Königs Artus, kann aber von da aus das unbekannte, von Bergen umschlossene Land, worin seine Gemahlin wohnt, nie mehr wiederfinden. Unterdessen hat die zurückgelassene Florie von Gawein einen Sohn, den Wigalois, geboren. Als dieser zum Jüngling herangewachsen, beschließt er, seinen Vater aufzusuchen, und nimmt von seiner trauernden Mutter Abschied. Er gelangt an den Hof des Königs Artus und wird von diesem gastfreundlich aufgenommen und sogar zum Ritter geschlagen, aber ohne daß er daselbst seinen Vater wiedererkennt oder von ihm wiedererkannt wird. Bald darauf wird Artus von einer auswärtigen jungen Fürstin um Hilfe und Beistand angefleht. Es war dies Larie, die junge Königin von Korntin, welche von Roaß, einem der benachbarten wilden Heidenfürsten, ihres Vaters und ihres Landes beraubt worden war. Wigalois macht sich auf den Weg, gelangt nach mancherlei unterwegs bestandenen Abenteuern zu ihr und übernimmt ihre Beschützung. Nach mancherlei Fehden, Zügen und Streiten gelingt es ihm, nicht blos den Roaß, der sich auf der Burg zu Korntin durch teuflische Zauberkünste gesichert hat, zu erschlagen, sondern auch mit Hilfe Gawein's und anderer Ritter die übrigen Feinde zu besiegen, worauf er Larie's Hand und mit ihr die Burg und das Land ihres Vaters als Eigenthum erwirbt. Florie, seine Mutter, war unterdessen vor Kummer und Gram um den verloren geglaubten Gemahl und Sohn in ihrer Heimath gestorben. Wigalois nimmt sofort mit seiner jungen Gemahlin seinen Sitz auf der Burg zu Korntin, und beschließt in der Folge dort sein Leben ruhig und glücklich.

Neben einer durch Wechsel der Situationen und durch blühende Schreibart ungemein anziehenden Darstellung fehlt es dem Gedichte auch nicht an einem Art poetischer Gerechtigkeit, indem der wilde Zauberer und Heide Roaß zuletzt nach seinem Falle vom Teufel abgeholt wird. Für Gravenberg's Fleiß und Ausdauer spricht die Länge des Gedichts. Es besteht aus 11,708 gereimten Versen. Eine metrische Eigenthümlichkeit des Wigalois, die sich weder bei Hartmann von der Aue, noch bei Gottfried findet, sind die drei Reime, mit denen die einzelnen Absätze schließen. Dies abgerechnet, ist der Versbau ganz dem des Iwein Hartmann's von der Aue nachgebildet. Daß Gravenberg es unterlassen, seinem Werke die letzte Feile zu geben, zeigen besonders in der zweiten Hälfte seines Gedichts mehrere Verstöße gegen Reim und Vers. In dieser Hinsicht erlaubt sich Graven-

27) Gervinus in s. Geschichte der poetischen Nationalliteratur der Deutschen. Th. 1. S. 337. 28) Vergl. Kunisch in s. Handbuche der deutschen Sprache und Literatur. Th. 3. S. 117 fg.

berg überhaupt allerlei Freiheiten, die einem Süddeutschen widerstrebt haben würden. Er hat überhaupt in seiner Metrik Vieles mit andern fränkischen Dichtern gemein, deren Gehör und Gefühl weniger fein gebildet war als das der Schwaben und Alemannen.

Diese Mängel scheinen von Gravenberg's Zeitgenossen wenig beachtet oder gänzlich übersehen worden zu sein. Wenigstens thaten sie nicht dem Beifall Eintrag, der dem Gedicht von ihnen gezollt ward, und in dem sich dasselbe auch noch später erhielt. Sein Name wird zwar nicht so oft genannt wie der manches andern Dichters; aber es fehlt nicht an Zeugnissen, die seiner und seines Werkes rühmend gedenken. Bis zu Ende des 14. Jahrh. scheint die Sage, die Konrad von Würzburg im 13. poetisch behandelte, immer lebendig geblieben zu sein [29]. Rudolf von Ems nennt unsern Dichter in den bekannten Stellen im Wilhelm und Alexander. In dem ersten Gedichte heißt es im Gespräche mit der Frau Aventiure:

(Ez) hast mich wol an in vertrouwen
Her Wirnt von Gravenberc,
Der uns vil manlichiu werc
An dem rade hât gezeit
Von Wilgaleis manheit.

Und im Alexander:

Der Wirnt von Gravenberc
Ist an einem maere
Worden lobebaere.
An dem hât ein meisterschaft
Erzeiget hoher sinne kraft.
Des lâre wise liute jehen,
Die reht getihte kunnen spehen.

Eine Anspielung auf den Wigalois erscheint in einem Spruche Meister Alexander's:

Her Gawein stic nochsuchen vant,
Do er zu Galois in das lant
Hie wider riten wolde [30].

Aus einigen Stellen in Gravenberg's Gedicht könnte man schließen: sein Landsmann, der Winsbeke [31], habe den Wigalois gekannt, ja es scheint fast, als ob dessen Gedichten [32] die väterlichen Lehren zu Grunde lägen, die Gawein seinem Sohne Wigalois gibt. Wenigstens herrscht zwischen beiden eine merkwürdige Uebereinstimmung, die nicht wohl blos zufällig sein kann [33]. Im 15. Jahrh. gedenken des Wigalois Püterich von Reicherzhausen [34] in seinem 1462 geschriebenen und an die Erzherzogin von Oesterreich Mathildis gerichteten Ehrenbriefe und der münchener Briefmaler Ulrich Füterer in dem großen cyklischen Gedichte von den Helden der Tafelrunde [35].

Eine kritische Ausgabe des Gedichts besorgte Georg Friedrich Benecke unter dem Titel: Wigalois, der Ritter mit dem Rade, getihtet von Wirnt v. Gravenberch. Nebst Anmerkungen und Wörterbuch herausgegeben von *G. F. Benecke*. Erster Druck. Berlin 1819. gr. 8. Mit mehrfachen Verbesserungen und Berichtigungen des Textes erschien das Gedicht unter dem Titel: Wigalois. Eine Erzählung von Wirnt von Gravenberg. Herausgegeben von *Franz Pfeiffer*. Leipzig 1847. gr. 8. (auch als sechster Band der Dichtungen des deutschen Mittelalters).

Unter den bei diesen Ausgaben des Wigalois benutzten Handschriften sind hier vorzugsweise zu nennen: eine bremer auf Pergament vom Jahre 1350 [36]; eine hamburger, hinter einer Handschrift des Percival, unter der Ueberschrift: her Wigalois buch [37]; eine cölner Handschrift auf 118 Quartblättern, aus dem 13. Jahrh. [38]; eine dresdener aus dem 15. Jahrh., auf 197 Quartblättern, auf Ochsenkopfpapier aus dem 13. Jahrh. [39]; eine landshuter vom Jahre 1468 [40]; eine Handschrift der Maatschappy der Nederlandsche Letterkunde zu Leyden, auf 115 Pergamentblättern, mit vielen gemalten Bildern, vom Jahre 1372 [41]; eine Papierhandschrift auf der königl. Handbibliothek zu Stuttgart, 87 Quartblätter in Spalten, aus dem 14. Jahrh. [42]. Eine von J. v. Müller erwähnte wiener Handschrift: „Vom Ritter mit dem Rade und von dem Wigalois" ist ohne Zweifel Gravenberg's Gedicht [43]. — Im Druck erschienen, in Müller's Sammlung altdeutscher Gedichte [44], Fragmente einer Pergamenthandschrift, welche Bodmer auf dem Deckel eines Missalbuches im Kloster Einsiedeln gefunden hatte. Es waren zehn Blätter. In Spangenberg's Adelsspiegel [45] wurden zwei Stellen aus einer Pergamenthandschrift mit Bildern vom Jahre 1372 gedruckt, welche, laut der Nachricht auf der letzten Seite, Herzog Albrecht zu Braunschweig und Lüneburg durch Johannes, einen Mönch zu Amelungsborn, hatte anfertigen lassen. Anfang und Ende dieser Handschrift sind durch den Druck veröffentlicht worden [46]. Ein kleines Bruchstück hat Docen mitgetheilt [47].

29) Siehe W. Wackernagel's Lesebuch. Th. 1. S. 946. 30) Siehe die von v. d. Hagen herausgegebene Minnesingersammlung. Th. 3. S. 31. 31) Windsbach, ein Städtchen und Schloß im Landgerichte Heilsbronn in Mittelfranken gelegen, zwischen Ansbach und Schwabach, nicht viel über sechs Meilen von Gräfenberg entfernt. 32) Der Winsbeke und die Winsbekin. Sie fallen in die Mitte des 13. Jahrh. Erste Ausgabe von M. Haupt. Leipzig 1844. 33) Vergl. Pfeiffer in dem Vorworte zu s. Ausgabe des Wigalois S. XVII. 34) Ein bairischer Ritter, der im 15. Jahrh. lebte. Vergl. J. C. Adelung's Schrift: Jacob Püterich von Reicherzhausen; ein kleiner Beitrag zur Geschichte der deutschen Dichtkunst im Schwäbischen Zeitalter. Leipzig 1788. 4.

35) Vergl. v. d. Hagen a. a. O. Th. 4. S. 883. 886. 36) Siehe Adelung's Magazin für die deutsche Sprache. Bd. 2. S. 3. Dessen Püterich von Reicherzhausen S. 14. Docen im Altdeutschen Museum. Bd. 1. S. 165. 37) Siehe v. d. Hagen's Grundriß zur Geschichte der deutschen Poesie S. 188. 38) Siehe Pfeiffer in dem Vorworte zu s. Ausgabe des Wigalois S. VIII. 39) Siehe Adelung a. a. O. Bd. 2. Vorrede S. XXXI. Diese Handschrift ist der hamburger sehr ähnlich, nur daß nicht, wie in jener, die Verse und Reimen noch bezeichnet sind. Vergl. v. d. Hagen a. a. O. S. 189. 40) Siehe Docen a. a. O. Bd. 1. S. 165. Fr. Aß in der Zeitschrift für Wissenschaft und Kunst. Bd. 2. St. 2. S. 109. 41) Siehe Pfeiffer a. a. O. S. X. 42) Siehe Grundriß. 43) Siehe v. d. Hagen, Altdeutsches Museum. Bd. 1. S. 165. 44) Bd. 2. S. I—XII. 45) Th. 1. S. 227. 46) In Fr. Aß's Zeitschrift für Wissenschaft u. Kunst. Bd. 2. St. 2. S. 110 fg. 47) In den Miscellaneen zur Geschichte der deutschen Literatur.

Einer Auflösung des Wigalois in Prosa vom Jahre 1472, wie ausdrücklich gesagt wird am Eingange und Schlusse der frankfurter Ausgabe vom Jahre 1564, unterzogen sich Georg Raben und Weigand Han zu Nürnberg. Unverändert ward sie wieder abgedruckt in Reichard's Romanbibliothek[48]). Eine ältere Ausgabe besorgte Johann Knoblauch zu Strasburg 1519 mit Holzschnitten[49]). Noch spätere Ausgaben erschienen zu Frankfurt a. M. 1686 und zu Nürnberg 1664[50]).

Durch eine Uebersetzung des Wigalois, mit möglichster Treue dem Original in vierfüßigen Versen nachgebildet (Leipzig 1848. 8.), machte sich Wolf Graf von Baudissin verdient. Sie erschien unter dem Titel: Guy von Waleis, der Ritter mit dem Rade. In der Vorrede (S. XIII) äußert der Uebersetzer in Bezug auf seine Arbeit: „Eine Anfangs von mir versuchte Eintheilung des Gedichtes in Abschnitte oder Gesänge ließ sich nicht durchführen, und ich habe um so eher darauf verzichtet, als ich sie überhaupt nur für eine Bequemlichkeit des Lesers halte. Dagegen muß ich ein Wort der Rechtfertigung hinzufügen, wenn ich alte Wortformen absichtlich beibehalten und nicht umschrieben habe. Viel Bedenken machte mir die Wahl des Namens für den Helden, und ich habe lange angestanden, ob ich ihn unverändert lassen, oder sein Vaterland mit dem alten Namen Waleis bezeichnen sollte, bis ich mich endlich für die letzte Form entschied, nach dem Beispiele der unzähligen Amadis von Gallien, Esplandian von Tunis, Palmerin von England, Doolin von Mainz und wie die edlen Paladine sich sonst noch nach ihrer Heimath genannt haben."

Schon früh, im 16. Jahrh., war das Gedicht, wahrscheinlich nach der früher erwähnten Auflösung in Prosa vom Jahre 1472, ins Dänische und Isländische übertragen worden. Von einer englischen alten Bearbeitung (Ly beaus disconnus, Der schöne Unbekannte) ist schon früher die Rede gewesen. Es existirt aber auch noch eine, von dem Bruder Claude Platin verfaßte, aus einem spanischen Reimgedicht in französische Prosa übertragene Histoire de Giglan filz de Messire Gaumain qui fut roy de Galles, et de Geoffroy de Mayence.

Eine merkwürdige Uebertragung des Wigalois in jüdisch-teutsche Bänkelsängerreime stammt aus dem 17. Jahrh. Sie führt den Titel: Von König Artis Hof oder dem Ritter Widuwilt, verfaßt von einem Juden, der sich Josel Witzenhausen nennt, und sich auf ein geschriebenes Buch bezieht, das er „in Reime gestellt, in jüdischer Sprache und in Versen" (die in unregelmäßiger Länge bis zu den Reimen, welche gepaart sind, fortlaufen). Gedruckt ward dies wol einzige jüdische Epos, wahrscheinlich, wie der Prolog andeutet, nach einem ältern Druck, in Joh. Chr. Wagenseil's Belehrung der Jüdisch-Teutschen Schreibart (Königsberg 1699. 4.) S. 149—302. Mehrere Notizen darüber und einzelne Stellen daraus findet man in v. d. Hagen's Altdeutschem Museum (I, 550 fg.) und in der Iris. Mai 1796. S. 115 fg.[51]). (*Heinrich Döring.*)

GRAVENHORST (Andreas), teutscher Theolog und Schulmann, im J. 1684 zu Kroppenstedt im Fürstenthume Halberstadt (in der jetzigen preußischen Provinz Sachsen) geboren, widmete sich der Theologie und erhielt nach der Beendigung seiner Studien eine Predigerstelle zu Schönberg in Sachsen, welche er aber gern aufgab, als ihm das Rectorat an der Schule zu Hachenburg auf dem Westerwalde angeboten wurde, weil er großes Verlangen in sich trug, seine Kräfte in dem pädagogischen Fache zu versuchen. Wie sehr es ihm Ernst war, die Aufgabe, welche er sich selbst gestellt hatte, zu lösen, bewiesen seine mit großem Fleiße ausgearbeiteten Schulprogramme (De eo, quod utile et justum est circa examina in scholis publicis, 1722; De examinum publicorum in scholis utilitate, 1723; De commodis praeceptorum circa scholastica examina, 1724; De scholarum publicarum necessitate, carmine heroico, 1724; De universali imitatione exemplo poetico demonstrata, 1725), sein „Umständlicher Bericht von der Anstalt der lateinischen Schule in Hachenburg" (Frankf. 1722. 8.) und die neue verbesserte Ausgabe von Dresser's griechischem Lesebuche (Dreseri Collectiones litteraturae graecae, edidit et Poselii colloquiis familiaribus auxit. Berleburg. 1726. 8.). Er schien jedoch des Lebens eines Schulmannes bald müde geworden zu sein und ging, nachdem er es fünf Jahre geführt hatte, im J. 1725 als Prediger nach Esens, einem kleinen Städtchen in Ostfriesland, wo er am 27. Oct. 1727 starb. — Ein jüngerer protestantischer Theolog dieses Namens, Johann Georg Gravenhorst (richtiger Grabenhorst), geboren im J. 1756 zu Braunschweig, war nach Beendigung seiner Studien zuerst Collegiat und dann Subsenior der Collegiaten in dem evangelischen Seminar zu Riddagshausen bei Braunschweig. Im J. 1801 wurde er Prediger der Johanniskirche auf der Auguststadt zu Wolfenbüttel, wo er um das J. 1820 starb. Er hat sich durch Bearbeitung mehrerer Jugendschriften in Verbindung mit Joach. Heinr. Campe bekannt gemacht*). (*Ph. H. Külb.*)

GRAVENHORST (Johann Heinrich), teutscher Chemiker, am 20. Oct. 1719 zu Braunschweig geboren,

Bd. 2. S. 118. Vergl. über die verschiedenen Handschriften v. d. Hagen's Grundriß rc. S. 136 fg.

48) Bd. 2. S. 9—128. 49) Siehe Panzer's Annalen der deutschen Literatur. Zus. 164. 50) Siehe Koch's Compendium der deutschen Literatur. Bd. 2. S. 247.

51) Siehe Gervinus in s. Geschichte der poetischen National-Literatur der Deutschen. Th. 1. S. 333—344 (Hartmann von der Aue und Wirnt von Gravenberg). Kunisch in s. Handbuche der deutschen Sprache und Literatur. Th. 3. S. 117 fg. v. d. Hagen in s. Grundriß zur Geschichte der deutschen Poesie S. 136 fg. Dessen Altdeutsches Museum. Bd. 1. St. 1. S. 165 u. a. O. Wilmüller's Handbuch der deutschen Literaturgeschichte S. 208 fg. Schäfer's Handbuch der Geschichte der deutschen Literatur S. 82.

*) Joh. Chr. Adelung, Fortsetzung und Ergänzungen zu Jöcher's Gelehrten-Lexikon. Bd. II. S. 1546. J. G. Meusel, Das gelehrte Teutschland. Bd. II. S. 642. Bd. XIII. S. 489.

widmete sich zuerst dem Kaufmannsstande und war lange Handlungsdiener in Celle; da er aber in diesem Verhältnisse keine Möglichkeit sah, zu einem selbständigen Wirkungskreise zu gelangen, so übernahm er eine Brauerei, ging dann auf Reisen und gründete, nachdem er auf diese Weise weitere Kenntnisse erworben und Erfahrungen gesammelt hatte, mit seinem Bruder Christoph Julius Gravenhorst im J. 1759 in seiner Vaterstadt die erste chemische Fabrik, in welcher hauptsächlich Salmiak bereitet wurde, wobei sie aber auch Glaubersalz, das von ihnen erfundene braunschweiger Grün und rothen Alaun darstellten. Um die Aufmerksamkeit auf ihr Unternehmen zu lenken und ihr Geschäft in Schwung zu bringen, verbreiteten sie eine Schrift („Einige Nachrichten an das Publicum, die der Gravenhorst'schen Fabrikproducte betreffend." Braunschweig 1769. 8.), worin sie auch die Beobachtung der Ausscheidung von Schwefel aus einer faulenden Wermuthkraut enthaltenden Glaubersalzlösung mittheilten. Ihre diesem ersten Versuche folgenden und auf eigene Erfahrungen gegründeten Mittheilungen über die Beschaffenheit, den Nutzen und die Anwendung des Glaubersalzes („Nachrichten, den medicinischen Gebrauch und Nutzen des Salis mirabilis Glauberi oder Glaubersalzes betreffend." Braunschweig 1770. 8. Neue Aufl. Ebend. 1778. 8. „Gutachten der Gebrüder Gravenhorst die Anwendung des Glaubersalzes wider die Rindviehseuche betreffend." Ebend. 1775. 8. „Gründe zu diesem Gutachten." Ebend. 1776. 8. „Etwas von der Anwendung des Braunschweigischen Balsams in Verbindung mit dem innerlichen Gebrauche des Glaubersalzes wider das Podagra." Ebend. 1777. 8.), über den aus ihrer Fabrik hervorgehenden Salmiak („Fernere Nachricht an das Publicum, den Braunschweigischen Salmiak betreffend." Ebend. 1772. 8.) und über das von ihnen erfundene braunschweiger Grün („Nachricht an das Publicum, abermalen eine neue erfundene grüne Mahlerfarbe betreffend unter dem Namen geläutertes Braunschweigisches Grün." Ebend. 1771. 8., welcher ersten Nachricht noch eine zweite, dritte und vierte, ebend. 1771. 8., folgten; „Auszug aus den Nachrichten, das Braunschweigische Grün betreffend, welche blos zum Unterricht, auf welche Weise man bei der Anwendung der Farbe zu verfahren hat, dienen soll." Ebend. 1778. 8.) fanden bei der betreffenden Industrie allgemeinen Beifall und brachten derselben nicht unbedeutenden Vortheil, weshalb auch alle dieselben Gegenstände betreffenden Aufsätze der beiden Brüder in dem „Hannöverischen Magazin" und in den „Braunschweigischen gelehrten Beiträgen" begierig gelesen und ausgebeutet wurden. Nach dem Tode des älteren Bruders, welcher am 14. April 1781 erfolgte, setzte der jüngere (im J. 1731 zu Braunschweig geboren) das Geschäft fort. Er starb am 17. Jan. 1794 ebenfalls zu Braunschweig[1]). — Mit diesen Fabrikanten verwandt ist wahrscheinlich der bekannte Naturforscher Johann Ludwig Christian Gravenhorst. Am 14. Nov. 1777 zu Braunschweig geboren, widmete er sich, nachdem er in den Schulen seiner Vaterstadt die nöthigen Vorkenntnisse erlangt hatte, auf der Universität zu Göttingen mit unermüdlichem Eifer den Naturwissenschaften und blieb nach der Beendigung seiner Studien und nachdem er sich im J. 1804 die philosophische Doctorwürde erworben hatte, als Privatdocent an dieser Universität. Im J. 1809 wurde er zum außerordentlichen Professor und zum Unterinspector des Museums ernannt, sein Ruf verbreitete sich aber hauptsächlich durch seine Schriften, welche er während seines Aufenthaltes in Göttingen herausgab. Hierher gehören seine Monographien über die Käfer (Coleoptera microptera Brunsvicensia, nec non exoticor. quotquot extant in collectionibus entomologor. Brunsvicens. in genera, famil. et spec. distrib. Brunsvig. 1802. 8. Monographia coleopterorum micropteror. Gotting. 1806. 8.), sein „System der Natur" (Helmst. 1804. 8.), seine Bemerkungen „Ueber Steinregen" (in dem Braunschweigischen Magazine, 1804) und „Ueber Bastardzeugung" (in Voigt's Magazin für Naturkunde. Bd. 2. S. 193—217) und seine „Vergleichende Uebersicht der Linneischen und einiger neueren zoologischen Systeme" (Göttingen 1807. 8.), welchen Schriften schon einige kleinere Abhandlungen (De cinchonae corticibus. Gotting. 1791. 4. Diss. sist. conspect. hist. entomol. imprim. systemat. entomolog. Helmst. 1801. 4.) vorausgegangen waren. Im J. 1810 übernahm Gravenhorst die Professur der Naturgeschichte und die Direction des botanischen Gartens an der Universität zu Frankfurt an der Oder und im folgenden Jahre (1811) folgte er einem Rufe als Professor der Naturgeschichte und Director des zoologischen Museums an der Universität zu Breslau. Hier wirkte er eine Reihe von Jahren nicht nur unermüdlich als Lehrer, sondern entwickelte auch als Schriftsteller eine ungewöhnliche Thätigkeit. In diese glänzende Periode seines Lebens fallen seine vorzüglichsten Leistungen, welche in der Literatur der Naturgeschichte Epoche machten und einen bleibenden Werth behalten werden. Hier sind zu nennen: Die Untersuchungen über die Schlupfwespen (Monographia ichneumonum pedestrium, praemisso prooemio de transitu et mutabilitate specierum et varietatum. Lips. 1815. 8. Conspectus generum et familiarum Ichneumonidum, in den Nova Acta Natur. Curios. 1818. Tom. IX. p. 170 seq. Monographia Ichneumonum Pedemontanae regionis in den Mém. Acad. Sc. Turin. Tom. XXIV. p. 275 seq. „Ueber die Grundsätze, welche in der Classe der Insekten zur Bildung und Bestimmung der Gattungen, Arten und Abarten anzuwenden sind, mit besonderer Rücksicht auf eine Monographie der Schlupfwespen," in der Isis 1820. Bd. I. S. 183 fg. Ichneumonologia Europaea. Vratislav. 1829. 8. 3 Partt. Monita quaedam de speciebus nigris Ichneumonum. Vratislav. 1820. 4.), das „Handbuch der Anorganognosie" (Leipzig 1815. 8.), „Die anorganischen Naturkörper, nach ihren Verwandtschaften und Uebergängen betrachtet und zusammengestellt" (Breslau 1816. 8.), die „Grundzüge der systematischen Naturgeschichte" (Breslau 1817. 8.), die Deliciae Musei

1) J. G. Meusel, Lexikon der vom Jahr 1750—1800 verstorbenen teutschen Schriftsteller. Bd. IV. S. 354 fg.

zoolog. Vratislaviensis; Fasc. I. Reptilia Musei zoolog. Vratislav. Fasc. II. cont. Chelonios et Batrachia (Lips. 1829. fol.), die „Beiträge zur Entomologie, besonders in Bezug auf die schlesische Fauna" (Breslau 1829. 8.), die „Tergestina oder Beobachtungen und Untersuchungen über einige bei Triest im Meere lebende Arten der Gattungen Octopus, Doris, Pinna, Ascidia, Serpula, Echinus, Asterias, Ophiura, Holothuria, Actinia, Caryophyllia, Actinotus" (Breslau 1831. 8.), die „Vergleichende Zoologie" (Breslau 1843—1845. 8. 2 Bde.), die „Naturgeschichte der Infusionsthierchen nach Ehrenberg's großem Werke über diese Thiere, in einer gedrängten vergleichenden Uebersicht dargestellt" (Breslau 1844. 8.), „Vergleichende Zoologie" (Breslau 1843. 8.) und „Die Wirtelschleichen und Krüppelfüßler (Pseudosaura et Brachypoda) nebst einigen andern denselben verwandten Reptilien aus den Zünften der Schleichen und Dickzüngler im zoologischen Museum der Universität Breslau beschrieben" (Breslau und Bonn in verschiedenen Zeitschriften 1851. 4.). Außerdem lieferte Gravenhorst noch viele werthvolle Abhandlungen. Im J. 1830 erhielt er von der Regierung als Anerkennung seiner wissenschaftlichen Thätigkeit den Titel eines geheimen Hofrathes. Er starb am 14. Jan. 1857 zu Breslau *). (*Ph. H. Külb.*)

GRAVENHORSTIA, eine von Nees von Esenbeck nach dem Professor Joh. Ludw. Chr. Gravenhorst benannte Pflanzengattung der Bruniaceen mit folgenden Merkmalen: Der Kelch ist mit dem Fruchtknoten halb verwachsen. Die Kronblätter hängen am Grunde röhrenförmig zusammen und bilden eine trichterförmige Blumenkrone. Die im Schlunde der Röhre fast sitzenden Staubbeutel haben am Grunde auseinandergehende Fächer. Der Griffel ist einfach; die Frucht zweisteinig.

Aus dieser Gattung ist nur eine am Cap der guten Hoffnung einheimische Art, Gr. fastigiata *Nees von Esenbeck*, bekannt, welche sich von Berardia vorzugsweise durch die fast sitzenden Staubbeutel, den einzelnen Griffel und die am Grunde aufspringende, an der Spitze stets zusammenhängende Frucht unterscheidet. (*Garcke.*)

GRAVENSTEIN (Gravensteen, Graasteen), Flecken im zweiten angeler Güterdistricte, Amt Apenrade des Herzogthums Schleswig, am nördlichen Ufer des flensburger Fjords, an der eingeschlossenen fischreichen Bucht Nübelnoor, $2^3/_4$ Meilen von Flensburg und $1^1/_4$ Meile von Düppel entfernt. Das im J. 1758 erbaute Schloß liegt zwischen Wiesen, Teichen, cultivirten oder mit Wald bedeckten Hügeln, in einer der anmuthigsten Gegenden des Landes. Die vordere Front, aus drei gleichen zweistöckigen, durch niedrige Galerien verbundenen Gebäuden bestehend, von denen das mittelste ein Thürmchen trägt, ist nach Südwesten gerichtet und hat vor sich das Ufer eines kleinen Sees. Dieses Hauptgebäude mit zwei Seitenflügeln umschließt einen ansehnlichen Hof; es ist mit sehenswerthen Garten- und Parkanlagen und mit Obstbäumen umgeben. Zu der Herrschaft gehören das Vorwerk und der Flecken Gravenstein, die Ortschaften und einzelnen Stellen Alnoer, Atzbüll, Dalsgaard, Dynt, Fiskmis (Ziegelei am Elensunde), Halbeck (Meierhof), die Munkmühle, Rallmaysbrück, die Nirmühle, Stengerott, Toft (Ziegelei am Elensunde) und Antheile an mehreren andern Ortschaften. Das Areal des Gutes beträgt 4570 Tonnen 0 Sch. 202 □Ruthen. Davon nehmen die herrschaftlichen Ländereien 1358 Tonnen 0 Sch. (à 240 □Ruthen) 23 □R. ein; es sind darin 372 T. Wald und 191 T. Moor eingeschlossen. Außerdem haben die gravensteiner Seen und Fischteiche 66 T. 1 Sch. 13 □R.; das Vorwerk Gravenstein umfaßt 615 T. 0 Sch. 202 □R. Acker und Wiesenland. Der Boden ist von schwerer Art, gibt aber in der Regel guten Ertrag. Das Bauerland der zugehörigen Orte hat 3583 Tonnen. Die das Schloß umgebenden Laubgehölze: Thiergarten, Roy, unterer Stern, oberer Stern sind sämmtlich von Anlagen durchschnitten. Der allmälig entstandene Flecken Gravenstein, östlich und nordöstlich vom Schlosse gelegen, zählt gegenwärtig etwa 900 Einwohner, welche Holzhandel treiben und treffliches Obst erbauen; die gravensteiner Aepfel sind weithin berühmt. In kirchlicher Beziehung gehört der Ort eigentlich zu Atzbüll. Nachdem aber eine Schloßkapelle — angeblich nach dem Modell der Jesuitenkirche in Antwerpen — in einem Seitenflügel des Schlosses eingebaut worden ist, wird von dem atzbüller Pfarrer in derselben regelmäßiger Gottesdienst gehalten. — Der Sage nach soll ein Raubritter (Seeräuber) Namens Alf an dieser Stelle gewohnt haben, welcher 1298 von den Flensburgern hingerichtet worden sei; nach demselben sei der nahe Ort Alnoer (Alfsnoor) genannt und später aus dessen Trümmern das Schloß Gravenstein erbaut worden. Im benachbarten Wäldchen zeigt man noch die Stelle, wo die alte Burg gestanden haben soll. Sicherer wird die Geschichte des Orts erst von der Mitte des 16. Jahrh. an. Um diese Zeit baute Gregorius von Ahlefeldt auf Seegaard, zu dessen Gut die Gegend am Nübelnoor gehörte, einen Meierhof, der 1603 nach einem Brande neu wiederhergestellt wurde. Unweit desselben gründete Gregorius von Ahlefeldt der Jüngere 1616 ein Schloß zwischen Teichen, und Gravenstein erscheint von da an als eigenes Gut. Hans von Ahlefeldt verkaufte es für 90,000 Reichsthaler-Species an den Herzog Philipp von Glücksburg, aber bereits 1662 kam es wieder in den Besitz Friedrich's von Ahlefeldt auf Seegaard. Karl von Ahlefeldt erbaute 1709 das neue Schloß. Als die Besitzung in Concurs kam, kaufte sie 1725 der Herzog Christian August von Augustenburg. Mit den Gütern Avenbüllgaard im Sundewitt, Aarup südlich von Apenrade, Fischbeck, Kjelstrup und Kjeding bildete Gr. die „herzoglich Gravenstein'schen Güter." Im J. 1757 brannte der mittlere Haupttheil des Schlosses ab, die Flügel wurden beschädigt; Herzog Friedrich Christian stellte 1758 das Ganze wieder her. Im J. 1842 ist das Mittelgebäude vollständig neu gebaut worden. In den Kämpfen der Jahre 1848 und 1849 wurde der Ort wiederholt, bald von den Dänen, bald von den Deutschen besetzt. Im J. 1852 wurde

*) J. C. Poggendorff, Biographisch-literarisches Handwörterbuch zur Geschichte der exacten Wissenschaften (Leipzig 1859. 8.) S. 943. Arbeiten der Schlesischen Gesellschaft für vaterländische Cultur, 1857. S. 111, wo man auch ein vollständiges Verzeichniß seiner Schriften findet.

Gravenstein Eigenthum der dänischen Krone; die Cessionsacte datirt vom 30. Dec. 1852, und bald darauf wurde Gravenstein durch Patent vom 2. März 1853 dem Amte Apenrade, Lundtoft Harde, einverleibt. Die dänische Regierung beeilte sich, die sämmtlichen herzoglich augustenburgischen Güter im Sundewitt wie auf Alsen — mit alleiniger Ausnahme des Schlosses Augustenburg und einiger Waldungen — zu verkaufen; Gravenstein wurde um 1864 von dem Prinzen Christian von Augustenburg zurückgekauft. Auch im Frühjahre 1864 wurde es vom Kriegsgetöse heimgesucht; in dem Schlosse hatte Prinz Friedrich Karl von Preußen vor der Erstürmung der düppeler Schanzen sein Hauptquartier. (Vergl. Capit. Johannes von Schröder, Topographie des Herzogthums Schleswig. 2. Aufl. 1854.) (*Otto Delitsch.*)

GRAVEROL (François), französischer Rechtsgelehrter und Alterthumsforscher, am 11. Sept. 1638 (nach Andern zu Anfang des J. 1635 [1]), keineswegs aber, wie manche literarhistorische Werke fälschlich angeben, am 11. Jan. 1644) zu Nimes von protestantischen Ältern geboren, widmete sich, nachdem er sich in seiner Vaterstadt die nöthigen Vorkenntnisse mit großer Anstrengung und mit entschlossener Ueberwindung einer angeborenen Geistesträgheit erworben und besonders in der griechischen Sprache gründliche Kenntnisse erlangt hatte, zu Orange der Jurisprudenz. Nach der Beendigung seiner Fachstudien begab er sich, um sich in der Literatur der Geschichte und Alterthumskunde, sowie in der schönen Literatur weitere Kenntnisse zu erwerben, nach Paris, wo er sich bemühte, mit berühmten Gelehrten und Schriftstellern in Verbindung zu treten und die Bekanntschaft des Dichters Jean Hénault und der Mündel desselben, der Dichterin Madame Deshoulières, machte. Im J. 1661 wurde er als Advocat an dem Landgerichte seiner Geburtsstadt und im folgenden Jahre in derselben Eigenschaft an die getheilte, zur Hälfte aus Katholiken und zur Hälfte aus Protestanten bestehende Kammer zu Castres versetzt. Als diese Kammer im J. 1670 unterdrückt wurde, kehrte er nach Nimes zurück und nahm seine frühere Stelle wieder ein. Er lebte hier mit großem Eifer nicht nur seinen Berufsgeschäften, sondern auch der Pflege der Wissenschaften, besonders der Alterthumswissenschaft, wozu ihm die in Nimes noch vorhandenen Reste aus der alten Zeit hinreichend Gelegenheit boten. Er war auch einer der Stifter der Akademie von Nimes (1682) und diese verdankt ihm ihren Wahlspruch Aemula lauri, wodurch angedeutet werden sollte, daß diese Gesellschaft der Akademie zu Paris, welche den Lorbeer als Sinnbild angenommen hatte, nachzueifern gesonnen sei. In diese Zeit einer ungestörten Wirksamkeit fällt Graverol's mit Bemerkungen begleitete Sammlung der Beschlüsse des Parlaments von Toulouse (Arrests notables du parlement de Toulouse recueillis des mémoires de La Rochellavin, augmentés des observations de Fr. Graverol. Toulouse 1682. 4. Ibid. 1720. 4.), welche früher als eines der vorzüglichsten Hilfsmittel bei der Beurtheilung schwieriger Rechtsfälle galt, jetzt aber seinen praktischen Werth verloren hat, dagegen werden seine ersten antiquarisch-historischen Versuche noch immer geschätzt, da sie über manche Einzelnheiten Aufschluß geben. Dahin gehört seine dem Alterthumsforscher Spon gewidmete Abhandlung Miles Missicius (S. l. 1674. 12. Auch in *Sponii* Miscell. erud. antiq. Sect. VII. p. 239 seq.), worin eine zu Nimes gefundene Inschrift erläutert wird und zwar mit so reichlich überfließender Gelehrsamkeit, daß ein witziger Landsmann, Fr. Guibbé, sich darüber lustig zu machen und dem Erklärer der Inschrift die Anpreisung eines Schweines unter der Ueberschrift: In alimentum Militis Missicii D. Franc. Graveroli Frederici Guibbei Porcus, überschicken zu dürfen glaubte, wodurch jedoch Graverol's Bemühungen, die alterthümlichen Reste seiner Vaterstadt zu erklären, Nichts von ihrem Werthe verloren und wodurch er nicht gehindert werden konnte, andere Abhandlungen zu gleichem Zwecke zu veröffentlichen; zu erwähnen sind aus dieser Zeit noch die Dissertation sur l'inscription du tombeau de Pons, fils d'Ildefonse, de la famille des Raimond comtes de Toulouse (S. l. 1683. 8.), die Dissertation sur la statue qui étoit autrefois à Arles et qui est à présent à Versailles (S. l. 1685. 8.), welche die bekannte zu Arles gefundene Venusstatue bespricht, die Mémoires pour la vie de Tannegui Le Fevre (in den Mémoires de Littérature de Sallengré. Amsterd. 1686. 12.), ein nicht unwichtiger Beitrag zur Geschichte der französischen Literatur, und die Dissertation sur une pierre antique et sur une médaille grecque de l'empereur Trajan (in Le Clerc's Bibliothèque universelle. Tom. IV. p. 272 seq., auch bei Rigord's Dissertation sur une médaille d'Herodes Antipas. Paris 1689. 8. Lateinisch in *Woltereckii* Elect. rei nummariae p. 94 seq.). Graverol hatte sich bereits einen begründeten Ruf bei den Alterthumsforschern überhaupt und bei den Numismatikern insbesondere erworben, als die Widerrufung des Edicts von Nantes seine glückliche Ruhe störte und ihn nebst den andern Protestanten argen Verfolgungen aussetzte. Er verließ mit seiner Familie Nimes, um aus Frankreich auszuwandern, worauf sogleich seine Güter mit einer Contribution von 50 Livres für jeden Tag seiner Abwesenheit belegt wurden. Er gab aber deswegen seinen Vorsatz nicht auf; da aber alle über die Grenzen führenden Wege zu scharf bewacht waren, als daß er hoffen durfte, mit seiner Familie durchzukommen, so ließ er sie einstweilen zu Orange und versuchte mit Jean Saurin, dem Vater des berühmten Predigers dieses Namens, und Ducros, welche beide, wie er, als Advocaten am Landgerichte von Nimes angestellt gewesen waren, heimlich zu entkommen. Sie wurden aber zu Valence in Dauphiné von Lefebvre, Criminalrichter von Nimes, erkannt, welcher sie zwar mit Versicherungen seiner Freundschaft überhäufte und ihnen versprach, das Geheimniß zu bewahren, aber unmittelbar darauf sich be-

1) Diese Angabe dürfte vielleicht die richtige sein, da sie von Graverol de Flogherpar, einem Enkel Fr. Graverol's, in einem von ihm verfaßten Artikel des Dictionnaire historique Moreri's (Ausgabe von 1759) berichtet.

ville, sie anzugeben, worauf Graverol eingefangen und auf der Citadelle von Montpellier in Verwahrung gebracht wurde. Man machte seine Freilassung von der Abschwörung seines Glaubens abhängig; er widerstand zwei Monate allen Versprechungen und Drohungen; als man ihm aber hinterlistig die Nachricht brachte, daß seine Frau gestorben sei und seine Kinder verlassen umherirrten, unterschrieb er Alles, was man von ihm verlangte. Lefebvre hatte die Unverschämtheit, ihn zu besuchen und ihm zu seiner Bekehrung Glück zu wünschen; da aber Graverol seine gerechte Entrüstung nicht verbergen konnte und ihm die Thür wies, so wurde auf die Klage des Criminalrichters wegen verletzter Dienstehre ein Verhaftbefehl gegen ihn erlassen, welcher ihn im Februar 1686 nach Carcassonne führte, wo er unter polizeiliche Aufsicht gestellt wurde. Sechs Monate später erhielt er jedoch die Erlaubniß, in seine Geburtsstadt zurückzukehren, wo er fortan ohne Amt und im Innern dem Glaubensbekenntnisse, welches man ihn abzuschwören gezwungen hatte, getreu lebte und seine Zeit wissenschaftlichen Forschungen und literarischen Arbeiten widmete. Von den letzteren, von denen viele in seinem Pulte verschlossen blieben, gab er heraus die litterarhistorischen Schriften und Sammelwerke: Mémoires pour la vie de Samuel Sorbière et J. B. Cotelier (Nimes 1687. 12.; auch in dem folgenden Werke abgedruckt); Sorberiana, sive excerpta ex ore Samuelis Sorbieri (Nimes 1687. 12. Toulouse 1691. 12. Ibid. 1694. 12.); Dissertation adressée à M. Guionnet de Vertron Historiographe du Roi sur son nouveau Parthénon (S. l. 1687. 8.) und Petri Bunelli Tolosatis Epistolae familiares, cum notis (Toulouse 1687. 8.) und die historisch-antiquarischen Abhandlungen: Dissertation contre Tollius, Hollandois, au sujet d'un monument antique (S. l. 1687. 8.); Votum Deae Nehalenniae solutum, ad Jo. Campinum Romanum Epistola de operé quodam musivo nuper reperto (S. l. 1689. 4.); Epulae ferales, s. fragmenti marmoris Nemausini enodatio (als Beigabe zu den Sorberiana); Dissertation sur l'explication d'une médaille grecque, qui porte le nom de Dieu Pan, adressée à Mr. Rigord, avec la réponse de Mr. Rigord (Paris 1688. 4.) und Dissertation sur une médaille des Tyriens (Aix 1692. 4.). Im J. 1689 nahm die Akademie der Ricovrati zu Padua ihn zum correspondirenden Mitgliede auf und um dieselbe Zeit ernannte ihn die von ihm gestiftete Akademie von Nimes zu ihrem beständigen Secretair. Wie hoch seine juristischen Kenntnisse von den gleichzeitigen Fachmännern geachtet wurden, geht schon daraus hervor, daß das Parlament von Toulouse eine seiner Entscheidungen als maßgebend erklärte und daß die Stände von Languedoc im J. 1692 ihn nebst Fr. Bertier, Bischof von Rieux, beauftragten, eine Sammlung von allen auf die Lehen und herrschaftlichen Rechte der Provinz bezüglichen Gesetze zu veranstalten, welche aber nicht zu Stande kam, weil Fr. Bertier durch Ueberhäufung mit nothwendigen Geschäften verhindert war, sich über den Plan des Werkes mit Graverol zu verständigen, doch gab die Idee wahrscheinlich Veranlassung zu der Sammlung, welche gegen das Ende des vorigen Jahrhunderts von dem Rechtsgelehrten J. Albisson von Montpellier unter dem Titel: Lois municipales et économiques du Languedoc (Montpellier 1780 seq. 4. 7 Voll.) ausgeführt wurde. Am meisten ist zu bedauern, daß Graverol seine Arbeit über die Literargeschichte von Languedoc nicht zum Abschluß brachte. Sie sollte nach dem im Journal des Savants (März 1685) mitgetheilten Prospectus den Titel: Bibliothèque de Languedoc führen und die Biographien sämmtlicher Gelehrten dieser Provinz nebst einem beurtheilenden Verzeichnisse ihrer Schriften enthalten. Die in Folge der Widerrufung des Edictes entstandenen Wirren und Feindschaften verleideten ihm wahrscheinlich die mit fast unüberwindlichen Hindernissen verbundene Ausführung dieses Vorhabens. Graverol starb am 10. Sept. 1694 (nicht 1695) zu Nimes. Neben seiner umfassenden juristischen Gelehrsamkeit zeichnete er sich aus durch eine gründliche Kenntniß der griechischen und lateinischen und mehrerer neueren Sprachen, deren Literatur ihm ebenfalls nicht fremd war, durch sein numismatisches Wissen und durch eine ungewöhnliche Geschicklichkeit in der Verfertigung von Wahlsprüchen. Er hatte eine werthvolle Sammlung seltener Münzen und merkwürdiger Handschriften angelegt und unter den letzteren befanden sich auch die Originalacten des Processes der Albigenser an dem Inquisitionstribunal. Er hatte auch mit großer Mühe und nicht unbedeutenden Kosten die ungedruckten Briefe des Cardinals Sadolet, welche viel Licht über das Pontificat Leo's X. verbreiteten, zusammengebracht und ging mit dem Vorsatze um, sie herauszugeben. Er legte im J. 1685 die Arbeit der Akademie von Nimes zur Prüfung vor, aus unbekannte Gründe scheinen aber die Veröffentlichung derselben verhindert zu haben. Auch hatte er der gelehrten Welt Hoffnung gemacht, eine vollständige Sammlung der lateinischen Briefe Jean Dupin's, des Bischofs von Rieux, des Verfassers der Biographien Philipp's von Beroald und der heil. Katharina von Siena, herauszugeben, aber auch dieses Versprechen konnte nicht erfüllt werden; dagegen wurden nach seinem Tode aus seinem Nachlasse von G. L. Colomiés noch herausgegeben: Notice et Abregé historique de vingt-deux Villes Chefs du Diocèse de la Province de Languedoc (Toulouse 1696. fol.) und Les Gouvernements anciens et modernes de la Gaule Narbonnaise ou de la province de Languedoc (Toulouse 1696. fol.); beide Werke sind aber nicht gründlich durchgearbeitet und stehen seinen übrigen historischen Leistungen weit nach; auch waren sie von ihm selbst nicht zur Veröffentlichung bestimmt. Eine ihm von dem bekannten Bibliographen Barbier zugeschriebene Uebersetzung der Biographie Fra Paolo's von Fulgentio (La Vie du Père Paul de l'ordre des serviteurs de la Vierge, traduite de l'italien par F. G. C. A. P. D. B. Leide 1661. 8.) ist wol aus einer anderen Feder geflossen, auch ist die Deutung der Anfangsbuchstaben durch François Graverol, Conseiller au parlement de Bordeaux schon deshalb unrichtig, weil Fr. Graverol nie an diesem Parlament angestellt war [2]. (*Ph. H. Külb.*)

GRAVEROL (Jean), französischer protestantischer Theolog, ein jüngerer Bruder des berühmten Rechtsgelehrten und Alterthumsforschers gleichen Namens, am 28. Juli 1647 (oder am 11. Sept. 1636 nach einer andern Nachricht) [1] zu Nîmes geboren, widmete sich nach dem Wunsche seiner Aeltern der Theologie und wurde, nachdem er seine Studien zu Genf beendigt hatte, im J. 1671 zum Prediger zu Pradelles (im jetzigen Departement der Obern Loire) ernannt, erhielt aber schon im folgenden Jahre in derselben Eigenschaft eine bessere Stelle zu Lyon, weil er sich alsbald unter seinen Glaubensgenossen als einen gründlichen Kenner und Vertheidiger ihrer Lehre bewährte. In seinem ersten polemischen Versuche: De Religionum Conciliatoribus (Lausannae 1674. 12.), welchen er unter dem Namen J. Rolegravius, einem Anagramm seines wahren, herausgab, bestritt er heftig den Vorschlag des reformirten Predigers Isaac d'Huisseau zu Saumur zur Vereinigung aller christlichen Confessionen als eine thörichte und unausführbare Phantasie. Ebenso sprach er sich in den Schriften: Réponse d'un théologien à un de ses amis sur quelques points de la discipline ecclésiastique (S. l. 1679. 8.) und L'église protestante justifiée par l'église romaine sur quelques points de controverse (Genève 1682. 12.) mit Bezugnahme auf die Geschichte der christlichen Gebräuche entschieden zu Gunsten seiner Confession aus, beobachtete aber, obschon er die letztere ohne seinen Namen herausgab, stets die dem Gegner schuldigen Rücksichten und blieb stets auf der von der wissenschaftlichen Forschung vorgezeichneten Bahn. Er verließ sogar diese nicht in der Rechtfertigung seines berühmten Glaubensgenossen Theod. Beza (De juvenilibus Th. Bezae Poematiis Epistola ad N. C., qua Maimburgius aliique Bezae nominis obtrectatores accurate confutantur. Amstelodam. 1683. 12.), als dessen Andenken von dem bekannten Jesuiten L. Maimbourg wegen seines Epigrammes: De sua in Candidam et Audebertum benevolentia arg verunglimpft wurde. Als er nach der Widerrufung des Edictes von Nantes (1685) mit den übrigen Protestanten seinem Vaterlande den Rücken kehren mußte, flüchtete er nach Holland und hielt sich einige Zeit zu Amsterdam auf, wo er seinen merkwürdigen Mahnruf an die Abtrünnigen (Instructions pour les Nicodémites, où, après avoir convaincu ceux qui sont tombés, de la grandeur de leur crime, on fait voir qu'aucune violence ne peut dispenser les hommes de l'obligation de professer la vérité. Amsterd. 1687. 12.) erließ, worin er die während der Verfolgungen unfreiwillig zur katholischen Confession übergegangenen Protestanten aufforderte, Frankreich zu verlassen und nach einem protestantischen Lande überzusiedeln. Diese die Interessen Frankreichs nahe berührende und ohne Nennung seines Namens gedruckte Schrift erlebte später unter einem etwas veränderten Titel (Instructions pour les Nicodémites, ou pour ceux qui feignent d'être d'une religion dont ils ne sont pas, et qui cachent leurs véritables sentiments; par J. G. P. Amsterd. 1700. 12.) eine zweite, fälschlich J. Gagnier zugeschriebene Auflage. Von Amsterdam begab sich Graverol nach London, wo man ihm die Leitung einer französischen protestantischen Kirche übertrug, welche er mit unermüdlichem Eifer und zur großen Zufriedenheit seiner Gemeinde führte, ohne seine schriftstellerische Thätigkeit aufzugeben. Er sorgte hier, was sehr Noth that, für ein Religionshandbuch seiner Glaubensgenossen (Des Points fondamentaux de la Religion chrétienne. Amsterd. 1697. 8.) und versuchte die verschiedenen protestantischen Confessionen Englands durch eine die einzelnen Abweichungen ausgleichende Darstellung der Aufgabe der Reformation überhaupt (Projet de réunion entre les Protestans de la Grande-Bretagne. Londres 1689. 8.) zu vereinigen, seine Vorschläge blieben jedoch ebenso gut fromme Wünsche, als die Bemühungen vieler Anderer. Er kämpfte jedoch, um seinen Zweck zu erreichen, unablässig gegen die Uebertreibungen aller Parteien und den zu seiner Zeit gefährliche Früchte treibenden Fanatismus. Besonders war er ein unerbittlicher Gegner des überhand nehmenden Prophetenthums und eiferte in einer sehr verständig geschriebenen, aus drei Briefen bestehenden Flugschrift (Réflexions désintéressées sur certains prétendus inspirés, qui depuis quelque temps se mêlent de prophétiser dans Londres. Londr. 1707. 8.) gegen die sogenannten Propheten der Cevennen, unter denen der bekannte Mathematiker und Astronom Nicolas Fatio de Duilliers (s. diesen Artikel Bd. 42. S. 70) eine hervorragende Rolle spielte. Auf der andern Seite war er ebenso entschieden gegen die Angriffe freierer Denker auf die Ueberlieferungen der Bibel, wie er sich denn unsägliche Mühe gab, die von dem schottischen Theologen Thomas Burnet in der Archaeologia philosophica (1692) bekannt gemachten und auf geologische Forschungen gegründete Ansichten über die Erschaffung der Welt in der Gegenschrift: Moses vindicatus, seu asserta historica creationis mundi aliarumque rerum quales a Mose narrantur, veritas, adversus Th. Burnetii archaeologias philosophicas (Amstelod. 1694. 12.) zu widerlegen; da aber Burnet's Theorie mit Geist und Geschmack durchgeführt war, so beschäftigte sie lange die Leser, während Graverol's gelehrte Widerlegung schnell vergessen wurde. Von den kleinern Schriften dieses rüstigen Theologen sind noch zu erwähnen die Biographie Sprat's, Bischofs von Rochester, vor der französischen

---

2) Vergl. *P. Bayle*, Oeuvres diverses. (Haye 1727. fol.) Tom. II. p. 290 seq. *L. Ménard*, Histoire de la Ville de Nismes. (Paris 1750 seq. 4.) Tom. VI. p. 333. J. Chr. Adelung, Fortsetzung und Ergänzungen zu Jöcher's Gelehrten-Lexikon. Bd. II. S. 1586 fg. *Chr. Saxii* Onomasticon literarium. Vol. V. p. 362. Biographie universelle. Tom. XVIII. p. 343 seq. (Nouv. éd. Tom. XVII. p. 292.) Biographie générale. Tom. XXI. p. 744 seq.

1) Und zwar in L. Moreri's Dictionnaire historique (Ausgabe vom Jahre 1759), welche von seinem Neffen Graverol de [illegible] herrührt. Obschon man diese Quelle für zuverlässig halten könnte, so wird doch die andere Angabe fast allgemein angenommen.

Uebersetzung von dessen Bemerkungen über Sorbiere's Reise (Observations on M. Sorbiere voyage in to England): Réponse aux faussetés et invectives de la relation de M. Sorbiere. Amsterd. 1675. 12. eine Lobrede auf J. Spon in den Nouvelles de la République des lettres von Bayle (1690. Februar und Juni) und mehrere andere Aufsätze in derselben Zeitschrift. Völlig unbedeutend ist die Histoire abregée de la ville de Nimes, où il est parlé de son origine, des beaux monuments de l'antiquité qui s'y voient, des hommes illustres qu'elle a produits, de ses martyrs etc. (Londres 1703. 12.), welche indessen auch keinen andern Zweck hatte, als den protestantischen Flüchtlingen von Nimes und ihren Kindern ein Andenken an ihre ehemalige Vaterstadt in die Hände zu geben. Graverol starb im J. 1718 (nach einer andern weniger zuverlässigen Nachricht 1720) zu London. Er war seiner Kenntnisse wegen von seinen Zeitgenossen sehr geachtet und genau befreundet mit den berühmten Gelehrten Bayle und Spon. — Zu derselben Familie gehört auch der Jurist Henri François de Graverol, welcher eine Abhandlung über das von dem Volkstribun C. Papius durchgebrachte Gesetz über die Vertreibung der Fremden (Dissertation sur l'origine de la loi Papia Poppea. S. l. 1705. 12.) schrieb. Er wurde um das Jahr 1728 zu Nernis geboren und starb am 19. Mai 1771. Näheres ist nicht über ihn bekannt 8). (*Ph. H. Külb.*)

GRAVES (Richard), englischer Theolog und Dichter, am 4. Mai 1715 zu Mickleton in Glocestershire geboren, erhielt seine gelehrte Erziehung in dem Pembrokecollege zu Oxford und zeichnete sich durch seinen unermüdlichen Fleiß und eine seltene Kenntniß der griechischen Sprache und Literatur aus. Er befaßte sich Anfangs mit der Arzneiwissenschaft, gab aber bald diese wieder auf, um sich der Theologie zu widmen. Nachdem er seine Fachstudien beendigt und sich die geistliche Weihe hatte ertheilen lassen, begann er seine Laufbahn als Vicar auf einem Flecken in der Umgegend von Oxford; im J. 1750 ward ihm die Pfarre von Claverton bei Bath zu Theil, wo er sich verheirathete und sein ganzes Leben, welches sich bis zu 90 Jahren ausdehnte, zubrachte, nur mit der einzigen Abwechselung, daß er in der spätern Zeit auch Kaplan der Lady Chatam wurde und zu seiner Pfarrei noch die von Kilmersdon bekam. Er starb zu Claverton am 23. Nov. 1804. Er war mit Shenstone und andern berühmten Schriftstellern seiner Zeit befreundet und erwarb sich selbst durch eine nicht unbedeutende Anzahl von Schriften, die bei ihrem Erscheinen viele Leser fanden, aber fast alle jetzt vergessen sind, einen weit verbreiteten Ruf. Zuweilen greift man jedoch noch zu dem gelungensten seiner Werke, dem geistlichen Don Quixote (The Spiritual Quixote. Lond. 1773. 12. 3 Voll.), welcher viele Auflagen erlebte und als die beste Satyre auf die umherreisenden und unwissenden methodistischen Prediger gelten kann. Außerdem sind noch zu erwähnen die zur erzählenden Gattung gehörenden Versuche: Columella or the Distressed Anachoret (London 1770. 12. 2 Voll.) in dialogischer Form, Eugenius, or Anecdotes of the Golden Bull (Lond. 1785. 12. 2 Voll.) und Plexippus, or the Aspiring Plebeian (Lond. 1788. 12. 2 Voll.), eine Sammlung von Epigrammen, nebst einer Abhandlung über diese Dichtungsart (The Festoon, or a Collection of Epigrams, ancient and modern; with an Essay on that Species of Composition. Lond. 1767. 12.), eine Auswahl von Gedichten unter dem Titel Euphrosyne (Euphrosyne, or Amusements on the Road of Life. Lond. 1776. 8. und öfter aufgelegt), eine Sammlung vermischter Aufsätze in Versen und Prosa (Lucubrations in Prose and Verse. Lond. 1786. 8.), das Schäferspiel Echo und Narcissus in drei Acten, die Erinnerungen und Anekdoten aus dem Leben Shenstone's (Recollections of some particulars in the life of William Shenstone. Lond. 1788. 8.), die Uebersetzungen einzelner Abschnitte der Werke Xenophon's, Antonin's und Herodian's und eine Sammlung von Predigten (Sermons on various subjects). Die geistige Anstrengung und fortwährende Thätigkeit und eine bis zum Uebermaße gesteigerte Mäßigkeit hatten Graves zu einem Skelet herabgebracht, er befand sich jedoch wohl, auch liebte er die Gesellschaft und seine Unterhaltung war lebhaft, fein und witzig; seine Besuche aber äußerst kurz; weshalb ein geistreicher Zeitgenosse (Thickneß) von ihm sagte: Graves wäre einer der liebenswürdigsten Menschen von der Welt, wenn er Zeit dazu hätte. Seine Neigung zu satyrischen und sarkastischen Bemerkungen drang oft, obschon er sie zu unterdrücken suchte, hervor, dabei war er aber der gutmüthigste Mensch. Er besaß eine ungeheuchelte Frömmigkeit und sprach oft die Ueberzeugung aus, daß jeder vernünftige Mensch, wenn er Alles gelesen und geprüft habe, nothwendig ein Christ sein müsse. Man hat ihm deshalb mit Unrecht zum Vorwurf gemacht, daß er in seinem geistlichen Don Quixote die Sprache der heiligen Schrift durch die Anwendung derselben in komischen Situationen herabgewürdigt habe; der Stoff des Romans machte aber die Anwendung dieser Sprache unentbehrlich und wird nur dem Fanatiker als eine Entheiligung erscheinen. Mit dem Dichter ist ein anderer Richard Graves nicht zu verwechseln, welcher in der Geschichte der Literatur als ausgezeichneter theologischer Schriftsteller bekannt ist. Geboren im J. 1763 zu Kilfinane in der Grafschaft Limerick, erhielt er seine gelehrte Bildung im Trinitycollege zu Dublin, dessen Mitglied er im J. 1786 ward. Später wurde er zum königlichen Professor an der Universität ernannt. Er starb im J. 1829 zu Dublin. Seine theologischen Arbeiten: Essay on the character of the Apostles and Evangelists, designed to prove that they were not Enthusiasts (Lond. 1798. 8.); Lectures on the 4 last Books of the Pentateuch designed to shew the divine origine of the Jewish Religion, chiefly from internal Evi-

8) *L. Menard*, Histoire de la ville de Nimes. (Paris 1750 seq. 4.) Tom. VI. p. 539. J. Chr. Adelung, Fortsetzung und Ergänzungen zu Jöcher's Gelehrten-Lexikon. Bd. II. S. 1586 fg. Biographie universelle. Tom. XVIII. p. 345. (Nouv. éd. Tom. XVII. p. 398.) Biographie générale. Tom. XXI. p. 746.

dence (Lond. 1807. 8. 2 Voll. Ibid. 1815. 2 Voll. Ibid. 1846. 2 Voll. Ibid. 1850. 8. 2 Voll.) und Select Scriptural Proofs of the Trinity (Lond. 1840. 8.) gelten in England als Muster nach Inhalt und Darstellung und dürfen in den Händen eines wissenschaftlichen Theologen nicht fehlen. Auch seine Predigten (Sermons on Practical Subjects. Lond. 1840. 8. und Sermons. Lond. 1790. 8.) und die kleineren Schriften: The Arguments for Predestination and Necessity contrasted with the stablished Principles of Philosophical Enquiry (Lond. 1829. 8.) und Calvinistic Predestination repugnant to the general tenor of Scripture (Lond. 1825. 8.) werden geschätzt. Alle diese Schriften befinden sich in der von seinem Sohne besorgten Gesammtausgabe seiner Werke (Whole Works, now first collected by his son, Richard Hastings Grave. Lond. 1840. 8. 4 Voll.), welcher auch eine gute Biographie seines Vaters beigefügt ist*). (*Ph. H. Külb.*)

GRAVES (Robert), englischer Kupferstecher der neuesten Zeit, gegen das Ende des vorigen Jahrhunderts geboren, ließ sich in London nieder und arbeitete mit vielem Erfolg und Beifall. Seine Blätter sind bei den Kunstliebhabern sehr beliebt und mehrere derselben müssen meisterhaft genannt werden. Zu den vorzüglichsten und bekanntesten gehören: The Enthusiast; ein gichtbrüchiger alter Liebhaber des Fischfanges, welcher in seinem Zimmer in einem Zuber angelt, nach Th. Lane (1832); The venetian girl, nach Wood (1835), Bildniß des Lord Byron, nach T. Phillipps (1836); The Abbotsford family (die Familie W. Scott's), nach Wilkin (1837); Shakespeare's Verhör wegen Wilddieberei, nach G. Harvey; Charlotte Florentina, Herzogin von Northumberland, nach Robertson, und König Karl II., wie er von seinem Gärtner die erste Ananas empfängt, die in England gebaut wurde, nach einem unbekannten Meister†). (*Ph. H. Külb.*)

GRAVES (Robert James), berühmter englischer Arzt aus der ersten Hälfte des gegenwärtigen Jahrhunderts, welcher sich nicht nur durch eine glückliche Praxis, sondern auch als Lehrer seines Faches einen weit verbreiteten Ruhm erwarb. Nachdem er längere Zeit als Arzt am Neu-Meath- und Whitworth-Fieberhospitale zu Dublin gewirkt hatte, wurde er als Professor der Arzneiwissenschaft an der Universität in dieser Stadt angestellt und erlangte besonders durch seine Vorträge über die medicinischen Institutionen am Trinity-Colleg allgemeinen Beifall. Als Schriftsteller wirkte er mit gleich großem Erfolg und seine mit Stokes herausgegebenen Berichte über die merkwürdigsten Krankheitsfälle in dem Meath-Hospitale (Clinical reports of the medical cases in the Meath Hospital and County of Dublin infirmary during 1826 and 1827. Dublin 1827 seq. 8. 2 Voll.) werden in den meisten Hospitälern Großbritanniens und Nordamerika's als der sicherste Leitfaden bei ähnlichen Vorkommenheiten betrachtet. Auch seine mehr allgemeinen und theoretischen Schriften (Clinical lectures on the Practice of Medicine edited by Dr. Neligan. Dublin 1843. 8. 2 Voll. Thirth American Ed. by W. W. Gerhard. Philadelphia 1848. 8. 2 Voll. und On the functions of the lymphatic system. Dublin 1828. 8. Ibid. 1834. 8.) dürfen in der Bibliothek keines wissenschaftlichen englischen Arztes fehlen. Man darf diesen Arzt nicht verwechseln mit einem andern englischen Arzte aus der zweiten Hälfte des 18. Jahrh., welcher denselben Namen (Robert Graves) führt und dessen medicinische Werke (Medical works. Lond. 1792. 8.) ebenfalls geschätzt sind*). (*Ph. H. Külb.*)

GRAVESANDE (Willem Jacob's), berühmter holländischer Mathematiker und Naturforscher des 18. Jahrh., am 27. Sept. 1688 zu Herzogenbusch geboren, gehörte einer alten aus der Provinz Holland stammenden Familie an, welche mit ihrem vollständigen Namen Storm van 's Gravesande hieß, deren Mitglieder sich aber der Kürze wegen schlechthin entweder Storm oder 's Gravesande nannten. Diese Familie lieferte von 1419 an der Stadt Delft viele Magistrate und hielt sich stets und fest zur Partei des Prinzen von Oranien, weshalb auch Willem und Cornelis van 's Gravesande im J. 1568 von dem Herzoge von Alba des Landes verwiesen wurden, weil sie, wie das Verbannungsurtheil sich ausdrückte, der neuen Religion ergeben waren. Der Großvater des Gelehrten, welcher der Gegenstand dieses Artikels ist, ließ sich zu Herzogenbusch nieder, wo er mehrere Aemter bekleidete, sein Vater, Theodor 's Gravesande, war Präsident dieser Stadt, Einnehmer der gelehrten und geistlichen Stiftungen, Controleur des Zollwesens und Obereinnehmer des Prinzen von Oranien für mehrere Domainen desselben. Obschon er mit einer zahlreichen Nachkommenschaft gesegnet war, so erhielten doch alle zehn Kinder, unter denen Willem Jacob das vierte war, eine sorgfältige Erziehung. Unter den Hauslehrern, welche für ihre Ausbildung zu sorgen hatten, übte Tourton, welcher die Mathematik lehrte, einen entschiedenen Einfluß auf Willem Jacob, welcher eine so ungewöhnliche natürliche Anlage und eine so entschiedene Vorliebe für diese Wissenschaft zeigte, daß Tourton bald Tag und Nacht studiren mußte, um seinem Schüler gleich zu bleiben, welcher ihm übrigens stets zugethan blieb, ihm seine Werke nach Surinam, wo Tourton später angestellt war, schickte und mit ihm einen gelehrten Briefwechsel unterhielt. Im J. 1704 begab er sich mit zwei seiner Brüder auf die Universität zu Leyden, um sich dem Studium der Jurisprudenz zu widmen, und obschon er sein Fach mit musterhaftem Fleiße betrieb, so vernachlässigte er doch auch keineswegs seine Lieblingswissenschaft, die Mathematik. Während der Vorlesungen

*) *Sam. Alibone*, Critical Dictionary of English literature. Vol. I. p. 722. *W. Th. Lowndes*, Bibliographers Manual. P. IV. p. 929. Biographie des Contemporains. Tom. VIII. p. 296. Biographie universelle. Tom. XVIII. p. 348.

†) G. K. Nagler, Künstler-Lexikon. Bd. V. S. 348. Jos. Heller, Handbuch für Kupferstichsammler S. 281.

*) *A. Alibone*, Critical Dictionary of english Literature. Vol. I. p. 723.

über einen Gegenstand, welche ihm höchst langweilig waren, welche er aber auf den Befehl seines Vaters hören mußte, arbeitete er sogar den größten Theil seiner Abhandlungen über die Perspective aus, welche er jedoch erst einige Jahre später drucken ließ. Im J. 1707 erhielt er mit zwei seiner Brüder an einem und demselben Tage (25. Oct.) und nachdem er nach der Vorschrift seine Abhandlung De autochiria (Lugduni 1707. 4.), welche die Gründe gegen den Selbstmord in klarer Uebersicht zusammenstellt, vertheidigt hatte, die juristische Doctorwürde und ging dann nach dem Haag, um die Ausübung des theoretisch durchgearbeiteten Faches zu beginnen. Zu gleicher Zeit setzte er sich aber mit den angesehensten Gelehrten Hollands in Verbindung und suchte sich denselben durch die Herausgabe seiner schon in seinem 19. Jahre auf der Universität verfaßten, aber jetzt sorgfältig überarbeiteten Schrift: Essay de Perspective (La Haye 1711. 8.) zu empfehlen, was ihm auch über Erwartung gelang, denn sein Versuch fand nicht nur in seinem Vaterlande, sondern in dem ganzen gebildeten Europa Beifall, und viele Gelehrte, und unter diesen sogar der berühmte J. Bernoully, sprachen ihre Zufriedenheit mit den Leistungen des jungen Mannes aus; auch gewahrt man, obschon die Abhandlung durch Fassung und Styl hier und da die Jugend des Verfassers verräth, darin schon den gründlichen Mathematiker, welcher die schwierigsten Probleme der Perspective ebenso geistreich als klar löst. Eine zweite verbesserte Ausgabe, welche Gravesande bereits vorbereitet hatte, unterblieb leider durch dessen Tod. Im J. 1713 unternahm er mit einer Gesellschaft junger wissenschaftlich reger Leute, worunter Marchand, van Effen, Sallengre, Alexandre und St. Hyacinthe wol die bedeutendsten waren, eine wissenschaftliche Zeitschrift, das lange sehr beliebte Journal littéraire, worin neben eigenen Arbeiten beurtheilende Auszüge aus den Werken anderer Gelehrten mitgetheilt wurden. Gravesande war bei diesem Unternehmen besonders thätig und setzte es deshalb, als nach dem Erscheinen der ersten zwölf Bände (La Haye 1714—1722. 12.) sich die Gesellschaft trennte, mit Hilfe anderer Gelehrten unter demselben Titel (Tom. 13—19. La Haye 1720—1732. 12.) und dann unter dem veränderten Titel: Journal historique de la République des lettres (Leide 1732—1733. 12. 3 Voll.) fort. Die von ihm herrührenden Auszüge zeichnen sich durch Unparteilichkeit und Klarheit aus, ohne jedoch die Verfasser, deren Werke zum Gegenstand der Auszüge gewählt wurden, immer befriedigen zu können; insbesondere zeigte sich Fontenelle über den Auszug aus seinem berühmten Werke von der Geometrie des Unendlichen gereizt, ließ sich jedoch durch eine die Beurtheilung rechtfertigende und die Verdienste des Gelehrten bereitwillig anerkennende Zuschrift Gravesande's leicht besänftigen. Von den selbständigen Arbeiten, welche Gravesande zu dem Journal lieferte, sind zu erwähnen die philosophischen Erörterungen über die Lüge (Lettre sur le Mensonge, im Journ. litt. Tom. V. p. 254) nebst einem Nachtrage (Tom. XI. p. 344) über die Dienstlüge (Mensonge officieux), eine Darstellung des Beweises, daß der Mensch unter allen Umständen die Wahrheit zu sagen verpflichtet sei, welche zu dem Besten gehört, was je über diesen Gegenstand geschrieben worden ist, und über die Freiheit (Lettre sur la Liberté, im Journ. litt. Tom. X. p. 234), welches Schreiben schon die Grundideen seiner späteren philosophischen Ansichten über die Freiheit enthält und darzuthun sucht, daß eine durch stärkere Gründe bedingte Nothwendigkeit in allen Handlungen doch die Freiheit des Menschen nicht aufhebt, sowie die physikalischen Abhandlungen über den Bau der Luftpumpen (Remarques sur la construction des Machines Pneumatiques et sur les Dimensions qu'il faut leur donner, Journ. litt. Tom. IV. p. 182), über den Stoß der sich bewegenden Körper (Essai d'une nouvelle Théorie sur le Choc des corps, Journ. Tom. XII. p. 2 et p. 190) und über die Bewegung der Erde um die Sonne (Lettre sur le mouvement de la terre autour du soleil, Journ. Tom. XIV. p. 113). Seine Bemerkungen über die Luftpumpen sind auf folgenreiche Grundsätze gestützt und diese Maschinen verdanken ihm einige sehr wichtige Verbesserungen, in der Theorie über den Stoß der sich bewegenden Körper schließt er sich an die Behauptungen des Philosophen Leibnitz an und verwirft die Theorie Newton's, wodurch er in einen sehr lehrreichen, weiter unten näher zu erörternden Streit mit den Vertheidigern der Lehre Newton's verwickelt wurde; der Brief über die Bewegung der Erde um die Sonne ist gegen die Theologen gerichtet, welche das von Josua bewirkte Wunder ernstlich nehmen zu müssen glauben. Im J. 1715 war Gravesande gezwungen, auf einige Zeit seine Studien zu unterbrechen, da ihm der Auftrag ward, als Secretair die Gesandtschaft zu begleiten, welche von den Generalstaaten nach England geschickt wurde, um Georg I. zu seiner Thronbesteigung Glück zu wünschen. Obschon sein Aufenthalt in England nicht länger als ein Jahr dauerte, so wußte er ihn doch klug zu benutzen. Er erwarb sich die Achtung und Freundschaft Newton's und knüpfte Verbindungen mit Burnet, dem berühmten Bischofe von Salisbury, an, dessen Söhne er bereits kannte. Auch gewöhnte er sich durch das lärmende Treiben in London und die zahlreichen Besuche, welche er in seinem Zimmer empfangen mußte, allmälig an die schwierige Kunst, bei fortwährenden Störungen die schwierigsten Arbeiten glücklich zu Stande zu bringen. Nachdem er durch die Bemühungen seiner Freunde in die königliche Gesellschaft der Wissenschaften aufgenommen worden war, kehrte er nach dem Haag zurück, von wo er im J. 1717 als ordentlicher Professor der Astronomie und der Physik auf die Universität zu Leyden berufen wurde. In der Rede, welche er beim Antritt seiner Stelle hielt (Oratio de Matheseos in omnibus scientiis, praecipue in physicis usu; necnon de Astronomiae perfectione ex Physica haurienda. Lugduni 1717. 4.), hob er insbesondere hervor, wie sehr das Studium der mathematischen Wissenschaften dazu beitrage, dem Geiste jene Richtigkeit und jene Schärfe zu geben, welche unbedingt nöthig sind, um in den andern Gebieten der Gelehrsamkeit Fortschritte zu machen; er zeigte ferner, daß die Astronomie der Hilfe der Physik nicht entbehren könne, da die letztere die Principien lehrt, aus welchen die Bewegung aller Himmelskörper abgeleitet wird. Er machte besonders auf die zuletzt ausgesprochene Wahrheit aufmerksam, um seine Zuhörer zum Besuche seiner physikalischen Vorlesungen zu ermuntern, obschon er nicht durch seine Anstellung verbunden war, solche zu halten. Man hat ihn auch als den ersten Lehrer außerhalb England zu betrachten, welcher es unternahm, die seither so sehr vernachlässigte Experimentalphysik vorzutragen. Dabei suchte er seine Collegien durch eine Sammlung von Maschinen, die er größtentheils erfunden oder verbessert hatte und durch die er seine Behauptungen unterstützte und erläuterte, noch anziehender und nützlicher zu machen. Die Astronomie trug er mit nicht geringerem Erfolg vor; er zeigte zuerst die wirklichen Ursachen der Bewegungen der Himmelskörper, welche Newton entdeckt hatte, und setzte sie an die Stelle der unhaltbaren früheren Theorien, welche noch von vielen Professoren in ihren Vorträgen festgehalten wurden. In seinen Collegien über Mathematik empfahl er vor Allem das Studium der Elemente des Euklides, welche er den meisten neueren Lehrbüchern weit vorzog und schärfte fortwährend seinen Schülern ein, die Algebra als denjenigen Theil der Mathematik zu betrachten, welcher als Mittel diene, der Gesellschaft nützliche Wahrheiten zu entdecken und bei allen Aufgaben, welche er ihnen zur Lösung vorlegte, hatte er diesen Zweck vor Augen. Die Studien, welche zur Ausarbeitung dieser Vorlesungen nöthig waren, verdankt auch sein Handbuch der mathematischen Anfangsgründe der Physik seine Entstehung. Es erschien unter dem Titel: Physices elementa mathematica, experimentis confirmata (Lugduni Batav. 1720—1721. 4. 2 Voll. c. figg.) und wurde mit so ungewöhnlichem Beifall aufgenommen, daß alsbald eine neue Ausgabe (Ibid. 1725. 4. 2 Voll.) sich nöthig machte [1]). Die dritte Ausgabe (Ibid. 1742. 4. 2 Voll.) ist völlig umgearbeitet und wurde bald (Ibid. 1748. 4. 2 Voll.) wiederholt. Sogleich nach dem Erscheinen der ersten Ausgabe wurden zwei französische Uebersetzungen versucht, die eine von Desaguliers und die andere von einem Ungenannten, welche aber von Fehlern wimmeln; die beste unter den Augen des Verfassers vorgenommene Bearbeitung gab Louis de Joncourt (Elémens de physique. Leyde 1746. 4. 2 Voll. c. figg.), welche auch einer vierten verstümmelten französischen Uebersetzung von C. F. Rolande de Virlois (Paris 1747. 8. 2 Voll.) weit vorzuziehen ist. Eine öfter gedruckte englische Uebersetzung (Mathematical Elements of natural Philosophy, confirmed by Experiments. Lond. 1747. 4. 2 Voll.) wird sehr geschätzt. Von einer holländischen Uebersetzung, welche Joh. Engelmann versuchte, erschien nur der erste Band (Leyden 1743. 4.). Dieses Werk begründete hauptsächlich Gravesande's Ruhm im Auslande und erhob ihn zu einer der ersten Autoritäten in diesem Fache. Während der Ferien der Jahre 1721 und 1722 begab sich Gravesande zweimal nach Cassel, wohin ihn der Landgraf von Hessen-Cassel, welcher eine besondere Vorliebe für physikalische Untersuchungen kund gab, berufen hatte, um das von dem Sachsen Orffyreus erfundene berühmte Rad, welches das Perpetuum mobile darstellen sollte, in Augenschein zu nehmen und seine Meinung darüber auszusprechen. Gravesande legte sein gerade nicht ungünstiges Urtheil in einer Flugschrift (Remarques touchant le mouvement perpetuel. Leyde 1722. 12.), welche ihrer Seltenheit wegen auch in mehreren Sammelwerken [2]) abgedruckt wurde, nieder, die ganze Erfindung zeigte sich aber später als ein an Betrug grenzendes Misverständniß und wurde bald wieder vergessen. Gravesande dachte schon nach kurzer Zeit nicht mehr an diese und ähnliche abenteuerliche Erfindungen, denn er war um diese Zeit emsig mit einer zusammenhängenden Darstellung der Newton'schen Philosophie beschäftigt, welche er unter der anspruchlosen Ueberschrift: Philosophiae Newtonianae institutiones in usus academicos (Lugd. Bat. 1723. 8.) herausgab und worin er die Elemente der Physik in einer kürzeren Fassung und ohne Hinweisung auf die Experimente darlegte. Dieser geistvolle Abriß, worin sich das Genie Gravesande's am klarsten offenbart, erschien alsbald in einer zweiten Auflage (Lugd. Bat. 1728. 8.), wurde aber am meisten in der dritten, nach dem Tode des Verfassers von seinem Freunde J. N. S. Allamand besorgten Ausgabe (Ibid. 1744. 8.) und in einem in Teutschland erschienenen Nachdrucke (Viennae 1760. 8.) verbreitet. Eine Uebersetzung dieses Handbuchs für die der lateinischen Sprache Unkundigen wurde leider nicht versucht. Merkwürdig ist auch die Rede über die Gewißheit (De evidentia), welche Gravesande bei dem Abtritte von dem Rectorate (1724) hielt. In dieser Rede (Lugd. Bat. 1724. 4. Ibid. 1734. 4.) gibt er der mathematischen Gewißheit den Vorzug, welche ihm allein und für sich das Criterium des Wahren zu sein scheint; er erörtert, welche Wissenschaften derselben fähig sind und sucht die Bestätigung der moralischen Gewißheit in dem Willen Gottes, welcher uns vorgeschrieben hat, dem Zeugnisse der Sinnen, dem Zeugnisse der andern Menschen und der Analogie zu glauben. Gravesande war durch sein Anstellungsdecret nur verbunden, über die Mathematik und die Astronomie zu lesen; im J. 1730 übernahm er es auf das Ersuchen der Universitätscuratoren Vorträge in holländischer Sprache über die bürgerliche und die militairische Baukunst zu halten, weil im Augenblicke kein anderer Lehrer für dieses Fach vorhanden war. Er gab jedoch schon im folgenden Jahre dieses Lehramt gern wieder auf, übernahm aber mit desto größerem Vergnügen die ihm im J. 1734 übertragene Professur der Philosophie, welche er mit einer Rede: De vera et nun-

1) Die in der zweiten Ausgabe hinzugekommenen Verbesserungen wurden auch unter dem Titel: Supplementum physicum (Lugd. Bat. 1725. 4.) besonders gedruckt.

2) So in Prosp. Marchand's Dictionnaire historique. Tom. II. p. 228 seq. und am besten im zweiten Bande von Gravesande's Oeuvres philosophiques et mathématiques.

quam vituperata Philosophia (Lugd. Bat. 1734. 4.) am 25. Sept. antrat. In dieser Rede, mit welcher auch seine beiden früheren akademischen Reden wieder abgedruckt sind, zeigt er nach der Darlegung der Mängel, an welcher die bekanntesten philosophischen Systeme leiden, wie die wahre Philosophie einzig und allein darin bestehe, daß Jeder dem Zwecke, zu welchem er von dem höchsten Wesen erschaffen ist, entspricht, und wie diese Philosophie zu allen Zeiten stets der Gegenstand der höchsten Achtung gewesen sei. Die Sätze, welche er in schmucklosen, aber klaren und entschiedenen Worten aufstellt, stützen sich auf die gesunde Vernunft und sind ganz und gar dazu angethan, die Liebe zur Weisheit, welche die wahre Philosophie erstreben soll, einzuflößen. Er begann nach der Uebernahme des neuen Lehramtes sogleich seine Vorlesungen über Logik, Metaphysik und Moral, hatte aber stets dabei die Naturlehre im Auge, an deren Aufnahme er unermüdlich arbeitete. Obschon seine Vorträge einen ansehnlichen Theil seiner Zeit in Anspruch nahmen, so benutzte er doch gewissenhaft jede ihm von Amtsgeschäften frei bleibende Stunde zu literarischen Arbeiten. So besorgte er die Ausgabe der vermischten Werke des Mathematikers Chr. Huygen's (Opera varia. Lugd. Bat. 1724. 4. 2 Voll. Opera reliqua. Amstelodam. 1728. 4. 2 Voll.), die Einleitung seines Freundes J. Keill in die Physik (Introductiones ad veram Physicam et veram Astronomiam. Lugd. Bat. 1727. 4.) nebst einer Biographie des Verfassers, der Arithmetik Newton's (Arithmetica universalis. Ibid. 1732. 4.) und einer Sammlung der von der königl. Akademie der Wissenschaften vor ihrer Erneuerung im J. 1699 angenommenen Abhandlung (Ouvrages adoptés par l'Académie royale des sciences. La Haye. 1729. 4. Vol. I—VI.). Seine eigenen Werke, die er um diese Zeit vollendete, beschränkten sich auf die Grundlehren der allgemeinen Mathematik (Elementa Matheseos universalis. Lugd. Bat. 1727. 8.), welche auch in das Französische (Leyde 1737. 12.) übersetzt wurden, und die Einleitung in die Philosophie (Introductio ad Philosophiam, Logicam et Metaphysicam continens. Lugd. Bat. 1736. 8.). Dieses Handbuch, welches in mehreren Auflagen (Lugd. Bat. 1738. 8. Venetiis 1737. 8. Lugd. Bat. 1756. 8.) wiederholt wurde, erhielt eine große Verbreitung, besonders in der von Elie de Joncourt besorgten französischen Bearbeitung (Introduction à la philosophie, contenant la métaphysique et la logique. Leyde 1737. 8. Ibid. 1748. 8. La Haye 1756. 8.), welche selbst in der neuesten Zeit noch eine Wiederholung (Paris 1821. 12.) erlebte, während die deutsche Uebersetzung („Einleitung in die Weltweisheit." Halle 1755. 8.) völlig ungenießbar geworden ist. Diese Einleitung brachte übrigens Gravesande durch die darin aufgestellte Lehre von der Freiheit in den Verdacht des Spinozismus und zog ihm den Vorwurf zu, daß er durch die ausgesprochenen Grundsätze jeden Unterschied zwischen der Tugend und dem Laster aufhebe. Ein gelehrter englischer Kaufmann glaubte sogar in einer Flugschrift (Lettre à M. G. J. 's Gravesande, sur son introduction à la Philosophie et particulièrement sur la nature de la Liberté. Amsterd. 1736. 8.) seine Bedenken äußern zu müssen, auf welche der Philosoph jedoch nicht antwortete, obschon er den Vorsatz gehabt haben soll, sich in einem Handbuche der Moral zu rechtfertigen, welches aber nicht erschien, da er sich in den späteren Jahren sehr unglücklich fühlte und die Lust an gelehrten Forschungen völlig verlor, als seine beiden Söhne, die ihm seine Gemahlin Anna Sacrelaire, welche mit ihm im J. 1720 getraut worden war, geboren hatte und welche durch ihre geistigen Anlagen und ihren Fleiß eine schöne Zukunft versprachen, gerade, als sie ihre akademische Laufbahn antreten sollten, in dem kurzen Zeitraume von acht Tagen an hitzigen Krankheiten starben. Sowol der Schmerz über diesen Verlust, als auch die Folgen seiner früheren zu angestrengten geistigen Arbeit zogen ihm eine Auszehrung zu, woran er am 28. Febr. 1742 starb und zwar nach einer langwierigen Krankheit, während welcher er jedoch die Lebhaftigkeit seines Geistes nicht verlor. Er besaß, außer seiner großen Gelehrsamkeit, Alles, was einen Mann in der menschlichen Gesellschaft angenehm und schätzbar machen kann; er war gefällig, wohlthätig und in gleichgültigen Dingen so nachgebend, als standhaft in wichtigen. Betrachtet man ihn als Staatsbürger, so muß man eingestehen, daß wenige Gelehrte ihrem Vaterlande so gute Dienste leisteten, wie er. Kaum von der Universität zurückgekehrt, wurde er schon wegen seiner Kenntnisse und seines Scharfsinnes bei den schwierigsten Berechnungen von dem damals in einer mißlichen Lage befindlichen Staate bei wichtigen Geldgeschäften und Finanzoperationen zu Rathe gezogen. Ein ganz besonderes Talent besaß er zur Dechiffrirkunst, weshalb man während des Erbfolgekrieges oft seine Dienste in Anspruch nahm, wenn die bei dem Feinde erbeuteten Depeschen von dem dazu bestimmten Beamten nicht entziffert werden konnten. Der Prinz Eugen hatte wiederholt Gelegenheit, sich von seiner Geschicklichkeit in dieser Arbeit zu überzeugen. Auch bei den hydraulischen Arbeiten, welche für Holland eine so große Wichtigkeit haben, versäumte man nicht, seinen Rath einzuholen, und man verdankt seiner Erfindungsgabe die Verbesserung der Windmühlen zum Ausschöpfen des Wassers, welche freilich jetzt durch die kräftiger wirkenden Dampfpumpen überflüssig geworden sind. Bei der Gründung der Akademie zu Petersburg im J. 1724 wurde er von Peter dem Großen eingeladen, als Mitglied derselben einzutreten; dieselbe Einladung erhielt er im J. 1740 von dem Könige von Preußen bei der Erneuerung der Akademie zu Berlin; er lehnte aber beide Anträge, so vortheilhaft sie auch waren, entschieden ab, weil er seinem Vaterlande nicht untreu werden wollte. Während seines Aufenthaltes in England war sein Zimmer, wie schon erwähnt, der Sammelplatz der mit den Gesandten verkehrenden Edelleute; er setzte aber während ihrer Unterhaltung ruhig seine Berechnungen fort und nahm sogar abwechselnd daran Theil. Als Bekenner der reformirten Confession, war er aufrichtig derselben zugethan, und stets beobachtete er treu und ängstlich auch seine andern Pflichten. Sein

Geist besaß eine solche Kraft und eine solche folgerechte Denkfertigkeit, daß seine Werke in seinem Kopfe vollständig fertig waren, ehe er sie niederschrieb; mehrere derselben wurden uns daher durch seinen frühen Tod entzogen und deshalb fanden sich auch unter seinem Nachlasse keine vollendeten literarischen Arbeiten. Seine kleinen zerstreuten Schriften wurden nach seinem Tode von seinem Freunde J. N. S. Allamand, welcher mehrere derselben aus dem Lateinischen und Holländischen ins Französische übersetzte, unter dem Titel: Oeuvres philosophiques et mathématiques rassemblées (Amsterd. 1774. 4. 2 Voll.) herausgegeben und mit einer Biographie des Verfassers und einer Uebersicht seiner wissenschaftlichen Leistungen eingeleitet. Diese Sammlung enthält die bereits erwähnten Aufsätze Gravesande's aus dem Journal littéraire, seine akademischen Reden, seine philosophischen Versuche und mehrere Gelegenheitsschriften 8). In allen offenbart sich klar das Bestreben, die Wissenschaft zu fördern und aus derselben den möglichst größten Nutzen für die menschliche Gesellschaft zu ziehen. „Nichts," sagt de Gerando, der bekannte Geschichtschreiber der Philosophie, „beweist so sehr die Aufrichtigkeit und Offenheit, womit er die Wahrheit suchte, als die Art und Weise, wie er die Lehre Newton's über die Kraft der Körper verließ und die Ansicht des Philosophen Leibnitz annahm." Obschon er Anfangs die erstere vertheidigte und mit großer Achtung des Urhebers lehrte, so rief er doch bei einem Experimente, welches er zur Bestätigung derselben machte, plötzlich in dem Beisein seines Bruders: O wie habe ich mich geirrt! Die Philosophie Newton's brachte er zuerst aus England herüber, lehrte, erklärte und vertheidigte sie öffentlich; er nahm dieselbe an, wie ein aufgeklärter Mann und unabhängiger Geist es zu thun pflegt; er erfaßte die Grundsätze, die Methode und die hauptsächlichsten Ergebnisse derselben, aber er verband damit seine eigenen Ansichten, Beweise und Erfahrungen und erfand zur Feststellung derselben sogar zahlreiche Instrumente. Zu dieser Zeit waren noch manche Grundbegriffe dunkel und schwankend und Gravesande, geschickter in der Kunst zu beobachten und zu experimentiren, als tief in transcendentalen Speculationen, gerieth mehr als einmal in Verwirrung bei den auf die Metaphysik bezüglichen Fragen der Wissenschaft; dazu gehört unter andern die auf die Bewegung und den Anstoß der Körper bezügliche Erörterung, eine Erörterung, in welcher er, indem er die von Leibnitz aufgestellte Ansicht gegen die von Newton angenommene vertheidigt, sich keinen richtigen Begriff von der Kraft gemacht, und indem er mit Recht annimmt, daß die Function, welche man lebendige Kraft nennt, aus dem Quadrat der Schnelligkeit multiplicirt mit der Masse besteht, diese Function mit der eigentlichen Kraft, von welcher sie gänzlich verschieden ist, verwechselt hat; dazu gehört ferner die Erörterung, in welche er sich über die Möglichkeit der beständigen Bewegung einließ, eine Frage, welche durch die weiteren Fortschritte der Mechanik auf eine unwiderrufliche Weise gelöst wurde, indem diese sie auf ihre wirklichen Grenzen zurückgeführt haben. Der Professor von Leyden hat aber deswegen nicht weniger kräftig zu dem großen Umschwunge beigetragen, welchem die Naturwissenschaften damals unterlagen, indem er entweder die neuen Methoden ausgiebig entwickelte oder indem er die neuen Entdeckungen durch seine Vorrichtungen, seine Maschinen, seine unermüdlichen Arbeiten und einen methodischen und klaren Unterricht auf eine glänzende Weise bestätigte. Als Voltaire während seines Aufenthaltes zu Leyden Gravesande's Bekanntschaft machte und seine Vorlesungen besuchte, las er ihm auch einige Capitel aus seinen Eléments de la philosophie de Newton vor und wünschte von diesem Bemerkungen zu dem Werke vor dessen Bekanntmachung. Der gelehrte Holländer bewunderte die Leichtigkeit und Feinheit, womit Voltaire einen so trockenen Stoff behandelt hatte, aber er ging auf dessen Begehren nicht ein. Gravesande brachte in das Studium und in den Unterricht der Philosophie die bei der Physik gewohnte Methode, dieselbe Richtigkeit, dieselbe Gedrängtheit und jene lichtvolle Einfachheit, welche die wahre Sprache der Wissenschaft ist, aber er brachte nicht dieselbe Entschiedenheit in den Ideengang; er wußte weder unter den Lehren der Philosophen Descartes, Leibnitz und Locke, welche damals die Gunst der gelehrten Welt theilten, zu wählen, noch sich eine eigene und originelle Lehre zu schaffen. Er entlieh seine Principien bald dem einen, bald dem andern Systeme; er fügte sogar seiner Logik die Regeln der Syllogismen nach Aristoteles und nach dem alten Schulgebrauche bei. In seiner Einleitung in die Philosophie läßt er die Logik der Metaphysik vorausgehen, eine Anordnung, die er bei seinem Unterrichte nicht befolgte, die aber jedenfalls in Bezug auf den Theil der ersten dieser Wissenschaften, welcher nur die natürliche Geschichte des menschlichen Geistes ist, sehr vernünftig wäre. Er schwankt über die Grundfragen der Erzeugung der Ideen, aber er classificirt diese Ideen in guter Ordnung, er verbreitet kein neues Licht über die großen Subjecte der Causalität und der Realität der menschlichen Kenntnisse und ihrer Gewißheit, aber er beschreibt scharfsinnig die Gesetze der Aufmerksamkeit und des Gedächtnisses, er entwirft ausgezeichnete Regeln über den Werth der Zeugnisse, über die Anwendung der Analogie, über die einfachen und zusammengesetzten Wahrscheinlichkeiten, über den Gebrauch der Hypothesen; er erklärt mit einer merkwürdigen Richtigkeit den Ursprung unserer Irrthümer und er hat vielleicht zuerst die passende Bemerkung gemacht, wie sehr die Trägheit des Geistes die Richtigkeit des Urtheils beeinträchtigt. Sein Rath ist immer klug, seine Nomenclatur genau und deutlich und seine Definitionen zeichnen sich durch Klarheit aus, seine Darstellungsweise ist ein Muster des philosophischen Styls, und ist Gravesande auch ungewiß in der Theorie, so gibt er doch eine nützliche und sichere Anleitung zur Ausführung. Man sieht, daß er Locke fleißig studirt hatte; er hatte dessen Philosophie nicht ganz annehmen zu können geglaubt, ohne vielleicht die

8) Man findet den Inhalt dieser Sammlung angegeben in J. M. Querard's France littéraire. Tom. III. p. 456.

wirklichen Misstände derselben begriffen zu haben; aber er unterrichteten und schrieb wie ein in der Schule dieses Philosophen gebildeter Mann. Gravesande's Institutionen haben zwar die Wissenschaften über die wesentlichen und schwierigen Punkte nicht weiter gefördert, sie werden aber für alle, die sich mit ihrer Pflege befassen, ein wahrer Schatz sein. Die meisten Lehrbücher der Philosophie, die man jetzt den Zöglingen in die Hände gibt, kommen dem Gravesande's nicht gleich. Die Gedanken desselben über die moralische Freiheit zogen ihm heftigen Tadel zu, obschon sie dem religiösen Bekenntnisse, dem er angehörte, in der Hauptsache entsprechen. Er bekämpft den Fatalismus und die Meinungen der Philosophen Spinoza und Hobbes über die Nothwendigkeit der Bestimmungen und glaubt dann die Freiheit definiren zu können als das dem Menschen verliehene physische Vermögen, zu thun, was er will, wie auch die Bestimmung seines Willens sein möge, sodass der Mensch aufhört frei zu sein, wenn er gezwungen ist zu thun, was er nicht will, oder gehindert ist zu thun, was er will, der Mensch will aber nach seinem Dafürhalten, weil er durch seine Gedanken bestimmt ist, wählen, was ihm den Vorzug zu haben scheint, und da es nicht in seiner Gewalt steht, das, was ihm den Vorzug zu verdienen scheint, zu beurtheilen, so waltet in seinen Handlungen stets eine moralische Nothwendigkeit ob. Wollte man voraussetzen, dass es anders geschehen könne, so würde man eine Wirkung ohne Ursache zulassen. Er bemüht sich darzuthun, dass eine solche Definition der Freiheit das Verdienstliche und Unverdienstliche aller unserer Handlungen und die Bedingungen, welche die Tugend und das Laster charakterisiren, zulässt, und dass im Gegentheil die Freiheit, welche in die Wahl der Bestimmungen selbst gesetzt wird, die Consequenzen haben würde, welche man an seinem Systeme tadelt. Dieses System, welches indessen auf einem falschen Begriffe der Ursachen beruht und welches die Freiheit der Handlung mit der Freiheit des Willens verwirrt, wurde von vielen Seiten heftig bekämpft. Gravesande ist übrigens nicht der Urheber dieser Definition, die in England zahlreiche Anhänger gefunden hat, die aber durch die neueren Fortschritte der Philosophie in Deutschland und in Frankreich für immer beseitigt ist, indem diese in dem moralischen Princip die automatische Spontaneität als wirkliche Ursache setzt und auf seine eigene Activität die ganze Theorie der Ursachen gründet. Man sieht an der von Gravesande angenommenen Lehre, sowie an mehreren andern Beispielen, den oft nachtheiligen Einfluss, welche die fortwährende Beschäftigung mit den physikalischen Wissenschaften auf die Philosophie übt, obschon er sagen konnte, eine schlechte Handlung sei nach dieser Anschauungsweise im Grunde nur ein Irrthum. Die Bewegung in der materiellen Natur ist immer mitgetheilt, mit Ausnahme vielleicht der galvanischen, elektrischen und ähnlicher Erscheinungen, aber die moralische Ordnung, die Bestimmungen haben einen individuellen Ursprung und ein selbst von den Entscheidungen des Urtheils unabhängiges Princip 4). (*Ph. H. Külb.*)

4) Vergl. *Prosp. Marchand*, Dictionnaire historique. Tom. II p. 214 seq. Diese sehr gute, von Allamand ausgearbeitete Biographie findet sich auch vor den Oeuvres philosophiques et mathématiques (Amsterd. 1742). Fr. C. G. Hirsching, Historisch-literarisches Handbuch berühmter und denkwürdiger Personen des 18. Jahrh. Bd. II. Abth. 2. S. 146 fg. Biographie universelle. Tom. XVIII. p. 348 seq. (Nouv. éd. Tom. XIX. p. 394 seq.)

GRAVESEND, englische Municipalstadt an dem südlichen Ufer der Themse in der Grafschaft Kent, unter 18° 1' östl. Ferro (0° 21' östl. Greenwich) und 51° 26' nördl. Br., mit wichtigem Hafen, 1821 mit 3119, 1856 mit 16,600, 1861 mit 18,782 Einwohnern, ist von ausgedehnten Gärten umgeben, in welchen eine Menge Gemüse, namentlich Spargel, für London und für den Bedarf der Marine gebaut wird. Der älteste Stadttheil hat enge krumme Straßen, dagegen finden sich viele schöne Gebäude in den neuen gegen Osten (Milton) und gegen Westen sich fortsetzenden Vorstädten. Die Stadt hat ein Stadthaus, unter den Kirchen 1 katholische seit 1851, ein literarisches Institut, Badeanstalten, zahlreiche Theehäuser und öffentliche Gärten, namentlich Rosherville an der Themse, Windmill-Hill mit Hôtel Bellevue in höherer Lage hinter der Stadt. Unter den zahlreichen schönen Landsitzen der Umgegend sind besonders erwähnenswerth Cobham Hall, mit einer kostbaren Gemälde- und Skulpturensammlung des Lord Darnley, Lee Priory mit Kunstsammlungen und Knowle Park mit prächtigem gothischem Wohngebäude. In der Vorstadt Milton befindet sich ein Bad. Die Bedeutung von Gravesend beruht in seiner günstigen Lage zwischen der nahen Themsemündung und London. Unterhalb der Stadt liegt New Tavern Fort, gegenüber das starke Fort Tilbury; noch weiter abwärts schützen 2 Forts, jedes mit 50 schweren Kanonen und 2 schwimmende Batterien die Themsemündung. In Gravesend werden die Papiere der einlaufenden Schiffe untersucht, den auslaufenden Schiffen die übrigen ausgehändigt, die Eingangszölle erhoben. Eine Eisenbahn verbindet Gravesend einerseits mit London, andererseits mit Rochester und Maidstone und schliesst sich sodann der südöstlichen Hauptbahn (London-Dover) wieder an. (*Otto Delitsch.*)

GRAVESEND, Benedict (oder Richard), englischer Bischof des 13. Jahrh., war Dechant an der Kathedrale zu Lincoln und wurde nach dem Tode Heinr. Lexinton's am 3. Nov. 1258 zum Bischof dieses Sprengels geweiht. Da er sich aber mit den Bischöfen von London, Winchester und Chichester in eine Verschwörung der Barone gegen den König Heinrich III. einliess, so wurde er im J. 1265 von dem päpstlichen Legaten Ottobonus mit dem Banne belegt. Er machte deshalb, um sich von dieser Last zu befreien, mit seinen gleichfalls excommunicirten Collegen eine Reise nach Rom, wo sie aber sehr lange warten mussten, bis ihre wiederholte Bitte erhört wurde. Er starb im J. 1280 und ihm folgte Oliver Sutton. — In demselben Jahrhundert lebte Richard Gravesend, Bischof von London; vorher Erzdiakon zu Northampton, folgte er Johann von Chishull auf dem bischöflichen Stuhl und erhielt am 12. Aug. 1282 seine Weihe. Er ist als Gründer des berühmten Karmeliterklosters zu Malden in Essex bekannt und starb am 9. Dec. 1303 zu Fulham bei London *). (*Ph. H. Külb.*)

GRAVESET (oder Graviset), Jacob von, Herr zu Liebeck (oder Landeck), schweizer Beamter und Schriftsteller, um das J. 1600 zu Strasburg, wo sein Vater René Graviset, ein Freund des bekannten Juristen Jac. Bongars, wohnte, geboren, erhielt eine gute Erziehung und bezog dann die Universität Heidelberg, um sich der Jurisprudenz zu widmen. Er erwarb sich den Ruhm eines gelehrten Mannes und kam nach der Republik Bern, wo er sich allmälig bis zum Verwalter der Bern gehörenden Landvogtei Oron im Waadtlande aufschwang. Er vermachte die schöne Bibliothek, welche sein Vater von Bongars geerbt hatte, der Republik Bern, wo sie sich noch befindet. Er muß später mit seiner Regierung zerfallen und verbannt worden sein, denn er wird für den Verfasser des berüchtigten Buches: Heutelia, das ist, Beschreibung einer Reiß, so zween Exulanten durch Heutelliam gethan, darin verzeichnet: 1. Was sie Denkwürdiges gesehen und in Obacht genommen, sowohl in geistlichen als weltlichen. 2. Was sie für Discursen gehalten. 3. Was ihnen hin und wieder begegnet. O. O. 1658. 8. gehalten, welches namentlich die Cantone, die unter einer demokratischen Regierung standen, mit bitterem Hohne überschüttet. Seine Satyre ist hauptsächlich gegen die Machthaber gerichtet, obwol er auch viele theologische, moralische, politische und juristische Bemerkungen einmischt, welche zum Theil begründet und beachtungswerth, zum Theil falsch und gehässig, alle aber überaus grob und beleidigend vorgetragen sind. Hauptsächlich trifft aber seine unbarmherzige Keule die katholische Religion, von der er mit zügellosem Eifer und mit gemeinem Spotte spricht. Die Länder und Städte bezeichnet er mit entstellten Namen, so bedeutet Heutelia nichts Anderes als Helvetia, Raphophagia ist Savoyen, Rufinopolis Bern und Hadrodunum Genf; um aber den Leser nicht im Zweifel zu lassen, gibt er am Anfange der Schrift den Schlüssel zu diesen erdichteten Namen, deren Bedeutung sich übrigens leicht errathen läßt. Die Regierung von Bern wandte alle Mühe auf, den Verfasser zu entdecken und das Buch zu unterdrücken, weshalb es sehr selten geworden ist, obschon es im Auslande großes Aufsehen erregte und fleißig gesucht wurde. Wahrscheinlich ist es, daß der Verfasser, als man seinen Namen erfuhr, das Land räumen mußte, falsch aber ist es jedenfalls, daß man ihn zu Basel durch Meuchelmörder umbringen ließ. Zweifelhaft dürfte es überhaupt noch sein, ob wirklich die Satyre von Jacob von Graviset oder von Franz Ludwig Graviseth, Befehlshaber des bernischen Bergschlosses Aarburg, herrührt, den auch wirklich Andere für den Verfasser halten und dem sie den durch seine Unfälle bekannten Berlischwerd als Mithelfer geben, was allerdings wahrscheinlicher ist, wenn man bedenkt, daß der erstere Graviset als ein gelehrter Mann bekannt war und die Schreibart des wirklichen Verfassers zu beweisen scheint, daß er auf dem Lande unter Bauern auferzogen war, weil er sich sonst nicht wol so unflätiger Ausdrücke bedient haben würde *). (*Ph. H. Külb.*)

*) *Fr. Godwin*, De praesulibus Angliae Commentarius (Londini 1616. 4.) p. 242. 252.

*) Vergl. Bibliotheca historica selecta Struvio-Buderiana. Vol. II. p. 1311. Gottl. Em. Haller, Kritisches Verzeichniß aller Schriften, welche die Schweiz betreffen. Bd. 4. S. 65 fg. J. Chr. Adelung, Fortsetzung und Ergänzungen zu Chr. G. Jöcher's Gelehrten-Lexikon. Bd. 2. S. 1592.

GRAVESIA, eine von Naudin aufgestellte Pflanzengattung der Melastomaceen mit folgenden Merkmalen: Die Blüthe ist fünftheilig. Die Zähne des kreiselförmigen, rauhhaarigen Kelches sind kurz, etwas stumpf und außen unter der Spitze mit einem winzigen, 3—4 borstigen Zähnchen versehen. Die Blumenkronblätter sind eiförmig, etwas spitz. Die 10 Staubgefäße sind gleichlang, die länglichen Beutel springen an dem stumpfen Ende mit einem Loche auf; das Mittelband ist hinten in einen stumpfen, unten rinnenförmigen Anhängsel erweitert; die Träger sind kahl. Der fünffächerige Fruchtknoten hängt in seinem ganzen Umfange der Kelchröhre an und ist von fünf häutigen, dreieckig-verkehrt-eiförmigen, den Griffelgrund umgebenden Zipfeln gekrönt. Der Griffel ist fadenförmig, gerade, die Narbe stumpf, punktförmig. Die Placenten sind plättchenförmig, am Rande frei und beiderseits verbreitert. Die zahlreichen Eichen sind dünn. Die Frucht ist unbekannt.

Zu dieser Gattung gehört nur eine, auf der Insel Madagascar einheimische Art, **Gravesia bertolonioides** *Naudin*, eine krautartige, fast stengellose, wenigblätterige und wenigblüthige Pflanze mit kurzem, fast holzigem, gewundenem, steifhaarigem Wurzelstocke, gegenüberstehenden, ziemlich großen, gestielten, eiförmigen, stumpfen, am Grunde herzförmigen, ungleich gezähnt-gekerbten, 5—7-nervigen, zerstreut behaarten Blättern, achselständigen, schlanken, doldig-3—7blüthigen, selten einblüthigen Schaften und gestielten, mäßig großen Blüthen. (*Garcke.*)

GRAVESON (Ignace Hyacinthe Amat de), französischer Theolog, am 13. Juli 1670 zu Graveson bei Avignon geboren, stammte aus einer angesehenen, dem Adel angehörenden Familie und wurde zum geistlichen Stande bestimmt. Er ging deshalb schon in seinem 14. Jahre in das Kloster des heil. Dominicus zu Arles, wo er seine wissenschaftliche Bildung begann. Da er ungewöhnliche Anlagen und einen andauernden Fleiß bewies, so schickten ihn, nachdem er sich die nöthigen Vorkenntnisse erworben hatte, seine Obern in das ihrem Orden angehörende Colleg Saint-Jacques zu Paris, um die Theologie daselbst gründlich zu studiren. Er besuchte fleißig die Vorlesungen der Professoren der Sorbonne und erwarb sich nach Beendigung seiner Studien die theologische Doctorwürde. Er lehrte darauf einige Zeit die Theologie in seinem Kloster zu Arles, bis er von dem General seines Ordens, Pater Cloche, nach Rom berufen wurde, um einen der sechs Lehrstühle einzunehmen, welche der Cardinal Girolamo Casanate gestiftet hatte, um die Lehre des heil. Thomas in ihrer Reinheit zu erhalten und fortzupflanzen. Er entsprach in dieser Stellung den von ihm gehegten Erwartungen vollkommen und mit entschiedenem Erfolg. Besonders gingen seine Bemühungen dahin, zu beweisen, daß die Lehre des großen Philosophen und Theologen, dessen Ansichten er zu vertreten hatte, Nichts mit den zu seiner Zeit auftauchenden und aus seinen Aeußerungen gefolgerten Irrthümern gemein habe und daß nicht die geringste Aehnlichkeit zwischen dem Thomismus und dem Jansenismus obwalte. Sein Bestreben erhielt besonders den Beifall der Orthodoxen und ihrer hohen Gönner, wie dem Victor Amadeus, König von Sardinien, ihm die erste Professur der Theologie an der Universität zu Turin anbot, welche er aber ausschlug. Auch genoß er in hohem Grade die Achtung des Papstes Benedict XIII., welcher ihn bei jeder Gelegenheit als einen ihm angenehmen Lehrer der reinen christlichen Lehre berücksichtigte und ihn zu einem der Theologen für das Concilium zu Rom im J. 1725 bestimmte, welches wiederholt die Unterwerfung unter die Bulle Unigenitus verlangte und die Jansenistischen Behauptungen verdammte. Graveson's Verdienst war es auch hauptsächlich, daß sich der Cardinal von Noailles, Erzbischof von Paris, von den Jansenisten lossagte, wieder mit dem römischen Stuhle aussöhnte und die erwähnte Bulle unterschrieb. Der gelehrte Dominikanermönch bewies sich bei dieser Angelegenheit, sowie in vielen andern Fällen, als einen ebenso sanften als klugen Mann, welcher den Frieden über Alles liebte und ihn auch zwischen allen Andern zu vermitteln suchte. Es läßt sich nicht bezweifeln, daß er durch diese gelungenen Unterhandlungen in noch größeres Ansehen bei dem Kirchenoberhaupte gelangte und ihm eine glänzende Zukunft bevorstand; da er aber kein Verlangen nach Ehrenstellen trug und die schlechte Luft zu Rom seiner durch viele Arbeiten und Anstrengungen geschwächten Gesundheit nicht zusagte, so zog er sich in sein Kloster zu Arles zurück, wo er am 26. Juli 1733 starb. Graveson war auch ein fleißiger Schriftsteller, aber seine Werke, die zu sehr die Spuren der scholastischen Theologie an sich tragen, haben nur einseitigen Beifall gefunden und nie hohen Ruhm erlangt. Am meisten schätzte man seine in lateinischer Sprache, aber nicht unangenehm geschriebene, bis zum J. 1721 reichende Kirchengeschichte (Historia ecclesiastica Veteris et Novi Testamenti, variis colloquiis digesta. Romae 1717—1721. 4. 9 Voll.), welche auch in Teutschland durch einen mehrmals aufgelegten Nachdruck (Aug. Vind. 1727. 1737. 1751. 9 Voll. 4. oder 2 Voll. fol.) verbreitet und von dem rüstigen Vielschreiber J. D. Mansi vermehrt und fortgesetzt wurde (Editio nova cum additionibus et continuatione J. D. Mansi. Bassani 1774. 4. 9 Voll.). Die Kirchengeschichte des alten Testaments (Historia ecclesiastica Veteris Testamenti. Bassani 1791. 4. 3 Partt. in 1 Vol.; vorher Aug. Vindel. 1728. oder 1751. fol. 3 Voll.) ist nur eine besonders gedruckte Abtheilung des vorhergehenden Werkes. Außerdem sind von Graveson's einzeln gedruckten Schriften noch zu nennen: Epistolae apologeticae pro Doctrina S. Augustini et S. Thomae (Veronae 1797. 8.); Epistolae ad amicum scriptae theologico-historico-polemicae (Venetiis 1761. 4.); Tractatus de vita, mysteriis et annis Jesu Christi (Venetiis 1761. 4. 2 Voll.) und Tractatus de S. Scriptura (Venetiis 1729. 4.). Seine sämmtlichen Schriften wurden unter dem Titel: Opera omnia, complect. Historiam ecclesiasticam Veteris et Novi Testamenti variis colloquiis digestam pro Theologiae Candidatis usque ad XVII saeculum, Tractatus varios, Epistolas etc. (Venetiis 1740. 4. 7 Voll. und Bassani 1774—1791. 4. 18 Voll.) zusammengedruckt. Die kleinern Schriften betreffen die Lehre von der Gnade und der Prädestination; auch befindet sich dabei eine Geschichte des ebenso frommen als tapfern Generals Crillon, welche aber vor dem Richterstuhle einer strengen historischen Kritik nicht zu bestehen vermag. Auch seine Kirchengeschichte, welche im vorigen Jahrhundert noch Leser fand, besonders in Italien, ist jetzt gänzlich vergessen*). (*Ph. H. Külb.*)

GRAVIACA wird in der Tabula Peutingeriana Segm. IV, A. ed. *Mannert* unter dem Namen Graviacis als Stadt oder Ort in Noricum aufgeführt, welchen Reichard für das heutige Gradec gehalten hat. (*Krause.*)

GRAVIER (F.), französischer Arzt und Deputirter, im J. 1784 zu Digne in Oberprovence (dem jetzigen Departement der Nieder-Alpen) geboren, widmete sich der Medicin und ließ sich nach Beendigung seiner Studien in seiner Heimath als praktischer Arzt nieder. Er erwarb sich durch seine Geschicklichkeit viele Freunde und wurde nach den hundert Tagen von seinem Departement in die Kammer von 1815 gewählt. Als entschiedener Feind des Kaiserthums zeichnete er sich unter den Fanatikern dieser Versammlung (gewöhnlich Chambre introuvable genannt) durch seinen Fanatismus aus und bei der Vorlegung des Naturalisationsdecrets für den auf Kephalonia geborenen General Nicolas de Loverdo, welcher während der hundert Tage sich den Fortschritten Napoleon's widersetzt hatte, ließ er sich unvorsichtig zu den Worten verleiten: „Der General Loverdo trug bei zur Vollendung der Niederlage einer Partei, die verabscheut war und gegen die sich eine wahrhaft nationale Opposition erhoben hatte, welche die Schlacht von Waterloo entschied und den Fremden den Weg nach der Hauptstadt öffnete." Eine solche Aeußerung mußte jedem für den Ruhm seines Vaterlandes begeisterten Franzosen unerträglich sein, und es erregt wirklich Erstaunen, daß die Wahlmänner von Digne zehn Jahre lang Gravier das ihm übertragene Mandat ließen. Die von ihm gesprochenen Worte, mögen sie aus seiner Ueberzeugung hervorgegangen oder von dem Ehrgeize eingegeben worden sein, verhallten übrigens keineswegs unbeachtet, sondern wurden nach nicht langer Frist durch seine Ernennung zum Einnehmer der Amor-

*) *L. M. Chaudon et F. A. Delandine*, Dictionnaire historique. Tom. V. p. 553. Biographie universelle. Tom. LXVI. p. 46. (Nouv. éd. Tom. XVII. p. 397.) Biographie générale. Tom. XXI. p. 748.

[Amort]isationskasse und durch das Kreuz der Ehrenlegion belohnt, aber seine Wähler hielten doch für gut, ihn aufzugeben und ihm sein Mandat zu entziehen. Gravier war jetzt, wie ihm schien, von seinen aufgebrachten Landsleuten vergessen und wurde viele Jahre nicht mehr genannt, aber er war bei dem Ministerium eine wichtige Person geworden, und Leute, welche die Ränke der geheimen Regierung während der Restauration gekannt haben, wollen wissen, daß Gravier dem im Dunkeln wirkenden Getriebe, auch die geringen von der Legitimität noch gestatteten Freiheiten zu vernichten, nicht fremd war. Er soll in die tiefsten Geheimnisse der Camarilla eingeweiht gewesen sein und die Correspondenz mit den spanischen Absolutisten durch Vermittelung eines gewissen Herrn geführt haben. Das Ministerium Villele machte große Anstrengungen, Gravier die Thüren des Palais Bourbon wieder zu öffnen, und es gelang wirklich, ihn im J. 1827 nochmals von dem Departement der Niederalpen als Deputirten wählen zu lassen. Nach dem Sturze Villele's trat jedoch Gravier zu den constitutionellen Royalisten, deren Sieg ihm unzweifelhaft schien, über und stimmte sogar für die gegen das Ministerium gerichtete Adresse. Die Julirevolution konnte also nicht umhin, ihn zu schonen, und verhalf ihm sogar zu der Stelle eines Directors der Amortisationskasse. Er gehörte nun mit ganzer Seele dem neuen Königthume und blieb eine der eifrigsten Stützen der verschiedenen nach einander folgenden Ministerien. Ohne Rückhalt vertheidigte er nicht nur die gegen die Revolution gerichteten, sondern auch alle und jede Maßregeln der Regierung und die größte Willkür derselben, wodurch er sich allmälig einen so allgemeinen Haß zuzog, daß er nach der nächsten Aenderung der Dinge im Februar 1848 gänzlich auf die Seite geschoben wurde und vergessen starb. Einer seiner Gegner wagte sogar noch während Gravier's Lebzeit zu behaupten, der bekannte Ausspruch des berühmten La Bruyère, daß der Mensch jeden Schimpf, dessen er sich schuldig gemacht habe, wieder gut machen könne, sei in Beziehung auf ihn unwahr und falsch *). (*Ph. H. Külb.*)

GRAVIER (Jacques), französischer Jesuit, geboren um das Jahr 1660, trat sehr früh in die Gesellschaft Jesu und widmete sich nach der Beendigung seiner Studien und nach Ablegung seiner Gelübde der Bekehrung der Heiden. Er wurde als Missionair nach Nordamerika geschickt und drang von Canada aus zu den kaum dem Namen nach bekannten Illinesen vor. Es gelang ihm in Kurzem eine zahlreiche gläubige Heerde um sich zu versammeln und man sah unter diesen wegen ihrer Unsittlichkeit verrufenen Wilden Beispiele von Tugend sich erneuern, welche ebenso bewunderungswürdig waren, als diejenigen, welche man in den blühendsten Missionen von Canada fand. Gravier strebte mit unermüdlichem Eifer, das Christenthum unter diesem Volksstamme fest zu begründen und schrieb eine Anleitung zur Erlernung der Sprache der Illinesen (Grammaire illinoise), welche aber leider ebenso wenig, wie sein Bericht über den Fortgang der Mission (Journal de la Mission de l'Immaculée Conception de Notre-Dame aux Illinois. 1694.) gedruckt wurde und jetzt verloren gegangen zu sein scheint. Im J. 1700 machte er eine Reise von dem Gebiete der Illinesen bis zur Mündung des Mississippi; bald darauf aber fiel er in die Hände noch nicht bekehrter Wilden, welche ihn so sehr misshandelten, daß er im J. 1706 an den Folgen seiner Wunden starb. Die im J. 1705 abgefaßte Originalhandschrift der erwähnten Reise (Relation ou Journal du voyage du P. Gravier de la Compagnie de Jésus, en 1700, depuis le pays des Illinois jusqu'à l'embouchure du fleuve Mississippi à 17 lieues de sa décharge dans le golfe ou mer Mexique. 31 Seiten in Fol.) befand sich in der Bibliothek des berühmten Orientalisten Louis Mathieu Langlès und dürfte, wenn sie nicht zu Grunde gegangen ist, gewiß nicht unbedeutende Ausbeute für die geographische Forschung bieten *). (*Ph. H. Külb.*)

GRAVIER (Laurent), französischer Alterthumsforscher, im J. 1654 (oder 1657) zu Marseille geboren, fand, nachdem er in den Schulen seiner Vaterstadt die nöthige Vorbildung erhalten hatte, sein Vergnügen an historischen und antiquarischen Forschungen, welchen er sich um so ungestörter hingeben konnte, da seine Vermögensumstände ihm eine unabhängige Stellung sicherten. Er sammelte mit unermüdlichem Eifer Münzen und andere Gegenstände des Alterthums und hatte bald die Genugthuung, sich in dem Besitze eines werthvollen Cabinets von Münzen, plastischen Werken und Gemälden zu sehen, welches er den Archäologen seiner Zeit, mit denen er überall Verbindungen anknüpfte, bei ihren Arbeiten gern zur Verfügung stellte und von denen deshalb viele ihm die Ergebnisse ihrer Forschungen widmeten. Er selbst verfaßte mehrere Abhandlungen über einzelne wichtige Punkte der alten und mittleren Geschichte der Provence, seine Bescheidenheit hinderte ihn aber, sie zu veröffentlichen, und veranlaßte ihn sogar, sie der Vernichtung zu übergeben, denn es fand sich in seinem Nachlasse keine Handschrift derselben vor. Er war auch einer der Stifter der Akademie zu Marseille, wurde aber derselben zuweilen durch die Strenge seiner Grundsätze unbequem, indem er sie durch seinen Einfluß hinderte, Gedichten, welche mehr Talent zur Poesie als Achtung vor der Moral verriethen, den Preis zuzuerkennen. Er starb am 9. Jan. 1717 und hinterließ einen Sohn, welcher seinem Beispiele folgte und seine größte Ehre darin fand, die von seinem Vater begonnenen Sammlungen fortzusetzen. Eine gebührende Würdigung des lobenswerthen Strebens beider findet man in Claude Terrin's Continuation des Mémoires de littérature et d'histoire von Desmolets (Paris 1726. 8. Tom. I. p. 48 seq.) abgedruckten Abhandlung über den Gott Crepitus (Dissertation sur le Dieu Pet, divinisé par les Egyptiens), welcher durch eine alte Figur in Gravier's Ca-

*) *G. Sarrut* et *B. Saint-Edme*, Biographie des hommes du jour. Tom. III. P. I. p. 388.

*) Bibliothèque des Écrivains de la Compagnie de Jésus par *Aug.* et *Al. de Backer*. Vol. VI. (Liège 1861. 8.) p. 190.

binet vertreten war. — Mit Laurent Gravier darf man nicht verwechseln Laurent de la Gravière, einen französischen Schriftsteller aus der Mitte des 17. Jahrh., welcher Secretair des Vicomte de Joyeuse war und eine poetische französische Uebersetzung der lateinischen Eklogen des Karmelitermönches Giovanni Battista Spagnoli (Les Eglogues de frere Baptiste Mantuan traduites en vers français avec plusieurs autres compositions françoises. Lyon 1558. 8.) nicht ohne Glück unternahm. Erwähnt mag noch werden, daß auch in neuerer Zeit ein Abbé J. Patr. Gravières, welcher im J. 1824 starb, sich als Dichter im Patois versuchte und durch ein burleskes Gedicht (Jean ou le Cousiné del séminari d'Agen, poëme burlesque en dus chants et en bers patois. Agen 1825. 12.) Beifall fand *). (*Ph. H. Külb.*)

GRAVILLE (Anne de), wenig bekannte französische Dichterin des 16. Jahrh., um das Jahr 1480 auf dem Schlosse Marcoussis (etwa vier Stunden südlich von Paris an der von Versailles nach Mont Lhery führenden Straße) geboren, war die jüngste Tochter des französischen Admirals und ersten Kämmerers Louis Malet de Graville, welcher aus einem alten, mit dem Königshause und mit den Herzogen von Bretagne verwandten Geschlechte stammte und die Gunst Karl's VIII. und Ludwig's XII. in hohem Grade besaß. Anne erhielt eine ihrem Stande angemessene Erziehung und lernte, da ihr Vater ein eifriger Freund der Kunst und Wissenschaft war und eine schöne Auswahl von Handschriften der vorzüglichsten Nationalwerke des Mittelalters zusammengebracht hatte, früh die Schätze der italienischen und französischen Poesie kennen, wodurch in ihr die Lust rege ward, sich selbst als Dichterin zu versuchen. Auch der romantische Inhalt der Gedichte blieb ihr nicht gleichgültig, denn sie ließ sich von dem armen Ritter Pierre de Balzac entführen, mit welchem sie sich auch sogleich vermählte. Ihr Vater, über die Keckheit des übrigens untadelhaften und mit ihm verwandten jungen Mannes und über die Undankbarkeit seiner Tochter erzürnt, hatte im Sinne, das junge Paar, obgleich es alsbald in großes Elend gerieth, zu enterben; Anne bewog jedoch ihren Gemahl, mit ihr eine Zuflucht bei den Mönchen von Marcoussis zu suchen und die Vermittlung derselben zur Versöhnung ihres Vaters in Anspruch zu nehmen. Die Gelegenheit dazu bot sich, als Graville am Charfreitage die Klosterkirche besuchte, um seine Andacht zu verrichten; er wurde durch die Ansprache des Priors gerührt und verzieh den Schuldigen, als diese plötzlich erschienen und sich vor ihm auf die Kniee warfen. Er nahm sie mit sich auf das Schloß, wo sie nun ihren beständigen Wohnsitz aufschlugen und eine glückliche, mit sieben Söhnen und vier Töchtern gesegnete Ehe führten. Anne setzte ihre frühere Lieblingsbeschäftigung fort und beendigte ihr wahrscheinlich schon früher begonnenes Heldengedicht, eine freie französische Nachbildung der „Theseide" Boccaccio's. Sie machte keine bedeutende Veränderung in dem Gange der Erzählung; aber sie wußte in den Einzelheiten ihrem Werke den Charakter der Originalität aufzudrücken. Die schöne Emilia ist, wie bei Boccaccio, die Schwester der Königin Hippolyte und Gemahlin des Theseus, in welche sich zwei Kriegsgefangene desselben verlieben. Diese entwischen dem Kerker und fechten in einem Zweikampfe um das Recht, die Geliebte zu besitzen; der eine von Emilia bevorzugte Ritter fällt im Zweikampfe, der andere wird schwer verwundet, aber nach seiner Genesung mit der Hand Emilia's beglückt. Die Sittenschilderungen, welche die Dichterin in diese Erzählung verwebt, sind echt französisch und manche Schilderungen geben sogar Aufschluß über einzelne gleichzeitige Begebenheiten; überhaupt geht aus dem Werke hervor, daß die Verfasserin nicht nur in der romantischen Literatur, sondern auch in der alten und neuen Geschichte bewandert war. Jedenfalls steht ihr episches Gedicht weit über den meisten Reimereien des 16. Jahrh., und daß wirklich ein poetischer Geist in demselben waltet, mag die Stelle beweisen, welche Emilia in dem Augenblicke beschreibt, in dem sie zum ersten Mal von den beiden Rittern in dem Garten, wo sie lustwandelt, gesehen wird:

Au moys d'avril, qui est belle saison
Qui fait fâcheux se tenir en maison,
Emylia la joyeuse pucelle
Sa cotte prist par dessous son esselle,
Délibérée ung jour au plus matin
D'aller cueillir la rousée au jardin,
Où n'y avait que par sa chambre yssue.
L'herbe y estait espaissement tyssue,
Et maint oillet rommarin, basme, rose,
L'une flourie et l'autre demy close.
Au beau meillieu avait une fontaine
De grant saveur et de goust doulce et saine
Dont les ruisseaux y faisoient maints beaulx tours
Par ce jardin où il prenoient leurs cours
Petite arene y faisoit murmures
Pour embellir et le lieu décorer.
Rosmiers, suppins, lauriers à grands feuillages
Par le soleil y faisoient doulx umbraiges,
Mais pour cela ne laissoient de venir
Dix mille fleurs dont n'ay le souvenir.
Bref, qui pourroit en ung si beau lieu estre,
Plus l'aymeroit que ung paradis terrestre.
Emylia nuds pieds, escheveléa,
De sa chambre est en ce lieu devallée
Sortant du lict, fuyant de l'oreiller,
Digne pour faire ung amant travailler;
Fort jeune d'aage, en bon point et pollie,
Jamais ne fut pucelle plus jolie,
Visage gay, riant et de grand chère
Pour mettre dueil de soucy à l'arrière.
La jambe belle et teste descouvert,
Se vint seoir dedens ung préau vert.
Va se pignant et mirant à son aise;
Car rien ne voit qui lui nuyse ne desplaise;
Dont pour trop mieulx embellir sa façon
En s'abillant disoit une chanson.

Auf ihre eigenen Schicksale und Erfahrungen scheint Anne de Graville anzuspielen, wenn sie ihr Gedicht mit folgenden Versen schließt:

*) Biographie universelle. Tom. XVIII. p. 353. J. Chr. Adelung, Fortsetzung zu Jöcher's Gelehrten-Lexikon. Bd. II. S. 1591. J. M. Quérard, La France littéraire. Tom. III. p. 457.

Si on me respond que les hommes se vantent
D'avoir tel cas duquel bien souvent mentent,
Et que souvent ils ont pris et usé
Ce que on leur a mille fois refusé;
Si ne l'ont dit et fous ils telle myne
Qui vantent bien que on entende à leur signe
Qu'ils ont fait de propos et crédit
Dont bien souvent c'est menterie l'entendit;
Et honte n'ont d'homme ni de Dieu crainte
De oster l'honneur par une telle feinte.
S'il est ainsi il y a grant raison
De les chasser de maison en maison,
Et tous les faicts lire, chanter et dire,
Paindre, imprimer et en tous lieux escrire,
Afin au moins que les honnestes hommes
Ne soient chargés de si villaines sommes
Si ses propos sont tels, comme il me semble,
Honte et honneur ne peuvent être ensemble.

Der versöhnte Vater säumte nicht, seine Kinder in die große Welt einzuführen und sie am Hofe Ludwig's XII. vorzustellen. Die ebenso schöne als geistreiche Anne bekam eine Stelle als Hofdame bei der Prinzessin Claude de France, welche sich im März 1506 mit ihrem Neffen François, Herzog von Angoulême, vermählte. Als dieser nach dem Tode Ludwig's im Januar 1515 den Thron bestieg, blieb die Dichterin eine Zierde des Hofstaates der Königin von Frankreich. Auch ihr Gemahl gelangte zu hohen Ehrenstellen und war vom Jahre 1525 an Statthalter in der Provinz Auvergne. Sie selbst folgte unter allen Verhältnissen ihrer frühern Neigung und befaßte sich nicht nur mit der Poesie, sondern mit den schönen Künsten überhaupt sehr eifrig. Sie ließ prachtvolle Handschriften mehrerer Werke berühmter Dichter anfertigen, welche zum Theil jetzt noch vorhanden sind und die Bewunderung der Kenner erregen, und in der Kirche von Marcoussis befanden sich wundervolle Stickereien von ihrer Hand. Ihrem poetischen Talente wurde die verdiente Anerkennung bei ihren Zeitgenossen, welche ihre Leistungen bei jeder Gelegenheit priesen und der bekannte Dichter Johannes Secundus (Everard) nennt sie eine zweite Sappho und die neuere Kritik wird ihre Art und Weise am besten mit der Marot's vergleichen *).

(*Ph. H. Külb.*)

GRAVIMETER (Hydrometer, Senkwage), sind Vorrichtungen zur Bestimmung des specifischen Gewichts, welche sich von den Aräometern in sofern unterscheiden, als bei diesen, den Aräometern mit Skale, das Gewicht constant, die Tiefe des Einsinkens in die zu untersuchende Flüssigkeit verschieden ist, die Gravimeter (Gewichts-Aräometer) dagegen an ihrem Halse statt der Skale nur eine Marke besitzen, und daß sie durch Abänderung ihres Gewichts, welches durch Auflegung von Maßen auf eine oben am Halse befindliche schalenförmige Scheibe geschieht, in Flüssigkeiten von verschiedenem specifischen Gewichte immer bis zu dieser festen Marke eingesenkt werden, also stets ein gleiches Volum Flüssigkeit verdrängen. Während also für gleich große Unterschiede in den specifischen Gewichten die Gewichtsänderungen bei dem Gravimeter constant bleiben, welche Werthe die specifischen Gewichte auch haben mögen, so nehmen bei einem Skalen-Aräometer die Volumsänderungen seines eingetauchten Theiles zu oder ab, sowie umgekehrt die specifischen Gewichte ab- oder zunehmen. Da, wie schon bemerkt, bei dem Gravimeter das Volum der verdrängten Flüssigkeit constant ist, und da das Gewicht desselben nothwendigerweise dem des Instruments gleich sein muß, so ist letzteres das Maß des specifischen Gewichts der Flüssigkeit. Bezeichnet daher P das Gewicht des unbelasteten Instruments, und ist die Belastung, bei welcher es im destillirten Wasser bis zur Marke einsinkt $= p$, so verdrängt es ein Wasservolum vom Gewichte $P + p$. Bedarf es einer Belastung q, um in irgend einer andern Flüssigkeit bis zu derselben Marke unterzugehen, so ist das Gewicht des jetzt verdrängten, dem früheren gleichen Flüssigkeitsvolum $= P + q$, also das specifische Gewicht dieser Flüssigkeit $= \frac{P+q}{P+p}$. Bezeichnet demnach o das constante Volum von dem bis zur festen Marke eingetauchten Theile des Instruments, so sind s, s', s'' die specifischen Gewichte dreier Flüssigkeiten und P, p, q die Gewichte des in dieselben bis zur festen Marke versenkten Instruments, so ist $o = \frac{P}{s} = \frac{p}{s'} = \frac{q}{s''}$, und hieraus folgt $p - q = o(s' - s'')$, d. h. die Gewichtsänderung, welche für das Instrument beim Uebergange von einer Flüssigkeit zu einer anderen nöthig wird, ist dem Unterschiede im specifischen Gewichte dieser Flüssigkeiten proportional, und zwar wird sie desto beträchtlicher, je größer das eingetauchte constante Volum c des Instruments ist.

Nach obigem Princip construirte namentlich Fahrenheit sein Gravimeter und gab ihm die Gestalt eines aus dünnem Messingblech bestehenden hohlen Körpers von 5 Zoll Länge und 1,5 Zoll Dicke, dessen Schwerpunkt möglichst nahe an 0 fällt, weswegen unten in demselben Blei oder Quecksilber eingegossen ist, damit es bei allen Maßen, die man oben auf seinen Teller legt, senkrecht zu schwimmen vermöge. Das ganze Instrument ist specifisch leichter als die leichteste Flüssigkeit, deren specif. Gewicht man damit bestimmen will. Wenn man mittels dieses Gravimeters das specif. Gewicht einer tropfbaren Flüssigkeit bestimmen will, so sucht man zuvor das absolute Gewicht des Instruments. Dann stelle man es in destillirtes Wasser und lege so lange Gewichte auf die am Halse befindliche schalenförmige Scheibe, bis das Gravimeter bis zur festen Marke o einsinkt. Dieses Gewicht sammt dem Gewichte des Gravimeters ist zugleich das Gewicht eines dem eingetauchten Theile des Instruments gleichen Volums Wasser. Dann tauche man das Gravimeter in die zu untersuchende Flüssigkeit und bemerke, wie viel Gewichte in das Schälchen gelegt werden müssen, bis es in dieser zu c eintaucht. Die Gewichte im Schälchen sammt dem absoluten Gewichte des Gravimeters geben das Gewicht eines dem eingetauchten Theile des Instruments gleichen Volums der zu unter-

*) Vergl. Le Roux de Lincy in dem Moniteur von 1849, 10 Juin, p. 2087 sqq.

suchenden Flüssigkeit. Wie sich nun das Gewicht eines gleichen Volums Wasser und der zu untersuchenden Flüssigkeit zu einander verhalten, so verhält sich 1 : x, dem specif. Gewichte dieser Flüssigkeit. Wiegt z. B. das Instrument 1000 Gran, und braucht, um bis c einzutauchen, 314 Gran, also beide Gewichte zusammen = 1314 Gran. Um in der zu untersuchenden Flüssigkeit bis an c einzutauchen, muß man das Schälchen legen 65 Gran, und beträgt daher dieses Gewicht sammt dem des Instruments = 1065 Gran. 1314 und 1065 sind also die absoluten Gewichte gleicher Volumen von Wasser und der zu untersuchenden Flüssigkeit; folglich 1314 : 1065 = 1 : 0,810, dem specif. Gewichte der letztern.

Allgemeiner anwendbar als das Fahrenheit'sche Gravimeter ist das von Nicholson construirte. Sein Zweck ist, nicht nur das specif. Gewicht von Flüssigkeiten, sondern auch das fester Körper zu bestimmen. Sein Vorbild ist allerdings ebenfalls das Fahrenheit'sche Instrument, obgleich der Umstand, daß es auch zur Bestimmung starrer Körper dient, seine wesentliche Verschiedenheit von diesem ausmacht. An letzterm Ende trägt das Instrument unten an einem Bügel eine Schale. Will man mit demselben das specif. Gewicht eines festen Körpers finden, so legt man diesen oben auf die Schale und nimmt so viel von den Gewichten, die das Gravimeter im reinen Wasser zum Untersinken gebraucht hatte, fort, daß das Instrument wieder den normalen Stand einnimmt. Diese Gewichte geben das absolute Gewicht des Körpers, in der Luft gewogen, an. Dann legt man den Körper in die untere Schale, wo er so viel an seinem Gewichte verliert, als das Gewicht der von ihm verdrängten Wassermasse beträgt. Wie viel dies ist, sieht man, wenn man in die obere Schale wieder Gewichte zulegt, bis das Gravimeter bis zur Marke einsinkt. Mit dem Gewichtsverluste dividirt man dann in das absolute Gewicht des Körpers und findet dadurch sein specif. Gewicht. Wiegt man z. B. das Instrument mit der Belastung, mit welcher es im Wasser bis zur Marke untersinkt, P + p, nach Auflegung des Körpers auf die obere Schale aber sei nur noch das Gewicht r auf derselben, so wiegt der aufgelegte Körper p — r. Legt man ihn auf die untere Schale, so muß man oben wieder ein Gewicht q zulegen, folglich ist das specif. Gewicht $\frac{p-r}{q}$. Man hat also hierbei eigentlich gar nicht nöthig, das Gewicht des Gravimeters selbst zu kennen. Die Körper desselben werden von Messingblech gefertigt, doch sind häufig gläserne vorzuziehen, weil sie vom Wasser besser benetzt werden. Das Nicholson'sche Gravimeter gewährt große Genauigkeit und ist namentlich früher zur Bestimmung des specif. Gewichtes von Mineralien benutzt worden. Ihm ähnlich ist das Guyton de Morveau's Gravimeter, das von Tralles und die von Bustamente und Baumgartner, sowie Charles' Hydromètre thermométrique und Aréomètre-balance. Sämmtliche werden gegenwärtig nur selten, nur in besondern Fällen, z. B. auf Reisen und wenn eine schnelle Bestimmung verlangt wird, gebraucht, und stets gibt man dem Nicholson'schen Instrumente den Vorzug. Mittels einer guten Wage, die ohnedies in den Händen eines jeden Chemikers und Mineralogen sein muß, läßt sich, mittels einer kleinen Hilfsvorrichtung, das specif. Gewicht ebenso schnell und noch mit größerer Genauigkeit bestimmen.

Das Skalen-Aräometer ist ein hohler, entweder gleichförmig cylindrisch oder bauchig, unten mit einem Senker, oben mit einer Skalenröhre versehener Körper, der in die zu untersuchende Flüssigkeit nie ganz untertauchen, sondern darin senkrecht schwimmen muß. Sein Gebrauch beruht auf dem hydrostatischen Grundsatze, daß ein schwimmender Körper von unveränderlichem Gewichte in leichteren Flüssigkeiten tiefer und in schwereren Flüssigkeiten weniger tief eintaucht, und daß der Kubikinhalt des eingetauchten Theiles desselben sich umgekehrt wie das specif. Gewicht der Flüssigkeit verhält. Den Grad des Eintauchens zeigt die an der Röhre angebrachte Skale. Die wichtigsten und bekanntesten solcher Skalen-Aräometer sind die von G. G. Schmidt, Tralles, Barré d'Orleans, Delezenne's, Richter, Beck, Baumé und Cartier, Gay-Lussac, Meißner u. A. Sie heißen, je nach ihrer Bestimmung, Alkoholometer, Branntweinmesser, Weinmesser (Oenometer), Bierwage, Milchmesser (Galactometer und Lactometer), Zuckermesser, Laugenwage, Soolwage, Salzspindel, Gradirwage, Säuremesser u. s. w. (*C. Reinwarth.*)

GRAVINA, berühmtes Adelsgeschlecht Siciliens, aus dem unter andern die Fürsten von Comitini, Montevago, Rammacca, Palagonia, Cruyllas und Gravina entsprossen sind. Man darf dasselbe nicht, wie öfters geschehen ist, mit den im Römischen und Neapolitanischen begüterten Herzogen von Gravina verwechseln. Letztere führten den Titel von ihrem Lehen Gravina im Gebiete von Bari: ursprünglich Eigenthum alter normannischer Grafen, dann eine Zeit lang im Besitze des Pfalzgrafen Riccardo Orsini, Grafen von Kephalonia und Zante, hernach in der Hand einer Linie der Montmorency und anderer Geschlechter, bis es 1417 als Grafschaft an Francesco Orsini aus dem Hause Bracciano vergeben ward. Dessen Sohn Jacopo wurde 1463 erster Herzog von Gravina; gegenwärtig führt diesen Titel (seit dem 3. Nov. 1824) Domenico Orsini, geb. 23. Nov. 1790, Generallieutenant, zweiter Fürst des römischen Stuhls und 18. Herzog von Gravina, vermählt 6. Febr. 1823 mit Maria Luigia, Tochter des Fürsten Giovanni Torlonia, Herzogs von Bracciano. Aus ihrer Ehe leben drei Töchter: Giacinta (geb. 7. Jan. 1825, verm. 2. Oct. 1842 mit Graf Augusto Gori-Pannilini), Teresa (geb. 1. Febr. 1835, verm. 2. Oct. 1853 mit Fürst Enrico Colonna-Barberini) und Beatrice (geb. 27. Juli 1837, verm. 22. Febr. 1857 mit Marchese Urbano Sacchetti) und der einzige Sohn Don Filippo, geb. 10. Dec. 1842 (vergl. den Artikel Orsini Sect. III. Bd. VI. S. 92—95).

Die sicilianischen Gravina leiten ihren Ursprung aus Spanien her; wenigstens scheinen mir die urkundlichen Nachweise Francesco Barone's zuverlässiger, als eine vage Angabe Villabianca's, der sie mit den oben erwähnten normannischen Grafen von Gravina in Verbindung zu bringen sucht. Nach Barone stammt das Geschlecht „los Gravinos“ aus Valencia, und sollen sich einzelne Mitglieder desselben bei den Kämpfen gegen die Mauren hervorgethan haben. Mit König Martin dem Jüngeren kam zuerst Nino Gravina, königlicher Secretair, nach Sicilien hinüber; er ist der Stammvater aller dort blühenden Linien. Sein Sohn Jacopo stand sowol bei König Martin, als auch bei dessen Nachfolgern in hohem Ansehen; am 28. Mai 1403 ward er zum königlichen Secretair ernannt und einige Jahre später in diesem Amte bestätigt. Dazu kamen bald reiche Geschenke. Im Verein mit der Königin Blanca verlieh König Martin der Aeltere zu Catania am 2. Mai 1410 wegen der treuen Dienste, die „sein geliebter Rath und Secretair,“ Ritter Jacopo de Gravina, dem jüngern Martino und der Königin Blanca geleistet, sowol in Sicilien, als auch im Königreiche Sardinien, „wohin er auf eigene Kosten mit Waffen und Rossen den jungen König begleitet, und wo er sich nicht nur in der Schlacht gegen die Sarden, sondern auch nachher große Verdienste erworben hat,“ auf 20 Jahre den Flecken Palagonia mit Burg und Zubehör und voller Jurisdiction in Civil- und Criminalsachen. Acht Tage später (10. Mai 1410) ward ihm gleichfalls Belmonte verliehen. Auch dem nachfolgenden Könige, Alfonso von Aragon, war er in unverbrüchlicher Treue ergeben; hauptsächlich seiner Tapferkeit verdankte Alfonso 1429 die Unterdrückung eines jüngst in Sardinien ausgebrochenen Aufstandes. Zum Lohn dafür ward ihm am 16. Febr. 1430 die Ritterwürde bestätigt, und zugleich sein in dem nämlichen Jahre erlöschendes Privileg über Palagonia und Belmonte auf ewige Zeiten ausgedehnt. Die Wahl der jährlichen Beamten in Palermo wurde ihm anvertraut; er gebot eine Zeit lang unter dem Titel eines „maestro razionale“ (Finanzminister) mit fast vicekoniglicher Macht auf der Insel. Erbe seiner Güter und seiner Tüchtigkeit war sein Sohn Carlo, der 1453 die Lehen empfing und zu denselben mit seiner ersten Gemahlin Agata Moncada noch die ausgedehnte Baronie S. Michele erwarb. Als im J. 1485 die Türken Sicilien mit einer Landung bedrohten, ward zufolge Parlamentsbeschlusses vom 15. Jan. der Baron von Palagonia, königlicher Rath, zu einem der Befehlshaber ernannt, welche alle erforderlichen Vorkehrungen zur Sicherung der Insel gegen den Erbfeind treffen sollten. Carlo starb vor 1490 und hinterließ aus erster Ehe den Baffallo, Baron von Belmonte und S. Michele, aus zweiter den Girolamo, von dem hernach. Baffallo schloß sich gleichfalls eng an sein Königshaus an; mit 60 Mann half er dem großen Capitain Gonsalvo de Cordoba bei der Eroberung Neapels; sein ward dafür am 28. März 1502 in Briefen des Fernando de Cordoba von Ferdinand dem Katholischen aufs Rühmlichste erwähnt, und noch Philipp IV. gedenkt seiner in dem für Girolamo, Baron Gravina, ausgestellten Fürstendiplome von 1644 in ehrenvollster Weise. Er hinterließ drei Söhne, unter ihnen den Antonino, Baron von Canzaria. Ein wackerer Kriegsmann, wie seine Ahnen, aber gewaltsam, wie ein Raubritter, verfiel er oftmals in den Bann wegen arger Vergehen, ward aber durch ein Rescript Karl's V. vom 27. Jan. 1531 vollständig rehabilitirt; mit 500 leichtbewaffneten Kriegern hatte er sich in den neapolitanischen Wirren hervorgethan, namentlich bei Melfetta, sodaß der Vicekönig, Herzog von Monteleone, schon 1528 ihn vor allen andern Baronen des Lobes würdig genannt hatte; der Graf von Borello, Monteleone's Sohn, schreibt dem Baffallo sogar: „Te duce, nihil prorsus timendum, nihil omnino desperandum.“ Seine Linie erlosch bald; Camilla von S. Michele heirathete ihren Verwandten Sancio Gravina, Sohn des ersten Marchese von Francofonte, und brachte ihm die Besitzung ihres Zweiges zu.

Dauernd ward das Geschlecht fortgesetzt von Baffallo's Bruder Girolamo, Baron von Palagonia. Derselbe erwarb 1490 Rammacca, das vordem (seit 1388) Giorlando di Modica und dessen Erben besessen, verkaufte es am 17. Juli 1506 an Sebastiano Scalambro unter der Bedingung des Rückkaufes, der auch bald erfolgte und schenkte es endlich am 4. März 1517 seinem Erstgeborenen Giovanni. Außer demselben hinterließ er noch zwei andere Söhne: Vicenzo und Girolamo. Letzterer trat frühzeitig in den Johanniterorden, in dem er es bald zur Würde eines Komthurs brachte; als Malta 1561 die türkische Belagerung aushalten mußte, ward er zum Befehlshaber der Altstadt (Città notabile) ernannt. Er wehrte sich dort tapfer und ward zum Lohn seiner Dienste zum Großkreuz des Ordens erhoben; als solcher starb er auf Malta.

Sein Bruder Vicenzo wurde 1530 von Karl V. zum Gouverneur von Catania ernannt und 1552 und 1560, nachdem er noch manche andere angesehene Aemter bekleidet, aufs Neue mit derselben Statthalterschaft betraut. Im J. 1553 ertheilte ihm der Vicekönig Juan de Vega auf Befehl des Kaisers die Ritterwürde; in seinem prächtigen Palaste zu Catania hatte er den Vega im J. 1552 beherbergt; dort war damals ein feierliches Parlament abgehalten worden. Sein Sohn Ferrante und sein Enkel Carlo setzten sein Geschlecht in Catania fort; da mir indessen über ihre Nachkommenschaft nur zerstreute Notizen vorliegen, so wende ich mich zunächst zu Giovanni, dem Stammhalter des Geschlechtes. Am 23. Febr. 1519 ward er mit Rammacca belehnt; daneben war er Baron von Palagonia und empfing am 16. Aug. 1530 von Karl V. die Ritterwürde. Vermählt mit einer Dame aus dem Hause Cruyllas, hinterließ er den Girolamo. Dieser diente unter Karl V. und Philipp II., als Statthalter von Agosta 1548, Alesa 1554 und 1555, als Gouverneur von Catania 1554 und 1560, von Syracus 1573 u. s. f. Zum Lohn seiner Tüchtigkeit ward er am 2. Juni 1564 zum ersten Marchese von Francofonte erhoben; letzteren Ort hatte er mit seiner ersten Gemahlin Contessa Moncada, Ferrante's und der Diana d'Aranda Tochter, erworben. Aus dieser Ehe entsproß Ferrante, Baron von Palagonia und zweiter Marchese von Francofonte, von dessen Nachkommen unter C. In zweiter Ehe mit Leonora Isfar e Corillas ward er Vater des Fabrizio, von dem unter A., des Ritters

Sancio, von dem unter B., des Ugo (geb. 1570, gest. 24. Aug. 1588) und der Francesca, die sich am 10. April 1597 mit Francesco Agliata, erstem Fürsten von Villafranca, Herzog von Sala di Paruta (gest. 1637), vermählte.

A. Linie Fabrizio's (Fürsten von Gravina).

Fabrizio ward 1594 in kriegerischen Zeiten zum Statthalter von Catania, 1624 zum Gouverneur von Palermo, wo die Pest gerade wüthete, ernannt, und 1627 als Deputirter zum Parlament ebendahin entboten. Vermählt mit seiner Nichte, Ferrante's Tochter, hinterließ er zwei Söhne — drei andere Kinder starben jung — Francesco und Ferrante. Girolamo, des ersteren Sohn, kaufte am 30. Jan. 1640 von dem Fiscus die Lehen delle Piache und S. Giovanni di Palermo, in der Valle di Demone, Diöcese von Catania, welche damals 208 Feuerstellen mit 768 Einwohnern umfaßten. Dieser Grundbesitz erhielt den Namen Fürstenthum Gravina, indem Girolamo bereits durch Privileg vom 25. Nov. 1644 (resp. 5. Juni 1646, von welchem Tage die Executoria datirt) zum 1. Fürsten von Gravina erhoben war. Er war wiederholt Deputirter zum Parlament, Prätor in Palermo 1659, 1668, 1670 und starb 1673. Seine erste Ehe mit Antonia Graffeo e di Bologna, Schwester des 1. Fürsten von Partana, blieb kinderlos; aus der zweiten mit Leonora Gravina e Gussio stammte Marianna, die am 9. Nov. 1673 mit dem väterlichen Fürstenthume belehnt ward und den Giuseppe Valguarnera, Sohn des 3. Fürsten von Valguarnera, Prätor und Capitain in Palermo, heirathete. Derselbe ward für sich und seine Gemahlin am 25. Oct. 1680 aufs Neue mit dem Fürstenthume belehnt, starb aber bereits am 19. Nov. 1699. Seine Nachkommen, die Fürsten von Valguarnera und Gangi, erbten auch Gravina; als sein Haus 1841 mit Girolamo erlosch, fielen Güter und Titel an Giuseppe Agliata, 7. Fürsten von Villafranca und Gemahl der Erbtochter Agata Valguarnera.

B. Linie Sancio's.

Ritter Sancio erheirathete mit seiner Verwandten Camilla Gravina die Baronie S. Michele und hinterließ von derselben den Girolamo Michele, von dem unter II., und den Emmanuele, von dem unter I.; aus seiner zweiten Ehe mit einer Platamone stammten Costanza, Baronin von Mazzarrone (belehnt 6. April 1627; verm. mit einem Bonanni von Poggiodiana) und Leonora, die den Antonio Requesens, 3. Fürsten von Pantellaria (gest. 1688) heirathete. Vermuthlich war auch Domenico Ottavio Gravina von Jrodo ein Sohn Sancio's aus zweiter Ehe; ihm folgten in seiner Baronie sein Sohn Sancio (belehnt 23. März 1673) und seine Enkelin, Gemahlin des Mario Buttigliari, bei dessen Hause dieselbe verblieben ist.

1. Zweig Emmanuele's (Fürsten von Comitini).

Emmanuele, Sancio's jüngerer Sohn, ward mit der Baronie Scordia-soprana abgefunden, zu der er noch am 19. Nov. 1639 St. Agata erwarb; mit beiden ward nach seinem Tode am 12. Febr. 1664 sein ihm von einer Spinelli geborener Sohn belehnt. Derselbe (I.) Michele I. kaufte am 26. April 1672 von Carlo Marsala e Bellacera die Baronie Comitini in der Valle di Mazara, Diöcese von Girgenti, einst Eigenthum der Chiaramonte, Abbate, Moncada und anderer alten Geschlechter, mit 208 Feuerstellen und 618 Seelen, und empfing die Belehnung dafür von Karl II. am 27. Sept. desselben Jahres. Am 10. Febr. 1673 erhob ihn der nämliche König durch Privileg (Executoria vom 4. Juli) zum 1. Fürsten von Comitini. Seine Baronie Scordia-soprana trat er bereits 1671 seinem Erstgeborenen (aus seiner Ehe mit Albina, Tochter des Antonio Pertermulo und der Maria Rosso) (II.) Emmanuele Agostino ab und überließ demselben auch kurz vor seinem 1690 erfolgten Tode sein Fürstenthum. Er selbst machte am 24. Oct. 1690 sein Testament, nachdem der Sohn bereits am 8. Sept. die Investitur empfangen hatte. Vermählt mit Isabella Gaetani aus dem Hause der Fürsten von Cassaro, erzeugte er den Michele, der am 8. Oct. 1691 mit der Baronie Ramione belehnt wurde, aber vor dem Vater starb. Dieser setzte daher in seinem vom 2. Febr. 1704 datirten Testamente zum Erben seinen jüngern Bruder (III.) Ferrante ein, welcher nach seinem Ableben am 24. Jan. 1707 mit Comitini belehnt ward und die Antonia Gravina, eine Tochter des 1. Fürsten von Rammacca, zur Gemahlin hatte. Aus dieser Ehe stammten: Giuseppa, Gemahlin des Pompeo Jaterlandi, 2. Fürsten von Bellaprima (gest. 1757), Anna Maria (gest. 2. Oct. 1790), die zuerst den Antonino Colonna, 5. Fürsten von Lascari und Torretta und Herzog von Reitano (gest. 22. Nov. 1750), in zweiter Ehe den Giuseppe Emmanuele Masso, 8. Fürsten von Castelforte und Herzog von Castelvilari (gest. 20. Sept. 1785), heirathete, und (IV.) Michele II., 4. Fürsten von Comitini, Baron von Sta. Maria di Altomonte, Scordia Soprana, Ramione, S. Giacomo und St. Agata durch Belehnung vom 23. Febr. 1721. Er war Capitain in Palermo 1750, heirathete in erster Ehe Girolama Gravina aus dem Hause Montevago (gest. September 1753), in zweiter am 12. April 1757 Marianna Massa aus dem Hause Castelforte und starb am 26. Oct. 1777. Aus seiner ersten Ehe stammte neben einer Tochter Marianna (geb. 1748, Nonne) der Sohn (V.) Salvatore, belehnt am 20. Jan. 1778 und am nämlichen Tage vermählt mit Vittoria Colonna, Tochter des 3. Herzogs von Cesarò (geb. 1747); aus der zweiten Ippolita, welche am 22. Oct. 1778 den Pietro Papè e Bologna, 6. Fürsten von Valdina, heirathete, und (VI.) Giuseppe, der bei des Bruders Lebzeiten den Titel eines Fürsten von Altomonte führte und nach dessen kinderlosem Absterben 6. Fürst von Comitini wurde. Er heirathete 1796 Maria Teresa Requesens, Tochter des 8. Fürsten von Pantellaria, und hinterließ von ihr (VII.) Michele III., Fürsten von Altomonte 1827, nach des Vaters Tode (um 1836) Fürsten von Comitini, der gegenwärtig noch lebt als Witwer von der Marchesa Marianna Ruffo.

II. Zweig Girolamo Michele's.

Girolamo Michele erbte die väterlichen Baronien S. Michele und Rammacca und ward in seiner Ehe mit Antonia, Tochter des Girolamo Gioeni, Marchese von Castiglione, dessen Mutter selbst eine Gravina war, Vater des Giovanni und Ottavio, die in zwei Linien das Geschlecht fortsetzten.

1) Zweig Giovanni's (Herzoge von S. Michele und Fürsten von Montevago).

(I.) Giovanni I. ward am 20. April (Exec. vom 5. Juli) 1625 zum 1. Herzoge von S. Michele erhoben. Er vermählte sich zuerst mit Giovanna Bonanni e Moncada, 2. Fürstin von Linguagrossa; da dieselbe indessen kinderlos starb, ging dieses Fürstenthum auf ihren jüngern Bruder Giuseppe über, dessen Nachkommenschaft vor wenig Jahren mit dem 13. Fürsten Silvio Bonanni e Naselli erloschen ist. Des ersten Herzogs von S. Michele zweite Gemahlin Lucrezia Migliaccio e Marulle, Tochter des 1. Fürsten von Baucina, gebar außer der Eleonora, welche den Rutilio Scirotta, 1. Fürsten von Montevago (gest. 1665), heirathete, den (II.) Girolamo Michele, Herzog von S. Michele durch Belehnung vom 3. März 1662 und Gemahl der Caterina Requesens e Gravina, einer Tochter des 3. Fürsten von Pantelaria. Deren Tochter Lucrezia ward zuerst zweite Gemahlin des Ignazio II. Gravina, 4. Fürsten von Palagonia, dann des Girolamo Branciforte, 2. Herzogs von Branciforte (gest. 1715). Der Sohn (III.) Giovanni II., Herzog von S. Michele seit dem 6. Febr. 1668, vermählte sich mit seiner Cousine Girolama Scirotta, welche nach ihres Bruders Saverio frühem Tode 3. Fürstin von Montevago ward und im Alter von 75 Jahren am 11. Jan. 1739 starb. Durch diese Ehe kam das Fürstenthum Montevago (in der Valle di Mazara, Diöcese von Girgenti, mit drei Lehen: Gipponeri, Adrigno und Serrafino, 361 Häusern und 971 Seelen) an das Haus Gravina. Giovanni II. empfing für sich und die Seinen die Belehnung am 17. Dec. 1688, befehligte ein Reitergeschwader unter Philipp V. und ward von demselben am 30. Mai 1721 zum Granden von Spanien 1. Classe erhoben. Er starb am 10. Febr. 1736. Von seinen Söhnen ward Giovanni (geb. 13. Juni 1691, gest. 18. April 1755) am 9. Aug. 1753 zum Bischof von Patti erwählt; Michele starb am 2. Juli 1759; Saverio ward Militair; (IV.) Girolamo I. empfing am 1. Nov. 1716 durch Cession seiner Mutter das Fürstenthum Montevago und am 27. Febr. 1740 nach des Vaters Tode die Investitur mit S. Michele. Kammerherr des Königs und wiederholt Deputirter zum Parlament, starb er am 9. April 1751 zu Palermo und ward in der Kapelle der Familie Scirotta in der Dominikanerkirche Sta. Cita beigesetzt. Aus seiner Ehe mit Caterina Moncada e Ventimiglia, Tochter des 7. Fürsten von Paternò, entsprossen: Giovanni III., von dem hernach, Girolama (gest. September 1753), Gemahlin des 4. Fürsten von Comitini, Stefania (gest. 8. Dec. 1791), Gemahlin des Francesco Oneto, 5. Fürsten von S. Bartolommeo und Herzogs von Sperlinga (gest. 22. Juni 1780), und Emmanuele. Letzterem trat sein älterer Bruder von seinen Titeln am 2. Sept. 1758 den eines Marchese von Sta. Elisabetta ab, der ihm auch am 20. Febr. 1759 bestätigt wurde. Da derselbe indessen schon am 22. Jan. 1762 kinderlos starb, fiel das Marchesat an die Hauptlinie zurück, die es 1785 an Giuseppe Merlo e Ducci (gest. 1801) verkaufte. (V.) Giovanni III. wurde am 8. Juli 1752 mit den Gütern seines Hauses, zu denen auch die Baronien Ganzeria und Calsetta gehörten, belehnt; er vermählte sich mit Leonora Napoli e Montaperti, Tochter des 6. Fürsten von Resuttano, einer durch ihre Galanterien bekannten Dame (gest. 25. April 1789), und starb 1807, nachdem er bereits 1782 sein Fürstenthum an seinen Erstgeborenen Girolamo II. abgetreten hatte. Seine jüngern Söhne waren: Federigo, von dem hernach; Pietro (geb. 26. Dec. 1749), Erzbischof von Nicäa in partibus, dann Cardinalpriester den 8. März und Erzbischof von Palermo am 23. Sept. 1816, ein wackerer, gelehrter Kirchenfürst, gest. 6. Dec. 1830; Benedetto (geb. 8. Mai 1753), geistlich unter dem Namen Gabriele Maria, königlicher Capellano maggiore und Erzbischof von Melitene in partibus, gest. 18. April 1840; Berlinghieri, geistlich, und Michele, Malteser. (VI.) Girolamo II., 6. Fürst von Montevago durch Cession seines Vaters, empfing am 2. Juli 1782 die Lehen, starb aber lange vor jenem am 6. Oct. 1787, aus seiner am 23. Juni 1773 geschlossenen Ehe mit Pellegra Grifeo e del Bosco, Tochter des 7. Fürsten von Partanna, die Leonora (geb. April 1774, verm. 21. April 1793 mit Giovanni Battista IV. Celeste, 9. Marchese von Sta. Croce), die Teresa und den Salvatore (geb. den 24. Sept. 1782) hinterlassend. Da letzterer bei des Vaters Tode noch unmündig war, übernahm der Großvater aufs Neue die Verwaltung der Güter, und erst nach dessen Ableben ward (VII.) Salvatore 7. und letzter Fürst von Montevago. Er empfing die Lehen am 14. Febr. 1808 und vermählte sich mit Giuseppa Bonanni e Moncada, Tochter des 9. Fürsten von Roccafiorita, hatte aber das Unglück, seine einzige Tochter Pellegra (geb. 1820, gest. 7. Juli 1837) in blühendster Jugend zu verlieren. Er selbst starb in den 50ger Jahren dieses Jahrhunderts ohne legitime Erben, und ist mit seinem Tode dies Haus Gravina von Montevago erloschen. — Federigo (geb. 2. Sept. 1756), Giovanni's III. jüngster Sohn, galt wegen der intimen Beziehungen, in denen seine Mutter zu König Karl III. gestanden, und der Gunst, deren er bei diesem Monarchen genoß, allgemein für einen königlichen Bastard. Seine Studien begann er in Rom, vervollkommnete sich dann auf der Marine-Akademie zu Cadix und zeichnete sich zuerst unter dem Admiral Barcelo gegen die Piraten von Algier aus. Trotz seiner Jugend erhielt er bald das Commando über zwei Fregatten, mit denen er die spanischen Küsten gegen die Barbaresken schirmte. Unter den Admiralen Cordova und Mazarredo that er sich hernach rühmlich hervor; 1793 befehligte er unter Langara eine Division und hernach die spanische Flotte vor Toulon; bei der Einnahme des Forts Faron durch die Republikaner am 1. Oct. trug er eine Blessur davon. Im Mai 1794 sollte er das von Dugommier belagerte Collioure entsetzen, kam aber zu spät, da sich das Fort schon ergeben hatte; dagegen wehrte er heldenmüthig der Franzosen Angriff auf Roses ab und ward zum Lohn seiner Dienste zum Contre-Admiral ernannt. Nach dem baseler Frieden ward er auf Antrag des ihm feindlich gesinnten Godoy wegen „geheimer Intriguen" in Untersuchung gezogen und blieb eine Zeit lang eingekerkert; doch bald erlangte er seine Freiheit wieder und wurde zum Vice-Admiral befördert. Als solcher befehligte er 1802 die spanische Flotte, die gegen Haïti zugleich mit den Franzosen operiren sollte; 1804 war er außerordentlicher Gesandter Spaniens in Paris; bei Napoleon's Krönung fungirte er als Vertreter der Königin von Etrurien. Im folgenden Jahre ward er zum Generalcapitain der spanischen Flotte ernannt, die damals zu dem französischen Geschwader des Admirals Decrest de Villeneuve in den Gewässern von Cadix stieß. Ursprünglich nach den Antillen bestimmt, traf die Flotte am 20. Oct. auf die englische Nelson's bei Trafalgar; Gravina kämpfte wie ein Held, ward aber bald schwer verwundet, worauf eine völlige Niederlage erfolgte. Mit Mühe rettete er sich unter dem heftigsten Sturme nach Cadix, wo er im Februar 1806 seinen Wunden erlag [1]).

2) Zweig Ottavio's (Fürsten von Rammacca).

Ottavio erbte von dem Vater die alte Familienbaronie Rammacca (im der Valle di Noto unweit Caltagirone) mit etwa 300 Seelen; er empfing die Lehen am 6. Oct. 1641 und hinterließ von Giovanna Cruyllas den (I.) Sancio, der am 7. Oct. (Exec. 3. Dec.) 1688 zum 1. Fürsten von Rammacca erhoben ward. Er vermählte sich mit Rosalia, Erbtochter des Gaspare Sarzana, Barons von Rancioli und Marabino; er besaß zugleich das Lehen Rancione, das er am 14. Dec. 1688 gekauft hatte. Am 6. Dec. 1691 machte er sein Testament und starb 1694. Aus jener Ehe entsprossen (II.) Ottavio I., von dem hernach, Antonia, Gemahlin des 3. Fürsten von Comiciul, und Perna, die zuerst den Ignazio Gaetani, dann den Giuseppe Lancelotto, 3. Fürsten von Fiumesalato (gest. 7. Nov. 1751) heirathete. Wahrscheinlich ging Sancio hernach noch eine zweite Ehe mit einer Cruyllas ein, Erbin der Baronien Mancipa und Passarello. Aus derselben stammte Domenico Antonio, belehnt mit Buterno am 20. Febr. 1717, mit Mancipa am 31. Juli 1720, zum Grafen von Gravina 1720 erhoben; doch erhielt letzterer Titel nicht die Executoria. Er starb 1742, ohne Kinder von Pietra Ugo e Verramuto (gest. 13. Febr. 1769) zu hinterlassen; seine Erbin ward seine Schwester Grazia, vermählt an Antonio Monreale, jüngeren Sohn des 5. Herzogs von Castrofilippo und belehnt mit Buterno am 12. Aug. 1743. Ihr Sohn Giuseppe führte den Titel eines Grafen von Gravina und starb 1760, in seiner Ehe mit Anna Bellarola e Marino (verm. 19. März 1748, gest. 7. Oct. 1788) Vater des Grafen Giuseppe Antonio von Gravina, welcher im Februar 1786 sich mit Veronica Giallengo e Parisi vermählte. (II.) Ottavio I., seit dem 19. Jan. 1671 Baron von Naucioli, ward am 23. April 1694 mit Rammacca belehnt; er war Deputirter zum Parlament und starb 1732. Als Schriftsteller hat er sich im ascetischen Fache versucht und 1706 zu Palermo „Il conforto degli afflitti, esercizi spirituali divisi in VII missioni che si fanno nella real cappella de' Bianchi che ricordano i condannati" veröffentlicht. Seine Gemahlin Anna Antonia Farina e Basilotta, Tochter des 2. Marchese von Madonia, gebar ihm den (III.) Bernardo, von dem hernach, Ferdinando (geb. December 1708), einen ausgezeichneten Juristen (gest. 19. Mai 1793), Luigi (gest. 22. Febr. 1786 im geistlichem Stande), den Ottavio und Giuseppe Maria, beide Mitglieder des Jesuitenordens. Der letztere namentlich that sich durch große Gelehrsamkeit und Frömmigkeit so sehr hervor, daß er zum Generalpräfecten des Jesuitencollegs (Carolinum) in Palermo ernannt wurde; von seinen Schriften sind zu nennen: Jesuita rite institutus piis exercitationibus S. P. Ignatii de Loyola, partes II. (Panormi 1746. 12.); Conclusiones theologico-critico-ethicae de usu et abusu opinionis probabilis (ebenda 1752. 4.); Ratio tradendae philosophiae in scholis provinciae Siculae S. J. (ebenda 1754. 4.); Trattenimenti apologetici sul probabilismo, tomi III. (Palermo 1755. 4.); Conclusiones polemicae de quinque Jansenianorum erroribus in haereses vergentibus (ebenda 1755. 4.); Novena a preparare il cuore al bambino Gesù (ebenda 1759. 4.) und andere, zum Theil Uebersetzungen aus dem Französischen des Paters Croiset. Sein Bruder (III.) Bernardo ward als 3. Fürst am 21. Dec. 1732 belehnt; er war königlicher Kammerherr, Deputirter zum Parlament und 1735 Capitain von Palermo. Vermählt mit Stefania di Bologna e Reggio, Tochter des 4. Fürsten von Camporeale, starb er am 18. Febr. 1759 und hinterließ außer dem Giuseppe (geb. 1728, Malteser) den (IV.) Ottavio II., belehnt am 15. Febr. 1770, gest. 29. März 1773. Seine Witwe Maria Teresa Galletti e Corvino, Tochter des 5. Marchese von Sta. Marina, heirathete in zweiter Ehe am 10. Juli 1776 den Francesco Paolo Speciale und starb am 25. Febr. 1795. Ihre Tochter erster Ehe, Marianna, wählte den geistlichen Stand, der einzige Sohn (V.) Francesco I., belehnt am 22. März 1773, starb noch vor der Mutter am 23. Juli 1785. Er hatte sich am 13. Nov. 1775 mit Maddalena Filangieri (geb. 1756) vermählt. Dieselbe erbte nach ihres Vaters Cristoforo Ricardo Tode 1808 das Fürstenthum Sta. Flavia, empfing die Belehnung damit am 6. März 1809, trat jedoch diesen Titel am 11. März 1811 an Giulio Cesare Benso e Marin, 8. Herzog von

1) *Vinc. Castelli*, Princ. di Torremuzza, Memorie di Federigo Gravina. Palermo 1810. 8.; *Giuz. Em. Ortolani*, Biografia degl' uomini illustri della Sicilia. Tom. II. Napoli 1818. 4.; *Gius. Bozzi*, Le lodi de' più illustri Siciliani trapassati nei primi 45 anni del secolo XIX. Tom. I. Palermo 1852. 8.; Nouvelle biographie générale par *Hoefer*. Tom. XXI. Paris 1857. 8. p. 753—756.

Barbara (geb. 1759, gest. 1829), ab, dessen Enkel Giulio Cesare Braso e Sammartino gegenwärtig diesen Titel führt. Der Erbin von Sta. Flavia Sohn (VI.) Ottavio III. (geb. 3. Febr. 1782) hinterließ aus seiner Ehe mit Marianna di Bologna e Montaperti, Tochter des 6. Fürsten von Camporeale (verm. 30. März 1796), eine Tochter (geb. 2. Jan. 1797) und (VII.) Francesco II. (geb. 19. Jan. 1800; Pair 1848), dessen Sohn (VIII.) Ottavio IV. der jetzige Fürst von Rammacca ist.

C. Linie Ferrante's von Palagonia.

Ferrante folgte dem Vater in der Baronie Palagonia und als 2. Marchese von Francofonte; er war Ritter und lebte 1597 in der Ehe mit Beatrice Giorni, Tochter des Marchese von Castiglione. Seine Tochter heirathete ihren Oheim Fabrizio; der älteste Sohn Girolamo verzichtete auf die Güter und wählte den geistlichen Stand; der zweite Lorenzo starb unvermählt; der dritte Berlingieri folgte dem Bruder als 4. Marchese von Francofonte und hinterließ von Felicia Cruyllas außer zwei Söhnen die Felicia, Gemahlin des Vicenzo Paternò Castello, 2. Fürsten von Biscari. Von den Söhnen ward (I.) Lodovico am 5. Mai 1629 (Esec. vom 20. Mai 1633) zum 1. Fürsten von Palagonia erhoben, starb aber bereits in der Blüthe seiner Jahre 1630. Die Baronie Palagonia, in der Valle di Noto, am Fuße des Berges Catalfano unweit des Flusses Simeto, zählte damals 816 Häuser mit 2886 Seelen; der Lehensdienst war auf 21 Pferde festgesetzt. Am 14. Sept. 1630 ward (II.) Ignazio I. an des Bruders Stelle mit dem Fürstenthume und der Baronie Calatabiano belehnt; er war Ritter des Ordens von Calatrava und Befehlshaber einer eigenen Galeere in der königlichen Flotte. Vermählt seit dem 10. Sept. 1629 mit Emilia Agliata e Gravina, Tochter des 1. Fürsten von Villafranca, hinterließ er bei seinem 1655 erfolgten Tode die Giovanna, welche am 30. Oct. 1671 sich mit Giuseppe Perpignano, 2. Fürsten von Buonripolo, vermählte, und den (III.) Ferdinando, belehnt am 27. Aug. 1658, vermählt 31. Jan. 1655 mit Costanza Amat e Buglio, Tochter des 1. Fürsten von Galati, gest. 1686. Sein Sohn (IV.) Ignazio II., dem der Vater bereits 1673 die Baronie Calatabiano abgetreten, ward am 7. Aug. 1686 belehnt und starb 1695, in erster Ehe mit Anna Maria Bonanni e Marini, Tochter des 4. Fürsten von Roccafiorita (testirte am 10. Febr. 1680), in zweiter mit seiner Verwandten Lucrezia Gravina e Requesens aus dem Hause der Herzoge von S. Michele vermählt. Aus jener stammte ein einziger Sohn (V.) Ferdinando Francesco I., von dem unter II., und eine Tochter Costanza, Gemahlin des Girolamo Filangieri, 4. Fürsten von Cutò (gest. 1721), aus dieser: Caterina (gest. 20. Mai 1747), vermählt mit Luigi Reggio, 4. Fürsten von Campofiorito (gest. 27. Oct. 1757); Berlinghieri, Marchese von S. Germano seit dem 13. Oct. 1734, gest. 21. Nov. 1763 und Girolamo, von dem unter I.

I. Zweig Girolamo's (Herzoge von Cruyllas).

(I.) Girolamo Gravina e Gravina erhielt am 19. April (Esecut. vom 27. Aug.) 1695 den Titel eines Herzogs von Cruyllas und starb im Mai 1758; seine Gemahlin Anna Maria Bastlotta, Tochter des Barons Pietro von S. Andrea und der Agata Rosso, überlebte ihn bis zum 8. Sept. 1767. Ihre Tochter Lucrezia starb am 1. Juni 1790 als Gemahlin des Stefano Migliaccio aus dem Hause der Herzoge von Floridia; von den Söhnen starb der älteste, Ignazio, bereits 1752; Berengario (gest. 1. Nov. 1790) und Giambattista (geb. 1720, gest. 14. März 1801) wählten den geistlichen Stand; (II.) Pietro endlich ward am 9. Mai 1759 als zweiter Herzog belehnt und heirathete am 8. Juni desselben Jahres die Maria Gioacchina Marassi e Naselli, Tochter des 2. Herzogs von Pietratagliata (gest. Mai 1792). Nach seinem am 23. Mai 1790 erfolgten Tode folgte ihm seine Tochter (III.) Concetta (geb. 1769), Gemahlin (seit dem 28. Dec. 1785) des Giovanni Battista Miroldi e Orrigoni (geb. 1761), der für seine Gattin am 22. Juni 1791 die Belehnung empfing und am 12. Sept. 1804 an seines Vaters Giuseppe (gest. October 1799) Statt mit dem Marchesate Sta. Colomba belehnt wurde. Er starb bald nach 1833 und hinterließ außer dem Ritter Stefano (gest. 1850) den (IV.) Giuseppe Miroldi (geb. Juni 1787), 4. Herzog von Cruyllas.

II. Zweig Ferdinando Francesco's I. (Fürsten von Palagonia).

(V.) Ferdinando Francesco I. Gravina e Bonanni, belehnt am 16. April 1696 mit dem Fürstenthume Palagonia, Ritter des goldenen Vließes, war Kammerherr der Könige Victor Amadeus und Karl's III., wiederholt Deputirter zum Parlament, Capitain (1700) und Prätor (1709 und 1716) in Palermo, Gesandter des Senats an den Vicekönig Herzog von Montemar (1720), erster Präsident des Staatsraths von Sicilien 1734. Am 19. Nov. 1709 (Esecut. vom 28. Febr. 1710) erhob ihn Philipp V. zum Granden von Spanien; am 12. Mai 1720 ward ihm die Grandezza 1. Classe bestätigt. Zu den reichen Gütern seines Hauses erwarb er noch durch Kauf von Francesco Mancuso 1728 die Baronie Fiumefreddo, heirathete die Anna Maria Lucchese e Lucchese, Erbtochter des 4. Marchese Nicolò Antonio von Delia (gest. 13. Nov. 1752) und starb am 4. Febr. 1736 in Palermo. Er ward daselbst in der Capucinerkirche begraben, in der er für sich und seine Nachkommen ein prächtiges Mausoleum stiftete. Seine Tochter Marianna heirathete den Pietro Beccadelli di Bologna, 5. Fürsten von Camporeale (gest. 16. Juli 1781) und starb am 26. April 1765; der Sohn (VI.) Ignazio Sebastiano ward am 2. Jan. 1737 belehnt und starb am 29. Mai 1746 zu Portici. Derselbe war Capitain (1733) und Prätor (1744) in Palermo, dann in Messina, wo er gegen die damals wüthende Pest die trefflichsten Vorkehrungen traf; bei Niederlegung seines Amtes ließ er auf seine Kosten in der Kathedrale zu

Palermo eine Statue der Schutzpatronin, der heiligen Rosalia, errichten, auf deren Piedestal man das Wappen des Hauses sieht und ringsum die Inschrift: Divae Rosaliae | Quod Messanae pestilentia | Suis undique erupta suburbiis | Tauromenium inter ac Milas alte coercita | Reliquum Trinacriae incolume urbemque impavidam | In maximo rerum discrimine inter servavit. | Piae Victrici Augustae | Deque regno deque civibus optime meritae | Praetura et quaestura maleficii functus | Voti compos de sua pecunia posuit | Ignatius Sebastianus Gravina | Paliconie Princeps etc. | Er empfing den Orden des heiligen Januarius am 6. Juli 1738, war dienstthuender Kammerherr des Königs und zuletzt Maggiordomo der Königin Amalia, baute die bekannte Villa Palagonia in der Bagaria, die hernach sein Sohn verunzierte, und ward in dem Erbbegräbnisse seines Hauses bei den Capucinern zu Palermo bestattet. Seine erste Gemahlin war Margherita Agliata e Bonanni, Tochter des 4. Fürsten von Villafranca; die zweite Agata Cottone e Morso (gest. 29. Oct. 1740), Tochter des 5. Fürsten von Castelnuovo, gebar ihm einzig den Girolamo (geb. 1750), der anfänglich den Titel eines Marchese von la Gadera, dann seit dem 12. April 1758 den eines Marchese Gravina führte und am 20. März 1792 unbeerbt starb. Aus erster Ehe stammten: (VII.) Ferdinando Francesco II., von dem hernach; Salvatore, von dem gleichfalls hernach; Francesco Saverio, irrsinnig; Nicolò Antonio, Marchese von Francofonte auf Lebenszeit, durch Cession seines Bruders, belehnt am 23. Aug. 1758, gest. im Mai 1794, und Domenico (geb. 1723), der den Titel eines Grafen von Gravina führte und aus seiner Ehe mit Leonora Termini e Migliaccio, Tochter des 7. Fürsten von Casteltermini (verm. 30. April 1746, gest. 19. Nov. 1788) nur zwei Töchter hinterließ. Ferdinando Francesco II., geb. 25. Nov. 1722, ward im Februar 1747 belehnt als 7. Fürst von Palagonia, Marchese von Francofonte, la Gadera und Delia, Baron von Cansiratello, Calatabiano, Piedemonte, Fiumefreddo, S. Basilio, von le Marine delle Acque dolci, Acquicelle und Cotone, Grande 1. Classe und dienstthuender Kammerherr des Königs. Bekannt genug ist dieser Sonderling durch die phantastische Art und Weise geworden, in der er die väterliche Villa in der Bagaria mit den wahnsinnigsten Thier- und Menschengruppen und andern abenteuerlichen Ausgeburten eines tollen Hirns verunstaltet hat. Ich sah das in einem Halbkreise von Ungeheuern eingeschlossene Gebäude vor wenig Jahren (1862); die zwei letzten Besitzer haben kaum daran geändert, nur daß die Stühle mit den schief abgesägten Beinen und Stachelpolstern entfernt sind, und einzelne der scheußlichsten Bestien, an denen, wie der Volksmund sagt, manche Bäuerin der Bagaria sich „versehen" haben soll, und deren Beseitigung schon bei Lebzeiten des geschmacklosen Erfinders wiederholt gefordert wurde, jetzt wirklich beseitigt sind. Sonst ist noch Alles beim Alten; wir treten in Säle, die ganz an die letzte Hälfte des vorigen Jahrhunderts mahnen; Gobelins, werthlose Deckengemälde, Inventarstücke von ausgelegten Kommoden und Schränken, die Wände mit englischen Kupferstichen bedeckt. Keine bessernde, verschönernde Hand eines Kunstverständigen hat das alte Gerümpel berührt; es steht noch heute so da, wie zu Brydone's, Borch's, Goethe's Zeiten, ebenso wie die Fratzen da draußen. Eine eigene Beschreibung all des Abenteuerlichen, Wahnsinnig-Phantastischen ist nicht lohnend, da ich nur längst Gesagtes wiederholen müßte; dafür stehe hier Brydone's Bericht [2]) aus dem Jahre 1770, der allen späteren zu Grunde liegt, im Auszuge.

„Der Prinz von Palagonia ist unermeßlich reich und hat sein ganzes Leben dem Studium von Ungeheuern und Chimären gewidmet, die weit größer und lächerlicher sind, als Alles, was je die wildeste Einbildungskraft eines Romandichters oder irrenden Ritters ausgedacht hat. Die erstaunliche Menge von Bildsäulen, welche sein Haus umgeben, sieht von weitem als eine kleine, zur Vertheidigung desselben ausgezogene Armee aus. Kommt man aber unter sie und erblickt sie in ihrer wahren Gestalt, so glaubt man in dem Lande der Täuschung und der Bezauberung zu sein. Keine einzige von allen diesen unzähligen Bildsäulen stellt etwas vor, das in der Natur vorhanden wäre, und die Ungereimtheit der elenden Einbildungskraft, die sie gezeugt hat, ist nicht weniger erstaunlich als ihre wunderbare Fruchtbarkeit. Es würde ein ganzes Buch dazu gehören, Alles zu beschreiben, und das würde ein jämmerliches Buch werden. Er hat Menschenköpfe auf dem Rumpfe von allen Arten von Thieren und Köpfe von allen anderen Thieren auf Menschenleiber setzen lassen. Zuweilen hat er aus fünf oder sechs Thieren, die in der Natur gar nichts Aehnliches mit einander haben, eines zusammengesetzt. Er setzt z. B. den Kopf eines Löwen auf den Hals einer Gans, den Leib einer Eidechse, die Beine einer Ziege und den Schwanz eines Fuchses. Auf den Rücken dieses Ungeheuers stellt er ein anderes wo möglich noch häßlicheres, mit fünf oder sechs Köpfen und einem Busch von Hörnern, die das Thier in der Offenbarung ganz zu schanden machen. Es gibt keine Art von Hörnern in der Welt, die er nicht gesammelt hätte, und sein Vergnügen ist, sie alle auf demselben Kopfe prangen zu sehen. Die ärgerliche Stadtgeschichte sagt, daß ihm seine Frau geholfen habe, diese Hörner zusammenzubringen, und daß sie sowol als er einige davon gesetzt habe. Doch dem sei wie ihm wolle, so wird sie in wenigen Wochen niederkommen, und verschiedene Leute von Palermo haben uns gesagt, daß er ernstlich wünsche, daß sie mit einem Ungeheuer niederkommen möge. Dies ist eine seltsame Art von Narrheit, und es ist kaum zu begreifen, warum man ihn nicht schon lange eingesperrt hat. Doch er ist vollkommen unschädlich und beleidigt Niemanden dadurch, daß er seinem Wahnwitze nachhängt. Im Gegentheil, er ernährt eine Menge Bildhauer und andere Arbeitsleute, die er nach dem Verhältnisse belohnt, nach welchem

2) P. Brydone's Reise durch Sicilien und Malta. Aus dem Englischen übersetzt. Theil II. Leipzig 1774. 8. S. 45—52.

ihre Einbildungskraft mit der seinigen übereinstimmt, oder, mit andern Worten, nach dem Grade der Häßlichkeit und Ungestaltheit der Ungeheuer, die sie schaffen. Eine umständliche Nachricht von diesen Ungereimtheiten würde ebenso langweilig als unnütz sein. Die Bildsäulen, welche den großen Eingang zieren oder vielmehr verstellen, und welche den Hof des Palastes umgeben, belaufen sich allbereits auf 600, und dessenungeachtet kann man in Wahrheit sagen, daß er das zweite Gebot nicht übertreten habe, weil Nichts darunter ein Bildniß oder Gleichniß von irgend einer Sache oben im Himmel, oder unten auf Erden, oder im Wasser unter der Erden ist. Die alten Bildsäulen, welche sein Vater, der ein verständiger Mann war, zum Zierrath hingesetzt hatte, scheinen von gutem Geschmack gewesen zu sein. Sie sind aber alle in Stücken zerschlagen und liegen auf einem Haufen beisammen, um dieser neuen Schöpfung Platz zu machen.

„Die innere Beschaffenheit dieses bezauberten Schlosses stimmt genau mit der äußeren überein. Sie ist in allen Absichten ebenso grillenhaft und phantastisch, und man kann seine Augen nirgends hinwenden, ohne die eine oder die andere scheußliche Figur vor sich zu sehen. Einige Zimmer sind ungemein groß und prächtig, mit hochgewölbten Decken, welche anstatt des Gypses oder der Stuccaturarbeit ganz aus großen, genau an einander gefügten Spiegeln bestehen. Vermittels dieser Spiegel vervielfältigen sich alle Gegenstände so, daß, wenn drei oder vier Personen unter dieser Decke spazieren, allemal drei oder vier hundert über derselben zu spazieren scheinen. Die Thüren sind ebenfalls mit ganz kleinen Stücken von Spiegeln überdeckt, aus welchen man die lächerlichsten Gestalten geschnitten hat, und die mit einer großen Mannichfaltigkeit von Krystall und Glas von den verschiedensten Farben vermengt sind. Alle Kaminstücke, Fenster und Seitentische sind mit Pyramiden und Säulen von starl zusammengekitteten Theetöpfen, Schalen, Bechern, Schüsselchen u. s. w. angefüllt. Einige von diesen Säulen sind nicht ohne Schönheit; eine darunter hat zu ihrem Fuße einen großen chinesischen Nachttopf und zu ihrem Capitel einen Kreis von kleinen, artigen Blumentöpfen; der Schaft der Säule ist über 4 Fuß lang und ganz aus Theetöpfen von verschiedener Größe zusammengesetzt, die von dem Fuße an bis ans Capitel stufenweise immer kleiner werden. Die Menge von chinesischem Porzellan, die zur Bildung dieser Säulen gebraucht worden, ist ganz unglaublich; es sind gewiß nicht weniger als 40 Säulen und Pyramiden, die auf diese seltsame phantastische Art gemacht sind.

„Die meisten Zimmer sind mit außerordentlich feinen Marmortafeln von verschiedenen Farben belegt, die wie Leichensteine aussehen. Einige darunter sind mit Lapis Lazuli, mit Porphyr und anderen kostbaren Steinen besetzt; ihre schöne Politur ist jetzt ganz verschwunden, und sie sehen blos wie gemeiner Marmor aus. Anstatt dieser schönen Tafeln hat er nun eine neue Art derselben erfunden, die auch ihren Werth haben. Sie sind aus den schönsten Schildkrötenschalen, vermischt mit Perlmutter, Elfenbein und mancherlei Metallen zusammengesetzt, und ruhen auf kupfernen Platten.

„Die Fenster dieses bezauberten Schlosses sind aus Gläsern aus allen Arten von Farben, ohne die geringste Ordnung und Regelmäßigkeit, zusammengesetzt. Blau, roth, grün, gelb, purpur, violet, Alles findet sich hier unter einander, sodaß man an jedem Fenster den Himmel und die Erde in selbst beliebiger Farbe sehen kann, wenn man durch die diese Farbe habende Scheibe sieht.

„Die Hausuhr steht in einer Bildsäule; die Augen der Figur bewegen sich nach dem Hanggewichte und verursachen, indem sie wechselsweise das Weiße und das Schwarze herauskehren, einen scheußlichen Anblick. Die Schlafkammer und das Zimmer zum Ankleiden sind gleich zwei Zimmern in dem Kasten Noahs; es gibt schwerlich ein Thier, so gering und häßlich es auch sein mag, das sich hier nicht finden sollte; Kröten, Frösche, Schlangen, Eidechsen, Scorpione, alle in Marmor gehauen nach ihren natürlichen Farben. Es sind auch ziemlich viel Büsten von einer seltsamen Erfindung hier. Einige stellen von der einen Seite ein sehr schönes Bild im Profil und von der anderen ein Gerippe vor. Hier sieht man eine Amme mit einem Kinde auf ihren Armen, sein Rücken ist genau eines Kindes Rücken und sein Gesicht ist das Gesicht eines runzeligen alten Weibes von 90 Jahren.

„Die Familienbildsäulen sind allerliebst. Sie sind nach alten Gemälden gemacht und haben ein sehr ehrwürdiges Ansehen. Er hat sie vom Kopfe bis auf die Füße mit einem neuen und zierlichen Anzuge von Marmor bekleidet; und die Wirkung, die dieses macht, ist lächerlicher als Alles, was man sich nur vorstellen kann. Ihre Schuhe sind alle von schwarzem Marmor, ihre Strümpfe meistentheils von rothem; ihre Kleider sind von verschiedenen Farben, blau, grün und gestreift, mit kostbaren Borten von giall' antique. Die Perücken der Männer und die Aufsätze der Frauenzimmer sowol als ihre Hemden sind von feinem weißen Marmor, die langen gekräuselten Manschetten aber von Alabaster. Die Wände des Hauses sind mit einigen sehr schönen Basreliefs von weißem Marmor geziert. Da er sie nicht wohl herausnehmen oder verändern konnte, so hat er nur sehr viele Quadrate hinzugethan, wovon jedes aus vier großen marmornen Tafeln besteht.

„Der Urheber und Eigenthümer dieser sonderbaren Sammlung ist eine arme, elende, hagere Figur, ein Mann, der vor jedem Lüftchen zittert und Jedermann, mit dem er redet, zu fürchten scheint; doch habe ich ihn, worüber ich mich sehr verwunderte, bei verschiedenen Gelegenheiten verständig genug reden gehört. Er ist einer von den reichsten Unterthanen auf dieser Insel, und man glaubt, daß ihm die Schöpfung dieser Welt von Ungeheuern und Chimären nicht weniger als 20,000 Pfund gekostet habe. — Er hätte sich gewiß weit wohlfeiler als einen Narren zeigen können. Inzwischen gibt er einer Menge armer Leute das Brod und ist gegen sie ein vortrefflicher Herr.

„Sein Haus zu Palermo ist größtentheils in demselben Geschmacke. Seine Kutschen sind mit großen Kupferplatten überzogen, sodaß ich wirklich einige darunter für schußfrei halte.

„Die Regierung hat ernstlich darauf gedacht, das Regiment von Ungeheuern, die er um sein Haus herum gestellt hat, zu zerstören. Allein da er gütig ist und Niemanden beleidigt, und da ihm dieses das Herz brechen würde, so ist es noch immer unterblieben."

Sieben Jahre später bereiste Graf Michael Johann von Borch die Insel; in seiner Reisebeschreibung, die gewissermaßen als Supplement zu der Brydone's dienen soll [3]), verweilt er nicht nur ausführlich bei der Villa Palagonia, sondern theilt sogar zwei Zeichnungen von den Ungeheuern derselben mit. Er fügt hinzu: „Der Vater des Prinzen war ein vernünftiger Herr, der die Bequemlichkeit liebte und sich in einer angenehmen Gegend einen schönen Palast baute, welchen er mit Statuen und Büsten von berühmten Männern, mit Familien-Gemälden und kostbaren Meubeln auszierte. Sein Sohn fing aber nachher an, in Alles eben die Unordnung und Verwirrung zu bringen, die in seinem Kopfe aus übertriebener Frömmigkeit und romantischem Eigendünkel herrscht. Er ließ vorn nach der Länge des Gebäudes eine doppelte Mauer mit einem Geländer aufführen, auf welches er Figuren aufstellen ließ, die aus einem Muschelguß bestehen und tausenderlei abenteuerliche Dinge vorstellen." Und nun folgt die detaillirte Schilderung des Palastes und der Mauer, ähnlich wie bei Brydone; auch des wunderlichen Crucifixes in der Hauskapelle wird gedacht, an dem im Nabel Christi ein eiserner Haken befestigt ist, „an welchem der heil. Franciscus um den Hals aufgehängt wurde, dessen Füße und Hände zu Armleuchtern dienen müssen." Auch in der Stadt habe er in seinem Palaste ähnliche Tollheiten geschaffen. „Niemand," schließt er, „ist inzwischen unzufriedener mit den Tollheiten des Prinzen als seine Erben. Diese hätten nach seinem Tode ein schönes Erbtheil zu hoffen gehabt; nun wird denselben aber kaum so viel zufallen, daß sie damit die Ungeheuer einreißen und ins Meer werden werfen lassen können... Ich kann übrigens nicht begreifen, wie ein Mann, dem man einen aufgeklärten Verstand, wie auch ziemlich ausgebreitete Kenntnisse und ein vortreffliches Herz nicht absprechen kann, doch zu gleicher Zeit einen so seltsamen Geschmack haben kann, als der Prinz von Palagonia. Als ich einmal in einer Conversation bei dem Vicekönig (Fürst Marcantonio Colonna von Aliano) war, so befand ich mich neben ihm, ohne ihn zu kennen, und ließ mich in Unterredung mit ihm ein. Ich erstaunte über seine Kenntnisse und über seine genaue und richtige Beurtheilungskraft. Da ich über die angenehme Bekanntschaft dieser Person erfreut war, so erkundigte ich mich nachher nach dem Namen derselben, und war in der größten Verwunderung, als ich vernahm, daß dies der Prinz von Palagonia gewesen sei."

Ein Jahr vor dem Tode des Fürsten besuchte Goethe seine Villa (9. April 1787), von der auch er eine ausführliche, allbekannte Schilderung geliefert hat, die man in seiner italienischen Reise [4]) nachlesen kann. Vergeblich bemühte er sich, zu „schematisiren," bis auch ihn das Gefühl der Verzweiflung ergriff, welches das Tollhaus dem Künstlersinn seines Gefährten Kniep von Anfang an eingeflößt und ihn gewaltsam fortgetrieb. Auch er sah noch den Erfinder dieser „Unschöpfung" in Palermo, als er dort in den Straßen durch seine geputzten Läufer Lösegeld für die in der Barbarei gefangenen Sklaven zusammenbetteln ließ, als Vorsteher einer zu diesem Zwecke gegründeten, seit vielen Jahren bestehenden Gesellschaft. Er selbst ging, in der Mitte des Cassaro, während die Diener mit den silbernen Tellern auf beiden Seiten umherliefen; „ein langer, hagerer Herr [5]), welcher in der Straßenmitte, hofmäßig gekleidet, anständig und gelassen über dem Mist einherschritt. Frisirt und gepudert, den Hut unter dem Arme, in seidenem Gewande, den Degen an der Seite, ein netteres Fußwerk mit Steinschnallen geziert: so trat der Bejahrte ernst und ruhig einher; Aller Augen waren auf ihn gerichtet."

Diese Auszüge mögen genügen zur Charakteristik eines Sonderlings, dessen krankhafte Phantasie — sein Bruder starb im Irrenhause! — durch religiöse Schwärmerei erhitzt, so wunderliche Ausgeburten schuf, die nur nicht gegen die zehn Gebote fehlen, also weder ein Bild des Schöpfers, noch seiner Geschöpfe darstellen sollten. Doch genug von diesem Sonderling und seinem wahnwitzigen Kunstwerke. Fürst Ferdinando Francesco II. starb 1788. Goethe irrt sich, wenn er ihn zum Hagestolz stempelt („Ein Hagestolz allein, wie man am Prinzen Palagonia sieht, hat selten etwas Vernünftiges hervorgebracht" a. a. O. S. 306); vielmehr war derselbe seit dem 24. April 1749 vermählt mit Maria Gioachina Rafaela Gaetani e Buglio (geb. 17. Juli 1735), Tochter des Luigi Fürsten von Valverde Reggio und Erbin desselben seit 1747. Sie brachte ihrem Gemahl, der mit ihr am 9. Oct. 1775 die Belehnung empfing, die Titel eines Herzogs von Valverde, Marchese von Antella, Grafen von Racalmuto, Barons dell' Amenta, Ganno, Pietra Rossa und Fontane del Conte, Herrn der Lehen Garamoli, Colmitella, Mezarati, Casalvecchio, Donnarati, Cannalone, Rose, Fico amaro, zu und erbte nach dem am 11. Oct. 1774 erfolgten Tode ihres mütterlichen Oheims Giuseppe Emmanuele Buglio als 6. Fürstin das Fürstenthum Lercara dell Friddi, das Marchesat la Bisora, die Baronien Mugo, Favarotte, Friddiodo, Friddicelli u. a. Nach dem Tode ihres Gemahls ging sie am 25. Juli 1789 eine zweite Ehe ein mit Pietro Afflitto, Baron von S. Rosalia, der am 13. Sept. 1792 mit dem Fürstenthume Lercara belehnt und späterhin zum Fürsten von S. Rosalia erhoben wurde; letzteren Titel, wie den von Lercara erbte sein

3) v. Borch, Briefe über Sicilien und Maltha. Th. II. Bern 1783. 8. S. 79—87.

4) Goethe, Sämmtliche Werke. Bd. XXIII. (Italienische Reise I.) Stuttgart und Tübingen 1840. 8. S. 300—306.
5) Goethe a. a. O. S. 310—311.

Sohn erster Ehe Federigo, vermählt mit Maria Felicia Filangieri, Tochter des 8. Fürsten von Cuto. Maria Gioachina Rafaela starb 1813 mit Hinterlassung einer einzigen Tochter (VIII.) Maria Providenza (geb. 1774), welche am 25. April 1789 mit den väterlichen, am 22. Nov. 1803 und 3. Aug. 1804 mit den mütterlichen Gütern belehnt worden und 1806 gestorben ist. Damit die Güter bei der Familie verblieben, ward sie am 8. Jan. 1788 mit dem Bruder ihres Vaters Salvatore (Marchese von Trilla seit dem 28. April 1780) vermählt. Aus ihrer Ehe stammten fünf Töchter, von denen jedoch nur Agata (geb. October 1784) zu Jahren kam und sich mit Vicenzo Grifeo, 9. Fürsten von Partanna, vermählte, und ein Sohn (IX.) Francesco Saverio Ferdinando Paolo (geb. 5. Febr. 1800). Er empfing die Belehnung am 20. Juni 1806, blieb, ein Sonderling wie sein Großvater, unvermählt und starb 1854 als der letzte Mann seines Hauses; in seinem von dem Hause Partanna vielfach angefochtenen Testamente hatte er die Armen Palermo's zu seinen Erben eingesetzt.

Noch einige Worte über die Linie in Catania, zu der u. a. der Benedictiner Paolo (gest. 1626) gehörte, der verschiedene Schriften des Thomas von Aquino verificirt hat. Aus ihr stammte Mario Gravina e Valle, welcher im September 1713 mit seiner Gemahlin Leonora Scammacca die Baronie Armiggi erwarb und außer der Anna Maria, welche am 14. April 1753 den Antonio Paternò, 5. Marchese von S. Giuliano, heirathete, den Carlo hinterließ. Derselbe, Baron von Armiggi laut Belehnung vom 21. Dec. 1745, kaufte am 22. Nov. 1762 das Fürstenthum Mazzarà von Ignazio Migliaccio (gest. 1760) und ließ sich mit demselben unter dem Titel eines Fürsten von Val di Savoja belehnen. Aus seiner Ehe mit Maria Asmunda Paternò e Paternò, Tochter des 1. Marchese von Sessa, stammten Leonora (geb. 31. Oct. 1740, vermählt den 3. Juni 1778 mit Giambattista Asmundo Paternò, ihrem mütterlichen Oheim) und Gaspare, der 1800 dem Vater im Fürstentitel folgte und bei seinem Tode 1809 aus seiner 1782 eingegangenen Ehe mit einer Paternò e Arezzo den Carlo II. (belehnt 20. Aug. 1809) hinterließ. Derselbe versuchte sich ohne großen Erfolg als Dichter (Poesie. Catania 1834. 12. Il sigaro, ses... Ebenda 1835. 8.) und beschloß 1846 als letzter Mann seine Linie. Jacopo Maggiore und Sebastiano Galli haben im 13. Bande der Schriften der Accademia Gioenia, deren Mitglied der Fürst war, seine Verdienste gefeiert. Andere Sprossen dieser Linie leben noch heute in hohem Ansehen zu Catania. Wenn Goethe (a. a. O. S. 300) als Wappen des Hauses Palagonia einen Satyr bezeichnet, der einem Weibe mit Pferdekopfe einen Spiegel vorhalte, so weiß ich nicht, ob dies vielleicht ein altes Wappen der Baronie ist; wenigstens war es nicht das der Gravina. Dieselben führten in einem silbernen, schwarz bordirten Schilde zwei von der Rechten zur Linken laufende schwarze Querbalken und oben in der linken Ecke einen achtspitzigen Stern; die Devise lautet: Spero 5). (*C. Hopf.*)

GRAVINA (Carlo, Herzog von), geboren 1747 zu Neapel, angeblich ein natürlicher Sohn Karl's III., wurde von diesem zum Herzog ernannt. In Spanien, wohin er dem König gefolgt war, nahm er Seedienste. Mehrfache Beweise seiner Tapferkeit gab er in der Expedition gegen Algier unter dem Commando des Admirals Barcelo. Er deckte hierauf mit zwei Fregatten die spanische Küste gegen die Anfälle der Barbaresken. Im J. 1793 befehligte er eine Abtheilung der spanischen Flotte unter dem Admiral Langara, den er auch auf der Expedition gegen Toulon begleitete. Im J. 1794 schlug er den Angriff der Franzosen auf das Schloß Rosas zurück. Er erhielt dafür den Titel eines Contreadmirals, fiel jedoch bald nachher (1795) in Ungnade und brachte sogar eine Zeit lang in gefänglicher Haft zu. Nach erlangter Freiheit befehligte er 1802 die spanische Flotte, die, mit der französischen vereinigt, Domingo wieder nehmen sollte. Im J. 1804 ward er vom spanischen Hofe als außerordentlicher Gesandter nach Paris geschickt. Ueber die spanische Flotte, die sich mit der französischen vereinigt hatte, führte er 1805 in der gegen seinen Willen unternommenen Schlacht von Trafalgar den Befehl. Er starb 1806 an den in dieser Schlacht empfangenen Wunden. (*Heinrich Döring.*)

GRAVINA (Domenico), berühmter italienischer Theolog, im J. 1573 zu Neapel geboren, trat sehr früh in den Orden des heil. Dominicus und warf sich mit großem Eifer auf das Studium der alten Sprachen und der Philosophie, insbesondere aber der theologischen Wissenschaft, welche er später in mehreren Klöstern seines Ordens lehrte. Der Ruf seiner Gelehrsamkeit verbreitete sich bald in ganz Italien und vorzüglich schätzte man seine Gründlichkeit und seinen Scharfsinn in der Erklärung der heiligen Schrift. Im J. 1608 wurde er nach Rom berufen, wo er sich die theologische Doctorwürde erwarb und mehrere Jahre mit großem Beifall am Collegium Minerva lehrte. Er ward von seinen Collegen mehrere Male gewählt, um bei feierlichen Gelegenheiten eine Anrede an den Papst zu halten und erledigte sich jedesmal des Auftrags zur allgemeinen Zufriedenheit. Durch diese Erfolge seiner Beredsamkeit aufgemuntert, hielt er auch unter großem Zudrange der Bevölkerung öfter die Fastenpredigten zu Neapel, zu Palermo und in andern großen Städten. Von seinen Ordensgenossen, welche ihn sehr hoch schätzten, wurde er zur Bekleidung der verschiedenen Würden ausersehen und auch zum Provinzial in dem Königreiche Neapel gewählt, welches Amt er längere Zeit versah. Der Papst Urban VIII. ernannte

5) Hauptsächlich nach: *Franc. Baronius ac Manfredis* De Panormitana majestate. Lib. IV. cap. XI in *Graevii* Thesaurus antiquitatum Siciliae. Tom. XIII. (Lugduni Batavorum 1725. fol.) p. 361—367; *Franc. Maria Emanuele e Gaetani*, marchese di Villa Bianca, Della Sicilia nobile. Parte II. Libri I—IV ed appendice. Palermo 1754—1774. fol.; Lib. I. p. 89. 111. 123. 132. 165. 185. 186; II. p. 43. 190. 207. 208. 411; Lib. III. p. 263; Lib. V. p. 116. 143. 155. 166. 204. 221. 234. 298. 315. 321. 356. 376. 547 u. f. f.; dem handschriftlichen Nachlasse des Marchese Villabianca in der Gemeindebibliothek zu Palermo; den Lehnsregistern im Archive daselbst und mündlich gesammelten Nachrichten.

ihn zum Generalvicar des Dominikanerordens und zum Haushofmeister des päpstlichen Palastes in Abwesenheit des eigentlichen Würdenträgers. Gravina starb zu Rom im August 1643. Gravina entwickelte auch als Schriftsteller eine unermüdliche Thätigkeit; die meisten seiner gewöhnlich sehr umfangreichen Werke blieben jedoch ungedruckt. Unter den gedruckten Werken ist als das vorzüglichste bekannt: Catholicae praescriptiones adversus omnes veteris et nostri temporis haereticos (Neapoli 1619—1639. fol. 4 Voll.), eine Sammlung von Controversen über die Glaubenslehren, welche aus 14 Abtheilungen bestehen sollte, von denen aber nur die sieben ersten in vier Bänden erschienen sind. Als eine Rechtfertigung derselben ist zu betrachten: Pro sacro fidei catholicae et apostolicae deposito, fideliter a Romanis pontificibus custodito, Apologia (Neapoli 1629. 4. Coloniae 1638. 4.). Sehr ansprechend und belehrend ist der Inhalt seines Versuchs über Offenbarungen und Visionen (Ad discernendas veras a falsis visionibus et revelationibus Lapis Lydius. Neapoli 1638. 4. 2 Voll.), obschon der richtige Begriff dieses Gegenstandes noch weit von der Wahrheit, welche nur durch eine tiefere philosophische Anschauung entstehen kann, entfernt ist. Ferner sind von seinen literarischen Arbeiten noch zu erwähnen: Stato della Religione di San Domenico (Rom. 1604. 12.); Compendium rythmicum Summae theologicae D. Thomae Aquinatis (Colon. 1638. 12.); Vox turturis (Neapoli 1625. 8. Coloniae 1627. 12.), eine Rechtfertigung der Mönche gegen Bellarmin's Gemitus columbae, worin diesen gerade keine Lobrede gehalten wird. Auf die Gegenschrift (Cave turturi male contra gementem columbam exultanti. Monachii 1631. 8.) antwortete er durch eine Vertheidigung seiner Lobrede (Congeminata vox turturis. Neapoli 1633. 4.), welche in Deutschland unter dem Titel: Resonans turturis concentus. Coloniae 1638. 4. eine neue Auflage erlebte. Einen Beitrag zur Geschichte der christlichen Kirche im Oriente liefert seine in italienischer Sprache abgefaßte Biographie des heil. Gregorius, Erzbischofs und Primas von Armenien (Vita e miracoli di S. Gregorio Arcivescovo d'Armenia. Napoli 1640. 4.), nebst einer Schilderung des Zustandes der christlichen Religion in Armenien. Unter seinen ungedruckten Schriften [1]) dürfte der Versuch De choro et cantu ecclesiastico für die Geschichte der Kirchenmusik wichtig sein und den meisten Werth haben [2]).
(*Ph. H. Külb.*)

GRAVINA (Domenico da), italienischer Historiker des 14. Jahrh., führt seinen Namen von der Stadt Gravina im Königreiche Neapel und war seines Amtes Notar. Er nahm aber lebhaften Antheil an den politischen Wirren seines Vaterlandes und hatte für die entschiedene Anhänglichkeit an seine Partei mancherlei Widerwärtigkeiten zu ertragen. Als nämlich Johanna I. ihrem Oheim Robert in der Regierung des Königreichs Neapel nachgefolgt war (1343) und Andreas, den Sohn des Königs von Ungarn, geheirathet hatte, entstanden bald heftige Streitigkeiten zwischen den Anhängern des Gemahles der Königin und der Partei des Prinzen Ludwig von Tarent, welcher das Vertrauen und die Liebe Johanna's gewonnen hatte, und der Zwist endete bekanntlich durch die Ermordung des Königs Andreas und die eheliche Verbindung Johanna's mit Ludwig. Der König von Ungarn ging aber, um seinen Bruder zu rächen, mit einem Heere nach Italien und eroberte Neapel. Nach seinem Abzuge kehrte Johanna zurück und es entstand ein Bürgerkrieg zwischen den Parteien, welcher den König von Ungarn zu einem zweiten Feldzuge nach Neapel veranlaßte. Der Notar Domenico, welcher einer der eifrigsten Anhänger des Königs Andreas gewesen zu sein scheint, wurde nach der Ermordung desselben seiner Habe beraubt und in die Verbannung geschickt, in welche ihm seine alte Mutter, sein Bruder, seine Schwester, seine Gemahlin und seine Kinder folgen mußten. Er kehrte jedoch mit dem ungarischen Occupationsheere zurück und war sogar bei der Uebergabe seiner Vaterstadt an dasselbe thätig; auch vertauschte er fortan, wie es scheint, die Feder mit dem Degen, wenigstens kämpfte er in den Reihen des ungarischen Heeres für die Sache, welche er für die gerechte erkannte, tapfer mit. Ob er nach der Beendigung des Krieges wieder zu seiner früheren Beschäftigung zurückkehrte oder während der Streitigkeiten sein Leben einbüßte, läßt sich nicht bestimmen. Man verdankt aber seiner Theilnahme an dem Bürgerkriege eine Geschichte desselben, welche über manche Begebenheiten Aufschluß gibt, worüber sich keine sonstigen Nachrichten finden. Sein Bericht (Chronicon de rebus in Apulia gestis) hat sich nur in einer einzigen, jetzt der kaiserlichen Bibliothek zu Wien angehörenden Handschrift erhalten, welche am Anfange und Ende verstümmelt ist, aber doch noch die Erzählung der Begebenheiten vom J. 1333 bis zum J. 1350 enthält; man vermißt dagegen zu Anfang die Einleitung über die Regierung des Königs Robert I. und am Ende einen Theil der Geschichte des zweiten Zuges des Königs von Ungarn nach Neapel. Ludw. Ant. Muratori hat dieses Geschichtswerk zuerst (in den Scriptores rerum Italicarum. Tom. XII. p. 549—722) herausgegeben und auf die Wichtigkeit desselben aufmerksam gemacht. Gravina steht zwar gänzlich auf der Seite der Ungarn und lobt deren Thaten und Verhalten, weshalb man die Urtheile über Johanna und ihre Anhänger mit Vorsicht hinnehmen muß, aber aus dem Zusammenhange der ganzen Darstellung und aus anderen Nachrichten geht hervor, daß er bei der Schilderung der Ereignisse stets der Wahrheit getreu bleibt und keine Thatsache absichtlich entstellt. Die Erzählung ist klar, aber Nichts weniger als schön und wird durch die Aufnahme mancher sehr unbedeutenden Dinge schleppend [*]). (*Ph. H. Külb.*)

---

1) Ein Verzeichniß derselben gibt Chr. G. Jöcher in dem Gelehrten-Lexikon. Bd. 2. S. 1147. 2) Vergl. *J. Echard et Quetif*, Scriptores Ordinis Praedicatorum. Tom. II. p. 502. Biographie universelle. Nouv. éd. Tom. XVII, p. 293.

*) Vergl. die Einleitung Muratori's zu seiner Ausgabe und Girolamo Tiraboschi's Storia della Letteratura Italiana. (Roma 1783. 4.) Tom. V. p. 396.

GRAVINA (Giovanni Vincenzo oder Gianvincenzo), berühmter italienischer Rechtsgelehrter, Aesthetiker und Dichter, am 21. Jan. 1664 in dem Castell Rogiano bei Cosenza in Calabrien geboren, stammte aus einer reichen und angesehenen Familie dieser Stadt und erhielt eine den Verhältnissen seiner Aeltern entsprechende sorgfältige häusliche Erziehung. Den Grund zu seiner wissenschaftlichen Bildung legte er zu Scalea, einem nicht weit von Rogiano entfernten Lehen der Fürsten Spinelli, unter der Leitung seines Oheims Gregorio Caloprese, eines der ausgezeichnetsten Gelehrten jener Zeit, welcher ihn nicht nur in den alten Sprachen, in der Geschichte, in der Philosophie und in der Mathematik, sondern auch in der schönen Literatur unterrichtete. Mit solchen Vorkenntnissen ausgerüstet, begab sich Gravina, durch den Rath und die Geldmittel seines für seine Zukunft eifrig bemühten Lehrers unterstützt, in seinem 16. Jahre nach Neapel, um sich auf der Universität dieser Stadt der Jurisprudenz zu widmen. Er fand hier durch Caloprese's Empfehlung einen eifrigen Gönner an Serafino Biscardi von Cosenza, welcher als der ausgezeichnetste Anwalt der Hauptstadt und als ein auch in andern Fächern des Wissens erfahrener Gelehrter galt. Auf Biscardi's Rath erwarb sich Gravina vor Allem eine gründliche Kenntniß in der griechischen Sprache und Literatur, worin er nur sehr oberflächlich eingeweiht worden war und worin ihm jetzt Gregorio Messerio, ein berühmter Hellenist, ausreichenden Unterricht ertheilte, während ihn Biscardi mit allen Geheimnissen der Redekunst und der Declamation vertraut machte. Dabei aber verlor Gravina keineswegs seine Vorliebe für die Poesie überhaupt und insbesondere für die italienische. Er dichtete um diese Zeit sogar das die Passion behandelnde Drama (Tragedia di Cristo); da dieses aber nie zur öffentlichen Kenntniß gelangte, so läßt sich nicht bestimmen, ob es eigene Erfindung oder nur Nachbildung des „Leidenden Christus" von Gregor von Nazianz war. Von seinem andern geistlichen Drama wird nur der Titel (Sant Atanasio) erwähnt. Da Gravina übrigens von seinen Aeltern und Anverwandten zum juristischen Fache bestimmt war, so nahte für ihn jetzt die Zeit, wo es galt, sich ernstlich mit demselben zu befassen. Es kostete ihn freilich nicht geringe Mühe, sich dieser Wissenschaft, welche er als den Inbegriff aller Barbarei betrachtete, zu widmen; als er aber einmal diesen Entschluß gefaßt und die äußere abschreckende Schale von dem gediegenen Kern zu unterscheiden gelernt hatte, bewies er einen unermüdlichen Fleiß in der Durchforschung des bürgerlichen und kanonischen Rechts, womit er noch ein sorgfältiges Studium der Theologie und insbesondere der Patristik verband. Als die Quelle alles Wissens betrachtete er fünf Werke, nämlich die Bibel, das Corpus Juris, die Dialoge Plato's, Cicero's Schriften und Homer's Gedichte, und nie hörte er auf, den Inhalt derselben seinem Gedächtnisse einzuprägen. Nachdem er das Studium seines Faches in der vorgeschriebenen Weise auf der Universität zu Neapel beendigt hatte, eilte er im J. 1689 nach Rom, um hier weiter an seiner Ausbildung zu arbeiten. Dazu fand er die beste Gelegenheit während seines Aufenthaltes in dem ihm freundschaftlich geöffneten Hause Paolo Coardo's, dem Sammelplatze der in Kunst und Wissenschaft hervorragendsten Männer jener Zeit. Hier lernte er Ciampini, Fabretti, Bianchini, Buonarotti und andere berühmte Männer kennen und trat mit mehreren derselben in freundschaftliche Verhältnisse. In ihren Zusammenkünften wurden die wichtigsten wissenschaftlichen Fragen besprochen und Gravina war einer der eifrigsten Sprecher bei diesen Verhandlungen. Bei einer solchen Unterhaltung über die zunehmende Erschlaffung der Moral faßte Gravina den Vorsatz, diesen Gegenstand zu behandeln und dabei zugleich seine theologischen Kenntnisse zu verwerthen. Er ließ alsbald den Dialog: Hydra mystica, sive de corrupta morali doctrina. Coloniae (Neapoli) 1691. 4. unter dem angenommenen Namen Priscus Censorinus erscheinen. Der Verfasser, welcher damals 26 Jahre zählte, suchte in dieser nur in 50 Exemplaren gedruckten und sehr selten gewordenen Abhandlung [1]) darzuthun, daß die Verderber der Moral der Kirche weit größeren Schaden zufügen als die frechsten Ketzer. Die Schönheit des Styls und die Gediegenheit des Urtheils erwarben diesem ersten Versuche des jungen Schriftstellers entschiedenen Beifall bei den Anhängern einer strengen Moral, und wurden selbst von den Vertheidigern der entgegengesetzten milderen Ansicht anerkannt. Nicht minder, als die Reinheit der Moral hatte sich der Geschmack in der Poesie geändert und eine schlimme Richtung genommen; Alessandro Guidi, ein Freund Gravina's, welcher dagegen ankämpfen zu müssen glaubte, schrieb unter dem Namen Erillo Cleoneo auf Verlangen der Königin Christine von Schweden das zur Verbesserung des Geschmackes bestimmte Lustspiel „Endimione," welches aber bald zum Gegenstande giftiger Satyre und beißenden Spottes wurde. Gravina übernahm unter dem Namen Bione Crateo die Vertheidigung des Stückes in dem Discorso sopra l'Endimione (Roma 1692. 12.), welcher ihm aber durch das absprechende Urtheil und durch die höhnische Behandlung anders Denkender von vielen Seiten Feindschaft zuzog, da man den jungen Neapolitaner um so weniger als maßgebenden Kunstrichter anzuerkennen geneigt war, da er nur selten Jemand zu loben für gut fand, sondern gewöhnlich in dem Tadel der Meisten kein Maß hielt und die Getadelten zugleich durch heftige Ausfälle und bittern Spott verletzte [2]). Man darf sich deshalb nicht wundern, daß seine Gegner ihn auf eine nicht glimpfliche Weise behandelten, daß diese alle seine Handlungen mit der aufmerksamsten Strenge beobachteten und daß

1) Da dieser Dialog in der Originalausgabe gewiß nur Wenigen zugänglich ist, so dürfte die Bemerkung nicht überflüssig sein, daß der bekannte Theolog Dan. Concina ihn fast ganz in seine Abhandlung De incredulis aufgenommen hat. 2) „Era il Gravina così facile all' eccesso a biasimare egualmente, che a lodare, ma al primo più che al secondo, e nel farlo non solo ei parlava liberamente, ma affettava ancora una cotal arroganza, per cui pareva, che sprezzando gli altri tutti non giudicasse alcuno degno di venir seco al confronto." *Gir. Tiraboschi*, Storia della Letteratura Italiana. (Roma 1785. 4.) Tom. VIII. p. 283.

sie keine Gelegenheit vorüber gehen ließen, die geringste Schwäche, welche sie an ihm entdeckten oder zu entdecken glaubten, unbarmherzig zur Begründung ihrer boshaften Ausfälle gegen ihn ausbeuteten. Unter seinen Anfeindern war unstreitig der geistreichste und witzigste und deshalb gefährlichste Ludovico Sergardi, welcher unter dem angenommenen Namen Quintio Settano den anmaßenden Juristen als Philodemo in 16 gelungenen Satyren *), welche sich bald in Aller Hände befanden, geißelte. Gravina gab sich anfänglich den Anschein, als brachte er diese Angriffe gar nicht, und bezeichnete das Vergnügen, wirkliches Verdienst zu verkleinern, als eine Untugend des Jahrhunderts. Da aber dieses stolze Benehmen die Spötter keineswegs zum Schweigen brachte, so war es ihm unmöglich, seine Empfindlichkeit ganz zu unterdrücken und er lieh ihr in mehreren Declamationen oder sogenannten Berrinischen Reden und in Jamben Worte, er übergab jedoch diese Versuche, sich zu rechtfertigen oder zu rächen, welche sich in seinem handschriftlichen Nachlasse befunden haben sollen, nie der Oeffentlichkeit, weil er wahrscheinlich selbst überzeugt war, Sergardi auf diesem Felde nicht die Spitze bieten zu können. Die Anstrengungen der Satyre waren indessen nicht vermögend, die Achtung, welche sich Gravina durch seine umfassende und gründliche Gelehrsamkeit erworben hatte, zu schmälern oder bei ihm selbst den Eifer zur Förderung der Wissenschaft zu schwächen. Er verband sich sogar um diese Zeit mit mehreren gleichgesinnten Freunden, um dem schwankenden Geschmacke der Zeit eine feste Grundlage und eine bestimmte Richtung zu geben. Zum ersten Mal versammelte er im November 1695 diese bereits zu einer ansehnlichen Zahl herangewachsenen Freunde in einem von ihm zu diesem Zwecke angekauften Gartenhause auf dem Janiculus, welche sich hier zu einer Gesellschaft constituirten und dieser den Namen Akademie der Arkadier (Accademia degli Arcadi) beilegten. Gravina entwarf die Statuten nach dem Vorbilde des Gesetzes der zwölf Tafeln und die Mitglieder sollten nicht nur ohne Unterschied des Ranges in natürlicher Einfachheit mit einander verkehren, wie die Schäfer Arkadiens, sondern auch dieser Lebensweise entsprechende Namen annehmen und sich nur mit denselben nennen. Gravina nannte sich Opizio Ermanteo. Die Absicht der Stifter, welche darin bestand, den schwankenden Geschmack auf ähnliche Art festzustellen, wie die Akademie della Crusca die Sprache festgestellt hatte, war sehr lobenswerth und hätte die Gesellschaft nur einen Theil dessen, was sie in Aussicht stellte oder was ihre Lobredner ihr nachrühmen, geleistet, so wäre ihr Einfluß auf die Entwickelung der italienischen Literatur sehr bedeutend gewesen, aber schon ihr Name und viele ihrer Einrichtungen erregen gegründeten Zweifel an der Reinheit des Geschmackes ihrer Gründer. In derselben Zeit, in welcher sich Gravina so sehr die Hebung der italienischen Poesie angelegen sein ließ, beschäftigte er sich mit der Ausarbeitung juristischer und anderer gelehrten Werke, besonders aber der Schrift über die Quellen des römischen Rechts, welcher er hauptsächlich seinen weit verbreiteten Ruhm verdankt. Als Vorläufer dieses Werkes kann man eine Sammlung seiner kleinen Abhandlungen betrachten, welche verschiedenen Zweigen der Gelehrsamkeit angehören. Zu diesen Abhandlungen (Opuscula, quibus antiquitates juris romani illustrantur. Romae 1696. 12. Ultrajecti 1713. 8. Neapoli 1743. 8.) gehören das Specimen prisci juris, die Grundlage der ersten Abschnitte seines größern Werks, der Dialogus de lingua latina, worin er die Schönheit und Nützlichkeit der lateinischen Sprache darlegt, die Epistola ad Gabrielem Reignerium Gallum, worin er den Verfall der Wissenschaften in Italien beklagt, die Schrift De contemptu mortis, welche die Standhaftigkeit Francesco Caraffa's während einer schweren Krankheit rühmt, und die Epistola ad Trojanum Mirabellam, worin er den Empfänger des Briefes über den Tod seines Sohnes tröstet. Alle diese Aufsätze sind Muster eines eleganten lateinischen Schreibers; bedeutender ist jedoch die in dieselbe Periode seines Lebens fallende, aber in italienischer Sprache geschriebene Abhandlung über die alten Fabeln (Delle antiche Favole. Roma 1696. 12.), weil er darin schon die in seiner späteren Schrift von dem Begriffe der Poesie weiter entwickelten ästhetischen Ansichten aufstellt. Dieses dem Cardinal Buoncompagni gewidmete Gespräch erregte Aufsehen und wurde auch in einer französischen Uebersetzung von Joseph Regnault verbreitet. Gravina hatte sich jetzt den Ruf eines gelehrten Juristen und eines geschmackvollen Kunstrichters erworben, und Antonio Pignatelli, welcher nach dem Tode Alexander's VIII. als Innocenz XII. den päpstlichen Stuhl bestieg, stellte ihm die höchsten geistlichen Würden in Aussicht, wenn er sich entschließen würde, in den geistlichen Stand zu treten, aber Gravina fühlte keine Lust zu dem Priesterthume, sondern sein ganzer Ehrgeiz beschränkte sich auf die Ehre, als Lehrer der Jurisprudenz zu glänzen. Im J. 1699 erhielt er auch wirklich die Professur des bürgerlichen Rechtes an der Sapienza zu Rom und er eröffnete seine Vorträge in einer Rede, worin er eine kurze Geschichte dieser Wissenschaft versuchte; um seine Unterrichtsmethode noch klarer darzulegen, entwickelte er seine Ansichten noch näher in einer Abhandlung über die nöthige Restauration des Studienwesens (De instauratione studiorum), welche er dem neuen Papste Clemens XI. widmete, und in der Rede über die allgemeine Weisheit (De sapientia universa). Auch in einer Rede über die Gesetze (Pro legibus ad magnum Moschorum regem) sprach er über die Würde und den Vorzug der römischen Gesetze und suchte den Einfluß, den sie auf die Civilisation der Staaten des Zars haben müssen, zu zeigen. Ebenso drehen sich seine übrigen Reden mit wenigen Ausnahmen um die Wichtigkeit der Gesetzgebung und werden jetzt noch von den Rechtsgelehrten nicht ohne Vortheil gelesen. Sie sind in einer Sammlung (Orationes. Neapoli 1712. 12.) vereinigt und auch mehrere

*) Q. Sectani Satyrae, nunc primum in lucem editae. Romae 1696. 12. Vollständigste Ausgabe mit Anmerkungen: Amstelod. 1700. 4. 2 Voll. Handschriftlich waren die Satyren schon vor der ersten Ausgabe sehr verbreitet.

Ausgaben der Opuscula (Ultrajecti 1713. 8. Neapoli 1723. 12. Venetiis 1730. 8. 2 Voll.) und seinen übrigen Werke beigefügt [4]). Die elegante Jurisprudenz scheint indessen in der ersten Hälfte des 18. Jahrh. in Italien nicht beliebt gewesen zu sein, denn obschon er sich alle Mühe gab, seine Landsleute zu überzeugen, daß das römische Recht in den Quellen des Alterthums studirt und durch die Philosophie und die schönen Wissenschaften genießbar gemacht werden müsse, so wurden doch seine Vorträge kalt aufgenommen und die Zahl seiner Zuhörer entsprach bei weitem nicht seinen Erwartungen, entweder weil das mühsame Studium, welches die von ihm angerathene Methode erforderte, die Schüler abschreckte oder weil die stolze Art und Weise des Lehrers ihm die Gemüther der Jugend entfremdete, oder weil die Ränke seiner Feinde fein genug waren, diese Vernachlässigung herbeizuführen [5]). Die Hauptursache des geringen Beifalls scheint indessen die Abneigung gegen seine Methode gewesen zu sein, denn selbst sein viel gepriesenes Werk über die Quellen und die Geschichte des römischen Rechts (Origines juris civilis) fand in Italien bei weitem nicht den Anklang, welcher ihm zur Zeit seines Erscheinens im Auslande zu Theil wurde, obschon auch damals schon berühmte deutsche Juristen mehr die Eleganz der Sprache, als die Gründlichkeit der Behandlung hervorhoben. Die erste Ausgabe (Neapoli 1701. 8. Lipsiae 1702. 8.) ist unvollständig und enthält nur das erste Buch, in der zweiten Ausgabe (Lipsiae 1708. 4.) kamen auch das zweite und dritte Buch hinzu. Die erste vollständige in Italien gedruckte Ausgabe erschien unter dem Titel: J. V. Gravinae Opera omnia sive origines juris civilis (Neap. 1713. 4. 2 Voll.), die beste Ausgabe wurde aber in Deutschland von Gottfr. Mascov (Lips. 1717. 4.) besorgt und in Italien (Venetiis 1739. 4. Ibid. 1759. 4. Romae 1835. 12. 3 Voll.) nachgedruckt. Einer der gediegensten Geschichtschreiber der italienischen Literatur nennt dieses Werk ein classisches, welches dem Verfasser unsterbliches Lob sichern werde, da sein Inhalt sich über den Ursprung und alle Veränderungen des römischen Rechtes verbreite, über die Urheber, die Verderber und die Wiederhersteller der Gesetze und über ihre Schriften Auskunft gebe, dann zur Erörterung des Natur- und Völkerrechts übergehe und dessen Zusammenhang mit dem bürgerlichen Rechte zeige, besonders aber gründliche Untersuchungen über die älteste Gesetzgebung enthalte. Der Kritiker stellt übrigens nicht in Abrede, daß Gravina manche der besten Abschnitte den Werken früherer ausgezeichneter juristischer Schriftsteller (Cujacius, Gothofredus, Manutius und Sigonius) entlehnt habe [6]). Nach dem Urtheile eines gelehrten deutschen Juristen ist bei aller Eleganz des Styls das Justinianeische Recht ungenügend behandelt, ebenso das griechische, und was er von den Fortschritten der Jurisprudenz nach der Restauration derselben beibringt, erscheint weder neu noch genau [7]). Die Capitel, welche die Literatur des römischen Rechts, besonders des Studiums desselben im Mittelalter, enthalten, sind nach der Behauptung eines neuern, in diesem Zweige der Wissenschaft als Autorität geltenden deutschen Juristen [8]) durch Leerheit und Unkritik völlig werthlos. Uebrigens ist nicht zu leugnen, daß das Werk zur Zeit seines Erscheinens fast in der ganzen gebildeten Welt als Meisterstück nicht nur einer umfassenden Gelehrsamkeit, sondern auch einer geschmackvollen Behandlung des trockenen Stoffes gepriesen wurde. Claude Joseph de Ferrière, Parlamentsadvocat und Rector der juristischen Facultät an der Universität zu Paris, übersetzte es ins Französische (Histoire du Droit romain. Paris 1718. 12.); besser ist jedoch die spätere Bearbeitung von J. Bapt. Requier (Esprit des lois romaines. Amsterd. et Paris 1766. 12. 3 Voll. Ibid. 1776. 8. 3 Voll. Paris 1821. 8.; auch unter dem Titel: Origines du droit civil, ou Histoire de la législation chez les Romains. Paris 1822. 8.). Eine deutsche Bearbeitung von C. W. Weiße („Ursprung des römischen bürgerlichen Rechts." Naumburg 1806. 8.) wurde nicht viel beachtet. Bei den spätern Ausgaben des Originals dieses Werks befindet sich auch die als Ergänzung desselben zu betrachtende Schrift: De romano imperio liber singularis, welche auch besonders herausgegeben ist (Neapoli 1712. 12. Lipsiae 1717. 4.). Sie bekundet, obgleich sie von Fehlern wimmelt, eine umfassende Kenntniß der alten Geschichte und Politik; ein zweites Buch, welches er beifügen wollte und worin er von dem deutschen Reiche zu sprechen beabsichtigte, blieb ungedruckt. Man darf mit diesem Buche nicht eine andere Abhandlung

4) Eine Sammlung der kleinern Abhandlungen Gravina's erschien noch unter dem Titel: Opuscula ad historiam litterariam et Studiorum Rationem pertinentia, accedit Gravinae Epistola ad Maffeium de Poesi et ejusdem vita ab A. Fabronio scripta. Lond. 1792. 12.

5) „Parve, che questo metodo dovesse esser sorgente di grandi applausi al Gravina, e condurre a lui gran numero di scolari; ma, o fosse che il faticoso studio, che richiedeva un tal metodo, atterrisse gli scolari, o fosse che l'altera e orgogliosa indole del Maestro ne allontanasse gli animi, o fosse anche che i raggiri de' suoi nemici ne alienassero molti, ei non ebbe uditorio molto frequente, nè vide le sue lezioni accolte con quell' applauso, che loro era dovuto." G. Tiraboschi l. c. p. 284.

6) „È opera classica e che può solo bastare a renderne l'Autore degno d'immortal lode. Egli in essa ci spiega l'origine e le vicende tutte del Diritto Romano, tratta de' promulgatori, de' corrompitori, de' restitutor delle leggi e delle opere loro, passa ad esaminare i principj del Diritto Naturale e di quel delle genti, mostra la connessione di esso col Diritto Civile, spiega gli avanzi del Codice Papiriano e delle XII Tavole, e discende poscia di mano in mano alle leggi Romane, che appartengono al privato Diritto. E benchè si conoscesse, che molte cose egli avea tolte interamente dal Cujacio, dal Gotofredo, dal Manuzio e dal Sigonio, fu nondimeno quest' opera esaltata, come doveasi, da tutti i dotti con somme lodi." Gir. Tiraboschi l. c. p. 284.

7) „Fateor, elegans esse opus et reliquis fortis praeferendum, ob styli etiam venustatem aestimandum, in quo historia juris romani, quale fuit ante Justiniani tempora, concinne illustratur. Verum parvus est in Jure Justinianeo, parvus in jure graeco, parcior in progressu Juris post restaurationem, de quo nihil memorat, nisi quod de posterioribus aliqua proponat. Primordia juris naturae et gentium brevia sunt atque jejuna." Struvii Bibliotheca juris sel. ed. noviss. p. 317.

8) F. C. v. Savigny, Geschichte des römischen Rechts im Mittelalter. 2. Ausg. Bd. 3. S. 80.

über die bürgerliche Verfassung Roms (Del Governo civile di Roma), deren Handschrift erst in diesem Jahrhundert in einer Bibliothek zu Neapel aufgefunden und herausgegeben wurde (Neapoli 1826. 8.), verwechseln. Gravina hatte im J. 1703 die Professur des bürgerlichen Rechtes mit der des kanonischen vertauscht und er schrieb deshalb auch ein Lehrbuch des kanonischen Rechtes (Institutiones canonicae. Aug. Taurin. 1710. 8.; auch bei der Ausgabe der Origines juris civilis. Venet. 1750. 4.), welches jedoch seinen übrigen juristischen Werken weit nachsteht. Ebenso unbedeutend ist sein Bericht über die Ernennung neuer Cardinäle durch Clemens XI. (Acta consistorialis creationis Cardinalium institutae a Clemente XI. P. M. diebus 17. Maji et 7. Junii 1706. Accessit eorundem Cardinalium brevis delineatio. Coloniae 1707. 4.), welche er an den Baron von Huyssen schickte, um sie in Teutschland drucken zu lassen. Alle diese gelehrten Studien hielten Gravina nicht ab, sich auch mit der Nationalliteratur seiner Landsleute zu befassen und an den Bemühungen zur Förderung derselben Antheil zu nehmen. Fördernd war freilich nicht der Streit, welcher sich zwischen den Mitgliedern der Akademie der in zwei Parteien gespaltenen Arkadier erhob, an deren Spitze auf der einen Seite Gravina und auf der andern Seite Crescimbeni standen. Der Streit, welcher über eines der Gesetze der Akademie entstand und mit unbegreiflicher Hartnäckigkeit geführt wurde, hatte eine Trennung der Gesellschaft zur Folge. Die Freunde und Schüler Gravina's stifteten unter dem Schutze des Cardinals Lorenzo Corsini eine neue Akademie (Accademia della Quirina), deren Mitglieder sich während des Winters im Palaste des Cardinals und während des Sommers in Gravina's Garten auf dem Janiculus versammelten. Gravina suchte gleichzeitig seine Zwecke durch Aufstellung einer Theorie der Aesthetik zu erreichen und arbeitete zuerst seine frühere Abhandlung über die alten Fabeln in Folge einer Aufforderung der Madame Colbert in Frankreich, einer Gönnerin der Gelehrten, in ein größeres Werk um, worin er auch seine Meinung über die italienische Poesie aussprach, obschon er sich sehr ungern zur Beurtheilung der letzteren verstand. In diesem Werke, welches er unter dem Titel: Von den Gründen der Poesie oder, wie man ihn auch übersetzen könnte, vom Begriffe der Poesie oder von der Natur der wahren Poesie (Della ragion poetica libri due. Roma 1708. 8. Napoli 1716. 8.)[9]) erscheinen ließ, gibt er seine unbedingte Verehrung der Alten kund und stellt die Ansicht auf, daß die neueren Dichter nur in dem Maße Lob verdienen, als sich ihre Poesie der griechischen und römischen nähert. Die Poetik, wozu sein Buch Anleitung geben soll, verhält sich nach seiner Ueberzeugung zur Poesie, wie die Geometrie zur Architektur; da ferner zur Ausübung der schönen Künste eine Regel und zu der Regel ein Grund vorausgesetzt werden muß[10]), so will er die Gründe der poetischen Gesetze, deren Wissenschaft die Poetik ist, erforschen. Er fängt also, wie er meint, sehr gründlich mit der allgemeinen Unterscheidung der Wahrheit von dem Irrthum an und findet das Wesen und den Werth der Poesie in der poetischen Wahrscheinlichkeit, durch welche der menschliche Geist, auch wenn er getäuscht wird, eine Richtung auf die Wahrheit annimmt. Alle Leidenschaften, die dem Gemüthe ihren Gegenstand mit größerer Kraft einprägen und den ganzen Kreis unserer Vorstellungskraft mehr oder weniger ausfüllen, erzeugen in uns einen Irrthum, der nach der größeren oder geringeren Heftigkeit der Eindrücke bedeutender oder schwächer ist. Diese philosophischen Betrachtungen wendet nun Gravina zunächst auf die Poesie an, welche nach seiner Theorie vor Allem darnach zu streben hat, sich mit der Wahrheit zu assimiliren. Auch die Poesie, fährt er fort, erfüllt mit ihrer lebendigen Vorstellung, dem Anschein und der Aehnlichkeit mit der Wahrheit unsere ganze Einbildungskraft. Sie hält von dieser die Vorstellungen entgegengesetzter Begriffe entfernt, welche die Wirklichkeit dessen, was der Dichter uns vorstellt, widerlegt; sie macht uns daher in eben dem Grade empfänglich für das Erdichtete, als wir für die Wahrheit zu sein pflegen. So werden in uns Empfindungen geweckt, die denen ähnlich sind, die durch die wirklichen Gegenstände erregt werden, wie es im Traume geschieht. Mittels der Bilder und durch die lebendige, der Wirklichkeit und Natur der Gegenstände entsprechende Vorstellung erregt und bewegt der Dichter die Einbildungskraft auf dieselbe Weise, wie es die realen Gegenstände thun. Er erzeugt in uns die nämlichen Wirkungen, die durch wahre Ereignisse in uns sich äußern, denn die Empfindungen halten mit der Einbildungskraft gleichen Schritt und bewegen sich nach Maßgabe der Phantasie, indem sie nach der Erregtheit oder Ruhe der letztern sich erheben oder sinken, wie die Wogen nach dem Ungestüm oder der Ruhe der Winde. So erfaßt unser Geist ein Gedicht als wahres und wirkliches Ereigniß und läßt die Erdichtung gleich der Wahrheit auf sich wirken, denn die Phantasie wird durch Empfindungen angeregt, die mit wirklichen, durch die Sinne empfangenen Eindrücken harmoniren. Der Poet erreicht daher seinen Hauptendzweck vermittels der Wahrscheinlichkeit und des genauen Ausdrucks. Die Seele entzieht sich dem Realen und versenkt sich in die Erdichtung. In dieser Art und Weise, aber oft zu gelehrt und dunkel, fährt Gravina fort, über die Poesie zu philosophiren, wobei sich zuweilen der Einfluß Platonischer Ideen geltend macht und nicht selten sich Widersprüche auf Widersprüche häufen, welche er durch schöne Redensarten auszugleichen oder zu verdecken sucht. Nach der Entwickelung seiner Theorie verfehlt er nicht, dieselben auf die Geschichte der Poesie anzuwenden. Das Verdienst der berühmtesten griechischen und lateinischen und dann der italienischen Dichter wird gegen einander abgewogen,

9) Neueste Ausgabe: Della Ragion Poetica tra Greci, Latini ed Italiani. Lond. 1806. 12. 10) „Imperocchè ad ogni opera precede la regola ed ad ogni regola la ragione. — Quella regola, che la Geometria ha all' Architettura, ha la scienza della poesia alle regole della poetica." Della ragion poetica lib. I.

wobei aber den Alten unbedingt der Vorzug zuerkannt und hervorgehoben wird, daß durch das Studium derselben ein Wiederschein des Augustischen Zeitalters während des 15. Jahrh. in Italien eintrat, bis man allmälig wieder die Poesie, welche ursprünglich eine Wissenschaft aller göttlichen und menschlichen Dinge war [11]), zu einem Spielwerke herabwürdigte. Von Dante und Ariosto spricht Gravina freilich mit großer Achtung, aber nur deshalb, weil diese beiden Dichter viele und schöne Kenntnisse kunstreich in ihren Werken niedergelegt haben. Aus demselben Grunde preist er von allen italienischen Dichtern am meisten und mit besonderer Wärme den kalten und langweiligen Trissino, welcher pünktlich und sorgfältig Schritt vor Schritt in die Fußtapfen der Alten zu treten bemüht war. Merkwürdig ist auch Gravina's Ansicht über die Entstehung eines wesentlichen Elements der neueren Poesie, des Reimes, welcher zum Nachtheil der Poesie das antike Metrum verdrängte. Zu dem Ursprunge des Reimes, behauptet er dreist, trug nicht weniger die Unwissenheit der barbarischen Völker, als der bereits verdorbene Geschmack der Römer bei. Eine natürliche Unwissenheit wirkte in sofern, als der Verkehr mit Gothen und Vandalen das Gehör abstumpfte und die Aussprache verwirrte. Dadurch wurde das Gefühl für die Quantität, deren Ausdruck die Sprache, und deren Unterscheidung das Gehör den Alten zu erkennen gegeben hatte, unterdrückt. Der durch die Versfüße vermittelte zarte und feine Unterschied zwischen gebundener und ungebundener Rede war in dem gewöhnlichen Gebrauche fast allgemein verloren gegangen und dafür das plumpe, gewaltsame und widrige Gleichlauten der Endsylben eingeführt worden. Eine künstliche Barbarei wirkte dabei in sofern, als bereits seit dem 2. Jahrh. die declamatorische Rednerschule die Gedanken so zugespitzt und den Styl so blumenreich gemacht hatte, daß sowol Erfindung, als auch Styl und Rythmus durch Spitzfindigkeiten, Gegensätze und Ton widerlich geworden waren. Was den Endreim betrifft, so kann es einem Jeden begegnen, daß er zwei Sätze mit gleichlautenden Wörtern endet, und absichtlich hat sogar schon Homer, die Quelle aller Schönheit, an dem Beispiele des von der Natur gebotenen Reimes zuerst den vorsichtigen Gebrauch gleichtönender Endsylben gezeigt, welchen nachher sowol griechische als auch römische Dichter und Redner mit Vermeidung aller absichtlichen Kunst nachahmten. Später verdarb mit dem Gehör der Geschmack, mit dem Geschmacke das Gehör. Man vervielfältigte den Gebrauch gleichlautender Endsylben, woran die Menge sich schon so völlig gewöhnt hatte, daß derselbe in den prosaischen Schriften bis zum 4. Jahrh. fast bei jedem Schritte angetroffen wird. Das Gleichlauten der Endsylben bei Versen war bereits in die lateinische Sprache eingedrungen und man braucht sich gar nicht zu wundern, wenn dieses Gleichlauten in den neuern Landessprachen allmälig als Hauptunterschied zwischen der Poesie und der Prosa betrachtet wurde. Einen tiefern Grund wußte Gravina ebenso wenig für den Gebrauch des Reimes aufzufinden, als für andere Eigenthümlichkeiten der neuern Poesie, wodurch diese sich von der älteren unterscheidet. Bei allen diesen und andern Mängeln seines Buches vom Begriffe der Poesie wurde es doch nicht nur in Italien, sondern auch im Auslande mit großem Beifall aufgenommen und wegen der darin entwickelten seltenen Gelehrsamkeit und der scharfen Kritik über die griechischen, lateinischen und italienischen Dichter gepriesen, noch mehr aber in der französischen Uebersetzung von J. B. Requier (Raison ou Idée de la Poésie, ouvrage concernant la poésie grecque et latine. Paris 1755. 12.) bei ästhetischen Untersuchungen benutzt. An dieses größere Werk schließt sich Gravina's Abhandlung De institutione Poetarum, welche J. B. Passeri im J. 1817 in das Italienische übersetzt, erläutert und mit einer Biographie des Verfassers bereichert hat (in Calogera's Raccolta nuova d'Opusc. Tom. XVII) und das Buch über die Tragödie (Della Tragedia libro uno. Napoli 1714. 4.) reg an und in dem letzteren wird die Theorie des Drama's insbesondere erörtert. Auch in dieser Dichtungsart stellt Gravina die Erzeugnisse der alten Dichter viel höher, als die Versuche der neuern, und zum Theil aus sehr sonderbaren Gründen. Die Alten, bemerkt er unter Andern, gestatteten nicht, daß Handlungen von langer Dauer, welche Monate und Jahre währten, auf die Bühne gebracht wurden. Sie wollten ein Ereigniß gerade so vorgestellt wissen, wie es in der Wirklichkeit erscheint, um durch die dem Leben abgeborgte und wahrscheinliche Vorstellung die Phantasie der Zuschauer hinzureißen, als ob die vorgestellte Handlung sich wirklich ereigne. Daher dürfen die Dichter auch ihre Kunst nicht so bemerkbar machen, als hätten sie jeden Vers nach dem Richtscheit gebaut. Das Künstliche muß durch das Natürliche überschattet werden. Den Versen muß mitunter künstlich das Gepräge der Nachlässigkeit gegeben werden, damit die Phantasie vermöge des in der erscheinenden Künstlichkeit sich offenbarenden Zwanges sich nicht von dem Glauben an das Gedichtete befreie, denn dieser Zwang ist ein Zeichen einer überlegten Absicht und verwischt durch seine Uebertreibung den Anschein des natürlichen Wesens. Von solchen und ähnlichen verkehrten oder halbwahren Ansichten ausgehend dichtete Gravina nach dem Vorbilde des lateinischen Tragikers Seneca selbst Tragödien und empfahl sie den Italienern als Muster. Sie wurden auch gedruckt (Tragedie cinque. Napoli 1712. 8. Ibid. 1717. 8. Venezia 1740. 8.) und wol auch von den unbedingten Anhängern der gelehrten Schule gelesen, aber nie aufgeführt, da das Volk eine solche Marter nicht zu ertragen vermochte. Mit dem Ruhme dieses Professors des bürgerlichen und kanonischen Rechtes, sagt ein teutscher Geschichtschreiber der schönen Literatur [12]), würde es übel bestellt sein, wenn seine juristischen Werke nicht mehr

11) Sicchè nell' origin sua la Poesia è la scienza delle umane e divine cose, convertita in imagine fantastica ed armoniosa.

12) Fr. Bouterwek, Geschichte der schönen Wissenschaften. Bd. II. S. 451.

werth wären, als seine Verse, denn abgerechnet eine gewisse philologische Haltung des Styls sind seine fünf Trauerspiele (Palamedes, Andromeda, Appius Claudius, Papinian und Servius Tullius) so steif und trocken, daß man sie unter dem Titel „Juristische Nebenstunden" als etwas Besonderes in der Literatur anführen sollte. Auch die Chöre fehlen natürlich nach dem Muster der Alten nicht und im Papinian kündigen sich die Furien, welche den Chor bilden, wie Gerichtsvollzieherinnen in juristischem Pathos an [13]). Gravina hatte übrigens durch seine gelehrten Werke im Fache der Rechtsgelehrsamkeit einen so bedeutenden Ruf fast in allen Ländern Europa's erlangt, daß man ihn auch für einen guten Dichter zu halten sich gewöhnte, ohne gerade auf diese Eigenschaft ein großes Gewicht zu legen. Viele Universitäten, und sogar mehrere deutsche, suchten ihn an sich zu ziehen, aber er liebte zu sehr Rom, als daß er diese ihm in so vielen Beziehungen werthe Stadt hätte verlassen sollen, da ihm das Gebotene nicht Alles, was er hier aufgeben mußte, zu ersetzen vermochte; als jedoch Gregorio Caloprese im Sommer des Jahres 1714 zu Scalea starb, eilte er dorthin, um einem Verwandten, welchem er so viel zu verdanken hatte, die letzte Ehre zu erweisen, und blieb beinahe zwei Jahre in Calabrien, von wo er erst am Ende des Jahres 1716 nach Rom zurückkehrte. Um diese Zeit bot ihm Vittorio Amadeo II., Herzog von Savoyen, eine Professur der Jurisprudenz und die Stelle eines Directors des öffentlichen Unterrichts zu Turin unter so vortheilhaften Bedingungen an, daß er dem Rufe zu folgen beschloß. Er hatte bereits alle Vorbereitungen getroffen, um gegen Ende des Jahres 1717 Rom zu verlassen, als ihn ein heftiges Magenübel befiel, welches ihn nicht mehr verließ und woran er am 6. Jan. 1718 starb. Seine Güter in Calabrien überließ er seiner Mutter, alles Besitzthum aber, welches er zu Rom erworben hatte, vermachte er seinem Pflegesohne Pietro Metastasio, welcher Gravina's Sorgfalt für seine Erziehung zum großen Theil den Ruhm verdankt, den er später erlangte. Gravina war klein, hager und übersichtig und schon sein nachdenkender und melancholischer Gesichtsausdruck verrieth, daß er kein Bedürfniß fühlte, sich durch Vergnügungen zu zerstreuen. Er sprach auch wenig, aber seine Unterhaltung war angenehm und witzig und nicht selten satirisch. Seine Sprache war rein und elegant und sein lateinischer Ausdruck erinnerte an die Zeit des Augustus. Man findet dieselbe Leichtigkeit in seiner lateinischen Poesie, in seinen italienischen Gedichten aber zeigt er mehr Gelehrsamkeit als Geschmack. Eine Sammlung seiner lateinischen und italienischen Schriften erschien unter dem Titel: Opere italiane e latine con la vita dell' autore, scritta da Ant. Sergio. Napoli 1756—1758. 4. 4 Voll.; eine neuere, mit Umsicht getroffene Auswahl (Opere scelte. Milano 1819. 8.) genügt indessen vollständig dem jetzigen Bedürfnisse [14]).

(*Ph. H. Külb.*)

GRAVINA (Girolamo), italienischer Jesuit, im J. 1603 zu Caltanissetta in Sicilien geboren, stammte aus einem angesehenen Geschlechte, wählte aber, obschon ihm auf einer andern Laufbahn eine glänzende Zukunft gewiß war, den geistlichen Stand, und trat sehr früh (im J. 1618) zu Palermo in den Orden der Jesuiten. Nach der Beendigung seiner Studien begab er sich (im J. 1635) mit vielen andern ein gleiches Ziel verfolgenden Ordensgenossen als Missionair nach Ostindien; von hier durch seine Obern nach Macao zur chinesischen Mission geschickt, machte er sich, obgleich ihm kein besonderes Talent zur Erlernung orientalischer Sprachen angeboren war, die höchst schwierige Landessprache in wenigen Jahren doch so vollkommen eigen, daß er darin nicht nur lehren, sondern seine Lehren auch schriftlich mittheilen konnte. Auf diese Weise wirkte er mit glänzendem Erfolg in vielen Städten des chinesischen Reichs und diente selbst den Heiden durch seinen frommen Lebenswandel und durch sein liebevolles Benehmen als Muster. Zuletzt war er Superior des Jesuitencollegs zu Hangtscheu, wo er auch, nachdem er in seinen letzten Jahren fortwährend durch Krankheit heimgesucht war, am 4. Sept. 1661 (oder 1662) starb. Sein Lehrbuch der christlichen Religion in chinesischer Sprache, welches drei (nach Andern sechs) Bände umfassen soll und in China gedruckt ist, dürfte in Europa zu den größten Seltenheiten gehören. — Ein anderer Missionair desselben Namens, Pietro Gravina, welcher ebenfalls dem Jesuitenorden angehörte, wirkte in Amerika bei den Indianerstämmen und insbesondere 30 Jahre in den Missionen bei dem Stamme der Zistmek, wo er im J. 1635 starb. Er schrieb zum Gebrauche der Missionaire und zum Erlernen der Sprache mehrerer dieser Stämme Grammatiken und Wörterbücher, welche nicht gedruckt wurden, von welchen man aber jetzt noch Abschriften in verschiedenen Bibliotheken Mexico's sorgfältig aufbewahrt *).

(*Ph. H. Külb.*)

---

13) Sie lassen sich in folgender Weise vernehmen:

Dalla caligine figlie pestifera
Noi siam le Furie, sorte dal Tartaro,
Per l'empio cerebro di rabbia incendere
A chi la maestà, e la potenza
Trae da Settimio, in vitio Cesare;
Ch'a doppia sobole lasciò l'Imperio.
Ma 'l primogenito volato è spegnere
Di Geta candido il sangue innocente,
Tutto per trarre a se 'l dominio.
E con commettere tal scelleraggine
Credea lo malvido più lieto vivere.
Perchè dimentiere credono gli animi!
La sorte prospera dalla potenza.

14) Vergl. *Andr. Sergio*, De vita et scriptis J. V. Gravinae commentarius. Romae 1758. 4. *J. G. de Chaufepié*, Nouveau Dictionnaire historique et critique. Vol. II. G. p. 1 seq. *Niceron*, Mémoires. Tom. XXIX. p. 230 seq. *Ang. Fabroni*, Vitae Italorum doctrina excellentium, qui saec. XVII et XVIII floruerunt. Vol. X. p. 1—52. *Hier. Tiraboschi*, Storia della letteratura italiana. (Rom. 1783. 4.) Tom. VIII. p. 282—285. Fr. C. Gottl. Hirsching, Historisch-literarisches Handbuch berühmter und denkwürdiger Personen, welche in dem 18. Jahrh. gestorben sind. Bd II. Abth. 2. S. 149 fg. Biographie universelle. Tom. XVIII. p. 355. (Nouv. éd. Tom. XVII. p. 400.) Biographie générale. Tom. XXI. p. 750 seq.

*) *P. Ribadeneira*, Bibliotheca Scriptorum Societatis Jesu,

GRAVINA (Giuseppe Maria), italienischer Jesuit des 18. Jahrh., am 19. März 1702 zu Palermo geboren, trat sehr jung (21. Oct. 1716) in die Gesellschaft Jesu und widmete sich, nachdem er seine Studien beendigt und seine Gelübde abgelegt hatte, dem Lehrfache. Er ertheilte neun Jahre in den Humanitätswissenschaften und in der Philosophie und 17 Jahre in der Theologie Unterricht und war eine Zeit hindurch Studienpräfect in dem Collegium zu Palermo. Er wirkte später auch in andern Collegien seines Ordens in verschiedenen Städten und starb um das J. 1780 zu Modena. Seine philosophisch-theologischen Versuche (Conclusiones theologicae critico-ethicae de usu et abusu opinionis probabilis. Panormi 1752. fol., auch in P. Zaccaria's Thesaurus theologicus. Venetiis 1762. 4. Tom. IV. p. 336 seq. Conclusiones polemicae de quinque Jansenianorum erroribus. Panormi 1755. 4. Trattenimenti apologetici sul probabilismo di G. M. Gravina. Palermo 1755. 4. 3 Voll.) haben ihre Bedeutung verloren, sowie auch sein Lehrbuch der Philosophie (Ratio tradendae philosophiae in scholis Provinciae Siculae Soc. Jes. Panormi 1754. 4.) jetzt nicht mehr als Leitfaden in den Schulen dienen kann. Er beendigte und veröffentlichte auch des Jesuiten Ben. Mazza von Syracus Abhandlung über das Paradies (Dissertatio anagogica, theologica, paraenetica de Paradiso. Panormi 1762. 4.), welche aber vielfachen Anstoß erregte und nicht nur von Seiten der ungläubigen Philosophen eine Spottschrift Francesco Caro's (Lettera indirizzata in nome del doge della republica degli Apisti al Rev. de' Solipsi) veranlaßte, sondern auch die Orthodoxen zu einer Widerlegung (De electorum hominum numero respectu hominum reproborum. Panormi 1764. 4.) trieb. Gravina übersetzte ferner den Wegweiser Croiset's für die Jesuitenpensionaire aus dem Französischen ins Italienische (Istruzioni pe' Signori convittori de' Padri Gesuiti. Palermo 1735. 12.) und erläuterte ihn mit Anmerkungen zum Nutzen seiner Landsleute. In gutem Ansehen stand bei den Ordensgenossen sein Erbauungsbuch für Jesuiten (Jesuita rite institutus piis exercitationibus SS. Patris Ignatii de Loyola. Panormi 1746. 12. 2 Voll.). Statistisch wichtig ist sein Bericht über die aus den Raubstaaten in einem Zeitraume von 30 Jahren zurückgekehrten Sicilianer, welche in die Sklaverei gerathen waren (Catalogo de' Siciliani redenti dalla schiavitù de' Barberi dall' anno 1720 sino ad Agosto 1754. Palermo 1755. 4.)*). (*Ph. H. Külb.*)

GRAVINA (Giuseppe Marino), ein gelehrter Theatinermönch, um das J. 1680 zu Palermo geboren, widmete sich, nachdem er in den erwähnten Mönchsorden getreten war, mit großem Fleiße der Theologie und lehrte später dieselbe. Auch war er Rath bei dem Inquisitionsgerichte. Er starb um das J. 1700. Sein Inbegriff der Theologie der Kirchenväter (Synopsis theologiae veterum Patrum. Panormi 1734. fol.), welches ein kurzer Auszug aus dem großen, denselben Gegenstand behandelnden Werke seines berühmten Ordensgenossen Giuseppe Maria Tommasi ist, erfreute sich zu seiner Zeit eines ungewöhnlichen Beifalls, scheint aber jetzt der Vergessenheit anheimgefallen zu sein*). (*Ph. H. Külb.*)

GRAVINA (Pietro), berühmter lateinischer Dichter des 15. Jahrh., im J. 1453 zu Palermo, wie er selbst angibt und nicht, wie Andere behaupten, zu Catanea oder Neapel geboren, gehörte zu der angesehenen aus Capua stammenden Familie der Grafen von Gravina und erhielt eine gute, seinem Herkommen und den Ansichten seiner Zeit entsprechende Erziehung. Die Natur hatte ihn übrigens nicht nur mit einem lebhaften Geiste, einem glücklichen Gedächtnisse und einer seltenen Klugheit, sondern auch mit allen Vorzügen des Körpers begabt, und er durfte in jedem Stande, den er zu ergreifen sich entschließen würde, eine glänzende und glückliche Zukunft hoffen. Ausgerüstet mit einer erstaunlichen Stärke und Gewandtheit, that er es in körperlichen Uebungen, im Fechten, Reiten, Schwimmen und im Ballspiele allen seinen Altersgenossen zuvor und sicherte sich dadurch eine ununterbrochene Gesundheit bis in sein Alter. Er war Freund einer geschmackvollen Kleidung, einer feinen Tafel und eines ausgesuchten Weines, überschritt aber in diesen Genüssen nie die Grenzen einer weisen Mäßigkeit, dabei war er frei von jedem quälenden Ehrgeize und zog ein ruhiges, sorgenfreies Leben glänzenden Ehrenstellen vor [1]. Die größte Freude fand er im fröhlichen Umgange mit gebildeten jungen Leuten und im Genusse der Naturschönheiten. Eine schöne Gegend hatte für ihn eine unwiderstehliche Anziehungskraft, weshalb er auch das reizende Thal von Sorrento jedem andern Wohnorte vorzog und sich oft ganze Jahre daselbst aufhielt. Gravina erhielt seinen ersten gelehrten Unterricht von Aurelio Bienati, einem von seinen Zeitgenossen seiner Kenntnisse und seiner Lehrmethode wegen sehr gerühmten Schulmanne, erwarb sich weitere Kenntnisse zu Nola und zu Rom, wo er die Vorträge der berühmtesten Professoren der Geschichte und der schönen Wissenschaften hörte und machte dann zur Vollendung seiner Ausbildung eine Reise durch Italien, auf welcher er überall eine freundliche Aufnahme fand. Nachdem er auf diese Weise die berühmtesten Städte besucht und sich in den angenehmsten Gegenden,

ad. Nath. Sotwell. (Rom. 1676. fol.) p. 841 seq. Ph. Coeplus Catalogus Patrum Societ. Jesu (Dillingae 1667. 4.) p. 115. R. D. Caballero, Bibliothecae Scriptorum Societatis Jesu (Romae 1814. 4.) p. 147. Aug. et Al. de Backer, Bibliothèque des Écrivains de la Compagnie de Jésus. Tom. IV. (Liège 1858. 4.) p. 289.

*) Aug. et Al. de Backer, Bibliothèque des écrivains de la Compagnie de Jésus. Vol. IV. (Liège 1858. 8.) p. 289.

*) Joh. Chr. Adelung, Fortsetzung und Ergänzungen zu Chr. G. Jöcher's Gelehrten-Lexikon. Bd. 2. S. 1592.

1) „Credebatur," sagt Paolo Giovio, „perdere mensam, sed ea semper nitida. Vinum a Vesuvio Surrentoque in honore erat, sed semper sobrie et moderate perpotandi. Vitae genus adamavit quietum, curatis subactum curis et libris, hilarique imprimis et tenera studiosorum adolescentium familiaritate gaudebat; ingenio enim erat aperto, liberali, perblando; cultu corporis nitido et sumptuoso, quem sedulata toga [illegible] et serico latiore villoso pileo argumentum custodia mortue potoraverat."

so lange es ihm gefiel, aufgehalten hatte, trat er, um eine bestimmte Lebensweise zu führen, in den geistlichen Stand, weil dieser seiner Neigung zu den Wissenschaften am meisten zu entsprechen schien. Er lebte als Geistlicher eine Zeit lang zu Rom, wo er auch am Himmelfahrtstage 1493 die übliche Festrede in Gegenwart des Papstes Alexander VI. hielt. Von Rom begab er sich nach Neapel, wo damals die Könige aus dem Hause Aragon einen glänzenden Hof hielten. Er war bald durch seine Liebenswürdigkeit und durch seine stets bereite Kunst, merkwürdige Hofereignisse durch artige Verse zu verherrlichen, eine der vorzüglichsten Zierden desselben. Er schloß hier auch dauernde Freundschaft mit den eine geschmackvolle Gelehrsamkeit erstrebenden Humanisten Giovio Pontano und Jacopo Sannazaro und andern ausgezeichneten Männern, unter welchen ihm besonders der große Feldherr Gonsalvo von Cordova hold war. Er ward von demselben mit einem anständigen Gehalte bedacht, welcher hinreichte, um sich seinen Neigungen hinzugeben und sich alle Genüsse, die er liebte, zu verschaffen, und erhielt im J. 1500 durch die Verwendung desselben eine einträgliche Pfründe an der Kathedrale zu Neapel. Nach der Entfernung Gonsalvo's, dessen Glück Eifersucht erregte, fand Gravina großmüthige und freigebige Gönner an Don Pietro Navarro und Prospero Colonna; da aber Neapel der Schauplatz unaufhörlicher Unruhen und blutiger Kriege geworden war, so zog er sich, weil er die Ruhe liebte und sie allen Glücksgütern vorzog, nach Sorrento zurück, um nur im Umgange mit den Musen zu leben. Später schloß er sich jedoch dem Gefolge des Grafen Giovanni Francesco von Capua an und lebte abwechselnd in der Stadt und auf dem Lande, wie ihn gerade seine Neigung trieb. Als er eines Tages zu Concha bei der Stadt Tiano in Terra di Lavora unter einem Kastanienbaume der Ruhe pflegte, ritzte ihm eine herabfallende Frucht durch ihre stachelige Schale die Wade; er konnte sich nicht enthalten, an der wunden Stelle zu kratzen, wodurch ein Geschwür entstand, welches ihm in Verbindung mit einem dazu kommenden hitzigen Fieber in wenigen Tagen im J. 1527 den Tod brachte. Andere betrachten diese Erzählung als eine alberne Fabel und behaupten, er sei an der Pest, welche das Heer Karl's V. nach der Plünderung Roms in Neapel verbreitete, gestorben. Gravina war ein sehr fruchtbarer Dichter, aber nur ein geringer Theil seiner poetischen Werke sowol in lateinischer als in italienischer Sprache hat sich erhalten, entweder weil, wie man sagt, die meisten bei der Eroberung Neapels durch die Franzosen im J. 1501 zu Grunde gingen, oder weil, wie Andere erzählen, der Dichter selbst, der sich über die geringe Empfänglichkeit seiner kriegerischen Zeit für die Erzeugnisse des Geistes ärgerte, sie zerstörte. Daß er sie des geringen Honorars wegen, welches man ihm dafür anbot, vernichtete, ist eine unerwiesene und auch der Wahrscheinlichkeit ermangelnde Behauptung. Am besten gelangen ihm nach dem Urtheile seiner Zeitgenossen Elegien und Epigramme, alle seine Dichtungen aber zeichnen sich durch Schönheit und Richtigkeit des Ausdrucks, Feinheit und Zartheit der Gedanken und poetische Auffassung des Stoffes aus. Scipione Capeci bemühte sich bald nach dem Tode Gravina's, die allenthalben zerstreuten Gedichte zu sammeln und gab diese Sammlung unter dem Titel: Epigrammatum liber, sylvarum liber, carmen epicum, poematum liber (Neapoli 1532. 4.) heraus. Diese Sammlung, welche bereits zu den Seltenheiten gehört, enthält auch ein Bruchstück des epischen Gedichts De Consalvi Cordubae rebus gestis, dessen Verlust am meisten zu bedauern ist. Mehrere Epigramme hat auch Paolo Giovio in seine Biographien berühmter Feldherren und Jan. Gruter in seine Deliciae poetarum italorum aufgenommen und viele sind auch in die Epigrammata selecta (Panormi 1696. 4.) übergegangen. Die beiden Ausgaben der Briefe und Reden Gravina's (Epistolae et orationes. Neapoli 1589. 4. Ibid. 1748. 4.) trifft man häufiger an; man legt aber auf diese Erzeugnisse seines Geistes, obgleich sie manches Vortreffliche und für die Geschichte seiner Zeit Wichtige enthalten, keinen so hohen Werth, wie auf seine Poesien, und manche italienische Kunstrichter wollen sogar an den Briefen Eleganz des Ausdruckes vermissen. Eine Selbstbiographie des Dichters, welche man den vorhandenen Ausgaben seiner Schriften beizufügen vergessen hat, gibt Auskunft über mehrere seiner verlorenen Arbeiten, besonders aber über seine Lambratio Surrentina, welche Gedichte und Meditationen enthält, die er während seines Lieblingsaufenthaltes in dem Thale von Sorrento verfaßte, über den Commentar zu dem Traume Scipio's von Macrobius und über seine lateinische Bearbeitung der Grundsätze der Kriegskunst des Diomedes Caraffa. Ein Sohn des Dichters, Tranquillo Gravina, welcher ihm vor seinem Eintritte in den geistlichen Stand geboren wurde, widmete sich der Theologie und erhielt eine Pfründe an der Kirche von Neapel. Hätte Gravina sich entschließen können, sein poetisches Talent mehr in der Landessprache zu versuchen, so würde er unstreitig noch unter den besseren Dichtern Italiens glänzen, während seine lateinischen Gedichte, so groß ihre Vorzüge sein mögen, gewiß nur von Wenigen gelesen werden [2]). (*Ph. H. Külb.*)

GRAVINUM wird in der Tabula Peutingeriana Segm. I, a (ed. *Mannert*) als eine Stadt im nördlichen Gallien aufgeführt und für die jetzige Stadt Grainville gehalten. Vergl. *Böcking*, Annott. ad Notitiam Dignitatum in partibus Occidentis p. 824. (*Krause.*)

GRAVINUS (Andreas), ein Historiker und lateinischer Dichter aus der zweiten Hälfte des 16. Jahrh., geboren um das Jahr 1560, widmete sich dem Unterrichte an verschiedenen Orten Oesterreichs und Baierns und versuchte sich auch als Schriftsteller, jedoch nur in der Poesie mit einigem Glück. Seine erzählenden Gedichte von der Gründung des Hauses Oesterreich (Austriados

2) Vergl. *P. Jovii* Elogia doctorum virorum p. 171 (ed. Basil.) *Gir. Tiraboschi*, Storia della Letteratura italiana. Tom. VI. P. II. p. 277. Biographie universelle. Tom. XVIII. p. 363 seq. Biographie générale. Tom. XXI. p. 749.

libri IV.) und von der Eroberung Jerusalems (De excidio Hierosolomytano), sowie seine Elegien und kleineren Gedichte erwarben sich bei den Zeitgenossen einigen Beifall und wurden unter dem Titel: Operum poeticorum sylva. Tubing. 1602. 4. zusammengebracht. Sein geschichtliches Werk: Von der Türckischen König und Keyser Ursprung, Leben, Tyranney und endlichem Ausgang. Regensburg 1600. 8. ist unbedeutend und stützt sich nicht auf zuverlässige Quellen. Gravinus scheint um das Jahr 1630 gestorben zu sein *). (*Ph. H. Külb.*)

GRAVIONARIUM (*Γραυιονάριον*) wird von Ptolemäos (II, 11, 29) unter den Städten Teutschlands im nördlichen Klima (*ἐν τῷ ἀρκτικῷ κλίματι*) angegeben. Man hat diesen Ort zwischen Brückenau und Kissingen im alten Gradfelde angesetzt. Vergl. B. Wilhelm, Germania S. 70. Sickler I. S. 172. (*Krause.*)

GRAVIREN (graver, gravure, engraving). Graviren heißt im Allgemeinen das mechanische Verfahren, auf metallenen und andern Flächen Schriftzüge oder Zeichnungen bald erhaben, bald vertieft anzubringen, um solche entweder als Bezeichnung oder Verzierung, oder zum Abdruck mit Farbe, oder zum Abdruck in weicheren Massen, oder auch zu Abgüssen zu gebrauchen. Die Gravirkunst begreift daher bei den mannichfaltigen Zwecken der Gravirung und bei der sehr verschiedenen Art der Gegenstände, welche durch das Graviren dargestellt werden, viele Zweige, welche entweder dem Gebiete der schönen Kunst angehören oder ihm verwandt sind. Hierher gehören: das Graviren von Zeichnungen mit stärkeren und feineren vertieften Linien auf Gold-, Silber- und andern Metallarbeiten; das Graviren von Zahlen, Buchstaben und ganzen Aufschriften vieler Metallarbeiten, als auf Instrumenten, Maschinen rc., wo das Graviren ein Geschäft des Schriftstechers ist. Ferner gehören hierher: das Graviren von den Lineantheilungen auf mathematischen und andern Instrumenten, wozu gewöhnlich Theilmaschinen angewendet werden. Das Nachgraviren und Ciseliren gegossener Arbeiten, z. B. Bronzeguß, Eisenguß, um die im Gusse nicht ganz scharf und rein ausgefallenen Theile auszubessern, ist das Geschäft eigener Arbeiter, welche Ciseleurs genannt werden. Bei dem Graviren in Horn, Schildpat, Elfenbein, Perlmutter, bei den Gravirungen in Glas, weichen Edel- und Halbedelsteinen wird zur Hervorbringung von Zeichnungen öfters das Aetzen zu Hilfe genommen, sodaß die Entstehung vertiefter Linien, welche beim Graviren auf mechanischem Wege erreicht wird, beim Aetzen durch chemische Mittel bewirkt wird. Es gehört hier noch her das Graviren in Glas mittels des Schreibdiamants, wobei auch häufig das Aetzen angewendet wird. Letzteres besteht im Allgemeinen darin, daß man die durch eine Zeichnung zu verzierende oder mit Aufschriften rc. zu versehende Metallfläche mit einem dünnen Ueberzuge harziger oder ähnlicher Substanz versieht, in diesem die Züge der Zeichnung bis auf das blanke Metall oder den Stein einreißt oder herausschabt und nun eine Flüssigkeit, Aetzwasser, einwirken läßt, welche das Metall auflöst, ohne den Aetzgrund anzugreifen. Das Graviren zum Abdruck oder Abguß in weicheren Massen, sowie zum Druck mit Farbe begreift gewöhnlich folgende Manipulationen in sich: Die Verfertigung der Prägstempel zu Münzen und Medaillen, oder die Stempelschneidekunst. Das Schriftschneiden, d. h. die Verfertigung der stählernen Stempel zu Buchdruckerschriften und zum Einschlagen in Metall für andere Zwecke ist Gegenstand der Schriftgießerei. Das Siegelstechen ist mit dem Stempelschneiden übereinstimmend, nur daß die Gravirung einen verschiedenen Zweck hat. Der Kupferstich und Stahlstich gehören der Kupferstecherkunst und Siderographie an. Der Notenstich wird meistentheils auf Zinnplatten ausgeführt; der Steinstich gehört der Lithographie an, sowie das Formschneiden oder Formstechen der Holzschneidekunst oder Xylographie.

Die wesentlichen Geräthschaften bei den verschiedenen Arten des Gravirens sind folgende: Die Radirnadel, das einfachste aller Werkzeuge zur Gravirung, wird zum Einritzen feiner Striche verwendet und besteht meist aus einer einfachen, zarten, stählernen Spitze. Die Manipulation selbst wird gewöhnlich Radiren genannt. Die Radirnadel muß sehr sorgfältig geschliffen sein, so daß ihre Spitze genau rund ist, in jeder Stellung einen gleich breiten Zug einreißt und nirgends eine scharfe oder schneidende Stelle darbietet. Der Grabstichel (Stichel) ist das am allgemeinsten gebrauchte Werkzeug bei fast allen Arten des Gravirens. Er ist ein gehärtetes stählernes Stäbchen, welches an seinem Ende so geschliffen ist, daß es eine kleine Schneide oder eine Spitze mit daran liegenden Schneiden erhält. Die mit ihm auszuführenden Arbeiten machen in Bezug auf Größe und Gestalt eine große Mannichfaltigkeit nothwendig. Es gibt rautenförmige Grabstichel, niedrige, hohe, halbhohe, aufwärts und abwärts gekrümmte, Spitzstichel, Flachstichel, Breitstichel (Vollstichel), Rundstichel, zweispitzige Punktirstichel, einfache, doppelte, drei- und vierfache Punktireisen und Zahneisen, welche je nach den verschiedenen Arten des Gravirens in Anwendung kommen, welche aber sämmtlich aus dem besten Stahl verfertigt, sorgfältig gehärtet und wieder bis zur strohgelben Farbe nachgelassen sein müssen, damit ihre Schneiden oder Spitzen weder sich abstumpfen, noch brechen. Ebenso wird beim Graviren der Meißel in verschiedener Form gebraucht. Der Meißel wird durch Hammerschläge eingetrieben, während der Grabstichel mit der freien Hand geführt wird. Die Punzen dienen zur Ausarbeitung der Vertiefungen beim Graviren von Siegeln, Prägstempeln rc.; auch werden mit ihnen Buchstaben und Zahlen, Kronen, Sterne, Kreuze, Punkte, Wappenbilder und deren Bestandtheile und zahlreiche ähnliche Gegenstände eingeschlagen, wobei die Zeichnung auf den Punzen verkehrt gestellt sein muß, damit der Eindruck seine richtige Stellung erhält. Die Punzen sind von Stahl; das mit der Zeichnung versehene Ende ist polirt. Die Verfertigung der Punzen geschieht theils durch eigentliches

---

*) Joh. Chr. Adelung, Fortsetzung und Ergänzungen zu Chr. G. Jöcher's Gelehrten-Lexikon. Bd. 2. S. 1592.

Graviren mittels des Grabstichels, theils durch sogenannte Contrepunzen, theils durch Senken. Der *Schaber* schafft den mit der Radirnadel oder mit Grabsticheln aufgeworfenen Grath (scharfen Rand) weg, um der Gravirung Schönheit und Reinheit zu geben und um bei den zum Abdruck bestimmten Gravirungen nicht Farbe an dem *Grathe* (s. d. Art.) hängen zu lassen. Die Schaber sind harte stählerne Werkzeuge mit zwei und mehreren Schneiden. Haben die Flächen derselben nach ihrer ganzen Länge eine ausgehöhlte Gestalt, so wird das Werkzeug Hohlschaber genannt. Der *Polirstahl* wird zum Glätten des Metalls vor dem Graviren, theils aber auch zum Poliren solcher Stellen angewendet, welche durch den Schaber eine nachtheilige Rauhigkeit erlangt haben. Sie werden mit reibender Bewegung unter Anwendung eines gehörigen Drucks über die Metallfläche hin und her geführt. Sie sind von wenigen und sehr einfachen Formen, müssen aber gut gehärtet und fein polirt sein. Man findet gerade (zungenförmige), am Ende theils zugespitzte, theils abgerundete, auf den Flächen mehr oder weniger gewölbte oder ganz glatte Polirstähle; ferner solche, die nur an der Spitze leicht gekrümmt, andere die halbmondförmig oder noch stärker krumm sind; endlich solche, die statt der Spitze eine gerade abgerundete Kante oder eine schmale Cylinderfläche besitzen. Statt der Polirstähle dienen in gewissen Fällen auch harte Steine (Polirsteine), welche in der Gestalt von Polirstählen zugerichtet und sehr fein polirt sind. Achat, Jaspis, Chalcedon, Feuerstein gehören hierher, haben aber eine sehr beschränkte Anwendung; dagegen wird der Blutstein häufig und mit Vortheil gebraucht. Dem Polirstahle sind, dem Zwecke und der Gebrauchsart nach, einige andere Werkzeuge verwandt, welche in gewissen Fällen als Ersatzmittel dienen. Hierher gehören die Polirfeilen, die Glättstahlen und die Kratzbürsten.

Das *Graviren von Zeichnungen*, mit stärkern und feinern vertieften Linien, auf Gold- und Silberwaaren, Stahl- und Messingarbeiten ꝛc. wird mit dem Grabstichel ausgeführt, nachdem die beabsichtigte Zeichnung erst auf Papier entworfen und nachher auf dem Metalle mit der Radirnadel leicht eingerizt ist. Beim Graviren auf Eisen und Stahl werden häufig kleine Meißel mit kurzer geradliniger Schneide angewendet, auf welche man mit einem kleinen Hammer schlägt, während man sie allmälig fortrückt, um nöthigenfalls längere Linien hervorzubringen.

Das *Graviren von Zahlen, Buchstaben und Aufschriften* verlangt, daß alle Theile einer Aufschrift von gleicher oder verhältnißmäßiger Tiefe und die Striche im Innern so glatt als möglich seien. Gewöhnlich wird die ganze Schrift mit der Radirnadel sehr genau vorgezeichnet. Zur Ausarbeitung der Schrift bedient man sich des rautenförmigen Grabstichels und zu sehr feinen Zügen des Messerzeigers. Breite Striche werden durch Nebeneinanderlegung mehrerer Grabstichelschnitte gebildet. Aufschriften und Zahlen auf metallenen Gegenständen werden auch oft mit Punzen eingeschlagen, und man gibt diesem Verfahren oft den Vorzug vor dem Graviren, wenn die Buchstaben eine eckige, mit dem Grabstichel nicht leicht in vollkommener Schönheit hervorzubringende Gestalt besitzen und diese breite Striche enthalten. Ist der mit Schrift zu bezeichnende Gegenstand aber zu zart, um das Einschlagen der Punzen zu gestatten, muß man stets zum Graviren seine Zuflucht nehmen.

Beim Nachgraviren und Ciseliren gegossener Arbeiten werden die feinern Züge mit verschiedenen Grabsticheln ausgearbeitet. An Stellen, wo etwa das Metall in Sprünge oder ausgebröckelte Umrisse der Gießform ausgeflossen ist, wird das Ueberflüssige mit kleinen Meißeln weggenommen. Um kleinere Vertiefungen von bestimmter Gestalt auf dickerem Metall zu bilden und um ferner auf dünnem Blech Eindrücke zu machen, die auf der entgegengesetzten Fläche als Erhabenheiten hervortreten, werden Punzen angewendet. Man nennt diese Arbeiten: *Treiben, Punziren, Ciseliren*. Sie erfordern neben der mechanischen Fertigkeit auch Geschmack und eine genaue Bekanntschaft mit den Forderungen der Zeichenkunst und Plastik. Vorzüglich sind es die edlen Metalle, auf welchen dergleichen Arbeiten ausgeführt werden. Das Verfahren im Einzelnen richtet sich dabei ganz nach den Umständen, doch unterscheiden sich die Punzen des Graveurs von jenen des Goldarbeiters dadurch, daß sie nicht blos einfache Elemente einer Zeichnung enthalten, sondern ganze Bestandtheile derselben, die von sehr mannichfaltiger Art sein können. Auf goldenen und silbernen Dosen, Uhrgehäusen, Uhrzifferblättern, Schmucksachen ꝛc. werden häufig beliebige bildliche Darstellungen, Menschen- und Thierfiguren, Arabesken, Blumen, Buchstaben und dergl. Verzierungen angebracht, welche aus feinen oder starken, in Metallflächen durch eine Grabstichelspitze eingeschnittenen Linien bestehen. Diese eigenthümliche, der Gravirung verwandte Verzierung nennt man *Guillochirung, guillochirte Arbeit*, welche mittels Guillochirmaschinen hervorgebracht wird (s. den Art. Guillochiren). Das Einschneiden der hierher gehörigen, an der Oberfläche und in nicht bedeutender Tiefe der Gegenstände befindlichen Zierrathen geschieht mittels besonderer Vorrichtungen oder Maschinen, welche bei aller Mannichfaltigkeit sich auf drei verschiedene Arten zurückführen lassen. Entweder ruht der zum Einschneiden erforderliche Meißel, und der Gegenstand erhält solche Bewegungen, daß seine zu verzierende Oberfläche an der Spitze des Meißels so hingleitet, wie es die Verzierungen sowol ihrer Richtung als Tiefe nach erfordern; oder umgekehrt, es ruht der Gegenstand, und das Schneideeisen erhält die den Verzierungen entsprechenden Bewegungen; oder endlich können zweckmäßige gleichzeitige oder ungleichzeitige Bewegungen beider verbunden werden, welcher Fall am häufigsten vorkommt. Für das Eingraben der Dessins zur Verfertigung der vertieften Zeichnungen auf den messingenen oder kupfernen Walzen bei der Kattundruckerei sind eigene Maschinen (*Rändelmaschinen*) erfunden, mittels welchen die Eindrücke durch Anwendung kleiner Rädchen von gehärtetem Stahl, welche auf ihrem Umkreise die angemessenen Vertiefungen oder Erhöhungen erhalten, hervorgebracht werden.

Zum Graviren der Schraffirungen in Petschaften, zum Kupferstechen, überhaupt Schraffirungen, deren Linien eng beisammen liegen und eine große Regelmäßigkeit erfordern und vollkommen hervorgebracht werden sollen, werden fast nur *Schraffirmaschinen* (*Gravirmaschinen*, Linirmaschinen) angewendet.

Die *Verfertigung der Prägstempel* zu Geldmünzen und Medaillen, die *Gravirung* der *Stanzen* (Stampfe, Matrize) zum Pressen verzierter Gegenstände aus Blech, der Stempel zum Prägen der metallenen Kleiderknöpfe, gehört in die Kunst des *Stempelschneidens*. Die *Originalgravirung* der Prägstempel (*Münzstempel*), namentlich die Zeichnung ohne Schrift, wird meist im Relief in Stahl ausgeführt, da auf diese Weise die Ausarbeitung der einzelnen Theile leichter als in der Tiefe ist. Man drückt dieses Original, nachdem es gehärtet worden, in eine beliebige Anzahl von Prägstempeln ab, welche dadurch völlig übereinstimmend werden. Eine nothwendige Vorbereitung zum Graviren eines Stempels ist die Anfertigung eines Modells, welches aus Wachs bossirt und genau so gearbeitet wird, wie der Abdruck des Stempels erscheinen soll. Nach Anleitung dieses Modells wird der Umriß der Zeichnung auf der fein und eben abgeschliffenen Fläche des Stahls mit der Spitze einer Radirnadel entworfen. Zur Ausarbeitung der Vertiefungen werden die verschiedenen Arten von Grabsticheln verwendet und feine Theile des Gegenstandes werden mittels kleiner Punzen ausgebildet. Die Schrift wird mit Punzen eingeschlagen, der Rand auf der Drehbank eingedreht. Ist eine Gravirung, z. B. ein Wappen, ursprünglich vertieft, so prägt man sie zuerst erhaben in Stahl ab und gebraucht diesen Reliefabdruck zum Senken des Prägstempels. Häufig prägt man auch die Gravirung, um solche nicht durch zu oftmaligen Gebrauch der Gefahr des Verderbens auszusetzen, vertieft in Stahl ab, schlägt mit Buchstabenpunzen die Schrift ein, härtet den Abdruck, senkt damit eine neue Reliefcopie, härtet diese ebenfalls und bedient sich endlich ihrer, um damit die Prägstempel zu senken. Von großer Wichtigkeit ist das *Härten der Stempel*, wobei zwei Methoden, die Härtung durch Eintauchen und die Härtung durch den Strahl (Strahlhärtung), unterschieden werden. Bald wird die eine, bald die andere vorgezogen.

Die *Gravirungen der Siegelstecher* sind mit den vorigen nahe verwandt, oft ganz übereinstimmend. Die meist geringe Größe der Siegel, die geringe Tiefe ihrer Gravirung erfordern als Werkzeug meist nur Punzen. Der Grabstichel in seinen verschiedenen Arten dient nur zur Ausarbeitung solcher Theile, zu denen die nöthigen Punzen fehlen. Die Schraffirungen der Felder in den Wappen werden entweder aus freier Hand mit dem Grabstichel gezogen, oder mittels einer Maschine eingerissen.

Andere gravirte Arbeiten, welche erhaben in Messing geschnitten werden, als: *Stempel für erhabene Schrift zum Abdruck mit Farbe*; Stempel, Filete und Rollen für Buchbinder ꝛc. werden zunächst als Zeichnung mit einer Radirnadel entworfen. Die Vertiefungen werden durch Herausbohren oder durch Einschlagen angemessener Punzen gebildet, meist aber mit den verschiedenen Grabsticheln ausgearbeitet und mit Mattpunzen geebnet, nachdem man nur in den Ecken und andern Stellen, in welche der Grabstichel nicht völlig gelangen konnte, mit verschiedenen andern Punzen nachgeholfen hat.

Ein *neues Gravirverfahren*, insbesondere für den Stich *typographischer Arbeiten*, hat in neuerer Zeit *Ballant* mitgetheilt. Ist nämlich eine Zeichnung auf durchsichtiges Papier gemacht, so kehrt man diese Zeichnung um und befestigt sie mit kleinen Stiften auf Pappe. Dann trägt man auf die Kehrseite des Papierblattes mit einem groben Pinsel eine Reihe von Leimschichten auf, sodaß eine Leimtafel von $\frac{1}{4}$—$\frac{1}{2}$ Millimeter Dicke entsteht. In diese Leimschicht sticht der Zeichner mittels einer Radirnadel die darunter befindliche Zeichnung. Hernach trägt man auf die Leimtafel mit einem Pinsel Guttapercha auf, welche durch Schwefelkohlenstoff flüssig gemacht ist. Die Dicke der Guttaperchaschichten muß $\frac{1}{4}$ Millimeter betragen. Ist die Guttapercha vollkommen trocken, so bringt man auf dieser Guttaperchatafel eine Kupferplatte an, welche dem Ganzen Starrheit und Körper ertheilt. Dann kehrt man dieses Ganze um, sodaß sich das durchsichtige Papierblatt oder die anfängliche Zeichnung oben und äußerlich befinden. Dieses Papierblatt läßt sich ohne Mühe abheben und dann die Leimschicht durch mehrmaliges Befeuchten mit einem Schwamm von der Guttapercha trennen. Diese Guttapercha wird hierauf mittels Graphit metallisirt. Endlich taucht man sowol die Guttaperchatafel als die Kupferplatte in ein galvanoplastisches Kupferbad; die Zeichnung, welche auf der Guttapercha erhaben war, erhält man so vertieft auf dem aus der Auflösung abgelagerten Kupfer.

Wenn im Eingange dieses Artikels die Entstehung vertiefter Linien auf einer Metallfläche durch chemische Mittel (durch *Aetzen*, graver à l'eau forte) erwähnt worden, so ist hierbei noch zu bemerken, daß, um das *Aetzwasser* auf die entblößten Stellen des Metalls so lange als nöthig einwirken zu lassen, der betreffende Theil der Fläche mit einem Rande von Wachs eingefaßt und innerhalb dessen die Flüssigkeit aufgeschüttet wird. Als *Aetzwasser* gebraucht man auf Kupfer, Messing und Silber: stark mit Wasser verdünntes Scheidewasser; auf Eisen und Stahl: eine Mischung von Wasser, ätzendem Quecksilbersublimat, Weinsteinsäure und Salpetersäure; auf Gold: mit Wasser verdünntes Königswasser. Zum Aetzen in Stahl gebraucht man außer der oben angegebenen Flüssigkeit noch andere. Das *Aetzen durch Galvanismus* ist eine Methode, deren vortheilhafter Erfolg noch bestritten wird. Um *Verzierungen* oder *Aufschriften* durch *Aetzen* glänzend und etwas erhaben auf mattem Grunde erscheinen zu lassen (*damascirte Arbeit*), besonders bei feinern Stahlwaaren, wird, sobald die Stahlfläche fein polirt und von allem Fette befreit und auf dieselbe mit einer dicken Auflösung des Aetzgrundes in Terpentinöl gezeichnet, alle übrigen Stellen, welche glänzend bleiben sollen, in gleicher Weise bedeckt sind, die Arbeit den Dämpfen der Salzsäure ausgesetzt, bis die entblößt gebliebenen Theile des Stahls matt geworden sind. Hierauf wird der Aetzgrund mit Terpentinöl abgewaschen.

Die neuesten Verfahrungsarten zum Graviren auf Stahl und zum Reproduciren der alten Kupferstiche beruhen nach E. Vial 1) auf den metallischen Fällungen und 2) auf der Verwandtschaft der Säuren zu den verschiedenen Metallen. Das Verfahren ist (nach den Comptes rendus, t. 56 u. 58. p. 470 u. 40) folgendes: Man überträgt auf Stahl einen Stich oder eine Zeichnung mit fetter Schwärze, oder man zeichnet auf die Stahlplatte mit solcher Schwärze. Die Platte wird alsdann in ein Bad getaucht, welches aus einer gesättigten Lösung von Kupfervitriol, mit einer kleinen Menge Salpetersäure versetzt, besteht. Nach Verlauf von fünf Minuten nimmt man die Platte heraus, wäscht sie, beseitigt mit Ammoniak das abgelagerte Kupfer und die Gravirung ist fertig. Die Striche der Zeichnung sind in vertiefter Manier copirt. Bei den gewöhnlichen Gravirmethoden auf Metall schützen die fetten Stoffe, welche die Zeichnung bilden, dieses Metall auf den von ihnen bedeckten Stellen gegen die ätzende Wirkung der chemischen Agentien, und so erhält man die erhabene Gravirung. Bei dem so eben bezeichneten Verfahren von Vial erhält man sofort eine vertiefte Gravirung. Ein ähnlicher Erfolg findet statt, wenn man mit Kreide, Graphit, Pastell zeichnet, oder wenn man auf dem Stahl Rostpunkte sich bilden läßt. Die hervorgebrachten Wirkungen lassen sich folgendermaßen erklären. Wenn eine Stahlplatte, auf welcher sich eine Zeichnung mit fetter Schwärze befindet, in eine gesättigte Auflösung von schwefelsaurem Kupferoxyd getaucht wird, die eine kleine Menge Salpetersäure enthält, so überziehen sich die Stellen der Oberflächen, welche keine fette Schwärze empfingen, in Folge der gemeinschaftlichen Wirkung der Salpetersäure und des schwefelsauren Kupfers auf den Stahl sofort mit metallischem Kupfer, dessen Theile unter sich wenig Adhärenz haben. Gleichzeitig dringt die Metalllösung, mittels Einsaugens, allmälig durch die feste Masse und gelangt auf das Metall, wornach die galvanische Kette — Kupfer und Stahl — hergestellt ist; das schon abgelagerte Kupfer ist der negative Pol und der noch nicht angegriffene Stahl der positive Pol. Das schwefelsaure Kupfer wird dann auf elektrochemischem Wege zersetzt; der positive Stahl wird von der Schwefelsäure und Salpetersäure um so tiefer angegriffen, je dicker die Schwärzeschicht ist. Das von der Zersetzung herrührende Kupfer wird über die Ränder gedrängt und hebt endlich die Schwärze, sodaß eine erhabene Zeichnung in Kupfer gebildet wird, welches man mit Ammoniak auflöst. Die hervorgebrachten Wirkungen haben das Merkwürdige, daß die Abstufung der Vertiefungen genau diejenige der Linien der Zeichnung repräsentirt, sodaß die Gravirung deren genaues Abbild ist.

Zur Literatur über Graviren und Gravirungen siehe: Karmarsch, Mechanik; Karmarsch, Handbuch der mechan. Technologie; Prechtl, Technolog. Encyklopädie. Bd. VII. VIII und IX. Polytechn. Journ. Bd. 80. S. 140. Bd. 168. S. 206. Bd. 171. S. 285. Ueber Photoglyphie (Verfahren zum Graviren von Lichtbildern auf Stahl-, Kupfer- und Zinkplatten) Polytechn. Journ. Bd. 150. S. 276. (*C. Reinwarth.*)

GRAVISCAE, eine altetrurische, vielleicht pelasgisch-tyrrhenische Stadt, von römischen Dichtern veteres Graviscae genannt, gehörte zur Zeit der Blüthe der Stadt Tarquinii zum ager Tarquiniensis, und da die Bewohner dieser letztern einen eigenen Hafen nicht hatten und doch Handel trieben, so bedienten sie sich des Hafens von Graviscae. Dennoch lag Graviscae nicht unmittelbar am Meere, sondern am rechten Ufer der Marta, wie zwei neuere Gelehrte ermittelt haben, Westphal und Dennis (Westphal in den Annal. Inst. d. corr. arch. 1830 p. 28—30 und G. Dennis, Die Städte und Begräbnißplätze Etruriens, deutsch von Meißner, S. 262 fg.). Mannert (IX, 1, 370) dagegen hatte diese Stadt nördlich vom Minio, drei Mill. südlich vom Martaflusse angesetzt, wobei er sich auf das Itinerarium Antonini maritimum und auf Rutilius beruft. Das Itinerarium maritimum (p. 498. 499, p. 243 ed. *Parder* u. *Parthey*) setzt a Rapinio Graviscas, a Graviscis Maltano nach einander, und zur Zeit des Rutilius war diese Stadt bereits zerstört und kaum noch einige Spuren von ihr sichtbar (Itiner. 1. p. 281). Zur Zeit der Abfassung des Itinerarium maritimum war dieser Ort vielleicht nur noch eine unbedeutende römische Station, welche sogar eine andere Stelle eingenommen haben konnte. Ja bereits Strabon V, 2, 226 seq. *Cas.* hat *Γραουΐσκοι* unter die *πολίχνια* gezählt, welche von ihm zwischen *Κόσσα* und *Ὠστία* aufgeführt worden sind. — Lanzi (Sagg. II. p. 67) hat dieselbe für pelasgischen Ursprungs gehalten, und zwar zugleich mit Caere und Pyrgi, weil diese drei von Virgil (Aen. X, 184) gemeinschaftlich erwähnt werden. Jedenfalls war Graviscae ebenso wie das benachbarte Cosa (*Κόσσα*) vom Inneren aus durch die Tusker frühzeitig in Besitz genommen worden. Zwischen Cosa und Graviscae lag Regisvilla, Königssitz des alten Pelasgerfürsten Malaios. Im Jahre der Stadt 571 wurde Graviscae von Rom aus mit einer neuen Colonie ausgestattet und später diese Colonie von Augustus restaurirt. — *Livius* XL, 29; XLI, 20. Wahrscheinlich lag der Grund in der ungesunden Luft und der öden Umgebung, daß dieser Ort sich niemals zu einer großen Frequenz und Blüthe entwickelte. Auch soll der Name von der schweren Luft (gravis aër) abstammen, welche hier noch gegenwärtig herrscht und jeden verscheucht, welchen nicht bestimmte Beschäftigungen festhalten. Graviscae lag in den Maremmen. Vergl. *Virgil*. Aen. X, 184, dazu *Servius*, und *Rutilius Numantius*, De redit. 282. Doch scheint der Ort im Alterthume erträglicher gewesen zu sein als gegenwärtig, da man jetzt hier nur Salzgruben, eine immerwährende Oede und eine abscheuliche Luft findet (vergl. G. Dennis a. a. O. S. 264). Pomponius Mela (II, 4, 90) erwähnt Graviscae, nachdem er zuvor den Minio genannt hat, also war die Entfernung von diesem Flusse

gerung. Vergl. auch *Vellejus Paterculus* I, 15. *Silius*, Punic. VIII, 474, welcher dieselbe Stadt als veteres Graviscae bezeichnet. In der Tabula Peuting. IV, e (ed. *Mannert*) wird noch der Name Gravisca aufgeführt. Einige höchst wichtige Ueberreste hat G. Dennis entdeckt und dieselben S. 265. 266 beschrieben, namentlich einen großartigen Bogen, welcher sich in eine lange Eindeichung von regelmäßigem Mauerwerk öffnet, welches, einige 20 Fuß über dem Strome (der Marta nämlich) sich erhebend, in Bruchstücken nach dem Meere zu fortgeht. Die lange Eindeichung muß ein Hafendamm gewesen sein und Graviscae hatte somit allerdings seinen Hafen, obgleich es nicht am Meeresufer lag (vergl. Dennis S. 266). Dennis meint übrigens, Graviscae könne wol nur ein Geschäftsplatz für die Mutterstadt gewesen sein, ein Landungsplatz für Waaren, wo die Kaufmannsfürsten für Tarquinii ihre Waarenlager und Schreibstuben hatten (S. 267). Allein an allen Geschäftsplätzen dieser Art entsteht auch in der Regel nach und nach eine beträchtliche Häusermasse und endlich eine ansehnliche Stadt; und daß Graviscae eine solche war, läßt sich aus der vielfachen Erwähnung bei den griechischen und römischen Autoren folgern. Allein seitdem Tarquinii seine einstige Bedeutung verloren hatte, mußte auch Graviscae in Verfall gerathen, und Colonien von Rom aus konnten keine dauernde Blüthe heraufbeschwören, wenn der Ort selbst nicht einen Lebenskeim in sich trug. Ueber die Lage der Stadt hat auch W. Abeken, Mittelitalien vor den Zeiten der römischen Herrschaft S. 36 gehandelt. (*J. H. Krause.*)

GRAVISI (Girolamo), italienischer Archäolog, um das Jahr 1719 zu Capodistria geboren, erhielt seine classische Bildung durch Ireneo Carmeli, den berühmten Philologen, welcher später als Professor der orientalischen Sprachen an der Universität zu Padua wirkte, und beschäftigte sich, da ihm seine Verhältnisse eine unabhängige Stellung sicherten, mit geschichtlichen, archäologischen und landwirthschaftlichen Studien. Näheres ist über seine Lebensumstände nicht bekannt, doch wissen wir, daß er bei den Gelehrten seiner Zeit (wie bei seinem Landsmanne Giov. Rinaldo Carli, dem berühmten Nationalökonomen und Geschichtschreiber, und bei dem Alterthumsforscher Fistulario in Udine) in großem Ansehen stand. Vor Allem verdienen seine archäologischen Abhandlungen über Istrien, welche größtentheils in verschiedenen Sammelwerken gelehrter Gesellschaften verborgen und deshalb im Auslande wenig bekannt sind, Erwähnung; dahin gehören: Sull' antico commercio di Aquileja coi popoli del Danubio, Sulla situazione del Timavo, Dalmazia detta Region d'Italia (alle drei in der Nuova Raccolta Calogerà), Esame critico del Illirico Forojuliense, Considerazioni apologetiche intorno un Academico Romano Sonziaco e Giustinopolitano (Trieste 1796. 8.), worin er Bergantini's Ansichten über Capodistria bekämpft, und Lettera sopra l'antica isoletta di Cissa (in Carli's Werk Del antichità italiche. Milano 1788 seq. 4.); auch half er Carli die Karte des Argonautenzuges entwerfen, welche dieser seiner Schrift über die Argonauten beifügte. Von seinen literarhistorischen Aufsätzen sind zu nennen: Sull accademia dei Risorti di Capodistria (in den Memorie per servire alla Storia letteraria. Venezia) und Lettera intorno ad Ottonello Vida (in den Opuscoli Ferraresi, Vol. 12.) und von seinen landwirthschaftlichen die Memoria sopra gli Olivi (in der Raccolta di Memorie delle pubbliche Accademie di Agricoltura, Arti e Commercio). Gravisi starb im J. 1808 in sehr hohem Alter. — Ein Dionigi Gravisi, welcher im J. 1778 zu Parenzo starb, ist als Dichter bekannt und gab mit Giuseppe Bonzio aus Capodistria ein Bändchen kleiner Gedichte (Poesie liriche. Venezia 1771. 8.) heraus; auch übersetzte er Voltaire's Zaire ins Italienische. Wahrscheinlich war er mit Girolamo Gravisi verwandt*).

(*Ph. H. Külb.*)

GRAVISSET (N.), ein reformirter Theolog aus der zweiten Hälfte des 17. Jahrh., geboren zu Metz um das Jahr 1650, leistete nach der Beendigung seiner Studien einige Zeit Dienste an der Kirche seiner Glaubensgenossen in seiner Vaterstadt und ging dann nach London, um als Prediger bei der französischen Gemeinde daselbst zu wirken. Er trat in späterer Zeit zu dem Katholicismus über und führte dann einen heftigen Federkrieg mit den Theologen seiner Confession in mehreren Flugschriften, die längst der Vergessenheit anheimgefallen sind; die einzige hierher gehörende Schrift, die in der theologischen Literatur Erwähnung verdienen dürfte, ist die Exposition de l'Eucharistie et de son Institution. Paris 1699. 4. Dem Titel entspricht in keiner Weise der Abregé de l'Histoire de Joseph, Historien Juif. Paris 1696. 12. 4 Voll., denn er ist nichts weniger als ein Auszug aus dem Werke des jüdischen Historikers, sondern eine Erklärung verschiedener Stellen der fünf Bücher Mosis in Gesprächen, wobei hier und da Josephus als Gewährsmann genannt wird. Gravisset starb zu Anfang des 18. Jahrh. †). (*Ph. H. Külb.*)

GRAVITATION. Unter Gravitation, Schwerkraft, versteht man seit Newton jene allgemeine Anziehung aller Materie auf einander, welche proportional den Massen und umgekehrt proportional dem Quadrate der Entfernung der anziehenden Molekülen wirkt.

Diese Kraft äußert sich insbesondere in zwei augenfälligen und fortwährend sich der Erfahrung aufdrängenden Erscheinungen, in dem Falle der irdischen Körper nach der Erde und in der kreisenden Bewegung der Planeten um die Sonne — zwei Erscheinungen, welche für die einfache Betrachtung so gänzlich aus einander liegen, daß es nicht Wunder nehmen kann, wenn erst sehr spät und mit voller Sicherheit erst von Newton die Identität ihrer Ursachen constatirt wurde.

§. 1. Eine unbefangene Naturbetrachtung, welche über die erste naive Periode, in der man die Sterne an dem

*) Const. v. Wurzbach, Biographisches Lexikon des Kaiserthums Oesterreich. Bd. V. S. 320.

†) Joh. Chr. Adelung, Fortsetzung und Ergänzungen zu Chr. Gottl. Jöcher's Gelehrten-Lexikon. Bd. 2. S. 1569.

krystallenen Himmelsgewölbe befestigt ansah, hinwegging, mußte sich die Frage vorlegen, warum die Gestirne nicht wie andere Körper zur Erde niederfallen. Auf diesem Standpunkte befanden sich die ionischen Naturphilosophen: sie suchten nach einem Grunde, der die den Körpern inhaftende Schwere aufheben könnte. Bei dem geistreichen Geschick, mit dem sie aus ihren beschränkten und zufälligen Beobachtungen Nutzen zu ziehen wußten, erkannten sie in der bei jeder kreisenden Bewegung entstehenden Tendenz der bewegten Körper, sich von ihrem Mittelpunkte zu entfernen, eine solche Kraft, welche durch die tägliche Umdrehung der Gestirne um die Erde veranlaßt, die andere Tendenz der Sterne, zur Erde herabzufallen, aufzuheben im Stande wäre.

Empedokles[1]) sprach dies dahin aus, „daß die himmlischen Körper durch das Wirbeln eine schnellere Bewegung erlangen, als ihre eigene (Fall-) Kraft ihnen gäbe;" und sein Zeitgenosse Anaxagoras hat, wie es nach den geringen Resten[2]) scheint, welche uns von seiner Naturanschauung erhalten sind, dieselbe Idee in ihren Ausführungen verfolgt: „daß der Mond nicht fällt, verhindert seine Bewegung und sein Umschwung, wie auch ein in die Schleuder gelegter und im Kreise geschwungener Körper nicht fallen kann. Denn eine der Natur entsprechende Kraft bewegt jedes Ding, sobald es nicht von einem andern abgelenkt wird. Daher bewegt den Mond nicht die Schwere abwärts, da er durch den Stoß des Umschwunges gehindert wird; und es würde verständiger sein, sich zu wundern, wenn er immer an demselben Orte bliebe, wie es die Erde bleibt"[3]). Der im J. 465 erfolgte Fall eines großen Meteorsteines bei Aegos-Potamoi in Thracien hat, wie es scheint, auf die Ausbildung dieser Ansicht einen bedeutenden Einfluß ausgeübt. Denn Anaxagoras hat sich mit der Erklärung dieses wunderbaren Phänomens angelegentlich beschäftigt, wie genügend aus der von späteren Schriftstellern spöttelnd erzählten Sage hervorgeht, daß er den Fall jenes Steines und eines anderen im Gymnasium von Abydos aus der Sonne herab vorhergesagt haben soll[4]). Es mochte dies Ereigniß ihn mit besonderer Eindringlichkeit die Frage erregen, woher es komme, daß nicht auch die Sterne vom Himmel herabfallen; und er beantwortete sie in der eben angegebenen Weise; den Fall der Steine aber erklärte er aus einem „Nachlassen der Schwungkraft"[5]). Und noch mehr: Es erzeugte oder bestätigte dieser Steinfall vom Himmel die Ansicht von einer mit den irdischen Körpern wesentlich gleichartigen Natur der Gestirne, welche bis dahin in voller Uebereinstimmung so sehr für überirdische Wesen gehalten worden waren, daß die Behauptung des Anaxagoras, die Sonne sei „eine geschmolzene feurige Masse"[6]), ihn der Anklage der Gotteslästerung aussetzte. Der ionische Philosoph lehrte sogar eine vollkommene Gleichartigkeit der himmlischen und irdischen Massen; denn er behauptete, „daß der umgebende Aether seiner Substanz nach feurig sei und durch die Stärke des Umschwunges Felsstücke von der Erde abreiße, sie entzünde und so zu Sternen mache"[7]).

Eine ähnliche Ansicht von der Natur der Himmelskörper, welche dann auch auf eine ähnliche Erklärung ihrer Bewegung führen mußte, vertreten eine Reihe der späteren Naturphilosophen, insbesondere die Atomistiker. So erklärt es Lucrez geradezu für Aberglauben, daß sich die Gestirne als göttliche Wesen bewegen[8]), und meint, „sie ständen so wenig gebührend unter der Götter Zahl, daß sie vielmehr zur Kenntniß dessen zu verhelfen schienen, was der Bewegung und des Lebens beraubt ist. Denn wie könnte man glauben, daß Geist und vernünftiges Wesen jeglichem Körper innwohne?" Dazu sei vielmehr ein organisirter Körper nothwendig, den die Himmelskörper nicht hätten.

Es hat wenig Interesse, die Ansichten anderer griechischer Philosophen in der fragmentarischen Form, wie sie uns überliefert sind, hier vorzuführen, und ich beschränke mich auf die ausführliche Darstellung der einzigen, uns in ihrem Zusammenhange vorliegenden Anschauung, welche schon in alter Zeit zu einer sehr allgemeinen Anerkennung gelangte und für die Geschichte der Wissenschaft eine durchgreifende Bedeutung hat.

§. 2. Die Ansicht des Aristoteles von der Natur der Gestirne ist von der des Anaxagoras durchaus verschieden. Er weist[9]) ausdrücklich die Meinung zurück, daß die Himmelskörper „eine Schwere haben oder sämmtlich erdig wären;" dann wäre ja eine Weltseele nöthig, welche immerfort wie Ixion das Rad drehte, „weil die Bewegung nothwendig mit Gewalt verbunden sein muß, wofern sie ja, während der oberste Körper sich nach seiner Naturbestimmung bewegen soll, ihn beständig anders bewegt." Ihm sind die Gestirne „göttliche Körper." Er wirft den Philosophen vor: „Sie denken über die Gestirne meist nur, wie über bloße Körper und wie über Dinge, welche wol die Rangordnung von Monaden haben, aber dabei völlig unbeseelt sind. Hingegen," fährt er fort, „soll man derartige Annahmen hegen, als hätten dieselben auch an einem Thun und Leben Theil;" und aus Gründen, die wir wol schwerlich als maßgebend anerkennen möchten, meint er, „muß man glauben, daß das Leben der Gestirne ein derartiges sei, wie etwa das der Thiere und Pflanzen"[10]). Ja an einer anderen Stelle[11]) schließt er sich, wenn auch zögernd, „der schon von den Vorfahren, und zwar von Alters her, gelehrten und in Form einer Fabel den Nachkommen hinterlassenen Ansicht an, daß die Gestirne Götter sind," lehnt aber sogleich und mit Entschiedenheit die anthropomorphistische Vorstellung dieser Gottheiten ab, als welche nur eine zur Ueberredung der Menge erfundene Fabel sei. Doch war die Andeutung des Stagiriten für die Scholastiker hin-

1) *Aristoteles*, De caelo II, 1. p. 284 b. ed. *Bekker*. 2) Vita bei *Diogenes Laert.* II. 3) *Plutarch*. De facie in orbe lunae p. 923 und *Stobaeus*, Eclog. I. c. 25 am Anfang. 4) Humboldt, Kosmos I. S. 401 u. 406. 5) *Plut.* Vit. Lysandri c. 12. 6) *Stobaei* Ecl. I. c. 26, 8.

7) *Plut.* De plac. phil. II, 13. 8) De rerum nat. V, 116 seq. 9) De caelo II, 1. p. 284 a. ed. *Bekker*. 10) De caelo II, 12. p. 292 a u. b. 11) Metaph. XII, 8. p. 1074.

greifend, um sie zu einer weitern Ausbildung der Lehre von den Astralgeistern zu veranlassen, welche, gleichsam der Keppler'schen Gesetze und der Störungen kundig, die aus der ätherischen quinta essentia geformten himmlischen Körper in ihren Bahnen führen.

Es war doch diese Annahme von Astralgeistern ein fremder Tropfen in Aristoteles' Blut; nur beiläufig und zögernd, durch eine Hinterthür läßt er sie ein, um einerseits dem Idealismus Platon's, andererseits dem Materialismus und dem ihm so ganz antipathischen Atomismus zu entgehen. Seine Naturauffassung beruht wesentlich auf formalen Principien, denen er die von ihm realistisch genommene Natur unterwirft, ohne eigentlich materielle Ursachen nöthig zu halten.

§. 3. Die formalen Principien für seine Philosophie vom Himmel gibt er im VIII. Buche seiner Physik: „Alles räumlich sich Bewegende bewegt sich entweder im Kreise oder in gerader Linie oder auf gemischte Art.... Daß aber das nach gerader und begrenzter Linie sich Bewegende sich nicht stetig bewegt, ist klar; denn es biegt um" [12]. „Die Bewegung aber auf der Kreislinie wird eine einige und stetige sein.... Die Bewegung im Kreise ist die von sich zu sich selbst, die in gerader Linie aber von sich zu einem Anderen.... Denn mehrmals muß hier auf dem Nämlichen die Bewegung geschehen und die entgegengesetzten Uebergänge vorkommen. Nicht nämlich verknüpft sie mit dem Anfange das Ende. Die des Kreises aber verknüpft beides und ist allein vollkommen" [13]. „Daß aber unter den räumlichen Bewegungen die Kreisbewegung die erste ist, ist klar.... Früher aber sowol der Natur, als dem Begriffe, als der Zeit nach ist das Vollkommene vor dem Unvollkommenen und vor dem Vergänglichen das Unvergängliche. Und früher ist, die ewig sein kann vor der, die es nicht kann.... Die im Kreise nun kann ewig sein, von den anderen aber keine Raumbewegung" [14].

Diese Principien finden nun sogleich im ersten Buche der Abhandlung über das Himmelsgebäude ihre Anwendung auf die reale Natur. Aristoteles nennt „einfach" die Körper, wie Erde und Feuer, welche in sich selbst naturgemäß einen Anfang der Bewegung haben. „Wofern es nun eine einfache Bewegung gibt, eine einfache aber die kreislinige Bewegung ist, und sowol die Bewegung des einfachen Körpers eine einfache als auch die einfache Bewegung nur die eines einfachen Körpers ist, so muß es nothwendig irgend einen einfachen Körper geben, welcher dazu bestimmt ist, in der kreislinigen Bewegung räumlich bewegt zu werden, und zwar gemäß seiner eigenen Natur; denn daß er durch Vergewaltigung in der Bewegung eines anderen und verschiedenartigen Körpers bewegt werde, ist wol statthaft, aber daß naturgemäß, das ist unmöglich, wofern Eine Bewegung eines jeden einzelnen der einfachen Körper die naturgemäße ist.... Und in der That muß ja auch die ursprünglichste nothwendig die kreislinige Bewegung sein; denn das Vollkommene ist von Natur aus ursprünglicher als das Unvollkommene, der Kreis aber gehört zu den vollkommenen Dingen.... Wofern demnach die ursprünglichere Bewegung einem von Natur aus ursprünglicheren Körper zukommt, die kreislinige aber ursprünglicher ist als die geradlinige, die geradlinige aber den einfachen Körpern zukommt (denn sowol das Feuer bewegt sich geradlinig nach Oben, als auch das Erdige nach Unten zum Mittelpunkte hin), so muß nothwendig auch die kreislinige Bewegung irgend einem ursprünglicheren Körper, als jene einfachen sind, zukommen. Aus diesem ist demnach augenfällig, daß von Natur aus irgend eine andere Körperwesenheit außer den hiesigen Gebilden bestehe, und zwar eine göttlichere und ursprünglichere, als diese insgesammt" [15]. Es können demnach die Gestirne nicht aus Feuer bestehen, weil dieses eine seiner Natur nach geradlinige Bewegung vom Mittelpunkte der Erde hinweg hat; sie müssen vielmehr aus einem Stoffe bestehen, welcher weder Schwere noch Leichtigkeit hat [16], sondern ganz aus dieser Kategorie herausfällt; welcher ferner der Permanenz der Kreisbewegungen entsprechend, weder entsteht noch vergeht, und Aether [17] genannt werden kann, aber auf keine Weise, wie dies Anaxagoras gethan hat, mit dem Feuer verwechselt werden darf.

So hat denn Aristoteles eine Mechanik des Himmels festgestellt, welche von der der irdischen Körper sich, wie wir heute sagen möchten, durch ein anderes Axiom von der Trägheit unterscheidet; während in letzterer die naturgemäße Bewegung eines nicht von Kräften ergriffenen Körpers eine geradlinige ist, so ist sie in der Mécanique céleste des Stagiriten eine kreisförmige. Damit ist aber für uns diese ganze Vorstellung in das Gebiet des Abenteuerlichen gerückt und es hat für unseren Zweck jetzt weiter kein Interesse, das complicirte System der 47, ewig in gleicher Weise rollenden Sphären kennen zu lernen, welche die in ihnen fest eingefügten, mit ihnen homogenen Himmelskörper in ihren Bahnen herumführen. Das mechanische Verständniß ist uns hier abgeschnitten und wir haben hier nur die Aufgabe, dieses in seiner historischen Entwickelung vorzuführen.

§. 4. Sehen wir daher zu, ob Aristoteles mit seiner Mechanik der irdischen Körper, ihrer Schwere und ihrer Fallkraft gegen den Mittelpunkt der Erde, die er im 4. Buche der Schrift περὶ οὐρανοῦ behandelt, mehr Glück hat.

Er beginnt seine Behandlung mit der Definition: „Schwer und leicht nennen wir etwas darum, weil es irgendwie von Natur bewegt zu werden im Stande ist" [18]. Er tadelt die früheren Philosophen, daß sie nur von relativ leichten und schweren Körpern gesprochen, das schlechthin leichte und schwere aber nicht erkannt haben, und bestimmt: „Schlechthin leicht nennen wir, was nach Oben und zur äußersten Grenze bewegt

12) Phys. VIII, 8. p. 261 b. 13) l. c. p. 264 b. 14) VIII, 9. p. 265.

15) De coelo I, 2. p. 269 a und b. 16) I, 3. p. 269 b. 17) I, 4. p. 270 b. 18) IV, 1. p. 307 b.

wird, schlechthin schwer aber, was nach Unten und zum Mittelpunkte hin; relativ leicht und leichter aber dasjenige, im Vergleich mit welchem, wenn zwei mit Schwere begabte und an Größe (ὄγκος) gleiche Körper es sind, der andere von Natur aus mit größerer Schnelligkeit abwärts bewegt wird"[19]). Die Behauptung von der verschiedenen Geschwindigkeit der verschieden schweren Körper entspricht der oberflächlichen Beobachtung, und es wäre unbillig, diesen Fehler dem griechischen Philosophen hoch anzurechnen. Auch würde sonst gegen die Definition kein weiterer Einwand zu erheben sein, wenn sie als nominale und nur vorläufige angesehen würde, welche noch mit der Erfahrung zu vergleichen und ihr zu accommodiren wäre. Aber es tritt hier jener fundamentale Fehler des Aristoteles ein, der in fast allen physikalischen Fragen seine Speculationen für den Fortschritt der Wissenschaft unfruchtbar, ja hemmend gemacht hat, der Fehler, solche nominale Definitionen ohne Weiteres wie reale zu behandeln, und daraus, daß wir schlechthin schwer und leicht „nennen," was sich unbedingt nach Unten oder Oben bewegt, ohne Weiteres zu schließen, daß solches schlechthin Leichtes und Schweres überhaupt existirt.

Ehe nun unser Philosoph von seinem Standpunkte aus die Ursachen und Principien des Leichten und Schweren untersucht, kritisirt er die Ansichten seiner Vorgänger, zunächst Platon's.

Da nach diesem die Materie nur die Form der Räumlichkeit ist, so kann er nur durch verschiedene Formen der Atome die Eigenthümlichkeiten des physikalischen und chemischen Verhaltens der verschiedenen Körper erklären. So erhält das Feuer als das einschneidenste der Elemente die Form des Tetraeders[20]). Schwer wird nun ein Körper genannt, wenn er viele solcher materiellen Theilchen enthält, leicht, wenn er wenige enthält[21]); so ist Feuer leichter als Erde, weil es weniger Tetraeder, als letzteres Hexaeder enthält. Gegen diese Annahme macht nun Aristoteles[22]) geltend, daß erstens dann eine große Masse Feuer weniger schnell aufsteigen müsse, als eine kleine, weil sie eben auch mehr Tetraeder enthielte, und zweitens, daß es dann eine gewisse Menge Luft geben müsse, welche mehr Materie enthielte, als z. B. eine gewisse Menge Wasser, und daher auch schwerer sein müsse. „Es zeigt sich aber ganz das Gegentheil, denn immer wird sowol die mehrere Luft um so stärker nach Oben bewegt, als auch jedweder Theil der Luft wird aus dem Wasser nach Oben bewegt."

Die Atomistiker erklärten die Erscheinung, daß zwei an Größe (ὄγκος)[23]) gleiche Körper doch verschieden schwer sein können, dadurch, „daß das Leere die Körper, indem es in sie eingeschlossen sei, leicht mache und zuweilen bewirke, daß Größeres leichter ist, denn es habe dann mehr Leere in sich"[24]). Aristoteles bemerkt hingegen, daß, wenn in der That nur die Menge des Leeren, das in einem Körper sei, seine Leichtigkeit bestimme, dann im Vergleich mit wenigem Feuer vieles Gold mehr Leeres enthielte und darum leichter sein würde, was absurd ist. Es müssen also die, welche überhaupt dem Leeren die Leichtigkeit zuschreiben, andererseits dem Vollen die Schwere beilegen und nach dem Verhältniß des Leeren und Vollen in einem Körper seine relative Schwere oder Leichtigkeit bestimmen. Dann aber würden sich eine große und eine kleine Menge Feuer mit derselben Geschwindigkeit nach Oben bewegen und viel oder wenig Blei gleich schnell fallen müssen, da in der großen und kleinen Menge eines Stoffes das Verhältniß des Leeren und Vollen dasselbe ist. Dies aber widerspricht der Erfahrung, wie Aristoteles[25]) meint; denn viel Feuer steige schneller in die Höhe als wenig und ein großes Bleigewicht falle schneller, als ein kleines.

Seine eigene Behandlung beginnt Aristoteles mit dem Principe des absolut Leichten und Schweren und stellt sogleich die Frage: „warum unter den Körpern die einen immer naturgemäß nach Oben, die anderen nach Unten bewegt werden?"[26]). Die Antwort hierauf wird dadurch vorbereitet, daß die Bewegung des Schweren und Leichten als eine in seinen eigenen Ort (εἰς τὸν αὑτοῦ τόπον) und damit in seine eigene Form (εἶδος) dargestellt wird, sodaß man sie als eine von Aehnlichem zu Aehnlichem bezeichnen könnte[27]). Um aber jeder Möglichkeit, in dieser Auffassung eine Art mechanischer Anziehung in unserem Sinne zu sehen, zuvorzukommen, bemerkt Aristoteles ausdrücklich: „Nämlich nicht, wenn man die Erde dahin versetzte, wo jetzt der Mond ist, würde jeder ihrer Theile zu ihr hin bewegt werden, sondern immer noch dahin, wo sie jetzt ist." Der Grund aber, warum das Feuer nach Oben und die Erde nach Unten bewegt wird, ist derselbe, „als warum das Heilbare, wenn es bewegt wird und als Heilbares sich verändert, in Gesundheit übergeht, nicht aber in Weiße ...; nur daß die Bewegung des Leichten nach Oben und des Schweren nach Unten einen Anfang der Bewegung in sich selbst zu haben scheinen, erstere hingegen (nämlich des Heilbaren) nicht in sich selbst, sondern nur von Außen her.... Es zeigt sich, daß das Schwere und das Leichte das Princip (ἀρχή) der Bewegung in sich selbst haben, weil nämlich ihr Stoff (ὕλη) der Wesenheit (οὐσία) am nächsten ist." „Augenfällig demnach ist, daß hierbei ein blos möglicher Weise Seiendes (δυνάμει ὄν), indem es zur Verwirklichung (ἐντελέχεια) kommt, gerade dorthin und in ein so Großes und so Beschaffenes übergeht, wie dasjenige Ding selbst ist, von welchem und dessen Größe und Beschaffenheit und Orte eben jenes die Verwirklichung ist"[28]).

Hierin findet denn Aristoteles die völlig befriedigende Erklärung des Fallens und Aufsteigens der Körper, und

19) l. c. p. 308 a. 20) *Timaeus* p. 56 seq. 21) l. c. p. 56 c. 22) De caelo IV, 2. p. 308 b. 23) Hieraus geht genügend hervor, daß ὄγκος nicht, wie dies Prantl thut, mit „Masse" übersetzt werden darf, sondern bei Aristoteles vielmehr den unbestimmten Begriff der „Größe" oder des Umfangs ausdrückt. Vergl. Anm. 33.

24) De caelo IV, 2. p. 309 a. 25) l. c. IV, 2. p. 309 b. 26) De caelo IV, 3. p. 310 a. 27) l. c. p. 310 b. 28) l. c. p. 311 a.

es dürfte in seinen Schriften kaum ein Beispiel geben, welches den Unterschied seiner Methode und einer wahren Naturforschung klarer vor Augen legt. Das ganze Streben unseres Philosophen geht dahin, jene Erscheinungen unter eine allgemeine begriffliche Kategorie zu bringen, in der selbst er dann den Grund und die Ursache ihres Eintretens finden zu können glaubt. Daß auf diese Weise das Phänomen mit einem Schlage erklärt schien und die genauere Untersuchung seiner Bedingungen nach Art und Maß für überflüssig gehalten werden mußte, ist diejenige Folge dieser Methode, welche am schädlichsten auf die weitere Entwickelung der Naturwissenschaften eingewirkt hat.

Ist nun bis jetzt nur von dem absolut Leichten und Schweren gesprochen worden, so werden im weitern Fortgange die Mittelbegriffe behandelt: Nur Erde ist schlechthin schwer und Feuer schlechthin leicht. „Denn vom Feuer wird jede beliebige Menge, wenn nicht eben ein Anderes im Wege steht, nach Oben bewegt, von der Erde hingegen nach Unten; in der nämlichen Weise aber auch immer die größere Menge schneller“ [29]). Wasser und Luft hingegen sind nicht absolut schwer oder leicht, aber relativ, „denn die Luft ist, wie viel sie auch sei, über dem Wasser auf der Oberfläche, das Wasser hingegen, wie viel es immer sei, unter der Luft in der Tiefe. Nachdem aber auch von den übrigen Körpern die einen Schwere, die andern Leichtigkeit haben, so ist klar, daß bei diesen allen die Ursache der in den einfachen Körpern liegende Unterschied ist; denn je nachdem sie von dem einen mehr und von dem anderen weniger bekommen haben, sind die einen der Körper leicht und die anderen schwer.“

Da haben wir wieder das unleidliche Spielen mit Begriffen; die Ursache wird nicht in einem realen Verhältniß, sondern in Begriffen und gewissermaßen der Theilnahme der Dinge an diesen gesucht.

Die Beobachtung, daß ein Stück Holz in der Luft schwerer als ein Stück Blei, im Wasser hingegen leichter sein kann, erklärt unser Schulphilosoph [30]) aus dem allgemeinen Principe, wonach das Wasser überall, nur nicht in der Erde, die Luft überall, nur nicht in der Erde und im Wasser schwer sei. In seinem eigenen Raume aber ist, mit Ausnahme des Feuers, jeder Körper schwer, und es beruft sich Aristoteles dabei auf die Thatsache, daß ein mit Luft gefüllter Schlauch schwerer ist, als ein leerer [31]). So wird nun, wenn Etwas mehr Luft, als Erde und Wasser enthält, es im Wasser leichter, als ein Anderes, in der Luft aber schwerer sein.

Das ist die Theorie des großen Philosophen von der Schwere. Wir begreifen nun, warum von ihr aus die Erklärung der wirklichen Naturerscheinungen nicht gelingen konnte. Die Thatsache, von der er ausgeht, daß die Fallgeschwindigkeit von dem specifischen und absoluten Gewichte des Körpers abhängt, ist durchaus falsch; die Begriffe sind unbestimmt und verworren. Das specifische und das absolute Gewicht werden bunt durch einander geworfen. Ob ein Pfund Federn oder ein Pfund Blei schwerer sei, das war für den Peripatetiker eine wol aufzuwerfende und schwierig zu beantwortende Frage, deren Lösung er in sehr gelehrter, aber gewiß unrichtiger Weise gegeben haben würde. Es fehlte eben jede klare Beziehung der statischen Schwere, wie sie sich im Gewichte, und der dynamischen, wie sie sich im Falle ausspricht, obgleich deren Gegenüberstellung als potentielle und actuelle Schwere, wie uns scheint, recht wohl in den Kategorien des Aristoteles gelegen hätte.

§. 5. Wenn ich hier auf die Darstellung dieser längst verworfenen und verschollenen Gedanken des größten Philosophen des Alterthums so ausführlich eingegangen bin, so geschah es einerseits aus dem Interesse, welches ein zweitausend Jahre lang festgehaltener und so systematisch scharf ausgebildeter Ideenkreis, wie der Aristotelische von der Schwere der Körper, überhaupt hat, andererseits aber konnte so allein die Geschichte der Revolution verstanden werden, welche die Mechanik im 16. und 17. Jahrhundert durchmachte, und begriffen werden, welche Geisteskraft dazu erfordert wurde, diesen mit allem wissenschaftlichen Glanze dialektischer Kunst und innerer Wahrheit erscheinenden Kreis zu durchbrechen.

Das ganze mechanische System des großen Meisters ging im Wesentlichen unverändert auf die Schulen der mittelalterlichen Philosophen über und bildete in der weiteren Ausbildung, die es in diesem langen Zeitraume erfahren hatte, im 16. Jahrhundert ein großartiges und bequemes Gebäude, dessen Fundamente und Mauern für alle Zeiten gegründet schienen. Aber eben in dieser Zeit entwickelte sich der ungestüme Drang nach einer neuen Erfassung der Natur und ihrer Gesetze. Man wollte sich nicht mehr begnügen mit der metaphysischen Fassung ihrer obersten Principien; man verlangte Sätze, welche das Was und Wie der natürlichen Vorgänge direct aussprachen, welche unmittelbare und genaue Aufklärung über die Bedingungen und den Verlauf eines Phänomens gaben.

Was insbesondere die Frage nach der Schwere der Körper und ihrer Fallbewegung betrifft, so frug man jetzt ernster als bisher, was ist der „eigene Ort“ des Körpers? wann ist eine Bewegung naturgemäß und wann nicht? wie groß ist in jedem Augenblicke die Geschwindigkeit eines fallenden Körpers? wie verhalten sich die Geschwindigkeiten verschiedener Körper beim Falle? wie bewegt sich ein geworfener Körper? wie verhalten sich die Gewichte der Körper in der Luft zu denen im Wasser? und wie weiter diese Fragen lauten, welche ein jugendlich frischer, offener Sinn für die Natur die Physiker des 16. Jahrhunderts stellen ließ. Es zeigten sich hierbei die Lehren des göttlichen Meisters aller Wissenschaft theils unzureichend, theils in ihren Folgerungen im Widerspruch mit den Vorstellungen, welche die wirkliche Erfahrung in den Physikern ausgebildet hatte, und

29) l. c. IV, 4. p. 311 a. 30) l. c. p. 311 b. 31) Diese Thatsache ist, sowie sie Aristoteles angibt, nicht richtig, wie es schon J. B. Benedetti (Divers. specul. liber. Turin 1585. p. 180) bemerkt, daß sie allein aus der Compression der in den Schlauch hineingepreßten Luft zu erklären wäre.

man begann in der allerdings noch schüchternen Erkenntniß dieser Mängel sich frei genug zu fühlen, um wenigstens hie und da einen selbständigen Weg einzuschlagen [32]).

Wie überhaupt von der Renaissance gesagt werden kann, daß sie auf den verschiedensten Gebieten aus den Schriften des Alterthums nur in soweit Anregungen schöpfte, als sie verwandten Strömungen ihres eigenen Geistes begegnete, so kam auch hier jenem Streben nach einer Erkenntniß der factischen Natur ganz wesentlich eine Schrift entgegen, welche, aus dem Alterthume stammend, dennoch in keiner Weise von der Aristotelischen Blässe der Begriffe angekränkelt war, sondern in der einfachen Weise der griechischen Mathematiker ein beschränktes Gebiet, von wenigen klaren Voraussetzungen ausgehend, in strenger Deduction behandelte; ich meine die zwei mechanischen Abhandlungen des Archimedes. Es gehört zu den merkwürdigsten Thatsachen der Geschichte der Wissenschaften, daß solche Leistungen ohne jeden Einfluß auf die Entwickelung der philosophischen Systeme bei den Griechen gewesen sind. Sie enthalten Wahrheiten von unzweifelhaftem Werthe, und was mehr ist, ihre Methode ist eine so einfache und fruchtbringende, daß man glauben sollte, sie hätten bestimmend auf alle spätere Forschung einwirken müssen. Und doch kann man sagen: die erwähnten Schriften des Archimedes sind Saatkörner gewesen, welche fast zwei Jahrtausende schlafen mußten, und erst in der Renaissance den Baum hervortrieben, welcher dann freilich mit seiner Fülle die künstlich verbundenen Zweige des verworrenen, aus dem Lyceum hervorgewachsenen Strauches bald beschattete und ihm endlich Licht und Leben raubte.

Im J. 1543 gab Tartaglia zum ersten Mal zu Venedig die Schrift des Archimedes „De insidentibus aquae" [33]) heraus, die sofort eine ganze Reihe von Arbeiten veranlaßte, welche die darin niedergelegten Gedanken nach allen Richtungen hin ausbeuteten [34]).

Die Schrift des Archimedes geht von folgender Annahme aus: „Man setze als wesentliche Eigenschaft einer Flüssigkeit voraus, daß bei gleichförmiger und lückenloser Lage ihrer Theile der minder gedrückte durch den mehr gedrückten in die Höhe getrieben werde. Jeder Theil derselben aber wird von der nach senkrechter Richtung über ihm befindlichen Flüssigkeit gedrückt, wenn diese im Sinken begriffen ist, oder doch von einer andern gedrückt wird," und leitet daraus den Gewichtsverlust und die Tiefe des Einsinkens eines Körpers in einer Flüssigkeit ab, sowie den Satz (I, 6): „Wenn Körper, die leichter sind als eine Flüssigkeit, in diese eingetaucht werden, so erheben sie sich wieder mit einer so großen Kraft, wie eine Masse Flüssigkeit von der Größe des Körpers schwerer ist, als der Körper selbst."

§. 6. Mit besonderem Erfolge wurde die Reform der Mechanik von Galileo Galilei unternommen. Bereits als 25jähriger Professor (1589) zu Pisa erklärte er sich in seinen Vorlesungen gegen Aristoteles mit einer Entschiedenheit und einem Spott, der seine Zuhörer nicht selten zu hörbaren Zeichen ihres Mißfallens hinriß [35]). Aber seine Experimente über den Fall verschieden schwerer Körper und deren Geschwindigkeit, die er von dem schiefen Thurme in Pisa anstellte, sowie die auf der schiefen Ebene u. s. f., überwanden im Laufe der Zeit das gewaltige statische Moment des Scholasticismus und ließen ihn als Sieger aus dem schweren Kampfe hervorgehen.

Es ist ein großer Irrthum, wenn man meint, Galilei habe allein, ohne Mitstreiter und ohne Vorgänger diese Reform durchgeführt. Obgleich er selbst nicht Weniges ganz eigentlich neu geschaffen hat, kann man doch einen großen Theil der mechanischen Lehren, die man gemeinhin auf ihn zurückführt, schon bei Schriftstellern der vorhergehenden Decennien nachweisen. Aber er war der geniale Mann, der die vielen schon behauenen Steine zu einem festen und schönen Gebäude vereinigte und planmäßig, von wenigen Principien aus, das ganze neue Gebäude begründete. Er gehört zu den Männern, deren Schriften durch Inhalt und Form eine gewaltige Umgestaltung des Ideenkreises herbeiführen und für die Zukunft bestimmend wirken. Galilei's mechanische Schriften liest ein moderner Leser fast ohne Anstoß; nicht viel anders selbst in der Terminologie würden wir heute, fast 300 Jahre später, diese fundamentalen Lehren darstellen, während alle früheren Schriften uns veraltet, trotz theilweise richtiger Gedanken, in einer andern Ideenatmosphäre zu athmen scheinen und von ihrem Leser historische Objectivität, sowie beschwerliches Studium verlangen. So ist denn Galilei der Glückliche, den die Mechanik als ihren Reformator zu nennen hat.

Aber auch er war in den Aristotelischen Vorstellungen aufgewachsen und hatte einen langen Kampf durchzumachen, um den neuen Gedankenkreis zu begründen, auszubilden und in klare Begriffe zu fassen. Wir sind in der Lage, seinen Entwickelungsgang einigermaßen verfolgen zu können. In einer seiner früheren Schriften [36]) finden wir neben vielen richtigen und klaren Gedanken doch noch vieles Unklare und Falsche, welches, wie ich mich ausdrücken möchte, gleichsam noch Aristotelisch gedacht ist, so lebhaft auch schon die Opposition, ja fast die Verachtung gegen den großen Stagiriten ist.

32) Wie lebhaft bereits um die Mitte des 16. Jahrhunderts der Kampf gegen Aristoteles' Mechanik war, mag man aus Libri's Hist. d. scienc. math. en Italie. T. III. (an vielen Stellen) ersehen. 33) Auch „De iis quae vehuntur in aqua" (Von den schwimmenden Körpern) genannt. Der griechische Text dieser in 2 Bücher eingetheilten Schrift, die Tartaglia in lateinischer Uebersetzung herausgab, ist bedauerlicher Weise verloren gegangen. 34) Tartaglia, La travagliata inventione, ossia Regola per sollevare ogni affondata nave (Venedig 1551). Ragionamenti sopra la travagl. invent. (ib.), in denen er die erste Tabelle des specifischen Gewichtes (Wasser = 1 gesetzt) gab. — Simon Stevin, „De Beghinselen des Waterwichts" (Leyden 1586), hat die größten Verdienste um die Weiterbildung der Hydrostatik. — Andere unbedeutende Arbeiten lasse ich unerwähnt.

35) *Libri*, Hist. d. sc. math. T. IV. p. 178. 36) Sermones de motu gravium, eine unvollendete Schrift, die zuerst nach Manuscripten 1854 im XI. Bande der vollständigen Florentiner Ausgabe der Opere di Gal. Gal. von p. 1—80 veröffentlicht ist. Das Datum der Abfassung ist unbekannt.

Die Auffassung, die der Verfasser von der Schwere und dem Fall der Körper hat, ist folgende:

„Es möge vorausgesetzt werden, daß es von Natur so eingerichtet sei, daß das Schwerere unter dem Leichteren bleibt" [37]). Die Frage nach dem Grunde dieser Anordnung weist Galilei als eine unwesentliche zurück und bemerkt nur, man könne entweder mit den Scholastikern sagen, „es gefalle der Natur so," oder es sei in dem Schwereren mehr „Materie" enthalten.

Leicht und schwer sind nur relative Begriffe. „Gleich schwer heißen zwei Körper von gleicher Größe, wenn sie in demselben Medium von derselben Schwere sind [38]), sodaß, wenn wir z. B. ein Stück Holz und ein Stück Eisen haben, welche von gleicher Schwere sind, diese doch nicht gleich schwer zu nennen sind, weil das Holzstück viel größer sein wird, als das Stück Eisen." Diese Unterscheidung ist, so seltsam sie auch klingen mag, vollkommen treffend und ein gewaltiger Fortschritt gegen Aristoteles, der, wie unsere obige Darstellung zeigt, keinen Begriff von dem specifischen Gewichte der Körper hat und jene beiden Begriffe, die Galilei hier auseinanderhält, fortwährend verwechselt.

„Nachdem nun," fährt Letzterer fort, „die Begriffe so klar gemacht sind, ist es leicht zu begreifen, wie das Schwere von der Schwerheit, das Leichte von der Leichtigkeit bewegt wird: die Körper nämlich, welche schwerer sind als das umgebende Medium, werden nach Unten bewegt; denn so ist es von Natur bestimmt, daß das Schwerere unter dem Leichteren bleibt" [39]).

Man sieht, wie wenig sich hier Galilei eine klare Vorstellung von dem Vorgange des Untersinkens in einer Flüssigkeit gemacht hat; anstatt einer realen Ursache, den Druck der Flüssigkeit, den doch schon Archimedes kannte, statuirt er ein allgemeines formales Princip.

Der Ausspruch des Aristoteles, daß Luft und Wasser an ihren eigenen Orten schwer seien, daß es absolut leichte Körper gebe, und ähnliche, werden mit Emphase zurückgewiesen [40]).

In der Besprechung der Erscheinungen beim Fall der Körper aber verwickelt sich Galilei in auffälliger Weise: Von dem oben (§. 5) citirten Satze des Archimedes aus bemerkt er [41]), „daß die Geschwindigkeit bewegter Körper so groß ist, als ihre Schwere, mit der sie das Medium übertreffen, in dem sie sich bewegen." Es ist ersichtlich, daß Galilei hier Kraft und Geschwindigkeit mit einander verwechselt, und nicht bemerkt, daß sich die größere Kraft auch auf eine größere Masse vertheilt. Zwar geht er der seinem mechanischen Gewissen widersprechenden Folgerung, daß eine größere Masse schneller fallen müsse als eine kleinere desselben Stoffes [42]), dadurch aus dem Wege, daß er bei der Vergleichung der Fallgeschwindigkeiten verschiedener Körper im Wasser ausdrücklich gleiche Volumina annimmt; aber daß er keinen ausreichenden Begriff der Masse eines Körpers und ihrer Trägheit besitzt, geht zur Genüge aus der Behauptung hervor, „daß im Vacuo die schwereren Körper schneller fallen, als die leichteren, und zwar im Verhältniß ihrer Schwere" [43]). Wunderbar, daß derselbe Mann, dessen größte Entdeckung die Fallgesetze sind, vorher, selbst im Gegensatze zu den Scholastikern, solch' irrige Meinungen hatte! Zwar wollen wir Galilei gegen Aristoteles [44]) oder Lucrez [45]), welche die gleiche Fallgeschwindigkeit aller Körper im Vacuo behaupteten, nicht herabsetzen — denn die Gründe dafür waren ganz leere —, bemerken aber müssen wir, daß schon vor Galilei verschiedene Italiener den Begriff der Masse, des Momentes und der Trägheit mehr oder minder klar gefaßt hatten [46]).

Eine einseitige Betonung jenes Archimedischen Satzes war es, welche den großen Pisaner hier verwirrte, ebenso als bei der weiteren Besprechung der Fallgesetze. Er wollte den Widerstand erklären, den ein in Wasser oder in Luft fallender Körper erfährt, und griff zu einem falschen Mittel; so bricht denn das Fragment der Sermones mit einem unklaren und fehlerhaften Raisonnement ab, dessen Mangelhaftigkeit seinen Verfasser vielleicht selbst zu weiter eindringenden Studien veranlaßte.

Das Resultat derselben wird in classischer Weise in einer Schrift [47]) dargelegt, welche im Auslande zu

---

37) Opere di Gal. Gal. T. XI. (Sermones) p. 18. 38) l. c. p. 20: „Ea dicuntur esse aeque gravia, quae cum sint aequalis molis, in eodem medio ejusdem erunt gravitatis." 39) Höchst interessant und trotz seiner unglaublichen Dummheit doch ganz aus dem Geiste des Scholasticismus herausgegriffen ist der Einwand hiergegen, den Galilei in diesem Gespräche den gelehrigen Schüler machen läßt. Dieser sagt (l. c. p. 21): „Wenn wir einen kleinen Stein nehmen und ins Meer werfen, so wird er ohne Zweifel durch das Wasser nach Unten fallen; wie aber der Stein schwerer als das Wasser sein soll, sehe ich schlechterdings nicht ein, da das Wasser des Meeres selbst gewiß schwerer als unzählige Steine ist." Solche „albernen Meinungen, die sich nicht nur der Wahrheit nicht nähern, sondern ihr vielmehr feindlich sind" (l. c. p. 26), mochte der junge pisaner Professor manchmal von seinen tief gelehrten Herren Collegen hören, und sie erklären genügend seinen Hohn gegen die alte Schule. 40) l. c. p. 28. 29. 41) l. c. p. 38.

42) Er zeigt die Unabhängigkeit der Fallgeschwindigkeit von der Größe bei einem und demselben Stoffe durch ein so einfaches Raisonnement, daß es Wunder nimmt, daß Aristoteles nicht selbst durch dieses seine entgegengesetzte Ansicht corrigirt hat: Er denkt sich zuerst zwei gleiche Bleigewichte neben einander fallend; sie fallen ganz in gleicher Weise, und denkt man sie sich nachher fest mit einander verbunden, so kann dadurch ihre Geschwindigkeit offenbar nicht verändert werden. Sind aber die Massen verschiedener Qualität, so kann ein ähnlicher Schluß ohne den Begriff der trägen Masse nicht gezogen werden l. c. p. 49. 43) p. 47. 44) Phys. IV, 8, in dem Beweise der Unmöglichkeit eines Vacuum. 45) De rerum nat. l. II. v. 230. Beide leiten ihre Behauptung nur aus dem Mangel jedes Widerstandes ab und eines Grundes, aus welchem sie sich verschieden schnell bewegen sollten. 46) Namentlich verweise ich hier auf den seiner Zeit sehr bedeutenden Venetianer J. B. Benedetti, der in seinem Diversarum speculationum liber (Turin 1585) in der ep. dedicat. den Satz ausspricht: „dico igitur, proportionem corporis ad corpus (dummodo homogenea et uniformia) ita se habere, sicuti se habet virtus ad virtutem." In p. 174 desselben Werkes beweist er aus einfachen Principien den Satz, daß im Vacuum Körper derselben Größe sich gleich schnell bewegen. Auch er scheint also der Ansicht Galilei's zu sein. 47) Discorsi e dimostrazioni matematiche intorno a due nuove scienze attenenti alla meccanica ed ai movimenti locali, kurz: Dialoghi delle nuove scienze (zuerst 1638, Leyden, Elzevir),

einer Zeit erschien, als der blinde Greis in Arcetri tief gebeugt seine letzten Lebenstage verlebte, die aber ohne Zweifel schon früher ausgearbeitet war. Ich kann mich begnügen, kurz über den wesentlichen Inhalt zu referiren, da ich genügende Kenntniß der Fallgesetze selbstverständlich hier voraussetze und die Abhandlung in einer Weise geschrieben ist, daß sie in einem Lehrbuche der Mechanik heutigen Tages unverändert Stelle finden könnte.

Nach einer Einleitung über die gleichförmige Bewegung [48]) geht er zu der „natürlich beschleunigten Bewegung" [49]) über. Er sei, sagt er, „post diuturnas mentis agitationes" zu einer Definition der gleichförmig beschleunigten Bewegung gelangt, welche schon an sich der mathematischen Ausführung werth, überdies aber mit den Experimenten in ihren Resultaten übereinstimmend und aus dem von ihm überall angewandten Grundsatze abgeleitet sei, wonach sich die Natur überall der einfachsten Mittel bediene: „Eine gleichförmig beschleunigte Bewegung ist die, bei welcher in gleichen Zeiten gleiche Geschwindigkeitsmomente zu der vorhandenen Geschwindigkeit hinzugefügt werden" [50]).

In streng synthetischer Weise werden hieraus zwischen Geschwindigkeit, Fallhöhe und Zeit die verschiedenen Relationen abgeleitet, ferner die schiefe Ebene [51]) und viele auf sie bezügliche Probleme behandelt.

Nachdem er dann das Trägheitsgesetz [52]) und das Parallelogramm der Kräfte [53]) in voller Klarheit und Bestimmtheit ausgesprochen hat, bestimmt er die Parabel als Trajectorie eines horizontal geworfenen Körpers.

Das sind die formalen Gesetze der gleichförmigen Bewegung; über ihre reale Ursache aber bemerkt Galilei: „Die Ursache dieses Gesetzes ist kein nothwendiger Theil unserer Untersuchung und die Meinungen der Philosophen sind darüber verschieden. Einige beziehen diese Beschleunigung der Geschwindigkeit auf die Annäherung der Körper zu dem Mittelpunkte der Erde, Andere behaupten, daß das centrische Medium eine gewisse Ausdehnung über die Oberfläche der Erde hinaus habe, und daß dieses Medium, wenn es sich hinter dem Körper schließe, ihn abwärts treibe. Allein für uns ist es gegenwärtig genug, die Eigenschaften dieser Bewegung unter der Voraussetzung jenes einfachen Gesetzes kennen zu lernen, daß die Geschwindigkeit der Zeit proportional sei. Und wenn wir finden, daß diese Eigenschaften durch Experimente mit frei fallenden Körpern in der That bestätigt werden, so mögen wir daraus den Schluß ziehen, daß unsere Voraussetzung mit der Natur übereinstimmt" [54]).

Wir können hiermit unseren Bericht von Galilei's Untersuchungen über den Fall der Körper schließen, da wir hier keine allgemeine Geschichte der Mechanik zu schreiben haben [55]).

Nur Eine Bemerkung über die Methode des ersten modernen Forschers muß ich noch hinzufügen. Seine Methode verdient jeden anderen Namen mehr, als den der empirischen; sie ist in der Hauptsache deductiv: Sie geht von gewissen, aus fast aprioristischen Gründen construirten Begriffen aus, verfolgt sie in ihren Consequenzen und findet in deren Uebereinstimmung mit einer reinen Erfahrung den Beweis für die Richtigkeit ihrer Begriffe. Ich sage reine Erfahrung, die von der empirischen wesentlich verschieden ist. Denn aus der Empirie konnte niemals das Trägheitsgesetz abgeleitet werden; war doch eben zur Erklärung der factischen Erscheinungen von Aristoteles und seiner Schule die Unterscheidung von naturgemäßer und nicht naturgemäßer, sowie gewaltsamer Bewegung ausgegangen, — noch bestätigt sie die Fallgesetze; denn in der ersten Schrift wird Galilei selbst durch seine Experimente, welche ihm zeigten, daß die Fallgeschwindigkeit in der Luft sich bald einer Grenze nähert, ganz irre geführt, — noch zeigt sie, daß das hydrostatische Verhalten der Körper unabhängig von ihrer Form ist, da bekanntlich dünne Streifen oder Nadeln von solchen Stoffen, welche in anderen Formen untersinken, recht wohl auf Wasser schwimmen können, — noch gibt die Beobachtung eine Parabel, als Trajectorie geworfener Körper, die viel besser durch die Zusammensetzung einer geraden Linie und eines Kreisbogens, wie sie Tartaglia [56]) und Gualtier Rivius [57]) schon gegeben hatten, dargestellt wird. Aber Galilei ließ sich durch diese Complicationen nicht täuschen; mit wunderbarem Scharfsinn wußte er die wesentlichen Ursachen von den unwesentlichen zu trennen, er erhob die gemeine Erfahrung zur reinen Erfahrung. Das aber that Aristoteles und seine Schule nicht; sie nahmen das Rohmaterial ohne Kritik, wie es sich ihnen gerade darbot, an, und bauten daraus mit losegem Mörtel von Begriffen einen bis zu den ersten Gründen des Daseins reichenden Thurm, der beim ersten Stoße in Trümmer zerfiel, die selbst als Material beim Neubau des Hauses nicht verwandt werden konnten. Galilei gleicht dem klugen Eroberer,

---

abgedruckt in den Opere di Gal. Gal. T. XIII. Die Gespräche dienen zur Erläuterung des in ihnen mitgetheilten lateinischen Textes, der in streng synthetischer Form die Theorie behandelt.

48) Giornata terza der Discorsi. Opere XIII. p. 148. 49) l. c. p. 154. 50) Es wird von Whewell (Gesch. d. ind. Wiss., übersetzt von Littrow, T. II. p. 35) erwähnt, Galilei habe zuerst fälschlicher Weise die erlangte Geschwindigkeit dem durchlaufenen Raume proportional angenommen. Ich weiß nicht, wodurch diese Nachricht verbürgt ist. 51) Bekanntlich zuerst von Stevin (De Beghinselen der Weegkonst. Leyden 1586) glücklich behandelt. 52) Giorn. quarta der Discorsi; l. c. p. 221: „Ich nehme ein Mobile auf einer horizontalen Ebene ohne jeden Widerstand geworfen an, so geht aus dem, was anderswo weitläufig erörtert ist, hervor, daß die Bewegung gleichförmig und ewig in jener Ebene erfolgen wird, wenn die Ebene ins Unendliche ausgedehnt ist." Dasselbe ist schon 1585 von Benedetti (Div. spec. lib. p. 169) ausgesprochen worden. 53) Discorsi p. 234. „Wenn ein Mobile durch eine doppelte gleichförmige Bewegung bewegt wird, nämlich horizontal und vertical, so wird die Kraft der Verschiebung (impetus seu momentum lationis), aus beiden Bewegungen zusammengesetzt, der Wirkung nach, den Momenten beider früheren Bewegungen gleich sein."

54) l. c. p. 160. 55) Namentlich verweise ich in Bezug auf die Begriffe Galilei's von der Masse und dem mechanischen Momente eines bewegten Körpers auf Lagrange's historische Einleitungen in seiner Méc. anal. und auf Whewell's Gesch. d. ind. W. T. II. p. 46 seq. 56) Nuova scienza. Venedig 1537. 57) Architectura. Basel 1582.

der sich durch die verworrenen Außenwerke der Festung nicht täuschen läßt, sondern mit kluger Ueberlegung und bedächtiger Arbeit nach und nach die einzelnen Vorwerke erobert, um der weiteren Entwickelung der Wissenschaft die endliche Eroberung des Centralpunktes möglich zu machen. Aber dieser langsame, mühsam erobernde Weg war nicht der des Lehrers eines Alexander. In kühnem Fluge erhebt er sich von seinem, durch ein geistreiches Aperçu gewonnenen Standpunkte zu den Höhen des absoluten Begriffes und erobert die Festung — aber auf dem Papiere.

§. 7. Während jenseits der Alpen die Mechanik der irdischen Körper auf das Glänzendste gefördert wurde, wandte man diesseits der Alpen sein Auge vorzugsweise dem Himmel zu. Kopernicus entwickelte eine Kosmologie, welche im eigentlichsten Sinne den Schwerpunkt aller bisherigen Weltanschauung verrückte, und Keppler entdeckte die großen formalen Gesetze, welche den Lauf der Planeten bestimmen. Es kann uns hier weder die Darstellung der einen noch der anderen dieser gewaltigen Fortschritte beschäftigen; wol aber liegt uns nahe die Untersuchung, ob solche Forscher sich die Frage nach den Ursachen dieser von ihnen zuerst richtig erkannten Bewegungen vorgelegt und wie sie diese beantwortet haben mögen.

Was zunächst Kopernicus betrifft, so ist seine ganze Anschauung von dem Grunde der Bewegung der Himmelskörper durchaus Aristotelisch, wie folgende Stellen [58]) genügend darthun werden:

„Wir bemerken, daß die Bewegung der Himmelskörper kreisförmig ist. Die einer Kugel ist die im Kreise, der durch die Bewegung selbst seine Form ausdrückt, in der einfachsten Figur, wo kein Anfang und kein Ende zu finden und nicht Eins von dem Anderen zu trennen ist, während sie sich in sich selbst bewegt." Die Ungleichheiten in der Bewegung der Planeten erklärte er durch eine excentrische und epicyklische Kreisbewegung, „da es ja nicht geschehen kann, daß ein einfacher himmlischer Körper sich ungleichförmig bewegt. Dies nämlich könnte geschehen, entweder durch die Unbeständigkeit der bewegenden Kraft (virtus), sei es, daß sie die eigene Natur, oder, daß sie fremd sei, oder durch die Ungleichheit des sich umwälzenden Körpers. Vor beiden aber erschrickt der Verstand, und es ist unwürdig, solche Eigenschaften in jenen zu suchen, die in der besten Einrichtung geschaffen sind." Gegen Ptolemäus [59]), der die Bewegung der Erde aus dem Grunde verwarf, weil dabei Alles von ihr fortgeschleudert werden müsse, bemerkt Kopernicus [60]): „Wer da meint, die Erde bewege sich, wird auch sagen müssen, daß diese Bewegung durchaus natürlich, nicht gewaltsam sei. Was aber nach der eigenen Natur geschieht, bringt die entgegengesetzten Wirkungen hervor, als was aus Zwang geschieht."

Es erweist sich der Begründer einer neuen Weltanschauung doch in seinen Vorstellungen theilweise in der Schulansicht seiner Zeit befangen. Nicht aus realen Ursachen, sondern aus logischen oder metaphysischen Gründen erklärt er die Erscheinungen. Seine mechanischen Begriffe sind ganz unentwickelt und der Natur in keiner Weise angemessen. So ist denn auch seine Ansicht von der Gravitation, die v. Humboldt [61]) als Vorläuferin der Newton'schen ansehen möchte, Nichts weniger als dies. Kopernicus meint [62]), „daß die Schwere (gravitas) Nichts weiter sei als ein natürliches, den Theilen von der göttlichen Vorsehung des Schöpfers der Welt ertheiltes Streben (appetentia), sich in eine Einheit und ein Ganzes in Form einer Kugel zu fügen. Diese Eigenschaft ist wahrscheinlich auch der Sonne, dem Monde und den übrigen Planeten ertheilt, sodaß sie durch ihre Wirkung in der erscheinenden Rundung verbleiben; nichtsdestoweniger machen sie auf vielerlei Weise ihre Umläufe." Diese letzten Worte beweisen klar, daß Kopernicus nicht im Entferntesten daran dachte, den Lauf der Planeten durch die Schwerkraft erklären zu wollen. Nirgends findet sich bei ihm nur eine Andeutung dieser Art.

§. 8. Ganz reformatorisch aber tritt Keppler in dieser Beziehung auf. Seine wenig bekannte „Theorie" von der irdischen Schwere ist als classisch zu bezeichnen, und ich kann nicht umhin, sie hier wiederzugeben; sie ist in seinem berühmtesten Werke zu finden, das viel genannt und gerühmt, aber sehr selten studirt wird [63]):

„Die wahre Theorie der Schwere (gravitas) beruht auf folgenden Axiomen:

Alle körperliche Substanz, insofern sie körperlich ist, ist von Natur geeignet zu ruhen in jedem Orte, in dem sie allein und außerhalb des Wirkungskreises (orbis virtutis) eines verwandten (cognatus) Körpers ist.

Die Schwere ist die gegenseitige körperliche Affection zwischen verwandten Körpern zur Vereinigung oder Verbindung (in welcher Weise auch die magnetische Kraft wirkt), sodaß die Erde vielmehr den Stein, als der Stein die Erde anzieht [64]).

Die Schwere wird (wenn wir wie gewöhnlich die Erde in den Mittelpunkt der Welt stellen) nicht nach dem Mittelpunkte der Welt, als solchem [65]), sondern nach dem Mittelpunkte des verwandten runden Körpers, nämlich der Erde, bewegt. Wohin die Erde mit ihrer lebendigen Fähigkeit (facultas animalis) [66]) gesetzt oder gebracht wird, immer wird das Schwere nach ihr hin bewegt.

58) De revolutionibus orb. coel. libri VI. Nürnberg 1543. Lib. I. c. 4. 59) Almagest. lib. I. concl. 5. 60) De revolut. L. I. c. 8.

61) Kosmos T. II. p. 349 und T. III. p. 18. 62) De revolut. L. I. c. 9; vergl. auch L. I. c. 1. 63) Astronomia nova, seu physica coelestis trad. commentariis de motibus stellae Martis. Prag 1609. Vol. III. der Opera ed. Frisch. 1860, wonach ich citire: p. 151 in introduct. 64) Diese Gegenseitigkeit der Attraction war ein wesentlich neuer und seiner Zeit höchst kühner Gedanke. 65) Man bemerke, daß Aristoteles (s. § 4) eben diese Behauptung aufgestellt hatte, die uns heute so sonderbar erscheint und Keppler hier bekämpft. 66) Es verräth wenig Kenntniß unserer älteren Literatur und ihrer Sprachweise, sowie geringe historische Objectivität, wenn man den Schriftstellern des 16. und 17. Jahrhunderts solche Auffassungen als absurde und

Wenn die Erde nicht rund wäre, so würden die Körper nicht überall in gerader Linie nach dem Mittelpunkte der Erde hin bewegt werden, sondern auf verschiedenen Seiten nach verschiedenen Punkten.

Wenn zwei Steine an irgend einem Orte der Welt nahe bei einander und außer dem Wirkungskreise eines dritten verwandten Körpers gesetzt werden, so werden jene Steine ähnlich wie zwei magnetische Körper auf einem zwischenliegenden Ort hingehen, jeder sich dem andern um eine solche Strecke nähernd, als im Vergleich die Masse (moles) [67]) des andern ist.

Wenn Mond und Erde nicht durch eine lebendige Kraft (vis) oder etwas ähnlich Wirkendes jeder in seiner Bahn gehalten würden, so würde die Erde um den 54. Theil des Abstandes zum Monde aufsteigen, der Mond aber würde ungefähr um 53 solche Theile des Abstandes zur Erde herabsteigen und dort würden sie sich vereinigen, angenommen jedoch, daß die Substanz beider von derselben Dichtigkeit ist."

Mit unübertrefflicher Klarheit anticipirt hiermit Keppler das Newton'sche Attractionsgesetz, soweit es sich auf die Massen bezieht; denn der körperliche Inhalt des Mondes ist bekanntlich $^1/_{54}$ des der Erde. Wie der große Astronom zu diesem Gesetze gelangt ist und wie er es hätte beweisen können, darüber findet sich, so viel mir bekannt, in seinen Schriften keine Auskunft: Es war ein geniales Aperçu, oder, wie man mit etwas mehr gelehrter Gravität sagen könnte, ein synthetisches Urtheil a priori.

Keppler macht von seinen Sätzen Anwendung auf eines der bis dahin unerklärlichsten großen Phänomene der Erde: der Ebbe und Fluth; setzt aus einander, wie die Fluthwellen sich an den Gestaden brechen, in die Meerbusen hineindringen u. s. w. [68]).

Im weiteren Verlaufe sucht er dann die gegen das Kopernicanische System erhobenen Vorwürfe, daß bei der Bewegung der Erde im Weltraume die auf ihr befindlichen, freien Körper zurückbleiben müßten, durch diese Anziehung zu entkräften, freilich in ungenügender Weise; denn er hat offenbar nicht einmal eine dunkle Vorstellung von dem Beharrungsvermögen der Körper. Sein einziges Verdienst in dieser Sache ist, daß er mechanische Gründe für das Beharren der Körper an der Erdoberfläche sucht und nicht, wie Kopernicus annimmt, „daß die Erde und alles Irdische, wenn es von der Erde losgerissen ist, von einer und derselben bewegenden Seele geleitet wird." Doch mag man zur Rechtfertigung des Letzteren in diesem Ausspruche ein dunkles Bewußtsein der Trägheit bewegter Massen finden.

Obgleich, wie man sieht, Keppler das Wesen der irdischen Schwere ganz vortrefflich erkannte, ja sogar ihren Wirkungskreis bis zum Mond und umgekehrt erstreckte, so liegt es ihm doch ganz fern, von dieser Kraft bei der Erklärung der Mondbewegung Gebrauch zu machen: „da der Körper des Mondes erdig ist, so behauptet er, daß, wenn man der Erde und dem Monde die Bewegung und die animalische Kraft nehmen würde, ihre Körper sich vereinigen müßten. Denn jeder wird an der Vereinigung durch seine Seele (anima) gehindert, wie der Mensch durch animalische Kraft das Haupt in die Höhe hält, welches ohne diese in den Staub gezogen würde" [69]). Nur die nicht zum Erdkörper selbst gehörigen Theile folgen der anziehenden Kraft.

Der tiefere Grund der auffälligen Erscheinung, daß Keppler die Identität der irdischen Schwere und der die Planeten treibenden Kräfte gänzlich übersehen konnte, ist der, daß er von der lex inertiae, wie sie Galilei aufgestellt hatte, keine oder nur eine undeutliche Vorstellung besaß, und so zur Erklärung der ewig kreisenden Bewegung der Planeten auch eine immer neu erzeugte, also lebendige Kraft nöthig zu haben glaubte.

§. 9. Keppler geht nun bei seinem Versuche, die Bewegungen der Sterne aus „physischen Gründen" zu erklären [70]), von dem Gesetze aus, daß der Radiusvector eines Planeten in gleichen Zeiten gleiche Flächenräume überstreicht, daher die in kleinen Zeiten durchlaufenen

---

lächerliche verwirft. Eine Kraft ist auch für uns ein mysteriöses Etwas, das wir uns doch nur unter einem anthropomorphistischen Bilde oder in der Art einer Geisterthätigkeit denken können, wie wir unten weiter ausführen werden. Nur ist diese bildliche, lebendige Vorstellung bei uns durch den alltäglichen Gebrauch des Wortes und Begriffes allmälig abgeschwächt und aus dem Bewußtsein verschwunden.

67) Ich weiß wohl, daß moles (die Uebersetzung des aristotelischen ὄγκος, vergl. Anm. 23 u. 55) im Anfange des 17. Jahrh. nur den unbestimmten Begriff der Größe bezeichnet. Da aber bald die Determination des Begriffes durch die Dichtigkeit folgt, so kann man, ohne in die Worte zu viel hineinzulegen, hier moles mit „Masse" übersetzen. Wie klar Keppler diesen Begriff erkannte, geht auch aus der Bemerkung (l. c. p. 152) hervor: „Absolut leicht ist Nichts, was aus körperlicher Materie besteht, sondern nur relativ; ... leichter nenne ich aber dasjenige, was eine kleinere Quantität körperlicher Materie in sich enthält." 68) Sein Zeitgenosse Galilei gab eine ganz falsche Erklärung der Ebbe und Fluth, die er als Folge der ungleichen Geschwindigkeit ansah, mit der bei Tage und bei Nacht die beweglichen Theile der Erdoberfläche dem Umschwunge des Meeres folgen (Dialogo etc. sopra i due Massimi Sist. d. Mondo, Florenz 1632, IV Dial.). Keppler starb 1630 und kann daher kaum „aus Nachgiebigkeit gegen Galilei die richtige Erklärung aufgegeben haben, um in der Harmonices mundi den Erdkörper als ein lebendiges Unthier zu schildern, dessen wallfischartige Respiration in periodischem, von der Sonnenzeit abhängigem Schlaf und Erwachen, das Anschwellen und Sinken des Oceans verursacht," wie v. Humboldt (Kosmos T. III. p. 19) meint. In der Harmonices mundi (1619) lib. IV. cap. 7 sucht Keppler allerdings die Erde als einen beseelten großartigen Organismus darzustellen, dessen Fortbewegung im Himmelsraume von einer lebendigen Seele geleitet wird, und dessen einzelne Lebensäußerungen er mit denen animalischer Organismen vergleicht. Seine frühere Ansicht von der mechanischen Veranlassung dieses Phänomens hält er aber daneben fest (vergl. Harm. mundi in den Opera Kepl. ed. Frisch. Vol. V. p. 255); denn eine Seele bedarf zu ihrer Lebensäußerung überall der körperlichen Organe und mechanischer Hülfsmittel.

69) In einem Briefe an D. Fabricius (Opera ed. Frisch. Vol. II. p. 461). 70) Ich bedauere, daß mir Apelt's Schrift: „Keppler's astron. Weltansicht" (1849) bei der Ausarbeitung dieses §. nicht zugänglich gewesen ist; so mußte ich mich auf die Originalquellen beschränken: nämlich die Astr. nova ... stellae Martis (Opera ed. Frisch. Vol. III.) c. 33—39. 57. 65.

Bahnstrecken der Entfernung umgekehrt proportional sind. Die Kraft[71]) (virtus), welche den Umlauf des Planeten bewirkt, nimmt daher in reciprokem Verhältnisse der Entfernung ab[72]), so meint Keppler, indem er die Summation der Kraft durch eine Zeit hindurch, aus der Galilei so schön die beschleunigte Bewegung ableitet, ganz übersieht.

Er untersucht dann nach logischen Regeln, ob diese Kraft eine Eigenschaft der Sonne oder des Planeten oder ihrer Beziehung sei, und glaubt so beweisen zu können, daß sie nothwendig in der Sonne, dem Centrum der Welt, ihren Sitz habe. Sie ist, wie das Licht, ein effluxus immateriatus und der actus primus aller Bewegung der Welt. Die species dieser Kraft darf nicht durch den Raum zwischen ihrer Quelle und dem Mobile zerstreut angesehen werden, sondern ist wie gesammelt in dem Mobile, so viel dies vom Umkreise Raum einnimmt. „Die bewegende Kraft existirt nirgends in der Welt außer in den beweglichen Körpern selbst; sie ist nicht, aber sie war, gleichsam zwischen der Quelle und dem Mobile, gerade, wie das Licht“[73]).

Das Licht leuchtet augenblicklich, bleicht aber die Farben erst allmälig. „Ganz so ist diese bewegende Kraft immer und ohne Zwischenzeit von der Sonne aus da, wo ein passendes Mobile ist, da sie Nichts von dem Mobile empfängt, um da zu sein. Sie bewegt aber in der Zeit, weil das Mobile materiell ist.“ Trotz der unendlichen Geschwindigkeit, mit der sich die Kraft ausbreitet, bewegt sie doch die Planeten nur mit endlicher Geschwindigkeit, „weil entweder ein Zwischenmittel Widerstand leistet, nämlich irgend eine Materie der aura aetherea, oder eine Disposition des Mobile selbst zur Ruhe vorhanden ist.“

Was nun die Wirkungsweise dieser Kraft betrifft, so bemerkt darüber unser Autor: „Weil jene von der Sonne ausgehende Kraft die Planeten um den unverrückbaren Körper der Sonne dreht, so kann man dies auf keine andere Weise begreifen, als daß die Kraft denselben Weg geht, in dem sie die Planeten herumreißt“[74]).

Er nimmt daher eine Rotation der Sonne um ihre Axe an[75]), welche gleichzeitig die species immateriata mit im Kreise herumführt und so die an sich trägen Planeten ebenfalls im Kreise herum treibt. Um diese wunderbare Wirkung begreiflich zu machen, erinnert[76]) er an einen Stabmagneten, der in der Mitte beider Pole eine Magnetnadel nicht anzieht, sondern nur richtet, und wenn er um seine Mitte gedreht wird, auch die Nadel in Rotation versetzt. So könne man sich etwa die Sonne als kreisförmigen Magneten vorstellen, dessen magnetische Fasern der Ekliptik parallel sind und die Planeten in dieser in Rotation versetzen, ohne sie anzuziehen.

„Eine wie wunderliche Vorstellung sich Keppler von dieser Kraft macht, beweist[77]) er durch die Erklärung der von Tycho entdeckten Variation in der Bewegung des Mondes, wonach dieser sich in der Conjunction und Opposition mit der Sonne, schneller als in den Quadraturen bewegt. Er leitet diese ausdrücklich nicht ab aus einer Anziehung der Sonne auf den Mond, „den wir vielmehr der Erde frei überlassen,“ sondern daraus, daß die Kraft, welche den Mond um die Erde rotiren läßt, ursprünglich von der Sonne auf die Erde übergegangen und daher in der Linie am stärksten sei, in welcher sie eben von der Sonne auf die Erde überging.

Sehen wir von diesen Wunderlichkeiten ab, so beruht der wesentliche Fehler Keppler's in der Meinung, es bedürfe zur Erklärung einer fortdauernden Bewegung immer einer neuen Kraft, da durch die angeborene Trägheit der Masse in jedem Momente die ertheilte Geschwindigkeit auch wieder vernichtet werde. Er glaubte daher ein primum movens nöthig zu haben, welches durch lebendige Thätigkeit das Planetensystem vor dem Tode bewahre, und fand diese in der Rotation der Sonne, welche gewissermaßen in einem immateriellen Wirbel die trägen Massen der Planeten mit sich herumriß.

Daß er dann das Gesetz von der Gleichheit der in gleichen Zeiten überstrichenen Sectoren benutzte, um die Abnahme der Kraft selbst zu ermitteln, hing mit diesem Fehler nahe zusammen; denn bekanntlich findet das zweite Keppler'sche Gesetz bei jeder Centralkraft statt, selbst wenn diese mit der Entfernung zunehmen sollte.

§. 10. Die rotatorische Kraft, welche wir bisher betrachteten, würde eine gleichförmige, kreisförmige Bewegung der Planeten um die Sonne als Mittelpunkt unterhalten; die Bahnen sind aber keine mit der Sonne concentrische Kreise und die Entfernung der Planeten von der Sonne nimmt bald zu, bald ab. Es bedarf einer neuen Kraft, um diese Schwankung (libratio) zu erklären.

Er nimmt nun zunächst die ältere Hypothese an[78]), daß sich die Planeten in einem excentrischen Kreise um die Sonne mit gleichförmiger Geschwindigkeit bewegen. So müßte man denn dem Planeten einen Verstand

71) l. c. c. 33. p. 300—303. 72) In c. 36. p. 309 seq. bemerkt Keppler, daß ihn dies Gesetz lange Zeit sehr beunruhigt habe, da er vielmehr eine Abnahme mit dem Quadrate der Entfernung vermuthet hätte, wie diese beim Lichte stattzufinden scheint. Durch eine lange, wunderliche Exposition glaubt er dann doch nachweisen zu können, daß die Abnahme der Kraft proportional der Entfernung erfolgen müsse. Ich gestehe, daß ich seine Ausführung nicht verstehe; doch scheint sie wesentlich darauf zu beruhen, daß jene Kraft, welche die Planeten im Thierkreise um die Sonne herumwandern läßt, sich eben nur in diesem Kreise, nicht aber sphärisch, wie das Licht, ausbreitet. 73) l. c. p. 303. Eine interessante Stelle mag hier noch beigefügt werden: „Es scheint widersprechend, daß die bewegende Kraft der Materie entbehren und doch geometrischen Abmessungen unterworfen sein soll; durch den Umkreis der Welt verbreitet, und doch nirgends, außer da, wo das Mobile ist. Es wird darauf so geantwortet werden: Obgleich die bewegende Kraft nichts Materielles ist, so ist sie doch, eben weil sie für die Materie zur Bewegung der planetarischen Körper bestimmt ist, nicht frei von den geometrischen Gesetzen, wenigstens bei dieser materiellen Thätigkeit der Verschiebung.“ 74) l. c. c. 34. p. 304.

75) Damals (1609) war diese, wie bekannt, noch nicht entdeckt. 76) l. c. c. 34. p. 307. 77) l. c. c. 37. p. 312. 78) l. c. c. 39. p. 315 seq.

(mens) zuschreiben, welcher nicht allein jederzeit seine Entfernung von der Sonne, etwa nach deren scheinbarem Durchmesser, beobachtete, sondern auch diese auf den eingebildeten Mittelpunkt der Bahn bezöge, aus dem Abstande von der Sonne seine Geschwindigkeit nach dem Gesetze des excentrischen Kreises berechnete, auch zugleich ein Gedächtniß hätte, um sich zu vergegenwärtigen, an welchem Punkte seiner Bahn er sich befinde: denn der Planet befindet sich zweimal in derselben Entfernung von der Sonne, in der einen nähert, in der anderen aber entfernt er sich von ihr.

Nun würde zwar Keppler gegen einen Verstand und ein Bewußtsein des Planeten Nichts einzuwenden haben; denn seine Phantasie erzeugt noch viel wunderbarere Bilder: spricht er doch ausdrücklich[79]) von „Augen" der Planeten, durch welche sie auf die sublunarische Welt herabsehen und die animalischen Fähigkeiten der irdischen Körper bestimmen — aber es erscheint ihm das Gesetz der Ab- und Zunahme der Entfernung, welches sich immer auf jenen gedachten Mittelpunkt bezieht, unnatürlich, da eben jener Mittelpunkt des excentrischen Kreises nicht direct wahrgenommen werden kann; und das Gedächtniß der Planeten, wie viel sie von ihrer Bahn schon durchlaufen haben, und wie groß der Mittelpunktswinkel ihres jeweiligen Radius mit der Apsidenlinie sei, scheint ihm eine unpassende Annahme[80]). Diese und ähnliche, weitläufig begründete Bedenken führen ihn dann endlich zu dem Satze[81]): „Ich leugne nicht, daß man ein Centrum und um dies einen Kreis denken könne, aber das behaupte ich: Wenn der Mittelpunkt nur in der Einbildung besteht, und in keinen äußeren Zeichen, so kann um diesen der Lauf des Mobile in einem vollkommenen Kreise realiter nicht geordnet sein."

Und so ist es ihm denn sehr erwünscht, daß die Beobachtungen eben auch keine excentrisch kreisförmige Bahn zulassen, sondern eine ovale Curve geben, deren wahre Form er aus solchen theoretischen Gesichtspunkten, wie sie eben entwickelt sind, an der Hand der Beobachtungen zu untersuchen beginnt. Nach langem Suchen und der Kritik aller falschen Annahmen, die er selbst im Verlaufe seiner Arbeiten gemacht hatte, findet er endlich als wahres Gesetz die Ellipse und bemüht[82]) sich nun, diese aus natürlichen Gründen zu erklären.

Die Kraft, welche die Entfernung des Planeten von der Sonne regelt, ist ihm eine magnetische: Jeder Planet hat zwei Pole, deren einer nach der Sonne strebt, während sie der andere flieht. Die Verbindungslinie beider Pole, die magnetische Axe, steht in den Apsiden senkrecht auf dem Radiusvector. Während der Bewegung des Planeten in seiner Bahn bleibt sie sich absolut parallel, oder ist nur seculären Schwankungen unterworfen, welche die Präcession der Aequinoctien, das Vorrücken der Apsidenlinie u. s. w. bedingen.

In den Apsiden wird der eine Pol so stark angezogen, wie der andere abgestoßen wird, und es tritt daher keine Aenderung der Entfernung ein; in allen anderen Lagen aber ist der eine Pol der Sonne näher als der andere, und es tritt Anziehung oder Abstoßung ein. — Man bemerkt, wie unrichtig diese ganze Vorstellung ist, da bei der unendlichen Entfernung der Sonne keine Aenderung der Entfernung, sondern eine Drehung der Axe um ihren Mittelpunkt eintreten muß. So beruht denn auch auf ganz falschen Principien die Deduction, durch welche Keppler nachweisen will, daß die Stärke (fortitudo) des Hintreibens des Planeten zur Sonne an jeder Stelle dem Sinus der wahren Anomalie[83]) gleich ist. Er folgert dann weiter, daß der gesammte Effect in der Veränderung der Entfernung durch die Summe aller dieser einzelnen Antriebe dargestellt werden muß, und gibt als Integral des Sinus richtig den Sinus versus der wahren Anomalie an[84]), vertauscht aber nach einigen seltsamen, rechtfertigenden Bemerkungen die wahre Anomalie mit der excentrischen.

Die Schwankung wird also in ihrer vollendeten Größe durch den Sinus versus der excentrischen Anomalie dargestellt. Dies ist aber das Gesetz der elliptischen Bewegung[85]), und es ist diese damit auf natürliche Weise erklärt[86]).

Es tritt jedoch eine neue Schwierigkeit auf, wenn es sich um die Bestimmung der Axenlage in den Planeten, z. B. der Erde, handelt. Es fallen nämlich das Apogäum und Perigäum in die Nähe der Solstitien, während sie mit den Aequinoctien zusammenfallen müßten, wenn die Rotationsaxe der Erde zugleich jene magnetische sein sollte, weil diese nur in den Aequinoctien senkrecht auf dem Radius vector steht. Es gibt aber keine andere Linie in der Erde, welche bei der täglichen Drehung an ihrem Orte bliebe, und es kann daher jene magnetische Axe keine materielle sein. So muß denn doch ein Geist (mens) daran, „der mit seiner animalischen oder natürlichen Fähigkeit dafür sorgt, die Axe der Kugel in ihrer Lage, parallel mit sich, zu erhalten, damit sie von der Kraft der Sonne in gehöriger Weise getrieben und hin und her versetzt wird"[87]). Ein solcher Astralgeist aber kann die excentrische Anomalie nicht wahrnehmen; denn diese ist eine rein eingebildete Größe, ein Winkel an einem Punkte, der unsichtbar und ohne Materie ist. So wären wir denn nicht weiter als vorhin. Fragen wir uns aber, welche Größen der Verstand

---

79) l. c. c. 39. p. 312. 80) Gerade gegen dies Gedächtniß würde man von unserem Standpunkte aus am Wenigsten einzuwenden haben; denn die Trägheit der Materie ist im Grunde das, was Keppler in seiner Sprache ihr Gedächtniß nennen würde. 81) l. c. c. 39. p. 316. 82) l. c. c. 57. p. 356 seq.

83) Anomalia coaequata. 84) l. c. p. 390: „Da nun dieser Sinus das Maß der Stärke jener Abweichung ist, so wird die Summe der Sinus beinahe der Summe der Stöße oder der Antriebe durch alle gleichen Theile der Bahn sein, deren gesammter Effect die ganze vollständige Schwankung ist." 85) Es ist nämlich für die planetarische Bewegung bekanntlich, wenn g die excentrische Anomalie bezeichnet:

$$r = a(1 - e \cos g).$$

Verstehen wir unter der Schwankung den Ueberschuß von r über die Periheldistanz $\pi = a(1 - e)$, so haben wir

$$r - \pi = ae(1 - \cos g) = ae \cdot \sin \text{vers}\, g$$

q. e. d. 86) l. c. p. 391. 87) l. c. p. 392.

des Planeten möglicher Weise wahrnehmen könne, so finden wir erstens den scheinbaren Durchmesser der Sonne und zweitens die Größe der wahren Anomalie; denn diese setzt nur den Planeten selbst, die Sonne, und die Kenntniß einer bestimmten Richtung (Apsidenlinie) voraus, die durch einen Fixstern etwa bezeichnet sein kann, und auf der die magnetische Axe immer senkrecht erhalten wird.

Nun trifft es sich aber, daß zufolge der elliptischen Bahn die Schwankung in dem reciproken Werthe des Radius vector, welcher dem scheinbaren Durchmesser der Sonne proportional ist, zu dem Sinus versus der wahren Anomalie in einem constanten Verhältnisse steht [88]) — und so klärt sich Alles mit einem Male auf:

Die Bewegung eines Planeten hängt von dem scheinbaren Sonnendurchmesser und der wahren Anomalie ab. Er entfernt und nähert sich der Sonne so, daß das Verhältniß des Sinus versus der wahren Anomalie zu der Schwankung des scheinbaren Durchmessers der Sonne constant bleibt.

So würde man das Gesetz in das moderne mechanische Gewand kleiden, während Keppler sich einer bilderreichen, lebendigen Sprache bedient, ohne jedoch mit seiner „anima" des Planeten etwas wesentlich Anderes zu meinen, als was wir „Kraft" nennen. Doch scheint es gut, Keppler's Vorstellungen in authentischer Weise vorzuführen [89]):

„Man darf vielleicht sagen, daß dem Planeten ein Sinn für das Licht der Fixsterne und der Sonne verliehen ist, durch welchen beider Strahlungen Zusammentreffen am Mittelpunkte des planetarischen Körpers er den Winkel der wahren Anomalie schätzt." Daneben ist er auch im Stande, den scheinbaren Sonnendurchmesser zu schätzen.

„Eine Schwierigkeit ist dabei zu überwinden: Warum nicht dieser Winkel selbst das Maß für die planetarische Arbeit ist, welche darin besteht, den Durchmesser der Sonne durch Annäherung zu vergrößern, — sondern anstatt des Winkels sein Sinus versus. Und durch welche Mittel der Planet den Sinus der wahren Anomalie schätzt, ob nach Menschen Weise geometrisch rechnend?"

Doch erklärt unser Autor ausdrücklich [90]), daß er diese Annahme einer eigentlichen Planetenseele nur „unter der Bedingung" mache, daß die Schwankung, von welcher die Beobachtungen Zeugniß ablegen, nicht von einer den planetarischen Körpern innewohnenden Kraft herbeigeführt werden kann, und es durchaus nöthig ist, zu einem „Verstande seine Zuflucht zu nehmen," und beweist so, wie wenig er an diesen ihm so oft vorgeworfenen phantastischen Vorstellungen hängt.

Ich komme am Schlusse dieser eingehenden Darstellung von Keppler's „physischen Ursachen" der Planetenbewegung nicht wieder auf diese Vorwürfe zurück, da ich sie bereits gelegentlich zurückgewiesen habe. Aber selbst, wenn seine Ideen oft verworren und phantastisch waren, so hat er doch das große Verdienst, zuerst nach natürlichen Ursachen der Himmelsbewegungen gesucht zu haben, während die Wissenschaft bis auf ihn nur formale Gründe kannte, um derentwillen die Bewegungen der Planeten so sein sollten, wie man sie sah. Keppler hat mit dem Scholasticismus vollkommen gebrochen, so wenig er sich auch auf einen Kampf mit ihm einläßt. Nicht in der „substantialen Form" sucht er den Grund der Dinge, sondern in den realen Verhältnissen realer Wesen, die er allerdings in phantastischer Weise zugleich als beseelte anzusehen liebte.

Die natürliche Erklärung der Erscheinungen ist bei Keppler nicht nur ein Anhängsel an seinen Arbeiten über deren formale Erkenntniß, vielmehr ein nothwendiges Glied seiner Methode. Man meint häufig, daß Keppler durch ein unermüdliches Probiren in der Zusammenstellung der auf das Planetensystem bezüglichen Zahlen endlich, wie zufällig, seine berühmten Gesetze gefunden habe. Studirt man aber seine Schriften, so findet man: Keppler probirte nicht aufs Gerathewohl, er experimentirte mit den Zahlen nach Hypothesen über den ursächlichen Zusammenhang der Erscheinungen. Das ist die wahre Methode der Induction, und Keppler's Erfolge widersprechen nicht, wie man so häufig bedauernd aussprechen hört, den Regeln der inductiven Methode [91]).

Die geringe Ausbildung der Mechanik ließ seine Bemühungen fruchtlos bleiben und ein Vorgänger Newton's kann er nicht weiter genannt werden, als daß er, wie sein glücklicherer Nachfolger, die planetarischen Bewegungen aus Ursachen zu begreifen suchte.

§. 11. Keppler's Schriften hatten in der gelehrten Welt einen geringen Erfolg. Der ungeheure Wust, in dem das wirklich Brauchbare versteckt war, und die unglaublich unbeholfene, schwerfällige Darstellung schreckte die Meisten von der Lectüre seiner Werke ab. So fanden denn auch seine Vorstellungen über die treibenden Kräfte des Himmels zunächst keine Verbreitung; sie wurden verdrängt durch ein kosmisches System, welches seiner ganzen Natur nach die Zeitgenossen an sich fesseln mußte und viele Jahrzehnte lang das herrschende blieb: Ich meine Descartes' Kosmologie, die, so abenteuerlich und willkürlich sie in vielen Theilen auch sein mag, dennoch die Beachtung des Historikers vor allen Dingen

88) Bekanntlich ist die Gleichung der Ellipse:

$$r = \frac{a(1-e^2)}{1+e\cos\varphi},$$

wenn φ die wahre Anomalie bezeichnet. Die Schwankung des scheinbaren Sonnendurchmessers ist $\left(\frac{1}{r}-\frac{1}{a}\right)$ proportional, und, da $\alpha = a(1-e)$, so hat man:

$$\frac{a(1-e^2)}{e}\left(\frac{1}{r}-\frac{1}{a}\right) = 1-\cos\varphi = \sin \text{ versus } \varphi$$

q. e. d. 89) l. c. p. 326. Ich bemerke noch, daß Keppler die Abweichung der Planeten in der Breite, d. h. die Neigung der Planetenbahnen (in cap. 68. p. 415) ebenfalls durch die Wirkung der Sonne auf eine im Planeten liegende Axe erklärt, welche jedoch mit der ersten nicht identisch sein kann. 90) l. c. p. 296.

91) Vergl. Whewell, Gesch. d. ind. Wiss. T. I. p. 416 d. Uebers.

dadurch verdient, daß sie sich in unerhörter Weise von allen Ueberlieferungen lossagt und eine ganz neue Epoche beginnt. Aus den reinen Principien der Vernunft [92]) und wenigen Voraussetzungen will Descartes die ganze Welt erklären „und noch viel mehr, als wir in dieser sichtbaren Welt sehen, und beiweitem mehr, als unser Verstand jemals ausdenken könnte" [93]); ja so befriedigt ist er von seiner Erklärung der Natur, daß er „es für eine Beleidigung Gottes hält, wenn diese von ihm erfundenen Ursachen falsch wären; denn dann hätte uns Gott so unvollkommen geschaffen, daß wir selbst bei rechtem Gebrauche unserer Vernunft irren können" [94]). In der That gehörte ein solches Bewußtsein der eigenen Infallibilität dazu, um von der theils formal-begrifflichen, theils phantastischen Weltanschauung seiner Zeit zu einer durchaus mechanischen, oder, wie wir noch genauer sagen mögen, phoronomischen zu gelangen. Denn von Kräften, welche die Welt treiben, ist hier ebenso wenig die Rede, als von den besonderen Qualitäten der Dinge oder gar von einem Plane oder Zwecke der Natur. Nur Bewegungen — in ihrem Grunde freilich vollkommen unerklärt —, sind der Einen Materie verliehen, die ohne alle specifischen Eigenschaften nur das wesentliche Attribut der Ausdehnung besitzt, das sich in der Erscheinung als absolute Undurchdringlichkeit äußert. Wie die Quantität der Bewegung in alle Ewigkeit in der Welt dieselbe bleibt, nur in ihrer Form und ihrer Vertheilung auf die Materie sich ändert, so ist auch alle Materie der Welt wesentlich identisch und nur in der, durch die Bewegung verursachten, Form der kleinsten Theile verschieden. Sie erfüllt den ganzen Raum ohne jedes Intervall — denn ein leerer Raum ist eine Absurdität — und pflanzt jede Bewegung durch unmittelbare Berührung, durch Stöße fort, deren Geschwindigkeit jener continuirlichen Raumerfüllung wegen eine unendlich große sein muß.

Nur Einmal glaubt Descartes die Hülfe eines bewegenden Grundes nicht entbehren zu können; denn er läßt Gott im Anfang die gesammte Materie in möglichst gleiche Theile von mittlerer Größe zerstückeln und ihr um gewisse Mittelpunkte rotatorische Bewegungen mittheilen, nicht anders als Demokrit und unsere heutigen Physiker zur ursprünglichen Differenzirung des homogenen Weltstoffes den Zufall zu Hülfe nehmen. Von da an erfolgt alles Weitere mit mechanischer Nothwendigkeit:

Jene eckigen Theile der Materie mußten sich zunächst bei der Bewegung zu runden, kugelartigen Stücken abschleifen von unmeßbarer Kleinheit, die jetzt den Himmelsraum erfüllen, die „materia subtilis" (Materie der zweiten Form); der dabei abfallende Staub (die Materie der ersten Form oder erste Materie), ohne bestimmte Form oder bei der geringsten Bewegung seine Form ändernd, erfüllt alle Zwischenräume und muß sich daher, um bei der Bewegung jener Kugeln alle Räume auszufüllen, mit einer ungeheuren Geschwindigkeit bewegen.

Durch die Abschleifung verkleinert, nehmen die gerundeten Theile nicht mehr den ganzen Raum ein, den zuerst die um eine Axe in Bewegung gesetzte Materie eines Wirbels (vortex, tourbillon) erfüllte, sondern entfernen sich vom Mittelpunkte, indem sie so viel als möglich in der Tangente ihrer Bahn sich zu entfernen streben [95]). Der innere Raum wird dann von der ersten Materie erfüllt, welche durch ihre Beweglichkeit das Phänomen eines leuchtenden Mittelpunktes (der Sonne) hervorruft.

Es bildet sich weiter aus dem zusammengeballten Staube noch eine dritte Form der Materie (Particulae striatae, parties cannelées), welche mit Zacken und Ecken versehen, sich mit anderer Materie ihrer Art leicht vereinigt und so die irdischen Körper bildet, welche sehr porös und von den Materien der anderen Formen vollkommen durchdrungen sind.

Sammelt sich solche dritte Materie (vermöge desselben Vorganges, der beim Kochen die Unreinigkeiten des Wassers an die Oberfläche treibt) auf der Mitte des centralen Kernes an, so kann durch diese hindurch die lichtbringende erste Materie sich nicht, wie sie es sonst überall thut, nach Außen mit der nöthigen Kraft entleeren; es entstehen also dunkle Flecken (Sonnenflecken), welche, wenn sie an Masse und Zusammenhang zunehmen, die centrifugale Verbreitung der ersten Materie vollständig hemmen. Dann aber wird dieser Wirbel, der sich bis dahin durch die centrifugale Thätigkeit seiner Theile gegen die anderen erhalten hatte, gewissermaßen träge, er wird von einem benachbarten thätigen Wirbel ergriffen und in ihn hineingezogen. So entstehen die Planeten, die nun ihre selbständige Rotation, etwa in Begleitung eines Trabanten, neben der Bewegung, welche der neue Wirbel ihnen ertheilt, fortsetzen. Ihre Bahn um die Sonne wird im Allgemeinen nicht kreisrund, sondern oval sein, wie dies der Form des Wirbels entspricht. Denn, da sich ein Wirbel mit einer großen Anzahl anderer Wirbel unmittelbar berührt, gegen die er sich durch die in seiner Ekliptik ausströmende erste Materie schützt, so wird er sich diesen accommodiren und daher eine unregelmäßige Form annehmen müssen, die eine streng circuläre Bewegung nicht zulassen kann.

Dies sind die Ideen, mit deren Hülfe Descartes, ohne eine eigentliche Kraft außer der von Anfang an in die Materie gelegten Bewegung anzunehmen, den Planetenlauf erklären zu können meint. Die unbekannte Gestalt und Lage der Wirbel gegen einander liefert ihm zur ungefähren Erklärung jeder Abweichung von der genau kreisrunden Bahn und gleichförmigen Geschwindigkeit der Planeten ein bequemes Material; zu einer mül-

92) Principia Philosophiae III, 1. Dies Werk (zuerst 1644 erschienen, dann mehrfach gedruckt; Oeuvres des Descartes, Ausg. von Cousin III. Bd.) enthält die Metaphysik, Kosmologie und Physik im Zusammenhange und ist im Folgenden besonders benutzt worden.
93) Princ. III, 2. 94) Princ. III, 43.

95) Cum dico, globulos secundi elementi recedere conari a centris circa quae vertuntur, non putandum est idcirco me illis aliquam cogitationem affingere, ex qua procedat iste conatus; sed tantum ipsos ita esse sitos et ad motum incitatos, ut revera sint eo versus ituri, si a nulla alia causa impediantur. (Princ. III, 56.)

lichen Erklärung [96]) aber auch nur eines der allgemeinen Gesetze des Planetenlaufes, wie sie Keppler kurz zuvor entdeckte, hat diese Theorie, so viel wir wissen, selbst dann nicht geführt, als diese großen Gesetze bekannter geworden waren, als sie zur Zeit, als diese Kosmologie aufgestellt wurde, allerdings noch waren; und sie konnte dazu nicht führen, weil sie eine Menge von mechanischen Unklarheiten und Widersprüchen enthielt, die sich Descartes' Anhänger vergeblich wegzuschaffen bemühten. Die schnelle Bewegung der ersten Materie z. B. wird höchst seltsam damit erklärt, daß jedes ihrer Partikeln so außerordentlich klein sei, und das Product aus Masse und Geschwindigkeit (das Maß der Bewegung) für alle Massentheile dasselbe sein müsse — ein Raisonnement, auf das gestützt man behaupten könnte, daß, wenn ein sich bewegender Körper in zwei Hälften zerspringt, sich dann jede Hälfte mit der doppelten Geschwindigkeit bewegen müsse, als vorher. Anstatt die Constanz des Maßes der Bewegung in der ganzen Welt festzuhalten, wird diese als jedem Massentheilchen gewissermaßen immanent angesehen.

Die Vorstellungen über die Uebertragung der Kraft von einem Theilchen auf ein benachbartes sind durchaus confus, bald soll sie nach Art sich reibender oder stoßender Körper vor sich gehen, bald aber wird die verschiedene Bewegung benachbarter Theile zugelassen.

Die erste, immerfort von der Sonne nach der Peripherie des Sonnenwirbels ausstrahlende, dann in andere Wirbel übergehende und aus ihnen durch die Axe des ersten Wirbels wieder in ihn zurückkehrende Materie ist das eigentliche Lebensprincip dieser Welt. Sie ist es, die durch ihre Beweglichkeit die zweite Materie des Himmelsraumes immer in Bewegung erhält. Man hat aber den sehr richtigen Einwand gemacht [97]), daß, „wenn die erste Materie den Theilen der zweiten durch ihre centrifugale Bewegung eine größere Kraft, sich vom Mittelpunkte zu entfernen, verleihen könnte, die erste Materie überhaupt eine größere centrifugale Kraft haben, dann aber die zweite Materie schließlich verdrängen und selbst den äußersten Platz an der Peripherie des Wirbels einnehmen müsse." Zur Rechtfertigung der Ansicht von Descartes gegen diesen Angriff wußte Papin Nichts weiter beizubringen, als daß sich jene erste Materie zu sammeln das Bestreben habe, und wie sich ein Oeltropfen im Wasser abrundet, so den Kern des Wirbels bilde, durch ihre Gleichartigkeit aber der Zerstreuung widerstehen könne.

§. 12. Als Newton 1687 seine so wesentlich verschiedenen Ideen von der Mechanik des Himmels aufstellte, stand die Hypothese der Cartesianer in unbeschränktem Ansehen, und er konnte nur dann hoffen, seiner Theorie Eingang zu verschaffen, wenn er zuvor das Unzureichende jener genügend dargethan hatte. So untersuchte er [98]), welchen Bedingungen die Rotation eines Wirbels genügen müsse, wenn derselbe in einen permanenten Endzustand gelangt ist, in dem sich jedes Theilchen mit immer derselben Geschwindigkeit, periodisch zu denselben Punkten zurückkehrend, bewegt. Er behandelte dabei die Materie des Wirbels als eine Flüssigkeit, deren Schichten, wenn sie sich mit verschiedener Geschwindigkeit bewegen, einen ihrer Geschwindigkeitsdifferenz [99]) proportionalen Reibungswiderstand gegen einander ausüben, und nimmt an, daß der Wirbel durch eine sich in ihm mit constanter Geschwindigkeit drehende feste Kugel, an der die Flüssigkeit haftet, veranlaßt sei und erhalten werde. Er macht dann zunächst [1]) darauf aufmerksam, daß diese durch Reibung entstandene Wirbelbewegung eines drehenden Kernes bedürfe, dessen Kraft durch die Schichten fortwährend nach Außen ins Unendliche getragen wird und sich daher nicht ohne ein „actives Princip" erhalten kann. Greift er schon mit dieser Bemerkung eigentlich den Grundsatz dieser materialistischen Kosmologie an, welche keine selbständigen Kraftäußerungen kennt, so bemerkt er weiter [2]), daß ein permanenter Zustand, bei dem jedes Theilchen nahezu kreisförmige Bahnen beschreibt, gar nicht eintreten könne. Man müsse denn von jeder Centrifugalkraft abstrahiren oder eine Ursache annehmen, welche die einzelnen Theile in ihren Kreisen festhält, weil widrigenfalls sich die in der Ecliptik des Wirbels befindlichen Partikeln vom Centrum entfernen und an der Grenze des Wirbels nach den Polen hinwandern, von wo sie in immerwährendem Kreisen zu der Ecliptik zurückkehren. Durch eine solche Bewegung hatte Descartes das von der Sonne ausstrahlende Licht erklärt, wunderbarer Weise aber bei der Bewegung der zweiten Materie und der Himmelskörper davon ganz abgesehen.

Um nun zunächst auf denselben Boden mit den Cartesianern zu kommen, nimmt Newton die beiden vorstehenden Hypothesen an und setzt voraus, daß wirklich sich um die drehende Kugel concentrische Schalen bilden, welche um dieselbe Axe, natürlich mit abnehmender Geschwindigkeit bei zunehmender Größe, rotiren. Dann bestimmt er die Reibung, welche eine solche Kugelschale, deren Theile sämmtlich in derselben Periode einen vollen Umlauf machen, an der inneren und äußeren benachbarten Schale erleidet. Die eine würde ihre Bewegung beschleunigen, die andere verlangsamen. Soll aber ein permanenter Zustand eingetreten sein, sich also die Kugelschale mit constanter Geschwindigkeit bewegen, so gibt dies eine Differentialgleichung, welche lehrt, daß die Umdrehungszeiten der concentrischen Schalen dem Quadrate ihrer Durchmesser proportional sein müssen [3]).

96) Leibniz hat seiner Angabe nach eine solche besessen, sie aber nie publicirt. Vergl. Acta Erud. 1689. p. 96 und 1706. p. 446. 97) Acta Erud. 1689. p. 187.

98) 2. Sect. Lib. II. der Phil. nat. princ. math. Newton's. 99) Im Falle einer unendlich kleinen Differenz hat man hierfür den Differentialquotienten der Geschwindigkeit nach der Normale auf der betreffenden Schichtungsfläche zu nehmen.

1) Phil. nat. princ. lib. II. prop. 52. Coroll. 3 und 4. 2) l. c. prop. 53. cas. 2. 3) Seine Schlußweise in prop. 52 ist folgende: Man denke sich eine Kugelschale mit dem Radius r und der Dicke dr zunächst in Ringe zerlegt, indem man von dem Mittelpunkte aus eine Schaar Kegel über dem Polardurchmesser als

Schwimmt in der Wirbelmasse ein mit ihr gleich dichter Körper, so nimmt er vollkommen dieselbe Bewegung an [4]); ist er dichter als die Flüssigkeit des Wirbels, so wird er sich allmälig von dem Mittelpunkte entfernen; ist er leichter, sich spiralförmig nach der Mitte zu bewegen.

Dem allen aber widerspricht die Bewegung der Planeten durchaus: denn es verhalten sich deren Umlaufszeiten um die Sonne nicht wie die Quadrate ihrer mittleren Entfernungen, wie es nach der Wirbeltheorie sein müßte, sondern wie die $^3/_2$ten Potenzen, und es „kann jenes Verhältniß auf letzteres nicht reducirt werden, wenn nicht entweder die Materie des Wirbels um so flüssiger ist, je mehr sie von dem Mittelpunkte absteht, oder der Widerstand, welcher durch die Reibung der Flüssigkeitstheilchen entsteht, bei Vermehrung der relativen Geschwindigkeit in einem stärkeren Verhältnisse als diese wächst. Beides aber scheint der Vernunft zuwider. Denn die dichteren und weniger flüssigen Theile würden nach dem Umfange entweichen, und es ist wahrscheinlich, daß, wenn auch hier zur Beweisführung die Hypothese von der Proportionalität der Reibung und Geschwindigkeit aufgestellt wurde, doch der Reibungswiderstand in einem kleineren Verhältnisse wächst, als die Geschwindigkeit; dann aber würden die Umlaufszeiten der einzelnen Wirbeltheile in noch stärkerem Verhältnisse, als in dem quadratischen der Entfernungen zunehmen. Wenn aber, wie Einige meinen, die Wirbel nach der Mitte zu schneller bewegt werden, dann langsamer bis zu einer gewissen Grenze, dann wieder schneller bis zum Umfange, so kann eben kein bestimmtes Verhältniß, weder das in der 2ten, noch in der $^3/_2$ten Potenz, erhalten werden. Es mögen daher die Naturforscher zusehen, wie sie das Phänomen der $^3/_2$ten Potenzen mit ihren Wirbeln erklären können" [5]).

Widerspricht so die Descartes'sche Theorie dem dritten Keppler'schen Gesetze, so verträgt sie sich ebenso wenig mit dem zweiten; denn sie muß, um überhaupt die elliptische Bewegung erklären zu können, annehmen, daß die Wirbelströmungen, welche die Planeten herumführen, selbst elliptische Form haben. Dann aber muß die z. B. zwischen der Mars- und Venusbahn eingeschlossene Materie sich an der Stelle, wo beide Bahnen einander etwa $1^1/_2$ mal so nahe kommen als an einer anderen, auch mit $1^1/_2$ mal so großer Geschwindigkeit bewegen. Denn je enger der Raum ist, durch den dieselbe Materie in Einem Umlaufe hindurchgehen muß, um so schneller muß sie sich bewegen. Es müßte sich also die Erde in jenem Raume am schnellsten bewegen — was jedoch nicht geschieht. Und, so schließt Newton seine siegreiche Kritik: „daher streitet die Wirbelhypothese vollkommen mit den astronomischen Erscheinungen und führt nicht sowol zur Erklärung, sondern vielmehr zur Verwirrung aller Bewegungen am Himmel" [6]).

§. 13. Was nun die Schwere der irdischen Körper betrifft, so glaubte Descartes dieselbe so erklären zu können [7]): Um die Erde und durch die Poren der irdischen, aus der dritten Materie bestehenden Körper hindurch bewegt sich die zweite, den gesammten Himmelsraum ausfüllende Materie mit einer außerordentlichen Geschwindigkeit, welche ihr eine sehr bedeutende Centrifugalkraft verleiht. Es werden daher diejenigen Körper, welche ein größeres Quantum zweiter Materie in ihren Poren enthalten, mit einer bedeutend größeren Kraft sich von der Erde zu entfernen streben, als solche, welche weniger jener beweglichen Materie enthalten; es verdrängen daher jene die letzteren; nicht das Herabsinken ist der wesentliche Ausdruck dieses Phänomens, sondern vielmehr das centrifugale Aufstreben, das freilich immer ein gleichzeitiges Herabsinken einer anderen Masse voraussetzt.

Daß die Schwere überall radial nach dem Mittelpunkte der Erde hin gerichtet ist, sucht Descartes [8]) dadurch zu erklären, daß die Theile des zweiten Elementes zwar nach allen Seiten hin, wie die Theile einer Flüssigkeit, einen Druck ausüben, der jedoch nur gegen die Materie dritter Art, wie sie die irdischen Körper zusammensetzt, eine Bewegung hervorrufen kann, und daher senkrecht gegen sie wirken muß, wie der Druck einer Flüssigkeit auf ihre Wände. Daß diese Druckverhältnisse in einer ruhenden Flüssigkeit nicht die einer bewegten sind, deren Druckkräfte eben aus jener Bewegung entspringen, leuchtet ein, und so hat denn namentlich der Umstand, daß die Rotationsmittelpunkte der verschiedenen

---

Axe construirt, deren Seiten mit der Axe Winkel φ machen, die je um $d\varphi$ zunehmen. Man betrachte den zwischen φ und $(\varphi + d\varphi)$ eingeschlossenen Ring. Endlich zerlege man diese Ringe in rechtwinkelige Volumenelemente, indem man durch die Axe eine Schaar von Ebenen legt, deren Winkel ψ jedesmal um $d\psi$ zunehmen; wir fassen das Element ins Auge, dem der Winkel ψ entspricht: Seine innere Oberfläche ist $r^2 \sin\varphi \, d\varphi \, d\psi$, da $r \sin\varphi$ seinen Abstand von der Drehungsaxe gibt. In dieser Fläche stoßen zwei große Kugelschalen zusammen, deren Winkelgeschwindigkeiten w und $\left(w + \frac{dw}{dr} dr\right)$ sind, deren absolute Geschwindigkeitsdifferenz daher $r \sin\varphi \frac{dw}{dr} dr$. Dividirt man diese durch das Differential dr der Normale auf dieser Fläche, so erhält man $r \sin\varphi \frac{dw}{dr}$ als Größe der Reibung, welche, in einer Fläche $r^2 \sin\varphi \, d\varphi \, d\psi$ wirkend, die beschleunigende Reibung $r^3 \sin^2\varphi \, d\varphi \, d\psi \frac{dw}{dr}$ liefert. An der äußeren Grenzfläche desselben Elementes wirkt in entgegengesetzter Richtung eine verzögernde Reibung, welche man aus jener erhält, wenn man r um dr wachsen läßt. Diese beiden Kräfte aber müssen, wenn ein permanenter Zustand eintreten soll, sich das Gleichgewicht halten, und es muß daher $r^3 \frac{dw}{dr}$ eine nach r constante Größe sein, d. h. es ist $\frac{dw}{dr}$ dem r^3 und daher w dem r^2 umgekehrt proportional. Die Umlaufszeiten verhalten sich daher direct wie die Quadrate der Radien, die Winkelgeschwindigkeiten wie $\frac{1}{r^2}$. Das ist Newton's Raisonnement in's Moderne übersetzt.

4) Prop. 53.

5) Scholium zu prop. 52. 6) Scholium zu prop. 53.

7) Descartes, Princip. phil. IV, 20 seq. 8) l. c. IV, 27.

Theile eines Wirbels, wie ihn Descartes beschreibt, nicht mit dem Mittelpunkte der Erde zusammenfallen, vielmehr die Polarare ihr geometrischer Ort ist, und daher die Schwerkraft an jedem Orte nach dem Mittelpunkte des betreffenden Breitenkreises, nicht aber nach der Mitte der Erde, gerichtet sein mußte, den Anhängern dieser Theorie, Jacob und Daniel Bernoulli [9]), Huyghens, Leibniz u. A., erhebliche Bedenken verursacht. Wie Papin [10]) diesen Umstand damit beseitigen zu können meint, daß sich die, die Schwere veranlassende Materie mit einer ungeheuren Geschwindigkeit bewegt, gegen welche die Umdrehungsgeschwindigkeit der Erde vernachlässigt werden kann, ist unverständlich.

Neben dem Unzureichenden der Erklärung ist noch die durchgehende Confusion in den mechanischen Begriffen zu beklagen; so soll „das zweite Element mehr Kraft haben, als eine gleiche Quantität des dritten Elementes," um zu erklären, daß die irdischen Körper nicht in den Wirbel hineingezogen werden. Dazu wäre aber eine besondere Qualität letzterer nöthig, da sie sonst durch den fortwährenden Contact doch schließlich jene Bewegung erhalten würden. Die Masse der irdischen Körper soll ferner [11]) nicht jedesmal ihrem Gewichte proportional sein; vielmehr ist z. B. in den Flüssigkeiten eine gewisse innere Bewegung vorhanden, welche positiv zu ihrer Erleichterung beiträgt. Wie aber ein solcher innerer Vorgang im Stande sein soll, einen centrifugalen Effect hervorzubringen, bleibt ganz unbestimmt.

Diese zahlreichen mechanischen Absurditäten in Descartes' Erklärung der Gravitation veranlaßten Huyghens [12]), sie in einigen wichtigen Punkten zu modificiren: Er stützt sich dabei auf ein Experiment, welches er angestellt hatte. Der Apparat bestand in einem rotirenden Wassergefäße, in dem sich Siegellackstückchen befanden, die bei der Rotation sich an die äußere Wand des Gefäßes anlegten. Sobald man die Rotation des Gefäßes plötzlich aufhebt, wobei aber die Rotation des Wassers noch fortdauert, bewegen sich jene Stücke Siegellack in Spiralen nach der Are zu. Er schließt hieraus ganz richtig, daß ein Körper, welcher in einer Flüssigkeit schwimmt, ohne an ihrer Rotationsbewegung vollkommen Antheil nehmen zu können, nach der Mitte des Wirbels getrieben wird.

Die feine Materie, die alle irdischen Körper durchdringt, kann nun keineswegs um die Are der Erde rotiren, denn dann müßte einerseits, wie schon bemerkt, die Schwere nach dem Mittelpunkte des bezüglichen Breitenkreises gerichtet sein; andererseits würde ihre Rotation alle Körper der Erde nothwendig in ihre Wirbelbewegung hineinziehen — so bemerkt Huyghens, indem er hier jene Unklarheit des Descartes vermeidet, wonach der feinen Materie an sich eine größere Lebendigkeit zukommen soll. Vielmehr nimmt er an, daß sich die ursprünglich ganz regellosen Bewegungen der feinen Materie endlich in lauter circulaire Bewegungen umgesetzt haben, die in der allerverschiedensten Richtung und Lage durch einander gehen, aber alle um den Mittelpunkt der Erde kreisen; wobei er zur Erläuterung auf die verschiedenen Strömungen aufmerksam macht, welche sich in erwärmtem Wasser durch einander bewegen. Jene verschiedenen Wirbel haben nur den Mittelpunkt, und ihre Theile damit das Bestreben gemein, sich centrifugal zu entfernen. Treffen sie nun einen Körper der dritten Materie, so kann derselbe, seiner größeren Masse wegen, jedem partiellen Antriebe nicht folgen, vielmehr wird dabei einer den anderen aufheben; wohl aber bewirkt die Summe der centrifugalen, gleichgerichteten Kräfte, daß er sich senkrecht gegen die Erdoberfläche zu bewegt.

Alle Körper sind so porös, daß sie von der feinen Materie fortwährend durchspült werden; ihre Masse, d. h. die in ihnen enthaltene Materie dritter Art ist ihrem Gewichte proportional, wie sowol aus der Theorie als aus der Erfahrung hervorgeht.

Auf eine von seinem Standpunkte aus vollkommene Weise bestimmte Huyghens die Geschwindigkeit, mit der die Materie um den Erdkörper kreisen müßte, um die Centrifugalkraft zu ergeben, welche zur Hervorbringung der Gravitation nöthig ist. Er schloß so: Die irdische Masse m eines Körpers ist ebenso groß, als die Masse der feinen Materie, welcher er eben ihrer Centrifugalkraft wegen den Platz räumen muß. Die Kraft, die ihn treibt, ist gleich der, welche jene feine Materie in die Höhe steigen macht. Es ist daher (wenn ich mich hier überall der modernen Form der Sätze bediene) die Schwerkraft mg der Centrifugalkraft $m\frac{4\pi^2 r}{T^2}$ gleich, welche bei der Bewegung der feinen Materie in einem Kreise mit dem Radius r und der Umlaufsgeschwindigkeit T entsteht. Da diese aber um die Erde kreist, so ist r der Halbmesser der Erde, und aus

$$T = 2\pi\sqrt{\frac{r}{g}}$$

wird die Umlaufszeit T = 1ʰ 24ᵐ,5 nach Huyghens gefunden. Diese ungeheure Geschwindigkeit von etwa 1⅛ Meile in der Secunde erklärt es genügend, wie die Impulse der Schwerkraft so schnell auf einander folgen können, daß die von Galilei abgeleiteten Fallgesetze ihre theoretische Richtigkeit haben.

Das ist die Theorie der Gravitation, wie sie durch ihre Aufnahme in das verbreitetste Lehrbuch jener Zeit, den Traité de physique (1641—1682) von Rohault zur allgemeinen Kenntniß kam.

§. 14. Die Descartes'sche Schule hat es, wie §. 11 schon bemerkt, nicht zu einer Erklärung der Keppler'schen Gesetze gebracht. Nachdem aber die Astronomen die Wahrheit und Bedeutung dieser Gesetze allgemein anerkannt hatten, erhob sich immer dringender die Frage, was der Grund dieser wunderbaren Regeln sei, und man wandte sich ähnlichen Ideen, wie den Keppler'schen, zu,

9) Acta Erud. 1686. Febr. p. 92. 10) Ebenda 1689. April p. 185. Vergl. auch Leibniz, ebenda 1690, p. 228. 11) Princ. IV, 23 und die Kritik von Huyghens, Op. reliqua. Tom. I. p. 107. 12) De gravitatis causa, zuerst 1691 zu Leyden erschienen, abgedruckt in Op. reliqua. Tom. I. p. 97.

wonach eine nach Art der magnetischen in die Ferne wirkende Kraft die Aenderung der Entfernung von der Sonne verursachen sollte. Nur ließ man jetzt, nachdem man das noch von Descartes nicht ganz klar erkannte Trägheitsgesetz in volles Licht gesetzt hatte, jene Kraft Keppler's fallen, welche die Rotationsbewegung im Gange erhalten sollte. Eine durch das Fernrohr vermittelte genauere Bekanntschaft mit den Planeten und der Sonne beseitigte die alte Ansicht von einer besonderen himmlischen oder göttlichen Natur der Gestirne, und es konnte einem combinirenden Kopfe kaum der Gedanke entgehen, ob nicht etwa die Centralkraft, welche z. B. den Mond in seiner Bahn erhält, mit der Schwerkraft, welche die Steine zur Erde fallen macht, identisch sei; schon von den Alten war ja gelegentlich Aehnliches geäußert worden (§. 1).

So hat es denn kein Interesse, die Literatur aus der Mitte des 17. Jahrhunderts nach einzelnen hingeworfenen Aeußerungen dieser Art [13]) zu durchsuchen; denn ein Verdienst haben allein die, welche das Gesetz dieser Kraft ernsthaft zu untersuchen begannen.

In dieser Beziehung ist nun vor allen Robert Hooke [14]) zu nennen, der bereits 1666 der Royal Society einen Bericht über eine Reihe von Experimenten vorlegte, um zu bestimmen, ob die Körper bei verschiedenen Entfernungen von dem Mittelpunkte der Erde eine Veränderung in ihrem Gewichte erleiden und den vortrefflichen Gedanken hatte, die Kraft der Schwere durch Pendeluhren zu messen, die er in verschiedenen Höhen aufstellte [15]).

Im J. 1674 erschien eine Schrift von Hooke, in der er mit großer Klarheit auseinandersetzte, daß bei der allen Körpern eigenthümlichen Trägheit eine Centralkraft genüge, um eine der Erfahrung entsprechende Bahn der Planeten zu erhalten; und daß diese von der Sonne zu den Planeten, wie unter diesen selbst wirkende Centralkraft mit der Schwere identisch sei. Das Gesetz der Abnahme dieser Kraft mit der Entfernung aber aufzufinden, „damit kann er sich selbst nicht befassen, weil er viele andere Sachen unter den Händen hat, die er zu vollenden wünscht."

Im J. 1679 schlug Newton der R. Society einen directen Versuch vor, die Bewegung der Erde aus der östlichen Abweichung fallender Körper zu beweisen. Hooke wurde, nachdem er die Newton'sche Bemerkung dahin verbessert hatte, daß die Abweichung auf allen Theilen der nördlichen Halbkugel der Erde in südöstlicher Richtung stattfinde, mit diesem Versuche beauftragt und soll ihn noch in demselben Jahre angestellt haben [16]). Newton hatte, indem er die Richtigkeit der Verbesserung anerkannte, irrig behauptet, daß der Gang des fallenden Körpers spiralförmig sein würde; Hooke aber zeigte in einer der Societät vorgelesenen Abhandlung, daß der Fall eines Körpers in einer Ellipse geschehen würde, wenn die Schwerkraft mit dem Quadrate der Entfernung abnähme.

§. 15. Es erhellt aus dem Materiale, welches Brewster mittheilt, nicht, auf welche Weise Hooke zu dieser Annahme über das Gesetz der Schwerkraft gelangte, ob durch Analogien mit dem Gesetze der Abnahme des Lichtes und der Wärme mit der Entfernung, oder durch das dritte Keppler'sche Gesetz [17]). Jedenfalls aber kann ihm die Selbständigkeit in dieser Hinsicht nicht abgesprochen werden; wenn auch Newton selbst versichert, im J. 1666 bereits dieselbe Idee gefaßt zu haben [18]); denn er hatte damals diese Untersuchungen fallen lassen und vor seinen Freunden verheimlicht, weil sie ihm in der Mondbewegung nicht stichhaltig schienen.

Newton's Berechnung war folgende: Die Bewegung des Mondes P (Fig. 1) in einem Kreise um die Erde S kann man in zwei Componenten zerlegen, die tangentielle PR und radiale RQ. Erstere ist die Folge der Trägheit des Körpers, letztere bewirkt in einem kleinen Zeittheilchen, z. B. einer Minute, eine centripetale Verschiebung, welche bis auf Glieder höherer Ordnung mit ihrer Projection PT auf SP zusammenfällt; es ist aber bekanntlich:

Fig. 1.

---

13) Bei Boulliaud, Borelli u. A. 14) Brewster, Newton's Leben, übers. von Goldberg, S. 116 seq. Ich bedauere, bei gänzlichem Mangel an der einschlagenden Literatur in der Sache Hooke contra Newton, mich wesentlich auf das citirte Werk beschränken zu müssen, in dem leider zu wenig Quellenmaterial mitgetheilt ist, als daß man daraus sich ein unparteiisches Urtheil bilden könnte. 15) Ein Gedanke, der sich bald darauf (1672) durch Richer's Entdeckung des verschiedenen Ganges der Pendeluhren in Paris und Cayenne glänzend bestätigte. 16) Diese Fallversuche erfordern einen so großen Apparat, daß wir sehr bezweifeln möchten, ob sie damals gelungen seien.

17) Die Ableitung aus diesem, wie sie später Newton unter Voraussetzung einer kreisförmigen Bewegung gab (Princip. l. I. prop. 4), ist sehr einfach: Schon Huyghens hat gezeigt, daß die Centrifugalkraft bei der Bewegung in einem Kreise mit dem Radius r und in der Geschwindigkeit v proportional ist $\frac{v^2}{r}$ oder $\frac{r}{T^2}$, wenn T die Umlaufszeit bedeutet. Da nun nach dem dritten Keppler'schen Gesetze T^2 und r^3 proportional sind, so ist die Centrifugalkraft $\frac{1}{r^2}$, der also, wenn die Bahn erhalten bleiben soll, eine gleiche Centripetalkraft entgegengesetzt sein muß. 18) Brewster, Newton's Leben p. 190: Im J. 1666, als sich Newton von der Pest aus Cambridge nach seinem Geburtsorte zurückgezogen hatte, soll ihm der Fall eines Apfels von einem Baume, unter dem er meditirend saß, den ersten Anlaß zu Betrachtungen über die allgemeine Gravitation gegeben haben. Man zeigte noch vor wenigen Decennien im Garten von Woolsthorpe den alten Apfelbaum, der durch diese Anekdote eine solche Berühmtheit erlangt hatte (s. l. c. p. [illegible]). Wer da erwägt, durch welche Zufälligkeiten in einem Geiste oft Gedankenreihen hervorgebracht werden, wird dieser Erzählung wol Glauben schenken können und sich diese verbürgte Anekdote nicht rauben lassen um des zuweilen geäußerten Bedenkens willen, als ob dadurch der Originalität und Freiheit der Productivität Newton's [illegible] würde. — Doch kann immerhin die Anekdote auch entstanden sein durch die Abfertigung, die Newton einem Schwätzer, der ihn zudringlich fragte, wie er eigentlich zu so großen Entdeckungen gelangt sei, gegeben haben mag: „Es ist mir einmal ein Apfel auf die Nase gefallen."

$$PT = \frac{PQ^2}{2.PS'},$$

wo man die Sehne PQ auch mit ihrem Bogen vertauschen kann. Wird nun die Umlaufszeit des Mondes in Minuten ausgedrückt und der Halbmesser seiner Bahn r als Vielfaches des Erdhalbmessers, so ist $PQ = \frac{2\pi r}{T}$ und daher:

$$PT = 2\pi^2 \frac{r}{T^2}$$

der Fallraum des Mondes in einer Minute; denken wir uns nun einen Körper aus dieser Entfernung r auf die Erdoberfläche gebracht, so wird der Fallraum in einer Minute aus vorstehendem erhalten werden müssen durch Multiplication mit r^2, und er wäre somit:

$$2\pi^2 \frac{r^3}{T^2};$$

der Fallraum in einer Secunde also:

$$\frac{2\pi^2}{60^2} \frac{r^3}{T^2}.$$

Nun setzt Newton T = 27ᵈ 7′ 43″ = 97663″ und r = 60 [19]), sodaß also:

$$2\pi^2 \frac{60}{97663^2} = \frac{1}{1306800}$$

den Fallraum in einer Secunde, in Theilen des Erddurchmessers ausdrückt. Um nun diese Zahl mit der Erfahrung zu vergleichen, ist es nothwendig, den Erddurchmesser in Fußen zu kennen. Merkwürdiger Weise benutzte Newton hierzu nicht die vortreffliche Gradmessung, die 1615 Snellius in Holland ausgeführt und die ihm den Grad zu 330444 pariser Fuß (um etwa 12000 Fuß zu klein) gegeben hatte, sondern die bei den englischen Seefahrern gebräuchliche Schätzung von 60 Meilen, d. h. 297251 Fuß auf den Grad (um 83000 Fuß zu klein), die den Erddurchmesser zu 17030000 Fuß ergibt. Die Fallhöhe in der Secunde wäre daher:

$$\frac{17030000}{1306800} = 13 \text{ Fuß},$$

während sie das Experiment zu $15^1/_{12}$ Fuß ergibt. An diesen 2 Fuß aber scheiterte seine ganze Theorie. Zwar versuchte er verschiedene Hypothesen zu bilden zur Erklärung dieser Abweichung, aber sie konnten ihn nicht befriedigen. Er gab seine Theorie wol nicht auf, wie er denn bei den oben erwähnten Verhandlungen der Royal Society 1679 auch seinerseits den Satz bewies, daß ein nach dem umgekehrten Quadrate der Entfernung angezogener Körper sich in einer Ellipse bewegen muß; aber sie hatte zunächst noch keine reale Bedeutung.

Da erfuhr Newton im Juni 1682, als er zufällig in einer Sitzung der Society anwesend war, die Resultate der 1669 von Picard bei Paris ausgeführten vortrefflichen Gradmessung, wonach der Grad 342360 Fuß (also nur 36 Fuß zu klein) und der Erddurchmesser 19615000 Fuß maß. Er bemerkte sofort, daß durch diese Vergrößerung des Zählers in obiger Formel der Quotient der Wahrheit näher gebracht würde, nahm Abschrift und eilte nach Hause. Dort hatte er nur die Division

$$\frac{19615000}{1306800} = 15{,}01$$

zu machen, aber er konnte sie vor freudiger Aufregung nicht zu Ende bringen; die Feder fiel ihm aus der Hand: ein zufällig eintretender Freund führte die Rechnung zu Ende. Es war ein Größeres, was hier gefunden, als was einst das entzückte εὕρηκα hervorgerufen. Es war ein ähnlicher Moment als der, in dem Kepler sein drittes Gesetz gefunden, und die stolzen Worte schrieb: „Der Würfel ist gefallen; ich schreibe das Buch. Was liegt daran, ob man es jetzt oder erst später liest? Es kann auf seinen Leser warten: hat doch Gott sechs tausend Jahre auf den gewartet, der einen Einblick in seine Werke thun sollte" [20]). Der Schlüssel war gefunden zu den Geheimnissen der himmlischen Bewegungen; das Gesetz war gefunden, das die so wunderbar verschlungenen, unregelmäßigen Bahnen der Planeten in volle Harmonie verwandeln sollte.

Doch war mit der Entdeckung dieses Gesetzes die Arbeit nicht vollendet; denn es galt nun, dasselbe nicht nur im Großen, sondern auch im Kleinen nachzuweisen, nicht nur die mittleren Bahnen der Planeten, wie sie durch Keppler's Gesetze bestimmt werden, sondern auch die Abweichungen in aller ihrer Mannichfaltigkeit, die Störungen der Bahnen, unter das Gesetz zu fassen. Gelang es nicht, so war es für den Fortschritt der Wissenschaft ohne wesentlichen Nutzen.

Aber es gelang dem tiefen und scharfen Geiste Newton's in der kurzen Zeit von vier Jahren, alle die ungeheuren Schwierigkeiten zu bezwingen, die ihm die unendliche Complication dieser Störungen verursachte. Am 28. April 1686 war das Manuscript der Principia philosophiae naturalis mathematica [21]) vollendet und erschien im folgenden Jahre im Druck. Es hieße Eulen nach Athen tragen, wenn ich zum Ruhme dieses unsterblichen Werkes ein Wort verlieren wollte.

§. 16. Doch es stellen sich unserer Bewunderung Hindernisse entgegen; denn von verschiedenen Seiten her werden Ansprüche auf Priorität erhoben. Newton hatte Unglück: Entweder fanden seine Leistungen (in der Optik, Chronologie) erbitterte Gegner, oder man suchte ihm die Priorität streitig zu machen (Methode der Fluxionen, Gravitation). War Newton schon von Natur mistrauisch,

19) Siehe Princ. Lib. III. prop. 4 die umständlichen Angaben und die Rechnung.

20) Harm. Mundi. Op. ed. Frisch. T. V. p. 268.

21) Ich weiß nicht, ob es schon bemerkt worden ist: mir scheint den Titel dieses Werkes absichtlich dem der Descartes'schen Principia philosophiae (s. Anm. 92) nachgebildet, gleichsam um zu zeigen, wie solche Principia beschaffen sein sollten. Denn nicht selten verräth Newton entschiedene Abneigung und zuweilen Unbilligkeit gegen Descartes.

und eigensinnig, so wurde er im Streite heftig und ungerecht. Man weiß, wie wenig edel er Leibnitz in der Frage nach der Erfindung der Differentialrechnung behandelte, und ebenso wenig stellte er sich gegen Hooke so, wie er es hätte thun sollen. Letzterer hatte, wie nach Obigem begreiflich, mündlich geäußert, er habe jene Entdeckung des Gravitationsgesetzes gemacht und Newton die ersten Winke dazu gegeben. Er verlange nur in der Vorrede in dieser Beziehung genannt zu werden. Aber Newton war nicht gewillt, nur ein Tittelchen seines Ruhmes aufzugeben, er antwortete sehr heftig und vergaß sich so weit, auszusprechen, Hooke verdanke die Kenntniß dieses Gesetzes vielleicht einem seiner Briefe [22]), endlich, nachdem sich Freunde ins Mittel gelegt, gedachte er seiner nur in einem matten Scholium [23]), was er noch dadurch abschwächte, daß er Christoph Wren und Halley gleichzeitig als Entdecker nannte, obgleich diese in keiner Weise darauf Ansprüche gemacht hatten. Das war gewiß unbillig, aber es ist erklärlich: Hooke hatte das Gesetz weder streng erwiesen, noch in ähnlicher Weise durchgeführt, als Newton; in der Durchführung aber lag der wahre wissenschaftliche Werth. Indessen, die große Welt urtheilt nur nach dem, was sie versteht. Das allgemeine Gravitationsgesetz mochte ihr als eine gewaltige Entdeckung erscheinen; in die Tiefen mathematischer Entwickelung aber vermochte sie nicht zu folgen. Darum war Newton auf seine Originalität so eifersüchtig; er wollte auch Vater des Kindes heißen, das er mit seinem Geiste genährt hatte. Und das Eine ist gewiß: An der Entdeckung des Gesetzes war gar mancher seiner Zeitgenossen nahe genug — aber die Principia schreiben konnte nur Newton.

Aber selbst im Grabe ließ man ihm keine Ruhe:

§. 17. Am 15. Juli 1867 überraschte Chasles, der berühmte Verfasser des Aperçu historique, die gelehrte Welt mit der Nachricht [24]), daß Pascal, den man in der Geschichte der Gravitation bisher keine Stelle eingeräumt hatte, lange vor Newton, und zwar spätestens im J. 1652, in der irdischen Schwere die Kraft erkannt habe, welche den Lauf des Mondes um die Erde und der Planeten um die Sonne bedinge. Er legte eine Anzahl eigenhändiger Briefe Pascal's vor, in denen dieser das Gesetz dieser Kraft klar so aussprach, daß sie proportional den Massen und umgekehrt proportional dem Quadrate der Entfernung wirke; daraus die Keppler'schen Gesetze folgerte ganz in der Weise, wie es Newton gethan; in dem dritten dieser Gesetze das Mittel erkannte, die Masse derjenigen Planeten zu berechnen, welche von Trabanten umgeben sind; auf diese Weise die Massen von Sonne, Erde, Jupiter, Saturn [25]) überraschend richtig bestimmte und schließlich behauptete, daß diese Kraft zur Erklärung aller Planetenbewegungen vollkommen genüge.

Die Quelle, aus der Chasles schöpfte, war eine umfangreiche Sammlung von einzelnen Zetteln, auf denen von Pascal's Hand die betreffenden Bemerkungen bald mehr, bald minder zusammenhängend und ausführlich aufgezeichnet waren. Daneben enthielt die umfangreiche, im Besitze Chasles' befindliche, Sammlung von Manuscripten aus dem 17. Jahrhundert eine reiche Menge von Briefen, welche zeigten, daß Pascal seine Entdeckungen vielen anderen Gelehrten, zunächst 1652 an Boyle, mitgetheilt hatte.

Dem allgemeinen Erstaunen über diese merkwürdige historische Entdeckung gaben in der nächsten Sitzung der Akademie vom 22. Juli zunächst Duhamel und Faye (p. 121) Ausdruck, indem sie bemerkten, daß die Behauptungen Pascal's eine Reihe mechanischer und mathematischer Theoreme voraussetzen, welche erst von Huyghens und Newton datiren, und es kaum glaublich sei, daß solche epochemachende Entdeckungen so lange unbekannt geblieben; und Faye erinnerte, daß erst nach Picard's Gradmessung (1669) das Quadrat der Entfernung constatirt werden konnte.

Darauf antwortete Chasles (p. 125) mit der Veröffentlichung einer neuen Reihe von Papieren, welche das Erstaunen noch vermehrten. In ihnen gab Pascal den Satz, daß die Centrifugalkraft dem Quadienten $v^2 : r$ proportional sei [26]), und leitete daraus ganz wie oben Anm. 17 das Gesetz der Schwere ab. Ferner fand sich in ihnen die Bemerkung, daß die Körper unter dem Aequator 1/289 ihrer Schwere verlören [27]) und demgemäß der Durchmesser an den Polen sich zu dem im Aequator wie 229 : 230 verhalten müsse [28]).

Aber das Ueberraschendste sollte noch kommen: Am 29. Juli theilte Chasles aus seinem Schatze (p. 185) Briefe mit, welche Newton 1654 als elfjähriger Schüler zu Grantham von Pascal erhielt, an den er sich durch die Uebersendung wissenschaftlicher Abhandlungen empfohlen hatte. Pascal beglückwünscht den Knaben über seine Leistungen, ermahnt ihn, auf der Bahn des Ruhmes fortzuschreiten, bittet ihn um seinen Rath in einigen Fragen aus der Mechanik und schickt ihm seine, die Gravitation behandelnden Manuscripte zu.

So wäre denn Newton nicht nur ein frecher Plagiator, sondern es fiel auch der Schatten des schwärzesten Undankes auf den Verfasser der Principia, der niemals seines Lehrers und väterlichen Freundes gedacht hatte.

22) Ich entlehne Viel, wie alle auf Persönlichkeiten bezüglichen Mittheilungen in §. 15 und §. 16, dem „Leben Newton's" vom Verfasser. 23) Schol. zu prop. 4 im I. Buche. Nachdem er dort aus dem 3. Keppler'schen Gesetze das Quadrat der Entfernung abgeleitet hat, fügt er bei, daß dies der Fall bei den Himmelskörpern sei, „ut seorsum collegerunt etiam nostrates Wrennus, Hookius et Halleius." 24) Comptes rendus de l'Acad. d. scienc. Paris 1867. t. 65. Juli — Dec. p. 89. Alle folgenden Citate ohne nähere Angaben beziehen sich auf diesen Band.

25) Bekanntlich wurde der erste (jetzt sechste) Saturnustrabant 1655 von Huyghens entdeckt. 26) Dieser Satz wurde im J. 1673 von Huyghens bekannt gemacht (Horol. oscillat.) und ist eine seiner bedeutendsten Entdeckungen. 27) Diese Abnahme der Schwere unter dem Aequator wurde bekanntlich erst 1672 von Richer in Cayenne entdeckt. 28) Diese Zahl stimmt genau mit der Newton's (Princ. lib. III. prop. 19) überein und man hielt diese Berechnung der Abplattung immer für eine der bedeutendsten Leistungen des letzteren.

Es war unglaublich! Nie hatte man selbst von engeren Beziehungen Pascal's zu Newton gehört, und nun erfuhr man, daß letzterer bereits seit seinem eilften Jahre im engsten Verkehr mit dem französischen Gelehrten gestanden habe. Man konnte es nicht glauben, und doch sprachen Documente.

Die Sache sollte indessen eine andere Wendung bekommen: In derselben Sitzung trat (p. 202) der Herausgeber der Pensées von Pascal, Faugère, mit der Versicherung auf, daß er nach einer Einsicht jener Papiere zu der festen Ueberzeugung gelangt sei, daß sie nicht von Pascal geschrieben seien [29]). Und der Biograph Newton's, Brewster, erklärte (p. 261) die Briefe direct für eine Fälschung. Vor 1661 habe Newton keinerlei Kenntnisse in der Mathematik besessen und als eilfjähriger Knabe keine gelehrten Abhandlungen geschrieben, sondern sich in einer für sein Alter passenderen Weise mit dem Bau kleiner Windmühlen, Sonnenuhren u. s. w. beschäftigt. Zugleich zeigte er, daß die Briefe theilweise falsche Adressen haben, und fügte hinzu, daß er bei dem sorgfältigsten Studium der Papiere Newton's nie eine Andeutung von einer Beziehung zu Pascal gefunden hätte.

Auf alle diese Angriffe hatte Chasles keine andere Antwort, als daß er (p. 263) einen Haufen von Briefen veröffentlichte, welche sich aus den Correspondenzen der verschiedensten Männer in seiner Sammlung befanden, so Briefe der Schwester Pascal's, Jacqueline, welche an Newton Manuscripte ihres Bruders schickt, Briefe Newton's, in denen er von seinen Beziehungen zu Pascal spricht, Briefe von Desmaizeaux [30]), in denen er Newton um die Ueberlassung Pascal'scher Manuscripte bittet u. s. w. [31]).

Endlich trat, um über die Echtheit dieser famosen Schriftstücke zu entscheiden, eine Commission von Mitgliedern der Akademie mit Faugère zusammen. Das Resultat der Prüfung war für Faugère (p. 340) dies: Kein Buchstabe jener Zettel und Briefe, die sich in Chasles' Besitze befinden, ist von Pascal geschrieben; Alles ist gefälscht. Der Fälscher hat sich nicht einmal die Mühe gegeben, die Handschrift nachzuahmen; seine größte Schwierigkeit war offenbar, vergilbtes Papier in großen Massen aufzutreiben. — Die anderen Mitglieder der Commission schwiegen.

Nach allem diesem wies Chasles (p. 331) theils aus seinen Papieren, theils aus gedruckten Schriften nach, daß Pascal in der That viele Manuscripte ungedruckt hinterlassen haben müsse. Er meinte, es sei unmöglich, neben den Hunderten von Zetteln und Briefen Pascal's noch drei umfangreiche Abhandlungen zu verfassen und dann, um den Betrug zu decken, noch mehrere Hundert anderer Briefe zu fabriciren.

Faugère antwortete darauf (p. 344), daß man es hier mit einer an Kühnheit und Großartigkeit beispiellosen Fälschung zu thun habe, die einem weiten Complot gleiche; denn es sei ungemeine Kunst angewandt, alle Theile des Werkes mit einander zu verbinden [32]).

Ich übergehe die zahlreichen Scharmützel zwischen Chasles und Faugère [33]), in denen letzterer fortwährend auf historische Unmöglichkeiten aufmerksam macht, die Unechtheit der Schriftstücke behauptet und auf ihre officielle Untersuchung bringt. Chasles nimmt ihm gegenüber eine gedrückte Stellung ein, weil er sich entschieden weigert, die Quelle anzugeben, aus der seine Sammlung stammt. Der Streit wird schließlich so heftig, daß Faugère (p. 620) den Chasles verblümt einen Hehler nennt, den man der Justiz überliefern müsse. Daß der entfernte Ursprung der Documente in dem Cabinet von Desmaizeaux zu suchen sei, verrieth schließlich der bedrängte Besitzer (p. 621) [34]), der nicht aufhört, trotzdem auch Brewster die Handschrift Newton's für gefälscht erklärt (p. 537), zahllose Briefe aus seiner unerschöpflichen Sammlung zu veröffentlichen, welche die Priorität für Pascal in Anspruch nehmen und Newton als schmählichen Plagiator erscheinen lassen.

Es ist ein höchst auffälliges Factum, daß alle diese Briefe nie eine mathematische Begründung der in ihnen ausgesprochenen Sätze enthalten, oder den Weg dazu andeuten; in keinem einzigen ist nur eine mathematische Formel angegeben; sie haben einen ganz anderen Charakter, als alle anderen gelehrten Briefe dieser Zeit, in der die Correspondenz der Gelehrten ein wesentlicher Theil ihrer wissenschaftlichen Publicität war. Sie bleiben sämmtlich ganz an der Oberfläche und geben die Resultate der Untersuchungen so weit, als sie einen dilettantisch gebildeten, wißbegierigen Mann etwa interessiren können. So konnte die Briefe recht wohl ein Literat fabriciren, der mit den wesentlichen Fortschritten der Astronomie seiner Zeit aus populairen Schriften bekannt war.

Von einer anderen und sehr interessanten Seite griff (p. 571) der Engländer Grant die Echtheit der Pascal'-

29) Gleichzeitig machte Binard darauf aufmerksam, daß der Styl der Briefe ein durchaus moderner und anglisirender sei. Er hielt die Fabrication der Manuscripte für die böswillige Rache eines Engländers, der den zahlreichen französischen Revindicationen englischer Entdeckungen gegenüber, die französischen Gelehrten in einem eclatanten Falle lächerlich machen wolle. 30) Ein Emigrant, der 1760 in England starb, Literat, eifriger Sammler (und Händler) von Handschriften. 31) Gegen Montesquieu und Racine treten auf; ersterer mit Zweifeln an Newton's Selbständigkeit in seinen Untersuchungen, letzterer direct mit der Behauptung (p. 270), „que le chevalier Newton devait tout son savoir à Pascal." Es gibt doch Nichts über historische Ehrlichkeit!

32) In der That steigt die Zahl der Zettel und Briefe auf mehrere Tausende; die Sammlung enthält Briefe von Pascal an Newton, Boyle, Hobbes, Huet, Wallis, Huyghens, Mariotte, an Jean Perier, Jacqueline Pascal, an Mersenne, Descartes, Gassendi, die Königin Christine, Rivet, Homon, Arnauld, Lemaistre de Sacy, Labruyère u. s. w. u. s. w. und unzählige andere Briefe der verschiedensten Personen, deren Register allein mehrere Spalten füllen würde (s. p. 376 und 690). 33) S. p. 376. 437. 455. 617. 643. 34) Es bedarf wol kaum der Versicherung, daß der Verfasser dieses Artikels, trotz der unmotivirten Weigerung Chasles', die Art und Weise anzugeben, wie er zu seinem Briefschatze gelangte, der festen Ueberzeugung ist, daß der berühmte Geometer in der ganzen, ihm so unangenehm gewordenen Angelegenheit durchaus bona fide gehandelt hat. Nur hat ihn die Begeisterung für die nationale gloire blind für unbefangene Kritik gemacht.

schen Schriften an: Er machte darauf aufmerksam, daß die sämmtlichen numerischen Angaben, die Durchmesser der Planeten, die Massen von Erde, Jupiter und Saturn, die Dichtigkeiten und Intensitäten der Schwerkraft auf diesen u. s. w., wie sie sich in den von Chasles herausgegebenen Documenten finden, ganz genau mit denen in der dritten Ausgabe von Newton's Principia (1726) übereinstimmen, welche ihr Verfasser mit Hilfe von Beobachtungen Cassini's, Bradley's, Pound's u. A., die erst lange nach Pascal's Tode angestellt sind, berechnet hatte; daß Pascal aus den zu seiner bekannten Beobachtungen ganz andere Zahlen hätte gewinnen müssen, wie denn Newton 1687 andere Zahlen als 1726 angab.

An Zufall zu denken, ist hier unmöglich; es mußte also, um die Echtheit der Schriftstücke zu retten, das äußerste Mittel angewandt werden, und Chasles wendet es an: „*C'est donc évidemment Newton qui, après s'être écarté en* 1687 *des nombres de Pascal, qu'il connaissait, y est revenu en* 1727“ (s. p. 541). So war denn Newton nicht nur ein schamloser Plagiator, sondern auch ein infamer Betrüger. Es bleibt ihm Nichts als Schande übrig.

Und weiter bemerkt Chasles (p. 585): Newton habe 1687 aus Furcht, von den Freunden Pascal's als Plagiator ausgerufen zu werden, absichtlich falsche Zahlen angegeben. Pascal aber habe bereits in seinem 18. Jahre 1641 diese Zahlen gefunden, gestützt auf unedirte Schriften Keppler's und Beobachtungen Galilei's. Es werden Briefe des letzteren mitgetheilt, von denen der erste aus dem Jahre 1641 schon die Angabe enthält, die Schwere müsse, wie das dritte Keppler'sche Gesetz beweise, nach dem umgekehrten Quadrate der Entfernung wirken, und es müsse sich zufolge einer solchen Kraft ein Planet in einer Ellipse bewegen. Dann spricht Galilei 1641 von einem Saturnstrabanten (?!), dessen Umlaufszeit er bestimmt habe [35]).

Doch hat Chasles damit kein Glück: Kaum hat er sich auf diese aus Florenz von 1641 datirten Briefe berufen, so tritt der Italiener Gilbert Govi (p. 953) ihm entgegen und beweist: 1) daß Galilei niemals französische Briefe geschrieben, 2) seine Briefe aus Arcetri datirt habe, 3) daß er 1641 vollkommen blind war, 4) daß er die Umlaufszeiten der Jupitersmonde nicht einmal annähernd kannte, 5) daß er von einem Saturnstrabanten Nichts wußte, 6) daß kein Zeugniß seines Verkehres mit Pascal vorhanden ist. Und Grant beweist (p. 784), daß Newton sowol 1687 als 1726 vollkommen richtig nach den besten jeweiligen Beobachtungen gerechnet habe.

So werden noch von verschiedenen anderen Seiten her [36]), gegen die Echtheit der Documente gegründete Zweifel erhoben. Der Ton, in dem der von Niemand vertheidigte und von Allen angegriffene Chasles antwortet, wird immer bitterer und ärgerlicher, sodaß sich ein unbetheiligter Akademiker, fast ein halbes Jahr nach der ersten Publication dieser ominösen Documente, am 28. Dec. (p. 1057) veranlaßt sieht, die Gelehrten zu bitten, daß sie nicht durch fortgesetzte Scharmützel das Leben des betagten Greises untergraben, und Chasles aufzufordern, seine ganze Kraft an die vollständige Publication jener Documente zu setzen, über deren Werth und Echtheit dann die Welt urtheilen werde. Damit erreicht denn dieser Streit in der Hauptsache sein Ende. Ueber sein Resultat kann man nicht zweifelhaft sein, und ich bin durch die gegebene Darstellung des Kampfes jedem kritischen Urtheile überhoben — auch hat man bisher Nichts von einer wirklich begonnenen Veröffentlichung der Sammlung gehört, die, wie wir im Interesse historischer Wahrheit wünschen, hoffentlich ganz unterbleiben wird.

Wo aber haben wir den Urheber dieser kolossalen Fälschung, die nur an der berüchtigten Sammlung von apokryphen Briefen der Marie Antoinette [37]) ihres Gleichen hat, zu suchen, und welchen Motiven verdankt sie ihren Ursprung? Damit betreten wir ein Gebiet, auf dem nur die allersorgfältigsten Nachforschungen der Papiere selbst zu einer gewissen Wahrscheinlichkeit führen können. Brewster [38]) hält jenen erwähnten Desmaizeaux, der von 1734—1740 ein eifriger Mitarbeiter des Dictionnaire général war, für den Fälscher, obgleich er in dieses Werk Nichts von allen seinen Fälschungen aufgenommen hat. Er hat vielmehr „seine gefälschten Manuscripte um 200 Pfund an den Chevalier Blondeau de Charnage verkauft, in der Hoffnung, daß sein Haufen von Lügen nie das Licht der Oeffentlichkeit erblicken werde. Aber er hatte nicht die Frechheit, seine Infamie in dem Dictionnaire général zu verewigen und das Gedächtniß der bedeutendsten Männer öffentlich so zu beschmutzen.“ Wir lassen es dahin gestellt sein, wie weit diese Vermuthung gerechtfertigt ist, und schließen hiermit den Bericht über diesen, die wissenschaftliche Welt so lebhaft interessirenden Zwischenfall ab.

Es ist, soviel ich weiß, eine zusammenfassende Darstellung dieses ganzen Kampfes noch nicht gegeben worden, und ich sah mich daher veranlaßt, hier wenigstens die Hauptpunkte zu berühren; die zahlreichen Repliken und Dupliken aber habe ich unberücksichtigt lassen müssen und verweise in dieser Beziehung auf den 65. Band der Comptes rendus, von dem sie einen erheblichen Theil ausmachen.

§. 18. Nachdem wir die historische Entwickelung, welche uns die großartigen Principia phil. nat. math. gebracht hat, geschildert und uns der wesentlichen und selbständigen Autorschaft Newton's versichert haben, treten wir an das Werk selbst heran. Wer nur je einen Blick in dies ungemein reichhaltige Buch, welches nicht nur die ganze theoretische und physische Astronomie, sondern auch große Theile der mathematischen Physik umfaßt, gethan hat, wird begreifen, daß hier ein einigermaßen vollständiger, selbst nur die Hauptsachen andeutender Aus-

35) S. Anm. 26. 36) S. p. 987. 989. 1018. 1041.

37) S. Sybel in seiner Histor. Zeitschrift 1864. p. 164.
38) S. p. 717. 825 und einer mir unzugänglichen Nummer der englischen Times aus dem October oder November 1867.

ung nicht gegeben werden kann. Nur einen Theil der fundamentalen Untersuchungen über die Gravitation denken wir dem Leser vorzuführen.

Die allgemeine Gravitation ist eine Centralkraft; d. h. eine solche, welche das Mobile nur nach dem anziehenden Centrum hin zu bewegen strebt; deren Intensität übrigens nicht allein von dem Centralabstande, sondern auch von der Lage des angezogenen Körpers im Raume abhängen mag. Es war daher nothwendig, die Gesetze der Bewegungen zu studiren, welche durch Centralkräfte im Allgemeinen hervorgebracht werden, und so fand Newton, indem er das zweite Keppler'sche Gesetz aus seiner Theorie abzuleiten wünschte, das schöne Theorem [39]):

Wie auch immer die von einem Centrum ausgehende Kraft auf ein Mobile wirke, immer wird der von dessen Radius vector überstrichene Flächenraum der Zeit proportional sein.

Der Beweis dieses Satzes ist höchst einfach und elegant. Ist (Fig. 2) AB der Weg, den ein Mobile in einer unendlich kleinen Zeit beschreibt, so wird es in dem nächsten ebenso großen Zeittheile nach c gelangen. Wenn es aber in B von der von S ausgehenden Centralkraft ergriffen wird, welche es in der gleichen unendlich kleinen Zeit von B nach U versetzen würde, so gelangt es in Wahrheit von B nach C; ebenso wird es in dem gleichen Zeittheile nach D gelangen u. s. f. Man bemerkt aber, daß die über derselben Grundlinie stehenden Dreiecke zwischen Parallelen SBc und SBC gleichen Flächeninhalt haben, ebenso SCd und SCD u. s. w. Da aber SAB und SBc, ebenso wie SBC und SCd gleichen Flächeninhalt haben, so sind alle diese in gleichen Zeiten überstrichenen Flächenräume SAB, SBC, SCD einander gleich, q. e. d.

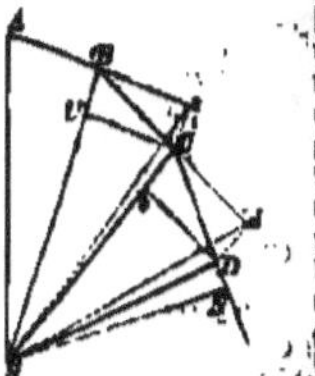

Fig. 2.

Die Wirkung einer beliebigen Centralkraft kann daher so gefaßt werden: Sie lenkt das Mobile von dem geradlinigen Wege ab, den es vermöge seiner Trägheit einschlagen würde, ohne dabei jedoch die Eigenschaft jener gleichförmigen Bewegung zu stören, daß die von dem Radius vector überstrichenen Flächen der Zeit proportional sind [40]).

Die Umkehrung dieses Satzes ist leicht zu erweisen [41]), und es war somit aus demselben Gesetze, aus dem Keppler eine auf dem Radius vector senkrechte, die Planeten in Rotation versetzende Kraft erschließen wollte (s. §. 9), eine durchaus in der Richtung des Radius vector wirkende Kraft in aller Strenge abgeleitet. Das specielle Gesetz aber der Kraft, welches Keppler aus demselben Satze erhalten wollte, war hiermit nicht entschieden, vielmehr bedurfte es dazu des ersten Keppler'schen Gesetzes; es mußte aus der Trajectorie der Planeten hergeleitet werden.

Man bemerke zunächst, daß die Wirkung der Centralkraft in jenem unendlich kleinen (etwa dem zweiten) Zeittheilchen dt dargestellt wird durch BU; d. h. in anderen Zeichen (Fig. 3): Beschreibt ein Mobile, welches sich seiner Trägheit zufolge von P nach R hin bewegen würde, unter dem Einflusse einer von S ausgehenden Centralkraft die Curve PQ, so wird die Wirkung dieser Kraft während des unendlich kleinen Zeittheilchens dt, in dem das Mobile von P nach Q gelangt, dargestellt durch die zu SP parallele Strecke QR. Wirkt aber während der Zeit dt die Kraft K, so ist die Strecke, um die sie das Mobile in ihrer Richtung bewegt, $\frac{1}{2}$ K . dt²; also ist, um die Centralkraft K zu finden, diese unendlich kleine Größe zweiter Ordnung QR durch $\frac{1}{2}$ dt² zu dividiren. Nun steht aber der Flächeninhalt des Dreiecks SPQ zu der verflossenen Zeit dt in einem constanten Verhältnisse, und es ist, wenn A den in der Zeiteinheit überstrichenen Flächenraum bezeichnet:

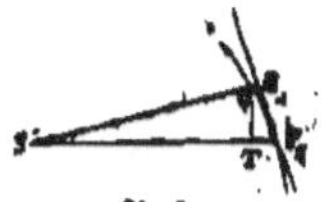

Fig. 3.

$$SPQ = A . dt.$$

Da nun $SPQ = \frac{1}{2} SP . QT$, wo QT das Perpendikel auf SP, so wird die Centralkraft, welche jene Deviation hervorbringt, gemessen durch:

$$K = 8A^2 . \frac{QR}{SP^2 . QT^2}.$$

39) Princ. l. I. prop. 1.

40) Dasselbe Gesetz läßt sich noch auf zwei andere Weisen fassen: Es sei A der in der Zeiteinheit überstrichene Flächenraum; dann ist z. B. CSD = A dt; der Flächeninhalt kann aber, wenn SN das Perpendikel auf CD ist, durch $\frac{1}{2}$. CD . SN dargestellt werden, und da CD = v dt, wenn v die Geschwindigkeit bezeichnet, so ist A dt = $\frac{1}{2}$ v . SN . dt, also:

$$v = \frac{2A}{SN}$$

d. h. die Geschwindigkeit in einem Punkte der Bahn ist dem Perpendikel auf die Tangente an demselben umgekehrt proportional (Princ. l. I. prop. 16). — Ferner sieht man, daß der Flächeninhalt CSD sich nur von einem Sector, der mit dem Radius SC um S beschrieben ist, nur um ein unendlich Kleines zweiter Ordnung unterscheidet. Bezeichnet man die Winkelgeschwindigkeit mit ω, so ist $\frac{1}{2}$ ω . SC² [illegible] der Inhalt desselben, und daher:

$$\omega = \frac{2A}{SC^2},$$

d. h. die Winkelgeschwindigkeit des Radius vector ist seinem Quadrate umgekehrt proportional.

41) Princ. l. I. prop. 2.

§. 19. Erst nachdem so in diesem wichtigen Satze [42]) eine genügende Erkenntniß der Kraftwirkung gewonnen ist, kann zu der Lösung der eigentlichen Aufgabe geschritten werden (Fig. 4), die aus dem Brennpunkte S wirkende Centralkraft zu finden, unter deren Einflusse ein Mobile eine Ellipse APB … beschreibt [43]).

Es seien AC = a, BC = b die Axen, $p = \frac{b^2}{a}$ der Parameter der Ellipse; in P befinde sich in diesem Augenblicke das Mobile, das vermöge seiner Trägheit nach R zu gehen strebt, während es die in der Richtung PS wirkende Kraft nach Q führt und es also um QR von seiner Bahn ablenkt, wenn QR parallel SP gezogen wird. Fällt man noch das Perpendikel QT auf SP, so hat man den Ausdruck

$$\frac{QR}{SP^2 \cdot QT^2},$$

wenn man Q mit P zusammenfallen läßt, durch endliche Größen, die Constanten der Ellipse und, wenn möglich, SP darzustellen.

Man ziehe CD parallel PR, sodaß PCG und DCK zwei conjugirte Durchmesser sind. Heißt dann der Durchschnitt von SP mit CD, E, so ist EP = a, wie so erwiesen wird: Man ziehe von dem anderen

Fig. 4.

Brennpunkte S' parallel mit CE eine Gerade S'H, so wird SE = EH und $EP = \frac{1}{2}(SP + HP)$. Nun sind die Winkel SPR und S'PZ, und daher die Winkel in dem Dreiecke S'PH bei S' und H gleich, sodaß S'P = HP, also: $EP = \frac{1}{2}(SP + S'P) = a$.

Es ist nun, wenn man Qv parallel CD an den anderen conjugirten Durchmesser CP führt, nach der Gleichung der Ellipse in Bezug auf zwei solche Durchmesser:

$$\frac{Gv \cdot vP}{Qv^2} = \left(\frac{PC}{CD}\right)^2, \qquad (1)$$

ferner, wenn x den Durchschnitt von Qv mit SP bezeichnet:

$$\frac{Px}{Pv} = \frac{PE}{PC},$$

oder, da Px = QR, PE = a:

$$Pv = \frac{1}{a} \cdot QR \cdot PC,$$

und durch Substitution in (1)

$$\frac{Gv \cdot QR \cdot PC}{a \cdot Qv^2} = \left(\frac{PC}{CD}\right)^2, \qquad (2)$$

wo bereits das schließlich zu Null werdende Pv weggefallen ist. Ebenso ist Qv zu entfernen; dies geschieht, indem man bemerkt, daß, wenn das Perpendikel PF auf CK gefällt wird,

$$\frac{Qx}{QT} = \frac{EP}{PF}.$$

Da aber, wie leicht ersichtlich [44]), Qx und Qv nur um ein gegen ihre Größe unendlich Kleines differiren, so hat man

$$Qv = a\,\frac{QT}{PF}.$$

Bemerkt man noch, daß PF die halbe Höhe eines in den Punkten PDGK der Ellipse umschriebenen Parallelogrammes ist, dessen Inhalt = 4PF . CD bekanntlich für alle conjugirten Durchmesser derselbe bleibt, so hat man 4ab = 4PF . CD und somit

$$Qv = \frac{1}{b} \cdot QT \cdot CD.$$

Die Substitution dieses Werthes in (2) gibt:

$$\frac{QR}{QT^2} = \frac{a}{b^2} \cdot \frac{PC}{Gv}.$$

Hier kann nun der Grenzübergang leicht ausgeführt werden, da Gv an der Grenze = 2PC und damit

$$\frac{QR}{QT^2} = \frac{1}{2p}$$

wird. Man findet also die Centralkraft proportional

$$\frac{QR}{SP^2 \cdot QT^2} = \frac{1}{2p}\,\frac{1}{SP^2},$$

d. h. umgekehrt proportional der Entfernung, und die Kraft ist (s. §. 18):

$$K = \frac{4A^2}{p}\,\frac{1}{SP^2}.$$

Es läßt sich mutatis mutandis leicht der Beweis führen [45]), daß, wenn sich das Mobile in einer Hyperbel oder Parabel bewegt, eine gleiche Centralkraft vorausgesetzt werden muß. Daß unter der Wirkung einer nach

42) Princ. l. I. prop. 6. 43) Princ. l. I. prop. 11.

44) Princ. l. I. lemma 7. 45) Princ. l. I. prop. 12. 13. Die geringe Eleganz der Methode, welche Newton anwendet, um aus der Trajectorie das Gesetz der Kraft abzuleiten, hat zur Auffindung anderer Ableitungen der Kraft und der Bestimmungen der Bahn aus der Kraft geführt. Ich erwähne hier nur die schöne Methode von Möbius (Crelle's Journ. t. 21. p. 174).

dem umgekehrten Quadrate der Entfernung wirkenden Kraft die Kegelschnitte als Trajectorie möglich sind, ist hiermit erwiesen. Ob aber ein Kegelschnitt von dem Mobile beschrieben werden müsse, ist eine neue Frage, die Newton, so viel ich sehe, nicht ausdrücklich behandelt hat 44).

§. 20. Um nun diese Lücke auszufüllen und die Umkehrung des im vorigen §. abgeleiteten Theorems zu beweisen, bedienen wir uns der in Deutschland wenig bekannten, aber höchst eleganten Methode Sir W. R. Hamilton's.

Sie beruht wesentlich auf der ebenfalls von Hamilton erfundenen Construction des Hodographen, einer Curve, welche mit einer Trajectorie in der Beziehung steht, daß, während diese von einem Punkte P durchlaufen wird, sich der entsprechende Punkt P′ in dem Hodographen so bewegt, daß die Radien des letztern von einem bestimmten Punkte O aus die Geschwindigkeiten von P, die Tangenten an dem Hodographen die Richtungen der Kraft bezeichnen, welche P in seiner Trajectorie erhält, und die Geschwindigkeit, mit der sich P′ bewegt die Größe der auf P wirkenden Kraft in jedem Momente darstellt.

Wir gehen, um dies weiter zu erläutern, auf Fig. 2 zurück, indem wir, wie dort, das Zeitdifferential dt als constant betrachten. Dann ist AB — Bc der

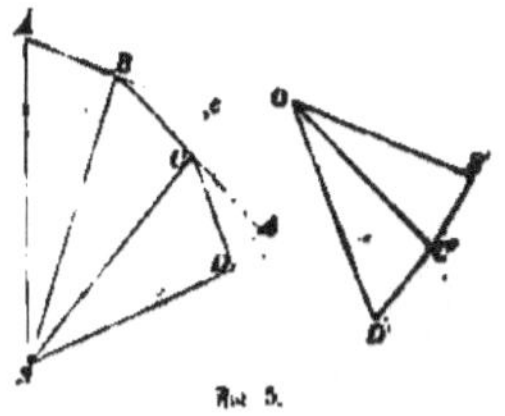

Fig. 5.

Geschwindigkeit in B proportional und cC die Deviation, also cC der beschleunigenden Kraft in B proportional. Construiren wir daher von einem Punkte O aus (Fig. 5) den Radius OB′ parallel und proportional AB — Bc, und OC′ parallel und proportional BC, so wird B′C′ parallel cC und ihm in demselben Verhältniß proportional sein. Construirt man ferner OD′ parallel CD, so ist, weil BC — Cd also OC′ parallel und proportional mit Cd ist, auch C′D′ parallel und proportional dD, d. h. der in C wirkenden Kraft. Setzt man diese Construction fort und trägt parallel und proportional AB, BC, CD, von O aus OB′, OC′, OD′, … ab, so sind B′C′, C′D′, … den in B, C, … wirkenden Kräften parallel und proportional, und B′, C′, D′ … ist der Hodograph.

Construirt man letztern nun im Verhältniß dt : 1, und nennt allgemein P′ den Punkt, welcher im Hodographen jederzeit dem P in der ursprünglichen Trajectorie entspricht, so ist OP′ der Richtung und Größe nach die Geschwindigkeit von P in seiner Trajectorie; die Bogenelemente, die P′ in dem Hodographen in der Zeit dt beschreibt, sind den Strecken, welche P in derselben Zeit unter dem Einflusse der beschleunigenden Kraft allein beschreiben würde, und die also durch $\frac{1}{2}$ K dt² dargestellt werden, proportional im Verhältniß 1 : dt; d. h. die Elemente des Hodographen sind — $\frac{1}{2}$ K dt und daher die Geschwindigkeit, mit der P′ auf seiner Bahn sich bewegt, — $\frac{1}{2}$ K, d. h. gleich der halben beschleunigenden Kraft, welche P treibt. Außerdem sind die Bogenelemente des Hodographen, d. h. die Tangenten in jedem Punkte P′, der Richtung der in P wirkenden Kraft parallel.

Diese schöne Construction einer Differenzialcurve (wie man den Hodographen auch nennen mag) führt in vielen Fällen ohne Schwierigkeit zu der gesuchten Trajectorie.

Sei (Fig. 6) PQ .. die ihrer Form nach unbekannte Curve, welche eine nach dem Gesetze 1 : SP² von S aus wirkende Kraft hervorbringt, und sei P′Q′ ihr von O aus construirter Hodograph. Da nach Anm. 35 die Winkelgeschwindigkeit, mit der sich PS um S dreht, ebenfalls proportional 1 : SP² ist, so ist die Drehungsgeschwindigkeit der Tangente des Hodographen an P′ der Geschwindigkeit von P′ in seiner Bahn proportional; denn zufolge der Construction ist die Kraft in P der Geschwindigkeit in P′ gleich und PS der Tangente in P′ parallel. Da aber bekanntlich das Verhältniß des Drehungswinkels der Tangente in zwei benachbarten Punkten P′, Q′ einer Curve zu ihrem Bogenabstand P′Q′, die Krümmung der Curve darstellt, so hat in unserem Falle der Hodograph eine überall constante Krümmung, und ist daher ein Kreis, dessen Mittelpunkt A heißen möge.

Man ziehe nun OA, AP′ und fälle von O auf P′A das Perpendikel OT′, von P′ auf OA das Perpendikel

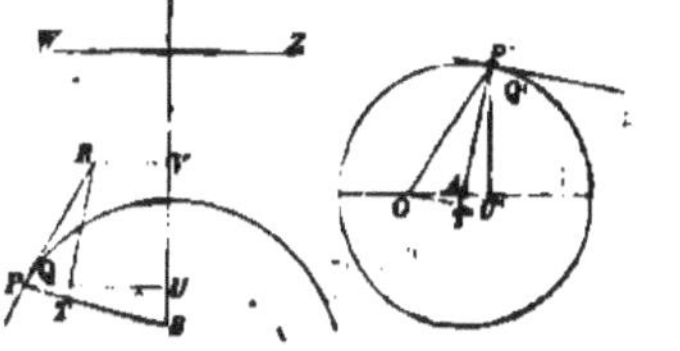

Fig. 6

44) Doch liegt es sich wol aus Princ. lib. I. prop. 41 herleiten.

pelt P'U'. In P lege man an die Trajectorie eine Tangente und trage auf ihr die Geschwindigkeit von P in dem betreffenden Punkte der Bahn, PR ab, fälle von R auf SP die Senkrechte RT. Dann ist OP' = PR, OT' = PT, und da der doppelte Flächeninhalt des Dreiecks OAP' durch OA . U'P' = AP' . OT' dargestellt werden kann, so hat man

$$PT = \frac{OA}{AP'} \cdot U'P',$$

wo OA, AP' Constanten sind. Projicirt man aber PR, welches gleich und parallel OP' ist, auf eine mit U'P' parallele Gerade durch S, die wir als Abscissenaxe ansehen wollen, so ist die Projection UV = U'P' und daher PT dem UV proportional. Verkleinern wir jetzt das Dreieck RPT so weit, bis R mit dem unendlich benachbarten Punkte Q zusammenfällt, so ist PT jetzt das Increment des Radius vector, das er beim Uebergange von P zu Q annimmt; UV aber ist die Abscissendifferenz von P und Q. Die Proportionalität dieser Größen giebt dann eine Differentialgleichung, welche, integrirt, die Proportionalität des Radius vector mit der Abscisse von P ergibt, wo der Anfang der Abscissen als Integrationsconstante auftritt, die von den Anfangsbedingungen der Bewegung abhängt. Jene Proportionalität aber charakterisirt, wie bekannt, einen Kegelschnitt in Bezug auf seine Directrix WZ, die auf SU senkrecht steht, q. e. d.

§. 21. Sind so die Kegelschnitte als die Curven erkannt, in welchen sich die nach dem umgekehrten Quadrate der Entfernung angezogenen Körper bewegen müssen, so fragt es sich nun, welche von den drei Arten dieser Curvengattung die wirklichen Bahnen der Planeten sein werden. Es zeigt sich, daß dies von dem Verhältnisse der tangentiellen Bewegung, die man den Planeten gegeben denkt, zu der centripetalen Kraft abhängt und man aus diesem die Lage und Gestalt der Trajectorie vollkommen bestimmen kann [47]).

In dem uns im Folgenden ausschließlich beschäftigenden Falle der Natur, wo die Bahnen elliptisch sind, läßt sich ein Zusammenhang zwischen der mittleren Entfernung a und der Umlaufszeit T folgendermaßen erweisen. In §. 19 hat man die accelerirende Kraft gefunden:

$$K = \frac{4A^2}{P} \frac{1}{SP^2};$$

da aber die ganze Fläche der Ellipse πab in der Zeit T von dem Radius vector überstrichen wird, also πab = AT, so hat man [48]):

$$K = 4\pi^2 \frac{a^3}{T^2} \frac{1}{SP^2};$$

wird nun

$$K = \frac{S}{SP^2}$$

gesetzt, wo S die Constante der Gravitation genannt werden kann, so hat man:

$$\frac{S}{4\pi^2} = \frac{a^3}{T^2},$$

d. h. bei mehreren, einen und denselben Centralkörper umkreisenden Planeten verhalten sich die Umlaufszeiten wie die ³/₂ten Potenzen der mittleren Entfernungen von der Sonne — und dies ist das dritte Keppler'sche Gesetz in seiner vollkommeneren Fassung [49]).

So ist denn das Fundament der Newton'schen Theorie gelegt; die Keppler'schen formalen Gesetze der planetarischen Bewegungen sind nothwendige Consequenzen Einer Kraftwirkung, deren Gesetz umgekehrt aus ihnen abgeleitet werden kann. Das zweite Gesetz erweist, daß die Kraft, welche die Planeten treibt, eine centrale von der Sonne ausgehende sein muß; das dritte aber (s. Anm. 17) oder das erste liefert dann das specielle Gesetz der Kraft.

War nun diese wirklich das alleinige Princip aller Bewegungen der Planeten und der Erde, so mußten alle die bisher nicht nur unerklärten, sondern auch ganz gesetzlos erscheinenden Störungen ihres regelmäßigen Laufes in ihm enthalten sein. Hier war der eigentliche Prüfstein für die neue Theorie — und sie bewährte sich auf das Glänzendste.

Ich beschränke mich hier auf das von Newton mit großartigem Erfolge behandelte verwickeltste Problem, die Störungen des Mondes. Doch sind zuvor einige nothwendige Sätze über die Bewegung zweier freier Himmelskörper (der Erde und des Mondes) um ihren gemeinschaftlichen Schwerpunkt im Raume zu erledigen.

§. 22. Wirken zwei im Raume freie Massen gravitirend auf einander, so nimmt jede dieser eine ihrer Masse umgekehrt proportionale Bewegung an. Ihr gemeinschaftlicher Schwerpunkt bleibt also unverrückt, wenn sie sich geradlinig gegen einander bewegen. Wenn sie aber gegebene Seitengeschwindigkeiten haben, so bleibt der Schwerpunkt entweder unverrückt oder bewegt sich in gerader Linie. Der Beweis kann leicht so geführt werden:

Es seien (Fig. 7) M, P die Orte des Mondes in zwei auf einander folgenden Augenblicken, N, T die ent-

---

47) Princ. l. I. prop. 17.

48) Bei einer kreisförmigen Bahn, wo a = SP = r, ist

$$K = 4\pi^2 \frac{r}{T^2},$$

also verhalten sich bei gleichen Umlaufszeiten die von zwei Centren ausgehenden Kräfte direct, wie die Radien. — Und nennt man v die absolute Geschwindigkeit, sodaß vT = 2πr, so erhält man

$$K = \frac{v^2}{r} = 2\pi \frac{v}{T},$$

den bekannten Satz von Huyghens.

49) Princ. l. I. prop. 15. Doch wird im folgenden § noch eine leichte Correction desselben angegeben werden.

sprechenden Orte der Erde und es falle der Schwerpunkt C der beiden Hebel MN und PT zusammen; dann ist,

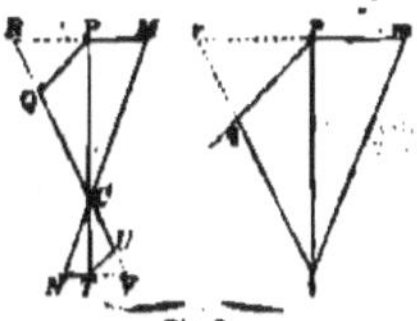

Fig. 7.

wenn P, T die Massen des Mondes und der Erde bedeuten:

$$CT : CP = P : T = CN : CM,$$

und daher MP parallel NT. Im nächsten Augenblicke würde zufolge der Trägheit P in R und T in V anlangen; ihre gegenseitige Attraction aber zieht sie nach Q und U, und da sowol PR : TV, als RQ : VU in dem umgekehrten Verhältnisse der Massen stehen, so geht QU wieder durch C. Daraus aber folgt, daß, wenn der Schwerpunkt zweier um einander laufender Massen zu Anfang ruht, er durch den Lauf selbst nicht in Bewegung gesetzt wird. Bewegt er sich also von Anfang an, so wird diese Bewegung gleichförmig und geradlinig fortgesetzt werden [50]).

Die Trajectorien von P und T um C sind offenbar ähnliche Curven [51]).

Die relative Bahn, welche der Mond P für einen Beobachter auf der Erde beschreibt, wird gefunden, indem man von einem festen Punkte t aus tm, tp, tr, tq gleich und parallel NM, TP, VR, UQ macht, und ist offenbar ähnlich den Bahnen von P und T um C.

Es sei nun die relative Bahn des Mondes um die Erde ein Kreis.

Denken wir uns jetzt in t eine Masse T, in p eine Masse P, erstere aber jetzt ruhend und letztere denselben Kreis wirklich, absolut im Raume um t beschreibend. Indem sich die Masse p nach r zu bewegt, wird sie durch die Attraction der Masse t von der Tangente um die Strecke rq abgelenkt werden. Das geschieht jedoch jetzt in der absoluten Bahn in einer größeren Zeit, als in der relativen Bahn; denn es wirkt jetzt auf p die gleiche Kraft als vorhin auf P, und während P von seiner Bahn um QR abgelenkt wurde, kann p nicht um die größere Strecke rq abgelenkt werden, welche durch Addition von QR und UV entstanden ist. Vielmehr wird, da die Kräfte gleich sind, die Zeit Z, während welcher jene Ablenkung RQ zu Stande kam, und die Zeit z, während welcher rq resultirt, in der Beziehung stehen:

$$Z^2 : z^2 = RQ : rq = T : (T+P),$$

also:

$$\frac{z}{Z} = \sqrt{\frac{T+P}{T}}.$$

Die Geschwindigkeiten, welche P und p haben müssen, damit des ersteren relative Bahn mit der absoluten des letzteren übereinstimmt, werden sich daher verhalten müssen wie

$$\frac{PQ}{Z} : \frac{pq}{z} = \frac{PQ}{pq} : \frac{Z}{z} = \frac{T}{T+P} : \sqrt{\frac{T}{T+P}}$$
$$= \sqrt{T} : \sqrt{T+P}.$$

Wenn sich also dieselben Massen T, P und t, p in gleichen Entfernungen TP, tp von einander befinden und ihre gleichgerichteten Geschwindigkeiten verhalten sich $= \sqrt{T} : \sqrt{T+P}$, so wird, wenn P und T sich frei bewegen, P um T dieselbe relative Bahn beschreiben, als p um die ruhende Masse t die wirkliche Bahn; die Zeiten aber, in denen sie gleiche Strecken beschreiben, also die Umlaufszeiten, verhalten sich, wie man leicht findet, ebenfalls wie $\sqrt{T} : \sqrt{T+P}$ [52]).

Denken wir uns wieder P um das frei bewegliche T seinen relativen kreisförmigen Umlauf machen und sei r seine mittlere Entfernung von T. Es bewege sich ferner p um das feste t in einem Kreise mit dem Radius r', und zwar so, daß letztere Bahn in derselben Zeit durchlaufen wird, als jene. Es wird gefragt, welches Verhältniß r : r' haben muß?

Denken wir uns um die ruhende Erde t zwei Körper in Kreisen herumlaufen, deren Radien sich verhalten wie:

$$r' : r = T^{1/3} : (T+P)^{1/3},$$

so werden sich deren Umlaufszeiten verhalten wie:

$$r'^{3/2} : r^{3/2} = \sqrt{T} : \sqrt{T+P}.$$

Nun durchläuft der Mond in seiner relativen Bahn mit dem Radius r den Umkreis schneller, als der um die ruhende Erde in demselben Abstande r kreisende Körper, und zwar sind die Umlaufszeiten im Verhältniß $\sqrt{T} : \sqrt{T+P}$; die relative Bahn mit dem Radius r wird also in derselben Zeit durchlaufen, als die absolute mit dem Radius r', wo beide durch obige Gleichung mit einander in Verbindung gesetzt sind [53]).

§. 23. Wenden wir diese Sätze auf den Mond an, um die Kraft F zu finden, mit der er von der Erde in seiner hier kreisförmig angenommenen Bahn erhalten wird. Die mittlere Entfernung des Mondes von der Erde beträgt 60½ Erdhalbmesser [54]), und man würde daher:

$$F = g\left(\frac{1}{60\frac{1}{2}}\right)^2$$

setzen, wo g = 15 1/12 Fuß, die Intensität der Schwere an der Oberfläche der Erde bezeichnet, wenn die Erde ruhte und sich nicht gleichzeitig mit dem Monde um den gemeinschaftlichen Schwerpunkt bewegte; so aber ist an diesem F eine Correction, entsprechend den eben bewiesenen Sätzen anzubringen [55]).

50) Princ. Leges motus coroll. IV. 51) Lib. I. prop. 57.

52) Lib. I. prop. Sei. 58. 53) Lib. I. prop. 60. 54) Lib. III. prop. 4. 55) Lib. III. prop. 4 u. 25.

In derselben Zeit, einem siderischen Monat, in welchem der Mond P einmal seinen relativen Umlauf um die Erde vollendet, würde sich um die ruhende Erde ein Mond bewegen können, dessen Abstand nach dem obigen Satze

$$= 60\tfrac{1}{2} \cdot \sqrt{\frac{T}{T+P}} \text{ Erdhalbmesser}$$

ist, wo T die Erd- und P die Mondmasse bezeichnet. Indem nun Newton T = 39,371 . P setzt [56], so wird $\sqrt{\frac{T}{T+P}}$ nahe $\frac{60}{60\frac{1}{2}}$ und daher der Abstand jenes fingirten Mondes 60 Erdhalbmesser betragen. Dieser fingirte Mond würde, wenn die Erde ruhte, sie ganz in derselben Zeit umkreisen, wie der wirkliche, und es würde dann die Kraft $F = g \frac{1}{60^2}$ zu setzen sein [57]. Aber die Erde bewegt sich und der wirkliche Mond hat die mittlere Entfernung von $60\frac{1}{2}$ Erdhalbmesser von ihr. Will man also, der Einfachheit wegen, die Erde als ruhend ansehen, so muß man ihre Anziehung in einem constanten Verhältnisse größer denken, und zwar, damit sich der Mond in demselben siderischen Monat einmal um sie bewegen kann, in dem Verhältnisse von $60\frac{1}{2} : 60$, da sich bei gleicher Umlaufszeit die centripetalen Kräfte direct, wie die Radien, verhalten (s. Anm. 48). Es ist dann also nicht g, sondern $\frac{60\frac{1}{2}}{60} g$ die fingirte Constante der Schwerkraft, und daher endlich die Kraft, welche bei ruhender Erde den Mond in einem, seiner relativen Bahn gleichen Kreise erhalten würde:

$$F = g \frac{60\frac{1}{2}}{60^3}.$$

§. 24. Ist S die Sonne, T die Erde, P der Mond, welche zunächst fortwährend in derselben Ebene (der Ekliptik) liegend vorausgesetzt werden, und stellt (Fig. 8) die Strecke TS durch ihre Größe zugleich die von S auf T wirkende Kraft dar, so wird auf den

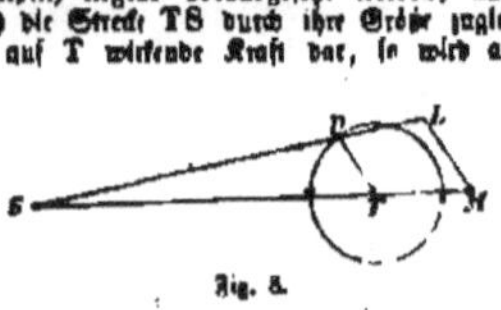

Fig. 8.

Mond P von der Sonne S eine Attraction ausgeübt, welche durch LS dargestellt werden kann. Zerlegt man diese LS in eine zu dem Radius PT parallele Kraft LM und eine Kraft MS in der Richtung TS, so wird das Stück TS beiden letzteren Kräften gemeinsam sein und nur MT auf den relativen Lauf des Mondes um die Erde Einfluß haben.

Es wirkt also auf den Mond, um ihn in seinem Laufe gegen die Erde zu erhalten: 1) die Kraft in der Richtung PT, welche ihn in seiner kreisförmig vorausgesetzten Bahn um die Erde treiben würde; 2) die sich zu dieser hinzufügende Kraft LM und 3) die nach der Sonne gerichtete Kraft MT. Die beiden letzteren, die man parallel mit den gezeichneten Richtungen an P wirkend zu denken hat, sind die störenden Kräfte, welche die ungestörte kreisförmige Bahn mannigfach verändern.

In dem vorliegenden Falle, wo der störende Körper S, die Sonne, sich in einem gegen den Radius PT der gestörten Bahn sehr weiten Abstande befindet, können PS und TS als parallel angesehen werden (Fig. 9);

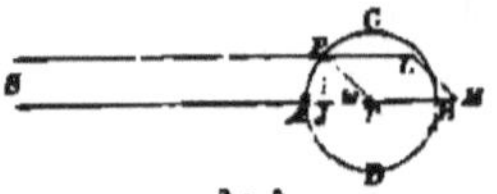

Fig. 9.

und ist

$$\frac{S}{ST^2}$$

die Attraction von S auf T, so ist:

$$LS = \frac{S}{SP^2}, \text{ also } LM = S\frac{PT}{SP^3},$$

und da MS : TS = LS : PS, so hat man

$$MT = S\left\{\frac{ST}{SP^3} - \frac{1}{ST^2}\right\} = S . \frac{ST^3 - SP^3}{SP^3 \cdot ST^2}$$

$$= 3S . \frac{SP^2 . TJ}{SP^3 \cdot ST^2},$$

wo TJ die Projection von TP auf TS ist, deren höhere Potenzen gegen ST vernachlässigt werden können, und somit:

$$MT = 3S\frac{TJ}{ST^3}, \quad LM = S\frac{PT}{ST^3}.$$

Die constanten Factoren in diesen Gleichungen können noch anders geschrieben werden, wenn man die Kraft $S : ST^2$, mit welcher die Erde von der Sonne angezogen wird, mit der von der Erde auf den Mond wirkenden Kraft F vergleicht. Bezeichnet man den siderischen Monat $27^d\ 7^h\ 43'$ mit n, die Umlaufszeit der Sonne um die Erde $365^d\ 6^h\ 9'$ mit r, so hat man nach einem bekannten Satze (s. Anm. 48):

$$F : \frac{S}{ST^2} = \frac{TP}{n^2} : \frac{ST}{r^2},$$

56) So bestimmt Newton (L. III. prop. 37. cor. 4) die Mondmasse aus der Höhe der Ebbe und Fluth, in sofern sie von dem Monde und der Sonne abhängt. Die unzureichenden empirischen Data, die er zu Grunde legte, erklären die starke Abweichung von der Wahrheit, da nahezu T = 80 . P ist. 57) Deshalb ist auch oben in §. 13, wo es zunächst nur auf approximative Rechnung abgesehen war, die Entfernung = 60 Erdhalbmesser angenommen worden.

und daher:

$$S\frac{TP}{ST^2} = F\left(\frac{\pi}{r}\right)^2 = m^2 F,$$

wenn man

$$m = \frac{\pi}{r} = \frac{1}{13,4}, \quad m^2 = \frac{1}{178,725},$$

$$m^2 F = \frac{g}{83092,6}$$

setzt. Darnach ist dann:

$$LM = m^2 F, \quad MT = 3 m^2 F \frac{TJ}{PT}.$$

Bezeichnet man mit ω die von der unteren Conjunction A aus gezählte Anomalie (Länge) des Mondes, so ist die Kraft

$$MT = 3 m^2 F \cos\omega,$$

und liefert in der Richtung des Radius und senkrecht darauf die Componenten:

$$-3 m^2 F \cos^2\omega; \quad + 3 m^2 F \sin\omega \cos\omega.$$

Die gesammte radiale störende Kraft ist daher:

$$m^2 F (1 - 3\cos^2\omega) = -\frac{1 + 3\cos 2\omega}{2} m^2 F;$$

in den Quadraturen ist sie $+ m^2 F$; in den Syzygien $- 2 m^2 F$, also entgegengesetzt der Anziehung der Erde auf den Mond und doppelt so groß als in den Quadraturen; ihr mittlerer Werth ist $- \frac{1}{2} m^2 F$.

Die transversale störende Kraft ist:

$$+ 3 m^2 F \sin\omega \cos\omega = \frac{3}{2} m^2 F \sin 2\omega$$

und verschwindet somit in den Quadraturen, sowie den Syzygien, erreicht den größten positiven oder negativen Werth in den Octanten; ihr Mittelwerth ist Null.

§. 25. Die Darstellung des wirklichen Laufes des Mondes, wie er sich unter dem Einflusse dieser, seine kreisförmige Bahn störenden Kräfte gestaltet, ist ein höchst verwickeltes Problem, dessen directe Lösung unmöglich war und noch heute ist. Newton zerlegte daher das Problem in eine Anzahl besonderer Aufgaben, indem er den Einfluß der störenden Kräfte in ihrer Einwirkung auf jedes einzelne Element der Mondbahn abgesondert untersuchte und die anderen bei einer jeden solchen Untersuchung dabei constant setzte. Er erhielt durch diese Methode, die später Lagrange in erweiterter Form als die Variation der Constanten in die Analysis einführte, allerdings nur eine Approximation, aber eine für die Astronomie seiner Zeit völlig genügende, die überdies durch ein successives Verfahren, die Verbesserung der Elemente nach der ersten Approximation und Wiederholung der Rechnung, mit jeder beliebigen Genauigkeit, der Wahrheit angenähert werden kann.

Newton gibt zunächst eine, so zu sagen, populäre Uebersicht über die verschiedenen Arten von Störungen, ihre Richtung und ihren ungefähren Grad der Intensität [58]), die wir hier zwar abgekürzt, aber ihrem Wesen nach reproduciren wollen [59]):

Die Kraft LM erzeugt, da sie eine centripetale ist, nach §. 18 keine Störung in der constanten Flächengeschwindigkeit der Mondbahn; wohl aber wird die transversale Kraft $\frac{3}{2} m^2 F \sin 2\omega$ eine Ungleichheit der in gleichen Zeitmomenten von dem Radius überstrichenen Flächenräume herbeiführen.

Gehen wir von der Quadratur C aus, in der diese Kraft verschwindet, nach A zu, so wird die Kraft $\frac{3}{2} m^2 F \sin 2\omega$ bis A hin fortwährend positiv sein und daher eine Beschleunigung der Flächengeschwindigkeit hervorrufen, welche durch die Summation der einzelnen Impulse in A ihr Maximum erreicht. Bei weiterem Fortschreiten über A hinaus nach D wird die Kraft dem Laufe des Mobile entgegengesetzt wirken, also die beschleunigte Flächengeschwindigkeit vermindern, sodaß in D wieder die ursprüngliche Flächengeschwindigkeit, wie in C, erreicht ist.

Es ist also in den Quadraturen die Flächengeschwindigkeit im Minimum, in den Syzygien im Maximum; ihr mittlerer Werth aber wird durch diese Störung nicht verändert.

Wenn die ungestörte Bahn ein Kreis war, in dem sich der Mond mit gleichförmiger Geschwindigkeit bewegte, so wird jetzt die Geschwindigkeit in C, D ihren kleinsten, in A, B ihren größten Werth haben. Daher wird die Krümmung der gestörten Bahn in C, D am größten, in A und B am kleinsten sein; denn bei derselben Kraft ist die Krümmung der Bahn stets da am größten, wo die Geschwindigkeit am kleinsten ist. Dieser Effect der transversalen Kraft wird überdies vermehrt durch die radiale störende Kraft, welche in den Quadraturen die ursprüngliche Attraction der Erde auf den Mond um $m^2 F$ vermehrt, in den Syzygien aber um $- 2 m^2 F$ vermindert.

Diese Verschiedenheit der centripetalen Kräfte wird daher im Verein mit der durch die transversale Kraft verursachten Ungleichförmigkeit, die ursprüngliche Kreisbahn des Mondes in eine ovale Bahn verwandeln, deren große Axe durch die Quadraturen, deren kleine durch die Syzygien geht.

Die Summe aller dieser Störungen liefert die von Tycho de Brahe entdeckte Variation der Mondbewegung [60]).

Die radiale störende Kraft ist, wie schon in §. 24 bemerkt, im Mittel eine negative: $- \frac{1}{2} m^2 F$, und wird also im Mittel die ursprüngliche Centripetalkraft schwächen,

58) Princ. l. I. prop. 66. 59) In dem vortrefflichen Werke von Whewell: „On the free motion of points and on universal gravitation, includ. the principal prop. of books I and III of the Principia,“ das mir als I. Theil eines Treatise on Dynamics in 3. Auflage (Cambridge 1836) vorliegt, findet der Leser eine gute Darstellung der hauptsächlichsten Methoden und Lehrsätze Newton's in weiterem Umfange, als ich sie hier mittheilen konnte. 60) Princ. l. I. prop. 66. coroll. 2—5.

sodaß sich der Mond von T weiter entfernt, als er es ohne diese Störung thun würde; es ist aber die centripetale Kraft F proportional $r : n^2$, also die Umlaufszeit des Mondes, n, proportional $\sqrt{\frac{r}{F}}$, und es nimmt daher die Umlaufszeit sowol des zunehmenden Radius r, als auch der abnehmenden Kraft F wegen, durch diese Störung zu.

Jene störende Kraft aber hängt von der Entfernung des Systemes von der Sonne S ab, sie wird im Perigäum am stärksten, im Apogäum am schwächsten sein, und es entsteht also eine Ungleichheit in der Bewegung des Mondes in Länge, welche von der Stellung der Erde zur Sonne abhängt, und die jährliche Gleichung genannt wird [61]).

§. 26. Durch die Abweichung der gesammten, auf den Mondlauf wirkenden Kräfte von dem umgekehrten Quadrate der Entfernung entsteht eine eigenthümliche Störung der Mondbahn, die sich in dem Vor- und Rückschreiten der Apsidenlinie des Mondes äußert.

Um dies einzusehen, schicken wir eine schöne allgemeinere Untersuchung Newton's voraus:

Man denke sich (Fig. 10) die Bahn VP, deren Apsis V ist, durch eine von T ausgehende Centralkraft beschrieben, sodaß der Sector VTP der Zeit proportional ist; es gehe von V in derselben Richtung und gleichzeitig mit P ein anderer Punkt P' aus, der sich auf seiner Bahn so schnell bewegt, daß der Sector

$$VTP' = \mu . VTP$$

für alle Punkte der Bahn ist. Da somit auch TP' mit der Zeit proportionale Flächen überstreicht, so kann man die Bahn VP' ebenfalls durch eine von T ausgehende Centralkraft bewirkt denken [62]), und es entsteht nun die Frage, welche Centralkraft zu der in P wirkenden hinzugefügt werden müsse, um die in P' wirkende zu erhalten.

Diese Frage aber wird so beantwortet [63]): Es sei Q der Punkt, den P nach dem Zeitincremente dt erreicht, und es seien P', Q' die entsprechenden Punkte der anderen Bahn. Es werde der Winkel $P'TQ_1 = PTQ$ gemacht, $TQ_1 = TQ = TQ'$ und um T durch Q, Q_1, Q' ein Kreis gezogen.

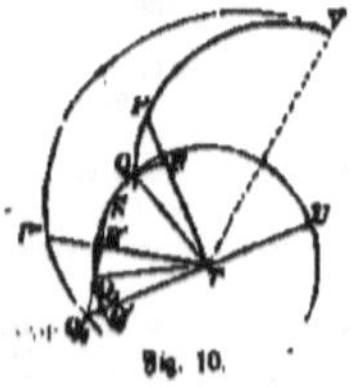

Fig. 10.

Man zerlege nun die Bewegungen von P, in ihre Componenten PR und QR, nach dem Radius vector und senkrecht auf demselben. Würde nun P' von derselben Kraft getrieben, als P in den gleichen Entfernungen von dem Centrum T [64]), so würde seine centripetale Annäherung in derselben Zeit die Strecke $P'R' = PR$ betragen, wo Q_1R' senkrecht auf TP' steht; seine auf dem Radius TP' senkrechte Bewegung aber würde, da er sich μ mal schneller in der auf dem Radius senkrechten Richtung bewegt, als P, ihn nach Q_1' führen, wo $Q_1'R' = \mu . QR = \mu . Q_1R'$ auf Q_1R' abgetragen ist. Es gelangt aber P, weil die Centralkraft in P' anderen Gesetzen genügt, als in P, in der That nicht nach Q_1', sondern nach Q', und es stellt daher $Q_1'Q'$ die Deviation vor, welche durch die Differenz der in P' und P wirkenden Centralkräfte hervorgebracht wird.

Man beachte nun, daß eben diese Differenz auch eine Centralkraft repräsentirt und daher den Punkt Q_1' in dem Zeitmomente dt in der Richtung des Radius vector ablenken wird, sodaß Q_1' mit Q' auf einem durch T gehenden Durchmesser Q'U liegt. Schneidet nun Q_1R' den Kreis nochmals in S, so ist:

$$Q_1'Q' . Q_1'U = Q_1'Q_1 . Q_1'S;$$

da aber $\mu . Q_1R' = Q_1'R'$, so hat man:

$$Q_1'Q_1 = (\mu - 1) Q_1R', \quad Q_1'S = (\mu + 1) Q_1R',$$

und daher:

$$Q_1'Q_1 . Q_1'U = (\mu^2 - 1) \overline{Q_1R'}^2.$$

Da nun $Q_1'U$ von Q'U, also dem Durchmesser 2 . TQ', nur unendlich wenig verschieden ist, und $Q_1R' = QR$, $TQ' = TQ$, so gibt diese Gleichung:

$$Q_1'Q_1 = \frac{\mu^2 - 1}{2} \frac{QR^2}{TQ}.$$

Ist nun A die in der Zeiteinheit von dem Radius TP überstrichene Fläche, so ist:

$$PTQ = Adt = \frac{1}{2} TP . QR,$$

und man erhält durch Substitution des hieraus gezogenen Werthes von QR die vorstehende Gleichung:

$$Q_1'Q_1 = (\mu^2 - 1) \frac{2A^2dt^2}{TP^2 . TQ},$$

61) Princ. l. c. coroll. 6. 62) Lib. I. prop. 43. 63) Lib. I. prop. 44.

64) Es scheint noch nicht bemerkt zu sein, daß dieser Beweis nicht ganz streng ist: Indem man hier von einer in P und P' gleich wirkenden Kraft spricht, setzt man voraus, daß diese in denselben Abständen auch gleich wirke, also rein eine Function der Entfernung sei, was, wie wir schon ausdrücklich bemerkten, nicht im Begriff der Centralkraft als solcher liegt. Und wenn auch Newton, wie es scheint (s. lib. I. prop. 41 am Ende), dieser Beschränkung auf solche Centralkräfte sich bewußt gewesen ist, so ist damit der Beweis noch nicht strenger: denn es fragt sich noch, ob eine allein von der Entfernung abhängige Centralkraft überhaupt eine Störung von der angegebenen Weise herbeiführen kann. Der Beweis wird erst dann streng, wenn umgekehrt nachgewiesen wird, daß eine dem Cubus der Entfernung umgekehrt proportionale Kraft, wie sie Newton hier findet, in der That jene Störung hervorbringt. Aber auch dann gilt Newton's Satz nur in jener Beschränkung; denn es steht immer noch in Frage, ob nicht andere Centralkräfte ebensolche Störungen erzeugen können. — Mängel dieser Art, willkürliche und unerlaubte Beschränkungen sind an mehreren Stellen der Principia, namentlich in der viel behandelten Theorie der schwingenden Pendel (lib. II. prop. 47 seq.), zu bemerken.

oder, da sich TP von TQ nur unendlich wenig unterscheidet:

$$Q'Q_1 = (\mu^2 - 1)\, dt^2 \frac{2A^2}{TP^3}.$$

Die Kraft, welche in der Zeit dt diese Deviation hervorbringt, ist daher:

$$(\mu^2 - 1) \frac{4A^2}{r^3},$$

also eine dem Cubus des Radius vector umgekehrt proportionale Centripetalkraft [65]).

Nehmen wir als die Bahn VP eine Ellipse mit dem Parameter p an [66]), deren Brennpunkt T, die also nach §. 19 auf eine Centralkraft

$$\frac{4A^2}{pr^2}$$

schließen läßt, so ist

$$\frac{4A^2}{pr^2} + (\mu^2 - 1)\frac{4A^2}{r^3} = \frac{4A^2}{pr^3}\left\{r + (\mu^2 - 1)p\right\}$$

die gesammte Kraft, welche jene im Verhältniß $1 : \mu$ vergrößerte Flächengeschwindigkeit hervorruft. Die Bewegung kann als die einer sich umwälzenden Ellipse bezeichnet werden, deren Anomalien um den Factor μ gegen die der festen Ellipse vergrößert sind; denn bei der Gleichheit der Radienvectoren in der festen und der sich umwälzenden Ellipse verhalten sich die Sectoren, wie die Winkel. Der Winkel zweier auf einander folgenden Apsiden ist demnach in letzterer Curve $\mu \cdot 180°$.

Nehmen wir $a = b = 1$, setzen also die ursprüngliche Bahn als kreisförmig voraus, so würde eine nach dem Gesetze

$$\frac{4A^2}{r^3}\left\{r + (\mu^2 - 1)\right\}$$

wirkende Kraft die Flächengeschwindigkeit im Verhältniß $1 : \mu$ vergrößern.

Weicht aber die gegebene Bahn von dem Kreise um eine sehr kleine Größe x ab, so können wir das Gesetz der Kraft, welche die Flächengeschwindigkeit in der angegebenen Weise vergrößert, $r = 1 - x$ gesetzt:

$$\frac{4A^2}{(1-x)^3}(\mu^2 - x)$$

schreiben. Es kann nun dieser Kraft bis auf Glieder der ersten Ordnung nach x, eine andere gleichkommen, deren eigentliches Gesetz durch

$$\rho \frac{4A^2}{r^3}\left\{r + \alpha r^n\right\}$$

dargestellt wird; denn entwickelt man dies, indem man wieder $r = 1 - x$ setzt, nach Potenzen von x, und beschränkt sich auf die ersten Potenzen, so hat man:

$$\rho \frac{4A^2}{(1-x)^3}\left\{(1 + \alpha) - (1 + \alpha n)x\right\},$$

und dies gibt, mit unserer Kraft $\frac{4A^2}{(1-x)^3}(\mu^2 - x)$ verglichen,

$$\rho(1 + \alpha) = \mu^2, \quad \rho(1 + \alpha n) = 1,$$

also

$$\mu = \sqrt{\frac{1 + \alpha}{1 + n\alpha}},$$

d. h.: Wenn eine nach dem Gesetze:

$$\frac{1}{r^2} + \alpha r^{n-3}$$

wirkende Kraft einen Körper in einer nahe kreisförmigen ovalen Bahn bewegt, so wird diese die Form eines nahe kreisförmigen umwälzenden Ovales annehmen, dessen auf einander folgende Apsiden fortschreiten und mit einander den Winkel

$$\mu \cdot 180° = 180° \sqrt{\frac{1 + \alpha}{1 + n\alpha}}$$

machen [67]).

§. 27. Wollen wir nun diese Sätze auf die Mondstörungen anwenden, so müssen wir zuerst bemerken, daß jetzt, wo der Radius der Mondbahn als Einheit genommen ist, auch die von der Erde auf den Mond wirkende Kraft F in diesem Maße auszudrücken ist.

Da aber (Fig. 9) LM proportional dem PT und MT dem TJ, so können wir:

$$LM = m^2 F . PT, \quad MT = 3m^2 F . TJ$$

setzen, während die von der Erde auf den Mond wirkende Gravitation

$$\frac{F}{TP^2}$$

ist, wobei man immer zu bedenken hat, daß, wenn TP der wirkliche Mondradius ist, an seine Stelle eben die Einheit 1 zu setzen ist.

In der Nähe der Quadraturen ist nun TJ sehr klein und daher die wirkende Kraft allein

---

65) Man hat von der Mitte vorigen Jahrhunderts an, besonders von Franzosen, öfter die Meinung aussprechen hören, Newton habe die Sätze seiner Principien auf analytischem, d. h. rechnendem Wege gefunden, und sie dann, um den Weg der Erfindung zu verdecken, in synthetischer, d. h. anschaulich geometrischer Darstellung bekannt gemacht — eine durchaus ungereimte Behauptung, die nur beweist, daß man nicht einen Blick in das schöne Werk Newton's gethan hatte, und daß zur Zeit, als man jene Ansicht aussprach, die geometrische Methode von der analytischen gänzlich in den Hintergrund gedrängt war. Es ist für uns heute allerdings die Newton'sche Methode so fremd und beschwerlich, daß wir kaum glauben können, daß sie vor zwei Jahrhunderten die allgemein gebräuchliche sein konnte. Aber sie war es. Der Calcul war selbst für Newton noch viel zu schwerfällig, als daß er mit ihm die gewaltigen Probleme lösen konnte, die er angriff. Obige Ableitung aber legt — ein Beispiel unter vielen — den glänzendsten Beweis davon ab, in welch' sachgemäßer und anschaulicher Weise die geometrische Methode Aufgaben zu behandeln weiß.

66) Lib. I. prop. 44. cor. 2.

67) Princ. lib. I. prop. 45: insbesondere Ex. 3.

$$\frac{F}{TP^2} + m^2F \, . \, TP;$$

wirkte eine solche Kraft auf der ganzen Bahn, so wäre der Winkel zweier auf einander folgender Apsiden, da $n = 4$, $a = m^2$ zu setzen ist:

$$180^\circ \sqrt{\frac{1+m^2}{1+4m^2}} = 180^\circ \left(1 - \frac{3}{2} m^2\right)$$

nahezu, es fände also ein Rückschreiten der Apsiden statt. In der Nähe der Conjunctionen dagegen ist $TJ = -PT$ und die störende Kraft $LM + MT = -2m^2F \, . \, PT$, also die gesammte Kraft

$$\frac{F}{PT^2} - 2m^2F \, . \, PT;$$

und würde überall in der Bahn eine solche Kraft wirken, so wäre die Entfernung der Apsiden von einander

$$180^\circ \sqrt{\frac{1-2m^2}{1-8m^2}} = 180^\circ (1 + 3m^2)$$

nahezu; es findet also in den Conjunctionen eine Bewegung des Mondes statt, welche die Apsidenlinie um $3m^2 \, . \, 180^\circ$ über ihre ungestörte Lage fortbewegen würde, wenn dieselbe Kraftwirkung fortdauerte. Das geschieht jedoch nicht: je näher der Mond seiner Quadratur kommt, um so weniger rückt die Apsidenlinie vor, ja sie nimmt sogar eine entgegengesetzte Bewegung in den Quadraturen an, welche, wenn sie fortdauerte, ein Rückschreiten um $-\frac{3}{2} m^2 \, . \, 180^\circ$ veranlassen würde. Da aber diese letztere eine bedeutend schwächere ist, als jene in den Syzygien, so wird bei einem vollen Umlaufe des Mondes seine Apsidenlinie im Ganzen vorwärts schreiten [68]) und in gleichmäßiger Bewegung nach und nach durch alle Punkte der Bahn hindurchgehen.

Dieses gleichmäßige Fortschreiten wird aber gestört durch die elliptische Form der Mondbahn. Denken wir uns, um diesen Einfluß der Ellipticität übersehen zu können, anstatt der störenden Kräfte, die von der Länge des Mondes abhängen, eine von dieser unabhängige, nach dem reciproken Cubus der Entfernung wirkende Kraft, so wird diese im Verein mit der Anziehung nach dem umgekehrten Quadrate der Entfernung:

$$\frac{4A^2}{pr^2} + (\mu^2 - 1)\frac{4A^2}{r^3},$$

den Mond in einer sich umwälzenden Ellipse bewegen. Es wird dann das Verhältniß der Gesammtkraft in der Perigäumdistanz r_p zu der in der Apogäumdistanz r_a:

$$\frac{r_a^3}{r_p^3} \, \frac{r_p + (\mu^2 - 1)p}{r_a + (\mu^2 - 1)p} = \left(\frac{r_a}{r_p}\right)^2 \left\{1 + p(\mu^2 - 1)\left(\frac{1}{r_p} - \frac{1}{r_a}\right)\right\}$$

sein, wenn wir μ als eine der 1 so nahe Größe ansehen, daß wir die Quadrate von $(\mu^2 - 1)$ vernachlässigen können; und wir sehen, daß, wenn dieses Verhältniß das von $\frac{1}{r_p^2} : \frac{1}{r_a^2} = \left(\frac{r_a}{r_p}\right)^2$ übertrifft, $\mu > 1$, wenn es dahinter zurückbleibt, $\mu < 1$ ist. Im ersten Falle aber tritt ein Fortschreiten der Apsiden, im zweiten ein Rückschreiten ein.

Geht nun die Apsidenlinie der Mondbahn durch die Syzygien, so ist die Kraft in den Apsiden:

$$\frac{F}{r_p^2} - 2m^2Fr_p, \quad \frac{F}{r_a^2} - 2m^2Fr_a,$$

ihr Verhältniß also:

$$= \left(\frac{r_a}{r_p}\right)^2 \left\{1 + 2m^2(r_a^3 - r_p^3)\right\} > \left(\frac{r_a}{r_p}\right)^2,$$

und es würde ein Fortschreiten der Apsiden eintreten.

Steht aber die Apsidenlinie senkrecht auf der Linie der Syzygien, so sind:

$$\frac{F}{r_p^2} + m^2Fr_p, \quad \frac{F}{r_a^2} + m^2Fr_a,$$

die in ihren Endpunkten wirksamen Kräfte und deren Verhältniß

$$\left(\frac{r_a}{r_p}\right)^2 \left\{1 - m^2(r_a^3 - r_p^3)\right\} < \left(\frac{r_a}{r_p}\right)^2,$$

d. h. es tritt ein Rückschreiten der Apsidenlinie ein.

Dieses sind also Einflüsse der Ellipticität der Mondbahn, die sich jedoch bei jedem einzelnen Umlaufe nur in untergeordneter Weise geltend machen können. Die Hypothese indessen, die wir über die Wirkung der störenden Kraft jetzt gemacht haben, ist nicht genau die wahre. So weit sie aber der Wahrheit nahe kommt, wird sie das Fortschreiten der Apsidenlinie beschleunigen, wenn sie mit den Syzygien zusammenfällt, aber verlangsamen, wenn sie sich den Quadraturen nähert.

Die Excentricität der Bahn wird durch die Abweichung der Kraft von dem Gesetze des Quadrates der Entfernung ebenfalls gestört. Wenn von dem Perigäum zu dem Apogäum die Kraft in einem stärkeren Verhältnisse abnimmt als $\frac{1}{r_p^2} : \frac{1}{r_a^2}$, so wird sich im Apogäum der Mond stärker entfernen, als er es in der Ellipse thun würde. Die Excentricität wird also größer werden, und umgekehrt: Wenn das Verhältniß der Kräfte in

[68]) Lib. I. prop. 66. coroll. 7. Wollte man das Mittel nehmen aus der regressiven Bewegung in den Quadraturen und der progressiven in den Syzygien, so würde man $180^\circ \, . \, \frac{3}{4} m^2$, also nahezu $1\frac{1}{2}^\circ$ als Winkelbewegung der Apsiden bei jedem Umlauf finden, während sie in der That nahe das Doppelte beträgt. Die Annäherung ist also eine sehr rohe, was erklärlich genug ist, da in den Lagen zwischen Quadratur und Syzygie die radiale störende Kraft auch von der Anomalie abhängt (vergl. Anm. 64). Dazu kommt, daß bei unserem Monde die störende transversale Kraft in ihrem Einfluß auf die Bewegung der Apsiden nicht vernachlässigt werden darf, obgleich sie erst von der Ordnung $(m^2)^2$ ist. (Vergl. §. 53.) Auch gibt Newton die hier gegebene Zahlenbestimmung des totalen Fortschreitens der Apsiden nicht bei der Untersuchung der Mondstörungen, sondern nur gelegentlich (in etwas anderer Form) als Rechnungsbeispiel zu Lib. I. prop. 45. cor. 2.

diesen Punkten größer als $\frac{1}{r_p^3} : \frac{1}{r_q^3}$ ist, wird die Excentricität abnehmen.

Zufolge obiger Werthe dieser Verhältnisse also wird, wenn die Apsidenlinie in den Syzygien liegt, die Excentricität abnehmen, wenn sie in den Quadraturen liegt, zunehmen.

Diese beiden Ungleichheiten zusammengenommen geben die als Evection bezeichnete Störung, die von allen Mondstörungen deshalb die beträchtlichste ist, weil die Wirkungen, so klein sie auch bei jedem einzelnen Umlaufe sind, sich doch während des allmäligen Fortschreitens der Apsidenlinie durch alle Punkte des Umkreises summiren. Denn die Apsidenlinie braucht etwa ein Vierteljahr, um einen Quadranten zu durchlaufen. Gehen wir nun (Fig. 11) von dem zwischen C und A liegenden Octanten aus, in dem sowol die Bewegung der Apsiden, als auch die Excentricität nahe ihren mittleren Werth hat, so wird sich beim Fortschreiten die Apsidenlinie den Syzygien nähern, ihre Bewegung also beschleunigt und die Excentricität abnehmen. Haben diese beiden Ungleichheiten ihr Maximum erreicht, während die Apsidenlinie in den Syzygien lag, so werden sie bei weiterem Fortschreiten jener Linie wieder abnehmen, in dem Octanten zwischen A und D nahe ihren mittleren Werth erreichen und es wird von da an die Bewegung der Apsidenlinie unter ihren mittleren Werth sinken, die Excentricität aber zunehmen. In der Quadratur erreicht dann die Ungleichheit in diesem Sinne ihren höchsten Werth, vermindert sich aber bei weiterem Fortschreiten der Apsidenlinie wieder u. s. f.[69]).

§. 28. Wir haben bisher die Mondbahn in solcher Lage vorausgesetzt, daß sie (Fig. 11) durch die Verbindungslinie ST hindurchgeht, d. h. ihre Knotenlinie, in

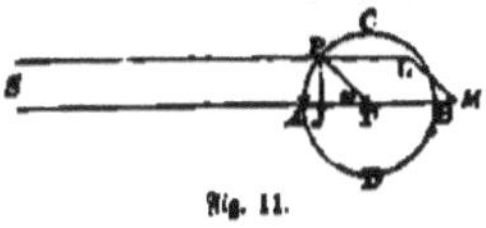

Fig. 11.

welcher sie eine durch S und T gelegte feste Ebene (die Ekliptik) schneidet, in den Syzygien liegt. Es ist in dieser Lage kein Grund zu einer Veränderung der Neigung der Mondbahn gegen die Ekliptik oder einer Veränderung ihrer Knotenlinie vorhanden.

Geht aber die Knotenlinie durch die Quadratur CD und steigt nach A zu der Mond über die Ebene der Ekliptik, die wir uns in der Ebene des Papieres denken wollen, auf, so wird die Kraft PT, ebenso wie in allen anderen Lagen der Knotenlinie, keine Veränderung in der Ebene der Mondbahn herbeiführen; wohl aber die Kraft MT, welche den Mond auf seinem Laufe von C nach A der Ekliptik zu nähern streben, d. h. eine Verkleinerung der Neigung erzeugen wird, während bei dem Laufe von A nach D durch die herabziehende Kraft eine Vergrößerung der Neigung eintreten wird, die sich in D mit jener früheren Verkleinerung wieder ausgeglichen haben wird. Da jedoch während dieses halben Umlaufes der Mond fortwährend nach der Ekliptik hingezogen wird, so muß er letztere Ebene früher durchschneiden, als er es in der ungestörten Bahn gethan haben würde, d. h. die Knotenlinie wird nicht TD sein, sondern durch einen zwischen D und A liegenden Punkt gehen. In dieser Lage der Knotenlinie findet also eine periodische Aenderung der Inclination und eine rückschreitende Bewegung der Knotenlinie statt.

Liegt die Knotenlinie in dem Octanten zwischen C und A, so wird von dem aufsteigenden Knoten bis zu dem Octanten zwischen A und D die Inclination verkleinert, dann bis zu der Quadratur D vergrößert und wieder bis zu dem nächsten Octanten zwischen D und B verkleinert werden; sie wird also im Ganzen geringer werden.

Ebenso findet man, daß, wenn die Knotenlinie in den Octanten vor den Quadraturen liegt, die Neigung in einem ganzen Umlaufe vergrößert wird.

In allen Fällen, mit Ausnahme des einen Falles, daß die Knotenlinie mit den Syzygien zusammenfällt, wird also die Knotenlinie bald langsamer, bald schneller rückwärts schreiten, während die Inclination dabei um ihren mittleren Werth schwankt.

Das sind, wenn die Bahn des Mondes kreisförmig vorausgesetzt wird, die Störungen, welche die Bewegung des Mondes in der Breite erleidet[70]).

§. 29. Nachdem Newton auf diese einfache Weise die gesammte störende Wirkung der Sonne in die einzelnen Störungen zerlegt, deren Effect seiner Art und ungefähren verhältnißmäßigen Größe nach angegeben, geht er dazu über, die approximativen Werthe derselben wirklich durch mathematische Größen auszudrücken. Er bedient sich dabei, wie bekannt, durchgehends der constructiven Methode, und zwar mit einer solchen Meisterschaft, daß die endlichen Resultate nicht, wie man zuweilen behauptet, rohe Annäherungen an die Wahrheit, sondern oft überraschend weitreichende Approximationen sind, die bei analytischer Behandlung des Störungsproblemes nur dann übertroffen werden, wenn man die Reihen bis zu einer beträchtlichen Gliederzahl entwickelt. Newton's Methode hat vor der analytischen den Vorzug, in deutlicher Weise zugleich den Effect aufzuweisen, den jedes der Störungsglieder auf die Bewegung ausübt; sie fördert, wenn wir so sagen dürfen, die theoretische Erkenntniß des ganzen complicirten Vorganges, während die analytische Entwickelung der Störungen mehr dem praktischen Interesse dient. Es versteht sich jedoch bei der Natur der geometrischen Methode von selbst, daß sie ganz außer Stande ist, das Störungsproblem in seinem

69) Princ. lib. I. prop. 66. coroll. 8. 9.

70) Ib. cor. 10. 11.

vollen Umfange, wie es die heutige Wissenschaft erfordert, zu lösen; denn die Anzahl der zu berücksichtigenden Glieder steigt in einem bei weitem stärkeren Verhältniß, als die geforderte Genauigkeit, und die Anschauung muß bald an ihrer gleichzeitigen Erfassung verzweifeln.

Doch hat die constructive Methode selbst dann, wenn sie nur die Störungen erster Ordnung darstellen soll, einen unleugbaren Nachtheil: sie führt nicht mit Nothwendigkeit zu ihrem Ziele, und man kann nicht sicher darauf rechnen, mit ihrer Hülfe auch nur eine erste Approximation zu erhalten. So wird die größte Ungleichheit der Mondsbahn, die Evection und die fortschreitende Bewegung der Apsiden, von Newton nicht einmal annähernd ihrer Größe nach bestimmt, während die Variation, die Bewegung der Mondknoten und die Störung in der Neigung der Mondbahn allerdings ihre ausreichende Bestimmung finden.

Es wird aber die Genialität Newton's, mit der er ohne andere Instrumente und Hülfsmittel, als seinen durchdringenden Scharfsinn, das verwickelte Problem ergriff und mit einer für seine Zeit hinlänglichen Genauigkeit löste, ewig denkwürdig bleiben. Jahrtausende hatten daran gearbeitet, die Anomalien der Bewegungen des Mondes festzustellen und mathematisch zu formuliren; hier wurden sie mit Einem Schlage aus Einem Begriffe heraus construirt und auf Einen Grund zurückgeführt.

Ich kann nicht umhin, hier wenigstens an Einem Beispiele, und zwar der Variation des Mondes, das interessante und lehrreiche Verfahren Newton's dem Leser vorzuführen, der vielleicht mit Dank die treue Darstellung eines wesentlichen Stückes dieses classischen Werkes begrüßt, das ihm seiner ungewohnten Form und seines schwierigen Verständnisses wegen bisher doch ein unbekanntes Buch geblieben sein mag [71]).

Um die Variation des Mondes zu behandeln, haben wir zuvor auf einen Umstand aufmerksam zu machen, der mehrfach zu berücksichtigen sein wird. Wir haben in §. 24: $\pi = 27^d\ 7^h\ 43'$ als siderische Umlaufszeit des Mondes benutzt, d. h. als die Zeit, nach deren Ablauf der Mond, von der Erde aus gesehen, wieder denselben Ort am Fixsternhimmel erreicht. Das würde nun auch die Zeit sein, während welcher der Mond von einer Syzygie oder Quadratur wieder zu derselben zurückkehrte, wenn die Erde nicht mit dem Monde sich um die Sonne bewegte, oder, wie wir uns im Folgenden, der Einfachheit wegen, ausdrücken wollen, die Sonne nicht in der Zeit τ einmal um die Erde herumliefe. Es ist aber leicht zu sehen, daß die Zeit, nach welcher der Mond, von der Erde aus gesehen, wieder dieselbe Stellung gegen die Sonne einnimmt, der synodische Monat, aus dem siderischen durch Multiplication mit $\frac{1}{1-m}$, wo $m = \frac{\pi}{\tau}$ ist, und also $= 29^d\ 12^h\ 44'$ gefunden wird.

Es sei (Fig. 12) TE die Richtung nach dem Frühlingsäquinoctium, von dem aus man die Längen zählt, und β die Länge der Sonne, wenn der Mond in dieser steht. Ist dann zu irgend einer Zeit, ϑ die Länge des Mondes, ϑ' die der Sonne, so ist $\vartheta' = m\vartheta + \beta$, und daher der Längenabstand ω des Mondes und der Sonne, die relative Länge des Mondes in Bezug auf die Sonne:

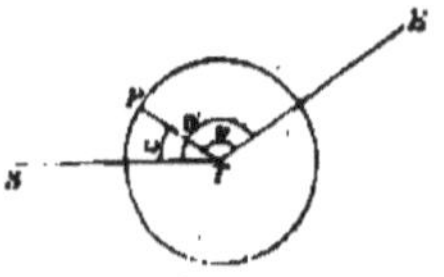

Fig. 12.

$$\omega = \vartheta' - \vartheta = (m-1)\vartheta + \beta.$$

Im Folgenden werden nun mit Vernachlässigung der Excentricität, zunächst Störungen der kreisförmigen Bahn des Mondes untersucht, in sofern sie von ω abhängt, d. h. unter der Annahme, daß die Sonne S feststeht, oder, anders ausgedrückt: wie sie einem Beobachter erscheinen würde, der die Länge des Mondes seinem Bogenabstande von der Sonne gleich setzt. Um dann aber den wirklichen Lauf des Mondes am Himmel zu erhalten, müssen wir statt ω seinen Werth in ϑ, ϑ' substituiren. Ist $r = f(\omega)$ die relative Bahn des Mondes gegen die Erde und die sich bewegende Sonne, so ist $r = f(\overline{m-1}\,\vartheta + \beta)$ seine Bahn am Fixsternhimmel.

§. 30 [72]). Der Mond beschreibt seine ungestörte kreisförmige Bahn so, daß die in gleicher Zeit überstrichenen Flächen einander gleich sind, und es wird auch in der gestörten Bahn die Gleichheit der Flächenmomente, wie wir die in einem Zeitmomente dt überstrichenen Flächentheile nennen werden, durch diejenigen Theile der störenden Kraft, welche in der Richtung des Radius wirken, nicht alterirt.

Es entsteht aber eine Ungleichheit der Flächenmomente durch die störende Kraft, welche senkrecht gegen den Radius wirkt und aus der entsprechenden Componente der Kraft (Fig. 13)

$$MT = 3m^2F\,\frac{TJ}{PT}$$

besteht, also, wenn PK das auf TC gefällte Perpendikel ist, durch

$$3m^2F\,\frac{KP\,.\,TK}{PT^3}$$

dargestellt wird. Um nun die hierdurch bewirkte Ungleichheit der Flächenmomente zu berechnen, so sei CPA

71) Auf dem Continente wird es sehr wenige Mathematiker und noch weniger Astronomen geben, welche sich die Mühe gemacht und den Genuß verschafft haben, das bedeutendste Werk, welches in unserem Gebiete je von Einem Manne geschrieben worden ist, im Original zu studiren. Nur in England (Cambridge) pflegte man aus traditioneller Pietät gegen den großen Landsmann noch vor wenigen Decennien das Studium der Principia; und das oben (Anm. 59) angeführte Werk von Whewell hat die specielle Absicht, zur Erleichterung dieses Studiums zu dienen; auch mir hat es diesen Dienst geleistet.

72) Princ. lib. III. prop. 26.

die kreisförmige Bahn des Mondes, wie sie bei ruhender Sonne erscheinen würde, P der Ort zur Zeit t, P' der zur Zeit $(t-dt)$ eingenommene Ort, sodaß $PP' = -r\,d\omega = (1-m)\,r\,d\vartheta = (1-m)\,v\,dt$,

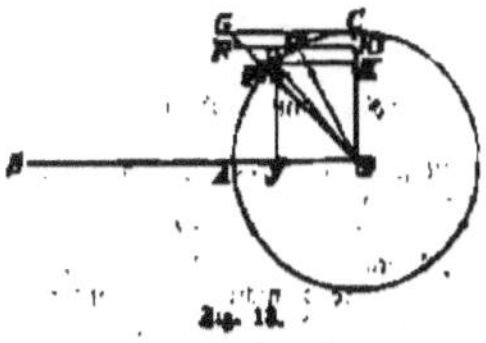

Fig. 18.

wo v die Geschwindigkeit, mit der sich P wirklich am Firsternhimmel (nicht in Beziehung auf die Sonne) bewegt. In C errichte man auf CT senkrecht CG = CT, verbinde TG und nenne deren Durchschnitte mit den Perpendikeln PK, P'K', F, F'. Dann wird [73]):

$$K'K : KP = PP' : TP,$$

also, da KF = TK:

$$KK' . KF = \frac{KP . TK}{PT^2} . PP' . TP,$$

wo die linke Seite bis auf Glieder höherer Ordnung die Fläche KK'F'F darstellt, sodaß

$$3m^2 F \frac{KK'F'F}{PP' . TP} = \frac{3m^2}{1-m} F \frac{KK'F'K}{v\,r\,dt}$$

die auf TP senkrecht wirkende Kraft ist, deren Integral nach t die zu Ende der Zeit t in P erreichte Geschwindigkeit angibt; dies Integral aber findet man

$$\frac{3m^2}{1-m} \frac{F}{vr} GCKF.$$

Es ist nun GCKF gleich der Differenz des Dreieckes TGC, welches $= \frac{1}{2} r^2$, und des Dreieckes TKF, dessen Flächeninhalt $= \frac{1}{2} KT^2 = \frac{1}{2} r^2 \sin^2\omega$ ist, sodaß $GCKF = \frac{1}{2} r^2 \cos^2\omega$, und

$$\frac{3}{2} \frac{m^2}{1-m} \frac{rF}{v} \cos^2\omega$$

die erlangte Geschwindigkeit ist, die aber, da nach §. 15 $v^2 = rF$ ist, in

$$\frac{3}{2} \frac{m^2}{1-m} v \cos^2\omega$$

übergeht. Das ist also der Zuwachs, welchen die Geschwindigkeit v durch jene transversale störende Kraft erhält, und somit:

$$v \left\{1 + \frac{3}{2} \frac{m^2}{1-m} \cos^2\omega\right\}$$

die Geschwindigkeit in jedem Punkte der Bahn. Man bemerke, daß dies mit den einleitenden Bemerkungen in §. 25 vollkommen in Uebereinstimmung ist, wonach in den Quadraturen, wo $\omega = 90°$ ist, die ursprüngliche Geschwindigkeit nicht vermehrt wird; die stärkste Zunahme aber in den Syzygien eintritt.

Vorstehende Formel mag noch anders geschrieben werden: Man bemerke, daß der mittlere Zuwachs der Geschwindigkeit, wie er aus der Störung entspringt, $\frac{3}{2} \frac{m^2}{1-m} v . \frac{1}{2}$; daher ist die mittlere Geschwindigkeit in der Bahn

$$v \left\{1 + \frac{3}{4} \frac{m^2}{1-m}\right\} = v',$$

und wird dieses v' für v substituirt, so hat man:

$$\frac{v'}{1 + \frac{3}{4} \frac{m^2}{1-m}} \left\{1 + \frac{3}{2} \frac{m^2}{1-m} \cos^2\omega\right\}.$$

Entwickelt man nach Potenzen von $m^2 = \frac{1}{179}$ und vernachlässigt alle höheren Potenzen, so kann man hierfür:

$$v' \left\{1 + \frac{3}{4} \frac{m^2}{1-m} \cos 2\omega\right\}$$

schreiben [74]), oder, wenn man zur Abkürzung

$$\frac{3}{4} \frac{m^2}{1-m} = \frac{1}{109,73} = y$$

setzt, so ist die wahre Geschwindigkeit:

$$v' (1 + y \cos 2\omega).$$

Dieser Ausdruck ist zugleich den Flächenmomenten proportional, welche in gleichen Zeitmomenten beschrieben werden, da die Bewegung auf einem Kreise vorausgesetzt ist, und bezeichnet f das mittlere, f_ω das Flächenelement in der Länge ω, so ist

$$f_\omega = f(1 + y \cos 2\omega);$$

sodaß z. B. die Flächenmomente f_s in den Syzygien und f_q in den Quadraturen das Verhältniß haben:

$$\frac{f_s}{f_q} = \frac{1 + \frac{3}{4} \frac{m^2}{1-m}}{1 - \frac{3}{4} \frac{m^2}{1-m}} = \frac{11073}{10073}.$$

§. 31.[75]). Wenn nun außer der transversalen störenden Kraft, die wir bisher betrachtet haben, noch

73) Wie der unkundige Leser am einfachsten ableiten wird aus der Gleichung des Kreises $x^2 + y^2 = r^2$, wonach

$$\sqrt{dx^2 + dy^2} = \frac{r}{y} dx.$$

74) Dieser Calcul findet sich bei Newton in geometrischer, aber sehr undurchsichtiger Form kaum angedeutet. Bei Whewell (On the free motion p. 180) ist die Sache ungenau aufgefaßt, wie man durch Vergleichung mit meiner Darstellung finden wird. Vergl. Anm. 78. 75) Princ. lib. III. prop. 28.

centripetale Kräfte wirken, so werden diese Störungen im Radius vector hervorrufen und die kreisförmige Mondbahn in ein Oval verwandeln, dessen kleiner Durchmesser 2b durch die Syzygien, dessen größerer 2a durch die Quadraturen geht (nach §. 25). Das Verhältniß der dabei überstrichenen Flächen bleibt das in §. 30 dargestellte, und bezeichnen v_s, v_q die Geschwindigkeiten in den Syzygien und Quadraturen, so ist

$$\frac{f_s}{b} : \frac{f_q}{a} = v_s : v_q;$$

und daher:

$$\frac{v_q}{v_s} = \frac{1 - \frac{3}{4}\frac{m^2}{1-m}}{1 + \frac{3}{4}\frac{m^2}{1-m}}\,\frac{b}{a} = \left(1 - \frac{3}{2}\frac{m^2}{1-m}\right)\frac{b}{a},$$

wenn wir wieder die obige Vernachlässigung der Quadrate von m^2 eintreten lassen.

In A ist $LM = m^2F.AT$, $MT = 3m^2F.TA$, also sind die wirkenden Kräfte in den Syzygien:

$$F\left(\frac{1}{b^2} - 2m^2b\right).$$

In den Quadraturen C ist $MT = 0$, $LM = m^2F.CT$, also hier die wirkenden Kräfte

$$F\left(\frac{1}{a^2} + m^2a\right).$$

Bezeichnen nun ϱ'_s, ϱ'_q die Krümmungshalbmesser der ovalen Bahn in den Syzygien und Quadraturen, so verhalten sich bekanntlich die dort wirkenden Kräfte wie:

$$\frac{v_s^2}{\varrho'_s} : \frac{v_q^2}{\varrho'_q},$$

und man findet somit

$$\frac{\varrho'_q}{\varrho'_s} = \frac{\frac{1}{b^2} - 2m^2b}{\frac{1}{a^2} + m^2a}\left(1 - \frac{3}{2}\frac{m^2}{1-m}\right)^2\frac{b^2}{a^2},$$

$$= \frac{1 - 2m^2b^3}{1 + m^2a^3}\left(1 - 3\frac{m^2}{1-m}\right).$$

Nehmen wir nun an, daß die Abweichungen des Ovales von einem Kreise kleine Größen erster Ordnung sind, so kann man, wenn $a = 1 + x$, $b = 1 - x$ gesetzt wird, die Quadrate von x vernachlässigen, ebenso wie die Quadrate von m^2 und die Producte m^2x; und erhält so:

$$\frac{\varrho'_q}{\varrho'_s} = 1 - 3m^2\left(1 + \frac{1}{1-m}\right).$$

Um nun aus diesem Verhältniß der Krümmungshalbmesser das Verhältniß der Entfernungen in den Quadraturen und Syzygien zu berechnen, müßte die geometrische Form der Curven bekannt sein, welche der gestörte Mond beschreibt. Da sie aber in der That nicht bekannt ist, so nimmt Newton hierfür aushilfsweise eine Ellipse ADBC, mit dem Mittelpunkte T an, deren große Axe durch die Quadraturen, deren kleine durch die Syzygien geht; dann ist bekannt, daß die Krümmungsradien in diesen $\varrho_q = \frac{b^2}{a}$, $\varrho_s = \frac{a^2}{b}$ sind, wenn a und b die große und kleine Axe bezeichnen, und man erhält so aus den gegebenen Krümmungsradien das Verhältniß der Axen.

Nun ist jedoch zu bedenken, daß, wenn wir unter Voraussetzung der ruhenden Sonne eine Ellipse als relative Bahn ansehen, diese doch, weil sich gleichzeitig die Sonne bewegt, sich verändert, sodaß zu einer gewissen Zeit der Mond nicht in P, sondern in P' anlangt, und zwar so, daß wenn wir (Fig. 14) von der Quadratur C ausgehen, CTP' zu CTP in dem Verhältnisse des synodischen zu dem siderischen Umlaufe steht, also:

$$CTP' = \frac{1}{1-m}\,CTP,$$

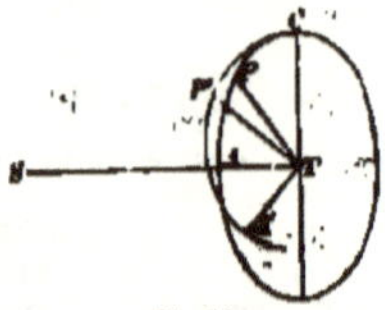

Fig. 14.

wo CP = CP' ist. Ist nun so der der Apsis A entsprechende Punkt A' bestimmt, so ist auch A' die Apsis der sich umwälzenden Ellipse, und es findet Newton[76]),

76) Den von Newton nicht gegebenen Beweis dieses Satzes glaube ich auf folgende Weise ergänzen zu können (Fig. 15): Aus dem in §. 15 angewandten Satze vom Kreise folgt der Krümmungshalbmesser:

$$KA = \frac{1}{2}\frac{AQ^2}{QR},$$

wenn Q ein dem A unendlich naher Punkt und QR die von Q auf die Tangente in A gefällte Senkrechte, oder auch, was damit bis auf unendlich kleine Größen höherer Ordnung zusammenfällt, der Abschnitt auf einer Geraden ist, welche mit der Normalen AK einen unendlich kleinen Winkel bildet.

Ist nun entsprechend eine Figur an der anderen Curve construirt, so ist deren Krümmungshalbmesser

$$K'A' = \frac{1}{2}\frac{A'Q'^2}{Q'R'}.$$

Nun ist aber $A'Q' = \frac{1}{1-m}AQ$, wenn wir uns die entsprechenden Punkte so construirt denken, wie sie sich einander entsprechen, also:

$$\frac{1}{K'A'} = \frac{(1-m)^2}{KA}\frac{Q'R'}{QR}.$$

Um nun Q'R' und QR bequem vergleichen zu können, denke man die zweite Figur um T so, daß TA und TA' zusammenfal-

daß, wenn ϱ'_a, ϱ'_q die Krümmungshalbmesser in den Endpunkten der kleinen und großen Axe der sich umwälzenden Ellipse bezeichnen:

$$\frac{1}{\varrho'_a} - \frac{1}{b} = (1-m)^2 \left(\frac{1}{\varrho_a} - \frac{1}{b}\right),$$

$$\frac{1}{\varrho'_q} - \frac{1}{a} = (1-m)^2 \left(\frac{1}{\varrho_q} - \frac{1}{a}\right),$$

sodaß also das Verhältniß:

$$\frac{\varrho'_q}{\varrho'_a} = \frac{b}{a} \frac{a^2 + (1-m)^2 (b^2 - a^2)}{b^2 + (1-m)^2 (a^2 - b^2)},$$

oder, wenn man wieder $a = 1 + x$, $b = 1 - x$ einführt:

$$\frac{\varrho'_q}{\varrho'_a} = \frac{1-x}{1+x} \cdot \frac{(1-x)^2 + (1-m)^2 \cdot 4x}{(1+x)^2 - (1-m)^2 \cdot 4x},$$

und, wenn man wiederum als Glieder erster Ordnung x und m^2 ansieht und alle Glieder höherer Ordnung wegläßt:

$$\frac{\varrho'_q}{\varrho'_a} = 1 - 2x(3 - 8m).$$

Vergleichen wir dies mit obigem Werthe des Quotienten in m, so finden wir:

$$x = \frac{3}{2} m^2 \frac{1 + \frac{1}{1-m}}{3 - 8m} = 0{,}0072.$$

Damit ist aber das Verhältniß der Entfernung in den Syzygien zu der in den Quadraturen 0,9928 : 1,0072 oder nahezu = 69 : 70.

§. 32 [77]. Die Variation in der Mondbewegung ist nun die Summe der Störungen, welche theils aus der ovalen Form der Mondbahn (§. 31), theils aus der Ungleichheit der Flächenelemente, welche der Mondradius in gleichen Zeitelementen überstreicht (§. 30), entstehen. Es wird sich nun darum handeln, diese beiden Störungen anzubringen an dem in einem Kreise sich mit constanter mittlerer Geschwindigkeit bewegenden Monde P''.

Betrachten wir zunächst die durch radiale Kräfte hervorgebrachten Störungen des Radius vector, so bewirken diese (Fig. 16), daß sich der Mond nicht mit der mittleren Geschwindigkeit in dem Kreise P'', sondern in der Ellipse P' bewegt, und zwar so, daß der Flächeninhalt des Sectors CTP'' dem des Sectors CTP' stets proportional ist, also wenn P'' und P' gleichzeitig einen Umlauf machen sollen:

$$\text{Sect. } CTP'' : \text{Sect. } CTP' = TC : TA.$$

Vermöge der bekannten Proportionalität der Ordinaten der Ellipse und des Kreises wird daher P''P' eine auf TC senkrechte Ordinate sein, und somit

$$\tan CTP' = \frac{1-x}{1+x} \tan CTP''.$$

Aber auch P' ist nicht der Ort, in dem sich der Mond wirklich befindet; denn es tritt noch der in §. 30 betrachtete ungleichmäßige Zuwachs der Flächen hinzu, der den Mond aus P' nach P versetzt; es muß nämlich die Geschwindigkeit so beschleunigt werden, daß in jedem Momente die überstrichene Fläche nicht die mittlere ist, sondern diese vermehrt in dem Verhältniß

Fig. 16.

$$1 + y \cos 2\omega.$$

Dies wird geleistet [78]), wenn wir

ten; wird dann $QTA = w$ gesetzt, so ist $Q'TA = \frac{w}{1-m}$. Man bemerke nun, daß in der Apsis der Radius senkrecht auf der Curve steht und daher R, R' auf TA liegen. Denn machen offenbar TQ, TQ' mit TA unendlich kleine Winkel, und man kann demnach RQ als Abschnitt auf TQ nehmen; ebenso kann der Abschnitt R'Q' auf TQ' statt des Perpendikels eintreten.

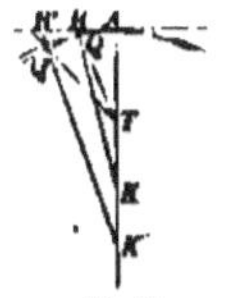

Fig. 15.

Man hat nun:

$$TR \cos w = TR' \cos \frac{w}{1-m},$$

also:

$$(TQ + QR)\left(1 - \frac{w^2}{2}\right) = (TQ' + Q'R')\left(1 - \frac{1}{2}\frac{w^2}{(1-m)^2}\right)$$

oder für die Glieder niedrigster Ordnung:

$$QR - \frac{1}{2} w^2 \cdot TQ = Q'R' - \frac{1}{2} \frac{w^2}{(1-m)^2},$$

wenn die Gleichheit von TQ und TQ' berücksichtigt wird. Hieraus folgt:

$$\frac{Q'R'}{QR} = 1 - \frac{1}{2} w^2 \frac{TQ}{QR}\left(1 - \frac{1}{(1-m)^2}\right).$$

Nun bemerke man, daß in A ein Minimum des Radius stattfindet und daher die benachbarten Radien nur um unendlich kleine Größen zweiter Ordnung von einander verschieden sind. Es schneidet daher ein mit TQ um T beschriebener Kreis die AT in einem Punkte X, welcher von A nur um Größen zweiter Ordnung absteht, sodaß man QX und QA als gleich und daher den Curvenbogen AQ auch gleich dem Kreisbogen setzen kann, welcher durch $w \cdot TQ$ gemessen wird. Dann ist aber

$$XA = \frac{1}{2} \frac{AQ^2}{QR} = \frac{1}{2} w^2 \frac{TQ^2}{QR},$$

und dies gibt oben substituirt:

$$\frac{Q'R'}{QR} = 1 - \frac{XA}{TQ}\left(1 - \frac{1}{(1-m)^2}\right);$$

läßt man nun Q mit A zusammenfallen, so verwandelt sich TQ in TA = b, und man hat:

$$\frac{1}{R'A'} = \frac{(1-m)^2}{RA}\left[1 - \frac{XA}{b}\left(1 - \frac{1}{(1-m)^2}\right)\right].$$

q. e. d.

77) Princ. Lib. III. prop. 29. 78) Den Beweis hierfür, den Newton nicht liefert, ist leicht zu geben: Setzen wir $ATP = \omega$, $ATP'' = \varphi$, so ist:

$$\tan CTP = \sqrt{\frac{1-y}{1+y}} \tan CTP'$$

setzen, wo in dem Quadranten die Flächenmomente in den Quadraturen und Syzygien stehen; und man hat daher zusammengenommen

$$\tan CTP = \frac{1-x}{1+x} \sqrt{\frac{1-y}{1+y}} \tan CTP'',$$

worin CTP'' die mittlere, der Zeit proportionale, CTP aber die wahre, gemäß dieser Störung verbesserte Anomalie ist.

Dies ist die Variation [79] bei mittlerem Abstande der Sonne von der Erde, wo die Differenzen vernachlässigt sind, welche aus der Krümmung der Erdbahn und der größeren Einwirkung der Sonne auf den Mond in seiner Conjunction als in seiner Opposition entstehen.

Die Berechnung der Variation unter Voraussetzung einer elliptischen Mondbahn führt Newton nicht aus, „sondern überläßt den Zuwachs oder die Abnahme der Variation durch die Excentricität den Astronomen zur empirischen Bestimmung."

§. 33. In derselben Ausdehnung untersucht Newton die instantane Bewegung der Mondsknoten, ihre mittlere Bewegung, die instantane Veränderung der Inclination des Mondes gegen die Ekliptik und die resultirende Inclination [80]. Außerdem theilt er seine über die anderen Ungleichheiten der Mondbewegung angestellten Rechnungen wenigstens in ihren Resultaten mit [81]. Ueberall aber zeigten sich die Approximationen, welche die Theorie ergeben hatte, in vollkommen ausreichender Uebereinstimmung mit den bekannten Störungen der Mondbahn; nur die eine Berechnung, das Fortschreiten der Apsiden, wollte sich für den Mond durchaus nicht mit den Beobachtungen reimen; denn wie in Anm. 68 gezeigt, geben letztere eine doppelt so große Winkelbewegung der Apsiden, als die Theorie.

Man mochte über diesen Umstand zunächst hinwegsehen und ihn aus den Mängeln der Methode erklären; als aber später auch die analytische Entwickelung der Mondstörungen dieselbe Abweichung ergab, kam man in Zweifel, ob die Gravitation wirklich genau nach dem umgekehrten Quadrate der Entfernung wirke, und Clairaut machte den Vorschlag, ein Glied mit der reciproken vierten Potenz der Entfernung hinzuzusetzen, dessen Coefficient so klein sei, daß es auf die anderen Elemente der Mondbahn nicht wesentlich einwirke. Andererseits konnte diese Abweichung vom Gesetze des umgekehrten Quadrates der Entfernung nicht in Einklang gebracht werden mit der Thatsache, daß die Apsiden der Planeten eine so außerordentlich geringe (nur von den Störungen durch die anderen Planeten herrührende) Bewegung zeigen, während jede solche Abweichung nach §. 28 ein beträchtliches Fortschreiten herbeiführen müßte. Der Widerspruch aber löste sich in schönster Weise zu Gunsten des einfachen Attractionsgesetzes auf, als Clairaut entdeckte, daß bei den Mondstörungen die Glieder zweiter Ordnung noch beträchtlich genug sind, um auf die Bewegung der Apsiden zu influiren, und bei ihrer Entwickelung in der That die beobachtete Größe erhielt [82].

So haben auch alle später aufgefundenen scheinbaren Differenzen zwischen Theorie und Erfahrung zu-

---

$$\cot \omega = \sqrt{\frac{1-y}{1+y}} \cot \varphi,$$

also:

$$\frac{d\omega}{d\varphi} = \sqrt{\frac{1-y}{1+y}} \left(\frac{\sin \omega}{\sin \varphi}\right)^2.$$

Aus der ersten Gleichung aber wird leicht

$$\left(\frac{\sin \omega}{\sin \varphi}\right)^2 = \frac{1 + y \cos 2\omega}{1-y}$$

gefunden, und es ist somit:

$$d\omega = d\varphi \frac{1 + y \cos 2\omega}{\sqrt{1-y^2}},$$

also stehen die Winkelelemente in der That in der verlangten Beziehung. In sofern aber $(1 + y \cos 2\omega)$ nur ein bis auf Potenzen von m^3 angenäherter Werth der Fläche ist, ist dies auch nur eine Annäherung, freilich „valde accurata," wie Newton bemerkt. Vergl. Anm. 74.

79) Um dieses Resultat mit der Darstellung der Variation zu vergleichen, wie man sie heute zu geben pflegt, bezeichne man $ATP'' = \varphi$; dann ist:

$$\cot \omega = \frac{1-x}{1+x} \sqrt{\frac{1-y}{1+y}} \cot \varphi = (1 - 2x - y) \cot \varphi,$$

wenn man die höheren Potenzen von x und y vernachlässigt. Hieraus folgt:

$$\cot \omega - \cot \varphi = -(2x + y) \cot \varphi$$

oder

$$\sin (\omega - \varphi) = (2x + y) \sin \omega \cos \varphi.$$

Nun ist $\omega - \varphi = \Delta\omega$ die Correction, die man an der mittleren Länge des Mondes anzubringen hat; also kann $\cos \varphi = \cos(\omega - \Delta\omega) = \cos \omega$ gesetzt werden, und man hat:

$$\Delta\omega = \left(x + \frac{1}{2} y\right) \sin 2\omega.$$

Hierin ist aber ω die Länge des Mondes in Bezug auf die Linie TA, die vermöge der (scheinbaren) Bewegung der Sonne sich selbst bewegt; also, da nach §. 29, $\omega = (m-1)\theta + \beta$ ist, $\Delta\omega = (1-m)\Delta\theta$; und daher:

$$\Delta\theta = \frac{x + \frac{1}{2} y}{1-m} \sin 2(\theta - \theta'),$$

oder, wenn man die Werthe von x, y einsetzt und m^3 vernachlässigt, wo denn $x = m^2$, $y = \frac{3}{4} m^2$,

$$\Delta\theta = \frac{11}{8} m^2 \sin 2(\theta - \theta'),$$

und in dieser Form erscheint heute die Variation in der Entwickelung der Mondstörungen. Vergl. Whewell l. c. p. 141. Sie ist proportional dem Sinus der doppelten Differenz zwischen der mittleren Länge des Mondes und der mittleren Länge der Sonne.

80) Princ. lib. III. prop. 30 — 35. 81) Schol. zu prop. 35. Später mußte er auf eine genügende Berechnung der Evection verzichten; sie überstieg die Kräfte seiner Methoden. 82) Vergl. R. Grant, History of physical Astronomy (London 1852) p. 43.

legt überall zur Bestätigung des einfachen, von Newton aufgestellten Gravitationsgesetzes gedient, eine um so bemerkenswerthere Thatsache, als eine große Zahl einfacher physikalischer Gesetze sich bei genauerer Untersuchung als einer Correction bedürftig gezeigt haben. Das Gravitationsgesetz ist das am vollkommensten und unbedingtesten erwiesene Naturgesetz.

§. 34. Wir kennen in der ganzen mathematischen und physikalischen Literatur kein Werk, das an Großartigkeit mit Newton's Principia nur verglichen werden könnte: Nie ist ein neues Princip so mit Einem Schlage bis in seinen weitesten, feinsten Consequenzen entwickelt, nie eine solche Fülle der complicirtesten Erscheinungen unter ein Gesetz durch eines einzigen Mannes Geisteskraft, seinen Fleiß, seine Umsicht, seinen Scharfsinn und seine Genialität gebracht worden. Man sollte meinen, es hätte dies Werk wie ein Blitz einschlagen müssen; es hätten sich alle Mathematiker, Astronomen und Physiker vereinigt, um es als den größten wissenschaftlichen Fortschritt zu begrüßen; sie hätten sich beeilt, es zu studieren, die Folgerungen allenthalben mit der Erfahrung zu vergleichen, neue und weitere Consequenzen zu ziehen. Aber es kam ganz anders: Als die dritte Ausgabe der Principia 1726 erschien, 40 Jahre nach der ersten Publication, hatte Newton keiner einzigen Untersuchung zu gedenken, welche von anderen Gelehrten zur Weiterentwickelung seiner Theorien angestellt worden wäre.

Freilich war dies erklärlich genug: Eine Weiterführung der Newton'schen Untersuchungen mit den Mitteln, die er selbst angewandt hatte, und in der synthetisch-geometrischen Form, hätte eben auch eines Newton erfordert. Denn es ist überhaupt nur ein einziges Problem mit den Mitteln der Synthese bisher einen Schritt weiter als in den Principiis geführt worden [83]. Um dies Feld für den Fortschritt zugänglich zu machen, mußte es erst umgeackert werden; es mußte mit dem größten wissenschaftlichen Instrumente, das je geschaffen wurde, dem Infinitesimalcalcul, der Boden urbar gemacht werden. Aber — und dies war der für die Wissenschaft so verhängnißvolle Umstand — die Männer, die das Instrument besaßen und handhaben konnten, lagen eben seinetwegen in heftiger, bitterer Fehde mit dem Manne, der zuerst das fruchtbare Feld entdeckt hatte.

Enthielten doch gerade die Principia die zweideutige und kränkende Bemerkung über die Originalität der Leibnitz'schen Differentialrechnung [84], die Newton mit seinen Landsleuten und Leibnitz mit den Geometern des Continentes Jahrzehnte lang in zwei feindliche Lager spaltete. So wurde denn gleich von Anfang an die neue Theorie der Himmelsbewegungen mit parteiischem Vorurtheil aufgenommen [85]. Dazu kam, daß das tiefsinnige Werk an seine Leser so hohe Ansprüche, wie kaum eine andere mathematische Schrift macht, und wol nur wenige der Zeitgenossen im Stande waren, den schwierigen und complicirten Entwickelungen mit Freiheit und Erfolg nachzugehen. Wirkliche Ephemeriden des Mondes, die auch denjenigen, der in die Tiefe der Theorie nicht hineindrang, von der Wahrheit des Princips und der Zuverlässigkeit der Methoden Newton's hätten überzeugen können, erschienen nicht. Da nun zu allem diesem noch allgemeine philosophische Bedenken über das Wesen der Attraction selbst hinzutraten, so ist es begreiflich, daß das neue System nur sehr langsam die ihm entgegenstehenden Vorurtheile überwand und das Cartesische System stürzte.

§. 35. Leibnitz wurde durch das Erscheinen der Principia veranlaßt, auf seine schon 1671 entwickelte [86], der Descartes'schen sehr ähnliche Kosmologie zurückzugreifen [87]: Er nahm zunächst eine rotirende Bewegung des Aethers um die Sonne an, welche die Planeten um die Sonne laufen läßt. Damit diese dem 2. Keppler'schen Gesetze entsprechend sei, muß, wie man leicht sieht, die Geschwindigkeit der orbes deferentes umgekehrt proportional ihrem Radius sein; also, wenn man mit r die Entfernung von der Sonne, mit φ die Anomalie, mit v die Geschwindigkeit und mit A den in der Zeiteinheit von dem Radius vector überstrichenen Flächenraum bezeichnet:

$$v = r\frac{d\varphi}{dt} = \frac{2A}{r}.$$

Eine solche Wirbelbewegung (Circulation) nennt er eine harmonische, weil, wenn die Abstände in arithmetischer Progression wachsen, die Geschwindigkeiten in harmonischer Proportion zunehmen. Diese Geschwindigkeit wird eine Centrifugalkraft:

83) Das Problem von der Attraction der Ellipsoide von Maclaurin 1741. 84) Princ. lib. II. Lemma 2, Scholium. 85) Die Acta Erud. brachten im Juni 1688 (p. 304) eine ziemlich lange, aber kühle Anzeige der Principia.

86) Hypothesis physica nova. Mainz 1671 (Leibnitzen's Math. Schr., herausgegeben von Gerhardt, T. VI. p. 17 sqq.). Er nimmt in dieser Jugendschrift, die er zu einer Zeit schrieb, als er nach seiner eigenen Angabe mit dem Descartes'schen Systeme noch wenig bekannt war, außer der rotirenden, mit der Rotation der Sonne um ihre Axe in Beziehung stehenden Bewegung des Aethers, noch eine von der Sonne geradlinig ausgehende Kraft an, welche mit dem Lichte identisch ist. Durch das Zusammenwirken dieser beiden Kräfte entsteht die Bewegung der Erde um die Sonne (art. 8). Doch läßt es Leibnitz bei dieser hingeworfenen Bemerkung bewenden. — Die Kugelform der Erde, wie jeder Blase, der Grundform alles organischen und unorganischen Lebens wird durch äußerst rasche, die Blase von allen Seiten umkreisende Ströme eines Aethers bewirkt. Die Schwere der Körper beruht darauf, daß Alles, was durch seine Heterogeneität die gleichmäßige Bewegung der Aetherkügelchen stört, entfernt wird (art. 16, 17) u. s. w. Die Erklärung der einzelnen physikalischen Erscheinungen weicht allerdings mannichfach von der des Descartes ab; indessen ist doch der Geist der Hypothesis nova wesentlich derselbe, als der der Wirbeltheorie, wenn auch Leibnitz (l. c. p. 61 sqq.) die Verschiedenheit lebhaft betont. 87) Tentamen de motuum coelestium causis (Acta Erud. 1689. p. 82), während eines Aufenthaltes in Rom geschrieben, als Leibnitz nur jene Anzeige von Newton's Werk in den Actis kannte. Es hat sich noch eine zweite, doch wesentlich identische Bearbeitung dieses Aufsatzes in seinen Manuscripten gefunden. Beide sind in seinen Math. Schriften (T. VI. p. 144 sqq.) enthalten.

$$w = \frac{v^2}{r} = 4\frac{A^2}{r^3}$$

erzeugen [87].

Außer der rotirenden Bewegung des Aethers geht nun von der Sonne eine centripetale Kraft aus, welche die Centrifugalkraft aufhebt und den Planeten in einer Ellipse treibt. Um diese ihrer Größe nach zu finden, gehe man von der Gleichung der Ellipse

$$r = \frac{a(1-e^2)}{1+e\cos\varphi}$$

aus und berechne die nach dem Radius vector wirkende Kraft.

Die Differentiation gibt:

$$\frac{dr}{dt} = \frac{e\sin\varphi}{a(1-e^2)}\,r^2\frac{d\varphi}{dt} = \frac{2A\,e\sin\varphi}{a(1-e^2)}$$

nach der Natur der harmonischen Wirbelbewegung. Nun ist zufolge der Ellipsengleichung

$$e\sin\varphi = \sqrt{1-e^2}\sqrt{-\frac{a^2(1-e^2)}{r^2}+\frac{2a}{r}-1},$$

also:

$$\frac{dr}{dt} = \frac{2A}{a\sqrt{1-e^2}}\sqrt{-\frac{a^2(1-e^2)}{r^2}+\frac{2a}{r}-1},$$

oder

$$\left(\frac{dr}{dt}\right)^2 = -\frac{4A^2}{r^2}+\frac{8}{a(1-e^2)}\frac{A^2}{r}-\frac{4A^2}{a^2(1-e^2)},$$

woraus durch Differentiation

$$2\frac{dr}{dt}\frac{d^2r}{dt^2} = \left\{\frac{8A^2}{r^3}-\frac{8}{a(1-e^2)}\frac{A^2}{r^2}\right\}\frac{dr}{dt}$$

folgt, also:

$$\frac{d^2r}{dt^2} = w - \frac{4A^2}{p}\frac{1}{r^2},$$

wenn $p = b^2 : a$ den Parameter der Ellipse bezeichnet. Die nach dem Radius vector wirkende Kraft ist demnach zusammengesetzt aus der centrifugalen und einer centripetalen, nach dem umgekehrten Quadrate der Entfernung wirkenden Kraft [88]. Eine solche Abnahme der Kraft aber war a priori zu erwarten; denn es wird diese Anziehung durch eine, dem Lichte ähnliche, Strahlung bewirkt und muß daher auch demselben Gesetze folgen [89].

So hat Leibniz den beiden ersten Keppler'schen Gesetzen Rechnung getragen. Um das dritte zu erklären, nimmt er in der Ekliptik eine Bewegung „nach Art der tropischen Winde“ an, welche in jedem einzelnen Ringe, wie er zur Bewegung jedes einzelnen Planeten um die Sonne nöthig ist, dieselbe lebendige Kraft hat. Da die Masse eines solchen Ringes $2\pi r$ ist, so muß also rv^2 für alle Planeten dieselbe Größe haben; da v proportional $r : T$, wo T die Umlaufszeit, so ist $r^3 : T^2$ für alle Planeten constant, und dies ist das verlangte Gesetz.

Innerhalb jedes solchen Ringes erst findet dann jene harmonische Bewegung statt, oder mit anderen Worten, die Größe A ist für die verschiedenen Planeten und deren Ringe verschieden; aber in jedem einzelnen Ringe constant.

Das ist die Leibniz'sche Theorie der Himmelsbewegungen. Anstatt die drei Gesetze der planetarischen Bewegung auf eines zu reduciren, wie es Newton that, bedarf er drei besondere Annahmen: die harmonische Wirbelbewegung für das 2te, die nach dem Quadrate der Entfernung abnehmende Centralkraft für das 1te und die Gleichheit der lebendigen Kraft für das 3te Keppler'sche Gesetz.

Was die harmonische Circulation betrifft, so bemerkt Leibniz [90], „daß sie die neue und schöne Eigenschaft habe, daß die in einem solchen harmonisch kreisenden Mittel schwimmenden Körper sich durchaus frei bewegen, nicht anders, als ob sie sich in einem leeren Raume befänden“ — das ist sein Ausdruck für den Satz Newton's, daß das zweite Keppler'sche Gesetz für jede Centralkraft erfüllt ist. Auf die uns sehr nahe liegende Frage, warum er denn das deferirende Medium unter solchen Umständen nicht ganz aufgibt, antwortet er, „daß bei einer anderen Hypothese kaum ein Grund angegeben werden kann, warum die Planeten und Satelliten unseres Planetensystemes in einer und derselben Ebene bewegt werden und in demselben Sinne mit dem Centralkörper rollen“ [91].

---

88) Das Tentamen ist sehr flüchtig gearbeitet. Leibniz macht den Fehler, anstatt der centralen Kraft die centrale Deviation des kreisenden Mobile in der Zeiteinheit zu nehmen, die nur den halben Werth der Kraft hat. So verwickelt er sich denn in allerlei Widersprüche der wunderlichsten Art, will den Satz, daß die nach dem Radius vector wirkende Resultante aus der centrifugalen und eigentlichen centripetalen Kraft zusammengesetzt sei, beweisen und vergl. Diese Confusion, die sich auch auf die Terminologie überträgt, verwirrte seine Zeitgenossen, sodaß z. B. Huyghens offen erklärt (Leibniz Math. Schr. T. II. p. 137), „er verstehe seine Explication nicht.“ Als in David Gregory's Astronom. phys. et geom. elem. (Oxford 1702) das Tentamen gebührend kritisirt wurde, verzogte Leibniz eine Illustratio Tentam. de mot. coel. caus., die in den Actis Erud. (1706. p. 446) nur in einem sehr kurzen Auszuge Platz fand, neuerdings aber nach den Manuscripten (Leibniz Math. Schr. T. VI. p. 254 seq.) gedruckt worden ist. Sie enthält nebst der Verbesserung der Irrthümer noch mancherlei Zusätze.

89) Leibniz fügt hinzu: „Video hanc propositionem jam tunc innotuisse etiam viro C. Newtono, ut ex relatione Actorum apparet, licet inde non possim judicare, quomodo ad eam pervenerit“ (Math. Schr. T. VI. p. 157). Man darf indessen voraussetzen, daß Leibniz auch diesen Satz erst durch die Principien kennen gelernt hat. Nicht mit Unrecht wirft ihm Newton (Leibn. Op. omn. ed. Dutens. T. III. p. 480) dies vor, indem er die erwähnten Fehler in seiner Analyse rügt. — Ich bemerke übrigens, daß obige Ableitung zwar das Wesentliche der Leibniz'schen, aber doch in der Form verändert und abgekürzt darstellt. 90) Eine weitere Ausführung dieses Gedankens s. Leibniz Math. Schr. T. VI. p. 266. 91) l. c. p. 269. 92) Es ist interessant, daß Kant seine heute unter dem Namen von Laplace verbreitete Kosmogonie wesentlich darauf stützt, „daß ein Begriff vorhanden sein müsse, in welchem die dem Scheine nach wider einander streitenden Gründe,“ jene Uebereinstimmung der Elemente der Planetenbahnen und ihre gänzliche Unabhängigkeit von einander, „vereinigt werden können und sollen, und daß in diesem Begriffe

So ist denn Leibniz' Theorie Nichts weiter als eine Transformation — auf deutsch Verballhornisirung — der Newton'schen, eine Accommodation letzterer an die ältere Theorie von Descartes [93]), die im Wesentlichen nur in dem Metaphysischen noch von der neuen Anschauung abweicht; in dem Mathematischen jedoch genau zu denselben Resultaten führt.

Der Kampf dieser älteren modificirten Descartes'schen Kosmologie mit der neuen, der etwa 1740 zu Gunsten letzterer endgültig entschieden war, ist ein höchst interessantes Capitel aus der Geschichte der Wissenschaft. Da ich aber bei der großen Fülle des Stoffes, der in diesem Artikel zu behandeln wäre, darauf verzichte, das darzustellen, was anderwärts in brauchbarer Weise bereits behandelt ist, so verweise ich in dieser Beziehung auf Whewell [94]).

Man wird in diesem Artikel keine Geschichte und Darstellung der physischen Astronomie suchen, die, wenn sie einigermaßen erschöpfend sein sollte, recht wohl einige Bände füllen könnte. Mit einem oberflächlichen Abriß aber wird dem Leser ebenso wenig gedient sein, da wir bereits vortreffliche Schriften über die allmälige Entwickelung der Mechanik des Himmels besitzen [95]).

§. 36. Es könnte hier nur meine Absicht sein, die Geschichte der Gravitation bis zur definitiven Aufstellung ihrer Gesetze und deren erste Consequenzen zu verfolgen, und ich könnte meine Abhandlung hiermit beschließen, wenn ich nicht noch über den Begriff der Gravitation und ihr eigentliches Wesen hier Einiges zu bemerken hätte, das ich an die historische Darstellung der schon angedeuteten metaphysischen Schwierigkeiten anschließe, welche die Zeitgenossen Newton's in dem Begriffe der Attraction fanden. Ich widme diesem Gegenstande um so lieber einige Blätter, da, soviel mir bekannt, diese höchst interessante Frage neuerdings nirgends eingehend behandelt worden ist.

Ich knüpfe dabei an die Entwickelungsgeschichte der Begriffe von der Schwere und der Ursache der Himmelsbewegungen an, wie ich sie in den ersten 15 Paragraphen dieses Artikels ausgeführt habe.

Descartes' Kosmologie hatte das große Verdienst, die Wissenschaft befreit zu haben von den logisch-formalen Gründen, den inhärenten „Eigenschaften" [96]) und den Endursachen oder den Zwecken, aus denen die scholastische Physik die Natur zu begreifen und zu erklären

das wahre System zu suchen sei." Er findet diesen bekanntlich in einer, den Cartesischen Wirbeln entsprechenden materiellen Ursache, die aber jetzt als solche nicht mehr vorhanden, nur ihre Spuren in jenem merkwürdigen Bau des Sonnensystems zurückgelassen hat (Kant, Naturgesch. d. Himmels, Werke, herausgegeben von Rosenkranz und Schubert. T. VI. p. 94).

93) Eine vortreffliche Darstellung der allmäligen Umgestaltung der Descartes'schen Theorie gibt Whewell in der in Deutschland wenig bekannten Schrift: On the philosophy of discovery (London 1860) p. 492. 94) Gesch. d. induct. Wissensch. (Uebersetzung von Littrow) T. II. p. 201—222. 95) Whewell l. c. T. II. p. 223—233. Umgehender in der umfangreichen History of physical Astron. von R. Grant. 96) Die Qualitates occultae der späteren Scholastiker gehören zu den Gespenstern, von denen die Physiker unserer Tage nur mit dem geheimen Schauder sprechen, den ein „aufgeklärter" Mann vor dem „dunklen" Mittelalter hat, um so mehr, je dunkler und unbekannter ihm die Zeit selbst ist. Es ist wunderbar, daß, obgleich man jene „dunklen" Qualitäten heute sehr viel im Munde zu führen pflegt, nirgends in der ganzen historischen Literatur der Physik sich eine Darstellung davon findet, was sich eigentlich die alten Gelehrten darunter gedacht haben mögen; und ich kann daher, wenn ich nicht von „dunkeln" Sachen reden will, nicht umhin, aus den Quellen hier über Einiges anzugeben. — Ich habe keine eingehende Untersuchung darüber angestellt, wann die qualitates occultae in dieser Bezeichnung zuerst auftreten. Die älteren Scholastiker, die sich genauer an Aristoteles zu halten pflegen, kennen sie nicht; und noch in dem seiner Zeit sehr berühmten Lehrbuche von Piccolomini (Libri ad scient. de natura attinentium. Frankfurt 1597) treten sie nicht auf. Dagegen finde ich sie in dem ebenfalls berühmten Systema physicum von Keckermann (Hanau 1612), welches nicht als ein eigentlich abstract-philosophisches Werk im Sinne der Aristotelischen Schriften angesehen werden darf, sondern als ein, freilich immer philosophisch gehaltenes, Lehrbuch der Physik seiner Zeit. Die natürlichen Eigenschaften werden dort (p. 46) in Hinsicht auf unsere Erkenntniß in verborgene und offenbare (manifestae) eingetheilt. „Gewisse Eigenschaften können, obgleich sie in die Sinne fallen, doch aus ihren Ursachen von unserer Vernunft nicht leicht begriffen werden, und werden daher nicht an sich, sondern nur in Hinsicht auf ihre Ursachen dunkle genannt; z. B.: wir sehen sinnlich, daß der Magnet das Eisen anzieht; jedoch wird jene, das Eisen anziehende Kraft eine verborgene Eigenschaft genannt, weil es den Physikern noch nicht gelungen ist, die Ursache der Kraft in dem Magneten mit dem Verstande zu erkennen." „Eine offenbare Eigenschaft heißt die, deren offenbare Ursache wir angeben können." Es ist es z. B. eine offenbare Eigenschaft des Mondes, die Erde und Fleisch zu erweichen. „Denn er erwärmt durch seine schief auffallenden Strahlen, durch sein Licht, das Meerwasser, und ruft durch die Erwärmung Ausdünstungen aus der Tiefe hervor, durch welche das Meer anschwillt, sodaß es an den Gestaden erhoben wird" (p. 193); dagegen ist es eine verborgene Eigenschaft des Mondes, welche bewirkt, daß ein unter dem Neumond geborenes Kind bei weitem schwächlicher ist, als eins, das unter dem Vollmond geboren (p. 109). Ich denke, ich brauche nicht einzugehen in die weitere Eintheilung der qualitates occultae in wesentliche (specifische) und solche, welche aus einer Idiosynkrasie hervorgehen (wie die Sympathien der verschiedenen Art, z. B. der Blutsfreundschaft), wie sie Keckermann von p. 63 an auseinandersetzt. Man wird aus Vorstehendem schon zur Genüge ersehen, daß die Annahme, ein Ding besitze eine gewisse verborgene Eigenschaft, Nichts weiter ist, als ein anderer logischer Ausdruck für das Eintreten einer Erscheinung bei Anwesenheit eines Dinges, ohne daß man im Stande ist, die näheren Ursachen, d. h. die Mittelglieder in der Wirkung anzugeben. Es ist nicht zu leugnen, daß man sich häufig bei der Annahme einer solchen specifischen Qualität zu früh beruhigte und das Phänomen damit begriffen zu haben glaubte, wie Molière diese bei den Physikern seiner Zeit sehr verbreitete oberflächliche Ansicht so scharf in den Versen verspottet hat, die er einem medicinischen Doctoranden in den Mund legt (Malade imaginaire):

„Mihi a docto Doctore
Domandatur causam et rationem, quare
Opium facit dormire?
A quoi respondeo:
Quia est in eo
Virtus dormitiva,
Cujus est natura
Sensus assoupire."

Doch trifft dies nur den Misbrauch; denn [illegible] für sich liegt es eben in der Beschränktheit unserer Erkenntniß, daß wir die vermittelnden Ursachen nicht erkennen. Eine qualitas occulta erklärt den Verzicht auf die Erkenntniß des eigentlichen Causalnexus, indem sie

suchte. Sie setzte an ihre Stelle ausschließlich bewegende, unmittelbare Ursachen, die aus der geometrisch verschiedenen Form hervorgehen, welche eine und dieselbe Materie angenommen hat. Specifische Eigenschaften können daher einem Körper nicht zugeschrieben werden, Zwecke gibt es in der nach mechanischen Gesetzen sich bewegenden Welt nicht. Die logische Unmittelbarkeit aber der bewegenden Ursachen findet ihren räumlichen Ausdruck in der Berührung der Körper. Das war der eigentliche Grund der bei allen Cartesianern unerschütterlich feststehenden Ansicht, daß ein Körper nur durch den Stoß auf den anderen und nur da wirken könne, wo er ist [97]). Die Möglichkeit und Nothwendigkeit des Stoßes aber wird begriffen aus der Undurchdringlichkeit der Materie, deren einzige Eigenschaft ihre unveränderliche Ausdehnung ist.

„Gebt mir Materie und Bewegung — und ich will Euch die Welt construiren," das war das stolze Wort von Descartes.

§. 37. Da trat Newton auf und behauptete, die Bewegung der Planeten um die Sonne, die des Mondes um die Erde, der Fall der irdischen Körper gegen den Mittelpunkt der Erde hin, dies Alles sei die Folge einer Kraft, welche ohne jedes Medium, durch einen leeren Raum hindurch, von Masse zu Masse wirke und sie zur Vereinigung treibe.

War das nicht eine Rückkehr zu einem überwundenen Standpunkte? Diese Fähigkeit, sich anzuziehen ohne alle mechanischen Mittelglieder, war sie nicht eine völlig unbegreifliche qualitas occulta? und jene, den leeren Raum durcheilende Kraft, was war sie anders als ein effluxus immaterialis, wie ihn schon Keppler angenommen, oder eine geheimnißvolle Sympathie, von der die Mystiker so viel sprachen? Und stellte sich Newton nicht selbst mit letzteren auf eine Stufe, indem er [98]) ausdrücklich es aussprach, „daß alle die regelmäßigen Bewegungen des Sonnensystemes ihren Ursprung nicht in mechanischen Ursachen haben," sondern unter der Herrschaft eines allmächtigen, unendlichen Gottes stehen, der in seiner Weisheit und Vorsehung nach bestimmten Endursachen die Welt geordnet hat? Dieser Gott ist ihm nicht die Seele der Welt, sondern ihr Herrscher. Sein Wesen (Substanz) ist völlig unerkennbar; wir kennen ihn nur aus seinen Eigenschaften und Attributen, wie wir auch die eigentlichen Substanzen der Dinge mit keinem Sinne und durch keine Thätigkeit derselben erkennen.

Ja Newton sprach sogar die Ueberzeugung aus [99]), daß der gegenwärtige Zustand des Sonnensystems in sich nicht die Bedingungen der ewigen Dauer trage, vielmehr durch die Störungen der Planeten unter einander allmälig so verändert werde, daß es eines directen Eingriffes Gottes bedürfe, um das System wieder in seinen früheren Stand zu versetzen.

Die christlich gesinnten Gelehrten, insbesondere die Theologen, frohlockten, daß diese neue Philosophie die Herrschaft eines lebendigen Gottes über die Welt im kirchlichen Sinne wieder herstelle, während der Cartesianismus einen Gott in der Natur nicht zulassen wollte und konnte. Und Bentley preist in seinen 1692 gegen den Atheismus gehaltenen, berühmten Predigten, Newton als einen frommen und göttlichen Lehrer.

Sehr wenig erbaut waren dagegen die Mathematiker und Physiker des Continentes von diesem vermeintlichen Rückschritt. Lange Zeit äußerten sie ihre metaphysischen Bedenken nur hie und da im Einzelnen, bis im J. 1715 zwischen Leibnitz einer- und einem begeisterten Anhänger Newton's, S. Clarke, andererseits eine öffentliche Disputation [1]) begann, die im folgenden Jahre mit dem Tode Leibnitz' endigte, und sich wesentlich um die Frage drehte, wie Gott, der Schöpfer der Welt, in ihr wirke, wie und ob er die Bewegungen der Himmelskörper leite.

§. 38. Leibnitz tritt zunächst der Ansicht Newton's, „daß Gott von Zeit zu Zeit das große Uhrwerk der Welt aufziehen müsse, weil es sonst stillstehen oder in Unordnung gerathen würde," mit Entschiedenheit entgegen. Er meint, „das sei ein schlechter Meister, der zeitweise sein Werk corrigiren müsse" [2]), vielmehr ist „die Welt ein Uhrwerk, welches fortgeht, ohne einer Correction zu bedürfen.... Gott hat Alles vorhergesehen, er hat von Anfang an Alles bestellt. Die Harmonie und Schönheit ist in seiner Schöpfung von Anfang an prästabilirt" [3]).

Clarke aber meint, „letztere Idee führe zum Fatalismus und Materialismus, und unter dem Vorgeben, aus Gott eine überweltliche Intelligenz zu machen, strebe sie in der That danach, die Vorsehung und die Regierung Gottes aus der Welt zu verbannen" [4]). Leibnitz

---

sich beschränkt auf die Deskription der thatsächlichen Erscheinung. — Unsere heutige Naturwissenschaft ist reich an solchen Qualitäten: denn es fallen unter diesen Begriff die electrischen, magnetischen Anziehungen, ebenso wie die der allgemeinen Gravitation, die chemische Verwandtschaft, die selbst in ihrem terminus technicus noch ganz an die „Sympathien" der älteren Philosophen erinnert u. s. w.

97) Den Satz: „Ein Körper kann nur an dem Orte wirken, wo er ist," den man für ebenso selbstverständlich hielt, als den, daß ein Körper nur zu der Zeit wirken kann, wann er ist (cessante causa cessat effectus), hat Descartes von den älteren Philosophen übernommen. So finde ich bei Keckermann (Systema physicum p. 74) als Axiom: „Omnis alteratio (Veränderung) fit per contactum." (Vergl. die interessante Schrift: Wundt, Die physik. Axiome. 1866, p. 53). 98) In dem berühmten Scholium generale am Schlusse der Principia.

99) Wie und ob dies Newton überhaupt öffentlich und ausdrücklich ausgesprochen hat, weiß ich nicht. Jedenfalls aber war es seine Ansicht, wie daraus hervorgeht, daß sein getreuer Schildknappe Clarke dieselbe entschieden vertheidigt.

1) Die Briefe des Recueil des lettres entre Leibnitz et Clarke (Leibnitii Op. philos. ed. Erdmann. p. 746—788) entstanden auf Veranlassung der erst kürzlich nach England übergesiedelten Prinzessin von Wales, einer Schülerin des großen deutschen Gelehrten, die mit dem früheren Kaplan der Königin Anna, Samuel Clarke, häufig über die Lehren ihres verehrten Meisters in Streit gerieth. 2) Recueil p. 747. art. 4. 3) p. 749. art. 8. 4) p. 747. art. 4.

[illegible] bekämpft jenes Eingreifen in die Welt als ein übernatürliches Wunder; freilich nähmen überhaupt die Newtonianer in der „Anziehung" ein fortwährendes Wunder an; „denn daß ein freier Körper sich im Aether rund um einen Mittelpunkt bewege, ohne daß ein anderes geschaffenes Ding auf ihn wirke, kann nicht durch natürliche Kräfte erklärt werden" [5]). Clarke erwidert darauf [6]): „Es ist wahr, daß, wenn ein Körper einen andern ohne Dazwischenkunft eines dritten anzöge, so wäre dies nicht ein Wunder, sondern ein Widerspruch sein, denn das würde heißen, ein Ding wirkt da, wo es nicht ist. Aber das Mittel, durch welches sich zwei Körper anziehen, kann unsichtbar und unfühlbar sein und von einer andern als mechanischen Natur" — so, sagt Leibniz, „und unerklärlich, unbegreiflich, ungewiß, ohne Grund und ohne Beispiel, und was man noch Alles hinzufügen könne" [7]). „Ein Körper wird niemals natürlicher Weise anders bewegt, als wenn ihn ein anderer Körper berührt und stößt.... Jede andere Operation auf die Körper ist entweder miraculös oder eingebildet" ... [8]), „sie führe uns auf die qualitates occultas zurück, die uns aber in das Reich der Finsterniß versetzen; das heißt inventa fruge, glandibus vesci" [9]). Clarke antwortet hierauf [10]), daß es nicht schwieriger sei, sich die Wirkung immaterieller Substanzen auf materielle vorzustellen, als die materieller auf materielle. Die Welt ist eben kein Mechanismus und wird durch eine intelligente und active Ursache bewegt. Uebrigens mögen die Philosophen die Ursache der Gravitation suchen, man wird ihnen dankbar sein, wenn sie sie finden.

Hiermit muß sich Clarke wesentlich als geschlagen erklären; er tritt damit auf den Standpunkt Newton's, der wiederholt und ausdrücklich erklärt hat, er halte die Schwere nicht für eine wesentliche (essentiale), inhärente Eigenschaft der Materie [11]), wie dies seine Schüler und Anhänger annahmen. Er spricht sich über seine Ansichten in folgender classischer Weise aus [12]):

„Es scheinen mir die ursprünglichen Theile der Materie nicht nur in sich die Kraft der Trägheit zu haben und die passiven Gesetze der Bewegung, welche aus jener Kraft nothwendig hervorgehen, sondern auch fortwährend Bewegungen anzunehmen von gewissen activen Principien, wie die Schwere, die Ursache der Gährung und die Cohäsion der Körper sind. Aber diese Principien betrachte ich nicht wie qualitates occultae [13]), welche man sich aus den specifischen Formen der Dinge entstehend denkt, sondern als allgemeine Gesetze der Natur, durch welche die Dinge selbst gebildet sind. Daß solche Principien in der That existiren, zeigen die Erscheinungen der Natur, obgleich noch nicht erklärt ist, welches ihre Ursachen sind. Uebrigens sind jene Qualitäten selbst offenbar und nur ihre Ursachen verborgen. Den Namen der verborgenen Qualitäten gaben die Aristoteliker nicht den offenbaren Qualitäten, sondern nur solchen Qualitäten, von denen sie meinten, sie lägen in den Körpern verborgen und seien selbst Ursachen der offenbaren Wirkungen. Dieser Art aber würden die Schwere und die Ursachen der magnetischen und elektrischen Anziehung sein, wenn wir annähmen, daß diese Kräfte oder Wirkungen aus uns unbekannten Qualitäten hervorgingen, welche ihrer Natur nach unerkennbar (incogitabiles) und unerforschbar seien. Qualitäten dieser Art aber verhindern den Fortschritt der Naturwissenschaften und sind daher in neuerer Zeit verworfen worden. Einzelne species der Dinge behaupten, sie mit specifischen unbekannten Eigenschaften, durch welche sie eine Fähigkeit zum Wirken haben und die übrigen offenbaren Effecte hervorbringen, begabt nennen — das heißt sicherlich: Nichts sagen. Aber aus den Naturerscheinungen zwei oder drei allgemeine Principien der Bewegung ableiten, und dann erklären, wie aus diesen offenbaren Principien die Eigenschaften und Wirkungen aller körperlichen Dinge folgen, das ist ein großer Fortschritt in der Wissenschaft, wenn auch die Ursachen dieser Principien noch nicht bekannt sind. Daher habe ich nicht angestanden, die oben genannten Principien der Bewegung aufzustellen, da sie in der ganzen Natur im weitesten Umfange sich offenbaren. Die Untersuchung ihrer Ursachen aber unterlasse ich."

Und doch fühlt sich Newton dazu getrieben, nach einer solchen Ursache zu forschen, und ganz, wie es Leibniz für nothwendig hielt, das Verbindungsglied zwischen den sich anziehenden Körpern in dem Aether zu suchen. Man könne sich etwa denken, daß die Dichtigkeit des Aethers von den festen Körpern, den Planeten, aus nach dem freien Weltraume immerfort zunähme und „die elastische Kraft dieses Mediums so groß sei, daß durch die Kraft, welche wir Schwere nennen, die Körper von den dichteren Theilen des Mediums zu

5) l. c. p. 753. art. 17. Einen weiteren Einwand, den Leibniz gegen die Möglichkeit der unvermittelten Wirkung durch den leeren Raum hindurch macht und auf den die Metaphysiker einen großen Werth zu legen pflegen, ist der (Mathematische Schriften T. VI. p. 274): „daß kein Grund vorhanden ist, warum die Anziehung kleiner bei größeren Entfernungen sein solle," [illegible] sich ja die unvermittelte Wirkung nicht, wie es der Fall bei jeder Fortpflanzung durch den mit Materie erfüllten Raum sei, in allmälig erweiterten Kugelschalen ausbreite, sondern direct von einem Punkte zu einem anderen entfernten fortschreite. Das [illegible] Clarke zu den folgenden Bemerkungen Veranlassung. 6) [illegible] p. 762. art. 45. 7) p. 777. art. 120. 8) p. 767. art. 45. 9) p. 771. art. 113. 10) p. 787. art. 110—123. 11) Brief an Bentley, und Boyle (Opera, ed. Horsley. T. IV. p. [illegible] und p. 386) und Vorrede zur Optics. 2. ed. 1717 und a. a. O. 12) Optics. 2. ed. quaestio 31. p. [illegible] seq.

13) Doch mag sich Newton noch so sehr dagegen verwahren, seine Principien sind ganz und gar die qualitates occultae der Scholastiker (vergl. Anm. 26), die sie auch nur die verborgenen Ursachen offenbarer Erscheinungen zu nennen. Die Wirkung des Mondes auf die Constitution eines Neugeborenen war den Scholastikern eine qualitas occulta, weil sie ihre Mittelglieder nicht begriffen. Genau ebenso wenig begreiflich in ihrer eigentlichen Ursache ist aber die Anziehung des Mondes auf das die Erde bedeckende Meer. Newton und die Scholastiker [illegible] bei Gesetzen der offenbaren Erscheinungen ihrer unbekannten Ursache nach; jene bildete die Theorie der Ebbe und Fluth, letztere die Astrologie aus; und der einzige Unterschied ist nur der, daß der große englische Naturforscher richtig und vorurtheilsfrei beobachtete, letztere aber nicht.

den dünneren bewegt werden" — so meint Newton [14]), ohne sich über dies eigenthümliche Princip weiter auszusprechen.

Wir legen auf diese Andeutungen keinen großen Werth, wie denn Newton selbst dies sicherlich nicht that; das Wesentliche ist vielmehr für uns nur das: daß er im Grunde Leibnitz' Ansicht vollkommen theilte, daß sein Attractionsgesetz keine causa vera oder physica, sondern nur eine causa formalis oder mathematica sei; daß die Attraction nur ein Gesetz, nur ein Phänomenon sei [15]).

§. 39. Ueber die Methode, zu wahren Naturgesetzen zu gelangen, spricht sich Newton an einer oft genannten Stelle so aus [16]): „Den Grund der Eigenschaft der Gravitation konnte ich noch nicht aus den Erscheinungen ableiten und Hypothesen mag ich nicht bilden. Denn was nicht aus den Erscheinungen abgeleitet wird, muß eine Hypothese genannt werden, und Hypothesen, seien sie metaphysische oder physikalische oder qualitates occultae oder mechanische, haben in der Erfahrungswissenschaft keinen Platz" [17]).

Diese Furcht vor Hypothesen ist jedoch eine abergläubische und unwissenschaftliche. Die Thatsachen geben niemals an sich die Theorie, vielmehr entspringt letztere als Idee aus der Vernunft, und ist so lange Hypothese, als bis in überzeugender Weise ihre Uebereinstimmung mit den Thatsachen dargethan ist. Das Attractionsgesetz war eine Hypothese, bis es durch die vollständige Erklärung aller Erscheinungen im Planetensysteme seine Bestätigung erhielt. Wann die Induction eine vollständige genannt werden konnte, ist schwer, genau zu bestimmen; durch die Principia war sie kaum geliefert, wie aus §. 33 hinlänglich zu ersehen ist.

Es machte sich zu Newton's Zeiten insbesondere in England eine Mißachtung aller Speculation geltend, welche in Lord Bacon ihren bekanntesten Vertreter hat, in Locke und seinen Nachfolgern in anderer Weise ihren Ausdruck fand. Es ist hier nicht unsere Aufgabe, nachzuweisen, wie sie eine natürliche Reaction gegen das Ueberwuchern rein apriorischer Speculation bei den Scholastikern und gegen das Schmieden der Hypothesen bei den Cartesianern war. Sie hatte den Erfolg, die Physiker fort und fort an die Erfahrung und die Accommodation der Ideen an die Thatsachen zu weisen, in der das wahre Wesen der Induction besteht. Sie trieb die Naturforscher zu der Untersuchung der Gesetze der Phänomene an und beschränkte die den älteren Philosophen eigenthümliche Geistesrichtung, sofort auf die wesentlichen, innersten Ursachen zurückgehen zu wollen — und dies war ihr relativer Nutzen, den sie als Durchgangspunkt in der Entwickelung der Wissenschaften bilden sollte; diese Mißachtung jedoch als eine absolute aufrecht zu erhalten, wie wir bei vielen Naturforschern unserer Tage leider begegnet, ist eine gänzliche Verkennung des Charakters einer wahren Induction [18]).

Leider ist diese Mißachtung zwischen speculativen Philosophen und inductiven Naturforschern eine gegenseitige. Denn die Anmaßung, mit der z. B. Hegel mit den mechanischen Begriffen und der Gravitation umspringt [19]), ohne selbst die ersten Elemente der Zusammensetzung der Kräfte klar erfaßt zu haben, ist unglaublich; und wird nur von der Naivität übertroffen, mit der er in seiner Weise aus den Keppler'schen Gesetzen das von Newton und umgekehrt ableiten will. Mit seiner Definition: „Die Gravitation ist der wahrhafte und bestimmte Begriff der materiellen Körperlichkeit, der zur Idee realisirt ist," und seiner weiteren Behandlung hat er für die reale Erklärung der Natur, so viel wir sehen, Nichts geleistet, als das eine: philosophisches Denken über die Natur, wie sie ist, in Mißcredit zu bringen. Somit glauben wir uns auch hier nicht in eine Zurückweisung der Vorwürfe einlassen zu sollen, die Hegel der modernen Mechanik macht [20]), da sie bereits verklungen sind, und ebenso wenig auf eine Darstellung seiner und anderer rein speculativer Philosophen Ideen über die Gravitation, da sie bis jetzt ohne jeglichen Einfluß auf die Wissenschaft selbst geblieben sind.

§. 40. Nachdem wir uns dahin entschieden haben, zunächst die Gravitation nur als ein Gesetz der Natur anzusehen, so entsteht jetzt die Frage, wie weit seine Herrschaft reiche. Diese Frage, ob es auch nicht oder gar negativ schwere Körper oder wenigstens Materien von verschiedener Schwere gebe, nimmt in der Mechanik die bestimmte Form an: ob alle Materie in gleicher Entfernung von demselben anziehenden Körper gleich stark beschleunigt werde, also die beschleunigende Kraft jederzeit der Masse proportional sei. Denn die durch die Trägheit bestimmte Masse eines Körpers gibt die eigentliche Quantität der in ihm enthaltenen Materie an. Die Bewegung der Planeten bejahte diese Frage; ebenso wie die von Newton angestellten Experimente mit Pendeln derselben Länge, aber aus verschiedenen Stoffen verfertigt, die Proportionalität der Trägheit und Schwere der Körper bewiesen. Glaubte so Newton sich berechtigt, die Gravitation für eine allgemeine Eigenschaft aller Materie anzusprechen [21]), so erklärte sie Cotes [22]) für eine wesentliche Eigenschaft. „und wie kein Körper gedacht werden kann, ohne ausgedehnt, beweglich und

14) Optice. II. ed. quaest. 31. 15) Princ. lib. I, def. 8. 16) Princ. Schol. am Ende. 17) Damit bricht er denn auch über seine mythologische Aetherhypothese selbst den Stab.

18) Vergl. H. Hankel, Beitrag zur Beurtheilung d. griech. Naturwissenschaft (Gelzer's Vierteljahrsschrift, 1867. IV. p. 158). 19) Vorles. über Naturphilos. (Werke T. VII. Abth. 1) p. 94—126. 20) Whewell hat sich (On the phil. of disc. p. 504 sqq.) diese Mühe gegeben. 21) Princ. lib. III, prop. 6. cor. 2. Er stützt sich dabei auf die III. Regula philosophandi (Princ. lib. III): „Die Qualitäten der Körper, welche weder verstärkt noch geschwächt werden können und allen Körpern zukommen, an denen man Experimente vornehmen kann, müssen für allgemeine Qualitäten gehalten werden." In schlagender Weise hat Whewell (On the phil. of discovery p. 186 sqq.) die Richtigkeit oder Trivialität dieser und der anderen Regulae phil. Newton's nachgewiesen. 22) Vorrede zur II. Aufl. der Principia.

undurchdringlich zu sein, so kann auch kein Körper gedacht werden, der nicht schwer sei. Die Ausdehnung, Beweglichkeit und Undurchdringlichkeit ist nur aus der Erfahrung bekannt; auf dieselbe Weise lernen wir auch die Schwere kennen. . . . Entweder muß man die Schwere unter die ursprünglichen (primarias) Qualitäten der Körper rechnen, oder die Ausdehnung, Beweglichkeit und Undurchdringlichkeit sind es auch nicht." Oberflächlicher und unpassender ist wol nicht leicht wieder über solche Fragen geredet worden. Jene Eigenschaften sind mit dem Begriffe eines Körpers auf das Engste verknüpft; hebt man sie auf, so entsteht ein Widerspruch in unserem Denken; noch Niemand hat aber diese innere Unlöslichkeit des Begriffs des Körpers und der Schwere nachgewiesen [23]). Mögen auch in der That alle Körper schwer sein, so folgt daraus nicht im Mindesten, daß sie es auch sein müssen; denn wir werden uns jederzeit einen Körper denken können, der nicht schwer ist, wie wir Körper kennen, die nicht magnetisch sind. Gäbe es eine Welt, die nur aus Eisen bestände, das magnetische Eigenschaften hätte, so würde Cotes, in diese versetzt, mit größter Sicherheit behaupten, es sei der Magnetismus eines Körpers eine ebenso allgemeine und nothwendige Eigenschaft, als die Trägheit, Ausdehnung, Undurchdringlichkeit u. s. w.

In der That aber sind die letzteren mechanischen Eigenschaften Bedingungen der Erfahrung, die Schwere aber ebenso, wie der Magnetismus, ein Resultat der Erfahrung.

Wie wenig man in der That die verschiedene Qualität der Materie in Bezug auf die Schwere mit ihrem Begriffe unvereinbar fand, das beweist zur Genüge die im ganzen vorigen Jahrhundert allgemein anerkannte Theorie des Phlogistons, als eines nicht nur nicht schweren, sondern positiv leichten Stoffes; die Annahme von einem, jeder Schwere beraubten Substrat von Kräften (Imponderabilien); die noch heute in der Physik gewöhnliche Vorstellung eines alle Körper durchdringenden und den leeren Himmelsraum erfüllenden Aethers, der ebenfalls durchaus keine Schwere hat; endlich die Faye'sche Hypothese von abstoßenden Kräften, durch welche die Sonne den Schweif der Kometen hervorbringen soll.

Auch ist man wiederholt auf die Möglichkeit, daß die Materie zu der Anziehungskraft specifische Verhältnisse haben könne, d. h., daß die Constante, welche den Quotienten aus Masse und beschleunigender Kraft in der Einheit der Entfernung darstellt, für verschiedene chemische Stoffe specifisch verschieden sei, zurückgekommen und Bessel hat darüber ausführlicher gehandelt [24]). Es wäre dann die Gleichheit der Constante für alle Materien unseres Sonnensystemes eben eine Seite der Homogeneität in dem zu einem Gesammtorganismus vereinigten Sonnensysteme, keineswegs aber ein nothwendiges Naturgesetz.

§. 41. Newton hatte es noch für nothwendig gehalten, die Anziehung zweier Körper durch die Bewegung eines Mittels zu erklären, das continuirlich den Raum erfüllt und dessen Theile durch unmittelbare Berührung die Bewegung auf einander übertragen; und wir haben gesehen, wie Leibnitz jede actio in distans für eine logische und metaphysische Absurdität erklärt, und mit ihm im Einklange der größte Theil seiner Zeitgenossen.

Der Satz: „ein Körper wirkt da, wo er nicht ist, ebenso wenig, als er dann wirkt, wenn er nicht mehr ist" [25]), der bis auf die neueste Zeit dem gesunden Menschenverstande so gewiß erschien, als daß 2 . 2 = 4 ist, gehört zu jener Classe von allgemeinen Ideen, die sich, indem man ihren Ursprung vergißt, nur gar zu leicht zu dem Range metaphysischer, nothwendiger Wahrheiten, synthetischer Urtheile a priori erheben, welche um so hartnäckiger festgehalten werden, als man unfähig ist, sie zu beweisen; worin man seltsamer Weise oft die Berechtigung findet, sie für unumstößliche Axiome zu erklären [26]).

[illegible] 23) Whewell hat (On the phil. of discov. p. [illegible] seq.) [illegible], diesen Nachweis zu führen: Nachdem er darauf aufmerksam gemacht hat, daß, [illegible] die Trägheit nicht für alle Körper der Schwere proportional wäre, und die letztere durchaus keinen [illegible] Begriff von der Masse geben würde — was ohne Zweifel [illegible]; und daß dann die Natur, so zu sagen, unverständlich, unbegreiflich und ohne Zusammenhang erscheine, — was schon [illegible] ist, führt er sein Hauptargument so (p. [illegible]): Das [illegible] (die Schwere) eines Körpers bringt, wenn es nicht auf [illegible] durch ein gleiches in Ruhe gehalten wird, eine Bewegung hervor. Nun erzeugt aber gleicher Druck gleiche Geschwindigkeit, [illegible] müssen daher zwei sich auf der Wage äquilibrirenden Gewichte [illegible] gleich schnell fallen, d. h. nach der Definition gleiche Masse haben. — [illegible] ist diese Raisonnement ein merkwürdiger Beweis, wie selbst [illegible] und klare Denker die schlimmsten Fehlschlüsse begehen können, wenn sie durchaus etwas beweisen wollen, was ihnen ein Bedürfniß ist. Man denke sich nur an den Hebelarmen einer [illegible] gleiche Massen Eisen angebracht, an das eine [illegible] aber überdem ein Stück Nickel angehängt. Eine auf den [illegible] senkrecht wirkende magnetische Kraft wird beide Eisenmassen [illegible]. Nimmt man aber das eine Eisenstück mit seinem [illegible] das eine Mal, und das andere Mal das bloße [illegible] auf dem anderen Hebelarme fort, so wird die Drehwage wegen der ungleichen Trägheitsmomente sehr ungleiche Geschwindigkeiten erhalten, obgleich die magnetische Kraft beide Male dieselbe ist. [illegible] verwechselt in seinem Beweise die auf die Einheit der [illegible] wirkende Kraft mit der auf die gesammte Masse beschleunigend wirkenden Kraft.

24) Bessel, Unters. d. [illegible] d. Berl. Akad. 1824. Math. Al. S. 2—6). [illegible] (Comm. soc. Gotting. Vol. XVI. p. 41—[illegible]), [illegible] (Schriften VII, 271—273), Fries (Pop. Sternkunde. [illegible] Aufl. S. 191). — Auch schien aus den Beobachtungen zu folgen, daß Jupiter gegen seine Satelliten ein anderes Maß der Anziehung zeige, als gegen die kleinen Planeten. Indessen hat die genauere Bestimmung der Masse des Jupiter durch Airy diese Vermuthung wieder beseitigt (Whewell, History of scientific ideas. London 1858. T. I. p. 274). 25) S. Anm. 27. Eben im Begriff, das Manuscript abzuschließen, kommt mir das Programm von C. Neumann (Die Principien der Elektrodynamik. Tübingen 1868) zu, in dem auch der zweite Theil des Satzes, nämlich das alte Axiom; cessante causa cessat effectus, verworfen wird: „Wenn man, wie dies seit Newton fast allgemein geschieht, annimmt, daß räumlich getrennte Gegenstände unmittelbar auf einander einwirken, so wird es ebenso gut auch zulässig sein, eine unmittelbare gegenseitige Wirkung zwischen Gegenständen anzunehmen, die zeitlich von einander getrennt sind, vorausgesetzt natürlich, daß eine solche Annahme zu ebenso glücklichen Consequenzen führt, wie die erste." 26) Vergl. C. Hanlel (Zeller's Vierteljahrsschr. 1867. IV. p. 160).

Bereits aber Newton's Schüler faßten die Fernwirkung als solche auf, ohne eine Vermittelung anzunehmen, und unsere heutigen Naturforscher finden die actio in distans so natürlich, so einleuchtend und begreiflich, daß es den meisten schwer fällt, zu begreifen, daß man überhaupt jemals darin etwas Unbegreifliches oder Widersprechendes finden wollte [27]). So von Grund aus veränderten sich die Anschauungen: den älteren Naturforschern war nur der Stoß der Körper auf einander begreiflich, die Fernewirkung nur ein Resultat fortgesetzter Stöße; uns modernen Naturforschern scheint allein die Fernwirkung eine fundamentale Kraft; der Stoß der Körper wird erklärt durch Fernewirkungen; er ist ein höchst complicirtes, in seinen Eigenthümlichkeiten erst in der neueren Zeit und doch noch nicht genügend aufgeklärtes Phänomen. „Und so vollständig war der Sieg der Wahrheit in diesem Falle, daß wir uns heute kaum vorstellen können, der Kampf sei nöthig gewesen. Das wahre Wesen der Triumphe der Wissenschaft liegt eben darin, daß wir die Gesichtspunkte, die wir verwerfen, nicht allein für falsch, sondern auch für unbegreiflich halten" [28]), d. h. deutsch zu reden: uns an Stelle alter Vorurtheile neue einzuprägen, welche die Zukunft einstens auf denselben Rang mit den alten stellen wird, wie schon unsere Zeit die Weltanschauung des Descartes, die seiner Zeit als die Rettung aus den Vorurtheilen des Scholasticismus und die Offenbarung der Wahrheit schien, ebenso, wie die des Mittelalters, für völlig unbegreiflich hält.

§. 42. Es bleibt uns noch übrig, in möglichster Kürze auseinanderzusetzen, wie man die Wirkung der allgemeinen Anziehungskraft der Materie auf einander durch den leeren Raum hindurch heute mit den allgemeinen Vorstellungen von Kraft und Stoff zu vereinigen sucht oder suchen kann [29]).

Wir sprechen in unserer Mechanik und Physik so viel von Kräften. Was ist aber eine Kraft? Die Ursache einer Bewegung, antwortet uns die Mechanik. Gewiß, das ist eine nominale Definition, wir setzen überall, wo eine Bewegung sich verändert, eine Kraft als Ursache voraus; aber damit ist in keiner Weise gesagt, was eine Kraft sei [30]). Sie ist ein Etwas, das die Körper treibt, eine qualitas occulta. Was aber ist das Etwas?

Kraft ist nur ein Relationsbegriff, der erst durch die Antithese von Kraft und Stoff seine Bedeutung erhält. Versuchen wir, diese, soweit es hier für unsere Zwecke nöthig ist, zu analysiren: Wir nehmen von den Dingen Nichts wahr, als die von ihnen ausgehenden und auf uns wirkenden Kräfte. Die Materie ist nur das logische Subject, welches unsere Vorstellung nöthig hat, um jene Vorstellungen von Kräften in eine Einheit zusammenzufassen. Sie ist mit Nothwendigkeit gesetzt durch unser Denken, welches gezwungen ist, das mannichfach Wechselnde durch eine Einheit, nach dem Bilde unserer Seele zu verbinden. Sie ist das unsichtbare Substrat der, so zu sagen, sichtbaren Kräfte an den Dingen.

Was bleibt nun aber für die Materie selbst übrig? Nichts weiter, als das Residuum an den Körpern, was wir nicht weiter in Kräfte auflösen können, das, was an ihnen nicht Kraft ist [31]). Das ist 1) die Räumlichkeit der Materie, d. h. die Eigenschaft, einen bestimmten Ort im Raume einzunehmen, und 2) die Trägheit der Materie, d. h. die Eigenschaft, vermöge deren die Materie nicht aus sich selbst ihren Zustand ändert. Daß diese letztere Eigenschaft eine wesentliche und vom Begriff der Materie untrennbare ist, leuchtet ein, denn nur durch sie wird die Antithese von Kraft und Stoff erhalten. Denn so wie die Materie das passive, träge an den Körpern ist, so ist die Kraft das active, lebendige, immaterielle Princip, das in unlöslicher Verbindung mit Materie die Natur constituirt. Das sind die allein wesentlichen allgemeinen und nothwendigen primären Eigenschaften der Materie; die erste ist die Form, unter der die Beziehung eines materiellen Theilchens zu den anderen von uns angeschaut wird, die zweite enthält die Beziehung der Materie zu der Kraft. Beide sind zugleich meßbar; erstere gibt den Ort, letztere die Masse der Materie an. Alle anderen Eigenschaften, welche wir der Materie zuschreiben, sind nur secundäre, facultative, potentielle; sie drücken nur die Fähigkeit aus, in dieser und jener Weise von diesen und jenen Kräften ergriffen werden zu können; sie sind eigentliche Qualitäten, die unmeßbar sind; nur der veränderliche Grad der Kräfte, der je an ihnen zur Erscheinung kommt, kann gemessen werden. So ist die Ausdehnung eine solche Eigenschaft; sie drückt allein die Fähigkeit der Materie aus, von Repulsivkräften ergriffen werden zu können, die ihr Ausdehnung verleihen. Diese Ausdehnung aber ist nach dem Maße der Kräfte durchaus veränderlich, und man findet es neuerdings nicht widersprechend [32]), sich (bei dem ab-

27) Voltaire sagt sehr geistreich: „Bei den Cartesianern geschieht Alles durch den Druck, was uns Anderen nicht recht klar werden will; bei den Newtonianern wird Alles durch den Zug verrichtet, was aber nicht viel deutlicher ist." 28) Whewell (Novum organum renovatum. London 1858) p. 32 seq. 29) In Bezug auf diese Frage findet man treffliche Erläuterungen bei Lange, Gesch. des Materialismus p. 362. 30) Wird man sich begnügen können, mit Fechner (Atomenlehre. 2. Aufl. p. 120) zu sagen?: „Der Grund der Bewegung ist, physikalisch genommen, eben Nichts als das Gesetz.... Anstatt, daß die physische Kraft in den Körpern besonders sitze und von dem einen auf den anderen hinüberwirke, statt, daß sie an Orten wirke, wo sie nicht ist, statt, daß sie in einem Körper latent sein könne, um erst beim Zutritt eines anderen Körpers wirksam zu werden ..., kommt Alles, was man von ihr aussagen mag, vernünftig, wie klar begreiflich auf ein allgegenwärtiges Gesetz und dessen Befolgung zurück." — Das nennt man Realitäten in Abstractionen auflösen.

31) W. Weber (in Fechner's Atomenlehre. 2. Aufl. p. 88): „Es kommt darauf an, in den Ursachen der Bewegungen einen solchen constanten Theil auszusondern, daß der Rest zwar veränderlich ist, seine Veränderungen aber blos von meßbaren Raum- und Zeitverhältnissen abhängig gedacht werden können. Auf diese Weise gelangt man zu einem Begriff von Masse, an welcher die Vorstellung von räumlicher Ausdehnung gar nicht nothwendig haftet." — Ja neuere Physiker definiren sogar: „Ein Körper ist ein mit Kräften erfüllter Raum" — und da sagt man noch, die Physiker seien Materialisten?! 32) Auch legt man in der Molekularhypothese den einzelnen Atomen häufig keine Ausdehnung bei, sondern betrachtet sie nur als Kraftcentra, die sich von wider-

leinen Raumpunkt; die ganze Materie der Welt in einen ausdehnungslosen Punkt zusammengeschrumpft zu denken. Ähnlich ist die Eigenschaft der Körper zu fassen, die wir Schwere nennen; es wird Materie, wenn sie sich mit anderer Materie zusammen im Raume befindet, von anziehenden Kräften ergriffen, die mit der Entfernung veränderlich sind.

Es entsteht aber hier die Frage, ob es überhaupt in der Welt verschiedene Materien gibt, oder alle Materie qualitativ identisch sei. Die neuere Naturforschung zeigt sich geneigt [53]), dies letztere und damit anzunehmen, daß z. B. auch die chemischen Qualitäten der Stoffe nur durch die besonderen (räumlichen) Formen bedingt seien, welche die Eine Materie in den verschiedenen Elementen der Chemiker angenommen hat. Ebenso sieht sie die Ausdehnung als eine durch die Temperatur, d. h. im Geiste der mechanischen Wärmetheorie, durch ein Quantum von lebendiger Kraft erzeugten Schwingungszustand an, und erklärt die Verschiedenheit des Maßes der Ausdehnung bei derselben Temperatur nur durch die Annahme verschiedener Gruppirung derselben Atome u. s. w.

Es scheint für diese Annahme der wesentlichen Gleichheit der Materie, welche aus dem Streben entspringt, alle qualitates occultae zu verbannen und Alles aus den beiden allgemeinen und nothwendigen Eigenschaften der Materie, der Räumlichkeit und Trägheit abzuleiten, die erfahrungsmäßig feststehende Thatsache zu sprechen, daß caeteris paribus alle bekannte Materie, sei sie auch qualitativ ganz verschieden, ihrer Quantität, d. h. ihrer Masse nach, schwer ist. Doch bleibt jene Annahme eben [illegible] Hypothese, so lange nicht in der That die Verschiedenheiten der Qualität der Materie auf solche der [illegible] Form ihrer Theile zurückgeführt sind — [illegible] dazu ist bis jetzt keine Aussicht vorhanden, und [illegible] muß es erlaubt sein, noch an dem Principe der [illegible] der Materie zu zweifeln. Vor der Hand sind die [illegible] Qualitäten noch das caput mortuum, [illegible] Materiellen bleibt, weil unsere Analyse es nicht [illegible] in Kräfte aufzulösen im Stande ist.

§. 43. [illegible] zweierlei Weisen mag man sich dies [illegible] der Kraft vorstellen: Die Kraft ist die Thätigkeit einer durch den Raum verbreiteten immateriellen Substanz, sei diese nun Eine, persönliche, selbstbewußte, nämlich Gott, der Schöpfer und Erhalter der Welt, oder sei sie je nach der Art der Kraft eine verschiedene, unbewußte und unpersönliche oder sei sie beides zugleich. Diese dynamische Anschauung ist im Grunde die Newton's [54]). Wenn er auch selbst nicht den Muth hatte, sie offen zu bekennen, so that dies sein [illegible] Schüler Clarke. Ihm war der Raum das Sensorium Gottes [55]), in dem Gott essentia et substantia überall gegenwärtig ist; er erhält alle Dinge, wirkt auf sie actualiter, regiert sie, erhält ihr Sein, ihre Kräfte, ihre Anordnung, ihre Bewegungen [56]). „Auch im leeren Raume ist Gott gewißlich gegenwärtig, und vielleicht sind noch in demselben Raume andere Substanzen, welche nicht materiell sind" [57]). So schwankt er zwischen den Meinungen, daß alle Vorgänge in der Natur Gedanken Gottes sind, die durch seinen Willen unmittelbar in Erscheinung treten, und der anderen, daß sie Wirkungen immaterieller von Gott verschiedener Substanzen seien, hin und her.

Die andere, bei denkenden Naturforschern in unserer Zeit wol verbreitetste Auffassung von der Natur der Kraft ist die mechanische. Sie personificirt und beseelt die Materie und legt ihr gewissermaßen ein Fühlen, Empfinden, Wahrnehmen, Wollen und Streben bei. Wovon wir eine unzweifelhafte Vorstellung haben, das ist unser inneres Seelenleben mit seinen von Außen veranlaßten Wahrnehmungen. Druck, Stoß, Zug, Kraft, das Alles sind doch im Grunde aus der eigenen Empfindung abgeleitete Begriffe, bei denen wir stets an eine passive oder active menschliche Thätigkeit denken. „Was ist gewonnen, wenn man sagt, es sei die gegenseitige Anziehungskraft, wodurch zwei Stofftheilchen sich nähern? Nicht der Schatten einer Einsicht in das Wesen des Vorganges. Aber seltsam genug, es liegt für das innewohnende Trachten nach den Ursachen eine Art von Beruhigung in dem unwillkürlich vor unserem inneren Auge sich hinzeichnenden Bilde einer Hand, welche die träge Materie leise vor sich hinschiebt, oder von unsichtbaren Polypenarmen, womit die Stofftheilchen sich umklammern, sich gegenseitig an sich zu reißen suchen, endlich in einen Knoten sich verstricken" [58]).

So schreibt man der Materie ein gewisses Gefühl zu von dem Orte, an dem sie sich befindet, und den sie so lange einnehmen wird, bis die Wahrnehmung eines anderen materiellen Körpers im Raume sie gewissermaßen veranlaßt, sich zu seiner Vereinigung mit diesem in Bewegung zu setzen. Wird dies Wollen verhindert, zur Ausführung zu kommen, so äußert es sich in einem Streben (Druck), einer potentiellen Thätigkeit (wie die Mechanik sagt: einer „virtuellen Geschwindigkeit"), die jeden Augenblick bei Beseitigung der Hindernisse [illegible] eine actuelle Geschwindigkeit übergehen kann. [illegible] der andere Körper, welcher die Thätigkeit des ersten erregte, so bewegt sich jener gleichmäßig mit derselben Geschwindigkeit, nach derselben Richtung fort, gleichsam mit einem gewissen Gedächtniß des früheren Zustandes begabt, den es fort und fort erhält.

Wie man sich auch von Seiten der Naturforscher dagegen sträuben mag: es kehrt diese anthropomorphistische Vorstellung immer in versteckter Weise wieder, nur

---

matischen Punkten als physische eben nur dadurch unterscheiden, daß sie Angriffspunkte von Kräften sind.

53) Wie dies z. B. Helmholtz (Erhaltung der Kraft) ausdrücklich ausspricht. 54) Ich verweise hier einfach auf die Darstellung in §. 33. 55) Wo Newton diesen berühmten Ausspruch gethan hat, weiß ich nicht anzugeben. Er findet sich in dem Recueil p. 746. art. 3 und p. 747. art. 3.

56) l. c. p. 751. art. 11. 57) l. c. p. 759. art. 9. 58) Dubois-Reymond, Untersuch. über thier. Elektricität. T. I. Vorrede.

daß man durch die Gewöhnung an die Abstractionen von Kraft, Anziehung, Druck, Streben u. s. w. nach und nach für ihre sozusagen psychologische, anschauliche Bedeutung abgestumpft ist.

Bei den älteren Physikern waren diese Bilder von der Kraft, als eines lebendigen Princips, viel lebhafter, als bei uns. Aber unter Ausdrücken, wie Sympathie, Verwandtschaft, Wille, Verstand, animalische Fähigkeit [39]) u. s. w. der Körper, verstand man im Grunde Nichts weiter, als was wir mit dem bloßen Ausdruck der „Kraft" bezeichnen.

§. 44. Mag man jener dynamischen oder dieser mechanischen Ansicht von der Natur der Kräfte anhängen, in beiden Fällen ist der Raum ein Reales an den Dingen, „nicht nur, wie Kant will, eine Form unserer äußeren Anschauung, sondern er hat eine reelle Bedeutung, unabhängig von unserer Anschauung" [40]).

Im Geiste der dynamischen Auffassung ist „er nicht selbst eine Substanz, sondern eine Eigenschaft, die Folge der Existenz eines unendlichen Wesens" [41]), und die Dinge scheinen auf einander räumlich zu wirken, weil sie von eben diesem Wesen oder seinen immateriellen Emanationen ihrer Stellung im Raume nach bewegt werden.

Der Begriff des Raumes in der anderen, der mechanischen, Ansicht ist ein bisher sehr wenig ausgebildeter. Jedenfalls muß man den Körpern ein Gefühl oder Bewußtsein ihrer gegenseitigen Lage im Raume zuschreiben, da sich darnach die Kräfte richten, mit denen sie sich einander anziehen. Im Allgemeinen werden die Naturforscher sich zu der Ansicht hinneigen, der Raum sei das reale „Verhältniß zwischen den Dingen, die Ordnung der Dinge, welche gleichzeitig existiren" [42]). Doch hat schon gegenüber dieser von Leibniz aufgestellten Ansicht Clarke bemerkt, daß man so nur zu dem Begriffe des relativen Raumes gelange, daß es aber auch absolute Bewegungen der Körper im absoluten Raume gebe [43]), wie Newton's Theorie genugsam beweise, indem sie z. B. eine gleichförmige geradlinige Bewegung des ganzen Sonnensystemes im Raume annähme, die keineswegs von der Beziehung zu den anderen Systemen in der Welt abhängt, sondern rein aus den Bewegungen im Sonnensysteme selbst entsteht. Wir fügen hinzu, daß auch die oben in §. 22 dargestellten Sätze genügend die Nothwendigkeit darthun, die absoluten Bewegungen im Raume neben den relativen zu betrachten. Eine weitere Ausführung dieser Bemerkung aber, welche die Unrichtigkeit des in der Mechanik überall an die Spitze gestellten Satzes, daß es nur relative Bewegungen gäbe, darthun und den Widerspruch weiter aufzeigen würde, in den sich die Mechanik durch diesen Satz mit sich selbst setzt, kann hier nicht gegeben werden. (*Hermann Hankel.*)

39) Ich verweise in dieser Beziehung auf Kepler (§. 9—11 und Anm. 66. 68. 80), der freilich die so eben geschilderte Weltansicht nicht in ihrer dreifachen Ungehörigkeit theilt, sondern gar oft in die dynamische hinüberschweift. 40) Kant's Werke. T. II. p. 177. 41) Clarke im Erdmann p. 754. art. 3. 42) Erdmann p. 768. art. 47. 43) l. c. p. 782. art. 52. Leibniz dagegen erklärt dies für eine chimärische Voraussetzung p. 756. art. 10.

GRAVIUS (Daniel), holländischer Theolog, welcher sich nach der Beendigung seiner Studien der Bekehrung der Heiden widmete und besonders auf der an der chinesischen Küste liegenden Insel Formosa, so lange diese in dem Besitze der Holländer war, sich bemühte, den christlichen Glauben zu verbreiten, welches Bestreben ihm auch trotz der großen Rohheit der Bewohner vielfach gelang. Er erlernte während seines länger dauernden Aufenthaltes die Landessprache so vollständig, daß er die Evangelien des Johannes und Matthäus in die formosanische Sprache übersetzen konnte, welche Uebersetzung er nach seiner Heimkehr (Amsterdam 1661. 4.) herausgab. Er besorgte auch das Lehrbuch der christlichen Religion der Missionaire Simon van Breen und Jan Happart in holländischer und formosanischer Sprache zum Druck (Amsterdam 1662. 4.) und gibt in der Vorrede Nachrichten von der Mission auf Formosa und über das von den Glaubenspredigern zu beobachtende Verfahren, wenn sie irgend einen Erfolg haben soll *). (*Ph. H. Külb.*)

GRAVIUS (Ericus Magni), dänischer Theolog, am 24. Sept. 1624 zu Lunden, wo sein Vater Magnus Gravius Professor der Theologie am Gymnasium war, geboren, widmete sich, nachdem er sich in seiner Vaterstadt die nöthigen Vorkenntnisse erworben hatte, auf der Universität zu Kopenhagen der Theologie und ward nach der Beendigung seiner Studien Hilfslehrer an dem Gymnasium zu Lunden. Sodann wirkte er einige Zeit als Rector der Schule zu Helsingborg, bis er nach Kopenhagen als Hofprediger berufen ward. Sein Eifer in diesem Amte veranlaßte endlich seine Ernennung zum Bischof von Aarhus, wo er am 22. Febr. 1691 starb. Er wird von seinen Zeitgenossen als einer der vorzüglichsten Kanzelredner gepriesen, seine Predigten scheinen aber nicht durch den Druck eine größere Verbreitung gefunden und im Auslande bekannt geworden zu sein. Sein Sohn war ebenfalls Prediger in dem Sprengel von Aarhus †). (*Ph. H. Külb.*)

GRAVIUS (Georg), teutscher Arzt des 17. Jahrh., um das Jahr 1640 zu Coburg geboren, widmete sich der Medicin und übte nach der Beendigung seiner Studien einige Zeit seine Kunst in seiner Vaterstadt. Er erwarb sich durch seine glücklichen Curen großes Ansehen und wurde von der Regierung zu Sachsen-Gotha zum Stadt- und Landphysicus zu Römhild und Bürgen befördert, in welcher Stellung er mit unermüdlichem Eifer und großer Umsicht wirkte. Er starb zu Anfang des 18. Jahrh. Er scheint sich besonders mit physiologischen Untersuchungen und mit der Heilmittellehre beschäftigt zu haben, wie seine wenig bekannten Schriften über den Schlaf (*Ὑπνολογία*, d. i. etliche Fragen und

*) Vergl. *J. Alb. Fabricius*, Salutaris lux Evangelii (Hamburg 1731. 4.) p. 660.

†) Vergl. Universal-Lexikon aller Künste und Wissenschaften. Bd. XI. S. 743.

darauf geschehene Antworten vom Schlaf und dessen Nutzen. Jena 1688. 12.) und über die Heilkraft des Majorans (Panacaea vegetabilis calida seu majorana nostra igne rationis examinata et experientiae lapide lydio probata. Jenae 1689. 12.) bewiesen*). (*Ph. H. Külb.*)

GRAVIUS (Gualterus), holländischer Theolog aus der ersten Hälfte des 16. Jahrh., hieß nach seinem Familiennamen Wouter Ruyß und führte den Namen Gravius von seinem Geburtsorte Grave in Nordbrabant. Er widmete sich der Theologie und trat nach der Beendigung seiner Studien in den Dominikanerorden in dem Kloster zu Nymwegen, dessen Prior er später ward, und wo er auch am 30. Mai 1534 starb. Er beschäftigte sich fleißig mit wissenschaftlichen Arbeiten, besonders mit Forschungen über die Geschichte der Liturgie und der kirchlichen Gebräuche, wie er denn auch aus einer Handschrift des frühern Mittelalters mehrere Nachrichten über die Gebräuche bei der Taufe, der Buße und dem Kirchenbanne und eine Reihe alter Präfationen bei der Messe (Ritus et observationes antiquissimae olim circa baptisatos, confidentes eosque, qui pro delictis ab Ecclesia Dei elimandi essent, observatae; item Praefationes quae vocantur, numero CXIII, non tam vetustate, quam pietate venerandae, per totius anni circulum olim cantari solitae, nunc autem prorsus obliteratae. Coloniae 1530. 8.) herausgab. Er war mit Erasmus von Rotterdam bekannt und, wie man sagt, sogar befreundet, ließ sich aber dadurch nicht abhalten, die seiner Ueberzeugung widerstrebenden Ansichten und Behauptungen desselben zu bekämpfen; besonders trat er gegen dessen Lehre von der Beichte und dem Fasten in zwei kleinen Gegenschriften auf, welche er unter dem Namen Godfried Ruyß Taxander unter dem Titel: Apologia adversum Librum Erasmi de Confessione; item contra Ejusdem librum de Esu Carnium (Antverp. 1525. 8.) herausgab und wodurch das Andenken an seinen Namen, welcher vielleicht längst vergessen wäre, erhalten wird †). (*Ph. H. Külb.*)

GRAVIUS oder DE GRAUW (Idsard), niederländischer Historiker des 16. Jahrh., welcher seinen Namen von dem Dorfe Grauw bei der Stadt Leeuwarden in Friesland führt. Er widmete sich der Theologie, beschäftigte sich jedoch, nachdem er seine Studien beendigt und die Priesterweihe erhalten hatte, hauptsächlich mit der Erforschung der Geschichte seines Vaterlandes. Da aber Friesland zu dieser Zeit durch den Krieg mit den Herzogen von Sachsen arg heimgesucht wurde und schwere Leiden zu dulden hatte, so begab sich Idsard, um seinen Studien in Ruhe leben zu können, um das Jahr 1512 nach Rom und benutzte hier fleißig die in den Archiven verborgenen historischen Schätze. Er entdeckte so auch mehrere Urkunden, durch welche Karl der Große den Friesen wichtige Privilegien ertheilt hatte und stellte sie an die Spitze seiner Arbeit mit bitteren Klagen, daß trotz denselben sein Vaterland auf so ungerechte Weise von den Sachsen unterdrückt sei. Seine Chronik, welche in der Art und Weise gehalten ist, wie Johann von Beka seine Geschichte der Bischöfe von Utrecht und der Grafen von Holland schrieb, reicht vom Jahre 763 bis zum Jahre 1514. Sie wurde bis jetzt nicht durch den Druck bekannt gemacht, aber von Suffr. Petri, der ihre Genauigkeit und Zuverlässigkeit sehr anpreist, in seiner Geschichte der Friesen fleißig benutzt, ob er aber dabei stets mit sorgfältiger Kritik verfuhr, dürfte bei der bekannten Oberflächlichkeit dieses Geschichtschreibers und Literarhistorikers sehr zu bezweifeln sein. Die sonstigen Lebensverhältnisse Idsard's von Grauw sind ebenso unbekannt wie sein Sterbejahr*). (*Ph. H. Külb.*)

GRAVRAND oder GRAVERAND (Joseph), gewöhnlich Gravrand der Aeltere genannt, französischer Musiker und Componist, am 2. April 1770 zu Caen geboren, erhielt seine erste musikalische Bildung in den Singschulen der Kirchen Saint-Pierre und Saint-Sulpice seiner Vaterstadt. Den ersten Unterricht auf der Violine gab ihm in seinem neunten Jahre Duera, ein Schüler Capron's. Später begab er sich nach Paris und beendigte seine Studien unter der Leitung Baillot's. Nachdem er mehrere Jahre am Theater zu Caen als Violinist gewirkt hatte, wurde er Director des Orchesters. Als Lehrer der Violine und des Gesanges leitete er zugleich mehrere Jahre hindurch mit Geschick und Beifall die Liebhaber-Concerte; zugleich versuchte er sich mit gutem Erfolg als Componist, und man hat von diesem ausgezeichneten Künstler sieben Sammlungen von Violinduetten und drei Trio's von zwei Violinen und Violoncello, welche in Paris in den ersten Jahren dieses Jahrhunderts erschienen und ihre Beliebtheit lange behaupteten. Gravrand starb im J. 1817 zu Caen †). (*Ph. H. Külb.*)

GRAW (Nausea), Friedrich, den Beinamen Blancicampianus von seinem Geburtsorte Waischenfeld in Franken sich beilegend, war nach dem Verzeichnisse, welches Hormayr über die Bischöfe in Wien archivalisch mittheilte (Wiens Geschichte. II. Jahrg. 1. Bd. 2. Heft. S. 140 fg.), der Reihe nach der XI. Bischof von Wien. Wenn Hormayr aber den Ort „Weissenfeld" in Würtemberg finden will, so ist dies ebenso unrichtig, als Bönicke's und Stumpf's Meinung (Geschichte der Universität Würzburg S. 20 und Nachrichten der Gelehrten Würzburgs S. 66), Bleichfeld bei Würzburg sei sein Geburtsort gewesen. Aus Stiftungsurkunden hat der verstorbene Rentamtmann Frid. Joseph Tims, welcher Amtsvogt in Waischenfeld in der fränkischen Schweiz

---

*) Fortsetzung und Ergänzungen zu Chr. G. Jöcher's Gelehrten-Lexikon. 2. Bd. S. 1563.

†) *Val. Andr. Desselii* Bibliotheca Belgica (Lovanii 1643. 4.) p. 300. *J. Echard* et *J. Quetif*, Scriptores Ordinis Praedicatorum. Tom. II. p. 135.

*) Vergl. *J. F. Foppens*, Bibliotheca Belgica. Tom. I. p. 553. Biographie universelle. Tom. XVIII. p. 361. Biographie générale. Tom. XXI. p. 756.

†) *F. J. Fétis*, Biographie universelle des Musiciens. Tom. IV. (Paris 1862. 8.) p. 91. Universal-Lexikon der Tonkunst von J. Schladebach und Ed. Bernsdorf. Bd. II. S. 229.

war, nachgewiesen, daß nur dieses in der Nähe von Ruggendorf und Gosweinstein gelegene, zum Landgericht Hollfeld gehörige Wallschenfeld der Geburtsort Nausea's gewesen ist. Das Jahr seiner Geburt läßt sich nicht mehr genau bestimmen. Aus seiner frühern Bildungsweise ist nur bekannt, daß er Doctor der Theologie und der Rechte geworden und bei dem Cardinal Lorenz Campegio die Stelle eines Secretairs verwaltete. Durch dessen Empfehlung wurde er 1525 von dem Rathe zu Frankfurt berufen und von dem dortigen Capitel zu St. Bartholomäus als Pfarrer gewählt. Allein sehr wenig Beifall fand sein heftiger Eifer gegen die Reformation, während dieser Zelotismus gerade von Mainz aus gern gesehen wurde, und schon im folgenden Jahre 1526 er als Prediger in der Stiftskirche sich einen außerordentlichen Ruf verschaffte. Besonders nach Oesterreich verbreitete sich sein Ruhm, und Kaiser Ferdinand I. ernannte ihn 1534 zu seinem Hofprediger. Er wohnte im Kloster zu St. Dorothea und predigte in der St. Stephanskirche. Im J. 1538 ward er zum königlichen Rathe ernannt und zum bischöflichen Coadjutor. In Folge des unerwarteten Todes des wissenschaftlich hochgebildeten Bischofs Johann Faber, welcher der Universitätsbibliothek in Wien seine werthvolle Büchersammlung schenkte, gelangte Nausea im J. 1541 auf den Bischofsstuhl. Wiewol derselbe die Lehre Luther's und seinen stürmischen Reformationsgeist verurtheilte, war er dagegen Nichts weniger als blind gegen die vielen Gebrechen und Misbräuche, welche sich in das katholische Kirchenleben eingeschlichen und festgesetzt hatten. In seinen Predigten nahm er oft Veranlassung im Gegensatze des entarteten kirchlichen Lebens die evangelische Wahrheit mit aller Freimüthigkeit zu verkündigen, und gab den Wunsch laut zu erkennen, der Papst möge eine zweckmäßige Verbesserung der entarteten Kirchenzucht noch rechtzeitig vornehmen und dadurch der unvermeidlichen gewaltsamen Umwälzung des kirchlichen Systems mit Klugheit vorbauen. Allein seine redlichen Wünsche fanden keine Beachtung. Auf dem Concil zu Trient war er persönlich zugegen, befand sich wegen seiner Gelehrsamkeit und Sittenreinheit dort in großem Ansehen, verhehlte nicht die vielen Misbräuche, betheiligte sich bei den meisten Colloquien und ermahnte die Parteien mündlich und schriftlich zur Nachgiebigkeit und Einigkeit des Glaubens. Diese vermittelnden Versuche wurden ihm aber durch Verdächtigung seines orthodoxen Kirchenglaubens von den Zeloten schlecht gelohnt. Namentlich nahm man Anstoß an seinen entgegenkommenden Vorschlägen, das Abendmahl unter beiderlei Gestalten zu reichen, unter welchen es auch Christus eingesetzt habe, sowie an der mildern Auffassung, den niederen Klerikern den Cölibat nicht aufdringen zu wollen. Vielleicht mag sein Eifer für die Religion und die geheimen Ränke seiner Gegner seine Gesundheit vor der Zeit untergraben haben, denn er starb zu Trient selbst am 6. Febr. 1552 eines plötzlichen Todes. Die Anzahl seiner Schriften ist höchst umfangreich und zu Cöln bei Quentel 1567 erschien eine Gesammtausgabe. Mit bibliographischer Ausführlichkeit verbreitet sich über den Inhalt der meisten Werke Nausea's Denis in seiner Buchdruckergeschichte Wiens. Auch Jäck's Pantheon der Literaten Bambergs S. 341—348 führt die einzelnen Schriften an. Bis zum Jahre 1540 hat Nausea selbst ein Verzeichniß seiner Schriften gegeben und seinem „Volumen epistolarum miscellanearum" einverleibt. Mit Uebergehung seiner homiletischen Werke sind seine wichtigsten Werke: Consilia de puero Utero instituendo; Disticha in omnia capita omnium librorum Lactantii; Encomomium civitatis Patavinae; Principia dialectices; De natura et commendatione thermarum; Oratio ad Erasmum, ut conventui imperii Spirensi interesse velit; Catechismus catholicus de rebus mirabilibus, monstris, cometis; De fine mundi cum tribus de ultimo Christi adventu; Responsa una cum eorundem declamationibus et moderaminibus a sedis apostolicae ad aliquot gravamina nationis germanicae. Fol. etc. Im Hinblick auf diese seltene Fruchtbarkeit eines vielseitig gebildeten Geistes, welche sich in zahlreichen Werken beurkundete, urtheilt Hormayr in seiner Geschichte von Wien Bd. VI. S. 148 sehr richtig von ihm also: „ein berühmter Schriftsteller in der Geschichte, im bürgerlichen, Staats- und kanonischen Rechte, in der Gottesgelahrtheit, Grammatik, Dicht- und Redekunst und sogar in den Naturwissenschaften. Von Mailand und Venedig bis nach Leipzig und Wien, Paris und Antwerpen wurden seine zahlreichen Werke, seine Briefe aber zu Basel in Druck gegeben." (*Stenglein.*)

GRAWE (zuweilen fälschlich Grave geschrieben), ein vorzüglicher deutscher Sänger, im J. 1756 zu Dresden geboren, bewies ein so vorzügliches Talent als Tenorist bei seinem ersten Erscheinen auf dem Theater zu Dresden, welches er im J. 1780 betrat, daß man ihm eine große Zukunft vorhersagen konnte. Im J. 1786 verließ er Dresden und begab sich nach Weimar, wo sein Gesang bezaubernd wirkte und die verwitwete Herzogin so sehr für ihn einnahm, daß sie ihn auf ihre Kosten nach Neapel schickte, um sich bei dem berühmten Aprile noch weiter auszubilden. Nach seiner Zurückkunft fand indessen sein Gesang weniger Beifall und er starb nicht lange nachher im J. 1790 in einer Art Geisteszerrüttung *). (*Ph. H. Külb.*)

GRAWERT (Johann Andreas Rudolf von), preußischer General, im J. 1746 in Ostpreußen geboren, widmete sich dem Kriegsdienste und trat sehr früh in das preußische Heer, in welchem er im J. 1778 bereits zum Major und im J. 1788 zum Commandeur des Regiments Herzog von Braunschweig avancirt war. Nachdem er als solcher die Rheincampagne mitgemacht hatte, wurde er im J. 1797 General und erhielt im J. 1800 zugleich die Stelle eines Generalinspectors der Infanterie in Oberschlesien. Im J. 1806 führte er die Avantgarde des Fürsten Hohenlohe und eröffnete mit dieser die Schlacht von Jena; im J. 1812 wurde ihm der Oberbefehl über

*) Universal-Lexikon der Tonkunst von Jul. Schladebach und Ed. Bernsdorf. Bd. II. S. [illegible].

das preußische Hülfscorps gegen die Russen übertragen, er legte dasselbe aber wegen fortdauernden Unwohlseins alsbald nieder und zog sich in die Ruhe nach Glatz zurück, wo er um das Jahr 1817 starb. Sein Sohn August von Grawert wählte ebenfalls die militairische Laufbahn und diente, nachdem er die entsprechende Ausbildung theils in dem älterlichen Hause, theils auf der Kriegsschule zu Berlin erhalten hatte, abwechselnd in der preußischen Cavalerie und Infanterie. Er machte alle Feldzüge vom Jahre 1806 bis zum Jahre 1815 mit, wohnte den Belagerungen von Luxemburg und Magdeburg bei und befand sich in den Schlachten von Jena, Gr. Görschen, Bautzen, Dresden, Culm und Leipzig, wo er das eiserne Kreuz erhielt, hatte es aber nach allen diesen Anstrengungen doch nur zum Range eines Premierlieutenants gebracht. Als solcher machte er auch den Feldzug nach Frankreich mit, und erst nach seiner Zurückkunft von Paris rückte er allmälig zum Rittmeister und zum Adjutanten in der ersten Division vor. Er stand indessen bei seinen Waffengenossen wegen der Offenheit und Biederkeit seines Charakters und bei seinen Vorgesetzten wegen seines raschen und richtigen militairischen Ueberblicks in großem Ansehen, und ihm schienen glänzende Aussichten für die Zukunft gewiß zu sein, als ihn ein schneller und ganz unerwarteter Tod in der Blüthe seiner Jahre am 19. Febr. 1828 dahinraffte *). (*Ph. H. Külb.*)

GRAY, Stadt auf einem Hügel am linken Ufer der Saone, in Frankreich im Departement der obern Saone, 6½ Meilen nordwestlich von Besançon, in einer fruchtbaren, von waldigen Höhen eingeschlossenen Thalebene, 678 pariser Fuß über dem Meere, hatte 1811 4274, 1821 6252, 1831 6100, 1841 7000, 1851 6700, 1861 7051, 1866 6764 Einwohner. Das gleichnamige Arrondissement zählte 1801 82,700, 1821 82,900, 1841 90,800, 1851 89,200, 1861 80,974 Einwohner. Während also der Landbezirk in den drei letzten Jahrzehnten an der allgemeinen rückschreitenden Bevölkerungsbewegung der französischen ländlichen Districte Theil genommen, ja von 1851—1861 jährlich um 9 pro Mille an Seelenzahl verloren hat, hat die Stadt, das Centrum des Landbezirks, durch Handel und Industrie begünstigt, wenigstens keine wesentlichen Rückschritte gemacht, und es ist hier im Kleinen, wie anderwärts (Paris, Strasburg u.) im Großen, der Einfluß der Centralisation ersichtlich. Gray liegt in dem eisenreichsten Departement Frankreichs (man gewinnt 5½ Millionen Centner Eisenerz jährlich und 47 Eisenhütten und Hochöfen verarbeiten dasselbe); die Wasserkraft der Saone und ihrer Nebenflüsse setzt außerdem zahlreiche Papiermühlen in Bewegung. In Gray selbst befindet sich ein großes Etablissement mit Schneide-, Oel-, Loh-, Walk- und Mahlmühlen; außerdem wird die Fabrication von Roßhaar-Geweben und Färberei betrieben. Wichtig ist der Weinbau; die durchschnittliche Temperatur beträgt 8,2° R. Vor Allem aber zeichnet sich Gray als Handelsplatz aus. An schiffbaren Flusse gelegen, mit gutem Hafen, in der Mitte des Saonebeckens, war es der Sammelplatz für die von Süden kommenden Waaren, welche sodann mit Frachtfuhrwerk über das Plateau von Langres nach Norden befördert wurden. Getreide, Wein, Südfrüchte, Colonialwaaren bildeten die hauptsächlichsten Speditionsartikel, neben den eigenen Erzeugnissen der Gegend: Eisen, Dielen, Holzstäben, Heu. Der Eisenbahnverkehr hat zwar dem Transitohandel theilweise andere Richtungen gegeben, indessen hat Gray selbst wichtige Bahnverbindungen über Langres und Chaumont nach Norden (Paris, Champagne), über Epinal nach Nordosten (Lothringen), über Vesoul zum obern Rhein, über Chalon und Lyon nach dem Süden, über Salins nach der nordwestlichen Schweiz, und ein lebhafter Handel ist demnach geblieben. — Gray hat ein altes Schloß der Herzoge von Burgund, ist Sitz eines Gerichtshofs, eines Handelsgerichtes und einer Handelskammer; es hat ein Communalcolleg und eine Bibliothek von 4000 Bänden, ehemals auch eine Universität. Die Stadt wurde bereits im 7. Jahrhundert gebaut und während der inneren Kämpfe unter den Königen Johann und Karl V. von Frankreich und dem Herzoge Philipp dem Kühnen von Burgund zweimal, 1360 und 1384, niedergebrannt. Am 19. Febr. 1668 öffnete es den Feldherren Ludwig's XIV. seine Thore, mehr durch Ueberraschung als durch Waffengewalt bezwungen, der letzte und damals festeste Platz der Franche-Comté, welche in 14 Tagen von den Franzosen eingenommen wurden. Zwar gab Frankreich im aachener Frieden (2. Mai 1668) die gesammte Franche-Comté an Spanien wieder heraus, weil es einestheils den Besitz der Städte und Festungen im Hennegau, Flandern u. vorzog, und weil es andererseits die Besitznahme der Franche-Comté sich für gesichert hielt. In der That eröffnete König Ludwig XIV. schon im J. 1674 die Feindseligkeiten gegen Kaiser Leopold wieder und ließ ein Heer in die Franche-Comté einrücken. Gray war eine der ersten Festungen, welche (im April 1674) von dem Herzoge von Navailles eingenommen wurden. Als im Mai Besançon, am 6. Juli Dôle capitulirt hatte, war das ganze Herzogthum im französischen Besitze und ist es auch im Frieden zu Nymwegen (5. Febr. 1679) geblieben. Seitdem ist Gray französische Stadt. [illegible] von Frankreich ließ aber bald nach der Eroberung die Festungswerke schleifen und Gray wurde ein offener Platz. (*Otto Delitsch.*)

GRAY oder **GREY**, der Name mehrerer britischen Adelsgeschlechter, aus denen viele in der englischen Geschichte bekannte und zum Theil auch berühmt gewordene Persönlichkeiten hervorgingen. Das ältere Geschlecht soll von Rollo, einem Kammerherrn des Herzogs Robert von der Normandie, herstammen. Er nannte sich, wie man erzählt, von dem Schlosse Gray in der Picardie, welches er zum Lehen erhalten hatte, Herr von Gray, welchen Namen seine Nachkommen, die mit Wilhelm dem Eroberer nach England übersiedelten, in Gray oder Grey [1]) verwandelt haben sollen. Mehrere Zweige dieses

*) Vgl. Neuer Nekrolog der Deutschen. Jahrg. 1828. Th. II. [illegible]

1) Beide Worte haben gleiche Bedeutung (grau) [illegible]

Geschlechts starben schon frühzeitig aus. Roger de Gray zu Wilton erwarb sich im 14. Jahrh. unter Eduard II. in den schottischen Kriegen Ruhm und starb im J. 1354; sein Sohn Reginald diente in den Kriegen gegen Frankreich und führte von seiner Burg Ruthyn in Denbighshire den Titel Lord de Ruthyn; er ward bis an seinen Tod (1389) zu allen Parlamenten berufen. Er hinterließ zwei Söhne, John und Eduard. John, der ältere Sohn, setzte die Linie der Lords Gray von Wilton fort, welche mit Thomas Gray, der in eine Verschwörung gegen Jacob I. verwickelt gewesen sein soll (vergl. den Art. Lord Thomas Gray), im J. 1614 ausstarb. Eine Nebenlinie bildeten die Grafen von Kent; zu dieser gehörte Henry Gray, Graf von Kent, welcher im J. 1710 zu dieser Würde erhoben und von Georg I. zum Siegelbewahrer und geheimen Rathe ernannt wurde; er starb im J. 1740 ohne männliche Nachkommenschaft; seine Urenkelin, Amabel, die Witwe Lord Polwarth's, wurde im J. 1816 zur Gräfin de Gray erhoben und dieser Titel ging nach ihrem Tode (1833) an ihren Neffen Thomas Philip Robinson Lord Graham (s. den Art. Thomas Philip Robinson Graf Gray) über. — Eduard, ein jüngerer Sohn Reginald's Gray de Ruthyn, heirathete Elisabeth, die einzige Tochter des Lord Heinrich Ferrers de Groby, dessen Titel er annahm. Der Enkel desselben, John Gray Ferrers de Groby, fiel in der Schlacht von S. Albans (1461), worauf seine Witwe Elisabeth Woodville sich in zweiter Ehe mit König Eduard IV. vermählte (s. den Art. Elisabeth Gray). Thomas Gray, ältester Sohn Elisabeth's aus ihrer ersten Ehe mit John Gray, ward von seinem Stiefvater Eduard IV. im J. 1472 zum Grafen von Huntingdon und im J. 1475 zum Marquis von Dorset erhoben. Er entging während der kurzen Regierung des grausamen Richard III. den Nachstellungen desselben und flüchtete nach Frankreich, von wo er mit Heinrich VII. zurückkehrte und nach mancherlei Schicksalen im J. 1501 starb. Sein Sohn Thomas Marquis von Dorset wurde im J. 1512 mit Hilfstruppen nach Spanien geschickt und machte in Verbindung mit dem spanischen Heere einen Einfall in Guienne. Er stand bei dem Könige Heinrich VIII. in großem Ansehen und starb im J. 1530. Sein ältester Sohn Henry heirathete Francisca Brandon, Tochter des Herzogs von Suffolk, der Tochter der Herzogin von Suffolk, der Witwe Ludwig's XII. von Frankreich und einer Enkelin Heinrich's VII. von England, wodurch er mit dem königlichen Hause verwandt und nach dem Tode seines Schwiegervaters zum Herzog von Suffolk ernannt wurde. Diese Verwandtschaft brachte großes Unglück über ihn und seine Familie und er starb im J. 1554 auf dem Blutgerüste; dasselbe Schicksal hatte seine Tochter Johanna, die neuntägige Königin von England (s. den Art. Johanna Gray). John Gray, Henry's Bruder, pflanzte das Geschlecht fort; der Enkel desselben, Henry Gray und seit 1628 Graf von Stamford, befand sich im Kampfe mit Karl I. auf der Seite des Parlaments und starb im J. 1673. Sein Sohn Thomas gehörte ebenfalls zur Volkspartei und war einer der Richter Karl's I.; er starb noch vor seinem Vater. Sein Sohn Thomas nahm Theil an der Invasion des Grafen Monmouth, um den König Jacob II. vom Throne zu stürzen, ward aber begnadigt (vergl. den zweiten Art. Thomas Gray). Von John, seinem Sohne, stammt Georg Harry Gray, der jetzige Graf von Stamford und von Warrington, ab, welcher am 7. Jan. 1827 das Licht der Welt erblickte. — Die Familie Gray auf Chillingham und Howick, welche mit der vorhergehenden desselben Ursprungs sein soll, war schon im 13. Jahrh. in Northumberland ansässig und erhielt von den Königen Englands, womit sie als Bewohner der englischen Grenzprovinz in häufigem Verkehr standen, allmälig der geleisteten Dienste wegen viele Ländereien zum Geschenk. John Gray, welcher in der zweiten Hälfte des 14. Jahrh. lebte, bekam von Robert Bruce, den er in dem schottischen Unabhängigkeitskriege unterstützte, die Grafschaft Perth. Sein Sohn, Thomas Gray, heirathete eine Tochter John Mowbray's, Herzogs von Norfolk, und starb im J. 1402. John, sein ältester Sohn, wurde im J. 1418 von Heinrich V. zum Grafen von Tankerville in der Normandie erhoben, sein zweiter Sohn, Thomas, setzte die in England bleibende Linie seines Geschlechts fort und ist der Ahn der noch jetzt blühenden Familie. Von ihm stammt Sir Edward Gray auf Howick, welcher im J. 1632 starb. Sein Urenkel Henry erhielt im J. 1746 die Würde eines Baronets und dessen vierter Sohn Charles Gray war Oberbefehlshaber in Westindien und starb im J. 1807 (s. den Art. Charles Gray). Sein Sohn, sein Enkel und sein Neffe zeichneten sich im englischen Staatsdienste aus, und insbesondere gehört sein ältester Sohn Charles Gray zu den berühmtesten Staatsmännern der neuesten Zeit (s. den zweiten Art. Charles Gray). Ein Sir Charles Edward Gray, welcher demselben Geschlechte angehört, war im J. 1835 königlicher Commissar in Canada und Mitglied des Geheimraths und kam im J. 1838 als Vertreter der Stadt Tynemouth in das Unterhaus. Im September 1846 ging er als Gouverneur nach Jamaica. — Sir George Gray, ein bekannter und geachteter englischer Kriegsmann und Colonialgouverneur, am 4. April 1812 zu Lissabon geboren, war der Sohn eines Oberstlieutenants im britischen Heere, welcher bei dem Sturme von Badajoz fiel und wurde zwei Tage vor dem Tode desselben geboren. Er ward in Irland von Verwandten erzogen und wählte nach der Beendigung seiner Studien auf dem College von Sandhurst die Laufbahn seines Vaters. Er war sehr jung bereits zum Lieutenant vorgerückt, als er sich entschloß, eine wissenschaftliche Expedition nach Australien zu unternehmen und sowol bei der Regierung als auch bei der geographischen Gesellschaft zu London bereitwillige Unterstützung fand. Er veröffentlichte die Ergebnisse seiner mit vielen Schwierigkeiten verbundenen

---

Aussprache (grch); die historischen Artikel sind deshalb hier, um Verwirrung zu vermeiden, unter einer Schreibart zusammengestellt, die literarischen Artikel folgen der Schreibart des Namens, den der jedesmalige Inhaber desselben angenommen hat.

Forschungen im westlichen und nordwestlichen Theile der Insel in seinen Journals of two Expeditions of discovery in North-West and Western Australia during the years 1837, 1838 and 1839 (London 1841. 8. 2 Voll.), wozu noch das Vocabulary of the Dialect of S. W. Australia (London 1841. 18.) gehört. Er wurde noch, ehe dieses Werk beendigt war, zum Residenten in King-George's Sund ernannt und erregte durch eine Denkschrift über die beste Politik, die England für seine Besitzungen in Polynesien, Australien, Neu-Seeland und in Südafrika zu beobachten habe, die Aufmerksamkeit des Ministeriums, welches ihn zum Statthalter der Colonie Adelaide in Südaustralien mit sehr ausgedehnten Vollmachten ernannte. Während seiner Sendung nach Neu-Seeland (1845 — 1847), wo zwischen der Regierung und den Eingeborenen Streitigkeiten ausgebrochen waren, beruhigte er die Colonie vollkommen; er ward zur Belohnung seiner Verdienste zum Ritter des Bathordens erhoben und genoß nun einige Jahre wohlverdienter Ruhe, während welcher er die von ihm gesammelten reichen Materialien zu dem für die Ethnographie hochwichtigen Werke: Polynesian Mythology and Ancient Traditional History of the New Zealand Race (London 1855. 8.) ausarbeitete. Im J. 1854 ward er zum Gouverneur der Capcolonie ernannt und erwarb sich durch seine unermüdlichen Bemühungen, durch die Förderung der Civilisation einen gesicherten Zustand herzustellen, die Achtung und Liebe der Eingeborenen. Seine Abberufung nach dem Sturze des Ministeriums Derby erregte deswegen einen Sturm des Unwillens in Südafrika und das Ministerium Palmerston beeilte sich, ihn im October 1859 auf seinen Posten zurückzuschicken *). (*Ph. H. Külb.*)

GRAY (Andrew), ein sehr beliebter presbyterianischer Prediger in Schottland, im J. 1634 in der Grafschaft Renfrew geboren, widmete sich, nachdem er sich schon sehr früh die nöthigen Vorkenntnisse erworben hatte, zu Glasgow dem Studium der Theologie und trat bereits in seinem 19. Jahre in den geistlichen Stand. Seine Predigten fanden so ungewöhnlichen Beifall, daß er schon im J. 1654 als Prediger nach Glasgow berufen ward. Er zog sich aber durch den allzu großen Eifer, womit er den Pflichten seines Amtes oblag, die Auszehrung zu, an der er im J. 1656 in der Blüthe seiner Jugend starb. Seine Predigten wurden auf das Verlangen seiner Zuhörer nach seinem Tode gedruckt (Communion Sermons. Edinb. 1661. 8. London 1679. 8.), und der Beifall, der ihnen zu Theil wurde, währte so ungeschwächt fort, daß man noch nach dem Verlaufe eines Jahrhunderts eine Ausgabe seiner sämmtlichen Werke (Whole Works. Glasg. 1762. 8. Falkirk 1789. 8.) besorgen zu müssen glaubte **). (*Ph. H. Külb.*)

*) Männer der Zeit. (Leipzig 1862. 8.) Bd. 2. S. 185 fg.

**) Joh. Chr. Adelung, Fortsetzung und Ergänzungen zu Chr. G. Jöcher's Gelehrten-Lexikon. Bd. 2. S. 1584. Aust. Allibone, Dictionary of English Literature. Vol. I. p. 720.

GRAY oder **GREY** (Charles), englischer Generallieutenant, im J. 1729 geboren, widmete sich schon in früher Jugend dem Kriegsdienste, machte als Adjutant des Prinzen Ferdinand von Braunschweig den siebenjährigen Krieg mit, focht dann in dem amerikanischen Kriege und rückte allmälig von Stufe zu Stufe vor, bis er im J. 1793 mit dem Admirale Jervis nach Martinique geschickt wurde, um den Befehl über die gleichzeitig abgehenden 6000 Mann Landungstruppen zu übernehmen. Die Engländer, welche von den französischen Colonisten gegen die republikanische Herrschaft und den von dem revolutionairen Mutterlande ihnen zum Gouverneur gesetzten General Rochambeau zur Hilfe gerufen worden waren, langten gerade an, als das Edict der Sklavenfreilassung bekannt gemacht werden sollte und sicherlich einen Aufstand hervorgerufen haben würde. Die Nationalgarden verließen sogleich Rochambeau und die Engländer fanden überall gute Aufnahme. Rochambeau, welcher nur noch wenige Soldaten zur Verfügung und keine Schiffe, die bis auf das letzte nach Frankreich abgegangen waren, zur Unterstützung hatte, zog sich in die Stadt Fortroyal zurück und vertheidigte sich über einen ganzen Monat auf das Heldenmüthigste, bis er sich genöthigt sah, am 23. März 1794 auf freien Abzug zu capituliren. Gray wurde nach der Einnahme dieser Stadt zum Gouverneur von Guadeloupe ernannt, wo der nämliche Zwist zwischen den royalistischen Colonisten und der republikanischen, von der französischen Regierung unterstützten Partei obwaltete. Er war aber hier weniger glücklich, sodaß er sich bald in ein befestigtes Lager zurückziehen mußte, wo seine Truppen durch das gelbe Fieber großen Verlust erlitten. Nachdem er auf der Inselgruppe des Saintes noch einen Versuch gemacht hatte, die Colonisten zu unterstützen, aber sich gegen die Streitmacht, welche die Republik schickte, nicht zu halten vermochte, wurde er am Ende des Jahres 1794 nach Europa zurückgerufen und in Anklagezustand versetzt, indem man ihm vorwarf, die französischen Colonisten, die sich dem englischen Schutze anvertraut hatten, mißhandelt zu haben. Das Kriegsgericht, vor welches er auf sein eigenes Verlangen gestellt wurde, sprach ihn aber frei und das Parlament votirte ihm sogar einen Dank für seine Leistungen. Im J. 1801 wurde er zum Lord Gray von Howick und im J. 1806 zum Viscount und Graf Gray erhoben. Er starb am 14. Nov. 1807. Seine Söhne haben sich ebenfalls im Staatsdienste ausgezeichnet *).

(*Ph. H. Külb.*)

GRAY (Charles, Viscount Howick, Graf), berühmter englischer Staatsmann, ältester Sohn des vorhergehenden Charles Gray, geboren am 13. März 1764 auf dem Familiensitze Fallowden bei Alnwick in Northumberland, begann seine Studien in dem Etoncollege und machte, nachdem er sie im Kingscollege zu Cambridge vollendet hatte, zu seiner weiteren Ausbildung

*) Biographie nouvelle des Contemporains. Tom. VIII. p. 298. C. E. Meinicke, Geschichte der europäischen Colonien in Westindien S. 652.

die für die Söhne der englischen Aristokratie unerläßliche Reise nach dem Continent, wo er im Laufe von zwei Jahren Frankreich, Spanien und Italien durchwanderte. Auf dieser Reise machte er zu Rom die Bekanntschaft des Herzogs und der Herzogin von Cumberland, welche lebhaftes Interesse an dem geistig aufgeweckten jungen Manne nahmen, an ihr Haus fesselten und ihm Zutritt zu den fremden Höfen verschafften; durch die Gönnerschaft des Herzogs gelangte er auch schnell bei seinen Landsleuten zu großem Ansehen und fast unmittelbar nach der Heimkehr begann er seine politische Laufbahn und ward im J. 1787 von der Grafschaft Northumberland als Abgeordneter ins Parlament gewählt, in welchem er, obschon seine Familie der Torypartei angehörte, sich entschieden auf die Seite der Whigs neigte und sich besonders Fox, einem der Hauptführer derselben, anschloß. Seine erste Rede im Parlament im J. 1787 war ein lebhafter Angriff auf den Handelsvertrag, welchen der Minister Pitt mit Frankreich abzuschließen im Begriff stand, und erwarb ihm, obschon er mit seiner Ansicht nicht durchzudringen vermochte, die Achtung des Hauses in so hohem Grade, daß es ihn im J. 1788 in den Ausschuß zur Betreibung des Staatsprocesses gegen Warren Hastings, den gewesenen Generalgouverneur von Ostindien, wählte. Die Verbindungen der Whigs mit dem Prinzen von Wales (nachherigem Georg IV.) brachten den feurigen und geistreichen jungen Gray, welcher sich zugleich als einen der angenehmsten Gesellschafter bewährte, in nähere Berührung mit dem Prinzen; er ließ sich jedoch nicht in die verschwenderische und von sittlicher Seite nicht zu billigende Lebensweise desselben hineinziehen. Zwar war er eines der eifrigsten Parlamentsmitglieder, welche die Bezahlung der ungeheuren Schulden des Prinzen aus der Staatskasse durchsetzten; als er aber das Ansinnen desselben, zu seinen Gunsten eine zweideutige Handlung zu begehen, mit Entrüstung ablehnte, trat an die Stelle der früheren Freundschaft eine zurückhaltende Kälte und Gray mußte später oft seine Bestrebungen durch dieses Misbehagen des königlichen Herrn gehemmt sehen. Nichtsdestoweniger trat er, während der König unwohl war und häufig an Anfällen von Wahnsinn litt, bei den Verhandlungen über die Regentschaft, einer Lebensfrage der Whigpartei, für den Prinzen von Wales mit großer Energie in die Schranken, und er hätte wahrscheinlich, wenn das Parlament auf seine Anträge eingegangen wäre, die Stelle eines Ministers erhalten. Pitt aber, welcher im Einverständniß mit der Königin die Staatsgeschäfte besorgte, wußte die Erledigung der höchstwichtigen Angelegenheit auf kluge Weise zu verschieben, um Zeit zu gewinnen, und unterdessen genas der König. Die Whigs, welche sich dadurch gegen ihre Erwartung wieder für längere Zeit um allen Einfluß auf die Regierungsgeschäfte gebracht sahen, suchten sich enger an einander zu schließen, um die Opposition zu verstärken, aber die Partei ging bereits in Folge unerwarteter Ereignisse ihrer theilweisen Auflösung entgegen. Die ersten Bewegungen der französischen Revolution, ihre Erfolge und ihre Ausschreitungen hatten einen unberechenbaren Einfluß auf die innere und äußere Politik Großbritanniens und erregten hier auf der einen Seite übertriebene Hoffnungen, auf der andern Seite eine grenzenlose Angst. Die Furchtsamen unter den Whigs sahen, geführt von Burke, nur in den Maßregeln Pitt's, der als entschiedener Feind der Bewegung in Frankreich auftrat, Rettung und Schutz gegen die Anmaßungen eines aufgeregten Volks und gingen mit Sack und Pack in das Lager des Ministeriums über, während der bei weitem geringere Theil der Whigs, an dessen Spitze Fox und Gray standen, trotz der mit Erfolg auftretenden Reaction an ihren liberalen Gesinnungen festhielt, obgleich auch die öffentliche Meinung auf der Seite der Regierung stand. Diese Zeit des Kampfes, in welcher Gray für eine jeder kräftigen Unterstützung entbehrenden Sache mit unerschütterlichem Muthe eintrat, dauerte vom Jahre 1792 bis zum Jahre 1801 und ist unstreitig die glanzvollste Periode seines politischen Lebens. Als das Ministerium die Männer, welche von den Leiden und Rechten des Volkes sprachen, als Wühler und als Feinde der Würde und der Vorrechte der Krone zu schildern suchte, erwiderte Gray mit Unwillen, auch er sei bereit, den wahren Glanz des königlichen Hauses zu erhöhen, finde aber mehr Würde in dem Gefühle für die Leiden von Millionen, als in dem Flitter, der die Königswürde belaste, ohne ihr zur Zierde zu gereichen. Im J. 1792 stiftete er mit Lord Lauderdale, Erskine, Whitbread, Sheridan und mehreren andern hervorragenden Männern seiner Partei den Verein der Volksfreunde, welcher sich als Aufgabe setzte, die wahre Freiheit sowol gegen die Schwärmer, welche sich nach dem Vorbilde der französischen Clubisten verbanden, als auch gegen die heimlichen und gefährlichen Angriffe der Hofpartei, zu vertheidigen, hauptsächlich aber eine schon längst nöthige Reform des Parlaments zu bewirken. Deshalb hat er, wenn er sich auch keines unmittelbaren Einflusses auf die Staatsverwaltung rühmen kann, doch auf eine bemerkenswerthe Stelle in der parlamentarischen Geschichte Großbritanniens Anspruch zu machen, weil er zur Ausführung dieser Reform, welche 40 Jahre später stattfand, den ersten ernstlichen Anstoß gab. Schon am 30. April 1792 kündigte er im Namen der Volksfreunde dem Parlamente an, daß er im nächsten Jahre einen Antrag auf Verbesserung der Volksrepräsentation stellen würde. Wichtige Ereignisse, welche zwischen dieser und der nächsten Session anfingen die Welt zu bewegen, schienen die Verschiebung dieses Vorhabens rathsam, wenn nicht unbedingt nothwendig zu machen. Der Nationalconvent hatte die Monarchie gestürzt und die Republik verkündet und die durch diese Aenderung geängstigten Whigs suchten eine Verständigung mit Pitt anzubahnen, was ihnen auch gelang. Fox, durch die Auflösung seiner Partei beunruhigt, wagte nicht, sich in die Gesellschaft der Volksfreunde, welche man als Jacobiner verdächtigte und floh, aufnehmen zu lassen; auch der Prinz von Wales, welcher sich endlich auf allseitiges Verlangen zu einer legitimen Ehe entschlossen hatte und abermals von dem Parlamente die Bezahlung seiner Schuld erwartete, sagte sich förmlich von der Whigpartei los. Gray, welcher sich bei den Verhandlungen gegen die Bezahlung der Schulden aussprach und sich kräftiger, als die andern Redner äußerte, scheute sich nicht zu bemerken: dem Prinzen möge die Weigerung, seine Schulden zu tilgen, Entbehrungen auflegen, aber sie sei eine gerechte Vergeltung für die Vergangenheit, eine nützliche Lehre für die Zukunft und eine billige Rücksicht auf die von dem Volke erlittenen härteren Entbehrungen und schmerzlicheren Opfer. Es läßt sich leicht denken, daß ein Mann mit solchen Grundsätzen und von solcher Charakterfestigkeit wenig nach der öffentlichen Meinung fragte und nicht versäumte, seinen Vorsatz auszuführen und sein Wort zu lösen. Er brachte also im April 1793 die von ihm entworfene Bittschrift des Vereins der Volksfreunde ins Parlament, welche die Widersprüche in der durchaus nicht im Einklang mit der Größe der Bevölkerung und ihrer Gewerbthätigkeit stehenden englischen Volksvertretung darlegte und die wirksamsten Mittel zur Beseitigung derselben vorschlug; Gray, welcher in einer die Verhältnisse näher entwickelnden feurigen Rede die Bittschrift vertheidigte und behauptete, daß die Mehrheit des Hauses nur von 15,000 Wählern ernannt werde und die Höhe der Wahlkosten die Vertretung sehr beeinträchtige, stellte den Antrag, das Parlament möge zur Erörterung des Sachverhaltes einen Untersuchungsausschuß anordnen. Das Ministerium widersetzte sich aber aus allen Kräften diesen ihm unzeitig erscheinenden Vorschlägen und der Antrag wurde mit bedeutender Stimmenmehrheit verworfen. Gleiches Schicksal hatte der vier Jahre später eingebrachte Reformantrag, welcher schon bestimmter hervortrat und Vermehrung der Zahl der Abgeordneten für die Grafschaften, Ausdehnung des Wahlrechts, Ausschließung verfallener Flecken von demselben und Wiederherstellung des alten Herkommens der dreijährigen Parlamentsdauer verlangte. Als ein dritter Versuch, der im J. 1800 von Gray gemacht wurde, ebenfalls ohne Erfolg blieb, gab die Gesellschaft der Volksfreunde, nachdem sie einen Aufruf an die Nation erlassen und derselben diese Angelegenheit anheimgestellt hatte, vorerst ihre Bemühungen auf und die Reformfrage kam viele Jahre lang nicht mehr zur Verhandlung. Durch dieses ungünstige Ergebniß erkaltete aber keineswegs der Oppositionseifer Gray's und er bekämpfte fortwährend die damalige Politik Pitt's, welche die Niederhaltung des Volkes im Innern, die Intervention im Auslande zu Gunsten der Monarchie und die Deckung der dadurch verursachten ungeheuern Ausgaben durch Anleihen sich als Aufgabe gestellt hatte. Im J. 1794 verlangte er eine Auskunft über das Benehmen der Regierung, welche ohne Bewilligung des Parlaments den Eingang fremder Truppen in England gestattet hatte, und widersetzte sich mit großem Eifer der Aufhebung der Habeas-Corpus-Acte, obschon ohne Erfolg; ebenso vergeblich bekämpfte er die Bill, welche den Zweck hatte, die öffentlichen Versammlungen zu verbieten oder möglichst zu beschränken. Im J. 1796 beantragte er eine Untersuchung über die Führung der Staatsgeschäfte, indem er die Aufmerksamkeit auf die erstaunliche Höhe der Ausgaben, auf die großen von der Bank geleisteten Vorschüsse und die Verwendung des Geldes für andere als die von dem Parlamente bewilligten Posten lenkte; alle seine Anträge wurden zwar abgelehnt, da die Regierung auf das Parlament zu großen Einfluß hatte und mit ihrer Vertheidigung stets durchdrang, das Ministerium verlor aber jedenfalls sehr in der öffentlichen Meinung. Gray schwieg einige Zeit, bis Pitt die Vereinigung Irlands mit England in Vorschlag brachte; er erhob nun wieder kräftig seine Stimme und widersetzte sich derselben, nicht nur weil er fürchtete, daß der Zuwachs an Deputirten die ministerielle Partei verstärken würde, sondern weil er wünschte, daß der Vereinigung eine Wahlreform in Irland vorausgehe und eine Emancipation der Katholiken, welche er für das wirksamste Mittel zur Beruhigung des Landes hielt, damit verbunden werde. Da seine Ansicht keine Berücksichtigung fand, so suchte er für Irland die Vereinigung mit England so ersprießlich als möglich zu machen und brachte es allmälig durch seine Opposition dahin, daß durch die Macht der öffentlichen Meinung, welche sehnsüchtig nach Frieden verlangte, eine Spaltung unter den Conservativen sichtbar wurde und Pitt sich bewogen fand, im J. 1801 von der Leitung der Staatsangelegenheiten zurückzutreten. Sein Nachfolger war Addington (später Lord Sidmouth), gegen welchen sich nun Pitt mit den Whigs aller Abstufungen verband; als diese sich aber von ihm, nachdem er wieder Minister geworden war, verlassen sahen, wurden sie seine bitterst erbitterten Gegner, unter denen sich Lord Grenville, der bedeutendste seiner früheren Collegen, besonders hervorthat. Durch Pitt's Tod (1806) erhielt sein System den letzten Stoß und die verschiedenen Fractionen der Whigpartei vereinigten sich mit einigen Conservativen zu einem Coalitionsministerium („Ministerium der Talente" genannt) mit Grenville, unter welchem Fox, die Seele des schlecht construirten Körpers, die Siegel des auswärtigen Amtes führte und die Leitung des Parlaments übernahm, Gray aber die Stelle des ersten Lords der Admiralität versah. Als Fox bald darauf mit Tode abging, wurde Gray Secretair des Auswärtigen und erschien, als das Parlament im December 1806 zusammentrat, als Leiter der Whigs im Hause der Gemeinen. Das neue Ministerium, gehindert durch die Abneigung der Krone, vermochte sich nicht durch eingreifende populaire Maßregeln den Beifall und die Unterstützung des Volkes zu verschaffen. Sein Hauptaugenmerk hatte es auf den Frieden mit Frankreich gerichtet, dieser war aber durch die Folgen des preußischen Feldzugs unmöglich geworden; es legte ferner dem Parlament einen Vorschlag vor, nach welchem jeder Britte nach Leistung eines vom Parlament vorgeschriebenen Eides das Recht haben solle, in der Land- und Seemacht zu dienen, ohne den im orthodoxen Sinne der anglicanischen Kirche verfaßten Testeid zu schwören; ferner einen Vorschlag, der die vollständige Emancipation der Katholiken bezweckte. Diese Vorschläge, welche erst 20 Jahre später durchgehen sollten, fanden aber jetzt noch einen so heftigen Widerstand sowol im Parlament, als auch in der nächsten Umgebung des Königs, und der König selbst weigerte sich so entschieden, diese Anträge als Regierungsmaßregel in das Parlament bringen zu lassen, daß das Ministerium sich gezwungen sah, plötzlich abzutreten (März 1807), ohne daß sein Sturz irgendwie bedauert wurde, und doch muß sein Andenken in Ehren gehalten werden, wenn man ihm auch nichts Anderes nachrühmen könnte, als die Abschaffung des Negerhandels. Die Masse des Volks war damals noch so intolerant, daß die Wähler von Northumberland ihm wegen der von ihm beantragten Emancipation der Katholiken das Mandat für das nächste Parlament entzogen, was jedoch für ihn wenig Bedeutung hatte, da er nach dem Tode seines Vaters (14. Nov. 1807) als Erbe desselben und als Graf Gray in das Oberhaus trat, in welchem er mit seiner weniger glänzenden und hinreißenden, als kräftigen und überzeugenden Beredsamkeit sich als Führer der Opposition auszeichnete. Es ereignet sich selten, sagt ein Berichterstatter über seine politische Wirksamkeit, daß Staatsmänner in beiden Parlamentshäusern gleiches Glück machen, und dies rührt wahrscheinlich nicht von inhärenten Unterschieden in den für das eine oder andere Haus nöthigen Eigenschaften her, als vielmehr davon, daß die Mehrzahl derer, die sich im Unterhause auszeichnen, erst in einem spätern Lebensalter ins Oberhaus versetzt werden, wo ihr Ehrgeiz etwas verkühlt, und ihre Kraft auf die Gefühle und Meinungen ihrer Mitmenschen einzuwirken, schon beträchtlich geschwunden ist. Dies war aber nicht der Fall bei Lord Gray; er war bei seinem Eintritt in die Pairie erst 37 Jahre alt und fand sich ganz in der Lage, alle die Vortheile zu benutzen, die ihm Stellung und Erfahrung darbieten konnten. Eine seiner ersten Handlungen im Oberhause war, daß er gegen das Bombardement von Kopenhagen protestirte. Nach der Auflösung des an die Stelle des Ministeriums Grenville getretenen Cabinets, welche durch die unheilvolle Expedition nach Walchern im J. 1809, den Zweikampf zwischen Lord Castlereagh und Canning und deren Entlassung, sowie durch den Tod des Herzogs von Portland herbeigeführt worden war, ließ der König durch Perceval die Lords Gray und Gren einladen, nach London zu kommen, um an einem neuen Coalitionsministerium Theil zu nehmen. Gray wies den Antrag, den er nicht als ernstlich gemeint betrachtete, mit Unwillen zurück und das Cabinet Perceval bildete sich mit Ausschluß der Whigs, welche nun fortfuhren, das unfruchtbare Feld der Opposition zu behaupten, und auf diesem Schauplatze der Thätigkeit nicht selten Mangel an Voraussicht blicken ließen. So scheint es uns jetzt, wo die Leidenschaften der Nation zu sprechen aufgehört haben und die Folgen der Feldzüge Wellington's uns klar vor Augen liegen, kaum glaublich, daß ein Staatsmann, wie Lord Gray, den Werth dieser Thaten in Abrede stellen und sich den Danksagungen des Parlaments, welche dieses dem Sieger bei Talavera darbringen wollte, widersetzen konnte. Als im J. 1811 bei der fortdauernden unheilbaren Geisteszerrüttung des Königs der Prinz von Wales die Regentschaft übernahm, sprachen Gray und sein Freund Grenville, welche in der Hoffnung, wieder zum Besitze der Macht zu gelangen, sich um die Gunst des Prinzen bemühten, nachdrücklich gegen die Beschränkungen des Parlaments, welches dieses dem Regenten, zu welchem er übrigens in keinerlei Beziehung mehr stand, auflegen wollte. Sie sahen sich aber in ihren Hoffnungen getäuscht, als der Prinz im J. 1812 zum unbeschränkten Besitz der Regentschaftsgewalt gelangte und in einem ziemlich kalten Schreiben an den Herzog von York erklärte, daß er seine Zustimmung nicht versagen werde, wenn die Lords Grenville und Gray in das Toryministerium unter Perceval treten wollten; die genannten Lords, welche ein Whigministerium erwarteten, lehnten natürlich diese Zumuthung ab und die Tories schienen das Feld allein behaupten zu wollen; als aber die Ermordung Perceval's (11. Mai 1812) in den Hofkreisen großen Schrecken verbreitete, glaubte man sich den Whigs wieder nähern zu müssen, und Lord Wellesley und Graf Moira, der Günstling des Prinzen wurden beauftragt, mit Gray und Grenville zu unterhandeln. Die Verständigung war schon nahe, als das von Gray und Grenville gestellte, selbst nicht von allen ihren Parteigenossen gebilligte Verlangen, die Besetzung der ersten Hofämter dem Ministerium zu überlassen, weitere Unterhandlungen unmöglich machte. Gray hatte bereits früher im Oberhause gegen die geheime, aber weitgreifende und selbst die Leitung der öffentlichen Angelegenheiten berührende Macht der Marquise von Hertford, der Freundin des Regenten, kräftig gesprochen und beklagt, daß „ein niedriger Einfluß hinter dem Throne lauere" und im Widerspruche mit dem Geiste der Verfassung und den Interessen des Staates zu den verderblichsten und widrigsten Folgen führe. Da die gestellte Bedingung deutlich den Zweck, diesen Einfluß zu vernichten, verrieth, so war an eine Einwilligung des Regenten nicht zu denken; Gray konnte, so lange dieser lebte, nicht mehr hoffen, an die Spitze der Verwaltung zu gelangen, und er stand nun, sowol vom Hofe, als auch von dem ihm nicht mehr vertrauenden Volke verlassen, als Führer der Opposition in dem Oberhause einsam an seinem Platze, welchen er indessen tapfer behauptete. Im J. 1815, als Napoleon von der Insel Elba zurückgekommen war, verlangte er im Parlamente, daß England die strengste Neutralität beobachte und vertheidigte das Recht Frankreichs, die Verfassung des Landes selbst zu ordnen, wobei er auf die gehässige und verderbliche Willkür hinwies, unabhängige Staaten unter ein fremdes Joch zu beugen und freie Länder ihrer Gesetze und Rechte zu berauben. Ebenso heftig erklärte er sich im J. 1817 gegen die Maßregeln der Regierung, welche die Verlängerung der Fremdenbill und die Aufhebung der Habeas-Corpus-Acte bezweckten, sprach gegen die Transportation der Verfasser aufregender Flugschriften und verlangte eine Untersuchung der Handlungsweise der Regierung bei der blutigen Unterdrückung der Unruhen zu Manchester, überhaupt eiferte er gegen alle Verfolgungen, deren Grund weniger in einer Gefahr für die öffentliche Ruhe, als in der Furcht und Schwäche der Machthaber begründet ist. Die Zuneigung des Volkes fing wieder an ihm zu Theil zu werden, als er seine Beredsamkeit wirken ließ zur Erleichterung der Nation durch die Aufhaltung der überflüssigen Stellen und durch die Entfernung von Leuten, welche sich mit dem Schweiße der Unglücklichen mästen, für welche sie nicht die geringste Theilnahme zeigen. Noch mehr gewann er in der öffentlichen Meinung durch sein edles Benehmen in dem berüchtigten Processe gegen die Königin Caroline, Gemahlin Georg's IV., deren Unschuld er gleich dem geschicktesten Anwalte siegreich vertheidigte. Der Volksgeist begann sich überhaupt mehr und mehr den freisinnigen Ideen zuzuwenden und ein Ministerium, welches alten Vorurtheilen huldigte, bereitete sich einen schwierigen Stand. Der geniale Canning, der Nachfolger Lords Liverpool in der Leitung des Cabinets (1827), welcher früher von den Whigs zu den Tories übergegangen war, sah dies früh genug ein und schloß sich durch eine geschickte und aufrichtige Schwenkung zur großen Freude seiner Landsleute wieder den ersten an. Man erwartete mit Zuversicht, Gray werde diesem Ministerium seine Unterstützung angedeihen lassen, gekränkte Eitelkeit und persönliche Rücksichten scheinen aber den auf die Vorrechte seines Standes stolzen Aristokraten anders gestimmt und zu einer hartnäckigen Opposition bewogen zu haben, die seinem Vaterlande in keiner Weise Vortheil brachte. Die Vertheidigung der Freiheit kam nach seiner Ansicht nur den hohen Familien zu, keineswegs aber dem Proletariat, aus welchem Canning hervorgegangen war. Seine Empfindlichkeit artete zuweilen sogar in eine leidenschaftliche, und sowol seines früheren Auftretens, als auch seines persönlichen Charakters unwürdige Feindseligkeit aus, aber der daraus entsprungene Vorwurf, daß er zu den Tories übergetreten sei, ist ungerecht. Es läßt sich indessen leicht erklären, wenn man bedenkt, daß er auf das Eifrigste das Amendement des Herzogs von Wellington, welches die Abänderung des Getreidegesetzes (corn-bill) zur Folge hatte, unterstützte. Als ein Redner während der Verhandlungen bemerkte, daß die Verwerfung des Gesetzes einen Bruch zwischen der Aristokratie und dem Volke zur Folge haben würde, ließ er sich sogar zu der Aeußerung hinreißen: „Wenn die Abstimmung einen Kampf zwischen diesem Hause und einem großen Theile des Volkes veranlassen sollte, so ist mein Entschluß bereits gefaßt, ich werde mit dem Stande, zu welchem ich gehöre, stehen und fallen und bis zu meinem letzten Athemzuge die Vorrechte und die Unabhängigkeit dieser Kammer vertheidigen." Die Wirkung dieser etwas voreiligen Aeußerung ließ sich kaum durch die glänzende Beredsamkeit, womit er für die Emancipation der Katholiken eintrat, verwischen und die Wiedergewinnung seines früheren Ansehens möglich machen. Dies war sehr wichtig, da die Zeit allmälig herannahte, die es Gray möglich machte, die Aufgabe seines Lebens zu erfüllen. Eine Eigenthümlichkeit der politischen Sitten Englands, sagt ein französischer Journalist, ist, um diesen Ausdruck zu gebrauchen, der Lebensverband großer Männer mit einem einzigen Gedanken, und jeder verfolgt unwandelbar sein Ziel durch alle Wechselfälle und alle Hindernisse. Es bleibt eine große Idee, wie vergeblich, wie unausführbar sie auch Anfangs scheinen mag, niemals verlassen auf dem großen Felde der Politik; [illegible] begegnet sie einem Adoptivvater, der sie aufnimmt, unterhält, heranzieht und dann an dem von der Vorsehung bestimmten Tage sie reif und siegreich auf den Schauplatz der Welt führt. So wurde der Herzog von Wellington, der seinen herrischen Trotz zu rücksichtslos walten [illegible], durch die immer lauter werdende Stimme des Volkes genöthigt, obschon er in den Kammern die Stimmenmehrheit hatte, im November 1830 seine Entlassung zu geben, und Lord Gray erhielt den Auftrag, ein Ministerium zu bilden, von welchem man voraussagen konnte, daß es sich für Parlamentsreform, Verminderung der Staatslasten und Nichteinmischung in die Angelegenheiten anderer Staaten verpflichten werde und müsse. Gray entsprach unter den schwierigsten Umständen diesem Verlangen auf der breitesten Grundlage. Der gemäßigte Radicalismus und der freisinnige Torysmus waren bei der Zusammensetzung nicht ausgeschlossen und die Whigpartei war in allen ihren Abstufungen vertreten; nur bemerkte man nicht mit besonderem Wohlbehagen, daß Gray, seinen aristokratischen Gesinnungen getreu, die Lords auffallend bevorzugt und auf die plebejischen Berühmtheiten wenig Rücksicht genommen hatte. Das neue Ministerium war indessen entschieden liberal, und Gray, welcher als erster Lord des Schatzes an der Spitze desselben stand, löste in der Hauptsache sein Versprechen, alle Grundsätze, die er als Führer der Opposition aufgestellt, zur Geltung zu bringen, wenn die Macht in seinen Händen liege. Schon am 1. März 1831 brachte Lord John Russell im Namen des Cabinets die Reformbill vor die Kammer der Gemeinen; als der erste Antrag zurückgewiesen wurde, appellirte das Cabinet an das Land und dieses schuf ihm ein Unterhaus, worin die Reformpartei eine entschiedene Majorität besaß. Eine zweite Bill, fast gleichlautend mit der ersten, wurde am 12. Dec. 1831 eingebracht und angenommen, im Oberhause aber, welchem sie am 26. März 1832 vorgelegt wurde, traf sie auf hartnäckigen Widerspruch und am 7. Mai wurde ein Amendement des Lord Lyndhurst angenommen, welches einer Ablehnung gleich kam. Gray war überzeugt, daß dieser Widerstand nicht anders gebrochen werden könne, als durch die Ernennung neuer Peers, um sich auf diese Weise eine Majorität im Oberhause zu verschaffen. Der König Wilhelm zögerte jedoch, seine Einwilligung zu geben und Gray dankte am 9. Mai mit seinem Ministerium ab; unmittelbar darauf offenbarte sich in dem ganzen Lande und selbst in der Kammer eine bedrohliche Agitation und die Tories, welche wieder an das Ruder zu kommen gedachten, scheiterten in ihren Bemühungen vollständig. Der König gab nun seine Zustimmung, so viele neue Peers zu creiren, als zur Durchsetzung der Reformbill nöthig sein würden, und Gray übernahm schon am 17. Mai wieder das Ministerium. Da die Lords nun die Ueberzeugung gewonnen hatten, daß Gray Ernst machen würde, so ging die Bill am 14. Juni mit großer Stimmenmehrheit durch und erhielt schon drei Tage darauf die königliche Bestätigung. Gray hatte nun eine seiner drei großen Versprechungen erfüllt; was jedoch die verheißene Nichteinmischung in die politischen Verhältnisse der andern Staaten betrifft, so kann man in Wahrheit behaupten, daß England sich mit den innern Angelegenheiten Spaniens, Portugals, Polens, der Türkei, Hollands und der Schweiz, ja überhaupt fast jeden europäischen Staates nie mehr und eingehender befaßte, als unter der Verwaltung Lord Gray's; auch die Einschränkungen der Staatsausgaben, welche man von dieser Regierung erwartete, trafen nur die Gehalte der mit Arbeit überladenen Unterbeamten, ließen aber die großen Ausgabenposten unberührt und traten am allerwenigsten dem Patronate zu nahe, welches beinahe jedes Staatsdepartement mit den Söhnen, Brüdern, Neffen und Vettern Lord Gray's besetzte. Das erste Parlament nach der Reform trat im Januar 1833 zusammen und zu seinen Beschlüssen gehörten die Beseitigung der Sklaverei in den Colonien, die Aufhebung des Monopols der ostindischen Gesellschaft, die Reform der anglicanischen Kirche Irlands und die Reform des Armengesetzes, welche übrigens heftigen Tadel erregte. Mitten unter seinen Triumphen trug indessen das Whigcabinet den Keim seiner Auflösung in sich; die Schwierigkeit seiner Existenz lag in der von ihm eingeschlagenen Richtung selbst und in dem Drucke, den die immer ungestümer auftretenden Forderungen des Volkes auf dasselbe ausübten. Weder Gray noch seine Collegen waren gesonnen, die Reform bis zur Revolution fortzuführen, und einzelne Mitglieder fingen an, aus verschiedenen Ursachen zurückzutreten. Lord Durham, Gray's Schwiegersohn, nahm im März 1833 angeblich aus Gesundheitsrücksichten seinen Abschied; Lord Stanley (jetzt Graf Derby), Sir James Graham, der Graf Ripon und der Herzog von Richmond weigerten sich, an Maßregeln, die nach ihrer Meinung gegen die anglicanische Kirche gerichtet waren, Theil zu nehmen, und sagten sich los. Gray wartete nur auf einen schicklichen Vorwand, um die politische Laufbahn zu verlassen. Er fand ihn auch bald in der nicht zu vereinigenden Meinungsverschiedenheit des Cabinets in dessen Beziehungen zu Irland. Gray hielt es für nothwendig, die Aufregung in diesem Lande durch das Einschränkungsgesetz (coercion-bill) niederzuhalten, mehrere seiner Collegen, welche liberaleren Ansichten huldigten, wünschten weniger strenge Maßregeln und der unermüdliche Agitator O'Connel, welcher von der Zwistigkeit im Cabinet Kunde hatte, wählte diesen günstigen Augenblick, um gegen den Chef des Ministeriums seine grimmigen Ausfälle zu verdoppeln. Gray betrachtete zwar das Bestreben desselben mit aristokratischer Verachtung, da er aber an seinen Collegen keine ausreichende Stütze fand, um demselben nach seiner Ueberzeugung und nach seinem Willen zu begegnen, so trat er am 9. Juli 1834 von dem Ministerium zurück. Er besuchte noch einige Jahre lang das Oberhaus und gab sich sogar Mühe, noch manchmal bei wichtigern politischen Fragen eine Partei zu bilden und dem Ministerium Melbourne, welches dem seinigen folgte, seine Unterstützung zu gewähren. Gegen Ende des Jahres 1836 fühlte er aber, daß für ihn die Zeit der Abendruhe und der Selbstsammlung nach einem in Staatsgeschäften verbrachten Leben gekommen war, und in dieser behaglichen Ruhe erreichte er in dem Kreise einer ihn liebenden Familie und treuer Freunde, ohne daß eine merkliche Abnahme seine Geisteskräfte oder körperliche Leiden ihm die letzten Lebensjahre verbitterten, ein hohes Alter. Der nächste Anlaß seines Todes war ein Anfall von Gliederlähmung, welchem er am 18. Juli 1845 erlag. Lord Gray kann kein Genie im eigentlichen Sinne des Wortes genannt werden, denn er stand nicht auf der geistigen Höhe eines Pitt, Fox, Burke oder Sheridan, aber er besaß die seltene Vereinigung von Redlichkeit, Geradsinn, Beständigkeit, Selbstachtung und allen den moralischen Eigenschaften, die den Charakter machen. Wie mächtig auch seine Geisteskraft war, die charakteristischen Züge seiner Seele waren doch nicht sowol intellectueller als moralischer Art. Unbeugsam, gerecht und gerade, erzwang er die Achtung selbst da, wo seine Ansichten am verhaßtesten waren. Mit einer Festigkeit, welche Versuchungen und Gefahren aller Art nicht erschüttern konnten, verband er eine warme, wiewol besonnene Anhänglichkeit an die Grundsätze der Volksfreiheit und jenes hohe persönliche Ehrgefühl, welches an das ritterliche Ideal des Mittelalters reichte. Die Fahne, die er wählte, trug er mit unerschütterlicher Hand bis zur letzten Stunde dieses Lebens; als Whig hat er gelebt, als Whig ist er gestorben. Seine Vaterlandsliebe schien übrigens nicht unverträglich mit der Liebe zu seinem Stande, denn sein Geschmack, seine Art zu empfinden und sich persönlich zu benehmen, war aristokratisch. Welcher Art aber auch sein Stolz war, er zeigte ihn lieber gegenüber den Fürsten als dem Volke. Er war kein Demagog, aber noch weniger war er ein Höfling; er sagte es dem Volke, wenn er glaubte, daß es im Unrecht sei und er war ebenso gerecht, freimüthig und furchtlos gegen seinen Souverain. Seine Aufrichtigkeit war sein ganzes Leben hindurch ebenso in die Augen fallend, wie seine Beständigkeit, und dieser opferte er ohne Schmerz die theuersten Zwecke seines Ehrgeizes. Bedenkt man nun, daß sein Geist einer der reich ausgestatteten und der gebildetsten war, die sich in neuerer Zeit den öffentlichen Geschäften zugewandet, daß seine Intelligenz so umfassend und durchdringend, sein Urtheil gerade so gesund war, wie sein sittliches Gefühl rasch und lebhaft, und daß er dabei eine Beredsamkeit besaß, die unübertroffen ist in der Verbindung eines reinen Geschmacks mit Ueberzeugungskraft, so können wir leicht begreifen, warum er als Haupt des Reformcabinets von dem englischen Volke mit solcher Ehrfurcht betrachtet wurde. Lord Gray war ein Mann von eleganten Aeußern, seine gewöhnliche Kleidung, knapp anliegend und geschniegelt, streifte fast an das Stutzerhafte. Wenn er still saß, lag etwas Kränkelndes und Herrisches in seinem Wesen; wenn sich seine hohe Gestalt zum Sprechen erhob, schien während der ersten Sätze der Gegenstand für seine körperliche Kraft zu groß und für sein geistiges Vermögen zu klein. Allmälig aber schwand dieser Ausdruck und noch nicht lange hatte er gesprochen, so zeigte sich seine Kraft der Aufgabe mehr als gewachsen und seine Seele schien, statt sich zu dem Gegenstande herabzulassen, denselben zu sich emporzuheben. Die einzelnen Theile seiner Beweise konnten nicht mit schärferem Urtheile gewählt, mit mehr Geschicklichkeit und Stärke logischer Verkettung an einander gereiht sein. Seine Stimme, Anfangs wie die eines Menschen, dem der Athem ausgehen oder der vor Schwäche eben umsinken will, gewann allmälig eine eigenthümlich männliche und emphatische Schwingung, die durch einen leisen Anhauch von Kehllaut keineswegs vermindert wurde. Seine Sprache, wiewol einfach und nie nach prunkender Verzierung haschend, war dennoch ein vollkommenes Muster von Eleganz, während in seiner Miene und in seinen Bewegungen anständige Würde und gegliederte Hoheit lag. So kalt, steife und stolz seine Haltung im öffentlichen Leben war, einen so sanften, sich selbst verleugnenden Geist zeigte der Lord in seiner Familie; Frau von Staël erzählt, sie sei nie mit so hohen Erwartungen in eine englische Familie gekommen und habe in keiner ihre höchste Erwartung so vollkommen befriedigt gefunden. Grey hatte sich am 18. Nov. 1794 mit Mary Elizabeth, der einzigen Tochter W. B. Ponsonby's, vermählt und aus dieser Ehe entsprangen 16 Kinder (zehn Söhne und sechs Töchter), von denen zwei sich dem geistlichen Stande widmeten, vier in der Armee und auf der Flotte dienten und zwei keinen besondern Beruf wählten [1]. — Zu den letztern gehört sein ältester Sohn Henry Georg, Viscount Howick, welcher gleich seinem Vater, dessen Titel er erbte, eine hervorragende Rolle spielte; er ist am 18. Dec. 1802 in Howick House in Northumberland geboren, erhielt seine gelehrte Bildung im Trinity-College zu Cambridge, kam nach Beendigung seiner Studien in das Unterhaus, in welchem er zuerst Winchelsea (1829), dann (1830) Higham Ferrers und darauf (1831—1841) den nördlichen Theil von Northumberland vertrat. Als durch das Ministerium seines Vaters die Whigs wieder an das Ruder gelangten, übernahm er die Stelle eines Unterstaatssecretairs für die Colonien, legte jedoch dieselbe im J. 1833 nieder, weil er dem Plane Stanley's (des spätern Lord Derby), die Emancipation der Sklaven zu bewirken, seine Zustimmung nicht geben zu können glaubte. Dafür übernahm er auf einige Monate das Unterstaatssecretariat im Ministerium des Innern. Unter dem Ministerium Melbourne erhielt er im J. 1835 die Stelle eines Kriegssecretairs mit einem Sitze im Cabinet, aus welchem er jedoch im J. 1839 wegen Meinungsverschiedenheit wieder austrat. Bei den allgemeinen Wahlen im J. 1841 fiel er bei den Wählern von Northumberland, welches er zehn Jahre vertreten hatte, durch, kam aber für die Stadt Sunderland in das Unterhaus, wo er sich der Opposition gegen das Ministerium Peel anschloß und (1842) mit der Minorität für die Abschaffung der Kornzölle stimmte. Unterdessen erwarb er sich bei seiner Partei das Lob eines der scharfsinnigsten und charakterfestesten Staatsmänner der Gegenwart. Nach dem Tode seines Vaters (1845) wurde er als Graf Grey Mitglied des Oberhauses und übernahm ein Jahr später (1846) in dem von John Russell gebildeten Whigcabinet das Amt eines Staatssecretairs der Colonien, in welcher Stellung er aber den von ihm gehegten großen Hoffnungen in keiner Weise entsprach. Die eigensinnige Herrschsucht, womit er in der Verwaltung der Colonien Alles in seinem Ministerium zu centralisiren und den Geschäftsgang nach seiner Laune zu ordnen suchte, steigerte die Unzufriedenheit in manchen Theilen der englischen Besitzungen fast bis zum Aufruhr, wodurch er im Parlament heftige Angriffe auf die Colonialverwaltung hervorrief. Sein hochmüthiges Benehmen gegen die Colonisten am Cap der guten Hoffnung und die unglückliche Wendung, welche der Kaffernkrieg nahm, erregten den Unwillen des Volkes gegen ihn in hohem Grade und man schrieb ihm nebst Lord Palmerston die Hauptschuld an dem Sturze des Ministeriums Russell (Februar 1852) zu. Er vertheidigte sich zwar noch in demselben Jahre durch eine weitläufige Rechtfertigungsschrift über seine Verwaltung (Colonial policy of Lord J. Russell's administration. Lond. 1852. 4. 2 ed. 1853. 2 Voll.), aber ohne besondern Glück. Als das von dem Grafen Aberdeen gebildete Coalitionsministerium, in welchem er keine Stelle gefunden hatte, durch die Aufdeckung der bei Gelegenheit der Krimexpedition nicht zu verbergenden Mängel in der Armeeverwaltung im J. 1855 zu Grunde ging, bezeichnete die öffentliche Meinung Lord Grey als Kriegsminister und Lord Palmerston bot ihm wirklich das Portefeuille des Krieges an, Grey aber, welcher den Krieg gegen Rußland weder für gerecht, noch für nothwendig hielt, lehnte das Anerbieten ab und rechtfertigte (25. Mai 1855) seine Weigerung im Oberhause durch eine lange Rede, welche ihn in eine vereinsamte Stellung zwischen den Parteien brachte. Er vertheidigte seine Ansicht auch in einer politischen Druckschrift (On Parliamentary Government. London 1858. 8. 2 Voll.) und hat seitdem, obschon seinen Grundsätzen nach ein alter Whig, als rüstiges Mitglied der Opposition fortwährend die Maßregeln des liberalen Ministeriums einer scharfen Kritik unterworfen. Wenn auch der Sohn in seinem bisherigen politischen Leben noch nicht die Entschiedenheit und den [illegible] Willen seines Vaters bewies, so hat er doch einen scharfen, vielleicht überscharfen Verstand, eine bei den Engländern ungewöhnliche philosophische Auffassung seiner staatsmännischen Aufgaben, Kraft und Klarheit des Ausdrucks als Parlamentsredner und in seinen Depeschen, unermüdlichen Fleiß und muthvolle Hingebung für die öffentlichen Interessen. Aber mit diesen ausgezeichneten Gaben ist ein Eigensinn, eine Rechthaberei und eine aristokratische Anmaßung verbunden, die ihn zu einem widerspenstigen und unangenehmen Collegen und einem bis zum Uebermaß kaustischen [illegible] macht [2]. — Henry Georg Grey, Bruder Henry Georg's und

---

1) Vergl. Biographie nouvelle des Contemporains. Vol. 8. p. [illegible] seq. Conversations-Lexikon der neuesten Zeit und Literatur. Bd. 2. S. 217 fg. Allgemeine Zeitung. 1845. Beil. 211—[illegible]. Biographie générale. Vol. 22. p. 1 seq. Dictionnaire de la conversation et de la lecture. Vol. [illegible] p. [illegible] seq.

2) Biographie générale. Vol. 22. p. 18. Männer der Zeit. (Leipzig 1862. 8.) Bd. 2. S. 161 fg.

Neffe Charles Grey's, Sohn Sir Georg Grey's, des Regierungsbevollmächtigten für die Marine in Portsmouth, am 11. Mai 1799 zu Gibraltar, wo damals sein Vater Marinecommissar war, geboren, widmete sich im Oriel-college zu Oxford der Rechtswissenschaft und trat im J. 1826 in die Reihe der Advocaten in London. Im J. 1832 wurde er durch den Einfluß seiner Verwandten Vertreter für Devonport im Unterhause und als sein Oheim Charles Gray an der Spitze des Ministeriums stand, gab er ihm 1834 die Stelle eines Untersecretairs für die Colonien, welche er auch wieder in dem von Lord Melbourne gebildeten Whigministerium bis zum Jahre 1839 bekleidete. Um diese Zeit wurde er Generalauditeur (Judge-Advocate), welches Amt er im J. 1841 mit dem eines Kanzlers des Herzogthums Lancaster vertauschte. Während des Toryministeriums unter Robert Peel hielt er fest zu den Whigs, welche die Opposition bildeten; als diese aber wieder mit John Russell an das Ruder kamen, versah er (1846—1852) die Stelle eines Staatssecretairs des Innern und erwarb sich durch seine feste, aber unparteiische Handlungsweise während des unruhigen Jahres 1848 allgemeine Anerkennung. Bei den Verhandlungen jedoch, welche im Parlament über die Noth der ackerbauenden Bevölkerung stattfanden, zog er sich den Unwillen der Pächter in Northumberland, die er bis jetzt im Unterhause vertreten hatte, in solchem Maße zu, daß sie ihm bei den Neuwahlen (1852) ihre Stimmen nicht mehr gaben; er wurde indessen als Vertreter des Marktfleckens Morpeth gewählt und übernahm im J. 1854 in dem Ministerium Aberdeen das Portefeuille der Colonien. In dem ersten Ministerium Palmerston's war er wieder Staatssecretair des Innern, mußte sich aber seiner geschwächten Gesundheit wegen auf einige Zeit als Kanzler des Herzogthums Lancaster zurückziehen. Er trat mit Palmerston von den Staatsgeschäften zurück und lehnte den Antrag, in das Ministerium Derby zu treten, ab. Dagegen nahm er die Stelle eines Gouverneurs des Caplandes an, die er bis zum Jahre 1860 bekleidete, in welchem er zum Gouverneur von Madras ernannt wurde. Obschon Georg Gray gerade kein hervorragendes Talent besitzt, so gilt er seiner Kenntnisse und seines persönlichen Charakters wegen als einer der brauchbarsten Verwaltungsmänner Englands; als Redner im Unterhause wird er gern gehört, wenn er auch gerade nicht als einer der besten Sprecher gerühmt werden kann [3].

(*Ph. H. Külb.*)

GRAY (Elisabeth), Gemahlin Eduard's IV., war die Tochter Jacquettes von Luxemburg, verwittweten Herzogin von Bedford, und ihres zweiten Gemahls Sir Richard Woodville (oder Wydeville), eines begüterten Privatmannes und um das Jahr 1438 auf dem Landsitze zu Grafton in Northamptonshire geboren, wurde um das Jahr 1460 mit Sir John Gray von Groby, einem Anhänger der Lancasterpartei, verheirathet. Nach dem Tode ihres Gemahls, welcher in der zweiten Schlacht bei St. Albans (17. Febr. 1461) fiel, kehrte sie in das väterliche Haus zurück. Hier traf sie zufällig Eduard im J. 1464 auf der Jagd in dem Forste von Grafton bei Stony Stratford und die seltene Liebenswürdigkeit [1]) der jungen Frau entzündete sein leicht erregtes Gefühl. Er stattete ihrer Mutter einen Besuch ab und diese Gelegenheit benutzte Lady Gray, um sich dem Könige zu Füßen zu werfen und ihn um Zurückgabe der confiscirten Güter ihres gefallenen Gemahls zu bitten. Ihre Bitte wurde gewährt und Eduard erschöpfte alle Mittel der Verführung, um sie zu seinem Willen zu bringen. Elisabeth's Tugend oder Klugheit widerstand aber allen seinen Künsten und verwarf entschieden den Gedanken einer andern als rechtmäßigen Verbindung. Obschon es für einen König, unter dessen Füßen noch der Thron schwankte, ein gefährlicher Schritt war, eine Frau, die so tief unter ihm stand, ohne Befragung seines Rathes zu heirathen, so verschmähte doch seine Leidenschaft, welche durch die Weigerung der klugen Lady noch mehr angefacht wurde, die kalten Berechnungen der Vernunft, und er versprach ihr die Ehe, jedoch unter der Bedingung, daß sie vorerst geheim gehalten würde [2]). Gegen Ende des April 1464, als die Lancasterpartei ihre Streitkräfte in Northumberland sammelte, ging er unter dem Vorwande der Kriegsrüstung nach Stony Stratford und von da am Morgen des ersten Mai heimlich nach Grafton, wo die Trauung durch einen Priester in Gegenwart seines Sacristans, der Herzogin von Bedford und zweier Dienerinnen vollzogen wurde. Eduard kehrte nach einigen Stunden nach Stony Stratford zurück und verschloß sich in seinem Gemach, unter dem Vorwande, er sei müde von der Jagd. Zwei Tage später ging er öffentlich nach Grafton, brachte aber, um keinen Verdacht zu erregen, die meiste Zeit mit Jagen zu und kam mit Elisabeth nur heimlich und nicht eher zusammen, als bis die Herzogin überzeugt war, daß die Familie sich zur Ruhe begeben hatte. Nach einem Aufenthalte von vier Tagen brach er wieder auf, um sich an die Spitze seines Heeres zu stellen, aber die Siege desselben hatten bereits dem Kriege ein Ende gemacht und es lag ihm jetzt Nichts mehr am Herzen, als seine Räthe mit seiner heimlichen Verheirathung bekannt zu machen und ihre Billigung zu bewirken. Auf der Versammlung der Peers zu Reading (29. Sept. 1464) nahmen der Herzog Georg von Clarence, des Königs ältester Bruder, und der Graf von Warwick, wegen seines Einflusses der Königmacher genannt, obgleich sie im Innern die Heirath mißbilligten, mit scheinbarer Freundlichkeit Elisabeth bei der Hand und stellten sie den Lords vor, von denen sie in Eduard's Gegenwart als Königin anerkannt und begrüßt wurde. Auf einer spätern Versammlung zu Westminster im December desselben Jahres bewilligte man ihr ein jährliches Einkommen von 4000 Mark. Am 23. März 1465 wurde sie feierlich zu Shooter's-hill eingeholt und nach dem Tower geleitet. Einige

3) Männer der Zeit. Bd. 2. S. 601.

1) Ihre Schönheit, sagen Andere, hätten seine Augen geblendet, sie soll aber von Angesicht keineswegs schön gewesen sein. 2) Eduard offenbarte das Geheimniß nur seiner Mutter, der Herzogin Cäcilie von York, welche ihn jedoch durch ihre Vorstellungen und Warnungen von seinem Vorsatze nicht abzubringen vermochte.

Tage später ließ sie sich, um die Neugier des Volkes zu befriedigen, in einer Sänfte durch die belebtesten Gassen der Hauptstadt tragen und am nächsten Sonntag fand ihre Krönung statt, bei welcher Gelegenheit eine ganze Woche mit Gelagen, Turnieren und öffentlichen Lustbarkeiten zugebracht wurde. Es fehlte jedoch nicht an Leuten, besonders aus den angesehensten Familien, welche heimlich murrten und ihren Aerger über die Erhebung der Tochter eines einfachen Ritters auf den Thron nicht bergen konnten, und sie verbreiteten sogar unter dem Volke die Sage, die Unerfahrenheit des Königs sei durch die List der Herzogin und ihrer Tochter getäuscht worden und man habe ihm seine Einwilligung durch Zauberei und Liebestränke entrissen. Die Königin scheint auch ihren Gemahl fortwährend durch ihre Liebenswürdigkeit gefesselt zu haben, benutzte aber diese Gewalt allzu sehr zur ungebührlichen Bevorzugung und Erhöhung ihrer Familie. Ihre fünf Schwestern wurden an hochstehende und reiche Edelleute, ihr jüngerer Bruder Johann mit der reichen Witwe des Herzogs von Norfolk und Thomas, ihr Sohn erster Ehe, mit Anna, der Nichte des Königs und Erbtochter des Herzogs von Exeter, verheirathet. Die plötzliche Erhöhung der Anverwandten der Königin erregte die Eifersucht Warwick's und der Königmacher fühlte sich in seinem gekränkten Stolze versucht, den Beweis zu führen, daß er Könige nicht nur einzusetzen, sondern auch abzusetzen wisse. Das erste offenbare Zeichen seiner Sinnesänderung gab Warwick dadurch, daß er (11. Juli 1469) seine Tochter Isabelle mit dem Herzoge von Clarence, dem Bruder des Königs, ohne die Erlaubniß und wahrscheinlich ohne Vorwissen desselben verheirathete und die Hochzeit mit großem Pomp zu Calais feierte, wohin er sich mit Clarence begeben hatte. Zu gleicher Zeit brach ein Aufstand in Yorkshire aus, wo Warwick den größten Einfluß besaß; es gelang den Rebellen, in der Schlacht bei Edgecote (26. Juli 1469) die Königlichen zu überwältigen und den Grafen Rivers und Johann Woodville (den Vater und Bruder der Königin) zu ergreifen, welche beide, wie man sagt, auf Clarence's und Warwick's Befehl hingerichtet wurden. Die Verschworenen kehrten von Calais zurück, näherten sich dem über den Verlust der Schlacht und die Ermordung der Woodvilles betrübten Edward mit scheinbarer Theilnahme, betrachteten ihn aber in der That als ihren Gefangenen. Der König wußte sich jedoch mit Hülfe seiner Freunde los zu machen und erlangte durch seinen Sieg über die Rebellen wieder die Oberhand. Es fanden mehrere scheinbar gelungene Versuche einer Aussöhnung statt, welche übrigens damit endigten, daß Clarence und Warwick von dem König als Rebellen erklärt wurden. Diese flüchteten nach Frankreich und Warwick, dessen Tochter Anna den Prinzen Edward, Sohn des im Tower gefangen gehaltenen Heinrich VI., heirathete, ging nach England zurück und brachte ein bedeutendes Heer zusammen, bei dessen Annäherung sich Edward in Eile einschiffte und nach Holland entwich (3. Oct. 1470). Die Königin Elisabeth war mit ihrer Familie im Tower geblieben; als sie aber merkte, daß die Stimmung des Volkes sich für die Gegner ihres Gemahls erklärte, flüchtete sie sich mit ihrer Mutter und drei Töchtern in die Kirche zu Westminster, wo ihr die Vorrechte der Geistlichkeit Schutz boten und wo sie bald darauf einen Sohn gebar. Heinrich VI. wurde unterdessen wieder auf den Thron gesetzt, obgleich Warwick alle Macht in Händen hatte und die Regierung führte. Edward, welcher so schnell und unerwartet um seine Krone gekommen war, blieb unterdessen nicht unthätig, landete mit einem Haufen flamländischer und holländischer Söldlinge an der Mündung des Humber (14. März 1471), gewann die Schlacht bei Barnet, in welcher Warwick fiel, schlug ein von Margarethe, der Gemahlin Heinrich's VI., geworbenes französisches Hilfscorps bei Tewkesbury und nahm wieder von seinem Throne Besitz, den er für die Folge dadurch zu sichern suchte, daß er alsbald Heinrich VI., den Prinzen Edward und die bedeutendsten Anhänger seiner Partei aus dem Wege zu räumen befahl. Auch Clarence mußte, obschon er wieder auf des Königs Seite getreten war, seine Zweideutigkeit mit dem Tode büßen und soll im Tower in einem Fasse Malvasier ersäuft worden sein. Edward brachte die übrigen Jahre seines Lebens mit der Schlichtung der Streitigkeiten mit Frankreich und Schottland und mit der Befriedigung seiner Leidenschaften zu und starb am 9. April 1483. Sein ältester, aber noch minderjähriger Sohn wurde unter dem Namen Edward V. von dem Rathe als Nachfolger seines Vaters proclamirt und Richard von Glocester, ein Bruder des verstorbenen Königs, welcher als Befehlshaber des Heeres gegen Schottland an der Grenze stand, ließ die Edelleute der Grafschaft Edward V. Treue schwören, bezeigte Elisabeth sein Beileid über den Tod ihres Gemahls und bot den Lords von der Familie der Königin seine Freundschaft an. Im Geheimen hegte er jedoch, nachdem er zum Protector ernannt worden war, den Plan, sich selbst des Thrones zu bemächtigen, und begann die Ausführung seines Vorhabens damit, daß er die nächsten Anverwandten der Königin der Treulosigkeit und des Verraths beschuldigte und hinrichten ließ. Die Königin-Mutter flüchtete, als sie von diesen Vorgängen Nachricht erhielt und den Untergang ihrer Familie vorherzusehen anfing, in der größten Verwirrung eilends mit ihrem zweiten Sohne Richard und ihren fünf Töchtern in die Kirche zu Westminster, wo sie schon einmal eine Zufluchtsstätte gefunden hatte. Ihr Sohn Edward V. befand sich im Tower, scheinbar als König, in der Wirklichkeit aber als Glocester's Gefangener. Dieser suchte darauf Richard, den jüngern Sohn Edward's, in seine Hände zu bekommen und begab sich, fest entschlossen, im Nothfalle Gewalt zu brauchen, nach Westminster, wo er von der Königin durch eine Deputation um den Prinzen bat, um ihn als Gesellschafter seines Bruders nach dem Tower zu bringen. Elisabeth, von der Nutzlosigkeit eines jeden Widerstandsversuches überzeugt, gab sich den Anschein, als willige sie gern in dieses Begehren, umarmte den Knaben zum letzten Mal mit Heftigkeit und brach, sich umwendend, in Thränen aus. Die beiden Söhne fühlten sich glücklich, wieder beisammen zu sein und ahnten nicht die Tücke und Grausamkeit ihres unnatürlichen

Oheims, welcher durch erkaufte Redner Elisabeth nur als Beischläferin Eduard's und dessen Söhne als uneheliche Kinder und als erbunfähige Bastarde erklären ließ. Er glaubte endlich die Maske gänzlich fallen und sich durch ein gleißnerisches Possenspiel zum Könige ausrufen lassen zu dürfen. Nach seiner Krönung (6. Juni 1483) ergriffen freilich die Anhänger Elisabeth's und ihrer Söhne die Waffen, aber Richard III. schreckte durch schnelle Ermordung der Söhne Eduard's seine Feinde und erstickte den Aufstand. Ueber die Art und Weise, wie Eduard V. und sein Bruder Richard starben, herrscht tiefes Dunkel; doch wird es durch die spätern Aussagen der Mitschuldigen wahrscheinlich, daß die beiden Prinzen auf Befehl Richard's III. des Nachts in ihrem Schlafgemache im Tower von zwei gedungenen Mördern erdrosselt wurden. Weit größere Gefahr drohte ihm von einer andern Seite; der Graf von Richmond, ein Sohn Katharina's, der Witwe Heinrich's V., von ihrem zweiten Gemahl Owen Tudor, welcher als Verbannter in der Bretagne wohnte, wurde durch die Ermordung der Söhne Eduard's V. veranlaßt, auf die englische Krone Anspruch zu machen, und seine Ansprüche wurden von den Feinden des Usurpators und des Königs Witwe Elisabeth unter der Bedingung anerkannt, daß er Elisabeth, die älteste Tochter Eduard's, zur Gemahlin nehme; er versprach dieses durch einen feierlichen Eid und rüstete sich zur Ausführung seines Vorhabens. Richard, welchem die Pläne seiner Gegner nicht verborgen blieben, dachte nun auf Mittel, dieselben zu hintertreiben; vor Allem suchte er die verwitwete Königin bald durch die schmeichelhaftesten Anerbietungen, bald durch die schrecklichsten Drohungen aus ihrer Freistätte zu Westminster zu locken. Eduard's Witwe, deren Ehrgeiz nur darauf bedacht war, ihre Nachkommenschaft wieder auf den Thron zu bringen, gab endlich dem rastlosen Drängen nach und es kam (am 1. März 1484) ein geheimer Vertrag zu Stande, in Folge dessen Richard in Gegenwart mehrerer Lords und Prälaten schwor, daß er Eduard's Witwe und ihre Töchter als Verwandte behandeln und ihnen ein lebenslängliches Jahrgeld aussetzen wolle. Es wurde ferner verabredet, daß Eduard, der Sohn Richard's, die junge Elisabeth, welche man für den Grafen von Richmond bestimmt hatte, heirathen solle. Die treulose Mutter brach nun die Verbindung mit letzterem ab, begab sich an den Hof des Mörders ihrer Söhne, wo sie mit ihrer Familie freundlich aufgenommen und mit Auszeichnungen überhäuft wurde. Allein der schlau angelegte Plan wurde durch den plötzlichen Tod Eduard's vereitelt. Was Richard seitdem mit Elisabeth beabsichtigte, ist unbekannt; sie blieb bei der Person der Königin und befand sich also in anständiger Gefangenschaft. Nach einer andern, aber wenig wahrscheinlichen Erzählung soll Richard später selbst der jungen Elisabeth, der man überdies ein anstößiges Verlangen nach einer Heirath mit dem Mörder ihrer Brüder zuschreibt, die Ehe versprochen und seine junge Gemahlin, Anna Neville, aus dem Wege zu räumen gedacht haben. Dieser Heirathsplan erregte aber, wie man behauptet, beim Volke so großen Unwillen, daß Richard genöthigt war, dieser Sage zu widersprechen. Unterdessen war der Graf von Richmond in Wales gelandet und rückte mit seinem kleinen Häuflein gegen das überlegene Heer Richard's vor. Es kam am 22. Aug. 1485 bei Bosworth zur Schlacht, in welcher aber nur wenig Blut floß, da Richard schon bei dem Beginn derselben fiel. Der Graf von Richmond wurde auf dem Schlachtfelde als Heinrich VII. zum König ausgerufen und in der Hauptstadt von den Anhängern der verschiedenen Parteien mit großem Jubel empfangen. Alle hofften, er werde durch seine früher versprochene Verehelichung mit der Prinzessin Elisabeth eine Vereinigung der rothen und weißen Rose bewirken und dem langen Unfrieden und Kriege ein Ende machen; da er aber aus Aerger über das treulose Benehmen der Witwe Eduard's in dieser Beziehung ein hartnäckiges Schweigen beobachtete, so richteten die Gemeinen bei einer schicklichen Gelegenheit die Bitte an ihn: es möge ihm gefallen, die Prinzessin Elisabeth zur Gattin zu nehmen, und Heinrich erwiderte, er wolle ihrem Wunsche willfahren. Er vollzog auch wirklich diese Heirath zu Anfange des folgenden Jahres (18. Jan. 1486) und gab seiner Schwiegermutter, obwol er seinen frühern Groll gegen sie nicht gänzlich zu unterdrücken vermochte, eine ehrenvolle Stellung am Hofe. Später (Februar 1487) wurde sie jedoch plötzlich verhaftet, ihres Vermögens beraubt und den Mönchen von Bermondsey in Gewahrsam gegeben. Vermuthlich war sie in die Verschwörung des Grafen von Warwick, des ältesten Sohnes des Herzogs Georg von Clarence, gegen den König verwickelt, welcher dieser um dieselbe Zeit tragisch ein Ende machte. Manche glaubten, ihre frühere Wortbrüchigkeit gegen Heinrich habe diese harte Behandlung verursacht. Diese Vermuthung ist jedoch ebenso unwahrscheinlich, als die Voraussetzung, sie habe ein für die Regierung höchst wichtiges Geheimniß gewußt, welches darin bestand, daß damals noch einer ihrer Söhne oder auch beide am Leben gewesen seien, und man habe auf diese Weise die Entdeckung des Geheimnisses verhindern wollen. Es geht jedoch aus manchen Bemerkungen hervor, daß die Witwe Elisabeth nach der Niederwerfung der Empörung in Freiheit gesetzt wurde und wieder am Hofe lebte, denn im November 1489 war sie bei ihrer Tochter, der Königin, als dieser die französischen Botschafter vorgestellt wurden, und im folgenden Jahre warf ihr der König einen Jahrgehalt aus. Auch würde dieser, wenn sie eingekerkert gewesen wäre, sie nicht seinem Freunde, dem König Jacob III. von Schottland, welcher Witwer geworden war, zur Gemahlin vorgeschlagen haben. Auch würde die Heirath wirklich zu Stande gekommen sein, wenn sie nicht durch die Empörung der schottischen Lords und durch den Tod des Königs Jacob, welcher nach dem Verluste der Schlacht von Canglor auf der Flucht im Juni 1488 ermordet wurde, vereitelt worden wäre. Mit dieser Thatsache hören die Nachrichten über Elisabeth auf und sie scheint auch bald darauf ihr vielfach bewegtes Leben geendet zu haben. Thomas Campion macht die merkwürdigen Schicksale Elisabeth's zum Gegenstande einer hauptsächlich die moralische Seite berührenden Schrift (Forumes Fashion, pourtrayed in the Troubles of the Ladie Elizabeth Gray, Wife to Edward the Fourth. Lond. 1613. 4.), welche jedoch über die zweifelhaften historischen Punkte wenig Aufschluß gewährt [9]).

(*Ph. H. Külb.*)

GRAY (Johanna) [1]), Urenkelin Heinrich's VII., Königs von England, und selbst neuntägige Königin von England, im J. 1537 zu Broadgate, einem Landgute ihrer väterlichen Familie in Leicestershire, geboren [2]), war die älteste Tochter Heinrich Gray's, Marquis von Dorset, eines im Kriege tapfern, im Frieden prachtliebenden, zuweilen auch vom Ehrgeiz gestachelten Edelmannes, und Francisca Brandon's, einer auf ihre hohe Abkunft überaus stolzen, als geistreich geschilderten, aber des Seelenadels gänzlich entbehrenden Frau. Maria, Francisca's Mutter, zweite Tochter Heinrich's VII. und Schwester Heinrich's VIII., hatte nach dem Tode ihres ersten Gemahls Ludwig XII., König von Frankreich, Karl Brandon Herzog von Suffolk, da dessen Gemahlin Anna Browne gestorben war, geheirathet, und dieser königlichen Abstammung hatte die ganze Familie ihr späteres Misgeschick zu verdanken. Johanna erhielt in ihrem ländlichen Geburtsorte mit ihren beiden jüngern Schwestern Katharina und Maria einen sehr gründlichen und sogar gelehrten Unterricht, da ihr Vater, obschon er sich selbst keiner ausgezeichneten Bildung erfreute und in den Wissenschaften unerfahren war, doch als Schützer und Förderer derselben erscheinen wollte und den Gelehrten nicht nur seines Vaterlandes, sondern auch des Auslandes die freigebigste Gastfreundschaft bewies. Johanna war in ihrer harmlosen Einsamkeit zehn Jahre alt geworden, als Eduard VI., welcher ebenso viele Jahre zählte, nach dem Tode Heinrich's VIII., seines Vaters, den englischen Thron bestieg (1547) und der ehrgeizige Graf Eduard von Hertford, ein Oheim Eduard's VI., zum Protector während der Minderjährigkeit des Königs und zum Herzog von Somerset, sein jüngerer Bruder Thomas zum Lord Seymour von Sudeley und zum Lord-Admiral von England ernannt wurde. Beide Brüder, von blinder Eifersucht getrieben, suchten sich an Einfluß und Macht zu überbieten und scheuten kein Mittel, ihren Zweck zu erreichen. Thomas Seymour heirathete Katharine Parr, die Witwe Heinrich's VIII., und hegte sogar nach dem Tode derselben, nicht hoffnungslose Absichten auf Lady Elisabeth, die Schwester des Königs. Auch machte er heimlich den Plan, Johanna Gray, die muthmaßliche Erbin der Ansprüche des Hauses Suffolk, mit Eduard, der nicht nur einen großen Theil seiner Jugend mit ihr zugebracht, sondern auch eine gleich gelehrte Erziehung genossen und nicht weniger glänzende Geistesfähigkeiten gezeigt hatte [3]), zu vermählen, weshalb er die Ältern der Lady Johanna bewogen hatte, sie an dem Hofe der verwitweten Königin, seiner Gemahlin, zu lassen. Seymour's Einfluß schien jetzt dem Protector gefährlich zu werden und dieser sann auf Mittel, ihn zu beseitigen. Ein solches bot sich alsbald durch das Geständniß des Münzmeisters Sharington zu Bristol, welcher in Folge einer Anklage, daß er die Münzen beschnitten und falsche ausgegeben habe, aussagte, er habe versprochen, Münzen für Seymour zu schlagen, der auf 10,000 Mann zählen könne und mit ihrer Hilfe den König zu entführen und die gegenwärtige Regierungsform zu ändern gedenke. Der Admiral wurde von dem Rathe schuldig befunden [4]), zum Tode verurtheilt und am 20. März 1549 hingerichtet. Von einer Verheirathung Johanna's, die schon vor Seymour's Tode auf Verlangen ihrer Ältern in das väterliche Haus zurückgebracht worden war, mit Eduard verlautete jetzt Nichts mehr. Johanna, deren Sinn auf Nichts weniger als auf Reichthum und Glanz gerichtet war, scheint sich nun mit erneutem Eifer den Studien hingegeben zu haben, ohne dabei ihre Ausbildung in den weiblichen Berufsarbeiten vernachlässigt zu haben. Sie brachte es im Sticken und andern künstlichen Verrichtungen der häuslichen Thätigkeit zur wahren Meisterschaft, erregte Bewunderung durch ihr Saitenspiel und durch ihren Gesang und suchte im Schönschreiben ihres Gleichen, dabei blieb sie dennoch frei von Stolz und Ziererei, ein Kind der Natur und Unschuld, bescheiden, offen und demüthig. Unter der sorgsamen Leitung der väterlichen gelehrten Hauscapläne Harding und Elmer, von denen der letztere später unter der Regierung der Königin Elisabeth Bischof von London wurde, erhielt die ebenso fähige als bildsame Schülerin eine solche gründliche und umfassende Kenntniß der alten und neueren Sprachen, daß sie nicht nur ihre Muttersprache sehr richtig und zierlich sprach und schrieb, sondern sich ebenso fertig im Französischen und Italienischen auszudrücken verstand und in der griechischen und lateinischen Sprache eine ungewöhnliche schriftliche und mündliche Fertigkeit zeigte. Sie las die Muster der classischen Literatur, besonders Plato und Demosthenes, und wußte sie ebenso gründlich als geistreich zu erklären. Eine solche gelehrte Ausbildung muß uns nach unsern jetzigen Begriffen von weiblicher Vollkommen-

9) Vergl. *Dav. Hume*, History of England, chap. 22 seq. (Tom. III. p. 258 seq.). *Rapin Thoyras*, Histoire d'Angleterre, liv. XIII. (La Haye 1723. 4.) Tom. IV. p. 199 seq. J. Lingard, Geschichte von England, übersetzt von C. A. v. Salis. Bd. V. S. 210 fg. James Mackintosh, Geschichte von England, übersetzt von C. F. Gaven. Bd. 2. S. 68 fg.

1) Auch oft nach ihrem Gemahle Guilford Dudley Johanna Dudley genannt. 2) *Burnet*, Hist. ref. Anglic. Tom. II. p. 272.

3) „Er verstand das Lateinische und Französische wohl, war nicht unwissend im Griechischen, Italienischen und Spanischen und nicht ohne zureichende Kenntniß der Logik, Physik und Musik. Ein Knabe von solchem Genie und der so viel versprach, war eine Wundererscheinung im gewöhnlichen Laufe der Dinge. Ich spreche nicht mit schwärmerischer Uebertreibung, ich halte mich eher unter dem, was ich mit Wahrheit sagen könnte." So wird der König geschildert von Hieronymus Cardanus, dem berühmten italienischen Arzte, welcher ihn in seiner Krankheit behandelte. Vergl. J. Mackintosh, Geschichte von England, übers. von Guen. Bd. 2. S. 272. 4) Sein Einfluß, seine Intriguen, die Herrschaft, die er über seinen Neffen (Eduard VI.) besaß, konnten der Autorität des Protectors gefährlich werden; aber es ist kein zureichender Beweis vorhanden, daß er den König entführen oder einen bürgerlichen Krieg verursachen wollte. J. Lingard, Geschichte von England, aus dem Englischen übersetzt von C. A. v. Salis. Bd. 7. S. 44.

heit etwas verkehrt und als Pedanterie erscheinen, lag aber in dem Charakter jener Zeit, in welcher sich die extremsten Richtungen neben einander bewegten. Johanna's ernste und tiefsinnige Zurückgezogenheit entsprach auch keineswegs den Wünschen ihrer lebenslustigen Aeltern und sie hatte von der bisweilen launenhaften Strenge derselben manchen bittern Vorwurf zu ertragen. Sie klagte dieses Leid dem berühmten Gelehrten Roger Ascham, als dieser vor seiner Reise nach Teutschland, die er als Legationssecretair antrat, im J. 1550 ihr einen Besuch zu Broadgate abstattete. „Gott," sprach sie zu diesem, „hat mir besonders die große Wohlthat erwiesen, daß er mir scharfe und strenge Aeltern und Elmer, einen so gütigen Lehrer, verlieh. Denn, mag ich vor dem Vater und der Mutter sprechen, schweigen, sitzen, stehen oder gehen, essen, trinken, lustig oder traurig sein, mag ich nähen, spielen, tanzen oder sonst etwas thun, immer muß es in der Vollkommenheit geschehen, mit welcher Gott die Welt schuf. Wo nicht, so folgen Scheltworte, Drohungen, selbst Püffe, Zwicken und Kneipen jeder Art, daß ich glaube, so lange in der Hölle zu sein, bis die Reihe an den Herrn Elmer kommt. Dieser unterweiset mich dann mit solcher Milde und Freundlichkeit, daß die Stunden unmerklich dahingleiten" [5]). Ascham traf bei seiner Ankunft Johanna's Aeltern mit vielen Edelleuten und Fräulein auf der Jagd im Park, die noch nicht 14jährige Johanna aber in ihrem einsamen Zimmer, wo sie sich mit dem Studium des Platonischen Dialogs über die Unsterblichkeit der Seele beschäftigte. Als der Gelehrte seine Verwunderung darüber nicht bergen konnte, erwiderte sie vergnügt: „Ich weiß, ihr Vergnügen im Park ist nur ein Schatten gegen das meinige; ach! ihr guten Leute, echte Freuden, wie sie hier Platon gewährt, sind euch unbekannt." Einige Jahre später erörterte sie mit Schärfe und Gründlichkeit philosophisch-theologische Fragen und versuchte sie am liebsten durch die Aussprüche des neuen Testaments im Sinne der Reformation, der sie mit aufrichtiger Ergebenheit huldigte, zu lösen. Sie pflog deshalb Umgang mit den bekanntesten Theologen ihrer Zeit, zu welchen auch Johannes von Ulm, der Schüler und Freund des berühmten Reformators Heinrich Bullinger in Zürich, gehörte. Durch den Schüler wurde Johanna mit Bullinger selbst bekannt und trat mit ihm in brieflichen Verkehr [6]). Angelegentlich bat sie um seinen Rath, als sie, um eine festere Grundlage für ihre theologischen Studien zu gewinnen, die orientalischen Sprachen sich anzueignen anfing. „Wenn du mir," schreibt sie ihm, „da ich nun anfange Hebräisch zu treiben, einen Weg und eine Weise zeigen wolltest, wie ich mich in diesem Studiengange mit dem meisten Nutzen zu halten habe, so würdest du mich aufs Allerhöchste verbinden" [7]). Bullinger entsprach bereitwillig ihren Wünschen, und daß die Befolgung seiner Andeutungen die erwünschten Früchte trug, beweisen die Aeußerungen des innigsten Dankes, die wir in ihren späteren Briefen an Bullinger finden. Einen derselben begleitete eine von ihr gefertigte Stickerei in schwarzer Seide, aber dieses werthvolle Geschenk der unglücklichen Fürstin, welche früher ebenfalls in der Stadtbibliothek aufbewahrt wurde, ist verschwunden. Johanna richtete auch noch mehrere Schreiben an andere Mitarbeiter am Reformationswerke, die aber nicht mehr vorhanden sind. Leider wurde aber bald diese einsame, geistig regsame Lebensweise durch den Gang der politischen Ereignisse und durch den Ehrgeiz der Aeltern und Verwandten unterbrochen. Dem schlauen und arglistigen Hofmanne John Dudley, Viscount von Lisle, der sich allmälig zum Grafen von Warwick und zum Herzog von Northumberland emporgeschwungen hatte, war es gelungen, die Gunst Eduard's vollständig zu gewinnen und den Protector Somerset zu stürzen, welcher endlich (22. Jan. 1552) das Blutgerüst besteigen mußte, um seinem Nebenbuhler nicht mehr gefährlich zu werden. Der Herzog von Northumberland war jetzt nicht nur der mächtigste Unterthan im Reiche, seine Habgier hatte ihn auch zum reichsten gemacht, denn zu seinen frühern Besitzungen, die ausgedehnt genug waren, um nach den gewöhnlichen Begriffen dem Geize eines Privatmannes zu genügen, hatte er seit einigen Jahren noch ausgedehnte Ländereien als Kronlehen hinzugefügt; ihm fehlte Nichts als die Zufriedenheit und Ruhe, denn er wußte nur zu gut, wie unsicher der Besitz von so viel Macht und Reichthum war. Sein erster Plan scheint gewesen zu sein, Lady Johanna Gray, die frühere Gespielin des Königs, mit diesem zu vermählen und durch seinen Einfluß auf dieselbe seine Herrschaft zu befestigen. Er brachte sie deshalb an den Hof des jungen Königs und dieser, an Alter und Gaben des Geistes und Gemüthes ihr nicht unähnlich, erwies der schönen, anspruchlosen, der Reformation und der Wissenschaft gleich befreundeten Blutsverwandten so hohe Achtung und Anhänglichkeit, daß man auf manchen Seiten die Hoffnung hegte und sogar aussprach, eine von der Staatsklugheit und gegenseitigem Wohlwollen empfohlene Ehe möchte über kurz oder lang ein sicheres Unterpfand geben für den Bestand der noch vielfach bedrohten evangelischen Kirche Englands. Der schon erwähnte Johannes von Ulm schrieb sogar an Bullinger: „Ein Gerücht verbreitete sich und fing an unter den Großen von Mund zu Mund zu gehen, diese edelste Jungfrau sollte mit Seiner Majestät dem Könige verlobt und vermählt werden. O wenn das geschähe, welch eine glückliche und der Kirche heilbringende Ehe müßte das werden" [8]).

---

5) Vergl. Ascham's Brief, worin er seinen Besuch schildert, in Burnet's Hist. ref. anglic. Tom. II. p. 152. 6) Drei dieser eigenhändigen Briefe werden in der Stadtbibliothek zu Zürich aufbewahrt und sind öfter herausgegeben, am besten unter dem Titel: Johannae Graiae litterae ad H. Bullingerum. Zürich 1840. 8., im lateinischen Original und in deutscher und englischer Uebersetzung. Dabei befindet sich ein Facsimile des zweiten Briefes, welches uns die schöne Schrift Johanna Gray's bewundern läßt.

7) „Postremo hebraizare jam incipienti mihi si viam et modum aliquem ostenderis, quem in hoc studiorum cursu tenere maxime cum utilitate debeam, me longe tibi devinctissimam reddideris." J. Graiae Litterae ad Bullingerum. p. 4. 8) „Fama percrebuit et in ora atque sermones magnorum virorum coepit, nobilissimam hanc virginem, Regiae majestati despondendam atque locandam. O si id contigat, quam foelix matri-

Lady Johanna machte wahrscheinlich während dieses Aufenthaltes am Hofe der Prinzessin Marie, Schwester des Königs, zu New-Hall in Essex ihre Aufwartung und war unvorsichtig genug, als Protestantin der Lady Anna Wharton einen Verweis zu geben, weil diese sich vor der geweihten Hostie verbeugt hatte. Der Prinzessin, welche streng an den katholischen Gebräuchen hielt, wurde das gegebene Aergerniß von dienstfertigen Leuten schnell hinterbracht, und von dieser Zeit an soll Marie eine geheime Abneigung gegen Johanna gefaßt haben, welche später schlimme Früchte trug. Auch Northumberland kam von dem Plane, Johanna mit Eduard zu vermählen, allmälig zurück und faßte den kühnen Gedanken, die Krone, falls der schwächliche König stürbe, auf das Haupt seiner eigenen Söhne zu setzen. Sein ganzes Sinnen und Trachten war nun auf die Mittel gerichtet, durch welche die Verwirklichung dieses Gedankens möglich werden konnte. Nach dem letzten Willen Heinrich's VIII. und nach einem Beschlusse des Parlaments waren, wenn sein Sohn Eduard kinderlos sterben sollte, seine Töchter Maria (von der verstoßenen Königin Katharina von Aragonien) und Elisabeth (von der enthaupteten Anna Boleyn) die nächsten Erben. Die Ansprüche derselben konnten aber durch die Berufung auf die Statuten, welche beide Prinzessinnen als unehelich erklärten und nicht widerrufen worden waren, wankend gemacht und als ungültig betrachtet werden. In diesem Falle wäre dann die Thronfolge an die beiden Schwestern Heinrich's VIII., nämlich an Margaretha, Gemahlin des Königs Jacob IV. von Schottland, und Maria, Gemahlin des Königs Ludwig XII. von Frankreich, übergegangen. Margaretha war zwar die ältere, aber das Testament des verstorbenen Königs ließ ihre Nachkommenschaft unerwähnt, welche auch bei der Schottland abgeneigten Nation keinen Anklang fand. Das Erbrecht fiel also auf Maria's Tochter, nämlich an Francisca, Gemahlin des Herzogs von Dorset, Heinrich Gray. Auf diese Erbansprüche gründete Northumberland seinen Plan und vermählte seinen vierten Sohn Guilford Dudley mit Johanna Gray, auf welche Francisca, die nicht Lust hatte, einen streitigen Thron zu besteigen, ihre Rechte bereitwillig übertrug; Katharina Gray verheirathete er mit Lord Herbert, dem Sohne des Grafen von Pembroke, der seiner Gunst Titel und Vermögen verdankte. Johanna selbst, diese ehrgeizigen Pläne nicht ahnend und mit den Listen und Gefahren der Welt unbekannt, auch angezogen von der Persönlichkeit des milden, gutmüthigen Gatten, ließ ruhig geschehen, was Aeltern und Schwiegervater heimlich verabredet hatten. Johanna's Vermählung hatte den Beifall Eduard's, sie wurde im Mai 1553 mit großem Pompe in seinem Palaste gefeiert und er zeigte sich dabei überaus liebenswürdig und freigebig. Northumberland verheirathete zu derselben Zeit seine Tochter Katharina mit Lord Hastings, dem ältesten Sohne des Grafen von Huntingdon; sein Bruder und seine Söhne erhielten die nächsten Stellen am Throne und die Hofämter wurden allmälig an seine Freunde vertheilt, sodaß jetzt jeder Gefahr, die ihm seine Feinde bereiten konnten, vorgebeugt schien. Es galt nur noch, den König für seinen Plan zu gewinnen und denselben zur ausdrücklichen Abänderung der Thronfolge zu bewegen. Die Gesundheit Eduard's war in fortdauerndem Abnehmen begriffen und seine Tage schienen gezählt zu sein; es war deshalb keine Zeit zu verlieren. Northumberland wußte den rechten Augenblick zu benutzen und die religiösen Vorurtheile des Königs mit ins Spiel zu ziehen. Er rühmte die Verdienste, welche sich Eduard durch Ausrottung der Abgötterei und durch Einführung eines reinen Glaubens und Gottesdienstes erworben habe. Er stellte ihm sodann vor, wie alle diese Bemühungen vergebens gewesen seien, wenn die Krone an Marie, die nächste Erbin, gelange, da Jeder wisse, wie groß die Vorliebe dieser Prinzessin für die römisch-katholische Kirche und für den römischen Hof sei, und es unterliege keinem Zweifel, daß man unter ihrer Regierung vor Allem darauf ausgehen würde, die englische Staatsverfassung über den Haufen zu werfen. Maria und Elisabeth seien überdies als unehelich erklärt und ihre Erbfolge würde jedenfalls als unrechtmäßig betrachtet werden und Unruhen erregen; da ihm ohne Zweifel dieselben Befugnisse zuständen wie seinem Vater, so möge er vor seinem Tode über die Erbfolge verfügen und dieselbe von seinen Schwestern auf die Nachkommen seiner Tante, der Königin Maria von Frankreich, übertragen, die sich durch Frömmigkeit und Liebe zum reformirten Glauben auszeichneten. Der kranke Eduard, vielleicht überzeugt, daß ihm die Pflicht gebiete, die Rechte seiner Schwestern dem alles überwiegenden Interesse der Religion aufzuopfern, gab den fortwährenden Einflüsterungen Northumberland's und seiner von ihm wohlunterrichteten Freunde endlich Gehör und schrieb, um die ganze Verantwortlichkeit auf sich zu nehmen und seine Rathgeber nicht dem Zorne der ihrer Rechte Verlustigen auszusetzen, mit eigener Hand den Entwurf zu der abgeänderten Thronfolge nieder. Nun erhielt Sir Eduard Montague, Oberrichter des Gerichtshofes, Befehl, vor dem Könige zu erscheinen und dieser stellte ihm vor, die Gefahr, welche den Gesetzen, den Freiheiten und der Religion des Landes drohe, wenn Lady Maria den Thron bestiege und einen fremden Fürsten heirathe, habe ihn nach reiflicher Ueberlegung bewogen, die Ordnung der Thronfolge zu ändern, und er weise sie deshalb an, eine Schrift aufzusetzen, in welcher die Krone der Lady Johanna, der Erbin des Hauses Suffolk, vermacht werde. Die Richter erbaten sich Zeit, um diesen bedenklichen Vorschlag in Erwägung zu ziehen, und stellten am folgenden Tage im Geheimerath vor, daß sie Gefahr laufen würden, in die Strafe des Hochverraths zu verfallen, eine Anordnung, welche der verstorbene König gemacht und die vom Parlament gebilligt worden sei, umzustoßen. Bei diesen Worten stürzte Northumberland aus einem Nebenzimmer zitternd vor Wuth und nannte sie im Tone und mit den Geberden eines Rasenden Verräther und erklärte sich zugleich bereit, sich mit Jedem, der an der Gerechtig-

[illegible] et [illegible] arbitrabimini." [illegible] in der erwähnten Ausgabe der Litterae Johannae Graiae p. 13.

sei dieser Anordnung zuwider, zu schlagen, und sollte es im bloßen Hemde sein. Einige Tage später wurden sie vor den König beschieden, der sie mit scharfen Worten und mit zornigem Gesichte wegen ihrer Hartnäckigkeit schalt. Der Oberrichter Montague stellte ihm vor, daß das verlangte Instrument, wenn es auch von dem Gerichte ausgefertigt werde, doch keine Rechtskraft haben könne, da die von dem Parlament sanctionirte Erbfolgeordnung auch nur durch das Parlament geändert werden könne [9]). Als der König erwiderte, daß er in kurzer Frist das Parlament einberufen werde, um den von dem Gerichte entworfenen Act zu bestätigen, fügten sich endlich die Richter seinem Willen. Die Lebenskraft Eduard's zeigte aber täglich eine schnellere Abnahme und er starb, ehe es ihm möglich war, sein Versprechen zu erfüllen, am Abend des 6. Juli 1553 mit den Worten: „Herr, errette dein erwähltes Volk Englands; bewahre dies Reich vor dem Papstthume und erhalte den rechten Glauben" [10]). „Die Stelle," sagt James Mackintosh, „welche Eduard VI. in der englischen Geschichte zwischen einer tyrannischen und einer bigotten Regierung einnimmt, erhöht noch den Reiz seines schuldlosen und anziehenden Charakters, der noch ein lieblicheres Licht von dem milden Schimmer entlehnt, der Johanna Gray's Namen umstrahlt, der Genossin seiner Kindheit, auf welcher der Blick des Sterbenden als auf der erwählten Erbin seiner Krone ruhte." Die wankende Gesundheit des Königs war schon längst der Gegenstand ernster Aufmerksamkeit fremder Höfe geworden und bot besonders Karl V., Kaiser von Teutschland, und Heinrich II., König von Frankreich, neuen Anlaß zu politischen Umtrieben. Maria, die muthmaßliche Thronerbin, war seit dem Tode ihres Vaters durch die Rathschläge des Kaisers geleitet und in den Augenblicken der Verfolgung geschützt worden, und es ließ sich von ihrer Dankbarkeit und ihrer religiösen Ueberzeugung erwarten, daß sie nach ihrer Thronbesteigung die Macht Englands zu Gunsten des Kaisers in die Wagschale werfen werde. Diese Ueberzeugung bewog Heinrich II., Maria's Absichten entgegen zu arbeiten und Johanna's Ansprüche zu unterstützen. Es erschien eine kaiserliche Gesandtschaft am englischen Hofe, welche aber den König nicht mehr am Leben fand und bereits am 18. Juli die bedrohliche Erklärung abgab, ihr Gebieter werde ein so großes Unrecht, wie die Ausschließung seiner Base [11]), nicht dulden. Von diesem Augenblicke an war Simon Renard, der Geschäftsführer des Kaisers und die Seele der Gesandtschaft, der geheime Rathgeber Maria's und Leiter ihrer politischen Maßregeln. Der Gesandte Heinrich's II. nährte dagegen Northumberland's Pläne durch die Aussicht auf französische Unterstützung und ließ die Hoffnung auf das Gelingen derselben in den Berichten an seinen Hof fast als Zuverlässigkeit erscheinen. Die Schilderung der zukünftigen Königin, welche er weise, tugendhaft und schön nennt, ist jedoch keineswegs auf Rechnung der diplomatischen Kunst zu schreiben, denn in diesem Lobe stimmen Alle überein, die sie zu sehen und zu hören Gelegenheit hatten. Das Bestreben zu gefallen, war ihr indessen durchaus nicht fremd, und sie soll sogar den Putz mehr geliebt haben, als sich mit den strengen Ansichten der reformirten Prediger vertrug; daß übrigens Hochmuth und Ehrgeiz keinen Einfluß auf sie übten, beweist ihr Benehmen in den wenigen Tagen, während welcher sie die Krone trug. Northumberland hatte indessen, so wenig er auch an dem Gelingen seines Planes zweifelte, versucht, Lady Maria dadurch in seine Gewalt zu bekommen, daß er sie aufforderte, einem königlichen Befehl zufolge, unverzüglich an den Hof zu kommen. Sie befand sich schon auf der Reise, als sie unterwegs einen Wink von der sie bedrohenden Gefahr erhielt, und nach ihrem Wohnsitze Kenninghall in der Grafschaft Norfolk zurückkehrte. Hätte sie London erreicht, so wäre sie sicher alsbald in ein Gefängniß im Tower gebracht worden. Den Tod Eduard's verheimlichte man einige Tage sorgfältig, um die nöthigen Maßregeln treffen zu können. Am 9. Juli setzte der Staatsrath die Gesandten davon in Kenntniß und Maria erhielt diese Nachricht zu derselben Zeit von ihren Freunden am Hofe, welche ihr auch den Plan der Verschworenen enthüllten. Maria richtete schon am folgenden Tage ein ernstliches Schreiben an den Geheimerath, worin sie denselben tadelt, daß er sich in Ränke eingelassen und ihr den Tod ihres Bruders verhehlt habe; zugleich wahrte sie ihre Ansprüche auf die Krone und bot ihnen eine ohne Ausnahme gültige Verzeihung an, wenn sie zu ihrer Pflicht zurückkehren und sie unverzüglich als Königin ausrufen lassen würden. Der Geheimerath erklärte in seinem Antwortschreiben seine unerschütterliche Anhänglichkeit für Johanna, als die rechtmäßige Königin, und beide Parteien rüsteten sich, den Streit durch Waffengewalt zu entscheiden. Die Anhänger Northumberland's nahmen den Tower sammt dem Schatze und den Vorräthen an Waffen und Munition in Besitz, ließen die Officiere der Leibwache und die bedeutendsten Beamten der neuen Königin Treue schwören und zogen auf der Themse eine kleine Flotte und auf der Insel Wight ein Truppencorps zusammen. Man glaubte auf diese Weise allen Zufällen mit Erfolg begegnen zu können und entschloß sich dann, nachdem man drei Tage mit Anstalten, die man zum Gelingen des Unternehmens für nöthig hielt, zugebracht hatte, das wichtige Ereigniß bekannt zu machen und der Lady Johanna den Tod des Königs und ihre Nachfolge auf dem Throne anzukündigen. Man ließ ihr zu Chelsea, wohin sie sich während des letzten Unwohlseins des Königs zurückgezogen hatte, eine Weisung zukommen, unverzüglich nach Sionhouse zurückzukehren und daselbst die Befehle des Königs zu erwarten. Mit allen seitherigen Umtrieben unbekannt und die wahre Ursache der Weisung nicht

9) Heinrich VIII. hatte nach Maria und Elisabeth die Nachkommen der Königin Maria von Frankreich folgen lassen, und zwar sollte dann die Krone auf die männlichen Erben Johanna's (to the Lady Jane's heires males) übergehen. Diesen Satz änderte Eduard durch eine geringe Veränderung um in: Johanna und ihre männlichen Erben (to the Lady Jane and her heires males). Vergl. L. Ranke's Englische Geschichte. 2. Aufl. (Berlin 1862.) Bd. 1. S. 248. 10) Geschichte von England. Bd. 3. S. 381. 11) Sie war eine Tochter Heinrich's VIII. von Katharina von Aragonien, und mithin Tante des Kaisers Karl V.

abwesend, leistete sie derselben sogleich Folge. Am folgenden Morgen (10. Juli) trafen der Herzog von Northumberland mit einigen der vornehmsten Lords ebenfalls zu Sionshouse ein und eröffneten nach einigen gleichgültigen Gesprächen der erstaunten Johanna, daß ihr Vetter Eduard gestorben sei und vor seinem Tode Gott gebeten habe, das Reich von der Pest des Papismus und das Land von der schlechten Regierung seiner Schwestern Maria und Elisabeth zu bewahren; er habe deswegen beschlossen, sie von der Thronfolge auszuschließen, und dem Rathe befohlen, Lady Johanna, und wenn diese kinderlos sterbe, ihre Schwestern Katharina und Maria als seine rechtmäßigen Erben zu proclamiren. Bei diesen Worten knieten die Lords nieder, erkannten Johanna als Königin an und schwuren, ihr Blut für sie zu vergießen. Die Wirkung dieser unerwarteten Nachricht war eine so heftige, daß die junge schüchterne Frau von zarter Körperbeschaffenheit einen Schrei ausstieß und ohnmächtig zusammensank. Als sie wieder zu sich kam, bemerkte sie den Lords, sie werde sich wohl hüten, nach dem offenbaren Rechte, welches den Schwestern des Königs durch ihre Geburt und die Gesetze des Königreichs zukäme, ihrem schwachen Gewissen eine Last aufzubürden, die eigentlich ihnen zukomme; sie habe überdies sehr wohl die schändlichen Kunstgriffe gewisser Leute bemerkt, welche die Verletzung alles Rechtes zuließen, um einen Scepter zu gewinnen, und es heißt wahrlich Gottes und der Gerechtigkeit spotten, wenn man es mit seinem Gewissen unverträglich finde, einen Schilling zu stehlen, aber unbedenklich eine Krone an sich reiße. „Ueberdies," fuhr sie fort, „bin ich nicht so jung und so unerfahren in den Tücken des Glücks, um mich von demselben fangen zu lassen. Wenn dieses Einige bereichert, so geschieht es nur, um sie desto sicherer auszubeuten, Andere erhebt es, um sich an ihrem Sturze zu weiden, und was es gestern anbetete, wird heute sein Zeitvertreib. Wenn ich ihm heute erlaube, mich zu schmücken und zu krönen, so muß ich mir morgen gefallen lassen, von ihm mit Füßen getreten und in Stücke zerrissen zu werden. Und was für eine Krone bietet es mir denn an? Eine Krone, die mit Gewalt und Schimpf einer Katharina von Aragonien vom Haupte gerissen worden ist, eine Krone, an der das Blut einer Anna Boleyn und Anderer, die sie getragen haben, klebt. Soll ich mich verleiten lassen, ein neues Schlachtopfer zu werden und diese unheilvolle Krone sammt dem Haupte, das so thöricht ist, sie tragen zu wollen, zu verlieren? Sollte aber auch diese Krone nicht mehr verderblich sein und das Gift, welches sie barg, ausgezehrt sein, sollte auch das Glück mir Bürgschaft für seine Beständigkeit leisten, kann es denn überhaupt für mich rathsam sein, mir diese Dornen, die mich, wenn auch nicht tödten, doch wenigstens zerfleischen würden, und ein Joch auf den Nacken zu nehmen, das mich, wenn auch nicht erwürgen, doch wenigstens martern würde? Meine Freiheit ist mehr werth, als die Kette, welche mir angeboten wird, mag sie auch mit noch so kostbaren Steinen besetzt, mag sie auch mit noch so vielem Golde belegt sein. Ich bin nicht gesonnen, meinen Frieden gegen königliche Sorgen und gegen prächtige Fesseln zu vertauschen, und wer mich aufrichtig und von Herzen liebt, wird mir eher ein ruhiges und sicheres, wenn auch weniger glänzendes Glück, als einen erhabenen Stand wünschen, der den Stürmen preisgegeben ist und einen gewaltigen Sturz nach sich zieht." Ob Johanna wirklich diese weisen und prophetischen Worte gesprochen habe oder ob sie ihr von Geschichtschreibern, die den Charakter ihrer Heldin zu verherrlichen suchten, in den Mund gelegt worden, dürfte sich leicht ermessen lassen, wenn man bedenkt, daß Johanna zu dieser Zeit kaum 16 Jahre zählte. Das Erstaunen über die Ankündigung, der Schmerz über den Tod ihres Vetters und das Leidwesen, eine Lage zu verlassen, in der sie sich glücklich gefühlt hatte, sind Empfindungen, wie man sie erwarten darf, und wie sie dieselben in einem späteren Briefe schildert [12]), alles Uebrige aber scheint in das Gebiet der Dichtung zu gehören [13]). Gewiß ist, daß ihre Weigerung auf den Ehrgeiz ihrer Verwandten keinen Eindruck machte und auch nicht machen konnte, da diese zu weit gegangen waren, um ohne Gefahr zurückkehren zu können. Vater und Mutter, Schwiegervater und Gemahl baten so inständig und suchten so lange ihre Bedenklichkeiten durch beruhigende Vorstellungen zu entkräften, bis sie endlich dem Andrange wich und sich zur Annahme der Krone bereit erklärte. Am folgenden Tage begab sie sich zu Wasser nach dem Tower, dem gewöhnlichen Aufenthalte der Könige vor der Krönung, und hielt, begleitet von dem Geheimerathe und vornehmsten Adel ihren Einzug mit großer Pracht. Ihre Mutter trug ihr die Schleppe, der Lordschatzmeister überreichte ihr die Krone und ihre Verwandten begrüßten sie kniend. Gegen Abend um 6 Uhr wurde Johanna's Thronbesteigung in den Straßen Londons mit den gewöhnlichen Gebräuchen ausgerufen und zugleich eine mit Geschicklichkeit und Umsicht abgefaßte Druckschrift (Proclamation) [14]) verbreitet, worin die Ursachen, welche Eduard zur Aenderung der Thronfolge und zur Bestimmung Johanna's zu seiner Nachfolgerin bewogen, dargelegt waren. Am Schlusse derselben ließ man die neue Gebieterin sagen: „Gleichwie wir von unserer Seite durch Gottes Beistand uns als eine gnädige und huldreiche Königin und Frau bezeigen werden gegen alle unsere Unterthanen in allen ihren gerechten Forderungen und Ansprüchen, und wie wir nach unserem besten Vermögen Gottes heiliges Wort, christliche Polizei und die guten Gesetze, Herkommen und Freiheiten dieser unserer Reiche und Herrschaften erhalten und schützen werden, so dürfen wir auch das gute Zutrauen zu allen hegen, es

---

12) Pollini theilt diesen Brief, den sie wahrscheinlich während ihrer Gefangenschaft im Tower schrieb, in seiner Storia ecclesiastica della rivoluzione d'Inghilterra (1594) p. 356 seq. mit. 13) J. Lingard, Geschichte von England. Bd. 7. S. 129. 14) Jane by the Grace of God Queene of England, &c. to all our most loving, faithfull and obedient Subjects. London 1553. fol. Dieses seltene Aktenstück ist öfter in späteren Werken wieder abgedruckt. Vergl. Sammlung von merkwürdigen Lebensbeschreibungen aus der brittannischen Biographie, herausgegeben von J. S. Semler. Bd. 6. S. 83 fg.

werde jeder unter ihnen von seiner Seite, zu allen Zeiten und in allen Fällen sich gegen uns als seine rechtmäßige Königin und Frau als einen getreuen, ergebenen und gehorsamen Unterthan bezeigen seinem Eide und seiner Pflicht gemäß. Wir wollen und befehlen daher, daß alle und jede, von welchem Stande, Ansehen und Vermögen sie sein mögen, Frieden und Einigkeit aufrecht erhalten und unsern Gesetzen gehorchen sollen, wenn ihnen unsere Huld lieb ist und sie gewillt sind, sich vor Schaden zu hüten." Das Volk, welches bis jetzt Maria als die nächste Thronerbin betrachtet hatte und nicht zu begreifen vermochte, wie ihr Recht durch die Ansprüche einer Tochter des Hauses Suffolk aufgehoben werden könne, hörte die Proclamation und die darin mühsam entwickelten Gründe mit unheilverkündendem Schweigen [15]). Keine Stimme erhob sich für Johanna; Gilbert Pot, ein kecker Diener aus einer Weinschenke, wagte sogar laut seine Zweifel und seine Unzufriedenheit kund zu geben; er büßte aber seine Unvorsichtigkeit mit dem Verlust seiner Ohren, die ihm, nachdem er zuerst damit an den Pranger genagelt worden war, abgeschnitten wurden; diese unzeitige Strenge erbitterte aber den Pöbel in hohem Grade. Hatte das Volk im Allgemeinen keine Ursache, sich besonders lebhaft für Johanna oder für Maria zu erklären, so entschied es sich doch bald für Maria, weil Northumberland, der Vertheidiger der Ansprüche Johanna's, seines schroffen Stolzes wegen allgemein verhaßt war und man ihm sogar, jedoch mit Unrecht, vorwarf, er habe Eduard durch Gift aus dem Wege geräumt. Ein Gesandter, welchen er zu dem Kaiser geschickt hatte, erhielt keine Audienz bei diesem Monarchen, welcher sich auch weigerte, ein Schreiben anzunehmen, worin Johanna ihre Thronbesteigung anzeigte. Indessen wuchs die Zahl der Anhänger Maria's mit jedem Tage und sie wurde zu Norwich feierlich als Königin ausgerufen. Ihre Werbungen fanden überall bereitwilliges Gehör, während den rüstenden Hauptleuten Johanna's der Gehorsam verweigert wurde; auf einem Geschwader, welches man nach Yarmouth geschickt hatte, um Maria die Flucht nach dem Festlande zu dem Kaiser abzuschneiden, empörten sich die Seeleute gegen ihre Officiere und führten die Schiffe zu Maria, welche das Schloß von Framlingham zu ihrem Aufenthaltsorte gewählt hatte, um sich mit dem Kaiser in Flandern in Verbindung zu setzen. Northumberland erkannte nun die Nothwendigkeit, mit seinen Rüstungen zu eilen, aber es schien ihm gefährlich, die Hauptstadt zu verlassen, wo seine Gegenwart die Bewegung der Unzufriedenen niederhielt und ihm die Mitwirkung seiner unzuverlässigen und wankelmüthigen Collegen sicherte. Er schlug also vor, den Befehl über die Truppen dem Herzoge von Suffolk, Johanna's Vater, anzuvertrauen, während er selbst um die Königin bleiben und den Staatsrath überwachen und leiten wolle. Man widersprach aber (vielleicht aus verrätherischer Absicht) diesem wohlbedachten Vorhaben, indem man die Unerfahrenheit und Unentschlossenheit Suffolk's hervorhob und dagegen die Fähigkeiten Northumberland's, des kriegserfahrenen und sieggewohnten Feldherrn, pries. Auch Johanna bat aus Angst für den geliebten Vater Northumberland, sich an die Spitze des Heeres zu stellen, und dieser willigte endlich gegen seine Ueberzeugung ein. Sein Unmuth zeigte sich aber schon deutlich bei seinem Auszuge aus London (14. Juli), und voll banger Ahnung sprach er zu einem seiner Begleiter: „Das Volk drängt sich heran, um uns zu sehen, aber Niemand ruft: Gott geleit euch" [16]). Vor seiner Abreise hatte er auch die Prediger aufgefordert, das religiöse Gefühl für Johanna, die Schützerin des protestantischen Glaubens, zu gewinnen und gegen Maria, welche die papistischen Irrthümer wieder einzuführen gedenke, aufzustacheln; aber auch diese Bemühung war erfolglos [17]), denn den Protestanten war es unbegreiflich, wie angeborene Rechte durch die Religion leiden könnten, und die Katholiken wurden durch die Reden der Prediger in ihrer Anhänglichkeit an Maria bestärkt. Ueberhaupt läßt sich in dieser Bewegung dem religiösen Elemente kein entscheidender Einfluß zuschreiben. Die zwar immer noch zahlreichen Katholiken erwarteten von der entschiedenen Protestantin natürlich keine Dienste, die Protestanten waren zufrieden-gestellt durch die wenn auch nicht ernstliche Zusicherung der Gewissensfreiheit, welche Maria bereits hatte verkünden lassen, die Reformirten besaßen neben einzelnen Ausnahmen in den Reihen der Geheimräthe und Hochadeligen keinen festen Haltpunkt. Die Indifferenten schwankten oder knüpften ihren Glauben an den Gang der Ereignisse und die Gunst des jeweiligen Oberhauptes; die Bewohner der Städte und die Landleute gehorchten theils dem Anstoße der Vornehmen, theils den immer noch mächtigen Eindrücken der alten Kirche, und zu allen diesen Beweggründen kam noch der ziemlich allgemeine Haß gegen den Herzog von Northumberland als lähmender und zersetzender Stoff. Maria sah sich nach wenigen Tagen von mehr als 30000 Mann umgeben, lauter Freiwilligen, die keinen Sold nahmen und nur aus treuer Anhänglichkeit dienten. Northumberland hatte zwar ein kleines, aber an Kriegszucht und Ausrüstung den regellosen Scharen der Vertheidiger Maria's weit überlegenes Heer, statt aber entschlossen vorzurücken und die Sache durch einen ernsten Kampf zur Entscheidung zu bringen, verlor er, als er die Begeisterung des Volks für Maria sah, den Muth und zog sich nach Cambridge zurück, von wo aus er Verstärkung von der Hauptstadt verlangte. Hier war aber bereits ein gänz-

15) „Tulit hoc indignissime populus et omnis nobilitas non tam studio Mariae, quam odio Northumbrii ducis." *Sleidan*, De statu relig. et reipubl. l. 25. p. 845. „Toutes ces choses sont arrivées plus par la grande haine qu'on porte à celui duc que par l'amitié qu'on a pour la dite reine Marie." *Noailles*, Ambassades, 20 Juillet 1553.

16) *Pet. Heylin*, History of Reformation of the Church of England p. 161. 17) Besonders bemühte sich Nic. Ridley, Bischof von London, ein berühmter Theolog, die Ansprüche Johanna's zu begründen und zu vertheidigen. „Concionatores, quos bene multos Londini constituit, nihil profecerunt, imo ne quidem egregius ille doctrina vitaeque sanctitate vir Ridleus episcopus aequis auribus auditus est." *Fr. Godwin*, De praesulibus Angliae p. 108. Ridley mußte seinen Eifer später auf dem Scheiterhaufen büßen.

licher Umgestaltung der Dinge eingetreten, die Lords, welche Northumberland bei der Königin und bei Suffolk mit dem Befehle, ihre Entfernung aus dem Tower zu hindern, zurückgelassen hatte, entschlüpften unter dem Vorwande, an der Spitze ihrer Freunde und Dienstleute zu dem Heere zu eilen, nach und nach, kamen aber vorher mit einander überein, sich zu Baynardcastle, dem Schlosse des Grafen von Pembroke, zu einer Berathung zu versammeln. Der Graf von Arundel, welcher schon früher Verrath im Herzen getragen und Maria von allen Vorgängen durch getreue Boten unterrichtet hatte, eröffnete die Verhandlungen, stellte jetzt offen den Antrag, nicht mehr länger dem Ehrgeize Northumberland's zu dienen und die Rechte der Tochter Heinrich's VIII. zu wahren; der Graf von Pembroke schwur, Maria mit seinem Schwerte zur Königin zu machen oder für sie zu sterben. Diese Reden wurden mit stürmischem Beifall aufgenommen. Alle ritten nun in feierlichem Zuge durch die Straßen Londons und riefen Maria unter dem Jubel des Volkes als Königin aus. Der Graf von Arundel eilte sogleich ohne Aufenthalt nach Framlingham, um Maria die Nachricht von dieser Umwälzung zu überbringen, während der Graf von Pembroke mit seiner Leibwache den Tower überrumpelte und ohne Widerstand in Besitz nahm. Zugleich nöthigte er den Herzog von Suffolk, welcher gänzlich den Muth verloren hatte, seiner Tochter die Endschaft des Königthums anzukündigen und alle Abzeichen dieser Würde aus ihrer Umgebung zu entfernen. Johanna nahm diese traurige Mittheilung mit ruhiger Fassung entgegen, tröstete ihren in thatloser Verzweiflung hinbrütenden Vater und sprach zu ihm mit heiterem Sinne: „Glaubt mir, mein theuerster Vater, daß ich mich weit besser in diese Nachricht finden kann, als in meine frühere Erhöhung auf den Thron. Ich verlasse denselben jetzt bereitwillig und folge darin den Bewegungen meines Herzens; ich bemühe mich, den von Andern begangenen Fehler zu tilgen, wenn es überhaupt möglich ist, durch freiwillige Verzichtleistung und aufrichtiges Bekenntniß solche Fehlgriffe wieder gut zu machen." Sie mochte nun der Krone um so leichter entsagen, als ihr die wenigen Tage, in denen sie dieselbe getragen hatte, zu ebenso vielen Tagen der Angst und des Kummers gemacht worden waren, da sie nicht nur fortwährend von dem gebieterischen Stolze ihrer Schwiegermutter zu leiden hatte, sondern es ihr auch nicht gelingen wollte, ihren Gemahl, welcher von ihr die Krone verlangte, zufrieden zu stellen. Johanna willigte zwar nach langem Zureden ein, ihm die Krone mittels Parlamentsbeschluß zu geben, bereute aber, als sie wieder allein war, diese einer Königin unwürdige Schwäche und sagte ihm, zum Herzoge wolle sie ihn machen, aber nicht zum König. Er mied aus Zorn ihre Gesellschaft und ihr Bett und drohte, sich zu entfernen. Die Herzogin von Suffolk schalt sie und machte ihr Vorwürfe, worüber sie in solche Angst gerieth, daß sie sich vergiftet glaubte, wie sie selbst in einem Briefe klagt [16]). Sie hatte neun Tage regiert und ein deutscher Dichter nennt sie deßwegen die Bohnenkönigin [17]). Der energielose Herzog ging unmittelbar darauf, nachdem er seiner Tochter mit der traurigen Veränderung bekannt gemacht hatte, in den Geheimrath und unterzeichnete mit den übrigen Lords den Befehl an Northumberland, seine Truppen zu entlassen und Maria als Königin anzuerkennen. Ehe aber dieser Befehl noch nach Cambridge gelangte, hatte Northumberland, von seinen meisten Leuten verlassen, selbst auf dem Marktplatze unter Vergießung heißer Thränen Maria proclamirt und zum Zeichen der Freude sein Barett in die Höhe geworfen. Er hoffte dadurch Verzeihung zu erlangen, ward aber nichtsdestoweniger am folgenden Tage durch den Grafen von Arundel als Hochverräther verhaftet und in den Tower gebracht, wobei es einer starken Wache bedurfte, um den Gefangenen vor der Rache seiner Gegner zu schützen. Maria hielt nun unter dem betäubenden Jubelgeschrei des Volkes ihren Einzug in London und ward am 8. Oct. gekrönt. Sogleich nach ihrer Thronbesteigung fragte sie den Kaiser um Rath, wie sie sich gegen diejenigen, die sich gegen sie verschworen hatten und sie um ihr gutes Recht auf den Thron hatten bringen wollen, am klügsten zu verhalten habe. Karl erwiderte, der gemeinsame Vortheil aller Herrscher verlange, daß keine Empörung unbestraft bleibe; sie solle also die Häupter der Verschwörung alsbald ohne Nachsicht nach Gebühr züchtigen, die Gerechtigkeit aber durch Erbarmen mildern und den übrigen Theilnehmern vollständige Begnadigung angedeihen lassen. Der Herzog von Northumberland und mehrere seiner Mitschuldigen wurden also vor Gericht gestellt, zum Tode verurtheilt und hingerichtet. Auch auf die Hinrichtung Johanna's drangen die Botschafter des Kaisers, weil, so lange diese lebe, die Königin nicht in Frieden herrschen würde. Maria konnte sich jedoch nicht dazu entschließen, weil sie die Ueberzeugung in sich trug, daß Johanna nicht Northumberland's Mitschuldige, sondern nur eine Puppe in seinen Händen gewesen war; sie zog deshalb vor, die nöthigen Vorsichtsmaßregeln gegen spätere Ansprüche zu treffen. Johanna wurde zwar nebst ihrem Gemahle Guilford Dudley zu Guildhall, wohin man sie brachte, vor Gericht gestellt und als der Beleidigung der königlichen Majestät schuldig zum Tode verurtheilt, aber darauf mit ihm unter starker Bedeckung und unter Vortragung des entblößten Henkerbeils nach dem Tower zurückgeführt, um sie daselbst streng zu bewachen. Johanna behielt in diesen furchtbaren Augenblicken die vollkommenste Fassung und Seelenruhe, ihr heiteres Antlitz und ihren festen Gang; sie gestand zwar unumwunden ein, darin gefehlt zu haben, daß sie die Krone, obgleich unfreiwillig, angenommen, betheuerte aber gegenüber der Anklage eines wissentlich begangenen Hochverrathes entschieden ihre Unschuld. Sie

16) Vergl. J. Lingard, Geschichte von England. Bd. 7. S. 1[illegible].

17) La reine de la fève, im Englischen a twelfth-day queen. Man pflegte nämlich am Abende des Dreikönigstages (twelfth-night) in fröhlicher Gesellschaft einen Kuchen, worin eine Bohne gebacken war, unter die Gäste zu vertheilen; wer das Stück, worin sich die Bohne befand, erhielt, war für das nächste Jahr Bohnenkönig und nahm gewisse scherzhafte Huldigungen entgegen.

ermahnte ihre Umgebung im Tower unaufhörlich, das dermalige Loos geduldig zu ertragen und auf Gott und ihr gutes Gewissen zu vertrauen. Da man bei der Verkündigung des Todesurtheils den Tag der Hinrichtung nicht bestimmt hatte, so lebten fortan die unglückliche Johanna und ihr nicht weniger unglücklicher Gemahl wie im Schatten des Todes und doch nicht ohne alle Strahlen des Trostes, denn die Haft wurde allmälig weniger streng und sie erhielten sogar die Erlaubniß, in dem Garten der Königin frische Luft zu schöpfen, eine Nachsicht, die eher Grausamkeit gewesen wäre, wenn die Königin schon damals im Sinne gehabt hätte, das Todesurtheil vollstrecken zu lassen. Aber ein unvorhergesehenes Ereigniß schnitt bald den letzten Faden der Hoffnung ab und beschleunigte den Ausgang, für welchen Johanna durch eifriges Bibellesen und ernstes Nachdenken ihre Stimmung gleichsam vorbereitet hatte. Die Königin Maria hatte auf Anrathen selbstsüchtiger Freunde und zur Förderung der Reaction gegen das Reformationsprincip Don Philipp, den einzigen Sohn und Erben des Kaisers Karl V., zum Gemahl erkoren und dadurch dem gährenden Unfrieden und den religiösen Zerwürfnissen solche Nahrung gegeben, daß der lange genährte Unmuth sich bald in offenen Aufruhr entlud. Die gänzliche Aufhebung der Religionsfreiheit stand in naher Aussicht. Zu den Häuptern der Verschwörung, Thomas Wiat von Kent und Peter Carew in Cornwallis, gesellte sich auch der durch frühere Erfahrungen nicht klug gewordene Herzog von Suffolk und ging in seiner Unbesonnenheit sogar so weit, seine zum Tode verurtheilte Tochter Johanna in der Grafschaft Warwick öffentlich als Königin auszurufen. Der Aufstand wurde jedoch durch das unerschrockene Benehmen Maria's unterdrückt, die Mannschaft der Verschworenen überwältigt und Suffolk als Gefangener eingebracht. Kann man sich wundern, daß nun die Siegerin sich den wiederholten Rath Karl's V. zu Herzen nahm und bei sich beschloß, die Empörer ohne Gnade zu bestrafen und Johanna, der jungen Sünderin im Tower entweder das Haupt abschlagen zu lassen oder ihr die strengste lebenslängliche Haft zu bereiten? Sie zog das Sichere vor und unterzeichnete am 8. Febr. 1554 den Befehl zur Hinrichtung Guilford Dudley's und seiner Gemahlin nach Verlauf von drei Tagen. Johanna nahm den Befehl, sich zum Tode vorzubereiten, welchen sie am folgenden Tage erhielt, mit heiterer Fassung hin und benutzte den Aufschub von drei Tagen, welchen der katholische Priester Feckenham zu ihrer Bekehrung erbeten hatte, um sich zum Tode vorzubereiten und um von den Ihrigen schriftlich Abschied zu nehmen. Ihren Vater, der ohne Zweifel ihre Hinrichtung durch sein Benehmen veranlaßt hatte, suchte sie zu trösten und richtete an ihn folgende Worte: „Obgleich es Gott gefallen hat, das Ende meines Lebens durch die zu beschleunigen, von denen ich eher die Verlängerung desselben hätte erwarten dürfen, so trage ich doch auch dies mit Geduld und danke Gott dafür herzlich, daß er meine kummervollen Tage lieber hat verkürzen, als mir ein langes Leben und der Welt Herrlichkeit hat gewähren wollen. Mir ist keineswegs verborgen, daß dein Herz unter einem doppelten Kummer leidet, sowol wegen des Unglücks, das du dir zugezogen, als auch wegen der jammervollen Lage, in die du mich versetzt hast; allein, mein theuerster Vater, wenn es mir, ohne dich zu beleidigen, erlaubt ist, mich in meinem Unglück zu freuen, so kann ich, wie ich überzeugt bin, mich glücklich schätzen, daß ich wegen des Vergangenen meine Hände in Unschuld waschen und mein schuldloses Blut vor dem Herrn um Barmherzigkeit rufen darf. Ich muß zwar eingestehen, daß ich, obgleich gezwungen und, wie du wohl weißt, auf unablässiges Zureden, einwilligte, die Krone auf mein Haupt zu setzen, und dadurch die Königin und die Gesetze schwer beleidigte, aber ich trage in mir das zuversichtliche Vertrauen, daß mein Vergehen vor Gott desto geringer erscheint, je weniger mein Herz bei der erzwungenen Einwilligung daran Theil genommen hat. Dieses ist, mein theuerster Vater, meine Gesinnung bei dem Herannahen des Todes, der, so schmerzlich er dir auch sein mag, mir höchst willkommen ist. Ja, es kann mir Nichts willkommener sein, als aus diesem Jammerthale zu dem Throne aller himmlischen Freude und Wonne mit Jesus Christus, unserm Heilande, zu gelangen. In diesem festen Glauben bitte ich Gott, wenn eine solche Aeußerung der Tochter ihrem Vater gegenüber erlaubt ist, dich ferner so zu erhalten und bis an das Ende so zu stärken, daß wir im Himmel uns wieder finden mögen mit dem Vater, Sohne und heiligen Geiste. Amen" [20]). Der Geist der kindlichen Liebe kann sich nicht in einfacheren und rührenderen Worten äußern, als in diesem Briefe. Denselben frommen Sinn offenbart sie in einer Bemerkung, die sie für ihren Vater an den Rand eines für die Gefangenen bestimmten Gebetbuches schrieb: „Der Herr," heißt es darin, „tröste Euer Gnaden und zwar durch sein Evangelium, durch welches alle Creatur allein getröstet werden soll! Und obschon es Gott gefällt, Euch zwei Eurer Kinder zu rauben, so glaubet ja nicht, ich bitte Euch, Ihr hättet sie verloren! Seid vielmehr überzeugt, daß wir, die ein sterbliches Leben verlassen, ein unsterbliches dafür gewonnen haben. Ich für meinen Theil will, gleichwie ich Euer Gnaden in diesem Leben ehrte, im andern Leben für Euch beten. Euer Gnaden treu ergebene Tochter, Jane Dudley" [21]). Noch am Vorabende ihres Todes schrieb sie auf ein weißes Blatt ihrer griechischen Ausgabe des neuen Testaments einen griechischen Brief an ihre gleich gelehrte Schwester Katharina und übersandte ihr Buch und Brief als Andenken. „Ich überschicke dir," schreibt sie, „ein Buch, das ohne von Außen mit Gold besetzt oder durch die künstliche Arbeit der Nadel verziert zu sein, doch einen größern Werth hat, als alle Goldminen, auf welche die Welt stolz ist. Es ist das Buch des Gesetzes des Herrn, geliebteste Schwester; es ist das

---

20) Sammlung der merkwürdigsten Lebensbeschreibungen größtentheils aus der britannischen Biographie von J. S. Semler. Bd. 6. S. 62. 21) Auch an ihren Gemahl Guilford Dudley soll sie einen Brief gerichtet haben. An Epistle to Lord Guildford Dudley, supposed to have been written by Lady Jane Gray in the Tower a few Days before she suffered. London 1762. 4. Dieses Schreiben ist jedoch eine müßige Erdichtung.

Testament und der letzte Wille, den er uns armen und elenden Sündern hinterlassen hat, um uns auf den Pfad der ewigen Freude zu führen; und wenn du es mit aufrichtigem Herzen liesest und mit ernstem Willen befolgest, so wird es dich unfehlbar in ein unsterbliches und ewig dauerndes Leben führen. Es wird dich lehren zu leben, und du wirst daraus lernen zu sterben; es wird dir ein höheres Glück bereiten, als das, welches du aus dem Besitze der Güter unsers unglücklichen Vaters hättest ziehen können; denn ebenso, wie du, wenn ihn Gott gesegnet hätte, sein Eigenthum und seine Ehrentitel würdest geerbt haben, ebenso wirst du durch fleißigen Gebrauch dieses Buchs und durch emsige Befolgung der darin enthaltenen Lehren, eine Erbin solcher Reichthümer werden, die weder die Habsüchtigen dir rauben, noch die Diebe dir entwenden, noch die Motten verzehren können. Wünsche mit David, meine theure Schwester, das Gesetz des Herrn zu verstehen; lebe immer, um zu sterben, damit du dir durch den Tod ein ewiges Leben erkaufen mögest. Verlasse dich nicht darauf, daß dein junges Alter dir Bürgschaft für ein längeres Leben sein werde, denn sobald Gott ruft, sind alle Stunden, Alter und Jahreszeiten gleich, und selig sind die, deren Lampen mit Oel versehen sind, wenn er kommt, denn der Herr will in den Jungen ebenso, wie in den Alten verherrlicht sein. Ich bitte dich also, meine liebe Schwester, noch einmal, lerne sterben; verleugne die Welt, widerstehe dem Satan und verachte das Fleisch; habe deine Lust allein an dem Herrn, bereue deine Sünden, verzweifle aber nicht, sei stark im Glauben, werde aber nicht verwegen und wünsche mit Paulus aufgelöst und bei Christus zu sein, in welchem auch im Tode Leben ist. Werde dem treuen Knechte ähnlich, der auch in der Stunde der Mitternacht wachte, damit du nicht, wenn der Tod gleich einem Diebe in der Nacht hereinbricht, mit den Knechten der Finsterniß schlafend gefunden werdest, damit du nicht aus Mangel an Oel in den Zustand der fünf thörichten Jungfrauen gerathest oder demjenigen gleichest, der kein hochzeitliches Kleid anhatte und deshalb von der Hochzeit des Bräutigams ausgeschlossen und in die Finsterniß hinausgeworfen wurde. Was nun meinen Tod betrifft, geliebte Schwester, so freue dich mit mir, daß ich bald dieses Verwesliche ablegen und das Unverwesliche anziehen werde, denn ich bin überzeugt, daß ich für dieses sterbliche Leben ein unsterbliches und freudenvolles gewinnen werde. Ein gleiches gewähre dir Gott und schenke dir seine allmächtige Gnade, in seiner Furcht zu leben und in dem wahren christlichen Glauben zu sterben. Weiche davon um Gottes willen nicht ab und lasse dich darin weder durch die Hoffnung zum Leben, noch durch die Furcht vor dem Tode wankend machen; denn verleugnest du seine Wahrheit, um ein armseliges Leben zu verlängern, so wird auch Gott dich verleugnen und seine Rache wird abkürzen, was du mit dem Verlust deiner Seele hinauszögern wolltest. Harrest du aber bei ihm aus, so wird er auch deine Tage verlängern zu deinem Trost und zu seiner Verherrlichung. Zu dieser Herrlichkeit verhelfe mir Gott jetzt und dir künftig, wenn es ihm gefallen wird, dich abzurufen. Lebe noch einmal wohl, meine theuerste Schwester, und setze dein Vertrauen auf Gott, der allein dir helfen muß. Amen" [22]). Diese Mahnungen würden dem gewandtesten und glaubensfestesten Prediger keine Unehre machen und beweisen die ruhige und fromme Gemüthsstimmung Johanna's in ihren letzten Stunden. So ängstlich sie aber für das Seelenheil ihrer Angehörigen und ihrer Glaubensgenossen besorgt war und so herzliche Worte sie für diese fand, so streng läßt sie in einem Briefe, an dessen Echtheit sich nicht zweifeln läßt, ihren Unmuth gegen ihren ehemaligen Hauslehrer Harding aus, der seinen Glauben geändert hatte und, wie man sagt, irdischer Vortheile wegen zum Katholicismus zurückgekehrt war. „Früher," sagt sie, „warst du ein lebendiges Glied Christi, jetzt aber bist du ein roher Sproß des Teufels; früher warst du ein leuchtender, geweihter Tempel des heiligen Geistes, jetzt bist du eine schmutzige, stinkende Grundsuppe des Satans; früher warst du die reine, unverdorbene Braut des Heilandes, jetzt bist du die schamlose, buhlerische Geliebte des Antichristes. Ehemals warst du ein tapferer Streiter Christi, jetzt bist du ein feiger Ueberläufer, der aus Furcht die Waffen hinweggeworfen hat. Andere lehrtest du, nicht zu stehlen, jetzt bist du aber selbst ein Dieb geworden und beraubst nicht nur Menschen, sondern den allmächtigen Gott. Gedenke des jüngsten Gerichts! Wie werden diejenigen zittern, so den Herrn verließen, die Freuden dieser Welt mehr liebten, denn die himmlische Wonne und mehr dem Leben als dem Schöpfer desselben anhingen" [23]). Bei dieser Glaubensstärke und bei dieser Gesinnung mußten die Bemühungen Feckenham's, des ebenso gelehrten, als sanftmüthigen Abts von Westminster, welcher von Maria beauftragt war, die Bekehrung Johanna's zu versuchen, und deshalb einen dreitägigen Aufschub der Hinrichtung bewilligt hatte, erfolglos bleiben. Sie behandelte den theilnehmenden Mann mit gebührender Ehrfurcht und war ihm überaus dankbar für die ihr bewiesene Liebe, beantwortete aber alle seine Beweisgründe mit solcher Gelehrsamkeit, Schärfe und Bestimmtheit, bis er endlich seine undankbare Arbeit aufgab und bei dem Abschiede in die Worte ausbrach: „Lady, ich bin Eurer Hartnäckigkeit wegen tief bekümmert und leider überzeugt, daß wir beide einander niemals wieder finden werden." „Das ist," antwortete sie, „gewiß, wenn Gott euer Herz nicht ändert und zu sich wendet, denn thut ihr nicht Buße und bekehrt euch, so ist es um euer Seelenheil geschehen. Ich flehe deshalb zu Gott, daß er in seiner Barmherzigkeit den heiligen Geist sende und dem Manne, der so treffliche Wohlredenheit besitzt, auch die Augen öffnen möge, damit er die Wahrheit schaue." Der milde Abt wurde durch diese herben Worte so wenig beleidigt, daß er der hartnäckigen Protestantin auch ferner seine geistliche Hilfe nicht versagte und ihr bis zu ihrem Tode zur Seite blieb. Die Bekehrungsversuche mehrerer andern katholischen Bischöfe und Priester fanden so wenig Gehör, daß diese, überzeugt von

22) Siehe Sammlung von Lebensbeschreibungen. Bd. 4. S. 66. 23) Vergl. Strype's Life of Aylmer p. 11.

der Unmöglichkeit des Gelingens, alsbald die halsstarrige Regentin für immer ihrem Schicksale überließen. Johanna suchte und fand ihre Stärke und ihren Trost in frommen Betrachtungen und im Gebete und ein solches feuriges und rührendes Gebet, welches sie in der Gefangenschaft niedergeschrieben hatte und welches sie als Blitzableiter gegen alle Versuchungen zu lesen pflegte, ist uns aufbewahrt worden [24]) und lautet: „O Gott, du Vater und Herr meines Lebens, höre mich armes und verlassenes Weib! Zu dir allein nimmt es seine Zuflucht in allen Leiden und Bedrängnissen, denn du, o Herr, bist ja der einzige Hort und Erretter derer, so dir vertrauen. Von Sünden befleckt, mit Kummer beladen, von Drangsalen umhergeworfen, in Leiden versenkt, durch Prüfungen heimgesucht und von der langen Haft dieses elenden, aus Erde geschaffenen, sündhaften Leibes grausam gequält, komme ich zu dir, barmherziger Heiland, und flehe um deine Gnade und Hilfe, denn ohne diese ist so geringe Hoffnung auf Heil, daß ich an aller Befreiung verzweifeln muß. Gnädiger Gott, betrachte mein Elend, welches dir wohl bekannt ist, und werde mir jetzt eine starke Burg des Schirmes! Prüfe mich nicht über mein Vermögen, sondern erlöse mich entweder von diesem großen Mißgeschick oder gib mir die Gnade, deine schwere Hand und strenge Züchtigung mit Geduld zu tragen." Der Gedanke über die Nichtigkeit des menschlichen Lebens und die frohe Hoffnung auf ein besseres Leben scheinen sie fortwährend beschäftigt, und sie scheint ihm auch Ausdruck in einigen lateinischen Versen gegeben zu haben, die man mit der Nadel in die Wände des Kerkers, worin sie saß, eingeritzt gefunden haben will [25]). Die Ruhe ihres Geistes war in den letzten Stunden so groß, daß sie außer den erwähnten Briefen auch noch die Unterredungen mit dem Abt Feckenham in guter Fassung und in zierlicher Sprache niederschreiben konnte [26]). Am Morgen des verhängnißvollen Tages, auf welchen die Hinrichtung festgesetzt war (12. Febr. 1554), bat Guilford Dudley um die Erlaubniß, Abschied von seiner Gemahlin nehmen zu dürfen, welche ihm auch von den Beamten des Towers bereitwillig gewährt wurde. Johanna lehnte aber diese Zusammenkunft ab mit der Bemerkung, daß das Lebewohl eher ihren Schmerz vermehren, als der Ruhe förderlich sein würde, worin sie ihre Seelen gegen die Streiche des Todes zu sichern gesucht hätten; er möge bedenken, daß das Linderungsmittel, wornach er verlange, nur Feuer in ihre Wunden bringen und ihre Gegenwart ihn nicht stärken, sondern schwächer machen würde; er möge also in der Vernunft Muth und in seinem eigenen Herzen Standhaftigkeit suchen und sich damit trösten, daß sie in wenigen Stunden im Himmel einander wieder sehen würden, um für immer vereinigt zu bleiben. Manche wollen behaupten, daß diese Weigerung Johanna's wenigstens zum Theil ihren Grund in dem schon erwähnten früheren Zwist mit ihrem Gemahle gehabt habe; dieser Annahme widerspricht jedoch der fromme Sinn der Dulderin und die von ihr angegebene Ursache entspricht vollkommen ihrem heldenmüthigen und schwärmerischen Sinne, der sich geflissentlich eine Art moralischer Selbstpeinigung auferlegt zu haben scheint. Mit welcher Liebe Guilford in seiner kummervollen Einsamkeit der schuldlosen und unglücklichen Gattin gedachte, geht schon daraus hervor, daß er mit einem Nagel in die Kerkermauer zweimal den Namen Jane, Jane eintragte. Das letzte Lebewohl sagte sie ihm aus dem Fenster ihres Zimmers, als er zur Hinrichtung vorüber geführt wurde; er erlitt seine Strafe mit ruhiger Ergebung auf dem Towerhill, wo er etwa um zehn Uhr des Morgens enthauptet wurde. Johanna sah von demselben Fenster aus, wie sein Leichnam und Kopf von dem Richtplatze nach der Kapelle des Towers zurückgebracht wurde. Unmittelbar nach diesem traurigen Augenblicke schrieb sie in ihre Schreibtafel drei auf ihre traurige Lage bezügliche Sentenzen, welche später Sir John Bridges, der Befehlshaber des Towers, welchem sie unmittelbar vor ihrem Tode diese Schreibtafel als Andenken überreichte, zur öffentlichen Kenntniß brachte. Die erste Sentenz, in griechischer Sprache geschrieben, lautet: „Wenn sein gewaltsam getödteter Körper vor dem menschlichen Richterstuhle als Beweis gegen mich zeugt, so wird sein seliger Geist vor dem Throne Gottes meine Unschuld bezeugen." Die zweite in lateinischer Sprache geschriebene Sentenz sagt: „Die Gerechtigkeit der Menschen hat seinen Körper entseelt, die göttliche Barmherzigkeit aber hat seine Seele aufbewahrt." Die dritte Sentenz in englischer Fassung gibt das Maß ihrer Schuld an in den Worten: „Wenn mein Fehler Strafe verdient, so waren mindestens meine Jugend und meine Unerfahrenheit der Nachsicht werth. Gott und die Nachwelt werden sich meiner annehmen." Etwa eine Stunde nach Guilford's Hinrichtung wurde Johanna von dem Befehlshaber des Towers nach dem Blutgerüste geführt, welches auf einem Rasenplatze innerhalb des Towers aufgeschlagen war, entweder um die junge Lady dem Anblicke des gerührten Volkes zu entziehen, oder weil man einer Prinzessin aus Heinrich's VII. Blut diese Rücksicht schuldig zu sein glaubte. Sie bestieg ohne Zögern das Blutgerüst, begleitet von Feckenham, der bis jetzt nicht von ihrer Seite gewichen war; man will jedoch bemerkt haben, daß sie

---

24) *Burnet*, Hist. reform. Tom. II. p. 178. State-trials. Vol. I. p. 727. 25) Nach Ralph Holinshed (Chronicles of England. Vol. II. p. 1100) lauten diese Verse, wie folgt:

Non aliena putes homini quae obtingere possunt;
  Sors hodierna mihi, cras erit illa tibi.
Deo juvante nil nocet livor malus;
  Et non juvante non juvat labor gravis,
  Post tenebras spero lucem.

26) A Conference, Dialogue-wise, helt between the *Lady Jane Dudley* and Mr. Jo. *Feckenham* four Days before her Death, touching her Faith and Belief of the Sacrament and her Religion. Lond. 1554. 8. Ibid. 1625. 4. Den Brief an den Hauskaplan Harding, den Brief an ihre Schwester Katharina, die Unterredung mit Feckenham und ihre letzte Rede findet man auch in der Flugschrift: An Epistle of the Lady Jane to a learned Man of late falne from the Truth of God's most holy Word, for fear of the Worlde. Whereunto is added the Communication that she had with Master Feckenham, upon her Faith and Beliefe of the Sacraments. Also another Epistle which she wrote to her Sister; with the words she spake upon the Scaffold before she suffered. S. l. 1554. 12.

nicht viel auf seine Reden achtete, sondern ihre Augen unverwandt auf das Gebetbuch, das sie in der Hand trug, heftete. Nachdem sie sich ein wenig erholt hatte, grüßte sie die Anwesenden mit ruhigem Antlitz und nahm nun Abschied von Feckenham mit folgenden Worten: „Gott wird Euch Eure gütige Gesinnung für mich reichlich vergelten, obschon mir Eure Reden mehr Unruhe bereitet haben, als alle Schrecken meines herannahenden Todes.“ Darauf ersuchte sie John Bridges, den Towerbefehlshaber, einige Worte an die Umstehenden richten zu dürfen, und sprach, als dieser ihr gern ihre Bitte gewährt hatte, mit lauter und ruhiger Stimme: „Mylords und ihr andern theuersten Brüder in Christus, ihr seid hier versammelt, um zu sehen, wie meine Seele von dem Körper scheidet. Nach der Strenge des Gesetzes, eines sich nie täuschenden Richters, bin ich verurtheilt zu sterben; denn was gegen die königliche Hoheit geschah, ist auch dem Gesetze entgegen. Es war unerlaubt und ungesetzlich, daß ich billigte, was Etliche gegen die königliche Hoheit unternommen haben, obschon ich, was ich that, nicht einmal recht verstand. Niemals aber habe ich nach der Würde und dem Namen der Königin verlangt, weshalb man mich hierher führt; von diesem Frevel wasche ich meine Hände in Unschuld. Den allmächtigen Gott aber habe ich dadurch beleidigt, daß ich der Fleischeslust und den Vergnügungen dieser Welt zu sehr nachhing und mein Leben nicht immer mit meinen Grundsätzen in Uebereinstimmung brachte, weshalb Gott diese Todesstrafe über mich verhängte, wie ich es verdiene; ich danke ihm aber aus ganzem Herzen, daß er mir Zeit zur Buße gönnte. Ich ersuche deshalb jetzt die hier versammelten Christen, mit mir und für mich, so lange ich noch am Leben bin, zu beten, daß mir Gott meine unzähligen und schweren Sünden nach seiner unendlichen Barmherzigkeit verzeihen möge. Zugleich bitte ich Alle, die hier versammelt sind, mir Zeugniß zu geben, daß ich als eine wahre Christin sterbe und einzig und allein durch das Blut, Leiden und Verdienst meines Heilandes Jesus Christus selig zu werden hoffe. Betet also mit mir und für mich.“ Nach diesen Worten kniete sie nieder und betete den 51. Psalm (Erbarme dich meiner, o Gott) in englischer Sprache vom Anfang bis zum Ende, stand dann auf, schenkte dem Befehlshaber des Towers ihr Gebetbuch, reichte ihren Zofen ihre Handschuh und ein Taschentuch zum Verbinden der Augen und ließ sich, die Hilfleistung des Nachrichters zurückweisend, von diesen das Oberkleid aufschnüren und das lange Haar aus dem Nacken nach dem Vorderkopf streichen. Der Nachrichter bat sie um Verzeihung, welche sie ihm gern gewährte, und ersuchte sie, auf das Stroh zu treten, wodurch sie den Block zu Gesicht bekam. Nachdem man ihr die Augen verbunden hatte, näherte sie sich diesem und fragte, nachdem sie vergebens nach demselben getastet hatte: „Wo ist er?“ Einer der Zuschauer führte sie zu dem Blocke und sobald sie ihn fühlte, streckte sie den Kopf vorwärts und empfing gleich nach dem Rufe: „Herr, in deine Hände befehl ich meinen Geist,“ den Todesstreich. Die Anwesenden, Katholiken sowol als Protestanten, waren tief gerührt und viele vergossen Thränen [27]). Im Wesentlichen, sagt J. Mackintosh [28]), enthält das Bekenntniß, welches Johanna freiwillig auf dem Blutgerüste ablegte, nur Wahrheit. Die Geschichte der Tyrannei kennt kein anderes Beispiel, daß eine Frau von 17 Jahren auf Befehl einer andern Frau und einer Verwandten zum Tode geführt worden, weil sie dem Willen ihres Vaters sich fügte, der noch dazu durch Alles unterstützt war, was der Adel, das Gesetz, die Religion nur Berühmtes, Hochangesehenes, Ehrwürdiges aufzuweisen hatte. Dieser Fall erregt um so mehr Theilnahme, weil er ein Wesen traf, in dem Jugend und Schönheit zum seltenen Bunde mit dem Genie, mit der Gelehrsamkeit, mit der Tugend, mit der Frömmigkeit sich vereinten; dessen Gefühl so warm und von aller Leidenschaft so rein war und unberührt. Ihr Tod machte in Wahrheit dem Jahrhundert Ehre. In diesem Urtheile stimmen die Geschichtschreiber, welche das unglückliche Weib zum Gegenstand ihrer Darstellung machen, welchem Glaubensbekenntnisse sie auch huldigen mögen, vollständig überein [29]). Sie fiel als Opfer der schwärmerischen Rechtgläubigkeit der Königin Maria und der Schlauheit des alten, herrschsüchtigen Kaisers Karl V. Die erste Geschichte des Lebens und der Schicksale Johanna Gray's lieferte der Italiener Michelangelo Florio (Historia della vita et della morte de l'illustrissima Signora Giovanna Graia, già regina eletta e publicata d'Inghiterra e delle cose accedute in quel regno dopo la morte del rè Edoardo VI. S. l. 1607. 8.); das überaus selten gewordene Buch ist nach guten Quellen gearbeitet und enthält auch mehrere Briefe Johanna's in getreuer Uebersetzung. Weniger gründlich sind die ersten Versuche ihrer Landsleute, ihr Leben darzustellen, nämlich John Banks (The innocent usurper or the death of lady Gray. Lond. 1694. 4.) und dreier ungenannter Schriftsteller (The life, death and actions of the most chaste and learned lady Jane Gray. Lond. 1615. 4. N. Edit. Lond. 1829. 8.; Some account of the lady Jane Gray, daughter of the duke of Suffolk. Lond. 1704. 8. und The life, character and death of the lady Jane Gray. Lond. 1714. 8.). Besser ist der unter dem falschen Namen George Howard von Fr. Ch. Laird herausgegebene Ver-

27) Sammlung merkwürdiger Lebensbeschreibungen aus der brittannischen Biographie. Bd. 6. S. 70 fg. Ambassades de Mess. de Noailles en Angleterre, rédigées par Vertot. (Leyde 1763. 8.) Tom. III. p. 129 seq. 28) Geschichte von England. Bd. 2. S. 408. 29) Vergl. Sammlung von merkwürdigen Lebensbeschreibungen aus der brittannischen Biographie, herausgegeben von J. S. Semler. Bd. 6. (Halle 1761. 8.) S. 1—76. Dav. Hume, History of England. Chap. 36. Vol. 4. (London 1768. 8.) p. 366 seq. John Lingard, Geschichte von England, übersetzt von C. A. v. Salis. Bd. 7. S. 118 fg. James Mackintosh, Geschichte von England, übersetzt von C. A. Wurm. Bd. 2. S. 389 fg. Leop. Ranke, Englische Geschichte. 2. Aufl. (Berlin 1862. 8.) S. 248 fg. Fr. Kortüm, Geschichtliche Forschungen (Leipzig und Heidelberg 1863. 8.) S. 356—376.

such Lady Jane Gray and her times (Lond. 1822. 8.); alle frühern Schriften ersetzt aber die fleißige Arbeit von N. H. Harris Nicolas (The literary Remains of Lady Jane Gray, with a Memoir. Lond. 1825. 8. Ibid. 1832. 8.), welche eine gründliche Untersuchung über Johanna's Ansprüche auf den englischen Thron und eine vollständige Sammlung ihrer Schriften enthält. J. Lingard[30]) ist zwar der Ansicht, es sei schwer zu glauben, daß diese Aufsätze und Briefe, welche Todesverachtung, erhabene Frömmigkeit und tiefen Haß des katholischen Glaubens, der sich auf das Bitterste gegen dessen Bekenner ausspreche, athmen, aus der Feder einer 17jährigen Frau geflossen seien; bedenkt man aber, daß nach den einstimmigen Zeugnissen der Zeitgenossen Johanna's geistige Fähigkeiten sich ungewöhnlich früh und kräftig entwickelten, so wird man dieser Meinung nicht leicht Glauben schenken. Auch unter allen ihren Anverwandten ragt Johanna hervor wie eine strahlende Sonne, und ihre Angehörigen verschollen entweder in Unehre oder in Dunkelheit. Ihr Vater, Heinrich Gray, endete elf Tage nach ihr sein Leben unter dem Beile und büßte die Folgen seines unzeitigen Ehrgeizes; ihre Mutter Franciska, Herzogin von Suffolk, vergaß nach dem Tode ihres Gemahles so sehr ihre Würde, daß sie Adrian Stokes, ihren ehemaligen Bedienten und unangesehenen Mann, heirathete, wenn sie sich nicht vielleicht, um allem Verdacht und allen Verfolgungen zu entgehen, zu diesem Schritte entschloß. Sie starb hochbetagt im J. 1559. Katharina, Johanna's Schwester, welche mit ihr gleichen Unterricht genossen hatte und sich einer nicht gewöhnlichen Bildung erfreute, aber eines edeln Charakters entbehrte, hatte sich zu derselben Zeit (Mai 1553), in der Johanna die Gemahlin Guilford Dudley's wurde, mit Lord Herbert, dem Sohne des Grafen Heinrich von Pembroke, verheirathet, die Ehe fiel aber sehr unglücklich aus und eine Trennung derselben fand alsbald statt. Im J. 1557 vermählte sie sich heimlich mit Edward Seymour, Graf von Hertford, welcher später zu Anfang der Regierung der Königin Elisabeth mit Aufträgen nach Frankreich geschickt wurde. Als im August 1561 bekannt wurde, daß Katharina schwanger sei, ließ die Königin diese Frau, welche sie, weil sie vielleicht Ansprüche auf den Thron machen könnte, mit eifersüchtigen Augen betrachtete, unter dem nichtigen Vorwande, daß sie seit dem Tode ihrer Schwester Johanna an vielen großen Umtrieben und Entwürfen Antheil genommen habe, in den Tower einsperren. Am 17. Aug. 1461 brachte sie einen Sohn zur Welt, worauf der Graf sogleich aus Frankreich zurückgerufen und eine Deputation unter dem Vorsitze des Erzbischofs von Canterbury ernannt wurde, um die Gültigkeit der Ehe zu untersuchen. Da außer einigen Mägden Niemand als Mitwissender „weder um die Ehe, noch um die Liebe" erschien, so erklärte der Erzbischof Katharina und ihren Gemahl eines verbotenen Umgangs schuldig und straffällig (Februar 1562), überließ aber die Bestrafung derselben der Königin. Der Graf von Hertford wurde nicht bestraft, Katharina mußte aber im Gefängnisse bleiben. Der Graf appellirte gegen das Urtheil und behauptete, die Ehe sei gültig; er fand sogar Gelegenheit, durch Bestechung der Wache in das Gefängniß und zu Katharina zu kommen, sodaß diese wieder schwanger ward und einen zweiten Sohn gebar. Jetzt forderte man aber den Grafen vor die Sternkammer zu Westminster und legte ihm drei Verbrechen zur Last, nämlich daß er eine Prinzessin von königlichem Geblüte verführt, daß er das Gefängniß des Towers erbrochen und mit einer Frau, von der er gerichtlich geschieden worden, Unzucht getrieben habe. Er wurde schuldig befunden und zur Erlegung einer Geldstrafe von 15,000 Pfund und zu einer neunjährigen Gefangenschaft verurtheilt. Man entließ ihn später, als er eidlich zusagte, daß er ferner keine Gemeinschaft mehr mit Katharina haben wolle; diese aber mußte, obschon sie die Königin Elisabeth um Verzeihung bat, daß sie sich ohne ihr Vorwissen vermählt habe, fortwährend im Kerker schmachten, bis sie der Tod am 26. Jan. 1567 erlöste. Unter der folgenden weniger argwöhnischen Regierung Jacob's I. wurde diese Streitfrage nochmals von zwölf Geschworenen untersucht und diese erklärten die Ehe zwischen dem Grafen von Hertford und Katharina, da eidlich bestätigt wurde, daß ein Priester dieselbe eingesegnet habe, für gültig. — Die andere Schwester Johanna's, Lady Maria Gray, war schon als unmündiges Kind mit einem hochstehenden Manne verlobt, nach dem unglücklichen Ende ihres Vaters und ihrer Schwester hielt sie es für besser, dieser Verbindung zu entsagen, und heirathete im J. 1565 heimlich Martin Keyes, den Kammerthürsteher der Königin Elisabeth. Er war der größte Mann, sie das winzigste Weibchen am Hofe; Elisabeth ließ beide einsperren. Maria starb am 20 April 1578 ohne Leibeserben. — Man hat auch die Vermuthung aufgestellt, daß Johanna bei ihrer Hinrichtung schwanger gewesen sei, aber ohne einen genügenden Beweis beizubringen; es läßt sich sogar nicht bezweifeln, daß man gewiß dieses Umstands würde erwähnt haben, um das Volk gegen die Königin und gegen die Regierung noch mehr zu erbittern[31]). Auch die Poesie hat sich des traurigen Endes der neuntägigen Königin bemächtigt, aber ohne Erfolg. Eine alte Ballade vom Jahre 1561 (A Lamentation that Lady Jane made saying For my Father's Proclamation now must I lose my Head) wurde bald wieder vergessen; ebenso N. Rowe's Trauerspiel (Lady Jane Gray, a Tragedie. Lond. 1715. 4. und öfter), obschon es Anfangs Beifall fand. Die Tragödien der französischen Dichter Calprenède, Laplace, der Frau von Stael (1790) und Brifaut's (1815) sind ohne großen poetischen Werth, und auch die deutschen Versuche von Chr. M. Wieland (Johanna Gray oder der Triumph der Religion. Zürich 1758. 8. Sämmtliche Werke, herausgegeben von J. G. Gruber, Bd. 25) und Joh. Caroline Amal. Ludecus (Johanna

30) Geschichte von England. Bd 7. S. 186.

31) Sammlung von merkwürdigen Lebensbeschreibungen aus der britannischen Biographie. Bd. 6. S. 73—76. J. Lingard, Geschichte von England. Bd. 7. S. 112. 407.

Gray, Trauerspiel. Berlin 1806. 8.) bewiesen, daß Johanna, ein mehr leidender als handelnder Charakter, sich zu einer dramatischen Darstellung nicht eignet.

(*Ph. H. Külb.*)

GRAY (John), englischer Theolog und Bischof von Norwich, um das Jahr 1160 geboren, stammte aus einer angesehenen, mit dem Hofe in Verbindung stehenden Familie und bekleidete nach der Beendigung seiner theologischen Studien mehrere kirchliche Aemter, bis ihm der bischöfliche Stuhl zu Norwich zu Theil wurde. Bis jetzt hatte er ein ruhiges Leben geführt und, wie es scheint, sich mit wissenschaftlichen Arbeiten beschäftigt, als er unvermuthet in die kirchlichen Streitigkeiten zwischen dem König Johann ohne Land und dem Papste Innocenz III. verwickelt wurde. Nach dem Tode Hubert's, des Erzbischofs von Canterbury und Primas von England, machten sowol die Prälaten, auf deren Seite der König stand, als auch die Mönche der Christkirche zu Canterbury nach einem alten Vorrechte und im Vertrauen auf die Unterstützung des päpstlichen Stuhls Anspruch auf das Recht, einen Nachfolger des Erzbischofs zu wählen. Sobald sich die Nachricht von dem Hinscheiden Hubert's verbreitete, versammelten sie sich, ohne die königliche Erlaubniß nachzusuchen, des Nachts heimlich und erhoben ihren Superior Reginald auf den erzbischöflichen Stuhl; da sie jedoch den Widerspruch des beleidigten Königs fürchteten, so verheimlichten sie ihre Wahl und schickten Reginald sogleich nach Rom, um die Billigung ihrer voreiligen Handlung einzuholen. Durch die unkluge Eitelkeit Reginald's, welcher sich auf der Reise als Erzbischof geberdete, wurde jedoch das unkluge Benehmen der Mönche ruchbar, und diese beschlossen jetzt selbst die Wahl als ungültig zu betrachten und baten den König um die Erlaubniß, zu einer öffentlichen und rechtmäßigen Wahl schreiten zu dürfen. Er ertheilte dieselbe, empfahl ihnen aber zugleich den Bischof von Norwich, John Gray, welchen denn auch die Mönche einstimmig wählten. Der neue Erzbischof wurde alsbald in sein neues Amt eingewiesen und eine aus zwölf Mönchen bestehende Deputation ging unmittelbar darauf nach Rom, um dort ihre Wahl zu verfechten. Der Papst erkannte zwar das auf unvordenklicher Verjährung beruhende Recht der Mönche an, beide Wahlen wurden aber dennoch für ungültig erklärt, die Reginald's, weil sie den kanonischen Vorschriften zuwider, und die Gray's, weil sie, ehe über die Nullität der früheren definitiv abgesprochen, vorgenommen worden sei. Der König, welcher diese Entscheidung voraussah, hatte zwar den Mönchen vor ihrer Abreise die Erlaubniß ertheilt, eine neue Wahl vorzunehmen, aber sie zugleich eidlich verpflichtet, Johann Gray zu wählen. Der Papst war jedoch diesem, da er der vertraute Rath des Königs war, nicht besonders hold, und brachte die Mönche durch gütliche Vorstellungen und Drohungen dahin, daß sie einen von ihm vorgeschlagenen englischen Prälaten, Stephan von Langton, wählten, einen sehr tüchtigen Mann, der bereits in den Hörsälen von Paris gelehrt und Kanzler der dortigen Universität gewesen und zum Cardinal von St. Chrysogonus ernannt worden war. Der König, über dieses Verfahren ergrimmt, beschloß die Wahl Gray's aufrecht zu erhalten und ließ die Mönche der Christkirche, welche die Ursache des Zwistes waren, aus dem Kloster und aus dem Lande jagen. Der Papst belegte, um den hartnäckigen Widerstand des Königs zu brechen, sein ganzes Reich mit dem Interdict (23. März 1208). Der König gab sich einige Jahre den Anschein, als verachte er die Folgen dieser in damaliger Zeit sehr tief und gefährlich einschneidenden Maßregel, mußte jedoch endlich dem Papste nachgeben und Stephan von Langton als Erzbischof von Canterbury anerkennen (15. Mai 1210). Johann Gray wurde zum Statthalter von Irland ernannt und starb daselbst im J. 1216. Er versuchte sich auch als Schriftsteller und man nennt ihn namentlich als Verfasser einer bis jetzt ungedruckten Sammlung von Briefen und einer Chronik, welche den Titel „Scalacronica" führt [1]). Diese Chronik, welche von Andern fortgesetzt sein mußte, reicht vom Jahre 1060 bis zum Jahre 1362. Neuere wollen sie jedoch einem Thomas Gray von Heton zuschreiben und unter diesem Namen ist sie auch auf Kosten des Maitlandclubs von Jos. Stevenson mit Anmerkungen (Scalacronica, a chronicle of England and Scotland from a. 1066—1362, now first printed from the unique manuscript. Glasgow 1835. 4.) herausgegeben [2]). (Vergl. den Artikel Gray [Thomas] p. 391.)

(*Ph. H. Külb.*)

GRAY (John), englischer Chirurg und Reisender, im J. 1768 zu Duns in Berwickshire geboren, widmete sich, nachdem er in seiner Vaterstadt die nöthige Vorbildung erhalten hatte und bei Murray, einem Chirurgen und Apotheker, den ersten Unterricht in dem Fache, welches er zu seinem Lebensberufe zu wählen gedachte, erhalten hatte, auf der Universität Edinburgh der Medicin und der Chirurgie und begab sich dann nach London in der festen Hoffnung, eine Anstellung bei der ostindischen Compagnie zu erhalten. Da aber diese Erwartung sich nicht verwirklichte, blieb er seit dem Jahre 1789 als Gehilfe bei dem berühmten Chirurgen Morris, ohne jedoch seinen Plan, in den Dienst irgend einer Administration zu treten, aufzugeben. Die Erfüllung seines Wunsches erfolgte endlich im J. 1790, in welchem er zum zweiten Chirurgen auf der nach Amerika absegelnden Fregatte Proserpina ernannt wurde. Er ging aber, da er ein leidenschaftlicher Freund des Reisens war, schon im folgenden Jahre von diesem in einem amerikanischen Hafen stationirten Schiffe auf den Aquilo über, auf welchem er große Strecken des atlantischen Oceans und des Mittelmeeres durchkreuzte. Er besuchte die Städte Nizza, Genua, Livorno, Neapel, Cagliari, Tanger, Saleh und Mogador, in welcher Festung er sammt seinen Reisegefährten ein trauriges Ende zu erwarten gehabt hätte, wenn das Schiff etwas früher eingelaufen sein würde,

1) *G. J. Vossius*, De historicis latinis. Lib. II. c. 56. *J. A. Fabricii* Bibliotheca medii aevi, ed. *Mansi*. Tom. IV. p. 81. 2) Vergl. *D. Hume*, History of England. (London 1786. 8.) Chap. XI. p. 57 seq. J. Lingard, Geschichte von England, deutsch von C. A. v. Salis. Bd. 3. S. 22 fg.

denn der Kaiser von Marocco, ärgerlich darüber, daß die europäischen Staaten einen Mitbewerber um den Thron begünstigten, hatte einige Tage vorher nach Mogador die Weisung ergehen lassen, ihm 60 Christenköpfe zu schicken. Gray landete nun, als er dieser ungeahnten Gefahr glücklich entronnen war, im J. 1793 zu Gibraltar, wo er einige Zeit in dem Hospitale diente, nachdem er in demselben nur langsam von einer gefährlichen Krankheit genesen war. Noch sehr schwach, schiffte er sich auf der Flotte des Admirals Hood ein und befand sich bei den Landungstruppen, welche sich Toulons bemächtigten. Sodann begab er sich nach Fort Mulgrave und leistete Dienste im Militairhospitale, während diese Stadt von dem französischen Revolutionsheere belagert wurde. Im folgenden Jahre (1794) brachte Lord Hood ihn als Chirurgen auf die Gorgone, welche bald darauf mit dem Agamemnon unter dem Befehle Hor. Nelson's die Belagerung des Forts Bastia unternahm. Auf diese Weise machte Gray die Bekanntschaft der Angehörigen des Admirals, welche ihm von großem Vortheil war. Von der Gorgone kam er auf den Dauphin, ein fliegendes Hospitalschiff, mit welchem er Calvi, Rom und die Insel Elba anlief. In den Jahren 1797 bis 1802 wurde er abwechselnd in den Hospitälern zu Lissabon, Gibraltar und auf Malta verwendet. Der Friede von Amiens erlaubte ihm, im J. 1802 sein Vaterland wieder zu sehen, wo er aber nur kurze Zeit verweilen konnte, da ihn die Erneuerung der Feindseligkeiten im folgenden Jahre wieder nach Malta rief. Seine sehr geschwächte Gesundheit bewog ihn jedoch, um einen längeren Urlaub nachzusuchen, welchen Nelson, der seine Brauchbarkeit und seine Leistungen kennen gelernt hatte, nur ungern gewährte. Gray besuchte nun zu seiner Erholung Padua, Vicenza, Pola, Venedig und Triest und reiste über Prag, Dresden, Berlin und Hamburg und durch Dänemark nach London, wo er Nelson traf, mit welchem er wieder in See zu stechen gedachte. Nelson segelte aber früher ab und Gray sah ihn nicht wieder. Dieser schiffte sich nun im J. 1806 auf der Flotte des Admirals Collingwood ein bei welchem er fünf Jahre blieb und welcher ihn zuletzt zum Oberaufseher über die Hospitäler zu Gibraltar ernannte. Im J. 1810 kehrte er auf einem aus Persien kommenden Schiffe, welches den Gesandten dieses Landes an Bord hatte, nach London zurück und erhielt zur Belohnung seiner langen Dienste die Stelle des zweiten Arztes im königlichen Hospitale von Haslar, dessen erster Arzt er im J. 1819 wurde. Seine Wanderungslust ließ ihn aber immer noch nicht ruhen und er verschaffte sich Urlaub, um die Schweiz und die bierischen Inseln zu besuchen. Nach der Heimkehr nahm er seine Entlassung und machte bereits die Vorbereitungen zu einer Reise nach Frankreich und Italien, als ihn die lähmende Gicht sechs Monate lang auf das Krankenlager warf; er erholte sich nur sehr unvollkommen von diesem Unfalle und starb an den Folgen desselben nach fünfjährigen Leiden am 20. März 1825 zu London. Er hinterließ ein Tagebuch, welches jedenfalls nach der Versicherung seiner Freunde sehr anziehend sein muß. Seine ununterbrochenen Reisen nach verschiedenen Gegenden, seine Bekanntschaft mit hochstehenden und einflußreichen Männern, die wichtigen und mannichfaltigen Ereignisse, an denen er auf seinen Fahrten Theil nahm, und die zahlreichen Anekdoten, welche er als Augenzeuge erzählen konnte, mußten es jedenfalls unterhaltender machen, als viele andere Memoiren, welche wie Pilze in der englischen Literatur der neuesten Zeit auftauchten, nur mit dem Unterschiede, daß seine Erzählung sich auf Wahrheit stützte. Man darf dies mit Gewißheit aus den Proben voraussetzen, welche sein Bruder Simon Gray aus dem völlig ausgearbeiteten Tagebuche mittheilte[1]), und es ist gewiß zu bedauern, daß dieses nicht durch den Druck zum Gemeingut der wißbegierigen und gebildeten Welt gemacht wurde[2]). *(Ph. H. Külb.)*

GRAY (Sir John), berühmter britischer General, um 1785 geboren, widmete sich sehr früh dem Kriegsdienste und trat 1798 als Fähnrich in die Armee. Im folgenden Jahre war er bereits Lieutenant und brachte es unter Wellington auf dem Feldzuge in Spanien zum Hauptmann (1803) und zum Major (1808); auch kämpfte er mit in der Schlacht bei Waterloo. Dann ging er als Oberst (1830) nach Ostindien, wo er ein Commando erhielt und zum Generalmajor vorrückte (1838). Als solcher zeichnete er sich aus in der Schlacht von Mallavelly und bei dem Angriffe von Seringapatam. Später schlug er mit dem linken Flügel der Armee von Gwalior, welcher kaum 2000 Mann zählte, ein Mahrattenheer von 20,000 Mann bei Punniar (28. Sept. 1843) und erbeutete 25 Geschütze und die gesammte Munition, wodurch er nicht wenig die Unterwerfung des Volksstammes der Mahratten beschleunigte. Er trug als Belohnung seiner Verdienste das Commandeurkreuz des Bathordens davon, erhielt im J. 1846 das 73. und im J. 1849 das 5. Infanterieregiment und wurde im J. 1850 zum Oberbefehlshaber in Bombay ernannt. Hier traf ihn ein Schlaganfall und er sah sich im J. 1852 durch Gesundheitsrücksichten genöthigt, nach der Heimath zurückzukehren. Er wurde hier am 20. Jan. 1855 zum wirklichen General (General der Infanterie) befördert und starb am 19. Febr. 1856. *(Ph. H. Külb.)*

GRAY (Ralph), ein englischer Edelmann, welcher in dem blutigen Kriege zwischen den Häusern York und Lancaster oder in dem Kriege der Weißen und Rothen Rose eine bedeutende, aber zweideutige Rolle spielte, um das Jahr 1425 geboren, diente zuerst der York'schen Partei und hoffte auf entsprechende Berücksichtigung und Belohnung; als aber Eduard IV. nach seiner Krönung das Schloß Alnwick, welches er früher für ihn erobert hatte, nicht ihm, sondern Johann Ashley schenkte, gerieth er in große Wuth und suchte das erwähnte Schloß zu überrumpeln und gegen Eduard zu behaupten. Nevil Lord Montague, Gouverneur der östlichen Marken, ver-

---

1) Bei dem Nekrologe in dem Obituary. Vol. XI. (1827.)

2) Vergl. Biographie universelle. Tom. LXVI. p. 49. Biographie générale. Tom. XXI. p. 759.

eitelte aber seine Anschläge und brachte dem zu seinem Beistande gesammelten Lancaster'schen Heere bei Hexham eine empfindliche Niederlage bei (25. April 1464). Die entkommenen Anführer warfen sich mit Gray in das Schloß von Bamborough, welches unverzüglich von dem Grafen von Warwick, dem besten Feldherrn Eduard's, belagert wurde. Die unersteigliche Feste hätte jedoch allen Anstrengungen der Belagerer getrotzt, wenn nicht zufällig eine Mauer über den Befehlshaber Gray zusammengestürzt wäre und ihn arg beschädigt hätte. Die Belagerten, welche nicht glaubten, daß er wieder hergestellt werden könne, capitulirten, ohne für ihn günstige Bedingungen zu erwirken. Gray wurde deshalb von den Siegern mit grausamer Sorgfalt gepflegt und aufgespart, um an ihm Rache zu nehmen und ihn den schmählichen Tod eines Verräthers sterben zu lassen. Man brachte ihn nach seiner Genesung zu Doncaster vor den König, welcher ihm die Sporen abschlagen, den Waffenrock zerreißen und ihm folgendes Urtheil verkünden ließ: „Deine Strafe, Sir Ralph, soll diese sein. Du sollst gehen auf deinen Füßen bis ans Ende der Stadt und dort sollst du niedergelegt und zu einem für dich errichteten Schaffot geschleift, das Haupt soll dir abgeschlagen und der Leib bei den Mönchen, das Haupt aber dort begraben werden, wo es dem Könige gefällt." Das Urtheil wurde, wie es gesprochen worden war, sofort im Juli 1464 vollzogen*). (*Ph. H. Külb.*)

GRAY (Robert), englischer Prälat und Schriftsteller, im J. 1763 zu London geboren, erhielt seinen Schulunterricht in dem College zu Eton, wo er mit dem später so berühmt gewordenen Philologen Porson dauernde Freundschaft schloß, und widmete sich dann auf der Universität zu Oxford der Theologie. Nach der Vollendung seiner Studien wurde er zuerst Vicar zu Farringdon in Berkshire, wo er die ihm vergönnte Muße zur Vermehrung seiner Kenntnisse und zu literarischen Arbeiten benutzte, wie denn in diese Zeit seine gründliche und besonders für angehende Theologen sehr brauchbare Einleitung in das alte Testament (Key to the Old Testament and Apocrypha or an account of their several books, their contents and authors, and of the times in which they were respectively written. London 1790. 8.) fällt, welche in vielen Auflagen verbreitet wurde, von denen die zehnte von Rivington besorgte (Lond. 1841. 8.) als die vorzüglichste gilt. Nachdem Gray durch dieses von seinen Landsleuten als classisch betrachtete Handbuch seinen Ruf als Schriftsteller auf eine dauernde Weise begründet hatte, machte er, um auch das Leben und die Sitten anderer Völker kennen zu lernen, eine Reise durch Teutschland, die Schweiz und Italien, deren Beschreibung er bald nach seiner Heimkehr unter dem Titel: Letters written during a Tour through Germany, Switzerland and Italy in the years 1791 and 1792 (London 1794. 8.) herausgab, für welche Art von Darstellung er aber weniger Geschick zeigt, weshalb auch diese Reisebriefe keinen sehr großen Beifall fanden. Dagegen bewährte er wieder durch seine Predigten über die Geschichte der englischen Reformation (Bampton Lecture, sermons on the principles of the reformation of the Church of England. Lond. 1796. 8.) und seine Reden über die Wahrheit, den Einfluß und die Lehren des Christenthums (Discourses on Various Subjects, illustrative of the Evidence, Influence and Doctrines of Christianity. Lond. 1793. 8.) sein Talent zu einer geistvollen Erörterung gelehrter Gegenstände. Im J. 1802 wurde er zum Pfarrer zu Craike in Yorkshire und im J. 1804 zum Pfründner an der Kathedrale zu Durham ernannt, in welcher sehr angenehmen und einträglichen Stellung er längere Zeit blieb. Seine ausgezeichnete Predigergabe und seine Verdienste als theologischer Schriftsteller rechtfertigten hinlänglich diese übrigens glänzende Beförderung. Er machte indessen einen sehr lobenswerthen Gebrauch von seinem reichlichen Einkommen und erwarb sich die öffentliche Achtung in hohem Grade durch sein fortwährendes eifriges Bemühen um die physische und moralische Verbesserung der Bevölkerung, in deren Mitte er lebte. In den Schulen suchte er Lancaster's Lehrmethode einzuführen; ferner stiftete er überall Bibelgesellschaften, ermahnte zur Errichtung von Sparkassen und betrieb bei der zunehmenden Bevölkerung die Gründung von Krankenhäusern. Ueberhaupt ließ er keine Gelegenheit unbenutzt, um die Wohlfahrt des Volkes zu fördern. Bei der Anwesenheit des berühmten Chemikers Humphry Davy's zu Wearmouth im J. 1813 suchte er dessen Mitleiden für die durch die schlagenden Wetter in den Gruben damals verunglückten Bergleute zu erregen und veranlaßte dadurch die Erfindung der Sicherheitslampe. Bei allen diesen Bestrebungen, welche einen großen Theil seiner Zeit in Anspruch nahmen, vernachlässigte er seine wissenschaftlichen Arbeiten nicht. Er vollendete während dieser Zeit seine merkwürdige Theorie der Träume (The Theory of the Dreams, in which an inquiry is made into the powers and faculties of the human mind, as they are illustrated in the most remarkable dreams recorded in sacred and profane history. London 1808. 8.), in welcher er die außerordentliche Kraft, welche der Geist zuweilen mit Hülfe des Traumes gewinnt, durch treffende Beispiele zeigt und seine Beweise hauptsächlich der heiligen Schrift entnimmt. Ebenso merkwürdig ist sein Versuch, den Inhalt der heiligen Schrift mit den Werken der jüdischen und heidnischen Schriftsteller in Einklang zu bringen (The connexion between the sacred writings and the literature of Jewish and heathen authors, particularly that of the classical ages, illustrated principally with a view to evidence, in conformation of the truth and revealed religion. London 1816. 8.), obschon seine Erörterungen beiweitem nicht so überzeugend sind, als er selbst glaubt. Gray ist in der That der Ansicht, er habe einen neuen Beweis der Wahrheit der Offenbarung entdeckt; ist dies auch nicht der Fall, so beweist doch die Durchführung des aufgestellten Satzes die Gelehrsamkeit und den

---

*) J. Lingard, Geschichte von England, teutsch von C. A. v. Salis. Bd. 5. S. 204 fg.

guten Geschmack des Verfassers, und nicht nur Theologen, sondern auch Philologen und Geschichtsforscher werden darin viel Brauchbares und Anregendes finden. Als einen Zusatz zu diesem Werke kann man Gray's letzte Schrift: Josiah and Cyrus the two great objects of Divine notice in the Scheme of revelation (London 1823. 8.) betrachten. Gray's Wohlthätigkeit und der bedeutende Umfang seines Wissens ließen vermuthen, daß er schon früh eine der höchsten Stellen in der anglicanischen Kirche einnehmen würde, und doch gelangte er erst spät zu einer solchen, denn er hatte bereits das 60. Jahr überschritten, als sein Freund Lord Liverpool ihn im J. 1827 auf den bischöflichen Stuhl von Bristol brachte und mit dieser Handlung die Thätigkeit seines Ministeriums schloß. Gray, der durch sein vorgerücktes Alter von Eigensinn nicht mehr frei war und die Bestrebungen der jüngeren Generation nicht richtig zu würdigen wußte, bezeichnete den Eintritt in seine Diöcese durch einen großen Eifer für die Förderung der Religion und die Unterstützung der Armen, aber auch für Erhaltung und Vermehrung der Privilegien seines Klerus. Besonders jedoch zeigte er sich im Parlament zu unvorsichtig als ein eigensinniger Vertheidiger veralteter Meinungen und der von der Verfassung der englischen Kirche zugestandenen übertriebenen Vorrechte. Nach verließ der Aufstand in Bristol am 30. Oct. 1831 nicht ohne Gefahr für den hartnäckigen Prälaten. Das Volk erzwang den Eingang zu seinem Palaste und einige wüthende Leute suchten ihn überall mit der Drohung, ihm das Leben zu nehmen; seine Freunde riethen ihm, zu entfliehen, sie vermochten ihn aber nur bis zur Kathedrale zu bringen, denn hier erwachte sein Muth wieder. Wo kann ich rühmlicher sterben als in meiner Kathedrale, sprach er zu denen, welche ihn weiter ziehen wollten, und erwartete ruhig die tobende Menge, welche seinen Tod forderte und seinen Palast zertrümmerte. Das gefährliche Gewitter verzog sich indessen bald und ruhige Ueberlegung folgte der Aufregung, welche bereits die Grenzen des Gesetzes überschritten hatte. Der Klerus votirte nun dem Bischofe, welcher für die Erhaltung ihrer Vorrechte sein Leben gewagt hatte, feierliche Dankadressen und ein kostbares Silbergeschirr. Zwei Jahre später wurde er von der damals zu London herrschenden Influenza befallen, und obwol er sich zuweilen besser fühlte, so erlangte er doch seine Gesundheit nicht ganz wieder, da er sich nicht die nöthige Ruhe gönnte, sondern seinen geistlichen Verrichtungen emsig oblag und nicht unterlassen konnte, wie gewöhnlich von der Kanzel herab zu den Frommen seines Sprengels zu sprechen. Er starb am 28. Sept. 1834 zu Rodney-House. Kurz vor seinem Tode hatte der Herzog von Wellington ihm den Bischofsstuhl von Bangor angeboten, welchen er aber ablehnte. Seine Asche ruht auf dem Friedhofe der Kathedrale von Bristol nahe bei den Ruinen seines Palastes, welchen das Volk der Erde gleich gemacht hatte *).
(*Ph. H. Külb.*)

GRAY (Stephen), berühmter englischer Physiker in der ersten Hälfte des 18. Jahrh., über dessen Lebensverhältnisse trotz seiner bedeutenden Leistungen und trotz der allseitigen Anerkennung derselben aber Nichts weiter bekannt ist, als daß er gegen das Ende des 17. Jahrh. geboren wurde, sich in London, wo er Mitglied der königlichen Gesellschaft der Wissenschaften war, aufhielt und daselbst am 15. Febr. 1736 starb. Er beschäftigte sich ausschließend mit der Naturkunde und dehnte seine Forschungen und Versuche über alle Theile derselben aus. Zuerst trat er mit seinen mikroskopischen Beobachtungen und Versuchen im Allgemeinen (Several microscopical observations and experiments, in den Philosophical Transactions Y. 1696. p. 280) und insbesondere mit dem von ihm erdachten Wassermikroskop, welches darin besteht, daß man einen die Glaslinse vertretenden Wassertropfen mit einer Nadel aufnimmt und in das kleine Loch einer dünnen Metallplatte bringt. Die Abhandlungen, worin er über sein Verfahren und die Ergebnisse desselben Rechenschaft gibt (Further account of his water microscope, Phil. Transact. Y. 1696. p. 353 und Letter on making water subservient to the viewing both near and distant objects with the description of a natural reflecting microscope, Ibid. Y. 1697. p. 539), sind ebenso lehrreich, als seine Bemerkungen über die Verfertigung von Hohlspiegeln von annähernd parabolischer Form (Letter relating some experiments about making concave specula nearly of a parabolick figure, Ibid. Y. 1697. p. 787). Zugleich befaßte er sich fleißig mit astronomischen Untersuchungen, wie seine Abhandlungen aus diesem Theile der Naturkunde (A way of measuring the height of the mercury in the barometer more exactly in den Philos. Transact. Y. 1698. p. 176. Observation of some parhelii seen at Canterbury, 26. Feb. 1699. Ibid. Y. 1699. p. 126 und Part of a letter concerning an unusual parhelion and halo, 7. Apr. 1699. Ibid. p. 126) beweisen; besonders belehrend sind seine Bemerkungen über die Sonnenflecken (Letters concerning the spots of the sun, observed by him in June 1703. Ibid. Y. 1720. p. 104) und über eine neue Art und Weise, die Mittagslinie zu ziehen (Letter containing his observations on the fossils of Reculver Cliffe and a new way of drawing the meridian line, Ibid. Y. 1701. p. 762 und Letter concerning drawing the meridian line by the pole-star and finding the hour by the same, Ibid. p. 815). Den Grund zu seiner Berühmtheit legte er aber durch seine umfassenden Forschungen über die Elektricität, und seine Aufsätze, worin er diese mittheilt und entwickelt, sind Meisterstücke physikalischer Erörterungen. Diese nur in den Denkschriften der Gesellschaft der Wissenschaften mitgetheilten Abhandlungen (An account of some new electrical experiments, Phil. Transact. Y. 1720. p. 104. A letter containing several experiments concerning electri-

*) Biographie universelle. Tom. LXVI. p. 48. Biographie générale. Tom. XXI. p. 759. *A. Allibone*, Critical dictionary of English Literature. Vol. I. p. 723.

city. Ibid. Y. 1731. p. 18. On the electricity of water. Ibid. Y. 1732. p. 227 seq. Experiments and observations upon the light that is produced by communicating electrical attraction to animal or inanimate bodies, together with some of its most surprising effects. Ibid. Y. 1735. p. 16. 166. Letter concerning the revolutions which small pendulous bodies will, by electricity, make round larger ones from West to East as the planets do round the sun. Ibid. Y. 1736. p. 220 und An account of some electrical experiments intended to be communicated to the Roy. Soc. Ibid. p. 400) verdienten, um den Naturforschern zugänglicher zu werden, einen besondern Abdruck, weil in ihnen manche physikalische Frage zuerst erörtert ist. Gray entdeckte schon vor dem Jahre 1733 das Mittel, den Körpern, welche keine Elektricität besitzen, dieselbe dadurch mitzutheilen, daß man sie mit elektrischen Körpern in Verbindung bringt, und daß diese Eigenschaft, welche sie durch die Reibung erhalten, auf eine große Entfernung zu übertragen. Er folgerte daraus, daß man das elektrische Fluidum auf einen Punkt zusammendrängen könne, und zeigte dadurch den Weg zur Erfindung der leydener Flasche Muschenbroek's und der elektrischen Batterien; ebenso erkannte er die Möglichkeit, das Wasser durch Mittheilung zu elektrisiren. Er entlockte zuerst einem auf zwei seidenen Schnüren schwebend liegenden Eisenstabe Funken und bemerkte, daß diese an dem dicksten Ende am stärksten waren, welche Bemerkung zur Entdeckung der Blitzableiter führte. Gray's Versuchen und Entdeckungen folgte in Frankreich sehr aufmerksam Ch. F. Dufay, welcher darüber der französischen Akademie eine fortlaufende Reihe von 18 Berichten erstattete, welche in den Denkschriften dieser Gesellschaft aus den Jahren 1733—1737 abgedruckt sind. Gray arbeitete so leidenschaftlich für die Fortschritte seiner Wissenschaft, daß er noch am Tage vor seinem Tode seinem Freunde Mortimer mehrere Beobachtungen in die Feder sagte. Seine letzte Arbeit, welche er der Societät der Wissenschaft zur Veröffentlichung übergab, ist die Beobachtung einer Sonnenfinsterniß (Letter containing an account of the eclypse of the sun on May 2 1733, observed at Norton-Court, in den Philos. Transact. Y. 1733. p. 114). Als den Fortsetzer seiner Untersuchungen über die Elektricität kann man seinen Landsmann Wheler betrachten. Ein anderer Naturforscher dieses Namens, Edward Whitaker Gray, geboren zu London am 21. März 1748, war Aufseher der Naturalien und Antiquitäten des britischen Museums und Mitglied und Secretair der königl. Gesellschaft der Wissenschaften. Er starb am 27. Dec. 1806 zu London. Er machte sich durch einige physikalische Abhandlungen (On the manner in which glass is charged with the electric fluid and discharged, in den Philos. Transact. 1783 und On the earthquake felt in various parts of England. Ibid. 1796) bekannt. Ein zweiter Gelehrter dieses Namens, David Gray, Professor der Physik am Marischall-College in Aberdeen, welcher im März 1856 starb, scheint sich nicht als Schriftsteller versucht zu haben. Dagegen erwarb der Engl Samuel Frederick Gray durch mehrere Schriften (Arrangement of British Plants. London 1821. 8. 2 Voll. Elements of Pharmacy and Materia Medica. Ibid. 1823. 8. Operative Chemist. Ibid. 1828. 8. Ed. 2. Ibid. 1831. 8., teutsch Weimar 1829. 8., und Supplement to the Pharmacopoeia by Redwood. Ibid. 1847. 8. 2. ed. Ibid. 1848. 8.) Beifall *). (*Ph. H. Külb.*)

GRAY (Thomas), englischer Historiker, welcher wahrscheinlich am Ende des 14. oder Anfange des 15. Jahrh. lebte, von welchem jedoch keine nähern Nachrichten zu finden sind, als daß er Sir von Heton hieß und eine Chronik schrieb, welche unter dem Namen Scala-Chronica oder Scala mundi den Literarhistorikern längst bekannt war, ohne daß sie über ihren Inhalt genügende Auskunft zu geben wußten. Von Manchen wird auch ein Johann von Oxford als Verfasser dieser Chronik genannt, von Andern wird sie wieder andern Historikern zugeschrieben †). Sie umfaßt in sehr dürftigen Umrissen und Auszügen die Geschichte Englands und Schottlands vom Jahre 1066 bis zum Jahre 1362, und würde vielleicht allmälig gänzlich der Vergessenheit anheimgefallen sein, wenn sie nicht in der neuern Zeit einen Retter an dem Maitland-Club gefunden und auf dessen Kosten unter dem Titel: Scala-cronica, a chronicle of England and Scotland, now first printed from the unique ms. with notes by Jos. Stevenson (Glasgow 1836. 4.) herausgegeben worden wäre. (*Ph. H. Külb.*)

GRAY (Lord Thomas), in der zweiten Hälfte des 16. Jahrhunderts geboren, einer der Unzufriedenen, welche in der ersten Zeit der Regierung Jacob's I. eine Verschwörung anstifteten, über welche jedoch noch tiefes Dunkel schwebt. Eigentlich sollen es zwei Verschwörungen gewesen, von denen die erste den Zweck gehabt habe, die Ansprüche Arabella's Stuart, einer nahen Verwandten des Königs, welche gleich ihm von Heinrich VII. abstammte, zu unterstützen und auf den englischen Thron zu setzen, weshalb diese Verschwörung die Hauptsache (the main) hieß, die andere aber nur beabsichtigt habe, mißliebige Personen aus den höchsten Staatsämtern zu entfernen und den König zur Duldung und Unterstützung der religiösen Ansichten der Verschworenen zu zwingen, weshalb sie die Nebensache (the bye) hieß. Unter den Katholiken hatte man den Missionair Watson und unter den Puritanern Lord Gray, einen jungen Cavalier von enthusiastischem Eifer und entschlossenem Muthe, der sich zurückgesetzt glaubte, gewonnen. Ihren ersten Plan, sich während der Nacht des Königs zu Greenwich zu bemächtigen, gaben die Verschworenen wieder auf, weil in dem Palaste eine Wache von 300 bewaffneten Edelleuten lag, und sie beschlossen, ihr Ver-

*) Biographie universelle. Tom. LXVI. p. 60. Biographie générale. Tom. XXI. p. 756. *A. Allibone*, Critical Dictionary of English Literature. Vol. I. p. 725. J. C. Poggendorff, Biographisch-literarisches Handwörterbuch S. 945.

†) Vergl. *J. Ger. Vossii* De historicis latinis lib. III. p. 725. (Ed. Lugd. Batav. 1651. 4.)

haben zu Hanworth, wo der König, wenn er jagte, in dem Hause eines Privatmannes Erfrischungen einzunehmen pflegte, auszuführen. An dem bestimmten Tage (24. Juni 1683) schlug Lord Gray, welcher versprochen hatte, mit 100 Reitern bei dem Ueberfalle mitzuwirken, zum Erstaunen der Uebrigen vor, die Sache noch um einige Monate zu verschieben. Er war eifersüchtig auf die angebliche Menge der bei der Verschwörung betheiligten Katholiken und hoffte in der Zwischenzeit zur Stärkung der puritanischen Partei mehr Truppen zu werben. Die Verschwörung war aber bereits verrathen und man schritt zur Verhaftung der Mitschuldigen. Sie wurden zum Tode verurtheilt und Walson nebst mehreren andern sogleich hingerichtet; Lord Gray benahm sich während des Processes sehr muthig und vertheidigte sich vor den Peers mit so eindringlicher Beredsamkeit, daß er sogar die Achtung der Richter, die ihn verurtheilten, gewann. Mehrere Lords baten für die Begnadigung der Schuldigen, andere verlangten mit ungebührlicher Heftigkeit die Vollstreckung des Urtheils. Der König schwieg und unterzeichnete den Befehl zur Hinrichtung Gray's und seiner Mitschuldigen. Gray wanderte mit unerschütterlicher Fassung zum Blutgerüste, vor ihm her gingen mehrere junge Cavaliere, ihm zur Seite seine zwei theuersten Freunde; der ihn begleitende Geistliche betete laut; Gray sprach die Gebete nach mit fester Stimme, die inbrünstigste Frömmigkeit in Haltung und Sprache. An Ort und Stelle angelangt, kniete er nieder, stand dann auf und bekannte laut seine Schuld; darauf fiel er wieder auf die Kniee und betete eine volle halbe Stunde für den König und das königliche Haus; in dem Augenblicke aber, als die Hinrichtung vollzogen werden sollte, verkündete der Sheriff mit lauter Stimme, der König habe aus eigenem gnädigen Entschlusse den Verurtheilten das Leben geschenkt. Sie wurden nun, da sie selbst ihre Schuld bekannt hatten, nach verschiedenen Gefängnissen abgeführt; Gray wurde nach dem Tower gebracht, worin er im J. 1614 nach eilfjähriger Gefangenschaft starb. Die ganze Verschwörung, welche aus so fremdartigen Bestandtheilen zusammengesetzt war und so leicht vereitelt wurde, lieferte offenbar wenig Grund zu argen Besorgnissen, machte aber doch den König noch mistrauischer gegen die Puritaner und Katholiken *). (*Ph. H. Külb.*)

GRAY (Thomas), einer der englischen Lords, welche gegen den König Jacob II. die Fahne des Aufruhrs erhoben, um das Jahr 1640 geboren, befand sich bei den Flüchtlingen, welche unter der Regierung Karl's II. wegen Verfolgung ihrer Confessionsansichten in Holland Unterkunft und Schutz gefunden hatten. Sogleich nach dem Tode des Königs hielten diese eine Versammlung zu Rotterdam, in welcher beschlossen wurde, daß man unverweilt dem Volke in England und Schottland die Gelegenheit bieten müsse, sich um das Panier des Protestantismus und der Freiheit zu sammeln und den Herzog von Monmouth, angeblich einen natürlichen Sohn des verstorbenen Königs, zu ihrem Anführer zu wählen. Dieser erbot sich auch, sein Leben für die gemeinsame Sache zu wagen, und verließ mit einigen Schiffen und geringer Mannschaft am 24. Mai 1685 Holland. Das Wagniß fand jedoch, als Monmouth zu Lyme, einem kleinen Hafen in Dorsetshire, landete, wenig Theilnahme; trotzdem wurde Lord Gray, welcher die Reiterei von etwa 400 Mann anführte, beauftragt, die benachbarte Stadt Bridport zu nehmen. Als er aber von einem Musketenfeuer empfangen wurde, wodurch zwei Mann fielen, ergriff Gray, welcher keinen Ueberfluß an Muth besessen zu haben scheint, die Flucht. Monmouth, welcher bereits den Königstitel angenommen hatte, verlor durch diesen nicht ehrenvollen Anfang den Muth, und Gray hatte Mühe, ihn von einem Versuche, sich durch die Flucht zu retten, vorerst noch abzuhalten. Unterdessen war das von Jacob I. aufgebotene Heer angerückt und hatte sich bei Sedgemoor gelagert. Man beschloß einen nächtlichen Angriff auf das Lager, aber die von Gray schlecht angeführte Reiterei wurde bei dem ersten Anprall zurückgeworfen und zerstreute sich. Monmouth und Gray ergriffen die Flucht und versteckten sich, als ihre Verfolger herannahten, auf den Feldern in einem Graben; sie wurden aber entdeckt und als Gefangene nach London in den Tower gebracht. Als Gray dem Könige vorgeführt wurde, benahm er sich mit geziemender Ehrfurcht, beantwortete dessen Fragen mit Bescheidenheit und Festigkeit, aber er entdeckte Nichts und bat um keinerlei Gunst, sodaß Jacob selbst nicht umhin konnte, seine Entschlossenheit zu loben. Als Gray später ein schriftliches Bekenntniß seiner Schuld ablegte und darin eine ausführliche Schilderung der Invasion Monmouth's, welcher bereits enthauptet worden war, einflocht, wurde er begnadigt, und nachdem seine Achtung zurückgenommen war, im J. 1686 rehabilitirt. Er ward sogar später von König Wilhelm III. zum Grafen Tankerville erhoben und mit den Aemtern eines Kanzlers des Herzogthums Lancaster, eines ersten Lords der Admiralität und Lord Siegelbewahrers bekleidet. Er starb im J. 1710. Von seinem Charakter kann man keine günstige Meinung haben, wenn man bedenkt, wie feig er sich im Kampfe benahm, und daß er seine Schwägerin Lady Henriette Berkely verführte *). (*Ph. H. Külb.*)

GRAY (Thomas), geboren am 16. Dec. 1716 zu Cornhill, war ein Sohn des wohlhabenden Kaufmanns Philipp Gray, der jedoch das von seinem Vater ererbte, sehr beträchtliche Vermögen durch Nachlässigkeit in seinen Geschäften und durch Verschwendung bedeutend vermindert hatte, zu großem Nachtheil seiner zahlreichen Familie. Thomas Gray war der fünfte Sohn unter mehreren Geschwistern, die fast alle in ihrer Kindheit an zu großer Vollblütigkeit starben. Auch er wäre in so zartem Alter beinahe erstickt, wenn nicht seine Mutter mit einem bei ihrem Geschlechte nicht gewöhnlichen Muthe und mit wahrhaft mütterlicher

*) Vergl. *Dav. Hume*, History of England. (Lond. 1786. 8.) Tom. VI. p. 5. J. Lingard, Geschichte von England, übersetzt von C. A. v. Salis. Bd. 9. S. 13 fg.

*) J. Lingard, Geschichte von England. Bd. 14. S. 44 fg.

Liebe es gewagt hätte, ihm mit eigener Hand eine Ader zu öffnen, wodurch der Patriotismus gehoben ward.

Erzogen ward Gray in der Schule zu Eaton, unter der Aufsicht seines Oheims Antrobus, der damals einer von den assistirenden Vorstehern jener Lehranstalt und zugleich ein Mitglied des Petercollege zu Cambridge war, wo Gray 1734 seine akademische Laufbahn eröffnete. Auf der Schule zu Eaton verlebte er glückliche Jahre, an die er noch in späterer Zeit oft zurückdachte und sie durch ein Gedicht feierte [1]). Mit einem talentvollen Jüngling von beinahe gleichem Alter schloß er dort einen innigen Freundschaftsbund, der auch nach ihrer Trennung durch einen ununterbrochenen Briefwechsel fortbestand. Dieser Jüngling war Richard West, ein Sohn des Lordkanzlers von Irland und von mütterlicher Seite ein Enkel des berühmten Bischofs Burnet [2]). Richard West begab sich von Eaton nach Oxford gerade zu der Zeit, wo Gray nach Cambridge ging, um dort die Rechte zu studiren. Nach der Behauptung einiger von West's Freunden soll er Gray an Kenntnissen übertroffen haben. Was er in Zukunft geleistet haben würde, läßt sich jedoch nicht genau bestimmen, da er, noch sehr jung, im 26. Jahre, am 1. Juni 1742, starb [3]).

Ein aus Cambridge vom 8. Mai 1736 von Gray an seinen Freund West gerichteter Brief, in welchem er sich wegen seiner Saumseligkeit im Schreiben entschuldigte, enthält zugleich eine höchst charakteristische Schilderung seiner Lebensweise und seiner Studien, nicht ohne einen Anflug von Melancholie, die ihn durch sein ganzes Leben begleitete. „Wenn wir uns," schrieb Gray, „wie ich hoffe, in einigen Tagen in London sehen, so werde ich mich freuen zu hören, was Du machst, was Du liesest und wie Du Deine Zeit zubringst, und Dir zu sagen, was ich nicht lese, was ich nicht mache; denn fast alle Anwendung meiner Stunden ist negativ. Glaube mir's auf mein Wort und meine Erfahrung: Nichts zu thun ist ein sehr angenehmes Geschäft, und doch macht mir weder Etwas noch Nichts Freude. Wenn Du einen einzigen meiner Tage gesehen hast, so hast Du ein ganzes Jahr meines Lebens gesehen. Sie gehen immer im Kreise herum, wie das Pferd mit verbundenen Augen in der Mühle, das doch noch die Zufriedenheit hat, sich einzubilden, daß es weiter gehe. Meine Augen sind offen genug, um fortwährend dieselbe dunkle Aussicht zu erblicken, und um zu wissen, daß, nachdem ich 24 Schritte mehr gemacht, ich eben noch auf eben dem Platze stehe, wo ich bisher war. Mit größerem Rechte als irgend Jemand würde ich sagen können, daß mein Leben nur eine Spanne ausmacht, wenn ich nicht fürchtete, Du würdest es nicht glauben, daß ein Mensch von so kurzem Leben doch einen so langen Brief schreiben könne, wie den gegenwärtigen. — Darüber aber freue ich mich herzlich, daß Du noch einigen Antheil an meinem Schicksal nimmst. Du darfst nicht zweifeln, den ersten Platz in der vornehmsten Loge meines kleinen Herzens einzunehmen, und ich denke, Du bist nicht in Gefahr darin verdrängt zu werden."

Was ihm den Aufenthalt in Cambridge vorzüglich verleidete, war der geringe Werth, den man dort auf das zu Eaton von ihm mit besonderer Vorliebe betriebene Studium der alten Classiker legte. Bitter beklagte er sich darüber in einem an seinen Freund West im December 1736 geschriebenen Briefe, der auch deshalb merkwürdig ist, weil er den darin über die akademische Erziehung enthaltenen Jugendideen Zeitlebens treu blieb, und sich darüber mit so weniger Zurückhaltung äußerte, daß er sich dadurch viele Feinde zuzog. „Ich habe," schrieb er, „täglich, ja stündlich Vorlesungen ausgehalten, belebt von der Hoffnung, in Kurzem die Freiheit zu erhalten, mich meinen Freunden, den alten Griechen und Römern, wieder zu überlassen. Hier sehe ich sie bei der Menge in große Verachtung gerathen. Aber ich kann nicht umhin, ihnen anzuhängen, und es ist mir, als ob ich hartnäckig genug wäre, sie eben darum noch mehr zu lieben. Was kann ich sonst thun? Soll ich mich unter die Metaphysik begraben? Ich kann nicht im Dunkeln sehen, die Natur gab mir nicht die Sehorgane einer Katze. Soll ich in die Mathematik hineinschauen? Meine Augen können zu vieles Licht nicht ertragen; ich bin kein Adler. Es ist sehr möglich, daß zwei und zwei vier machen, aber ich möchte nicht vier Heller darum geben, um dies noch so deutlich demonstriren zu können. Wären dies die gemeinnützigsten Kenntnisse im Leben, so lasse man mir die Vergnügungen des Lebens. Die Leute, die ich um mich her gewahr werde, wissen alles dies und noch mehr, und doch kenne ich keinen Einzigen, der in mir den Ehrgeiz erregte, ihm gleich zu sein. Von diesem Orte, der jetzt Cambridge genannt wird, aber ehemals unter dem Namen Babylon bekannt war, hat ganz sicher der Prophet geredet, wenn er sagt: „„Zihim werden sich da lagern und ihre Häuser voll Ohim sein, und Strauße werden da wohnen, und Feldgeister werden da hüpfen, und Eulen in ihren Palästen singen, und Drachen in den lustigen Schlössern"" [4]). Du siehst hier eine ansehnliche Sammlung wilder Thiere, die in dieser Stadt

1) In seiner Ode on a distant prospect of Eaton College heißt es unter andern:

Ah happy hills! ah pleasant shade!
Ah fields belov'd invain!
Where once my careless childhood stray'd,
A stranger yet to pain!
I feel the gales from ye blow,
A momentary bliss bestow,
As waving fresh their gladsome wing,
My weary soul they seem to sooth,
And, redolent of joy and youth,
To breath a second spring.

2) Gilbert Burnet, Bischof von Salisbury, geboren 1643 zu Edinburg, gestorben am 17. März 1715, als Schriftsteller vorzüglich geschätzt wegen seiner History of Reformation (1679—1715. fol. 3 Voll.) und der History of my own times, welches letztere Werk erst nach seinem Tode erschien. Vergl. (Mortimer's) Brittischen Plutarch. Bd. 5. S. 40 fg. 3) Ein von Gray bei der Nachricht von dem Tode seines Freundes gedichtetes Sonnet schließt mit den Worten: „Ich klage fruchtlos um ihn, der mich nicht hört, und weine um so mehr, da ich vergeblich weine."

4) Jesaias Cap. 13. V. 21. 22.

wirklich anzutreffen sind. Vielleicht ist dies aber auch zugleich eine Anspielung auf Deinen Aufenthalt[5]); denn alle Vorbilder leiden, wie Du weißt, mancherlei Deutungen. Aber ich fordere Deine Eulen auf, es den meinigen gleich zu thun. Wenn die Schwäche Deiner Nerven und Lebensgeister blos eine Wirkung der Milzsucht ist, so habe ich Nichts weiter zu sagen. Wir müssen uns alle dieser eigensinnigen Königin unterwerfen. Auch ich erkenne ihre Herrschaft und fühle ihren Einfluß, indem ich von ihrer Gewalt spreche." Aehnliche Aeußerungen enthält ein späterer Brief vom 22. Aug. 1737, aus London geschrieben, wo er seinen Freund wiederzusehen hoffte. In diesem Briefe gestand er: Niedergeschlagenheit sei seine echte und treue Begleiterin[6]). „Sie steht mit mir auf," schrieb er, „sie legt sich mit mir nieder; sie reist mit mir und kehrt mit mir zurück; sie macht mit mir Besuche, will sogar scherzhaft sein und zwingt sich mit mir zu einem kurzen Lachen. Aber gewöhnlich sitzen wir beide allein bei einander und machen die albernste Gesellschaft von der Welt aus. Indessen, sobald Du kommst, wird sie das Schicksal einer jeden schlechten Gesellschaft haben; sie wird vertrieben werden. Könnte ich übrigens mit ihrer Beihilfe solche Verse machen, wie Du mir gesendet hast, so sollte weder Hirschhorn, noch Ambragelst, noch irgend etwas, was das Cabinet einer Apothekerwitwe darbietet, mich bewegen, ihr den Abschied zu geben."

Mit diesen Aeußerungen in lebhaftem Contrast steht die humoristische Schilderung eines kurzen Aufenthalts zu Burnham in Buckinghamshire, wo er damals, im September 1737, seinen mütterlichen Oheim Antrobus besuchte. „Er ist," schreibt Gray, „ein großer Jäger in der Einbildung. Seine Hunde besetzen alle Stühle im Hause, und ich bin daher genöthigt, diesen Brief stehend zu schreiben. Obgleich ihm das Podagra verbietet, ihnen auf dem Felde nachzujagen, so fährt er doch noch immer fort, seine Ohren an ihrem Getöse und Geruch zu ergötzen. Er hält mich, wie ich merke, für einen einfältigen Tropf, weil ich spazieren gehe, da ich reiten könnte, und weil ich lese, wenn ich jagen könnte. Bei alle dem ist mein Trost, daß ich, in der Entfernung einer halben Meile, in einen Wald kommen kann, den die gemeinen Leute ein Gemeindeholz (common wood) nennen, der aber ganz mein Eigenthum, oder doch so gut als mein Eigenthum ist, weil darin, außer mir, kein menschliches Geschöpf zu finden. Es ist da ein kleines Chaos von Bergen und Abgründen. Die Berge steigen freilich nicht sehr hoch über die Wolken und die Tiefen sind nicht so fürchterlich als der Felsen bei Dover. Aber die Hügel sind gerade so, daß Leute, die es mit ihrem Halse so gut meinen wie ich, dennoch hinauf zu steigen wagen, und die Felsen sind so beschaffen, daß sie dem Auge ebenso viel Vergnügen gewähren, als wenn sie gefahrvoller wären. Thäler und Hügel sind mit den ehrwürdigsten Buchen und andern Greisen von Bäumen bedeckt, die, wie viele andere alte Leute, ihre alten Geschichten den Winden vorträumen, und, indem sie ihre grauen Häupter herabbeugen, in murmelnden Tönen die dunklen Rathschlüsse des Geschicks (the dark decrees of the fate) erzählen, während, wie Dichteraugen wahrnehmen, Erscheinungen an jedem Blatte hängen und auf jedem Aste tanzen. An dem Fuße eines dieser Bäume setze ich mich nieder und lehne mich den ganzen Morgen an seinen Stamm. Die schüchternen Hasen und die lustigen Eichhörnchen hüpfen um mich her, wie um Adam im Paradiese, ehe er eine Eva hatte. Aber er las, dünkt mich, dabei nicht den Virgil, wie ich zu thun pflege. In dieser Lage unterhalte ich mich oft ganz laut mit meinem Horaz, d. h. ich rede mit Dir."

Die in diesem Briefe herrschende heitere Stimmung wich wieder, seit Gray nach Cambridge zurückgekehrt war. In einem seiner damaligen Briefe beklagte er sich über sein einförmiges Leben. „Meine ganze Bewegung," schrieb er, „ist die Bewegung eines Pendels. Ich schwinge mich von dem Gerichtssaal (Hall) nach meiner Wohnung und aus meiner Wohnung nach dem Gerichtssaal."

Fünf Jahre hatte Gray in Cambridge zugebracht, als sein Schicksal eine unerwartete Wendung nahm, die ihn seinen beschränkten Verhältnissen entriß und ihm Gelegenheit verschaffte, seine Welt- und Menschenkenntniß zu erweitern. Ein Jugendfreund, dessen Bekanntschaft in die Zeit seines Aufenthalts zu Eton fällt und an dem er mit gleicher Innigkeit hing, wie an Richard West, machte ihm um diese Zeit (1738) den Antrag, ihn auf einer Reise nach Frankreich und Italien zu begleiten. Dieser Freund, zwei Jahre jünger als Gray, war Horace Walpole[7]). An Richard West schrieb Gray zuvor, ehe er diese Reise antrat, im September 1738: „Ich bin meinem Abschied aus dem Collegium nahe, und ich möchte meinem ärgsten Feinde keine schlimmere Lage wünschen. Wenn Du wüßtest, wie viel Staub, alte Koffer, Bettstellen ꝛc. um mich her sind, so würdest Du diesen Brief als einen Beweis meiner Entschlossenheit und meines Gleichmuths mitten im Unglück betrachten. Ich fülle den noch übrigen leeren Raum mit einer schlechten Uebersetzung der Scene im Pastor fido aus: Care selve beati."

Anderthalb Jahre zuvor, ehe er diese Scene übersetzte, hatte Gray Italienisch zu lernen angefangen. In seinem literarischen Nachlasse fand sich eine noch ältere

5) In Oxford. 6) Dejection is my genuine and true companion.

7) Geboren 1718, ein Sohn von Robert Walpole, Grafen von Orford, gestorben zu London am 2. März 1797, als Schriftsteller rühmlich bekannt durch seinen Catalogue of the royal and noble authors of England etc. London 1759. 8. 2 Voll. (nebst einem Postscript. Ibid. 1786. 8. Anecdotes of painting in England etc. Ibid. 1762—1771. 4. 4 Voll. Ibid. 1782. 4. 4 Voll.), als witziger Kopf durch seinen Roman: The Castle of Otranto, a gothic history. London 1765. 8.; 1791 in einer Prachtausgabe bei Bodoni in Parma (deutsch von F. L. W. Meyer. Berlin 1794) u. a. m. Von der Gesammtausgabe seiner Werke (London 1798. 4. 5 Voll.) veranstaltete A. W. Schlegel eine Auswahl unter dem Titel: Historische, literarische und unterhaltende Schriften von H. W. Leipzig 1800. 8. Vergl. European Magazine. April 1797. Allgem. Literaturzeitung 1797. Intelligenzblatt Nr. 170.

Uebersetzung von einem Theile des vierten Gesanges von Tasso's befreitem Jerusalem. In einem Briefe an West vom März 1737 schrieb er: „Ich lerne Italienisch. In zwei Monaten habe ich den 16. Gesang des Tasso durchgelesen, den ich sehr bewundere. Du mußt auch Italienisch lernen, damit Du mir Deine Meinung von ihm sagen kannst. Einem, der schon die lateinische und französische Sprache kennt, kann keine leichter sein als die italienische, und wenige Sprachen sind so reichhaltig und so energisch."

Mit Richard West, an den er diese Zeilen geschrieben hatte, blieb er auch während seiner Reise durch eine fortgesetzte Correspondenz in ununterbrochener Verbindung. Aber auch seinen Aeltern und Verwandten, sowie einigen andern Freunden verschwieg er keinen einigermaßen wichtigen Vorfall in zahlreichen Briefen, die sich durch Leichtigkeit und Anmuth des Styls auszeichnen. Da sie ohne die entfernteste Absicht der Veröffentlichung geschrieben wurden, so unterscheiden sie sich dadurch von den meisten andern ältern und spätern Reiseschilderungen. Dazu kommt noch, daß sie mitunter lateinische Gedichte enthalten, die Gray zur Unterhaltung seines Freundes verfertigte.

Sein erster Brief an diesen, aus Paris 13. April 1739 geschrieben, schildert seine Unzufriedenheit mit der französischen Küche, die mit seiner Mäßigkeit in allen Genüssen durchaus nicht harmonirte. Er berichtet, daß Walpole der Einladung zu einem Souper gefolgt, er aber zu Hause geblieben sei. „Glaube mir," fügt er hinzu, „daß es mir kein Opfer kostete, daheim zu bleiben, und daß ich weit lieber an Dich schreibe, als zu einem Souper gehe. In den drei Tagen, seit wir hier sind, habe ich überhaupt eine Abneigung gegen das Essen bekommen. Wenn der Hunger die beste Würze der Speisen ist, so sind die Franzosen unstreitig die elendesten Köche in der ganzen Welt. Wo wir bisher gespeist haben, sind die Tafeln immer mit einer so großen Menge der ausgesuchtesten Leckerbissen besetzt gewesen, daß, wenn man von einer dieser Tafeln aufsteht, man wirklich glaubt, es sei unmöglich, jemals wieder zu essen."

Nicht viel zufriedener war Gray mit der französischen Bühne. Die Pandora, die er dort aufführen sah, nennt er ein Schauspiel im eigentlichsten Sinne des Worts. „Es ist," schrieb er, „Nichts als ein schönes Stück voll Maschinerie in drei Scenen. Die erste stellt das Chaos und nach und nach die Absonderung der Elemente, die zweite Scene den Tempel des Jupiter und die Uebergabe der Büchse an die Pandora. Der dritte Auftritt stellt die Eröffnung der Büchse und alle darauf erfolgenden Uebel vor. — Ein abgeschmackter Plan, aber — fügt Gray hinzu — in der größten Vollkommenheit ausgeführt und auf einer der schönsten Bühnen, einem großen Saal im Palast der Tuilerien."

Eine Vorstellung des Mahomet, einer Tragödie, die großen Beifall fand, versöhnte ihn wieder mit dem theatralischen Geschmack der Franzosen. „Das Stück an sich," schrieb er, „hat seine Schönheiten, aber die Kunst der Schauspieler ist wahrhaft groß. Mademoiselle Gaussin [8]) hat bei einer reizenden, obschon kleinen Gestalt den effectvollsten Ton der Stimme, den vollkommensten Ausdruck in den Gesichtszügen und das kunstreichste Spiel, das sich nur denken läßt. Sie haben auch einen Dufresne [9]), der die ersten Rollen spielt, ein schöner Mann und ein Wunder von einem vortrefflichen Schauspieler."

Was Gray nach einer Vorstellung der Oper: Le jugement de Paris seinem Freunde West äußerte, stimmt beinahe völlig überein mit dem spätern Urtheile Rousseau's in seiner bekannten Lettre sur la musique française. „Stelle Dir vor," schrieb er, „daß Alles mit heulenden Stimmen, mit Trillern auf zwei und einer halben Note hergesungen und von einem Orchester von Stümpern begleitet ward, und daß gleichwol das ganze Haus aufmerksamer war, als wenn Farinelli [10]) gesungen hätte, so wirst Du Dir einen richtigen Begriff von der Sache machen können. Unser Erstaunen über diese Geschmacklosigkeit kannst Du Dir gar nicht vorstellen. Wir hatten genug zu thun, daß wir darüber nicht eine Stunde lang noch lauter schrieen, als alle Personen des Drama's" [11]).

In eben diesem Briefe gedenkt Gray der zahlreichen Kunstschätze in der Hauptstadt Frankreichs. „Ein großer Theil unserer Zeit," schreibt er, „wird dazu verwendet, die Kirchen und Paläste zu betrachten, die voll von schönen Gemälden sind. Noch kaum mit dem vierten Theile sind wir fertig. Ich meines Theils würde mich diesen Monat blos mit den gewöhnlichsten Straßen und den Leuten darin unterhalten können."

Ein scherzhafter Ton charakterisirt, ungeachtet des ernsten Eingangs, einen an seinen Freund West geschriebenen Brief vom 22. März 1739. „Ich habe," heißt es darin, „viel Ursache, mit Deinem letzten Briefe unzufrieden zu sein. Es kränkt mich, wenn Du, auch in Deiner übelsten Laune, mich für fähig halten kannst, so dissipé, so évaporé zu sein, daß ich nicht an Allem, was Du mir schreibst, Geschmack finden könnte. Ist es Dir darum zu thun, mit mir Dich zu versöhnen, so erwache von Deinem Kopfweh und Deiner Schwermuth, wirf Deine Nachtmütze fort, laß Dir Deine Reitstiefeln

8) Johanne Katharine Gaussin, geboren 1711 zu Paris, betrat 1731 zum ersten Mal die Bühne, die sie jedoch aus mißverstandener Religiosität 1767 verließ und auf alle Vortheile ihrer bisherigen Stellung Verzicht leistend, 1768 in Dürftigkeit starb. Vergl. R. Blum's Allgem. Theater-Lexikon. Bd. 4. S. 13 fg. 9) Abraham Alexis Quinault Dufresne, von Natur mit Allem ausgestattet, was auf der Bühne glänzt und gefällt, betrat schon in früher Jugend (1712) das Theater in Paris. Er starb dort 1760 allgemein betrauert. Vergl. Blum a. a. O. Bd. 3. S. 87 fg. 10) Mit seinem eigentlichen Namen Carlo Broschi, geboren 1705 zu Andria, gestorben 1782 zu Bologna, allgemein anerkannt als einer der größten Sänger Europa's. Vergl. seine Biographie von Sacchi. Venedig 1788. Forkel's Musikalisch-kritische Bibliothek. Bd. 2. S. 233 fg. Gerber's Tonkünstler-Lexikon. Th. 1. S. 209 fg. 11) In ähnlichen, fast noch stärkeren Ausdrücken äußert sich Gray über diesen Gegenstand in einem bald nachher geschriebenen französischen Briefe. Er nennt dort jene Musik: des miaulemens et des heurlemens effroyables, mêlés avec un tintamarre du diable; voila la musique françoise en abrégé.

bringen und mache Dich mit mir auf den Weg nach Versailles. So kommen wir denn auf einem Wege, der mit Weinbergen und Landhäusern und Hasen und Rebhühnern besäet ist, so kommen wir denn Abends 8 Uhr an eine große Allee, die eine halbe Meile lang auf jeder Seite doppelte Reihen von Bäumen hat und sich am Palaste endigt."

Dieser Palast mit seiner wunderlichen Bauart, seinen verblichenen Farben und einer übermäßigen Verschwendung von Vergoldungen gewährte ihm keinen imposanten Anblick. „Man kann," schrieb er, „nicht leicht ein unangenehmeres Ganzes sehen, und, um die Sache vollkommen zu machen, sind hier und da zwischen jedem Fenster kleine Brustbilder angebracht. — Mit dem daran stoßenden Garten verhält es sich in der That ganz anders. Nichts kann größer und prächtiger sein als der hintere Theil, wo sich eine sehr geräumige, mit zwei großen Bassins gezierte Terrasse weit ausbreitet. Die Bassins sind mit weißem Marmor eingefaßt und mit schönen Standbildern von Bronze. In den Hecken, die in Nischen geschnitten sind, befinden sich schöne Copien der berühmtesten antiken Statuen von weißem Marmor ꝛc. Alles dies übersieht man mit einem Blick, wenn man in den Garten tritt, der in der That groß ist. Ich kann aber," fügt er hinzu, „von dem Geschmack überhaupt Nichts sagen. Alles, was man sieht, schmeckt zu sehr nach der Kunst; Alles ist zu gesucht, zu gezwungen. Statuen und Vasen sind, ohne Unterschied, überall hingesäet: Zuckerhüte und Pasteten von Elfenbein, kriechende Kunstwerke von Buchsbaum, kleine Wasserfälle, eine große Einförmigkeit in den Gängen — Alles muß bei dem ersten Anblick auffallen; der albernsten Labyrinthe und der Aesopischen Fabeln im Wasser nicht zu gedenken, denn die letzteren sind blos in usum Delphini vorhanden."

Eine merkwürdige Schilderung entwirft Gray von dem geselligen Tone in Rheims in einem Briefe an seine Mutter vom 21. Juni 1739. „Was die geselligen Vergnügungen anlangt," schreibt er, „so ist hier unter Leuten von Stande nicht die Ungezwungenheit im Umgange, die man in andern Theilen Frankreichs findet. Obschon ihrer wenige an diesem Orte sind und sie folglich sich einander oft sehen müssen, findet doch keine große Vertraulichkeit unter ihnen statt. Durch den hier anwesenden Lord Conway wurden wir bald in die meisten Cirkel eingeführt. Gleich beim Eintritt erhält man von der Frau des Hauses eine Karte und wird zu einer Partie Quadrille eingeladen. Man setzt sich, spielt ununterbrochen 40 Spiele, eine Viertelstunde ausgenommen, wo Jedermann aufsteht, um Vesperbrod zu essen, welches die Stelle unseres Thees vertritt und in Wein, Früchten, Gemüsen, Krebsen, Confituren ꝛc. besteht. Man nimmt, was man beliebt, und setzt sich wieder an den Spieltisch. Hierauf gehen sie mit einander ein wenig spazieren und alsdann begibt sich Jeder nach seiner Wohnung. Sehr selten werden Mittag- oder Abendmahlzeiten gegeben. Auf diese Art leben sie unter einander, nicht sowol aus Abneigung gegen das Vergnügen, als aus einer Art von Formalität, die sie angenommen haben, weil sie wenig Leute, die die Lebensart in Paris kennen, bei sich sehen. Es ist gewiß, daß sie die Munterkeit so wenig hassen als ihre übrigen Landsleute, und auf Lustbarkeiten, die man vorschlägt, mit vielem Anstand einzugehen wissen. Dergleichen Beispiele könnte ich mehrere anführen."

Von historischem Interesse war für Gray die eine Viertelmeile von Dijon gelegene Karthäuserabtei. „In der Kirche derselben," schrieb er, „sind die Begräbnisse der alten Herzoge von Burgund, die so mächtig waren, bis nach dem Tode Karl's des Kühnen, der der letzte von ihnen war, dieses Land durch Ludwig XI. mit der Krone Frankreichs vereinigt ward."

Den raschen Uebergang einer oft düstern Gemüthsstimmung zum keckften Humor zeigt ein Brief, den Gray am 18. Sept. 1739 aus Lyon an seinen Freund West schrieb. Er beginnt mit den Worten: „Weißt Du wol, daß ich Dich hasse, daß ich Dich verabscheue? Das sind Ausdrücke, die ein wenig stark sind, und die mir, nach einer richtigen Berechnung, eine Seite Papier und sechs Tropfen Tinte ersparen würden. Denn so viel würde ich, wenn ich Dir gemäßigtere Vorwürfe hätte machen wollen, wenigstens aufzuwenden gehabt haben, um Dich, wie Du es verdienst, zu behandeln. Ist das recht und billig, unser einen drei ganze Monate in Rheims zubringen zu lassen, ohne mehr als ein einziges Mal zu schreiben? Beliebe den Cicero de amicitia nachzuschlagen, und Du wirst finden, daß da mit ausdrücklichen Worten geschrieben steht: ad amicum inter Remos relegatum mense uno quinquies scriptum esse. Nichts ist deutlicher, Nichts einer falschen Auslegung weniger fähig. Weil Du nun, wie ich voraussehe, Dich bemühen wirst, zu erfahren, wo wir existiren, so ergreife ich diese Gelegenheit, Dir zu sagen, daß wir in dem alten und berühmten Lugdunum sind, einer Stadt, die beim Zusammenströmen der Rhone und Saone liegt (Arar sollte ich sagen). Diese beiden Leute von außerordentlich ungleichem Temperament finden dennoch für gut, sich hier einander die Hände zu reichen und mit einander eine kleine Reise nach dem mittelländischen Meere zu machen. Die Dame gleitet durch die fruchtbaren Gefilde von Burgund incredibili lenitate, ita ut oculis, in utram partem fluat, judicari non possit. Der Herr stürzt sich ungestüm und brausend von den Schweizergebirgen herab, um zu ihr zu kommen. Ihrer sanften Miene ungeachtet, will sie von ihm doch Nichts wissen. Sie geht stolz mitten durch die Stadt und er nimmt seinen Lauf incognito außerhalb der Mauern, aber ein wenig unten erwartet er sie."

Die Stadt Lyon, „mit ihren hohen Häusern und engen Straßen," meinte Gray, würde der traurigste Ort in der Welt sein, wenn nicht die zahlreiche Bevölkerung und der blühende Handel sie zu dem lebhaftesten Orte machten. „Die Umgegend aber," fährt er fort, „ist über allen Ausdruck schön. Lyon ist mit Bergen umgeben, und diese Berge sind ganz mit Häusern, Gärten und Plantagen der reichen Bürger besetzt, die auf der einen

Seite die Aussicht auf die unten im Thale liegende Stadt haben und auf der andern Seite in die fruchtbaren Ebenen, durch welche sich Bäche schlängeln. Die Gebirge der Dauphiné begrenzen die Aussicht. Den ganzen gestrigen Morgen waren wir beschäftigt, den Berg Fourvière zu besteigen, wo die alte Stadt gestanden hat, die so hoch lag, daß Nichts als die Hoffnung des Gewinnstes ihre Nachbarn veranlassen konnte, sie zu besuchen. Hier sind die Ruinen von den Palästen der Kaiser, die hier residirten, nämlich des Augustus und Severus. Sie bestehen in Nichts als in Haufen alter Mauern, die blos Ehrfurcht erwecken. In einem Weinberge der Franziskaner sind noch die Ueberreste eines Theaters."

Ueber einen Ausflug, den er von Lyon nach Genf unternahm, schrieb Gray am 25. Oct. 1739 seinem Vater: „Ich wundere mich nicht, daß so viele Engländer diese Stadt zu ihrem Aufenthalte wählen. Sie ist klein, artig, schön gebaut und ungemein volkreich. Die Rhone fließt mitten durch die Stadt und sie ist mit neuen Festungswerken umgeben, wodurch sie ein kriegerisches Ansehen erhält. Dies und die glückliche Zufriedenheit, die sich in den Gesichtern der Bewohner zeigt, nebst der strengen Disciplin, die fortwährend, wie in Kriegszeiten, genau beobachtet wird, scheint diese kleine Republik mit einer viel größern Macht in eine Art von Gleichgewicht zu bringen; denn Genf und Alles, was dazu gehört, ist kaum von so großem Umfange als Windsor und seine beiden Parks."

Den anfänglichen Plan, den Winter im südlichen Frankreich zuzubringen, veränderte ein Brief, den Walpole von seinem Vater erhielt. Dieser wünschte, daß er nach Italien gehen möchte, wozu sich Walpole auch entschloß. Gray schrieb darüber seinem Vater: „Sie können sich leicht vorstellen, daß ich nicht unzufrieden damit bin, eine Weltgegend zu sehen, die es am meisten verdient, besonders da der Papst [12]), der 88 Jahre alt und vor Kurzem dem Tode nahe gewesen ist, wahrscheinlich nicht lange mehr leben kann, und wir also vielleicht das Glück haben, bei der Wahl eines neuen Oberhauptes der Kirche zugegen zu sein und Rom in seiner ganzen Herrlichkeit zu sehen. Nächsten Freitag werden wir unsere Reise antreten und in zwei Tagen am Fuße der Alpen sein. Sechs Tage werden wir nöthig haben, darüber zu gehen. Schon hier in Lyon hat der Winter begonnen, wie viel mehr auf jenen Schneegebirgen, wo es fast nie Sommer ist. Indessen haben wir uns mit Mützen, Kappen, Masken, Pelzstiefeln, Thierhäuten rc. so gut gegen die Kälte versehen, als es irgend möglich ist."

Ein Brief, den Gray aus Turin, wo er am 7. Nov. angelangt war, an seine Mutter schrieb, enthält die Schilderung einer Lebensgefahr. „Wir begannen," heißt es in jenem Briefe, „einige der hohen Berge zu besteigen und hatten auf dieser Wanderung einen sonderbaren Vorfall. Walpole hatte einen kleinen schwarzen Hund, den er sehr liebte, und den er zuweilen neben der Chaise laufen ließ. Wir befanden uns auf einem sehr gefährlichen Wege; auf der einen Seite war ein großer Fichtenwald und auf der andern ein tiefer Abgrund. Es war eben Mittag und die Sonne schien hell, als auf einmal vom Wald her ein großer Wolf hervorsprang, nahe bei den Pferden den Hund ergriff und mit ihm bergan nach dem Walde zurücklief. Dies war in weniger als dem vierten Theile einer Minute geschehen. Wir sahen es Alle, und doch hatte keiner von den Bedienten Zeit, die Pistolen zu ergreifen oder sonst etwas zur Rettung des Hundes zu thun. Wäre der Hund nicht da gewesen und der Wolf hätte eins von den Pferden angefallen, so hätte der Wagen und wir alle unvermeidlich über 60 Klaftern tief senkrecht in den Abgrund stürzen müssen."

Einen tiefen Blick in seine Empfindungsweise gestattet folgende Stelle eines Briefes, den Gray aus Turin den 16. Nov. an West schrieb: „Auf einer frühern Reise nach dem Kloster La Chartreuse erinnere ich mich, nicht zehn Schritte gethan zu haben ohne einen Ausruf von Bewunderung der Werke der Natur. Jeder Abgrund, jeder Strom, jede Klippe erfüllte mich mit religiösen Empfindungen und poetischer Begeisterung. Es gab dort Scenen, die furchtbar genug waren, ohne alle Beihilfe eines andern Arguments einen Atheisten zu einem Gläubigen zu machen. Man hat keine phantastischen Vorstellungen nöthig, um dort am hellen Mittag Geister zu sehen: man hat den Tod fortwährend vor Augen und er ist nur soweit entfernt, daß die Seele sich in die Fassung versetzen kann, vor ihm nicht zu erschrecken. Ich bin überzeugt, der heilige Bruno war ein Mann von nicht gewöhnlichem Genie, weil er zu seinem einsamen Aufenthalte eine solche Gegend wählte, und vielleicht wäre ich einer von seinen Anhängern gewesen, wenn ich zu seiner Zeit gelebt hätte."

Ueber Genua berichtete Gray seinem Freunde: „Stelle Dir ein großes weites Bassin vor, das die Figur eines Halbzirkels hat und voll von der schönsten blauen See ist; Schiffe von aller Art und Größe, die theils unter Segel gehen, theils in den Hafen einlaufen, theils vor Anker liegen, und rings umher Paläste und Kirchen, deren Spitzen über einander hervorragen, Gärten und Terrassen voll Orangen- und Cypressenbäumen, Springbrunnen und Gitterwerk mit Weinstöcken überzogen, was zusammen den größten aller Schauplätze bildet. — Dieser Ort ist so schön, daß wir fürchten, nichts Schöneres zu finden. Wir haben uns ordentlich verliebt in das mittelländische Meer und verachten dagegen unsere Seen und unsere Flüsse. Dies ist, wie Waller [13]) sagt, das glückliche Land, wo treffliche Citronen wachsen [14]), und ich bin betrübt, wenn ich daran denke, daß ich es in einer Woche mit Parma vertauschen soll, obgleich dies das glückliche Land ist, wo treffliche Käse wachsen."

---

12) Clemens XII. Er starb am 6. Febr. 1740. Vergl. über ihn Schlegel's Kirchengeschichte des 18. Jahrh. Bd. 1. S. 89 folg.

13) Edmund Waller, englischer Staatsmann und Dichter, geboren 1606 zu Coleshill, gestorben 1687 zu London. Vergl. über ihn Johnson's Lives of the English Poets. Vol. I. p. 136 seq. 14) The happy country, where excellent lemons grow. Diese Worte erinnern an Goethe's Lied: „Kennst du das Land wo die Citronen blühn rc."

Aus Florenz schrieb Gray den 19. Dec. 1739: „Es ist unmöglich, daß es uns hier, wo an Bällen, Opern, Illuminationen &c. kein Mangel ist, an Unterhaltung fehlen sollte. Die berühmte Galerie allein kann uns auf einige Monate Vergnügen verschaffen. Wir bringen daselbst gewöhnlich jeden Morgen zwei oder drei Stunden zu und man kann alle ihre Schönheiten mit Bequemlichkeit betrachten. Sie enthält 100 Statuen, die in der Welt nicht ihres Gleichen haben, außer der zahlreichen Sammlung von Gemälden, Medaillen und kostbaren Steinen, wie sie schwerlich jemals ein Fürst besessen; kurz Alles, was das reiche und mächtige Haus der Medicis in so vielen Jahren gesammelt hat."

Zu Ende des März 1740 war Gray in Rom angelangt. Von dort schrieb er am 2. April an seine Mutter: „So groß auch meine Erwartung war, muß ich doch bekennen, daß die Herrlichkeit dieser Stadt sie unendlich übertrifft. Man kann in keiner Straße gehen, ohne die Aussicht auf einen Palast oder eine Kirche, oder einen großen freien Platz, oder einen Springbrunnen zu haben, so malerisch als man sich nur vorstellen kann. Wir haben noch nicht angefangen, die alten und neuen Schönheiten dieser Stadt zu betrachten, aber wir haben auf die merkwürdigsten bereits einen flüchtigen Blick geworfen. Die Peterskirche sah ich den Tag nach unserer Ankunft, und ich war sprachlos vor Verwunderung! — Ich habe kaum Philosophie genug, eine unendliche Menge schöner Sachen zu sehen, die man hier täglich haben kann, wenn man Geld hat, ohne mich darüber zu beklagen, daß ich keins habe; aber die Gewohnheit hat die Gewalt, uns Alles erträglich zu machen."

Einer eigenthümlichen religiösen Ceremonie wohnte Gray während seines Aufenthaltes in Rom bei. Den 15. April 1740, am Charfreitage, schrieb er darüber an seine Mutter: „Eben komme ich aus der Peterskirche, wo ich drei außerordentliche Reliquien verehrt habe, die im ganzen Jahre nur um diese Zeit dem Volke gezeigt werden. Alle Brüderschaften in der Stadt kommen in Procession, um diese Reliquien zu sehen. Es war mir etwas ganz Neues, diese große Kirche, die unstreitig die prächtigste in der Welt ist, von vielen Tausenden kleiner krystallener Lampen erleuchtet zu sehen, die bei dem Hochaltare in der Figur eines großen Kreuzes hingen und in freier Luft zu schweben schienen. Alles Licht kam davon her und machte die sonderbarste Wirkung, wenn man durch die große Kirchthür hereintrat. Bald darauf kamen nach einander 80 Processionen, alle in leinene Kleider gehüllt, mit einem Strick umgürtet und den Kopf mit einer Kappe bedeckt, an welcher sich blos zwei Oeffnungen befanden, durch die sie sehen konnten. Einige waren ganz schwarz, andere roth, andere weiß, andere violettfarbig gekleidet; diese gingen mit ihren Fackeln und Crucifixen voran. Einer jeden dieser Brüderschaften wurden, wenn sie an den Hochaltar kamen, von einem hohen Balkon die drei Wunder gezeigt: die Spitze des Speers, womit Christus verwundet ward, das Schweißtuch der heiligen Veronica und ein Stück von dem wahren Kreuze Christi. Beim Anblick dieser Reliquien schlug alles Volk sich heftig an die Brust und küßte mit großer Andacht den Fußboden. Der tragische Theil dieser Ceremonie war, daß in einer Seitenkapelle ein halb Dutzend elender Geschöpfe, mit verhülltem Gesicht, aber nackt bis an die Lenden, sich mit Geißeln und spitzigen Haken züchtigte, und zwar, wie wir bezeugen könnten, in wahrem Ernste; denn wir sahen mit unsern Augen ihre Rücken und Arme so wund, daß wir sie für ein rothes zerrissenes Wamms, durch welches die Haut hindurchblickte, gehalten haben würden, wenn wir nicht durch das häufig aus den Wunden fließende Blut von dem Gegentheil überzeugt worden wären."

Das antiquarische Interesse seines Freundes West berücksichtigte Gray in einer aus Tivoli am 20. Mai 1740 geschriebenen Mittheilung: „Man sieht hier, ein wenig unter dem ersten Wasserfalle, an der Seite des über den Anio hangenden Felsens noch kleine Ruinen, die für die Villa des Horaz gehalten werden. Eine merkwürdige Lage, die die Stelle erläutert:

Praeceps Anio, ac Tiburni lucus, et uda
Mobilibus pomaria rivis.

Mäcenas liebte, wie es scheint, ein solches Geräusch nicht, und baute sich eine Villa, die man auch noch zeigt und die so gelegen war, daß er Nichts von der ganzen Sache sehen konnte, und er wußte gleichwol, daß kein solcher Fluß weiter in der Welt sei. Horaz hatte ein anderes Haus auf der andern Seite des Teverone, der Villa des Mäcenas gegenüber. Man sagte uns, daß da eine Brücke wäre über die andava il detto Signor per trastullarsi coll' istesso Orazio. — Den Wasserbehälter des Quintilius Varus muß ich noch erwähnen, wo er kleine Fische zu fangen pflegte. Er ist noch ganz, auch ist da ein Stück einer Wasserleitung, die das Wasser dahin brachte. Unten im Garten ist das alte Rom im Kleinen vorgestellt, gerade so, wie es war; wenigstens ward uns dies versichert. Es sind sieben Tempel darin und gar keine Häuser. Man sagte uns, es wären keine darin gewesen."

Aus Neapel, wohin er durch Velletri, Cisterna, Terracina, Capua und Aversa gereist war und nach seinen eigenen Worten „den schönsten Theil des schönsten Landes"[15]) gesehen hatte, schrieb er den 17. Juni 1740: „Meine Verwunderung war groß, als ich in die Stadt kam, die in Absicht auf die Menge der Bewohner Paris und London noch übertrifft. Alle Straßen und Märkte sind so voll von Menschen, daß kaum eine Kutsche hindurch kommen kann. Die gemeinen Leute sind muntere fröhliche Geschöpfe und arbeitsamer, als die Italiener gewöhnlich zu sein pflegen. Sie arbeiten bis zum Abend; dann nehmen sie ihre Cyther (denn sie spielen alle) und gehen vor die Stadt oder an die See, um die Kühle zu genießen. — Außer den Schönheiten der Natur hat Neapel noch andere. Wir haben zwei Tage zugebracht, die merkwürdigsten Orte der Umgegend zu besuchen: Bajä und die dort befindlichen Ruinen, den Avernersee, die Solfatara, die Grotte des Charon &c. Wir sind in

15) The most beautiful part of the most beautiful country.

der Höhle der Sibylle und in andern unterirdischen Höhlen gewesen. Die sonderbarste von allen, die ich jemals sah, ist die, worin ich heute zu Portici gewesen bin. Man hat beim Nachgraben einige Theile alter Gebäude über 30 Fuß tief in der Erde entdeckt, unter andern eines Amphitheaters, auch einige Häuser mit marmornen Säulen, die Façade eines Tempels, Gemälde, Statuen, Münzen ꝛc. [16]). Es ist bekannt, daß dies eine römische Stadt war, die zur Zeit des Kaisers Titus durch heftige Ausbrüche des Vesuvs verschüttet ward."

Den Schicksalen seines Freundes West, an den Gray diesen Brief schrieb, hatte er bisher zu lebhaften Antheil gezollt, um gleichgültig zu bleiben, als dieser, oft durch Kränklichkeit und üble Laune verstimmt, sich in einem Briefe über die Trockenheit der Jurisprudenz beklagte, und gleichwol schwankte, welchen andern wissenschaftlichen Zweig er zu seinem Lebensberufe wählen sollte. Gray bot Alles auf, um den mismuthigen Freund mit dem von ihm gewählten Stande zu versöhnen. Darauf bezogen sich die in einem Briefe aus Florenz vom 10. Juli 1740 enthaltenen Reflexionen, die als höchst charakteristisch hier eine Stelle verdienen. „Es ist," schrieb er, „wie mich dünkt, eine ausgemachte Sache, daß es nothwendig ist, sich zu einer bestimmten Wissenschaft zu halten, wenn man in der Welt einigen Nutzen stiften will. Diese Nothwendigkeit ist, wie alle Nothwendigkeiten, unangenehm, aber ich fürchte, unvermeidlich. Jeder weiß, wie viele Zweige der Wissenschaften sich in England ausbreiten. Es war unmöglich, lange zweifelhaft zu sein, welchen Du und ich zu wählen hatte. Beispiele beweisen, daß es nicht durchaus nothwendig ist, ein Dummkopf zu sein, um in diesem Theile der Gelehrsamkeit etwas zu leisten. Die Arbeit ist langwierig und die Anfangsgründe sind trocken und ununterhaltend. Vielleicht hat die Jurisprudenz keinem von allen, besonders von denen, die es nachher weit darin brachten, Anfangs sonderlich behagt, vielleicht gar Widerwillen eingeflößt, aber bei einer näheren Bekanntschaft mit ihr findet man doch manchen Stoff zu weitern Forschungen und zum Nachdenken. Es wäre doch sonderbar, wenn unter diesem Wortschwall kein einziger Gedanke anzutreffen wäre. Die Gesetze sind Früchte einer langen Ueberlegung, und gewiß nicht der Ueberlegung hirnloser Köpfe, sondern gerade das Gegentheil. Sie stehen in so genauer Verbindung mit der Geschichte, ja mit der Philosophie selbst, daß sie von dem, was beiden angehört, etwas annehmen müssen. — Ich weiß, wie sehr uns eine üble Laune hindert, einen Entschluß zu fassen. Glaubst Du wirklich, daß, wenn Du jeden Morgen zehn (englische) Meilen rittest, Du in der Zeit von einer Woche nicht stärkere Hoffnungen, einst Kanzler zu werden, unterhalten und dies für eine viel wahrscheinlichere Sache ansehen würdest, als Du jetzt thust? Die Vortheile, deren Du in Deinem Briefe gedenkst, sind allerdings Etwas. Unsere Neigungen sind mehr in unserer Gewalt, als wir glauben. Vernunft und Entschlossenheit bestimmen sie und kommen ihnen bei so manchen Schwierigkeiten zu Hilfe. Mir scheint zwischen einem öffentlichen Leben und einem Privatleben keine mittlere Lebensweise statt zu finden. Wer das erstere vorzieht, muß sich in Stand setzen, seinen Nebenmenschen nützliche Dienste leisten zu können, wenn er unter ihnen etwas gelten will; ja, er muß sich nicht weigern, in gewisser Art von einigen Menschen abhängig zu sein, die es schon sind. Ist er so glücklich, mit solchen zu thun zu haben, die von seiner Herablassung keinen übeln Gebrauch machen, so hat er nicht Ursache sich zu schämen; wo nicht, so kann sein Ehrgeiz einem vernünftigen Stolze Platz machen, und dann darf er blos zur bessern Ausbildung seines Geistes alle die Fähigkeiten anwenden, die man zum Dienste Anderer anzuwenden ihm nicht gestattete. — Eine solche Privatglückseligkeit, wenn man den Besitz von einigem Vermögen voraussetzt, ist fast immer in unserer Gewalt und gehört eigentlich dem reifern Alter an, wie die Zeit der Jugend dem öffentlichen Leben gewidmet sein soll. Wähle Dir einige Stunden aus, sieh, wie Dir das erste Jahr gefällt; am Schluß desselben kannst Du allemal thun, was Du willst. Ändert sich alsdann Deine Ansicht, so hast Du Dir blos eine flüchtige Kenntniß von etwas erworben, das Dir nicht schaden kann und das Du keine Ursache hast zu bereuen. Wenn Deine Neigung nicht auf etwas Anderes gerichtet werden kann, so ist es ein Zeichen, daß Du nicht durchaus gegen diese Art von Beschäftigung eingenommen bist, und erhältst dadurch eine Warnung, bloße Unthätigkeit nicht für Unfähigkeit zu halten. Ich merke, daß mein eigenes Beispiel meiner Ueberredung kein Gewicht gibt, und Du wirst glauben, daß ich anders denke, als ich rede. Ach! dem ist nicht so. Ich handle anders, als ich denke, und ich will lieber der Gegenstand Deines Mitleids sein, als zulassen, daß Du der Gegenstand des meinigen wirst. Sei versichert, daß, so vortheilhaft auch meine jetzige Lage ist, sie dennoch den Kummer über die Nachricht nicht vermindert, daß Dir ein Freund fehlt, gegen den Du Dich offen äußern und dessen guten Rath Du augenblicklich einholen könntest."

In eben diesem Briefe meldet Gray seinem Freunde: „Wir sind nun am Ende unserer südlichen Reisen. Wir haben ungefähr neun Tage in Neapel zugebracht. Es ist die größte und volkreichste Stadt und die ganze Umgegend die anmuthigste und fruchtbarste von ganz Italien. Wir schifften im Meerbusen bei Bajä, schwelgten in der Solfatara, sahen die Procession am Frohnleichnamsfeste und den König und die Königin und die unterirdische Stadt — ein Wunder, wovon ich Dir ein andermal zu erzählen mir vorbehalte — und sind nach Rom zurückgekehrt, das wir nach 14 Tagen verließen und nun in Florenz angekommen, um den Sommer hier zuzubringen."

Ein Brief, den Gray aus Florenz den 21. April 1741 an West schrieb, ist merkwürdig wegen einer darin enthaltenen Selbstcharakteristik. „Mich dünkt," schrieb

16) Vergl. Winckelmann, Von den Herkulanischen Entdeckungen an den Grafen von Brühl (Dresden 1762) und dessen Nachrichten von den neuesten Herkulanischen Entdeckungen (Ebendas. 1764).

er, „es wäre wol schicklich, Dir mein Bildniß zu senden; denn ich bin nicht mehr, der ich war. Du mußt zu der Idee, die Du bisher von mir hattest, noch zwei Jahre hinzusetzen, denn eine gute Portion Unthätigkeit, eine starke Dosis Verschlossenheit und etwas, das mehr als diese, dem Tiefsinn ähnlich sieht; dunkle Begriffe von vielen seltsamen und schönen Dingen, die eine Zeit lang vor meinen Augen schwebten; Mangel an Liebe zu großer Gesellschaft, oder vielmehr gänzliche Unfähigkeit dazu. Auf der guten Seite magst Du hinzufügen: Mitempfindung alles dessen, was Andere fühlen, Nachsicht gegen ihre Fehler oder Schwächen, Liebe zur Wahrheit und Abneigung gegen alles Andere. Dann wirst Du noch ein wenig Unbescheidenheit, ein wenig Gelächter, einen großen Theil Stolz und etwas Laune abziehen. Das sind die Veränderungen alle, die mir bekannt sind. Vielleicht findest Du noch einige mehr. Glaube nicht, daß ich diese Reformation dem Nachdenken schuldig bin; ich habe sie einer strengern Lehrmeisterin, der Erfahrung, zu verdanken. Es ist ein geringes Verdienst, ihre Lehren zu behalten, denn man kann es fast nicht anders machen. Aber sie sind doch nützlicher als andere und drücken sich tiefer ins Herz ein. Ich fühle, daß ich in dem Style von Sirach's Sohne predige und will hier enden."

Am Schlusse dieses vom 21. April 1741 datirten Briefes heißt es: „Hier sende ich Dir den Anfang eines metaphysischen Lehrgedichts [17]. Gedichte und Metaphysik, wirst Du sagen, sind Dinge, die sich mit einander nicht vertragen. Ein metaphysisches Gedicht ist ein offenbarer Widerspruch. Es ist wahr, aber ich will noch weiter gehen. Das metaphysische Gedicht ist lateinisch und das vermehrt die Ungereimtheit. Es wird Dich, vermuthe ich, an den Gelehrten erinnern, der eine Abhandlung über das kanonische Recht in Hexametern schrieb. Ich bitte, hilf mir zu der Beschreibung eines modi mixti und zu einer Episode vom Raum."

Nicht so rein und ungetrübt als Gray's Freundschaftsbund mit West erhielt sich das Verhältniß zu seinem Reisegefährten Walpole. Das Band, das sie aneinander knüpfte, war allmälig lockerer geworden. Gegen das Ende ihres Aufenthalts in Florenz trennten sie sich förmlich. Gray begab sich allein nach Venedig, von wo er über Padua, Verona, Mailand, Turin und Lyon nach London in seine Heimath zurückkehrte. Verschiedenheit der Charaktere scheint die Hauptursache ihres Freundschaftsbruchs gewesen zu sein. Der anonyme Verfasser einer Biographie Walpole's [18] erzählt die Ursache ihrer Trennung mit den Worten: „Als sie nach Reggio gekommen waren, kam das schon früher entstandene Misverhältniß zwischen beiden Freunden zum völligen Bruch. Walpole nahm zuweilen gegen seinen ärmern und daher abhängigern Reisegefährten eine vornehme Miene an. Gray war schon damals ein melancholischer Schwärmer, Walpole stets aufgeräumt und witzig. Auch dieses ward eine Ursache ihrer Trennung. Gray kehrte auf dem kürzesten und wohlfeilsten Wege über Frankreich in seine Heimath zurück. Im folgenden Jahre (1742) kam auch Walpole wieder nach London. Beide versöhnten sich durch die Vermittelung einer gemeinschaftlichen Freundin. Doch hinterließ diese Wunde für immer eine Narbe, und als Gray starb, vermachte er an Walpole kein Andenken in seinem Testamente. Walpole nahm indessen alle Schuld des Misverhältnisses ganz allein auf sich, druckte in der Druckerei, die er in London errichtet hatte, die erste glänzende Ausgabe von Gray's Gedichten 1757 in Folio und ehrte sein Andenken bei jeder Gelegenheit."

Als Gray von seinen Reisen am 1. Sept. 1741 in London eintraf, fand er seines Vaters Gesundheit völlig untergraben durch wiederholte Gichtanfälle, die, wie bereits früher erwähnt, seinen Tod am 6. Nov. 1741 beschleunigten. Zu seiner Verschlossenheit und Unthätigkeit hatte sich in den letzten Jahren seines Lebens noch ein unfreundliches und störrisches Benehmen gesellt, wahrscheinlich eine Folge seiner körperlichen Leiden, wenn es nicht in seiner Gemüthsart lag. Seine Handelsgeschäfte hatte er seit längerer Zeit beinahe gänzlich vernachlässigt. Dessenungeachtet unternahm er, ohne sich vorher mit seiner Familie berathen zu haben, den höchst kostspieligen Bau einer prachtvollen Villa zu Westend. Nach seinem Tode mußte dies Gebäude um 2000 Pf. St. weniger verkauft werden, als es ihm kostete.

Unter diesen Umständen fand Gray sein Erbtheil so geschmälert, daß er Bedenken trug, die Laufbahn eines Juristen weiter zu verfolgen, ohne seiner Mutter und Tante zur Last zu fallen. Diese beiden Schwestern hatten mehrere Jahre für sich einen eigenen Handel betrieben und sich dadurch so viel erworben, daß sie anständig leben konnten. Nach Philipp Gray's Tode gab sie ihr bisheriges Gewerbe auf und wandte sich zu ihrer dritten Schwester, der Witwe eines Hrn. Rogers, die in der Nähe von Windsor lebte. Ihr Wunsch, daß Gray sich der Fortsetzung seiner juristischen Studien widmen möchte, wozu sie ihm alle in ihren Kräften stehende Unterstützung versprachen, harmonirte zwar keineswegs mit seinem längst gefaßten Entschlusse, nach welchem er dem Leben eines Privatgelehrten den Vorzug gab. Doch wollte er sie durch eine offene Erklärung nicht kränken, und erwarb sich daher zu Ende des folgenden Jahres (1742) den Grad eines Baccalaureus der Rechte (Bachelor of Laws).

Mit der Jurisprudenz scheint es ihm jedoch wenig Ernst gewesen zu sein. Er fühlte, daß er durch seine Reisen zu viel Zeit für sein Rechtsstudium verloren, und daß diesen Verlust der anhaltendste Fleiß kaum ersetzen konnte. Die Kenntnisse, die er sich erworben, waren für ihn in dem gewählten Berufsfache von keinem

17) De principiis cogitandi. Liber primus. Ad Favonium (West). Das Fragment, nebst einem Theil des vierten Buchs, befindet sich in einem Anhange zu den Poems of Mr. Gray, to which are added memoirs of his life and writings by W. Mason in four Volumes. York 1778. 8. Hier findet man auch noch eine lateinische Ode, zu der Zeit gedichtet, wo Gray im November 1739 das Kloster La Chartreuse zum zweiten Mal besuchte; endlich eine Epistel mit der Ueberschrift: Sophonisba Masinissae.
18) Im April-, Mai- und Junihefte des European Magazine 1797.

wesentlichen Nutzen. Der offenbarste Beweis, daß er sich mit ganz andern Studien und Arbeiten beschäftigte als mit der Rechtswissenschaft, deren Trockenheit ihn ermüdete, liegt in den Briefen an seinen Freund West, der, um seine noch immer sehr leidende Gesundheit zu stärken, im März 1742 London verlassen und sich aufs Land, nach Popes bei Hatfield in Hertfordshire, zu einem seiner Freunde, David Mitchell, begeben hatte.

Wie sein Freund West widmete auch Gray den größten Theil seiner Zeit philologischen Studien, namentlich dem Lesen der alten Classiker, mitunter auch wol manchen poetischen Arbeiten. Durch einen gegenseitigen Austausch der Ideen suchten die beiden Freunde ihre von einander abweichenden Ansichten zu berichtigen. Das erste Buch der Annalen des Tacitus, in welchem er den Aufstand in Pannonien beschreibt, hatte seinen Freund ermüdet. Darüber erhielt er von Gray eine Zurechtweisung. „Ich begreife nicht," schrieb er, „wie unter allen Autoren in der Welt Tacitus langweilig sein könnte. Ein Annalist ist, wie Du weißt, nicht Herr seines Stoffes, und mich dünkt, man kann sagen, wenn die Begebenheiten in Pannonien in seiner Schilderung langweilen, sie in der eines Andern unausstehlich sein würden. Ein Mann, der mit dem schimmernden Witz und der sentenziösen Kürze, die dem damaligen Zeitalter eigen war, die Wahrheit und die Würde besserer Zeiten und die tiefe Reflexion der Neuern zu vereinigen wußte, muß nothwendig für sich einnehmen. Was ich aber noch mehr als alles dies an ihm bewundere, ist sein Abscheu gegen die Tyrannei und der hohe Geist der Freiheit, der sehr oft, er mag wollen oder nicht, aus ihm redet. Ich erinnere mich einer Sentenz in seinem Agricola, die ich stets wegen der gedrungenen Kürze, mit der sie gleichwol so viel sagt, bewundert habe. Er spricht vom Domitian, der sich über das Testament des Agricola freute, worin ihn dieser zum Miterben seiner Gemahlin und Tochter ernannt hatte: Satis constabat laetatum eum, velut honore judicioque: tam caeca et corrupta mens assiduis adulationibus erat, ut nesciret, a bono patre non scribi haeredem, nisi malum Principem."

Von besonderem Interesse war für Gray die schönwissenschaftliche Literatur seines Vaterlandes. Der eben mitgetheilte Brief enthielt sein Urtheil über ein Gedicht, das allgemeine Sensation erregte. „Die Dunciade" [19]), schrieb er, „wird allgemein bewundert. Die Genien der Opern und der Schulen mit ihrem Gefolge, die Vertheidigungen der Alterthumsforscher und der Blumisten und das Gähnen der Dummheit ist so fein als irgend etwas, das der Verfasser jemals geschrieben. Die Rolle der Metaphysiker scheint mir die schlechteste; hier und da sind einige unrichtig ausgedrückte und kaum verständliche Zeilen."

In eben diesem Briefe heißt es: „Ich sende Dir hier eine lange Rede der Agrippina. Sie ist viel zu lang, und ich würde mich freuen, wenn Du sie abkürzen wolltest. Ich bilde mir ein, daß mein Trauerspiel, wenn es jemals vollendet werden sollte, einer Tragödie des Nathanael Lee [20]) gleichen würde, die 25 Acte und einige albernе Scenen hat." Die in diesem Briefe erwähnte Rede war der Schluß von den ersten Scenen eines Trauerspiels, das er im Winter 1741 begonnen hatte. Die treffliche Vorstellung des Britannicus von Racine veranlaßte ihn wahrscheinlich, den Tod der Agrippina zu seinem ersten und einzigen dramatischen Versuche zu wählen. Das noch erhaltene Fragment ist ganz im Geschmack des genannten Dichters geschrieben [21]).

„Auf Deine Empfehlung," schrieb Gray im April 1742 an West, „habe ich den Joseph Andrews gelesen [22]). Die Begebenheiten sind übel herbeigeführt und ohne alle Erfindung. Der Pfarrer Adams ist gut gezeichnet, auch die Slipslop und die Geschichte Wilson's. Der Verfasser scheint auf den Landkutschen, mit den Landjunkern und in den Gasthäusern wohl bekannt zu sein. Seine Bemerkungen über die große und kleine Welt, über Herren und Damen sind immer sehr treffend. So sehr auch die Erhabenheit gewisser Seelen (oder, wie ich es lieber nennen möchte, ihre Unfähigkeit zu fühlen und zu beobachten) sie gegen solche Kleinigkeiten wie Charaktere und Naturgemälde gleichgültig macht, so sind dieselben doch gewiß ebenso wichtig und weit nützlicher als die tiefsinnigen Abhandlungen von der Seele, von den Leidenschaften und von dergleichen mehr. Die Freuden des Paradieses der Muhammedaner bestehen darin, daß sie die Flöte spielen und bei Mädchen liegen; und die meinigen sollen sein, fortwährend neue Romane von Marivaux und Crebillon zu lesen."

In Bezug auf den dramatischen Versuch, den Gray seinem Freunde gesendet, äußerte er in diesem Briefe: „Du bist sehr gütig, daß Du Dir die Mühe gibst, meine langen Reden zu lesen und die Fehler darin zu bemerken. Deine Freimüthigkeit, wie Du es nennst, bedarf so wenig einer Apologie, daß ich es Dir kaum verzeihen würde, wenn Du auf eine andere Weise mit mir verführst. Das würde vielleicht meiner Eitelkeit schmeicheln, aber meinem Verstande ein schlechtes Compliment machen. Was den Styl betrifft, so behaupte ich, daß die Sprache des Zeitalters nie die Sprache der Dichtkunst ist, ausgenommen bei den Franzosen, deren Verse, wenn nicht der Gedanke oder das Bild sie ein wenig erheben, gar nicht von der Prosa verschieden sind. Unsere Poesie dagegen hat ihre eigene Sprache, die fast von Allen, die geschrieben haben, mit Idiotismen fremder Sprachen, ja zuweilen mit Worten von ihrer eigenen Zusammensetzung und Erfindung bereichert worden ist. Shakespeare und Milton sind in dieser Hinsicht große Schöpfer gewesen,

19) Von Alexander Pope, geboren zu London am 8. Juni 1688, gestorben den 30. März 1744.

20) Geboren 1657 zu Hatfield, gestorben 1692. 21) Siehe dies Fragment in dem Anhange zu dem vierten Bande der Memoirs of the life and writings of Mr. Gray by William Mason (York 1778). 22) Ein zweibändiger Roman von Henry Fielding (geboren 1707 zu Sharpham-Park in Somersetshire, gestorben 1754 in Lissabon). Vergl. über Fielding den Britischen Plutarch. Bd. 6. S. 309 fg. Bd. 7. S. 102 fg.

und feiner hat sich dieser Freiheit so sehr bedient, als Pope oder Dryden [23]), der beständig von Shakespeare Ausdrücke entlehnt. In der That hat unsere Sprache, die nicht so abgemessen ist wie die französische, ein unzweifelhaftes Recht auf Wörter, wenn sie auch hundert Jahre alt sind, in sofern nur nicht das Alterthum sie unverständlich gemacht hat. Unstreitig ist Shakespeare's Sprache eine seiner größten Schönheiten, und er hat darin vor unsern Addison's [24]) und Rowe's [25]) nicht weniger Vorzüge als seiner übrigen Vortrefflichkeit wegen. Jedes Wort bei ihm ist ein Gemälde. — Indessen wird das Streben, Shakespeare nachzuahmen, unstreitig zu weit getrieben. — Aber auch ich selbst habe mich in meiner Dir gesandten Rede von Nachahmung nicht ganz frei erhalten. Die ersten Zeilen sind, wenn ich mich nicht irre, die besten; zu den übrigen hat mich Tacitus verleitet, nur daß ich das, was er mit fünf Zeilen gesagt, in funfzig gesagt habe. So gefährlich ist die Nachahmung eines Unnachahmlichen. Wenn Du meiner Meinung bist, so wird es besser sein, der Sache mit Einem Durchstrich zu helfen, als mit einem Dutzend; und Du darfst kein Bedenken tragen, mein Gewebe aufzulösen. Ich bin eine Art von Spinnen und habe sonst Nichts zu thun, als wieder darüber zu spinnen oder an einen andern Ort zu kriechen und von Neuem zu spinnen. Ach! für Einen, der Nichts zu thun hat, als sich zu vergnügen, sind, glaub' ich, meine Vergnügungen ebenso wenig unterhaltend als die meisten Leute."

In einem nicht lange nachher, im April 1742, geschriebenen Briefe kehrt Gray nochmals auf den eben erwähnten Gegenstand zurück. „Was die Agrippina betrifft," schrieb er, „so fange ich an, Deiner Meinung zu sein. Es geht mir mit meinen Werken so, wie den Müttern mit ihren Kindern. Meine Liebe zu ihnen nimmt ab, je älter sie werden. Ich habe die Agrippina niedergelegt, damit sie schlafe bis zum nächsten Sommer. Wir wollen ihr eine gute Nacht wünschen."

Gray erweckte sie nie wieder, wozu vielleicht die nicht ganz günstigen Bemerkungen über seinen dramatischen Versuch beigetragen haben mochten. So legte er auch ein bald nachher begonnenes Gedicht [26]) bei Seite, als einer seiner Freunde äußerte, diese Ode werde, so sehr sie auch Pindar's Geist athme, dem Geschmack des Publicums nicht entsprechen. Auf eine Erinnerung seines Freundes, die Ode zu vollenden, antwortete Gray: „Nein! Sie haben kaltes Wasser darüber gegossen."

Ueber die Probe einer Uebersetzung des Tacitus, mit der sich sein Freund West beschäftigte, äußerte Gray: „Es ist recht, daß Du den Tacitus frei übersetzt und seine Gedanken den Wendungen und dem Genius unserer Sprache zu accommodiren gesucht hast. Ich lobe die Einsicht, mit der Du das gethan; aber es ist keine Empfehlung der englischen Sprache, die zu weitschweifig ist und täglich kraftloser wird. Das wird man gar sehr gewahr bei der Uebersetzung eines Schriftstellers wie Tacitus. Ich habe es mit einigen Stellen des Thucydides, der in Ansehung der gedrungenen Kürze dem Tacitus einigermaßen gleicht, versucht. Aber durch mein Bemühen, recht treu zu übersetzen, bin ich unverständlich gewesen."

Seine zurückgezogene Lebensweise und seine literarischen Beschäftigungen schildert folgende Stelle in einem Briefe an West vom 8. Mai 1742: „Aus dem, was ich Dir sende, wirst Du wahrnehmen, daß ich, wie gewöhnlich, mit Niemandem, außer mit Todten, Umgang pflege. Sie sind meine alten Freunde, und immer sehne ich mich, bei ihnen zu sein. Du wirst Dich daher nicht wundern, daß ich, der ich stets in vergangenen Zeiten lebe, nicht im Stande bin, Dir aus den gegenwärtigen Nachrichten mitzutheilen. Ich habe den peloponnesischen Krieg des Thucydides beendigt; es war ein sehr hitziges Gefecht, ich gebe Dir mein Wort. Die letzten vierzehn Tage habe ich mit Anakreon getrunken und gesungen, und jetzt weide ich mit Theokrit die Schafe. Ueberdies habe ich die Briefe des Plinius und den Martial ἐκ παρόδου durchblättert, des Petrarca nicht zu gedenken, den ich mitunter sehr zart und natürlich finde. Aber auch drei Zeilen des Anakreon in der 29. Ode sind unnachahmlich schön. Er beschreibt die Haare, die er gemalt haben will."

Ueber seine Gemüthsstimmung äußert sich Gray in einem vom 27. Mai 1742 datirten Briefe an seinen Freund mit den Worten: „Du mußt wissen, daß meine Melancholie meistens weiß, oder besser gesagt, eine Leukocholie ist, die, wenn sie gleich selten lacht oder tanzt und nie bis zur Freude oder zum Vergnügen emporsteigt, doch ein ganz behaglicher Zustand ist. — Es gibt aber auch eine andere Art von Melancholie, die wirklich schwarz ist, und die ich zuweilen empfunden habe. Sie hat einige Aehnlichkeit mit Tertullian's Glaubensregel: Credo, quia impossibile est. Denn diese Melancholie, ja, sie weiß völlig gewiß Alles, was ganz unwahrscheinlich, wie es nur fürchterlich ist; und auf der andern Seite schließt sie ihre Augen vor den wahr-

23) John Dryden, geboren 1631, gestorben 1701. Vergl. über ihn den Brittischen Plutarch. Bd. 4. S. 204 fg. Eschenburg's Brittisches Museum. Bd. 5. S. 365 fg. 24) Joseph Addison, geboren 1672, gestorben 1719. Vergl. R. Steele, Memoirs of the life and writings of J. A. London 1724. 8. 25) Nicholas Rowe, geboren 1673, gestorben 1718. Vergl. Wharton's Essay on Pope's Genius. Vol. I. p. 292 sq. Eschenburg's Beispielsammlung zu seiner Theorie der schönen Wissenschaften. Bd. 7. S. 516 fg. 26) The Progress of Poesy, in den von W. Mason herausgegebenen Poems of Mr. Gray (York 1778). Seinen Lieblingsdichter Shakespeare feiert Gray in diesem Gedichte in den schönen Versen:

Far from the sun and summer-gale
In Albion's green lap was Nature's darling laid,
What time where lucid Avon stray'd;
To him the mighty mother did unveil
Her awful face; the dauntless child
Stretch'd forth his little arms, and smil'd.
This pencil take (she said) whose colours clear
Richly paint the vernal year;
Thine too these golden keys, immortal boy!
This can unlock the gates of Joy!
Of Horror that, and thrilling Fears,
Or ope the sacred source of sympathetic Tears.

scheinlichsten Hoffnungen, und vor Allem, was Vergnügen gewähren kann. Vor dieser behüte uns der Himmel! Denn Niemand als er und heitere Witterung kann es. In der Hoffnung, eine solche Witterung zu genießen, will ich auf einige Wochen aufs Land gehen, aber ich werde dort in keiner größern Gesellschaft sein. Du wirst also, wenn Du einige Liebe für mich hast, fortfahren, an mich zu schreiben. Mein Leben gleicht Heinrich's IV. Abendmahlzeiten von Hühnern. Poulets à la broche, poulets en ragout, poulets en hâche, poulets en fricassée. Ich lese hier, ich lese dort; Nichts als Bücher mit verschiedenen Brühen. Laß mich daher das Dessert nicht verlieren; denn obgleich ich es auch lesen muß, ist es doch von einem ganz verschiedenen Geschmack."

Unmittelbar, nachdem er diesen Brief geschrieben, begab sich Gray nach Stoke[27]), um seine Verwandten zu besuchen. Eine kleine Ode, die in der Sammlung seiner Gedichte die erste ist, ward dort von ihm gedichtet. Er sandte sie sofort seinem Freunde West nach Hertfordshire; sie fand ihn jedoch nicht mehr am Leben. Er war, wie bereits früher erwähnt worden, am 1. Juni 1742 gestorben[28]). Drei Wochen zuvor hatte er seinen letzten Brief an Gray mit den Worten geschlossen: „Vale, et vive paulisper cum vivis.“ So wenig schien er seinen nahen Tod geahnt zu haben. Um den Schmerz, den er empfand, als der Brief, in welchem die Ode lag, uneröffnet zurückkam, einigermaßen zu lindern, nahm er seine Zuflucht zur Poesie. Einige seiner trefflichsten Gedichte fallen in diese Zeit, in das Jahr 1742. Dahin gehören die Ode to the Spring, eine andere: To adversity und das Gedicht: A distant prospect of Eaton College. Vielleicht ward auch eins seiner berühmtesten Gedichte: Die Elegie auf einem Dorfkirchhofe (Elegy written in a Country-Church-yard), in Stoke begonnen. Gray vollendete sie jedoch erst später im Jahre 1750.

Merkwürdig war es, daß Gray seit 1742 fast 30 Jahre bis zum Ende seines Lebens Cambridge zu seinem bleibenden Aufenthalte wählte, wo es ihm in seiner Jugend wenig behagt hatte, und wohin er auch mit noch stärkern Vorurtheilen von seinen Reisen zurückgekehrt war. Was ihn dort fesselte, war die Benutzung der Universitätsbibliothek. Sich selbst eine kleine Büchersammlung anzuschaffen erlaubten ihm seine Verhältnisse nicht. Der Beschäftigung mit der Poesie entsagte er bald wieder, als er von Stoke wieder nach Cambridge zurückgekehrt war. Mit rastlosem Fleiße studirte er die besten griechischen Schriftsteller und unterwarf die interpolirten Stellen in ihren Werken einer scharfen Kritik. Aber auch der Rechtswissenschaft, die er bisher vernachlässigt hatte, schien er ein neues Interesse abgewonnen zu haben. „In 30 Jahren,“ schrieb er in einem seiner damaligen Briefe (den 27. Dec. 1742), „hoffe ich die Welt zu überzeugen, daß ich ein tüchtiger Jurist bin, und ich werde mich in einer Wissenschaft hervorthun, die vielleicht die edelste von allen ist.“

Ohne daß sich ihm eine besondere Gelegenheit darbot, entsagte Gray selten seiner einsamen Lebensweise. Aus Cambridge schrieb er am 11. Dec. 1746 einem Freunde: „Ich sollte wol mein langes Schweigen entschuldigen. Aber Entschuldigungen haben für mich keinen Werth, weil sie nie wahr sind. Nichts ist so albern als die Trägheit, wenn sie hofft sich zu verbergen. Jedermann erkennt sie an ihrem schleichenden, unsichern Gange, wie man auf der Maskerade den König an seinem festen Fußtritt und an seinem erhabenen Kinn erkennt. Indessen habe ich doch etwas zu sagen, das den Schein eines triftigen Grundes hat. Ich bin, wie Sie hoffentlich wissen, in London gewesen und habe mich mit zwei Freunden, die vor Kurzem von Reisen zurückgekehrt sind, an allen öffentlichen Orten gebrüstet. Die Welt hat selbst für einen sechsjährigen Einsiedler noch etwas Anziehendes und angenehme, wohlgesinnte Menschen (Dank sei es dem Himmel, daß es deren so wenige gibt) sind mein vorzüglichster Magnet. Es ist daher kein Wunder, wenn es mir etwas schwer fiel, mich wieder von ihnen zu trennen, oder wenn mein Geist, bei der Rückkehr in meine Einsiedelei, auf einige Zeit zwar nicht bis auf Gewitter und Sturm, aber doch bis unter Veränderlich herabsank. Ueberdies sagt Seneca (und meine Philosophie dünkt sich nicht über Seneca erhaben): Nunquam mores, quos extuli, refero. Aliquid ex eo, quod composui, turbatur: aliquid ex his, quae fugavi, redit. Und dies wird uns, die wir blos eingeimpfte Reiser der Wissenschaften sind, begegnen.“

Dieser Brief enthält zugleich das Geständniß: „Es ist doch eine wunderliche Sache, daß wir ohne Geld nicht leben können, wie es uns gefällt. Swift[29]) sagt irgendwo: Geld ist Freiheit, und ich denke: Geld ist Freundschaft und Gesellschaft und jede äußere Glückseligkeit. Es ist ein großer, aber in der That ein schlimmer Trost, wenn man sieht, daß die, die es im Ueberfluß besitzen, meist ohne Vergnügen, ohne Freiheit und ohne Freunde sind. Hinsichtlich Ihrer historischen Tröstungen bin ich mit Ihnen nicht einerlei Meinung. Eine stille Melancholie können sie gewähren, eine ruhigere Art von Verzweiflung, und zwar blos unter gewissen Umständen und bei gewissen Gemüthsarten. Wahrer Trost aber, wahre Zufriedenheit kann in der menschlichen Seele nur aus der Hoffnung entspringen.“

An dem Dr. Wharton, einem geschätzten Arzte in London, fand Gray damals einen jungen Mann, der seinem Interesse an den alten Classikern mit gleicher Neigung entgegen kam. Mit ihm unterhielt Gray einen

27) Ein drei englische Meilen von Windsor gelegener Flecken, auf dessen Gottesacker Gray's Mutter beerdigt worden war. 28) In Gray's literarischem Nachlaß fand sich eine Copie jener Ode mit den in englischer Sprache an den Rand geschriebenen Worten: „Ich dichtete diese Ode zu Anfang des Juni 1742 und sandte sie meinem Freunde Richard West. Ich wußte nicht, daß er damals schon todt war.“

29) Jonathan Swift, geboren 1667 zu Dublin, gestorben 1744. Vergl. The life of Swift by Th. Sheridan. Dublin 1787 (deutsch Hannover 1795). Johnson, Lives of the English Poets. Vol. III. p. 353 seq.

längern Zeit fortgesetzten Briefwechsel. „Ich lese jetzt," schrieb Gray im December 1746, „den Aristoteles, seine Poetik, Politik und Moral, obgleich ich nicht recht weiß, was ich aus ihm machen soll. Erstens ist er offenbar der schwerste Schriftsteller, den ich je gelesen habe. Zweitens hat er eine so trockene Kürze, daß man eher ein Register zu lesen geglaubt hat, als ein Buch. Er hat eine starke Neigung zur Logik, die in gewisser Art seine eigene Erfindung ist. Dadurch verliert er sich oft in kleinen unbedeutenden Eintheilungen und in allerlei Subtilitäten; und was das Schlimmste ist, er überläßt es nachher dem Leser, sich selbst herauszuwickeln, so gut er kann. Drittens hat er viel durch die Abschreiber gelitten, wie es bei allen Schriftstellern von ungewöhnlicher Kürze nothwendig ist. Viertens aber hat er endlich eine Menge von guten und nicht gewöhnlichen Dingen, daß es wol der Mühe lohnt, sich mit ihm abzugeben."

In einem Briefe an Walpole, mit dem er sich längst wieder versöhnt hatte, gedenkt Gray nochmals seines früher erwähnten dramatischen Versuchs. Er schrieb 1747 aus Cambridge: „Ich freue mich zu hören, daß eine so große Menge dramatischer Producte auf die Bühne gebracht wird. Meine Agrippina kann füglich zurückbleiben. Ich habe das Vertrauen zu Ihnen, daß Sie von der Ihnen gesandten Scene gegen Niemanden etwas erwähnt, am wenigsten sie Jemandem gezeigt haben. Ich hielt sie für so schlecht, daß ich vergaß, Sie um die Geheimhaltung zu bitten. Indessen hörte ich vor einigen Tagen, daß ich mich mit einem Schauspiele beschäftige. Man sagte mir den Namen, den doch hier, wie ich überzeugt bin, Niemand wissen konnte. Meiner Neigung gemäßer ist Ihr Vorschlag, eine Sammlung der Gedichte meines Freundes West zu veranstalten. Ich fürchte aber, unser gemeinschaftlicher Vorrath würde kaum einen kleinen Band füllen. Was ich davon besitze, ist minder beträchtlich, als Sie sich vorstellen, und von dem Wenigen würden wir nicht Alles drucken lassen wollen. Sie müssen weit mehr haben als ich. Ich würde mich wenig darum kümmern, wenn die gewöhnliche Gattung von Lesern meinen Freundschaftsdienst misbilligte, wenn nur die Wenigen, die jemals irgend einen Freund geliebt, oder von irgend einer Sache richtig geurtheilt haben, durch diese kleinen Ueberreste veranlaßt würden, sich vorzustellen, was West hätte werden können, und zu wünschen, daß der Himmel ihm ein längeres Leben und ein ruhigeres Gemüth gegeben haben möchte."

Diesen Brief begleiteten einige Verse. „Sie sind," schrieb Gray, „lateinisch und werden Ihnen daher nicht gefallen. Aber ich sende sie Ihnen des Gegenstandes wegen. Sie sind ein Theil eines größern Werkes [30]) und der Anfang des vierten Buches, worin von den Leidenschaften gehandelt werden sollte. Entschuldigen Sie die drei ersten Verse [31]). Sie wissen, daß die Eitelkeit bei den Römern eine licentia poetica war."

Vielen Genuß verschaffte ihm damals die Lectüre eines französischen Dichters, den er in einem am 19. Aug. 1748 an Wharton geschriebenen Briefe einen der feinsten und anmuthigsten Schriftsteller nennt. Es war Gresset [32]). „Was mir," schrieb er, „ein ganz ungemeines Vergnügen gemacht hat, ist sein neues Lustspiel: Le Méchant. Kaufen Sie, wenn Sie sie nicht besitzen, seine Werke in zwei kleinen Bänden, die von den Buchhändlern in Holland gesammelt wurden, und mithin einige unbedeutende Stücke enthalten [33]). Aber sie finden darin den Vert-vert, die Epître à Mr. Bougeant, die Chartreuse, die Ode à la médiocrité und noch ein Lustspiel, Sidney betitelt. Alle diese Stücke haben große Schönheiten. Ich habe schon bemerkt, daß die Sammlung von holländischen Buchhändlern veranstaltet worden. Sie enthält daher manche unvollendete Stücke, oder auch solche, die Gresset in seiner Jugend geschrieben, oder die er nie für die Welt, sondern zur Belustigung seiner Freunde verfertigte, wie unter andern den Lutrin vivant."

Noch ein anderer französischer Schriftsteller erregte in Gray ein sehr lebhaftes Interesse. Am 9. März 1749 schrieb er an Wharton: „Das Vorzüglichste, was ich Ihnen von einer Lectüre melden kann, ist ein Werk von Montesquieu [34]), die Frucht einer zwanzigjährigen Arbeit. Es ist der Esprit des Lois. Er zeigt darin die Principien, auf denen die drei Regierungssysteme beruhen: das despotische, die beschränkte Monarchie und die republikanische Verfassung. Er zeigt, wie daraus die Gesetze und Gewohnheiten entstanden sind, durch die jene Principien geleitet und aufrecht erhalten werden. Er zeigt die jeder Regierungsform eigene Erziehung, den Einfluß des Himmelsstrichs, der Lage, der Religion auf das Gemüth jeder besondern Nation und auf ihre Politik. Der Styl ist lebhaft und von einer gedrungenen Kürze, daher mitunter ein wenig dunkel. Montesquieu hat den Ernst des Tacitus, den er bewundert, mit der Munterkeit und dem Feuer eines Franzosen zu mildern gewußt."

Durch das Erscheinen des Esprit des Lois ward Gray veranlaßt, ein ähnliches Werk, mit dem er sich damals beschäftigte, aufzugeben. Auch der große Umfang, den es haben mußte, schreckte ihn. In seinem literarischen Nachlasse fand sich kein Entwurf des Ganzen. Gegen einen seiner Freunde äußerte er: Montesquieu sei ihm hinsichtlich seiner besten Ideen zuvorgekommen. Einige Zeit nachher wollte er das Werk wieder zur Hand nehmen und es mit einer Ode dem Verfasser des Esprit des Lois zueignen. Montesquieu's Tod brachte ihn indessen von diesem Entschlusse für immer zurück.

---

30) Des früher erwähnten Gedichts: De principiis cogitandi.

31) Hactenus haud segnis Naturae arcana retexi
Musarum interpres, primusque Britanna per arva
Romano liquidum deduxi flumine rivum.

32) Jean Baptiste Louis Gresset, geb. 1709 zu Amiens, gest. 1777 zu Paris. Vergl. Vie de Mr. Gresset par *L. D.* (*Louis Daire*). Paris 1779.

33) Sie erschienen zu Amsterdam 1767. 12. 2 Voll.

34) Charles de Secondat, Baron de la Brède-Montesquieu, geb. 1689, gest. zu Paris im Februar 1755. Vergl. sein Leben vor den Oeuvres complètes de M. Basil. 1800. 8. 8 Voll. und die Eloges de Solignac, Maupertuis, d'Alembert u. A.

So unermüdet thätig auch Gray war, machte er sich doch in dieser Beziehung mitunter Vorwürfe, die aber wol nicht ernstlich gemeint waren. Charakteristische Aeußerungen hierüber enthält ein an Wharton aus Cambridge am 26. April 1749 geschriebener Brief: „Der Geist der Trägheit (der Geist dieses Orts) fängt an, auch mich zu besitzen, mich, der ich so lange gegen ihn geeifert habe. Doch hat er über mich noch nicht so viel Gewalt, daß ich mit mir selbst nicht den Unmuth fühlen sollte, wovon er stets im Anfange begleitet zu werden pflegt. Die Zeit wird mein Gewissen beruhigen, die Zeit wird mich mit diesem kraftlosen Gesellschafter versöhnen." Seinen Brief schließt Gray mit der humoristischen Aeußerung: „Wir werden mit einander rauchen, trinken, einschlafen. Wir werden, wie andere Leute, unsere kleinen Scherze, unsere alten Geschichten haben; was der Portwein angefangen, wird ein anderes Getränk vollenden, und vielleicht lesen Sie in einem Monat in irgend einer Zeitung: Gestern starb Herr Thomas Gray, ein angenehmer Gesellschafter, von allen seinen Bekannten hochgeachtet. Man glaubt, er sei an einem Schlagfluß gestorben, weil man ihn aus dem Bette gefallen fand."

Worüber Gray nach diesem Briefe mit sich selbst scheinbar unzufrieden war, die literarische Thätigkeit, in sofern sie nicht in seichte Vielschreiberei ausartete, flößte ihm Achtung ein. An Wharton schrieb er darüber in dem eben erwähnten Briefe: „Birch, der Unermüdete [35]), hat so eben einen starken Octavband von Originalbriefen aus der Zeit der Königin Elisabeth herausgegeben. Es sind viel gute Sachen darunter, besonders Briefe von Sir Robert Cecil (Salisbury) über die Unterhandlungen mit Heinrich IV. von Frankreich, des Grafen von Monmouth wunderliche Nachricht von dem Tode der Königin Elisabeth, verschiedene besondere Nachrichten von Jacob I. und dem Prinzen Heinrich, und überdies eine vortreffliche Staatsgeschichte Frankreichs, mit dem Charakter des Königs, seines Hofes, seiner Minister, von Sir Georg Carew, Gesandter an diesem Hofe."

In eben diesem Briefe heißt es: „Sie erkundigen sich nach meiner Chronologie [36]). Es sind fast zwei Jahre, daß ich sie angefangen habe. Ich war damals eben in voller Beschäftigung mit dem Diogenes Laertius und seinen Philosophen. Die Chronologie sollte ein Prooemium zu ihren Werken abgeben. Bei Verfertigung der Tabellen war meine Absicht nicht sowol auf öffentliche Begebenheiten gerichtet, obgleich auch diesen eine eigene Columne angewiesen war, als vielmehr auf eine literarische Vergleichung der Zeiten aller großen Männer, ihrer Schriften und Thaten. Ich habe diese Chronologie von der 30. Olympiade, mit der sie beginnt, bis zu der 113. fortgeführt, d. h. durch 332 Jahre. Von den neuern Schriftstellern haben mir wenige etwas geholfen, außer Marsham, Dodwell und Bentley. Ich habe seitdem den Pausanias und Athenäus ganz durchgelesen und noch einmal den Aeschylus. Jetzt beschäftige ich mich mit dem Pindar und Lysias; denn ich nehme Verse und Prosa zusammen, wie Butter und Käse."

Von einer akademischen Feierlichkeit in Cambridge, der Einführung des Herzogs von Newcastle, lieferte Gray in einem Briefe an Wharton eine humoristische Beschreibung. „Ich erlaube mir," schrieb er am 8. Aug. 1749, „Ihnen zu sagen, weil es wahrscheinlich Niemand sonst gethan hat, daß des Herzogs Eifer und Beredsamkeit über allen Ausdruck war. Ein Ausbruch des Vesuvs war nie so brausend als seine Sprache, und (weil ich einmal auf meinen Bergen bin) Pelion mit allen seinen Fichten war bei einem Sturm minder ungestüm als seine Bewegungen. Und doch steht das Rathhaus noch, und wir Alle, Dank sei dem Himmel, sind frisch und gesund. — Ich darf schwören, daß hier nicht drei Personen waren, die den Herzog nicht für ein Muster der Beredsamkeit hielten. — Jedermann war, so lange die Feierlichkeiten dauerten, des Morgens munter und geschäftig, am Abend lässig und berauscht."

Einer Ode, die sein nachheriger Biograph, William Mason [37]), bei dieser Gelegenheit verfertigt hatte, zollte Gray entschiedenen Beifall. „Der Verfasser," schrieb er, „erwirbt sich meine Achtung, je mehr ich ihn kennen lerne. Er ist sinnreich, gutmüthig und ungekünstelt; etwas eitel, aber in so unschädlicher und komischer Weise, daß es Niemand beleidigt. Er ist etwas ehrgeizig, aber dabei so unbekannt mit der Welt und ihrem Lauf, daß er dadurch keine nachtheilige Meinung gegen sich erweckt; so aufrichtig und so ohne alle Verstellung, daß keine Seele, die nur den geringsten Edelmuth besitzt, jemals daran denken könnte, ihm wehe zu thun. Dabei ist er aber," fügt Gray hinzu, „so lässig, daß, wenn er diesen Fehler nicht ablegt, alle seine guten Eigenschaften gar Nichts bedeuten werden. Dessenungeachtet bin ich ihm so gut, daß ich wünsche, Sie möchten ihn kennen."

Ungefähr um diese Zeit (1750) scheint Gray eins seiner berühmtesten Gedichte, die bereits früher erwähnte **Elegy, written on a Country-Church-yard**, vollendet zu haben. Er sandte sie seinem Freunde Walpole, der, davon entzückt, das Manuscript mehreren seinen Bekannten mittheilte. Später, im December 1750, schickte er sie auch dem Dr. Wharton. Bescheiden äußerte er sich in einem Briefe an diesen mit den Worten: „Meine

35) Thomas Birch, geb. 1705 zu London, gest. daselbst 1766, rühmlich bekannt durch die Herausgabe der Werke Boyle's, Tillotson's, Milton's, Raleigh's u. a. Schriftsteller, auch als Verfasser mehrerer schätzbaren historischen Schriften. Vergl. über ihn Bamberger's Biographische Anekdoten von englischen Gelehrten. Bd. 1. S. 160 fg. 36) Jede Seite dieses unvollendeten Werkes hatte neun Columnen. Eine war für die Olympiaden bestimmt, die folgende für die Archonten, die dritte für die öffentlichen Angelegenheiten Griechenlands; die drei nächsten Columnen für die Philosophen und die drei letzten für die Dichter, Geschichtschreiber und Redner.

37) Siehe die Memoirs of the life and writings of Mr. Gray by *William Mason* vor der Sammlung von Gray's Gedichten. (York 1778. 8. 4 Voll.) Mason, geb. 1716 zu Hull, gest. 1797 zu Aston, machte sich außer mehreren andern Werken besonders rühmlich bekannt durch sein didaktisches Gedicht: The English Garden. Vergl. Allgem. Literaturzeitung. December 1797. Intell.-Blatt S. 1411.

Elegie ist durch Walpole's Schuld bekannter geworden, als sie es, ihrer Bestimmung nach, werden sollte. Man hat sie so sehr gelobt, daß ich mich schäme, es zu wiederholen. Ich will nicht für unbescheiden gehalten sein; aber ich schäme mich im Namen derer, die diesem Gedicht so übertriebenes Lob gespendet haben. Ich wäre zufrieden gewesen, wenn es Ihnen und noch zwei oder drei Andern gefallen hätte. Das würde meinen Ehrgeiz völlig befriedigt haben."

Aehnliche Aeußerungen enthält ein Brief an Walpole vom 11. Febr. 1751. Die Herausgeber einer vielgelesenen Zeitschrift, des Magazine of the Magazines, äußerten in einem an ihn gerichteten Schreiben, daß sie gehört, er sei der Verfasser der vortrefflichen Elegie, und daß sie dieselbe sofort mit seiner Erlaubniß in ihrem Journal abdrucken lassen würden. Sie bäten zugleich um die Ehre seines Briefwechsels. Damit war aber Gray durchaus nicht einverstanden. „Ich bin," schrieb er an Walpole, „ganz und gar nicht gesonnen, eine solche Erlaubniß zu geben und in eine solche Correspondenz mich einzulassen. Es bleibt mir nur ein schlimmer Weg übrig, der Ehre zu entgehen, mit der man mich strafen will. Ich muß Sie bitten, das Gedicht sofort nach Ihrer Copie durch Dodsley ohne meinen Namen abdrucken zu lassen, in welchem Format er es für gut befindet, aber auf sein bestes Papier und mit seiner besten Schrift. Er muß die Correctur selbst besorgen und zwischen den Stanzen keinen Raum lassen, weil das Verständniß in einigen Stellen aus einer in die andere übergeht. Der Titel muß lauten: Elegie, auf einem Dorfkirchhofe geschrieben. Könnte er in ein Paar Worten sagen, daß das Gedicht ihm zufällig in die Hände gerathen sei, so wäre es mir noch lieber."

Wie frei Gray von Eitelkeit war, zeigt folgende Stelle in einem spätern Briefe an Walpole, im Januar 1753 geschrieben: „Ich weiß, daß ich unfehlbar meinen Verstand verlieren würde, wenn Sie es zugeben sollten, daß mein Bildniß gestochen würde. Ich beschwöre Sie, unverzüglich dies Vorhaben zu hintertreiben. Es ist mir unbekannt, auf wessen Kosten es gestochen wird; ist es auf Dodsley's, so will ich ihm den Schaden ersetzen. An der Spitze meiner Werke, die 30 Seiten stark sind, in eigener Person zu erscheinen, das wäre für mich ärger als der Pranger. Ich versichere Sie, wenn ich ein solches Buch mit einem solchen Titelkupfer unerwartet erhalten hätte, würde mich die Starrsucht befallen haben."

Auf die Nachricht von einer gefährlichen Krankheit seiner Mutter, die er zärtlich liebte, hatte sich Gray um diese Zeit, im Januar 1753, nach Stoke bei Windsor begeben, wo sie sich seit dem Tode ihres Gatten aufhielt. Gray glaubte sie nicht mehr am Leben zu finden. Sie verspürte zwar seit Kurzem einige Besserung, starb jedoch bereits im März. Sie ward neben ihrer Schwester beerdigt, die einige Jahre vor ihr gestorben war. Ihr Grabstein erhielt die Inschrift: „In dieser Gruft ruhen, in der Hoffnung einer freudigen Auferstehung, die irdischen Ueberreste von Maria Antrobus; sie starb unvermählt den 1. Nov. 1749, alt 60 Jahre. In gleichem frommen Vertrauen ruhen hier die Gebeine von Dorothea Gray, einer Witwe, einer lieben zärtlichen Mutter vieler Kinder, von welchen nur eins das Unglück hatte, sie zu überleben. Sie starb den 11. März 1753, alt 67 Jahre."

In dem Schmerz über seinen Verlust behielt Gray noch Fassung genug, um seinen Freund Mason zu trösten, dem sein Vater um diese Zeit, im December 1753, gestorben, und der dadurch in eine beschränkte Lage versetzt worden war. „Ich versuche nicht," schrieb Gray, „Sie hinsichtlich Ihrer Glücksumstände zu trösten. Die gute Meinung, die ich von Ihnen habe, läßt mich gewiß glauben, daß, wenn dieselben auch noch schlechter wären, Sie dennoch nie Ihrer unwürdig handeln würden. Ich kann Ihnen daher über diesen Punkt kein Mitleid zu erkennen geben. Wol aber bezeige ich Ihnen mein aufrichtiges Beileid eines guten und freundschaftlichen Mannes, dessen Andenken ich ehre. Ich habe die Scene, die Sie mir beschrieben, selbst gesehen, und weiß, wie schrecklich sie ist. Ich weiß aber auch, daß sie mich besser gemacht hat. Wir sind alle lässige und gedankenlose Geschöpfe. Nur so lange haben wir Vernunft, nur so lange sind wir einigermaßen nützlich in der Welt, als dieser traurige Eindruck währt. Je tiefer er ist, desto besser sind wir."

Wie mehrere seiner Briefe zeigt auch der nachfolgende an Wharton, wie wenig ein Selbstgefühl seines Dichterwerthes ihm eigen war. Aus Cambridge schrieb er am 9. März 1755: „Die Eitelkeit Anderer zu kränken, ist eine zu leichte und zu kleine Sache, als daß ich daran Vergnügen finden sollte. Was mich selbst betrifft, so seien Sie versichert, daß mein Geschmack am Lobe nicht dem Geschmack der Kinder an Früchten gleicht. Gäbe es nichts Anderes als Mispeln und Brombeeren in der Welt, so würde ich auch diese sehr gern entbehren. — Was die Herausgabe meiner Gedichte anlangt, so bin ich nicht sowol überhaupt dagegen, als vielmehr gegen die Herausgabe einer einzelnen Ode. Ich habe zwei oder drei Ideen im Kopfe. Was soll ich damit anfangen? Sollen meine Oden auch so in der Gestalt kleiner wohlfeiler Gedichtchen hinter einander herausschleichen, bis es Dodsley gefällt, sie in Gesellschaft von Liedern anderer Verfasser in einem gefälligen Bande herauszugeben? Ich bin überzeugt, daß Mason, der sie ediren will, das wohl fühlt, und nicht bedenkt, was er sagt."

In den poetischen Ideen, mit denen sich Gray nach diesem Briefe damals beschäftigte, gehörte unter andern eine Ode im Geschmack Pindar's, The Bard, a Pindaric Ode betitelt. Das Gedicht blieb Fragment [38]).

---

38) Es befindet sich in der von William Mason veranstalteten Sammlung der Poems of Mr. Gray (York 1778). Eine deutsche Bearbeitung dieses Gedichts hat Kosegarten geliefert; s. dessen Dichtungen (Greifswald 1824). Bd. 9. S. 203 fg. Die hier folgende Stelle enthält eine Anspielung auf Gray's Lieblingsdichter Shakespeare:

The verse adorn again
Fierce war, and faithful Love,

bemerkt zu werden verdient, daß Gray sie nicht eher, als bis er sie im Kopfe völlig ausgearbeitet, aufs Papier hinwarf, sodaß ihm nachher wenig mehr zu thun übrig blieb, als die Vertauschung eines Worts mit einem andern. Nie pflegte er einen allgemeinen Entwurf in flüchtigen Versen niederzuschreiben. Er wandte sich vielmehr von einem Theile seines Entwurfs nicht eher zu einem andern, als bis er jenen vollkommen ausgebildet hatte. Von dieser Methode konnte er aber nur bei kleinern poetischen Arbeiten Gebrauch machen, und darin scheint die Ursache zu liegen, weshalb Gray mehrere Werke, deren Anlage von größerem Umfange war, meist unvollendet ließ. Die Idee zu einer andern Ode scheint durch die Lectüre eines Werkes von d'Alembert, den er sehr schätzte, in Gray geweckt worden zu sein 39). Ueber diese Idee, die er nie realisirte, findet sich folgende Aeußerung in einem seiner damaligen Briefe: „Alles, was angesehene und vielvermögende Männer für Leute von Genie thun können, besteht darin, ihnen ihre völlige Freiheit zu lassen; denn sie gleichen den Vögeln, die eingeschlossen nur den Verlust ihrer Freiheit in melancholischen Gesängen beklagen und die anmuthige Wildheit und Ueppigkeit ihrer Töne verlieren, von denen sie die Wälder widerhallen lassen."

In einem Briefe an Wharton vom 25. März 1756 gedenkt Gray mit dunkeln Worten eines „Streichs," der ihn zwang, seine bisherige Wohnung zu Peterhouse in Cambridge mit einer andern zu Pembroke-Hall zu vertauschen. Gray legt auf diese Veränderung ein gewisses Gewicht. „Sie kann," schreibt er, „in einem an Begebenheiten so armen Leben, wie das meinige, als eine Art von Epoche betrachtet werden. Ich werde es aber machen, wie es Voltaire zu machen pflegte, und Ihnen blos sagen, daß ich meine Wohnung verließ, weil es darin zu unruhig und die Leute im Hause unhöflich waren. Das ist Alles, was ich Ihnen davon sagen kann; mehr darüber Ihnen mitzutheilen ist der Ueberbringer dieses Briefes, der von Allem ein Zeuge war, beauftragt. Alles, was ich noch hinzufügen kann, ist, daß ich hier sehr gut und so ruhig wohne, wie in der grande Chartreuse, und daß man hier ungemein höflich ist."

Ein späterer Brief an Wharton vom 14. Juni 1756 enthält Klagen über seinen Gesundheitszustand. „Ich bin," schrieb er, „diese ganze Zeit in einer unthätigen und unangenehmen Lage gewesen. Ich bitte Sie, mir stärkende Mittel zu verordnen, damit dieser Zustand nicht in eine völlige Hectik ausarte. — Längst hätte ich Ihnen schon für Ihr freundschaftliches Anerbieten, eine Zeitlang bei Ihnen zu wohnen, meinen Dank sagen sollen. Ich bin gesonnen, es bald anzunehmen. Von meiner geistigen Unpäßlichkeit habe ich Sie schon oft in Kenntniß gesetzt. Es wäre aber möglich, daß ich auch wieder körperlich recht krank werden könnte, wenn ich genöthigt wäre, nach London zu gehen. Da möchte ich denn nicht gern in einer unreinlichen, unbequemen Wohnung mich aufhalten, wo mich vielleicht meine Wärterin mit einem Kopfkissen ersticken könnte. Es ist daher sehr natürlich, daß ich Ihr Haus vorziehe. Aber ich sage Ihnen dies bei Zeiten, damit Sie, wenn Sie sich vor einem kränklichen Körper fürchten, mit einer guten Entschuldigung Ihrer Unruhe vorbeugen können. Indessen," fügt Gray hinzu, „dürfen Sie sich nicht vorstellen, meine Krankheit sei in esse, nein, sie ist nur in posse, sonst würde ich zu gewissenhaft sein, sie Ihnen ins Haus zu bringen. Ich denke ungefähr in 14 Tagen bei Ihnen zu sein."

Daß seine angebliche Kränklichkeit meistens eingebildet war, scheint aus einem Briefe an Mason hervorzugehen. Gray entschuldigt sich darin am 25. Juli 1756 wegen seines langen Schweigens. „Ich bin," schrieb er, „wie Sie wissen, in Stoke. Aber ich höre, sehe, thue durchaus Nichts. Das ist aber nicht ein solches Nichts, wie zu Tunbridge, das mit vielen flüchtigen, mannichfachen Farben, wovon immer eine die Stelle der andern einnimmt, abwechselt, sondern ein schwerfälliges lebloses Nichts, das fast so schwarz ist als die Moral in Voltaire's Gedicht auf den Untergang von Lissabon, worüber Sie sich so ärgern 40). Ich habe kein Anschwellen der Muskeln mehr. Sie werden daher keine Nachricht von meiner Verve (Begeisterung) erwarten, die, wie Sie wissen, von so delicater Natur ist und so schwache Nerven hat, daß sie jährlich ihr Zimmer nicht über drei Tage verläßt."

Die literarische Thätigkeit, die Gray an seinen Freunden bewunderte, schien auf seine eigene keinen sonderlichen Einfluß zu äußern. Aus Stoke, seinem öftern Aufenthaltsorte, schrieb Gray an Hurd 41) den 25. Aug. 1757: „Ich freue mich, daß Sie für die Presse so beschäftigt sind, nicht blos um meinetwegen, da Sie mir Hoffnung machen, daß ich alle Ihre Arbeiten, die öffentlichen, wie die geheimen, sehen soll, sondern auch um Ihrer selbst willen; denn etwas zu schaffen haben, heißt

In buskin'd measures move
And Truth severe, by fairy Fiction dress'd.
Pale Grief, and pleasing Pain,
With Horror, tyrant of the throbbing breast.

39) Jean le Rond d'Alembert, geb. 1717 zu Paris, gest. daselbst am 29. Oct. 1783; s. dessen Essay sur la société des Grands avec les Gens de lettres. Darin findet man unter andern die Stelle: „Parmi les grands Seigneurs les plus affables il en est peu qui se dépouillent avec des Gens de lettres de leur grandeur; vrais ou prétendus jusqu'au point de l'oublier tout-à-fait. C'est ce qu'on aperçoit surtout dans leurs conversations, où l'on n'est pas de leur avis. Il semble qu'à mesure que l'homme d'esprit s'oublie, l'homme de qualité se montre, et paroisse exiger la déférence, dont l'homme d'esprit avoit commencé à se dispenser. Aussi le commerce intime des Grands avec les Gens de lettres ne finit que trop souvent par quelque rupture éclatante, rupture, qui vient presque toujours de l'oubli des égards réciproques."

40) Es erschien anonym 1756 unter dem Titel: Poëme sur la destruction de Lisbonne, ou Examen de cet Axiome: Tout est bien.

41) Richard Hurd, Bischof von Worcester, geb. 1718, gest. 1808 im 89. Jahre, ein gelehrter Theolog, Philolog und Philosoph, geschätzt durch seine Ausgabe der Ars poëtica des Horaz, durch seine Dialogues moral and political (deutsch von Hölty und Boß. Leipzig 1775. 8. 2 Thle.) u. a. m. Vergl. J. D. Reuß in dem Gelehrten England.

glücklich sein. Dieser Grundsatz, von dessen Wahrheit ich völlig überzeugt bin, hat gleichwol keinen Einfluß auf meine Beschäftigungen. Ich bin einsam, habe im höchsten Grade Langeweile und thue dennoch Nichts. Eine Entschuldigung habe ich allerdings anzuführen. Meine Gesundheit, nach welcher Sie sich so angelegentlich erkundigen, ist nicht die beste. Ich habe keine große Krankheit, aber verschiedene kleine, von denen ich mir nichts Gutes verspreche."

In dieser trüben Stimmung erheiterte ihn eine Dichtung seines Freundes Mason. „Ich habe," schrieb er aus Stoke am 8. Sept. 1757, „Ihren Caractacus [49]) zweimal durchgelesen, nicht blos mit Vergnügen, sondern auch mit Rührung. Die Erfindung, die Sitten, das Interesse, die Leidenschaften, der Ausdruck — Alles übertrifft weit den dramatischen Theil Ihrer Elfrida. Ich behaupte sogar (wenn Sie mich auch hierin für einen schlechten Kunstrichter halten werden), daß das Publicum an dieser Dichtung mehr Gefallen finden werde. Ich bin entzückt von den Chören, die nicht blos singen und tanzen, sondern auch an der ganzen Handlung thätigen Antheil nehmen, und außer dem vortrefflichen Costüm, ebenso wol ihren eigenen Charakter haben, als die übrigen handelnden Personen. Ich bin entzückt von ihrem Priesterstolze und von der Hartnäckigkeit, womit sie, nachdem Alles verloren ist, den Entschluß fassen, den römischen Feldherrn zur Rede zu stellen."

Seine Gemüthsstimmung, in der oft Trübsinn und eine Art von Indifferentismus abwechselten, charakterisirt ein späterer Brief an Mason aus Cambridge vom 19. Dec. 1757. Darin heißt es: „Ein einsames Leben hat ebenso viele Stunden des Unmuths, ebenso viele und wirkliche Unbequemlichkeiten und Leiden, als ein Leben mitten in der großen Welt. Die Gewalt, die wir, wenn wir wollen, über unser Herz haben, verbunden mit ein wenig Muth und Trost, ja mit einem kleinen Stolze, wozu wir durch die, die uns zu lieben scheinen, gelangen, ist in beiden Zuständen unsere einzige Unterstützung. Es thut mir leid, daß ich Ihnen diesen Beistand nicht besser leisten kann, als Sie mir ihn geleistet haben, und daß ich Ihnen blos sagen kann, daß Einer, der weit mehr Ursache hat, als Sie hoffentlich je haben werden, das Leben mit Gleichgültigkeit zu betrachten, gleichwol dem Leben nicht feind ist, sondern auf manche trübe Augenblicke theils zufrieden, theils geduldig zurückblickt, belebt von einiger Hoffnung besserer Tage. — Freilich kann ich, was mich betrifft, weder meiner Munterkeit, noch meiner Lage, noch meiner Beschäftigungen, noch meiner Productivität mich rühmen. Tage und Nächte vergehen, und nie komme ich etwas Anderem näher, als dem Ziele, nach welchem wir Alle hingehen. Dennoch sind mir Menschen lieb, die einige Spuren ihrer Geistesreise zurücklassen und Muth genug haben, Andere daran zu erinnern, daß sie ein Gleiches thun sollten, so lange sie es noch können."

49) Caractacus, a dramatic poem. 1759. 4. Edit. III. 1776. 8.

Mit diesem Briefe sandte Gray zugleich eine von Mason in dem Garten eines Freundes geschriebene Elegie zurück. „Meine Erinnerungen," äußerte Gray, „können Sie allemal nach Gefallen benutzen oder verwerfen. Sie wissen, daß ich der Kritik nicht gewogen bin, und daß ich noch viel weniger mich damit befasse. Ein schlechter Vers scheint mir ebenso gut und noch besser zu sein, als die beste Anmerkung, die man jemals darüber gemacht." Nach einem ungemeinen Lobe, das Gray dem Entwurfe und der Ausarbeitung jenes Gedichts zollt, fügt er hinzu: „Die einzelnen Ausdrücke, an denen ich etwas zu erinnern finde, habe ich in dem Manuscript bezeichnet. Ich bitte Sie aber, mich nicht für einen strengen Kritiker zu halten und auf meine Bemerkungen durchaus nicht zu achten, wenn sie nicht mit Ihrem eigenen Urtheile übereinstimmen. Dies Kind verdient Ihre parteiliche Zärtlichkeit. Es ist ein gesunder, wohlgestalteter Knabe mit einer offenen Miene, und er verspricht lange zu leben. Ich möchte ihm nur das Gesicht waschen und ihn ein wenig putzen, ihn an einen aufrechten und festen Gang gewöhnen, und verbeugen, daß er nicht gemeine Worte (vulgar words) sagt."

In einem Briefe an Wharton vom 21. Febr. 1758 äußerte Gray: „Sie werden sich wundern, wenn ich Ihnen melde, womit ich mich jetzt beschäftige. Ich bin aber der Meinung, Jeder muß seine Fähigkeiten am besten selbst beurtheilen können und bei seinem Zeitvertreib seiner eigenen Neigung folgen. Der Zweck meines jetzigen Fleißes besteht darin, wo ich auch sei, alles Sehenswerthe in der Umgegend kennen zu lernen, mögen es nun Gebäude, Ruinen, Parks, Gärten, Prospecte, Gemälde oder Denkmäler sein. Dabei möchte ich Erkundigungen darüber einziehen, wem alle diese Dinge gehören oder gehört haben, und wie sich von Zeit zu Zeit Sitten und Geschmack verändert haben." Mit einigem Selbstgefühl fügt Gray hinzu: „Sagen Sie darüber, was Sie wollen. Ich bin überzeugt, daß Sie meinem Verzeichniß, wenn es vollendet sein wird, Ihren Beifall nicht versagen und es für sehr nützlich halten werden. Meine Lebensgeister sind dem Gefrierpunkt sehr nahe, und diese Uebung, die mich erwärmt und mir eine mäßige Bewegung verschafft, dient dazu, daß sie täglich um einige Grade steigen."

Den eben erwähnten Gegenstand berührte Gray in einem bald nachher (am 8. März 1758) geschriebenen Briefe an Wharton. „Sie haben Recht," äußerte er, „wenn Sie vermuthen, daß ich blos aus Mangel an Geist meinen Fleiß auf Kathedralen, Grabmäler und Ruinen richte. Immer ist es die höchste Freude meines Lebens gewesen, zu denken, obschon nicht immer über erhebliche Gegenstände, und wenn ich weder denken will noch kann, so träume ich. Ich bin jetzt beschäftigt, einen Catalog anzufertigen und dabei das Verzeichniß der Pairs zu lesen oder Miller's Gärtnerlexikon, und ich bin sehr erkenntlich dafür, daß es solche Werke und solche Schriftsteller in der Welt gibt. Manche Leute, die mich deshalb geringschätzen, beschäftigen sich vielleicht mit Dingen, die nicht halb so viel werth sind. Was die Nachwelt betrifft, so darf ich mit Jemand, den ich vergessen habe, fragen: was hat sie mir jemals für Gefälligkeiten erwiesen?"

Merkwürdig ist ein vom 8. Aug. 1768 datirter Brief, in welchem Gray seine religiöse Ueberzeugung niederlegte. Vom Atheismus war er so weit entfernt, daß er gar nicht begreifen konnte, wie es möglich wäre, Gottes Dasein geradezu zu leugnen. In dem erwähnten Briefe suchte er die Ansichten eines Freundes zu berichtigen, der sich zum Materialismus neigte. „Daß wir," schrieb Gray, „wirklich mechanische und abhängige Wesen sind, davon habe ich keinen weitern Beweis nöthig, als mein eigenes Gefühl. Aber durch eben dieses Gefühl bin ich auch ebenso sehr überzeugt, daß wir nicht einzig und allein solche Geschöpfe sind, daß eine Kraft in uns ist, die gegen die Stärke und den Hang dieses Mechanismus kämpft, über seine Bewegungen gebietet und durch öftere Uebungen sie endlich zu dem willigen Gehorsam bringt, den wir Fertigkeit (readiness) nennen, und alles dies conform mit einer vorgefaßten Meinung, sie sei wahr oder falsch, mit dem geringsten Material eines wirkenden Wesens, mit einem Gedanken. Ich habe Manche gekannt, die, indem sie ein altes Vorurtheil überwunden zu haben glaubten, nicht gewahr wurden, daß sie sich einem weit gefährlicheren unterworfen, einem Vorurtheil, das uns stets zu einer Apologie für unsere schlechtesten Handlungen dient und uns den Weg zu der vollkommenen Freiheit öffnet, Alles zu thun, was uns gefällt. Aber eben diese Leute waren nicht im mindesten nachsichtig gegen andere Menschen, wie sie es doch natürlicher Weise hätten sein sollen. Ihr Zorn gegen diejenigen, die sie beleidigten, ihre Rachgier gegen Jeden, der ihnen schadete, war nicht im mindesten gemäßigt. Mit Einem Worte, es ist gewiß, daß sie von dieser Meinung, um ihrer Convenienz willen, überzeugt zu werden wünschten. Sie waren es aber keineswegs, und sie würden, falls eine solche Ueberzeugung stattgefunden hätte, gleichwol nach der allgemeinen Klugheit sehr froh gewesen sein, bei Andern keine ähnlichen Grundsätze zu wissen, aus Furcht vor nachtheiligen Folgen, die für sie selbst daraus entstehen könnten. Ich habe wol funfzig französische Schriftsteller gelesen, die denselben Ton anstimmten, und ich will keinen mehr lesen. Ich kann ohne sie elend genug sein. Diese Herren erinnern mich an den griechischen Sophisten, der sich unsterbliche Ehre erwarb, weil er über das Elend unseres Zustandes so rührend sprach, daß funfzig von seinen Zuhörern heimgingen und sich hängten. Er selbst aber befand sich, wie ich vermuthe, noch viele Jahre nachher bei guter Gesundheit."

Verwandten Inhalts ist ein bald nachher geschriebener Brief. „Ich will," heißt es darin, „dem Lord Bolingbroke [43]) zugeben, daß sowol die moralischen als die physischen Eigenschaften Gottes uns blos a priori bekannt sein können, und daß dies die einzig wirkliche Kenntniß ist, die wir von beiden zu haben im Stande sind. Ich will ihm auch einräumen, daß es vergeblich sei, einen Unterschied zwischen diesen Eigenschaften zu machen. Die moralischen gehören aber so zu seiner Natur und zu seinem Wesen, als die, die wir seine physischen nennen. Aber die Veranlassung, diesen Unterschied zu machen, ist unstreitig diese: Seine Ewigkeit, Unendlichkeit, Allwissenheit und Allmacht vereinigt ihn nicht, wenn ich so sagen darf, mit uns, seinen Geschöpfen. Wir beten ihn an, nicht weil er immer überall existirt und stets existiren wird, sondern weil es eine Wirkung seiner Güte ist, daß er uns unser Dasein gab und es beständig erhält. Wir beten ihn an, nicht weil er alle Dinge weiß und Alles thun kann, sondern weil er uns fähig macht, Alles zu wissen und zu thun, was uns zu unserer Glückseligkeit führen kann. Nicht seine Größe und Macht beten wir daher an, sondern sein Wohlwollen; und wenn wir blos an einem Systeme, das auf unsere eigene Glückseligkeit keinen Bezug hat, Antheil zu nehmen bestimmt sind, so können wir Gott nicht länger als unsern gütigen Vater verehren. Es liegt kein Sinn in diesem Ausdruck. Der Begriff seiner Feindseligkeit (hostility) — eine Lästerung, die ich niederzuschreiben zittere — muß daraus entspringen. Es bleibt uns Nichts übrig als unsere Furcht, und auch diese ist vergeblich. Wohin kann sie uns bringen, als zur Verzweiflung, zu dem trostlosen Verlangen nach Vernichtung? — Was kann Bolingbroke meinen, wenn er sagt: jedes Ding zeigt die Weisheit Gottes, und doch hinzufügt: jedes Ding zeigt nicht in gleicher Weise die Güte Gottes nach unsern Begriffen von dieser Eigenschaft? Unter der Weisheit muß er blos verstehen, daß Gott die geschicktesten Mittel zu irgend einem Endzweck, er sei, welcher er wolle, kenne und anwende. Dies ist in der That ein Beweis von Verstand und Einsicht, aber diese allein machen seine Weisheit nicht aus. Das Wort begreift in sich die Anwendung der geschicktesten Mittel zu dem besten Zwecke. Wer würde es sonst echte Weisheit nennen? Selbst unter den Menschen wird sie dafür nicht gehalten. Alle Eigenschaften, die Bolingbroke in der Einrichtung der Dinge wahrzunehmen scheint, sind Gottes Einheit, Unendlichkeit, Ewigkeit und sein Verstand. Ich darf kühn behaupten, daß von irgend einer dieser Eigenschaften dem Menschengeschlechte die Pflicht der Dankbarkeit oder der Anbetung ebenso wenig auferlegt wird, als wenn Gott und alle Dinge, wie Einige zu behaupten sich unterfangen haben, durch das nothwendige Wirken ewiger Materie in einem unendlichen Raume hervorgebracht worden wären. Was hilft es, zu den übrigen physischen Eigenschaften den Verstand hinzuzufügen, wenn nicht dieser Verstand sowol auf das Wohl des Ganzen, als auf das Wohl eines jeden der einzelnen Wesen gerichtet wird, aus denen dieses Ganze zusammengesetzt ist? — Es ist daher nicht gottlos, sondern gerade das Gegentheil, wenn man sagt: die menschliche Gerechtigkeit und andere menschliche Tugenden, die im Grunde blos verschiedene Anwendungen der mensch-

43) Henry St. John Lord Viscount Bolingbroke, geb. 1672 zu Battersea in Surreyshire, gest. dort am 15. Nov. 1751. Vergl. The life of Bolingbroke. London 1770. 8. Bamberger's Anekdoten von Großbritannischen Gelehrten. Th. 2. S. 212 fg.

lichen Güte sind, hätten einige Aehnlichkeit mit den moralischen Eigenschaften des höchsten Wesens. Blos vermittels dieser Analogie erkennen wir sie in Gott, oder ihre Wirkung in seinen Werken. Auf eben diesem Wege erkennen wir die physischen Eigenschaften, deren Erweislichkeit Bolingbroke zugibt. Wir können uns keinen Begriff von Gottes Einheit bilden, als durch die Einheit, deren wir uns selbst bewußt sind. Wir können uns sein Dasein und seine Kraft auf keine andere Weise vorstellen, als vermöge des Bewußtseins unserer eigenen Existenz und vermöge der Erfahrung von unserer eigenen Kraft. Gleichwol hat weder Bolingbroke, noch irgend Jemand, der über diese Gegenstände nachgedacht, jemals geglaubt, daß diese unsere Begriffe wirkliche und vollständige Vorstellungen dieser Eigenschaften der Gottheit sind. — Wir sagen: Gott ist allmächtig und ewig. Aber worauf gründen sich unsere Begriffe als auf unsere beschränkten Vorstellungen von Raum und Dauer, wenn wir sie über die Grenzen des Orts und der Zeit ausdehnen. Es ist also entweder eine Aehnlichkeit oder Analogie, sie sei so unvollkommen und entfernt, als sie wolle, zwischen den Eigenschaften der Gottheit und unsere Vorstellungen davon, oder wir können gar keine Vorstellungen davon haben. Bolingbroke gibt zu, daß wir von der Erde, die wir kennen, auf den Himmel schließen, den wir nicht kennen. Wie kann das aber anders geschehen, als mittels der Gleichheit, die uns zwischen beiden stattzufinden scheint? Umsonst versucht daher die warme, aber melancholische Phantasie in einem vortrefflichen Selbstgespräche Wollaston[44]) lächerlich zu machen. Muß ich denn, sagt Wollaston, diesen Spaziergängen mein letztes Lebewohl sagen, wenn ich diese Augen schließe, wenn jene blauen Lufträume und alle Sternen vor mir sich verdunkeln und verschwinden? Muß ich blos dazu dienen, daß mein Staub sich mit der Asche dieser Heerden und Pflanzen, oder mit dem Koth unter meinen Füßen vermischen könne? War ich in meinem Leben blos deshalb so weit über sie erhaben, um im Tode ihnen gleich zu werden? — Jeder denkende Kopf, jedes Herz, das die mindeste Empfindung hat, muß eben diese Betrachtung gemacht haben, oder doch wenigstens nicht nur ihre Schönheit, sondern auch ihre Wahrheit fühlen, wenn er sie aus dem Munde eines Andern hört. Was für eine Antwort wird aber Bolingbroke auf diese Fragen, die ihm nicht blos von Wollaston, sondern von dem ganzen Menschengeschlechte vorgelegt werden, geben? Er wird sagen, daß wir, d. i. die Thiere, die Pflanzen, die Steine und andere Erdklöße (clods), alle in einem unermeßlichen Plane vereinigt, daß wir insgesammt Personen eines Drama's von verschiedenem Charakter, und nicht für uns selbst, sondern für die Handlung geschaffen sind; daß es thöricht, stolz und gottlos ist, gegen den allmächtigen Urheber zu murren, wenn wir uns unvermeidlich unglücklich fühlen. Im Gegentheil sollen wir unser Haupt auf das sanfte Kissen der Resignation, auf den Fels der Gelassenheit legen, in der gewissen Zuversicht, daß, wenn unsere Leiden und Bekümmernisse uns zu sehr drücken, unser elendes Dasein ein unverzügliches Ende erreichen und wir mit dem Staube unter unsern Füßen vermischt werden — ein Schicksal, das allen beseelten Geschöpfen gemein ist, und worüber sich nur der beklagen kann, der durch seine Vernunft sich im Leben nicht über sie erhoben hat, um zu verdienen, mit ihnen im Tode vermischt zu werden. Das ist der Trost, den Bolingbroke's Philosophie uns gibt, und das ist die Hoffnung, auf die seine Beruhigung sich gründet."

Auf seine früher erwähnten antiquarischen Beschäftigungen bezieht sich ein damaliger Brief Gray's an einen Freund, der auf einer Reise durch Schottland begriffen war. Der Brief, aus Stoke vom 6. Sept. 1758 datirt, ist in einem scherzhaften Tone abgefaßt. „Ich weiß nicht, wie ich Ihnen Ihre mannichfachen Gefälligkeiten vergelten soll, da ich weder Felsen, noch Ruinen, noch Abgründe in der Nähe habe, die ich Ihnen senden könnte. Dergleichen Dinge wachsen nicht gegen Süden. Wenn Sie aber ein kleines, niedliches Haus von rothen Ziegeln mit Schiebfenstern, oder eine Grotte von Kieselsteinen oder Muscheln, oder einen Nußbaum mit drei Maulwurfshügeln darunter und dergleichen verlangen, so dürfen Sie nur ein Wort sagen, und Sie sollen befriedigt werden. Ich will Alles mit der edinburger Kutsche schicken. — Fast möchte ich Sie beneiden, denn ich selbst befinde mich in einer albernen Lage. Ich wünschte, Sie schickten mir einiges Hausgeräth für meine gothische Wohnung, die gegenwärtig sehr kalt ist. Es wird Ihnen um so weniger Mühe machen, da Sie nur Ihre Schreibtafel (table-book) abschreiben dürfen, wenn sie nicht ausgewischt ist. Denn ich stelle mir vor, daß Sie nicht Alles Ihrem Gedächtniß anvertrauen werden, das zehnmal schlechter ist als ein Bleistift. Ein halbes Wort auf der Stelle aufgezeichnet, ist mehr werth, als eine ganze Ladung von Erinnerungen. Wenn wir uns auf die Bilder verlassen, die die Gegenstände von sich selbst in unsere Seele malen, so täuschen wir uns oft. Ohne eine genaue und besondere Beobachtung werden sie Anfangs nur sehr schlecht entworfen; die Umrisse verwischen sich, die Farben werden täglich schwächer, und endlich, wenn wir sie vorzeigen wollen, sind wir genöthigt, die Mängel durch unsere Phantasie zu ergänzen. Der Himmel vergebe es mir, ich habe es ebenfalls nicht besser gemacht und manchen ehrlichen Mann hintergangen, der Vertrauen in mich gesetzt hatte."

Ein Brief, den Gray um diese Zeit, im Juli 1759, an einen Freund schrieb, enthält eine Anzeige seiner Ortsveränderung. In London, wo er sich über ein Jahr aufhielt, scheint es ihm sehr behagt zu haben. „Ich habe," schrieb er, „mein neues Territorium in Besitz genommen. Von da bestreiche ich Bedfordgarden und alle

44) Siehe dessen Religion of nature. Ed. VI. London 1738. 4. William Wollaston, geb. 1659 zu Caton-Clanfort in Staffordshire, gest. 1724 zu London. In dem oben erwähnten Werke hatte er die christliche Moral lediglich auf die Vernunft als Erkenntnißvermögen gegründet, in sofern der Mensch das Wahre und Falsche der Vernunfterkenntniß auch in seinen Handlungen ausdrücken könne. Vergl. Brittisches theologisches Magazin. Bd. 1. St. 2. S. 167 fg.

Gefilde bis an Highgate. Da ist Alles so städtisch-ländlich (town- and countrylike), daß ich denke, ich werde, einige Ausflüge abgerechnet, ein ganzes Jahr mich hier aufhalten. Wenn ich gleich von der großen Welt getrennt bin, so ist doch hier Luft, Sonnenschein und Ruhe, sich zu stärken. Ich muß gestehen, daß ich hier den ganzen Sommer vor Hitze schmachte, und ich stelle mir vor, daß ich den ganzen Winter Stürme auszuhalten haben werde, die Gefahr ungerechnet, bestohlen zu werden. Aber das Museum mit allen seinen Handschriften und vielen Seltenheiten wird mich, hoff' ich, für alle diese Unbequemlichkeiten entschädigen."

Charakteristisch ist in dieser Beziehung folgende Stelle in einem Briefe an Wharton vom 22. Juni 1760. „Seinen Geschäftskreis ausfindig zu machen," äußerte Gray, „ist nach meiner Ueberzeugung die größte Kunst des Lebens. Nichts hat mich mehr empört, als wenn ich meine Bekannten wünschen hörte, daß sie ein Handwerk gelernt oder der Arbeit eines Dienstboten sich unterzogen haben möchten, als ob es angenehm wäre, von dem Befehle Anderer abzuhängen, als sein eigener Herr zu sein, und als ob sie nicht fortzuschreiten vermöchten, wenn sie nicht fortgezogen würden. Doch ich weiß und fühle es, was sie mit dieser Klage wollen. Sie beweist, daß ein gewisser Geist, ein etwas mehr als gemeines Genie erforderlich ist, einen Mann zu lehren, womit er sich beschäftigen soll. Ich sage einen Mann; denn Personen vom andern Geschlecht fühlen gewöhnlich diese Krankheit nicht. Sie haben immer etwas zu schaffen, die Zeit wird ihnen nie lang, wenn es nicht vornehme Frauenzimmer sind. Mannichfache kleine Erfindungen und Beschäftigungen füllen die Leere aus und öffnen die Augen nie vergeblich."

Ein nicht sonderliches, ja beinahe wegwerfendes Urtheil fällt Gray über Friedrich II. als Dichter. „Die ganze Stadt (London)," schreibt er an Wharton, „liest jetzt die Gedichte des Philosophen von Sanssouci, und ich habe es gemacht wie die ganze Stadt. Aber sie scheint sich davon nicht so übel zu befinden, als ich. Es ist doch Nichts weiter als der Schaum von Voltaire und Bolingbroke, der wieder aufgewärmte Kohl unserer elendesten Atheisten, in teutsch-französischen Reimen vorgetragen. Tristram Shandy [45]) ist stets ein größerer Gegenstand der Bewunderung, der Mann sowol als sein Buch. In den Theilen, die wir davon haben, ist viel Humor und mitunter treffende, zuweilen aber auch verfehlte Laune. Haben Sie seine Predigten gelesen, die mit seiner komischen Figur nach einem Gemälde von Reynolds herausgekommen sind? Ich finde darin den Styl, der der Kanzel am angemessensten ist; sie verrathen aber auch eine sehr lebhafte Phantasie und ein empfindsames Herz."

Gray war der Meinung, daß jene, die Einbildungskraft, in der Kanzelberedsamkeit bisweilen am unrechten Orte sei. In einem Briefe an Mason äußert er sich darüber mit den Worten: „Ich bin überzeugt, daß die Kanzel der Ort nicht ist, wo man disputiren soll. Phantasie und Wärme des Ausdrucks müssen zwar dort ebenso gut ihren Platz finden, als im Drama, aber ein wenig gemäßigter und gezügelt durch die Reinheit und den Ernst der Religion."

Unter den französischen Schriftstellern, die Gray damals las, scheint ihn d'Alembert in seinen Melanges de littérature et philosophie am wenigsten befriedigt zu haben. „Ich konnte," schreibt er, „von diesem Werke nur ein wenig kosten. Es war trocken wie Reisig, hart wie Stein und kalt wie Gurken. Am besten hat mir sein Brief an Rousseau und seine Elocution sur la liberté gefallen. Er hat seine Uebersetzungen aus dem Tacitus hinzugefügt. Merkwürdig ist es, daß, obgleich die Manier dieses Autors mit der von den besten französischen Schriftstellern jetziger Zeit harmonirt, ihm dennoch jener Versuch nicht gelungen ist. Ist das sein Fehler, oder der Fehler der Sprache?"

Ein Gegenstand von besonderem Interesse waren damals für Gray die Fragmente ersischer Gedichte, von denen er viele im Manuscript las, ehe sie unter dem Titel: The Poems of Ossian [46]) gedruckt wurden. In einem an Wharton im Juli 1760 geschriebenen Briefe äußert er sich darüber mit den Worten: „Sie werden wol schon etwas von den schottischen oder vielmehr irländischen Gedichten gehört haben. Ich interessire mich ungemein dafür. Man hält sie für buchstäbliche und prosaische Uebersetzungen aus der ersischen Sprache, die von einem jungen Geistlichen von Nordschottland, Macpherson [47]), herrühren sollen. Er ist gesonnen, diese Sammlung herauszugeben, die er von diesen Antiquitäten besitzt, wenn sie anders Antiquitäten sind; denn über diesen Punkt kann ich zu keiner Gewißheit gelangen. Ich wurde von der Schönheit dieser Gedichte so hingerissen, daß ich nach Schottland schrieb und viele Nachforschungen veranlaßte. Die Briefe, die ich erhielt, waren unbefriedigend und schienen auf eine ungeschickte Art täuschen zu wollen. Kurz, nach allem äußern Anschein würde man diese Fragmente für untergeschoben halten. Aber auf der andern Seite ist der innere Werth so groß, daß ich fast glaube, sie sind echt. Es ist unmöglich, sich vorzustellen, daß eben der Mann, der mir

45) The life and opinions of Tristram Shandy. London 1759. 8. 8 Voll. (teutsch von J. J. C. Bode. Hamburg 1771—1775. 8. 8 Bde.). Der Verfasser dieses Romans war Laurence Sterne, geb. 1713 zu Clonmell in Irland, gest. 1768 zu York. Vergl. den Brittischen Plutarch. Bd. 7. S. 359 fg.

46) Translated from the Galic Language by James Macpherson. To which is subjoined a Critical Dissertation on the poems of Ossian by H. Blair. London 1765. 8. 2 Voll. Ibid. 1773. 8. 2 Voll. (teutsch von Denis, Harold, Stolberg, Ahlwardt u. A.). Aus dem Gaelischen zum ersten Mal übersetzt von C. W. Ahlwardt. Leipzig 1811. 8. 3 Thle. Ein Verzeichniß der verschiedenen Streitschriften über die Echtheit der Ossian'schen Gedichte liefert Blankenburg in den Zusätzen zu Eschenburg's Theorie der schönen Wissenschaften, unter dem Artikel Ossian. Vergl. Talvj (Therese Robinson), Die Unechtheit der Lieder Ossian's und des Macpherson'schen Ossian insbesondere. Leipzig 1840. gr. 8. H. F. Elas, Ueber die Echtheit der Ossian'schen Gedichte. Berlin 1843. gr. 8. 47) James Macpherson, geboren 1738 zu Ruthven in der Grafschaft Inverneß, gestorben auf seinem dortigen Landsitze zu Belleville am 17. Febr. 1796. Vergl. Baur's Gallerie historischer Gemälde. Bd. 6. S. 289 fg.

einige Briefe geschrieben, Verfasser davon sein sollte. Jedoch ist es fast ebenso schwer, anzunehmen, daß er habe fähig sein können, diese Gedichte so meisterhaft zu übersetzen."

Des geräuschvollen Lebens müde, dem er sich, so wenig es seiner Neigung entsprach, doch in London nicht ganz entziehen konnte, hatte sich Gray im August 1760 wieder nach Cambridge begeben. „Ich bin," schrieb er am 12. Aug., „wieder an meinen Ruheort gelangt, und ich finde es sehr nöthig, nachdem ich einen Monat in einem Hause mit drei Frauenzimmern gelebt habe, die vom Morgen bis zum Abend lachten und mir nicht erlaubten, ernsthaft zu sein. Gesellschaften und Karten zu Hause, Lustreisen zu Lande und zu Wasser und, was bei ihnen etwas thun heißt (to do somewhat), den ganzen langen Tag Ball spielen — das sind Beschäftigungen, die meine Lebensgeister ermüden, besonders in einer Situation, wo man gern still säße und mit Vergnügen allein wäre; denn man sieht da von einer Anhöhe in eine weit sich ausdehnende und sehr mannichfaltige Landschaft mit der schiffbaren Themse. — Ich wünschte, daß ich, nur in einer andern Lage, bis Michaelis hier bleiben könnte. Aber ich fürchte, ich werde eher nach London gehen müssen. Cambridge ist ein angenehmer Ort. Jetzt ist kein Mensch hier. Ich glaube, der Ort würde Manchem gefallen, wenn er wüßte, daß er ohne Einwohner ist. Denn durch diese, das kann ich versichern, ist er in übeln Ruf gekommen und verdorben worden."

In einem Briefe, den Gray im Januar 1761 an Wharton schrieb, herrscht eine trübe Stimmung. Er wirft darin einen Blick auf seine beschränkte Lage. „Glücklich," schreibt er, „sind die, denen es gegönnt ist, einen Rosenstrauch zu pflegen, oder eine Geißblattlaube zu wölben; die Abkömmlinge einer Henne pflegen oder eine Flotte eigner junger Enten ins Wasser auslaufen sehen zu können. Mit einem Gefühl von Neid sage ich das — ich, der ich nie auch nur ein eigenes Strohdach haben, noch je irgendwo eine Erdbeere ernten werde, als in Coventgarden."

In einem bald nachher, am 22. Jan. 1761, an Mason geschriebenen Briefe macht Gray sich Vorwürfe über die Wahl seiner Lectüre. „Ich war thöricht genug," äußert er, „die sechs Bände der Nouvelle Héloïse [48]) durchzulesen. Alles, was ich zu meiner Entschuldigung anführen kann, ist, daß mich ein heftiger Katharr drei Wochen lang in mein Zimmer einschloß und ich nichts Besseres zu thun wußte. Auch nicht ein einziger Vorfall ist in diesem Buche, der nicht jeden Tag in einer jeden Familie sich zutragen könnte. Und diese Begebenheiten sind so verbunden, daß die Reihe, in der sie auf einander folgen, ungereimter und unwahrscheinlicher ist als im Amadis. Die Personen des Drama's, sagt der Verfasser, sind alle gute Charaktere. Es thut mir leid, das zu hören. Wären sie am Ende des dritten Bandes alle gehängt worden, so würde, glaub' ich, kein Mensch etwas darnach gefragt haben. Kurz, ich las und las, in der Hoffnung, eine wunderbare Auflösung zu finden, die Alles vergüten und aus Ungereimtheiten und Albernheiten irgend etwas Natürliches und Interessantes hervorbringen würde. Aber Nichts von dem Allen fand ich. Es ward immer schlimmer und schlimmer; und wenn Rousseau Verfasser dieses Werkes ist, woran man kaum zweifeln kann, so ist es der stärkste Beweis, wie ein außerordentlicher Kopf sein Talent verkennen kann. Aus dem Motto und der Vorrede ist es klar, daß dies Buch Rousseau's eigene Lebensgeschichte ist, oder doch mit derselben einige Aehnlichkeit hat."

Geschmeichelt fühlte sich Gray durch das Lob, das einer der berühmtesten italienischen Schriftsteller in einem Briefe seinen Gedichten, vorzüglich seiner Elegie auf einem Dorfkirchhofe, gespendet hatte. Einem Freunde schrieb Gray darüber am 17. Febr. 1763: „Ich bin in keiner so großen Entfernung von der Sonne geboren, daß ich den Namen und den Ruhm des Grafen Algarotti [49]) nicht kennen sollte. Auch bin ich weder so tief in die Jahre, noch in der Philosophie so weit gekommen, um nicht die Wärme seines Beifalls zu fühlen. Die Oden sind, wie ihr Motto zeigt, blos für die Kenner (connoisseurs) angestimmt. Wie wenig deren in meinem Vaterlande sind, brauch' ich kaum zu sagen, und doch war mein Ehrgeiz auf diesen kleinen Cirkel eingeschränkt. Ich habe große Ursache, stolz zu sein, wenn meine Stimme das Ohr und die Einsicht eines Ausländers erreicht hat, der einer der besten Kunstrichter in Europa ist."

Mit Rousseau, dessen „Neue Heloise" er, wie früher erwähnt, bitter getadelt hatte, scheint Gray durch den „Emil" dieses Schriftstellers [50]) sich wieder einigermaßen versöhnt zu haben. An Wharton schrieb er darüber den 6. Aug. 1763: „Jedermann, der Kinder hat, sollte dies Buch mehr als einmal lesen. Zwar ist es voll von gewöhnlichen Absurditäten; zwar ist sein Erziehungssystem überhaupt ein unausführbares Hirngespinnst; aber dennoch dringen daraus tausend Lichtstrahlen hervor; tausend wichtige Wahrheiten sind darin besser ausgedrückt, als irgend wo, und zwar Wahrheiten, die dem weisesten Menschen nützen können. Besonders scheint mir Rousseau die Kinder aufmerksamer beobachtet zu haben und ihre Sinnesart und die Wirkungen ihrer klei-

48) Ou Lettres de deux amans, par *Jean Jacques Rousseau* (geb. 1712 zu Genf, gest. am 2. Juli 1778 zu Ermenonville bei Paris). Amsterd. 1761. 12. 6 Voll. Paris 1790. 18. 6 Voll. und öfter aufgelegt (deutsch von C. F. Cramer. Berlin 1785. 8. 4 Bde., von Theodor Hell [Winkler] Leipzig 1826 u. A.). Vergl. Confessions de J. J. R. Genève 1781. *Lettres sur les C. de R. par Ginguené*. Paris 1790. 8. Lettres sur les ouvrages et le charactère de R. par *Madame de Staël*. Paris 1789 (deutsch Leipzig 1789. 8.).

49) Francesco Algarotti, geboren am 11. Dec. 1712 zu Venedig, gestorben zu Pisa am 3. Mai 1764. Vergl. *D. Michelessi*, Memorie etc. Venez. 1770. 8., auch vor der Ausgabe von Algarotti's Werken. Cremona 1778—1784. 8. 10 Bde. 50) Emile, ou de l'education. Amsterdam 1762. 12. 4 Voll. (deutsch von C. F. Cramer. Braunschweig 1789. 4 Thle., von L. Groß. Leipzig 1840. 12. 3 Bde. u. A.).

nen Leidenschaften besser zu kennen, als irgend ein anderer Schriftsteller. Seine religiösen Grundsätze, die in der Welt so große Sensation machen und mehr zum Nachdenken angeregt haben, als irgend ein anderer Theil seines Buches, achte ich geradezu für Nichts, und wünschte, er hätte sie weggelassen."

Hierher gehört folgende Stelle in einem gleichzeitig geschriebenen Briefe an Mason: „Ich würde mir es verziehen haben, wenn ich Rousseau's Lettres de la Montagne [51]) nicht gelesen hätte. Es ist ein schwacher Versuch, die Wunder von der Moral des Evangeliums zu trennen. Rousseau nimmt an: die letztere sei von Gott, die erstere erklärt er für Betrug; blos zum Beweise des grausamen und ungerechten Verfahrens der großen Republik, die seinen „Emil" verbrennen ließ. Der letzte Theil seines Buches zeigt die Mißbräuche, die sich in der Verfassung seines Vaterlandes eingeschlichen haben, und seine Absicht dabei ist offenbar, einen Volksaufruhr zu erregen und sich für das Urtheil zu rächen, das seine Schriften zum Feuer verdammte."

Die Reise eines seiner Freunde nach Italien weckte in Gray mehrfache Erinnerungen an dies Land, die er in einem im März 1765 geschriebenen Briefe mit den Worten schloß: „Ich vermuthe, wenn der Winter vorüber sein wird und Sie Rom und Neapel gesehen haben, werden Sie von dem gewöhnlichen Wege der reisenden Engländer abweichen und ein wenig das Land sehen, sich mitten in die apenninischen Gebirge begeben, den furchtbaren See Amsactus betrachten, die kühlen Lüfte an den Ufern bei Tarento und Salerno einathmen, die Höhe des festen Landes erklimmen, nachher vielleicht über den Faro di Messina streifen und die gigantischen Säulen des Girgenti und die schrecklichen Höhlen von Syracus messen, alsdann aber in dem süßduftenden Thale von Enna sich erquicken."

Durch das Bedürfniß der Zerstreuung ward Gray von Zeit zu Zeit zu kleinen Reisen veranlaßt, die sich in seiner beschränkten Lage selten weit erstreckten. Im September 1765 hatte er einen Ausflug nach Arbroath [52]) unternommen. Von Glames-Castle aus beantwortete er einen für ihn sehr schmeichelhaften Brief des Professors der Moral und Logik Beattie [53]) in Aberdeen, der ihn dahin eingeladen hatte. „Ich fürchte," schrieb Gray, „daß ich mir das Vergnügen, Sie in Aberdeen zu besuchen, nicht werde verschaffen können. Ich habe mich verbindlich gemacht, morgen nach Taymouth, und wenn es die Witterung erlaubt, nach Blair in Athol zu gehen. Das wird vier bis fünf Tage wegnehmen, und nach meiner Rückkehr wird die Annäherung des Winters mir kaum gestatten, mich noch weiter nordwärts zu wenden. Mein hiesiger Aufenthalt wird sich indessen um 14 Tage oder drei Wochen verlängern, und wenn in dieser Zeit ein Geschäft oder eine Einladung Sie diesen Weg führen sollte, so würde es mich sehr freuen, Sie hier in Glames-Castle zu sehen." — Ein von dort am 14. Sept. 1765 geschriebener Brief an Wharton enthielt eine sehr ausführliche, bis auf die kleinsten Localitäten sich erstreckende Reise nach Schottland.

Er befand sich noch dort, als er durch Beattie die Nachricht erhielt: das Marschall-Collegium zu Aberdeen beabsichtige, ihn zum Doctor der Rechte zu ernennen. Er glaubte jedoch auf diese Auszeichnung, so schmeichelhaft sie auch für ihn war, verzichten zu müssen. Seine Gründe enthielt ein aus Glames-Castle den 2. Oct. 1765 geschriebener Brief an Beattie. Darin heißt es: „Ich bin mehrere Jahre ein Mitglied der Universität Cambridge gewesen und bin daselbst, weil ich meine Gedanken auf eine Professur richtete, Baccalaureus der Rechte geworden. Seitdem habe ich es immer anstehen lassen, meinen Cursus zu vollenden und Doctor zu werden, ungeachtet mich meine Stelle dazu berechtigte. Urtheilen Sie selbst, ob es nicht eine Geringschätzung sein würde, wenn ich auf einer andern Universität den Doctorgrad annähme. Ich möchte nicht gern eine Societät beleidigen, bei der ich so manche ruhige, und ich darf sagen glückliche Stunden verlebt habe."

Hervorzuheben verdient aus diesem Briefe eine Stelle, welche den Standpunkt zeigt, von welchem Gray die Beschäftigung mit der Poesie betrachtete. „Sie haben," schrieb er an Beattie, „meine Worte zu buchstäblich genommen, wenn Sie glauben, es sei meine Meinung, Ihnen von poetischen Arbeiten gänzlich abzurathen. Meine Absicht war blos, zu sagen: wenn Eitelkeit, d. h. ein allgemeines und unbestimmtes Verlangen nach Beifall, oder Eigennutz oder Ehrgeiz in dem Gemüthe eines Dichters wohne, so würde er heutzutage leicht Gefahr laufen, sein Ziel zu verfehlen. Immer aber könnte doch, nachdem alle diese Leidenschaften unterdrückt wären, in dem Herzen eines Mannes, der ingenti perculsus amore ist (und für einen solchen halte ich Sie), noch Reizungen besserer Art übrig bleiben, die stark genug wären, ihn zu veranlassen, sein ganzes Leben hindurch sowol zu seinem eigenen Vergnügen als zum Vergnügen Anderer Verse zu machen."

In einem vom 5. Mai 1766 datirten Briefe an Wharton, in welchem er schildert, wie glücklich sich sein Freund Mason fühle, seit er verheirathet sei, fügt Gray in Beziehung auf seinen eigenen Zustand hinzu: „Ich meinestheils bin weder glücklich noch elend gewesen. Meine Seele befindet sich in einer sanften Apathie (sensleasness) und mein Körper in einer leidlichen Gesundheit. Wenn das so fortwährt, habe ich nicht Ursache zu klagen."

Auch auf den Zustand der Literatur wirft Gray in diesem Briefe einen Blick. „Alles," schreibt er, „ist politisch. Es gibt gar keine literarischen Producte mehr, die beachtet zu werden verdienten, wenigstens in unserem Vaterlande. Die Franzosen haben ihre große Encyklopädie in 17 Bänden vollendet; aber es sind manche sehr schlechte, flüchtig behandelte Artikel darin und viele Druckfehler,

51) Amsterdam 1764. 8. Rousseau hatte darin seine im „Emil" enthaltenen Glaubensmeinungen ausführlicher entwickelt. 52) In Schottland. 53) James Beattie, geboren 1735 zu Kinkardine in Schottland, gestorben zu Aberdeen am 18. Aug. 1803. Vergl. Public Characters of 1801—1802. London 1801. 8. Morgenblatt 1803. Nr. 211.

Büffon's Naturgeschichte ist nun schon zu 13 Bänden angewachsen, und noch ist er nicht bis zu den Affen gekommen, die ein sehr zahlreiches Volk sind. Das Leben des Petrarca [54]) hat mich unterhalten. Es ist nicht gut geschrieben; aber aus seinen Briefen und aus den Originalschriften des 14. Jahrh. mit großem Fleiß zusammengetragen, sodaß es viel von der Geschichte dieser dunkeln Zeitperiode und die Charaktere mancher merkwürdigen Personen enthält."

Einen tiefen Eindruck machte auf Gray ein Gedicht Beattie's, das einige rührende Betrachtungen über den Tod enthielt. Es harmonirte mit seiner Gemüthsstimmung. Er schrieb darüber am 22. Aug. 1767: „Die Empfindungen sind gerade von der Art, wie sie eine melancholische Phantasie in einem einsamen und stillen Leben einflößt, und die, wenn auch irgend eine heitere und geschäftige Stunde sie auf einige Zeit unterbricht, bei ihrer Rückkehr um so stärker auf ein fühlendes Herz wirken. Die Sprache ist rein und natürlich, mit Bildern und Metaphern überladen, noch zur Prose herabsinkend. Die Versification ist leicht und harmonisch."

Während eines kurzen Aufenthaltes in London hatte Gray einen Anfall von Gicht, der ihn nöthigte, einige Zeit das Zimmer zu hüten. „Jetzt," schrieb er an Beattie den 24. Dec. 1767, „bin ich wieder hergestellt und in meiner Ruhe zu Cambridge." In Bezug auf eine Einladung bemerkte er: „Wenn mein Körper so folgsam und leicht zu bewegen wäre wie meine Seele, so würden Sie mich Morgen in dem Zimmer sehen, das Sie mit so vieler Gastfreundschaft in Aberdeen für mich bereit halten. Aber ach! ich bin ein Sommervogel, und ich kann Nichts als kraftlos dasitzen und warten, bis die Sonne zurückkehrt. Auch dann sind die Flügel mir vielleicht beschnitten und nicht vermögend, mich einen so weiten Weg zu tragen."

Ohne seine große Genügsamkeit würde Gray in seiner oft an Dürftigkeit grenzenden Lage, bei oft wiederkehrenden physischen Leiden sich unglücklicher gefühlt haben, als es der Fall war. Sein Schicksal nahm jedoch unerwartet eine günstigere Wendung. An dem Kanzler der Universität Cambridge, dem Herzoge von Grafton [55]), fand er einen Gönner, der ihm die Stelle eines Professors der neuern Geschichte auf der erwähnten Hochschule verschaffte [56]). Seinem Freunde Beattie meldete Gray diese Verbesserung seiner Lage in einem vom 31. Dec. 1768 datirten Briefe mit den Worten: „In der Mitte des vergangenen Sommers hat der König mich zum Professor der neuern Geschichte auf hiesiger Universität ernannt. Die Krone kann hier einem Laien nichts Besseres geben. Der Gehalt beträgt jährlich 400 Pf. Sterl. Aber die mir übertragene Stelle erhält noch dadurch für mich einen erhöhten Werth, daß ich sie, ohne mich darum zu bemühen, erhalten habe. — Ich bin dem Herzoge von Grafton wenig bekannt und habe ihn nie gesehen, weder vor dieser Auszeichnung, noch nachher. Beispiele von Wohlthaten, auf diese Art erzeigt, sind selten, und darum erzähle ich Ihnen dies als eine Sache, die nicht nur mir, sondern auch dem Minister Ehre macht. Ehemals," fügt Gray hinzu, „lebte ich hier in Cambridge aus Wahl, und nun bleibe ich hier aus Pflicht."

Seine heitere Stimmung zeigt ein Brief, den Gray damals, im Juni 1769, an einen seiner Freunde schrieb. „Sie haben," heißt es darin, „Ihren eigenen Garten, können pflanzen und verpflanzen, und sind doch nicht vergnügt? Schämen Sie sich! Ich habe Nichts dergleichen, und soll doch vergnügt sein, so lange ich lebe? Mein Garten ist, wie die Gärten der Leute, die in engen Straßen drei Treppen hoch zur Miethe wohnen, in meinem Fenster, und er schläft mit mir unter Einem Dache. Wie angenehm ist es, in seinem eigenen Garten spazieren zu gehen, auf einer Bank unter freiem Himmel zu sitzen bei einem Springbrunnen, einer Bildsäule und einem Baume. Indessen sollen Sie wissen, daß ich, obschon ich keinen Garten habe, dennoch 1000 Guineen besitze, und 80 Pfund jährlich für meine alte Tante, und 20 Pfund, die ich in der Lotterie gewonnen, und daß ich ein Mann bin, der reich genug ist, der zwei Röcke hat und andere hübsche Sachen, und der in wenig Tagen neue Fenstervorhänge haben wird. Wollen Sie noch mehr wissen? Auch eine neue Matratze."

Mit einer akademischen Feierlichkeit, die in diese Zeit fiel, entschuldigte Gray seine verzögerte Antwort auf einen von seinem Freunde Beattie empfangenen Brief. „Ich bin," schrieb er am 10. Juli 1769, „dem Herzoge von Grafton so sehr verpflichtet, daß ich unaufgefordert die Mühe übernahm, einige Verse zu machen, die bei einer solchen Gelegenheit gewöhnlich in Musik gesetzt werden. Ich halte sie nicht für werth, sie Ihnen zu schicken, weil sie, ihrer Natur nach, nur einen einzigen Tag zu leben bestimmt sind, oder, wenn ihr Dasein länger währt, sie dasselbe nur den Zeitungen und zügellosen Kritiken verdanken. Diesen Misbrauch zu erwarten, hatte ich hinreichenden Grund, aber ich hielt es nicht der Mühe werth, ihn zu vermeiden."

Am 18. April 1770 meldete Gray seinem Freunde Wharton: „Ich hoffe diesen Sommer Wallis zu sehen. Nie habe ich mich so übel befunden, als jetzt. Ich fühle, daß mir Bewegung und Veränderung der Gegenstände durchaus nothwendig ist." In einem spätern Briefe (vom 2. Juli 1770) äußert er sich mit den Worten: „Die erzwungene Zerstreuung und Bewegung, zu welcher wir, wie zu einem Arzneimittel, unsere Zuflucht nehmen müssen, wenn diese Maschine stockt, ist oft fast ebenso schlimm, als die Krankheit, die wir heilen wollen. Aber auch ich bin genöthigt gewesen, mich einer gleichen Cur zu unterwerfen wegen sehr schmerzlicher Empfindungen im

54) Mémoires sur la vie de Petrarque (par l'Abbé de Sade). Amsterd. 1767. 4. 3 Voll. Deutsch (aber abgekürzt) Lemgo 1774—1779. 8. 3 Bde. Vergl. (Jagemann's) Sendschreiben über diese Mémoires im Deutschen Museum 1779. St. 5. S. 120 fg. Später erschien auch eine englische Biographie des Dichters unter dem Titel: Essay on the life and character of Petrarch. London 1784. 8. 55) Geboren 1736, gestorben 1811. Vergl. über ihn J. Chr. Fick's Lebensbeschreibungen der berühmtesten Männer in Großbritannien. (Gießen 1806.) Bd. 2. S. 105 fg. 56) Siehe a. a. O. S. 112.

Kopfe — Empfindungen, die mir bisher ganz unbekannt waren — und wegen einer großen Entkräftung."

Sein Gesundheitszustand verschlimmerte sich. „Seit drei Wochen," schrieb er den 24. Mai 1771 an Wharton, „leide ich an einem unheilbaren Husten. Zuweilen hatte ich den Plan, den Sommer auf dem Lande zuzubringen. Ich habe diese Idee aber wieder aufgegeben. Vielleicht verweile ich einige Zeit in Old-Park. Doch ich verspreche Nichts und kann für Nichts stehen. Mein Amt liegt mir am Herzen, und doch muß ich reisen, oder aufhören zu sein. Bis in dieses Jahr wußte ich kaum, was körperliche Entkräftung sei, aber jetzt macht mich ein Ostwind zittern."

Die Vorlesungen, zu denen ihn sein akademisches Lehramt verpflichtete, hatte Gray, ungeachtet er dasselbe schon fast drei Jahre bekleidete, noch immer nicht beginnen können, da ihn sein Gesundheitszustand zu öftern Reisen nöthigte. Seine Antrittsrede hatte er schon seit längerer Zeit niedergeschrieben und außerdem dem Herzoge von Grafton als Kanzler der Universität mehrere Pläne vorgelegt, wie er seine Vorlesungen einrichten wollte. Immer nährte er noch die Hoffnung, seine Vorlesungen beginnen zu können. Als ihm die Abnahme seiner Kräfte immer fühlbarer ward, faßte er den Entschluß, sein Lehramt niederzulegen. Die Ausführung dieses Entschlusses verhinderte sein Tod.

Mit Gichtanfällen hatte Gray seit mehreren Jahren gekämpft, ohne dies angeerbte Uebel völlig beseitigen zu können. Zu Ende des Mai 1771 hatte er sich nach London begeben. Ein Fieber, das ihn dort befiel, ließ eine sehr große Körperschwäche zurück. Auf den Rath des königlichen Leibarztes Dr. Gisborne begab er sich nach Kensington, um dort die warme Witterung im Freien zu genießen. Einigermaßen gestärkt, kehrte er nach Cambridge zurück. Von einer Reise nach Old-Park hoffte er völlige Wiederherstellung seiner noch immer leidenden Gesundheit. Am 24. Juli befiel ihn jedoch bei der Mittagsmahlzeit ein Unwohlsein, das ihn nöthigte, sich zu Bett zu legen. Der herbeigerufene Arzt, Dr. Gisborne, erklärte seinen Zustand für lebensgefährlich. Alle angewandten Mittel blieben ohne Erfolg. Am 29. Juli stellten sich Krämpfe ein, die sich am folgenden Tage noch heftiger wiederholten. Er starb am 30. Juli 1771 im 55. Jahre. Bis zum letzten Augenblick bei völligem Bewußtsein, schien er seine nahe Auflösung zu ahnen, die er jedoch mit ruhiger Ergebung in sein Schicksal erwartete. Den Platz, wo er beerdigt sein wollte, hatte er in seinem letzten Willen bezeichnet. Unter seinen Freunden betrauerten wenige seinen Tod tiefer als Walpole, der, längst mit ihm wieder versöhnt, den Dichter durch eine Prachtausgabe seiner Werke ehrte, die er in seiner eigenen Druckerei in London veranstaltete [57]).

Einer zu Glasgow 1768 in Quart erschienenen Ausgabe [58]), die 1767 auch in Folio gedruckt wurde, folgten nach des Dichters Tode noch mehrere Editionen: zu York 1775. 4.; zu London 1780. 4. Ebendas. 1800. 8. (to which are added memoirs of his life by W. Mason). York 1778. 4.; London 1807. 8. 2 Voll. (with additions by Th. J. Matthias). London 1814. 4. 2 Vol. Mit Kupfern; with notes by G. Wakefield. Cambury 1786. 8.; with notes by W. Mitford. London 1816. 8. Ibid. 1819. 4. 2 Voll. Auch in mehreren englischen Anthologien befindet sich der größere Theil von Gray's Gedichten, in der Johnson'schen Sammlung im 50. Bande, in der Bell'schen im 103., in der Anderson'schen im 10. Bande [59]).

Gray war einer der feurigsten, in Empfindung und Ausdruck gehaltvollsten Dichter, welche die englische Literatur des 18. Jahrh. aufzuweisen hat. Sein poetischer Nachlaß war nicht groß, und mehrere Gedichte, die er angefangen, sowol in englischer, als in lateinischer Sprache, wie unter andern das bereits früher erwähnte Gedicht: De principiis cogitandi, sind unvollendet geblieben. Unter den einzelnen Gattungen der Poesie gab er den lyrischen und elegischen den Vorzug. Keinem seiner durch den Druck bekannt gewordenen Gedichte fehlt es an poetischem Feuer und Wärme des Gefühls, vereinigt mit kräftigen Gedanken und einer classischen Eleganz der Sprache und des Styls. Die meisten seiner im Geschmack Pindar's gedichteten Oden [60]) haben eine philosophische Tendenz durch eingeflochtene Betrachtungen über den Gang des menschlichen Lebens. In des Dichters Gemüth lag der melancholische Ernst, der die meisten dieser Gedichte charakterisirt, mit denen sich die meisten frühern in der englischen Literatur kaum messen können. Merkwürdig war es, daß in seine Bewunderung der alten Classiker, mit denen er sich zeitlebens vorzugsweise beschäftigte, sich kein Pedantismus mischte. Eines seiner frühesten Gedichte war die Ode on the Spring. Er versuchte sich noch mehrfach in dieser Gattung der Poesie. Hervorzuheben sind besonders die Oden: On a distant prospect of Eton-College; To Adversity; The progress of Poesy; The Bard u. a. m. [61]).

Durch Zartheit und Gemüthlichkeit empfahl sich Gray als Elegiker. Wenige Gedichte erregten so allgemeine Sensation und wurden mit so großem Enthusiasmus als die mehrfach erwähnte „Elegie auf einem Dorf-

57) Sie erschien dort 1757 in einem Foliobande unter dem Titel: The Poems of Th. G. published by Horace Walpole.

58) Nach einem Briefe von Beattie vom 24. Dec. 1767 ertheilte Gray erst nach mehreren Bedenklichkeiten dem Buchhändler Foulis in Glasgow die Erlaubniß, diese Ausgabe zu veranstalten, weil er bereits mit einem londoner Verleger (Dodsley) wegen einer Sammlung seiner Gedichte Unterhandlungen angeknüpft hatte.

59) Auch in mehreren teutschen Anthologien englischer Gedichte findet man einige von Gray im Urtext abgedruckt; s. z. B. Eschenburg's Beispielsammlung zur Theorie und Literatur der schönen Wissenschaften. Bd. IV. S. 45 fg. (Elegy on a country-church-yard) S. 192 fg. (Hymn to adversity) S. 278 fg. (The progress of poesy). Vergl. in Nolte's und Ideler's Handbuch der englischen Sprache. Poetischer Theil. S. 409 fg. (Elegy etc.; Ode on a distant prospect of Eton-College; the Bard, a Pindaric Ode).

60) Gray selbst nennt sie Pindaric Odes.

61) Von dem Ernst in dieser poetischen Gattung entfernte sich Gray in seiner Ode on the death of a favourite cat, drowned in a tub of gold-fishes.

Kirchhofe" (Elegy written on a country-church-yard) aufgenommen 62). Sie ward in fast alle lebende Sprachen übersetzt, ins Französische, Italienische, Portugiesische, selbst ins Lateinische, Griechische und Hebräische 63). Der musterhaften teutschen Nachbildung dieses Gedichtes von Gotter 64) folgten noch zwei andere, von Kosegarten 65) und von Seume 66). Treffend nennt Bouterwek dieses in seiner Art einzige Gedicht „ein melancholisches Gemälde der höchsten und edelsten Bestrebungen des menschlichen Geistes im Contrast mit den zufälligen Beschränkungen des Genies und der Seelengröße" 67). Mit Glück bearbeitete Gray auch mehrere nordische, altbritische oder wallische Sagen und Mythen, die er mit wahrhaft lyrischer Begeisterung in das Gebiet der englischen Poesie herüberzog. Dahin gehören die von Gray als Poems from the northern tongue bezeichneten Gedichte: The fatal sisters; The Descent of Odin; The triumph of Owen u. a. m.

Nicht blos als Dichter, auch als Prosaist war Gray ausgezeichnet. Seine Briefe aus Italien, die auszugsweise mitgetheilt worden sind, gehören zu den geistreichsten und elegantesten Reisebeschreibungen. Diese Briefe können als Muster einfach edler Prosa gelten durch den leichten und fließenden Styl. Daß sie ohne die entfernteste Absicht einer öffentlichen Bekanntmachung geschrieben worden sind, macht sie noch um so schätzbarer. Die Sammlung von Briefen, welche Mason in seiner mehrfach erwähnten Ausgabe der Poems of Mr. Gray (London 1778) mitgetheilt hat, ist noch durch drei in der letzten Zeit seines Lebens geschriebene Briefe zu ergänzen, datirt aus Cambridge vom 10. und 10. April 1770 und vom 9. Mai desselben Jahres. Sie sind an Karl Victor v. Bonstetten in Bern gerichtet, der während seines Aufenthaltes in Cambridge des Dichters täglicher Umgang war und mit ihm einen innigen Freundschaftsbund geschlossen hatte 68).

Ein bald nach seinem Tode im London Magazine erschienener Aufsatz schildert ihn als einen Mann von feinem Geschmack, einer vielseitigen Bildung und gründlichen Gelehrsamkeit. Er beschäftigte sich mit mehreren wissenschaftlichen Fächern. Längere Zeit trug er sich mit der Idee, eine Geschichte der englischen Poesie zu schreiben. Ein besonderes Interesse fand er an naturhistorischen Forschungen. Aber auch die Alterthumskunde, die Metaphysik, Moral und Kritik zog er in den Kreis seiner Studien. In der Malerei, Architektur und Gartenkunst besaß er gleichfalls mehr als oberflächliche Kenntnisse. In geselligen Cirkeln, so selten er sie auch besuchte, war sein Gespräch belehrend und unterhaltend. Er liebte die Musik. Sein Charakter war fleckenlos. Offenheit und Redlichkeit waren darin die Grundzüge. Immer bereitwillig, Andern zu helfen, überstieg seine Gutmüthigkeit in dieser Hinsicht oft die Grenzen seiner beschränkten Lage. Letztere hatte er selbst über sich verhängt durch seine Amtsscheu und durch die Schwäche, ohne Geburt und Glücksgüter seine Unabhängigkeit behaupten und für einen Privatgelehrten gelten zu wollen, der blos zu seinem Vergnügen sich mit den Wissenschaften beschäftigt.

Ein Bildniß von Gray befindet sich in der von Mason herausgegebenen Sammlung seiner Gedichte 69).

(*Heinrich Döring.*)

GRAY DE WREST (Thomas Philip Robinson Lord Grantham, Graf), britischer Staatsmann, am 8. Dec. 1781 zu Whitehall in Westminster geboren, war der Sohn Thomas Gray's, Staatssecretairs des Auswärtigen, welcher im J. 1786 starb, und stammte väterlicher Seits aus der erst im J. 1761 geadelten Familie Robinson 1), repräsentirte aber in weiblicher Linie eines der ältesten und erlauchtesten Geschlechter Englands, die Grafen und Herzoge von Kent, von denen er weitläufige Besitzungen in Bedfordshire und Lincolnshire ererbte. Nach der Beendigung seiner gründlichen Studien auf der Hochschule von Cambridge unternahm er zu seiner weiteren Ausbildung mehrere Reisen in seinem Vaterlande und auf dem Continent und widmete sich erst in ziemlich vorgerückten Jahren dem Staatsdienste. In dem nicht lange währenden Ministerium Sir Robert Peel's bekleidete er das Amt eines ersten Lords der Admiralität (1834—1835) und bewies sich nach seinem Austritt

---

62) Selbst der strenge Kritiker Johnson, der in seinen Lives of the English Poets (London 1820. Vol. II. p. 523 seq.) Gray's Gedichte meistens einem scharfen und parteilichen Tadel unterwarf, ließ seiner Elegie Gerechtigkeit widerfahren. „Had Gray," äußerte er, „written often thus, it had been vain to blame, and useless to praise him." 63) Nach einer Notiz in der Allgem. Literaturzeitung. 1819. Nr. 272. S. 468 sollen 88 Nachbildungen dieser Elegie vorhanden sein. Vergl. Nolte's und Ideler's Handbuch der englischen Sprache und Literatur. Poetischer Theil. S. 409. 64) Siehe dessen Gedichte. (Gotha 1787.) Bd. 1. S. 89 fg. 65) Siehe dessen Dichtungen. (Greifswald 1824.) Bd. 3. S. 216 fg. 66) Siehe dessen Sämmtliche Werke. (Leipzig 1826.) Bd. 1. S. 5 fg. 67) Siehe Bouterwek's Geschichte der Poesie und Beredsamkeit. Bd. 8. S. 323. 68) Man findet diese Briefe im Original abgedruckt in Matthisson's Schriften (Ausgabe letzter Hand). Zürich 1825. Bd. 1. S. 267 fg. Vergl. Briefe von Bonstetten und Matthisson (Zürich 1827) S. 267.

69) Vergl. *William Mason*, Memoirs of the life and writings of Mr. Gray vor der vierbändigen Sammlung seiner Gedichte (York 1775). Deutsch unter dem Titel: Herrn Gray's Gedichte. Mit vorgesetzten Nachrichten von seinen Lebensumständen und Schriften, herausgegeben von W. Mason. Aus dem Englischen übersetzt. (Leipzig 1776. 8. 2 Bde.) *S. Johnson*, Lives of the English Poets. (London 1820.) Vol. II. p. 523 seq. *C. H. Hamicke*, The Book of British Poets (Leipzig 1858) p. 329 seq. Der Britische Plutarch. Bd. 7. S. 178 fg. Nolte's und Ideler's Handbuch der englischen Sprache und Literatur. Prosaischer Theil. S. 344 fg. Poetischer Theil. S. 409 fg. Eschenburg's Beispielsammlung zur Theorie und Literatur der schönen Wissenschaften. Bd. 4. S. 45 fg. 192 fg. 278 fg. Bd. 8. Abth. 1. S. 136 fg. Bouterwek's Geschichte der Poesie und Beredsamkeit. Bd. 8. S. 321 fg. Wachler's Handbuch der Geschichte der Literatur. Th. 3. S. 225 fg.

1) Sein Großvater Sir Thomas Robinson war ein Nachkomme des Kaufmanns William Robinson, welcher im J. 1581 als Lordmayor von York genannt wird, bekleidete die Ämter eines Staatssecretairs und Generalpostmeisters, wurde im J. 1761 zum Lord Grantham erhoben und starb im J. 1770. Sein Sohn Thomas war im J. 1771 Gesandter am spanischen Hofe und dann Staatssecretair des Äußern, in welcher Eigenschaft er im J. 1783 die Präliminarien des Friedens mit Frankreich abschloß.

als eines der thätigsten und angesehensten Mitglieder der conservativen Partei. Unter dem zweiten Ministerium Peel (1841—1844) wurde er Vicekönig von Irland, wo er zwar bei der von O'Connel geleiteten und immer kräftiger um sich greifenden Repealagitation eine schwierige amtliche Stellung einnahm, aber wegen seiner persönlichen Leutseligkeit nicht nur in großer Achtung stand, sondern auch bei dem Volke sehr beliebt war. Nach der Auflösung der Torypartei im J. 1846 blieb er den Staatsgeschäften fern und erschien auch nur selten im Oberhause, desto eifriger widmete er sich aber wissenschaftlichen Beschäftigungen. Er wurde Präsident des Instituts der britischen Architekten und Mitglied der königlichen Societät der Wissenschaften, der archäologischen Gesellschaft und mehrerer anderer gelehrten Vereine. Er war auch Lordlieutenant von Bedfordshire, wo er Wrest-House, das alte Stammgut der Gray, besaß. Als Schriftsteller machte er sich durch eine Lebensskizze seines vieljährigen Freundes, des Herzogs von Wellington (The Duke of Wellington, his character, his actions and his writings. London 1853. 12.), bekannt. Er verheirathete sich am 20. Juli 1805 mit einer Tochter des Grafen Enniskillen, hinterließ aber keine männliche Nachkommenschaft. Der Titel eines Grafen de Grey ging auf seinen Neffen, den Grafen von Ripon, über [2]).

(*Ph. H. Külb.*)

GRAYA oder **GRAYIA**, eine von Hooker und Arnott aufgestellte Gattung der Chenopodeen mit folgenden Merkmalen: Die Blüthen sind zweihäusig, deckblattlos. Männliche Blüthe: Der Kelch ist fünftheilig, seine Zipfel haben keine Anhängsel. Die fünf Staubfäden sind linealisch-pfriemlich, die Staubbeutel elliptisch. Weibliche Blüthe: Der Kelch ist kreisförmig-röhrig, stark zusammengedrückt, am Rande geflügelt, in der Mitte bauchig-aufgeblasen, an der Mündung ausgerandet. Die Staubgefäße fehlen. Der Fruchtknoten ist schmal-länglich, der Griffel lang-pfriemlich, schlank, am Grunde schwach-gegliedert. Die beiden Narben sind fadenförmig, raubhaarig. Die zusammengedrückte Schlauchfrucht ist vom häutigen, geflügelten, netzaderigen Kelche eingeschlossen, das häutige Pericarpium ist mit dem Samen eng verbunden. Dieser ist scheitelrecht, zusammengedrückt und von einer einfachen Schale umgeben. Das Eiweiß ist mehlartig, der Samenkeim ist ringförmig-hufeisenartig, peripherisch; das Würzelchen steigt herab.

Aus dieser Gattung ist nur eine in Californien einheimische Art bekannt, nämlich:

Grayia spinosa *Moquin-Tandon*. Der aufrechte, röthliche oder graue Stengel hat aufsteigende oder abstehende, an der Spitze dornige, kahle, nur in der Jugend weichhaarige Aeste. Die Blätter sind 6—10 Linien lang, 1½—2 Linien breit, länglich-lanzettlich oder verkehrt-eiförmig, am Grunde keilförmig, dick, fleischig und fast lederartig, meergrün, in der Jugend weichhaarig. Die Kelchzipfel sind elliptisch-eiförmig, stumpf. Die Staubgefäße haben mit dem Kelche gleiche Länge. Der Fruchtknoten ist an der Spitze verschmälert. Der Kelch ist zur Fruchtzeit 4—5 Linien lang, 3—4 Linien breit, elliptisch, am Grunde ausgerandet, vom stehenbleibenden Griffel kurz bespitzt, stark zusammengedrückt, sehr dünn und häutig, kahl, blaßgrün oder bisweilen etwas röthlich. Die kleine, stark zusammengedrückte Frucht ist kaum ⅔ Linie breit. Das Pericarpium ist sehr dünn und durchscheinend. Der Samen ist kreisförmig-elliptisch, am Rande stumpf, schwachglänzend und bräunlich.

(*Garcke.*)

GRAZIA (*Leonardo*), italienischer Maler aus der ersten Hälfte des 16. Jahrh. aus der florentinischen Schule, von seiner Vaterstadt Pistoja gewöhnlich Leonardo di Pistoia (il Pistoja), zuweilen auch aus uns nicht bekannten Ursachen Malatesta und öfter Guerso genannt. Bei wem und wo er die Anfangsgründe der Kunst erlernte, wird nirgends angegeben, und die Behauptung, daß er in seiner früheren Zeit durch den Einfluß der Werke des Leonardo da Vinci eine eigenthümliche Richtung empfangen habe [1]), beruht nur auf unsichern Voraussetzungen; gewiß aber war er, wie durch unverdächtige Zeugnisse feststeht, ein Schüler Giovanni Francesco Penni's, genannt il Fattore, und malte mit diesem zu Rom wahrscheinlich als Gehilfe an Rafael Sanzio's Werken, ebenso wie Rafaellino del Colle mit Giulio Romano, weshalb ihn auch einige Kunsthistoriker, wie Giov. Baglione und Aug. Taja, einen Schüler Rafael's nennen. Er folgte in treuer Anhänglichkeit seinem Meister nach Mantua und Neapel, in welcher letzteren Stadt Penni eine Schule gründete. Nach dem Tode Penni's führte Grazia diese Schule fort, aus welcher mehrere bedeutende Maler hervorgingen, unter denen besonders Francesco Curia, der, wiewol etwas manierirt, doch wegen des Adels und Reizes seiner Compositionen, der Schönheit der Gesichter und des natürlichen Colorits geschätzt wird, und Girolamo Siciolante, einer der glücklichsten Nachahmer Rafael's, hervorzuheben sind. Grazia blieb bis an das Ende seines Lebens in Neapel und erfreute sich eines erklecklichen Gewinns von Seiten der großen Herren; für öffentliche Arbeiten ward er weniger gebraucht; seine Stärke waren Bildnisse. Kenner betrachteten ihn als einen der trefflichsten Coloristen, finden aber an seiner Zeichnung Manches zu tadeln, was an einem Zöglinge, der Penni's Schule angehört, merkwürdig erscheint. Er starb um das Jahr 1550 zu Neapel. Die meisten Arbeiten Grazia's befinden sich in den Kirchen dieser Stadt und die merkwürdigsten derselben sind Mariä Reinigung in Monte Oliveto und ein heiliger Michael zu Santa Maria del Prato. Auf dem letztern Bilde hat der Künstler den Teufel unter der Gestalt eines schönen Weibes dargestellt, was sich durch folgende Sage erklärt. Ein Bischof, der durch die unsinnige Liebe eines Weibes verfolgt wurde, wußte sich auf keine andere Weise Ruhe zu verschaffen, als daß er sich von Leonardo in der Gestalt des heiligen Michael, wie er die Versucherin mit Füßen tritt, malen ließ. Das gekränkte Weib begriff diese Anspielung, und verbarg sich in einem Kloster. Unter seinen

2) Vergl. Unsere Zeit. Bd. 3 (Leipzig 1859. 8.) S. 791.

1) Fr. Kugler, Geschichte der Malerei. Bd. 1. S. 278.

übrigen Gemälden verdient noch angeführt zu werden eine Verkündigung in einem Kapellchen der Kanoniker zu Lucca. Unter diesem Bilde, welches eines Rafael's würdig ist, liest man die Unterschrift: Leonardus Gratia Pistoriensis fecit, woraus der Familienname des Künstlers hervorgeht. Zu Casal Guidi, im Sprengel von Pistoja, befindet sich in der Kirche des heil. Petrus ein Gemälde Grazia's, welches den Schutzheiligen und drei andere Heiligen, die den Thron der Madonna umgeben, darstellt. Auf einem Bilde im Dome zu Volterra sieht man eine ähnliche Zusammenstellung und die Unterschrift: Opus Leonardi Pistoriensis 1519, welches aber von einem andern Leonardo von Pistoja sein soll, weil, wie Manche sagen, Grazia's Meister Penni in dem genannten Jahre noch Rafael's Schüler gewesen sei und noch keinen so angesehenen Schüler gehabt haben könne. Grazia kam aber schon als fertiger Maler nach Rom und war mehr Penni's Gehilfe als Schüler. Zu Pistoja kennt man noch zwei Madonnen von Grazia, die eine in der Kirche der Karmeliter, die andere in dem Prunksaale des Gonfaloniere. In dem Museum zu Berlin bewahrt man ebenfalls eine Madonna von Grazia, in welcher sich, wie man angibt, die Manier Leonardo's da Vinci mit der römischen Weise verbindet [7]). (*Ph. H. Külb.*)

GRAZIA (Vincenzo), italienischer Philosoph und Naturforscher, gegen das Ende des 16. Jahrh. zu Florenz geboren, zeichnete sich unter den Gelehrten seiner Vaterstadt durch Fleiß und Talent aus und widmete sich, obschon ihm auch das theologische Fach nicht fremd war, dem Studium der Naturkunde, welche er vom philosophischen Standpunkte aus aufzufassen bemüht war, ohne sich jedoch von den alten Vorurtheilen, welche eine freiere Bewegung seines Geistes hinderten, lossagen zu können. Die Ergebnisse seiner Forschungen waren daher nicht im Stande, die bereits auf einem höheren Standpunkte angelangten Fachgenossen zu befriedigen und zu fesseln, weshalb sein erster Versuch (De rerum naturalium principiis libri sex. Florentiae 1629. fol.), worin er die Grundlagen seiner naturphilosophischen Ansichten entwickelte und worin er noch mehrere Werke (De mundo, de fabricatione mundi, loci meteorologici, de anima, de operationibus animalium) versprach, vereinzelt blieb. Seine sonstigen Lebensverhältnisse sind nicht bekannt [8]). (*Ph. H. Külb.*)

GRAZIANI [1]) (Antonmaria), italienischer Prälat und Historiker, am 23. Oct. 1537 zu Borgo San Sepolcro, einem Castell in Toscana, geboren, stammte aus einer alten und angesehenen Familie, seine Erziehung wurde aber, da er früh seine Aeltern verlor, sehr vernachlässigt. Er lebte unbeschäftigt und sich selbst überlassen in dem väterlichen Hause auf dem Lande, bis er von seinem älteren Bruder Luigi, welcher die ungewöhnlichen Anlagen des Jünglings bei einem längeren Besuche bemerkte, in die Schule einer kleinen Stadt in Friaul geschickt wurde, um die lateinische Sprache zu lernen. Hier machte er unter der trefflichen Leitung Giampierio Absternio's, eines einsichtsvollen Lehrers, so rasche Fortschritte in den zur Ergreifung eines Fachstudiums nöthigen Vorkenntnissen, daß er alsbald die Universität zu Padua besuchen konnte, um sich der Rechtswissenschaft zu widmen. Nach der Beendigung seiner Studien kam er im J. 1560 nach Rom, wo ihn der Bischof Gianfrancesco Commendone, welcher mit seiner Familie verwandt war, in sein Haus aufnahm und für das Fortkommen seines Schützlings, dessen Fleiß und Kenntnisse er zu würdigen verstand, Sorge zu tragen beschloß. Der gelehrte und geistreiche Bischof machte ihn nicht nur zu seinem Secretair, sondern ließ sich auch dessen weitere Ausbildung angelegen sein. Obgleich selbst Dichter, suchte er doch die Neigung Graziani's zur lateinischen Poesie zu unterdrücken und ihn auf ernstere Studien hinzuleiten. Er unternahm es selbst, ihm die Werke der Philosophen Plato und Aristoteles zu erklären und ihn zugleich in die politischen Bewegungen der Zeit und in die Geschäfte des Tages einzuweihen [9]). Als Commendone zum Cardinal erhoben und zum päpstlichen Botschafter ernannt wurde, war Graziani bereits in alle Angelegenheiten und Geheimnisse des einflußreichen Mannes so vollständig eingeweiht, daß er diesen auf seinen Gesandtschaften nach Teutschland und Polen begleiten und ihm die besten Dienste leisten konnte. In Polen wußte er durch sein kluges Benehmen die Gunst des Königs Heinrich von Anjou in solchem Grade zu gewinnen, daß dieser ihn durch große Versprechungen in seine Dienste zu ziehen suchte; Graziani lehnte aber alle Anerbietungen aus Dankbarkeit gegen seinen Wohlthäter ab, welchem er bei seiner Abreise aus Polen folgte, ohne sich durch irgend eine Versprechung abhalten zu lassen. Auch eine Summe von 4000 Thalern, welche ihm der Cardinal während einer gefährlichen Krankheit zur Belohnung seiner Dienste übergeben wollte, wies er mit der Bemerkung zurück, daß er seinem Wohlthäter nicht für Geld diene, und selbst die reiche Abtei Sassoferrato, welche ihm der Cardinal freiwillig abtrat, nahm er nur ungern an. Nach Commendone's Tode (1584) trat Graziani als Secretair in die Dienste des Papstes Sixtus V. und als

[7]) Biographie universelle. Vol. 34. p. 528. Biographie générale. Vol. 21. p. 763. L. Lanzi, Geschichte der Malerei in Italien, teutsch von J. G. v. Quandt. Bd. 1. S. 154. 509. G. K. Nagler, Künstler-Lexikon. Bd. 11. S. 888.

[8]) *Giul. Negri*, Istoria degli scrittori Fiorentini (Ferrara 1722.) p. 529.

[1]) In lateinischen Schriften Gratianus genannt.

[9]) Graziani sagt selbst: „Quanto studio meum studia non juvit modo, sed etiam rexit! Ipse mihi selectos Platonis libros, ipse Aristotelis Rhetoricam, Ethicam, Politicam est interpretatus, ipse ingenium meum fervore juventae diffusum et dulcedine latinorum carminum, quibus faciendis plus aequo indulgebam, per inania oberrans coercuit, ad graviora atque solidiora studia revocavit direxitque. Suis inde testimoniis, quibus plurimum fidei tribuebatur, sua commendatione sublime provexit, magnam nostri etiam apud summos viros opinionem fecit. Rerum suarum omnium, omnium cogitationum, omnium consiliorum participem semper habuit. Nihil tam grande, nihil tam arcanum fuit, sive publicum, sive privatum, quod me celatum voluerit." De Scriptis invita Minerva. Vol. II. p. 4.

auch dieser starb (1590), kam er in derselben Eigenschaft zu dem Cardinal Alessandro Montalto und wohnte mit diesem in 14 Monaten drei Conclaven bei. In dem letzten derselben (1592) fiel besonders durch Graziani's eifrige Thätigkeit die Wahl auf Clemens VIII., welcher den ihm geleisteten Dienst keineswegs vergaß, sondern Graziani am 17. Febr. desselben Jahres zum Bischof von Amelia erhob und ihn zur Erledigung der wichtigsten Angelegenheiten herbeizog. So sendete er ihn zuerst an die Höfe der italienischen Fürsten, um diese zum Abschlusse eines Bündnisses gegen die nach der Grenze des deutschen Reiches vordringenden Türken zu bewegen, später (1584) ernannte er ihn zum Legaten bei der Republik Venedig. In dieser schwierigen Stellung bewies er eine seltene Klugheit und Geschicklichkeit, und gelang es ihm auch nicht, das Recht des Papstes auf das adriatische Meer zu beweisen und geltend zu machen, so wußte er es doch durch seine rastlosen Bemühungen dahin zu bringen, daß die Republik Venedig sich nach Alfonso's II. von Ferrara Tode (1597) nicht für Cesare von Este erklärte, sondern auf die Seite des päpstlichen Stuhles trat. Clemens VIII. beabsichtigte ihn wegen der gelungenen Führung dieser Verhandlungen mit dem Cardinalshute zu bedenken, wurde aber durch seinen Neffen Pietro Aldobrandini, welcher als Feind des Großherzogs von Toscana nicht einen von dessen Unterthanen als Cardinal sehen wollte, von der Ausführung dieses Vorhabens abgehalten. Im J. 1597 erhielt Graziani, dessen Gesundheit durch die ihm nicht zuträgliche venetianische Luft auf bedenkliche Weise zu leiden anfing, die Erlaubniß, seinen Posten aufzugeben und sich in sein Bisthum zurückzuziehen. Er beschäftigte sich fortan nur mit der Erledigung der Angelegenheiten seiner Diöcese und mit der Beendigung mehrerer längst begonnenen gelehrten Werke und starb am 10. März 1611 in seinem bischöflichen Palaste zu Amelia. Erlangte auch Graziani nicht die verdiente Cardinalswürde, so reichen doch zur Verewigung seines Namens die von ihm verfaßten Schriften vollkommen hin. Von denselben erschien während seiner Lebenszeit nur die Darstellung der auf sein Betreiben abgehaltenen Kirchenversammlung zu Amelia (Synodus Ecclesiae Amerinae. Ameriae 1597. 4.), welche als die unbedeutendste seiner literarischen Leistungen betrachtet werden darf; alle seine übrigen Schriften wurden erst nach seinem Tode von Anderen herausgegeben. Vor allen ist hier zu nennen die Biographie seines Gönners, des Cardinals Commendone (De vita Jo. Fr. Commendoni Cardinalis libri IV), welche zuerst von dem bekannten französischen Theologen Esspr. Fléchier unter dem angenommenen Namen Roger Akakia herausgegeben (Parisiis 1669. 4. Nachgedruckt Patavii 1685. 12.) und auch von ihm ins Französische übersetzt wurde (La Vie du cardinal Commendon. Paris 1671. 4. Ibid. 1702. 8. 2 Voll.). Sie liefert eine zuverlässige Schilderung der von dem Cardinale geführten diplomatischen Verhandlungen und der Zeitgeschichte, vom Standpunkte des päpstlichen Stuhles aufgefaßt. Fléchier gab auch Graziani's Werk: De casibus virorum illustrium, von welchem ihm eine Handschrift durch Ferdinand von Fürstenberg, Bischof von Paderborn, zugekommen war, mit einer in gutem Latein geschriebenen Vorrede heraus (Parisiis 1680. 4.). Später erschien diese fleißige für die Geschichte und Literatur des 14. und 15. Jahrh. nicht unwichtige Arbeit auch nach einer andern Abschrift unter dem Titel: Theatrum historicum de virtutibus et vitiis illustrium virorum et foeminarum eorumdemque casibus, maximam partem funestis (Francofurti 1680. 8.) und Lepelletier lieferte eine französische Uebersetzung (Paris 1682. 4.). Graziani's Geschichte des Krieges der Republik Venedig wegen des Besitzes der Insel Cypern (De Bello Cyprio libri V) wurde von seinem Neffen herausgegeben (Romae 1614. fol. Norimb. 1661. 12.) und ebenfalls von Lepelletier ins Französische übersetzt (Paris 1685. 4.). Das sonderbarste Werk des Cardinals ist unstreitig seine Selbstbiographie, welcher er, weil er sie gegen seinen Willen und nur auf das wiederholte Verlangen seines Bruders schrieb, den Titel gab: De scriptis invita Minerva libri XX, welche einen ganz andern Inhalt vermuthen läßt. Sie wurde zuerst von dem Jesuiten Girolamo Lagomarsini mit einer Vorrede und gehaltreichen Anmerkungen herausgegeben (Florentiae 1725. 4. 2 Voll. Ibid. 1745 — 1746. 4. 2 Voll.). Die vier ersten Bücher des ausgedehnten und aus zwanzig Büchern bestehenden Werkes liefern eine Untersuchung über den Ursprung des Castells Borgo San Sepolcro, die acht folgenden theilen Nachrichten über die Familie Graziani und insbesondere über Luigi Graziani, des Bischofs Bruder, über dessen Reisen in Asien und Aegypten und seine sonstigen Schicksale mit, und die acht letzten erzählen die Lebensverhältnisse des Verfassers selbst, aber mit vielen und langen Abschweifungen. Eine Sammlung von Graziani während seines Aufenthaltes zu Venedig geschriebener Briefe besaß Apostolo Zeno und Fr. Parisi hat mehrere derselben (in seiner Epistolographia. Rom. 1787.) bekannt gemacht. Auch mehrere andere Schriften Graziani's (Legationum Cardinalis Commendoni Volumina II; Itinerario Germanico; Vita Sixti V; Elogium Poggii) sollen noch handschriftlich in verschiedenen Bibliotheken aufbewahrt werden [8]).

(*Ph. H. Külb.*)

GRAZIANI (Ercole, der ältere, genannt Ercolino da Pianora), italienischer Maler, im J. 1651 zu Mezzolara in dem Gebiete von Bologna geboren, erhielt seinen Unterricht im Zeichnen in den sogenannten Freischulen (Scuole pie) und erlernte die Malerei bei Bartolommeo Morelli. Darauf machte er aber seine Studien nach den Werken der berühmtesten Architekturmaler, insbesondere folgte er der Art und Weise T. Aldovrandini's. So erlangte er eine große Geschicklichkeit, Verzierungen auf nassem Mörtel aufzutragen, und wurde zur Uebung

---

8) Außer der Selbstbiographie in dem Werke De Scriptis invita Minerva sind zu vergleichen: *Ferd. Ughelli*, Italia sacra. Tom. I. p. 808 seq. *Gir. Tiraboschi*, Storia della letteratura italiana. (Roma 1784. 4.) Tom. VII. P. II. p. 302 seq. Biographie universelle. Tom. XVIII. p. 304. (Nouv. éd. Tom. XVII. p. 407.) Biographie générale. Tom. XXI. p. 763.

dieser Kunst in den Kirchen und Palästen vielfach zu Florenz, Bruchig, Imola und Bologna verwendet. Seine Arbeiten zeichnen sich besonders durch Sanftheit und durch einen sehr wohlthuenden Eindruck aus. Er starb im J. 1726 zu Bologna *). (*Ph. H. Külb.*)

GRAZIANI (Ercole, der jüngere), italienischer Maler, im J. 1688 zu Bologna geboren, war der Sohn armer Aeltern und lernte das Zeichnen bei L. Mattioli, die Malerei aber bei Donato Creti, dessen bester Schüler er wurde, denn Graziani verband mit dem Style seines Meisters, wie L. Lanzi ihm nachrühmt, einen bessern Vortrag, einen großartigeren Charakter, größere Freiheit des Pinsels und andere Gaben, die ihn über Creti erheben. Er näherte sich dem anmuthigen Marcantonio Franceschini und den übrigen, welche in der Manier Carlo Cignani's, eines der vorzüglichsten Maler der bologneser Schule, einander folgten. Einer seiner Nebenbuhler tadelte seine zu große Weichheit und ärmliches Suchen nach kleinen neuen Zierathen. Andere vermißten an ihm ein Gleichgewicht der Farben, andere größere Lebhaftigkeit, dennoch müssen alle ihm Geist und Fleiß zugestehen, sodaß er es mit den Besten seiner Zeit aufnimmt und unter Vielen der erste hätte sein können, wenn er nur einen gründlicheren Lehrmeister gehabt hätte. Später machte er die Werke der Bologneser Pierantonio Torri und Lorenzo Pasinelli zum besonderen Gegenstande seines Studiums und läuterte dadurch seinen Geschmack; oft aber macht sich in seinen Gemälden eine Nachahmung dieser Meister bemerkbar. Man findet noch manche seiner Arbeiten, welche seines Ruhmes würdig sind, in den Kirchen und Palästen seines Geburtsortes und anderer Städte. Die hauptsächlichsten der in seiner Vaterstadt vorhandenen sind in der Kathedrale „die heil. Anna, wie sie Maria unterrichtet," die „Taufe des Heilandes" und „der Apostel Petrus, wie er den heiligen Apollinaris einsetzt," ein reiches und würdevolles Bild, welches Graziani auf Kosten des Cardinals Lambertini malte und welches er, als dieser unter dem Namen Benedict XIV. den päpstlichen Stuhl bestieg, auf dessen Bestellung für die Apollinarkirche zu Rom wiederholen mußte, in der Kirche Santa Maria de' Servi den „Tod der heiligen Juliana" und einen messelesenden Heiligen, an welchem Bilde besonders die zierliche Auswahl in dem Charakter der Köpfe auffällt und in der Kirche des Klosters der Bettelmönche der heil. Franciscus Regis, der heil. Ludwig von Gonzaga und der heil. Franciscus Borgia. Zu rühmen sind außerdem noch der heil. Pellegrino zu Sinigaglia, die Apostelfürsten Petrus und Paulus, wie sie mit dem süßesten Ausdrucke von einander scheiden, um dem Martyrthum entgegen zu gehen, in S. Pietro zu Piacenza und der selige Nicolo Albergati in der Kirche unserer lieben Frau von den Engeln zu Rom. Mehrere seiner Gemälde sind von G. Bianchi, J. Benedetti und B. Franceschini in Kupfer gestochen †). (*Ph. H. Külb.*)

GRAZIANI (Giovanni), italienischer Historiker und Naturforscher des 17. Jahrh., um das Jahr 1670 zu Bergamo geboren, widmete sich den Naturwissenschaften, der Mathematik und Geschichte und beschloß, nach der Beendigung seiner Studien, sich um ein Lehramt zu bewerben. Er erhielt zuerst die Professur der Astronomie an der Universität zu Padua, welche er aber später mit dem Lehrstuhle der Philosophie daselbst vertauschte. Seine Vorlesungen in beiden Fächern erfreuten sich eines so großen Beifalls und zogen so viele Zuhörer nach Padua, daß die Behörden dieser Stadt ihm mehrfach ihre Zufriedenheit über seine Leistungen kund gaben. Er starb um das Jahr 1730 zu Padua. Einen vortrefflichen Beitrag zur Gesundheitslehre lieferte er in seiner Schrift über die berühmten Heilbäder zu Padua (Thermarum Patavinarum Examen, cui accessit dissertatio de fonte Coelio acido Recobarii. Patavii 1701. 8.) [1]), welche auch in Deutschland die ihr gebührende Anerkennung fand und worin er über den Ursprung, die Beschaffenheit und die Wirksamkeit dieser schon seit vielen Jahrhunderten gebrauchten Quellen genügende Auskunft gibt. Neben der Pflege der Naturwissenschaften scheinen historische Forschungen das bevorzugte Studium Graziani's gewesen zu sein. Von seiner Geschichte Venedigs (Historiarum Venetarum libri XXXII. Patavii 1728. 4. 2 Voll.), welche er selbst als eine Fortsetzung der Geschichte dieses Staates von Andr. Morosini betrachtet wissen will, erschienen nur die ersten 24 Bücher, welche vom Jahre 1615 bis zum Jahre 1700 reichen und die Thatsachen ziemlich genau und unparteiisch erzählen, aber zu viele und lange nicht zur Sache gehörende Abschweifungen enthalten, als daß sie einen selbst geduldigen Leser fortwährend zu fesseln vermögen, obschon sie in einem reinen und schönen Style geschrieben sind. Der venetianischen Geschichte ist aber, was Inhalt und Darstellung betrifft, weit vorzuziehen die Biographie Fr. Morosini's, des berühmten venetianischen Admirals und Feldherrn (Fr. Mauroceni Peloponnesiaci, Venetiarum principis, gesta ab anno natali 1618 ad annum 1694. Patavii 1694. 4.), welche als ein werthvoller Beitrag zur Geschichte Venedigs und jener Zeit überhaupt betrachtet werden muß, da der Verfasser nach guten officiellen Actenstücken und den genauen Berichten zuverlässiger Augenzeugen arbeitete [2]). (*Ph. H. Külb.*)

GRAZIANI (Giovanni Battista Ballanti genannt), italienischer Bildhauer der neuern Zeit, im J. 1762 zu Faenza geboren, wurde von seinem Vater, nachdem er in der Schule kaum den nöthigen Elementarunterricht erhalten hatte, zur Kupferstechkunst bestimmt und in die Zeichenschule Boschi's, genannt Carlonrial, welcher sich durch seine radirten Bilder bereits Beifall erworben

*) Vergl. *Zanotti*, Storia dell' Accademia Clementina. Tom. I. p. 255. Biographie générale. Tom XXI. p. 765.

†) Vergl. L. Lanzi, Geschichte der Malerei in Italien, übers. von J. G. v. Quandt. Bd. 2. S. 156. Biographie générale. Tom. XXI. p. 765.

1) Eine genaue Angabe des Inhalts und eine eingehende Beurtheilung liefern die Acta Eruditorum des Jahres 1702. p. 1 seq. 2) Biographie universelle. Tom. XVIII. p. 357. Biographie générale. Tom. XXI. p. 764.

hatte, geschickt. Anstatt aber dem Unterrichte die gebührende Aufmerksamkeit zu schenken, formte er zum Zeitvertreibe kleine Figuren aus Erde oder aus Wachs. Da er in diesen Spielereien ein ungewöhnliches Talent verrieth, so waren seine Aeltern klug genug, seiner Neigung keine Hindernisse in den Weg zu legen, sondern dieselbe auf jede Weise zu fördern. Nachdem er also die Bildhauerkunst bei einem tüchtigen Lehrmeister nach den Regeln erlernt hatte, besuchte er Rom und die andern durch ihre Kunstwerke berühmten Städte Italiens, um durch das Studium der schönsten antiken und modernen Muster zu möglichst großer Vollkommenheit zu gelangen und zugleich seine Geschicklichkeit durch die Ausführung größerer Werke zu zeigen. Man findet deswegen an vielen Orten Italiens von ihm verfertigte Statuen von Madonnen und Heiligen von übermaltem Gyps. Zu seinen schönsten Bildwerken gehören die Statue des heil. Michael in der diesem Erzengel geweihten Kirche zu Faenza, welche besonders wegen ihrer Stellung und der Richtigkeit ihrer Zeichnung gerühmt wird, zu Imola in der Kirche zum heil. Cassian eine Himmelfahrt Mariä, zu deren Verfertigung er nach dieser Stadt berufen wurde, zu Assisi, wo er sich längere Zeit aufhielt, in der Kirche unserer lieben Frau von den Engeln ein heiliger Franciscus, von einem Engel unterstützt, zwölf Statuen von außerordentlicher Schönheit in dem Kloster von Fagnano, an welches ihn die Freundlichkeit der Mönche und die Schönheit der Gegend fesselten, und zu Bologna in der Kirche Annunciata eine unbefleckte Empfängniß und eine heilige Margaretha. Der Künstler starb im Juli 1835 zu Faenza. Bei der Ausführung seiner Bildwerke leistete ihm gewöhnlich sein Bruder Francesco Hülfe. Als seine vorzüglichsten Schüler sind Pietro Piani und Pascale Savioli zu betrachten [1]). — Ein noch jüngerer Künstler, welcher den Namen Graziani führt und um das Jahr 1790 geboren ist, ging aus der Schule Canova's zu Rom hervor und ließ sich zu Florenz nieder, wo er Professor an der Akademie der Künste ward. Seine Arbeiten, sowol Statuen, als auch Büste und Basreliefs, offenbaren ein hohes Kunsttalent. Besonders ward eine von ihm im J. 1820 verfertigte Statue der Hoffnung gerühmt. Der Ausdruck des Gesichts dieser Statue ist, wie die Kritik sich ausdrückt, von himmlischer Ruhe, das Gewand fließt leicht und anständig herab und die Stellung ist lebendig und würdevoll. Auch mehrere Basreliefs dieses Künstlers sind Meisterwerke, in welchen er den größten Fleiß mit vollkommener Kunstfertigkeit vereinigt [2]).

(*Ph. H. Külb.*)

GRAZIANI (Girolamo), italienischer Dichter des 17. Jahrh., im J. 1604 zu Pergola, einer kleinen Stadt des ehemaligen Herzogthums Urbino, geboren, zeigte schon in früher Jugend Talent zur Poesie und widmete sich, nachdem er die nöthigen Vorkenntnisse erworben hatte, auf den Universitäten zu Bologna und Padua der Geschichte und der schönen Wissenschaften. Nach der Beendigung seiner Studien versuchte er sein Glück als Dichter und seine ersten kleineren Poesien wurden von seinen Zeitgenossen mit großem Beifall aufgenommen, obschon sie dem schon allgemein verdorbenen Geschmacke huldigten. Sein erstes größeres Gedicht, das Epos „Cleopatra," welches er in seinem 22. Jahre herausgab, begründete aber hauptsächlich seinen Ruhm und lenkte die Aufmerksamkeit Francesco's I., Herzogs von Modena, auf ihn, welcher den jungen Mann, um sein Talent zu ermuntern, an seinen Hof rief, ihn im J. 1637 zu seinem Secretair ernannte und ihm die Grafschaft Sarzano, eine reiche Domaine im Herzogthume Reggio, schenkte. Unter dem Schutze seines großmüthigen Gönners lebte Graziani jetzt ausschließend der Poesie und seine meisten Werke fallen in die Zeit seines glücklichen Aufenthaltes zu Modena. Man betrachtete aber fortwährend als das vorzüglichste derselben die Cleopatra (Cleopatra, poema in XIII canti. Bologna 1626. 12. Ibid. 1653. 12.), welches von den italienischen Kunstrichtern jener Zeit als die gelungenste poetische Erscheinung des 17. Jahrh. bezeichnet wird. Man kann auch wirklich nicht umhin, die Reinheit des Styls und die leichte und harmonische Versification anzuerkennen, aber der Geist der Poesie und insbesondere der epischen durchweht nicht das Ganze. Noch geringeren Werth hat sein zweites Epos, die Eroberung von Granada in 26 Gesängen (Il conquisto di Granada. Modena 1650. 4. Paris 1654. 12. 2 Voll. Bologna 1672. 4. Venetia 1789. 8. 2 Voll., auch in dem Parnasso italiano, Tom. 38 et 39), obschon es von Manchen wegen des wohlangelegten Planes, welcher jedoch Mendoza's Epos: Las guerras de Granada entlehnt ist, der Cleopatra vorgezogen wird. Das Gedicht hat auch in der That einzelne ausgezeichnete Stellen, der Styl ist rein und würdig und die Charaktere Ferdinand's und Isabella's sind mit Meisterhand durchgeführt, aber unnöthige und schlecht angebrachte Wortspiele berühren unangenehm, und man muß trotz aller dem Dichter gespendeten Lobsprüche gestehen, daß beide Epopöen den Dichtungen Ariosto's und selbst Tasso's nicht nahe kommen. Auch die Tragödie Cromwell (Il Cromvello, tragedia. Bologna 1671. 4.), welche lange wegen der Wahrheit der Charaktere und wegen der strengen Beobachtung der Kunstregeln als ein Meisterwerk betrachtet wurde, erscheint uns als ein gekünsteltes und steifes Machwerk, und am genießbarsten sind jetzt noch seine Lieder, Sonnette, Madrigale und andere kleine Gedichte, welche in einer nicht sehr häufigen Sammlung (Varie poesie. Modena 1662. 12.) vereinigt sind. Im J. 1655 machte Graziani eine Reise nach Frankreich und suchte während seines Aufenthaltes zu Paris die Gunst des Cardinals Mazarin durch das Lobgedicht: Il Colosso (Paris 1656. fol.), worin er die Vorzüge und Verdienste dieses Ministers anpreist, zu erlangen. Die Schmeichelei verfehlte übrigens, da dieselbe zu übertrieben und plump war, ihre Wirkung und der enttäuschte Lobredner kehrte verdrüßlich nach Modena zurück. Doch konnte er nicht unterlassen, später auch Ludwig XIV. auf ebenso unverschämte Weise, aber mit ebenso wenig Erfolg in

1) Biographie universelle. Tom. LXVI. p. 81. 2) G. K. Nagler, Künstler-Lexikon. Bd. 5. S. 345.

einem ähnlichen Machwerke (Applicazione profetica delle glorie di Luigi XIV. Modena 1673. 4.) zu preisen. Eine Krankheit zwang ihn kurz nach dem Erscheinen dieser poetischen Kriecherei den Hof von Modena zu verlassen und sich in seine Heimath zurückzuziehen, wo er am 10. Sept. 1675 starb. Seine Werke sind jetzt, da sie der Zeit des Verfalls der italienischen Poesie angehören, vergessen und, außer einigen Literarhistorikern, wird wol nicht leicht Jemand Versuchung fühlen, sie wieder aus dem Staube hervorzuziehen und sich mit ihnen zu beschäftigen *). (*Ph. H. Külb.*)

GRAZIANI (Giuseppe), ein italienischer Maler, gegen das Ende des 18. Jahrh. zu Padua geboren, bildete sich in der Schule des Veronesers Antonio Balestra zum Künstler und ließ sich dann zu Bassano nieder. Er verfertigte für die Kirchen und Paläste dieser Stadt und der Umgegend viele Gemälde, in welchen er ein glückliches Genie und großen Verstand zeigte; sein Talent kam aber nicht zur völligen Reife; besonders ist sein Colorit zu manierirt und ausschweifend; auch wußte er das Helldunkel nicht wohl auszutheilen und von demselben einen lohnenden Gebrauch zu machen. Er starb im J. 1752 zu Padua †). (*Ph. H. Külb.*)

GRAZIANI (Paolo), italienischer Kupferstecher des 16. Jahrh., welcher um das Jahr 1580 zu Rom arbeitete. Die von ihm gestochenen Blätter werden von den Kunstkennern sehr gesucht, besonders die berühmte Composition in Rafael's Villa zu Rom, das Scheibenschießen, angeblich nach Mich. Angelo's Zeichnung, und der Triumph der Galathea. Seine Arbeiten erschienen im Verlage des berühmten Kunsthändlers P. de Nobilibus, für welchen er fortwährend thätig gewesen zu sein scheint ††). (*Ph. H. Külb.*)

GRAZIANI (Pietro), ein italienischer Maler, von dessen Lebensverhältnissen man aber nichts Näheres weiß, als daß er von Neapel stammte und zu Anfang des 18. Jahrh. arbeitete und besonders als Schlachtenmaler einen ausgebreiteten Ruhm erlangte. In seinen Gemälden herrscht eine ungewöhnlich große Lebendigkeit und er gab sich eine besondere Mühe, die Schrecken der Schlacht auszudrücken, sodaß man fast die Wuth der Fechtenden zu sehen glaubt; auch zeigt er eine seltene Meisterhaftigkeit, die Farben mit Bewußtsein und in großer Manier zu behandeln. Wahrscheinlich ist dieser Maler derselbe Graziani, welchen man als einen Schüler des sogenannten Schlachtenmichelangelo's, des Jesuiten Jacopo Cortese, von seinem Geburtsorte il Borgognone genannt, betrachtet, von dem aber L. Lanzi sagt, daß er von seinem Meister nur das Auftragen von Farbe und das Aufnehmen vom fernsten Standorte gelernt habe. Man weiß nicht, in welcher Beziehung Pietro Graziani mit einem Ciccio Graziani von Neapel steht und ob er ein Sohn oder ein Anverwandter desselben war. Mehrere Gemälde des erwähnten Ciccio befanden sich in Rom, so in der Kirche St. Croce della Penitenza eine Maria Magdalena und in der Kirche St. Antonio de Portoghesi die Predigt St. Johannes des Täufers *). (*Ph. H. Külb.*)

GRAZIANI (Thomas), italienischer Componist aus der zweiten Hälfte des 16. und der ersten Hälfte des 17 Jahrh., von dessen Lebensverhältnissen man aber Nichts weiter weiß, als daß er zu Bagnacavallo, einer kleinen Stadt im Kirchenstaate, geboren war und sich dem geistlichen Stande widmete. Er trat früh in den Franziskanerorden und lebte in dem Kloster desselben zu Mailand, in welchem er zugleich die Stelle eines Kapellmeisters bekleidete. Seine Kirchenmusik war bei seinen Zeitgenossen beliebt und in Italien sehr verbreitet; die verschiedenen Werke jedoch, worin sie niedergelegt ist und von denen besonders angeführt werden: Messe a cinque voci, libro primo (Venezia 1569. 4.); Psalmi omnes ad vesperas, quatuor vocum (Venetiis 1587. 4.); Complete a otto voci (Venezia 1601. 4.); Vesperi per tutto l'anno a otto voci (Ibid. 1603. 4.); Sinfonie partenici, litanie a 4, 5, 6 e 8 voci (Ibid. 1617. 4.); Responsoria in solemnibus S. Francisci 4 Vocibus et Salve Sancte Pater, concert. (Ibid. 1627. 4.) und Libro primo di Madrigali a cinque voci (Ibid. 1588. 4.) sind jetzt selten geworden ¹). — Ein anderer italienischer Componist dieses Namens und Violoncellvirtuos fand auf seiner Kunstreise durch Teutschland großen Beifall und kam nach dem Tode des Gambisten Hasse an dessen Stelle zu Potsdam als Lehrer des Kronprinzen von Preußen (nachherigen Königs Friedrich Wilhelm II.). Sein Spiel ward ausgezeichnet gefunden, bis der ältere Duport zu Berlin erschien und es durch seine meisterhaften Leistungen weit übertraf. Man entfernte deshalb den nicht mehr beliebten Künstler vom Hofe und beschränkte ihn auf die Leistungen eines einfachen Kapellmeisters. Graziani fand sich, obschon er seinen vollen Gehalt behielt, durch diese Zurücksetzung so sehr gekränkt, daß er schnell an Körper und Geist abnahm und noch in den besten Jahren 1787 zu Potsdam starb. Seine Frau, welche längere Zeit an den Operetten-Vorstellungen der Kronprinzessin Theil genommen hatte, behielt deshalb die Hälfte des Gehaltes ihres verstorbenen Gemahls als lebenslängliche jährliche Pension. Eine seiner Töchter, welche ihre schönen, starken Contraltstimme von der Mutter zur Sängerin ausgebildet worden war, betrat um das J. 1796 das Theater, scheint aber kein besonderes Glück gemacht zu haben. Graziani's Compositionen (etwa zwölf Violoncell-Solos), welche ganz dem Geschmacke seiner Zeit entsprechen, sind jetzt

*) Vergl. *Gir. Tiraboschi*, Storia della letteratura italiana. (Roma 1785. 4.) Tom. VIII. p. 393. Biographie universelle. Tom. XVIII. p. 368. Biographie générale. Tom. XXI. p. 764.

†) *Gio. Bat. Verci*, Notizie de' pittori di Bassano (Venez. 1775. 8.) p. 271.

††) G. K. Nagler a. a. O. S. 345.

*) L. Lanzi, Geschichte der Malerei in Italien, deutsch von J. G. v. Quandt. Bd. 1. S. 489. Joh. Rud. Füßli's Künstler-Lexikon S. 293. G. K. Nagler's Künstler-Lexikon. Bd. 5. S. 344.

¹) *F. J. Fétis*, Biographie universelle des Musiciens. Tom. IV. p. 91.

der Vergessenheit anheimgefallen [2]). — Denselben Namen führt auch ein italienischer Sänger der neuesten Zeit, Francesco Graziani, am 26. April 1829 zu Fermo im Kirchenstaate geboren. Er erhielt seine Ausbildung durch Cellini und trat zum ersten Mal auf dem Theater des Pratidius Baffus zu Ascoli als Baryonist in Donizetti's Gemma di Vergy mit Beifall auf. Nachdem er noch eine Zeit lang seine Studien fortgesetzt hatte, spielte er in den Jahren 1851 und 1852 auf den Bühnen von Macerata und Chieti in den Opern: I Masnadieri, Don Pasquale, Luisa Miller und Maria di Rohan mit Erfolg und ließ sich in denselben Opern, sowie auch in den später einstudirten Rollen in Lucia, Ernani, Elisire d'Amore, La Favorita und Trovatore zu Pisa und im Theater La Pergola zu Florenz beklatschen. Im J. 1853 wurde er nach Paris berufen, wo er im Théâtre Italien durch seinen Gesang in Lucia, La Donna del Lago, Otello, I Puritani, Beatrice di Tenda und La Sonnambula die Zuhörer stets zur Bewunderung hinriß. Im J. 1854 ging er nach New-York, kehrte aber noch in demselben Jahre nach Paris zurück, um in Ricci's Tre Nozze zu singen. Im Frühling des Jahres 1855 ließ er sich zu London im Covent-Garden-Theater hören, sah sich aber bald wieder bewogen, um gutes Geld nach der Hauptstadt Frankreichs zurückzukommen, wo er von Neuem in Giovanni Bonesini's Assedio di Firenze in Bandino's Rolle das Publicum entzückte. Sein Bruder Lodovico Graziani, im August 1823 geboren, bildete sich ebenfalls zum Sänger aus und trat zuerst in dem Theater Valle zu Rom in Donizetti's Don Pasquale auf. Darauf ließ er sich auf den Bühnen der bedeutendsten Städte Italiens, sowie auch zu Wien und Paris hören und erntete allenthalben Beifall [3]). (*Ph. H. Külb.*)

GRAZIANO von Florenz (Gratianus Florentinus), ein italienischer Theolog des 14. Jahrh., welcher dem Augustinerorden angehörte und zuletzt Regens des Klosters desselben zu Florenz war. Er erwarb sich durch seine gründlichen Kenntnisse sowol in der Theologie als auch in der Philosophie einen weit verbreiteten Ruhm und bewies zugleich eine solche Gewandtheit in weltlichen Geschäften, daß die Behörde seiner Vaterstadt ihn an verschiedene Fürsten, insbesondere aber an den Herzog Galeazzo nach Mailand und im J. 1390 an den Papst Urban VI. als Gesandter und Redner schickte, bei welchen Gelegenheiten er sich seiner Aufträge in der ehrenvollsten Weise entledigte. Auch als Schriftsteller war er thätig, seine Werke (Lectiones theologicae. Quaestiones super Libros Sententiarum) sind aber nicht gedruckt, sollen aber in mehreren Bibliotheken zu Florenz noch vorhanden sein [4]). (*Ph. H. Külb.*)

GRAZIE (die), **GRAZIÖS**. Aesthetischer Begriff. Das Wort „die Grazie," welches von dem lateinischen gratia, beziehungsweise dem französischen la grâce herkommt und wol noch nicht 200 Jahre lang in der teutschen Sprache eingebürgert sein dürfte, bezeichnet die einen wohlthuenden, sinnlich zarten Eindruck machende Schönheit. Grazie wird meist nur Menschen in ihrer sinnlichen Erscheinung (Stellung, Bewegung, Miene u. s. w.), und daher auch Engeln und ähnlichen Gebilden beigelegt, sodaß man sagen darf, sie werde wesentlich durch das Auge, den Blick percipirt. Doch spricht man zuweilen auch von anderen graziösen Wesen, z. B. von einem graziösen Tonstück, und in diesem Falle geschieht die Perception vermittels des Gehöres. Das am meisten entsprechende teutsche Wort ist ohne Zweifel Anmuth (anmuthig). Weiter ab stehen: Liebreiz als die Eigenschaft des Schönen, welche zur Liebe reizt; Lieblichkeit, welche indessen allgemeiner ist, und auch auf Dinge Anwendung findet, denen man keine Grazie beilegt, z. B. dem Weine; Holdseligkeit, eine Eigenschaft, welche zwar das Gegentheil des Schönen ausschließt, aber die Schönheit zu einer mehr übersinnlichen, verklärten Erscheinung potenzirt, wobei von selbst die materielle Sinnlichkeit mehr in den Hintergrund tritt und sogar an etwas nicht Sinnliches gedacht werden kann, z. B. an den Inhalt einer Zusicherung; Gnade, jedoch nur in beschränkter Anwendung vorkommend, z. B. in Luther's Uebersetzung der χάρις im Evang. des Johannes 1, 14, wo man indessen, da von Christi Angesicht die Rede ist, sicherlich nicht Grazie, sondern Holdseligkeit dafür sagen dürfte. Während von diesen synonymen Substantiven die Adjectiva anmuthig, liebreizend, lieblich, holdselig, gnadenvoll gleichwerthig vorhanden sind, steht dem Adjectivum reizend der Reiz nicht gleichwerthig zur Seite; denn nur in gewissen Verbindungen, z. B. „voller Reiz," kann er mit Grazie als stammverwandt auftreten. Aber auch reizend congruirt nur zum Theil mit graziös; denn woran der Reiz haftet, z. B. an einer Landschaft, muß nicht immer auch graziös sein; denn die Grazie hat vor allen Synonymen, selbst vor der Anmuth, das Specificum der Zartheit als eigenthümlich und das Wesen des Begriffes constituirend voraus, was übrigens auch in der Zierlichkeit (zierlich) liegt, nur daß bei ihr das Moment der Schönheit nicht so stark hervortritt wie bei der Grazie. (*J. Hanmann.*)

GRAZIEN (Gratiae, *Χάριτες*).

§. 1. Literatur.

Em. Braun, Griech. Götterlehre §. 376—381. S. 283—290; *J. T. Cerquand*, Les Charites, in der Revue archéologique 1862. 1863. p. 52—64; Gerhard, Griech. Mythologie §. 563—565; Jacobi, Mytholog. Handwörterb. S. 202—205; O. Jahn, Peitho, die Göttin der Ueberredung, Greifswalder Winckelmannsfestprogramm 1846. S. 9—12; *Köhler*, Description d'un camée du cabinet des pierres gravées de sa Maj. l'Emp. de toutes les Russies. St. Petersb. 1810. 8.; auch in s. Gesammelten Schriften von Stephani. Bd. V. S. 63—90. Taf. I—III; Manso, Ueber die Grazien, in s. Versuch über einige Gegenstände

2) Jul. Schladebach und Ed. Bernsdorf, Universal-Lexikon der Tonkunst. Bd. 2. S. 280. 3) Biographie générale. T. XXI. p. 788.

4) Vergl. *Giul. Negri*, Istoria degli scrittori Fiorentini (Ferrara 1722. fol.) p. 315.

aus der Mythologie der Griechen und Römer. Leipzig 1794. S. 422—462; Preller, Griech. Mythologie I. S. 275—278; Ricklefs: Artikel Charites in dieser Encyklopädie I. Sect. Bd. XVI. S. 168—169; Schömann, Das Ideal der Hera. Greifswald 1847. S. 34—36; Schwenck, Griech. Mythologie I. S. 446—449; Welcker zu Schwenck's Etymol.-mythol. Andeutungen S. 268 fg. und in s. Griech. Götterlehre I. S. 372—374. 696 fg.; III. S. 111—113. 200—202.

§. 2. Abkunft.

Hesiod [1]) nennt als Vater der Grazien Zeus, als Mutter Eurynome, eine Tochter des Okeanos, welchem letztern auch vereinzelt die Vaterschaft zugeschrieben wird [2]). Der Hesiodeischen Angabe folgen viele Schriftsteller [3]), nur daß der Name der Mutter mehrfach verstümmelt oder, der spätern Bedeutung der Grazien angepaßt, verändert wird [4]). Diesem letztern Bestreben entspringen auch ausnahmslos die vielen andern Genealogien, wie wenn diese Göttinnen von Helios mit der Euanthe [5]), der Aglaia oder Aegle [6]) erzeugt sein sollen, oder wenn Dionysos ihr Vater genannt wird, dem sie von der Aphrodite [7]) oder Koronis [8]) geboren heißen, oder auch wenn Hera [9]) oder Lethe [10]) ihnen zu Müttern gegeben sind.

§. 3. Zahl.

Pamphos, der zuerst von ihnen gesungen haben soll, gab weder Zahl noch Namen an [11]). Homer kennt die Charis als Gattin des Hephaistos [12]), weiß aber, wie seine Anführung mehrerer jüngeren Grazien bezeugt, von einem ganzen Geschlecht dieser Göttinnen [13]), aus welchem jene Charis, etwa wie der Silen von den Silenen, der Triton von den Tritonen, sich abhebt. Schon bei Hesiod [14]) finden wir die Chariten zu einer Dreizahl fixirt, wie ihnen als Trias Eteokles den uralten Dienst zu Orchomenos errichtet hatte [15]). Diese Dreizahl, wol durch die enge Verwandtschaft der Grazien mit den Horen (§. 6) beeinflußt, wurde in der Folgezeit selten angetastet [16]), allein die Localculte zu Athen und Sparta erkannten nur zwei an [17]). Neben diesem geschlossenen Dreivereine kommt aber auch vielfach die Charis selbständig vor, als feste Begleiterin und Dienerin der Aphrodite, so eng ihrer Herrin verknüpft, daß dieselbe hin und wieder selbst Charis genannt wird (§. 6). Scherze der Epigrammatisten, die, schöne Sterbliche den Grazien zugesellend, deren 4, ja 15 und selbst hundert nennen [18]), kommen natürlich nicht weiter in Betracht.

§. 4. Namen und deren Bedeutung.

G. Sonne in Kuhn's Zeitschrift X. S. 96—136. 321—366. Homer [19]) macht unter ihnen nur die Pasithea namhaft; ihre Benennung bei Hesiod [20]) als: Euphrosyne, Aglaia, Thalia ist fast durchgängig adoptirt, nur daß einzeln an die Stelle der Euphrosyne [21]) oder der Thalia [22]) die, wie Schriftsteller und Bildwerke bezeugen, ihnen aufs Engste verbundene Peitho [23]), vereinzelt auch die Homerische Pasithea [24]), tritt. Athen und Sparta haben dagegen in ihren Localculten, neben der abweichenden Zweizahl, auch völlig verschiedene Benennungen gewahrt; dort hießen sie Phaenna und Kleta, hier Auxo und Hegemone.

Ihre Sammelnamen Gratiae und Χάριτες [25]) künden sie als: Besitzerinnen alles Reizes, aller Anmuth und Lieblichkeit an, und dieselbe Bedeutung spricht aus ihrer Einzelbenennung, sei es, daß man dieselbe als splendor nitor, festiva laetitia, hilaritas animi [26]) oder als „Heiterkeit, Glanz und Mahl" [27]) oder als „Glanz, Heiterkeit, Blüthe, Herrlichkeit des Lebens, besonders das festliche Mahl" [28]), als „Heiterkeit, Frohsinnige, Lebensfreude" [29]) oder als „festliche Freude, festlicher Glanz, blühendes Glück" [30]) auffassen will. Demselben Gedankenkreise gehören Kleta und Phaenna als „Schall und Schimmer" [31]), Hegemone und Auxo als „Führerin und Mehrerin" [32]), endlich die „wunderschöne" Pasithea [33]) an.

§. 5. Ursprüngliche Bedeutung.

Zur weiteren Feststellung des Wesens der Grazien gibt den ersten Anhalt die Meernatur ihrer Mutter, der

1) Theog. 907—911. 2) *Dosiadas*, Ara 1, 14. p. 126, nach Köhler, Ges. Schriften V. S. 75. Anm. 8. 3) *Pind.* Ol. XIV, 19 seq.; *Apollodor.* I, 3, 1; *Onomakritos* bei *Paus.* IX, 35, 1; *Hygin.* fab. 1 Genealogia; *Phurnutus*, De Nat. Deor. IX, 151; XV, 161. 4) *Phurnut.* an letzterer Stelle: Eurydome, Eurydomene oder Eurymedusa; *Lactat.* zu *Stat.* Thebais I, 286: Hermione; *Orph.* Hymn. LX (59): Eunomia; Anthol. Lat. I, 77, 10. p. 54 mit *Burmann*: Harmonia. 5) *Pausan.* l. c. 6) *Antimachos* bei *Paus.* l. c.; cf. *Antimachi* reliq. ed. *Schellenberg* p. 100. 7) *Servius* zu *Virg.* Aen. I, 724; *Nonnos*, Dionysiaca XVI, 131 seq.; *Alkiphron* 1, 3; *Meineke*, Anal. alex. p. 282. Bei *Nonnos* XV, 91; XXXIII, 4 seq. ist die mehrfach als Grazie genannte Pasithea Tochter des Dionysos. 8) *Nonnos* XLVIII, 555. 9) *Phurnut.* l. c.; *Colluthus*, Raptus Helenae 87 u. 173. 10) *Eustath.* zu *Homer* p. 983, 46. 11) *Paus.* l. c. 12) Il. XVIII, 382. 13) Il. XIV, 267 seq.; vergl. *Musaeus* 77; *Suidas* s. v. ἐπιλόγησαι. 14) Theog. 907 seq. 15) *Paus.* l. c. 16) *Euripid.* Troad. 224: τρισσᾶν ζεῦγος τριστάτων θεᾶν; *id.* Helena 647 seq.: τρισσᾶς παρθένων ζεῦγος; vgl. *Chrysippos* bei *Seneca*, De benef. 1, 3; *Horat.* Od. IV, 7, 5.

17) *Paus.* l. c.: vergl. Kunstblatt 1826. S. 67 und Gerhard's Hyperboreisch-Römische Studien II. S. 152 fg. 18) Anthol. Palat. IX, 515; XII, 181; *Kallimachi* Epigr. 54; *Musaeus* 64. 65; *Aristaenet.* I, 10. 19) Il. XIV, 269 seq. 20) Desgleich *Stat.* Theb. II, 286: Pasithea prima blandarum sororum; vergl. *Nonnos* XXIV, 263 seq. Man hat Il. XVIII, 383 mit Bezug auf Sostratos bei *Eustath.* zu *Hom.* p. 1665, 58: Καλὴ als Eigennamen fassen wollen. 21) *Hermesianax* bei *Paus.* l. c.; *Suidas* s. v. Χάριτες. Schol. zu *Aristoph.* Nubes 778. 22) *Proclus* zu *Hesiod.* E. u. Hm. 74; *Nonnos* l. c.; *Orph.* Hymn. X (9), 13. 23) Siehe im Allgemeinen O. Jahn, Peitho S. 9 fg. und unten §. 8. 24) *Sostratus* bei *Eustath.*, wonl Pasithea, Kale und Euphrosyne. 25) Der gegen die Grazie nach *Apollodor*. Fragm. p. 1044, deshalb zugleich genannt in einer Elegie des Sophokles, nach Welcker, Gr. Götterl. I. S. 696. 26) Manso a. a. O. S. 436. Anm. c. 27) Welcker a. a. O. III. S. 111. 28) Schwenck a. a. O. S. 446. 29) Em. Braun a. a. O. S. 287. 30) Jacobi a. a. O. S. 202. 31) Ebendas. 32) Heyne, Antiquarische Aufsätze I. S. 9. 33) Preller a. a. O. I. S. 276.

Okeanide Eurynome [34]). Sie hatte, mit Thetis vereint, den kleinen von Hera verstoßenen Hephästos aufgenommen und neun Jahre im Meeresschooße beherbergt [35]); sie galt nach Orphischen Theogonien als Gemahlin des Ophion und erste Weltherrscherin [36]). Man verehrte sie zu Phigalia in einem dunkeln Cult. Ihr jährlich nur an Einem bestimmten Tage geöffneter Tempel zeigte ihr wunderliches, von goldenen Ketten umgebenes Holzschnitzbild, oberhalb als Weib, das aber von den Hüften abwärts in einen Fischleib endigte [37]). Von dieser auf das Feuchte gerichteten Natur der Mutter finden sich noch bei den Grazien mehrfache Spuren [38]). Sie gesellen sich den ihnen ähnlich genannten [39]) Nymphen [40]); ein ihnen geweihter Brunnen fand sich in Orchomenos [41]), wo man auch eine Quelle zeigte, in der sie sich gebadet haben sollten [42]), schöne Bäder hießen Bäder der Grazien, und ein von einem Genesenen dargebrachtes Weihrelief zeigt sie neben andern Quellgottheiten [43]); auch mit Wassergefäßen in den Händen bringt sie ein geschnittener Stein vor Augen [44]).

Nicht allein dem feuchten Elemente aber wandten sie ihre Thätigkeit zu, auch andere Naturreiche begünstigen sie. Sie liebten Flora und ihre Gefilde [45]), schöne Hügel tragen ihren Namen [46]), die bildende Kunst zeigt sie häufig genug, in ihren Händen Mohnbüschel [47]), Ähren [48]) und Blumen [49]) haltend, von denen die Rosen ihnen vornehmlich werth waren [50]). Sie gesellen sich gern zu den Frühlingsgottheiten; mit den Horen vereint schmücken sie Aphrodite, wenn sie ihren segenreichen Lauf über die Erde beginnt [51]), und der Frühlingsstier bringt zwischen seinen Hörnern die Grazien mit [52]). Sind nun auch auf dem Gewande der vielbrüstigen großen Naturmutter, der Artemis von Ephesos, neben mancherlei Fülle und Zeugungskraft symbolisch darstellenden Wesen die Chariten ein beliebter Gegenstand [53]), und erscheinen sie, wenn auch vereinzelt, mit den den Natursegen spendenden Füllhörnern [54]), so darf man ihnen ihren Rang als Personificationen des Reizes aller sinnlichen Naturerscheinungen nicht vorenthalten [55]).

Scheint eine solche Bedeutung als Naturgottheiten ihnen auch schon das augenscheinlich hohe Alter ihrer Culte in Kyzikos und Orchomenos [56]) zu sichern, so tritt dieselbe doch noch stärker in Athen hervor, sowol in ihren Namen Auxo und Hegemone, als auch in dem Verein agrarischer Gottheiten, mit denen sie in einer geheimen, dem Volke unverständlichen Weihe verehrt wurden [57]), wie sie denn auch der attische Ephebeneid, etwa „als Segen der Natur, dessen der Mensch zum Gedeihen und Wohlsein bedarf" [58]), neben der Hore Thallo anrief [59]).

§. 6. Verhältniß zu den Horen.

Der Zusammenhang mit den Horen just ist es aber, der uns für die Feststellung der speciellen Naturbedeutung der Grazien eine sichere Stütze gewährt.

Die Grazien sind aufs Engste ihnen verbunden, mit ihnen vereint bekränzen sie die Aphrodite [60]), weben ihr schöne Kleider [61]), schmücken die Pandora [62]), mit ihnen standen sie auf dem Stephanos der Polykletischen Hera zu Argos [63]); mit ihnen und den Moiren leiten sie die Persephone aus der Unterwelt zurück [64]), führen ihre Attribute [65]) und sind auch sonst mehrfach mit ihnen geschäftig [66]). Besonders aber gleichen sie sich in dem festlichen Reigentanz, den die jahrumkreisenden Horen ebensowol ausführen, als er bei den Chariten oftmals betont wird [67]). Ballete und Pantomimen liebten, denselben wiederzugeben und mögen manchem Werke der bildenden Kunst zum Vorbild gedient haben [68]).

Bei dieser völligen Uebereinstimmung können die Grazien in der That als „nur provinziell verschieden von den Horen" [69]) genannt und als „Spenderinnen erfreulicher Naturgaben im Umlaufe des Jahres" [70]), als „Reize der Jahreszeiten" [71]) aufgefaßt werden [72]).

---

34) Siehe im Allgemeinen Schömann, Das Ideal der Hera S. 18 u. 34 und De Oceanid. et Nereid. catalogis Hesiod. p. 14. 35) Il. XVIII, 397. 36) *Apollon. Rhod.* Argon. I, 503 seq. 37) *Paus.* VIII, 41, 4. 38) Siehe im Allgemeinen Wieseler zu den Denkm. d. alt. Kunst II. IV. S. 27. 39) *Χαρίτεσσιν ὁμοῖαι* Schol. zu *Arat.* Phaenomena 172 und zu *Hesiod.* ἔ. κ. ἡμ. 616. 40) *Horat.* Od. IV, 7, 5; I, 4, 5 seq., mit eigenthümlicher Erklärung des Acro bei *Hauthal* I. p. 19. 41) *Paus.* IX, 38, 2. 42) *Serv.* zu *Virg.* Aen. I, 724. 43) Anthol. Palat. IX, 609; s. das Relief Mus. Pio Clement. VII. tv. X. 44) Tölken, Erklärendes Verzeichniß der vertieft geschnittenen Steine III, 5, 1308. 45) *Ovid.* Fast. V, 219. 46) *Kallimach.* Fragm. 386; *Nonnos* XIII, 341. 47) Z. B. *Köhler* l. c. pl. I. p. 1 seq. 48) *Roux et Barré*, Herculan. et Pompei II. pl. XCI. 49) *Millin*, Gal. Mythol. pl. CXXVII. n. 475. 50) *Sappho*, Fragm. 65 (73); *Anakreon* 47. cf. 56. 57; eine der Chariten in der Statuengruppe zu Elis trug eine solche, *Paus.* VI, 24, 5. 51) *Athen.* XV. p. 682 E. 52) *Köhler* l. c. pl. V, 3; K. O. Müller, Handb. der Archäol. §. 399, 2. 53) a) in Rom: Museum n. 137, vergl. Gerhard's Archäol. Zeitg. 1854. S. 434; b) in München: Kreuzlich im Antiquarium; c) in Paris, wo zu beiden Seiten Füllhörner sich befinden. Clarac, Musée de sculpt. pl. DLXI. 54) In der Kasselschen Sammlung VII, 33. 34, vergl. die Statuen Anm. 53 b u. c.

55) Im Allgemeinen kann verwiesen werden auf Ulrichs, Reisen und Forschungen in Griechenl. I. S. 180 und Welcker zu Schwenck S. 786 fg. 56) Siehe K. O. Müller, Orchomenos S. 179. 57) *Aristoph.* Thesmophoriaz. 292. 58) Schömann, Die Hesiodische Theogonie S. 256. 59) *Pollux* VIII, 106. 60) *Athen.* XV. p. 682 E; *Hom.* Od. VIII, 364 seq. 61) Il. V, 338. 62) *Hesiod.* ἔ. κ. ἡμ. 73 seq. 63) *Paus.* II, 17, 4. 64) *Orph.* Hymn. XLIII (42), 7; *Walz*, Anecd. gr. III. p. 262. 65) Siehe §. 5. Anm. 47—49 und Monum. dell. Instit. di corr. arch. IV. tv. XV; Ann. 1845. p. 47 seq. 66) Eigenthümlich genug Anthol. Palat. XII, 38. 67) *Homer.* Hymn. XXVII, 15; *Orph.* Hymn. XLIII (42), 7; *Aristoph.* in den zweiten Thesmophoriaz. fragm. 22; *Xenoph.* Sympos. VII, 5; *Philostrat.* Vit. Apollon. IV, 21; Anthol. Palat. XI, 32; *Hor.* Od. I, 4, 5 seq.; *Seneca*, De benef. I, 3. 68) Siehe *Böttiger*, Prolusio IV ostendit rei scenicae apud veteres designa. p. 17; K. O. Müller, Handb. d. Arch. §. 339, 1; Geißler und Kurz, Lebensbilder aus dem class. Alterthum Taf. XVI, 5. S. 62 fg. Pietro Santi Bartoli tv. XXX, 7. 69) Gerhard, Gr. Mythol. I. §. 565. 70) Nickles a. a. O. S. 167. 71) Ackermann, Meleagros S. 5; Höck, Kreta II. S. 84—87. 72) Vergl. auch Hermann, Mythol. der Griechen S. 231. Anm. 466; Preller a. a. O. I. S. 277; Welcker a. a. O. I. S. 379.

§. 7. Ethische Bedeutung.

Trat nun diese physikalische Bedeutung der Grazien auch in späterer Zeit nicht völlig zurück, so verlor sie sich doch fast in der unendlich großen Ausdehnung, die ihre Thätigkeit auf dem ethischen Gebiete gewann, indem man die lieblichen Göttinnen, welche den Jahressegen verliehen, nun auch zu Spenderinnen alles sinnlich Reizenden, aller geistigen Anmuth, zu reizvollen Vorsteherinnen von Tanz, Spiel, Gesang und Mahl machte, kurz: sie zu Göttinnen alles Erfreuenden, zu Huldgöttinnen schuf, deren Gesänge auf des Kadmos' Hochzeit erschallten nach dem Thema: ὅττι καλὸν φίλον ἐστί, τὸ δ' οὐ καλὸν οὐ φίλον ἐστίν [73]. So wurden sie zu Lieblingswesen des griechischen Götterkreises, gleich geschätzt von allen Unsterblichen [74], wie von den Menschen, denen alles Liebe von ihnen kommt [75]) und denen ihr Erscheinen Gegenstand der Sehnsucht ist [76].

Die den Sinnenreizen des Lebens ergebenen Hellenen nahmen schon früh die Grazien als einheimische Gottheiten in Beschlag [77], und die Dichter wetteiferten, den Kreis der Thätigkeit derselben auf immer mehr Gegenstände sich erstrecken zu lassen und sie so weitherrschend zu machen, daß auch der Name der Mutter Eurynome ihrem Wesen sich zwanglos fügte. So wenig diesen Spielen dichterischer Phantasie tiefere mythologische Bedeutung [78] beiwohnt, ein so beredtes Zeugniß legen sie ab für den Reichthum und die Zartheit der Empfindung, für die Fülle und Feinheit des Humors, für die Freudigkeit des Unterordnens und des Dankens gegen die Himmlischen, die selbst die spätere Zeit bewahrte.

Unter den Wohlthaten, die den Grazien zu verdanken seien, rühmten die Menschen besonders folgende:

1) Sie geben Körperschönheit und den dieser innewohnenden Liebreiz; denn Schönheit ohne Grazien erfreut nur, umfängt nicht [79]. Sie schmücken die Mägde der Nausikaa mit Liebreiz [80], gießen ihn aus über die Pandora [81]; der schöne Euryalos wird besungen als von den Grazien gepflegt [82], von Kypris und Peitho genährt, glänzt Odysseus von Schönheit der Chariten [83]; seines Geliebten Hintern selbst nennt ein begeisterter Liebhaber von Horen und Grazien gesalbt [84]. Sie haben ihren Sitz auf dem Antlitz schöner Mädchen [85], aus deren Augen nicht drei, sondern hundert Grazien lachen [86]. Schöne Menschen sind Lieblinge der Chariten [87], die sich sorglich um sie bemühen, sie waschen, parfümiren und liebkosen [88], weshalb junge schöne Sterbliche mit dem Namen Χαρίτων θάλος [89] oder Ἐρώτων καὶ Χ. θάλος [90] oder auch Χ. ἱερὸν φυτόν [91] geschmückt werden.

2) Sie lehren Wohlthätigkeit und Gefälligkeit [92] und beschützen sie; deshalb heißt nach ihnen das Geschenk χάρις [93], charisticum [94], und die Worte χάρισμα, χαριστήριον, χαρίζεσθαι gehören in diesen Theil ihrer Wirksamkeit.

3) Sie verleihen den Sieg [95], weshalb die attischen Soldaten bei ihnen schworen [96].

4) Sie mildern die Strenge, und standen deshalb ihre Bilder versöhnend neben dem der Nemesis zu Smyrna [97], neben denen der Erinyen zu Megalopolis [98]; allzu strenge Menschen werden aufgefordert, den Grazien zu opfern [99].

5) Sie sind Vorsteherinnen der Ehe [1].

6) Sie versüßen das Mahl. Ihnen wurde der erste Becher weil gebracht [2]; sie regelten das Trinkgelag [3], und um sie nicht durch Unmäßigkeit zu beleidigen und zu verscheuchen, mischte man 9 Theile Wasser zu nur 3 Theilen Wein [4]; auch das Salz wurde eine Gabe der Grazien genannt [5]. Daneben beträufelten sie, mit den Horen vereint, alles Anmuthige mit süßem Oel, wie sie Wohlgerüche gesprengt hatten bei des Amor und der Psyche Hochzeit [6].

Dankbar für so viele freundliche Gaben stellte man die Heiligthümer der Grazien an dem besuchtesten Platze der Stadt, am Markte, auf, als eine Wiedervergeltung empfangener Wohlthat [7], und brachte ihre Bilder als Weihgeschenke ihnen dar [8]. Dergleichen Dankeszeichen aus dem Alterthume sind uns mehrfach noch erhalten. Eine um einen Pfeiler gestellte Grazienguppe aus Marmor im Louvre zeigt an der Basis die Weihinschrift: ΤΑΙΣ ΧΑΡΙΣΙ ΛΕΟΝΤΙΟΣ [9]; ein Dankrelief bringt, außer dem Asklepios, vor dem der Kranke unter

---

73) Theognis 15. 74) *Hom.* Hymn. in Venerem. II, 95 seqq.: ἤ πού τις Χαρίτων δεῦρ' ἤλυθες αἵ τε θεοῖσιν πᾶσιν ἑταιρίζουσιν. 75) *Tzetzes*, Chiliades X, 337. 515. p. 193: Ἐγὼ δὲ τὰς ἐπιτερπεῖς Χάριτας ὀνομάζω; *Pind.* Ol. I, 30: Χάρις δ' ἅπερ ἅπαντα τεύχει τὰ μείλιχα θνατοῖς; cf. 48—52, XIV, 5. *Theokrit.* XVI, 108 seqq.: τί γὰρ Χαρίτων ἀγαπητὸν ἀνθρώποις ἀπάνευθεν; αἰεὶ Χαρίτεσσιν ἅμ' εἴην cf. Schol. zu *Arist.* Pax 41; *Pind.* Pyth. II, 42 und Böttiger, Vasengemälde 1, 3. S. 118. 76) *Orph.* Hymn. LX (59), 5: Χ. θνητοῖσι ποθειναί. 77) *Herodot.* II, 50. 78) Manso a. a. O. S. 426: „Ihre Freunde haben sich gleichsam um die Wette beeifert, ihnen die mannichfaltigsten Geschäfte und Ämter zu übertragen und sie Göttern und Menschen unentbehrlich zu machen. Ist es ein Wunder, wenn man sie zuweilen in ganz eigenen Gestalten und Verhältnissen findet und die Nebenidee nicht immer so gleich aus der Hauptidee ableiten kann?" 79) Capito bei *Brunck*, Anal. II, 195. 80) Odyss. VI, 18. 81) *Hesiod.* ἔ. κ. ἡμ. 73 seq. 82) Ibykus bei *Bergk*, Lyr. gr. p. 596. 83) Odyss. VI, 237. 84) Anthol. Palat. XII, 55.

85) *Alkiphron.* Ep. III, 65. 86) *Aristaenet.* III, 1; I, 10; *Musaeus* 64. 65. 87) Anthol. Pal. XII, 95. 88) Ibid. XII, 91. 122; V, 122. 89) Ibyci fragm. 4 cum *Schneidewin* p. 109 seq.; *Nonnus* XLI, 250. 90) Anthol. Pal. VI, 292. 91) *Theokrit.* Idyll. XXVIII, 7. 92) *Diodor.* V, 73. 93) *Prudent.* Procem. Apoth. 11. 94) *Ulpian.* D. 48, 10, 6. 95) Cf. *Boeckh* zu *Pind.* Ol. II, 55. p. 127. 160, zu VII, 1—12. p. 412. 96) *Pollux* VIII, 106. 97) *Libanius*, Ecphras. de pulchrit. IV. p. 1068. *Reiske.* 98) *Pausan.* VIII, 34. 99) *Diog. Laert.* IV, 6, 23; *Plutarch.* Conjug. Praec. I. p. 168, 28. *Hütten*; *Aelian.* Var. Hist. XIV, 9, 943; *Eunapius*, Vita Philos. p. 209 und Synesius in Dione.

1) *Plut.* l. c. Procem. 2) *Athen.* I, 1. 3) *Pind.* Olymp. XIII, 18; *Hor.* Od. III, 19. 15. 4) *Athen.* X, 7. 5) *Plutarch.* II. p. 633. 24. 6) *Apulei* Metamorph. VIII, 34. 7) *Aristot.* Nikom. Ethic. 5, 15. 8) Ibid. und *Joseph.* Antiqq. Jud. IV, 8, 5, nebst Manso a. a. O. S. 445 u. 446; Böttiger a. a. O. S. 76 fg.; Welcker, Griech. Götterlehre III. S. 224; cf. *Simonides*, Epigramm. n. 207. *Schneidewin*, *Phornutus* 15; *Seneca*, De benef. I, 3. 9) *Clarac*, Mus. de Sculpt. pl. DCXXXII E. n. 1437 B und unsern §. 14.

Hermes' Assistenz kniet, auch die Grazien vor Augen [10]), denn dem Genesenen war durch die Gesundheit auch Lieblichkeit und Anmuth wiedergekehrt [11]); ebenso wenig fehlen sie auf einem andern Weihbilde, welches die heilende Kraft wohlthätiger Quellen preist [12]).

§. 8. Verhältniß zu dem Kreise der Aphrodite.

Daß die reizspendenden Grazien in erster Reihe der Aphrodite sich anschlossen, war natürlich; ihr galten sie für besonders eigen [13]) und untergeben, und bildeten mit andern gleichgearteten Wesen ihr Gefolge, in welchem sie die Stelle von Gesellschaftsfräulein und Kammerzofen der Venus einnahmen [14]). Wir sind ihnen schon begegnet, wie sie mit den Horen vereint die Göttin putzten und bedienten; als sie zu Anchises gehen will, dienen ihr im Bade die Grazien und salben sie mit Oel, das der Unsterblichen Jugend verschönert [15]); sie führen den Reigen der Göttin an [16]), die sich in ihren Tanz mischt [17]); sie weben ihren Peplos [18]), sie klagen mit ihr, den Eroten, Hymen und den Musen an des geliebten Adonis Leiche [19]), ihren Wagen besteigt Aphrodite [20]), und der Dichter will ohne sie die Göttin gar nicht sehen [21]), ja diese borgt von ihnen den Namen Charis [22]), so unzertrennlich sind sie. Den Dichtern sind die bildenden Künstler gefolgt: Nikiarch malte Aphrodite im Kreise von Eroten und Chariten [23]), eine athenische Münze zeigt sie mit den Grazien auf der Hand [24]), und neben andern Monumenten [25]) sind es sonderlich die Vasen, die die Grazien bei der Toilette der Venus assistirend oder sonst um sie beschäftigt in ihrem Gefolge aufweisen [26]).

Sie fanden in diesem auch eine ihnen ähnliche Dienerin Peitho vor, mit der sie sich aufs Engste verknüpften [27]), mit der sie gemeinsame Altäre besaßen [28]), und die auf Bildwerken oft ihnen beigesellt [29]), ja die von Einigen als eine der Grazien gerechnet wurde [30]).

Ebenso innig wie der Schönheits- und Liebesgöttin selbst sehen wir die Grazien ihrem Sohne verbunden. Er tanzt mit ihnen [31]), ist ihnen und den Musen vereint [32]), wen Eros mit einem Pfeile aus dem Köcher der Grazien trifft, bleibt sein Leben lang im Liebesreiz [33]). Anakreon hieß auf seinem Becher eine Weinlaube eingraben, unter der die waffenlosen Eroten mit den lachenden Grazien tanzten [34]); auch sonst sind sie auf Bildwerken häufig um ihn [35]), handhaben seinen Köcher [36]), und ein zierlicher Ohrring zeigt sie auf seiner Hand [37]), wie wir sie auf der Hand der Aphrodite sahen, auf der des Apollo noch finden werden.

Noch mancherlei Züge bekunden ihre nähere Verwandtschaft mit dem Aphrodisischen Kreise: χαριτοβλέφαρον [38]) und χαρίσιον [39]) hießen zwei liebeerzeugende Kräuter, ein φίλτρον wird auch χάρις genannt [40]), und ebenso wurde die Liebesgunst, die die Frau dem Manne gewährt, mit dem Namen χάρις belegt [41]). So darf es auch nicht Wunder nehmen, wenn Anaxagoras den Priap vor ihnen knieend sculpiren ließ [42]). Als Ehegöttinnen endlich haben wir sie schon angemerkt.

§. 9. Verhältniß zu Apollo und den Musen.

Die Dichter konnten sich der Einsicht nicht verschließen, daß sie in ihren Werken, trotz des Schutzes, den ihnen Apollo und die Musen liehen, und bei aller sonstigen poetischen Begabung, nur dann eine wahrhaft große und volle Wirkung erzielen konnten, wenn Anmuth und Reiz sich über dieselben verbreiteten. Nur mit Musen und Grazien vereint, sagt Plutarch [43]), könne man etwas Schönes in Künsten und Wissenschaften hervorbringen. Die Poeten, und zwar sonderlich diejenigen, welche den Dichtungen leichteren Genre's sich zugewandt, gestanden deshalb gern den Grazien einen großen Einfluß auf die schönen Künste zu und suchten sich der

---

10) Mus. Pio Clement. IV, tv. XIII; *Millin*, Gal. myth. pl. XXXIII. n. 106; *Guigniaut*, Relig. pl. XCI. n. 313; Panofka, Asklepios und die Asklepiaden S. 82. Anm. 5. 11) Anders K. O. Müller, Handbuch d. Arch. §. 394, 3: „Dank des Genesenden an Asklepios durch die Grazien ausgedrückt.“ 12) Museo Pio Clement. IV. tv. XIV mit *Visconti* p. 23; *Millin* l. c. pl. CXXVII. n. 476; O. Jahn, Archäol. Beiträge. Taf. IV, 2. S. 63. Anm. 34. 13) *Paus.* VI, 24, 6: Χάριτας δὲ Ἀφροδίτῃ μάλιστα εἶναι θεῶν; *Serv.* in *Virg.* Aen. I, 724: quas Veneri constat esse sacratas. 14) *Aristid.* I. p. 14: Χ. αὐτῆς περὶ χρῆμα [illegible]; vergl. *Orph.* in Hymnis [illegible] IV. p. 10. *Hercher*; *Phornut.* XXIV. p. 197; *Nonnos* l. c. XLI, 7, 226; XLVII, 278; XXI, 204; XXXIV, 37, 113; cf. Annali dell. Inst. 1852. p. 46 und Müller, Orchomenos S. 180. 15) *Hom.* Hymn. III, 61—63; *Claudian.* De Nuptiis Honor. et Mariae X, 99—103; *Chrysipp.* bei *Senec.* De benef. I, 3; *Nonnos* XXXIII, 4. 16) Odyss. XVIII, 192. 17) *Horat.* Od. I, 4, 5 seq. 18) Il. V, 338. 19) *Bion* I, 91—93. 20) *Sappho* bei *Himerius* I, 4. 21) *Horat.* Od. I, 30, 6. 22) *Plin.* Nat. Hist. XXXV, 10; XXXVI, 11. §. 79: donec ille eam Venerem diceret quam Graeci Charita vocant. Arabische aus Charis auf der berühmten Gemme mit Inschrift: Χαριτος; s. darüber Stephani in Köhler's Gesamm. Schriften III. S. 246. 23) *Plin.* l. c. XXXV, 40, 36. 24) Tetradrachme des Münzbeamten Sotrates, s. *de Witte*, Nouvelles Annales de l'Institut I. pl. A. 1. 25) Geschnittener Stein zu Wien: auf einer Seite Venus Anadyomene mit Inschrift, auf der andern die Chariten, darunter ein Gorgoneion, s. Köhler a. a. O. V. S. 77. — Charis, Gaben reichend auf der Aldobrandinischen Hochzeit. Wieseler, Denkm. d. a. Kunst I. S. 34. 26) Beispiele: *de Witte*, Cat. Beugnot, n. 8. p. 18; n. 59. p. 59—62; n. 28. p. 25 seq.; Cat. Durand. n. 203. not. 1; Panofka, Archäol. Zeitg. 1844. S. 331 u. s. w.

27) Siehe O. Jahn, Peitho, bes. S. 9 fg. 28) *Plutarch.* Praecept. Coniug. I. p. 164, 15. *Dübner*; *Phurnutus* 16 u. 24. 29) Außer den von Jahn (a. a. O. S. 23 u. 24) angegebenen s. nach *Panofka*, Annali d'Inst. 1844. p. 225. tv. d'agg. K; Gerhard, Berlins antike Bildwerke S. 349. n. 856. 30) Hermesianax nach *Paus.* IX, 35, 5; *Orph.* Hymn. IX, 13; Schol. in *Arist.* Nubes 773; O. Jahn a. a. O. S. 40. 31) *Anakreon* V, 9—11. 32) Anthol. Palat. VII, 416. 33) *Eurip.* Iphig. Aul. 548 seq. 34) Bei *Bergk*. Lyr. gr. 4. 35) Er reicht ihnen die Hand auf einem Sarkophag bei *Montfaucon*, Antiq. Expl. I. pl. CXX. 3 Grazien, jederseits Amor, Ohrring im Britischen Museum, s. Archäol. Zeitung 1846. S. 224. 36) Siehe Jahn a. a. O. S. 18. 37) Roß, Reise von Kreuzn S. 180. 38) *Plin.* Natur. Hist. XIII, 25, 52. 39) *Plutarch.* De fam. I. p. 98, 14 seq. 40) Siehe *Ruhnken* ad Tim. lex. s. v. Χαριζεσθαι. 41) *Plut.* Erot. II. p. 918, 6 seq. 42) *Brunck*, Anal. II. p. 169. vergl. Köhler a. a. O. S. 75. 43) De virtute Mulierum I. p. 300, 33. *Dübner*.

Theilnahme und des Schutzes zu versichern, den diese Göttinnen ihren Verehrern willig gewährten; weiß doch Theokrit von seinen eigenen Charitien zu erzählen [44]), die als private Schutzpatrone in seiner Behausung leben und über das günstige wie widrige Schicksal seiner Geistesproducte je Freude oder Schmerz empfinden.

So ist die Dichtkunst die Domaine der Chariten [45]), sie inspiriren den Poeten [46]), ja geben ihm, den Musen gleich, seine Kunst [47]), nur mit ihrer Hilfe gefällt er [48]) und ruft sie deshalb bei seiner Arbeit an [49]). Sie lieben aber auch ihre Verehrer und hegen sie [50]), nehmen, um ein unvergängliches Asyl zu haben, Platz in der Seele des Aristophanes [51]); der berühmte Seher Melampus wird ein Sohn der Aglaia genannt [52]), ihren Wagen besteigt der singende Chor [53]). Dichter ohne Geschmack dagegen scheinen die Grazien vernachlässigt, ihnen kein Opfer gebracht zu haben [54]), und werden aufgefordert, das Versäumte nachzuholen [55]). Um auch äußerlich diesen Einfluß der Grazien auf die Künste darzulegen, setzte Speusippos ihre Bilder mitten in die Akademie [56]) und Apelles malte die Charis im Odeion zu Smyrna [57]).

Selbstverständlich mußten unter diesen Umständen die Grazien in ein enges Verhältniß zu den Musen und Apollo treten. Letzteres ist weit weniger durch Schriftstellen, als durch Bildwerke bezeugt, sowol in uns erhaltenen [58]), als nur schriftlich erwähnten, wie die Grazien in Delphi ihre Stelle neben Apollo [59]) einnahmen [60]). Sehr berühmt [61]) war das uralte [62]), von Tektaios und Angelion gefertigte Schnitzbild des Gottes zu Delos [63]), welches denselben mit dem Bogen in der Rechten zeigte, während die Linke die Bilder der drei Grazien trug, deren eine die Leier, die andere Flöten führte, die mittlere aber eine Syrinx am Munde hielt [64]). Man hat diese Statue fälschlich in einem kolossalen, zu Delos gefundenen Torso wiedererkennen wollen [65]); sicherer erkennt man sie auf athenischen Münzen [66]) und auf einer alterthümlichen, früher wol auf Herakles gedeuteten Gemme [67]).

In engstem Connex stehen die Grazien zu den Musen; schwesterlich gesellen sich die anmuthigen zu den schönen Pierinnen und bilden in ihrer Leutseligkeit ein schönes Pendant zu deren Ernst und Hoheit. Neben einander wohnen sie im Olymp [68]), gepaart heißen sie „der süßeste Verein“ [69]), sie singen in Einem Chor [70]), sie tanzen zusammen den Reihen [71]), durch ihre vereinten Töne werden die Leidenschaften besänftigt [72]).

§. 10. Verhältniß zu Dionysos.

Nach zwei Richtungen hin nahmen die Grazien einen wichtigen Platz im Gefolge des Weingottes und bei den Freuden des Mahles und Trinkgelages ein. Sie personificiren einerseits die Anmuth und die Liebenswürdigkeit; die der Weingenuß über den Menschen ausgießt, denn Bacchus ist es ja, der Taumel und Freude (χάρις) [73]) verleiht, durch den Kummer und Schmerz schweigen, andererseits aber hemmen die Huldgöttinnen das Uebermaß des Trinkens und regeln die Lust des Zechens, damit nicht die Anmuth entweiche; um sie nicht zu erzürnen [74]), lähmte man durch starken Wasserzusatz die allzu große Kraft des feurigen Weines. Man ehrte sie nicht allein durch den ihnen am Anfange des Gelages zugetrunkenen Becher, sondern hieß auch den beim Symposion so vielfach betonten gewöhnlich [illegible] genannten Kuchen: [illegible] [75]).

---

44) Id. XVI. [illegible] bes. V. 5 fg. 45) Pindar. Pyth. VI, 1. 2. 46) So bei Pindar. Ol. I, 48; IX, 89; Pyth. V, 60; IX, 11 seq. und 159; Nem. IV, 11; V, 59, bei Menander Brunck, Anal. III. p. 268; s. das Grabepigramm des Anakreon: [illegible] . . . [illegible] Anthol. Palat. VII, 25; Schneidewin ad Simon. Rel. praef. XXXIV; Bergk, Lyr. gr. p. 468. n. 184 (2. Aufl.). 47) Pind. Ol. IX, 40—43. 48) Id. Nem. IV, 11; Pyth. IX, 3. 49) Id. Nem. X, 1. 50) [illegible] Hephaestio, Περὶ [illegible] c. 10; Theokrit nennt seinen Freund, den Dichter und Arzt Nikias: [illegible] (XXVIII, 7). 51) Plato in der Anthol. Palat. App. 63. 52) Diodor. IV, 68. 53) Simonides. Ep. 70 (150) p. 468 Bergk.; Hemsterhuys zum Lucian. I. p. 20. 54) Plutarch. Marius II, 4; Eunapius sagt vom Philosophen Xenokrates, dessen Geist Eleganz mangelte: [illegible] (Vita philos. in Jamblich. p. 21); vergl. auch Propert. 4, 1, 75: Aversis Charisin [illegible] Musis, wie einige Handschriften verbessert haben. 55) Lucian. XXIII, 201: [illegible] 56) Diog. Laert. IV, 1, 227. 57) Paus. IX, 35. 58) Siehe Micali, Storia tv. XCI, 2; Panofka, Ueber die Eigennamen mit [illegible] Tf. II. n. 5 S. 27 fg.; de Witte, Cat. Durand. p. 649. n. 2211; Cat. Etrusques n. 4; Gerhard, Auserles. Vasenb. S. 125. 59) Nicht auf seiner Hand, wie Einige annehmen (s. Schwenck, Gr. Mythol. S. 447). 60) Schol. zu Pind. Ol. XIV, 16. 61) Macrob. Saturn. I, 17 sagt sogar, gewiß auf diesem einen Bilde fußend: Apollinis simulacro manu dextra Gratias gestant, arcum cum sagittis sinistra. 62) Man hielt es für so alt, daß die Künstler den Meropern zur Zeit des Herakles zugewiesen wurden. Plutarch. De musica 14. 63) Siehe Müller, Tafel I. S. 858. 860 und Kunstblatt 1821. S. 16; Handbuch d. Archäol. §. 86, 2. 3; Winckelmann, Werke VI. S. 1 u. 7; Meyer, Kunstgeschichte II. S. 269; Brunn, Gesch. d. Gr. Künstler I. S. 60 fg.; Annali dell' Instit. 1840. p. 43. Die Literatur bei Overbeck, Schriftsteller und Kunstwerke s. v. Tektaios S. 68.

64) Paus. IX, 35, 1; vergl. [illegible] l. c. 65) Bei Spon, Voyage I. p. 187. 66) Pellerin, Méd. d. peuples. pl. XXIII, 19; Mus. Hunter. th. II, 14; Combe, N. mus. Brit. VII, 8; Sestini, Descr. d'alc. med. del Princ. di Danimarca tv. II, 6; Beulé, Les monnaies d'Athènes p. 364; Denkm. d. a. Kunst I. IV. n. 124; II. I. IX. n. 126. 67) Millin, Gal. myth. pl. XXX. n. 474, mit Zöllner ibid. S. 92 Anm. Nicht Herakles; die [illegible] (A [illegible], volles Haarwuchs. — Auf diesen Nachbildungen sind die Grazien nackt, während sie am Original ohne Zweifel völlig bekleidet erschienen. 68) [illegible] Hesiod. Theog. 64 seq.; vergl. dazu Schömann, Die Hesiodische Theogonie S. 304 fg. 69) Eurip. Herc. Furens 675: [illegible] 70) Hephaestio, Περὶ [illegible] c. 9; Simmias Theb. Anth. Palat. VII, 22; Meleager ibid. 417. 419; Pompeius ibid. 416 (cf. X, 59; IX, 187); Arist. Aves 781. 71) Im Reihen der Artemis, wenn sie ihren Bruder in Delphi besucht. Homer. Hymn. in D. 15 seq.; vergl. Aristophan. in den Den Thesmophoriazusen fragm. XXII; Hephaestio, Περὶ [illegible] c. 13. 72) Eurip. Helena 1341. 73) Anacreon 41, 7. 74) Hor. Od. III, 19, 15—17: Tres prohibet supra rixarum metuens tangere Gratia. 75) Athen. XV, 2, 668.

Ihre Abkunft vom Dionysos ist schon berührt, doch kommen sie auch bei seiner Geburt schon vor [76]; sie weben ihm einen Peplos [77] und erscheinen vielfach als seine Gefährtinnen und in seinem Gefolge [78], mit ihnen feiert er seine Orgien auf dem Olymp [79], tanzt feierlich mit ihnen [80], vereint bilden sie einen Komos [81]; gemeinsame Altäre waren ihnen in Olympia errichtet [82], vereint verehrte man sie in Athen [83]. In Elis aber riefen bei Beginn des Frühlings die Frauen: *ἐλθεῖν ἥρω Διόνυσε ἐς ναὸν ἁγνὸν σὺν Χαρίτεσσι ἐς ναὸν τῷ βοέῳ ποδὶ θύων* [84], wozu ein geschnittener Stein den erwünschten Commentar liefert, der den Dionysischen Frühlingsstier mit den Bildern der Grazien zwischen den Hörnern zeigt [85].

§. 11. Verhältniß zu andern Gottheiten.

a) Hera. Der höchsten unter den olympischen Göttinnen, deren Reizen es selbst gelang, den unbeständigen Zeus zu dauerndem Bunde zu fesseln, fehlte natürlich der Beistand der Chariten nicht, und Polyklet setzte auf den Stephanos seiner goldelfenbeinernen Hera zu Argos, deren kuckukgeschmücktes Skeptron sie als anmuthreiche Gattin des Zeus noch besonders charakterisirte, neben die Horen die Grazien [86], die auf einer Münze der Faustina sich auf der Hand der Göttin befinden [87]; nicht minder bedeutungsvoll gewiß war der Platz, den auf der Basis des Phidiasischen Zeusbildes zu Olympia Charis neben Juno einnahm [88]. Auch sonst sind die Grazien der Hera eng verknüpft, sie galten, wie berührt, als ihre Töchter und Dienerinnen.

b) Hephaistos. In richtiger Erkenntniß, daß auch in der bildenden Kunst, damit ein Werk vollkommen sei, zu der technischen Fertigkeit die Anmuth und der Geschmack sich gesellen müsse, gaben die Griechen dem Hephaistos eine Charis zur Gemahlin, die entweder Charis selbst war oder Kale [89], Aglaia [90] oder Thalia [91] genannt wird, wobei Lukian den Unterschied zwischen Aphrodite und Charis macht, daß jene im Olymp, diese nur auf Lemnos den Rang der göttlichen Ehefrau einnimmt [92]. Als Sprossen dieser Ehe wurden Eukleia, Eusthenia, Euphema und Philophrosyne angegeben [93]. Mit ihrem Gemahl vereint ist Charis auf einem Vasengemälde erhalten [94]; unter ihren Schwestern wird sie auf einem geschnittenen Steine als Gemahlin des Hephaistos durch die Handwerkermütze des Schmiedegottes auf ihrem Haupte bezeichnet [95]. Die Chariten werden aber auch selbst in der plastischen Kunst thätig gedacht, indem sie ein Goldgeschmeide für die Pandora gefertigt haben sollten [96].

c) Hermes. Hin und wieder erscheint dieser Gott als Führer der Grazien [97], deren Bilder auch gern neben die seinigen gesetzt wurden [98]. Er stand zwar schon im Allgemeinen als Freudengeber ihnen nahe [99], doch dürfte dieser Verein vielleicht noch specieller auf die der Rede nöthige Anmuth bezogen werden können.

d) Sonstiges. Dem Hypnos verspricht Hera als Lohn für seine Willfährigkeit eine der jüngsten Grazien zur Gattin [1], weniger als Stifterin der Ehen [2], als weil dem Traume Anmuth sich paaren, süße Träume den Schlafenden umgaukeln sollen. — Mit Athene würden sie schon als kundige Weberinnen und Färberinnen [3] in Verkehr zu treten geeignet sein; mit ihr vereint hat man sie in einer altplumpen attischen Thongruppe erkennen zu können geglaubt [4]. — Dem Tanz der Artemis gesellen sie sich [5], den Nymphen ähnlich; andere Bezüge, wie zu den Mören, der Nemesis und den Erinyen, sind schon erwähnt; manches Weitere geben noch die Gedichte der Anthologie [6].

§. 12. Verehrung.

a) Orchomenos [7]. Uralt [8] und ursprünglich gewiß ihrer Bedeutung als Naturgottheiten geltend [9], war der von Pindar in einem Hymnos [10] besungene Dienst der Chariten in Orchomenos, wo sie Eteokles in den

---

76) Bullett. d. Inst. 1858. p. 128. 77) *Apollon. Rhod.* IV, 424. 78) *Nonnos*, Dion. mehrfach; vergl. Gerhard, Auserles. Vasenb. Taf. XXXIII u. XXXIV, S. 125 u. 211. 79) *Eurip.* Bakch. 410—416; vergl. Schol. zu *Pind.* Ol. VII, 10. 80) *Orakel* bei *Brunck*, Anal. II. p. 289. 81) Anthol. Pal. XI, 32 (cf. 37). 82) *Paus.* V, XIV am Schluß. Panofka a. a. O. S. 456 spricht von hohlen Gefäßbildern, die kleine Bilder der Holzgöttinnen enthielten. 83) *Aristoph.* Ranae 337. Vergl. ihr Verhältniß zu Iakchos. *Paus.* l. c. 84) *Pind.* Ol. XIII, 19 seq. mit *Boeckh*. *Plutarch.* Quaest. Gr. 36. 85) Siehe Köhler a. a. O. Taf. III. S. 64 fg., die reiche Literatur daselbst S. 87, Anm. 2; vergl. Hirt, Mythol. Bilderbuch Taf. XVI, 4; *Tassie* II. pl. XXXVI. n. 13082. p. 695. 86) *Paus.* II, 17, 4; Schömann, Ideal der Hera S. 34 fg. läßt sie ihr als Ehegöttin zugesellen, um ihren Ernst zu mildern. *Abeken*, Annali d. Inst. X. p. 94. 95 theilt sie ihr ursprünglich als mütterlichen Erdgöttin zu. 87) *Visconti* zum Mus. Pio Clement. IV. p. 25. 88) *Paus.* V, 11, 4. 89) *Hom.* Il. XVIII, 382. 383; *Phornutus* 15. 90) *Hes.* Theog. 945. 91) *Eustath.* zu Il. 1148, 57, 60. 92) *Lukian.* Dial. Deor. 13.

93) *Procl.* in Tim. II, 101. 94) Siehe Annal. dell' Instit. 1847. p. 383. tav. d'agg. V. 95) Mus. Worsleyanum II. tb. V; Tenlm. d. alt. Kunst II. IV. Taf. LVII. n. 726; K. O. Müller, Handbuch d. Archäol. §. 366, 8. 96) *Hes.* E. u. Hp. 73. 97) *Phornut.* XVI, 164; XXIV, 197; Eudocia p. 168: *Χαρίτων ἡγεμών*. 98) *Plut.* De audit. 13; *Seneca*, De benef. I, 3; vergl. Mus. Pio Clement. IV. Taf. XIV. 99) *Χαριδότης* in Samos *Plut.* Quaest. Gr. 55; *Hom.* Hymn. XVIII, 12, von ihm *[illegible]*.

1) *Hom.* Il. XIV, 267—269. 275. 2) Böttiger, Griech. Vasengemälde III. S. 118 fg.; andere Deutungen Annali d. Inst. 1852. p. 46. 3) Z. B. Il. V, 338; *Ap. Rhod.* IV, 424; *Athen.* XV, 8, 682 D. 4) Welcker, Gr. Götterl. I. S. 299. Anm. 105; Stackelberg, Gräber der Hellenen S. 43; die Abbildung bei Gerhard, Minervenidole Taf. I. n. 1. S. 5. 5) *Hom.* Hymn. XXVII, 15; vergl. [illegible] II. S. 86. 6) Vergl. Gerhard, Gr. Mythologie §. 665, 8. 7) Siehe im Allgemeinen Ulrichs, Reisen und Forschungen in Gr. I. S. 180 fg.; *Boeckh* zum *Pindar*. p. 221. 222; K. O. Müller, Orchomenos S. 177—183. 8) *Paus.* IX, 38, 1: τὸ δὲ ἀρχαιότατον *Χαρίτων ἱερὸν* [illegible]. Auf das hohe Alter deuten auch schon die Meteorsteine aus alter Zeit, unter deren Gestalt die Grazien in Orchomenos verehrt wurden (Anm. 11); s. K. O. Müller a. a. O. S. 179. 9) *Strabo* IX, 414 allerdings meint: „aus Dankbarkeit für Reichthum und Macht habe Eteokles die Grazien verehrt." 10) Olymp. XIV. Dem Asopichos aus Orchomenos, der im Wettkampfe gesiegt, geweiht, eigentlich mehr ein Preisen der Orchomenischen Chariten.

Dreizahl eingeführt hatte, ohne daß man sich der von ihm ihnen gegebenen Namen zu entsinnen wußte. Der Cult drehte sich um die Verehrung dreier unbehauener Steine, die die Grazien versinnbildlichten und die zu jenes Königs Zeit vom Himmel gefallen sein sollten [11]); doch sah Pausanias daneben schon Statuen dieser Göttinnen im Style der spätern Zeit [12]). Sie wurden in einem Tempel verehrt, auf dessen Raume jetzt das Kloster τῆς Παναγίας κοιμήσεως steht [13]), wo auch der Platz für den Dionysostempel zu suchen ist [14]), als dessen mit der Aphrodite erzeugte Kinder die Grazien in Orchomenos galten [15]). Die Quelle Acidalia, in der die Chariten sich gebadet haben sollten [16]), und von der auch Venus den Namen Acidalia trug [17]), ist die jetzige Quelle Petakas [18]), vielleicht der von Pausanias erwähnte Brunnen, zu dem man hinabstieg, um Wasser zu holen [19]). Man verehrte die Grazien in den mit einer Pannychis verbundenen [20]) Charitesien oder Charisien [21]), musikalischen, poetischen und theatralischen Wettkämpfen, von denen zwei noch an Ort und Stelle befindliche Inschriften Zeugniß ablegen [22]). Die Grazien waren die Hauptgottheiten in Orchomenos, Patrone der Stadt [23]), die sie nie verließen [24]), „die Orchomenischen" ist häufig ihr Beiname [25]). Im Laufe der Zeiten hatte hier durch Gebräuche, Genealogien und örtliche Sagen und Verhältnisse ihr Wesen eine solche Dehnbarkeit, ihr Wirkungskreis eine solche Ausbreitung gewonnen, daß ihre ursprüngliche Bedeutung später kaum mehr klar zu Tage trat [26]).

b) Kyzikos. Ohne Zweifel ebenfalls aus hohem Alterthume stammend, doch ohne daß wir viel von einem bestimmten ihnen geweihten Heiligthume wissen, war die Verehrung der Grazien in Kyzikos. Sie galt einem dreieckigen Pfeiler, den einst Athena selbst als erstes Kunstwerk nach Kyzikos geweiht hatte, und von dem ein in der Anthologie [27]) aufbewahrtes Gedicht also handelt:

Ἄθρησον Χαρίτων ὑπὸ κίονι τῷδε τριήρη
Τεῦχον γὰρ πρώτην καὶ ἐθήκατο Παλλὰς Ἀθήνη
Τοῦτο ἔθηκεν ὅπως Τριτωνὶς τόνδ᾽ ἐπόησεν
Δεῖγμα δὲ καὶ πάντων χειρῶν ἔργων
Στήλῃ ἐν ἧ Χαρίτων τρισσὰς τούσδ᾽ ὑπόδειγμα τέχνης
Τόνδε πόλις σοφίαν ἀνέθηκε χάριν
Κύζικος ἐκ πρώτων ἐν Ἀσίᾳ
Δελφίδα τὴν Φοίβῳ τοῦτ᾽ ἀνέθηκε χάριν.

Welcker, der eine statua triplex et unam Gratiarum fere ut Hecates trigeminae imagines [28]) annimmt, oder meint, „die Grazien selbst müßten mit ihren Rücken den Pfeiler bilden" [29]), und diese „an einer Säule verbundenen Chariten" als „Seele der Kunst" von Athene geschenkt sein läßt, scheint nicht genug zu beachten, daß das Charakteristische und Wunderbare an dem Bilde das Alterthümliche noch Rohe in der Kunstübung gewesen zu sein scheint, dem jene ausgebildeten Formen widersprechen würden. Größere Wahrscheinlichkeit der Richtigkeit hat die demselben Gelehrten verdankte Ansicht, es sei „eine Stele mit drei Köpfen" gewesen, oder auch die von K. O. Müller [30]) getheilte Meinung Böckh's [31]), der das Monument als triangularem cippum primae sculptoriae artis signum quippe quod ex cippo statuae natae sunt bezeichnet.

c) Paros. Die Feste der Chariten auf Paros [32]) wurden ohne Flötenspiel und Kränze gefeiert, welche eigenthümliche Sitte man aus der Sage herleitete, daß, als Minos, der auf Paros ihnen ein Opfer brachte, die Nachricht von dem Tode seines Sohnes Androgeos erhielt, die Flöten schweigen ließ, die Kränze wegwarf und nun erst das Opfer vollendete [33]).

d) Athen und Sparta. Von den attischen Chariten Auxo und Hegemone ist geredet. Ein Psephisma der Athener [34]), nach welchem sie dem Oberpriester Hyrkanus einen goldenen Kranz verehren καὶ στῆσαι αὐτοῦ

---

11) *Paus.* IX, 35: *Τὸν δὲ Ἐτεοκλέα λέγουσιν οἱ Βοιωτοὶ Χάρισιν ἀνθρώπων θῦσαι πρῶτον· καὶ ὅτι μὲν τρεῖς εἶναι Χάριτας κατεστήσατο ἴσασιν, ὀνόματα δὲ οἷα ἔθετο αὐταῖς οὐ μνημονεύουσιν* (vergl. Schol. zu *Pind.* Ol. XIV); ibid. IX, 38, 1: *τὰς μὲν δὴ πέτρας σέβουσί τε μάλιστα καὶ τῷ Ἐτεοκλεῖ φασιν αὐτὰς πεσεῖν ἐκ τοῦ οὐρανοῦ.* Dieselben waren ohne Zweifel weit roher, als daß man eine Ähnlichkeit mit den drei Thonfiguren in der Archäol. Zeitung VI. Taf. XIX annehmen könnte, wie Welcker geneigt ist zu thun (derselbe VII. S. 7 fg.); vergl. übrigens *Mionnet*, Descript. de méd. Suppl. III p. 516. n. 78—82. 12) ibid.: *τὰ δὲ ἀγάλματα τὰ σὺν κόσμῳ πεποιημένα ἀνετέθη μὲν ἐπ᾽ ἐμοῦ· λίθου δέ ἐστι καὶ ταῦτα.* 13) Siehe Ulrichs a. a. O. S. 179 fg.; Vischer, Erinnerungen S. 604 fg.; *Conze e Michaelis*, Rapporto p. 78 seq.; Bursian, Geographie von Griechenl. I. S. 210. — Ueber die dorthin entrückten Abgaben s. K. O. Müller a. a. O. S. 183. 14) *Paus.* l. c.: *Ὀρχομενίοις δὲ ἐστιν ἱερὸν καὶ Διονύσου· τὸ δὲ ἀρχαιότατον Χαρίτων ἐστὶν ἱερόν.* 15) *Serv.* zu *Virg.* Aen. I, 724: ipsius enim (Veneris) et Liberi filiae sunt; *Nonnos*, Dionys. XVI, 131 seq.: καὶ Χάριτας ζαθέους χαρίζομαι Ὀρχομενοῦ ἀμφιπόλους ὑπὸ νέκταρ μαιευθείσας Ἀφροδίτης. 16) *Virg.* Aen. l. c. 17) *Serv.* zu dieser Stelle. 18) Ulrichs a. a. O. S. 181; *Paus.* l. c.; *Vibius Sequester* 21. 19) *Paus.* l. c.: ἔστι δὲ κρήνη καὶ ἀξία θέας ἀξίαν, καταβαίνουσι δὲ ἐς αὐτὴν ὕδωρ οἰσόμενοι. 20) *Eustath.* zu *Hom.* p. 1843, 25. Der Kuchen πυραμοῦς, den bei einer Pannychis der beste Tänzer als Geschenk erhielt, hieß deshalb auch χαρίσιος. 21) Siehe Böckh, Staatshaushalt der Ath. II. S. 357 fg. Das Fest Charistia bei *Valer. Max.* II, 1, 8: Convivium etiam solemne maiores instituerunt atque Charistia appellaverunt cui praeter cognatos et affines nemo interponebatur; cf. *Ovid. Fast.* II, 616 seq. 22) Siehe *Boeckh*, Corp. inscript. 1583, 84. 23) *Pind.* Ol. XIV, 4: Ὦ Ὀρχομενοῦ παλαιγόνου Μινυᾶν ἐπίσκοποι. 24) *Nonnos* XIII, 94: ἐν Χάρις αὐχένι λείπειν Ὀρχομενὸν Μινύαο χορεύουσαν ἄλσος Ἐρώτων. 25) Cf. *Theokrit.* Id. XVI, 104 seq., mit den Schol. Vet. bei *Ahrens* II. p. 416; *Nonnos* XVI, 131; XXXI, 204; XXXIV, 37; XLI, 149; XLII, 222; *Euphorio* bei *Pollux* XIV, 95; s. auch verschied. Anthol. Palat. II, 364; III, 78 u. 220. Panofka (Einfluß der Gottheiten auf die Ortsnamen II. S. 21) (acht selbst den Namen der Stadt von ihnen hergeleitet „wegen Reigenabtheilung und Tanz."

26) Welcker in Gerhard's Archäol. Zeitung 1849. S. 8 fg. 27) I. p. 297. n. 342. 28) Rhein. Museum III. S. 273. 29) Griech. Götterlehre III. S. 300 fg. Anm. 106. 30) Handbuch der Archäol. § 66, 1; auch Pallas Athene § 26. n. 76; cf. *Hecker*, Comment. crit. de Anthol. gr. p. 166—168. 31) Explic. ad *Pind.* Ol. VII, 52. 53, wo auch der Text des Epigramms festgestellt ist. 32) Siehe besonders Höck, Kreta II. S. 84. 85. 33) *Apollod.* III, 15, 7. Einen tiefern ethischen Sinn sucht Schwenck a. a. O. S. 448 fg. 34) Bei *Josephus*, Antiq. Judaic. XIV. c. 8. § 5. p. 699.

εἰκόνι χαλκῇ ἐν τῷ τεμένει τοῦ Δήμου καὶ τῶν Χαρίτων ist, nach Köhler's [35]) Erweis, eine geschmacklos übertragende Fälschung des Beschlusses der Chersonesiten, Rath und Volk der Athenäer mit einem goldenen Kranz zu beschenken, καὶ ἱδρύοντα Χάριτος βωμὸν καὶ Δήμου Ἀθηναίων [36]).

Den spartanischen Dienst der Chariten richtete ein und nannte sie Phaenna und Kleta: Lakedämon, wie schon Alkman gesungen [37]). Ihr Hauptheiligthum lag an dem Flusse Tiasa auf dem Wege nach Amyklä, ein anderes bei der Rennbahn [38]).

c) Sonstiges. In Argolis war auf dem Platze, wo früher Hermione stand, καὶ Ἡλίῳ ναὸς καὶ ἄλσος Χαρίτων [39]), in Elis wurden sie in einem Tempel auf dem Markte verehrt [40]), welcher Platz ihren Heiligthümern auch sonst gern angewiesen wurde [41]). Auf einem der sechs mit Götterbildern bestellten Doppelaltäre zu Olympia standen nach Herodot die Grazien und Dionysos [42]); auch in Smyrna, wo Apelles die Charis im Odeum malte [43]), scheinen sie speciell verehrt zu sein, wie Schriftsteller [44]) und Bildwerke zeigen [45]); den Namen der Stadt Charisia in Arkadien endlich hat man von den Chariten und ihrem Dienste daselbst ableiten wollen [46]).

Manche andere einschlägige Notizen, wie, daß Sikyon von den Grazien bekränzt wird [47]), scheinen ebenso wenig wie das Vorkommen von Charitenbildern in Tempeln anderer Gottheiten einen wirklichen Localcult vorauszusetzen.

§. 13. Bildliche Darstellungen.

A. Aelteren Kunststyls (s. im Allgemeinen Wieseler, Denkm. d. alt. Kunst II. IV. Taf. LVII; K. O. Müller, Handbuch der Archäologie §. 392, 3; Köhler a. a. O.).

Die Schriftsteller wetteiferten, die Chariten, ihrem Wesen gemäß, auch körperlich mit allen Reizen und aller Anmuth zu schmücken; *ridentes, juvenes et virgines* nennt sie Seneca [48]), als die lachenden bezeichnet sie auch Anakreon [49]) und *hilares* ist ihr stehendes Beiwort [50]), *ἐράσμιαι, εὐφροσύναι ἀγλαΐαι* heißen sie bei Orpheus, *ἁγναί* bei Hephästio [51]), *ἁβραί* bei Sappho [52]), *decentes* bei Horaz [53]); von den *blandis sororibus* redet Statius [54]), als rosenarmige preist sie Sappho [55]). Ganz besonders aber wird betont ihre Unzertrennlichkeit [56]), ihr fester Complex [57]).

Dem Bestreben der Dichter schlossen sich die bildenden Künstler an und gaben, nachdem man die alte symbolische Weise, die die Grazien, wie in Orchomenos als rohe Steine, oder wie in Kyzikos als dreieckigen Pfeiler verehrte, verlassen, denselben die Gestalt anmuthiger Jungfrauen. Die Charitenbilder älteren Styls waren ausnahmslos, und zwar völlig bekleidet. Unter denen, die wir nur durch die Schriftsteller kennen, sind die bedeutendsten:

1) Die am Eingange der Akropolis von Athen neben dem Hermes Propylaios stehenden [58]), weil eher in Statuen [59]) als in Relief [60]) ausgeführten Grazien, die man zu Pausanias' Zeit dem berühmten Philosophen Sokrates, dem Sohne des Sophroniskos, zuschrieb [61]), während Andere sie ein Werk des gleichnamigen Malers nannten [62]), welcher Controvers auch in der Neuzeit vielfach, doch ohne sicheres Resultat, ventilirt worden ist [63]). Ueber die Art ihrer Darstellung wissen wir Nichts; man hat sie mit dem besagten Hermes zu einer Gruppe von des Sokrates Hand vereinigen und sie als Pflegerinnen des Dionysos erkennen wollen [64]), doch spricht der Beiname Propylaios des Hermes, der an dem Orte seiner Aufstellung doch bedeutsam war, durchaus dafür, daß er gesondert stand.

2) An dem von Bathykles gearbeiteten Throne des amykläischen Apollo: *ἀνέχουσιν ἔμπροσθεν αὐτὸν κατὰ ταὐτὰ δὲ καὶ ὄπισθεν Χάριτές τε δύο καὶ Ὧραι δύο* [65]).

3) Derselbe Bathykles weihte in demselben Tempel

35) Ges. Schriften VI. S. 306 fg. 36) *Demosth.* De Corona p. 256, 25. 37) *Paus.* III, 18, 5; cf. Annali d. Inst. II. 1830. p. 344 seq. tv. d'agg. M. 38) *Paus.* III, 14, 6. 39) *Paus.* II, 34, 10. 40) Ibid. VI, 24. 41) Ibid. „als Göttinnen der Geselligkeit," s. K. O. Müller, Gesch. Hellen. Stämme I. S. 192; Dorier I. S. 363. Anm. 8. Alexander ab Alex. (vergl. Manso a. a. O. S. 457, Anm. k) meint: „um Jedermann zu erinnern, daß der Weg, sich Andere zu verpflichten, leicht und gebahnt sei, und der Zoll der Dankbarkeit ohne Beschwerde entrichtet werden könne." 42) Nicht im Einklang mit *Paus.* V, 14, 8. 43) *Paus.* IX, 35, 6: *Χάριτος ἐστιν εἰκών, Ἀπελλοῦ γραφή.* 44) *Arist.* Orat. XX. p. 427; XLI. p. 774. 45) Münze von Smyrna bei *Cavedoni*, Spicileg. numism. p. 171 n. 173. 46) *Paus.* VIII, 3, 1; 35, 5 mit Panofka a. a. O. II. S. 21. 47) Anthol. Palat. XI, 52. 48) De benef. I, 3. 49) Fr. 4. p. 415. *Bergk*; s. den Glasbecher mit der als Gelasia bezeichneten Grazie bei *Millin* l. c. pl. XXXIII. n. 201. 50) Vergl. Panofka in der Archäol. Zeitung 1853. S. 112. 51) *Περὶ ἀναπαιστικοῦ* c. 10. 52) Fr. 60. p. 868. *Bergk.*

53) Od. I, 4, 6 seq. 54) Thebais II, 286. 55) Fr. 65. p. 868. *Bergk.* 56) *Hor.* Od. III, 21, 21: segnes solvere nodum, mit Acro: quae nodum non solvant quo connexae sunt; daher heißen bei Orpheus *συνλάδες*; in festen Reihen sich drehend; vergl. *Seneca* l. c. Selbst der Schlaf löst ihre Umarmung nicht. *Claudian.* 31, 9. 57) *Eurip.* Hippolyt. 1147: *συζύγιαι* X.; *Hesych.* s. v.: *ζεύγος τριπλοῦν* [illegible]. *Εὐφροσύνη* [illegible] *Χαρίτων* [illegible]; *Seneca* l. c.: tres Gratiae sorores manibus implexis. 58) *Paus.* I, XXII, 8: *κατὰ δὲ τὴν ἔσοδον αὐτὴν ἤδη τὴν ἐς ἀκρόπολιν Ἑρμῆν ὃν Προπύλαιον ὀνομάζουσι καὶ Χάριτας*; *Plin.* Nat. Hist. XXXVI, 5: in propylaeo Atheniensium. 59) Siehe Köhler a. a. O. V. S. 77; Schwenck a. a. O. S. 448. 60) Allerdings der Scholiast zu *Arist.* Nub. 773: *καὶ ἔστιν ὄπισθεν τῆς Ἀθηνᾶς ἐγγεγλυμμένα τῷ τοίχῳ*; ihm bewegt Ussing, Gr. Reisen und Studien S. 187 fg.; cf. Bullett. d. Inst. 1858. p. 187 seq., ohne Billigung von O. Jahn in der Archäol. Zeitung 1860. S. 127. 61) *Paus.* l. c.: *Σωκράτην ποιῆσαι τὸν Σωφρονίσκου λέγουσιν* (ebenso unbestimmt *Diog. Laert.* II, 19 und *Suidas*; vergl. Schol. zu *Aristoph.* l. c. und Welcker, Gr. Götterlehre III. S. 202. Anm. 6) *ὃ σοφώτατος γενόμενος μάλιστα ἀνθρώπων ἐστὶν ἡ Πυθία μάρτυς.* 62) *Plin.* l. c.: quas Socrates fecit alius ille quam pictor, idem ut aliqui putant. 63) Siehe im Allgemeinen K. O. Müller, Handbuch der Archäol. §. 336, 7. Braun (Gr. Myth. S. 296) will sie ihm besonders zuschreiben, „der vorzugsweise die sittliche Veredlung des Menschengeschlechts im Auge hatte." 64) Besonders Ussing a. a. O. und Braun in der Archäol. Zeitung 1858. S. 187; dagegen O. Jahn ebendas. 1860. S. 127. 65) *Paus.* III, 18, 6.

als Dank für den glücklich vollendeten Thron des Apollo Statuen der Chariten [66]).

4) Pythagoras von Paros, wahrscheinlich derselbe mit dem großen samischen Künstler [67]), machte bei dem sogenannten Pythion bekleidete Grazien [68]).

5) Bupalos arbeitete sowol im Heiligthume der beiden Nemesis als für das Gemach des Attalus Charitenstatuen [69]).

6) Im Pronaos des Heraion zu Argos standen *Χάριτες ἀγάλματα ἀρχαῖα* [70]).

7) Endoios arbeitete in Erythrai in Kleinasien ein großes Holzbild der Athena Polias für ihren Tempel, vor dem von demselben Künstler gefertigte marmorne Horen und Chariten standen [71]).

8) Die Chariten auf dem Stephanos der Polykletischen Hera werden bekleidet gewesen sein.

9) In Elis waren in ihrem Tempel ihre Bilder, nur die Extremitäten von Marmor, der übrige Körper bekleidet und von vergoldetem Holz. Die eine hielt eine Rose, die zweite einen Astragalos, die dritte einen Myrthenzweig; neben ihnen stand rechts auf derselben Basis Eros [72]).

10) Oben an den Seiten der Thronlehne des olympischen Zeus des Phidias waren auf der einen Seite die Horen, auf der andern die Grazien angebracht [73]); auf der Basis desselben Bildes aber war Charis neben Zeus und Hera [74]), vielleicht mit Hephaistos verbunden [75]), dargestellt.

Bei der verhältnißmäßig geringen Zahl von Bildwerken älteren Styls, die auf uns gekommen, kann auch die geringe Zahl von Darstellungen bekleideter Grazien wenig überraschen. Auf manchen Monumenten, die alle aufzuzählen hier nicht der Ort ist, sind sie ohne Gewähr der Richtigkeit vermuthet, doch wird wol gestattet sein, die im Gefolge der Venus so oft vorkommenden zwei oder drei weiblichen Gestalten für Grazien zu erklären, falls keine bestimmten Gegengründe vorliegen; ebenso darf Brunn zugegeben werden, daß auf etruskischen Denkmälern unter den sogenannten Schicksalsgottheiten, Genien u. s. w. manche den Grazien ähnliche Wesen verborgen sind [76]); nicht leicht wird in den einzelnen Fällen zu entscheiden sein, ob man attributlose bekleidete Frauen in der Nähe des Apollo in Vasengemälden auf Musen oder Chariten zu beziehen habe [77]).

Die bedeutendsten der hier in Anschlag zu bringenden, uns erhaltenen Bildwerke mögen folgende sein:

In Marmor: a) Drei langbekleidete jugendliche Frauen, sich an den Händen haltend, um einen Pfeiler in ihrer Mitte gruppirt. Durch die an der Basis befindliche Inschrift: *ΤΑΙΣ ΧΑΡΙΣΙ ΛΕΟΝΤΙΟΣ* als den Grazien dargebrachtes Weihgeschenk bezeichnet (*Montfaucon*, Antiq. expl. I. pl. CIX; *Clarac*, Mus. de Sculpt. pl. DCXXXII E. n. 1427 B) [78]). b) Marmorrelief im Vatican: Drei schwesterlich verbundene, attributlose, vollständig bekleidete Frauen (*Cavaceppi*, Raccolta III, 13; Beschreibung der Stadt Rom II, 2. S. 62. n. 358; Ann. d. Inst. 1865. p. 287. n. 1; Friederichs, Bausteine zur Geschichte der Griech. und Röm. Plastik I. S. 95. n. 79) [79]). c) An der berühmten Ara Borghese sind die Chariten durch wechselseitiges Händegeben charakterisirt (s. Wieseler zu den Denkm. der alten Kunst I. S. 8). d) Chariten erkannte K. O. Müller auf dem korinthischen Brunnenrand, Wieseler (a. a. O. S. 7) nennt Charis die die Hebe schiebende Frau mit Blume, während Welcker die Zagende fortziehe.

Auf Münzen: e) Tetradrachme von Athen: Eule, rechts von ihr drei bekleidete Jungfrauen, eine hinter der andern schreitend, alle im Profil, die erste mit erhobener Rechten (*Hunter*, Num. Popul. IX, 5; *Millin*, Gal. mythol. pl. XXXIII. n. XXV), vergl. die Athen. Münze §. 14. f) Münze des Caracalla von Germe in Galatien. Anmuthig bekleidete Chariten, alle drei en front, die beiden an den Ecken zeigen das Gesicht en profil (*Millin* l. c. n. 202; auch bei *Theil*, Dictionn. de Biogr. Myth. Géogr. anciennes p. 177).

Auf Vasen: g) Auf der Françoisvase im vierten Wagen zu vermuthen (Gerhard, Archäol. Zeitung 1850. S. 262. Anm. 24; Bullett. d. Inst. 1845. p. 212); andere Beispiele bei Panofka, Archäol. Zeitung 1848. S. 218. 220.

§. 14. Bildliche Darstellungen.

B. Späteren Kunststyls.

Die fortgeschrittene Kunst konnte der Verlockung nicht widerstehen, die reizenden Körper der jugendlich schönen Grazien unverhüllter zu zeigen und lüftete ihre Gewänder, wenn sie ihnen dieselben auch nicht ganz entzog. Manche Beispiele davon sind uns noch erhalten, z. B. auf einer athenischen Münze, wo sie, sich an den Händen haltend, um eine in ihrer Mitte sich befindende, sie überragende Säule gruppirt, nur oberhalb bekleidet sich zeigen [80]), auf geschnittenen Steinen [81]) u. s. w. Diese Bildwerke entsprechen den *βαθυζώνοις X.* des Pindar [82]), den Grazien solutis zonis des Horaz [83]), den soluta

66) Ibid.: *Βαθυκλέους τοῦ Μάγνητος ἐς τὸν θρόνον ποιήματα τοῦ Ἀμυκλαίου ἀνάθημα ἐπ' ἐξειργασμένῳ* (nach dem Codex Mosqu. statt der Vulgate *ἐπεξειργασμένον*) *τῷ θρόνῳ Χάριτας*. 67) Wie, nach Sillig, Brunn (Gesch. der Griech. Künstler I. S. 116) anzunehmen geneigt ist. 68) *Paus.* IX, 35, 2. 69) Ibid. 70) *Idem* II, 17, 3. 71) *Idem* VII, 5, 4; vergl. Schubart in der Zeitschrift für Alterthumswissensch. 1850. S. 111—129, mit Beistimmung von Brunn a. a. O. I. S. 99. 72) *Idem* VI, 24, 5. 73) *Idem* V, 11, 7. 74) *Idem* V, 11, 8. 75) Wie Brunn (in der Archäol. Zeitung 1849. S. 84; vergl. Gesch. der Griech. Künstler I. S. 176) mit Annahme einer Lücke im Texte des *Pausan.* zu erklären sucht. 76) In der Archäol. Zeitung 1863. S. 7*. Ueber etruskische Grazien s. Gerhard, Ges. Akad. Abhandl. I. S. 325. 77) Ebendas. 1846 S. LXXI.

78) Aehnlich drei Frauen um eine Säule im Vatican, *Clarac* pl. CDXLVI. n. 816: *heures ou saisons*. 79) Derselbe führt ähnliche in Athen befindliche Reliefsfragmente an. 80) Siehe Gerhard's Minervenidole Athens Taf. IV. n. 6. 81) *Vgl.* Gronovius mus. ... p. 167; Denkm. der alt. Kunst II. IV. Taf. LVII. n. 729; *Chabouillet*, Catalog. général et raisonné n. 46. p. 10. 82) Pyth. IX am Anfange. 83) *Hor.* Carm. I, 30, 5. 6 mit Acro (*Hauthal* I. p. 118).

ac pellucida veste des Seneca[84]), und auch die Chariten des Theokrit[85]), die mit nackten Füßen und erkalteten Knieen zu ihrem Herrn zurückkehren, scheinen als leicht bekleidete Wesen gefaßt werden zu müssen.

Allein man blieb bei diesem ersten kühnen Schritte nicht stehen, sondern enthüllte die Chariten ganz; nicht weiß Pausanias den Künstler anzugeben, der dieses Wagniß unternommen; sicher aber ist seine Zeit nicht viel später zu suchen, als da Praxiteles schon gewagt, der Aphrodite das Gewand zu entreißen[86]). Nun wurde bei der Bildung der Grazien die Nacktheit so exceptionell[87]) in Anwendung gebracht, daß αἱ Χάριτες γυμναί[88]) sprüchwörtlich wurden und die Schriftsteller sich abmühten, die Gründe für diese Bildung in dem Wesen der Grazien tief verborgen zu finden. Die Art der Darstellung aber in einer Gruppe, die drei unbekleideten Mädchen mit verschlungenen Armen[89]), zwei aus zugekehrt, die eine abgewendet[90]), in leichter aber fester Verbindung zeigt, wurde als so mustergültig anerkannt, daß auch neuere Künstler, wie Raphael, Thorwaldsen, Canova, nicht davon abgewichen sind[91]).

Aus dem Alterthume sind die bedeutendsten einschlägigen Werke:

1) Speusippos stellte die Chariten im Museum der von Plato gestifteten Akademie auf[92]).

2) Nearchos malte Venus zwischen Chariten und Amoren[93]).

3) Apelles malte sie neben der Tyche[94]).

Die Zahl der auf uns gekommenen nackten Grazienbilder ist, vornehmlich auf Antikaglien, sonderlich auf geschnittenen Steinen[95]), außerordentlich groß; sie sämmtlich aufzuzählen, wäre um so nutzloser, als die Darstellungen sich fast völlig wiederholen, viele dieser Monumente ferner unecht sind[96]), endlich die Verzeichnisse zum nicht geringen Theil so lässige Angaben machen, daß man nicht daraus erkennen kann, ob die Grazien nackt oder bekleidet zu denken sind.

Hier genügt die Namhaftmachung der Hauptrepräsentanten der einzelnen Kunstgattungen:

A. Statuen. 1) Die berühmteste und schönste Gruppe in der Sacristei der Kathedrale von Siena (eigener Stich von Lasinio, *Clarac*, Mus. d. Sc. pl. DCXXXIII. n. 1427 A; Denkm. d. a. Kunst II. IV. Taf. LVII. n. 723). 2) Gruppe des Louvre; zu den Seiten zwei Badegefäße mit Tüchern darüber; die Chariten tragen in den Händen Früchte und Blumen (*Bouillon* I. pl. XXII; *Clarac* l. c. pl. CCCI. n. 1423). 3) Gruppe, früher im Palazzo Ruspoli, jetzt im Vatican (Winckelmann, Kunstgeschichte S. 307; H. v. Ramdohr, Ueber Malerei und Bildhauerarbeit III. S. 56; *Guattani*, Memorie V. p. 113; Beschreibung der Stadt Rom II, 2. S. 97), halb lebensgroß. 4) Drei Grazien, eine zwischen ihnen befindliche Schale in die Höhe hebend und tragend, in Villa Borghese (s. Manso a. a. O. S. 451; Volkmann, Reise in Italien II. S. 810).

B. Wandgemälde. 5) In Civita gefunden, die Grazien mit Blumen und Aepfeln, verschieden bekränzt (Real Mus. Borbon. III. tv. III; *Roux* et *Barré* II. pl. XCI; Pitture d'Ercolano III. tv. XI). 6) In Catania gefunden (Monum. dell' Instit. II. tv. XLVII).

C. Geschnittene Steine. Außer den vielen, im Verlaufe dieses Aufsatzes erwähnten: 7) Die Grazien, mit Mohnbüscheln, Blumen, Aehren in den Händen (Köhler a. a. O. Taf. V; Denkm. d. a. Kunst a. a. O. n. 724). 8) Die Chariten, Aglaia mit der Mütze ihres Gemahls Hephaistos, eine der Schwestern hält Aehren (Mus. Worsleyanum II. tb. V; Denkm. d. a. Kunst a. a. O. n. 725). 9) do. zwei nackt, doch mit Schleier, die dritte halbnackt (*Chabouillet*, Catal. génér. et rais. n. 46. p. 10). 10) do. jede mit einem verschiedenen Gefäß versehen (Tölken, Erklärendes Verzeichniß III, 5, 1308). 11) Allegorischer Stein: zwei Streifen; oben Aphrodite, Athena, Tyche, unten die Chariten, die linke trägt Aehren, die Attribute der andern sind nicht zu erkennen (Köhler a. a. O. Taf. II. S. 68 fg.). Dazu 12) gemaltes Glas, Boden eines Bechers, drei Grazien nackt mit Armband und Fußspangen; die beiden zu den Seiten halten jede eine Art Band, etwa einen Zügel, neben jeder der drei wächst auf hohem Stengel eine Blume. Umher eine Umschrift, halb Griechisch, halb Latein: Galasia (sanftes Lächeln). Lecori (glänzende Schönheit). Comasia (liebenswürdige Gesellschafterin). Piete Zeses, Multis annis vivatis (*Fabretti*, Inscr. antiq. p. 539; *Millin* l. c. pl. XXXIII. n. 201. p. 32).

D. Lampen. 13) Drei Grazien in einem Lorbeerkranz, auf der Rückseite: L. Cäsar (Urlichs, Verzeichniß der Antikens. der Universität Würzburg I. S. 39. n. 39). 14) Drei Grazien. Berlin (Gerhard, Verzeichniß der Vasen, T. C. und Miscellaneensammlung S. 60. n. 356).

(*Rud. Gädechens.*)

GRAZINI (Angelo Lorenzo), italienischer Geschichtschreiber und Dichter des 18. Jahrh., im J. 1701 zu Arezzo geboren, widmete sich dem geistlichen Stande und erhielt bald nach der Beendigung seiner theologischen

---

84) De benef. I, 3. 85) Idyll. XVI, 8 seq. 86) Siehe Welcker, Gr. Götterlehre III. S. 202. 87) Auch die drei Göttinnen vor Paris, ganz als Grazien gestellt bei Overbeck, Gal. heroischer Bildwerke Taf. XI, 7. 9. 88) Siehe in den Paroemiographi Gr. von v. Leutsch und Schneidewin: *Gregorius Cyprius* I, 83; *Apostol.* I, 82 seq.; *Zenobius* 1, 86; *Diogenian* I, 84; Mantiss. Proverb. I, 8, mit Verweisung auf *Philostrat.* Ep. 44; *Liban.* Epist. 364; Schol. zu *Aristides* III. p. 55; *Aristaenet.* Epist. II, 21; *Suidas* s. v. Χάριτες. *Euphorion*: Χ. ἀφαρέες, l. *Meineke*, Anal. p. 106; vergl. *Fulgent.* Mythol. II, 4 b; *Horat.* Od. III, 19, 16 und sonst. 89) *Sen.* De benef. I, 3: manibus implexis. 90) *Fulgent.* l. c.: duae ad nos conversas unam a nobis aversam. 91) Vergl. Em. Braun, Gr. Mythol. S. 284 fg. 92) *Diog. Laërt.* IV, 1. 93) *Plin.* Nat. Hist. XXXV, 40, 36. 94) *Libanius* l. c. IV. p. 1068. *Reiske.* 95) Siehe z. B. Lippert, Dactyliothek I. S. 271. 272. n. 763—767; *Tassie* II. p. 380. n. 6432—6443. 96) Köhler a. a. O. V. S. 65. Anm. 3 weist sogar außer einem petersburger Cameo alle Grazienbarstellungen auf erhaben geschnittenen Steinen als unecht ab.

Studien die Leitung des bischöflichen Seminars seiner Vaterstadt, in welchem er die Muße, welche ihm seine Amtsgeschäfte ließen, zu historischen Forschungen benutzte. Er versuchte sich auch in der Poesie und die Versuche (Bizarri Contrasti), welche er in der Akademie der Arcadi zu Arezzo, deren Mitglied er war, im J. 1761 vortrug, bewiesen ein nicht unbedeutendes Talent zur scherzhaften und satirischen Gattung der Dichtkunst. Seine Untersuchungen über die Heiligen, welche in früheren Jahrhunderten zu Arezzo den Martertod erlitten haben sollen (Vindiciae S. Martyrum Aretinorum. Florentiae 1755. 4.), sind ein schönes Zeugniß seines Fleißes, wenn auch vielfach die Handhabung einer strengeren historischen Kritik zu wünschen wäre. Brauchbare Beiträge zur gleichzeitigen Kirchengeschichte liefert seine Lobrede auf Fil. Incontri, Bischof von Arezzo (Le Lodi di Monsignore Fil. Incontri, vescovo d'Arezzo. Firenze 1754. 4.); am meisten zu bedauern aber ist, daß seine Geschichte der Bischöfe von Arezzo (L'Istoria chronologica di Vescovi di Arezzo), bei welcher er gute Quellen benutzte und welche er im Manuscript völlig ausgearbeitet hinterließ, nicht gedruckt wurde. Er starb am 20. Febr. 1790 in seiner Vaterstadt*).

(*Ph. H. Külb.*)

GRAZIOLI (Domenico), italienischer Musiker, um das Jahr 1745 zu Venedig geboren, war ein Schüler des berühmten Organisten Bertoni und wurde von den Procuratoren der Kirche San Marco zum Ersatzmann desselben bestimmt, als dieser Urlaub zu einer Reise nach London erhalten hatte. Später bekam er Bertoni's Stelle. Sein Sohn Giovanni Battista, um das Jahr 1770 geboren, folgte ihm in seinem Amte nach. Er hat zwölf Sonaten für das Clavier und sechs Sonaten für Clavier und Violine geschrieben, welche um das Jahr 1799 in Deutschland gedruckt wurden. Er ließ auch auf dem Theater San Benedetto zu Venedig eine komische Oper (Il tempo scopre la verità) aufführen, welche aber wenig Glück machte. — Ein anderer Componist Grazioli lebte um das Jahr 1830 zu Rom, wo er für Kirchen und Theater schrieb. Seine Kirchenmusik hat nicht den ernsten, dem Gegenstande entsprechenden Charakter; besser gelangen ihm Opern und zwei derselben: Il Pellegrino bianco und Il Taglia legno di Dombar (1828) wurden mit Beifall aufgeführt†). (*Ph. H. Külb.*)

GRAZIOLI (Pietro), italienischer Theolog und Archäolog, im J. 1700 zu Bologna geboren, widmete sich dem geistlichen Stande und trat nach der Beendigung seiner Studien in den Orden der Barnabiten, in deren Collegs zu Lodi er zwei Jahre die Theologie und Philosophie mit so großem Beifall lehrte, daß man ihm die Professur der Rhetorik und Poesie an der Universität zu Mailand übertragen zu müssen glaubte, welche Stelle er auch ganz den von ihm gehegten Erwartungen entsprechend zwölf Jahre bekleidete. Da ihm aber doch allmälig das Lehramt beschwerlich wurde, so ernannten die Obern seines Ordens ihn zum Probst von San Paolo in Bologna. Er leitete dieses Kloster, bis der Papst Benedict XIV. ihn zum Regens des Seminariums zu Bologna bestimmte, welches Amt er mit der größten Gewissenhaftigkeit bis zu seinem Tode versah. Er starb im J. 1753 in seiner Vaterstadt in der Blüthe seiner Jahre und ohne alle Pläne zu gelehrten Werken, die ihm noch größeren Ruhm bereitet hätten, ausführen zu können. Er muß jedenfalls als einer der gelehrtesten Männer seines Ordens betrachtet werden, auf welchen dieser mit Recht stolz sein kann. Grazioli's geringstes Verdienst ist es übrigens nicht, daß er in den Unterricht der Wissenschaften in den Schulen der Barnabiten eine strengere, den Anforderungen der Zeit mehr genügende Methode und einen besseren Geschmack einführte. Unter seinen zum Theil noch nicht gedruckten Schriften nimmt ohne Zweifel das Werk über die Geschichte, Topographie und Alterthümer der Stadt Mailand (De praeclaris Mediolani aedificiis quae Aenobarbi cladem antecesserunt dissertatio; cum duplici appendice, altera de sculpturis ejusdem urbis, in qua nonnulla usque hac inedita monumenta proferuntur, altera de carcere Zebedio, ubi nunc primum S. Alexandri Thebis martyris acta illustrantur; accessit Rythmus de Mediolano jam editus vero emendatus et notis auctus. Mediolani 1735. 4.) den ersten Rang ein und wird, obgleich die strenge Kritik der jetzigen Zeit Manches an der Untersuchung, sowie an der Ausführung zu tadeln findet, seinem Namen in der Geschichte der Gelehrsamkeit die Unsterblichkeit sichern. Von seinen übrigen literarischen Leistungen sind noch zu erwähnen einige während seines Lehramtes entstandene Handbücher (Trattato di poesia und Eloquentiae praeludia), die auf die Geschichte und die Leistungen seines Ordens in Kunst und Wissenschaft bezüglichen Arbeiten (Praestantium virorum qui in congregatione S. Pauli vulgo Barnabitarum memoria nostra floruerunt und Vita di Carlo Giuseppe Fideli professo Barnabita) und die auf die Hagiographie bezüglichen Abhandlungen: S. Alexander e Thebana legione martyr, Bergomensium tutor, secundis curis illustratus und Della vita, virtù e miracoli del B. Alessandro Sauli. (Bologna 1741. 8.). Auffallend erscheint es, daß in neueren Geschichten der Literatur und bibliographischen Wörterbüchern sich der Name Grazioli gar nicht findet, während die Verfasser mancher unbedeutender Machwerke nicht vergessen sind*).

(*Ph. H. Külb.*)

GRAZZINI (Antonio Francesco), italienischer Dichter, am 22. März 1503 zu Florenz geboren, gehörte einem Adelsgeschlechte an, welches aus dem Flecken Staggia in Val d'Elsa 25 Meilen von Florenz auf dem

*) Vergl. *Tipaldo*, Biografia degli Italiani illustri. Tom. IV. Biographie générale. Tom. XXI. p. 708.

†) *F. J. Fétis*, Biographie universelle des Musiciens. (Paris 1862. 8.) Tom. IV. p. 88. Universal-Lexikon der Tonkunst von J. Schladebach und Ed. Bernsdorf. Bd. II. S. 220.

*) Vergl. *Gi. Fantuzzi*, Notizie degli scrittori Bolognesi. (Bol. 1781. 4.) Tom. IV. p. 269. Biographie universelle. Tom. XVIII. p. 307. (Nouv. éd. Tom. XVII. p. 409.) Biographie générale. Tom. XXI. p. 768.

Wege nach Rom stammte, wo die Mitglieder desselben schon seit dem 13. Jahrh. vorkommen. Man weiß nicht wo und durch wen Antonio Francesco seinen Unterricht erhielt und kann ebenso wenig mit Bestimmtheit behaupten, ob die Nachricht, daß er in seiner Jugend zu einem Apotheker in die Lehre gegeben worden sei, auf Wahrheit beruht oder als eine Sage betrachtet werden muß. Dieser Stand verträgt sich übrigens mit literarischen Studien und man darf auch voraussetzen, daß Grazzini dieselben keineswegs vernachlässigte und sich durch den Erfolg derselben bald so weit emporschwang, daß er das Apothekergeschäft aufgeben konnte, denn Nichts läßt vermuthen, daß er dasselbe noch später betrieb, nachdem er sich bereits einen Namen als Schriftsteller erworben hatte. In einem Alter von 37 Jahren hatte er gewiß eine achtbare Stellung unter seinen Mitbürgern erworben, denn zu dieser Zeit ward er einer der Stifter der Akademie zu Florenz, welche am 1. Nov. 1540 ihren Anfang nahm und sich den Namen Akademie der Feuchten (Accademia degli Umidi) beilegte, welchem entsprechend die Mitglieder verschiedene Benennungen erhielten; Grazzini hieß Pfeilkarpfen (il Lasca), unter welchem Namen er auch in der Geschichte der italienischen Literatur bekannt ist. Seine Devise bestand in einem Fische der erwähnten Art, welcher seinen Pfeil über das Wasser erhebt, nebst einem darüber flatternden Schmetterlinge, wodurch er den wunderlichen und launischen Charakter seines Geistes andeuten wollte, wie denn auch wirklich der Pfeilkarpfen sich zuweilen aus dem Wasser erhebt, um nach Schmetterlingen, welche gewöhnlich als Sinnbild der Launen und Einfälle der menschlichen Phantasie dienen, zu haschen. Grazzini war seit dem Entstehen der Akademie Kanzler derselben, woraus sein Einfluß bei der Stiftung derselben hervorgeht. Als einige Monate später der Großherzog der Akademie den Namen florentinische Akademie beizulegen sich veranlaßt fühlte, wurde Grazzini zum Schaffner (Provveditore) derselben ernannt, welche Stelle er in der Folge noch dreimal bekleidete. Da indessen die Zahl der Akademiker bald sehr zunahm, so erlaubten sich die später Hinzugetretenen, statt die nöthige Achtung und Rücksicht für die Stifter zu zeigen, ohne diese um Rath zu fragen, mancherlei Neuerungen und machten lästige Bestimmungen und Vorschriften in Bezug auf die Vorlesungen, auf die Censur der zum Druck bestimmten Werke und auf andere Nebendinge. Grazzini, welcher sich diesen Anmaßungen ernstlich widersetzen zu müssen glaubte, wurde nach wiederholten Streitigkeiten durch einen Beschluß der Mehrzahl der Mitglieder zu Anfang des Jahres 1547 von der durch seine Mitwirkung gegründeten Akademie ausgeschlossen, worüber man um so mehr erstaunen muß, da er sich bereits den Ruhm eines ausgezeichneten Dichters erworben hatte. Um diese Zeit erschienen seine Lustspiele, seine satyrischen Gedichte, in welchen die Mitglieder der Akademie der Feuchten keineswegs vergessen waren. Man hätte glauben sollen, nach solchen Erfahrungen sei ihm die Lust zur Stiftung von Akademien verschwunden, dies war aber keineswegs der Fall, denn wir finden ihn wieder bei der Stiftung der Akademie von der Kleie (Accademia della Crusca) um das Jahr 1550 thätig. Obschon auch die Mitglieder dieser Akademie nach der herrschenden Sitte und nach dem damals allgemeinen Vergnügen an solchen Spielereien sich besondere von dem Mehl und Backwerke hergenommene Namen beigelegt hatten, so glaubte doch Grazzini den seinigen nicht ändern zu sollen, da er ihn ganz passend hielt, weil man ja auch die Pfeilkarpfen mit Mehl bestreue, ehe man sie brate. Die Aufgabe der neuen Akademie war übrigens, die Reinheit der italienischen Sprache durch Ausscheidung der ungehörigen und falschen Ausdrücke und Worte zu befördern, wie man die Kleie von dem Mehl sondert, und sie hat ihre Aufgabe nach dem Urtheile der italienischen Sprachforscher getreulich erfüllt. In der Akademie der Feuchten hatte Grazzini noch einen alten Freund, den Ritter Lionardo Salviati, mit welchem er fortwährend im Verkehr blieb, und als dieser Consul der Akademie wurde, suchte er sich mit derselben dadurch zu versöhnen, daß er sich scheinbar einigen Förmlichkeiten unterwarf. Grazzini wurde im J. 1566 wieder aufgenommen, nachdem er länger als 20 Jahre ausgeschlossen gewesen war. Er vermittelte dagegen den Eintritt Salviati's in die Accademia della Crusca und dieser Salviati ist derselbe, welcher unter dem akademischen Namen Infarinato Tasso's befreites Jerusalem so heftig angriff, ohne durch seine Kritik den geringsten Anklang finden zu können. Auf die Mitwirkung bei der Stiftung der beiden erwähnten Akademien beschränken sich die Thatsachen, welche uns aus Grazzini's Leben bekannt sind, was man um so auffallender finden wird, da dieser Dichter zu den besten und geistreichsten Schriftstellern jener Zeit gehört. Er starb im Februar 1583 zu Florenz und wurde zu San Pier Maggiore in dem Grabmale seiner Ahnen beigesetzt. Er war ein wohlgestalteter Mann von starkem Körperbau und trotz seinem heiteren Temperament von ernstem Aussehen, was jedoch seinem kahlen Haupte und seinem dichten Barte zugeschrieben werden muß. Trotz den freien Stellen, die häufig in seinen Werken vorkommen, war er ein Mann von strengen Sitten, und er galt sogar bei seinen Zeitgenossen für sehr fromm; auch führte er, obschon er nie verheirathet war, ein so regelmäßiges Leben, wie man es kaum von einem in seinen Schriften so üppigen Dichter erwarten kann. Sein Geist zeigte bei aller Sonderbarkeit eine ungewöhnliche Lebhaftigkeit und Munterkeit und die unermüdliche Sorgfalt, diesen durch fortwährendes Studium und den Umgang mit den ausgezeichnetsten Gelehrten seiner Zeit auszubilden, gab ihm jene Vollkommenheit und Feinheit, welche man an seinen Erzeugnissen bewundert. Francesco Berni hatte der burlesken Poesie der Italiener dadurch, daß er die Keckheit und den Uebermuth des genialen Volksdichters Burchiello mit Ariostischer Leichtigkeit und Anmuth vereinigte, eine so völlig neue Gestalt gegeben, daß sie nach ihm fortan die berneske (poesia Bernesca) hieß, und sie war auf diese Weise durch ihn ästhetisch, wenngleich eben nicht moralisch veredelt in der italienischen Literatur classisch geworden, sodaß man bis auf die neuesten Zeiten Berni's Gedichte als Muster in ihrer Art ehrt. Unter seinen

Zeitgenossen hatte Berni keinen eifrigeren Bewunderer als Grazzini. Sein heller Verstand und sein unbefangener Sinn verleideten ihm die monotone Liebeslitanei der Petrarchisten und die steife Feierlichkeit der Nachahmer der Alten. Er war fest entschlossen, diesen Verirrungen des Geschmackes seiner Zeitgenossen entschieden entgegen zu arbeiten. In dieser Absicht veranstaltete er auch eine Sammlung von Gedichten im bernesken Style (Opere burlesche), welche seit dem 16. Jahrh. oft gedruckt wurde [1]) und uns als ein seltsamer Haufe von Koth und Blumen unter einander erscheint. Als eine Ergänzung kann man die ebenfalls von Grazzini veranstaltete Sammlung von Carnevalsliedern (De' tutti trionfi, carri, mascherate o canti Carnascialeschi del tempo di Lorenzo de Medici a questo anno 1559. Flor. 1559. 8. Cosmopoli 1750. 8. 2 Voll.) betrachten. Die eigenen Gedichte Grazzini's gehören größtentheils in dieselbe Classe. Sie haben wenig Eigenthümliches, aber sehr viel Natur, Leichtigkeit und Präcision des Ausdruckes. Sie führen verschiedene Benennungen und werden uns vorgeführt bald als Stanzen (Stanze in dispregio delle Sberrettate. Firenze 1579. 4.), bald als Sonette und Capitel (Sonetti e Capitoli. Firenze 1584. 8. 2 Voll.), unter denen besonders die satyrischen Capitel sehr anziehend sind, obschon sie zuweilen sich auch mit akademischen Spitzfündigkeiten beschäftigen, bald als Eclogen (Eglogbe ed altre rime. Livorno 1799. 8.), welche indessen erst lange nach seinem Tode von Domenico Moreni aufgefunden und bekannt gemacht wurden, und bald als Reime (Rime. Firenze 1741—1742. 8. 2 Voll.) mit einer guten Biographie des Dichters von Antonio Maria Biscioni. Grazzini ist auch der Erfinder einer neuen Art von scherzhaften Gedichten, welche er Madrigalesse nennt, welche mit den Madrigalen die ungleiche Länge der Verse und die freie Vermischung der Verse gemein haben, sich aber von ihnen dadurch unterscheiden, daß sie ungleich länger und scherzhaften oder satyrischen Inhalts sind [2]). Zur satyrischen und burlesken Gattung der Poesie darf wol auch Grazzini's scherzhaftes Gedicht: „Der Krieg der Ungeheuer" (la guerra de' mostri) gerechnet werden; um dieses aber recht zu verstehen, können einige Bemerkungen nicht umgangen werden. Benedetto Arrighi, ein Florentiner, hatte ein burleskes Gedicht über den Krieg der Riesen gegen die Götter ausgearbeitet; aber Girolamo Amelunghi, ein Pisaner, wegen seines misgestalteten Körpers der Buckel von Pisa (il gobbo da Pisa) genannt, entwendete es ihm und gab es unter dem fingirten Namen Forabosco heraus. Obgleich nur aus den lächerlichsten Abenteuerlichkeiten zusammengesetzt, erregte es dennoch Aufsehen und man bedauerte den um sein Eigenthum betrogenen Dichter; es erschien sogar eine Parodie unter dem Titel: Nanea oder der Krieg der Zwerge (La Nanea. Firenze 1566. 4.), welche man gewöhnlich Grazzini zuschreibt, welche Behauptung aber auf keine Weise bewiesen werden kann, obgleich sie von italienischen Literarhistorikern eifrig vertheidigt wird. Als Fortsetzung beider Gedichte erschien nun „Der Krieg der Ungeheuer" (La guerra de' mostri. Firenze 1584. 4.), zu welcher sich Grazzini offen bekennt. Es beginnt sogleich mit einer Verhöhnung Amelunghi's. Die Riesen, welche den Göttern den Krieg erklärten, wurden besiegt und durch Blitze niedergeschmettert, das weiß Jedermann, aber ein gewisser Buckel von Pisa sammelt um sich ein Geschlecht ungeheurer und lächerlicher Riesen, mit denen er den Göttern den Himmel zu entreißen gedenkt. Die Götter würden in Verzweiflung gerathen sein, wenn nicht das Volk der Zwerge zu ihrer Hülfe herbeigeeilt wäre und sie gerettet hätte. Es erhebt sich nun ein Geschlecht von Ungeheuern, welches ebenfalls von sich reden machen will, und zieht gegen die Götter zu Felde. Obschon nun die Zwerge sich wieder beeilen, denselben beizustehen, so gibt doch der alte Saturn, ein an Erfahrungen reicher Gott, dem Jupiter den Rath, die Riesen wieder aufzuwecken, Friede mit ihnen zu schließen und vereint mit ihnen gegen die Ungeheuer zu kämpfen. Dieser Rath gefällt allen Göttern. Ihr werdet nun, sagt der Dichter, vernehmen, wie Jupiter die Riesen in das Leben zurückruft, wie diese ihre Banner mit denen der Zwerge vereinigen, wie die verwünschten Ungeheuer jedoch die Riesen und die Zwerge besiegen, wie sie sich des Himmels bemächtigen und die Götter daraus vertreiben, wie sie selbst die Regierung an sich reißen und warum seit dieser Zeit die Welt von Stürmen, Ueberschwemmungen und Hungersnoth leiden muß, warum man den Mai nicht mehr von dem December unterscheiden kann. „Ja," fährt er fort, „man könnte darüber sehr schöne Dinge sagen, aber die Klugheit verschließt mir den Mund. Gewisse Leute, voll Bosheit und Haß, lauern mir auf und travestiren meine Verse und Prosa auf weit ärgere Art, als Circe und Medusa die Menschen in der alten Welt verwandelten. Ich schweige deshalb und werde Nichts weiter sagen." Eine Anspielung ist hier nicht zu verkennen und sie wäre noch klarer geworden, wenn der Dichter mit dem zweiten Gesange, welchen er ankündigt, hervorgetreten wäre, aber er dichtete ihn ohne Zweifel gerade aus dieser Ursache nicht. Die italienische Literatur hat dadurch keinen sehr großen Verlust erlitten, denn Grazzini's Versuche in der epischen Gattung der Poesie sind nur unvollkommene, durch einzelne burleske Züge anziehende Bruchstücke. Größeren Anspruch auf Kunstwerth machen dagegen seine

1) Eine der besten Ausgaben erschien zu Leuchi (wahrscheinlich Utrecht) al Reno. (Napoli) 1723. 8. 2 Voll. In der Vorrede zu seiner Sammlung ruft Grazzini aus: „Ma tu, o Berni dabbene, o Berni gentile, o Berni divino, non t'inzampogni, non stiacciocchi, non ci vendi lucciole per lanterne, ma con parole, non stitiche o forestiere, ma usate e naturali, non versi non gonfiati oscuri, ma sentenziosi e chiari, con rime non stiracchiate e aspre, ma dolci e pure, ci sai mostrare la perfezione." Unter den früheren Ausgaben dieser Sammlung sind zu nennen: Flor. 1548—1555. 8. 2 Voll. Venezia 1564. 8. 2 Voll. Lond. 1721. 8. 2 Voll. Flor. 1723. 8. 3 Voll.; auch bilden sie den 19. Band des Parnasso italiano. 2) Eine Probe dieser Madrigalesse findet man in C. Fr. Flögel's Geschichte der komischen Literatur. Bd. II. S. 193. Ein artiges Sonett Grazzini's, welches dessen Theorie der wahren Dichtkunst enthält, theilt Fr. Bouterwek in seiner Geschichte der schönen Wissenschaften. Bd. II. S. 213 mit.

in Prosa geschriebenen Lustspiele, welche nicht weniger komisch, als die Lustspiele anderer gleichzeitiger Dichter, aber nicht so unanständig und Kinder eines etwas edlern Geistes sind. Mit fester Hand zeichnet auch er Thorheiten und Charaktere seiner Zeit nach der Natur und sein Dialog zeigt ganz die komische Lebhaftigkeit und Gewandtheit, welche Ariosto und der Cardinal Bibiena eingeführt hatten, aber seine Art und Weise ist zu geschwätzig und wirkliche komische Situationen und Einfälle sind durch unbedeutende gaukelnde Conversation zu sehr geschwächt. In seinen Scherzen ist der Dichter unstreitig stärker, als in treffender Satyre und diese richtet sich oft gegen unbedeutende Ausdrücke der Pedanterie, welche zum Theil jetzt fast unverständlich geworden sind. Die von ihm selbst veranstaltete Sammlung seiner Lustspiele (Commedie di Anton-Francesco Grazzini, detto il Lasca. Venezia 1582. 12. 6 Parti. in 1 Vol.) enthält sechs Stücke, deren Inhalt sich im Allgemeinen fast auf denselben Stoff beschränkt, nämlich auf einen Narren, welchen man prellt, indem man ihm einen lustigen Streich spielt oder ihn durch eine Verkleidung betrügt, wodurch dann der Zweck anderer Liebenden befördert oder erreicht wird. In der „Eifersucht" (La Gelosia) [3]) will der Dichter keineswegs diese Leidenschaft und ihre Qualen schildern, sondern das Lustspiel führt nur deshalb diese Ueberschrift, weil man darin einen eifersüchtigen Alten foppt, welcher leicht bekleidet eine kalte Nacht im Freien zubringt, um den Liebhabern aufzulauern, und welcher gerade durch diese Anstrengung, durch den Frost, der ihn schüttelt, und die Schläge, die er den Liebhabern legt, denselben zur Erreichung ihres Zweckes hilft. Die „Besessene" (La Spiritata) [4]) ist ein junges verliebtes Mädchen, welches man zwingen will, statt ihres jungen Geliebten einen ihr verhaßten Alten zu heirathen. Sie stellt sich, als sei sie vom Teufel besessen und erreicht durch diese List, in welcher sie von ihrer Amme, ihrem Liebhaber und dem Hausarzte getreulich unterstützt wird, ihre Absicht. Der Inhalt der „Hexe" (La Strega) ist, wie man sich leicht denken kann, kein anderer, als daß eine dienstfertige Kupplerin sich mit den Geräthschaften und Blendwerken der Zauberei umgibt, um die Intrigue eines Liebespaares zu dem erwünschten Erfolge zu führen und einen alten im Wege stehenden Nebenbuhler zu entfernen. Dieses Lustspiel ist auch deshalb merkwürdig, weil statt der gewöhnlichen Vorreden der Prolog und der Inhalt, komisch personificirt, von verschiedenen Seiten zugleich auftreten und einander beweisen, daß sie im Grunde beide überflüssig sind. Der Dichter hatte dabei die löbliche Absicht, die Prologe nach dem Vorbilde des Plautus und des Terenz und die Inhaltsanzeigen, die damals noch vor dem Stücke gesprochen wurden, von der italienischen Bühne zu verscheuchen. In der Sibylla (La Sibilla) ist keineswegs, wie man nach dem Titel glauben könnte, von einer wahrsagenden Sibylle die Rede, sondern Sibylle ist der Name der Pflegetochter Michelozzo's und seiner Frau, deren Sohn Alexander in das Mädchen verliebt ist, um welches ein alter Doctor freit. Dieser hat Michelozzo auf seiner Seite, die beiden Liebenden werden aber von der Frau auf jede mögliche Weise unterstützt. Endlich entdeckt Sibylle ihren wirklichen Vater in Diego, einem alten Spanier, welcher als zärtlicher Vater seiner Tochter Neigung billigt und endlich auch Michelozzo dahin bringt, in die Wahl seines Sohnes einzuwilligen, obschon dieser weniger durch die Zärtlichkeit seines Sohnes und die Liebenswürdigkeit der Braut, als durch den Reichthum und durch die Großmuth des Spaniers zu diesem Schritte bewogen wird. In La Pinzochera ist eine alte Begutne für Geld die Hauptträgerin der Intrigue. Diese Begutinen, in Italien Pinzochere genannt, scheinen sich überhaupt, was solche Kuppeleien betrifft, keines guten Rufes erfreut zu haben und erscheinen oft in italienischen Lustspielen trotz ihres Nonnengewandes und des Rosenkranzes, den sie stets mit sich führen, als verdächtige Unterhändlerinnen in Liebessachen. Die Entwickelung der „Verwandtschaften" (I Parentadi) beruht auf einem vielgebrauchten Auskunftsmittel, dem Wiederfinden verloren geglaubter Eltern und auf Wiedererkennungen, ist aber nicht ungeschickt durchgeführt. Außer diesen sechs Lustspielen Grazzini's wurde im 18. Jahrh. noch ein siebentes aufgefunden, welches den Titel: Arzigogolo führt [5]), von einem Bauer, welcher sich so nennt und in dem Stücke eine Rolle spielt. Die Hauptperson ist ein alter verliebter Procurator, welcher die Versicherung seines Dieners, daß er ihn verjüngen könne, bereitwillig hinnimmt und einen Trank verschluckt, welchen dieser von einem gelehrten Arzte gekauft haben will und der aus einer Quelle auf dem Gipfel des Caucasus geschöpft sein soll. Der Diener läßt sich dafür von dem Alten 100 Thaler bezahlen. Der Scherz ist ziemlich gewöhnlich und nicht besonders komisch, der Verlauf ist es indessen mehr. Die Familie und das Hausgesinde des alten Ser Alesso wollen nach der Verabredung ihren Herrn nicht erkennen, wenn er seinen Namen nicht nennt, und sind außer sich vor Entzücken über das Jugendliche seiner Züge und die Frische seiner Gesichtsfarbe. Die ganze Verjüngung geschieht indessen nur wegen einer gewissen Mona Papera, in welche der Alte verliebt ist, und welcher er gefallen will. Diese nimmt jedoch die Verwandlung sehr übel auf, weil sie nach ihrem Geständnisse einen alten und deshalb ruhigen und verständigen Gemahl einem jungen Laffen vorzieht. Der Alte geräth in Verzweiflung, aus welcher ihn jedoch wieder sein Diener rettet, indem er ihm für weitere 100 Thaler einen andern Trank besorgt, der ihm sein Alter, seine Runzeln, seine grauen Haare, seinen Husten und seine Steinschmerzen zurückbringt. In der andern Abtheilung des Stückes erscheint der Bauer Arzigogolo und fragt den Procurator

3) Die ersten Ausgaben der Gelosia (Firenze 1551. 8. Venezia 1552. 8.) werden gesucht, weil sie vollständiger sind; das Stück ist in der erwähnten Sammlung der Lustspiele verändert und verstümmelt. Die Ausgabe, Firenze 1568. 8., hat ebenfalls manche Veränderungen erlitten. 4) Am besten und vollständigsten in der Originalausgabe: Firenze 1561. 8.

5) L'Arzigogolo, commedia di Grazzini. Firenze (Venezia) 1750. 8.

um Rath, wie er sich aus der Verlegenheit helfen soll, da er in einen Proceß wegen zwei Ochsen, die er gestohlen habe, verwickelt sei. Ser Alesso gibt ihm den Rath, den Verrückten zu spielen und auf alle Fragen des Richters nur durch Pfeifen zu antworten. Arzigogolo folgt diesem Rathe und wird ungestraft entlassen. Als nun der Procurator seine Bezahlung verlangt, kann er aus seinem Clienten nur Pfeifen herauslocken und erhält so den für seinen Rath verdienten Lohn. Sämmtliche sieben Lustspiele, welche immer ihre komische Kraft noch nicht verloren haben, sind in das komische Theater der Florentiner (Teatro comico Fiorentino. Firenze 1750. 8. 6 Voll.) aufgenommen, dessen 3. und 4. Band sie bilden. Mehr als alle bis jetzt erwähnten Werke Grazzini's, welche von den Geschichtschreibern der italienischen Poesie gepriesen, aber wenig gekannt sind und noch weniger gelesen werden, entsprechen dem Geschmacke unserer Zeit seine Novellen, welche erst in der Mitte des 18. Jahrh. wieder aus der Vergessenheit hervorgezogen und den Freunden dieser Dichtungsart zugänglich gemacht wurden. Grazzini schrieb 30 Novellen, welche er in drei Mahlzeiten (Cene) eintheilte, weil sie bei drei solchen Gelegenheiten erzählt sein sollen. Bis jetzt sind aber nur 21 derselben aufgefunden worden; denn die Nachricht, daß auch die übrigen neun in einer von ihm selbst herrührenden Handschrift noch vorhanden seien, hat sich nicht bestätigt, denn diese von Domenico Moreni entdeckte Handschrift enthält nach genauer Untersuchung nur die Eclogen und andere ungedruckte Gedichte, von deren Bekanntmachung schon weiter oben die Rede war. Grazzini, welcher nach dem Vorbilde Boccaccio's und anderer berühmter Novellisten seinen Erzählungen eine bestimmte Veranlassung geben und sie in einen Rahmen fassen wollte, führt sie auf folgende Weise ein. Zur Zeit Paul's III., Karl's V. und Franz' I. fanden sich nach einer Mahlzeit, zu welcher sie eingeladen worden waren, einige junge Edelleute und einige Damen bei einer schönen und reichen Witwe zu Florenz, und da sie von einem Schneegestöber überrascht wurden, so benutzten sie diese in Italien seltene Gelegenheit, sich einander mit Schneebällen zu werfen. Als aber das Wetter immer schlechter wurde und diesen Zeitvertrieb unbehaglich machte, so lud die Herrin vom Hause alle ein, den Abend bei ihr zuzubringen. Sie erzählen nun nach der Reihe, jeder Herr und jede Dame, eine Geschichte und geben sich das Versprechen, sich an den zwei nächsten Donnerstagen zu demselben Zwecke wieder einzufinden. Die fröhliche Gesellschaft besteht aus fünf Edelleuten und ebenso vielen Damen, das Loos entscheidet die Reihenfolge, nach welcher sie erzählen sollen. Giorinto macht am ersten, Amaranta am zweiten Abend den Anfang; beide beginnen fromm ihr Werk mit der Anrufung des Allmächtigen und bitten ihn, sie in solche Stimmung zu versetzen, daß sie Nichts sagen mögen, was nicht zu seinem Ruhme und nicht zur Unterhaltung der Gesellschaft diene; Giorinto fügt aber zugleich die Bemerkung hinzu, daß seine Erzählung etwas drollig und üppig ausfallen dürfte, um dadurch die nach ihm Kommenden durch sein Beispiel zu ermuntern. Der Hauptinhalt der ersten Novelle bezweckt in der That die Heilsamkeit der ehelichen Vergnügungen darzuthun, indem er zeigt, wie Sylvestro Bisdomini seine Gemahlin auf diese Weise von einer langwierigen Krankheit geheilt habe. Amaranta will ihrem Vorgänger nicht nachstehen und die bei ihrem Geschlechte vorauszusetzende Züchtigkeit hindert sie nicht, das ärgerliche und lächerliche Mißgeschick eines Schulmeisters mitzutheilen, welcher, um sich aus großer Verlegenheit zu ziehen, mit eigener Hand einen wichtigen Theil seines Körpers opfern muß. Fileno und die übrigen Gäste lösen mit eben solcher Freiheit und mit ebenso wenig Zurückhaltung ihre Aufgabe, und man scheint zu jener Zeit nichts Anstößiges in einer solchen Unterhaltung gesehen zu haben. Die Novellen sind übrigens nicht alle scherzhaft und üppig, manche sind sogar sehr ernst; so erzählt die fünfte der ersten Mahlzeit den Tod Guglielmo Grimaldi's, welcher durch die Eifersucht seiner Frau herbeigeführt wurde und die sich, nachdem sie ihren Gemahl angeklagt hat, sich selbst und ihre Kinder umbringt; die fünfte der zweiten Mahlzeit schildert die Grausamkeit Corrado's, des Tyrannen von Fiesole, welcher, nachdem er seine Frau und seinen Sohn hat hinrichten lassen, selbst von dem Volke ermordet wird. Die übrigen Novellen jedoch, welche gewöhnlich gegen die Pfaffen und Schulmeister gerichtet sind, entschädigen den Leser hinlänglich für den Ernst und die Traurigkeit der wenigen anständigen. So wird ein Landpfarrer, welcher ein junges Mädchen verführen wollte, in einem sehr anstößigen und lächerlichen Zustande seiner Gemeinde vorgeführt, der fromme Mann überredet aber das Volk, der Böse habe ihm diesen Streich gespielt und wird für seine Angst durch reichliche Almosen entschädigt. Alle diese komischen und anziehenden Bilder und Erzählungen werden noch durch den Geist und den Charakter der italienischen Sprache, welche Grazzini meisterhaft zu handhaben weiß, und die ihm unendlich viel an Anmuth, Correctheit und neuen Wendungen verdankt, gehoben. Man findet durchaus jene bildlichen Ausdrücke und jene geistreichen Züge, welche man nicht übersetzen kann, ohne ihre Kraft zu schwächen oder die Ehrbarkeit zu verletzen. Es ist nicht zu leugnen, daß man manchmal etwas mehr Erfindungsgabe und Lustigkeit wünscht, aber die Reinheit und Schönheit des Styls entschädigen für diese Mängel. Die Novellen des zweiten Abends erschienen zuerst unter dem Titel: La seconda Cena. Stambul (Firenze) 1743. 8. Diese Ausgabe ist aber sehr selten geworden, weil der Cardinal Borromeo alle Exemplare, die er erreichen konnte, zu Florenz öffentlich verbrennen ließ. Sodann wurden die erste und zweite Mahlzeit mit einer Novelle der dritten veröffentlicht (La prima et la seconda Cena. Novelle. Con una novella della terza Cena. Londra [Parigi]. 1756. 8.). Diese von F. Nicolo B. Pagliarini besorgte Ausgabe wurde in demselben Jahre zu Lucca nachgedruckt. Eine von Ant. M. Salviati besorgte Ausgabe (Londra [Livorno]. 1793. 8. 2 Voll.) ist mit einigen Anmerkungen bereichert und ebenfalls nachgedruckt Leida (Lucca). 1793. 8. Zum Handgebrauche dient am besten die mit zwei neuen Novollen bereicherte Ausgabe (Novelle ossia le cene con giunta inedita. Milano 1810. 16. 3 Voll.); auch findet man diese Erzählungen im zweiten Bande der Sammlung italienischer Novellisten. Die französische Uebersetzung dieser Novellen von J. B. Lefebure de Villebrune (Berlin et Paris. 1776. 8. 2 Voll.) kann ebenso wenig, als die teutsche (Leipzig 1788. 8. 2 Bde.), einen richtigen Begriff von dem Original geben. Eine gute teutsche Bearbeitung der vorzüglichsten Dichtungen Grazzini's würde eine schätzenswerthe Bereicherung unserer Literatur sein [6]).

(*Ph. H. Külb.*)

GRAZZINI (Giovanni Paolo), italienischer Maler der ferrarischen Schule, in der zweiten Hälfte des 16. Jahrh. zu Ferrara geboren, war seines Geschäftes ein Goldschmied, aber ein vertrauter Freund des ferrarischen Malers Carlo Bonone. Er hatte eine gewisse Neigung zur Malerei, lernte aber erst im vorgerückten Alter von Bonone und andern Bekannten die Grundsätze dieser Kunst gesprächsweise. Da er indessen Lust fühlte, sie auch in Ausübung zu bringen, so fing er an, für die Kapelle der Goldschmiedezunft das Bild des heil. Eligius zu malen. Er brauchte zu dieser Arbeit nicht weniger als acht Jahre, lieferte sie aber nach dieser Zeit fertig und so meisterhaft, daß sie allein genügt, ihn vortrefflich zu nennen, indem er darin Pordenone's Style näher kam, als irgend ein Anderer. Er war damals beinahe 60 Jahre alt und setzte durch sein Meisterwerk ganz Ferrara in Staunen. Er versuchte sich auch nicht mehr an einem zweiten größeren Bilde, sondern malte nur noch kleinere Sachen in demselben Geschmacke, welche in den Besitz kunstliebiger Privatleute gelangten und jetzt als große Seltenheiten zu betrachten sind. Grazzini starb im J. 1632 zu Ferrara [7]).

(*Ph. H. Külb.*)

GREARD (Guillaume, Sir du Moutier), im J. 1641 zu Deville, einem Marktflecken in der Nähe von Rouen, geboren, widmete sich der Philologie und Geschichte und begab sich nach der Beendigung seiner Studien zu seiner weitern Ausbildung nach Italien, wo er die Stelle eines Hauslehrers bei Ferdinando Orsini, Herzog von Gravina, übernahm und dessen Sohn Pietro Francesco (nachherigen Papst Benedict XIII.) unterrichtete, wofür ihm dieser nach seiner Erhebung auf den päpstlichen Stuhl sein Wohlwollen angedeihen ließ und ein gutes Einkommen zusicherte. Greard benutzte die ihm gewordene Muße zur ungezwungenen Beschäftigung mit den Wissenschaften, besonders mit der Mathematik und der Astronomie, worin er sich schon früher durch eine Abhandlung über den Kometen des Jahres 1665 (Dissertation sur la Comète de 1665) als Schriftsteller versucht hatte. Er starb im J. 1730. — Wahrscheinlich zu derselben Familie gehört Louis Greard aus derselben Zeit, welcher sich der Rechtsgelehrsamkeit widmete und Advocat an dem Parlament der Normandie zu Rouen wurde. Er schrieb mehrere juristische Abhandlungen, die jetzt selten geworden, aber auch veraltet sind. In der Abhandlung über den Zehnten (Traité du Dixième) suchte er zu beweisen, daß dieser göttlichen Ursprungs sei. Länger behielt ihren Werth seine Denkschrift über die Bewirthschaftung der Waldungen in der Normandie (Mémoire concernant le droit de tiers et danger sur les bois de la province de Normandie), welche von seinem Enkel L. Froland, da die erste Auflage nur schwer zu erlangen war, in einer neuen Auflage mit Anmerkungen (Rouen 1734. 4.) herausgegeben wurde [8]).

(*Ph. H. Külb.*)

GREATHEAD [1]) (Robert), Bischof von Lincoln und einer der größten Gelehrten des 13. Jahrh., um das Jahr 1175 in Stradbrook, einem Kirchspiele der Grafschaft Suffolk, geboren, war das Kind so armer Aeltern, daß es in seiner Jugend zu betteln gezwungen gewesen sein soll. Es gelang ihm indessen durch die Unterstützung wohlwollender Verwandten und Freunde, besonders des Bürgermeisters seines Geburtsortes, welcher von den ungewöhnlichen natürlichen Anlagen des Knaben überrascht war, sich seinen ärmlichen Verhältnissen zu entwinden und seiner Neigung zur Gelehrsamkeit zu folgen. Nachdem er sich die nöthigen Vorkenntnisse erworben hatte, besuchte er zuerst die Universitäten zu Cambridge und Oxford, wo er sich dem Studium der Theologie und Philosophie widmete, und begab sich dann nach Paris, um sich an der dortigen Universität in diesen Fächern weiter auszubilden und um die französische Sprache zu erlernen, welche damals in England sehr beliebt und ein sicheres Mittel war, um zu Amt und Ansehen zu gelangen. Ehe er Paris verließ, übte er sich noch fleißig als Lehrer in den Zweigen des Wissens, deren er durch unermüdlichen Fleiß mächtig geworden war, und kehrte dann nicht nur mit umfassenden Kenntnissen ausgerüstet, sondern auch im Besitze einer freieren Weltanschauung nach seinem Vaterlande zurück, wo er in verschiedenen Lehranstalten zu Oxford und in geringern kirchlichen Stellungen seine Brauchbarkeit bewährte, bis er im J. 1232 durch die Protection des Grafen von Montfort Erzdiakon an der Kirche zu Leicester wurde, wodurch ihm nun der Weg zu höheren Würden offen stand. Seine Beförderung ließ auch nicht lange auf sich warten, denn schon am 7. Febr. 1235 wurde er zum Bischof von Lincoln gewählt und erhielt am 3. Juni desselben Jahres

6) Fr. Bouterwek, Geschichte der schönen Wissenschaften. Bd. II. S. 121. 126. 179. 212. *P. L. Ginguené*, Histoire littéraire d'Italie. II. édit. Tom. V. p. 553 seq. Tom. VI. p. 281 seq. Tom. VIII. p. 459 seq. Biographie générale. Vol. XXI. p. 767 seq.

7) L. Lanzi, Geschichte der Malerei in Italien, übersetzt von J. G. v. Quandt. Bd. III. S. 229. G. K. Nagler, Künstler-Lexikon. Bd. V. S. 345. Biographie générale. Tom. XXI. p. 769.

8) (*Ant. Nic. Servin*) Histoire de la Ville de Rouen suivie d'un Essai sur la Normandie littéraire. (Rouen 1775. 12.) Vol. II. p. 288. J. Chr. Adelung, Fortsetzung und Ergänzungen zu Jöcher's Gelehrten-Lexikon. Bd. II. S. 1586.

1) Auch Grosthead, Grostheved, Grossetête, lateinisch Capito genannt; alle diese Benennungen, welche dem teutschen Dickkopf oder Großkopf entsprechen, soll er von der Mißbildung seines Kopfes erhalten haben. Von seinem Bischofssitze führt er auch den Namen Robertus Lincolniensis.

von Edmund, Erzbischof von Canterbury, die Weihe. Er suchte vor Allem die Angelegenheiten seiner Diöcese zu ordnen und die Misbräuche, die sich allmälig in die Verwaltung eingeschlichen hatten, hinwegzuräumen. Er stieß aber hier auf nicht geringe Schwierigkeiten, da Bestechung und Nepotismus die Mittel boten, den guten Absichten des Bischofs fast unübersteigliche Hindernisse in den Weg zu legen. So widersetzte sich der Abt von Bardenay der von ihm angeordneten Visitation seines Klosters und leistete der Vorladung nicht nur keine Folge, sondern ließ sogar durch den Klerus des Erzbischofs von Canterbury, an welchen er appellirte, den Bischof excommuniciren. Dieser trat aber ihr Urtheil mit Füßen, ließ den überbringenden Priester aus dem Hause jagen und setzte im J. 1243 den widerspenstigen Abt ab. Die Mönche, sagte er bei dieser Gelegenheit, sollten in Ewigkeit nicht für seine Seele beten [2]. Der Handel wurde bis vor den päpstlichen Stuhl gebracht, der Bischof behielt aber hier die Oberhand. Dadurch kühn gemacht, verfuhr er in Angelegenheiten, in denen er das Recht auf seiner Seite hatte, mit rücksichtsloser Entschiedenheit gegen sein Domcapitel, gegen den Abt von Westminster und den König Heinrich III. selbst, der seinem Hofkaplan Johann Mansel ein geistliches Amt übertrug, das der Bischof schon einem Andern ertheilt hatte. Dieser Mansel besaß bereits 700 Pfründen und verfügte über ein unverhältnißmäßig großes Einkommen, der König nahm deshalb, um Skandal zu verhüten und weil er die Energie des Bischofs kannte, seine Bestimmung zurück. Andere Streitigkeiten mit der Geistlichkeit, mit den Templern und mit den Hospitalrittern bewogen ihn, da Alle, die nicht Folge leisten wollten, an den Papst appellirten, im J. 1250 selbst eine Reise nach Rom zu unternehmen, um seiner Sache Geltung zu verschaffen. Er ließ es zwar hier an reichen Geldspenden nicht fehlen, allein das überwiegende Geld der Gegner drang durch und sie gingen von der Anklage losgesprochen und frohlockend nach der Heimath zurück. Als der Bischof sich darüber bei dem Papste beklagte, antwortete ihm dieser ruhig: „Bruder, was geht das dich an? Du hast deine Seele gerettet und wir haben die Angeklagten begnadigt; warum schaust du so grimmig drein, weil ich gütig bin?" [3] Als darauf Robert für sich, aber doch so, daß es der Papst hörte, sprach: „O Geld, o Geld, wie viel vermagst du, besonders am römischen Hofe!" bemerkte ihm der Papst ärgerlich, daß die Engländer widerliche Menschen seien, die durch ihre Streitsucht sich selbst und Andern schadeten. Auch dem Bischofe verwies er sein herrschsüchtiges Betragen und verabschiedete ihn mit ernsten Mahnungen zu einem friedlichen Benehmen [4]. Getäuscht und erbittert verließ Robert Rom, ohne seine Gesinnungen zu ändern; er trat im Gegentheil noch mit größerer Strenge gegen Alles, was ihm Unrecht schien, auf und gerieth dadurch mit dem Papste selbst in eine sehr ernstliche Zwistigkeit. Innocentius IV. machte ihm nämlich die Zumuthung, einem päpstlichen Vetter, der überdies noch ein Kind war, eine einträgliche Pfründe an der Kirche zu Lincoln zu geben, und da er trotz der Weigerung des Bischofs auf seinem Ansinnen bestand, so richtete dieser ein Schreiben an ihn, worin er ihm unverhohlen sein Misfallen über die Eingriffe in die Rechte der englischen Bischöfe kundgab. Aus solchen ungerechten Vergünstigungen des päpstlichen Stuhles, sagt er, entsteht eine Sündfluth von Unbeständigkeit, Unverschämtheit, Lügen, Betrug, Mistrauen, Haß und allen möglichen Lastern und Verbrechen, welche die Reinheit der christlichen Religion und die Ruhe der menschlichen Gesellschaft stört. Ueberdies gibt es nach der Sünde Lucifers und nach der des Antichrists, welche dieselbe sein wird, keine andere, welche so sehr der Lehre Christi und seiner Apostel widerstreitet und so abscheulich ist, als die Sünde, welche die Seelen durch die Entziehung des priesterlichen Amtes tödtet und ins Verderben stürzt. Da aber die Ursache des Uebels schlimmer ist als dessen Wirkung, so sind offenbar die Gewalthaber, welche diese falschen Hirten und Mörder der Seelen in die Kirche einführen, noch weit ärger, als Lucifer und der Antichrist, da sie ihre Macht deshalb von Gott erhalten haben, solche Todtschläger auszurotten. Der heilige Stuhl hat von Christus seine Macht zur Erbauung und nicht zur Zerstörung erhalten, er misbraucht dieselbe also, wenn er solche sündhafte Handlungen gebietet und es ist Pflicht jedes getreuen Sohnes der Kirche, solchen Befehlen den Gehorsam zu verweigern, weshalb auch ich aus Achtung gegen den apostolischen Stuhl nicht gehorche, sondern widerspreche und mich empöre [5]. Der Papst gerieth über den Inhalt dieses allerdings derben Briefes vor Wuth fast außer sich und rief mit zornglühendem Gesichte: „Wer ist denn dieser wahnwitzige und alberne Alte, der so keck wagt, unsere Handlungen seiner Beurtheilung zu unterziehen? Bei Petrus und Paulus, wenn unsere angeborene Großmuth uns nicht hinderte, so wollten wir ihn

2) „Non curo, ut aliter orent monachi pro anima mea in aeternum." *Matthaei Paris*, Historia major (Paris. 1644. fol.) p. 616. 3) „Papa dicitur respondisse: *Frater, quid ad te?* liberasti animam tuam, *fecimus eis gratiam.* Numquid oculus nequam est, quia bonus sum; et cum Episcopus suspirans in scipso diceret, tamen auditus a Papa: O pecunia, pecunia, quantum potes, praecipue in curia Romana, exasperatus Dominus Papa respondit: O Angli, hominum omnium miserrimi etc." *Matth. Paris.* l. c. p. 517.

4) Vergl. J. M. Schröckh, Christliche Kirchengeschichte. Bd. XXVII. S. 438. 5) „Praeterea post peccatum Luciferi, quod idem erit in fine temporum ipsius filii perditionis Antichristi non est, nec esse potest alterum genus peccati, tam adversum et contrarium Apostolorum doctrinae et evangelicae et ipsi Domino Jesu Christo tam odibile, detestabile et tam abominabile, quam animas curae Pastoralis officii et ministerii defraudatione mortificare et perdere. .... Manifestum, quoniam talium pessimorum interemptorum deformitatis in ovibus Christi in ecclesia Dei intro ductores ipsis pessimis interemptoribus sunt pejores, Lucifero et Antichristo proximiores et in hac pejoritate gradatim, quanto magis superexcellentes, qui ex majore et diviniore potestate ibi divinitus in aedificationem non in destructionem tradita magis tenentur ab ecclesia Dei tales interemptores penitus excludere et exstirpare. .... Propter hoc ex debito obedientiae et fidelitatis, qua teneor .... amice filialiter et obedienter non obedio, contradico et rebello."

in eine solche Beschämung stürzen, daß er aller Welt zum Gespräche, zum Erstaunen und zur Warnung dienen würde. Ist nicht der König der Engländer unser Vasall, ja, um noch besser zu sagen, unser Leibeigener, der ihn auf unsern Wink einkerkern und ihn der Schande und Schmach anheimfallen lassen kann?" 6) Die Cardinäle, welche indessen klüger und unparteiischer waren, suchten das Ungestüm des Papstes zu mäßigen, indem sie ihn auf die Folgen aufmerksam machten, die ein hartes Verfahren gegen einen so frommen und gelehrten Mann, der überdies nicht ganz Falsches sage, haben müsse. Als der Papst ruhiger wurde, sah er ebenfalls das Mißliche eines solchen Handels, der leicht zu großem Aergerniß und zu einer Spaltung in der Kirche führen konnte, ein und ließ die Sache auf sich beruhen 7). Merkwürdig ist, daß Greathead bei diesem bewegten Leben und bei diesen fortwährenden Streitigkeiten noch Muße genug finden konnte, seine wissenschaftlichen Forschungen fortzusetzen und sich in verschiedenen Zweigen der Literatur als Schriftsteller berühmt zu machen. Seine Schriften sind bis jetzt noch bei weitem nicht alle gedruckt und doch ist die Zahl der bis jetzt zur öffentlichen Kenntniß gelangten keineswegs gering. Die Mehrzahl derselben sind theologischen Inhalts; und besonders dürften hervorzuheben sein die exegetischen Schriften, nämlich der Commentar über das Buch des Dionysius Areopagita über die mystische Theologie (Commentarius in librum Dionysii Areopagitae de mystica theologia), welchen man in der Ausgabe der Werke des Dionysius (Argent. 1503. fol.) findet. Er soll alle Werke dieses Kirchenvaters ins Lateinische übersetzt und sie durch Commentare erläutert haben; diese Arbeiten wurden aber bis jetzt noch nicht wieder aufgefunden. Bekannt, aber noch in Bibliotheken verborgen liegen seine Erklärungen über verschiedene Bücher und Stellen der heil. Schrift (Qualiter homo factus est ad imaginem Dei, Morales expositiones in operibus sex dierum, Expositio prologi S. Hieronymi super Biblia, Expositio in primum caput Geneseos seu in Hexameron, Expositio in ista verba Canticorum: Unguentum effusum est nomen tuum, et Nigra sum et formosa, De acceptione manus pro executione operis in S. Scriptura, De Levitis ex libro Numerorum, Moralitates super quatuor Evangelia, Expositio in haec verba Lucae: Exiit edictum a Caesare, Commentarius in Epistolam ad Galatas und Correctorium totius Bibliae). Zahlreich und ergiebig für die Sittengeschichte seiner Zeit sind seine Reden; einen Theil derselben (Sermo ad clerum de triplici regis officio, De bono pastore, Contra pastores et praelatos malos, Ad sacerdotes in synodo de verbis Geneseos I, 17, In celebratione ordinum, De bono judice, De prophetis veris et falsis, De fide et ejus attributis, De superbia et de detractione, Sermones tres de humilitate, De patientia, misericordia et justitia in omni Dei opera conjuncta, De verbis Apostoli 1 Timoth. IV, 12, Sermo ad verba psalmi 132, 9: Sacerdotes tui induantur justitia, Sermones VII ad clerum) hat Ed. Brown (in seinem Fasciculus rerum expetendarum et fugiendarum. Lond. 1690. fol. Tom. II. p. 244 seq. und App. p. 256 seq.) herausgegeben. Noch wichtiger sind seine Briefe, welche jedoch entweder noch nicht gedruckt oder in verschiedenen Werken (wie in Matth. Paris Chronik) zerstreut sind und von denen Ed. Brown in dem angeführten Buche nur hundert und einen (Epistolae CI) gesammelt hat, und die auf kirchenrechtliche Fragen bezüglichen Schriften. Hierher gehören die Constitutiones triginta novem Clericis suae dioecesis directae (bei Ed. Brown a. d. a. O.), Sermo de corruptelis ecclesiae propositus coram Papa Innocentio IV. et Cardinalibus. Lugduni 1250 (in H. Wharton's Anglia sacra. Lond. 1691. fol. Tom. II. p. 347), De cessatione Legalium (unvollständig herausgegeben Lond. 1652. 12. Ibid. 1658. 8.), ferner mehrere ungedruckte Abhandlungen (Tonitrua contra Curiam Romanam, Epistola ad Conventum Missenensem pro Abbate eligendo, De conjugio, Positio contra Papam, Qualem episcopum esse oportet ex instructione Pauli ad Titum, Constitutiones datae Priori et Conventui de Neuvenham, De cura pastorali, Contra Praelatorum ignaviam). Am wenigsten hat man bis jetzt die theologisch-moralischen und ascetischen Schriften Greathead's beachtet, und es läßt sich, da sie noch alle ungedruckt sind, kein bestimmtes Urtheil über ihren Werth fällen, doch sprechen sich die Zeitgenossen über denselben nur anerkennend aus. Außer den dem Titel nach bekannt gewordenen (De articulis fidei et fide catholica, De confessione, De cura pastorali, De decem praeceptis, De poenis purgatorii, De poenitentia, Scala voluptatis, Summa justitiae, Templum Domini, De triplici gratia et justificatione, De veritate Christi, De lingua et corde moraliter, De oculo moraliter, De venenis moraliter, Summa theologiae, De septem sacramentis, De modo confitendi, De libero arbitrio, De veritate futurorum contingentium, De ordine emanandi causatorum a Deo, De conceptione et excellentia B. Mariae, Quare spiritus sanctus descendit super Christum in specie columbae, Quomodo spiritus, ubi vult, spirat, De signis in sole et luna in die judicii, De incarnatione Christi, De certitudine pauperum in spiritu, De laudibus paupertatis ad Minores, De pollutione nocturna, De Summa justitiae) dürften noch manche in den Handschriftensammlungen unbekannt verborgen liegen. Verdienst erwarb er sich auch durch die Uebersetzung und Bekanntmachung einer alten apokryphischen Schrift, des sogenannten Testaments der zwölf Patriarchen (Testa-

6) „Qui est iste senex delirus, surdus et absurdus, qui facta audax, imo temerarius judicat. Per Petrum et Paulum, nisi moveret nos innata ingenuitas, ipsum in tantam confusionem praecipitarem, ut toti mundo fabula foret, stupor, exemplum et prodigium. Nonne Rex Angl. noster est Vassallus et, ut plus dicam, mancipium, qui potest eum nota nostra incarcerare et ignominiae mancipare?" 7) Matth. Paris l. c. p. 583. Fleury, Histoire ecclésiastique, livr. 83. §. 43. J. M. Schröckh, Christliche Kirchengeschichte. Th. 28. S. 438 fg.

mentum XII Patriarcharum). Die lateinische Uebersetzung, welche nach einer griechischen Uebersetzung des Chrysostomus aus dem Hebräischen gearbeitet sein soll, erschien zuerst allein (Aug. Vind. 1483. fol. Hagenoae 1532. 8. Parisiis 1549. 12.), und wurde später mit der griechischen Uebersetzung herausgegeben von J. E. Grabe (in dem ersten Bande seines Spicilegium sanctorum patrum. Oxon. 1698. 8.) und von J. A. Fabricius (in dem Codex pseudepigraphus Veteris Testamenti. Hamburg. 1722. 8. p. 519). Die wissenschaftliche Thätigkeit Greathead's beschränkte sich aber nicht nur auf das Gebiet der Theologie, sondern erstreckte sich auch auf das philosophische Fach; besonders war Aristoteles der Gegenstand seiner Forschungen und ihm wird die noch ungedruckte erste lateinische Uebersetzung der Ethik dieses Schriftstellers und des Commentars zu diesem Werke von Eustratius aus nicht zu verwerfenden Gründen zugeschrieben [8]). Gewiß ist, daß er viel zur Erläuterung der Schriften des Aristoteles beitrug, wie seine gedruckten Commentare über den zweiten Theil der Analytik (Commentarius in libros Posteriorum Aristotelis. Patavii 1497. fol. Venetiis 1504. 1537. 1552. fol.) und über die Physik (Summa super VIII libros Physicorum. Venet. 1500. fol.) beweisen. Die übrigen philosophischen Schriften Robert's (Summa philosophiae, De Intelligentiis, De Veritate, De statu causarum, De sapientia et scientia) standen bei seinen Zeitgenossen in großem Ansehen, sind aber nur noch in Handschriften zu finden und haben auch ihre Bedeutung verloren; seine physikalischen Abhandlungen aber (De prognosticationibus aëris, De impressione aëris, De Iride et speculo, De luce et colore ejusdem, De generationibus impressionum humidarum) dürften, da sie noch in manchen Handschriften erhalten sind, eine nähere Untersuchung verdienen und für die Geschichte der Wissenschaft lohnende Ausbeute gewähren, besonders da Robert von zuverlässigen Gewährsmännern, wie Roger Bacon, zu den Gelehrten gezählt wird, welche mit Hülfe der Mathematik die Ursachen aller Dinge zu erklären und die menschlichen und göttlichen Wissenschaften in einer genügenden Weise aus einander zu setzen verstanden haben [9]). Die mathematischen Wissenschaften, und besonders die Astronomie, scheint er mit besonderer Vorliebe gepflegt zu haben, doch ist nur eine einzige seiner hierher gehörenden Schriften gedruckt, nämlich sein Werk über das Weltall (Compendium sphaerae mundi. Venet. 1508. fol., ed. Luc. Gauricus. Venet. 1531. 4.). Andere in dieses Fach schlagende Abhandlungen von geringerer Bedeutung (Computus ecclesiasticus, Quod motus si simpliciter sit in forma prima, De motu circulari) sind noch nicht gedruckt. Merkwürdig ist, daß dem Bischofe auch die eigentlich philologischen Studien nicht fremd waren, wenigstens findet sich die Bemerkung, daß er das Wörterbuch des Suidas ins Lateinische übersetzte. Alle bis jetzt angeführten Werke und Abhandlungen sind in lateinischer Sprache geschrieben, doch sollen sich auch einige Aufsätze in englischer Sprache handschriftlich erhalten haben, gewiß ist, daß sich unter seinem Namen ein französisches Gedicht von beinahe 2000 Versen über Adam's Sündenfall und über die Erlösung findet, welches die Ueberschrift: Roman des romans oder Chastel d'amour führt [10]) und aus welchem ein Auszug bekannt gemacht worden ist [11]). Aus der großen Anzahl dieser Schriften, welche Robert bei seinem vielfach bewegten Leben vollendete, geht hervor, daß er einer der fleißigsten Männer seiner Zeit gewesen sein muß, und daß diese Regsamkeit ununterbrochen fortdauerte, bis er im J. 1253 von einer gefährlichen Krankheit ergriffen wurde und auf seinem Landhause Buckdon darnieder liegen mußte. Er ließ deshalb den Predigermönch Johann von St. Aegidius (St. Gilles), einen ebenso gelehrten Theologen als erfahrenen Arzt, zu sich kommen, um von ihm geistigen und körperlichen Trost zu erlangen. Er unterhielt sich mit ihm über den schlimmen Zustand der Kirche und bat ihn, sowie alle seine Genossen eifrig auf die Freiheiten der englischen Krone gegen die Hinterlist des römischen Hofes zu wachen und Jeden, der einen Angriff auf diese Freiheiten beabsichtige, sogleich mit dem Kirchenbanne zu bestrafen, wenn sie nicht das Verbrechen der Ketzerei auf sich laden wollten, wie die römischen Würdenträger, welche in Wahrheit Ketzer heißen müßten, weil sie ihren Verwandten, auch wenn sie unwürdig und noch Kinder seien, die Seelsorge anvertrauen und sich dadurch des ewigen Todes schuldig machten. Noch in der letzten Nacht seines Lebens versammelte er um sich einige Geistliche seines Sprengels und ermahnte sie, seinem Beispiele zu folgen und den Uebergriffen der römischen Curie hartnäckigen Widerstand entgegen zu setzen. Er klagte ihnen, wie ihn der Verlust so vieler Seelen schmerze, der durch die Handlungsweise des Papstes verursacht werde, den man deshalb mit Recht den Antichrist nennen könne. Besonders schädlich sei der Wucher, den der päpstliche Hof durch seine Kleriker treibe; den Predigermönchen habe er aufgetragen, sie sollten die Sterbenden bereden, Testamente zum Vortheil des heiligen Landes zu errichten, er verwende dann das Geld zu andern Zwecken und ertheile dafür Ablaß, und die geistlichen Aemter verkaufe er an die Meistbietenden oder gebe sie seinen Günstlingen. Ferner sprach er mit Abscheu von andern Lastern, die am römischen Hofe herrschend seien, nämlich von allen Arten von Habsucht, Wucher, Simonie und Raub, von allen Arten von Ueppigkeit, Pracht, Schmauserei und Wollust, sodaß die ganze Welt nicht seinen Geldgeiz befriedigen könne und für seine Geilheit alle feile Dirnen nicht hinreichen würden [12]). Er wollte noch weiter

8) Vergl. Jourdain, Geschichte der Aristotelischen Schriften im Mittelalter, aus dem Französischen von Ad. Stahr. Halle 1831. 8. S. 69. Man findet hier (S. 398 fg.) auch eine Probe dieser Uebersetzungen. 9) Rog. Bacon. Opus majus p. 48.

10) Vergl. Histoire littéraire de la France. Tom. XVIII. p. 437. 11) Von dem Abbé G. B. de La Rue in den Essais historiques sur les Bardes, les Jongleurs et les Trouvères normands et anglo-normands. Caen 1834. 8. Tom. III. p. 107-114. 12) Et cum haec et alia enormia, videlicet omne genus avaritiae, usuram, symoniam et rapinam, omne genus

sprechen und voraussagen, welches Unheil in kurzer Zeit über die Kirche hereinbrechen werde, aber seine Stimme erstickte unter Seufzern und Thränen und er starb in den Armen der Umstehenden am 9. Oct. 1253. So wanderte, sagt Matthäus Paris, der heilige Bischof von Lincoln aus dem Exil dieser Welt, welche er nie geliebt hatte. Er sprach stets offen seinen Tadel sowol gegen den Papst als auch gegen den König aus, war ein strenger Sittenrichter gegen die Prälaten, züchtigte die Mönche, leitete die Priester, unterrichtete die Geistlichkeit, unterstützte die Studirenden, predigte dem Volke und bestrafte die Unmäßigkeit. Dabei war er unermüdlich in der Erforschung der heiligen Schrift und bewies sich stets als ein Hammer und Verächter der Römlinge. Bei der körperlichen Erholung der Tafel war er ein freigebiger Wirth, gesprächig und heiter, an dem geistigen Tische des Herrn erschien er fromm und zerknirscht; in der Verwaltung seines bischöflichen Amtes war er unermüdlich und erwarb sich durch seine strenge Unparteilichkeit die allgemeine Achtung [13]). Sein Andenken ist seinen Landsleuten ganz besonders wegen seines energischen Widerstandes gegen die Uebergriffe des römischen Hofes in der Besetzung der kirchlichen Stellen in England mit seinen Anverwandten und Günstlingen theuer. Er war übrigens nicht weniger streng gegen seine eigenen Anverwandten, welche Ungebührliches von ihm verlangten. So entgegnete er eines Tages einem seiner Vettern, der ihn bat, ihm eine Anstellung zu verschaffen: „Mein lieber Vetter," sprach er zu ihm, „wenn dein Pflug zerbrochen ist, will ich dir ihn ausbessern lassen, taugt er Nichts mehr, so will ich dir einen neuen kaufen, auch Saatkorn will ich dir geben zur Bestellung deines Feldes, aber als Ackersmann habe ich dich gefunden und als Ackersmann will ich dich auch verlassen." Als Gelehrter ist er den vorzüglichsten Theologen, Philosophen und Naturforschern seiner Zeit beizuzählen und manche seiner Schriften sind jetzt noch brauchbar, aber schwer zugänglich, weshalb schon John Williams, ein gelehrter Theolog des 17. Jahrh., mit vieler Mühe und Kosten eine Sammlung derselben veranstaltet hatte und sie in drei Foliobänden herauszugeben gedachte, die Bürgerkriege hinderten aber die Verwirklichung seines Vorhabens. Die bis jetzt bekannt gewordenen Schriften zeichnen sich durch Reichthum des Inhalts und gesundes Urtheil aus, der Styl ist aber ebenso schwülstig, breit und hart, wie man ihn bei allen Schriftstellern seiner Zeit findet und tadelt. Robert's Tod erregte am römischen Hofe keine Trauer und Innocentius soll sogar an den König von England geschrieben haben, er möge die Gebeine dieses ketzerischen Bischofs aus der Kathedrale von Lincoln herauswerfen lassen, aber dieser hatte, wie Matthäus Paris erzählt [14]), noch nicht mit seinem Leben den Haß gegen den Papst ausgehaucht, sondern erschien diesem des Nachts und stieß ihm mit der Spitze seines Hirtenstabes so unsanft und unter so heftigen Drohungen in die Seite, daß er laut aufschreien und lange von diesem Schmerze nicht frei werden konnte, weshalb er weitere Schritte gegen den Bischof unterließ. Richard, ein Mönch des Klosters Bardeney, schrieb in der Mitte des 13. Jahrh. eine Biographie des Bischofs von Lincoln in lateinischen Versen, welche jedoch von Unsinn und albernen Fabeln strotzt, weshalb sie H. Wharton in seiner Anglia sacra (London 1691. fol.) auch nur (Tom. II. p. 323 seq.) im Auszuge mittheilt. Eine bessere Lebensbeschreibung lieferte mit steter Rücksicht auf die Geschichte des 13. Jahrh. der Theolog und Geschichtsforscher Samuel Pegge in seinem von seinen Landsleuten als Meisterstück der biographischen Kunst gepriesenen Werke: The Life of Robert Grosseteste, the celebrated Bishop of Lincoln, with an Account of the Bishop's works. Lond. 1793. 4., sie läßt aber namentlich in literarischer Beziehung viel zu wünschen übrig, obschon dem Verfasser die besten Quellen zu Gebote standen [15]).

(*Ph. H. Külb.*)

GREATHEED (Bertie), englischer Schöngeist und Dichter, im J. 1759 zu Guy's Cliff bei Kenilworth in Warwickshire geboren, gehörte einer sehr angesehenen und reichen Familie an und erhielt eine den Verhältnissen derselben entsprechende glänzende Erziehung. Dadurch entwickelte sich ein entschiedener Geschmack für die Kunst und schöne Literatur; da ihm aber wirkliches Talent für die Poesie nicht angeboren war, so trug er, wie Goethe sagt, als Schöngeist das Leichte auf leichten Schultern, statt als schöner Geist das Gewichtige leicht zu tragen, und da außerdem die in ihm tief wurzelnden aristokratischen Vorurtheile ihn abschreckten, die gewohnte Bahn des großen Haufens der Literaten zu betreten, so blieb er lange zweifelhaft, ob er der seit der Mitte des 18. Jahrh. besonders am Hofe und in den höheren Kreisen beliebten conventionellen Richtung oder der neueren, nach Originalität strebenden nationalen Schule, der sogenannten Seeschule (Lake School), folgen solle. Auf einer Reise, die er nach gewohnter Weise seiner Standesgenossen zu seiner weitern Ausbildung nach dem Continent und vorzugsweise nach

luxuriae, libidinem, gulam et ornatum, quae in curia illa regnant, detestaretur, et vere de ipsa judicaretur:

Ejus avaritiae totus non sufficit orbis,
Ejus luxuriae meretrix non sufficit omnis.

13) „Migravit igitur ex hujusmodi mundi, quem nunquam dilexit, exilio, sanctus *Lincolniensis Episcopus* Robertus secundus apud Bugedonam manerium suum in nocte S. Dionysii. Domini Papae et Regis redargutor manifestus, praelatorum corrector, monachorum corrector, presbyterorum director, clericorum instructor, scholarium sustentator, populi praedicator, incontinentium persecutor, scripturarum sedulus perscrutator diversarum, Romanorum malleus et contemptor. In mensa refectionis corporalis, dapsilis, copiosus et civilis, hilaris et affabilis. In mensa vero spirituali devotus, lachrymosus et contritus. In officio pontificali sedulus, venerabilis et infatigabilis." *Matthaeus Paris* l. c. p. 583.

14) Historia major p. 583.

15) Außer dieser Biographie vergl. *G. Cave*, Scriptorum ecclesiasticorum historia literaria (Genevae 1694. fol.), Append. p. 248. *Cas. Oudini* Commentar. de scriptoribus ecclesiasticis. Tom. III. p. 137—153. *J. Alb. Fabricii* Bibliotheca latina mediae et infimae aetatis ed. *J. D. Mansi*. Tom. VI. p. 103 seq. Biographie universelle. Tom. LXVI. p. 51 seq. Biographie générale. Tom. XXII. p. 183 seq.

Italien machte, ward er in Florenz mit einer Gesellschaft von italienischen und ausländischen Dilettanten und Dilettantinnen bekannt, welche sich aus Vergnügen mit der schönen Literatur beschäftigten und nichts Geringeres beabsichtigten, als einen nachhaltigen Einfluß auf die Bildung des Geschmacks überhaupt zu üben. Die bedeutendsten Mitglieder dieses Vereins waren Rob. Merry, Pearson, Pindemonte, Mistreß Piozzi und Lady Miller und fanden an dem reichen Briten, welcher sich leicht für die gewandten Improvisatoren und die mit ihnen befreundeten Blaustrümpfe begeisterte, einen willkommenen Mitarbeiter. Sie theilten die Erzeugnisse ihres Geistes auch in einer Sammlung (Florence Miscellany. Florence 1785. 8.) der Welt mit, welche aber gewiß dagegen sehr gleichgültig geblieben wäre, wenn nicht der Zufall ein Exemplar dieses Machwerkes in die Hände des witzigen, aber schonungslosen Kritikers William Gifford geführt hätte, welcher die Gesellschaft zu Florenz und ihre Tendenz in der viel gelesenen Satyre „Baviad“ (1794) dem allgemeinen Gelächter und Hohne preisgab und moralisch vernichtete. Mit dieser Schöngeisterei steht übrigens Greathed's philosophisch-politische Schrift: Essay on the Right of Conquest (Florence 1783. 4.) in keiner Beziehung, obschon ihr ein besonderer Werth nicht beigelegt werden kann. Dagegen versuchte er sich bald nach der Rückkehr in die Heimath in der dramatischen Dichtkunst und trat mit seinem Trauerspiele The Regent (Lond. 1788. 8.) hervor. Er brachte es mit vieler Mühe und großen Kosten in dem Drury-Lane-Theater zur Aufführung, aber nur die Talente eines John Kemble und einer Mistreß Siddons konnten verhindern, daß es nicht durchfiel, besonders da die Uebertragung der Regentschaft an den Prinzen von Wales während der Geistesgerrüttung Georg's III. ohnehin kein lohnender Stoff für die dramatische Kunst sein durfte. Greathed war klug genug, sich diese Lehre zu merken und verzichtete für immer auf den Ruhm, als Dichter zu glänzen. Er entsagte überhaupt gänzlich der Schriftstellerei und zog sich auf sein schönes Landhaus zu Guy's Cliff zurück, wo er auf großem Fuße lebte und glänzende Gesellschaften gab, wobei er jedoch nie aufhörte, sich als Freund der schönen Künste zu zeigen und diese auf jede Weise zu fördern. Später bewog ihn der Tod seines einzigen Sohnes, eines geschickten Zeichners und Malers, welcher auf einer Reise durch Italien bei Vicenza von einer Räuberbande ermordet wurde, sich in die Einsamkeit zurückzuziehen und die ungeheuren Reichthümer, die ihm von allen Seiten durch Erbschaft zuflossen, unbenutzt zu lassen. Als er am 16. Jan. 1826 starb, war er als Dichter bereits gänzlich vergessen *).
(*Ph. H. Külb.*)

GREATI (Giuseppe), italienischer Dichter und Gelehrter, um das Jahr 1760 zu Udine geboren, widmete sich dem Studium der Philologie und wurde, nachdem er sich durch seine kritische Untersuchung der italienischen Uebersetzung der Iliade von Mich. Cesarotti (Analisi dei nove primi Canti dell' Iliade tradotti dal Cesarotti, 1790), durch eine Lobrede auf Olivi (Elogio dell' Ab. Gius. Olivi) und mehrere andere Abhandlungen in den Denkschriften der Akademie von Padua, deren Mitglied er war, bekannt gemacht hatte, zum Bibliothekar von Padua ernannt, welches Amt er später mit einer Anstellung in gleicher Eigenschaft an der Brera in Mailand vertauschte, wo er um das Jahr 1820 starb. Seine Uebersetzungen aus dem Englischen und Französischen wurden mit Beifall aufgenommen; unter seinen eigenen poetischen Versuchen gefiel am meisten das Lehrgedicht „Educazione“ (Padova 1796. 8.); von seinen übrigen Gedichten sind noch zu nennen „l'Assaggio di Vanzo“ und „Epistola ad Elmira;“ alle zeichnen sich aber mehr durch sorgfältige Behandlung der Sprache als durch Schwung der Phantasie und Gedankenreichthum aus *).
(*Ph. H. Külb.*)

GREATING (Thomas), englischer Musiker und Musiklehrer, welcher in der zweiten Hälfte des 16. Jahrh. zu London wirkte und sich durch seine Anleitung, das Flageolet zu spielen (The pleasant companion, or new lessons and instructions for the flageolet. Lond. 1675. 4.), verdient machte. Dieser Versuch scheint jedoch nur eine Uebersetzung des vielleicht von demselben Verfasser herrührenden lateinischen Lehrbuchs zu sein, welches den Titel führt: Directiones ad pulsationem elegantis et penetrantis instrumenti, vulgo flageolet dicti: Socius jocundus seu nova collectio lectionum ad instrumentum flageolet (Londini 1667. 4.). Kenner der musikalischen Literatur betrachten dieses Werk als die älteste Anleitung zur Behandlung dieses Instrumentes †).
(*Ph. H. Külb.*)

GREATOREX (Thomas), englischer Tonkünstler, am 5. Oct. 1758 zu North-Winfield bei Chesterfield in Derbyshire geboren, widmete sich nach dem Wunsche seines Vaters, welcher sein angebornes Talent zur Musik schon früh wahrnahm, dieser Kunst und erhielt seine Ausbildung zu London, wo er im J. 1772 unter der Leitung des Componisten und Hoforganisten Benjamin Cook seine Studien begann. Als im J. 1776 das Institut für alte Musik gegründet wurde, wirkte er als Sänger bei den von dieser Gesellschaft veranstalteten Concerten im Chore mit, bis er im J. 1780 auf die Empfehlung seines Lehrers als Organist an der Kathedrale zu Carlisle angestellt ward. Im J. 1786 unternahm er zu seiner weitern Ausbildung eine Reise nach Italien. Er begab sich zuerst nach Rom, wo er bei Giuseppe Santarelli, Sänger an der päpstlichen Kapelle, die Vocalmusik zum Gegenstande seiner Aufmerksamkeit und große Fortschritte in derselben machte. Während seines Aufenthaltes zu Rom ward er auch dem Prätendenten Charles Edward, dem letzten königlichen Abkömmling des Hauses Stuart, vorgestellt, welcher ihn bat, eine Arie zu singen. Greatorex wählte den Abschied von Lochaber (Farewell to

*) Vergl. *Ar. Allibone*, Critical Dictionary of English Literature. Tom. I. p. 730. Biographie universelle. Tom. LXVI. p. 52. Biographie générale. Tom. XXI. p. 760.

*) Const. v. Wurzbach, Biographisches Lexikon des Kaiserthums Oesterreich. Bd. V. S. 321.

†) *F. J. Fétis*, Biographie universelle des Musiciens. (Paris 1862. 8.) Tom. IV. p. 92.

Lochaber) und trug das Lied mit solcher Kunst und so tiefem Gefühl vor, daß der Prinz in Thränen zerfloß und dem Sänger in heftiger Bewegung die Hand drückte. Der Künstler besuchte darauf Neapel, Florenz und Venedig, wo er sich einige Zeit aufhielt und von wo er am Ende des Jahres 1788 über die Schweiz, Deutschland, Belgien und Holland nach der Heimath zurückkehrte, um sich in London als Professor der Musik niederzulassen. Er erlangte als solcher bald einen nicht nur ungewöhnlich großen, sondern auch ebenso lohnenden Beifall, da ihm sein Unterricht jährlich 2000 Pf. St. abwarf. Als er im J. 1793 diese mühselige Beschäftigung aufgab, wurde er nach der freiwilligen Abdankung des bekannten Componisten Joah Bates zum Dirigenten des Orchesters bei den Concerten der königlichen Akademie für alte Musik gewählt, welche Stelle er 30 Jahre zur allgemeinen Zufriedenheit bekleidete. Er soll während dieser langen Zeit nicht ein einziges Mal weder bei den Proben, noch bei den öffentlichen Aufführungen, noch bei den Sitzungen der Directoren gefehlt haben. Als ihn einst bei einem Gastmahle, welches die Directoren gaben, der Prinz von Wales (der spätere König Georg IV.) länger an der Tafel zurückhalten wollte, als seine Pflicht ihm erlaubte, antwortete er, daß er besonders in Gegenwart des Königs und der Königin seine Schuldigkeit zu thun habe, erwiderte der Prinz lachend und auf den Namen des Tonkünstlers anspielend: Mein Vater ist König (Rex), ich muß aber gestehen, daß Sie ein größerer König (Greater Rex) sind. Man weiß, daß Georg IV. gern die Gelegenheit ergriff, solche Wortspiele anzubringen. So sagte er einst, als gerade Thomas Moore eine Lebensbeschreibung Sheridan's veröffentlicht hatte: „Er hat ihn nicht getödtet, aber doch einen Angriff auf sein Leben gemacht," und von Walter Scott sagte er zu der Zeit, als dieser seine Romane ohne Nennung seines Namens herausgab: „Es ist der kleine Bekannte, welcher den großen Unbekannten zum Essen bittet." Im J. 1819 ersetzte Greatorex als Organist an der Westminsterabtei seinen frühern Lehrer Cook, ohne jedoch die Direction des Orchesters an der Akademie aufgeben zu müssen. Er versah beide Stellen mit der größten Gewissenhaftigkeit bis zu seinem Tode, welcher am 18. Juli 1831 erfolgte. Greatorex war nicht nur ein geschickter Tonkünstler, sondern beschäftigte sich auch nicht ohne Erfolg mit Chemie, Botanik und Physik. Im J. 1819 machte er eine naturwissenschaftliche Reise an die Seen in Northumberland; auch befaßte er sich mit wiederholten Versuchen, die Höhe der Berge mit Hilfe des Barometers zu messen. Er stellte seine Beobachtungen in einer Denkschrift (Observations on the heights of mountains in the north of England) zusammen, welche in den Philosophical Transactions (1818) veröffentlicht wurde und den Beifall der Sachkundigen erwarb. Seine Verdienste in diesem Fache erlangten ebenfalls die verdiente Anerkennung und die königliche Gesellschaft der Wissenschaften ernannte ihn zu ihrem Mitgliede *). (*Ph. H. Külb.*)

*) Biographie universelle. Tom. LXVI. p. 58. (Nouv. éd. Tom. XVII. p. 410.) Biographie générale. Tom. XXI. p. 769.

GREATRAKES (Valentin), berühmter englischer Wunderdoctor des 17. Jahrh., am 14. Februar 1628 zu Affane in der Grafschaft Waterford in Irland geboren, stammte aus einer angesehenen Familie und wurde durch den Bürgerkrieg, welcher den Aufenthalt in seinem Geburtslande unsicher machte, in seinem 13. Jahre gezwungen, das Collegium zu Dublin, wo er seine Studien begonnen hatte, zu verlassen und seiner Mutter nach England zu folgen. Als er das zum Kriegsdienste erforderliche Alter erreicht hatte, trat er in das Revolutionsheer und kämpfte in Irland gegen die Katholiken. Nach der Verabschiedung des Regiments, in welchem er diente, im J. 1656 begab er sich nach seinem Geburtsorte, wo er mehrere Stellen und auch das Amt eines Friedensrichters bekleidete, welches er aber durch die Restauration des Hauses Stuart wieder verlor. Die ihm angeborene Neigung zur Einsamkeit und zur Betrachtung erwachte jetzt durch seine Unthätigkeit von Neuem und er folgte jetzt dem Hange, welcher schon die Lust seiner Jugend war, mit Bewußtsein und Entschiedenheit. Er glaubte in dieser Abgeschlossenheit in seinem Innern eine Stimme zu hören, welche ihm sagte, daß er die Gabe und die Kraft besitze, die Kröpfe zu heilen. Nachdem diese Einbildung ihn mehrere Monate unablässig verfolgt hatte, fing er an, sie für wahr zu halten, und berührte einen Drüsenkranken, welchen er, wie er versichert, wirklich durch seine Berührung von seinem Uebel befreite. Mehrere andere Versuche, die ebenfalls einen unerwartet günstigen Erfolg gehabt haben sollen, gaben ihm nun volle Zuversicht und hoben allen Zweifel an der ihm beiwohnenden Heilkraft. Als bald darauf (1665) in der Gegend, welche er bewohnte, ein ansteckendes Fieber ausbrach und schreckliche Verheerungen anrichtete, nahm er auch gegen dieses die ihm verliehene Gabe zur Hilfe, und alle Kranke, welche er berührte, sollen nach der Aussage vieler Zeugen wirklich dem Tode entgangen sein. Um dieselbe Zeit begann er auch nicht nur Krämpfe, Wassersucht und andere innere Krankheiten, sondern auch Wunden und Geschwüre mit Erfolg zu heilen. Der Ruf seiner wunderbaren Curen verbreitete sich schnell über das ganze Land und von allen Seiten strömten so viele Kranke herbei, daß der Bischof von Lismore sich veranlaßt sah, ihn vor den geistlichen Gerichtshof seiner Diöcese zu laden, bei welchem er von den über die Beeinträchtigung ihres Gewerbes verdrießlichen Aerzten und von den Seelsorgern angeklagt worden war, daß er ohne Erlaubniß die Heilkunst ausübe und nach Eingebung des heil. Geistes zu verfahren behaupte. Dem Wunderarzte wurde von dem Gerichte untersagt, sein Handwerk ferner zu üben, und insbesondere wurde ihm verboten, dies durch Auflegung der Hände zu thun. Während auf diese Weise sein Unwille erregt und er verhindert wurde, der leidenden Menschheit Beistand zu leisten, erfolgte aus England eine Einladung Lords Orrery, unter dessen Befehlen er früher Kriegsdienste geleistet, an ihn, zu ihm zu kommen, um seine Heilkraft an der Gräfin von Conway, welche schon viele Jahre an einem eingewurzelten Kopfübel litt, zu versuchen. Er folgte bereitwillig im J.

1666 dem Rufe und die Heilung soll, wie behauptet wird, wirklich gelungen sein. Seine weitere Reise glich einem Triumphzuge. Die Behörden der Orte, durch welche er kam, eilten ihm überall entgegen mit der Bitte, ihre Kranken zu heilen, und das Aufsehen, welches er erregte, war so groß, daß es bis zu den Ohren Karl's II. drang, welcher ihn durch seinen Staatssecretair, den Grafen von Whitehall, zu sich bescheiden ließ. Der Hof hatte zwar, wie man behauptet, keine Gelegenheit, sich von seiner wunderthätigen Kraft zu überzeugen, fand aber auch keine Veranlassung, ihm die Heilung der Kranken zu verbieten. Greatrakes nahm nun seinen Aufenthalt zu London, wo er lange Zeit ungestört seine Wirksamkeit fortsetzte und jeden Tag einen in der Nähe eines Hospitals befindlichen Saal besuchte, in welchem sich Kranke jedes Standes, Geschlechts und Alters aus allen Theilen der Stadt versammelten. Da jedoch nicht alle Leute und am wenigsten die Gelehrten vom Fache an die wunderbare Heilkraft des Irländers glaubten, so fing man allmälig an über sein Treiben zuerst zu spotten und dann ihm seine Unwissenheit und seine Betrügerei vorzuwerfen. Lloyd, Lehrer der Medicin am Hospitale zu Charter-House, ließ sogar eine heftige Schmähschrift gegen ihn unter dem Titel: „Gaukeleien sind keine Wunder" (Wonders no miracles. Lond. 1666. 4.) erscheinen, auf welche jedoch Greatrakes durch eine Erzählung seiner Lebensgeschichte und seiner Wirksamkeit (A brief Account of M. Valentine Greatrakes, and divers of the strange Cures by him performed. Lond. 1666. 4.) antwortete. Die in Gestalt eines Briefes an Robert Boyle, den Präsidenten der königlichen Gesellschaft der Wissenschaften, gerichtete Schrift bringt eine Menge von Zeugnissen angesehener Leute von erprobter Ehrlichkeit, welche die Wahrheit seiner wunderbaren Heilungen bezeugen. Darunter finden sich auch mehrere berühmte Theologen (Wilkins, Whichcot, Cudworth und Patrick), welche ihn ausdrücklich gegen den Vorwurf der Magie vertheidigen. Er vermochte aber dadurch nicht den Sturm, der sich einmal gegen ihn erhoben hatte, zu beschwichtigen und selbst aus der Ferne wurden Stimmen gegen ihn laut. Der bekannte französische Dichter Graf von Saint-Evremond, welcher sich zu dieser Zeit in Holland aufhielt und viel von den Curen des Wunderdoctors hören mußte, verspottete ihn in einer Novelle, welcher er die Ueberschrift: Der irländische Prophet [1]), gab. Henry Stubbe, ein englischer Arzt, nahm ihn dagegen in Schutz und versuchte in einer zu diesem Zwecke herausgegebenen Apologie (The miraculous conformist. Oxford 1666. 8.) die Erfolge seiner Heilkraft zu bestätigen. Allmälig stellte es sich jedoch immer mehr heraus, daß diese wunderbaren Heilungen bei weitem zum größern Theil auf der Einbildung und der Leichtgläubigkeit der großen Menge beruhten, und als man sich endlich überzeugte, daß er Frauen und Mädchen viel lieber und mit auffallend größerer Aufmerksamkeit berührte, als Kranke des männlichen Geschlechts, und auch einige abenteuerliche Verhältnisse mit Weibern ruchbar wurden, so hielt er es für klug und rathsam, London zu verlassen und nach Irland zurückzukehren, wo er sich wieder in seiner Einsamkeit verbarg und bald vergessen wurde. Das Jahr seines Todes ist ungewiß, doch scheint er um das Jahr 1700 gestorben zu sein. Es wäre zu voreilig und Unrecht, ein zu hartes Urtheil über Greatrakes zu fällen und ihn als Betrüger bezeichnen zu wollen; er wird einstimmig als ein ebenso ehrlicher und ernster als einfacher und bescheidener Mann geschildert und verrieth keines der Kennzeichen, durch welches sich alsbald der Betrüger offenbart. Er hatte keine verkehrten Ansichten über Religion und beobachtete gewissenhaft die Gebräuche der anglikanischen Kirche. Sucht nach Reichthum kann man ihm ebenfalls nicht vorwerfen und ebenso wenig irgend ein Haschen nach Ruhm oder Ehrenstellen, denn er pochte nie auf seine Kunst, wenn ihm die Heilung irgend einer Krankheit gelungen war. Hatte er Jemand von seinem Uebel befreit, so verabschiedete er ihn mit den Worten: „Gott erhalte dich gesund," und bezeugte ihm Jemand seine Erkenntlichkeit, so bedeutete er ihn ernstlich, er möge Gott allein Dank sagen. Am liebsten widmete er seine Sorgfalt den kranken oder verwundeten Matrosen und Soldaten, wozu er besonders in London oft Gelegenheit fand. Er hielt sich im Allgemeinen mehr für eine Art von Prophet und von diesem Gesichtspunkte aus wollte er auch beurtheilt sein, denn er schrieb alle Krankheiten den bösen Geistern zu und betrachtete die Kranken als Besessene; er war deshalb in der Dämonologie sehr bewandert; er kannte die Zahl, die Namen, die Rangordnung und die Verrichtungen der Geister und glaubte mit denselben in Beziehung zu stehen. Seine Heilmethode bestand darin, daß er die kranke Stelle mit der Hand berührte, weshalb man ihn auch gewöhnlich den Berührer nannte. Er machte mit der Hand dabei eine sanft reibende Bewegung von Oben nach Unten, und wenn das Uebel nicht sogleich wich, so wiederholte er diese Betastung und trieb dadurch den Krankheitsstoff aus den edleren Theilen in die weniger edeln und bis in die Extremitäten, durch welche er verschwand. So will man gesehen haben, daß er einen Schmerz aus der Schulter bis zu den Füßen trieb, bis dieser durch die Zehen Abschied nahm. Als eine auffallende Erscheinung bei dieser Heilung wird erwähnt, daß der Schmerz, wenn Greatrakes in seiner Arbeit durch einen Zufall unterbrochen wurde, an der Stelle, wo die reibende Handbewegung aufgehört hatte, sitzen blieb und dann erst nachließ, wenn die Manipulation fortgesetzt und bis zu Ende geführt wurde. Georges Rust, Dechant von Connor und später Bischof von Dromore in Irland, erzählt als Augenzeuge, er könne betheuern, daß der Berührer auf diese Weise Schwindel, schlimme Augenübel, Ohrenschmerz, Fallsucht, eingewurzelte Geschwüre, Kröpfe, verhärtete Geschwülste und Krebsschäden an der Brust wunderbar schnell und wie durch Zauber geheilt und Geschwüre, welche Jahre lang jedem Versuche, sie zu entfernen, hartnäckig widerstanden, in fünf Tagen zur Reife

1) Le prophète irlandais; sie befindet sich in den verschiedenen Ausgaben seiner Werke, in der von dem Herrn von Maizeaux besorgten Ausgabe (Oeuvres. Paris 1753. 12.) Tom. III. p. 71 seq.

gebracht habe. Er berührte auch die Besessenen, welche schon, wenn sie ihn nur sahen oder seine Stimme hörten, von schrecklichen Krämpfen befallen wurden; er soll sogar, wie manche Zeitgenossen behaupten, die Geschicklichkeit besessen haben, den Atheismus zu heilen. Manchmal bediente er sich auch ganz gewöhnlicher Dinge als Heilmittel; so machte er Taube dadurch hörend, daß er ihnen mit dem Finger seinen Speichel in die Ohren einrieb, und Skrofeln ließ er mit gekochten Rüben belegen, bis sie aufsprangen, worauf er das Geschwür mit seiner Hand drückte, bis es heil wurde. Manchmal hatten aber auch seine Curen keinen vollständigen Erfolg und viele Uebel widerstanden unter gewissen Umständen allen seinen Bemühungen. Vergleicht und untersucht man alle über die Heilungen dieses Wunderdoctors vorhandenen Nachrichten, so ergibt sich eine überraschende Aehnlichkeit seiner Kunst mit dem Heilverfahren des neueren Magnetiseurs und man kann es den Irländern und Engländern des 17. Jahrh. nicht allzu sehr verargen, daß sie seiner Heilkraft unbedingten Glauben schenkten, da auch in der Neuzeit der thierische Magnetismus seine gläubigen Anhänger und Vertheidiger gefunden hat. Auch dürfte es gar nicht zu leugnen sein, daß gewisse an den Menschen und selbst an den Pferden und Hausthieren sich zeigende örtliche Krankheiten durch wiederholte streichende Berührung der leidenden Theile mit den Händen nach einer bestimmten Richtung hin geheilt werden können, wie wissenschaftlich gebildete und Nichts weniger als abergläubische Aerzte zugestehen. Wenn aber solche einzelne Erfahrungen zu einem Heilsysteme ausgebildet werden und wenn man ein solches als überall und in allen Fällen anwendbares anpreist, so dürfte mit Gewißheit vorauszusagen sein, daß es jedem solcher Versuche, besonders wenn der Heilende seine Kunst mit abergläubischen Nebendingen verbindet, nicht besser ergehen wird, als dem Heilverfahren des Anfangs so übermäßig gepriesenen und dann vollständig vergessenen irländischen Berührers [2]). *(Ph. H. Külb.)*

GREAT SALT-LAKE. Von 40° 40' bis 41° 42' nördl. Breite, von 114° 28' bis 115° 38' westl. Länge von Paris, in einer Länge von 16⅘ deutschen Meilen von SSO. nach NNW. und in einer Breite von 4—7 Meilen von Ost nach West nimmt der Große Salzsee (Great Salt-Lake) die tiefste Stelle in einem weiten Becken der nordamerikanischen Hochlande ein. Der Flächeninhalt des Sees wird auf 78,43 deutsche □Meilen berechnet, nach Angabe des niedrigsten Wasserstandes auf A. Petermann's Karte (Geographische Mittheilungen 1858, Taf. XI); bei hohem Wasserstande, nach der Schneeschmelze, überfluthet der See die angrenzenden Schlamm- und Sandflächen und kann dann eine Größe von nahe 100 □Meilen erreichen. Der Seespiegel liegt bei niedrigem Wasserstande 3960 Fuß über dem Meeresspiegel. Er schließt mehrere Inseln ein: im Nordwesten die 0,08 □Meilen große, an einem Punkte 66 Fuß ansteigende, meist niedrige Dolphininsel, weiter südlich die 460 Fuß hohe Gunnisoninsel, 0,03 □Meilen groß; die kleine Hatinsel; die 401 Fuß hohe, 0,68 □Meilen große, aber bei höchstem Wasserstande bis auf einen einzigen Berg überfluthete Carringtoninsel; an der Ostseite die lange, 890 Fuß hohe, 0,24 □Meilen große Fremontinsel und im Südosten die 2,19 □Meilen große Antelopeinsel, deren Berge 2617 Fuß über den See, 6567 Fuß über den Meeresspiegel aufragen und auf welchen sich einige Quellen befinden. Eine Furth verbindet sie mit dem flachen Südostgestade des Sees; die Berghänge und Thalgründe sind reichlich begrast und bieten den Anwohnern des Sees sichere und höchst willkommene Weideplätze. Auf den Felsenklippen der sämmtlichen Inseln nisten unzählbare Schaaren von Möven, Reihern, Pelikanen; im Uebrigen herrscht eine tiefe Stille über den weiten klaren See. Die Tiefe des Sees ist nicht bedeutend; sie beträgt östlich der Fremont- und Antelopeinsel nur selten über 10 Fuß, in dem westlichen Theile des Sees 12—30 Fuß; die größte gemessene Tiefe scheint 34 Fuß. Die Ufer sind sehr verschiedenartig; eine von Norden hereinragende Halbinsel hat bis an ihre Südspitze (Promontory Point) felsige Steilufer; ihr gegenüber steigt an der Westküste Strong's Knob 946 Fuß über den Seespiegel empor; besonders steil erhebt sich im Süden Stansbury-Insel, eine 1⅕ □Meile große Felsenmasse von gleicher Höhe mit der Antelopeinsel, aber zur Zeit des niedrigen Wasserstandes mit dem Festlande zusammenhängend. Oestlich von jener Halbinsel erstreckt sich die Bear-Riverbai ins Land; sie wird, wie die gesammte Ostseite des Sees, durch die Anschwemmungen der Flüsse allmälig verflachen. Die Nordspitze des Sees führt den Namen Springbai. Der größere Theil der Uferwände aber ist ganz flach. Das Nordufer ist eine 2—3 Meilen breite, mit kleinen inselartigen Erdhügeln besäete, weiche und quellige Ebene, über welche kaum ein Weg möglich ist; nur an dem Fuße der angrenzenden Berge gibt es treffliches Weideland. Weit öder und einförmiger stellt sich der Westen des Sees dar. Bis an die Pilot-Peakkette, d. h. bis an den Ostabhang des westlichen Hochlandes, erstreckt sich „eine ungeheure fast horizontale Ebene — so berichtet J. E. Schmidt — aus weichem Schlamme und Sand gebildet und häufig von kleinen Bächen salzig-bittern oder schwefeligen Wassers durchzogen, die alle in den Boden versinken, noch ehe sie den Seerand erreichen können. Wenn im Hochsommer die brennenden Sonnenstrahlen den brakischen Schlamm erhärtet haben, ist der Marsch über diese Uferfläche leicht zu bewerkstelligen, aber jeder heftige Regenguß macht den trügerischen Boden so unergründlich, daß dann das Reisen über denselben mit Lastthieren außerordentlich mühsam und oft sogar gefährlich wird. Diese Ebene ist mithin bis zu jenem an 15 Meilen weit entfernten Plateau der Cultur ganz unfähig, schrecklich öde und ohne Vegetation, ausgenommen, wo hier und da etliche Sträucher der Artemisia und Salicornia Wurzel zu fassen vermochten. Kleine Salzkrystalle

2) Vergl. Vie de M. de Saint-Evremond par M. des Maizeaux in der oben angeführten Ausgabe seiner Werke, Tom. I. p. 8 seq. Biographie universelle. Tom. XVIII. p. 267 seq. Biographie générale. Tom. XXI. p. 770.

glitzern über der ganzen Oberfläche des zähen, klebrigen Schlammes und täuschen das Auge in der Ferne mit dem Anschein einer blinkenden Wasserfläche; Luftspiegelungen außerordentlicher Art verzerren jeden Gegenstand zu den wunderlichsten phantastischen Formen. Ein Paar Felsenvorsprünge, zerstreute Artemisiasträucher, die Salzkruste des Ufersandes schwimmen vor dem erstaunten Blick wie schwebende Gärten, Orangenhaine, Lustschlösser und romantische Gebirgsseen in der Ferne. Ein verdorrter Stecken im Boden thürmt sich als Riesenbau am Horizonte auf, ein einsamer Wanderer vervielfältigt sich zu einer langen Reihe Giganten, die im gemessenen Takt schwerfällig dahin wandeln, und wenige ermüdete Reiter und Packesel erschrecken das ausblickende Auge mit dem Schauspiel einer in militairischen Evolutionen anrückenden Heerschar." Aehnliche Erscheinungen bietet das Südufer, nur daß hier die Sand-, Salz- und Sumpfflächen durch parallel von Süd nach Nord streichende Züge in einzelne Abschnitte zerlegt und dadurch zugleich wohnlicher gemacht sind. Anders die Ostufer. Dem allerdings auch hier nicht fehlenden flachen, öden Strande folgen landeinwärts Strecken grünen Weide- und Ackerlandes, welche sich in ununterbrochener Folge an den Fuß des Wahsatchgebirges anlehnen, freilich zum großen Theil erst durch leicht herzustellende Bewässerung für die Cultur gewinnbar. Diese Gegenden tragen den Reiz landschaftlicher Schönheit, aber es fehlt an dem Baumwuchse, den erst der Mensch durch seine Arbeit hervorrufen muß.

Das Wasser ist durchsichtig und außerordentlich salzig. Dr. Gale in Washington fand in demselben 20,196 Proc. Chlornatrium, 2,834 Proc. schwefelsaures Natron (Glaubersalz), 0,252 Proc. Chlormagnesium, Spuren von Chlorcalcium; im Ganzen 22,422 Proc. feste Bestandtheile. Wenn in trockener Jahreszeit viel Wasser verdunstet, krystallisirt das Salz aus und senkt sich zu Boden. Bei dem Baden im See kann man kaum vollständig ins Wasser eintauchen; in den Augen verursacht freilich jeder Tropfen einen brennenden Schmerz; auch muß man nach dem Bade sich mit süßem Wasser abspülen, um die schnell sich bildende Salzkruste zu entfernen. Gleichwol ist ein solches Bad eine herrliche Erfrischung und Stärkung. Der Utahsee und der Jordan gehören zu den fischreichsten Binnengewässern; der Europäer theilt seinen Geschmack an den trefflichen gefleckten Lachsforellen mit den Indianern und den zahllosen Schaaren von Wasservögeln. Ein Gebiet von 6—7000 □Meilen sendet seine Gewässer dem Großen Salzsee zu. Allerdings ist dieses Gebiet zum großen Theil regenleer. Die Ebenen und die Ostabhänge der Gebirge haben keinen, die steilen Westabhänge dagegen genügenden Regen. Der Jordan ist der Abfluß des höher gelegenen Utahsees. Dieser reizende Gebirgssee erstreckt sich von 39° 69' bis 40° 21' nördl. Breite und von 114° 10' bis 114° 28' östlich von Paris, hat eine Länge von 10⅔, eine Breite bis zu 2⅔ Meilen und bedeckt einen Flächenraum von 6⅔ □Meilen. Seine Höhe über dem Meere ist etwa 4060 Fuß, seine Tiefe nur bis 15 Fuß. Sein Wasser ist süß und wird von zahlreichen, aus den nahen Gebirgen herabbrausenden Gießbächen frisch erhalten. Solche Bäche sind: der in die Südspitze mündende Salt-Creek, der Pequin-net-ty-Creek oder Spanish-Fork, der Pimquan-Creek, der Tim-pan-o-gos u. a. m. Aus dem nördlichen Ende des Sees fließt der Jordan, drängt sich durch die Felsenengen des Traversegebirges, den sogenannten Kanyon, hinab und geht dann in die breite, fruchtbare Thalebene über, wo ihn zahlreiche kleine Bäche von Osten her verstärken. Nach einem Laufe von 9 Meilen erreicht er bereits den Großen Salzsee; sein Wasserreichthum ist für die Bewässerung, sein rasches Gefälle zum Treiben von Wasserrädern aller Art von großem Nutzen. Von Osten fließt der Weber, welcher auf dem Hochlande entspringt, weite Prärieen, wie die schöne Kamasprärie, die sich an den Timpanogos hinüberzieht, bewässert, zahlreiche Zuflüsse sammelt und seine Wässer in einem engen Kanyon zur Tiefe sendet, ähnlich wie sein Nebenfluß Ogden, der sich bei Ogden-City mit ihm vereinigt. Beide Gewässer geben zu zahlreichen industriellen Anlagen günstige Gelegenheit. Der stärkste Zufluß des Sees aber ist der Bear-River oder Bärenfluß, der auf einem Plateau von etwa 7000 Fuß Höhe östlich von den Timpanogosbergen entspringt, bei Beer-Spring (5384 Fuß hoch) im Staate Idaho plötzlich nach Süden umlenkt, dort die höchst merkwürdigen Soda-Springs berührt, in einem engen Kanyon, dem „Thor" (the Gates), aus dem Gebirge heraustritt und nun in einem breiten, fruchtbaren Thale, nach 60 Meilen langem Laufe, den See erreicht — die Miry-Clay-Flats, eine Sumpf- und Schlammebene an seiner Mündung bildend. Wichtige Mineralquellen finden sich im Gebiete des Sees und namentlich an seinen östlichen Ufern. Im Thale des Bärenflusses, 2 Meilen unterhalb seiner „Thore," 14 Meilen nördlich der Salzseestadt, kommen auf einer Entfernung von 30 Fuß aus tiefen Erdlöchern drei Quellen, die ihr Wasser in einem gemeinschaftlichen Abfluß vereinigen: eine heiße Schwefelquelle, eine salzige warme Quelle und ein kaltes treffliches Trinkwasser. Andere heiße Quellen sprudeln zwischen Willard und Ogden hervor; von besonderer Bedeutung werden die bei der Salzseestadt befindlichen 40° und 25° R. warmen Schwefelquellen werden, die neben dem Wasser des Salzsees und dem klaren Wasser der Bergbäche mit der Zeit hier den ansehnlichsten Badeort des fernen Westens schaffen werden. Endlich sind heiße Schwefelquellen nahe dem Jordan-Kanyon in schöner Gegend zu finden, ebenso warme und kalte Quellen am Nordende des Utahsees.

Das Klima am See ist das eines Hochlandes, mit all seinem schroffen Wechsel zwischen scharfen Wintern und heißen Sommern, zwischen brennender Tagesgluth und kühlen Nächten. Die bis jetzt angestellten Beobachtungen ergeben als mittlere Monatswärme:

Januar	— 2,38° R.
Februar	1,34° „
März	3,47° „
April	8,01° „

Mai	14,76° R.
Juni	18,58° „
Juli	22° „
August	. . . . . .
September	. . . . . .
October	. . . . . .
November	4,20° R.
December	0,83° „

(*L. Blodget*, Climatology of the United States. Philadelphia 1857.) Das Minimum der Temperatur war — 16°,4 R., Nachtfröste dauern bis Ende Mai. Die Sonnentemperatur steigt bis über 30° R., die Hitze in den der Sonne ausgesetzten, eingeschlossenen Thälern ist dann — bei völliger Windstille — drückend und wird nur durch die Verdunstung des Sees etwas gemäßigt. Im Thale bleibt selten Schnee lange liegen, aber alle Hochpässe werden regelmäßig verschneit und das ganze Land ist während der fünf Wintermonate von der Außenwelt abgeschnitten. Alle die Berghänge und Thalgründe dieser Gegend gewähren treffliches Weideland. Vor Allem zeichnet sich die Umgebung des Utahsees aus. Während des rauhen Winters müssen die Heerden in den niedrigen Gegenden in Sicherheit gebracht werden. Sobald der Frühling anbricht, steigen die Hirten an den Berghängen empor, bis sie im Hochsommer den höchsten Bergspitzen nahe kommen. Mit Anfang October aber herrschen wieder Fröste und Winterstürme im Hochlande und gewaltige Schneemassen füllen die engen Thalschluchten, alle Wege versperrend. Fruchtbares Ackerland breitet sich zwischen dem Fuße der Gebirge und den Flüssen oder Seen aus; die Mormonen haben verstanden, durch ein treffliches Bewässerungssystem dem harten und trockenen Boden, dessen Bestandtheile zersetzter Granit, Gneis, Porphyr, Sandstein und Kalkstein sind und dem nur der befruchtende Regen in der Zeit des Wachsthums der Pflanzen fehlt, reichliche Ernten abzugewinnen. Weizen trägt 20- bis 40fältige Frucht; Wurzelpflanzen, Gemüse, Getreide gedeihen; nur Mais kann der Fröste wegen nicht gebaut werden; Tabak und Bataten lassen sich nur an geschützten Stellen ziehen. Die Führer des Staates haben in kluger Berechnung von Anfang an nur den Ackerbau zugelassen, erst später sind einige Zweige der Woll- und Baumwollmanufactur gepflegt worden; die sehr wahrscheinliche Existenz von Gold wird geleugnet, das im Süden massenhaft vorhandene Eisen nicht ausgebeutet. Den Ostrand des großen Centralbeckens von Utah bilden die Wahsatchberge, d. i. den Steilabfall des weiten, welligen Hochlandes an den Quellen des Colorado und des Platte. Auf dem westlichen Rande, der sich durchschnittlich 3—4000 Fuß über das Centralbecken erhebt und an den meisten Stellen ganz unzugänglich ist, bauen sich zahlreiche Felsengipfel auf, wie der gigantische Lone Peak, 10,053 par. Fuß über dem Meere, und die Twin Peaks oder Zwillinge, beide auf Plateauvorsprüngen, die gegen das Jordanthal vorgeschoben sind; auch die Gipfel zu beiden Seiten des Ogden- und Weber-Kanyon steigen bis gegen 9000 Fuß empor. Wenige Pässe führen an den Steilwänden oder in den Thalschluchten empor; die Straßen vereinigen sich meist in Fort Bridger unweit des Green River und gehen dann dem östlichen Abhange zu. Ein lebhafter Verkehr bewegt sich auf diesen dürftig gebahnten Straßen. Lange Züge von Wagen und Karren, von Maulthieren und Ochsen gezogen, beleben den Weg. Leer ziehen sie nach Osten. Beladen mit Korn, mit Maschinen für die Minenregion, mit Kleidern, Nahrungsmitteln und Gegenständen des Luxus für die wachsende Bevölkerung von Utah, Nevada, Idaho und Montana kehren sie zurück. Alle diese Gebiete beziehen ihre Bedürfnisse aus den östlichen Staaten und nicht von der californischen Küste. — Die mit einer weißleinenen Plane bedeckten Wagen werden von 4—6 Paar Mauleseln oder Ochsen gezogen; die Züge sind oft über eine engl. Viertelmeile lang. Zur Mittagsrast und Nachtruhe lenken die Wagen vom Wege ab auf die Prärie; denn nur in großen Entfernungen findet man auf diesen Linien leere Postställe und noch seltener dürftige Wirthshäuser zur Einkehr. Vor zehn Jahren schrieb C. R. Schmidt: „Die von Jahr zu Jahr steigende Nothwendigkeit der Anlegung einer Eisenbahn nach dem Stillen Meere macht die gleichzeitige Sicherung und Cultur der öden Gegenden, welche diese Bahn zu durchziehen hat, zu einem Gegenstande von der größten Bedeutung, und es unterliegt keinem Zweifel, daß, wenn auch die Mormonen als solche nicht dazu berufen sind, einen in Sitte und Politik abgesonderten Staat zwischen den beiden Meeren einzuschieben — dennoch der Fortschritt der Civilisation nach dem Westen durch andere, mit dem Gesammtcharakter des amerikanischen Volkes mehr in Harmonie stehende Kräfte bewerkstelligt werden wird." Heute ist diese Bahn schon im Bau begriffen, die Linie über die Salzseestadt ist ihr vorgezeichnet, und obgleich der Abstieg vom Plateau der Wahsatchberge am Weberflusse die großartigsten Kunstbauten nöthig machen wird, wird doch vielleicht schon 1871 das Band vollendet sein, welche das Gebiet der Salzseestadt mit den Culturstaaten des Ostens und Westens in enge Verbindung bringen und seiner bis jetzt isolirten Entwickelung eine andere, mit der Außenwelt mehr harmonirende Richtung geben, aber auch die materiellen Hilfsquellen des Landes entschieden fördern wird. Diese Bahn wird von Omaha-City am Missouri im Staate Nebraska, und mit einem andern Arme von St. Louis und Kansas-City ausgehend, am Südarme des Platteflusses aufsteigend, nördlich vom Longs-Peak im Staate Colorado den Ostrand des Felsengebirges erreichen, 80 deutsche Meilen lang das Hochland bis zur Wahsatchkette durchziehen, soll dann am Südende des großen Salzsees vorbei über die westlichen Plateaulande hinweggehen und senkt sich jenseit der Sierra Nevada zum Thal des Sacramento in Californien hinab. Das Becken des großen Salzsees, reich von der Natur gesegnet, enthält alle Elemente zur Bildung eines Staates. Die Leiter der Mormonen haben diese trefflich zu benutzen verstanden, sie haben Takt und staatsmännisches Talent gezeigt, während die Unterthanen mit Fleiß, Mäßigkeit, Ehrlichkeit gesunde bürgerliche Verhältnisse herstellen — es ist überraschend, welche Fortschritte, welchen Wohlstand, welche Triumphe von Industrie und Ausdauer dieser neue Staat aufzuweisen hat.

Literatur. *Capit. Gunnison*, The Mormons or latter day Saints in the Valley of the Great Salt Lake. Philadelphia 1853. Theodor Olshausen (aus Saint-Louis), Die Geschichte der Mormonen. Göttingen 1856. Dr. Ernst Reinhold Schmidt (Lehrer der Naturwiss. in New Jersey), Das Thal des großen Salzsees von Utah und die Heerstraße nahe dem 41. und 42. Parallel nach demselben (in Petermann's Mittheilungen 1858. S. 280—294, mit Karte). Karl Neumann, Vom Fort Laramie nach dem Großen Salzsee, in der Zeitschrift für Erdkunde 1858, Juni, S. 468 fg.

Land und Leute im fernsten Westen. I. Die Prairie, die Felsengebirge, der Mormonenstaat, in Hackländer's „Ueber Land und Meer." X. Jahrg. S. 87 fg. Stuttgart 1867. II. Nach Californien. San Francisco. Die Chinesen. Die Geyser. Das Yosemitethal. Die „Großen Bäume." Ebendas. X. Jahrg. S. 312 fg. Stuttgart 1868. Theodor Kirchhoff, Reise von der Mormonenstadt am Salzsee nach dem Goldlande Idaho 1868, im Globus von Karl Andree. Bd. XIII.

Neue und wichtige Aufschlüsse über Bodengestalt und geognostische Verhältnisse haben wir von einer wissenschaftlichen Expedition zu erwarten, welche seit 1867 (auf drei Jahre) einen Streifen Landes unter dem 40. Parallelkreis quer durch Nevada, Utah und Colorado untersuchen soll. Clarence King ist Führer der Expedition, welche aus drei Topographen, drei Geologen, einem Botaniker, einem Zoologen und einem Photographen, nebst zahlreicher Dienerschaft und militairischer Escorte besteht.

Die Große Salzseestadt (Salt Lake City oder The City of the Grand Salt-Lake), im Sommer 1847 von den Pionnieren der großen Mormonen-Emigration aus den Mississippistaaten angelegt, ist auf einer Vorterrasse am Fuße der Wahsatchgebirge, 4080 par. Fuß über dem Meere, über dem rechten Ufer des Jordan, gebaut, in welchen hier mehrere Gebirgsbäche münden. Die geographische Lage der Stadt ist unter 114° 20' westl. Länge von Paris (112° 6' westl. L. von Gr.) und 40° 46' nördl. Breite; der bezeichnete Punkt trifft in die nordöstliche Ecke der 1 Stunde von Nord nach Süd, 1½ Stunde von Ost nach West ausgedehnten, weitläufigen, von rechtwinkelig sich kreuzenden Straßen durchschnittenen Stadt. Jedes Straßenviereck, ein Quadrat von 660' Länge und Breite, faßt acht Baustellen zu 1¼ Acker Grund und Boden, die Häuser stehen 20 Fuß von den Straßenfronten zurück, der Raum vor denselben ist mit Bäumen und Ziersträuchern bepflanzt, hinter denselben liegen geräumige Gärten. Die Straßenbreite ist 130 Fuß; auf beiden Seiten gehen Trottoirs von 20 Fuß Breite — Alles für den Verkehr einer künftigen Großstadt angelegt. Die Häuser sind freilich zum größern Theil klein, einstöckig und aus Mangel an Holz von lufttrockenen Lehmziegeln erbaut; doch fehlt es auch nicht an größeren steinernen Gebäuden, namentlich für öffentliche Zwecke. Bei den Mormonen zählt ein Haus so viele Thüren, als der Besitzer Frauen hat. Das Haus Brigham Young's, des Präsidenten und ersten Propheten, nimmt ein ganzes Viereck ein und enthält verschiedene Wohnhäuser, ein Schulhaus für seine 40—50 Kinder, große Stallungen, eine Getreidemühle, eine Zimmermannswerkstätte und das Amthaus der Aeltesten. An demselben großen Platze, auf dem Viereck gegenüber, stehen das alte „Tabernakel" und die Anfangsbauten eines neuen Tempels, welcher an Größe und Pracht „alle Tempelbauten der Erde so weit überragen soll, wie die Religion der Mormonen die des Restes der Menschheit übertrifft." An demselben Platze befindet sich das „Bowery," ein ungeheures Dach von grünen Zweigen, unter dem mehrere tausend Menschen Platz finden: es ist der Platz für die gottesdienstlichen Versammlungen während des Sommers. Ein neues, massiv gebautes Bowery, 11,000 Personen fassend, ist 1868 vollendet worden. Jedes dieser Vierecke wird von einer 12 Fuß hohen steinernen Mauer umschlossen. Der Mormonenstadt fehlt es nicht an einem großen und trefflich ausgestatteten Theater: dasselbe ist Eigenthum des Präsidenten, die Schauspieler sind nur unbezahlte Liebhaber und das Institut gibt demnach eine ansehnliche Revenue. Nordöstlich über der Stadt liegt Camp Douglas, die Wohnstätte der am Salzsee stationirten Soldaten, die ein Dorf für sich bildet und die Stadt überwacht. Von da überblickt man die Stadt und die umgebende weite Ebene mit ihren zerstreuten Landhäusern und den zahlreichen Silberbändern ihrer Flüsse und Kanäle. Denn ein ganzes System von Bewässerungen verzweigt sich von jedem Wildbache, der aus den Felsenschluchten des Gebirges heraustritt. Auch die Stadt hat einen Bach, der nach sorgfältiger Regulirung bald diese, bald jene Straße mit seinem klaren Wasser überrieselt, die Sonnenhitze kühlt, die Bäume und die Gärten tränkt. Die Bewohner der Stadt bestehen aus Mormonen und „Heiden." Die Mormonen oder „Heiligen des jüngsten Tags" (s. d. Art.) sind meist Fremde, von den Missionairen angeworben: in Großbritannien, Deutschland, Finnland, Island, Ostindien sind jene Leute thätig und senden Arbeiter, Landleute und wer sich sonst findet nach dem gemeinsamen Sammelpunkte. Die Mormonen zeichnen sich nicht durch Intelligenz, wol aber durch Fleiß, Ordnung, Gehorsam gegen die Führer aus. Die bedeutendsten Führer sind jetzt seit der Ermordung Joe Smith's (1844): Brigham Young, der Präsident, und Heber Kimball, zweiter Präsident und Lieblingsprophet der Gemeinde. Eigenthümlich ist den Mormonen die Vielweiberei, unter deren Druck die Frauen seufzen, und welche für die Dauer sich nicht wird halten können, wie denn überhaupt die Mormonen, beim Ueberhandnehmen fremdartiger Bevölkerung, wahrscheinlich auch aus Utah einst werden weichen müssen. Die Gentiles oder „Heiden" werden in der Salzseestadt immer zahlreicher. Soldaten, Beamte, Officianten an Post und Telegraphen (bald auch an der Eisenbahn), Kaufleute der Stadt und Vertreter auswärtiger Handelshäuser bilden, von abtrünnigen Mormonen verstärkt, diese einflußreiche Classe. Sie haben eine literarische Gesellschaft, ein Tageblatt, eine Sonntagsschule gegründet und stehen mit den Mormonen in steter Opposition. — Die Zahl der Einwohner überhaupt war 1853 gegen 10,000, 1865 wurde sie auf 20,000 geschätzt. Eine Normalschule sorgt für Vorbildung künftiger Lehrer, Mittel zur Gründung einer besondern Universität werden eingesammelt. Die meisten Einwohner beschäftigen sich mit Landwirthschaft, doch hat auch die Industrie wesentliche Fortschritte gemacht. Die Stadt hat eine höchst bedeutende mercantilische Lage, die in den nächsten Jahrzehnten sich wesentlich verbessern wird. Die große Hauptstraße vom atlantischen Meere und vom Mississippibecken muß hier von einer zweiten gekreuzt werden, welche die unerschlossenen nördlichen, an Gold, Steinkohlen, Acker- und Weideland reichen Gebiete Idaho, Montana, Wyoming — zugleich Industriestaaten der Zukunft — mit dem schiffbaren Colorado und den südlichen Hafenplätzen am großen Ocean zu verbinden hat. (*Otto Delitsch.*)

GREAVES (auch Grave und Gravius geschrieben), John, englischer Mathematiker und Sprachforscher, im J. 1602 zu Colmore, einem Dorfe bei Alresford in Hampshire, geboren, erhielt nebst seinen drei jüngeren Brüdern, die sich später ebenfalls als gelehrte Männer auszeichneten, von seinem Vater, welcher Prediger und Schullehrer des Dorfes war, eine sehr gute Erziehung und den ersten wissenschaftlichen Unterricht. In seinem 15. Jahr (1617) nach Oxford geschickt, um sich der Philosophie und Alterthumswissenschaft zu widmen, machte er diese Studien in dem Balliolcollege und wurde nach Beendigung derselben (1621) Baccalaureus. Bald darauf (1624) wählte man ihn zum Mitgliede des Mertoncollegs und zwar erhielt er unter fünf gleichzeitig mit ihm eintretenden Bewerbern wegen seiner nicht gewöhnlichen Kenntnisse in der Philosophie und in den alten Sprachen die erste Stelle. Er faßte nun den Entschluß, sich vorzugsweise mit der Physik und mit der Mathematik zu befassen, und ward in diesem Vorhaben hauptsächlich durch Henry Briggs und John Bainbridge, Professoren dieser Fächer am Savillancollege, und Peter Turner, einem älteren Mitgliede des Mertoncollegs und späteren Nachfolger Briggs' auf dem Lehrstuhle der Mathematik, bestärkt. Keineswegs mit der Durchforschung der vorzüglichsten in sein Fach einschlagenden Werke des Kopernicus, Regiomontanus, Purbach, Tycho-Brahe, Keppler und anderer berühmten Astronomen des 17. und des vorhergehenden Jahrhunderts zufrieden, las er auch die betreffenden Schriften sowol der griechischen und römischen, als auch, nachdem er sich hinreichende Fertigkeit in den orientalischen Sprachen erworben hatte, der arabischen und persischen Autoren. Der Ruf seiner umfassenden Gelehrsamkeit verbreitete sich in den wissenschaftlichen Kreisen Englands immer mehr und mehr und im J. 1630 wurde er als Nachfolger Turner's, des Professors der Geometrie am Greshamcollege zu London, welcher seine Stelle niederlegte, berufen, ohne daß er seine Pfründe am Mertoncollege abzugeben brauchte. Turner empfahl ihn zugleich William Laud, dem Erzbischof von Canterbury und Kanzler der Universität Oxford, an welchem er einen einflußreichen Gönner fand. Sein längst gehegter Wunsch, zur Erweiterung seiner Kenntnisse fremde Länder und besonders den Orient zu besuchen, rückte jetzt der Verwirklichung näher und um das Jahr 1635 unternahm er seinen ersten Ausflug, auf welchem er sich zu Paris und längere Zeit zu Leyden aufhielt, wo der Umgang mit dem berühmten Orientalisten Jacob Golius seinen Zwecken sehr förderlich war. Darauf kehrte er nach London zurück, um die nöthigen Vorbereitungen zu einer weiteren, sich bis nach dem Orient ausdehnenden Reise zu treffen. Sein Gesuch an die Behörde der Stadt London, ihn mit den zu seinen astronomischen Arbeiten dienlichen Instrumenten zu versehen, blieb zwar ohne Erfolg und er mußte sich dieselben auf seine eigenen Kosten erwerben, der Erzbischof William Laud gewährte ihm dagegen nicht unbedeutende Unterstützung, schrieb ihm Empfehlungsbriefe an den Ritter Peter Wyche, Gesandten Karl's I. bei der Pforte, und an Cyrillus Lucar, den griechischen Patriarchen zu Constantinopel, und gab ihm unbeschränkte Vollmacht, gute Handschriften, sowol griechische als arabische, für die Universität Oxford anzukaufen. Eine Einladung des Grafen Thomas Arundel, sich ihm auf seiner Reise nach Griechenland anzuschließen, schlug er als seinen Zwecken nicht unmittelbar entsprechend aus. Greaves bestieg im Juni 1637 zu London mit seinem Freunde, dem bekannten Orientalisten Pococke, ein nach dem Mittelmeere und der Türkei abgehendes Schiff und landete vorerst in Livorno. Von hier begab er sich nach Rom, wo er die Denkmäler des Alterthums in Augenschein nahm, wichtige Inschriften abschrieb, das Pantheon, die Pyramide des Cestius und andere Bauten und Säulen zeichnete und maß, die Katakomben, die Bibliotheken und die Sammlungen von Kunstgegenständen besuchte und die Bekanntschaft vieler berühmter Gelehrten machte, von denen wir Lucas Holstenius, den Vorsteher der vaticanischen Bibliothek, den Polyhistor Athanasius Kircher und den Astronomen Caspar Berttus nennen wollen. Von Rom begab er sich nach Padua, wo er mit den Universitätsprofessoren Francisco Ursati, Giovanni Rhodius und Andrea Moretti lehrreichen Umgang pflog; dann besuchte er noch Florenz, von wo er nach Livorno zurückeilte, um seine Reise fortzusetzen. Er gelangte im April 1638 nach Constantinopel, wo er jedoch bei weitem weniger Gelegenheit zur Fortsetzung seiner Studien und zur Erreichung seiner Zwecke fand, als er erwartet hatte. Die Lehrer der orientalischen Sprachen, bei welchen er eine gründliche Kenntniß derselben zu erlangen gedachte, verstanden größtentheils weniger, als er selbst; der griechische Patriarch Cyrillus Lucar, ein gefälliger und verständiger Mann, behandelte ihn zwar sehr freundlich und versprach ihm Zutritt zu den Klöstern auf dem Berge Athos und zu den in denselben aufbewahrten literarischen Schätzen zu verschaffen; nachdem dieser aber am 27. Juni desselben Jahres als ein mit der russischen Regierung in Verbindung stehender Verräther erdrosselt worden war, schwand nicht nur diese Hoffnung, sondern Greaves gerieth sogar als Freund des Patriarchen in Lebensgefahr und mußte werthvolle Handschriften, die er von einem Kloster angekauft hatte, ohne

Entschädigung wieder herausgeben; es gelang ihm jedoch, einige andere, die er um hohe Preise erworben hatte, besonders mehrere arabische Uebersetzungen griechischer Schriftsteller und unter diesen besonders eine prachtvolle Handschrift des Almagest des Ptolemäus, in Sicherheit zu bringen. Ein längerer Aufenthalt in der türkischen Hauptstadt erschien ihm unter den obwaltenden Verhältnissen weder nützlich noch rathsam, und er zog vor, bei einer sich gerade darbietenden günstigen Gelegenheit im September 1638 auf einer türkischen Flotte nach Aegypten unter Segel zu gehen. Auf der Ueberfahrt berührte er Rhodus, wo er einige astronomische Beobachtungen anstellte, um die Lage der Insel genau zu bestimmen [1]). Ebenso verfuhr er nach seiner Ankunft zu Alexandria, wo er vier oder fünf Monate verweilte und von wo er zwei Ausflüge nach Kairo unternahm, um die Pyramiden zu untersuchen und zu messen, bei welcher Gelegenheit er in einem der unten in den Pyramiden befindlichen Gemächer das bei verschiedenen Völkern gebräuchliche Fußmaß eingrub und mit seinem Namen unterzeichnete. Während dieser astronomischen und mathematischen Arbeiten sammelte er zugleich mit großer Umsicht und nicht geringerem Glück werthvolle griechische, arabische und persische Handschriften und eine Menge von Münzen, geschnittenen Steinen und andern alterthümlichen Gegenständen. Im Besitze dieser zum Theil mit bedeutenden Kosten erworbenen Schätze schiffte er sich zu Alexandria wieder nach Livorno ein, wo er im Juni 1639 ankam und bei dem Großherzoge von Toscana, Ferdinando II., eine ehrenvolle Aufnahme fand. Er widmete deshalb demselben ein lateinisches Gedicht, worin er ihn aufforderte, das mittelländische Meer von den dasselbe unsicher machenden Seeräubern zu säubern. Von Florenz, wo er auch die Bekanntschaft seines gelehrten Landsmannes Robert Dudley, gewöhnlich Herzog von Northumberland genannt, machte, begab er sich zum zweiten Mal nach Rom, um daselbst seine früher begonnenen Beobachtungen zu Ende zu führen und mit neuen zu vermehren. Da ihm aber das Verlangen nach der Heimath nicht länger Ruhe ließ, so kehrte er schon nach einem Aufenthalte von einigen Monaten im Sommer des Jahres 1640 nach London zurück, um seine Vorlesungen am Greshamcollege wieder zu beginnen; die Unruhen der Revolution aber, welche den Aufenthalt in der Hauptstadt unsicher machten, bewogen ihn, nach Oxford zu entfliehen, wo er am 14. Nov. 1643 zum Professor der Astronomie an dem Savillancollege auf der Universität zu Oxford als Nachfolger John Bainbridge's ernannt wurde, dabei aber seine Stelle als Lector am Mertoncollege behielt, weil die Einkünfte seiner Professur durch den Bürgerkrieg sehr vermindert worden waren. Im J. 1645 machte er den Vorschlag, durch Hinweglassung der Schalttage während der nächsten 40 Jahre den in England gebräuchlichen Kalender zu verbessern und ihn mit dem Gregorianischen in Einklang zu bringen [2]). Im folgenden Jahre erschien sein längst vorbereitetes Werk über die Pyramiden unter dem Titel: Pyramidographia: or, a Description of the Pyramids in Egypt (London 1646. 8.), jedenfalls bis dahin die vollständigste und genaueste Beschreibung dieser merkwürdigen Bauwerke des Alterthums. Sie berücksichtigt aber nur die drei berühmtesten Pyramiden in der Sandebene am westlichen Ufer des Nils, erzählt die Geschichte ihrer Erbauer und gibt über ihre Gestalt und ihr Maß ausführliche Auskunft. Greaves hält die Ansicht fest, daß die Pyramiden weder zum Prunke noch zur Beschäftigung der arbeitenden Classe erbaut seien, sondern als Begräbnißplätze für die Könige, welchen man dadurch die Unsterblichkeit zu sichern suchte, indem nach dem Glauben der Aegypter die Seele so lange im Körper wohnt, bis dieser in Fäulniß übergeht. Ein gelehrter Zeitgenosse zog weniger jedoch aus Liebe zur Wissenschaft und zur Wahrheit, als aus Unmuth gegen den Astronomen, welcher ihm auf seine Bitte zur Erlangung einer Anstellung nicht behilflich sein wollte, die Genauigkeit der angegebenen Maße in Zweifel. Greaves benutzte übrigens manche nicht unbegründete Bemerkungen seines Gegners zu einer zweiten verbesserten Ausgabe seiner Schrift, welche jedoch erst nach seinem Tode in seinen von Th. Birch zum Druck besorgten Miscellaneous Works (Tom. I. p. 1 seq.) erschien. In dieser Gestalt ging sie auch in Churchill's Collection of voyages and travels (Lond. 1744. 4. Vol. II. p. 605 seq.) und Melchis. Thevenot's Relation de divers voyages curieux. Tom. I. P. I) in französischer Bearbeitung über. Als Ergebnisse seiner Untersuchungen über die alten Maße und Gewichte und ihr Verhältniß zu einander machte Greaves bald nach dem Erscheinen seiner Pyramidographie seine Abhandlung über den römischen Fuß und Denar (A Discourse of the Roman Foot and Denarius: from whence, as from two Principles, the Measures and Weights used by the Ancients may be deduced. Lond. 1647. 8.) bekannt, welche wegen der Genauigkeit der Angaben und wegen ihres praktischen Nutzens lange eines der gesuchtesten Hilfsmittel bei Bestimmung der alten Maße war und auch in seinen Miscellaneous Works und in Churchill's Reisensammlung wieder abgedruckt wurde. Greaves sollte aber auch zu Oxford die Ruhe nicht genießen, deren er zur Ausarbeitung und zur Herausgabe seiner Schriften, wozu bereits der Stoff gesammelt war, bedurfte; denn als die Stadt im J. 1648 in die Hände der Parlamentstruppen fiel, wurde er als getreuer Anhänger und Vertheidiger der königlichen Sache unter dem Vorwande, daß er das Savillancolleg zum Vortheil des Königs, des Hofes und der Hofpartei be-

1) Ein Notizbuch, worin Greaves diese Beobachtungen verzeichnete, befindet sich noch in der Universitätsbibliothek zu Oxford und der Inhalt desselben ist zum Theil in den Schriften der königlichen Societät der Wissenschaften mitgetheilt. Seine Beobachtungen über die Breite von Rhodus und Constantinopel findet man im Decemberhefte des Jahres 1685 der Philosophical Transactions und ins Französische übersetzt in dem Journal des Savants. Septembre 1686.

2) Dieser Vorschlag wurde erst lange nach dem Tode des Verfassers in den Philosophical Transactions (Oct. 1699) mitgetheilt.

einträchtigt habe, seiner Stelle entsetzt und gezwungen, augenblicklich seine Wohnung im College zu räumen. Die Kisten, welche seine Handschriften und Bücher enthielten, wurden auf dem Transporte erbrochen und geplündert, sodaß sein Freund Selden trotz aller Mühe nur einen kleinen Theil des Inhaltes wieder aufzufinden vermochte. Greaves zog sich tief betrübt über den erlittenen Verlust nach London zurück, wo er sich, um die gewohnte Pflege nicht zu entbehren, verheirathete und Trost in wissenschaftlichen Arbeiten suchte. Zuerst veröffentlichte er das von ihm beendigte astronomische Werk seines Freundes Bainbridge über den Hundsstern und die Hundssternperiode (Canicularia. Oxford. 1648. 8.), welchem er seine Abhandlung über den Aufgang des Sirius in Unterägypten (Demonstratio ortus Sirii Heliaci pro parallelo inferioris Aegypti) und die von ihm aus dem Arabischen ins Lateinische übersetzten Bemerkungen des Astronomen Ulugh Begh, eines Enkels des großen Tamerlan, über die Längen und Breiten einiger ausgezeichneten Sterne (Insigniorum aliquot stellarum longitudines et latitudines ex astronomicis observationibus Ulug Beigi) beifügte. Sodann ließ er aus einer von ihm zu Constantinopel aufgefundenen Handschrift das ebenso klare als genaue Werk eines ungenannten Persers über die astronomischen Abkürzungszeichen der Araber und Perser (Anonymus Persa de Siglis Arabum et Persarum astronomicis. Lond. 1648. 4.) im Original mit lateinischer Uebersetzung erscheinen und gab es auch als Beilage seiner schon vor der Reise nach dem Orient fertigen, aber jetzt erst dem Drucke übergebenen Anfangsgründe der persischen Sprache (Elementa linguae Persicae. Lond. 1640. 4.). Großes Verdienst erwarb er sich um die Chronologie durch die Bekanntmachung der Geschichtsepochen Ulugh Begh's im arabischen Original mit lateinischer Uebersetzung und Erläuterungen (Epochae celebriores astronomis, historicis et chronologis Chataiorum, Syro-graecorum, Arabum, Persarum, Chorasmiorum usitatae, ex traditione Ulug-Beigi, Indiae principis. Lond. 1650. 4.). Diese Epochen, welche der Herausgeber zum bessern Verständniß auf die Julianische Periode und die gewöhnliche christliche Zeitrechnung reducirt hat, leisten wichtige Dienste bei der Berichtigung chronologischer Fehler in vielen der berühmtesten Geschichtsbücher. Der Werth dieses Werkes wird noch bedeutend erhöht durch eine Zugabe, welche Abulfeda's auf astronomischen Beobachtungen beruhende Beschreibung der asiatischen Länder Khowarezm und Mawaralnahar (Chorasmiae et Mawaralnahrae, hoc est, Regionum extra fluvium Oxum Descriptio, ex tabulis Abulfedae Ismaelis, Principis Hamah. Lond. 1650. 4.) in arabischer Sprache nach fünf Handschriften berichtigt mit lateinischer Uebersetzung enthält; sie wurde auch im dritten Bande der Sammlung der kleinern griechischen Geographen von J. Hudson wieder abgedruckt. Nicht weniger verdienstlich ist des fleißigen Gelehrten Ausgabe mehrerer astronomischen Schriften der Perser Mahmud Schah Cholgi, Alfergans und Kuschi (Astronomica quaedam ex traditione Shah Cholgii Persae, una cum hypothesibus planetarum et cum excerptis quibusdam ex Alfergani elementis astronomicis et Ali Kusghii de terrae magnitudine et sphaerarum coelestium a terra distantiis. Lond. 1652. 4.), welchen er noch, um nach seiner Gewohnheit einen möglichst reichen Vorrath ähnlicher Schriften auf einmal zu geben, zwei geographische Tafeln des Persers Nassir Eddin Thousi und des Tataren Ulug-Beg (Binae Tabulae geographicae una Nassir Eddini Persae, altera Ulug Beigi Tatari) als Anhang beifügte. Diese Tafeln sollten als Vorläufer dienen zu einer kritischen Ausgabe der Beschreibung Arabiens von Abulfeda, welche aber wegen der Kriegsunruhen nicht zu Stande kam. Eine vollständige lateinische Uebersetzung der Geographie Abulfeda's hatte er ebenfalls zum Druck fertig, die Handschrift derselben fand sich aber in seinem Nachlasse nicht wieder. Eine arabische Uebersetzung der Wahlsätze des Archimedes, deren griechisches Original nicht mehr vorhanden ist, welche er mit den Anmerkungen arabischer Mathematiker bekannt zu machen beabsichtigte, erschien erst nach seinem Tode unter dem Titel: Lemmata Archimedis apud Graecos et Latinos jampridem desiderata e vetusto codice manuscripto arabico a J. Gravio traducta et cum Arabum scholiis publicata in Sam. Foster's Miscellanea sive Lucubrationes mathematicae (Lond. 1659. fol.). Zu den von Greaves herausgegebenen Werken, welche den Orient betreffen, gehören auch noch einige kleinere Abhandlungen, von welchen besonders anzuführen sind der Bericht über die Art und Weise, wie man in Kahira die Hühnereier ausbrütet (De modo pullos ex ovis in fornacibus lento et moderato igne calescentibus apud Kahirenses excludendi, in den Philosophical Transactions, 1677. Jan. u. Febr.) und eine Beschreibung des Serails (Description of the Grand Seignor's Seraglio. Lond. 1653. 8.), eine sehr genaue und zuverlässige Schilderung, deren Herausgeber jedoch nur Greaves ist und als deren Verfasser sein Landsmann Robert Withers betrachtet werden muß. Seinen mathematischen Schriften sind beizuzählen die Zusammenstellung der zu Woolwich gemachten Versuche über die Kraft und die Tragweite der Kanonen (Experiments at Woolwich for trying the force of great guns, in den Philosophical Transactions 1685. Juli). In seinem Nachlasse befanden sich noch mehrere zum Druck fertige Werke und Entwürfe zu mehreren Schriften; besonders wird ein persisches Wörterbuch erwähnt, an welchem er viele Jahre arbeitete. Er soll seine letzten Jahre in Dürftigkeit zugebracht haben und starb im October 1652 zu London. Zum Vollzieher seines Testaments bestimmte er seinen Bruder Nicolaus Greaves, welcher sich der Theologie gewidmet hatte und Mitglied des Allerseelencollegs zu Oxford und Procurator der Universität, später aber Dechant der Kirche zu Dromore in Irland war. Er überließ die Bibliothek und die mathematischen Instrumente seines verstorbenen Bruders der Bibliothek des Savilliancollegs zu Oxford, wo sie sich noch befinden. Besonders für die Literatur der Astronomie und Mathematik wichtig ist sein daselbst aufbewahrter Briefwechsel mit den in diesen Fächern berühmten Gelehrten seiner Zeit. Sie soll in der Biographie des John Greaves von Th. Smith: Vita J. Gravii, in qua de illius studiis, itineribus in Italiam, ad Constantinopolim et in Aegyptum susceptis et libris editis meditisque fuse disseritur. Lond. 1699. 4. benutzt sein [3]). Fast hundert Jahre nach dem Tode des J. Greaves, welcher jedenfalls zu den gelehrtesten Orientalisten gezählt werden muß, gab Thom. Birch dessen vermischte Schriften (Miscellaneous Works. Lond. 1737. 8. 2 Voll.) heraus, bei welchen sich auch verbesserte Abdrücke mehrerer der oben erwähnten Werke (wie die Pyramidographie und die Beschreibung des Serails) befinden; außerdem enthalten sie früher nicht gedruckte Abhandlungen, Beobachtungen und Gedichte nebst einer Schilderung des Lebens und Wirkens des Verfassers von dem Herausgeber [4]). *(Ph. H. Külb.)*

GREAVES (Thomas), ein jüngerer Bruder des vorhergehenden John Greaves, gleichfalls als gründlicher Kenner der orientalischen Sprachen bekannt, im J. 1610 zu Colmore geboren, widmete sich der Theologie und begann seine Studien im J. 1627 in dem Corpuschristicollege zu Oxford. Nachdem er sich in seinem Fache umfassende Kenntnisse verschafft hatte, wurde er im J. 1636 Mitglied dieses Collegens und im folgenden Jahre während der Abwesenheit des berühmten Orientalisten Edward Pocock zum Lector der arabischen Sprache ernannt. Im October 1641 ließ er sich als Baccalaureus der Theologie aufnehmen und erhielt zuerst eine Pfarrei zu Dunsby in Lincolnshire und dann in den letzten der Restauration vorausgehenden Jahren eine andere in der Nähe von London. Nachdem er sich im J. 1661 die theologische Doctorwürde erworben hatte, bedachte man ihn im J. 1666 mit einer Pfründe an der Kathedrale zu Peterborough und gab ihm zugleich die Pfarrei zu Benefield in Northamptonshire, welche er jedoch einige Jahre vor seinem Tode wieder abgab, da seine Pfarrkinder mit ihm unzufrieden waren, weil er trotz seiner Gelehrsamkeit keine erträgliche Predigt halten konnte. In seinen letzten Jahren zog er sich nach Weldon in Northamptonshire, wo er sich Besitzthum erworben hatte, zurück und starb daselbst am 22. Mai 1676. Er setzte auch, nachdem er nicht mehr als Lehrer wirkte, seine Studien in der orientalischen Literatur fort und unterhielt mit den berühmtesten Gelehrten in diesem Fache, von denen nur J. Selden, Rich. Baxter und Abrah. Wheelocke, Professor der arabischen Sprache zu Cambridge, genannt werden mögen, einen seine wissenschaftlichen Arbeiten und Pläne betreffenden Briefwechsel. Seine Rede über die Vorzüglichkeit und den Nutzen der arabischen Sprache (De linguae Arabicae utilitate et praestantia oratio. Oxon. 1637. 4.), welche er während seines Lehramtes am 19. Juli 1637 zu Oxford hielt, wird als Muster eines ebenso gelehrten als klugen Vortrags gerühmt und steht jetzt noch bei den Kennern der arabischen Literatur in verdientem Ansehen. Seine genaue Kenntniß der persischen Sprache beweisen seine in dieser Sprache geschriebenen und von Sam. Clarke ins Lateinische übersetzten Anmerkungen zu der persischen Uebersetzung des Pentateuchs und der Evangelien im sechsten Bande der von Br. Walton herausgegebenen Polyglotte (Lond. 1657. fol. 6 Voll.). Er hatte auch die Absicht, ein ausführliches Werk über den Koran zur Widerlegung der Dogmen und der Moral der Muhammedaner zu schreiben, die Ausführung wurde aber durch mancherlei Berufsarbeiten verhindert. Sein Aeußeres war sehr unansehnlich, aber seine Bescheidenheit war ebenso groß, als seine Gelehrsamkeit [*]). *(Ph. H. Külb.)*

GREAVES (Sir Edward), der jüngere Bruder der vorhergehenden John und Thomas Greaves und Professor der Medicin an der Universität zu Oxford, im J. 1615 zu Croydon in der Grafschaft Surrey geboren, widmete sich der Arzneiwissenschaft und wurde im J. 1634 in dem Allerseelencollege zu Oxford als Mitglied aufgenommen. Nachdem er sich am 8. Juli 1641 die medicinische Doctorwürde erworben und einige Zeit als praktischer Arzt zu Oxford gewirkt hatte, wurde er im J. 1643 zum ersten Professor der Arzneiwissenschaft am Mertoncollege ernannt. Als die königliche Sache eine schlimme Wendung zu nehmen anfing, verließ er die Universität, welche sich als Anhängerin und Vertheidigerin derselben erklärt hatte, und befaßte sich wieder mit der ärztlichen Praxis zu London und zu Bath. Im März 1652 unterwarf er sich einem Examen vor dem Collegium der Aerzte zu London, worauf er zum Mitglied desselben gewählt wurde. Nach der Restauration blühten ihm wieder günstigere Zeiten; Karl II. ernannte ihn zu seinem Leibarzte und erhob ihn zum Baronet. Er starb am 11. Nov. 1680. Greaves versuchte sich auch als Schriftsteller und für die Geschichte der Medicin ist nicht unwichtig seine Beschreibung der Seuche (des sogenannten Campestris morbus), welche zu Oxford während des Aufenthaltes Karl's I. und seines Hofes in dieser Stadt ausgebrochen war (Morbus epidemicus anni 1643, or the new Disease, with signs, causes, remedies. Oxford 1643. 4.). Seine Lobrede auf William Harvey (Oratio habita in Aedibus Collegii Medicorum Londinensium, 25 Julii 1661 die Harveii memoriae dicata. Lond. 1667. 4.) beweist, daß er der lateinischen Sprache vollständig mächtig war und seine Gedanken

3) Diese fleißig gearbeitete Biographie befindet sich auch in Th. Smith's Vitae quorundam eruditissimorum Virorum. Lond. 1707. 4.

4) Vergl. Acta Eruditorum. Ann. MDCC. p. 514 seq. *J. P. Niceron*, Mémoires pour servir à l'histoire des hommes illustres dans la république des lettres. Tom. VIII. p. 267 (deutsche Uebersetzung Bd. VIII. S. 341). *J. G. de Chaufepie*, Nouveau Dictionnaire historique et critique. Tom. II. G. p. 78 seq. Biographie universelle. Tom. XVIII. p. 369. (Nouv. éd. Tom. XVII. p. 411). Biographie générale. Tom. XXI. p. 778. Einen ausführlichen Auszug aus seiner Biographie von Th. Birch findet man auch in der Bibliothèque Britannique. Tom. XVIII. p. 218.

*) Vergl. *J. G. de Chaufepie*, Nouveau Dictionnaire historique et critique. Tom. II. G. p. 82. Biographie générale. Tom. XXI. p. 778.

in derselben sehr treffend und zierlich ausgedrückt verstand [*]). (*Ph. H. Külb.*)

GREBAN oder GRESBAN (Arnoul und Simon), französische Dichter des 15. Jahrh., zwei Brüder, über deren Lebensverhältnisse aber sich nur sehr dürftige Nachrichten erhalten haben. Wahrscheinlich sind sie zu Anfang des 15. Jahrh. zu Compiegne in der Picardie und nicht, wie Andere glauben, zu Mans geboren, denn Simon, der berühmtere von ihnen, ist den Zeitgenossen unter dem Namen Simon von Compiegne am bekanntesten. Beide Brüder widmeten sich dem geistlichen Stande, denn Arnoul, der ältere von ihnen, war um das Jahr 1450 Pfründner an der Kirche zu Mans, wo er auch nach einer freilich unverbürgten Nachricht gestorben sein soll. Gewiß ist, daß er sich im J. 1452 zu Paris befand und einem Mitgliede der Behörde der Stadt Abbeville eine Abschrift seines Mysteres zum Zweck der Aufführung verkaufte; er war also entweder zu dieser Zeit noch nicht Pfründner zu Mans oder hatte bereits wieder diese Stelle aufgegeben, um zu Paris die Aufführungen seines dramatischen Gedichtes zu leiten. Dieses Gedicht, welches das Leiden des Herrn behandelt und den Titel Passion (La Passion) führt, kam oft und an vielen Orten zur Aufführung, wurde aber nicht gedruckt, da es durch eine Bearbeitung desselben Stoffes von Jean Michel von Angers verdrängt und in Vergessenheit gebracht wurde. Es soll aber nach dem Urtheile bewährter Kunstrichter, welche die in der kaiserlichen Bibliothek zu Paris befindliche Handschrift einzusehen Gelegenheit hatten, die spätere Bearbeitung nicht nur an poetischem Werth weit übertreffen, sondern auch die Unflätherenien, von denen Jean Michel's Werk strotzt, vermeiden. Es besteht aus 25,000 Versen und das Vorhaben Ch. d'Herisault's und L. Morand's, dieser berühmten Kenner der altfranzösischen Literatur, es herauszugeben, unterblieb wol hauptsächlich wegen dieses allzu großen Umfanges. Außer dem Mystere schrieb Arnoul Greban noch mehrere andere Gedichte, und man macht insbesondere namhaft ein Gebet (Oraison) an die Jungfrau Maria und ein Klaglied (Complaincte), welche Art von Gedichten er zuerst versucht haben soll. Zur Beurtheilung derselben mögen die drei ersten Strophen dieser Complainte, welche Estienne Pasquier mittheilt [1]), dienen. Sie lauten:

A Vous Dame, je me complains,
Je vois pleurant par Vaux et Plains
Je ne ennuie que Pleurs et Plains
Puis que je vis.

Vostre gent et gracieux vis.
J'aime mieux estre mort que vis.
Neanmoins, plus volontiers qu'envie,
Je me sous mets

Au Dieu d'Amours, qui desormais
Ne faict servir d'estranges mets
De danger et de refus, mais
C'est pour aimer.

Simon Greban, der jüngere der Brüder, wurde Mönch zu Saint-Riquier in Ponthieu (im jetzigen Departement der Somme) und später Secretair Karl's von Anjou, Grafen von Maine. Er lebte wenigstens bis zum Jahre 1468, in welchem er noch unter der Dienerschaft Karl's vorkommt, und da er Doctor der Theologie genannt wird, so darf man voraussetzen, daß er eine wissenschaftliche Bildung genossen hatte. Er befaßte sich ebenfalls mit der Dichtkunst und man ist gewöhnlich der Meinung, er habe ein von seinem Bruder begonnenes Mystere, welches die Apostelgeschichte behandelt, fortgesetzt; diese auf des schon erwähnten Pasquier Mittheilung gestützte Behauptung ist jedoch falsch, denn die beiden Brüder arbeiteten unabhängig von einander, der ältere die Passion und der jüngere die Apostelgeschichte, welche letztere nur in sofern eine Fortsetzung der ersteren genannt werden kann, als sie mit dieser ein großes Ganzes bildet, dessen beide Hälften aber in sich abgeschlossen waren und besonders zur Darstellung kamen. In der aus beinahe 80,000 Versen bestehenden Apostelgeschichte (Actes des Apostres) wirken 485 Personen mit und man kann wirklich nicht anders als der treffenden Bemerkung eines Geschichtschreibers, daß bei der Aufführung der Mysterien die eine Hälfte der Stadt als Schauspieler, die andere Hälfte als Zuschauer unterhielt, beistimmen. Unter den darstellenden Personen der Apostelgeschichte befinden sich Gott Vater, Gott Sohn, der Erzengel Michael, Maria und ihre Aeltern, die Apostel, Lucifer mit seinem höllischen Gefolge, Schriftgelehrte und Philosophen. Das Mystere wurde, nachdem es schon viele Jahre seit seiner Vollendung die Zuschauer erfreut hatte, noch im 16. Jahrh. zu Bourges (1536), zu Paris (1540), zu Tours (1541) und zu Mans, Angers und in andern Städten aufgeführt und zwar mit großen Vorbereitungen und vielem Pomp. Die Unternehmer ritten in prächtiger Kleidung durch die Stadt, um die Vorstellung anzukündigen, und man verbreitete sogar eindringliche Aufforderungen, um die nöthigen Mitspieler zu gewinnen, wie die beiden noch vorhandenen Schriftchen, welche den Vorstellungen zu Bourges [2]) und zu Paris [3]) vorausgingen, beweisen. Was nun den Inhalt des Mysteres betrifft, so bilden wol die Begebnisse aus dem Leben der Apostel den Hauptgegenstand, welcher jedoch oft durch andere dazwischen kommende Ereignisse gänzlich in den Hintergrund gedrängt wird. Kaiser und Könige erscheinen und spielen ihre Geschichte und die Phantasie des Dichters entwickelt überhaupt eine wunderbare Fruchtbarkeit und Vielseitigkeit; immer neue Wunderdinge nehmen die Aufmerksamkeit der Zuschauer in Anspruch. Heirathen wechseln mit plötzlichen Sterbefällen, böse Geister fahren

*) *J. G. de Chaufepié*, Nouveau dictionnaire historique et critique. Vol. II. G. p. 83. Biographie générale. Tom. XXI. p. 774.

1) Recherches de la France (Paris 1596. 12.) p. 618.

2) Relation de l'ordre de la triomphante et magnifique monstre du Mystère des Actes des Apostres qui a eu à Bourges le dernier jour d'Avril 1536 par *J. Thiboust*. Bourges 1836. 8.

3) Le Cri et Proclamation pour jouer le Mystère des Actes des Apostres en la ville de Paris, faict le 16 Decembre 1540 par le commandement du Roy nostre Sire et Monsieur le Prevost de Paris, enfin de venir prendre les Roolles pour jouer le dict Mystère. Paris 1541. 8.

mit Lärm und Unfug aus dem Körper der Besessenen; Dirnen, Fürsten und Schalksnarren lösen einander auf der Bühne ab; Märtyrer werden vor den Augen der Zuschauer gesteinigt oder ans Kreuz geschlagen und die Erde zittert und der Donner rollt bei jeder Gelegenheit. Dabei führen die auftretenden Personen eine oft dem Gegenstande wenig angemessene Sprache und die Ausdrücke einer überschwänglichen Frömmigkeit sind nicht selten untermischt mit Worten, bei welchen jetzt Nichts weniger als züchtige Zuschauer erröthen würden. Es wäre auffallend, daß man zu einer Zeit, wo es dem Volke untersagt war, die heilige Geschichte in dem Buche, welche sie getreu und rein erzählt, zu lesen, die Erlaubniß gab, sie auf dem Theater verunstaltet durch tausend abenteuerliche Erfindungen und eingehüllt in gemeine und schmutzige Ausdrücke zu sehen, wenn man nicht wüßte, daß diese Carricaturen des Heiligsten neben der ernsten christlichen Lehre bei dem Volke ohne schädlichen Einfluß hinliefen und nur zur vorübergehenden Unterhaltung desselben dienten. Daß sie dasselbe neben der Erbauung auch belustigen sollte, war offenbar der Zweck der Verfasser und Stoff zur Belustigung bietet deshalb auch hinreichend Greban's Mystere. Schon im ersten Theile erscheint Lucifer, der Fürst der Hölle, und fordert mit großem Lärm seine Unterthanen, die Teufel, Teufelinnen und jungen Teufel, auf, zur Ausführung seiner Pläne auf der Erde zu erscheinen:

> Dyables meschans dampnez en terre estre,
> Clos à jamais dans le centre terrestre,
> Viendrez vous point à mes cris et abbays,
> Sortez au feu de nostre infernal estre,
> Par mes hauts cris vous povez bien congnoistre
> Que c'est à droict que complaindre me doibs.
> Haro, haro, ou da vous je ne voys,
> Si ne venez desrompre m'en voys.
> Dyables mauldictz, dyablesses, dyabletons,
> Courez en l'air, traversez champs et boys;
> Pouldre gettez, accordantz à ma voix,
> Approchez tost dyaboliques laytons.

Satan erscheint nun erstaunt und spricht besänftigend zu seinem Gebieter:

> Prince d'enfer tes cris as faict entendre
> Si très-avant qu'ils sont venus descendre
> Jusques au fond des noires régions,
> Nos vils manoirs tu as presque faict fendre.
> Que te fault-il? Est-tu prest de te prendre?
> Dyables sont hors par grandes legions.

Als nun Lucifer immer noch nicht aufhört, gibt ihm Satan, welchen jetzt ebenfalls der Zorn bewältigt, den Rath, zu seiner Beruhigung ein niederschlagendes Tränklein von geschmolzenem Blei, Schwefel und Pech zu nehmen:

> Prince dampné de tenebre et bysme,
> Loup ravissant, ton hurlement ne fine,
> Que te fault-il? es-tu la rage ou ruine?
> Prens plombs fondu, chaulx, soulfre et poix resine,
> Métail bouillant qui [illegible]
> Pour destemper ta maudicte rancueur.

Nachdem endlich die Teufel versammelt sind, erzählt ihnen Lucifer, wie die Apostel, welche er nicht sehr anständig Schelme, Schufte und Strolche nennt, die Absicht hätten, das Christenthum in der ganzen Welt zu verbreiten, und fordert sie auf, dieses mit aller Macht zu verhindern; insbesondere gibt er Satan den Auftrag, die Hohepriester der Juden zu diesem Zwecke zu bearbeiten und ihren Geiz zu benutzen:

> Après que Christ fut au tombeau remis,
> Trois jours après de mort ressuscita
> Et qui plus est tout vif se présenta
> A ses amys qui ne sont pas des nostres,
> Douze coquins qui se nomment apostres,
> Grans seducteurs de la loy judaïque,
> Auxquels il dit: le texte evangelique
> Soit annoncé et preschié de par vous.
> Après ce dict il monta devant tous
> En les laissant tous douze sur la terre,
> Lesquels à présent nous meinent dure guerre
> En la cite Hiérusalem nommée
> Et tout autour du pays de Judée
> Qui est pour nous grande perplexité
> Dyables obscurs chascun soit incité
> Pour ces marauls à la mort faire rendre.
> Si devant nous les laissons entreprendre
> Dieu plus yra pour nous dessus les rens.
> Pour ce Sathan vers eulx le chemin prens
> Pense soudain de leur livrer bataille
> Pour mettre à fin la maudicte canaille.
> Transporte-toy aux prestres de la loy,
> Lesquels toujours ayent foy et aloy
> En recordant leur maudicte avarice,
> De ces coquins donner bien la notice.

Auf welche Anrede Satan mit der Betheuerung, daß er seine Schuldigkeit thun werde, antwortet:

> De tous les droicts assez entends l'affaire
> Pour exploicter sans long temps protendre.
> Au fonds d'enfer je puisse estre pendu
> Si en brief temps je ne fais des merveilles,
> Puis qu'il convient que je souffle en oreilles,
> Bien tost aurrons les coquins de Jesus.

Das Gedicht, welches durchaus in derselben Weise behandelt ist [4]), zerfällt in neun Bücher und wird von Manchen auch fälschlich Guillaume Alabat, welcher nur die erste Ausgabe zum Druck besorgte, oder Louis Choquet [5]), welcher das Gedicht fortsetzte und mit der Apokalypse vermehrte, zugeschrieben. Die Mysteres der beiden Brüder Greban werden von den Dichtern des 15. und 16. Jahrh. hauptsächlich wegen ihres schönen und wohlklingenden Styls gepriesen [6]) und insbesondere wurde die Apostelgeschichte so lange aufgeführt, als überhaupt dramatische Werke dieser Art beliebt waren. Die Apostelgeschichte

---

4) Eine nähere Zergliederung desselben und Auszüge daraus findet man in Fr. und Cl. le Parfait's Histoire du théâtre françois depuis son origine jusqu'à présent. (Paris 1745 seq. 12.) Vol. II. p. 336 seq. in der Histoire universelle des théâtres. (Paris 1779. 8.) Vol. XI. p. 94 seq. 212 seq. und in den Mélanges tirés d'une grande bibliothèque. (Paris 1779 seq. 8.) Vol. IV. p. 360 seq. 5) In welchen Irrthum auch P. Bayle in seinem Dictionnaire historique et critique, Art. Choquet, verfiel. 6) Jean Bouchet, ein Dichter des 16. Jahrh., wünscht einem Freunde, der sich der Verse widmen will:

> En priant Dieu, qu'il lui donne le Stile
> De deux Grebans, dont grand' douleur distille;

und der berühmte Dichter Marot nennt den Styl der Greban's wohlklingend (bien resonnant).

wurde zu Lebzeiten Simon Greban's nicht gedruckt und die erste Ausgabe [7]) erschien erst lange Zeit nach dem Tode des Verfassers unter dem Titel: Le triumphant Mystere des Actes des Apostres translate fidelement à la vérité historiale tout ordonne per personnages (Paris 1537. fol. 2 Voll.); sie wurde auf Kosten G. Alabat's, eines Kaufmannes von Bourges, welcher das Gedicht vorher von gelehrten Theologen und besonders von Pierre Cueuret durchsehen und verbessern ließ, besorgt und in einem zweiten Abdruck (S. l. et a. fol.) wiederholt. Auch die dritte Auflage (Paris 1540. 4. 2 Voll.) hat dieselbe Einrichtung, wie die beiden ersten; am gesuchtesten ist die vierte Auflage (Les Catholicques oeuvres et Actes des Apostres. Paris 1541. fol. 3 Voll.), weil sie die vollständigste ist und auch die als Fortsetzung dienende Apokalypse Louis Choquet's enthält. Da sich übrigens in allen diesen Ausgaben Aenderungen des Originaltextes und Zusätze, welche wahrscheinlich von den Schauspielern herrühren, befinden, so dürfte die neueste, nach einer gleichzeitigen Handschrift veranstaltete Ausgabe (Paris 1854. 4.), welche das Mystere, wie es im J. 1536 zu Bourges aufgeführt wurde, enthält [8]), vorzuziehen sein, obschon es auch damals vermuthlich seine ursprüngliche Gestalt nicht mehr gehabt hatte, denn man scheint mit den beliebtesten Mysterien Aenderungen vorgenommen zu haben, um sie als Eigenthum beanspruchen zu können und ein Recht auf die Vorstellung derselben zu gewinnen, weshalb auch schon G. Alabat, der Herausgeber der Apostelgeschichte, einen Proceß gegen die Schauspielunternehmer, welche das Stück mit Aenderungen auf die Bühne brachten, führte und ein königliches Verbot, es trotz der Veränderungen nachzudrucken, bewirkte. Simon Greban hinterließ außer dem Mystere der Apostelgeschichte auch noch andere Gedichte; insbesondere werden genannt Grabschriften (Epitaphes) auf den König Karl VII. von Frankreich, welche in der Form von Eclogen oder Schäfergedichten geschrieben sind [9]) und von welchen eine sehr seltene Ausgabe (Paris, s. a. 4.) vorhanden ist, Elegien (Elegies), Klaglieder (Complainctes) und Trauergesänge (Deplorations) auf Marie von Anjou, Gemahlin des Königs Karl VII.; ferner zwei Werke, genannt die Weltkugel (La sphere du monde ou les vertus de l'espèce du monde) und das Herz der Philosophie (Le cueur des secrets de philosophie), aus dem Lateinischen übersetzt, welche auch nach dem Tode des Verfassers zusammen herausgegeben wurden (Paris 1504. 4. Ibid. 1514. fol. Ibid. 1520. 4. Ibid. 1534. fol. und öfter), aber jetzt jede Bedeutung verloren haben und nur als Curiositäten von den Bibliomanen gesucht werden. Ein Gedicht mit der Ueberschrift: „Die Erschaffung der Welt" (La création du monde) hat ebenfalls einen der Greban's zum Verfasser, es läßt sich aber nicht ermitteln, ob es Arnoul oder Simon Greban angehört [10]). (*Ph. H. Külb.*)

GREDBY (Robert), englischer Theolog, am Ende des 16. Jahrh. in Lincolnshire geboren, widmete sich auf der Universität Cambridge der Theologie und der Philosophie und machte in diesen beiden Fächern des Wissens große Fortschritte. Nach der Beendigung seiner Studien wurde er Kaplan an dem neuen Collegium zu Cambridge und richtete nun sein ganzes Bemühen darauf, die theologischen Grundsätze mit den philosophischen in Einklang zu bringen. Es war ihm aber unmöglich, in der Lehre von der Unsterblichkeit der Seele zur Klarheit zu kommen; er kam deshalb mit John Good und einem andern Collegen überein, daß der, welcher von ihnen zuerst sterben würde, den beiden andern von seinem Zustande Nachricht geben solle. Gredby starb zuerst im J. 1654 und soll J. Good, als dieser im Bette lag, erschienen sein, die Vorhänge hinweggezogen und mit bebender Stimme gesprochen haben: Sors tua mortalis, non est mortale, quod opto. Mit denselben Worten soll er auch seinen andern Freund begrüßt haben und diese Erzählung machte, so kindisch sie auch erscheint, unter den Lehrern und Schülern der Universität großes Aufsehen [*]).

(*Ph. H. Külb.*)

GREBEL (Conrad), ein eifriger Anhänger der Secte der Wiedertäufer, am Ende des 15. Jahrh. zu Zürich geboren, stammte aus einer angesehenen Familie und begab sich, nachdem er sich in seiner Vaterstadt die nöthigen Vorkenntnisse erworben hatte, zu seiner weitern Ausbildung nach Paris, wo er unter der Leitung des bekannten Humanisten Joannes Lascaris die griechische Sprache und Literatur studirte, und dann nach Wien, um seine Kenntnisse in den verschiedenen Fächern der Theologie zu bereichern. Als Wien im J. 1518 von einer verheerenden Pest heimgesucht wurde, kehrte Grebel mit seinem Schwager Joachim von Watt (Vadianus) nach Zürich zurück, wohin letztere zuerst die Lehren und Bücher Luther's brachten; Grebel schloß sich jedoch bald mehreren jungen Leuten, wie Manz und Hetzer, an, welche eine raschere und durchgreifendere Reformation der Kirche verlangten, und suchte mit diesen den Lehren des Wiedertäufers Thomas Münzer, welcher sich zu Altstädt in Thüringen aufhielt, Eingang zu verschaffen. Münzer ging darauf aus, in Gleichheit und Gütergemeinschaft das Reich Gottes auf Erden zu gründen und die Fürsten nöthigenfalls mit Gewalt zur Nachgiebigkeit zu zwingen. Grebel schrieb am 5. Sept. 1524 im Namen von noch fünf andern Brüdern einen Brief an Münzer, worin er Luther und die züricher Prediger Irrlehrer und Verführer

7) Eine angeblich ältere Ausgabe (Paris 1530. 4.) beruht auf einem Irrthume. 8) Zu vergleichen sind über die verschiedenen Ausgaben und ihre Beschaffenheit *J. Ch. Brunet*, Manuel du libraire. (Paris 1868. 8.) Tom. III. p. 1977 seq. *J. G. Th. Graesse*, Trésor de livres rares. Tom. IV. p. 641. 9) Der geringe Werth dieser Grabschriften offenbart sich hinlänglich in folgenden Versen:

Le jour devant, que Juillet se couvrir
Pour vingt et deux, la mort le vint querir
Et trespassa au chasteau de Mehung
Lan mil quatre cents et soixante et ung.

10) Vergl. *Prosper Marchand*, Dictionnaire historique p. 280 seq. Biographie universelle. Tom. XVIII. p. 371 seq. Biographie générale. Tom. XXI. p. 929 seq.

*) *Ant. Wood*, Athenae Oxienses. Tom. II. p. 870.

nennt. Mit Zwingli gerieth diese Partei alsbald in offenen Streit, weil dieser nicht darauf eingehen wollte, eine besondere Kirche aufzurichten, „darinnen ein christliches Volk wäre, das auf das allerunschuldigste lebe, dem Evangelio fest anhing und weder mit Zinsen noch mit anderm Wucher beladen wäre," woraus aber freilich Nichts werde, „wenn man nicht die Pfaffen zu Tode schlüge; Christen wären weder Zinse noch Zehenden schuldig; es müßten alle Dinge gemein seyn, es müßte und sollte niemand in der Kirche seyn, als solche, welche wüßten, daß sie ohne Sünd wären." Noch ärger gestaltete sich der Zwiespalt, als Münzer sich von Altstädt nach Waldshut an der Grenze der Schweiz flüchtete; dieser Ort wurde nun der Vereinigungspunkt zahlreicher Schwärmer aus der Schweiz, besonders aus den Cantonen Zürich und St. Gallen. Am heftigsten wüthete der Kampf zu Zürich zwischen Zwingli und Grebel und dessen Anhängern. Durch die öffentlichen Religionsgespräche mit Zwingli im Rathe immer mehr erhitzt, schritten die Schwärmer allmälig zur völligen Verwerfung der Kindertaufe und zur Wiedertaufe, und der erste, welcher sich zu Zürich von Grebel taufen ließ, war Georg Blaurock, welcher bald eine hervorragende Rolle als Wiedertäufer spielte, bis er auf Befehl des Rathes aus dem Lande gepeitscht wurde. Die Behörde suchte überhaupt, als der Unfug zu sehr um sich griff, diese fanatischen Menschen zum Schweigen zu bringen, wenn auch nicht durch das Schwert des Wortes, sondern durch Landesverweisung, Gefängniß und Hinrichtung, und im März 1526 erging zu Zürich die Verordnung, daß alle, welche Wiedertaufe üben, ertränkt werden sollten. Grebel machte sich schon früh davon und kam zu Ende des Monats März 1525 nach St. Gallen, wo er bald einen zahlreichen Anhang fand. Hier artete aber die Schwärmerei noch mehr aus und Grebel vermochte es selbst nicht mehr zu hindern, daß seine Jünger durch dieselbe zu Wahnsinn, Wuth und aller Ruchlosigkeit geführt wurden, bis endlich auch der Magistrat von St. Gallen anfing, gegen die Wiedertäufer kräftigere Maßregeln zu ergreifen und sie mit Geld- und Leibesstrafen zu belegen, auf welche hin sie ihr Zusammenlaufen aufgaben, woran auch der frühzeitige Tod ihres Anführers Conrad Grebel einige Schuld getragen haben mag. Dieser starb im J. 1526 in der Blüthe seiner Jahre an den Folgen seiner Ausschweifungen, wodurch er sich innerlich und äußerlich zu Grunde gerichtet hatte. Grebel war ein Mann von unstetem Geiste und leidenschaftlichem Gemüthe mit viel Phantasie und einiger Gelehrsamkeit, und diese Eigenschaften machten ihn zu einem gefährlichen Volksaufwühler. Sein Vater, der Rath Grebel zu Zürich, wurde in demselben Jahre zu Zürich hingerichtet, weil der fanatische Haß seiner Collegen ihn beschuldigte, gegen das Verbot der Staatsverfassung im Namen seines Sohnes Unterstützungsgelder von einem fremden Staate angenommen zu haben*). *(Ph. H. Külb.)*

*) Vergl. Hulde. Zwingli's Werke, herausgegeben von M. Schuler und J. Schultheß. (Zürich 1830. 8.) Bd. II.

GREBEL (Moritz Wilhelm), teutscher Mathematiker, geboren am 10. Juli 1800 zu Dresden, widmete sich nach der Beendigung seiner Studien dem Unterrichtsfache und war zuerst vom Jahre 1822 bis zum Jahre 1842 Lehrer der Mathematik und Physik am Gymnasium zu Glogau, in welcher Stellung er sich durch eine Abhandlung über die Messung der Berghöhen (De metienda montium altitudine ope barometri. Glogau 1823. 4.), durch eine Schrift über die kürzeste Dämmerung (De crepusculo minimo. Glogau 1825. 4.) und durch gute Lehrbücher für einzelne Theile der Mathematik („Gedrängte systematische Uebersicht der Differential- und Integral-Rechnung." Glogau 1826. 4. und „Die sphärische Trigonometrie." Glogau 1828. 4.) bekannt machte. Im J. 1842 wurde er als Prorector und Oberlehrer der Mathematik an das Gymnasium zu Zeitz berufen, wo ihn die Pflichten seiner Stellung so sehr in Anspruch nahmen, daß er nur wenige Stunden der schriftstellerischen Thätigkeit widmen konnte und kaum hinreichende Muße fand, einen schon früher niedergeschriebenen Versuch aus dem Gebiete der Optik („Ueber Linsengläser mit Rücksicht auf ihre Dicke." Zeitz 1843. 4.) druckfertig zu machen. Auch wurde er jetzt von mancherlei körperlichen Leiden heimgesucht, denen er im besten Mannesalter am 14. Jan. 1852 erlag*). *(Ph. H. Külb.)*

GREBENITZ (Elias), teutscher reformirter Theolog, im J. 1627 in Brandenburg geboren, widmete sich der Theologie und versah nach der Beendigung seiner Studien einige Zeit die Stelle eines Hofmeisters bei der Familie von Leschbrand und bei J. Adam von Schöning, später sächsischem Generallieutenant. Darauf wurde er durch die Vermittelung dieser Gönner Professor der Logik und Metaphysik an der Universität zu Frankfurt an der Oder. Später erhielt er die erste Professur der Theologie an dieser Hochschule und bekleidete in seinen letzten Jahren die Würde eines Seniors. Als Lehrer der Theologie stand er in großem Rufe und auch seine Schriften, welche sich meist mit Polemik befassen, waren bei seinen Zeitgenossen beliebt. Er starb am 31. Dec. 1689. Seine literarischen Leistungen werden jetzt wenig mehr erwähnt, doch dürften seine Abhandlungen über den rechten Gebrauch der heil. Schrift (De sacrae scripturae vero usu, solis protestantibus proprio. Francof. 1687. 4.), über die zuvorkommende Gnade Gottes (De universali gratia Dei praeveniente. Francof. 1684. 4.), über die Wiedergeburt (De regeneratione. Francof. 1671. 4.), und die teutsch geschriebene Nachricht von der Reformation und der Lutherischen Kirche (Frankf. 1680. 8.) noch Beachtung verdienen †). *(Ph. H. Külb.)*

Abth. 1. S. 378 fg. J. C. L. Gieseler, Lehrbuch der Kirchengeschichte. Bd. III. Abth. 1. S. 197 fg. Biographie universelle. Tom. LXVI. p. 53.

*) C. G. Nowack, Schlesisches Schriftsteller-Lexikon. Heft V. S. 53. J. C. Poggendorff, Biographisch-literarisches Handwörterbuch zur Geschichte der exacten Wissenschaften. Bd. I. S. 946.

1) Universal-Lexikon der Wissenschaften und Künste. Bd. 11. S. 756.

GREBENSTEIN, eine alterthümliche, ackerbautreibende Landstadt in der preußischen Provinz Hessen, etwa 4 Stunden von Cassel, an der Friedrich's-Wilhelm Nordbahn mit einer Bahnhofsstation, zählt 2728 Einwohner und ist der Sitz eines Amtsgerichts und Metropolitanats.

Ihren Ursprung verdankt dieselbe der Burg, welche sich vormals in ihrer unmittelbaren Nähe auf einem schön geformten, isolirt liegenden und 786 Fuß hohen Basaltkegel befand, von der jetzt nur noch der Unterstock übrig ist. Dieselbe wurde vermuthlich in der Mitte des 13. Jahrh. von Ludwig V., Grafen von Cassel, zum Schutz seiner bis in diese Gegend reichenden furmainzischen Lehensgüter erbaut und erhielt den Namen Grevenstein, d. i. Grafenstein, mit welchem dieselbe urkundlich zuerst im J. 1279 genannt wird. Nach dem Tode ihres muthmaßlichen Erbauers erbte dieselbe Graf Ludwig von Everstein oder dessen Sohn Otto, welcher letztere sie sodann dem Landgrafen Heinrich I., dem Kinde, von Hessen, im J. 1297 verkaufte. Schon war in deren Nähe, jenseit des Flüßchens Esse, ein Stadttheil entstanden, welcher später unter dem Namen Altstadt erscheint und bereits zwischen 1279 und 1324 erwähnt wird. Die hessischen Landgrafen, welche in den Städten eine Hauptstütze ihrer Macht gegen die ihnen feindliche Ritterschaft besaßen, wandten dieser Stadt ihre besondere Fürsorge zu, und bald entstand zwischen dem Fuße des Burgberges und der Altstadt ein neuer Stadttheil, später die Neustadt genannt, welche im J. 1370 mit der Altstadt unter einem Stadtrath vereinigt, und wie es bei dieser bereits geschehen war, mit Ringmauern, Wällen und Thürmen befestigt wurde, die bald nach 1373 ihre Vollendung fanden, zu welchem Zwecke Landgraf Heinrich II., der Eiserne, den Bürgern, um ihnen den Bau dieser Befestigung zu erleichtern, auf zwölf Jahre alle Abgaben erließ. Schon zu Anfang des 14. Jahrh. erhob sich in der Altstadt eine prächtige und geräumige Kirche, deren edler Styl noch heute Aufmerksamkeit verdient; dieselbe wird im J. 1355 als Stiftskirche genannt. Gegen Ende desselben Jahrhunderts ward in der Neustadt eine Kapelle im gothischen Styl erbaut, deren stattliche Trümmer im J. 1835 abgebrochen wurden. Die Stadt war der Sitz eines Gandings und erhielt von den Landgrafen mancherlei Privilegien.

Die Burg ist besonders merkwürdig, weil dieselbe der Sitz eines neuen Stammvaters des hessischen Fürstenhauses wurde. Als nämlich Landgraf Heinrich II., der Eiserne, sich mit seinen nachgeborenen Brüdern, den Junkern Ludwig und Hermann, abzufinden hatte, übergab er jenem die Burg Grebenstein, diesem die Burg Nordeck bei Marburg. Ludwig starb aber schon 1345 mit Hinterlassung zweier unmündiger Söhne Otto und Hermann; und Otto von Nordeck erhielt nun vertragsmäßig Grebenstein und schlug auch daselbst seinen Sitz auf. Derselbe starb 1376 ohne Erben, und da auch Heinrich der Eiserne ohne Mannserben war, so nahm er von Ludwig's Söhnen, welche sich beide dem geistlichen Stande gewidmet hatten, Hermann (geboren c. 1340), später der Gelehrte genannt, zum Mitregenten und Nachfolger an. Dies verwickelte aber den Landgrafen Hermann und die Stadt Grebenstein in schwere Drangsale. Heinrich hatte bereits seinem Tochtersohne Otto dem Quaden, Herzog von Braunschweig-Göttingen, Hoffnung auf die Mitregentschaft und Nachfolge gemacht, und dieser sann nun, da er gegen Hermann zurückstehen mußte, auf Rache gegen diesen. Er brachte eine furchtbare Coalition, bestehend aus den Erzbischöfen von Mainz und Cöln, die schon früher mit Hessen in Fehde gelebt, sowie aus hessischen Rittern, denen der Baccalaureus Hermann ein Gespött war, zu Stande, und der Krieg gegen Hermann begann. Nachdem die Verbündeten vergeblich im J. 1385 Cassel belagert hatten, zogen dieselben vor Grebenstein und die benachbarte Stadt Immenhausen. Die ganze Umgegend wurde verwüstet, Immenhausen erobert und in Asche gelegt, Grebenstein aber hielt sich heldenmüthig. Da jedoch der Landgraf für diese Stadt das Schicksal Immenhausens befürchtete, so verstand er sich zu einer Sühne von 20,000 Gulden. Noch einmal sah darauf im J. 1388 die Stadt in Folge der Rachsucht des Quaden einen Feind vor ihren Mauern; es war der Ritter Conrad von Spiegel, der zur Verstärkung des Quaden mit den mainzischen Reisigen des Diemelstromes auf dem Wege nach Cassel, welches der Quade zu überrumpeln suchte, vor Grebenstein erschien, sich zwar auf eine Belagerung nicht einließ, aber die in der Feldflur weidenden Schafheerden mitnahm, welchen Raub derselbe jedoch mit Entrichtung von 250 Gulden der Stadt büßen mußte. Darauf hatte die Stadt Friede, bis die Stürme des 30jährigen Krieges, die Hessen vielfach durchtobten, auch sie trafen. Namentlich litt dieselbe im J. 1637, wo es dem Kroatenoberst Bigud nach heftigem Bombardement der Stadt gelang, dieselbe zu erobern; fast die ganze Altstadt legte derselbe in Asche und brannte auch die herrliche Kirche, deren Thurm von dem Bombardement schon schwer gelitten hatte, völlig aus. Noch hatte sich die Stadt von diesem schweren Geschick nicht erholt, als sie 1647 abermals von dem Feinde überfallen wurde. Die Burg, die während dieses Krieges schwer gelitten, wurde darauf verlassen und zerfiel. Im siebenjährigen Kriege hatten die grebensteiner Bürger das Glück, einen Theil der Kriegskasse des vom Herzog Ferdinand von Braunschweig bei Hofgeismar geschlagenen und sich auf der Flucht befindenden französischen Heeres zu erbeuten. Die Geschichte der Folgezeit bietet Nichts von allgemeinem Interesse dar *).

(*A. Koarmann.*)

GREBER (Conrad), protestantischer Theolog, im J. 1601 zu Alsfeld in Oberhessen geboren, widmete sich, nachdem er sich auf dem Gymnasium zu Gießen die nöthigen Vorkenntnisse erworben hatte, auf der Universität dieser Stadt der Philologie und Theologie. Nach der

---

*) Vergl. Die Burg und Stadt Grebenstein in Kurhessen bis zum Ende des Mittelalters. Aus gedruckten und ungedruckten Quellen geschichtlich dargestellt von Dr. Falkenheiner in der Zeitschrift des Vereins für hessische Geschichte und Landeskunde. Bd. 1. S. 177—236, und Landau, Hessische Ritterburgen. Bd. 4. S. 365 fg.

Beendigung seiner Studien und nachdem er in seinem 20. Jahre (1621) die Magisterwürde erlangt hatte, wurde er als Lehrer am Gymnasium seiner Vaterstadt angestellt. Da er aber seine ihm ungenügend scheinenden Kenntnisse noch vermehren zu müssen glaubte, so gab er seine Stelle wieder auf und kehrte nach Gießen zurück, um wiederholt die theologischen Collegien zu besuchen. Später hielt er öffentliche Vorlesungen über Logik, bis er im J. 1624 von dem Landgrafen Ludwig V. zum Unterdiakon und zum Major der Stipendiaten nach Marburg berufen und im J. 1627 zum Professor der Logik ernannt wurde, nachdem er sich durch eine philosophische Abhandlung (De propositionibus modalibus et doctrina syllogistica. Marp. 1626. 4.) empfohlen hatte. Einem Rufe nach Mainz als Pfarrer der Protestanten durch die damals in dieser Stadt das Regiment führenden Schweden folgte er ebenso wenig, als der Einladung als Oberpfarrer nach der ebenfalls in schwedischen Händen befindlichen Stadt Aschaffenburg zu kommen. Der Landgraf Georg II. machte ihn deshalb im J. 1632 zum Oberstadtprediger in Darmstadt, Greber ging aber, nachdem er im J. 1633 die vorgeschriebene Abhandlung (De nonnullis fidei articulis. Marp. 1633. 4.) vertheidigt und sich die theologische Doctorwürde verschafft hatte, als Superintendent und Prediger nach St. Goar, von wo er jedoch im J. 1635 in derselben Eigenschaft nach Darmstadt zurückkehrte, wo er am 28. Dec. 1667 starb, nachdem ihn etwa sechs Jahre zuvor, während er gerade in der Bibel las, ein Schlagfluß betroffen und dienstuntauglich gemacht hatte. Außer den schon erwähnten Abhandlungen sind noch zu erwähnen die zur Kenntniß der Specialgeschichte von Hessen brauchbaren Leichenreden: „Christliche Leichpredigt auf den Tod der Landgräfin Anne Marie von Hessen, gehalten zu Darmstadt den 6. Mai 1637" (im „Christlichen Ehrengedächtniß." Marburg 1638. 5.) und „Christliche Leichpredigt auf den Tod des Landgrafen Friedrich von Hessen-Homburg, gehalten zu Darmstadt am 6. Juni 1638" (im „Fürstlichen Ehrengedächtniß." Marburg 1638. Fol.) zu erwähnen *).
(*Ph. H. Külb.*)

GREBER, Jacob (oder, wie er selbst sich gewöhnlich nannte, Giacomo), teutscher Componist, in der zweiten Hälfte des 17. Jahrh. geboren, hatte sich als Tonkünstler bereits einen ungewöhnlichen Beifall erworben, als er mit einer seiner Schülerinnen, dem Fräulein de l'Epine (nachmaligen Frau Pepusch), einer beliebten Sängerin, im J. 1703 nach London übersiedelte, um dort sein Glück zu versuchen. Es gelang ihm auch hier durch seine rastlosen Bemühungen und besonders durch seine eigenen Compositionen, der italienischen Opernmusik Eingang zu verschaffen. Seine in diesem Geschmacke geschriebenen Singspiele: „Die Liebeshändel Ergasto's" (The Loves of Ergasto, 1705) und „Der Tempel der Liebe" (The Temple of Love, 1706) fanden auf dem Hay-Markettheater eine sehr günstige Aufnahme und behaupteten sich einige Zeit auf der Bühne, später aber geriethen sie mit dem Componisten, dessen Todesjahr nicht bekannt ist, in Vergessenheit. Von seinen handschriftlichen Compositionen befindet sich eine Cantate für Baß mit Flöten- und Clavierbegleitung auf der fürstlichen Bibliothek zu Sondershausen *).
(*Ph. H. Külb.*)

GREBNER oder **GRAEBNER** (David v.), teutscher Arzt, im J. 1655 zu Breslau geboren, widmete sich, nachdem er in den Schulen seiner Vaterstadt sich die nöthigen Vorkenntnisse erworben hatte, der Arzneiwissenschaft und begann im J. 1674 seine Studien auf der Universität zu Königsberg, welche er dann zu Leyden und zu Padua fortsetzte, wo er die Collegien der berühmtesten Professoren seines Faches besuchte. Nachdem er seine Studien beendigt und sich auf der Universität Padua die medicinische Doctorwürde erworben hatte, machte er zu seiner weiteren Ausbildung eine Reise durch Italien, Frankreich, Holland, Dänemark und England und kehrte dann in die Heimath zurück, um sich daselbst als praktischer Arzt niederzulassen. Nur kurze Zeit blieb er zu Fraustadt an der schlesischen Grenze, wo er zum Physicus ernannt worden war, da er vorzog, zu Breslau, wo er von der Ausübung seiner Kunst einen mehr lohnenden Ertrag erwartete, seine Wohnung aufzuschlagen. Er täuschte sich auch keineswegs in seinen Erwartungen und hatte außerdem das Glück, sich durch einige glückliche Ideen für neu zu prägende Schaumünzen den Beifall und die Gnade des Kaisers Leopold I. zu erwerben, welcher ihn unter die Zahl der Hofärzte aufnahm und in den Adelstand erhob. Als medicinischer Schriftsteller machte er sich durch seine Geschichte der im J. 1699 und in den folgenden Jahren zu Breslau herrschenden ansteckenden Krankheiten (Historia morborum, qui annis 1699 et sequentibus Vratislaviae grassati sunt. Vratislav. et Lipsiae 1700. 4. Ibid. 1710. 4.), welcher auch seine Abhandlung über die ärztliche Erfahrung beigefügt ist, und durch sein ebenfalls zu Breslau geführtes meteorologisches Tagebuch (Diarium meteorologicum Vratislaviense ab anno 1692 usque ad annum 1700. Vratislav. 1700. 4.) bekannt. Diese auf Erfahrung und Beobachtung beruhenden Arbeiten behaupten in der Geschichte der Medicin und der Naturwissenschaften noch immer ihren Werth; auch seine kleinern Abhandlungen aus den Fächern der Philologie, der Physik und der Medicin (Tractatus philologico-physico-medici VII. Vratislaviae 1708. 4. und Lipsiae 1714. 4.) bieten manches Lesenswerthe, vergessen ist dagegen seine Apologie der Arzneiwissenschaft der Alten (Medicina vetus restituta seu paragrapha Hippocratico-Galenica in Theod. Craanen Tractatum de Homine. Lipsiae 1693. 4. Ibid. 1694. 4.). Grebner starb im J. 1737 zu Breslau an einem Stickflusse †). (*Ph. H. Külb.*)

---

*) Fr. Wilh. Strieder, Hessische Gelehrten- und Schriftsteller-Geschichte. Bd. V. S. 90 fg.

*) E. Bernsdorf, Universal-Lexikon der Tonkunst. Bd. II. S. 230. *F. G. Fétis*, Biographie universelle des Musiciens. Tom IV. p. 92.

†) Chr. Wilh. Kestner, Medicinisches Gelehrten-Lexikon (Jena 1740. 4.) S. 860.

GREBNER (Jos. C. v.), teutscher Thierarzt, geboren am 19. Dec. 1797 zu Kupferzell in Würtemberg, widmete sich zuerst dem Kriegsdienste und machte als Oberlieutenant die Feldzüge von 1813 und 1814 in Teutschland und Frankreich mit; nach der Herstellung des Friedens beschloß er, sich der Thierarzneikunde zuzuwenden. Er studirte in den Jahren 1817 bis 1819 dieses Fach mit großem Eifer auf den Universitäten zu Wien und Berlin und erhielt nach Beendigung seiner Studien die Stelle eines Oberthierarztes zu Berlin. Nach dem Tode des Professors K. A. Rudolphi (1832) wurde er zum Regiments-Pferdearzt ernannt. Er hatte kurz vorher ein „Recept-Taschenbuch für Thierärzte" (Ulm 1831. 8.) herausgegeben, welches jedoch Anfangs keine große Beachtung gefunden zu haben scheint, denn alsbald nach seinem Tode, welcher im J. 1838 zu Ulm erfolgte, mußte es mit einem neuen Titelblatte versehen werden, um als neue Auflage nochmals sein Glück zu versuchen. Den erwünschten Erfolg hatte jedoch erst die dritte von dem bekannten Thierarzte A. Straub zu Stuttgart vermehrte und verbesserte Auflage, welche unter dem Titel: „Thierärztliches Receptbuch; eine Sammlung der neuesten und bewährtesten thierärztlichen Receptformeln; zum Gebrauch für Cavallerieofficiere, Oekonomen und angehende Thierärzte" (Ulm 1853. 8.) erschien *).

(*Ph. H. Külb.*)

GREBNER (Paul), ein Schwärmer des 16. Jahrh., um das Jahr 1540 zu Schneeberg im sächsischen Erzgebirge geboren, widmete sich der Theologie und scheint schon während seines Aufenthaltes auf der Universität durch zu ausschließende Beschäftigung mit den prophetischen Büchern der Bibel seinem Geiste die falsche Richtung eingeimpft zu haben, welcher auch andere überspannte Köpfe in nicht geringer Anzahl folgten. Nach der Beendigung seiner Studien wurde er als Schulmeister im Bremischen angestellt, richtete aber auch jetzt seine Aufmerksamkeit hauptsächlich auf die Erforschung des alten Testaments, wie seine poetische Bearbeitung des Hohen Liedes Salomon's und der Klaglieder des Jeremias (Canticum Canticorum Salomonis et Threni Hieremiae Prophetae elegiaco carmine redditi, accessit Oda de conjunctione fidelium cum Jesu Christo Salvatore. Antverp. 1563. 4.) zu beweisen scheint. Er verräth darin eine nicht gewöhnliche Anlage zur Dichtkunst und hätte vielleicht, wenn er auf dieser Bahn fortgeschritten wäre, Ruhm und Ansehen erworben, aber sein abenteuerlicher Sinn ließ ihn nicht zur ruhigen Ueberlegung gelangen. Er verließ deshalb seine Stellung und begab sich nach Holland, wo er Kriegsdienste nahm. Das Soldatenleben scheint ihm jedoch bald nicht mehr behagt zu haben, denn man findet ihn im J. 1567 wieder als Schulmeister zu Lüneburg, wo er bereits als Prophet auftrat und sich unmittelbarer göttlicher Eingebungen rühmte. Seine Vorhersagungen erregten Aufsehen und er scheint allmälig selbst an die Wahrheit seiner Träumereien geglaubt zu haben. Er ging sogar endlich in seiner Thorheit so weit, daß er an seinen Landesherrn Erich den Jüngeren das Ansinnen stellte, er solle einen Eilboten mit seinen Prophezeiungen nach Spanien an den König Philipp II. schicken. Der Herzog versuchte ihn Anfangs durch ruhige Vorstellungen wieder zur Vernunft zu bringen; als aber dieses wohlgemeinte Bestreben nicht nur keinen Erfolg hatte, sondern die Hartnäckigkeit des Afterpropheten steigerte, bewies man das Lächerliche seiner Behauptungen und veranlaßte dadurch, daß er unwillig den Staub von den Füßen schüttelte, um sein Glück anderwärts zu suchen. Er wählte nun Magdeburg zu seinem Aufenthalte und schmiedete daselbst um das Jahr 1573 die albernen Prophezeiungen über die demnächst eintretenden Aenderungen in der politischen Welt (Vaticinium Europae, seu fata tristia et bella cruenta anno 1573 junii 23 und Sericum mundi filum seu vaticinium, quo annunciatur subita et plusquam miraculosa orbis terrarum mutatio), welche zwar damals nicht gedruckt, aber vielfach in Abschriften verbreitet wurden, deren sich noch manche in den Handschriftensammlungen teutscher Bibliotheken erhalten haben. Er widmete die hauptsächlichste dieser Prophezeiungen, den „seidenen Weltfaden" (Sericum mundi filum), welcher auch ins Teutsche, Holländische und Englische übersetzt wurde, Heinrich IV., König von Frankreich, dessen Uebertritt zur katholischen Religion er freilich trotz seiner Prophetengabe nicht voraussah, Christian IV., König von Dänemark, welchem er die Herrschaft über die katholischen Niederlande verkündete, und Elisabeth, Königin von England, welche er als spätere Beherrscherin der spanischen Besitzungen begrüßte. Der letzteren überreichte er die Prophezeiung selbst während seines Aufenthaltes in England im J. 1582, und diese Abschrift soll sich noch in der Universitätsbibliothek zu Cambridge befinden. Nicht weniger freigebig zeigte er sich gegen die übrigen protestantischen Fürsten, während er allen katholischen den Untergang prophezeite. Besonders feindselig spricht er sich gegen das Haus Oesterreich aus und seine Schmähungen auf Maximilian II. und Rudolph II., über welche doch die Protestanten keine großen Klagen zu führen haben, würden ihm, hätte er sie durch den Druck veröffentlicht, vielleicht ebenso gut den Kopf gekostet haben, wie dem geistesverwandten Propheten Nicolaus Drabicius. Die Belohnungen, welche Grebner von den Fürsten, welche er doch so großmüthig mit nicht geringem Zuwachse an Land und Leuten bedachte, scheinen seinen Erwartungen durchaus nicht entsprochen zu haben, denn er klagt in einem Briefe an den Herzog von Holstein-Gottorp jämmerlich über seine Armuth und bittet diesen um ein neues Kleid. Seiner unergiebigen Prophezeiungen müde, scheint er an verschiedenen Orten unstät umhergeirrt zu sein und sich abwechselnd zu Magdeburg, wo er als Prediger gewirkt haben soll, zu Hamburg, zu Güstrow und zu Meißen aufgehalten zu haben, bis der im J. 1618 erscheinende Komet von Neuem seinen Geist verwirrte und wieder zum Vorhersagen großer Ereignisse veranlaßte.

*) Biographisch-literarisches Lexikon der Thierärzte aller Zeiten und Länder, von G. W. Schrader und Ed. Hering (Stuttgart 1863. 8.), S. 168.

In seiner Schrift: „Conjuncturen von dem neuen Sterne in der Cassiopea" (Magdeburg 1618. 4.), worin er Gott zum Zeugen anruft, daß er die Wahrheit spreche, und behauptet, daß Schweigen ihm das Leben kosten würde, sagt er allerlei voraus, nur das nicht, was sich wirklich später zutrug [1]). So sagt er unter anderm von Böhmens Schicksal: „Böhmen hat lernen mit großer Abweichung und verjagen aller Könige und Fürsten des Landes Europä, und werden die verjagten aus Böhmen, Bayern und Burgund wieder eingesetzt." „Wenn," äußert er ferner, „Gustavus Adolphus, der König in Schweden, sich jetzo wohl hält und den bedrängten Christen treulich beystehet, wird er ihm land und leute verbinden, die seine erben standhaft besitzen und glücklich regieren werden." Von den Ereignissen in Sachsen, Meißen und den benachbarten Ländern sagt er voraus: „Im Voigtlande und in denselben gränzen wird ein großes volck durchziehen und fast dieselbe ganze Erde zu roß und fuße bedecken, nicht weit von Gera, Zwickau, Marienberg und Anneberg wirds blutige scharmützel geben." Niemand achtete aber weiter auf diesen und andern zu jener Zeit verbreiteten Unsinn und Grebner starb völlig vergessen um das Jahr 1625. Erst nach seinem Tode sollte eine seiner Prophezeiungen, deren Echtheit aber mehr als zweifelhaft ist, Bedeutung gewinnen. Als nämlich der Kurfürst von Sachsen, August II., im J. 1697 zum König von Polen erwählt wurde, verbreitete sich das Gerücht, dieses Ereigniß sei schon von Grebner vorhergesagt worden. August II. suchte lange vergebens sich eine Abschrift zu verschaffen, bis es endlich dessen Mutter gelang, eine solche um den Preis von 120 Thalern von dem Leipziger Grabein zu erwerben. In dieser jetzt in der königlichen Bibliothek zu Dresden aufbewahrten Abschrift, in welcher sich Grebner einen Propheten Gottes und Vorhersager des Unterganges des Nestes des römischen Antichristes [2]) nennt, ist das Ende des Papstthums auf das Jahr 1690 gesetzt [3]) und wirklich gesagt, daß ein Sachse König von Polen und Kaiser werden würde [4]). Der kursächsische Rath und Historiograph Wilhelm Ernst Tentzel erhielt von dem Könige den Befehl, die Beschaffenheit der Handschrift genau zu untersuchen und darüber Bericht abzustatten. Der gelehrte Mann erklärte [5]) die Schrift für echt und fand keine Spur irgend einer Fälschung, später aber untersuchte der Bibliothekar Joh. Chr. Götze [6]), welcher genauer mit den Regeln der Diplomatik bekannt war, die Handschrift nochmals sorgfältig und fand nicht nur, daß der ursprüngliche Schreiber Jahrzahlen geändert und frühere, weil die Prophezeiungen nicht eingetroffen waren, mit spätern vertauscht hatte, sondern daß auch die betreffende Stelle, welche dem Beherrscher von Sachsen die Erwerbung des Königreichs Polen voraussagt, von anderer Hand beigeschrieben war. Daß einmal ein Sachse König von Polen oder teutscher Kaiser werden könne, war übrigens bei den damaligen Verhältnissen keine Unmöglichkeit und konnte ebenso gut eintreffen, als der andere Theil der Prophezeiung, daß August II. nach der Besiegung der Türken in Constantinopel begraben werden würde, nicht eintraf. Für Götze's Behauptung spricht indessen auch ein vor der Wahl August's II. zum König von Polen gedruckter Auszug aus der erwähnten Prophezeiung (Vaticinia ex serico mundi filo, libro jussu divino, Augusto Electori Saxoniae in arce Annabergensi exhibito. Amstelodami 1631. 8.), worin die betreffende Stelle fehlt; die Sache hat auch an und für sich jetzt gänzlich ihre Bedeutung verloren und verdient nur als Beitrag zur Geschichte der menschlichen Thorheit Erwähnung [7]). *(Ph. H. Külb.)*

GREBNER (Thomas), teutscher Jesuit und Historiker, im J. 1718 zu Mergentheim in Würtemberg geboren, trat sehr früh in die Gesellschaft Jesu und widmete sich nach der Beendigung seiner Studien und nach der Ablegung seiner Gelübde dem Unterrichtsfache. Er wirkte längere Zeit als Lehrer in verschiedenen Collegien seines Ordens, bis er im J. 1755 einem Rufe als Professor der Kirchengeschichte an der Universität zu Würzburg folgte. Seine Vorträge fanden hier allgemeinen Anklang und ebenso erwarb er sich durch die Fortsetzung der Weltgeschichte seines Vorgängers, des ebenfalls als Historiker bekannten Adrian Daude [1]), welche er unter dem Titel: Compendium historiae universalis et pragmaticae Romano-Germanici Imperii et Ecclesiae Christianae regnorum ac provinciarum, Franciae Orientalis Ducum et Episcoporum Wirceburgensium, Juris Germanici publici, privati, romani, feodalis et ecclesiastici, Scriptorum et Conciliorum, doctrinae ac disciplinae ecclesiasticae (Wirceburgi 1757—1764. 8. 3 Voll.) herausgab, großen Beifall auf den katholischen Universitäten und in den Collegien seines Ordens. Er folgt darin im Ganzen der Anordnung Daude's, kommt jedoch demselben an historischer Umsicht und in der praktischen Zusammenstellung der Ereignisse nicht gleich, wie er denn schon dadurch, daß er in jedem Abschnitte der Profangeschichte und die Kirchengeschichte besonders erzählt, die Uebersicht stört; auch bleibt sich die Behandlung nicht gleich, indem sie bald über Gebühr in das Einzelne eingeht und bald allzu kurz ist [2]). Ebenso

---

1) Vergl. Gottfr. Arnold, Kirchen- und Ketzer-Historie. (Schaffhausen 1741. Fol.) Bd. II. S. 524. 2) Vates Dei et praenuntius Antichristo Romani nidi eversionis. 3) Ruina Papae Romani incidit in annum 1690; exterminium ejus totum ab anno 1693. 4) Saxo in regem Poloniae creatur, atque sub Imperatore Romano retegere Papa totus delebitur. 5) In seiner Curieusen Bibliothek. Bd. III. S. 209. 6) Vergl. dessen Merkwürdigkeiten der königl. Bibliothek zu Dresden Bd. I. S. 235 fg.

7) Vergl. *J. Moller*, Cimbria literata. (Havniae 1744. fol.) Tom. II. p. 245. Joh. Chr. Götze, Merkwürdigkeiten der königl. Bibliothek zu Dresden. (Dresden 1743. 4.) Bd. I. S. 235 fg. und 506. J. C. Adelung, Geschichte der menschlichen Narrheit. (Leipzig 1785. 8.) Bd. VI. S. 61 fg. Biographie universelle. Tom. LXVI. p. 54. (Nouv. éd. Tom. XVII. p. 412.)

1) Vergl. Encyklopädie Bd. 23. S. 196. 2) J. G. Meusel (Bibliotheca historica. Vol. I. P. I. p. 272) sagt: „Singulis capitibus saeculorum singulorum historia traditur civilis et ecclesiastica duabus sectionibus, quae ipsae minoribus sequun-

werden manche Fabeln und Sagen von dem Richterstuhle der Kritik nicht bestehen können und überhaupt kann diese Weltgeschichte nicht mehr dem Geschmacke unserer Zeit entsprechen. Mehr bleibenden Werth behalten dagegen seine einzelnen historischen Untersuchungen über die Geschichte der zu Würzburg abgehaltenen Concilien (Dissertatio historica de Conciliis nationis Germanicae Wirceburgi in Francia Orientali celebratis. Wirceburgi 1757. 4.), über die Geschichte der Abtei Ober-Gottes-Zell im Bisthume Würzburg (Expositio de ortu et progressu inclytae Abbatiae Cellae Dei superioris. Wirceb. 1759. 4.) und über die ursprüngliche Gestaltung der Kirche Teutschlands (Germania sacra in primitivo statu Ecclesiae, tanquam Reipublicae Sacrae a Christo institutae et ab Apostolis horum successoribus propagatae usque ad Constantinum M. juxta Catholicorum systema contra systemata Protestantium e fontibus historiarum vindicata. Bambergae et Herbipoli 1767. 4.), bei welcher letzteren Schrift man freilich den Standpunkt, von welchem der Verfasser ausgeht, als den richtigen voraussetzen muß. Von geringer Bedeutung ist des Verfassers Handbuch der Ethik und des Naturrechts (Philosophia Moralis sive Ethica et Jus naturae. Wirceb. 1761. 8.). Grebner scheint um das Jahr 1770 gestorben zu sein [8]. — Im Fache der Geschichte und der historischen Hülfswissenschaften wirkte auch ein früherer Jesuit dieses Namens, Leonard Grebner. Geboren zu Würzburg am 6. Mai 1694, trat er in seinem 18. Jahre (7. Juli 1711) in die Gesellschaft Jesu und wurde nach Beendigung seiner Studien als Lehrer der Theologie und der hebräischen Sprache in dem Collegium seines Ordens zu Würzburg verwendet. Später ging er als Professor des Kirchenrechts nach Bamberg, wo er am 2. Sept. 1750 starb. Sein auf astronomischer Grundlage gestützte Chronologie (Chronologia ex principiis astronomiae. Heidelb. 1725. 8.), seine Erörterung des Zustandes der Kirche und des Kirchenrechtes unter der Herrschaft der Karolinger (Tractatus historico-juridicus de statu ecclesiae et juris ecclesiastici observantia sub regum et imperatorum Stirpis Carolingicae imperio cum selectis observationibus. Bamberg. 1739. fol. Ibid. 1755. 4.) und seine Abhandlung über die diplomatische Kritik (Dissertatio de sincera ac secura artis praecipue diplomaticae, ac suo modo sigillariae ac numismaticae Crisi, itemque momentosa quorundam Imperatorum aut potius Regum germanicorum puta Chuonradi I et Henrici Aucupis cura ac re diplomatica. Bamberg. 1742. 4.) wurden von seinen Zeitgenossen mit Beifall aufgenommen, sind aber jetzt verschollen [4]). (*Ph. H. Külb.*)

Grebo (Negerstamm), s. Kru.

GRECA (Antonio la), italienischer Componist, im J. 1622 zu Palermo geboren, erhielt den Beinamen Fardiola von seinem Lehrer Filippo Fardiola, welcher Musikmeister an einer Kirche zu Palermo war und ihn zu einem tüchtigen Kapellmeister heranbildete, da er sich durch ein ungewöhnliches Talent auszeichnete. La Greca gab schon in seinem 16. Jahre eine Sammlung von Motetten unter dem Titel: Armonia sacra a 2, 3, 4 voci, libro 1 (Palermo 1647. 4.) heraus und componirte noch viele andere Musikstücke, die aber nicht durch den Druck zur allgemeinen Kenntniß gekommen sind. Der Componist starb schon in der Blüthe seines Alters am 8. Mai 1668 zu Palermo [1]). — Es sind auch zwei gute Architekten dieses Namens bekannt, Felix und Vincenzo della Greca, welche beide zu Rom thätig waren und sich eines großen Rufes erfreuten. Felix della Greca vollendete den von Giacomo della Porta begonnenen Bau des Palastes Chigi und Vincenzo della Greca, ein Schüler J. B. Montano's, erbaute unter dem Pontificate Urban's VIII. die auch in Kupfer gestochene schöne Kirche S. Domenico nel Monte Magnanopoli und starb um die Mitte des 17. Jahrh. [2]). (*Ph. H. Külb.*)

GRECCHI (Marcantonio), ein italienischer Kupferstecher und Maler aus der Sieneser Schule, welcher in der ersten Hälfte des 17. Jahrh. arbeitete. Er war zuerst, und zwar schon am Ende des 16. Jahrh., mit dem Grabstichel thätig, wie mehrere radirte Blätter von seiner Hand beweisen. Hierher gehören eine Kreuzabnahme (1595) nach A. Casolani, und der knieende heil. Ansanus (1596) nach demselben, ferner die heil. Jungfrau mit dem Kinde, der heil. Evangelist Johannes und die heil. Katharina von Siena nach eigener Erfindung (1597). In der Malerei versuchte er sich erst später und seine Arbeiten scheinen nicht häufig zu sein; eine heilige Familie in der Kirche zu Foligno, welche seinen Namen und die Jahreszahl 1634 trägt, beweist, daß er zu dieser Zeit noch rüstig war und Vorzügliches leistete. Lanzi, der dieses Gemälde sah, nennt den Styl ausdrucksvoll, correct, dem Maler Tiarini von Bologna ähnlicher als einem andern Sieneser Meister [*]). (*Ph. H. Külb.*)

GRECO (Gaetano), ein vorzüglicher altitalienischer Meister und mit Leonardo Leo und Francesco Durante Stifter der sogenannten neapolitanischen Schule, um das Jahr 1680 zu Neapel geboren, wurde in seiner Vaterstadt in dem Conservatorium der Armen Christi (Poveri di Gesù Cristo) erzogen und erhielt seinen Unterricht

tis dispensentur, quo fit, ut series rerum gestarum minime perspici possit. Inaequalis est etiam operis summa; non auctor fusius justo, non strictius rem proponit. Nec fabulas et ineptias damnat."

8) J. G. Meusel, Lexikon der vom Jahre 1750—1800 verstorbenen teutschen Schriftsteller. Bd. IV. S. 355. *Aug. et Al. de Backer*, Bibliothèque des Écrivains de la Compagnie de Jésus. Tom. II. p. 263 seq.

4) *Aug. et Al. de Backer* l. c. Tom. V. p. 256.

1) Ed. Bernsdorf, Universal-Lexikon der Tonkunst. Bd. 2. S. 290. *F. J. Fétis*, Biographie universelle des Musiciens. Vol. IV. p. 92. 2) G. K. Nagler, Künstler-Lexikon. Bd. 5. S. 346.

*) Biographie générale. Tom. XXI. p. 775. G. K. Nagler, Künstler-Lexikon. Bd. 5. S. 346. L. Lanzi, Geschichte der Malerei in Italien. Bd. I. S. 312.

von dem berühmten Tonmeister Alessandro Scarlatti, dem er auch in seinem Amte als Professor der Composition folgte. Von dem Conservatorium dei Poveri ging er in derselben Eigenschaft an das von St. Onofrio über, in welcher Stelle er bis zu seinem Tode (um 1740) blieb. Unter seinen zahlreichen Schülern sind Giovanni Battista Pergolesi und Leonardo da Vinci als die berühmtesten zu nennen. Seine Compositionen werden nur handschriftlich aufbewahrt und man rühmt besonders seine vierstimmigen Litaneien mit zwei Geigen, einer Bratsche und der Orgel als Baß, welche Durante bei seinen ähnlichen Compositionen als Muster sollen gedient haben. Man hat von demselben Meister gute Toccatinen und Fugen für die Orgel, von denen sich eine Abschrift in der Privatsammlung des Abate Santini zu Rom befindet *).

(*Ph. H. Külb.*)

GRECO (Gennaro), Maler der neapolitanischen Schule, welcher in der zweiten Hälfte des 17. Jahrh. lebte, erlernte bei dem bekannten Maler, Andr. Pozzo, einem Jesuiten, die Kunst und erreichte hauptsächlich in der Perspective eine seltene Meisterschaft. Er versuchte sich mit besonderer Vorliebe in der Darstellung von architektonischen Gegenständen und in Thierstücken und erntete reichen Beifall, der ihn aber, wie seinen Lehrer Pozzo, zur Schnellmalerei und Oberflächlichkeit verleitete. Er starb eines elenden Todes, indem er in der Kirche Casa-di-Nola zu Neapel, in der er mit einem Deckengemälde beschäftigt war, im J. 1717 vom Gerüste herabfiel. Sein Sohn Vincenzo setzte die Arbeiten seines Vaters in derselben Manier fort [1]). Ein anderer Maler desselben Namens, Paolo Greco, lebte zu Anfang des 17. Jahrh. und verdient deshalb Erwähnung, weil er der erste Lehrmeister des berühmten Salvator Rosa, seines Neffen, war [2]).. Den Namen Greco führt auch Alessandro Cesari (oder Cesati), ein ausgezeichneter Edelsteinschneider und Medailleur aus der Mitte des 16. Jahrh., dessen Leistungen den Arbeiten des Alterthums gleichgehalten und von Michel Angelo sehr hoch geschätzt wurden. Unter seinen Gemmen gebührt dem Cameo des Phocion der Vorzug, welcher nach dem einstimmigen Urtheile aller Kenner alle modernen Arbeiten dieser Art übertrifft; fast ebenso ausgezeichnet ist der Kopf Heinrich's II. von Frankreich, erhaben auf einen Carneol geschnitten. Unter seinen Medaillen sind besonders die Schaumünzen auf die Päpste Paul III. und Julius III. zu erwähnen. Auch die meisten geschnittenen Steine, die mit dem Namen M. Lollius Alexander bezeichnet sind und die lange als Kunstwerke des Alterthums galten, sollen von seiner Hand sein. Den Namen Greco erhielt er, wie man behauptet, weil er sich bei den Inschriften auf seinen Werken der griechischen Sprache bediente, oder, nach Andern, weil er den berühmten griechischen Meistern des Alterthums nacheiferte [3]). Greco heißt ferner der Maler Belisario Corenzio, im J. 1558 in Achaja geboren, welcher sich um das Jahr 1586 zu Neapel niederließ und die übrigen Maler durch seine Eifersucht und seine Ränke, die selbst vor Gift und Dolch nicht zurückschreckten, aus dieser Stadt vertrieb. Er malte hauptsächlich große Wandbilder und seine Arbeiten sind geistreich und geschmackvoll. Er starb im J. 1643 und wird zu den besten Nachahmern Tintoretto's gezählt [4]). — Greco nennt man auch oft den Maler und Architekten Domenico Theotocopuli, welcher sich in der zweiten Hälfte des 16. Jahrh. in Spanien großen Ruhm erwarb (s. d. Art.). Endlich heißt Greco auch ein verdienstvoller Schüler Pellegrino's, dessen Namen man nicht kennt und von dem man nur weiß, daß er von Geburt ein Grieche war [5]).

(*Ph. H. Külb.*)

GRECO (Gioachino), genannt der Calabreser (il Calabrese), einer der berühmtesten Schachspieler des 17. Jahrh., wurde um das Jahr 1600 in dem Königreiche Neapel geboren, seine Lebensverhältnisse sind aber völlig unbekannt und man weiß nur, daß er die verschiedenen Hauptstädte Europa's besuchte, um sich mit den geschicktesten Schachspielern seiner Zeit zu messen. Er fand aber nicht nur keinen, der ihn übertraf, sondern nicht einmal einen, der es nur einigermaßen in einem ehrenvollen Kampfe mit ihm aufnehmen konnte. Er kam auch unter der Regierung Ludwig's XIV. nach Paris, wo er mit großem Erfolg und Gewinn seine Kunst übte. Der Herzog von Nemours-Arnaud, genannt der Carabiner (le Carabin), Chaumont und la Salle, welche als die ausgezeichnetsten Schachspieler am Hofe galten, ließen sich nach der Reihe mit ihm auf einen Zweikampf in einer Schachpartie ein, wurden aber alle so schmählich geschlagen, daß ein Schöngeist dieses Hofereigniß zum Gegenstand eines Gedichtes machte [1]). Greco schrieb auch in italienischer Sprache eine Abhandlung über das Schachspiel, die aus der Handschrift in das Französische übersetzt und unter dem Titel: Le Jeu des échecs, trad. de l'italien (Paris 1669. 12.) herausgegeben und in verschiedenen Auflagen (Paris 1713. 12. Ibid. 1714. 12.) wiederholt wurde. Die teutsche Literatur besitzt auch

*) Ed. Bernsdorf, Neues Universal-Lexikon der Tonkunst. Bd. 2. S. 250. *F. J. Fétis*, Biographie des Musiciens. Tom. IV. p. 92.

1) *B. Dominici* Vite de' pittori Napolitani. Tom. III. p. 563. Fr. C. G. Hirsching, Historisch-literarisches Handbuch. Bd. 2. Abth. 1. S. 156. 2) Biographie générale. Tom. XXI. p. 778.

3) G. K. Nagler, Künstler-Lexikon. Bd. 2. S. 476. Monogrammisten. Bd. 1. S. 373. Biographie générale. Tom. IX. p. 493. 4) Nagler, Künstler-Lexikon. Bd. 3. S. 83. 5) L. Lanzi, Geschichte der Malerei in Italien von Quandt. Bd. 2. S. 65.

1) Das Madrigal, welches (durch den Mercure galant, Decembre 1693) auch der Welt bekannt wurde, lautet:

A peine dans la carrière
Contre moi tu fais un pas,
Que par ta démarche fière
Tous mes projets sont à bas.
Je vois dès que tu t'avances
Céder toutes mes défenses,
Tomber tous mes champions:
Dans ma résistance vaine
Roi, chevalier, roc et reine
Sont moindres que des pions.

eine neuere Bearbeitung von M. Hirschel unter dem Titel: „Das Schach des Gioachino Greco Calabrese und die Schachspielgeheimnisse des Arabers Ph. Stamma" (Breslau 1784. 8. 3 Bde.). Die früher sehr gesuchte Schrift Greco's hat jetzt durch das spätere bekannte Werk A. D. Philidor's (s. d. Art. Abth. III. Bd. 22. S. 312) ihr Ansehen verloren[2]). — Ein anderer Neapolitaner dieses Namens, Benjamino Greco, welcher in der ersten Hälfte des 18. Jahrh. lebte und dem Jesuitenorden angehörte, machte sich durch ein religiöses Schäferspiel, welches die Geburt des Herrn behandelt (Il primo gaudio tra gli affanni, ovvero la Natività di Nostro Signore Gesù Cristo. Napoli 1739. 8.), welches aber jetzt vergessen ist, bekannt[3]). — Ein dritter Schriftsteller desselben Namens, über dessen Lebensverhältnisse sich keine nähere Auskunft findet, beschäftigte sich mit Geschichte und gab eine Sammlung kleiner Schriften aus der zweiten Hälfte des 16. Jahrh., welche sich auf wichtige Ereignisse in Frankreich beziehen, unter dem Titel: Raccolta d'alcune Scritture publicate in Francia dal 1585 sino all anno 1593 (Bergamo 1594. 8.) heraus, welche indessen wenig bekannt zu sein scheint.

(*Ph. H. Külb.*)

GRÉCOURT (Jean-Baptiste-Joseph Willart de), französischer Dichter, im J. 1683 zu Tours geboren, soll von einer edeln schottischen Familie abstammen, welche durch widrige Verhältnisse gezwungen wurde, ihrem Vaterlande den Rücken zu kehren und sich in Frankreich niederzulassen. Er war der jüngste Sohn unter mehreren Geschwistern und kam in früher Jugend nach Paris, wo er sich unter der Leitung seines Oheims Germain Willart mit gutem Erfolg den Studien widmete. Er wurde deshalb zum geistlichen Stande bestimmt und erhielt durch den Einfluß seines Oheims, eines angesehenen Geistlichen, schon in seinem 13. Jahre eine Pfründe an der Kirche des heil. Martinus zu Tour. Nach der Beendigung seiner Studien kehrte er in seine Vaterstadt zurück, wo seine Mutter, die unterdessen Witwe geworden war, sich durch die Vermittelung eines ihrer Verwandten, des bekannten Finanzbeamten Noaillé, die Stelle einer Postmeisterei verschafft hatte. Der junge Abbé versuchte sich, obgleich er wenig Lust zu kirchlichen Verrichtungen fühlte, als Kanzelredner und erntete durch seinen lebhaften Vortrag nicht unbedeutenden Beifall; da aber allmälig seine Predigten durch beißende Anspielungen auf mehrere bekannte Frauen der Stadt, sowie ein satirisches Drama (Opera comique sur la suppression du mandement de M. l'abbé Dumont, später bei seinen Werken unter dem Titel: Rillons Rillettes gedruckt) großes Aergerniß erregten, so sah er alsbald selbst ein, daß er einen andern Weg zu seinem Fortkommen einzuschlagen und einen andern Ort für die seinem Charakter entsprechende Wirksamkeit zu suchen habe. Er kehrte also nach Paris zurück, wo ihm seine Freunde eine sogenannte Kapelle[1]) in einer Kirche verschafften, eine wahrhafte Sinecure, welche ihm Muße in Ueberfluß gewährte, sich einer Epikuräischen Lebensweise hinzugeben, für welche er geschaffen war, und muthwillige Erzählungen und Lieder zur Erheiterung der von ihm besuchten Gesellschaften und seiner Freunde zu dichten[2]); seine Eigenschaft als Abbé und Pfründner beunruhigte ihn wenig und sein Gewissen machte ihm keine Vorwürfe darüber, öffentlich als Liebhaber eines ungebundenen Lebens und der Vergnügungen zu gelten und zu erscheinen. Einer seiner ersten Gönner war der Herzog von Estrées, welcher ihn häufig mit sich zu der Ständeversammlung der Bretagne nahm, um sich von ihm die Langeweile der Repräsentation vertreiben zu lassen. Er ertrug aber nicht eine lange Abwesenheit von Paris, weil er sich daselbst unbeobachtet und ungehindert seinen Neigungen überlassen konnte und viele gleichgesinnte Freunde fand. Er verstand es vortrefflich, eine Gesellschaft zu unterhalten, war einer der besten Vorleser seiner Zeit und wußte anstößige Geschichten und Späße angenehm zu erzählen, weshalb er ein sehr gesuchter und beliebter Gast war, obschon er sich durch seinen satirischen Spott manchen heimlichen Feind machte. Er wollte indessen auch gern als gelehrt gelten, wie er denn in der römischen Literatur bewandert war, er wollte sogar die Welt glauben machen, daß er noch weit größere Kenntnisse im Griechischen besitze, obgleich er kein Wort dieser Sprache verstand, weshalb man sich oft lustig über ihn machte; er wußte aber solche Angriffe in der Regel durch Unverschämtheiten zurückzuweisen. Einer seiner liebsten Freunde war der Herzog von Aiguillon, dessen liederliche Lebensweise selbst von seinen durchaus nicht in der Moral starken Zeitgenossen getadelt wurde. Dieser nahm ihn während der schönen Jahreszeit gewöhnlich mit auf sein Schloß Veret in Touraine, wo sich eine nur der Ueppigkeit fröhnende Gesellschaft zu sammeln pflegte und wo er die Rolle eines geistreichen Lustigmachers übernahm. Er selbst nennt diesen Aufenthalt das irdische Paradies, obgleich darin unter allen Freuden und Ergötzlichkeiten Nichts weniger als die paradiesische Unschuld vertreten war. Hier veranstaltete er mit der Prinzessin von Conti und mit dem Pater Vinot, einem Oratoristen, eine Sammlung der ruchlosesten und

2) Vergl. *P. Bayle*, Dictionnaire historique, Art. Gioachino Greco. Biographie universelle. Tom. XVIII. p. 372. Biographie générale. Tom. XXI. p. 775. H. F. Maßmann, Geschichte des mittelalterlichen Schachspiels (Quedlinburg 1839. 8.) S. 173. Ant. Schmidt, Literatur des Schachspiels (Wien 1847. 8.) S. 184. 3) *Aug.* et *Al. de Backer*, Bibliothèque des écrivains de la compagnie de Jésus. Vol. VI. p. 190.

1) Eine gut bezahlte Pfründe, durch welche der Pfründner verbunden war, täglich in einer bestimmten Kapelle eine Messe zu lesen oder lesen zu lassen. 2) Seine Erinnerungen an dieser Zeit schildert er selbst am besten in folgenden Versen:

En soutane à la parade, à la fine, à la cotte,
Jusqu'aux pieds des autels trainer une bigotte,
Paraître fort habile en vingt lieux différents,
Duper d'un seul coup d'œil amis, rivaux, parents,
Egayer le chagrin, arrêter la volage,
Ne fut jamais chez moi que simple badinage,
La grille a vu mon corps et dans plus d'un saint lieu
J'ai troublé galamment ce bon peuple de Dieu.

schmutzigsten Gedichte, welche der Herzog mit eigener hoher Hand druckte [3]. Seinem Grundsatze getreu, Alles von der lustigen Seite zu nehmen und selbst in den verdächtigsten Dingen nichts Anstößiges zu finden [4], lebte er nur den Freuden der Tafel und der Liebe, und der Versicherung eines seiner Biographen, daß man aus seinen allzu freien Gedichten nicht auf seinen Charakter schließen dürfe, daß sein Herz nie an den Verirrungen seines Geistes mitschuldig gewesen sei und daß bei ihm die Rechtschaffenheit und das Gefühl stets lauter gesprochen habe, als die Ausschweifung [5], dürfte schwer zu glauben sein, und man möchte eher der Behauptung eines andern Beurtheilers beistimmen, welcher geradezu sagt, daß man seinen Schriften ansehe, wo sie entstanden seien, und daß sie den Orten entsprächen, welche der Verfasser zu besuchen pflegte [6]. Einen Beweis für diese Behauptung liefert die Entstehungsgeschichte eines seiner bekanntesten Gedichte, des Philotanus. Um die Gunst einer schönen Hutmacherin auf dem Platze Maubert, welche sich als eine Anhängerin der Jansenisten gebehrdete, zu gewinnen, verfaßte er diese scherzhafte Satyre gegen die Jesuiten, welche zu jener Zeit, wo der Streit zwischen den Jesuiten und ihren Gegnern seinen Höhepunkt erreicht hatte, einen ungewöhnlich großen Beifall fand. Philotanus (was, beiläufig gesagt, gleichbedeutend ist mit Päderast) heißt ein Teufel, welchen Grecourt einst unter einem Baume schlafend fand und den er durch die Gewalt des Weihwassers zwang, ihm das Geheimniß der berüchtigten Bulle Unigenitus zu offenbaren, welche Clemens XI. im J. 1713 gegen die Anmerkungen des bekannten Paschasius Quesnel über das neue Testament (1671) auf das Verlangen Ludwig's XIV. und auf Betreiben der Jesuiten erlassen hatte und worin hundert und ein Satz von Quesnel's Sätzen verdammt und die Untrüglichkeit des Papstes ausgesprochen wurde. Philotanus erzählt nun Grecourt ausführlich, wie die ganze Hölle über die Anmerkungen Quesnel's in Aufruhr gerathen sei, weil sie die Ueberzeugung erlangt habe, daß sie, wenn die Menschen nach den von Quesnel gegebenen Vorschriften leben würden, Mangel an Zuwachs haben müsse; daher habe Philotanus, der schon früher in der Person Ravaillac's Heinrich IV. ermordet, Ludwig XIV. und den Papst überredet, wider Quesnel einzuschreiten, folglich stamme die erwähnte Bulle aus der Hölle. Daß der Teufel in seiner Erzählung die Lehren und geheimen Umtriebe der Jesuiten einer scharfen Kritik unterwirft, läßt sich leicht denken [7]. Das Verdienst solcher Werke, sagt Voltaire, besteht gewöhnlich nur in der Wahl des Gegenstandes und in der menschlichen Bosheit. Es läßt sich indessen nicht leugnen, daß sich in dem Gedichte einige gelungene Verse finden; der Anfang ist sehr glücklich gerathen, aber der weitere Verlauf entspricht dem Anfange nicht. Der Teufel erscheint nicht immer so ergötzlich, wie bei seinem ersten Auftreten; der Styl ist niedrig, einförmig und entbehrt der dialogischen Abwechselung, der Anmuth und Feinheit der Sprache und die Durchführung ist völlig arm an Phantasie, kurz das Ganze ist nur eine satyrische Geschichte der Bulle Unigenitus in burlesken Versen, von denen einige recht spaßhaft sind [8]. Die erste Ausgabe dieses Gedichtes erschien unter dem Titel: Philotanus, poëme français et latin, avec des remarques. S. l. et a. (1720). 12. Die lateinische Uebersetzung in Versen, welche Nic. Marchant, später Rector des Collegs von Bayeux, fertigte, ist durchaus nicht schlecht. Die nur den französischen Text enthaltende Ausgabe (Paris 1733. 12.) wird als die vollständigste und beste betrachtet. Manche haben Grecourt nicht für den Verfasser des Philotanus gehalten, sondern ihn dem bekannten Pamphletisten Nic. Jouin zuschreiben wollen, aber geschäftige Freunde haben nicht unterlassen zu beweisen, daß nur Grecourt auf die Ehre Anspruch machen dürfe, diese Satyre gedichtet zu haben. Ebenso irrthümlich hat man behauptet, daß er deshalb von den Jesuiten verfolgt worden sei, denn wir wissen durch unverdächtige Zeugnisse, daß er später noch häufig mit den Jesuiten Umgang pflog und sogar mit ihnen speiste; auch soll er im Sinne gehabt haben, aus Liebe zu der den Jesuiten holden Frau eines Schuhmachers ein ähnliches Gedicht zu Gunsten der Jesuiten gegen die Jansenisten zu machen. Uebrigens scheinen die Gegner seiner Art und Weise überhaupt manche Versuche gemacht zu haben, die weltliche und geistliche Behörde gegen ihn aufzuregen, jedoch bei dem Geiste der damaligen Zeit vergebens, denn er wußte sich stets geschickt zu vertheidigen und erklärte wiederholt den ihm gern Glauben schenkenden verderbten Zeitgenossen, daß er stets die größte Achtung vor der Religion gehabt habe und seine Gedichte unge-

3) Jedoch zum Glück nur in wenigen (sieben bis zwölf) Exemplaren. Die Sammlung führt den Titel: Recueil de pièces choisies, rassemblées par les soins d'un cosmopolite. Anconne (Verot) 1735. 4. Denselben Ursprung soll auch die ebenso abscheuliche Suite de la nouvelle Cyropédie ou Réflexions de Cyrus sur ses voyages. S. l. 1728. 8. haben. 4) Diesen Wahlspruch gibt er in den Versen zu erkennen:

L'homme difficile est un sot;
Trouver tout bon, c'est le bon lot.

5) Quoique nous ayons de lui une foule de poésies libres, on n'en doit pourtant rien conclure contre son caractère; son coeur n'a jamais été complice des égaremens de son esprit; la probité et les sentimens ont toujours parlé chez lui plus haut que le libertinage. Avertissement über Grécourt's Leben in der Ausgabe seiner Werke. Paris 1802. 12. 6) Malheureusement la plus grande partie ramassés, si non des lieux que fréquentait l'auteur, du moins de sa vie licencieuse. A. Beuchot in der Biographie universelle. Tom. XVIII. p. 373.

7) Vergl. C. Fr. Flögel, Geschichte der komischen Litteratur. Bd. 2. S. 618 fg. 8) Le mérite de ces sortes d'ouvrages n'est d'ordinaire que dans le choix du sujet et dans la malignité humaine. Ce n'est pas qu'il n'y ait quelques vers bien faits dans ce poëme. Le commencement en est très-heureux; mais la suite n'y répond pas. Le diable n'y parle pas aussi plaisamment qu'il est amené. Le style est bas, uniforme, sans dialogue, sans grâces, sans finesse, sans pureté de style, sans imagination dans l'expression, et ce n'est enfin qu'une histoire satyrique de la bulle Unigenitus en vers burlesques, parmi lesquels il s'en trouve de très-plaisans. Voltaire, Oeuvres complètes. (Gotha 1785. 8.) Tom. XX. p. 103.

fährlich seien, weil er die anstößigsten Dinge auf die sittsamste Weise zu sagen wisse und gewohnt sei [9]). Zeigte er sich auch stets als literarische und religiöse Wetterfahne und war er nur in der Sucht nach Vergnügungen beharrlich, so plagte ihn von allen Leidenschaften doch am wenigsten der Ehrgeiz. Er gab sich zwar einige Zeit Mühe, das Amt eines Büchercensors zu erhalten, war aber zufrieden und tröstete sich, als man ihm dieses aus guten Gründen wiederholt verweigerte. Mehrere einträgliche Stellen, die ihm der berüchtigte Generalaufseher der Finanzen, J. Law, dessen Gesellschaften Grecourt durch seine schlüpfrigen Machwerke zu erheitern pflegte, wiederholt anbot, lehnte er aus Liebe zur Unabhängigkeit ab und entwickelte seinem Gönner die Gründe dieser Weigerung in einer gelungenen Fabel (Le Solitaire et la Fortune), dem anständigsten und vielleicht besten seiner kleineren Gedichte, welches beweist, daß Grecourt bei einem besseren Geschmacke eine ehrenvolle Stelle unter den anmuthigsten Dichtern Frankreichs hätte einnehmen können. Wie sehr es ihm aber an Geschmack fehlte, zeigte schon die auf Verlangen der Prinzessin von Bourbon-Condé von ihm veranstaltete Zusammenstellung und Herausgabe der Maranzakiniana (De l'imprimerie du Vourst l'an 1730, se vend chez Coroco. 24), einer nur in einer kleinen Anzahl gedruckten Sammlung alberner Späße Maranzac's, eines einfältigen Stallknechtes des Sohnes Ludwig's XIV. In seinen spätern Jahren mußte Grecourt bitter die Folgen seines ausgelassenen und unmäßigen Lebens büßen. Er zog sich nach Tours zurück und scheint sich kurz vor seinem Tode noch zur Frömmigkeit bekehrt zu haben [10]). Er ließ sich sogar mit den Sterbesacramenten versehen und verschied nach einer schmerzlichen Krankheit am 21. März 1743. Sein Leichnam wurde in dem Schiffe der Kirche des heil. Martinus zu Tours beigesetzt. Die Grabschrift, welche er sich selbst verfaßte [11]), entspricht seinem Leben, verunstaltet aber seine wirkliche Grabstätte nicht. Grecourt wird als ein schlanker, wohlgestalteter Mann geschildert, von etwas bräunlicher Hautfarbe, mit großen schwarzen und lebhaften Augen, langer und dünner Nase und vorstehendem dicken Kinn. Ein fröhliches und anziehendes Ansehen war über sein ganzes Aeußere verbreitet, Witz war die Seele seiner Unterhaltung; er besaß ganz besonders die Gabe, Andere in ein unauslöschliches Lachen zu versetzen, ohne selbst den Ernst zu verlieren; er war gefällig, aufrichtig und freigebig gegen seine Freunde, ein Feind der Arglist und der Schmeichelei und wußte die Vorzüge eines ehrsamen Menschen mit den Eigenschaften eines Philosophen zu verbinden, den sein Naturhang zu den Vergnügungen unwiderstehlich hinzog. So schildern ihn seine Freunde, und da diese in dem Geiste ihrer verkehrten Zeit urtheilten, so mag die Richtigkeit ihres Urtheils nicht ganz in Abrede gestellt werden. Grecourt war übrigens klug genug, während seiner Lebenszeit außer dem Philotanus keines seiner Gedichte drucken zu lassen und dadurch allen Unannehmlichkeiten zu entgehen. Geriethen sie nicht allmälig in gänzliche Vergessenheit, so geschieht dies hauptsächlich nur deshalb, weil sie ein unzweideutiges Zeugniß von der Sittenlosigkeit seiner Zeit geben. Ihr poetischer Werth ist nur gering, der Mangel an wirklicher Phantasie macht sich fast in allen bemerkbar und die Behandlung des Stoffes ist gewöhnlich sehr nachlässig. Grecourt reimt ohne Unterschied alle Gedanken, die sich ihm darbieten; Leichtigkeit und Natürlichkeit der Darstellung lassen sich ihm nicht absprechen, doch ist sein Verdienst als Dichter weit überschätzt worden, wie selbst die bedeutendsten Literarhistoriker seines Landes zugestehen. Seine Erzählungen (Contes) [illegible] unterhaltend, aber immer schmutzig, selbst die keusche Muse der Fabel, deren Schamhaftigkeit Lafontaine und seine Nachahmer nicht zu verletzen wagten, achtet er nicht, und seine Thiere handeln und sprechen geradeso unverschämt, wie seine Menschen, seine Episteln sind inhaltleer und fade, seinen Epigrammen fehlen Schärfe und Witz und seine Lieder (chansons) zeigen seine gänzliche Unfähigkeit für diese Gattung der Poesie. Seine Scheu, seine Gedichte selbst zu sammeln und herauszugeben, gab jedoch Veranlassung, daß man ihm sehr viele unflätige Machwerke und manche Erzeugnisse zuschrieb, deren Vaterschaft die wirklichen Verfasser nicht eingestehen wollten, und so findet man unter seinen Werken viele anstößige Tändeleien von Voltaire, Moncrif, La Monnaye, Piron, Bernard, Chaulieu und anderen Dichtern, und sogar von solchen, die seiner Geburt vorausgingen. Die erste Ausgabe der Gedichte Grecourt's erschien einige Jahre nach seinem Tode unter dem Titel: Oeuvres diverses (Paris 1747. 12. 2 Voll.), welche alsbald unter der Aufschrift: Poésies diverses (Lausanne et Genève. 1748. 12. 2 Voll.) nachgedruckt wurde. Vollständiger und genauer ist der von derselben Gesellschaft besorgte spätere Abdruck (Lausanne et Genève 1760. 12. 2 Voll. Berg-op-Zoom. 1750. 12. 3 Voll.), in welchem schon die unechten Stücke näher bezeichnet sind. Geschätzt wird die von Querlon berichtigte und vermehrte Ausgabe (Oeuvres diverses. Nouvelle édition, soigneusement corrigée et augmentée d'un

---

9) Er sagt selbst in einem seiner Briefe: „Mes ennemis remuent ciel et terre pour avoir de mes poésies, prétendant y trouver des impiétés et des obscénités sans nombre, en quoi je me flatte qu'ils s'abusent; la religion m'ayant toujours été respectable, et d'ailleurs ayant un talent particulier de dire des immodesties très-modestement." Der jetzige Leser seiner Gedichte wird dieses besondere Talent nicht leicht herausfinden.
10) Er bekennt in einem seiner letzten Briefe: „Pour moi, je le jure, je me métamorphoserais, et je ferais succéder des compositions sérieuses aux frivoles amusements dont j'ai toujours eu l'esprit rempli. J'ai des obligations infinies à Dieu; il m'a enlevé aujourd'hui l'esprit de poëte, pour me laisser penser en philosophe chrétien."

11) Bon estomac, esprit très vif,
Il étoit un héros de table;
Plus libre en propos qu'inventif,
Et bien plus plaisant qu'équitable.
Il est mort, le pauvre chrétien;
Molina perd un adversaire,
Et l'Amour un historien.
Si je connais son bréviaire,
La religion n'y perd rien.

grand nombre de pièces qui n'avaient jamais été imprimées. Luxembourg [Paris] 1761. 8 Parts. in 4 Voll. Ibid. 1764. 8. 4 Voll.). Noch vollständiger sind die späteren Ausgaben (Amsterd. 1765, 1772, 1775, 1782. 4 Tom. en 2 Voll. Londres 1780. 18. 4 Voll. Paris 1796. 1802. 12. 4 Voll.); in allen diesen Ausgaben enthält der vierte Band die unechten Stücke. Eine gute und ausreichende Auswahl sind die Oeuvres choisies (Paris 1827. 32. 1832. 8.) und die Oeuvres badines (Paris 1832. 18.). Die teutsche Uebersetzung (Grecourt's Auserlesene Werke, frei übersetzt. Paris [Berlin] 1796. 8. 2 Thle.), welche indessen kaum den dritten Theil der Gedichte des Verfassers enthält, ist äußerst flüchtig und ungenau und wäre besser unterblieben, da den Liebhabern solcher sinnreichen Zoten das Original hätte genügen müssen [12]). Weit gefährlicher erscheint die in Teutschland längere Zeit beliebte Nachahmung dieser schmuzigen Dichterei, hervorgerufen und genährt von Wieland, Heinse und besonders von dem Verfasser der „Gedichte in Grecourt's Geschmack" (Freih. von der Goltz), welche seit dem Jahre 1771 öfter und unter verschiedenen Titeln gedruckt wurden. Heinse und von der Goltz, sagt G. G. Gervinus [13]), wollten ebenso wol wie Wieland ohne Rucksichtslosigkeit und ohne Schuld ihre wollüstigen und üppigen Gemälde entworfen haben. Der letztere erscheint auch in der That bei aller groben Sinnlichkeit zugleich in schwermüthiger Schwärmerei und fiegwartisirender Empfindsamkeit. Wie Johannes Secundus Lippen und Küsse besingt, in derselben Fülle wird hier der Thron noch tieferer Liebesfreuden besungen, und man sollte nicht glauben, daß eine dichterische Phantasie dorthin Gold- und Purpur- und Honigströme zaubern würde. Die Verrichtungen der Sinnlichkeit werden hier wie Andachtsübungen behandelt, wie ein Naturdienst, und geheimnißvolle Hymnen und offene Litaneien feiern die Heiligthümer der Liebe. (*Ph. H. Külb.*)

GREDING (Johann Ernst), protestantischer Theolog, um das Jahr 1680 zu Weimar geboren, widmete sich der Theologie und kam bald nach der Beendigung seiner Studien im J. 1700 nach Hanau als Rector der dortigen protestantischen Schule. Nachdem er diese mühsame Stelle 18 Jahre bekleidet hatte, erhielt er im J. 1718 die Predigerstelle zu Spitzaltheim in der Grafschaft Hanau, wo er am 13. April 1748 starb. Unter seinen Schriften, welche größtentheils aus Leichenreden (Parentationen) bestehen, sind die Rudimenta poetica (Hanov. 1701. 8.), der „Poetische Sparhafen, bestehend in allerhand wohlfließenden und reinen teutschen Gruß-, Dank-, Hochzeits-, Vermählungs-, Geburts-, Nahmens-, Ehrenpromotions-, Leichen- und Begräbnißgedichten" (Frankf. a. M. 1712. 8.) und die „Schriftmäßige Anleitung, wie ein Christ alle seine Sorgen auf den Herrn werfen soll" (Hanau 1710. 8.) zu erwähnen *). (*Ph. H. Külb.*)

GREDING (Johann Ernst), teutscher Arzt, am 22. Juli 1718 zu Weimar geboren, war der Sohn eines Friseurs und erlernte selbst dieses Geschäft, fing aber, da ihm das Handwerk nicht zusagte, nach der Uebersiedelung seines Vaters nach Greiz, obschon er schon 17 Jahre alt war, an, das dortige Gymnasium zu besuchen und brachte es durch seinen unermüdlichen, mit einem glücklichen Talente verbundenen Eifer dahin, sich die nöthigen Vorkenntnisse zu erwerben, um sich der Arzneiwissenschaft widmen zu können. Er besuchte zuerst die Universität zu Jena; da aber die durch den Tod seines Vaters eingetretenen Verhältnisse ihn zwangen, seinen Aufenthalt zu wechseln, so begab er sich nach Leipzig, wo er nicht nur fleißig die Collegien besuchte, sondern auch gern die von dem Stadtphysicus Hartranft erlangte Erlaubniß, die Kranken im Lazarethe zu behandeln, zu seinem nicht geringen Vortheil zu besuchen. Nachdem er seine Studien beendigt und sich zu Jena nach der bestehenden Vorschrift durch die Vertheidigung einer Abhandlung (Diss. inaug. de cadaveris inspectione seu sectione legali. Jenae 1742. 4.) die medicinische Doctorwürde erlangt hatte, ließ er sich zu Zwickau nieder, wo er 10 Jahre hindurch die Stelle eines Amts-, Stadt- und Landphysicus versah. An ununterbrochenen Fleiß gewöhnt und stets begierig, die Fortschritte seiner Fachwissenschaft kennen zu lernen, verwendete er die wenigen Stunden, welche ihm sein Amt frei ließ, zur Uebersetzung guter medicinischer Schriften und Abhandlungen aus andern Sprachen und dahin gehören besonders „Rob. Nesbitt's Osteologie oder Abhandlung von Erzeugung der Knochen im menschlichen Körper, in zwei Vorlesungen erklärt; aus dem Englischen übersetzt." Nebst einer Vorrede von Chr. Gottl. Ludwig. Mit Kupfern (Altenb. 1753. 4.); „Joh. Pringle's Beobachtungen über die Krankheiten einer Armee sowol im Felde als in Garnison; aus dem Englischen übersetzt" (Ebend. 1754. 8. Neue verbesserte Ausgabe von A. E. Brande. Ebend. 1772. 8.); „Abhandlungen der königl. Akademie der Chirurgie zu Paris; aus dem Französischen übersetzt" (Ebend. 1754—1855. 4. 2 Bde.) und „Neue medicinische Versuche und Bemerkungen der Gesellschaft zu Edinburg" (Ebend. 1756. 8. 2 Bde.). Im J. 1758 wurde Greding als Arzt des Zuchthauses zu Waldheim im leipziger Kreise berufen und in diesem mühseligen Amte fand er hinlänglich Gelegenheit, seiner Vorliebe zu den Beobachtungen und Untersuchungen im Fache der pathologischen Anatomie Genüge zu leisten, welche seinem Namen einen bleibenden Ruhm verschafft haben. Da sich in dem Zuchthause viele Geisteskranke und Fallsüchtige befanden, so machte er fortwährend Versuche mit verschiedenen Mitteln zur Heilung dieser hartnäckigen Uebel und secirte alle Leichname der an denselben Gestorbenen, um sich durch den Augenschein und durch die

12) Vergl. Biographie universelle. Tom. XVIII. p. 572 seq. Nouveau Dictionnaire historique par *Chaudon* et *Delandine*. Tom. V. p. 550 seq. Biographie générale. Tom. XXI. p. 778. Fr. C. G. Hirsching, Historisch-literarisches Handbuch. Bd. 2. Abth. 2. S. 136. 13) Gesch. der deutschen Dichtkunst. (4. Aufl.) Bd. 5. S. 8.

*) Fr. Wilh. Strieder, Hessische Gelehrten- und Schriftsteller-Geschichte. 5. Bd. S. 22 fg.

sorgfältigsten Untersuchungen über die innere Leibesbeschaffenheit solcher Kranken zu überzeugen. Ebenso gewissenhaft beobachtete er die Wirkung der Heilmittel und zu seinen dankbarsten Arbeiten gehören jedenfalls die Untersuchungen dieser Art. Nach diesen bewährten sich die Kräfte des Extracts der Belladonna in der eingewurzelten und oft wiederkehrenden Epilepsie und in der Gelbsucht in so weit, daß sich der Nutzen derselben in der letztern Krankheit als unzweifelhaft herausstellte, in der erstern aber nur Erleichterung brachte; auch die vielgepriesenen Wirkungen des Stechapfelextracts in der Melancholie, Raserei und Epilepsie glaubte er nach der genauesten Beobachtung an vielen Kranken auf eine nicht sehr bedeutende Erleichterung beschränken zu müssen, den Eisenhut aber fand er bei verhärteten Drüsengeschwülsten äußerst wirksam, während er geradezu die vielfach in der Praxis gewonnene Ueberzeugung ausspricht, daß der Kupfersalmiak auf keine Weise, wie man oft behauptet hat, als specifisches Mittel gegen Epilepsie, Veitstanz und hysterische Anfälle betrachtet werden könne. Viele einzelne Erfahrungen und Beobachtungen dieser Art theilte er in den von seinem Lehrer, dem Professor Chr. Gottl. Ludwig zu Leipzig, herausgegebenen Adversaria medico-practica (Lipsiae 1769 seq. 8. 2 Voll.) mit, und es ist zu bedauern, daß er sich nicht zur Ausarbeitung einer Arzneimittellehre für Geisteskrankheiten entschließen konnte. Er starb am 27. Febr. 1775. Die Sammlung seiner „Vermischten medicinisch-chirurgischen Schriften" (Altenburg 1781. 8.) ist vollständig und der Herausgeber derselben, sein Neffe C. W. Greding, besorgte deshalb auf vielfaches Verlangen wissenschaftlicher Aerzte eine vollständige Ausgabe unter dem Titel: „Sämmtliche Schriften von J. E. Greding" (Greiz 1790—1791. 8. 2 Bde.), worin sich auch seine lateinisch geschriebenen Abhandlungen in deutscher Uebersetzung befinden. Der erste Band enthält die trefflichen Aufsätze über die Eigenschaften der weißen Nießwurz, des Stramoniums, des Bilsenkrautes, des Stechapfels, der Belladonna und des Kupfersalmiaks und die Anwendung dieser Mittel bei Geisteskrankheiten und Fallsucht, sowie die hauptsächlich auf die pathologische Anatomie bezüglichen Aphorismen über die Melancholie und der damit zusammenhängenden Krankheiten; der zweite Band ist ausschließend den durch die Sectionen der Leichen gewonnenen Beobachtungen über Geistesstörung gewidmet, und diese Abhandlungen gehören jetzt noch zu den besten Schriften über diesen schwierigen Theil der Arzneikunde, wie selbst in der Behandlung solcher Krankheiten ausgezeichnete Aerzte des Auslandes, von welchen nur Parchappe, Arzt der Irrenanstalt zu Rouen, genannt werden soll, eingestehen. Niemand, behaupten sie sogar, habe so vollständig und genau, wie er, die Veränderung des Gehirns bei Geistesstörung beobachtet und die Ergebnisse ohne alle Berücksichtigung von Theorien der Wahrheit gemäß mitgetheilt. Der Herausgeber seiner Schriften, sein Neffe Karl Wilhelm Greding, im J. 1790 zu Greiz geboren, widmete sich ebenfalls der Medicin und ließ sich nach Beendigung seiner Studien als praktischer Arzt in Böhmen zuerst zu Aisch und dann zu Neustadtel nieder, zuletzt wohnte er zu Kemnat in der Oberpfalz, wo er im J. 1819 an den Folgen eines Sturzes vom Pferde starb. Die von ihm bekannt gewordenen wenigen Schriften: Dissertatio de primis variolarum initiis earumque contagione admodum virulenta (Lipsiae 1781. 8.); Tres morborum historiae in nosocomio Pragensi fratrum misericordiae conscriptae, cum epicrisi (Pragae 1788. 4.) und „Beobachtungen über die natürlichen Blattern überhaupt" (Hof 1796. 8.) beurkunden den denkenden Arzt *). (*Ph. H. Külb.*)

---

*) Vergl. Commentarii de rebus in scientia naturali et medicina gestis. (Lips. 1752 seq. 8.) Tom. XV. p. 187 seq. Joh. Chr. Adelung, Fortsetzung und Ergänzungen zu Jöcher's Gelehrten-Lexikon. Bd. 2. S. 1606. Joh. G. Meusel, Lexikon der vom Jahre 1750—1800 verstorbenen teutschen Schriftsteller. Bd. 4. S. 336. Biographie universelle. Tom. XLVI. p. 66.

www.ingramcontent.com/pod-product-compliance
Lightning Source LLC
Chambersburg PA
CBHW020604300426
44113CB00007B/497
9783741130724